五粮液集团 | 公司简介 COMPANY PROFILE

四川省宜宾五粮液集团有限公司（以下简称五粮液集团）是一家以酒业为主，多元化发展的大型国有企业集团。目前已形成“1+5”产业布局（酒业主业+大机械、大包装、大物流、大金融、大健康五大多元产业），拥有两家A股上市公司（000858五粮液和600793宜宾纸业），现有职工近5万人。

五粮液集团拥有年产4万吨级的酿酒车间，拥有年产20万吨商品酒能力和60万吨原酒储存能力，是规模极其宏大的纯粮固态发酵白酒生产基地；拥有窖池3.2万余口，其中最古老的明初地穴式曲酒发酵窖池已持续使用650余年。五粮液产业园区规划面积18平方公里，是国家AAAA级旅游景区。2020年1-11月，五粮液集团实现销售收入1102.6亿元，同比增长13.5%；利税358.2亿元，同比增长8.9%。

五粮液作为浓香型白酒典型代表和行业龙头企业，从盛唐时期的重碧酒，到宋代的姚子雪曲、明初的杂粮酒，再到1909年因“集五粮之精华而成玉液”正式得名，传承逾千载。五粮液集团前身是由长发升、利川永、全恒昌、天锡福、张万和、钟三和、听月楼、刘鼎兴等8家古传酿酒作坊联营组建而成；1959年更名为四川省地方国营宜宾五粮液酒厂；1998年，改制为宜宾五粮液集团有限公司，宜宾五粮液股份有限公司在深交所挂牌上市（股票代码000858）。从1915年远赴巴拿马万国博览会扬名至今，五粮液已先后获得国家名酒、国家金质奖章、国家质量管理奖、中国最佳诚信企业、百年世博·百年金奖等上百项国内国际荣誉。2005年，五粮液明代地穴式曲酒发酵窖古窖泥被中国国家博物馆永久收藏。2008年，五粮液酒传统酿造技艺被列入国家级非物质文化遗产。五粮液老窖池是全国重点文物保护单位和国家工业遗产。2020年，五粮液品牌位居“全球品牌价值500强”第79位、“亚洲品牌500强”第37位、“中国品牌价值100强”第3位。

立足新发展理念，五粮液集团正奋力推进“二次创业”，以满足人民日益增长的美好生活需要为最大目标，始终不忘“弘扬历史传承，共酿和美生活”的使命，坚守“为消费者创造美好，为员工创造幸福，为投资者创造良好回报”的核心价值理念，紧紧围绕“做强主业、做优多元、做大平台”发展战略，认真落实高质量发展要求，深入推进供给侧结构性改革，尽快迈入世界500强，正加快打造健康、创新、领先的世界一流企业。

FOOD CITY

中国食品名城——福建漳州

漳州于公元686年（唐垂拱二年）建州，是一座有着1300多年历史的国家历史文化名城。1985年撤地改市，现辖八县二区一市和4个国家级开发区，土地面积1.29万平方公里，海域面积1.86万平方公里，常住人口510万人。市情主要有五个特点：一是区位优势独特。漳州地处福建最南端，介于闽南金三角、广东珠三角之间，东对台湾，北接厦门，西邻龙岩，南联广东，是福建南部西进东出、南联北接的重要交通枢纽。二是自然条件优越。漳州山、海、江、平原兼备，拥有全省最大的平原——九龙江下游冲积平原，是全国有名的水果之乡、花卉之都、水产基地、食用菌名城、食品名城。全市森林覆盖率达63.4%。三是港口资源丰富。漳州海岸线长715公里，拥有厦门湾南岸和东山湾两大深水港湾，可供建设万吨级以上码头150多个。四是对台优势凸显。漳州是台胞主要祖籍地、台湾文化重要发祥地和台商投资密集区。五是人文积淀深厚。漳州历代文风鼎盛，理学大师朱熹曾任漳州知府，孕育走出了黄道周、林语堂、许地山、周碧初、沈耀初等文化名人。南靖、华安土楼群被列入世界文化遗产名录，中国海上丝绸之路漳州史迹被列入申报世界文化遗产预备名单。漳州是谷文昌创业精神、龙江大局精神、110服务精神和女排拼搏精神的发祥地，是全国12个构建开放型经济新体制综合试点试验城市之一。

2011年我市获评“中国食品名城”以来，企业转型升级步伐不断加快，产业规模迅速壮大，产业规模位居全省第一，跻身全国食品工业大市前列，“中国食品名城”升级版日益凸显。截至2019年底，全市食品规模工业企业602家，占全市规模工业企业数的26%，实现规模工业产值1794.9亿元，占全市规模工业产值的28%，占全省食品工业的四分之一强，实现规模工业增加值480.2亿元，比增8.1%。食品产业在我市高质量发展落实赶超中起到了重要的压舱石作用。漳州食品产业情况有以下特点：

1 行业门类齐全

主要包括农副食品加工业、食品制造业、酒、饮料和精制茶制造业三大行业，涵盖16个大类、40多个小类，拥有以水产品加工、果蔬食用菌加工、焙烤食品制造、粮油饲料加工、罐头制造、肉制品加工等为主要内容的食品产业体系。部分行业在全省占比较高，如果蔬食用菌加工（38.9%）、水产加工（42.1%）、焙烤食品制造（40.4%）、罐头制造（51.4%）、饲料加工（产量约占全省48%）等。

2 骨干企业多

全市2500多家食品企业中，规模工业企业598家；年产值亿元以上企业近400家，占食品工业规模企业数近六成。一大批食品企业逐步壮大、质量效益快速增长（2019年企业年产值10亿元-20亿18家,20亿元以上10家）。全市现有2019年省级工业和信息化龙头企业11家（傲农生物、紫山集团、天福茶业等）（附表1），2019年省级高成长企业3家（绿新食品、天冠食品、明成食品），另外还有农业产业化国家级重点龙头企业9家（海新集团、大闽食品、东方食品、立兴集团等）。

3 知名品牌众多

全市拥有天福、紫山、含羞草、绿鲜等中国驰名商标23件；中国罐头十大品牌中，我市紫山集团、同发食品、海魁水产占据榜单三席；紫山集团、同发食品、绿宝食品、港昌工贸获选“中国罐头出口十强企业”；绿新食品、紫山集团、海新食品等44家企业先后通过“食品工业企业诚信管理体系（IMS）”评价。龙海市2017年获评“中国休闲食品名城”，约有近400家糕点、饼干生产企业，规模位居全国首位，涌现了泡吧、丹夫、卡尔顿、然利、好运来、正得顺、新乐福等一大批新兴知名品牌。

4 产业聚集显著

各县区依托当地资源优势，培育了一批具有典型区域特色的产业集群。水产品加工产业集群，主要集中于环东山湾区域及漳浦、龙海等沿海地区。其中环东山湾区域水产品加工业是我国最大水产品加工出口集群之一，年出口量约占全国七分之一；休闲食品制造产业集群，主要集中在龙海、龙文、芗城、南靖、漳州高新区、台商投资区等地；果蔬食用菌加工产业集群，主要集中在龙海、南靖、龙文、台商投资区等沿九龙江流域以及漳浦等地；以华安铁观音、白芽奇兰、南靖红茶、八仙茶等为代表的茶叶加工产业集群，主要集中在华安、平和、南靖、诏安等区域；粮油饲料加工产业集群，依托港口及铁路、高速公路运输优势，主要集中在漳州开发区、龙海、龙文、芗城等地。

5 产业链条较为完备

食品企业的集聚也吸引带动了原料基地、辅料、包装、印刷、纸制品、专用机械、空罐、冷链仓储、物流、电商、会展、工业旅游等上下游相关产业链的发展，推动了整个食品产业可持续发展。如罐头产业，依赖于我市良好的果蔬、食用菌、水产养殖捕捞基础，从上游的原料基地、马口铁压延、制罐到中下游的冻库、冷链、包装、印刷、物流等产业配套齐备，2019年罐头产量达165.65万吨，占全省产量（297.96万吨）的55.6%，约占全国总量的1/10，出口量连续36年全国第一，我市也因此荣获“中国罐头之都”的美誉。

6 装备水平逐步提升

我市食品企业自动化、智能化水平逐步提升，如烘焙行业，近年来受益于我市食品企业的重视，以及本地金钥匙、然利、安得马富、永创等食品机械企业的发展，企业自动化、智能化水平不断提升，多数企业通过建设洁净车间，引进自动化生产线，实现“机器换工”，有效提升了产品品质。

7 外向程度较高

食品出口量一直位居全国设区市前列，产品销往美国、欧盟、日本、东盟、非洲等近200个国家和地区，有“世界厨房”美誉。2019年，全市食品出口交货值399.73亿元，累计现价增长3.4%，约占全市各行业出口四成以上。其中，水产品出口交货值220.26亿元，位居全国地级市前列。

漳州食品产业不但有基础，而且有优势，漳州虽然没有“航母型”食品企业，但“舰队”众多，发展势头良好，而且资产结构优良，新时代呼唤着“中国食品名城”的升级版，相信锐意进取的漳州食品人将不负众望，续写漳州食品工业发展新篇章。

太太乐

鲜味梦想创造产业传奇

同时，太太乐进一步完善新型鲜味理论，提出“鲜度指数”概念，并将“鲜味相乘”原理应用于现代工业化生产，研发出多种品项的鲜味料产品，力求做到“每年开发一代、储备一代”，不断创造鲜味市场消费新需求，引领鲜味产业革命再升级。这改变了鲜味工业100余年来始终以味精为代表的老工业面貌，大大推动了鲜味工业体系的快速成长和发展壮大。

为促进行业健康发展，从2001年开始，太太乐受中国调味品协会委托，成功地起草了中国鸡精行业标准，并于2004年7月1日颁布实施。太太乐认为，食品攸关百姓健康安全，产业惟有以高标准、严要求才能进步。建立在执行行标基础上的良性竞争带动了技术和市场创新能力的大幅提升，推动了鸡精产业价值链的不断壮大，形成了一个产业的良性循环。

作为行业的领导者之一，太太乐三十余年来一直致力于鲜味科学的传播，旨在推动行业的发展，带动产业的创新，持续优化鲜味解决方案，力求解决品类、品牌、产品出现的难题。2007年，太太乐开启透明化旅游通道，5年后又落成了一家以鲜味为主题的博物馆，从此社会大众有了零距离接触调味品生产的契机。为将经验落在在理论，太太乐潜心编著了《鲜味科学与鸡精调味料工艺概论》。2018年，太太乐推出了6集美味科学人文纪录片《鲜味的秘密》，举办了太太乐首届全国鲜味科学知识竞赛和第六届国际鲜味科学研讨会等，旨在通过创新传播方式，引导消费者对鲜味的正确认知。2019年，成立院士专家工作站，加快鲜味科学及产业化应用的健康快速发展，增强企业的发展动力和技术创新能力，共同推进企业与科研院所的深层次技术合作。

如今，“太太乐”产品覆盖固态复合风味调味料和液态增鲜调味料两大类的不同系列，多个子品牌，产品规格近300个品项。

2019年7月，太太乐在“鲜味升级新品发布会”上正式推出太太乐原味鲜酱油系列。该系列产品所有成分来自熟悉食材，通过由多国科学家潜心十年创造出的玉米发酵技术，从食材萃取安心的鲜味物质，主打“0添加，3重鲜”（*0添加防腐剂和甜味剂）。未额外添加防腐剂苯甲酸及山梨酸、甜味剂三氯蔗糖和安赛蜜，且上述所有项目的检测值均低于相应国家标准的检出限；3重鲜：精选东北大豆与小麦发酵提鲜，更融入多国科学家潜心十年创造的专利玉米发酵提鲜技术，源自大豆小麦玉米的三重鲜，带来多层次的饱满鲜滋味。（ZL200880108107.0　中国发明专利）。产品一经推出就获得了广大消费者的一致喜爱。在2019年11月27日由中国调味品协会发布的“2019年度调味品网络人气单品”中，太太乐原味鲜酱油摘得酱油类桂冠。

2020年4月，太太乐菜谱式调料产品正式上市。该系列主打“一包调料就能做好一道菜”，通过整合除主食材外的其他调配料，缩短烹饪所需的时间及难度。菜谱式调料这一新型产品的推出，是基于太太乐对“上班一族”和“厨房小白”等消费群体细分需求变化的深刻洞察。

打造丰满绿色食品产业生态城 漯河

自2003年漯河市已成功举办了十八届中国（漯河）食品博览会，形成了食品产业发展与食博会的互融互动，“中国食品名城”的品牌也越擦越亮。目前，我市食品工业已形成肉类加工、粮食加工、饮料加工、果蔬加工、包装材料、食品机械六大产业链，国家统计局统计的21类食品行业中，漯河就拥有18大类50多个系列上千个品种，火腿肠、冷鲜肉、麻辣面制品等单品产量居全国第一。全市年屠宰生猪能力达600万头，占全省的十分之一，年产肉及肉制品170万吨，占全省的70%；年粮食加工量达600万吨，占全省的15%；各类蔬菜种植面积达94.1万亩，年产蔬菜192.5万吨，人均蔬菜占有量是全国人均蔬菜占有量的1.5倍。全市食品行业拥有中国驰名商标6个，中国名牌产品4个，河南省著名商标64个，河南省名牌产品27个。

全市食品工业规模占全省的六分之一，占全国的四十五分之一，11月20日国务院办公厅发布《关于对国务院第七次大督查发现的典型经验做法给予表扬的通报》，漯河市坚持“三链同构”推动食品产业向纵深发展的典型经验做法受到通报表扬。

全市食品工业拥有“农业产业化重点龙头企业”69家，漯河是蔬菜类国家级绿色食品原料标准化生产基地，生猪出栏同比增速高于全省平均水平近5个百分点，居全省第四位。双汇发展作为全球最大的猪肉加工企业，品牌价值高达644.3亿元，连续25年名列中国肉类行业第一；卫龙食品成为全市继双汇集发展后第二个销售收入过50亿元的工业企业；中大恒源生物科技成为世界知名的绿色天然色素供应商，全国90%的方便面生产企业使用了中大恒源的产品。在食品产业链终端，建成占地面积522.3亩、设计年吞吐量460万吨、具备Ⅳ级航道标准全长13.5公里的漯河港，打造多式联运体系。全市快递业务量和增速均居全省前列，漯河成为全省唯一的“中国快递示范城市”；卫龙商贸和三剑客农业被确定为省级电子商务示范企业，双汇发展斥资1亿元成立双汇电子商务有限公司，“双汇云商工业互联网平台”成功获得1000万元河南省先进制造业发展专项资金支持，中国（漯河）电子商务产业园被国家商务部命名为“国家电子商务示范基地”。

—中国食品名城—

中国食品工业年鉴

CHINA FOOD INDUSTRY YEARBOOK

2020

（总第32部）

主编 沈 篪

吉林科学技术出版社
JiLin Science & Technology Publishing House

《中国食品工业年鉴》编辑委员会

图书在版编目（CIP）数据

中国食品工业年鉴. 2020 / 《中国食品工业年鉴》编辑委员会编.
-- 长春 : 吉林科学技术出版社，2021.5
ISBN 978-7-5578-8024-8

Ⅰ. ①中… Ⅱ. ①中… Ⅲ. ①食品工业—中国—2020—年鉴
Ⅳ. ①F426.82-54

中国版本图书馆CIP数据核字（2021）第081029号

中国食品工业年鉴

CHINA FOOD INDUSTRY YEARBOOK

2020

（总第32部）

《中国食品工业年鉴》编辑委员会 编
出 版 人 宛 霞
责任编辑 张延明
封面设计 李志伟
制　　版 李志伟
彩　　页
幅面尺寸 889 mm×1194 mm
开　　本 16
印　　张 32
字　　数 789千字
版　　次 2021年5月第1版
印　　次 2021年5月第1次印刷

出　　版 吉林科学技术出版社
发　　行 吉林科学技术出版社
地　　址 长春市福祉大路5788号出版大厦A座
邮　　编 130118
发行部电话/传真 0431-81629529 81629530 81629531
81629532 81629533 81629534
储运部电话 0431-86059116
编辑部电话 0431-81629517
印　　刷 吉广控股有限公司

书　　号 ISBN 978-7-5578-8024-8
定　　价 680.00元

《中国食品工业年鉴》（2020）
编辑委员会

江苏省食品工业协会	唐建泽副秘书长
浙江省食品工业协会	潘虹秘书长
福建省食品工业协会	林玉明副会长兼秘书长
山东省食品工业协会	郭友武原会长
广东省食品行业协会	张俊修负责人
海南省经信委消费品处	曾金老师
山西省食品工业协会	郭东常务副会长
安徽省经信委消费品工业处	季敏处长
江西省食品工业协会	褚建康会长
河南省食品工业协会	陈振杰首席专家
湖北省食品工业协会	谭卫东秘书长
湖南省食品行业联合会	刘送保会长
内蒙古自治区统计局	夏荣华副局长
广西食品工业协会	黄永燕秘书长
重庆市食品工业协会	罗其胜会长
四川省饮料产业协会	何斌副秘书长
贵州省食品工业协会	王遵常务副会长兼秘书长
云南省食品行业协会	郭福生会长
西藏自治区经济和信息化厅	央宗老师
陕西省食品工业协会	林晓平常务副会长
甘肃省工业经济和信息化研究院	张雨田所长
青海省包装和食品工业办公室	杜利民主任
宁夏经信委食药工业处	王巍处长
新疆维吾尔自治区经信委	李运德处
辽宁省新材料工程中心	郭建国
吉林省食品工业协会	张迎新执行会长兼秘书长
黑龙江食品工业协会	车有春秘书长

特约撰稿人

中国粮食行业协会	赵奕总工程师
中国食协大豆及植物蛋白专委会	刘晖副秘书长
中国食协杂粮专委会	胡新中秘书长
中国糖业协会	闫卫民副理事长
中国食协糖果专委会	张京玉秘书长
中国肉类协会	高观副秘书长
中国食协豆制品专委会	吴月芳秘书长
中国焙烤食品糖制品工业协会	张九魁理事长
中国食协糖果专委会	张京玉秘书长
中国食协冷冻冷藏食品专委会	姜燕京副会长兼秘书长
中国食协坚果炒货专委会	杨倩秘书长
中国乳制品工业协会	刘美菊副理事长
中国罐头工业协会	查长全理事长
中国调味品协会	白燕常务副会长兼秘书长
中国生物发酵产业协会	王洁秘书长
中国生物发酵产业协会氨基酸分会	关丹秘书长
中国生物发酵产业协会有机酸分会	卢涛秘书长
中国生物发酵产业协会酵母分会	莫小曼秘书长
中国生物发酵产业协会酶制剂分会	王晋秘书长
中国生物发酵产业协会淀粉糖分会	李建军常务副理事长
中国生物发酵产业协会酵素分会	周海龙副理事长
中国保健协会	徐华锋副理事长兼秘书长
中国盐业协会	宋占京副理事长
中国食品添加剂生产应用工业协会	孙瑾秘书长
中国酒业协会	王延才负责人
中国饮料工业协会	赵亚利理事长
中国茶叶流通协会	王庆常务副会长
中国养蜂学会	陈黎红秘书长

编辑说明

一、《中国食品工业年鉴》(以下简称《年鉴》)是一部全面反映上一年度全国食品工业发展情况纪年性、资料性、权威大型年刊。《年鉴(2020)》系统收录了全国食品行业各专业和各省(自治区、直辖市)2019年食品工业情况的综述,《年鉴》是由中国食品工业协会主管和主办的。《年鉴(2020)》为总第32部,包括;【概况】、【运行特点】、【市场分析】、【面临问题】、【趋势判断】、【科技创新】、【名优企业和产品】【大事记】、【政策建议】、【经济数据】、【主要工作】等内容。

二、为保持《年鉴》的连续性,《中国食品工业年鉴(2020)》的结构体例和以前《年鉴》的结构体例基本上一致。行业篇按照《国民经济行业分类》(GB/T4754—2017)所规定的分类名称和顺序进行排列记述,原则上按中类名称记述,少数特殊类有所合并或以小类名称来记述;地方篇按照东部(10个)、中部(6个)、西部(12个)、东北部(3各)及特区顺序进行排列记述。

三、本部《年鉴》均未包括香港、澳门特别行政区和台湾地区的综述和数据。《年鉴》中的统计数字,以国家统计局提供的数据为准;《年鉴》中"同比"表示"与上(去、2018)年同期相比"。

五、本部《年鉴》的组稿、编纂、出版等工作,得到了中央政府有关部门、中国食品行业各专业协会、地方经信委、地方食品工业协会等单位的大力支持和帮助,谨此表示衷心的谢意!

年鉴编辑部

目录

第一部分　综合篇

第二部分　行业篇

第三部分 地方篇

第四部分　统计篇

第五部分 附 录

第一部分

综合篇

1.1 在中国食品工业协会第七届一次理事会上的总结发言

中国食品工业协会常务副会长　沈篪

各位理事：

中国食品工业协会第七次全国会员代表大会和七届一次理事会在各位代表、各位理事的共同参与努力下，已经圆满完成了各项议程。

今天我们听取、审议并通过了刘治常务副会长代表六届理事会所作的工作报告；审议通过了新修订的《中国食品工业协会章程》和会费标准；选举产生了协会新一届理事会。

这次会议虽然时间紧凑，但是大家都非常重视，于暑热之时，工作繁忙之中挤出时间来参加会议，共同关心协会建设、共谋协会发展。在此，我代表中国食协向大家表示由衷的敬意！

借此机会，我代表新一届理事会领导集体谈几点意见，与大家做个交流。

首先，我要代表新一届理事会领导集体感谢上级主管部门和各位理事给予我们的信任。食品工业经过改革开放40年的发展已经成为国民经济中的主要支柱产业，也是最重要的民生产业。能够有机会在这个行业的社会组织中为行业发展服务，我们深感荣幸。同时，我们也深知在这份宝贵的信任中还包含着重大的责任，承载着大家对协会新一届理事会工作的新期待。因此，我们唯有恪尽职守、勤勉工作，以不辜负各位理事和会员企业的信任与期待。

二是要继往开来，努力办好协会的事。中国食协自1981年成立以来，至今已经走过了38年的发展历程。38年来，在国务院有关部委、各级地方政府、食品工业协会和会员、理事企业的关心支持下，中国食协为促进我国食品工业发展，做了大量工作，发挥了积极的作用。这是历届理事会、历届老领导和全体同志共同努力的成果。“吃水不忘挖井人”，我们不会忘记38年来，所有参与过中国食协发展的老领导、老同志们在协会不同发展段所作出的宝贵贡献，不会忘记历届理事会取得的工作成绩。面向未来，我们的工作就是要继往开来，在前人走出的路上继续更好地走下去。

三是要继续坚定不移地把“三服务”，作为中国食协工作的“立会之本”。毫不动摇的围绕这个“立会之本”与时俱进地做好协会工作的传承和创新发展。

中国食协成立38年来的工作大体上经历了两个发展阶段。从1981年协会成立到20世纪90年代中后期，协会在业务和管理体制上，基本还是处在计划经济的管理模式下运行，是行使部分行业管理职能的一个事业单位和行业管理组织。1999年第四届理事会履职后，随着改革的不断深化，在王文哲老会长的主持下，中国食协开始逐步实现了在社会主义市场经济环境下，协会的观念转变和业务转型。确立了服务行业、服务企业、服务政府的“三服务”理念。在这个阶段过程中，实事求是地讲，由于传统观念的影响，我们的工作还很不到位，离广大会员企业的实际服务需求还有很大差距。

当前，我国经济社会发展已经全面进入了中国特色社会主义新时代。中国食品工业经过改革开放40年的高速发展之后，正面临着需要通过转型升级，实现从单纯的数量扩张增长向素质提升和实现从以解决温饱需求为主，向满足能量、营养、健康、文化，等多种复合需求的转变。把食品工业大国变为食品工业强国，是我国食品工业发展必然要面临的新任务、新挑战。面对新形势、新任务。协会工作必须要有新担当、新作为。面向未来，既不能简单地走老路，机械的搞传承，更不能只喊口号，原地“空转”。而一定是要紧紧围绕服务，这个“立会之本和发展之源”做好传承中创新，创新中发展。前不久，习总书记特别提出了：“形势在变、任务在变、工作要求也在变，必须准确识变、科学应变、主动求变”的指示要求，我们一定要深刻领会总书记的指示精神，并把这一要求与协会工作的具体实践相结合，紧紧把握住“服务”这个根、这个本，通过高质量的服务，体现出协会在新时代的存在价值。

最近中央已经确定了把包括中国食协在内的七百多家行业协会正式纳入“脱钩”序列中，我们这次大会是中国食品工业协会进入新时代、迎接新发展的新起点，是协会工作历经了初创期、成长期和转型期等几个发展阶段之后的“再出发”。这个新发展阶段，将是在中国食协与主管部门完成脱钩后，全面实行社会化、市场化运行，独立承担社会组织主体责任，彻底落实协会转型。所以，我们必须要清醒地看到，在新形势下，随着中央对社会组织管理改革的深化，“脱钩”以后作为社会组织的行业协会，谁能够为政府、行业和企业提供更好的服务，谁就能够获得会员与行业的认同，就能够在市场竞争中得以生存和发展，否则，必将被淘汰。

为此，我们要认真总结中国食协历届理事会在开展行业服务方面所积累的工作经验，找出差距、找出不足，切实在强化服务意识、完善服务需求、提高服务水平和尤其是在落实服务效果上下功夫。按照行业需求逐步形成一套完整的服务体系、服务产品和工作抓手。

第七届理事会履职后，协会工作要立即进入到新的状态。由于今年时间已经过半，所以，我们要把余下的时间充分利用起来，并及早对明年的工作做出部署安排，总的工作思路和要求是：做好“存量”工作提质，加快创新工作“增量”。

首先是要按照刚才几位主管部门领导提出的要求，抓好协会自身建设。协会自身建设是其他所有工作的重要保障，在新一届理事会领导下，协会将在政治建设、组织机构建设、工作作风建设、专业能力提升等方面，抓紧行动。一定要确保中国食协在政治正确的前提下，依法合规开展各项工作。二是要确保协会各项日常工作的连续性。继续完成既定的年度工作计划，平稳推进各项工作开展；同时，协会各工作机构、工作团队要开始抓紧对原有的传统性日常工作进行梳理研究，以提升这些“存量”工作的质量水平，补齐短板为目标，为协会今后创新发展开个好头。三是着力研究和开发创新“增量工作”。要结合“脱钩”后，协会内外部环境发生的深刻变化，认真对照三个服务主体的需求差异，搞好协会平台的业务建设，创新服务内容、服务手段和工作机制。这些创新性工作是以协会服务工作的“供给侧结构性改革”为中心，以满足各方实际需求为总目标，针对需求提供服务产品、逐步创新协会服务的供给结构，用新思路指导新实践，创造工作新“增量”，实现协会业务的转型升级，增强会员企业归属感，提升协会凝聚力。

为此，协会各工作机构在做好今年各项既定工作的同时，要立即动起来，以新形势下行业服务需求为主题，深入开展调查研究。要以问题和需求为导向，针对不同服务主体的服务需求，做好调研课题设计，使工作改进提升更具有针对性、指向性。通过深入实际调研，掌握第一手的材料和行业诉求，形成一批有价值的服务需求调研报告或工作改进建议，指导和帮助协会各工作机构真正从思想认识上厘清我们是谁？我们应该做什么？我们应该怎样去做？这个根本问题，以指导后续工作的改进提升。这次全面系统的调研是协会今后创新发展的一项重要的基础工作，也是今后的一项常态化工作，所以，希望我们各会员理事单位给予大力支持。随着调研工作的深入，协会的工作创新，将会动态调整，相应的工作计划和必要的机构调整方案，将依照协会章程的规定，及时提请理事会审议批准。

各位理事，我们这次会议是在新时代到来之际，迎来了中国食协承前启后发展的新节点，大家共同肩负着从行业社会组织的定位角度促进行业持续、健康发展的光荣使命。我们要继续深入学习贯彻党的十九大精神，以习近平新时代中国特色社会主义思想统领协会工作，面向新时代、面向新未来，创造新辉煌。

让我们抓住发展机遇，共同努力奋斗，充分发挥运用好协会的服务平台，为促进新时代食品工业高质量发展做出新贡献！

再次感谢大家！

1.2 2019年食品工业经济运行情况综述

中国食品工业协会

2019年，面对国内外风险挑战明显上升的复杂环境，食品工业全面深入贯彻落实党中央和国务院各项决策部署，坚持新发展理念，推动高质量发展，扎实推进供给侧结构性改革，行业质量效益持续改善，在保障民生，拉动内需，促进社会和谐稳定等方面做出了巨大贡献。全年食品工业以占全国工业6.2%的资产，创造了占全国工业8.7%的营业收入，完成了占全国工业10.8%利润总额。

一、食品工业行业概况

1. 从生产情况来看

2019年，全国36881家规模以上食品工业企业完成工业增加值保持稳定增长，同比增长4.4%，增速同比放缓1.9个百分点，比全国工业5.7%的增速慢1.3个百分点。其中，农副食品加工业同比增长1.9%，食品制造业同比增长5.3%，酒、饮料和精制茶制造业同比增长6.2%，若不计烟草制品业，食品工业增加值同比增长4.1%。

经测算，规模以上食品工业企业完成工业增加值占全国工业增加值的比重为10.5%，对全国工业增长贡献率7.7%，拉动全国工业增长0.4个百分点。（见图1）

2. 从食品工业行业情况来看

（1）从大类行业看，2019年，农副食品加工业，食品制造业，酒、饮料和精制茶制造业

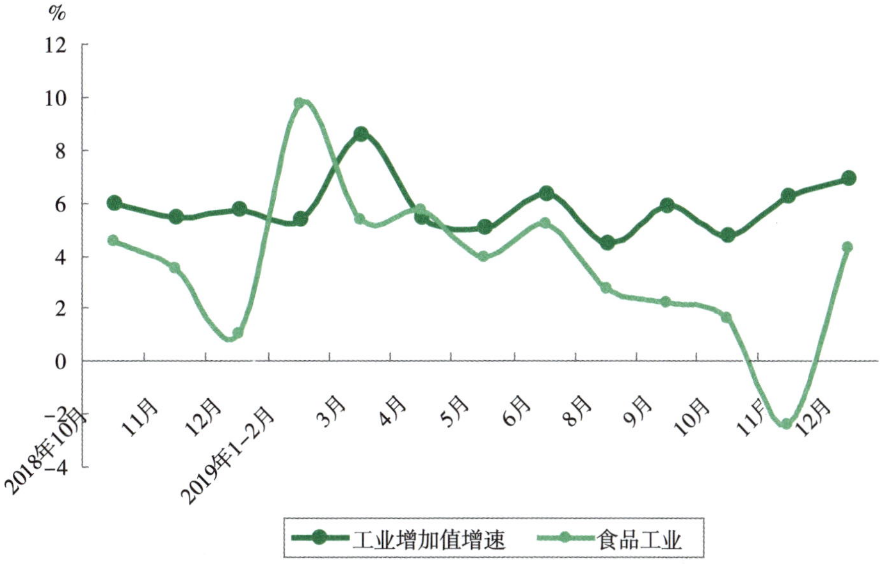

图1 规模以上食品工业企业增加值同比增长速度

分别增长 1.9%、5.3% 和 6.2%，烟草制品业增长 5.2%，增速分别同比放缓 4.0、1.4、1.1 和 0.8 个百分点；

（2）从中类行业看，21 个中类行业中 16 个实现正增长。

3. 从月度数据情况来看

2019 年，生产增速大致经历从高到低的下降走势。全年最高点是年初的 9.6%，最低点是 11 月份的 –2.5%，12 月回升至 4.2%，全年累计同比增长 4.4%，是近 5 年来的较低值。

4. 从销售情况来看

2019 年，食品消费平稳增长，产销衔接稳定，我国居民收入继续较快增长，恩格尔系数进一步降低，达 28.2%，同比下降 0.2 个百分点，消费转型升级态势逐步扩大，社会消费品零售总额同比增长 8.0%，在全国限上单位商品零售类值中，粮油、食品、饮料、烟酒类商品零售类值 20537.5 亿元，同比增长 10.2%，饮料类商品零售类值 2099.3 亿元，同比增长 7.4%。

2019 年，食品工业产销率 98.8%，同比微减 0.3 个百分点，产销平衡，衔接水平较高。分行业看，农副食品加工业产品销售率 98.5%，食品制造业销售率 97.8%，酒、饮料和精制茶制造业 96.9%，烟草制品业 105.3%。

5. 从全国 24 种主要食品产量来看

2019 年，18 种食品产量同比增长，6 种食品产量同比下降。产量增长较快的是成品糖、酱油、包装饮用水，保持 2 位数增长；葡萄酒、罐头、方便面、发酵酒精、白酒、速冻米面食品产量有不同程度的下降。（见表 1）

表 1：2019 年食品工业主要产品产量

万吨、万千升、亿支

产品名称	产量	同比增长（%）
小麦粉	8606.9	1.1
大米	10787.1	5.4
精制食用植物油	5421.8	1.0
成品糖	1356.5	14.8
鲜、冷藏肉	2817.5	0.9
冷冻水产品	739.2	3.7
糖果	329.8	4.1
速冻米面食品	302.0	–0.2
方便面	573.3	–6.7
乳制品	2719.4	5.6
液体乳	2537.7	5.8
乳粉	105.2	2.4
罐头	919.1	–9.0
酱油	680.6	11.6
冷冻饮品	246.3	0.5
发酵酒精（折 96 度，商品量）	691.6	–2.5
白酒（折 65 度，商品量）	785.9	–0.8
啤酒	3765.3	1.1
葡萄酒	45.1	–10.1
碳酸型饮料（汽水）	1845.3	6.6
包装饮用水	9698.5	10.6
果汁和蔬菜汁类饮料	1643.8	0.3
精制茶	237.4	2.5
卷烟	23642.5	1.2

二、食品工业行业经济效益

1. 利润

2019 年，食品工业企业利润保持增长，全国规模以上食品工业企业实现利润总额 6697.1 亿元，按可比口径计算，同比增长 6.8%。与全国规模以上食品工业企业利润同比下降 3.3% 相比，食品工业表现出发展的强大韧性和刚需、快频的特征。

（1）从农副食品加工业，食品制造业，酒、饮料和精制茶制造业，烟草制品业 4 大行业来看，利润均保持同比增长，增速分别是 3.9%、9.1%、10.2% 和 1.3%。

（2）从 64 个小类行业来看，39 个行业利润总额同比增长，25 个行业同比下降。主要行业利润情况如下：稻谷加工利润同比下降 10.8%，食用植物油加工同比下降4.4%，肉制品及副产品加工同比增长19.7%，蔬菜加工同比下降11.2%，糕点面包制造同比下降0.2%，白酒制造同比增长14.5%，液体乳制造同比增长59.5%，乳粉制造业同比增长76.3%，卷烟制造同比增长0.8%。

2. 营业收入

2019年，全国规模以上食品工业企业实现营业收入92279.2亿元，同比增长4.5%；发生营业成本71055.3亿元，同比增长4.0%；百元营业收入中的成本为77.0元，同比减少0.4元；营业收入利润率为7.3%，同比增加0.2个百分点。收入增速比成本增速高，利润增速也比收入增速高，食品工业企业经济效益继续改善提高。（见表2）

表2 2019年食品工业经济效益指标 亿元

行业名称	营业收入	同比增长(%)	利润总额	同比增长(%)	企业单位数（个）
食品工业总计	92279.2	4.5	6697.1	6.8	36881
农副食品加工业	46810.0	4.0	1887.6	3.9	22401
食品制造业	19074.1	4.2	1670.4	9.1	8291
酒、饮料和精制茶制造业	15302.7	5.0	2216.6	10.2	6083
烟草制品业	11092.4	6.1	922.5	1.3	106

3. 食品价格涨幅扩大

2019年，CPI同比上涨2.9%，符合年初预期目标，涨幅同比增加0.8个百分点，延续了2012年以来的温和上涨态势。食品价格全年上涨9.2%，涨幅同比增加。其中，全年粮食价格同比上涨0.5%，鲜菜价格同比上涨4.1%，猪肉价格同比上涨42.5%，蛋类价格同比上涨5.1%，水产品价格同比上涨0.3%，粮食价格同比上涨0.5%，鲜果价格同比上涨12.3%。（见图2）

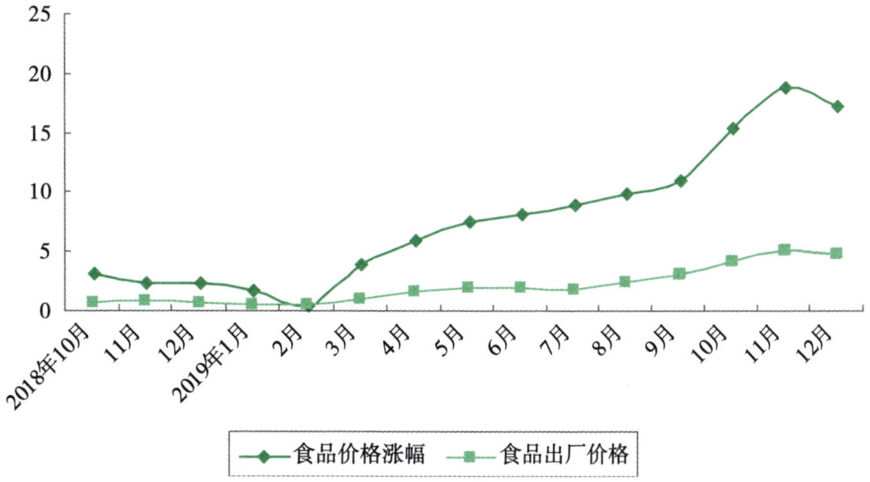

图2 2019年食品消费价格指数走势（%）

4. 固定资产投资缩减

2019年，全国固定资产投资（不含农户）551478亿元，同比增长5.4%，制造业投资同比增长3.1%。食品工业固定资产投资增速同比1增3降，处于较低水平，只有酒、饮料和精制茶制造业投资保持增长，增速为6.3%。其他3个行业，农副食品加工业增速为-8.7%，食品制造业增速为-3.7%，烟草制造业增速为-0.2%。

三、食品进出口

据海关统计，2019年，我国食品工业产品出口增长放缓，食品工业产品进口增长较大，我国食品进出口1.4万亿元人民币，同比增长11.7%，其中，出口4740.7亿元，同比增长3.4%；进口9226.6亿元，同比增长16.5%；逆差4485.9亿元，扩大34.6%。

表3 2019年食品工业出口交货值

行业名称	出口交货值（亿元）	同比增长（%）
食品工业总计	3678.6	3.3
农副食品加工业	2305.9	2.4
食品制造业	1098	6.1
酒、饮料和精制茶制造业	228.5	-1
烟草制品业	46.3	3

1. 概况

受经济增长放缓、中美贸易摩擦等因素影响，全年规模以上食品工业企业

实现出口交货值3678.6亿元，同比增长3.3%，比全部工业1.3%的增速高2.0个百分点，增速同比有所放缓。

2. 2019年我国食品进出口的主要特点

（1）月度进出口值较为平稳，第四季度持续冲高

2019年，除第一季度因春节因素波动较大以外，我国食品月度进出口整体平稳运行，年内最低点为2月份的714.1亿元，最高点为12月份的1487.9亿元。从增速来看，月度进出口增速第四季度持续冲高，由10月份的10.4%冲高至12月份的31.8%。（见图3）

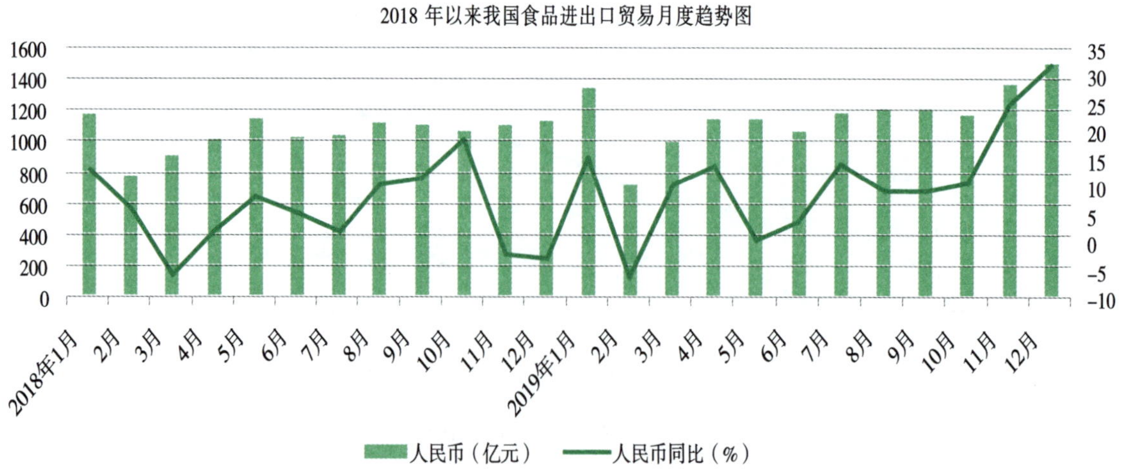

图3 2018年以来我国食品进出口贸易月度趋势图

（2）以一般贸易进出口为主

2019 年，我国以一般贸易方式进出口食品 1.18 万亿元，同比增长 13.5%，占同期我国食品进出口总值（下同）的 84.8%。同期，以加工贸易方式进出口 960.2 亿元，同比增长 0.8%，占 6.9%。

（3）民营企业为进出口主力

2019 年，我国民营企业进出口食品 8063.6 亿元，同比增长 14%，占 57.7%；外商投资企业进出口 3494.1 亿元，同比下降 3.4%，占 25%；国有企业进出口 2374.6 亿元，同比增长 33.3%，占 17%。

（4）东盟、巴西和欧盟为前三大贸易伙伴

2019 年，我国对东盟进出口食品 2528.6 亿元，同比增长 17.4%，占 18.1%，主要出口蔬菜，鲜、干水果及坚果和水海产品，主要进口鲜、干水果及坚果和食用植物油；我国对巴西进出口食品 1985.7 亿元，同比下降 8.6%，占 14.2%，对巴西主要出口产品为蔬菜、水海产品，自巴西进口产品为大豆；对欧盟进出口食品 1613.4 亿元，同比增长 18.6%，占 11.6%，主要出口水海产品，主要进口乳品和肉类；对美国进出口 1190.6 亿元，同比下降 9.2%，占 8.5%，主要出口水海产品，主要进口大豆。（见表 4）

表 4　2019 年我食品进出口前十大贸易伙伴统计表

贸易伙伴	进出口			出口		进口	
	价值（亿元）	同比（%）	比重（%）	价值（亿元）	同比（%）	价值（亿元）	同比（%）
合计	13967.3	11.7	100	4740.7	3.4	9226.6	16.5
东盟（10 国）	2528.6	17.4	18.1	1157.8	14.5	1370.8	20.0
巴西	1985.7	-8.6	14.2	24.3	4.3	1961.4	-8.7
欧盟（28 国）	1613.4	18.6	11.6	495.2	7.1	1118.2	24.5
美国	1190.6	-9.2	8.5	371.4	-19.4	819.2	-3.7
日本	704.9	2.6	5.0	629.7	1.0	75.2	18.0
中国香港	631.4	-0.8	4.5	598.7	-1.8	32.7	21.0
澳大利亚	606.4	23.7	4.3	64.1	5.6	542.3	26.3
新西兰	584.1	31.6	4.2	13.2	2.2	570.9	32.4
加拿大	513.3	-5.5	3.7	74.6	5.3	438.7	-7.1
阿根廷	451.2	212.7	3.2	2.0	11.1	449.2	215.3

（5）水海产品、蔬菜和水果坚果为主要出口产品，粮食、肉类、乳品为主要进口产品

2019 年，我国出口水海产品 1401.3 亿元，同比下降 3.6%，占同期我国食品出口值的 29.6%；蔬菜 866.7 亿元，同比增长 4.1%，占 18.3%；鲜、干水果及坚果 414.1 亿元，同比增长 24.2%，占 8.7%。此外，出口茶叶 139.2 亿元，同比增长 18.6%。

同期，我国进口粮食 2906 亿元（其中，大豆占 8 成），同比下降 3.6%，占同期我国食品进口值的 31.5%；肉及杂碎 1330.2 亿元，同比增长 77.3%，占 14.4%；水海产品 1092.8 亿元，同比增长 37.6%；乳品 809 亿元，同比增长 15%，占 8.8%；进口酒类 343 亿元（其中，葡萄酒占近 7 成），同比下降 7.2%。（见表 5）

表 5　2019 年我食品主要进出口商品统计表

出口				进口			
产品	价值（亿元）	同比（%）	比重（%）	产品	价值（亿元）	同比（%）	比重（%）
水海产品	1401.3	-3.6	29.6	粮食	2906.0	-3.6	31.5
蔬菜	866.7	4.1	18.3	肉及杂碎	1330.2	77.3	14.4
鲜、干水果及坚果	414.1	24.2	8.7	水海产品	1092.8	37.6	11.8
粮食	166.2	14.9	3.5	乳品	809.0	15	8.8
茶叶	139.2	18.6	2.9	鲜、干水果及坚果	776.3	39.8	8.4
肉及杂碎	131.0	-10.4	2.8	食用植物油	437.6	39.9	4.7
食用油籽	74.1	9.5	1.6	酒类	343.0	-7.2	3.7
肠衣	72.9	-18.0	1.5	食糖	77.4	14.8	0.8
蘑菇罐头	61.5	61.8	1.3	纸烟	43.9	7.7	0.5

1.3 2019 年影响食品工业的 23 件大事

中国食品工业年鉴编辑部

2019 年是食品工业高质量发展关键之年，“十三五”规划进入收尾阶段，食品工业进一步贯彻落实供给侧结构性改革，调结构、增品种、提品质、创品牌、保安全；努力适应食品消费方式和消费趋势新变化，更加精准聚焦城乡广大消费群体，不断提高食品安全和消费互动体验，更好满足人民对美好生活的需求；在新中国成立 70 周年之际，食品工业战线以饱满热情融入改革开放，以优异成绩为我国经济社会发展作出了重要贡献。为此，中国食品工业协会组织食品行业专家、食品骨干企业和行业媒体代表，从国家政策、行业宏观和产业微观三个方面，遴选出“2019 年食品工业重要记事”。

1. 中共中央、国务院印发《关于深化改革加强食品安全工作的意见》和新修订的《中华人民共和国食品安全法实施条例》实施，确保“舌尖上的安全”

2019 年 5 月，中共中央、国务院印发《关于深化改革加强食品安全工作的意见》（以下简称《意见》）。《意见》指出，必须深化改革创新，用最严谨的标准、最严格的监管、最严厉的处罚、最严肃的问责，进一步加强食品安全工作，确保人民群众“舌尖上的安全”。《意见》规划，到 2020 年，基于风险分析和供应链管理的食品安全监管体系初步建立；到 2035 年，基本实现食品安全领域国家治理体系和治理能力现代化。

3 月 26 日，国务院第 42 次常务会议通过了修订后的《中华人民共和国食品安全法实施条例》（以下简称《条例》）。《条例》强化了食品安全监管，完善了食品安全风险监测、安全标准等基础性制度，进一落实了生产经营者的食品安全主体责任，完善了食品安全违法行为的法律责任。新《条例》自 2019 年 12 月 1 日起施行。新《条例》是对 2015 年新修订的食品安全法更进一步的细化和落实。

《关于深化改革加强食品安全工作的意见》出台和新修订的《中华人民共和国食品安全法实施条例》将更加有力推动我国食品安全总体水平不

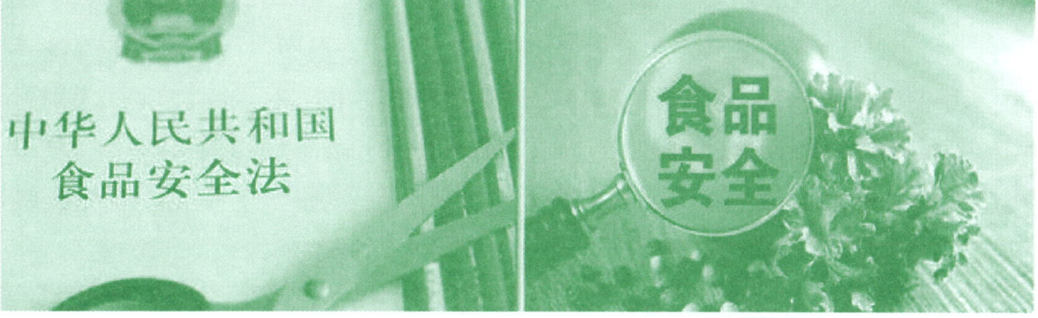

断提高，人民群众食品安全得到根本性保障。

2. 中国食品工业协会第七次全国会员代表大会摘要

中国食品工业协会第七次全国会员代表大会和七届一次理事会于 2019 年 7 月 30 日在北京隆重召开。大会顺利完成了第七届理事会的换届选举工作，产生了中国食协新一届领导集体。沈篪同志当选中国食协常务副会长（法定代表人），马勇同志当选副会长兼秘书长，地方食协、食品骨干企业及科研院所的主要负责人共 33 位同志当选为副会长。

沈篪常务副会长作总结发言及下一步中国食协工作要点。他表示，在奋斗新时代的关键时刻，中国食协正处在承前启后发展的新节点，大家共同肩负着从行业社会组织定位角度促进食品工业持续健康发展的光荣使命。中国食协要继续深入学习贯彻党的十九大精神，以习近平新时代中国特色社会主义思想统领协会工作，面向新时代，面向新未来，取得新成绩；中国食协要抓住发展机遇，提高协会服务质量，为促进新时代食品工业高质量发展做出新贡献。

同日下午，全国食品工业信息交流会暨热烈庆祝《中国食品工业年鉴》创刊 35 周年座谈会在北京中国科技会堂隆重召开。

3. 国民营养健康指导委员会成立

2019 年 2 月，国家卫生健康委会同 17 个相关部门，共同组建国民营养健康指导委员会，建立部门合作机制，加强对《国民营养计划》实施的领导、协调和指导，统筹推进营养健康工作。委员会发布了《国民营养健康指导委员会工作规则》《国民营养计划 2019 年重点工作》《健康中国行动 2019—2030》等文件，其中“完善食品安全标准体系，制定以食品安全为基础的营养健康标准，推进食品营养标准体系建设，政府要加快研究制定标准限制高糖食品的生产销售”以及倡议“减盐、减油、减糖”的健康饮食等内容，将对食品生产企业的发展产生深远影响。

4. 第二届食品安全国家标准审评委员会成立

2019 年 7 月，时隔九年之后食品安全国家标准审评委员会（简称委员会）完成换届，第二届委员会成立。食品安全国家标准的覆盖面将进一步扩大，我国的食品安全标准体系将更为健全和完善。中国新一届食品安全国家标准审评委员会的成立获得国际关注，国际食品法典委员会秘书长汤姆·海兰德特地发来贺信。

5. 国家下调进口食品关税，取消首次进口食品标签备案要求

2019 年，国务院关税税则委员会发布《关于 2020 年进口暂定税率等调整方案的通知》（税委会〔2019〕50 号），明确从 2020 年 1 月 1 日起，将对 859 项商品（不含关税配额商品）的进口关税进行调整，其中涉及众多进口食品关税。

值得注意的是，下调关税后，进口猪肉的暂定税率为 8%，进口冻鳕鱼和冻狭鳕鱼暂定税率分别为 2% 和 5%，婴幼奶粉的暂定税率仅为 5%。这表明，我国食品市场将进一步加大开放力度，更多优质食品将进入中国市场。同时，国家海关总署规定，为了便利进口商，从 2019 年 10 月 1 日起，取消“首次进口预包装食品标签”的备案要求，简化进口通关手续，提高通关效率。

6.“辣条”按“方便食品（调味面制品）”类别管理，南北之争终结

2019 年 12 月，国家市场监管总局发布了《关于加强调味面制品质量安全监管的公告》，公告明晰了包括“统一‘辣条’类食品分类、严格食品生产卫生规范和设施条件管理、加强原辅料和生产过程管控、严格标签标识管理、倡导减盐减油减糖、加强监督检查和抽样检验”六项内容。六项内容中，其中“对‘辣条’类食品统一按照‘方便食品（调味面制品）’生产许可类别进行管理，凡与此不一致的，应当于 2020 年 1 月 31 日前调整到位”的明确要求，也意味着辣条“南北之争”的终结。

7. 白酒生产线不再列为“限制类”，征税环节不变

2019年11月，国家发展和改革委员会《产业结构调整指导目录（2019年本）》，在2011年移除啤酒和酒精基础上，此次“白酒生产线”也被移出了“限制类”产业目录，备受社会各界关注。“白酒生产线”从2020年开始已不再是国家的限制性产业，这对今后白酒工业发展产生重大影响。

12月3日，财政部发布了《中华人民共和国消费税法（征求意见稿）》显示，白酒征税环节和税率不变，而此前白酒行业较为关心的“白酒征税移至消费端”，并未出现在征求意见稿内。

8. 国家进一步完善管理措施，保障婴幼儿配方乳粉质量安全

2019年，国家市场管理监管总局组织对《婴幼儿配方乳粉产品配方注册管理办法》进行了修订，同时补充起草了《婴幼儿配方乳粉产品配方注册管理办法（征求意见稿）》。意见稿主要在四个方面做出规定：一是进一步严格配方注册；二是进一步加大违规惩罚力度；三是进一步落实“放管服”要求；四是进一步明确职责程序和时限。

《婴幼儿配方乳粉产品配方注册管理办法》自2016年10月1日开始实施，到2019年再次修订。办法修订后，进一步强化了婴幼儿奶粉管理的科学性，切实保障婴幼儿配方乳粉的生产和消费质量。

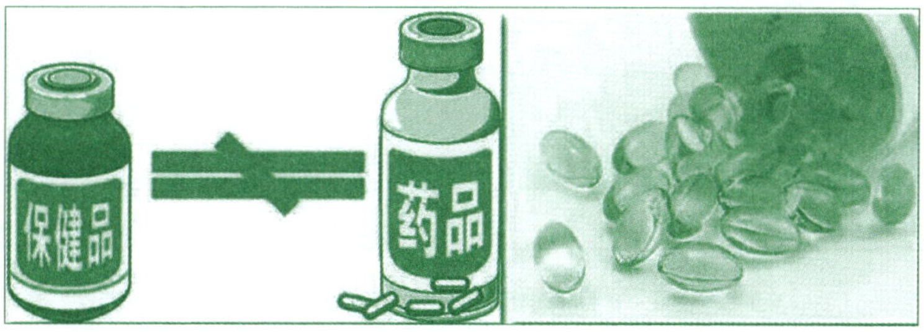

9. 保健食品标签将要标注“保健食品不是药物不能代替药物治疗疾病”

2019年8月，国家市场监管总局发布《保健食品标注警示用语指南》，要求保健食品生产经营者在标签专门区域醒目标示“保健食品不是药物，不能代替药物治疗疾病”。该指南将于2020年1月1日起正式实施，使消费者更易于区分保健食品与普通食品、药品，引导消费者理性消费。

10.《食品标识监督管理办法（征求意见稿）》公开征求意见

2019年11月，为进一步规范预包装食品标签标识，市场监管总局组织起草的《食品标识监督管理办法（征求意见稿）》向社会公开征求意见。征求意见稿对食品标签提出的若干新要求，以及与现行食品安全国家标准的衔接引起了食品行业的极大关注。

11.《GB7718 预包装食品标签通则》等13项标准公开征求意见

2019年12月，国家卫生健康委组织起草了“食品中污染物限量”“食品中真菌毒素限量”“预包装食品中致病菌限量”“散装即食食品中致病微生物限量”“预包装食品标签通则”“速冻面米与调制食品”“酒酿”“食品营养强化剂碳酸锰”“食品营养强化剂硒酸钠”“乳制品良好生产规范”“粉状婴幼儿配方食品良好生产规范”“食品中香兰素、甲基香兰素、乙基香兰素和香豆素的测定”“哺乳动物体内碱性彗星试验”等13项食品安全国家标准征求意见稿，向社会公开征求意见。

12.《进口食品境外生产企业注册管理规定（征求意见稿）》公开征求意见

2019年11月，海关总署发布《进口食品境外生产企业注册管理规定（征求意见稿）》公开征求意见。征求意见稿拟扩大境外食品生产企业注册管理范围，由现行的目录制改为实施分类注册管理，同时修订了对于境外食品生产企业注册的条件要求、提交的材料要求、将定期复审修订为年度验证等内容。

13.《市场监督管理投诉举报处理暂行办法》出台规范职业打假，保护“吹哨人”

2019 年 11 月，国家市场监督管理总局公布《市场监督管理投诉举报处理暂行办法》（以下简称《办法》），于 2020 年 1 月 1 日起实施。《办法》统一了市场监管部门处理公众投诉举报的程序，并再次重申，非为生活消费需要购买、使用商品或接受服务的投诉不予受理。这意味着，以“打假”等名义实施的恶意投诉索赔将得不到支持。在鼓励支持举报方面，为了保护举报人，《办法》规定允许匿名举报，鼓励经营者内部人员依法举报，落实举报奖励制度。

14. 食品行业更加注重“可持续发展”

2019 年，可持续发展理念越来越为食品行业所关注，从生产到零售、从餐桌到垃圾分类。随着社会逐渐提高关于塑料废物对地球和人类生存环境破坏的认知，为食品行业实施可持续发展政策带来了新的机遇，包括减少使用塑料包装、不使用袋塑料吸管、扩大使用、可重复使用或可回收材料，同时积极推动减少食物浪费。

15. 猪肉价格上涨，有关部门全力保障供给

2019 年，受非洲猪瘟疫情、国内市场供给偏紧等因素影响，猪肉价格逐步上涨，成为民生关注焦点。在国务院高度重视和精心部署下，国家共投放 7 批中央储备冻猪肉合计 17 万吨，保障供给，稳定价格；同时，国家有关部门和地方政府出台了多项有效举措，加大力度，做好生猪稳产保供，努力让群众“猪事”顺利。截至目前，全国 31 个省份都出台和细化了生猪生产扶持政策，预计 2020 年生猪生产将逐步恢复，生猪价格将逐步回落。

16.120 多国和地区食品及农业“土特产”成为第二届进博会亮点

2019 年 11 月 5 日—10 日，第二届中国国际进口博览会在上海成功举办，食品及农产品展区成为七大展区中面积最大、参展国别数量和企业数量最多的展区，来自 120 多个国家和地区的近 2000 家企业展示了“土特产”与融合现代科技的各类加工食品和农产品。

第二届进博会进一步加强了我国与“一带一路”沿线国家的食品、农产品贸易合作与往来，推进了国家食品安全监管政策和贸易便利化措施的出台。

17. 渠道变革加快，社区团购、直播卖货快速发展

2019 年，社区团购、视频直播卖货成为食品销售的新渠道，双十一期间，淘宝直播成交额达到 200 亿元，有 10 个直播间成交额破亿，直播卖货也成了双十一期间品牌商家最大的增长点。伴随着食品销售的渠道变革和消费者话语权的加强，及时抓住新渠道和渠道融合，从而有效抓住消费者和更精准市场成为食品企业关注焦点。

18. 5 家食品骨干企业营收超千亿，食品消费向优势企业知名品牌集中

据报道，2019 年茅台、五粮液两大白酒巨头营收超过千亿元，此前，食品骨干企业中粮集团、光明食品集团、首农集团营收已过千亿，共 5 家大型企业食品主营业务收入千亿元。此外，乳业巨头伊利、蒙牛也正向千亿目标奋进。2019 年，茅台稳定在万亿市值以上，海天味业市值也一度超过了 3000 亿元。食品产业呈现了高质量、高效益发展的新态势，行业“马太效应”凸显，向优势企业和优势品牌集中的速度加快。

19. 多家食品企业 IPO 成功，包括乳品、酒业、调味品、休闲食品、咖啡等

2019 年食品企业“赶潮上岸”、纷纷冲击 IPO，登陆资本市场。三只松鼠、新希望乳业、华致酒行、天味食品、有友食品、西麦食品、嘉美包装均成功登陆 A 股市场，飞鹤在香港上市，瑞幸咖啡在美国纳斯达克挂牌。此外，良品铺子、均瑶乳业、华文食品、展翠食品等企业也紧跟排队。

值得关注的是，三只松鼠登陆 A 股市场，受到股民追捧，经过 11 个交易日，市值从 84 亿元涨到 200 亿元。飞鹤在香港上市，市值超过 670 亿港元，成为港交所历史上首发市值最大的乳品企业。瑞幸咖啡是 2019 年在纳斯达克 IPO 融资规模最大亚洲公司，结合开盘后股价推算，当前市值近 60 亿美元。

20. “人造肉”引发产业新热点

2019 年 5 月植物蛋白肉 Beyond Meat 公司在美国纳斯达克上市后，股价上涨近 6 倍，引发对该类产业的高度关注。除了以植物蛋白为基础的“人造肉”产业，国内外对“细胞培养肉”的研发技术也在快速提升，并且产生了口感更接近肉品的“大豆血红蛋白 + 植物蛋白肉”新型产品。我国的“细胞培育肉”研发仍处于起步阶段，但发展速度非常快。以大豆、豌豆拉丝蛋白生产的“植物基人造肉”我国则具有原料优势。

21. 葡萄酒仍在深度调整，国产葡萄酒逐步掌握行业主导权

2019 年，葡萄酒行业产能、营收、利润三项指标仍在下滑，葡萄酒仍处在深度调整阶段。但随着国内产区基地建设的完善，代表各产区风格的产品开始涌现，包括张裕、长城等国产主流葡萄酒企业逐步掌握了葡萄酒行业的主导权，引导行业迈向大单品与精品特色产品竞合发展时代。

22. 调味品行业持续快速发展

2019 年调味品行业继续快速发展，海天、厨邦、李锦记、恒顺、千禾、雀巢、天味等企业继续加速创新，细分产品不断推出，国产调味品性价比高，议价能力强，被资本市场长期看好，2019 年海天味业市值一度突破 3000 亿元，成为仅次于贵州茅台和五粮液的第三大消费股。

23. 多家企业布局咖啡饮品市场

传统咖啡饮品生产企业雀巢、星巴克在经营渠道联手合作，不断推出细分品类拓展市场。其他饮料食品生产企业如可口可乐、百事、伊利和蒙牛等也纷纷进入咖啡饮品行业，利用各自优势推出即饮咖啡或咖啡饮料。更值得关注的是，起源于深圳的“Coffee Now”即萃咖啡品牌在无锡建立了每小时处理咖啡生豆 4 吨的工厂，大规模布局未来市场。

1.4 国外农产品加工与食品产业发展趋势

来源：《现代农业》2006（9）

全世界食品工业以每年约27000亿美元的销售额居各行业之首，是全球经济的重要产业，也是全球最大的制造业。

一、食品加工业的发展现状

工业化国家的食品工业是发展最快的产业之一，加工增值比例一般在2.0～3.7：1.0，在国民经济中占有重要的地位。经济发达国家服务于国民生活的第三产业都很发达，其产值在GDP中占有较高的份额，除美国外，其他工业化国家第三产业对GDP增长的贡献率都超过第一、第二产业。有关工业化国家第一、二、三产业对GDP增长的贡献是：据不完全统计，美国0.19、2.95、2.15，日本0.04、0.26、1.21，加拿大0.02、1.43、2.13，法国0.02、0.90、1.45。德国、意大利、澳大利亚等国家第三产业对GDP增长贡献率都超过了第二产业，更超过了第一产业。这些国家居民生活恩格尔系数在10.6%～20%之间。当中国的第三产业总产值占40%时，才能使居民生活恩格尔系数降低到35%～25%，居民的生活水平将达到小康标准。

欧洲的农产品加工业伴随着工业革命孕育而生。在工业革命后，欧洲已建立了农产品生产、加工、贮运和销售的组织体系、市场体系和技术体系。

法国的农产品加工业发展势头强劲，其农产品加工业产值占其工业产值的20.3%，占国民生产总值的7%；从业人数占其工业从业人数的20%，成为法国工业中增长最快、盈利最多的行业。法国的食品加工业主要是肉类加工，占全部加工业比重的23.4%；其次是奶类加工，占20.7%；饮料和葡萄酒为13.8%；面包、制糖、巧克力等食品占28.5%。法国是全球第一大食品出口国。

德国食品行业生产的品种最为齐全和多样化。三分之二的德国食品公司在市场上投放2000多种新产品。小供应商特别活跃并富有创造力，新产品的营业额占27%。由于质量好且有创新的特点，所以德国生产的食品在世界上享有极高的声誉，产品比较畅销。美国是玉米生产、加工和消费大国，产量占世界总产量的40%左右，玉米加工为美国带来巨大的经济效益。美国采用湿法加工玉米，美国大豆的主要加工产品为大豆粉和豆油，年产大豆粉3400万吨，大豆油820万吨。用大豆粉还可以再加工成食品、饲料及其他医用、化工等产品。

法国、美国、英国、荷兰等国家马铃薯加工率分别达到59%、48%、40%和40%。日本大米加工技术先进、设备的制作精细、自动化程度高。

二、食品加工业发展趋势

发达国家食品加工业已经成为重要的制造业部门和出口创汇部门，是国民经济的重要增长点。发达国家由于工业化和城市化开始早、程度高、科学技术进步快，因而食品工业发展起步早、水平高，并积累了不少经验。

（一）在激烈的市场竞争中以技术占据优势

1. 发达国家高度发达的食品加工机械部门，不断利用新原理、新技术、新工艺、新材料，间接实现了先进技术在食品加工领域的应用

食品加工机械产品品种齐全，机械化、自动化程度很高，不仅使得加工企业的生产效率大大提高，而且保证产品质量稳定、统一、可靠和产品标准化、系列化。发达国家食品加工机械一般具有动力、燃料及水消耗少的优点。食品加工的原料利用率高，如美国能利用废弃的柑橘果子榨取 32% 的食用油和 44% 的蛋白质；从橘子皮、苹果渣中提取和纯化果胶质或柠檬酸；淀粉糖制造设备加工淀粉糖能做到无废渣、废水或废气排出。

2. 发达国家食品加工企业注重食品加工过程中的研发和创新活动

（1）研发技术创新。大型食品加工企业都比较注重研发投资，企业投资一般占销售额的 2% — 3%。同时，政府鼓励食品研发投资。加拿大政府就有专门的研发投资税收优惠政策。发达国家食品加工过程基本实现了计算机自动控制、检测和调整。食品加工技术革新体现在包装技术、新式产品、高效加工控制系统、自动分级系统以及新产品的说明中。

（2）产品品种创新。根据消费方式改变，方便、健康和多样化的产品大量涌现，实现产品创新的速度快。美国、加拿大等国的食品加工业一方面引入不同民族风味的食品加工，另一方面积极推出便捷食品，如“保鲜餐”“全餐配备”“速配餐”“即食汤”等等以及健康食品：包括低脂、低盐、低糖食物，瘦身特餐等等。

（3）食品包装创新。食品包装改变了过去单纯的保护和保存作用，进而成为市场营销战略的主要手段，在促销和与顾客的沟通中起着重要作用。食品包装不仅更加注意美观，突出品牌与个性，符合环保要求，而且针对消费者的不同需求而设计。

（4）采购和销售渠道创新。在发达国家，许多食品加工企业利用因特网技术来提高购买效率。例如，一个由美国 50 多家著名食品公司组成的“TRANSORA”网络市场，就是一个企业间的网上交易市场，其联合采购能力为 4000 亿美元。这个网络除了用来采购原料外，还能用来监控库存和管理工厂。通过这个网络采购，食品公司能在很大程度上节省开支。发达国家完善的互联网络深入到每一个家庭，食品销售网上交易的数量不断增加。

（二）积极应对全球市场的变化，寻求更多的发展机会

1. 食品加工企业自身不断根据全球市场变化，进行结构调整、联合、购并和合并。国内一些小型独立食品加工企业逐渐被大型全球性食品加工企业所取代。这些大型食品加工公司积极向国际市场扩张，到境外寻求更多的市场和发展机会。跨国食品加工公司的全球重组十分活跃。另一方面，中小型食品加工企业重新定位，寻求适宜自身发展的市场。

2. 食品加工企业从各方面改进生产模式 = 更新设备，采用先进的生产技术，根据世界食品零售市场需求进行内部生产调整。尤其是一些公司推行“全面质量管理”模式来改进工作环境，提高生产力和产品质量，从原材料筹备、运输、工厂加工到产品营销，都是管理与质量的密切结合。

3. 食品加工企业尤其是跨国公司树立新的经营理念

食品市场全球化不仅表现在世界贸易日益自由化，而且包括信息和通信技术的快速发展以及

生物技术的进步。因此，建立全球性的零售网络和链条势在必行。充分利用全球资源网络化发展机会，依据全球标准进行产业重构，重点是品牌改变和建立。品牌信誉好的跨国食品加工企业在产品分配和营销网络的构架上都做得十分完善，以越来越雄厚的经济实力为后盾，不断开发新技术、提高生产率、加强营销和巩固品牌，从而以更加雄厚的实力参与全球市场竞争。发达国家跨国食品加工公司在全球知识经济浪潮和国际市场竞争日渐激烈的推动下，研发也呈现出国际化发展趋势，纷纷通过直接投资和间接控股在境外设立研发中心，而且国外研发中心的研发支出占总研发支出的比例也逐年上升。

4. 国际食品加工业的发展趋势总的可以概括为：（1）产业化经营管理越来越成熟；（2）加工技术和设备越来越先进；（3）资源的有效利用率越来越高；（4）产品的规格标准和质量控制体系越来越完善。

三、加强我国农产品加工业技术创新体系建设的几点建议

（一）建立国家级农产品加工研究机构

为了加强农产品加工领域的科学研究，加快农产品加工业的发展，建议对分散在各部门有限的农产品加工研究力量予以整合，在国家级农业科技系统中建立精干的国家农产品加工研究机构，并作为非营利性机构，统一纳入国家科技创新体系，给予重点支持。通过该研究机构，协调组织全国农产品加工研究力量，有针对性地进行攻关研究与示范，解决农产品加工业发展中的重大关键技术问题。

（二）建立国家农产品加工工程中试中心

建议建立国家级的农产品加工工程中试中心，解决农产品产业化过程中的重大技术创新、技术改进、技术组装和技术配套等系统问题，开展技术示范、技术咨询、技术培训和技术服务，促进新技术、新工艺的推广和应用。

（三）加大国家对农产品加工业技术创新体系的专项投入

建议应在各级科研计划中单独立项，而不应依附于其他学科领域。国家应加强对农产品加工研究项目的支持，特别要对影响农产品加工业发展的一些关键问题给以专项支持，力争在较短时期内取得突破，在生产中发挥作用。

（四）加强农产品质量与安全技术措施的研究

要在加快农产品加工业发展的同时，特别重视农产品的质量与安全研究，加快制定农产品的质量标准，确保农产品加工业健康发展。

（五）重视农产品加工业发展的社会环境建设

要认真研究影响农产品加工业发展的外部环境和社会因素，如相关政策、法律法规、对外贸易、国际市场、社会及人文环境等，使农产品加工业在良好的内、外部环境条件下快速发展。

1.5 调味品行业现状与趋势

中国调味品协会常务副会长兼秘书长　白燕

投资、消费、出口作为拉动经济增长的“三驾马车”，疫情下出口和投资都受到一定程度的影响，消费成为现阶段拉动经济发展的主要动力。2020年，在国内国际双循环相互促进的新发展格局下，调味品作为刚需民生产品，在疫情期间发挥了产业优势，在产业发展的同时，满足了消费者对美味的需求和对美好生活的追求。而2019中国调味品著名品牌百强企业（以下简称百强企业）和疫情影响下的上市企业数据，以及多方位的调研结果显示，调味品行业的发展依然稳健，充分体现了消费升级的趋势。

一、消费行业宏观背景

消费升级是我国消费行业整体的大趋势。过去5年我国人均可支配收入正快速提升，2019年突破3万人民币大关，五年复合增速达到9.6%。在收入提升的支撑因素下，居民的消费信心正在不断提升，对应的，我国消费市场也正在往健康化、品质化方向发展。在调味品行业，通过电商搜索词的发展趋势看出，调味品也有较明显的消费升级的趋势。

消费和经济的底层是人口，我国正发生着较大的人口结构性变化。一方面，预计到2030年中国人口将达到顶峰，约14.6亿人，之后人口数量将步入下行轨道。意味着2020至2030年将是中国人口红利的最后十年。另一方面，新消费的主力驱动往往是新人群，第一批90后已经迈入30岁，并已成为新一代的消费主力。同时，中国正在加速老龄化，对应的银发人群的比例正在快速提升。这背后存在大量的调味品产品端适应性改良的机会。

下沉市场充满机会。过去10年间，主要的产品创新、品牌创新主要集中于一线城市，但“繁荣只是冰山一角，平凡生活才是广袤海洋”，中国的基础经济构成其实是由县、镇、乡一级的细分市场构建起来的，中国四线及以下城市的人口占到全中国人口的7成以上，低线级城市家庭调味品的消费确实是在快速增长的。基于上线城市往下线城市传导的逻辑，可以预见，下沉市场具备极强的消费品的市场机会

二、调味品品牌企业数据与现状分析

（一）百强企业数据分析

2019年，百强企业的总销售额超过1000亿元，近三年复合增速达到13%，百强企业生产产量达到1429万吨，三年复合增速8%，行业整体保持了高速发展，且整体保持了量价齐升的态势。

百强企业的品类结构上，传统大品类中，酱油占比从2017年的29%略微下降至2019年的27%，复合调味料从2017年的9%提升至2019

年的 11%，酱类整体稳定在 8%，味精从 2017 年的 9% 下降至 2019 年的 6%，其他传统大品类占比基本稳定。结构上细分长尾品类整体占比有较明显的提升，从 2017 年的 20% 提升至 2019 年的 28%，代表了调味品品类进一步细分化的趋势，鱼露、鸡汁、番茄酱等都有较明显的增长。

调味品 12 大传统大品类分析：

1. 酱油

入围企业集中度高，产量、收入持续增长。百强入围企业数 33 家，收入合计 280 亿元，前 5 大收入占比 80%；产量合计 520 万吨，前 5 大产量占比 80%。

2. 复合调味料

入围企业收入、产量均呈现高速增长，行业集中度低。百强入围企业数 33 家，收入合计 113 亿元，前 5 大收入占比 52%；产量合计 71 万吨，前 5 大产量占比 54%。

3. 酱类

入围企业收入复合增速超过 10%，行业集中度较低。百强入围企业数 34 家，收入合计 83 亿元，前 5 大收入占比 66%；产量合计 91 万吨，前 5 大产量占比 67%。

4. 食醋

入围企业稳健增长，头部集中度较低。百强入围企业数 37 家，收入合计 65 亿元，前 5 大收入占比 58%；产量合计 171 万吨，前 5 大产量占比 55%。

5. 味精

入围企业收入、产量、数量均呈现下滑趋势。百强入围企业数 9 家，收入合计 61 亿元，前 5 大收入占比 99%；产量合计 81 万吨，前 5 大产量占比 99.6%。

6. 鸡精鸡粉

入围企业收入、产量波动明显，单位产量收入降幅较大。百强入围企业数 16 家，收入合计 61 亿元，前 5 大收入占比 81%；产量合计 30 万吨，前 5 大产量占比 73%。

7. 蚝油

入围企业产量、收入均高速增长，头部集中度极高。百强入围企业数 9 家，收入合计 47 亿元，前 5 大收入占比 98%；产量合计 97 万吨，前 5 大产量占比 99%。

8. 酱腌菜

入围企业单位产量收入持续提升，行业集中度较高。百强入围企业数 13 家，收入合计 38 亿元，前 5 大收入占比 91%；产量合计 36 万吨，前 5 大产量占比 90%。

9. 火锅调味料

品类高增长，收入、产量复合增速超过 10%。百强入围企业数 14 家，收入合计 31 亿元，前 5 大收入占比 85%；产量合计 16 万吨，前 5 大产量占比 88%。

10. 香辛料

入围企业集中度极高，2019 年，单位产量收入同比提升较多。百强入围企业数 6 家，收入合计 29 亿元，前 5 大收入占比 99%；产量合计 9 万吨，前 5 大产量占比 99%。

11. 调味料酒

入围企业数量逐年增加，产量及收入复合增速高。百强入围企业数 18 家，收入合计 17 亿元，前 5 大收入占比 87%；产量合计 33 万吨，前 5 大产量占比 85%。

12. 腐乳

入围企业规模较小，收入及单位产量复合增速较高。百强入围企业数 9 家，收入合计 17 亿元，前 5 大收入占比 91%；产量合计 15 万吨，前 5 大产量占比 88%。

（二）调味品上市企业数据分析

疫情期间，调味品赛道逆势增长，大幅跑赢了大盘及消费指数。截止到 2020 年 9 月 2 日，有 7 家调味品上市公司有较明显的股价涨幅，如海天涨幅 122%，中炬高新 114%，颐海国际 183%，千禾味业 202% 等，大幅跑赢了中国必选消费指数的 40% 及可选消费指数的 47%，表现出了较强的抗风险能力。对2B类调味品企业而言，尽管疫情期间餐饮行业60%企业收入同比下滑，但2B类调味品企业仍有75%保持了收入增长。对2C类调味品企业而言，疫情使餐饮消费从外食转向家庭烹饪场景，反而提升了C端调味品需求，多家2C类调味品企业在疫情期间收入保持了良好增长。上市公司毛利率整体稳定，受疫情影响较小。12家调味品上市企业中有6家毛利率同比上涨，6家同比出现下降。同时出现毛利率下降及收入下降的企业仅2家，其余10家仍保持了相对健康的增长状态。

（三）淘系调味品行业情况分析

通过淘数据对淘系调味品行业数据抓取来看，淘系内主要调味品品类整体发展良好。淘系内复合调味品年销售额超过40亿，调味酱超过30亿，且都保持了较高增速。

在淘系渠道，我们看到较明显的高端化趋势，如从酱油的交易价格段来看，高端产品的占比正在提高，关键词搜索上也越来越往产品功能的细分品类上主动搜索（如鸡、鱼、红烧等），如酱类调料除了客单价提升外，也有从单一酱类升级至复合型产品的趋势。

疫情期间，食盐品类出现了较明显的电商化特征，销售场景快速从线下往线上转移，淘系销售出现了爆发性的增长。

三、商业模式的变化与消费渠道的特性

（一）零售渠道端的演化

调味品本身属于基础消费品，零售渠道的发展在调味品发展中扮演了至关重要的一环。回顾零售业态整体的演进，主线是流量成本和供应链效率的不断博弈。从最早的农村市集到百货，再到商超卖场，接着到购物中心、便利店、社区零售、B2C电商等等，趋势上，低效的零售业态逐步被淘汰，需求越来越细分，不断满足消费者对体验性、专业度、便利性不断提升的需求，最终达到一个多业态并存的零售环境。

高低线城市的零售渠道也表现出不一样的发展阶段的特征，如一线城市，社区店业态如钱大妈，前置仓业态如每日优鲜等正在快速复制。二线城市，大卖场基本维持，综合超市增速相对较快，社区业态开始出现。三线城市，大卖场仍保持增长，综合超市增速较快。从过往发展来看，高线级城市的零售业态持续不断地向低线级城市传导。

（二）社区商业的演化

零售业态的演化中，有一条演化路径是比较明显的，大卖场由于无法满足品类进一步专业化的需求，各类跟“吃”有关的场景不断从大卖场中被独立出来，变成社区专业店，如生鲜——钱大妈，火锅食材——锅圈食汇，熟食——紫燕百味鸡，半成品饺子、云吞——袁亮宏等等。对应的，这些新的社区专业店场景也是潜在的调味品新的销售或使用场景。

一二线城市社区商业的线上端，近年来，诞生了许多社区生鲜电商的新物种，起量很快，如超市到家、前置仓、社区团购等等，本质上是围绕多快好省，做用户商品交付的不断迭代，同时也能满足消费者对调味品便捷性或即时性的需求，对于调味品企业而言将是不可忽视的新销售场景和渠道。

（三）从餐饮消费来看调味品

2019年，全国餐饮收入4.67万亿元，同比增长9.4%，超过同期GDP增速（6.1%），是我国消费增长的重要驱动力。另一方面，外卖19年达到6500亿元，同比增长39%，外卖消费者规模达到4.6亿人，是我国餐饮的重要的结构性变化。

从餐饮增长驱动来看，一方面是餐饮提价，一方面是在外用膳和外卖的消费频次有明显增加。其中，火锅和正餐过去3年的营收和消费频次的增长是相对较快的业态。餐饮业近年来有两个方面的核心需求，第一是后厨标准化的需求。中国餐饮和欧美餐饮的很大的不同点在于中餐连

锁化率始终保持了较低的水平，中国连锁餐饮仅占到2成左右，高度分散，底层是中餐由于其烹饪特性导致后厨标准化难度较高。因此，标准化是餐饮连锁化发展的核心诉求，其中后厨的标准化是核心难点。第二，近年来餐饮业的成本端增长较快，尤其是人工工资成本提升明显，2019年人工占营业额的比例提升了2%，达到22.4%。餐饮业成本的不断增长驱动餐饮企业有日益增长的成本优化的需求。

后厨标准化叠加成本优化的需求，带动了餐饮企业对口味标准化、第三方的口味解决方案产生了有较大需求，从而驱动了2B餐饮调味品的工业化和复合化，因此2B复合调味品企业过去普遍都有不错的增长。但是，toC调味品企业是比较难切入餐饮定制复合调味品战场的，主要是业务结构和开发强度不同，toC调味品企业更关注经销渠道，单品爆款逻辑为主，开发讲究全国市场的通用性。toB企业直销是核心，定制研发是核心能力，对开发速度、宽度、定制灵活度的要求较高，同时需要不断沉淀配方库来拓宽护城河。

疫情期间，餐饮的另一大结构性变化是预制菜、成品菜的渗透率快速提升，主要是满足了一部分既想在家吃饭，又不想点外卖，且自己动手能力弱，不太会做饭的一群人，很多年轻人都有类似的特征。疫情期间，只需要简单烹饪或简单加热即可食用的预制菜和成品菜便成了这群人的优先选择，是平衡味道、时间、效率的较优的解决方案。调味品的最终目的还是体现在一道菜上的，从调味品到料理包再到一道菜的完整解决方案的发展路径来看，预制菜或成品菜其实是潜在的，最贴近一道菜的调味品形态。此外，以鱼香肉丝预制菜为例，是由辅料包、肉丝包、酱料包三部分组成的，其中酱料包是产品的灵魂，且一般交由专业调味品企业来完成，是调味品企业一种新的产品形态。

四、调味品行业的发展趋势

（一）调味品行业的未来发展特征

调味品行业整体保持了双位数增长，趋势上品类结构从单一向复合化方向迁移。对标美国日本来看，中国调味品集中度整体处于较低水平，是日常消费品中最分散的子行业。从品类来看，除了味精、食盐等品类的同质化相对严重，蚝油品类里海天和李锦记市占率相对较高外，其他还有大量品类的集中度仍处于较低水平，市场相对分散。

（二）调味品上下游渠道发展趋势

目前，调味品销售渠道的构成，体现了调味品产品从生产企业到消费者的全部链条。包括了2B与2C两大渠道，也包含了线上和线下的多种路径和方式。而第三方中间商的概念也是首次提出，原因在于目前调味品产业全渠道销售体系的建立，原有的传统线下经销商已经不是唯一的中间商形式了，多频道网络服务机构（MCN）和一些专为品牌商提供线上销售的代理商也逐渐增多，与生产企业形成了专业的分工。同样是专业化的分工，调味品企业已经形成了生产商、品牌商和风味解决方案提供商三大格局。但是，不论渠道如何演变和升级，都是战术和商业模式上的转变；核心的商业思路和商业本质不变，那就是提供高品质产品，通过家庭厨房、餐饮业和食品加工三种终端渠道，去触达消费者，满足消费者日益增长的对美味生活的新需求。

国内调味品企业经销和直销的比例约9：1，相比于经销商体系，品牌商自建渠道的效率较低，难以做到全渠道覆盖，这主要是因为：经销商往往代理多家品牌产品，存在一揽子的产品组合供客户选择；在一级经销商覆盖不到的渠道，可以借助下一级分销商做下沉渗透。

调味品餐饮渠道特点有三方面：第一，价格敏感。我国餐饮结构以中低端餐饮为主，采购时价格是其主要考量，看重性价比。第二，高忠诚度。餐饮渠道呈现明显的易守难攻的特征，厨师一旦对某个品牌形成习惯，就很难做出改变，高端餐饮尤为明显。第三，组合采购。餐饮客户讲究效率，组合采购比例较高，对此，调味品公司往往通过经销商进行覆盖，或通过丰富自身的SKU数量，以满足客户一站式的采购需求。

1. 上市企业牢牢把控经销商渠道

经销商数量，2020年上半年比2019年上半年，涪陵榨菜同比增长33%，中炬高新同比增长32%，天味食品同比增长133%，各家企业都在积极培育经销商，且通过经销商向区县乃至社区下沉的趋势明显。

2. 调味品行业的电商渗透率处于较低水平

品牌线上渗透率约20%，品牌触电率（品牌线上销售）为7%，远低于快消品行业整体平均触电率70%。对调味品而言，电商渠道有较大的发展空间。

3. 电商为调味品企业提供了良好的“讲故事”场景

调味品线下主要以堆头、易拉宝、海报等陈列方式，品牌沟通效率比较低。而线上得益于详情页、短视频、直播等，停留时间更长、产品展示更直观，综合体验更好，因此线上对调味品品牌而言，是更好的品宣阵地，尤其适合拔高品牌形象。此外，电商到家服务也可满足消费者对调味品消费的即时性、便捷性的需求，搭配销售也可有效摊低物流费用，电商的便利性、价格及套装优势有利于客单价及销量的提升。

4. 产品差异化、品类升级驱动基础品类的持续提价

以海天为例，自2008年至今有5次系统性提价，厨邦有4次，单次提价在5%~10%左右。我国调味品平均价格相较其他国家和地区尚处于较低水平，说明调味品单价仍有较高的上升空间，提价是调味品行业增长的重要动力。提价路径可以通过品牌形成的品牌溢价提价或通过产品差异化（细分场景、包装差异化、健康化、引入年份概念等等）来达到提价。

5. 外食及外卖占比的持续提升，带动调味品摄入量增加

餐饮渠道占调味品约40%~50%的市场，是调味品的主要渠道。据统计，在外用餐和外卖的每千克食物调味品使用量是家庭烹饪的1.5倍以上，随着外食、外卖的占比提升，调味品使用量也在快速提升。

6. 调味品的多元化、差异化，满足细分场景需求

以醋为例，通过调节醋酸度及配料搭配，在基础醋品类之上延伸出了烹调型（醋酸度5%，如香醋）、佐餐型（醋酸度4%，如饺子醋）、保健型（醋酸度3%，如蜂蜜醋）、饮料型（醋酸度1%，如菠萝醋饮料）等。

7. 调味品的复合化进程加快

无论是食品工业端，从供应调味到供应菜品的完整产品解决方案需求的转变；还是家庭需求端，年轻人懒人经济、烹饪能力弱；又或是餐饮需求端，后厨降本、标准化需求增加等，共同推动了调味品的复合化。

8. 调味品里有很多的长尾品类中诞生了大量的隐形冠军

一方面是一些长尾品类品牌往往在细分品类上深耕多年，已经形成了品类品牌的效应，且往往在口味、原料、制作工艺上有独到之处，消费者能够形成口味记忆，或在B端能够形成足够强的供应链成本优势，从而做到强者恒强。另一方面，2B类的长尾品类在下游企业内采购预算占比较小，下游对价格不敏感，因此利润也普遍较高。

9. 产能跑马圈地，高端化、智能化和智能制造优势明显

随着近几年调味品行业的不断发展，企业的不断壮大，行业品牌集中度正在逐步形成。调味品正进入大品牌竞争时代，整个行业即将面临一场由产品价格战到品牌价值战的转变。整体而言，

近年来新增企业数量不断增加，行业供给能力逐年提升。此外，疫情中企业普遍面临的员工复工难问题让企业更加充分了解到生产智能制造的重要性，且在疫情后，企业在生产线设计中将开始愈加重视智能制造。

（三）调味品产业集群的发展及未来

近年来，全国各地逐步出现了调味品的产业集群。包括：1）由于历史发展形成的产业集聚区，如乐陵、兴化；2）宏观战略推动的生产基地，比如阳西产业园的在“双转移战略”的推动下发展，以及遂平、宿迁在当地政府帮助下构建产业集群；3）区域产品形成集聚区，如郫县豆瓣、清徐醋；4）当地大型品牌的发展形成产业链，如海天、太太乐等。各类调味品产业集群的形成优化了调味品企业间的合作成本，加速了行业发展。

目前，我国正面临着国际、国内经济危机的双重考验，尤其是国际环境的复杂多变，给我国经济的发展带来了巨大的挑战。国内政策频频进行适应性调整，从大战略上提出“内循环为主体，国内国际双循环相互促进”，到提出大力倡导节约粮食，重提控杠杆等，都在释放要积极应对新的风险挑战的信号。李克强总理在日前主持召开的国务院会议中，确定要支持新业态、新模式加快发展，带动新型消费的措施，以促进经济恢复性增长，拉动内需消费。

尽管我国经济处于下行趋势，但消费者饮食消费升级的趋势却不会改变，正如经济下行期的“口红效应”，和现在因疫情，口红消费受影响而出现的“美甲效应”一样，调味品作为消费者饮食消费的必需品，也会呈现产业升级的趋势。

基于这样的背景，并结合现有的市场格局和数据分析，我国调味品产业的市场发展前景依然十分广阔，市场空间方面，红海和蓝海并存，品牌和企业间的竞争将更加的激烈，行业将呈现出“逆势而上集中破局”的发展态势。

第二部分

行业篇

2.1 油脂工业

【a. 概况】

1. 油料油脂生产情况

2019 年，我国的油料生产与粮食生产一样，再创历史新高。八大油料作物的总产量达 6666 万吨，再创历史最高纪录，同比增长 3.7%。其中，大豆产量为 1810 万吨，同比增长 13.4%；花生果产量为 1760 万吨，同比增长 1.5%；油菜籽产量为 1353 万吨，同比增长 1.9%；棉籽产量为 1060 万吨，同比下降 3.5%；葵花籽产量为 328 万吨，同比增长 1.8%。另外，油茶籽产量为 265 万吨、芝麻产量为 45 万吨，亚麻籽产量为 45 万吨，这三种油料作物的产量同比都略有增长，但增幅不大。八大油料作物的产量除棉籽略有下降外，其他七种油料作物的产量都有不同程度的增长，尤其是大豆产量同时增长幅度最大，达 13.4%。

2. 利用国产油料榨油量

在利用国产油料榨油方面，根据国家粮油信息中心预测，2019 年，我国利用国产油料（扣除大豆、花生、芝麻、葵花籽等四种油料部分直接食用外）榨油的油料量为 3725 万吨。榨得的食用植物油（含玉米油、稻米油及其他小宗油脂）1192.8 万吨，同时，多榨得了食用植物油 10 万吨。

3. 油料油脂的进出口

2019 年，我国进口各类油料合计为 9330.8 万吨，同比减少 118.1 万吨，同比下降 1.25%。其中，进口大豆 8851.1 万吨，同比增加 48 万吨，同比增长 0.55%；进口油菜籽 273.7 万吨，同比减少 201.9 万吨，同比下降 42.45%。2019 年，我国进口各类食用植物油合计为 1152.7 万吨，同比增加 334 万吨，同比增长 42.54%。其中，进口大豆油 82.6 万吨，同比增加 27.7 万吨，同比增长 50.46%；进口菜籽油 161.5 万吨，同比增加 31.9 万吨，同比增长 24.61%；进口棕榈油 755.2 万吨，同比增加 222.5 万吨，同比增长 41.77%；进口葵花籽油 122.9 万吨，同比增加 52.6 万吨，同比增长 74.82%。

在油料油脂的进口中，一些消费者喜爱的高端油料油脂的进口势头仍然十分看好，诸如葵花籽油、亚麻籽及亚麻籽油、橄榄油和椰子油等进口数量不断增加。其中，葵花籽油进口数量由 2018 年的 70.3 万吨猛增到 2019 年的 122.9 万吨，同比增长 74.82%，与历史上进口量最多的 2016 年 95.7 万吨相比，增长了 28.4%；亚麻籽油和亚麻籽的进口量均创历史进口史上的最高纪录；另外，2019 年进口橄榄油 5.24 万吨、进口椰子油 17.23 万吨，也都创造了进口史上的最高纪录。

在油料油脂进口的同时，我国每年也有一定数量的出口，2019 年，我国出口油料合计为 116 万吨，出口食用油脂合计为 27 万吨；我国还进口了豆粕 97 万吨，进口菜籽粕 158 万吨。

【b. 食用油市场产销情况分析】

2018/2019 年度，我国食用油市场的总供给量为 3913.8 万吨，其中包括国产油料和进口油料合计生产的食用油产量 2891.0 万吨及直接进口的各类食用油合计 1022.8 万吨；2019 年度，我国食用油的食用消费量为 3511.0 万吨，工业及其他消费为 467 万吨，出口量为 24.1 万吨，合计年度需求总量为 4002.1 万吨，年度食用油的消费总量为 3978.0 万吨（即食用消费量和工业及其他消费量之和，不含出口量），年度挖库存 88.3 万吨。这样我们可以计算出，2019 年，度我国食用油的自给率为 30.1%（即 2019 年国产油料榨油量 1202.8 万吨，与年度需求总量 4002.1 万吨之比），自给率同比下降 0.9 个百分点。

2019 年度我国食用油年度消费总量为 3978.0 万吨，按 2019 年末国家公布的我国大陆人口数为 14005 万人计算，2019 年度，我国人均食用油的消费量为 28.4 千克，其中，人均食用消费量为 25.1 千克（不含工业及其他消费和出口量），均超过了 2017 年度世界人均食用油消费量为 24.4 千克的水平。

【c. 全球主要油料油脂生产、贸易、消费等有关情况】

1. 全球油料油脂油粕统计和预测

全球干椰肉、棉籽、棕榈仁、花生油、菜籽、大豆和葵花籽等主要油籽的总产量：2018/2019 年度为 59723 万吨；主要植物油产量为 2018/2019 年度为 20319 万吨。

全球主要油籽（分品种）产量、消费、库存及进出量等情况

（1）全球主要油籽分品种产量

全球干椰肉、棉籽、棕榈仁、花生、油菜籽、大豆和葵花籽的总产量为：2018/2019 年度为 59723 万吨，其中，棉籽产量为 4349 万吨、花生产量为 4675 万吨、油菜籽产量为 7237 万吨、大豆产量为 35865 万吨、葵花籽产量为 5056 万吨。

（2）全球主要油料拥有的出口量及实际进口量

全球主要油籽生产国为美国、巴西、阿根廷、中国和印度，根据统计，2018/2019 年度的产量分别为 13072 万吨、12200 万吨、6100 万吨、5995 万吨和 3555 万吨。

（3）全球主要油籽生产国及其产量

2018/2019 年度全球干椰肉、棉籽、棕榈仁、花生、油菜籽、大豆和葵花籽等主要油籽拥有的出口量为 17063 万吨、实际进口量（即贸易量）为 16639 万吨。其中，棉籽的出口量为 91 万吨、进口量为 60 万吨；花生的出口量为 358 万吨、进口量为 325 万吨；油菜籽的出口量为 1468 万吨、进口量为 1430 万吨；大豆的出口量为 14827 万吨、进口量为 14543 万吨；葵花籽出口量为 301 万吨、进口量为 257 万吨。

（4）全球主要油籽的进、出口国

2018/2019 年度，全球主要出口油籽总量为 17063 万吨，巴西、美国、加拿大和阿根廷是 2018/2019 年度全球主要油籽的主要出口国，其拥有的出口量分别为 7492 万吨、4870 万吨、1449 万吨和 1010 万吨。中国和欧盟是全球主要油籽的进口国，2018/2019 年度，中国进口主要油籽 8674 万吨，占世界进口总量 16639 万吨的 52.13%；欧盟进口 2070 万吨。

（5）全球主要油籽压榨国及压榨量

中国、美国、欧盟、巴西和阿根廷是全球主要油籽压榨量在 4000 万吨以上的国家和地区，2018/2019 年度，其压榨量分别为 12137 万吨、6103 万吨、4853 万吨、4689 万吨和 4436 万吨。中国的压榨量占世界压榨总量 48919 万吨的 24.81%。

（6）全球主要油籽的库存情况

2018/2019 年度，全球主要油籽的库存量为 12916 万吨，其中，大豆的库存量为 11122 万吨。

2. 全球主要植物油产、加、销等情况

（1）全球主要植物油产量

2018/2019 年度全球主要植物油产量为 20319 万吨，其中，棕榈油产量为 7390 万吨、豆油产量为 5574 万吨、菜籽油产量为 2761 万吨、葵花籽油产量为 1943 万吨，分别占总产量的 36.37%、

27.43%、13.59% 和 9.56%。

（2）全球主要植物油生产国产量

2018/2019 年度印度尼西亚、中国、马来西亚、欧盟、美国、巴西和阿根廷是全球植物油的主要生产国和地区，其产量分别为 4725 万吨、2643 万吨、2324 万吨、1899 万吨、1219 万吨、949 万吨和 947 万吨。

（3）全球主要植物油消费量

2018/2019 年度，全球主要植物油消费总量为 20113 万吨，其中棕榈油为 7370 万吨、豆油为 5529 万吨、菜籽油为 2816 万吨、葵花籽油为 1827 万吨，分别占消费总量 20112 万吨的 36.64%、27.49%、14.0% 和 9.08%。

（4）全球植物油主要消费国及其消费量

2018/2019 年度，中国、欧盟、印度、印度尼西亚和美国是植物油的消费大国，其消费量分别为 3836 万吨、2754 万吨、2309 万吨、1710 万吨和 1588 万吨，占总消费量的 19.07%、13.69%、11.48%、8.5% 和 7.9%。

（5）全球主要植物油期末库存

2018/2019 年度全球主要植物油库存为 2168 万吨，其中棕榈油为 1063 万吨、豆油为 357 万吨、菜籽油为 262 万吨。

赵　奕

濱河九粮液
甘肃高端白酒典范
濱河九粮液
九粮香型白酒
53°
酒精度:53%vol 净含量:500ml
建议零售价：519元/瓶
第12届华樽杯中国高端白酒卓越标杆品牌
甘肃滨河食品工业集团
FREE SERVICE HOTLINE
全国服务热线：400-631-9099
甘肃省人民政府
质量奖
甘肃白酒企业
只有滨河获奖
中华老字号
China Time-honored Brand
省级非物质
文化遗产
九粮九轮
专利工艺
纯粮固态
发酵白酒

滨河集团

THE BINHE GROUP

甘肃滨河食品工业集团成立于1984年,后经几十年的不断拓展、创新和提升，已于2003年以卓越的绩效强势跻身中国白酒工业100强，位列第41名，同年被省政府确立为甘肃省60家重点工业企业。

滨河集团的核心产业是白酒和葡萄酒，年生产能力分别达到2万吨和1万吨，公司在具有显著地理优势的甘肃张掖、四川蒲江共建立了3个酿酒基地，其自主研发的九粮九轮酿制工艺，开宗立派形成了独具特色的九粮香型,被评为“非物质文化遗产"。目前，公司科研中心属省级技术中心，现有国家级品酒师7人，省级品酒师26人，科研创新能力处于全国前列，科研团队曾被中华全国总工会授予“五一劳动奖状”。

2015年，滨河集团荣获“甘肃省人民政府质量奖”，是甘肃首家获得此殊荣的白酒企业，2016年更是获得全国质量大赛的认可，获得“全国质量奖鼓励奖”。从2018年起，滨河集团连续三年被评定为中国甘肃省白酒品牌价值第一名，品牌价值从2018年的49.66亿跃升至82.06亿，增幅达到65%以上。滨河集团旗下品牌滨河九粮液续写辉煌：荣获“2019年度中国十大地产高端白酒品牌”、“2020年度中国高端白酒卓越标杆品牌”称号、“2020年度国际烈酒（中国）大奖赛金奖”等荣誉。滨河九粮液文化旅游景区也因良好的生态环境、厚重的酒文化被评定为国家AAAA级旅游景区。

“滨河”、“滨河九粮液”、“滨河九粮春”商标均为中国驰名商标，“滨河国风”商标为甘肃省著名商标，“滨河九粮液”、“陇派”、“国风系列有机葡萄酒”均为甘肃省名牌产品，滨河集团旗下的甘肃滨河九粮酒业公司为“中华老字号企业”。

国家4A级旅游景区-滨河九粮酒城

滨河九粮酒城大门

滨河酒海不干瓮

滨河神泉岭

滨河万亩有机高粱原材料基地

無上妙品
酒鬼酒
馥郁香
酒鬼
酒鬼 20
酒鬼 傳承
酒鬼酒股份有限公司
JIUGUI LIQUOR COMPANY LIMITED

贵州金沙窖酒酒业有限公司

贵州金沙窖酒酒业有限公司，位于贵州省金沙县大水，地处世界酱酒产业基地核心区赤水河中上游金沙产区。公司地理位置优越，东临历史名城遵义，北依国酒之乡茅台。

据《黔西州志续志》记载，早在清光绪年间，金沙所产白酒就有“ 村酒留宾不用赊 ”的赞美诗句。上世纪三十年代，茅台酿酒师刘开庭引入茅台大曲酱香工艺，酿造金沙美酒。1951 年，国家在原来几家酒坊的基础上，组建金沙县源村窖酒厂。2007 年，原金沙窖酒厂增资扩股改制为贵州金沙窖酒酒业有限公司。

公司拥有员工 2000 余人，固定资产达 35 亿元，年基酒产能达 1.9 万吨，基酒储能 4 万余吨，是贵州第二大酱香白酒生产企业。2020 年，经“ 华樽杯 ”第十二届价值评议组委会测评，金沙酒业双品牌价值达 604.94 亿元，位居中国白酒第 10 名，位列中国酱酒排名第 4 名。销售市场遍布贵州、山东、河南、北京、广东、广西、江苏、湖南、湖北、安徽、河北等全国 27 个省级市场。

公司产品有金沙回沙酒星级系列、金沙回沙纪年酒系列、摘要酒系列等产品。是甄选金沙优质红樱子糯高粱为原料，小麦制曲、两次投料、九次蒸煮、八次发酵、七次蒸馏，秉承端午制曲、重阳下沙传统工艺酿造而成。具有“ 微黄透明、酱香典雅、醇柔怡人、酒体丰满、回味绵长、空杯留香舒适 ”的醇柔酱香独特风味。

金沙回沙酒是贵州老牌名酒，1963 年，金沙回沙酒荣获首届贵州八大名酒称号，2011 年，通过纯粮固态发酵白酒标志认定，先后荣获中国驰名商标、贵州十大名酒、首届中国食品博览会金奖、酒文化节金奖、中国八大酱香白酒品牌、中国十大放心品质白酒品牌、中国白酒质量感官奖、布鲁塞尔国际烈性酒大赛大金奖、国家地理标志认定等。

公司旗下共有两大品牌，一是摘要酒，品牌定位为“ 国香典范，珍品摘要，贵州两大高端酱酒 ”。二是金沙回沙酒，品牌定位为“ 醇柔酱香，金沙回沙，醇柔酱香白酒创领品牌，打造同价格段酱香白酒品质标杆。”

“匠”酒人梁明峰亲手缔造 国威正脉茅香传遍世界

贵州茅台镇国威酒业集团创始人梁明锋先生

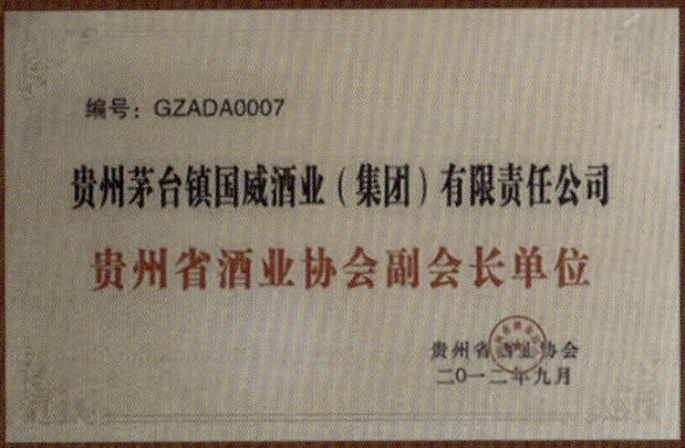

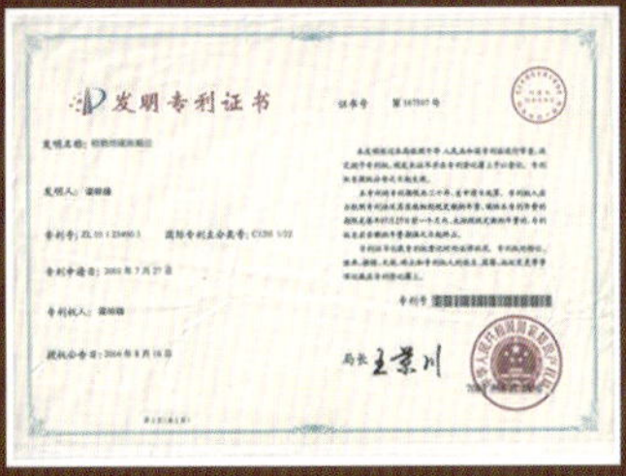

贵州茅台镇国威酒业集团，前身为奥梁酒厂，始于1989年，是一家集酱香白酒生产、研发、销售为一体的综合性、规模化白酒平台企业。

公司占地面积300余亩，有制酒车间11栋，窖池666个，年产优质大曲酱香酒6600余吨。包装车间5栋，包装线9条，年包装能力25000吨。公司现有库容能力30000余吨，常年库存系列年份酱香原酒20000余吨。

2018年，国威纳税近7000万元，是遵义地区极具规模的酱香型白酒生产企业，中国屈指可数的酱香型白酒综合供应服务平台。国威生产的“国威”系列酒及“贵州迎宾”系列酒皆系贵州省名牌产品、贵州省著名商标，“贵州迎宾酒”还被评为“贵州十大名酒”，深受消费者喜爱。

创始人梁明锋系中国酱香酒酿酒大师、大国酱香首席工匠、国家高级品酒师、绵柔酱香创始人，白酒泰斗茅台教父季克良大师嫡传弟子。

如今，国威拥有的发明专利数量已经高达30余项！2001年开始，梁明锋大师和整个研发团队历经数年苦心钻研发明的“白酒桑拿醇化老熟法”和“植物埋藏陈酿法”等多项专利技术相继获得了国家发明专利，标志着绵柔酱香型白酒这艘大船正式扬帆起航。

除了多项发明专利，无论是从制曲到酿造，还是从盘勾到调味，国威酒业始终坚持“立足古法正脉，传承创新并重”，即在严格遵循传统大曲酱香酒的酿造工艺的基础上，融入大量的经验积累、海量的数据分析和先进的科学研究成果，形成了具有独到工艺、风格与特色的一套完整的绵柔酱香型白酒工艺体系。

绵柔酱香是酱香型白酒在口感及风格上的一个细分品类，也是国威酒业集团在继承传统大曲酱香酿造工艺基础上进行的口感改良和工艺创新。它具备酱香幽雅、醇厚绵长、甘净细腻、入口柔、落口顺、空杯留香持久的典型风格。更重要的是，在特殊酿造工艺和专利的作用下，此品类白酒精准减少了白酒中的有害性和刺激性物质，提升了饮用舒适度，减轻了人体代谢负担。

坚持、创新，不断坚持、不断创新，时间成就了国威在酱香酒领域的不可复制性，而国威美酒在时间的催化之下，必会历久弥香、愈发芬芳！

【北京二锅头酒业】

北京二锅头酒业股份有限公司成立于2002年8月，始建于1949年10月国营北京大兴酒厂的改制企业，据《北京通史》记载大兴酒厂距今已有800多年的悠久历史，可追溯到金大定三年（公元1163年）金世宗下诏，令大兴少尹招复酒户酿制美酒，当时烧酒作坊烧制的“金澜酒”，口味醇厚、清洌甘爽、十分香美，此酒专为金王朝上层所享用。世人以饮之为荣，金人曾有诗赞曰：“金澜酒皓月委波入牖，冰台避暑压琼艘，火坑敌寒挥玉斗。追欢长是秉烛游，日高未放传杯手。”由诗中可见当时王公贵戚通宵达旦欢饮此酒的景象。到了元英宗（公元1322年）时在大都设置糟房百所，酿制“阿剌吉酒”（即白酒）和小米黄酒等酒类。明、清两代为皇家禁苑，瀛海行宫即皇帝行围打猎、论功行赏之地也，当时建有烧酒作坊一个，名叫“裕兴烧锅”，专为皇宫酿造御酒，北京同仁堂药店开业后，规定只用此酒入药，当地老人解放前多赶着毛驴车为同仁堂送酒，到了1949年9月，华北野战军任邱“益泉涌”酒厂随军迁址于此“裕兴烧锅”归为国有，随改名为国营北京大兴酒厂（今北京二锅头酒业股份有限公司的前身）。

今天的北京二锅头酒业股份有限公司，传承老北京二锅头传统酿造技艺，产品选用优质高粱为原料，以麸曲为糖化发酵剂，采用老五甑发酵法、混蒸混烧、看花接酒、掐头去尾，长期储存、精工勾兑而成。酒液清澈透明，酒体醇厚，绵甜爽净，余味悠长等特点，饮誉全国，公司以崭新的姿容展现在京南大地，实现了“酿成春夏秋冬酒，迎来东西南北客，销通五湖四海路，博得天涯海角名”的几代人为之奋斗的夙愿。

目前公司现有员工400余人，净资产超亿元，一担粮二锅头、京王子酒、醉流霞酒、二锅头等系列产品120余种，2007年全销售1.5亿元人民币，2008年全年预计两亿元以上。我公司产品多次获得各种优质产品称号，“永丰牌”商标2000年度、2004年度、2007年度连续三届被北京市工商行政管理局认定为北京市著名商标；2003年9月“永丰”二锅头、京王子酒被评为北京市优秀新产品奖，2004年10月被授予“中国白酒质量优秀产品”称号；2004年11月被授予首都市场“质量、信誉、服务”优秀企业、优质产品称号；2006年11月被中国诗酒文化协会，酒文化专业委员会评为“中国历史文化名酒”；2007年12月在中国酿酒工业协会组织的企业信用状况评价中，被评为“AAA”级信用企业;同年荣获“中国质量过硬知名品牌”。

安徽金种子酒业股份有限公司

安徽金种子酒业股份有限公司始建于1949年，其前身是始建于1949年7月的阜阳县酒厂，金种子股票于1998年在上交所上市。公司曾荣获“全国绿色食品示范企业”“全国轻工业信息化与工业化深度融合示范企业”等荣誉称号。

公司拥有“金种子”“醉三秋”“种子”“和泰”“颍州”等五大白酒品牌。其中，“金种子”“醉三秋”两个商标荣获中国驰名商标，“颍州佳酿”产品被商务部认定为“中华老字号”。第十届华樽杯品牌榜“金种子”品牌价值达167.4亿元。

公司投资建设了国内单体面积最大、日产量最高的白酒灌装中心，共建了中国馥香白酒研究院、CNAS国家认可实验室、博士后工作站、省级企业技术中心等科研平台，独创物理恒温窖藏新技术，首创柔和型白酒新工艺，制定的《柔和型白酒》等六项标准被原安徽省质监局公布为安徽省地方标准；制定了《馥合香型白酒生产技术规程》《馥合香型白酒》团体标准，通过安徽省食品工业协会专家组评审并发布，填补了安徽省馥合香型白酒酿造领域的空白。公司推进管理数字化、酿造生态化、装备智能化建设，投资建设的金种子文化产业园、品控研发中心和白酒生态酿造科研基地，装备智能化程度处于行业领先水平。

公司积极履行社会责任，致力于各类公益慈善事业，累计捐款捐物逾3亿元。公司曾荣获第六届、第十届“中华慈善奖”“第二届中华慈善突出贡献奖”“中国食品企业社会责任金鼎奖”等称号。

2.2 大豆及大豆加工业

2020年3月，中共中央十九届五中全会审议决定的《十四·五规划建议》明确指出："新一轮科技革命和产业变革，要面向世界科技前沿，要面向经济主战场、面向国家重大需要、面向人民生命健康，加快走出一条从人才强、科技强到产业强、经济强、国家强的创新发展新路径，加快跻身创新型国家前列和建设世界科技强国"。

按照《建议》要求，我国大豆及大豆加工业还有相当的差距，要实现《建议》目标，大豆及大豆加工业必须积极努力，奋起直追才能赶上新一轮科技革命和产业变革的步伐。

【a. 概况】

1. 我国大豆加工业现状

我国大豆加工业主要由大豆油脂加工业、大豆蛋白加工业、传统大豆食品加工业等三大行业构成。

大豆加工业
- → 大豆油脂加工业
- → 大豆蛋白加工业
- → 传统大豆食品加工业

表1　21世纪初，我国大豆加工行业分类原料用量统计表

大豆油脂加工业年加工原料大豆量	大豆蛋白加工业年加工原料大豆量	大豆传统食品加工业及直接食用年消耗原料大豆量
6000万吨	200万吨	600万吨

※注：以上统计未包括民间食用大豆与其他非食品工业用大豆消费量

大豆加工最大行业是大豆油脂加工业，大豆油脂加工的副产物——豆粕是大豆蛋白加工业与饲料工业的最主要的原料。21世纪初油脂加工用大豆原料总量约6000万吨左右是国产大豆年产总量的5.5倍；我国日加工大豆≥2000吨的企业28家，全世界日处理大豆6000吨以上的大型浸油厂仅11家，其中5家在中国。我国大型油脂加工企业80%以上被跨国公司外资控制，外资企业由于规模大、成本低，而且全部建在沿海城市，利用进口廉价原料大豆，每生产1吨豆油，利润在240元左右；我国内地日加工大豆规模在200吨左右的中小油脂企业由于规模小、成本高，每加工1吨大豆要亏损200～600元，自2004年至今，内地油厂90%以上已停产倒闭。

大豆蛋白加工业曾经有过辉煌时期，20世纪90年代中叶，大豆分离蛋白售价曾高达2.4万元/吨左右，每吨产品利税高达1万元左右，由于大豆蛋白加工技术属于引进技术，我国不具有自主知识产权，在利润诱导下一哄而起，全国大豆蛋白加工企业发展至70余家，年加工分离蛋白能力达到50万吨以上（相当于消耗原料豆粕120余万吨，消耗大豆约200万吨），而全国实际用量仅为30万吨左右，盲目竞争、产能过剩、企业互相压价，使分离蛋白售价已降至1.4万元/吨～1.6万元/吨，每吨利润≤400元，有的分离蛋白企业吨利润已＜100元/吨，由于大豆蛋白加工业加工量小、不足国产大豆总产量的14%、约为进口大豆总量的3%，利润低，所获效益有限，对大豆产业整体发展无拉动作用。

传统大豆制品加工业，主要以作坊式存在，生产豆腐、干豆腐、豆腐脑、酱油、豆酱、豆豉、豆干等企业遍布我国城乡，年加工大豆量约600万吨，仅占国产大豆的37%、约为进口大豆总量的8%。作坊式生产由于生产规模小，虽然对安置就业、解决居民副食供应具有重要作用，但对于发展大豆产业、拉动大豆种植、提高种豆农民收益基本不起作用。

大豆产业的兴衰主要表现在种植业，大豆种植业的种植面积，产量高低，直接受到种植效益的影响。影响种植效益的重要因素是大豆加工业以何种价格收购大豆。目前大豆加工的油脂加工、蛋白加工、传统豆制品加工三大行业，由于自身效益低下，已无力反哺种植业，为了挽救大豆产业面临的严峻局面，面对大豆种植业、大豆加工业均不具备产生高附加值的现实，业内人士提出要求国家对大豆种植业、加工业提高补贴标准，有人甚至建议我国放弃大豆种植业，由于进口大豆充斥我国市场，我国大豆种植业已面临严峻的危境。

表2　近年我国每年大豆进口数量统计表

2013年大豆进口数量	2014年大豆进口数量	2015年大豆进口数量
6338万吨	7140万吨	8169万吨

进口大豆虽然能减少外汇支出、降低大豆与大豆加工品生产成本，但却忽略了大豆生物固氮与改良土壤的积极作用。在东北三省再也看不到“漫山遍野大豆高粱”的农田景象，近代的“石化农业”已将大豆排挤出轮茬的科学排序，东北“黑油油”的土层由五十年前的100厘米深度，至今已退化到20厘米～30厘米，我国40%以上的耕地出现退化。若想改变这触目惊心的农业现实，发展大豆种植业、利用大豆根瘤菌生物固氮及根系黏液胞外多糖再造土壤团粒结构，已成为恢复可持续耕作、提高土壤肥力和活性的、迫在眉睫的农耕任务。

大豆在我国已有四千年以上的栽培历史，中国号称“大豆的故乡”，现代美、欧等国均称大豆为“soy”或“soybean”、俄罗斯称大豆为“ｃｏq”，实质均为中国大豆“菽”的音译。从营养学的角度分析，大豆中蛋白质含量充足，人类必需氨基酸组分齐全，在漫长的历史长河中“大豆养育了中华民族”。

2. 大豆及大豆蛋白质在国计民生中的重要地位

（1）人体必需的优质植物蛋白源

蛋白质是人类生命活动所需“第一营养素”，“没有蛋白质就没有生命”。大豆种子作为人体所需“第一营养素”——蛋白质的载体，含量高达32%～42%，大豆蛋白质主要由人体本身不能合成的8种必需氨基酸组成，因为大豆种子中蛋白质含量丰富、“必需氨基酸”组分齐全，所以营养学界称大豆蛋白为“完全蛋白质”“优质蛋白质”。

国务院2014年颁发的《国家食物与营养发展纲要（2014年～2020年）》要求：“到2020年，人均全年消费豆类13千克（相当于每天36克/人）”“人均日摄入蛋白质应达到78克，其中优质蛋白应占比例在45%以上”。我国居民按《纲要》标准要求，大豆蛋白质摄入量尚有很大差距，目前我国城市人口每人每日平均摄入大豆蛋白质仅在10克左右。

21世纪以来，全世界已70余年没发生大规模战争，在和平安定的环境条件下，人们普遍追求“健康、美容、长寿”，天然食物类群中，既具有安全可靠的医疗、保健作用，又无任何毒副作用的蛋白营养素，莫过于大豆蛋白质。

人体的组织、器官、细胞、肌肉、血液、皮肤、毛发、骨骼、免疫系统等等主要构成成分均为蛋白质，按重量计，蛋白质约占人体干物质总重的45%以上，在新陈代谢过程，人体每天需要更新蛋白质约3%，所以科学合理地补充蛋白质是人类维系生命、保持健康不可或缺的一项重要措施。

大豆蛋白营养素与医疗保健功能成分在防治心脑血管疾病、癌症、糖尿病、肥胖病等现代非传染性“文明疾病”方面，已显示出安全、无毒副作用、不可取代的特殊功效，世界各国尤其是发达国家政府与居民的已公认：为了有效防治“文明疾病”的扩展，主要不在于药物治疗与医疗手段的提高，关键应改善营养与天然医疗保健功能成分的食物的摄入。

我国自改革开放以来，人均日摄入蛋白量基本已经满足，尤其城市人口甚至出现蛋白营养素供应超标现象（主要是动物蛋白），但大豆蛋白摄入量却明显不足，人均大豆蛋白日摄入量仅为 10 克左右。大豆蛋白与动物蛋白虽然均属于蛋白质族群，大豆蛋白对人体可靠的、安全的医疗保健功能，却是任何其他种类蛋白质所不能取代的。动物性食品已被现代医学证明是心脑血管疾病、肥胖病、恶性肿瘤的主要诱因，对于患有“现代生活方式病”患者的医嘱中均有限食动物性食品的内容。我国应借鉴发达国家的做法，政府进行积极、科学、严谨的调控引导，促进我国大豆蛋白营养产业健康迅速发展。

（2）**大豆在保护国土耕地资源方面的重要作用**

大豆是经过几千年“自然选择”与“人工选择”，在“物竞天择”的竞争中留存的、唯一一种能从大气中摄取氮素营养、并改良土壤结构的主要农作物。

党中央、国务院再三强调我国耕地 17 亿亩的底线不能突破，但据调查我国耕地退化面积已占耕地总面积的 40% 以上，据报道，我国农田的化肥、农药施用量是世界平均水平的 1.7 倍，耕地质量直接影响国家粮食安全，如何保护国土耕地质量？目前可行措施较多，利用大豆生物固氮作用，增加土壤氮肥含量，改良“土壤团粒结构”，是最为可行的有效措施。

氮素在自然界空气中以氮气形式存量最多，总量高达 3.9×10^{15} 吨，各种生物体虽然主要由蛋白质构成，但有机体含氮的总量仅为 1.1×10^{10} 吨～ 1.4×10^{10} 吨，是空气含氮量的三十万分之一；土壤中有机氮的总量约为 3.0×10^{11} 吨，是空气含氮量的万分之一。可见如何有效利用含氮量最高的、空气中的氮是保证生物物质循环的重要环节。

自然界大多数植物均不具有直接利用空气中氮气的功能，唯独大豆却具有“生物固氮”的特殊功能。大豆及其他豆科植物的种子播入土壤、发芽生根后，根瘤菌从根毛入侵到根中，形成具有固氮功能的根瘤，在固氮酶的参与下，根瘤菌能将大气中的、含量丰富的分子态氮转化为大豆可吸收利用的氨态氮，每个根瘤相当于一座“微型氮肥厂”，源源不断地将大气中的氮素供给大豆植株利用：

$$N_2 + 3H_2 \xrightarrow{\text{根瘤菌、固氮酶催化}} 2NH_3$$

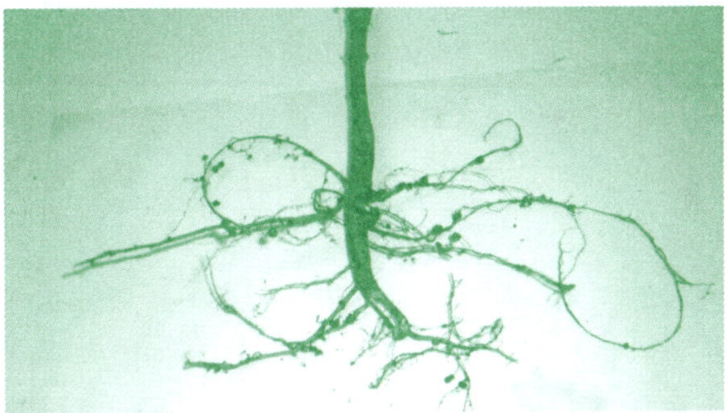

图 1–2 大豆根瘤形态图（许伟良供稿）

在自然界物质循环构成的环节中，“氮素循环”过程大豆是植物界不可取代的、具有“根瘤固氮”生物学特性的“特殊成员”，根瘤从空气中固定的氮素是根系从土壤中吸收的氮素量的二倍，每株大豆一生中固氮约 0.73 克～ 2.06 克，种植一亩大豆，耕田可由“大豆固氮”、从空气中获得天然氮素营养 3.0 千克～ 10.5 千克，自然界每年通过生物固氮获得氮素高达 4×10^{8} 吨，是化肥施用量的 5 倍。

农田施用化肥是以污染环境、破坏土壤结构为代价所取得的增产效应，栽培作物只将 NH_3 态氮吸收，而将酸根留在土壤，使土壤不断酸化，例如：

$(NH_4)_2SO_4 \longrightarrow 2NH_3$（参与生物有机合成）+ H_2SO_4（留存于土壤）

施用化肥不良后果，主要包括以下方面：

栽培作物将氨态氮吸收后，留在土壤中的酸根，不断富集，使土壤酸化，耕层破坏；②人工施用的化学合成氮肥流失率大于 50%，造成资源浪费、环境污染。

为克服化学合成氮肥的上述缺陷、实现既能增加粮食产量、又不损坏土壤耕层肥力的目的，建立完善的生物固氮体系已成为解决人类面临的人口、食粮、能源、环境等四大危机的重要农艺措施，历史上，在我国东北地区的轮茬耕作制度中，大豆是最重要的轮茬作物，一般采取大豆→玉米→高粱或大豆→玉米→高粱→谷子轮作方式，轮茬作物中的玉米、高粱、谷子种类均可更改，唯独大豆不能更换，大豆种植面积以占旱田耕地总面积的 25% 为宜，目前世界大豆种植面积已占全球耕地面积的 20%，在一些人少地多的国家，如俄罗斯的耕作制度中甚至将豆科植物种植后不予收获，直接翻耕于耕地中，以增加耕地的氮肥含量。而我国大豆种植总面积却由 2004 年前的 1.4 亿亩至 21 世纪初减少至 1.02 亿亩，大豆种植总面积仅占我国耕地红线 17 亿亩的 6%。

面对我国过度开发良田用于基建、大豆种植面积日益减少以及人为造成的环境污染等等严峻现实，加强保护发展大豆种植业已成为维持自然界氮素循环的重要内容，大豆根瘤固氮不仅为大豆体内循环提供优质氮肥，还具有培肥地力、改良耕地土壤结构、肥地养地的功能。为给子孙后代留下一片肥沃的、耕层结构良好的国土资源，大豆种植业是任何国家、任何历史时期绝不可忽视的重要产业。

【b. 行业面临的问题】

1. 我国已成为世界大豆第一进口大国

我国号称“大豆的故乡”，二十世纪三十年代以前，世界大豆总产量约 1000 万吨，几乎全部产在中国，至二十一世纪，全球大豆总产量已达 2.5 亿吨左右，而我国大豆总产量却仍在 1100 万吨左右徘徊，不足世界大豆总产量的 5%。至 21 世纪，中国已成为“世界大豆第一进口大国”。（见表 3）

表 3　21 世纪以来我国大豆种植面积、总产量以及进口大豆情况统计表

项目 \ 年份	2010 年	2011 年	2012 年	2013 年	2014 年	2015 年
进口大豆总量（万吨）	5480	5264	5249	6338	7140	8169
中国大豆总产量（万吨）	1510	1400	1280	1200	1160	1100
中国大豆种植面积（亿亩）	1.20	1.15	1.10	1.05	1.04	1.02

※ 注：以上数据摘自 2010 ～ 2015 年中国粮油信息网、大豆信息网、食品产业网。

2. 历史上的大豆加工补贴政策并未达到振兴大豆产业理想效果

2010 年 1 月 14 日，国家粮食和物资储备局决定投入 10 亿元对东北 126 家大豆油脂加工企业予以补贴，每加工 1 吨大豆补贴 160 元，日加工大豆 300 吨的油脂企业，每日可净获补贴款为 4.8 万元，为了鼓励收购国产大豆，当年东北地区油脂加工企业已将地产大豆收购价格提高至 3800 元 / 吨。

补贴政策能否挽救大豆产业？据调查，大豆油脂加工企业，由于获得补贴款，黑龙江省已停产的、凡属年加工能力在 5 万吨以上的大豆油脂加工厂纷纷恢复开工，重新形成一场价格大战，2010 年元旦前，豆油出厂价为 7800 元 / 吨左右，至 1 月末降至 7500 元 / 吨，“高温脱溶豆粕”从 3500 元 / 吨降至 3200 元 / 吨；每吨原料大豆补贴 160 元，所得补贴款的收入远不及产品豆油与豆粕每吨售价下降 300 元的支出高，短短一个月的价格大战又导致一批大豆油脂加工企业停产，而且油脂企业收购原料大豆由 3600 元 / 吨提升至 3800 元 / 吨，既增加了企业支出，对于种豆农户每吨大豆售价虽然增收 200 元，但仍不如种植玉米的净收益高，可见补贴政策尚不足以刺激大豆产业链中的大豆加工业与大豆种植业形成良性循环。

2014 年，经国务院批准，国家发改委、财政部、农业部联合发布 2014 年大豆《目标价格补贴政策》，按政策规定，大豆目标收购价格为 4800 元 / 吨，国家根据目标价格与市场价格的差价对试点地区大豆种植者给予补贴，即大豆市场收购价格低于 4800 元 / 吨时，由政府将低于 4800 元 / 吨的差额补发给种豆农民，使豆农收入达到 4800 元 / 吨，市场价格高于目标价格时不予补贴。

上述大豆价格目标补贴政策仍未对大豆产业起到明显的促进作用，以 2014 年为例，进口大豆到港分销价仅为 3760 元 / 吨，明显低于我国规定的 4800 元 / 吨，由于价格优势，2014 年，进口大豆量高达 7140 万吨，是国产大豆总产量 1160 万吨的 6 倍。我国近年工业与民用原料大豆总量不足 7000 万吨，即进口大豆已充斥我国大豆消费市场、进口量已超过我国大豆消费总量，我国消耗大豆原料量最大的行业是浸油企业，每年用原料大豆约为 6000 万吨，但我国东北大豆产区 2014 年大豆产地售价高达 4300 元 / 吨以上，而大连、连云港、福州、日照等沿海城市，进口大豆到港销售价仅为 3700 元 / 吨左右，大豆产地的大豆售价反而比进口大豆到港分销价每吨高 600 元左右，由于原料大豆价格的大幅差异，民族浸油厂生产成本明显高于沿海外资浸油厂，浸油工业不仅未起到拉动大豆种植业发展的作用，而且自身也难于摆脱破产的局面。

大豆目标价格补贴政策未能实现促进大豆产业发展的内在因素，还在于大豆种植效益远低于种植玉米、水稻等其他作物。

3. 以种植玉米与种植大豆的收益相比较

玉米每垧产量约为 9 吨 / 垧，大豆产量约为 2 吨 / 垧，以 2015 年长春市大豆与玉米收购的不变价格计，玉米售价为 1950 元 / 吨，大豆售价为 4850 元 / 吨，每垧耕地种植玉米产量为 9 吨，收益约为 1.755 万元 / 垧（1950 元 / 吨 ×9 吨 / 垧）；而种植大豆每垧产量为 2 吨，每垧收益仅为 0.97 万元 / 垧（4850 元 / 吨 ×2 吨 / 垧），每垧耕地种植大豆比种植玉米少收入 0.785 万元。高额的效益差异，自然导致农民放弃大豆种植，改种其他农作物。

【c. 行业的建议】

1. 大豆提取物在我国政策法规中应得相应的支持

大豆与大豆提取物属于“药食同源”的原料，已为古今中外无数科学实践证实。“中国是大豆的故乡”“大豆养育了中华民族”，但是大豆在中国的政策法规中却并未得到与其历史地位和现实作用相适应的特殊支持。

大豆的医疗保健作用最早见诸《黄帝内经》，《黄帝内经》虽然成书于战国至秦汉期间，但其记载的内容却是春秋战国之前、炎黄时期的治病经验与医学理论，其中“药食同源”为其重要的组成部分，是我国人民在三、四千年以前与疾病斗争的长期经验总结。

《黄帝内经》记载：“治病必求其本”“人以五谷为本”，大豆是五谷中（稻、粟、稷、麦、菽）的成员之一，《黄帝内经》证明在炎黄时代，大豆已被国家最高领导人（炎帝、黄帝）定为治病的主要食物。

“中国食品工业协会大豆及植物蛋白专业委员会”依托组建单位为长春大学食品科学与技术学院。长春大学食品科学与工程学院多年一直围绕大豆深加工进行科技研发与产业实施，“大豆深加工技术、配套设备及系列产品”已被评为《国家级科技成果重点推广计划》项目。

證 書

长春大学：

你单位被批准为《国家级科技成果重点推广计划》项目“大豆深加工技术、配套设备及系列产品”的技术依托单位，特颁此证。

项目编号：3-1-9-18

证书编号：1100

中华人民共和国国家科学技术委员会

一九九四年八月

图 2　长春大学“大豆深加工技术”被评为《国家级科技成果重点推广计划项目》证书

长春大学食品科学与工程学院在大豆深加工方面曾两次获国家科技进步奖、两次获吉林省科技进步一等奖、两次获省科技进步二等奖，一次获吉林省政府专利奖；获发明专利授权 13 项。

长春大学食品科学与工程学院（暨中国食品工业协会大豆及植物蛋白专业委员会）通过科研实践已证明以大豆为原料提取的功能因子具有以下医疗保健功效：

表 4　大豆的主要医疗保健功效一览表

大豆具有功效成分的名称	医疗保健生理功能
大豆肽	①快速吸收、抗疲劳、运动减肥、促进脂肪代谢、防止肌肉蛋白损耗、保持肌肉弹性；②促进人体内糖代谢、防止血糖升高；③降血黏度、降血压、降血脂；④解酒、防醉；⑤保肝、抗癌、抗过敏。
大豆染料木苷（含染料木素）	①天然雌激素作用、防治妇女更年期综合征、推迟妇女更年期、延缓女性衰老；②抗肿瘤、防治乳腺癌、防治男性前列腺癌；③降血压、防治心肌缺血与心肌梗死，防治心脑血管病；④改善女性副性征、美容美体、提高母乳分泌量与品质、促进胎儿生长发育；⑤防治少女月经初潮不适；⑥抗自由基，提高血清超氧化物歧化酶（SOD）活性，提高免疫功能，防止老年色素斑形成；⑦抗糖尿病患者性功能障碍；⑧防治女性老年身高萎缩、防老年痴呆、提高老年女性钙吸收率、防骨质疏松。
大豆核酸	①构成“基因”、营养“基因”，保证人体生理平衡，保持人体机能处于最佳状态；②抗“核酸营养不良症”，如精神不振、未老先衰、抗病力低下、亚健康状态等；③对于“应激状态”（包括手术后、烧伤、免疫功能受损等）患者，补充外源核酸，可提高免疫力、降低感染率、促进患病机体康复；④防治感冒、增强食欲、提高体力、改善皮肤弹性、防止衰老、消退老年斑。
大豆皂苷	①提高人体内超氧化物歧化酶（SOD）活性、降低心肌脂褐素含量、延缓衰老、延长寿命；②降血脂、防治高血压、动脉硬化、心肌梗死、抗凝血、抗心肌缺血，防止心脑血管疾病；③促进人体胆汁分泌、促进胆固醇排泄与降解，对高脂血症的心脑血管病具有明显的防治功能；④抗病毒，对疱疹、口腔溃疡、烧伤等病毒感染病灶，具有止痛、消炎、促进愈合的效果，对艾滋病病毒具有杀伤与防治效果；⑤抗糖尿病。
大豆低聚糖	①调节人体肠道菌群平衡，促进人体健康长寿；②防治心脑血管疾病；③保护肝脏、防治肝病；④具有防治腹泻与便秘的双向调节功能；⑤改善睡眠，使人体容颜气色改善，提高肌肉弹性，防止老年斑形成，起到美容作用；⑥增强免疫功能，具有抗癌、防癌的作用。
大豆叶酸	①防止胎儿神经管畸形、脊柱裂、先兆子痫、发育迟缓；②预防怀孕妇女自然流产、胎盘早剥、贫血；③防治成年妇女高血压、心血管疾病、乳腺癌等。
大豆膳食纤维	①润肠通便、改善便秘；②平抑血糖、改善Ⅱ型糖尿病症状；③降低胆固醇、控制血脂；④防治肥胖病、控制体重；⑤清肠排除肠内有毒物质、预防肠癌。
大豆蛋白质	①人体生长发育的必须营养素；②防治人体赖氨酸摄入量不足、氨基酸摄入不平衡症；③降血脂、降胆固醇；④提高人体胰岛素敏感度；⑤防止肥胖、降低胰岛素抵抗能力；⑥与人体胆汁酸结合，促进有毒物质排出体外。

以上产品经产业化证明，不仅具有可靠的医疗保健作用，而且形成商品后具有显著的附加值。

“中国食品工业协会大豆及植物蛋白专业委员会”（暨长春大学食品学院）在向全行业推广过程取得了良好的效果，据《科技部 2019 科技成果转化年度报告》长春大学合同成交额在全国高等院校中排序第 5。

表 5　科技部 2019 科技成果转化年度报告

序号	成果名称	合同金额 / 万元	转化方式	单位名称
1	基于配体导向的蛋白质降解技术平台的小分子抗肿瘤药物的开发许可		许可	上海科技大学
2	二氢乳清酸脱氢酶（DHODH）抑制剂相关专利		许可	华东理工大学
3	“一种基于等离子体透镜的激光离子加速系统及其加速方法”等 6 项专利的实施许可	16 686.0	许可	北京大学
4	“笨并杂环胺类化合物及其用途”等 5 项专利	14 000.0	许可	华东理工大学
5	用于生产大豆低聚肽粉、高染料木苷含量大豆异黄酮等 10 种产品	13 500.0	许可	长春大学
6	石墨烯材料制备技术作价投资（石墨烯研究院）	12 260.0	作价投资	北京大学
7	脂肪干细胞及其衍生物在皮肤治疗领域的临床应用和产业化等 6 项成果	12 089.5	转让	上海交通大学
8	第三代 EGFR 抑制剂相关专利	11 000.0	许可	华东理工大学
9	一种 *N*- 苄基色胺酮衍生物及其制备方法和应用（W02015070766A1），一种 *N*- 苄基色胺酮衍生物及其制备方法应用（ZL201310560572）	10 750.0	许可	复旦大学
10	8 个小分子靶向治疗药物	10 667.0	作价投资	四川大学
11	微机电（MEMS）产业化技术	10 534.0	作价投资	清华大学
12	一种用于合成氯乙烯的抗高温失活的金基催化剂的制备方法	10 500.0	作价投资	南开大学
13	专利申请技术实施许可转让（“一种病毒免疫治疗药物复合物及其用途”等 3 项专利）	10 340.0	转让	复旦大学
14	3 万吨 / 年甜菜碱盐酸盐和氯乙酸甲酯新工艺产业化	10 200.0	转让	青岛科技大学
15	铝锂合金研发及产业化	10 000.0	作价投资	北京理工大学
16	零排放清洁生产氧化铝系列技术	10 000.0	作价投资	东北大学
17	一种大黄素衍生物及其制备技术	10 000.0	转让	哈尔滨医科大学
18	高比能锂电池技术（包括 8 项国内授权发明专利）	10 000.0	作价投资	中南大学

2. 我国应从国外大豆产业发展历程汲取的有益借鉴

20 世纪后半叶是国外大豆产业发展最兴旺的时期，国外大豆产业发展可能有诸多因素，但大豆与大豆制品的医疗保健功效得到全民与政府的公认，应是最主要的原因。

早在 1999 年 10 月 美国食品与药物管理局（FDA）通过健康食品标示法规，明确规定，每份重 8 盎司（1 盎司＝ 3.11035×10^{-2} 千克）的食品中含大豆蛋白 6.25 克、脂肪≤ 3 克、胆固醇≤ 20 毫克、钠盐＜ 480 毫克，允许在食品标签上注明该大豆制品具有预防心血管疾病的功效；2011 年美国心脏病协会将大豆蛋白每日摄入量建议提高至 50 克，以降低心脏病发生的危险。

20 世纪中叶以来，美国恶性肿瘤罹患率急骤增长，至 20 世纪末美国妇女仅乳腺癌一项患病率高达 11%，美国每年因癌症造成的经济损失高达 1100 多亿美元。

美国国家癌症研究院曾邀请专家研讨大豆抗癌效果，结论为大豆异黄酮是最佳的抗癌物质，学者们认为预防癌症最重要的措施并不是先进的治疗方法，而是要彻底改变饮食习惯，调整食品结构，提倡美国人每天吃大豆与大豆制品。

美国营养学家艾尔·敏德尔曾预言：“21 世纪女性用大豆异黄酮就像 20 世纪服用维生素一样普遍”，这一预言已在欧美许多国家成为现实。

世界著名的长寿之乡日本冲绳县的人均寿命与健康老人比率均居世界之首，那里的居民人均日摄入大豆异黄酮为 32 毫克；日本东京大学建议成年男子每日摄入 40 毫克～ 50 毫克大豆异黄酮，可以有效预防前列腺癌（在西方发达国家男性前列腺癌罹患率高达 10%，平均缩短寿命 9 年）。

为了防治癌症或补充妇女雌激素不足，世界发达国家关于大豆异黄酮均有标准推荐摄入量，例如：美国马里兰大学医学院推荐量为 每天 20 毫克 / 人～每天 50 毫克 / 人；意大利墨西拿大学推荐量为每天 30 毫克 / 人～每天 100 毫克 / 人；澳大利亚维也纳自然资源与生命科技大学推荐量为每天 40 毫克 / 人～每天 50 毫克 / 人；北美大豆食品协会推荐量为每天 50 毫克 / 人。

美国人在大豆中“淘金”之风，拉动了美国大豆产业的发展，至 21 世纪初，美国已由不产大豆的国家一跃成为大豆产量第 1 大国与世界大豆出口第 1 大国，至 2015 年美国年产大豆超过 1 亿吨。（见表 6）

表 6　美国与中国大豆产量对比一览表

年份 国制	20 世纪 30 年代前	2011 年	2012 年	2013 年	2014 年	2015 年
中国（万）	≈ 1200	1400	1280	1200	1160	1100
美国（万吨）	0	8280	8266	8916	10325	10802

※ 注：以上数据摘自 2011—2015 年中国粮油信息网、大豆信息网、食品产业网。

始于民国时期的“中西医之争”已超过一个世纪，至今关于“药食同源”的历史传承并未得到充分肯定；近年来，关于药品、保健品、保健食品、功能食品、健康食品、营养食品、特医食品等等新概念层出不穷、飘忽不定，大豆与大豆制品（包括大豆提取物）的归属尚未得到科学的法规定位；上述纷争严重制约了我国大豆产业的发展。

“药食同源”是中华民族的祖先早在三、四千年前的伟大发现，人类居住的地球经过亿万年的“物竞天择、适者生存”的演化，万物已形成一幅“天衣无缝”、互存互利的网。同一种物质，人类用来满足食欲需求，它就是食品，用于治疗疾病，它就是药品。此类例证已不胜枚举。例如大豆作为五谷之一，它是食物；大豆低聚肽用于提高人体免疫功能、缓解大体能消耗后的疲劳程度，则为“保健食品”；大豆染料木苷用于治疗妇女癌症、更年期综合征、防治女性老年骨质疏松则为药品。又如山楂日常食用为食品，用于治疗牙龈出血则为药品；动物肝脏加工成酱肝为食品，用于防治夜盲，则为药品……所以具有中国特色的“药”与“食”不应该人为划定界限。

2015 年 3 月 19 日，国家卫生计生委政务公开办公室明确指出：“大豆异黄酮不宜作为普通食品原料”。

国家食品药品监督管理总局 2015 年第 168 号公告规定：“自 2016 年 5 月 1 日起保健食品名称中不得含有表述产品功能的相关文字，包括不得含有已经批准的如增强免疫力、辅助降血脂等特定保健功能的文字”。

按现代法规规定，大豆功能因子如进行医疗保健功能宣传推广将是违法违规行动。但古今中外均已证明大豆及大豆制品用于预防、治疗人体疾病、调节人体机能，具有显著的功效。而且大豆异黄酮提取过程完全是按现代西药提取工艺完成，大豆异黄酮的医疗保健功效也是循证现代医学研究手段得到证实。

农业部颁布的《关于促进大豆生产发展的指导意见》中指出：“到 2020 年我国大豆种植面积要达到 1.4 亿亩，比目前大豆种植面积约增加 4000 万亩”，即我国至 2020 年大豆总产量将达到 1400 ～ 1800 万吨。大豆种植业实现如此宏伟蓝图，如果没有大豆加工业的拉动、没有大豆“药食同源”功效的宣传推广，恐将难以实现。

大豆及大豆制品“药食同源”的功效已得到古今中外的公认，美国《经济展望》杂志曾预测：未来，最成功，最具市场潜力的产品不是汽车，不是电视机，而是中国的豆腐与大豆制品。

据报道，目前国际市场对大豆异黄酮年需求量已达1500吨，但实际全球总产量只有300吨，中国的大豆异黄酮年总产量仅为50吨。

2010年，我国年消费大豆总量高达9000余万吨（国产大豆与进口大豆之和），占世界大豆总产量的37.5%，大豆与大豆加工制品生产规模之大、“药食同源”应用实践历史之悠久，均非世界任何一个国家所能伦比，所以当前我国大豆与大豆加工制品不应陷入上述缺乏科研实验根据与生产工程实践的争鸣之中，作为一种具有中国特色的“药食同源”物料，需要尽快争取在农业部、卫生计生委、食品与药品监督管理局等权威部门取得科学合法的定位、发挥“世界大豆故乡”的优势、面向全球理直气壮地宣传中国大豆“药食同源”的特色，为全面振兴我国大豆产业作出实际贡献。

3.“面向人民生命健康”，建立“产、加、销一体化大豆产业生产联合体”，以“工业反哺农业”促进大豆产业振兴

我国为振兴大豆产业曾采取一系列补救政策，但并未取得实际效果。对种大豆农户的补贴，绝不是每垧补贴几千元就能调动种植农民积极性的问题，我国耕地控制红线为17亿亩，去除水田、果蔬用地，旱田如为耕地总面积的50%，即8.5亿亩，如按四年轮茬制，则大豆种植面积每年应为2.125亿亩，相当于1416万垧，每垧补贴达到0.8万元以上，才能超过种植玉米的收益，这样每年将为国家增加支出1132.8亿元（1416万垧 ×0.8万元/垧=1132.8亿元），可见以大幅度增加补贴调动农民种豆积极性，绝非持久的农业良策。

大豆目标价格补贴政策未能实现促进大豆产业发展的内在因素，在于大豆种植效益远低于种植玉米、水稻等其他作物。

以种植玉米与种植大豆的收益相比较：

玉米每垧产量约为9吨/垧，大豆产量约为2吨/垧，以长春市玉米售价为1950元/吨，大豆售价为4850元/吨为例，每垧耕地种植玉米收益约为1.755万元/垧（1950元/吨 ×9吨/垧），而种植大豆每垧收益仅为0.97万元/垧（4850元/吨 ×2吨/垧），每垧耕地种植大豆比种植玉米少收入0.785万元。高额的效益差异，自然导致农民放弃大豆种植，改种其他农作物。

大豆产业的最主要组成部分是大豆种植业，为了振兴大豆种植业必须提高种豆农民的积极性，提高豆农种豆积极性，必须保证豆农得到实际的、高于种植其他农作物的经济收益，近年我国采取的“油脂行业补贴”政策、大豆收购“目标价格补贴”政策等等措施，均未取得理想效果，以2015年长春市大豆与玉米售价相比，种植大豆每垧地平均仍比种植玉米少收入0.7万元左右。

如何提高种豆农民的经济收益？李克强总理曾指出：“以工业思维方式谋划农业发展出路的方向，推进生产、加工、营销一体化、延伸价值链，最终产品销往全世界”。

中国食品工业协会大豆及植物蛋白专业委员会（暨长春大学食品科学与工程学院）科研与生产实践过程，证明采取“产、加、销一体化”的体制，以“工业反哺农业”的措施，将是提高农民种豆经济收益、振兴我国大豆产业可行的、最主要的出路。

以大豆加工制品中，高纯度大豆低聚肽生产销售为例，大豆肽属于相对分子质量小于5000的小分子蛋白，原料大豆中蛋白质含量与大豆肽得率呈正相关关联，普通原料大豆蛋白质含量约为35%，高蛋白大豆品种的蛋白质含量高达42%。加工企业与种豆农户组成“产、加、销一体化大豆产业联合体”后，加工企业可要求豆农种植“高蛋白大豆”品种，豆农为加工企业提供的原料改变后，由于原料大豆蛋白质含量提高，面使大豆肽得率提高，加工企业与种豆农户，双方共同受益，现列表（见表7）分析表述如下：

表 7　不同品种原料大豆，每吨产出大豆肽的产值分析表

对比不同品种 项目 原料大豆	蛋白质含量	每吨原料大豆产大豆肽量（千克）	每吨原料大豆产大豆肽的产值（美元）	备注
普通大豆品种（蛋白含量 35%）	35%	42	1.6 万美元	由于原料大豆品种改变后，高蛋白品种大豆（蛋白含量 42%）每吨可比普通大豆（蛋白含量 35%）品种多收 0.3 万美元
高蛋白大豆品种（蛋白含量 42%）	42%	50.4	1.9 万美元	

表 7 是根据大豆肽得率与原料大豆蛋白质含量成正相关的原理分析得出，售价按中国食品工业协会大豆及植物蛋白专业委员会依托组建单位——长春大学食品科学与工程学院研发的发明专利实施投产后，高纯度大豆低聚肽对外出口时，大连海关离港实际价格为 382 美元 / 千克计。具体计算如下：

根据试验证明，原料大豆蛋白含量为 35% 的普通大豆，每吨原料大豆提取大豆肽的产量为 42 千克 / 吨。

原料大豆蛋白含量为 42% 的高蛋白大豆，则每吨原料产大豆肽的产量为 42 千克 / 吨 ÷ 42% ÷ 35% ＝ 50.4 千克 / 吨。

从表 7 分析可见，仅从原料大豆品种改变后，在原效益不变的前提下，加工企业因采用高蛋白大豆品种比原来普通大豆原料，每吨可新增收益 1.86 万元人民币 [（1.9 万美元－ 1.6 万美元）×6.2 元 / 美元＝ 1.86 万元]，每垧产大豆按 2 吨计，则新增收益＝ 1.86 万元 / 吨 ×2 吨 / 垧＝ 3.72 万元 / 垧。“产、加、销一体化大豆产业联合体”将新增效益的三分之一，即 1.24 万元（3.72 万元 ÷3 ＝ 1.24 万元），反哺给“产、加、销一体化大豆产业联合体”生产“第一车间”的种豆农户，则参加“产、加、销一体化大豆产业联合体”的种豆农户，每垧种豆收益＝ 9700 元 / 垧＋ 12400 元 / 垧＝ 22100 元 / 垧。种豆农户每垧收益达到 2.21 万元，比种植玉米每垧收益为 1.755 万元，高出 0.455 万元（2.21 万元 / 垧 –1.755 万元 / 垧 =0.455 万元 / 垧）。

大豆产业的兴衰已影响到国土资源质量与民生的安全，为了振兴我国大豆产业，依赖改进传统的农艺措施、大幅度提高大豆种植效益，已成为难以实现的现实。中国食品工业协会大豆及植物蛋白专业委员会认为只有研制具有自主知识产权、高附加值的发明专利加工技术，根据十九届五中全会要求的新发展理念，将大豆加工业新增的高效益中的一部分“让利反哺”大豆种植农户，使大豆产业本身增强“造血机能”才是振兴大豆产业、本身自救的、可行的根本出路。种豆农户在不增加耕地，不增农业投入的前提下，只是与加工企业联合组成“产、加、销一体化大豆产业联合体”，种植高蛋白大豆品种，而使收益由 9700 元 / 垧提高至 22100 元 / 垧，比种植玉米多收入 4550 元 / 垧（22100 元 / 垧 – 17550 元 / 垧＝ 4550 元 / 垧）。在高效益刺激下，“产、加、销一体化大豆产业联合体”的种豆农户自然乐于种植大豆，豆农不仅通过种豆获得高效益，而且使耕地实现培肥养地的效果，豆农、加工企业、国家三方受益。可见只有遵循党的十九届五中全会精神、坚定树立新发展理念、依靠自主创新的高附加值加工创新发明专利技术，才能使大豆种植业与大豆加工业真正实现双赢、大豆产业链中的加工业与种植业才能形成良性循环、发展我国大豆产业、振兴中国“世界大豆故乡”的梦想才能成为现实。

刘辉、雷海容、梁洪祥、许伟良

2.3 燕麦荞麦产业

【a. 概况】

燕麦荞麦因富含 β – 葡聚糖、生物黄酮等功能成分，对糖尿病、高血压等慢性病具有显著的防治作用，已成为国内外功能食品的主要原料，种植面积稳中有升。2019 年，全球燕麦种植面积为 986 万公顷，产量为 2192 万吨。全球燕麦食品加工占燕麦总消费量 12%，并以每年 0.6% 的速度增长；欧盟、美国和俄罗斯是燕麦的主要消费经济体。加拿大、澳大利亚是世界主要燕麦出口国，出口量分别占世界的 80%、10% 左右。美国是燕麦主要进口国，90% 以上的燕麦从加拿大进口。在欧洲，大约有 80% 的燕麦用于饲料工业，食品消费和种子各占 10 %。虽然燕麦在一些大的生产国已经成为主要作物，与玉米、小麦、大麦一样重要。但是，在欧盟和美国，燕麦的食品消费比例还很小，美国每人每年平均消费 3.5 千克，欧盟为 1.5 千克，我国仅为 0.9 千克。值得注意的是，随着燕麦营养保健价值的证实，燕麦在食品消费中的地位已明显上升。

2019 年，全国荞麦全球种植面积约 394 万公顷，总产量约 382.8 万吨。其中“一带一路”沿线 65 个国家是世界最重要的荞麦种植区域，收获面积约占世界荞麦总收获面积的 58%。俄罗斯和中国既是主要生产国，也是主要出口国，年产量分别约为 150 万吨、85 万吨，出口量分别为 4.8 万吨、2.7 万吨，出口对象主要是日本、韩国和东欧等国家。国还通过满洲里、呼和浩特、二连浩特等口岸向俄罗斯进口部分荞麦，主要流向到国内部分加工厂或者主要销区市场。2019 年，燕麦、荞麦行业集中度 CR4（行业前四名份额集中度）分别为 38.7%、36.22%，HHI 指数（郝希曼指数）分别为 0.06、0.16，两个指数都表明燕麦荞麦市场属于低集中竞争型。研发投入在 30 万以下的企业占行业的 66.7%，研发投入严重不足，其创新效率平均不到 2.6%。

【b. 加工情况】

2019 年，燕麦加工量约 105 万吨，其中，进口燕麦约 20 万吨，燕麦加工产品中燕麦粉及面制品约占 50%，燕麦片约占 30%，燕麦米约占 10%，总产值约 80 亿元。全国燕麦大型加工企业主要分布在华东、华南地区，以进口燕麦为主、国产燕麦为辅，典型的企业如西麦、智利等企业；华北、西北燕麦主产区的燕麦加工企业规模较小，有阴山莜麦、三主粮等企业，西北地区燕麦饲草产业发展很快，成为燕麦产业新的增长点。2019 年，我国荞麦加工量约 85 万吨，其中，荞麦粉约占 70%，荞麦茶约占 10%，荞麦米约占 5%，其他约占 15%，总产值约 65 亿元。荞麦生产加工企业主要集中在华南，尤其是四川凉山州地区，荞麦主要加工企业整体上规模比较小，产品同质化现象比较严重，集中在荞麦粉、荞麦米、荞麦茶等产品，餐饮企业主要供应荞面饸饹；高附加值产品主要为荞麦糊、荞麦消闲食品、荞麦醋、荞麦酒。

【c. 发展趋势】

1. 燕麦荞麦食品消费需求不断增加

基于燕麦荞麦中功能组分在现代食源性疾病中作用机制揭示和我国居民对健康饮食的不断重视，使得我国燕麦荞麦等杂粮健康食品、功能食品产业呈现持续增长趋势。以燕麦为例，2013 年，我国燕麦产品销售额为 6.7 亿元，到 2018 年，仅早餐燕麦市场就达到了 74.02 亿元；2019 年，我国燕麦人均消费量为 0.9 千克，比 10 年前增加了 2 倍；

2. 燕麦荞麦产品的供应逐渐实现多样化

从燕麦荞麦米、面、片等主食到烘焙麦片、古兰诺拉、沙琪玛等休闲食品、饮品，品类逐渐齐全，使得燕麦荞麦产品消费覆盖率大大增加；2020 年，受新冠疫情影响，消费者对提升自身免疫力更加重视，燕麦荞麦食品消费先期因为城市封闭管理出现一定程度下滑，但是随着国内国际双循环拉动，燕麦荞麦产品消费基本回到了往年正常水平，某些品牌还出现显著强力反弹，预计 2025 年行业市场规模达到 311 亿美元左右；

3. 植物基食品发展成为新的增长点

燕麦荞麦产品生产水耗、能耗均较低，能够达到低碳生产要求，同时燕麦植物蛋白饮料、燕麦手撕蛋白等产品不断升级，逐渐成为新一代消费者的关注产品。2019 年，全球燕麦饮料销售额约为 3.7 亿美元，据估算，未来 10 年年复合增长率约为 10.2%，为燕麦产业发展带来无限契机。第五，燕麦草是全球第一大禾本科商品草，在我国发展越来越快，种植面积已近 200 万亩。燕麦饲草适合在青海、西藏、内蒙古、甘肃等冷凉地区种植，这些地区草原退化严重、牧草匮乏和草畜矛盾突出，燕麦草加工利用技术需求极为迫切。2020 年饲料行业全面禁抗，优质燕麦荞麦饲草除了富含蛋白质和可溶性糖，还含有维生素、矿物质、β－葡聚糖、硫胺素和叶酸等营养成分，对动物健康和无抗养殖都有潜在价值，助力我国绿色健康养殖发展意义重大。

数据来源：USDA 数据，国家燕麦荞麦产业技术体系调研数据。

任长忠、胡新中、李云龙、董锐

2.4 制糖行业

【a. 概况】

我国有14个省区产糖，沿边境地区分布，主产糖省（区）集中在我国北部、西北部和西南部。甘蔗糖产区主要分布在广西、云南、广东、海南及邻近省区；甜菜糖产区主要分布在新疆、内蒙古、黑龙江及邻近省区。与糖料种植相关的人员近4000万。2018/2019年制糖期全国食糖总产量中甘蔗糖占87.78%，甜菜糖占12.22%。

我国的食糖生产销售年度为10月1日至翌年的9月30日，开榨时间由北向南各不相同。甜菜糖厂一般在9月底或10月初开机生产；甘蔗糖厂一般11月中或12月初开榨。

2018/2019年制糖期于2018年9月25日中粮屯河新宁糖业公司正式开机生产，至2019年5月26日云南中云上允糖厂最后一个停机，历时244天，同比，少生产19天。本制糖期，全国共有开工制糖生产企业（集团）46家，开工糖厂211家，同比，少开工5家，其中：甜菜糖生产企业（集团）4家，糖厂35家；甘蔗糖生产企业（集团）42家，糖厂176家。另有炼糖企业16家。

本制糖期食糖产量前10位的制糖企业集团产糖量占全国食糖总产量的77.2%。

2018/2019年制糖期，全国共生产食糖1076.04万吨。其中，优级和一级白砂糖893.76万吨，精制糖76.24万吨，绵白糖63.27万吨，赤砂糖和红糖24.42万吨，原糖及其他18.35万吨。

本制糖期，全国糖料种植面积2161.13万亩，同比增长4.71%，其中，甘蔗种植面积1809.28万亩，同比增长0.47%；甜菜种植面积351.85万亩，同比增长33.72%。甘蔗品种目前仍以台糖系列、桂糖系列和粤糖系列为主，三大系列品种占总种植面积的84.3%；其他品种约占总种植面积的15.7%。甜菜主要种植品种仍以原种引进为主。甜菜品种主要以德国KWS系列、安地系列、先正达系列为主，占甜菜总种植面积的70.08%。

2017/2018年制糖期食糖产量、播种面积、开工糖厂数。（见表1）

表1 2017/2018年制糖期全国糖料播种面积、食糖产量基本情况

企业名称	糖料播种面积（万亩）	产糖量（万吨）	开工糖厂数（间）
全国累计	2161.13	1076.04	211
甘蔗糖合计	1809.28	944.50	176
广东	175.00	80.96	25
其中：湛江	151.00	69.92	20
广西	1154.00	634.00	85
云南	435.04	208.01	55
海南	38.96	18.82	9
其他	6.28	2.71	2
甜菜糖合计	351.85	131.54	35
黑龙江	37.55	5.41	2
新疆	106.00	55.73	15
内蒙古	200.00	65.00	13
其他	8.30	5.40	5

2018/2019年制糖期，甘蔗平均收购价格（地

头价，不含运输及企业对农民各种补贴费用等，下同）为480元/吨，甜菜平均收购价格为494元/吨。

2018/2019年制糖期全国制糖行业主要技术指标：

甘蔗平均单产4.64吨/亩，甜菜平均单产3.63吨/亩；甘蔗平均含糖分13.42%，甜菜平均含糖分14.97%；甘蔗平均产糖率11.69%，甜菜平均产糖率11.75%。

【b.市场】

1.国内食糖市场

2018/2019年制糖期全国累计产糖1076.04万吨，同比增加45万吨，同比增长4.36%，其中：甘蔗糖产量944.5万吨，同比增长3.1%；甜菜糖产量131.54万吨，同比增长14.41%。

本制糖期全国食糖消费量1520万吨；年人均食糖消费量为10.89千克。食糖消费结构略有变化，食糖消费总量中民用消费为42.5%，工业消费比例为57.5%。

2018/2019年制糖期，中国糖业协会食糖价格指数5437，同比下跌8.44%；工业累计销售平均价格为5248元/吨，同比下跌6.98%。本制糖期全国制糖行业销售收入663亿元；亏损43亿元，财政税收18.8亿元，农民种植糖料增收27亿元。

2.国际食糖市场

2018/2019年制糖期，印度和泰国等主产糖国的食糖产量降幅不如预期，全球食糖产量维持历史高水平；全球食糖消费增加有限，全球食糖供求关系虽然好转，但仍然保持产销过剩，另外，能源价格宽幅振荡，以及巴西、泰国等全球食糖主要出口国货币贬值。受上述因素综合影响，纽约原糖期货价格在制糖期初短暂冲高并见制糖期最高后，步入振荡下跌，于2019年9月中旬见制糖期最低，最终报收于11.83美分/磅，比制糖期初下跌2.07%，同比增长14.3%。整个制糖期，纽约原糖期货价格波动区间为10.68美分/磅至14.35美分/磅。

展望2019/2020年制糖期，市场普遍预期，受不利天气和市场低迷等因素的综合影响，印度、泰国和欧盟等全球主产糖国家（地区）的食糖产量将进一步下降，巴西食糖产量维持最近几年来的较低水平，预计全球食糖产量降幅扩大，同时，全球食糖消费量增速进一步恢复，因此，预期全球食糖供求关系将出现逆转，将出现产销缺口。英国Czarnikow公司初步预期，全球食糖产量将进一步减少1059万吨，至1.82亿吨左右，全球食糖消费量将增长241万吨，至1.897亿吨左右。

作为大宗农产品的食糖，兼有商品属性、能源属性和金融属性，其价格波动的主要影响因素包括天气、产业政策等自身供求基本面变化，以及原油价格和美元汇率波动等。全球食糖供求出现产销缺口的预期，将有利于食糖价格企稳回升，但是，其回升进程将受到印度等国家的巨大食糖库存压力及其食糖出口补贴政策等因素抑制。

世界主要产糖国食糖产量和消费量。（见表2、表3）

表2　世界主要产糖国食糖产量统计表

单位：万吨（原糖值）

	2015/20	2016/20	2017/20	2018/20	2019/20
世界总产量	17424	18035	20458	19254	18195
其中：甘蔗糖	13812	14080	15731	14875	13920
甜菜糖	3612	3956	4727	4379	4275
欧洲总量	2634	2931	3648	3283	3186
欧盟（28国）	1562	1637	2264	1927	1901
俄罗斯	563	662	696	645	699
乌克兰	159	218	233	198	141
土耳其	217	245	275	336	261
美洲总量	6667	7378	7261	6322	6157
巴　西	3637	4175	4159	3129	3023
哥伦比亚	227	251	258	259	233
古巴	177	179	99	139	128

续表

	2015/20	2016/20	2017/20	2018/20	2019/20
危地马拉	304	293	290	316	301
墨西哥	661	675	662	689	663
美 国	802	880	905	894	904
加拿大	10	12	12	15	14
智 利	28	31	32	27	27
非洲总量	1133	1130	1189	1248	1249
埃 及	241	245	245	270	255
南 非	176	193	221	228	228
摩洛哥	59	66	69	79	79
亚洲总量	6427	6069	7859	7884	7135
中国（不含港澳台）	946	1010	1120	1170	1196
印 度	2846	2174	3474	3587	2989
巴基斯坦	565	761	703	609	578
泰 国	1042	1069	1567	1552	1371
印度尼西亚	271	282	241	224	258
菲律宾	243	271	226	233	244
伊朗	178	178	179	180	180
日本	88	74	85	84	84
大洋洲总量	556	521	496	510	463
澳大利亚	529	502	473	489	437

备注：产量按制糖期统计，2019/20 年制糖期为预测数字

表 3 世界主要食糖消费国食糖消费量统计表

单位：万吨（原糖值）

	2016	2017	2018	2019	2020
总消费量	18138	18431	18551	18726	18968
欧洲	3283	3456	3478	3467	3483
欧盟（28 国）	1900	1973	2007	1990	2002
俄罗斯	620	661	641	641	641
乌克兰	169	164	162	160	157
土耳其	253	310	315	321	326
美 洲	4173	4214	4184	4135	4168
巴 西	1177	1147	1120	1088	1095
哥伦比亚	197	175	176	183	180

续表

	2016	2017	2018	2019	2020
古 巴	77	66	66	66	67
危地马拉	85	87	89	91	92
墨西哥	475	516	513	501	511
美 国	1112	1217	1233	1233	1238
非 洲	2130	2210	2263	2315	2370
埃 及	338	348	353	361	368
南 非	208	212	218	221	222
亚 洲	8395	8394	8468	8650	8787
中国（不含港澳台）	1685	1629	1640	1663	1665
印 度	2728	2717	2741	2767	2842
巴基斯坦	528	546	524	580	592
泰 国	352	337	336	371	336
印度尼西亚	716	730	748	763	789
菲律宾	273	278	279	282	287
日 本	226	224	225	225	225
韩 国	146	151	158	163	166
大洋洲	157	158	158	159	159
澳大利亚	121	121	121	121	121

备注：消费量按年度统计，2020 年消费量为预测数字。

【c. 运行特征】

1. 食糖产量连续第三年恢复性增长

全国糖料种植面积 2161 万亩；加工糖料 9199 万吨，同比增加 503 万吨；食糖产量 1076 万吨，同比增加 45 万吨。

2. 食糖消费平稳

全国食糖消费量 1520 万吨，同比持平略增。

3. 国内食糖价格连续第二年下跌，但跌势放缓

全国食糖价格在生产期间持续低迷，低于成本线下运行；进入 6 月份以来，平稳回升。国内食糖工业累计平均销售价格 5248 元 / 吨，同比下跌 7%。

4. 农民继续增收，企业亏损扩大，财政税收入减少

农民增收27亿元，企业亏损43亿，财政税收18.8亿元。

5. 国家宏观调控措施不断完善，打击食糖走私成果显著

国家宏观调控措施不断完善；打击食糖走私效果显著；食糖进口实现了“按需、有序、平稳、可控”。

【d. 进出口贸易】

2018/2019年制糖期截至2019年8月底，我国食糖进口同比增加，出口同比基本持平。累计进口食糖282.16万吨，同比增长25.94%；累计出口食糖17.17万吨，同比基本持平。统计数据见下图：

2009/2010～2018/2019年制糖期食糖进出口量

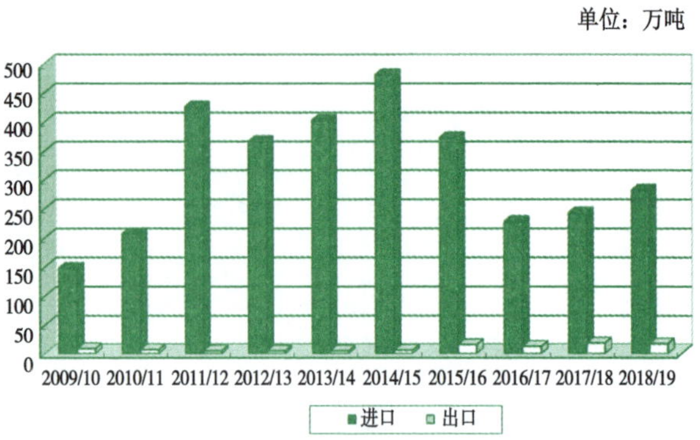

注：2018/2019年制糖期进出口量截至2019年8月底。

我国食糖进出口贸易情况分别见表4、表5。

表4　2010～2019年全国食糖进口与贸易方式统计表

单位：万吨

年度	合计	一般贸易	来料加工	进料加工	保税监管场所进出境货物	特殊监管区域物流货物	边贸	其他
2010	176.61	163.91	0.87	10.89	0.04		0.07	0.83
2011	291.94	276.68	0.97	13.27	0.06			0.96
2012	374.72	360.86	0.99	12.55	0.04			0.28
2013	454.59	434.86	1.3	14.77				3.66
2014	348.58	266.33	1.24	13.94	66.93			0.14
2015	484.59	265.71	0.9	13.93	185.14	18.88		0.03
2016	306.19	219.43	1.21	13.67	61.91	9.96		0.01
2017	229.05	124.47	1.31	15.3	77.68	10.28		0.01
2018	279.54	183.65	1.81	18.18	59.66	16.24		
2019	197.43	133.91	0.69	8.04	46.54	8.25		

注：2019年统计数字截至8月底

表5　2010～2019年全国食糖出口与贸易方式统计表

	合计	一般贸易	来料加工	进料加工	保税监管场所进出境货物	特殊监管区域物流货物	边贸	其他
2010	9.43	5.65	0.91	1.99			0.25	0.63
2011	5.94	1.79	0.99	2.17	0.002		0.03	0.96
2012	4.71	1.64	0.93	1.87	0.001		0.02	0.25
2013	4.78	1.48	1.06	1.71			0.02	0.51
2014	4.62	1.39	1.09	2				0.14

续表

	合计	一般贸易	来料加工	进料加工	保税监管场所进出境货物	特殊监管区域物流货物	边贸	其他
2015	7.5	1.09	1.09	1.7	0.28	3.32		0.02
2016	14.91	1.17	1.12	2.12	0.16	10.34		
2017	15.79	0.9	1.19	2.01	1.65	10.03		0.01
2018	19.57	0.9	1.6	1.83	1.51	13.73		
2019	10.54	0.56	0.78	1.31	0.41	7.48		

注：2019年度统计数字截至9月底

【e. 行业大事记】

1. 2018年11月1日–2日，“2018/2019年制糖期全国食糖产销工作会议暨全国食糖、糖蜜酒精订货会”在海南省海口市召开。

会议总结了2017/2018年制糖期全国食糖产销工作，通报了2018/2019年制糖期全国糖料种植及产量预计情况，通报了新制糖期国家食糖宏观调控的思路和原则，对全球食糖供求形势、国内经济形势和前景等专题展开了深入探讨，分析研究了2018/2019年制糖期全国糖料生产及食糖产销形势，对新制糖期食糖供求平衡、产销工作、政府调控工作提出了政策建议。会议为参会代表提供了工商洽谈、订货的机会，帮助企业加强了产销联系与合作。

2. 2018年11月2日，工信部消费品工业司在海南省海口市组织召开了“2018年制糖和糖精行业工作座谈会”，会议研究制糖行业高质量发展工作，围绕全国制糖行业发展现状、存在的问题以及对新的一年行业面临的形势进行了分析和探讨；回顾总结了2018年糖精限产限销工作，对定点糖精生产企业生产经营管理提出建设性意见和建议，并对2019年工作提出建议和要求。

3. 2018年12月12日至14日，原糖进口加工委员会主任（扩大）会议在海南三亚召开。会议听取了委员会秘书处《2018年原糖进口加工委员会工作总结》报告，听取了与会企业代表关于2018年企业原糖进口、加工生产和运营情况的汇报，回顾总结了2014年以来行业自律工作取得的经验教训。会议经过充分讨论与协商，在加强行业自律工作方面达成广泛共识，并一致通过2019年原糖进口加工行业自律工作思路。

4. 2018年12月，生态环境部发布了《污染源源强核算技术指南 农副食品加工工业—制糖工业》国家环境保护标准，对制糖工业废气、废水、噪声、固体废物污染源强核算的程序、内容、核算方法及要求做了具体规定，该标准自2019年3月1日起实施。

5. 2019年2月24日，广西壮族自治区人民政府发布了《关于深化体制机制改革加快糖业高质量发展的意见》（桂政发〔2019〕8号）。

6. 2019年2月25日～3月1日，受工信部委托，中国糖业协会组织专家组，按照工信部《关于对2018年糖精生产计划执行情况进行检查的通知》要求，对三家国家定点糖精企业的年度生产计划执行情况进行了检查。

7. 4月11日，广西壮族自治区发展和改革委员会发布《关于糖料蔗收购价格实行市场调节价问题的通知》（桂发改价格〔2019〕352号），同时废止广西壮族自治区物价局下发的《关于印发广西糖料蔗价款二次结算价格核定暂行办法的通知》（桂价格〔2011〕95号）。

8. 5月23日，中国糖业协会五届八次理事长工作（扩大）会议在广西南宁召开。会议审议了中国糖业协会秘书处工作报告，讨论通过了“2019年中国糖业博览会暨世界糖业研讨会”相关工作安排，听取了各副理事长、特邀代表及主产糖省（区）糖业协会负责同志有关本制糖期食糖生产经营情况的汇报和政策建议。会议认真分析了我国糖业发展面临的严峻形势、重点任务、存在的主要问题和困难，总结了食糖保障措施实施以来的经验，深入研究了行业及协会的应对策略，并就行业及协会的下一步重点工作进行了安排。会议表决通过了相关决定和决议（草案）。

9. 2019 年 5 月 24 ～ 26 日，由中国糖业协会与广西壮族自治区糖业发展办公室共同主办的“2019 年中国糖业博览会暨世界糖业研讨会”（下称“糖博会”）在广西南宁举行。本次糖博会以“加快糖业转型升级，共享创新合作商机”为主题，突出国际化、多元化、产业化。参展面积近 3 万平方米，参展商 248 家，观展人数超过 3 万人次。

糖博会期间举办了以“大变革中的世界糖业”为主题的世界糖业研讨会，国际糖业组织、巴西蔗产联盟委员会、印度糖厂协会、泰国糖业生产公会、澳大利亚昆士兰糖业公司、世界糖业研究组织等单位嘉宾发表了主题演讲。国内外食糖生产和贸易相关企业代表 200 余人参加了研讨会。

糖博会期间还分别举办了“中国糖业战略发展 G30 峰会”“高产高糖糖料发展论坛”“绿色智造糖业发展论坛”“食糖产销零距离”等多场分论坛。

10. 6 月 28 日，为支持国家商品储备业务发展，发布部分商品储备政策性业务税收政策公告：财政部对商品储备管理公司及其直属库资金账簿免征印花税，对其承担商品储备业务过程中书立的购销合同免征印花税，对合同其他各方当事人应缴纳的印花税照章征收；对商品储备管理公司及其直属库自用的承担商品储备业务的房产、土地，免征房产税、城镇土地使用税。

商品储备管理公司及其直属库，是指接受县级以上政府有关部门要托，承担粮（含大豆）、食用油、棉、糖、肉 5 种商品储备任务，取得财政储备经费或者补贴的商品储备企业。公告执行时间为 2019 年 1 月 1 日至 2021 年 12 月 31 日。2019 年 1 月 1 日以后已缴上述应予免税的款项，从企业应纳的相应税款中抵扣或者予以退税。

11. 7 月 11 日，中国糖业协会五届九次理事长工作（扩大）会议在京召开。会议听取了秘书处工作报告和反食糖走私领导小组办公室工作汇报，各参会代表通报了企业（集团）生产经营情况。会议围绕行业目前面临的严峻形势展开了热烈讨论，并就行业健康稳定发展战略和协会工作提出了建议，达成了广泛共识。

12. 7 月 30 ～ 8 月 1 日，中国糖业协会信息工作会议在甘肃省召开。参会代表介绍了所在企业 2018/19 年制糖期食糖产销、糖料种植、技术进步、转型升级、降本增效、兼并重组等方面情况，并就提高糖业信息统计和信息服务工作质量和效率展开了充分交流和探讨。会议总结通报了 2018 年协会信息统计工作，指出了信息报送工作中存在的主要问题，对如何完善协会信息统计工作提出了要求，并安排了下一步协会信息重点工作。会议期间还参观考察了当地甜菜种植基地。

13. 8 月 6 日，为深入贯彻落实《国家发展改革委农业部关于印发糖料蔗主产区生产发展规划（2015-2020 年）的通知》（发改农经〔2015〕1101 号）、甘蔗生产机械化推进工作第四次专题会议精神，切实做好甘蔗“高糖、高产”基地建设、生产机械化推进工作，实现云南蔗糖产业高质量发展，云南省印发《关于推进蔗糖业高质量发展的实施意见》（云发改产业（2019）447 号）要求到 2020 年，全省建成“双高”糖料蔗核心基地 200 万亩，到 2023 年力争建设 350 万亩，带动全省 500 万亩蔗区。

14. 2019 年 8 月 16 日，广西壮族自治区政府办公厅印发实施《广西壮族自治区食糖临时储存管理办法》（桂糖〔2019〕59 号），以规范操作流程、规范食糖临时储存管理，切实发挥稳定食糖市场功能作用。

胡志江　王让梅

2.5 淀粉加工业

【a. 概况】

1. 主要经济指标

（1）总产量

2019 年，淀粉加工业继续保持快速、平稳发展。据中国淀粉工业协会年报统计，全国各类淀粉总产量为 3216.63 万吨，同比增长 6.89%；淀粉深加工产品总产量为 1737.27 万吨，同比增长 6.41%。（见图 1）

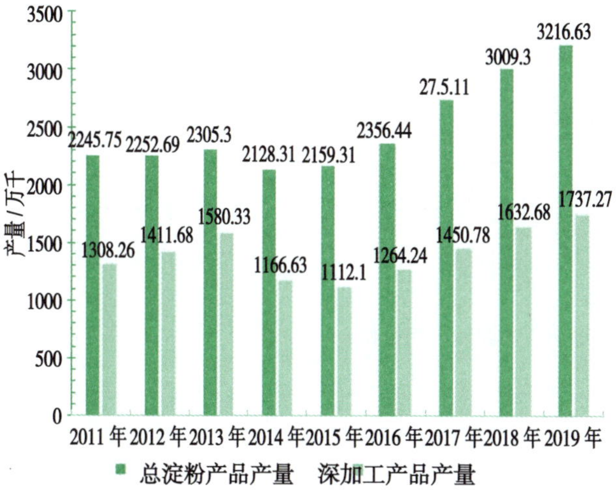

图 1　2011—2019 年中国淀粉及深加工产品产量示意图

数据来源：中国淀粉工业协会

淀粉产品中，玉米淀粉产量 3097.43 万吨，同比增长 10.04%，产量占淀粉总产量的 96.29%；马铃薯淀粉、木薯淀粉、甘薯淀粉及小麦淀粉等产量分别为 45.49 万吨、20.27 万吨、22.85 万吨和 30.58 万吨，产量同比均有所下降。

深加工产品中，淀粉糖产量 1435.46 万吨，同比增长 5.97%，产量占深加工产品总产量的 82.63%；变性淀粉产量 175.78 万吨，同比增长 5.98%；糖醇产量 126.02 万吨，同比增长 12.35%。（见表 1）

表 1　2019 年淀粉及深加工主要产品产量

类别	产量 / 万吨	同比增长 /%
玉米淀粉	3097.43	10.04
马铃薯淀粉	20.27	–22.85
木薯淀粉	45.49	–23.15
甘薯淀粉	22.85	–10.64
小麦淀粉及其他	30.58	–63.31
淀粉产品合计	3216.63	6.89
淀粉糖	1435.46	5.97
其中：F42 果糖	68.81	–5.97
F55 果糖	420.81	11.61
麦芽糊精	87.72	1.74
结晶糖	450.70	10.82
变性淀粉	175.78	5.98
糖醇	126.02	12.35
其中：山梨醇（70%）	90.34	14.41
深加工产品合计	1737.27	6.41

数据来源：中国淀粉工业协会

（2）出口量

2019 年，我国淀粉产品出口贸易量保持增长。在出口退税政策鼓励下，国内玉米淀粉出口继续放量，出口量增长至 70.41 万吨，同比增长

35.66%；淀粉类产品出口总量约76.05万吨，同比增长34.82%。

2019年，我国淀粉深加工产品出口量为176.11万吨，同比持平。其中，淀粉糖出口量152.72万吨，同比持平；糖醇及变性淀粉出口量分别同比增长2.18%和同比下降2.07%。

2. 行业发展分析

（1）价格

①玉米淀粉

2019年，玉米淀粉价格仍以玉米成本定价为主，受非洲猪瘟影响，全国玉米价格疲软无力，玉米淀粉价格波动平缓。产区玉米淀粉平均价格2437元/吨，销区价格在2624元/吨左右，同比基本持平。

2019年，从生产区域的价格来看，华北黄淮地区玉米淀粉平均价格2439元/吨，同比持平；西北依然是三大主产区内最高价格，平均价格为2561元/吨，同比减少25元/吨，同比下降1%；东北地区玉米淀粉平均价格2312元/吨，同比持平。（见图2）

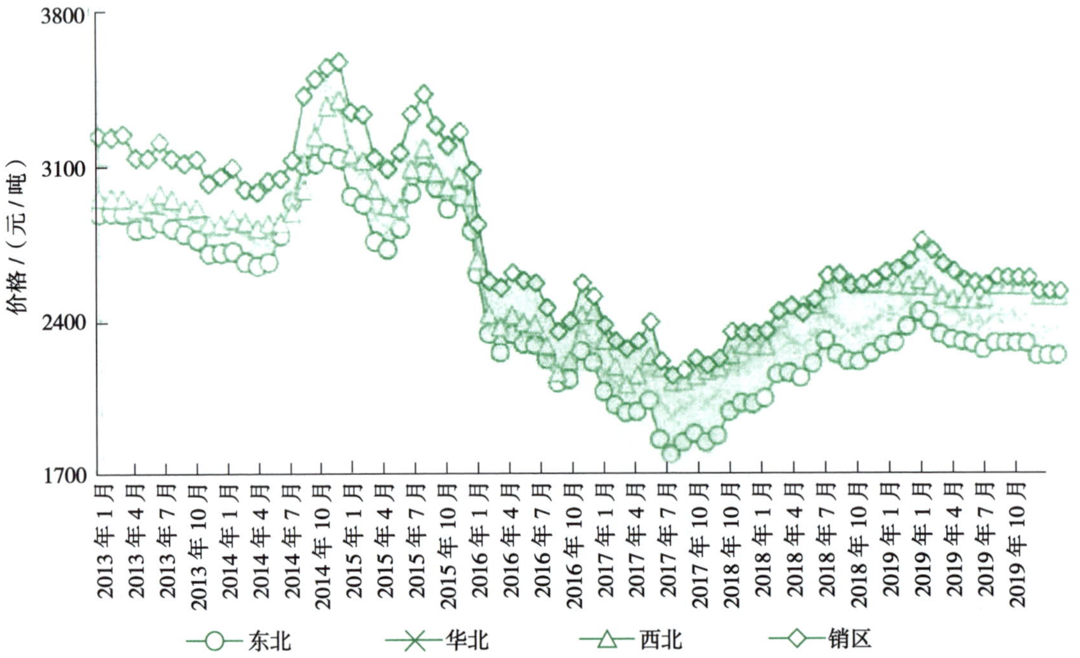

图2 2013—2019年中国主要区域玉米淀粉平均价格

数据来源：中国淀粉工业协会

②淀粉糖

2019年，淀粉糖产品价格整体平稳。其中，果葡糖浆全年整体价格走势相对平稳，即使进入7、8月的消费旺季，价格也没出现明显反弹，仅仅是持稳，主要是因为2019年市场需求情况不佳，零售终端比较低迷，加之市场供大于求较重，价格上涨乏力，全年价格稳定在2690元/吨左右；麦芽糖浆价格在2270～2340元/吨区间震荡波动，没有出现明显高点，主要是受终端下游需求没有明显带动影响，加之部分新投产企业加入瓜分市场，导致价格难有较大增幅；麦芽糊精价格呈下滑趋势，主要是因为整体需求低迷，价格由年初的3767元/吨降至年底的3550元/吨。（见图3）

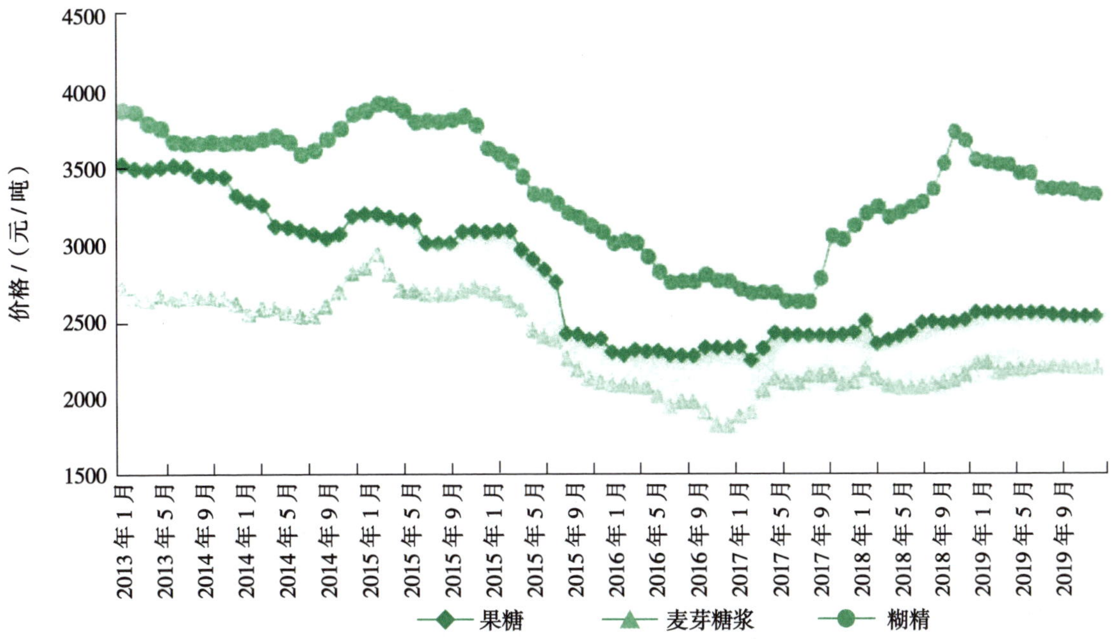

图 3 2013—2019 年中国淀粉糖主要产品价格走势

数据来源：中国淀粉工业协会

③马铃薯淀粉

2019 年，马铃薯淀粉市场价格呈现强势上扬走势，一级粉市场价格从年初的 5900 元 / 吨上涨至年末的 7000 元 / 吨，同比增长 18.64%。

④木薯淀粉

2019 年，国产木薯淀粉价格震荡回落，主要是下游需求尚未明显增加，贸易商库存压力变大，为回笼资金，不得不倒挂进行销售，价格由年初的 4200 元 / 吨降至年底的 3800 元 / 吨。进口木薯淀粉价格因国内需求不旺而波动下滑，由年初的 530 美元 / 吨降至年底的 415 美元 / 吨。

⑤甘薯淀粉

2019 年，由于原料成本逐年增加、环保压力加大，价格小幅上涨。甘薯淀粉平均出厂价格 7650 元 / 吨，同比增长 1.59%。

⑥其他深加工产品

2019 年，变性淀粉因产品类别、规格、用途及品质不同，价格差异较为明显，变性淀粉销售价格在 3000 ～ 11000 元 / 吨不等，平均销售价格约 5601 元 / 吨，同比下降 2.31%。糖醇价格增减各异，其中，山梨醇销售价格在 2650 ～ 3500 元 / 吨，均价同比减少 160 元 / 吨左右；甘露醇价格在 16000 ～ 19000 元 / 吨，均价同比上涨约 900 元 / 吨；木糖醇价格在 23000 ～ 28000 元 / 吨，均价减少 2300 元 / 吨左右。

（2）市场

①玉米淀粉

2019 年，玉米深加工产能逐渐释放，行业竞争加剧，玉米淀粉加工效益有所减少。我国主产区玉米淀粉企业的平均加工效益为 56 元 / 吨，同比减少 34 元 / 吨。我国玉米淀粉行业平均开工水平在 68% 左右，玉米淀粉产量达到 3097.43 万吨，同比增长 10.04%。

消费方面，2019 年，受中美贸易摩擦及非洲猪瘟影响，淀粉及深加工产品国内消费及出口贸易均受到不同程度抑制。就消费去向而言，淀粉糖是玉米淀粉最主要的消费去向，约占玉米淀粉消费总量的 55%，其后依次是造纸约占 12%，食品加工约占 8%，啤酒约占 6%，医药、变性淀粉、化工各占 5% 左，面粉、饲料及其他分别占 1%。

②淀粉糖

2019 年，随着投资扩产接近尾声，国内淀粉糖产量增幅有所回落淀粉糖产量 1435.46 万吨，同比增长 5.97%。消费方面，国内食糖价格前低后高，食糖与淀粉糖的年均价差约 2800 元 / 吨，同比减少约 200 元 / 吨（图 4）；价差缩减的同时，终端对含糖食品需求处于疲软状态，淀粉糖整体的需求由高速增长进入缓慢增长期。

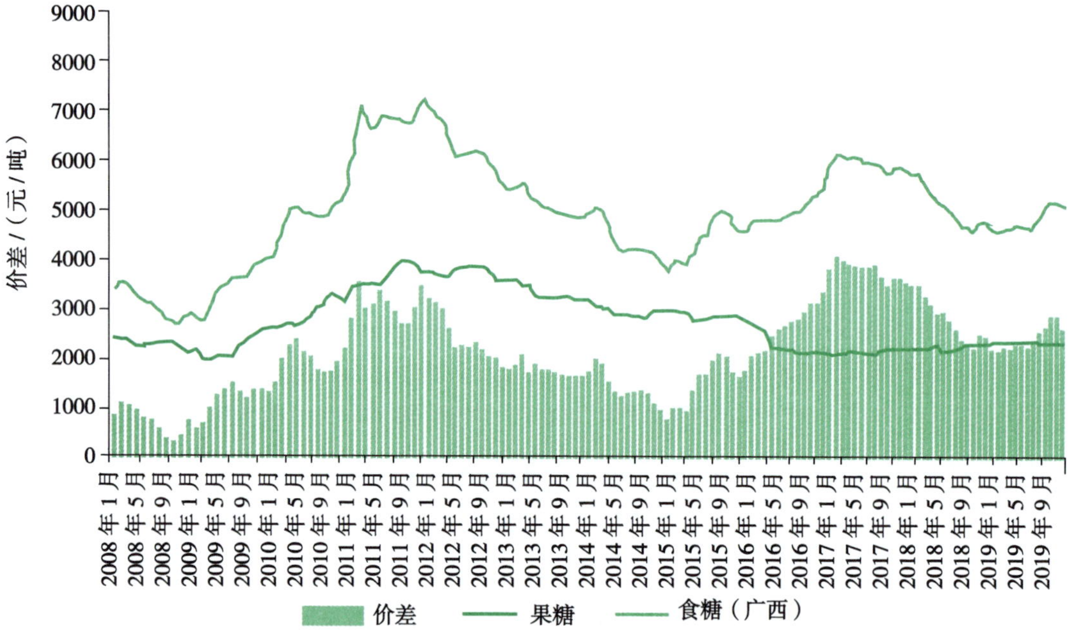

图 4 2008—2019 年中国果糖与食糖（广西）价差走势

数据来源：中国淀粉工业协会

③马铃薯淀粉

因几年前，商品薯供大于求导致种植收益下滑，加之马铃薯种植地区受其他作物高补贴政策影响，马铃薯的种植面积出现萎缩，用于深加工的马铃薯供应进一步减少。2019 年，我国马铃薯淀粉产量同比下降 23.15%，至 45.49 万吨。消费方面，下游需求没有明显的变化。

④木薯淀粉

由于，木薯种植面积不断萎缩，使得国内原料供应不断减少，近年来，国内木薯淀粉产量持续同比下降。2019 年，国产木薯淀粉产量 20.27 万吨，同比下降 22.85%。与此同时，国内对优质木薯淀粉的需求量保持波动增长态势。我国木薯淀粉存在巨大的供应缺口，进口量逐年增加，2019 年，进口木薯淀粉 237.55 万吨，同比增长 18.25%，对外依存度增长至 92%。进口木薯淀粉及玉米淀粉等逐渐挤压国产木薯淀粉市场，企业数量逐渐减少，国内木薯淀粉产业逐渐萎缩。

⑤甘薯淀粉

因原料成本较高，玉米淀粉、木薯淀粉、小麦淀粉等替代品凭借价格优势抢占甘薯淀粉市场，导致甘薯淀粉消费增长动力偏弱。随着新环保法实施的逐步深入，环保执法力度加强，甘薯深加工企业污水排放量大，是环保执法监控的重点行业，特别是缺乏环保处理设备的作坊式淀粉加工厂家是国家重点整治产业。2019 年，甘薯淀粉加工厂家开机率处于低位，甘薯淀粉市场供应略有减少，产量 22.85 万吨，同比下降 10.64%，下游需求稳定，价格小幅上涨。

⑥变性淀粉

变性淀粉产量受原料、环保等条件限制波动变化。2019 年，变性淀粉产量为 175.78 万吨，同比增长5.98%。变性淀粉的需求量整体上呈现增长的趋势，近7年的复合增长率约3%。我国变性淀粉品种开发落后于欧美发达国家，在高端产品和下游多领域应用开发仍有不足，限制对国产变性淀粉的消费。

⑦糖醇产业

糖醇产业保持稳定增长，2019年，全国糖醇总产量为126.02万吨，同比增长12.35%。从生产来看，我国糖醇产品规模和技术已经达到世界领先水平，其中，木糖醇、山梨醇产量为世界第一，合成法甘露醇产量也位于世界前列，众多产品进入国际市场，成为糖醇生产大国。而目前在国内应用的糖醇产品仍然是以功能性为主的小产品，随着人们生活水平的提高，对健康食品以及功能性食品需求的增长，我国糖醇的发展有着广阔的市场空间。

（3）**投资**

2019年，国内玉米深加工行业新增产能增幅缩减，主要是前期新增的产能逐步落地并投产，短期内玉米深加工产能激增，增加了行业的竞争强度。据不完全统计，我国新建、扩建玉米深加工产能约740万吨，同比减少483万吨，其中玉米淀粉及淀粉糖新建、扩建玉米加工产能总计约460万吨，约占新增产能的62%。从地域分布情况来看，东北地区仍然是玉米淀粉及深加工投资重点区域。2019年，东北三省新增玉米淀粉及淀粉糖加工产能约360万吨，占总量的78%；其中，黑龙江省新增产能高达280万吨，占总量的61%。另一省份山东新增产能占总量的22%（见图5）。从加工产品看，淀粉深加工产品成为主要的扩产、新增项目。

（4）**区域分布**

玉米淀粉是我国最主要的淀粉品种，其产量占淀粉总产量的95%以上。2019年，玉米淀粉生产主要集中在山东、河北、黑龙江和吉林等玉米种植区，这四个省份产量占全国总产量的84%，如图6所示。山东是玉米淀粉生产大省，2019年，产量1496.21万吨，占全国总产量的48.30%。值得注意的是黑龙江新增产能逐步落地投产，玉米淀粉产量大幅增长，2019年，黑龙江玉米淀粉产量同比增长43.03%，达335.66万吨，占总产量的10.84%，同比增加2.5个百分点。

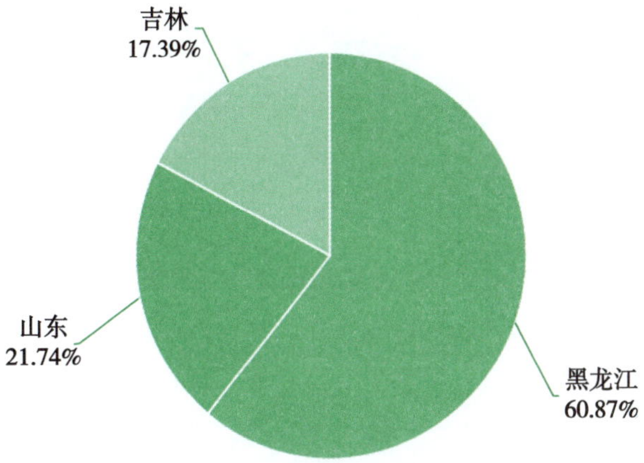

图5 2019年中国分区域新增玉米淀粉及深加工产能

说明：数据截至2018年年底已建成或投产的玉米深加工项目，为不完全统计。

数据来源：中国淀粉工业协会

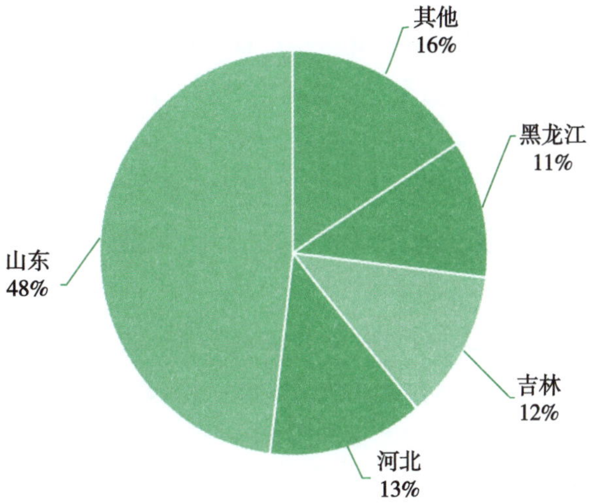

图6 2019年中国玉米淀粉产区分布

数据来源：中国淀粉工业协会

淀粉深加工生产主要集中在山东、广东、河北、吉林、上海等省市，这五省市淀粉深加工产品产量占总产量的81.02%；其中，山东深加工产品产量占比最大，约占总产量的43.32%如图7所示，同比持平。

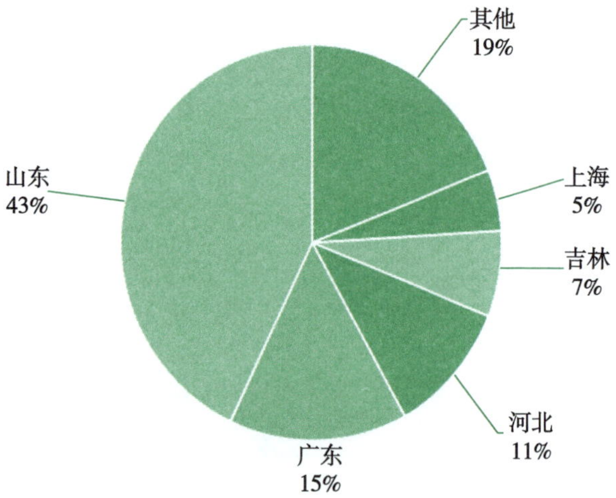

图 7　2019 年中国淀粉深加工产品产区分布

数据来源：中国淀粉工业协会

（5）行业集中度

随着产业结构的调整，行业的不断变化，淀粉及深加工行业逐步淘汰落后产能，产业集中度普遍提高。2019 年，玉米淀粉加工行业产量 10 万吨以上的企业（集团）数量 41 家，同比增加 3 家，合计产量 3048.77 万吨，占全国玉米淀粉总产量的 98.46%；产量 100 万吨以上的企业（集团）数量 9 家，同比增加 1 家，合计产量 1667.65 万吨，占全国总产量的 53.85%。变性淀粉行业，产量 2 万吨以上企业数量 24 家，同比增加 1 家，合计产量 156.50 万吨，占全国总产量的 89.03%。淀粉糖行业，产量 10 万吨以上企业数量 26 家，合计产量 1362.21 万吨，占全国总产量的 97.44%；糖醇行业，年产 10 万吨以上企业 4 家，占全国总产量的 73.74%。

（6）进出口

①玉米淀粉

我国是玉米淀粉的净出口国。我国玉米淀粉进口量较少，且多为一些具有特殊用途的玉米淀粉，主要因为国外玉米淀粉商品化率较低，多直接作为原料进一步深加工。2019 年，我国进口玉米淀粉 3050.31 吨，同比增长 524.39 吨。出口方面，我国玉米淀粉出口量为 70.41 万吨，同比增加 18.50 万吨，虽然，增幅较 2017—2018 年有所缩减，但仍保持 35.64% 的增长，出口量达到近 10 年来的新高。出口量的稳步增长主要是因为东南亚木薯产量连续两年下降，玉米淀粉需求增加，加之我国出口退税等利好政策刺激拉动出口贸易。2019 年，出口平均价格为 347.47 美元 / 吨，同比下降 4.15%。

②马铃薯淀粉

商务部公告 2019 年第 4 号公布，自 2019 年 2 月 6 日起，对原产于欧盟的进口马铃薯淀粉继续征收反倾销税，实施期限为 5 年，结合 2017 年的反补贴税政策，有效降低了欧盟低价马铃薯淀粉倾销的影响，控制了马铃薯淀粉的进口数量。2019 年马铃薯淀粉进口量为 3.09 万吨，同比减少 1.78 万吨，同比下降 36.55%；进口平均价格为 1016.62 美元 / 吨，同比上涨 20.72%。2019 年，马铃薯淀粉出口量 6110.54 吨。

③木薯淀粉

我国是木薯淀粉净进口国，木薯淀粉也是我国贸易量最大的淀粉品种，且进口量呈持续增长趋势。其原因，一方面我国木薯种植面积持续萎缩，难以满足国内市场需求；另一方面，自 2010 年起中国 – 东盟自由贸易区全面启动，木薯淀粉实行零关税，促使进口量持续增长。2019 年，木薯淀粉进口量为 237.55 万吨，同比增长 18.25%，主要是因为进口单价同比有所回落，2019 年，进口平均价格为 434.072 美元/吨，同比下降 6.92%。

④淀粉糖

2019 年，淀粉糖产品出口总量 152.72 万吨，同比持平。其中，果糖出口 22.96 万吨，同比下降 24.06%，主要受东南亚国家提高进口果糖税率的影响；葡萄糖出口 79.59 万吨，同比增长 7.05%；其他固体糖出口量 49.26 万吨，同比增长 5.64%。进口方面，淀粉糖进口总量 17.83 万吨，同比激增 5.4 倍，主要是因为其他固体糖进口量大幅增长。

⑤变性淀粉

我国是变性淀粉净进口国，主要是从欧美等

国家和地区进口高档变性淀粉以及从泰国、越南进口低价变性淀粉。2019年，变性淀粉进口量46.17万吨，同比增长9.96%；进口单价915.59美元/吨，同比下降4.05%。2019年，变性淀粉出口量9.26万吨，同比下降2.10%；出口单价883.47美元/吨，同比增长3.28%。

⑥糖醇

2018年2月1日起，国家质检总局取消涉及食品添加剂的90个海关商品监管条件，检验检疫部门不再实施出境检验检疫，其中包括木精醇和甘露糖醇。此项措施加快了企业出口报关速度，降低了相关费用，利于糖醇企业相关产品出口。2019年，糖醇类产品出口总量保持小幅增长至14.13万吨，同比增长2.18%。其中，山梨醇出口量8.91万吨，同比增长7.47%；木糖醇和甘露醇出口量分别为4.39万吨和8252吨，同比分别下降5.13%和8.82%。糖醇类进口总量达1769吨，同比下降37.22%。

（7）“三品”战略实施情况

①增品种

企业通过不断的研发投入与技术攻关，开发高端及新型产品，打破国际企业的垄断，丰富产品线，延展产业链条，提高利润水平。

中粮生物科技股份有限公司打破多项国际垄断技术，开发新型产品。其中包括酸奶专用系列变性淀粉和复配型酸奶增稠稳定剂，有效起到体系增稠稳定和口感改善效果，打破国外厂商对酸奶专用变性淀粉的垄断。2019年公司攻克D-阿洛酮糖新型功能性单糖生产的关键技术瓶颈，成功打通该产品全套生产工艺，开发出各种规格的阿洛酮糖液体和晶体制品。

山东寿光巨能金玉米开发有限公司积极开展延链补链研究，在现有产品品种的基础上，重点研发了生物质热塑复合材料、乳酸、丙交酯、聚乳酸、生物基尼龙56盐等新材料，生产并投放市场。同时公司根据客户需求开展产品研发，实现“客户定制”，如啤酒专用淀粉、造纸专用淀粉、粉丝专用淀粉等。

②提品质

在产品质量上，淀粉行业通过技术升级和装备工艺提升促进产品质量的提升。

技术升级方面，中粮生物科技股份有限公司联合江南大学食品科学与技术国家重点实验室，全球首创一种高品质麦芽糊精生物酶法改性技术，显著提升了添加麦芽糊精产品的外观、口感、色泽等品质，可应用到婴幼儿配方乳粉、脂肪替代品等高端市场中。

装备和工艺制造方面，2019年马铃薯淀粉行业生产设备装备水平及工艺技术水平有了进一步提高，特别是甘肃、宁夏地区，企业的马铃薯淀粉生产加工能力在不断扩充，生产能力大都在1万吨以上，小企业在环保政策的影响下逐步淘汰，行业集中度在不断提高，企业设备的升级为质量水平的提升奠定了基础。

③创品牌

企业始终重视品牌建设，将创品牌融入生产、管理、服务的每一个环节，在产品营销上从单一只卖产品转变成为客户提供一系列解决方案，打造优质品牌。

2019年，诸城兴贸玉米开发有限公司“兴贸”牌玉米淀粉被山东省质量评价协会认定为“2019年度山东优质品牌产品”。公司持续加大品牌推广工作，经专家评审、技术机构测算、中国品牌建设促进会审定，公司品牌强度为872，品牌价值为25.01亿元。

马铃薯淀粉行业品牌优势明显，逐步形成高中端品牌，如华欧、北大荒、威思顿、蓝天的福景堂、云淀等中国马铃薯淀粉行业龙头企业名优品牌在高端市场占有率较高。其中，内蒙古华欧淀粉公司2019年12月被中国商业联合会评为AAA级信用企业，被《市场观察》杂志社评为“2019年中国市场十大高质量品牌”“2019中国市场影响力年度品牌”马铃薯淀粉区域性品牌也不断涌现，如东北产区的家良淀粉，华北产区的泓辉淀粉、鑫华淀粉、科鑫源淀粉，西北产区的利华淀粉、华尔晶淀粉、宏达淀粉。

（8）绿色制造、智能制造

①绿色制造

行业标准引领发展方向。为提高资源的综合利用率，加快开发和推广马铃薯加工副产物综合利用技术，加快绿色环保、资源循环利用等先进实用技术和装备的研发和推广，中国淀粉工业协会与中国轻工业清洁生产中心共同编制了《马铃薯淀粉工业有机肥水农田利用技术规范》（T/SIACN01-2018）团体标准（以下简称《技术规范》）为进一步提高《技术规范》的可操作性，2019 年中国淀粉工业协会与中国轻工业清洁生产中心联合行业内 10 家主要骨干企业编制了《马铃薯蛋白粉提取操作技术规范》及《马铃薯蛋白粉产品标准》，两项标准在 2019 年 8 月 18 日正式发布，对全行业起到了重要的引领作用。

象屿生化集团重视绿色工厂管理制度化建设，工厂按生态设计理念考虑产品生命周期全过程的环境影响，限制有害材料物质的使用，节约材料，节约能源。公司从源头掌控农药残留、重金属、转基因等指标，实现绿色生产，通过运行 IP 管理体系，打造产品质量可追溯采购体系。同时公司致力于绿色生产与发展循环经济并举，对生产过程中产生的废水、废热进行回收，将生产中产生的废渣出售给下游饲料厂家进行后续利用，污水处理产生的沼气进入电厂掺烧发电，有效降低了能源、资源消耗，减少了污染物的排放，达到了节能、降耗、减污、增效的目的。

②智能制造

迈安德集团推动制造业转型升级，推进“工业化和信息化”融合，积极打造智能工厂。智能化工厂是管理智能、服务智能、装备智能等各方面智能的融合体，是通过管理信息化与设备自动化的深度融合，利用各种传感器、智能控制系统、工业机器人、自动化生产线，构建起设计制造一体化、管理智能化、数据信息化、控制自动化的智能制造体系。以迈安德设计安装的 600 吨 / 天的玉米淀粉工厂为例，只需要 10 个左右的工人就能使整套设备运行起来，运行过程中工厂出现的任何故障电脑都能迅速定位排查，进行维修。

（9）包装与装备

①包装

企业通过多种途径降低产品对石油基外包装的依赖。目前，行业生产的淀粉、淀粉糖、发酵制品等产品的传统包装材料均为石油基来源，在给人们带来便利的同时，也给环境带来了诸多负担，“白色污染”正在成为一个日趋严重的问题。在绿色环保发展的理念日渐深入人心之际，中粮生物科技股份有限公司通过产品外包装逐渐实现循环化使用、无包装运输、可降解生物基包装材料三大措施极力降低其产品外包装的消耗，取得良好效果。

②装备

企业致力于打造高品质机械产品和系统解决方案。在淀粉加工领域，上海兆光生物工程设计研究院引领着我国淀粉糖技术走向世界前列。液化蒸发一体化技术及装置将液化与蒸发浓缩系统一体化设计，大大降低了制糖的蒸汽消耗；模拟移动床色谱分离技术及设备，采用国际最先进的顺序式模拟移动床工艺，极大地促进了我国淀粉糖工业的发展，打破了国外色谱设备的高价垄断；满式床模拟移动床连续离交技术是目前国际上最先进的脱盐净化设备，该技术已在数十个大型淀粉糖项目中使用，效果显著；兆光膜过滤系统应用于酶法制糖工业过程中去除蛋白质、纤维素、脂肪、胶体物质等杂质，提高了产品品质，降低了活性炭用量，提高了副产品收率。

企业利用智能装备降本增效。2019 年明阳生化第一台自动化智能码垛机械手运行上线，采用自动输送线和自动码包机械手替代人工搬运和人工码垛工作。机械手利用先进的在线控制技术、控制系统以及完整的配套输送线等优势，有效避免了甩包、破包、滑垛等问题，从根本上消除了工人职业病潜在的风险，且能有效减轻劳动强度、降低人工成本、提高工作效率，包装码垛工人需求量从5人减少至2人，每天产量从90吨提升至105吨。

（10）发展新亮点与新增长点

①生物基材料进入高速增长期

以淀粉为原料的聚乳酸（PLA）可替代传统高分子材料，广泛应用于注塑、薄膜、片材和纤维等领域，得到了越来越多的关注。2019年，聚乳酸作为产业化发展最快的生物降解材料进入高速增长期，体现在聚乳酸价格屡创新高、产品一货难求，在建项目纷至沓来。随着下游制品需求量的"井喷"式增长，聚乳酸价格一路水涨船高，进入2019年下半年以来价格迅速起高且不断上涨，由之前的18000~19000元/吨上涨至28000～29000元/吨，同比增长60%，且各个规格产品均呈供不应求趋势，这也进一步激发了相关生产企业新建项目的热情。2019年中国聚乳酸项目建设火热，规划产能已达百万吨。

②产学研协同技术创新

在行业整体供大于求、竞争日趋激烈的态势下，通过技术创新获得核心竞争力，避免同质化竞争，获得差异化竞争优势，从供给侧实现转型升级已成为绝大多数企业的共识，为此行业龙头和骨干企业不断加码对研发的投入力度，并积极寻求高校和研究院等科研单位共同开展技术研发。2019年，中粮生物科技股份有限公司研发投入近亿元，整合下属4家国家级研发中心建立技术研发创新中心，与国内多个知名科研院所及院士团队达成战略合作协议，针对聚乳酸材料改性及下游制品开发等多个产业前沿和热点项目进行合作，借助外部力量，更好实现企业创新发展。

③向国际市场寻求新增长

抓住市场契机，秦皇岛骊骅淀粉公司出口业务突飞猛进。公司专门成立高端客户开发部，专业从事国际跨国公司的业务开发与服务，不断增进与高端客户的战略合作伙伴关系，极大地促进了出口业务的开展。公司抓住人民币贬值契机，利用中国产品在国际市场上的价格优势，加大了日本、澳大利亚、印度尼西亚、越南等优势市场的开发力度，提高公司产品的出口份额，并积极抢占高端市场，不断进行产品提档升级，满足客户差异化需求，提高了骊骅产品的国际竞争力。2018年公司出口额从1亿美元猛增到1.285亿美元；2019年完成出口额1.46亿美元，同比增长5.8%。

【b. 行业面临的问题】

1. 政策与市场

（1）产能结构性过剩，行业利润缩减

据不完全统计，2017—2019年玉米淀粉新增产能达950万吨，淀粉糖类新增产能445万吨，分别占2019年产量的30%和33%。进入2019年，玉米深加工行业形势突变，产能过剩和原料供应紧张问题逐渐显现，行业运行面临着原料价格上涨和产品竞争加剧的双重风险，成本及库存压力回升，开工率与效益同比出现了不同程度的下滑，行业普遍存在中小企业低效产能，微利维持，产能结构性过剩明显。需求潜力释放制约较多，经济面临进一步下行压力，行业利润缩减，可能面临新一轮的整合。

（2）农产品收购的税务问题加重企业负担

淀粉及淀粉深加工产业是以农产品为主要加工原料，但我国特有的自给自足的小农经济导致农民用于交售的农产品数量有限，且农民自己往工厂交售农产品有诸多不便；现有的农产品加工企业大都实现了现代化、规模化生产，每天加工数千吨至数万吨的农产品，单纯依靠小农经济零散交售农产品，根本无法满足现代化生产和现代化物流的需求。根据《中华人民共和国增值税暂行条例》及其《实施细则》规定，仅农业生产者自产自销的农产品才可免税，否则不允许企业抵扣进项税；同时对销售者要求一户一证、一车一票，并有数量限制，否则要征收流通环节的增值税。这些政策严重影响到企业的正常经营，加重企业的负担，造成农产品加工企业税负的不公平，已客观地反映出税收政策与市场经济发展不相适应的矛盾。

（3）“薯类淀粉”认定初加工享受优惠政策的限制性条件不合理

根据财税2008第149号财政部国家税务总局《关于发布享受企业所得税优惠政策的农产品初加工范围（试行）的通知》及财税2011第26号财政部国家税务总局《关于发布享受企业所得税优惠政策的农产品初加工范围的补充通知》，我国将薯类初加工列入了农产品初加工目录，并享受企业所得税减免税收优惠政策，但附加了“薯类淀粉生产企业需达到国家环保标准且年产量在一万吨以上”的限制性条件。在实际生产中发现，此限制条件存在诸多不合理因素。第一，农产品初加工受气候、原料供应、资金、市场等多种因素影响，产量不能稳定，如马铃薯淀粉的大型加工企业，因自然灾害严重（干旱、冻灾、晚疫病）造成原料短缺，实际产量均不足万吨，产业受到灾害影响反而无法使用政策，增加了企业税负；第二，初加工产品范围的认定应该是由农产品的加工工艺、产品性质决定，不应由加工企业产量的大小决定；第三，因农产品企业靠天吃饭，产量无法稳定，也给税务部门实际执行造成困难。

（4）玉米淀粉未列入农产品初加工目录，无法享受同等税收优惠政策

玉米淀粉加工是将玉米浸泡后，经过破碎、分离、洗涤、脱水、烘干制成玉米淀粉、玉米蛋白粉、玉米胚芽、玉米纤维等产品，整个生产过程是简单的物理加工过程，与其他粮食加工产品有相似之处，属于初级农产品加工范畴。在财税[2011] 26号《关于享受企业所得税优惠的农产品初加工有关范围的补充通知》中，本应将全部淀粉产品列入农产品初加工范围内，但因当时玉米加工正处于宏观调控之中，除玉米淀粉外，薯类淀粉均被列入农产品初加工目录。如今，在国家放开玉米加工行业限制，大力支持玉米加工行业发展的大环境下，应将玉米淀粉产品列入农产品初加工目录，与其他产品一样享受同等的相关优惠政策。

2. 科技创新

虽然我国淀粉及深加工产业投资不断增加、规模不断扩大，但仍未改变产业大而不强的局面；相关产品产量不断增长，出口规模不断扩大，却仍然以提供初级加工产品为主，即便是出口产品也仅是为国外企业精深加工提供低附加值的原料。

淀粉产品中，除玉米淀粉深加工比例在70%左右，其他薯类淀粉仍以初加工为主，产业链短、技术滞后。小品种淀粉存在研发和科技投入不足、生产自动化程度低、加工工艺落后、能耗大、产品提取率低、环保措施不到位等问题。发展较为成熟的玉米淀粉及深加工产业也存在核心技术和关键设备依赖进口的情况。主要原因是企业的自主创新能力较弱，大中型淀粉加工企业研发经费投入较少，不能自主研发新产品；科技成果转化率低，跟不上产业发展速度；对新产品、新技术、新材料、新装备的重视程度不够。

【c 发展趋势】

1. 产能结构性过剩凸显，行业进入加速洗牌期

随着新增产能超过市场需求的增长空间，行业利润逐步缩减，在外部经营环境复杂多变等形势下，淀粉深加工行业将进入加速洗牌期，行业整合、淘汰落后产能及落后经营模式势在必行。从企业规模来看，将淘汰一批中小规模企业（如30万吨/年以下），而大型企业集团数量、单厂规模超过300万吨的企业数量将增加，超1000万吨级现代化企业集团将成为行业的中坚力量。

2. 延伸下游，布局全产业链将成为常态

行业内新建或筹备新建产能逐渐向下游配

置，以单一布局生产淀粉的企业将逐步退出历史舞台，未来传统的淀粉产品将只占龙头企业全产品链的小部分，取而代之的是全产业链模式，越来越多的企业重视下游深加工产品的开发与生产，企业产品逐渐向类型更为丰富、附加值更高的精深加工类产品发展。

3. 多元化及定制化服务成为增长点

为应对行业产能过剩、同质化竞争加剧等形势，企业逐步致力于关注目标客户和行业发展需求，根据自身情况进行产品提档升级，满足客户差异化需求，提升客户体验，在行业内形成企业特色的差异化产品创新能力与客户特殊产品定制能力，提高企业的市场竞争力。通过开发下游需求的多元化寻求新的增长突破口。

4. 环保治理为行业可持续发展提供动力

环保治理已成为行业发展的头等大事，环保治理是企业生存和发展的必要条件。环保政策趋于常态化、严格化、精细化，对淀粉及深加工企业的经营水平提出了更高的要求。通过环保治理整顿企业生产秩序、促进企业提升生产工艺、改善企业生产环境，为行业健康、可持续发展提供动力。

【d. 政策建议】

1. 新形势下与时俱进，调整加工企业农产品收购税收政策

认真研究新时代、新形势下加工企业的农产品收购政策，从政策上放开和鼓励农产品收购中间环节的生存和发展，与时俱进，调整已过时的、不适应市场经济和现代化加工企业运营的相关政策规定。

2. 完善产业政策，去除仅对薯类淀粉规定的产量限制

农产品加工业直接联系着三农和扶贫产业，亟须稳定的、科学的产业政策扶持。建议完善产业政策，去除对薯类淀粉初加工认定条件中关于产量的限制，以切实保证惠企惠农政策的落实。

3. 将玉米淀粉列入农产品初加工目录

基于玉米淀粉产品特性和生产过程，建议将玉米淀粉加工产品列入农产品初加工目录，享受与其他初加工企业相同的减、免、退税政策，从而促进玉米淀粉加工业的稳定发展。

4. 重点扶持规模企业，引领产业转型升级

在资金和政策上重点扶持现代化规模企业，树立典型企业标杆，鼓励企业在新产品、新技术、新材料、新装备等方面研发投入，尤其是在绿色制造和智能制造等薄弱环节，鼓励加工企业不断增强自身的技术创新能力，提高产品科技含量，降低产品能耗，减少污染物排放，实现行业绿色可持续发展；对带动力大、有突出贡献的企业进行投资补贴，增强企业的科研开发力量，促进其技术改造，带动全行业的转型升级。

中国淀粉工业协会

2.6 淀粉及淀粉制品制造

【a. 概况】

2019 年，在国家放开玉米深加工审批限制，取消玉米托市政策等多因素影响下，行业新增产能逐步释放，比较大的新增产能企业如阜丰、象生化屿及玉锋等产品陆续投放市场，对淀粉糖市场带来较大的影响，特别是结晶糖产品，市场竞争激烈，全年平均看企业利润降低较大，部分产品、部分时段出现价格低于成本现象，企业发展压力增加，尤其是民营企业。目前行业规上企业数量近 30 余家，集团化、规模化发展。

据淀粉糖分会统计，2019 年，全国淀粉糖总产量 1468 万吨，同比增长 5.1%。其中，固体糖 518 万吨，液体糖 950 万吨。

【b. 主要产品产量】

1. 淀粉

据中国淀粉工业协会统计，2019 年，全国各类淀粉总产量合计为 3213.4 万吨，创历史新高，同比增长 7.72%，增量主要集中在玉米淀粉，其余种类淀粉产量均下降。其中，玉米淀粉产量 3097.4 万吨，同比增长 10.04%；马铃薯淀粉产量 45.5 万吨，同比下降 23.15%；木薯淀粉产量 17 万吨，同比下降 35.26%；甘薯淀粉产量 22.8 万吨，同比下降 10.647%；小麦淀粉产量 30.6 万吨，同比下降 46.47%。

玉米淀粉是淀粉中最主要的品种，2019 年，产量占总产量的 96%，产能超过 4500 万吨。玉米淀粉用途广泛，是食品、化工、医药等行业的重要原料，可进一步深加工生产淀粉糖、变性淀粉、氨基酸、有机酸及多元醇等产品。

表 1　2010 年—2019 年中国玉米淀粉产量

单位：万吨

年份	2010	2011	2012	2013	2014	2015	2016	2017	2018	2019
玉米淀粉产量	1902	2082	2122	2196	2006	2051	2259	2720	2814.9	3097.4

玉米淀粉生产区域集中度高，主要集中在玉米的主产区，原料供应充裕，原料成本优势明显，从区域分布来看，华北黄淮、东北和西北是玉米淀粉产能最集中的区域。山东仍是全国最大的淀粉产区，玉米淀粉产量达到 1496 万吨，占全国总产量的 48%。

2. 淀粉糖

2019 年，全国淀粉糖总产量 1468 万吨，同比增长 5.1%，产值约 433 亿人民币。其中，固体糖 518 万吨，液体糖 950 万吨。

表 2　2018 年淀粉糖产品产量表　单位：万吨

种类	品种	产量
液体糖（950 万吨）	麦芽糖浆	335
	葡萄糖浆	120
	果葡糖浆	495
固体糖（518 万吨）	结晶葡萄糖	390
	麦芽糊精	120
	其他	8
合计		1468

表 3　1999 年—2019 年淀粉糖产量　　单位：万吨

年份	产量	年份	产量	年份	产量
1999	60	2006	500	2013	1225
2000	100	2007	703	2014	1198
2001	140	2008	636	2015	1200
2002	250	2009	740	2016	1297
2003	300	2010	923	2017	1375
2004	350	2011	1286	2018	1397
2005	420	2012	1300	2019	1468

3. 多元醇

2019 年，全国多元醇行业运行基本平稳，据统计（生物化工醇未列入统计范围），糖醇总产量 167 万吨，同比增长 2.4%，产值约 137 亿元人民币。

2019 年，多元醇行业运行状况良好。在环保政策趋严、供给改善，产能向大企业高度集中，龙头企业议价能力大幅提高等因素驱动下，在一定程度上带动了糖醇市场。

山梨醇产量增加，价格略升，新扩建产能明年将投放市场；木糖醇产量相对平稳，价格盈利水平依然很高，2019 年无新进入的企业对市场冲击；麦芽糖醇、赤藓糖醇、甘露醇生产状况良好，产品效益在多元醇产品中属于比较盈利的产品。赤藓糖醇 2019 年市场和产能规模扩大，但价格同比低迷。

【c. 主要产品进出口情况】

1. 淀粉糖

根据海关 2019 年的进出口统计数据计算，2019 年，淀粉糖相关产品出口量 166.1 万吨，同比增长 0.29%，出口额 9.67 亿美元，同比增长 1.26%，进口量 65 吨，同比增长 42.19%，进口额 5.36 亿美元，同比增长 14.67%。

2019 年，出口同比基本持平，菲律宾政府征收糖税的影响在持续，印尼于 11 月提出对进口果糖糖浆启动保障措施立案调查，我国果糖出口面临更大的困局。2019 年，淀粉糖进口规模大幅增加，在 2010 年大幅增长后，主要增长在“其他固体糖及未加香料或着色剂的糖浆”条目下，据了解，增加部分为从东南亚进口的蔗糖糖浆产品，进口到国内后再加工成固体蔗糖。

表 4　2016 年—2019 年淀粉糖产品进出口量、进出口额　　单位：吨，万美元

年份	出口量	同比比 %	出口额	同比比 %	进口量	同比比 %	进口额	同比比 %
2008 年	822746	–	60408	–	166395	–	15438	–
2009 年	763761	-7.17	44612	-26.15	182620	9.75	15538	0.65
2010 年	959060	25.57	61827	38.59	245025	34.17	22981	47.90
2011 年	1062897	10.83	76029	22.97	283455	15.68	31426	36.75
2012 年	1050200	-1.19	73019	-3.96	323479	14.12	31914	1.55
2013 年	1234178	17.52	82435	12.90	347556	7.44	37220	16.63
2014 年	1155822	-6.35	79193	-3.93	367927	5.86	39622	6.45
2015 年	1182476	2.31	79118	-0.09	372983	1.37	38976	-1.63
2016 年	1628037	37.68	91316	15.42	388414	4.14	42481	8.99
2017 年	1806815	10.98	94442	3.42	421864	8.61	39401	-7.25
2018 年	1656379	-8.33	95482	1.10	457223	8.38	46711	18.55
2019 年	1661196	0.29	96687	1.26	650138	42.19	53562	14.67

表 5　2012 年—2019 年主要淀粉糖产品进出口数据　　单位：吨，万美元

产品	年份	出口量	同比 %	出口额	同比 %	进口量	同比 %	进口额	同比 %
葡萄糖及葡萄糖浆（果糖＜ 20%）	2012 年	495617	–	28040.8	–	1626	–	231.4	–
	2013 年	538366	8.63	29702.2	5.92	1428	-12.18	237.0	2.42
	2014 年	468625	-12.95	26573.8	-10.53	837	-41.39	153.6	-35.19
	2015 年	474450	1.24	26847.1	1.03	979	16.97	197.0	28.26
	2016 年	657494	38.58	29877.4	11.29	982	0.31	179.3	-8.98
	2017 年	674534	2.59	31012.6	3.80	1464	49.08	238.9	33.24
	2018 年	743486	10.22	34659	11.76	1958	33.74	281.7	17.92
	2019 年	795932	7.05	35200.8	1.56	7567	286.47	618.50	119.56
果糖及果糖浆（果糖＞ 50%）	2012 年	89322	–	5614.0	–	3947	–	758.3	–
	2013 年	186272	108.54	10340.5	84.19	3372	-14.57	597.4	-21.22
	2014 年	162324	-12.86	8394.4	-18.82	3658	8.48	664.7	11.27
	2015 年	270606	66.71	13176.9	56.97	3470	-5.14	702.1	5.63
	2016 年	454847	68.08	18255.6	38.54	2005	-42.22	460.5	-34.41
	2017 年	546789	20.21	17976.3	-1.53	2405	19.95	522.6	13.49
	2018 年	302409	-44.69	10936.4	-39.16	2891	20.23	618.0	18.26
	2019 年	229658	-24.06	8905.1	-18.57	3223	11.47	557.9	-9.73
糊精及其他改性淀粉	2012 年	110764	–	9180.2	–	287933	–	28036.4	–
	2013 年	121310	9.52	10405.7	13.35	318758	10.71	31273.5	11.55
	2014 年	94979	-21.71	8373.9	-19.53	335940	5.39	33075.4	5.76
	2015 年	61427	-35.33	6348.6	-24.19	344400	2.52	32857.0	-0.66
	2016 年	55942	-8.93	6923.1	9.05	364023	5.70	37559.2	14.31
	2017 年	83912	50.00	7636.1	10.30	389419	6.98	33523.7	-10.74
	2018 年	94486	12.60	8083.7	5.86	419910	7.83	40070.1	19.53
	2019 年	92614	-1.98	8179.8	1.19	461722	9.96	42273.9	5.50
其他固体糖及未加香料或着色剂的糖浆	2012 年	300936	–	20903.3	–	8507	–	2020.7	–
	2013 年	332327	10.43	22675.6	8.48	11711	37.66	2496.1	23.53
	2014 年	378271	13.82	26557.3	17.12	12468	6.46	2731.2	9.42
	2015 年	329821	-12.81	23628	-11.03	15076	20.92	3089.8	13.13
	2016 年	408592	23.88	26877.1	13.75	13360	-11.38	2672.1	-13.52
	2017 年	446086	9.18	28003.6	4.19	18312	37.07	3213.8	20.27
	2018 年	466286	4.53	31260.6	11.63	21958	19.91	3614.2	12.46
	2019 年	492569	5.64	32975.9	5.49	167059	660.82	7982.1	120.86

表 5 中列出了葡萄糖及葡萄糖浆（果糖＜ 20%）、果糖及果糖浆（果糖＞ 50%，转化糖除外）、糊精及其他改性淀粉、其他固体糖及未加香料或着色剂的糖浆四大类产品 2012 年—2019 年的进出口对比。

葡萄糖及糖浆（果糖＜ 20%）仍是淀粉糖出口中量最大的产品，2019 年，出口量同比增长 7.05%；但出口平均价格同比下降；进口量增加

5609 吨，进口平均价格同比下降。

果糖及果糖浆（果糖> 50%，转化糖除外）2019 年，出口继续下降，同比下降 24.06%，受菲律宾政府征收糖税的影响，对我国果葡糖浆的出口带来较大的影响，出口量锐减二十多万吨。2019 年 11 月 13 日，印度尼西亚保障措施委员会对进口果糖糖浆启动保障措施立案调查，调查期为 2015 年—2018 年。我国果糖出口面临更大的困局。在成本降低、产能扩大的形势下，国内果葡糖浆产品的市场竞争压力更加凸显，企业竞争激烈。

糊精及其他改性淀粉，2019 年，出口量下降，出口平均价格略有增长；进口量继续保持稳定增加态势，进口平均价格同比略有下降。大部分高端糊精和改性淀粉依赖进口，国内产品质量仍有待提升，提高国际市场竞争力。

其他固体糖及未加香料或着色剂的糖浆产品，2019 年，出口量继续增长，出口平均价格同比基本持平。进口量大幅增加达 660.82%，同比增长 14.5 万吨，主要增长量为从东南亚进口的零关税的蔗糖糖浆产品，进口到国内后再加工成固体蔗糖。

表 6 2019 年果糖及果糖浆（果糖> 50%，转化糖除外）进口国别量值 单位：千克、美元

排序	国别与地区	进口量	进口额
1	中国台北单独关税区	1,419,114	1,662,640
2	以色列	586,000	490,521
3	韩国	539,762	1,509,194
4	荷兰	215,572	635,468
5	比利时	118,858	258,090
6	澳大利亚	84,424	250,344
7	缅甸	82,438	10,039
8	泰国	64,414	135,235
9	美国	29,701	266,624
10	日本	27,139	95,662
前 10 位总计		3,167,422.00	5,313,817.00
2018 年全年总计		3,223,106.00	5,579,150.00
占全年进口量比例（%）		98.27	95.24

2019 年，我国果糖及果糖浆（果糖> 50%，转化糖除外）进口国共 31 个，同比增加 2 个国家，其中，前 10 位国家变化不大，进口量占总进口量的 98.27%，进口国别集中度同比略增。

表 7 2019 年葡萄糖及葡萄糖浆（果糖< 20%）出口国别量值

排序	国别	出口量	出口额
1	印度尼西亚	168,988,633	65,530,012
2	菲律宾	166,516,951	75,326,215
3	越南	63,977,896	27,302,202
4	韩国	54,528,316	23,682,370
5	泰国	44,865,682	19,529,307
6	马来西亚	32,296,158	13,943,608
7	俄罗斯	21,675,153	8,692,093
8	孟加拉国	21,498,315	10,769,652
9	新加坡	20,787,131	11,678,431
10	澳大利亚	16,956,511	7,127,039
前十位总计		612,090,746	263,580,929
2019 年全年总计		795,932,174	352,008,083
占全年出口量比例（%）		76.90	74.88

2019 年，葡萄糖及葡萄糖浆（果糖< 20%）出口国共 116 个，总出口量 79.59 万吨，其中，前 10 位国家总出口量为 61.21 万吨，占总出口量的 76.9%。

表 8 2019 年果糖及果糖浆（果糖> 50%，转化糖除外）出口国别量值

排序	国别与地区	出口量	出口额
1	越南	129,506,859	46,554,116
2	印度尼西亚	55,725,786	19,091,900
3	泰国	17,065,875	7,088,649
4	马来西亚	7,964,765	3,688,082
5	中国台北单独关税区	3,756,128	1,653,190
6	印度	3,413,140	2,162,401
7	菲律宾	2,710,880	1,286,534
8	尼日利亚	2,295,125	1,004,720
9	巴布亚新几内亚	2,052,012	966,355
10	韩国	912,721	1,370,737
前 10 位总计		225,403,291	84,866,684
2018 年全年总计		229,657,876	89,050,569
占全年出口量比例（%）		98.15	95.30

2019 年，我国果糖及果糖浆（果糖＞ 50%，转化糖除外）出口国别共 68 个，同比增加 14 个国家。前 10 位国家的出口量占总出口量的 98.15%，出口国别集中度同比略低。出口菲律宾的量只有 2700 余吨，由 2017 年的总量第 1 位降至第 7 位。现在，越南是出口量最多的国家，超过 10 万吨，其次是印度尼西亚，今年 11 月，印度尼西亚保障措施委员会对进口果糖糖浆启动保障措施立案调查，我国果糖出口将面临更大的困局。

2. 多元醇

根据海关 2019 年的进出口统计数据，2019 年，多元醇相关产品出口量 39.6 万吨，同比增长 7.96%，出口额 6.9 亿美元，同比增长 6.1%，进口量 56.0 万吨，同比增长 26.47%，进口额 5.54 亿美元，同比下降 9.82%。

2019 年，多元醇相关产品进出口均保持增长态势，出口量达到 2008 年以来的最高点，进口量自 2017 年回复上升态势，2019 年，继续保持同比增长，进口额同比下降。

表 9　2008 年—2019 年多元醇产品进出口量、进出口额　　单位：吨，万美元

	出口量	同比 %	出口额	同比 %	进口量	同比 %	进口额	同比 %
2008 年	268123	–	44109.6	–	258082	–	42093.4	–
2009 年	198100	–26.12	24143.9	–45.26	335075	29.83	36902.0	–12.33
2010 年	241411	21.86	36678.9	51.92	362842	8.29	49782.8	34.91
2011 年	240019	–0.58	50532.7	37.77	322211	–11.20	53146.9	6.76
2012 年	224419	–6.50	39923.6	–20.99	344618	6.95	50982.5	–4.07
2013 年	213803	–4.73	36410.3	–8.80	318397	–7.61	48970.1	–3.95
2014 年	218946	2.41	39149.1	7.52	380822	19.61	52306.4	6.81
2015 年	224756	2.65	38651.8	–1.27	403661	6.00	40177.9	–23.19
2016 年	240095	6.82	38443.4	–0.54	347227	–13.98	36989.6	–7.94
2017 年	314447	30.97	60166.0	56.51	385971	11.16	51700.0	39.77
2018 年	366885	16.68	65039.5	8.10	442783	14.72	61445	18.85
2019 年	396084	7.96	69003.7	6.10	559976	26.47	55410.6	–9.82

3. 甘露糖醇

表 10　2012 年—2019 年甘露糖醇产品进出口数据　　单位：吨，万美元

年份	出口量	同比 %	出口额	同比 %	进口量	同比 %	进口额	同比 %
2012 年	7050	–	1756.5	–	396	–	172.1	–
2013 年	8812	24.99	2282.4	29.94	298	–24.75	188.0	9.24
2014 年	7948	–9.80	1988.2	–12.89	248	–16.78	151.4	–19.47
2015 年	7485	–5.82	1721.7	–13.41	297	19.58	189.1	24.89
2016 年	7848	4.85	1,594	–7.45	380	27.95	266	40.61
2017 年	9323	18.79	2038.8	27.90	390	2.63	242.2	–8.95
2018 年	9051	–2.92	2555.4	25.34	542	38.97	417.6	72.42
2019 年	8572	–5.29	2526.2	–1.14	297	–45.13	277.5	–33.56

甘露糖醇2019年出口量仍保持下降趋势，出口平均价格略升高，企业出口利润增加。进口量大幅同比下降，同比下降45.13%。

4. 山梨醇

2019年，山梨醇（进出口编码29054400条目下的山梨醇）出口继续增加，出口量达到8.91万吨，同比增长7.46%，出口额同比增长11.43%，出口平均价格同比略升。进口量同比下降，进口平均价格同比略升。

2019年，进出口编码29054400、38246000条目下山梨醇出口总量达到17.2万吨，同比增长9.07%，出口额1.4亿美元，出口平均价格同比增长。

表11　2012年—2019年山梨醇产品进出口数据　单位：吨，万美元

	年份	出口量	同比%	出口额	同比%	进口量	同比%	进口额	同比%
山梨醇（进出口编码29054400条目下的山梨醇）	2012年	34065	–	2630	–	2187	–	233.5	–
	2013年	29611	–13.08	2189	–16.77	3745	71.24	463.2	98.37
	2014年	29363	–0.84	2218.1	1.33	3706	–1.04	392.5	–15.26
	2015年	26995	–8.06	2160.5	–2.60	1925	–48.05	288.1	–26.60
	2016年	34479	27.72	2844.7	31.67	1946	1.09	248.6	–13.71
	2017年	53238	54.41	3896.8	36.98	1854	–4.73	262.8	5.71
	2018年	82940	55.79	6072.3	55.83	2198	18.55	355.7	35.35
	2019年	89127	7.46	6766.7	11.43	1456	–33.78	262.0	–26.34
2018年包含29054400、38246000条目出口总量		157380	–	10079.2	–	2303	–	369.5	–
2019年包含29054400、38246000条目出口总量		171661	9.07	14003.5	38.93	2669	15.88	2079.1	462.68

2019年，我国山梨醇进口国共11个国家，同比减少2个，其中，前5位的总和占了全年进口量的96.45%，进口国别较集中，集中度高于2018年的93.99%。进口量最大的仍然是法国，占全部进口量的57.45%，集中度同比低。

2019年，我国山梨醇（29054400条目下的山梨醇）出口国别总数76个，同比减少2个，泰国仍是最大的出口国。出口国前10位的总和占了全年出口量的84.08%，集中度同比低，主要仍是以我国临近的国家为主。

表12　2019年山梨醇进口国别量值
（29054400条目下的山梨醇）

排序	国别	进口量	进口额
1	法国	836,227	809,124
2	韩国	212,420	250,135
3	美国	177,679	998,986
4	德国	125,849	340,498
5	日本	51,671	150,107
前5位总计		1,403,846	2,548,850
2019全年进口总计		1,455,527	2,620,226
占全年进口量比例（%）		96.45	97.28

表13　2019年山梨醇出口国别量值
（29054400条目下的山梨醇）

排序	国别与地区	出口量	出口额
1	泰国	34,074,590	19,188,017
2	日本	14,255,450	11,948,114
3	韩国	5,446,201	5,574,843
4	中国台北单独关税区	5,173,382	4,356,190
5	马来西亚	3,541,560	2,004,758
6	澳大利亚	3,263,203	3,713,920
7	俄罗斯	2,999,901	3,233,704
8	越南	2,882,010	2,155,916

续表

排序	国别与地区	出口量	出口额
9	印度	1,680,689	1,332,587
10	缅甸	1,625,000	833,619
前十位总计		74,941,986	54,341,668
2019 全年出口总计		89,126,533	67,666,503
占全年出口量比例（%）		84.08	80.31

2019 年，38246000 条目下的山梨醇出口国别总数 68 个，同比 20 增加 6 个，泰国超过印度尼西亚成最大的出口国。出口国前 10 位的总和占了全年出口量的 74.11%，集中度同比略降。

表 14　2019 年山梨醇出口国别量值
（38246000 条目下的山梨醇）

排序	国别与地区	出口量	出口额
1	泰国	14,659,500	6,940,263
2	越南	13,960,540	5,839,740

续表

排序	国别与地区	出口量	出口额
3	菲律宾	6,527,863	3,060,560
4	印度尼西亚	6,469,927	2,840,317
5	韩国	4,214,260	1,945,193
6	俄罗斯	3,543,774	1,767,536
7	中国台北单独关税区	3,224,000	1,677,700
8	巴基斯坦	2,994,862	1,483,670
9	埃及	2,971,800	1,459,071
10	伊朗	2,599,440	1,346,212
前十位总计		61,165,966	28,360,262
2019 全年出口总计		82,534,348	39,242,508
占全年出口量比例（%）		74.11	72.27

5. 木糖醇

2019 年，木糖醇出口量同比下降 5.18%，出口额下降 12.94%，出口平均价格同比下降；2019 年，进口量进口额同比继续保持下降，全年进口 16 吨。

表 15　2012 年—2019 年木糖醇产品进出口数据　　单位：吨，万美元

年份	出口量	同比 %	出口额	同比 %	进口量	同比 %	进口额	同比 %
2012 年	11523	–	4081.9	–	615	–	155.8	–
2013 年	15997	38.83	5063.5	24.05	437	–28.94	124.1	–20.35
2014 年	21866	36.69	6540.6	29.17	4	–99.08	3.7	–97.02
2015 年	24410	11.63	6712.5	2.63	245	6025.00	109.4	2856.76
2016 年	30336	24.28	8261.8	23.08	135	–44.90	55.4	–49.36
2017 年	32463	7.01	9887.4	19.68	215	59.26	80.6	45.49
2018 年	46314	42.67	18839.1	90.54	78	–63.72	47.3	–41.32
2019 年	43915	–5.18	16400.9	–12.94	16	–78.86	17.2	-63.70

【d. 淀粉进出口情况】

表 16　2019 年各类淀粉进出口情况

项目	进口情况			出口情况		
	2019 年总量（吨）	同比（%）	平均单价（美元/吨）	2019 年总量（吨）	同比（%）	平均单价（美元/吨）
小麦淀粉	4221	253.63	480	2683	–23.06	540
玉米淀粉	3050	20.76	967	704110	35.63	348
马铃薯淀粉	30930	–36.55	1017	6111	243.70	968
木薯淀粉	2375875	18.29	434	680	–2.80	764
未列名淀粉	13237	111.43	573	49615	16.51	955

2019年，小麦淀粉进口量同比大幅增加，同比增长253.63%，出口量同比下降23.06%，出口平均单价比进口单价高。

玉米淀粉是我国主要的淀粉出口品种，2019年，全年出口超过70万吨，同比增长35.63%，但出口平均单价低，玉米淀粉出口主要集中在周边国家和地区，排名前五位的国家与地区是印度尼西亚、马来西亚、菲律宾、越南、中国台湾地区，分别占出口总量的45%、22%、11%、6%和5%，前五大出口国出口量总和占总出口量的89%。

2019年，马铃薯淀粉进口量为3.09万吨，同比下降36.55%，平均进口价格同比上涨，主要进口国为荷兰和德国，分别占总进口量的60.44%和19.56%。马铃薯淀粉出口量相对较小，2019年，欧洲马铃薯淀粉对亚洲供应减少，给我国马铃薯淀粉出口释放了空间，2019年，马铃薯淀粉出口量同比增长243.70%，出口价格平均同比下降；主要出口国为韩国、秘鲁和泰国，分别占出口总量的32.50%、16.56%和16.30%。

木薯淀粉是我国进口量最大的淀粉品种，近几年，进口量均在200万吨以上。一方面是我国木薯种植面积持续萎缩，难以满足国内市场需求；另一方面是木薯淀粉实行零关税进口，促使进口量持续增长。2019年，木薯淀粉进口量为237.59万吨，同比增长18.29%。主要进口国是泰国和越南，进口量分别占总进口量的65.73%和31.73%。

未列名淀粉主要包括甘薯粉、藕粉、葛根粉、豌豆淀粉等，进口量较少，2019年，进口量1.32万吨，同比增长111.43%；主要进口国为德国和美国，分别占总进口量的50.42%和24.56%。2019年，出口量4.96万吨，同比增长16.51%；主要出口国家为韩国和泰国，出口量分别占出口总量的47.87%和36.97%。

【e. 行业发展状况】

淀粉糖、多元醇近几年产业集中度逐步提高，大中型企业的多方优势日益明显，不断整合行业资源，兼并重组，科技不断投入和积累，产品结构不断丰富和延伸。2019年，淀粉糖产量前10位企业和集团占总产量的60%以上，多元醇产量前五位企业占总产量的80%以上，行业企业向集团化、规模化发展。

淀粉糖全年价格整体弱势运行。结晶葡萄糖市场新增产能投放市场，竞争激烈，企业全年利润降低较大，部分产品、部分时段出现价格倒挂现象，价格最低曾跌到2500元/吨，开工率较低，9月下旬开始，结晶葡萄糖价格开始回暖，最高至3300元/吨后回调，开工率增加。麦芽糊精2019年价格在3500–3770元/吨区间波动，市场终端需求低迷，进入2019年价格一路下滑，但基本维持较好的盈利，目前行业糊精扩产意愿增加，未来竞争加剧。麦芽糖浆2019年价格在2350元/吨左右波动，市场需求变化不大，季节性变动明显，8月份以后价格逐步上行，开工率增加，但盈利较低。果葡糖浆整体市场压力大，终端需求放缓，加之出口受阻，加剧国内市场的竞争，果葡糖浆整体盈利走低。

多元醇行业近几年发展较平稳，从2011年至2018年，基本在160万吨上下浮动，看出现有产品的已开发市场基本处于饱和状态，要想获得较大的市场突破，需要在应用领域开发上下大力气。玉米政策放开以来，玉米成本下降，国内外价差明显缩小，对以玉米、淀粉为主要原料的糖醇企业特别是山梨醇企业极大利好，企业生产成本下降，利润空间显现，企业盈利水平增加，企业发展信心十足。麦芽糖醇、赤藓糖醇、甘露醇生产状况、产品效益良好，木糖醇价格上涨幅度较大，主要原因是国内木糖供应紧张，供不应求。山梨醇行业效益有明显的提升，企业开工率充足，主要得益于原料玉米成本的下降，食品工业、医药工业、日化工业等应用领域需求稳定，国际市场需求恢复性增长。

2019年，山梨醇、赤藓糖醇等产品新的产能投入市场后，或将面临新的竞争形势。在未来的行业发展中，企业可根据所在区域的市场需求、区域环境优势等情况，通过优化自身的产品结构，加强环保治理措施，加强精细化管理水平，降低产品生产成本，提高绿色制造水平，使企业向绿色、智能方向发展。

国家对环境保护、资源能源消耗的要求越来越高，越来越严格，特别是中央开始加大环保核查力度以来，各地的环保监管特别是对大气污染的监管越来越严厉，对资源能源消耗的监测也日益重视，各地环保不达标或污染重的企业陆续全面关停，切实达到了淘汰落后产能的作用。

由于环保压力力度加大，糖醇行业企业发展压力大增，部分地区限期实施更严格的排放标准，关注COD、总氮、磷等排放指标最低限值，企业必须投入更多人力物力财力来应对政策变化，将对企业带来较大影响。

【f. 行业发展面临问题】

1. 技术层面

（1）异构酶及固定化技术

淀粉糖中果糖、果葡糖浆等产品生产的关键技术在于葡萄糖的异构化，使用的技术手段依赖于果糖异构化酶的活性和转化效率，但目前国产的异构酶在活性和转化效率方面与国际差距很大，基本在国内淀粉糖生产企业未有应用。

（2）连续离交及色谱分离均粒树脂

淀粉糖生产的分离提取环节，主要工艺是连续离交或色谱分离，需要用到大量的均粒树脂提高分离的效率和稳定性。目前国内厂家生产均粒树脂主要采用筛分技术，无法直接生产统一粒径产品，国内相关产品的性能及单耗指标弱于进口。

（3）膜分离材料

膜分离装备所需的关键分离膜，与国外差距较大，需要解决技术短板。

（4）自控及智能化水平较低，需要亟待提高

行业目前的技术整体水平在进步，但由于受到发展历史的限制，行业的自控及智能化水平相对较低，有待继续提高。

2. 市场层面

淀粉糖尤其是结晶糖、糖浆市场供大于求的状态，导致竞争激烈，加之果葡糖浆在菲律宾市场受阻，产品在国内市场拼杀，2019年行业整体盈利水平降低。

【g. 行业活动】

1. 服务政府、服务行业、服务企业

（1）受工信部委托，编写《食品工业发展报告（2018年度）》中生物发酵产业部分。

（2）为发改委、农业农村部、工信部提供行业发展情况分析。

（3）组织推荐“发酵行业十强企业、轻工业百强企业”中淀粉糖、多元醇行业企业。

（4）面向淀粉糖、多元醇行业征求环保有关政策、标准、法规意见。

（5）为企业发展、申报项目、奖项等开具有关证明。

（6）为企业提供咨询、接待企业来访、为相关部门提供行业发展情况。

2. 科技工作

（1）开展行业科技成果鉴定工作。

（2）向有关部门整理汇报行业“卡脖子”问题建议。

（3）启动行业十四五规划的编制，制定行业技术路线图。

（4）为轻工业技术进步“十四五”发展指导意见、轻工重点行业“十四五”循环经济发展目标和任务研究、2020年生物发酵行业技术改造和工业强基重点投资方向及相关政策建议提供淀粉糖、多元醇行业相关情况。

（5）协助企业申报中国轻工业工程技术研究中心、中国轻工业重点实验室（第二批）。

3. 标准化工作

（1）组织起草淀粉糖行业、山梨醇行业绿色

工厂评价要求、绿色设计产品评价技术规范4项绿色团体标准，已报批。

（2）修订国家标准《GB/T 23532-2009 木糖》。

（3）《绿色设计产品评价技术规范 淀粉糖》《绿色设计产品评价技术规范 山梨糖醇》《淀粉糖行业绿色工厂评价要求》《山梨醇行业绿色工厂评价要求》获得行标立项，将团体标准升级为行业标准。

（4）配合食品行业国标清理中淀粉糖行业有关标准的清理、整理工作。

4. 调研及会议活动

（1）2019年3月28日，在北京召开淀粉糖分会、多元醇分会二届五次理事会会议暨重点企业座谈会，63家理事单位代表参加了会议，代表们就果糖营养健康评价、行业标准制修订、行业智能制造推进、行业展会及企业发展情况进行了交流讨论。

（2）2019年5月13日—16日，对淀粉糖、多元醇行业重点企业进行调研。

5. 其他工作

（1）参加党委组织的培训，完成党委安排布置的各项任务。

（2）开展行业统计、咨询工作。

李建军

2.7 糖果巧克力行业

【a. 概况】

根据国家统计局提供数据，2019年，全国规模以上（营业收入2000万元及以上）糖果巧克力生产企业385家；全年营业收入1180.6亿元，同比增长0.37%；全年实现利润总额90.2亿元，同比下降5.54%。（见图1）

根据国家统计局提供数据，2019年，全国规模以上糖果、巧克力生产企业亏损43家，同比增加4家，亏损企业亏损总额2.3亿元，同比减少0.8亿元。资产总计716.3亿元，同比减少8.4亿元；流动资产380.0亿元，同比减少7.3亿元。全年产成品38.3亿元，同比增加0.9亿元，同比增长2.5%；存货81.1亿元，同比减少0.1亿元。（见图2）

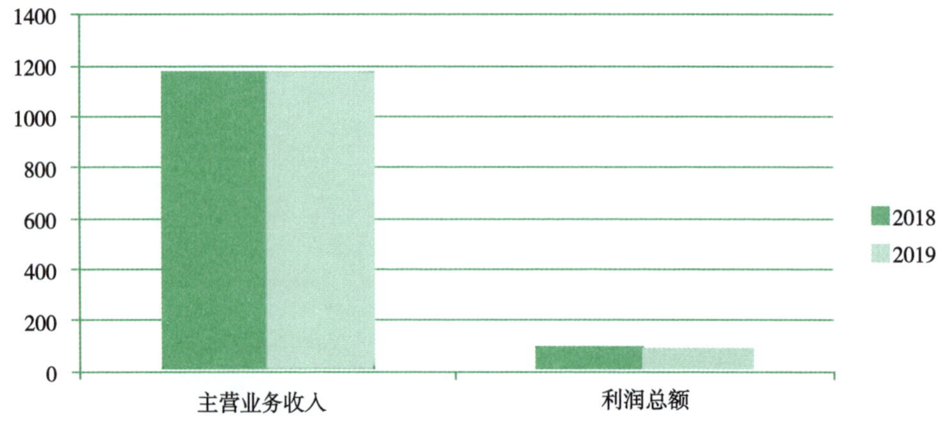

图1　2018、2019年规模企业实现主营业务收入和利润总额对比

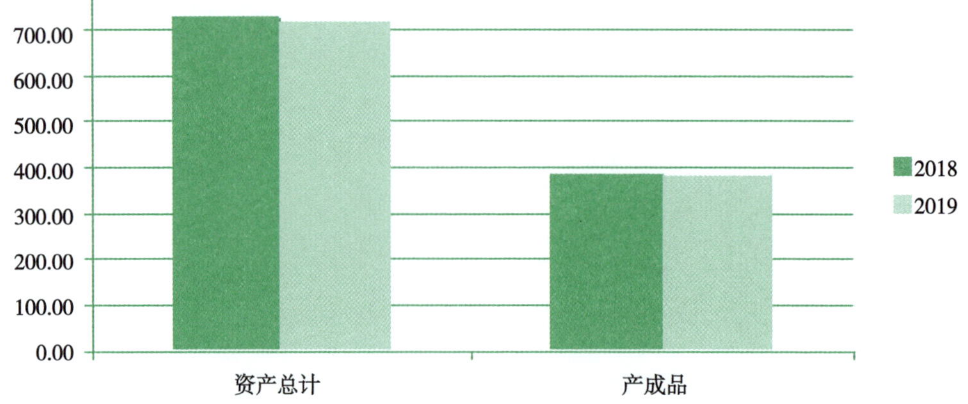

图2.　2018、2019年规模企业资产总计和资产流动对比

全年营业成本总计879.5亿元，同比减少3.5亿元，同比下降0.4%，其中，销售费用128.4亿元，同比增加3.7亿元，同比增长2.9%；管理费用62.9亿元，同比增加4.7亿元，同比增长5%；财务费用4.7亿元，同比减少1.3亿元，同比下降21.1%，同比大幅下降；利息支出4.2亿元，同比减少1.2亿元，同比下降21.8%，同比下降幅度较大。

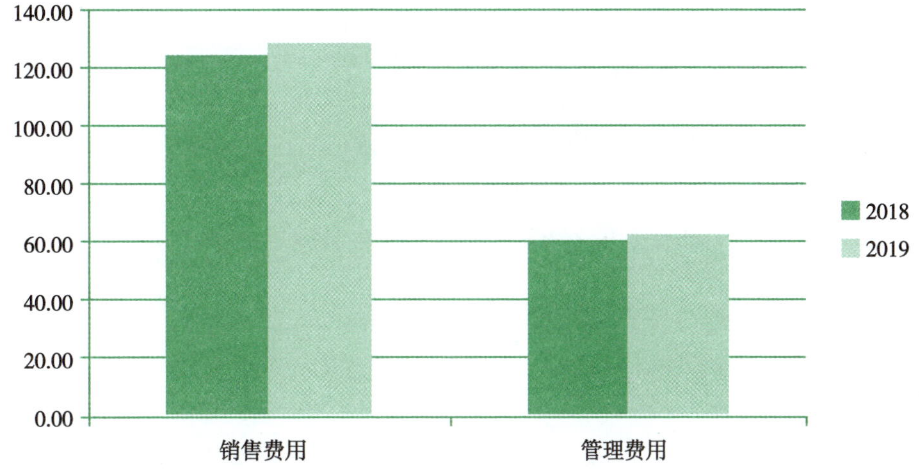

图3　2018、2019年规模企业主营业务成本对比（销售费用、管理费用）

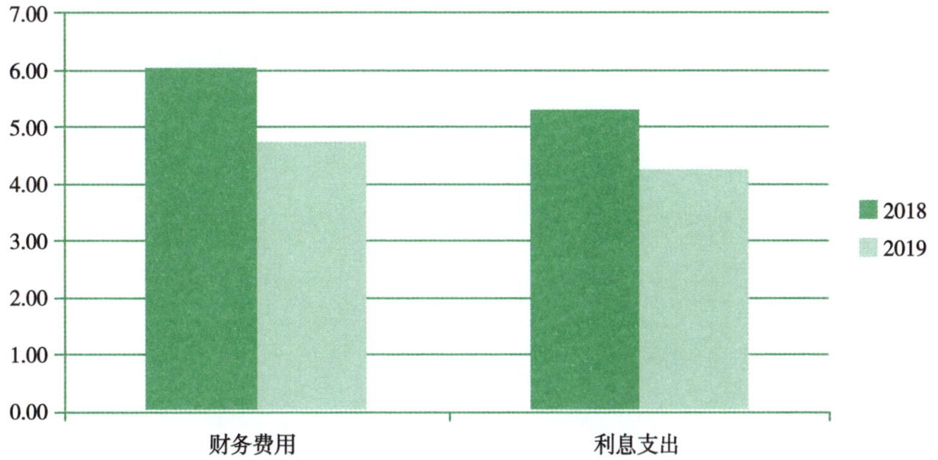

图4　2018、2019年规模企业主营业务成本对比（财务费用、利息支出）

【b. 食品安全情况】

根据国家市场监督管理总局公布数据，2019年，全年各类食品（含保健食品和食品添加剂）监督抽检数量4,736,773批次，样品合格数量4,629,709批次，不合格样品数量107,064批次，样品合格率97.74%。其中抽检糖果制品46,957批次，样品合格数量46,571批次，不合格样品数量386批次，样品合格率99.18%，样品合格率均高于平均水平。

糖果巧克力生产经营企业的食品安全意识持续增强，食品安全整体保持良好形势。

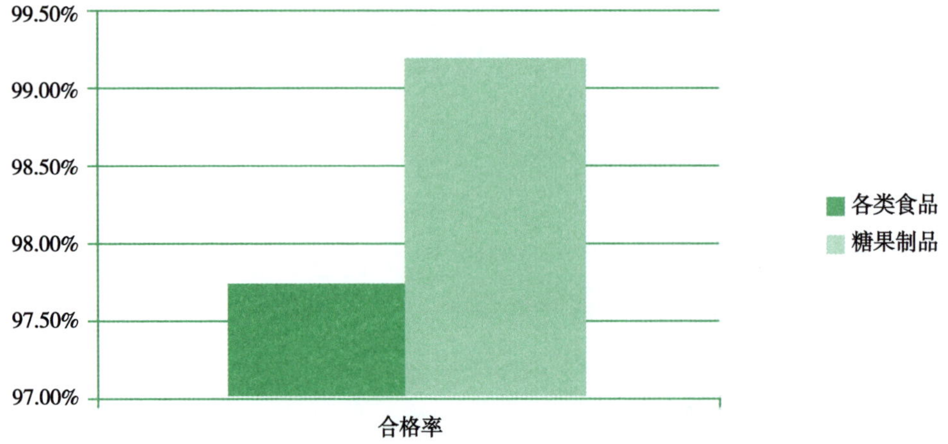

图 10　2019 年各类食品和糖果制品抽检合格率情况

刘雨芳

2.8 肉类及蛋品加工业

【a. 概况】

2019 年，我国肉类产量同比下降，蛋品产量同比增长。肉类市场供应不足，价格大幅上涨，进口明显增加。全国肉类及蛋品加工行业规模以上企业同比数量减少，工业资产、业务收入和利润同比增长，供给侧结构性改革力度加大。

2019 年，全国肉类及蛋品加工行业规模以上企业 3703 家，同比减少 402 家。其中，规模以上屠宰及肉类加工企业 3503 家，同比减少 381 家，下降 9.8%；规模以上蛋品加工企业 200 家，同比减少 21 家，同比下降 9.5%。

2019 年，全国肉类及蛋品加工行业规模以上企业营业收入稳步增长。其中，规模以上屠宰及肉类加工企业营业收入 10169.2 亿元，同比增长 16.1%；规模以上蛋品加工企业营业收入 260.4 亿元，同比增长 9.8%。

2019 年，全国肉类及蛋品加工行业规模以上企业利润显著增长。其中，规模以上屠宰及肉类加工企业实现利润总额 506.6 亿元，同比增加 130 亿元，同比增长 34.5%，增长较大；规模以上蛋品加工企业实现利润 11.6 亿元，同比增加 0.3 亿元，同比增长 2.7%。

【b. 运行特点】

1. 从屠宰及肉类加工业的三个重点行业看，运行特点各有不同

（1）牲畜屠宰业

2019 年，全国有规模以上牲畜屠宰企业 1175 家，同比减少 124 家，同比下降 9.5%，占企业总数的 33.5%；营业收入 3475.8 亿元，同比增加 421.5 亿元，同比增长 13.8%；占肉类行业营业收入总额 10169.2 亿元的 34.2%，同比下降 2.4 个百分点。

（2）禽类屠宰业

2019 年，全国有规模以上禽类屠宰企业 603 家，同比减少 119 家，同比下降 16.5%，占企业总数的 17.2%，同比下降 1.3 个百分点；业务收入 2632.6 亿元，同比增加 540 亿元，同比增长 25.8%；占肉类行业营业收入总额的 25.9%，同比增加 2.1 个百分点。

（3）肉制品及副产品加工业

2019 年，全国规模以上肉制品及副产品加工企业 1725 家，同比减少 138 家，同比下降 7.4%，占企业总数的 49.2%，同比增加 1.2 个百分点；营业收入 4060.8 亿元，同比增加 449.4 亿元，同比增长 12.4%；占肉类行业营业收入总额 39.9%，同比增加 0.3 个百分点。

从蛋品加工行业看，2019 年，全国规模以上蛋品加工企业 200 家，保持稳定；营业收入 260.4 亿元，同比增加 23.2 亿元，同比增长 9.8%。

2. 投资变化特点

2019 年，全国屠宰及肉类加工业投资继续增加。据国家统计局数据显示，2019 年，全国规模以上屠宰及肉类加工企业资产总计 5894.8 亿元，同比增加 254.2 亿元，同比增长 4.5%。规模以上蛋品加工企业资产 178.2 亿元，同比下降 1.5%

从投资增幅看，屠宰业增速较慢，肉制品加工业增速较快。2019年，牲畜屠宰企业资产2004.5亿元，同比增加34.2亿元，同比增长1.7%；禽类屠宰企业资产1292.7亿元，同比增加52.6亿元，同比增长4.3%。肉制品及副产品加工企业资产2597.6亿元，同比增加166.7亿元，同比增长6.9%。

从投资结构看，牲畜屠宰资产比重同比下降，禽类屠宰资产比重同比基本持平，肉制品加工资产比重同比增长。2019年，牲畜屠宰企业资产在肉类行业的占比，由上年的35%降至34%，同比下降1个百分点；禽类屠宰企业资产占比21.9%，同比基本持平；肉制品及副产品加工企业资产占比44%，同比增加1个百分点。

3. 区域变化特点

从各地规模以上屠宰企业鲜冷藏肉产量占当地肉类总产量的比重看，肉类生产大省中，山东、辽宁、河南规模以上企业鲜冷藏肉产量占肉类总产量比重高，占主导地位，分别为88.2%、78.7%和58.6%；四川、湖南、两广等地规模以上企业产量占比低，小规模畜禽屠宰企业占据主流。

从规模以上企业产量看，2019年，鲜冷藏肉产量排名前10位的地区依次是山东、河南、辽宁、河北、福建、四川、湖北、黑龙江、安徽和湖南，合计占全国产量的近80%。其中，排名前5位地区产量占据全国总产量近55%，排名第1位的山东占25%。

各地规模以上畜禽屠宰企业鲜、冷藏肉生产情况　　单位：万吨

	规模以上企业鲜、冷藏肉产量	同比	占全国规模以上企业鲜、冷藏肉产量的比重	占当地肉类总产量的比重
全国	2817.46	0.87%	100.0%	36.4%
山东	710.37	-4.3%	25.2%	88.2%
河南	324.56	20.1%	11.5%	58.6%
辽宁	287.97	21.0%	10.2%	78.7%
河北	199.26	55.2%	7.1%	46.3%
福建	133.53	-0.9%	4.7%	52.8%
四川	122.42	-16.0%	4.3%	-
湖北	121.03	-4.3%	4.3%	-
黑龙江	108.98	-1.3%	3.9%	-
安徽	105.83	8.8%	3.8%	26.4%
湖南	80.34	-12.4%	2.9%	17.6%
陕西	76.99	-15.9%	2.7%	70.0%
吉林	76.13	10.4%	2.7%	-
江苏	70.46	-7.4%	2.5%	26.0%
山西	61.59	12.9%	2.2%	86.3%
广东	51.95	-30.8%	1.8%	12.9%
北京	49.89	-28.3%	1.8%	-
重庆	44.58	-20.9%	1.6%	39.8%
浙江	39.85	-15.5%	1.4%	42.4%
广西	29.02	-23.9%	1.0%	7.8%

续表

	规模以上企业鲜、冷藏肉产量	同比	占全国规模以上企业鲜、冷藏肉产量的比重	占当地肉类总产量的比重
内蒙古	27.18	–10.1%	1.0%	10.3%
云南	22.48	41.8%	0.8%	–
江西	19.08	–36.3%	0.7%	6.4%
甘肃	12.73	24.3%	0.5%	12.5%
新疆	11.00	3.3%	0.4%	–
贵州	10.92	4.7%	0.4%	–
天津	7.69	–24.2%	0.3%	25.4%
青海	4.62	–34.4%	0.2%	12.5%
上海	3.87	–9.8%	0.1%	–
海南	1.71	662.4%	0.1%	2.6%
宁夏	1.42	–17.4%	0.1%	–
西藏	0.00	0.0%	0.0%	–

数据来源：国家统计局

【c. 市场分析】

2019 年，我国肉禽蛋类市场供应总体上比较紧张，其主要原因是猪肉产量下降幅度较大。虽然牛羊禽肉产量有不同程度增长，肉类进口量也有大幅度增长，但仍无法弥补猪肉减产造成的供求缺口。

据国家统计局公报，2019 年，全年猪牛羊禽肉产量 7649 万吨，同比下降 10.2%。其中，猪肉产量 4255 万吨，同比下降 21.3%；牛肉产量 667 万吨，同比增长 3.6%；羊肉产量 488 万吨，同比增长 2.6%；禽肉产量 2239 万吨，同比增长 12.3%。加上 120 万吨杂畜肉，肉类总产量达 7769 万吨。禽蛋产量 3309 万吨，同比增长 5.8%。

2019 年，猪肉、禽肉、牛肉、羊肉、杂畜肉在肉类总产量中所占的比重为 54.8 : 28.8 : 8.6 : 6.3 : 1.5。产品大类结构发生显著变化——猪肉同比下降 7.2 个百分点；禽肉增加 6.8 个百分点。

2019 年，肉及杂碎进口总量 618 万吨，同比增加 217.21 万吨，同比增长 54.2%。分大类看，2019 年，进口猪肉 210.8 万吨，禽肉 77.9 万吨，牛肉 165.9 万吨，羊肉 39.2 万吨，同比分别增长 75%、55.2%、59.7%、23%。此外，进口杂碎 123.6 万吨，约占进口总量 20%。

2019 年肉类进口

单位：万吨，亿元人民币

	进口量	同比增长（%）	进口额	同比增长（%）
肉及杂碎	618	54.2	1330	77.3
其中：				
牛肉	165.9	59.7	568.6	79.1
猪肉	210.8	75	323.7	136.2
羊肉	39.2	23	128.2	49.1
冻鸡	78	55.2	136.2	82

数据来源：海关总署

2019 年，我国肉类出口总量 12.33 万吨，同比减少 12.63 万吨，同比下降 50.6%。其中，猪肉出口 2.68 万吨，牛肉出口 218.72 吨，羊肉出口 1954.28 吨，冻鸡肉出口 9.4 万吨，同比分别下降 43%、47.4%、12.3%、53.9%。

2015 年以来肉类进出口贸易逆差概览

单位：万吨、%

	肉类出口	肉类进口	进出口贸易逆差	逆差增减 %
2019	12.33	618	605.67	61.15
2018	24.96	400.79	375.83	26.48
2017	92.53	409.90	297.14	–24.76
2016	72.25	467.16	394.91	90.54
2015	78.65	285.90	207.25	–

数据来源：国家海关总署

肉禽蛋市场供应总量以肉类总产量 + 肉类净进口量（即肉类进口减去肉类出口后的数量）得到肉类的市场供应总量，也就是表观消费量。2019 年，我国肉类市场供应总量为 8374 万吨，同比减少 632 万吨，同比下降 7.1%；禽蛋市场供应总量因产量同比增长、出口平稳而保持稳中有增。2019 年，我国人均肉类消费量 59.8 千克，同比减少 2 千克；人均蛋品消费 23.6 千克，同比增加 1.2 千克。

据商务部网站发布的 2019 年食用农产品批发价格，2019 年，我国肉禽蛋市场价格同比升幅明显。猪肉价格涨幅超过 100%。第一周猪肉批发价格为 20.66 元 / 千克；到第 44 周升至 42.35 元 / 千克，涨幅达 104.9%；到第 47 周又升至 43.87 元 / 千克，比第一周上涨 112.3%。牛肉价格涨幅接近 20%。2019 年，第一周牛肉批发价格为 56.69 元 / 千克；到第 44 周升至 67.95 元 / 千克，涨幅达 19.9%；到第 47 周略有下降，为 67.75 元 / 千克，仍比年初上涨 19.5%。羊肉价格涨幅超过 10%。2019 年第一周羊肉批发价格为 56.85 元 / 千克；到第 44 周升至 63.49 元 / 千克，涨幅达 11.7%；到第 47 周略有下降，为 63.16 元 / 千克，仍比年初上涨 11.1%。禽肉价格涨幅超过 10%。2019 年第一周白条鸡批发价格为 16.23 元 / 千克；到第 44 周升至 19.50 元 / 千克，涨幅达 20.1%；到第 47 周有所下降，为 18.14 元 / 千克，仍比年初上涨 11.8%。鸡蛋价格涨幅超过 5%。2019 年，第 47 周鸡蛋平均批发价格为 9.95 元 / 千克，同比上涨 5.8%。

主要肉禽蛋产品 36 个大中城市平均批发价

单位：元 / 千克

主要产品	2019 年 12 月	2018 年 12 月	增减 %
猪肉	43.87	20.92	109.7
牛肉	67.75	56.33	20.3
羊肉	63.16	56.12	12.5
白条鸡	18.14	16.26	11.6
鸡蛋	9.95	9.40	5.8

资料来源：商务部

2019 年，肉类及蛋品加工业面临的突出问题就是市场供应不足，肉类价格大幅上涨。由于，猪肉减产 20% 以上造成的肉类短缺，不仅拉高了国内肉价，而且拉高了全球肉价。2019 年 12 月，同比全国 36 个大中城市平均批发价格：猪肉同比上涨 109.7%；牛肉同比上涨 20.3%；羊肉同比上涨 12.5%；白条鸡同比上涨 11.6%；鸡蛋同比上涨 5.8%。2019 年，全国肉类进口总量同比增长了 46.5%，进口总额同比增长了 77.3%。

2019 年，原料价格上涨造成屠宰及肉类加工业的成本大幅增长，规模以上屠宰及肉类加工企业营业收入 10169.2 亿元，同比增长 16.1%；营业成本 9147 亿元，同比增长 15.7%，成本占收入的比例高达 90%。

【d. 趋势判断】

从中央相关总体政策方针看，2019 年中央一号文件《关于坚持农业农村优先发展做好“三农”工作的若干意见》明确了与肉类加工业密切相关的两大政策：一是“实施重要农产品保障战略。”加强顶层设计和系统规划，立足国内保障粮食等重要农产品供给，统筹用好国际国内两个市场、两种资源，科学确定国内重要农产品保障水平，健全保障体系，提高国内安全保障能力。二是“大力发展现代农产品加工业。”以“粮头食尾”“农头工尾”为抓手，支持主产区依托县域形成农产品加工产业集群，尽可能把产业链留在县域，改变农村卖原料、城市搞加工的格局。

支持发展适合家庭农场和农民合作社经营的农产品初加工，支持县域发展农产品精深加工，建成一批农产品专业村镇和加工强县。统筹农产品产地、集散地、销地批发市场建设，加强农产品物流骨干网络和冷链物流体系建设。培育农业产业化龙头企业和联合体，推进现代农业产业园、农村产业融合发展示范园、农业产业强镇建设。健全农村一二三产业融合发展利益联结机制，让农民更多分享产业增值收益。

从国务院制定的相关政策措施看，为了解决生猪生产下降的问题，2019 年 6 月 22 日，国务院办公厅下发《关于加强非洲猪瘟防控工作的意见》（国办发〔2019〕31 号），指出：生猪产业链监管中还存在不少薄弱环节，生猪调运管理不够严格，屠宰加工流通环节非洲猪瘟检测能力不足，防控形势依然复杂严峻。为加强非洲猪瘟防控工作，必须全面提升动物疫病防控能力。同年 9 月，国务院办公厅又下发《关于稳定生猪生产促进转型升级的意见》（ 国办发〔2019〕44 号），确定了总的指导思想，即：以保障猪肉基本自给为目标，立足当前恢复生产保供给，着眼长远转变方式促转型，强化责任落实，加大政策扶持，加强科技支撑，推动构建生产高效、资源节约、环境友好、布局合理、产销协调的生猪产业高质量发展新格局，更好满足居民猪肉消费需求，促进经济社会平稳健康发展的。从加工业方面看，强调了三个政策要点。

1. 加快屠宰行业提档升级

引导生猪屠宰加工向养殖集中区域转移，鼓励生猪就地就近屠宰，实现养殖屠宰匹配、产销顺畅衔接。开展生猪屠宰标准化创建，加快小型生猪屠宰厂（场）点撤停并转。严格执行生猪屠宰环节非洲猪瘟自检和驻场官方兽医制度，对不符合检疫检测要求的屠宰厂（场），要依法限期整改，整改不到位的责令关停。鼓励生猪调出大县建设屠宰加工企业和洗消中心，在用地、信贷等方面给予政策倾斜。

2. 变革传统生猪调运方式

顺应猪肉消费升级和生猪疫病防控的客观要求，实现“运猪”向“运肉”转变，逐步减少活猪长距离跨省（区、市）调运。加强大区域内生猪产销衔接，生猪主销省份要主动与主产省份建立长期稳定的供销关系，实现大区域内供需大体平衡，除种猪和仔猪外，原则上活猪不跨大区域调运。推行猪肉产品冷链调运，加快建立冷鲜肉品流通和配送体系，实现“集中屠宰、品牌经营、冷链流通、冷鲜上市”。冷链物流企业用水、用电、用气价格与工业同价，降低物流成本。加强猪肉消费宣传引导，提高冷鲜肉消费比重。

3. 加强冷链物流基础设施建设

逐步构建生猪主产区和主销区有效对接的冷链物流基础设施网络。鼓励屠宰企业建设标准化预冷集配中心、低温分割加工车间、冷库等设施，提高生猪产品加工储藏能力。鼓励屠宰企业配备必要的冷藏车等设备，提高长距离运输能力。鼓励生猪产品主销区建设标准化流通型冷库、低温加工处理中心、冷链配送设施和冷鲜肉配送点，提高终端配送能力。

国办发〔2019〕44 号文件强调，要强化法治保障。加快修订动物防疫法、生猪屠宰管理条例，研究修订兽药管理条例等法律法规，健全生猪产业法律制度体系。严格落实畜牧法、动物防疫法、农产品质量安全法、食品安全法等法律法规，加大执法监管力度，督促养猪场（户）、屠宰加工企业等市场主体依法依规开展生产经营活动。加强对畜牧兽医行政执法工作的指导，依法查处生猪养殖、运输、屠宰、无害化处理等环节的违法违规行为。同年 11 月，国务院又召开常务会议，针对部分“菜篮子”产品价格上涨较快，给群众生活带来影响的问题，要求落实好省负总责和“菜篮子”市长负责制，继续多措并举恢复生猪生产，深入清理各地不合理禁养规定，利用北方玉米丰收等条件更好保障南方养猪大省饲料供应，发挥好储备调节作用，促进禽肉、牛羊肉等生产，确保市场供应，规范市场秩序，遏制部分产品价格过快上涨势头。同时，要求各地全面启动社会救助和保障标准与物价上涨挂钩联动机制，确保困难群众基本生活。

综合以上情况，2020年，肉类及蛋品加工业的发展趋势，关键决定于生猪生产恢复情况如何。生猪在我国肉类总产量中占62%。2019年猪肉减产21.3%，减产数量高达1000万吨以上，造成肉类加工业原料的严重短缺。这个缺口靠牛羊禽肉增产和增加进口都不能完全弥补。原料短缺不仅使肉类食品产量下降，而且使原料成本大幅上升，推高了产品价格，影响人民生活。2020年中央一号文件把恢复生猪生产作为我国经济生活中的一件大事，为恢复生猪生产出台了一系列扶持政策，其中包括支持牛羊禽业的产业政策。

4. 非洲猪瘟疫情防控水平

非洲猪瘟病毒在我国已经形成了较大的污染面，呈点状散发态势，局部地区存在集中发生的情况，极大地影响了生猪养殖。据监测，2018年4月至2019年9月，能繁母猪存栏连续下滑18个月；9月底能繁母猪存栏同比下降39%。2019年10月起，能繁母猪存栏环比上涨，但同比下降仍然较大。2018年11月至2019年10月，随着疫情的发展，生猪存栏连续12个月下滑；10月底生猪存栏同比下降41%。2019年11月起，生猪存栏环比上涨，但同比降幅仍较大。根据国家统计局统计，2019年底，全国生猪存栏31041万头，同比减少11776万头，同比下降27.5%。党中央、国务院高度重视生猪生产，2019年8月底以来，有关部门出台了17条扶持生产的政策措施，在财政、金融、用地、规范禁养区划定和管理、绿色通道、生猪生产的补奖等方面明确了一系列政策，各地狠抓政策落实积极恢复生产。9月份开始生猪存栏出现止跌回升势头，12月份生猪屠宰量实现止跌回升，屠宰量回升至1453万头，环比回升367万头，环比涨幅34%，同比跌幅缩窄至36%。随着扶持生猪生产各项利好政策的落地，加上市场行情看好，养殖户补栏增养的积极性明显提升，生产恢复向好的因素明显增多，生猪生产整体上进入了止降回升的转折期，力争2020年底前生猪产能恢复到正常水平。

5. 新冠肺炎疫情防控水平

从农业农村部对全国400个定点监测县的数据汇总看，2020年1月份，生猪复产开局不错。但是，春节以来发生的新冠肺炎疫情又对刚刚有所恢复的生猪生产形成新的冲击。主要包括：餐饮及批发销售下降造成猪肉价格下行、生猪存栏时间被迫延长、猪肉流通效率降低、养殖环节饲料、兽药等投入品的运输供应受阻，新建猪场建设项目施工延期等。这些影响目前存在很大的不确定性。参考2002年12月开始至2003年6月结束的非典疫情，其间2003年4至5月疫情快速爆发期对猪价冲击最为明显、降至低点，随后在当年6月疫情得到控制后猪价逐步反弹，希望本次疫情的影响大体与之类似。应该看到，新冠肺炎疫情不仅对刚刚有所恢复的生猪生产形成新的冲击，而且对肉类及蛋品加工业及其他相关产业也造成了很大冲击，特别是目前已经影响到全球200个国家和地区，影响到国际经济贸易的全局。这些变化使食品（包括肉类蛋品）供应的重要性空前凸显。

6. 产业政策的实施力度

发生新冠肺炎疫情后，从中央到地方，各级政府及有关部门对复工复产予以高度重视，为加快复工复产出台了一系列新的政策措施。抗击新冠肺炎疫情是一场人民战争、总体战争，涉及各行各业、方方面面，国家为保障民生、稳定社会需统筹兼顾、全面安排，不可能在某一方面投入过多，需要更多地依靠产业界自身努力。除生猪养殖恢复生产外，肉类及蛋品加工业的结构调整、转型升级、提质增效等方面还有大量问题需要解决。在国家财力有限的情况下，如何在产业政策上做到统筹兼顾，适当安排，更多依靠广大人民群众的努力奋斗来共克时艰，确实是对国家现代化治理能力的一次严峻考验。

【e. 政策建议】

从现在开始组织有关方面抓紧制定全国肉类及蛋品加工产业发展规划。2020 年是“十三五”规划实施的收官之年。鉴于目前我国肉类供不应求的现状，建议按照贯彻中央一号文件的要求，首先做好以下三项工作：

1. 组织有关方面抓紧制定畜禽限养禁养区国家标准

鉴于前一阶段各地出现的随意扩大限养禁养区的问题，以及限养禁养的环保要求，建议通过制定强制性国家标准，明确划定限养禁养区的统一规范，为制定生猪产业规划和“省负总责”提供法定依据。

2. 组织有关方面开展畜禽养殖集中区专题研究

这不仅关系到指导各地确定畜禽标准化规模养殖和中小散养户的布局，而且关系到屠宰加工业要向养殖集中区转移和逐步减少活猪长距离调运。没有科学的总体布局，国家和社会有限的财力就不能发挥有效的作用。

3. 在养殖集中区专题研究和畜禽限养禁养区国家标准的基础上，尽快制定发布全国畜禽养殖“十四五”发展规划。

依据养殖集中区的布局规划，制定屠宰加工产业布局的“十四五”规划，指导企业在布局结构调整中实现产业转型升级。

4. 加快推进“肉类工业 + 智能化”

新冠肺炎疫情给人民生命健康造成了危害，也给我国肉类工业现代化带来契机。为了减少人群聚集带来的病毒感染，对于原来工人密集的屠宰加工生产线，建议运用人工智能技术进行改造，尽可能利用机器人部分取代人工。根据养殖业区域布局规划，对迁移到养殖集中区的新建屠宰加工厂，从工厂设计阶段起，就应按照工业智能化的要求进行整体规划和设计，实现产业创新升级，加快人工智能在肉类产业链上下游的应用，推进企业内部和企业之间的智能化运作。

5. 加强部门协调配合，采取切实措施贯彻落实国办发〔2019〕44 号文件精神，加快肉类工业布局调整优化。

除引导屠宰加工向养殖集中区域转移、实现养殖屠宰匹配外，肉类工业布局调整的重要任务还包括：在逐步构建畜禽主产区和主销区有效对接的冷链物流基础设施网络的基础上，在主产区由屠宰企业建设标准化预冷集配中心、低温分割加工车间、冷库等设施，提高畜禽产品加工储藏能力；由屠宰企业配备必要的冷藏车等设备，提高长距离运输能力；在肉类产品主销区建设标准化流通型冷库、低温加工处理中心、冷链配送设施和冷鲜肉配送点，提高终端配送能力。这些部署要求，涉及农工商等多部门的协调配合，建议利用当前国务院联防联控机制的有利条件，以贯彻落实国办发〔2019〕44 号文件为契机，完成肉类工业整个产销体系的现代化改造。

【f. 科技创新与技术进步大事记】

1. 肉类行业获得两项国家科技进步奖

（1）2019 年，肉类行业科研工作获得两个国家科学技术进步奖：

中国肉类食品综合研究中心牵头申报的“传统特色肉制品现代化加工关键技术及产业化”获得国家科学技术进步奖轻工组二等奖。该项目经过 12 年的联合攻关，建立了特色肉制品安全控制技术及标准、质量控制技术及标准、现代化加工装备三大核心技术体系，技术达到国际领先水平，进一步提升传统特色肉制品品质与安全性；有效解决了传统特色肉制品在工业化过程中的技术瓶颈问题和标准羁绊问题，创制传统特色肉制品现代化加工设备，提高效率，实现节能减排，为社会提供了更安全、更健康、更优质的产品，实现了传统肉制品加工的现代科技创新。取得的关键技术突破：一是中式香肠通过乳酸菌发酵等风味、质构定量调控技术形成独特风味物质，使香肠更营养更美味。

（2）集成先进的技术和工艺，有效去除传统腌腊肉制品加工过程中可能产生的苯并芘等多环芳烃类有害物质，使腊肉产品更安全、更放心；三是突破了现代加工技术，研制烘干成熟一体化、自然气候模拟等装备，用大规模生产替代传统的作坊式生产，为中国传统的肉品规模化生产，为中华传统美食走出中国、走向世界提供了坚强的科技支撑。该项目于2019年4月获得中国轻工业联合会科学技术一等奖。

（3）南京农业大学牵头申报的“肉品风味与凝胶品质控制关键技术研发及产业化应用”获得农业工程组二等奖。该项目经过20年的联合攻关，摸清中式肉品风味“家底”，揭示了中式传统腌腊肉制品风味形成机理，首次阐明了传统腌腊肉制品的主体风味形成取决于“内源酶”的作用，否定了传统的“表面霉菌起主导作用”的传统认知；阐明西式低温肉制品凝胶形成新机制，摸索出了最为合适的温度区间、时间长度和环境条件，研发出基于内源酶活力调控的“低温腌制－中温风干－快速成熟”的现代制作工艺，使产品盐分含量降低50%，生产周期显著缩短，优级产品率由75%提高到97%以上，解决了传统腌腊肉制品生产周期长、脂肪氧化严重、产品盐分过高和风味品质难以控制的技术瓶颈，解决了西式肉品“水土不服”，出水出油严重、货架期短的难题，并填补了国内肌肉凝胶乳化理论的空白。在此基础上，该项目还鉴定出导致低温肉制品腐败的主要菌种，阐明其消长规律，制定出生产加工过程的关键控制点。在20年来的科技攻关中，共上市新产品75种，授权发明专利31项。

2. 屠宰及肉类加工机械装备行业的变化

2019年，受非洲猪瘟疫情持续影响，畜禽屠宰分割机械装备市场此消彼长。由于肉制品企业的生产原料肉出现供应短缺、成本上升，众多企业大幅压缩肉制品产量，出现大量设备产能闲置，导致肉制品加工机械装备需求疲软，国内肉类机械企业的研发创新条件受到制约。

自2018年非洲猪瘟爆发以来，全国各地各类生猪屠宰建设项目开始处于暂停、观望状态，生猪屠宰机械装备销售受到严重影响。设备用户支付了比例很低的定金，因项目停滞宁可违反合同也不提货，导致生猪屠宰设备企业场地、运营资金被占用，科研开发费用被迫压缩甚至断档，国内生猪屠宰设备销售、研发和生产受到冲击。但在疫情影响下，改运猪为调肉政策的实施，推动了解冻设备技术、分割设备技术、精细切割等初加工设备的应用需求加大，以及车间消毒杀菌设备和工装清洗卫生设备的需求进一步提升。随着国外肉牛屠宰技术的进步，国内牛肉产能和消费的提升，我国肉牛屠宰生产线关键设备技术不断提升。我国自主研发的牛自动旋转击晕箱技术不断优化，已完全满足不同（普通、阿訇等）用户的需求，产能可达20头/小时以上；安全、高效、卫生的牛剥皮系统装备应用已非常成熟；肉牛屠宰生产线气动传送轨道的开发应用，降低了生产能耗，提高了工位操作精准度和生产效率。牛自动机器人封肛、机器人劈半等关键设备技术的逐步开发，将进一步提升肉牛屠宰生产线的自动化程度，降低生产劳动强度，保障肉品卫生安全。

禽肉消费的增长，推动了家禽养殖、屠宰加工禽类分割机械装备的扩能，作为禽肉主产区的山东、河北、河南、辽宁、江苏等地，在2019年出现了众多家禽屠宰新建、扩建项目的加速建设和投产；家禽成套屠宰线设备需求的增长，为禽类成套屠宰加工生产线的自动化、智能化科研开发注入了动力。目前，国内自主开发的肉鸡自动掏膛屠宰生产线已达到13500只/小时的能力，并已经广泛应用，肉鸡自动分割生产线和在线分级系统已在加速自主研制开发；肉鸭自动掏膛屠宰生产线的自主研制开发工作也在启动。

我国肉制品加工机械制造能力和产品品类，

高、低温肉制品加工机械装备已能满足国内95%以上的肉制品生产需求。但我国肉类膳食文化及模式的传统性和多样性，营养化、功能化肉制品开发不足，以及消费品质的提高和流通模式的变化等因素，影响着我国不同规模肉类制品企业的生产模式、品类量化和工艺特性等要求，更直接影响着对技术装备水平的需求。

长期以来，国内灌制类的肉类加工机械一直以单机设计制造为主；绝大多数设备用户都是“品多量小”，只能依据产品具体情况来选择相应型号的单机，匹配成能满足工艺需要的生产线，最多是局部自动化或半自动化。目前国内只有少数大型企业进口了为数不多的几条成套自动化肉制品生产线，但因工艺的多样性和差异性等等因素，这些自动化程度很高的生产线开工率并不高。2019年以来，中西式灌制类肉制品加工机械，从原料解冻设备到绞肉、搅拌、斩拌、乳化、灌装、蒸煮（熏蒸）、杀菌、冷却，一直到包装、储运设备，都在与科研院校及用户合作，通过深入理解不同肉制品的理化指标、物理特性和工艺区别，从设备材料、卫生安全、构件精度、节能降耗等各个方面提高性能，提升单机数字化、信息化技术融合性和上下游联机通用性，进一步提高成套自动化能力和标准化水平。

传统中式肉制品工业化生产机械装备技术取得了一定的突破。酱卤肉制品是最具中国特色的传统肉制品，其感官、风味、形态等特性直接关联消费忠诚度，因此这类肉制品对批量化、连续化、自动化生产设备的开发要求更为特殊。卤煮汤池中各种配料浓度的实时监测、数据采集和精确传递，要确保配料自动投料系统及时精准地实施补充，保障产品风味、感官等一致性，是连续自动化酱卤肉制品成套生产线研发创新的关键。同时，基于自动化、连续性和酱卤特点，加强了对其机械设备的材料特性与安全性研究，应用节能降耗技术和新材料，嵌入智能感知与仿真新技术，以进一步提高传统肉制品安全、智能、绿色化生产。

3. 肉类包装业的进步

2019年，非洲猪瘟造成我国生猪养殖业损失巨大，导致肉类供给严重不足，甚至对国民经济造成重大影响，在保供过程中深刻反映了我国肉类食品生产供给和食品安全方面的问题。2019年年初中国肉类协会按照国家改“运猪”为“调肉”的要求，通过为肉类企业提供科学经济的真空收缩包装、气调包装或贴体包装解决方案，减少活猪长距离调运，实现就近屠宰，就地分割包装，在保障冷鲜肉高营养价值的同时，也避免冷鲜肉在运输过程中出现病毒或细菌污染的情况。

2019年，生鲜肉类食品的包装升级比较明显，热收缩包装、气调包装和贴体包装三种代表性的包装方式得到大面积推广使用，在各大中型肉类企业中应用较多，所包装的鲜肉也通过电商、商超或农贸市场走进千家万户。

采用高阻隔型热收缩袋包装冷却肉，保质期可达60天以上；在冷冻条件下可以实现18个月以上的保质期。热收缩包装生产线使特殊的热收缩膜通过在线拉伸包装或自动封切包装设备，衔接自动热收缩装置，将包装后的产品自动输送至热收缩通道，完成包装过程，改变了原始的人工装收缩袋的过程实现自动化的包装过程。现已被广泛用于分割前大块肉的包装，避免了大块肉裸装的运输卫生风险，也可将减少肉类产品的血水流失，保持产品的原始风味。2019年以中国肉类协会包装分会为主体制定的《肉类食品用热收缩包装膜、袋》团体标准完成评审，进入公示阶段，为我国热收缩包装制定了团体标准，引领和指导冷却肉、冷冻肉的包装升级。

以MAP气调方式保持产品的新鲜和风味，特别适合于高端冷却肉和卤制品领域，气调包装一般适用于冷链物流产品，对全过程温度和卫生要求较高，保质期在15天内。2019年高端冷却肉采用气调包装的越来越多，精细分割的鲜肉、肉糜、肉馅等广泛应用。在肉制品行业，也有越来越多的厂家采用气调锁鲜包装，并在包装方式上不断创新发展。鲜肉预制盒气调包装生产线集合了预制盒自动脱盒，可配套自动投料装置，减少人工投料环节，再经过自动输送装置，将预包装产品托盒输送至包装设备内，进行气调包装。智能化中控系统可集成成品自动输送，金属检测，称重检测，自动打印贴标等各功能模块将不同的机型中和集成成一整条生产流水线。并且特殊的双通道及单线输送自动顶盒系统，可针对鲜肉企业特殊的包装需求，如屠宰分割后，可能会在同一时间包装不同部位肉，而导致出现同一时间有高低不同盒型出现，设备自动规避以上问题，可帮客户减少经常调整设备的时间。随着客户对包装要求，气调可监控的要求，包装设备企业不断开发研究，针对肉类客户的要求，研发了气体检测芯片，在被包装产品内放入检测芯片，可实时观察出包装内气体含量的变化，对观察货架期起到了最直观的作用。此种包装形式受到了国内各冷鲜肉企业的青睐。2019 年，以中国肉类协会包装分会为主体制定的《肉与肉制品气调包装技术规范》团体标准完成制定，进入评审阶段。

真空贴体包装以几乎完美的“3D”展示效果，迅速在高端冷却肉和加工肉制品领域受到青睐，以高档牛排、高档火腿肉、海鲜食品等为代表的产品在盒马鲜生线下超市和各大电商快速推广开来，贴体包装在各类高附加值肉类食品领域获得高速发展。2019 年国内贴体包装膜的用量相比 2018 年增长超过 300%。

肉类产品全自动包装生产线是一套更智能化更全面的包装生产线，可集成全自动软膜拉伸包装、气调包装、贴体包装等自动包装设备。从产品包装到后端的金捡、重检、重量的数据收集并且反馈到打印贴标系统，直接生成二维码或者条形码打印在标签上，并自动粘贴在包装盒（袋）上。并可通过自动扫码枪或视觉成像搜集系统实现在线数据收集，将产品信息自动收集并反馈至企业 ERP 系统，完成销售、生产、仓储、管理一体化。真正实现，门店下单、自动形成生产需求计算，生产加工管控、数据收集、自动分配发料一体化管理系统。大大地解决了肉类加工企业的一大难题，帮助肉类加工企业实现无人化生产实时监控的生产模式。

2019 年，进口肉增加迅速，进而带来重新分割、包装的增加。除了在包装方式上采用更科学、更有利于保质保鲜的包装方式外，也更注重包装的设计和消费者体验，在包装中增加具有更强便利性功能如更便于打开、更便于重复封口、更便于加热调理、更便于回收等。

2019 年，虽然中美贸易战对国内包装行业造成一些影响，但总体而言国内肉类食品领域的包装产业链仍继续保持良好的发展态势。国内包装材料企业基本可以供应全部类型的包装材料，对进口的依赖度进一步降低，国内企业包装材料的出口量继续增加。国内肉类食品企业不断提高生产效率，延长产品保质期，扩展产品销售渠道，对自动化、智能化包装设备及工艺的需求快速增长，相当一部分的肉类企业引进了德国、美国、日本等国际品牌的包装设备。同时，国内的包装设备企业也持续加大研发投入，陆续开发出功能优良、性价比高的包装设备。2019 年国产贴体包装、气调包装和收缩包装设备得到大量推广，部分企业还实现了产品出口，将中国制造的设备销售到发达国家和地区。包装设备与前道生产设备的集成化也得到提高，包装设备正更多地参与到智能制造中来。智能化、自动化的设备已经成为 2019 年乃至今后几年的发展方向，国内外的加工包装机械生产企业，都在朝着更智能化的方向努力，为国内肉类加工的发展进行积极的技术储备。

高　观

2.9 水产品加工业

【a. 概况】

1. 主要经济指标

（1）渔业生产稳步增长，渔民人均收入增加

2019 年，全国水产品总产量预计为 6480 万吨，同比增长 0.35%，已经连续 30 年居世界首位。其中，养殖产量 5079 万吨，同比增长 1.76%；捕捞产量 1401 万吨，同比下降 4.45%；养殖产品与捕捞产品的产量比例为 78:22。捕捞产量中，近海捕捞产量 1184 万吨，同比增长 13.39%；远洋捕捞产量 217 万吨，同比下降 3.87%。据对全国 1 万户渔民家庭当年收支情况调查，2019 年全国渔民人均纯收入 21108 元，同比增加 1223 元，同比增长 6.15%。

（2）水产品加工结构进一步优化

2019 年，我国水产加工品总量为 2171 万吨，同比增长 0.68%。其中，海水加工产品 1776 万吨，同比增长 0.06%；淡水加工产品 395 万吨，同比增长 3.53%。

2019 年，用于加工水产品的原料总量为 2650 万吨，同比下降 0.13%，水产品加工率为 40.89%。其中，用于加工的海水产品 2092 万吨，同比下降 0.34%，海水产品加工比例为 63.73%；用于加工的淡水产品 558 万吨，同比增加 0.68%，淡水产品加工比例为 17.45%。

【b. 行业发展分析】

1. 价格

据 72 家水产品批发市场统计，2019 年，累计成交水产品 1069.37 万吨，成交额 2255.01 亿元。水产品综合平均价格为 23.14 元 / 千克，同比下降 1.44%。海水产品平均价格 42.67 元 / 千克，同比增长 0.32%；淡水产品平均价格 15.55 元 / 千克，同比下降 3.92%。其中，虾姑、带鱼、大菱鲆、南美白对虾的价格同比上涨较大；扇贝、大黄鱼、小黄鱼、草鱼的价格同比下降较大（见图 1）。但与其他肉禽产品价格相比，水产品价格波动较为温和，对提供优质蛋白质、改善膳食结构做出了重要贡献。

2. 市场

中国是全球最大的水产品消费国，随着供给侧结构性改革深入推进，改革开放力度加大，国民收入增加，人民生活不断改善，支撑消费升级的社会基础不断提升，国内市场对水产品的消费需求持续上升。我国水产品人均占有量 46.45 千克，同比增长 0.37%，但城乡居民水产品人均消费差异较大，市场消费仍有较大提升空间。

同时，随着人民群众对高质量水产品的需求和购买力日益提升，我国水产品进口量额高速增长。除美国外，其他进口市场普增。自东盟进口量同比增长 39.02%。各进口国中，自越南进口量同比增长 59.78%，自印度进口量同比增长 144.39%，自俄罗斯和秘鲁进口量同比分别增长 6.91% 和 5.58%，受贸易摩擦影响，自美国进口量同比下降 11.82%。（见表 1）

我国市场巨大的消费潜力吸引了一大批外贸企业积极转向国内市场，通过提高质量拓展营销

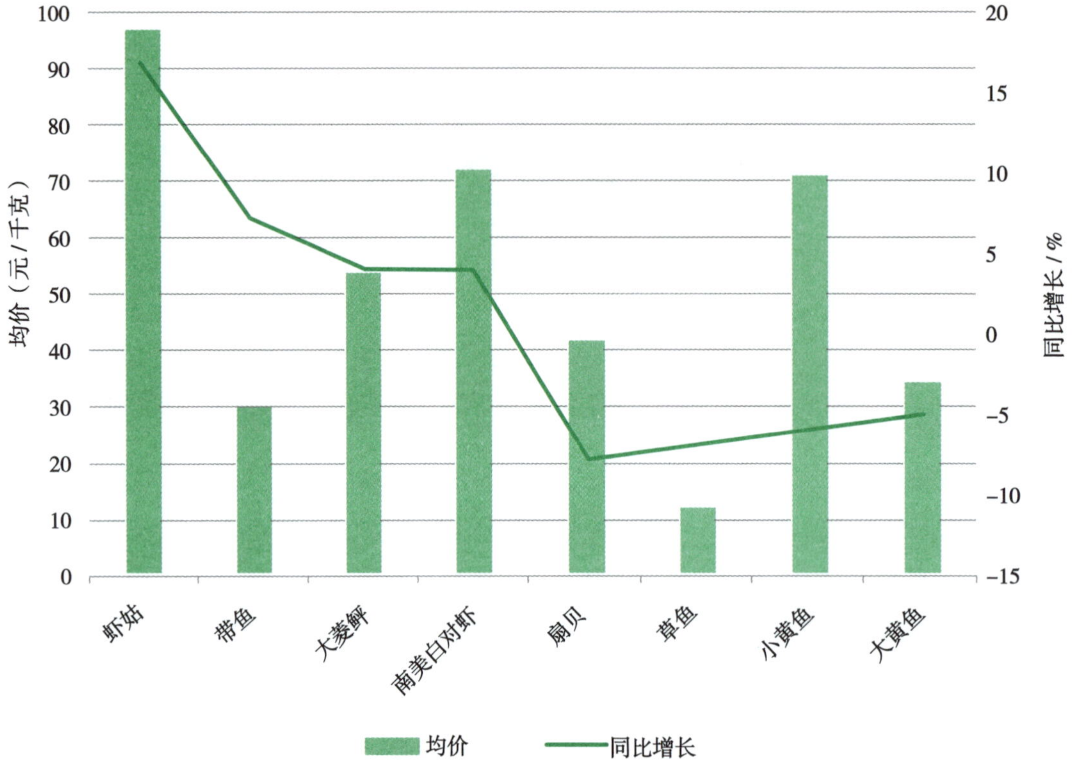

图 1　2019 年价格涨跌幅度较大的水产品种统计

渠道，完成出口转内销的转型升级，极大丰富了国内消费者的餐桌。从出口市场来看，主要出口市场增减互现。对日本、东盟、欧盟出口量同比小幅提升，对韩国出口微降；受贸易摩擦影响，对美国出口量同比下降 18.72%。（见表 2）

表 1　2019 年水产品主要进口市场统计

进口国家和地区	占进口总额比例 /%	数量 / 万吨	同比增长 /%	金额 / 亿美元	同比增长 /%
东盟	16.35	117.15	39.02	30.57	38.95
俄罗斯	12.23	124.15	6.91	22.88	3.22
厄瓜多尔	10.31	37.46	247.17	19.28	261.09
秘鲁	8.11	93.53	5.58	15.17	2.46
印度	6.65	33.17	144.39	12.44	210.02
越南	6.12	50.88	59.78	11.45	56.53
加拿大	6.08	13.57	14.04	11.37	12.18
美国	5.65	39.04	-11.82	10.57	-25.72

数据来源：中国海关

表 2　2019 年水产品主要出口市场统计

出口国家和地区	数量 / 万吨	同比增长 /%	金额 / 亿美元	同比增长 /%
日本	64.37	5.41	39.34	-2.94
东盟	61.79	2.03	29.28	5.73
欧盟	60.64	9.13	26.68	5.38
美国	45.64	-18.72	25.03	-27.01
韩国	51.48	-4.69	17.41	-8.58
中国香港	17.56	-4.56	15.45	-12.39
中国台湾	11.96	-16.17	13.96	-28.20

资料来源：中国海关

3. 投资

2019 年，我国推进自贸区、自贸港建设工作取得积极成效。一是试点布局进一步优化。增设上海自贸试验区临港新片区，新设山东、江苏、广西、河北、云南、黑龙江 6 个自贸试验区。目前，全国共设立 18 个自贸试验区，实现我国沿海省份全覆盖，并首次在沿海地区布局，有利于更好地主动服务和融入“一带一路”建设、京津冀协同发展、长江经济带发展、粤港澳大湾区建设、长三角区域一体化发展等重大国家战略。二是制度创新进一步深化，深入推进《关于支持自由贸易试验区深化改革创新的若干措施》。三是大型企业收购整合趋势明显。2019 年 7 月，佳沃农业开发股份有限公司通过境外子公司通过智利的中央证券存管处完成向智利上市公司 Australis Seafods S.A. 的股份交割，所涉及的款项总计 8.8 亿美元。

4. 区域分布与行业集中度

据国家统计局统计，2019 年，全国水产加工企业 9323 家，规模以上水产品加工企业 1776 家，同比减少 208 家；完成营业收入 3279.6 亿元，同比增长 3.9%；实现利润总额 147.0 亿元，同比增长 0.33%。

水产加工区域集中在浙江、山东、福建、广东、辽宁、江苏、海南等沿海省份及内陆水域发达的湖北、江西和安徽等省份。通过我会对全国规模以上水产品加工业景气状况调查情况显示，2019 年江苏、湖南、浙江、辽宁、山东等省份总体形势较好，广东、海南、湖北、广西情况较不乐观。受贸易摩擦及连年丰产等条件影响，湖北、福建、山东、广东企业库存较大，海南、广西企业开工率下降。其中，作为罗非鱼和对虾主产区的广东省和海南省受中美贸易摩擦影响最大，出口贸易量不断下滑，给行业造成了不利影响；湖北小龙虾连年丰产导致加工库存不断加大，也给加工企业提出了新的挑战。

从出口情况看，福建、山东、辽宁、广东、浙江等沿海省份仍是我国水产品主要出口地区，福建和山东继续位居主要出口省份水产品出口额和出口量排名首位；内陆省份中，吉林、江西和湖北依旧位列前 3。（见表 3）

表 3　2019 年水产品主要出口省（自治区）统计

省（自治区）	出口量 / 万吨	占出口量 /%	出口额 / 亿美元	占出口总额 /%
沿海				
福建	87.06	20.40	55.51	26.87
山东	114.29	26.78	51.27	24.82
广东	57.81	13.54	32.05	15.51
辽宁	83.94	19.67	29.31	14.19
浙江	48.49	11.36	18.93	9.17
海南	15.79	3.70	4.83	2.34
江苏	4.67	1.09	3.65	1.77
河北	2.85	0.67	2.40	1.16
广西	4.19	0.98	1.92	0.93
内陆				
吉林	3.13	0.17	1.38	0.91
江西	0.61	0.68	1.36	0.58
湖北	1.14	0.16	1.05	0.43

资料来源：中国海关

5. 进出口

据海关数据统计，2019 年，我国水产品进出口总量 1053.3 万吨，进出口总额 393.6 亿美元，同比分别增长 10.3% 和 5.4%，均创历史新高。水产品出口量 426.8 万吨，同比下降 13.8%；出口额 206.6 亿美元，同比下降 8.0%。一般贸易出口呈量额双增。进口量 626.6 万吨，进口额 187.0 亿美元，同比分别增长 19.9% 和 25.6%。贸易顺差仅为 19.6 亿美元，同比下降 74.1%。

一般贸易主要出口品种包括头足类、对虾、罗非鱼、鳗鱼、贝类、鲭鱼。金枪鱼表现抢眼，出口量额同比分别增长 26.26% 和 14.24%，达 15.34 万吨和 7.22 亿美元。鲭鱼出口量额同比双增，出口量额同比分别增长 6.49% 和 8.08%。受中美贸易摩擦影响，罗非鱼出口量额同比双降，出口量额同比分别下降 2.19% 和 7.08%（见图 2）。2019 年，面对生产要素成本上涨、加工原料价格大幅波动、东南亚等国同构竞争加剧等因素影响，我国来进料加工贸易出口量额同比双降，出口量 104.83 万吨，出口额 54.97 亿美元，出口量额同比分别下降 1.07% 和 1.24%。

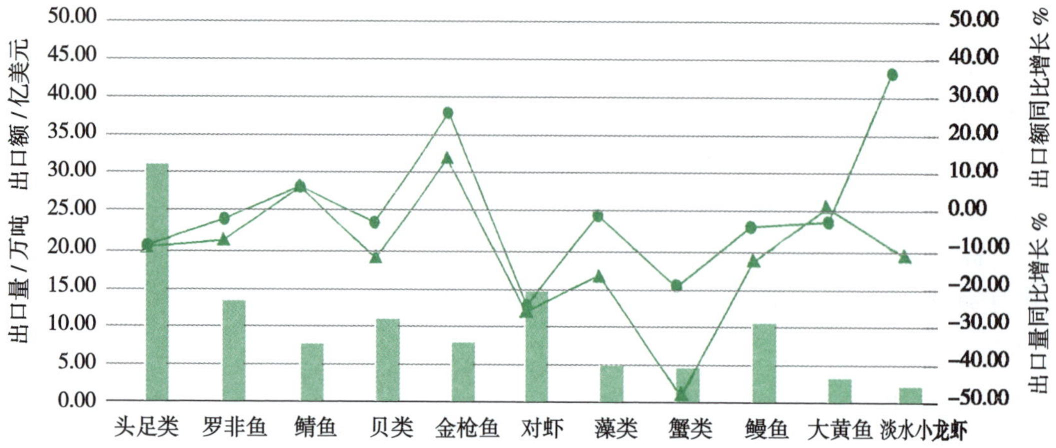

图 2　2019 年我国水产品一般贸易主要出口品种统计

资料来源：中国海关。

我国食用水产品进口大增，其中，对虾、头足类、鲶鱼、蟹类、鲑鱼、贝类进口量较大。（见图 3）

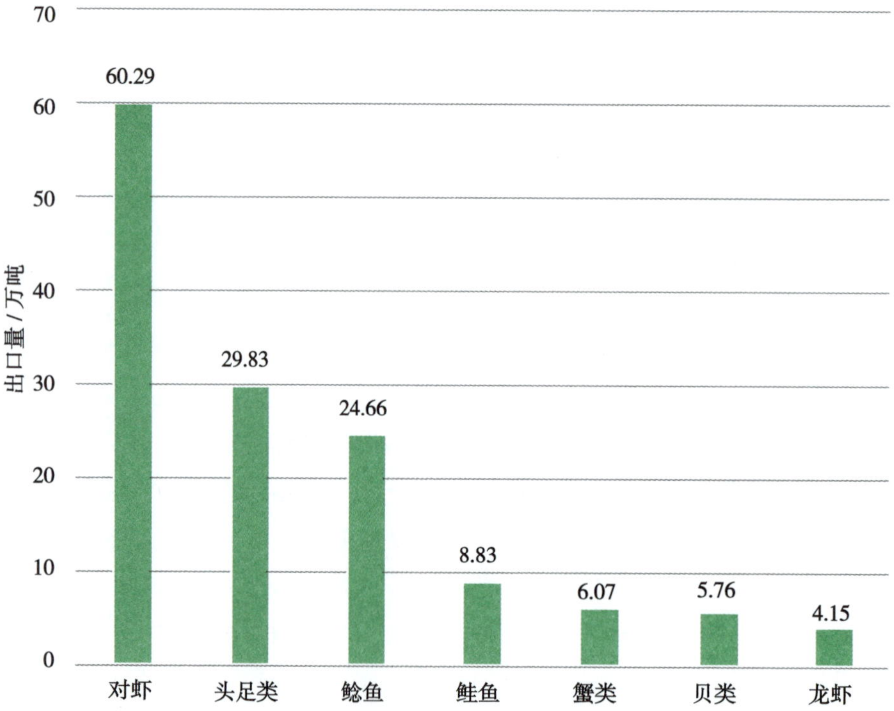

图 3　2019 年我国水产品主要进口品种统计

资料来源：中国海关

6. 发展新亮点与新增长点

（1）全渠道模式丰富消费体验

随着电商的不断发展，商业模式不断衍变，线上线下结合，大大丰富了用户的消费体验，极大带动了水产品的国内消费市场。如京东的线下新型门店“七鲜超市”被定义为“购物超市 + 餐厅”，正在成为娱乐休闲的新去处，不仅比餐厅优惠，同时更具有“逛超市”的娱乐性。这种“线

上购物 + 线下体验”的结合形式，不仅丰富了用户本身的购物场景，同时也补充了线上产品无法实际挑选和判断的环节，增加了消费者的体验度和满意度。

（2）产品结构继续调整优化

随着居民消费水平的提高和生活方式的变化，水产品在膳食结构中的比重不断增加，水产品加工业产品结构也发生了显著变化。2019年，高品质、高附加值、高品牌化的水产品成为水产品加工行业发展的新趋势，各类调理预制产品（鱼片、裹浆裹粉产品、半熟制品等）、休闲即食产品在电商等多种营销活动带动下不断掀起新的消费热潮。中国消费者的餐桌上，美味的水产菜肴越来越多，水产加工品的形式也越来越丰富。其中，扇贝即食罐头、深海鱼肠、即食鱼丸、鳕鱼饼等海洋休闲食品颇受关注，年销售额已经超过百亿元，成为零食消费市场的新增长点。

（3）消费升级促进产品品质提升

80后与90后已经成为消费领域的主力用户群体，其购物行为及消费习惯都发生了巨大变化，对于水产品的认知从“活”向“冷冻品”“预制品”等加工产品转变，同时消费升级使得现有用户对产品的品质有了更高的追求，一方面用户的经济能力可以支持更好品质的产品，另一方面用户也愿意花更多的钱，追求品质上的优化。在进口生鲜商品的消费上，人们购买进口水产品时主要集中在冷冻虾、冷冻海水鱼类，商品质量好、安全性更高是驱动消费者购买进口商品的主要因素。同时，越来越多的消费者有意识地选择“有机生鲜产品”，愿意接受比普通商品贵40%以内的有机产品。

（4）产业扶贫深入推进

2019年，产业扶贫活动纷呈。一是建 立渔业扶贫典型模式。打造产业扶贫北方平原稻渔“盘锦模式”、南方丘陵稻渔“三江模式”、盐碱水养殖“景泰模式”、冷水鱼养殖“雅安模式”，渔业产业扶贫被媒体誉为获利最直接、见效最快、持续增收最稳定的扶贫方式。二是定点帮扶实现脱贫。积极帮助湖南永顺太坪村脱贫，改善村民服务中心条件，帮助建设加工车间，发展稻田养鱼，资助贫困家庭的孩子上学，为村民提供人身保险，目前太坪村已经达到脱贫标准。三是产销对接供需两旺。充分发挥渔业行业协会作用，在广东珠海举行全国渔业扶贫产销对接活动，来自37个贫困县（市）的45家渔业企业现场签约成交金额达3000余万元。

【c.“三品”战略实施】

在2018年的良好工作基础之上，水产行业继续认真落实“三品”行动，2019年在“增品种、提品质、创品牌”方面取得较好的成效。

1. 增品种

2019年，继续创新产品品类，进一步丰富水产品消费形式，以提高消费者对产品的体验满意度。企业联合科研院所研发了一系列新产品，如水产功能性肽制品、即食海洋蔬菜、鱼糜制品锁鲜装等，通过改进加工工艺，增加了产品的多元化，提升了经济效益及市场竞争力。

2. 提品质

通过推进标准化生产，加强监测评估，健全应急处置机制，深入开展专线整治，加强追溯平台推广应用，推行食用农产品合格证制度，加强信用体系建设等措施，有效增加了绿色优质水产品供给，2019年，水产品质量安全水平总体稳定向好，全国产地水产品兽药残留监测合格率为99.5%，连续7年保持在99%以上，养殖水产品质量安全仍保持在较高水平。另外，根据2019年国家市场监督管理总局的食品监督抽检情况来看（见表4），水产制品共抽检38592批次，合格率高达98.1%，同比水产品抽检合格率（97.7%）提高0.4%。

表 4　2019 年市场监管总局抽检水产制品情况

食品种类	时间	样品抽检	合格样品	不合格样品	样品
		数量 / 批次	数量 / 批次	数量 / 批次	合格率 /%
水产制品	上半年	10749	10521	228	97.9
	下半年	27843	27353	490	98.2
合计		38592	37874	71898.1	

资料来源：国家市场监督管理总局

3. 创品牌

根据《国务院关于促进乡村产业振兴的指导意见》，行业进一步推动区域品牌建设，赋能产业发展，打造了一批叫得响、过得硬、有影响力、有国际竞争力的区域品牌，成为促进产业兴旺、助力父老乡亲增收致富、推进乡村振兴的重要牵引力。主要举措如下：一是打造中国农业品牌目录。2019 年，宝坻黄板泥鳅、大连海参、辽参、查干湖淡水鱼、连环湖鳙鱼、洪泽湖大闸蟹、盱眙龙虾等 21 个水产区域品牌荣登中国农业品牌目录 2019 农产品区域公用品牌榜单。二是组织系列节庆活动。为了更好地推广和销售当地的水产品，各地政府和行业协会带领当地水产企业和渔民开展一系列节庆活动，如河豚文化节、宝山湖小龙虾节等，打造休闲垂钓、旅游一体化体验，在造势的同时，提升当地水产品区域公用品牌的知名度，打造区域名片。三是组织品牌推介会。各地政府与行业协会还通过品牌推荐会宣传品牌影响力。2019 青岛渔业品牌推介会在青岛国际会展中心拉开序幕，60 余家渔业企业携上千种水产品登场亮相，由大黄鱼、金枪鱼、海参组成的水产“新三样”成为主角。从 12 月 13 日到 12 月 15 日，每天一个主题，开展“大黄鱼日”“金枪鱼日”“海参日”，每天由一家龙头企业主办现场烹饪试吃，再通过到场观众评出“2019 最受消费者喜爱的水产品牌”，助推产业品牌化。四是申报世界吉尼斯世界纪录。湖北潜江以龙虾为材料，做出了 118 道精美的龙虾菜肴，上海大世界吉尼斯世界纪录总部官员现场认证，潜江龙虾菜品成功打破全球单次最多口味小龙虾菜品的大世界吉尼斯纪录，进一步提升了“潜江龙虾”品牌的知名度和影响力，让更多的美食爱好者认识并爱上潜江龙虾。五是企业品牌综艺植入。诸多行业企业都在发力进军“消费者品牌”，通过中央广播电视总台、抖音、网剧等植入在行业引发热烈关注。如安井冠名了抖音官方组织的“抖 in 厦门”晚会盛典，“明星 + 抖音网红”现场助阵，安井锁鲜装抢“鲜”亮相，活动有近 2 万人参与，为安井品牌注入了更多年轻力量；另外安井食品还作为 CCTV-3《你好生活》的甄选品牌，通过场景化营销，生动化植入，进一步提升了安井品牌的美誉度与知名度。

【d．行业面临的问题】

1. 贸易摩擦不断，出口下降

出口贸易是带动我国水产品加工产业发展的主要动力，而美国是我国重要的水产品贸易伙伴，我国对美水产品出口长期维持在 55 万吨左右，占我国水产品出口总量的 13% 左右；进口量在 2011 年曾达到近 64 万吨的最高峰，每年虽有波动，但也维持在 50 万吨上下，水产品进口占比一直很高。中美贸易摩对我国水产品对美贸易带来了冲击，进出口贸易量和贸易额出现大幅下滑，对美出口量同比下降 18. 7%，导致我国以出口为主的水产品加工企业面临挑战。

2. 经营成本上升，加工利润收窄

水产加工业属于劳动密集型行业，对原材料、人工、资本等外在要素投入依赖性较高，机械化、自动化程度较低。据中国水产流通与加工协会调查显示，当前及未来一段时间，用工成本增加、生产成本高、招工难、融资难等问题都将是困扰水产加工产业发展的关键因素，而且生产成本和用工成本的增高难以逆转，企业利润不断被摊薄，导致我国水产品的价格竞争力不断下降。

3. 水产加工品牌多，但缺乏竞争力

我国水产加工品牌多，企业规模小，竞争力

低。新一轮经济下滑冲击下，大规模水产品加工企业几乎没有增加。效益低下、开工率不足问题突出，一批竞争力弱的企业濒临破产。同时，我国水产加工业品牌较多，但是相互模仿、跟风现象频繁，无序竞争、内耗严重，专业、领导型、品牌化企业缺乏。另外，随着我国劳动力、资本等要素成本上升，印度尼西亚、越南、印度、马来西亚等国家水产品加工与我国有很大程度的同构性，但其生产成本比我国要低30%以上，我国水产加工品国际竞争力弱势明显呈现。

【e. 发展趋势】

我国水产品加工业正处于转型升级的关键时期，综合目前水产行业的状况分析，2020年，水产品加工业的发展仍然处于机遇与挑战并存的局面。

1. 强化多边渔业合作，积极发展对外贸易

随着联合国《2030年可持续发展议程》目标的明确，将进一步推动加入港口国措施协定。通过开展双边渔业合作，继续推进与主要渔业国家对话机制，加强与南海、“一带一路”国家双边合作。深化与韩国、俄罗斯等周边国家渔业合作，实施联合增殖放流，维护行业利益和权益。积极参与世界贸易组织（WTO）渔业补贴谈判，争取公平合理的渔业发展政策。积极研究应对美国相关法案，妥善做好对美水产品贸易工作。加强水产品国际贸易监测和分析，积极开拓国际、国内市场，促进水产品国际贸易。

2. 发展“精深加工”，提高经济效益

水产品的精深加工和综合利用是渔业生产活动的延续，具有高附加值、高科技含量、高市场占有率、高出口创汇率等特点，发展前景十分广阔。通过精深加工，包括低值产品的综合利用、优质产品的精深加工、合成水产食品及保健美容水产食品等，加强对水产资源的充分利用，提高水产品的附加值，提高水产品加工的技术含量，多元化开发水产食品，由“初加工”向“精深加工”方向发展，是我国水产业发展的未来趋势。

3. 逐步完善冷链物流体系，带动水产品消费

水产品具有易腐烂变质的生物属性，因此水产品冷链控制非常重要。同时水产品生产具有明显的季节性、区域性、技术性等特点，但人们对水产品的需求具有经常性和随意性。冷冻冷藏设施可以提高水产品贮藏和吞吐能力，从而调剂旺淡季的市场供应。建立“从塘头到餐桌”的一体化冷链物流体系，不仅可以确保产品品质，还能提高水产行业效益。我国高度重视冷链物流发展，在近几年下发的中央一号文件中均强调要加快农产品冷链物流系统建设，促进农产品流通。我国水产品及其加工品的消费规模快速增长，居民对水产品及其加工品的多样化、新鲜度和营养性等方面提出了更高要求，特别是对食品安全的关注程度不断提高。为了提升水产品及其加工品消费品质，减少营养流失，保证食品安全，加快冷链物流体系的建设和完善势在必行。

【f. 政策建议】

1. 加强国际合作，培育国内市场

一方面积极应对水产品进出口贸易形势变化，加强水产品市场贸易研究，深刻把握“一带一路”政策契机，不断推进出口市场多元化；另一方面我国不仅是全球最大的水产品生产国，还是全球最大的水产品进口国和消费国，应加快建立市场准入制度，建立中国消费者信赖的标准和认证，让国内消费者放心大胆地购买本国产品，释放消费潜能，降低以国际市场为单一市场可能带来的贸易风险，提升市场风险抵御能力。

2. 推动产业转型升级，培育跨国公司

一是加大对水产品加工业的扶持力度，精准施策，解决严重制约水产品加工企业健康发展的用工难、融资难等问题，强化对水产加工企业整体产业自动化和智能化装备水平提升的财政和资金支持，助力产业升级；二是引导企业把握“一带一路”机遇，培育跨国公司，合理布局产能，加强研发投入，提升科学管理和品牌运营能力，加强对外投资，将生产转移到成本更具竞争力的国家和地区，分散风险，更好地利用两个市场两种资源。

3. 开展品牌示范建设，发挥示范引领作用

积极加强水产品加工品牌培育工作。通过水产加工品牌示范创建工作，发挥品牌引领示范作用，促进水产品加工业转型升级。加强水产品加工业品牌评价基础研究，开展品牌评价标准建设工作。参照品牌评价相关国家或国际标准，构建、完善品牌评价标准指标体系，制定操作规范，客观公正地开展品牌价值评价，并发布结果以及品牌发展指数。以提升水产加工企业核心竞争力为标准，推出一批水产品加工业精品，打造行业发展新标杆。优选一批水产品加工企业，支持开展产品开发、技术创新、工艺改良等战略措施，鼓励企业采用水产加工先进质量管理方法和向国际标杆企业与国际标准接轨，提高水产加工品在线监测控制和产品质量追溯能力。积极推进水产品加工企业品牌建设进程，塑造一批在行业内具有影响力、领导性的专业品牌，促进水产加工业转型升级。

中国水产流通与加工协会

2.10 豆制品制造

【a. 概况】

2019年，我国大豆产量1810万吨（2018年为1595万吨），同比增长13.5%。我会数据综合评估，2019年，用于食品工业的大豆量约1360万吨，同比增长8%左右。其中：用于豆制品加工的大豆占60%左右，约为800万吨；用于其他食品加工的占25%左右，约为350万吨；直接食用（包括家庭自制豆浆等）占15%左右，约为200万吨。

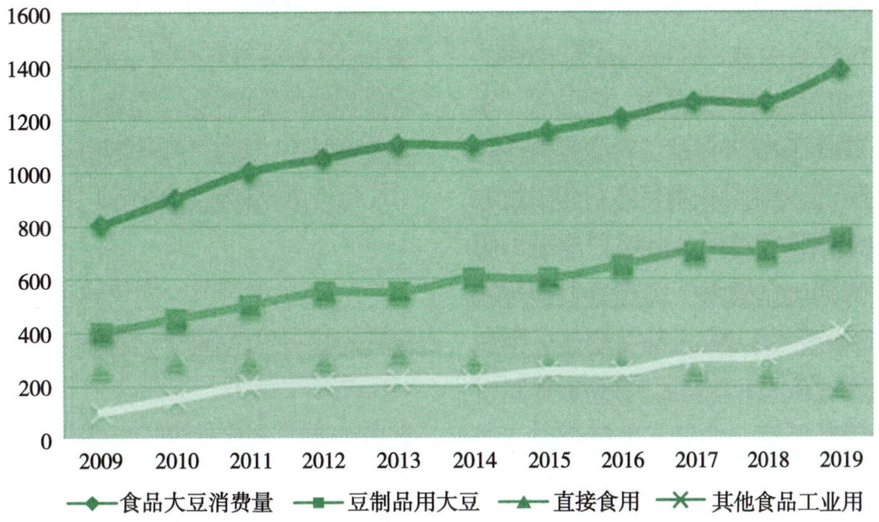

▲ 2009～2019年我国食品大豆的消费量变化图

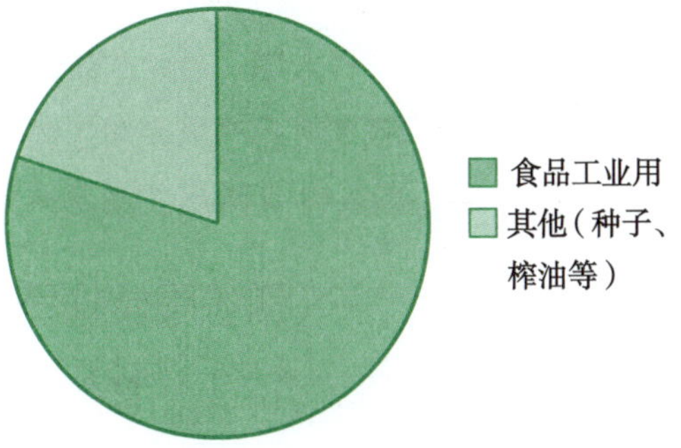

▲ 2019年国产大豆的使用情况

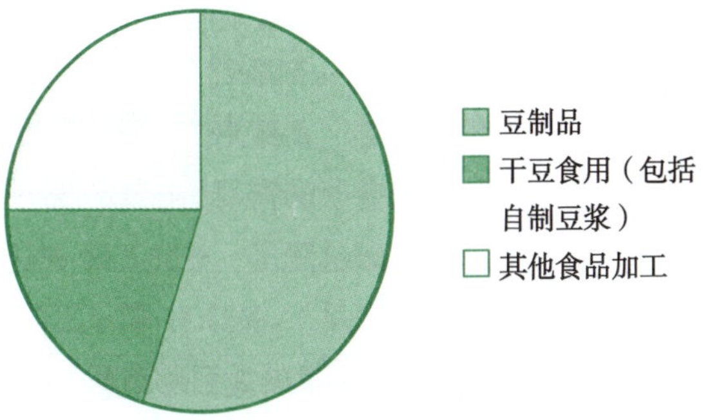

▲ 2019年食品大豆使用情况

【b. 规模企业（全国前五十强）状况】

1. 销售额及投豆量

我会对全国规模以上豆制品企业统计显示，2019 年，豆制品行业前 50 强规模企业，销售额及投豆量同比均有增长，其中：投豆量为 174.04/157.86 万吨，同比增长 10.25%；销售额为 265.9 亿元，同比增长 13.77%；缴税额同比增长 17.55%，而 2018 年比 2017 年增长 11.19%；利润同比增长 24.47%，而 2018 年比 2017 年增长 9.49%。

2009—2019 年 50 强企业销售额及投豆量情况表

年份	销售额（亿）	增长率 %	投豆量（万吨）	增长率 %	备注
2009	74.23	31.36	84.83	25.39	
2010	102.98	38.73	97.53	14.97	
2011	131.95	28.13	106.04	8.73	
2012	155.58	17.90	106	0	
2013	161.03	3.50	106.4	+0	
2014	257.03	2.48	96.02	-9.76	
2015	167.94	6.95	100.4	4.60	
2016	185.86	10.65	120.43	19.91	
2017	202.05	8.71	150.59	25.04	
2018	233.71	15.63	157.86	4.83	
2019	265.90	13.77	174.04	10.25	

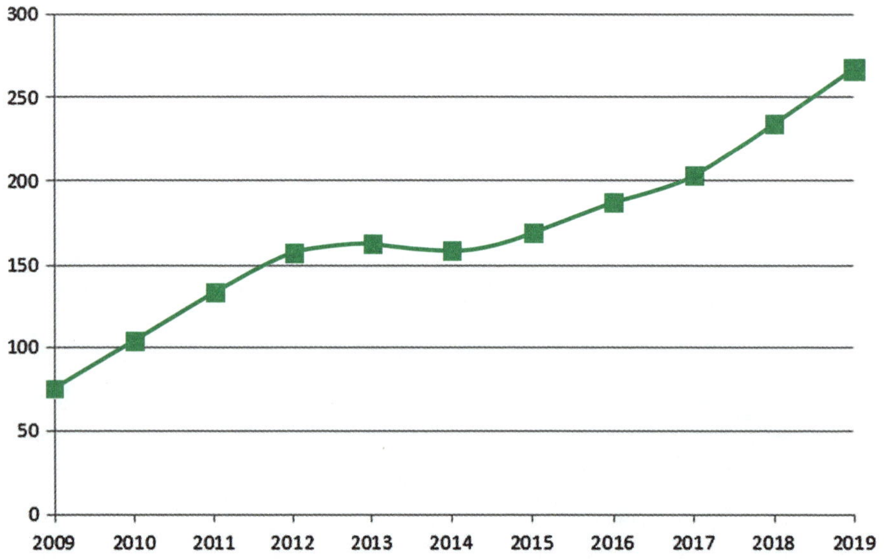

▲ 2009-2019 年 50 强企业销售额变化趋势

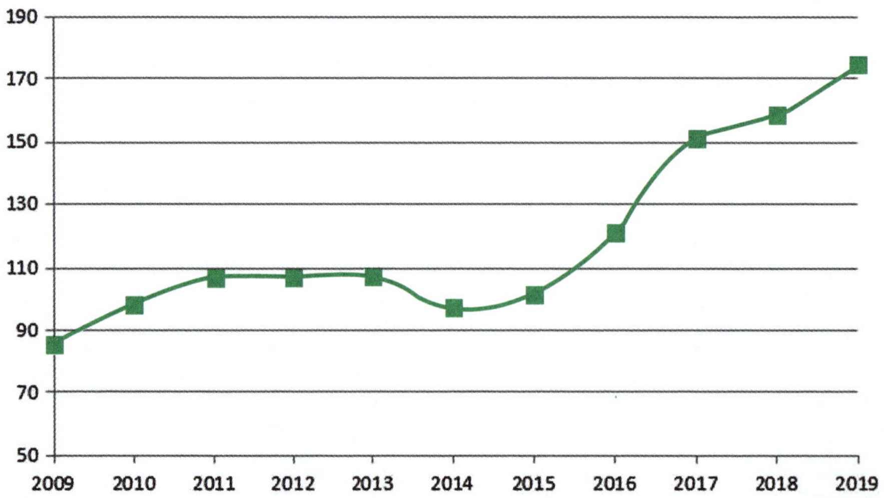

▲ 2009-2019 年 50 强企业大豆使用量变化趋势

2. 规模企业分布

（1）50强企业中以生鲜为主的豆制品企业21家，同比减少了2家；

（2）豆浆及豆浆粉企业9家同比持平；

（3）以休闲豆制品为主的企业14家同比增加了1家；

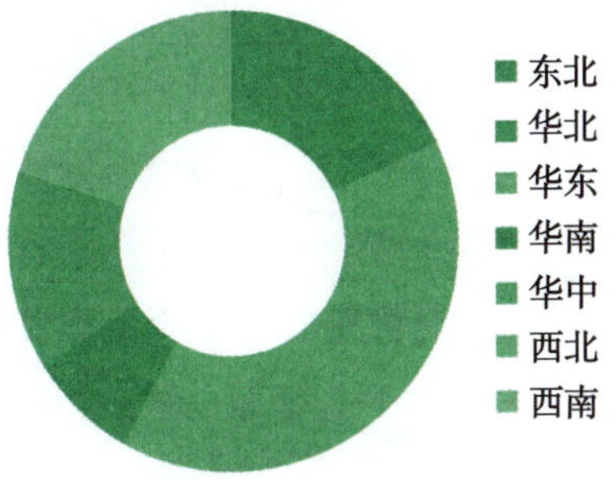

▲ 规模企业分布情况

注：2019年50强等规模豆制品企业相对集中在东部中部及南部人口相对密集、经济相对发达地区。

（4）其他豆制品（发酵、膨化、腐竹、蛋白等）6家同比减少了1家。

小结：

（1）近年来，消费者对新鲜食品的需求不断增长，促进短保生鲜豆制品消费的持续增长。

（2）2019年，猪瘟疫情持续，所带来的猪肉供应量减少，肉价上涨明显。猪肉消费量整体下降所带来的替代产品的销量上升，大豆制品消费量也因此受益，有所增长。但是新《环境保护税法》和《环境保护税法实施条例》对于企业的环保要求的提升，使得有些豆制品企业受环保技术、环保设施改造影响，产能受限。

（3）餐饮业消费的持续增长，带动餐饮渠道产品的销售量增长，企业与餐饮渠道的合作和产品创新越来越广泛和深入，使得生鲜类豆制品产品的持续增长的保障之一。

（4）消费者对健康食品的需求意愿不断上升，使得家庭对于生鲜豆制品的消费量持续增长。

（5）中央厨房＋现场制作的升级，品牌连锁企业兴起，更适合生鲜豆制品市场成长。

【c. 部分重点行业情况】

1. 豆腐等生鲜类大豆食品

2019年，规模企业用于豆腐等生鲜豆制品的投豆量为50.98万吨，2018年为46.27万吨，同比增长10.18%。

2013—2018年规模企业豆腐等生鲜食品的投豆量

年份	2013	2014	2015	2016	2017	2018	2019
投豆量 / 万吨	31.05	31.76	35.07	42.17	43.85	46.27	50.98
比上年增长 /%	33.20	2.20	10.43	20.24	4.00	5.52	10.18

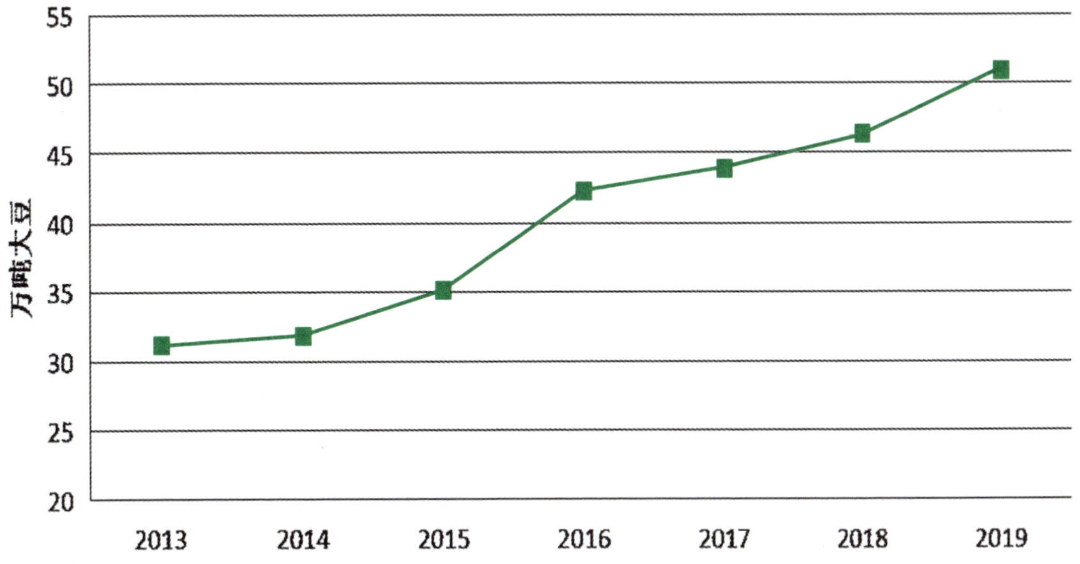

▲ 2013—2019 规模企业豆腐等生鲜类产量变化趋势

2. 豆浆类产品

2019 年，规模企业用于豆浆类产品的投豆量 47.24 万吨，同比增长 13.04%。其中：豆浆粉的投豆量 32.04 万吨，同比增长 9.88%；液态豆浆行业的销售量 121.6 万吨，同比增长 20.25%。

2018—2019 年规模企业豆浆类产品的投豆量

项目 年份	豆浆类产品（总）		液态豆浆		固态豆浆粉	
	投豆量/万吨	增长率	产量/万吨	增长率	产量/万吨	增长率
2018	41.8	6.69%	101.12	13.36%	29.16	4.05
2019	47.24	13.01%	121.60	20.25%	32.04	9.88

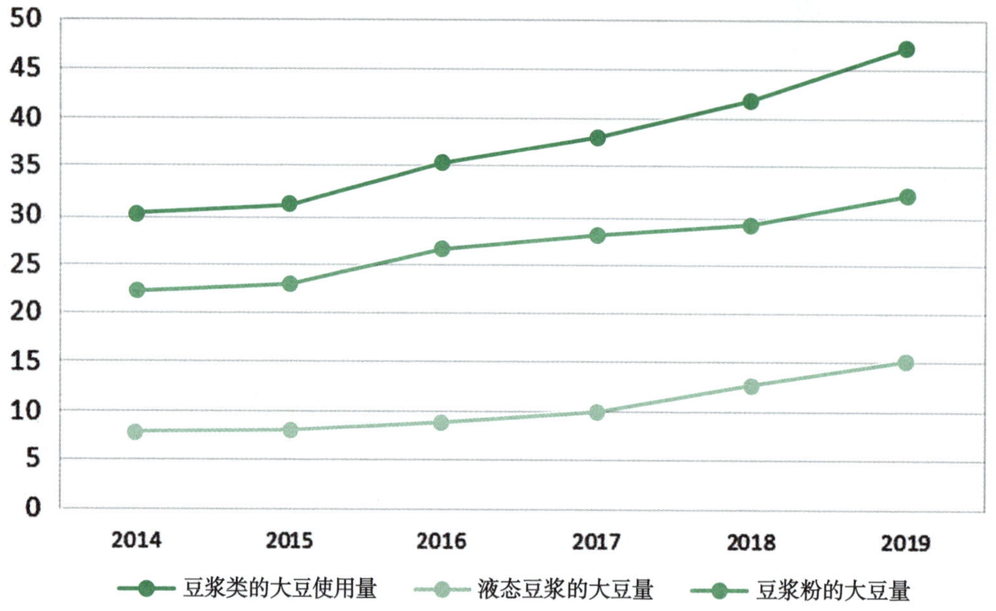

▲ 2014—2019 年规模企业豆浆类产品大豆使用量的变化趋势

小结：

（1）液态豆浆

近两年，液态豆浆的销售量及大豆使用量均实现了两位数的增长，归功于达利、伊利、维他奶、蒙牛等对市场投入的有力宣传。

① 2019 年维他奶、豆本豆豆浆的销售业绩喜人，分别同比增长 25.1%、41.6%。

②液态豆浆市场布局和竞争已经开始，将是下一轮食品企业大佬争夺产值增长的价值洼地，常温产品未来的市场竞争将逐渐趋于激烈。

③生鲜豆浆类产品的市场空间还几乎是空白，市场潜力可期。

④企业已经开始注重产品的品质，同时也开始注重产品风味、品种、包装等的多样性创新。企业及科研单位在工艺技术方面对于豆浆基料的品质、杀（灭）菌方式和杀（灭）菌的关键工艺参数也不断投入研究。

⑤未来企业还应该放眼于豆浆制品（可参照乳制品）的研发和品质改进上面。

（2）豆浆粉（固态）

①豆浆粉规模企业 2019 年投豆量（产量）同比增长了 9.88%，增长速度回升。餐饮渠道及作为冷饮配料等业务类的使用量不断增加。

②豆浆粉产品基本形成了寡头竞争的格局，同质化现象还是比较严重，市场竞争激烈。

③豆浆粉未来实现量的突破，需要在终端的消费渠道和应用领域进行创新和突破。

④对于高蛋白型（蛋白含量 30% 以上）的产品的冲调性技术需要联合攻关突破。

3. 豆腐干等休闲类大豆食品

2019 年，规模企业用于豆腐干及休闲类大豆食品的投豆量为 36.99 万吨，同比增长 6.11%。

2014—2019 年规模企业豆腐干等休闲豆制品的投豆量

年份	2014	2015	2016	2017	2018	2019
投豆量（万吨）	24.02	24.76	30.54	33.90	34.86	36.99
增长率	-3.22%	3.0%	23.33%	11.0%	2.83%	6.11%

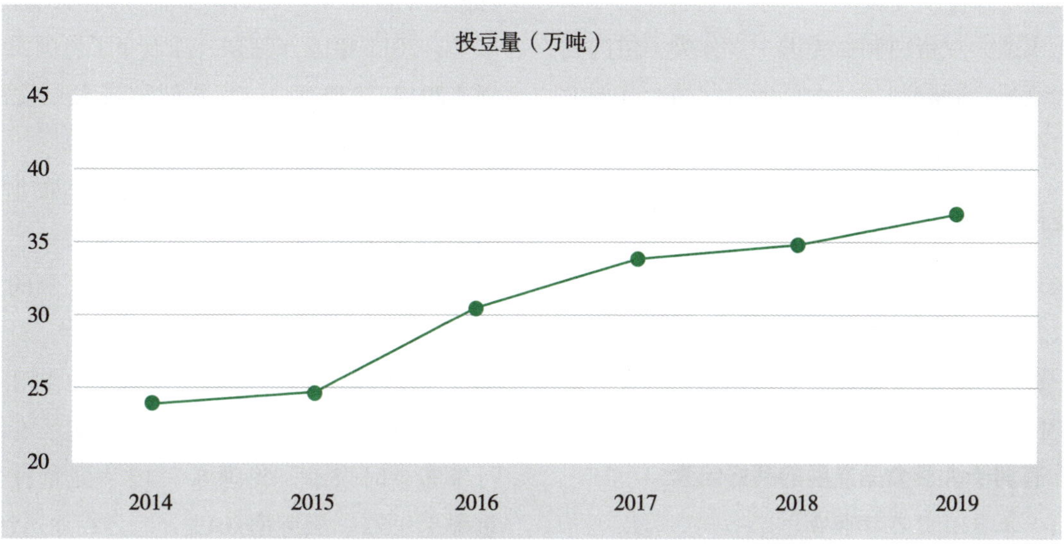

▲ 2014—2019 年规模企业豆腐干等休闲品产量的变化趋势

小结：

（1）2019 年，50 强规模企业中休闲豆制品销售 36.99 万吨（以大豆计），同比增长 6.11%，同比增长加快；

（2）受休闲食品大环境消费疲软的影响，再加上产品缺乏创新是豆腐干等休闲豆制品发展的主要瓶颈；

（3）行业企业同质化现象依然存在，产品的创新不足；

（4）未来在消费者心理及行为上的投入研究，需要在包材上、口味上、产品形式上、辅料及配料应用上进一步创新提升。

4. 其豆类产品

（1）*腐竹 / 腐皮*

①火锅店等连锁餐饮行业的繁荣，使得腐竹 / 腐皮在餐饮行业的销量实现不错的增长，市场回暖明显；

②腐竹 / 腐皮产品通过深加工应用、产品消费形式的创新逐渐开辟了新的销售渠道，促进了产品的销量。

③腐竹 / 腐皮作为加工原料的应用领域很多，还有待于进一步挖掘。

（2）*大豆蛋白制品*

①美国两家素肉公司的上市，引起了资本界对大豆及植物性食品的极大的兴趣和关注，这反映了当前全球对于气候、环境、资源的担忧而引发的资源节约、绿色环保共识，以及对生活质量、身体健康的关注。也是引爆国内资本市场对大豆蛋白类产品的兴趣、关注和投资意向。2019 年，资本的流入对素肉类产品的创新起到了非常积极的作用，也成为大豆蛋白作为食品原料的消费增长新亮点。

②在速冻产品市场增增速喜人，大豆蛋白的消费增长也因此得益，速冻产品的生产企业对大豆蛋白类产品应用于速冻产品领域的新产品研发也不断创新，比如蟹棒、鱼糜类、丸子类产品

等，成为速冻调理、火锅料类食材的必备品种。

③以大豆蛋白、变性淀粉、植物油脂为主要原料的千叶豆腐，虽然与豆腐外形相似度极高但是由于其口感与豆腐的差距很大，餐饮消费在经过热点的推崇后进入理性的回归，与前几年相比，市场增长速度变缓。

④未来大豆蛋白制品要进一步分类（仿肉制品、大豆蛋白凝胶制品、大豆蛋白饮品、其他大豆蛋白制品）有助于产品的创新研发。

【d. 发展前景】

从近几年来我国大豆食品行业的业绩和状况，以及市场消费的大环境分析，我们可以预见今后一段时期中国豆制品产业将面临非常良好的发展契机，行业的增速将加快。

1. 有利于大豆食品发展的利好因素

（1）来自消费者与市场

①非洲猪瘟疫情一方面导致的猪肉供应量的减少，在短时间内还将持续，另一方面猪瘟导致消费者对猪肉产品的消费安全担忧而转向大豆等植物性食品及其他代品的消费；

②人类对地球生态环境的担忧，全球素食者的数量不断增多，导致植物性食品的消费意愿上升。

③因肥胖引起的心血管疾病等慢性病已经成为21世纪危害人类健康和生命、降低生活质量的主要威胁，全球消费者的饮食结构调整、平衡变得越来越迫切，各国的膳食指南中纷纷指导居民增加植物性食品的摄入量，豆类食品是最优选择。

④2019年底爆发的新冠肺炎给全球尤其是中国的消费者深刻的反思，进而以平衡膳食为目标，降低肉类产品的摄入，这一消费意愿将提升对豆制品等健康食品的消费需求。

⑤素肉（植物肉）产品概念的兴起，将有利于促进以大豆蛋白等植物性蛋白为原料的新产品技术的研发投入和产品开发、推广。

（2）来自膳食研究及国家政策层面

①为了扩大人类饮食中植物蛋白的比例，有利于土壤生态的保护，联合国粮农组织确定2月10日为世界豆类日。

②2016年，中共中央、国务院印发并实施《健康中国2030》规划纲要，提高国民营养健康水平；2017年国务院办公厅颁布了《国民营养计划（2017–2030年）》等系列利好大豆食品发展的国民营养消费政策。

③近年来，我国出台了相关调整农业种植业结构的政策，大豆种植补贴、促进大豆产业健康发展的若干意见等，作为我国国产大豆的主要消费渠道的大豆食品处在产业链的下游，对于我国大豆产业链健康发展起着至关重要的作用。

④2018年9月25日，国家卫健委在举行例行发布会时表示，我国6～17岁儿童青少年超重率是9.6%，肥胖率6.4%，二者相加达到16%。国家将会从战略层面推行提倡增加大豆食品的膳食。

⑤国务院健康中国行动推进委员会发布《健康中国行动（2019–2030年）》，提出了主要指标，并明确了合理膳食行动、心脑血管疾病防治行动等15大专项行动，对促进大豆食品消费极大利好。

⑥《中国居民膳食指南》《新型冠状病毒感染的肺炎防治营养膳食指南》从官方层面对促进豆类食品饮食消费的具体指导。

⑦联合国粮农组织发布《2020年世界粮食安全和营养状况报告》，该报告基于当前饮食方式，从降低因营养不良导致的病亡率和改善环境的角度推荐了四种健康饮食方式，大豆等豆类制品是四种健康饮食的标配，并建议每天至少摄入100克。

其他相关政策、措施也有利于发展我国的大豆食品产业，比如：实施更大规模的减税、国家的精准扶贫政策、推动传统产业改造提升的政策等等。

（3）大豆食品发展的内生动力

①大豆蛋白是植物蛋白中最优质的完全蛋白。

②在经历了 20 年的积累，行业生产的基础设施、工艺技术、装备、管理、生产人员技术素质等水平都有了质的提升，行业结构调整，产业升级势在必行。随着消费结构的升级，豆制品产品的内在品质升级、包装升级、渠道升级、服务升级，提升产品的附加值将是必然趋势。

③豆制品具有非常完备、丰富的产品体系，包括豆浆类等液态产品；以豆腐系列为代表的生鲜类豆制品、以各种口味的豆腐干等为代表的休闲类豆制品，以能量棒、大豆纤维饼干为代表的代餐食品，以腐竹、腐皮为代表的干燥制品，以冻豆腐、千叶豆腐等为代表的速冻豆制品，以大豆冰激凌等为代表的冷饮豆制品，以毛豆、豆芽为代表的蔬菜，以豆浆粉为代表冲调代餐食品等等。

④新零售等新的模式和新的渠道不断涌现成为豆制品市场增长的新动力。

2. 行业趋势

（1）资本的进入将会迅速催生百亿级别的企业诞生。

（2）高品质的原料、天然绿色的配料、将是未来产品创新的基础。

（3）通过中央工厂 + 专卖店（或者专柜）等新的零售形式，值得投入研究。

（4）未来几年豆制品营业额的增长速度将高于消费数量的增长速度，也就是说将要从数量的增长逐步转变到质量和数量共同增长。

（5）资本要想在豆制品行业中有所作为，通过整合各地方的品牌企业应该是捷径。

（6）数字经济的运用对大豆食品行业来讲是实现与其他竞争性行业弯道超车的有效手段之一。

（7）豆浆这个品类的产品在消费量和产品线方面未来前景可期（早晚两杯奶，一杯豆奶、一杯牛奶），但需要做好品质基础，培育消费者对品质的认同需要耐心；未来对产品宣传、附加值的提升是重点，尤其在宣传上面是否考虑与业态奶搭档。

（8）休闲豆制品需要提升产品加工过程中辅料及配料上的创新、绿色运用，进一步改进、提升产品的口味和品质。

（9）素肉（人造肉）等豆类蛋白类制品由于概念和资本的关注，将会进入一个快速的发展期，但需要在产品创新、风味提升等工艺难点上突破。

3. 目标

按照《中国居民膳食指南》《中国健康生活方式预防心血管代谢疾病指南》《农业部对大豆种植业的发展规划》，并结合我国豆制品行业生产发展情况，我们的发展目标：

（1）今后每年用于食品的大豆使用量将增加 100 万吨以上。

（2）到 2025 年末，用于餐饮业作为佐餐或烹饪原料的大豆食品的大豆使用量要达到 600 万吨；

（3）用于休闲消费的大豆食品的大豆用量要达到 350 万吨；

（4）用于豆浆（奶 / 乳）品类大豆食品的大豆用量要达到 180 万吨（按照早晚两杯奶，一杯豆奶、一杯牛奶计算，我国豆奶人均年消费要达到 30 千克，大豆用量要 500 万吨）；

（5）直接消费（包括家庭自制豆浆）的大豆为 200 万吨，比现在略有减少；

（6）用于大豆蛋白及食品工业配料的大豆用量要达到 400 万吨左右。

（7）每万吨大豆的平均产值达到 2.5 亿元（现在 1.6 亿元左右），行业的产值争取达到 3000 亿元。

【e. 机遇与挑战】

1. 消费升级带来产品附加值提升的机遇

豆制品产品的附加值在整个食品行业中处于

中下水平，消费升级的大背景下以品质提升、服务提升来促进产品价格（附加值）提升有很大的空间。

2. 新《环境保护税法》等法治环境的挑战带来企业升级的机遇

新《环境保护税法》和《环境保护税法实施条例》的施行对健在城市的生产企业的环保问题提出了大的挑战。但同时也加速了企业在硬件设备、设施的升级，也对于环保压力小的现做现卖、品牌连锁餐饮类小型单体店，却让出了很大的市场空间。

3. 厨房革命带来产品创新和物流配送的挑战，但同时也带来了产品结构调整和升级的机遇

4. 豆制品作为餐桌上的必需品，随着消费者生活习惯的改变，对传统厨房食品形式要求正在发生深刻的变化，便捷、新鲜（包括绿色、健康）、味美是未来消费者在选择食品时考虑的关键因素，对豆制品企业产品创新和物流配送提出了更高的要求。

5. 素肉（植物肉）概念的兴起，对以大豆蛋白为原料的植物肉产品带来发展机遇

6. 互联网、数字经济的兴起和发展将有效促进市场更加公平，对豆类食品等健康类产品的行业发展的带来机遇。

7. 环保、疫情、猪瘟等自然环境因素而产生的消费健康食品、提高免疫力食品的需求，对于豆制品行业来说又是一个千载难逢的机会。

【f. 大豆食品行业亟待解决问题建议】

1. 大豆根据大豆的不同用途，实行食品用大豆（soy for food）和榨油用大豆（soy for oil）分类管理。国产大豆的用途是食品，所以将食品用大豆和榨油用大豆进行分类管理，利于找准国产大豆的市场定位，有助于提升国产大豆的品质，增强市场竞争力。

2. 由于国产大豆 90% 以上的用途是食品加工，所以政府应尽快将服务国产大豆产业的重心从原来的压榨行业，该转移到对食品大豆产业链上。

3. 推行大豆等农产品产地标识制度，进行消费者教育，培养消费者对国产大豆的忠诚度。

4. 转基因标识制度的完善，进行阈值管理。

5. 平衡优惠政策，给大豆食品产业创造公平的监管和税收市场环境。如：修改绿色通道的产品目录；增值税税率的进一步公平。

6. 保持国产大豆原料的临储政策，以稳定国产大豆生产、贸易市场秩序，防止资本投机炒作。

吴月芳

2.11 焙烤食品糖制品工业

【a. 概况】

2019 年，国家统计局继续规范规模以上工业企业统计范围，剔除重复计算和剥离非工业生产经营活动等数据，行业经济运行数据与 2018 年相比虽略有下降，但同比仍然稳步增长。从发展趋势来看，行业仍然处在良性发展的轨道上。现在，焙烤食品糖制品行业正在由高速增长阶段转向高质量发展阶段，转型与创新既是企业生存发展的动力，也是行业发展的必由之路。

据国家统计局统计及行业测算，2019 年国内焙烤食品糖制品行业（含糕点 / 面包、饼干、糖果巧克力、蜜饯、方便面和冷冻饮品）规模以上企业共 2708 家，同比减少 279 家，主要产品产量合计约为 2573.36 万吨（行业测算）；营业收入为 5568.58 亿元，同比增长 3.92%；利润总额为 465.09 亿元，同比增长 1.62%；出口交货值为 195.98 亿元，同比增长 12.61%。（见表 1）

表 1　焙烤食品糖制品行业 2019 年经济运行情况

行业		焙烤糖制品	糕点面包	饼干	糖果巧克力	蜜饯	方便面	其他方便食品制造	冷冻饮品
企业数	累计	2708	895	656	385	267	129	236	140
	同期	2987	903	731	415	358	143	266	171
产量（万吨）	累计	2573.36	（400）	（660）	329.82	（194）	573.26	（170）	246.28
	同比 %				4.05		–6.65		0.54
营业收入（亿元）	累计	5568.58	1120.58	1317.33	1180.58	387.38	790.93	474.62	297.14
	同比 %	3.92	6.27	3.38	0.37	8.20	2.13	5.58	9.40
利润总额（亿元）	累计	465.09	114.61	112.92	90.20	30.29	71.21	26.28	19.58
	同比 %	1.62	–0.17	4.14	–5.54	1.12	7.82	–4.03	25.74
出口交货值（亿元）	累计	195.98	19.26	26.50	72.20	61.01	5.65	10.23	1.13
	同比 %	12.61	38.48	5.50	3.97	25.59	13.06	–5.55	–2.20

数据来源：国家统计局规模以上企业数据统计（即年主营业务收入 2000 万元及以上工业法人企业）。
括号内数字是行业测算数据。

【b. 行业特点】

1. 生产平稳增长，行业规模、实力不断增强

经过多年的积累和发展，国内焙烤食品糖制品行业产量、营业收入在逐年增长，行业规模在不断扩大。业内许多骨干企业的生产设备、检测水平和生产环境都有了较大改善，规范化管理意识逐步增强，为保证产品质量奠定了良好基础，也为市场提供更多、更好、更安全的产品创造了先决条件，为行业的持续发展奠定了较为坚实的

基础。

2. 产品质量稳定，提供安全优质的产品已成为行业的共识

近年来，在国家加强食品安全管理的政策方针指导下，在相关政府部门的监督指导下，业内的食品安全理念和意识不断增强，为消费者提供安全、优质的产品已成为行业共识。焙烤食品糖制品行业基本没有大的食品安全事故发生，日常抽检的合格率也在不断上升，并且产品质量保持稳定。

3. 品牌消费趋势明显

近年来，随着消费者文化层次、收入水平、消费观念的不断提升，为满足消费者获得高级需求的“品牌消费”愈加明显，“品牌消费”正在成为中国消费市场最明显的特征，食品领域的品牌消费趋势更加明显。

从以上行业数据及运行特点可以看出，虽然与前几年相比增速有所下降，但全行业依然处在良性发展的轨道上，显现了本行业经过多年的发展，已经奠定了较为坚实的基础，也具备了一定的抗风险能力和持续发展的潜力。

【c. 协会主要工作】

1. 标准化工作

完成 GB 29987《食品添加剂 胶基及其配料》标准修订工作。申请成为《食品安全国家标准 食品生产通用卫生规范》和《食品中丙烯酰胺污染控制规范》标准制修订的承担单位。积极参与国家食品安全风险评估中心组织的 GB 2761《食品中真菌毒素限量》、GB 2762《食品中污染物限量》、GB 28050《预包装食品营养标签通则》《食品冷链物流卫生规范（征求意见稿）》《餐饮服务通用卫生规范（征求意见稿）》《用于食品安全国家标准的食品分类系统（讨论稿）》等标准的制修订工作，并积极组织企业反馈意见。完成 GB/T 20981《面包》和 GB/T 20980《饼干》国家标准修订工作。为解决饼干产品与现行标准不协调问题，协会向有关部门提交了 GB/T 20980《饼干》国家标准第 1 号修改单，经国家市场监督管理总局、国家标准化管理委员会批准已于 2019 年 10 月 18 日发布。开展《马铃薯片》和《果蔬脆皮》行业标准修订工作。完成《绿色设计产品评价技术规范 冷冻饮品》《绿色设计产品评价技术规范 焙烤食品》《绿色设计产品评价技术规范 蜜饯》《冷冻饮品绿色工厂评价要求》《焙烤食品绿色工厂评价要求》《蜜饯绿色工厂评价要求》等 6 项行业标准的申报工作。推进《可可粉中可可壳含量的测定方法》行业标准的制定工作。参加《阿胶食品通用技术规范》《怀姜糖膏》行业标准研讨会。跟进行业标准由商业转轻工的复审工作。发布中焙糖协 2019 年第二批团体标准《饼干》和《面包》立项公示。积极关注市场监管总局发布的《食品安全抽样检验管理办法》《食品生产许可管理办法》《冷藏冷冻食品销售质量安全监督管理办法》《食品标识监督管理办法》公开征求意见信息及情况，向会员单位发文征集意见并反馈至市场监管总局有关部门。完成国家风险评估中心交办的《关于开展食品添加剂脱氢乙酸钠使用情况调查》《关于开展食品接触材料有关情况调查》等工作；参加风险评估中心组织的有关丙烯酰胺的风险评估工作。参与《糕点生产许可证审查细则》《冷冻饮品生产许可证审查细则》的修订工作。参加司法部《食品安全法实施条例》研讨会，征集行业对《食品安全法》的修改建议，并反馈至市场监管总局法规司。

2. 行业展会

5 月 6 日至 9 日，第二十二届中国国际焙烤展览会在上海新国际博览中心举办，展览总面积 22 万平方米，吸引了来自全球 30 个国家和地区的 2276 家展商参展，展会共吸引了来自 121 个国家和地区的专业观众近 29 万人次现场观展。同期举办的活动有：第二十届全国焙烤职业技能竞赛，其中包括全国面包技术比赛，全国装饰蛋糕技术比赛，全国月饼技术比赛；“王森杯”第九届全国职业技术院校在校生创意西点技术大赛；第五届 MBA 咖啡拉花艺术大赛；第五届路易乐斯福烘焙世界杯中国区选拔赛，第四届亚洲西点师竞技大赛“黛妃杯”中国区选拔赛等。

10 月 30 日至 11 月 1 日，2019 中国焙烤秋季展览会、2019 中国家庭烘焙用品展览会在上海浦东新国际博览中心举办。展览面积 4.6 万平方米，参展商 565 家，吸引了来自全球 48 个国家和地区的 7 万人次观众观展。同期举办的活动有：2019 年全国馅料专业委员会年会、2019 年全国月饼行业总结会暨全国糕点专业委员会年会、2019 年全国食品专用油脂行业发展高峰论坛暨行业年会、金城杯第五届全国婚礼蛋糕创意大赛、松下电器杯 2019 中国家庭烘焙料理大赛、第三届安琪酵母杯全国青年烘焙师创意面包大赛暨第 49 届 UIBC 青年烘焙师大赛中国区选拔赛、南顺杯德国 IBA 国际烘焙师大赛中国区选拔赛等。

10 月 14 日至 16 日，第二十二届中国冰激凌及冷冻食品产业博览会在天津梅江会展中心举办。展览总面积 4 万平方米，参展商 500 余家，参观人数超过 3 万人。同期举办的活动有：2019 年中国冷冻饮品发展高峰论坛暨行业年会、2019 年全国冷冻饮品行业优秀品牌企业及特色产品展示活动、第六届意大利手工冰激凌大师邀请赛、2019 年中国冷冻饮品产业创新及发展论文征集活动、2019 年国际流行新产品展、2018 至 2019 年度全国冷冻饮品行业优秀创新产品评价等系列活动。

3. 职业技能竞赛

5 月 6 日至 7 日，由中国轻工业联合会、中国焙烤食品糖制品工业协会、中国就业培训技术指导中心、中国财贸轻纺烟草工会联合举办的第二十届全国焙烤职业技能竞赛活动在 2019 中国国际焙烤展览会期间举行了全国总决赛。竞赛共设“维益杯”全国装饰蛋糕技术比赛、“顺南馅料杯”全国月饼技术比赛、“安琪酵母杯”全国面包技术比赛三个项目。全国共设十四个分赛区，有 1500 多人参加了预选赛，经过预赛的选拔，全国共有 82 名选手获得了决赛资格，最终 47 名选手在现场受到了表彰，其中 9 名选手获得由人力资源和社会保障部颁发的“全国技术能手”称号。

由中国焙烤食品糖制品工业协会主办、王森教育集团冠名赞助的“王森杯”第九届全国职业技术院校在校生西点创意大赛决赛于 2019 年 5 月 7 日至 8 日在第二十二届中国国际焙烤展览会现场举行。本届大赛共收到来自全国百余所食品类职业院校的共 323 件参赛作品。在经历了三个月的前期初选和训练后，有 85 所院校的 139 名选手从近万名在校生中脱颖而出，进入决赛。最终有 109 名选手荣获大赛金、银、铜奖。

第五届路易·乐斯福杯中国赛区全国总决赛于 2019 年 5 月 6 日在中国焙烤食品糖制品工业协会主办的第 22 届中国国际焙烤展览会上拉开帷幕。本次大赛由中国焙烤食品糖制品工业协会和法国乐斯福集团联合主办。烘焙世界杯大赛始于 1992 年，每四年在法国举办一次，由路易·乐斯福杯（CLL）、烘焙世界杯（CMB）、烘焙大师赛（MASTERS）组成，今年已经是第五届。它已经成为一个设定了行业基准的世界性烘焙比赛，是烘焙行业里不可或缺的一场世界级活动，被大家称为烘焙界的“奥林匹克”。历经华北、华南、西南、华东 4 个区域，近百名优秀选手激烈角逐，最终 24 名选手获得晋级全国赛总决赛资格。2019 年 5 月 6 日至 9 日历经为期 3 天的激烈比赛，中国赛区总决赛完美收官，3 名选手脱颖而出，他们将与来自亚洲其他国家的选手，在 2019 年 11 月份第二届中国国际进口博览会上举办的亚洲杯决赛上角逐进入世界杯的比赛资格。

由中国焙烤食品糖制品工业协会和乐斯福集团共同主办的路易·乐斯福杯全球烘焙大赛亚太区选拔赛于 2019 年 11 月 6 日在第二届中国国际进口博览会的现场举办。经过为期 4 天的激烈角逐，最终中国队携手中国台北队、日本队、韩国队，共同获得2020年1月法国巴黎烘焙世界杯的入场券。

中国焙烤食品糖制品工业协会与王森国际咖啡西点西餐学院共同举办了2019年第五届MBA咖啡拉花艺术大赛，大赛咖啡业界高手云集，主办方邀请了全球知名的重量级评委。此项比赛为传统焙烤行业带来耳目一新的跨界体验，吸引了焙烤和咖啡行业的关注。

中国焙烤食品糖制品工业协会主办、上海亿成食品有限公司赞助支持、王森咖啡西点西餐学院协办的第四届亚洲西点师竞技大赛“黛妃杯”中国区选拔赛于2019年5月6日至8日在中国国际焙烤展览会期间成功举办。

由中国焙烤食品糖制品工业协会与中国冰激凌及冷冻食品产业博览会组委会联合主办，青岛益达制冷设备有限公司和吉拉朵食品（青岛）有限公司冠名赞助协办的2019第六届意大利手工冰激凌大师邀请赛于2019年10月14日至15日在天津冰展现场举行。来自全国各地的29位选手经过两天激烈紧张的比赛，最终决出金奖1名、银奖2名、铜奖3名和5个单项奖。

10月30日至31日，由中国焙烤食品糖制品工业协会、王森教育集团联合主办，香港南顺面粉冠名赞助的“南顺杯”IBA世界面包师大赛中国队选拔赛在上海新国际博览中心鸣锣开赛。德国IBA世界面包师大赛，作为世界三大面包比赛之一，聚集了国内外顶尖技艺的烘焙师。2018德国IBA世界面包师大赛上，中国面包师朋福东、周斌一举夺得冠军。这是自1949年IBA创展以来，中国代表队第一次在德国斩获世界冠军，具有历史性的意义。本次IBA世界面包师大赛中国队选拔赛共分为华东、华南、华北、西南四个赛区。在四场分赛区比赛结束之后，将于2020年10月在中国秋季焙烤展期间举办“南顺杯”IBA世界面包师大赛中国队选拔赛总决赛。

10月30日，中国焙烤食品糖制品工业协会、中焙糖协面包师分会联合主办了第三届“安琪酵母杯”全国青年烘焙师创意面包大赛，竞赛规则参照世界技能大赛烘焙项目和UIBC国际青年烘焙师大赛制订。经过两天的激烈角逐，最终共评出1金、2银、3铜和6个单项奖。比赛为焙烤食品行业输送了创新意识的同时，也为各高校食品专业人才的技能提升提供了一条专业化的渠道，并为焙烤食品行业储备了一批优秀人才。

11月20日至22日，由中国焙烤食品糖制品工业协会、日本洋菓子协会联合会、韩国大韩制菓协会共同主办的“2019第四届亚洲西点师竞技大赛”总决赛在首尔国际焙烤展上隆重开赛，来自中国、日本、韩国、越南、马来西亚、中国台北等六个国家和地区的选手参赛。最终，中国选手王胜与助手吕浩然以绝对优势成功夺冠，并同时斩获最佳巧克力雕塑和最佳糖艺作品两个单项冠军。

4. 国际交流

2月19日至25日，应日本面包糕点加工机械工业协会、日本三幸株式会社的邀请，由中国焙烤食品糖制品工业协会组织的“中国焙烤食品行业考察团”对日本焙烤食品糖制品行业进行了为时7天的考察，并参观了日本东京举办的“MOBAC SHOW 2019（第26届国际面包糕点相关产品展览会）”。

在中国国际焙烤展期间，协会领导及相关负责人与来访的德国、韩国、法国等国行业组织和相关政府机构负责人进行了座谈。

应中国台北市糕饼商业同业公会邀请，中国焙烤食品糖制品工业协会组织了焙烤食品技术与市场考察团，于2019年3月13日至19日赴台参观了2019中国台北国际烘焙暨设备展览会。张九魁副理事长兼秘书长受邀参加了展会开幕式并上台剪彩，与台湾糕饼公会的高垂琮理事长等人进行了座谈，就两岸行业间的交流与合作进行了深入探讨，共同推进两岸焙烤行业繁荣发展。考察团利用一周的时间考察了台北、台中、嘉义等地的焙烤行业情况。

4月7日至14日，受比利时鲁汶大学、比利时焙乐道集团和法国乐斯福集团的邀请，中国焙烤食品糖制品工业协会技术法规委员会相关负责人与中国食品发酵工业研究院有关专家技术人员组成技术考察团赴比利时和法国调研考察有关酸面团生产现状和相关欧盟标准。其间期间，考察团拜访了比利时自由大学 Luc De Vuyst 教授团队和鲁汶大学 Jan Delcour 教授及团队，了解其团队研究酸面团科研的最新现状。参观了焙乐道集团总部基础研发实验室、工业实验室、焙烤中心；考察了位于昂代讷和圣维特的两个酸面团工厂以及圣维特的酸面团博物馆以及酸面团面包体检中心。参观了乐斯福酵母工厂以及酸面团实验室，并与欧洲酵母生产者联合会交流探讨了欧盟面包相关标准。

11月19日至28日，应韩国和日本有关行业协会的邀请，由中焙糖协组织的“中国焙烤食品技术与市场考察团”对韩国和日本焙烤食品市场进行了为期10天的考察，并参加了相关行业活动。考察团由中焙糖协执行理事长朱念琳任团长，副理事长兼秘书长张帅任副团长，团员由焙烤行业的骨干企业共26人组成。朱念琳理事长、张帅秘书长应邀出席“2019首尔国际焙烤展”开幕式并剪彩。考察团全体成员应邀出席了展会招待晚宴，朱理事长与韩国大韩制菓协会会长洪宗欣先生互赠礼物，为中韩焙烤食品行业间的深入交流和繁荣发展许下美好愿望。考察团与韩国金德奎等五位知名烘焙大师共同探讨工厂门店管理以及烘焙产品的研发与创新之道。朱理事长代表协会分别向五位大师颁发了“加强合作，共同发展”的牌匾，并邀请他们来中国进行深入交流与合作。

11月20日至22日，由中焙糖协与日本洋菓子协会联合会、韩国大韩制菓协会共同主办的“2019第四届亚洲西点师竞技大赛”总决赛在首尔国际焙烤展上隆重开赛，来自中国、日本、韩国、越南、马来西亚、中国台北等六个国家和地区的选手参赛。最终，中国选手王胜与助手吕浩然以绝对优势成功夺冠，并同时斩获最佳巧克力雕塑和最佳糖艺作品两个单项冠军。11月26日，考察团部分团员在东京与日本洋菓子协会联合会副会长石黑先生进行座谈并共进晚餐。两国协会共同希望加深合作，更深层次的推动两国焙烤食品行业的发展。11月27日，考察团参观了“第三届日本出口食品展”。为期十天的韩国日本考察活动节奏紧凑，圆满完成了预定的各项考察任务，既让团员们开阔了国际视野，收获了经营新知，也增进了参团企业之间的相互了解，考察活动取得圆满成功。

12月4日至13日，由中国焙烤食品糖制品工业协会组织的“中国冰激凌/焙烤食品行业考察团”对以色列和埃及的冷冻饮品和焙烤行业进行了为期10天的考察，

12月10日，参观了在埃及开罗市举办的2019年埃及国际食品及食品加工包装展等相关活动。考察团由冷冻饮品、焙烤食品及相关行业骨干企业的主要负责人共28人组成。考察期间，考察团对埃及和以色列的冰激凌、焙烤产品市场进行了详细的调研和考察。通过本次考察活动，大家对这两个国家的冰激凌、焙烤食品业发展现状，以及和国内行业的不同点有了较为深入的了解，也开阔了视野和思路。

3月25日，部分省市焙烤糖制品行业协会（商会）联席会议在杭州新侨酒店召开。协会有关领导和来自全国各个省市行业协会的会长、秘书长等30多人出席了会议。

3月26日2019年中焙糖协理事长工作会议在杭州新侨酒店召开。

5月5日，中焙糖协第六届会员代表大会于在上海东郊宾馆会议中心召开。中焙糖协理事长、副理事长、常务理事、理事、会员代表400多人参加了会议。

会上，张崇和会长发表了重要讲话。朱念琳

理事长代表协会第五届理事会做了工作报告。经大会审议，表决通过了第五届理事会工作报告、财务报告，以及《中国焙烤食品糖制品工业协会章程》（以下简称《章程》）修改草案。

按照中焙糖协《章程》，本次会员代表大会上以无记名投票方式选举产生了协会新一届理事会及监事会。

5月5日，中焙糖协六届一次理事会在上海东郊宾馆会议中心召开。中焙糖协理事长、副理事长、常务理事、理事代表300多人参加了会议。

按照中焙糖协《章程》选举产生了协会新一届常务理事会及领导班子，张九魁当选为第六届理事会理事长，朱念琳当选为执行理事长，张帅当选为副理事长兼秘书长，杨木梅当选为副理事长，蔡金钗等21位企业代表当选为第六届理事会副理事长。

会上，张九魁理事长宣读了协会副秘书长聘用决定。缪祝群、康恒平、陈岩、张斌四位同志被任命为协会副秘书长。

会上，对中国改革开放四十周年焙烤食品糖制品产业先进企业和个人进行了表彰。授予高波、张守文、史见孟、俞学锋4人“中国改革开放四十周年焙烤食品糖制品产业终身荣誉奖”；授予罗红等44人“中国改革开放四十周年焙烤食品糖制品产业先锋人物”荣誉称号；授予李立令等89人“中国改革开放四十周年焙烤食品糖制品产业杰出人物”荣誉称号。福建省盼盼食品集团有限公司等46家企业被评为“中国改革开放四十周年焙烤食品糖制品产业领军企业”；北京味多美食品有限责任公司等92家企业被评为“中国改革开放四十周年焙烤食品糖制品产业杰出企业”；福建复茂食品有限公司等159家企业被评为“中国改革开放四十周年焙烤食品糖制品产业优秀企业”。

2019年，协会各专业委员会针对本行业的发展状况和特点，开展了一系列相关活动和服务工作，取得了明显成效，增强了行业凝聚力。各专业委员会在维护企业合法权益、食品标准制修订、培育名牌、为企业排忧解难等方面做了大量细致、有效的服务，为引导和推动行业健康可持续发展充分发挥了专业委员会应有的作用。

3月20日，2019年第20届全国焙烤职业技能竞赛启动会在海口市召开；2019年全国焙烤职业技能竞赛裁判员培训班于3月21日在海口市君华海逸酒店成功开办。

4月2日，2019年中焙糖协专家顾问委员会工作会议在厦门召开；4月11日，2019年中国糕点行业高峰论坛在安徽省合肥市召开；4月17日，2019年冷冻饮品专业委员会理事扩大会议在湖北仙桃市仙苑大酒店召开。

6月11日，2019年巧克力/可可行业年会暨行业高峰论坛年在北京京都信苑饭店召开。

6月20日，2019年中焙糖协糕点专业委员会理事长工作会议在南昌召开。

9月18日，2019年中焙糖协果冻行业年会暨高峰论坛在江苏溧阳召开。

10月18日，2019年中焙糖协焙烤原料与设备经销商委员会年会暨五届一次理事会在南昌召开。

10月13日，2019年中国冷冻饮品发展高峰论坛暨行业年会在天津召开。

10月28日，2019年中焙糖协馅料专业委员会、理事会暨行业年会在上海召开。

10月29日，2019年中焙糖协糕点专业委员会理事会暨月饼行业总结会在上海召开。

10月30日，2019年中焙糖协食品专用油脂行业发展高峰论坛暨行业年会在上海召开。

11月12日，2019年中焙糖协蜜饯行业年会暨高峰论坛在北京怀柔召开。

12月2日2019年中焙糖协饼店委员会理事扩大会议暨行业年会日在山东青岛召开。

12月18日，2019中焙糖协技术法规委员会年会在北京召开。

【d. 行业问题】

产品同质化现象仍存在，差异化经营是行业面临的机遇与挑战。焙烤食品糖制品行业门槛相对较低，企业固定资产投资相对较小，技术难度不高，市场消费受经济大环境影响不大。因此，导致小企业数量众多，众多中小企业甚至一些大企业创新乏力，奉行简单的拿来主义，仿冒跟风现象比较普遍，致使产品同质化现象比较严重。这必然导致市场的恶性竞争，面对市场竞争不断升级，企业机遇与挑战并存。目前我国焙烤食品糖制品企业尚处于发展阶段，与国外产品相比，在新品研发、口味多样化、包装个性化等方面都存在较大差距。因此，随着行业竞争升级，市场对焙烤食品糖制食品提出了更高的要求，只有不断创新和走差异化道路才是行业健康发展的方向。近年，一些企业逐步认识到差异化经营的重要性，不断有企业加大投入，注重创新与研发，走差异化经营之路，这些举措给行业与市场带来活力的同时，企业效益也得到同步增长。

企业经营成本持续增加，中小企业经营状况艰难。2019 年，企业的原料成本、用工成本、运输成本，以及经营成本呈持续上涨趋势，由于市场竞争激烈以及品牌劣势等因素，又很难提高产品价格，使得绝大部分中小型企业利润明显下降，经营状况比较艰难，发展壮大更是困难重重。

众多中小企业实力不足，品牌消费和品牌培育的矛盾凸显。目前在我国焙烤食品糖制品行业，中小型企业所占行业企业总数 90% 左右。行业里为数众多的小型企业，规模不经济，资源利用不合理，技术和管理水平不高，产品质量得不到可靠保证，人才相对缺乏，农产品价格及原辅料、交通、能源价格上涨，生产成本持续增加，小型食品企业获利艰难。另外，小企业信用等级低，信贷困难，普遍存在资金不足问题，严重制约企业技术创新的步伐。

随着品牌消费的理念越来越深入人心，大型跨国企业对中国市场的关注度和投入力度越来越大，市场占有率也日渐增加，而对于近年来崛起的大批民营企业来说，品牌培育的难度和艰辛可想而知，品牌消费和品牌培育的矛盾是整个行业进步和发展的“瓶颈”之一。

近年来，随着我国人口结构变化及人力成本快速上升的影响，行业人工智能和自动化代替人工的经济性和安全性需求凸显。目前看，行业骨干企业在自动化升级改造方面投入逐年增长，但由于产品品类较多，单品产量较小，自动化人工智能升级难度较大。

转型升级是行业的共识，但真正实现突破任重道远。对于焙烤食品糖制品行业来讲，产品技术含量相对较低，真正创新难度较大，跨行业转型的难度和风险较大，近年来，屡屡出现跨行业投资转型失败的先例，尽管如此，我们始终在探索转型升级之路。其实，企业发展过程本身就是一个持续转型升级的过程，转型升级也绝没有一个标准化的路径，它是基于企业现状，借鉴其他企业的成功经验，不断探索出来的个性化的唯一。

张九魁

2.12 方便食品制造业

【a. 概况】

2019 年，方便食品行业通过开展诚信体系建设、质量安全保障能力提升、创新品种研发生产等方面的工作，推进产业结构调整和转型升级，对保障行业高质量发展发挥了积极作用。

同时，行业积极对接消费者营养健康需求，将食品科技创新与产业变革有效融合，以提质增效为中心，优化并加速调整产业结构，促进全产业的转型升级与价值提升，成为我国食品经济发展中极具活力的一部分。

2019 年，全国方便食品制造行业规模以上企业累计完成营业收入 2901.2 亿元，同比增长 4.2%。主要经济运行情况如表 1 所示，其中，米面制品行业 862.2 亿元，同比增长 5.1%；速冻食品行业 773.5 亿元，同比增长 4.6%；方便面行业 790.9 亿元，同比增长 2.1%；其他方便食品行业 474.6 亿元，同比增长 5.6%。

表 1　2019 年全国方便食品制造业经济运行情况

产品名称	规模企业数量 / 家	主营业务收入 / 亿元	利润 / 亿元	企业资产总计 / 亿元
米面制品	576	862.2	44.5	477.6
速冻食品	494	773.5	44.3	663.8
方便面	129	790.9	71.2	572.2
其他方便食品	236	474.6	26.3	283.7

资料来源：国家统计局

【b. 行业发展分析】

1. 价格

2019 年，方便食品制造业负债同比增长 3.7%，比食品制造业低 6.8%；利息费用同比下降 9.2%，比行业整体增长 2.6%，方便食品制造业在成本控制、资金管理等方面处于行业领先，为稳定市场价格、控制通货膨胀做出一定贡献。

2. 市场

方便食品的市场多元化得到进一步扩展，规模化已经形成。具体表现在，方便面行业持续在高端市场发力，产品创新力度增加，大企业开始在自热方便食品领域加大投入；速冻食品中的“关东煮”、烧烤等产品搭上外卖行业的“快车”；“佛跳墙”“鲍鱼海参汁捞饭”“ 海鲜拌饭”等各大酒店特色美食产业化。在行业初步探索的基础上，2019 年，方便食品的“跨界”合作登上新台阶，带来巨大的市场潜力和发展生机。

受非洲猪瘟事件影响，人们的日常生活及食品加工产业都受到较大影响。特别是方便食品行业中的速冻食品首当其冲，中国食品科学技术学会适时组织召开非洲猪瘟问题研讨会，研判事件对行业发展的影响，并讨论科学的解决方案，通过向相关政府部门报文及在专业媒体上发声，引领舆情正能量。行业企业也在经过短暂的波动后，通过优化产业结构，逐步摆脱猪瘟带来的影响。

根据方便食品行业中几家上市公司财报显示，2019 年，方便食品企业呈现较大幅度的增长，市场表现良好。

3. 投资

2019 年，全国规模以上方便食品制造企业资产总计 1997.3 亿元，同比增长 2.9%。其中，流动资产总计 1003.9 亿元，同比增长 7.6%。

自热型方便食品更是持续保有较高的热度，除了加热即食菜品和主食外，方便面的高端化延伸、自热火锅等，随着新产品、新品牌借助直播电商、短视频等线上渠道迅速起量，爆品不断，未来市场格局开阔，吸引境内外资本的强势注资。同时，对于很多品类已经崭露头角的初创品牌，也得到餐饮和食品巨头的积极布局。

对方便食品行业来说，消费人群和购买力的增长是基本驱动力。从需求端看，除了“方便”这一主需求，健康、一人食、地域特色、颜值、“网红”、小份零食化等消费趋势正在叠加，产品升级创新的机会多、驱动力强。从供给端看，食材、加工工艺、包装以及冷链等相关供应链成熟。龙头企业在线上渠道仍较为薄弱，在成熟单品的高端线以及诸多细分新品类仍留有许多空白，有利于投资团队切入。

4. 行业集中度

方便食品行业经过 40 余年的发展，到 2019 年，行业内已基本形成以健康和价值为目标的坚定格局。

方便面市场竞争格局稳定，方便面市场中，排在前 5 位的康师傅、统一、今麦郎、白象、日清的企业市场份额占到整个市场的 80%，行业集中度相对较高。但同时，我国较大的消费市场也吸引了越来越多的国际品牌和资本通过电商进入中国方便面市场，这其中有来自韩国和日本等亚洲国家的品牌，也有本土原创品牌，即通过代工生产（OEM）的方式，以创新口味和产品形式角逐市场的新生代企业。由于新兴消费者依赖网购渠道和受意见领袖的影响，使得新品牌销售火爆。虽然未来国内品牌在电商渠道将面临更多国际竞争者，但本土方便面在营销、线下渠道、口味研发上更具优势，且在产品研发技术方面与国外企业无巨大差距，国内方便面龙头依靠品牌影响力和规模效应仍能继续扩大份额。

速冻食品整体行业集中度较高，三全、思念、安井、湾仔码头仍处于行业领先位置。而新兴品类的出现则带动规模较小的企业在市场上持续活跃。如借助陕西“肉夹馍”在全国的消费基础，西贝、西少爷、小馍样、绿秦等“肉夹馍”品牌实现了快速发展；而以黏豆包为主打产品的“在旗”则从区域性品牌快速成长为全国知名品牌；此外，船歌、涵岛等品牌的“鱼水饺”也都在近两年实现了突破性增长。速冻食品企业通过挖掘地域特色美食，有助于快速实现细分品类中的品牌占位。

挂面行业的成长近年来平缓而稳健。2019 年，我国挂面行业的总产量为 839.20 万吨，同比增长 3.3%。大企业市场占比逐年提升，中小企业依靠特色挂面顽强生存，日益寻求品牌差异化定位和价值提升。据中国食品科学技术学会面制品分会统计，24 家主要挂面企业的产量占我国挂面总产量的比例同比增长了 5.36%，行业集中度仍在平缓提升中，仍属充分竞争行业，行业整体向优质企业聚集的趋势更加鲜明，行业集中度提升，品牌企业对市场的占有率增加，挂面行业的竞争逐渐在高端发力。

5. 进出口

随着我国食品制造业现代化生产步伐的加快，生产技术和产品结构得到进一步优化，食品行业整体国际竞争力显著提升。随着跨境电商平台的不断发展，中国与“一带一路”沿线国家的商品流通日趋便利，部分国家对食品进口需求量较大，也为中国食品工业发展提供了巨大的国际市场。就方便食品而言，借此“东风”，2019 年我国方便食品制造业累计完成出口交货值 85.1 亿元，同比增长 27.1%。随着“一带一路”合作的不断推进，方便食品也将实现更大规模的世界互通。

【c. 重点行业】

1. 米面制品

米面制品工业化生产主要以挂面、粉丝等为主。近年来，我国挂面行业在大力推广“营养健康”的同时，勇敢“跨界”，具体表现为：半干面市场快速增长，预包装鲜面在餐饮领域逐渐爆发，“宝宝类”挂面在市场中的表现依然较为稳定，而借鉴方便面发展的经验，“挂面 + 天然调味料”的“混搭”正逐步拓展市场。随着冻干类的速食粥、自热类方便米饭的兴起，米制品加工在方便食品领域逐渐崭露头角，未来还将有更大的发展空间。

2. 速冻食品

速冻食品行业以“天然、新鲜、营养、标准化”的优势，找到了业务用市场的突破口，再结合锁鲜保味等技术，整体效益和水平得到提升。此外，速冻食品依托外卖的快速发展，其份额得到进一步提升，尤其是在“关东煮”、烧烤、“麻辣烫”等餐饮形态中广泛使用。

3. 方便面及其他方便食品

方便面是传统食品工业化进程中最典型的代表，也是面制品在食品工业领域自动化水平最高的代表。近年来，为迎合消费者需求，在产品结构上提供多元化的产品，在口味、食用方法、包装上进行创新，尝试降油、降盐等方式向健康转型，并逐步提高企业盈利能力。2019 年 12 月 10 日，国家市场监督管理总局发文明确，对“辣条”类食品统一按照“方便食品（调味面制品）”生产许可类别进行管理；鼓励企业改进生产工艺，改善产品配方，降低盐、脂肪、糖含量，不得超范围、超限量使用食品添加剂。该类产品的市场将面临新一轮的调整。

4. 绿色制造、智能制造

随着环保督察持续加码以及专项资金设备补贴等利好政策落地，传统制造业绿色化改造升级步伐正在加快。与此同时，智能制造在提升绿色制造水平中发挥的作用日渐凸显。我国方便食品制造业紧跟整体发展趋势，如我国挂面装备的自主研发和生产已达国际先进水平，成功地破解了从小麦入库到产品出厂的全自动过程，并不断在节能降耗及智能化上实现突破，是食品行业以企业为主体自主创新的经典案例。未来还将进一步推行数字化、智能化、绿色化的现代工厂设计，通过对客户需求、产品研发、制造、在线数据采集、包装、物流、服务等全生命周期进行数字化管理，实现信息可采集、可追溯，确保食品安全。通过绿色制造进一步降低生产成本，提高生产效率，缩短研发周期，并提高能源利用率。

5. 包装与装备

互联网、机器视觉、云计算、大数据、物联网等新型信息技术的不断突破，也为食品工业的智能化打下了基础。与挂面行业已率先形成突破、具备高效智能的加工设备相比，速冻食品的冷冻技术目前发展较为缓慢。机械制冷是市场上较为常见的冷冻和冷却方式，相对来说冷冻速度较慢，而更高效、节能的冷冻技术，如液氮冷冻、冰点冻结、分段冻结等仍需在行业内有更广泛的应用。

在包装机械方面，针对速冻食品推出了真空包装技术及装备，解决了低温下包装脆碎和食品氧化问题，为行业内结合包装机械和产品研发的创新提供了思路。

随着食品工业及消费市场不断升级，食品包装正朝着保鲜、高阻隔、活性包装、绿色包装等方向发展。同时，在大数据及人工智能背景下，能够实现监测食品温度、源头追溯、流通过程定位、防伪辨识等功能的智能包装将迎来发展机遇。方便食品的包装机械行业在自主创新、高端产品生产能力等方面还需不断发展进步。

6. 发展新亮点与新增长点

面对外卖、生鲜电商等行业的冲击和挑战，在推进“健康中国”的关键时期，方便食品通过产业的转型与升级，迸发出新的发展亮点。在

2019年的创新中，企业致力于如何方便地还原家中或面馆煮出来的面条，最大限度地保留中国传统煮面条的软弹与营养，还原面馆现做味道，打造出低糖、低脂肪、高膳食纤维、营养丰富的创新产品，让消费者足不出户，方便地享受一碗面馆级好面，在持续打造营养健康生活理念的同时，更能适应如今互联网经济下足不出户也可尽类费味的消费方式。

【d.“三品”战略实施情况】

1. 增品种

2019年，行业科技创新活跃，从“就是这个味”到如今的“你需要什么味，就有什么味”。通过结合不同地域的饮食文化，对天然资源进行深度开发，使产品回归食材本味。如风味酸甜、口感细腻的“桂花糕”，四川风味的“酸菜鸡蛋炒饭”，味道正宗的“麻酱凉皮”“甜水面”等，体现出更加实惠、贴近厨房味道、地方风味特色凸显等特征。

另外，科技创新的不断探索使方便食品更贴近消费需求，产品供给方案更加完美和多样化。无论是方便面中的“面馆”系列，还是速冻食品中的“彩蔬蒸饺”“鱼籽福袋”等，在企业的不断创新和咸味香精调味料搭配、机械装备集成创新的配套支持下，工业化的产品实现了从外形到口味的返璞归真。而备受消费者关注的素食和杂粮成为方便食品行业创新的重要元素。以杂粮为主要原料的挂面、配以红枣的冻干方便面、粗粮细做的杂粮包、豆制品火锅料、低血糖生成指数（GI）的速食粥等，让消费者在营养健康的需求下，有了更多的选择。

2. 提品质

方便食品的健康化、营养化一直是近几年行业的主题和产业升级转型的方向。随着国务院《关于实施健康中国行动的意见》的出台，行业内也更明确了“锁味、减盐、降油”的目标。如运用低温真空滚揉锁鲜技术，让大肉块中的油脂、氨基酸保持长时间稳定，还原优质食材的色、香、味及营养成分，并锁住肉块、蔬菜、高汤等鲜美风味的独特工艺；运用高温蒸煮杀菌、乳酸保鲜防腐技术制作出可常温保存的、脂肪含量低的面条等，这些均是企业提升产品品质的新尝试。

3. 创品牌

行业龙头企业在不断苦练内功的同时，也加强了企业文化和品牌内涵建设。从品牌故事到社会责任，努力实现着优秀品牌价值。2019年，多家行业龙头企业参与了国家品牌战略行动，并参与了由国家发展和改革委员会等多部委主办，国家发展和改革委员会承办的“中国食品品牌发展论坛”，成为打造国有知名品牌的主力军。

【e. 行业面临的问题】

1. 政策与市场

（1）消费模式冲击较大，亟须转型升级

随着外卖行业的发展，方便食品的市场受到一定程度的冲击：此外，我国的生鲜电商平台发展势头迅猛，生鲜配送服务越来越好，使得人们开始愿意在家做饭而替代吃方便食品 -- 以上两大市场对方便食品的销量产生一些消极影响。

在此形势下，由于行业内主要以辐射范围较小、服务本地消费者的中小企业居多，其应对不同消费趋势、调整经营模式、研发有市场针对性新产品的能力较弱。所以，如何在“互联网经济”热度持续攀升下，利用好这一推广渠道，结合企业特色，探索新的突破点与增长点，是行业面临的问题。

（2）全产业链标准化工作需要协同推进

中共中央、国务院发布《关于深化改革加强食品安全工作的意见》指出，食品安全关系人民群众身体健康和生命安全，但是，我国食品安全工作仍面临不少困难和挑战，形势依然复杂严峻。尤其是非洲猪瘟事件对速冻食品行业的全产业链标准化提出了巨大挑战。此外，对于米面制品而言，在新型农药的引入导致小麦粉农药残留无法检出，而下游企业又未能采取措施进行有效防范时，餐桌上的安全问题也会暴露。如何通过制定标准有效杜绝全产业链的食品安全隐患，依然需要多方力量协同推进。

而市场火爆的自热食品，已被我国民航系统全面禁止携带登机。目前，国内暂无自热方便火锅类产品和发热包等相关国家标准及行业标准，亟须填补空白以保障消费者的安全。

面对日新月异、创新活跃的方便食品市场，标准化工作依然任重道远。

（3）原料规模化生产和关键配料国产化亟待加强

源自我国的地理环境和气候因素，食品原料的地域性差异较为显著，各类作物的种植和牲畜的养殖在全国范围内分布不均。方便食品的原料如肉类、面粉、蔬菜等，目前其加工企业中数量最庞大的依然是集中在主产区有采购优势的中小型企业，而该类企业大多处于产能低效、微利维持的情况。大型企业继续扩张生产规模的同时，行业产能过剩的问题也愈发突出，企业间同质化竞争现象加重，原料规模化生产的推进仍在持续。

部分方便食品的关键配料依赖进口。改善食品色泽、风味特征、起泡性和凝胶性等感官特性是食品制造业发展的基础，食品配料技术是解决上述问题的核心手段。我国食品配料加工中的靶向提制、精准改性、均匀包埋和定向控释等技术存在盲点，导致蛋白质、脂肪、纤维素等专一性食品工业基料、发酵剂等某些核心配料依赖进口，高附加值食品的生产成本和品质创新受到制约。

（4）科技投入强度和支持力度依然不够

我国各地区饮食习惯存在差异，加之门类众多，企业数量多、规模小、布局分散，使得方便食品市场呈现出较为显著的自然分割。在龙头企业不断实现产业升级转型、扩大市场影响力的同时，作为方便食品行业主体的中小型企业主要在从事食品生产活动，缺乏研发实力和经费投入。对这类企业而言，生产设备水平较落后，物耗、能耗偏高，大多处于技术人员自发创造型和投资驱动型相结合的模式，产品品类较为单一，且品质参差不齐。

（5）“网红”产品同样需要注重产品品质

伴随着以社交电商、社区拼团、生鲜电商、前置仓、超市到家等为代表的新销售渠道的丰富，全国日渐成熟的冷链物流网，普及的移动互联网，80、90后消费习惯的迭代，方便食品的品牌创新和新品渗透迎来了新的突破。《2019年淘宝吃货大数据报告》显示，“自热小火锅”一年卖出1800万单，“火鸡面”一年卖出1300万份，“广西螺蛳粉”一年卖出2840万件，“东北烤冷面”一年卖出2068万件。急速发展的诸多“网红”食品，大多以“贴牌生产”的加工方式赚快钱，对产业链安全建设呈空心化、断条状，这种“快”与“空”并存的矛盾，使其成为食品安全与食品欺诈的“高发地带”。作为食品企业的头等大事，任何食品安全问题的轻视都有可能对品牌带来巨大冲击。

2. 科技创新

新中国成立70年来，作为全球最大的食品消费市场，中国社会经历了从贫饥、温饱、小康到安全健康四个阶段的极速变迁。它凝缩和跨越了发达国家食品工业的百年发展史，为中国食品科技的发展和科技工作者的技术水平提供了巨大的成长空间。如今，我国以全球最大的食品学科群支撑着强大的中国食品工业持续发展，而方便食品的科技创新同样是行业的核心动力，推动着行业发展。

（1）节能降耗绿色制造技术缺乏，资源利用率不高

我国方便食品行业70%的中小企业存在生产技术落后、能耗高、排污量大等问题。据统计，部分低水分方便食品吨产品耗电是发达国家的2～3倍，速冻食品能耗是国际水平的3倍。并且，

我国在方便食品制造过程中会产生大量富含纤维素、蛋白质、脂质等的生熟废弃物，资源利用率普遍偏低，资源浪费严重。如油脂副产物整体利用率不足 10%，畜禽共产物联产率不足日本和韩国的 1/3。

围绕“智能、节能、低碳、环保、绿色、可持续”的产业新要求，针对产业链发展迫切需要的关键共性原料预制、产品加工、副产物综合利用等技术进行联合攻关已成为食品产业转型升级的重要内容。

（2）行业智能化、信息化装备改造有待提升

我国方便食品行业的快速发展，对相关配套机械设备的创新提出了强烈需求，而目前行业面临的智能化制造较为滞后的问题也日益凸显。在面制品制造的各项环节中，和面需要自动加水技术，压延需要厚度控制技术，油炸需要智能干燥技术，其中，以智能干燥技术尤为重要。这一技术不仅节约能耗，节省人力物力，还能保持方便食品含水率的稳定性，促进企业增收。目前这一技术的应用范围还较小，主要用于挂面行业。对于大多数方便食品制造厂商而言，自动化、智能化生产才刚刚开始，生产设备非标产品多，只能边生产、边研发、边改造，因此公司在研发、智能化生产、管理等方面维护保养难，投入资金大，生产成本高。

此外，信息化推进较为缓慢，主要集中在仪表控制、装置过程控制等基础应用方面，在生产控制系统和企业管理等重大信息工程建设方面较为落后，存在产品库存管理难度大、销售环节复杂等问题。

（3）产学研开发和转化对接欠缺

科技成果产出与转化的效率，目前还不足以满足人们对方便食品创新的需求。

长期以来，“校企合作”“院企合作”的模式是支持方便食品行业不断创新的重要力量。面临的问题来自多个方面：一是转移转化链条未能有效衔接；二是成果偏离市场需求；三是区域经济、行业结构对成果的吸纳力不强；四是技术市场发育不成熟；五是专业化服务机构不强；六是缺乏优秀技术创新人才：七是科技成果转化信息共享不足；八是收益处置方面缺乏自主性。有鉴于此，“校企合作”或“院企合作”的模式还应该从多方面着手，开展深度合作，统筹科研力量，精深研究食品行业未来科技发展方向，从加工制造、生物工程、营养健康、质量安全等领域开展研究，通过产学研联合攻关，实现关键核心技术的突破，提高行业的竞争力。

【f. 发展趋势】

随着国家经济的发展，居民整体消费水平提高，方便食品的市场潜力日益扩大。在互联网经济的大潮中，越来越多的企业以满足消费者饮食的便利性为目标，大胆创新，开发出符合当代消费趋势的方便产品。同时还需更多地利用自身的核心优势，找准未来的发展目标。

1. 行业发展趋势

（1）差异化竞争，专注培育优势品牌

中小企业是行业的创新主体，企业的传统优势和专业化特征逐渐形成，向各自的优势领域精进，差异化求生存成为近年发展趋势。如方便面行业通过开发高铁专用方便面，实现与高铁餐饮的对接，为行业增添了新的品类和销售增长点；速冻食品行业的中小企业专注于单品的优势；而以“味料同源”为理念的咸味香精调味料行业，逐渐从服务于方便食品领域向服务于餐饮业延伸。

（2）追寻本味，在天然营养上发力

越来越多不愿走进厨房的消费者，成为方便食品的目标消费群体。他们对价格不敏感，而对口感有追求，渴望现制现煮的鲜食味道。因而未来行业还应保持对传统风味和家乡味道的追寻热度，结合不同地域的饮食文化，对天然资源进行深度开发，使产品在富含营养物质的同时回归食材本味。

（3）聚焦营养，对接市场的健康需求

《健康中国行动（2019 — 2030 年）》提出合理膳食行动，重点鼓励全社会减盐、减油、减糖。方便食品行业需加快营养转型升级，增加科技投入，夯实科学基础，主动采取措施解决“三减”可能带来的产品风味变化、保质期缩短等问题，以科技来引领健康转型。

（4）跨界混搭，向高品质、高颜值、高性价比迈进

作为消费升级的先行军和实力派，都市白领是大众消费的意见领袖和趋势引领者，他们追求健康、有品质的生活方式，喜欢时尚的概念和大胆的尝试，因此高品质、高性价比、高颜值的食品将更能够得到青睐。未来，行业内突破传统食材、赋予食品更丰富感官体验的企业有机会脱颖而出。

（5）集成创新，装备智能化全线启动

以机械加工弥补人口红利消退的时代已经到来，我国食品机械制造领域正由单一技术创新向全新技术综合应用的集成创新方向发展，结构紧凑、单位面积产能和生产效率提高、运行平稳、工艺流程简单等特征愈加明显。未来，智能工厂的构建将帮助企业最终实现业务协同、计划优化、成本降低、质量保证、效率提升。

（6）产业链升级，全面保障食品安全

对接餐饮、外卖、便利店渠道，无异于为行业打开了“新世界”的大门，但是这些新渠道食品安全又该如何保障，也带给行业不小的挑战。如速冻食品对销售温度有严格控制，新渠道配送过程中的冷链环节将会是各生产企业和物流公司以及订餐平台需要合力突破的方向。这一关键技术的充分解决，将成为方便食品市场的重要突破。

2. 产品创新趋势

与行业创新趋势下规模化新品的推出相比，单一产品的创新呈现出不同规模企业各有“发力”方向的显著特征。

（1）方便面行业

在外卖餐饮的冲击下，虽然下行压力较大，但行业总体依托科技手段实现自我提升，通过提高行业创新力度，升华产品质量。

整体来看，产品创新在逐步实现从众口难调到各种味、面统统照顾到。产品原料变得越来越考究，同时花样齐全，从营养、健康、口味再到潮流和新奇无不涉猎。一方面诸多曾经的传统食品，经过工业化的改良，赋予了新的活力；另一方面，很多创新产品在加工中最大化地保留食材营养的同时，能够让产品在不失口感的前提下达到食用方便，真正体现了方便食品营养、健康、便捷、美味的特点。

（2）米面制品行业

营养健康、方便快捷、小众多元、追求时尚、跨界交叉成为趋势，特别在工业化程度高的挂面行业更加明显。

一是产品的营养健康升级加速，产品使用杂粮、蔬菜等健康原料；二是产品食用方便性的创新近年来一直没有停下脚步，通过特殊工艺生产的挂面，可选择煮、泡两种加工方式，大大增加了产品的便捷性；三是基于消费者的个性化需求，更聚焦于产品的多样化以及丰富的料包；四是传统食品变得更加时尚，“吃玩”结合，产品成为企业联系消费者的纽带；五是产品开始向高端化发展，原料选用国内外优质产区的小麦并结合先进的生产加工工艺，再加上符合潮流的设计理念和时尚包装，共同推动这种颇具东方美食特色的食品迈上高端化之路。

（3）速冻食品行业

作为中华传统食品工业化典型代表的速冻食品行业，拥有中华博大的饮食文化渊源，不仅为速冻食品行业提供了源源不断的创新灵感，更有着形式多样的得天独厚的优势，行业创新空间巨大。

创新趋势主要集中在：一是在营养健康诉求下，产品在用料选择上，面皮以搭配杂粮，馅料

以配以菌菇、蔬菜、海鲜等为重点，而无油的加工方式更将兼顾美味与健康；二是更具颜值，用天然果蔬汁和面，形状多样，让产品不仅好吃，更要好看；三是“网红”元素的加入，“Q 弹”“爆浆”等体验为产品增添了时尚感；四是素食成为品类增长点，藕条、豆制品、素馅等，从无肉不欢到更爱素食，消费人群有了细分。

（4）其他方便食品行业

对于一直以来备受争议的调味面制品而言，正逐步向高营养附加值发展。 如盐津铺子尝试推出粗粮“辣条”系列，产品中减少了糖、油、盐、食品添加剂的含量，并在原料中加入燕麦、玉米、甘薯全粉、马铃薯全粉、食用大豆粕，融入膳食纤维等营养成分；卫龙“杂粮时代”的“辣条”新品，在原有产品基础上添加了小麦、青豆、豌豆以及芝麻四种杂粮；佳龙食品更是自建超大原料种植基地，创新添加黑芝麻元素，推出“黑芝麻面筋”“黑芝麻素大刀肉”产品。

【g. 政策建议】

方便食品行业历经快速增长和小幅波动后，迎来了一个突破瓶颈和产业升级的历史时期，需要政府相关部门在政策上予以积极引导与支持。

1. 坚持特色，加大宣传

近年来，地域美食的方便化一直是行业内重要的创新动机。在新的发展时期，各地政府部门应与方便食品行业及相关行业组织合作，通过平台加大特色产品的推广力度，带动相关产业的发展。

2. 标准法规引导应结合行业实际

方便食品行业是具中国传统特色的产业，国家出台的一系列营养健康的公告和政策，在给予以纯天然原料为基础的方便食品行业引导的同时，也应结合国情，如在“三减”的执行上，应循序渐进，不能搞“一刀切”此外，要重视“自热”等新兴产品标准缺失的问题。

3. 鼓励多产业多渠道合作

方便食品业务用市场的对接给行业带来新的增长点，也成为中餐标准化及提升食品安全水平的重要保障。相关部门应在财政、税收等方面给予更多的优惠政策。

4. 加快推进智能化生产

智能化生产需要设备制造商对整条生产线系统化升级。由于前期投入较大，在全行业推动的同时，还需各级政府给予一定的财政补助，为最终实现精准制造、敏捷制造、透明制造打下基础，提升中国制造的整体水平。

5. 加大对产品的正面宣传力度

在近年打击虚假宣传、恶意造谣的基础上，可以联合各级宣传部门加大对产品营养特质的宣传，让行业在方便、美味、健康上的努力得到消费者的认可和认知。

6. 依托方便食品构建国家级战略物资储备体系

方便食品作为战略保障物资，对稳定市场发挥重要功能。国家应加强政策扶持力度，做好战略物资的储备规划，并引导行业革新与产品升级。

中国食品科学技术学会

2.13 冷冻冷藏业

【a. 概况】

2019年，全国冷冻冷藏食品工业企业积极对应复杂多变的国内外经济形势，坚持以消费市场为导向，坚持创新发展理念，认真贯彻落实国家《促进食品工业健康发展指导意见》，积极开展冷冻冷藏食品工业“三品”专项行动，针对各种新零售渠道开展订制化生产，有力满足食品市场消费升级需求。攻坚克难谋发展，有效化解上年疫情影响，全年冷冻冷藏食品行业实现恢复性增长，呈现良好、稳定运行态势。

【b. 运行特点】

1. 工业生产快速增长

根据国家统计局提供数据，2019年，全国规模以上冷冻冷藏食品工业企业10850家，同比减少147家。完成营业收入2.02万亿元，同比增长9.5%，增速分别比全部规模以上工业、全国食品工业主营业务收入增速高5.7、5.3个百分点，实现较高速增长。

冷冻冷藏食品工业营业收入占食品工业（不含烟草制品业）比重达到24.9%，同比增加0.5个百分点，有力发挥出基础民生产业重要作用。

表1　2019年度冷冻冷藏食品工业完成主要经济指标

（亿元）（%）

	营业收入	
	全年累计	同比增长
全国规模以上工业	1057824.9	3.80
食品工业总计	81186.80	4.23
其中：冷冻冷藏食品工业	20207.87	9.51

注：（1）上表中增长速度均按可比口径计算；

（2）本数据为快报数；

（3）数据来源：国家统计局官网；

（4）冷冻冷藏食品工业行业范围：屠宰及肉类加工、冷冻水产品加工、蔬菜水果加工、豆制品制造、蛋品加工、冷冻米面食品制造、冷冻烘焙食品制造、冷冻饮品制造、冷冻调理品制造等行业。

2. 满足市场消费升级新趋势

2019年，冷冻冷藏食品行业执行食品工业“三品”专项行动，改革创新辟新径，迎难而上求发展，实现增品种、提品质、创品牌，冷冻冷藏食品门类增加，品种丰富，产品结构优化升级，向定制化、高端化、差异化方向发展，有力满足市场消费升级趋势，对安全、营养、方便、快捷的需求。主要冷冻冷藏食品产量稳定增长，全国鲜冷藏肉产量2817.5万吨，同比增长0.9%；冷冻水产品739.2万吨，同比增长3.7%；速冻米面食品302万吨，同比下降0..2%；冷冻饮品246.3万吨，同比增长0.6%。

表2　冷冻冷藏食品主要产品产量　　万吨

	2019年产量	同比增长（%）
鲜、冷藏肉	2817.46	0.87
冷冻水产品	739.19	3.71

续表

	2019 年产量	同比增长（%）
速冻米面食品	302.04	–0.15
液体乳	2537.67	5.81
冷冻饮品	246.28	0.54

速冻果、蔬及鲜切蔬菜消费走俏。果蔬产品是与“三农”联系紧密，与居民日常消费息息相关。伴随现代消费升级、生活节奏加快，鲜切蔬菜及速冻果蔬产品受到团餐及连锁餐饮等业务渠道追捧，同时大量进入百姓日常生活消费。净菜销售比例显著提升，净菜产业发展十分迅猛。

速冻调理食品市场持续高温。调理食品适应餐饮业快速发展需要，呈现餐饮化发展趋势。顺应传统火锅产业持续向好趋势，各类速冻鱼糜制品、速冻肉制品为主的速冻火锅料需求持续高位，同时创新火锅料产品不断面市。为供应餐饮业、团餐市场，食品企业积极布局预制菜肴加工，打造工厂化中央厨房，生产快餐化方便食品，促进中餐标准化，满足酒店、宾馆、食堂的消费需求。同时，我国冷冻食品进入家庭消费趋势明显，畜禽肉食材，水产品，速冻包点等，及各种方便预制食品登上家庭餐桌，消费量呈现快速上升势头。

3. 经济效益水平大幅度提高

据国家统计局数据，2019 年，冷冻冷藏食品工业实现利润总额 1072.3 亿元，同比增长 12.8%。分行业看：禽类屠宰、冷冻饮品及食用冰制造、肉制品及副产品加工、牲畜屠宰、食用菌加工实现利润分别同比增长 142.1%、25.7%、19.7%、11.5%、10.2%，对全行业利润增长贡献较大，成为年度冷冻冷藏食品工业亮点。

受原料成本上升，人工费用上涨影响，蔬菜加工、速冻米面制造、水果和坚果加工、冷冻烘焙制造业经济效益分别同比下降 11.2%、5.8%、1.1%、0.2%。

表 3　2019 年冷冻冷藏食品实现利润总额

（亿元）（%）

	利润总额		利润率
	全年累计	同比增长	
全国规模以上工业	61995.5	–3.3	5.86
食品工业总计	5774.60	7.75	7.11
其中：冷冻冷藏食品工业	1072.31	12.8	5.31

2019 年，全国冷冻冷藏食品工业利润率水平进一步提高，经济效益有效改善。每百元营业收入实现利润 5.31 元，同比增加 0.15 元；每百元营业收入支出成本 88.4 元，同比持平。

禽肉加工行业经济效益大幅度提高。全年实现利润总额同比增长 142.0%，每百元主营业务收入实现利润 4.93 元，同比增加 2.37 元。

【c. 市场】

1. 屠宰及肉制品加工行业实现全面恢复性增长

2019 年，党中央、国务院部署了一系列政策措施恢复生猪生产，同时促进禽肉、牛羊肉生产，多渠道增加肉类产品市场供应，全国肉类行业生产实现全面恢复性增长。受上年猪疫情影响，生猪存栏、出栏数分别同比下降 27.5% 和 21.6%，国内猪肉市场供应出现缺口。牛羊肉、禽肉、鸡蛋和牛奶生产全面增长，增幅比近 5 年来的平均水平高。牛羊肉、禽肉、禽蛋、牛奶市场供应充足，有力填补猪肉供应缺口，达到丰富老百姓的“菜篮子”，改善膳食结构目的。全年屠宰及肉制品加工行业运行呈现以下特点：

（1）工业生产高速度发展

据国家统计局提供数据，2019 年，全国规模以上屠宰及肉制品加工企业 3503 家，共计完成营业收入 10169.3 亿元，同比增长 16.11%，其中：牲畜屠宰、禽类屠宰、肉制品及副产品加工业完成主营业务收入分别同比增长 13.8%、25.81%、12.44%。生产冷鲜、冷藏肉 2817.5 万吨，同比增长 0.9%。

表 4　2019 年屠宰及肉制品加工业完成主要经济指标

（亿元）（%）

	营业收入		利润总额	
	全年累计	同比增长	全年累计	同比增长
冷冻冷藏食品工业	20207.87	9.51	1072.31	12.80
其中：屠宰及肉制品加工业	10169.25	16.11	506.66	34.52
牲畜屠宰	3475.83	13.80	132.32	11.46
禽类屠宰	2632.61	25.81	129.90	142.01
肉制品及副产品加工	4060.81	12.44	244.44	19.68

（2）经济效益水平大幅提高

2019 年，全行业实现利润 506.7 亿元，同比增长 34.5%。其中：牲畜屠宰、禽类屠宰、肉制品及副产品加工业实现利润分别同比增长 11.5%、142.0%、19.7%；营业收入利润率 4.98%，即每百元收入实现利润 4.98 元，同比增加 0.68 元。其中：牲畜屠宰、禽类屠宰、肉制品及副产品加工业营业收入利润率分别为 3.81%、4.93%、6.02%，分别同比下降 0.08 元，增加 2.37 元、0.36 元。

屠宰及肉制品加工行业每百元中的销售成本同比下降 0.32 元，达到 89.95 元。其中：牲畜屠宰、禽类屠宰、肉制品及副产品加工业销售成本占营业收入比重分别为 91.57%、92.12%、86.91%，分别同增长 0.3%、下降 1.36%、下降 0.42 元个百分点。

（3）生猪生产实现恢复性增长

我国是猪肉生产和消费大国，猪肉产品需求坚挺。自 2018 年 8 月，我国确诊发生第一例非洲猪瘟疫情以来，2019 年度全国共报告发生了 63 起非洲猪瘟疫情，共扑杀生猪 39 万头，据国家统计局数据，2019 年，全年猪牛羊禽肉产量 7649 万吨，同比下降 10.2%。其中，猪肉产量 4255 万吨，下降 21.3%；年末生猪存栏 31041 万头，下降 27.5%；生猪出栏 54419 万头，下降 21.6%，国内猪肉市场供应出现缺口。据农业农村部官网数据，2019 年，全国进口生猪 312.8 万吨。

在国家一系列宏观产业政策引导下，由于养殖场户前期补栏的后备母猪陆续产仔，新生仔猪数量增加，基础产能得到逐步恢复。据农业农村部监测，12 月全国生猪出栏、能繁母猪存栏环比分别增长 2.7% 和 3.4%，已实现连续 4 个月增长。全国生猪基础产能势头好转，猪肉供需矛盾 将有所缓解。

（4）肉类市场价格“涨”声一片

猪肉市场量少价升，据国家农业农村部据对全国 400 个定点县监测数据，2019 年 1–11 月，全国猪肉市场批发价格从每千克 18.37 元飙升至 11 月份的 47.1 元，是年初的 2.3 倍。进入 12 月份价格回落至每千克 43.44 元。猪肉产品价格上涨带动了牛肉、羊肉、禽肉、禽蛋等批发价格同步发力上扬，年末牛肉价格每千克 70.3 元，羊肉 68.1 元、禽肉 19.39 元、禽蛋 9.96 元，分别比年初上涨 11.6%、16.2%、5.9%，25.4%。肉类是食品工业企业的主要原辅料，价格上涨给业内食品加工企业带来成本增加的压力，对消费者造成困扰。

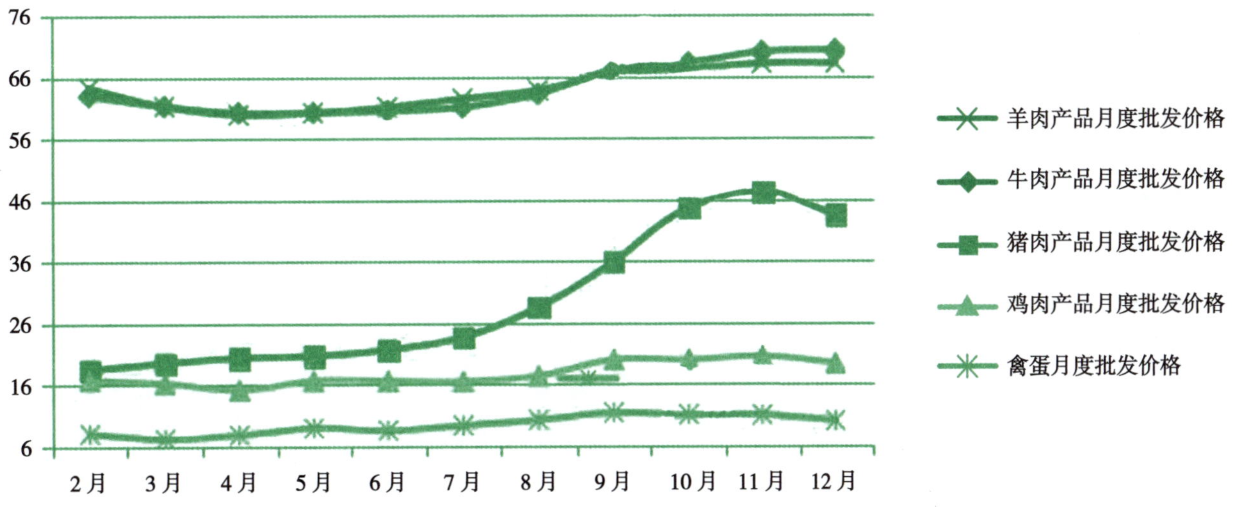

图 1　2019 肉类价格走势图

（5）禽肉、牛羊肉加工行业替代作用明显

牛、羊、禽、蛋、奶等其他畜禽产品替代作用明显，工业生产全面增长。2019 年，禽肉加工行业运行十分抢眼，工业生产、效益同步提高，规模以上禽类屠宰企业 603 家，亏损企业个数同比减少 20 家，亏损企业亏损额同比下降 36.7%。全行业完成营业收入 2632.6 亿元，同比增长 25.81%，实现利润 129.9 亿元，同比增长 142.0%，营业收入利润率每百元同比增加 2.37 元，经济效益水平大幅提高。

（6）肉类进口量值大幅度增长

肉类进口数量和金额大幅度增长，2019 年，共计进口各种肉类 592 万吨，同比增长 45.8%，价值 1290 亿元，同比增长 77.9%；其中：牛肉 175.9 万吨，猪肉 312.8 万吨，分别占全国猪肉产量、牛肉产量 7.4%、26.2%。近年来人民生活水平提高，对牛肉食品需求增长，我国牛肉市场爆发式增长。由于我国牛肉市场存在较大缺口，牛肉进口量逐年提高，2019 年牛肉进口金额是 2012 年的 13.5 倍。

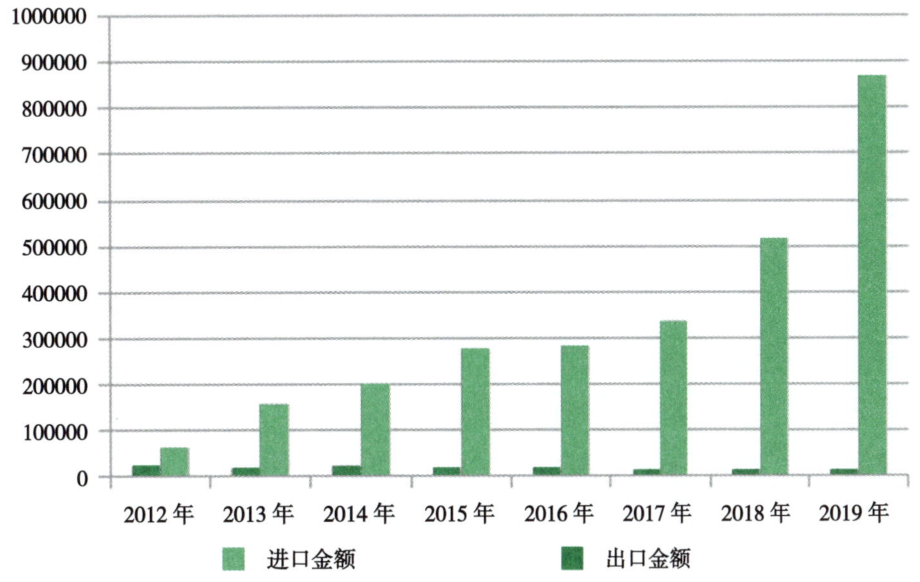

图 2　2012—2019 年牛肉进出口金额（万美元）

2. 冷冻水产品加工业实现高质量发展

在国家“以养殖为主，养殖、捕捞、养护和加工全面发展中国特色渔业”产业政策引导下，2019年全国水产品加工业稳定发展。据国家统计局数据，2019年，全国水产品产量6450万吨，其中，养殖水产品产量5050万吨，同比增长1.0%，捕捞水产品产量1400万吨，同比下降5.0%。水产品存量充足，满足市场供应。有效改善食物结构，提高人民营养水平。

2019年，规模以上冷冻水产品加工企业1257家，同比下降151家。累计完成主营业务收入2487.7亿元，同比增长6.0%，实现利润总额103.7亿元，同比增长0.12%。生产冷冻水产品739.2万吨，同比增长3.7%。

鱼糜制品是冷冻冷藏调制食品的原辅料，用途十分广泛。2019年，全行业完成主营业务收入528.1亿元，同比下降0.5%；实现利润26.0亿元，同比增长4.4%，实现稳定良好运行。

冷冻水产品工业企业大多是外向型企业，积极参与国际食品贸易，水产品是我国出口主要产品，2019年完成出口交货值1078.2亿元，占冷冻冷藏食品行业比重52.1%。

表5　2019年冷冻水产品加工业完成主要经济指标

（亿元）（%）

	营业收入		利润总额	
	全年累计	同比增长	全年累计	同比增长
食品工业总计	81186.80	4.23	5774.60	7.75
冷冻冷藏食品工业	20207.87	9.51	1072.31	12.80
其中：冷冻水产品加工业	2487.71	6.01	103.67	0.12

3. 速冻米面食品制造业加快创新升级步伐

顺应当前消费升级的趋势，迎合当前新型商业模式和新业态的更迭，速冻食品制造业更多采用定制形式，研发新产品，推出新品种，速冻米面食品制造业处于转型升级新局面。2019年，速冻米面食品制造业完成营业收入773.5亿元，同比增长4.6%，实现利润总额44.32亿元，同比下降5.8%，生产速冻米面食品302.0万吨，同比下降0.15%。

我国速冻米面食品市场发展成熟、运行稳定。速冻饺子、包子、汤圆、粽子大宗产品拥有稳定市场格局和份额，成为百姓日常居家生活必需品。新近开发出蒸饺、手抓饼、馅饼、油条等等产品，因操作方便，味道鲜美受到家庭及业务渠道市场欢迎。近年来米饭炒菜、急面、饭团等中餐类方便食品受到市场推崇，进入食堂、酒店、团餐场所。速冻面米产品门类日新月异，新产品得到市场反响。

表6　2019年速冻米面食品制造业完成主要经济指标

（亿元）（%）

	营业收入		利润总额	
	全年累计	同比增长	全年累计	同比增长
食品工业总计	81186.80	4.23	5774.60	7.75
冷冻冷藏食品工业	20207.87	9.51	1072.31	12.80
其中：速冻米面食品制造业	773.49	4.55	44.32	-5.79

我国速冻食米面行业已处在相对成熟稳定时期，龙头品牌具有明显优势，市场集中度水平较高。据行业统计，三全、思念、湾仔码头等龙头企业，占据市场份额主要份额。而安井食品作为后起之秀，选择差异化竞争，通过对景气度高、同质化程度相对较低的面点类产品重点发力，快速实现份额提升。近年来，正大食品凭借资金优势，强势布局速冻米面食品行业，购置国外先进全自动生产线，生产速冻包子、蒸饺、米饭、馅饼等类产品，主要进军餐饮、团餐渠道。速冻米面行业竞争格局出现明显变化。速冻米面食品工艺成熟，有利于龙头企业实现自动化、机械化生产，生产装备技术处于较高水平。

4. 冷冻烘焙食品制造业稳定向好

冷冻烘焙食品市场芳香四溢。伴随冷冻烘焙技术进展，连锁面包店，咖啡店等休闲门店数增加，冷冻烘焙食品成为各业务渠道首选。据行业统计，糕点面包产量突破400万吨，国内冷冻面团生产线增加，冷冻烘焙食品市场看好，成为食品行业一大亮点。

2019年，面包糕点制造业运行良好，受居民消费需求拉动，对高品质、差异化烘焙产品需求上升。全年规模以上焙烤食品制造企业895家，完成营业收入1120.6亿元，同比增长6.3%，糕点面包制造业实现利润总额114.6亿元，同比下降0.17%，营业收入利润率10.3%，处于较高水平。

全国冷冻烘焙食品企业积极开展技术进步工作，生产装备自动化水平提高，产品产量大幅提升，同时增加产品门类、花色品种，有效满足市场需求。

表7　2019年冷冻烘焙食品行业完成主要经济指标

（亿元）（%）

	营业收入		利润总额	
	全年累计	同比增长	全年累计	同比增长
食品工业总计	81186.80	4.23	5774.60	7.75
冷冻冷藏食品工业	20207.87	9.51	1072.31	12.80
其中：面包糕点制造业	1120.58	6.27	114.61	–0.17

5. 豆制品加工业健康发展

豆腐是我国传统食品，具有数千年历史。由于豆制品内含丰富植物蛋白，在推崇营养、健康消费理念的当下，豆制品成为市场热销品，是百姓生活日常必需品，是菜篮子工程的重要组成部分。近年来持续良好稳定发展。

冷冻冷藏豆制品市场产品种类增加，品种多样，有冷藏豆浆、豆腐、豆干、豆芽，还有速冻豆腐、休闲豆干等各类产品。最近，以大豆组织化蛋白及挤压膨化豆制品为原料的仿肉产品十分火爆，将成为下一阶段豆制品行业发展的新风标。

2019年，我国豆制品加工业运行良好。规模以上630家豆制品生产企业，完成营业收入774.9亿元，同比增长8.3%，实现利润总额44.0亿元，同比增长3.9%。营业收入利润率5.68%，每百元收入实现利润同比下降0.24元。

表8　2019年豆制品加工业完成主要经济指标

（亿元）（%）

	营业收入		利润总额	
	全年累计	同比增长	全年累计	同比增长
食品工业总计	81186.80	4.23	5774.60	7.75
冷冻冷藏食品工业	20207.87	9.51	1072.31	12.80
其中：豆制品加工业	774.88	8.27	44.0	3.86

冷冻冷藏豆制品属于典型的快速消费品，是百姓日常性消费品，市场持续稳定发展。为保证产品安全，需要冷链运输、冷藏仓储、低温销售。大型豆制品龙头企业已具有冷链流通能力，产品质量得到保障。

仿肉类豆制品市场看好，以大豆组织蛋白作为原料生产的休闲豆制品产品得到开发，“祖名素肉”、好巴食“素牛肉棒”、典发的“蒸爱呷”、奇爽“乐棒棒”“满师傅”素肉等产品市场反响良好。

6. 冷冻饮品制造业经济效益提高

2019年，我国冰激凌市场消费出现新趋势，从季节性消费向日常休闲方式转变，高端冰激凌市场升温，消费者追求营养、口感美味、品牌消费，传统与时尚相结合，焕发出新的魔力。

在消费市场拉动下，2019年，全国冷冻饮品制造业生产规模、经济效益同步上扬。从2019年完成各项经济指标看，营业收入297.1亿元，同比增长9.4%，实现利润19.58亿元，同比增长25.74%，生产冷冻饮品246.3万吨，产量同比持平。

表9　2019年冷冻饮品制造业完成主要经济指标

（亿元）（%）

	营业收入		利润总额	
	全年累计	同比增长	全年累计	同比增长
食品工业总计	81186.80	4.23	5774.60	7.75
冷冻冷藏食品工业	20207.87	9.51	1072.31	12.80
其中：豆制品加工业	297.14	9.4	19.58	25.74

冰激凌生产企业通过市场营销，线上线下共同发力，打造新型消费模式。上海光明食品集团，网上推出“大白兔冰激凌”，利用品牌优势，发力开拓市场。杭州娃哈哈集团利用AD钙奶，合作开发“未成年”品牌冰激凌，打造网红食品，吸引消费者品尝小时候的味道。将品牌文化消费融入产品，促进未来消费市场转型升级。

【d. 进出口】

积极参与国际食品市场竞争，冷冻冷藏食品企业是外向型企业，与国际食品市场有千丝万缕的关系，是我国食品进出口贸易的主力军。据海关统计，2019年，我国冻品进出口3438.2亿元人民币，同比增长34.3%；其中，出口1136.7亿元，增长7.8%；进口2301.5亿元，增长52.9%。

1. 一般贸易占近8成

2019年，我国以一般贸易方式进出口冻品2743.8亿元，同比增长43.1%，占同期我国冻品进出口总额的79.8%；其中，出口790亿元，同比增长8.5%；进口1953.8亿元，同比增长64.2%。以加工贸易方式进出口430.9亿元，同比增长2.8%，占12.5%；其中，出口263.9亿元，增长4.5%；进口167亿元，增长0.3%。

2. 民营企业占主导

2019年，我国民营企业进出口冻品2491.3亿元，同比增长31.3%，占72.5%；其中，出口911.5亿元，增长9.8%；进口1579.8亿元，增长48%。外商投资企业进出口547.6亿元，同比增长25.6%，占15.9%；其中，出口193.9亿元，下降1.3%；进口353.7亿元，增长47.7%。国有企业进出口399.4亿元，同比增长76.3%，占11.6%；其中，出口31.3亿元，增长11.3%；进口368亿元，增长85.6%。

3. 欧盟为我国冻品外贸第一大伙伴

2019年，欧盟为我国最大冻品进出口贸易伙伴，进出口491亿元，同比增长54.5%，占14.3%；其中，出口157亿元，增长17.6%；进口334亿元，增长81.2%。东盟为第二大贸易伙伴，进出口471.7亿元，同比增长22.7%，占13.7%；其中，出口262.7亿元，增长23.2%；进口209亿元，增长22.1%。巴西是第三大冻品贸易伙伴，进出口289.2亿元，同比增长50.9%，占8.4%；其中，出口8.2亿元，增长13.8%；进口281亿元，增长52.3%。

表10　2019年我国对主要冻品贸易伙伴进出口表

单位：亿元，%

国别或地区	进出口合计		出口		进口	
	金额	同比增长	金额	同比增长	金额	同比增长
欧盟	491.0	54.5	157.0	17.6	334.0	81.2
东盟	471.7	22.7	262.7	23.2	209.0	22.1
巴西	289.2	50.9	8.2	13.8	281.0	52.3
澳大利亚	230.4	59.9	7.8	6.1	222.6	62.9
美国	216.5	-3.5	94.7	-15.3	121.8	8.2
俄罗斯	193.6	12.2	40.5	16.1	153.1	11.2
日本	176.0	3.4	169.4	2.8	6.6	21.4
新西兰	175.8	50.7	1.8	4.1	174.0	51.4
阿根廷	158.0	98.9	0.0	184.5	158.0	98.8
中国香港	155.2	3.9	155.2	3.9	0.0	--

4. 进出口商品结构更趋集中

2019年，出口额位居首位的为水产品，出口218.6万吨，同比下降1.8%，价值574.9亿元，同比下降0.8%；蔬菜出口783万吨，同比增长4%，价值489.2亿元，同比增长21%；上述2项商品合计占冻品出口总额的93.6%。进口值位居首位的为肉制品，进口592万吨，同比增长45.8%，价值1290亿元，同比增长77.9%；水产品进口375.3万吨，同比增长27.7%，价值925.6亿元，同比增长38.5%；上述2项商品合计占冻品进口总额的96.3%。（表11）

表 11 2019 年我国冻品分类统计表

商品	出口				进口			
	人民币值（亿）	值同比（%）	第一数量（万吨）	数量同比（%）	人民币值（亿）	值同比（%）	第一数量（万吨）	数量同比（%）
合计	1136.7	7.8	1040.5	2.3	2301.5	52.9	1285.6	5.4
肉制品	57.6	1.3	25.6	–7.9	1290.0	77.9	592.0	45.8
水产品	574.9	–0.8	218.6	–1.8	925.6	38.5	375.3	27.7
蔬菜	489.2	21.0	783.0	4.0	61.9	–35.2	309.9	–39.7
水果	15.0	4.6	13.3	–5.0	24.1	48.3	8.5	45.1

【e. 冷链建设】

2019 年，在城镇化建设、消费升级带动下，我国冷链物流基础设施，网络建设发展迅速，呈现以下特点：

1. 政府高度重视，支持冷链发展

2019 年，党中央、国务院 1 号文件，中共中央国务院关于坚持农业农村优先发展，做好“三农”工作的若干意见，明确支持农产品贮藏保鲜、分级包装设施政策。5 月，财政部、商务部发布《关于推动物流高质量发展，促进形成强大国内市场》的政策，支持冷链物流发展。从食品安全的角度，促进民生消费升级。

2. 基础设施不断完善 冷链快速增长

行业统计数据，2019 年，全国冷库总量 6052.5 万吨（折合 1.51 亿立方米），新增库容 814.5 万吨，同比增长 15.56%。全国冷藏车市场保有量为 21.27 万台，同比增加 3.27 万台，同比增长 18.16%。全国冷链基础设施设备水平有效提升。

冷冻技术装备水平提升，新科技广泛应用。智慧冷库，无人仓库机器人的应用，区块链技术应用于供应链协作，无人驾驭黑科技的运用，有力促进了仓储智能化发展。

3. 第三方冷链物流发展较快

第三方冷链物流发展较快，涌现出冷链物流行业龙头企业：顺丰冷运、荣庆物流、京东物流、漯河双汇物流投资有限公司、苏宁物流、安鲜达物流、等一批具备全国性服务能力的冷链物流企业，通过布局全国性冷库节点，拓展中小城，服务能力进一步提高。冷链市场格局出现大的变化。

随着消费市场升级发展，生鲜电商、新零售、新餐饮等业态的涌现，客户对冷链物流企业的辐射半径、物流时效等冷链服务能力提出新的更高的要求，将进一步动冷链物流变革发展。

【f. 行业运行趋势判断】

应看到冷冻冷藏食品工业企业起步晚，在发展中还面临种种不确定风险因素，影响行业稳定发展。如来自国际贸易战风波的影响，还有中小企业资金、创新研发能力不足、成本价格上升等困难，但在市场需求拉动，在国家产业政策支持下，冷冻冷藏食品工业正在平稳发展。

我们对冷冻冷藏食品行业持续良好运行趋势充满信心。

1. 行业持续稳定向好发展

在中央 1 号文件、国发 29 号文件扶持下，冷冻冷藏食品行业宏观面向好，市场消费升级动能驱动，冷冻冷藏食品工业工业生产规模将持续扩大，市场将继续增长，预计行业以 5% — 6% 发展速度，良好稳定运行。继续发挥出民生产业的支柱作用。

下阶段我国冷冻冷藏食品在进入各酒店、餐饮业务渠道应用同时，将大力回归居民家庭消费。家庭消费各类冷冻冷藏食材，速冻肉类、水产品、米面食品将增长，受80后、90后消费习惯影响，速冻预制化食品需求加大。家庭居民消费将发挥出更大作用。

下阶段广大乡镇冷冻冷藏食品市场将成为发展重点，伴随冷链发展，连锁超市的触角已经延伸到乡镇，冷冻冷藏柜也随之在农村出现。为冷冻食品进入农村市场打下基础。从产品看，预制方便化菜肴、素肉产品、中餐标准化米饭+方便菜肴将有更大发展机遇和空间。

不排除受到价格波动、突发疫情、国际贸易等不确定因素影响而行业运行出现波动。

2. 市场渠道丰富多样

在当前消费升级的模式下，冷冻冷藏食品工业企业遵循市场为王，采取订制化生产模式，增强服务功能，按渠道需求加工预制调理食品，订制精深加工产品走俏。从市场消费来看，消费季节性问题逐渐淡化。从以往的季节性消费，向日常消费转变。中国速冻食品人均占有量6至10千克，而美国人均占有量达60千克，欧洲30千克，日本20千克；我国速冻食品行业发展空间仍较大，市场潜力被业内看好。

受健康理念和消费需求拉动，冷冻冷藏新产品不断出现。预计速冻调理包、预制菜肴等快餐类预制食品份额将继续扩大。受聚集人群（团餐）、宾馆、食堂的需求，预制快餐化菜肴食品需求增加，市场份额加大。在营养、健康消费理念引导下，素肉类、豆制品消费量持续上升。

3. 生鲜电商平台将发挥新零售重要作用

新零售、生鲜电商带来崭新销售模式，助推冷冻冷藏食品市场增量上升；生鲜电商通路为冷冻冷藏食品工业企业插上隐形翅膀，市场消费潜力进一步释放，消费市场将保持平稳较快增长。越来越多的冷冻冷藏预制食品进入餐饮、酒店、集体餐领域，业务用量进一步增长。

电商平台将发挥出越来越重要的作用，百姓日常消费品一应俱全都通过网购，快递到家，这一渠道作用将得到加强。食品企业加强电商平台布局，充分利用这一新零售平台渠道。如：安井公司2019年实现利润增长最快的是大力拓展的线上业务，营业收入达3131.76万元，同比增长329.86%，同比增加7.27个百分点。主要体现在京东自营、每日优鲜等平台的销售，以及同步开设直营的电商旗舰店如，京东旗舰店、天猫旗舰店等。

4. 行业技术进步工作取得成效

面对庞大食品、餐饮、团餐消费市场，冷冻冷藏食品工业企业积极开展技术进步、产品创新研发工作，增加产品新门类，有力满足市场需求。技术创新成果显著，成为促进行业发展的原动力。

中国食协冷冻冷藏食品专业委员会大力提倡并鼓励行业技术设备进步，产品创新研发工作，组织会议、论坛、参观交流等各种活动推进行业技术进步工作。2019年5月在上海国际展览中心举办了“2019中国航旅餐优秀厨师大赛”，由十几家主流航空、铁路、酒店代表队参赛，评选出上海、南航、京铁等优秀代表队及作品，在行业内影响巨大。

2019年8月，中国食协冷专委举办了冷冻冷藏食品行业技术研发交流会，餐饮业、冷冻冷藏食品龙头企业，院校专家齐聚一堂，共同交流创新研发经验，餐饮菜肴工业化思路，收到很好效果。

为了掀起食品工业企业创新研发工作热潮，鼓励企业深入开展创新研发工作，满足市场不断上升的消费需求，我会开展“2019中食冷优秀创新食品”评鉴活动，鼓励会员单位响应国家食品工业“三品”工作要求，有效增加品种、创品牌、提升产品品质。实现与市场精准对接，生产出更加美味、营养、健康的预制食品，推动了行业产品创新研发工作进展。

5. 冷链建设将更加完善　冷冻技术装备水平提高

2019年，在国家产业政策大力支持冷链建设，将冷链物流纳入十三五期间重点发展项目。加快基层冷库、冷藏车等设备的投建，我国冷链建设将更加完善，冷冻技术装备水平得到提高，为速冻食品行业发展打下了良好基础。

冷链物流行业发展新趋势：从产地到餐桌延伸，形成从前端采购到终端客户配送的全程供应链服务。向“全链条、网络化、标准化、可追溯、高效率”发展。伴随冷鲜电商的迅速发展，对冷链的需求加大，业务量将大幅上升。

同时冷链装备技术水平得到提高。机器人和机器人运用到生产线中，提高劳动生产率；信息化集成块的运用，追踪记录预警。设备国产化程度提高，自主研制装备投入使用，有效降低成本，提高装备水平。冷冻冷藏食品工业是传统产业，通过技术创新，智能化、信息化、自动化水平大幅度提升。

6. 冻品进口贸易将持续上升

从冷冻冷藏食品进出口贸易形势来看，进口贸易快速上升，进口金额多于出口已经成为一大趋势，以牛肉进口为例，我国已对多个国家地区开放，国际化贸易趋势强势上升。2019 年，牛肉已达到 175.9 万吨，占全国牛肉产量比重高达 26.4%。主要进口国家是澳大利亚、巴西、阿根廷，进口牛肉数量均超过 30 万吨，进口金额超过 10 亿美元。预计今后牛肉进口量值还将持续增长。

表 12　2019 年牛肉产品进口数量和金额

	进口数量（万吨）	进口金额（万美元）
合计	175.93	869030.7
澳大利亚	33.82	189517.8
巴西	33.61	171770.4
阿根廷	32.98	154140.1
智利	1.31	5187.39
加拿大	0.99	8423.11
美国	0.87	8423.11

数据来源：国家农业农村部官网

7. 冷冻冷藏食品质量水平得到提高

我国冷冻冷藏食品工业企业起点高，外向型企业居多。企业经过 ISO9000 质量管理体系认证、ISO22000 或 HACCP 食品安全管理体系认证，其中大型企业还通过 14000 环境管理体系和 ISO18000 职业健康安全管理体系认证，实施现代化企业管理，有效提升产品质量安全。

在国办〔2017〕29 号文件指导下，我国冷链建设更加完善，冷冻冷藏食品工业的快速蓬勃发展，为了满足市场消费升级新趋势，冷冻冷藏食品新产品、新工艺、新方法不断被开发，包含了大量技术创新内容，亟须通过标准政策的合理引导和规范，促进行业稳定快速发展，生产加工、贸易、消费、市场监管等环节对标准和标准化的需求更加迫切。

2019 年，中国食协冷冻冷藏食品专业委员会积极申报行业基础标准、重点领域产品标准，以标准化工作引领行业管理工作发展，取得很大成绩。

（1）重视基础标准化工作

为了解决冷冻冷藏食品行业标准缺失，及部分行业交叉混乱等问题，科学有效地推动行业工作发展，冷专委从制定冷冻冷藏食品工业标准体系表入手，从顶层进行标准化梳理工作。2019 年 12 月冷专委组织行业科研、重点生产企业在郑州市举行制定“冷冻冷藏食品工业标准体系表”“冷冻冷藏食品术语与分类”团体标准讨论会，群策群力，共同研究行业重大标准化问题，促进行业标准化工作健康有序的发展。

2018 年工信部批准了我会牵头组织制定的《冷冻食品术语分类》行业标准（QB/T5284），这是行业基础标准文献，对行业发展起到重要作用。在此基础上，我会向中国食品工业协会申请制定《冷冻冷藏食品术语与分类》团体标准，全面研究冷冻冷藏食品行业特点，反映行业管理工作重点和难点，经过前期工作，《冷冻冷藏食品术语与分类》团体标准由双汇集团执笔，目前已经完成团体标准的报批稿。

为了规范冷冻食品行业技术规程，冷专委组织制定了《冷冻调制食品技术规范》《冷冻调制食品检验规则》两项行业通用标准，已经国家工业和信息化部批准发布，在行业内广泛实施。

（2）开展重点领域产品标准制定工作

结合冷冻冷藏行业标准体系表，并考虑当前行业发展的特点，2017 年我会提出制定《冷冻烘焙食品》行业标准，面对日益增长的烘焙市场，对冷冻面团、蛋糕、面包产品提出质量要求，该项标准参考大量国际标准，与国际水平接轨，适用性强，2018 年底，工信部 67 号令批准发布，于 2019 年 4 月在全国范围实施，填补了行业空白。

为了规范市场上出现的牛排产品质量乱象，维护消费者合法权益，经行业龙头企业提出，冷专委申请立项《牛排》《牛排质量等级》两项行业标准，由工业和信息化部（2020 年 15 号令）批准发布。这两项标准填补了市场空白，经行业专家审核，处于国际领先水平。

为了规范即食虾食品质量安全，保护消费者舌尖上的安全，我会申请制定《即食虾》行业标准，由中国海洋大学执笔，目前标准已经完成，正处于行业专家审定阶段。保质保量按计划完成了标准制定工作。

当前全国餐饮市场迅速发展，快餐、团餐市场需求旺盛，拉动工厂化规模化生产。对中餐工业化、标准化工作提出要求，成为重中之重。为了规范工厂化生产的菜肴产品质量，冷专委提出了制定《预制包装菜肴》团体标准。由于菜肴食材广泛，标准涉猎面很广。标准由福建省亚明食品有限公司、安徽农业技术协会等单位执笔，经过起草工作组编写、征求意见、实验工作，《预制包装菜肴》团体标准已经完成，2019 年 11 月 1 日，由中国食品工业协会批准发布实施，有力规范食品行业生产。

鉴于网络平台食品市场热络，为了规范网络平台的食品质量，京东生鲜、天猫生鲜与冷专委沟通，建立互联网生鲜联盟，制定互联网生鲜食品标准，首先制定《速冻肉糜》联盟标准，同时网络上执行《牛排》行业标准，将速冻食品标准在网络上执行，对提高互联网平台的食品质量起到促进作用。

（3）重点领域冷冻冷藏食品标准申请立项工作

2019 年内，我会先后申请《速冻调理包》《速冻鳌虾》《速冻豆腐》《裹面肉制品》等产品标准立项工作。基于消费市场发展新趋势，对市场消费量大、重点产业和产品提出标准化工作的要求。

8. 龙头食品工业企业核心竞争力增强

2019 年，我国冷冻冷藏食品行业品牌集中度进一步提高，全国性强势品牌增加。冷冻冷藏食品龙头骨干企业在市场竞争中，不断发展壮大，核心竞争力进一步提高，龙头企业市场份额得到提高，销售区域扩大，经营业绩抢眼。实现了改革创新启新篇。

国务院、农业农村部发布 2019 年全国农产品加工业百强企业名单。从企业经营规模、科技创新与品牌建设、社会贡献、增长态势四方面综合评审，公布 100 家经营规模大、竞争力强、知名度高、联农带农作用突出的农产品加工企业，引领全国农产品加工业高质量发展。

北京首农食品集团有限公司、河南双汇投资发展股份有限公司、北京顺鑫农业股份有限公司、得利斯集团有限公司、三全食品股份有限公司、福建安井食品股份有限公司、郑州思念食品有限公司等一些冷冻冷藏食品行业知名企业荣列榜单。

（1）河南漯河双汇集团有限公司

肉类屠宰及肉制品加工龙头企业，河南双汇集团面对 2019 年中美贸易摩擦、疫情等复杂多变的形势，坚持“调结构、扩网络、促转型、上规模”的战略方针，实现肉类外销量同比小幅增长、净利润双位数增长。根据公司年报数据，2019年度双汇集团报告期内，屠宰生猪1，320万头，同比下降19.04%；鲜冻肉及肉制品外销量309万吨，同比下降1.47%；实现营业收入603.97亿元，同比增长23.74%；实现利润总额54.38亿元，同比增长10.7%；经营业绩同比大幅度增长。

在生猪供给紧缩的背景下，依托进口猪肉和储备的低价库存，有效平滑了猪价波动对业绩的影响，低价库存及国内外猪肉价差的释放支撑屠宰业务的持续向好。屠宰业务利润大增，2019年屠宰分部营业利润同比增82%，其中2019年下半年高达93%。从罗特克斯（进口）采购的原料高达52亿，同比超过100%，低价进口原料大大降低了成本。同时，加速淘汰落后产能，使营收和利润双胜。

（2）福建安井食品股份有限公司

2019年，福建安井食品股份有限公司实现营业收入52.67亿元，同比增长23.66%，利润3.73亿元，同比增长38.14%，总资产56.85亿元，同比增长24.57%，经营业绩同比十分突出，成为食品行业又一领军龙头企业。公司布局高端新产品，生产速冻菜肴，精准定位餐饮市场中央厨房，解决餐饮业人工、物料成本增加，抢占行业发展潜力板块。

公司的业绩增长主要来自产能扩充和产品开发。产能方面：公司目前已有2个基地，7个工厂，预计未来会进一步扩充到10个工厂。后续产能的释放会与公司“产地销、产地研”的策略结合，立足当地进行扩充。

（3）三全食品股份有限公司

2019年，三全食品营业收入约59.92亿元，同比增长8.16%；归属于上市公司股东的净利润为2.11亿元，同比增长106.69%。

三全食品具有较强的产品创新能力，陆续推出果然爱、私厨水饺和儿童水饺等业内知名的高档产品，品牌形象深入人心。三全食品顺应趋势成立了餐饮事业部，专注于餐饮业务市场的开拓。通过对全国各地饮食习惯和餐饮的品种进行不断调研，研制了蒸煮类、煎烙类、油炸类、烘焙类等四十多个品项、一百多个单品，基本上涵盖了目前全国不同地区主流的早餐与宴席点心品种，实现了市场的增速100%～200%的增长。

三全在冷链物流和储存方面都具有先进的技术和基础设施设备，可以及时、有效保证全国销售网络的供货。

姜燕京

2.14 乳制品工业

【a. 概况】

2019 年，我国乳制品行业生产稳定增长，生产经营状况稳定向好，国产乳制品产品质量安全状况保持较好水平。

据国家统计局数据（月报），2019 年，全国规模以上乳制品企业 565 家（上年 587 家），同比减少 22 家，营业收入 3946.99 亿元，同比增长 10.17%，利润总额 379.35 亿元，同比增长 61.40%，销售收入利润率为 9.6%。乳制品产量 2719.40 万吨，同比增长 5.58%，其中液体乳产量 2537.67 万吨，同比增长 5.81%，乳粉产量 105.24 万吨，同比增长 2.36%。

2019 年，全行业产成品存货总额 93.35 亿元，同比增长 0.06%。产成品存货总额占销售总收入的 2.4%，库存同比有所减少。亏损企业亏损额为 21.71 亿元，同比下降 67.17%。行业亏损额与利润总额的比值为 1:17.5。企业经济效益大幅改善。

【b. 行业发展分析】

2019 年，行业原料乳价格进一步提高并维持高位运行，乳制品价格平稳增长。进口产品继续保持增长，国内乳制品生产和市场消费对国际市场的依赖程度进一步加大。行业投资在继续向上游养殖业和海外发展的同时，国内加工业投资明显增加。

1. 价格

（1）原料价格

2019 年，国内奶源供应基本稳定，价格同比有所提高，并维持高位运行，在产奶旺季价格同比出现小幅回落，旺季过后价格快速提高。

据农业农村部对内蒙古、河北等 10 个奶牛主产省（区）[河北、山西、内蒙古、辽宁、黑龙江、山东、河南、陕西、宁夏、新疆。2019 年，10 省（区）生乳产量占全国的 82.1%] 生乳平均价格的调查数据，2019 年 1 月，平均价格 3.61 元 / 千克，4 月为 3.54 元 / 千克，8 月为 3.65 元 / 千克，12 月为 3.84 元 / 千克。2019 年 12 月，全国主产区生乳平均价格环比上涨 0.2%，同比上涨 7.2%。（见图 1）

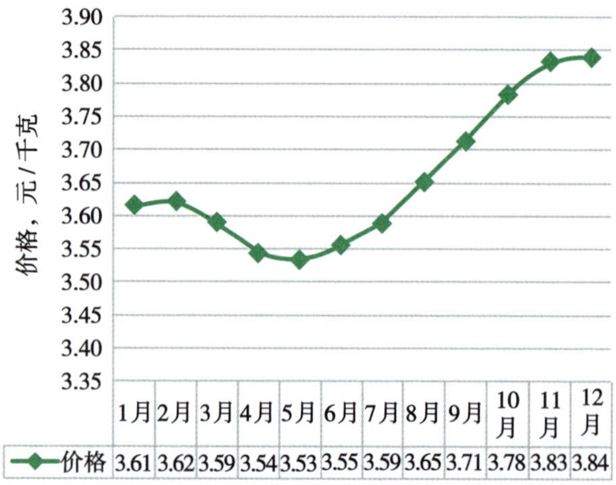

图 1 2019 年全国主产区生乳平均价格变化情况

资料来源：农业农村部监测数据

（2）乳制品零售价格

2019 年，乳制品消费价格继续随社会整体消费价格增长而小幅增长，保持了产品价格的相对稳定。根据国家统计局的调查数据，2019 年 12 月，乳制品价格环比涨 0.4%，同比涨 0.8%；全年乳制品平均价格涨 1.6%，远低于同期食品全年平均价格 9.2% 的增长。

2. 市场

2019 年，乳制品消费保持增长，国产乳制品市场规模有所增长，但进口产品市场占有率进一步增大。国内乳制品行业应收账款为 400.20 亿元，同比增长 2.66%；产成品存货 93.35 亿元，同比增加 0.06%，产成品存货总额占销售收入的 2.4%。

3. 投资

根据国家统计局月报数据，2019 年，行业资产总计为 3616.85 亿元，同比增长 13.52%，增速同比提高 5.94 个百分点。全年乳制品投资增长有所加速，投资除继续向上游养殖业和海外发展外，主要用于国内工厂的新建和升级改造工作。

4. 分区域情况

分地区情况看，乳制品产量居前的省区为河北、内蒙古、山东、河南和黑龙江，5 省区乳制品总产量为 1227.13 万吨，占全国的 45.12%，占比同比下降 0.81 个百分点。5 省区中山东、黑龙江、河北、内蒙古 4 个省区处于正增长，河南为负增长。全国乳制品产量处于负增长的省区有 5 个；乳制品产量超过 100 万吨的省区有 10 个，其中，同比增长的有 8 个，最大的为安徽省，同比增长 12.96%，同比下降的有 2 个，最大的为四川省，同比下降 2.88%。液体乳产量居前的省区为河北、内蒙古、山东、河南和黑龙江，五省区液体乳总产量为 1155.54 万吨，占全国的 45.54%，占比同比下降 2.29 个百分点。液体乳产量超过 100 万吨的省区有 9 个，其中，同比增长的有 7 个，最大的是安徽省，同比增长 13.16%，同比下降的有 2 个，最大的是河南省，同比下降 2.63%。乳粉产量前 5 位的省区为黑龙江、陕西、内蒙古、河北和江苏，5 省区合计生产乳粉 81.28 万吨，占全国的 77.24%，占比同比下降 2.52 个百分点。有 11 个省区乳粉产量超过 1 万吨，其中，同比增长的有 7 个，吉林省同比增长幅度最大，同比增长 77.74%，同比下降的有 4 个，广东下降幅度最大，同比下降 12.92%。各产品及省区产量情况见表 1、表 2、表 3。

表 1 2019 年全国乳制品产量前五位省区情况

地区	产量 / 万吨	同比增长 /%	占全国比例 /%
全国总计	2719.40	5.58	100.00
河北	356.83	5.77	13.12
内蒙古	289.34	3.65	10.64
山东	217.85	7.11	8.01
河南	198.94	–2.64	7.32
黑龙江	164.17	5.85	6.04

资料来源：国家统计局月度统计

表 2 2019 年全国液体乳产量前五位省区情况

地区	产量 / 万吨	同比增长 /%	占全国比例 /%
全国总计	2537.67	5.81	100.00
河北	347.14	5.36	13.68
内蒙古	272.46	4.33	10.74
山东	208.02	5.94	8.20
河南	198.89	–2.63	7.84
黑龙江	129.03	9.46	5.08

资料来源：国家统计局月度统计。

表 3 2019 年全国乳粉产量前五位省区情况

地区	产量 / 万吨	同比增长 /%	占全国比例 /%
全国总计	105.24	2.36	100.00
黑龙江	35.10	–5.54	33.36
陕西	24.93	12.44	23.69
内蒙古	8.31	–6.14	7.90
河北	6.77	35.67	6.44
江苏	6.16	3.48	5.86

资料来源：国家统计局月度统计

5. 行业集中度

根据中国乳制品工业协会统计，2019 年，营业收入居前列的企业有：内蒙古伊利实业集团股份有限公司、蒙牛集团、光明乳业股份有限公司、黑龙江飞鹤乳业有限公司、君乐宝乳业集团、北京三元食品股份有限公司、雀巢（中国）有限公司、美赞臣营养品（中国）有限公司、新希望乳业股份有限公司和西安银桥乳业（集团）有限公司。2019 年，10 家企业营业收入合计 2485.5 亿元，同比增长 14.2%，比全行业增幅高 4.1 个百分点；10 家企业营业收入占全行业的 63.0%，占比同比提高 2.4 个百分点。

6. 进出口

据海关统计数据，2019 年，全国共进口各种乳制品 313.16 万吨，金额 118.61 亿美元，同比分别增长 11.19% 和 10.92%，进口乳制品总货值占国内乳制品工业销售总收入的 21.0%，占比同比下降了 0.4 个百分点。其中，乳粉、液体乳、乳清类产品、零售婴幼儿食品、干酪、乳糖、奶油进口量较大，其中，除了乳糖和奶油其他产品都超过了 10 万吨。从增速上看，液体乳进口量再次加速，原料类产品乳粉、白蛋白保持同比增长，奶油、乳糖、乳清类产品出现同比下降，具体进口情况见表 4。

表 4　2019 年全国乳制品进口情况

商品名称	数量 / 万吨	同比增长 /%	金额 / 亿美元	同比增长 /%
进口合计	313.16	11.19	118.61	10.92
液体乳 1	89.06	32.26	11.01	20.65
乳粉 2	101.48	26.62	31.24	28.63
炼乳	3.47	25.63	0.56	14.21
发酵乳	3.38	9.57	0.59	-3.13
乳清类产品	45.34	-18.63	6.07	-4.22
奶油	8.55	-24.55	4.66	-33.06
干酪	11.49	5.98	5.22	1.73
乳糖	9.29	-20.80	1.02	3.66
零售婴幼儿食品	35.64	7.00	53.31	9.05
酪蛋白	2.44	-0.24	1.83	2.40
白蛋白	3.02	2.84	3.11	32.55

注：1. 液体乳数据不包括发酵乳。2. 乳粉数据不包括婴幼儿配方乳粉。3. 数据来源：中国海关。

从进口来源看，新西兰仍然是我国最大的乳制品进口来源地，其次是德国、美国、澳大利亚和法国，我国分别从这些国家进口了 127.13 万吨、39.70 万吨、24.63 万吨、22.36 万吨和 19.49 万吨的乳制品，5 国合计占到总进口量的 74.50%，占比同比下降 2.09 个百分点。（见图 2）

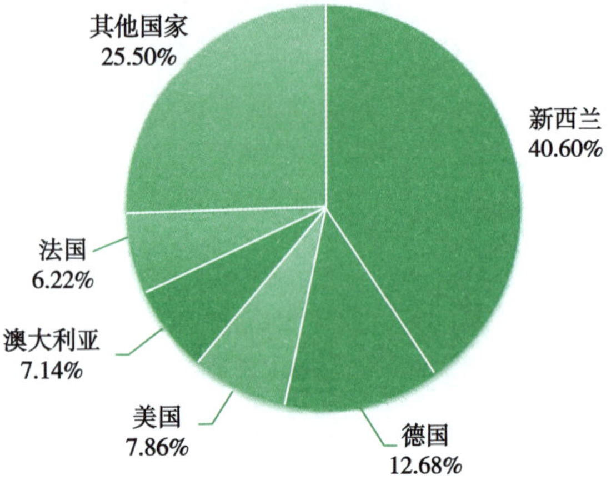

图 2　2019 年乳制品进口来源情况

资料来源：中国海关。

其中，液体乳主要来源于新西兰、德国、澳大利亚、波兰和法国，进口量分别为 28.39 万吨、25.84 万吨、10.32 万吨、7.72 万吨和 6.07 万吨，5 国合计占液体乳总进口量的 87.96%，占比同比增加 0.40 个百分点。（见图 3）

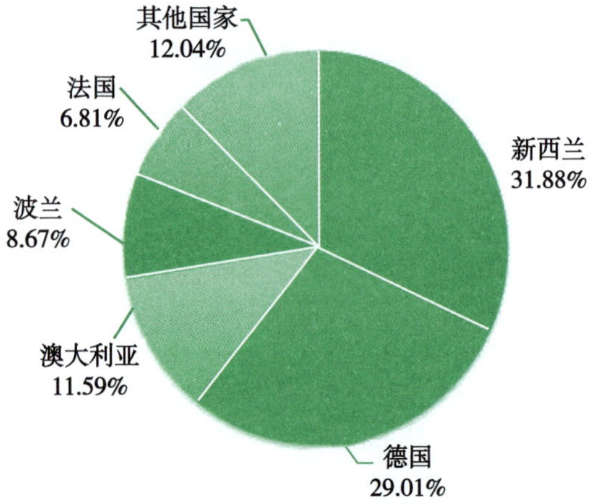

图 3　2019 年液体乳进口来源情况

资料来源：中国海关。

乳粉主要来源于新西兰、澳大利亚、德国、法国和爱尔兰，进口量分别为 75.50 万吨、6.83

万吨、2.97 万吨、2.63 万吨和 1.83 万吨，5 国合计占乳粉总进口量的 88.44%，占比同比增加 0.09 个百分点。（见图 4）

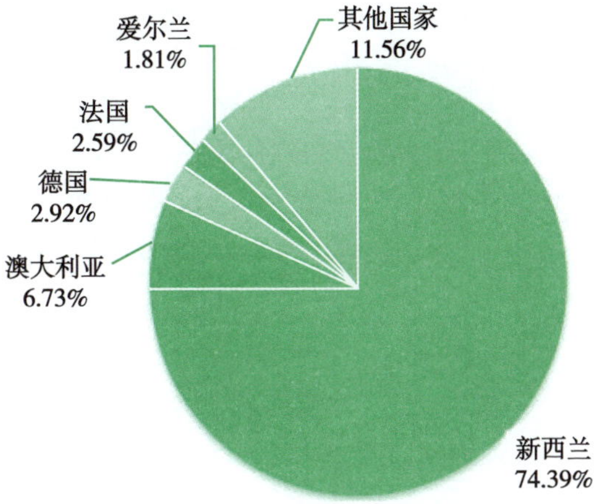

图 4　2019 年乳粉进口来源情况

资料来源：中国海关。

乳清类产品主要来自美国、法国、白俄罗斯、荷兰和德国，进口量分别为 16.17 万吨、5.46 万吨、3.67 万吨、3.43 万吨和 3.08 万吨，5 国合计占乳清粉总进口量的 70.13%，占比同比下降 7.59 个百分点。（见图 5）

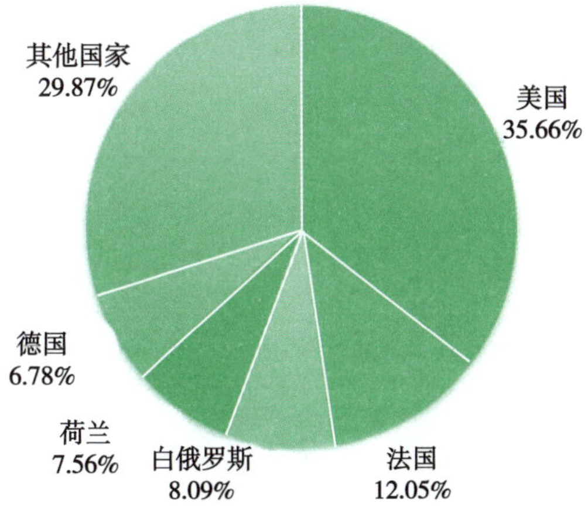

图 5　2019 年乳清类产品进口来源情况

资料来源：中国海关。

零售婴幼儿食品主要来自荷兰、新西兰、爱尔兰、法国和德国，分别进口 11.10 万吨、6.96 万吨、4.75 万吨、4.01 万吨和 2.58 万吨，5 国合计占零售婴幼儿食品进口量的 82.49%，占比同比下降 0.14 个百分点。（见图 6）

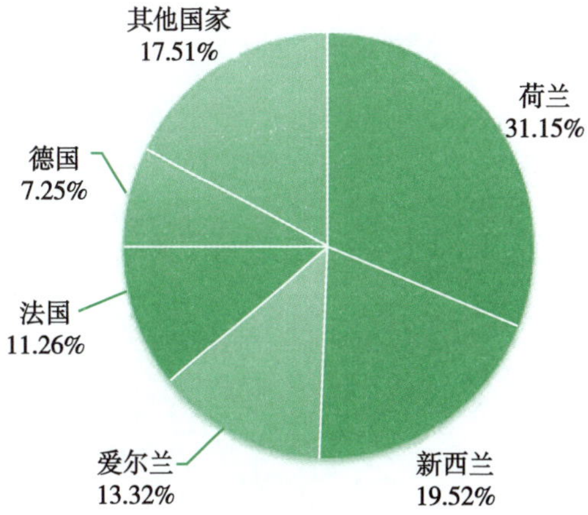

图 6　2019 年零售婴幼儿食品进口来源情况

资料来源：中国海关。

干酪主要来自新西兰、澳大利亚、美国、丹麦和意大利，进口量分别为 6.68 万吨、1.71 万吨、0.75 万吨、0.47 万吨和 0.38 万吨，5 国合计占干酪总进口量的 87.04%，占比同比下降 0.76 个百分点。（见图 7）

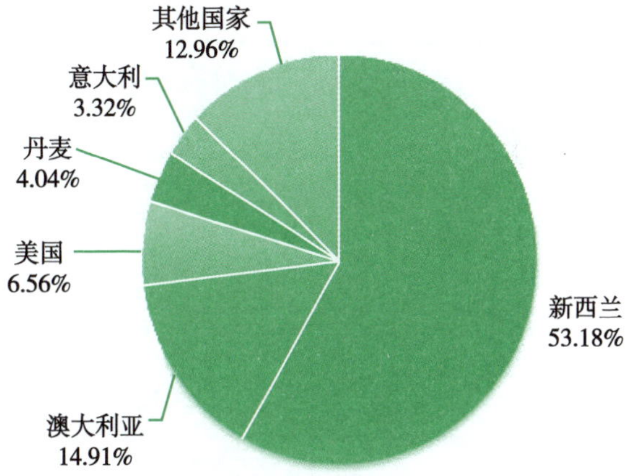

图 7　2019 年干酪制品进口来源情况

资料来源：中国海关。

乳糖主要来自美国、德国、荷兰、波兰和新西兰，进口量分别为 6.32 万吨、1.06 万吨、0.55 万吨、0.37 万吨和 0.34 万吨，5 国合计占乳糖总进口量的 93.16%，占比同比下降 1.98 个百分点。（见图 8）

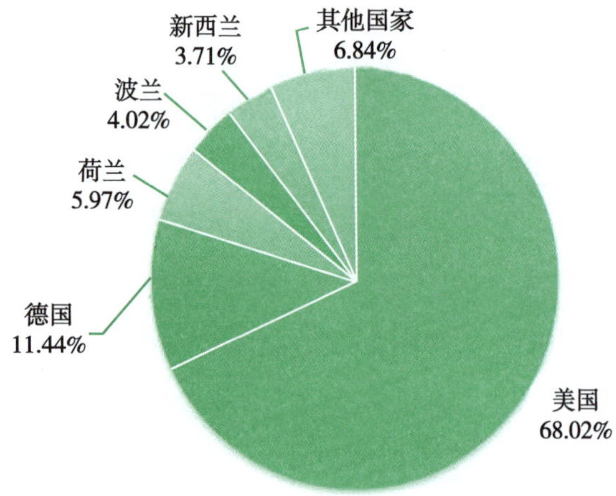

图 8　2019 年乳糖进口来源情况

资料来源：中国海关。

奶油主要来自新西兰、法国、比利时、荷兰和澳大利亚，进口量分别为 7.09 万吨、0.51 万吨、0.21 万吨、0.20 万吨和 0.17 万吨，5 国合计占奶油总进口量的 95.80%，占比同比下降 1.63 个百分点。（见图 9）

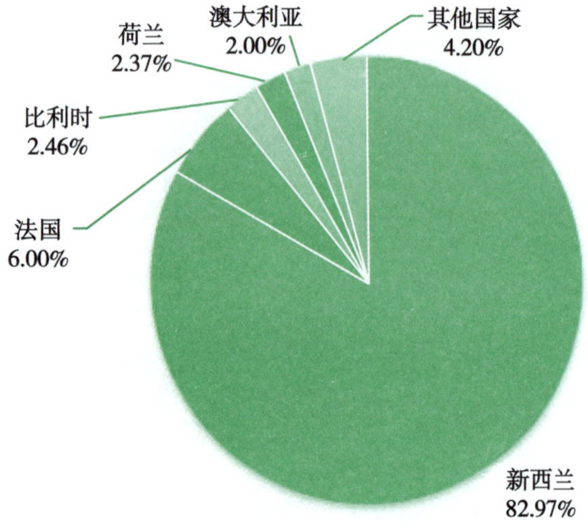

图 9　2019 年奶油进口来源情况

资料来源：中国海关。

酪蛋白主要来自新西兰、荷兰、法国、德国和爱尔兰，分别进口 1.61 万吨、0.45 万吨、0.18 万吨、0.05 万吨和 0.04 万吨，5 国合计占酪蛋白总进口量的 95.31%，占比同比增加 0.15 个百分点。（见图 10）

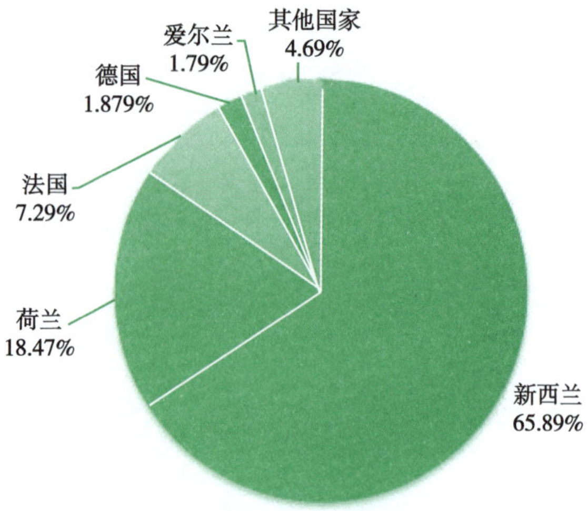

图 10　2019 年酪蛋白进口来源情况

资料来源：中国海关。

2019 年，具体产品进口价格情况见表 5。

表 5　2019 年乳制品进口价格情况

商品名称	12 月价格 /（美元 / 吨）	同比增长 /%	2019 年平均价格 /（美元 / 吨）	同比增长 /%
液体乳 1	1186	–6.71	1236	–8.78
乳粉 2	3342	14.50	3078	1.58
炼乳	1582	–9.64	1601	–9.56
发酵乳	1657	–9.06	1742	–11.59
乳清粉	1168	–3.10	1338	17.71
奶油	5267	–13.07	5455	–11.28
干酪	4575	–2.32	4545	–4.11
乳糖	975	–0.88	1100	30.88
婴幼儿零售食品	14229	–0.32	14956	1.92
酪蛋白	7591	8.15	7472	2.65
白蛋白	9537	1.57	10313	28.88

注：1. 液体乳数据不包括发酵乳。 2. 乳粉数据不包括婴幼儿配方乳粉。3. 数据来源：中国海关。

2019 年，我国乳制品出口继续保持增长，但增幅大幅降低。全年乳制品出口 5.75 万吨，货值 4.58 亿美元，同比分别增长 4.58% 和 21.61%。其中，液体乳、婴幼儿零售食品、发酵乳、炼乳、奶油是出口的主要产品，具体出口情况见表 6。

表 6　2019 年全国乳制品出口情况

商品名称	数量 / 万吨	同比增长 /%	金额 / 亿美元	同比增长 /%
出口合计	5.75	1.61	4.58	21.61
液体乳 1	2.48	-8.58	0.21	-15.02
乳粉 2	0.18	-43.13	0.07	-29.46
炼乳	0.30	8.64	0.05	2.37
发酵乳	0.39	35.66	0.09	46.22
乳清粉	0.03	-50.47	0.01	-55.16
奶油	0.24	13.32	0.09	6.07
干酪	0.01	-38.23	0.01	-27.09
乳糖	0.14	28.59	0.04	12.29
婴幼儿零售食品	1.88	16.86	3.92	26.03
酪蛋白	0.09	71.27	0.05	61.29
白蛋白	0.00	8.05	0.05	94.94

注：1. 液体乳数据不包括发酵乳。 2. 乳粉数据不包括婴幼儿配方乳粉。3. 数据来源：中国海关。

我国乳制品出口主要是为香港和澳门地区提供产品，2019 年，共向香港和澳门地区出口乳制品 4.79 万吨，同比增长 2.70%，占总出口量的 83.25%。

2019 年，我国乳制品进出口数量逆差 307.41 万吨，同比增长 11.40%，金额逆差 114.03 亿美元，同比增长 10.52%。

7. 乳制品质量稳定可靠

根据收集到的国家监督抽检结果，2019 年，全国乳制品监督抽检共计 72570 批次，合格 72398 批次，合格率 99.8%。2019 年，国家市场监管总局抽检婴幼儿配方乳粉 7958 批次，合格 7941 批次，合格率 99.8%。

2019 年，国家监督抽检质量不合格的产品都是属于偶发性的质量问题，不具有系统性、普遍性或区域性的安全风险。

8. 智能制造

乳制品企业引进智能化技术及设施设备，通过智能工厂的建设，提升企业智能化管理、自动化运营水平，实现原料管理、研发、加工、物流、销售等全链条的高效精细管理、优化外部供应链的协同，推动整个产业链向自动化和智能化的方向发展，使企业在资源配置、工艺优化、过程控制、产业链管理、节能减排及安全生产等方面的智能化水平得到显著提升，提高了产品质量与客户满意度，提升企业整体智能化管理水平，增强企业品牌影响力和核心竞争力，提高了企业质量安全保障能力和产品质量水平，降低生产运营成本。

如有的企业通过将互联网及大数据分析技术贯通于养殖、研发、生产、流通、消费等全产业链，实现与消费者的全方位互动，更好地满足消费者的差异化需求。还有企业通过引入仓库管理系统 WMS、运输管理系统 TMS、电子标签拣货系统 DPS、全球定位系统 GPS 及北斗卫星监控系统，对产品贮存、运输、交接等过程中的实时情况进行有效监控，确保了全过程冷链管控的有效性。

据企业测算，通过智能工厂项目，预期生产效率同比提高 20% 以上，运营成本同比降低 20% 以上，产品研制周期同比缩短 30% 以上，产品不良品率同比降低 20% 以上，能源利用率同比提高 10% 以上。

企业利用互联网和物联网技术，打造基于全产业链的智能化系统，通过对信息的采集、监控、分析，实现智能化控制和全程可追溯，为企业生产技术提升和产品研发提供依据，最终实现智慧化工厂运营模式。

9. 绿色制造

更多的乳品企业将可持续发展和绿色环保的发展理念融入企业管理过程，通过碳管理体系建设，统筹公司低碳发展，制定低碳指标体系、评价体系、专项行动计划和年度工作计划，强化能源、环保管理，不断降低单吨产品能耗、削减污染物产生量，逐年减少温室气体排放量，实现企业经济效益、社会效益、环境效益的和谐共赢。

确保企业污染防治设施与主体工程同时设计、同时施工、同时投入使用，且运行正常；通过持续进行污水处理设备提标扩容改造，加强污染物监测体系建设，对重点排污单位安装污染物排放自动监测系统，企业定期和不定期委托第三方检测机构进行检测，确保各项污染物达标排放。

持续进行设备的节能环保化改造，减少能源使用，如伊利2019年投入约1.7亿元用于环保设备改造，持续将燃煤锅炉升级为天然气锅炉或改为外购蒸气的形式，降低温室气体排放量，为提高环境空气质量做出努力；企业大力发展中水循环使用，仅伊利、蒙牛公司通过中水二次回收利用和中水外供等方式，年节水量就超过150万吨。

积极开展自主清洁生产审核，不断地改进完善。坚持绿色采购，努力降低资源能源消耗和污染物排放。通过提高车辆使用率、提高周转效率、减少冷库面积及车辆数量，要求运输车辆进行尾气达标处理，降低环境影响。大力发展可持续包装研发，减少材料用量。倡导固体废弃物的安全处置，将一般固体废弃物和危险废弃物进行分类收集，交由有处理资质的第三方处置。

【c.“三品”战略实施情况】

2019年，乳制品企业继续践行增品种、提品质、创品牌的“三品”行动。

1. 增品种

乳制品企业在研发创新方面继续加大投入，通过自主研发、产学研联合等形式积极推出新品，并根据市场需求不断进行产品升级，满足人们对营养健康的需求和美好生活提升的需要。2019年，各大乳品企业都有新品陆续推出，如蒙牛中华滋养暖妍酸奶，伊利“金领冠悠滋小羊”婴幼儿配方奶粉、“金领冠塞纳牧”婴幼儿有机配方奶粉，光明优倍减脂肪50%鲜牛奶、优倍浓醇鲜牛奶、致优娟姗鲜牛奶等新品；根据三元食品的年报，三元食品2019年上市新产品24项，优化升级老产品7项，其中有6项产业化创新成果荣获北京市科技进步奖等科技奖励。

作为研发的成果，企业专利数量也不断增加。根据相关乳业上市公司年报信息，光明乳业研究院2019年申请国家专利116项，其中发明专利108项，实用新型专利8项；授权国家发明专利62项，申请国际专利2项，获得国际专利授权2项。伊利集团截至2019年12月底，累计获得专利授权2703件，其中，发明专利授权数量为515件，并有4件专利获得中国专利优秀奖。

新品的推出为企业拓展了新的市场空间，在企业销售收入中占比逐年提高。如伊利集团2019年新品销售收入占比19.4%，同比提高4.6个百分点。

2. 提品质

乳制品企业从奶源到终端，以高标准严格要求，建立全链条质量管理体系，将食品安全和质量保证工作延伸至产业链条上的所有合作伙伴、所有关键环节。确保从原料验收到成品出厂每个环节责任清晰，管理不留死角。

为提升原料乳质量和安全，企业大力建设和发展标准化、规模化、集约化牧场，目前，伊利、蒙牛、光明、三元、完达山、飞鹤等大多数骨干企业奶源来源中规模化集约化的养殖场占比都达到或接近100%。企业还把对奶牛的管理前伸到种植环节、用药环节、育种环节，如采取招标使用放心饲料，对兽药按药理成分进行归类并指导供方合规用药，实现统一准入，统一饲料，统一兽药，统一评估。企业积极进行奶业人才培养，提高合作养殖场牛奶质量，如伊利、蒙牛、雀巢、辉山等企业持续开展以奶牛养殖和牧场管理等内容为主的培训项目，其中蒙牛集团通过持续开展“牧场主大学”“奶牛金钥匙”技术示范专场等活动，累计进行3000余场培训，覆盖范围超过50000人次，使牛群结构、饲喂管理等得到显著提升，生乳成本明显下降。

乳制品企业不断加强生产过程的技术创新和信息化发展，通过智能信息系统建立产品追溯程序和智能工厂，对产品从源头到终端的各个环节进行严格管控。如通过技术对生产各个工序的关键点相关信息和检验数据进行自动获取或实时记录，利用实时数据形成数据库，实现实时监控与预警和产品的快速追溯。加大技术科研投入，改善产品工艺，提高产品品质。

乳制品企业在加强各环节过程管理水平的同时，在产品与物料的检测方面，不断引入先进的检测技术，通过企业管理软件与实验室信息管理系统 LIMS 的协同，利用实时数据形成数据库，通过数据监控平台实时监控与预警，有效杜绝了人为操作的失误。

企业产品逐渐得到国际认可，伊利、蒙牛、飞鹤等很多国内企业的产品获得国际产品、品质等相关奖项。

3. 创品牌

行业和企业通过各种方式不断提升企业品牌形象。如中国乳制品工业协会通过每年的“世界牛奶日”和“营养宣传周”活动、捐赠活动、相关展会等，推动乳制品营养知识普及和企业品牌度的提升；越来越多的企业开展乳制品企业工业游项目，敞开工厂大门，邀请媒体、普通消费者实地参观体验，打造网上智能交互平台，让消费者更直观的感受牛奶的生产过程，增强消费信心，提升消费体验；乳制品企业积极开展公益活动，定期发布社会责任报告，提升企业形象。通过不同形式的品牌活动，目前我国乳制品品牌建设取得了很大的成绩，涌现出一大批知名品牌。

继续积极开拓海外市场。近几年“走出去”的雅士利、伊利、光明、圣元、澳优等企业已经分别在大洋洲、欧洲、东南亚、中东等地进行投资建厂或收购企业，利用国外的资源进行产品生产，回补国内市场的同时，以国外工厂为依托进军国际市场，企业的品牌知名度得到提升。在荷兰合作银行发布的 2019 年度“全球乳业 20 强”榜单中，伊利、蒙牛分别排名第八、第十，是全球乳业前十中仅有的两家亚洲企业。

随着企业品牌影响力的不断提升，企业品牌销售收入不断提高。如 2019 年伊利的“金典”“安慕希”“畅轻”“金领冠”“巧乐兹”“畅意 100%”等重点产品销售收入同比增长 22.3%。当前，行业中出现了不少年销售收入超过 10 亿元的品牌，一些品牌甚至超过了 100 亿元和 200 亿元。

中国乳制品工业协会

2.15 罐头食品工业

罐头食品制造业是我国传统食品产业，一直以来在供应内需、出口换汇、服务“三农”等方面发挥着举足轻重的作用。2019 年罐头行业坚持以市场为导向、科技为支撑，努力提高食品质量，实施名牌战略，努力化解国际贸易摩擦、原辅材料、生产成本上升等不利因素影响，积极推动中国罐头行业持续较快发展。

【a. 概况】

根据国家统计局对规模以上 735 家罐头企业统计的数字显示，2019 年我国罐头行业累计完成产量为 919.13 万吨，同比下降 9.01%，2019 年全行业营业收入为 1282.08 亿元，同比下降 3.03%，2019 年利润总额 78.71 亿元，同比增长 10.60%。

【b. 行业发展分析】

1. 价格

罐头产品的价格主要受原辅材料价格、汇率和人工成本影响。在价格方面，2019 年，部分果蔬原料由于天气原因减产或种植面积增加而大面积丰收，导致其原料价格较以往波动较大；在肉禽类罐头方面，受非洲猪瘟影响，导致主要原料猪肉的价格上涨较为明显；在汇率方面，2019 年，人民币汇率先升后降，下半年汇率下降较有利于出口。

根据海关数字计算，2019 年，我国罐头出口累计平均价格为 1760.68 美元 / 吨，同比下降 2.67%。（见图 1）

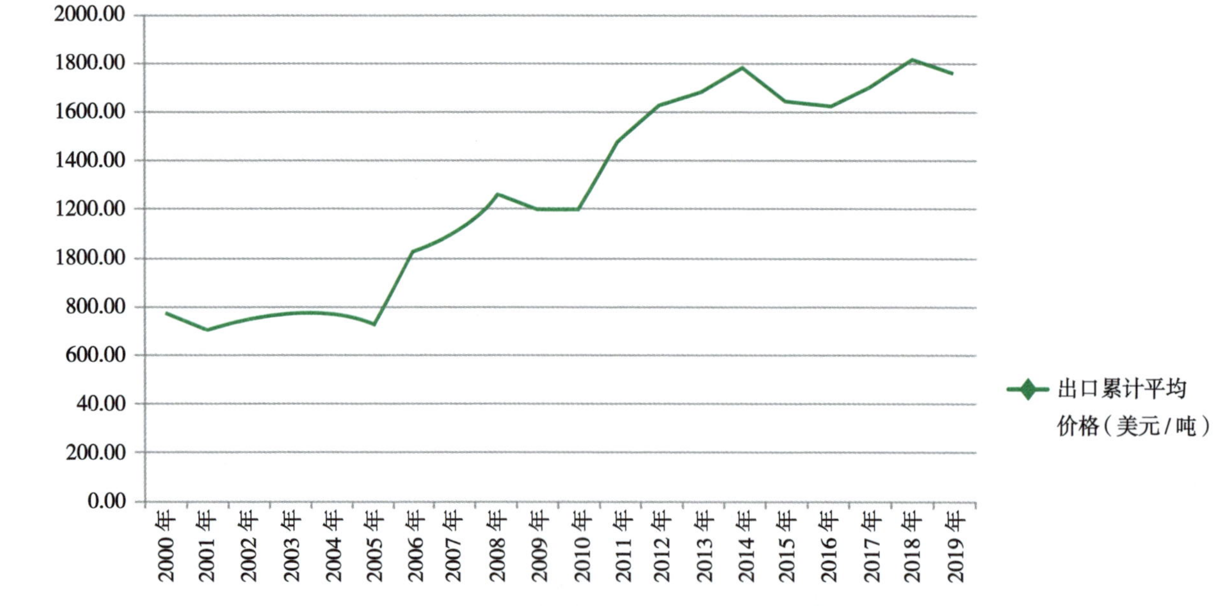

图 1　2000 年—2019 年我国罐头出口累计平均价格走势图

数据来源：中国海关。

2. 市场

我国罐头分内、外销两个市场。在外销市场，我国作为国际上最大的罐头生产和贸易国，产品在国际上具有重要地位，近年来国际市场地位较为稳定，2019 年，我国罐头总出口量略有下降，同比下降 1.16%，出口总量占国内罐头总产量的 32%。由于国际贸易不稳定因素过多，国际贸易摩擦形势加剧，影响罐头国际市场正常贸易，对出口罐头企业造成一定恐慌，企业愈发对国内市场重视，较为有利的一面在于随着近年来国家“一带一路”政策的实施，出口企业在产品出口、运输、金融等方面受益，产品市场竞争力和利润得以提升；在内销方面，罐头产品在零售、集团销售、餐饮及焙烤行业销量均逐年有所增加，但由于销售渠道、产品品牌力、影响力等方面并未完全培育成熟，市场依然有待进一步发掘，一些罐头品种由于主要依附于西式餐饮消费，如芦笋、金枪鱼、番茄酱等罐头产品的国内消费市场潜力也尚待发掘。

3. 投资

2019 年，全国规模以上罐头食品制造企业资产总计 839.3 亿元，同比下降 0.92%，负债合计 427.18 亿元，同比下降 1.48%，资产负债率 50.96%，行业流动资产总计 484.28 亿元，同比增加 3.06%。

4. 区域分布

我国罐头行业产量区域集中度较高，2019 年，福建省罐头产量 297.96 万吨，占全国罐头总产量的 32.42%，成为全国罐头产量最高的地区，依次为湖南、湖北、山东和新疆等。其中，前三省份罐头的产量占据全国产量的 49.82%。

由于，罐头产品的主要原料在未经加工时不便于贮存、运输，因此我国罐头企业分布主要与当地原料及市场优势有关。例如，我国水产品类罐头的产区以广东、福建、浙江、辽宁等沿海地区为主产区；柑橘罐头以浙江、湖南、湖北等地为主产区；肉类罐头以上海、福建、四川为主产区；黄、白桃罐头以河北、山东、安徽和大连为主产区；蘑菇、芦笋罐头以福建、山东、河南为主产区；番茄类罐头以新疆、内蒙古、甘肃为主产区；竹笋罐头以浙江、福建、江西为主产区；粥类罐头主产区是浙江、福建和河北等地。（见图 2）

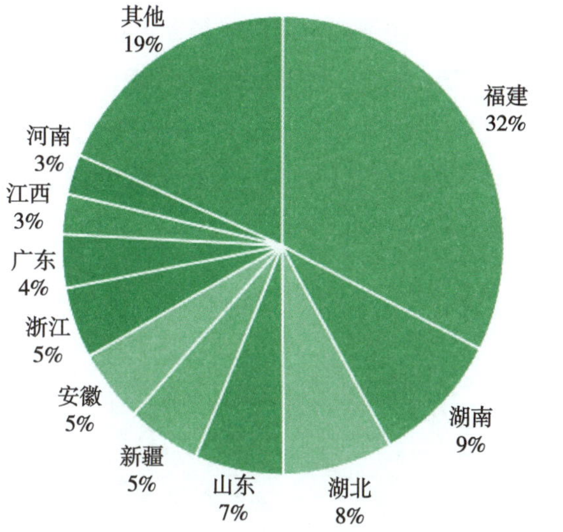

图 2　2019 年我国罐头行业产量地区分布

数据来源：国家统计局。

5. 行业集中度

2019 年，罐头行业延续了前两年发展趋势，行业集中度同比又有所提高。我国罐头行业总体以中小企业居多，行业集中度普遍不高，主要由于加工原料供应、产品季产年销和人工劳动力的制约，难以形成规模效益。以柑橘、黄桃罐头为例，行业加工柑橘、黄桃罐头前 10 家企业加工总量不足行业 40%；番茄酱加工主要集中在新疆和内蒙古地区，由于，原料较为充足和国际市场需求量大，行业集中度相对其他产品略高，行业前 5 家企业加工总量约占行业 70%。粥类罐头由于原料充足，可以实现全年生产，且机械化程度较其他品种高，是业内集中度最高的类别。近年来行业集中度在逐年提高，主要原因在于行业在政策和市场的引导下，对落后产能进行了淘汰，同时部分子行业尚处在洗牌期，兼并和重组的现象较多。

6. 进出口

（1）出口　据中国海关数据显示，2019 年，我国罐头出口总量为 296.41 万吨，同比下降 1.16%，出口总金额为 52.19 亿美元，同比下降 3.80%。

2019 年，由于国际贸易摩擦问题加剧，导致我国出口部分国家总量有所下滑，但一方面我国罐头产品在国际市场由于长期占据主要地位，短期较难以撼动，另一方面企业在积极拓展新兴市场，挖掘其他国家或地区的市场潜力，在国家“一带一路”政策的实施下，为出口企业营造了良好的出口环境。（见图 3）

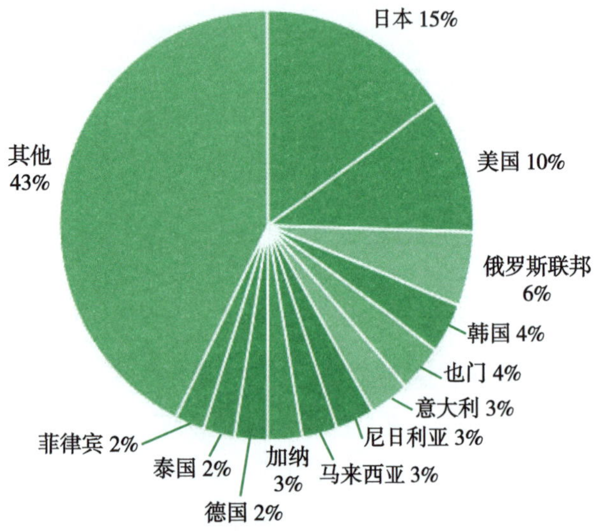

图 3　2019 年我国罐头出口主要国家和地区所占比重

（2）进口　2019 年，我国进口罐头产品总量为 15.38 万吨，同比增长 14.70%，进口额为 3.12 亿美元，同比增长 2.25%。

近年来，由于国内市场不断向好，吸引国外罐头食品进入中国市场日益增加，满足了一部分市场需求，另外一些针对外国人饮食习惯的罐头食品也逐渐出现在国内市场，主要针对有该类饮食需求的消费者，同时满足了一部分市场好奇需求，其特点为总体量不大，但价格稍高于国产同类罐头产品。

2019 年，国内进口罐头主要为果蔬和宠物类罐头，其中，进口量较大的水果罐头品种为菠萝、黄桃和什锦罐头。进口黄桃罐头主要来自南非和希腊，由于其品质优良，色泽鲜艳，受到国内高端烘焙业和连锁快餐业的青睐。菠萝罐头延续了 2018 年国内市场紧缺的形势，进口量持续上升。进口罐头产品的价格在前几年攀升的情况下，于近年来价格回归，2019 年我国进口罐头产品累计平均价格为 2029.07 美元 / 吨，同比下降 10.86%，进口罐头价格更趋于平价现象较为明显。

7. 重点行业概况

罐头产品按原料分为肉禽类罐头、水产类罐头、果蔬类罐头和其他类罐头，其他类罐头主要包括粥类、汤类、调味类以及婴幼儿辅食类等罐头产品。

表 1　2019 年我国罐头各品类经济运行情况表

项目	企业数 / 个	营业收入 / 亿元	主营业务收入同比	利润 / 亿元	利润同比
肉、禽类罐头	98	216.66	–8.88%	11.98	–3.75%
水产类罐头	47	84.92	–8.30%	7.79	11.65%
果蔬类罐头	527	861.00	–1.16%	50.15	19.61%
其他类罐头	63	119.51	–0.97%	8.77	–10.50%

数据来源：国家统计局。

其中主要产品情况如下：

（1）粥类罐头行业

粥类罐头是我国罐头品种中总量最大的单品，且行业集中度较高。根据国民饮食习惯，产品基本全部内销。粥类罐头生产的连续化和机械化程度高，能一年四季生产，所以产量较大，规模效益明显。同时也是罐头行业中产品创新较为活跃的品种，市场产品多样化较为突出。2019 年，粥类市场延续了以往较好的市场发展趋势，在市场零售较好的基础下，在餐饮集团消费方面的需求不断提升，且增长较快。

（2）番茄酱罐头行业

美国、意大利和中国是世界上最主要的番茄酱罐头生产国。根据世界番茄加工委员会（WPTC）数据显示，2019 年，全球共加工约 3726.6 万吨番茄原料，同比增长 8.6%，其中，中国加工 520 万吨。我国番茄酱罐头加工主要集中在新疆、内蒙古和甘肃地区，2019 年，总产量约为 75 万吨，其中，新疆 58.8 万吨，内蒙古 15 万吨和甘肃 1.2 万吨，同比增长较为明显，主要由于 2018 年因环保整改降低了产量且 2019 年，总体天气条件较好，原料获得丰收，很多企业都实现了增产。

在市场方面，我国番茄酱罐头依然以国际市场为主，据海关统计数字显示，2019 年，出口番茄类罐头产品共计 95.96 万吨，同比增长 3.59%，出口额 7.24 亿美元，同比增长 5.89%。其中，大桶番茄酱（＞5 千克）出口量为 60.12 万吨，同比增长 10.72%，累计平均单价 740.53 美元 / 吨，同比增长 6.81%；小包装番茄酱（≤ 5 千克）出口量 32.47 万吨，同比下降 5.07%，累计平均单价 772.74 美元 / 吨，同比下降 3.13%。在内销方面，近年来，经过行业企业对国内市场进行深耕挖掘，国内市场销售国产番茄酱罐头取得了不错的市场效果，国内销售产品以番茄沙司、番茄酱和少量番茄罐头为主，主要供应餐饮、焙烤等方面，以及其他食品工业用原料，预计今后还将继续有所增长。

（3）桃罐头行业

我国桃罐头加工用原料及生产企业主要集中在安徽砀山、山东临沂、辽宁大连和河北保定等地，近年来，全国桃产业和市场总体呈现上升趋势，黄桃种植规模逐年扩大，国内市场持续增长，企业也加大了对品牌培养的投入，逐渐形成一批全国或区域市场的品牌企业。由于近年来市场需求旺盛，原料种植面积不断扩大，全国范围原料丰收，2019 年，桃原料价格较以往偏低。据中国罐头工业协会统计，2019 年全国桃罐头年产量近 80 万吨，稳居世界第一。

在市场方面，我国桃罐头近四分之一用于出口。从国际市场看，我国桃罐头加工竞争对手主要是南非、希腊和阿根廷三个国家。全球主要生产国的总加工量大体保持在每年 160 万吨左右的规模。2019 年，我国桃罐头出口 13.41 万吨，同比下降 8.95%，出口额 1.46 亿美元，同比下降 12.75%，累计平均价格为 1086.72 美元 / 吨，同比下降 4.17%。出口量、额均出现下降主要是由于国际贸易摩擦加剧，个别国家关税增加，进口国转向其他桃罐头生产国寻求低价产品。然而我国桃罐头在国际市场上体量庞大，出口量虽较以往有明显下滑，但其他国家桃罐头产业尚没有能力完全替代我国桃罐头的国际市场地位。我国桃罐头主要出口国家依次是美国、日本、俄罗斯、墨西哥和加拿大，其中对日本出口白桃罐头占较大比例。

（4）柑橘罐头行业

我国是世界上主要的柑橘罐头生产国和出口国，国际市场占有率一直保持在 70% 以上。柑橘罐头近年来国内市场发展较好，销售规模稳中有升。企业近年来重视柑橘罐头的连续化、机械化生产，有助于控制产品生产成本，保证了企业效益。在产品方面，柑橘罐头产品在包装、口感方面不断改善，在稳定既有消费群体的条件下，努力开发新品及扩展新的消费群体。从而促进内销市场不断扩大。另外在柑橘去皮设备、原料综合利用方面近年有所突破，助力行业向上发展。2019 年由于天气原因，部分柑橘主产区减产，导致原料价格增加，企业生产成本提升较为明显。

2019 年，我国柑橘罐头出口量为 26.58 万吨，同比下降 18.43%，出口额为 3.08 亿美元，同比下降 22.17%，累计平均价格 1157.28 美元 / 吨，同比下降 4.17%。下降主要原因在于遭受国际贸易摩擦，进口商于政策调整前积极囤货，2018 年，出口量价齐增，2019 年，出现回复性下调，另外也由于国际市场贸易摩擦阴影导致企业对前景不明朗，企业减少生产。

（5）食用菌罐头行业

2019 年，我国食用菌罐头总产量约为 50 万吨，主要集中在福建、四川和山东等省份。产品约一半用于出口，我国食用菌罐头总出口量为

25.45 万吨，同比增长 5.27%，出口额 8.91 亿美元，同比增长 54.73%，累计平均价格为 3502.03 美元 / 吨，同比增长 46.97%。我国食用菌罐头出口方面依然没有摆脱受到美国蘑菇罐头多年的反倾销和多菌灵事件的阴影，造成中国出口美国的食用菌罐头受阻。食用菌罐头在国内市场上销售主要为调味类食用菌罐头，另外针对西式餐饮、快餐连锁和星级酒店，销售近年来表现较为抢眼，实现稳步增长。近年来企业为确保原料质量，控制农药残留，均建立智能化食用菌原料种植基地，引导集中种植，不仅提升了原料质量，同时起到了节能、环保和降耗的效果。

（6）猪肉罐头行业

我国猪肉罐头以午餐肉、清蒸猪肉等罐头为主，以供应餐饮业为主，少部分进行零售。2019 年，我国猪肉类罐头产业由于受到非洲猪瘟影响，原料供应不足且价格上涨过快，导致产品产量、出口量均出现大幅下滑。在市场方面，我国猪肉类罐头出口以东南亚国家和中国香港地区为主，我国共出口猪肉类罐头 2.90 万吨，同比下降 42.01%，出口额为 0.92 亿美元，同比下降 38.73%，产品累计平均价格为 3173.86 美元 / 吨，同比增长 5.65%。在内销方面，猪肉类罐头主要应用于餐饮化，如猪肉午餐肉应用于火锅类餐饮，近年来随着我国火锅餐饮业的迅速兴起，带动猪肉糜类罐头产品销量不断提升。由于，猪肉午餐肉产品市场较好，企业积极性较高，但 2019 年非洲猪瘟影响扩大，导致原料价格上涨过快，对市场也造成一定影响。

（7）金枪鱼罐头行业

2019 年，全球金枪鱼市场延续以往需求大于供应局面，我国金枪鱼罐头（含金枪鱼鱼柳）共出口 12.34 万吨，同比增长 16.68%，出口额为 5.03 亿美元，同比增长 3.69%，产品累计平均价格为 4072.22 美元 / 吨，同比下降 11.13%。由于，近年来，国内消费者对金枪鱼类罐头的营养成分逐渐重视，产品在国内消费中增长较快，我国进口金枪鱼罐头也处于增长态势，进口金枪鱼罐头 3103 吨，同比增长 8.18%，进口额 1520 万美元，同比下降 1.45%。

（8）鲭鱼罐头行业

2019 年，我国鲭鱼罐头出口量为 8.63 万吨，同比增加 24.35%，出口额为 2.44 亿美金，同比增长 16.41%，产品累计平均价格为 2830.82 美元 / 吨，同比下降 6.38%。鲭鱼罐头。近年来，国际市场发展较快，但 2018 年由于南美部分地区鲭鱼罐头产能逐步上升和我国鲭鱼罐头出口遭受贸易壁垒情况严重，对我国鲭鱼罐头行业向上发展造成影响，2019 年，出现报复性出口增长，企业在逐步试水内销市场，在供应食品类鲭鱼罐头的同时，也开发生产了鲭鱼罐头的宠物食品罐头。

8. 绿色制造、智能制造

近年来，随着国家有关部门的引导及大力支持，绿色制造、智能制造已成为各个行业今后发展的必然方向，罐头行业也逐步进行转型升级，加大绿色制造、智能制造方面重视，积极响应绿色可持续发展。

在绿色制造方面，近年来行业在生产中推广行业杀菌以水排气替代蒸汽排气和循环用水，如杀菌冷却时以冷却水内循环代替冷却水外循环，冷却水一直在系统内部循环，不与外界接触，不存在微生物污染的可能性，且冷却水用量少。另外在杀菌中最大程度减少蒸汽的无效排放，提高杀菌效率，节约能源。以上种种措施的实施，有助于在生产中起到节能节水、减少污水排放的作用。

在智能制造方面，行业立足自身特点，近年来不断推动智能化制造，不仅仅在生产中注意智能改造，如自动称重、罐装机器、原料处理等设备的研发及投入使用等，在原料基地的生产同样引进智能设备，如蘑菇原料种植基地，企业引进自动化智能设备，对基地内生产环境进行智能调节，实现科技管理。但在加工智能装备和互联网方面行业总体依然处于起步阶段，预测今后类似于柑橘分瓣等加工工序实现机械化后，行业智能化将得以实现，同时，智能化检测装备，在今后将在行业内普及，将大幅度减少人工成本和提升产品品质。

9. 包装与装备

（1）包装

罐头产品由于其独特的杀菌工艺，对产品包装要求较高，包装材料的升级也体现着罐头行业的进步。当前罐头产品包装主要分为硬（马口铁、玻璃、铝等）和软（高阻隔塑料、铝箔、利乐纸等）两种包装形式。

我国以金属、玻璃材料制罐的技术已日渐成熟，制罐装备生产已接近国际先进水平。在包材方面，环保和节约成本的材料减薄一直是金属罐头包装的重要发展趋势，作为金属包装的高档产品覆膜铁，具有相对传统马口铁安全性较高、耐腐蚀等特点，也在行业内积极推广当中；利乐包装的罐头产品也逐渐从无到有，利乐包装以其安全、便于运输和外观新颖的特点，开始逐渐在罐头行业中出现。近年来随着食品接触类材料标准的要求逐渐严格，包装材料的内涂层也更加趋于安全的更高要求。在软包装方面，高阻隔塑料包装主要应用于水果罐头，水果类罐头由于其外观诱人，部分产品在销售中采用透明高阻隔包装材料，制成果杯或直立袋，携带方便且便于开启，高阻隔复合塑料杯（袋）装各类水果罐头产量和销量逐年提升，国内外市场发展前景十分广阔。

（2）装备

罐头装备主要包括空罐、实罐和包装三大部分，始终伴随罐头产业发展和进步，发挥着举足轻重的作用。罐头生产原料品种多、规格不一、加工期短等问题一直是制约我国罐头生产装备发展的障碍。随着国内人工成本的不断攀升，企业对机械化、智能化设备越来越重视。近年来，罐头行业装备发展态势十分明显，高新技术得到逐步的推广与应用，随着市场的需求和企业研发能力的增强，高新机械设备逐步替代以往人工操作在罐头加工业中得到了较为广泛的应用，如原料分拣、芦笋去皮机、黄桃去核机等机械目前正在行业中广泛被推广使用，近年来，研发成功的柑橘去皮机，去皮率达到90%以上，每台机器可代替6个劳工，也在逐渐被企业采用。在自动罐装和称重方面，行业相关企业也在加大研发和投入力度，部分较为成熟的产品在黄桃、柑橘和鲭鱼罐头等生产中均已逐步投入使用，大大减少了人工成本。另外，为提升产品品质，异物检测等设备也不断受到企业重视而引进使用。特别是随着国外先进设备的引进和消化，以及罐头加工产品的出口对产品的质量和加工技术水平要求较高，推动了高新技术的广泛引进和应用研究，和国际上先进的自动化生产还有较大差距，原料装备落后制约生产自动化进程较以往有所缓解。

10. 发展新亮点、新增长点

（1）传统菜肴罐头化，自加热罐头市场发展空间较大 罐头食品在供应餐饮消费方面提升较为明显，有利于降低餐饮生产成本，简化厨房工序。以午餐肉为代表的肉类罐头，在火锅等餐饮消费总体提升的带动下，行业产销量逐年提升；粥类产品由以往餐饮熬制变为由企业集中制成罐头，销往各个餐饮店，为餐厅节省时间及能源，且在安全等方面更加有所保障；蘑菇、芦笋、番茄酱、金枪鱼等罐头产品，由于国内西餐化的普及，带动该类产品销量有所增加。另外近年来由于罐头工艺的日渐成熟，与传统食品相结合，部分企业借助罐头工艺使部分传统中国菜肴工业化，如狮子头、红烧排骨、梅菜扣肉、面条、米饭罐头等产品均实现了工业化生产，带动罐头产品多样化。在供应餐饮业的同时，行业积极开发自加热罐头食品，弥补零售端的消费需求。自加热罐头食品具有食用、携带、操作方便，口味、营养均较好的特点，且以其新奇的食用方式引起诸多消费者的好奇心，产品在军需、救灾、差旅、日常等多方面均有消费需求，带动罐头产业消费升级。目前来看，自加热罐头产品在口味、加热方式、包装等方面均有提升空间，市场潜力较好。

（2）高端罐头产品需求日益增加 近年来，随着国民消费升级，对食品的品质、本身价值要求提升，带动一些高端罐头如燕窝、海参、生蚝、佛跳墙等罐头的消费需求，销量持续增加。主要在于罐头工艺较易于对食物进行储存，高端食材制成的罐头产品在销售、运输和食用方面都较为方便，弥补了市场对一些高端食品的货架零售消费需求，同时罐头产品也有助于降低食物的成本，具有一定价格优势。高端罐头产品由于利润较好，在市场宣传和渠道方面投入较多，同时借助于新兴媒体的宣传，不仅应用于餐饮渠道，在零售市场也有较快发展。

【c.“三品”战略实施情况】

2019 年，罐头企业在“三品”专项行动中积极落实，总体情况进展良好，并取得了不错的成绩。

1. 增品种

在增品种方面，企业以市场为导向，面向餐饮、零售等方面需求入手，弥补市场空缺的同时提升企业效益。福建紫山集团股份有限公司研发的三文鱼骨罐头、味噌及味付口味鲭鱼罐头成功出口日本；企业通过新产品开发和生产，优化了产品结构，拓展了市场空间，带动了技术改造和生产工艺的提升，有力地促进了企业转型升级。上海梅林食品有限公司在午餐肉罐头系列中，开发“猪大萌”经典午餐肉罐头，于 2019 年底成功上市。“猪大萌”作为梅林午餐肉家族中全新的一员，在产品外包装采用与以往经典午餐肉罐头不同的粉色色系更加趋向于年轻化和时尚化，更能吸引年轻消费者的眼球。在生产工艺上，猪肉原料来自企业自建牧场，冷鲜猪肉投肉量高达 90% 以上，优化产品色泽和口感。同时在包装方面采用铝质易拉盖，与传统铁质易开盖相比更易开启。杭州娃哈哈集团有限公司依托国家级企业技术中心研发平台，于 2019 年在新产品研发上依据平衡膳食、均衡营养的健康理念，开发了以藜麦为主要原料的藜麦牛奶粥罐头，通过罐藏原料品种筛选和牛奶配伍研究，在提高藜麦口感风味的同时最大限度地保留了原料的营养价值，给消费者全新的口感和营养，完成粥类罐头食品的升级换代。今后娃哈哈还将继续深入开展消费者洞察及需求研究，通过细分市场，开发针对银发族、年轻女性、上班族及儿童等人群的产品。如正在研发的低 GI（血糖生成指数）罐藏食品，将对糖尿病、血糖异常、体重管理等人群的膳食具有重要意义。

2. 提品质

近年来，罐头行业企业在积极提升产品质量管理手段，升级产品检测手段和向着智能化方向发展，以助于提升产品品质。福建紫山集团股份有限公司先后顺利通过了 ISO2000、HACCP、BRC、IFS、清真哈拉年度换证审核以及国内海关的年度监督审核，根据美国食品药品监督管理局 FDA、斯里兰卡相关标准，更新水产罐头质量体系管控要求并予以贯彻实施，通过斯里兰卡的官方审核认证，积极参与标准的制修订，全年完成企业标准修订及备案 11 份，参与多项国家或行业标准的起草修订。杭州娃哈哈集团有限公司在质量管理覆盖新品开发环节、供方原材料进厂验收环节（IQC）、生产过程检验环节（IOC）、产品出厂检验环节（OQC）、产品通路运输环节及终端货架环节这六大环节，真正实现对产品全生命周期的全面质量管理（TQM），同时在业内率先配备了原料除杂设备和高速影像检测系统，采用智能化原料处理和成品检验系统，提高了生产效率和产品质量，实现了传统罐头食品向数字化、智能化的转型升级。

3. 创品牌

大力提升企业品牌价值，是行业内多家企业的发展方向，在打造品牌价值中，以新媒体、新方式来传播品牌信息。福建紫山集团股份有限公司积极参加国内外高质量展会，以优质产品获得良好反响，同时将产品与当地特色产品挂钩，打造当地特色产品品牌，在传播方面，积极与新兴网络媒体平台对接，大力探索品牌在新兴市场的发展。上海梅林食品有限公司启动了品牌系统升级的工作，力求企业形象更规范，更适应时代变化，将传统与创新齐存并进，让老字号焕发新生命。紧跟互联网 3.0 时代的发展潮流，大力开展异业合作活动，在加深消费者对于梅林品牌原有的认识上，扩大品牌在其他领域的认知度，打造全新品牌生命力。对庞大的年轻消费客群，敏锐洞察市场方向，在舆论宣传和品牌推广上做出针对性的改变。与此同时，也不忘持续开展线下展览活动，与存量消费群体进行深度互动。2019 年，杭州娃哈哈集团有限公司在品牌推广方面，针对热播的电视剧进行多种广告形式协同投放，总体曝光目前达 1.8 亿次，以新的传播方式，将企业品牌信息传播给消费者们。

【d. 行业面临的问题分析】

1. 政策与市场

（1）原料种植缺少科学引导，全国种植面积波动性较大导致每年原料供应量不稳定

近年来，随着果蔬农作物市场向好，农户种植积极性不断攀升，部分农作物产量逐年升高，但由于各地部分农户在种植中信息不足，为求形成规模效益而盲目扩大种植面积，提高产量，导致部分农产品供过于求，市场不能及时消化，又由于部分农产品不利于储存，导致市场价格一路走低，农户受损严重，长此以往，农户种植积极性降低时而减少种植面积，又会导致产品供小于求，从而价格飞涨，提高企业生产成本，形成恶性循环。如 2019 年黄桃由于大面积丰收，导致价格大幅下降，果农受损严重，而 2019 年橘子由于原料减产，价格上升过快，增加了企业生产成本。

（2）国内健康舆论向好，但彻底消除消费者对罐头误解依然任重道远

国内由于部分媒体对罐头产品缺乏了解和调查，听信一些谣言误以为罐头产品在安全性、营养方面欠妥，便以讹传讹对其进行报道宣传，导致消费者对罐头误解很深，误以为罐头产品不够新鲜、营养价值不高或对人体有害。近年来在国家有关政策的支持下，中国罐头工业协会和行业企业加大宣传科普力度，努力消除市场上对罐头产品的误解，对罐头产品的贮藏原理进一步进行科学解读，媒体舆论风向有所改善，虽然取得了一定效果，但目前看来仍需不断努力。

（3）国际市场受技术性贸易壁垒、反倾销、高额关税制约，国内存在出口骗税现象扰乱市场正常贸易

近年来，我国罐头产品年出口量基本徘徊在 300 万吨左右，近总产量四分之一。很多出口罐头品种如番茄酱、鲭鱼、芦笋、柑橘罐头等在国际贸易中占据主要位置，在国际市场上具有总体质量好、价格低、占比大等特点。但产品在国际贸易中频繁遭遇技术性贸易壁垒、反倾销、被主要市场国征收高额关税等现象。如我国鲭鱼罐头在出口南美、果蔬类罐头出口美国，均有遭受技术性贸易壁垒问题；我国柑橘罐头在出口欧盟地区自 2008 年起便遭遇反倾销仲裁，被征收高额关税；美国自 1998 年起便对我国出口蘑菇罐头征收高额反倾销关税诸如此类等等。种种限制导致我国罐头产品虽然目前在国际市场占比较为庞大，但由于关税等原因导致利润极低，原有的价格优势无法体现，另如产品遭遇技术性贸易壁垒，产品退柜，企业有可能遭受巨大损失，长此以往原先拥有的市场极有可能被他国所占据。另近年来，国内部分罐头出口企业在出口贸易中谎报产品价格，以虚假高额贸易金额骗取出口退税，而实际交易价格远低于市场均价，从中牟取不法所得。此现象不仅造成国家资金损失，也严重扰乱我国罐头产品外贸市场秩序。同时，由于实际产品交易价格较低，产品质量差，也严重损害中国产罐头在国际市场上的声誉，扰乱市场秩序。

2. 科技创新

（1）企业新品研发力度加大，但总体创新力依然不足

2019 年，罐头行业在市场消费升级拉动下，部分企业在新品研发、升级产品内容物、包装等方面均不同程度较以往加大了创新力度，并针对市场不同需求，开发出针对不同消费群体需求的产品，满足各种消费需求，产品一经投放市场取得了不错的反响，对以往罐头产品缺少新包装、新口味的市场形象有所改善。但目前行业总体创新力依然不足，市场上产品大多在包装、口味等方面缺乏创新，产品同质化竞争严重，缺乏差异化、新奇化，导致罐头国内市场对新生消费群体的吸引力度不够，虽然产品物美价廉，但难以开拓新兴消费群体。不过近年来随着国际市场的饱和，企业不断重视国内市场，也对产品创新变得逐渐重视起来并进行大胆尝试，如近年来市场上的功能糖类水果罐头、果冻类罐头、功能性罐头及方便主食罐头等新口味产品，在包装上也推出很多包装精美的礼品包装。目前行业创新力正在逐步进行改善，也已取得部分成果，因此，加大创新、进行品牌培养成为促进产业发展的关键因素。

（2）原料综合利用率总体不高，有待进一步提升

果蔬罐头在加工中普遍对原料废弃物的开发利用程度不够，而丢弃的加工废料如不快速处理，会导致环境污染，进而提升企业环保成本。在废弃物处理中如企业能利用科技手段提高原料综合利用率，一方面能够进一步降低生产成本，减少原料浪费，另外也有利于节能环保。目前行业对原料综合利用方面均有所重视，如柑橘罐头生产中产生的废料柑橘皮，用来作为原料生产果胶、香精油、陈皮等产品，芦笋罐头的废料芦笋皮等用来做芦笋汁饮料、芦笋酵素，均取得了不错的成果和市场效益，但行业目前总体废弃物利用率不高，科技支撑力度不够是当前废弃物利用率不足的主要原因。

【e. 发展趋势】

2019 年，罐头行业总体发展向好，努力化解各种压力，积极稳住现有市场，开拓新兴市场，也取得了一定成绩。然而自 2020 年初，新冠肺炎病毒疫情的全球性爆发，预计将对我国罐头行业各个方面均产生严重影响。受疫情冲击，以往以供应餐饮销售为主的罐头企业将在疫情期间举步维艰，有关零售，除以礼品销售为主的内销罐头销售困难外，由于疫情期间以居家饮食为主，家庭囤聚食品尤其国外囤积罐头食品现象较为普遍，罐头作为较易于储存且安全美味的食品，在为居民提供方便的同时，销量将得以补充。同时罐头食品在疫情期间作为食物储备，销量增长的同时也得以宣传和科普，吸引到了部分新的消费群体，但疫情导致的囤货式消费增长极有可能在今后带来报复性回落。受疫情冲击，中小企业生存困难，预计新冠肺炎疫情之后行业企业集中度将加快提升速度，同时在机械化、智能化方面将更为重视。加快机械化、智能化的技术改造，提高生产效率，发展规模化效益和节能环保方面完成技改，将成为发展趋势。

【f. 政策建议】

1. 科学引导农户对原料品种的种植

对农户种植品种增加科技引导力度，鼓励罐头企业与当地扶贫工作对接，建立合作机制，保障农户收益，指导农户共同建立原料基地，科学种植。

2. 加大对罐头企业的科技支持力度，助力企业更好地解决开发产品、原料废弃物综合利用问题

通过政策扶持、资金奖励等综合手段，鼓励

企业与科研单位、大专院校联合，成为产学研一体的研究体系。对大宗果蔬加工产品的废弃物再利用进行科研攻关，并将成果在行业内进行推广普及。

3. 以罐头便于贮存、运输等特性，推广宣传罐头食品作为国民家用常备防灾物资，在向公众普及抗震减灾等相关知识的同时，鼓励国民在日常生活中多给家中贮备一些罐头食品作为应急食品，以备不时之需，将灾难可能带来的损失进一步降低。

4. 支持出口企业应对技术性贸易壁垒，严厉打击虚高价格出口贸易骗取退税行为

在出口企业面对国际贸易中出现的技术性贸易壁垒时，联合相关行业协会，为企业提供必要的政策、技术、信息及资金等方面的支持，避免企业单打独斗。

5. 优化罐头行业金融服务，加大企业融资支持等金融政策

在罐头加工中购买农副产品原料方面，给予企业融资、贴息贷款等的金融政策支持。

中国罐头工业协会

2.16 调味品制造业

【a. 概况】

根据国家统计局对规模以上企业统计的数据分析，2019 年，调味品行业营业收入保持增长，调味品及发酵制品营收达到 2526.4 亿元，酱油、食醋及类似制品达到两位数同比增长，味精制造产业利润同比增长最为明显。酱油、食醋及类似制品制造利润同比增长达到 8.3%，而其他调味品及发酵制品制造利润同比下降 0.3%。

根据中国调味品协会对著名品牌 100 强企业统计（100 家）得知，总生产产量与销售收入的同比增长率回归两位数，2019 年，产品总产量在 10 万吨以上的企业有 26 家，占总数的 26%。总产量在 5 ～ 10 万吨的企业有 24 家，占总数的 24%；总产量在 1 ～ 5 万吨的企业有 34 家，占总数的 34%；总产量在 1 万吨以下的企业有 16 家，占总数的 16%。

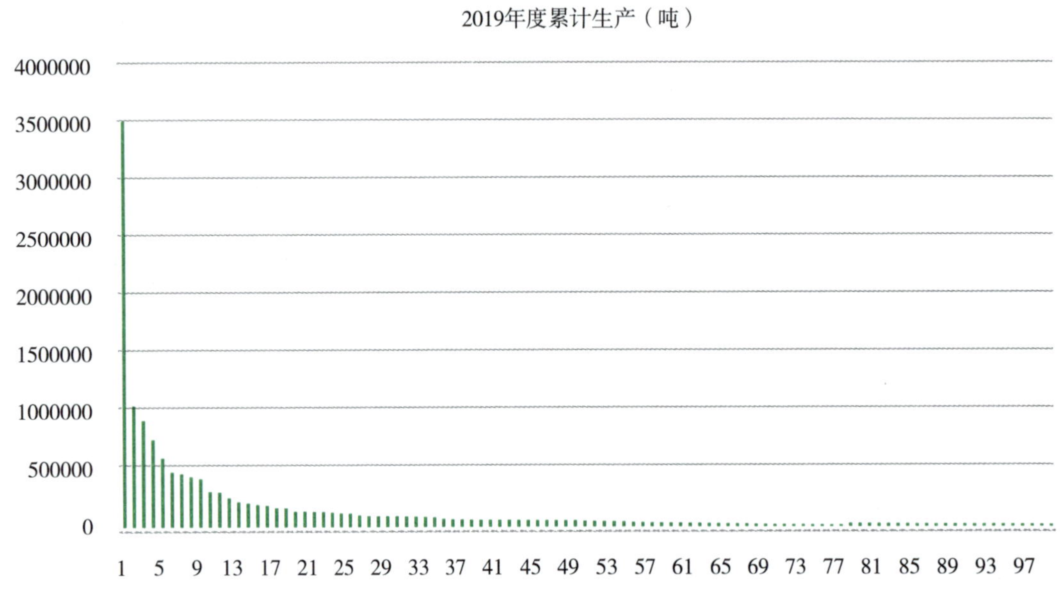

图 1　2019 调味品企业生产产量明细

资料来源：中国调味品著名品牌企业 100 强 2019 年度数据统计汇总分析（100 家）。

2019 年，调味品著名品牌企业 100 强企业统计分析显示：调味品行业总产量与总销售收入均达到 10% 以上的增长率。百强企业生产产量的增速从 2018 年的 7.54% 增长到 2019 年的 10.1%；销售收入的增速从 2018 年的 10.8% 下降到 2019 年的 10.7%。

【b. 行业发展分析】

2019 年，调味品行业规模不断扩大，效益保持稳定增长，各品牌企业快速适应新业态，细分产品不断迭代更新，经营模式逐渐多样化，销售渠道不断涌现新模式，既满足了新老消费群体的消费需求，又取得了企业自身的长足发展，同时促进调味品行业的可持续发展。

1. 价格

2019 年，调味品产品平均价格延续 2018 年的上涨趋势。行业内上市公司年报显示，酱腌菜、食醋、酱油、复合调味料、香辛料等主要调味品品类的价格都有不同程度的上涨。导致调味品价格上涨的原因主要有两方面：一方面，2019 年，调味品企业原料、人工、包装以及物流、环保等各个环节的价格都有不同程度的上涨，生产成本的增加是造成调味品价格上涨的重要原因之一；另一方面，调味品企业适应消费升级的趋势，针对市场推出具有高附加值的产品，高端产品比重提高，推动调味品的平均价格上涨。

2. 市场

我国调味品产业发展趋势良好，消费升级意愿明显。但我国调味品企业的集中度还不够，市场潜力尚待开发，供给侧改革与调整同步进行。品牌企业上酱油项目和特色酱油项目较多。

3. 投资

上市公司已成为调味品产业发展的风向标。2019 年，调味品行业上市公司（见表 1），营业收入总和为 651.08 亿元，同比增长 15.46%；利润总额总和为 141.78 亿元，同比增长 11.73%；净利润总和为 122.81 亿元，同比增长 11.27%。

海天味业、梅花生物、安琪酵母分别以 197.97 亿元、145.54 亿元、76.53 亿元位列调味品行业上市企业前三位。

海天味业、中炬高新、安琪酵母、千禾味业、涪陵榨菜、恒顺醋业、天味食品、日辰股份、梅花生物和加加食品等企业各有特色，并取得了相应的成绩。

表 1　2019 年调味品业上市企业经济效益

序号	单位名称	营业收入（百万元）			利润总额（百万元）			净利润（百万元）		
		2019	2018	同比增长	2019	2018	同比增长	2019	2018	同比增长
1	海天味业	19797	17034	16.22%	6377	5223	22.09%	5356	4367	22.65%
2	梅花生物	14554	12648	15.07%	1168	1215	-3.87%	1004	1020	-1.57%
3	安琪酵母	7653	6686	14.46%	1109	982	12.93%	940	900	4.44%
4	中炬高新	4675	4166	12.22%	928	793	17.02%	791	681	16.15%
5	苏盐井神	4190	2764	51.59%	323	182	77.47%	260	146	78.08%
6	湖南盐业	2272	2303	-1.35%	192	218	-11.93%	163	173	-5.78%
7	加加食品	2040	1788	14.09%	192	144	33.33%	162	115	40.87%
8	涪陵榨菜	1990	1914	3.97%	712	778	-8.48%	605	662	-8.61%
9	恒顺醋业	1832	1694	8.15%	397	370	7.30%	330	304	8.55%
10	天味食品	1727	1413	22.22%	346	311	11.25%	297	267	11.24%
11	千禾味业	1355	1065	27.23%	232	285	-18.60%	198	240	-17.50%
12	安记食品	421	339	24.19%	49	48	2.08%	43	39	10.26%
13	佳隆股份	297	319	-6.90%	34	42	-19.05%	28	35	-20.00%
14	日辰股份	286	238	20.17%	100	81	23.46%	85	70	21.43%
	总计	65108	56389	15.46%	14178	12690	11.73%	12281	11037	11.27%

企业的长足发展，有赖于企业在结构调整、质量提高、保持风味和供给侧结构性改革方面的不断创新和突破。

4. 区域分布

据中国调味品协会企业数据库数据显示，各区域调味品优势细分产业有所差异。酱油、醋等大产业分布较广，而香辛料调味品等产业各地差异较大。随着产业升级，各地的调味品小镇（园区）建设也逐渐形成规模。如成都安德镇、山西清徐县、广东阳西县、四川眉山市、江苏宿迁、贵州遵义等地都建立了以调味品为支柱的产业基地。

5. 行业集中度

中国调味品行业近3年行业集中度提高，尤其表现在酱油、食醋、调味酱、复合调味料产业。2019年，行业内出现几起并购案：千禾味业收购镇江恒康，百胜中国收购黄记煌，益海嘉里投资建成酱油厂。行业内也涌现一批靠特色杀出来的黑马，如虎邦辣酱、饭爷辣酱。行业加速洗牌，优胜劣汰趋势愈加明显。

中国调味品著名品牌100强2019年数据统计汇总分析显示，百强企业销售收入首次突破1000亿元。2019年上市公司（16家）总销售收入为484.16亿元，占统计内企业总销售收入（100家）的46%，与2018年相比收入占比继续提高。

6. 进出口

根据2019年1月至8月，联合国数据显示，欧美国家对调味品进口需求较为明显，同比增长呈正向趋势，其中增长最快的有希腊、西班牙、波兰，而希腊、墨西哥和危地马拉三国跻身全球调味品行业前二十大进口国。出口同比增长最快国家是苏丹，其次为索马里、美国、西班牙、俄罗斯，而加拿大、比利时、意大利、澳大利亚出口骤减。

一带一路国家调味品的进口总量占比一直较高且稳定，每月的进口额保持在1000～2000万美金，综合来看，一带一路国家调味品进口额占我国调味品进口总额的34%。

7. 重点行业

2019年，调味品行业的酱油、食醋、调味酱、复合调味料等重点细分产业发展平稳。

（1）酱油

酱油产业是我国调味品行业的第1大产业，产销量和企业规模均居调味品行业首位，涌现出多家龙头企业。2019年，酱油大型企业经营状况良好，产业集中度进一步提高。

2019年，酱油企业（33家）生产总量达到462.55万吨，同比增长7.5%。

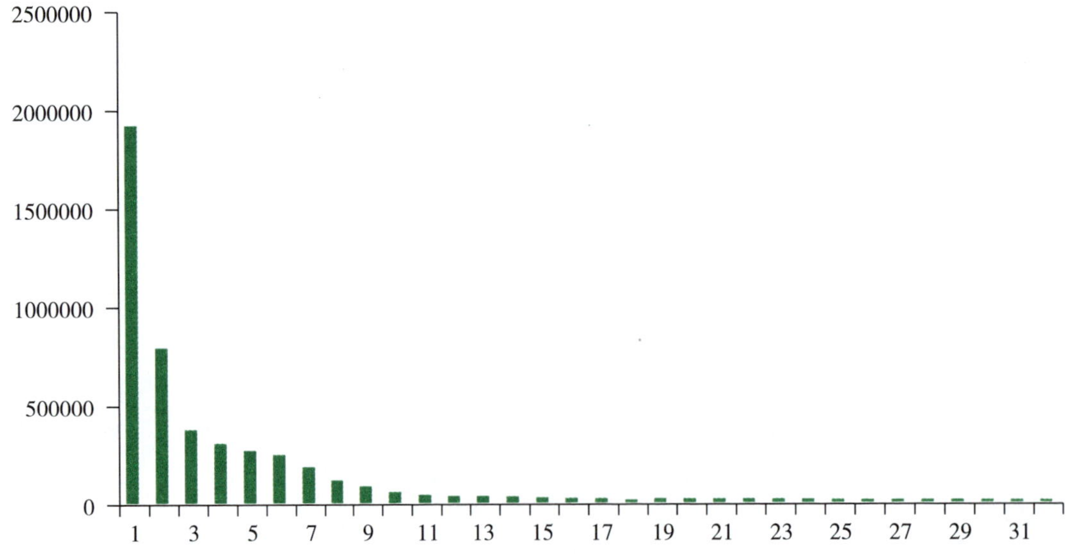

图2　2019年度酱油产量

资料来源：中国调味品著名品牌企业100强2019年度数据统计汇总分析。

（2）食醋

食醋企业积极开展产品创新，从烹饪、佐餐向保健等方向发展。

2019 年，食醋企业（38 家）生产总量为 164.9 万吨，同比增长 6.3%。

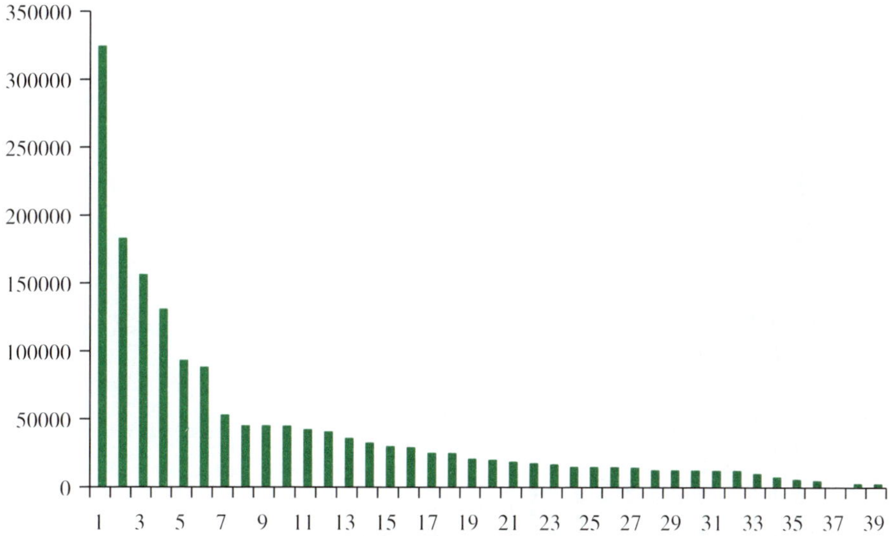

图 3　2019 年度食醋产量

资料来源：中国调味品著名品牌企业 100 强 2019 年度数据统计汇总分析。

（3）酱类

随着社会的进步和人民生活水平的提高，消费者对于调味酱的需求正在从满足基本需要向追求更高品质转变。需求更加多元化、高端化。

2019 年，酱类企业（30 家）生产总量为 67.8 万吨，同比增长 3.0%。

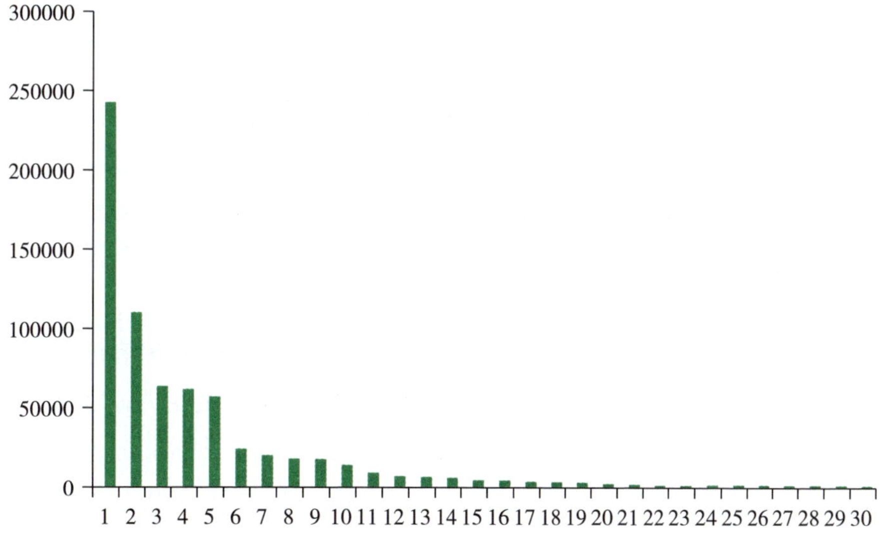

图 4　2019 年度酱类产量

资料来源：中国调味品著名品牌企业 100 强 2019 年度数据统计汇总分析。

（4）复合调味料

复合调味料是近年来增长最快的调味品产业之一。随着人民生活水平的提高和生活节奏的加快，消费者对餐饮的多样化和便捷性都提出了更高的要求。复合调味料的发展正好契合这一市场发展趋势。

2019 年，复合调味料企业（32 家）生产总量为 76.2 万吨，同比增长 15.0%。

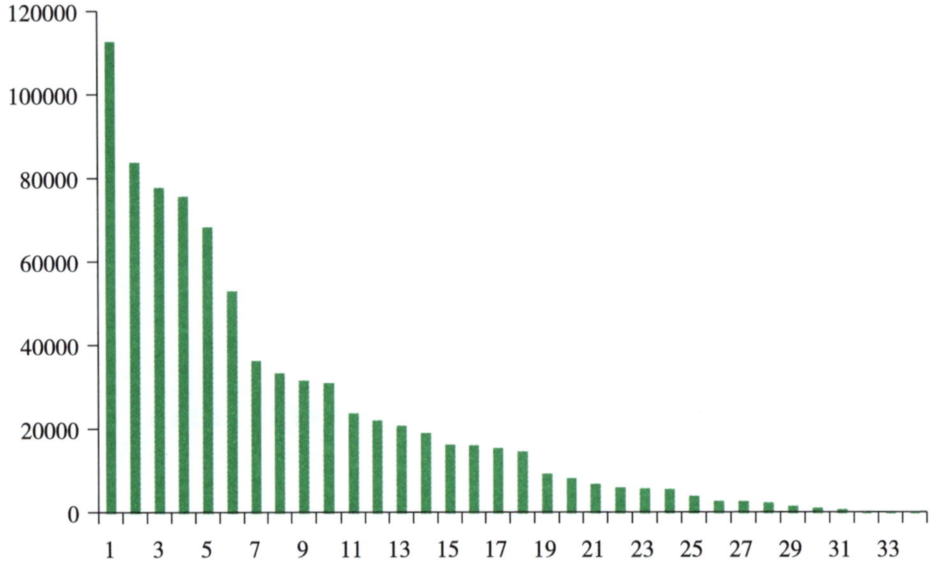

图 5　2019 年度复合调味料产量

资料来源：中国调味品著名品牌企业 100 强 2019 年度数据统计汇总分析。

8. 智能制造

2019 年，中国调味品协会召开了调味品行业智能制造高峰论坛，专业人士与知名企业通过多个生动、直观的案例，从多个角度分享人工智能、边缘计算、工业智能等概念，为合力解决流程、领域智能化转型的现实问题提供参考，为推动智能制造产业集聚、功能提升提供有力支撑，为推进制造业的转型升级发挥了积极作用。

海天味业作为行业智能制造标杆企业，经过智能制造的应用，生产效率迅速翻倍，参与生产的人群由以往的 1 万名降低到只需要 2000 人，大大降低了企业成本，提高了生产效率和品质。海天作为调味品市场极具品牌价值的企业，始终坚持每一瓶酱油的生产酿造成色不打折扣，用实际行动践行智能制造的初衷，并计划在时机成熟之际要主动走出去，积极开拓全球市场，将中国“智能制造”的海天酱油传遍全世界。

【c. 行业面临的问题】

1. 多样媒体形势下的内容输出需严谨

近两年，抖音、快手等短视频平台快速发展，个别食品相关视频的输出，误导了消费者的认知。例如，一些个人号以哗众取宠的方式，获得观看量与点赞量，传播面较广，其对专业知识的曲解，给企业带来不利影响，也影响了消费者购买信心。

2. 社会化服务体系有待完善

调味品行业的招聘、培训、科技、法律、知识产权、营销策划等服务都主要围绕行业的大中型企业，适合调味品中小企业的社会化服务体系尚待完善。

例如，近年来，随着行业的发展，调味品行业人才的数量和质量都有所提高，但总体而言，调味品行业人才仍然比较匮乏。尤其是大量的中小企业更是存在招人难、留人难的问题。

3. 行业标准建设亟待加快

虽然调味品行业属于食品工业，但是调味品行业所用原料复杂，产品种类繁多，标准工作有其特殊性，专业性极强，需要制定适宜的产品类标准以指导企业生产，规范行业健康发展。由于种种原因，调味品行业国家标准、行业标准工作自 2013 年至今，大量已完成的国家标准、行业标准不能发布实施；很多亟须修订的国家标准和行业标准也不能根据行业的发展实际进行修订，已经对行业的发展造成了影响，特别是团体标准起草工作存在不规范的现象，部分标准制定主体专业性有待提高，严重制约了调味品行业快速健康发展。

【d. 发展趋势】

1. 健康低盐，产品研发新风向

国务院发布的《关于实施健康中国行动的意见》中，明确提出居民饮食要向低盐、低油、低糖的方向发展。因此，越来越多的调味品企业适应消费升级的需求，推出各类满足消费者需求的调味品。

2. 行业定位新格局建立

随着餐饮定制调味品需求的快速增长，以为客户提供"调味解决方案"的品牌企业快速崛起，生产商与品牌商的专业细分进一步加强，专业化分工的趋势明显，市场中品牌的力量更加强大。一部分酱油、醋产业的企业品牌集中度在提高，专注于品牌效应与形象的提升，它的辐射能力和对渠道的把控能力更强，这些品牌直接对接终端消费者；另一部分企业有良好的产能和技术把控能力，就成为专业的生产提供商，而不专注于品牌运营。这两类的分工趋势逐渐显现，一些大型品牌企业在各地收购产能和技术良好的工厂生产自有品牌的系列产品，既发挥了品牌优势，也加强了专业制造加工效能。

由此，整个调味品行业企业的格局已悄然发生变化，呈现了品牌商、生产商、风味解决方案提供商三种定位。未来，这三个角色各司其职，在各自领域发挥效应，尤其是风味解决方案提供商将会成为新的趋势。

3. 多样带货方式促进企业品牌营销

随着各类自媒体的发展，多样的带货方式也渗透到了传统的调味品行业。例如：饭爷林依轮联合天猫网红薇娅带货，20 分钟销售额突破 100 万；山河醋业的老板京东直播卖货，带消费者走进醋业生产工厂；涪陵榨菜牢牢抓住热点事件，在抖音直播吸引了一大批消费者。一部分企业已经成功尝到甜头，一部分企业正在尝试，相信未来会有更多的企业去接触新的传播与带货方式。

4. 内容营销和品牌的结合

内容营销是品牌增值、产业增值的方向，它将品牌、价值观和群体理念相结合，既能提高品牌的忠诚度，又能带来相对应粉丝的精准定位，还能传播品牌的文化、概念，更好地提升品牌的价值和附加值。

5. 调味品美味生活新概念

随着消费群体和消费形式的改变，调味不只是调味，它是品味、是滋味、是美滋美味的生活。行业里部分企业以调味品为基础，打造了与美味生活新概念相关的创意。例如：厨邦的咸鲜味的冰激凌；加加的酱油蘸荔枝；欣和的酸酸咸咸冰激凌；东莞永益的产品从番茄酱到番茄汁，饭爷的故宫礼盒等。

【e. 政策建议】

1. 加大科普力度，有序管理短视频内容

建议加大抖音、快手等短视频平台的食品素材审查审核，尽量避免无资质、无从业经验的个人发表专业领域，特别是涉及质量安全内容的相关言论。

加大专业领域科普知识短视频内容的输出，以浅显易懂的表达方式传达正能量、加大科普力度，增加消费者对产品的了解，让消费者买得放心、用得安心。

2. 发展和完善行业社会化服务体系

发展和完善行业社会化服务体系是调动社会各方面力量，进一步推动调味品行业迅速发展的一项重要措施。调味品行业的发展离不开服务体系的完善。建议大力鼓励行业协会和企事业单位整合社会资源，通过采取加强行业人才队伍建设、健全公益性服务体系、信息化平台建设、完善教育培训、加大对专业组织扶持力度等多种措施，解决服务体系建设中的诸多问题。

3. 进一步规范调味品标准建设，促进调味品行业健康发展

调味品行业标准工作只有在深入了解调味品产业的基础上，标准工作才能做到专业、权威和科学，应进一步规范调味品领域标准的制修订工作，尤其是团体标准的制定流程，加强团体标准的统筹管理工作，在已有行业组织的情况下，应明确行业组织应制定本行业直接相关的标准（包括团体标准），杜绝标准制定过程的混乱状况。在标准的制定过程中，尤其是立项阶段，应将征集对应行业组织的意见作为关键的一个环节。避免因为一味地市场驱动，立项的标准计划，制修订的标准与行业认知相违背，造成行业混乱，误导消费者，影响行业发展。

中国调味品协会

2.17 氨基酸

【a. 概况】

2019 年，我国氨基酸发酵生产企业 50 余家，据 2019 年不完全统计，全国发酵氨基酸总产量 609.1 万吨，同比增长 1.5%，工业总产值 592 亿人民币，同比增长 8.6%。氨基酸产品总进口量 1.1 万吨，同比下降 23.35%，进口额 4034 万美元，同比下降 47.07%；氨基酸产品总出口量约为 158 万吨，同比增长 22.7%，出口额 21.7 亿美元，同比增长 7.61%。

【b. 运行特点】

1. 行业整体生产经营状况

2019 年，氨基酸总产量 609.1 万吨，同比增长 0.15%，具体情况如下表 1 所示：

表 1 2018 年—2019 年氨基酸主要产品产量

单位：万吨，%

序号	产品	产量		增长率
		2019 年	2018 年	
1	谷氨酸钠（味精）	286.6	275	4.2
2	赖氨酸、赖氨酸酯及盐	253.3	246	3.0
3	苏氨酸	60.6	75	-19.2
4	色氨酸	1.7	2.2	-22.7
5	其他氨基酸	6.9	10	-31
7	总计	609.1	608.2	0.15

2. 行业整体经营运行情况

（1）我国氨基酸产业呈现以大宗饲料级氨基酸产品为主，高附加值医药级、食品级、日化级等小品种氨基酸产品为辅的产业格局。全球氨基酸产能持续向中国转移，我国谷氨酸类产品占全球总产量 80% 以上，赖氨酸类产品占全球产量 60% 以上，苏氨酸类产品占全球产量 90% 以上，色氨酸类产品占全球产量 35% 以上。

（2）谷氨酸类产品主要应用于食品行业，近几年产量及需求量基本稳定。2019 年新上产能 30 万吨左右，但无完全释放，对市场影响甚微。

（3）受下游饲料行业产业低迷的影响及年度玉米收购价格同比涨约 3%，饲料级氨基酸开工率、产量、利润均大幅压缩，亏损较严重。其中，赖氨酸利润同比下降 96%，开工率下降 9.2%；苏氨酸利润同比大幅下降约 160%，开工率下降 5%；色氨酸行业利润同比下降 70%，开工率下降 2%。

（4）我国氨基酸产品基础产能并没有完全释放，但仍有新晋企业。低效产能退出或暂停生产，行业集中度提升。

【c. 产品进出口情况】

1. 进口

2018 年—2019 年氨基酸行业进口情况如下表 2 所示：

表 2　2018 年—2019 年氨基酸行业进口情况分析

单位：吨、万美元、%

序号	产品	进口量		增长率	进口额		增长率
		2019 年	2018 年		2019 年	2018 年	
1	谷氨酸钠（味精）	2206.2	2091	18.35	719.2	600	18.35
2	赖氨酸、赖氨酸酯及盐	1124	1335	–15.86	296.8	370	–19.82
3	其他	7632	10875	–29.8	3018	6651	–54.6
4	总计	10962	14301	–23.35	4034	7621	–47.07

2019 年氨基酸行业进口情况分析：近年来，我国氨基酸生产能力不断提升，大部分产品可实现国产化，进口量大幅度减少。但用于高端培养基、医药等领域的高品质氨基酸及标准品等仍需国外进口，我国高端氨基酸产品品质与国际产品仍有较大差距。

2. 出口

2018 年—2019 年氨基酸行业出口情况如下表 3 所示：

2019 年，氨基酸行业出口情况分析：国际氨基酸企业大宗产品产能逐渐萎缩，以高端氨基酸产品生产为主。国内大宗产品逐步占据绝对国际市场地位，同时也有国际企业委托国内企业代加工。同时，受到国际贸易政策的影响，我国氨基酸产品以价换量，出口量持续增加，但价格持续降低，利润大幅下滑。

表 3　2018 年—2019 年氨基酸行业出口情况分析

单位：万吨、亿美元、%

序号	产品	出口量		增长率	出口额		增长率
		2019 年	2018 年		2019 年	2018 年	
1	谷氨酸钠（味精）	70.1	59.6	17.49	7.1	6	17.39
2	赖氨酸、赖氨酸酯及盐	58.8	40	45.15	5.4	4.5	20.21
3	其他	29.9	29.4	11.5	9.1	9.5	–4.39
4	总计	158	129	22.7	21.7	20	7.16

3. 出口国别与地区情况

2018 年—2019 年味精、谷氨酸钠出口国别与地区情况如下表 4– 表 5 所示：

表 4　2018 年—2019 年味精出口国别与地区情况

单位：千克、美元

序号	2019 年			2018 年		
	国别与地区	出口量	出口额	国别与地区	出口量	出口额
1	阿尔巴尼亚	5,000	5,250	阿尔巴尼亚	54,000	53,325
2				阿尔及利亚	91,000	88,895
3	阿富汗	37,400	46,060	阿富汗	68,600	81,429
4				阿根廷	99,750	97,430
5	阿联酋	111,866	67,268	阿联酋	178,000	142,280
6				阿塞拜疆	1,000	1,400

续表

序号	2019年			2018年		
	国别与地区	出口量	出口额	国别与地区	出口量	出口额
7	埃及	490,000	426,885	埃及	277,000	259,088
8	埃塞俄比亚	580	1,778	埃塞俄比亚	200	789
9	安哥拉	106,523	152,087			
10	澳大利亚	51,267	59,402	澳大利亚	346,928	357,254
11	巴布亚新几内亚	62,827	144,917	巴布亚新几内亚	94,459	187,373
12	巴林	41,158	37,055			
13				巴哈马	5,675	6,148
14				巴基斯坦	1,959,413	1,798,138
15	巴拿马	148,687	173,256	巴拿马	112,709	130,031
16	巴西	123,500	129,207	巴西	679,000	702,839
17				白俄罗斯	35,500	34,410
18	保加利亚	10,000	11,114	保加利亚	33,000	32,797
19	贝宁	599,280	564,395	贝宁	168,000	146,356
20				波多黎各	44,314	46,877
21	波兰	2,383,000	2,324,301	波兰	978,000	933,510
22	玻利维亚	122,875	136,410	玻利维亚	371,000	361,025
23				伯利兹	76,693	85,562
24				布隆迪	200	445
25	朝鲜	1,323,257	1,462,499	朝鲜	21,283,530	20,736,237
26				赤道几内亚	16	2
27				丹麦	19,900	21,090
28	德国	2,134,000	2,057,660	德国	288,500	289,606
29	多哥	20	40	多哥	284	404
30	多米尼加共和国	48,000	41,264	多米尼加共和国	108,360	108,930
31	俄罗斯	645,620	1,071,395	俄罗斯	2,079,457	2,716,826
32				厄瓜多尔	11,750	10,978
33	法国	38,634	67,936	法国	52,225	92,457
34	法属圭亚那	19,840	21,836	法属圭亚那	19,976	21,924
35	菲律宾	23,070	24,266	菲律宾	934,825	922,940
36	斐济	22,617	21,775	斐济	24,531	30,463
37				佛得角	200	1,550
38	刚果（布）	19,976	19,534	刚果（金）	25,821	42,917
39	哥伦比亚	22,000	23,540	哥伦比亚	318,000	314,778
40	格鲁吉亚	7,000	7,140	格鲁吉亚	16,000	15,595
41				哥斯达黎加	236,000	231,192

续表

序号	2019年			2018年		
	国别与地区	出口量	出口额	国别与地区	出口量	出口额
42				圭亚那	70,000	69,500
43	哈萨克斯坦	367,092	444,169	哈萨克斯坦	233,334	299,580
44	海地	577,488	675,603	海地	836,723	935,185
45	韩国	48,000	95,432	韩国	750,700	820,023
46	洪都拉斯	65,252	74,937	洪都拉斯	165,597	168,110
47				吉布提	75	160
48	吉尔吉斯斯坦	3,840	7,680	吉尔吉斯斯坦	168,000	191,659
49	几内亚	92,503	104,905			
50	加拿大	104,768	120,688	加拿大	283,665	307,799
51	加纳	238,102	209,298	加纳	199,448	242,413
52	柬埔寨	254,790	319,568	柬埔寨	217,375	272,106
53	津巴布韦	240	982			
54				喀麦隆	47,900	47,421
55	科特迪瓦	19,976	13,584	科特迪瓦	76,000	70,062
56	克罗地亚	34,000	35,994	克罗地亚	379,000	378,750
57				肯尼亚	52,532	58,148
58				拉脱维亚	5,000	4,916
59				立陶宛	11,000	10,670
60	留尼汪	12,983	42,486	留尼汪	18,828	64,950
61	马达加斯加	95,628	127,778	马达加斯加	47,628	87,873
62	马尔代夫	63,175	79,184	马尔代夫	15,450	17,364
63	马耳他	3,593	5,267			
64	马来西亚	472,023	640,601	马来西亚	5,452,145	5,731,198
65				毛里求斯	85,500	74,310
66				毛里塔尼亚	27	82
67	美国	153,678	125,575	美国	596,472	585,009
68				蒙古	46,000	42,090
69	孟加拉国	24,000	21,168	孟加拉国	1,155,835	1,167,919
70	秘鲁	568,000	597,120	秘鲁	4,156,250	3,969,999
71	缅甸	499,000	454,608	缅甸	62,756,825	60,161,871
72	摩洛哥	44,000	47,780	摩洛哥	61,608	74,392
73	莫桑比克	140	443	莫桑比克	30	85
74				墨西哥	1,253,635	1,300,897
75	南非	45,000	42,135	南非	152,000	151,589
76	尼泊尔	45,500	44,214	尼泊尔	200,000	198,778

续表

序号	2019 年			2018 年		
	国别与地区	出口量	出口额	国别与地区	出口量	出口额
77				尼日尔	50	254
78	尼日利亚	743,500	751,326	尼日利亚	6,384,700	6,481,553
79	葡萄牙	5,640	9,030			
80	日本	162,000	504,036	日本	162,840	536,178
81	萨摩亚	4,520	9,051			
82				萨尔瓦多	10,000	10,150
83				塞尔维亚	48,908	47,248
84	塞拉利昂	146,226	159,080	塞拉利昂	112,280	154,120
85	塞内加尔	65,263	40,470	塞内加尔	852,000	850,226
86	塞舌尔	2,270	5,007			
87	沙特阿拉伯	281,600	251,792	沙特阿拉伯	260,000	273,138
88	斯里兰卡	26,000	30,922	斯里兰卡	266,500	269,143
89	斯洛文尼亚	1,243,000	1,220,440	斯洛文尼亚	737,000	704,405
90	苏丹	35,299	59,683			
91	苏里南	16,320	20,291	苏里南	36,641	45,617
92	所罗门群岛	17,712	20,742	所罗门群岛	7	19
93	中国台北单独关税区	72,640	98,348			
94	泰国	40,500	41,496	泰国	8,937,516	8,397,477
95	坦桑尼亚	517,432	589,523	坦桑尼亚	23,100	45,325
96				特立尼达和多巴哥	83,732	88,963
97				突尼斯	150	603
98	土耳其	5,000	5,241	土耳其	132,000	132,310
99	危地马拉	100,760	105,195	危地马拉	936,103	842,313
100	文莱	64,000	83,465	文莱	64,000	81,780
101	乌克兰	5,000	5,275	乌克兰	420,800	426,695
102	乌兹别克斯坦	146,000	150,223	乌兹别克斯坦	1,302,000	1,332,802
103				西班牙	660,000	547,800
104				希腊	79,000	76,844
105	新加坡	88,750	89,458	新加坡	1,460,400	1,453,438
106				新西兰	65,000	70,530
107	叙利亚	271,000	251,639	叙利亚	302,000	286,046
108	牙买加	21,792	24,298	牙买加	69,100	70,892
109	伊拉克	18,114	20,632	伊拉克	17,600	19,888
110	伊朗	93,675	116,133	伊朗	2,446,522	2,686,517
111				以色列	98,500	99,455

续表

序号	2019 年			2018 年		
	国别与地区	出口量	出口额	国别与地区	出口量	出口额
112	印度	2,093,793	1,940,601	印度	26,090,572	25,076,213
113	印度尼西亚	768,349	917,666	印度尼西亚	9,249,159	9,480,260
114	约旦	322,000	292,749	约旦	53,300	51,922
115	越南	380,500	389,116	越南	26,126,800	26,396,899
116				乍得	230	727
117	智利	94,342	94,773	智利	342,500	344,447
118				中国澳门	8,850	11,085
119				中国台湾	72,640	95,804
120	中国香港	23,820	54,526	中国香港	96,235	131,381
121	总计	20,307,585	21,781,696	总计	198,597,133	196,230,665

表 5　2018 年—2019 年谷氨酸钠出口国别与地区情况

单位：千克、美元

序号	2019 年			2018 年		
	国别与地区	出口量	出口额	国别与地区	出口量	出口额
1	阿尔巴尼亚	33,000	33,190	阿尔巴尼亚	21,000	20,265
2	阿尔及利亚	66,000	76,307	阿尔及利亚	45,000	46,075
3	阿富汗	733,800	754,914			
4	阿根廷	845,908	893,687	阿根廷	598,000	653,000
5	阿联酋	1,504,770	1,552,831	阿联酋	1,843,000	1,880,167
6	埃及	8,220,450	8,289,811	埃及	4,922,000	4,998,570
7	埃塞俄比亚	720,000	724,771	埃塞俄比亚	123,300	121,086
8	澳大利亚	2,473,913	2,620,862	澳大利亚	2,386,200	2,583,223
9	巴巴多斯	4,375	5,780			
10	巴布亚新几内亚	52,900	71,496	巴布亚新几内亚	200	311
11	巴哈马	9,080	8,486			
12	巴基斯坦	94,400	94,400	巴基斯坦	529,550	558,259
13				巴拉圭	5,000	5,500
14	巴拿马	83,227	80,971	巴拿马	149,813	157,036
15	巴西	2,071,550	2,182,664	巴西	741,000	789,238
16	白俄罗斯	23,000	23,069			
17	保加利亚	115,000	108,232	保加利亚	119,000	113,504
18	贝宁	2,188,000	2,354,674	贝宁	1,384,140	1,622,650
19	比利时	405,000	385,952	比利时	144,000	148,783
20	波多黎各	180,651	193,897	波多黎各	48,987	48,007
21	波兰	256,000	235,557	波兰	185,000	172,973

续表

序号	2019年			2018年		
	国别与地区	出口量	出口额	国别与地区	出口量	出口额
22	玻利维亚	90,000	91,981			
23	伯利兹	35,232	47,375			
24	朝鲜	28,606,409	29,270,948	朝鲜	7,434,000	7,573,129
25	丹麦	40,000	49,400			
26	德国	799,650	736,536	德国	228,000	218,184
27	多哥	87,668	120,520	多哥	15,481	18,577
28	多米尼加共和国	565,316	587,442	多米尼加共和国	830,953	839,546
29				多米尼克	21,000	20,358
30	俄罗斯	10,425,835	10,874,246	俄罗斯	9,219,128	10,055,326
31	厄瓜多尔	234,419	246,314	厄瓜多尔	620,000	643,127
32	法国	8,270	11,331	法国	10,000	13,000
33	菲律宾	15,321,475	15,164,549	菲律宾	14,692,400	14,995,218
34	斐济	39,693	47,760	斐济	3,998	5,277
35				刚果（金）	39,000	32,315
36	哥伦比亚	2,468,400	2,483,762	哥伦比亚	1,516,425	1,598,998
37	哥斯达黎加	800,400	808,552	哥斯达黎加	560,000	574,885
38	格鲁吉亚	10,000	10,740	格鲁吉亚	175	201
39	古巴	8,000	9,920			
40	圭亚那	117,000	134,783	圭亚那	105,360	120,606
41	哈萨克斯坦	502,120	580,112	哈萨克斯坦	338,913	443,041
42	海地	538,730	554,438	海地	123,000	124,485
43	韩国	14,414,317	14,176,649	韩国	8,362,500	8,593,043
44	荷兰	394,925	370,360	荷兰	354,000	357,219
45	黑山	64,000	69,090			
46	洪都拉斯	214,677	223,483	洪都拉斯	99,880	101,078
47				吉布提	86,400	84,849
48	吉尔吉斯斯坦	439,329	474,309	吉尔吉斯斯坦	70,700	78,667
49	几内亚	391,000	406,617			
50	加拿大	1,669,768	1,790,610	加拿大	1,416,699	1,497,974
51	加纳	2,685,910	2,497,690	加纳	624,500	730,413
52	柬埔寨	901,775	987,778	柬埔寨	276,000	316,310
53	喀麦隆	2,292,975	2,351,444	喀麦隆	1,312,200	1,323,950
54	科特迪瓦	8,339,950	8,329,081	科特迪瓦	5,440,975	5,535,294
55	科威特	5,600	9,912	科威特	2,100	3,618
56	克罗地亚	1,153,500	1,204,426	克罗地亚	908,000	899,813
57	肯尼亚	980,284	1,008,407	肯尼亚	921,050	927,869

续表

序号	2019年			2018年		
	国别与地区	出口量	出口额	国别与地区	出口量	出口额
58	库腊索岛	22,000	27,200			
59	拉脱维亚	22,000	25,675	拉脱维亚	6,000	7,134
60	黎巴嫩	55,000	55,401	黎巴嫩	28,000	31,796
61	立陶宛	87,000	91,620	立陶宛	124,175	140,338
62	留尼汪	3,520	3,429	留尼汪	2,270	4,500
63	马达加斯加	67,000	70,917	马达加斯加	46,000	55,430
64	马尔代夫	92,701	110,517	马尔代夫	30,450	34,189
65	马来西亚	16,535,081	17,701,982	马来西亚	8,877,948	9,262,737
66	毛里求斯	18,896	25,741			
67	美国	883,668	927,428	美国	408,346	442,831
68	蒙古	23,000	22,655			
69	孟加拉国	2,411,450	2,519,966	孟加拉国	1,862,875	2,103,456
70	秘鲁	4,653,755	4,771,467	秘鲁	235,000	235,076
71	缅甸	92,015,225	93,082,287	缅甸	14,111,575	13,514,346
72				摩尔多瓦	3,000	3,150
73	摩洛哥	820,154	873,446	摩洛哥	594,936	624,163
74	莫桑比克	500	590			
75	墨西哥	6,920,803	6,903,136	墨西哥	3,811,876	3,811,045
76	南非	12,123,305	12,049,044	南非	11,229,650	11,763,022
77	尼泊尔	1,570,925	1,583,448			
78	尼日利亚	47,479,525	48,103,090	尼日利亚	30,508,750	31,221,013
79	挪威	49,000	55,755	挪威	32,000	41,476
80	日本	12,327,035	13,342,248	日本	12,020,446	13,617,777
81				瑞典	50	350
82	瑞士	288,000	434,080	瑞士	433,200	640,210
83	萨尔瓦多	400,950	400,906	萨尔瓦多	364,000	381,264
84	萨摩亚	14,225	24,169	萨摩亚	12,843	20,613
85	塞尔维亚	274,000	266,602	塞尔维亚	85,000	83,985
86	塞拉利昂	1,045,124	1,098,079	塞拉利昂	196,660	232,449
87	塞内加尔	11,657,950	12,132,277	塞内加尔	13,386,000	13,486,035
88				塞浦路斯	8,540	12,697
89	沙特阿拉伯	310,000	338,242	沙特阿拉伯	115,000	126,014
90	斯里兰卡	1,303,725	1,297,551	斯里兰卡	531,925	526,714
91	斯洛文尼亚	23,000	24,380	斯洛文尼亚	23,000	25,645
92	苏里南	27,013	34,503	苏里南	32,007	41,752
93	所罗门群岛	1,000	1,696	所罗门群岛	1,000	1,598

续表

序号	2019 年			2018 年		
	国别与地区	出口量	出口额	国别与地区	出口量	出口额
94	索马里	4,000	5,560			
95	塔吉克斯坦	40,400	46,845	塔吉克斯坦	22,750	25,704
96	泰国	89,988,500	89,000,658	泰国	68,040,800	69,644,066
97				坦桑尼亚	1,862	2,862
98	特立尼达和多巴哥	293,948	311,056	特立尼达和多巴哥	131,866	147,936
99	土耳其	5,178,700	5,318,763	土耳其	3,414,500	3,491,824
100	土库曼斯坦	124,900	186,693	土库曼斯坦	30,500	52,378
101	危地马拉	4,130,815	4,145,279	危地马拉	2,329,883	2,331,005
102	委内瑞拉	123,000	129,992	委内瑞拉	108,500	122,462
103	文莱	61,750	84,357	文莱	75,435	100,710
104	乌克兰	2,203,500	2,280,316	乌克兰	1,636,000	1,742,411
105	乌拉圭	34,000	36,585	乌拉圭	10,500	11,630
106	乌兹别克斯坦	2,774,575	2,974,699	乌兹别克斯坦	1,036,925	1,018,643
107	西班牙	2,272,000	2,276,080	西班牙	1,077,500	1,039,643
108	希腊	147,200	139,777	希腊	31,000	29,352
109	新加坡	3,636,300	3,857,576	新加坡	1,908,363	2,139,432
110	新西兰	673,750	693,881	新西兰	242,500	261,192
111	叙利亚	222,500	233,855	叙利亚	341,000	345,674
112	牙买加	289,264	315,804	牙买加	171,928	201,079
113	伊朗	11,257,732	11,322,995	伊朗	4,359,500	4,469,403
114	以色列	1,195,000	1,199,927	以色列	1,087,000	1,105,848
115	意大利	22,000	21,560	意大利	65,000	70,482
116	印度	37,165,000	37,016,104	印度	8,340,040	8,008,585
117	印度尼西亚	45,497,775	44,534,219	印度尼西亚	33,240,570	33,419,710
118	英国	24,031	45,260	英国	30,863	56,425
119	约旦	318,250	325,227	约旦	135,000	146,406
120	越南	81,973,125	83,307,959	越南	35,041,125	36,286,360
121	智利	992,750	1,040,341	智利	444,000	493,418
122	中国澳门	41,656	49,499	中国澳门	46,878	51,933
123	中国香港	3,961,469	4,240,301	中国香港	4,506,322	5,013,719
124	总计	622,902,071	629,962,811	总计	335,908,659	345,968,114

4. 味精、谷氨酸钠出口国别与地区

（1）味精的学名即为谷氨酸钠

在我国，由于某些原因，将两种产品分为不同的出口税号进行监管。实际在出口中，为基本相同的产品，主要遵循购买方的名称要求进行出口。我国为世界第一大味精生产及出口国，在产品质量、生产成本等方面均具有较大优势。国际味精（谷氨酸钠）生产企业逐渐减少，我国占据

国际市场主导地位。

（2）味精出口国别与地区

2019 年，出口 84 个国家与地区，出口国同比减少 36 个，新增出口国家与地区 10 个。虽然出口国家与地区数减少，但出口量、出口额及价格同比均有小幅增长。其中，对哈萨克斯坦、柬埔寨、科特迪瓦、马达加斯加、马尔代夫、斯洛伐克、约旦、中国香港等的出口量显著增加。

（3）谷氨酸钠出口国别与地区

2019 年，出口 115 个国家与地区出口国同比减少 8 个，新增出口 15 个。出口量同比增长 85.4%、出口额同比增长 82.1%，价格同比下降 1%。其中，对越南、约旦、印度、意大利、伊朗、新西兰、新加坡等地的出口呈现翻倍增长的趋势。

【d. 面临问题】

1. 政策层面

由于我国对氨基酸知识的科普起步较晚，导致很多政策法规缺乏全面性和科学性，使得行业的发展受到严重的阻碍。同时，很多氨基酸被作为化工原料出口，在国际贸易中没有得到有效的保护，在国际竞争中处于劣势。氨基酸产业多年来通过技术进步和环保的提升，已经摆脱了高耗能、高污染的帽子，但是无论是行业内部还是行业外部，依然存在着对行业负面影响和认知。

2. 资源层面

目前，氨基酸产品所使用的原料多以玉米为主，但也有利用葡萄糖、氨基酸前体、毛发羽毛类作为原料。原料的成本对整个产业影响非常大，开发新的非粮低成本原料，对产业尤为重要。

3. 技术层面

菌种是生物发酵法生产氨基酸产品的核心，虽然基因改造技术已经非常普遍，生产效率也较高，研究成果也比较突出。但是，使用何种菌种菌种进行改造，及改造后是否带来有毒有害物质，也是我们非常值得关注的问题。我们不能因为一时的高产出、高效率、高经济效益，就忽视安全性。从安全性及对全人类的健康角度出发，虽然安全性的菌种在研究方面进展缓慢，经济效益不能立即体现，但持久的研发，安全性的保障，才是整个产业可持续发展的根本，也是对人类自身负责。

4. 市场层面

我国是世界第一氨基酸生产大国，但是产品多以中低端产品为主，国内市场已经饱和，但国外产品在我国的市场销售情况也较好，因为其质量及成本较国内产品具有较大优势。国际竞争中，我国多以低价、量大来占领销售市场，被反倾销的案例较多。同时，我国企业自我保护意识不够，不够团结，不能一致应对国际的竞争手段。

5. 战略储备层面

国内企业注重销售和生产，战略储备的产品及技术较少，同时对下游市场的开发不足。国际氨基酸企业已高端氨基酸产品为主，环境影响小，经济效益好，战略储备丰厚，随时做好了市场调整的准备。研究市场发展、开拓应用领域、拓宽产品应用市场，加大企业的战略储备，是企业持续发展，引领市场的有效手段。

【e. 主要工作】

1. 服务政府

（1）协助海关总署动植司开展俄罗斯专家来华检查饲料添加剂企业事宜

2019 年 1 月，俄方要求对中国所有的饲料添加剂企业开展核查工作，性质与赖氨酸产品核查相仿。氨基酸分会负责为总署提供企业名单，与企业沟通检查细节，并为总署提供行业的意见和建议。

（2）与海关总署沟通，色氨酸无法出口问题

2019 年，色氨酸出口监管条件变更，使得企业一度无法出口。氨基酸分会与海关总署及时沟通监管条件变更原因，并递交恢复出口的意见报告。海关总署在 3 日内，给予了答复，并恢复了出口。主要无法出口的原因是，监管条件没有

说明针对的是兴奋剂类产品，出口时，该序号下的产品均受到了此影响。在短时间内解决了企业贸易问题。

（3）与农业部、饲料工业协会沟通苏氨酸渣作为饲料原料事宜

苏氨酸产量逐年增大，苏氨酸渣作为重要的副产物，没有得到很好的利用。饲料是氨基酸副产物重要的销售方向之一，如果能将苏氨酸渣作为饲料原料，既可以体现苏氨酸价值，也可以为饲料增加新的力量，同时也为行业解决了副产物的销售问题。目前该项工作还在沟通中，我们将根据农业部2019年11月发布的227号公告继续完善资料，协同行业内企业推进此项工作。通过该工作的开展，与饲料部门建立起了沟通的平台，也为行业打开下游产品销售奠定了基础。

（4）提出氨基酸《进出口税则（2019）》修改建议

2019年2月，财政部关税司针对我国产品进出口税则进行调整，氨基酸分会根据目前行业情况对味精产品提出了如下修改意见：针对目前的味精和谷氨酸钠两种税则号的产品建议修改注释或产品名称，即味精（税则号2103.9010），建议注释或商品名称修改为加盐味精、增鲜味精，税则号不变；谷氨酸钠（税则号2922.4220），建议修改注释或商品名称为谷氨酸钠（味精），税则号不变。

（5）协助海关总署动植司推进赖氨酸产品出口俄罗斯事宜

2017年8月，俄罗斯单方面对中国生产的赖氨酸产品禁止进口，同时要求中国赖氨酸产品生产企业配合该国在中国进行生产企业核查，核查内容涉及生产菌种、原料、生产工艺等全套生产过程。

氨基酸分会组织企业，配合海关总署和俄方开展了此项核查工作，涉及企业核心机密部分采取了严格保密的措施。通过近一年的沟通和核查资料的整理、企业整改措施报告的审查，俄方给出了整改意见。企业再次针对整改意见进行企业生产完善，经过半年的沟通和协商，最终于2019年4月，俄方放开对中国赖氨酸产品禁止进口的要求，但是产品的审查条件增加，变得更加苛刻。

（6）对工信部提出2020年工业品关税调整意见

2019年8月，工信部征求2020年工业品关税调整意见，分会根据目前氨基酸产品的关税情况，提出提高印尼进口色氨酸产品进口税率的建议。

（7）与商务部贸易与救济司沟通氨基酸产品反倾销及进口税率调整事宜

针对目前国际贸易竞争情况，商务部专门成立了贸易与救济司，2019年11月与协会进行了座谈。氨基酸分会根据目前行业存在的问题，整理了资料，并组织企业一起，到商务部贸易与救济司，针对泰国味精反倾销，以及色氨酸进口税率调整问题，与相关领导进行了座谈，并达成共识。

（8）与工信部节能与综合利用司沟通“2020味精行业水效领跑者”评比工作事宜

2017年，工信部水效领跑者评比工作开展，每2年一次。该工作仅仅涉及发酵行业中的味精行业。2019年11月，工信部针对2020年开展的水效领跑评比工作召开了前期沟通会。

（9）为发改委提供氨基酸产业情况数据

根据发改委要求，按照氨基酸产品、产地、产能情况提供相应的统计数据。

2. 科技工作

（1）协助开展行业科技成果鉴定工作3项。

（2）协助开展氨基酸产品全生命周期评价及产品碳足迹分析工作1项。

3. 标准工作

氨基酸行业生产水平提升较快，以往的国家标准已经不能准确反映行业现状，因此，及时制修订国家、行业及团体标准，规范行业发展非常有必要。

（1）国家标准

①修订《取水定额 第9部分 味精制造》

氨基酸分会根据行业情况，提出修订《取水定额 第9部分 味精制造》（GB-T 18916.9-2014）的要求，分会于2019年7月递交了申请修订的申报文件，并得到了相关部门的批准，并于7月底完成了标准起草组成员的征集工作。在9月底召开的“氨基酸行业标准研讨会”上针对该标准进行了讨论，并于11月完成了标准的文本、编制说明以及英文版的校对工作，并上报。该标准对于提升行业水平，摘掉味精行业的黑帽子有重要辅助作用。

②制定《取水定额 第XX部分：赖氨酸盐制造》

为了满足行业快速发展的需求，并提升社会对氨基酸产业的认知度，分会决定制定《取水定额 第XX部分：赖氨酸盐制造》，并于7月底完成了标准起草组成员的征集工作，8月份完成了该标准的文本编写和编制说明起草工作，在9月底召开的“氨基酸行业标准研讨会”上针对该标准进行了讨论，10月完成了标准的文本和编制说明，并上报。11月，针对该标准，编写了立项评审资料，完成答辩工作。目前，该标准已经计划网上公示，不出意外，应该可以立项。

该标准是氨基酸行业开展的节水系列工作之一，分会将继续推动氨基酸行业企业产品生产的节水工作。

③修订特医婴配相关标准中氨基酸指标

2018年开始，《婴幼儿配方食品系列标准》《特殊医学用途婴儿配方食品》等标准开始修订，其中，分会负责修改表B.1可用于婴儿配方食品中的单体氨基酸的化合物来源、pH、纯度、干燥减重、灼烧残渣、铅、砷等指标的修订。该标准已于2019年10月底，通过专家评审，对分会修订的内容无异议，修订工作完毕。

在该标准的修订过程中，引起了国家安全风险评估中心的高度重视，对于氨基酸产品，提出了更高的要求。分会将继续与其对接，完成氨基酸产品在食品领域的修正工作。

④制定《发酵行业（味精）清洁生产评价指标体系》

2016年，开始该标准的起草工作，2019年7月，国家发改委面向社会公开征求该标准的意见。2019年10月，根据反馈意见情况，分会进行完善，形成送审稿。2019年10月底召开了该标准的审定会，根据与会专家的意见，再次进行完善后，于12月初完成了该标准的报批稿。

⑤修订《味精工业水污染物排放标准》

该标准修订工作已于2008年结束，但是未发布。2019年初，根据环保部要求，需要对该标准进行重新修订。目前，该标准还在修订中。

（2）行业标准

氨基酸产品在标准上的匮乏是众所周知的，加之现有法律法规的不完善、不健全，使得产业发展受到了严重的阻碍。为了氨基酸产业今后的应用领域拓展、提升行业产品质量、与国际接轨，分会本着标准先行、接轨国际的原则，结合行业实际情况，开展了一系列的氨基酸产品标准申报工作。

①制定《支链氨基酸》和《L-谷氨酰胺》

2017年，分会结合行业情况，提升产品认知度，组织申报材料，申请制定《支链氨基酸》和《L-谷氨酰胺》行业标准。2018年4月该两项标准被列入工业和信息化部行业标准制修订计划（工信厅科[2018]31号）计划编号2018-1183T-QB/2018-1179T-QB。2018年12月完成初稿。2019年1月根据行业反馈意见进行修订，形成了征求意见稿。2019年2-3月，通过邮件、信函等形式想全行业公开征求意见。2019年4月，根据征求意见结果修订并完成送审稿编制。2019年7月，分会完成以上两个标准的上报工作。

②修订《γ-氨基丁酸》

2019年1月，分会根据产品实际情况，组织材料申报修订《γ－氨基丁酸》。2019年9月根据《工业和信息化部办公厅关于印发2019年第二批行业标准制修订项目计划的通知》（工信厅科[2018]31号）要求，《γ－氨基丁酸》被列入2019年标准修订计划（计划编号2019-0873T-QB）。

2019年10月，分会组织开展该标准的起草组成员征集工作，2019年10月底成立了标准制定起草小组。在对该标准进行了认真研究，确定了总体工作方案后，2019年11月开始标准的修订工作。2019年11月底，根据前期各企业反馈的意见和修改建议，由组长单位起草了《γ－氨基丁酸》行业标准修订（第一稿）及《γ－氨基丁酸》行业标准修订编制说明（第一稿）。2019年12月，针对第一稿，在行业内进行了征集意见，目前该标准还在修订过程中。

③递交行业标准制定建议

2019年1月，分会结合行业企业要求及行业实际情况，组织材料，申报制定6项产品标准。经过5月份答辩，批准1项修订计划。

2019年10月，分会再次组织材料，申报制定5项氨基酸产品标准。

为了将提高氨基酸产品标准的系统性，提出，将氨基酸行业标准名称系列化的建议，并将组织材料递交。

（3）团体标准

①制定《液体味精（谷氨酸钠溶液）》

2018年底，氨基酸分会根据企业的申请和行业情况，组织材料提出制定《液体味精（谷氨酸钠溶液）》团体标准，本项目是根据中国生物发酵产业协会团体标准制修订计划（中生发协[2019]10号）计划编号2019-0001-ST-CBFIA，项目名称《液体味精（谷氨酸钠溶液）》进行制定。2019年月中国生物发酵产业协会团体标准制修订计划任务下达后，由分会开展该标准的起草组成员征集工作。2019年2月成立了标准制定起草小组，2019年3月27日在北京召开了该标准制定的启动会议，对该标准进行了认真研究，确定了总体工作方案，并形成《液体味精（谷氨酸钠溶液）》（第一稿）。2019年4月，完成样品征集、分发、测定及数据统计分析工作。2019年5月，根据分析结果完善形成标准文本（第二稿），在行业内部进行了征集意见。2019年7月根据行业反馈意见再次修订，形成了征求意见稿。2019年8-11月根据反馈意见整理后，形成了送审稿，并上报。2019年12月召开了专家评审会，评审专家一致通过，目前分会已将该标准的所有上报文件完成并递交。2020年上半年发布。

②制定《食用氨基酸制品》

2017年，氨基酸分会根据企业的申请和行业情况，组织材料并提出制定《食用氨基酸制品》，根据中国生物发酵产业协会“关于发布2017年度第二批中国生物发酵产业团体标准制定计划的通知”（中生发协[2017]27号），计划号2017-0011-ST-CBFIA，项目名称《复合氨基酸制品》，进行制定。在制定标准过程中，为了使得标准规定的范围更加精准，因此将标准更名为《食用氨基酸制品》。2017年9月7日-8日在哈尔滨召开标准制定启动会及起草组第一次工作会议。2018年5月形成《食用氨基酸制品》（征求意见稿），并在行业内进行为期一个月的公示。2018年12月，对标准进行了审查，将该标准中食用氨基酸制品为液态的部分单独拿出，并做相应的《氨基酸饮料》团体标准，将原有标准内容仅规定固体状态产品，经修改后于2019年10月形成《食用氨基酸制品》标准的送审稿。2019年12月召开了专家评审会，评审专家一致通过，目前分会已将该标准的所有上报文件完成并递交。2020年上半年发布。

③制定《氨基酸饮料》

2018年12月，该标准从《食用氨基酸制品》中分离出来。起草组根据原《食用氨基酸制品》中的内容及制标，对《氨基酸饮料》进行了编辑工作。于2019年9月，在行业内召开会议，与会企业对该标准的文字内容及指标进行了修订，于2019年10月，完成了该标准的送审稿。2019年12月召开了专家评审会，评审专家一致通过，目前分会已将该标准的所有上报文件完成并递交。2020年上半年发布。

④《氨基酸行业绿色工厂评价要求》《绿色产品评价规范 氨基酸》

2017年4月，协会公布制定该两项团体标准的计划，分会组织行业企业组建了起草组，并召开了启动会。2018年12月，协会对该标准进行了专家评审工作，再次形成了修改的意见和建议，分会根据意见和建议进行了整理和修订，并于2019年3月形成了两项标准的报批稿，并上报。目前两项标准已经出版。

（4）标准工作表彰

近年来，氨基酸行业的标准工作在各企业的大力支持下快速、有序的发展。2019年12月工业和信息化部发布《关于公布2019年团体标准应用示范项目名单的公告》（工信部科函[2019]401号），遴选出103项团体标准应用示范项目。其中，由氨基酸行业多家企业共同完成的《食品加工用氨基酸》榜上有名。为了感谢在标准制定工作中做出贡献的企业和个人，氨基酸分会对16家企业和9名个人进行了表彰。

4. 服务会员

（1）为行业开具相关证明10项。

（2）通过分会工作，征集5家氨基酸企业办理入会手续。

（3）为企业提供行业整体运行情况。

（4）为企业发展提供意见和建议。

（4）协助企业申报单项产品冠军等。

（5）接受企业来访，并解答相关行业问题。

5. 会议活动

（1）2019年3月召开氨基酸分会理事会暨重点企业座谈会。

（2）2019年9月召开氨基酸分会理事会暨氨基酸行业标准工作研讨会。

（3）2019年12月，工业和信息化部发布《关于公布2019年团体标准应用示范项目名单的通告》（工信部科函[2019]401号），遴选出103项2019年团体标准应用示范项目，其中，《食品加工用氨基酸》团体标准榜上有名。

6. 事务性工作

（1）行业数据统计及分析；

（2）为相关部委提供行业情况分析及数据；

（3）出版氨基酸营养健康丛书；

（4）氨基酸行业“十四五”规划编写。

关　丹

2.18 生物发酵（酵母）工业

【a. 概况】

2019 年，我国目前酵母行业总产能约 44.3 万吨，同比增长 6.7%，中国酵母行业工厂数量（不含啤酒酵母源）24 家以上。产能居行业前三位的企业是安琪酵母中国、乐斯福中国、AB 马利中国，其产能占全国总产能的 79%。进出口方面，酵母类产品进口量 1530 吨，同比增长 4.29%；进口额 1658 万美元，同比增长 7.46%。其中活性酵母的进口量、进口额同比下降幅度较大，而非活性酵母和发酵粉的进口量、进口额同比下降幅度较大。非活性酵母和发酵粉产品的单价均有所增加或高端品种占比较高，而活性酵母是下降的，见表 1。

国际市场，2019 年，酵母出口情况较好。据海关统计，酵母类产品出口同比有所增加，2019 年，酵母类产品出口量 14.4 万吨，同比增长 11.48%；出口额 3.0 亿美元，同比增长 8.48%，见表 2。

表 1　2019 年酵母产品进口量及进口额

品种	进口量（千克）	进口额（美元）
活性酵母	750,663	7,888,608
非活性酵母；已死的其他单细胞微生物	687,839	8,109,100
发酵粉	91,786	577,327
合计	1,530,288	16,575,035

表 2　2018、2019 年酵母产品出口量及出口额

品种	出口量（千克）	出口额（美元）
	2019 年	2019 年
活性酵母	106,504,353	229,023,359
非活性酵母；已死的其他单细胞微生物	27,204,630	61,762,916
发酵粉	9,841,080	13,286,881
合计	143,550,063	304,073,156

由图 1 及表 3 可以看出，从 2010 年—2019 年同比除了 2018 年略下降以外酵母产品出口一直保持较高增长。

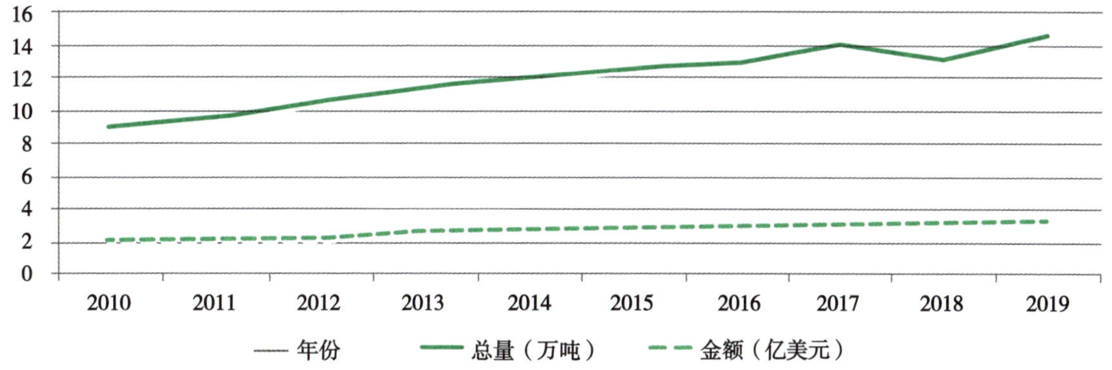

图 1　2010—2019 年酵母产品出口情况变化趋势

表 3　2010 年—2019 年酵母产品出口量及出口额情况

年份	出口		年增长率（%）	
	总量（万吨）	金额（亿美元）	总量（%）	金额（%）
2010	8.8	1.8	14	13
2011	9.3	2.0	5.4	12
2012	10.3	2.0	11	0
2013	11.1	2.4	7.9	18
2014	11.8	2.6	6.7	7.7
2015	12.3	2.6	3.9	2.7
2016	12.7	2.7	3.4	2.4
2017	13.8	2.9	8.8	7.8
2018	12.9	2.8	–7.0	–4.6
2019	14.4	3.0	11.5%	8.5%

【b. 运行特点】

2019 年，酵母行业基本保持平稳发展态势。中国酵母类制品产销约 39.2 万吨，同比增长 7.1%。其中，活性酵母类 26.6 万吨，酵母抽提物类 10.3 万吨，其他酵母制品 2.3 万吨。产能利用率 88%，产销规模继续保持小幅增长，全行业产值约 83 亿元。

中国酵母行业继续加快标准建设，规范行业管理。国家标准、行业标准和团体标准的建立有利于标准体系完善，使酵母行业良性有序发展，进一步规范行业管理。2019 年，由行业协会、科研院所、企业共同努力加快推进中国酵母行业标准化工作，共制订或修订了 8 项酵母行业的标准，使酵母行业的标准体系进一步完善。包括国家标准 1 项：《取水定额 酵母制造》（2019 年发布实施）；行业标准 2 项：《排污许可证申请与核发技术规范 食品制造 工业－调味品、发酵制品制造工业》《饲料原料 酿酒酵母细胞壁》（2019 年发布实施）。团体标准 4 项：《酵母行业绿色工厂评价要求》《绿色生产技术评价标准 酵母发酵》《绿色生产技术评价标准酵母干燥》《绿色设计产品评价技术规范 酵母制品》（2020 年初发布实施）。

中国酵母行业持续推进整合与发展。2019 年，安琪持续发展酵母主业和推进国际化，抓好技改项目建设。底宜昌安琪的营养健康食品数字化车间项目进入设备安装调试，计划 2020 年上半年建成投产；伊犁安琪 2019 年启动可克达拉安琪酵母有限公司酵母制品绿色制造项目前期工作；2019 年，埃及年产 1.2 万吨抽提物项目建成运行；内蒙古赤峰、河南睢县扩建项目计划 2020 年启动。乐斯福中国总产能保持稳定增长。来宾工厂技改项目于 2019 年竣工投产；崇左工厂酵母改扩建项目于 2019 年 6 月竣工投产，抽提物改扩建项目计划 2020 年 12 月完工。英联马利与益海嘉里于 2019 年 6 月宣布成立合资公司，2019 年 9 月在黑龙江齐齐哈尔开始筹建酵母工厂。佰惠生酵母项目 2018 年已投产，酵母抽提物项目 2019 年 7 月正式投产。雅琪生物的啤酒酵母源生物饲料及饲料添加剂生产基地均转移至湖北孝感工厂，2018 年 6 月开始正式投产。近年来，酵母及抽提物行业企业陆续在中国上市，显示投资者看好中国酵母产业发展前景。目前涉及酵母生产经营业务已在主板、新三板上市的公司有：安琪酵母、佰惠生、雅琪生物、海纳川生物、天香苑等公司。

【c. 面临问题】

1. 经济下行风险与行业激烈竞争带来的挑战

世界经济增速下滑，全球经济风险较大。一方面，世界主要新经济体增速也即将触顶，美国经济周期面临拐点欧洲经济增速进一步放缓。世界经济下行压力较大，意味着全球市场需求的减弱，给出口贸易较大的市场带来一定冲击和影响。另一方面，美联储持续加息，欧洲政局不稳，债务增加，新兴市场如东南亚、非洲等区域面临货币贬值，进一步加大了全球经济的潜在风险，增加了酵母行业出口压力。

2. 资源环保双重压力依然是面临的生存难题

自然资源约束和生态环境恶化的压力是我国

经济社会发展中长期、深层次的矛盾，成为我国全面协调可持续发展的严重障碍。酵母产业发展较大程度依赖于地方政策和原料、能源、水等资源成本。中国糖业竞争力进一步下降，糖蜜总量下降，对中国酵母产业的进一步扩张发展产生重大影响与制约。目前，如何降低这些资源消耗，确保资源的合理利用和永续利用，是酵母行业发展亟待解决的关键问题。同时，政府对环保治理的政策加码以及行业对绿色标准的评价规范，一方面对业内企业起到了很好的指引与推动作用，国内各酵母工厂都加大了对环保治理的重视与投入，取得了良好成效。另一方面，也将起到优胜劣汰、提高行业门槛的效果，缺乏资金实力及环保治理能力弱的酵母公司，将面临生存挑战。

3. 高附加值产品比例偏低，品种结构不合理

我国酵母工业的主要产品以普通面包酵母等常规产品为主，精深加工的酵母衍生物产品所占比例较小。酵母行业的产品主要以普通的干、鲜高活性面包酵母为主，对酵母抽提物、特种酵母、酵母细胞壁等酵母类衍生物产品的开发力度较小，产品水平较低，与发达国家仍有较大差距。

4. 市场拓展亟待加强

行业竞争持续激烈，市场抢夺迫在眉睫。过去几年，全球主要酵母生产企业虽然保持营收增长，但随着市场增速下降，行业竞争愈发激烈。酵母跨国企业继续加大中国市场投入和全球产能扩张，利用其全球化布局，在诸多方面形成与国内企业的针对性竞争，给酵母行业国际化发展带来的挑战不容小觑。随着新上项目的增加，产能的扩张，原有市场逐渐饱和，个别地区出现不正常压低价格，所以开拓新的应用领域，以及农村市场的开发已经刻不容缓，否则会不可避免地出现恶性竞争，影响整个行业的健康、持续发展。

【d. 趋势判断】

酵母及衍生制品制造是循环经济产业链的重要一环，既充分利用工业资源深度加工，延长产业链，又促进农产品转化增值，拓宽了食品、发酵、饲料、医药、健康等产业发展的空间，酵母产业发展前景广阔。

酵母相关产品从原料来源到生产、销售，都是市场化的，政府参与度极低，无相关补贴，主要以企业为主导，以效益为中心，是亲民的消费品，价格一直比较稳定，消费需求的扩大预示着产业发展的潜力。

由于资源和环保制约，且酵母工业属于技术密集型产业，所以形成了行业门槛，优胜劣汰，资金实力强、环保治理能力好、有创新产品储备或者有科技支撑的酵母公司发展会比较顺畅。

而推行装备智能化、生产自动化、营销服务信息化升级，促进现代化规范管理，实现高的生产效率，也是有助于达到产业高质量发展的目标。

【e. 主要工作】

3 月 28 日，在北京召开中国生物发酵产业协会酵母分会理事会暨 2019 年酵母行业重点企业座谈会，交流酵母生产企业的生产、运营、管理等情况、讨论当前行业主要问题及发展趋势，提出促进行业健康发展的措施和建议等。在交流讨论中，各企业及院校代表主要针对目前企业经济运行情况，生产企业所用原料、能源、水资源和环保等政策及变化趋势，标准制修订情况，行业发展状况及未来发展趋势、存在问题、对协会工作的意见和建议等展开了讨论。与会代表分享了各自的经验和经营理念。

4 月 20 日至 21 日，召开第六届新型有机氮源应用与发展趋势研讨会。会议由中国生物发酵产业协会主办，安琪酵母股份有限公司、武汉海泰聚诚工程有限公司承办，主题是“倡导氮源专属定制，绿色制造低碳发展”。研讨会的宗旨是探讨如何从提高生物利用度以及定制化复合营养源的角度来实现绿色制造，更好地发挥研讨会的信息传播作用，推介新理论、新技术、新项目和新装备。

7 月 11 日，在北京召开生态环境部《酵母工业水污染物排放标准（GB 25462-2010）》实施评估项目开题论证会。课题承担单位有中国轻工业清洁生产中心、中国生物发酵产业协会、生态环境部环境规划院、北京工商大学。项目组近期对酵母行业进行了前期研究，先后对业内的企业的废水排放量和排水水质进行了收集分析，收集了部分企业的废水量数据，并对典型酵母生产企业污染防治情况进行调研

组织制定《酵母行业绿色工厂评价要求》《绿色生产技术评价标准 酵母发酵》《绿色生产技术评价标准 酵母干燥》《绿色设计产品评价技术规范 酵母制品》团体标准，于 2019 年底前完成。绿色标准的意义是以企业为主体，以标准为引领，以绿色工厂、绿色产品、绿色生产技术为重点，加强绿色制造示范引导，推进行业的绿色发展。《酵母行业污染防治技术政策》2019 年结题。

莫晓曼

2.19 酵素工业

【a. 概况】

酵素（jiaosu）产业是以可再生的生物质资源用现代生物发酵技术生产出的可替代日益稀少的矿物质资源的新兴产业，是实现乡村振兴、一二三产融合的抓手之一，尤其是特色农业资源丰富的地区，可提高农产品附加值，带动当地经济发展，促进国家“三品”战略。

【b. 运行特点】

2019 年，酵素生产企业的新增呈上升趋势，规范化程度及自动化程度同比都明显增长，规模企业数量也在逐渐增加，目前食用酵素生产企业规模在 200 吨 / 年以上的企业约 200 家，协会会员单位 140 余家。

【c. 市场分析】

随着酵素产品行业标准的出台，酵素行业的社会关注度得到很大提升，酵素行业的夸大宣传、三无产品现象得到有效改善，小而散的作坊式食用酵素加工点也被市场淘汰，消费市场进入理性消费时代，产品销售渠道也在多元化发展，品牌企业转型加入酵素行业的现象有所增加，细分领域逐渐出现，部分生产企业业绩连续三年翻番，企业的良性竞争渐渐体现。

【d. 面临问题】

1. 政策层面

酵素行业现已发布实施行业标准 2 项，团体标准 3 项。由于在卫健委没有食用酵素安全标准，致使市场监管总局按照现行食品安全法规定，因此需要抓紧推进食用酵素的国家安全标准立项制定工作，以推进食用酵素生产许可类别事宜。

2. 资源层面

目前酵素行业缺乏严谨系统的知识科普，缺少权威信息，专业理论知识与能力水平的培训体系尚未形成，以至于酵素行业的专业人才匮乏。

3. 技术层面

酵素行业科研力量较为薄弱，对酵素基础研究不足，如酵素生产中微生物代谢、有害物质产生机制和控制策略、产品生理活性机理等研究不充分。企业有积极性，但没有决心做基础研究投入，行业发展缺乏后劲。国内部分企业现有产品仍以模仿日本、泰国、中国台湾地区酵素为主，且模仿工艺不严谨，工艺水平较低；酵素产业新技术、新装备开发应用不足，部分企业仍然采用较为粗放的发酵设备与技术。

4. 市场层面

（1）酵素产品在原国家食品药品监督管理总局发布的《食品生产许可分类目录》中无相应类别，导致企业无法正常申请生产许可证，从而使得酵素市场难以规范，酵素产品归口不统一。

（2）酵素行业的生产企业大多数以食用酵素为主，仍停留在功能宣传上，市场渠道单一，创新能力弱，缺乏自主知识产权，制约了企业本身及行业的发展。

【e. 趋势判断】

我国酵素产业处于快速发展阶段，酵素产品市场日趋火爆。未来我们将进一步提升社会认知，提高行业凝聚力，引导完善产业政策配套，明确产业发展方向。酵素产业是生物发酵产业中的朝阳产业，食用酵素的发展也充满了机遇与挑战。各企业定要遵循“创新、协调、绿色、开放、共享”的发展理念，快速健康发展，为实现中国生物发酵产业强国梦做出贡献。

【f. 科技创新】

由华东理工大学鲁华生物技术研究所申报的“全国酵素研究中心”项目于 2019 年 6 月 12 日进行专家论证，6 月 23 日正式授牌开展工作。全国酵素研究中心的建立是提高酵素行业技术创新能力，完善研究开发与应用推广服务体系的基本措施，是提高产品质量、保障产品安全、规范酵素行业可持续发展的有力保障。

【g. 名优企业和产品】

随着酵素行业的不断发展，大部分生产企业日益规范，业绩和市场认可度都有较大提升，企业也致力于提升生产工艺和加强科技研发。目前，行业内有一批如“中国酵素城”般的酵素产业聚集区正逐步形成，也有许多龙头企业在树立标杆、引领规范，如养生天下、恒利康、千草素、仁仁健康、晟启昊天、万源佳等等。陕西渭南“中国酵素城”经过行业协会三年多的培育，已初见规模，成为陕西省重点项目，致力于打造为国家级生物发酵产业特色区域。安徽养生天下生物科技有限公司拥有产品进出口资质及 BRC HACCP、ISO22000 等多项体系认证，年生产能力 10 万吨，拥有 6 项品牌 50 余种单品，在技术方面拥有实用新型和发明专利共 98 项。恒利康生物科技股份有限公司拥有年产益生菌 300 余吨的益生菌生产区，年产植物酵素 25 万吨，在产业扶贫方面做了大量工作。浙江千草素生物科技股份有限公司与院士科研团队成功研发出适合果蔬酵素发酵的国家专利菌种，在产品口感方面有很大的提升，2019 年顺利通过了省级研发中心的认定。江西仁仁健康产业有限公司致力于仁和本草酵素及相关产品的研发、生产和销售，以药都樟树和仁和集团的中医药产业为依托，选用道地“药食同源”中药材进行组方。辽宁晟启昊天生物医药科技有限公司与国内众多科研院所合作开发了一系列具有自主知识产权的食品微生物发酵技术，并研发出了多种“药食同源”中草药、新资源食品的系列发酵产品。重庆万源佳药业有限公司遵循传统“药食同源”理念结合现代生物发酵技术，研发出以刺梨为代表的“野果酵素”和依据古方配伍的“药食同源酵素”，在产业扶贫方面也做了很多工作。

【h. 大事记】

1 月 17 日，中国生物发酵产业协会酵素分会一届七次理事会于渭南市召开；

3 月 28 日，2019 酵素行业重点企业座谈会暨“中国好酵素”公益活动启动会于北京召开；

6 月 11 日，《酵素》编著项目启动会在华东理工大学召开；

6 月 22 日，中国生物发酵产业标准化技术委员会酵素分委会工作会在华东理工大学召开；

6 月 23 日，2019 全国酵素行业专家委员会工作会在华东理工大学召开；

6 月 23 日，2019 生态产业融合发展论坛（首届）在华东理工大学召开；

9 月 11 日，接待米脂县考察团，并召开榆林米脂县小米酵素产业发展工作交流会；

9 月 24 日，酵素分会一届八次理事会在上海召开；

9 月 24-26 日，召开 2019 第五届上海国际酵素产业博览会；

11 月 13 日，接待米脂县考察团，并召开了米脂小米国家农村产业融合发展示范园区规划设计座谈会；

12月3日，“中国酵素产业健康发展主题月”活动启动会暨酵素行业标准实施宣贯会在北京召开；

12月18日至19日，2019酵素产业发展大会在北京召开。

【i. 政策建议】

1. 产业政策

各省市地区应当积极贯彻落实《产业结构调整指导目录（2019年本）》，出台相应的产业扶持政策，采用税收优惠或其他财政支持手段，择优支持具有自主知识产权、技术示范和推广效应显著、市场发展前景较好的企业，促进技术升级和优势领域的形成。

2. 法规政策

增强行标和团标的法律地位，加强行标和团标的应用与推广，提高行标和团标在国家执法部门的认可度。

3. 人才政策

加强科技创新平台建设，攻克共性关键技术。加强基层酵素产品生产流通从业人员培训，提升业务素质和专业水平。培养一支在酵素产品特色资源保护、原料种植养殖、生产加工、鉴定技术、科普宣传、科研和信息服务等方面业务能力突出的队伍。加强酵素产业高层次和国际化专业技术人才培养，鼓励科技创业，推动酵素产业技术创新和成果转化。

4. 税收政策

采用税收优惠政策扶持、推动酵素产业发展。

5. 金融政策

加大对酵素产品特色原料、食用酵素特色地理环境保护和发展的扶持力度；加强项目绩效评价，充分发挥国家产业政策财政资金的支持作用；将酵素产品生产和配套基础设施建设与中央和地方相关政策衔接；鼓励发展酵素产品特色原料种植保险，酵素产品生产保险，构建市场化的酵素产品生产风险分散和损失补偿机制；鼓励金融机构改善金融服务，在风险可控和商业可持续的前提下，加大对酵素产品的生产、科研等信贷投放，为集仓储、贸易于一体的酵素产品可追溯产业链提供金融服务。

【j. 经济数据】

2019年，酵素行业在经济运行方面总体平稳，国内食用酵素设计总产能与总产值较去年有所增加，总产值约300亿元，同比略有上升。

【k. 主要工作】

1. 党建、扶贫

（1）成立产业扶贫办公室，筹建扶贫委员会；

（2）开展发酵行业调研；

（3）组织参观扶贫工作成果展；

（4）巩固2018年产业扶贫成果（南召县、米脂县、重庆企业）；

（5）加强部委机关扶贫点配合工作（田东县、平乡县）。

2. 服务政府

（1）配合协助部委机关扶贫点相关工作（田东县、平乡县）；

（2）根据财政部关税司的有关要求，向会员单位征求《进出口税则（2019）》修改意见并汇总上报；

（3）协助栖霞市政府推进栖霞特色区域农用酵素应用推广；

（4）提交“十四五”酵素产业发展规划以及酵素产业技术路线图；

（5）接待米脂县政府考察团，开展交流座谈会，推进米脂县小米国家农村产业融合发展示范园区规划相关工作。

3. 标准工作

（1）《酵素产品分类导则》《植物酵素》2项行业标准于2019年7月1日正式实施；

（2）已公开征集《金银花酵素》《纳豆菌酵素液》《莲藕酵素》《农用植物酵素》《食用普洱茶酵素》《食用植物酵素 酵母菌发酵》6项团体标准的起草单位；

（3）已公开征集《食用复合酵素》行业标准的起草单位。

4. 服务会员

考察调研了7家会员企业[北京中农富源集团有限公司、山东沃地丰生物肥料有限公司、安徽善源康生物科技发展有限公司、中恩（天津）医药科技有限公司、丽江得慈延年生物科技有限公司、浙江千草素生物科技股份有限公司、霸州市信德缘食品有限公司]，并交流指导工作。

5. 国际交流

接待日本酵素企业代表，交流国内外行业情况。

6. 其他

（1）组织开展《中国酵素》宣传片拍摄工作。

（2）修订“中国生物发酵产业协会”百度词条，新增“中国生物发酵产业协会酵素分会”百度百科词条；

（3）向市场监督管理总局提请新增食用酵素生产类别。

【Ⅰ. 产业扶贫】

1. 巩固2018年产业扶贫成果

（1）南召特色区域产业扶贫培育：一是与南召县建立深度扶贫工作机制，成立特色区域推进工作委员会，由南召县上级单位南阳市人民政府主管副市长任主任，对口市政府副秘书长，南召县人民政府县长方明洋，中国生物发酵产业协会副理事长周海龙等三名同志任副主任，南阳市直相关部门和南召县直相关部门为成员单位，促进地方区域品牌形成，带动就业及税收；二是与当地行业重点加强辅导工作，增加行业重点企业社会影响力，围绕农产品深加工开展重点发展方向的引导工作。

（2）米脂特色区域产业扶贫培育：一是积极跟进当地政府当前政策情况及下一步想法，就小米国家农村产业融合发展示范园项目的推进工作进行了多次交流；二是积极跟进前期扶持企业目前情况，共同探讨下一步工作计划。

（3）重庆企业产业扶贫情况：协会扶贫办收集整理了重庆企业产业扶贫情况，下一步将进行产业扶贫升级指导工作。重庆某企业经过协会的指导在扶贫方面做出的成绩：一利用公司基地这个平台，优先招收农村贫困人员来公司基地上班，有效地解决了农村剩余劳动力就业困难的问题，临时务工人员200人左右，固定工人42人，其中贫困户14人；二、根据公司的生产酵素需要结合酉阳当地的精准扶贫政策，鼓励农村贫困户种植生姜、萝卜等原材料，公司以高于市场价的价格收购回来用于食品生产，极大地提高了贫困人员劳动积极性，增加了贫困户的收入，为扶贫工作贡献了企业的一分力量，在酉阳天馆乡发展生姜种植24户，年收购金额11万元；三、公司鼓励农村富余劳动力上山采摘酵素发酵用的野生原料，每年从老百姓手里收购野生刺梨、野生猕猴桃、野生火棘果、野生八月瓜等野生水果，使老百姓能够额外增加一份可观的收益，有效地促进了脱贫效率，2019年收购荷叶、八月瓜、猕猴桃、刺梨、秋葵、黄精、无花果等农产品野生产品共150万元。

2. 加强部委机关扶贫点配合工作

（1）发改委广西壮族自治区百色市田东县产业扶贫工作：一是与发改委沟通交流扶贫工作开展情况及思路，确定对发改委扶贫点—广西壮族自治区百色市田东县扶贫点开展产业扶贫相关帮扶工作；二是在发改委的协调下与田东县政府在发改委开展了第一次碰头会，增加认识，达成产业扶贫方向和思路的初步共识；三是田东县政府到协会拜访，进一步了解行业情况，并形成下一步工作建议及思路；四是由发改委组织行业专家赴田东关于就优势资源发展酵素产业的专项调研工作。

（2）中轻联河北省邢台市平乡县节固乡脱贫攻坚工作：一是2019年5月22日参加了轻工业联合会组织的“国务院国资委第七协作组2019年度定点扶贫工作推进会”，对接了解了河北省邢台市平乡县节固乡脱贫攻坚工作情况以及产业扶贫帮扶需求，就产业扶贫工作进行了座谈交流；二是2019年7月8日至10日参加了由国务院国资委轻工协作组组织开展的扶贫捐赠仪式暨立项调研，调研节固乡酵素产业立项工作，形成了《河北省平乡县节固乡酵素产业扶贫立项调研报告》；三是2019年10月15–16日参加了轻工协作组组织开展的推进节固乡酵素产业发展后续工作，协会组织企业向当地农户捐赠200个酵素桶，平乡县节固乡人民政府颁发捐赠证书。

周海龙

2.20 酶制剂工业

【a. 概况】

2019 年，我国酶制剂行业整体经济运行平稳，整个行业总体产量和产值同比略有增长。根据中国生物发酵产业协会酶制剂分会统计，2019 年，我国酶制剂产量约为 147.9 万（标）吨，产值约为 33.7 亿元。一方面，受非洲猪瘟影响，饲用酶的市场需求压缩，产量也相应降低。企业积极应对此现象，通过调整产品结构，向禽类、水产、反刍等领域进行转型调整。其他工业酶受益于绿色环保的趋势。国内酶制剂企业所生产的酶制剂主要品种有：糖化酶、植酸酶、中温淀粉酶、高温淀粉酶、碱性蛋白酶、中性蛋白酶、酸性蛋白酶、多肽酶、角蛋白酶、中性纤维素酶、酸性纤维素酶、中性木聚糖酶、酸性木聚糖酶、甘露聚糖酶、谷氨酰胺转氨酶、β－葡聚糖酶、半乳糖苷酶、果胶酶、β－淀粉酶、真菌淀粉酶、脂肪酶、凝乳酶、葡萄糖氧化酶、普鲁兰酶、过氧化氢酶、乳糖酶、角质酶、核酸酶、脱氨酶、溶菌酶、酯化酶、漆酶、乳酸脱氢酶、饲用复合酶、纺织复合酶、啤酒复合酶、生物能源复合酶等。

酶制剂行业进出口情况。同比均出现不同幅度的下降。其中，进口量同比下降 21.25%，进口额同比下降 11.69%，进口的平均价格同比有提高；出口方面，酶制剂产品出口量同比下降 10.73%，出口额同比下降 2.3%，出口价格同比略有提高。然而，出口的价格远远低于进口价格，对于有些酶种，我国对于国外酶制剂的依赖度依旧很高。

2018 年、2019 年酶制剂产品进出口比较

进口量（吨）		进口额（万美元）		出口量（吨）		出口额（万美元）	
2018	2019	2018	2019	2018	2019	2018	2019
16612	13082	24963	22045	93102	83116	37121	36333

【b. 运行特点】

1. 由于市场竞争激烈，酶制剂的价格呈现逐年下降的趋势，高浓度和高活力酶并未带来价格的增加，有些传统酶的价格已经接近甚至低于生产成本。企业的发展还是要依靠开发功能酶制剂，高端酶制剂，特种酶制剂。

2. 企业积极应对非洲猪瘟带来的市场变化，一方面调积极整销售策略，全面加强酶制剂在禽类产品的中的应用与销售。另一方面，调整产品结构，聚焦特种酶、高端酶等工业用酶。

3. 产品相对单一，且重复率高。应用领域也主要集中在食品工业用酶，约占 40% 左右。工业酶制剂产品中仍以糖化酶、淀粉酶、植酸酶等低端酶制剂品种为主，同质化严重，行内竞争激烈。对于其他酶制剂，市场大部分被国外酶制剂产品所占有，国内企业由于开发和创新力度不够，受限于国外专利保护，发展一直较为缓慢，市场尚需进一步开拓。

【c. 面临问题】

1. 现有转基因微生物菌种来源的酶制剂评价程序不明晰、周期较长，造成我国这类食品工业用酶制剂的原有产品升级和新品种的研发缓慢，生产和应用严重滞后国际先进水平，阻碍了我国酶制剂产业发展和产品创新。建议尽快研究制定颁布针对 GMM 来源的食品工业用酶制剂品种生物安全性评价方法。

2. 酶制剂行业评价技术与标准体系不健全。目前我国酶制剂评价技术与标准体系相对落后，急需建立的酶制剂特性评价关键技术和标准化的评价方法，为行业提供检测、认证等服务，推动酶制剂特性评价标准制定和体系建设。

3. 酶的规模化表达技术、发酵控制技术、分离提取技术仍然是制约生产的“瓶颈”。在知识产权方面，我国国内企业的专利明显少于国外企业，也表明中国的酶制剂研究主要停留在研发阶段，实际应用的很少。

【d. 科技创新】

为了促进行业酶制剂评价技术规范统一，研究建立行业标准化关键技术，由中国生物发酵产业协会牵头组织，中国食品发酵工业研究院有限公司为技术支撑机构，安琪酵母股份有限公司、武汉新华扬生物股份有限公司、山东隆科特酶制剂有限公司、湖南鸿鹰生物科技有限公司、白银赛诺生物科技有限公司、青岛蔚蓝生物集团有限公司等国内主要酶制剂生产企业共同参与。最终建立行业检测参比实验室和技术标准交流机制，提供行业共享的、长期稳定性的检测底物库、技术方法库、检测认证等服务，推动酶制剂特性评价标准制定和体系建设。

【e. 标准化工作】

完成了《植酸酶耐热性评估方法》和《植酸酶磷释放率评估方法》2 项团体标准起草，征求意见、送审、报批和发布工作。

《脂肪酶制剂》国家标准和《木聚糖酶制剂》行业标准分别由国家标准化管理委员会和工业和信息化部列入修订计划。

3. 组织国内主要生产企业和研究单位开展《蛋白酶制剂》国家标准和《食品安全国家标准 食品添加剂 食品工业用酶制剂》的修订起草工作。

【f. 政策建议】

1. 法规方面

建议完善 GMM 来源的食品工业用酶制剂行政审批管理体系，尽快研究制定颁布针对 GMM 来源的食品工业用酶制剂品种生物安全性评价方法，此外建议增加从事食品行业管理和技术研发等相关专家，参与 GMM 来源食品工业用酶制剂的管理体系、审评方法制定，以及生物安全评价工作。

2. 技术层面

建议开展酶制剂行业关键技术开发及其产业化实施的整体布局。从合作研究开发至最终形成的产业化成果的过程中，以科研院所作为技术开发和创新的主体，在取得实验室规模的研究成果后，由优势企业协助进行产业化研究，致力于解决生产规模放大、下游产品制备以及产品应用中的关键技术问题，以螺旋递进的方式推动“产学研用”技术链条的不断提升。

【g. 主要工作】

1. 启动酶制剂行业十四五规划的编制，制定行业技术路线图

为了总结十三五酶制剂产业发展取得的成绩，深入分析行业发展的问题面对机遇和挑战，做好十四五产业发展布局。分会按照协会的统一安排，启动轻工业技术进步“十四五”发展指导意见－生物发酵产业，酶制剂产业编制工作，在此基础上着手酶制剂开展行业十四五规划的编制工作。并调整了制定行业发展技术路线图。

2. 解决行业问题

为解决行业酶制剂评价技术缺乏统一规范等困扰行业问题，建立行业急需的酶制剂特性评价关键技术，由分会组织协调，中国食品发酵工业研究院有限公司为技术支撑机构，行业酶制剂生产企业参加，合作完成 9 种酶的酶制剂活力评价技术研究与标准制修订工作，推动酶制剂特性评价标准制定和体系建设。

3. 组织酶制剂展开重点研究机构和生产企业座谈会

2019 年 3 月，酶制剂分会在北京组织召开了“2019 酶制剂重点研究机构和生产企业座谈会”，来自全国酶制剂生产企业和研究机构共计 26 家单位参加了会议，会上代表们建议搭建酶制剂底物和评价技术平台，加强保护知识产权的自律，加强应用研究，实现产业稳步增长。

4. 组织酶制剂重点企业参加第七届上海国际生物发酵展

2019 年在第七届上海国际生物发酵展期间，组织酶制剂重点生产企业集中参展，这样的展示的模式得到了企业的认可。认为以分会名义组织的展览，能够更好地宣传企业和产品，更好地建立参展企业与观众之间的信任。

5. 组织 2019 年酶制剂应用交流论坛

9 月份，在上海展会期间组织了 2019 年酶制剂应用交流论坛，邀请专家围绕酶制剂应用技术的探索、酶制剂在洗涤行业、纺织行业、皮革行业、医药化学品行业以及食品工业用酶制剂标准法规相关进展进行了介绍及互动交流。

6. 组织召开酶制剂分会理事会

12 月，在北京组织中国生物发酵产业协会酶制剂分会第二届五次理事会、中国食品科学技术学会酶制剂分会第五届五次理事会。会上石维忱理事长结合国家十九届届四中全会的精神，从产品升级、自主创新、知识产权，标准体系几方面对行业发展做了指导；天津科技大学路福平校长介绍了国内外酶制剂产品和产业现状，分析了目前我国酶制剂发展面临的瓶颈以及与国外的差距。江南大学堵国成院长从十三五时期酶制剂行业取得的成绩，产业发展存在的问题，十四五时期行业发展面临的机遇挑战，指导思想，基本原则和目标，发展方向，主要任务，重点工作及政策建议等方面对《酶制剂行业十四五规划（草案）》进行了解读。中国食品科学技术学会刘昊宇副秘书长介绍了食品领域尤其是食物保鲜，食物防腐，环保面临的问题及对酶制剂的需求，对于酶制剂的应用提供了思路。

王　晋

2.21 有机酸工业

【a. 概况】

2019 年，有机酸行业产量同比 基本持平，总产量达到 245.5 万吨左右，如下表 1 所示：

表 1 2019 年有机酸主要产品产量

单位：万吨，%

产品	2019 年产量	增长率
柠檬酸	172	4.24
乳酸	13.5	–12.90
葡萄糖酸	55	–8.33
衣康酸	5	0
总计	245.5	0

【b. 行业整体经营运行情况】

1. 柠檬酸价格

2019 年，柠檬酸价格持续走低，所有企业基本没有利润，行业处于极端困难时期，新增一家七星柠檬，有发酵生产企业 7 家。但由于新增企业年底才开始投产且规模较小，对全国总产量影响不大。

2019 年，乳酸行情一直处于价格高位。乳酸生产企业减少一家——中粮格拉特。由于是骨干企业，对全国乳酸供求产生较大影响。另有一家——丰原集团正在建设 15 万吨乳酸，预计 2020 年夏季具备生产条件。新增产能较大，主要是为聚乳酸做准备，但是由于国内乳酸市场容量有限，一旦产量溢出就会造成行业危机。

2. 葡萄糖酸市场价格持续走低，国内产能过剩严重

由于，酶的国产化和酶法生产工艺成熟，葡萄糖酸的产品品质和成本趋于一致，企业间同质化竞争严重。

【c. 市场分析】

1. 有机酸产品进口情况

2018 年—2019 年，有机酸行业进口情况如下表 2 所示：

表 2 2018 年—2019 年有机酸行业进口情况分析

单位：千克、美元

产品	2019 年			2018 年		
	进口量	进口额	价格	进口量	进口额	价格
柠檬酸	991,377	4,539,813	4579.30	1,740,891	6,556,989	3766.46
柠檬酸盐及柠檬酸酯	968,546	5,867,371	6057.92	1,251,296	7,175,837	5734.72
乳酸及其盐和酯	16,272,181	26,349,529	1619.30	16,578,508	29,263,181	1765.13
葡糖酸及其盐和酯	522,500	1,857,348	3554.73	1,263,409	3,053,482	2416.86

2019 年进口情况分析：我国有机酸行业产品除乳酸外进口量、进口额不断减少，但进口价格不断上升。乳酸产品进口量仍然保持高位，主要是生产聚乳酸用的高端乳酸需求量旺盛。

2. 有机酸产品出口情况

2018 年—2019 年，有机酸行业出口情况如下表 3 所示：

表 3　2018 年—2019 年有机酸行业出口情况

单位：千克、美元

产品	2019 年			2018 年		
	出口量	出口额	价格	出口量	出口额	价格
柠檬酸	955,811,697	603,883,351	631.80	956,462,048	706,532,392	738.69
柠檬酸盐及柠檬酸酯	208,312,942	170,408,757	818.04	199,247,739	181,002,255	908.43
乳酸及其盐和酯	44,985,328	62,801,961	1396.05	58,812,679	82,001,400	1394.28
葡糖酸及其盐和酯	187,371,020	117,659,290	627.95	181,077,547	126,878,954	700.69

（1）2019 年，柠檬酸价格持续下滑，在 2018 年的基础上下滑 100 美元以上。行业整体亏损，由于有新增企业产能进入，预计将继续下滑。

（2）葡萄糖酸出口价格下降 70 美元以上，也把我国技术进步取得的利润全部消化，行业处于微利状态。

（3）乳酸行业受中粮格拉特停产的影响，而丰原集团产能没有到位的影响，出现了一个价格高峰期，行业盈利状态良好，预计这波行情会持续到 2020 年夏季。值得一提的是聚乳酸行业发展进入了快车道，对乳酸产品产量和质量要求都要急剧提升，乳酸行业既要警惕大财团进入造成的产能过剩风险，同时又要加紧菌种、发酵、提取、精制等方面的科技研发投入，提升乳酸行业技术水平，跟上聚乳酸行业发展的节奏。

3. 有机酸产品出口国别

2018 年—2019 年，有机酸行业出口国别情况如下表 4 及表 5 所示：

表 4　柠檬酸出口国别情况分析

单位：千克、美元

国别与地区	2019 年			国别与地区	2018 年		
	出口量	出口额	价格		出口量	出口额	价格
印度	99,882,055	56,133,206	561.99	印度	90,695,500	61,361,800	676.57
土耳其	58,449,450	32,072,230	548.72	土耳其	56,424,200	37,642,157	667.13
墨西哥	55,073,470	35,284,308	640.68	墨西哥	55,211,776	41,169,919	745.67
日本	49,069,869	37,797,796	770.29	日本	47,050,885	40,032,293	850.83
俄罗斯	46,779,375	26,145,614	558.91	俄罗斯	43,461,550	29,057,443	668.58
印度尼西亚	39,125,950	22,161,177	566.41	印度尼西亚	35,221,200	23,976,106	680.73
波兰	30,607,900	19,747,708	645.18	德国	32,704,025	27,216,263	832.20
德国	30,544,400	23,299,354	762.80	波兰	32,375,430	24,379,528	753.03
韩国	26,587,385	15,646,304	588.49	阿根廷	26,753,934	19,879,259	743.04
西班牙	25,859,780	18,193,424	703.54	韩国	26,640,150	18,715,833	702.54
巴基斯坦	25,600,072	15,733,819	614.60	巴基斯坦	26,620,233	19,277,208	724.16

续表

国别与地区	2019 年			国别与地区	2018 年		
	出口量	出口额	价格		出口量	出口额	价格
阿根廷	24,721,100	15,506,692	627.27	西班牙	25,577,150	20,727,305	810.38
南非	20,633,000	11,712,804	567.67	荷兰	22,753,000	19,919,911	875.49
荷兰	20,597,000	17,378,135	843.72	以色列	21,028,325	15,452,072	734.82
意大利	19,678,600	14,422,128	732.88	南非	19,920,100	13,460,814	675.74
前 15 国家和地区	573,209,406	361,234,699	630.20	前十五国家和地区	562,437,458	412,267,911	733.00
总计	955,811,697	603,883,351	631.80	总计	956,462,048	706,533,292	738.69
前 15 国家和地区占比	59.97%	59.82%		前十五国家和地区占比	58.80%	58.35%	

表 5 柠檬酸盐和酯出口国别情况分析

单位：千克、美元

国别与地区	2019 年			国别与地区	2018 年		
	出口量	出口额	价格		出口量	出口额	价格
荷兰	15,639,649	11,924,920	762.48	德国	16,178,680	15,009,744	927.75
日本	13,441,893	12,023,947	894.51	日本	12,367,122	11,878,367	960.48
加拿大	13,266,900	9,480,766	714.62	荷兰	12,117,850	10,235,438	844.66
比利时	11,897,100	8,535,509	717.44	加拿大	11,612,100	9,505,803	818.61
泰国	11,116,530	7,680,202	690.88	泰国	10,355,215	8,219,970	793.80
俄罗斯	8,704,945	6,677,285	767.07	波兰	7,893,555	5,876,903	744.52
印度尼西亚	7,687,010	6,042,178	786.02	印度尼西亚	7,852,831	6,632,603	844.61
波兰	6,695,650	4,742,916	708.36	澳大利亚	7,281,390	8,087,596	1110.72
澳大利亚	6,347,340	6,781,393	1,068.38	俄罗斯	6,685,675	5,906,789	883.50
墨西哥	6,308,285	4,373,174	693.24	墨西哥	6,292,300	4,969,481	789.77
土耳其	6,132,025	3,976,352	648.46	韩国	5,398,463	6,240,355	1155.95
韩国	5,280,865	5,869,341	1,111.44	美国	4,931,210	7,620,920	1545.45
西班牙	5,248,650	4,688,710	893.32	西班牙	4,893,725	4,932,222	1007.87
越南	5,197,120	3,492,796	672.06	意大利	4,157,550	4,750,124	1142.53
前十五国家和地区	140,160,067	111,494,141	795.48	前十五国家和地区	135,360,166	123,511,178	912.46
总计	208,312,942	170,408,757	818.04	总计	199,247,739	180,997,463	908.40
前 15 国家和地区占比	67.28%	65.43%		前十五国家和地区占比	67.94%	68.24%	

2019 年出口国别情况分析：柠檬酸出口前十五国家和地区出口比例上升，柠檬酸盐和酯出口前十五国家和地区出口比例下降。但转口国家占比很大，我国柠檬酸行业不解决这个问题就无法很好发展。

【d. 行业发展遇到的问题】

1. 政策层面

国家和地方的扶持政策给聚乳酸发展带来了乳酸行业发展预期。近几年，聚乳酸行业在国内不断地被提出来，2018 年中粮长春、金丹乳酸新建聚乳酸厂，丰原集团和多方合作打通了全产业链条，也进入实质发展阶段。聚乳酸的发展引发了乳酸行业发展的需求，金丹、百盛、丰原等纷纷拿出发展规划和实际动作，丰原集团更是一期确立 15 万吨的乳酸、10 万吨聚乳酸的发展目标。聚乳酸产品短期内国家和地方有一定的扶持政策，包括禁塑令等，但是我国必须解决高光学纯度乳酸的菌种、提纯，以及非粮原料，后面催化、聚合一系列技术需要研发。需要进一步加大科研、生产、工程扶持力度，从而我们拥有自足知识产权这样才能实现弯道超车。

2. 资源层面

玉米进口配额控制过于严格，国内玉米价格涨幅较大。

3. 市场层面

2017 年 4 月，国家发改委取消了玉米加工审批限制，各地特别是东北等地玉米加工新建、扩建产能急速增加，柠檬酸行业跟风现象严重，中粮搬迁、英轩改造、金禾新增，七星柠檬、珲春协联各自计划新增 50 万吨，其中七星柠檬一期年产 10 万吨设备已经就位，并于 2019 年 11 月份开始投产。同时柠檬酸行业同质化严重，各单位的各项指标相近，如此发展造成产能过剩严重，市场压力加大，价格下滑，行业整体处于亏损状态。

柠檬酸行业近几年国内市场开拓有所进展，出口比例由几年前的 80% 下降到 18、19 年的 70%，取得了一定成绩，但是还不能解决过度依赖于出口的现状。

【e. 发展政策建议】

1. 产业政策

（1）智能化改造及质量提升工程

基于自主可控的工业互联网平台，集成应用自主品牌集散式控制系统（DCS）、数据采集与视频监控系统（SCADA）、制造执行系统（MES）等工业控制系统及计算机辅助设计（CAD）、工程（CAE）、工艺规划（CAPP）、制造（CAM）、产品全生命周期管理（PLM）等工业软件，主要采用自主品牌智能装备，支持工业企业建设改造工业互联网内网络，建设智能化示范工厂。

（2）聚乳酸（PLA）

推进 D- 乳酸、L- 乳酸的菌种培育和生物合成技术，发展非粮碳源利用技术；突破高光学纯度 D- 和 L- 型丙交酯产业化技术，发展 PDLA 均聚以及 PLLA-PDLA 共聚技术，丰富树脂品种。建设完备的 PLA 产业链，国内单套聚合产能达到 10 万吨，成本大幅下降，实现注塑、挤出、纺丝级树脂的共线生产。重点发展多样化的高 HDT 的 PLA 改性技术研究，使 HDT 在 100℃～150℃以上，开发各类 PLA 一次性用品，满足市场对耐温性 PLA 制品的需求，在耐久性与工程化产品上获得应用，提升 PLA 的附加值。

（3）硫酸钙综合利用

钙盐法生产柠檬酸、乳酸，产生大量硫酸钙，目前主要是直接填埋或送往水泥厂处理，目前国内出现了新的技术可以把废硫酸钙加工成建材的 α 型和 β 型石膏。

（4）全酶法生产葡萄糖酸

葡萄糖酸最早使用金属酶生产，生产效率低下；后来开始生物发酵法生产，收率大大提高，成本降低，形成了现代化生产；近几年开始双酶法生产，减少了菌种保藏、培养等菌种室和种子罐工作，克服了发酵环节污染问题，产品质量大大提高，一次投资大幅降低，人员减少，劳动生产率大幅提高。

（5）配套的探头、检测设备等技术装备的国产化

国产探头灵敏度、准确性、抗干扰等距离国外设备尚有很大的距离，需要设立课题集中攻关。

2. 法规政策

（1）适当放开玉米进口

适当放开玉米进口，通过控制玉米进口量

达到控制国内玉米价格在一个合理期间，保持玉米和大豆的合理比例种植，从而达到不会因某一种价低农民没有收益而伤农，也不会因为某一种价格高企造成下一年增长过度间接伤农。（2018年—2019年国家临储玉米结转是7000～8000万吨，2019年已经全部消耗完结，2020年国产玉米会出现较大缺口，如果不打开进口渠道，开春以后玉米价格涨幅会很大，而且会全年出现增长态势，发酵行业雪上加霜，行业会面临很大困境）

（2）加强标准体系建设

推动有机酸行业标准体系建设工作，进一步完善行业标准体系，起草制定先关生产流程、产品质量、检测方法等标准，标准制定过程向国际性标准看齐和接轨，并加强标准宣贯工作，鼓励企业在生产过程中按照标准规范实施。进一步增强行标和团标的法律地位，加强行标和团标的应用与推广，提高行标和团标在国家执法部门的认可度。

【f. 主要工作】

1. 服务政府

（1）参与发改委聚乳酸行业调研，并提出关于聚乳酸发展建议。

（2）提出《关于乳酸、聚乳酸产业发展现状及产业政策支持建议》。

（3）参与内蒙古自治区的国家和省级支持项目调研工作。

（4）参与哈尔滨、蚌埠市、大庆玉米深加工发展规划制定。

2科技工作

参与第一届全国生物基材料发展大会并做《乳酸、聚乳酸发展与建议》报告

3. 标准工作

（1）参与起草国家标准：《葡萄糖酸能耗限额》。

（2)参与起草制定团体标准：《α-酮戊二酸》《有机酸绿色工厂》《有机酸绿色产品》。

4. 服务会员

2019年，有机酸分会通过各种活动走访了有机酸行业大多数主要生产企业，包括：日照金禾、潍坊英轩、山东柠檬、中粮生化、安徽丰原、青岛琅琊台、河南金丹、山东福洋，取得了大量的行业发展的一手材料。

5. 国际交流

访问埃及安琪、埃及商会、以色列海法大学、中国驻以色列商会、以色列中国孵化器等。

6. 会议活动

（1）第六届世界淀粉产业大会

9月14日第六届世界淀粉产业大会暨中国工程院绿色生物制造产业论坛在长春召开。大会聚焦生物技术，引领玉米深加工行业实现绿色发展。19位中国工程院院士、国内外专家学者出席。作为行业国际高端盛会，会议吸引了500余名来自政府机构、中国工程院、国内外生物发酵、玉米深加工领域重要企业代表和行业精英。大家共同研讨行业现状，探寻未来发展机遇。玉米深加工产业是农业与食品加工业的支柱产业之一，在国家粮食产业政策调整新背景及中美贸易摩擦新常态下，如何抓住科技创新重要机遇，借助生物制造技术，优化产业结构，开发绿色工艺，提升行业整体竞争力，已成为玉米深加工产业的共同面临和亟待解决的问题。

（2）组织行业座谈会

7. 事务性工作

按时完成每月“柠檬酸行业生产技术指标”统计工作及季度分析工作，了解和掌握行业生产运行状况，为各单位的技术进步提供了更多的帮助，并对乳酸行业、葡萄糖酸行业进行半年产量统计。

落实协会的要求和部署，积极配合其他分会和部门工作，完成各项临时任务。

卢　涛

2.22 营养与保健食品制造工业

【a. 概况】

在国家提倡大健康的背景下，近年来，中国保健食品行业迎来高速发展的时期。但由于“权健事件”“百日行动”等对企业生产经营行为产生极大影响，不少企业陷入低迷状态，行业总体增速放缓。据统计，2019 年保健食品的销售额为 4000 亿元，下降率为 24.5%。由于我国目前并无营养食品的明确定义和相关法规标准，且统计分类和食品监管分类有所冲突，因此本篇相关内容主要针对保健食品行业。

保健食品行业是我国食品行业的重要支柱产业之一，是促进我国健康服务业和养老产业发展的重要行业，也是推进健康中国建设、促进“大健康”产业发展的重要组成部分。随着《中华人民共和国中医药法》《“健康中国 2030”规划纲要》《国民营养计划（2017–2030 年）》《健康中国行动（2019–2030 年）》等一系列政策法规的出台，多个部委颁布保健食品相关法规及征求意见稿，保健食品在国民营养健康中的作用日益增强。但因为“权健事件”“百日行动”等均对企业生产经营行为产生极大影响，不少企业陷入低迷状态，行业总体增速放缓，保健食品企业受到较大的冲击，造成 2019 年保健食品行业迎来了“寒冬期”。

中国保健协会对 127 家保健食品生产企业进行抽样调查，从联合整治“保健”市场乱象“百日行动”对公司的保健食品业务是否有影响的结果（见图 1）可知，其中认为影响很大的企业占比为 22.05%，影响较大的企业占比为 38.58%。

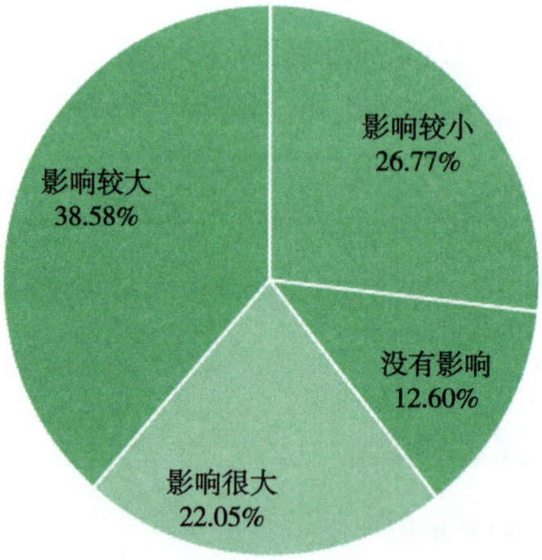

图 1 联合整治“保健”市场乱象“百日行动”对保健食品品企业保健食品业务的影响程度

数据来源：中国保健协会

根据中国保健协会的调查分析，2018 年，我国保健食品销售额已达 5300 亿元，但 2019 年我国保健食品销售额为 4000 亿元，同比下降 24.5%。在中国保健协会抽样调查的保健食品生产企业中，规模达到 1000 万元以上的企业数量达到 54.01%，其中，1 亿元以上的企业数量达到 22.83%。

从 2019 年度保健食品企业营业收入百分比结果（见图 2）可知，我国保健食品企业营业收入为 1000 万元以上的企业占到被调查企业数的 64.57% 以上，其中，保健食品营业收入达 3000 万元以上的企业占 37.80% 以上，亏损的保健食品企业占到 0.79%。从 2019 年度保健食品销售额增长情况可知，60% 以上的企业年销售额同此有所下降，其中，下降率超过 10% 的企业占比为 40% 以上。

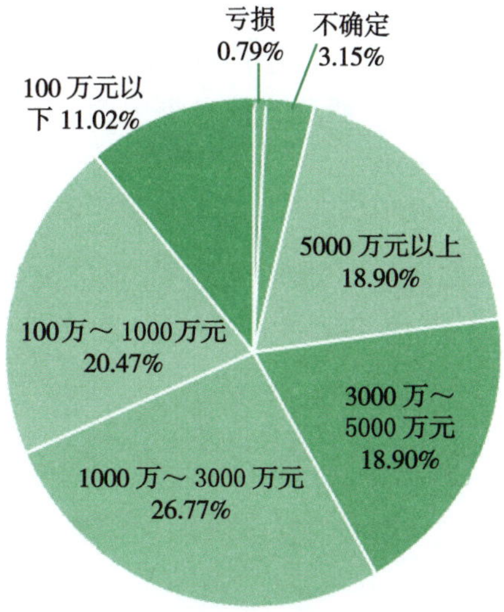

图 2 2019 年度保健食品营业收入百分比

数据来源：中国保健协会

近年来，受政策变化等影响，保健食品注册速度较为缓慢，2018 年，仅有 3 款国产保健食品注册获批，进口保健食品则为 0。但在 2019 年，积压产品在被逐步释放，新获批的保健食品共 342 个，全部为国产保健食品，这些获批产品申报时间集中在 2013 年和 2014 年，2015 年及 2016 年各只有 4 个。从 2019 年保健食品获批情况可见，虽然新产品和延续注册产品获批较 2018 年有了很大的提升，但仍有大量的批文积压，相信 2020 年保健食品新注册审批会进一步稳定展开。

根据各省（自治区、直辖市）市场监督管理局的数据，自 2017 年 7 月 27 日原广东省食品药品监督管理局发布第一款国产保健食品备案公告，截至 2019 年 12 月 31 日，已有 3259 款保健食品获得备案凭证，其中，3195 款为国产保健食品，64 款为进口保健食品。其中在 2019 年，国产的备案制保健食品数量为 1256 款，进口的备案制保健食品为 22 款。

国产保健食品各地备案情况千差万别，其中山东省和广东省获得备案凭证的产品分别为 663 款和 576 款，备案数量位列第一和第二位，分别占据全国备案产品总量的 20.75% 和 18.03%。已备案的国产保健食品分别来自 363 家企业。排名前三位的企业分别为威海百合生物技术股份有限公司、威海南波湾生物技术有限公司和汤臣倍健股份有限公司。保健食品备案产品剂型目前包括片剂、胶囊、口服液和颗粒。

虽然 2019 年保健食品行业经历了重创，但是也给保健食品行业带来了一定的机遇。从大的环境看，保健食品行业未来十年、二十年是非常朝阳的产业，投资机会非常多。相信在未来几年，我国保健食品行业销售收入仍将保持高速增长态势。

【b. 行业发展】

1. 研发投入

中国保健协会调查了 127 家保健食品企业，根据 2019 年度保健食品企业研究与开发（R&D）投入资金结果（见图 3）可知，投资金额在 5000 万元以上的企业数量占 7.87%，投资金额在 3000 万～5000 万元的企业数量占 20.47%，投资金额在 1000 万～3000 万元的企业数量占 21.26%，投资金额在 100 万～10000 万元的企业数量占 23.62%，投资金额在 100 万元以下的企业数量占 21.26%，不确定的企业数量占 5.51%。

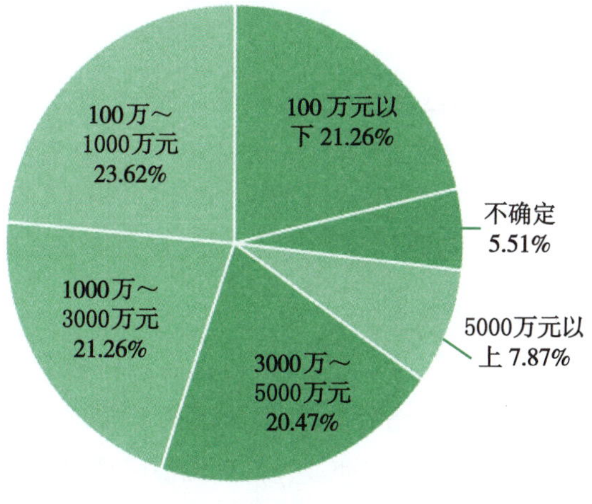

图 3 2019 年度保健食品企业研究与开发（R & D）投入资金

数据来源：中国保健协会

2. 区域分布

从 2019 年申请产品注册的企业所在地看，各省（自治区、直辖市）批准注册保健食品产品数量不均，主要集中在经济较为发达的地区，具体区域分布详见图 4。其中北京、广东明显高于其他省（自治区、直辖市），北京和广东两地注册总数占全国注册总数的 28.2%。该现象与这些地方经济发达、企业规模较大、居民收入高且消费能力强有重要联系，同样与消费者健康与保健意识较强密不可分。此外，我国保健食品生产厂家的分布状况具有东多西少的特点，北京、广东、上海、山东、浙江等省市分布居多，而其他省区，如新疆、西藏、甘肃等中西部地区企业较少。

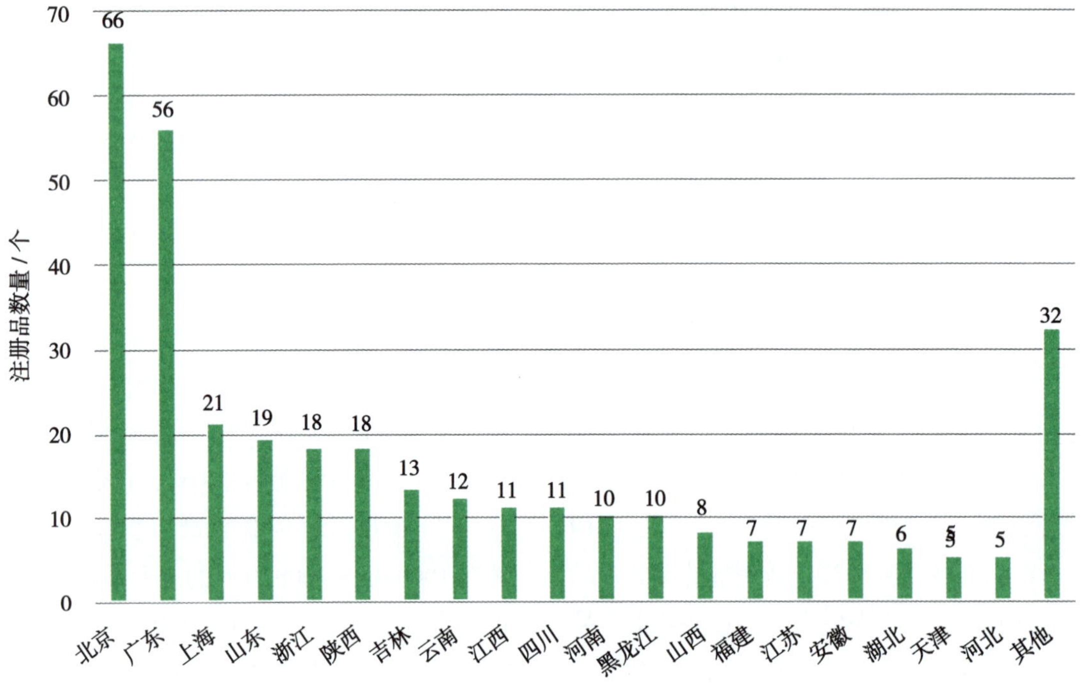

图 4　2019 年我国国产保健食品注册区域分布

数据来源：中国保健协会

3. 进出口

进出口统计数据显示:2019 年，中国营养保健食品进出口额达到 52.8 亿美元，同比增长 12.8%。

（1）进口

2019 年，中国营养保健食品进口额为 30.4 亿美元，同比增长 0.9%。从市场上看，澳大利亚、美国、印度尼西亚、泰国和德国是前五大进口市场，自上述国家的进口额分别为 7.3 亿美元、6.8 亿美元、2.4 亿美元、2.3 亿美元和 2.2 亿美元，前五大市场集中率为 61.9%，由此看出中国消费者的市场消费偏好还是相对集中。从成长性来看，前五大市场中，因市场重视度、市场认知、竞争策略及尚未在中国形成知名品牌群等因素，自德国进口下降了 19.6%，其他均呈增长态势，同比分别增长 9.2%、10.2%、48.6% 和 29.2%。

从 2008-2019 年营养保健食品进口规模图（见图 5）看，我国营养保健食品进口规模呈现逐年上升的趋势。进口额从 2008 年的 4.08 亿美元增长至 2019 年的 30.40 亿美元，11 年间年均复合增长率高达 20.0%。

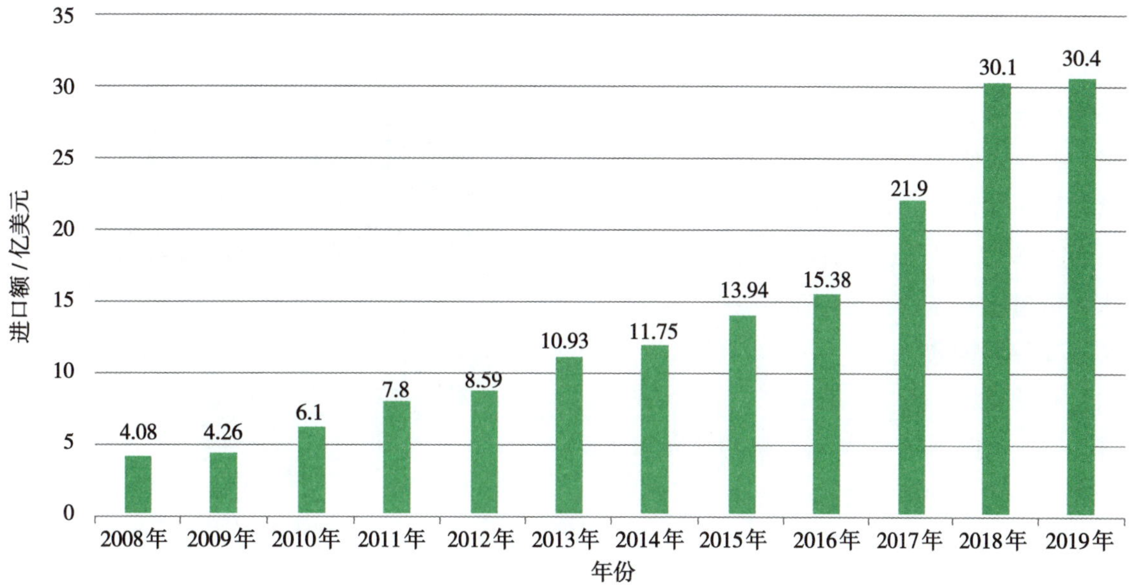

图 5 营养保健食品进口规模图

数据来源：根据海关数据整理

（2）出口

2019 年，中国营养保健食品出口额为 18.8 亿美元，同比增长 12.5%。在出口市场上，美国、中国香港、日本、缅甸和泰国是我国营养保健食品主要出口国家和地区，出口额分别为 3.0 亿美元、2.9 亿美元、1.1 亿美元、0.86 亿美元和 0.82 亿美元，前 5 大市场集中率为 46.2%。一些龙头企业如艾兰得、仙乐健康、百合股份等通过海外并购、设立分支机构等形式布局全球，发展成为全球知名的膳食补充剂供应商。

从 2008—2019 年营养保健食品出口规模图（见图 6）看，我国营养保健食品出口规模一直保持稳步增长态势。出口额从 2008 年的 3.08 亿美元增长至 2019 年的 18.8 亿美元，11 年间年均复合增长率高达 17.9%。

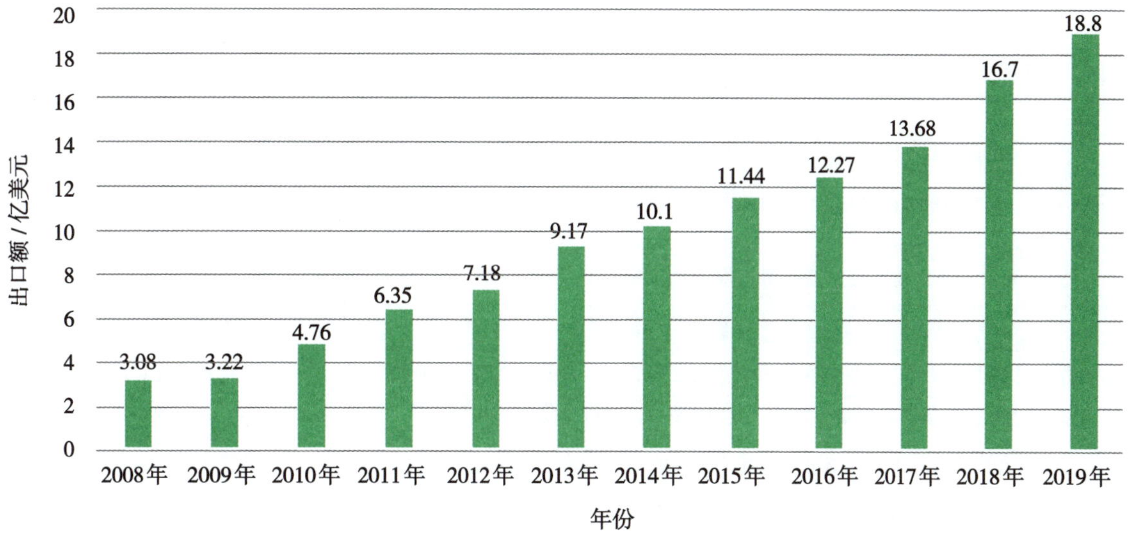

图 6 营养保健食品出口规模图

数据来源：根据海关数据整理

根据中国保健协会抽样调查的生产的保健食品出口情况占比结果（见图7）显示，在被抽样调查的127家保健食品生产企业中，有22.05%的保健食品企业表示不出口保健食品，25.2%的保健食品企业准备出口保健食品；在现阶段已有出口保健出口量食品业务的保健食品生产企业中，出口量超过10%的占比为35.43%。

4. 基本监管情况

（1）相关法规标准

2019年，国家食品相关监管机构共发布了11项涉及保健食品的相关法规。（见表1）

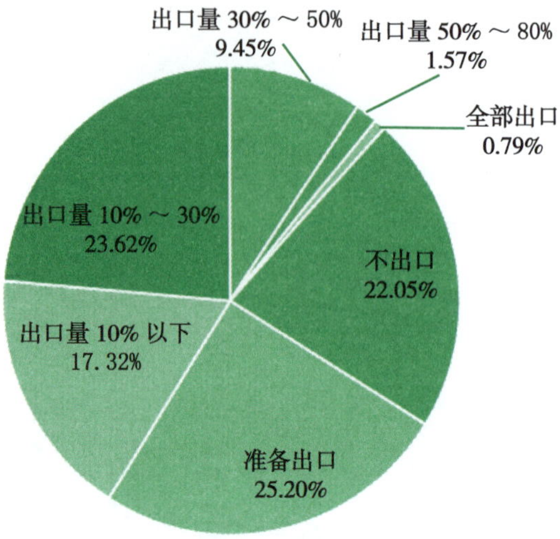

图7 生产的保健食品出口情况占比图

数据来源：中国保健协会

表1 国家食品相关监管机构发布的保健食品法规汇总

法规标题	发布机械	发布日期
国家市场监督管理总局办公厅关于启用特殊食品注册专用章的通知	国家市场监督管理总局	2019-02-27
市场监管总局关于发布《保健食品标注警示用语指南》的公告	国家市场监督管理总局	2019-06-10
国务院关于实施健康中国行动的意见	国务院	2019-06-24
健康中国行动（2019—2030年）	国家卫生健康委员会	2019-07-15
《保健食品原料目录与保健功能目录管理办法》	国家市场监督管理总局	2019-08-02
市场监督总局关于发布《保健食品中西地那非和他达拉非的快速检测胶体金免疫层析法》等13项食品快速检测方法的公告	国家市场监督管理总局	2019-09-27
《中华人民共和国食品安全法实施条例》	国务院	2019-10-11
《保健食品备案产品可用辅料及其使用规定（2019年版）》	国家市场监督管理总局	2019-10-31
市场监督总局关于发布《保健食品命名指南（2019年版）》的公告	国家市场监督管理总局	2019-11-10
关于当归等6种新增按照传统既是食品又是中药材的物质公告	国家卫生健康委员会	2019-11-25
药品、医疗器械、保健食品、特殊医学用途 配方食品广告审查管理暂行办法	国家市场监督管理总局	2019-12-24

（2）国家食品相关监管机构监管执行情况

为了加强对保健食品的监管，国家食品相关监管机构2019年共发布了6次涉及对保健食品违法广告或生产企业加强检查的通知，详见表2。

表2 国家食品相关监管机构发布的加强查处保健食品违法广告或生产企业加强检查的通知

通知名称	发布机构	发布日期
市场监管总局关于印发《假冒伪劣重点领域治理工作方案（2019--2021）》的通知	国家市场监督管理总局	2019-01-03
市场监管总局关于开展联合整治“保健”市场乱象百日行动的公告	国家市场监督管理总局	2019-01-09
市场监管总局关于全面推进“双随机、一公开”监管工作的通知	国家市场监督管理总局	2019-02-01
市场监管总局关于深入开展互联网广告整治工作的通知	国家市场监督管理总局	2019-03-22
市场监管总局等部门关于印发2019网络市场监管专项行动（网剑行动）方案的通知	国家市场监督管理总局	2019-06-17
关于开展联合整治“保健”市场乱象百日行动“回头看”工作的通知	国家市场监督管理总局	2019-08-27

针对“保健”市场乱象，2019年1月8日，市场监管总局等13个部门联合开展了整治“保健”市场乱象的“百日行动”，通过集中整治，对“保健”市场乱象已经形成全面打击的高压态势。

2019年8月27日，由13个部门组成的工作组赴14个省（自治区、直辖市），针对6个重点行业及领域、4类重点场所及区域和10类重点违法行为开展百日行动“回头看”工作，对各地“保健”市场整治工作进行全面检视和督导。2019年，全国共立案29688件、案值137.12亿元，结案22871件、罚没款9.9亿元，结案率77%。全国市场监管部门持续保持打击“保健”市场乱象高压态势，推进整治“保健”市场长效机制的建立健全，已取得明显成效。相关整治行动先后曝光了多起典型案例，包括利用会议销售等模式进行虚假宣传、保健食品虚假广告宣传以及未按注册的产品配方要求组织生产保健食品等行为，有力维护了保健食品市场经营秩序。

截至2019年12月底，国家市场监督管理总局在其官方网站上对19起虚假宣传的违法保健食品广告情况进行了通报。

2019年，国家市场监督管理总局在全国范围内组织抽检了23741批次保健食品样品，其中检验合格样品23622批次，不合格样品119批次，样品合格率为99.5%。其中涉及的保健食品不合格指标包括质量指标（水分、钙等）、污染物超标（铅）、微生物（菌落总数、大肠菌群、霉菌和酵母）等。

【c.“三品”战略实施情况】

1. 增品种

2019年，保健食品企业在国家政策法规的指引下，结合企业自身实际情况和市场发展情况，深度挖掘用户需求，适应和引领消费升级趋势，通过增加研发投入、技术转让、产学研结合等方式，开发新产品，为消费者提供更多选择。例如，康宝莱在增加产品的品种方面设立了康宝莱中国产品创新中心，旨在将营养科学领域较为前沿的科技成果快速转化为营养健康产品上市，同时强化本土创新研发能力。预计在五年内康宝莱新产品上市数量翻倍，新产品开发提速翻倍，该中心未来有可能会成为世界领先的营养科学技术孵化中心。此外，该中心将开展“从种子到餐桌”全流程创新，包括新原料、新产品、新包装探索，通过体内外安全和有效性的科学研究，结合科学的产品配方和工艺技术、多样的包装形式及设计推动产品升级。

2. 提品质

生产合格满意的产品，必须通过建立和落实严谨的质量控制体系来实现。营养保健食品企业积极采用先进的技术设备和严格的管理体系来提升产品的品质，以确保提供顾客满意的产品。例如，无限极秉承大质量管理的思想，始终坚守“100–1 =0”的质量理念，将产品质量与安全管理贯穿到产品设计、原材料采购、生产制作、物流配送、质量服务等整个产品实现价值环节，构建了科学严谨的全产业链质量与安全管理体系。其质量管理体系建设始终保持与国际先进管理体系的接轨，现已通过多项体系认证，质量与安全管理水平获得国内与国际认可。另外，该公司在全国各地原材料产区建立了种植基地，通过现代化、规范化和标准化的中草药种植与管理，实现全程可管控、可追溯，形成独特的中草药种植管理模式；截至2018年年底，中草药种植管理模式已推广到18个省份的40个中草药种植基地。

此外，无限极响应国家智能制造的号召，建设中药口服液全流程智能制造工厂，构建多层次中药口服液智能制造信息化系统，从原料入库至成品出库全程实现自动化、信息化运作。

3. 创品牌

近年来，消费者对品牌的选择性不断增强，保健食品企业在创品牌方面的观念也日益提升。例如，碧生源集团在创品牌方面持续探索创新营销模式，加强互联网营销渠道来拓宽品牌推广路径。2019年3月，碧生源牌常润茶广告首次登录中央广播电视总台旗下中国之声、音乐之声频道，通过利用国家级广播媒体的高覆盖来提升品牌知名度；2019年9月，碧生源品牌及产品告时隔几年后，再次重新登录CCTV-3、CCTV-8.利用国家级电视媒体的公信力、覆盖广度进行品牌传播，配合新潮传媒投放、中央广播电视总台广播等资源，打造新营销模式。

【d. 行业面临的问题】

1. 市场状况

随着“大健康”理念兴起，保健食品的人均支出、消费人群有了显著提升，“大健康”政策利好行业发展。但相较发达国家，我国保健食品市场仍处于发展初期。在快速发展的时期也存在一些问题，如保健食 品的报批注册时间久、产品创新能力不足、不正当宣传、消费者不信任等方面的问题还亟待解决。

2. 生产经营中存在的问题

（1）保健食品的审批速度无法满足市场需求

《保健食品注册与备案管理办法》实施以来，审批通过的保健食品数量屈指可数，但在2019年，审批速度有了较大的转变，尤其在2020年新冠肺炎疫情蔓延全国的前两个月，审批数量已达到2019年全年审批数量的1.3倍。由于前期积压的产品数量众多，国家审评保健食品的工作压力仍然较大，与近几年保健食品市场高速发展态势的匹配度不高，该类积压的保健食品无法进行生产，也就无法快速进入市场来满足消费者的需求。

（2）跨境电商渠道对一般贸易渠道不公平

现阶段，国家对于通过跨境电商的营销模式呈“包容审慎”的态度，跨境销售的保健食品无须走审批流程，而按照一般贸易渠道进口的保健食品需要走审批注册流程，耗时长且花费多；此外，有些跨境电商企业通过跨境平台对不属于保健食品的产品宣传保健食品功能，误导消费者，消费者食用后并未有其宣传的效果，导致消费者对保健食品的不信任。因此，现阶段的跨境电商渠道对一般贸易渠道销售的保健食品存在不公平现象。

（3）保健食品功能评价体系与标准体系有待完善

2019年，《保健食品检验与评价技术规范》（2003年版）废止，新的评价体系没有做好衔接，导致整个保健食品行业从研发、生产到监管没有评价依据，很多在研的新品种不能继续开展研究工作；另外，保健食品原料提取物没有统一的国家标准，企业在生产的时候执行的标准不统一，严重影响了生产效率。有一部分植物提取物由于无据可依，则采取出口的方式，在国外加工成保健食品，再通过跨境的方式进入中国，造成低价出口高价进口的现象。

（4）产品同质化现象严重

目前，备案保健食品的同质化现象较为严重。由于通过备案的产品只能使用列入《保健食品原料目录》中的原料，因此，无论从原料、技术还是剂型方面，差异化较小，一方面限制了企业的生产创造能力，另一方面也引发低水平重复建设和恶性竞争等问题。

（5）保健食品欺诈和虚假宣传依然存在

2019年，通过“百日行动”联合整治“保健”市场乱象的举措，大大规范了市场上欺诈和虚假宣传的现象。但是一些中小型企业和个人仍然通过电商、微商等渠道对保健食品功能大肆宣传，这些销售方式较为隐蔽和难以取证，导致相关部门的监管和查处难度较大。还有一些保健食品企业发布未经审批的广告，宣传治疗疾病等内容来误导消费者等。

【e. 发展趋势】

1. 中药类保健食品是未来的发展趋势

健康不仅是有病治病，更需要防病，即古

人所谓“治未病”，做好健康管理，预防到位就可以晚得病、少得病、不得病。随着《中华人民共和国中医药法》的颁布实施以及《中医药发展“十三五”规划》《国民营养计划（2017- 2030年）》《健康中国行动（2019–2030年）》等文件的出台，在目前“亚健康”人群越来越多、“治未病”呼声越来越高的背景下，中药类保健食品将是保健食品未来发展的重要方向之一。2019年年底，国家市场监督管理总局发布《关于对党参等9种物质开展按照传统既是食品又是中药材的物质管理试点工作的通知》，在国家政策和战略措施的引导下，相信未来保健食品产品线将越来越丰富，中药类保健食品占据的比例将越来越高；加上我国进入人口快速老龄化阶段，大量有消费能力的老年人群也必然拉动中药类保健食品市场的需求。

2. 保健食品监管将更加严格

2019年，国家颁布了诸多保健食品相关指南，包括《保健食品命名指南（2019年版）》《保健食品标注警示用语指南》等，以规范保健食品市场。2019年，国家市场监督管理总局开展联合整治“保健”市场乱象“百日行动”，以及联合整治“保健”市场乱象百日行动“回头看”' 工作，切实解决了群众关心的热点问题，确保了人民群众消费安全，净化了保健食品市场。针对保健食品的广告，国家也相继出台了相关的法规，并发布了多起虚假宣传的典型案例，严厉打击了违法行为。2019年，国家市场监督管理总局发布了《关于征求调整保健食品保健功能意见的公告》，如果意见落地，将会有部分现有的保健食品功能被取消，保健食品市场将更加规范。可见在保健食品行业健康发展的大背景下，未来国家对保健食品整个行业，尤其在监督管理方面将加倍重视，保健食品行业将向更加有秩序的健康方向发展。

3. 备案制保健食品将向新的方向发展

保健食品备案制的实施，减少了行政审批流程，申报周期和费用均明显低于保健食品注册，因此备受保健食品企业青睐。但是，备案制保健食品的同质化现象相当严重。2019年，国家发布了《保健食品备案产品可用辅料及其使用规定（2019年版）》，给保健食品企业带来了新的希望。与2017版辅料目录相比，新版辅料目录新增了17个可用铺料，包括磷脂、姜黄素等常见的食品添加剂和果蔬粉等常见的普通食品原料，都为丰富备案产品的口味、增强产品市场竞争力提供了更有利保障。此外，新增的28个辅料使用标准也为企业选择供应商提供了更大的空间。另一方面，待《辅酶Q10等5种保健食品原料目录、技术要求（征求意见稿）》正式通过后，在备案产品的原料选择和功能声称方面，企业也将获得更多的选择空间。

【f. 政策建议】

1. 加快保健食品审批速度

国家相关审批部门应完善现有的保健食品审批制度及相关流程，降低注册成本、缩短注册时间，加快保健食品审批速度，鼓励保健食品企业积极参与，促进保健食品行业蓬勃发展。

2. 加强保健食品跨境电商规范化管理

相关政府部门在采取包容审慎的监管态度的同时，应积极推动跨境电商零售保健食品进口商品执行首次进口许可批件、注册或备案要求的制度，严格海外代购的行为监管，规范经营主体，一方面保护消费者的人身健康和消费权利，另一方面促进保健食品行业的平等有序发展。

3. 健全保健食品法规体系

建议国家相关部门尽快推出保健食品新的评价体系，做好评价体系的衔接工作，尽快结束因《保健食品检验与评价技术规范（2003年版）》废止所造成的混乱局面。加快推进保健食品标准体系的建设工作，尤其应该推动保健食品原料提取物国家标准的建立，从根本上解决保健食品原料（尤其是提取物）没有法律依据的现状。

4. 增加备案制保健食品品类

建议相关政府部门尽快落实《辅酶Q10等5

种保健食品原料目录、技术要求（征求意见稿）》和《保健食品备案产品可用辅料增补名单（一）（征求意见稿）》的发布工作，加快备案制保健食品原料目录的扩增，适当增加备案保健食品的可选剂型，刺激企业加大研发力度，给企业提供更多的选择空间。

5. 全面加强消费者教育，普及相关知识

正确认识保健食品的身份和内涵，是产业焕发生机、良性发展的必要前提。建议国家相关部门引导并鼓励行业企业积极进行保健食品科普宣传活动，通过广播、电视、新媒体等多种途径发布保健食品消费提示，进行消费者保健食品识别教育；及时公布保健食品虚假案例，提高消费者辨识力和认知度，引导消费者科学合理的消费观。

中国保健协会

WAR HORSE
能量型维生素饮料
新能量
放马来
战马能量型维生素饮料
WAR HORSE ENERGY VITAMIN BEVERAGE
净含量：310mL
官方微博
官方微信
www.warhorsechina.com.cn

青岛瑞可莱集团

COMPANY PROFILE | 企业简介

青岛瑞可莱集团始建于2000年，座落于美丽的渤海之滨——青岛市平度，现已发展成为集研发、生产、销售咸味香精、餐饮配料调味品、鸡精、酱料、骨汤的大型专业化企业。

创业之初，为“青岛嘉华香精香料有限公司”，占地4余亩；历经4年的发展，2004年成立青岛瑞可莱食品有限公司，在平度市华侨科技园新征地25亩，建立了半自动化咸味香精、调味料生产基地；又历经5年的发展，于2009年在平度市经济开发区新征地80余亩，建成年产万吨的生产基地，并成立了“青岛瑞可莱餐饮配料有限公司”、“青岛瑞可莱食品配料有限公司”；2015年成立了“青岛新青大食品有限公司”，拥专业研发团队及先进生产设备的大型餐饮配料生产企业、高新技术企业；

为开辟多元化发展，青岛瑞可莱集团于2016年成立了“青岛凯特润达包装有限公司”；继往开来，教育先行，为贯彻十九大习主席的“幼有所育、学有所教”的报告精神及“优先发展教育事业”的号召，瑞可莱于2018年创办了民办非企学前教育机构“金色摇篮幼儿园”，也是平度市最高端的幼儿园；2018年创办了大型餐饮连锁品牌孵化企业“青岛聚百味餐饮管理有限公司”，并投资1.5个亿建成四星级“青岛万豪喜莱酒店”，瑞可莱集团总注册资金达到3.5亿元，历时十八年完成了凤凰涅槃般的蜕变。

瑞可莱集团秉承“求实、创新、和谐、共赢”的企业宗旨，通过内外兼修和对社会责任的诚信态度，使企业综合实力得到稳步提升。在行业内率先通过了ISO9001:2008质量管理体系认证，ISO22000食品安全管理体系认证和国际Halal清真认证。

目前，集团公司拥有“瑞可莱”、“肉宝王”、“瑞利斯”、“新青大”“厨圣味宝”“聚百味”“万豪喜莱”7大知名商标，其中“肉宝王”商标荣获“中国驰名商标”，“瑞可莱”商标荣获“山东省著名商标”，“瑞利斯”、“新青大”商标被评选为“中国著名品牌”。并先后获得“第十三届中国厨师节专用调味品”、“山东省轻工名牌”、“中国国际调味品及食品配料博览会金奖”、“中国好卤味”名优产品奖、“酱卤食品产业最佳合作伙伴”、“美食达人最喜爱调味品品牌”、“中国调味品产业综合实力企业”、“中国调味品行业最佳食品配料、添加剂合作伙伴”、“全国质量信誉保证·畅销品牌”等40多项荣誉。

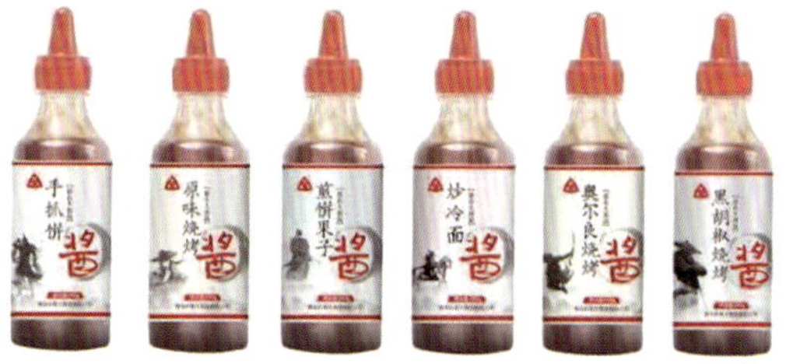

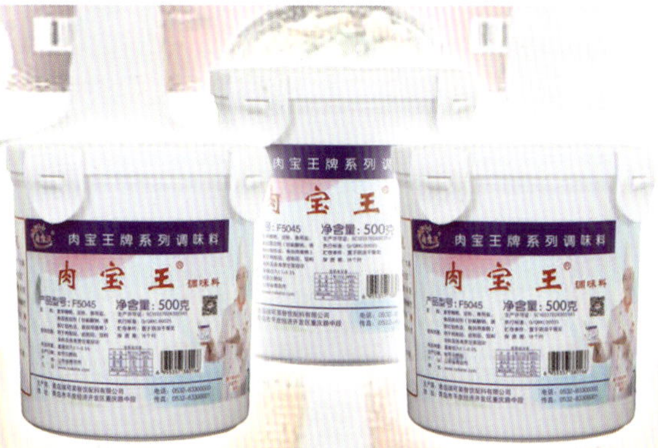

瑞可莱集团现已成为中国食品添加剂和配料协会、中国调味品协会、中国烹饪协会、山东省烹饪协会的常务理事单位，也是中国烹饪协会名厨委员会荣誉主席单位。

忆往昔，峥嵘岁月。十八年风雨历练，一代又一代的瑞可莱人，用他们坚强的身躯和睿智的眼光，在这片行业热土上尽情挥洒着辛勤与汗水、智慧与激情、团结与拼搏、务实与创新，铸就了今日的辉煌，实现了企业又好、又快、健康发展，成为中国咸味香精、餐饮配料的领军企业。

看今朝，展望未来。瑞可莱人将继续弘扬“团结拼搏、勇于创新、攻坚克难、共享共荣”的新时代企业精神，秉承“求实、创新、和谐、共赢”的企业宗旨，在调味品领域不断寻求突破，用心制造中国好“味”道；将继续遵循“我们的品质和服务让客户100%满意”的经营理念，以市场为导向，以捍卫食品安全为使命，顺势而为，在积极参与和谐社会建设的同时，努力践行瑞可莱的宏伟蓝图，为实现伟大的“瑞可莱梦”而不懈努力！

日日恋®

“欧洲之叶”权威认证
金牌品质全线升级

茶油是由常绿乔木油茶树所结茶籽果压榨精炼而成，是一种纯天然植物食用油，素有“油中之王”和“东方橄榄油”的美誉。在中国几千年的文明史上，茶油，始终是最为珍贵的食用植物油。雍正年间，茶油被指定为贡品，成为皇家的专用食用油。现代科研成果表明，茶油不含胆固醇，具有很好的药用和保健功能，中国疾控中心营养与食品安全所，对茶油进行检测发现：不饱和脂肪酸高达93%，为所有食用油之冠。国际粮农组织已将茶油作为健康型食用油向全世界重点推广，长期食用茶油，能有效降低人体血液中的胆固醇和甘油三酯，抑制动脉硬化，对“三高”有明显的改善作用。

茶油稀少而珍贵，主产于中国南方，以湖南邵阳为盛。常年充足的阳光、丰沛的雨水、广阔的微酸性土壤及丘陵山坡，造就了湖南邵阳得天独厚的自然条件,尤其适合油茶树的生长。邵阳亦成为中国最具规模的茶油种植、生产基地之一，2009年7月，中国食品工业协会正式命名，湖南省邵阳县为“中国茶油之都”。

源自“中国茶油之都”的日日恋纯正茶籽油，采用邵阳县原生态优质有机茶籽果，经符合欧盟标准的纯物理压榨工艺生产，保持了茶油原有的清香口味及营养成分。选购“日日恋”纯正茶籽油，是追求品质生活的您之健康选择！

传承文化 健康生活 日日恋茶籽油

地址：湖南省邵阳县黄塘乡八一场　电话：0739-6826115
手机号码：13367398183（微信同号）王经理

-RIRILIAN-

2.23 盐 业

【a. 概况】

2019年是中国“供给侧结构性改革”深入实施的一年，也是全国盐行业继续深入贯彻落实党的十八大和十九大精神，以习近平新时代中国特色社会主义思想为指导，坚持稳中求进工作总基调，坚持新发展理念，落实国务院《盐业体制改革方案》和《食盐专营办法》等系列法规政策的一年。在国家发展改革委、工业和信息化部、中国轻工业联合会有力指导下，在会员单位的积极作为下，中国盐业协会（以下简称协会）积极主动服务行业企业，引导行业改革发展，推动推进发明创新，一年来，全国原盐生产稳定增长，销售继续增加；盐业体制改革稳步推进，食盐跨区域经营逐渐开展；产销企业活力增强，食盐市场供应充足，品质提升，品种丰富，品牌效应呈现，行业运行总体平稳。

【b. 原盐产能和产量】

1.2019年中国原盐产能

受生态文明建设需要及国家环保治理要求影响，中国原盐产能保持理性调整趋势。2019年，中国原盐新增产能575万吨，退出产能在869万吨，同比净减少294万吨，总产能缩减至11268万吨，其中，海盐3373万吨，井矿盐6640万吨，湖盐1255万吨。

2019年中国分品种盐产能增减表（单位：万吨/年）

	海盐	井矿盐	湖盐
2019年增加	145	335	95
2019年退出	–549	–310	–10
增减	–404	25	85

减少产能部分主要是制盐企业因沿海地区滩涂资源保护利用造成生产区域缩减，以及部分企业兼并重组造成产能统计合并。新增产能部分主要是产盐区的补漏统计以及部分制盐企业新增或技改。

2015—2019 年中国分品种盐产能统计表

（单位：万吨/年）

	2015年	2016年	2017年	2018年	2019年
海盐	3900	3900	3900	3777	3373
井矿盐	6220	6255	6285	6615	6640
湖盐	1160	1190	1205	1170	1255
合计	11280	11345	11390	11562	11268

2.2019年中国原盐产量

2019年，中国原盐总产量在9491万吨，其中，纯碱和氯碱的行业耗盐量占原盐同期生产总量的92.5%。中国海盐产量合计为2727万吨，占原盐产量总比例的28.7%；井矿盐产量为5548万吨，占总比例的58.5%；湖盐产量为1217万吨，占总比例的12.8%。

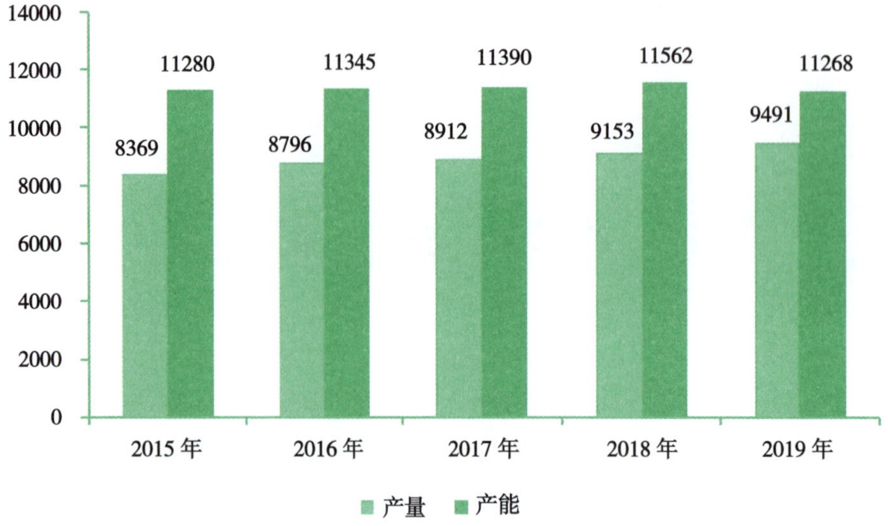

图 1　2015—2019 年中国原盐产能及产量走势图（单位：万吨）

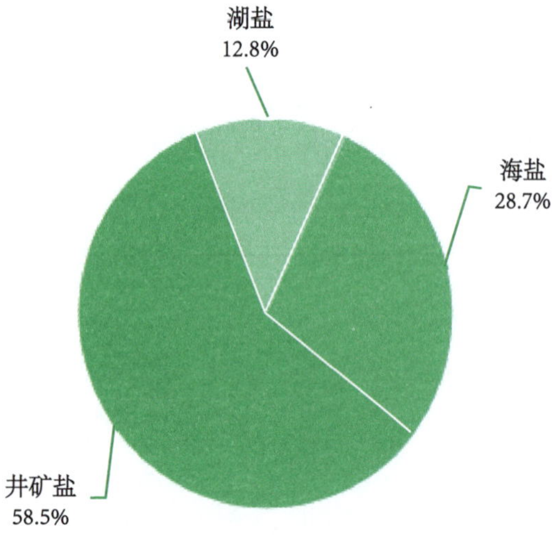

图 2　2019 年中国分品种原盐产量构成图

3. 2019 年各省区原盐产量统计

2019 年，全国几个重点省份原盐产量合计为 7420 万吨，占全国总产量的 78.2%。山东、江苏仍是传统上的产盐大省，一方面是两地盐业资源丰富，同时，省内两碱下游行业对工业盐行业需求较大。另外一方面井矿盐 2019 年行业产能增加较多，增量主要分布在两碱终端配套型企业。2019 年气象条件对产盐有利，海湖盐产量稳中增长。尽管部分省份受到自然灾害影响，原盐产量有一定降低，但稳产高效的井矿盐企业新增产量弥补了传统制盐方式的客观减量，整体来看原盐行业产量是稳中有增。

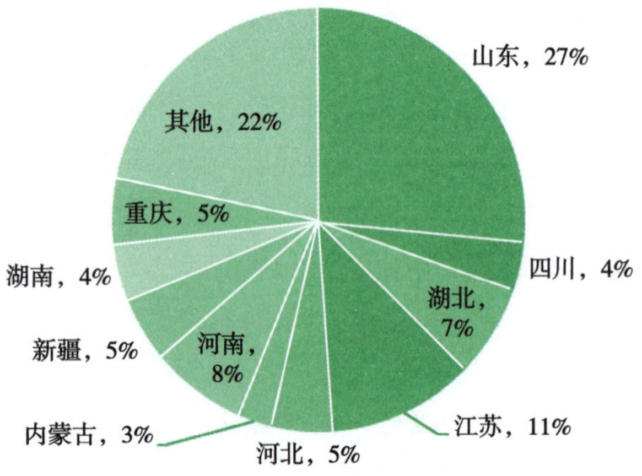

图 3　2019 年中国原盐分省产量占比图

从盐种上来看，湖北、江苏、河南、湖南、山东、四川、重庆等省份是井矿盐生产集中地区，供需现状对原盐生产有指导意义。因产能变化等因素影响，一些省份原盐产量也出现了稳定增长，同时，受产能减少或自然灾害影响，部分省份原盐产量出现下调。从原盐产量数据中不难发现，山东省原盐产量在 2538 万吨，在全国总产量中占比在 27%，位居全国首位。

【c. 中国原盐消费情况】

按使用用途划分，盐产品可分为工业盐、食

用盐、农牧盐和渔业用盐等。其中，按照工业盐用量区分，通俗叫法又分为“大工业盐”和“小工业盐”。纯碱、烧碱行业，因其工业盐使用量规模较大，俗称“大工业盐”。而相应的，漂染、制革、冶金、制冰冷藏、陶瓷玻璃、医药等行业用盐规模较小，俗称“小工业盐”。

019 年，中国原盐行业主要消费领域中，两碱下游行业占表观消费量的比例的 86.2%，同比有一定增加。受需求疲软影响，食用盐及小工业盐行业占比出现不同程度递减，出口盐总量也有了一定下调。随着国内产业结构性调整的发展，原盐行业需求也在日趋变化。随着两碱下游产业规模有了改善型增长，终端对原盐行业的采购需求出现了一定增加。同时，随着盐业改革不断深化，供需关系制约下，食用盐及多品种盐的生产及消费变得日趋理性。

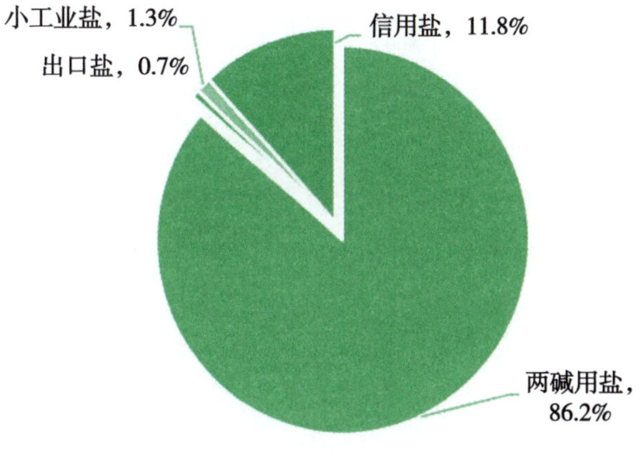

图 4　2019 年中国原盐下游消费比例图

【d. 中国原盐进出口情况】

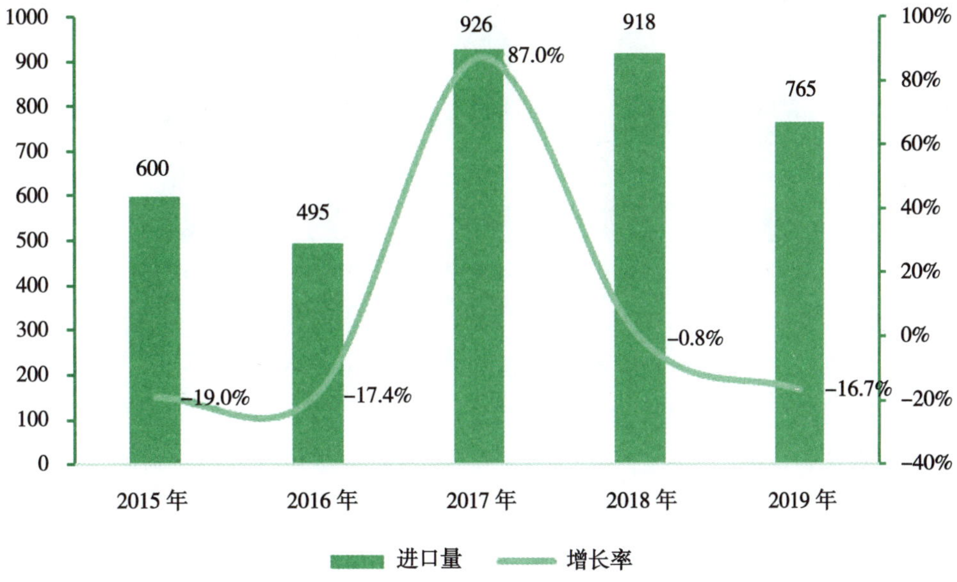

图 5　2015—2019 年中国原盐进口量走势图（单位：万吨）

1.2019 年原盐进口情况

2019 年，中国原盐进口量为 765 万吨，同比减少 16.7%。同比进口工业盐的平均价格，2019 年，进口工业盐的价格继续上涨，到港均价由 2018 年的 32 美元 / 吨左右涨至 33 美元 / 吨左右。再加上 17% 的增值税，进口盐的终端到港价折合人民币已达 259 元 / 吨附近。同比之下，国内原盐出厂均价在 2019 年出厂均价在 215 元 / 吨附近。由此不难看出，进口盐到港价和国产出厂价格差价在 44 元 / 吨。随着价格优势的降低，进口盐能惠及的区域在不断缩小。

2019 年，中国进口原盐主要来自印度、澳大利亚和墨西哥。其中，从2015年以来印度盐的进口量占据国内市场总量第一的位置，主要与该地区进口价格相对较低有直接关系。2019年印度盐的进口均价同比下降4%，进口量同比下降20%。澳大利亚盐则因其质量优异一直受到两碱的企业青睐，进口均价同时增长10%，中国市场进口量同比下降15%。自2017年印度盐的进口量大幅增加后，2019年，进口印度盐总量继续保持国内首位，但其在进口盐中的占比有一定降低趋势。墨西哥盐主要供应给固定客户群体，受运距远、综合成本高等因素影响，其进口价格整体居于高位。

2015—2019年中国原盐主要进口国家数量统计表

（单位：万吨）

国家地区	2015年	2016年	2017年	2018年	2019年
澳大利亚	232.8	139.6	186.3	210.3	177.8
墨西哥	16.4	9.9	30.9	14.4	45.3
印度	305.1	307	660.5	675.9	539.9
智利	0.04	0.07	0.42	0.22	0.19

2015—2019年中国原盐主要进口国家所占比例表

（单位：%）

国家	2015年	2016年	2017年	2018年	2019年
澳大利亚	30.0%	25.5%	20.1%	22.9%	23.3%
印度	46.6%	62.0%	71.3%	73.6%	70.6%
墨西哥	2.5%	2.0%	3.3%	1.6%	5.9%

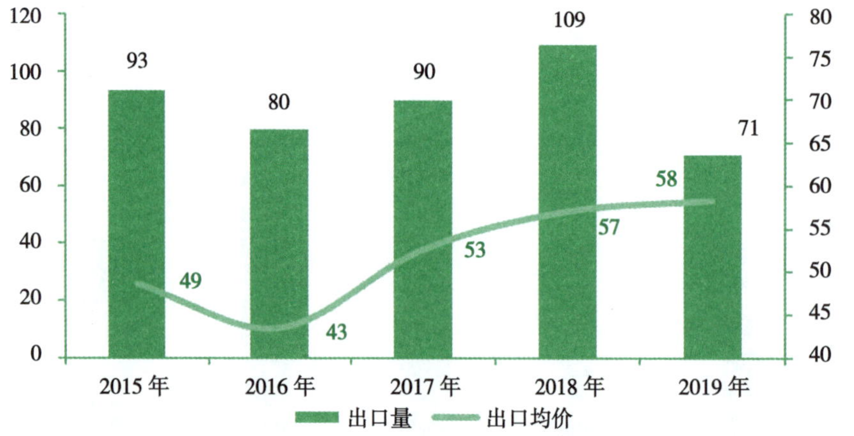

2015—2019年中国原盐进口量走势图（单位：万吨）

2. 2019年原盐出口情况

2019年，中国原盐出口量为70.8万吨，累计同比下降35.2%，主要受进出口贸易壁垒以及人民币汇率增加的影响。近年来，中国原盐产能持续保持旺盛的增长态势。但受到环保制约以及去产能化影响，两碱的行业实际增产幅度有限。现阶段，两碱的企业依托自身现有产能，通过改变原料利用方式实现降本增效，如采取卤水制碱工艺等。终端生产工艺的改变，对原盐产能增长起到一定作用，同时两碱的企业对固体盐的需求增速趋弱。随着国内固体盐库存量增长，加之国际金融危机持续，出口盐的市场出现量价齐跌。中国出口盐多集中在高端食用盐领域，主要出口对象为亚非拉美多个国家和地区。

2019年中国原盐出口国家及地区统计表

（单位：千克）

出口国家或地区	累计数量	占比
日本	313777120	44.3%
韩国	209355868	29.6%
孟加拉国	72523400	10.2%
越南	28575300	4.0%

续表

出口国家或地区	累计数量	占比
秘鲁	13637800	1.9%
澳大利亚	11574400	1.6%
泰国	11437400	1.6%
印度	8364500	1.2%
俄罗斯联邦	8225700	1.2%
朝鲜	6716250	0.9%
马来西亚	4422869	0.6%
蒙古	3677090	0.5%
中国香港地区	2171030	0.3%

2019年，中国原盐出口国家主要集中在日本、韩国，以及东南亚地区的孟加拉国，越南等。其中，出口到日本的原盐数量为31.4万吨，占总出口量的44.3%，位居首位；出口到韩国的原盐数量为20.9万吨，占总出口量的29.6%，位居出口量第二。相比去年同期有大幅下滑。

此外还有部分盐的出口至南美洲、澳大利亚及东南亚的一些国家。受出口韩国和日本总量权重下滑影响，东南亚等地区出口权重有明显上升。中国出口韩国和日本的原盐主要被用作化工等行业的添加剂、道路融雪剂、水产加工等，韩国还用作泡菜腌制，另外还有一部分高品质的盐用作洗浴用盐和游泳池用盐。

【e. 中国食盐产量和销量】

2019年，食盐产量1179.55万吨，同比增长5.86%，其中，小包装食盐产量507.06万吨，同比增长6.14%。两碱工业盐销量2609.79万吨，同比增长3.61%。小工业盐销量285.50万吨，同比增长1.28%。其他盐销量308.62万吨，同比增长8.89%。

2019年，全国食盐销量1168.45万吨，同比增长5.03%，其中，小包装食盐销量462.72万吨，同比增长3.15%。小包装碘盐销量355.48万吨，同比增长2.04%。

【f. 协会主要工作】

1.12月16日，中国盐业协会第八届会员代表大会暨八届一次理事会在北京召开，全体代表审议并一致通过了第七届理事会工作报告和新修改的《中国盐业协会章程》及第七届理事会会费收支情况报告。会议以无记名投票等额选举的方式选举出中盐协会第八届理事会理事长、执行理事长、副理事长、秘书长及监事会监事长、副监事长：李耀强同志为中盐协会第八届理事会理事长（法定代表人），王小青同志为执行理事长，程文杰、宋占京同志为专职副理事长，刘艳杰同志为秘书长；重庆盐业协会理事长陈逸根为监事会监事长，内蒙古额吉淖尔制盐有限公司党委书记、董事长王银龙为副监事长；中盐工程技术研究院有限公司朱国梁等54人为兼职、特邀副理事长，中盐新干盐化有限公司王继明等15人为常务理事，北京中企标码科技有限公司江河等85人为理事。

会议审议了《中国盐业协会新闻发言人人选提案》和《中国盐业协会分支机构负责人人选提案》，以举手表决的方式通过了中国盐业协会执行理事长王小青为协会新闻发言人；莱州诚源盐化有限公司董事长于波为海盐工作委员会主任（兼职）；中盐新疆维吾尔自治区盐业有限公司党委书记、董事长、总经理赵卫国为湖盐工作委员会主任（兼职）；晏仲华为井矿盐工作委员会主任（专职）；吴庆欣为碘盐标志专业管理委员会主任（专职）。

2.2018年12月20日，全国人民代表大会常务委员会法制工作委员会向中盐协会征求关于《中华人民共和国资源税法（草案）》的意见（法工委发【2018】84号文）。协会通过海盐、湖盐和井矿盐工作委员会，组织相关重点企业研读了《税法》草案中关于盐业资源税的征收标准，与2019年1月21日正式作出回复（中盐协【2019】

3 号文）。

根据《税法（草案）》，钠盐、钾盐、镁盐和锂盐以选矿为征收对象，征收 3% ～ 15% 资源税；天然卤水以原矿为征收对象，征收 3% ～ 15% 或每吨（或者每立方米）1 ～ 10 元资源税；海盐征收 2% ～ 5% 资源税。

3. 行业信用等级评价工作，根据《社会信用体系建设规划纲要（2014-2020）》（国发【2014】21 号）的要求，为贯彻落实《国务院关于印发盐业体制改革方案的通知》（发改办财金【2016】25 号）等有关文件，经第三方专业评价结构和中国盐业企业信用等级评价委员会审核，1 月 22 日，中盐协会下发《关于 2018 年第十一批盐业企业信用等级评价结果的通知》（中盐协【2019】4 号），评定出 2 食盐定点生产企业 A 级 1 家，食盐定点批发企业 AAA 级 1 家，AA 级 7 家，A 级 11 家。同年 11 月 26 日，中盐协会下发《关于 2019 年盐业企业信用等级评价结果的通知》（中盐协【2019】43 号），评定出 2019 年 AAA 级食盐定点生产企业 1 家；AAA 食盐定点批发企业 10 家，AA 级食盐定点生产企业 8 家，A 级食盐定点生产企业 9 家。截至 2019 年 12 月底，全国食盐定点生产企业参评 122 家，其中 AAA 级 62 家，AA 级 47 家，A 级 13 家；省级食盐批发企业参评 30 家，其中 AAA 级 29 家，AA 级 1 家；市县级批发企业共 961 家，其中被评为 AAA 级 394 家，AA 级 364 家，A 级 201 家，B 级 2 家。

4. 食盐标志管理食盐标志包括碘盐标志和未加碘盐食盐标志，是由中国盐业协会在国家工商总局商标局申请注册的碘盐证明商标和未加碘食盐证明商标，是合格食盐的证明标志。食盐全息防伪二维码标志是指将具有追溯功能的二维码和带有激光全息防伪功能的食盐标志印刷在一起，可粘贴或复合于食盐包装袋上的防伪标志，具有合格食盐身份、防伪、追溯的多重功能。为了避免防伪技术泄露，食盐标志和食盐全息防伪二维码标志为定点生产，中盐协会定期对其进行审查授权。2018 年中盐协会委托中机国际招标有限公司采取材料审查、现场审核、产品质量检测相结合的方式，依据《碘盐标志技术条件》QB/T2827-2006、《碘盐标志生产企业管理规范》QB/T2828-2006、《食盐全息防伪二维码标志技术条件》QB/T2827（征求意见稿）、《食盐全息防伪二维码标志生产企业管理规范》QB/T2828（征求意见稿）对标志生产企业进行入库审查，于 2019 年 4 月 22 日将通过核查的 9 家食盐标志生产企业和 7 家食盐全息防伪二维码标志生产企业名单公布，通知所有食盐定点生产、批发企业按照《商标法》《碘盐证明商标使用管理规则》《未加碘食盐证明商标使用管理规则》采购和使用。

5. 食盐安全信息追溯体系是采集记录产品生产、流通、消费等环节信息，实现食盐来源可查、去向可追、责任可究。为确保盐业体制改革后食盐市场安全，从 2016 年开始，中国盐业协会会同中国轻工业信息中心按照《盐业体制改革方案》、工信部《关于开展食盐安全信息追溯体系建设试点工作的通知》（工消费函〔2015〕388 号）、《食盐定点生产企业和食盐定点批发企业规范条件》等文件要求，启动食盐追溯建设工作，建立了全国食盐电子防伪追溯服务平台，发布了《食盐安全信息追溯体系规范》（QB/T5279-2018）和《食盐电子防伪追溯标码使用办法》。

2019 年 3 月 15 日，中盐协会向尚未完成食盐追溯体系建设的中盐广西盐业有限公司北海碘盐中心、山西晋久多品种盐有限责任公司等 6 家单位下发通知，要求尽快完成追溯系统建设并对接全国食盐电子防伪追溯平台。9 月 2 日，协会在行业内开展追溯体系建设情况调研，掌握全国食盐定点生产企业追溯建设整体进展。截止到 2019 年 12 月底，全国共有 121 家食盐定点生产企业建立了电子追溯系统，并与全国平台对接，正在建设 10 家。已建成小包装生产线 715 条，大包生产线 42 条，吨袋 23 条。

6. 全国食盐电子防伪服务平台，为加强全国平台信息和运营安全，更好地服务企业，2019年针对全国平台的运行和储存系统进行了两次全面优化和升级，并研究引进区块链技术，提升平台的安全等级；为保证信息数据安全保密，协会与中国“政务云”签订数据存储和备份协议，并按照《网络安全法》相关要求，正在申请公安部的等保三级认证。截至2019年12月底，连续从全国平台申请码并上传数据的企业有21家，平台累计发码66亿枚。

7. 自2017年以来，行业统计工作因行业企业政企分开、经营模式转变等客观因素影响，原有的由各省省级盐业公司负责组织本省数据统计工作的方式不再适应新市场形势下的统计工作要求。为重新布置行业统计任务，建立新的覆盖行业规模以上企业统计工作的统计员队伍，中盐协会于1月24日下发《关于报送2018年度盐业企业经营情况调查表的通知》(中盐协【2019】5号)，以各食盐定点生产企业和各省级食盐定点批发企业为统计对象，开展2017年和2018年行业数据的表报工作。4月9日至12日，中盐协会在西安市召开省级食盐定点批发企业(省级盐业公司)统计座谈会，研究在新的市场经营模式下如何做好统计工作。截至2019年8月底，2017年至2018年重点制盐企业和重点批发企业的数据完成录入和校对。

8. 组织行业展会，为进一步协调产销关系，增强盐业市场活力，促进盐业设备、包装技术创新，中盐协会于2月19日发出《关于举办2019年第四届全国盐产品、制盐设备及包装新材料展览会的通知》，为行业企业提供集展示、贸易、体验、交流、研讨于一体的商贸、信息交流、品牌展示平台。

8月28日至30日，“2019第四届全国盐产品、制盐设备及包装新材料展览会(2019上海盐博会)”在上海新国际博览中心如期举办。国家工业和信息化部消费品工业司轻工二处处长邓小丁，中国盐业协会副理事长杜茂华、副理事长兼秘书长宋占京、碘标和包装委员会主任吴庆欣、湖盐工作委员会主任高宗麟、海盐工作委员会主任、莱州诚源盐化有限公司董事长于波，中国食品工业协会营养工作指导委员会副秘书长斯波，上海市食品协会秘书长高克敏，上海市包装技术协会秘书长宋文先以及部分省级盐业公司、省级盐业协会、重点制盐企业的代表到沪参展参观。展会还同期举办了以“中国盐业包装技术”为主题的论坛，邀请了江苏邦洁洁净科技有限公司董事长梅毅文、武汉人天包装自动化技术股份有限公司副总经理唐鹏和昆山尚威包装科技有限公司总经理丁增权就“食盐包装环境洁净规范技术”“食盐包装生产线的安全和卫生设计”以及“自动化和信息化在盐行业的应用推广”三大议题发表了演讲，并与参与论坛的听众进行了现场问答互动。

此次展会为期3天，共有来自江苏、浙江、湖北、江西、云南、福建等地120家盐业企业、调味品企业、包装企业参展，展出面积近10000平方米，还与其他32家商协会通力配合，与食品展、火锅食材展、肉类展、调味品展等联展联动。

此次展会由上海信世展览服务有限公司承办，上海松川远忆机械设备有限公司协办，得到了来自云南、天津、福建等14家单位的赞助支持，共吸引观众近万余人。

9.2018年《中国盐业年鉴》于已经于2019年6月底定稿，8月印刷，全书共设有行业要闻篇、重要文件篇、地方篇、重点制盐企业展示篇、市场分析篇、全国食盐产品名录六大篇目；设分目250余个，条目680余个，文字共70万余，图片2000余，图表150余。全国内发行1400册，行业内征订完成近1000册，与去年同比减少16%。参加地方篇报送的企业共有74家，其中省级批发企业31家，盐业管理机构3家，制盐企业37家，科研机构3家，参加重点制盐企业展示篇的企业共有5家。

2018年度年鉴的一大特色是设置了全国各个

省级盐业运销企业和重点制盐企业的食盐产品展示篇幅，信息涵盖了品名、品牌、产地、成分、生产企业、销售企业、包装材料及规格等多方面的信息，是新《食盐专营办法》出台后全行业企业实施“三品战略”、提升产品品质、丰富产品品种、推广自主品牌等有益尝试的鲜明体现。

1月15日，中盐协会年鉴编委会发出《关于召开2018年度〈中国盐业年鉴〉审稿委员工作会议的通知》，并于4月17日至19日在宁波就全书中“地方篇”部分进行了集中审稿。7月25日，协会发出《关于编制2019年度〈中国盐业年鉴〉的通知》《关于参加2019年度〈中国盐业年鉴〉“重点企业展示篇”的通知》，启动2019年度年鉴工作的稿件征集工作。10月23日至25日，《中国盐业年鉴》2019年度工作会议在安徽省合肥市召开。结合2018年度《年鉴》编撰和征订工作成果，会议共表彰了先进单位11个，个人一等奖11名，个人二等奖18名，个人三等奖45名。

10. 组织建立行业专家库，中盐协会分别于2005年和2012年聘任过两批行业专家，建了行业专家库。2019年5月20日，中盐协会重新启动行业专家聘任入库工作，申报专业设置包括盐业生产、勘察设计、工程技术管理、质量监督、科技研发、物流营销、信息化管理、环境保护、安全技术、卤水化工和盐田生物。2019年申报专家需符合学历和职称要求，达到专业理论知识要求，拥有相应的专业技术工作经历及成果。

11. 生态海盐管理工作，6月27日，中国轻工业联合会团体标准《生态海盐评价技术规范》印发实施。7月29日至31日，中盐协会召开全国部分海盐食盐定点生产企业座谈会，就成立生态海盐标准化领导小组、生态海盐评审管理技术委员会、按照程序印发《“生态海盐”证明商标使用管理规则（试行）》和《生态海盐评审管理办法（试行）》以及生态海盐的指导销售价格与会企业和单位达成共识。中盐协会作为统一管理生态海盐标志的单位，为了配合生态海盐的宣传认证，注册了生态海盐证明商标，并设计了将生态海盐标志、碘盐标志和追溯二维码相结合的三合一生态海盐防伪标志，确保生态海盐产品质量。

12. 网站运维，协会网站积极宣传《盐业体制改革方案》和《食盐专营办法》等相关配套文件，对行业和社会关注的热点问题设置专栏，增加功能性板块，及时发布经济信息，宣传企业、宣传行业。2019年网站共发表稿件1000余篇，2019年年初更新网站，配合行业改革工作推进，进一步聚焦行业企业的关心问题。

13. 协会内建，为借鉴同行经验，中盐协会先后走访了中国家具协会、中国家电协会、中国皮革协会、中国糖业协会，学习自主办会、服务为本、治理规范的先进经验。制定出中长期工作规划和目标，先后修订、制定了22项工作制度，对没建立的制度进行建立。积极吸纳与行业相关的企业单位、上下游企业和国内外同行加入协会，不断壮大协会组织，先后发展30余家企业加入协会。

14. 协会党建，中盐协会党支部在中国轻工业联合会、总社党委正确领导下，全体党员自觉按照标准规范言行，召开党员领导干部民主生活会开展批评与自我批评；召开党员大会，按照个人自评、党员互评、民主测评的程序，紧贴党员思想实际进行民主评议和组织评定，达到了解决问题、触动思想，增进团结、促进工作的目的。

协会按照要求及时建立党员数据库，规范党员的日常管理；落实“两学一做”学习教育常态化、制度化实施方案，制定学习计划，认真学习讲话、文件和通知精神，组织召开专题组织生活会和民主评议党员；组织全体党员认真学习贯彻党的十九大精神；开展“不忘初心、牢记使命”主题教育，采取集中学与个人学相结合，读原文与谈体会相结合，深入调查研究，深刻检视问题，从严整改落实，并组织全体党员赴西柏坡参观学习，使党员的思想境界进一步得到提升，在盐业改革中发挥了先锋模范作用。

【g. 大事记】

2019 年 1 月 6 日，2018 年度浙江考古重要发现在杭州揭晓，玉环玉城前塘垟宋代盐业遗址等 10 项考古项目榜上有名。

1 月 9 日，山东省工信厅发布公告，将取得 2019 年至 2023 年食盐定点生产企业证书和食盐定点批发企业证书的企业名单向社会公布。

1 月 11 日，青海省盐务管理局发布公告，将取得 2019 年至 2023 年食盐定点生产企业证书和食盐定点批发企业证书的企业名单向社会公示。

1 月 11 日，贵州省工信厅发布公告，将取得 2019 年至 2023 年食盐定点批发企业证书的企业名单向社会公布。

1 月 15 日，由中国调味品协会评选的“2018 年调味品行业十大新闻”新鲜出炉。其中，被市场誉为“中国盐改第一股”的湖南盐业登陆 A 股市场，成功入选调味品行业年度十大新闻。

1 月 17 日，“第二届自流井史画展”在自贡举行，共展出 8 位自贡画家的 90 幅作品。这些作品大多以自流井老街或井盐历史为题材，描绘出自贡艺术家对于自贡盐业历史的集体记忆。其中曹念的《自流井老街图》宽 5 米、高 2.5 米，共描绘 860 多个人物，以民俗风情画的方式再现清末民国初年自流井一带的繁华景象，尤为引人注目。

1 月 18 日，福建省盐业集团有限责任公司与永辉富平云商供应链管理有限公司举行战略合作签约仪式。通过此次合作，永辉对福盐集团旗下“闽盐”产品进行定制化包装，并通过永辉云商平台供应和销售，双方携手打造福建海盐高端品牌，将品质产品推向全国。

1 月 23 日至 24 日，中国盐业集团有限公司在京召开 2019 年度工作会议。集团公司党委书记、董事长李耀强作年度工作报告，党委副书记、总经理丁召团作会议总结并对 2019 年生产经营重点工作做出部署。

1 月 23 日，浙江省国有资本运营有限公司资产运营部总经理甄建敏携省盐业集团混改项目部分参与人员一行到访浙江产权交易所。浙江产权交易所总经理姚上毅就混改涉及的企业增资、股权转让等业务流程及其要点做了具体说明，并针对混改实施方案提出了专业的意见与建议。

2 月 12 日，经中国盐业集团有限公司与辽宁省国有资产监督管理委员会批准，中盐辽宁盐业有限公司整合重组辽宁省盐业集团有限公司按协议履行了工商变更备案登记，标志着双方历时约两年半的整合重组工作全部完成。

2 月 16 日，苏盐集团新零售商业国家级电子商务示范企业苏盐生活家“甄品派・全球购”首家苏果体验店（清凉门店）盛大开业。江苏省国资委领导李琨，省供销合作总社党组书记、理事会主任诸纪录，苏盐集团董事长、党委书记童玉祥，苏果超市有限公司总经理、党委书记陈兵，苏盐集团总经理、党委副书记唐正东等领导出席开业仪式。

2 月 20 日，广西钦州保税港益盐堂（广西）综合加工物流中心项目开工仪式在钦州保税港区举行。

2 月 21 日，海南省卫生健康委员会、海南省发展和改革委员会、海南省财政厅、海南省市场监督管理局、海南省扶贫工作办公室联合下发《关于印发海南省碘缺乏病防治专项两年攻坚行动方案（2019–2020 年）的通知》。

2 月 22 日，绍兴文理学院生命科学学院田润刚教授领衔的学术团队，经过多年科研攻关已成功研发出一种低盐腌制技术，通过接种黄酒酵母菌或乳酸菌的技术，在保留风味的同时，使腌制食品更安全，也更符合当代人的健康饮食理念。

2 月 28 日，“2019 年云南盐邮合作高质量发展会议”召开，云南邮政表示从 2019 年 1 月 1 日起全面接管省内 18 个区县食盐的仓储、配送、销售、管理和结算业务。

3 月 1 日，内蒙古自治区盐业公司与苏州朝露弥特物联科技有限公司签署出资协议，标志着内蒙古自治区盐业公司引入民间资本，共同设立内蒙古弥特物联信息科技有限公司进入实质性操作阶段。

3 月 1 日，中盐研究院承担的中盐集团科技计划重大项目《热泵法生产球形盐技术研究》于通过集团公司组织的项目验收。

3 月 11 日，“为国厨征——2020 世界奥林匹克烹饪大赛 · 中国国家烹饪集训队启动仪式”在中国国家烹饪队训练基地举行。湖南盐业股份有限公司作为中国烹饪协会战略合作伙伴，公司副总经理王哈滨出席了启动仪式。

3 月 16 日，青海省盐业股份有限公司茶卡盐产品推介会在西安举行。茶卡牌系列食用盐是荣获国家地理标志保护产品，主要产品包括茶卡盐湖原生态结晶体以及“冰晶”“雪晶”“海藻碘盐”“低钠盐”“藏青盐”“炖肉盐”“泡菜盐”“精制湖盐”“粉精湖盐”“晶湖盐”等 10 款高品质食用盐。

3 月 17 日，“淮盐”品牌“唐宋元明清高端系列礼盒”食盐新品精彩亮相 2019 第 100 届全国春季糖酒会明星新品发布盛典，并荣获“2019 第 100 届全国春季糖酒会明星产品”。

3 月 18 日，湖北省政府国资委党委书记、主任傅立民一行到湖北盐业集团有限公司宣布省政府国资委党委关于湖北盐业主要负责人任免决定，刘江海同志任湖北盐业集团有限公司党委书记、董事长职务，吴奇宝同志不再担任湖北盐业集团有限公司董事长、总经理。

3 月 22 日，江苏省盐业集团、百味斋食品股份有限公司并购重组大会在四川自贡举行。

4 月 2 日，天津科技大学与广东省盐业集团有限公司战略合作框架协议签署仪式在天津科技大举行。

4 月 2 日，二连浩特市盐业公司划转签约仪式在市行政中心举行。

4 月 10 日，全国盐行业统计工作座谈会在西安召开。

4 月 22 日，湖南盐业股份有限公司 · 中国航天事业合作伙伴授牌仪式在湖南长沙隆重举行。

4 月 23 日，山东省盐业协会受省工信厅委托组织召开山东盐行业高质量发展规划实施方案征求意见座谈会。全省盐行业的骨干企业负责同志、研究院所专家等 13 人应邀出席会议。

4 月 25 日，由三友集团盐化公司主办，唐山市摄影家协会、唐山市老摄影家协会、唐山市野生动物保护协会以及三友集团盐化公司旅游度假分公司承办的“大 · 盐世界‘镜’彩有你”主题摄影大赛启动。

4 月 26 日，国家卫生健康委、国家发展改革委等九部委联合发文《关于开展 2019 年防治碘缺乏病日活动的通知》（国卫办疾控函〔2019〕418 号）。活动主题是“科学补碘益智，健康扶贫利民”。

5 月 5 日，国家市场监督管理总局发布《绿色产品标识使用管理办法》（下称《管理办法》），自 2019 年 6 月 1 日起实施。《管理办法》涵盖了绿色产品标识适用范围及监督管理等内容。

5 月 6 日，云南省盐业有限公司召开机关改革动员大会，标志着公司机关改革进入全面启动和实施阶段。

5 月 7 日，国家卫生健康委发布《全国生活饮用水水碘含量调查报告》。时隔 30 年，我国进行了第二次全国生活饮用水水碘含量调查，国家卫健委疾控局发布的调查报告显示，中国大部分地区外环境水碘含量较低，因此应继续坚持普遍食盐加碘策略。

5 月 7 日，大连盐化集团公司与辽宁师范大学战略合作协议签约仪式在该校举行，此举标志着大连盐化集团公司与辽师大的战略合作关系正式建立。

5 月 8 日，广东省盐业集团“湛江生态海盐专列”于湛江西站首发，并举行了发车仪式。

5 月 8 日上午，四川轻化工大学牵手四川自贡阿细食品有限公司，校企双方正式签约，合作共建四川轻化工大学盐帮美食学院。

5月9日，市场监管总局（标准委）标准技术司在京组织召开了食品质量国家标准清理工作启动会。

5月9日，新疆地质学家在距离拜城县城西北23公里处的山区，发现了一处罕见的盐溶喀斯特地貌，形态为岩盐天坑和盐溶溶洞。这是新疆首次发现盐溶喀斯特地貌。

5月10日，在第三个中国品牌日，“淮盐”代表中国民族品牌成功入选第五届中国品牌国际展暨第二届中国品牌日礼赞活动，被评为“中国国际品牌影响力100强”，苏盐集团荣膺“中国国际品牌影响力年度贡献企业”。“淮盐”品牌连续两年荣登美国时代广场纳斯达克大屏，并成功登录北京中关村和美国时代广场路透社大屏。

5月15日，“新华·中盐食用盐（商超）价格指数编制方案专家论证会”在京举行。编制方案由中国经济信息社和中盐集团共同推出，通过推出新华·中盐食用盐（商超）价格指数，以大数据分析为技术手段，以指数发布为展现形态，客观反映盐业市场变化，量化盐业发展动态，起到行业指引作用。新华·中盐食用盐（商超）价格指数是新华·中盐系列指数中的首支指数。与会专家认为，编发该指数有利于实现对食用盐超市市场价格波动规律的客观分析与科学研判，是落实盐业体制改革方案、顺应市场发展形势的重大举措，对促进食盐产业健康持续发展具有重要意义。

5月17日，中盐西南盐业有限公司正式挂牌成立，标志着重盐集团改革重组顺利完成。

5月18日，在世界博物馆日“保存城市记忆 留住最美乡愁”自贡盐文化艺术作品捐赠仪式在自贡市盐业历史博物馆举行。朱时昔、黄宗壤、陆坚、周涛、雷振刚、刘蕴瑜、曹念、沈成林、黄夔均、郭广岚等10位书画名家，向自贡市盐业历史博物馆捐赠46件套书法美术作品。

5月23日，作为2019岳阳龙虾节美味小龙虾品尝时间的岳阳楼区龙虾美食体验展在岳阳巴陵广场拉开序幕，湖南盐业携新品“龙虾专用清洗盐”惊艳亮相，成为活动现场的吸睛焦点。

5月29日，云南省盐业有限公司“高原深井矿盐盐硝联产及天然钙盐制备关键技术与应用”项目科技成果通过科技成果评价。

6月11日，中国盐业协会副理事长兼秘书长宋占京、中国盐业协会矿盐专业委员会秘书长徐长泉到山东调研。

6月14日，在自贡举行的中国建筑遗产保护70年学术论坛上，中国文物学会盐业文物专业委员会正式揭牌成立，推动自贡深层次地研究井盐文化，加强井盐历史文物保护利用，发挥文化资源价值，促进文旅融合发展。

6月16日，中原工学院先进材料研究中心与河南今古生物科技有限公司在中原工学院大学科技园签署战略合作协议，双方将在新型盐产品的产学研领域建立合作关系。

6月17日，福建省发改委副主任、省重点项目建设管理办公室主任许碧瑞再次组织省发改委（交通处）、工信厅、自然资源厅、生态环境厅、交通运输厅、林业局，省盐业集团公司，莆田市政府及市工信局、交通运输局、重点办，秀屿区政府，莆田盐场，项目业主和设计等单位召开G228国道（纵一线）秀屿平海至北岸山亭段项目建设涉及占用江堤盐田有关问题专题协调会。会上各单位积极发表意见并经过讨论研究，达成一致意见：在充分做好环保防护措施、湿地占补工作，保证盐田面积、产盐品质不变的前提下同意采用高架桥梁跨越江堤盐田路线方案。

6月18日，福建省盐业集团与漳州市东山县人民政府在海峡国际会展中心国企创新馆签订战略合作协议。

6月22日，由湖南盐业“雪天盐”独家冠名的央视新美食纪录片《家乡菜中国味》将与观众正式见面。该片由中国农业电影电视中心、长城影视东方龙辉文化传播有限公司、湖南盐业股份有限公司联合出品。

6月25日，长篇文化散文《巫盐天下》出版座谈（研讨）会在重庆市文联举行。

6月26日，由世界品牌实验室（World Brand Lab）主办的（第十六届）“世界品牌大会”在北京举行。“淮盐”以261.68亿元人民币品牌价值位列中国500最具价值品牌榜第220位，在江苏省入围的32个品牌中位列第14位，也是全国盐行业唯一入围品牌。

6月26日，山西省市场监管局副巡视员李成瑞一行到省盐务管理局，宣布省盐务局更名的决定。山西省盐务管理局更名为山西省盐务综合服务中心，王海泉为山西省盐务综合服务中心主任，刘明旺、董薇为副主任。

6月27日，中国轻工业联合会发布公告，批准《人造革合成革工业绿色园区评价通则》《绿色设计产品评价技术规范水性和无溶剂人造革合成革》《生态海盐评价技术规范》3项团体标准。

6月27日至29日，受国家发改委体改司委托，北京物资学院郝玉柱院长等一行于对四川省盐业体制改革工作进行评估调研。调研组先后到四川省经济和信息化厅、四川省盐业总公司、四川自贡驰宇盐品有限公司和四川久大盐业（集团）公司，通过座谈讨论、现场考察、人员访谈等方式深入了解四川省盐业体制改革推进落实情况，并就盐改中的实际问题、应对措施和推动盐业发展的思路、举措等方面进行了沟通交流。

6月29日，大连盐化集团创建全国绿色食品一二三产业融合发展园成果展示活动在大连海盐世界公园举行。

7月4日，广东省人民政府网站公布的最新消息显示，广东省盐业集团多品种盐股份有限公司混合所有制改革的总体方案已获批复，广东省属国资企业首个集团层面的混改取得新进展。

7月23日，由中国盐业协会主办的全国盐产品包装发展研讨会在北京顺利召开，本次会议邀请工信部消费品司、中国盐业集团有限公司有关人员及包装行业专家出席，近50家盐业包装企业代表参加。

7月25日，工业和信息化部消费品工业司在青岛组织召开全国盐业工作座谈会，会议由消费品工业司副司长曹学军主持。国家发展改革委、市场监管总局、国家卫生健康委相关司局同志参加会议，各省、自治区、直辖市盐业主管部门就食盐专营管理和盐业体制改革进展情况、存在的主要问题进行了深入的交流。

7月18日，健康中国行动推进委员会在北京举行“健康中国·我行动”——健康中国行动（2019–2030年）启动仪式。

7月18日，湖南盐业股份有限公司与中国邮政湖南分公司在湖南长沙签署战略合作协议。湖南盐业股份有限公司总经理徐宗云、湖南盐业股份有限公司副总经理王哈滨、中国邮政集团公司湖南省分公司副总经理唐成文等出席签约仪式。

8月6日，由广东省盐业集团“粤盐”冠名的广汕线生态海盐高铁品牌专列于广州东站发车。这是继2019年5月8日广东盐业“粤盐”冠名的广湛线生态海盐高铁品牌专列首发后的第二列盐文化及海盐基地生态之旅移动体验专列。

8月7日，江苏金坛盐穴天然气地下储气库一期一阶段工程通过集团公司专家审查组环保验收。

8月14日，第十八届全国质量奖评审结果揭晓，苏盐集团所属苏盐井神股份公司荣获第十八届“全国质量奖”，是全国盐行业和全省省属企业中第一家获得此殊荣的企业，展示了“淮盐”中国民族品牌的卓越品质，标志着苏盐集团高质量发展取得重大突破。

8月27日至28日，由国家卫生健康委疾控局支持、中国疾病预防控制中心主办、中华预防医学会和中国营养学会联合主办的第八届中国健康生活方式大会在京召开。开幕日下午，同期召开主题为“人人行动 全民控盐”的第一届中国减盐大会。

8月27日，曹妃甸首届海盐文化旅游节在大清河盐场召开，展示了独特的海盐文化旅游路线。

8月28日至30日，由中国盐业协会主办的"2019第四届全国盐产品、制盐设备及包装新材料展览会（2019上海盐博会）"在上海新国际博览中心召开。

8月31日，河南省盐业集团有限公司正式挂牌成立，掀开了企业迈向高质量发展的新篇章。

9月3日，山东省盐业协会在东营市召开部分制盐企业抗灾救灾座谈会，来自东营、滨州、潍坊和烟台市的16家受灾企业和协会领导共25人参加会议。中盐协会副理事长兼秘书长宋占京应邀出席会议并讲话。

9月4日，中盐协会井矿盐工作委员会工作会议在山东省泰安市召开。中盐协会副理事长兼秘书长宋占京、井矿盐工作委员会主任晏仲华、井矿盐工作委员会副主任单位及山东省盐业协会、海盐工作委员会等单位代表共30人参加会议。

9月5日，西部矿业集团党委书记、董事长张永利与河南省盐业集团有限公司党委书记、董事长郜振国在河南盐业大厦举行座谈，双方就进一步加强战略合作深入交流。

9月8日，曹妃甸区委宣传部、曹妃甸区文化广电和旅游局、曹妃甸区民俗文化协会、曹妃甸区旅游行业协会、《京津冀文学》微刊联合在中国盐生植物园（天旭温泉小镇）举行新书发布会，并组织图书创作骨干就海盐文化如何助力推进文旅融合进行了探讨交流。

9月9日，湖北盐业集团与湖北银行在武汉签署战略合作协议，双方将充分发挥各自综合优势，推动在更高层次、更多领域的广泛合作，实现资源共享、互利共赢、共同成长。

9月12日，由中国外文局新星出版社、连云港市委宣传部主办、连云港市工业投资集团承办的第六届中国（连云港）丝绸之路经济带物流博览会分论坛《（丝路百城传·连云港传）首发式暨盐文化与'一带一路'战略支点建设论坛》在连云港市召开，国家外文局副局长陆彩荣、光明日报副总编李春林、中共连云港市委常委、宣传部部长滕雯及著名专家刘传铭教授等参加了活动。

9月17至18日，2019全国经济发展与质量品牌市场评价活动暨"质量月"中国企业质量品牌建设高峰论坛在北京隆重举行，"淮盐"荣获"2019中国（行业）十大质量示范品牌"。

9月19日，"中国盐业股份有限公司混合所有制改革增资签约仪式"在北京产权交易所隆重举行。

9月26日，贵州省十三届人大常委会第十二次会议第二次全体会议上，《贵州省食盐条例（草案）》提请审议。

9月26日，由浙江省国资运营公司工会统一组织，省盐业集团联合省环境科技公司在省政府机关大院开展"倡导健康用盐、共建两美浙江"四进公益活动。

10月10日，广西盐业集团有限公司党组书记、董事长李奕添，副董事长、总经理李华生率队到广西中医药大学仙葫校区开展校企合作座谈交流，并举行科研项目签约仪式。

10月11日，直观反映盐价变动的新华·中盐系列价格指数在北京发布，旨在客观反映我国盐产品价格走势，为市场和主管部门提供决策依据，推动形成具有公信力的价值基准。

10月11日，苏盐集团党委书记、董事长童玉祥会见了中信银行总行业务总监兼南京分行党委书记、行长陆金根一行，双方就深化银企合作进行了座谈交流。

10月15日，由江苏省委宣传部指导，省商务厅、省文化和旅游厅等单位联合主办的第四届澳门国际文化艺术品暨非物质文化遗产展览会在澳门开幕，苏盐集团"淮盐""大清淮盐""甄品派""百味斋"等品牌精彩亮相展览会。

10 月 16 日，由江苏现代医院管理研究中心主办，南京宽诚科技有限公司承办的“盐疗法在呼吸系统疾病治疗中的应用学术研讨会”在江苏省南京市召开。

10 月 16 日，浙江省盐业集团公司第一届职工代表大会第二次全体会议在杭州召开，大会表决通过了集团公司混合所有制改革职工安置方案。

10 月 23 日至 25 日，2019 年《中国盐业年鉴》工作会议在安徽省合肥市召开。

10 月 25 日，湖南盐业在湖南衡阳召开全国客户大会暨新品发布会，现场推出了雪天岩晶盐、减钠盐、活水盐和 salt plus 龙虾专用清洗盐四大系列新品，刷新多个行业“首创”纪录。

11 月 1 日，内蒙古盐业公司与内蒙古新华集团就物流资产投资使用合作项目签订正式合作协议。

11 月 7 日，在第二届中国国际进口博览会举办期间，中盐交易分团签约仪式在国家会展中心（上海）举行。中盐交易分团全体人员与世界各地的优秀供应商代表再次聚首，在“新时代·共享未来”的主题下，共同见证了签约仪式。

11 月 9 至 10 日，中国盐业协会生态海盐评审管理技术委员会赴福建省盐业集团有限公司旗下定点生产企业，福建省莆田晶秀轻化有限公司及福建省泉州晶海轻化有限公司进行“生态海盐”生产企业资质认定现场评审。

11 月 16 日，“文旅融合：盐文化与旅游发展”学术研讨会在四川轻化工大学召开，本次研讨会由四川省哲学社会科学重点研究基地——四川轻化工大学中国盐文化研究中心联合《盐业史研究》编辑部、自贡文化旅游投资开发有限公司、中国文物学会盐业文物专业委员会、中国盐业协会、北京中盐盐文化传播中心、中盐金坛盐化有限责任公司、四川自贡驰宇盐品有限公司、中国商业史学会川商史专业委员会 9 家单位共同发起，全国 176 名盐文化、旅游发展研究专家学者与会，围绕会议主题展开交流研讨。

11 月 18 日，苏盐集团在南京举办“千年淮盐 健康中国 江苏盐业食盐安全健康社会责任报告暨 2019 新产品发布会”。中国盐业协会副理事长兼秘书长宋占京出席会议并致辞。

11 月 26 日，关于废止《重庆市盐业管理条例》和《重庆市酒类商品管理条例》的议案提交重庆市五届人大常委会第十三次会议审议。

12 月 19 日，国家工业和信息化部发出《关于公布第三批国家工业遗产名单的通告》，经过中央企业推荐、专家评审、现场核查和网上公示等程序，延长石油盐化工公司（定边盐场）所属苟池盐湖及盐田、三五九打盐和住宿遗址等一批见证定边盐场厚重红色历史和辉煌发展历程的工业遗址和工业文物被确定为国家第三批工业遗产。

12 月 21 日，中盐金坛公司“盐穴储气库建设关键技术研发及应用”项目通过由中国轻工业联合会组织召开的科技成果鉴定。

12 月 25 日，中盐集团与辐轮传媒打造的“中盐号”冠名列车启动仪式在哈尔滨西站隆重举行。

12 月 26 日，“清新福建 生态海盐”首届生态海盐文化节在妈祖的故乡福建莆田举办。文化节展示了福建海盐千年古法工艺晒制的文化底蕴，展现了闽盐纯天然、原生态、全手工、富含微量元素、无须添加抗结剂的独特品质，推动海盐行业高质量创新与发展。文化节由福建省盐业集团主办，来自福建省工信厅、福建省轻纺集团、湖南轻盐集团、广东盐业集团、浙江盐业集团、盐业配送商、福盐集团合作伙伴、媒体代表等众多嘉宾共同出席了本次盛会。

12 月 26 日，湖南省人民政府在长沙音乐厅举行“健康湖南行动”启动仪式，湖南省轻工盐业集团有限公司（以下简称轻盐集团）作为唯一企业代表，现场宣读合理控盐倡议，呼吁广大消费者科学用盐，关爱自身健康。

12 月 27 日，广东省广盐集团股份有限公司

（以下简称广盐股份）增资扩股项目在广东南方产权交易所正式公开挂牌，拟引入具有协同效应的中央及省属企业、民营企业、知名投资机构等战略投资者。

12月29日，“中国·盐瓷”新闻发布会在滨州召开。经过5年时间的潜心研发，鲁杨盐瓷科技有限公司研制的“鲁杨”牌盐瓷正式走入市场，为全国消费者奉上了一款独一无二的特产，也为中国瓷器家族增添了崭新的成员。

张　君

2.24 食品及添加剂和配料制造工业

【a. 概况】

2019年，在外部环境复杂严峻，经济下行压力加大的背景下，我国食品添加剂和配料行业积极顺应市场变化，增强自主创新能力，推进产业结构调整，提高经济增长的质量和效益。全行业总体上继续保持了平稳发展，稳中向好的态势。根据对行业骨干企业所报数据的统计和分析，2019年，全行业食品添加剂主要品种总产量可达1269万吨，同比增长约5.8%；销售额为1220亿元人民币，同比增长约5.5%；出口额约37亿美元，同比基本持平。

【b. 主要产品】

1. 甜味剂产品

（1）高倍甜味剂

2019年，我国高倍甜味剂行业产品的销量可达11.5万吨（不含复配），产销量同比基本持平。三氯蔗糖、甜菊糖和罗汉果甜苷销售形势良好，出口有所增长。甜蜜素销量3.6万吨，同比下降2%，销售额3.4亿元，同比下降3%；安赛蜜销量约0.61万吨，同比下降2%，销售额4.8亿元，同比下降1%。阿斯巴甜销量0.92万吨，同比下降3%，销售额9.6亿元，同比下降2%；三氯蔗糖销量0.73万吨，同比增长8%，销售额27.8亿元，同比下降6%；糖精（钠）销售量约2.3万吨，国内销售价格在3.5～5.0万元/吨范围变化，价格总体平稳。甜菊糖销量约0.5万吨，同比增长4%，销售额7.6亿，同比增长3%。受甜叶菊原料和中美贸易战影响，各企业销售压力较大。罗汉果甜苷产量200吨，但产能已达1000吨/年。三氯蔗糖、甜菊糖苷、甜蜜素、罗汉果等品种产能过剩的状况没有得到根本改变，三氯蔗糖两家骨干企业金禾新上5000吨，捷康在广西投资建厂已启动，产能过剩问题仍然突出。

（2）糖醇类产品

2019年，木糖产量在65000吨，木糖醇58000吨，其中，70%出口。木糖产量增加较多，生产技术得到显著提升。由于，环保成本的增加，以及前几年的市场高涨，导致企业扩大产能，供过于求，造成产品价格下滑，库存增加，许多企业处于时开时停的状态，效益普遍出现大幅下滑，有些企业处于亏损状态。木糖醇骨干企业开化华康公司与雅安、河北三友集团合作用粘胶纤维废液中的半纤维素来生产木糖取得技术优势，比传统的玉米芯生产成本下降10%左右。

甜味剂行业发展面临着安全和环保督察力度加大，中美贸易战，及原材料涨价和产能明显过剩等问题。3月份江苏化工企业发生爆炸，生产企业被限产或停产；骨干企业产能和规模扩大，在成本和销售市场方面的优势进一步提高，中小企业受环保、安全及法规标准等严格管理的限制，加上自身在技术、市场和成本等方面处于劣势，生存难度加大，各品种逐步向高集中度发展。

2. 着色剂产品

2019年，产销总量为42.4万吨，总销售额约为38亿元，同比基本持平。出口数量约为22436吨，同比下降1.65%，出口创汇约为2.7亿美元，同比增长约11%。三大类产品中，焦糖色素40万吨，产销量和产值同比持平，出口同比额下降1.5%；合成色素4000吨，产销量同比持平，出口额同比下降1.5%；天然色素2万吨，产销和出口同比持平。着色剂全行业呈现稳步发展的态势。

焦糖色素全年价格平稳，向东南亚国家出口规模达到1万吨。但印度低质低价产品对国内焦糖色素企业带来一定的市场冲击，行业隐患突显。辣椒红色素经历了连续三年的高速增长，2019年产销量走向稳定，但出口量和出口额出现一定程度的下滑；红曲红色素和红曲黄色素的产销量均与去年同期持平。前几年去产能效果明显，行业形势趋于平稳；叶黄素产销量经过连续三年的下降后出现了稳定局面，但价格出现了大幅度反弹。目前，云南的万寿菊基地已占到全国万寿菊基地的70%以上，使万寿菊的种植加工产业出现了南移，新一轮的产业竞争更为残酷，也更为集中；栀子黄产业全年运行平稳增长，栀子蓝和栀子红表现稳定；姜黄色素产销量增幅达到316%，主要是姜黄的功能性得到世界认可，应用扩大，产量和出口额都有较大幅度的增长，但姜黄的生产原料进口需色素生产企业向海关提供药材进口许可证，这给生产企业带来了困难。其他小品种如水溶性花色苷色素（紫甘薯、甘蓝红、萝卜红等）行业运行出现分化现象，紫甘薯色素和甘蓝红色素出现下滑，萝卜红色素出现增长。紫甘薯色素和甘蓝红色素出现了以果蔬汁和全粉产品形态应用于食品行业的新情况。

3. 食用香精香料产品

2019年，食用香精产品整体产销平稳，同比增长约8%。食用香料产品生产受环保影响，整体产能有所下降。受中美贸易战影响，出口美国的产品有所减少。

食用香精香料行业污染物排放有其特殊性，在环保高压下面临挑战。虽然企业非常重视环保问题，有效处置废水、废渣的排放，但对于香料行业来说，其特色—香气（包括废气）的处置面临挑战，由于香料香精产品香气阈值低，采用传统的处理方法已不能从根本上解决问题，部分企业因为气味排放问题影响正常生产，甚至停产。但这类问题是国际国内香精香料生产都未解决的难题，需要行业集中科研力量解决。

4. 防腐剂和抗氧化剂产品

2019年，防腐剂和抗氧化剂产品生产销售总体平稳，合成防腐剂和生物防腐剂的产销均略有增长。主要问题是原料、人工和环保成本增加较多，影响到产品价格和销售。中美贸易战对产品出口有一定影响。

苯甲酸和苯甲酸钠产销量10.3万吨，同比增长3%，原料价格不稳定，波动较大，产品销售受影响。对美国市场的出口受中美贸易战影响大幅下降。山梨酸钾国内外市场销售基本稳定，产能过剩。对羟基苯甲酸乙酯、乙酯钠、甲酯钠生产总体运行平稳，销售量略有下降，成本和价格均上涨，销售额同比略有增长；对羟基苯甲酸乙酯销量下降3%，销售额增长13%，对羟基苯甲酸甲酯钠销量同比增长约4%，销售额同比增长13%；对羟基苯甲酸乙酯钠与去年同期相比下降约10%，销售额同比增长8%。

生物防腐剂乳酸链球菌素、纳他霉素、ε－聚赖氨酸盐酸盐产销形势良好。乳酸链球菌素市场需求旺盛，骨干企业因产能制约，产品供不应求，销量同比增长11%，销售额同比增长7%。ε－聚赖氨酸盐酸盐销量同比增长80%，但价格下滑，销售额同经比增长30%。纳他霉素销量同比增长超过8%，销售额同比增长超过10%。

抗氧化剂异VC钠销售24000吨，同比增长2%，发展平稳。主要的两家生产企业江西德兴百勤异VC钠有限公司和郑州拓洋有限公司。抗氧化剂特丁基对苯二酚（TBHQ）产量400吨，同比增长20%，销售额3.7亿元，同比增长3%；

产销平衡，但原材料成本上涨，销售价格下滑，效益下降。尤其在第4季度，对印度产品的反倾销未能延期，受印度低价产品冲击，价格下滑明显。

5. 增稠剂、乳化剂和品质改良剂产品

2019年，增稠剂、乳化剂和品质改良剂产品产销形势平稳，全行业国内销售略有增长，出口同比持平，进出口受中美贸易战的影响不大。乳化剂主要品种（单甘酯、司盘、吐温）销量5.2万吨，同比增长4%，销售额5亿元，同比持平；增稠剂（不包括淀粉产品）销量1.6万吨，同比下降11%；变性淀粉销量1.9万吨，面粉改良剂9.5万吨，同比增长13.6%；磷酸盐产品4万吨，同比持平。复配膨松剂（泡打粉）销量3.6万吨，同比持平，销售额1.8亿元，同比增长7.7%。

6. 营养强化剂

营养强化剂单品和复合营养素类产品的产销稳步增长。维生素类产品继续在世界处于领先优势，骨干企业浙江新和成公司、新昌制药厂等企业相关产品的销售额和利润均稳步提高。合成维生素E产品价格相较于2018年同期下降较多，但受益于企业的技术进步和成本降低，产销量与上年同期相比增长的同时，销售额也体现出较大的增长。总体来看，合成维生素E和天然维生素E产品产销平稳，稳中有升。在国家大力扶持营养产业发展，以及我国居民健康营养观念不断加强的大环境下，营养强化剂和功能配料的市场将不断扩大，发展前景看好。

除传统的维生素、矿物质等营养素产品外，功能性提取物一直是国内企业出口的主要大类产品，尤其是植物提取物，我国的出口占有率从2008年起一直占据第一的位置，现今可达到国际市场的30%以上。这类产品不仅仅是出口，在当今国家提倡国民营养大健康的氛围下，功能性提取物产品在国内同样有广阔的应用前景，是行业大力挖掘和发挥其潜力的产品。

【c. 行业面临的主要问题】

1. 生产经营的各项成本上升

原材料价格逐步走高、企业员工工资、能源成本等也都居高不下，企业的各项税费负担没有明显减轻，而产品因市场竞争激烈无法同步上涨，企业生产经营的成本持续上升，使得企业效益下降。

2. 产能过剩

部分产品仍存在盲目扩产和投资的情况，造成产能过剩，市场供大于求，产品价格下跌。如：辣椒红色素、甜菊糖苷、三氯蔗糖、万寿菊浸膏、阿斯巴甜等产品产能过剩的状况没有得到彻底改善。

3. 环保高压使企业面临挑战

国家和地方政府部门对环保监察力度不断加大，对行业环保治理和达到有积极的促进作用，但在管理上有些地方政府往往一刀切，缺乏科学性，没有完成依法依标进行监管，并且受各种因素影响，随时要求企业停产或限产，对企业的正常生产带来不利影响。近年来，行业企业对环保建设和节能减排都非常重视，在环保方面不断加大投入，但是，由于产品生产的特殊性、企业规模有限，一些排放和污染治理的技术和装备水平还需进一步改造和提升，行业在污染排放和治理方面还需加强。

4. 中美贸易战的影响

在中美贸易战中部分食品添加剂产品如甜味剂三氯蔗糖、着色剂β－胡萝卜素、防腐剂苯甲酸及钠盐、山梨酸及其钾盐、丙酸钙、水分保持剂磷酸盐等部分品种被征收25%的关税。有些产品比如山梨酸及其钾盐在美国市场具有不可替代性，被加征的关税大部分由美国客户承担；有的产品如β－胡萝卜素、则由出口企业和客户协商分摊；苯甲酸及钠盐对美国出口量则因关税问题大幅下降，但美国市场在出口份额中占比不大。另一方面，中国对美国采取的反制措施，导致中国向美国采购的食品添加剂原料价格上涨，且多数是由企业自行消化，使我们企业的产品成本上升，最终导致企业的利润和效益下降，比如食用香精香料行业有些原料依赖美国进口，加征关税后使企业成本上升。总体来看，中美贸易战对行业有一定影响不大，企业能够采取积极的应对措施，化解不利影响。

5. 法规和标准在实施方面的问题

（1）食品添加剂制剂的国家标准已立项制定多年，但仍无实质性进展，很多企业只能按“复配食品添加剂产品”的要求设计配方和生产，对这类产品的应用范围有很大限制，制约了行业在制剂类产品方面的创新和发展。

（2）按照现行法律法规的要求，食品添加剂产品只能制定食品安全国家标准，无法制定推荐性国标和企标。食品添加剂生产使用的原料、生产操作规程、工艺技术升级后产品质量指标提高等无法通过制定食品安全国标准来带动行业发展。一些不属于食品添加剂范畴的食品配料、功能性成分、天然提取物等品种的标准缺失严重。

【d. 协会主要工作】

1. 突出桥梁作用，帮助解决行业企业面临的迫切问题

（1）脱氢乙酸（钠）的使用范围面临调整，对企业的生产经营产生影响，协会帮助反映诉求，尽力降低对行业企业的冲击。

（2）转基因来源微生物生产酶制剂的申报审批问题已解决，但对于酶制剂外的其他转基因来源微生物生产的食品添加剂和食品配料新品种，由于没有进入审评程序，无法作为新产品申报，因此不能在国内生产和使用。协会广泛收集国内外相关资料，向国家食品安全办公室递交专题报告，提请有关部门尽快明确这类转基因来源新产品评审和评价的程序要求。

2. 适应行业发展需求，大力开展团体标准制订工作

成立以行业专家为主体的协会团体标准技术工作委员会，专门负责行业内团体标准立项、标准起草、标准审定等工作。根据行业需求程度、申请标准与现有法规和标准间是否协调、标准实施后的公信力等因素，确定可立项的团体标准。包括：由国家食品安全风险评估中心提出的“防腐剂功效评价程序”、协会提出的“食品配料分类”和行业企业提出的“叶黄素用万寿菊浸膏”等 5 项团体标准。

3. 关注法规、标准的完善，促进行业有序发展

完成了 2018 年国家卫生健康委下达的食品营养强化剂碳酸锌、柠檬酸亚铁和食品添加剂聚偏磷酸钾和酸式焦磷酸钙等四项食品添加剂国家标准的制订及食品添加剂靛蓝铝色淀国家标准的修订工作。启动了食品营养强化剂维生素 K2（发酵法）的制定工作以及食品添加剂 β－胡萝卜素和辛烯基琥珀酸淀粉钠的修订工作。参与国家食品安全风险评估中心组织的对食品添加剂氯化胆碱生产使用情况的调研；参与果蜡（吗啉脂肪酸盐）等食品添加剂产品安全性及监管的研讨；组织和参与多次食品添加剂制剂类产品标准适用性的研讨会；参加国家生态环境部组织的食品添加剂和饲料添加剂排污许可研讨会；参加国家农业部组织的饲料生产中使用食品添加剂等多个针对某一特定问题的研讨会。

徐　晨

2.25 酿酒工业

2019 年是酿酒行业结构调整、集中度提升、消费升级持续深化的一年。酿酒行业整体经济效益稳定，并向高质量阶段发展挺进。行业集中度进一步提升，行业结构的深度调整在稳固有序地进行。全行业更加注重产品结构的优化和产品品质的提升，产量与市场需求基本保持在合理区间。

【a. 概况】

根据国家统计局数据（见图 1 ～图 4），2019 年，全国酿酒行业规模以上企业完成酿酒总产量 5590.13 万千升，同比增长 0.30%。其中，饮料酒产量 4898.55 万千升，同比增长 0.71%；发酵酒精产量 691.58 万千升，同比下降 2.50%。

2019 年，主要经济效益汇总的全国酿酒行业规模以上企业 2129 家，累计完成产品销售收入 8350.66 亿元，同比增长 6.80%；累计实现利润总额 1611.67 亿元，同比增长 12.84%。

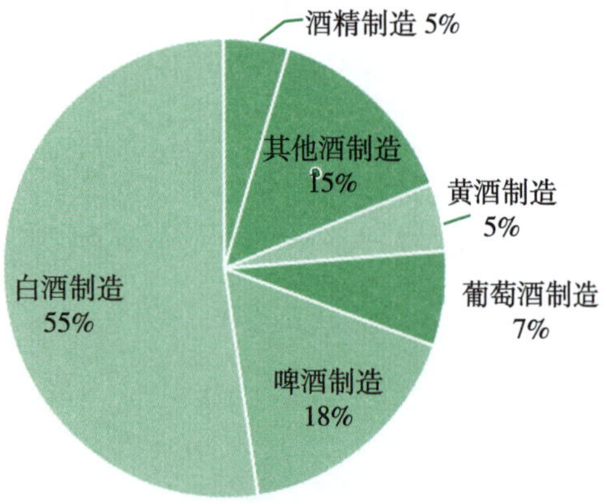

图 1　2019 年酿酒行业企业数量分布情况

资料来源：国家统计局

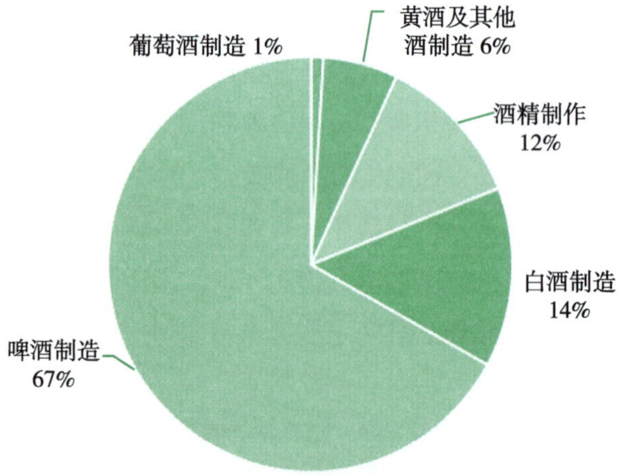

图 2　2019 年酿酒行业产品产量分布情况

资料来源：国家统计局

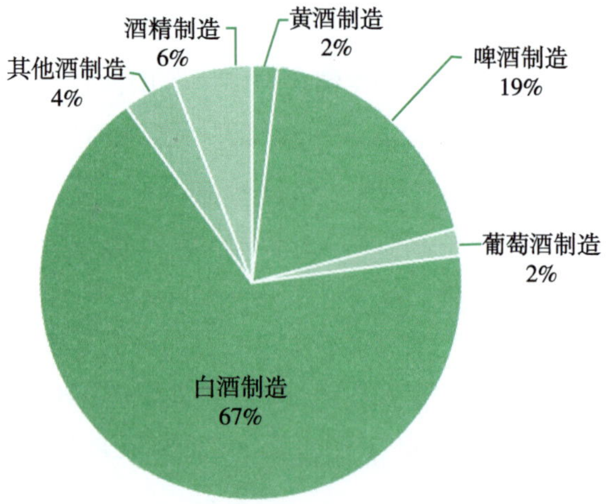

图 3　2019 年酿酒行业销售收入分布情况

资料来源：国家统计局

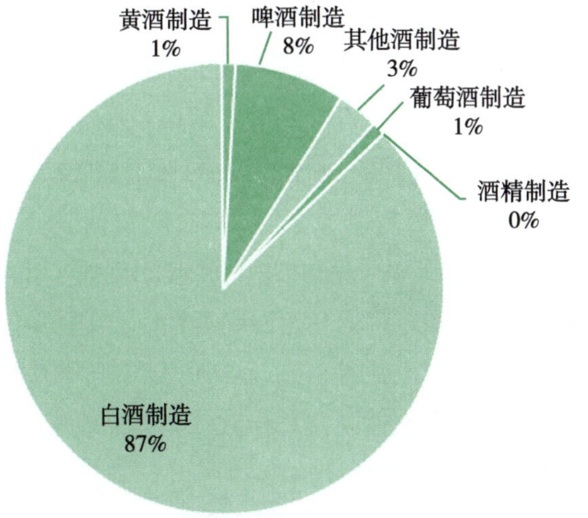

图 4　2019 年酿酒行业利润分布情况

资料来源：国家统计局

1. 主要经济指标

（1）营业收入

2019 年，全国酿酒行业累计完成销售收入 8350.66 亿元，同比增长 6.80%。其中，白酒行业完成销售收入 5617.82 亿元，同比 8.24%，啤酒行业完成销售收入 1581.32 亿元，同比增长 4.79%；葡萄酒行业完成销售收入 145.09 亿元，同比下降 17.51%；黄酒行业完成销售收入 173.27 亿元，同比增长 2.71%；其他酒行业完成销售收入 315.63 亿元，同比下降 0.18%；发酵酒精行业完成销售收入 525.75 亿元，同比增长 12.54%。（见表 1）

表 1　2019 年我国酿酒行业销售收入和利润变化情况

酿酒行业	销售收入 / 亿元	同比增长 /%	利润总额 / 亿元	同比增长 /%
白酒制造业	5617.82	8.24	1404.09	14.54
啤酒制造业	1581.32	4.79	133.87	10.00
葡萄酒制造业	145.09	−17.51	10.58	−16.74
黄酒制造业	173.27	2.71	19.26	11.45
其他酒制造业	307.41	−0.18	47.95	11.69
发酵酒精制造业	525.75	12.54	−4.08	−151.94
合计	8350.66	6.80	1611.67	12.84

资料来源：国家统计局

（2）利润

2019 年，酿酒行业累计实现利润总额 1611.67 亿元，同比增长 12.84%。分行业看，白酒行业累计实现利润总额 1404.09 亿元，同比增长 14.54%；啤酒行业累计实现利润总额 133.87 亿元，同比增长 10.00%，葡萄酒行业累计实现利润总额 10.58 亿元，同比下降 16.74%；黄酒行业累计实现利润总额 19.26 亿元，同比增长 11.45%；其他酒行业累计实现利润总额 47.95 亿元，同比增长 11.69%；发酵酒精行业累计实现利润总额减少 4.08 亿元，同比下降 151.94%

由以上 2019 年酿酒行业经济效益数据并结合产量情况（见表 2）看出，饮料酒行业总体经济效益向好，而部分行业则出现不同幅度的下降。

表 2　2019 年我国酿酒企业分酒种产品产量情况

酒种	总产量 / 万吨	同比增长 /%
发酵酒精（折 96 度）	691.58	−2.50
饮料酒	4898.55	0.71
其中：白酒（折 65 度）	785.95	−0.76
啤酒	3765.29	1.09
葡萄酒	45.15	−10.09
黄酒及其他酒	302.16	1.67

说明：根据《饮料酒分类》（GB/T17204-2008）并结合国家统计局所统计的类别，饮料酒包括 13 种，即麦芽酿造的啤酒、葡萄汽酒、鲜葡萄酿造的酒、味美思酒、黄酒、蒸馏葡萄制得的烈性酒、威士忌酒、朗姆酒、杜松子酒、伏特加酒、利口酒及柯迪尔酒、龙舌兰酒、白酒。

数据来源：国家统计局

2. 行业发展分析

2019 年，我国酿酒行业紧跟消费升级趋势，在保持稳步健康发展的基础上，继续进行产业深度调整，效果明显。酿酒行业经济规模扩大，产业结构持续优化，市场活力不断激发，新动能发展壮大，酒业经济发展的质量和韧性显著增强。2019 年，酿酒行业主要经济效益指标同比增速变化情况如表 3 所示。

表 3 2019 年我国酿酒行业主要经济效益指标同比增速变化情况

单位：%

指标	1—3 月	1—6 月	1—9 月	1—12 月
产品产量	-0.19	0.75	0.32	0.30
产品销售收入	7.43	7.27	8.24	6.80
利润总额	19.72	18.25	17.91	12.84
亏损额	3.95	8.15	13.04	3.56

资料来源：国家统计局

（1）价格

2019 年，白酒、啤酒、黄酒、其他酒制造业利润总额同比均有增长，葡萄酒和发酵酒精制造业利润总额同比有所下降。从单位产品利润上看，白酒、啤酒制造业同比有所增长，葡萄酒同比略有下降，发酵酒精制造业单位利润同比大幅降低（见表 4）。酿酒行业仍处于调整阶段，酒类产品价格仍体现酒类市场资源配置和市场调整状态。

表 4 2019 年我国酿酒行业单位产品销售收入和利润情况

酿酒行业	销售收入 /（元 /L）	同比增长 /%	利润 /（元 /L）	同比增长 /%
发酵酒精制造业	7.60	15.43	-0.06	-153.28
白酒制造业	71.48	9.07	17.86	15.42
啤酒制造业	4.20	3.67	0.36	8.82
葡萄酒制造业	32.14	-8.25	2.34	-7.40

资料来源：国家统计局

以经济指标占比最大的白酒为例看价格走势。2019 年，我国规模以上白酒企业累计完成销售收入 5617.82 亿元，同比增长 8.24%；累计实现利润总额 1404.09 亿元，同比增长 14.54%。2019 年，全国白酒批发价格总指数同比上涨 2.4%，同比涨幅下降 4.24 个百点，反映了市场热度开始降温，市场开始回归理性。

分月来看（见图 5），从 2018 年下半年开始，全国白酒批发价格同比总指数涨幅开始收窄，并将这种态势延续到 2019 年上半年。自 1 月份同比上涨 3.34% 后，全国白酒批发价格涨幅基本是逐月回落，从 2 月份的 2.65% 一直回落至 5 月的 1.35%，6 月份受利好刺激，涨幅略回升至 1.51%。随着下半年泸州老窖、剑南春、水井坊、郎酒等先后调价让白酒市场再次出现较高热度的背景下，全国白酒批发价格同比总指数涨幅有所回升，8 月份上涨 2.39%，12 月上涨 3.17%。不过从全年来看，全国白酒批发价格总指数同比上涨 2.4%，同比下降 4.24 个百分点，显示经历了前期涨、涨、涨的冲动后，市场热度开始降温，市场有望回归理性，其实更有利于白酒行业行稳致远。

图 5 2019 年全国白酒报纸批发价格同比总指数

资料来源：《2019 中国白酒价格运行报告》

分类来看（见图6），2019年，名酒、地方酒、基酒价格同比指数走势出现一些分化。作为本轮行业复苏的排头兵，名酒价格涨幅虽然也明显收窄，但走势相对更为强劲。名酒价格受茅台稳价影响，上涨动力减弱，2019年，全国名酒批发价格指数同比上涨3.39%，涨幅同比回落6.05个百分点，但仍比地方酒高2.1个百分点，比基酒高2.25个百分点。相对一线酒企，更多的地方酒企则面临销售困难、资金链紧张、需要打折促销的窘境，造成2019年地方酒价格走势相对疲软，特别是6月份同比一度转为负增长，下跌0.08%，显示在挤压式增长的行业现状下，地方酒不进则退的尴尬和危机。基酒受益产业复苏，以及高粱等原料成本增加影响，同比仍保持正增长，但涨幅也较2018年明显收窄，是对市场降温的另一个佐证。

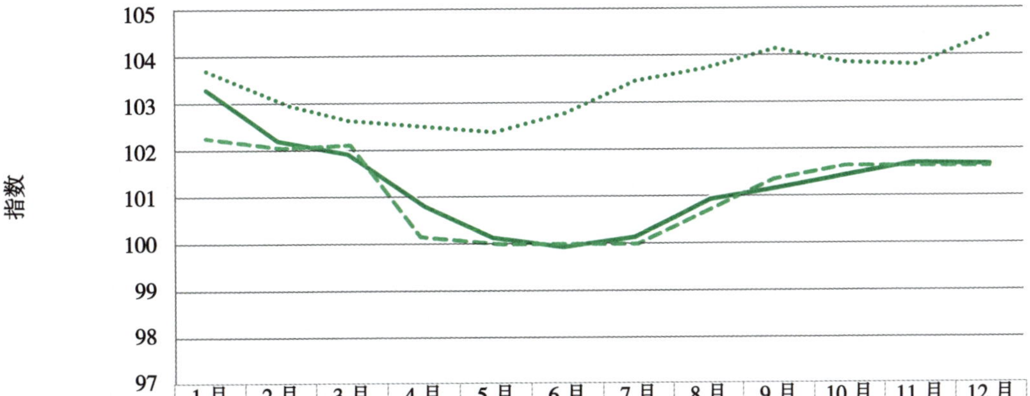

	1月	2月	3月	4月	5月	6月	7月	8月	9月	10月	11月	12月
名酒	103.7	103.05	102.64	102.55	102.4	102.82	103.47	103.47	104.14	103.89	103.84	104.41
地方酒	103.31	102.19	101.92	100.83	100.14	99.92	100.16	100.91	101.18	101.45	101.73	101.68
基酒	102.25	102.1	102.09	100.16	100.03	100.03	100	100.61	101.38	101.62	101.71	101.71

图6 2019年全国名酒、地方酒和基酒批发价格同比指数

资料来源：《2019中国白酒价格运行报告》

从判断价格长期运行趋势的定基指数（见图7）看，经过行业近几年的复苏后，2018年5月，全国白酒批发价格定基指数为100.42，首次进入正增长区间。自此全国白酒批发价格定基指数缓慢但逐步攀升，到2019年12月达到104.23，创下新高。2019年，全国白酒批发价格定基指数都运行在100.87～104.23这个正增长区间，显示白酒整体价格已基本回升到2012年行业调整前水平。

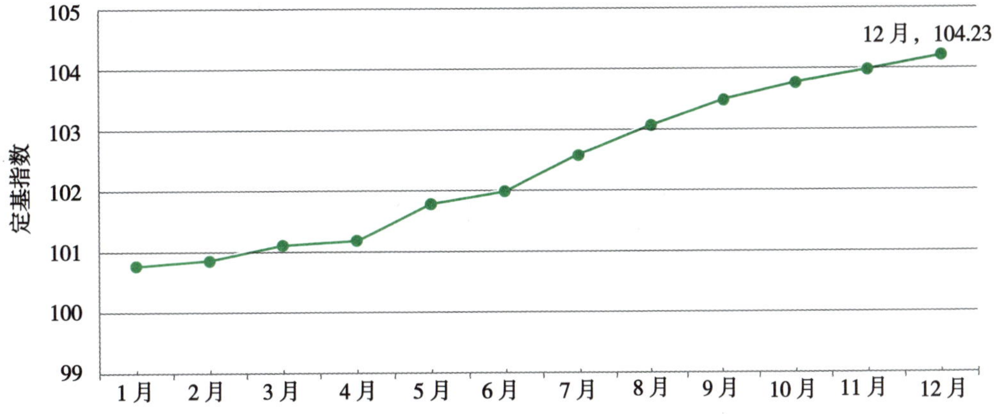

图7 2019年全国白酒批发价格定基指数

资料来源：《2019中国白酒价格运行报告》

（2）市场

2019 年，在宏观经济、产业生态、消费升级等不断变化的大背景下，酒业市场基本面大为改善。酒类消费已从基本消费逐步转变为个性化、多样化的高品质消费。再加上追求养生、健康消费等时代消费特征的出现，“少喝点、喝好点”“适量饮酒、快乐生活”的理性饮酒行为逐渐成为一种新的消费理念与消费趋势。与此同时，随着经济建设提速、消费升级、中产阶级扩容等新市场环境的形成，有效扩充了高品质高端酒的市场容量。酒类产业深度调整成效明显，大众消费逐渐常态化，各种新型消费场景不断涌现，全方位、多角度满足大众的美酒消费需求成为常态。

2019，从市场结构来看，年酒类品牌集中度进一步提升，结构性升级明显。白酒、啤酒、葡萄酒、黄酒一线名酒企业在中高端产品上都有非常突出的表现，同时高端产品比重大幅提升，这也使得酒类市场价格线进一步提高。市场容量趋稳的同时，随着品牌意识提高和强化，消费向骨干企业、驰名品牌、优势品牌集中。强势龙头品牌挤压非龙头品牌，品牌集中度进一步提升。

2019 年，从消费端来看，大众消费与消费升级是 2019 年市场发展的核心动力。年酒类市场大众消费所占的比例大幅提高。据国家统计局数据显示，全国居民人均可支配收入由 2015 年的 21996 元增至 2019 年的 30733 元，这也正是大众消费升级、酒类消费持续升级的有力支撑。

2019，从流通渠道来看，“全酒品、新零售”成为酒类流通变革的主要方向。消费“品牌化、多元化、个性化、健康化”对酒类流通提出“全酒品”的新需求。2013 年限制三公消费以后，酒类消费开始“去中心化”，大众消费成为酒类消费的主力军。2015 年开始，数字化营销、新零售模式开始在酒类市场相继流行。线上选酒、线上订单，线下体验、线下配送，线上支付、线上评价的“新零售”已在酒类市场从概念落地为现实，推动着酒类市场稳健发展。

（3）投资

2019 年，酿酒行业总体资产总额增加 7.60%，除葡萄酒略有下降外，各子行业资产总额均有所增加，其中其他酒制造业增长 24.13%，增幅最大。全国酿酒行业规模以上企业共亏损 335 家，亏损面为 15.74%；亏损企业累计亏损额 45.13 亿元，同比小幅增长 3.56%（见表 5）。截至 2019 年 12 月底，行业资产负债总额达 4703.32 亿元，负债率达 39.05%，因此小幅下降 0.97%。

表 5　2019 年我国酿酒行业亏损及其变化情况

酿酒行业	企业数量 / 个	资产总额增幅 /%	亏损面 /%	亏损额 / 亿元	同比增长 /%
白酒制造	1176	9.36	11.14	8.88	–5.85
啤酒制造	373	0.69	24.93	16.06	–10.84
葡萄酒制造	155	–2.70	21.29	1.69	25.57
黄酒制造	110	3.16	5.45	0.30	2.76
其他酒制造	207	24.13	11.11	1.95	30.94
酒精制造	108	2.12	45.37	16.25	24.94
合计	2129	7.60	15.74	45.13	3.56

资料来源：国家统计局

（4）区域分布

2019 年，我国酿酒产量最大的五个地区：四川、山东、广东、黑龙江、河南五省酿酒总产量 2400.31 万 kL，同比增长 2.48%，占全国酿酒总产量的 42.94%（见表 6）。其中，四川省酿酒总产量最大，达到 643.97 万 kL，同比增长 7.37%；山东省酿酒总产量 596.77 万 kL，同比小幅下降 0.65%；广东省酿酒总产量 422.20 万 kL，同比下降 1.15%；黑龙江省酿酒总产量 380.27 万 kL，同比增长 9.02%；河南省酿酒总产量 357.10 万 kL，同比下降 2.39%。

表 6 2019 年重点省份酿酒产量情况

省份	产量 / 万 KL	同比增长 /%
全国	5590.13	0.30
四川省	643.97	7.37
山东省	596.77	–0.65
广东省	422.20	–1.15
黑龙江省	380.27	9.02
河南省	357.10	–2.39

资料来源：国家统计局

（5）行业集中度

酒类产业经过深度调整之后，从 2015 年开始，酒类消费市场持续向好，除“增速快”“业绩好”的显著特点出现外，酒类产业集中度一年比一年提高，市场结构升级愈发明显。

以白酒产业为例，19 家白酒上市公司在 2018 年总营收达到 2086 亿元，占白酒营收总额近 40%，同比增长近 30%，是行业平均水平的两倍多。在 2019 年，这 19 家白酒上市公司的利润就占据了整个白酒产业利润的半壁江山。从白酒规模以上企业数量连续减少来看，这说明白酒产业的“马太效应”在加剧，头部企业的引领作用愈发明显；而利润五年来始终保持稳步提升，而且利润主要集中在产业前 4% 的龙头企业。2019 年白酒行业收入和利润的集中度分别上升了 18% 和 11%。整个白酒产业集中度正在大大提升，利润处于高度集中状态，龙头企业引领产业发展作用愈发明显。

同样在啤酒、葡萄酒、黄酒等产业，营收与利润均在向龙头企业大幅倾斜。

（6）进出口

根据海关总署数据，2019 年，饮料酒及发酵酒精制品累计进出口总额 60.41 亿美元，同比下降 15.14%。其中，累计出口额 11.10 亿美元，同比下降 21.64%；进口额 49.31 亿美元，同比下降 13.53%。白酒 2019 年进口量同比增长 31.23%，同比显著增长。啤酒 2019 年出口量同比增长 8.26%，同比增长幅度略有升高。葡萄酒和酒精的进出口量与同比都显著下降，尤其是酒精，出口量下降 66.66%，进口量下降 88.98%。由进出口数据可以看出，我国酒类商品进出口贸易在 2019 年总体呈下降趋势。（见表 7）

表 7 2019 年我国酒类商品进出口贸易情况

商品名称	出品				进口			
	出口量 / 万 KL	同比增长 /%	出口额 / 亿美元	同比增长 /%	进口量 / 万 KL	同比增长 /%	进口额 / 亿美元	同比增长 /%
白酒	1.64	–4.76	6.65	1.28	0.39	31.23	1.37	34.31
啤酒	41.76	8.26	2.55	1.18	73.20	–10.86	8.20	-9.33
葡萄酒	0.33	–46.96	0.80	–77.83	59.41	–11.30	23.36	–15.40
黄酒	1.49	2.90	0.24	1.25	0.0032	133.97	0.0031	458.86
其他饮料酒	0.32	–8.42	0.39	–23.79	12.26	30.69	15.59	11.70
酒精	2.88	–66.66	0.46	–34.02	11.51	–88.98	0.78	–85.46
合计	48.41	–5.71	11.10	–21.64	156.76	–40.45	49.31	-13.53

注释：①根据《饮料酒分类》(GB/T 17204- -2008）并结合海关总署所统计的类别，其他饮料酒包括：葡萄汽酒（未加香料）、小包装的味美思酒及类似酒（ 容器容量≤ 2L；加植物或香料的用鲜葡萄酿造的酒）、蒸馏葡萄酒制得的烈性酒、威士忌酒、朗姆酒及蒸馏已发酵甘蔗产品制得的其他烈性酒、杜松子酒、伏特加酒、利口酒及柯迪尔酒、龙舌兰酒、未改性乙醇（按容量计酒精浓度 <80%）及其他蒸馏酒及酒精饮料。

②酒精包括：未改性乙醇（按容量计酒精浓度≥ 80%）、任何浓度的改性乙醇及其他酒精。

资料来源：海关总署。

（7）重点行业

①白酒

2019年，白酒产业集中度进一步加大，消费升级和产区效应凸显，具体体现在以下方面。

头部企业引领作用愈发明显。数据显示，近三年来全国规模以上白酒生产企业数量和产量呈下降趋势，整个产业开始进入挤压式增长阶段。次高端以上品牌上市公司的收入增速保持在15%以上，净利润增速基本在20%以上，利润占行业比例更达近八成。市场份额逐渐向头部企业靠拢，并且强者恒强，马太效应显现，白酒消费的高端化趋势在持续提升。

产业营销模式变革，白酒消费品属性越来越强。白酒产业营销模式正从大经销商向小经销商转变，生产企业终端话语权增强；生产企业逐渐建立与意见领袖消费者、核心门店、终端商等渠道的直接连接，有效拉近了与消费端的距离。从传统营销升级为基于渠道大数据的现代营销，达成了稳固渠道网络、拉动市场销售、改善渠道利润、净化渠道秩序的目标，白酒的消费品属性越来越强。

2019年，名优高端产品价格持续上涨。高端、次高端及区域强势品牌白酒的营收增速明显高于三四线品牌。纵观2015年至2019年这五年白酒产业的发展轨迹，茅台、五粮液、洋河、泸州老窖等高端品牌每年都会根据市场变化上调产品价格，基于企业发展战略需要以及对竞争对手的回应，涨价成为不少高端品牌的一大选择。

2019年，领军企业提质增效，引领产业高质量发展。白酒产业利润增速大于销售收入增速，而收入增速又远大于产量增速，说明白酒产业正在向高质量发展稳步推进。同时，领军企业在整个产业当中的比重越来越大。茅台、五粮液销售收入超过千亿元，且白酒产业销售收入超过百亿元规模的企业数量、销售收入、利润均保持着良好增长势头。

②啤酒

2019年，我国啤酒产量完成3765.3万千升，同比增长1.1%，产量净增长40.4万千升。人均占有量为26.9升，同比下降0.4升。如以消费量来计算，则2019年啤酒总消费量为3796.3万千升，同比增长0.8%；人均消费量为27.1升，同比增加0.4升。自2018年以来，啤酒行业2019年连续第二年出现消费增长，增幅同比增加0.6个百分点，呈现出产品结构和市场结构变革成效显著的态势。

发展模式从规模主导向利润主导转变。2019年主流啤酒集团以高端化、多元化、特色化消费升级需求为导向，加快向高附加值产品转型升级，引领啤酒行业高质量发展。几大主流集团的利润近五年来持续增长，前五大啤酒企业占市场近80%份额，分别为华润啤酒、青岛啤酒、百威英博、燕京啤酒和嘉士伯集团。

消费结构由低端向中高端转变，高端啤酒议价能力提升。啤酒市场进入存量时代，产业寡头竞争更加激烈，中高端啤酒的消费占比快速扩大。数据显示，2011年至2018年，高端啤酒销售额增速在20%～35%，而低端啤酒销量占比由89.1%下降至76.5%。2019年，高端啤酒占比进一步扩大，但高端及超高端类别的占比仍然大幅低于成熟啤酒市场（美国该比例为42.1%），增长空间巨大。2019年，各大啤酒龙头企业纷纷加码中高端啤酒市场，高端产品价格上调的同时，市场份额依旧快速扩张，显示高端啤酒的议价能力提升。

2019年，消费特征由单一型向多元型转化，新场景、新品类打造盛行。啤酒产品结构碎片化进一步放大，消费更加注重场景化；在产品选择上，消费者更加倾向于追求个性化产品，与健康、环保、便捷服务等紧密相连，“悦已型”体验式消费盛行，清爽型啤酒产品消费量下降，更适合个人享受型的浓醇型啤酒销量上升。广大啤酒企业紧跟消费趋势，强化消费场景打造，推出了多种新品类，如消费者倍加喜爱的高度啤酒与女性消费者追崇的无醇啤酒、果味品酒开始大量涌现。

啤酒产业新的增长极显现，工坊啤酒增长较快。我国工坊啤酒市场自2015年起进入高速发展阶段，2019年，工坊啤酒的发展进程更是进一步加快，而且在消费端更受消费者追崇。在消费者眼里，“工坊啤酒”已经成中高档啤酒的代名词，凭借丰富的品类、口感以及具个性化的消费场景，市场规模稳步扩容。

③葡萄酒

在经过2001年至2012年的加速发展阶段以后，国内葡萄酒产业在2013年进入调整期。2014年和2015年出现短暂回暖。自2016年起，产量、销售额和利润等主要经济指标出现三连跌，尤其2017年，产量、销售额和利润出现了近三成的断崖式下跌状况。2019年，葡萄酒产量、销售额和利润的下跌趋势逐步收窄，国产葡萄酒行业深度调整已经开始触底，未来发展前景光明。

近年来，我国葡萄酒产业在实践中探索出了一些颇具特色的发展模式，葡萄酒产区政府发挥葡萄酒的产业特色，一二三产业融合发展。2019年河北省人民政府出台了做强做优葡萄酒产业的实施意见，根据实施意见，河北省将构筑“2511”产业格局，即：打造两大优质产区，培育5家龙头企业、10个优质酒庄、10个知名品牌；到2022年，预计河北省葡萄酒产区种植面积达到20万亩以上，葡萄酒产量达到20万kL以上，葡萄酒产业主营业务收入达到100亿元以上。2020年一季度，宁夏落实新建酿酒葡萄基地31808亩，批复新（扩）建酒庄6个，预计总投资2.5亿元以上，葡萄酒产能增加2000吨以上。各大产区政府都强调，要强化葡萄酒产业与相关产业的融合发展，以葡萄酒产业为龙头，推动地方经济高质量发展。如今，宁夏、蓬莱和秦皇岛等产区的葡萄酒旅游都已初步发挥作用。

由于产业发展特点，我国葡萄酒产业发展曾出现断代，且近代工业化葡萄酒发展历程又短，一直没有形成自己的葡萄酒文化体系和品鉴标准，这些也一度导致国产葡萄酒企业缺乏正确的市场定位和产品体系定位，没有形成与消费者良好的互动体系，以至于市场推广力度偏弱。在近几年的发展过程中，中国葡萄酒产业充分认识到自身发展中存在的不足，强化文化体系建设，用中国葡萄酒特有的文化语言、消费理念与消费者对话，渐渐赢得消费者认可。相信在中国葡萄酒产业文化体系建设逐步成型的基础上，中国葡萄酒将迎来更好的明天。

④黄酒

2019年，纳入到国家统计局范畴的规模以上黄酒生产企业110家，其中，亏损企业6家，企业亏损面为5.45%。规模以上黄酒企业累计完成销售收入173.27亿元，同比增长2.71%；累计实现利润总额19.26亿元，同比增长11.45%。黄酒商品累计出口总额2431万美元，同比增长2.90%；累计出口14868千升，同比增长1.25%。2019年，黄酒行业整体发展平稳，利润的增长幅度比销售收入的增长幅度大，一方面反映了黄酒行业销售收入的增幅不温不火，不够强劲，另外一方面也反映了黄酒行业产品结构、价值回归初现成效。近年来，中国黄酒产业正在向高端化、年轻化方向发展，多家企业推出高端产品，将年轻化概念融入产品中，适应消费升级的加速、健康消费观念的形成、消费场景的多元化、高端市场的需求，逐步发展黄酒中高端产品，提升黄酒产品整体档次，逐步实现黄酒的价值回归。

黄酒行业需要加强中国黄酒传统酿造技艺和文化的保护和传承，提高中国黄酒品质，促进黄酒产品优化升级，增强黄酒企业竞争力，让更多的消费者认知黄酒品质和文化内涵，满足人民对美好生活的需求，扩大黄酒的影响力，振兴中国黄酒产业，推动黄酒行业高质量健康发展。

⑤果露酒

从2018年开始，果露酒行业销售收入开始回升，且利润的增幅大于销售额的增幅，说明果露酒行业的产品结构得到一定的优化。长期看，果露酒市场需求增速放缓，但仍有增长空间。

从产业格局看，领头企业比重继续增大，与第二梯队的差距也在拉大。劲酒继续占据露酒产业市场份额最高的龙头位置；五粮液、茅台等白酒名企的露酒产品处于第二梯队，市场规模在10亿元左右徘徊；椰岛鹿龟酒、张裕三鞭酒、竹叶青、宁夏红等品牌维持在第三梯队，市场规模在1～5亿元；大多数中小企业营收维持在千万元左右。总的来看，果酒企业以区域性、小规模企业为主，大部分企业没有纳入国家统计局统计范畴，通过对部分代表性果酒企业进行调研，目前果酒行业销售规模在10～20亿元，行业整体还处于萌芽期。

为适应新的消费需求，露酒的产品开发向口味愉悦型露酒发展，如茅台的不老酒、五粮液的生态系列酒、泸州老窖的养生酒系列产品、洋河的双沟莜清酒、汾酒的玫瑰汾酒、古井贡酒的亳菊酒等，强调其愉悦的属性以及长期饮用的安全和健康价值，推出后很快赢得了消费者认可。作为传统酒种，果露酒在工艺技术的研究、风味的研究以及活性物质的研究方面都远远不够；植物类露酒占总产品的90%以上，动物类露酒产品不足8%；产品同质化严重，产品个性及特点表达不充分，在酒类产品中竞争力较弱。

⑥发酵酒精

2019年，发酵酒精价格低迷，行业整体亏损。根据国家统计局统计数据，规模以上发酵酒精企业108家累计实现利润总额-4.08亿元，同比下降151.94%，是2016年以来最差的一年。玉米酒精平均价格在5000～5400元/吨波动，木薯酒精平均价格在5300～5600元/吨波动。玉米酒精单位利润水平在盈亏平衡线上下波动，木薯酒精吨亏损额全年在500元以上。

从原料结构来看，玉米酒精产能优势扩大，木薯酒精进一步萎缩。玉米原料占比从2018年的60%提高到2019年的65%，木薯原料占比从2018年的25%下降到2019年16%。而稻谷用量进一步扩大，占比从2018年的11%提高到2019年的15%。

行业集中度进一步提升。单个工厂年产量从2018年和2019年对比来看，产量在10万吨以上企业总产量从71.9%增长到75.82%，20万吨以上企业从43.65%增长到54.16%，30万吨以上企业从31.99%增长到44.09%。行业集中度进一步提升，行业骨干大企业发挥规模、资金、原料优势，龙头效应凸显。而中小规模企业只能差异化发展，行业竞争更加激烈。

（8）“三品”战略实施情况

2019年，酿酒行业“三品”战略实施情况主要体现在以下三个方面。

①增品种

支持企业深度挖掘用户需求，适应和引领消费升级趋势，在产品开发、外观设计、产品包装、市场营销等方面加强创新，积极开展个性化定制，丰富和细化酒类产品种类。

以啤酒行业为例，随着我国经济水平的发展和消费需求的转变，小微型啤酒酿造模式兴起。小微型啤酒在国外被称为Craft beer（手工啤酒），我国啤酒市场多称之为“精酿啤酒”，我国业内则定义为“工坊啤酒”，其产量为200～3000千升/年。如今国内啤酒行业竞争格局基本趋于稳定，中国啤酒消费量趋于饱和，行业发展的重点着眼于产品结构的改变和行业格局的再造，更加多元化、个性化的中高端啤酒产品需求持续扩大。工坊啤酒具有投资小、产品种类丰富、风味突出、销售链条短等特点，与规模化企业生产的啤酒产品相比，具有一定的优势。随着全球以及我国啤酒市场个性化和碎片化的发展趋势，我国小微型啤酒企业进入快速发展期。

2019年，由中国酒业协会提出、中国酒业协会团体标准审查委员会归口管理的一项团体标准《工坊啤酒及其生产规范》正式发布。该标准从人、机、料、法、环、测等方面，提出了对从事工坊啤酒业生产和经营的基础设施、场所、从业人员和工艺技术、生产操作、食品安全质量管理等方面的要求，为工坊啤酒业的规范化管理建立了基础保障，为中国啤酒产业新的增长筑起了护城河。

②提品质

重点培育和弘扬精益求精酿造的工匠精神，引导企业树立质量为先、信誉至上的经营理念，立足酒类产品，走以质量取胜的发展道路。

以黄酒行业为例，长期以来在黄酒的生产酿造上，对原料及产量有所限制，一定程度上影响了黄酒产业的发展。2019 年，黄酒领军企业纷纷在保持传统的基础上，不断加大科技投入，持续探索新工艺，开始采用小麦、黏米、玉米、高粱等其他原料进行酿造，不但突破了黄酒在酿造原料上的限制，更是创新出了营养型、功能型等新型黄酒品种，此同时更是极大地提升了黄酒的产品品质深受消费者喜爱。

更值得一提的是，黄酒产业通过科研投入提升产品品质的实践效果已充分显现。例如，黄酒“黄酒绿色酿造关键技术与智能化装备的创制及应用”项目获得 2017 年国家技术发明奖二等奖，这是有史以来黄酒产业获得的国家级最高奖项，可谓是通过科研的力量为黄酒品质提升提供了强有力支持。2019 年，古越龙山与江南大学联合设立的黄酒酿造创新实验室经过长期的研究，解密了导致黄酒容易上头深醉的成因，并在提高饮酒后舒适度的技术上获得了重要突破，研究成果荣获 2019 中国轻工业联合会科学技术奖一等奖。“不上头”技术的突破让现代黄酒有了更足的底气，也将带来更高的附加值，向“优质、舒适、安全、健康”的方向阔步前进。中国黄酒在产品升级方面又上了一个新台阶，真正抓住了消费者主权时代的发展旋律。

③创品牌

深入发掘酒类品牌背后的人文底蕴和文化价值，夯实品牌发展基础，提升酒类产品的附加值和软实力，推动中国产品向中国品牌转变。

近年来，随着“一带一路”倡议带来的利好和小镇建设的蓬勃发展，中国葡萄酒产区正以新的姿态、新的风度迎接国内外消费者的造访。2019 年，宁夏产区葡萄酒企业频频亮相各种国际大赛，并抱得奖项，使得宁夏产区“墙内开花墙外香”的反哺式推广模式日益奏效。宁夏产区葡萄酒得到越来越多国内消费者的认可，贺兰山东麓葡萄与葡萄酒国际联合会主席郝林海提出的“小酒庄、大产区”的发展模式恰恰契合了贺兰山东麓产区的发展实际。与宁夏发展特色酒庄的思路不同，蓬莱的葡萄酒小镇为蓬莱产区抹上了一缕亮色。为响应国家提出的特色小镇发展规划，多角度放大“葡萄酒 +”新效应，塑造“文旅小镇”新名片，处于世界七大葡萄海岸核心位置——蓬莱产区的刘家沟镇，明确葡萄酒及相关产业的功能分区，积极融入蓬莱“一带三谷”世界顶级葡萄酒庄集群，创建发展，不断提升品牌形象和区域影响。

经过近年来的努力，2019 年，各产区都已出现了一些品质优良并具有个性的产品和品牌，目前已有多个产区的多个产品在国际国内大赛中获得荣誉，产品品质深受国内外消费者喜爱。

（9）绿色制造、智能制造

加强绿色制造，推动产业生态化、绿色化发展是酿酒行业转型升级的内在要求。2019 年，啤酒行业各企业加大科技投入在水资源保护与再利用、能源管理与节能、污染物减排、废物的资源化利用等方面成果显著。行业在节水方面的重点举措包括：洗瓶机喷淋缩径与连锁控制，水处理反洗水、反渗透浓水回收与再利用，冷凝水回收利用改造等节水技术，进一步降低了水耗。污水处理采用精细化管理模式，注重源头削减和过程控制，采用国内先进的工艺技术，实现污水 100% 达标排放。继续按照国家节能减排计划，持续推进节能项目改造和节能新技术的应用，通过全面推进高浓酿造与减热、杀菌机冷热平衡等新工艺新技术，单位产品综合能耗大幅下降。实施煤改气、超低排放、脱硝等技术改造，实现废气达标和废气排放量的减排。青岛啤酒对11家工厂47台燃气锅炉进行低氮改造，进一步减少了氮氧化物排放，氮氧化物排放总量同比减少9%。在废物的资源化利用上，秉承“减量化、再利用、资源化”的3R原则，实现资源回收最大化、节约最大化、利用最大化，废料综合利用价值不断提升，2019年废料价值同比增加6.9%。

白酒传统酿造在过去几年发生了巨大变化，在“中国白酒169计划”“中国白酒158计划”引领下，部分传统的生产方式被机械化、自动化取代，促进了白酒产业技术升级和装备升级。同时，全行业加大白酒酿造的基础科学研究，将智能技术引入产业，以白酒酿造智能化实现高品质酿造。劲牌公司自2006年起，与北京大学、华中科技大学等科研院所开展产学研合作，启动小曲白酒酿造新工艺项目，在全面使用自动化机械生产代替传统手工劳动上迈开了实质性的一步。首创加压蒸粮、固态培菌、控温糖化、低温槽车发酵、机械上甑蒸馏等新技术，实现了酿造过程机械化和信息化的有效融合；原料全程不沾地、不与操作人员接触，减轻了员工劳动强度，提高了生产效率，消除了人为因素对生产过程的影响，标志着白酒酿造告别传统作坊式生产，迈进工业化，并逐步实现了机械化、自动化酿造生产模式转变。

（10）包装与装备

我国酿酒装备不断通过转型升级寻求在技术、运营和管理上的突破，装备技术水平与国际先进水平的差距不断缩小。酒类包装和装备企业科技创新能力显著增强，企业间、企业与科研院所间技术合作日益频繁。酿酒装备、灌装装备、酿酒配套辅助装备的制造技术和能力已经达到一定水平，新建厂中装备配套能力和高精度机械制造能力已经基本实现自给。此外，包装材料（包括硅酸盐玻璃）、分离材料、造纸、印刷等行业的生产和供给也达到国际要求。随着我国整体消费水平的提高、物流和互联网的发展，差异化、个性化、便携化的酒类包装形式将越来越受到消费者的青睐，酒类包装和装备产业发展形势良好。

我国啤酒装备制造业已建立起了比较完整的装备制造体系，低速贴标装备和低速灌装装备基本实现了国产化，但高速贴标和灌装关键部件质量与国际顶尖水平差距较大，国产高速灌装设备尚在研究或实验阶段，未见啤酒厂使用。其他设备如杀菌机、洗瓶机、麦芽处理设备等已基本实现了国产化，质量已接近或达到国际水平。国际装备智能化尚在研究和实验阶段，啤酒厂真正应用很少，随着劳动力成本的上升，是未来的发展趋势。葡萄酒行业的装备进步迅速，关键设备已经基本实现国产。作为我国传统产业，大部分白酒企业的生产工艺技术和装备水平相对落后，多数工序环节仍采用传统的手工或半机械化生产方式，行业整体机械化水平较低。通过使用信息技术和智能化技术改造提升传统装备，结合实验和检测先进技术的推广应用，机械制造业的整体水平得到提高。黄酒行业20世纪70年代曾发起机械化、大罐发酵、黄啤合一等技术革新，其后少数企业机械化蒸饭、大罐发酵、机械化压榨和煎酒等工序得以保留，但再未有实质跨越性进展，技术和装备水平基本停留在原有状态。

（11）发展新亮点与新增长点

①数字化建设

近年来，酒类行业许多领军企业开始重金布局数字化经济的运用与发展，2019年不少酒企更是将企业的数字化建设上升到了战略高度，数字化经济在酿酒行业高质量发展进程中的地位越来越重要，成为行业发展的新亮点。

酒业数字化是指企业通过借助数字技术实现采购、生产、库存、营销、财务、人力资源、渠道、终端、客户管理等板块的信息链接和共享，通过大数据分析，辅助企业决策，提高内部沟通和市场决策效率的深度改造。而且随着数字化建设的导入，酒业在数字化的浪潮中呈现出三大特征：一是在产品端，创新成为酒企必备技能，因为数字化时代下，消费者越来越懂酒，酒企只有通过大数据等数字化手段精准掌握消费喜好，创新生产出的产品才能满足消费需求；二是在渠道端，近年来线上线下新零售模式大火，数字化渠道的突破和爆发在即，这是酒企在渠道端导入数字化的关键；三是在消费端，新消费需求层出不穷，消费群体正在叠加换代，围绕新消费群体消费需求进行转变，数字化自然是不可或缺的。综合看来，从产品端到渠道端，再到消费端，数字化已开始纵贯酒类全产业链，数字化正在酒业全产业链赋能。

②产区竞合发展

2019年，产区竞合发展成为酿酒产业提升产品品质，带动产业创新、转型、升级，实现高质量发展的新亮点和增长点。

2019年，产区建设在白酒产业出现新的变化，名酒的影响力在传递给产区的同时，产区已经开始形成独立的品牌影响力，而且更多地以产区形态在行业中崭露头角，并且将旗下名酒的发展纳入产区发展大局当中。从区域宏观政策和产业发展规划来看，四川、河南、安徽、山东等多个省份地方政府也明确发文支持酒类产业发展。2019年，四川提出了川酒要打造“六个一流”，即“一流原料、一流窖池、一流人才、一流质量、一流服务、一流渠道”，实现全产业链川酒振兴。越来越多的酒类生产区域开始加入到产区化发展的进程中。如仁怀多次在全国进行产区推广；湘酒之前并未出现以名酒为核心的产区，也开始借助产区的力量寻求抱团发展；以原酒生产知名的邛崃产区也焕发出勃勃生机。由此看来，产区对于白酒产业发展的重要性已在白酒产业达成前所未有的共识。葡萄酒产业在产区建设方面也有新的亮点。2019年，中国葡萄酒领军企业纷纷发力布局多样化产区、多样化风土和多样化品种，精研中国消费者口感，为国产葡萄酒注入了更多产区自信。可以说，过去的一年，中国葡萄酒正在通过强化产区建设，引领国产葡萄酒实现高质量发展，带动产业 崛起，以产区魅力为东方葡萄酒正名。

【b. 行业面临的问题】

我国酿酒行业经济发展基本平稳，增长方式发生转变，产业结构深度调整，产品结构进一步优化，消费市场回归理性，整个酿酒产业实现了由快速增长向平稳增长的过渡。但是，发展过程中积累的政策、市场和创新等方面的诸多问题和所面临的困难依然严峻，需要继续深入关注和探讨。

1. 政策与市场

（1）立法和标准滞后，企业自律生产经营引导不足

我国法律法规特别是食品安全有关法律进一步完善。2015年新的《中华人民共和国食品安全法》实施，强调充分发挥消费者、行业协会、媒体等的监督作用，形成社会共治格局。然而，随着酒类市场消费形势的不断变化，适应酒类生产流通特点的专门性法律法规仍然十分缺乏；涉及检测、流通等方面的标准仍然较少。立法和标准的滞后，造成对酒类商品的监管困难，需要进一步加快相关工作的进行，并应着力强调行业协会的作用，引导企业自律生产经营。

（2）社会舆论关注提升，预警机制亟待健全

随着人民生活水平的提高，食品质量安全意识不断加强，作为特殊食品的酒类产品备受社会各界的关注。酒类产品的质量安全关系到生产企业的命脉，关系到整个酿酒产业的健康发展。特别是白酒行业，舆论关注度高，影响面大，公众美誉度亟待提高。面对行业热点与社会误读，行业与企业仍欠缺快速应变能力和有效的危机公关能力。尽快建立健全行业预警机制，有效组织与引导企业开展行业自律，加强消费者教育，普及酒文化知识，倡导理性饮酒，强化社会责任意识，树立行业正面形象，努力营造行业的社会美誉度，应该作为全行业的一项重要工作。

（3）产业发展不平衡，转型升级刻不容缓

酿酒产业已走出调整期，但是无个性、同质化、缺乏性价比的产能过剩仍是产业转型发展的绊脚石，产业发展不平衡、不充分，美酒稀缺，供需矛盾长期存在。此外，产业普遍存在重复建设、资源配置不合理、产业规模过于松散的现象，也是酿酒产业转型升级、转变经济增长方式过程中应深刻思考的课题。转型升级、转变经济增长方式是中国酒业未来发展战略的核心之一，是提高综合竞争力的关键。转变经济增长方式一定是从提高供给质量出发，由不可持续性向可持续性转变，加强优质供给，减少无效供给，扩大有效供给。

（4）中小企业经营困难，产业结构亟须优化

2019 年，全国酿酒产业规模以上企业的亏损面为 15.74%，亏损额 15.73 亿元，同比增长 3.56%，呈现出利润继续向少数企业集中的趋势。在特色经济区域建设中，产业企业整体竞争力不强，主要依靠知名企业名酒品牌和少数骨干企业做支撑，大量中小企业经营非常困难的现象普遍。同时，知识产权侵权、产品同质化严重，产品品质良莠不齐、影响整体产区形象的现象也很普遍。产业结构亟须优化，产业集群建设也需要梳理好大、中、小企业的关系，实现大、中、小企业协同发展。

2. 科技创新

酿酒行业的科技创新能力明显不均衡，啤酒、葡萄酒行业通过引进吸收国外技术装备，促进了生产水平的提升，但自主研发和自主创新能力尚有不足；白酒、黄酒行业通过加大机械化生产试点，在一定程度上提高了生产效率，但与机械化、自动化、智能化、信息化先进水平差距仍然较大。酒精行业规模企业通过升级改造，技术水平和产品质量逐步提升，但是在全面实现循环经济、资源重复利用，进而提高产出效益方面尚无重大突破。科学建立行业创新机制，加大力度提高自主研发能力，树立传统产业向现代工业迈进的坚定信心，推动酿酒行业现代化工业进程，是我国实行“中国制造 2025”的需要，也是整个酿酒产业的重要任务。支持具有一定规模和实力的装备生产企业，培育成为水平较高的龙头骨干企业；支持中小企业走专业化、配套生产之路。同时紧紧抓住“中国制造 2025”实施的契机，大力发展具有自主知识产权的酿酒设备，促使行业向集成化、智能化、高端化发展。

【c. 发展趋势】

我国酒类行业发展呈现新变化和新趋势，产业结构调整将持续纵深，行业集中度进一步提高，转型升级也将不断得到强化，产业经济高质量发展，为未来发展提供了新机遇、新引擎、新活力。

1. 酿酒行业长期向好趋势仍会保持

由于，受新冠肺炎疫情重大突发公共卫生事件影响，虽然前期行业受到短暂冲击，但在最短时间内，经过行业企业的共同努力而重回正轨，行业经济企稳和转型升级的趋势进一步明朗，市场驱动的因素没有发生根本性的变化，酿酒行业经济长期向好趋势仍会保持。

2. 行业集中度进一步提升，高质量发展全面提速

2017 年至 2019 年，规模以上企业数量减少了 652 家，这也预示着，未来利润向少数企业集中的趋势日趋明显，产业发展将更趋规范，有助于提升产业效率，也有望为名优主流酒企健康发展带来长期利好。行业由规模效益向品质效益、特色效益转变，在提升产业服务上传播美酒文化和健康饮酒文化。开辟和拥抱新渠道，充分利用 5G、云计算、大数据、物联网等新一代信息技术，为市场消费提供高效、贴心的服务体验，打造迅捷、周到的消费服务体系，培育新的经济增长点，激活蛰伏的发展潜能。

3. 一二三产业融合，实现多重价值

酒类产业非常特殊，贯穿一二三产业，上游

到农业，下游可延伸业态众多，文创、文旅、康养、包装、物流、餐饮等，相关产业链范围非常广泛。如何实现一瓶酒价值到多瓶酒价值的提升，未来产业链的机会非常多，将会形成商业新模式。从一瓶酒到多瓶酒价值的提升过程会呈现很多商业机会，可丰富到一二三产融合的整体战略规划当中来，让酒的历史文化可观，让酒的消费可验，让酒的酿艺可学，让酒的陈酿可藏，让酒的美景可旅，让酒的营养可养，实现产业发展新机会。

4. 标准化建设高度赋能新动力

标准是共同遵循的规范、准则，标准的水平在一定程度上反映了一个产业的核心竞争力和发展水平，在酿酒产业正处于新旧动能转换的关键时期，标准化处于更加突出的位置，以标准全面推进新旧动能转换，形成新的竞争优势。长期以来，中国酒业协会一直不断完善酒类产业标准化体系，并发布了一系列团体标准，补充了产业标准化领域的空白，目前酿酒行业标准工作实现了系统构建、体系准入、协调配套、追本溯源、科学表达等方面的优化和提升。尽管酿酒产业在标准化工作方面取得一定成效，但在发展中也客观地存在标准矛盾、老化、滞后等问题。产业未来发展离不开标准的引领和支撑，未来行业还会进一步推进标准化工作，促进标准顶层设计更趋科学合理。

5. 国际市场拓展将呈稳中提质发展势头

无论从国际市场还是国内产能看，进入全球各个国家和市场是中国酒企持续要走的一条路，也正由于国际市场占比少，未来中国美酒国际化空间巨大。在走出去方面，白酒、黄酒都在进行着有益的实践。近年来，白酒出口额呈上升趋势，国际化取得一定进展。黄酒出口规模保持在每年1.41万～1.53万千升，出口总金额保持在每年0.23亿～0.25亿美元。中国酒在国际市场上拓展将呈现稳中提质的发展势头，品牌也会得到持续的发展。同时，错综复杂的国际环境必然会产生新矛盾新问题，行业需要高度重视，加强预判，积极应对，化解不利因素，努力巩固和保持稳中提质的良好局面，加快更高水平的国际化发展步伐。

【d. 政策建议】

1. 加强酒类行业政策建设，引导企业自律生产经营

进一步加快加强酒类行业政策建设，依据酒类市场消费形势的不断变化，制定适应酒类生产流通特点的专门性法律法规，并应着力强调行业协会的作用，引导企业自律生产经营。出台鼓励措施，支持酿酒行业在提高自主创新能力、促进节能减排、提高产品质量、改善安全生产条件、保障酒业食品安全等方面开展的技术改造项目。

2. 引导企业践行社会责任，实现行业可持续发展

行业和企业社会责任现已成为行业健康、可持续发展的重要推动力，行业协会及业内企业近几年越来越重视社会责任的践行。建议针对酿酒行业企业社会责任报告制定相关发布政策，规定符合相应标准的企业均应每年发布社会责任报告，以推动整个酿酒行业健康发展。

3. 推进理性饮酒政策建设，规范行业引导

国家相关政令法规的持续推动，使得理性饮酒推进不断深化。建议出台相关政策法规，以便于行业引导更加规范、合理、有效，有利于将理性饮酒推广及酒类知识普及社会化、透明化，有利于推动酿酒行业健康发展，有利于科学引导消费者健康消费。

4. 提升传统产业文化宣传，推进民族品牌建设

建议着力提升传统产业文化宣传，对传统产业民族品牌进行保护、鼓励和支持，推进民族品牌建设。在保留深层次文化基因的基础上，创新发展适应时代潮流、符合科学理念的“新文化”。在产业升级、产品结构调整继续深化的同时，加大对提升传统产业企业文化、品牌文化、消费文化等方面的引导、开发与探讨。

中国酒业协会

2.26 饮料工业

【a. 概况】

全国饮料行业总产量为 17763.48 万吨，同比增长 13.29%。其中，碳酸饮料产量 1845.33 万吨，同比增长 5.78%；果蔬汁类及其饮料产量 1643.84 万吨，同比增长 3.44%；包装饮用水产量 9698.54 万吨，同比增长 17.10%。（见图 1）

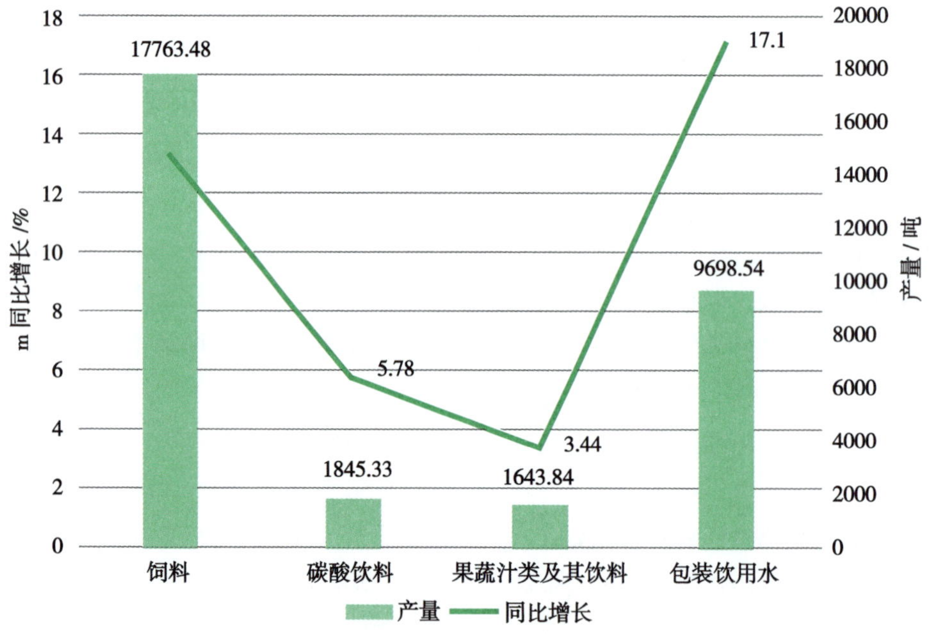

图 1　饮料分品种产量及同比增长

资料来源：中国饮料工业协会

各饮料品种产量所占比重情况，包装饮用水占到 54.60%，同比增加 1.78 个百分点；碳酸饮料比重为 10.39%，同比下降 0.74 个百分点；果蔬汁类及其饮料比重为 9.25%，同比下降 0.89 个百分点。（见图 2）

【b. 行业发展分析】

1. 价格

饮料行业产品价格弹性较高，产品可替代性强，市场竞争充分，价格变化较为平稳。

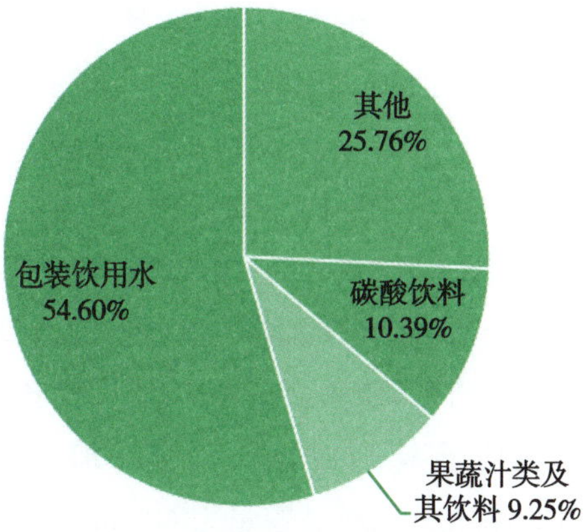

图 2　饮料分品类产量占比情况

但近年来，白砂糖、水果、茶叶等原辅料及包装材料价格升高，劳动力成本上涨，给生产厂商带来不小的经营压力。

2. 市场

随着经济全球化的发展，各国企业经营活动日益同国际市场发生紧密的联系，2019 年，越来越多的中国饮料企业走出国门，尝试借力国外资源以期获得更加广阔的海外市场。如椰树集团成立椰树国际总公司，计划到盛产椰子的国家投资建厂，以求从根本上解决长期原料供应问题；华彬集团旗下品牌 VOSS 与在东南亚有着广阔的渠道资源与丰富的代理运作经验的奥德宝国际控股有限公司签订合作协议，正式进入东南亚市场；蒙牛宣布拟以 6 亿澳元现金对价收购澳洲品牌乳品及饮料公司 Lion-Dairy & Drinks Pty Ltd100% 股份，以获得其优质资产，整合区域性市场，通过更多品牌和品类的组合“服务”亚太市场。

3. 投资

为进一步延伸食品饮料产业链条，拓展地方产业格局，2019 年，部分饮料企业继续加大新增投资建厂项目。如香飘飘计划投资 6 亿元在成都温江区新建液体即饮奶茶生产基地，以满足公司经营发展需要；北冰洋将在重庆和长三角地区建设京外第二个和第三个生产基地，并对现有的北京和马鞍山生产基地进行智能化升级；今麦郎计划投资 17 亿元，在广东省河源高新区打造今麦郎华南旗舰基地，主要生产销售包装饮用水、茶饮料、果蔬饮料等，项目全面投产后预计产值超 20 亿元；“雀巢健康科学集团中国产品创新中心”落地江苏泰州，该中心将与雀巢健康科学旗下的美国、瑞士产品创新中心平行运营，共享全球核心研发技术，针对中国标准和消费者需求进行本土化创新，不断丰富雀巢特殊医学用途配方食品在中国的产品体系。

4. 区域分布

饮料行业主要集中在经济较发达的东部地区，2019 年，产量占全国比重为 42.91%，中部和西部地区占比分别为 26.89% 和 30.20%。近几年，随着中西部地区的发展，与东部地区的差距在逐年缩小，东部地区占比不断降低，西部地区占比不断上升（东部地区：北京、天津、河北、辽宁、上海、江苏、浙江、福建、山东、广东、海南；中部地区：山西、吉林、黑龙江、安徽、江西、河南、湖北、湖南；西部地区：内蒙古、广西、重庆、四川、贵州、云南、西藏、陕西、甘肃、青海、宁夏、新疆）。

5. 行业集中度

2019 年，饮料行业规模以上企业数量 1871 家，同比减少 227 家。中国饮料工业“二十强”企业产量占全行业比重近几年不断增加，2019 年，占全国产量的比重约 40%。总体来讲，大企业在行业发展中占据了主导地位。

6. 质量安全与标准法规

2019 年，国家市场监督管理总局全年在全国范围内共抽检饮料 155307 批次，样品合格率为 98.06%，同比饮料产品合格率略有提高。

饮料行业的国家标准、行业标准制修订继续开展，2019 年，发布了三项行业标准：《植物饮料　凉茶》（QB/T5206–2019）、《浓缩梨汁》（QB/T5455–2019）和《梨汁及梨汁饮料》（QB/T5456–2019）。这 3 项行业标准的发布分别填补了国内凉茶、浓缩梨汁和梨汁及梨汁饮料行业标准的空白，完善了饮料行业的标准体系，并为提高产品的整体质量，提高准入门槛和技术门槛提供了标准依据。

饮料行业 2019 年发布两项团体标准：《饮料中微生物的检验（滤膜前处理法）》（T/CBIA005-2019）和《非浓缩还原果汁 橙汁》（T/CBIA006-2019）。

7. 重点行业

受益于人们健康意识的加强，瓶装水成为饮料最大子品类，而从未来趋势上看，随着居民健康观念增强，饮食趋势不断向清淡化演变，我国瓶装水的销量依旧呈增长趋势。包装饮用水巨大的市场潜力吸引着更多的企业加入，2019 年有不少企业跨界饮用水行业，屈臣氏、旺旺、伊利、好丽友等纷纷入局。

2019 年，屈臣氏宣布入局矿泉水市场，发布深层矿泉水“梵净灵水”，富含锶、钙、镁、钾等矿物质及微量元素；旺旺宣布推出瓶装水新品——旺旺凉白开，该产品在旺旺售货机渠道首发，采用高温杀菌（HTP）技术；乳品巨头伊利集团推出的“inikin 伊刻洁泉”来自珍稀的火山岩水源地，打造了一款含有钙、镁等常量元素和硅、锶、锂、硒等多种微量元素，矿化度适宜的产品；韩国好丽友公司与瑞幸咖啡签订高端矿泉水协议，并通过瑞幸咖啡线上渠道及线下门店进行销售；挂面品牌金沙河推出包装饮用水，年产瓶装饮用纯净水可达 36.5 万吨。

8.“三品”战略实施情况

2019 年，饮料行业践行“三品”专项行动取得积极进展，品种丰富度、品质满意度、品牌认可度明显提升。

雀巢首次推出“水果 + 咖啡”的跨界产品——果萃咖啡，有沁风桃桃风味、冰甜青苹果风味和椰香凤梨风味，该系列产品在饮用方式上打破了传统咖啡热水冲调的认知，其中冰甜青苹果风味咖啡可以直接用冰水或气泡水冲调；2019 年，主打健康清淡的元気森林凭借旗下气泡水饮料迅速走红，其气泡水产品具备了无糖、无添加、零卡路里等“网红标签”，适合健身、控食的消费者饮用；天地壹号则推出“百果壹号”混合果汁产品，由橙子、菠萝、苹果、石榴、葡萄、杧果等 9 种水果混合而成，无添加、无防腐剂，主推餐饮渠道；农夫山泉推出一款碳酸咖啡产品“炭仌”，产品打出了“厚重咖啡 + 轻盈气泡”的概念，可以带来融合咖啡与碳酸饮料的味觉体验；达能推出全新升级的“脉动 +”，有竹子青提味、雪柚味和蜜桃橙子味三种口味，分别添加了纤维、牛磺酸和人参成分，新品容量为 600mL，瓶身采用全新生产工艺，双曲线、流线型的瓶身更符合人体工程学。

9. 绿色制造、智能制造

2019 年，生产过程两化融合控制系统，节能控制、清洁生产和污染治理信息技术应用，灌装设备智能制造平台和面向数字化饮料工厂的安全智能立体仓储系统的应用，饮料包装用高（氧）阻隔性材料、生物质塑料包装材料、可再生包装材料等的研究应用等是行业正在努力的方向。

2019 年，中粮可口可乐华中饮料有限公司在绿色制造、智能制造方面成绩显著。在节水方面，中水回用于绿化灌溉、冲洗卫生间、洗地，实现年节约用水约 2 万吨；冲罐水采用超滤水回收净化系统回收，采用新工艺使水泵冷却水循环节水等；收集下雨时的地面雨水，贮存在绿化带底下的水池，供绿化用和辅助厂房冲洗。在节能方面，实施了垂直绿化，打造智能办公环境，通过在办公楼屋面安装太阳能热水系统、产品冷能回收、使用 LED 节能灯、水泵进行变频控制和自然采光等措施降低能源损耗。

娃哈哈宣布建立完善的智能仓储系统，实现基于大数据优化的运输物流智能化，实现仓库库位智能化管理，包括自动码垛、自动入库、出库、发货及自动装车卸车，建设无人化控制饮料仓库；新美星建成无臭氧矿泉水生产线产存一体化大型数字化工厂样板，集成了其自主开发制造的堆垛机、环轨穿梭车等自动化设备，实现了多品规集装货物的高速选拣、配送。

KHS公司为更好地为饮料生产商提供解决方案，研发并推出独有的涂层阻隔系统：FreshSafe PET，让材料能够被完全隔离和充分回收。SIG推出一种替代塑料吸管的纸制吸管，这种吸管足够结实，能够穿透无菌纸盒上的闭合吸管孔；吸管的包装也进行了重新设计，可以防止残留在包装上与纸盒一起回收。利乐公司宣布推出新的立方体包装，旨在为乳制品、果汁和液体食品提供高效的包装解决方案，优化空间利用。新包装为无菌65毫升立方形，每6个可以组合成一个立方体，与同系列利乐经典无菌65mL包装相比，使用更少的二次包装，运输相同数量的产品时，可以节约大概40%的空间。

【c. 行业面临的问题】

1. 政策与市场

政策方面，减费降税仍将持续，这是政府持续大力度推动的政策工作；另外，着力营商环境的改善，包括信用体系的建立；第三，食品安全监管会持续从严，从生产到销售端全程可追溯管理、加大力度打击虚假宣传和假冒伪劣产品将成为未来重点工作；健康中国行动计划为行业指引创新方向，营养相关标准体系建设以及产品质量标准的细分、升级和与国际接轨都会加快推进。

饮料行业目前面临的主要问题有以下几点。一是产能过剩，前期的高速增长带来的产能过剩现象仍将阶段性延续，依赖市场的自发调节去产能将表现出更大的灵活性；二是创新方面需进一步加大力度，产品和技术创新成为推动发展的主要动力，需要考虑消费升级和多元化，着力包装创新、口味创新、基于技术的有效营养素补充创新等；三是规范冷链物流、拓展销售渠道。国家发展和改革委员会曾提出“十三五”期间要加快冷链物流的发展，冷链物流及销售终端的体系建设制约着高质量冷藏饮料的发展。现阶段同发达国家比较，我国冷链的差距还比较大，还有很大的发展空间，但需要以技术支撑，规范化发展，加大针对饮料行业的冷链物流及销售终端设备设施的建设。饮料行业除了现有的超市、便利店等传统销售渠道外，应建设无人便利店、自动售货机、智能饮料现调机等更加便捷的售货设备和设施，促进线上的平台、技术和流量与线下的场景、供应链等深度融合。

2. 科技创新

（1）基础研究与健康和功能创新亟待加强

2019年2月28日，国民营养健康指导委员会成立大会暨第一次全体会议在北京召开，鼓励产品创新、业态创新、理念创新，扩大营养产品和服务供给。在国家和消费者日渐关注健康的背景下，饮料应最大程度发挥营养素载体的功能，饮料行业应进一步加强对于植物原料、蛋白原料、发酵工艺、营养保持加工工艺的基础研究，围绕植物饮料、蛋白饮料、发酵饮料、果蔬汁饮料、营养素补充饮料等品类进行研究，创新产品的健康化与功能化。

（2）院校合作，攻关检测鉴别技术有待进一步加强

坚持科技进步和创新，加强院校合作，整合力量，集中资源，建立产学研科技创新平台，加强对饮料中有毒有害物质残留检测技术研究、食品安全风险评估技术研究、食品安全溯源和预警技术研究、生物工程技术研究、饮料功能评价技术以及食品包装材料的安全性研究、果蔬汁含量测定技术研究，以及饮料中特征性成分定性定量的检测方法开发。

【d. 发展趋势】

1. 高品质成为新品的研发理念

高品质成为新品的研发理念，未来营养素补充饮料、低糖低热量饮料、双蛋白饮料、NFC果汁、咖啡饮料、发酵饮料、代餐饮料、基于传统中医养生理念的植物饮料等都将成为饮料企业产品研发的重点。

2.“减糖”“多元”成为行业共识

300毫升左右的小包装增长较多，它可以减少消费者每次的饮用量，进而减少每次饮用糖的摄入量；减糖饮料普及，“减糖”“多元”成为行业共识。

3.线上平台成为重要推广渠道

过去认为的“电商+互联网”对饮料市场无足轻重的现象正在发生变化，线上线下的销售融合已被很多大企业采用，已成为不可缺少的重要销售和市场推广渠道。大宗产品线上销售的比例在提高，市场显现率和铺货率从地面作战延伸至线上作战高品质和高价格饮料将对线上更加青睐。

【e.政策建议】

1.天然矿泉水水源的开发与固体矿开采区别对待

将天然矿泉水水源的开发与固体矿开采进行区别对待，对处于生态保护红线内的天然矿泉水的开采和生产不列入生态保护红线的限制范围；在贫困县发展天然矿泉水产业是实实在在的产业扶贫项目，鼓励有条件的贫困地区积极发展天然矿泉水产业，政府部门应在土地、税收、基础设施等方面给予企业政策支持。

对于对矿泉水收取矿产资源税的问题，需敦促地方政府严格《中华人民共和国资源税法》的贯彻落实，该法明确定义矿泉水是原矿，应按原矿的量或价（不包括包装物的价）收取矿泉水的资源税；对贫困地区应按低限或减免收取资源税。同时将《扩大水资源税改革试点实施办法》尽快从现在的十省市试点向全国各省市推行，只征收水资源税，停止征收水资源费，杜绝不合理收费，切实减轻企业税费负担。

2.加大对高品质果蔬汁饮料产品的支持

对中高浓度果蔬汁饮料、100%果蔬汁产品、冷链产品如NFC果蔬汁给予一定力度的支持，加快这些品类对应标准的出台和发布，政府、行业协会和企业齐心协力，像倡导喝牛奶一样倡导消费者喝果汁；对符合标准的果汁产品应允许企业在100%果汁产品标签上如实标示“不添加糖、不添加防腐剂”；当前为满足市场对高品质橙汁产品的需求，建议降低进口橙汁原料的关税。

3.加大扶持贫困地区特色优势产业发展

大力扶持贫困地区特色优势产业发展，饮料行业可以通过对产品的创新研发，把地方资源优势真正转化为产业发展优势，帮助贫困地区逐步培育支柱产业。

4.推动减税降费政策的进一步落地

聚焦企业发展面临的突出问题，优化税收营商环境，改善“线上”“线下”服务渠道，推动减税降费政策的进一步落地，真正激发出市场主体的活力，帮助更多的企业做大做强，让改革红利真正惠及实体经济。

中国饮料工业协会

2.27 精制茶工业

【a. 概况】

1. 生产

（1）茶园面积仍在扩大

据统计，2019年，全国18个主要产茶省（自治区、直辖市）茶园面积4597.87万亩，同比增加202.30万亩，同比增长4.60%。其中，可采摘面积3690.77万亩，同比增加213.99万亩，同比增长6.15%。可采摘面积超过300万亩的省份有5个，分别是云南（604.65万亩）、贵州（470.10万亩）、四川（446.24万亩）、湖北（370.00万亩）、福建（309.39万亩）。未开采面积超过100万亩的省份有3个，分别是贵州（228.60万亩）、四川（128.76万亩）、湖北（125.00万亩）。

2019年中国各主要产茶省茶园面积

单位：万亩

省份	2019年	2018年	增减数	增减%
江苏	50.8	50.6	0.2	0.4
浙江	306.0	298.8	7.2	2.4
安徽	280.3	254.5	25.7	10.1
福建	327.8	310.8	17.0	5.5
江西	164.9	171.3	(6.4)	(3.7)
山东	35.6	33.0	2.6	7.8
河南	174.5	174.5	0.0	0.0
湖北	495.0	449.0	46.0	10.3
湖南	266.3	253.3	13.0	5.1
广东	100.1	93.0	7.1	7.7
广西	115.6	115.6	0.0	0.0

续表

省份	2019年	2018年	增减数	增减%
海南	3.6	3.6	0.0	0.6
重庆	70.3	67.3	3.0	4.5
四川	575.0	545.1	29.9	5.5
贵州	698.7	684.3	14.4	2.1
云南	699.9	666.8	33.1	5.0
陕西	215.4	207.0	8.4	4.1
甘肃	18.2	17.2	1.0	5.6
总计	4597.9	4395.6	202.3	4.6

数据来源：中国茶叶流通协会

（2）茶叶产量继续增加

2019年，全国干毛茶产量为279.34万吨，同比增加17.74万吨，同比增长6.78%。产量超过20万吨的省区，依次是福建（41.20万吨）、云南（40.00万吨）、湖北（33.54万吨）、四川（30.10万吨）、贵州（28.60万吨）、湖南（22.31万吨）；四川首度突破30万吨，保持第四；贵州大增8.67万吨，一举取代湖南，位居第五。增产逾万吨的省区，分别是贵州（8.67万吨）、湖北（2.09万吨）、陕西（1.81万吨）、广西（1.53万吨）、福建（1.04万吨）。

2019年中国各主要产茶省干毛茶产量

单位：吨

省份	2019年	2018年	增减数	增减%
江苏	15352	14558	794	5.45
浙江	181096	186000	(4904)	(2.64)
安徽	137094	134922	2172	1.61

续表

省份	2019年	2018年	增减数	增减%
福建	412000	401620	10380	2.58
江西	73403	70900	2503	3.53
山东	26620	28848	（2228）	（7.72）
河南	75303	74029	1274	1.72
湖北	335400	314453	20947	6.66
湖南	223111	213626	9485	4.44
广东	103496	96459	7037	7.30
广西	88312	73000	15312	20.98
海南	920	632	288	45.57
重庆	41241	39593	1648	4.16
四川	300951	295000	5951	2.02
贵州	286046	199327	86719	43.51
云南	399957	398100	1857	0.47
陕西	91683	73547	18136	24.66
甘肃	1397	1388	9	0.63
合计	2793382	2616002	177380	6.78

数据来源：中国茶叶流通协会

（3）农业产值保持增长

2019年，全国干毛茶总产值同比增加238.65亿元，达到2396.00亿元，同比增长11.06%。干毛茶产值超过200亿元的省份有4个，分别是贵州（321.86亿元）、福建（297.27亿元）、四川（279.69亿元）、浙江（224.74亿元）；产值增长超过30亿元的省份有5个，依次是广东（60.65亿元）、福建（39.30亿元）、贵州（40.86亿元）、四川（33.64亿元）、云南（33.56亿元）。

2019年中国各主要产茶省干毛茶产值

单位：亿元

省份	2019年	2018年	增减数	增减%
江苏	27.66	26.22	1.44	5.47
浙江	224.74	206.25	18.50	8.96
安徽	145.50	118.02	27.48	23.29
福建	297.27	257.36	39.90	15.50
江西	66.39	64.88	1.51	2.33

续表

省份	2019年	2018年	增减数	增减%
山东	33.10	62.85	（29.74）	（47.33）
河南	122.36	126.32	（3.96）	（3.14）
湖北	157.49	145.96	11.53	7.90
湖南	146.85	186.17	（39.32）	（21.12）
广东	105.00	44.34	60.65	136.79
广西	68.33	56.97	11.37	19.95
海南	1.01	0.49	0.52	106.88
重庆	34.97	26.49	8.49	32.04
四川	279.69	246.04	33.64	13.67
贵州	321.86	281.00	40.86	14.54
云南	198.17	164.61	33.56	20.39
陕西	162.96	140.55	22.41	15.95
甘肃	2.65	2.82	（0.17）	（6.05）
合计	2396.00	2157.35	238.65	11.06

数据来源：中国茶叶流通协会

（4）茶类结构变化不大

2019年，全国六大茶类产量均出现不同幅度增加，尽管绿茶、乌龙茶占比继续向下微调，但总体格局不变。具体来看：绿茶产量177.29万吨，占总产量的63.47%，同比增加5.05万吨，同比增长2.93%；黑茶产量37.81万吨，占总产量的13.54%，同比增加5.92万吨，同比增长18.59%；红茶产量30.72万吨，占总产量的11.00%，同比增加4.53万吨，同比增长17.29%；乌龙茶产量27.58万吨，占总产量的9.87%，同比增加0.46万吨，同比增长1.70%；白茶产量4.97万吨，占总产量的1.78%，同比增加1.60万吨，同比增长47.41%；黄茶产量0.97万吨，占总产量的0.35%，同比增加0.17万吨，同比增长225.56%。

2019年中国六大茶类产量统计表

单位：万吨

茶类	2019年	2018年	增长量	增长率
绿茶	177.28	172.24	5.04	2.93
黑茶	37.81	31.89	5.92	18.59
红茶	30.72	26.19	4.53	17.29

续表

茶类	2019 年	2018 年	增长量	增长率
乌龙茶	27.58	27.12	0.46	1.70
白茶	4.96	3.37	1.59	47.41
黄茶	0.97	0.80	0.17	22.56

数据来源：中国茶叶流通协会

2018 年全国分茶类产量占比图

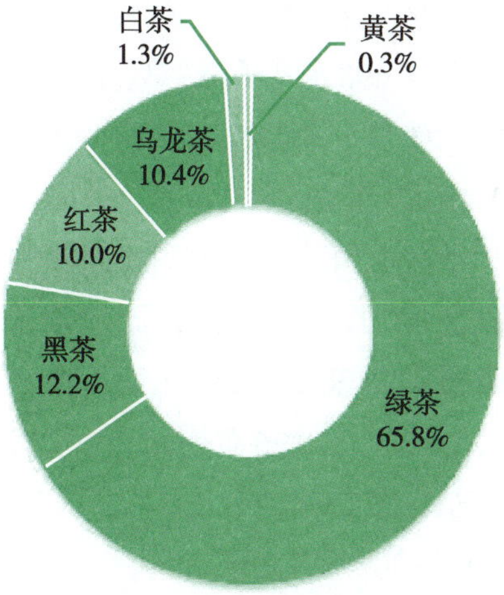

2019 年全国分茶类产量占比图

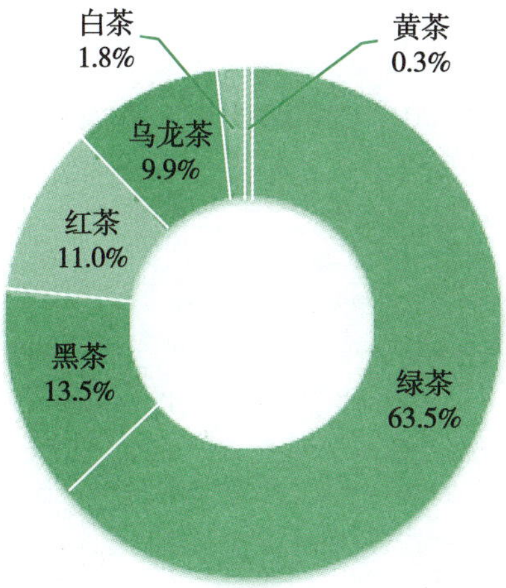

数据来源：中国茶叶流通协会

【b. 运行状况】

1. 全年气象稳定，局部灾害但整体可控

2019 年，春茶采制期间气象情况整体平稳，保证了茶叶产量与品质。尽管云南、湖南、贵州等局部地区受灾害性天气影响，但面积扩增使总产量稳中有升。夏季，部分东部省份遭遇了强台风，但对当年茶园整体产出影响不大。7 月下旬后，长江中下游地区持续高温少雨，引发安徽、江西、湖北、湖南、福建等省旱情，对 2020 年春茶产量和品质略有影响。此外，各地茶园虽偶有病虫害发生，但整体可控。

2. 生产总体平稳，供给侧调整压力加大

茶园面积，特别是可开采茶园面积的持续增加，使产量已达近 280 万吨；持续上升的成本使农业产值继续提升。全国茶园结构持续优化，无性系良种茶园面积比例达 68.2%。绿色优质产品生产基地的建设，区域公用品牌、集群品牌、知名企业品牌的打造，使茶叶绿色安全稳定向好，质量效益提升。从各茶类产量看，白茶增速较快、占比提升，黑茶、红茶占比增速不变，乌龙茶下调幅度减弱，绿茶占比持续回调；名优茶产量占比达 48.4%，与大宗茶基本持平。

但从需求侧反馈看，当前茶业供给侧存在四大隐忧：一是产销脱节、产大于销、库存持续增加，情况日趋严重；二是区域品牌与企业品牌、传统产区与新兴产区、干毛茶加工与精制茶加工的发展不均衡，使产业提质增效困难，三是智慧茶业进展缓慢，茶园管护不到位、绿色发展短板明显、季节性采工短缺等痼疾仍在困扰生产；四、茶产业精准扶贫工作压力较大。

【c. 内销市场】

1. 内销总量稳中有升，茶类格局基本不变

据统计，2019 年，中国茶叶国内销售量达 202.56 万吨，同比增加 11.50 万吨，同比增长 6.02%。其中，绿茶内销量 121.42 万吨，占总销量的 60.0%；黑茶 31.86 万吨，占总销量的 15.6%；红茶 22.60 万吨，占总销量的 11.2%；乌龙茶 21.63 万吨，占总销量的 10.7%；白茶 4.22 万吨，占总销量的 2.1%；黄茶 0.83 万吨，占总销量的 0.4%。

2010 年—2019 年中国茶叶内销总量

单位：万吨

年份	2019	2018	2017	2016	2015	2014	2013	2012	2011	2010
内销量	202.56	191.05	181.70	171.06	167.91	150.25	133.83	124.01	109.61	98.81

数据来源：中国茶叶流通协会

2019 年中国六大茶类内销量统计表

单位：万吨

茶类	2019 年	2018 年	增长量	增长率
绿茶	121.42	120.59	0.83	0.69
黑茶	31.86	26.81	5.05	18.86
红茶	22.60	18.97	3.63	19.14
乌龙茶	21.63	21.15	0.48	2.24
白茶	4.22	2.86	1.36	47.41
黄茶	0.83	0.68	0.15	22.56

数据来源：中国茶叶流通协会

2018 年全国各茶类销售总量占比

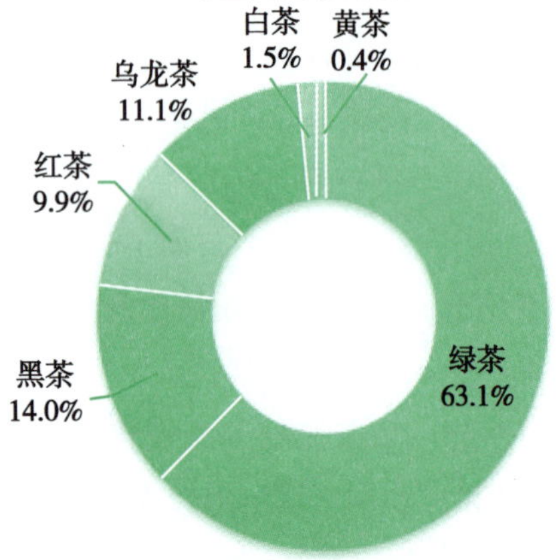

2019 年全国各茶类销售总量占比

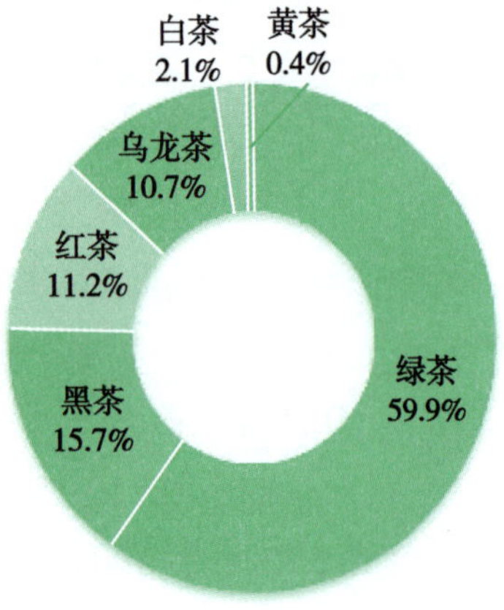

数据来源：中国茶叶流通协会

2. 内销均价有所下调，内销总额增速变缓。

据调查推算，2019 年，中国茶叶内销均价为 135.25 元 / 千克，同比减少 4.04 元 / 千克，同比下降 2.90%。各茶类中，绿茶均价 131.50 元 / 千克，红茶 178.98 元 / 千克，乌龙茶 131.39 元 / 千克，黑茶 93.73 元 / 千克，白茶 149.11 元 / 千克，黄茶 120.45 元 / 千克。

2019 年，中国茶叶国内销售总额为 2739.50 亿元，同比增加 78.40 亿元，同比增长 2.95%。其中，绿茶内销额 1596.74 亿元，占内销总额的 58.3%；红茶 570.26 亿元，占内销总额的 20.8%；乌龙茶 296.87 亿元，占内销总额的 10.8%；黑茶 202.72 亿元，占内销总额的 7.4%；白茶 62.92 亿元，占内销总额的 2.3%；黄茶 9.98 亿元，占内销总额的 0.4%。

2019 年中国茶叶内销额占比图

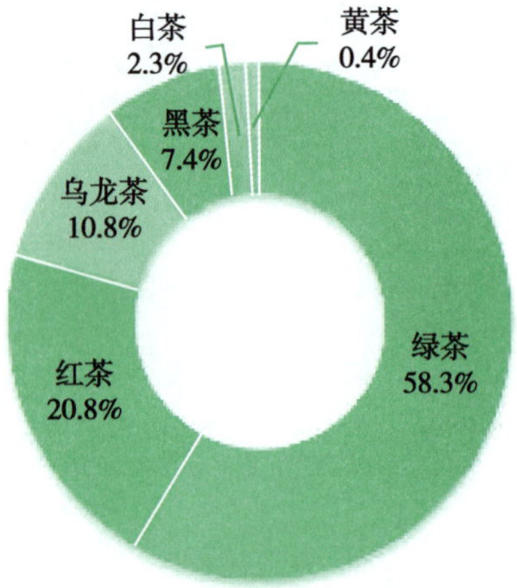

2019 中国六大茶类内销均价（元）

数据来源：中国茶叶流通协会

3. 运行情况

从销售数据看，内销市场依然是拉动中国茶业经济增长的主动力源；但内销量额持续缓增，均价出现回调，反映出供大于求的压力不断增大。从茶类结构看，总体格局保持稳定，但产销量占比持续变化显示流转速度趋缓；名优茶仍是创造茶产业价值的主力军，保守估计内销额贡献率不低于70%，使商品茶处境尴尬。从销售通路看，线上销售份额继续扩大，连锁渠道逐步化身新零售，批发市场功能弱化、转型在即，商超卖场辅助功能有待提升；传统茶馆发展定位不清、路径不明，有待破茧重生；新中式茶饮延续产业创新担当，但已出现明显分化迹象。从消费市场看，饮茶人口数量与消费需求量的增速远低于供给侧增速，消费宣传不足、引导不力、内容浮浅、包装过度，使消费提振、产业营销成为大势所趋。

4. 进口茶叶

面对国产茶叶内销趋缓的局面，2019年，中国进口茶叶数量仍在继续增加。据中国海关统计数据，中国进口茶叶4.34万吨，同比增长22.25%；金额1.87亿美元，同比增长5.06%；均价4.31美元/千克，同比下降13.97%。

2019年，中国进口茶叶量排名前20国家或地区

序号	国家或地区	总量（千克）
1	印度	13382243
2	斯里兰卡	12842004
3	中国台北单独关税区	3803601
4	越南	2642637
5	印度尼西亚	2554457
6	肯尼亚	1799901
7	马拉维	1397409
8	阿根廷	1229796
9	布隆迪	1049186
10	莫桑比克	712826
11	中国	444807
12	乌干达	392604
13	波兰	238486
14	泰国	236448
15	阿联酋	101471
16	德国	80341
17	中国香港	77984
18	坦桑尼亚	61380
19	澳大利亚	48622
20	缅甸	38998

中国进口茶叶金额排名前20国家或地区

序号	国家或地区	总额（美元）
1	斯里兰卡	63238147
2	中国台北单独关税区	51931656
3	印度	31245415
4	印度尼西亚	4481792
5	越南	4353227
6	肯尼亚	4298618
7	波兰	3639634
8	德国	3084468
9	中国	2789301
10	布隆迪	2755497
11	英国	2085401
12	马拉维	1811274
13	新加坡	1665701
14	阿根廷	1514212
15	香港	1437951
16	莫桑比克	1339787
17	泰国	718496
18	缅甸	605272
19	阿联酋	560757
20	乌干达	547741

数据来源：中国海关

（1）分茶类看

红茶进口量3.64万吨，同比增长23.33%，占总量的83.9%；绿茶0.41万吨，同比增长29.12%，占总量的9.3%；乌龙茶0.26万吨，同比增长14.48%，占总量的6.1%；花茶0.03万吨，同比下降10.06%，占总量的0.6%；普洱茶45吨，同比下降76.29%，占总量的0.1%。

2018 年中国进口茶叶分茶类占比图

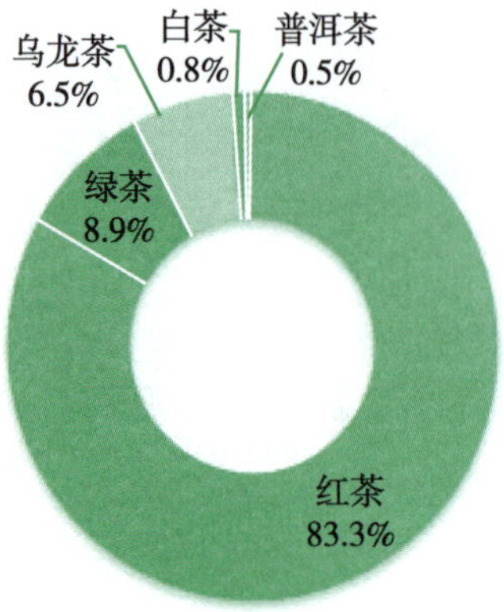

2019 年中国进口茶叶分茶类占比图

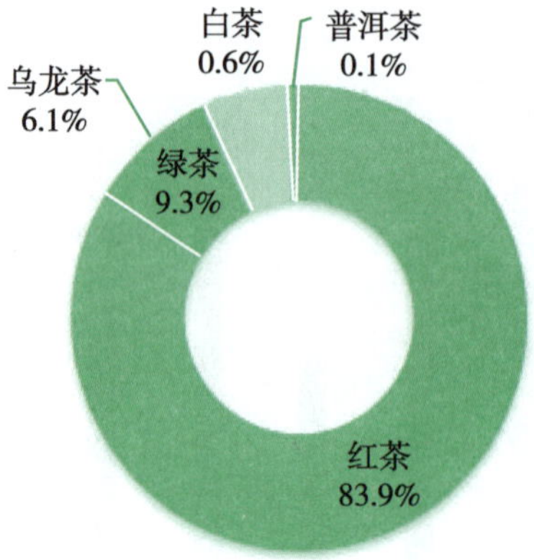

数据来源：中国海关

红茶进口额 1.26 亿美元，同比增加 7.07%，占总额的 67.3%；绿茶 0.18 亿美元，同比增长 0.82%，占总额的 9.4%；乌龙茶 0.39 亿美元，同比下降 0.02%，占总额的 20.7%；花茶 0.03 亿美元，同比下降 7.79%，占总额的 1.9%；普洱茶 0.01 亿美元，同比增长 101.10%，占总额的 0.7%。

2018 年中国茶叶进口额分类占比

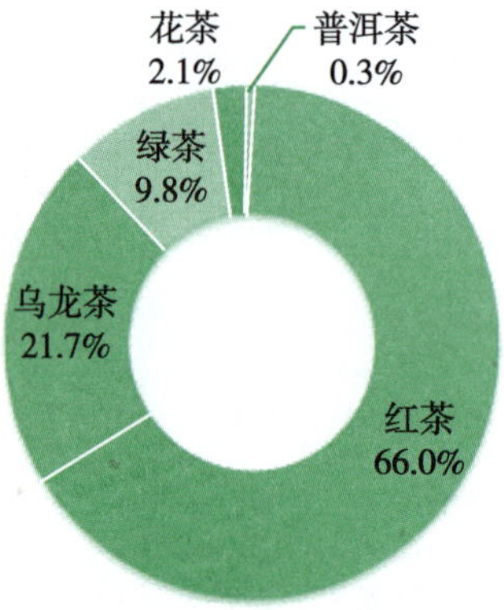

2019 年中国茶叶进口额分类占比

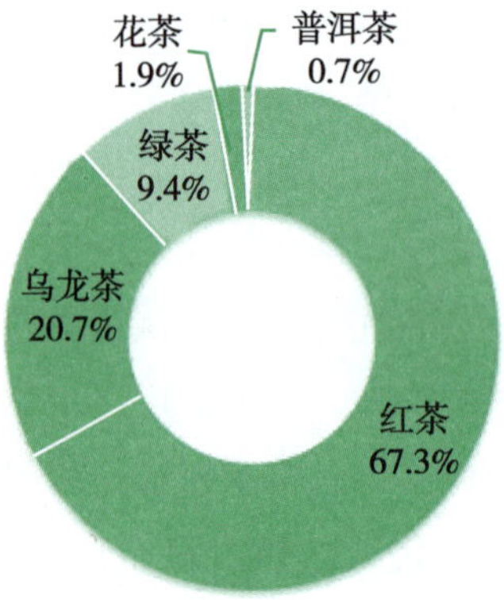

数据来源：中国海关

红茶进口均价 3.46 美元 / 千克，同比下降 13.18%；绿茶均价 4.35 美元 / 千克，同比下降 21.92%；乌龙茶均价 14.67 美元 / 千克，同比下降 12.67%；花茶均价 13.65 美元 / 千克，同比增长 2.52%；普洱茶均价 27.43 美元 / 千克，同比增长 748.16%。

2018 年与 2019 年中国进口茶类均价对比图（美元 / 千克）

数据来源：中国海关

2019 年中国进口茶叶量价额统计表

茶类	进口量（万吨）	进口额（亿美元）	进口均价（美元 / 千克）	进口量同比增长 %	进口额同比增长 %	进口均价同比增长 %
花茶	0.03	0.03	13.65	–10.06	–7.79	2.52
绿茶	0.41	0.18	4.35	29.12	0.82	–21.92
乌龙茶	0.26	0.39	14.67	14.48	–0.02	–12.67
普洱茶	0.005	0.01	27.43	–76.29	101.10	748.16
红茶	3.64	1.26	3.46	23.33	7.07	–13.18
合计	4.34	1.87	4.31	22.47	4.93	–14.32

数据来源：中国海关

（2）分省区看

2019 年，中国进口茶叶逾千吨的省（自治区、直辖市）共计 8 个，依次是浙江（0.93 万吨）、福建（0.89 万吨）、江苏（0.76 万吨）、广东（0.55 万吨）、上海（0.48 万吨）、北京（0.28 万吨）、广西（0.26 万吨）、安徽（0.12 万吨）。

2019 年中国进口茶叶数量分省统计表（>1000 吨）

单位：吨

企业注册地	花茶	绿茶	乌龙茶	红茶	普洱茶	合计
浙江	5.8	1001.4	35.4	8195.4	22.5	9260.5
福建	82.5	149.4	1215.9	7476.1	0.3	8924.2
江苏	2.1	1866.1	5.4	5680.1	0.1	7553.8
广东	78.9	85.8	77.9	5233.9	21.6	5498.1
上海	43.9	775.8	1129.7	2849.6	0.4	4799.4
北京	1.0	11.3	3.5	2831.2	0.0	2847.0
广西	0.04	3.7	127.6	2440.7	0	2572. 0
安徽	39.8	0.0	0.2	1124.4	0	1164.3

数据来源：中国海关

2019 年，中国进口茶叶金额最大的 8 个省排序是上海（0.51 亿美元）、福建（0.42 亿美元）、广东（0.25 亿美元）、浙江（0.22 亿美元）、江苏（0.20 亿美元）、广西（0.10 亿美元）、北京（0.09 亿美元）、安徽（0.04 亿美元）。

2019 年中国进口茶叶金额分省统计表（前 8 位）

单位：万元

企业注册地	花茶	绿茶	乌龙茶	红茶	普洱茶	合计
上海	61.72	1010.53	1653.68	2344.59	4.18	5074.69
福建	130.69	157.35	1432.47	2432.66	0.38	4153.54
广东	119.16	102.49	157.94	1962.52	109.42	2451.53
浙江	22.76	198.98	46.77	1924.35	9.05	2201.91
江苏	1.90	195.89	41.95	1723.21	0.24	1963.18
广西	.05	4.64	298.79	660.53	0	963.99
北京	4.69	29.40	18.01	878.21	0.16	930.47
安徽	4.54	.03	15.14	402.53	0	422.24

数据来源：中国海关

【d. 外销市场】

2019 年，面对摩洛哥、欧盟、美国等传统市场的可预见性下降，中国茶企及时调整战略布局与结构，全年茶叶出口呈现出总量盘整、价额大增的态势，量价额均创历史新高。据中国海关统计数据，2019 年，中国茶叶出口数量 36.65 万吨，同比增长 0.52%；金额 20.20 亿美元，同比增长 13.61%；出口均价 5.51 美元 / 千克，同比增长 13.14%。

1. 分国别看：传统市场面临调整，战略转移初见成效

中国出口茶叶量排名前 20 国家或地区			中国出口茶叶金额排名前 20 国家或地区		
序号	国家或地区	总量（千克）	序号	国家或地区	总额（美元）
1	摩洛哥	74283597	1	中国香港	506171883
2	乌兹别克斯坦	20488368	2	摩洛哥	225323016
3	中国香港	17444273	3	越南	151856211
4	加纳	16462112	4	马来西亚	131245443
5	塞内加尔	15130886	5	加纳	71788345
6	多哥	15072746	6	美国	70053560
7	阿尔及利亚	15010955	7	多哥	65649565
8	美国	14731516	8	毛里塔尼亚	63611820

序号	国家或地区	总量（千克）	序号	国家或地区	总额（美元）
9	毛里塔尼亚	14516710	9	塞内加尔	62033743
10	俄罗斯联邦	13931849	10	日本	54476195
11	日本	12008898	11	阿尔及利亚	50197940
12	德国	10792000	12	缅甸	45209223
13	贝宁	10458744	13	泰国	45102066
14	喀麦隆	10390409	14	俄罗斯联邦	44594282
15	巴基斯坦	8097622	15	德国	44337574
16	泰国	6834958	16	乌兹别克斯坦	36163236
17	冈比亚	6167245	17	冈比亚	22855819
18	越南	6156238	18	西班牙	19950107
19	利比亚	5137706	19	贝宁	17785732
20	阿富汗	5014430	20	韩国	17149545

数据来源：中国海关

（1）传统市场

2019 年，中国茶叶在传统市场面临了严峻挑战。制约出口在局部市场出现下降的两大因素是技术壁垒和关税壁垒。

在技术壁垒方面。一是中国茶叶对摩洛哥这一最大传统市场的出口量仅为 7.43 万吨，同比下降 4.2%；主要原因是该国于 2019 年 10 月 1 日起正式实施进口茶叶农残限量新标准。二是欧盟不断增加农残检测项目，提高农残限量标准，使中国茶叶对欧盟出口量仅为 2.8 万吨，出口金额 1.2 亿美元，同比分别下降 1.5% 和 12.1%。

在关税壁垒方面。2019 年 9 月 1 日起，美国对中国茶叶征收 15% 的关税，致使 2019 年中国对美国出口茶叶 1.47 万吨、出口额 0.70 亿美元，同比分别下降 5.2% 和 21.35%。

2019 年摩洛哥、美国、欧盟占中国茶叶出口量份额

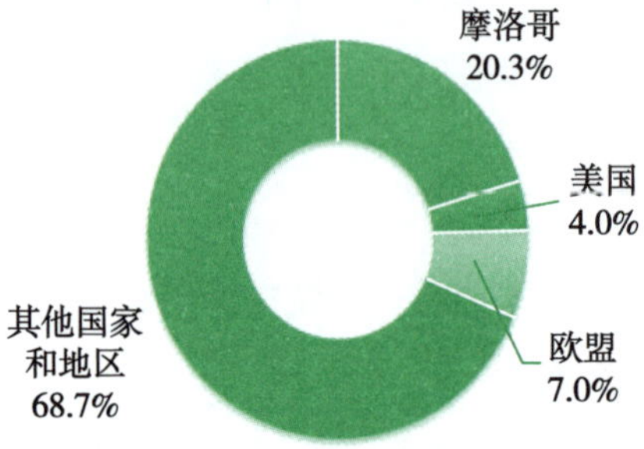

2019 年摩洛哥、美国、欧盟占中国茶叶出口量份额

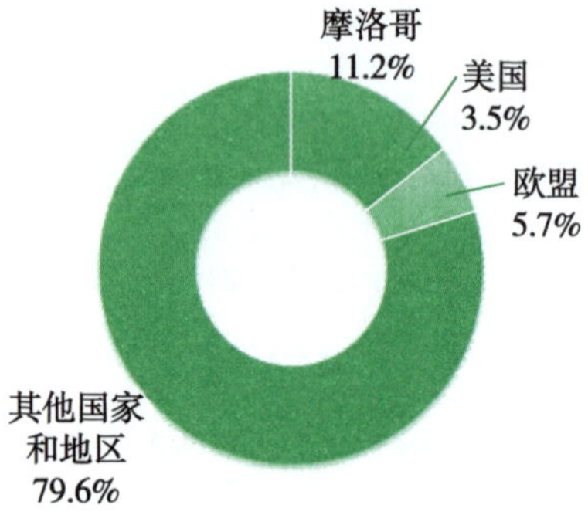

2018、2019 年中国茶叶出口摩洛哥、美国、欧盟量额统计表

国别	2019 年出口量（千克）	2018 年出口量（千克）	2019 年出口额（美元）	2018 年出口额（美元）
摩洛哥	74283597	77562486	225323016	237062786
美国	14731516	15494689	70053560	89431178
欧盟	25732071	26111786	114310339	131910132

数据来源：中国海关

（2）新兴市场

面对传统市场出现的变化，2019 年度中国茶叶对东盟及“一带一路”沿线国家和地区的贸易成为新亮点。

据海关统计，2019 年，对东盟出口茶叶 2.3 万吨，同比增长 25.6%，出口金额 4 亿美元，同比增长 55.7%；对“一带一路”沿线国家和地区出口茶叶 9.4 万吨，同比增长 4%，出口金额 5.6 亿美元，同比增长 30.7%。

2019 年东盟十国占中国茶叶出口量份额

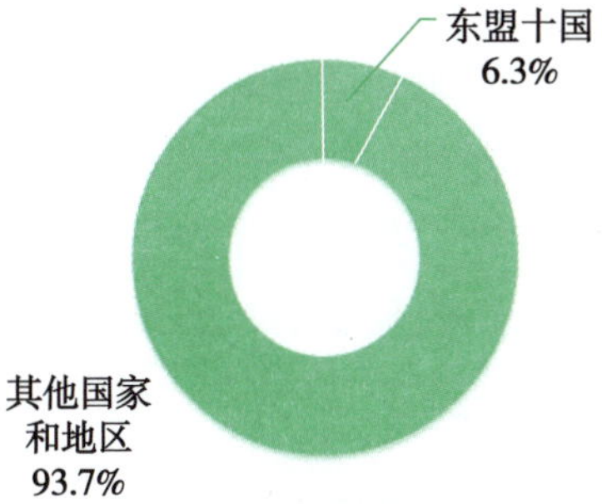

2019 年东盟十国占中国茶叶出口额份额

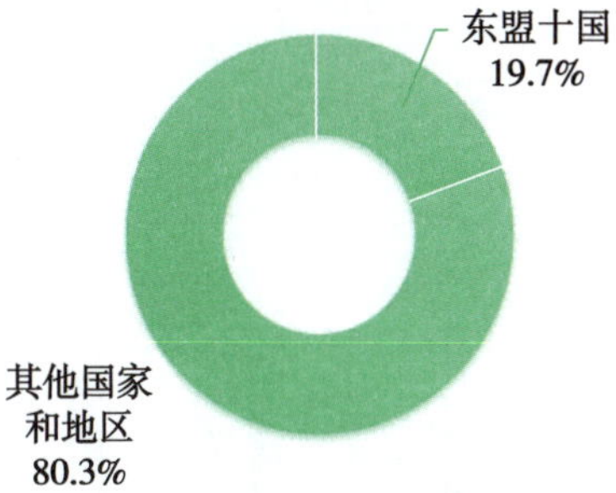

2019 年中国茶叶出口东盟 10 国量额统计表

国别	2019 年出口量（千克）	2018 年出口量（千克）	2019 年出口额（美元）	2018 年出口额（美元）
泰国	6834958	5757117	45102066	29002899
越南	6156238	4341746	151856211	101379972
马来西亚	4910256	3488196	131245443	77008552
缅甸	3513935	3267135	45209223	33901324
新加坡	942026	1101391	9483910	7392258
菲律宾	428378	121417	9131875	3805921
印度尼西亚	128940	226372	940387	1575313
柬埔寨	88283	16630	4155266	1028284
文莱	862	1547	7056	12264
老挝	0	0	0	0
合计	23003876	18321551	397131437	255106787

数据来源：中国海关

2019 年“一带一路”沿线国家和地区占中国茶叶出口量份额

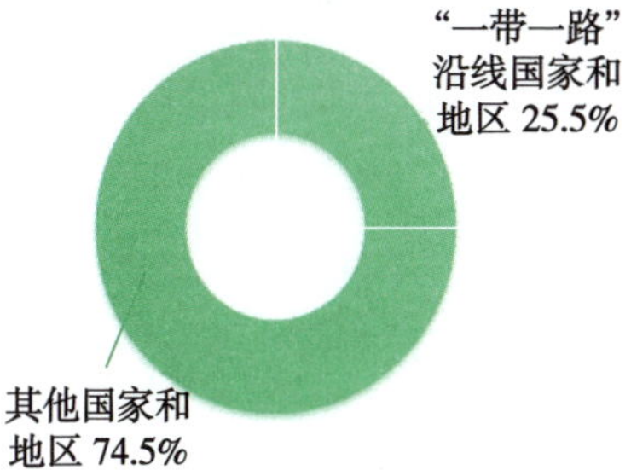

2019 年“一带一路”沿线国家和地区占中国茶叶出口额份额

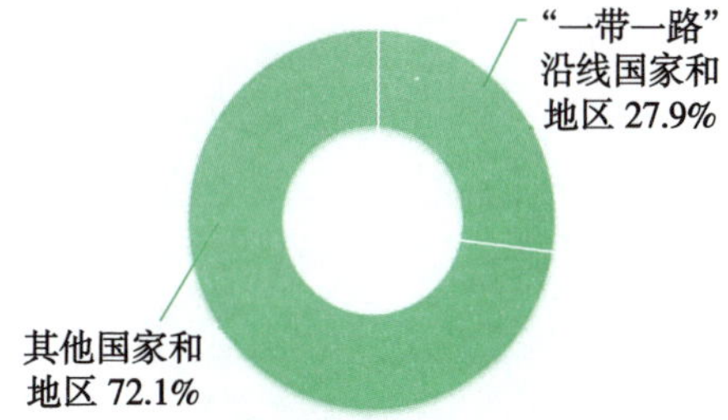

数据来源：中国海关

2. 分茶类看：绿茶仍是中流砥柱，出口品种有待丰富

2019 年中国出口茶叶量价额统计表

茶类	出口量（万吨）	出口额（亿美元）	出口均价（美元 / 千克）	出口量同比增长 %	出口额同比增长 %	出口均价同比增长 %
花茶	0.65	0.65	9.96	–6.18	–2.39	4.05
绿茶	30.39	13.18	4.34	0.34	7.80	7.43
乌龙茶	1.81	2.36	13.01	–4.31	30.83	36.73
普洱茶	0.28	0.52	18.54	–5.91	88.11	99.92
红茶	3.52	3.49	9.92	6.62	24.23	16.52
合计	36.66	20.20	5.51	0.50	13.60	13.04

数据来源：中国海关

（1）**出口量**

绿茶保持优势，红茶稳中趋升，其他茶类下降。

绿茶出口量 30.39 万吨，同比增长 0.33%，占总量的 82.9%；红茶 3.52 万吨，同比增长 6.67%，占总量的 9.6%；乌龙茶 1.81 万吨，同比下降 4.73%，占总量的 4.9%；花茶 0.65 万吨，同比下降 5.80%，占总量的 1.8%；普洱茶 0.28 万吨，同比下降 6.67%，占总量的 0.8%。

2018 年中国茶叶分茶类出口量占比

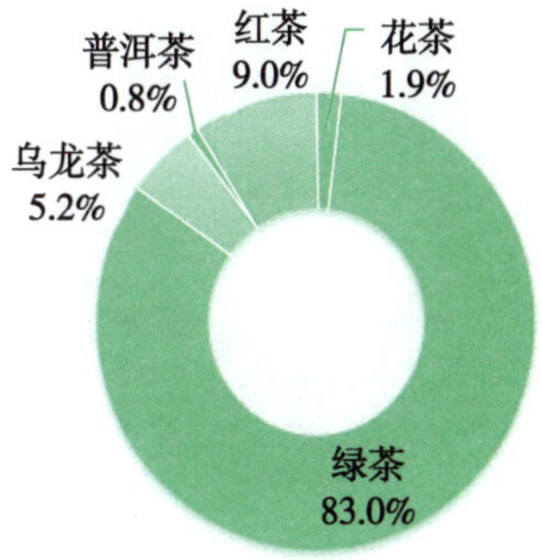

2019 年中国茶叶分茶类出口量占比

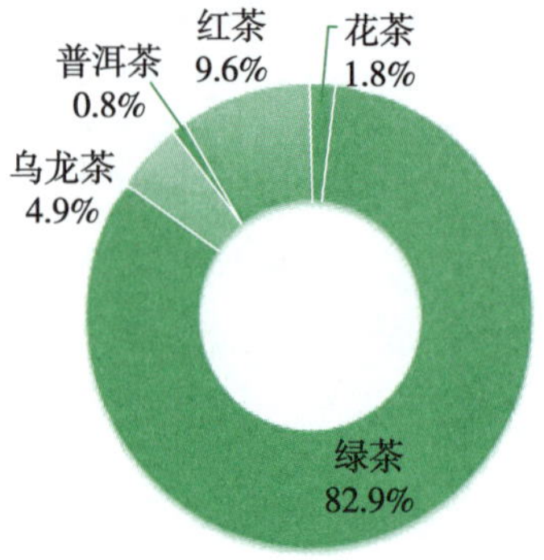

数据来源：中国海关

（2）出口额：绿茶地位稳固，各茶类占比变化不大。

绿茶出口额 13.18 亿美元，同比增长 7.77%，占总额的 65.3%；红茶 3.49 亿美元，同比增长 24.20%，占总额的 17.3%；乌龙茶 2.36 亿美元，同比增长 31.11%，占总额的 11.6%；花茶 0.65 亿美元，同比下降 1.52%，占总额 3.2%；普洱茶 0.52 亿美元，同比增长 85.71%，占总额的 2.6%。

2018 年中国茶叶分茶类出口额占比

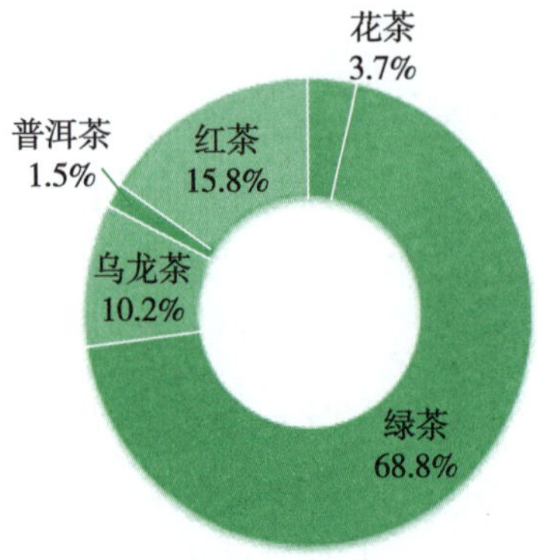

2019 年中国茶叶分茶类出口额占比

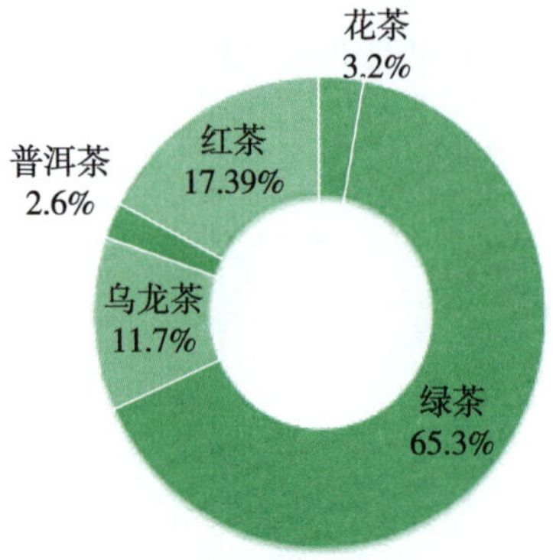

数据来源：中国海关

3. 出口均价：各茶类均价不同程度上涨

绿茶出口均价 4.34 美元 / 千克，同比上涨 7.43%；红茶均价 9.91 美元 / 千克，同比上涨 16.59%；乌龙茶均价 13.04 美元 / 千克，同比大幅上涨 36.97%；花茶均价 10 美元 / 千克，同比上涨 4.49%；普洱茶均价 18.57 美元 / 千克，同比激增 96.72%。

2018、2019 年中国出口茶类均价对比图（美元 / 千克）

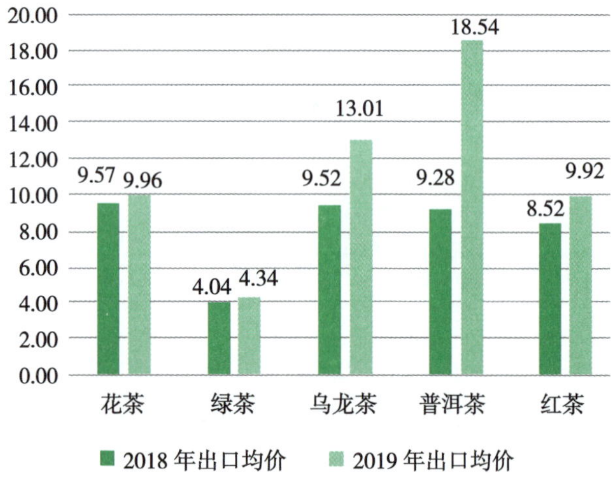

数据来源：中国海关

4. 分省份看：格局大体不变，中西部正在崛起

（1）出口量：浙江继续保持领先，四川首度突破万吨。

2019 年，中国茶叶出口量突破万吨的省份共有七个，依次是：浙江，15.88 万吨，同比减少 5.76%，占总量的 43.32%；安徽，6.00 万吨，同比增长 1.35%，占总量的 16.37%；湖南，3.90 万吨，同比增长 7.14%，占总量的 10.65%；福建，2.40 万吨，同比减少 0.41%，占总量的 6.55%；湖北，1.74 万吨，同比增长 42.62%，占出口总量的 4.75%；江西，1.45 万吨，同比增长 8.20%，占总量的 3.97%；四川，1.08 万吨，同比增长 14.89%，占总量的 2.94%。

2019 茶叶出口量破万吨省份占总出口量比重图

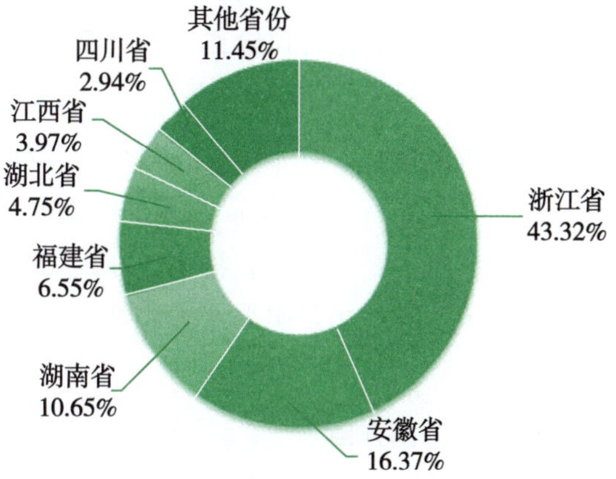

数据来源：中国海关

2019 年中国各省茶叶出口量统计表（前 20 位）

单位：千克

省市	2019 年出口量	2018 年出口量	增加量	增长率 %	排名升降
浙江	158778596	168469098	-9690502	-5.75	—
安徽	60022379	59172003	850376	1.44	—
湖南	39031215	36350653	2680562	7.37	—
福建	23993995	24098107	-104112	-0.43	—
湖北	17417182	12167674	5249508	43.14	▲
江西	14546473	13431861	1114612	8.30	▼
四川	10791036	9366522	1424514	15.21	▲
云南	7958573	7108184	850389	11.96	▲
河南	7791800	7547549	244251	3.24	—
上海	7756132	10507725	-2751593	-26.19	▼
广东	6874466	6664514	209952	3.15	—
重庆	5120589	4466359	654230	14.65	—
贵州	2334299	1597016	737283	46.17	—
江苏	1336789	959127	377662	39.38	—
山东	667467	488226	179241	36.71	—
天津	420985	310097	110888	35.76	▲
陕西	223672	233450	-9778	-4.19	▲
北京	93530	71167	22363	31.42	▲
山西	92443	48366	44077	91.13	▲
海南	57550	440350	-382800	-86.93	▼

数据来源：中国海关

（2）出口额：福建持续大幅攀升，广东有望进入前 10。

2019 年，中国茶叶出口额达到 1 亿美元以上的省份有五个，依次是：浙江，4.84 亿美元，同比减少 7.46%，占总额的 23.95%；福建，4.55 亿美元，同比增长 31.50%，占总额的 22.54%；安徽，2.48 亿美元，同比增长 0.40%，占总额的 12.28%；湖北，2.14 亿美元，同比增长 47.59%，占总额的 10.62%；湖南，1.03 亿美元，同比增长 8.42%，占总额的 5.12%。

2019 茶叶出口额破亿美元省份占总出口额比重图

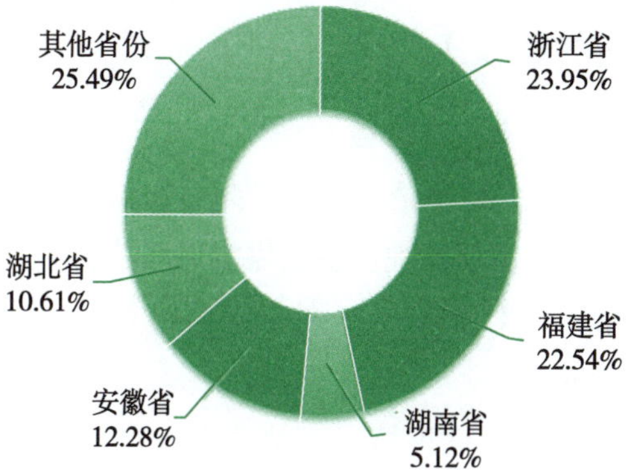

数据来源：中国海关

2019 年中国各省茶叶出口额统计表（前 20 位）

单位：美元

省市	2019 年出口额	2018 年出口额	增加额	增长率 %	排名升降
浙江	483688752	523136694	-39447942	-7.54	—
福建	455253106	345984906	109268200	31.58	—
安徽	248077041	246609229	1467812	0.60	—
湖北	214353781	145205111	69148670	47.62	—
湖南	103351426	95337311	8014115	8.41	—
广东	95053113	80958675	14094438	17.41	—
江西	87612884	68417254	-573108	-0.78	▲
河南	72791484	73364592	19195630	28.06	▼
云南	66714959	33099638	-30703900	-50.20	▲
贵州	47992868	23670007	33615321	101.56	▲
上海	30464558	61168458	-390307	-1.35	▼
四川	28541549	28931856	24322861	102.76	▼
广西	22390627	12638820	9751807	77.16	—
江苏	19051592	5306303	4092495	41.09	▲
天津	14106891	9954566	4152325	41.71	—

续表

省市	2019年出口额	2018年出口额	增加额	增长率 %	排名升降
山东	14051392	9958897	-2910667	-51.88	▼
重庆	8518054	3541163	13745289	259.04	▲
陕西	2699566	5610233	4976891	140.54	▼
山西	2236620	977432	1259188	128.83	▲
宁夏	1162002	19713	1142289	5794.60	▲

数据来源：中国海关

【e. 相关建议】

1. 在农业生产方面

要转变生产观念，控制产量过快增长、稳定提升茶叶质量，各地应根据供求情况控制扩大茶园面积，并对25年以上的老茶园进行改造，求质不求量；

根据市场销售情况，结合本地产业基础和发展实际，统筹名优茶、大宗茶占比，走差异化发展道路，避免盲目跟风“高端、高价、高利”，使茶原料充分利用，促进产业平衡发展；

产区政府应统筹区域品牌、集群品牌、企业品牌的打造，鼓励开放式发展；

各级相关政府、行业组织要以全新高度、创新思维对茶业扶贫区域进行全新战略规划，持续帮扶支持，促进新兴茶区通过与品牌茶企融合良性对接，与市场发展及消费者需求相匹配；五是农业科技要兼顾市场端与消费端的真实需求，有效服务茶企、茶农，加快产业跨界融合，高效推动智慧茶业务实发展。

2. 在产业加工方面一是

提升加工拼配技术的推广应用，推进农产品加工向食品工业转化，鼓励企业、机构深入研发茶茶、茶果、茶药及茶与药食同源产品的组合拼配；（2）政府、行业组织应鼓励支持品牌企业开展跨区域加工合作，特别是公益扶贫茶项目实施，在助农增收、提升加工水平、产业市场化等方面实现多赢；

（3）鼓励茶企加强与饮料、深加工提取、中医药运用等企业开展全方位合作，推动精深加工发展；

（4）科研机构、大专院校应围绕加工及利用方面，深入开展分区域、分品类的基础性研究，开发茶叶新品种、新工艺、新技术、新用途，并加强与深加工产品应用、医学、营养学等学科的互动及开发研究。

3. 在促进内销方面

（1）从业者要树立守正创新的生产观念、产品观念、营销观念、客户观念、法规观念，不断提升食品安全主体责任意识，为消费者提供优质、安全、放心产品，大力开发自饮茶、办公茶、民生茶，以满足消费需求，塑造品牌形象；

（2）行业组织、产区政府、企业及相关涉茶单位应结合自身能力与优势，以扶贫攻坚为抓手，大力开展中国茶叶营销工作，调整流通格局，建立产销帮扶机制，促进消费提量扩面；

（3）行业组织应引领茶行业主动对位健康中国战略，通过普及科学、健康、理性的饮茶知识，组织开展“饮茶日”及各地茶事节、会活动，扩大社会认知，营造消费氛围，推广健康时尚的生活方式，承担社会责任；

（4）倡导“茶为国饮”，加强与互联网时代融合，与时俱进做好茶文化宣传；五是政府应给予行业组织更多的流通政策支持与职能授权，帮助贫困县域开展工作；六是适度控制进口。

4. 在拓展出口方面

（1）传统出口企业在维护传统市场忠实客群的同时，应在协（商）会带领下，与定位相同的新兴品牌企业携手走出国门，以海外华人社团为依托和切入点，以连锁经营为通路方式，开拓新兴市场，培育新的消费群体；

（2）企业要深度分析不同国家和地区的风土人情、饮食习惯与口味特点，与茶叶加工拼配技术相结合，开发新产品、新品类，匹配市场需求；

（3）出口企业应适当向中西部贫困地区和新

兴茶产区倾斜，通过出口扶贫引导这些地区尽快走上市场化轨道；

（4）政府部门应适度开放黑茶、花草茶等更多出口编码，以满足国内产能向外释放的需求；

（5）行业组织应在政府的指导下，以“国际饮茶日”为重要契机，加强与印度、斯里兰卡等产茶国在技术、标准、宣传等领域的合作，求同存异，各取所需，发挥所长，共同推进国际茶叶消费市场的拓展。

梅　宇　梁　晓

2.28 蜂产品加工工业

【a. 概况】

我国是世界养蜂大国，养蜂业历史悠久。作为农业的重要组成部分，养蜂业在新中国成立后得到了党和政府的重视而飞速发展。我国饲养的蜂群由1949年的不足50万群发展到2019年的1200万群，占世界蜂群总量的15%。我国对蜂产品全面科学的研究始于新中国成立初期，经历了漫长、曲折的发展历程。目前，我国蜂产品行业处在平稳发展阶段，产品质量稳步提升，但不管是养蜂业还是蜂产品加工行业，其发展都面临着很多的挑战，完成从数量型向效益型的转型升级任重道远。

蜂产品是蜜蜂在生殖繁衍过程中形成的有益物质，包括蜂蜜、蜂王浆、蜂花粉、蜂胶、蜂蜡等。其中，蜂胶仅限用于保健食品，作为食品消费的主要有蜂蜜、蜂王浆和蜂花粉。近年来，我国蜂产品产量、出口量一直稳居世界前列。2019年，我国蜂蜜的年产量约44.4万吨，蜂王浆的年产量约2800吨；蜂花粉的年产量约5000吨。据海关统计，2019年1–12月，我国蜂产品（蜂蜜、蜂王浆、蜂花粉）的出口总额为2.9亿美元，其中蜂蜜出口最多，达12.08万吨，出口总额为2.35亿美元。

【b. 蜂产品生产及出口】

1. 蜂蜜

2019年，全国蜂蜜产量44.4万吨，同比略有下降。蜂蜜主产前10省：浙江6.6万吨、河南6.1万吨、四川5.5、广东2.6万吨、湖北2.3万吨、重庆2.1万吨、江西2.0万吨、广西1.8万吨、安徽1.8万吨、新疆1.8万吨。（见表1）

表1 2019年全国各省蜂蜜产量（万吨）

省份	产量
北 京	0.1
天 津	0.0
河 北	1.1
山 西	0.7
内蒙古	0.2
辽 宁	0.3
吉 林	1.2
黑龙江	1.7
上 海	0.1
江 苏	0.4
浙 江	6.6
安 徽	1.8
福 建	1.7
江 西	2.0
山 东	0.4
河 南	6.1
湖 北	2.3
湖 南	1.1
广 东	2.6
广 西	1.8
海 南	0.1
重 庆	2.1
四 川	5.5

续表

省份	产量
贵 州	0.4
云 南	1.1
西 藏	0.0
陕 西	0.7
甘 肃	0.5
青 海	0.0
宁 夏	0.1
新 疆	1.8

据海关统计，2019 年，我国蜂蜜出口 12.35 万吨，同比下降 2.18%，出口金额为 2.35 亿美元，同比下降 5.62%。我国蜂蜜出口第一国家为英国，出口量为 3.21 万吨，约占全年出口总量 25.99%；其次是日本和波兰，分别占全年出口总量的 23.48% 和 7.76%。（见表 2）

表 2　2019 年我国蜂蜜出口国家及地区统计

国家或地区	数量（千克）	金额（美元）
英国	32113198	56,742,354
日本	29049362	64,016,212
波兰	9598592	17,080,313
比利时	8591900	16,514,578
西班牙	6862291	12,354,286
德国	3995989	7,954,339
南非	3700201	6,887,781
葡萄牙	3430700	6,046,122
澳大利亚	3157046	6,371,493
沙特阿拉伯	3071568	6,545,115
荷兰	2862300	5,214,294
意大利	2253470	4,154,276
新加坡	1779725	3,986,759
爱尔兰	1734600	3,542,919
马来西亚	1015155	2,147,500
泰国	826763	1,533,383
阿曼	784242	1,515,767
中国香港	770370	2,112,851
摩洛哥	618116	1,197,748

续表

国家或地区	数量（千克）	金额（美元）
阿联酋	578859	1,037,578
保加利亚	487200	853,512
克罗地亚	406000	676,663
科威特	352352	706,770
罗马尼亚	304500	623,103
瑞典	302470	622,346
希腊	263924	493,036
立陶宛	263900	501,982
法国	182705	462,384
斯洛文尼亚	182700	303,373
文莱	158478	351,269

2. 蜂王浆

我国是蜂王浆生产和出口大国，世界上 90% 蜂王浆来自中国。然而，我国蜂王浆的经济价值却不乐观，不论是内销价格还是出口价格均处于全球最低位。2019 年，全国蜂王浆产量约 2800 吨，居世界首位。

据海关统计，2019 年，我国出口鲜蜂王浆 675.25 吨，同比下降 16.9%，出口额 1839.44 万美元，同比增长 8.5%，平均出口价格 27.86，27.24 美元 / 千克，单价同比下降 2.2%，其中，日本仍然是最大的出口国，出口总量 198.31 吨，占出口总数的 29.36%，出口金额 631.1 万美元。其余出口国按照出口量排名分别为：西班牙、法国、泰国、美国、比利时、德国、韩国和沙特阿拉伯等（见表 3）。出口蜂王浆冻干粉 257.53 吨，同比下降 9.1%，出口额 2233.41 万美元，同比下降 12.38%，出口价格 86.72 美元 / 千克（见表 4）。蜂王浆制剂出口量 345.1 吨，出口额 333.73 万美元，出口均价 9.67 美元 / 千克。同比分别降低 1.93%，8.35% 和 1.73%（见表 5）。2019 年，蜂王浆产品出口同比稍逊，2018 年，是近 5 年来蜂王浆出口最好的一年。我国蜂王浆产品出口对新兴市场的开拓效果明显，以前蜂王浆产品出口对日本市场依存度高，风险过于集中。而现在蜂王浆产品出口贸易已经覆盖六大洲，尤其对新兴市场非洲的出口高速增长，为产业进一步走向国际市场注入了活力。

表 3　2019 年我国鲜蜂王浆出口国家及地区统计

国家或地区	数量（千克）	金额（美元）
日本	198305	6,431,350
西班牙	137863	3,198,837
法国	84150	2,102,500
泰国	62130	1,479,831
美国	26400	800,551
比利时	24742	768,155
德国	24670	577,094
韩国	21420	617,374
沙特阿拉伯	21406	500,032
意大利	18500	434,121
土耳其	15600	369,546
澳大利亚	9597	292,543
乌拉圭	9500	200,220
荷兰	3500	84,213
加拿大	3150	85,520
伊拉克	2814	61,626
罗马尼亚	1800	53,700
阿联酋	1494	62,327
奥地利	1485	57,421
科威特	1100	45,241
保加利亚	1000	32,890
希腊	1000	29,257
马来西亚	850	18,749
以色列	820	30,780
黎巴嫩	600	15,605

表 4　2019 年我国蜂王浆冻干粉出口国家及地区统计

国家或地区	数量（千克）	金额（美元）
日本	73995	7,799,595
澳大利亚	59025	5,196,333
美国	24707	1,747,142
西班牙	18678	1,353,120
新西兰	15175	1,339,025
韩国	12115	945,154
印度尼西亚	8921	541,917
加拿大	8415	651,115
法国	8200	644,053
荷兰	5300	421,712
沙特阿拉伯	3675	210,025
英国	3355	214,396
意大利	3200	233,754
泰国	2850	238,343
埃及	1850	174,661
德国	1440	112,177
马来西亚	1250	90,626
土耳其	1200	76,660
克罗地亚	637	63,693
俄罗斯联邦	625	53,696
中国香港	520	46,800
黎巴嫩	500	8,206
伊朗	375	38,152
新加坡	374	28,954

表 5　2019 年我国蜂王浆制剂出口国家及地区统计

国家或地区	数量（千克）	金额（美元）
墨西哥	68626	883,100
哥伦比亚	41037	304,245
罗马尼亚	38357	353,338
美国	34038	264,502
危地马拉	28110	246,099
巴拿马	27750	206,812
匈牙利	25334	230,325
萨尔瓦多	15877	129,441
加拿大	14803	116,636
洪都拉斯	8550	72,416
多米尼加共和国	6984	40,932
保加利亚	6300	73,380
中国香港	3027	64,553
哥斯达黎加	3000	12,809
德国	2896	28,596

续表

国家或地区	数量（千克）	金额（美元）
荷兰	2760	43,745
印度尼西亚	2400	25,500
俄罗斯联邦	2310	24,160
厄瓜多尔	2210	17,420
智利	2160	19,800
法国	2100	21,586
英国	1684	17,020
澳大利亚	1533	32,268
毛里求斯	1110	10,863

3. 蜂花粉

我国蜂花粉生产主要以大宗油菜花粉、茶花粉和杂花粉为主，荷花、玉米、柳树、荞麦、五味子等为辅。油菜花粉主要产区有江西、安徽、湖北、四川、辽宁、青海、甘肃、新疆和内蒙古等地；茶花粉主要产区有四川、江西、安徽、浙江、江苏等地。2019 年我国蜂花粉总产量约 5500 吨，其中，油菜粉和杂油菜粉约占总产量 60%。

2019 年，我国蜂花粉国际市场形势良好，主要出口韩国、美国、墨西哥、日本、阿曼、泰国、乌拉圭、加拿大、阿根廷、伊拉克、沙特阿拉伯、菲律宾、黎巴嫩、希腊、阿联酋、中国香港、波兰、澳大利亚、约旦、阿尔及利亚、叙利亚、以色列和英国等国家和地区（见表 6）。据海关统计，我国蜂花粉出口 2344 吨，同比稍有下降；创汇约 1154 万美元，平均单价为 4.9 美元 / 千克。韩国仍为我国花粉出口主市场，2019 年，出口 1571 吨，占出口总量的 67%；美国为我国蜂花粉出口第二大市场，出口 212 吨；我国蜂花粉出口第 3 大市场仍未墨西哥，出口 124 吨。

我国蜂花粉制品品种繁多，主要有蜂宝素、花粉蜜、花粉片、花粉晶、花粉冲剂、花粉口服液、破壁花粉及花粉饮品、药品、化妆品等百余种，主市场为国内消费。

表 6　2019 年我国蜂花粉出口国家及地区统计

国家或地区	数量（千克）	金额（美元）
韩国	1571100	7,659,077
美国	212988	1,007,265
墨西哥	124675	473,847
日本	65268	455,096
阿曼	49100	241,594
泰国	48100	316,424
乌拉圭	39160	200,279
加拿大	32915	146,402
阿根廷	30000	152,152
伊拉克	24925	93,265
沙特阿拉伯	22015	114,680
菲律宾	20300	118,425
黎巴嫩	14000	43,630
希腊	12000	43,800
阿联酋	9000	26,200
中国香港	8700	44,370
波兰	8000	41,600
澳大利亚	7500	50,765
约旦	7000	29,028
阿尔及利亚	6250	28,340

4. 蜂胶

2019 年，全国蜂胶产量略有下降，约 280 吨，但蜂胶价格呈持续上涨的趋势。毛胶价格为 300 ～ 680 元 / 千克，每个胶含量百分点的价格约 12 元。由于，有相当数量质量相对比较好的沙盖胶和块胶，以 600 元 / 千克以上的价格通过电商、微商平台直接零卖，加大了毛胶的供货缺口，毛胶价格上涨。使提纯蜂胶的原料成本持续增长，加上加工成本的上涨，提纯蜂胶的供货价格在 1000 ～ 3000 元 / 千克，平均在 1600 元 / 千克左右。蜂胶原料供不应求，主要供国内市场。

5. 蜂蜡

我国蜂蜡主要以出口为主，德国、美国和阿尔及利亚是我国蜂蜡出口的 3 大主市场。据海关统计，2019 年，我国出口蜂蜡 9729 吨，同比有小幅增长，出口总额4708万美元。其中，出口德国1940吨，占出口总量的20%，出口金额1103万美元，占出口总额的23.42%；出口美国1200吨，占出口总量的12.39%，出口金额776万美元，占出口总额的16.48%；出口阿尔及利亚1173吨，占出口总量的12.11%，出口金额266万美元。位居出口前20的国家还有法国、意大利、西班牙、希腊、荷兰、英国、澳大利亚、土耳其、塞尔维亚、突尼斯、阿尔巴尼亚、叙利亚、乌兹别克斯坦、日本、韩国、黎巴嫩和伊拉克。（见表7）

表7　2019年我国蜂蜡出口国家及地区统计

国家或地区	数量（千克）	金额（美元）
德国	1940343	11,034,296
美国	1200674	7,768,421
阿尔及利亚	1173783	2,665,929
法国	768612	4,251,514
意大利	474907	2,689,502
西班牙	424830	1,700,817
希腊	422688	1,504,377
荷兰	408000	2,337,726
英国	394146	2,252,007
澳大利亚	362920	2,769,106
土耳其	247010	839,141
塞尔维亚	202001	891,789
突尼斯	198600	464,307
阿尔巴尼亚	151162	332,833
叙利亚	121585	304,489
乌兹别克斯坦	106772	276,783
日本	102117	660,991
韩国	83707	434,070
黎巴嫩	83680	194,815
伊拉克	70735	253,462

陈黎红

2.29 坚果炒货食品工业

【a. 概况】

我国坚果炒货食品历史悠久，早在商周时期便有记载，后在《本草纲目》《千金要方》等古籍中，均详细记载了长期食用坚果炒货食品能令人“发黑、身轻、步健”，其价廉物美的大众特质和特殊的营养保健功能，使其历经数千年而不衰，一直深受我国人民的欢迎和喜爱。2007 年美国 FDA 将坚果食品列为 B 级营养食品，提出坚果炒货食品对人类具有 5 大营养功能，其中明确指出：有益人类心脏健康。

近年来，坚果炒货作为健康型休闲食品，其健康功能得到中外科学的证明，也得到广大消费者认知与欢迎。目前，我国坚果炒货行业完成了从传统进入工业化，再进入信息化时代的重大转折与腾飞，为推动我国食品工业的发展作出了重要的贡献。

【b. 运行特点】

近年来，在我国国民经济持续快速增长的前提下，我国坚果炒货行业也呈现出持续快速发展态势。

1. 销售收入大幅增长

全行业销售收入每年约以 15% 的幅度持续快速增长，在全国休闲食品零售额中约占 35%，位列首位。

2. 形成一批知名度较高的产业群和品牌群

内蒙古瓜子，山东、河南花生，临安山核桃，诸暨香榧，东北松子、榛子，云南、陕西核桃，河北、新疆杏仁，河北板栗，云南、广西夏威夷果……，中国坚果炒货行业正全面走向辉煌。在产业群形成的基础上，龙头骨干企业十分注重品牌的培育与建设，形成了一大批广受消费者欢迎与认同的坚果炒货产品著名品牌，如洽洽、三只松鼠、良品铺子、来伊份、百草味、沃隆以及众多老品牌，如徽记、恒康、百联、真心、正林、阿里山、姚生记、傻子、金鸽、旭东等。

3. 坚果炒货食品企业组织结构调整步伐加快

目前，坚果炒货企业已形成以全国性品牌和区域品牌为主导的局面。一些企业通过资产重组、兼并收购、强强联合扩大企业的规模，逐步向集团化、集约化迈进，洽洽、来伊份、三只松鼠、良品铺子、甘源等一批著名企业，以品牌为基础，通过资本运作已上市，成为坚果炒货行业的旗舰骨干力量。

4. 坚果炒货食品产品结构调整成效显著

企业组织结构的优化，推动了企业科技的进步，产品的科技含量、安全质量都得到了明显提高，更新换代进程加速，产量大幅递增，很多企业分别从营养健康、口味多样、精细分类等方面努力开发新产品，特别是近年来开发的每日坚果小包装、礼盒、组合装等产品，由于品种多样、营养丰富全面，深受消费者欢迎。坚果炒货产品品种的增加和市场需求量的提升，为相关的机械、包装行业也带来了发展的机遇，推动了机械、包装产业的更新换代。

5. 科技进步已成为全行业发展的推动力

全国坚果炒货行业已基本摆脱手工操作，规模以上企业均实现机械化、标准化、规范化、流水线生产。龙头骨干企业还均建立了企业的研发中心，企业科技创新活动已成为企业管理的一个重要组成部分。

6. 加大标准制修订及执行力度，提高全行业整体加工水平和食品安全水平

截止到2019年，坚果炒货行业已制定完成国标、行标、团标30多项。

7. 坚果炒货行业呈现出持续快速发展的态势

随着人们生活水平的日益提高，市场消费进一步趋向理性，消费行为呈现出个性化、多层次、多功能、多样化的趋势。主要表现在以下方面：

（1）近年来，国民在饮食结构上越来越注重营养与健康。坚果炒货食品品种有上百种，大都含有丰富的不饱和脂肪酸、蛋白质、碳水化合物、钙、磷、锌、铁等营养成分，对人体新陈代谢、调节血压、降低胆固醇以及心脏健康有一定作用，由于其特有的营养保健功能，坚果炒货食品作为最具活力潜力的健康型休闲食品，越来越受到人们的欢迎和喜爱，成为消费者休闲食品的首选；

（2）在大卖场、超市大众消费模式的基础上，人们开始热衷于现代化的专卖店、连锁店的新零售模式。现代化的、精致的店面，新鲜、健康的产品，小袋的包装，满足了不同消费层次的需求；

（3）坚果炒货食品可作为菜肴，向营养辅料的方向发展。一直以来，老百姓就有将坚果炒货食品作为主食配菜的饮食习惯。在这种传统的消费基础上，只要产品形式得当，营养配料合理，加以消费的引导，让坚果炒货食品作为主食辅料产品，走上餐桌，进入人们的一日三餐，是全行业可持续发展的一个新领域；

（4）深度加工、综合利用，走可持续的发展道路。在国家大力提倡环保社会的趋势下，去壳产品将逐渐占领市场。坚果炒货食品本身所带的硬壳将作为新的能源被利用。同时坚果炒货食品粉状营养辅料以及液体饮料等产品的开发利用，已经在市场上占有了一席之地。坚果炒货食品的深度加工、综合利用，为整个行业的可持续发展开辟了一条新的道路；

（5）随着企业自身建设的加强，整个行业科技水平的提高，完全有能力应对市场的变化，能根据消费的需求，提供健康、安全、营养的产品。

【c. 面临困难】

1. 市场越来越真实、消费越来越理性

产业呈现平稳发展，同时回归理性消费；

2. 互联网销售、新零售与传统营销模式的碰撞

随着时代的发展，网络、电商、大数据、带货直播等新型营销模式对传统营销模式产生了较大的冲击，坚果炒货行业纷纷对传统营销模式进行了变革与创新；

3. 国内坚果市场国际化程度越来越高，竞争越来越激烈

2019年，中国已成为全球最大的坚果炒货食品生产与消费国，同时也是全球坚果炒货业增幅最快的国家。全球近20个国家的同类产品在中国市场销售，国际化程度高、竞争激烈，全国坚果炒货行业团结一致、抱团取暖、全力应对国际竞争和国内新常态形势；

4. 随着食品营养知识的普及，民众保健意识的增强，对食品安全、营养健康、均衡饮食的要求越来越高

近年来，年轻一代成为坚果消费的主力军，多样功能、多元口味的坚果炒货食品被越来越多消费者所选择；

5. 产品同质化严重，新品缺乏、销售动力不足

大部分的坚果炒货食品无论从品种、口味还是包装上差别不大，没有差异化竞争，同质化现象比较严重。坚果炒货食品是一种传统食品，传统口味占有主导地位，近年虽有新口味问世，但新品仍旧缺乏，无法满足年轻消费者追新的需求，导致众多经销商、批发商、零售商销售动力不足。

【d. 发展方向】

1. 坚持走进口坚果国产化、本土化之路，同时要扩大并提升国产原料的种植数量与质量，延伸产业链

近年来，受到贸易战的影响，很多进口坚果关税增加，导致进口坚果价格高居不下。这就更加迫切需要走进口坚果国产化、本土化之路，摆脱进口坚果高关税的束缚；目前，夏威夷果和碧根果分别在云南、广西和安徽实现了本土化种植。并且，夏威夷果在中国的种植面积已成为全球最大。在扩大坚果本土化种植面积的同时，也要严把原料质量关，延伸产业链，从种植、加工到销售，强强合作，让进口坚果国产化的道路越走越远。

2. 坚持改革开放，走"国内国际互促"发展之路

利用已有的国际资源坚持推进与国外同行的交流，请进来走出去，以实现"国际国内互促"，努力走"双循环的格局路线"。立足国内敏锐洞察市场走向，加速改革现有市场营销模式步伐，进一步利用好互联网工具和大数据资源，来拓展与细分、细耕二、三线城市及农村市场，将国内市场实实在在下沿下沉。

3. 全行业要持续宣传坚果炒货的健康功能

2016 年，中国营养学会发布《中国居民平衡膳食宝塔》，其中，推荐每人每天食用坚果炒货 25 ～ 35 克。因此，全行业不仅要宣传"每天一把坚果瓜子有益健康"的科学膳食理念，更要倡导"坚果炒货食品是每天必需吃的健康食品"。坚果籽类食品不仅是具有健康功能的休闲食品，更是补充人体每日营养的必需食品。"活得更健康"将成为全民的追求，坚果籽类这一健康食品，必将发挥更大的作用。

杨 倩

第三部分

地方篇

3.1 北京市

在以习近平同志为核心的党中央坚强领导下，在中共北京市委直接领导下，北京市食品工业坚持以习近平新时代中国特色社会主义思想为指导，把新中国成立70周年庆祝活动服务保障作为重大政治任务和全市工作的重中之重，团结一心、砥砺奋进，大力加强“四个中心”功能建设、提高“四个服务”水平，抓好“三件大事”，打好三大攻坚战，完成了一系列大事喜事，在改革中前进、在创新中探索、在发展中优化，保持了经济社会持续健康发展，较好地完成了既定目标任务，为“十四五”时期首都食品体系建设和食品安全奠定了坚实基础。

【a. 概况】

2019年，全市食品工业规模以上企业264个，同比减少13个。全市食品工业规模以上企业实现营业收入1227亿元，同比减少34.3亿元，同比下降2.7%；全市食品工业规模以上企业实现利润总额82.6亿元，同比减少1.8亿元，同比下降2.13%；全市食品工业营业成本905亿元，同比增加6.6亿元，同比增长0.73%；全市食品工业产值773亿元，同比减少94.7亿元，同比下降10.9%；全市出口交货值17.8亿元，同比减少2.2亿元，同比下降11%。

按食品工业大类看，农副食品加工业实现营业收入394.4亿元，同比增加23亿元，同比增长6.1%；实现利润总额11.3亿元，同比增加1亿元，同比增长9.7%；营业成本353.8亿元，同比增加23.9亿元，同比增长7.24%；工业产值242.7亿元，同比减少35.3亿元，同比增长12.7%；出口交货值5.6亿元，同比减少0.4亿元，同比下降7.7%；企业个数同比减少7个。食品制造业实现营业收入575.5亿元，同比减少25.2亿元，同比下降4.2%；实现利润总额53.3亿元，同比增加10.3亿元，同比增长24%；营业成本374.5亿元，同比减少5.9亿元，同比下降1.55%；工业产值313.7亿元，同比减少7.6亿元，同比下降2.36%；出口交货值11.2亿元，减少0.2亿元，同比下降0.1.75%；企业个数同比减少4个。酒、饮料和精制茶制造业实现营业收入257.3亿元，同比减少32亿元，同比下降11%；实现利润总额18亿元，同比减少13.1亿元，同比下降42.12%；营业成本176.7亿元，同比减少11.4亿元，同比下降6.06%；工业产值216.9亿元，同比减少51.8亿元，同比下降19.27%；出口交货值1亿元，减少1.4亿元，同比下降58.33%；企业个数同比没有变化。

2019年，全市食品加工企业产值利润率是10.67%，同比增长9.7%；营业收入利用率是6.7%，同比持平；成本利润率是9.12%，同比下降0.33%。

【b. 大事记】

1. 宣贯修订版《禁限目录》

北京市相关政府部门向北京市各区相关部门、相关行业协会和重点企业宣贯修订版《禁限目录》，进一步加强明确对保障城市基本运行、应急保障、以老字号为代表的名优企业等的支持，加强政策引导，进一步服务于食品产业的创新发展。

2. 积极支持重点食品企业向智能化、绿色化方向发展

2019年，通过高精尖产业发展资金支持二个企业智能化改造项目。金果园老农（北京）食品股份有限公司、今麦郎饮品股份有限公司（北京厂区）、北京牵手果蔬饮品股份有限公司等3家企业获得2019年度市级绿色工厂称号。

【c. 协会主要工作】

1. 积极推进北京食品工业企业诚信管理体系建设，组织对食品企业诚信体系建设开展评价，通过建立诚信制度，引导企业创品牌、提品质、增品种

2019年6月28日，北京市经信局联合各区经信部门、北京食品协会，举办了食品工业企业诚信管理体系建设国家标准、食品质量安全从业人员综合能力提升宣贯培训会。近百家食品工业企业的110余名质量安全管理人员参会，进一步增强了企业食品安全主体责任，有力促进了食品安全保障水平。在2019年第四届“诚信北京”315消费者权益日晚会上，三元食品当选“诚信承诺企业”，在打造中国乳业诚信企业的道路上再进一步。

2. 大力引导重点企业开发新产品和高端产品，促进增品种、提品质、创品牌

和路雪旗下的梦龙系列冰激凌位居高端冰激凌产品网络销量第一位，今年推出双重脆层流心酱红覆盆子口味梦龙、迷你梦龙等多种新产品，深受消费者欢迎。汇源果汁名列2019年（第五届）中国顾客推荐度指数品牌排名100%纯果汁推荐度排行榜第一位，红牛名列功能饮料推荐度排行榜第一位，好利来名列速冻食品推荐度排行榜第一位。三元食品荣获2019大健康产业消费者满意品牌奖，三元奶粉在国家统计局中国统计信息服务中心最新发布的《2018中国品牌口碑年鉴》中，位居2018年度中国婴幼儿奶粉口碑榜首，荣获“金口碑”殊荣。三元食品携手故宫，在2019年1月推出了首款官方认证的宫标牛奶——“宫藏·醇享”系列纯牛奶，在营养价值和文化内涵上都体现出牛奶中的“宫廷标准”，受到消费者欢迎。北冰洋食品公司主打产品北冰洋汽水销量实现连续7年高速增长，正在逐步布局全国，走向国际市场，北冰洋袋淋、双棒、碗淋、大瓷罐酸奶等老字号产品正在逐步恢复。

3. 支持北京食品产业“老字号”发展

2019年，北京二锅头酒业股份有限公司（永丰）、北京大顺斋食品有限责任公司（大顺斋）等食品企业被认定为第四批北京老字号企业，北京三元食品股份有限公司（国营北京市牛奶站）被认定为第五批北京老字号企业。目前，已有六必居、王致和、红螺、龙门、大红门、月盛斋、天福号、红星、牛栏山、永丰等多家北京都市产业老字号入驻阿里零售平台和京东平台，通过线上线下融合发展，北京都市产业老字号品牌影响力不断扩大。

4. 北京市开展食品工业企业诚信管理体系建设

按照工信部《食品工业企业诚信管理体系建设工作指导意见》和北京市食品药品安全委员会《关于印发<北京市食品安全示范区创建工作绩效评估实施细则>的通知》（京食药安〔2018〕3号）精神，北京市经信局联合各区经信部门、北京食品协会，于2019年6月28日举办了食品工业企业诚信管理体系建设国家标准、食品质量安全从业人员综合能力提升宣贯培训会。按照习总书记关于落实“四个最严”的要求，切实保障人民群众“舌尖上的安全”的重要指示精神，进一步加强食品工业企业诚信管理体系制度建设，促进规范管理，开展标准宣贯，提升业务能力，确保产品质量安全，并作为2019年全市经信部门开展食品安全宣传周主题活动内容。

在十四五期间，北京市食品企业将更加紧密地团结在以习近平同志为核心的党中央周围，高举中国特色社会主义伟大旗帜，在中共北京市委的坚强领导下，不忘初心、牢记使命，勠力同心、锐意进取，确保全面建成小康社会和“十三五”规划圆满收官，奋力谱写实现“两个一百年”奋斗目标和中华民族伟大复兴中国梦的北京篇章！

5. 北京食品协会换届情况

北京食品协会第五届第一次会员大会于2020年9月25日在北京召开，大会取得圆满成功。通过投票选举赵国荣同志（北京首农食品集团有限公司　副总经理）为新任会长，选举李奇、邓启华和侯恩革同志为副会长，确认由侯恩革副会长担任北京食品协会法定代表人，经赵国荣会长提名，理事会一致同意马春英同志担任协会秘书长。北京市食品协会同时召开第五届监事会第一次会议上，会议选举陈吉良同志为监事长。

【d. 会员企业介绍】

1. 北京首农食品集团有限公司

北京首农食品集团有限公司（会长单位）是经北京市委、市政府批准，于2017年12月由北京首都农业集团有限公司、北京粮食集团有限责任公司、北京二商集团有限公司三家企业联合重组成立。重组后的首农食品集团资产、营收双超千亿，2018年实现两位数增长。员工近6万人，所属企业500余家，其中中外合资合作企业30余家，境外公司10余家，上市公司2家，农业产业化国家重点龙头企业8家，位列中国企业500强。集团产业横跨农牧渔业、食品加工业、商贸服务与物产物流业，覆盖米面油、肉蛋奶、酱醋茶、糖酒菜等全品类食品，涉及种植、养殖、仓储、加工、贸易、配送、销售等各个环节，形成从田间到餐桌的现代食品产业体系和一二三产融合发展的全产业格局。集团坚持品牌、科技双轮驱动。集团持有15个中国驰名商标，24个北京著名商标，18个北京老字号，13个中华老字号，月盛斋酱烧牛羊肉制作、六必居酱菜制作和王致和腐乳酿造3项技艺入选国家级非物质文化遗产保护名录。2020年，“首农”“三元”“古船”“大红门”品牌价值分别达到626.85亿元、328.26亿元、186.52亿元、97.32亿元。集团拥有3家国家级工程技术研究中心，4家市级工程技术研究中心，3家部级加工技术研发中心，2家市级以上重点实验室，3家院士专家工作站，4家博士后科研工作站，11家国家高新技术企业，持有专利超过600件，承担多项国家和市级科研项目及课题。践行自主创新的国家战略，在育种领域具有全国领先的技术优势和产业优势。种鸭规模世界第一；蛋鸡制种规模居世界第一，自主培育的“京”系列蛋种鸡，是我国唯一不依赖进口的高产畜禽品种；种牛规模居全国第一，自主选育的种牛品牌（308HO）完成北美注册，实现

与国际市场的接轨；“中育”配套系种猪、北京黑猪、北京油鸡等一大批具有自主知识产权的良种品牌，共同打造了畜禽种业的中国“芯”。作为首都市民的“菜篮子、米袋子、奶瓶子、肉案子”，首农食品集团将以习近平新时代中国特色社会主义思想为统领，全面贯彻新发展理念，聚焦“四个中心”定位，提升“四个服务”水平，深化改革，转型发展，着力建设安全食品的供应者、城市运营的保障者、食品科技的引领者、美好生活的守护者，努力打造成为国内领先、具有较强国际竞争力、以食品供应服务保障为核心的国有资本投资公司！

2. 北京一轻食品集团有限责任公司

北京一轻食品集团有限责任公司（副会长单位）成立于2013年8月8日，隶属于北京一轻控股有限责任公司。食品集团下属有北京义利面包食品有限公司、北冰洋（北京）饮料食品有限公司、北京义利商业连锁有限公司、北京义利糖果食品有限公司、义利北冰洋文化发展有限公司等五家实体公司和原北京义利食品公司、北京市北冰洋食品公司两家母体公司，拥有“义利”“北冰洋”两大品牌。

“义利”始建于1906年。英国商人詹姆斯·尼尔在上海创办义利洋行。二十世纪四十年代中期，英国人创办的义利洋行转为中国民族资本经营，并更名为义利食品公司。1951年，义利由上海迁至北京，逐步发展成为中国食品工业骨干企业之一。百年义利追求品质，殊荣不断，义利“星牌”巧克力早在1915年巴拿马国际博览会上荣获金奖，1937年再获国际金奖；自20世纪70年代以来，义利先后有77种产品荣获国家经委、轻工业部、北京市金、银质奖；先后被评为“优秀食品老字号”“北京市名牌产品”，“北京市著名商标”，2006年被商务部评选为首批“中华老字号”企业。北京义利面包食品有限公司组建于2001年，是中外合资企业。主要生产设备从荷兰引进，目前日产面包能力达30吨居亚洲之首。义利面包公司主要生产经营面包和西点，其中著名的传统产品有：大果子、维生素、乳白、葡萄、全麦面包等，得到了广大消费者的厚爱。现有的包装面包品种已达到几十种，中西点二百多种。自2008年起连续被评为全国食品工业优秀龙头企业。

“北冰洋”始建于1936年，前身是北平制冰厂，是北京第一家人工制冰企业。1949年制冰厂收归国有，改叫北京新建制冰厂，是中国饮料、冷食的创始企业之一。1951年北冰洋开始生产汽水，正式注册“北冰洋”商标，商标图案由雪山和白熊组成。北冰洋在历史最辉煌的时期其冷食、饮料占据北京市场半壁江山，是中国汽水产量最大的生产厂家；罐头产品远销国外，是北方食品工业龙头企业，其中有8种产品曾获原轻工业部优质产品奖，3个品种曾获国家银质奖。

夏红卫

3.2 天津市

2019年，天津市食品行业依然面临异常复杂严峻的国内外环境，对于深受经济新常态和社会发展双重影响的食品产业而言，相应的变革与创新也是推动食品行业健康持续发展的重要动力，对于天津食品企业而言，既是机遇，又是挑战。

【a. 概况】

1. 全市食品工业规模以上企业经济运行情况

2019年，天津市食品行业规模以上企业有272家，同比增加8家，其中，农副食品加工业130家，食品制造业111家，酒、饮料和精制茶30家，烟草制品业1家。食品工业规模以上企业实现营业收入991.22亿元，同比增长3.1%；其中，农副食品加工业实现营业收入510.79亿元，同比下降0.13%；食品制造业实现营业收入314.84亿元，同比增长5.5%；酒、饮料和精制茶实现营业收入101.94亿元，同比增长8.8%；烟草制品业实现营业收入63.65亿元，同比增长10.7%。实现利润总额47.30亿元，同比增长0.77%，其中，农副食品加工业实现利润总额5.7亿元，同比下降21.38%；食品制造业实现利润总额26.48亿元，同比下降10.87%；酒、饮料和精制茶实现利润总额5.46亿元，同比增长57.8%；烟草制品业实现利润总额9.66亿元，同比增长48.16%。实现工业增加值同比下降4.5%，其中，农副产品加工业工业增加值同比下降6.3%；食品制造业工业增加值同比下降10.5%；酒、饮料和精制茶制造业工业增加值同比下降1.6%。

2. 市场内外因素叠加，行业调整影响加剧

2019年，我国内部经济下行压力加大，结构性、体制性、周期性问题相互交织；外部受贸易摩擦影响市场信心不足，国内市场消费低迷，全行业2019年利润同比下降5.7%，综合营业收入利润率仅为4.6%，行业从业人员下降至43822人。

3. 传统行业基本稳定，风口行业异军突起

2019年底，食用植物油行业营业收入为344亿元，同比增长2.7%，屠宰及肉制品加工行业受诸多因素影响，屠宰量及产量下降，营业收入为33.9亿元，同比下降20.2%；方便面制造行业实现营业收入57.1亿元，同比增长8.8%；乳制品制造行业实现营收65.4亿元，同比增长8.1%。其他食品制造行业中，水果坚果加工、淀粉制品制造、糕点面包制造、糖果巧克力制造、罐头食品制造、调味品发酵品制造等均突破营收10亿元关口，同比均实现较好增长。

4. 行业盘整蓄势待发，但仍亟须防控风险

2019年，食品行业处在盘整期，食品行业实现营收占全市工业比重为5.17%，说明食品行业基础还在，且规模在做大，虽受到一些不利因素的影响，但行业整体环境在复苏，后续应深化供给侧改革和结构调整，把重心放在产品和营销创新上。

按照中央经济工作会议部署，同比经济形势同样严峻，全市食品行业应趁中美贸易达成初步协议的风口期，抓紧机遇、调整方向，维护好个人企业的信用主体，在稳货币、紧信用、宽财政

的主基调下，善于利用金融工具扩大企业实力，同时强化风险意识，做好风险预案抵御风险。

【b. 协会主要工作】

1. 加强省市合作交流，招商引资取得成效

2019年，市食协共接待全国各省市招商局有关领导及组织食品企业招商服务工作20余次，组织37家食品企业参加了各省市招商引资洽谈和参观考察等活动，取得积极成效。

2019年接待吉林省蛟河市招商局相关领导；陪同江苏省兴化市招商局一行3人走访巨能粮油公司，洽谈招商引资工作，参观拜访阿尔发公司并协助联系大宇、凯涛奇、兴达和平，为兴化市市长来访创造条件，并联系7家企业洽谈招商引资工作；组织10家企业参加吉林省通化市招商引资会议，为合作共赢夯实基础；接待安徽省淮北市招商局一行5人，陪同参观考察康奥科技、黑金刚、巨能公司和卫酒集团芦台春酒业公司，洽谈招商引资事宜；协助吉林省驻津办事处组织10家食品企业参加推介会；市食协参加在成都召开的全国食品工业协会联盟第六次会议，进一步增强与各省市食协之间的交流与合作；中国－东盟食品行业合作委员会中方执行主席、市食协名誉理事长赵国瑞等人参加了2019淮北食品工业博览会，加强与各省市合作交流；受南侨集团邀请，市食协与天津南侨食品公司质量经理任宝钢一行赴上海南侨食品公司，参加了南侨集团举办的大陆事业23周年庆典活动，与林界算总监探讨在天津焙烤行业开展大师课、相关培训等合作意向；接待山东省泰安市招商局，联络招商引资意向企业；接待江苏省泗阳县和宿迁市招商局一行，增进相互了解；接待河南濮阳招商局洽谈招商引资事宜；接待安徽淮北招商团一行前往津酒集团参观访问；接待福建尤溪县招商局一行并进行招商引资项目洽谈，取得了积极的成效。

2. 搞好项目精准对接，互利共赢收获颇丰

2019年，市食协共接待各省市及相关行业与食品企业合作对接洽谈活动30余次，组织100余家食品企业参加相关会议，并进行现场项目对接，受到企业的欢迎和好评。

2019年市食协与市农业局沟通2020年奶业大会相关工作；接待了廊坊市国际展览公司一行，洽谈2019年度农产品会展事宜；接待鲸品马力、中青创等白酒加工企业，进行合作交流洽谈；接待SGS公司、优配食品、厚朴金控、阳森化工、民生银行、水产集团、食品集团等单位，对项目合作对接进行了沟通洽谈；组织市食协常务理事单位天津阿尔发保健品公司、汉沽盐场、卫酒集团、食品进出口公司、桂顺斋食品等10余家企业领导参加“2019年天津品牌发展高峰论坛”，阿尔发公司董事长王书新在会议上做了《25年以来：只做了控糖无糖健康食品；未来25年：专业的控糖健康管理专家》的主旨演讲，受到大会关注和好评；市食协还接待了恒越知识产权、SGS、平安大智慧等单位，进行项目洽谈和对接；拜访天津市场委生产处彭处长，洽谈对接政府购买服务，巩固协会与政府关系；市食协与市包协在天津百得纸业有限公司联合举办“市食品和包装企业对接会”，市工信局经济运行处副处长兼市包装协会负责人穆光宪及本市百得纸业等8家包装企业和凯涛奇、黑金刚、美可高特、山海关等12家驰名食品企业负责人参加会议，搞好精准对接，加强本市食品行业转型升级，提升食品包装水平，满足市场对包装差异化、特色化的需求，互利共赢，企业收获颇丰；市食协与民生银行天津分行再续前缘，联合召开了战略合作启动会，市食协，利和集团，民生银行天津分行微金融事业部，民生银行鼓楼支行领导及50余家本市食品企业财务总监、企业负责人出席会议，参会企业现场提问热情踊跃，先后十余家食品企业负责人就贷款、结算等方面问题进行现场咨询，并进行现场对接，敲定了10余户贷款需求企业，后期市食协带领民生银行鼓楼支行团队对有资金需求的食品企业进行上门对接服务，有效

缓解企业融资难问题。在会议上利和集团利贸通业务主管经理刘畅对利贸通业务能帮助食品企业完成出口环节的贸易、关税、仓储等业务作了精彩宣讲，并现场与意向食品企业做了精准对接；完成蒙冠食品与山海关饮料项目合作对接洽谈任务；为科技大学包装学院与天津机械企业进行合作项目对接；为机械会员单位与狗不理、和乐等企业做素包子项目进行对接；为中英集团饮料项目合作对接凯方食品、格瑞果汁和冠芳三家食品企业；为特素生物购买固体饮料包装机项目与三桥、恩纳科进行对接；为《食品与健康》杂志社联系采访老茂生，宣传企业产品；陪同渤海轻工集团林咸应副总经理和春发生物公司胡总，赴江苏兴化参加全国调味品大会；与天津 0TO 股权交易所达成战略合作协议并出席签约仪式；配合现代学院筹备联盟成立一周年会议，协助组织焙烤大赛，帮助食品研究所期刊创建 40 周年，联盟成员发送联名贺信，为联盟工作尽心竭力。

3. 发挥桥梁纽带作用，商务洽谈铺路搭桥

2019 年，市食协共接待各省市来访的商务洽谈和参观考察团 16 个，并组织考察本市 12 家食品企业，发挥协会桥梁纽带作用，为食品企业商务洽谈铺路搭桥，取得良好效果。

2019 年市食协接待了市工信局领导，沟通协会关于评比表彰工作情况；接待安徽省淮北市凤凰山经济开发区商务考察团一行 4 人，双方就两地食品行业近年来的发展状况、营商环境提升、服务企业成果等方面，进行了深入的洽谈和交流，并走访相关企业；由市食协与现代职业技术学院共同组成的考察团，先后考察了河北省邯郸市职业技术学院与邯郸市邱县开发区，巩固“京津冀食品行业产教联盟”成果，促进校企合作，把京津冀食品行业产教联盟活动落到实处；接待吉林省蛟河市招商局宫局长和任主任等相关领导，洽谈战略合作等事宜；接待机械企业杨总，在天津成立分公司，加强与协会工作联系；接待广发银行、平安银行等工作人员，听取融资方案介绍，达成合作共识；接待了海曦（天津）会展服务公司人员，洽谈首届《中国北方国际健康产业博览会》合作事宜，双方达成初步合作意向；接待大成万达公司，推进乳酪产品推广合作事宜；为芙烈浓食品公司计划参加广交会联系广东省、福建省食协和天津商务局，并将相关信息反馈芙烈浓食品公司，为企业商务洽谈和参观考察夯实基础。

4. 走访服务食品企业，解决食企后顾之忧

2019 年，市食协走访服务本市 30 余家食品企业，收集食品企业工业发展史相关资料，协调解决全国秋季糖酒交易会相关事宜以及企业融资难、维权难等 20 余项问题，积极帮助食品企业进行法律咨询服务，解决企业的后顾之忧。

2019 年市食协走访了聚能粮油公司、卫酒集团芦台春酒业公司、汉沽盐场，阿尔发食品、康奥科技集团、黑金刚食品公司、现代职业技术学院、精武肉类食品公司、食品集团、正兴德、兴和食品、渤海轻工集团、利和集团、果仁张食品公司、嘉里粮油、龙康食品公司、阿兴食品公司、鑫和顺调味品公司，天津贸促会、华旗食品、市进出口商会、星河永旺、津酒集团等食品企业，洽谈战略合作等事宜；陪同副理事长单位走访阿尔发食品；为现代学院与南侨食品牵线搭桥共同举办焙烤大赛，分别走访两家企业，达成合作意向；与民生银行一起下企业，到津净检测、星河永旺等单位解决融资问题；组织法务咨询会，共 35 家食品企业负责人参加会议，并针对法律问题，进行现场答疑解惑，取得积极成效。

特别是针对精武肉类食品有限公司被强拆事件，市食协第一时间给市政府和西青区政府打报告，并与西青区司法局保持联系，随时跟进，了解事件处理结果，并将事件处理结果及时通报精武肉类食品有限公司，为企业寻求法律保护。另外，积极联系法院有关部门，督促解决拖欠食品企业货款问题，并进行维权，维护企业的合法权益，为企业保驾护航，把服务企业真正落到工作实处，取得了一定的实效。

5. 精心组织完成好全国糖酒会及环渤海交易会工作

从2019年1月份开始，一直到10月份，市食协与本市相关食品企业就全国糖酒会招展工作进行沟通，汇总了各企业参展情况，及时与市商委进行沟通汇报，对糖酒会酒店和场馆相关事宜和食品企业进行走访交流，并与当地广告公司和场馆机械展厅及主办方进行洽谈，确定展馆展位和参展企业，并与各有参展意向的食品企业就糖酒会工作进行沟通，将展馆平面图和报价发给企业，供参展企业进行选择，同时，积极走访本市食品企业，认真做好糖酒会参展企业服务工作。

4月26日至27日，市食协参加了2019年京津冀企业家峰会，参观了京津冀糖酒食品精品交易会，并与天津隆顺榕发展制药有限公司许桂金书记进行洽谈，双方就糖酒会事宜达成共识；5月8日参加糖酒会启动仪式，通过学习取经，取得一定收获；为确保糖酒会筹备工作顺利开展，5月9日，市食协牵头举办了“2019年第101届全国秋季糖酒交易会天津企业招商说明会”，中糖新世纪国际会展公司总经理古平，中糖新世纪国际会展公司会展部经理陈寿杰，市商务局会展处处长张继文，食品集团总经理助理毕国生，企业运营部部长李有起，食品集团商贸公司副总经理蒋连成，渤轻集团经济运行部部长周政以及市各区县商务局有关领导和市相关食品企业代表，共90余人参加会议。会议提出，要紧紧抓住历史性机遇和契机，与中糖会展公司、市商务局会展处、食品集团共同努力，做好全国糖酒会的协调、服务和保障工作，让参展企业和与会客商不虚此行，使天津食品企业走出天津，面向全国，享誉世界，而满载而归。

在糖酒会筹备期间，市食协接待了成都世纪豪博杨总经理和谋略纵横的肖总经理，联络益民金星、六合利、苗和原谷等企业，沟通洽谈参加秋季糖酒会事宜；接待成都5家糖酒会广告公司，洽谈糖酒会合作事宜；与各食品企业联系沟通糖酒会天津馆参展事宜，确定展位和展位搭建设计事宜；接待成都杨总、天津林总和工信局李处引荐的蔡总及上海客商，沟通糖酒会期间主题会议等事宜；联系4家食品企业在糖酒会期间组织接待参展商工业游事宜；完成好糖酒会各项筹备工作及糖酒会展馆、酒店前期参展工作，接待来津参展的食品企业和组展商，为糖酒会圆满成功夯实基础。

在糖酒会期间，市食协与食品集团共同组织开展天津市食品行业高质量发展高峰论坛活动，组织百余家食品企业参加论坛活动，邀请4名全国食品行业著名专家在论坛会议上进行演讲，取得了良好效果，受到与会人员和参展商的欢迎，完成糖酒会期间涉及机械行业两场论坛活动，取得了企业的认可，确保101届全国秋季糖酒会的顺利召开和圆满结束。

全国糖酒会刚结束，市食协又马上与北京中糖集团公司沟通天津秋季糖酒会的会后工作情况，联系确定了2020年全国春季糖酒会组团参展等事宜，及时下发《关于组团参加2020年全国春季糖酒会的函》，组织天津近10家食品工业企业报名参展，并上报参展资料，做好后续服务工作。

11月份，市食协发扬连续作战的工作作风，积极与天津国展中心联系，组织开展了2019年天津环渤海国际食品交易会，交易会共设立170个展位，由于很多食品企业刚刚参加完秋季全国糖酒会，本次交易会参展食品企业比去年有所减少。渤海轻工集团、食品集团、天立独流老醋、卫酒集团、汉沽盐场、黑金刚食品等几十家企业参展，共设70个展位进行参展，为搞好天津环渤海国际食品交易会做出贡献。

6. 完成《中国工业史·食品工业卷》初稿编纂任务

2019年10月份，市食协编委会完成了《中国工业史·食品工业卷》地方篇天津市食品工业发展史编纂提纲上册综合篇：第一篇远古时期—1840年；第二篇1840年—1949年；第三篇1949年—1978年；第四篇1978年—2018年暨远古时期天津食品手工业起源，到2018年天津食品工业发展史初稿的编纂工作任务，并将初稿及时上报中国食品工业协会。

7. 抓好协会各项工作，促进行业健康发展

（1）加大对外宣传力度，开创宣传工作新局面

2019年，市食协积极做好宣传报道工作，制定了2019年度宣传工作计划，确立宣传工作指导思想，明确宣传工作重点，提出宣传工作具体措施，增强宣传工作责任感，构建食品行业命运共同体，增强全行业凝聚力和向心力，提高食品行业特有的企业文化软实力，搞好京津冀协同发展宣传，以京津冀食品行业产教联盟合作发展为契机，组织好京津冀协同发展有关活动及周年代表大会，发展新会员单位，搞好健康委员会宣传推动工作，开创京津冀合作发展新局面。

完成协会网站、公众号内容更新及公众号年审工作。通过协会网站和公众号平台宣传协会培育发展“大食品及食品大市场”的工作思路，把举办全国糖酒会、环渤海国际食品交易会”打造天津名片，搞好对外宣传工作落到实处。

2019年，市食协继续加强与新闻媒体交流合作，建立与网络媒体的交流合作，加大对外宣传报道工作力度，进一步扩大食品协会对外宣传渠道的广度和深度，提高食品行业的影响力和知名度；积极配合市政府，牵头做好食品行业专题宣传日或主题宣传日活动，取得阶段性成果和工作业绩。

截止到2019年底，市食协共编写食品工业简报24期，并在公众号和微信群进行宣传，开创宣传工作新局面。

由市委宣传部、市文明办、市总工会、团市委、市妇联，联合举办的第六届天津市道德模范评选表彰活动结果日前揭晓，市食协副理事长单位天津市天立独流老醋股份有限公司董事长、总经理，天立独流老醋传人张殿英榜上有名。为宣传企业，弘扬正气，市食协在《中国食品报》宣传报道的基础上，及时编写食品工业简报，进行广泛宣传，取得实效。

（2）完成年鉴编纂工作，推进诚信体系建设

天津市食品工业协会积极配合市工信局，完成《天津年鉴（2019）》稿件编写工作任务，并上报市工信局编辑出版。根据中食协〔2019〕11号文件关于编辑出版《中国食品工业年鉴（2019）》的通知精神，完成《中国食品工业年鉴（2019）》的年鉴材料编写工作任务，并上报中国食协编辑部出版发行。

7月30日，组织企业在北京参加中国食品工业协会第七次全国会员代表大会和庆祝《中国食品工业年鉴》创刊35周年座谈会。我会获得《中国食品工业年鉴》优秀工作单位荣誉证书。

通过编写《中国食品工业年鉴（2019）》和《天津年鉴》稿件，介绍本市食品行业发展状况和取得的良好业绩及丰硕成果，为进一步推进行业发展进程，做出努力和贡献。

2019年，根据市工信局下发的《关于鼓励行业协会在督促企业诚信守法自律方面发挥更大作用的通知》精神，市食协认真抓好贯彻落实工作，在全市食品行业积极推进诚信体系建设，以天立独流老醋传人张殿英为榜样，督促食品企业在诚信守法和自律方面发挥更大作用，提升诚信建设水平。

根据天津市发展和改革委员会2019年11月29日下发的关于商请报送《市发展改革委市工业和信息化委关于印发促进我市食品工业健康发展的实施方案的通知》2019年度落实情况的通知精神，市食协按照职责分工，认真组织实施，积极抓好贯彻落实工作，为促进行业健康发展夯实基础。

（3）加强信息统计工作，提高运行分析水平

2019年，市食协进一步加强与市统计局交流与合作，认真收集全市食品行业发展的相关

信息和数据，为市工信局、市场委生产处等有关单位提供全市食品行业发展的有关情况和相关数据。市食协受市工信局的委托，询问了解本市粮油食品企业受中美贸易战影响的情况，并将收集的情况进行汇总上报，为本市相关部门做好信息统计上报服务工作。

受中国食协的委托，市食协下发文件《关于开展减税降费等政策落实情况调查的函》，并下发相关食品企业收集相关信息，做好统计上报工作；受市有关部门委托，收集统计我国企业对韩国出口时遇到的问题及需求情况，市食协积极与利和集团及相关出口食品企业进行联系，询问了解对韩国出口时的相关信息，并将信息反馈情况及时统计上报。

2019年，市食协经常深入食品集团和食品企业，开展针对性的行业调研，了解行业发展现状及面临的形势和困难，加强信息统计工作，提高行业经济运行水平，收到一定实效。

（4）贯彻落实《食品安全法》，维护消费者合法权益

2019年，市食协认真贯彻落实《食品安全法》和2019年3月26日国务院第42次常务会议修订通过的《中华人民共和国食品安全法实施条例》，按照习近平主席“四个最严”指示精神，严格执行国家和本市出台的有关法律法规及文件精神，加强食品安全宣传活动，积极组织开展食品安全、诚实守信、守法自律相关工作，对营造全市“民以食为天，食以安为先”的食品安全氛围，起到了积极的推动作用。

3月15日上午，市食协联合九三学社南开区委、常炜健康文化传媒，共同举办了“共治共享、放心消费”“3.15”消费者权益日活动，走进天津市市长芦汉沽盐场有限责任公司进行参观考察，市长芦汉沽盐场有限责任公司副总经理崔会达、邱炜，长芦汉沽盐业销售公司党组书记张健等领导陪同参观考察。市食协相关部门和九三学社南开区委有关领导及消费者代表60余人参加了此次参观考察活动，把贯彻《食品安全法》维护消费者权益落到实处，受到消费者欢迎。

6月份市食协协助对口蒙古路街居委会，联合开展在滨江道举办的“食品安全宣传活动”，达到宣传目的收到成效。

（5）抓好脱钩后续工作，解决历史遗留问题

市食协积极与市工信局政策产业处沟通协会脱钩事宜；并按照要求上报有关资料，完成好脱钩工作任务；组织召开“市食品工业协会会员代表大会”，通过市食协脱钩后章程修改和部门调整及部门负责人聘任等相关议题；协助包装协会，完成原市食协离退休人员人事档案交接工作、离休干部2018年底工资发放情况说明移交工作、原市食协退休人员退休证遗失补办事宜、脱钩调离人员人事档案转出移交工作；协助市工信局妥善解决原市食品工业办公室企业产房屋历史遗留问题，与市住建委、房管局、税务局沟通并按照要求上报相关材料，顺利完成原食品办企业产房屋产权变更各项审批事项。在市工信局的大力支持下，完成7套房屋产权变更，圆满解决历史遗留问题。12月份协会积极与市工信局沟通协调脱钩期间5名工作人员拖欠工资事宜，并行文上报市工信局，请示给予补发2018年1月至9月份拖欠工资，妥善解决协会脱钩遗留问题，解除职工的后顾之忧。

（6）开展培训项目合作，提高专业培训水平

2019年，市食协认真抓好食品行业相关项目组织培训活动，并制定相应培训计划，推动培训工作顺利进行。3月15日，通用公正技术服务（中国）有限公司SGS管理学院认证及企业优化项目经理曹建军和管理学院培训项目销售经理李欣莅临市食品工业协会，就双方培训项目和组织培训工作进行深入洽谈，通过交流洽谈，双方对在今后工作中的长期合作达成共识，希望通过双方的交流合作，在全市食品企业开展食品安全和法律知识培训，提升管理水平；加强与民生银行和渣打银行合作，搞好食品行业融资项目培训；参加财政局组织的决算公开和政府财务报告培训，取得积极成效。

（7）履行协会工作职责，提升服务管理水平

①顺利组织召开市食协全体会员代表大会，审议通过2018年度市食协全年工作总结暨2019年工作计划安排，并审议通过了协会脱钩解决历史遗留问题等相关工作事项。

②组织召开了2019年度上半年副理事长工作会议，会议审议通过了增补天津市利和进出口集团有限公司为市食协第七届理事会理事长单位，增补天津食品集团有限公司为第七届理事会副理事长单位，调整天津渤海轻工投资集团有限公司为第七届理事会副理事长单位，并履行工作职责。

③加强市食协各部门日常考核，完成各部门《2019年度业务考核责任书》编写工作及各部门责任书签订工作。

④完成市食协年度审核工作，完成4户新入会会员单位审核及2019年度协会会费通知发送和会费收缴工作。

⑤参加社团局扶贫工作会议，并按要求填写好上报扶贫项目报表，完成信息采集上报工作，提升协会服务水平。

⑥根据市发改委《关于加快推进重点用能单位能耗在线监测系统建设的通知》精神，协会对列入名单的20多家重点用能食品企业进行联系沟通，其中，4家企业有意向合作，与节能环保专家一起对其中2家企业进行实地考察，并跟进洽谈。另有一家食品企业已签订施工协议，年底前完成施工任务，进一步推进和落实此项工作的顺利进行。

8. 抓好财务管理工作，把好财务审计关口

（1）完成协会年终财务报表的编制工作及财政局2018年部门决算报表的编制和财政拨款后事业支出与工信局财务对账，转账并上报决算等相关财务管理工作。

（2）完成协会在职合同制人员社会保险基数核定及缴费工作和协会事业编制人员脱钩转出后账务处理及脱钩后事业编人员转入调入事业单位等事务性各项财务管理工作。

（3）完成2019年建账工作，编制财务报表记账、转账凭证汇总稽查及税务局网上申报个税、财务报表填报和年度财务报告年审等相关工作任务，取得了积极成效。

（4）积极与事务所联系，按照社团组织规章制度要求，建立、健全和完善协会建账、调账等各项工作，严格执行财务制度，把好财务审计关，确保协会效果跟踪健康运行。

（5）配合完成2018年决算公开和政府财务报告公开，核对固定资产类别，随时与民生银行沟通联系企业融资工作跟进，掌握融资户数及贷款额度情况，推动融资工作进程。

9. 健全完善党的组织，加强协会党建工作

2019年，由于协会脱钩，协会大多数党员组织关系已经转走，离退休党员组织关系已全部转出。为此，协会党组织活动受到一定的影响。为进一步理顺党的组织关系，恢复协会党建工作，积极落实市国资委协会商会党委对市食协调整党支部人选的工作要求，协会党支部按照党组书记评选程序，通过理事长会议，推荐党支部书记候选人，并按程序上报市国资委党组，重建协会党员信息和理事会成员2个信息台账，调整支委会组成人员，健全和完善协会党建组织，加强党对协会工作的领导，确保协会各项工作有序平稳运行。

2019年，协会党支部继续抓好党建和维稳工作，全面贯彻落实习近平新时代中国特色社会主义思想，围绕“不忘初心，牢记使命”主题教育，加强党员理想信念教育，重温入党誓言，使党员不忘初心、砥砺前行。向社团局报送“不忘初心，牢记使命”主题教育重点整治问题征求意见表，教育党员严格遵守“八项规定”，加强党员干部学习和参加组织活动的自觉性，坚持党组织学习教育常态化、规范化、制度化，增强党员

干部“四个意识”，把主题教育活动落到实处。

组织协会党员和工作人员参加庆“七一”党员观影活动，观看《周恩来回延安》电影，展现党和国家领导人“不忘初心、牢记使命”的革命情怀，使党员干部受到一次深刻的革命传统教育，取得积极成效。组织协会党员干部开展“党员下基层，服务到企业”各项活动，深入食品企业开展调研活动，了解企业相关需求，解决企业实际困难，维护企业合法权利，解除企业后顾之忧，取得了一定的成绩。

积极参加国资委协会商会党委组织活动，认真完成协会党支部 2019 年度“六个一”活动的相关资料整理上报工作，并上传国资委党建系统网站，做好党支部书记 2019 年度述职报告各项准备工作，把党建工作落到工作实处。

10. 完善协会基础工作，提高协会管理水平

认真抓好协会办公室、财务人事部、交流合作规划部、行业管理部日常管理工作。进一步健全和完善协会各项规章制度，规范协会各部门管理工作，认真做好协会公文编写上报，机要文件收发、档案和印章管理等各项工作；完成协会例会组织工作和工会、财务、人力资源和行政、消防安全等管理工作，发挥协会党支部、工会组织积极作用，关心职工生活，搞好入户家访慰问工作，抓好协会职工思想政治工作，确保协会各项工作正常运转，努力提高协会科学管理水平。

李建中

3.3　河北省

【a. 概况】

2019 年，河北省规模以上食品工业增加值同比增长 5.9%，占全省规模以上工业增加值的 6.7%，比全省累计增长速度高 0.3 个百分点，累计贡献率6.8%，累计拉动全省工业0.4个百分点。（见图 1）其中：农副食品加工业同比增长 6.5%；食品制造业同比增长 7.9%；酒、饮料和精制茶制造业同比下降 3.8%；烟草制品业同比增长 10.8%。规模以上食品工业企业 1165 家，实现营业收入 3045.18 亿元，同比增长 8%，占全省工业主营业务收入的 7.86%，营业成本为 2507.72 亿元，同比增长 7.4%；实现利润总额 165.88 亿元，同比增长 21.4%，占全省利润总额 8.91%。规模以上食品工业产销率为 98.3%，食品工业出口交货值同比下降 2.7%，销售产值同比增长 6.3%。

主要产品产量情况方面，在入统的 33 种产品中，有 22 种产品同比为正增长，占统计品种的 66.67%（见图 1），熟肉制品、大米、速冻米面食品、碳酸型饮料、包装饮用水、酱油、食醋、冷冻饮品、食品添加剂、婴幼儿配方乳粉、乳粉、成品糖、冷冻蔬菜、冻肉 14 种产品产量增长都在 10% 以上，占到全部产品的 42.42%；有 11 种产品同比为负增长，果酒及配制酒、葡萄酒、蛋白饮料、果汁和蔬菜汁饮料、冷冻水产品、发酵酒精、味精、糖果、罐头、焙烤松脆食品、卷烟。

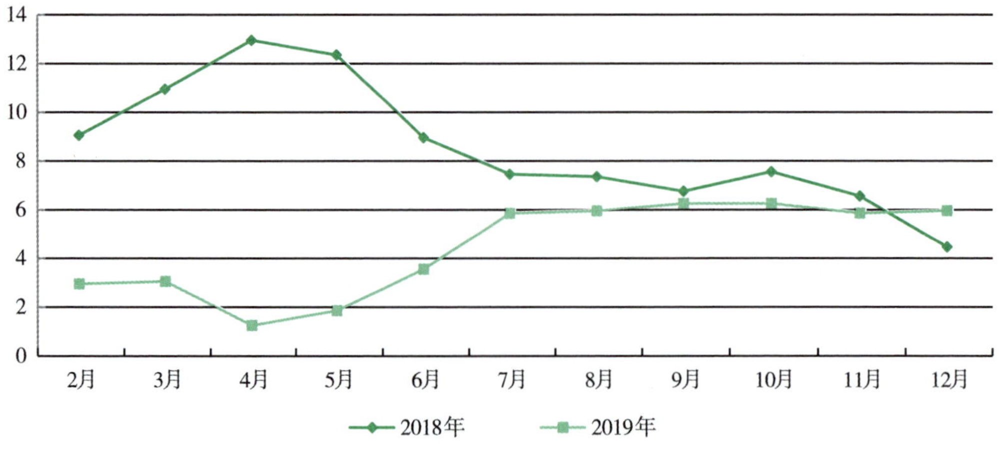

图 1　2019 年全省食品工业增加值增速情况

表 1　2019 年主要产品产量情况

产品名称	计量单位	累计产量	累计增长 %
酱油	万吨	11.58	92.9
冷冻蔬菜	万吨	22.75	57.3
大米	万吨	35.05	49.7
食醋	万吨	16.51	35.3
冻肉	万吨	21.01	26.9
成品糖	万吨	39.23	25.6
冷冻饮品	万吨	8.18	23.7
熟肉制品	万吨	7.32	15.7
食品添加剂	万吨	35.22	15.2
饮料酒	万吨	199.43	7.1
其中：白酒（折 65 度，商品量）	万吨	14.22	9.3
啤酒	万吨	180.62	8.0
葡萄酒	万吨	4.31	–24.3
果酒及配制酒	万千升	–0.04	–29.9
速冻食品	万吨	27.9	6.9
速冻米面食品	万吨	2.61	23.0
膨化食品	万吨	1.25	6.5
小麦粉	万吨	1175.62	6.4
乳制品	万吨	356.83	5.8
液体乳	万吨	347.14	5.4
固体及半固体乳制品	万吨	9.7	23.1
其中：婴幼儿配方乳粉	万吨	3.05	39.5
乳粉	万吨	6.77	35.7
精制食用植物油	万吨	321.72	5.6
方便面	万吨	29.61	1.9
卷烟	亿支	758.35	–0.5
饮料	万千升	577.04	–0.8
其中：碳酸型饮料	万千升	46.68	22.9
包装饮用水	万千升	232.49	11.7
果汁和蔬菜汁类饮料	万千升	68.33	–13.2
蛋白饮料	万千升	34.25	–11.6
罐头	万吨	17.86	–1.9
焙烤松脆食品	万吨	0.83	–10.0
发酵酒精（折 96 度，商品量）	万千升	12.92	–17.8
味精	万吨	1.58	–29.9
糖果	万吨	7.63	–37.9
冷冻水产品	万吨	6.36	–38.2

【b. 大事记】

2019 年 1 月，河北省食协在河北衡水市河北养元智汇饮品股份有限公司召开 2018 年会长联席扩大会议。省食协的副会长及各市秘书长近 60 人参加会议。会议由副会长兼秘书长吴龙妹汇报了 2018 年工作情况并提出 2019 年工作思路；副会长单位及各市食协进行行业发展情况交流；姚奎章会长讲话。

4 月 26 日，在河北省石家庄市召开河北省食品工业协会第六届会员代表大会及六届理事会一次会议。会议通过了副会长兼秘书长吴龙妹做的《河北省食品工业协会第五届理事会工作报告》、通过了《关于修改河北省食品工业协会章程的报告》《关于河北省食品工业协会财务报告》；选举产生河北省食品工业协会第六届会长姚奎章，冯利亚等（39 名）副会长，秘书长李峰，副秘书长夏卫东，监事会主席李泽霞。省食协副会长、常务理事、理事等 200 多名代表参加会议。

4 月 26 日，在石家庄市召开由中国食品工业协会指导，河北省食品工业协会主办，华糖云商营销传播股份有限公司承办的 2019 京津冀食品企业家峰会暨河北食品领军品牌、特色品牌发布会。河北省工信厅、发改委、市场监管局、北京食品学会、北京食品协会、天津食品协会领导及食品行业的企业家与经销商 300 多人参加会议。会议的主题是：“以总结发展成果，提振发展信心，探索新时代京津冀食品产业持续发展之道”。本次会议对强化京津冀食品企业家交流和京津冀食品产业合作共荣，传播推广京津冀优秀食品品牌，推动优质产品与消费市场的深度合作发挥了积极的推动作用。大会发布了河北省君乐宝乳业有限公司、河北养元智汇饮品股份有限公司等 19 家企业的食品领军品牌和特色食品品牌，对培育河北省食品品牌，提升品牌影响力起到引领作用。河北省工业和信息化厅消费品处处长刘永青表示，河北食品工业经过多年发展形成了 4

大类，21 个中类，64 个小类门类齐全的食品工业体系，2018 年全省规模以上食品企业 1360 多家，实现主营业务收入 2800 亿元，乳制品、植物蛋白饮料、植物油、面粉、葡萄酒、啤酒等细分行业均达到了国际先进水平和国内领先水平，涌现出了代表了河北省食品工业发展的最高水平的君乐宝乳制品、六个核桃饮料等一批享誉国内外的知名品牌，体现出河北省食品工业发展的实力和特色。希望全省食品工业以品牌为引领，做出特色，做成精品，做大品牌。峰会还带来了来自食品行业的多位专家精彩的主题演讲，从河北省食品行业政策到认清基本大势，读懂中国新生代消费，到如何进行品牌竞争等方面进行全面解读。

5 月 23 日，在秦皇岛市召开由河北旭亨水业有限公司承办的“中国桶装水行业发展论坛 520 大会”，来自全国桶装水行业的精英集聚大会，围绕“观海弄潮，逐浪争流——我们不一样”的主题，共商桶装水产业发展大计。论坛期间，围绕目前桶装水企业的热点、难点问题展开了讨论，分析市场趋势，传导开启水企的新时代。未来水站的生存之道、周转桶和一次性桶的辩论赛、社区包装水自贩机营销初探、桶装水互联网运营新格局、小微水企初涉瓶装水市场，如何立足等等议题进行了精彩的论述和充分的辩论，以及部分企业就自身企业的经营之道进行了分享和交流。除了众多一线品牌加盟如农夫山泉、娃哈哈、屈臣氏等，还有地方知名品牌如四川蓝光、成都蓝剑为此次活动添彩。

秦皇岛食品药品监督管理局副局长沈宽、河北省食品工业会协会党支部书记吴龙妹到会发表讲话。沈宽局长说：秦皇岛正处于历史上重大机遇最为集中，各种优势最能有效释放、跨越提升最为有利的重要历史节点上，自 2015 年秦皇岛开展创建全国质量强市示范城市起，“秦皇岛制造”的竞争力和品牌价值不断提升。桶装水是人民群众消费的必需品，桶装水行业都在努力将自己的技术精益求精，也正因为他们的不断努力进步，政府也愿意为推动实现优质资源共享、优势产业互补、水业跨界融合发展提供更大的交流平台。

吴龙妹书记说：秦皇岛“旭亨”“英洋”两大品牌是河北省桶装水行业的知名品牌，企业在发展中历尽坎坷、艰辛，是全省桶装水行业的领军企业。吉时雨公司的经营模式在桶装水行业出类拔萃，智能化配送、优质服务都是我省同行业的模板。水是生命之源，桶装水行业是造福于人类健康的光荣使者，向百姓和社会提供健康水，工作伟大而艰巨。在未来的发展中，要通过科技创新，桶装饮用水一定能在品牌建设、桶装水产品升级、打造差异化服务，从解渴到健康到保健，包装饮用水产品功能实践中再创佳绩。河北省的桶装水行业的发展有亮点也有短板，在国内河北水企品牌知名度普遍不高，企业管理水平也有待提升，希望借助桶装水行业论坛以长补短，学以致用，加快河北省桶装水行业的发展。

喝水平台董事徐彦刚先生为大家分享了经验；西藏 5100 水业有限公司执行董事 李昕女士带来桶装水互联网运营的新格局；普华永道高级经理对如何《把握税收红利，水企税收合规的低成本良机》进行了专题培训；江苏太古可口可乐经理就企业安全环保等问题进行讲解——《树立环保意识，建立环评体系》等，参会人员对论坛的成功举办给予了高度的评价和赞赏。

10 月 30 日，河北省工信厅召开全省食品工业发展座谈会，河北省工业和信息化厅党组书记、厅长龚晓峰，厅党组成员邵建华出席座谈会并讲话。全省九大食品领军品牌、十大特色品牌企业负责人参加了座谈会。2018 年，在河北省工信厅领导支持下，河北省食协积极贯彻落实《河北省食品工业高质量发展三年行动计划》，经企业申报、专家评审，评选出了君乐宝乳业、晨光生物、衡水老白干、养元智汇饮品、玉峰实业、今麦郎面品、金沙河面业、汇福粮油、五得利面粉等9家“河北省食品领军品牌”企业和长城葡萄酒、洛杉奇食品、栗源食品、承德露露、新希望天香乳业、骊骅淀粉、丛台酒业、蓝猫饮品、双鸽食品、米莎贝尔食品等10家“河北省特色食品品牌”企业。座谈会上，厅党组书记、厅长龚晓峰同志、厅党组成员邵建华同志认真听取了19家企业情况介绍，龚晓峰厅长对企业发言逐一点评，并对他们提出的问题和建议作出回应。

龚晓峰厅长在讲话中指出，河北省食品工业发展基础很好，但家喻户晓的品牌产品还比较少，要认真查找问题所在，认真谋划支持措施，积极帮助企业协调解决存在问题。要与企业进行精准对接，精准指导，坚持一企一策、一事一议，努力为企业提供服务。要积极学习日本、美国等先进发达国家在食品工业发展中的先进经验和做法，坚持绿色发展，提高品牌意识，培育更多品牌产品、拳头产品，提高产品附加值，加快开拓国内中高端市场和国际市场。省食品工业协会要进一步提高服务能力，为企业发展、产业转型发挥好桥梁纽带作用。省食协和厅有关处室负责同志参加座谈。

2019年. 河北省食协在每月经济运行分析了食品行业的各门类增加值、主营业务收入、利润和产量增降原因分析；及时了解各门类领军企业的生产经营情况，反映了食品企业共同面临着发展瓶颈（1）环境治理问题；（2）企业用工成本高；（3）企业融资难等问题。省发改委领导给予省食协经济运行分析报告充分肯定和高度评价。

6月。邯郸市为深入贯彻落实市委九届五次全会和市委、市政府主要领导关于邯郸市主导产业发展的批示精神，河北省食协受邯郸市工业和信息化局委托，起草了《邯郸市食品工业发展规划（2020—2025）》，现已形成送审稿。

8月，由河北省食品工业协会和石家庄君乐宝乳业有限公司协办的2019弗戈食品工业国际论坛－乳制品工业大会在石家庄君乐宝乳业有限公司召开，会议以“创新品质共赢”为主题，邀请了乳制品行业专家、乳制品生产企业、食品工程公司和食品设备供应商围绕现代化乳制品质量与安全、创新工艺和技术、绿色高效包装、数字化工厂建设、智慧物流等议题进行分享和探讨，论坛成为乳制品行业人士技术交流的平台，通过分享创新的运营管理经验，介绍国际先进的工艺工程技术，引导行业生态共赢和高质量发展。

10月。在河北省凤来仪酒业公司召开邢台市食品工业行业协会成立大会暨食品行业高端论坛。中国食品工业协会副秘书长张京玉、河北省食协党支部书记吴龙妹、全国知名食品安全专家邹强、邢台市及县各级领导、宁纺集团总经理徐建林、副总经理马辉峰以及来自全市的食品生产企业负责人110余人参加大会。参会代表表决通过了《邢台市食品工业行业协会章程》《邢台市食品工业行业协会选举办法》和《邢台市食品工业行业协会会费标准及收支管理办法》，选举产生了协会理事会。在一届一次理事会上，选举产生了邢台市食品工业行业协会的会长、副会长、秘书长、监事，他们是：会长：河北凤来仪酒业有限公司总经理马辉峰；秘书长：河北华威食品有限公司总经理赵利宗；监事：河北兴台酒业集团有限责任公司总经理 焦利娜。邢台市食协特聘请苏瑞广、范现国、王玉锋、魏延伟为本协会名誉会长。

【c. 科技创新】

2019年8月，河北省获“2016—2017年度中国食品工业协会科学技术3个一等奖”的项目是：石家庄君乐宝乳业有限公司的自主知识产权益生菌N1115开发及产业化、河北邯郸丛台酒业股份有限公司的高酸高酯酒的生产工艺研究、河北衡水老白干酒业股份有限公司的白酒酒醅微生物系统分析及菌种筛选与应用；获“优秀奖”的4个项目是：河北养元智汇饮品股份有限公司的新型核桃乳前处理工艺技术、河北新希望天香乳业有限公司—水苏糖（益生元）益生菌功能饮料的开发生产技术研究、河北泽华生物科技有限公司的功能性天然去二甲氧基姜黄素高效制备与稳定性技术研究及产业化示范、十里香股份公司的浓香型白酒生产辅料中有害物质自动化去除技术；获“2018全国食品工业科技创新领军人物”4人：朱宏、李鹏亮、崔海灏、于凯；获“2018全国食品工业科技创新杰出人才”9人：张煜行、杨军山、范春刚、王妙姝、夏君霞、赵慧博、沙均响、陈臣、杨月轮；获“2018全国食品工业科技竞争力卓越企业”2家：河北新希望天香乳业有限公司、河北泽华生物科技有限公司。

10月23日，河北省食品工业协会、石家庄君乐宝乳业有限公司为标准起草牵头单位的《乳制品行业整合型管理体系 要求》和《乳制品行业全面质量管理5.0卓越运营指南》团体标准正式发布实施。

10月。经河北省科技厅授权，河北省食协继续开展社会力量设奖工作。经省食协和省食品行业科技奖评审委员会对企业申报的2017年至2018年度在科技创新工作中的优秀项目及个人进行材料审核、专家审定、结果公示，共评出一等奖3项、二等奖9项、三等奖3项。其中：唐山三元食品有限公司“IC指纹图谱测定婴幼儿配方奶粉中低聚半乳糖”等3个项目获“河北省食品工业协会科学技术奖”一等奖；石家庄君乐宝乳业有限公司“纯享益生菌发酵乳开发”等9个项目获“河北省食品工业协会科学技术奖”二等奖；沧州御河酒业有限公司“北方多粮浓香醇厚风格白酒生产方法的研究应用”等3个项目获“河北省食品工业协会科学技术奖”三等奖；授予王国明等44位同志“2017—2018年度河北省食品行业科技创新先进个人”荣誉称号；

河北省食品行业企业技术中心达到53家。新增：河北金沙河面业有限公司、唐山拓普生物科技有限公司、河北瑞龙生物科技有限11月7日，河北省食协参与起草的河北省地方标准《地理标志产品 藁城宫面》通过专家审定。

12月27日，由标准起草牵头单位为沧州市产品质量监督检验所《红枣制品》团标通过专家审定，经补充修改后发布实施。

2019年，河北省食协立项的团体标准有：牵头单位为河北养元智汇饮品股份有限公司的《复合植物蛋白饮料》；牵头单位为河北冠卓检测科技股份有限公司的《肉粉肠》《板栗（仁）罐头》，团标制定、专家审定、颁布实施将于2020年完成。

【d.职业培训】

2019年10月。省食协在河北平泉市承德避暑山庄企业集团股份有限公司召开白酒评委技术培训会，来自全省国家、省级白酒评委近70人参加培训。培训会邀请了白酒资深专家评委李泽霞、武光路、杨军山、王国明、商立云、李秋志作为专家指导培训活动。承德避暑山庄企业集团股份有限公司技术总监王国明为培训班开班致辞；河北丛台酒业股份有限公司总工杨军山做了《酒在舌尖上的历史》的讲座；资深国家白酒评委李泽霞主持了品评会；国家白酒评委、酿酒工艺大师杨军山、国家白酒评委商丽云、李秋志为各品牌白酒做了评价意见。活动由省食协党支部书记吴龙妹主持。

国家评委、酿酒大师杨军山从古代的酒诗《襄阳歌》讲起，讲述了历届品酒会发展历程；从白酒技术的发展历史讲到白酒的口感演变及各香型的销售情况；又讲到白酒行业发展历程及冀酒复兴之路；讲座内容丰富、多彩、引人入胜，使我省白酒评委们了解了白酒的历史以及为如何振兴冀酒留下课题。

资深国家白酒评委李泽霞主持了全程培训，采用品酒、评语、打分的方法，对我省白酒企业的酒样及外省知名产品质量差的酒样进行了品评对比。对感官品评的方法和技巧进行了具体指导。现场点评讲解的方法对每一个评委技能的提升，起到了促进作用。打造冀酒是我省白酒行业永远的目标，河北省食协愿为此贡献智慧和力量。

【e. 食品安全】

2019 年 10 月。为强化食品安全风险防控，加强食品生产监管，河北省

市场监督管理局通过招标购买的食品生产企业体系检查技术服务项目由河北省食协中标开展此项工作。该项目由省食协党支部书记吴龙妹总负责、夏卫东副秘书长为业务主管负责人。省食协组成由生产许可审查、体系检查国家审核员、检验检测人员、食品专家等 40 多人的检查团队，检查团队带着省市场监管局赋予的重托一致表示：一是不辜负省局的期望，通过体系检查工作落实好食品企业食品安全保障体系，不断提升食品生产企业在落实食品安全法律法规、部门规章、食品安全标准、相关技术规范及食品安全主体责任，同时要把这次检查工作当作促进食品企业进一步提升的过程，促进产业健康快速发展。二是检查人员要发挥高业务水平和职业素质、以奉献精神公正、科学、奉献、廉洁的工作标准完成好此项检查工作。三是要带着食品专家的智慧、专业能力给予食品企业的管理、技术、工艺、企业文化等方面的指导。培训中，对检查工作的程序、检查的依据、检查的成果资料及廉政纪律进行了研讨。检查组陆续奔赴省局确定的 14 个被检查企业，有序地开展工作。食品生产企业体系检查工作成效受到河北省市场监管局的一致好评。

11 月，河北省市场监督管理局通过招标购买的食品和食用农产品集中交易市场评价工作项目由河北省食协中标开展此项工作，河北省食协组织了食品专家、大专院校教授组成的市场评价队伍，分 8 个组对全省 116 个食品和食用农产品集中交易市场进行现场评价验收工作。在 8 个组长带领下，验收人员以饱满的工作热情、认真的工作态度做好这次评价验收工作。人人作为党和政府的法律法规宣传员，把国家和省领导对食品安全的高度重视、对民生的关注和关怀一并带入评价工作中。进一步增强了市场管理者食品安全主体责任意识，提高了经销者索票索证的自律性，完善了各项管理制度，积极创造整洁购物环境的自觉性，充分认识了保障食品安全，提高人民生活水平的责任与担当。

从 116 个市场的情况看，市场在原有的基础上提升效果显著，投入大量资金对市场进行改造提升，道路平整，环境整洁，建立健全了各项管理制度，并在市场内广泛宣传，LED 屏幕彰显氛围；快检设备及人员配备齐全；亮证经营；二维码溯源等反映出市场监管部门在人员少、工作量大的情况下，对市场管理付出的艰辛劳动。全省 116 个市场评价验收的结果：按照评价标准验收通过市场 90 个，占 116 个市场的 77.6%；26 市场验收未通过，占 116 个市场的 22.4%，其中未达到验收标准未通过的验收的市场 7 个，占 116 个市场的 6.0%；因关闭、注销、拆迁、无商户等原因不具备考核条件市场 19 个，占 116 个市场的 16.4%。该项工作得到省市场监管局的认可。

省食协派出了夏卫东（2 次）、关学农（7 次）参加国家市场监督管理总局组织的婴幼儿配方乳粉生产企业体系检查。

【f. 信息交流】

2019 年 7 月 30 日，参加中国食品工业协会第七次会员代表大会。在中国食品工业协会召开的第七次会员代表大会上，河北省食协姚奎章会长当选为中国食协副会长。

7 月 30 日，参加由中国食协主办、中国食品工业年鉴编辑部承办的“全国食品工业行业信息交流会暨《中国食品工业年鉴》创刊 35 周年座谈会”，会议中对中国食品行业各专业协会、地方食协和地方经信局，长期撰写《中国食品工业年鉴》的人员颁发了感谢荣誉证书。河北省食协吴龙妹获此荣誉，并发表了获奖感言。

【g. 交流活动】

2019 年 6 月 30 日至 7 月 8 日，江西省由蒋国宾会长、郝其刚秘书长带队组织白酒行业的四特酒有限责任公司、李渡酒业有限公司等近 40 家企业的董事长、总经理、国家级白酒评委到河北省白酒行业进行考察交流活动。河北邯郸丛台酒业股份有限公司、河北衡水老白干酒业股份有限公司、河北凤来仪酒业有限公司、刘伶醉酿酒股份有限公司、承德乾隆醉酒业有限责任公司、承德避暑山庄企业集团有限责任公司 6 家企业承接了这次考察交流学习工作。双方紧紧抓住这次难得的学习机会，共同探讨白酒行业的健康发展，从白酒企业的创新能力、市场技术、质量管理、食品安全、产品研发、品牌创建、市场开拓、制度建设等方面进行了交流学习，我省白酒企业展现了最热情的精神状态、细致周到的接待、爽心的交流，双方都留下了美好的记忆并期盼在江西的再见面。

9 月 18 至 21 日。由广东省食品行业协会党委书记张俊修率团广东省内行业协会、加多宝集团、蓝带啤酒、健力宝、林中宝、贝英、燕塘、香雪、九惠、粤北行、青云山、香满园等企业家计 34 人到河北省雄安新区、正定县、西柏坡、石家庄等地进行考察交流活动，河北省食协全程陪同交流活动。

在雄安新区，由雄县工商联主席郭伯英、河北领城包装材料科技有限公司董事长刘爱玲、总经理任敬虎为广东客人讲解了雄安建设情况；在正定县，由河北一然生物科技有限公司董事长赵林森、副总经理杨玉红带队到习总书记工作过的塔元庄展览馆，学习领会习近平主席在正定县工作时的创新思路，塔元庄在党支部书记带领下，牢记总书记嘱托，现已发展成现代化新农村；与河北一然生物科技有限公司的座谈交流中，广东一些食品企业家初步达成合作意向；在革命圣地西柏坡接受了不忘初心，牢记使命的爱国主义教育；在石家庄君乐宝乳业有限公司，受公司董事长魏立华委托，副总经理陈君带领参观君乐宝优致牧场、公司总部展厅、永盛公司奶粉生产现场等，广东客人对君乐宝公司留下了深刻的印象，十分钦佩君乐宝公司的奋斗历程及践行习总书记的嘱托成果，并留下了墨宝“君乐宝好”“君乐宝美”。

省食协借助广东省食品行业来河北的机会，与贵省学习交流食品产业发展的经验和新思维、新理念、新创举，为发展河北食品发展注入新活力。

【h. 党支部活动】

2019 年 6 月、7 月，河北省食协党支部开展“不忘初心、牢记使命”主题教育集中学习会。协会党支部书记吴龙妹携全体驻会人员集体认真学习了习近平在“不忘初心、牢记使命”主题教育工作会议上的讲话精神，传达了河北省委书记王东峰在省委理论学习中心组“不忘初心、牢记使命”主题教育集中学习动员上的讲话精神，结合实际工作进行了交流。通过学习进一步提高认识，在总结了前一段工作的基本上，对下一阶段的工作进行了安排。

8 月，在开展“不忘初心、牢记使命”主题教育中，河北省食协党支部书记参加了省民政厅党委举办的关于开展不忘初心，牢记使命的学习后，向党员和入党积极分子及协会工作人员传达学习了河北省民政厅副厅长的讲话精神，将兄弟单位的典型经验学习交流并指导我们的工作实践，在省食协创造爱学习，勤思考，钻研业务，增长才干的氛围，提高为政府、为企业服务的业务水平，为促进全省食品工业的健康快速发展贡献智慧和力量。

9 月，为进一步增加党建工作的透明度，加强民主监督，确保发展新党员的质量，经考察、培养及该同志的表现情况，省食协党支部拟确定李峰为入党积极分子。并在河北食品网站进行公示。

10 月，河北省食协全体人员学习坚持和完善中国特色社会主义制度，推进国家的治理体系和治理能力现代化若干重大问题的决定，深刻领会坚持和完善的具体内涵和联系自己的实际工作，提高协会工作人员业务能力水平。

【i. 政府文件】

1. 河北省人民政府办公厅下发《关于做强做优葡萄酒产业的实施意见》。

2. 河北省制造强省建设领导小组办公室关于印发《河北省食品工业高质量发展三年行动计划（2018-2020 年）》及落实工作方案的通知。

3. 河北省食品工业转型升级实施方案。

【j. 名优食品和企业】

1. 河北衡水老白干酒业股份有限公司

2019 年 8 月，在“全面质量管理推进暨中国质量协会成立 40 周年纪念大会”上，河北衡水老白干酒业股份有限公司成为河北省唯一一家获得第十八届全国质量奖殊荣的企业。本次获奖标志着老白干公司的管理水平、发展质量、品牌影响力得到了国内最权威的管理专家团队的认可，也是对公司十二年来在不遗余力、持续推进卓越绩效的最高褒奖！

作为中国白酒骨干企业、老白干香型国家标准起草单位，衡水老白干坚持提高站位谋发展，深入贯彻落实习主席提出的“三个转变”，积极响应国家供给侧结构性改革、坚持高质量发展，以深入实施卓越绩效管理模式为抓手，以争创全国质量奖为契机，全面聚焦提升公司经营管理质量，将高质量发展作为企业立身之本，先后荣获河北省质量管理奖，河北省政府质量奖，第十六、十七届全国质量奖鼓励奖，全国实施卓越绩效模式先进企业特别奖等一系列殊荣。

老白干公司自 2007 年导入卓越绩效模式至今，十二载春华秋实，衡水老白干始终深耕于高质量发展的沃土，逐步从重视产品质量、重视过程质量，向树立全面质量管理理念跨越，走出了一条以管理创新、营销创新和技术创新为重点，推动行业转型升级的发展之路，为白酒行业树立了崇尚质量、追求卓越的标杆，对推动卓越绩效模式深入实施，持续引导行业走高质量发展道路起到示范作用。

老白干公司在追求卓越的过程中形成的六大优势：

（一）传承发扬并举，匠心文化铸魂

燕赵大地浓厚的儒家文化与地域特色，塑造了衡水老白干两千多年薪火相传的匠人文化品质，成就了衡水老白干人拼搏进取、创新奋进的企业文化底蕴。立足基业长青追求，衡水老白干大力实施企业文化整合提升项目，以历史文化底蕴为依托，以实现美好生活为使命，在传承“国家级非物质文化遗产”和“中华老字号”的基础上，优化、整合、提升企业文化内涵，逐步提炼出“匠心”文化理念体系，实现了“匠人文化”向“匠心文化”的飞跃。

（二）围绕“一流”愿景，精准战略导向

在战略实践中，衡水老白干以“匠心”文化为引领，深化愿景，瞄准“四个一流”方向，通过对行业发展趋势的持续分析，发现品牌有进一步集中的趋势，因此在长期战略中预留了“择机采取并购，扩大规模”的选项。把握政策窗口期，果断实施混改，利用上市公司融资优势，采取定向增发措施，做好资金储备。抓住行业短暂的低迷和调整时机，成功并购联想集团旗下四家酒企，实现了公司规模的优质、快速扩张，在白酒行业的激烈竞争中抢占有利地位。

（三）独创白酒香型，制定国家标准

1989 年我公司主导成立老白干白酒创型协作组，系统研究老白干香型白酒的工艺及风格，确定技术指标体系。主持制定的《老白干香型白酒》行业标准于 2004 年颁布实施，2007 年转为国家标准，2009 年该标准获“国家标准创新贡献奖”，2011年国家标准化委员会批准设立老白干香型分技术委员会，更加提高了我公司老白干香型开创者和中国白酒香型主导者的地位。

（四）传承经典技艺，持续创新发展

坚持基于传统、优于传统发展思路，我公司在传统工艺研究的基础上，匠心求新，应用先进技术和方法总结优化传统工艺最佳控制曲线，将关键参数应用于智能酿造技艺，行业首创发酵工艺精准系统。与此同时，不断探索和改进传统酿造技艺，成为行业唯一拥有三法酿酒生产方式的企业。多种工艺创新，为研发满足消费者的口味差异化、高品质需求提供了基酒资源保障，获得多项国内外大奖。

（五）完善品牌流程，导入“定位”理论

衡水老白干建立了完善的品牌管理培育体系，以战略为指导，形成了品牌策划、品牌管控、品牌评价、品牌改进为主线的品牌运营全流程。上市酒企中首家导入“特劳特定位”理论进行业务战略升级，确定了“不上头的高端白酒”的品牌定位及“喝老白干不上头”的品牌主张；以八大战略陪衬，发挥衡水老白干品牌价值。实施从“中低端白酒形象向高端、次高端白酒形象转型”等四个转型向实现“打造中国白酒一流品牌”的目标稳步迈进。

（六）创新“1–9～3–5”模式，把紧质量命脉

公司始终将食品安全作为生产经营的重中之重，健全了从原料采购、生产过程、产品交付各阶段的风险识别和隐患排查治理的双控机制，用“质量过程管控九道门”夯实质量基础，“质量风险管控五步法”“质量把关五严控”及“五个支撑系统”完善质量网络，形成了独具衡水老白干特色的“1–9～3–5”质量管理模式。

成绩代表过去，未来任重道远。创奖不是目的，持续提升企业核心竞争力和经营质量，不断追求顾客满意，才是衡水老白干人不变的初心和目标。老白干人将珍惜荣誉、持续改进、不断追求卓越，不断提高产品、服务质量和组织发展质量。

未来，衡水老白干人将继续以“打造中国白酒一流企业”为美好愿景，肩负“传承千年匠心酿造美好生活”的神圣使命，为消费者、社会和国家酿造美好生活。为实施质量强省，建设美丽河北，做出新的更大贡献。

心向往之，行必能至，追求卓越，衡水老白干永远在路上！

2. 五得利面粉集团有限公司

世界谷物公司首次对全球最大的小麦制粉集团进行了排名和分析，前十大公司中，有四家均在中国拥有制粉业务，最大的新增产能也大多发生在中国，其中最大的一家是五得利公司。五得利面粉集团有限公司在过去的八年中，其生产能力翻了一番多，目前装机容量达到45000吨/日，居世界首位。世界知名面粉生产企业——五得利面粉集团有限公司位于中国河北省大名县，华北平原的中心地带，是世界上小麦生产和消费大国的主要种植区。目前，五得利在全国的六省十九地建立了19个子公司，拥有35个大型制粉车间，82条现代化面粉生产线，日处理小麦能力超4.5万吨，产品畅销全国除港澳台地区以外的所有省市自治区直辖市，销售网点遍布所有大中城市，市场覆盖率达97.6%，在北京市场的占有率达40%以上…… 五得利在制粉业领域内创造了一个又一个的辉煌。民以食为天，食以安为本。“五得利将质量视为企业生命”。在生产过程中，仅小麦清理环节就要经过15道工序，制粉工艺要17道工序，每一道工序都有操作规程和较高的技术标准，从而保证了面粉的质量。经过32道生产工序后，面粉在出厂前还要经过严格的化验，包括水分、灰分、面筋、加工精度、含沙量、磁性金属物等卫生指标的检测。“五得利一直把面粉企业当成道德工业，良心工业来做，确保每一袋面粉都是放心粉，绝不做坑人的买卖。”

注重创新，是五得利持续快速发展的又一

秘诀。在生产工艺上，五得利自主创造了一套科学实用的小麦自动接收称重系统，研发了麸皮烘干技术和产品自动入仓、在线装车的流程，另一方面通过全套引进国际最先进的瑞士布勒制粉设备，采用全封闭无尘面粉生产新工艺，全部生产过程实现了自动化、程序化。这些不仅使企业在产品质量上有了保证，而且降低了运营成本。多年来，五得利集团投入巨资进行科技创新，提高面粉精度和出粉率，引进国际先进工艺、生产低灰分高精度面粉，开发有中国人饮食特点的各类专用粉，打破了高档面粉靠进口的局面。

专业人做专业事，以匠心致初心。在企业不断发展的同时，五得利面对了很多很多投资“诱惑”。对此，企业掌舵者丹志民认为，企业家要有冒险精神，但在没有任何知识背景和行业优势之前，不能贸然涉足自己不熟悉的领域。“我将一如既往地深耕面粉行业，专心致志地将企业做大、做强、做久。只有选择适合自己的行业，才能在个人和企业发展的道路上越走越远。”。

五得利面粉集团倡导“五方得利”经营理念。“五得利”既是公司名称，也是经营理念，还是产品品牌。“五方得利”的五方分别是客户、农户、员工、国家和企业。把参与企业经营的客户、农户、员工、国家、企业共五方，有机地组成一个利益共同体。匠心三十余载，五得利从一个日处理小麦能力不足15吨的作坊式小厂，已发展成产能居世界首位的大型制粉企业。五得利牌面粉获得“最具市场竞争力品牌”等荣誉称号，五得利产品通过“ISO9001”认证；五得利集团先后荣获“农业产业化国家重点龙头企业”“国家标准化良好行为企业”“中国食品工业百强企业”“中国制造业企业500强”“中国企业500强”“河北省政府质量奖”等称号。乘风破浪会有时，直挂云帆济沧海。世界知名面粉企业—五得利面粉集团有限公司将以更加让人放心的产品、更加昂扬的斗志屹立于世界制粉行业之巅，傲然前行！

附：2019年河北省食品领军品牌、河北省食品特色品牌名单

河北省食品领军品牌名单

序号	企业名称	注册商标	产品名称
1	石家庄君乐宝乳业有限公司	君乐宝	奶粉、低温发酵乳制品
2	晨光生物科技集团股份有限公司	晨光	辣椒红、辣椒油树脂、叶黄素
3	河北衡水老白干酒业股份有限公司	衡水	白酒
4	河北养元智汇饮品股份有限公司	六个核桃	植物蛋白饮料
5	玉锋实业集团有限公司	玉星	淀粉、葡萄糖（淀粉及淀粉制品制造）
6	今麦郎面品有限公司	今麦郎	方便面
7	河北金沙河面业集团有限责任公司	金沙河	面粉、挂面
8	三河汇福粮油集团有限公司	汇福	食用油、豆粕
9	五得利面粉集团有限公司	五得利	小麦粉

河北省特色食品品牌名单

序号	企业名称	注册商标	产品名称
1	中国长城葡萄酒有限公司	长城	葡萄酒
2	石家庄洛杉奇食品有限公司	金凤	金凤扒鸡
3	河北栗源食品有限公司	栗源	甘栗仁
4	河北承德露露股份有限公司	露露	杏仁露饮料

续表

序号	企业名称	注册商标	产品名称
5	河北新希望天香乳业有限公司	天香	活润果粒风味酸牛奶
6	秦皇岛骊骅淀粉股份有限公司	骊骅	玉米淀粉、葡萄糖、麦芽糊精、山梨醇
7	河北邯郸丛台酒业股份有限公司	丛台	白酒
8	唐山蓝猫饮品集团有限公司	蓝猫	野生酸枣汁饮料
9	河北双鸽食品股份有限公司	双鸽	冷鲜肉、熟肉制品
10	石家庄市米莎贝尔饮食食品有限公司	米莎贝尔	烘烤食品

吴龙妹

3.4 上海市

【a. 概况】

2019 年，在以习近平同志为核心的党中央坚强领导下，全市以习近平新时代中国特色社会主义思想为指导，全面贯彻落实党的十九大和十九届二中、三中、四中全会精神，深入贯彻落实习近平总书记考察上海重要讲话精神，坚持稳中求进工作总基调，坚持新发展理念，坚持以供给侧结构性改革为主线，积极推动高质量发展，着力提升城市能级和核心竞争力，努力以稳增长的硬任务实现高质量发展的硬道理，以自身发展的确定性有效应对外部环境的不确定性。食品工业运行总体平稳、稳中有进、进中固稳。

上海市规模以上食品工业企业 390 家，实现产值 2088.79 亿元，同比增长 3.7%，占全市工业 6.1 %；完成营业收入 2402.03 亿元，同比增长 9.6%；实现出口交货值 61.33 亿元，同比下降 2.5%；实现利润 342.69 亿元，同比增长 6.8%。

1. 生产平稳增长

2019 年，全市 390 家规模以上食品工业企业实现工业总产值 2088.79 亿元，同比增长 2.3%，增幅同比下降 1.7 个百分点，产值增幅下降主要受到烟草业的产量缩减影响；规模以上企业同比增加 20 家，其中，农副食品加工业企业增加 11 家，食品制造业增加 9 家。

2019 年 &2018 年月度累计产值同比

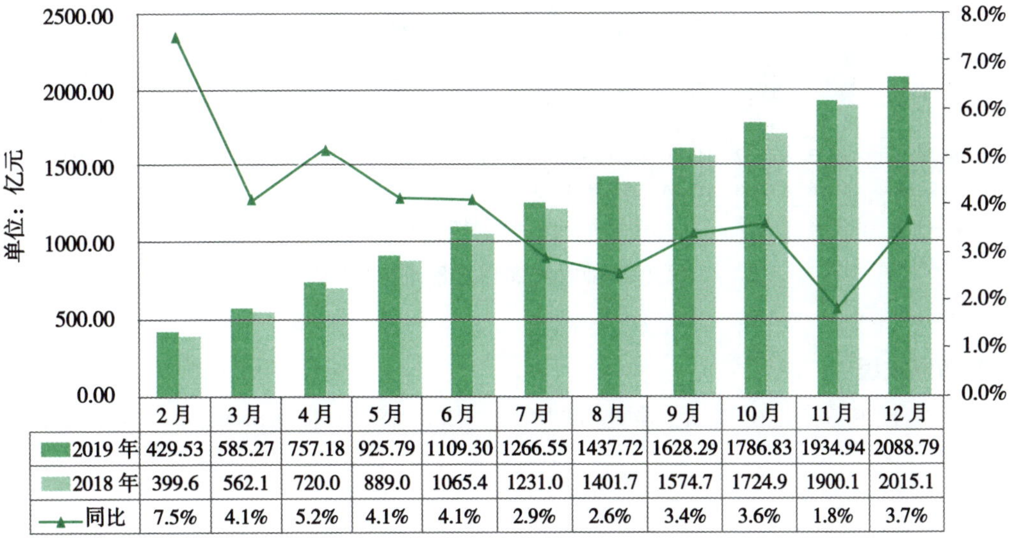

	2月	3月	4月	5月	6月	7月	8月	9月	10月	11月	12月
2019 年	429.53	585.27	757.18	925.79	1109.30	1266.55	1437.72	1628.29	1786.83	1934.94	2088.79
2018 年	399.6	562.1	720.0	889.0	1065.4	1231.0	1401.7	1574.7	1724.9	1900.1	2015.1
同比	7.5%	4.1%	5.2%	4.1%	4.1%	2.9%	2.6%	3.4%	3.6%	1.8%	3.7%

图 1　食品行业 2019 年累计产值对比

从表中可以看出，2019年，食品工业产值同比增长幅度逐月减小，至12月又开始回升，符合以往先扬后抑的增长特点。

分行业看，农副食品加工业产值同比减少0.1个百分点，虽然，规模以上企业数量增加较多，但是，增加的都属于徘徊在规模以上企业线的中小企业，难以对整体行业起到大的推力；食品制造业保持稳定增长，乳制品制造业以及焙烤食品制造业仍然是影响食品制造业增长的主要因素，产值分别同比增长11.6%及8.6%。其中，焙烤食品制造业及其他食品制造业增长较快，分别同比增长11%和13%；饮料、酒和精制茶制造业中，精制茶加工业产值同比下降98.7%，已近于无；饮料制造业产值同比增长10.2%，使饮料、酒和精制茶制造业总体保持增长。

食品制造业仍然保持较快增长，饮料、酒和精制茶制造业在逐渐回升，农副食品制造业仍然形势低迷。

子行业中，焙烤食品制造业及其他食品制造业仍然保持较快增长，分别同比增长6.9%及7.6%。乳制品制造业主营业务回升，同比增长13.0%，增长较快的还有罐头食品制造业，受猪肉价格提升影响，肉罐头在主营业务收入及主营业务成本上均有较大增长。

2. 营业收入增长加快

2019年，全市规模以上食品工业企业实现营业收入2402.03亿元，同比增长9.6%，2019年，增长波动基本保持平稳增长，12月，由于，2020年春节较早，营业收入增长开始加快；出口交货值完成61.33亿元，同比下降2.5个百分点。

2019年＆2018年月度累计主营业务收入同比

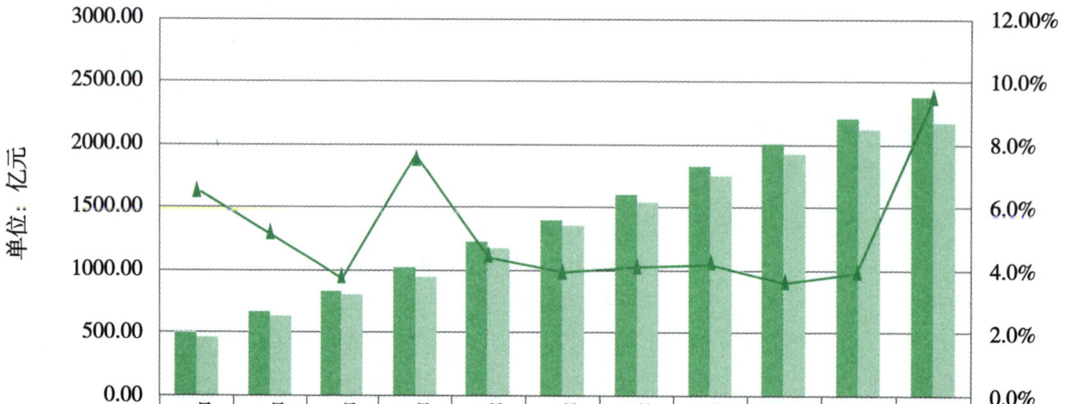

	2月	3月	4月	5月	6月	7月	8月	9月	10月	11月	12月
2019年	499.23	672.62	645.29	1024.79	1235.41	1412.59	1613.15	1844.38	2013.94	2213.81	2402.03
2018年	468.76	639.38	814.24	952.58	1183.95	1358.39	1549.26	1769.67	1942.21	2128.67	2192.32
同比	6.50%	5.20%	3.81%	7.58%	4.43%	3.99%	4.12%	4.22%	3.69%	4.00%	9.57%

图2　营业收入2019年累计完成情况

3. 赢利增速放缓

2019年，实现利润342.69亿元，同比增长6.8%。企业亏损面占25.0%，同比增加3个百分点。

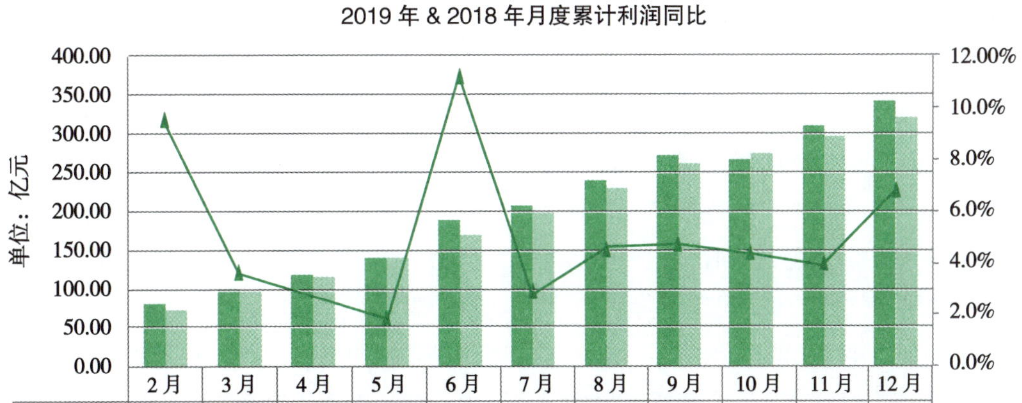

	2 月	3 月	4 月	5 月	6 月	7 月	8 月	9 月	10 月	11 月	12 月
2019 年	81.40	100.42	120.62	142.78	188.65	209.21	239.83	272.77	98.00	309.44	342.69
2018 年	74.29	96.86	117.22	140.13	169.62	203.28	229.24	260.30	275.04	297.62	320.77
同比	9.57%	6.68%	2.90%	1.89%	11.22%	2.9%	4.6%	4.8%	4.4%	4.0%	6.8%

图 3　利润 1—12 月累计完成情况

2019 年，利润保持稳定增长，6 月的大幅增长主要收到烟草制品行业的影响，撇开烟草制品行业，上海市食品行业全年利润增长相对稳定，全年保持 6% 左右的增长趋势。

受到几方面因素影响，食品制造业中，糖果、巧克力及蜜饯制造业利润相较于前年两年的大幅下降，2019 年有较大回升，调味品及其他食品制造业也保持高速增长，使得食品制造业总体增长较快，同比增长 10.8%；饮料、酒和精制茶制造业中，酒和饮料制造业由于 2018 年行业低迷的影响，使得 2019 年的利润回升增长幅度较大，大幅拉动了行业的利润增长率。

2019 年，食品全行业营业收入利润率为 14.3%，同比下降 0.3 个百分点。若除去烟草制品业，食品工业营业收入利润率为 7.4%，同比增加 0.4 个百分点。

2019 年营业收入利润率　　（%）

	主营业务收入利润率 %	
	2019 年	2018 年
食品工业总计	14.3	14.6
其中：农副食品加工业	4.2	4.1
食品制造业	9.3	9.3
饮料、酒和精制茶制造业	5.9	3.3
烟草制品业	23.4	24.9

2019 年，实现利税 1177.75 亿元，同比增长 6.7%，烟草制品业仍是食品工业利税的主要来源，占全部食品工业的 86%，同比下降 7 个百分点。

2019 年，全市食品工业产值，营业收入保持稳定增长。随着本市对食品安全，环保安全的要求越来越严，本市食品企业面临的挑战也越来越大。内在来说，企业要面对土地、人力、原料成本的不断增长。外在来说，随着人们生活质量不断提高，如何适应市场经济的新常态，满足市场多变化、多样化、品质化的需求，也是食品企业需要考虑的重要问题。

4. 企业转型升级步伐加快

2019 年，全市规模以上工业企业 390 家，同比增加 20 家。食品工业企业两极分化继续加剧，资产总计同比下降 2.3%。食品生产企业生产基地外移现象加剧。

5. 严抓严管，构建市民满意的食品安全城市

2019 年，上海市认真贯彻落实《中共中央国务院关于深化改革加强食品安全工作的意见》（中发【2019】17 号）精神，巩固和深化建设市民满意的食品安全城市工作成效。按照党政同责要求，深化市场监管综合执法改革，完善食品安全综合协调机制，持续加强长三角食品安全区域一体化发展，不断优化本市营商环境，净化消费市场，提升食品安全社会共治合力，牢牢守住食品安全底线。

2019 年，全市共监督抽检各类食品样品 147519 件，合格率为 98.5%，同比增加 0.1 个百分点；快速检测 138.8 万项次，同比增长 0.58%，快速检测筛检阳性率为 0.5%，同比下降 0.26 个百分点，合格率呈逐年增长的趋势。

2019 年，全市市民对食品安全满意度为 83.9 分，同比增加 3.2 分。其中，96.9% 的市民认为上海市 2019 年的食品安全总体状况"很安全"或"比较安全"，同比增加 3.1 个百分点。对于"未来一年内上海市食品安全形势"，97.6% 的市民认为会"很好"或"较好"。此外，还有 95.5% 的市民比较认可各级政府对食品安全的重视，在上海市建设市民满意的食品安全城市这项工作上，市民支持度高达 99.9 分。

6. 持续开展诚信体系建设，树立食品企业诚信观念

为贯彻实施工信部关于在食品工业企业开展诚信管理体系建设的要求，上海持续开展推进食品工业企业建立诚信管理体系的工作。

至 2019 年底，全市已有 52 家食品工业企业建立诚信管理体系，并通过了第三方评价。

【b. 协会工作】

1. 开展"肉类、蔬菜质量安全追溯标准化试点项目"调研。在全面了解上海市肉类蔬菜追溯管理现状，以及对肉类蔬菜追溯信息链相关种植、养殖、加工、流通等环节的生产经营者的追溯实现方式及信息采集、传输等情况进行调查的基础上，撰写了调研报告，并通过评审。

2. 举办"第三届上海蝴蝶酥技能大赛"，助力打响上海"四大品牌"建设，引导企业打造专属的特色产品，实现差异化竞争。成功地将蝴蝶酥打造成上海特色旅游食品的代表之一，"单品"起来了以后，更是带动了整体的蓬勃发展。目前，上海已有许多家有一定规模的企业正在制作、销售蝴蝶酥，使一批品牌食品，得到了新的发展。这种创新是食品行业高质量发展的必由之路，也是目前食品行业需要积极探索和实践的。

3. 2019 年 7 月 30 日，参加中国食品工业协会第七次会员代表大会。在中国食品工业协会召开的第七次会员代表大会上。

4. 2019 年 7 月 30 日，参加由中国食协主办、中国食品工业年鉴编辑部承办的"全国食品工业行业信息交流会暨《中国食品工业年鉴》创刊 35 周年座谈会"，会议中对中国食品行业各专业协会、地方食协和地方经信局，长期撰写《中国食品工业年鉴》的人员颁发了感谢荣誉证书。上海食协施伟俊获此荣誉。

5. 积极参与 2019 年度长江三角洲地区名优食品的评测工作，并对认定办法及工作方案进行讨论、修订和确认。推荐的 39 家企业的 39 款产品被评为 2019 年度长江三角洲地区名优食品。

6. 配合市文化旅游局，组织会员企业参加第 13 届老凤祥上海旅游商品设计大赛；组织推荐企业参加市消保委组织的 2019 年上海特色产品（伴手礼）评测活动。

7. 组织 47 家会员企业的 284 名代表参观第二十八届上海国际酒店及餐饮业博览会。该次博览会总体展出面积达 22 万平方米，有近千家海内外领军品牌及展商参展。

8. 组织 28 家食品企业亮相上海世界旅游博览会。亮相本次展会的 28 家旅游食品企业，纷纷拿出了各自看家产品和最新研制的产品。展示上海特色旅游食品推荐评测 10 年来的成果，诠释地道的"上海味道"。

9. 与上海市电子商务促进中心联袂举办上海食品行业首届"'来伊份杯'电子商务应用技能竞赛"，以促进企业更好地运用电子商务、发展电子商务、提升电商运营水平。

10. 组织会员企业参加上海市商业联合会等本市 10 多家行业协会开展的 3·15 消费者维

权活动，听取消费者的意见；在市商务委指导下，与虹口区商务委联合主办食品安全月主题活动。

11. 主办2019年中国技能大赛——第20届全国焙烤职业技能竞赛，承办2019年中国技能大赛——“四大品牌”之一上海市职业技能大赛“上海文化”品牌“糖艺/西点制作”项目，承办2019年中国技能大赛——第46届世界技能大赛糖艺/西点制作项目上海队选拔赛，承办“英联马利杯”第十二届上海市食品行业西式面点师职业技能竞赛；承办上海市徐汇区西式面点师职业技能竞赛，承办上海市食品行业“恒华杯”月饼制作技术比武，承办第5届全国婚礼蛋糕创意大赛，承办2019年中国技能大赛－上海市食品行业职业技能大赛（西式面点师项目），参加2019年中国技能大赛——第46届世界技能大赛烘焙项目上海队选拔赛。

12. 参加在上海国家会展中心召开的“共享发展，开放共赢——进博会华辰优安进口食品论坛暨采销签约会”，并与华辰优安供应链有限公司签订了战略合作协议。

13. 参加“融入长三角 实现新发展”第一届黄山发展大会，共话黄山发展，携手推动黄山深度融入长三角、开创高质量发展新局面。

【c. 主要数据】

1. 主要经济指标

指标	单位	食品工业合计		其中：农副食品加工业		食品制造业		饮料制造业		烟草制品业	
		2019年	同比增长%	2019年	同比增长%	2019年	同比增长%	2019年	同比增长%	2019年	同比增长%
工业总产值	亿元	2088.79	3.7%	311.8	–0.1%	695.4	6.4%	103.7	4.4%	978.0	2.9%
销售产值	亿元	2055.4	2.5%	308.7	–1.6%	697.5	6.4%	101.3	0.8%	947.9	1.3%
主营业务收入	亿元	2402.0	9.6%	401.1	–1.1%	816.6	7.5%	153.5	3.7%	1030.9	2.7%
出口交货值	亿元	61.3	–2.5%	11.6	–9.9%	36.7	7.8%	1.9	–62.7%	11.2	1.7%
利润	亿元	342.70	6.8%	16.9	1.3%	75.6	10.8%	9.0	81.0%	241.2	3.9%

指标	单位	食品工业合计		其中：农副食品加工业		食品制造业		饮料制造业		烟草制品业	
		2019年	同比增长%	2019年	同比增长%	2019年	同比增长%	2019年	同比增长%	2019年	同比增长%
利税合计	亿元	1177.8	6.7%	25.1	14.1%	123.3	9.3%	18.5	17.7%	1010.9	6.0%
资产总计	亿元	2663.9	8.3%	311.6	5.8%	720.5	7.1%	166.9	5.3%	1464.9	9.9%
企业数	个	390	–3.1%	132	9.1%	221	4.2%	35	0.0%	2	–100.0%

注：1、本文数据为规模以上食品工业企业 2、工业总产值与同比增长率。

2. 部分食品市场占有率

序号	产品	第一名		第二名		第三名		第四名		第五名	
		品牌	占有率%	品牌	占有率%	品牌	占有率%	品牌	占有率%	品牌	占有率%
1	食用油	金龙鱼	22.2	海狮	19.8	多力	17.9	鲁花	10.6	元宝	8.6
2	中国烟	中华	34.8	双喜	12.7	利群	11.1	玉溪	7.7	云烟	3.8
3	黄酒	和酒	19.2	石库门	12.4	金色年华	11.3	古越龙山	10.6	金枫	5.5
4	啤酒	三得利	26.7	青岛	19.8	雪花	14.9	百威	10.8	喜力	4.3
5	酱油	海天	41.5	欣和六月鲜	27.7	千禾	13.5	李锦记	8.9	鲁花	3.0
6	醋	宝鼎	25.7	恒顺	23.0	金山寺	12.0	东湖	9.8	金山牌	4.5
7	包装大米	光明米业	39.1	乐惠	23.1	金龙鱼	3.2	香满园	2.6	五丰	2.4
8	巧克力	德芙	41.2	费列罗	21.0	健达	8.9	士力架	6.5	瑞士莲	4.3
9	糖果	大白兔	34.1	徐福记	4.7	阿尔卑斯	4.5	彩虹糖	3.8	悠哈	3.6
10	挂面	陈克明	28.0	顶味	11.0	鲁王	10.1	金龙鱼	9.4	中裕	5.1
11	膨化食品	乐事	49.4	旺旺	14.9	上好佳	13.9	好丽友	5.9	张君雅	1.4
12	饼干	奥利奥	23.1	百奇	10.0	闲趣	8.7	茱蒂丝	5.7	太平	5.6
13	八宝粥	娃哈哈	39.5	银鹭	34.7	真的	24.6	达利园	0.7	亲亲	0.5
14	肉（鱼）罐头	梅林	66.5	世棒	9.1	粤花	6.0	甘竹	3.6	小胖子	3.4
15	冷鲜肉	苏食	5.0	中粮家佳康	3.7	雨润	3.3	双汇	3.1	爱森	2.9
16	冷饮	和路雪	22.6	梦龙	21.8	八喜	12.1	光明	11.3	伊利	11.1
17	成人奶粉	雀巢	41.2	伊利	16.6	光明	15.2	荷兰乳牛	10.3	安怡	8.0
18	国产液体奶	光明乳业	61.0	蒙牛	21.0	伊利	16.5	明治	0.9	味全	0.2
19	饮用水	农夫山泉	36.9	景田百岁山	17.2	怡宝	15.3	雀巢	7.8	依云	6.0
20	南北货	闽龙达	27.2	禾煜	24.1	雄峰	4.8	燕之坊	2.2	谷欣	1.6
21	瓜子	洽洽	51.3	华味亨	11.9	张二嘎	11.2	阿里山	8.8	恒康	6.8
22	坚果	华味亨	21.8	天喔	14.3	洽洽	8.9	恒康	7.0	黄飞红	3.5
23	休闲鱼（肉）制品	立丰	14.0	新东阳	10.7	太仓	7.8	华味亨	4.7	老李	3.7
24	蜂产品	冠生园	73.1	妙语	5.3	采蜂农	3.1	同仁堂	2.5	智力	2.0
25	麻油	三添	40.1	龙溪一滴香	28.7	金龙鱼	12.2	鲁花	3.9	太太乐	2.8
26	鸡精	太太乐	70.6	家乐	17.6	佛手	6.5	味美思	3.7	双桥	0.3
27	味精	佛手	47.6	双桥	31.9	太太乐	10.5	家乐	1.5	天厨	0.8
28	调味粉	味好美	52.5	太太乐	16.1	家乐	7.4	唯加	4.7	王守义	4.6
29	速冻调理品	湾仔码头	30.8	思念	11.4	海霸王	10.6	桂冠	8.6	三全	8.4

续表

序号	产品	第一名		第二名		第三名		第四名		第五名	
		品牌	占有率 %	品牌	占有率 %	品牌	占有率 %	品牌	占有率 %	品牌	占有率 %
30	豆奶（浆）粉	维维	49.5	永和	34.2	九阳豆坊	8.7	智力	5.0	华精	1.5
31	果冻布丁	喜之郎	50.1	旺旺	12.5	巧妈妈	8.3	统一	8.1	可康牌	7.5
32	沙琪玛	台尚	46.1	徐福记	22.0	名沙	11.3	日清	3.2	壹格	2.9
33	冲调饮料	香飘飘	33.6	阿华田	14.1	福牌	12.3	立顿	10.6	果珍	8.1
34	常温酸奶	伊利安慕希	45.8	光明莫斯利安	32.3	蒙牛纯甄	20.6	伊利 QQ 星	0.8	德亚	0.4
35	威化	雀巢	26.1	爱时乐	13.8	嘉顿	11.9	丽芝士	8.8	钙芝	8.0
36	派	好丽友	87.7	光明	5.0	盼盼	2.2	中洋宝	1.4	三辉	0.4
37	蜜饯	华味亨	37.7	万顺昌	8.6	天喔	5.2	百草味	3.5	德兴园	2.8
38	婴幼儿奶粉	雅培	37.4	惠氏	25.8	爱他美	8.7	伊利	7.8	美赞臣	6.6
39	茶饮料	维他	20.4	康师傅	17.5	统一	13.2	三得利	10.6	农夫山泉茶 π	8.1
40	功能糖果	绿箭	29.7	荷氏	25.8	京都念慈庵	7.8	金嗓子喉宝	6.6	万顺昌	5.3

施伟俊

3.5 江苏省

【a. 概况】

2019 年，全省食品行业落实党中央国务院和省委省政府工作部署，坚持稳中求进总基调，围绕省工信厅工作重点，坚持新发展理念，坚持推动高质量发展，积极推进“增品种、提品质、创品牌”，行业延续总体平稳、稳中有进发展态势。

2019 年，全省规模以上食品工业企业 1797 家完成营业收入 4931.14 亿元，同比增长 3.44%。在全国排河南、山东、四川、广东、福建、湖北、湖南之后，位列第八。

1. 五大类产业运营情况

食品行业的五大类的产品都有。其中：农副食品加工业完成主营业务收入 2674.98 亿元，同比增长 3.96%；食品制造业完成主营业务收入 720.97 亿元，同比下降 0.92%；酒、饮料和精制茶制造业完成主营业务收入 657.51 亿元，同比增长 2.77%；烟草制品业完成主营业务收入 844.11 亿元，同比增长 6.36%，采盐业完成主营业务收入 33.57 亿元，同比增长 3.80%。

2. 主要产品产量情况

2019 年，全省主要食品工业产品产量稳定，粮、油、肉、乳、蛋、糖、茶等日常生活主要食品供需平衡，食品工业依托刚需，全省主要食品产量居全国前 10 位的有：原盐 1344.95 万吨，同比增长 6.19%、发酵酒精 35.93 万千升，同比下降 48.19%、白酒 20.62 万千升，同比下降 10.29%、液体乳 108.40 万吨，同比增长 6.07%、啤酒 181.52 万千升，同比下降 3.74%、卷烟 1044.71 亿只，同比增长 1.38%。市场消费向营养、安全、便捷、休闲性发展。

3. 经济效益增幅明显

2019 年，全省规模以上食品企业完成营业收入 4931.14 亿元，同比增长 3.44%，增幅与全省工业持平，占全省工业 4.14%；实现利润总额 408.06 亿元，同比增长 3.86%，增幅比全省工业高 9.24 个百分点，占全省工业 6.05%。

【b. 大事记】

2019 年 1 月 29 日，在南京召开了食品工业企业诚信管理体系评价专家迎新春座谈会，通报了 2018 年全省诚信体系建设工作情况，相互交流了工作经验，对热点、难点问题进行了探讨，对做好 2019 年工作树立了信心。

5 月 16 日，组织我省部分食品企业参加“2019 上海・全国优质农产品博览会”活动。

6 月 20 日，组织我省部分食品企业观摩由华汉国际会议展览（上海）有限公司举办的“第 25 届上海国际加工包装博览会”。

6 月 19 日，会同厅消费品处在南京开展食品安全宣传周主题活动，进行了诚信管理体系建设推进活动。

7 月 3 日，江苏省白酒评委专家组会议在南京召开。会议总结了 2018 年度江苏省白酒评委专家组工作；各单位交流了新品开发、技术创新、市场营销等情况；研究探讨了 2019 年度白酒行业的工作重点。

7月20日至21日，组织省内食品行业企业负责人参加灌云食品高峰论坛，开展考察学习活动。

7月30日，参加中国食品工业协会第七次会员代表大会。

7月30日，参加由中国食协主办、中国食品工业年鉴编辑部承办的“全国食品工业行业信息交流会暨《中国食品工业年鉴》创刊35周年座谈会”，会议中对中国食品行业各专业协会、地方食协和地方经信局，长期撰写《中国食品工业年鉴》的人员颁发了感谢荣誉证书。江苏省食协唐建泽获此荣誉。

8月10日至12日，在连云港灌南汤沟两相和酒业组织召开了2019年江苏省白酒评委年会。会议交流了国家、全省食品工业和白酒行业相关运行情况，进行了原酒质量鉴评品评业务培训，对申报2019年江苏省白酒淡雅绵柔酒体设计奖和酒体感官质量奖的产品进行了感官鉴评，表彰了2017年度优秀评委，评选了2019年度优秀评委，参观了江苏汤沟两相和酒业产业园。通过年会举办各项活动，从而进一步提高了省白酒评委的业务能力，进一步提升了产品质量水平，进一步增强了中小白酒企业的能力。

9月24日，在南京组织召开了食品工业史（江苏篇）编纂工作会议，介绍了编纂背景，成立了编纂领导小组，进行了工作分工，拟定了编纂工作方案，讨论了食品工业史（江苏篇）大纲目录章节。

10月29日至30日，在南京举办全省食品工业企业诚信管理体系国家标准宣贯培训班。培训班日程安排内容丰富。一是省工信厅消费品工业处孟庆喜副处长作了开班动员；二是省市场监督管理局食品生产安全处戴巨群处长解读了落实食品安全主体责任指导意见；三是推荐已建诚信管理体系企业的管理者代表和内审员代表做了典型经验分享；四是邀请3位专家进行了诚信管理体系“企业为何要建、建设中的问题汇要及对策、新标准解析、文件化体系主要内容、体系实操应用、体系评价工作程序”等内容授课培训；五是进行了答疑互动，互动热烈氛围好；六是考评组对参培人员进行了考试检验学习效果。使参培人员受益匪浅，提高认识，明确职责，提升能力。

12月16日，组织我省白酒骨干企业参加了在济南召开的2019年黄淮流域白酒核心产区领袖企业峰会，共组织企业31人参加相关活动，我省洋河、双沟、今世缘、汤沟、御珍、乾隆江南等公司6个产品获区域标志产品奖，海州湾、桃林、梅兰春、汇金等公司4个产品获区域特色风格奖。

【c. 主要工作】

2019年，协会紧紧围绕省工信厅工作中心，坚持以服务企业、服务行业为宗旨，根据行业和企业的需求，在产业、企业、产品三个层面，坚持以提高产品质量和企业竞争力为重点，坚持创新行业服务工作方法，在增品种、提品质、创品牌上下功夫，做好各项服务工作，全力促进全省食品行业健康发展。

1. 开展诚信管理体系新国标宣贯，严格评价程序，建立食品安全长效机制

我省食品工业企业诚信管理体系建设工作是一项由省工信厅指导和推动，省食品工业协会组织实施，食品企业积极参与，旨在保障食品质量安全，促进食品行业健康发展的一项重要工作。协会以贯彻实施GB/T33300-2016《食品工业企业诚信管理体系》国家标准为重点，加大宣贯力度，引导企业建立诚信管理制度，强化企业食品安全主体责任，规范企业诚信管理，预防企业失信风险，确保诚信管理体系有效运行，建立了保障食品安全长效机制。

2. 对GB/T33300-2016《食品工业企业诚信管理体系》国家标准进行宣贯

4月份、6月份、12分别赴连云港市、宿迁市、南通市对所辖区食品企业负责人以及体系员进行国家标准宣贯；5月份到南京晓庄学院食品科学学院师生班宣讲诚信管理体系建设相关内容，6月份和11月份选派专家到苏酒集团和汤沟两相和酒业进行国家标准专题培训。10月组织举办了诚信管理体系国家标准宣贯暨内审员继续教育培训班。通过举办 GB/T33300-2016 国家标准宣贯暨内审员继续教育培训班，确保《食品工业企业诚信管理体系》国家标准（GB/T33300-2016）实施工作在我省有序进行，使参培人员受益匪浅，提高认识，明确职责，提升能力。 特点：一是充分认识了诚信管理体系贯标工作的重要性。食品安全关系广大人民群众身体健康和生命安全，是民生工程、民心工程，更是一项重大而艰巨的政治任务。进入新时代，人民群众日益增长的美好生活需要对食品安全工作提出新的要求，任重道远。法安天下、德润人心，食品工业企业诚信管理体系建设就是德法并举是切实保障食品安全的治本之策。二是明确了企业诚信体系管理者代表和内审员职责。通过典型经验分享，悉知企业诚信体系管理者代表是一位体系策划与建立、运行与实施、检查与改进的组织者、督导者、推进者，既是宣传员，又是教练员；既要当“运动员”又要当裁判员，切实履职真正成为一名懂管理、精业务、孰体系、善疏导的合格管理者代表。内审员是诚信管理体系具体实施者，要求达到在诚信管理体系策划时是参谋员，在诚信管理体系建立时是宣传员，在诚信管理体系运行时是监督员，在诚信管理体系改进时是领跑员，在诚信管理体系外审时联络员。三是提高了对 GB/T33300-2016 国家标准条款的应用实际操作能力。企业通过建立食品工业企业诚信管理体系，就能强化食品企业抗风险能力，消除或降低法律风险；就能强化员工诚信意识，筑牢食品安全道德底线；就能提升企业诚信文化层次，打牢社会责任基础；就能提升食品企业社会信誉，赢得社会品牌认知度；就能规范整合其他管理体系，提升食品企业管理效率；就能规范食品企业经营行为，保障食品质量安全。

3. 召开诚信体系评价老师座谈会，到咨询辅导机构对诚信体系建设工作调研

2月份，组织评价老师迎新春座谈会，相互交流评审工作经验，对热点、难点问题进行探讨，对做好2019年工作树立了信心。2月份深入到方圆认证集团调研，探讨交流工作中遇到的难点及问题，对我省食品企业建体系前如何咨询辅导培训和工作程序进行了探讨，达成了相关共识，统一了思想，明确了工作步骤。6月份选派6名评价老师参加国家工信部组织的国家标准评价人员综合能力提升培训班继续教育。

4. 配合消费品处做好食品安全宣传周工信部门主题日活动

6月份，利用2019年全省食品安全宣传周活动工信部门主题日活动之际，召集省、市工信部门有关食品行业负责人，省、市食品行业协会，盐业协会负责人，省食品工业企业诚信管理体系评价人员代表，咨询服务机构代表等参加了活动。通过食品工业企业诚信管理体系建设工作推进活动，其目的旨在使与会同志达到：提高认识把贯彻落实中共中央国务院食品安全工作的意见作为食品安全工作新的起点；担当使命把食品工业企业诚信管理体系建设作为行业工作重点抓手；克服困难继续稳步推进诚信管理体系建设工作完成年度目标任务。

5. 严格组织开展评价审核工作

按照工信部评价机构工作规则和评价工作程序的要求，严肃认真组织开展评价审核工作，2019年共评价了47家企业［其中：初次评价发证8家、监督评价26家、再评价（换证）13家、咨询培训8家］。截至目前，全省通过评价获证企业达80家，在证书有效期内正常运行企业58家，获证企业和评价企业数位列全国前列。

6. 做好评价机构公共服务平台建设工作

与国家工信部诚信体系公共服务平台和信用中国（江苏）平台对接做好宣传服务工作，及时公布诚信体系相关信息，对过期不正常运行的企业名单通知各市工信部门、行业协会，进一步征求企业意见，如不再继续就从公共服务平台上注销。

7. 开展2019年度长三角名优食品认定，提升食品品牌知名度

为推进长三角区域一体化国家战略，落实长三角食品行业高质量一体化发展的目标，构筑长三角地区品牌战略平台，引导长三角区域食品产业增品种、提品质、创品牌高质量发展，将长三角区域打造成为更具国际影响力的放心食品消费目的地、品质食品消费首选地。根据《长三角名优食品认定办法》(2019年修订版)，经三省一市食品（工业）协会共同研究，决定开展2019年度“长三角名优食品”认定工作，经过企业自愿申报、各设区市工信部门行业协会初审、省级协会审核推荐、长三角专家评审、公示认定，我省有68家企业的68个产品被评为2019年度“长三角名优食品”。截至目前，全省共有204家获长三角名优食品企业。搭建长三角名优食品企业商圈，为三省一市食品产业高质量发展做好服务工作。在长三角三省一市食品协会联合举办的“长三角名优食品认定”品牌活动的基础上打造企业交流平台，推动品牌建设，进行品牌宣传、推广、合作，组织原料供求、渠道合作等相关领域的协作，做到资源共享。建立商圈平台新机制，共同维护商圈成员企业权益。凡取得历届长三角名优食品认定的企业均视同商圈成员。

8. 开展原酒质量鉴评培训，提高我省白酒评委技能

为了在新形势下引导全省白酒行业发展方向和工作重点，进一步提高省白酒评委的业务能力，进一步提升产品质量水平，进一步增强中小白酒企业的能力，围绕黄淮流域产区特色传承和创新发展，坚守江苏区域特色，突出江苏典型风格“淡雅”“绵柔”，突出白酒评委业务技能培训。一是召开省白酒评委专家组会议，研究制定年度工作计划；二是创新方法开展原酒质量鉴评培训。通过召开省白酒评委年会平台，提高我省白酒评委技能，从源头上提高白酒产品工艺质量水平。主要采用选用企业近半年时间内分前段、中段、后段的原酒，以地区相近企业组成小组，大企业与小企业结成对子，用相互对比的方法进行鉴评培训。采取省评委和专家分别点评分享，交流品评体会，以问题为导向，帮助企业改进，为企业酿好酒、原酒分级贮存打下了扎实的基础。三是组织对白酒新产品感官鉴评品评。对近年来涌现了一批新产品。我们组织全省白酒国家评委和省评委对企业报送的35个白酒样品进行了感官质量鉴评品评，共评选出2019年度江苏省白酒淡雅绵柔酒体设计奖产品12个和酒体感官质量奖产品20个。做好了“2019第二届黄淮流域白酒核心产区领袖企业峰会”的组织工作，12月共组织行业企业家30余人参会、送检10个白酒产品进行专家鉴评品评，其中6个和4个产品分别荣获第二届黄淮流域白酒核心产区标志产品称号和典型风格产品称号。

9. 开展科技奖项目申报和对接服务，为行业提供创新驱动智力支撑

为了进一步推动我省食品工业企业科技进步与自主创新全面发展，更好地发挥科技创新对供给侧结构性改革的支撑和引领作用，加快我省食品产业转型升级和结构调整，推动实施创新驱动发展，促进科技成果转化为现实生产力，加强“产学研”紧密合作，推动科研成果的转化对接，服务于企业，为行业提供创新驱动支撑 。重点开展中国食品工业协会科学技术奖项目和个人推荐活动。我们下发了“关于开展2018年中国食品工业协会科学技术奖评审活动的通知”，对照评审条件，将符合奖励项目、个人及科技竞争力强的企业上报中国食协，在2019年全国科技进步表彰大会上我省荣获科技进步特等奖1项，一等奖3项，优秀奖4项，科技竞争力卓越企业2个，科技创新领军人物1人，中国传统食品标志

性产品 8 个

10. 以行业交流服务为抓手，为重点行业和企业提供个性化服务

个性化服务是协会的一项基本功，也是协会依托省工信厅开展相应服务的一个优势。我们发挥优势，做好有针对性的服务工作：一是组织行业交流服务。3 月份参加了在成都举行的全国部分省市食品工业协会联盟第六次会议，以及同期举办的“第 100 届全国糖烟酒商品交易会”。5 月份组织我省食品企业参加在上海举办的“2019 上海·全国优质农产品博览会”。6 月份组织我省部分食品企业观摩由华汉国际会议展览（上海）有限公司举办的“第 25 届上海国际加工包装博览会”。 7 月份组织我省行业企业参加江苏省灌云县举办的 2019 年首届食品产业发展论坛。通过组织行业企业参加各种行业交流活动，即使企业有关人员开阔了眼界，又增强了协会在行业中的凝聚力。二是在企业申报驰名商标时提供行业服务。5 月份为中科集团申报中国驰名商标做好相关出具行业证明与中国食品工业协衔接服务工作。三是在企业重要活动时提供行业服务。3 月份参加了御珍酒业有限公司公司举办的“百年御珍封坛酬宾”庆典活动。4 月份参加了苏酒集团在泗阳基地召开的 2019“洋河 1949 献礼祖国”封藏大典活动。四是参加政府行业相关部门组织的服务活动。3 月份赴江苏食品药品职业技术学院参加淮安市食品产业科技创新发展规划验收会。4 月份参加了中食协白酒专业委员会在四川沱牌舍得酒业召开的第五届全国评酒会 30 周年纪念大会暨第三届中国白酒大师高峰论坛。5 月份参加了省市场监管局组织召开的食品安全指数评价研讨会和省酒类行业协会白酒分会召开的会员代表大会暨全省白酒中小企业发展研讨会。7 月份参加了中食协白酒专业委员会在贵州兴义召开 2019 年白酒国家评委年会。

11. 加强协会内部自身建设，提高服务保障功能

注重协会自身建设，提高服务能力，强化服务手段，拓宽服务领域，提高服务质量：一是积极参加不忘初心牢记使命主题教育活动。按照厅活动办统一部署要求，认真学习文件，听报告，座谈讨论，并溶化于协会的实际工作中。二是组织开展业务学习落实工作责任。为强化行业管理、提高服务水平提供智力支持和思想保证，进行工作分工，进一步落实责任制。做好新媒体自查自纠工作，做好省食品工业协会微信公众号的信息发布和维护工作。三是认真落实巡察整改加强党风廉政建设责任制的贯彻落实。配合厅巡察办开展巡察，高度重视整改要求和相关建议，严格落实全面从严治党要求，切实担负起主体责任，按时序进度抓好整改落实积极稳妥处理历史遗留问题，完善协会内控制度，通过内控制度完善协会各项管理。四是协会全资公司社会和经济效益双丰收。一年来公司获得了社会效益和经济效益双丰收，2019 年共组织评价了 47 家企业［其中：初次评价发证 8 家、监督评价 26 家、再评价（换证）13 家］，咨询培训了 8 家单位，通过组织专家到受审企业评价审核，提高了受评审核企业的管理能力，规避防范失信风险。公司签订新企业初次评价合同 8 份，三年有效期到期企业再评价合同 13 份，共创营业收入 44 万元。

【d. 长三角名优食品】

根据《长三角名优食品认定办法（2019 修订畈）》的认定程序，经企业自愿申请，各设区市食品（工业）协会、行业主管部门初审推荐、省级食品行业协会审核，长三角名优食品评审委员会评审。长江三角洲地区（城市）食品（工业）协会联席会审议确定，2019 年度江苏省被认定长江三角洲地区名优食品 68 个（见下表）：

序号	单位	商标名称	产品名称	地区
1	南京甘汁园糖业有限公司	甘汁园	功能性红糖	南京复审
2	江苏三鸿食品有限公司	三鸿	肉酥	南京复审
3	南京天环食品（集团）有限公司	天环	香肠	南京复审
4	南京小苏州食品有限公司	小苏州	月饼	南京复审
5	南京清真桃源村食品厂有限公司	桃源村	月饼	南京复审
6	南京禄口禽业发展有限公司	六口	鸡蛋	南京复审
7	中科健康产业集团股份有限公司	中 ZK 科	中科创新牌灵芝孢子油软胶囊	南京
8	南京常力蜂业有限公司	金陵花	蜂蜜	南京
9	无锡市振太酒业有限公司	惠泉	黄酒	无锡复审
10	无锡华顺民生食品有限公司	安井	桂花糕（速冻米面食品）	无锡
11	徐州惠农鸭业有限公司	惠农神星	鸭颈	徐州复审
12	徐州佳合食品有限公司	众寻食品	白条鸭	徐州复审
13	徐州韩氏食品有限公司	韩世	糖果	徐州复审
14	徐州香道食品有限公司	香道	卤蛋	徐州复审
15	徐州忠意食品有限公司	忠意	白条鸭	徐州复审
16	江苏高祖酒业有限公司	高祖	白酒	徐州复审
17	江苏君乐宝乳业有限公司	君乐宝	每日活菌乳酸菌饮料	徐州复审
18	维维食品饮料股份有限公司	维维	豆奶	徐州复审
19	徐州银杏源生物工程有限公司	三生友杏	开心银杏仁	徐州复审
20	江苏华升面粉有限公司	华升	小麦粉	徐州
21	常州市西林康王食品厂	康王	芝麻糖	常州复审
22	江苏园外园食品有限公司	园外园	汤团	常州复审
23	常州市蒋记食品有限公司	蒋风记	醉草鸡	常州复审
24	常州市鑫灿食品有限公司	三聚阁	桃酥	常州复审
25	溧阳市天目湖肉类制品有限公司	天目湖	香肠（熟制）	常州
26	常州壹明唐食品有限公司	壹明唐	老豆腐	常州
27	苏州津津食品有限公司	津津	180 克津津卤汁豆腐干	苏州
28	常熟市圣百合食品有限责任公司	圣百合	小鲜肉饼	苏州
29	苏州同里红酿酒股份有限公司	同里红	黄酒	苏州
30	新希望双喜乳业（苏州）有限公司	新希望	源态酪乳酸牛奶	苏州
31	启东金和食品有限公司	金和屋	紫菜	南通
32	南通水明楼酒业有限公司	水明楼	白酒	南通
33	江苏康德蛋业有限公司	康德蛋业	溏心蛋	南通
34	江苏永友食品科技有限公司	田雀	成品大豆油	南通
35	江苏龙顺米业有限公司	龙顺	龙顺大米	南通
36	南通金鼎海苔有限公司	苔趣	休闲海苔	南通
37	江苏中宝食品有限公司	图	速冻蔬菜	南通

续表

序号	单位	商标名称	产品名称	地区
38	江苏瑞雪海洋科技股份有限公司	渔禾岛及图	紫菜食品（系列）	南通
39	江苏天成科技集团有限公司	天晟牧园	鲜鸡蛋	南通
40	江苏海州湾酒业集团股份有限公司	海州湾	白酒	连云港复审
41	江苏汤沟两相和酒业有限公司	汤沟	42 度汤沟国藏酒 G3	连云港复审
42	连云港市天缘食品有限公司	天缘图形	猪肉产品	连云港复审
43	江苏淮安苏食肉品有限公司	苏食	红烧肉	淮安复审
44	江苏老侯珍禽食品有限公司	老侯	鸭肫	淮安复审
45	江苏康强食品有限公司	康强	捆蹄	淮安复审
46	淮安康得乐食品有限公司	淮蒲	淮安蒲菜	淮安
47	江苏桂花养殖有限公司	黄海	冻光鸭	盐城复审
48	盐城市费氏食品有限公司	名声	肉松	盐城
49	盐城市怡美食品有限公司	鲜怡	毛扣鱼片	盐城
50	射阳县庆缘康蜂产品厂	妙语	蜂蜜	盐城
51	益海（盐城）粮油工业有限公司	香宴	大米	盐城
52	江苏省农垦米业集团淮海有限公司	渠星	大米	盐城
53	江苏洪宁食品有限公司	张氏记	蒜蓉辣椒酱	盐城
54	镇江恒顺新型调味品有限责任公司	恒顺	芝麻油	镇江
55	丹阳市莲湖面粉有限公司	练湖	小麦粉（通用）	镇江
56	靖江三阳食品有限公司	可其	精制猪肉脯	泰州复审
57	泰州苏鹏蛋业生物科技有限公司	绿尔康	鲜鸡蛋	泰州
58	兴化市四季香米业有限公司	野里河	大米	泰州
59	江苏兴野食品有限公司	乐可乐	脱水香葱	泰州
60	江苏祥兴米业有限公司	祥兴	大米	泰州
61	宿迁市项王食品有限公司	梦霸王	山楂糕	宿迁复审
62	江苏乾隆江南酒业股份有限公司	乾隆江南	系列白酒	宿迁
63	江苏古楼春酒业有限公司	虞美人	浓香型白酒	宿迁
64	宿迁波波猴食品有限公司	波波猴	肉脯	宿迁
65	江苏康之源粮油有限公司	雅来康	稻米油	宿迁
66	江苏苏星食品有限公司	舒新	鸡米花	宿迁
67	江苏洋河酒厂股份有限公司	洋河手工班	梦之蓝 . 手工班	宿迁
68	江苏双沟酒业股份有限公司	头排酒	苏酒头排酒	宿迁

【e. 诚信管理体系】

2019 年，按照工信部评价机构工作规则和评价工作程序的要求，严肃认真组织开展评价审核工作，共评价了 47 家企业［其中：初次评价发证 8 家、监督评价 26 家、再评价（换证）13 家、咨询培训 8 家］。截至目前，全省通过评价获证企业达 80 家，在证书有效期内正常运行企业 58 家，获证企业和评价企业数位列全国前列。

附表：2019 年食品工业诚信管理体系获证有效期内企业名单

序号	企业名称	证书号码	证书有效期
南京市			
1	江苏雨润肉食品有限公司	11-AJFI（苏）18-0004	有效期至 2021-06-30
2	南京卫岗乳业有限公司	11-AJFI（苏）19-0007	有效期至 2021-12-28
3	南京桂花鸭（集团）有限公司	11-AJFI（苏）16-0012	有效期至 2019-04-18
4	南京甘汁园糖业有限公司	11-AJFI（苏）16-0016	有效期至 2019-12-27
5	南京光明乳品有限公司	11-AJFI（苏）17-0003	有效期至 2020-01-19
6	南京天环食品（集团）有限公司	11-AJFI（苏）17-0009	有效期至 2020-07-30
7	南京大旺食品有限公司	11-AJFI（苏）17-0011	有效期至 2020-05-25
8	江苏三鸿食品有限公司	11-AJFI（苏）18-0011	有效期至 2021-11-04
无锡市			
9	江苏美天奶业有限公司	11-AJFI（苏）19-0002	有效期至 2021-12-28
11	无锡天资乳业有限公司	11-AJFI（苏）20-0002	有效期至 2022-12-30
12	无锡市振太酒业有限公司	11-AJFI（苏）19-0019	有效期至 2022-12-24
13	无锡市玉祁酒业有限公司	11-AJFI（苏）18-0005	有效期至 2021-07-08
徐州市			
14	维维乳业有限公司	11-AJFI（苏）18-0006	有效期至 2021-07-26
15	江苏君乐宝乳业有限公司	11-AJFI（苏）19-0009	有效期至 2022-02-07
16	徐州绿健乳品饮料有限公司	11-AJFI（苏）17-0007	有效期至 2020-05-25
17	徐州卫岗乳品有限公司	11-AJFI（苏）17-0013	有效期至 2020-12-08
常州市			
18	常州红梅乳业有限公司	11-AJFI（苏）19-0015	有效期至 2022-04-18
19	常州优蕾营养乳品有限公司	11-AJFI（苏）17-0006	有效期至 2020-03-29
苏州市			
20	新希望双喜乳业（苏州）有限公司	11-AJFI（苏）19-0013	有效期至 2022-03-20
21	东洋饮料（常熟）有限公司	11-AJFI（苏）16-0018	有效期至 2019-12-24
22	江苏张家港酿酒有限公司	11-AJFI（苏）17-0004	有效期至 2020-01-19
23	伊利苏州乳业有限责任公司	11-AJFI（苏）18-0002	有效期至 2021-06-10
24	明治乳业（苏州）有限公司	11-AJFI（苏）18-0003	有效期至 2021-06-23
25	惠氏营养品（中国）有限公司	005-CDIA（苏）2017-0072	有效期至 2020-06-15
连云港市			
26	江苏三元双宝乳业有限公司	11-AJFI（苏）19-0003	有效期至 2019-02-08
27	江苏万千食品投资有限公司	11-AJFI（苏）18-0001	有效期至 2021-02-24
28	江苏桃林酒业有限公司	11-AJFI（苏）18-0012	有效期至 2021-10-21
淮安市			
29	江苏康强食品有限公司	11-AJFI（苏）19-0017	有效期至 2021-12-17
盐城市			
30	盐城市费氏食品有限公司	11-AJFI（苏）17-0012	有效期至 2020-09-02

续表

序号	企业名称	证书号码	证书有效期
31	益海（盐城）粮油工业有限公司	11-AJFI（苏）18-0014	有效期至 2021-10-25
32	中粮肉食（江苏）有限公司	11-AJFI（苏）19-0004	有效期至 2022-01-25
扬州市			
33	扬州市扬大康源乳业有限公司	11-AJFI（苏）19-0011	有效期至 2022-03-20
34	江苏包天下食品有限公司	11-AJFI（苏）19-0018	有效期至 2022-12-24
35	扬州和信食品有限公司	11-AJFI（苏）19-0021	有效期至 2022-12-25
36	永顺泰（宝应）麦芽有限公司	11-AJFI（苏）19-0022	有效期至 2022-12-27
37	扬州天禾食品有限公司	11-AJFI（苏）20-0001	有效期至 2023-01-08
镇江市			
38	江苏省丹阳酒厂有限公司	11-AJFI（苏）18-0015	有效期至 2021-05-14
39	镇江金莲食品有限公司	11-AJFI（苏）19-0008	有效期至 2022-03-25
40	丹阳市亭亭食品有限公司	11-AJFI（苏）19-0005	有效期至 2022-02-21
41	江苏恒顺醋业股份有限公司	11-AJFI（苏）19-0016	有效期至 2022-06-19
42	中储粮镇江粮油有限公司	11-AJFI（苏）17-0005	有效期至 2020-01-09
43	镇江宴春酒楼有限公司	11-AJFI（苏）17-0014	有效期至 2020-06-18
44	江苏源春食品科技发展有限公司	11-AJFI（苏）18-0009	有效期至 2021-07-19
泰州市			
45	江苏幸福门粮油有限公司	11-AJFI（苏）18-0008	有效期至 2021-07-14
46	江苏双鱼食品有限公司	11-AJFI（苏）19-0006	有效期至 2022-02-07
47	泰州卫岗乳品有限公司	11-AJFI（苏）19-0010	有效期至 2022-02-07
48	江苏汇福油脂科技有限公司	11-AJFI（苏）18-0007	有效期至 2021-08-02
49	江苏兴野食品有限公司	11-AJFI（苏）18-0010	有效期至 2021-09-25
50	泰州统实企业有限公司	11-AJFI（苏）19-0001	有效期至 2022-01-08
51	泰州市梅兰春酒厂有限公司	11-AJFI（苏）19-0020	有效期至 2022-12-24
宿迁市			
52	蒙牛乳业宿迁有限公司	11-AJFI（苏）17-0001	有效期至 2020-03-04
53	江苏御珍实业股份有限公司	11-AJFI（苏）17-0008	有效期至 2020-05-25
54	江苏乾隆江南酒业股份有限公司	11-AJFI（苏）17-0010	有效期至 2020-03-04
55	江苏洋河酒厂股份有限公司	11-AJFI（苏）19-0012	有效期至 2022-04-14

【f. 主要经济数据】

2019 年江苏省主要食品产量（万吨、万千升）

产品名称	2019 年产量	同比增长 %	全国位次	产品名称	2019 年产量	同比增长 %	全国位次
原盐	1344.95	6.19		酱油			
大米				发酵酒精	35.93	-48.19	
小麦粉				白酒	20.62	-10.29	

续表

产品名称	2019 年产量	同比增长 %	全国位次	产品名称	2019 年产量	同比增长 %	全国位次
食用植物油				啤酒	181.52	−3.74	
糖果				饮料			
速冻米面				卷烟（亿支）	1044.71	1.38	
方便面							
乳制品	108.40	6.07					

2019 年江苏省规模以上食品工业企业主要经济指标（单位：亿元）

项目	农副食品加工业	食品制造业	酒、饮料和精制茶制造业	烟草制品业	合计
企业单位数（个）	1162	427	130	6	1725
资产总计	1550.81	870.48	966.00	686.59	4073.88
流动资产合计	998.03	442.11	611.88	545.58	2597.60
应收账款	195.92	112.18	45.57	22.21	375.88
存货	300.85	95.86	255.88	276.79	929.38
产成品	123.64	43.59	43.60	15.32	226.15
负债合计	986.72	417.27	313.62	70.58	1788.19
营业收入	2680.93	779.72	656.00	844.11	4960.76
营业成本	2481.53	576.76	347.22	333.97	3739.48
销售费用	55.45	74.02	54.90	8.42	192.79
管理费用	46.83	47.80	34.54	21.63	150.80
财务费用	13.91	6.03	1.59	−9.13	12.40
利润总额	68.67	64.91	182.89	95.94	412.41
平均用工人数（万人）	11.63	7.81	4.57	0.63	24.64

2019 年江苏省国有控股食品工业企业主要经济指标（单位：亿元）

项 目	农副食品加工业	食品制造业	酒、饮料和精制茶制造业	烟草制品业	合计
企业单位数（个）	28	18	11	6	63
资产总计	74.01	151.07	650.53	686.59	1562.20
流动资产合计	48.79	58.09	445.55	545.58	1098.01
应收帐款	2.31	9.21	10.73	22.21	44.46
存货	15.91	11.78	200.29	276.79	504.77
产成品	6.19	7.36	25.41	15.32	54.28
负债合计	56.86	69.96	167.63	70.58	365.03
营业收入	144.90	97.48	340.68	844.11	1427.17
营业成本	138.07	68.60	114.99	333.97	655.63
销售费用	3.35	7.78	33.77	8.42	53.32
管理费用	1.88	5.26	21.18	21.63	49.95
财务费用	0.52	2.44	−0.89	−9.13	−7.06

续表

项 目	农副食品加工业	食品制造业	酒、饮料和精制茶制造业	烟草制品业	合计
利润总额	1.65	11.70	144.76	95.94	254.05
平均用工人数（万人）	0.23	0.76	2.18	0.63	3.80

2019 年江苏省私营食品工业企业主要经济指标 （单位：亿元）

项 目	农副食品加工业	食品制造业	酒、饮料和精制茶制造业	合计
企业单位数（个）	878	243	44	1165
资产总计	728.44	226.92	63.20	1018.56
流动资产合计	496.04	119.72	35.12	650.88
应收账款	101.84	34.81	4.27	140.92
存货	151.28	36.46	13.22	200.96
产成品	69.31	13.48	5.26	88.05
负债合计	463.72	126.69	30.81	621.22
营业收入	1239.47	243.25	61.52	1544.24
营业成本	1132.21	192.89	49.27	1374.37
销售费用	25.23	11.62	3.67	40.52
管理费用	24.67	12.14	2.27	39.08
财务费用	9.45	1.88	0.65	11.98
利润总额	36.30	18.38	4.05	58.73
平均用工人数（万人）	7.16	3.13	0.67	10.96

2019 年江苏省外商投资和港澳台商投资食品工业企业经济指标 （单位：亿元）

项 目	农副食品加工业	食品制造业	酒、饮料和精制茶制造业	合计
企业单位数（个）	131	106	50	287
资产总计	576.22	388.71	192.43	1157.36
流动资产合计	362.11	210.93	97.25	670.29
应收账款	69.73	55.98	27.32	153.03
存货	103.83	34.01	25.87	163.71
产成品	35.75	16.71	8.84	61.30
负债合计	353.22	163.75	88.59	605.56
营业收入	923.00	328.79	208.07	1459.86
营业成本	867.89	226.82	153.26	1247.97
销售费用	21.08	44.69	14.53	80.30
管理费用	14.99	25.61	8.37	48.97
财务费用	2.42	0.98	0.95	4.35
利润总额	15.03	30.48	27.23	72.74
平均用工人数（万人）	2.73	2.71	1.17	6.61

2019 年江苏省大中型食品工业企业主要经济指标　（单位：亿元）

项 目	农副食品加工业	食品制造业	酒、饮料和精制茶制造业	烟草制品业	合计
企业单位数（个）	64	62	25	4	155
资产总计	505.06	484.96	752.67	671.68	2414.37
流动资产合计	314.45	239.02	501.50	539.82	1644.79
应收账款	49.79	45.44	28.09	21.66	144.98
存货	97.61	43.51	213.67	276.10	530.89
产成品	41.23	19.72	27.95	15.07	103.97
负债合计	304.99	213.69	205.63	67.19	791.50
营业收入	924.24	439.09	489.19	839.64	2692.16
营业成本	865.02	306.62	211.75	331.47	1714.86
销售费用	19.62	48.89	48.55	8.40	125.46
管理费用	13.27	28.10	25.24	20.52	87.13
财务费用	1.72	2.49	–0.31	–9.06	–5.16
利润总额	22.24	50.21	173.54	95.45	341.44
平均用工人数（万人）	4.28	4.13	3.35	0.59	12.35

唐建泽

3.6 浙江省

【a. 概况】

2019年，浙江省全省食品工业共有年销售收入2000万元及以上的工业企业（以下简称“规模以上企业”）1228家，从业人员16.33万人。全年实现工业增加值845.1亿元，同比增长2.5%，位居全省各工业行业第8位。

1. 工业增加值平稳增长

2019年，浙江省食品工业完成工业增加值845.1亿元，同比增长2.5%，比全省工业低4.1个百分点。其中，农副产品加工业完成工业增加值103.4亿元，同比下降2.7%；食品制造业完成工业增加值148.1亿元，同比增长3.7%；饮料制造业完成工业增加值128.1亿元，同比增长4.6%；烟草制品业完成工业增加值465.5亿元，同比增长2.8%。

2. 主要产品产量略有增长

列入统计的33种主要产品，有20种产品产量实现同比增长，其中，6种产品产量增长达10%以上，小麦粉增长21.2%，熟肉制品增长26.2%，焙烤松脆食品增长31.5%，液体乳增10.4%，婴幼儿配方乳粉增长39.7%，食醋增长17.5%；13种产品产量同比下降，其中，食品添加剂、白酒、精制茶、果酒及配制酒、营养保健食品和鲜、冷藏肉下降幅度超过10%。

3. 产销率下滑

2019年，浙江省食品工业实现销售产值2271.09亿元，同比增长3.04%。全行业产销率为96.80%，同比下降0.29个百分点，比全省工业低0.63个百分点。其中，农副食品加工业产销率为97.04%，同比下降0.33个百分点；食品制造业产销率为97.42%，同比下降0.21个百分点；饮料制造业产销率为93.59%，同比下降2.78个百分点；烟草制品业产销率为99.14%，同比增加2.16个百分点。

4. 出口有所回落

2019年，受中美贸易冲突影响，浙江省食品工业完成出口交货值240.93亿元，同比下降4.15%。从分行业情况看，农副食品加工业完成出口交货值133.39亿元，同比下降5.49%；食品制造业完成出口交货值97.93亿元，同比下降1.14%；饮料制造业完成出口交货值28.73亿元，同比下降6.12%；烟草制品业完成出口交货值3.87亿元，同比增长0.91%。

5. 盈利水平大幅提高

2019年，浙江省食品工业行业实现利税总额640.25亿元，同比增长2.8%，比全省工业高2.2%个百分点。其中，实现利润总额181.53亿元，同比增长9.2%，增幅比全省工业高5.4个百分点。从分行业看，农副食品加工业同比下降5.6%，食品制造业同比增长11.9%，饮料制造业同比增长5.5%，烟草制品业同比增长20.8%。

2019年，创新投入不足。浙江省规模以上食品工业新产品产值为355.53亿元，同比增长10.66%，同比略低于全省工业11.16%的增速。全省规模以上食品工业企业科技活动经费为仅有

20.76 亿元，同比增长 35.4%，但仅占行业营业收入的 0.7%，同比也远低于全省工业工业企业科技活动经费 2.3% 的占比。

【b. 大事记】

2019 年 1 月 18 日，浙江省食安委 2019 年第一次全体会议召开，会议回顾总结了 2018 年全省食品安全工作，研究部署了 2019 年工作任务。2018 年浙江食安建设工作取得了良好成效，全省食品安全形势总体稳定向好，连续两年获得国家考核 A 级，食品安全公众满意度达 81.37，创历史新高。

5 月 15 日至 19 日，第三届中国国际茶叶博览会在浙江杭州举办。本届国际茶博会以“茶和世界，共享发展”为主题，展示展销总面积 7 万平方米，国内外参展商总计 1563 家，采购商 3300 多名，达成现场茶叶交易 222.9 吨，达成意向交易量 5032 吨，意向交易额 54 亿元。

6 月份，浙江省食品安全委员会办公室制定了 2019 年全国食品安全宣传周浙江活动安排。浙江食品安全宣传周围绕主题，突出宣传“尚德守法”的食品安全理念，融合运用传统媒体与新兴媒体优势，发挥各主办单位官网、官微及地铁等人流量大的载体广泛宣传，通过召开新闻发布会（通气会）、组织媒体采访、发布新闻通稿等多种自主发布方式，营造“食品安全宣传周”的舆论氛围。

6 月 27 日至 28 日，浙江省食品安全专家委员会联合丽水市食安办举办“食品安全助推产业高质量发展高峰论坛”，来自政策部门、研究机构、企业、第三方专业机构等方嘉宾围绕食品安全治理与产业高质量发展交流分享前沿理论、研究成果和最佳实践，为浙江乃至全国食品安全工作及现代农业和绿色食品产业发展建言献策。

7 月 30 日，参加由中国食协主办、中国食品工业年鉴编辑部承办的“全国食品工业行业信息交流会暨《中国食品工业年鉴》创刊 35 周年座谈会”，会议中对中国食品行业各专业协会、地方食协和地方经信局，长期撰写《中国食品工业年鉴》的人员颁发了感谢荣誉证书。浙江省食协安圣康获此荣誉。

8 月 6 日至 7 日，2019 年，浙江省食品行业协会工作会议在嘉兴市举行，来自浙江省食品工业协会、嘉兴市食品工业协会、杭州市食品工业协会、宁波市食品工业协会等全省 20 余家市、县（区）食品协会及相关特色食品专业协会负责人与会，密切了协会之间的工作交流沟通，有效促进了全省食品协会和食品行业的健康发展。

11 月 4 日至 5 日，2019，年浙江省食品生产企业履行主体责任报告活动在杭州之江饭店会议中心新闻发布厅举行，来自娃哈哈、农夫山泉、贝因美、雅培、一鸣乳业、味全等 71 家浙江省内知名食品生产企业代表在《依法履行主体责任 提升食品安全水平》倡议书上郑重签字，承诺切实承担起保障食品安全主体责任。

11 月 8 日，第 25 届绍兴黄酒节暨“一带一路”中国（国际）黄酒产业博览会开幕式在绍兴举行。本届绍兴黄酒节以“中国黄酒之都，扬帆一带一路”为主题。由开幕式、“一带一路”中国（国际）黄酒产业博览会，中国（国际）黄酒产业高峰论坛三大主体活动和黄酒 COSPLAY 节、京东 11・8 黄酒节、美酒与美食节三大配套活动构成。

12 月 5 日，浙江省市场监管局、公安厅、教育厅、农业农村厅联合举行整治食品安全问题联合行动新闻发布会，发布联合行动总体情况及典型案例。自 9 月份开始，浙江省市场监管局、省公安厅、省教育厅、省农业农村厅联合开展了整治食品安全问题联合行动，围绕食品生产经营环节违法违规行为、保健食品虚假宣传、校园食品安全以及农产品质量安全等群众关切的环节展开。

12 月 6 日，浙江省第二届食品安全地方标准审评委员会成立大会在杭州召开。经公开征集、自愿申报、部门推荐、省卫生健康委审核、社会公示等程序，确定由来自全省医学、农业、畜牧、食品、营养、检验检疫等领域的 65 名专家委员和浙江省经信厅、农业农村厅、市场监管局、林业局、消保委等5个单位委员共同组成第二届审评委员会。

12月21日至22日，2019年，长三角食品产业一体化高质量发展峰会在安徽合肥召开，来自上海、江苏、浙江、安徽三省一市的科研专家及食品企业、行业协会、监管机构、检测机构代表500余人参加了会议。本次大会成立了长三角食品行业社团组织协作创新联盟。大会还发布了2019年长三角名优食品名单，来自浙江省贝因美、农夫山泉、小王子食品、浙江省茶叶集团等企业的43个产品成功获认定。

【c. 政策、法规】

3月28日，浙江省医保局、财政厅、卫健委联合印发《关于做好苯丙酮尿症特殊治疗食品医疗保障工作的通知》，将病苯丙酮尿症特殊治疗食品纳入保障范围，切实减轻患者家庭医药费用负担。

5月29日，浙江省市场监管局发布《浙江省市场监督管理局关于深化食品经营许可改革的实施意见》。

12月9日，浙江省人民政府发布《浙江省人民政府关于推进健康浙江行动的实施意见》。

2019年底，浙江省委办公厅、省政府办公厅出台重大政策措施，对贯彻落实《中共中央国务院关于深化改革加强食品安全工作的意见》作出具体部署，要求加快推进我省省域食品安全治理现代化进程。

【d.2019年主要经济指标】

2019年浙江省食品工业分行业工业产值表

	工业产值（亿元）	同比 ±%
全省工业	72871.81	4.12
全省食品工业合计	2342.25	3.25
农副食品加工业	859.17	3.91
食品制造业	510.18	2.87
饮料制造业	437.03	3.63
烟草制品业	535.87	2.25

2019年浙江省食品工业主要经济效益指标

	单位	全省工业		食品工业	
		2019年1—12月	同比+%	2019年1—12月	同比+%
企业个数	家	43873	/	1228	/
亏损企业个数	家	6953	17.6	287	21.6
亏损企业亏损额	亿元	479.52	12.2	12.99	6.6
新产品产值	亿元	27848.5	11.2	355.53	10.7
主营业务收入	亿元	574962.5	3.4	2842.0	3.5
研发费用投入	亿元	41697.37	22.1	620.76	35.4

2019年全省食品工业分行业利润总额表

	利润总额（亿元）	同比 ±%	利税总额（亿元）	同比 ±%
全省工业	4759.47	5.4	7464.78	0.6
全省食品工业合计	181.53	9.2	640.25	2.8
农副食品加工业	28.36	–5.6	39.75	–7.2
食品制造业	49.78	11.9	69.14	4.9
饮料制造业	50.78	5.5	76.87	–1.7
烟草制品业	52.58	20.8	454.49	4.2

【e. 2019 年主要产品产量】

指标名称	计量单位	企业数	产品产量	同比累计增长 %
小麦粉	吨	5	834327.0	21.2
大米	吨	35	652341.1	4.5
精制食用植物油	吨	18	812209.6	-1.7
鲜、冷藏肉	吨	25	398470.0	-15.5
熟肉制品	吨	22	51006.4	26.2
冷冻水产品	吨	199	989941.0	0.2
冷冻蔬菜	吨	17	130574.7	4.9
膨化食品	吨	5	41633.9	1.5
焙烤松脆食品	吨	1	4006.0	31.5
糖果	吨	13	29152.9	4.3
速冻食品	吨	26	195394.4	2.1
其中：速冻米面食品	吨	11	123072.3	2.7
方便面	吨	6	224994.6	4.1
乳制品	吨	20	731880.8	9.9
其中：液体乳	吨	16	681609.7	10.4
固体及半固体乳制品	吨	7	50271.1	3.2
乳粉	吨	4	21941.0	39.2
婴幼儿配方乳粉	吨	3	21936.0	39.7
罐头	吨	48	458922.2	-6.0
味精（谷氨酸钠）	吨	5	24048.2	-3.3
酱油	吨	11	61426.8	7.6
食醋	吨	5	18797.0	17.5
营养、保健食品	吨	21	18110.7	-17.9
冷冻饮品	吨	7	78494.0	-4.9
食品添加剂	吨	32	636992.2	-15.4
饮料酒	千升	55	2837161.0	-4.9
其中：白酒（折 65 度，商品量）	千升	13	10432.9	-19.5
啤酒	千升	18	2268139.8	-4.5
黄酒	千升	33	550338.7	-6.0
果酒及配制酒	千升	2	0	-100
饮料	吨	71	8977796.7	2.2
其中：碳酸饮料类（汽水）	吨	8	773979.9	2.3
包装饮用水类	吨	22	4743471.2	0.9
果汁和蔬菜汁饮料类	吨	29	1467642.2	7.5
蛋白饮料	吨	15	507915.7	8.5
精制茶	吨	68	208928.2	-11.1
卷烟	万支	2	9336941.0	-0.6

【f.2019 年名优产品】

2019 年浙江省长江三角洲名优食品名单

序号	单 位	产品名称	商标名称
1	浙江省茶叶集团股份有限公司	西湖龙井	狮峰
2	杭州新希望双峰乳业有限公司	鲜奶茶调制乳	双峰
3	贝因美婴童食品股份有限公司	婴幼儿配方奶粉	贝因美爱加
4	浙江五味和食品有限公司	酿造食醋	双鱼
5	浙江渔福食品有限公司	鱼豆腐	炎亭渔夫
6	中国水产舟山海洋渔业有限公司	休闲水产品	明珠
7	浙江备得福食品有限公司	备得福榨菜	備得福
8	浙江新银象生物工程有限公司	乳酸链球菌素	银象
9	浙江德辉食品有限公司	酥饼、薄饼系列产品	德辉
10	宁波佐餐王调味食品有限公司	复合调味料（糖醋红烧 酱）	佐餐王
11	浙江富来森食品有限公司	香菇	富来森
12	宁波王龙科技股份有限公司	山梨酸钾	王龙
13	金华金年火腿有限公司	金华火腿	金年蒋
14	杭州姚生记食品有限公司	腰果	姚生记
15	绍兴至味食品有限公司	酿造酱油	松盛园
16	绍兴白塔酿酒有限公司	原绍 绍兴黄酒	白塔
17	浙江丰岛食品股份有限公司	丰岛鲜果捞（罐头）	丰岛
18	嘉兴市真真老老食品有限公司	粽子	真真老老
19	浙江宝隆米业有限公司	大米	裕健
20	平湖市老鼎丰酿造食品有限公司	酿造酱油	群欢
21	浙江粮午斋食品有限公司	月饼	粮午斋
22	嘉兴徐珍斋食品有限公司	月饼	徐珍斋
23	嘉兴市犇腾餐饮管理有限公司	肥牛（牛肉制品）	犇腾
24	百川生物科技有限公司	大豆拉丝蛋白	太禾
25	浙江一鸣食品股份有限公司	乳制品（澳瑞鲜牛奶）	一鸣
26	浙江大好大食品有限公司	炒货（瓜子）	大好大
27	浙江桂香村食品连锁有限公司	糕点（桂香玉露饼）	桂新园
28	浙江瑞松食品有限公司	烤鱼片	瑞松
29	瑞安市华忠水产食品有限公司	冻鱼糜制品	华辉
30	浙江金恩食品科技股份有限公司	猪肉条（三层油渣）	金恩凡提
31	熊猫乳品集团股份有限公司	炼乳	熊猫
32	温州快鹿集团公司	速冻食品（面食）	快鹿
33	杭州千岛湖啤酒有限公司	千岛湖啤酒	千岛湖
34	杭州丘比食品有限公司	沙拉酱	丘比
35	杭州玫隆食品有限公司	蛋黄酥	可莎蜜儿

续表

序号	单 位	产品名称	商标名称
36	杭州知味观食品有限公司	绿豆糕	知味观
37	农夫山泉股份有限公司	茶π（茶派）茶饮料	农夫山泉
38	浙江小王子食品有限公司	薯类产品	“董小姐”
39	杭州思味食品有限公司	原味绿豆糕	思味王
40	杭州天堂食品有限公司	西湖藕粉	天堂
41	浙江美丽健乳业有限公司	原味酸奶	美丽健
42	杭州下沙酒厂	白酒（原浆）	乔农坊
43	杭州牡丹面粉有限公司	面粉	牡丹

【g. 科技进步和科研成果】

1. 浙江工商大学、浙江大学、杭州娃哈哈集团有限公司、浙江一鸣食品股份有限公司、杭州新希望双峰乳业有限公司等单位共同完成的“功能性乳酸菌靶向筛选及产业化应用关键技术”项目和金字火腿股份有限公司参与完成的“传统特色肉制品现代化加工关键技术及产业化”项目获国家科学技术进步奖二等奖。

2. 浙江大学参与完成的“竹笋贮藏与加工关键技术研究及应用”项目获省科学技术进步奖一等奖；浙江省茶叶集团股份有限公司参与完成的“茶制品质量控制关键技术研究与应用示范”项目、宁波铜钱桥食品菜业有限公司参与完成的“腌制蔬菜加工和装备关键技术创新及其应用示范”项目获浙江省科学技术进步奖二等奖。

3. 浙江青莲食品股份有限公司企业技术中心、杭州娃哈哈精密机械有限公司企业技术中心、宏胜饮料集团有限公司企业技术中心 3 家食品行业企业技术中心成功入选浙江省 2018 年（第 25 批）制造业和高技术服务业类省级企业技术中心。

安圣康

3.7 福建省

【a. 概况】

2019年，福建省规模以上食品工业企业个数达2372个，规模以上食品工业企业营业收入达6648.9亿元，同比增长10.1%；其中，农副食品加工业达3427.58亿元，同比增长11.1%；食品制造业达1796.66亿元，同比增长8%；酒、饮料和精制茶制造业达1135.76亿元，同比增长9.8%；烟草制品业达288.9亿元，同比增长13.4%。

2019年，福建省主要加工食品的产量为：小麦粉174.75万吨，同比增长14.21%；大米221.42万吨，同比增长9.52%；精制食用植物油226.32万吨，同比增长7.91%；酱油14.18万吨，同比增长11.48%；食品添加剂24.01万吨，同比增长10.02%；饮料酒192.07万千升，同比增长6.92%；成品糖7.53万吨，同比增长6.28%；冷冻水产品215.78万吨，同比增长16.08%；糖果92.46万吨，同比增长8.09%；速冻米面食品9.28万吨，同比增长12.03%；白酒（折65度，商品量）7.54万千升，同比增长20.19%；啤酒158.12万千升，同比增长5.22%；软饮料809.20万吨，同比增长16.97%；包装饮用水类323.33万吨，同比增长6%；果汁和蔬菜汁饮料类132.38万吨，同比增长10.59%；精制茶28.86万吨，同比增长10.59%；乳制品20.29万吨，同比增长10.71%；其中，液体乳19.36万吨，同比增长11.63%；乳粉5500吨，同比下降18%；原盐21.83万吨，同比下降5.08%；鲜、冷藏肉133.53万吨，同比下降0.94%；方便面11.13万吨，同比下降21.66%；罐头297.96万吨，同比下降9.53%；冷冻饮品4700吨，同比下降39.99%。

在列入统计的29类主要食品中，有22种产品产量同比增长，占比达到76%；其中，同比增长达到10%以上的有12种，占比达到41%。福建省加工食品产量在全国省市中均位居前10的分别是糖果、罐头、冷冻水产品第1位；果汁和蔬菜汁饮料类、精制茶第3位；鲜、冷藏肉第5位；酱油、配合饲料第6位；速冻米面食品、软饮料第7位；碳酸饮料类（汽水）第8位；饲料、成品糖、小麦粉、包装饮用水、大米、精制食用植物油、啤酒第10位。啤酒首次进入全国前10。

【b. 科技创新】

金冠食品（福建）有限公司、福建省绿麒食品胶体有限公司、福建光阳蛋业股份有限公司、胜田（福清）食品有限公司等12家食品企业入选“福建省2018年第二批高新技术企业”；福建达利食品集团有限公司、福建圣农发展股份有限公司、厦门银祥集团有限公司、福建安井食品股份有限公司等12家食品企业入选“2019农业产业化龙头企业500强”企业；福建福矛酒业集团福矛窖酒（53%vol酱香型）获得“2019年度中国白酒中南核心产区标志产品奖”、福建光泽德顺酒业有限公司闽源春（52%vol 米香型）获得“2019 年度中国白酒中南核心产区风格特色奖”、厦门芦山堂酒业有限公司芦山堂闽派清香（52%vol 清香型）获得“2019 年度中国白酒中南核心产区感官质量奖”；福州叶家记食品有限公司、福建佳客来食品股份有限公司、福建其亮食品科技有限公司、方家铺子（莆田）绿色食品有限公司等 20 家食品企业被列入 2019 年新增省科技小巨人领军企业培育发展库；回头客食品集团股份有限公司自主研发的“五谷杂粮铜锣烧关键技术的研发与产业应用”项目获得 2016—2017 年度“中国食品工业协会科学技术奖”一等奖，回头客食品集团股份有限公司、福建农林大学食品科学学院联合完成的“提高面包制品品质关键技术的研究与应用”项目和福建 省亚明食品有限公司、福建农林大学食品科学学院联合完成的“中式肉类菜肴工业化生产关键技术的研究与应用”（梦八金牌骨在生产工艺中的应用）项目均获得 2016—2017 年度“中国食品工业协会科学技术奖”优秀奖；回头客食品集团股份有限公司还获得“2018 全国食品工业科技竞争力卓越企业”荣誉称号；协会开展“荣耀七十载、创新再发展”——中华人民共和国成立 70 周年福建省食品工业系列评选表彰活动，最后共评选出“达利食品集团有限公司”等 58 家企业“福建省食品工业杰出贡献奖”，政协第十一届福建省委员会陈绍军教授等 6 位“福建省食品工业特别贡献奖”，厦门银祥集团有限公司张志刚等 43 位“福建省食品工业企业科技创新人才”。

2019 年协会开展第五届“福建省食品工业科学技术进步奖”评选活动，9 个项目获奖，其中一等奖项目 3 个，二等奖项目 6 个；分别是：福建农林大学完成的《海参加工关键技术创新与产业化应用》项目、厦门市燕之屋丝浓食品有限公司完成的《一种自动加热即食咸味碗燕的开发与工业化》项目、福州大世界橄榄有限公司完成的《橄榄制品绿色加工关键技术的研究与应用》项目获得一等奖；厦门华厦学院、厦门银祥集团有限公司、厦门泓益检测有限公司联合完成的《肉类食品安全与追溯关键技术研究及产业化应用》项目，集美大学完成的《乌龙茶及速溶茶粉风味品质提升关键技术的开发与应用》项目，福州市海洋与渔业技术中心、福州创新生物工程研究所、福州创鼎生物工程有限公司联合完成的《海洋鱼源脱氧核糖核酸精深加工技术的研究与应用》项目，福建农林大学食品科学学院、福建明旺食品有限公司联合完成的《高效抗冻剂的制备及其在冷冻水产品加工中的应用》项目，绿新（福建）食品有限公司、集美大学食品与生物工程学院联合完成的《葡萄酒澄清专用型卡拉胶的开发与应用》项目，福建省亚明食品有限公司完成的《中式鱼糜菜肴加工关键技术的创新与应用》获得二等奖。

在省科技厅大力支持下，协会开展科技成果评审。2019 年经协会评审通过的成果入围福建省科技进步奖的有 4 项，分别为一等奖 1 项，福建农林大学、华南农业大学、西南大学、蜡笔小新（福建）食品工业有限公司联合完成的《魔芋精深加工关键技术研究与产业化》；二等奖 2 项，福建农林大学、福建御厨食品有限公司、福建立兴食品有限公司联合完成的《即食米饭加工关键技术的研发与应用》，《鲍鱼深加工及综合利用关键技术创新与产业化应用》；三等奖 1 项，福州大学、福建圣农食品有限公司联合完成的《肉鸡加工副产物的高值化利用关键技术与产业化》。

【c. 协会主要工作】

2019 年 1 月 28 日，协会开展企业技术诊断、食品安全标准维权工作。协会一会员单位地瓜粉产品被市场监督管理局抽查微生物指标不合格，后经协会调查发现多家会员企业地瓜粉产品因微生物抽查不合格，面临监管部门处罚。协会立即组织有关专家对该问题进行研讨，经交流与讨论，认为 GB 31637-2016《食品安全国家标准食用淀粉》标准微生物项目制定不合理，协会提供多种渠道向相关监管部门反馈标准制定不合理，通过全国食品协会会议上提出该标准存在的问题，并请中国食品工业协会沟通解决。协会于2019年11月收到该标准修订征求意见稿，该稿删除了微生物项目中的菌落总数、大肠菌群；但是霉菌和酵母菌指标没有删除，协会还与其他省食品协会合作，与制标单位进一步协商霉菌和酵母菌项目。

3月3日，协会一会员企业向协会反馈，该公司花菇产品经莆田市食品药品监督管理局涵江分局检验二氧化硫不合格。企业认为当前现行的二氧化硫检测方法《食品安全国家标准 食品中二氧化硫的测定》（GB5009.34-2016）存在的局限性，可能引起误判。协会组织有关专家就该问题进行研讨，认为《食品安全国家标准 食品中二氧化硫的测定》自实施以来，在香菇类（含花菇）产品中经常出现二氧化硫的误检或超量误判的现象，在新修订的标准未出台之前，建议食品安全监管部门对香菇类产品（含花菇）二氧化硫超标的检测结果不予采信，对生产企业免于处罚；在新修订的标准未出台之前，建议该项目不列为监督抽检项目，以避免误检结果给企业的正常经营带来困扰。

5月17日，协会参与主办及承办的第二届中国中式菜肴产业暨聚春园佛跳墙传承与发展高峰论坛在福州召开。

6月13日至15日，2019年中国北京世界园艺博览会“福建日”活动在北京市延庆区召开，由省工信厅、省贸促会承办的“福建绿色食品展示会”在世园会同行广场举办。本次展示会由协会组织征选了福建圣农食品有限公司、福建达利食品集团有限公司、福建省盼盼食品集团有限公司等23家我省具有代表性的优势特色食品企业集中参会。

7月30日，参加由中国食协主办、中国食品工业年鉴编辑部承办的“全国食品工业行业信息交流会暨《中国食品工业年鉴》创刊35周年座谈会”，会议中对中国食品行业各专业协会、地方食协和地方经信局，长期撰写《中国食品工业年鉴》的人员颁发了感谢荣誉证书，省食协林玉明副会长兼秘书长获此殊荣。

8月16日，福建省市场监督管理局制定了《福建省运动营养食品生产许可审查方案（试行）》，填补了福建省内运动营养食品审查许可审查方案的空白，促进福建省运动营养食品产业发展，规范运动营养食品生产活动。

8月23日至24日，由教育部高等学校食品科学与工程类专业教学指导委员会与福建省高等教育学会实验室管理专业委员会联合举办，福建省食品工业协会承办，福建农林大学与北京欧倍尔软件技术开发有限公司协办的“欧倍尔杯”第二届全国大学生食品工程虚拟仿真大赛总决赛在福建农林大学隆重举行。本届大赛评出特等奖5名、一等奖14名、二等奖26名、优秀组织奖4个、支持奖1个。

11月7日，为推进食品安全工作改革创新，提升我省食品安全现代化治理能力，促进食品工业企业诚信管理体系建设，提升食品质量安全，推动食品工业高质量发展，中共福建省委、福建省人民政府印发《福建省深化改革加强食品安全工作行动方案》。

11月29日至12月1日，由中国食品工业协会、福建省食品工业协会联合主办，福建融博会展服务有限公司承办的以“绿色 安全 融合 创新”为主题的“2019第二届福建食品博览会”在福建福州海峡国际会展中心举办，同期举办2019首届中国海洋食品产业高峰论坛。

12月3日，福建省市场监督管理局纪念宣传《食品安全法》实施10周年暨福建省食品生产质量安全提升行动由福建省食品工业协会协办。受省市场监督管理局委托，由协会组织达利、银鹭、圣农、百威雪津、盼盼食品、明一、福矛酒业、亲亲、燕之屋、金冠等11家食品生产企业代表公开承诺食品生产安全质量主体责任，海欣、中绿、回头客、安井、聚泉等44家企业代表共同签署落实食品生产安全质量主体责任倡议书；协会作为行业协会代表，带领10家食品相关行业协会做出《提升食品质量安全 我们共同行动》的倡议，进一步督促食品生产企业落实食品安全主体责任，推动提升食品生产质量安全水平。

12月22日，全国城市农贸中心联合会燕窝专业委员会与福建省食品工业协会联合举办首届鲜炖燕窝食品质量安全专家研讨会。

12月31日，福建省工业和信息化厅、福建省市场监督管理局联合印发《福建省工业和信息化厅 福建省市场监督管理局关于联合推进食品工业企业诚信管理体系建设提升食品质量安全的通知》。

协会是“食品工业企业诚信管理体系委托评价机构”，2019年为20多家食品工业企业提供诚信管理体系咨询与辅导服务。福建建瓯黄华山酿酒有限公司、福建其亮食品科技有限公司、龙岩沉缸酒业有限公司等3家企业通过食品工业企业诚信管理体系评价并获得证书；同时，协会还完成了对福建省长汀盼盼食品有限公司、达利食品集团有限公司、武夷星茶业有限公司等10家企业的跟踪监督评价工作；厦门市燕之屋丝浓食品有限公司通过了诚信体系复评。

协会制定了《福建省食品工业新产品认定工作实施细则》，成立福建省食品工业新产品认定委员会，开展福建省食品工业新产品认定工作。海欣食品股份有限公司、胜田（福清）食品有限公司等公司的《海参抗氧化多肽粉》《墨鱼汁鱼肠》《蔬彩脆丸》《墨鱼风味鱼丸》《菌菇鲜肉鱼丸》等十五个产品被认定为“福建省食品工业新产品”。

协会举办“国圣杯”第六届福建省大学生食品创新创意大赛，共评选出一等奖13项，二等奖21项，三等奖29项，优秀奖108项，并发放证书和奖金。

协会联合福建省餐饮食品行业职业教育指导委员会共同举办“旺瓜杯”第三届福建省职业教育食品创新创意大赛，13所福建省高职院校的积极参与。共评选出一等奖12项，二等奖19项，三等奖28项，优秀奖38项，优秀指导老师11位，优秀组织单位3家，并发放证书和奖金。

协会联合泉州轻工职业学院共同开展2019年食品专业高职教育校企二元制学历提升教育，推动食品行业产教协同育人。经企业（员工）自愿报名、提交材料、参加入学考试、省教育厅严格审核等程序，由协会推荐招收的食品加工技术专业企业员工256名，包括南平圣农、厦门燕之屋、盼盼食品、麦都食品、友臣食品、海欣食品等，“二元制”学员已正式开班并完成2019年度的课程学习。

林　辉

3.8 山东省

【a. 概况】

1. 产业经济运行不断回稳

2019 年，全省食品工业规模以上企业营业收入 7875 亿元，同比增长 0.08%，增速同比下降 1.12 个百分点，占全省轻工业营业收入的 50.07%，占全省工业营业收入的 9.31%，增速同比下降 0.96 个百分点，占全国食品工业营业收入的 9.67%，增速同比下降 2.07 个百分点。全省食品工业利润 256.6 亿元，同比下降 7.23%，增速同比下降 8.94 个百分点，占全省轻工业利润总额的 41.30%，占全省工业利润总额的 6.99%，增速同比下降 2.03 个百分点，占全国食品工业利润总额的 4.43%，增速同比下降 3.16 个百分点。2019 年，全省食品工业对全省 GDP 的贡献率为 11.08%，同比下降 1.36 个百分点。

2. 产业产品结构不断优化

2019 年，农副食品加工业营业收入 6111.7 亿元，同比增长 1.4%，占全省食品工业营业收入的 77.61%，同比增加 1.02 个百分点，利润 165.2 亿元，同比下降 5.1%，占全省食品工业利润的 64.38%，同比增加 1.47 个百分点。食品制造业营业收入 1120.2 亿元，同比下降 6.6%，占全省食品工业营业收入的 14.22%，同比下降 1.02 个百分点，利润 61.9 亿元，同比下降 19%，占全省食品工业利润的 24.12%，同比下降 3.5 个百分点。酒、饮料和精制茶制造业营业收入 617.7 亿元，同比增长 0.9%，占全省食品工业营业收入的 7.84%，同比增加 0.06 个百分点，利润 28.1 亿元，同比增长 14.2%，占全省食品工业利润的 10.95%，同比增加 2.06 个百分点。制盐业营业收入 25.1 亿元，同比下降 20.1%，占全省食品工业营业收入的 0.32%，同比下降 0.08 个百分点，利润 1.3 亿元，同比下降 27.8%，占全省食品工业利润的 0.51%，同比下降 0.14 个百分点。四大产业营业收入结构比值由 2018 年的 75.4：15.4：8.8：0.4 变为 2019 年的 77.6：14.2：7.8：0.3，利润比值由 2018 年的 65：22.2：12.3：0.5 变为 2019 年 64.4：24.1：11：0.5。从农副食品加工业营业收入占比 77.61% 来看，我省仍然属于农业资源利用大省，这充分说明产业结构优化尚有升级空间。30 种主要产品中，产量同比增长的有 12 种，同比增加 3 种，产量同比下降的有 18 种，同比减少 3 种，同比平均下降 5.74%（见附件），同比下降 0.69 个百分点，全国平均增幅 1.95%，比全国平均增幅低 7.69 个百分点。通过供给结构优化，产品转型升级效果显现，促进了优势传统食品产量增长较快，全国产量冠军位置更加巩固，如：乳粉同比增长 37.57%、大米同比增长 27%、碳酸饮料类（汽水）同比增长 23.57%、酱油同比增长 8.67%、乳制品同比增长 7.11%、液体乳同比增长 5.94%、小麦粉同比增长 5.15%。增速较快，鲜、冷藏肉、食品添加剂、啤酒、葡萄酒等 4 个产品继续保持全国第 1 位。产量冠军产品由 2018 年的 5 种变为 2019 年的 4 种，原盐由

2018年的第1位变为2019年的第2位。

3. 规模以上企业发展不断稳固

2019年，在市场竞争、产业调整转型、生态环保、淘汰落后、兼并重组大环境下，全省有规模以上食品企业3775家，同比减少1527家，同比下降28.8%，占全省轻工业企业数的36.96%，占全省工业企业数的13.31%，占全国食品工业企业数的10.24%。

4. 产区品牌文化内涵不断丰富

儒文化和齐鲁文化孕育了鲁食文化发展，黄河和运河文化滋润了鲁食文化资源，丰富山东食品文化内涵，催化形成了全国粮油加工、果蔬加工、水产品加工、肉制品加工、酒类五大核心文化产区，初步形成了国内外享有品牌文化、产品文化的产区文化优势。

5. 创新驱动能力不断提升

截至2019年，全省食品行业拥有34家国家级和160家省级企业技术中心、98家“一企一技术”研发中心、32家院士工作站，242家国家级高新技术中心、4家国家级和18家省级技术创新示范企业、18家国家级绿色工厂、3家国家级和12家省级新型工业化产业示范基地、1家国家级和28家省级工业旅游示范基地、3家国家工业遗产、2家国家级产业集群区域品牌建设试点企业、9家省级工业设计中心、7家齐鲁技能大师特色工作站，120余项项科技成果获国家、行业及省科技进步奖。培养泰山产业领军人才65人、齐鲁首席技师91人、齐鲁工匠2人。目前，啤酒、葡萄酒、淀粉糖（功能糖、醇）、冷冻干燥食品、食用植物油等行业的骨干企业技术装备达到国际先进水平。食用植物油、粉丝、乳制品、畜禽肉制品、冷冻调理食品、水产品、白酒、调味品、焙烤食品、饮料（瓶装水）以及休闲食品等行业的骨干企业技术装备达到国内先进水平。质量安全控制、生产过程控制、质量技术检测、市场营销平台建设等重点领域装备技术信息化、智能化水平不断提升。在食品冷鲜加工、包装材料、升香菌种选育、萃取分离技术、在线监控等领域突破了一批关键共性技术，部分成果达到国际先进水平，科技成果转化为标准步伐加快，形成一批具有自主知识产权的国家或行业标准，自主创新能力明显增强。新技术、新工艺、新装备在食品产业中推广应用，战略新兴产业改造提升食品产业示范带动，新业态催生食品产业升级拉动，为加快食品产业发展绿色经济和循环经济提供了强大科技支撑。

6. 品牌引领发展不断增强

全省品牌经济已初具规模，已成为推动我省食品产业高质量发展的重要力量。截至2019年，全省食品行业拥有11个省长质量奖、416个山东名牌产品、102件驰名商标、762件著名商标、88件山东知名品牌、34家中华“老字号”企业和168家山东“老字号”企业、28项隐形冠军、3项单项冠军、7家企业入选2019年中国500最具价值榜单。品牌企业对全省食品产业贡献率超过80%，已成为拉动区域经济发展的强大引擎。

【b. 协会主要工作】

1. 调查研究，做好政府支撑

（1）根据省工信厅工作部署，我会针对中美贸易战大豆对我省食用植物油影响展开深入调查。重点围绕产业规模、进口总量、设备能力进行调研，并形成了《关于我省大豆加工企业有关情况的报告》并以鲁工信（2019）206号《山东省工业和信息化厅关于省政府督查586号办理情况的报告》上报省政府办公厅。

（2）根据国家食品安全评估中心的调度，针对我省食品工业产品出口韩国企业情况调查。重点围绕济南、青岛、烟台、威海、潍坊、日照等市地涉及出口的350家企业进行了调查，主要包括啤酒、白酒、肉制品、水产品、食用植物油、粉丝、调味品、焙烤食品、果蔬制品等10余个行业，产品出口韩国的企业有15家，反馈15家企业15份调查表，并进行归集上报。

（3）为贯彻落实省委省政府主要领导关于白酒高质量发展的批示精神，根据省工信厅统一部署，针对白酒30强共30个企业，围绕人才培养、研发投入、减税降费、银行贷款及融资、土地环保、政策保障、品牌营销、意见建议等8个方面需求情况进行了调查。通过对17家白酒企业反馈的问题进行分析研究，并形成了《关于制约鲁酒高质量发展情况调研工作报告》上报省工信厅。对省人大代表刘念波董事长提出的有关鲁酒发展的提案形成书面材料进行了答复。

（4）根据省工信厅《关于委托各有关单位逐行业制定消费品领域重点子行业高质量发展规划实施方案的函》要求，我会针对有关行业进行调研，并研究制定了“山东省白酒行业高质量发展规划实施方案”“山东省食用植物油行业高质量发展规划实施方案”“山东省肉制品行业高质量发展规划实施方案”和“山东省包装行业高质量发展规划实施方案”上报省工信厅。

（5）根据省工信厅消费品产业处《关于组织企业赴非洲和拉丁美洲开拓市场并开展产业合作的通知》要求，对全省焙烤食品、粮油、调味品、食用植物油、乳制品、肉制品、白酒、啤酒、果酒、水产品、食品添加剂、休闲食品等重点行业进行了问卷调查。经过调查研究分析形成了《关于开拓非洲拉美水平市场需求情况调查的报告》上报省工信厅。

（6）根据中国食协《关于开展减税降费等政策落实情况调查的函》（中食协函〔2019〕41号）通知要求，重点围绕焙烤食品、粮油、调味品、食用植物开展了减税降费等政策落实情况调查，共收到60家企业60份调查表。经分析研究形成了报告给中食协。

（7）根据《山东省人民政府办公厅关于深化产教融合推动新旧动能转换的实施意见》（鲁政办发〔2019〕2号），促进教育链、人才链与产业链、创新链有机衔接，全面提升全省人才培养质量，增强创新转型发展的内生动力，推动实施新旧动能转换重大工程，满足食品产业高质量发展需求，围绕产教然后发展需求，对全省食品行业进行问卷调查，并组织召开了“山东省产教融合发展座谈会”，形成了《山东省食品行业产教融合发展情况分析报告》。

2. 创新思路，开拓服务领域

（1）开展专项活动。一是根据省工信厅统一工作部署，研究制定了《开展“鲁酒品牌提升工程”专项活动实施方案》并经工信厅批复，开展了“鲁酒全国行活动”启动仪式、“鲁酒品牌提升工程”“实施新闻发布会暨第二届鲁酒品牌发展高层论坛”发布了“2018年度山东省白酒企业综合实力30强”；二是组织我省白酒企业37名国家级白酒评委参加了中食协在贵州组织的“2019年白酒国家评委年会”，我省参评产品15个，获奖13个并取得了第一名的成绩。获奖比例占了全国获奖总数的18%；三是在青岛、潍坊、济南等地组织举办行业展会及高质量发展论坛等活动；四是在潍坊组织召开了“山东省食品产业辉煌70年成果发布会和辉煌70年成果展示”，总结了山东食品行业70年的辉煌成就。评选出功勋企业28家，功勋企业家17个，齐鲁工艺大师14个，标志品牌25个。

（2）组织开展行业质量评价交流活动。一是对白酒、粮油制品、肉制品、调味品、焙烤食品、乳制品、调理食品饮料及乳制品等重点产品进行了质量感官评价，评选出的白酒奖项有酒体设计金奖16个，银奖14个，感官质量奖37个，其他食品奖项有质量金奖141个、质量银奖73个。二是组织200多名国家评委、省级评委通过现场综合评价体验，达到相互学习交流提高的目的。

（3）组织召开专业委员会交流活动。为加强我省调味品行业企业间的交流合作，构建产学研合作机制，加快推进调味品产业新旧动能转换和转型升级。组织调味品相关企业60余人在济南市召开了“山东省调味品行业产学研合作创新交流会暨山东省食品工业协会调味品专业委员会年会”。

（4）组织承办了“2019 第二届黄淮流域白酒核心产区领袖企业峰会”。峰会以“产区引领、品类创新”为主题，突出黄淮流域产区特色，推动新技术、新业态、新模式融合发展，对打造黄淮流域白酒核心产区品牌，联手创新、合作共赢具有重要的标志性意义。峰会举办层次高、模式创新、影响力大，是全省白酒行业贯彻高质量发展“工作落实年”的具体行动。

（5）积极参与山东省知名品牌评选活动。由山东省品牌促进会牵头，省食协参与的山东省知名品牌评选结果公布，共有山东省知名产品品牌379 个，其中，食品 88 个。占比 23.22%。

3. 落实责任，勇于担当作为

（1）积极为会员单位做好服务。2019 年为 9 家会员单位出具行业排序证明，积极为企业申报奖项提供帮助。

（2）精准落实扶贫工作。积极申请参加民政厅“双百扶贫行动”，对临沂市平邑县地方镇利沟村贫困村开展需求对接帮扶工作。

4. 强化标准支撑，赋能行业规范发展

（1）组织编制团体标准。我会组织 29 家白酒重点企业，5 个社会组织单位共计 34 家起草单位于 2019 年 5 月共同发布了《白酒大师工作室认定规范》团体标准。这是我省第一个白酒行业团体标准，该标准的制定填补了我国白酒行业空白，建立了白酒大师工作室评价认定标准体系，为白酒大师工作室认定提供了标准依据。

（2）开展国标体系宣贯培训。受省工信厅消费品产业处委托，分别在潍坊、泰安、济宁对全省 500 家以上重点食品工业企业进行了《食品工业企业诚信管理体系》（GB/T 33300–2016）国家标准宣贯培训，积极引导企业导入体系并实施有效运行。

【c. 主要产品产量】

序号	产品名称	单位	累计产量	累计增长 %	全国排名
1	原盐	吨	10717529.72	–3.21	2
2	小麦粉	吨	13800670.78	5.15	2
3	大米	吨	190101.1	27	22
4	饲料	吨	28228927.66	4.82	2
5	其中：配合饲料	吨	17782823.23	1.72	2
6	混合饲料	吨	2476503.21	–0.05	5
7	精制食用植物油	吨	5375759.73	1.25	3
8	成品糖	吨	292279	–2.69	7
9	鲜、冷藏肉	吨	7103682.91	–4.29	1
10	冷冻水产品	吨	1433242.89	–9.52	2
11	糖果	吨	102187.26	–37.72	9
12	速冻米面食品	吨	28890.42	–33.76	11
13	方便面	吨	141473.89	–7.45	13
14	乳制品	吨	2178461.95	7.11	3
15	其中：液体乳	吨	2080236.77	5.94	3
16	乳粉	吨	50514.47	37.57	6
17	罐头	吨	602314.34	–3.7	4

续表

序号	产品名称	单位	累计产量	累计增长 %	全国排名
18	酱油	吨	454092.84	8.67	3
19	冷冻饮品	吨	54261.95	–29.32	16
20	食品添加剂	吨	2081572.03	–11.14	1
21	发酵酒精（折 96 度，商品量）	千升	505017.89	–14.75	4
22	饮料酒	千升	5462659.46	0.9	2
23	白酒（折 65 度，商品量）	千升	437346.03	–9.37	3
24	啤酒	千升	4843482.75	2.3	1
25	葡萄酒	千升	113982.21	–4.65	1
26	软饮料	吨	3727781.43	–8.26	16
27	其中：碳酸饮料类（汽水）	吨	622368	23.57	11
28	包装饮用水类	吨	1349691.65	–14.54	18
29	果汁和蔬菜汁饮料类	吨	644205.51	–5.56	9
30	精制茶	吨	121.7	–98.18	18

【d. 大事记】

2019 年 3 月 15 日，根据《山东省人民政府办公厅关于深化产教融合推动新旧动能转换的实施意见》（鲁政办发〔2019〕2 号），组织召开了“山东省产教融合发展座谈会”，并形成了《山东省食品行业产教融合发展情况分析报告》。

3 月，根据省工信厅统一工作部署，研究制定了《开展“鲁酒品牌提升工程”专项活动实施方案》并经工信厅批复。

3 月，开展“白酒质量企业自我声明”活动。

3 月，成立山东省食品行业战略发展专家委员会。

3 月，根据省工信厅《关于委托各有关单位逐行业制定消费品领域重点子行业高质量发展规划实施方案的函》要求，研究制定了《山东省白酒行业高质量发展规划实施方案》《山东省食用植物油行业高质量发展规划实施方案》《山东省肉制品行业高质量发展规划实施方案》和《山东省包装行业高质量发展规划实施方案》上报省工信厅。

4 月，根据省工信厅工作部署，针对中美贸易战大豆对我省食用植物油影响展开深入调查，形成了《关于我省大豆加工企业有关情况的报告》，并以鲁工信〔2019〕206 号《山东省工业和信息化厅关于省政府督查 586 号办理情况的报告》上报省政府办公厅。

4 月 20 日，在淄博国际会展中心 2019 年第 81 届山东春季糖酒会上开展了“鲁酒全国行活动”启动仪式、“鲁酒品牌提升工程”实施新闻发布会“暨第二届鲁酒品牌发展高层论坛”。

5 月 9 日，我会组织 29 家白酒重点企业，5 个社会组织单位共计 34 家起草单位共同发布了《白酒大师工作室认定规范》团体标准。

5 月 17 日，发布“2018 年度山东省白酒企业综合实力 30 强”。

5 月，根据中食协《关于开展减税降费等政策落实情况调查的函》（中食协函〔2019〕41 号）通知要求，重点围绕焙烤食品、粮油、调味品、食用植物开展了减税降费等政策落实情况调查，并形成了报告给中食协。

5 月，根据国家食品安全评估中心的调度，针对我省食品工业产品出口韩国企业情况调查。

重点围绕济南、青岛、烟台、威海、潍坊、日照等市地涉及出口的350家企业进行了调查，主要包括啤酒、白酒、肉制品、水产品、食用植物油、粉丝、调味品、焙烤食品、果蔬制品等10余个行业。

5月，组织开展2019年度山东省食品行业首席技师选拔认定和齐鲁首席技师推荐工作。

6月6日，组织有关白酒专家、白酒企业在北京召开“鲁酒高质量发展高层研讨会”。

6月，根据省工信厅统一部署，针对白酒30强共30个企业，围绕人才培养、研发投入、减税降费、银行贷款及融资、土地环保、政策保障、品牌营销、意见建议等8个方面需求情况进行了调查。通过对17家白酒企业反馈的问题进行分析研究，并形成了《关于制约鲁酒高质量发展情况调研工作报告》上报省工信厅。对省人大代表刘念波董事长提出的有关鲁酒发展的提案形成书面材料进行了答复。

7月，根据省工信厅消费品产业处《关于组织企业赴非洲和拉丁美洲开拓市场并开展产业合作的通知》要求，形成了《关于开拓非洲拉美水平市场需求情况调查的报告》上报省工信厅。

7月22日至25日，组织我省白酒企业37名国家级白酒评委参加了中食协在贵州组织的“2019年白酒国家评委年会”，我省参评产品15个，获奖13个，并取得了第一名的成绩。获奖比例占全国获奖总数的18%。

7月27日至28日，在潍坊组织召开“2019山东省食品产业高质量发展大会暨山东省食品产业辉煌七十年成果发布会”，总结了山东食品行业70年的辉煌成就。评选出功勋企业28家，功勋企业家17人，齐鲁工艺大师14人，标志品牌25件。

7月30日，组织企业在北京参加中国食品工业协会第七次全国会员代表大会和庆祝《中国食品工业年鉴》创刊35周年座谈会。我会获得《中国食品工业年鉴》优秀工作单位荣誉证书。

8月，组织开展第二届“齐鲁工匠”选拔推荐工作。

8月13日至14日，在临沂召开“山东省市食品工业协会联谊会暨2019年上半年食品工业运行情况研讨会”。

8月21日至22日，在济南召开“2019年山东省食品行业评委年会暨产品感官质量评价会”，对粮油制品、肉制品、调味品、焙烤食品、乳制品、调理食品饮料及乳制品等重点产品进行了质量感官评价，评选出的质量金奖141个、质量银奖73个。

8月22日至24日，在济南召开“2019年山东省白酒行业评委年会暨产品感官质量评价会”，组织200多名国家评委、省级评委通过现场综合评价体验，评选出的白酒奖项有酒体设计金奖16个，银奖14个，感官质量奖37个。

10月17日至19日，在济南组织企业参加“山东－陕西名优特色食品产业对接会”。

10月23日，根据民政厅“双百扶贫行动”要求，对临沂市平邑县地方镇利沟村贫困村开展需求对接帮扶工作。

11月7日、12日、27日，受省工信厅消费品产业处委托，分别在潍坊、泰安、济宁对全省500家以上重点食品工业企业进行了《食品工业企业诚信管理体系》（GB/T 33300-2016）国家标准宣贯培训，积极引导企业导入体系并实施有效运行。

11月22日，组织调味品相关企业60余人在济南召开“山东省调味品行业产学研合作创新交流会暨山东省食品工业协会调味品专业委员会年会”。

12月16日至17日，在济南组织承办了以“产区引领、品类创新”为主题的“2019第二届黄淮流域白酒核心产区领袖企业峰会”。

12月27日，由山东省品牌促进会牵头，省食协参与的山东省知名品牌评选结果公布。共有山东省知名产品品牌379个，其中，食品行业88个，占比23.22%。

【e. 优秀单位和品牌产品】

1. 2019 年度山东省知名食品品牌名单

序号	企业名称	申报产品名称	品牌 / 商标
1	山东旺旺食品有限公司	旺仔牛奶	旺旺
2	济南趵突泉酿酒有限责任公司	趵突泉特酿	趵突泉
3	济南九州玫瑰制品有限公司	九州玫瑰酱	九州玫瑰
4	山东百脉泉酒业股份有限公司	白酒	
5	山东福牌阿胶股份有限公司	阿胶	福 福 胶
6	山东云亭食品有限公司	涮火锅调料	云亭
7	山东普利思饮用水股份有限公司	普利思饮用天然矿泉水	普利思
8	济南鲁味斋食品有限责任公司	鲁味斋扒鸡、扒蹄	鲁味斋
9	青岛啤酒股份有限公司	青岛啤酒	TSINGTAO 青岛啤酒
10	嘉里粮油（青岛）有限公司	胡姬花古法小榨花生油	胡姬花 古法花生油
11	青岛市胶州大白菜研究所有限公司	安家沟水果萝卜	东西安家沟 DongXiAnJiaGou
12	山东扳倒井股份有限公司	国井、扳倒井	
13	烟台张裕葡萄酿酒股份有限公司	张裕解百纳	张裕解百纳
14	山东鲁花集团有限公司	食用植物油	鲁花
15	烟台双塔食品有限公司	粉丝	双塔

续表

序号	企业名称	申报产品名称	品牌 / 商标
16	山东仙坛股份有限公司	禽类肉制品生产加工	
17	烟台欣和企业食品有限公司	六月鲜酱油	六月鲜
18	烟台喜旺肉类食品有限公司	喜旺牌肉制品	喜旺
19	山东鲁花生物科技有限公司	酿造酱油	
20	山东健源生物工程股份有限公司	龙口粉丝	
21	山东健源生物工程股份有限公司	豌豆蛋白粉	
22	烟台东方蛋白科技有限公司	豌豆食用蛋白	
23	烟台珍珠龙口粉丝有限公司	粉丝	珍珠
24	招远三嘉粉丝蛋白有限公司	龙口粉丝	
25	山东金城股份有限公司	丝宝宝粉丝	丝宝宝
26	烟台百瑞佳面粉有限公司	百瑞佳面粉	百瑞佳 BAIRUIJIA
27	莱阳鲁花醋业食品有限公司	酿造食醋	鲁花
28	莱阳司邦得制药有限公司	莱阳梨膏	司邦得
29	山东黑尚莓生物技术发展有限公司	黑尚莓酒	HEISHANGMEI 黑尚莓
30	烟台市供销社茶业有限公司	华和牌烟台绿茶	
31	益海（烟台）粮油工业有限公司	金龙鱼大豆油	金龙鱼
32	山东景芝酒业股份有限公司	景阳春牌白酒	景陽春

续表

序号	企业名称	申报产品名称	品牌 / 商标
33	诸城外贸有限责任公司	速冻调制食品	
34	诸城外贸有限责任公司	鲜（冻）禽产品	
35	山东佳士博食品有限公司	速冻调制食品	佳士博
36	潍坊风筝面粉有限责任公司	小麦粉	
37	诸城东晓生物科技有限公司	淀粉糖（麦芽糊精、麦芽糖浆、结晶葡萄糖）	
38	诸城市电力怡明茶叶有限公司	怡明茶	怡明 YIMING
39	汶上县金秋食品有限公司	芦花烧鸡	
40	山东泰山啤酒有限公司	啤酒	泰山啤酒
41	山东金彩山酒业有限公司	浓香型白酒	
42	荣成泰祥食品股份有限公司	鲅鱼饺子	泰祥
43	山东汇润实业集团有限公司	“汇润”牌红富士苹果	汇润
44	威海大地食品有限公司	胶东小镇花饽饽	胶东小镇
45	山东美佳集团有限公司	调理星鳗制品	美佳
46	浮来春集团股份有限公司	浮来春牌系列白酒	
47	横山天湖集团有限公司	横山天湖绿茶	
48	大自然生物集团有限公司	柠檬酸一钠	DAZZLES
49	日照金禾博源生化有限公司	柠檬酸及柠檬酸盐	RZBC
50	山东省阳信广富畜产品有限公司	牛肉制品	鸿安
51	山东西王食品有限公司	玉米胚芽油	西王 XIWANG

续表

序号	企业名称	申报产品名称	品牌 / 商标
52	山东香驰粮油有限公司	天下五谷非转基因大豆油	
53	阳信亿利源清真肉类有限公司	牛肉	yiliyuan
54	山东滨州健源红食品有限公司	枣制品、山楂制品	河岸红
55	山东亿人食品有限公司	阿胶蜜枣	
56	山东沾化绿渤食品有限公司	阿胶蜜枣	LUBO 绿渤
57	山东沾化绿渤食品有限公司	山楂制品	LUBO 绿渤
58	保龄宝生物股份有限公司	低聚异麦芽糖	B·L·B
59	保龄宝生物股份有限公司	低聚果糖	B·L·B
60	山东百龙创园生物科技股份有限公司	淀粉糖	百龍創園
61	山东龙盛食品股份有限公司	固态调味料	
62	山东禹王生态食业有限公司	大豆蛋白	禹王
63	山东乐家客食品有限公司	老北京火锅底料	乐家客
64	东阿阿胶股份有限公司	阿胶	东阿阿胶
65	东阿阿胶股份有限公司	复方阿胶浆	东阿阿胶
66	山东凤祥股份有限公司	五更爐牌熏鸡	五更爐
67	山东和兴面粉有限公司	小麦粉	
68	山东景阳冈酒厂有限公司	景阳冈酒	
69	山东东阿阿胶保健品有限公司	阿胶糕	东阿阿胶
70	山东省高唐蓝山集团总公司	“赛莱”牌非转基因大豆分离蛋白	赛莱 SELON®
71	山东兰陵美酒股份有限公司	浓香型白酒	

续表

序号	企业名称	申报产品名称	品牌 / 商标
72	山东玉皇粮油食品有限公司	玉皇花生油	
73	山东金胜粮油食品有限公司	食用植物油	金胜
74	临沂金锣文瑞食品有限公司	金锣牌热加工熟肉制品（灌肠类、西式火腿类）	金锣
75	山东天同食品有限公司	水果罐头	
76	山东金典坚果股份有限公司	KINGLAND 坚果制品	KINGLAND
77	山东绿地食品有限公司	“绿帝”牌压榨一级花生油	
78	山东青果食品有限公司	速冻蔬菜	华鲁青果
79	山东沙沟香油集团有限公司	小磨香油	
80	山东省费县沂蒙小调特色食品有限公司	核桃油、脱色核桃系列产品	
81	山东省宏福慧科技有限公司	FD 冻干果蔬	
82	山东兴泉油脂有限公司	食用植物油	
83	郯城县种子公司	“金阳光”牌玉米良种	
84	临沂市康发食品饮料有限公司	康发牌果蔬罐头	
85	山东公社联盟食品有限公司	山楂系列产品	
86	山东国泰食品有限公司	庄锦记	
87	菏泽尧舜牡丹生物科技有限公司	国色坊牡丹籽油	
88	花冠集团酿酒股份有限公司	冠群芳柔酒大师	花冠集团

2. 2019 年度山东省白酒感官质量评价结果

单位	品牌	获奖产品
酒体设计奖金奖		
山东景芝酒业股份有限公司	景芝牌	一品景芝柔雅芝香 8 年白酒（42、52%vol）
山东微山湖酒业有限公司	微山湖牌	福禄寿喜白酒（52%vol）
山东杨湖酒业有限公司	杨湖牌	杨湖香酒道堂白酒（52%vol）
泰山酒业集团股份有限公司	泰山牌	五岳独尊白酒（52%vol）
		稳如泰山白酒（41.8%vol）
山东兰陵美酒股份有限公司	兰陵牌	九朝陈香白酒（38%vol）
山东青州云门酒业（集团）有限公司	云门牌	云门酱酒国标 70·G3 白酒（53%vol）
山东红太阳酒业集团有限公司	祥牌	祥酒金奖 1991 白酒（53%vol）
山东福瑞王酒业有限公司	福瑞牌	福瑞酱香酒白酒（53%vol）
山东扳倒井股份有限公司	国井牌	国井贡品白酒（53%vol）
山东秦池酒业有限公司	龙琬牌	龙琬重酿酒白酒（53%vol）
山东蒙山酿酒有限公司	蒙山牌	蒙山老窖白酒（52%vol）
济南趵突泉酿酒有限责任公司	趵突泉牌	趵突泉特酿白酒（52%vol）
山东金彩山酒业有限公司	彩山牌	彩山窖藏 1948 白酒（38%vol）
古贝春集团有限公司	古贝春牌	水晶白版白酒（42%vol）
山东红太阳酒业集团有限公司	红太阳牌	红色经典白酒（52%vol）
酒体设计奖银奖		
山东黄河龙集团有限公司	黄河龙牌	老酿坊 1992 白酒（42%vol）
山东鲁源酒业有限公司	山谷牌	山谷白酒（52%vol）
天地缘酒业有限公司	天地缘牌	幸福 100 白酒（42%vol）
济南趵突泉酿酒有限责任公司	趵突泉牌	泉香 518 白酒（51.8%vol）
山东杨湖酒业有限公司	杨湖牌	杨湖陈酱白酒（53%vol）
山东景阳冈酒厂有限公司	景阳冈牌	精品赖茅白酒（52%vol）
山东福瑞王酒业有限公司	福瑞牌	福酒 1943 白酒（52%vol）
山东百脉泉酒业股份有限公司	百脉泉牌	齐鲁壹号白酒（53%vol）
花冠集团酿酒股份有限公司	冠群芳牌	冠群芳 酒庄酒白酒（52%vol）
山东鲁源酒业有限公司	山谷牌	山谷白酒（42%vol）
曲阜孔府家酒业有限公司	孔府家牌	朋自远方 15 白酒（52%vol）
山东梁山徐坊大曲有限公司	梁山泊牌	梁山泊白酒（42%vol）
山东鲁源酒业有限公司	山谷牌	山谷白酒（53%vol）
山东温和酒业有限公司	温和牌	温河大王白酒（52%vol）
感官质量奖		
山东秦池酒业有限公司	秦池牌	百年秦池酒海原浆酒白酒（40.8%vol）
山东百脉泉酒业股份有限公司	百脉泉牌	泉城壹号白酒（52%vol）
青岛琅琊台集团股份有限公司	琅琊台牌	爱我中华白酒（53%vol）
山东扳倒井股份有限公司	扳倒井牌	35%vol 人生白酒（35%vol）

单位	品牌	获奖产品
山东沂蒙老区酒业有限公司	贵人道牌	贵人道白酒（36%vol）
山东花冠酒业集团御思酒业有限公司	御思牌	龙凤呈祥白酒（42%vol）
山东郓城水浒酒业有限公司	水浒牌	水浒 108 将头把交椅白酒（53%vol）
山东万德酒业集团有限公司	枣木杠牌	枣木杠酒（52%vol）
曲阜孔府家酒业有限公司	孔府家牌	朋自远方 9 白酒（36%vol）
山东今缘春酒业有限公司	今缘春牌	珍品一号白酒（40.8%vol）
山东郓城水浒酒业有限公司	水浒牌	水浒 108 将头把交椅白酒（36.6%vol）
乐陵林贡栈酒业有限公司	林贡栈牌	林贡栈 壹号招待酒白酒（42%vol）
古贝春集团有限公司	古贝元牌	白版白酒（46%vol）
孔府宴酒业有限公司	孔府宴牌	荷风米酒（38%vol）
山东孔子酒业有限公司	万事孔子牌	孔子御宴白酒（42%vol）
临沂市书圣酒业有限公司	书圣牌	书圣品鉴 10 年白酒（38%vol）
山东四君子集团有限公司	四君子牌	四君子老酒白酒（52%vol）
山东青州云门酒业（集团）有限公司	云门春牌	云门春清梓白酒（52%vol）
山东今缘春酒业有限公司	今缘春牌	善国白酒（38%vol）
山东洛北春集团有限公司	洛北春牌	邢侗白板白酒（38%vol）
山东诸城密州酒业有限公司	刘罗锅牌	刘罗锅白酒（52%vol）
山东孟尝君酒业有限公司	孟尝君牌	老基酒白酒（52%vol）
山东景阳冈酒厂有限公司	景阳冈牌	透瓶白酒（38%vol）
山东四君子集团有限公司	四君子牌	1949 半月台白酒（42.6%vol）
山东颐阳酒业有限公司	颐阳牌	百年威海白酒（36.9%vol）
山东百粮春酒业有限公司	百粮牌	臻酿 2015 百粮春白酒（52%vol）
山东沂蒙山酒业有限公司	沂蒙山牌	沂蒙山白酒（53%vol）
山东日照尧王酒业集团有限公司	尧王牌	60 年大庆 尧王醇白酒（42%vol）
济南今朝酒业有限公司	今朝牌	看今朝白酒（42%vol）
山东济宁心心酒业有限公司	心牌	翡翠酒段白酒（46%vol）
山东东阿酒厂（有限责任公司）	金东阿牌	金东阿白酒（38%vol）
山东孟尝君酒业有限公司	孟尝君牌	老基酒白酒（38%vol）
山东金钢山酒业有限公司	钢山牌	金钢山洞藏 20 年白酒（40.8%vol）

3. 2019 年度山东省白酒行业优秀评委名单

工作单位	姓名
古贝春集团有限公司	李　磊
古贝春集团有限公司	范志勇
山东景芝酒业股份有限公司	刘淑玲
山东孔子酒业有限公司	马相雷
山东郓城水浒酒业有限公司	梁　蓬

续表

工作单位	姓名
山东洛北春集团有限公司	张振华
曲阜孔府家酒业有限公司	宋方伟
曲阜孔府家酒业有限公司	颜廷波
山东四君子集团有限公司	郭传震
山东扳倒井股份有限公司	孙　帅

4. 2019 年度山东省白酒十大品牌

单位名称	品牌名称
山东扳倒井股份有限公司	国井牌
山东景芝酒业集团有限公司	景芝牌
青岛琅琊台集团股份有限公司	琅琊台牌
古贝春集团有限公司	古贝元牌
花冠集团酿酒股份有限公司	冠群芳牌

续表

单位名称	品牌名称
济南趵突泉酿酒有限责任公司	趵突泉牌
山东百脉泉酒业股份有限公司	百脉泉牌
山东青州云门酒业（集团）有限公司	云门牌
山东兰陵美酒股份有限公司	兰陵牌
山东沂蒙老区酒业有限公司	贵人道牌

5. 2019 年度山东省食品行业产品感官质量评价结果

（1）金奖

①粮油加工制品

序号	企业名称	产品名称
1	山东西王食品有限公司	西王牌玉米胚芽油、花生油
2	山东香驰粮油有限公司	天下五谷牌玉米油、浓香大豆油
3	山东三星玉米产业科技有限公司	长寿花牌金胚玉米油
4	山东省高唐蓝山集团总公司	沙土地牌大豆油
5	山东鲁花集团有限公司	鲁花牌花生油
6	山东信和沂雪食品有限公司	红嫂情牌花生油
7	瑞福油脂股份有限公司	崔字牌小磨香油、瑞福牌小磨香油
8	莱阳鲁花高端食用油有限公司	鲁花牌小磨芝麻香油
9	山东永明粮油食品集团有限公司	永升牌雪花粉、特精粉
10	山东半球面粉有限公司	半球牌星级雪花粉
11	青援食品有限公司	青援牌饺子用小麦粉
12	山东三汇粮大食品有限公司	聚元坊牌螺旋藻挂面、蒲公英挂面

②肉制品和速冻食品

序号	企业名称	产品名称
1	临沂金锣文瑞食品有限公司	金锣牌肉粒多台湾风味香肠、四喜丸子
2	临沂新程金锣肉制品集团有限公司	金锣牌小酥肉
3	荣成泰祥食品股份有限公司	泰祥牌鲅鱼水饺
4	山东佳士博食品有限公司	佳士博牌红枣酸奶包
5	山东好当家海洋食品销售有限公司	好当家牌深海鳕鱼排、海苔蛋黄卷
6	山东宏业食品有限公司	宏业牌鲅鱼水饺、肉春卷
7	荣成宝竹肉食品有限公司	宝竹牌酱卤猪蹄
8	山东德州扒鸡股份有限公司	德州扒鸡牌德州扒鸡

③调味品

序号	企业名称	产品名称
1	山东食圣酿造食品有限公司	食圣牌黄小鲜纯生酱油、99鲜酱香酱油
2	山东巧媳妇食品集团有限公司	巧媳妇牌绿酿特级酱油、金标甜面酱、小米香醋
3	烟台欣和企业食品有限公司	葱伴侣牌6月香豆瓣酱、六月鲜特级酱油、
4	山东好当家海洋食品销售有限公司	好当家牌昆布味极鲜酱油
5	山东玉兔食品股份有限公司	信芳园牌古方原酿酱油、古方头道鲜酱油、五粮醋
6	山东威高四海酿造有限公司	四海牌臻酿酱油、豆面酱
7	山东鲁花生物科技有限公司	鲁花牌自然鲜酱香酱油
8	济南德馨斋食品有限公司	德馨斋牌原汁酱油、甜面酱、五粮米醋
9	淄博齐鲁酿造有限公司	齐鲁牌特香酱油、甜面酱、豆腐乳
10	淄博正堂酿造有限公司	正堂牌正堂酱油、正堂甜面酱
11	青岛灯塔味业有限公司	灯塔牌零添加珍料香味极鲜酱油、岛鲜味极鲜酱油
12	山东川鹰食品有限责任公司	川鹰牌芦笋酱油
13	富氏食品（中国）有限公司	好太太牌味极鲜酱油、精制料酒、陈香米醋
14	青岛春明调味品有限公司	春明牌米醋、海带丝、幼滑型花生酱
15	山东武定府酿造有限公司	武定府牌精制米醋、酱花生米
16	新泰市兴泰酿造有限公司	青云山牌米醋（手工米醋）
17	泰安未来食品有限公司	华味达牌五粮醋
18	滕州市鼎盛酿造有限责任公司	鼎盛牌清香米醋
19	德州市环球酿造有限责任公司	环球牌五粮陈醋、甜面酱
20	莱阳鲁花醋业食品有限公司	鲁花牌黑糯米醋、自然香料酒
21	山东玉堂酱园有限责任公司	玉堂牌五粮醋、琥珀花生
22	山东华王酿造有限公司	王村牌王村醋（小米醋）
23	青岛春明食品集团有限公司	豆泉坊牌冰糖豆花
24	山东鲁花生物科技有限公司	鲁花牌生鲜蚝油
25	山东行政总厨食品有限公司	行政总厨牌浓缩鸡汁、一品鲜酱油、蒸鱼豉油
26	山东齐鲁生物科技集团有限公司	好百味牌味精、家荣牌无盐味精
27	青岛冠艺馨庄生物科技有限公司	馨庄牌米酒
28	临沂新程金锣肉制品集团有限公司	金锣牌香辣鸡肉酱、香辣猪肉酱
29	青岛食品股份有限公司	青食牌幼滑型花生酱
30	青援食品有限公司	青援牌牛肉酱
31	枣庄抱犊酿造有限公司	抱犊牌甜面酱
32	山东山口生物发展股份有限公司	山口牌伏香醋
33	济南家家乐味精有限公司	紫荆花牌鸡精、味精、排骨精
34	山东飘香坊食品有限公司	味香伴牌香菇猪肉酱

④焙烤食品

序号	企业名称	产品名称
1	济南一大食物有限责任公司食品厂	一大牌泉城礼饼、传统五仁月饼、酥皮椒盐月饼
2	济南市益康食品厂有限公司	葡萄软月牌月饼、益利思牌广式流心奶黄月饼
3	山东蓝海嘉厨食品有限公司	钟鼎楼牌广式蛋黄莲蓉月饼、京式松子五仁月饼
4	山东稻香园食品有限公司	稻香园牌京式传统什锦月饼、广式蛋黄白莲月饼
5	山东天下第一村烧饼有限公司	天下第一村牌五仁月饼
6	青州市隆盛糕点厂	隆盛牌酥皮玫瑰月饼
7	山东省滨州市绿洲食品有限公司	沙漠绿洲牌香酥王月饼
8	山东婴儿乐股份有限公司	婴儿乐牌老式什锦月饼
9	淄博齐鲁食品有限公司	齐鲁牌酥皮椒盐月饼、蛋糕月饼
10	济南川蜜食品有限责任公司	川蜜牌川蜜月饼（川蜜王）
11	蒙阴县古城食品有限公司	赵古城牌月饼、桃酥
12	青岛食品股份有限公司	青食牌特制钙奶饼干
13	青援食品有限公司	青援牌纯真清脆椰风味饼干、鲜蛋脆皮酥饼干、燕麦桃酥饼干
14	山东雪婷食品有限公司	金口福牌香葱韧性饼干、芝士牛肉饼干
15	山东婴儿乐股份有限公司	婴儿乐牌迷你钙奶（益生元）、粗粮饼干（红豆薏米）
16	济南金杨子食品有限公司	杨博士牌重阳糕、花式糕团、粽子
17	山东稻香园食品有限公司	稻香园牌彩酥 Q 芯、肉麻蛋黄酥、锦尚添花绿豆糕
18	山东鼎福食品有限公司	鼎福牌桃酥（不加蔗糖）、桃酥（五谷粗粮）
19	济南一大食物有限责任公司食品厂	一大牌桃酥、红蛋糕
20	山东天下第一村烧饼有限公司	天下第一村牌椒盐味黄金酥、香酥烧饼（紫薯口味）

⑤乳制品

序号	企业名称	产品名称
1	山东得益乳业股份有限公司	得益牌简凝风味发酵乳、臻优高品质鲜牛奶
2	山东亚奥特乳业有限公司	亚奥特牌鲜牛奶、芝士酸奶
3	济南舒阳奶业有限公司	舒阳牌原汁鲜牛奶、原汁酸牛奶
4	山东兴牛乳业有限公司	兴牛牌鲜牛奶
5	济宁三强乳业有限公司	三强牌鲜牛奶
6	山东高速生物工程有限公司	特地牌鲜牛奶、风味发酵乳
7	东君乳业（禹城）有限公司	视界牧业牌儿童牛奶调制乳
8	青岛迎春乐食品有限公司	迎春乐牌白金纯牛奶
9	潍坊紫鸢乳业发展有限公司	紫鸢牌巴氏杀菌乳

（2）银奖

①粮油加工制品

序号	企业名称	产品名称
1	山东香驰粮油有限公司	天下五谷牌花生油
2	临沂山松生物制品有限公司	金锣牌大豆油
3	山东信和沂雪食品有限公司	红嫂情颗粒粉
4	曲阜市孔府食品有限公司	孔府牌香油
5	山东三汇粮大食品有限公司	聚元坊牌桑葚挂面

②肉制品和速冻食品

序号	企业名称	产品名称
1	临沂新程金锣肉制品集团有限公司	金锣牌四喜丸子
2	临沂金锣文瑞食品有限公司	金锣牌德式脆皮热狗肠、得乐食甜辣小香肠
3	荣成泰正食品有限公司	泰正牌鱼饼
4	山东佳士博食品有限公司	佳士博牌爆浆酥、紫薯糯米球、卡滋脆鸡排
5	山东好当家海洋食品销售有限公司	好当家牌章鱼丸子
6	山东宏业食品有限公司	宏业牌秋刀鱼生姜煮
7	山东德州扒鸡股份有限公司	华一牌圆火腿

③调味品

序号	企业名称	产品名称
1	滕州市鼎盛酿造有限责任公司	鼎盛牌黄豆酱油、全麦酱
2	山东威高四海酿造有限公司	四海牌特级原汁酱油、原酿陈醋
3	山东国新抱犊食品有限公司	抱犊牌原汁酱油
4	山东山口生物发展股份有限公司	山口牌窖池黄豆酱油
5	青岛春明调味品有限公司	春明牌味极鲜酱油、豆腐乳、葡萄醋
6	山东巧媳妇食品集团有限公司	巧媳妇牌小米醋、烧菜香酱油
7	山东食圣酿造食品有限公司	食圣牌红高粱醋、活法本酿造酱油
8	山东玉兔食品股份有限公司	信芳园牌玉兔香醋
9	山东三汇粮大食品有限公司	聚元坊牌自然鲜海鲜酱油
10	富氏食品（中国）有限公司	好太太牌蚝油
11	新泰市兴泰酿造有限公司	青云山牌味极鲜酱油
12	山东威高四海酿造有限公司	四海牌黄豆酱
13	淄博正堂酿造有限公司	正堂牌正堂陈醋
14	德州市环球酿造有限责任公司	环球牌特级原汁酱油
15	青岛灯塔味业有限公司	灯塔牌五福零添加凉拌醋

续表

序号	企业名称	产品名称
16	山东三汇粮大食品有限公司	聚元坊牌 10 年窖藏纯粮陈醋
17	淄博齐鲁酿造有限公司	齐鲁牌高粱醋
18	山东国新抱犊食品有限公司	抱犊牌精品米醋
19	山东武定府酿造有限公司	武定府牌味极鲜酱油、甜面酱
20	山东行政总厨食品有限公司	行政总厨牌青芥酱、生粉
21	山东齐鲁生物科技集团有限公司	骏马牌味精、999 牌味精
22	青岛春明调味品有限公司	春明牌深海蜢虾酱
23	山东飘香坊食品有限公司	金大鸡牌鸡精
24	济南家家乐味精有限公司	紫荆花牌无盐味精
25	曲阜市孔府食品有限公司	孔府牌花生酱

④焙烤食品

序号	企业名称	产品名称
1	潍坊泰合品尚食品有限公司	麦田牌金装五仁月饼
2	夏津县益和成食品有限公司	益和成牌京式传统五仁月饼
3	济南川蜜食品有限责任公司	川蜜牌川蜜月饼（精制）
4	德州鲁樱食品有限公司	鲁樱牌红豆油沙
5	山东婴儿乐股份有限公司	婴儿乐牌椰蓉月饼、泡芙（蓝莓甜菜）、泡芙（草莓树莓）
6	山东省滨州市绿洲食品有限公司	沙漠绿洲牌莲蓉蛋黄月饼
7	山东天下第一村烧饼有限公司	天下第一村牌奶油椰蓉月饼
8	淄博齐鲁食品有限公司	齐鲁牌酥皮桂花月饼、酥皮五仁月饼
9	鄄城县左营宏缘食品有限公司	左营牌牡丹糕、绿豆丸子
10	山东金田生物科技有限公司	金田牌无蔗糖糖浆、通用（月饼）糖浆

⑤乳制品

序号	企业名称	产品名称
1	青岛迎春乐食品有限公司	迎春乐牌巴氏鲜牛奶
2	山东亚奥特乳业有限公司	亚奥特牌风味发酵乳、麦香牛奶
3	潍坊紫鸢乳业发展有限公司	紫鸢牌风味发酵乳
4	济宁三强乳业有限公司	三强牌风味发酵乳、纯牛奶
5	东君乳业（禹城）有限公司	视界牧业牌风味发酵乳
6	山东百慧乳业股份有限公司	百慧牌纯牛奶
7	山东兴牛乳业有限公司	兴牛牌酸牛奶

刘如唯

3.9 广东省

【a. 概况】

1. 产业规模持续壮大

规模以上食品工业营业收入居全国领先。一批食品产业集聚发展区域和营业收入数十亿至超百亿元的龙头企业成长壮大，发展质量继续提高。

2. 产品结构不断优化

优势领域规模水平显著提升，凉茶饮料、酱油、月饼、软饮料、糖果、凉果等优势明显，形成一批在市场具有较高知名度和影响力的品牌产品。

3. 转型升级能力增强

全省食品工业一批智能化生产、包装、物流设备研发制造平台建设成果显著，在智能化、数字化的转型升级的道路中进一步提升产品质量，线上销售全国领先。

4. 文化内涵不断丰富

更多企业坚持以传承文化与创新产品相结合的方式，以品质和文化打造持久品牌影响力，不断在现代化进程中开辟新的发展道路。

5. 工业生产

2019 年，全省食品工业规模以上生产企业 1997 家，平均用工人数 39.01 万人，资产总额 5060.36 亿元。食品工业总产值 6593.59 亿元，营业收入 7008.27 亿元，工业增加值 1742.62 亿元。

6. 市场销售

2019 年，全省食品工业实现销售产值 6591.20 亿元，产销率为 99.96%；其中，农副食品加工业，食品制造业，酒、饮料和精制茶制造业，烟草制品业产销率分别为 102.1%、97.3%、95.0%、109.3%。

7. 利润总额

2019 年，实现利润总额 491.58 亿元，其中，农副食品加工业 112.85 亿元，同比下降 5.3%；食品制造业 234.26 亿元，同比下降 15.0%；酒、饮料和精制茶制造业 111.94 亿元，同比增长 9.0%，烟草制品业 32.53 亿元，同比下降 34.4%。

8. 出口交货

2019 年，出口交货值 389.64 亿元；其中，农副食品加工业 237.61 亿元，食品制造业 141.02 亿元，酒、饮料和精制茶制造业 9.99 亿元，烟草制品业 1.01 亿元，分别同比增长 –2.7%、13.0%、0.1%、–23.9%。

9. 食品安全

广东省各级市场监管部门共完成并公布 496449 批次食品（含保健食品和食品添加剂）监督抽检结果，总体合格率为 98.0%，其中粮食加工品、调味品、肉制品、乳制品、饮料等 25 类食品合格率均高于总体合格率。

10. 食品价格

广东居民消费价格指数（CPI）同比上涨 3.4%，涨幅比上年扩大 1.2 个百分点。食品价格上涨 10.3%。全省居民恩格尔系数为 32.3%，比上年下降 0.3 个百分点；其中城镇为 31.2%，农村为 37.1%。

【b. 发展特点】

1. 营业收入保持增长

分行业看，规模以上农副食品加工业，食品制造业，酒、饮料和精制茶制造业，烟草制品业工业增加值分别增长2.4%、2.0%、0.3%、-0.5%。

2. 生产销售衔接良好

食品工业及其各分行业食品工业产销率均在95%以上，其中农副食品加工业、烟草制品业产销率超过100%。

3. 主要产品产量增长

在列入统计的21种主要食品中，16种品种产量增长，产量居全国首位的品种有6种。

4. 固定资产投资回升

2019年，食品工业固定资产投资比上年增长4.7%，其中农副食品加工业降低1.2%，食品制造业增长9.3%。

【c. 大事记】

2019年3月5日，由省食协、省医药协主办，《食经》杂志社承办的“从消费升级看食品药品包装新趋势研讨会”，在广州琶洲中国进出口商品交易会展馆B区1号会议室举行。

4月11日，广东省食品行业协会召开广东省各级食品类协会（商会）负责人座谈会。来自广州、珠海、佛山、汕头、汕尾、东莞、湛江、清远、潮州等地市食品协会会长、秘书长出席，相互交流运作经验。

5月18日，广东省食品行业协会第八届二次会员代表大会在广州召开。共商广东省食品产业实现高质量发展，再创新辉煌的新思路。

6月9日，经广东省社会组织党委批准，成立中共广东省食品医药行业联合委员会，原广东省食品（医药）行业协会党委书记张俊修任书记，周世明任副书记；成立中共广东省食品医药行业纪律委员会，原中共广东省食品（医药）行业协会纪律工作委员会书记周世明任书记。

6月15日，为贯彻落实《中共中央 国务院关于深化改革加强食品安全工作的意见》，广东省食品医药行业联合党委和广东省食品行业协会共同举行大会，对《意见》的宣传贯彻进行动员。

6月22日，“广东省食品医药行业党建工作十周年经验交流会”在珠海召开。广东省食品医药行业联合党委书记张俊修作《高举习近平新时代中国特色社会主义思想伟大旗帜，“不忘初心、牢记使命”奋勇前进》报告。

6月24日，由广东省商务厅主办、广东省食品行业协会承办的“2019年广东省食品安全宣传周‘追溯助力放心消费’主题日活动”在广州举行。

7月30日，参加由中国食协主办、中国食品工业年鉴编辑部承办的“全国食品工业行业信息交流会暨《中国食品工业年鉴》创刊35周年座谈会”，会议中对中国食品行业各专业协会、地方食协和地方经信局，长期撰写《中国食品工业年鉴》的人员颁发了感谢荣誉证书，广东省食协钟华获此荣誉。

8月11日，以“安全 绿色 营养 健康”为主题的首届粤港澳食品大会在中国食品名城——广东省潮州市召开。围绕大会主题进行主旨演讲和经验交流，深入推进食品供给侧结构性改革，共同探索创建“一个机制、两个基地、三个平台”。

由广东省食品行业协会和《食经》杂志编写的《中国工业史食品卷》（广东编）按中国食品工业协会要求，完成初稿并上报中食协。初稿约9万字，从远古、近代、新中国成立前、建国70年和改革开放40年，全面叙述了广东省食品工业发展历程。

9月19日至20日，由行业联合党委书记张俊修、副书记兼行业纪委书记周世明带领所属党组织书记和入党积极分子共28人，组成主题教育活动学习团，到西柏坡、雄安和正定参观学习。

9月29日，行业联合党委在广州召开省食

品医药行业党组织“不忘初心、牢记使命”主题教育部署动员大会。党委书记张俊修做动员部署，党委副书记兼行业纪委书记周世明传达省委及省社会组织党委关于开展“不忘初心、牢记使命”主题教育主要精神。

9月29日，中共广东省食品行业协会总支部在广州召开党员大会，选举刘荔琛为书记、庞振国为副书记，曾初欢、梁悦明、蔡能强、李香莉为委员的总支部委员会。

10月29日，中共广东省食品医药行业联合党委和中共广东省食品行业协会总支部委员会党员大会在广州市花都区举行。对行业开展“不忘初心、牢记使命”主题教育进行部署，选举总支部各支部书记。

10月29日至30日，由广东省市场监督管理局（省知识产权局）主办、广东省食品行业协会承办、广东省医药行业协会协办的“2019年广东省食品医药行业商标品牌实务专题培训班”在广州市举行。培训班邀请张俊修、董宜东、王海忠、赵盛和等授课。

11月15日，广东省工程系列食品工程专业高级职称评委会在广州召开了“2019年度广东省食品行业高技能人才贯通申报食品工程职称评审会”。食品行业是省人社厅选定的先行试点开展高技能人才贯通评审职称的四个行业之一。

由商务部、工业和信息化部支持，湖北省人民政府、中国食品工业协会等单位主办的第28届中国食品博览会暨中国（武汉）国际食品交易会，于2019年12月6日至9日在湖北省武汉市举办。广东省食品行业协会组团参展，再一次获最佳组团奖和布展奖。

12月17日上午，根据省委“两新”工委关于加强社会组织党建及创建党建工作站的工作部署，广东省社会组织管理局举行中共广东省社会组织委员会党建工作站党群服务项目签约仪式。广东省食品行业协会作为全省10家社会组织党建工作站参加签约仪式，秘书长刘荔琛代表省食协与省民政厅签约。

广东省食品行业协会组建的省工程系列食品工程专业高级职称评委会制定了《广东省食品工程专业技术人才职称评价标准条件》，由省人社厅于2019年12月25日发布，并于2020年2月1日起正式实施。

12月30日，由广东省总工会、省人力资源和社会保障厅、省工业和信息化厅、省科学技术厅主办，省民营企业工会联合会、省食品医药行业工会联合会、省食品行业协会、省食品行业工会联合会承办的“广东省食品检验（广式腊味鉴评大师和鉴评师）职业技能竞赛”决赛在东莞道滘举行。

12月31日，由中国食品工业协会、广东省食品行业协会主办的第十届中国（道滘）美食文化节暨粤晖园旅游嘉年华在东莞道滘粤晖园开幕。自2019年12月31日至2020年1月5日举行。

2019年，广东省食品行业协会主办的《食经》杂志社全年出刊12期，共75万余字，发行量约为6万册。

2019年，全省参加食品工业企业诚信管理体系培训600余人，发放内审员证书80张、评价人员证书70张；新增通过评价企业9家、再评价2家、监督评价30家。

【d. 经济指标（数据）】

表1　2019年广东省食品工业主要经济指标

行业	生产总值（亿元）	营业收入（亿元）	同比增长（%）
农副食品加工业	3017.15	3280.52	2.4
食品制造业	2071.92	2209.02	2.0
酒、饮料和精制茶制造业	1033.93	999.43	0.3
烟草制品业	470.59	519.30	–0.5

资料来源：广东省统计局

表 2　2019 年广东省食品工业增加值

行业	工业增加值（万元）	同比增长（%）
农副食品加工业	3592149	-1.4
食品制造业	7286742	10.2
酒、饮料和精制茶制造业	2884445	-2.0
烟草制品业	3662884	1.5

资料来源：广东省统计局

表 3　2019 年广东省食品工业规模以上企业平均用工人数

行业	平均用工人数（万人）	同比增长（%）
农副食品加工业	14.05	-5.0
食品制造业	17.31	-1.7
酒、饮料和精制茶制造业	6.99	-2.8
烟草制品业	0.66	-5.9

资料来源：广东省统计局

表 4　2019 年广东省食品工业利润总额及增长速度

行业	利润总额（亿元）	同比增长（%）
农副食品加工业	112.85	-5.3
食品制造业	234.26	-15.0
酒、饮料和精制茶制造业	111.94	9.0
烟草制品业	32.53	-34.4

资料来源：广东省统计局

表 5　2019 年广东省食品工业销售产值

行业	工业销售产值（万元）	同比增长（%）
农副食品加工业	30796362	2.3
食品制造业	20154312	0.1
酒、饮料和精制茶制造业	9817237	1.8
烟草制品业	5144082	-1.1

资料来源：广东省统计局

表 6　2019 年广东省食品工业主要行业工业总产值、增加值

续表

行业	工业总产值（千元）	工业增加值（千元）
农副食品加工业	301714798	35921493.8
谷物磨制	23965066	2832670.8
饲料加工	115965315	13579538.4
植物油加工	59271801	3224386
制糖业	8326236	1007474.6
屠宰及肉类加工	32528772	5032201
水产品加工	33302444	5168539.3
蔬菜、菌类、水果和坚果加工	18068646	3255970
其他农副食品加工	10286518	1820713.7
食品制造业	207191820	72867423.8
焙烤食品制造	20263612	5225985.5
糖果、巧克力及蜜饯制造	34192993	11379428.1
方便食品制造	18986367	5735781.5
乳制品制造	17232099	4304578.3
罐头食品制造	9435579	1972979.6
调味品、发酵制品制造	43342911	14368175
其他食品制造	63738259	29880495.8
酒、饮料和精制茶制造业	103392651	28844447.7
酒的制造	16946577	6017729.5
饮料制造	84682190	22440780.4
精制茶加工	1763884	385937.8
烟草制品业	47059492	36628842.1
烟叶复烤	170417	105777.8
卷烟制造	45614558	36090238.3
其他烟草制品制造	1274517	432826

资料来源：广东省统计局

表 7　2019 年广东省居民食品消费价格比上年涨跌幅度

指标	价格指数（上年 =100）	同比涨跌幅度（%）
食品烟酒	108.1	8.1
其中：粮食	100.9	0.9
食用油	99.3	-0.7
鲜菜	104.7	4.7
畜肉类	128.9	28.9
禽肉类	108.5	8.5
水产品	102.9	2.9
蛋类	105.6	5.6

资料来源：2019 年广东国民经济和社会发展统计公报

【e. 主要产品产量】

全省列入统计的 21 种主要食品中，16 种产量同比增长。精制食用植物油、酱油、冷冻饮品、饮料、碳酸饮料（汽水）、包装饮用水产量居全国第 1 位。

表 8　2019 年广东省食品工业主要产品产量

产品名称	计量单位	产量	同比增长 %
小麦粉	吨	2952993.4	4
大米	吨	1618192.1	16.2
精制食用植物油	吨	7917134.6	9
成品糖	吨	989124.1	-2.7
糖果	吨	796504.1	5.7
速冻食品◇	吨	277931.7	31.9
其中：◇速冻米面食品	吨	153503.8	38.3
方便面	吨	500126.2	7.3
乳制品◆	吨	978324.5	5.2
◆液体乳	吨	826136.1	8.8
罐头	吨	346745.7	-6.9
味精（谷氨酸钠）	吨	44490	1.8
酱油	吨	4220609.4	12.1
冷冻饮品	吨	365497.5	-4
饮料◇	吨	32644405.9	3.9
其中：◇碳酸型饮料（汽水）	吨	4004560.2	12.4
◇包装饮用水	吨	18028350.4	5.4
◇果汁和蔬菜汁类饮料	吨	958346.3	-32.8
◇蛋白饮料	吨	1299334.9	-2.2
精制茶	吨	9580.2	9.3
卷烟	万箱	257.57	0.3

资料来源：广东省统计局

【f. 重点行业】

1. 凉茶饮料

2019 年，凉茶饮料行业产量同比增长。王老吉持续产品创新和时尚营销，打造品牌文化名片，加速国际化战略布局，连续第三年获得中国品牌力指数凉茶品类第一品牌。加多宝保持凉茶品类第二品牌，争取上市，推新品、签协议、谋合作，把稳定市场作为首要任务，进行差异化竞争和高端化竞争。黄振龙、邓老、徐其修获得凉茶品类品牌第四至第六位。

2. 焙烤食品制造

广东省焙烤食品制造企业 162 家，工业总产值 202.64 亿元，工业增加值 52.26 亿元。中山市月饼出口约占全国月饼出口的六成，出口量连续 14 年居全国第一。

广东省市场监督管理局组织开展了对月饼的监督抽检工作。在全省 21 个地市的流通、生产和餐饮环节等 9 类场所，未检验出不合格产品。

3. 调味品、发酵制品制造

广东调味品、发酵制品制造规上企业 90 家。酱油产量 422.06 万吨，全国占比 62.0%，海天、李锦记、美味鲜、厨邦、东古、味事达、致美斋等产品在全国占有很大的市场份额，具有突出的品牌优势。海天酱油产量 224.17 万吨，产销量连续 23 年稳居全国第一。

4. 饮料制造

2019 年广东省饮料规上企业 148 家，产量达 3264.44 万吨，软饮料及碳酸饮料（汽水）、包装饮用水产量保持全国产量第一。

表 9　广东省饮料产量及全国占比

	软饮料	碳酸饮料（汽水）	包装饮用水	果汁和蔬菜汁饮料
全国产量（万吨）	17763.5	1845.33	9698.5	1643.8
广东产量（万吨）	3264.44	400.46	1802.84	95.83
广东占比（%）	18.4	21.7	18.6	5.8

来源：中国食品工业协会、广东省统计局

5. 乳制品制造

广东省乳制品制造规模以上 26 家，其中婴幼儿乳粉生产企业 4 家。广东省乳制品市场已经形成了全国一线品牌市场份额领先、区域龙头品牌不断发展壮大的竞争格局。

6. 保健食品

广东是保健食品生产消费大省。经过多年

持续发展，产业规模庞大，研发平台成熟，市场竞争力强，全省保健食品工业生产总值（超600亿）、生产企业数量（158家）、批准文号数量（2500个注册保健食品和800个备案保健食品）等均居全国前列，行业整体水平维持较高层次，聚集了无限极、安利、完美、汤臣倍健、太阳神等国内知名企业。广东省市场监管局综合采取“企业自查+责任约谈+体系检查+个别辅导+重点检查+强化抽检”等多项措施，强化对保健食品生产企业监管。通过打好保健食品质量提升组合拳，广东省保健食品行业整体质量水平持续提升，2019年合格率达99.9%。

7. 屠宰及肉类加工

2019年，广东省屠宰及肉类加工规上企业148家。屠宰企业性质主要有国有、集体、股份、个体、民营以及合资等多种形式，其中国有企业占比61%、民营企业占比23%。机械化率占68.2%，大多分布在珠三角地区，而偏远山区多以手工屠宰为主，占23.8%。

12月3日，广东省农业农村厅办公厅发布《关于公布2019年第一批广东省级生猪屠宰标准化企业名单的通知》，确定20家屠宰企业为2019年广东省生猪屠宰标准化企业并颁发标牌。

8. 糖果、巧克力及蜜饯制造

2019年广东省糖果、巧克力及蜜饯制造规上企业146家，糖果产量796504.1吨，全国占比24.2%，居福建省后列全国第二位。糖果产业作为潮州市休闲食品出口的一大支柱，一直是拉动潮州休闲食品产业蓬勃发展的重要品类。潮州市糖果实现出口货值位居广东省首位，主要销往菲律宾、泰国、印度尼西亚、马来西亚等东盟国家。

9. 其他

2019年，广东省精制食用植物油产量791.71万吨，同比增长9%，占全国规模以上精制食用植物油企业产量的14.6%，居全国首位。啤酒产量384.9万千升，同比下降1.7%，居全国第2位，占全国规模以上啤酒企业产量10.2%。成品糖产量98.91万吨，同比下降2.7%，方便面产量50.01万吨，同比增长7.3%，均居全国第3位。

【g. 重点企业】

表10 广东省食品工业规模以上企业数

指标名称	企业单位数（家）
农副食品加工业	1017
谷物磨制	87
饲料加工	368
植物油加工	59
制糖业	37
屠宰及肉类加工	148
水产品加工	184
蔬菜、菌类、水果和坚果加工	70
其他农副食品加工	64
食品制造业	733
焙烤食品制造	162
糖果、巧克力及蜜饯制造	146
方便食品制造	88
乳制品制造	26
罐头食品制造	46
调味品、发酵制品制造	90
其他食品制造	175
酒、饮料和精制茶制造业	237
酒的制造	67
饮料制造	148
精制茶加工	22
烟草制品业	10

资料来源：广东省统计局

表11 2019年中国500强企业排名
（广东省食品及含食品类）

排名	企业名称	营业收入（百万元）	利润（百万元）
155	温氏食品集团股份有限公司	57，244	3，957
212	广东海大集团股份有限公司	42，157	1，437
479	佛山市海天调味食品股份有限公司	17，034	4，365

表 12　2019 广东企业 500 强名单（食品及含食品类）

排名	公司
19	广州医药集团有限公司
40	温氏食品集团股份有限公司
41	广东省广新控股集团有限公司
56	广东海大集团股份有限公司
110	佛山市海天调味食品股份有限公司
237	南海油脂工业（赤湾）有限公司
252	东莞徐记食品有限公司
263	湛江国联水产开发股份有限公司
274	汤臣倍健股份有限公司
280	中炬高新技术实业（集团）股份有限公司
284	东凌控股集团有限公司
287	广州珠江啤酒股份有限公司
382	福达（中国）投资有限公司
389	广州酒家集团股份有限公司
425	天地壹号饮料股份有限公司
426	深圳市赢合科技股份有限公司
429	广州风行发展集团有限公司
477	广东燕塘乳业股份有限公司
480	广东省食品进出口集团有限公司
488	广东石湾酒厂集团有限公司
490	亨氏（中国）投资有限公司
492	宏鸿农产品集团有限公司
493	广东鹰唛食品有限公司
494	深圳南顺油脂有限公司

表 13　2019 年广东省民营企业 100 强排行名单（食品及含食品类）

序号	公司名称
15	温氏食品集团股份有限公司
18	广东海大集团股份有限公司
78	东凌控股集团有限公司
98	广东鹰唛食品有限公司

表 14　2019 年广东省制造业 100 强排行榜（食品及含食品类）

序号	公司名称
7	广州医药集团有限公司
15	广东海大集团股份有限公司
49	益海广州粮油工业有限公司
54	南海油脂工业（赤湾）有限公司
60	东莞徐记食品有限公司
63	东凌控股集团有限公司
64	广州珠江啤酒股份有限公司
91	广东燕塘乳业股份有限公司
94	广东石湾酒厂集团有限公司
96	广东鹰唛食品有限公司
97	深圳南顺油脂有限公司
100	广州风行乳业股份有限公司

广州王老吉大健康产业有限公司 2019 年营收 102.97 亿元，全年净利润为 13.8 亿元，王老吉注重孵化其他的饮料产品，再造“刺柠吉”系列单品，以“创新力”开拓行业品类多元化。积极以吉祥文化对话世界，向全球讲述品牌故事，持续践行“让世界更吉祥”品牌理念，进一步提升王老吉的国际影响力和美誉度，实现品牌全球化升级。

加多宝入选英国调查公司《Top 100 Megabrands》，即全球最成功的 100 个快速消费品牌。受邀成为中央电视台“品牌强国战略联盟成员单位”，与众多中国知名品牌共同践行品牌强国战略。作为中国凉茶文化的传承者，以“亚洲文化嘉年华尊享品牌”身份参与大会系列活动，向世界人民展示中国传统文化的风采。

广州珠江啤酒股份有限公司坚持稳中求进工作总基调，以供给侧结构性改革为主线，增强企业创新主体活力，提升产业链水平，统筹推进啤酒酿造产业和啤酒文化产业“双主业”协同发展，继续保持良好发展势头，2019 年完成啤酒销量 125.79 万吨，同比增长 1.48%；营业收入 42.44 亿元，同比增长 5.06%；净利润 4.97 亿元，同比增长 35.77%。

东莞市华美食品有限公司不断通过推动实现工业 4.0，利用互联网和信息数据提升管理体系，致力向消费者提供更健康、更安全、更美味和更具趣味性的食品。拥有的自动化生产线已达数十条，月饼日产能突破 330 万个，总产量跃居全国第 1。

佛山市海天调味食品有限公司 2019 年营业收入 197.97 亿元，同比增长 16.2%，净利润 53.53 亿，同比增长 22.6%。其中，酱油实现营收 116.29 亿，同比增长 13.6%；蚝油实现营收 34.90 亿，同比增长 22.2%；酱料实现营收 22.91 亿，同比增长 9.5%，产销量及收入连续多年名列行业第 1。线上市场营业收入同比增长 42.5%。

广东美味鲜调味食品有限公司持续在多品类布局，整体生产量约 60.3 万吨，销售 61 万吨。全年营业收入 44.68 亿元，同比增长 15.98%；净利润 7.96 亿元，同比增长 25.3%。酱油、鸡精、食用油收入同比增长 11.23%、18.99%、39.02%。一级经销商增至 1051 个，开发空白地级市 21 个，地级市覆盖率 83.4%，区县覆盖率 38.32%。餐饮端占比同比增长 28.5%，收入同比增长 23.5%，家庭端占比 71.5%，收入同比增长 10.8%。

国内众多财经及大众媒体打造的中国财经峰会上，“李锦记”凭借在全球调味品行业的影响力荣获“2019 年度行业领军品牌”大奖、“匠心品质大奖”。李锦记（新会）食品有限公司再次荣获“全国食品科普教育基地”“国家食物营养教育示范基地”称号。李锦记（中国）销售有限公司获“2019 粤港澳大湾区企业社会责任影响力榜单”“市场责任影响力企业”奖。

广东珠江桥生物科技股份有限公司生产的珠江桥牌酱油，出口 120 多个国家和地区，年出口量 5 万多吨，长期稳居全国第一。2019 年扩大对欧洲的出口，并积极拓展南美等市场。针对欧洲各国口味的差异，开展差异化研发。既达到保留传统风味，又符合当前国际的健康饮食潮流标准，在此基础上再根据各国家地区口味的特点，实现产品的差异化。

广东燕塘乳业股份有限公司继续坚持以“精耕广东、放眼华南、迈向全国”为发展战略。营收为 14.81 亿元，同比增长 14.2%；净利为 1.22 亿元，同比增长 190.3%。广东省内，珠三角地区营业收入为 10.82 亿元，占比 73.6%，珠三角以外地区为 3.61 亿元，占比 24.6%。省外地区营业收入为 0.27 亿元，占比 1.8%。

汤臣倍健股份有限公司 2019 年实现营业收入 52.62 亿元，同比增长 20.9%。其中，大单品战略的“主引擎”效应显著：“健力多”实现营业收入 11.90 亿元，同比增长约 47%；“健视佳”试点区域扩大至 6 个重点省份。主品牌“汤臣倍健”实现营业收入 32.12 亿元，同比增长约 8%。蛋白粉继续保持品类领先地位。

【h. 党建工作】

2019 年，在广东省食品医药行业联合党委引领下，广东省食品行业协会严格按照省社会组织管理局统一安排和部署，坚持以习近平新时代中国特色社会主义思想为指导，认真贯彻落实党的十九大会议精神，通过党建引领，扎实推动广东食品行业发展。

1. 高度重视

（1）加强组织领导

广东省食品医药行业联合党委充分认识行业党建工作在新时代的重大意义，要求坚持将行业党建作为重大政治任务来抓，不断强化组织领导，压实工作责任，为促进行业发展贡献力量。党委和协会领导对开展党建工作，亲自研究部署、亲自检查推动、亲自示范带动，取得了施策更准、帮扶更细、质效更好的积极效果。

（2）建立工作机制

为凝聚行业党建工作合力，促进党建工作开展，在广东省食品医药行业联合党委领导下，广东省食品行业协会全力推进“党建 +”模式，行业党建工作成果显著。一是坚持一把手亲自抓，分管领导直接抓，相关部门具体抓的工作格局。二是与省社会组织管理局、各相关协会和重点企业保持紧密联系。构建上下联动、横向联合、各方联动的工作方法。三是以行业党建为引领，促进协会工作与行业发展统筹联动、有序推进的工作职责。

（3）完善组织结构

①召开行业党建工作经验交流会。认真总结了2009年以来，协会在全国率先创新将党的基层组织建在协会分支机构上，建立了全国第一个产业党委。全力推进“党建+”模式，创新协会管理机制，突出党组织在协会中的核心作用，协会的法人治理与专职秘书处工作有了坚强的政治保障；

②建立完善行业党的组织结构。2019年6月，经广东省社会组织党委批准，广东省食品（医药）行业协会党委更名为广东省食品医药行业联合党委。9月29日，成立以协会秘书长刘荔琛为书记的省食协总支部委员会。10月29日，省食协总支召开党员大会，选举总支属下各支部书记。使协会按专业分类建立的党的基层组织体系更加健全。2019年底，承接了社会组织党建工作站工作职责，进一步推进全省医药行业社会组织党建工作落实；

③认真开展初心使命主题教育。省食协党总支和协会认真贯彻落实党中央、省委、省社会组织党委决策部署，按照行业联合党委下发的《广东省食品医药行业党组织“不忘初心、牢记使命”主题教育实施方案》，通过读原著、学原文、悟原理，学党章、讲党课、温党史等形式，着力增强学习教育实效性和感染力。结合广东食品党建工作和行业发展实际，把握食品行业守初心、担使命、找差距、抓落实的要求，认真开展民主评议，组织支部达标自查活动，确保人人受教育、个个有收获。

（4）提高服务水平

协会是不以营利为目的社会组织，自身经济实力有限。只有立足于服务行业、服务企业、服务市场、服务社会，发挥好架设在政府与企业之间的桥梁和纽带作用。如广药集团响应广东省和广州市帮扶贵州发展的号召，以“造血式”的帮扶模式开发出刺柠吉系列产品。在国家加强粤港澳大湾区建设步伐的政策背景下，为了支持广药集团在更大的平台开拓粤港澳市场布局。2019年8月11日至12日，首届粤港澳食品大会开幕式上，在工信部、中国企业联合会、中国食品工业协会等有关部门、行业组织、院士和粤港澳相关部门的见证下，协会策划的广药集团帮扶贵州刺梨产业打造的刺柠吉系列产品宣告在粤港澳地区上市。

2. 主要成果

在广东省食品医药行业联合党委领导下，广东省食品行业协会坚持党建引领作用，在建立“党建+”促进产业发展，开展诚信管理体系建设，实施“三品”战略和文化带动食品产业发展等方面走在全国前列。

（1）注重发挥地方党委、政府和行业组织资源优势。在全国创造性地提出并实施在协会党委与地方县以上党委共同组建的产业园区党委领导下，推进产业集聚，推进城镇建设的新型食品产业园区建设模式。创建了国家级协会、省级协会和市级地方人民政府共建，共同促进地方食品产业发展的新模式，取得了很好的效果。

（2）抓好一线党员能力培训。在企业开展“把党员培养成生产技术骨干，把技术骨干培养成党员，把党员骨干培养成管理人员”活动，引导各级党组织切实把工作重心放在提升党员干部的攻坚能力上。通过教育培训，帮助基层党员、干部提升政治素养和能力素质，增强工作积极性、主动性、实效性。

（3）创新专业技术人才评价标准。2019年，在广东省食品医药行业联合党委指导下，广东省食品行业协会制定《广东省食品工程专业技术人才评价标准条件》（已由省人社厅发布）。标准突出十九大提出的食品安全战略和健康中国战略，在工作能力、业绩成果方面，在高级职称评价条件中提出“三品”战略和诚信体系建设的针对性要求，确保了人才评价与国家政策、产业发展相适应。

【i. 食品安全】

2019年，广东加强食品安全监管，建立食品安全形势分析和应急处理机制，处置应急事件96宗，及时发现并消除食品中非法添加匹可硫酸钠等新型有毒有害物质重大安全隐患。开展整治食品安全问题联合行动，立案查办违法案件7721宗，罚款4719.2万元，销毁违法食品约1110吨。

广东省各级市场监管部门共完成并公布496449批次食品（含保健食品和食品添加剂）监督抽检结果，合格486261批次，不合格10188批次，总体合格率为98.95%，比2018年同期提高了0.32个百分点。其中粮食加工品、调味品、肉制品、乳制品、饮料等25类食品合格率均高于总体合格率（各类食品监督抽检结果见附件）。

表15　2019年度广东省食品安全监督抽检结果汇总表

序号	食品种类	样品抽检数量/批次	合格样品数量/批次	不合格样品数量/批次	样品合格率
1	粮食加工品	43792	43370	422	99.04%
2	食用油、油脂及其制品	23912	23352	560	97.66%
3	调味品	19393	19268	125	99.36%
4	肉制品	19675	19372	303	98.46%
5	乳制品	7941	7938	3	99.96%
6	饮料	22221	21980	241	98.92%
7	方便食品	7474	7252	222	97.03%
8	饼干	7712	7621	91	98.82%
9	罐头	2989	2981	8	99.73%
10	冷冻饮品	2322	2276	46	98.02%
11	速冻食品	7048	6979	69	99.02%
12	薯类和膨化食品	4858	4780	78	98.39%
13	糖果制品	11624	11531	93	99.20%
14	茶叶及相关制品	7109	7072	37	99.48%
15	酒类	16465	16218	247	98.50%
16	蔬菜制品	9399	8996	403	95.71%
17	水果制品	9547	9208	339	96.45%
18	炒货食品及坚果制品	6561	6332	229	96.51%
19	蛋制品	2253	2247	6	99.73%
20	可可及焙烤咖啡产品	700	699	1	99.86%
21	食糖	2978	2925	53	98.22%
22	水产制品	4938	4750	188	96.19%
23	淀粉及淀粉制品	5261	5209	52	99.01%
24	糕点	26927	26342	585	97.83%
25	豆制品	8604	8504	100	98.84%
26	蜂产品	1779	1737	42	97.64%

续表

序号	食品种类	样品抽检数量/批次	合格样品数量/批次	不合格样品数量/批次	样品合格率
27	保健食品	1502	1501	1	99.93%
28	特殊膳食食品	1339	1331	8	99.40%
29	特殊医学用途配方食品	45	45	0	100%
30	婴幼儿配方食品	1617	1617	0	100%
31	餐饮食品	44980	43211	1769	96.07%
32	食品添加剂	1260	1257	3	99.76%
33	食用农产品	156957	153107	3850	97.55%
34	食盐	4590	4581	9	99.80%
35	其他	677	672	5	99.26%
	合计	496449	486261	10188	97.95%

【j. 诚信建设】

2019 年，广东省南方食品医药行业评估中心按照《食品工业企业诚信管理体系评价工作程序（试行）》和 GB/T33300-2016《食品工业企业诚信管理体系》标准的要求，开展了食品工业企业诚信管理体系（IMS）评价工作。经过严格评审，2019 年新增广州华糖食品有限公司等 9 家企业通过食品工业企业诚信管理体系评价；广州王老吉药业股份有限公司食品饮料分公司等 2 家企业通过食品工业企业诚信管理体系再评价；东鹏饮料（集团）股份有限公司等 30 家企业通过食品工业企业诚信管理体系监督评价。

表 16　2019 年广东省新增通过食品工业企业诚信管理体系企业名单

序号	行业	企业名称	证书编号
1	调味品	广州华糖食品有限公司	18-GDSYPG（粤）19-0011
2	保健品	汤臣倍健股份有限公司	18-GDSYPG（粤）19-0008
3	粮油	广东澳阳花粮油有限公司	18-GDSYPG（粤）19-0001
4	肉制品	饶平县康盛食品有限公司	18-GDSYPG（粤）19-0003
5	大米	饶平县兴元米厂	18-GDSYPG（粤）19-0004
6	糖果	广东绿白食品有限公司	18-GDSYPG（粤）19-0005
7	肉制品	饶平县杜氏食品有限公司	18-GDSYPG（粤）19-0007
8	肉制品	广东无尽食品有限公司	18-GDSYPG（粤）19-0009
9	添加剂、调味品	广东顺大调味食品有限公司	18-GDSYPG（粤）19-0010

2019 年广东省通过食品工业企业诚信管理体系再评价企业

广州王老吉药业股份有限公司

广州王老吉大健康产业有限公司

2019 年广东省通过食品工业企业诚信管理体系监督评价企业

东鹏饮料（集团）股份有限公司

广东美味鲜调味食品有限公司

广东好心情食品集团有限公司
广东八记食品股份有限公司
汕头市潮庭食品股份有限公司
东莞荣华饼家有限公司
广东珠江桥生物科技股份有限公司
咀香园健康食品（中山）有限公司
天地壹号饮料股份有限公司
广东粤师傅调味食品有限公司
广东笑咪咪食品有限公司
广东真美食品股份有限公司
无穷食品有限公司
广东铭康香精香料有限公司
广东上益食品有限公司
广东创辉食品有限公司
广东佳宝集团有限公司
饶平县家家富食品有限公司
广东亨盛维嘉食品工业有限公司
广东汕泰食品有限公司
潮州市潮安区宏泰记食品有限公司
好口味食品有限公司
广东宏源食品有限公司
广东新乐食品有限公司
广东扬航食品有限公司
潮州市吉祥果食品有限公司
广东展翠食品股份有限公司
潮州市潮安区庄园春食品有限公司
广东同享食品有限公司
广东农夫山庄食品工业有限公司

广东省食品行业协会在珠海、梅州、佛山、深圳、韶关等地，为当地经信部门承办了5场诚信管理体系宣传培训会；为14家企业进行体系培训及辅导；在广州、潮州开展了3场诚信管理体系内审员及评价人员培训。

【k.实施“三品”战略】

2019年，广东省食品行业协会继续开展增品种、提品质、创品牌的“三品”战略项目推荐。

12月7日，为贯彻落实《广东省人民政府关于印发广东省改善消费品供给专项行动方案（2016–2020年）的通知》（粤府办〔2016〕105号），充分发挥行业协会的作用，积极引导行业实施增品种、提品质、创品牌“三品”战略，广东省工业和信息化厅支持、指导有关行业协会组织认定具有独特功能或市场价值的升级和创新消费品新产品，积极引导消费，更好满足和创造消费需求，不断增强消费拉动经济的基础作用，促进消费品工业迈向中高端。根据《广东省经济和信息化委关于支持行业协会开展消费品“增品种”工作的指导性意见》（粤经信消费函〔2017〕71号），经消费品行业有关协会评审、广东省工业和信息化厅公示后，公布广东消费品供给指南（第二批）的通告（通告〔2019〕52号），认定《广东消费品供给指南》（第二批）食品行业新产品新技术30项。

表17 《广东消费品供给指南》（第二批）食品行业新产品

新产品名称	企业名称
刺柠吉润喉糖	广州王老吉药业股份有限公司
刺柠吉复合果汁饮料	广州王老吉大健康产业有限公司
吉乐冰凉茶冰棍（乌梅味）	广州王老吉餐饮管理发展有限公司
利口福芝士流沙奶黄月饼	广州酒家集团利口福食品有限公司
利口福恰恰萨其马	广州酒家集团利口福食品有限公司
9.8° P珠江0度精品啤酒	广州南沙珠江啤酒有限公司
无穷盐焗鸡蛋	无穷食品有限公司

续表

新产品名称	企业名称
济公佛手梅（凉果类）	广东济公保健食品有限公司
果檬青柠檬膏	广东润德食品有限公司
王老吉桂花酸梅汤	广州王老吉药业股份有限公司
王老吉吸吸龟苓膏	广州王老吉药业股份有限公司
多润由柑柠檬茶	广州市东鹏食品饮料有限公司
SUPRA® 雪堡啤酒	广州南沙珠江啤酒有限公司
差小伴益生菌固体饮料	健康元药业集团股份有限公司
皇麦世家十谷营养餐	广东皇麦世家食品有限公司
山楂大叔发酵型果蔬汁饮品	山楂大叔（韶关）农业科技有限公司
咀香园桑叶曲奇	咀香园健康食品（中山）有限公司
七月果新会小青柑皮普洱茶	江门丽宫国际食品股份有限公司
仑芙仑松露奶芙软糖	广东好利源食品有限公司
扬航风味方便粥	广东扬航食品有限公司
济公九制陈皮（凉果类）	广东济公保健食品有限公司
济公牌佛手膏	广东济公保健食品有限公司
日式茶味糖（乌龙茶味）（坚实型压片糖果）	广东海亿食品有限公司
金德福蜂蜜柚子丹	潮州市潮安区金德福食品有限公司
康辉蜂蜜柚子丹	广东康辉集团有限公司
小小谢摩天轮手工巧克力（代可可脂巧克力）	广东小老谢食品有限公司
吉祥果无糖瓜子仁巧克力	潮州市吉祥果食品有限公司
百达表情帝晶跳奶宝	广东汕泰食品有限公司
潮盛橄榄汁饮料（果蔬汁饮料）	广东潮盛食品实业有限公司
西米同学果含沏饮－漫妙青柠味（果味型固体饮料）	广东广飞食品有限公司

为进一步推进实施广东省食品行业名牌发展战略，广东省食品行业协会根据《广东省食品行业名牌产品评价办法（试行）》，在企业自愿申报、专家评价、公开公示的基础上，推荐“由柑柠檬茶（果味茶饮料）”等 75 个产品为“2019 年度广东省食品行业名牌产品”。

表 18　2019 年广东省食品行业名牌产品名录

产品名称	注册商标	生产单位
柠檬茶（果味茶饮料）	由柑	广州市东鹏食品饮料有限公司
七星伴月月饼礼盒	广州酒家利口福	广州酒家集团利口福食品有限公司
广药牌灵芝孢子油软胶囊	白云山汉方	广州白云山汉方现代药业有限公司
小丝苗米	润米坊	广东新供销天润粮油集团有限公司
怀集丝苗米	新天润	广东新供销天润粮油集团有限公司
凤凰油黏米	新天润	广东新供销天润粮油集团有限公司
南雄丝苗米	新天润	广东新供销天润粮油集团有限公司

续表

产品名称	注册商标	生产单位
老盐柠檬风味饮料	粤盐	广东盐业健康产业发展有限公司
海盐柠檬果干（果脯类）	盐趣	广东盐业健康产业发展有限公司
老盐陈皮（话化类）	盐趣	广东盐业健康产业发展有限公司
藜麦方方冷加工糕点（海盐芝士味）	盐趣	广东盐业健康产业发展有限公司
生态海盐－岭海珍盐（未加碘食用盐）	粤盐	广东省盐业集团有限公司
加碘雪晶盐（食用盐）	粤盐	广东省盐业集团有限公司
加碘冰晶盐（食用盐）	粤盐	广东省盐业集团有限公司
软冰激凌粉（原味）	七彩雪	深圳海川生态食品科技有限公司
金标软冰激凌粉（香草味）	格林奥	深圳海川生态食品科技有限公司
经典系列软冰激凌粉（牛奶味）	海川	深圳海川生态食品科技有限公司
特级系列软冰激凌粉（原味）	海川	深圳海川生态食品科技有限公司
冰激凌用威化杯（平底）	海川	深圳海川生态食品科技有限公司
可可饮料（植物饮料）	隐雪	佛山市三水区隐雪食品有限公司
豆奶（植物蛋白饮料）	“11–11”	佛山市三水孖宝兄弟饮料有限公司
荣华蛋卷	荣华	佛山市顺德区苏氏荣华食品有限公司
九江双蒸酒	九江双蒸	广东省九江酒厂有限公司
玉冰烧•佛山小酒	石湾	广东石湾酒厂集团有限公司
高山茶油	六千歳	保仪生态科技（广东）有限公司
花生酥	傻二哥	东莞市傻二哥食品有限公司
藤椒火锅味锅巴	傻二哥锅往时光	东莞市傻二哥食品有限公司
烤鸡小腿（熏烤禽肉制品）	无穷	无穷食品有限公司
烤鳗调味汁	正和益	好口味食品有限公司
果汁软糖（青提味）（植物胶型凝胶糖果）	仑芙仑	广东好利源食品有限公司
脆皮鲜乳球夹心软糖（包衣、包衣抛光型凝胶糖果）	好利源食品	广东好利源食品有限公司
济公丹（果丹类）	济公	广东济公保健食品有限公司
腐乳饼（烘烤类糕点）	扬航	广东扬航食品有限公司
九制话梅（李子制品 话化类）	佳宝	广东佳宝集团有限公司
黑糖乌梅（凉果类）	康辉	广东康辉集团有限公司
花生油	鹰唛	广东鹰唛食品有限公司
玉米油	鹰唛	广东鹰唛食品有限公司
薄荷口味口香糖（咀嚼型胶基糖果）	绿白	广东绿白食品有限公司
无糖茉莉青提薄荷味糖（坚实型压片糖果）	醇然心动	广东海亿食品有限公司
无糖青柠薄荷味糖（坚实型压片糖果）	醇然心动	广东海亿食品有限公司
无糖留兰香薄荷味糖（坚实型压片糖果）	醇然心动	广东海亿食品有限公司
无糖玫瑰荔枝薄荷味糖（坚实型压片糖果）	醇然心动	广东海亿食品有限公司
小钉仔综合味软糖（包衣、包衣抛光型凝胶糖果）	乐潮	广东乐潮食品有限公司
百达劲跳棒糖（混合口味）（砂糖、淀粉糖浆型硬质糖果）	百达	广东汕泰食品有限公司

续表

产品名称	注册商标	生产单位
麦巧酥（松脆巧克力味）（混合型代可可脂巧克力制品）	百达	广东汕泰食品有限公司
蜂窝蜜巧（坚果燕麦巧克力制品）	表情帝	广东汕泰食品有限公司
闲蛋精脆（咸蛋黄饼干）（酥性饼干）	表情帝	广东汕泰食品有限公司
Q嚼（巧克力味糖）（砂质型焦香糖果）	利强	广东利强食品实业有限公司
小爱心手工棒棒巧克力（代可可脂巧克力）	小小谢	广东小老谢食品有限公司
牛奶巧克力豆（糖衣型代可可脂巧克力制品）	嘉乐芙	广东喜源食品有限公司
老姜茶（经典原味）（固体饮料）	凤宝山	广东凤宝山保健品有限公司
嘿，皮逗逗小黑饼（牛奶味）（油脂型夹心饼干）	上益	广东上益食品有限公司
奶油味夹心饼干（夹心饼干）	上益	广东上益食品有限公司
迷你小黑饼（奶油味）（油脂型夹心饼干）	上益	广东上益食品有限公司
拖肥椰果饮料（葡萄味）	佳达	广东佳达食品有限公司
益酸奶（原味酸奶）（配制型含乳饮料）	巧乐氏	广东顺潮食品有限公司
豆奶粉（Ⅱ类普通型）	多合	广东多合生物科技有限公司
蛋白粉（复合蛋白固体饮料）	多合	广东多合生物科技有限公司
植脂末（DHM32）（普通型）	多合	广东多合生物科技有限公司
橄榄菜（酱腌菜）	潮盛	广东潮盛食品实业有限公司
牛奶味瓜子仁巧克力（混合型代可可脂巧克力制品）	吉祥果	潮州市吉祥果食品有限公司
草莓味夹心蛋卷（注心饼干）	帕尔曼顿	潮州市大家好食品有限公司
唇吻超软泡泡糖	大家好日子	潮州市大家好食品有限公司
五味清爽喉片（坚实型压片糖果）	林振合	潮州市潮安区本合食品有限公司
星空依恋（太空奶糖）（低度充气夹心型糖果）	金生隆	潮州市潮安区金生隆食品有限公司
陈皮梅（凉果类）	宏泰记	潮州市潮安区宏泰记食品有限公司
青梅（凉果类）	宏泰记	潮州市潮安区宏泰记食品有限公司
棉花糖（高度充气类夹心型糖果）	金喜尚	潮州市潮安区宏冠食品有限公司
蜂蜜盐金枣（果丹皮类）	金德福	潮州市潮安区金德福食品有限公司
老酸奶冰棍（原味）（果味型饮料）	好感冻	潮州市潮安区荣春生食品有限公司
味一梅心棒（黑糖味）（其他型硬质糖果）	味一星座	潮州市潮安区味一食品厂
海盐西柚薄荷味清口含片（坚实型压片糖果）	优之唯品	潮州市潮安区庵埠镇日美食品厂
小苏打薄荷味糖（西柚薄荷味）（坚实型压片糖果）	优之唯品	潮州市潮安区庵埠镇日美食品厂
软香粘米（黏米）	潮夫人	潮州市饶平县兴元米厂
鸡胸肉（酱卤肉制品）	爱肌动	饶平县杜氏食品有限公司

注：以上排名不分先后。

为挖掘传统特色食品资源，提升其市场竞争力和品牌附加值，广东省食品行业协会根据《广东岭南特色食品认定办法（试行）》，在企业自愿申报、专家评价、公开公示的基础上，决定认定“王老吉龟苓膏”等28个产品为广东岭南特色食品（第五批），并以粤食协〔2020〕9号文，发布广东岭南特色食品（第五批）的通告。

表 19　广东岭南特色食品（第五批）名录

产品名称	注册商标	生产单位
王老吉润喉糖	王老吉	广州王老吉药业股份有限公司
王老吉凉茶	王老吉	广州王老吉药业股份有限公司
王老吉龟苓膏	王老吉	广州王老吉药业股份有限公司
虾饺	广州酒家、利口福	广州酒家集团利口福食品有限公司
陈李济陈皮	陈李济	广州白云山陈李济药厂有限公司
由柑柠檬茶（果味茶饮料）	由柑	广州市东鹏食品饮料有限公司
养生食膳木瓜牛奶饮品	燕塘	广东燕塘乳业股份有限公司
百湿离凉茶（草本饮料）	百湿离	广东清心堂健康产业有限公司
冬瓜汁饮料	深晖	深圳市深晖企业有限公司
即食凉粉	深晖	深圳市深晖企业有限公司
九江十二坊酒（原米香白酒）	远航九江十二坊	广东省九江酒厂有限公司
荣华腊肠	元朗荣华	东莞荣华饼家有限公司
盐焗鸡翅（酱卤肉制品）	无穷	无穷食品有限公司
蜂蜜老梅丹（话化类）	佳宝	广东佳宝集团有限公司
九制陈皮丹（话化类）	佳宝	广东佳宝集团有限公司
金桔盐金枣（话化类）	佳宝	广东佳宝集团有限公司
茗茶糕（熟粉糕点、热调软糕类）	扬航	广东扬航食品有限公司
老姜茶（经典原味）固体饮料	凤宝山	广东凤宝山保健品有限公司
济公丹（果丹类）	济公	广东济公保健食品有限公司
话梅糖（砂糖、淀粉糖浆型硬质糖果）	宏源	广东宏源食品有限公司
海盐菠萝薄荷味糖（坚实型压片糖果）	醇然心动	广东海亿食品有限公司
鲜卤凤爪（酱卤肉制品）	正一品	广东正一品生物科技股份有限公司
黄皮豉（凉果类）	轮船牌	潮州市潮安凉果厂
龙湖炖糕（熟粉糕点类）	拱合瑞源	潮州市潮安区龙湖瑞源饼食店
咸豆方（无皮型酥质糖果）	拱合瑞源	潮州市潮安区龙湖瑞源饼食店
龙湖酥糖（无皮型酥质糖果）	拱合瑞源	潮州市潮安区龙湖瑞源饼食店
蜂蜜老梅丹（果丹皮类）	金德福	潮州市潮安区金德福食品有限公司
维 C 金梅片（话梅味压片糖）（坚实型压片糖果）	优之唯品	潮州市潮安区庵埠镇日美食品厂

注：以上排名不分先后。

为贯彻落实省委、省政府《关于推进乡村振兴战略的实施意见》（粤发〔2018〕16 号）精神和《关于加快推进“粤字号”品牌强农的实施意见》（粤农农〔2018〕52 号）要求，实施“粤字号”农业知名品牌创建行动，扎实推进“粤字号”品牌强农，根据《关于 2019 年广东省名牌产品（农业类）申报和复审的通知》要求，经网络申报、地市审核、满意度调查、专家评审、征求意见、公示公开等程序，广东省农业农村厅发布《关于表彰 2019 年广东省名牌产品（农业类）生产企业的决定》，共评出 2019 年广东省名牌产品（农业类）506 个，其中初评申报产品 209 个，到期复审产品 297 个。

【I. 食品科技】

1. 2019 年度国家科学技术奖

表 20　2019 年度国家科技进步奖（广东省有关单位参与的食品项目）

项目名称	主要完成人	主要完成单位	获奖等级
柑橘绿色加工与副产物高值利用产业化关键技术	单杨，李高阳，付复华，苏东林，汪秋安，曲昆生，张菊华，刘伟，丁胜华，沈凡超	湖南省农业科学院，烟台安德利果胶股份有限公司，湖南熙可食品有限公司，东莞波顿香料有限公司，湖南大学，绵阳迪澳药业有限公司，辣妹子食品股份有限公司	二等奖
传统特色肉制品现代化加工关键技术及产业化	王守伟，孔保华，乔晓玲，赵燕，李家明，陈文华，臧明伍，李莹莹，施延军，宋忠祥	中国肉类食品综合研究中心，东北农业大学，湖南唐人神肉制品有限公司金字火腿股份有限公司，广州皇上皇集团股份有限公司	二等奖

2. 2019 年度广东省科学技术奖

根据《广东省关于深化科技奖励制度改革方案》《2019 年度广东省科学技术奖评审方案》，经省科学技术奖评审委员会评审、省科技厅审核等程序，广东省人民政府印发《关于颁发 2019 年度广东省科学技术奖的通报》（粤府〔2020〕16 号），授予突出贡献奖、成果自然科学奖、成果技术发明奖、科技进步奖特等奖、成果科技进步奖等有关科技进步奖等奖项。

表 21　2019 年度广东省科学技术奖科技进步奖一等奖

项目编号	项目名称	主要完成人	主要完成单位	提名单位 / 提名专家
J03-1-01	大宗淀粉资源高值化加工关键技术及其产业化	黄强、扶雄、张斌、李超、徐正康、王志刚、罗建勇、罗明昌、陈韬、何小维、刘保、周彦斌、陈沛华、罗发兴	华南理工大学，广州市浪奇实业股份有限公司，广州双桥股份有限公司，东莞东美食品有限公司	广东省教育厅（省委教育工作委员会）
J03-1-02	广式肉制品加工关键技术与装备创制及产业化应用	刘清化、吴耀森、池东、程镜蓉、李浩权、张进疆、魏娟、陈永春、刘永强、汤石生、唐道邦、黄绍强、杨俊玲、刘学铭、龙成树	广东省现代农业装备研究所，广州皇上皇集团股份有限公司肉食制品厂，广东省农业科学院蚕业与农产品加工研究所，中国科学院理化技术研究所，广东弘科农业机械研究开发有限公司	广东省农业农村厅
J03-1-03	特色浆果的营养健康效应及其精深加工关键技术研究与应用	余元善、徐玉娟、李春美、邹波、江水泉、李斌、胡丽娜、谢涛、卜智斌、温靖、吴继军、林羡、傅曼琴、周波、刘家生	广东省农业科学院蚕业与农产品加工研究所，华中农业大学，广东嘉士利食品集团有限公司，颜如玉医药科技有限公司，沈阳农业大学，江苏楷益智能科技有限公司，广东宝桑园健康食品有限公司	广东省农业科学院

表 22　2019 年度广东省科学技术奖科技进步奖二等

项目编号	项目名称	主要完成人	主要完成单位	提名单位 / 提名专家
J03-2-05	餐饮食材质量安全与真实性检测技术体系构建及应用	陈立伟、吴玉銮、董浩、王超、黄桂颖、范梅红、冼燕萍、李立令、李晓明、陈昌坚	广州质量监督检测研究院，仲恺农业工程学院，暨南大学，广州东升农场有限公司广州酒家集团利口福食品有限公司，东莞万好食品有限公司，茂名市电白区绿缘绿色食品有限公司	广州市科学技术局

续表

项目编号	项目名称	主要完成人	主要完成单位	提名单位 / 提名专家
J18-2-01	食品接触制品质量提升关键技术标准化研究与应用	刘春生、卢明、李君、李泽荣、温少楷、陈意光、杨海林、何渊井、李慧勇、郑慷	广州质量监督检测研究院，汕头市东方科技有限公司	广州市科学技术局

3. 2019 年度广东省食品行业科学技术奖

为引导广东省食品企业深入践行习近平总书记“创新是引领发展的第一动力”重要指示精神，充分调动广大食品企业及科技工作者的创新积极性，不断占领科技创新制高点，广东省食品行业协会根据《广东省食品行业协会科学技术奖奖励办法（试行）》，在企业自愿申报的基础上，经评价，决定推荐 12 个项目为“2019 年度广东省食品行业协会科学技术奖（一、二、三等奖）”，1 个企业为“2019 年度广东省食品行业科技创新标杆单位”，10 人为“2019 年度广东省食品行业科技创新发展卓越领导者”，11 人为“2019 年度广东省食品行业科技创新发展卓越工作者”。

表 23　2019 年度广东省食品行业协会科学技术奖名录

项目名称	完成单位	项目完成人	获奖等次
一种由柑柠檬茶的配方和生产工艺	广州市东鹏食品饮料有限公司	林木勤、胡海娥、梁洪源、张金桃、李学莉、张倍宁、罗水平、单海文、陈华芳、吴杜斌	一等奖
广州市食品检验所建设改造项目	广州市食品检验所	宋安华、王宇、肖剑、梁智安、刘冬豪、陈广宇、曾豪威、戚平、邱佩丽、易云婷、胡雯艳、陈羽中、陈楷、王成龙、彭程、陈桂云、梁美丹	一等奖
酱油酿造用菌种稳定性及其应用研究	广东美味鲜调味食品有限公司	杨俊、滑欢欢、梁亮、符姜燕、侯冶海、扈圆舒、易九龙、王聪、张晓辉、陆邦炼、张迪、李娜、倚成成、孔军平、赵颖、刘善策、熊瑞瑞、陈金体、梁小玲、林玲珠、李宝莉、卢东梅、张国就、段有福、苏世刚	一等奖
生产工艺对广式生抽酱油颜色和风味影响的研究	广东厨邦食品有限公司	乔虹、张灵芬、陈耿文、张任虎、董修涛、吴的囡、温小辉、徐敬博、万庆军、李海明、游星、周晓波、邱玉明、李建雄、杨智深、杨洁丽、陈晶晶	一等奖
苹果原醋 7 度发酵关键技术研究	天地壹号饮料股份有限公司、广东天地壹号食品研究院有限公司	熊贤平、李炜炤、朱娅媛、刘瑞结、张志永、杜晖、罗培余、冯雪红、刘秀娟	一等奖
新会陈皮酵素生产技术	广东新宝堂生物科技有限公司、惠州学院生命科学学院、广州医科大学药学院	张斌、陈柏忠、陈兆贵、郑国栋、杜朝嵚、蔡铁、张学松、黄锦华、黄启昌、李明阳、吴湃泳、杨秀娟、胡坪君	一等奖
粤式特色盐焗鸡蛋及其生产加工技术研究	无穷食品有限公司	杨焕彬、曾庆培、曾生林、李京、陈春林、黄毅斌、许永鹏、林友俊、马静、章本红、李奕锋、郑国婵	一等奖
中央厨房食品安全加工生产技术集成应用	广州酒家集团利口福食品有限公司、华南理工大学、广东省农业科学院蚕业与农产品加工研究所	李立令、余以刚、张业辉、李志成、姜崇斌、刘守平、杨雄志、杨文安、黄少鹏、潘振辉、彭芳、王凤娇、方嘉沁、胡郁汉、尹寿伟	二等奖
基于食品安全的全流程监管平台	广州安诺科技股份有限公司	杨松林、杨鹏博、王军、马丽	二等奖

续表

项目名称	完成单位	项目完成人	获奖等次
一种蓝莓花色苷提取、分离纯化的方法	佛山市三水区隐雪食品有限公司	丘敬华、陈思奇、何伟勤、梁勇、陈忻、陈晓刚	二等奖
油茶籽水洗脱壳低温准榨技术	保仪生态科技（广东）有限公司、北京中天金谷高科技有限公司	方一、何建新、刘庆超、李雪文、陈杏秋	二等奖
新型健康粗粮食品的开发及生产技术研究	广东展翠食品股份有限公司	张斌、陈柏忠、陈兆贵、郑国栋、杜朝嵌、蔡铁、张学松、黄锦华、黄启昌、李明阳、吴湃泳、杨秀娟、胡坪君	二等奖

注：同等次项目排名不分先后。

【m. 标准化建设】

根据《中华人民共和国食品安全法》及有关规定，广东省卫生健康委在全省范围内公开征集2019年广东省食品安全地方标准制修订立项建议。提出申报原则和要求。并组织开展了广东省食品安全地方标准清理和2019年食品安全地方标准制定（修订）立项建议征集工作。经清理、研究、专家审查，形成广东省食品安全地方标准清理意见和2019年立项计划草案。

表24　广东省食品安全地方标准清理意见

序号	食品类别	标准名称	相应国家标准或食品类别	主要依据
1	包装饮用水	DBS44/001-2011 广东省食品安全地方标准饮用天然山泉水	GB19298-2014 食品安全国家标准包装饮用水	根据国卫办食品函〔2019〕556号，该标准已有国标覆盖。 建议废止，废止后执行GB19298
2	发酵酒	DBS44/002-2013 广东省食品安全地方标准广东黄酒	GB2758-2012 食品安全国家标准发酵酒及其配制酒	根据国卫办食品函〔2019〕556号，该标准已有国标覆盖。 建议废止，废止后执行GB2758
3	焙烤食品	DBS44/003-2013 广东省食品安全地方标准西樵大饼	GB7099-2015 食品安全国家标准糕点、面包	产品工艺具有地方特色，微生物指标需执行GB7099-2015和GB29921-2013《食品安全国家标准食品中致病菌限量》的相关要求；根据健康中国行动“合理膳食行动”中减盐、减油、减糖的要求，适宜增加相关品质指标。 建议修订
4	卫生规范	DBS44/004-2014 广东省食品安全地方标准生鲜家禽加工经营卫生规范	GB12694-2016 食品安全国家标准畜禽屠宰加工卫生规范	食品安全国家标准未完全涵盖。 建议继续有效
5	肉制品	DBS44/005-2016 广东省食品安全地方标准汕头牛肉丸	GB2726-2016 食品安全国家标准熟肉制品（微生物限量）； GB2762-2017 食品安全国家标准食品中污染物限量（肉制品中污染物）； GB2760-2014 食品安全国家标准食品添加剂使用标准（调理肉制品类别）；	1.GB29921-2013《食品安全国家标准食品中致病菌限量》和GB2726均未涵盖产品微生物限量，标准对产品微生物限量进行规定，但需增加致病菌指标；2. 原引用标准GB2726《熟肉制品卫生标准》被GB2726-2016替代。 建议修订

续表

序号	食品类别	标准名称	相应国家标准或食品类别	主要依据
6	微生物限量	DBS44/006-2016 广东省食品安全地方标准 非预包装即食食品微生物限量	—	1. 食品安全国家标准未涵盖； 2. 标准附录中食品类别需要根据食品产业的发展进一步明确。 建议修订
7	冷藏、冷冻膳食	DBS44/007-2017 广东省食品安全地方标准 预包装冷藏、冷冻膳食	—	食品安全国家标准未涵盖。 建议继续有效
8	卫生规范	DBS44/008-2017 广东省食品安全地方标准 预包装冷藏、冷冻膳食生产经营卫生规范	—	食品安全国家标准未涵盖。 建议继续有效
9	蔬菜制品	DBS44/009-2018 广东省食品安全地方标准 簕菜及干制品	GB2762-2017 食品安全国家标准食品中污染物限量（叶菜蔬菜及其干制品中污染物）； GB2763-2016 食品安全国家标准食品中农药最大残留限量（叶菜蔬菜中农药残留）	具有地方特色，且食品安全国家标准未涵盖。 建议继续有效
10	含茶制品	DBS44/010-2018 广东省食品安全地方标准 新会柑皮含茶制品	GB2760-2014 食品安全国家标准食品添加剂使用标准［茶制品（包括调味茶和代用茶）类别］； GB2763-2016 食品安全国家标准食品中农药最大残留限量（茶叶中农药残留）	具有地方特色，且食品安全国家标准未完全涵盖、与食品安全国家标准不抵触，食品安全国家标准代茶制品已立项，尚未完成标准起草。 建议继续有效
11	其他	DBS44/011-2018 广东省食品安全地方标准 白木香叶	GB2762-2017 食品安全国家标准食品中污染物限量（茶叶中铅限量）； GB2763-2016 食品安全国家标准食品中农药最大残留限量（茶叶中农药残留）	国家卫生健康委对白木香叶新食品原料终止审查意见为“白木香叶属于地方特色食品，建议按地方特色食品管理”。 建议继续有效
12	粮食制品	DBS44/012-2019 广东省食品安全地方标准 湿米粉	GB2760-2014 食品安全国家标准食品添加剂使用标准（大米制品类别）； GB2762-2017 食品安全国家标准食品中污染物限量（大米制品中污染物）； GB29921-2013 食品安全国家标准食品中致病菌限量［熟制粮食制品（含焙烤类）致病菌限量］	具有地方特色，且食品安全国家标准未完全涵盖、与食品安全国家标准不抵触。 建议继续有效
13	豆制品	DBS44/013-2019 广东省食品安全地方标准 纳豆粉	GB2712-2014 食品安全国家标准豆制品	具有地方特色，且食品安全国家标准未完全涵盖、与食品安全国家标准不抵触。 建议继续有效

表 25　2019 年广东省食品安全地方标准制定（修订）立项计划建议草案（征求意见稿）

序号	建议项目名称	制定 / 修订	建议牵头起草单位
1	金银花	制定	五邑大学、广东省毒理学会、江门市农业农村局
2	夏枯草	制定	南方医科大学、广东省疾病预防控制中心
3	仙草	制定	广东省毒理学会、广东省疾病预防控制中心
4	五月艾	制定	广东省疾病预防控制中心
5	神秘果	制定	广东省食品安全学会
6	桃金娘	制定	暨南大学
7	沙虫干	制定	国家海产品质量监督检验中心（湛江）、湛江市质量计量监督检验所
8	DBS 44/ 005-20t16 汕头牛肉丸	修订	汕头检验检测学会
9	牛大力	制定	五邑大学、广东省毒理学会、江门市农业农村局
10	结香白木香木	制定	广东省疾病预防控制中心

11 月 7 日，王老吉发布全球首个《凉茶饮料国际标准》。标准首次对凉茶进行明确的中英文定义，对中国凉茶屹立国际舞台具有重大意义，有利于推动整个凉茶饮料行业发展。

【n. 人才培养】

2019 年是国家和省职称制度改革具有里程碑意义的一年。广东省食品行业协会经广东省人力资源和社会保障厅授权，按照国家和省职称制度改革工作部署，成立由张俊修为组长广东省食品工程职称评价工作领导小组，开展广东省食品工程职称评审工作。全力做好两大项工作：

1. 开展食品类高技能人才贯通评审试点工作

食品行业是省人社厅指定的工程领域高技能人才贯通评审职称的四个试点行业之一。主要工作有：一是制定《贯通评审标准》和《贯通评审技能工种和职称专业对应目录》；二是开展多场次的政策标准宣讲会和针对性申报辅导；三是申报受理和组织贯通评审会，共有 124 人申报，符合受理要求 80 人，最终通过评审高级 23 人、中级 14 人，初级 40 人，其中取得全国劳动模范、全国五一劳动奖章、全国技术能手等全国性荣誉称号 2 人，取得广东省技术能手 6 人。顺利完成了先行试点任务。在省人社厅召开的高技能人才贯通评审颁证大会上，广东省食品行业协会作了贯通评审工作经验介绍。

2. 制定食品工程技术人才职称评价标准

在省人社厅支持和省食品医药行业联合党委领导下，由广东省食品行业协会组建的省工程系列食品工程专业高级职称评委会制定了《广东省食品工程专业技术人才职称评价标准条件》，省人社厅于 2019 年 12 月 25 日发布，并于 2020 年 2 月 1 日起正式实施。

标准制定过程历时一年，其间多次征求各级食品类相关协会、商会、学会、院校专家、科研检测机构和骨干企业技术人员意见，十几次易稿，其中根据《中共中央 国务院关于深化改革加强食品安全工作的意见》纳入了食品工业企业诚信管理体系建设、“三品”战略、科普宣传等内容，很好地将人才培育与当前国家实施食品安全战略、健康中国战略相结合。

【o. 行业管理】

1. 政府监督管理

2019 年，广东省市场监管部门着力打造大融合、大市场、大监管、大服务的“四大”格局，切实做到坚持以深化“放管服”改革为重要使命、坚持以维护公平竞争为基本职责、坚持以保障市场安全为根本底线、坚持以推动高质量发展为根本要求、坚持以维护消费者权益、促进消费为重要任务。进一步压缩开办企业时间，推进电子营业执照跨区域、跨部门、跨领域的互通互认互用；进一步压减工业产品生产许可证管理目录，推动生产许可“瘦身”；推行食品相关产品许可当场办理审批；深入推进食品生产小作坊综合治理，完成餐饮质量安全提升三年行动计划；加大消费维权力度，加强电商监管等。

2. 行业自律管理

5月18日，广东省食品行业协会第五届第一次会员代表大会暨换届选举大会在广州召开。会议决定：在新一届理事会的带领下，坚持以习近平新时代中国特色社会主义思想为指引，全力推进“党建+”模式；坚持以“健康中国战略”和“三品战略”为突破口，加快产业转型升级，确保食品安全；坚持做好行业服务工作，打造共建共治共享的行业治理格局；坚持和强化协会秘书处自身队伍建设，规范和完善协会运作。

【p. 专题资料】

1. 召开党建工作交流会

6月22日，“广东省食品医药行业党建工作十周年经验交流会”在珠海丽珠医药集团召开。省有关部门、省食品医药行业联合党委领导，各支部代表、会员企业党组织代表等近400人参加会议。广东省食品医药行业联合党委书记张俊修代表联合党委和行业纪委作《高举习近平新时代中国特色社会主义思想伟大旗帜，“不忘初心、牢记使命”奋勇前进》报告。

张俊修总结了行业党委成立十年以来的党建工作探索与实践成果。他表示，省食品医药行业协会率先创新协会党组织体制，将党的基层组织建在协会分支机构上。组建了行业分类和履职相匹配的行业党组织，形成了一个全新的以产业、行业为线条的党组织架构，实现了党组织在协会的行业全覆盖，解决了人才流动中的党员组织关系。

同时，省食协和省医药协全力推进“党建+”模式，创新协会管理机制，突出党组织在协会中的核心作用，实行了党委集体领导下的会长、秘书长负责制，使协会的法人治理与专职秘书处工作有了坚强的政治保障。

张俊修表示，省食协和省医药协将以联合党委下属各行业协会党组织和广东省食品行业协会、广东省医药行业协会各分支机构党组织为主体，继续组建一批功能性党组织，形成一个纵横交错的党组织活动网，从而增强基层党组织的组织力。

2. 举办粤港澳食品大会

8月11日，以“安全 绿色 营养 健康”为主题的首届粤港澳食品大会在中国食品名城——广东省潮州市召开。大会由工信部消费品司、中国企业联合会、中国食品工业协会等国家、省有关部门大力支持，广东省食品行业协会、香港食品商会、澳门供应商联合会主办，广东省食品行业协会、中国国际贸易促进委员会台港澳企业服务中心、潮州市潮安区人民政府、潮州市工业和信息化局、《食经》杂志社承办。来自国家、省、市、区各级相关领导嘉宾及粤港澳三地的著名食品专家和企业代表以及媒体共五百余人参加。探讨建立粤港澳地区食品安全领域现代化治理体系，构筑粤港澳地区食品产业合作发展新格局。大会名誉主席、全国政协第十二届常委、政协经济委员会副主任、中国贸促会原会长、商务部党组原副书记、副部长姜增伟，大会名誉主席、广东省食品医药行业联合党委书记张俊修，中国工程院院士、国家食品安全标准审评委员会总师、国家食品安全风险评估中心总顾问陈君石，中国企业联合会、中国企业家协会常务副会长兼理事长、国家工业和信息化部原党组成员、总工程师朱宏任，国家工业和信息化部消费品工业司司长高延敏，中国企业联合会党委书记、副理事长，中国食品工业协会副会长王琪，中国食品工业协会常务副会长（法人代表）沈篪等与会的业界专家、企业家和企业代表围绕大会主题进行主旨演讲和经验交流，深入推进食品供给侧结构性改革，共同探索创建“一个机制（以新的理念创建“粤港澳广泛的食品安全交流机制”）、两个基地（“增品种、提品质、创品牌示范基地”和“食品工业企业诚信体系建设示范基地”）、三个平台”（一是国民营养计划推广平台，二是人才交流平台，三是“岭南食文化”和“潮州食文化”的全球传播平台）。

3. 进行广式腊味制品鉴评

由广东省食品行业协会申请并被广东省总工会、省人力资源和社会保障厅、省工业和信息化厅、省科学技术厅立项，由广东省民营企业工会联合会、广东省食品医药行业工会联合会、广东省食品行业协会、广东省食品行业工会联合会承办的“广东省食品检验（广式腊味鉴评大师和鉴评师）职业技能竞赛”，于2019年12月上中旬举行了初赛与选拔赛，全省130多家腊味生产企业，10余家餐饮企业以及东莞市腊味行业协会、中山市黄圃食品腊味商会、连州市东陂腊味协会等地方协会，广东科贸职业学院等3所大专院校广泛发动职工参与，开展岗位练兵、技术比武活动，最终推荐62位优胜者参加了12月30日在东莞道滘举行的“广东省食品检验（广式腊味鉴评大师和鉴评师）职业技能竞赛决赛”。

组委会办公室为保证竞赛公平公正，选拔出真正的鉴评水平高、政治素质好的高技术人才，制定了《组委会办公室职责规定》《赛场要求》《竞赛选手须知》《监考（评委）主要职责规定》等规范性文件。邀请了资深中国烹饪大师、中国粤菜烹饪大师、国家职业技能鉴定高级考评员黎永泰，中国烹饪大师、半岛名轩餐饮集团董事长利永周，中国饭店业国家级评委、东莞市非物质文化遗产评定委员会专家黎平，华南农业大学食品学院副教授郑华，广东烹饪协会烧腊专业委员会副主任、职业技能鉴定高级考评员莫建勤等5位专家担任评委。

决赛分两轮进行，第一轮，通过笔试考察参赛者的思想政治素质、食品安全法规、食品感官分析知识、广式腊味制品相关标准、生产工艺、质量管理等理论水平，通过实际操作考核选手鉴评广式腊味感官质量的能力，具体是对同一类的腊肠、腊肉作品质排序，分析不同腊肠腊肉的感官质量，通过观察产品的感官，指出工艺过程存在的问题并提出改进措施。

经评委组综合评价，5名选手获“广东省食品检验（广式腊味制品）鉴评大师”和“广东省职工技术创新能手”称号；13名选手获“广东省食品检验（广式腊味制品）鉴评师”称号，10名选手获“广东省食品检验（广式腊味制品）鉴评员”称号。

【q. 政策法规】

1. 广东省食品安全委员会关于印发2019年广东省食品安全重点工作安排的通知

核心提示：为贯彻党中央、国务院关于食品安全工作的决策部署，结合广东省实际，广东省食品安全委员会发布关于印发2019年广东省食品安全重点工作安排的通知，就2019年广东省食品安全重点工作作出安排。

2. 广东省人民政府关于从本省指定道口运入动物及动物产品的通告（粤府函〔2019〕196号）

核心提示：为加强对入粤动物及其产品的疫病防控和安全监管，根据《中华人民共和国动物防疫法》《中华人民共和国进出境动植物检疫法》《中华人民共和国进出境动植物检疫法实施条例》《广东省动物防疫条例》等法律法规规定，就从指定道口运输动物及动物产品进入广东省的有关事项进行通告。

3. 广东省人民代表大会常务委员会关于修改《广东省食品安全条例》等十项地方性法规的决定（第43号）

核心提示：《广东省人民代表大会常务委员会关于修改〈广东省食品安全条例〉等十项地方

性法规的决定》已由广东省第十三届人民代表大会常务委员会第十四次会议于2019年9月25日通过，自公布之日起施行。

4. 广东省人民政府办公厅关于印发《广东省有关部门食品安全监管事权清单》的通知（粤办函〔2019〕360号）

核心提示：根据中共中央、国务院《关于深化改革加强食品安全工作的意见》和国务院食品安全委员会《2019年食品安全重点工作安排》，经省人民政府同意，现印发《广东省有关部门食品安全监管事权清单》。省各有关部门要按照“管行业必须管安全”的要求，实现全链条、全流程监管。各地级以上市要抓紧制定本地区有关职能部门食品安全监管事权清单，进一步压实各部门在食品安全工作中的行业管理责任。

5. 广东省人民政府办公厅关于加快推进生猪家禽产业转型升级的意见（粤府办〔2019〕25号）

核心提示：为落实《国务院办公厅关于稳定生猪生产促进转型升级的意见》（国办发〔2019〕44号）等工作部署，促进我省生猪、家禽产业转型升级、高质量发展，经省人民政府同意，提出意见。

6. 广东省人民政府关于实施健康广东行动的意见（粤府〔2019〕116号）

核心提示：为全面贯彻习近平新时代中国特色社会主义思想和党的十九大精神，深入贯彻落实习近平总书记对广东重要讲话和重要指示批示精神，深入实施健康中国战略，推进健康广东行动，根据《“健康中国2030”规划纲要》《国务院关于实施健康中国行动的意见》《健康中国行动（2019—2030年）》和《“健康广东2030”规划》，提出系列意见。

7. 广东省市场监督管理局关于开展广东省食品从业人员健康检查机构工作情况调查的通知（粤市监食生〔2019〕222号）

核心提示：为加强广东省食品从业人员健康检查机构管理，进一步规范食品从业人员健康检查工作，省局委托广东省食品安全质量协会对全省食品从业人员健康检查机构工作情况开展全面调查，请各市、县（区）级市场监管部门和健康检查机构积极配合，广东省市场监督管理局发布关于开展广东省食品从业人员健康检查机构工作情况调查的通知。

8. 广东省生猪生产发展总体规划和区域布局（2018—2020年）的解读

核心提示：为全面贯彻党的十九大精神，大力实施乡村振兴战略，推进畜牧业供给侧结构性改革和绿色发展，切实防控非洲猪瘟等重大动物疫病和保障肉品稳定供应，广东省农业农村厅会同省生态环境厅在对《生猪规划》实施情况进行评估的基础上，对《生猪规划》作出修订。

9. 广东省市场监督管理局关于2019年广东省奶瓶、奶嘴等26类食品相关产品省级监督抽查实施细则的公告

核心提示：按照2019年广东省市场监督管理局食品相关产品省级监督抽查计划安排，将26类食品相关产品省级监督抽查实施细则予以向社会公布。

10. 广东省市场监督管理局关于印发《食品经营许可的实施细则（试行）》的通知

核心提示：为规范食品经营许可，根据原国家食品药品监督管理总局《食品经营许可管理办法》《食品经营许可审查通则（试行）》（以下简称《通则》）的规定，结合本省实际，广东省市场监督管理局制定食品经营许可的实施细则（试行）。

11. 关于《广东省人民政府关于从本省指定道口运入动物及动物产品的通告》的解读

核心提示：关于《广东省人民政府关于从本省指定道口运入动物及动物产品的通告》的解读。

12. 广东省农业农村厅关于开展全省规模化养殖场动物疫病净化示范创建工作的通知（粤农农规〔2019〕8号）

核心提示：为贯彻落实《国家中长期动物疫病防治规划（2012-2020年）》和《广东省中长

期动物疫病防治规划（2012—2020年）》要求，落实国家和我省关于动物疫病防治从有效控制向逐步净化消灭的战略部署，决定继续推进广东省规模化养殖场的动物疫病净化工作，开展“动物疫病净化示范场”和“动物疫病净化创建场”评估活动。

13. 广东省市场监督管理局关于印发《广东省市场监督管理局关于广东省食品安全管理人员的管理办法》的通知

核心提示：为规范全省食品安全管理人员的管理，指导和督促食品生产经营者落实食品安全主体责任，根据《中华人民共和国食品安全法》及其实施条例、《广东省食品安全条例》等法律法规规定，结合本省实际，广东省市场监督管理局制订广东省市场监督管理局关于广东省食品安全管理人员的管理办法。

14. 广东省市场监督管理局关于印发《广东省市场监督管理局关于广东省食品从业人员健康检查的管理办法》的通知

核心提示：为规范全省从事食品生产经营（含食用农产品、特殊食品）活动的从业人员健康检查工作管理，根据《中华人民共和国食品安全法》及其实施条例的规定，结合本省实际，广东省市场监督管理局制定广东省食品从业人员健康检查的管理办法。

15. 关于印发《广东省农业农村厅种畜禽生产经营许可证发放和畜禽养殖备案办法》的通知（粤农农规〔2019〕10号）

核心提示：为规范畜牧业生产经营行为，加强种畜禽生产经营管理，保障畜禽产品质量安全，维护畜牧业生产经营者的合法权益，促进畜牧业持续健康发展，根据《中华人民共和国畜牧法》《中华人民共和国行政许可法》等法律法规，制定本办法。

16. 广东省市场监督管理局关于开展食品安全管理人员有关工作的通告（2019年第186号）

核心提示：《广东省市场监督管理局关于广东省食品安全管理人员的管理办法》（粤市监规字〔2019〕5号）已于2019年11月8日起正式实施。根据新《管理办法》要求，广东省市场监督管理局将我省开展食品安全管理人员有关工作事项通告。

17. 广东省市场监督管理局关于印发2020年广东省重点监管产品目录的通知（粤市监质监〔2019〕923号）

核心提示：为组织做好2020年我省工业产品质量安全监管工作，突出监管重点，提高监管的针对性和有效性，根据《产品质量监督抽查管理暂行办法》（国家市场监督管理总局令第18号），结合本省实际，经广泛征求意见后，广东省市场监督管理局制定了《2020年广东省重点监管产品目录》。

18. 健康广东行动推进委员会关于印发健康广东行动（2019–2030年）的通知（粤健推委〔2019〕1号）

核心提示：健康广东行动推进委员会关于印发健康广东行动（2019–2030年）的通知

19. 广东省市场监督管理局关于开展食品从业人员健康检查工作的通告（2019年第197号）

核心提示：新修订的《广东省市场监督管理局关于广东省食品从业人员健康检查的管理办法》（粤市监规字〔2019〕6号，以下简称《管理办法》）于2019年11月11日起正式实施。根据《管理办法》要求，广东省市场监督管理局发布关于开展食品从业人员健康检查工作的通告，将全省开展食品从业人员健康检查有关工作事项进行通告。

20. 广东省人力资源和社会保障厅关于印发《广东省食品工程技术人才职称评价标准条件》的通知（粤人社规〔2019〕66号）

核心提示：根据国家深化工程技术人才职称制度改革部署，结合广东实际，广东省人力资源和社会保障厅制定了《广东省食品工程技术人才职称评价标准条件》。适用于广东省从事食品工程领域专业技术工作的技术人才申报职称评价。

张俊修　钟　华

3.10　海南省

【a. 概况】

2019年，海南省规模以上食品工业企业93家，同比上增加6家，产值215.22亿元，同比下降1.17%。其中，农副食品加工业53家，主要分布在海口、文昌、澄迈、儋州、万宁、琼海、临高和白沙等8个市县，产值149.74亿元，同比下降4.2%；食品制造业20家，主要分布在海口、文昌、定安和万宁等4个市县，产值34.98亿元，同比增长10.6%；酒、饮料和精制茶制造业20家，主要分布在海口、澄迈、定安、白沙、万宁、儋州、琼海等7个市县，产值30.49亿元，同比增长2.1%。初步形成了以果蔬、热作产品、畜禽产品、水产品、林产品为主导的农产品加工产业格局，形成了本地热作椰子、槟榔等资源精深加工特色产业。企业市场竞争力日渐增强，涌现出椰树、春光、南国、海南口味王、瑞今、远生、翔泰等一批规模较大的农产品加工龙头企业。

【b. 主要食品饮料加工业企业】

1. 椰树集团

1986年，由国营海口罐头厂改制成立了椰树集团，集团位于海口市，下辖海南椰汁饮料有限公司、椰树集团海口罐头厂有限公司、海南澄迈椰树矿泉水有限公司、海口椰树矿泉水有限公司、海南椰树制罐工业有限公司等子公司。

2. 海南瑞今农业产业化开发有限责任公司

2012年，位于澄迈县的海南瑞今农业产业化开发有限责任公司正式成立，以生产肉制品及副产品为主要产品。

3. 海南翔泰渔业股份有限公司

2002年，位于澄迈县的海南翔泰渔业股份有限公司成立，是一家以加工出口海洋捕捞水产品为主，集收购、加工、储存、销售于一体的外向型私营生产企业。

4. 海南远生渔业有限公司

2007年，位于澄迈县的海南远生渔业有限公司成立，以生产速冻食品为主要产品。

5. 海南口味王科技发展有限公司

2010年，位于万宁市后安镇的海南口味王科技发展有限公司成立，以生产槟榔食品为主要产品。

6. 海南春光食品有限公司

1996年，位于文昌市东郊镇的海南春光食品有限公司成立，主要生产硬糖、软糖、椰子粉、速溶咖啡、饼干、干果、酱腌菜、调味品等10大系列。

7. 海南南国食品实业有限公司

1992年，位于海口市的海南南国食品实业有限公司成立，主要生产椰子粉、咖啡、糖果、调味品、饼干和水果干等休闲食品。

8. 海南罗牛山食品集团有限公司

2010年，海南罗牛山食品集团有限公司成立，主要从事畜禽养殖，畜禽屠宰加工和销售，预包装食品兼散装食品生产等。

9. 海南海航饮品股份有限公司

2003年，位于海口市的海南罗牛山食品集团有限公司成立，主要从事饮料、食品的生产、加工。

曾　金

3.11 山西省

【a. 概况】

“十三五”以来，山西省委、省政府主动适应经济发展新常态，确定并实施“六大发展”“三个突破”、做好煤与非煤“两篇大文章”的战略举措，为全省加快发展明确了思路、方向和路径，全力推进科技创新、产品创新、企业创新、产业创新、商业模式创新，着力解决好民营企业小、散、短、弱的问题，全力支持食醋、面食等传统特色产业转型升级、做大做强。在煤炭、冶金等传统支柱产业因产能过剩及需求放缓等因素影响下，全省工业发展受到一定制约，而作为我省重点培育发展的食品工业，正面临着发展的重大机遇期。

2019 年，山西省食品工业规模以上企业共 281 家，完成营业业务收入 592.4 亿元，同比下降 1.1%；利润总额 53.2 亿元，同比增长 31.0%；利税总额 122.9 亿元，同比增长 14.3%。

【b. 重点行业运行情况】

1. 农副食品加工业

2019 年，全省规模以上企业 152 户，实现营业收入 229.5 亿元，同比增长 0.7%；利润总额 8.3 亿元，同比增长 93.0%；利税总额 8.9 亿元，同比增长 78.0%。其中，食用植物油加工营业收入同比增长 9.5%，利润同比持平；肉制品加工完成营业收入 15.5 亿元，同比增长 2.0%。

2. 食品制造业

2019 年，全省 75 家规模以上企业，实现营业收入 125.4 亿元，同比增长 3.4%；利润总额 9.2 亿元，同比增长 15.0%；利税总额 12.8 亿元，同比增长 10.3%。其中，乳制品制造业同比略有涨幅，完成营业收入 36.7 亿元，同比增长 7.3%；食醋类制造业有所回落，完成营业收入 15.2 亿元，同比下降 15.1%；利润总额同比下降 5.9%。

3. 酒、饮料和精制茶制造业

2019 年，全省实现营业收入 191.6 亿元，同比下降 7.3%；利润总额 31.8 亿元，同比增长 28.2%；利税总额 82.7 亿元，同比增长 15.0%。其中，白酒制造业同比有所下滑，累计完成营业收入 136.9 亿元，同比下降 9.2%，利润总额同比增长 31.1%，利税总额同比增长 16.2%。在饮料制造中，果菜汁饮料制造规模企业 21 家，营业收入同比下降 4.2%，利润总额同比下降 28.6%。

4. 烟草制造业

2019 年，完成营业收入 45.9 亿元，同比增长 6.0%；利润总额 3.9 亿元，同比增长 11.4%；利税总额 30.4 亿元，同比增长 6.3%。

【c. 大记事】

2019 年 4 月 7 日，山西省农业农村厅公布 2019 年绿色食品、有机农产品认证名录，有 290 个单位、473 个产品获得绿色食品认证，44 个单位、136 个产品获得有机农产品认证。

4 月 24 日，山西省工业和信息化厅关于印发《山西省食品工业2019年行动计划》。

5月10日，在第三个“中国品牌日”之际，山西省食品工业品牌企业二十强名单在2019品牌山西发展论坛上正式发布。

5月22日，由中国调味品协会食醋专业委员会、调味料酒专业委员会、清徐县人民政府联合主办，清徐县醋产业协会承办，山西省醋产业协会协办的2019年中国食醋及调味料酒产业创新发展论坛在山西太原召开。

6月18日，山西2019年食品安全宣传周活动在太原万象城西门广场启动。来自全省11地市的24家知名食品企业组成的方阵现场向全社会承诺“守卫食品安全，让消费更放心”，食品安全社会共治共享大行动在山西全面展开。

6月27日，2019全国食品安全宣传周（山西）系列活动之一“互联网+食品安全”交流研讨会，在山西省市场监督管理局举行。

7月30日，由中国食品工业协会主办的全国食品工业科技进步与质量工作会议同期举行。山西省获奖企业有“中国传统食品标志性产品”：六味斋名干系列产品、山西老陈醋、平遥牛肉；“中国传统食品工艺大师”：山西老陈醋制作技艺武耀文；六味斋酱肉制作技艺曲书平、武志明，豆制品制作技艺巩宝亮。

7月30日，参加由中国食协主办、中国食品工业年鉴编辑部承办的“全国食品工业行业信息交流会暨《中国食品工业年鉴》创刊35周年座谈会”，会议中对中国食品行业各专业协会、地方食协和地方经信局，长期撰写《中国食品工业年鉴》的人员颁发了感谢荣誉证书。山西省食协王彬获此荣誉。

8月9日，山西省人民政府办公厅关于印发《山西省2019年食品安全重点工作安排》的通知。

8月23日，2019（山西·杏花村）比利时布鲁塞尔国际烈性酒大奖赛在汾阳市举行开幕式并正式开赛。本届大奖赛有来自59个国家和地区的1748款酒品参赛，其中国际样品酒1125款，国内样品酒623款。邀请的国内国际评委来自29个国家和地区，共计104名，其中国际评委84名。

9月19日至25日，山西省食品工业协会与山西省老字号协会共同主办的“老牌新品 时代匠心”山西老字号图片回顾展暨山西省二十强品牌食品企业展，作为分展区与摄影大展同期开展。

9月19日，第三届山西（汾阳·杏花村）世界酒文化博览会在汾阳杏花村经济技术开发区中国汾酒城盛大开幕。

9月27日至10月7日，以“舜风唐韵、面都永济”为主题的第四届中国山西食品餐饮旅游博览会暨2019中国永济（国际）面食文化节在运城永济市水峪口古镇举行。

9月29日，第六届中国（山西）特色农产品交易博览会在山西省农产品国际交易中心（太谷）开幕。本届博览会主题为“推进乡村振兴，助力脱贫攻坚，坚持绿色发展，唱响山西品牌”。

11月28日，山西省食品工业协会联合山西杏花村汾酒厂股份有限公司、山西省酿酒工业协会等五家酒企共同起草的《清香型大曲白酒》团体标准正式发布，12月20日开始实施。

12月1日，《山西小米》团体标准正式实施。本标准由山西省粮科所、山西省农科院谷子所、山西粮食质量监测中心、山西大学生命科学学院、山西省杂粮学会、山西功能农业研究院、山西省农科院农产品加工研究所联合起草，适用于使用“山西小米”区域公共品牌商标的小米。

【d. 重点企业】

汾酒篇

2019年3月1日，纪念山西汾酒上市25周年改革发展论坛在太原举行。1994年1月6日，山西汾酒在上海证券交易所正式挂牌上市，成为山西第一股、中国白酒第一股，填补了当时山西和中国白酒行业在上市企业上的空白，具有里程碑式的开拓意义和榜样作用。

9月26日，2019年汾酒封藏大典在山西省汾阳市杏花村隆重举办。来自全国的行业专家、文化名人、主流媒体和上千“粉丝”齐聚，共同见证一年一度新酿汾酒头锅原浆封藏仪式全过程。

11月6日，全世界的目光都汇集在上海，在本届中国国际进口博览会上，国家级非物质文化遗产——汾酒古法酿造工艺，代表“中国品质”登上了国家平台。

12月26日，以“不忘初心，凝心聚力再出发”为主题的2019汾酒全球经销商大会在山西太原隆重举行。

12月28日，由汾阳市、山西杏花村汾酒集团有限责任公司、山西大学共建的山西大学杏花村学院（山西酿造产业研究院）在山西大学正式揭牌成立。

【e. 协会工作】

2019年1月3日，由中国食品工业协会和山西日版报业集团支持，山西省食品工业协会、山西市场导报、山西省酒业商会、山西省代理商联合会和北方功能食品产业园共同主办了致敬四十年，迈进新时代——“汾酒杯”山西食品工业改革开放四十周年暨山西食品产业经济影响力人物（品牌）颁奖盛典在并举行在太原迎泽宾馆举行。本次活动共推选出山西食品行业“功勋企业家”“杰出人物”“三晋工匠”“品牌价值典范”和“品牌代理突出贡献”等奖项。

“山西食品工业改革开放40年成就展”也同步启动。“成就展”内容包括山西省食品工业概述、酒类篇、食醋篇、肉制品篇、乳制品篇、饮料篇、食用油篇、杂粮篇、烘焙篇和汾酒篇，以图片文字展示、数字对比等形式，全景式、多角度、立体化展示了山西食品工业改革开放40年的发展历程、主要成就和宝贵经验。

4月22日，由山西省食品工业协会与食品伙伴网联合举办的“食品标法公益大讲堂”正式开班，来自全省食品生产、经营企业、零售商、贸易商、食品监管等机构的100多名生产、质检、品控负责人参加了培训。

“食品标法公益大讲堂”现场

4月22日至26日，山西省食品工业协会组织开展山西食品工业品牌企业二十强评选暨2019消费者喜爱的山西食品品牌推选展示活动。

5月10日，在第三个“中国品牌日”之际，2019品牌山西发展论坛在太原举行，“山西省食品工业品牌企业二十强”名单在此次论坛上正式发布。

5月29日至6月9日，由山西省食安办指导，山西省食品工业协会组织全省24家品牌企业联合发起“守护食品安全，让消费更放心”企业宣言活动。在此省食协积极部署三个摄制小组同时行动，累计20余人历经数日奔赴二十余家品牌企业一线进行拍摄录制。

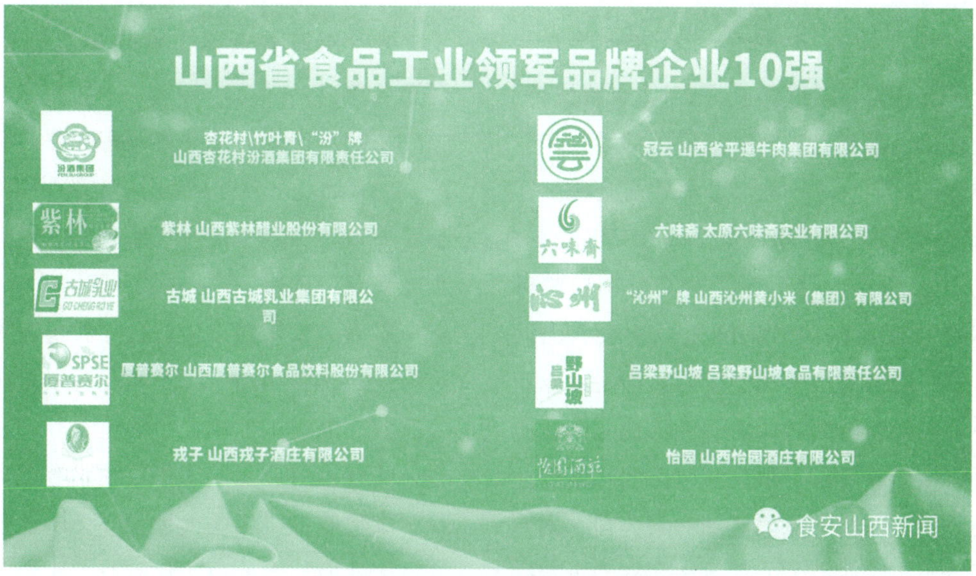

山西省食品工业领军品牌企业 10 强名单

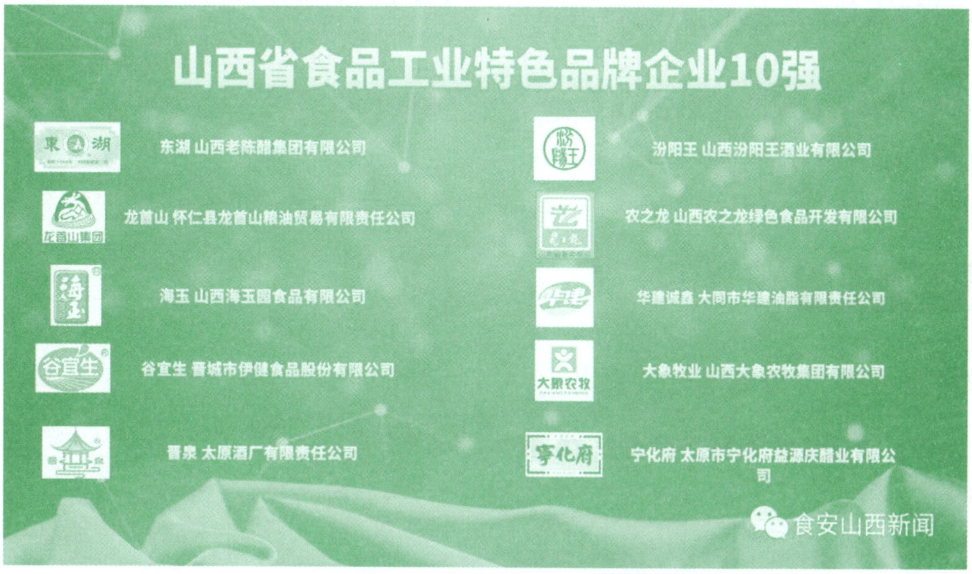

山西省食品工业特色品牌企业 10 强名单

7月5日，由山西省食品工业协会和山西中谱安信质检技术服务有限公司联合举办的“食品标签合规性及HACCP相关知识公益培训班”在太原召开，来自全省的食品生产企业、经营企业、零售商、贸易商、食品监管机构等企事业单位、食品行业从业者共计100余人参加本次培训。

9月19日至25日，山西省食品工业协会与山西省老字号协会共同主办的“老牌新品 时代匠心”山西老字号图片回顾展暨山西省二十强品牌食品企业展与第十九届中国平遥国际摄影大展同期开展。旨在依托平遥国际摄影大展的影响力、文化传播力，打开山西百年老字号历史文化对外传播的窗口，助力山西老字号走向世界。

10月，山西省食品工业协会与山西省农业农村厅产业发展处共同组织在食协会议室召开了“山西酿品产业调研报告和实施意见研讨会”。

11月，山西省食品工业协会与山西杏花村汾酒股份有限公司共同承办了“服务大局普法行”食品安全法律大讲堂走进汾酒集团的活动，作为“服务大局普法行”——纪念《食品安全法》实施10周年宣传活动的首场讲座。

12月，山西省食品工业协会与全国白酒标准化技术委员会、山西省酿酒工业协会、山西杏花村汾酒厂股份有限公司、山西汾阳王酒业有限责任公司、山西省醋产业协会和清徐醋产业协会、山西紫林醋业股份有限公司、山西水塔醋业股份有限公司、山西老陈醋集团有限公司、太原市宁化府益源庆醋业有限公司等十余家酒企和醋企，经过调研、征求意见、初审、终审等严谨环节，分别制定了《清香型大曲白酒》和《山西食醋分类》团体标准，这在国内尚属首次。《清香型大曲白酒》团体标准现已实施，《山西食醋分类》团体标准正在制定之中，将在2020年发布。

附评选企业名单：

【f. 优秀企业名单】（排名不分先后）

1. “山西省食品工业领军品牌企业10强”评选名单

杏花村\竹叶青\“汾”牌　山西杏花村汾酒集团有限责任公司

紫林　山西紫林醋业股份有限公司

厦普赛尔　山西厦普赛尔食品饮料股份有限公司

古城　山西古城乳业集团有限公司

戎子　山西戎子酒庄有限公司

冠云　山西省平遥牛肉集团有限公司

六味斋　太原六味斋实业有限公司

“沁州”牌　山西沁州黄小米（集团）有限公司

吕梁野山坡　吕梁野山坡食品有限责任公司

怡园　山西怡园酒庄有限公司

2. “山西省食品工业特色品牌企业10强”评选名单：

东湖　山西老陈醋集团有限公司

龙首山　山西省龙首山粮油贸易有限责任公司

海玉　山西海玉园食品有限公司

晋泉　太原酒厂有限责任公司

谷宜生　晋城市伊健食品股份有限公司

汾阳王　山西汾阳王酒业有限责任公司

农之龙　山西农之龙绿色食品开发有限公司

华建诚鑫　大同市华建油脂有限责任公司

大象牧业　山西大象农牧集团有限公司

宁化府　太原市宁化府益源庆醋业有限公司

【g. 主要经济数据】

1.2019年山西省食品工业主要效益指标（分地区）

单位：亿元

指标代码	企业单位数	营业收入		利润总额		利税总额	
		总量	同比增减%	总量	同比增减%	总量	增减%
山西	281	592.4	-1.1	53.2	31.0	122.9	14.3
太原	34	117.8	4.8	9.3	16.3	37.2	7.5
大同	19	10.0	-7.4	0.1	-83.3	0.3	-62.5
阳泉	5	2.7	8.0	0.1	0	0.1	0
长治	21	51.3	8.0	0.8	166.7	1.3	62.5
晋城	11	18.3	32.6	0.9	125	0.6	500.0
朔州	22	23.5	0.4	1.1	83.3	1.7	41.7
晋中	49	94.9	18.3	4.7	235.7	6.6	83.3
运城	44	45.7	-10.0	3	15.4	3.5	6.1
忻州	22	9.7	5.4	0.5	0	0.6	-25.0
临汾	12	8.7	-7.4	-0.1	0	0	-100.0
吕梁	42	209.9	-12.2	32.7	24.3	70.8	13.6

2. 2019 年山西省主要产品产量及其增长速度

产品名称	计量单位	总产量	同比增长（%）
粮食	万吨	1361.8	–1.3
其中：玉米	万吨	939.4	–4.3
小麦	万吨	226.2	–1.0
谷子	万吨	50.5	6.8
豆类	万吨	34.2	–3.9
薯类（折粮）	万吨	60.8	17.9
油料	万吨	13.7	–11.4
蔬菜及食用菌	万吨	827.8	0.7
水果	万吨	862.7	14.9
其中：瓜果类	万吨	54.5	2.9
园林水果	万吨	808.2	15.9
食用坚果	万吨	24.5	95.8
其中：核桃	万吨	23.7	98.0
其中：猪肉	万吨	56.8	–9.1
牛肉	万吨	6.6	1.7
羊肉	万吨	8.0	–1.2
禽、蛋	万吨	111.4	8.6
水产品	万吨	4.6	–3.1
方便面	万吨	1.8	–3.6
小麦粉	万吨	9.3	0
乳制品	万吨	47.2	3.7

续表

产品名称	计量单位	总产量	同比增长（%）
液体乳	万吨	50.9	13.2
罐头	万吨	2.0	100
糖果	万吨	0.4	8.9
食醋	万吨	48.9	–8.7
白酒（折 65 度商品量）	万千升	20.9	23.5
啤酒	万千升	18.0	1.0
饮料酒	万千升	40.5	16.9
饮料	万吨	119.5	11.8
其中：碳酸饮料类	万吨	19.0	4.4
包装饮用水	万吨	38.1	13.0
果汁和蔬菜汁饮料	万吨	20.5	6.8
卷烟	亿支	153	2.7

3.2019 年山西限额以上单位商品零售额及其增长速度

单位：亿元

指标	绝对数	同比增长（%）
粮油、食品类	208.3	6.8
饮料类	24.8	–1.3
烟酒类	77.9	2.9

王　彬

3.12 安徽省

【a. 概况】

2019年，全省规上食品工业企业2489家，实现营收3222.5亿元，同比下降1.4%；实现利润211.4亿元，同比下降3.6%；其中，农副食品加工业、食品制造业、酒、饮料和精制茶制造业分别实现营收2076.4亿元、569.5亿元、576.7亿元，增幅分别为–1.6%、0.8%、–3.0%；实现利润89.3亿元、32.7亿元、89.5亿元，增幅分别为–9.3%、0.0%、1.5%。食品工业以全省工业8.7%的营收，实现了9.8%的利润。总量规模居全国第10位。

【b. 智能制造】

2019年，食品工业继续从传统生产向数字化、网络化、智能化制造方式转变，生产效率持续提升。海神黄酒、合肥太古可乐等10家食品企业获评省数字化车间称号。合肥伊利乳业2019年新增年产16万吨液态奶生产线及其衍生项目、两条康美包生产线；洽洽食品新建自动化分拣仓库与豆类自动化生产车间；三只松鼠投资2.4亿元设立三只松鼠供应链管理公司、仓鼠物流有限公司、安徽云造科技有限公司等5家子公司；中盐安徽盐化集团股份有限公司与安徽强旺生物工程有限公司合资组建中盐安徽润华强旺盐业有限公司，新增年产10万吨多品种盐智能化生产线。

【c. 结构优化】

投资技改速度加快，促进了产品和行业结构优化。2019年，我省农副食品初加工占食品工业比重为64.4%，同比下降0.8百分点。初级农产品加工比例逐年下降，食品精细化程度逐步提高，食品行业结构逐步优化，产业链进一步延长。

【d. 重点企业】

2019年，全省食品工业重点企业均保持较快增长速度，三只松鼠营收达101.9亿元，同比增长45.6%，是继古井集团之后我省第2家营业收入过百亿的食品企业。蒙牛乳业（马鞍山）实现营收43.3亿元，同比增长14.3%；洽洽食品实现营收48.4亿元，同比增长15.3%；五得利面粉实现营收29.1亿元，同比增长8.5%。

【e. 白酒行业】

2019年，我省白酒行业继续聚焦中高端产品，提升价值链水平。全省101家规上白酒企业实现营收260.3亿元，同比增长5.5%；实现利润64.6亿元，同比增长17.9%。白酒行业利润占全省食品工业利润30.6%。古井集团实现营收120.7亿元，同比增长15.2%；口子酒业实现营收46.4亿元，同比增长8.8%。

【f. 三品示范】

我省持续推进“增品种、提品质、创品牌”的三品示范行动，2019 年共 12 家食品企业获得省消费品工业“三品”示范企业称号。开展“精品安徽”央视宣传，2019 年，组织 28 家食品企业参加“精品安徽”央视宣传。据 CTR 监播报告显示，全年收看总人次达 55.8 亿人次，占收看电视总人数的 47%。企业通过参加央视宣传，行业地位得到加强，品牌影响力得到提升，全国市场得到拓展，“精品安徽”央视宣传极大地提升了安徽食品企业品牌形象。

靳　靖

3.13 江西省

【a 概况】

2019 年，江西省规模以上食品工业企业 944 户，同比增加 44 户（不含烟草制品业，下同）。全年实现工业总产值 2357.71 亿元，同比增长 6.2%。营业收入 2252.9 亿元，同比下降 3.3%；利润总额 174.5 亿元，同比下降 2.9%；资产总计 1696.8 亿元，同比增长 9.7%。

【b 大事记】

2019 年 4 月 12 日，江西省食品工业协会第五届二次会员代表大会暨三届理事会在南昌召开。

7 月 1 日至 8 日，江西省 30 家酿酒企业领导、管理人员和技术人员赴河北省白酒企业进行学习考察。

9 月 23 日至 26 日，江西省第十一届果露黄酒评委换届选聘会在瑞金市举办。

9 月 24 日至 25 日，江西省食品工业企业诚信管理体系培训会在南昌市举办。

11 月 19 日，江西省食品工业协会发布《江西省食品工业协会团体标准管理办法》。

12 月 9 日，江西省食品工业协会第六次会长联席会暨产业对接会在江西仙客来生物科技有限公司召开。

12 月 27 日，江西省食品工业协会专家联谊会在江西李渡酒业有限公司召开。

【c. 行业发展主要特点】

1. 利润总额增长有所放缓

2019 年，江西省 944 户规模以上食品工业企业实现利润总额 174.5 亿元，同比下降 2.9%。分行业中，农副食品加工业实现利润总额 106.00 亿元，同比增长 2.51%；食品制造业实现利润总额 33.08 亿元，同比增长 5.2%。酒、饮料和精制茶制造业是影响利润总额增长的主要因素，同比下降 21.1%，其中白酒制造业，同比下降 49.1%。

2. 食品制造业稳定增长

2019 年，江西省拥有规模以上食品制造业累计实现主营业务收入 360.5 亿元，同比增长 5.0%；利润总额 33.1 亿元，同比增长 5.2%；分别比全省食品工业平均水平高 8.3 和 8.1 个百分点。

3. 主要产品产量增速比去年有所回升

2019 年，江西省 12 种主要食品工业产品中实现 8 升 4 降。其中，增长较快的有大米 666.4 万吨，同比增长 19.3%；罐头 26.0 万吨，同比增长 17.8%；白酒 13.1 万吨，同比增长 15.8%。同比下降最多的是精制食用油 111.5 万吨，同比下降 36.6%。

4. 绿色有机农产品数量继续保持全国领先

截至 2019 年，江西省共有“三品一标”产品 5079 个（其中无公害农产品 2097 个、绿色食品 663 个、农产品地理标志 94 个、有机食品 2225 个），全国绿色食品原料标准化生产基地 46 个、面积 840.3 万亩，拥有全国有机农业示范基地（德兴红花茶油）1个、面积3.8万亩，省级绿色有机农产品示范县共38个。

5. 科技创新提升行业发展水平

7月30日，2018全国食品工业科技进步与质量工作会议在北京召开，会上发布了2016—2017年度中国食品工业协会科学技术奖优秀项目和个人获奖名单，江西博君生态农业开发有限公司的南丰蜜橘果醋液态深层分割式酿制工艺项目荣获一等奖；江西谷物源食品有限公司的速溶糊化紫薯粉的工艺研究项目、江西蒙山乳业有限公司的提高黏度和风味的豆奶制备方法项目、四特酒有限责任公司的基于DMAIC控制白酒中氨基甲酸乙酯的研究与应用项目、江西蒙山乳业有限公司的褐色乳酸菌饮料发酵工艺及蛋白稳定性的研究项目荣获优秀奖。江西谷物源食品有限公司总经理丁德华荣获2016—2017年度全国食品工业科技创新领军人物称号。四特酒有限责任公司副总经理吴生文荣获2016—2017年度全国食品工业科技创新杰出人才称号。江西谷物源食品有限公司入选2016—2017年度全国食品工业科技竞争力卓越企业名单。

6. 食品工业企业诚信体系建设示范引领作用明显

2019年，由江西省食品工业办公室牵头推进，江西林恩茶业有限公司、江西省章贡酒业有限责任公司、江西恩泉油脂有限公司、江西桔花香食品有限公司、中粮粮油工业（九江）有限公司、江西仙客来生物科技有限公司、江西省天玉油脂有限公司、江西省百丈泉食品饮料有限公司、江西润田实业股份有限公司、江西万载千年食品有限公司、江西康美乐食品有限责任公司、江西麻姑实业集团有限公司、江西鸽鸽食品有限公司、江西燕京啤酒有限公司14家食品企业通过诚信管理体系评价并获得诚信证书。截至目前，江西省已有28家食品工业企业通过诚信管理体系评价并获得诚信证书，为江西省食品工业企业诚信体系建设起到示范引领作用，进一步促进了全省食品工业健康发展。

【d. 协会主要工作】

2019年3月13日至15日，组织江西省白酒骨干企业领导和技术营销高管等41余人参加了由中国食品工业协会白酒委员会和湖北、湖南、江西、广东、广西、福建中南六省食协在湖北省宜昌市共同举办“中国白酒中南核心产区领袖企业峰会”。四特酒有限责任公司副总经理吴生文、江西李渡酒业有限公司董事长汤向阳在会上做了主题演讲。在中南白酒核心产区典型风格产品品鉴会上，经过白酒专家、技术人员分组品鉴，江西省万载县辉明酒厂万载老酒（52%vol特香型）、江西李渡酒业有限公司李渡高粱1955（52%vol浓特兼香型）、江西全良液酒业有限公司全粮液1958（53%vol兼香型）、四特酒有限责任公司四特东方韵（52%vol特香型）荣获“2019年度中国白酒中南核心产区标志产品奖”；江西省樟树市樟树贡酒业有限公司大樟树贡典藏酒（53%vol特香型）、江西七宝酒业有限责任公司七宝山方瓶老窖酒（52%vol浓香型）、江西章贡酒业有限责任公司章贡国儒．手工原浆（50%vol浓香型）荣获“2019年度中国白酒中南核心产区风格特色奖”；江西安石坊酒业有限公司安石坊沙藏（50%vol糯谷醇香型）、乐平市古韵酒坊乐平谷酒陈酿（52%vol米香型）、鹰潭市潭花酒业有限责任公司印象潭花（45%vol特香型）荣获“2019年度中国白酒中南核心产区感官质量奖”。

4月12日，江西省食品工业协会第五届二次会员代表大会暨三届理事会在南昌市召开。江西省政协副主席李华栋、江西省工业和信息化厅二级巡视员熊国纲、江西省社会组织管理局副局长胡燕出席大会并讲话，江西省工业和信息化厅行业综合党委副书记董瑾莅会指导。江西省食品工业办公室、兄弟协会、协会专家委员会成员和会员单位代表共计160多人参加大会。大会听取并审议通过了2018年度工作报告和财务报告、关于修改江西省食品工业协会章程的说明。大会投票选举江西省食品工业办公室原副主任郝其刚同志为协会理事、副会长兼秘书长；江西章贡酒业有限责任公司总经理黄晓华、江西七宝酒业有限责任公司董事长黄美文、江西南安板鸭有限公司董事长蒋斌为协会理事、副会长；江西万载千年食品有限公司董事长熊黎明、江西五谷村酒业有限公司董事长冷继华、南昌三花实业有限公司总经理罗承虎为协会副会长。

7月1日至8日，组织江西省30家酿酒企业领导、管理人员和技术人员赴河北省白酒企业进行了学习考察。在河北省食品工业协会负责人的陪同下，学习考察团一行先后学习考察了河北邯郸丛台酒业股份有限公司、河北衡水老白干酒业股份有限公司、河北凤来仪酒业有限公司、刘伶醉酿酒股份有限公司、承德乾隆醉酒业有限责任公司、河北山庄老酒股份有限公司。实地参观了酿造车间、灌装车间、制曲车间、技术中心、藏酒洞（库）、酒文化博物馆；询问了产品研发，生产设备，酿造工艺、特点、原料等情况。同时，双方白酒企业介绍了各自企业的发展历程和经验，围绕企业管理、生产技术、质量安全、产品营销等方面进行了交流，对当前白酒行业发展态势和白酒企业在发展中碰到的各类问题进行了探讨。

7月29日至30日，组织部分企业参加中国食品工业协会第七次会员代表大会，江西省食品工业协会会长、煌上煌集团党委书记总裁褚建庚，江西省食品工业协会副会长兼秘书长郝其刚，四特酒有限责任公司董事长、总经理廖昶，江西真牛食品有限公司董事长丁火山当选常务理事；江西堆花实业有限责任公司董事长姜雪，江西丹霞生物科技股份有限公司副董事长、总经理张军兵当选理事。

7月30日，参加由中国食协主办、中国食品工业年鉴编辑部承办的“全国食品工业行业信息交流会暨《中国食品工业年鉴》创刊35周年座谈会”，会议中对中国食品行业各专业协会、地方食协和地方经信局，长期撰写《中国食品工业年鉴》的人员颁发了感谢荣誉证书。江西省食协陈叔然获此荣誉。

9月23日至26日，江西省第十一届果露黄酒评委换届选聘会在瑞金市召开，来自全省40多家饮料酒生产企业50多名从事果酒、露酒和黄酒及白酒生产、技术和质量管理等有关人员参加了培训。培训会上，专家们分别就露酒、果酒、黄酒生产技术及其发展方向做了专题讲座并以其丰富的实践经验对评酒知识作了深入浅出的阐述。根据考核成绩，聘请戴兴开等33位同志为江西省第十一届果露黄酒评酒委员，廖文祥等18位同志为江西省第十一届果露黄酒见习评酒委员。聘请周筱春等3位同志为江西省第十一届果露黄酒专家；黎清华等4位同志为江西省第十一届果露黄酒资深评酒委员；覃民扬等8位同志为江西省第十一届果露黄酒特邀评酒委员。

9月24日至25日，江西省食品工业企业诚信管理体系培训会在南昌召开。全省150余家规模以上食品工业企业及各区市、直管县（市）工信局共计170余人参加培训。会议传达了《国务院关于深化改革加强食品安全工作的意见》的文件精神，邀请了国家认证认可技术研究中心专家为企业详细解读国家诚信体系标准有关文本和操作规程，并就企业如何申请、通过诚信管理体系评价进行指导。

12月9日，江西省食品工业协会第六次会长联席会暨产业对接会在江西仙客来生物科技有限公司召开。会议的主题是“坚持‘四个自信’，奋斗新时代”。江西仙客来生物科技有限公司董事长潘新华向与会代表介绍企业发展的思路、做法和经验，大家围绕会议的主题进行了深入的沟通交流，省工信厅二级巡视员熊国纲出席会议并讲话。

12年27日，组织江西省食品工业协会专家在江西李渡酒业有限公司召开专家联谊会。与会专家参观了李渡酒酿造、李渡烧酒作坊遗址、李渡百年封坛酒库、李渡酒史科普展示馆；开展了自调酒体验活动。在座谈会上，江西李渡酒业有限公司领导介绍了企业的发展历程和经验，专家们就白酒行业及李渡酒业发展提出了宝贵的意见和建议。

受中国食品工业协会委托，承担了《中国工业史·食品工业卷》“江西篇”的编纂。

参与由中国轻工业联合会《食品真实性检测 非复原（NFC）橙汁》团体标准编写工作，并于4月11日赴信丰参加了该项目启动会。该项目的启动，对完善赣南脐橙产业化技术标准体系，规范赣南脐橙100%NFC橙汁的生产管理，打通赣南脐橙深加工产业链条，带动农民尽快脱贫致富具有重要意义。

【e. 统计数据】

1.2019年江西省规模以上食品工业主要经济指标

单位：万元

分类	主营业务收入	同比增长（%）	利润总额	同比增长（%）
食品工业合计	22529384	–3.3	1745353	–2.9
农副食品加工业	16227818	–5.3	1060039	2.51

续表

分类	主营业务收入	同比增长（%）	利润总额	同比增长（%）
食品制造业	3604557	5.0	330779	5.2
酒、饮料和精制茶制造业	2697009	–1.2	354535	–21.1

2. 2019年江西省食品工业主要产品产量

产品名称	单位	产量	同比增长（%）
大米	吨	6664069.5	19.3
罐头	吨	260225.7	17.8
白酒	千升	130716.3	15.8
冷冻饮品	吨	110692.5	7.3
包装饮用水	吨	1862330.2	4.1
饮料酒	千升	872105.0	0.3
乳制品	吨	178089.0	0.1
液体乳	吨	174649.0	0.0
啤酒	千升	712588.4	–1.8
精制茶	吨	69327.5	–3.8
饮料	吨	4582254.7	–10.0
精制食用油	吨	1115213	–36.6

陈叔然

3.14 河南省

【a. 概况】

2019 年，河南省食品工业规模以上企业有 2548 家，其中，农副食品加工业 1474 家，食品制造业 708 家，酒、饮料和精制茶 360 家，烟草制品业 6 家；实现营业收入 6649.95 亿元，同比下降 3.67%，其中，农副食品加工业 3748.44 亿元，同比下降 0.27%，食品制造业 1675.90 亿元，同比下降 9.87%，酒、饮料和精制茶 725.55 亿元，同比下降 12%，烟草制品业 500.06 亿元，同比增长 8.56%；实现利润总额 535.03 亿元，同比下降 8.27%，其中，农副食品加工业 262.95 亿元，同比下降 17.43%，食品制造业 193.36 亿元，同比增长 14.75%，酒、饮料和精制茶 58.57 亿元，同比下降 16.12%，烟草制品业 20.15 亿元，同比下降 23.44%；食品产业工业增加值同比增长 1%，占全省比重 14.7%（装备制造业 14.6%，超 0.1 个百分点，主导产业中位列第 1 位），贡献率为 0.2%，生产运行总体平稳，与前几年的两位数高速发展相比趋向平缓，处于持续低速增长阶段，发展总体保持稳定。

1. 2019 年食品产业四分类行业运行情况表

类别	增加值同比增长（%）	占全省比重（%）	贡献率（%）	拉动点
食品产业	1.0	14.7	0.2	0.0
农副食品加工业	–5.5	6.2	–1.0	–0.1
食品制造业	11.2	3.6	1.7	0.1
酒、饮料和精制茶制造业	–3.0	1.6	–0.9	–0.1
烟草制造业	0.9	3.3	0.4	0.0

2. 主要产品产量

2019 年，河南省食品工业主要产品产量同比增长趋势的有：鲜冷藏肉、熟肉制品、冷冻蔬菜、饮料、精制茶、饲料。其中，产量增长最多的是冷冻蔬菜（产量 11.6 万吨，同比增长 26.5%），其次是鲜、冷藏肉（产量 324.6 万吨，同比增长 20.1%），再次为饲料及饲料添加剂（1518 万吨，同比增长 19.5%；饲料添加剂 11.4 万吨，同比增长 13.3%）、精制茶（产量 2.3 万吨，同比增长 14.2%），均以两位数增长。产量同比下降趋势的有：方便面、精制食用植物油、速冻食品、乳制品、小麦粉、大米、发酵酒精、饮料酒等。其中降幅较大，以两位数下降的有：方便面（产量 138.5 万吨，同比增长 –22.3%）、精制食用植物油（产量 144.3 万吨，同比增长 –19.6%）和速冻食品（产量 217.2 万吨，同比增长 –18.6%）。

【b. 发展现状】

1. 产业支柱地位不断巩固

河南依托丰富的农产品资源优势，大力发展食品产业，连续三个五年规划进行重点培育，主导地位进一步增强，营业收入在 2015 年首次超过万亿大关，自 2006 年来一直稳居全国第 2 位，已成为全国重要的食品生产和加工基地，全国名副其实的食品产业大省，是河南构建现代产业体系、实现中原崛起的重要战略支撑产业。

2. 主要产品优势明显

火腿肠、味精、面粉、方便面、挂面、米面

速冻制品等产量均居全国第1位；面粉加工能力和产量居全国第1位；速冻食品占国内市场销售份额的60%；肉制品、蘑菇制品、豆制品、蜂产品等闻名全国，食品产业已成为河南工业经济一张闪光的名片和金字招牌。

3. 骨干企业不断壮大

2019年，全省销售收入超100亿元的食品企业2家、超50亿元的食品企业8家。全国肉类综合10强、方便面10强河南分别占3家、4家。双汇集团是全国最大的肉类加工企业，三全、思念速冻食品全国市场占有率超过50%，白象集团、金星啤酒集团综合实力居全国同行业前列。

4. 集聚效应持续扩大

全省拥有冷链食品、休闲食品和特色食品三大优势产业链，形成了五大特色食品产业集群，分别是以双汇、华英等为代表的全国最大肉类产品生产加工基地，以白象、南街村等为代表的全国最大面及面制品生产加工基地，以三全、思念等为代表的全国最大速冻食品生产加工基地，以南街村调味料、驻马店十三香、莲花味精等为代表的全国最大调味品生产加工基地，以临颍联泰、亲亲等休闲食品和漯河卫龙食品为代表的全国最大休闲食品生产加工基地。

5. 对外开放成效显著

全省食品产业对外开放具有资源、产业、市场和区位四大比较优势，潜力巨大，已成为承接沿海地区食品产业转移的重点区域。美国嘉吉、可口可乐、中粮集团等20余家世界500强企业在我省建有投资项目。美国高盛、美国杜邦、日本火腿株式会社、香港华懋、旺旺集团、统一、康师傅、雨润、徐福记等知名企业落户河南。我省的双汇、白象、三全、思念等企业也在加快在省外设立分厂，“走出去”拓展市场。

6. 豫酒转型攻坚取得实效

在2019年泸州国际酒博会上，仰韶彩陶坊天时（月亮）、宋河国字六号荣获中国酒类新品最高奖“青酌奖”。在2019年中国食品工业协会白酒评委年会上，赊店“元青花・洞藏年份20”贾湖“贾湖中原味道”荣获最高奖“中国白酒酒体设计奖”。在2019年布鲁塞尔国际烈性酒大赛中，宝丰国色清香陈坛35、贾湖东方道荣获大金奖，豫酒重点企业获奖数居全国前列。2019年我省渑池、南阳荣获中国酒协评选的“世界美酒特色产区”称号。仰韶酒业荣登2019年河南民营企业“制造业”“企业现代化农业”“社会责任”三大百强榜；赊店老酒荣登2019河南民营企业社会责任100强；杜康控股荣登2019河南民营企业现代农业100强。在2019年黄淮流域四省领袖企业峰会上，五谷春酒业获中国黄淮流域白酒核心产区标志产品奖，我省仰韶酒业、赊店老酒、洛阳杜康、宝丰酒业等参会企业均入选前10榜单。

【c. 主要工作】

1. 参加中国食品工业协会第七次全国会员代表大会

2019年7月30日，中国食品工业协会第七次全国会员代表大会选举产生了中国食协第七届理事会。我会首席专家陈振杰高工和白象食品股份有限公司姚忠良董事长当选为副会长，我省26位企业家当选为理事。

2. 2019年4月，2018“中国食品工业协会科学技术奖”揭晓

河南省食协推荐的“小麦绿色生物制造系统集成项目示范及推广应用”项目获得一等奖。

3. 开展减税降费政策落实情况调查

根据中食协函〔2019〕41号通知要求，协会组织我省51家企业对食品行业减税降费政策落实情况开展调研，全面系统地分析了国家减税降费政策落实效果，认真填报了“食品行业减税降费政策落实情况调查表”，如实反映出目前存在的问题，积极提出有利于食品行业发展的建议和意见，给上级政府决策机构提供有重要参考价值的企业生产经营信息。

4. 推荐漯河平平食品有限公司申报中国驰名商标

该公司是集研发、生产、加工和销售为一体的现代化休闲食品企业。公司先后荣获“中国质量稳定食品品牌”“河南省优质产品”“河南省著名商标”“省级守合同重信用企业”“慈善工作突出贡献奖”“食品安全主体责任先进单位”“市转型升级示范企业奖”“市级高新技术企业”“省级工程技术研究中心”“农业产业化省级重点龙头企业”等诸多荣誉，并通过“HACCP”食品安全保证体系认证、GB/T 22000–2006/ISO 22000：2005食品安全管理体系认证。该公司发展情况良好，企业管理比较规范，公司生产的“卫龙＋图形”牌系列食用面筋产品，质量稳定可靠，市场和消费者反映良好，品牌影响力逐年上升，产品市场销售量和市场占有率处于同行业领先地位。

“卫龙＋图形”品牌在市场上具有较高的知名度和美誉度，根据企业申请，我会推荐漯河市平平食品有限责任公司的“卫龙＋图形”商标，申报中国驰名商标，恳请国家知识产权局商标局予以支持。

5. 参与《调味面制品》团体标准制订与审查工作

我会指导和协助漯河市食品安全协会起草了《调味面制品》团体标准。2019年10月，在漯河组织召开团体标准审查会，中国食品工业协会副会长、我协会首席专家陈振杰高工，协会副秘书长张国治教授，河南省食品科学技术学会副理事长兼秘书长王瑞国教授级高工等专家参加了审查会议。

6. 酿酒辅料稻壳收储、预处理关键技术推广应用

根据中国轻工业联合会对河北衡水老白干酒业股份有限公司与河南工业大学联合完成的“酿酒辅料稻壳收储、预处理关键技术研究与应用”项目技术鉴定会的鉴定意见，结合我协会组织白酒技术专家到相关企业对该项目技术生产应用的现场考察情况，该项目具有广阔的市场推广前景，经济和社会效益显著。我会已在河南省白酒行业重点推广应用该项技术，以此带动我省白酒行业机械化、自动化、智能化水平的提高，给国家和社会创造更多的经济效益和社会效益。

7. 我会与漯河市人民政府等单位共同承办“2019第十七届中国（漯河）食品博览会”

我会作为承办单位之一，与漯河市人民政府、省商务厅、省工信委共同承办了“2019第十七届中国（漯河）食品博览会”，本届食品博览会于2019年5月16—18日在漯河国际会展中心举办。本次食博会共有俄罗斯、加拿大、英国、德国等25个国家和地区及国内23个省市自治区的856家食品企业参展，参展产品涵盖休闲食品、肉制品、酒水饮料、食品机械等8大类5000多个品种。同时，本次食博会吸引了70多家采购团的1万多名采购商和40个投资商团组的600多名客商参会。

8. 支持指导2019第六届中国·商丘食博会

我会作为主要支持单位之一参与了2019第六届中国·商丘食博会的指导工作，2019第六届中国·商丘食品博览会于2019年9月20—22日在商丘农产品中心批发市场举办。本届食博会亮点纷呈，共分为商丘企业展区、酒水饮料区、粮油面粉及面制品加工区、休闲食品区、果蔬制品区、速冻食品区、调味品及干货区、食品配料食品包装及加工机械区8个主题展区。食博会吸引来自20个省市的2000多家投资商、参展商参会，其中行业知名品牌企业80家，参展品种2000个，品牌企业精装展位80个，约有9万多群众到会参展。活动规模空前，展览品种丰富，地方特色明显。通过加强交流、寻找商机、项目对接、合作共赢等形式，促进了商丘市和我省食品产业的发展。

9. 组织河南省食品参加“2019中国（上海）国际食品博览会”

根据中国食品工业协会中食协函〔2019〕15

号文件，经中国商务部批准，中国食品工业协会主办，上海万耀企龙展览有限公司承办的“2019中国（上海）国际食品博览会”于2019年6月5日至7日在上海展览中心举办。我协会组织河南省的食品工业强县、36家优秀龙头食品企业参展参会。突出展示了河南省食品行业、食品企业和名优食品的良好形象，学习了解了省外知名食品企业发展经验和做法，取得了良好的效果。

10. 举办2019第二届黄淮流域白酒核心产区典型风格产品鉴评会和黄淮流域白酒核心产区领袖企业峰会。

2019年12月，举办2019第二届黄淮流域白酒核心产区典型风格产品鉴评会，经白酒国家评委感官品评，认定25个产品获得“2019第二届黄淮流域白酒核心产区标志产品称号”，其中河南有6个产品上榜；17个产品获得“2019第二届黄淮流域白酒核心产区典型风格产品称号”，其中河南有4个产品上榜。

11. 产业扶贫

（1）我会参与精准扶贫嵩县的河南羊妙妙生物科技股份有限公司的全产业链、规模化、标准化液态羊奶项目建设。是我省目前设计标准最高、养殖规模最大的现代化示范奶山羊养殖场，将在3年内打造为省级甚至国家级种羊场；将承担我省奶山羊育种技术示范和推广培训的核心职能。“产业扶贫”作用已开始突显成效，设计存栏基础母羊3000只、总存栏5000只，日产生羊乳可达6~8吨。

（2）我会和河南省农科院的专家联合对嵩县大葱种植基地进行调研，探索进行工业化加工的可行性，做大做强大葱产业。

（3）我会和河南省农科院的专家联合对汝阳县种植新品种红薯提供了种植技术服务、信息服务等，并提供进行工业化加工的可行性分析，努力做大做强红薯产业。目前，该县每年新品种红薯种植面积8万余亩，鲜薯总产量约14.4万吨，商品红薯储藏能力4万吨，已成为豫西最大的优质食用型商品红薯生产基地和储藏保鲜基地，市场销量良好，为农民增收脱贫致富开辟了新途径。

12. 支持地方食品工业发展

（1）我会与信阳市政府多次协商，实地调研信阳市农产品加工和食品工业的基本情况，构思和部署信阳市食品工业千亿元发展规划。

（2）我会与鹤壁市政府和相关部门多次对接，谋划鹤壁市食品工业复兴发展规划，提出发展思路、意见和建议。

（3）我会与驻马店市食协座谈国际农产品加工产业园的建设，这是国内唯一的“国字头”国际农产品加工产业园，提出充分发挥和利用协会的资源优势，吸引国际国内大企业、投资商、科研单位、高等院校向园区集中集聚，做强一批具有核心竞争力的农产品加工企业。

（4）9月，应永城市政府的邀请，我会首席专家陈振杰高工为永城市食品工业高质量发展做了相关报告。

13. 保障和促进食品安全进行的相关工作和活动

我会作为主要支持单位，协助中国食品工业协会成立食品安全标准法规工作委员会，以科学为依据提高透明度，助力我国食品工业标准化升级，促进食品安全风险交流等活动。

14. 支持中国食品工业协会成立经销商工作委员会

在我会的推动下，2019年10月19日，中国食品工业协会经销商工作委员会成立，秘书处设立在位于郑州的河南纳食信息科技有限公司，使得河南省及我国食品工业高质量发展中与上下游产业和相关产业融合度越来越高，拓展食品行业的销售网络。

15. 支持指导有关地市食品工业协会开展工作

有关地市食品工业协会，在开展为各级政府食品行业发展、食品企业优化产品结构提升管理水平的服务工作中，在技术交流、技术咨询、技术指导等方面，得到了我会的大力支持和帮助，针对食品产业转型发展、集群发展和食品企业高质量发展等方面的问题，省食协提出许多重要的指导意见和建议，得到了有关地市政府领导的高度评价和认可，这些有益有效的服务工作，促进了有关地市食品工业协会服务水平和影响力的提升。

16. 调研河南省食品行业中小企业高质量发展举措

我会到省内多个地市调研，探索中小企业提升产业价值，参与创新驱动战略，积蓄发展潜力，提升产业发展质量的具体措施。

【d. 河南省食品类民营百强企业】

序号	企业名称	所属行业名称	营业收入总额（万元）	百强排名
1	河南双汇投资发展股份有限公司	C13 农副食品加工业	4893188	第 1
2	郑州思念食品有限公司	C14 食品制造业	693958	第 25
3	三全食品股份有限公司	C14 食品制造业	553932	第 33
4	河南华星粉业集团	C13 农副食品加工业	227877	第 57
5	河南伊赛牛肉股份有限公司	C13 农副食品加工业	198385	第 60
6	驻马店市王守义十三香调味品集团有限公司	C14 食品制造业	185628	第 62
7	河南龙大牧原肉食品有限公司	C13 农副食品加工业	164000	第 73
8	洛阳正大食品有限公司	C13 农副食品加工业	149972	第 78
9	河南中沃实业有限公司	C15 酒、饮料和精制茶制造业	149058	第 79
10	濮阳训达粮油股份有限公司	C13 农副食品加工业	136597	第 82
11	河南花花牛乳业集团股份有限公司	C14 食品制造业	128928	第 84
12	河南仰韶酒业有限公司	C15 酒、饮料和精制茶制造业	114297	第 89
13	河南竹大程粮油集团股份有限公司	C13 农副食品加工业	107184	第 94
14	安阳市京膳堂饮料有限公司	C15 酒、饮料和精制茶制造业	105000	第 97
15	河南阳光油脂集团安阳植物蛋白有限公司	C13 农副食品加工业	103756	第 100

【e. 河南省食品类智能车间名单】

1. 河南宇东面粉有限公司 智能化面粉生产车间

2. 郑州顶益食品有限公司 顶益方便面制面调理 智能制造车间

3. 镇平想念食品有限公司 挂面生产智能供粉车间

4. 宏全食品包装（漯河）有限公司 饮料包材与填充车间

5. 舞阳县舞莲面粉有限责任公司 面粉加工智能车间

6. 今麦郎饮品（郑州）有限公司 一期车间

7. 焦作市博农乳业有限责任公司 液体乳生产智能化车间

8. 濮阳（华信）陈氏饮品有限公司 年产 2 亿罐饮料智能车间

9. 河南豫道农业科技发展有限公司 方便食品生产智能车间

10. 周口市雪荣面粉有限公司 智能化面粉加工车间

11. 郑州市久友面粉有限公司 日产 500 吨面

粉智能制造车间

12. 河南曹氏百川现代特色农产品开发股份有限公司 年产30万吨小麦制粉车间

13. 新县华隆茶业有限公司 精制珍眉茶智能车间

14. 新乡市雨轩清真食品股份有限公司 屠宰调理智能车间

15. 漯河市平平食品有限责任公司 面制品生产智能化车间

16. 周口市老磨坊粮油食品有限公司 老磨坊食用植物油灌装智能车间

17. 宏业生物科技股份有限公司 糠醇生产智能车间

【f. 河南省食品类智能工厂名单】

1. 百威（河南）啤酒有限公司 百威（河南）啤酒智能工厂

2. 正阳鲁花浓香花生油有限公司 正阳鲁花浓香花生油智能工厂

3. 郑州太古可口可乐饮料有限公司 饮料生产智能工厂

【g. 河南省入选国家第四批绿色制造绿色工厂名单】

1. 河南飞天农业开发股份有限公司
2. 河南华星粉业股份有限公司
3. 河南米多奇食品有限公司
4. 河南千年冷冻设备有限公司
5. 河南仰韶酒业有限公司
6. 焦作健康元生物制品有限公司
7. 洛阳正大食品有限公司
8. 河南漯河太古可口可乐饮料有限公司
9. 河南蒙牛乳业（焦作）有限公司
10. 河南正阳君乐宝乳业有限公司
11. 河南仲景食品股份有限公司

张国治

3.15 湖北省

【a. 概况】

2019 年，全行业实现主营业务收入 6379 亿元，同比增长 4.5%，实现利润 469.9 亿元，同比增长 7.1%，其中：农副食品加工业实现营业收入 3622 亿元，同比增长 5.7%、实现利润 181 亿元，同比增长 1.8%；食品制造业实现营业收入 1009.9 亿元，同比增长 2.4%、实现利润 68 亿元，同比增长 1.5%；酒、饮料和精制茶制造业实现营业收入 972 亿元，同比增长 3.9%、实现利润 112 亿元，同比增长 4.7%；烟草制品业实现营业收入 775 亿元，同比增长 2.5%、实现利润 108 亿元，同比增长 25.6%。

【b. 行业数据】

2019 年各行业情况								
指标代码	指标名称	企业单位数：本月末（个）	营业收入			利润总额		
			2019 年（亿元）	上年同期（亿元）	增减（%）	2019 年（亿元）	上年同期（亿元）	增减（%）
13	农副食品加工业	1525	3622.75	3426.02	5.7	181.46	178.32	1.8
14	食品制造业	367	1009.92	985.81	2.4	67.94	66.93	1.5
15	酒、饮料和精制茶制造业	414	971.98	935.10	3.9	112.21	107.13	4.7
16	烟草制品业	7	775.05	756.34	2.5	108.30	86.26	25.6
		2313	6379.70	6103.27		469.91	438.64	

谭卫东

阴山优麦® YIN SHAN OATS 燕｜麦｜行｜家 ｜ 小燕子® Swallow Oat

内蒙古阴山优麦食品有限公司

■ 内蒙古阴山优麦食品有限公司是内蒙古民丰种业有限公司投资设立的全资子公司。公司成立于2013年，注册资金8660万元，位于乌兰察布市察右中旗。是一家集燕麦育种、规模化种植、多产品深加工、产品销售、仓储物流、燕麦科技创新、燕麦文化与品牌推广为一体的燕麦全产业链公司。

■ 公司依托中国燕麦黄金产区——乌兰察布阴山北麓的产地优势，目前建设完成3万吨的燕麦原粮仓储区、3万吨的燕麦香米、2万吨的燕麦片、6000吨莜面加工区以及燕麦文化展示区及品牌推广区。成为中国最大的集燕麦多产品加工、仓储物流、燕麦文化与品牌推广为一体的燕麦产业运营平台。经过几年的发展和不断创新，已推出创新主食类、营养冲调类、健康休闲类、功能食品类四大系列六十几款产品。

企业地址：内蒙古乌兰察布市察哈尔右翼中旗科布尔镇装备制造产业园
服务热线：400-855-7272
官方网址：www.yinshanoats.cn
邮政编码：013550

儋州工业园

●儋州市概况

儋州市是海南省四个地级市之一，辖区陆地面积3289平方公里，约占全省的1/10；海岸线270公里（包括海花岛40公里黄金海岸线）。位于海南岛西北部，距离省会海口约130公里，距离三亚近262公里。比邻最大的深水良港“洋浦港”。

●儋州市及深儋合作区发展定位

深儋合作区地处儋州西北，是构建儋州-洋浦“前港-中园-后城”格局的重要组成部分。儋州西北部地区呈现“一湾一岛四区”的空间结构：“一湾”，新英湾；“一岛”，海花岛；“四区”，洋浦经济开发区、滨海新区、木棠工业园区、深儋合作区。

●海花岛：千万级游客消费潜力巨大

海南海花岛集聚发展28大业态，每年吸引游客预计2000万。

※面积规模：占地面积3.79km²，建设内容包括会议会展中心、酒店、主题乐园、美食街等。

※功能定位：新一代全功能1+N会展旅游综合体

※主导产业：以滨海度假、文化娱乐、康体疗养、商务会议、主题公园为主导产业，包括28大业态。

●热作两院：国家重要的热带农林科研基地

中国热带农业科学院和海南大学热带农林学院是国家重要的热带农林科学研究基地，中国热科院更是我国唯一的国家级综合性热带科研机构，是联合国粮农组织授予的“热带农业研究培训参考中心”，拥有科研试验示范基地6.8万亩，在海南、广东设有科研和附属机构18个；建有省级以上科技平台70多个和博士后科研工作站3个、以及国际合作平台12个。

●深儋合作区

2020年8月，儋州市政府与深圳市盐田港集团战略合作框架协议。2020年12月，成立的合资公司在市政府和儋州工业园管委会指导下，负责深儋合作区基础设施建设、产业导入、园区服务等工作。

深圳市盐田港集团成立于1985年，是深圳市属涉海类国有大型企业。涵盖港航业、临港产业和产城融合三大产业体系的涉海综合服务平台。2020年，全年集装箱吞吐量实现逆势增长，达1477万标箱，同比增长2.49%；散杂货吞吐量突破2500万吨，同比增长6.38%。

紧抓海南省自由贸易港、国际旅游岛发展机遇，借势洋浦经济开发区、海花岛与滨海新区发展战略，助力完善儋州现代产业体系，打造儋州极具行业引领性的工贸产业园区，建设海南西部组团现代产业集聚发展示范基地。

◆交通支撑 园区主要交通道路315省道规划拓宽至40米。园区东侧规划新建高速联络线。未来新建南北向城市主干道春江路，建立高铁站与园区的空间联系。

◆产业功能 充分利用海南自贸港原产地、税制、数据特区政策，聚焦以高新技术产业为核心的现代产业体系，重点发展跨境商贸流通、全球加工制造、国际信息服务功能。

◆总体格局：一廊一轴两带三片六园

一廊：春江河生态廊道。一轴：315省道发展轴。两带：生态湿地景观带，田园景观带。三片：产业园片区，王五新镇片区，老镇片区。五园：新一代信息技术园、低碳制造园、农副产品科技园、商贸物流园，创智综合园、生活配套园。

业态及空间布局

1、创智综合园：发展知识密集型产业为主导，辅以居住、文体等配套服务。

2、农副产品科技园：特色热带农产品、渔产品加工、畜肉加工等。

3、商贸物流园：特色商品（食品、农副产品）批发零售、现代物流、冷链仓储及供应链服务等。

4、新一代信息技术园：建设数据中心，打造信息技术产业发展样板。

5、低碳制造园：引进高端医疗设备制造、通信设备入境再制造等行业引领性企业。

6、生活配套园：提供居住配套、医疗卫生、文化教育和商业服务，促进产城融合。

◆相关信息 儋州农林牧渔业生产总值全省第一，热带作物面积全省前三，特色农产品种类丰富，品质优良，供应稳定，具备服务高端消费人群和深加工的条件。

“一湾一岛四区”的空间结构图

< 招商服务热线 0898-23258258 >

中国优质食品工业强县 山东省沂水县

沂水县位于鲁中南地区、沂蒙山腹地，总面积2434.8平方公里，在全省县级行政区划面积中列第二位，现辖18个乡镇（街道）、1个经济开发区，359个农村社区、1040个行政村，人口116万。沂水历史悠久，秦代即在此置县，隋开皇16年（公元596年）定名为沂水县。沂水有光荣的革命传统，是中共山东分局诞生地、《大众日报》创刊地、“红嫂”故里、沂蒙精神发祥地之一。2014年被民政部确认为中国地名文化遗产“千年古县”。交通条件优越，东红、沂博、兖石、泰薛、沂邳、韩莱6条省道与县乡公路联网，东临青岛港、日照港、岚山港三大口岸，胶新铁路、瓦日铁路经过沂水并设立县级站，青莱高速公路在县内设有两个出入口，长深高速公路在县内设三个出入口。

食品产业发展情况

近年来，沂水县以新旧动能转换为主线，以创新驱动为引领，以亩产效益为导向，以高端食品产业集聚区为载体，按照“创新发展、优化升级、规范生产、品牌营销”的思路，因企制宜，综合施策，引导食品企业转型升级，提高食品工业发展水平，推动食品产业高质量发展，食品产业已成为全县经济发展的支柱产业。

品牌悠久。食品产业作为沂水县的传统产业，起源于上世纪80年代，经过三十余年的发展，沂水县已成为闻名全国的食品城。先后被评为“中国食品城”、“全国食品工业强县”、“中国优质饼干加工示范基地”、“全国食品安全示范县”、“国家火炬计划功能性生物糖特色生产基地”、“山东省新型工业化示范基地（焙烤食品和淀粉糖）”、“省级产业集群（沂水县食品产业集群）”。

实力雄厚。全县共有400余家食品生产加工企业，从业人员5万人以上，实现产值100余亿元，年加工各类食品400余万吨，产品主要有玉米淀粉及淀粉糖、饼干、糖果、方便食品、休闲食品等，产品畅销全国各地并远销30多个国家和地区。

定位高端。青援、鼎福、正航等5个商标被认定为“中国弛名商标”，青援食品公司的小麦粉、饼干、方便面和辣酱、鲁洲食品集团的食用植物油、沂蒙山酒业公司的浓香型白酒等9种产品被评为“山东名牌产品”，鼎福、青援、康柏、雪婷、沂蒙山、大仓等13个商标被认定为“山东省著名商标”。青援食品公司、鲁洲食品集团等企业先后被评为“全国食品工业优秀龙头食品企业”。

行业领先。沂水食品产业装备技术水平在全国处于较高水平，净化车间拥有率高达80%以上。先后建成国家级企业技术中心2家，省级4家，市级4家；省级重点实验室2个；省级工程技术研究中心1个，市级2个；省级工程研究中心1个；博士后科研工作站2个；院士工作站1个。青援、马奇、鼎邦、七星柠檬、隆科特、鲁洲、大地等企业，都具有较强的新产品研发能力。

支撑力强。青援、鲁洲被评为“全国食品工业优秀龙头食品企业”。鲁洲食品集团为新加坡挂牌上市企业，参与和主持制定了24项国家行业标准；隆科特酶制剂公司先后承担国家863计划4项、火炬计划1项、高技术产业化项目2项，获得国家发明二等奖1项，并参与制定7项酶制剂国家标准、4项行业标准和1项酶制剂企业生产规范。

平台完善。沂水县立足打造“大食品”集群定位，制定出台了《关于食品产业高质量发展三年行动的实施意见》，专班推进食品产业转型升级。针对食品企业“工业围城”、分散经营的情况，积极引导搬迁入园，形成产业集聚。通过招商引资形式，高标准建设了高端食品工业园，目前项目一期已引进12家高端食品企业入驻。按照高起点规划、高标准建设、高档次配套、高效能服务的原则，采取新型工业化地产模式，规划新上高端食品产业集聚区，建设高标准车间等40余栋，项目全部达产后预计新增产值过百亿元、税收过2亿元。

河北邱县经济开发区

园区建设情况

基本情况 河北邱县经济开发区始建于2005年，2011年被省政府批准为省级经济开发区，2012年被评为河北省新型工业化产业示范基地（棉纺产业），2013年被列为省级循环经济示范区，2017年，荣获全国食品工业强县，2018年列为全国纺织产业转移试点园区。2018年全省省级经济开发区综合排名位列前30。

规划布局 邱县经济开发区规划总面积20平方公里，目前建成区面积为9平方公里。累计入区企业221家，其中规上企业47家。现已形成以食品加工、纺织服装、装备制造等三大优势产业为主，电子信息、生物医药、新材料、新技术为辅的“3+X”特色产业集群。开发区按功能区划共分为X个片区组团，包括：食品加工区、纺织服装区、装备制造区、生物医药区、新材料区、高新技术区、商贸物流区、中心服务区。

开发区三大主导产业

食品加工、纺织服装、装备智造

食品产业 规模以上工业企业14家，目前有生产企业27家，配套及相关三产150家。2020年第一季度实现营业收入9.9亿元。近年来，邱县先后引进建设康贝尔食品、哆味食品、集味轩食品、明轩食品等17个食品项目，在建食品项目16个，形成了休闲健康食品、益生菌、特色清真肉制品、酒类生产、粮食精深加工等产业。具体有以生产糖果、豆干、果冻、巧克力为代表的康贝尔食品公司、集味轩食品公司、哆味食品公司、味盟食品、弗蒙特益生菌、明轩食品公司等休闲食品企业。

纺织服装产业 目前有生产企业75家，配套及相关三产66家。2020年第一季度实现营业收入10亿元，上交税金0.27亿元。邱县纺织产业已形成集轧棉、纺纱、织布、印染、床品、服装等于一体的棉纺产业集群，具备较为完善的产业链条，已建成合众纺织、龙兴纺织、神龙印染等一批规模型企业，被评为“河北省新型工业化产业示范基地”。

装备制造产业 装备制造产业从“零”起步，坚持科技引领、创新智造，目前有生产企业32家，配套及相关三产56家。目前，装备制造产业已经形成以电梯制造、新能源装备、交通设施、农用机械、建筑装备等产品为主体的产业集群，呈现出加速发展的良好态势。

中国休闲食品之都
——河南临颍

临颍县先后荣获全国食品工业强县、全国食品安全示范县、全国科技富民强县、全国科技进步先进县、全国农业标准化示范县、首批国家农业产业化示范基地、国家级无公害农产品示范基地县等国家级荣誉23项，并被中国副食品流通协会命名为“中国休闲食品之都”、被中国食品工业协会命名为“中国休闲食品产业基地”。休闲食品产业在临颍规模化、特色化、集群化发展，已成为临颍县最具支撑作用的产业。临颍县休闲食品集聚特色明显，拥有各类规模以上休闲食品企业100多家，其中60%集中在产业集聚区，从业人员5万多人，年加工小麦130万吨、加工玉米100万吨。产品包括烘焙、膨化、糖果、功能饮料、休闲肉制品等8大类2000多个品种，其中薯片、虾条、法式小面包、果冻、巧克力棒等拳头产品日产量全国最大，国内市场占有率30%以上。

临颍县先后培育引进知名休闲食品企业主要有：世界500强——美国嘉吉，国内最大的蛋白饮料生产企业——河北养元智汇饮品，最大的法式面包生产企业——福建盼盼，最大的糖果生产企业——福建雅客，果冻行业前三强——福建亲亲，肉制品加工龙头企业——南京雨润，天然色素行业标准制定企业——河南中大生物，凉茶饮料领导者——加多宝，罐装行业领军企业——奥瑞金公司和中国食品包装公司，全国最大的工业化营养膳食企业——伍氏美食公司，亚洲最大的生物秸秆提取低聚木糖企业——河南路得生物科技等。临颍县已经成为中部地区名企名牌集聚最多和名优休闲食品产量最大的产业基地。

近年来，临颍县聚焦实体经济发展，培育特色产业，以产业带动县域发展，以产业带动群众增收，坚持一、二、三产融合发展和“三链同构”，把休闲食品作为标志性主导产业倾力培育、精心打造，构建形成了从种植养殖、面粉加工、食品生产、色素配料到研发设计、检验检测、食品包装、电商物流的完整产业链，全力推动农产品加工由初加工向精深加工转变，实现了农业大县向工业强县的跨越，为县域经济的高质量发展奠定了坚实基础。

构筑发展载体。临颍县高标准建设占地23平方公里、以休闲食品产业为主的产业集聚区，先后引进培育养元、雅客、亲亲、盼盼、奥瑞金、加多宝、上好佳等规模以上休闲食品企业100多家，拥有中国驰名商标17个、省级著名商标33个，河南省名牌产品11个，省级以上农业产业化龙头企业17家，从原料种植、面粉加工、食品生产、色素配料到研发设计、检验检测、各类包装、电商物流，构建了龙头带动、集群发展、链条完善、配套齐全的粮食深加工产业体系，实现了一、二、三产融合发展，成为中部地区食品企业名企名牌集聚最多的产业基地。

培育产业集群。立足小麦、小辣椒、生猪等高效种植养殖业资源优势，紧盯绿色化、高附加、功能化发展方向，带动形成了“六大集群”：以南街村集团、北徐集团、龙云集团等为代表的面制品产业集群，以盼盼、亲亲、香当当等为代表的烘焙膨化食品产业集群，以中大恒源、上海玛士撒拉等为代表的大健康产业集群，以海底捞、南德调味品、彰盛味业等为代表的调味品产业集群，以六个核桃、华润怡宝、嘉美制罐、台湾宏全等为代表的饮料包装及饮料灌装产业集群，以雨润北徐、御江食品、誉香客食品等为代表的肉制品产业集群，推动以粮食深加工为主的休闲食品产业向绿色化、高端化、功能化方向加快迈进。

临颍县以引领创新，以研促产，投资近亿元，建成了国家级标准的质检研发中心和全省唯一的膨化食品检验中心；与中国农大、中国农科院、江南大学、郑州大学、河南农大、北京工商大学等10多家知名院校合作，建成院士工作站2个，省级工程技术研究中心、企业技术中心26个，引进工程院院士2名、“千人计划”专家4名、博士36名，推动200多项科技成果在企业转化；培育出国家、省、市高新技术企业38家。

按照规划，到2021年，临颍县将新引进和培育知名休闲食品企业30家以上，规模以上休闲食品企业达140家以上，使全县休闲食品产业产值突破500亿元；同时，建成国家级工程技术研究中心2个、省级工程技术研究中心10个，培育引进中国驰名商标、省著名商标企业达80家以上；建成国家级食品安全检验中心，强化产前、产中、产后全过程食品安全监管，形成可追溯的休闲食品质量保障体系，把临颍建成为最具竞争力的“中国休闲食品之都”。

中 / 国 / 休 / 闲 / 食 / 品 / 产 / 业 / 基 / 地

乌兰察布市燕麦

●燕麦成熟

●中国燕麦之都揭牌仪式

●乌兰察布市燕麦院士工作站揭牌

燕麦，被誉为21世纪最具价值的杂粮作物、十大热门营养健康食品之一，美国《时代》周刊评出的十大健康食品，燕麦名列第五，是唯一上榜的谷物。

3000多年前，中国已有裸燕麦的历史记载。晋冀蒙的阴山一带被认为是燕麦的起源地。乌兰察布市作为燕麦发源地之一，据《内蒙古农牧业资源》记载，阴山北麓裸燕麦约有1100年的栽培历史。

今天，得益于得天独厚的地理环境因素，乌兰察布成为世界五大优质燕麦产区之一，是国际公认"全球燕麦黄金产区"，为我国燕麦原粮的最好产地，也是有机燕麦种植的首选地区，目前全市种植面积稳定在150万亩左右，种植面积和产量均居全国地级市之首，乌兰察布"十三五"总体规划中，燕麦被列入全市五大主导产业之一，作为乡村振兴和脱贫攻坚的特色产业发展。

产地环境

乌兰察布地处北纬41°~43°之间，平均海拔在1400米左右，昼夜温差大、日照长等气候特点，造就了乌兰察布燕麦独一无二的品质。

种植历史

乌兰察布市作为燕麦发源地之一，流传久远的民谣乌兰察布三件宝"莜面、山药、羊皮袄"，是乌兰察布燕麦种植历史和燕麦文化的真实写照。

有机绿色

地理气候优越，决定了乌兰察布具备发展高品质燕麦的条件。

区位交通

"北京向西一步，就是乌兰察布"，东距首都仅240公里，100分钟的高铁、40分钟的飞行即可进京。

科研技术

我市开展燕麦研究工作时间较早，早在上世纪七十年代原乌盟农科所就是全国主要的燕麦育种单位之一，科研成果享誉全国，在长期的生产实践中积累了丰富的经验。

产业经营

乌兰察布市现有燕麦产业研发、加工、销售于一体的大型企业10家，中小企业200余家。

信息平台

大数据产业是乌兰察布的新兴主导产业，素有"草原云谷，南贵北乌"的美誉。

良好的政策

为更好更快的发展燕麦产业，乌兰察布市市委、政府按照"大抓项目、抓大项目"的发展理念，重点扶持农业龙头企业及新型农民合作组织。

多彩贵州 水贵天然

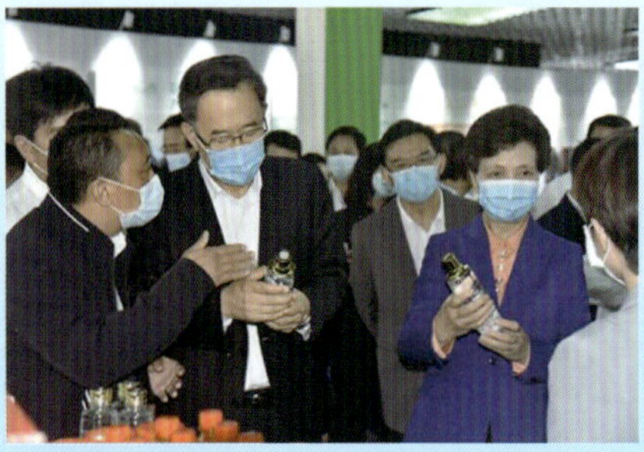

第十五届贵州旅游产业发展大会上，时任贵州省委书记孙志刚、省长谌贻琴与“多彩贵州水”展销人员交流，了解“多彩贵州水”公共品牌培育情况。

在2019年中国(贵州)国际民族民间工艺品·文化产品博览会期间首设了“多彩贵州水”文化展厅。贵州省委常委、宣传部部长、省政府副省长卢雍正到展厅参观了解多彩贵州水，省工业和信息化厅副厅长敖鸿作讲解。

2020第三届梵净山国际天然饮用水博览会在铜仁市召开。开幕式当天副省长陶长海与副厅长汪家强到“多彩贵州水”展区参观指导工作。

近年来，贵州省委、省政府高度重视天然饮用水产业发展。省委书记谌贻琴指出“贵州大力发展天然饮用水产业具有得天独厚的条件，是践行‘绿水青山就是金山银山’的具体行动，是建设生态文明、发展绿色经济的重要内容。

贵州因“山”而特，因“水”而美。早在1400年前，唐代大诗人孟郊盛赞黔中山水：“旧说天下山，半在黔中青。又闻天下泉,半落黔中鸣。”处在第四次产业革命的今天，黔中泉水依然清澈地流淌，这便有了从历史的优良生态到当下的产业机会。贵州是两江上游，拥有喀斯特地形地貌,造就了品质优良的天然饮用水资源，据调查显示，贵州水质总体特点为低矿化度、低钠、中性偏弱碱性的淡水，水质均达到质量标准Ⅱ类以上，基本不含硫化氢气体，饮用口感好，且富含锶、偏硅酸、钴、锌等有益人体健康的微量矿物质。

品牌是产品的品质、价值、文化的认知。建立统一品牌,成为贵州水产业提质增效、统一发展的关键。2018年4月中旬我省开始筹划实施以“优质、生态、健康”为内涵的“多彩贵州水”公共品牌培育推广工作。通过形象包装、渠道整合、集中推广、供应链体系、品牌价值挖掘等措施，带动全省天然饮用水产业品牌化、标准化、多元化发展，把天然饮用水产业培育成为我省特色优势新兴产业和新的经济增长点。

多彩贵州水
Colorful Guizhou

3.16 湖南省

【a. 概况】

2019 年，全省规模以上食品企业 2614 家，同比增加 39 家；全省规模以上食品工业（不含烟草）增加值同比增长 6.9%，增速有所放缓，增速同比和全省规模以上工业分别低 0.2 个和 1.4 个百分点；完成营业收入 5189.4 亿元，占全省规模以上工业的 14.1%，总量居全国第 9 位，居中部地区第 3 位，同比增长 4.0%，增速同比和全省规模工业分别低 3 个和 2.5 个百分点；实现利润总额 223.9 亿元，同比增长 1.7%，增速同比和全省规模工业分别低 7.3 和 4.9 个百分点。

【b. 行业特点】

1. 部分重点子行业优势明显

2019 年，全省食品产业 14 个重点子行业中，粮食加工、饲料加工、果蔬加工、精制茶加工、方便食品制造、罐头食品制造等子行业分别完成营业收入 848 亿元、598 亿元、317 亿元、310 亿元、282 亿元、187 亿元，其占全省食品工业的比重明显全国平均水平高，具有一定的优势；食用植物油加工、畜禽肉类加工、水产品加工、饮料制造、调味品制造、酿酒等行业分别完成营业收入 435 亿元、422 亿元、77 亿元、239 亿元、107 亿元、162 亿元，发展趋势较好。11 月 19 日，由湖南省粮食和物资储备局指导，湖南省粮食行业协会主办，成立了湖南省食用植物油产业联盟，共同为湖南菜籽油发展新航向谋新篇，树立油脂行业新标杆。

2. 企业不断成长壮大

2019 年，全省持证食品生产企业 7500 多家。形成了一批具有较强市场影响力的龙头骨干企业，年销售收入过 10 亿元企业已超过 50 家，省茶业集团、道道全粮油等一批食品企业成为湖南省百强企业，唐人神集团年销售收入突破 150 亿元，金健米业、澳优乳业、华文食品等行业龙头企业快速发展壮大，盐津铺子、湘佳股份等 18 家食品企业先后在港交所和 A 股主板成功上市。

3. 产业集聚稳步推进

全省已基本形成了长沙粮油乳茶、岳阳粮油茶调味品、常德粮油水产品、益阳粮茶水产品、湘潭肉莲、邵阳酒果蔬糖、怀化粮油果蔬、永州酒油果蔬等重点食品加工产业集群。2019 年，排全省前 4 位的岳阳、常德、长沙、益阳规模食品工业共实现主营业务收入 3094.1 亿元，占全省总额的 59.6%，分别实现主营业务收入 1170.4 亿元、655 亿元、601.5 亿元、667.2 亿元，产业集聚发展优势明显。重点园区食品工业增长强劲，2019 年，宁乡经开区实现食品工业产值 122 亿元，同比增长 31.3%；浏阳健康食品产业园引进食品企业 67 家，实现食品工业产值 54 亿元，占园区工业产值的 70% 以上。平江食品工业园、常德经开区、安化黑茶产业园等一批食品产业特色园区快速发展，带动区域食品产业集群化发展。2019 年 12 月 20 日，首届津市牛肉米粉美食文化节在津市开幕，中国食品工业协会副秘书长徐坚授予津市“中国牛肉米粉之乡”的称号。

4. 质量安全管理不断加强

食品工业企业诚信管理体系建设不断推进，益阳茶厂等4家食品企业开展诚信管理体系评价并全部取得评价证书，我省通过工信部授权的第三方机构诚信评价的企业达到52家。组织举办全省食品工业企业诚信管理体系国家标准宣贯培训班，105家规模食品工业企业参加，通过引导企业贯彻落实诚信管理体系国家有关标准，不断推进社会信用体系建设。贯彻落实食品安全战略，组织全省工信系统开展食品药品特种设备安全风险隐患大排查大整治专项行动。推荐湖南欧比佳、长沙素加2家婴幼儿乳粉企业列入工信部追溯体系名单。

5. 食品上市公司总量全国第二

截至2019年，湖南在国内上市的食品板块企业达16家，占全省上市公司的14%。仅次于有21家大食品上市公司山东，与广东并列第2。这16家食品产业上市公司，有6家来自长沙，4家来自常德，岳阳有两家，株洲、益阳、怀化、吉首各一家。同时，湘茶集团、红星冷链正接受辅导；另外，还有两家在香港上市的食品企业。2019年，湖南省大食品板块营收上百亿的企业有两家：唐人神营收153.43亿，大康农业营收134.88亿元，在湘股大食品板块位列第1和第2。绝味食品是2019年湖南大食品板块最赚钱的公司。2019年，绝味食品实现营收51.72亿元，同比增长18.41%，归母净利润8.01亿元，同比增长25.06%。数据实现连续8年增长，再度创下2012年以来的历史新高。净利增速第1的则是盐津铺子，2019年，实现营业收入13.99亿元，同比增加26.34%；实现净利润1.28亿元，同比增加81.58%。在净利增速榜上排名第一。2020年公司净利再提速，一季报显示，1至3月，盐津铺子营收为4.64亿元，同比增长35.43%；净利润为5720.18万元，同比增长100.8%。

经历去年甜蜜素风波之后，酒鬼酒业绩没有丝毫影响，净利跻身大食品板块第二位。2019年年报显示，酒鬼酒2019年实现营业收入15.12亿元，同比增长27.38%；通过发力高端内参酒，实现归属于上市公司股东的净利润2.99亿元，同比增长34.5%。钱赚了不少，困扰酒鬼酒的是营收规模偏小，快速提升营收及净利体量，是公司今年的最大挑战。

【c. 存在问题】

1. 规模不大

我省食品产业营业收入不到全国第一位的山东省的30%，不到全国第二位河南省的40%，比中部第二位的湖北省少1200个亿。做大我省食品产业的规模，仍然是当务之急、重中之重。

2. 结构不优

我省农副食品50%以上是初加工产品，产业链短，加工率低，精深加工产品少；产品科技含量低，附加值不高；绿色、有机特色产品少，一般、原料型低端产品多，代表食品精深加工水平的食品制造业和饮料制造业占全省食品工业的比重仍然较低。

3. 企业不强

食品企业散小差问题依然突出。我省2614家规模食品企业中，大中型企业只有251家，产业规模化、集约化程度、品牌影响力较低，缺乏规模大、效益好、带动能力强的大企业、大品牌、大集团。

陈　赛

3.17 内蒙古自治区

【a. 概况】

2019年，全区食品工业规模以上企业395个，其中，农副食品加工业283个，食品制造业70个，酒、饮料和精制茶制造业40个，烟草制品业2个；完成营业收入1786.5亿元，同比增长8.0%，其中，农副食品加工业461.4亿元，同比增长9.9%，食品制造业1152.9亿元，同比增长7.9%，酒、饮料和精制茶制造业60.0亿元，同比下降3.1%，烟草制品业112.2亿元；同比增长8.2%；完成利润总额206.3亿元，同比增长76.9%，其中，农副食品加工业8.0亿元，同比下降23.1%，食品制造业190.8亿元，同比增长94.5%，酒、饮料和精制茶制造业2.3亿元，同比增长4.5%，烟草制品业5.2亿元；同比下降11.9%；完成增加值372.2亿元，同比增长0.6%，其中，农副食品加工业51.3亿元，同比增长7.2%，食品制造业209.9亿元，同比增长.0.4%，酒、饮料和精制茶制造业26.8亿元，同比增长2.9%，烟草制品业84.2亿元；同比增长8%；另外，国有资产投资同比下降16.7%，其中，农副食品加工业下降14.3%，食品制造业同比下降5.5%，酒、饮料和精制茶制造业同比下降61.8%，烟草制品业同比下降89.8%。

【b. 主要产品产量】

2019年内蒙古食品工业主要产品产量

产品代码	名称	计量单位	本月止累计	累计增长 %
1310010	小麦粉	万吨	24.1	0.3
1310030	大米	万吨	12.4	–7.7
1320010	饲料◇	万吨	187.2	–1.8
1321720	其中：◇配合饲料	万吨	71.8	3.6
1321730	◇混合饲料	万吨	99.1	–4.2
1331020	精制食用植物油	万吨	8.0	44.7
1340010	成品糖	万吨	46.0	28.4
1350010	鲜、冷藏肉	万吨	27.2	–10.1
1350020	冻肉	万吨	10.1	4.4
1353010	熟肉制品	万吨	15.3	0.9
1361010	冷冻水产品	万吨	0.0	0.0
1371010	冷冻蔬菜	万吨	1.2	96.9

续表

产品代码	名称	计量单位	本月止累计	累计增长 %
1419020	膨化食品	万吨	0.2	-31.9
1419030	焙烤松脆食品	万吨	0.0	0.0
1421010	糖果	万吨	0.0	0.0
1432000	速冻食品◇	万吨	2.5	267.4
1432010	其中：◇速冻米面食品	万吨	0.0	0.0
1439010	方便面	万吨	0.0	0.0
1440010	乳制品◆	万吨	289.3	3.7
1440020	◆液体乳	万吨	272.5	4.3
1440030	◆固体及半固体乳制品△	万吨	16.9	-6.1
1440040	其中：○婴幼儿配方乳粉	万吨	2.0	-19.7
1440070	其中：△乳粉○	万吨	8.3	-6.1
1450010	罐头	万吨	9.5	19.5
1461010	味精（谷氨酸钠）	万吨	141.1	12.9
1462010	酱油	万吨	1.1	139.5
1462030	食醋	万吨	0.1	-10.0
1490010	营养、保健食品	万吨	0.1	18.0
1493010	冷冻饮品	万吨	3.5	10.9
1494010	食用盐	万吨	7.2	16.1
1494020	非食用盐	万吨	3.1	38.7
1495010	食品添加剂	万吨	10.6	8.0
1495020	饲料添加剂	万吨	86.5	-11.4
1510010	发酵酒精（折 96 度，商品量）	万千升	21.5	16.4
1510020	饮料酒◇	万千升	68.1	-7.1
1512010	其中：◇白酒（折 65 度，商品量）	万千升	3.8	-16.1
1513010	◇啤酒	万千升	64.3	-6.5
1514010	◇ 黄酒	万千升	0.0	0.0
1515010	◇葡萄酒	万千升	0.0	-53.0
1515020	◇白兰地	万千升	0.0	0.0
1519010	◇果酒及配制酒	万千升	0.0	0.0
1520010	饮料◇	万吨	61.1	-8.3
1521010	其中：◇碳酸型饮料（汽水）	万吨	14.8	20.6
1522010	◇包装饮用水	万吨	8.8	-21.7
1523010	◇果汁和蔬菜汁类饮料	万吨	0.8	-3.2
1524010	◇蛋白饮料	万吨	27.4	-2.5
1530010	精制茶	万吨	0.0	0.0
1620010	卷烟	亿支	255.1	-2.9

张文军

3.18 广西壮族自治区

【概况】

食品工业是广西工业的第一大支柱产业，对广西工业贡献显著。据不完全统计，2019年，全区食品工业规模以上企业有830家，实现总产值近4663.73亿元，同比增长3.96%，成为我区首个突破4000亿元的工业产业。各项经济指标占广西工业总量比重较大，总产值占广西工业行业总值16.02%，利润占广西工业总利润16.94%，税金占广西工业总税金24.37%，为广西工业做出重要的贡献。

广西食品工业产业结构以农副食品加工为主，产业链有待进一步延伸。从2019年食品工业总产值来看，农副食品加工业占52.14%，其中食糖制造业为20.4%，食品制造业工业占11.24%，饮料制造业工业占9.10%，烟草制造业占7.12%。

广西食品工业企业规模整体偏小。除了烟草和食糖制作企业规模稍大外，全区规模以上食品工业企业约830家，平均每家年产值约3.6亿元，企业规模普遍较小。

黄永燕

3.19 重庆市

【a. 概况】

2019年，在国内外形势错综复杂，经济下行压力加大的情况下，特别是面对今年食品行业发展低迷，产能过剩、成本增高，市场竞争激烈等各种困难，但是，重庆食品行业在困境稳步发展。

2019年，全市规模以上食品工业企业720家，工业总产值1515亿元，同比增长15.47%；利润总额117亿元，同比增长9.346%；利税总额286亿元，同比增长9.5785%。

1. 主要食品产业主营情况

2019年，农副食品加工业完成工业总产值871亿元，同比增长4.311%，利润总额64亿元，同比下降1.54%，利税总额96亿元，同比下降3.03%；食品制造业完成工业总产值251亿元，同比增长6.809%，利润总额23亿元，同比增长9.524%，利税总额34亿元，同比增长3.0303%；酒、饮料和精制茶制造业完成工业总产值211亿元，同比增长12.83%，利润总额27亿元，同比增长22.73%，利税总额45亿元，同比增长15.385%；烟草制品业完成工业总产值182亿元，同比增长230.9%，利税总额111亿元，同比增长23.333%。

2. 经济效益增幅较上年有明显增长

2019年，规模以上食品企业完成工业总产值1515亿元，同比增长15.47%，实现利润总额117亿元，同比增长9.346%。

【b. 大事记】

2019年1月7日、1月17日，由我市相关食品行业协会牵头，各食品企业积极支持，我市各食品行业协会积极参与，分别在江津德感科技创业公司及火锅协会召开了研究如何维护食品生产企业基本权益和正常的生产经营环境，针对“职业打假人”的行为，企业普遍反映极为强烈，这不仅严重而长期困扰企业、影响营商环境，而且滥用投诉举报、信息公开、复议诉讼等权利，大量挤占有限的行政资源和司法资源。相当长时期以来，以职业索赔为主要表现形式的私益性职业打假，严重侵害了企业、商家的利益，特别是食品行业成了重灾区，企业普遍反映极为强烈，2018年，我们起草《关于应对职业索赔、营造良好营商环境的建议报告》，同时，牵头组织重庆市食品和流通等10多家协会联名盖章，向市人大、市政府、市政协报送报告。

2019年，全国两会期间，《报告》联名协会之一、重庆市零售商协会的人大代表在分组讨论中，反映我市各协会对职业索赔的诉求，引起最高人民法院的重视，并责成重庆市高院落实办理。3月27日上午，市高院组织会议主管领导专程到会认真听取各协会、商超、企业代表的意见，市高院领导及主城各中院庭长到会。市高院领导表示，在审理食品纠纷案件中，将对保护消费者条文作出符合实际的司法解释。

4月26日、5月27日，重庆市高级人民法院起草《关于审理食品、药品纠纷案件的通知》，两次向我市食品行业协会征求意见，我们立即组织各食品协会召开座谈会和通过微信群，收集各协会和企业意见，经整理后反馈给市高院。目前，该《通知》已正式行文下发各区县法院执行。

该《通知》明确了食品、药品消保系列案件不适应小额诉讼，并注重降低当事人诉讼成本，明确了购买者对问题食品承担举证的责任，注重了区分标签、说明书瑕疵与食品本身在质量问题的惩罚性赔偿请求等，这些规定一定程度上遏制了恶意的职业索赔。

1 月 28 日，由重庆广电集团、重庆网络广播电视台主办，重庆市食品工业协会、商联会、农产品加工协会的等行业协会协办的 2019 年重庆放心年货颁奖仪式在国泰广场 18 号举行，协会曾秘出席了会议。本次活动共推荐了 98 家企业，包括土特产品、年货等上百个品种，有 120 多万人点赞投票，活动历时一个多月，共评出 2019 年特色年货 6 家、重庆十大放心年货 10 家。

3 月 21 日，组织 10 家企业，31 人参加在成都举行的第 100 届全国糖酒会，并参加第十届迈入自动化时代的食品行业— 智在创新 ，智在升级调味品专场 、休闲食品专场、饮料专场，重庆市食品工业协会秘书长曾宪林主持了休闲食品专场论坛。论坛围绕酒类、食品、饮料行业多元化发展、消费升级、技术与包装革新话题，通过创新理念与整线集成引进，为健康、品质及可持续发展的食品饮料行业保驾护航，推动行业间高效、有序的发展。参会人员感觉收获很大。

4 月 9 日，在市食品药品检验检测研究院，由重庆市食品工业协会牵头召开了火锅底料及调料风险研讨会，参会企业有红 99、德庄、三五世全、周君记、聚惠、椿林、胖子天骄、秋霞及秦妈、雪里红食品等我市火锅底料及调料的重点企业，以及检测研究院陈院长、赵博，李沿飞等共计 29 人。会议由重庆市食品工业协会秘书长曾宪林主持，陈院长就塑化剂问题做了简要说明，塑化剂使用广泛，食品加工企业不可避免，如管道、器具等，还有原材料、甚至水井、土壤等原因。风险较高，应该引起企业高度重视，如任其发展，将给我市火锅底料及调料企业带来灭顶之灾。各企业积极发言，表示积极采取行动，搞好企业管理，尽量规避风险，同时对判定标准、检测方法、希望获得原材料采购信息提出疑问。对此，检测研究院有关人员进行了说明。已经做了大量前期工作的协会专家李沿飞呼吁由行业协会牵头，针对塑化剂这一共性问题，组织有关专家做大量的实验，提供检测数据，专家评估等，然后归纳汇总，形成报告上报国家风险评估中心，推动塑化剂标准的修改，但费用比较多，希望各企业积极响应，给予支持。会上，参会企业均表示支持。会上，形成决议，即由检测研究院陈院长先做一个方案，协会再组织更多的火锅底料及调料企业并联合调味品协会，组织更多的力量，来共同应对塑化剂问题。

近年来，火锅底料和调料生产企业的产品中普遍检出邻苯二甲酸酯类增塑剂（简称塑化剂），该增塑剂国家有明确的限量指标，分别为 1.5 毫克 / 千克、9 毫克 / 千克、0.3 毫克 / 千克，尽管目前并不是处罚指标，但无疑，这对我市食品最大的复合调味料产业是巨大的潜在风险，必须引起各企业和政府部门的高度重视。为消除这一潜在风险，2019 年，我们组织专家到多家企业，并牵头组织市食药检测院和我市 20 多家主要的火锅底料和调料生产企业，于 4 月 9 日、4 月 25 日先后两次召开会议，就如何解决这一问题征求企业意见，寻求解决办法。6 月 4 日，又与市食药检测院陈院长及企业人员前往北京国家食品风险评估中心，汇报火锅底料及调料“塑化剂”问题，并报送“关于调味品塑化剂邻苯二甲酸酯类物质问题的请示”，申请对此进行风险评估。中心听取汇报后，对此非常重视，支持重庆进行风险评估。由于风险评估所需经费较大，协会又组织企业进行众筹，目前已有 5 家企业自愿出资，但仍有很大缺口。目前，经协会、市经信委、市食药检测院协调，市食药检测院已向市科技局递交课题，希望得到市科技局的部分资金支持。

4月11日至12日，由中国检验检测协会、太平洋国际展览（北京）有限公司主办，重庆市食品工业协会协办的第十二届中国国际食品安全技术论坛在悦来国际会议中心进行。该论坛是食品安全技术领域规模最大、学术水平最高、科研成果最新和专业性最强的年度盛会之一。论坛包括15个专题论坛，邀请了88名权威专家学者进行了专题演讲，内容涵盖快速检测、食源性微生物、分子生物学、现代仪器分析、农兽药残留、真菌毒素、掺伪鉴别、乳制品、粮油、非洲猪瘟等众多技术和应用领域，围绕当前热点话题、核心技术以及共同关注的问题进行深入交流和探讨。通过参加论坛培训，企业参会人员普遍感觉收获颇丰。本次论坛协会共组织了38家企业的领导、管理、技术、研发、品控、质管、检验人员等共计76人参加。

4月19日，我会到天润食品企业了解有关农产品征税有关事宜。重庆天润食品公司是我市一家生产销售豆腐、豆腐干等系列豆制品的企业，主要供应我市永辉、重百、新世纪、家乐福、沃尔玛等商超，是我市“菜篮子”的重要组成部分。该企业向协会反映，他们的大豆进项税率9%，而加工成豆腐制品到超市税率为13%食其增值税进项和销项就有4%的税负差。2012年，企业向北碚区税务局反映后，与市税务局达成口头约定，豆腐制品等销项按照税率13%计税（现为9%、无纸质文件）。市内的内资卖场和企事业单位都执行了市税务局的税率调整规定。但市内的外资企业卖场家乐福、沃尔玛等，则要求企业出具市税务局书面文件，否则不执行生鲜豆腐、豆干系列产品9%的销项税率，现仍按13%执行。

财政部、国家税务总局在财税字（1996）52号文关于印发《农业产品征税范围注释》的通知中，明确将大豆、豆类，纳入农业产品征税范围注释。但是，我市的有关政府部门却没有任何文件，将生鲜豆制品明确为简单加工的农产品。

为此，我们先向市经信委汇报，并报送相关请示。由于该项工作与市经信委不相关联，后又协调市农产品加工业协会，联合起草“关于明确生鲜豆制品按简单农产品9%计税并出具相应增税文件的请示”，分别报送市农委、市商委、市税务局，希望市农委、商委协调市税务部门，出具明确的增税文件。目前，我们正期待政府部门的回音。

4月24日，在市市场监管局召开关于非洲猪瘟防控视频会。我市有关屠宰加工、肉制品加工企业及市肉类协会、农产品加工协会、市食品工业协会及有关区县市场监管局有关人员参加了会议。会议由市市场监管局李林副局长支持，食品生产处、食品经营处、风管处、原食药局稽查总队参加。李林副局长对此工作做了布置，提出了要求，希望大家认真落实、掌握、运用好食品安全法及动物检疫法，全力抓好此项工作。

5月16日，食品安全国家标准是食品行业履行责任的重要依据，为帮助食品生产、加工行业及时了及相关标准修订情况，准确把握食品安全国家标准要求，市卫生计生监督执法局举办了2019年食品安全标准宣贯培训。培训内容有1、食品安全国家标准发布情况、食品安全地方标准清理整合情况；2、《食品安全国家标准　复合调料GB31644-2018》JJ解读；3、《食品安全国家标准　植物油GB2716-2018》解读。全市组织了100余家企业120余人参加。

5月30日，在重庆市农业（集团）有限公司，协会与万州经济技术开发区经济发展局正式签订万州经开区食品产业发展规划技术咨询合同，协会由曾宪林秘书长签字，万州经开区由王培学签字。在当前大的背景下，由于经济的不确定性增加，作为发展前景广阔的食品产业越来越受到各地政府的重视，大力发展食品产业和食品园区成了各地政府产业发展的选择方向。因此，帮助各级政府特别是我市各区县搞好食品产业和食品园区建设，是食品行业协会义不容辞的任务。近些年来，我们为我市和不少区县食品产业发展在政策制定、规划编制、技术咨询、招商引资等各方面作了不少工作。今年，受万州区政府委托，协会帮助该区制定食品产业和食品园区发展规划。我们确保通过发挥专家委员会专家的作用，帮助万州作出一份既从着眼于当前，又具有前瞻性，既符合当地实际，又具有库区特点的产业发展规划和园区规划。包括规划编制的背景与依据，总体思路和发展目标，国内外食品产业发展形势分析，经开区食品产业的基础条件、优劣势分析，重点项目，保障措施，食品产业园空间布局、产业分布、生产、销售、研发、体验、展示、平台建设等。所编制的规划应注重宏观性、战略性、长远性、可行性。合同签订后将按期向对方提交《万州经开区食品产业发展规划》送审稿。

6月6日，在金质花苑酒店由重庆市食品工业协会主办，重庆中药研究院、西部食谷食品产业发展有限公司承办，重庆市相关食品行业协会协办的食品企业营销高峰论坛。特别邀请北京精锐纵横营销顾问有限公司总经理、创始人，中国食品资深实战营销策划专家王海鹰；浙江钱兔网络科技有限公司董事、总经理、创始人，中国著名的营销实战专家孙嘉华先生，为我市食品企业做专题演讲。二位专家阐述了在互联网发展强势袭击的市场里食品企业面临的共性痛点，从企业产品竞争力、形象竞争力、传播竞争力、专业销售流程设计与销售人员激励等方面一一讲解了精准应对的策略与方法，并以自己多年从事互联网营销的宝贵经验与大家分享。各食品企业主要负责人、营销人员、专家和部分媒体记者等共300余人参加了论坛。现场众多企业与专家展开了积极的互动与交流，论坛也帮助了一些企业理清互联网时代营销思路，也给出了快速实用的应对方法。

6月18日至19日，我们组织了西部食谷、周君记、秋霞、凯杨农业等14家企业23人，参观第十九届上海国际食品加工与包装机械展和第二十五届上海国际加工包装展览会，本届展会形成贯通农业粗加工、食品配料、食品加工、包装、营业保健品、快消品等产业链各环节的中国加工工业首创盛会。与会企业针对性的参观了与本企业相关的食品包装机械，大家纷纷对智能化的设备感兴趣，并积极与参展商进行沟通，以获取进一步的信息。

6月27日，为帮助食品企业了解新版《食品安全法》修订的主要变化以及新增条款，认真理解和落实好新的食品安全法及其实施条例，同时，帮助企业认识和发现食品安全漏洞和隐患，科学的管控好食品安全风险，重庆市相关食品行业协会在金质花苑酒店举行了食品安全风险控制暨新版《食品安全法》和我市食品企业监管发现的问题解析培训会。市经信委消费品工业处副处长杨华强就我市食品产业政策及发展措施作了讲解；市市场监督管理局食品生产处处长杨陶就我市食品生产企业监管发现的问题进行了解析，并就食品监管中发现的问题一一进行了说明，对发现的问题提出了要求，同时，对食品生产企业提出了下一步的工作要求。随后由食品安全专家杨成彬就新版食品安全法修订的主要变化以及新增条款进行了详细解读，同时对企业如何科学地进行食品安全风险管控做了深入的讲解。会上，参会人员与专家进行了互动，企业参会人员感觉获益匪浅。培训会时间一天，参会企业190余家，参会人员226人。

7月4日至22日，重庆市市场监督管理局起草了重庆市地方标准，安全生产技术规范 第××部分：饮料制造企业（送审稿），本规范规定了饮料制造企业安全生产原则和要求，在机构与职责、安全生产目标、安全生产制度、安全投入、安全生产培训教育、现场安全管理、职业健康、安全检查与问题整改、应急救援、事故报告与调查、安全考核等方面应达到的条件。根据重庆市市场监督管理局安排，我市组织20家桶（瓶）装企业及饮料企业对该局送审稿进行了情况反馈，各企业非常重视，积极参与，并认真填好<征求意见稿意见反馈表>企业意见，盖上企业公章，统一寄重庆市市场监督管理局。

7月23日，在重庆市能投集团，重庆市食品工业协会的曾宪林秘书长、初好食品研究院总经理黄平与重庆中梁山煤电气有限公司共同探讨重庆中梁山饮品有限公司经营情况，根据中梁山情况介绍，分析了企业困难的原因，建议加快混改模式，加强融资、人才引进工作；开发新产品；改变营销模式，拓展新的市场，不能仅限于重庆市场。中梁山煤电气有限公司也希望协会一如既往的给予支持，推荐合作单位，下一步进行认真研究。

9月19日，在天来大酒店由重庆市食品工业协会、重庆市调味品协会联合召开了新闻发布会，我市主要的新闻媒体参加了新闻发布会。就重庆胖子天骄融兴食品公司“胖子麻辣鱼”被重庆石三郎食品有限公司的“胖子妈麻辣鱼”仿冒侵权一案，共同发出了《关于针对仿冒名牌产品行为加大打击力度的呼吁书》，呼吁严打侵权仿冒。重庆胖子天骄融兴食品公司是我市著名的火锅底料和调料生产企业，其产品“胖子麻辣鱼”佐料因质量好、味道佳，深受广大消费者喜爱。2019年3月以来，我市各区县，以及国内部分省市，大量出现仿冒“胖子麻辣鱼”佐料。发布会上，两家协会共同发出公开“呼吁书”，呼吁有关部门切实严打仿冒者，并提出了建立黑名单制的建议，把仿冒、制假者列入失信黑名单，把这类人的信息通告全国有关部门，避免他们换个地方东山再起。由于仿冒成本低，给了仿冒侵权者可乘之机。常规手段已经很难打击这些仿冒企业，这就需要有关执法部门随时出击，冒头就打，对于屡罚屡犯者，则应该给予严厉的处罚。在全市甚至全国范围内严打仿冒侵权，不能给这些仿冒侵权者一点侥幸的机会。同时呼吁所有的食品销售渠道，合法经营，拒绝仿冒品，向消费者提供合法的安全的食品。各企业也要拿起法律武器，维护企业自身权益，保护好自己的品牌和知识产权。

10月16日，由重庆市食品工业协会、重庆市调味品协会、重庆市糖果糕点行业协会，重庆市农产品加工协会、重庆市粮油行业协会、重庆茶叶商会等协会主办，重庆初好食品研究院承办的新媒体培训会在江北金质花园酒店举行，来自各协会企业的企业领导和营销人员计100余人参加了培训。在行业经济下行，同质化产品竞争激烈的形势下，食品企业如何实现营销方式的转变，从而提升企业的营销力？当下，发展势头强劲的新媒体无疑是食品企业一种选择．随着媒体的碎片化和传统媒体的你衰落，新媒体的异军突起，为企业营销打开了新的渠道。但是，对习惯于传统营销方式和营销载体的食品企业而言，对新媒体、对如何运用新媒体促进企业营销却不甚了解。培训会上，“头条易”全国销售总监季东重点介绍抖音企业号与传统营销渠道的不同，如何打造新的营销闭环，帮助企业快速实现新媒体营销从0到1的跨越。重庆新力量营销总监刘传琦阐述如何充分利用新媒体资源进行营销，通过对行业领袖的N个方法论拆解，详细分析新媒体营销带来的效果，以及利用新媒体在全网打造本企业优质正向舆论。培训会上，专家和企业人员进行了互动，两位专家回答了企业人员的问题。

8月12日，重庆市启动了首届“重庆优质文化旅游商品”评选活动。近年来，重庆作为网红城市成了国内外游客旅游目的地和打卡地，据统计，2019年的春节、五一、十一黄金周，在全国一二线城市中，到重庆的游客人数不是第一，就是位居前茅。但是，来渝的游客消费却排在很靠后。这与重庆作为旅游之都极不相称。实际上，作为历史底蕴雄厚的重庆，不乏包括食品在内的旅游商品，因此，打造旅游商品、旅游食品是当前我们面临的紧迫问题。因此，2019年，举办了首届“重庆优质文化旅游商品”评选活动，该活动由重庆市工商联、重庆市文旅委作为指导单位，重庆市总商会旅游商会主办，旅游商品参评类别包括：旅游纪念品、旅游食品、土特产品、重庆火锅底料等。全市有上百家企业申报，品种达200多个。经过企业申报、网络投票、专家组评选、媒体公示，最终有44个单位、57个品种获得首届“重庆优质文化旅游商品”称号。12月27日下午，在岷山饭店，召开了以由重庆市旅游商会主办，重庆市食品工业协会等协会承办的首届“重庆优质文化旅游商品评选活动”颁奖典礼。

12月，完成《中国工业史》《食品工业卷（下册）》《重庆市食品工业（地方篇）》的撰写，按照中食协要求，经过认真查找有关资料，就我市食品工业的发展情况，文章从建国初期到改革开放今天，我市食品工业从无到有、从小到大，一步步发展起来，经历了几代人的艰辛努力，反映了各食品门类的发展进步，记载了广大食品行业人士奋斗的足迹。

【c. 名优企业和产品】

首届重庆优质文化旅游商品评选活动获奖单位（食品类）

序号	单 位	产 品	类 别
1	重庆市天友乳业股份有限公司	酸奶、花生奶	旅游食品、创新人物
2	重庆市江津米花糖有限责任公司（玫瑰）	米花糖	旅游食品、土特产品
3	重庆自家厨房食品有限公司	自家卤、巴比克	旅游食品、土特产品、创新人物
4	重庆冒大汉食品有限公司	火锅底料	重庆火锅底料
5	重庆中梁山饮品有限公司	矿泉水	旅游食品
6	重庆南川区陈吉旺食品有限公司	小麻花	旅游食品、土特产品
7	重庆泰亨鼎食品有限公司	火锅底料	重庆火锅底料
8	重庆秦妈食品有限公司	重庆火锅	重庆火锅底料
9	重庆多味多食品科技开发股份有限公司	豆干	旅游食品
10	重庆直升酒业有限责任公司	50度鸿运酒	土特产品
11	重庆玉堂号豆制品有限公司	豆干、素肉	旅游食品
12	重庆市食友食品开发有限公司	凤爪、火锅底料、酸辣粉	旅游食品、土特产品、火锅底料
13	重庆市佳佳乐食品有限公司	豆干	旅游食品
14	重庆欣和饮食文化有限公司	香卤牛肉、精品牛肉	旅游食品、土特产品
15	重庆三不加食品有限公司	酿造基地	示范基地
16	重庆鑫家宝食品有限公司	豆干、凤爪、肉干	旅游食品
17	重庆鹏芝林茶叶有限公司	茶叶	土特产品
18	重庆周义食品有限公司	凤爪、豆干	旅游食品
19	重庆市齐圣食品有限公司	涪陵油醪糟	土特产品
20	重庆市荣记三民斋套牌有限公司	合川桃片	土特产品
21	重庆新橙元食品科技有限公司	NFC 橙汁	土特产品
22	重庆邓鼎记食品有限公司	火锅底料	重庆火锅底料
23	重庆市城口县赵孝春野生食品开发有限公司	老腊肉	旅游食品、土特产品
24	重庆非普食品饮料有限公司	苏打水	旅游食品

续表

序号	单 位	产 品	类 别
25	重庆黄家码头餐饮管理有限公司	火锅底料	重庆火锅底料
26	重庆丰都富利实业有限公司	隆婆婆香肠	土特产品、创新人物、示范基地
27	重庆白乐天火锅产业有限公司	火锅底料	重庆火锅底料
28	重庆西厢阁粮油食品有限公司	汤 圆	土特产品
29	丰都县麻辣兄弟食品有限公司	鸡肉、牛肉干	土特产品
30	重庆市江津米花糖厂（荷花）	米花糖	旅游食品、土特产品
31	重庆绿本科技有限公司	火锅底料	火锅底料、创新人物、示范基地
32	重庆市万盛区夜郎水稻种植专业合作社	大 米	土特产品
33	重庆渝兄食品有限公司	怪味胡豆	旅游食品
34	重庆茶叶（集团）有限公司	巴南银针	土特产品、示范基地
35	重庆两颗豆农业科技发展有限公司	梁平豆棒	土特产品、创新人物
36	重庆益丰茶叶有限公司	茶 叶	旅游食品、示范基地
37	重庆寿禄养蜂股份合作社	蜂 蜜	土特产品
38	重庆红久久食品有限公司	火锅底料	火锅底料
39	重庆泽胜文旅商业管理有限公司	牛肉、鸡肉	旅游食品、示范基地、旅游纪念品、创新人物
40	重庆岷山饭店有限公司	岷山饭店、吴松蔚	示范基地、创新人物
41	重庆巴九门餐饮管理有限公司	火锅底料、九宫格	火锅底料、特色轻工产品
42	重庆家佳康农产品有限公司	豆制品	旅游食品
43	重庆瑞玲祥文化传播有限公司	酒	旅游食品、土特产品
44	重庆市永川区来苏川岩食品厂	腊 肉	土特产品

【d. 政策、法规】

2019 年，我市对《重庆市食品安全地方标准 泡椒肉制品》《重庆市食品安全地方标准 火锅底料》《重庆市食品安全地方标准 复合调味料》进行了修订。

重庆市市场监督管理局制定了重庆市粮食、饮料安全生产地方标准。

《食品安全地方标准 食品生产加工小作坊通用卫生规范》重庆市卫健委正在广泛征求食品企业的意见。

邹世云

3.20 四川省

【a. 概况】

2019年，四川省经济和信息化系统认真贯彻党的十九大和省委十一届三次、四次全会精神，全面落实构建四川“5+1”现代产业体系建设的决策部署，大力实施工业“三品”专项行动，加大龙头企业培育、重大项目建设、重点市场开拓力度，着力推动全省食品饮料产业高质量发展，行业延续总体运行平稳、稳中有进发展态势。

2019年，全省规模以上食品企业2421家，实现营业收入7228.3亿元，同比增长9.9%，其中，农副食品加工业企业1242家，实现营业收入2440.7亿元，同比增长7.0%。食品制造业企业501家，实现营业收入1115.2亿元，同比增长8.8%。酒、饮料和精制茶制造企业675家，实现营业收入3409.7亿元，同比增长11.9%。烟草制品业企业3家，实现营业收入262.7亿元，同比增长16.8%。在全国排名中，排在山东之后，位列第2。

【b. 大事记】

2019年3月19日，四川省政府副省长、农产品精深加工产业联系领导主持召开了农产品精深加工产业推进专题会议。会议明确农产品精深加工产业发展目标、落实任务清单、完善工作措施。

4月2日，经济和信息化厅召开全省农产品加工园区建设现场推进会。会议明确了全省农产品加工园区发展规划，分类推进园区发展建设。会议对推动园区提质增效，着力培育园区龙头企业，强化园区技术创新等方面有积极意义。全省将建成200个左右农产品加工园区，建成全国重要的优质农产品加工产业集群。在会议现场，举行了农产品加工园区与金融机构、电商平台签约仪式。重点农产品加工园区代表做了交流发言。发布了《2019年全省农产品加工园区需求导引及重点支持项目目录》，以及全省90多个农产品加工园区在引进企业类型、招商优惠政策及重点支持项目等方面的信息。

4月29日，由经济和信息化厅、农业农村厅、省政府驻北京办事处联合主办的“四川好水·天府名茶”品牌鉴赏推介活动在北京举行。本次推介活动精心策划、亮点纷呈、成效显著。

6月28日，由四川省经济和信息化厅、成都市经济和信息化局主办，成都市食品工业协会承办的“四川省食品饮料万亿产业重点企业与全国新零售平台招商对接活动”在成都举行。本次活动旨在搭建全省食品饮料企业与全国新零售平台间的合作桥梁纽带，促进食品饮料企业转型发展，开辟更大的市场空间，助力全省万亿食品饮料产业高质量发展。全省的230余家名优重点食品企业、50余家全国新零售平台参加了活动，活动当天来自全国1200余人到场参观和交流。

7月12日，由经济和信息化厅组织的全省食品工业企业诚信体系建设培训会在绵阳召开。本次培训是深入开展“不忘初心，牢记使命”主题教育活动的具体实践，旨在贯彻落实党中央国务院和省委省政府加强食品安全各项工作部署，加强企业诚信管理体系建设、提高食品质量安全保障能力、提升企业管理水平。全省经济和信息化系统食品产业主管部门分管领导和相关科室负责人、100户食品工业企业负责人等150余人参加了培训。

7月30日，参加中国食品工业协会主办的、中国食品工业年鉴编辑部承办的庆祝《中国食品工业年鉴》创刊35周年座谈会。四川省经济和信息化厅获得《中国食品工业年鉴》优秀工作单位荣誉证书。

8月19日，由四川省经济和信息化厅主办、四川省工商职业技术学院承办的“2019农产品（食品饮料）加工培训班”在四川工商职院举行开班仪式。来自45个深度贫困地区的100名农产品加工企业负责人和基层一线经信工作人员参加培训。

9月21日，第二届世界川菜大会暨签约仪式在资阳市举行。大会以“爱上川菜、爱上资阳”为主题，以全球川菜发展视角，聚焦国际产业联动、产品升级、品牌战略、文化提升、川菜非遗、人才培养、技术交流以及标准发布，着力加强川菜推广，促进川菜产业发展基础提升，川菜产业链条延伸，推动川菜龙头企业、绿色产品、集群品牌、文化技艺和人才“走出去”，全面提升川菜国际竞争力和影响力。大会共引进了21个投资项目，投资总额达145亿元。厅二级巡视员张盛俊参加活动。

9月27日，四川省精制川茶产业联盟座谈会在世代锦江国际酒店召开。会议讨论通过了“四川省精制川茶产业联盟章程”，参会的相关部门和企业围绕单位和企业自身实际，交流了精制川茶发展情况，讨论产业联盟下一步工作计划安排。

10月17日，四川省经济和信息化厅农产品加工处召开了全省包装饮用水产业发展推进会，蓝剑冰川时代、蓝光等20余户包装饮用水重点企业负责人参加了会议。会议分析了全省包装饮用水产业发展现状，交流产业发展经验，分析解决制约产业发展的问题，推动我省包装饮用水产业转型升级，助推全省食品饮料万亿产业发展。

10月30日，四川省经济和信息化厅召开了全省肉制品加工产业推进会。四川省科技厅、农业农村厅、省市场监管局、省经济合作局及部分院校等成员单位相关负责同志，成都、绵阳、德阳等10个重点市（州）经济和信息化主管部门分管负责同志，中国邮政四川分公司、希望食品、高金集团等9家企业，四川省轻工业研究设计院、四川省食品发酵工业研究设计院负责人参加会议。会议听取了相关市（州）对肉制品加工产业推进情况的汇报，重点肉制品企业对发展情况的汇报，省领导联系指导成员单位结合职能职责围绕原料供给、科技创新、市场监督、金融服务、市场拓展等方面作了发言。

11月23日至24日，中国农业工程学会农产品加工及贮藏工程分会学术年会在四川雅安召开，来自全国50余所大学的农产品加工及贮藏工程领域的教授、专家、学者代表500余人参加了会议。

12月13日，四川省经济和信息化厅主持召开会议，专题研究南江黄羊产业发展工作。会议强调一要加强规划统筹，明确产业发展目标和发展重点，协调推进一二三产业融合发展。二要加强力量整合，加快推动产学研合作，共同解决产业发展瓶颈问题。三要加强龙头企业培育，以龙头企业为支撑，以项目为抓手，整合资金，突出重点，集中力量，带动产业壮大发展。四要推动政策落实落地，加强资金、金融、土地、税收等保障，确保推进南江黄羊全产业发展取得实效。

【c. 主要工作】

1. 联系机制合力进一步形成

按照四川省委、省政府加快构建“5+1”现代产业体系的决策部署，建立了省领导联系产业机制办公室，各成员单位各尽其能，部门联动，密切配合，扎实推动食品饮料产业加快发展。食品饮料产业（含4个重点领域）全年牵头省领导开展各类专题调研30余次，召开联席会议、工作专题会以及协调会18次，累计开展各类招商活动20余场次，签约项目300余个。

2. 产业体系构建进一步完善

按照“一干多支、五区协同”的区域发展新格局，以农产品资源优势和农产品加工基地为基础，打造各具特色的优势产业。成都平原经济区8个市（州）逐步形成了以食品制造、中药材加工、纺织服装、精制川茶、泡菜、调味品、肉类加工为支柱，以酒的制造、乳制品、糖果糕点、包装饮用水、家具为支撑的农产品加工产业体系。川东北经济区5市以果蔬、调味品、茶叶、肉制品、豆制品、粮油精深加工等六大主要板块的绿色食品精深加工产业稳步发展。川南经济区4市形成了酒的制造、精制川茶、林竹加工为特色的重点产业。攀西经济区2个市（州）重点发展特色果蔬深加工、茧丝、优质烟叶产业。川西北生态经济区2个市（州）逐步形成了乳制品、肉制品加工等重点产业。

3. 产业集聚能力进一步增强

统筹推进农产品加工园区发展，将全省农产品加工园区建设作为产业聚集发展的重要抓手。编制了《四川省农产品加工园区发展指南》，召开全省农产品加工园区建设现场推进会，认定了第一批14个省级农产品加工示范园区，形成了以成都临邛和郫都等酒类制造、饮料制造、乳制品制造、调味品制造、方便食品制造为主导产业的农产品加工示范园区；形成了以南充、达州、巴中为代表的加工专业或综合园区的农产品加工集中区，突出了一园一特色，一区一主业的发展格局。

4. 市场主体活力进一步激活

加大对大企业大集团核心竞争力培育，结合省内优势特色产业发展情况，围绕企业“一企一策”和行业精准施策，分别专题召开全省包装饮用水产业发展推进会、全省肉制品加工产业发展推进会和南江黄羊产业发展推进会，帮助企业问诊把脉，增强企业发展信心，推动了益海粮油、雄健食品、米老头、双汇食品、长林肉类、德健黄羊等一批竞争能力强的重点企业加快发展。培育了丹丹食品、文君茶、保宁醋等194家“专精特新”中小企业，郫县豆瓣、友嘉食品、美宁食品等87家高成长型中小企业，丁点儿食品、川南酿制等7家企业“行业小巨人”中小企业。

5. 创新和转型升级的力度进一步提高

坚持创新平台搭建和转型升级项目建设两手抓，两促进。支持农产品加工企业自建或联合高校、院所共建农产品精深加工领域产学研平台，开展技术协同创新。坚持前期项目抓开工、在建项目抓进度、竣工项目抓投产，促进项目尽快投产增效，推动产业转型发展。同时，还开展精制川茶自动化清洁化加工示范企业认定工作。

6. 市场拓展和品牌影响力进一步扩大

坚持紧盯川内市场、拓展国内市场，外延国际市场，加强重点区域开发，着眼未来市场布局。多路径提升食品饮料产业的“四川制造”影响力和传播力，创新品牌发展战略，“川货全国行”“四川好水·天府名茶”品牌鉴赏推介活动、“全省食品饮料万亿产业重点企业开展与全国新零售平台招商对接活动”等活动扩大了市场拓展和品牌知名度和影响力，加大了品牌宣传报道，推荐千禾酱油、海螺沟冰川水、幺麻子藤椒油等品牌在四川电视台“四川制造 中国荣耀”专题栏目上推广。

7. 质量安全水平进一步提升

印发了《全省经信系统2019年食品安全重点工作要点》，进一步压实责任，提升食品安全保障水平。年初，召开了全省食品饮料产业现场推进会暨经信系统食品安全工作会，举办全省100户食品工业重点企业负责人参加的食品工业企业诚信体系建设培训，强化了食品的质量和安全，加强了企业诚信管理体系建设，提升企业管理水平。2019年新增“四川省诚信示范企业”66家，协助若尔盖高原之宝牦牛乳业有限公司接入工信部食品工业企业质量安全婴幼儿配方乳粉追溯平台工作。全年农产品加工企业未发生重大食品安全事故。

8. 脱贫攻坚成效进一步巩固

2019年，积极支持贫困地区农产品加工园区申报省级农产品加工示范园区，第一批14个示范园区中，贫困地区有3个，占21%。支持贫困地区企业扩能技改项目22个，持续加大开江县10万吨优质大米生产线项目建设力度并竣工投产，全年支持贫困地区项目专项资金1700余万元。加大智力扶持，举办45个深度贫困地区农产品（食品饮料）加工培训班2期，培训农产品加工企业负责人和基层一线经信工作人员200名。同时，积极鼓励农产品加工企业采购本地原料，39个深度贫困县177户农产品加工企业，采购本地原料达80%以上，年采购原料共10万余吨，帮助农民增收1.69亿元，带动当地贫困群众就业人口达6.88万，占贫困人口总数的10%，年人均收入2.4万元，助推脱贫攻坚，基本实现“一人就业，全家脱贫”的目标。

何　斌、朱　旭

3.21 贵州省

过去的一年，国内国外行内行外热点纷繁，我们党召开了十九届四中全会，中美贸易风波不断，一头猪飞上了天，一瓶酒更加受到了全国人民的关爱，一瓶油辣椒香辣世界，一锅酸汤也享誉全国。总之，一年来我们食品行业在省委省政府的领导下、在各部门领导的关心下、在同志们的勤奋努力下，攻坚克难、喜报多多、亮点频出，取得了耀眼的成绩，尽管我们还有不足，我们仍然看准目标会往前冲。

【a. 概况】

2019 年，全省规模以上食品工业总产值完成 2222.91 亿元，现价同比增长 10.6%；完成工业增加值占全省比重 39.5%，可比价同比增长 12.2%，占比提高 2.6%；完成营业收入 2030.86 亿元，现价同比增长 5.2%，同比下降 6.1%；实现利润 641.81 亿元，现价同比增长 6.5%，同比增加 38.43 亿元；税收 709.71 亿元，现价同比增长 10.5%，同比增加 187.32 亿元；平均用工人数同比下降 4.7%，减少 0.93 万人。

1. 各产业完成工业总产值

表 1

	企业单位数（个）	绝对数（亿元）	现价同比增长（%）
食品工业合计	934	2222.91	10.6
农副食品加工业	353	284.12	-0.2
食品制造业	134	192.15	6.2
酒、饮料和精制茶制造业	444	1340.79	14.3
其中：酒的制造	160	1131.04	16.7
烟草制品业	3	405.86	9.3

注：酒的制造包含白酒、啤酒、黄酒、葡萄酒、果露酒五大酒种（下同）

表 1 简析：

全省规模以上食品工业企业 2018 年为 1034 个，2019 年为 934 个，同比减少 100 个，减少数为历年之最，平均用工人数 124 人。其中，农副食品加工业同比减少 23 个；食品制造业同比减少 17 个；酒、饮料和精制茶制造业同比减少 60 个，其中，酒的制造同比减少 31 个，饮料和精制茶制造业同比减少 29 个；烟草制品业同比持平。

食品工业总产值仍然实现了两位数增长的目标，从绝对数看食品工业仍是我省各工业经济产业门类中的第一大产业，是我省工业生产的主力。但是，农副食品加工业再次出现下降；食品制造业继续缓慢增长；酒、饮料和精制茶制造业增长幅度较大，特别是 酒的制造现价同比增长 28.6%，初步展现了生产的复苏，成为增长上行牵引的动力；烟草制品业虽然是个位数增长，同比增长幅度较大。

平均每个食品生产企业完成食品工业总产值 2.38 亿元，同比增长 20.81%；其中，农副食品加工业企业完成 0.81 亿元，同比增长，5.2%；酒的制造企业完成 7.07 亿元，同比增长 38.36%；

烟草制品企业完成 123.76 亿元，居全省各产业之最。

2. 各产业完成工业增加值

表 2

	企业单位数（个）	占全省比重（%）	可比价同比增长（%）
食品工业合计	934	39.5	12.2
农副食品加工业	353	1.2	4.1
食品制造业	134	1.2	6.8
酒、饮料和精制茶制造业	444	28.8	14.9
其中：酒的制造	160	27.3	15.8
烟草制品业	3	8.4	6.8

表 2 简析：

全省食品工业实现的增加值占全省比重价增速仍然实现两位数的增长，增幅尽管不大，就食品工业而言属小幅增长，占全省工业实现的增加值的 39.5%，仍是我省各工业经济产业门类中贡献第一的大产业，接近全省工业实现增加值的 2/5，是促进我省国民经济发展的主力军。

从全省食品工业各产业实现的增加值占比情况看，农副食品加工与食品制造业同为 1.2%，酒、饮料和精制茶制造业占全省比重达 28.8%，超过 1/4，其中酒的制造 27.3% ，超过 1/4。从各产业的增幅看仅酒、饮料和精制茶制造业实现了两位数增长，农副食品加工业、食品制造业和烟草制品业是增幅不大的个位数增长，而烟草制品业呈现的是跨越式增长。

从以上简述看，我省食品工业的产业结构仍以酒、烟为主，而具有相对区域经济优势的、对民生和就业带动较大的、与人民群众生活息息相关的、对供给侧结构性改革具有关键意义的农副食品加工业、食品制造业的发展依然缓慢。产业布局滞后，产业缺门较多，产业发展极不平衡，食品工业产业产品结构的调整仍是今后一个时期重要的任务。

3. 各产业完成工业营业收入

表 3

	企业单位数（个）	绝对数（亿元）	现价同比增长（%）
食品工业合计	934	2030.86	5.2
农副食品加工业	353	239.40	–9.1
食品制造业	134	129.84	–1.7
酒、饮料和精制茶制造业	444	1240.06	6.6
其中：酒的制造	160	1090.65	11.4
烟草制品业	3	421.56	13.2

表 3 简析：

全省食品工业完成营业收入增速同比低，首次出现个位数的增长，增速显著减缓，在今后的增长中将会成为常态。2019 年，现价总产销率 91.36%，同比下降 3.68%，产销平衡差距加大。

从各产业的情况看，农副食品加工业和食品制造业完成营业收入现价同比增速为负数，是我省食品工业中再次双双出现负增长的产业。农副食品加工业产销率达 84.26%，食品制造业产销率仅为 67.57%；酒、饮料和精制茶制造业完成营业收入同比增速低，产销率 92.49%，同比下降 5.8%，其中，酒的制造业产略大于销，酒的制造业完成营业收入 1090.65 亿元，产销率 96.42%，产销趋向平衡；饮料和精制茶制造业完成营业收入 149.41 亿元，产销率 71.23%，同比下降 16.6%，出现大幅下降，表明库存在继续增加；烟草制品业产销率达 103.87%，销略大于产。

从各产业的情况看，酒的制造业产略大于销，产销率同比低，扣除价格因素，库存仍未有明显增加。我省白酒 2019 年的产量 27.39 万千升，销消耗掉的是大量的库存酒。我省白酒的生产是以酱香型白酒为主，其生产技术每年需要增加适量的库存酒，以确保酱香白酒品质勾兑的需要。如果任其产销率继续无限制扩大，将会对以后若干年的市场销售带来难以弥补的技术工艺质量问题，我省白酒产品的品质信誉度面临重大的市场考验，对下一步经济迈入高质量发展阶段将产生负面影响。问题较为突出的是食品制造业和酒、饮料和精制茶制造业中的饮料和精制茶制造业，其产销率都仅为 2/3 多一点，库存的增加将会对来年的生产形成制约。应加大调研力度，搞清存在问题，给出解决方案，促进食品制造业和饮料和精制茶制造业发展进步，为我省食品工业的供给侧结构性改革做出贡献。

4. 各产业实现利润

表 4

	企业单位数（个）	绝对数（亿元）	现价同比增长（%）
食品工业合计	934	641.81	6.5
农副食品加工业	353	8.17	-19.3
食品制造业	134	8.81	-36.8
酒、饮料和精制茶制造业	444	603.66	10.02
其中：酒的制造	160	596.02	11.2
烟草制品业	3	21.17	-32.3

表 4 简析：

全省食品工业食品工业实现利润首次个位数的增长，但各产业发展不一。农副食品加工业和食品制造业现价同比增速为负，呈现大幅下降。酒、饮料和精制茶制造业实现利润同比两位数增长，同比增幅显著下降，其中，饮料和精制茶制造业实现利润 7.64 亿元，同比减少 1/3 多一点。烟草制品业实现利润现价同比增速为负。

全省食品工业产值利润率为 28.87%，营业收入利润率达到 31.6%。但各产业发展不尽使然。农副食品加工业工业产值利润率和营业收入利润率同比分别为 2.88%、3.41%；食品制造业产值利润率和营业收入利润率同比分别 4.59%、6.79%；酒、饮料和精制茶制造业产值利润率和营业收入利润率同比分别为 45.02%、48.68%。

从上述指标的解析可以看出，我省食品行业经营效益普遍下滑，除酒、饮料和精制茶制造业主营业务收入利润率同比增长 1.82% 外，其余均低于 2018 年。

5. 各产业税金总额（见表 5）

表 5

	企业单位数（个）	绝对数（亿元）	现价同比增速（%）
食品工业合计	934	709.71	10.59
农副食品加工业	353	3.5	-14.2
食品制造业	134	4.79	3.8
酒、饮料和精制茶制造业	444	411.88	10.49
其中：酒的制造	160	408.27	10.6
烟草制品业	3	289.51	11.2

表 5 简析：

全省食品工业食品工业上缴税金继续保持两位数的增长，现价同比增长 10.59%。但各产业情况不同。除农副食品加工业同比增长为负外，食品制造业，酒、饮料和精制茶制造业和烟草制品业上缴税金同比均有增长。

农副食品加工业上缴税金占全省食品工业 0.5%；食品制造业上缴税金占全省食品工业的 0.67%；其中有受惠于国家税收减免的影响，更主要是生产经营上的问题。酒、饮料和精制茶制造业上缴税金占全省食品工业的 58.03%，超过一半，其中仅酒的制造业就占 57.53%，饮料和精制茶制造业上缴税金仅占 0.5%，与农副食品加工业持平；烟草制品业上缴税金占全省食品工业的 40.8%。所有产业中上缴税金除农副食品加工业同比都低，其余产业均有不同程度增收。

6. 关于食品工业劳动生产率的问题（见表 6）

表 6

	平均用工人数	
	绝对数（万人）	同比增速（%）
食品工业合计	11.61	-4.27
农副食品加工业	2.32	-6.0
食品制造业	1.24	-5.9
酒、饮料和精制茶制造业	7.23	-4.1
其中：酒的制造	5.58	-1.9
烟草制品业	0.82	-3.3

表 6 简析：

农副食品加工业和食品制造业仍属是劳动密集型产业，仅需经简单培训即可就业，但需要大量的人工投入，可靠的原料保证和有效的市场开拓。平均用工人数同比增速均为负数，逐年递减，极不正常，显现出对产业下行压力的措施乏力，对当地经济发展影响非同寻常，脱贫攻坚有待精准对接，发展经济实施产业脱贫。

企业劳动生产率全行业平均 2.38 亿元。最高贡献最大当属税高利低的烟草制品业。平均每个企业完成工业产值 135.29 亿元，同比增长 9.32%；实现营业收入 140.52 亿元，同比增长 13.2%；实现利润 21.17 亿元；税金 289.51 亿元。其次为酒的制造业，平均每个企业完成工业总产值 7.07 亿元，实现营业收入 6.82 亿元，实现利润 3.73 亿元，税金 2.52 亿元。饮料和精制茶制造业平均每个企业完成工业产值 7385.56.01 万元，实现营业收入 5260.91 万元，利润 269.01 万元，税金 127.11 万元。

情况不容乐观的首属农副食品加工业，平均每个企业完成工业产值 8048.72. 万元，实现营业收入 6781.86 万元，利润 231.44 万元，税金 100 万；其次为食品制造业，平均每个企业完成工业产值 1.43 亿元，实现营业收入 9689.55 万元，利润 657.45 万元，税金 357.46 万元。

7. 主要产品完成情况

2019 年产品产量汇总表

编制单位：贵州省

序列码	名称	计量单位	本月止累计	累计增长 %
1310010	小麦粉	吨	0.0	0.0
1310030	大米	万吨	63.42	-10.85
1310040	薏仁米（省级产品）	吨	121096.1	-25.2
1320010	饲料◇	万吨	169.89	4.30
1321720	其中：◇配合饲料	万吨	106.47	-6.85
1321730	◇混合饲料	万吨	18.17	16.47
1331020	精制食用植物油	万吨	13.54	-17.14
1340010	成品糖	吨	34046.1	15.0
1350010	鲜、冷藏肉	万吨	10.92	4.70
1350020	冻肉	吨	2284.0	115.7
1353010	熟肉制品	吨	21052.3	-6.8
1361010	冷冻水产品	吨	0.0	0.0
1371010	冷冻蔬菜	吨	48460.8	67.1
1391010	魔芋粉（省级产品）	吨	11328.9	-0.1
1419020	膨化食品	吨	2831.0	-2.6
1419030	焙烤松脆食品	吨	13752.2	-23.3
1421010	糖果	吨	18796.8	-16.4
1431020	面条（省级产品）	吨	51707.5	30.1
1432000	速冻食品◇	吨	1096.0	16.3
1432010	其中：◇速冻米面食品	吨	1096.0	16.3

续表

序列码	名称	计量单位	本月止累计	累计增长 %
1439010	方便面	吨	58553.3	–7.7
1440010	乳制品◆	吨	129779.0	13.6
1440020	◆液体乳	吨	129779.0	13.6
1440030	◆固体及半固体乳制品△	吨 4	0.0	0.0
1440040	其中：○婴幼儿配方乳粉	吨 2	0.0	0.0
1440070	其中：△乳粉○	吨 3	0.0	0.0
1450010	罐头	吨	6491.2	0.6
1461010	味精（谷氨酸钠）	吨	15230.7	21.0
1462010	酱油	吨	33648.1	–14.8
1462030	食醋	吨	15556.6	12.3
1469630	辣椒制品（省级产品）	吨	584752.9	23.5
1490010	营养、保健食品	吨	849.5	–84.2
1493010	冷冻饮品	吨	10184.0	–46.6
1494010	食用盐	吨 5	0.0	0.0
1494020	非食用盐	吨 6	0.0	0.0
1495010	食品添加剂	吨	456.6	–63.5
1495020	饲料添加剂	吨	493656.7	707.9
1510010	发酵酒精（折 96 度，商品量）	千升 7	0.0	0.0
1510020	饮料酒◇	万千升	140.67	6.93
1512010	其中：◇白酒（折 65 度，商品量）	万千升	27.39	0.74
1513010	◇啤酒	万千升	111.14	8.03
1514010	◇ 黄酒	千升	1627.1	25.2
1515010	◇葡萄酒	千升	78.5	–18.8
1519010	◇果酒及配制酒	千升	9919.6	13.5
1520010	饮料◇	万吨	572.75	–13.60
1521010	其中：◇碳酸型饮料（汽水）	万吨	16.12	–0.31
1522010	◇包装饮用水	万吨	494.56	–16.69
1523010	◇果汁和蔬菜汁类饮料	万吨	19.31	24.50
1524010	◇蛋白饮料	万吨	26.99	12.27
1530010	精制茶	吨	40245.3	–7.5
1620010	卷烟	亿支	1114.65	3.61

（1）2019 年，我省食品工业产品列入国家统计的有 48 个产品，其中，22 个产量同比增长，最高为冻肉 115.7%，最低为白酒 0.74%；同比持平 7 个；在 19 个产品产量负增长中，最高为营养保健食品类产品 84.2%，最低为魔芋粉 0.1%。

（2）2019 年，我省食品工业产品单个产品产量增长第二的是冷冻蔬菜，同比增长为 67.1%。第三的是面条继续大幅增长，同比增长 30.1%。我省地处南方，非小麦主产区，人民群众主食习惯大米为主，并且也无大型面粉生产企业，面粉需求基本靠省外小麦产区调进，面条产量达51707.5吨。在2018年的“贵州食品工业发展报告”中，我们曾大声呼吁面对主食结构的变化，适当加快我省的面条生产，一年来，面条产量出现大幅增长，继续给我们带来启示：

①人民群众的主食习惯正在出现潜移默化的改变，随着生活节奏的加快，面条的快速性、方便性、适口性被地处南方的以大米为主食习惯的我省人民群众逐渐接受。

②市场需求是生产者的动力。我省粮食加工企业老总们目光敏锐，嗅觉灵敏，加紧布局，取得了较好的收益，同时也有面条生产企业被破产重组。在新布局面条生产力时，需考虑总体产销形势，区域经济的优势与否，产品的结构和市场的细分结果，避免盲目性。

③随着我省食品工业产业结构的调整和饮食习惯的变化，顺应历史潮流，积极以变应变，我省的面条产业呈现初步的繁荣景象，形成了三大面条产业集聚区：绥阳城关镇产区、六枝特区岩脚镇产区和凯里市下司镇产区。协会将会加强与这些产区的联系，提供更多更好的服务。

（3）产量增长较快的产品还有味精，2019年，同比增长21.%。这类产品在我省应该是受到限制生产的产品，2018年的黄皮书中我们曾经谈到过，我省的味精生产主要是分装，但是这是必须引起我省相关部门重视的大事。味精是谷氨酸发酵得来的，并不是发酵得来的全是味精，要不停地向里边输送很多产菌的养料，还有很多其他功能的化学物质。因而味精的生产废液会很多，而废液里边化学成分残留是很高的，生产越多污染越重。如果这些废液处理不好或者偷排乱放，会出现重大污染事件，对我省生态环境带来难以设想的危害。对这类产业应按照国家产业政策加以限制，坚决不予支持。

（4）罐头生产略有增长。罐头是指装在密封容器里经过抽真空、杀菌等工艺后能常温储藏的食品，品种可分为肉类、禽类、水产类、水果类、蔬菜类及其他类。我省的罐头生产主要是蔬菜类，国内市场销售的罐头产品中，50%以上是这类。随着国民生活水平的提高，罐头食品安全、营养、便捷的特性也越来越受到消费者的青睐，国内需求量逐年上涨进入21世纪以来，我国罐头产量总体呈上升趋势，我省出现较大的反复，应当引起我们的重视与反思。首先是消费者的认知问题，近年来，健康饮食的观念逐渐深入人心，罐头食品一度被认为是不健康食品的代表。然而事实上，罐头食品之所以能起到长期保存的作用，完全得益于密封的容器和严格的杀菌，不需要也不允许加入任何防腐剂；其次是我们的对罐头市场的认识和罐头的生产组织，涉及农副食品加工产品的出路问题，在我省产业扶贫的产业选择中是可以重点考虑加大布局的产业项目之一。在市场调研中，我们浮在表面的多，真正沉下去少，仅仅大呼“黔货出山”是远远不够的，“黔货出山”出什么货？出到哪里？山有多高？山外要什么？我们有什么？我们的对应措施？对需求侧的需求和供给侧的供给都需要认真的市场调研和生产组织调研，在市场拓展的过程中，力争做到精准对接，将企业和政府在市场开拓和运行中的有限资金投入，切实发挥小投入大回报的作用。例如我省的大宗罐头产品－竹笋罐头，市场需求量大需求面广，在组织生产时缺乏详细的市场调研资料，导致在产品销售时，面对细分的市场而无法提供适销对路的产品，错误的信息又被反馈到生产上，阻碍罐头产品的生产。在罐头产品生产品种的市场选择上，要坚持市场导向，避免盲目性，还要充分考虑到原材料的生产组织。

（5）连续两年负增长的还有包装饮用水，2019年同比增长−16.69%，绝对值达43.15万吨，充分的反映出一般纯净水生产过量，优质矿泉水又寥寥无几。同比处于负增长的还有我省大米、薏仁米、精制食用植物油、食品添加剂、冷冻饮品、糖果、葡萄酒等。

（6）同比处于负增长并应引起我们重视的大宗产品还有精制茶的生产，2019 年，同比增长 -7.5%，绝对值达 7654 吨，折合减少使用新鲜茶青约 38000 吨，目前每年尚有大量的可采产园投入采摘，应当引起我们的高度重视。精制茶的生产是涉农利益较大的产品，我们在组织生产时，一定要以供给侧结构性改革的总体要求为指针，做好市场调研工作，充分考虑广大茶农的利益，以品牌品质和茶文化的有效植入共同引领开拓国内外市场；以培育和扩大内需市场为主、欧标茶出口为辅的不同需求标准模式作为组织生产的出发点，减少盲目性，让茶农真正增产增收，助力于脱贫攻坚。

8. 食品工业用主要农产品产量（2015—2019）

名称	计量单位	2015 年	2016 年	2017 年	2018 年	2019 年
稻谷	万吨	442.71	456.71	448.83	420.73	423.83
小麦	万吨	65.79	41.82	41.2	33.18	32.98
油菜籽	万吨	89.73	88.55	88.02	86.22	77.25
甘蔗	万吨	95.56	71.48	50.31	62.48	62.80
辣椒	万吨	215.78	308.47	349.46	391.26	390.45

说明：1. 本文使用数据均为国家统计数据

2. 按照国家统一要求，表 82017 年数据为重新调整数。

【b. 行业的发展情况】

1. 协会团体标准的工作情况

我省食品行业团体标准的制修订工作已经三年了，到 2019 年末，我会共发布团体标准 70 项，有力的地保障和促进了我省食品工业的生产。这是我们行业发展的大事，也是我们服务政府服务企业的一项重要工作。标准是企业产品的核心市场竞争力、产品创新力的技术表现和技术背书的具有法规性质的规范性记录，是企业产品乃至引领行业创新发展的制高点。把握好这个制高点，才能摆脱企业产品、技术落后甚至受制于人的被动局面。2019 年 12 月初，省市场监管局发布公告（黔市监公告〔2019〕142 号），经征求意见、社会公示等环节，省市场监管局决定废止 152 项贵州省地方标准。其中有多项食品标准，请大家关心一下这件事，到省市场监管局的官网上，查一下有没有自己的产品正在执行的标准，千万不要到被查处时才知道自己执行的标准已经作废，给企业带来额外的不必要的非正常损失。这类事过去的一年发生多起，如果再有这类问题，请尽快到协会协商解决的办法，把工作做到问题的前面。2019 年以来，协会与企业、监督检测部门和政府有关部门加强合作，制订发布了 70 项协会团体标准，实施情况良好。其中有 T/GZSX 016-2017《贵州腐乳》、T/GZSX 014-2018《豆豉》、T/GZSX 025-2018《贵州酸汤调味料》三个团体标准，被省工信厅推荐到国家工信部参加开展 2019 百项团体标准应用示范项目的申报评选。近日，得到通知 T/GZSX 014-2018《豆豉》过严格的审定评估，入选国家工信部主导的“2019 年工业通信业百项团体标准应用示范项目名单”（第 62 项）。这是我省工业通信业领域的唯一，是省食品工业协会在省民政厅、省工信厅、省市场监督管理局的领导下，在推进贵州食品行业标准化体系建设方面取得的成绩，对促进和强化我省食品行业标准化体系建设起到积极的示范作用。这次获此殊荣的《豆豉》团标是我省豆豉生产企业的技术结晶，是他们工作的历史记录和奋斗的荣耀，其意义非同寻常。我们知道我们国家比较著名的豆豉有四川永川豆豉、湖南浏阳豆豉、广东阳江豆豉，好像还没有听说“贵州豆豉”。随着这次殊荣的获得，“贵州豆豉”，在国内市场将会得到更多消费者的认识，在今后的工作中我们会发扬艰苦拼搏的工匠精神继续努力，我们会与他们齐名，历史会有“贵州豆豉”的一席之地。继去年我省向中食协申报的中食协团体标准“红糖”批准发布后，我会与一批省内外酸汤生产经友好协商，共同认识到酸汤要走向全国、拴（酸）住世界，必须要有一个更高的标准平台作为支撑，为此我们联合向中食协提出要求，申报“酸汤调味料”中食协团体标准，与各省市酸汤生产企业共享酸汤的生产技术，分享这一我省的多民族智慧的结晶，让“贵州酸汤”成为“中国酸汤”共同致力于酸汤的推广事业。目前，标准草稿已经通过一审，进入二审程序。按进度估计到2020年春天，一个国家级的酸汤团体标准将会得到发表实施。这是我省拥有的第二个食品工业的国家级团体标准。下一步，我们还将继续与政府有关部门、监督检测部门及企业，加强合作，做好团体标准这项为政府分忧、帮企业解难、促产业发展的工作。

2. 酸汤调味料

酸汤调味料（以下简称酸汤）的工业化生产是关系到我省食品工业可持续发展的大事。在2006年，由我会牵头制定的油制辣椒国家标准发布以来，以老干妈为代表的我省辣椒生产企业奋力争先，蓬勃向前，掀起了新一波辣椒生产的新高潮。“凡有华人的地方就有老干妈”，就是当时我省辣椒生产和市场供应的真实写照。从市场发展的规律看，一个产品的发展总有到达其顶峰的时候，只不过是有时间的不同考验而已。我们就在思考，油辣椒产业什么时候会是它的发展高峰，到了高峰又应有什么应对的发展？从那之后的工作调研和市场调研中，我们逐渐发现了以新鲜辣椒的新鲜西红柿为原料生产的酸汤，认识了酸汤，开始重视酸汤。醋是我国调味品生产中的第二个大户。醋是什么，简单讲是以醋酸为主体酸成分的调味品中的酸度调节剂，调节着人们对食物的食欲。酸在自然界中有无数种，柠檬酸、苹果酸、醋酸、乳酸、乙酸 等等等等。作为供人们食用的比较适口的当属乳酸，而酸汤的主体酸成分就是乳酸，这是与醋最大的不同之处，简单讲就是酸法不同，是醋酸和乳酸的区别，也是醋与酸汤的区别。酸汤用法吃法多样，可以用来做菜，烧汤，炒热菜、拌凉菜，沾馒头裹大饼，用作酸度调节剂可以起到醋的作用，还可以用来做成饮料。酸汤的生产在我省有红、白、黄的不同品相之分，市场上销量比较多比较大的是红酸汤，它是以鲜红辣椒辅以少量西红柿为原料经发酵而成，带有一点点微辣的半固态产品。从今年7月在我省凯里市召开的第十一届全国调味品发展高峰论坛上来自祖国天南地北的宾客们的反应看，我省企业生产的酸汤调味料在酸汤全产业链上所有酸汤人的共同努力下、在科研技术的支撑下，经过多年来坚持不懈推广，已广泛进入餐厅进入家庭，酸汤已在国内为东西南北口味不同的消费者所接受所喜爱。2019年末，经过一年来的筹备，我省酸汤产业协会正式成立。这是我省酸汤调味料产业迈上一个新台阶的标志。目前酸汤调味料已经到了市场推广的关键时刻，协会生逢其时，将会站在更高更广的角度统筹酸汤产业发展全局，对掀开贵州酸汤调味料产业发展的新篇章、助推产业扶贫和乡村振兴具有重要的意义。我们将会共同继续努力，让酸汤调味料拴（酸）住世界，香飘世界。我们更期待酸汤调味料产业“老干妈”级的生产企业早日登台亮相，成为我省辣椒产业可持续发展的新领头人。

3. 贵州糕团产品

贵州糍粑、兴义二块粑、贞丰灰粽、黄粑系列产品等粮食再加工糕团产品，在我省多民族聚居的地方，这类产品生产食用有着悠久的历史，是正宗的地方民族食品。如今在现代食品加工技术的运用下，已成为我省食品工业的强项产品，多次在全国的专业评审会上获得盛誉，在国内拥有广阔的市场。我们粗略估计，这个产业在我省大概有10个亿以上的工业产值，要消耗大米等各种原辅料万吨以上。向全国人民推广我省民族美食，是我们共同的责任，更是以我们的工作实际落实中央供给侧结构性改革的方针。贵州糍粑目前是一块金字招牌，几乎没有冠以其他什么名称的同类产品，有待我们可以深度开发。兴义二块粑是与著名的宁波年糕类似的产品，两种糕团产品只是加工工艺略有不同兴义二块粑口感更好而已，区别最大的是我们的推广宣传力度大不相同。市场上的宁波年糕有整个的，有分切的，有丝、有片，而兴义二块粑，不管你在那个商场都只有整个的出售，分切兴义二块粑真是这么难吗？贞丰灰粽作为我国众多粽子产品中的一种，是我省布依族流行多年的特色节令食品。随着我国市场经济的发展，人们饮食习惯的不断升级，粽子也从节令食品向着并非端午特有普通大众食品转化，已经成为粮油产品加工中的大类货。可能大家比较熟悉的是嘉兴粽子，特别是端午期间在各超市铺天盖地，而我们非常受大家喜爱的贞丰灰粽却往往供不上货了。其实大家可能不知道，嘉兴粽子和贞丰灰粽仅是原辅料的选择上为达到相同的工艺目的而略有不同，贞丰灰粽更彰显了布依民族特色而已。可以说，它们之间的最大区别只是贞丰灰粽在关键的时候会卖断货，嘉兴粽子可以源源不断的保证供货。为让更多的消费者能与我们共享贞丰灰粽的美味与民族特色的分享，用产业的力量助力于贞丰的脱贫攻坚，在中国食品工业协会的大力支持下，2019 年 4 月，我们与贞丰县人民政府一起承办了由中国食品工业协会粽子专业委员会主办的第十五届“中国粽子文化节”。节庆期间，国内外同行们及经销商们云集贞丰县城，观摩交流，品尝订货，共叙民族情共庆民族节，交流脱贫攻坚工作的经验，促进贞丰灰粽的大发展大交流，带动了我省糕团产业的大发展。还有我们的黄粑系列产品。黄粑这种产品讲起来非同小可，从营养学上讲，黄粑是所有谷物类成品中营养价最高的，与贵州糍粑一样还没有走出去，下步需要我们共同努力。

4. 酒的制造

酒的制造是我省食品工业的支柱产品，也是我省工业生产的支柱产业。2019 年，其工业总产值超过一半占我省食品工业总产值的 50.9%；其营业收入占全省食品工业营业收入的 53.7%；实现利润为全省食品工业的 92.87%；税金总额占全省食品工业税金总额的 57.52%。是我省食品工业实现利润和上缴税收的主要来源，其在我省经济中的重要性不言而已。各部门对白酒产业关心都很多，有两个信息当引起我们的重视：（1）2019 年 7 月，中国食品工业协会白酒专委会在我省兴义市召开了 2019 白酒国家评委年会，会上我们看到一个趋势，我省以外的其他名优白酒生产企业几乎都在用不同方式以茅台酒为标杆在生产酱香型白酒，尽管生产区域和生产技术工艺的有区别，送的会上的产品品质都不错，得到与会专家们好评。但是，他们对大曲酱香的香型有了不同的认识，大曲酱香的香型犹如当年的绵柔浓香一样，在趋于分化；（2）我们现任白酒评委在 2021 年将任期届满，新的考评工作将会展开，请有志竞争省、国家评委的同志从现在开始做好准备，临阵磨枪不太靠谱。

2018 年至 2019 年，中国质量协会以“卓越引领——迈入高质量发展新时代”为主题，开展了第十八届全国质量奖评审工作。评审工作坚持“高标准、少而精、树标杆”的原则，经过严格的资格审查、资料评审、现场评审、评审委员会审议、网上公示、审定委员会审定并征集相关部委意见，授予贵州茅台酒厂（集团）习酒有限责任公司等 17 家公司榜上有名，我省习酒公司是继茅台、五粮液后第六家获奖的白酒企业，此奖项是企业在质量、经济、社会效益等方面取得显著成绩的国家授予的在质量方面的最高荣誉。而此次获奖的习酒公司，近年来，可以说是飞速发展，其中，仅省外市场收入占比达即达 64%，从增长速度看，今年习酒可谓是再次跑出了加速度，高于全年增长目标。习酒今年超额完成全年目标。贵州省委副书记、省长、省政府党组书记谌贻琴在了解到今年习酒公司产值预计达到八十亿元时，对习酒公司寄予厚望，要求“要保持干劲，努力一口气迈过百亿大关”。

今年 10 月，我省金沙酒业集团生产的《摘要》酒再次获得中国食品工业协会《纯粮固态白酒》标志使用认证，目前，我省共有茅台酒股份公司等 5 家白酒生产企业或此标志使用权，金沙酒业集团成为我省首家多品牌使用《纯粮固态白酒》标志认证的高端白酒生产企业，向他们的《摘要》酒表示祝贺。一年来的生产经营实践表明：金沙酒业自2018年以来的品牌定位调整、产品结构调整、市场战略调整已经开始发挥作用，从2019年年底金沙酒业交出的“答卷”来看，实现165%的超高增速。

5. 刺梨产业

贵州刺梨产业基础较好，原料丰富，加工企业数量多，科研有基础，具有资源独特性和经济价值，发展前景广阔。截至2018年，刺梨加工量达7.9万吨，年销售总收入达5.73亿元。2015年省政府办公厅印发了《贵州省推进刺梨产业发展工作方案（2014—2020年）》，方案实施以来加快推进了刺梨产业的发展，目前已到收官之年。经过多年的大力推进，刺梨精深加工，已经发展了刺梨原汁、饮料、发酵酒、果酒、茶、果脯、刺梨干、软糖、刺梨酥、口服液、含片、精粉等10余种产品和刺梨王、天刺力、金刺梨、山王果、恒力源等一批具有一定知名度、影响力的区域性品牌，有极为丰富的产品品类和品牌供市场选择。同时，不断促进刺梨品牌、品种、技术向优势企业集中，要加强产销衔接和品牌宣传，不断提升贵州刺梨产品的知名度和影响力。2019年，为聚行业之力，更好地为行业服务，贵州宏财投资集团有限责任公司牵头作为首任会长单位 成立了贵州省刺梨协会。为规范刺梨产业的生产、销售，他们还牵头提出了制定刺梨系列产品等的15个团体标准，目前已全部开始实施。

6. 烟草制品

烟草制品与酒的制造同为我省食品工业的支柱产品、全省工业生产的支柱产业。2019年完成工业总产值405.86亿元，为全省食品工业完成工业总产值的18.26%，现价增速9.3%；实现增加值占全省实现增加值的8.4%，可比价增速6.8%；完成主营业务收入426.51亿元，现价增速13.2%，出口产品收入突破一亿元，单箱销售收入、单箱批发收入同比分别增加1040元和787元；上缴税金289.51亿元，占比全省食品工业40.79%。“贵烟”品牌销量、企业销售收入、出口产品收入实现突破，销量突破百万大箱，增幅列行业“双十五”品牌第一位，增量列“双十五”品牌第二位。“贵烟”爆珠卷烟商业销量持续保持行业爆珠卷烟产销第一位。“贵烟（跨越）”商业销量列行业一类细支烟单规格第一位。同时烟草制品科技创新全面提速，产品研发成果显著，科研水平大幅提升，申请专利161项，获授权59件，发布企业标准127项。

【c. 市场问题及对策】

在考虑我省食品工业的发展时首先要注意政策导向问题，这是大局问题，需要我们在认真学习党和国家有关的法律法规和政策的基础上，加深理解认真执行和找准方向勇于向前；其次是产业结构问题，是个比较宏观的问题，涉及产业布局资金投向；最后是市场问题。市场问题是个大事，没有可供复制的模式且关系到我们的认识和发展，关系到企业生产的产品价值是否能够实现，生产是否正常运转，更是供给侧结构改革能否实现的主要问题。因而市场问题是我们要考虑的主要问题，不可不察。

市场从理论上讲有广义和狭义之分两个概念，广义的市场是讲的是它是一个商品交换的空间和时间，狭义地讲是一个商品交换的场所和场地，如威清门农贸市场等等。这都是要引起我们重视的。

自改革开放以来，市场问题一直得到我们党和国家的高度重视，特别是我们国家从计划经济向市场经济转型以来，一直是经济工作的首要。进入新时期以来，以习近平主席为核心的党中央，提出了供给侧结构性改革的问题，供给侧连接着生产和消费两头，是市场问题的关键。那么，我们食品行业的同志们，应该怎么从工作实践中不断不断提高认识了解市场做好工作呢。

马克思在《资本论》中有一段精彩的论述，

他说："商品到货币是一次惊险的跳跃。如果掉下去，那么摔碎的不仅是商品，而是商品的所有者。"马克思在这里讲到了市场对于商品生产者是关键所在，其重要性不言而已。

1. 要明确方向

我们是从事食品工业产品生产的，是众多商品生产者的一员，我们产品的最终需求者是广大的人民群众，是为了满足他们对美好生活的追求与期盼，我们生产的目光要紧盯人民群众的需求，时刻关注他们的反馈信息，用我们敏锐的目光，紧盯市场信息，捕捉市场机遇，通过市场实现惊险的跳跃获得我们应得的回报。老干妈就是我们最直接的范例。这里讲的老干妈是油辣椒的代名词。油辣椒我省几乎家家会做，人人喜欢，差不多是每家每户必备的调味品。最早把油辣椒做成商品打入市场的企业并非老干妈公司，20 世纪 80 年代初期，在贵阳市的花溪，当时花溪区供销社的一个企业，在非常艰难的条件下生产出了我省最早的首瓶瓶装商品油辣椒。当年还处于计划经济的年代，食用油的供应是要按计划供应的，干辣椒同样是按计划供应的，瓶装商品油辣椒要进入正常的商品销售渠道，也是要有计划的。由于根本没有市场一说，还没有双轨制一说，很快这么好的一个产品夭折了，直到 20 世纪 90 年代中期，随着经济转型的成功，我省一大批瓶装商品油辣椒进入市场，而最为成功的当数老干妈。作为一个快速消费品，只有喜欢它使用它的消费者越多，你的市场才会越大，如果你仅考虑你的所谓特色，放弃对广大消费群体需求的满足，你的路会越走越宽吗？市场选择的首要要务是共色、广大。随着我国经济体制转型的成功，市场的概念逐渐深入人心，在市场的认识和开拓上，老干妈可谓是用清醒至极，抓住机遇做足文章和功课。辣椒的消费主要是在西南几省及湖南等我国南方地区，限制了辣椒制品能够走得远大众化的就是一个"辣"字。只有把辣椒做得微辣，做得香誉满屋，其美味就会人人皆爱，就会从普通调味品上升演变到一般菜肴。从调味到佐餐不光是产品的放大升级，产品受众群体的增加是几何级数的增加，老干妈做到了，市场很快从国内做到国外，现在国外华人中流行的是"凡有华人的地方就有老干妈"。可以说，老干妈创造一个市场奇迹。她告诉我们要紧盯市场的需求，市场的需求就是生产者的商机。可以说，不断满足人民群众对美好生活的追求，就是我们的市场观。我们要在共色上做文章，少在特色上打圈子，才会体会到市场的胸怀无限大无限宽。

2. 市场是需要细分的

为什么市场上的同一种商品，你喜欢她喜欢，我不喜欢；我热爱他热爱，你不热爱。我不喜欢你不热爱是有原因的，我总有喜欢的你总有热爱的。这就是不同消费群体有不同需求的原因，对不同需求进行精细分析 的理论概括在市场学上就是市场细分理论，在我们的市场开拓上要满足的不同消费群体的消费需求，就要了解不同消费群体的消费需求，生产能够分别满足不同消费群体的消费需求的产品，就是进行市场细分操作。酱油是调味品生产中大户，在我国调味品行业中，酱油生产规模最大，数据显示，2018 年，我国高端酱油市场销量约 189.26 万吨，同比上涨约 5.9%。酱油行业产销量和企业规模均居调味品行业首位，发展潜力巨大。我省 2019 年产量也不过是 33648.1 万吨，仅及国内酱油生产大家的零头。在计划经济和改革开放初期，我们贵阳人能用的酱油就是大名鼎鼎的味莼园生产的卫生酱油和高级酱油，除此而外别无它选。其实，我们的生活对酱油的需求是有多样化选择的。随着经济的发展和改革的不断深入，不同的企业看到了不同的商机。比如各酱油企业推出的蒸鱼豉油、面条鲜、鱼生酱油等，让酱油适应调味的不同需求，家庭酱油消费保有量由原来的 1—2 瓶变为 2—3 瓶。越来越多适应不同消费需求高端酱油的推出，这些产品进入市场就呈现热销场面，充分的表达出消费需求的发展趋势。酱油消费更加多元化、生产高端化、市场功能化带来的市场需求升级。减盐、有机、零添加的酱油满足了消费者特定的口味需求，未来也将成为行业发展趋势，酱油价格还有一定的提升空间。但是，酱油市场在同时向低端和高端两端发展，优质的低档酱油成为农村市场的热销货。企业要按照自己的能力来，不可盲目追高求新。总之，目前我们食品行业，伴随着经济的发展、消费的升级，行业规模的不断扩大，行业细分赛道也在不断拓展，机会不断增多。对于我们企业来说，选好细分赛道，定位好自己的产品，保证产品的品质与创新齐头并进，多运用市场细分理论指导我们的工作，运用创新思维去推广营销产品，是非常值得期待的。

3. 创新是我们开拓市场的撒手锏

创新对企业来讲，是多方面、多层次的，而我们所有的创新都是围绕产品的创新来进行的。没有产品的创新，所有的创新都是苍白无力的，创新是企业市场发展的蓝海。我们知道，我国白酒市场竞争激烈，除浓、清、酱、米及其他五大香型外，香型的创新多元化，价格空间的多层次，新产品层出不穷。但是市场的机遇是客观存在的，关键是我们的创新思维创新能力。大家知道，近年来茅台酒的价格不断飙升，呈现出拦都拦不住的局面，确实是一瓶难求。我们说市场的力量是无限的，市场的机遇是存在的，市场的大门又是敞开的，它的进入又是有条件的。去年7月上旬，我省三联乳业公司推出了他们生产的我省首款高端鲜奶－有机花都鲜奶，这种富含蛋白、可溶性有机钙的牛奶，进入市场即获消费者的好评和追捧，三联乳业公司成为我们国家能够生产这种高端牛奶的6家企业之一，进入了我国高端牛奶生产企业的俱乐部。7月中旬，茅台集团习酒公司召开了全国经销商大会，在商家云集的大会上，他们隆重推出凝聚着习酒人心血和科研创新能力的最新最高端的习酒－君品习酒。7月下旬，董酒公司在2019年白酒国家评委年会期间推出极品百草香董酒，得到白酒国家评委专家组专家们的一致好评。我省的白酒多了去了，为什么要讲这两个酒？其实很简单，创新围绕市场来。在前不久召开的中央经济工作会上，再次强调了供给侧结构性改革的重要性，它指导着我们创新思维中的市场观念。我省是高端白酒的重要生产地，茅台酒目前单瓶售价高达近2000多元，而且是一瓶难求。我省白酒产品众多，茅台酒之外单瓶售价超过1000元的几乎没有也就说1000～2000元之间的高端白酒市场上是没有的是空白的，在这个价位上的高端白酒的市场需求是客观存在的。他们两家在创新思维的推动下、在科研能力的保障下、在企业能工巧匠的辛勤劳动下、在品质和品牌的支撑下、在市场需求的激励下，用我省白酒核心竞争力和品牌价值观说话，推出了这两款我省超千元高价位的高档高端优质白酒，在目前国内白酒市场上也是少有的高端货。充分地展示了企业的市场观，切入市场空白创造增量市场是更有效的路径。估计今年应该在市场上看得到和品尝到他们思维创新的结晶。

4. 市场是企业最靠谱的朋友

我们很多的企业老是爱问我的市场在哪里？其实很简单，就在你的脑袋里在你的手里。我国经济转型以来，随着市场经济的发展，展会经济如火如荼，每年国内国外有无数多的不同内容的展会在不同的地方举办，还会不停地向我们发出邀请。市场经济条件下的市场渠道与计划经济时期的购销渠道是不同的，市场经济的商机蕴藏于市场之中，可以说市场中商机无限，市场机遇在向我们招手，关键是我们的把握能力、产品和市场切入点的选择。从这个意义上讲，展会是我们企业寻求商机开辟市场的有效途径。我们的各级政府非常给力，每年都会拿出不菲的补贴组织企业参与他们所选择的展销会。有补贴的展销会企业会比较乐意参加，反正有人兜底。在参与不同展会的选择上，选择了补贴兜底无可厚非，如很少考虑其产品适销对路的市场开拓就会大相径庭，其结果就会如一句戏言“展会越展越累”。我们的一个大型酸汤生产企业给我们做出了一个符合市场经济要求的正确选择，给我们做出了榜样。他们没有跟着补贴兜底走，而是在市场展会的参与选择上，放在其产品的适销对路的市场开拓上。只有是否适销对路的产品没有打不开的市场，人们对美好生活的追求都是一样的，对美味的追求人们的感受更是趋同。经过市场的侵洗和不懈的努力，他们打开了市场。现在该企业生产的产品覆盖了我国东部某省，其他企业的同类产品几乎难以插足。他的成功告诉我们，展会经济机遇飘扬商机无限，关键是我们的选择，所以我说“市场是企业最靠谱的朋友”。在市场经济的发展中，互联网和大数据的整合，也给我们开辟了一条市场选择的捷径。在三年前，我们联合清华同方贵州公司向大家推出了充满各种不同市场信息和商机的“知网”，免费半年提供大家使用。结果一台电脑就可以解决的商机问题，除极少数大企业使用之外，几乎都不感兴趣。随着时间的进步和思想的解放，在市场经济的洗礼下少数企业开始涉足其中，应该是收获不小。我们的市场观念要尽快登上信息技术的快车跟上时代的发展，充分运用大数据，随时掌握了解市场信息获得市场商机。记住一句名言“市场不相信眼泪”。过去的一年，我省的食品生产企业，在市场观念的进步上取得了很多的成绩和历史性的进步，如五福坊、贵州龙和酸汤生产企业等等我就不一一列举。对企业来讲，市场是我们非常靠谱的朋友，它是一种无形的力量，犹如一只无形的手牵引着我们，我们要盯紧它抓住它，而不要反之，市场就在眼前。

5. 市场是发展的、动态的

需要我们不断地开拓跟进，一招鲜吃遍天已是明日黄花。对于这一点，面对一瓶难求的市场，茅台集团有着深刻的认识。大家知道，茅台集团去年的销售额突破千亿，这是我国白酒生产企业的首家。他们没有沉湎于过去的欢乐之中，而是不断地开拓奋进。近年来，茅台集团按照“非均衡”发展原则，在产品的系列化上、在市场的开拓建设上、在文化茅台建设上都取得了亮眼的成就。去年 12 月 16 日，以“奋斗幸福，百亿酱香乘风起；火种丹心，万家共享筑梦来”为主题的 2019 年贵州茅台酱香系列酒全国经销商联谊会在茅台集团总部举行，来自全国的经销商代表、营销顾问团成员、茅台酱香系列酒忠实消费者代表以及媒体代表 900 余人齐聚茅台，共商系列酒高质量发展大计。会议透露了诸多令业界关注的信息，2019 年度茅台酱香系列酒成功迈上“百亿”台阶，实现了由高速度发展向高质量发展的初步转变。沿着高质量发展路子，2020 年将掀起茅台酱香系列酒发展的新一轮高潮。2016 年以来，面对完全竞争的市场环境，酱香酒公司不断完善营销策略、优化产品结构、夯实市场基础，创新机制，全面进入发展“快车道”。短短 3 年时间，营业收入增长了 3 倍、利润总额增长近 7 倍，与茅台酒交相辉映，创造了令人赞叹速度和现象，成为行业近年来的最大亮点。在市场上建设上，通过清理“三无”经销商，与中石油、国美等优质渠道深入合作等方式，进一步优化了经销商队伍，线上、线下经营能力明显提高。同时，紧盯渠道和终端建设，探索推行新零售模式，创新性打造茅台酱香系列酒文化体验中心，进一步提升了品鉴活动的针对性、消费培育的实效性。去年是“文化茅台”元年，他们围绕“文化茅台”建设，以“让品牌有故事，让产品有情怀”为切入点，全方位、多角度、多形式开展推介，“茅台王子·明亮少年”“茅台王子·智敬芳华”“贵州大曲·点滴有爱”等公益品牌活动深受好评，冠名开展的围棋、羽毛球、广场舞等赛事深受欢迎，有效推动品牌推介、消费培育持续升级，“茅台酱香·万家共享”越来越深入人心。随着系列酒的品牌越来越响亮，文化内涵越来越丰富，也为“文化茅台”建设提供更多支点。 我们相信，今年将刮起一场茅台酱香系列酒的“旋风”，他们将会完成白酒产品领域细分市场的布局。

【d. 主要工作】

2019 年，协会继续和企业一起在协助政府、帮助企业、促进行业发展，做了许多工作，得到了相关政府部门和中食协领导的好评。下面是 2019 年所做的几项主要工作。

1. 关于协会与政府脱钩的情况

2018 年 12 月初，我们接到省经信委转省行业协会商会与行政机关联合工作组（脱轨办）的通知，从即日起省食品工业协会与原主管单位省经信委脱离关系，尽快到省民政厅办理相关手续。随后协会进入紧张的工作状态，寻找新的办公地址、筹备召开理事、准备各种资料报备省民政厅。2018 年 12 月底协会搬入了新的办公地点开始办公，并在新地址召开了理事会，通过了脱钩决议，在规定的时间内报到省民政厅。2019 年 1 月 2 日经省民政厅黔民审（2019）3 号通知批复，同意我会主管单位由贵州省经济和信息化委员会变更为无。办公地址也搬到了新的地方，是新地点新气象新精神，可以作为脱钩的一个标志，至此，我会正式成为具备法人资格独立自主运行的社会团体。

2. 关于会费的收取工作

关于会费的收取工作这是个老问题。协会到目前为止，没有政府投入的一分钱，协会的运作全是靠会费收入运作的。在脱钩前未搬到现在的办公地点办公前，运作经费紧张的问题还不太突出。搬到现在的办公地点办公后，就显得捉襟见肘，非常艰难。我们几个工作人员，按照党的规定，是不能发放任何津、补贴的，都是志愿者志愿在协会工作为大家提供服务。即使可以发放，协会也没有费用可以用来开支。现在，协会的主要费用是现办公地点的租赁费用和物管、水电等费用以及必要的出差的交通费用，出差生活交通补贴都是没有发的。所以，当会费收的比较好的情况下，协会可以维持艰难的运转，反之造成工作开展的困难。而会费的收取是一项每年都是最艰难的工作，是一项影响全局的大事。请大家为我们共同的利益，在接到协会会费收取的通知后，及时办理，我们每年都会在理事会上专门向大家报告会费的收取和使用情况。希望得到大家的积极支持。

3. 参加中国食协会议

7 月 30 日，参加中国食品工业协会第七次会员代表大会。在中国食品工业协会召开的第七次会员代表大会上，贵州省食协王遵常务副会长兼秘书长当选为中国食协副会长。

同日，参加由中国食协主办、中国食品工业年鉴编辑部承办的“全国食品工业行业信息交流会暨《中国食品工业年鉴》创刊 35 周年座谈会”，会议中对中国食品行业各专业协会、地方食协和地方经信局，长期撰写《中国食品工业年鉴》的人员颁发了感谢荣誉证书。贵州省食协王遵获此荣誉并代表地方食协发表了获奖感言。

4. 关于组织编写的工作

当今中国恰逢盛世，为给党的 100 周年华诞献礼，国家有关部门在 2018 年决定组织编写《中国工业史》，其中的《食品工业卷》委托给了中国食品工业协会负责编写，各省市的篇章由各省市食协负责组织编写。接到这个光荣神圣的任务后，为充分体现我省食品工业发展的历程，记录重点企业发展的历史，讲述行业在不同历史发展时期的重大事件，将这些过去的辉煌记入国家的史册，汇入我国食品工业发展的洪流之中，是我们的大事和历史责任。我会组织委托了具有丰富编写经验的编写老师执笔操刀，与 2018 年 10 月向全省食品生产企业及相关部门发出通知，希望大家提供自己详细的资料。目前，由中国食协负责的《中国工业史，食品工业卷》上册。综合篇已经完成，我会已经通过网络传给大家征求意见，由我会负责贵州篇已经接近完稿。这项工作做得很难，难在一资料征求。到目前为止还有一些应该提供资料的单位未能提供，非常遗憾，不能因为我们的进度拉了全国的后退，实在征求不到的资料，我会只能舍弃，在下一次编写时再说；第二难，是编写经费的问题．中国食协交给我们任务时，没有给任何经费，仅表示待编写任务完成后可以给少量的稿费。为了担起这个历史的重任，我会用捉襟见肘的会费垫支，开始启动编写工作。现在已有企业和个人表示愿意用经费支持我们，共同完成这一将我省食品工业不同历史时期发展历程记入我们国家的史册的历史任务。我向他们表示深深的谢意，同时也希望能再有一些有能力的企业给予我们以支持，共同做好这项青史留名的工作，也让自己的事业流芳千古。

【e. 食品安全工作】

民以食为天，食以安为先。食品是人类赖以生存和发展的最基本的物质条件，食品安全涉及人类最基本权利的保障，以习近平同志为核心的党中央曾有过多次指示，我们是从事食品工业产品生产的，保证食品安全是我们应该承担的不可推卸的法律责任 。我们要勇于承担善于落实这个责任 ，让广大消费者放心的食用我们的产品。从去年 8 月召开的全省市场监管系统半年工作电视电话会议上获得的信息看，2018 年 1 月至今年 6 月，全省市场监管系统共完成食品、食用农产品监督抽检 97233 批次，合格率 98.76%，食品安全形势总体上稳定向好。 2018 年以来，我省没有发生区域性、系统性食品安全事件。取得这样的成绩，是我们在座的各位同志的共同努力的结果，也就是说到目前为止，我们在座的各位同志用我们的工作实绩，向党和人民交上了一份合格的答卷。成绩只能说明过去，下一步我们要从以下四个方面做好生产中的食品安全工作：1. 严格按照 gb14881 的要求，不达要求绝不开工，严把影响卫生指标的各关节点，把好食品安全生产的环境关；2. 严格按照自己产品的执行标准组织生产，原材料的购入要建立台账制度，要把菌落总数、大肠杆菌群等强制性指标控制在国家强制性食品安全标准规定范围以内，把好食品安全生产的生产关；3 严格按照 gb2760 的要求，在规定的范围和按规定的量使用食品添加剂，严禁违规使用已经禁用的人工合成色素、“瘦肉精”“吊白块”等，把好食品安全生产的法规执行关；4. 严格按照 gb7718 的规定规范所使用制作的食品标签，防止缺项漏项和虚假宣传，把好食品安全生产的产品形象关。争取在新的一年再打一个食品安全的胜仗，继续保持食品工业稳中向好的态势，用我们的初心让人民群众吃得放心、吃得安心，开创食品安全的新境界 。

【f. 行业创新工作】

从现代食品工业的理念来看，时代赋予了我省食品工业的发展更广泛、更丰富、更具创新性的内涵，我省食品工业既有现代食品工业的成分，也有着更为广泛的具有贵州地方传统的民族特色的传统食品工业基础。如何切合时代发展的需求加快和提升我省现有的食品工业，尤其是具有贵州地方传统的民族特色的传统食品工业发展，除了创新还是创新。

无论是我省在特色、资源或加工技术都具有独特优势的辣椒酱、酸汤等调味品行业，还是黄粑、饵块粑、休闲肉制品、黔式小点、刺梨、山野菜等食品制造业方面，我们在秉承民族的即是世界的理念基础上，要走向全国、走向世界；必须把创新发展放在产业发展的首位。

在这些行业的创新中，要紧紧抓住“五个创新”：

1. 原料创新

要从传统的辣椒、西红柿、大米等传统食材中有所突破，博采世界酸食之长，开拓其他蔬菜、水果、香料的融合，达到从单一原料到多种原料丰富产品内涵的创新。

2. 生产工艺创新

例如酸汤，要解决好酸汤发酵从自然发酵、

单一菌种发酵到复合菌种发酵的进步，强化酸汤的复合功能；其余大多数传统特色食品，例如黄粑、饵块粑等糕团，腐竹、豆豉等贵州豆制品，各种辣椒酱调味料的生产，都要逐步实现传统生产模式到现代工业智能设备的运用，以实现产业的规模化、标准化、智能化。

3. 产品创新

对具有发展潜力的贵州酸汤调味料产品，要适应现代社会发展，适应不同市场和不同人群的需求，要从传统的火锅底料中走出来，推进固态酸汤、休闲膏状酸汤、酸汤饮品、酸汤保健品等的研发，实现酸汤产品的多用途、多元化和包装的进步。

刺梨在传统果脯、饮料的基础上，应融合其他水果的风味，丰富刺梨传统风味的复合口感；既要保持传统产品的功能，更要充分利用刺梨特有的营养和药用价值，开发高端保健型和药用型的产品。

4. 食用方法创新

无论是酸汤在酸汤传统的火锅食用方法中，还是贵州辣椒酱等调味料，应开拓作为调料、拌料、休闲、烹饪等方面更方便的食用方法。既要适宜餐饮的消费方式，更要适宜家庭、野外作业人员、旅游休闲的食用。

5. 服务创新

不能把对具有贵州地方民族传统特点食品，局限于餐饮业、家庭的服务。要运用大数据的手段，研究这些产品从原料、加工到消费者手中，如何针对不同地域、不同民族、不同人群不同用途（餐饮业、家庭、野外作业和旅游休闲以及下游食品工业产品的运用）等多方面，开展对具有贵州地方民族传统特点食品不同口感、不同风格、不同食用方法的研究，将服务的理念从传统的餐饮业、家庭拓展到整个食品产业（原料到餐桌、消费者）的全过程。

王　遵、杨世尧

3.22 云南省

【a. 概况】

2019年，与全国食品工业稳中趋缓增长的形势一样，我省食品工业增长速度从高增长逐年放缓，但仍然保持平稳增长的态势。食品工业增加值高0.8个百分点。

1. 经济数据

根据统计数字显示2019年规模以上增加值同比增长7.3%，其中，农副食品加工增长6.2%，食品制造业增长9.3%，酒.饮料和茶增长7.8%，增加值增长比全省工业增加值0.8%低。营业收入1547.63亿元，同比增长5.3%，其中，农副食品加工839.75亿元，增长1.23%，食品制造业294.16亿元，增长11.85%，酒.饮料和茶制造413.72亿元，增长9.77%。营业收入增长比全省工业销售收入低3.3个百分点。比全国食品工业销售收入高0.8个百分点。

（1）2019年增加值增长月度统计表

	2	3	4	5	6	7	8	9	10	11	12
规模食品	14.7	14.6	14.0	11.7	10.4	9.9	9.6	9.8	8.9	8.0	7.3
农副食品	13.6	15.5	13.2	10.7	9.7	9.3	8.8	9.6	7.9	6.5	6.2
食品制造业	9.1	10.4	11.2	9.2	8.4	8.6	9.5	8.7	9.1	9.2	9.3
酒、饮料和茶叶制造	21.4	14.9	17.7	14.8	12.6	11.5	10.9	10.6	10.1	9.4	7.8

（2）2019年全省食品工业经济数据统计

单位：亿元

	2019增加值增幅%	2018增加值增幅%	同比增长%	2019主营业收入	2018主营业收入	增长率%
规模食品工业	7.3	7.5	-0.2	1547.63	1469.44	5.3
农副食品加工	6.2	10.1	-3.9	839.75	829.56	1.23
食品制造	9.3	2.9	6.4	294.16	262.99	11.85
酒、饮料、茶	7.8	6.1	1.7	413.72	376.89	9.77

（3）2019 年营业收入月度增幅统计

单位：月 .%

	2	3	4	5	6	7	8	9	10	11	12
农副食品	4.5	10.0	9.3	8.7	9.5	8.9	8.3	7.7	6.0	4.9	6.2
酒饮 .茶	20.8	18.0	14.0	15.3	16.4	15.9	16.7	15.3	13.9	137	7.8

2. 产品产量

产品名称	产量 / 万吨 / 万升	增长率 %	产品名称	产量 / 万吨 / 万升	增长率 %
成品糖	238.7	1.4	酒精	18.53	18.1
精制茶叶	15.98	4.9	原盐	154.93	–3.2
白酒折 65 度	10.00	8.6	葡萄酒	1.67	–38.1
啤酒	81.57	12.7	饮料	451.6	5.6
罐头	4.1	7.0	乳制品	63.2	–6.3
糖果	2.35	9.8	酱油	1.87	–5.2
大米	24.54	35.5	小麦粉	20.78	3.2
食用植物油	44.48	–3.8	方便面	5.5	17.3
饲料	424.35	5.5			

3. 经济效益

2019 年，全省规模以上企业实现利税 133.52 万元，同比下降 9.42%，其中，农副食品加工业实现利税 43.13 亿元，下降 30.07%，食品制造利税 30.49 亿元，增长 0.1%，酒、饮料和茶业实现利税 59.9 亿元，增长 8.4%；2019 年全省食品工业实现利润 97.11 亿元，同比下降 5.97%，其中，农副食品加工实现利润 32.44 亿元，下降 28.45%，食品制造利润 23.47 万元，增长 3.16%，酒、饮料和茶实现税收 41.2 亿元，增长 19.03%。

【b. 运行特点】

1. 增加值和主营业收入增幅降为个位数，并低于全省工业平均值，高于全国食品工业。

2. 从 17 个统计品种的产量看，有 5 个品种为负增长，同比减少 6 个，但总的比去年好。大部分产品增长幅度在 10% 以下，大米和方便面高增长，饮料酒中除葡萄酒外为正增长，形势转好。其他为个位数增长。产量的低增长是经济数据增幅较低的一个重要原因。

3. 经济效益下滑，利税和利润都是负增长 .

4. 亏损面和亏损额仍较大，亏损面平均 15% 以上，间接影响全行业经济效益。数据统计，农副食品加工企业，酒、饮料和精制茶制造企业亏损面分别达到 17.1% 和 16.1%，亏损额增长 14.3% 和 –29.5%.

5. 全行业产销率 93%，同比高，但低于全省工业 3.2%，低于全国食品工业 6.2%。说明销售不足，产品有积压。这也是经济效益不佳原因之一。

6. 投资下降，新投产大型企业和技术改造投产项目减少，造成经济增长后劲不足。

7. 去产能、去杠杆的结构调整，传统产品生产能力减少，新产品研发创新又跟不上，加上大环境不佳的影响，销售困难，营销收入下降，也是全行业低速增长原因。

【c. 重大事件】

1. 省工信厅出台“关于促进白酒产业转型发展的实施意见”文件。

2. 省政府评选出第 2 届云南省食品工业 10 强企业和 20 加创新企业。

3. 云南省工信厅组织，省食品行业协会主持编写《云南省食品工业和医药工业发展报告》（2018 年）完成。

4. 省食品行业协会承担的“《中国工业史》食品工业篇云南章”编写完成上报。

5. 省食品行业协会组织编写了建国七十年云南省食品工业发展情况的《七十年奋斗 跨越式发展》报告。

6. 著名国内食品企业“蒙牛乳业”“今麦郎”投资云南签字，落户曲靖市。

7. 全省规模食品企业未发生重大食品安全事故。

8. 全国省、市食品工业协会联谊会在昆明召开，并成立省、市食品协会联盟组织。

9. 完成中国食品工业协会组织评选的标志产品名录和工业大师工作。

【d. 协会工作】

1. 完成政府相关部门交办的工作

（1）按照中国食品工业协会的统一部署与安排，组织我省食品工业方面的企业、科研院校专家、学者，撰写《中国工业史·食品篇》（云南食品篇）。目前正在按照所制定的《撰写大纲》要求、分13项专题进行编写，已经编写完成初稿，2019年底全面完成上报。

（2）完成省工信厅交办的年度《云南省食品工业和医药工业发展报告》编写工作。报告分综合篇、行业篇、地区篇，共计22万多字。在各位编写人员、专家、老师的共同努力下，全面高质量完成了编写任务，受到省工信厅的赞许。

（3）根据中国食品工业协会《关于开展＜中国传统食品标志性产品名

录和中国传统食品工艺大师档案＞工作通知》要求，积极组织协会会员单位进行自愿申报工作。 最后有9个企业申报《中国传统食品标志性产品》和21个人申报《中国传统食品工艺大师》。最后有9人和6个企业获得称号。8月份在北京参加了表彰大会。

（4）参加由中国食协主办、中国食品工业年鉴编辑部承办的“全国食品工业行业信息交流会暨《中国食品工业年鉴》创刊35周年座谈会”，会议中对中国食品行业各专业协会、地方食协和地方经信局，长期撰写《中国食品工业年鉴》的人员颁发了感谢荣誉证书。云南省食协郭福生会长获此荣誉。

（5）照省工信厅的“脱勾”要求，协会积极牵头，经申报省民政厅社会组织党委批准，组织成立了由省糖业协会、省包装协会、省塑料协会、省家具协会和省食品行业协会5家单位组成的“中国共产党云南省食品行业协会联合支部委员会”，并定期组织党员学习和开展活动。

（6）积极配合省工信厅开展“评选2018年云南省绿色食品10强企业及20佳创新企业”工作。

（7）完成云南省食品工业七十年发展报告的编写，提供给省相关部门。

（8）继续编印《云南食品》刊物和办好行业微信群。《云南食品》调整内容，增添新栏目和地区信息，提高政策性、研究性、科学性知识内容。利用微信群信息快捷的特点，加强与企业的沟通和联系。

（9）深入企业进行实地调查，了解企业在生产经营过程中遇到的问题和情况，鼎力帮助他们协调解决。一年时间里协会先后走访了粮油加工、罐头、肉类制品加工、饮料、乳制品、焙烤等行业企业调研。

（10）积极参与“一带一路”经济建设活动，先后参加“孟、中、印、缅经济走廊论坛”。

（11）与省食品工业园和昆明市保税区合作，了解企业进区相关政策。

（12）配合省委、省政府发展绿色产业，与中国食品工业协会筹划云南省“绿色发展论坛”等活动。

（13)参与怒江州和师宗县相关扶贫项目工作。

（14）完成中国质量协会交办的《生产企业质量调查》工作，这是一项常年工作，有难度，但是还要做。

（15）参与省工信厅、工商部门食品安全宣传组织活动事宜。

（16）认真组织企业参加技术职称申报、评审工作。

（17）组织企业参加成都糖酒会，并在成都参加相关活动。

2. 加强对外合作工作

（1）为促进地区性食品工业的发展，与云、贵、川、渝四省市食品协会组织开展“西南地区名优食品”评选工作，这项工作仍在努力之中。

（2）2019年9月份，在昆明举办“全国部分省市食品联盟组织”会议，增强与“全国部分省市食品联盟组织”的联络。

（3）根据中央和省政府协会脱钩文件要求，协会在2019年完成与政府机构脱钩所有工作事宜和程序，协会建设进入新时期。

（4）与中国台湾商会驻南宁市机构商讨举办食品机器展会。

郭福生

3.23 西藏自治区

【a. 概况】

2019 年，西藏自治区农副产品加工企业共 629 家，实现工业总产值 45060 万元，食品制造业企业共 205 家，实现工业总产值 34538 万元，酒、饮料和精制茶制造业企业共 74 家，实现工业总产值 196228 万元，其中，规模以上农副产品加工企业 13 家，实现工业总产值 27297 万元，实现营业收入 25940 万元，实现利润总额 130 万元，实现利税总额 453 万元，资产总额 91975 万元，流动资产 46329 万元；食品制造业企业 3 家，实现工业总产值 29187 万元，实现营业收入 24257 万元，实现利润总额 –595 万元，实现利税总额 –106 万元，资产总额 103720 万元，流动资产 46322 万元；酒、饮料和精制茶制造业企业 14 家，实现工业总产值 189614 万元，实现营业收入 191621 万元，实现利润总额 34581 万元，实现利税总额 44056 万元，资产总额 877754 万元，流动资产 4000954 万元。

【b. 主要产品产量】

啤酒 132836 吨，同比下降 0.7%；包装饮用水 563750 吨，同比下降 8.6%；中成药 2992 吨，同比增长 19%；面粉 130 吨，食用植物油 2113 吨，同比增长 150%；地毯 34121 平方米，同比增长 60%；服装 779777 件。

【c. 主要工作】

1. 稳步推进天然饮用水产业高质量发展

（1）加强行业指导，不断提升发展水平

为切实整改好中央脱贫攻坚专项巡视反馈意见“矿泉水企业 175 户，多数企业‘小散粗’、缺乏市场竞争力、带动脱贫能力弱”的问题，我厅联合相关部门先后深入各地（市）进行实地调研，结合行业实际下发了《关于落实中央脱贫攻坚专项巡视反馈意见认真做好全区天然饮用水企业摸底调查发现问题整改工作的通知》（藏工信〔2019〕号），要求各地加大源头控制、严把准入关，优化产业结构、推动兼并重组，加大产业扶贫、助力脱贫攻坚；为进一步加大统筹协调，整合各方资源，解决天然饮用水产品销售难的制约瓶颈，培育壮大“地球第三极”品牌，起草了《关于统筹推进西藏自治区天然饮用水产业高质量发展的指导意见》，已征求各方意见，有望年内印发；结合“不忘初心、牢记使命”主题教育，开展专项调研、座谈交流，形成调研报告一篇；组织举办《全区天然饮用水产业发展数据统计短期培训》，各地市经信局、全区 24 家天然饮用水企业、7 家食品加工企业共 60 多人参加培训。

（2）强化工作协调，推动产销合作

2019 年 4 月 8 日，自治区常务副主席、自治区天然饮用水产业发展协调领导小组组长姜杰带队赴京与中国石油天然气集团公司就西藏天然饮用水产业发展合作事宜进行座谈。在此基础上，我厅全力协调跟踪有关工作，推动了中石油天然气集团公司以51%控股西藏雅拉香布有限公司，实现西藏天然饮用水产品在中石油公司的2万余个加油站的全面销售；积极配合自治区商务厅、指导西藏好水行业协会组织企业赴京与北京商务等部门对接“西藏好水”进商超、支持减免进场费用等，西藏纳木错实业公司、西藏大昭圣泉公司产品已在北京超市发成功上架销售。

（3）加大宣传力度，提升品牌影响力

先后组织10余家企业参加第十六届中博会、第四届东亚国际食品交易博览会等各类展会，并协调推动“西藏好水”继续作为中博会指定专用水；组织区内企业在青岛、厦门举办“西藏好水”专场推介暨促销活动，签订合作协议21个，订单销量21.8万吨；会同自治区宣传部积极协调中央电视台支持“西藏好水”品牌宣传，今年8月份以“精准扶贫”栏目形式在央视1.2.4.7等重要频道成功播出“西藏好水”广告片。同时，中央人民广播电台、西藏电视台对西藏天然饮用水产业进行了专门报道。并在拉萨雪顿节期间，在拉萨市区人员密集场所广告宣传屏投放了“西藏好水”宣传片，有效提升了“西藏好水”品牌影响力和社会知晓度；积极配合相关部门推动申请注册“地球第三极”区域公共品牌。四是落实主体责任，签订目标责任。围绕天然饮用水年度销量目标，与各（市）地及相关部门签订责任书，进一步落实目标生产和销售责任。同时，积极协调推进重点项目建设，目前，西藏山南雅拉香布实业有限公司一期100万吨天然饮用水项目已完成3条生产线建设投产，设计产能达50万吨。

2. 着力提升农畜产品加工业服务能力

（1）认真履行自治区地产产品申报推荐分组牵头职责，组织自治区相关部门赴山南、那曲开展地产产品调研，并推荐食（饮）品业、藏药业、民族手工业等消费品工业领域57个优势产品纳入自治区地产产品目录。

（2）配合农牧、财政等部门对拉萨市各县区开展2019年春季“三农”工作综合调研，联合形成调研报告1篇。

（3）按照自治区政府主要领导指示精神，组织开展了全区以农畜产品加工业为主的特色产品加工企业评选工作，评选出涵盖天然饮用水、青稞加工、肉类加工、林下资源加工（含菌类、水果和坚果加工）、乳制品加工、酒的制造，饮料制造、藏药（含饮片生产）及生物制药、精制茶加工共9大类的10家首批西藏自治区农畜产品加工业创新领军企业。

（4）加强行业监测调度。对食（饮）品、饮用水、药品等行业持续进行经济运行分析，掌握行业动态，提出对策建议。

3. 加大支持力度推动藏药产业做优做新

（1）2019年1月15日组织召开了藏药产业发展座谈会，分析产业发展现状和面临形势，研究讨论了对策建议，安排部署相关工作。

（2）督促西藏奇正藏药股份有限公司加快推进医药智能制造项目建设、规范使用工信部工业转型升级450万元专项资金。

（3）指导帮助西藏瑞阳藏药技术开发有限公司申报了2019年工业和信息化部产业基础服务平台项目“基于5G的面向医药产业的产业技术基础公共服务平台建设”项目，以推动我区产业技术基础体系建设。

（4）认真贯彻落实《自治区医药工业发展规划》（2017—2025年），推进规范化、规模化、标准化藏药材人工种植养殖基地建设，提升藏药产业可持续发展能力。

（5）围绕医药储备落实情况、储备规模和种类、药品养护、仓储环境等内容对承储企业开展了1次专项检查，做到加强医药储备管理，切实履行监管职责。

4. 承接行业管理职能进一步推动民族手工业发展

（1）按照厅里机构改革职能调整要求，从中小企业处承接了民族手工业行业管理职能。5

月6日向各（市）地经信局下发《关于报送民族手工业经济运行相关数据的通知》（藏经信发〔2019〕159号），要求各地市建立数据报送机制。为摸清行业底数、掌握一手资料，加快推动民族手工业发展夯实了工作基础。

（2）指导各地（市）着手启动地市级工艺美术大师评审活动，为举办第三届自治区工艺美术大师评审工作打基础。

（3）编辑制作《西藏自治区第二届工艺美术大师》画册。

（4）指导西藏工艺美术协会加快推动《中国工艺美术全集·西藏卷》编纂工作。

（5）推荐西藏大学美术学院申报《中国工艺美术大师传承创新基地》；

（6）指导西藏工艺美术协会申报《西藏自治区专业技术人才知识更新项目》。

5.加大盐务管理工作力度更好落实食品安全行业职责

（1）依法治盐、严格监管，向自治区盐业总公司下达2019年度全区农牧民碘盐14878.49吨的配送指标，预拨2019年度农牧民碘盐补贴资金3000万元，已完成农牧民碘盐配送13105吨、镇合格食用碘盐3501吨。

（2）形成了《关于对革吉县盐湖乡盐湖资源开发利用的调研报告》，为盐湖乡村集体经济的发展提出了工作思路和建议，并推动阿里地区（行署）与自治区盐业总公司签订盐业开发战略合作协议。

（3）对2家区外食盐经营企业开展跨区食盐经营业务进行了备案。（4）与食盐经营企业签订《信用盐业自律公约》，开展食盐诚信经营，营造良好的经营环境。

（4）向各地市经信局下发《关于做好全区消费品领域工业企业安全生产和诚信体系建设相关工作的通知》，落实管行业管安全的主体责任和诚信体系建设工作。

（5）组织相关人员对那曲市色尼区噶尔德扶贫畜牧产业示范基地牦牛乳制品加工项目进行实地审核，根据《乳制品工业产业政策》和行业准入要求，提出整改建议。

（6）加大了非洲猪瘟行业监管力力度。对生猪。八是完成了食安委按部署的其他工作。

6.狠抓党的建设提高政治站位

（1）深入学习贯彻习近平新时代中国特色社会主义思想和党的十九大和十九届一中、二中、三中全会精神，学习贯彻习近平关于治边稳藏重要论述，强化理论武装头脑、指导实践、推动工作。

（2）对处内人员经常进行教育引导。1—9月份，召开党小组会议10余次，认真学习《中国共产党支部工作条例（试行）》《中国共产党纪律处分条例》等党内法律法规和各类重要文件，提高廉洁自律意识和拒腐防变能力，促进转变作风、做到清正廉洁

（3）照新时代、新作为、新担当要求，认真查找处内在不作为、慢作为、形式主义等方面存在的问题，分析原因、提出整改措施并予以整改。

（4）按照学习教育、调查研究、检视问题、整改落实贯穿始终的要求，扎实开展“不忘初心、牢记使命”主题教育，形成了专题调研报告，认真整改落实检视问题，努力打造忠诚、干净、担当的干部队伍。

央　宗

3.24　陕西省

【a. 概况】

2019年，在陕西省工信厅、经济联合会正确领导与支持下，在省社团局管理和监督下，陕西食协认真贯彻党的十九大以来的各项方针政策，积极协助脱贫攻坚、坚持服务宗旨、加大自主发展、强化产学研融合，开展了富有成效的活动，为食品工业稳增长贡献了力量。

1. 经济运行平稳健康

2019年，全省1293家规上食品企业总产值、工业增加值同比增长5.8%和6.2%，营业收入2708.9亿元、利润182亿元，同比增长5.8%和1.1%。按12大类排序，食品产值增速居全省工业第5位，利润居第四位。按40门类排序，食品增加值居全省工业第17位，营业收入居第20位。比较全国食品工业主要经济指标，陕西总体上处于中等偏上水平。

（1）主要产品产量

指标名称	计量单位	生产量	同比增长 %
小麦粉	万吨	638.13	9.5
饲料	万吨	449.21	11.0
精制食用植物油	万吨	199.52	0.0
乳制品	万吨	120.12	12.5
白酒	万千升	18.31	10.3
啤酒	万千升	70.83	-13.2
软饮料	万吨	1386.83	89.4
卷烟	亿支	779.66	-1.9

（2）主要经济指标

行业名称	增加值累计增速 %	总产值累计增速 %	利润同比增长 %	营业收入同比增长 %
农副食品加工业	-3.3	1.5	6.1	4.6
食品制造业	10.4	11.1	6.3	5.3
酒、饮料和精制茶制造业	9.5	9.5	-4.2	7.8
烟草制品业	8.3	7.5	-40.7	9.0

【b. 协会主要工作】

1. 成功组织了“陕西省食品协会三届三次理事扩大会议”等系列专题活动

2019年4月20日，协会在陕西振华国际会展有限公司支持下，在西安曲江国际会展中心联合召开了“陕西省食品协会三届三次理事扩大会议”，常青山会长做了协会2018年总结与2019年工作要点的报告。

会议同期还分别成功举办了“第十一届中国西安国际食品博览会暨丝绸之路特色食品展”，“陕西名优特食品产销对接会暨京东物流招商会”，“中国白酒品牌营销创新发展高峰论坛”。

2. 联合承办了“2019第十一届中国（西安）糖酒食品交易会”

9月20日，协会和旭峰会展公司在曲江国际会展中心合作承办了《第十一届中国（西安）糖酒食品交易会》。展会面积两万平方米，吸引了全国21个省市400多家企业的千余种特色产品参展。

3. 支持中食协加快了编撰《中国工业史·食品工业卷》工作

编撰《中国工业史·食品工业卷》，时间紧、任务重、困难大，为了及时完成国务院领导统一部署的这一艰巨的政治任务，协会同陕科大团队开足马力加快工作进度，想方设法提高了文稿编撰质量。2019年9月，在中食协领导和中国工业史专委会老师帮助下，及时地组织50余名撰稿老师进行了二次专业培训。组织了专业审稿人员，阶段性地审改了《中国工业史·食品工业卷》的相关篇章。按中食协要求，2020年6月30日前，将食品工业卷全部初稿上报中食协。届时，协会还协助中食协筹建好了全稿终审团队，确保了后续工作顺利衔接和圆满完成。同期，积极参与《中国食品工业年鉴》编纂工作，在创刊35周年座谈会上，我会获得“年鉴优秀工作单位”荣誉称号。

4. 高质量完成了“陕西省食品安全几个突出问题的调研报告”

2019年下半年，协会配合省政府参事室积极开展了陕西省食品安全几个突出问题的调研。先后深入到河南、内蒙古及省内有关高校、超市、养殖场、物流中心和多家重点企业调研考察，高质量形成了《陕西省食品安全几个突出问题的调研报告》呈交省政府相关部门决策参考。《报告》还获得了2020年陕西省科学进步三等奖。

5. 合作主办了“陕西省食品工业产教联盟深度融合研讨会”

2019年5月，协会与陕西学前师范学院合作主办了“陕西省食品工业产教联盟深度融合研讨会”。邀请了省工信厅、科技厅和教育厅有关领导出席，企业代表28家和单位代表80余人参加会议。研讨会分析了“产学研”瓶颈性问题，交流了加大科研投入、强化成果应用、市场化融合发展共识，增强了促进食品工业高质量发展的责任和信心。

6. 成立了“陕西省食品协会纳豆专业委员会”

2019年8月，协会在省微生物研究所召开了“陕西省食品协会纳豆专业委员会”组建大会。省微生物研究所、西安交大和陕科大有关专家老师，石羊、安琪、跻家、新迎、秦食皇、大咸德和三阳生物科技等企业负责人和代表出席了会议。经过与会代表讨论推荐，协会同意并任命李利军同志为纳豆专业委员会会长，李宏良、韩云、武新全三位同志为纳豆专业委员会副会长，李许堂同志为纳豆专业委员会秘书长。

7. 指导西安春和方出口贸易有限公司成功举办了“第一届秦食皇素食公益大赛”

2019年11月，协会指导支持春和方出口贸易有限公司在西安凯悦酒店成功举办了“第一届秦食皇素食公益大赛”。全省筛选的18个单位代表产品踊跃参赛，经过专家组与大众评判，西安交大“富硒纳豆激酶饮料”荣获一等奖，现场还评出了3个二等奖，6个三等奖及其他单项奖。活动盛况吸引了国内外众多主流媒体的普遍关注和争相报道。

8. 求真务实，不断提升了“三服务”的质量与水平

2019年，按照工信厅要求，协会及时推荐了西安交大、西农大、陕师大、陕科大、陕教院、西北大学和省科学院有关老师担任工信厅财政项目评审专家；指派专人参加了工信厅“2019年度深度贫困县工业产业扶贫项目绩效评价报告”项目竣工验收会；组织专家小组到厅扶贫点城固县双井村，具体考察和指导了该村茶叶和杜仲精深加工与产业化规划发展。在该村巴山与秦岭腹地多处取样，免费在专门机构对矿泉水样本进行了技术检测；参加了工信厅关于工业产业发展资金有关办法征求意见座谈会，对相关内容的“工业产业发展资金项目绩效管理办法”，“工业产业发展资金项目验收管理办法”提出了详尽的书面修订意见。

按照省市场监管局要求，协会就我省红枣产品价格走低现象进行了专题调研，及时形成了“陕西红枣产业发展相关问题的调研报告”呈报省市监管局领导决策参考。按照省经济联合会要求，协会撰写上报了“陕西省食品协会助推会员企业高质量发展”的专题文本，并在省联合会召开的“帮助企业高质量发展，助推工业稳增长座谈会”上做了主题交流发言。应安康市政府邀请，组织了石羊、秦宝、宏良、春和方、锦泰、大咸德和爱硒妮等16家重点企业，参加了该市在曲江国际会议中心举办的“新安康门户区新闻发布会暨重点招商项目推介会”。

应西凤集团委托，组织和参加了西凤集团在宝鸡召开的“三万吨新建制酒车间项目工艺方案”专家评审会。与安康市招商局合作，邀请西安交大刘健康院长赴安康，为该市20余家包装饮用水企业讲座了“现代氢科学发展及富氢水项目技术推介”专题，并深入到安康市青莲饮料有限公司具体进行了项目考察与对接。协助汉中洋县大咸德调味品公司，陕西新迎贸易有限责任公司的纳豆项目，先后获得了工信厅技术改造专项资金支持。

【c. 食品领军人物】

2019年12月1日，以“新消费、新势力、新动能”为主题的2019中国企业家博鳌论坛——食品发展大会在海南博鳌举行。会上，有着中国食品行业“奥斯卡”荣誉之称的“金箸奖”等奖项评选隆重揭晓，西凤集团董事长张正荣膺“金箸奖”2019年度食品领军人物。

陕西西凤酒厂集团有限公司（西凤集团）公司前身是1956年创建的国营陕西省西凤酒厂，属国家大型一档企业，2019年品牌价值达1206.22亿元，位列中国白酒类品牌价值榜第6位。“中国白酒3C计划——西凤酒风味特征物质研究”成果被中国酒业协会组织的专家论证会确认“已达到世界领先水平”，西凤酒酿制技艺被列入陕西省第一批非物质文化遗产名录。

【d. 管理创新企业】

陕西红星美羚乳业股份有限公司，历经数十年的发展，精心打造全产业链羊乳产业，已建成牧草种植、奶山羊良种繁育、科学养殖、研发产销于一体的全产业链体系，成为农业产业化国家重点企业和陕西省高新技术企业。

红星美羚是国内率先进行奶山羊全产业链建设的羊乳企业之一，也是中国奶山羊产业中心区陕西代表企业之一。陕西省委省政府千亿级奶山羊全产业链的培育政策以及当地的资源优势，都为红星美羚鼓足了发展后劲。2018年，红星美羚羊奶酪及羊乳清粉生产线投产，成为国内首家可自主生产羊乳清粉的婴幼儿配方羊奶粉生产企业之一，打破了我国羊乳清粉一直依赖于国外进口的现状，打造了婴幼儿配方的“中国芯片”，对引领整个羊奶粉行业提档升级，提升民族羊乳品牌竞争力有着重要意义。

【e. 优秀投资区域】

蟠龙新区位于陕西宝鸡市中心城区北部，是省级高新技术产业开发区，实行现行的省级高新区相关政策。总规划面积128平方公里，一期规划用地面积43.81平方公里，规划城市人口30万。一期规划总构架为“一环三廊六区”：“一环”，是绕塬边500米宽幅生态林带，打造宝鸡城市核心绿地，形成新旧城市之间的生态涵养带；“三廊”，为三条300米宽幅的生态景观廊道，是新区市民休憩、健身、散步、游览的生态景观廊道；“六区”，分别为都市工业区、宜居生活区、办公休闲区、商业核心区、体育主题区、科创研发区。2015年2月，省政府批准蟠龙新区为省级高新技术产业开发区。新区管委会成立以来，围绕市委、市政府提出的要把蟠龙新区建设成为“新宝鸡的引领区、新产业的聚集区、新生态的展示区、新理念的实践区”的目标，高起点规划，高标准建设，稳节奏推进。严格选项目、精心挑项目、积极引项目，让附加值高、生产效益好、带动能力强的大项目、好项目安家落户。

贾超英

3.26 青海省

【a. 概况】

青海省位于祖国西部，雄踞世界屋脊青藏高原的东北部。因境内有国内最大的内陆咸水湖——青海湖而得名，简称“青”。青海是长江、黄河、澜沧江的发源地，故被称为“江河源头”，又称“三江源”，素有“中华水塔”之美誉。青海省地理位置介于东经 89° 35′ ——103° 04′ ，北纬 31° 36′ ——39° 19′ 之间，全省东西长 1200 多公里，南北宽 800 多公里，总面积 72.23 万平方公里，占全国总面积的十三分之一，面积排在新疆、西藏、内蒙古之后，列全国各省、市、自治区的第四位。青海北部和东部同甘肃省相接，西北部与新疆维吾尔自治区相邻，南部和西南部与西藏自治区毗连，东南部与四川省接壤，是联结西藏、新疆与内地的纽带。青海全省平均海拔 3000 米以上。青海省土地总面积 72.12 万平方公里，现有耕地 56.83 万公顷，宜垦荒地 46.67 万公顷，其中，柴达木盆地近 13.33 万公顷。总林木蓄积量 3063.57 万立方米，人均 6.8 立方米。可利用草原 3333 万公顷，约占全国可利用草场 15%。水资源及水利资源丰富。

青海是中国重要的畜牧业生产基地，全国五大牧区之一。牛羊存栏 2300 多头（只），每年约产 18000 吨牛羊，11 万吨牛羊肉，是发展畜牧业的有利条件和宝贵的出口创汇优势 . 主要畜种有藏系绵羊，牦牛，河曲马，浩门马，玉树马，黄牛，骆驼等。其中饲养量最大，分布最广的是藏系绵羊和牦牛，牦牛存栏数为全国第一位。青海的羊毛弹性好，拉力强，在国际市场上享有盛名，通称“西宁毛”。青海的牦牛肉质细嫩，营养价值高，是国内外市场上的俏货。黄南藏族自治州的紫羔皮，黄河河曲一带的河曲马，海北藏族自治州的浩门马（大通马）也享誉中外。

畜牧业是青海省国民经济的重要支柱，也是牧区 60 多万少数民族人民赖以生存和发展的主要经济。牧区 6 个民族自治州的国民经济中，畜牧业产值比重仍处于绝对主导地位。发展畜牧业，对于牧区的兴旺发达，民族的平等团结，具有重大的意义。

青海畜牧业产值在全省占有相当大的比重。畜牧业为国家提供了大量的毛纺，制革，食品，乳品，皮毛，油脂工业及部分医药工业和化学工业，都依靠畜产品作为原料 . 经精深加工和综合利用，生产的毛线，长毛绒，毛毯，皮大衣，皮鞋，奶粉，黄油，牛肉干等畅销全国，受到广大消费者的欢迎 . 利用下脚料甚至废弃物加工出蛋白胶，明胶以及生化药品，生化制剂达 100 多种产品 . 怎么样为国家出口创汇提供了可靠的资源，青海是国家重要的畜产品出口生产基地之一。畜牧业促进了种植业的发展。

全省现有各种牲畜中，绵羊 1463 万只，约占全省羊只总数的 81%，遍布于全省各地，主要生产肉，毛及皮张，山羊 214 万只，主要产于海西地区，称柴达木山羊，是蒙古山羊的一个分支。牦牛 500 多万头，占世界牦牛总数的 32%，占我国牦牛总数的38%，是青海省的主要畜种之一，其毛，皮，骨，绒都是重要的工业原料，可制成人们的高级生活用品。牦牛也是雪山，草地上牧民群众的主要运输工具之一，被誉为“高原之舟”。

青海省草场面积达3，859万公顷，占全省面积的53.6%，其中可利用的草场面积3，345.07万公顷，约为全国可利用草场面积的15.2%，全省天草场理论载畜量4，762.58羊单位，由于草场的冷暖季储草量不同，载量不同，载畜量有明显差异。青海天然草场辽阔，具有面积大，类型多，草质好的特点，适宜放牧各种牲畜。青海的畜牧业是草地畜牧业，建设和保护天然草地是畜牧业发展的重要基地。为了能够使草场充分，合理的利用，提高载畜能力，青海省采取了一系列措施来建设，保护草场。随着改革的不断地深入，人们思想观念的更新，畜牧业正在由自给半自给经济向商品经济转变，由头数畜牧业向效益畜牧业转变，牧区各级领导及群众开始注意横向经济联合和多种经营。一些牧区从省外引进技术，进行皮革，肉类的精加工，都取得了比较好的经济效益。

【b. 主要经济数据】

1. 青海省规模以上食品工业企业数

2019年，食品工业规模以上企业有85家，其中，农副食品加工业44家，食品制造业29家，酒、饮料和精制茶12家。

2. 青海省规模以上食品工业增加值表

表1

单位：亿元

分类	2019年（总产值）	同比增长（%）
食品工业总产值	76.32	17
农副食品加工业	35.85	6.0
食品制造业	18.51	–12.3

3. 青海省规模以上食品工业主营业务收入表

表2

单位：亿元

分类	2019年主营业务收入	累计增长（%）
食品工业合计	137.02	11
农副食品加工业	70.1	3.1
食品制造业	30	45
酒、饮料和精制茶制造业	34	9

表3

单位名称	产量（万吨）	同比增长（%）
粮食	105.54	2.4
小麦	40.29	–5.5
玉米	14.18	23.
青稞	14.41	51.4
豆类	3.31	14.5
马铃薯	33.03	–8.8
油料	28.88	1.5
枸杞	9.23	7.8
蔬菜及食用菌	151.86	1.1
饮料酒	4.14万千升	14.2
乳制品	9.05	10.2
瓜果类	2.03	–4.4
水产品	1.85	8.2

4. 主要畜产品产量及增长速度

指标名称	产量（万吨）	同比增长（%）
肉类	37.40	2.4
#猪肉	7.70	–15.8
牛肉	14.63	11.0
羊肉	13.93	6.2
禽肉	0.88	4.8
牛奶	35.45	5.8
禽蛋	2.34	0.4

5. 主要农产品数据

2019年，农作物总播种面积553.54千公顷，同比减少3.71千公顷。粮食作物播种面积280.20千公顷，同比减少1.06千公顷。其中，小麦 102.41 千公顷，同比减少 9.19 千公顷；青稞 63.85 千公顷，同比增加 15.17 千公顷；玉米 20.97 千公顷，同比增加 2.52 千公顷；豆类 14.00 千公顷，同比增加 1.24 千公顷；薯类 77.10 千公顷，同比减少 11.17 千公顷。

2019 年，经济作物播种面积 273.34 千公顷，同比减少 2.66 千公顷。其中，油料 142.25 千公顷，同比减少 5.66 千公顷；药材 44.52 千公顷，同比增加 0.46 千公顷（其中，枸杞 33.96 千公顷，同比减少 1.57 千公顷）；蔬菜及食用菌 44.39 千公顷，同比增加 0.43 千公顷；青饲料 38.13 千公顷，同比增加 2.79 千公顷。全年粮食产量 105.54 万吨，同比增产 2.48 万吨，为近五年来最高。

2019 年，全省牛存栏 494.61 万头，同比下降 3.8%；羊存栏 1326.88 万只，同比下降 0.7%；生猪存栏 34.65 万头，同比下降 55.7%；家禽存栏 149.38 万只，同比下降 51.1%。全省牛出栏 148.06 万头，同比增长 9.2%；羊出栏 804.43 万只，同比增长 7.5%；生猪出栏 98.77 万头，同比下降 15.2%；家禽出栏 498.19 万只，同比增长 0.8%。全省肉类产量 37.40 万吨，同比增长 2.4%。

【c. 主要产品产量】

2019 年，我省 20 种主要食品工业产品实现了不同程度的增长，其中，牛肉 14.63 万吨，同比增长 11.0%；羊肉 13.93 万吨、同比增长 6.2%；猪肉 7.70 万吨、同比下降 15.8%；牛奶 35.45 万吨，同比增长 5.8%；枸杞 9.23 万吨，同比增长 7.8%；蔬菜及食用菌 151.86，同比增长 1.1%；马铃薯 33.03 万吨，同比下降 8.8%；青稞 14.41 万吨，同比增长 51.4%；油料 28.88 万吨，同比增长 1.5%。

【d. 大事记】

1. 引导企业提质增效

4 月以后，先后走访了 19 家农副产品加工和食品制造企业，督促企业按照省工信厅经济工作会议安排，围绕提高产品质量，提高有效供给，加强产品结构优化，加快实现快速增长的能力。

2. 成功举办行业协会年度工作会议

按照务实节俭的原则，会同包装和食品工业协会，组织包装食品企业 15 多家，召开 2019 年食品包装展览评比活动，并借此活动召开了食品行业会议，总结去年以来的工作，对明年的工作进行安排部署，就面对青海新发展环境，安排协会专家、会员企业进行了座谈交流。

3. 较好完成担负的“青洽会”工作任务

根据执委会的统一安排，第二十一届青洽会，我办督促西宁市政府、省交通厅（省高管局）、西部机场青海公司、青藏铁路公司分别完成了西宁市区重点部位、青洽会主场馆周边、西宁机场内外、机场至城南新区、西宁火车站候车厅和出站口、长途汽车站的氛围营造工作，用公益广告、电子屏宣传片播放、气球、彩旗、拱门等多种手段烘托了青洽会气氛。抽调精干力量参与接待工作，圆满完成担负的接待任务。根据委领导的要求，完成会议期间食品工业项目推介交流组织工作。

4. 组织参加 2019 年全国食品安全宣传周活动

6 月下旬，按照省政府办公厅的工作部署，落实委领导的批示要求，制作横幅、4 块展板等宣传工具，印制宣传资料，代表省工信厅参加全省在市中心广场统一举办的食品安全宣传周活动，以加强诚信体系建设，强化食品安全监督为主题，开展了食品安全宣传工作。

5. 加强重点企业调查研究与跟踪服务

组织单位、协会工作人员，以加强食品安全工作、开展诚信体系、支持扶贫攻坚为重点，先后对全省 15 家重点食品企业进行了调研，了解了企业的生产经营情况、发展思路及对我办工作的诉求，增进了与企业的沟通与交流。落实中包联组织的业内专家到优势产业中的冬虫夏草、枸杞、青稞酒、牛羊肉及其加工制品等产品生产与包装企业进行实地考察，对这些产品在包装上的技术研发提出了建议。

【e. 名优企业及产品】

企业名称	品牌	产品
青海互助青稞酒股份有限公司	天佑德	青稞酒
青藏高原特色资源开发有限责任公司	七里寺	矿泉水
昆仑山矿泉水有限公司	昆仑山	矿泉水
青海可可西里肉食品有限公司	可可西里	牛肉干
青海青海湖乳业有限责任公司	圣湖	乳制品
湟中弘大农副产品购销有限公司	弘大	菜籽油
青海天露乳业有限责任公司情况介绍	天露	乳制品
青海小西牛生物乳业股份有限公司	小西牛	乳制品
青海绿草原食品有限公司	绿草原	肉制品
青海康普生物科技有限公司	康普	沙棘 枸杞
青海三江雪食品集团有限公司	三江雪	枸杞
青海合杰工贸有限责任公司	合小白	蛋白粉饮品
青海康健生物科技有限公司	高原一号	白刺果
青海仙红辣椒有限公司	仙红	辣椒酱

附录：青海“十三五”食品工业规划摘要

一、基本原则和主要目标及产业布局

（一）指导思想

全面贯彻党的十八大和十八届三中、四中、五中全会精神，坚持创新、协调、绿色、开放、共享的发展新理念，按照“131”总体要求，围绕“增品种、提品质、创品牌”主线，以市场需求为导向，以供给侧结构性改革和自主创新为动力，以特色动植物资源深度开发为重点，以园区建设为载体，着力构建特色鲜明、布局合理、创新驱动、绿色低碳、循环融合、效益显著的现代高原食品工业体系，促进食品工业规模化、标准化、品牌化、集群化发展，成为助力我省产业扶贫和实现全面小康的重要产业支撑。

（二）基本原则

“三品”引领，创新驱动。强化“增品种、提品质、创品牌”在食品工业发展中的关键作用，着力推进原始创新、集成创新、引进消化吸收再创新和新产品开发，切实提高产品品质。加强品牌体系建设，培育壮大自主品牌，提升产品价值。

集约高效，绿色循环。加强食品工业园区建设，健全产业配套服务体系，培育壮大产业集群。全面推行清洁生产，加强节能环保技术、工艺、装备的推广应用，着力推动高原特色动植物资源高效利用和产业循环发展。

协调推进，融合发展。加快推进信息技术在食品工业领域的应用，促进产业发展质量、管理水平的双重提升和大中小企业共生、协调发展。全面推进一二三产业融合，完善产业链条，推进食品工业转型升级与其他产业的融合联动。

内外统筹，开放合作。抢抓“一带一路”倡议机遇，充分利用省内外两种资源、两个市场，深化技术、产能与市场合作，实现食品工业企业“走出去”和“引进来”的有机结合，提升食品工业对外开放水平。

（三）主要目标

到 2020 年，全省食品工业产业结构更趋合理，技术创新能力显著增强，资源综合利用率明显提高，安全保障体系更加健全，产业整体竞争力进一步提升。

——经济总量。全省规模以上食品工业总产值达到 410 亿元，年均增速 15% 左右；实现工业增加值 125 亿元。

——创新能力。重点企业的技术装备达到国内先进水平，科技贡献率进一步提升，建成 2 家省级重点实验室，3 家省级企业技术中心，建立技术中心的企业科技投入占销售收入的比重达到 3% 以上。

——企业培育。着力培育一批竞争优势突出的大企业、大集团，形成辐射带动效应，培育主营业务收入超 10 亿元企业 2 户以上，5—10 亿元企业 10 户以上，亿元以上企业 30 户以上。深入实施中小微企业培育工程，力争中小微食品企

业数量和规模大幅提升。

——质量安全。基本建成符合国家食品安全体系要求的食品标准体系、食品安全认证体系、风险监测和风险评估体系；规模以上食品企业全部建立食品质量安全可追溯制度，建成食品安全控制和监管体系，形成全覆盖的食品安全可追溯体系，提高人民群众对食品消费安全的放心程度。大力推进食品工业企业诚信体系建设，培育诚实守信企业。

二、发展重点

（一）挖潜提升特色传统农畜加工业

肉制品和水产品。利用我省高原藏系羊、牦牛、八眉猪、藏香猪、福牛、獭兔、家禽、冷水鱼资源，开发适销对路的高端有机产品，延伸产业链条。积极发展牛、羊、猪肉冷冻分割肉、冷鲜分割肉和熟食制品三大类产品，构建屠宰—分割—熟食加工—冷链物流为一体的产业链条。培育加工骨干企业，加大新产品开发，推进獭兔、家禽、冷水鱼的深加工，提升产业化水平。加大加强副产物的综合利用，依托畜产品肉、骨、髓、血内脏等器官重点开发钙制剂、抗皱因子（SOD）、血清、小分子肽、蛋白粉等高附加值生化产品。

乳制品。加快奶源基地建设，推进奶牛良种化和奶牛出户入园，建成一批规模化、现代化、规范化的奶牛养殖基地和挤奶站。严格乳制品行业准入，稳定液态奶产量，扩大酸奶产量，适度发展免疫调节功能乳制品、酸奶粉、婴幼儿配方乳粉、老年人乳制品、乳清蛋白、奶酪等高端产品。以农牧民专业合作社建设为支撑，加强对牦牛乳的收集，完善酸奶、奶酪等牦牛乳制品标准和质量体系建设，提高精深加工水平，培育形成高端牦牛乳制品品牌。推进乳业与枸杞、核桃等特色资源的集合，开发生产枸杞酸奶、核桃发酵乳品，增加乳制品品种。

富硒产品加工。进一步扩大富硒产业种植规模，加大对现有红提葡萄、红树莓、紫皮大蒜、大果樱桃、马铃薯、油菜籽、蔬菜及畜禽等产品开发力度。积极与省内外科研院所合作，开展高原富硒产品的研发、标准制定和认证工作，开发科技含量高、附加值高的富硒产品，抢占国内富硒产品发展制高点。努力构建集富硒产品研发、观光旅游、餐饮娱乐为一体，具有高原富硒特色和龙头引领作用的现代农畜产品加工示范基地。着力培育和引进有实力的富硒农畜产品市场开发主体，积极开展形式多样、特色突出的宣传推介和招商引资工作，打造“高原硒都”品牌。

油菜籽加工。积极选育和推广适合高海拔地区的低芥酸油菜籽品种，采用静态压榨等先进技术与传统土榨相结合的方式，丰富菜籽油产品品种，发展高档次精炼油、色拉油、功能性调和专业油脂。提升油菜综合加工水平，实现双低油菜产业化开发，重点开发低芥酸品牌油、油菜籽饼粕、食品级蛋白、药品级氨基酸、氨基肽和工业级脂肪酸等。采用发酵技术生产高效植物蛋白生物饲料，形成完整的油菜籽加工循环经济产业链条。

青稞加工。依托高原青稞资源和青海互助酒的地域品牌优势，发掘品牌的文化内涵，加快青稞酒技术升级，改造传统发酵工艺，调整产品结构，提升产品质量和档次，努力提高我省白酒品牌的知名度，增强产品竞争力。着力将互助打造为“青稞酒城”，形成一个集种植、酿造、储藏、灌装、包装、物流、会展、质检及旅游休闲为一体的青稞酒产业园，建成中国的青稞酒产业基地。利用青海独特的青稞资源，开发啤酒产品，重点发展青稞白啤酒、青稞黑啤酒、青稞红枸杞啤酒。重点发展提取青稞 β－葡聚糖、青稞麦绿素等，大力开发青稞方便面、糌粑、青稞甜醅、青稞米、青稞麦片等营养食品和青稞保健品、青稞饲料。

马铃薯加工。大力实施马铃薯主粮化战略，建设东部马铃薯优势产区，提高马铃薯商品率和加工率，发展马铃薯食品精深加工，生产食品配餐用的薯片薯条及土豆泥、马铃薯全粉、淀粉、膳食纤维及马铃薯蛋白、营养汁等，提高企业经济效益。加快种薯选育步伐，适度扩大种植面积，打造全国重要的马铃薯种植基地。

蚕豆。扩大蚕豆种植面积，建立蚕豆交易市场。以五香蚕豆、蚕豆羹、蚕豆淀粉和蛋白等为重点，力争建成年产10万吨的蚕豆深加工生产能力。建立蚕豆深加工产品标准和质量检测体系，推动蚕豆加工向标准化、规模化、高值化方向发展。

其他。积极培育优良品种选栽、庄园式生产、工业旅游及品牌营销等四大经济增长点，形成产区特色明显、附加值高、竞争力强的葡萄酒生态园格局。加快推进盖碗茶、清真奶茶、八宝茶、藏式奶茶、藏茶等民族地方特色食品的产业化。

（二）做精做深生物资源加工业

枸杞。依托我省现有的43万亩枸杞种植基地，夯实枸杞产业发展基础，以高档果品和精深加工为重点，形成集枸杞种植—高档鲜果—精深加工为一体的完整枸杞产业链条。以枸杞鲜果品牌建设和杞果保鲜为重点，在海西、西宁或海东分别建设鲜果品仓储、配送基地，打造直接面向市场枸杞高档鲜果品牌。着力强化枸杞精深加工的研发力度，采用先进的提取和发酵技术，生产枸杞多糖、黄酮、枸杞籽油、枸杞浓缩汁等枸杞精深加工系列产品，提取后的压榨物经发酵后生产高效植物蛋白生物饲料。通过发展枸杞蜜、枸杞鸡、枸杞羊等林下产业，实现种植、养殖的“合作共赢”，提高附加值。充分利用青海野生黑枸杞营养价值，生产黑果枸杞饮料、酒、含片等系列产品。

沙棘。加强沙棘种植基地建设，扩大沙棘种植面积。扶持和培育一批特色沙棘生产加工企业，引进先进设备和工艺，提升沙棘加工能力。扩大现有沙棘油保健品系列产品、沙棘维生素P粉等高附加值产品产能；同时以沙棘总黄酮、单体黄酮、沙棘多糖等医药保健品原料产品为新的突破口，推动沙棘在生物医药、保健品、化妆品等高端产业中的应用。

菊芋。扩大菊芋、菊苣种植面积，采用高效分离技术，生产菊粉、低聚果糖、高聚果糖、果葡糖浆等系列产品，压榨物经发酵后生产高效植物蛋白生物饲料。加大研发力度，积极开发从压榨物中提取甘露醇、阿拉伯糖等高附加产品的技术。

新型农作物。稳步推广和规模化种植藜麦、芫根等特色农作物，提高机械化生产水平，推进规模化经营，创建优质特色品牌。延伸产业链条，开发藜麦、芫根等下游深加工产品。

高原蜂产品。培育较大规模、较强经济实力的蜂产品加工型、经营型龙头企业，通过专业协会等中介组织，带动蜂农，建立优质蜂产品原料基地，从源头把好蜂产品质量关，规模化生产无污染蜂蜜、花粉、蜂王浆等高原蜂产品，争取利用三年时间，恢复蜂产品的直接出口，到2020年培育5户规模以上蜂产品加工企业。

（三）做精做细食用盐

稳定现有食用盐生产规模，抓住国家盐业体制政策机遇，丰富具有高原湖盐特色的多品种食用盐产品种类，积极发展满足市场需求的调味盐、精纯盐、低钠盐、腌制盐等产品，适度发展锌强化营养盐、硒强化营养盐、钙强化营养盐等产品，开发食用级氯化钾，扩大食盐市场份额。在现有纯碱产能的基础上，加大技术改造，发展食用碱产品。

（四）做精做优矿泉水产业

充分利用我省天然矿泉水、冰川融水和江河源头水资源和地理优势，大力发展天然饮用水产业，打造高原天然饮用水品牌。扩大“昆仑山”品牌矿泉水产能，将“昆仑山”矿泉水品牌打造成国际知名品牌，提升“瀞度”天然含气苏打水影响力和市场占有率，积极发展“昂思多”“七里寺”“冰峰”等其他品牌矿泉水，形成“一主多副”高低端并存的矿泉水产业发展格局。

（五）加快发展生产性服务业

鼓励物流企业融入食品生产企业，打造技术先进、专业水平高、核心竞争力强的大型现代物流企业。鼓励物流企业与食品企业联盟合作，加快电子商务与物流管理平台一体化建设，提高物流配送规模化和协同化水平。加大对食品物流基础设施建设的投入，改进与完善仓储配送设施，积极推进和开展各类农产品保鲜技术与专用装备的推广与普及，提高食品保鲜加工与包装技术。结合我省食品特点、农畜产品资源分布、现有物流网络布局等实际情况，大力发展多式联运，构建社会化、网络化、专业化的食品冷链服务体系，为肉类、速冻食品、果蔬及特色乳制品等产业发展奠定基础。积极引导和支持食品企业与国内外第三方电子商务交易平台开展合作，引进大型电子商务企业，建设覆盖全国、连接世界的销售平台，促进实体营销与网上交易的协同发展，实现我省重点食品企业的门户网站链接、信息查询、产品展销和电子商务交流等。

三、产业布局

充分发挥全省转型升级15个重大产业基地的集群发展效应，按照“统筹谋划、合理布局、强化中心、集聚发展”的总体思路，明确区域产业发展定位，强化区域产业配套协作，推动形成特色突出、分工合理、错位发展的高原食品工业布局。

西宁市利用区位优势和产业基础，建设食品产业园，把西宁建设成为集食品研发、生产、销售为一体的产业集聚与产品集散地。建立共享的现代服务中心，面向食品企业提供市场营销、现代物流、金融服务、技术创新、清真认证、标准制定、科研教育、人才培训等服务。海东市建设高原特色食品生产基地，打造规模化、标准化、专业化生产示范园，建设富硒农畜产品生产、初级加工基地和物流集散中心。以循化、化隆、民和等穆斯林民族聚集区为依托，着力构建具有区域影响力和高原特色的现代化清真食品加工中心。以互助绿色产业园为依托，建成我国最大的青稞深加工生产基地，大力发展青稞酒及农副产品深加工。海西州依托柴达木地区的枸杞、马铃薯、福牛等资源，整合发展农畜产品加工业，构建区域性农畜产品物流集散中心，建成集种养植（殖）、加工、销售、物流、服务为一体的现代农畜产品加工业集聚区。海北州围绕特色农畜产品资源和特色文化资源，重点发展肉制品、乳制品、菜籽油、蜂蜜、蕨麻等精深加工。海南州大力发展有机畜牧业，加快建设藏系羊、牦牛繁育与标准化养殖基地，建设稳定的牦牛乳优质奶源基地，适度发展肉制品、乳制品。以龙羊峡为中心，加快发展高原优质冷水鱼养殖和加工产业。黄南州、果洛州、玉树州大力发展生态畜牧业、有机畜牧业和小块种植业。建立有机畜产品养殖基地，扶持培育有机畜产品生产企业，打造有机畜产品知名品牌。建成生态安全屏障、高端牛羊肉供给基地、全国生态畜牧业示范区。

白建喜

3.27 宁夏回族自治区

【a. 概况】

绿色食品产业根植于宁夏良好的生态环境、独特的区域资源禀赋和稳定的农牧业基础，是我区的特色传统产业、民生产业。多年来，在自治区各级、各部门积极推动下，已具备一定的产业基础和区域影响力，有力带动了全区经济、生态、社会效益协同发展，具有较高的产业起点和较强的发展潜力。

1. 原料基础稳固

截至 2019 年底，全区优质粮食总产量 373 万吨；奶牛存栏 43.7 万头，肉牛、滩羊饲养量分别达到 169 万头、1148 万只；瓜菜种植面积 296.8 万亩，酿酒葡萄、枸杞种植面积分别达到 46.4 万亩和 48 万亩（标准化基地 35 万亩）。创建了 5 个国家现代农业示范区，13 个全国绿色食品原料标准化生产基地。全区认证登记绿色食品 279 个，有机农产品 33 个。

2. 规模逐步壮大

全区食品制造企业 1331 家，2019 年，实现营业收入 377.5 亿元。其中，规模以上企业 178 家，营业收入 302.3 亿元，企业数量占全区规上工业企业的 15%。引进了中粮、伊利、蒙牛、长城、张裕等一批知名大型企业，培育了塞外香、厚生记、百瑞源、西夏王等一批本土骨干企业。宁夏伊利乳业成为全球最大的单体液态奶生产工厂之一，伊品生物味精市场占有率和产能居全国第三。形成了以吴忠金积工业园区、贺兰工业园区等 12 个绿色食品加工集聚区。

3. 产品趋于多元

绿色食品精深加工比重逐渐上升，产品结构不断丰富，形成以乳制品、葡萄酒、枸杞制品、牛羊肉制品、粮油加工为主，饮料、脱水蔬菜、焙烤食品、调味品等为辅，覆盖全部食品类别的多元化发展态势。

4. 区域影响增强

“昊王”大米“百瑞源”枸杞“鑫海”盐池滩羊肉“金河”酸奶“西夏王”葡萄酒等产品荣获“中国驰名商标”。全区各类特色农产品品牌 317 个，盐池滩羊、宁夏大米等 8 个区域品牌入选 2019 年全国特色农产品区域公用品牌，贺兰山东麓葡萄酒、中宁枸杞、盐池滩羊品牌价值分别达到 276.4 亿元、172.9 亿元、71.1 亿元。

【b. 主要经济数据】

截至 2019 年底，全区共有各类食品（含保健食品）生产经营单位 105606 家。食品生产加工单位（含小作坊）6779 家，占 6.42%；保健食品生产经营单位 8711 家，占 8.25%；食品销售单位 58010 家，占 54.93%；餐饮服务单位 32106 家，占 30.40%。粮油、乳制品、葡萄酒、枸杞、调味品、糕点、淀粉、肉制品加工等是宁夏食品行业的主导产品。

2019 年，全区规模以上食品工业主要产品中，大米产量 32.7 万吨，同比下降 10.9%；小麦粉产量 18.5 万吨，同比下降 20.6%；精制食用植物油产量 8.0 万吨，同比增长 8.1%；葡萄酒产量 1.3 万千升，同比下降 23.5%；啤酒产量 21.1 万千升，同比增长 10.5%；鲜、冷藏肉 1.4 万吨，同比下降 17.6%；乳制品 130.2 万吨，同比增长 11.0%，其中，液体乳 126.5 万吨，同比增长 11.9%；果汁及蔬菜汁类饮料 6.3 万吨，同比增长 70.3%。

2019 年全区规模以上食品工业主要产品产量

产品名称	单位	本年累计	同比增长 %
大米	万吨	32.7	-10.9
小麦粉	万吨	18.5	-20.6
精制食用植物油	万吨	8.0	8.1
乳制品	万吨	130.2	11.0
其中：液体乳	万吨	126.5	11.9
葡萄酒	万千升	1.3	-23.5
啤酒	万千升	21.1	10.5
鲜、冷藏肉	万吨	1.4	-17.6
果汁及蔬菜汁类饮料	万吨	6.3	70.3

截至 2019 年底，全区共有食品生产加工单位（含小作坊）6779 家，其中，获得食品生产许可证的企业有 1448 家。在获证食品生产企业中，数量最多的是粮食加工企业，有 240 家；水果制品生产企业 303 家；茶叶及相关制品生产企业 240 家；食用油、油脂及其制品生产企业 151 家；饮料生产企业 177 家，酒类生产企业 143 家；糕点生产企业 103 家；调味品生产企业 121 家；速冻食品生产企业 6 家；淀粉及淀粉制品生产企业 55 家；肉制品生产企业 44 家；蔬菜制品生产企业 107 家；方便食品生产企业 48 家；炒货食品及坚果制品生产企业 79 家；乳制品生产企业 25 家；蜂产品生产企业 21 家；食品添加剂生产企业 27 家；食糖生产企业 28 家；罐头生产企业 14 家；豆制品生产企业 18 家；糖果制品生产企业 25 家；膨化食品生产企业 13 家；饼干生产企 5 家；冷冻饮品生产企业 6 家；其他食品生产企业 8 家；水产品生产企业 9 家；婴儿配方食品生产企业 2 家；蛋制品生产企业 8 家。全区共有食品生产加工小作坊 5331 家（银川市 1098 家、石嘴山市 858 家、吴忠市 996 家、固原市 1283 家、中卫市 1096 家），主要生产的食品品种为馒头、饼子、糕点、粮食加工品、酱卤肉、豆制品、食用植物油等。

【c. 重点产业】

1. 枸杞产业

宁夏回族自治区党委和政府始终把枸杞产业定位为宁夏经济发展的支柱产业之一，出台扶持政策，加大资金支持，协调多部门合力推进，到 2019 年，全区枸杞种植面积近 35 万亩，鲜果年产量近 26 万吨，加工转化率 23%，综合产值近 200 亿元，特别是“中宁枸杞”品牌价值达到 172.88 亿元，宁夏已成为全国枸杞产业基础最好、生产要素最全、科技支撑力最强、品牌优势突出的核心产区。呈现出以下特点：一是规模种植水平明显提升。紧紧围绕“一核两带十产区”的产业区局，加快推进基地建设标准化、种植良种化、机械应用现代化。全区 22 个县 193 个乡（镇）中有 18 个县 92 个乡（镇）种植枸杞，种植规模超过 30000 亩的乡（镇）达到 3 个，10000 ～ 30000 亩的乡（镇）达到 6 个，1000 ～ 5000 亩的企业基地 27 家，基地标准化率达到 70%，良种使用率达到 95%，机械作业率达到 80%。二是科技支撑能力显著增强。研发平台逐步增多。截至目前，相继建成 4 个国家级枸杞研发平台，1 个院士工作站，14 个枸杞产业人才高地工作站，1 个枸杞创新研究院。标准化体系日趋完善。截至目前，全国共制定发布枸杞国家、行业、地方标 145 项，我区制定 82 项，占全国总数的 57%。成果转化率进一步提高。依托国家枸杞工程中心等科研平台，转化宁农杞 9 号、枸杞多糖肽、枸杞啤酒等 20 余项科研成果，其中杞动力、金杞力等 4 款保健食品和枸杞糖肽、枸杞含片等 6 款特膳、特医食品批量生产。科技在枸杞产业发展中贡献率达到65%。三是精深加工能力不断提升。枸杞鲜果加工转化率达到25%，锁鲜枸杞、冻干枸杞、枸杞酵素、枸杞叶菜等生产线正式投产，枸杞原浆生产线达到10条、分装线达到32条，枸杞原浆产能达到1万吨以上。枸杞面膜、面霜等化妆品，枸杞粉、枸杞蜂蜜等功能性食品已进入市场，枸杞产业的下游衍生品品种不断增加，产业链不断完善。四是品牌影响更加广泛。全区获得出品资质的企业达到34家，枸杞及其制品已进入40多个国家和地区，年出口量稳定在5000吨，年出口额6000万美元左右，宁夏枸杞国际影响力不断提升。培育中国驰名商标8个、自治区著名商标17个、国家级龙头企业14个。“中宁枸杞”以172.88亿元的品牌价格进入全国农产品区域品牌价值前十强；“宁夏枸杞”“中宁枸杞”均获得全国消费者最喜爱的100个中国农产品区域公用品牌；宁夏枸杞2018年、2019年连续2年稳居全国农产品中药材排行榜第2位。

2. 乳制品产业

我区坚持从源头抓起，始终把打造优质奶源、生产优质乳制品为目标，着力推进优势产区、优质高产奶牛、优质牛奶、优质饲草、优质高端乳制品生产加工基地建设，不断提升市场竞争、科技创新、可持续发展三大能力，推进高质量发展，我区已成为全国奶业优势产区和优质高端乳制品重要原料基地。呈现出以下特点：一是奶业生产能力显著增强。2019年，全区奶牛存栏43.73万头，居全国第8位，比“十二五”末增长28.7%；生鲜乳总产量183.4万吨，居全国第7位；人均占有量265.3千克，居全国第1位；成母牛年均单产8500千克，比全国平均水平高1000千克，居全国第3位；每万人占有奶牛数635头，居全国第2位。全区生鲜乳乳脂率3.8%，乳蛋白率3.2%，体细胞数低于20万/毫升，达到欧盟标准，成为我国奶业优质安全发展的一面旗帜。生鲜乳产值61.4亿元，占畜牧业总产值的31.2%，占农业总产值的10.5%。二是奶源基地布局初步形成。形成了以银川市和吴忠市为核心、石嘴山市和中卫市为两翼的奶产业带，产业带奶牛存栏和生鲜乳产量分别占全区总数的97.6%和98.5%，成为全国奶业优势产区和重要的优质奶源生产基地。2019年，全区规模奶牛场232个，规模化养殖比重从2010年的60%提高到2019年的98%以上，比全国平均水平高34个百分点。建设了兴庆区月牙湖、利通区五里坡、吴忠市孙家滩和宁夏农垦贺兰山奶业集团6个2万头以上的养殖基地，贺兰中地牧业、中宁天宁牧业等一批大型牧场的基础设施、机械设备、生产水平和管理能力达到国内一流水平。三是良种繁育体系逐渐完善。围绕打造全国优质奶牛繁育基地和优质牛奶生产基地，持续实施奶牛良种补贴和性控繁殖等项目，2003年以来，累计引进国外优质奶牛15万头，推广国内外优质冻精386万支。引进国外高产奶牛性控胚胎、性控冻精培育高产奶牛4.2万头。2013年开始，实施优质高产奶牛选育重大专项，建设开放式选育群31个，选育核心群1.71万头，305天产奶量达到11.2吨，奶牛良种繁育取得了显著成效，为我区奠定奶业发展优势和市场竞争力发挥了关键作用。四是科技支撑能力明显提高。重点实施了奶牛生产性能测定（DHI）、奶牛养殖节本增效、奶牛绿色养殖与优质生鲜乳生产体系研究与示范等项目，全面推广良种选育、高效繁殖、生产性能测定、全混合日粮、精准化饲喂、信息化管理、粪污资源化利用等技术，全区规模养殖场奶牛良种率、机械挤奶率、青贮饲喂率均达到100%；参加奶牛生产性能测定的牧场33个，参测泌乳牛5.45万头，305天产奶量10吨，达到了国内先进水平。不断加强绿色健康养殖技术等关键技术创新，积极与中国农业大学、西北农林科技大学等科研院所合作，在吴忠国家农业科技园区组建了中国（宁夏）奶业研究院，围绕奶牛绿色高效健康养殖开展技术攻关和转化应用，提升了奶业高质量发展水平。五是乳制品加工能力稳步提升。全区现有乳制品加工企业 19 家，2019 年全区收购生鲜乳 183.4 万吨，乳制品总产量 132.6 万吨，加工总产值 124.0 亿元。伊利、蒙牛、夏进三家企业收购生鲜乳分别为 105.9 万吨、52.4 万吨、16.7 万吨，占全区生鲜乳总量的 95% 以上，三家企业产值分别达到 61.6 亿元、37.2 亿元、14.5 亿元，占全区乳制品总产值的 91.5%。伊利、蒙牛利用我区优质奶源生产的“金典”“特仑苏”“安慕希”“纯甄”等高端乳制品畅销全国，夏进乳业生产的特色枸杞奶畅销区内外，金河乳业生产的奶酪、稀奶油、蛋白粉等精深加工产品，赢得市场青睐。六是乳品质量安全机制不断健全。奶业质量安全监管体系日趋完善。现有生鲜乳收购站 241 个（含婴幼儿配方乳粉奶源 3 家），生鲜乳运输车 428 辆，全区所有奶站、运输车辆监管和违禁物品监测实现全覆盖。生鲜乳监测合格率达到 100%，三聚氰胺、β－内酰胺酶、碱类物质、硫氰酸钠和皮革水解物抽检合格率连续 6 年达到 100%，生鲜乳违禁添加物抽检合格率连续 10 年保持 100%。生鲜乳收购站和运输车全部实现系统备案管理，网上申报审核、在线出证，二维码扫码查询等，生鲜乳质量安全监管信息实现了可追溯。

3. 葡萄酒产业

宁夏发展葡萄酒产业具有得天独厚的自然禀赋和风土条件，“贺兰山东麓葡萄酒”获得地理标专保护证书。一是产业产能和经济效益初具规模。到 2019 年，宁夏酿酒葡萄种植面积已达 45 万亩，是全国集中连片规模最大的酒庄酒产区，占全国酿酒葡萄种植面积近 1/4。已建和在建酒庄 211 家（建成 92 家、在建 119 家），年产葡萄酒近 10 万吨 1.3 亿瓶，综合产值 261 亿元，税收 1 亿元，利润 3 亿多元，初步形成了贺兰县金山、西夏区镇北堡镇、永宁县玉泉营、青铜峡市甘城子、鸽子山、红寺堡区肖家窑、同心罗山等葡萄酒酒庄集群，成为全国葡萄酒酒庄最集中的地区。二是品牌形象和品牌知名度快速提升。贺兰山东麓葡萄酒先后荣获国内外奖项 700 多个，获奖总数占全国 60% 以上；产品出口 30 多个国家和地区，20 款葡萄酒被联合国代表餐厅作为 2019 年采购用酒，宁夏成为中国第一个国际葡萄与葡萄酒组织（OIV）省级观察员，贺兰山东麓成为世界葡萄酒产区新版，吸引了国内张裕、长城、王朝等国内知名葡萄酒企业，还吸引了保乐力加、轩尼诗等国外知名葡萄酒企来宁投资。贺兰山东麓葡萄酒获国家地理标志产品排行榜第 10 位，品牌价值 271.6 亿元。三是产区基础设施和生产技术体系基本健全。自治区先后投入 30 多亿元，配套完善了产区水、电、路、林、讯等基础设施，建立了贺兰金山、银广夏老基地、青铜峡鸽子山、红寺堡肖家窑等 4 个试验示范区，形成有一定实力的科技研发基地。自治区成立葡萄产业人才高地，不断引进国际国内高层次技术人才，开展多起国际酿酒师、侍酒师比赛，示范带动了产区酿酒技术和发展理念的提升。

【d. 行业管理】

1. 推进行业培训

组织行业内 60 家规上食品工业企业开展食品工业企业诚信管理体系贯标培训班。

2. 推进“三品”战略实施

（1）根据《工业和信息化部办公厅关于组织申报 2020 年消费品工业“三品”战略示范城市的通知》（工信厅消费函〔2020〕236 号）要求，实施增品种、提品质、创品牌行动，结合我区的实际情况以及近几年来开展“三品”战略取得的成绩，按照申报条件要求，推荐吴忠市利通区申报 2020 年消费品工业“三品”战略示范城市，并编制了《吴忠市利通区创建消费品工业“三品”战略示范城市实施方案》等相关材料，现已将申报材料报工信部；

（2）根据《工信部关于请组织推荐食品工业“三品”专项行动典型成果的通知》（工消费函〔2020〕594 号），我厅组织各市进行积极申报，围绕通知明确的推荐条件、工作要求及程序，对上报的企业进行认真筛选，最终选出8家12个产品进行汇总上报。

3. 推动食品产业高质量发展

推动食品工业企业智能工厂、绿色工厂、数字化车间建设，2020年认定智能工厂1个、绿色工厂2个、数字化车间2个，并给予资金支持，提升食品工业企业智能化、绿色化、数字化、高端化水平。

4. 推进食品行业对标

在乳制品、肉制品、枸杞等8个子行业开展对标工作，在经济、能耗、成本、产品质量、管理水平、两化融合、发展等方面设立对标指标体系及量化评分办法，促使企业对标国内先进水平，不断改进提升。

王　巍

3.28 新疆维吾尔自治区

【a. 概况】

新疆拥有天然优越的气候条件和丰富的农产品资源，新疆食品工业快速发展，本土食品加工企业依靠优质资源和优惠政策不断发展壮大，新疆特色的农产品加工食品无论在线上还是线下都颇受消费者欢迎。新疆维吾尔自治区政府正在努力将新疆建设成国家绿色、清真食品加工出口基地。

食品工业是国民经济的支柱产业和保障民生的基础产业，具有产业链长、关联度高、行业跨度大等特点。新疆的食品工业总产值、工业增加值、主营收入、利润均呈现增长态势，行业整体发展积极健康有序，新疆规模以上的食品企业不断增加，行业发展规模正不断壮大，整体形势喜人配套仍需完善食品工业链覆盖种植业、餐饮业等多个行业，对一个地区的发展举足轻重。食品工业在解决“三农”问题、促进经济发展、解决民生问题方面也具有重要作用。虽然整体形势喜人，但新疆食品工业技术创新能力较弱的劣势也影响着全行业的发展，新疆食品工业整体技术和装备水平偏低，具有较高附加值和技术密集型的产品不多，行业精品、名牌偏少，研发投入不高。此外，新疆食品工业配套体系和服务体系也不完善。全区还存在围绕食品工业发展的社会化流通和服务网络不配套，冷链物流网络发展较沿海地区相对落后，原料基地建设、仓储运输、电子商务、贸易和加工配送体系不完善等问题。

新疆在食品工业发展方面有着天然优势，如原料资源上新疆具有发展绿色、有机食品加工的农业和牧业的地域优势。新疆奶、牛羊肉等畜产品人均产量位居全国前列，林果总面积已达2000多万亩，形成了环塔里木盆地以红枣、核桃、杏、香梨、苹果等为主，面积达1500万亩的林果主产区，吐哈盆地、伊犁河谷及天山北坡一带以葡萄、哈密大枣、枸杞、时令水果、设施林果为主的若干个高效林果基地和林果业产业带，这些优势将为新疆食品企业未来发展增添助力。

新疆将设想打造千亿元食品工业，打好“绿色、特色”牌，大力发展食品工业，重点发展林果加工、乳制品、食品添加剂、肉类加工、饲料等优势产业；积极培育特色粮油、香精香料、生物制品等特色产业；利用新疆和周边资源，加大主食加工业的发展。

【b. 主要数据】

2019年，全区规模以上食品工业企业566家，其中，农副食品加工业379家，食品制造业115家，酒、饮料和精制茶制造业71家，烟草制品业1家。

2019年，全区规模以上食品工业企业实现营业收入810.66亿元，同比增长7.8%，其中，农副食品加工业449.58亿元，同比增长9.5%，食品制造业212.54亿元，同比增长5.5%，酒、饮料和精制茶制造业104.11亿元，同比增长9.2%，烟草制品业44.43亿元，同比增长0.2%。全区规模以上食品工业企业实现利润总额 47.58 亿元，同比增长 5.69%，其中，农副食品加工业 15.95 亿元，同比下降 30.23%，食品制造业 13.98 亿元，同比增长 38.55%，酒、饮料和精制茶制造业 14.28 亿元，同比增长 15.35%，烟草制品业 3.37 亿元，同比增长 11.87%。

新疆维吾尔自治区经信局

3.29 辽宁省

【a. 概况】

2019年，是辽宁全面、全方位振兴和建成小康社会的关键年头。辽宁食品工业深入学习贯彻落实习近平总书记在东北调研和推进东北振兴座谈会上的讲话精神及关于东北、辽宁振兴的指示批示精神，贯彻践行新发展理念，坚持稳中求进工作总基调，坚持以供给侧结构性改革为主线，促进有效供给倒逼产业转型升级，努力推动高质量发展，主要经济指标增速明显，筑底回升态势进一步稳固，整体呈现平稳健康运行态势。

2019年，辽宁省规模以上食品工业企业达到909户，实现营业收入2299亿元，同比增长12%；实现利润69亿元，同比增长13；税金总额87亿元，同比增长10%；资产总计2061亿元，同比增长6%，资产负债率67.4%，剔除烟草行业后为66.8%。

表1 2019年辽宁省食品工业分行业主要经济指标

单位：户、亿元

指标 分类	企业数	营业收入	同比	利润总额	同比	税金总额	同比
农副食品加工业	707	1843.4	14.0	44.1	17.9	8.3	18.6
食品制造业	140	216.0	0.6	10.8	-7.7	11.2	4.7
茶、饮料制造业	59	154.3	2.8	15.1	30.2	15.5	-0.6
烟草加工业	3	85.3	10.6	-1.5	—	52.4	14.2
食品工业合计	909	2299	12%	69	13%	87	10%

辽宁省食品工业规模以上企业分行业的情况看：农副食品加工业企业，实现营业收入1843.4亿元，同比增长14%；利润总额44.1亿元，同比增长17.9%。食品制造业营业收入216亿元，同比增长0.6%；利润总额10.8亿元，同比下降7.7%。酒、饮料和精制茶制造业营业收入154.3亿元，同比增长2.8%；利润总额15.1亿元，同比增长30.2%。

辽宁省食品工业规模以上企业与全国对比的情况看：辽宁规模以上食品工业企业数量占全国的2.6，营业收入占全国2.8%。主要指标增幅比全国平均水平高，其中：营业收入增幅比全国高7.8个百分点，利润总额增幅比全国高5.2个百分点；户均营业收入2.53亿元，比全国平均水平高0.03亿元；但企业盈利水平较低，户均利润760万元，比全国平均水平低。

从辽宁省食品工业规模以上重点企业的情况看：2019年，大部分骨干企业继续保持良好的发展态势。其中，辽宁禾丰牧业实现产值189.6亿元、同比增长18.6%；饲料产量146万吨、同比增长11%；利润增长100%。华润雪花啤酒（辽宁）实现产值44.6亿元，同比增长2.2%。沈阳双年实现产值25.5亿元，同比增长34.9%。辽宁千喜鹤实现产值15.7亿元，同比增长46.2%，沈阳市市场占有率达25%。辽宁辉山乳业积极克服面临各种状况，较好控制了生产经营波动，实现产值11.7亿元。红塔营口卷烟厂产值同比增长10.3%，产量同比下降1.2%；嘉里粮油（营口）有限公司产值同比增长2.4%；大成食品（大连）

产值同比增长 2.2%；阜新双汇肉类产值同比增长 83.2%。

从 30 余种重点监测的食品工业产品产量看：辽宁省主要产品产量同比增多降少。其中，冻肉、速冻食品、食品添加剂、饲料添加剂、白酒等产品产量增幅较大，乳粉、营养保健食品、发酵酒精、葡萄酒产量下降明显。

表 2　2019 年主要产品产量表

产品名称	单位	累计	比去年同期增长
原盐	吨	955982.0	26.6
小麦粉	吨	538768.3	17.5
大米	吨	1839708.0	-9.1
饲料	吨	14874775.0	13.1
精制食用植物油	吨	1738301.5	25.9
鲜、冷藏肉	吨	2879737.4	21.0
冻肉	吨	230004.0	78.2
熟肉制品	吨	143878.9	22.3
冷冻水产品	吨	581381.8	20.7
冷冻蔬菜	吨	5686.2	12.3
膨化食品	吨	29198.4	21.5
焙烤松脆食品	吨	4492.0	70.7
糖果	吨	1428.1	-7.8
速冻食品	吨	153698.5	35.9
方便面	吨	156377.0	1.5
乳制品	吨	763033.6	0.6
液体乳	吨	756847.9	2.5
固体及半固体乳制品	吨	6185.7	-69.6
其中：乳粉	吨	4601.0	-75.0
其中：婴幼儿配方乳粉	吨	1042.8	-37.4
罐头	吨	151031.3	7.5
味精（谷氨酸钠）	吨	19903.0	3.3
酱油	吨	15583.0	-18.0
食醋	吨	17993.8	-3.0
营养、保健食品	吨	16620.0	-57.7
冷冻饮品	吨	113911.2	-2.9
食用盐	吨	238157.7	13.7
非食用盐	吨	500151.0	15.0

续表

产品名称	单位	累计	比去年同期增长
食品添加剂	吨	34188.0	161.5
饲料添加剂	吨	57794.1	55.6
发酵酒精（折 96 度，商品量）	千升	4949.0	-74.3
饮料酒	千升	2086508.4	-2.8
其中：白酒（折 65 度，商品量）	千升	15833.5	36.1
啤酒	千升	2069617.4	-3.0
葡萄酒	千升	1051.8	-38.8
饮料	吨	2828796.7	-2.0
其中：碳酸型饮料（汽水）	吨	676713.2	-2.5
包装饮用水	吨	824796.0	-4.2
果汁和蔬菜汁类饮料	吨	89335.7	1.2
蛋白饮料	吨	26592.0	3.2

【b. 运行特点】

2019 年，辽宁省食品工业主要经济指标稳中向好，行业规模得到较快增长，行业盈利水平较为平稳。农副食品加工业、酒饮料制造业盈利水平提高。行业重点骨干企业继续发挥支撑和带动作用。

1. 产业规模得到较快增长

2019 年，辽宁省规模以上食品工业企业工业增加值同比保持稳定增长。其中：农副食品加工业累计同比增长 1.9%，食品制造业累计同比增长 5.3%，酒、饮料和精制茶制造业累计同比增长 6.2%。

2. 行业盈利水平较为平稳

2019 年，辽宁省规模以上食品工业企业主营业务收入同比增长 12%，利润总额增长 13%。其中：农副食品加工业和酒、饮料和精制茶制造业盈利增长明显；受保健品市场趋冷和产品出厂价格走低影响，食品制造业利润总额下降 7.7%。

3. 行业税金较快增长

2019 年，辽宁省规模以上食品工业实现税金

87 亿元，同比增长 10%。烟草制品业贡献 52.4 亿元，同比增加 6.5 亿元。

4. 出口略有下降

因中美相互加征水产品关税，来料加工和出口受限，导致农副食品加工业出口减弱；农副食品加工业实现出口交货值 154.5 亿元，同比下降 8.3%。

【c. 主要行业运行情况】

2019 年，农副食品加工业平稳增长，辽宁省规模以上农副食品加工业企业产值同比增长 13.4%，增加值同比增长 7.1%。受猪肉价格大幅上涨影响，与其相关产品产量同比快速增长。其中：饲料产量 1487.5 万吨，同比增长 13.1%；鲜冷藏肉产量 288 万吨，同比增长 21%；冷冻水产品 58.1 万吨，同比增长 20.7%。

2019 年，食品制造业产值微降，由于国家加强对保健品的管控力度，辽宁省规模以上工业食品制造有关企业调整生产和经营策略，调减产量。食品制造业产值受此影响，同比下降 0.3%，增加值同比下降 9.3。食品制造业主要产品中，乳制品产量 76.3 万吨、同比增长 0.6，营养保健品产量 1.7 万吨、同比下降 57.7%。

酒、饮料和精制茶制造业产值微降。2019 年，辽宁省规模以上工业酒、饮料和精制茶制造业产值同比下降 0.3%，增加值同比下降 5.7%。主要子行业中，啤酒产量 207 万千升、同比下降 3%。白酒产量 1.6 万千升、同比增长 36.1%。

【d. 重点区域】

1. 沈阳市

2019 年，规模以上食品企业 193 户，占全省规上食品企业数量的 21.2%；其中：农副食品加工业 137 户，食品制造业 40 户，酒饮料 15 户，烟草业 1 户。实现营业收入 636.5 亿元，占全省食品工业营业收入的 27.7%；其中：农副食品加工业 432.1 亿元，食品制造业 105.2 亿元，酒饮料 64.8 亿元，烟草业 34.4 亿元。

稻米、乳品、肉禽加工、糕点、糖果、饮料、酒类等行业，沈阳市继续保持产业优势，一些农产品加工产业链基本形成，一些食品加工产业集聚区相继形成。粮油、饲料、肉类、乳品，成为四大优势主导产业。拥有市级以上农业产业化重点龙头企业 156 户（国家级 8 户，省级 42 户，市级 106 户），其中：饲料和禽类加工业位居全国前列。

2. 营口市

2019 年，全市规模以上食品工业企业 45 户。克服中美贸易和保健品风波对行业的冲击，主营业务收入达到 186.6 亿元，同比增长 3.67%。食品工业项目建设势头强劲，投资千万元以上项目 17 个，投资总额 129 亿元，为拉动全市工业经济发展做出了积极的贡献。

【e. 品牌建设】

中国轻工联发布 2019 年度轻工业二百强企业，辽宁禾丰牧业荣获轻工业食品行业五十强企业第 9 位。

2019 年，辽宁省人民政府发布省长质量奖，辽宁禾丰牧业获得银奖。

2019 年，辽宁省市场监督管理局发布辽宁省企业品牌价值评价结果，8 个行业 32 家企业上榜。其中：辽宁禾丰牧业、北票宏发食品、富虹集团、沈阳中街冰点城等 4 户食品工业企业榜上有名。

【f. 啤酒行业】

2019 年，啤酒行业啤酒整体运行低迷，产量持续下滑。辽宁省规模以上啤酒企业数量为 18 家，总产量为 207.0 万千升，同比下降 3%。

根据行业统计数据测算，辽宁省啤酒产量超过 10 万千升的企业 6 家，同比持平，合计产量 149.6 万千升，占辽宁省产量的 73.4。

辽宁省产量较高的啤酒企业：华润雪花啤酒

（沈阳）有限公司 84.0 万千升。

辽宁省产量最高的啤酒品牌：华润雪花，在辽宁省共有 10 户企业，总产量 150.6 万千升，占辽宁省总产量 73.9。

辽宁省本地啤酒品牌：龙山泉和天湖 2 户，产量合计完成 20.8 万千升，占辽宁统计总产量的 10.2%。

【g. 小资料】

2019 年，辽宁省工业和信息化厅认定年度辽宁省中小企业“专精特新”产品 200 项、“专精特新”中小企业 100 家、“专精特新小巨人”企业 30 家。

1.“专精特新”工业产品（6 个食品产品）

新型绿色禽类饲料（沈阳耘垦饲料有限公司）

深冻即食调味裙带菜（大连盖世健康食品有限公司）

蜂蜜板栗露（丹东君澳食品股份有限公司）

一种全浓香花生油及其生产方法（辽宁玉宝农业科技有限公司）鹿胶原蛋白组合物（辽宁鹿源参茸饮片有限公司）

大豆酸奶（辽宁天赐农产品开发有限公司）

2.“专精特新”中小企业（5 家食品企业）

沈阳麦金利食品制造有限公司

沈阳华清源农业发展有限公司

丹东君澳食品股份有限公司

丹东永明食品有限公司

锦州笔架山食品有限公司

3. 专精特新“小巨人”企业（2 家食品企业）

大连盖世健康食品股份有限公司

大连海晏堂生物有限公司

鲁凌志　庄长君　许智超

3.30 吉林省

【a. 概况】

2019 年，全省规模以上食品工业企业 1016 户，完成增加值同比增长 0.9%；完成产值同比下降 3.8%。按照国民经济行业分类，我省食品产业已形成了涵盖农副食品加工业，食品制造业，酒、饮料和精制茶制造业，烟草制品业 4 个大类比较齐全的现代食品产业体系。

【b. 重点行业及企业运行情况】

2019 年，50 户重点直调企业累计完成产值 711.9 亿元，同比下降 1.9%。其中，百亿元以上企业 1 户、50 亿元以上企业 1 户、10 亿元以上企业 18 户、亿元以上企业 25 户。31 户企业产值实现正增长，占总户数的 62%。

1. 玉米深加工业

2019 年，全省玉米深加工企业累计加工玉米 1262.2 万吨，同比下降 3.9%；完成产值 272.1 亿元，同比下降 9.8%。生产淀粉 285.2 万吨，同比下降 7.9%；生产酒精（含燃料乙醇）240.6 万吨，同比增长 0.6%；生产赖氨酸 16.8 万吨，同比下降 44.6%。其中，长春大成完成产值 45.3 亿元，同比下降 25.1%；吉林中粮（榆树、公主岭、黄龙食品 3 家公司）完成产值 44.9 亿元，同比增长 8.3%；国投生物吉林公司（阜康酒精、吉粮天裕、博大生化 3 家公司）完成产值 60.7 亿元，同比下降 10.2%。

2. 烟草制品业

2019 年，全省烟草制品业累计生产卷烟 103.9 万箱，同比增长 2.3%；完成产值 153.9 亿元，同比增长 11.5%；实现工业税金 99.6 亿元，同比增长 10.3%。“长白山”品牌卷烟省内市场占有率达到 30.3%，同比提高 3 个百分点。其中，吉林烟草工业完成产值 130 亿元，同比增长 13.5%；生产卷烟 82.7 万箱，同比增长 2.9%；湖南中烟四平烟厂完成产值 23.9 亿元，同比增长 2%。

3. 屠宰加工业

2019 年，全省屠宰加工业运行保持稳定，生猪屠宰业面临严峻形势。重点调度的 10 户肉牛、生猪、肉鸡屠宰等企业累计完成产值 142 亿元，同比增长 2.3%。其中，肉牛屠宰业保持快速增长。长春皓月实现产值 66.1 亿元，同比增长 32%，累计屠宰肉牛 34.2 万头，同比增长 27.6%。肉鸡屠宰业稳中有升。3 户肉鸡屠宰企业实现产值 29.7 亿元，同比增长 9.2%；吉林德大实现产值 16 亿元，同比增长 1%，屠宰肉鸡 2869 万只，同比增长 12.6%；生猪屠宰业运行比较平稳但面临形势依然严峻。2 户正常生产的生猪屠宰企业（除去吉林雏鹰、众品）实现产值 35.1 亿元，同比增长 13.6%；其中，吉林华正完成产值 26.2 亿元，同比增长 5.1%；长春金锣完成产值 8.9 亿元，同比增长 48%。

【c. 重点项目建设】

2019 年，全省食品产业重点项目 255 个，总投资693亿元，全部建成后预计实现产值1035亿元。其中，新建项目89个，总投资220亿元，续建项目166个，总投资473亿元。

1. 吉林梅花

吉林梅花30万吨谷氨酸钠及配套（30万吨合成氨）项目投资56亿元，配套工程10万吨合成氨项目正在进行气体车间、维修车间建设，同时进行设备安装，预计年底试生产。主体工程于9月份开工建设，正在进行生产车间土建施工。

2. 松原嘉吉生化产业园项目

目前，松原嘉吉生化产业园在建项目4个，分别为200万吨/年玉米加工扩能项目，总投资20亿元，生产车间、原料库等主体封闭，正在进行设备安装，年底具备试生产条件，预计明年1月份水试，3月份正式投产；10万吨/年反刍动物饲料项目，总投资5000万元，目前一期6万吨已建成生产；6万吨特种玉米加工及羟丙基变性淀粉项目，总投资2.2亿元，项目已建成投产；上海爱普食品15万吨焦糖色素及水解蛋白项目，总投资4亿元，零期5万吨利用嘉吉现有厂房已生产，一期10万吨新厂正在进行土地征用。

3. 伊利集团年产200万吨矿泉水项目，

伊利集团年产200万吨矿泉水项目总投资7.4亿元，一期100万吨项目于9月7日开工建设，正在进行土方回填等基础施工。

4. 飞鹤（吉林）年产2万吨婴幼儿配方乳粉项目

飞鹤（吉林）年产2万吨婴幼儿配方乳粉项目总投资4亿元，目前，车间、试验中心、办公楼主体结构完工，正在进行内外装修；奶粉加工设备及辅助设备陆续进厂，正在进行安装。预计年底设备安装完毕，具备试生产条件。明年初进行配方注册。

5. 吉林纳德松子精深加工产业园项目

吉林纳德松子精深加工产业园项目总投资3亿元，已完成果仁整理车间、开口松子车间、运营管理中心、技术研发中心的主体施工，以及5个深加工车间的框架施工，正在进行果仁、开口车间钢结构屋顶施工和深加工车间的砌筑施工。项目已完成75%。

【d. 食品产业发展存在的主要问题】

1. 区域发展不平衡

从全省范围看，食品产业布局较广，全省9个市州都有分布，一些地区还是支柱或重点产业，长春、吉林、四平3个市的食品产业规模约占全省规模的60%，西部仅占10%，东部约占30%。西部杂食、畜禽，东部长白山特色资源的优势发挥还不充分。

2. 大型企业比重小

2019年，全省产值超百亿元的企业只有1户，50亿元以上企业仅有2户，10亿元以上食品企业19户。规上稻谷加工企业320户，没有1户10亿元以上企业。缺乏像汽车行业一汽、装备行业长客、石化行业吉化这样的行业领军企业。

3. 产品结构不合理

（1）食品产业整体增加值率（除去烟草行业）在25%左右，主要是高附加值行业较少，远低于石化、医药等行业。

（2）初加工产品较多。在1014户规上食品工业企业中，农副食品加工业企业占72%且大部分为稻米加工、饲料加工企业。

（3）利税大户吉林烟草工业一类烟比重仅占1.97%，比全国平均水平低33个百分点。

4. 创新驱动不足

（1）大部分中小企业自主创新能力不强，省级企业技术中心41户，占全省规上食品企业的4%。

（2）受困于产业政策、产品开发、生产成本及市场价格因素影响，我省新培育的生物基材料产业化进程缓慢。

张迎新

3.31 黑龙江省

【a. 概况】

2019年，坚持以食品和农副产品精深加工业打造成全省第一支柱产业的总目标，以“粮头食尾”“农头工尾”为抓手，突出规划引领、政策引导作用，实施“三品提升”行动，全省食品工业保持良好发展态势。2019年，全省食品工业规模以上企业1142户，增加值同比增长8.7%，比全省工业增长高5.9个百分点；实现产值2091.4亿元，同比增长12.6%，比全省工业高7.9个百分点，产值占全部规上工业22.5%，户数占全部规上工业34.9%。从3大门类看，食品制造业增长较低，其他两类增长均超过10%。农副食品加工业增加值增长13%，比全国高11.1个百分点，产值同比增长15.85%，占食品行业66.4%；食品制造业增加值增长0.8%，比全国低4.5个百分点，产值同比增长0.88%，占食品行业23%；酒、饮料和精制茶制造业增加值增长13.5%，比全国高7.3个百分点，产值同比增长22.29%，占食品行业10.6%。

【b. 主要产业】

1. 绿色食品产业

全省绿色有机食品种植面积达到8046万亩，其中，建设了16个中国绿色高质高效创建示范县，种植面积为1098.4万亩。同时，借助互联网的力量，该省还建设了1600个“互联网+农业”高标准示范基地，种植面积达424.6万亩。从绿色农产品追溯体系上，黑龙江对绿色农产品实行“全程可追溯”，大力完善农产品质量追溯平台，推进质量安全智慧化监管，推动已认证或登记的绿色、有机、地理标志产品全部实现入网追溯，构建起“源头可追溯、流向可追踪、信息可查询、责任可追究”的农产品质量安全追溯体系，全省农产品国检总体合格率达98.78%。从品牌建设上，推进品牌规划布局、标准制定和评选认定，已形成一套切实可行的绿色农产品品牌建设机制。从政策扶持上，鼓励出口企业建立农产品原料基地，支持企业开展国际产品认证、检测能力建设和国际市场开拓，让更多绿色的农产品被世界“看见”。目前，全省有2700个有效使用绿色食品标识产品，600个有效使用有机食品标识产品。

2. 玉米加工业

2019年，全省现有规上玉米加工企业96户，约占全省1142户规上食品企业的8.4%；实现营业收入431.6亿元，同比增长26.6%。近年来，一批国内玉米加工龙头企业在我省投资布局，阜丰集团是全球第一大味精、黄原胶制造商，伊品生物科技公司已成为全球第一大饲用生物氨基酸制造商，新和成已成为世界四大维生素生产企业之一，象屿集团是国有大型粮食仓储物流及加工企业。产业布局。玉米加工企业围绕玉米主产区形成集聚效应，主要分布第一、二、三积温带的玉米主产区。齐齐哈尔市、大庆市、绥化市、黑河北安市形成西部片区产业基础较强，现有淀粉、酒精等初加工与氨基酸、维生素等精深加工布局。哈尔滨市、牡丹江市形成中部片区现有鲜食、饲用、酒精等产业形成集聚。佳木斯市、“四煤城”形成的东部片区现有鲜食、酒精、淀粉等产业布局。在全省规模以上玉米加工企业中，饲料加工企业 44 户，食用玉米加工企业 17 户，淀粉及淀粉糖加工企业 11 户，酒精制造企业 22 户，其他产品加工企业 2 户。近年来新投产了一批生产氨基酸、维生素等深加工项目，以及应用秸秆发电、燃料乙醇等综合利用项目，玉米精深加工和综合开发利用在产业比重逐步提升，产品结构正在不断优化。

3. 乳制品工业

2019 年，全省乳制品规模以上企业共有 48 家，其中，液态乳 12 户，乳粉 34 户，其他乳制品 2 户，主要分布在哈尔滨、齐齐哈尔、大庆、绥化、牡丹江、黑河等地，初步形成了龙头带动、品牌集中、品类齐全的加工体系。2019 年，全省乳制品规模以上企业实现产值 345.9 亿元，同比下降 1.2%，占规模以上食品工业的 16.5%，约占全国十分之一。 产品产量。2019 年，全省生鲜乳产量 465 万吨，占全国 14.53%（全国生鲜乳产量 3201 万吨）。全省乳制品产量 183 万吨，产量约占全国的 6.73%（全国乳制品产量达 2719.4 万吨），居国内第 4 位。乳制品产量前 6 位的省区有：河北、内蒙古、山东、黑龙江、陕西、河南，总产量占全国的 49.34%。我省日处理鲜奶能力 2.5 万吨，占全国比重 13.4%，居全国第 1 位。重点企业。2019 年，产值 50 亿元以上 2 户，产值 10 ～ 50 亿元 8 户，产值 1 ～ 10 亿元 19 户。12 户液态乳企业实现产值 91.9 亿元，34 户乳粉企业实现产值 250.6 亿元，2 户其他乳制品企业实现产值 3.4 亿元。

4. 肉产业

2019 年，全省规模以上屠宰和肉制品加工企业发展 87 户；实现产值 313.8 亿元，占规模以上食品工业的 15.0%。2020 年，全省规模以上屠宰和肉制品加工企业发展 90 户。其中：牲畜屠宰 43 户，禽类屠宰 14 户，肉制品及副产品加工 33 户。全省猪、肉牛、肉羊、活家禽出栏量分别达到 1701 万头、281 万头、751 万只、25900 万只；猪肉、牛肉、羊肉、禽肉的产量分别为 135 万吨、45 万吨、13 万吨和 42 万吨；鲜、冷藏肉产量 109 万吨，同比下降 1.2%。全省 80% 的肉类畜禽主要集中在哈尔滨、齐齐哈尔、大庆、绥化、佳木斯、鹤岗等养殖优势区。产业集群。牛肉。已形成哈尔滨、齐齐哈尔、大庆、绥化等四大牛肉屠宰加工产业群。形成了 5 个县域肉牛屠宰和精深加工产业园，园内重点龙头企业设计年屠宰加工能力均为 20 万头，总能力达 100 万头，占全省加工能力的 33% 以上，主要包括宾西牛业、肇东大庄园肉业、龙江元盛、讷河恒阳牛业、肇州皓月等 5 个屠宰和精深加工龙头企业。猪肉。2018 年，全省生猪屠宰加工设计能力 5500 万头，冷库储存能力约 50 万吨。已形成哈尔滨、齐齐哈尔、大庆、绥化、鹤岗等五大猪肉加工产业集群。并形成了巴彦、肇东、望奎、青冈、甘南、双城、宾县、海伦、宝泉岭等 10 个县域生猪年出栏 25 万头以上的生猪屠宰分割及肉制品精深加工产业园集群。禽肉。已形成鹤岗、哈尔滨两大禽肉加工产业集群，代表企业宝泉岭北大荒农牧北三峡食品和呼兰黑龙江正大食品，设计能力分别为 6000 万只和 5000 万只。

5. 酒产业

2019 年，全省酒类制造业规模以上企业 52 户，实现营业收入 165.6 亿元，占规模以上食品工业的 7.9%。其中：酒精制造企业 11 户，白酒制造企业 19 户，啤酒制造企业 17 户，其他酒制造 5 户。白酒产量 13.9 万千升，同比下降 7.8%；生物乙醇产量 30.1 万吨，同比增长 0.7%，啤酒产量 201.6 万千升，同比增长 9.3%。基础及品牌。我省辽阔肥沃的黑土地、丰富的水资源、充足优质的粮食、酿酒的独特风味也是我省酒类制造产业可持续发展的特有优势。我省有着悠久的酿酒历史和酒文化，从金代开始就有蒸馏酒（白酒）生产的记录，距今已近千年。我省是中国啤酒工业和酒精工业开先河者。富裕、北大仓、玉泉、宾州、花园等7个品牌先后获“中华老字号”，哈尔滨牌啤酒获得中国名牌产品，富裕、龙江龙、龙江家园等10个品牌获“中国驰名商标”。我省是为数不多的能同时生产浓香、酱香、清香、兼香等多种香型白酒的生产大省。

【c. 重点企业推介】

1. 黑龙江正大实业有限公司

1994年，成立的黑龙江正大实业有限公司是由泰国正大投资兴建的集饲料生产、种禽繁育、肉鸡养殖和鸡肉食品加工为一体的，全省最大的肉鸡食品产业化龙头企业，是黑龙江省农产品加工出口创汇重点企业和中国质量诚信企业。公司秉承集团“利国、利民、利企业”的宗旨，主动承担起为消费者提供健康食品的责任。公司的“CP正大食品”“雪莲”系列鸡肉产品采用国际质量标准生产，保证了内销与出口产品同等品质，产品经多道程序严格检验，建立了从源头到产品的每一个环节可追溯的质量管理体系，真正实现了“从农场到餐桌”的全程管控，保证每一袋产品都是安全、健康的，产品先后通过多项认证，是真正的安全健康食品。公司将始终坚持用国际食品品质标准生产内销食品，用高品质的食品为消费者提供健康保障，发挥好食品安全领军企业示范作用，努力将“CP正大食品”“雪莲”系列鸡肉产品打造成为“高端消费，首选品牌”。

2. 北安象屿金谷生化有限公司成立于

2015年8月，北安象屿金谷生化有限公司成立，是世界500强厦门象屿集团有限公司旗下投资企业。公司主要产品包含淀粉、淀粉糖、氨基酸、燃料乙醇、生物发酵饲料等，广泛应用于制糖、造纸、纺织、食品、医药、啤酒发酵、饲料等行业。销售网络遍布全国，并已出口到欧洲、东南亚等国家和地区。已获得质量管理体系、食品安全管理体系、环境管理体系、职业安全健康、犹太食品及伊斯兰清真食品六大认证。公司核心生产设备采用世界最先进分离机，实现国内首创PSF一键式启动生产工序，一流的设备、精湛的加工工艺，公司年玉米加工量突破设计总量20%。

3. 完达山阳光乳业有限公司

2009年4月24日，完达山阳光乳业有限公司成立，注册资本1亿元，是黑龙江省完达山乳业股份有限公司的子公司。公司主营项目为生产与销售液体奶系列产品。销售市场重点围绕东三省内市场进行布局，辐射京津冀及南方部分地区。公司目前拥有19个现代化牧场、一个合作牧场，设备日处理鲜奶能力476吨。公司始终坚持在黑土地养健康牛，做诚信人，产放心奶，全面实现了机械化榨乳、冷链运输，原料奶全程封闭管理，奶区辐射5个地市、9个农场。公司于2012年2月通过“有机”食品认证。完达山阳光乳业加工的产品参照欧盟标准生产，引进国际上先进的管理方法，实现了ISO9001国际质量管理体系、ISO14001国际环境管理体系、HACCP危害分析与关键控制点、OHSAS18000职业健康安全管理体系、诚信管理体系等五大体系的整合统一，质量上实现了全程可追溯，为广大消费者奉献了绿色、新鲜、营养、健康、安全的乳品。

4. 黑龙江摇篮乳业股份有限公司

1998年12月，黑龙江摇篮乳业股份有限公司成立，是由一批专业从事乳制品研究的科研人员创办的一家以生牛乳加工为主的科技民营企业。企业有3个生产基地，分别为肇州摇篮乳业、依安摇篮乳业及黑龙江农垦全乳元乳业，现有员工524人（含基地），企业主营产品为“摇篮牌”等系列奶粉，年设计牛乳加工能力4万吨。企业荣获“诚信二十佳食品企业”“市场诚信企业”“全国优秀乳制品加工企业”等荣誉称号，入选哈尔滨市民营企业纳税50强，“摇篮、正元”曾被认定为黑龙江省著名商标，“摇篮”牌被评为中国驰名商标。企业以质量为生命，严把质量关，经受住了历次乳品行业大事件的考验，并在2018年顺利通过国家产品配方注册。公司现有摇篮、安宝宝、安贝贝、安睿儿、安冠睿、安合臻、全合、全全、全宝贝共9个系列产品。奶粉面向全国市场销售，覆盖全国24个省，公司截至目前已累计实现销售收入80多个亿，纳税累计近8个亿，最多时安排2万多人就业，大大推动了龙江经济的发展。

5. 中粮黑龙江酿酒有限公司

1943年，中粮黑龙江酿酒有限公司成立，1949年收为国有，2002年，被华润集团收购，2005年并入中粮集团，更名为中粮黑龙江酿酒有限公司。2019年，全年营业收入4756万元；缴纳税金824万元。公司配备四条生产线，主要生产东方春、老古坊、百战等产品，年产能5000吨。公司围绕“以销定产”运营模式，以“提质增效”为经营重心，在白酒行业持续低迷的情况下实现了营业额及净利润的快速递增及历史性突破。公司秉承“为信赖，做更好”的经营理念，致力开发接地气的“民酒”，扎实稳健推动生产经营进步。现已拥有优质浓香、酱香、浓酱兼香、清香四种香型的系列产品及传统固态发酵普通白酒。生产的六大系列、七大酒体，近百个细化类别的产品，销往全国20个省、直辖市，200多个地区。

车有春

第四部分

统计篇

4.1 食品工业省、自治区、直辖市排名表

2019 年食品工业省、自治区、直辖市排名表

名次	规模以上企业数	营业收入（亿元）	同比增长率 %
山东省	3775	7875	0.08
四川省	2421	7228.3	9.9
广东省	1997	7008.27	1.8
河南省	2548	6649.95	–3.7
福建省	2372	6648.9	10.1
湖北省	2313	6379	4.5
湖南省	2614	5189.4	4.0
江苏省	1797	4931.14	3.44
吉林省	1016	4907.64	–3.3
广西	830	4663.73	3.96
安徽省	2489	3222.2	–1.4
云南省	110	3208.7	7.2
河北省	1165	3045.18	8
浙江省	1228	2842.06	3.52
陕西省	1265	2708.9	5.8
上海市	390	2402.02	3.7
辽宁省	909	2299	11.9
江西省	944	2252.93	–3.25
贵州省	934	2230.86	5.2
黑龙江省	1142	2091.4	12.6
内蒙古	395	1786.5	8
重庆市	720	1515	15.4

续表

名次	规模以上企业数	营业收入（亿元）	同比增长率 %
北京市	264	1227	−2.7
天津市	272	991.22	0.31
新疆	566	810.66	8
山西省	281	592.4	−1.1
甘肃省	297	520.33	7.4
宁夏	178	302.3	12.9
海南	93	215.2	1.17
青海	85	76.32	17
西藏	30	24.18	−0.09
中国食品名城			
漯河市		2050.64	17.8
漳州市	598	1783.2	7.9
烟台市	432	882.06	−3

4.2 食品工业主要产品产量

2019 年食品工业主要产品产量

万吨、万千升、亿支

产品名称	产量	同比增长（%）
小麦粉	8606.9	1.1
大米	10787.1	5.4
精制食用植物油	5421.8	1.0
成品糖	1356.5	14.8
鲜、冷藏肉	2817.5	0.9
冷冻水产品	739.2	3.7
糖果	329.8	4.1
速冻米面食品	302.0	–0.2
方便面	573.3	–6.7
乳制品	2719.4	5.6
液体乳	2537.7	5.8
乳粉	105.2	2.4
罐头	919.1	–9.0
酱油	680.6	11.6
冷冻饮品	246.3	0.5
发酵酒精（折 96 度，商品量）	691.6	–2.5
白酒（折 65 度，商品量）	785.9	–0.8
啤酒	3765.3	1.1
葡萄酒	45.1	–10.1
碳酸型饮料（汽水）	1845.3	6.6
包装饮用水	9698.5	10.6
果汁和蔬菜汁类饮料	1643.8	0.3
精制茶	237.4	2.5
卷烟	23642.5	1.2

4.3 工业增加值增速与食品工业

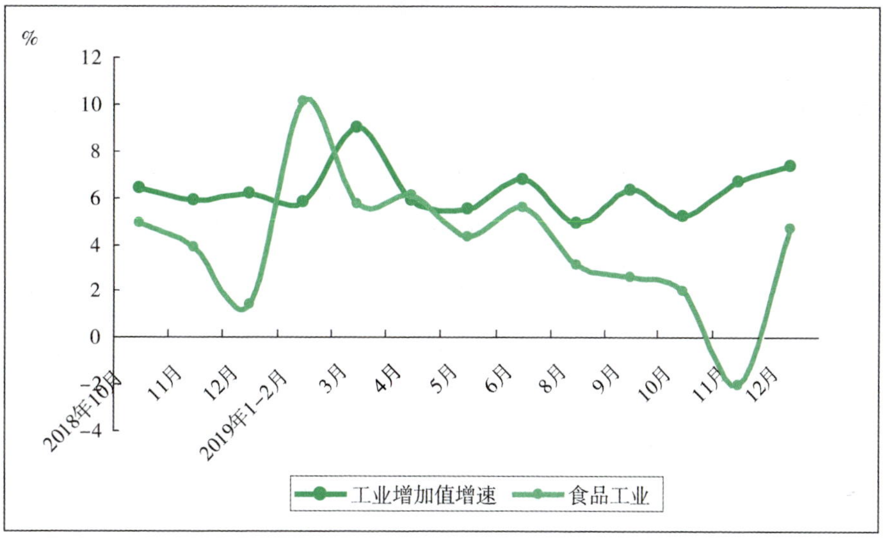

4.4 食品工业主要产品产量

2019年食品工业主要产品产量

万吨、万千升、亿支

产品名称	产量	同比增长（%）
小麦粉	8606.9	1.1
大米	10787.1	5.4
精制食用植物油	5421.8	1.0
成品糖	1356.5	14.8
鲜、冷藏肉	2817.5	0.9
冷冻水产品	739.2	3.7
糖果	329.8	4.1
速冻米面食品	302.0	−0.2
方便面	573.3	−6.7
乳制品	2719.4	5.6
液体乳	2537.7	5.8
乳粉	105.2	2.4
罐头	919.1	−9.0
酱油	680.6	11.6
冷冻饮品	246.3	0.5
发酵酒精（折96度，商品量）	691.6	−2.5
白酒（折65度，商品量）	785.9	−0.8
啤酒	3765.3	1.1
葡萄酒	45.1	−10.1
碳酸型饮料（汽水）	1845.3	6.6

续表

产品名称	产量	同比增长（%）
包装饮用水	9698.5	10.6
果汁和蔬菜汁类饮料	1643.8	0.3
精制茶	237.4	2.5
卷烟	23642.5	1.2

2019 年食品工业经济效益指标和投资情况

单位：亿元

行业名称	企业单位数（个）	营业收入	同比增长 (%)	利润总额	同比增长 (%)	营业收入利润率（%）	成本费用利润率（%）	固定资产投资同比增长（%）
食品工业总计	36881	92279.2	4.5	6697.1	6.8	7.3	8.5	—
农副食品加工业	22401	46810.0	4.0	1887.6	3.9	4.0	4.2	–8.7
食品制造业	8291	19074.1	4.2	1670.4	9.1	8.8	9.6	–3.7
酒、饮料和精制茶制造业	6083	15302.7	5.0	2216.6	10.2	14.5	17.9	6.3
烟草制品业	106	11092.4	6.1	922.5	1.3	8.3	21.2	–0.2

4.5 按工业行业分工业生产者出厂价格指数

（上年＝100）

行业	2016	2017	2018	2019
总指数	98.6	106.3	103.5	99.7
农副食品加工业	100.2	100.6	100.3	103.0
食品制造业	99.8	101.2	101.6	101.3
酒、饮料和精制茶制造业	99.1	100.3	101.6	101.2

4.6 按国际贸易标准分类分进出口商品金额（2019 年）

商品分类	出口		进口	
	亿元人民币	亿美元	亿元人民币	亿美元
总额	172373.63	24994.82	143253.69	20784.09
初级产品	9232.95	1339.70	50294.76	7299.52
食品及活动物	4484.92	650.00	5567.71	807.35
活动物	35.20	5.10	34.32	4.98
肉及肉制品	180.03	26.13	1295.07	187.40
乳品及蛋品	18.88	2.74	416.23	60.37
鱼、甲壳及软体类动物及其制品	1374.49	199.37	1086.72	157.49
谷物及其制品	159.97	23.24	442.44	64.20
蔬菜及水果	1702.18	246.30	1022.34	148.60
糖、糖制品及蜂蜜	164.73	23.88	119.87	17.36
咖啡、茶、可可、调味料及其制品	292.95	42.50	135.49	19.63
饲料（不包括未碾磨谷物）	193.60	28.13	312.11	45.35
杂项食品	362.91	52.62	703.13	101.98
饮料及烟类	239.23	34.68	527.85	76.61
饮料	141.20	20.48	397.13	57.56
烟草及其制品	98.03	14.20	130.72	19.05

4.7 按商品类章分进出口商品金额（2019 年）

	出口		进口	
	亿元人民币	亿美元	亿元人民币	亿美元
总额	172373.63	24994.82	143253.69	20784.09
活动物；动物产品	1156.14	167.72	2896.13	419.50
活动物	35.20	5.10	34.32	4.98
肉及食用杂碎	57.97	8.41	1301.42	188.32
鱼、甲壳动物、软体动物及	859.66	124.67	1063.61	154.14
其他水生无脊椎动物				
乳品；蛋品；天然蜂蜜；其他食用动物产品	38.66	5.61	437.92	63.50
其他动物产品	164.65	23.94	58.87	8.56
食品；饮料、酒及醋；烟草、烟草及烟草代用品的制品	2195.91	318.51	1854.06	268.98
肉、鱼、甲壳动物、软体动物及其他水生无脊椎动物的制品	636.89	92.41	27.24	3.94
糖及糖食	128.40	18.61	110.70	16.03
可可及可可制品	27.62	3.99	56.12	8.11
谷物、粮食粉、淀粉或乳的	152.84	22.16	496.91	72.10
制品；糕饼点心				
蔬菜、水果、坚果或植物其他部分的制品	540.46	78.37	103.31	14.96
杂项食品	274.85	39.85	254.60	36.89
饮料、酒及醋	143.48	20.81	401.33	58.17
食品工业的残渣及废料；配制的动物饲料	193.33	28.09	273.11	39.72
烟草及烟草代用品的制品	98.03	14.20	130.72	19.05

4.8 进口主要货物数量和金额（2019年）

品名		数量	金额	
			万元人民币	万美元
谷物及谷物粉	（万吨）	1785	3583551	520250
# 小麦	（万吨）	349	692710	100307
稻谷和大米	（万吨）	255	894473	129719
大豆	（万吨）	8851	24374552	3534202
食用植物油	（万吨）	953	4376143	633354
食糖	（万吨）	339	774490	112113

4.9 出口主要货物数量和金额（2019 年）

品　名		数 量	金 额	
			万元人民币	万美元
活猪	（吨）	106158	273609	39641
活家禽	（吨）	129	926	134
牛肉	（吨）	218	1130	164
猪肉	（吨）	26630	97513	14139
冻鸡	（吨）	94327	157590	22881
水海产品	（万吨）	419	14013551	2032657
鲜蛋	（吨）	71809	78204	11350
谷物及谷物粉	（万吨）	318	852468	124016
# 稻谷和大米	（万吨）	275	727598	105903
玉米	（吨）	26136	6845	987
蔬菜	（万吨）	979	8666985	1256672
# 鲜或冷藏蔬菜	（万吨）	651	3829854	554352
橘、橙	（吨）	694119	645378	92913
苹果	（吨）	971146	865494	124633
松子仁	（吨）	10434	161592	23355
大豆	（万吨）	11	63401	9227
花生及花生仁	（万吨）	19	182130	26384
食用植物油	（吨）	266564	188477	27332
食糖	（吨）	185600	60342	8737
天然蜂蜜	（吨）	120845	162303	23501
茶叶	（吨）	366558	1392263	201961
辣椒干	（吨）	73055	106496	15472
猪肉罐头	（吨）	29013	63358	9208
蘑菇罐头	（吨）	254444	614746	89107
啤酒	（万升）	41760	176127	25532
肠衣	（吨）	95671	729390	105833
烤烟	（吨）	121869	296239	42975
纸烟	（吨）	33944	487939	70542

4.10 按行业分规模以上工业企业主要指标（2019 年）

单位：亿元

行业	企业单位数（个）	资产总计	流动资产合计	应收账款	存货	# 产成品	负债合计	营业收入	营业成本	销售费用	管理费用	财务费用	利润总额	平均用工人数（万人）
农副食品加工业	21346	29773.11	17223.87	2723.20	4993.32	2116.03	16998.18	47412.58	42410.07	1102.45	1360.05	377.54	2051.99	288.41
食品制造业	8043	16508.68	8611.52	1675.31	1825.80	792.14	7912.86	19510.73	15035.07	1727.86	987.68	108.85	1789.06	176.26
酒、饮料和精制茶制造业	5674	17931.99	10585.56	1037.89	2850.76	947.89	7492.40	15336.05	10223.84	1284.76	798.32	71.48	2286.72	119.26
烟草制品业	107	10378.43	7249.34	429.53	4224.55	250.35	2332.67	11134.96	3799.30	157.72	499.69	–54.06	933.14	16.16

4.11 商品零售价格分类指数（2019 年）

（上年 =100）

项目名称	全国	城市	农村
商品零售价格指数	102.0	101.9	102.5
食品	107.8	107.6	109.0
粮食	100.6	100.6	100.4
食用油	101.1	100.9	101.7
菜	103.9	103.9	103.8
畜肉类	129.2	128.5	132.7
禽肉类	110.1	110.2	109.8
水产品	100.1	100.1	100.5
蛋类	105.0	105.0	105.1
奶类	101.7	101.7	101.6
干鲜瓜果类	109.7	109.5	110.5
糖果糕点类	100.7	100.7	100.8
调味品	101.3	101.2	101.6
其他食品类	101.4	101.4	101.3
在外餐饮	103.3	103.3	103.6
饮料、烟酒	101.3	101.3	101.1
茶及饮料	101.5	101.5	101.6
酒类	102.1	102.1	101.9
服装、鞋帽	101.6	101.6	101.3
服装	101.8	101.9	101.4

续表

项目名称	全国	城市	农村
鞋帽袜	100.8	100.8	101.0
纺织品	100.7	100.7	100.6
服装材料	102.0	102.0	101.9
床上用品	100.4	100.4	100.2
家用电器及音像器材	98.8	98.7	99.5
文化办公用品	99.9	99.7	100.8
日用品	100.7	100.7	101.1
日用百货	100.6	100.5	101.1
体育娱乐用品	100.3	100.3	100.5
交通、通信用品	98.4	98.4	98.5
家具	101.1	101.1	100.7
化妆品	101.5	101.5	101.3
金银饰品	108.3	108.5	106.4
中西药品及医疗保健用品	103.9	103.8	104.3
医疗卫生器具	100.6	100.7	100.0
中药	104.9	104.9	104.6
西药	104.3	104.1	105.0
书报杂志及电子出版物	104.6	104.6	104.3
燃料	97.0	96.9	97.3
建筑材料及五金电料	101.0	101.0	101.2
建筑装潢材料	101.1	101.1	101.1
五金水暖	101.0	100.9	101.6

4.12 工业产品产量

产品名称		2018	2019
原盐	（万吨）	6363.61	6701.44
精制食用植物油	（万吨）	4940.43	5421.76
成品糖	（万吨）	1198.77	1389.39
罐头	（万吨）	1047.85	1034.63
啤酒	（万千升）	3800.83	3765.29
卷烟	（亿支）	23375.59	23642.49

4.13 分地区工业产品产量

年份 地区	原盐 （万吨）	成品糖 （万吨）	啤酒 （万千升）	卷烟 （亿支）
1978	1953.00	227.00	40.00	1182.00
1980	1728.00	257.00	69.00	1520.00
1985	1479.00	451.00	310.00	2370.00
1990	2023.00	582.00	692.00	3298.00
1995	2977.72	558.64	1568.82	3485.02
2000	3128.00	700.00	2231.32	3397.00
2005	4661.06	912.37	3126.05	19389.08
2006	5663.13	949.07	3543.58	20218.13
2007	6166.97	1271.38	3954.07	21438.84
2008	6664.43	1432.61	4156.91	22199.20
2009	6662.79	1338.35	4162.18	22901.50
2010	7037.76	1117.59	4490.16	23752.60
2011	6742.16	1187.43	4834.50	24474.00
2012	6911.78	1409.47	4778.58	25160.90
2013	7367.60	1592.76	4982.79	25603.86
2014	7049.71	1642.67	4936.29	26098.49
2015	6665.54	1474.11	4715.60	25890.70
2016	6620.10	1443.30	4506.44	23825.76
2017	6654.17	1472.04	4401.49	23448.25
2018	6363.61	1198.77	3800.83	23375.59
2019	6701.44	1389.39	3765.29	23642.49
北 京			91.43	165.17
天 津	188.31		26.81	211.68

续表

年份 地区	原盐 （万吨）	成品糖 （万吨）	啤酒 （万千升）	卷烟 （亿支）
河 北	311.02	39.24	180.62	758.35
山 西			18.10	153.00
内蒙古	121.16	52.59	64.32	255.10
辽 宁	95.76		206.96	271.18
吉 林			90.56	528.65
黑龙江		13.17	201.63	382.50
上 海			44.21	903.65
江 苏	1352.91	2.73	181.52	1044.71
浙 江		0.55	226.81	933.69
安 徽	149.32		79.06	1174.44
福 建	28.13	7.53	158.12	879.13
江 西	200.80	0.18	71.26	637.95
山 东	1411.93	29.23	484.35	1240.95
河 南	347.30	0.24	253.15	1541.07
湖 北	427.35	0.05	128.24	1273.77
湖 南	322.13	1.22	62.31	1651.46
广 东	3.74	108.14	384.89	1287.86
广 西		800.80	117.78	701.32
海 南	3.09	15.63	2.14	118.00
重 庆	284.13	0.76	67.17	539.50
四 川	537.51	1.99	229.03	870.25
贵 州		3.67	111.14	1114.65
云 南	154.93	239.14	81.57	3496.45
西 藏			13.24	
陕 西	15.41		70.83	779.66
甘 肃	6.31	4.69	41.94	471.50
青 海	293.73		2.03	
宁 夏	92.37		21.08	80.00
新 疆	354.10	67.84	52.97	176.85

注：1. 成品糖 1997 年及以前名称为糖，产量包括土糖，1998-2004 年名称为机制糖。

2. 啤酒 2003 年及以前计量单位为万吨。

3. 卷烟 2003 年及以前计量单位为万箱。

4.14 主要农产品产量

单位：万吨

年份地区	粮食	谷	#稻谷	#小麦	#玉米	豆类	薯类	棉花	油料	#花生	#油菜籽	#芝麻	麻类	#黄红麻	甘蔗	甜菜	烟叶	#烤烟	桑蚕	#桑蚕茧	茶叶	水果	#苹果
1978	30476.5		13693.0	5384.0	5594.5		3174.0	216.7	521.8	237.7	186.8	32.2	135.1	108.8	2111.6	270.2	124.2	105.2	22.8	17.3	26.8	657.0	227.5
1980	32055.5		13990.5	5520.5	6260.0		2872.5	270.7	769.1	360.0	238.4	25.9	143.6	109.8	2280.7	630.5	84.5	71.7	32.6	25.0	30.4	679.3	236.3
1985	37910.8		16856.9	8580.5	6382.6		2603.6	414.7	1578.4	666.4	560.7	69.1	444.8	411.9	5154.9	891.9	242.5	207.5	37.1	33.6	43.2	1163.9	361.4
1990	44624.3		18933.1	9822.9	9681.9		2743.3	450.8	1613.2	636.8	695.8	46.9	109.7	72.6	5762.0	1452.5	262.7	225.9	53.4	48.0	54.0	1874.4	431.9
1995	46661.8	41611.6	18522.6	10220.7	11198.6	1787.5	3262.6	476.8	2250.3	1023.5	977.7	58.3	89.7	37.1	6541.7	1398.4	231.4	207.2	80.0	76.0	58.8	4214.6	1400.8
2000	46217.5	40522.4	18790.8	9963.6	10600.0	2010.0	3685.2	441.7	2954.8	1443.7	1138.1	81.1	52.9	12.6	6828.0	807.3	255.2	223.8	54.8	50.1	68.3	6225.1	2043.1
2005	48402.2	42776.0	18058.8	9744.5	13936.5	2157.7	3468.5	571.4	3077.1	1434.2	1305.2	62.5	110.5	8.3	8663.8	788.1	268.3	243.5	78.0	71.3	93.5	16120.1	2401.1
2006	49804.2	45099.2	18171.8	10846.6	15160.3	2003.7	2701.3	753.3	2640.3	1288.7	1096.6	66.2	89.1	8.7	9709.2	750.8	245.6	225.5	87.9	82.0	102.8	17102.0	2605.9
2007	50413.9	45963.0	18638.1	10949.2	15512.3	1709.1	2741.8	759.7	2787.0	1381.5	1138.2	52.0	66.1	9.6	11179.4	902.9	242.2	224.9	92.7	86.2	117.0	17659.4	2734.7
2008	53434.3	48569.4	19261.2	11290.1	17212.0	2021.9	2843.0	723.2	3036.8	1463.5	1240.3	51.5	56.1	8.0	12152.1	853.9	275.9	258.2	88.2	80.5	125.5	18279.1	2899.5
2009	53940.9	49243.3	19619.7	11579.6	17325.9	1904.6	2792.9	623.6	3139.4	1460.4	1353.6	53.5	31.9	7.1	11200.4	546.5	296.2	275.0	79.5	72.8	135.1	19093.7	3047.5
2010	55911.3	51196.7	19722.6	11609.3	19075.2	1871.8	2842.7	577.0	3156.8	1513.6	1278.8	46.2	24.2	6.5	10598.2	705.1	283.2	261.2	82.7	75.5	146.2	20095.4	3164.9
2011	58849.3	54061.7	20288.3	11857.0	21131.6	1863.3	2924.3	651.9	3212.5	1530.2	1313.7	45.8	22.3	7.0	10867.4	795.8	299.8	278.6	84.3	76.8	160.8	21018.6	3367.3
2012	61222.6	56659.0	20653.2	12247.5	22955.9	1680.6	2883.0	660.8	3285.6	1579.2	1340.1	46.6	19.6	6.3	11574.6	877.2	324.6	302.3	83.7	76.7	176.1	22091.5	3581.4

续表

年份 地区	粮食	谷	#稻谷	#小麦	#玉米	豆类	薯类	棉花	油料	#花生	#油菜籽	#芝麻	麻类	#黄红麻	甘蔗	甜菜	烟叶	#烤烟	桑蚕	#桑蚕茧	茶叶	水果	#苹果
2013	63048.2	58650.4	20628.6	12363.9	24845.3	1542.4	2855.4	628.2	3348.0	1610.9	1363.6	43.9	17.6	5.7	11926.4	628.7	322.0	304.0	81.8	74.7	188.7	22748.1	3629.8
2014	63964.8	59601.5	20960.9	12823.5	24976.4	1564.5	2798.8	629.9	3371.9	1590.1	1391.4	43.7	16.5	5.1	11578.8	509.9	284.7	269.7	81.5	74.4	204.9	23302.6	3735.4
2015	66060.3	61818.4	21214.2	13255.5	26499.2	1512.5	2729.3	590.7	3390.5	1596.1	1385.9	45.0	15.6	4.8	10706.4	508.8	267.7	249.5	81.2	74.1	227.7	24524.6	3889.9
2016	66043.5	61666.5	21109.4	13318.8	26361.3	1650.7	2726.3	534.3	3400.0	1636.1	1312.8	35.2	18.1	3.4	10321.5	854.5	257.4	244.5	80.3	73.8	231.3	24405.2	4039.3
2017	66160.7	61520.5	21267.6	13424.1	25907.1	1841.6	2798.6	565.3	3475.2	1709.2	1327.4	36.6	21.8	2.9	10440.4	938.4	239.1	227.9	81.7	75.1	246.0	25241.9	4139.0
2018	65789.2	61003.6	21212.9	13144.0	25717.4	1920.3	2865.4	610.3	3433.4	1733.2	1328.1	43.1	20.3	2.9	10809.7	1127.7	224.1	211.0	83.1	76.4	261.0	25688.4	3923.3
2018	66384.3	61369.7	20961.4	13359.6	26077.9	2131.9	2882.7	588.9	3493.0	1752.0	1348.5	46.7	23.4	2.9	10938.8	1227.3	215.3	202.1	83.3	77.2	277.7	27400.8	4242.5
北京	28.8	27.7	0.1	4.4	22.8	0.4	0.6	0.0	0.3	0.2	0.0	0.0										59.9	4.7
天津	223.3	221.2	42.9	60.5	115.2	1.1	1.0	1.8	0.4	0.4	0.0	0.0										57.4	3.4
河北	3739.2	3566.9	48.7	1462.6	1986.6	30.1	142.3	22.7	119.5	96.5	3.5	0.2	0.0			64.3	0.3	0.2	0.0	0.0		1391.5	221.6
山西	1361.8	1266.8	1.8	226.2	939.4	34.2	60.8	0.3	13.7	1.4	2.2	0.2	0.0			0.1	0.3	0.3	0.2	0.2	0.0	862.7	421.9
内蒙古	3652.5	3261.8	136.2	182.7	2722.3	251.6	139.1	0.0	228.7	10.8	39.0	0.1	0.3			629.6	0.4	0.4	0.8			280.4	21.1
辽宁	2430.0	2375.7	434.8	1.4	1884.4	22.8	31.4	0.0	97.7	96.4	0.1	0.0	0.0			14.6	1.4	1.2	4.1	0.0		820.7	248.8
吉林	3877.9	3769.5	657.2	1.1	3045.3	77.0	31.4		81.8	76.9	0.0	0.2	0.0			2.9	2.4	1.2	0.3			153.9	5.3
黑龙江	7503.0	6653.0	2663.5	20.4	3939.8	797.0	53.0		11.5	6.7	0.2	0.1	12.4			41.6	2.6	2.5	0.4			165.0	13.8
上海	95.9	95.3	88.0	5.8	1.1	0.2	0.3	0.0	0.8	0.2	0.6	0.0			0.4						0.0	48.1	
江苏	3706.2	3612.0	1959.6	1317.5	311.1	70.3	23.9	1.6	94.3	42.7	50.5	1.1	0.1		5.4	2.0			3.8	3.8	1.4	983.6	54.0
浙江	592.1	528.6	462.1	32.4	32.3	30.6	33.0	0.8	31.9	5.0	25.7	1.0	0.0	0.0	44.7		0.1		2.0	2.0	17.7	744.1	
安徽	4054.0	3935.0	1630.0	1656.9	642.8	100.8	18.2	5.6	161.4	70.6	87.3	1.7	1.0	0.2	7.9		2.1	1.8	2.6	2.6	12.2	706.3	37.4

续表

年份 地区	粮食	谷	#稻谷	#小麦	#玉米	豆类	薯类	棉花	油料	#花生	#油菜籽	#芝麻	麻类	#黄红麻	甘蔗	甜菜	烟叶	#烤烟	桑蚕	#桑蚕茧	茶叶	水果	#苹果
福建	493.9	403.8	388.8	0.0	13.4	11.4	78.8	0.0	22.0	21.0	0.9	0.0	0.0	0.0	26.3		10.6	10.5			44.0	727.2	0.0
江西	2157.5	2072.2	2048.3	3.0	19.8	29.3	56.0	6.6	120.8	48.2	68.9	3.6	0.5	0.0	62.4		2.3	2.2	0.6	0.6	6.7	693.3	
山东	5357.0	5203.6	100.7	2552.9	2536.5	53.5	99.9	19.6	289.0	284.8	2.3	0.1	0.0				4.4	4.2	1.2	1.2	2.5	2840.2	950.2
河南	6695.4	6528.9	512.5	3741.8	2247.4	102.0	64.5	2.7	645.5	576.7	44.2	19.9	1.9	1.9	11.9		22.8	22.1	1.2	0.6	6.5	2589.7	408.8
湖北	2725.0	2579.6	1877.1	390.7	307.2	39.0	106.4	14.4	313.9	85.7	211.3	12.9	0.7	0.0	27.9		6.3	5.2	0.4	0.4	35.3	1010.2	0.8
湖南	2974.8	2846.8	2611.5	7.5	220.3	37.3	90.7	8.2	239.2	29.3	208.0	1.6	0.4	0.0	34.2		18.6	18.4	0.0	0.0	23.3	1062.0	
广东	1240.8	1131.6	1075.1	0.2	55.6	11.8	97.4		110.2	108.7	0.9	0.6	0.0	0.0	1434.6		4.2	3.6	12.2	12.2	11.1	1768.6	
广西	1332.0	1259.1	992.0	0.5	261.2	24.2	48.7	0.1	71.6	67.2	2.8	1.2	0.7	0.6	7490.7		1.6	1.3	37.9	37.9	8.3	2472.1	
海南	145.0	126.5	126.5			1.7	16.8		8.7	8.6		0.1	0.0	0.0	114.5		0.0	0.0	0.1	0.1	0.1	456.1	
重庆	1075.2	750.6	487.0	6.9	249.5	40.9	283.6		65.2	13.7	49.9	0.5	0.4	0.0	8.1		5.9	4.7	1.2	1.2	4.5	476.4	0.6
四川	3498.5	2825.4	1469.8	246.2	1062.1	129.9	543.2	0.3	367.4	68.4	296.4	0.3	3.2	0.0	37.2	0.1	16.0	13.7	9.7	9.7	32.5	1136.7	76.5
贵州	1051.2	718.9	423.8	33.0	232.3	29.4	302.9	0.0	103.0	11.6	77.2	0.1	0.1		62.8	0.0	23.5	21.6	0.2	0.2	19.8	442.0	20.3
云南	1870.0	1579.4	534.0	71.9	920.0	122.3	168.3	0.0	62.5	6.8	54.1	0.0	0.1		1569.7		83.5	81.0	3.7	3.7	43.7	860.3	55.0
西藏	103.9	101.9	0.4	19.2	2.6	1.8	0.2		5.7	0.0	5.7						0.0				0.0	2.4	1.0
陕西	1231.1	1108.1	80.4	382.0	609.6	28.1	95.0	0.8	60.1	12.3	37.3	1.2	0.2	0.0	0.1	0.0	5.4	5.3	0.6	0.6	7.9	2012.8	1135.6
甘肃	1162.6	923.0	2.1	281.1	594.1	32.7	206.9	3.3	63.2	0.2	35.6		0.3			26.5	0.5	0.5	0.0	0.0	0.1	710.1	340.5
青海	105.5	69.2		40.3	14.2	3.3	33.0		28.9		28.7					0.0						3.7	0.4
宁夏	373.2	331.5	55.1	34.6	230.5	2.3	39.4		7.7	0.0	0.8					0.1	0.1	0.1				258.6	50.2
新疆	1527.1	1496.3	51.6	576.0	858.4	14.8	16.0	500.2	66.4	1.0	14.3	0.0	1.1			445.3						1604.8	170.7

注：2003 年起水果产量包括瓜果类产量。

4.15 畜产品产量

年份 地区	肉类 （万吨）	#猪牛羊肉	猪肉	牛肉	羊肉	奶类 （万吨）	#牛奶	禽蛋 （万吨）	蜂蜜 （万吨）
1996	4584.0	3694.7	3158.0	355.7	181.0	735.8	629.4	1965.2	18.3
2000	6013.9	4743.2	3966.0	513.1	264.1	919.1	827.4	2182.0	24.6
2005	6938.9	5473.5	4555.3	568.1	350.1	2864.8	2753.4	2438.1	29.3
2006	7099.9	5608.4	4650.3	590.3	367.7	3051.6	2944.6	2424.0	33.4
2007	6916.4	5319.8	4307.9	626.2	385.7	3055.2	2947.1	2546.7	38.0
2008	7370.9	5692.9	4682.0	617.7	393.2	3236.2	3010.6	2699.6	38.5
2009	7706.7	5958.5	4932.8	626.2	399.4	3153.9	2995.1	2751.9	39.7
2010	7993.6	6173.5	5138.4	629.1	406.0	3211.3	3038.9	2776.9	38.2
2011	8023.0	6140.3	5131.6	610.7	398.0	3262.8	3109.9	2830.4	41.2
2012	8471.1	6462.8	5443.5	614.7	404.5	3306.7	3174.9	2885.4	43.8
2013	8632.8	6641.6	5618.6	613.1	409.9	3118.9	3000.8	2905.5	43.7
2014	8817.9	6864.2	5820.8	615.7	427.6	3276.5	3159.9	2930.3	46.3
2015	8749.5	6702.2	5645.4	616.9	439.9	3295.5	3179.8	3046.1	47.3
2016	8628.3	6502.6	5425.5	616.9	460.3	3173.9	3064.0	3160.5	55.5
2017	8654.4	6557.5	5451.8	634.6	471.1	3148.6	3038.6	3096.3	54.3
2018	8624.6	6522.9	5403.7	644.1	475.1	3176.8	3074.6	3128.3	44.7
2018	7758.8	5410.1	4255.3	667.3	487.5	3297.6	3201.2	3309.0	44.4
北 京	5.1	3.4	2.3	0.7	0.4	26.4	26.4	9.6	0.1
天 津	30.4	19.0	15.6	2.5	0.8	47.4	47.4	19.4	0.0
河 北	433.4	330.1	241.9	57.2	31.0	433.8	428.7	385.9	1.1
山 西	91.0	71.4	56.8	6.6	8.0	92.3	91.8	111.4	0.7
内蒙古	264.6	236.1	62.6	63.8	109.8	582.9	577.2	58.1	0.2
辽 宁	367.9	225.8	189.4	29.6	6.8	134.7	133.9	307.9	0.3

续表

年份 地区	肉类 （万吨）	#猪牛羊肉	猪肉	牛肉	羊肉	奶类 （万吨）	#牛奶	禽蛋 （万吨）	蜂蜜 （万吨）
吉 林	243.2	154.9	108.3	41.9	4.7	40.0	39.9	121.5	1.2
黑龙江	237.1	193.4	135.2	45.5	12.7	467.0	465.2	114.3	1.7
上 海	10.8	9.1	8.9	0.0	0.2	29.7	29.7	2.9	0.1
江 苏	274.5	155.6	146.2	2.9	6.5	62.4	62.4	212.3	0.4
浙 江	94.3	63.7	60.2	1.3	2.3	15.5	15.5	33.6	6.6
安 徽	402.8	226.1	197.8	9.5	18.8	33.8	33.8	168.7	1.8
福 建	255.2	107.4	103.0	2.1	2.2	15.0	14.5	48.6	1.7
江 西	299.8	222.2	206.8	13.1	2.3	7.3	7.3	57.2	2.0
山 东	704.0	364.9	254.7	73.3	36.9	234.5	228.0	450.1	0.4
河 南	560.4	408.8	344.4	36.2	28.1	208.5	204.1	442.4	6.1
湖 北	349.2	268.8	243.0	16.0	9.9	13.4	13.4	178.8	2.3
湖 南	459.4	383.4	348.5	19.0	15.9	6.3	6.3	114.7	1.1
广 东	412.1	228.0	221.9	4.1	2.0	13.9	13.9	41.5	2.6
广 西	380.0	208.0	192.1	12.4	3.5	8.7	8.7	25.1	1.8
海 南	67.1	32.9	29.5	2.2	1.2	0.2	0.2	4.8	0.1
重 庆	163.8	126.1	112.1	7.3	6.8	4.2	4.2	43.5	2.1
四 川	559.5	417.0	353.4	36.4	27.1	66.8	66.7	161.7	5.5
贵 州	205.9	176.8	150.3	21.5	5.0	5.3	5.3	23.0	0.4
云 南	405.9	346.6	287.5	39.0	20.0	66.7	59.9	35.8	1.1
西 藏	28.4	27.8	0.8	21.2	5.8	48.2	42.4	0.5	0.0
陕 西	109.5	98.7	80.9	8.5	9.3	159.7	107.8	64.1	0.7
甘 肃	101.7	95.7	48.0	22.7	25.0	44.7	44.1	15.1	0.5
青 海	37.4	36.3	7.7	14.6	13.9	35.5	34.9	2.3	0.0
宁 夏	33.5	29.7	7.8	11.5	10.4	183.4	183.4	13.9	0.1
新 疆	170.7	142.5	37.6	44.5	60.3	209.4	204.4	40.5	1.8

4.16　水产品产量

单位：万吨

年份 地区	水产品总产量	海水产品	天然生产	人工养殖	鱼类	虾蟹类	贝类	藻类	其他	淡水产品	天然生产	人工养殖	鱼类	虾蟹类	贝类	其他
1978	465.4	359.5	314.5	45.0	256.1	50.6	26.8	26.0		105.9	29.6	76.2	99.7	3.8	2.4	
1980	449.7	325.7	281.3	44.4	234.1	42.1	23.4	26.2		124.0	33.9	90.2	116.3	5.2	2.5	
1985	705.2	419.7	348.5	71.2	274.5	70.6	47.3	27.3		285.4	47.6	237.8	276.5	5.5	3.4	
1990	1237.0	713.3	550.9	162.4	423.1	107.0	147.3	27.5	8.2	523.7	78.3	445.4	504.9	9.5	7.6	1.8
1995	2517.2	1439.1	1026.8	412.3	758.1	184.8	392.3	74.9	29.0	1078.1	137.3	940.8	1018.6	27.3	20.5	11.6
2000	3706.2	2203.9	1275.9	928.0	896.7	257.9	901.7	106.1	41.5	1502.3	193.4	1308.9	1358.4	76.3	40.0	27.7
2005	4419.9	2465.9	1255.1	1210.8	913.9	281.3	1008.1	133.9	128.6	1954.0	221.0	1733.0	1737.2	140.3	46.3	30.2
2006	4583.6	2509.6	1245.4	1264.2	892.1	299.4	1046.7	137.6	133.8	2074.0	220.4	1853.6	1822.5	167.8	50.9	32.8
2007	4747.5	2550.9	1243.6	1307.3	891.3	298.9	1068.2	138.8	153.7	2196.6	225.6	1971.0	1908.5	202.1	50.5	35.5
2008	4895.6	2598.3	1258.0	1340.3	864.3	288.8	1072.5	142.3	122.1	2297.3	224.8	2072.5	1998.5	210.1	50.1	38.7
2009	5116.4	2681.6	1276.3	1405.2	880.8	303.6	1120.0	148.4	131.0	2434.8	218.4	2216.5	2109.9	228.8	52.0	44.2
2010	5373.0	2797.5	1315.2	1482.3	906.3	310.4	1170.4	156.6	142.1	2575.5	228.9	2346.5	2225.6	248.1	53.8	47.9
2011	5603.2	2908.0	1356.7	1551.3	1075.2	321.8	1212.8	162.9	135.3	2695.2	223.2	2471.9	2343.7	248.8	53.9	48.8
2012	5502.1	2889.6	1314.4	1575.2	957.3	345.7	1264.8	179.0	142.8	2612.5	204.0	2408.5	2235.9	268.7	54.0	54.0
2013	5744.2	2992.4	1327.7	1664.7	972.8	362.6	1327.6	188.5	140.9	2751.9	204.2	2547.7	2366.5	277.0	52.8	55.5
2014	6001.9	3136.3	1403.9	1732.4	1042.5	382.9	1371.7	202.9	136.2	2865.7	202.5	2663.2	2470.7	288.7	51.4	54.8
2015	6211.0	3232.3	1435.7	1796.6	1078.0	386.3	1414.0	211.5	142.5	2978.7	199.3	2779.3	2571.9	300.2	51.6	54.9
2016	6379.5	3301.3	1386.0	1915.3	1063.1	396.1	1476.9	219.3	145.8	3078.2	200.3	2877.9	2653.8	316.1	52.5	55.8
2017	6445.3	3321.7	1321.0	2000.7	1115.8	370.7	1481.4	224.8	129.0	3123.6	218.3	2905.3	2702.6	320.8	46.7	53.6
2018	6457.7	3301.4	1270.2	2031.2	1091.5	368.2	1487.0	236.2	118.5	3156.2	196.4	2959.8	2691.4	369.7	40.8	54.4
2019	6480.4	3282.5	1217.2	2065.3	1060.5	366.2	1480.2	255.6	120.1	3197.9	184.1	3013.7	2686.4	416.5	39.4	55.5
北京	21.4	19.0	19.0		19.0					2.4	0.2	2.1	2.4			0.0
天津	26.2	4.0	3.5	0.5	3.3	0.5	0.1		0.1	22.2	0.5	21.7	18.5	3.7	0.0	0.0

续表

年份 地区	水产品总产量	海水产品	天然生产	人工养殖	鱼类	虾蟹类	贝类	藻类	其他	淡水产品	天然生产	人工养殖	鱼类	虾蟹类	贝类	其他
河北	99.0	69.6	24.7	44.9	17.3	7.0	37.9	0.1	7.3	29.4	3.6	25.9	26.5	2.7	0.0	0.3
山西	4.6									4.6	0.2	4.4	4.6	0.0		0.0
内蒙古	12.6									12.6	1.4	11.2	12.3	0.1		0.2
辽宁	455.0	369.9	75.2	294.7	61.8	13.7	228.8	46.8	18.9	85.1	3.9	81.2	76.2	8.2	0.0	0.7
吉林	23.7									23.7	1.9	21.8	23.2	0.4	0.0	
黑龙江	64.8									64.8	4.0	60.8	63.8	1.0	0.1	0.0
上海	28.0	19.6	19.6		18.8	0.7	0.0		0.0	8.5	0.1	8.4	5.4	3.0		0.0
江苏	484.1	137.0	45.5	91.5	33.3	24.5	70.6	4.2	4.4	347.1	29.2	317.9	244.0	90.9	9.3	2.9
浙江	576.7	443.6	316.6	127.0	231.7	83.5	102.5	10.0	16.0	133.1	16.0	117.1	99.8	16.7	3.8	12.9
安徽	231.5									231.5	20.5	211.0	165.2	54.3	6.8	5.1
福建	814.6	723.5	212.8	510.7	211.1	50.0	327.2	118.9	16.3	91.0	7.1	83.9	75.5	9.6	4.7	1.2
江西	258.8									258.8	16.8	242.1	223.1	21.3	6.2	8.2
山东	823.3	706.2	209.1	497.1	168.2	38.2	406.2	66.4	27.2	117.1	8.9	108.1	102.9	13.0	0.4	0.8
河南	99.1									99.1	11.2	87.9	89.9	7.7	0.6	0.9
湖北	469.5									469.5	16.2	453.4	349.5	112.6	0.7	6.7
湖南	254.4									254.4	8.1	246.3	213.6	34.2	1.6	5.0
广东	866.4	455.5	126.4	329.1	158.8	81.5	196.4	7.9	10.8	410.9	10.9	400.0	374.4	28.7	3.1	4.8
广西	342.1	199.5	56.9	142.6	38.1	46.9	106.6		7.9	142.7	9.1	133.5	137.1	1.2	1.5	2.8
海南	172.2	135.0	107.9	27.1	99.0	19.8	3.8	1.2	11.3	37.1	1.7	35.4	36.4	0.2	0.1	0.3
重庆	54.2									54.2	1.8	52.4	52.5	1.1	0.0	0.6
四川	157.7									157.7	3.9	153.8	152.7	3.9	0.3	0.9
贵州	24.4									24.4	1.1	23.3	23.7	0.4	0.1	0.1
云南	63.7									63.7	3.0	60.6	62.8	0.5	0.2	0.2
西藏	0.0									0.0	0.0	0.0	0.0			0.0
陕西	16.6									16.6	0.5	16.1	15.5	0.3	0.0	0.9
甘肃	1.4									1.4		1.4	1.4	0.0		0.0
青海	1.9									1.9		1.9	1.8	0.0		
宁夏	15.8									15.8	0.8	15.0	15.6	0.1		0.0
新疆	16.7									16.7	1.5	15.2	16.3	0.4	0.0	0.0

注：北京市水产品产量含中农发集团产量。

4.17 城镇居民人均主要食品消费量

单位：千克

指 标	2013	2014	2015	2016	2017	2018	2019
粮食（原粮）	121.3	117.2	112.6	111.9	109.7	110.0	110.6
谷物	110.6	106.5	101.6	100.5	98.6	98.8	98.5
薯类	1.9	2.0	2.1	2.3	2.3	2.4	2.6
豆类	8.8	8.6	8.9	9.1	8.8	8.8	9.5
食用油	10.9	11.0	11.1	11.0	10.7	9.4	9.2
食用植物油	10.5	10.6	10.7	10.6	10.3	8.9	8.7
蔬菜及食用菌	103.8	104.0	104.4	107.5	106.7	103.1	105.8
鲜菜	100.1	100.1	100.2	103.2	102.5	99.0	101.5
肉类	28.5	28.4	28.9	29.0	29.2	31.2	28.7
猪肉	20.4	20.8	20.7	20.4	20.6	22.7	20.3
牛肉	2.2	2.2	2.4	2.5	2.6	2.7	2.9
羊肉	1.1	1.2	1.5	1.8	1.6	1.5	1.4
禽类	8.1	9.1	9.4	10.2	9.7	9.8	11.4
水产品	14.0	14.4	14.7	14.8	14.8	14.3	16.7
蛋类	9.4	9.8	10.5	10.7	10.9	10.8	11.5
奶类	17.1	18.1	17.1	16.5	16.5	16.5	16.7
干鲜瓜果类	51.1	52.9	55.1	58.1	59.9	62.0	66.8
鲜瓜果	47.6	48.1	49.9	52.6	54.3	56.4	60.9
坚果类	3.4	3.7	4.0	4.2	4.3	4.1	4.3
食糖	1.3	1.3	1.3	1.3	1.3	1.3	1.2

4.18 农村居民人均主要食品消费量

单位：千克

指 标	2013	2014	2015	2016	2017	2018	2019
粮食（原粮）	178.5	167.6	159.5	157.2	154.6	148.5	154.8
谷物	169.8	159.1	150.2	147.1	144.8	137.9	142.6
薯类	2.7	2.4	2.7	2.9	2.8	3.0	3.2
豆类	6.0	6.2	6.6	7.3	7.1	7.7	9.1
食用油	10.3	9.8	10.1	10.2	10.1	9.9	9.8
食用植物油	9.3	9.0	9.2	9.3	9.2	9.0	9.0
蔬菜及食用菌	90.6	88.9	90.3	91.5	90.2	87.5	89.5
鲜菜	89.2	87.5	88.7	89.7	88.5	85.6	87.2
肉类	22.4	22.5	23.1	22.7	23.6	27.5	24.7
猪肉	19.1	19.2	19.5	18.7	19.5	23.0	20.2
牛肉	0.8	0.8	0.8	0.9	0.9	1.1	1.2
羊肉	0.7	0.7	0.9	1.1	1.0	1.0	1.0
禽类	6.2	6.7	7.1	7.9	7.9	8.0	10.0
水产品	6.6	6.8	7.2	7.5	7.4	7.8	9.6
蛋类	7.0	7.2	8.3	8.5	8.9	8.4	9.6
奶类	5.7	6.4	6.3	6.6	6.9	6.9	7.3
干鲜瓜果类	29.5	30.3	32.3	36.8	38.4	39.9	43.3
鲜瓜果	27.1	28.0	29.7	33.8	35.1	36.3	39.3
坚果类	2.5	1.9	2.1	2.4	2.6	2.8	3.1
食糖	1.2	1.3	1.3	1.4	1.4	1.3	1.4

4.19 居民消费价格分类指数（2019年）

（上年=100）

项目名称	全国	城市	农村
居民消费价格总指数	102.9	102.8	103.2
食品烟酒	107.0	106.7	107.9
食品	109.2	108.8	110.3
粮食	100.5	100.6	100.5
薯类	102.5	102.5	102.7
豆类	101.7	101.8	101.6
食用油	101.3	100.9	102.1
菜	103.9	103.9	104.0
鲜菜	104.1	104.1	104.2
畜肉类	129.1	127.9	131.9
禽肉类	110.0	110.0	110.1
水产品	100.3	100.1	100.9
蛋类	105.1	105.0	105.4
奶类	101.6	101.6	101.5
干鲜瓜果类	109.8	109.5	110.8
鲜瓜果	112.3	112.0	113.5
糖果糕点类	100.7	100.7	100.7
调味品	101.2	101.1	101.4
其他食品类	101.4	101.4	101.3
茶及饮料	101.5	101.5	101.5
烟酒	101.2	101.3	100.9
在外餐饮	103.3	103.3	103.3

4.20 农产品生产者价格指数

（上年＝100）

指 标	2015	2016	2017	2018	2019
农产品生产者价格指数	101.7	103.4	96.5	99.1	114.5
种植业产品	99.2	97.0	99.5	101.2	100.8
谷物	98.7	92.2	100.5	102.3	100.3
小麦	99.2	94.1	104.4	100.1	100.1
稻谷	101.6	98.8	100.7	99.7	96.5
玉米	96.5	86.8	97.1	105.1	102.0
大豆	99.0	97.6	97.7	97.9	100.1
油料	100.8	101.1	100.5	99.1	105.2
棉花	87.5	118.4	100.8	97.9	97.8
糖料	98.8	106.5	106.3	98.8	97.7
蔬菜	104.6	107.0	95.6	103.6	101.2
水果	99.7	92.5	104.8	101.1	103.6
林业产品	97.9	96.1	104.9	98.9	100.1
畜牧业产品	104.2	110.4	90.8	95.6	133.5
生猪	108.9	119.4	86.0	85.6	150.5
活牛	99.1	98.7	98.8	104.9	112.5
活羊	89.4	93.6	107.1	114.7	114.3
活家禽	101.3	99.6	96.7	107.7	107.8
禽蛋	96.9	94.3	92.8	117.6	102.1
生奶	92.2	96.2	100.0	101.3	105.6
渔业产品	102.5	103.4	104.9	102.6	99.4
海水养殖产品	101.0	104.1	107.9	101.4	97.2
海水捕捞产品	106.0	106.2	103.1	104.7	100.6
淡水养殖产品	102.1	102.0	102.4	102.2	99.8

注：根据统计报表制度规定，农产品生产者价格调查中的淡水捕捞产品不再作为代表品，故从 2015 年起不再出淡水捕捞产品价格指数。

4.21 全国居民人均主要食品消费量

单位：千克

指 标	2013	2014	2015	2016	2017	2018	2019
粮食（原粮）	148.7	141.0	134.5	132.8	130.1	127.2	130.1
谷物	138.9	131.4	124.3	122.0	119.6	116.3	117.9
薯类	2.3	2.2	2.4	2.6	2.5	2.6	2.9
豆类	7.5	7.5	7.8	8.3	8.0	8.3	9.3
食用油	10.6	10.4	10.6	10.6	10.4	9.6	9.5
食用植物油	9.9	9.8	10.0	10.0	9.8	8.9	8.9
蔬菜及食用菌	97.5	96.9	97.8	100.1	99.2	96.1	98.6
鲜菜	94.9	94.1	94.9	96.9	96.1	93.0	95.2
肉类	25.6	25.6	26.2	26.1	26.7	29.5	26.9
猪肉	19.8	20.0	20.1	19.6	20.1	22.8	20.3
牛肉	1.5	1.5	1.6	1.8	1.9	2.0	2.2
羊肉	0.9	1.0	1.2	1.5	1.3	1.3	1.2
禽类	7.2	8.0	8.4	9.1	8.9	9.0	10.8
水产品	10.4	10.8	11.2	11.4	11.5	11.4	13.6
蛋类	8.2	8.6	9.5	9.7	10.0	9.7	10.7
奶类	11.7	12.6	12.1	12.0	12.1	12.2	12.5
干鲜瓜果类	40.7	42.2	44.5	48.3	50.1	52.1	56.4
鲜瓜果	37.8	38.6	40.5	43.9	45.6	47.4	51.4
坚果类	3.0	2.9	3.1	3.4	3.5	3.5	3.8
食糖	1.2	1.3	1.3	1.3	1.3	1.3	1.3

4.22 分地区城镇居民人均消费支出（2019 年）

单位：元

地区	消费支出	食品烟酒	衣着	居住	生活用品及服务	交通通信	教育文化娱乐	医疗保健	其他用品及服务
全国	28063.4	7732.6	1831.9	6780.2	1689.3	3671.3	3328.0	2282.7	747.2
北京	46358.2	8951.0	2391.0	17234.8	2568.9	5229.2	4738.4	3973.9	1271.0
天津	34810.7	9719.2	2194.8	7701.5	2051.1	4596.1	4062.0	3179.3	1306.8
河北	23483.1	6024.2	1805.8	5879.9	1537.1	2992.4	2588.1	2056.3	599.3
山西	21159.0	5072.9	1801.4	4333.3	1264.7	2776.4	2937.9	2383.4	588.8
内蒙古	25382.5	6688.4	2457.9	4844.7	1614.4	3797.1	2817.5	2348.6	813.9
辽宁	27355.0	7355.7	2029.8	5445.9	1621.0	3394.5	3691.9	2827.8	988.4
吉林	23394.3	5841.4	1979.2	4571.2	1358.4	3174.9	3147.7	2525.2	796.3
黑龙江	22164.9	5814.0	1873.1	4319.3	1092.6	2612.4	2925.7	2840.9	686.9
上海	48271.6	11272.5	2161.6	16253.1	2215.2	5625.9	5966.4	3331.6	1445.2
江苏	31329.1	7981.4	1930.6	8787.2	1711.2	4051.5	3605.6	2419.9	841.8
浙江	37507.9	10161.6	2258.8	9977.2	2075.2	5368.0	4342.2	2300.3	1024.5
安徽	23781.5	7421.0	1763.5	5262.3	1465.8	2870.5	2802.4	1658.2	537.8
福建	30945.5	9536.7	1659.4	8954.9	1556.8	3715.1	3066.3	1691.5	764.7
江西	22714.3	6604.4	1568.9	5370.4	1507.0	2771.5	2781.4	1559.3	551.3
山东	26731.5	6964.9	2042.4	5883.3	2083.4	3762.2	3171.3	2183.8	640.1
河南	21971.6	5549.8	1706.5	5189.5	1528.8	2691.3	2673.9	2081.1	550.7
湖北	26421.8	7334.3	1886.7	5929.4	1869.0	3283.9	2967.0	2471.4	680.2
湖南	26924.0	7499.6	1843.7	5447.8	1660.4	3425.2	4172.2	2305.2	569.8
广东	34424.1	10757.5	1480.8	8961.6	1894.8	4597.1	3984.5	1883.0	864.9
广西	21590.9	6577.7	973.6	4468.2	1256.5	3176.0	2609.0	2071.0	459.1
海南	25316.7	8690.5	968.8	5499.5	1237.1	3605.5	3135.3	1597.3	582.7
重庆	25785.5	8035.1	2015.3	4734.2	1746.2	3317.8	2893.9	2359.1	683.8

续表

地区	消费	食品烟酒	衣着	居住	生活用品	交通通信	教育文化	医疗保健	其他用品
四川	25367.4	8279.4	1729.6	4741.6	1525.4	3453.4	2667.6	2293.3	677.1
贵州	21402.4	6061.2	1610.6	3976.7	1305.1	3413.0	2635.3	1850.8	549.6
云南	23454.9	6357.1	1415.7	5202.5	1416.8	3517.9	2917.6	2048.2	579.0
西藏	25636.7	9682.1	2419.3	5226.1	1758.3	3621.8	1265.8	965.8	697.4
陕西	23514.3	6376.3	1816.1	4641.2	1610.7	2890.8	3036.8	2528.5	613.8
甘肃	24453.9	6996.0	1920.1	5621.8	1455.0	3050.2	2554.8	2224.2	631.7
青海	23799.2	6904.2	1941.0	4654.4	1368.9	3295.0	2436.4	2509.8	689.7
宁夏	24161.0	5858.9	2104.5	4326.5	1529.1	4077.0	3188.2	2342.2	734.6
新疆	25594.2	7421.6	2234.8	4559.0	1708.5	3667.7	2724.1	2495.5	783.1

4.23 分地区城镇居民家庭人均主要食品消费量（2019 年）

单位：千克

地区	粮食（原粮）	谷物	食用油	食用植物油	蔬菜及食用菌	肉类	猪肉	牛肉	羊肉	禽类	水产品	蛋类	奶类	干鲜瓜果类	食糖
全国	110.6	98.5	9.2	8.7	105.8	28.7	20.3	2.9	1.4	11.4	16.7	11.5	16.7	66.8	1.2
北京	95.7	84.8	6.7	6.5	115.9	25.8	14.2	3.8	2.6	6.7	10.3	14.4	31.1	87.1	1.1
天津	96.1	86.1	8.1	8.0	116.4	25.0	14.8	3.2	2.7	6.4	18.0	18.8	18.4	90.8	1.1
河北	130.5	116.9	7.9	7.6	111.8	24.5	15.2	2.4	1.9	6.5	10.0	17.1	20.5	88.6	1.0
山西	117.6	101.7	7.0	6.9	102.6	17.0	10.8	1.2	1.5	3.6	4.3	14.4	21.3	77.5	0.9
内蒙古	137.5	122.5	7.3	7.1	109.8	32.9	17.1	4.5	6.8	6.8	8.0	12.3	29.9	82.8	1.2
辽宁	116.8	100.7	9.3	9.1	119.4	27.1	17.3	3.5	1.5	6.6	19.3	14.9	21.3	81.7	1.2
吉林	118.3	103.7	9.9	9.8	104.2	24.0	15.4	3.6	0.9	5.9	12.1	12.2	14.9	79.3	1.2
黑龙江	113.7	100.7	11.1	11.0	101.4	23.2	14.7	2.7	1.5	6.0	12.2	13.4	13.6	76.4	1.5
上海	100.1	87.5	8.2	7.9	102.9	28.2	18.9	3.6	1.0	12.8	26.9	12.2	21.6	61.9	1.4
江苏	108.4	96.2	8.5	8.3	105.7	27.3	18.8	2.6	0.9	13.2	21.8	11.5	16.8	51.8	1.0
浙江	118.0	104.8	10.8	10.3	95.4	28.5	21.4	3.1	0.7	12.5	28.3	9.3	15.1	62.1	1.4
安徽	125.0	109.6	8.2	7.7	106.2	29.3	21.5	3.0	1.1	15.0	16.6	12.8	14.3	70.6	0.9
福建	94.1	85.6	8.2	7.6	82.8	27.9	21.5	2.8	0.8	11.7	26.7	9.0	12.3	48.5	1.2
江西	119.7	107.5	13.4	12.9	107.2	31.8	25.5	3.4	0.5	11.8	18.1	8.3	15.8	56.9	1.0
山东	104.6	93.3	8.3	8.1	103.3	23.6	15.3	1.6	1.2	6.8	18.3	18.0	21.8	87.6	0.7
河南	126.4	113.1	8.0	8.0	104.5	20.8	13.2	2.1	1.6	8.4	6.4	16.4	19.1	73.9	1.1
湖北	94.9	83.1	10.2	9.7	94.2	27.6	20.1	3.1	0.8	7.7	19.6	7.7	9.8	50.9	0.7
湖南	110.5	100.1	11.7	9.7	107.3	32.7	26.2	3.0	0.7	13.6	17.8	8.2	10.1	70.8	1.2
广东	100.8	91.7	8.4	8.0	110.6	39.4	30.6	3.5	0.8	23.9	29.5	8.7	10.8	53.9	1.4
广西	95.6	87.3	7.9	7.3	94.6	31.5	25.2	3.2	0.8	24.8	16.6	6.9	8.1	52.2	1.2
海南	80.8	74.7	8.2	7.7	99.5	26.9	20.9	3.1	1.2	24.0	32.8	5.4	6.6	39.6	0.8
重庆	106.2	92.8	14.4	13.2	125.7	39.0	32.1	2.4	0.6	12.9	13.9	10.4	17.0	52.8	1.9

续表

地区	粮食（原粮）	谷物	食用油	食用植物油	蔬菜及食用菌	肉类	猪肉	牛肉	羊肉	禽类	水产品	蛋类	奶类	干鲜瓜果类	食糖
四川	109.7	96.4	11.3	10.5	131.2	40.6	32.0	2.8	0.6	14.1	11.7	9.2	15.1	58.7	1.5
贵州	94.7	82.9	7.5	6.4	76.2	29.1	24.7	1.7	0.3	7.8	4.3	4.9	8.3	46.8	0.7
云南	100.3	88.1	7.3	6.1	93.7	29.9	22.3	3.5	0.4	8.6	6.5	5.0	10.1	50.1	1.3
西藏	181.8	171.4	26.1	23.8	97.0	56.7	13.3	35.0	5.1	5.3	2.2	7.2	20.3	19.9	4.0
陕西	118.9	103.9	9.5	9.2	106.7	18.9	12.1	1.9	1.7	4.7	5.3	10.6	20.8	71.3	0.9
甘肃	139.5	126.0	9.1	9.0	115.3	21.8	13.0	2.7	2.5	6.2	5.6	11.5	29.7	92.3	1.4
青海	93.6	87.6	9.4	9.3	64.7	24.6	8.9	9.2	4.9	4.1	3.3	5.7	23.0	38.0	1.0
宁夏	88.2	80.9	6.9	6.9	95.5	17.1	6.7	4.4	4.5	7.0	4.2	7.5	19.7	84.6	1.2
新疆	124.2	118.8	12.1	12.1	103.2	24.6	5.3	6.0	10.2	7.0	6.1	8.8	33.0	73.9	1.2

4.24 分地区居民家庭人均主要食品消费量（2019 年）

单位：千克

地区	粮食（原粮）	谷物	食用油	食用植物油	蔬菜及食用菌	肉类	猪肉	牛肉	羊肉	禽类	水产品	蛋类	奶类	干鲜瓜果类	食糖
全国	130.1	117.9	9.5	8.9	98.6	26.9	20.3	2.2	1.2	10.8	13.6	10.7	12.5	56.4	1.3
北京	97.3	86.2	6.9	6.7	114.9	25.7	14.6	3.6	2.6	6.5	10.1	14.5	28.9	85.5	1.1
天津	105.2	94.6	8.7	8.6	114.1	24.7	15.0	2.8	2.6	6.1	17.4	18.5	17.0	90.1	1.1
河北	143.9	130.5	7.6	7.4	97.7	20.7	13.7	1.5	1.3	5.4	7.4	15.7	14.5	76.2	1.2
山西	139.4	121.8	7.4	7.2	93.6	14.7	10.2	0.7	1.1	2.9	3.0	13.4	16.8	62.4	1.0
内蒙古	169.8	153.3	6.7	6.4	100.3	32.7	19.5	3.5	6.4	6.5	6.7	11.0	24.0	69.1	1.3
辽宁	127.9	112.2	9.6	9.4	110.3	25.7	17.9	2.7	1.1	5.6	15.4	13.1	16.0	67.4	1.2
吉林	140.6	124.2	10.4	10.2	95.9	23.1	16.7	2.5	0.6	5.6	9.9	11.1	10.8	63.7	1.4
黑龙江	138.8	124.1	12.5	12.4	96.1	21.5	15.1	1.9	1.1	6.0	10.3	12.2	9.8	67.3	1.6
上海	105.3	92.8	8.5	8.2	102.4	29.0	19.8	3.5	1.0	13.1	27.2	12.3	20.8	61.1	1.4
江苏	120.3	106.9	9.2	9.0	101.4	25.3	17.8	2.3	0.8	12.4	19.6	11.3	14.7	45.7	1.0
浙江	132.9	119.0	11.3	10.8	95.4	28.3	22.0	2.7	0.7	11.9	25.9	9.2	13.5	55.6	1.6
安徽	147.3	131.5	8.8	8.1	102.7	27.1	20.6	2.3	0.9	14.7	15.2	12.5	12.0	63.7	1.0
福建	120.2	110.8	8.8	7.9	86.4	27.8	22.3	2.2	0.7	13.0	25.3	9.1	10.7	44.8	1.6
江西	134.0	123.1	12.9	12.4	96.4	28.2	23.5	2.5	0.3	10.6	15.5	7.7	11.0	45.9	1.0
山东	117.6	106.5	8.2	8.1	94.2	21.6	14.6	1.1	1.0	6.5	13.8	17.5	16.9	78.1	0.8
河南	132.2	120.1	7.8	7.8	89.3	17.6	12.0	1.4	1.0	6.9	4.7	14.6	13.1	62.5	1.2
湖北	117.7	106.0	11.9	11.4	104.9	26.1	20.4	2.3	0.6	7.0	17.6	7.6	7.4	43.1	0.7
湖南	144.1	134.2	11.7	9.5	97.9	30.3	25.7	2.2	0.6	13.7	14.8	8.7	6.9	60.6	1.2
广东	115.9	106.7	9.0	8.5	109.4	38.7	30.7	3.1	0.7	25.9	28.6	8.4	8.8	47.2	1.5
广西	133.6	126.1	8.3	7.3	86.1	29.3	25.0	2.0	0.6	24.8	13.4	6.3	5.0	40.6	1.2
海南	99.9	90.5	8.4	7.5	95.9	25.0	20.3	2.4	0.9	24.7	31.6	4.9	4.5	30.9	0.9

续表

地区	粮食（原粮）	谷物	食用油	食用植物油	蔬菜及食用菌	肉类	猪肉	牛肉	羊肉	禽类	水产品	蛋类	奶类	干鲜瓜果类	食糖
重庆	138.1	123.7	14.7	12.8	132.4	38.9	33.7	1.7	0.5	11.9	12.1	10.3	13.3	46.0	2.6
四川	142.7	129.3	11.3	10.3	122.6	39.4	33.4	1.9	0.4	13.2	9.4	9.0	11.6	46.0	1.8
贵州	108.9	97.4	6.6	5.4	73.6	28.6	26.0	1.0	0.2	5.6	2.8	3.7	4.6	35.1	0.7
云南	124.0	113.4	6.5	4.9	82.5	32.2	27.7	2.1	0.4	7.9	4.5	4.5	5.8	34.2	1.2
西藏	187.6	182.7	16.1	12.1	52.4	27.9	5.7	17.5	3.7	1.7	0.6	3.2	11.6	8.8	5.2
陕西	132.2	118.0	10.4	10.0	89.3	15.6	10.9	1.2	1.4	3.5	3.3	8.9	14.5	51.5	1.0
甘肃	158.0	144.9	8.5	8.4	83.4	19.5	13.6	1.5	2.2	5.6	3.1	8.1	15.9	60.5	1.7
青海	108.1	102.2	9.7	9.2	54.7	24.3	8.7	9.0	5.5	3.4	2.0	4.2	18.8	28.0	1.5
宁夏	106.7	99.7	7.6	7.5	88.8	16.3	6.3	4.8	4.1	7.7	3.0	6.2	14.6	79.2	1.4
新疆	133.6	130.3	12.6	12.5	88.2	22.4	3.1	5.0	12.2	5.3	3.2	6.4	21.1	57.8	1.8

4.25 分地区居民人均消费支出（2019 年）

单位：元

地区	消费支出	食品烟酒	衣着	居住	生活用品及服务	交通通信	教育文化娱乐	医疗保健	其他用品及服务
全国	21558.9	6084.2	1338.1	5054.8	1280.9	2861.6	2513.1	1902.3	524.0
北京	43038.3	8488.5	2229.5	15751.4	2387.3	4979.0	4310.9	3739.7	1151.9
天津	31853.6	8983.7	1999.5	6946.1	1956.7	4236.4	3584.4	2991.9	1154.9
河北	17987.2	4675.7	1304.8	4301.6	1170.4	2415.7	1984.1	1699.0	435.8
山西	15862.6	3997.2	1289.9	3331.6	910.7	1979.7	2136.2	1820.7	396.5
内蒙古	20743.4	5517.3	1765.4	3943.7	1185.8	3218.4	2407.7	2108.0	597.1
辽宁	22202.8	5956.6	1586.1	4417.0	1275.3	2848.5	2929.3	2434.2	756.0
吉林	18075.4	4675.4	1406.8	3351.5	948.3	2518.1	2436.6	2174.0	564.7
黑龙江	18111.5	4781.1	1437.6	3314.2	844.8	2317.4	2444.9	2457.1	514.4
上海	45605.1	10952.6	2071.8	15046.4	2122.8	5355.7	5495.1	3204.8	1355.9
江苏	26697.3	6847.0	1573.4	7247.3	1496.4	3732.2	2946.4	2166.5	688.1
浙江	32025.8	8928.9	1877.1	8403.2	1715.9	4552.8	3624.0	2122.6	801.3
安徽	19137.4	6080.8	1300.6	4281.3	1154.3	2286.6	2132.8	1489.9	411.2
福建	25314.3	8095.6	1319.6	6974.9	1269.7	3019.4	2509.0	1506.8	619.3
江西	17650.5	5215.2	1077.6	4398.8	1128.6	2104.3	2094.2	1264.5	367.3
山东	20427.5	5416.8	1443.1	4370.1	1538.9	2991.5	2409.7	1816.5	440.8
河南	16331.8	4186.8	1226.5	3723.1	1101.5	1976.0	2016.8	1746.1	354.9
湖北	21567.0	5946.8	1422.4	4769.1	1418.5	2822.2	2459.6	2230.9	497.5
湖南	20478.9	5771.0	1262.2	4306.1	1226.2	2538.5	3017.4	1961.6	395.8
广东	28994.7	9369.2	1192.2	7329.1	1560.2	3833.6	3244.4	1770.4	695.5
广西	16418.3	5031.2	648.0	3493.2	944.1	2384.7	2007.0	1616.0	294.2
海南	19554.9	7122.3	697.7	4110.4	932.7	2578.2	2413.4	1294.0	406.2
重庆	20773.9	6666.7	1491.9	3851.2	1392.5	2632.8	2312.2	1925.4	501.3
四川	19338.3	6466.8	1213.0	3678.8	1201.3	2576.4	1813.5	1934.9	453.7

续表

地区	消费支出	食品烟酒	衣着	居住	生活用品及服务	交通通信	教育文化娱乐	医疗保健	其他用品及服务
贵州	14780.0	4110.2	984.0	2941.7	873.8	2405.6	1865.6	1274.8	324.3
云南	15779.8	4558.4	822.7	3370.6	926.6	2439.0	1950.0	1401.4	311.2
西藏	13029.2	4792.5	1446.3	2320.6	847.7	2015.2	690.3	519.2	397.4
陕西	17464.9	4671.9	1227.5	3625.3	1151.1	2154.8	2243.4	1977.4	413.3
甘肃	15879.1	4574.0	1125.3	3440.4	945.3	1972.7	1843.5	1619.3	358.6
青海	17544.8	5130.9	1359.8	3304.0	953.2	2587.6	1731.8	1995.6	481.8
宁夏	18296.8	4605.2	1476.6	3245.1	1144.5	3018.1	2352.4	1929.3	525.5
新疆	17396.6	5042.7	1472.1	3270.9	1159.5	2408.1	1876.1	1725.4	441.7

4.26 分地区居民消费价格分类指数（2019年）

（上年=100）

地区	总指数	食品烟酒	食品	粮食	薯类	豆类	食用油	菜	#鲜菜	畜肉类	禽肉类	水产品	蛋类	奶类	干鲜瓜果类	#鲜瓜果	糖果糕点类	调味品	其他食品类	茶及饮料	烟酒	在外餐饮
全国	102.9	107.0	109.2	100.5	102.5	101.7	101.3	103.9	104.1	129.1	110.0	100.3	105.1	101.6	109.8	112.3	100.7	101.2	101.4	101.5	101.2	103.3
北京	102.3	105.2	106.2	99.6	101.8	102.1	99.6	100.6	100.7	120.9	111.2	98.4	103.8	101.0	108.8	111.2	100.0	101.3	101.8	102.2	100.5	104.3
天津	102.7	104.6	106.0	101.8	91.6	102.2	100.4	100.5	100.3	124.1	108.8	96.4	105.1	101.6	107.5	109.0	101.3	101.4	100.3	101.5	101.5	102.4
河北	103.0	105.9	107.6	100.9	97.7	100.5	99.1	102.2	102.2	129.1	113.1	96.5	104.1	100.4	106.6	108.6	99.8	101.5	101.3	102.2	100.5	102.6
山西	102.7	106.3	108.0	100.3	100.1	100.8	99.6	103.1	103.2	128.7	113.9	99.3	107.3	101.0	108.7	111.1	100.0	101.1	101.2	101.2	101.2	102.9
内蒙古	102.4	105.4	107.1	101.7	100.1	100.6	100.8	101.1	101.2	123.5	113.2	99.6	106.5	100.2	107.4	110.1	99.8	100.7	100.7	100.6	101.2	101.6
辽宁	102.4	106.1	107.8	100.8	98.5	100.2	100.4	104.0	104.4	127.0	112.3	101.4	103.9	101.6	107.4	108.8	100.9	100.7	101.0	101.7	100.7	102.2
吉林	103.0	107.5	109.4	100.4	97.6	100.7	99.6	105.5	105.9	130.6	113.4	99.9	103.2	101.5	112.8	114.9	101.9	101.0	101.2	102.0	100.9	103.6
黑龙江	102.8	107.4	109.6	101.0	97.8	99.9	99.9	106.2	106.7	130.7	115.2	101.2	103.5	100.5	111.5	113.9	100.5	101.3	100.8	102.6	100.2	103.1
上海	102.5	105.0	106.4	100.7	109.6	111.3	100.6	103.5	103.8	118.7	111.3	100.3	105.2	101.6	107.4	109.9	100.7	100.2	102.3	101.6	101.0	102.8
江苏	103.1	107.1	109.5	101.1	106.3	101.1	101.8	103.6	103.8	128.0	111.3	99.1	105.9	104.0	110.4	112.6	101.8	103.4	103.4	102.0	102.0	103.4
浙江	102.9	106.2	108.0	100.2	102.9	104.9	102.0	104.8	105.1	126.3	107.3	98.7	103.9	102.5	112.3	115.4	100.9	102.8	101.3	102.2	101.0	104.0
安徽	102.7	107.1	109.6	100.4	101.1	101.5	103.9	102.5	102.8	132.8	110.4	99.5	102.8	100.8	111.6	114.2	101.7	101.0	101.4	102.7	100.3	103.0
福建	102.6	107.3	110.0	99.4	103.1	101.3	101.6	104.0	104.5	131.9	109.1	100.6	103.9	102.4	116.6	120.9	100.7	100.1	101.0	100.7	100.3	103.1

续表

地区	总指数	食品烟酒	食品	粮食	薯类	豆类	食用油	菜	# 鲜菜	畜肉类	禽肉类	水产品	蛋类	奶类	干鲜瓜果类	# 鲜瓜果	糖果糕点类	调味品	其他食品类	茶及饮料	烟酒	在外餐饮
江西	102.9	107.8	110.6	101.0	108.7	103.3	100.6	109.2	110.0	131.5	107.5	98.7	105.7	101.3	111.8	115.1	100.8	100.5	101.0	100.8	100.5	103.2
山东	103.2	107.9	110.6	100.1	102.7	100.1	101.0	103.6	103.8	136.9	109.7	100.6	105.3	101.0	109.6	112.4	100.5	100.7	99.9	100.6	101.3	103.7
河南	103.0	107.4	110.0	100.0	102.4	100.7	99.2	103.4	103.4	133.9	110.4	99.3	106.1	100.6	107.0	109.1	100.0	102.9	101.7	101.7	101.8	102.7
湖北	103.1	107.0	109.4	100.4	105.2	102.9	101.1	105.2	105.5	127.8	110.0	99.5	105.8	102.3	113.1	116.9	100.7	101.4	101.2	100.9	100.7	103.2
湖南	102.9	107.3	109.9	100.4	104.7	100.4	103.1	105.5	106.0	131.2	110.7	98.7	106.3	100.9	107.4	109.6	100.6	101.4	100.7	100.5	101.9	101.6
广东	103.4	108.1	110.3	100.9	102.4	101.0	99.3	104.4	104.7	128.9	108.5	102.9	105.6	101.9	111.6	114.2	100.6	99.8	101.3	101.7	102.4	104.3
广西	103.7	109.5	112.9	100.5	106.3	101.8	100.3	107.2	107.8	138.4	112.5	104.7	104.7	101.3	113.1	115.0	101.9	100.5	101.0	101.2	100.8	104.1
海南	103.4	108.1	110.5	100.1	110.3	101.8	105.3	105.3	105.6	126.4	110.8	103.0	104.4	99.2	116.3	118.7	99.6	100.2	101.4	101.6	99.4	103.7
重庆	102.7	106.8	109.6	97.7	98.1	102.0	102.9	101.9	101.5	133.1	110.8	101.4	104.7	100.9	105.7	107.8	100.6	101.2	102.3	100.6	99.7	102.6
四川	103.2	108.9	112.1	100.3	101.2	101.8	104.9	102.2	102.2	137.0	110.2	100.8	103.5	101.8	108.2	110.5	100.5	100.4	102.3	101.0	101.6	103.6
贵州	102.4	106.4	108.3	99.8	104.1	100.6	106.1	102.1	102.1	122.7	107.4	100.4	105.0	100.0	111.2	114.0	100.0	100.4	102.1	100.9	100.4	103.9
云南	102.5	106.6	109.1	101.5	109.9	102.7	104.1	107.5	108.0	119.0	110.1	100.8	107.3	100.3	116.1	120.2	100.9	102.1	102.2	101.3	101.0	102.9
西藏	102.3	103.3	103.9	102.4	102.1	104.5	101.8	100.4	99.8	106.5	108.8	101.1	102.7	102.4	108.9	111.3	101.8	103.5	103.0	102.6	100.6	103.2
陕西	102.9	105.6	107.2	100.7	101.1	100.6	100.5	100.9	100.8	128.1	112.1	98.6	106.7	103.0	105.1	106.5	100.5	100.9	101.1	101.3	100.9	104.0
甘肃	102.3	105.4	107.5	100.7	103.5	100.6	101.9	103.4	103.6	122.3	110.7	100.6	105.5	101.3	109.7	112.8	100.6	100.4	101.7	100.8	100.4	101.6
青海	102.5	105.3	106.3	101.1	102.1	99.0	101.3	103.1	103.3	116.6	110.8	97.7	106.7	97.9	102.2	103.2	101.5	102.1	99.2	100.9	100.7	104.4
宁夏	102.1	104.8	106.0	100.5	99.3	100.9	99.1	101.1	101.1	116.3	110.6	97.9	103.7	101.5	110.3	114.0	101.1	101.0	101.7	102.0	100.2	103.3
新疆	101.9	104.9	106.3	100.6	102.5	100.7	101.2	105.3	105.3	113.4	107.7	98.4	106.1	104.0	106.5	108.5	101.5	101.5	101.6	102.7	101.2	102.4

4.27 分地区农村居民家庭人均主要食品消费量（2019 年）

单位：千克

地区	粮食（原粮）	谷物	食用油	食用植物油	蔬菜及食用菌	肉类	猪肉	牛肉	羊肉	禽类	水产品	蛋类	奶类	干鲜瓜果类	食糖
全国	154.8	142.6	9.8	9.0	89.5	24.7	20.2	1.2	1.0	10.0	9.6	9.6	7.3	43.3	1.4
北京	107.2	95.0	8.1	7.9	108.9	25.4	16.7	2.3	2.7	5.8	8.7	15.2	14.6	75.3	1.2
天津	148.2	135.2	11.6	11.4	103.5	23.2	16.1	1.0	1.8	5.1	15.0	17.1	10.2	86.8	1.6
河北	157.6	144.4	7.4	7.1	83.3	16.8	12 2	0.5	0.8	4.3	4.8	14.3	8.4	63.6	1.3
山西	164.6	145.1	7.8	7.6	83.2	12.0	9.4	0.2	0.6	2.0	1.6	12.2	11.7	44.9	1.2
内蒙古	217.9	199.3	5.9	5.4	86.2	32.5	23.1	2.1	5.6	6.1	4.9	9.1	15.2	48.7	1.6
辽宁	149.7	134.9	10.2	10.0	92.2	22.8	19.2	1.0	0.5	3.7	7.7	9.6	5.7	39.1	1.1
吉林	168.3	149.7	10.9	10.6	85.5	21.9	18.4	1.1	0.4	5.3	7.1	9.8	5.7	44.2	1.5
黑龙江	173.7	156.6	14.4	14.3	88.7	19.1	15.6	0.8	0.5	6.0	7.5	10.5	4.6	54.6	1.9
上海	151.0	139.0	11.2	10.7	98.1	35.5	27.2	2.5	0.9	16.3	29.7	12.9	13.8	54.0	1.8
江苏	143.3	127.5	10.6	10.4	93.2	21.5	16.0	1.5	0.6	10.8	15.2	10.9	10.6	33.8	1.1
浙江	162.1	146.7	12.2	11.6	95.3	28.1	23.2	1.8	0.6	10.8	21.2	9.1	10.4	42.8	1.9
安徽	169.2	153.2	9.4	8.4	99.3	24.9	19.8	1.6	0.7	14.5	13.8	12.1	9.7	56.9	1.1
福建	162.1	151.2	9.9	8.4	92.2	27.5	23.6	1.3	0.5	15.2	23.0	9.2	8.1	38.8	2.2
江西	148.4	138.9	12.5	12.0	85.4	24.5	21.4	1.5	0.2	9.3	12.8	7.1	6.1	34.7	1.0
山东	134.2	123.4	8.0	8.0	82.5	19.1	13.8	0.5	0.7	6.2	8.1	16.8	10.7	65.9	0.8
河南	137.1	126.0	7.7	7.6	76.3	14.8	10.9	0.8	0.5	5.7	3.3	13.0	8.0	52.8	1.4
湖北	147.0	135.4	14.1	13.6	118.6	24.3	20.9	1.2	0.3	6.0	14.9	7.4	4.3	32.9	0.7

续表

地区	粮食（原粮）	谷物	食用油	食用植物油	蔬菜及食用菌	肉类	猪肉	牛肉	羊肉	禽类	水产品	蛋类	奶类	干鲜瓜果类	食糖
湖南	178.0	168.6	11.6	9.2	88.3	28.0	25.2	1.3	0.4	13.7	11.7	9.2	3.7	50.3	1.3
广东	149.4	139.9	10.4	9.6	106.8	37.1	31.1	2.1	0.4	30.5	26.6	7.7	4.5	32.5	1.9
广西	165.7	158.9	8.7	7.2	79.0	27.5	24.8	1.1	0.4	24.9	10.6	5.7	2.3	30.8	1.1
海南	123.7	110.1	8.7	7.3	91.5	22.6	19.5	1.6	0.6	25.6	30.3	4.2	2.0	20.2	1.0
重庆	186.8	170.9	15.2	12.1	142.6	38.8	36.1	0.7	0.4	10.3	9.3	10.1	7.8	35.5	3.7
四川	171.6	158.1	11.4	10.1	115.2	38.3	34.6	1.0	0.3	12.5	7.4	8.8	8.5	34.9	2.1
贵州	118.7	107.4	6.0	4.6	71.8	28.2	27.0	0.5	0.2	4.0	1.8	2.8	2.0	27.0	0.7
云南	141.0	131.5	6.0	4.0	74.4	33.9	31.6	1.1	0.4	7.5	3.0	4.2	2.6	22.7	1.1
西藏	189.8	186.8	12.4	7.8	36.1	17.3	2.9	11.1	3.2	0.4	0.0	1.7	8.4	4.7	5.6
陕西	146.6	133.3	11.3	10.9	70.4	12.2	9.6	0.4	1.0	2.1	1.2	7.0	7.7	30.0	1.1
甘肃	171.3	158.6	8.0	7.9	60.4	17.7	14.1	0.6	2.0	5.2	1.3	5.7	5.9	37.5	2.0
青海	122.6	116.6	10.0	9.1	44.8	24.0	8.5	8.9	6.2	2.7	0.7	2.6	14.6	18.1	2.0
宁夏	128.3	121.5	8.3	8.2	80.9	15.5	5.9	5.4	3.7	8.4	1.5	4.7	8.7	72.8	1.6
新疆	141.8	140.3	13.0	12.8	75.3	20.4	1.3	4.1	14.0	3.8	0.7	4.4	10.8	44.0	2.3

4.28 分地区农村居民人均消费支出（2019 年）

单位：元

地区	消费支出	食品烟酒	衣着	居住	生活用品及服务	交通通信	教育文化娱乐	医疗保健	其他用品及服务
全国	13327.7	3998.2	713.3	2871.3	763.9	1836.8	1481.8	1420.8	241.5
北京	21881.0	5541.6	1200.2	6298.2	1230.2	3384.5	1587.1	2246.9	392.3
天津	17843.3	5499.3	1074.4	3366.6	1509.7	2532.1	1321.8	2104.3	435.2
河北	12372.0	3298.0	793.0	2689.0	795.7	1826.6	1367.0	1334.0	268.7
山西	9728.4	2751.4	697.4	2171.5	500.6	1057.0	1207.7	1169.1	173.8
内蒙古	13816.0	3768.5	731.1	2598.4	545.7	2354.4	1795.7	1748.8	273.4
辽宁	12030.2	3194.1	710.0	2385.5	592.7	1770.3	1423.5	1657.1	297.1
吉林	11456.6	3224.5	694.5	1833.7	438.1	1700.7	1551.7	1736.9	276.4
黑龙江	12494.9	3349.7	834.2	1921.6	501.4	1908.6	1778.7	1925.2	275.4
上海	22448.9	8174.6	1292.2	4566.8	1320.4	3008.8	1401.9	2104.0	580.2
江苏	17715.9	4647.4	880.9	4261.3	1079.8	3112.9	1668.4	1675.2	390.1
浙江	21351.7	6528.6	1133.9	5338.5	1016.4	2965.4	2225.6	1776.6	366.7
安徽	14545.8	4755.8	842.9	3311.5	846.3	1709.4	1470.7	1323.5	285.9
福建	16281.4	5784.0	774.5	3798.9	809.1	1903.4	1615.0	1210.4	386.1
江西	12496.7	3801.2	577.7	3410.0	743.4	1425.3	1394.7	964.4	180.0
山东	12308.9	3423.1	671.4	2421.3	837.8	1999.0	1428.7	1343.4	184.2
河南	11546.0	3030.2	819.2	2478.8	738.9	1369.0	1459.3	1461.8	188.8
湖北	15328.0	4163.7	825.7	3277.9	839.6	2228.8	1807.6	1921.8	262.8
湖南	13968.8	4024.9	674.9	3152.9	787.7	1642.9	1851.0	1614.5	220.1
广东	16949.4	6289.3	552.0	3707.4	817.9	2139.8	1602.7	1520.7	319.8
广西	12045.0	3723.6	372.8	2668.9	680.0	1715.6	1498.1	1231.2	154.8
海南	12417.5	5179.7	361.8	2389.8	555.5	1305.5	1519.1	918.4	187.7
重庆	13112.1	4574.6	691.6	2501.2	851.7	1585.6	1422.8	1262.3	222.3

续表

地区	消费支出	食品烟酒	衣着	居住	生活用品及服务	交通通信	教育文化娱乐	医疗保健	其他用品及服务
四川	14055.6	4878.6	760.4	2747.5	917.3	1808.0	1065.1	1620.8	258.0
贵州	10221.7	2767.2	552.8	2229.3	576.9	1712.2	1335.8	878.3	169.2
云南	10260.2	3264.8	396.2	2053.1	574.1	1663.0	1254.1	936.3	118.6
西藏	8417.9	3004.1	1090.3	1257.9	514.6	1427.6	479.8	355.9	287.7
陕西	10934.7	2832.1	592.1	2528.6	655.0	1360.3	1387.0	1382.6	197.0
甘肃	9694.0	2827.0	551.9	1866.9	577.6	1195.5	1330.5	1183.0	161.5
青海	11343.1	3372.6	783.4	1965.1	541.0	1886.3	1033.2	1485.8	275.8
宁夏	11464.6	3144.6	745.0	1985.2	696.3	1784.4	1378.8	1448.3	281.9
新疆	10318.4	2988.8	813.6	2158.7	685.5	1320.6	1143.8	1060.5	147.0

4.29 分地区商品零售价格分类指数（2019 年）

（上年 =100）

地区	总指数	食品	# 粮食	# 菜	# 畜肉	# 禽肉	# 水产品	# 蛋	# 干鲜瓜果	饮料烟酒
全国	102.0	107.8	100.6	103.9	129.2	110.1	100.1	105.0	109.7	101.3
北京	100.5	105.6	99.6	100.6	120.8	111.2	98.4	103.8	108.8	101.1
天津	101.7	105.1	102.1	100.5	124.1	108.8	96.3	105.1	107.5	101.5
河北	101.8	106.7	100.9	102.0	129.2	113.6	95.9	104.4	105.4	100.8
山西	101.8	106.7	100.3	103.0	128.0	113.6	99.0	107.3	108.4	101.3
内蒙古	101.5	106.0	101.2	100.2	122.1	113.8	100.7	107.4	107.1	101.1
辽宁	101.7	106.9	100.9	103.9	127.9	112.1	101.3	103.5	107.2	100.9
吉林	102.1	108.1	101.0	105.8	127.7	113.3	99.7	102.7	111.9	101.4
黑龙江	102.1	108.8	102.0	105.7	130.5	115.6	100.3	104.7	110.7	100.6
上海	100.4	105.2	100.7	103.5	118.7	111.3	100.3	105.2	107.4	101.0
江苏	102.6	108.0	101.2	103.8	127.4	111.8	99.2	106.2	110.3	102.1
浙江	102.5	106.8	100.2	104.4	126.0	107.4	98.5	104.0	112.5	101.3
安徽	101.9	108.0	100.3	102.9	132.9	110.1	99.0	102.8	112.0	100.9
福建	101.9	108.5	99.3	103.3	132.0	109.9	100.5	103.8	117.1	100.3
江西	101.9	108.9	100.8	110.0	129.9	108.0	98.3	105.4	112.3	100.6
山东	102.2	109.3	100.0	103.5	137.5	109.9	100.5	105.1	109.0	101.1
河南	102.4	107.2	100.2	103.8	133.0	110.7	99.1	105.9	107.6	101.9
湖北	102.6	108.7	100.2	105.1	128.5	109.8	100.5	105.2	112.8	101.1
湖南	102.3	108.2	100.3	106.1	130.2	109.0	99.2	105.7	106.3	101.4
广东	101.4	107.8	100.9	104.1	126.8	108.5	102.4	105.4	110.4	102.1
广西	103.2	111.5	100.7	107.0	137.0	112.8	105.2	104.5	114.4	101.0
海南	102.5	108.6	100.3	105.6	125.7	110.4	102.8	104.5	116.0	100.0
重庆	101.6	107.4	97.7	101.9	133.1	110.8	101.4	104.7	105.7	99.9

续表

地区	总指数	食品	#粮食	#菜	#畜肉	#禽肉	#水产品	#蛋	#干鲜瓜果	饮料烟酒
四川	102.7	110.6	100.7	102.1	136.1	110.9	100.2	103.4	109.1	101.6
贵州	101.7	107.5	99.9	101.5	123.4	107.5	101.0	104.9	111.0	100.6
云南	101.5	107.9	101.4	107.6	119.6	108.7	99.3	106.6	116.6	101.1
西藏	102.0	103.5	102.2	101.1	107.3	111.7	99.3	102.5	107.2	101.1
陕西	102.4	106.4	100.7	101.2	131.3	112.7	98.6	106.6	103.7	101.1
甘肃	101.9	106.1	100.7	104.1	121.8	113.0	100.6	105.7	110.4	100.8
青海	102.0	106.1	101.5	102.7	116.2	113.6	96.9	107.0	101.7	101.0
宁夏	101.1	104.7	100.3	102.0	117.1	111.1	97.5	105.2	109.9	101.0
新疆	101.3	105.8	100.3	105.7	113.8	108.6	98.4	104.8	107.6	101.8

第五部分

附　录

5.1 30本年鉴 记录食品工业攻坚克难35年

2019年7月30日，全国食品工业行业信息交流会暨《中国食品工业年鉴》创刊35周年座谈会在北京召开。原轻工业部副部长、中国食品工业协会原会长、名誉会长王文哲，北京市食品工业协会原会长李士靖，国家统计局总工程师、工业司司长文兼武，农业农村部种植业司副司长陈有权，中国食品工业协会常务副会长、法人代表沈篪，国家市场监管总局食品抽检司处长郝明虹及各地食协代表、各地经信委代表和中外知名企业代表齐聚一堂，回溯食品工业发展历史，共话食品工业未来发展前路。座谈会当天，为庆祝第30部《中国食品工业年鉴》正式出版发行，王文哲、李士靖以及中国工程院院士陈君石、国际乳联IDF中国国家委员会主席宋昆冈、中国罐头工业协会原理事长梁仲康等行业专家也发来祝贺题词。

李士靖向中国食品工业协会捐赠我国食业发展资料

食品工业逆势增长 高质量发展后劲十足

食品工业是与民生联系最密切的工业行业。食品工业的高质量发展，对满足人民日益增长的美好生活需要发挥着重要作用。文兼武介绍，今年上半年工业生产总体平稳，增速处于合理区间，结构持续优化，新动能增长较快。但受国内外各种因素的影响，整个工业经济下行压力加大，企业利润下降，工业企业面临较大困难。今年上半年，在党中央、国务院的坚强领导下，食品工业增长保持稳定，增速高于规模以上工业，且食企利润在经济下行的大环境下逆势增长。但同时，也应该看到在国民经济下行压力加大的背景下，食品工业的发展面临不少困难。

今年上半年，食品工业共有规模以上工业企业36479家，到目前为止，食品工业增加值比去年增长6.6%，比上半年规模以上工业增加值高出0.6个百分点；食品工业增加值占规模以上工业的10.8%，对规模以上工业增加值增长的贡献率是11.4%。其中，食品工业包含的四个大类行业全部增长，在统的33种主要产品中，27种实现同比增长，增长面81.8%。

从工业整体形势上看，二季度工业增加值增长5.6%，包含食品行业在内的消费品制造业增长3.9%。今年上半年，规模以上工业企业实现利润总额29840亿元，同比下降2.4%；食品工业企业实现利润3426.1亿元，同比增长13.4%。

工业产能利用率有所上升，二季度产能利用率76.4%，比一季度回升0.5个百分点。小微企业的营商环境有所改善。税收减免政策惠及面不断扩大，二季度享受税收减免政策的小微企业所占比重比一季度提升3%，达52.2%。二季度有银行贷款需求的小微企业占14%，其中得到大部分或者全部贷款的企业占22.5%，比一季度上升3.3个百分点。企业融资难、招工难问题有所缓解，在有招工需求的小微企业中，能够招到大部分或全部所需员工的企业占38.6%，比上年同期回升3.3个点。

此外，部分新兴工业产品产量保持较快增长，例如3D打印设备、服务机器人等产品。工业新动能增长加快，高技术制造业增长9%。战略性新兴产业增长较快，上半年战略性新兴产业增加值同比增长7.7%。

文兼武分析，今年下半年，受世界经贸形势波动对出口的影响，工业生产拉动作用减弱，出口交货值将继续回落。国家统计局对9万家企业的问卷调查显示，今年二季度，企业订单减少，用工需求减弱，产成品库存有所增加。消费工业压力较大，居民消费支撑力不足的情况还将持续，企业预期也将有所回落。

文兼武表示，长期以来，国家统计局和中国食品工业协会相互支持、密切合作，共同为我国食品工业发展作出重要贡献。国家统计局负责工业生产统计，为中国食品工业协会定期提供涵盖21个中类行业、64个小类行业以及33种食品工业产品的统计数据；中国食品工业协会多次帮助国家统计局就相关统计产品数据进行审核，编写中国食品工业发展运行报告，同时也参与对食品工业统计方法、统计标准和统计目录的修订，并提出意见和建议。国家统计局将进一步加强与中国食品工业协会的合作，努力做好食品工业统计监测，助力食品工业攻坚克难，不断迈向高质量发展。

新型农业体系潜力巨大
农副食品加工业大有可为

“中国人端中国碗，中国碗装中国粮。粮食安全，不仅是保障中国人吃饭的民生大事，如今更涉及国际贸易等方方面面。保障粮食安全和口粮供给不能依赖进口，一定要靠自给。”陈有权说，当前我国粮食供需形势基本平衡，但结构性矛盾比较突出，一方面稻谷、小麦大量库存，另一方面玉米、大豆存在缺口。“我国经历了2004年以来连续12年粮食增产，从2015—2018年，又连续4年产量稳定在13000亿斤以上，应该说为当前保障粮食安全、保障粮食供给发挥了重要作用。目前来看，全国粮食人均占有量480千克，比世界平均水平高37%，也高于国际公认的400千克粮食安全线；口粮自给率达到95%，但大豆自给率只有17%，玉米则由于近几年畜牧业、养殖业的发展导致缺口逐年增大。”陈有权介绍，有关专家通过模型分析预测，按照人口增长、人口变化趋势及消费转型升级后肉蛋奶的消费量等情况来看，到2020年，我国稻谷和小麦产需将基本平衡；到2025年，我国总的粮食缺口3600万吨；到2035年，缺口量可能达25000多万吨。从中长期来看，口粮也有一定缺口，玉米自给率进一步下降到80%，大豆自给率只有15%，85%要靠进口。

陈有权认为，当前，人口增加的同时收入水平不断提高，人们多样化、个性化的需求也在增加，未来农产品在食品加工业的发展潜力巨大，食品行业的发展机遇期已经来临。具体来说，一是乡村振兴战略为农副食品加工业提供了最优政策保障；二是脱贫攻坚扶持了一批优质农副食品特色产业；三是农业的多功能正在逐渐显现，康养农业向人们提供健康的物质产品和丰富的精神享受，打通了产业链条的各环节。

陈有权建议从事农副食品加工的企业从以下几方面紧抓发展机遇：一是选准产业，避免产业雷同，做到人无我有、人有我优；二是选好厂址，尽量到开发区、工业园区、农业园区等企业聚集区域，便于形成上下游产业的衔接配套发展，共享各方面信息技术；三是减少人工，在田间布局设计的时候就要考虑尽可能提高机械化，通过机械来替代人工。

书写食业历史
真实记录中国

座谈会上，94 岁高龄的李士靖回顾了中国食品工业协会和北京食品工业协会的成立历史。李士靖表示，改革开放 40 年来，全国粮食产量从 30 亿吨增加到 60 亿吨，食品工业产值从 475 亿元增长到 13 万亿元，餐饮业营业额从 54 亿元增长到近 4 万亿元，中国食品工业经过艰难困苦发展到今天，离不开几代食业人的共同努力。《中国食品工业年鉴》（以下简称《年鉴》）书写的不只是一个个简单的数字，要代表着中国政治、经济、科技、文化的结晶，反映了中国食业的发展。为了更好记录我国食业历史，李士靖将自己一生整理的食业发展历史资料和见证食业发展的名人名家为中国食业的题词捐赠给中国食品工业协会。此外，李士靖还提出中国食品产业如何走进“一带一路”以及中国食品产业如何扶贫的思考。

座谈会上，20 多位长期撰写《年鉴》的地方食协工作人员及 25 家中国食品行业各专业协会、企业、有关单位获得“优秀工作者”和“优秀工作单位”荣誉证书。原河北省食品工业协会常务副会长兼秘书长、现任河北省食品工业协会党支部书记、第一部《年鉴》工作编纂者吴龙妹说，《年鉴》是反映中国食品工业年度发展全貌的大型综合性权威工具书，是中国食品工业发展史上唯一的重要历史文献。未来将继续贡献智慧和力量，让《年鉴》继续记录中国食品工业发展的光辉足迹。中国肉类协会副秘书长祁丽芳说，中国肉类工业作为食品工业组成部分，还处在发展和完善的时期，当前整个肉类行业面临转型升级，形势严峻。但挑战也是机遇，压力也是动力，中国肉类协会将本着踏实肯干、开拓进取的精神，克服当下困难，为中国食品工业的发展尽心尽力。

**（转载自《中国食品报》，
作者：粘新、韩松妍）**

5.2 中国食品工业协会运用法律武器为罐头正名 对食品安全谣言“零容忍”

2019年1月21日，中国食品工业协会应国内18家知名骨干罐头企业与两家地方食品行业组织联名请求，在北京召开“依托标准法规，正确引导消费，为罐头正名”媒体说明会，对近日中称，罐头食品是“6种催人老的食品之一”的观点进行了驳斥。

据介绍，近日，某网络平台发表了一篇所谓“健康科普”文章，将罐头食品列为6种“催人老”的食物之一，并声称罐头食品“营养被破坏”“蛋白质变质”“添加大量防腐剂”“危害身体健康”等。中国食品工业协会和罐头生产企业认为，罐头食品行业是食品工业的重要门类，在拉动农业发展，增加农民收入，稳定就业、扩大出口中一直发挥着十分重要的作用。这篇文章对公众产生严重误导，并由此引发公众对罐头食品心存疑惑和担忧，将严重影响罐藏食品行业的健康发展。

由于特殊的生产工艺，罐头食品往往具有较长的保质期，但是，由于罐头食品保存机理是基于密封与杀菌两大要素，因此尽管保存时间长但其无需添加防腐剂。中国食品工业协会罐藏食品专业委员会常务副会长林焜辉对网络文章中提出的罐头食品的“危害”一一进行了解释说明。

据林焜辉介绍，除了极少数耐热性较低的维生素（主要是VC、VB6、VB9等）外，罐头食品中的碳水化合物、蛋白质、脂肪、维生素（VB1、VB2、VA、VD、VE等）、微量元素都不会被破坏；蛋白质受热发生凝固是其特性之一，但不会分解“变质”；其常温下保存时间长是依靠热力杀菌达到商业无菌所致，相关产品符合食品安全国家标准GB 7098-2015中3.6.1规定：“食品添加剂的使用应符合GB 2760的规定”。而在GB 2760添加剂使用国家标准中，苯甲酸及其盐类、山梨酸及其盐类、脱氢乙酸钠等食品防腐剂使用目录中并无适用于“罐头”字样。因此，罐头食品生产不必也不能够添加防腐剂，罐头食品“营养被破坏”“使用大量防腐剂”等均是谣言。罐头食品中添加的糖主要是为了调节水果类罐头的糖酸比，使口感更佳，网传罐头食品“含糖多导致肥胖”的说法也是完全没有依据的。

国家食品工业标准化技术委员会罐头分技术委员会委员、教授级高级工程师华懋宗在介绍罐藏食品加工工艺以及相关国家标准时表示，根据国家工业和信息化部发布的QB/T 5218-2018轻工行业标准，罐藏食品（罐头食品）定义为，“食品原料经加工处理，装罐或灌装入金属罐、玻璃瓶、半刚性容器或包装容器，采用密封、杀菌方式或杀菌、密封方式达到商业无菌要求的食品。”其保藏原理基于良好的容器密封性能与合适的热力杀菌，在尽可能保证营养不被破坏的同时杀灭了产品自身带有的微生物，同时密封使得外界微生物无法进入产品内部，从而实现长时间保存。一般来说，罐头食品保存期视品种、包装材料和加工工艺而定，通常可以保存较长时间不会腐败，但其最佳食用期在1~5年。“罐头食品催人老”既没有理论依据，也没有实际案例，本身就是伪命题。

据华懋宗介绍，1804年法国糖果商尼古拉·阿佩尔发明了罐头食品，1812年，他正式开设了世界上第一家罐头厂。1874年美国马里兰州的A.K.Striver发明了实用的高压杀菌锅，杀菌温度可以变更，并可超过100℃，可以使用罐头形式保藏的食物品种实现了全覆盖，罐藏食品也开始了工业化生产。19世纪初叶，美国涌现了一大批机械化生产的罐头工厂，逐步从理论上确立了罐头保存原理的两个最基本的要点，即良好容器密封和合适热力杀菌。如今，罐头食品已经以其安全、便捷、美味、常温储存等的独有的优势成为全世界消费者的重要选择。

据介绍，我国的罐头工业出现于20世纪初，至今已有规模以上罐头企业近千家，年产罐头1000多万吨，品种上千个，成为全球主要的罐头生产和出口国之一，全世界1/4的罐头产自中国。罐头行业带动了上下游产业，特别是上游农副产品原料基地的发展，形成了一批中华老字号和农业产业化龙头企业。

但是，由于科普宣传欠缺等原因，罐头产品在我国的销量相对还很低。据统计，以罐头人均年消费量计算，美国为90千克，西欧为50千克，日本为23千克，而我国仅为1千克。因此，为罐头食品正名，正确引导消费就显得尤为重要。

林焜辉介绍说，中国食品工业协会应罐头骨干生产企业的要求已经委托代理律师，针对该文章对罐藏行业的损害进行诉讼，通过法律手段普及正确的罐头知识，最大限度地消除消费误区，为罐头正名，为下一步罐头内销市场的拓展扫除拦路虎，正确引导消费，营造有利于中国罐头产业健康发展的消费氛围。

参加当天说明会的罐头骨干生产企业负责人代表也表示，“罐头是不健康食品，罐头有防腐剂”等谣言让产业长期蒙受不白之冤，也严重制约了行业发展。而罐头食品以安全、便捷、美味、常温储存的特点作为重要的出口食品、灾情和战争发生时的必备食品，理应成为消费者日常生活的一部分。从业人员期望通过此次诉讼与未来更大力度的专业知识科普，为消费者提供更便捷的生活做出应有的贡献。

据了解，截至目前，北京互联网法院已正式受理此案。

（转载自《中国质量报》作者：丁莹）

5.3 真正懂罐头的人是这样为罐头正名的

编者注：2019 年 1 月 22 日，中国食品工业协会罐藏食品专业委员会组织的“为罐头正名”媒体说明沟通会之后，在正规媒体的推动下，网络传媒涌动起“为罐头正名”的小高潮。受此鼓舞，业内人士翻出了之前的一些罐头宣传微信文章。由于这些文章的作者大部分是“门外汉”，即便有“教授”“** 长”之类的头衔，但内容的确经不起业内专业人士的推敲。多数业内人士认为：论点正确应给予肯定，论据存有瑕疵可以先不必深究。

罐头本来就不需要开展什么“正名”活动。只是有那么一小撮不懂装懂却勇于向世人展示自己无知的无耻之徒不断在拿罐头说事儿。这些人就像“39 健康网”那篇《愿望：6 种“催人老”的食物，希望你一个都没有上瘾》的胡扯小编那样，对罐头一窍不通，却恬不知耻地扮演起“专家”角色。于是，谎言重复多了，相信的人也就多了。当谬论被活生生演变成了大部分人心中的“真理”之时，正本清源的正名活动就变得十分的迫切和万分的必要。

本文作者华懋宗从事罐头技术研究超过半个世纪，从上海水产学院罐头专业（现更名为上海海洋大学）毕业之后随原来的上海如升罐头厂迁到南宁罐头厂，从基层干起直至厂长、总经理，并获得国家科技进步二等奖（个人），之后历经跨国公司绿巨人大中华区负责人、珠海英特食品有限公司总经理之后，现为中国食品工业协会罐藏食品专业委员会副会长、首席专家、漳州市食品科技应用研究院技术总负责人。早在 1982 年，华懋宗就与时任广西玉林罐头厂的赵冠群厂长合著《低酸食品热力杀菌》一书（轻工出版社出版），首次将美国 FDA 对罐藏食品的相关法规介绍给中国读者。2014 年，华懋宗再次主笔，编著了《食品热力杀菌理论与实践》（轻工出版社出版）。2016 年开始，华懋宗主持了食品热力杀菌领域杀菌装备热分布、食品热穿透两项国家标准技术规范（这两项国家标准有望于 2019 年颁布）。本次微信图文正是华懋宗于 2019 年 1 月 22 日在北京的中国科技会堂举办的“依托标准法规 正确引导消费 为罐头正名 媒体说明沟通会”上发言演示文稿。

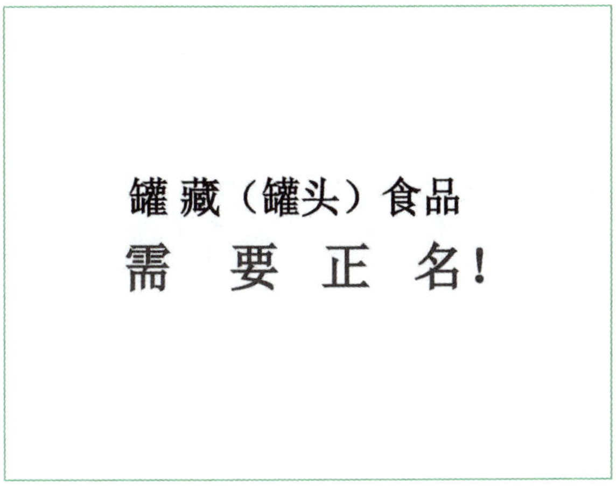

1.罐藏（罐头）食品史话-①

罐藏食品

起源于 欧洲战场粮草

发展于 美国南北战争

普惠于 五大洲四大洋

1. 罐藏（罐头）食品史话-④

- 1864年，自尼古拉发明了罐头食品保藏方法60年后，路易斯·巴斯德（Louis Paster）最早阐明了食品变败的真正原因是由于食品中微生物的作用，从而解释了加热杀菌的罐藏的机理。
- （巴斯德是多学科的科学家，巴氏杀菌的创始人...）
- 1873年，巴斯德提出了加热杀菌理论。此后，罐头食品不断发展与完善，逐渐步入现代食品工业行列中 。
- 1874年美国马里兰州**A. K. Striver**发明了实用的高压杀菌锅，杀菌温度可以变更，并可超过**100℃**后，使保藏的食物品种全覆盖。
- （距今140多年前罐藏食品开始了工业化生产）
- **19**世纪初叶，美国涌现了一大批机械化生产的罐头工厂，逐步从理论上 确立了罐头保存原理的两个最基本的要点—

1. 良好容器密封　　**2.** 合适热力杀菌

2. 罐头食品国家标准定义

- 我国国家标准（ GB7089-2015-中华人民共和国卫计委发布，2016-11-13实施）对罐头食品定义如下：

条款 **2.1** 罐头食品

以水果、蔬菜、食用菌、畜禽肉、水产动物等为原料，经加工处理、装罐、密封、加热杀菌等工序加工而成的商业无菌的罐装食品。

（注—商业无菌定义如下：）

条款2.3 商业无菌

罐头食品经适度热杀菌后，不含致病性微生物，也不含有在通常温度下能在其中繁殖的非致病性微生物的状态。

3. 中国国标行标罐头食品术语

- 国家技术监督局批准的**GB/T 15091-1994** 食品工业术语定义如下：

（**1994—06—03**批准 **1994—12—01** 实施）

条款 **2. 1. 11**

罐藏食品 **canned food**

将原料或半成品加工处理后装入金属罐、玻璃瓶或软包装容器中，经排气、密封、加热杀菌、冷却等工序.制成的商业无菌食品。

同义词:罐头食品

- 国家工业和信息化部发布的**QB/T 5218-2018**轻工行业标准

条款**2.2**

罐藏食品 **canned foods**

罐头食品

食品原料经加工处理，装罐或灌装入金属罐、玻璃瓶、半刚性容器或包装容器，采用密封、杀菌方式 或 杀菌、密封方式达到商业无菌要求的食品。

4.界定罐头食品条件

- 美国FDA自1970年起界定罐头食品须服从于两个前提：

  ① 容器密封

  ② 热力杀菌

  目前全世界均已形成共识，凡罐头食品必须服从上述的两个条件。
- 我国同步于国际共识，有关罐头食品的法规和制度均基于上述两个要点。如缺一，不能列入罐头食品类别。

5. 罐头食品能保存多久？

- 良好的罐头食品保质期很长，按照品种不同，其保存期可长达几年～十几年，甚至几十年。这其中还有不少罐头的佳话：如英国夫妇金婚的火鸡罐头；二战的火腿罐头都没有变味，依然可口。
- 包装容器耐腐蚀性好，罐头的寿命就长。通常玻璃瓶的寿命较长。油性食品寿命长于含酸性汤汁食品。
- 一般来说，罐头寿命要视品种和包装材料和加工工艺而定。 通常，罐头食品可较长期保存不会败坏，但其最佳食用期在**1**～**5**年较好。

6. 罐头食品为何能长期保存？

- 由罐头食品定义所规定的生产工艺决定了：

1. 经典的罐头加工工艺，是将容器中的微生物在杀菌时被杀死，又因为靠容器被密封，外界微生物不能进入容器，从而使食品得以长期保存。

   （经典法的加工工艺另见后附框图）
2. 无菌灌装法是在经典的罐头加工法之后产生的，罐头业界主要用于奶制品和部分饮料类的生产。它的原理是相同的：食物包装在密封容器中，内无活性微生物，外部微生物进不去，所以食品不会腐败，得以长期保存。

   （无菌灌装法加工工艺另见后附框图）

罐头食品经典加工简要示意图

前处理	食物前处理（含分级、拣选、清洗、切割、调味、预煮、称量等工序）
装罐	将食物装入洁净容器中（金属罐、玻璃塑料罐/瓶、软包装袋等容器）
密封	容器密封（如封罐盖、瓶盖、软包装袋口），并可选用物料加热排气法，或机械法、蒸汽喷射等法使容器呈真空（真空度有助于改善品质）
热力杀菌	密封好食品容器在杀菌机内受热力杀菌（间歇式在某恒定温度下，保持必须的时间；连续式是食品在运动状态下，边运动边受热杀菌。）

无菌灌装食品加工简要示意图

前处理：食物前处理（含分级、拣选、清洗、榨汁、萃取、调配、预热、预冷、均质等工序）
↓
杀菌：将食物先用热力杀菌（通常用高温短时间方式杀菌-如136℃ 6秒），使食物保持无菌状态。
↓
冷却：将杀菌过的无菌食品冷却，冷却后食品的温度达工艺要求后，便可输入无菌灌装间去灌装。
↓
密封：无菌状态食品在无菌灌装间内装入无菌的容器中并同步密封。我国饮料奶制品容器，大多现场同步制造，利用容器成型高温对容器杀菌。

附注：防腐剂是什么东东？

- 防腐剂可以抑制微生物的生长繁殖的制剂。
- 防腐剂的品种繁多，就目前我国市场上常见的，大致都是化学制剂，用的最多的如：山梨酸和和山梨酸钾纳盐类、苯甲酸纳类；尼泊金脂类；脱氢醋酸钠等。
- 生物制剂—乳酸链球菌（Nisin）等产品。
- 少量防腐剂的摄入也许对人体不会产生影响，但化学物摄入量过多，摄入时间过长对人体影响要随着时间推移才有新的结论。

7. 罐头密封与杀菌有技术保证吗？

- **有保证！！**
- 容器密封性保证—
  针对各种不同容器有各种不同密封控制指标和方法。
- 食品热力杀菌保证—
  针对不同食品属性、不同包装容器、不同大小有不同的热力杀菌规程，即用不同的温度和不同时间去杀菌。热力杀菌现在我们已经可以用智能化的数字形式控制。

8. 罐头食品要不要加防腐剂来保存？

- 罐头食品保存食品的机理是靠密封和杀菌两大要素来保存食品的，它根本不需要加防腐剂。
- **100**多年世界罐头历史证明罐头无需添加防腐剂。
- 中国自有罐头工业的历史至今，凡**合法合规**的罐头企业从来不使用防腐剂。他们是不需要、不想要，用了对企业的产品和名声未必有益处。
- 我国国家的法规没有条文说罐头要添加防腐剂来保存。
- 在我国早年有食品工业部，之后由轻工业部，再之后众多的政府机构监管，也不允许罐头企业乱添加防腐剂。

9. 没有一本书藉提到制造罐头要加防腐剂？

10. 罐头食品到底有没有营养？

- 罐头的营养方面都能保存得不错,尤其营养的三大要素脂肪、碳水化合物、蛋白质都能绝大部分保存下来。其他如膳食纤维、人体必须的钠、钙、维生素**A**和**B**族维生素和胆固醇都保存得不错。
- 因为他的营养完整，它是战场较好的粮草。美国在伊拉克战场上吃的几乎全部是空投**5**公斤装的罐头。
- 因维生素**C**不耐温，故罐头食品**Vc**易被破坏，美军规定战士需要定期服用**Vc**糖果。

11. 吃罐头食品是否会催人老？

- 首先，国际国内尚无统计数字来说明上述命题。它本身也许就是一个伪命题。正如前段时间吵得沸沸扬扬的身体酸碱体质理论，宣扬要怎样才可使身体转为碱性的首创者罗伯特，他承认是个骗局，现正在美国坐牢，他承认为了谋取某种利益而虚构了酸碱理论。好似无独有偶，宣扬吃了罐头催人老的说词既没有理论依据，也没有实践案例，显然，命题是不成立的，
- 相反，全世界、全中国那么多人在吃罐头，不少人都活到了**90**多岁，还在吃罐头，连江总也吃。
- 如果，真的罐头食品吃了那么不好，中国政府和全世界的政府都应该向他的人民发出声音。

12. 从吃罐头会催老引发的启示

- 当年义和团的刀枪不入的功夫被后人称作“科盲论”，使中华民族遭到了外戚入侵，引中华民族多灾多难。
- 新中国成立后，我们国家基本上扫除了文盲，但遗憾的是科学的文盲没有扫，我们没有理由要求每个人都 精通科学，但至少不应被人骗。
- 从名人崇拜的大师王林大师垮台，天津的权健事件，从河北的华林案，均说明了科普的重要性，也说明科普的重要性。

中国近年出口27万标箱催老了多少人呢？

2017年被罐头“催老”国家分布地区？

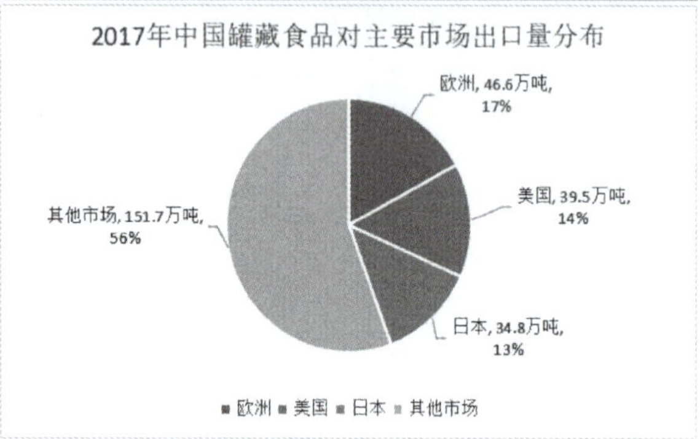

13. 罐头从业者的使命

- 虽然罐头食品是依赖于良好的容器密封和合适的热力杀菌，它无需添加防腐剂就可长期保存罐头。但对于罐头从业着来说，仍有诸多重任去完成，正名之余，如怎样可以使密封更可靠？怎样制订好热力杀菌温度与时间？在确保食品安全的前提下，不添加防腐剂原则下，如何进一步提高的产品色香味？使消费者能享受中国制造的罐头食品带给我们既快捷方便又美味可口的新时代宠儿。

中国食品工业协会罐藏食品专业委员会

中国机械工业年鉴系列

中国机床工具工业年鉴

2006

中国机械工业年鉴编辑委员会
中 国 机 床 工 具 工 业 协 会 编

机械工业出版社
China Machine Press

图书在版编目(CIP)数据

中国机床工具工业年鉴.2006/中国机械工业年鉴编辑委员会，中国机床工具工业协会编.—北京：机械工业出版社，2006.11

(中国机械工业年鉴系列)

ISBN 7-111-20341-0

Ⅰ.中…　Ⅱ.①中…②中…　Ⅲ.机床—金属加工工业—中国—2006—年鉴　Ⅳ.F426.41-54

中国版本图书馆CIP数据核字(2006)第134651号

机械工业出版社(北京市西城区百万庄大街22号　邮政编码100037)

责任编辑：袁士华　王　良

北京外文印刷厂印制·新华书店北京发行所发行

2006年11月第1版第1次印刷

890mm×1240mm 1/16·32印张·53插页·1275千字

定价：300.00元

中国机械工业年鉴系列

作为『工业发展报告』
记录企业成长的每一阶段

中国机械工业年鉴

编辑委员会

中国机床工具工业年鉴

『鉴』证行业发展
共建制造强国

中国机床工具工业年鉴
执行编辑委员会

广告索引

承载知名企业形象
助您树立行业地位

中国工业年鉴出版基地

五项十佳企业

目　　录

综　　述

专　　文

行业概况

市场概况

企 业 概 况

统 计 资 料

推 荐 产 品

大 事 记

附 录

Contents

Summary

Feature

General Industrial Situation

General Market Situation

General Enterprises Situation

Statistic Information

Recommended products

Major Events

Appendix

重点企业专题

优秀品质打造知名品牌

杭州机床集团有限公司是国内规模较大的平面磨床专业制造企业，1997年通过国家ISO9001质量体系认证。销售收入连续保持机床工具行业前十强。

杭州牌平面磨床在国内市场占有率高达40%。产品包括普通、精密、高精度等三个等级，七大系列200个品种，已形成年产4 000余台机床的制造能力。

产品系列： 小规格系列手动平磨；磨头移动系列普通级平面磨床；十字拖板系列精密级平面磨床；缓进给强力成形系列磨床；数控龙门式系列大型导轨磨床和大型平面磨床；立轴双端面系列磨床；专用机床和数控铣床。

科研实力： 精心研发成功并具有自主知识产权的HZ—K4020数控龙门系列磨床、MKLD7140数控双磨头缓进给成形磨床、MLK7150×16系列数控强力成形磨，在大型数控、成形磨削技术领域达到国内领先水平；开发成功MKL7150×16/2七轴五联动数控成形磨床，产品技术先进，拥有多项专利，广泛应用于燃气轮机、汽轮机、飞机发动机和模具制造等行业。开发成功HZ—073数控陶瓷切割机，标志着公司产品向非金属材料加工领域延伸。研发成功PMS—006A精密数控球面磨床，开创国内短圆弧轨迹成型高水准加工技术。

营销网络： 先后在北京、广州、西安、成都、沈阳、武汉、无锡、浙江黄岩和宁波等地设立了办事处和维修中心，为用户提供更便捷的服务。

“优秀品质打造知名品牌”，杭州机床集团期待着有机会向更多的用户提供机床和技术支持！

设计：确保产品卓越性能

开发：不断瞄准客户需求

杭州机床集团有限公司

集团公司总部地址：浙江省杭州市石祥路124号　邮编：310022

销售公司地址：浙江省杭州市学院路50号　邮编：310012

电话：0571-87295819总机　87295050　82793747　28025050

传真：0571-87296277　28028300

http://www.hzmtg.com　E-mail：sale@hzmtg.com

杭州機床集團有限公司

HANGZHOU MACHINE TOOL GROUP CO., LTD.

大型数控龙门式平面磨床

该系列产品采用创新和先进的结构，如大型磨头主轴单元技术、大型承重工作台驱动技术、平磨热变形控制以及横梁反向补偿技术等。机床也可以配置立轴磨头、砂轮在线动平衡机构和砂轮仿型修整器，使机床具有多功能性，技术附加值高。采用先进的模块化、通用化、系统化设计，推行并行制造工程，交货期短，有较强的市场竞争能力。

荣誉和实力

全国金属切削机床标准化委员会授权公司编制《龙门平面磨床精度检验》、《龙门平面磨床技术条件》行业标准，公司在全国同类机床产品制造行业中具有明显优势。

2003年获得国家科技、财税等五个有关部门联合颁发的国家重点新产品证书，公司研制开发的HZ-K4020等数控龙门平面磨床系列产品被列入国家重点新产品项目和国家火炬计划项目。还获得中国机械工业联合会、浙江省杭州市三级科技进步二等奖。

数控龙门磨床产品设计与制造技术日益成熟，杭州机床集团已成为国内产量多、品种齐的数控龙门式磨床生产基地。经专家鉴定认为，杭州机床集团的数控龙门式平面磨床系列产品，达到了国际同类产品水平。

加工行业对象和荣誉用户

该系列产品用于大型精密模具、塑料机械、纺织机械、机床导轨、军工、建筑墙板等大件精密磨削。为国内建材、机床、纺机、大型模具、汽车制造等行业提供了良好装备，在用户中有广东格力、四川五粮液、四川托普、宁波海天、北京一机等知名大型企业。

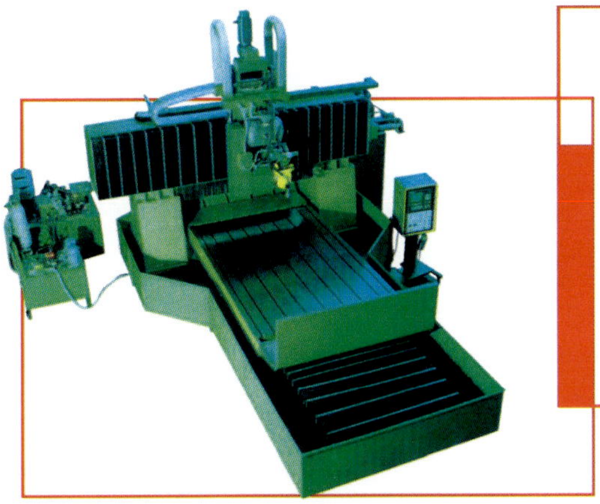

HZ—K3020数控龙门式平面磨床

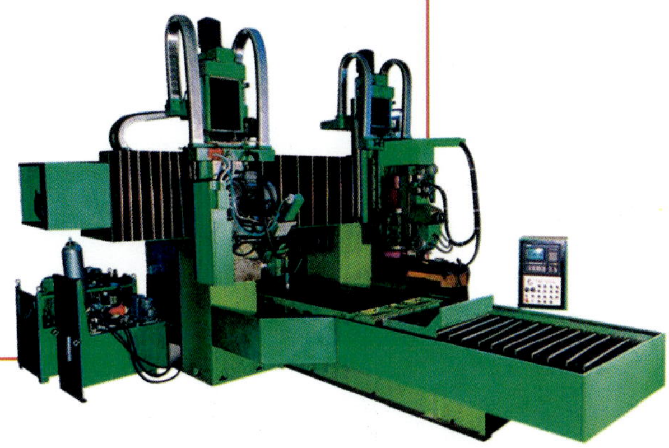

HZ—KD2010数控龙门式导轨磨床

杭州机床集团有限公司

集团公司总部地址：浙江省杭州市石祥路124号　邮编：310022　销售公司地址：浙江省杭州市学院路50号　邮编：310012
电话：0571-87295819总机　87295050　82793747　28025050　传真：0571-87296277　28028300　http://www.hzmtg.com
E-mail：sale@hzmtg.com

机械工业第六设计研究院

机械工业第六设计研究院创建于1951年，原名机械工业部第六设计研究院。2000年10月加入中央大型企业中国机械工业集团公司。2001年11月更名为机械工业第六设计研究院，简称中机六院。

中机六院，全国勘察设计行业综合实力百强单位，主要从事工业与民用建筑工程、环境与市政工程的咨询、设计、工程监理、工程项目管理和工程总承包业务，是国家大型综合性甲级设计研究院，具有国家相关部门批准的对外经济技术合作业务权。1998年，中机六院通过质量管理体系认证，并于2002年完成了ISO9001质量管理体系2000版的换版认证。

中机六院历经50多年的发展壮大，已发展成为拥有3个分院、4个子公司、6个工程所、20多个专业、1000多名从业人员的综合性甲级设计研究院。现拥有中国工程院院士1人、中国工程设计大师2人、英国皇家特许荣誉资深会员1人；享受政府特殊津贴的专家28人，研究员级高级工程师96人，高级工程师200多人，中级及初级技术职务 514 人；取得国家注册规划师、建筑师、结构工程师、造价工程师、电气工程师、化工工程师、公用设备工程师、咨询工程师、监理工程师、设备监理工程师、一级建造师等11类执业资格的专业人员385人。

中机六院坚持以市场为导向，以顾客满意为中心，凭借雄厚的综合实力、丰富的设计经验、先进的设计理念和热情周到的服务，竭诚与国内外同仁携手合作，共同发展！

郑州国际会展中心

中国率先采用桅杆拉索张弦梁屋盖结构，国际先进水平的钢结构设计，总投资23亿元，总建筑面积21.5万m²；15万m²展览中心，总高度40.5m，总跨度176m，展厅跨度102m；6万m²会议中心；无线局域网覆盖会展室内外所有空间，30余个智能化子系统高度集成

沈阳机床（集团）数控工业园

中国大型的数控机床研发基地，世界机床制造五强；中国大型的智能化、网络化工厂；技术、工艺、环保、节能、生态、智能、信息融汇一体；总投资额16亿元，占地面积76万m²，建筑面积46万m²。荣获国家优秀工程咨询成果奖银奖。

大连大重大起重组搬迁改造工程

该项目对两大企业实施战略性重组设计，大胆采用填海造地，一、二期工程建筑面积达45万m²，总投资额约30亿元，规模大、技术复杂，该重组搬迁项目取得了巨大成功，使大连重工起重集团一跃而成为国内同行经济效益良好的企业，创造了国内工业企业重组搬迁改造的奇迹。荣获第四届机械工业优秀工程咨询成果奖二等奖。

河南焦作污水处理厂

焦作污水处理厂总投资10670万元，城市污水日处理能力为10 m³/d，并对其中5万m³进行深度处理，使其达到回用水的要求标准。

河南省中医学院综合楼

河南省中医学院综合楼，单体建筑面积16万m^2，直线总长约630m，弧长约710m，建筑造型呈东高西低的连续弧形斜落体，形成一条美丽的风景线，气势宏大，为目前亚洲较长的单体高校教学楼。

沈阳机床银丰铸造有限责任公司项目

沈阳机床银丰铸造有限责任公司项目，占地面积24万m^2，建筑物占地面积11.7万m^2。该项目建成后，将达到稳定生产10万t铸件。沈阳机床银丰铸造有限公司将成为国内较大的铸造生产企业，其工艺技术、装备等均属国际一流、国内领先。

郑州世界客属文化中心

全世界客家人有九千多万，客家人创业艰难，经过多年奋斗，在政治、经济、文化等方面有很多建树。为了几代客家人的英雄业绩、历史和文化，在客家人的祖籍郑州新建“客属文化中心”，由文化馆、纪念馆组成，并用“大、中、小”三个圆形造型表现客家人发展的三个年代，寓意深刻。该项目规模8万m^2。

将军集团济南卷烟厂

烟草行业企业占地面积67万m^2、年产100万~150万箱的大型工业园区建设项目，总投资约14亿元，总建筑面积约40万m^2。

地址：河南省郑州市中原西路191号 邮编：450007 电话：0371-67606016 传真：0371-67628091
http://www.sippr.com.cn E-mail:zzsippr@vip.sina.com

安徽晶菱机床制造有限公司

安徽晶菱机床制造有限公司是 2001 年 6 月通过全资收购原安徽省蚌埠机床厂资产改制而成的股份制民营企业。中国机床工具工业协会铣床分会理事单位，中国质量检验协会会员单位。2004 年通过了 ISO9001：2000 质量体系认证。

公司主要生产机床品种有立、卧式升降台铣床，数控立、卧式升降台铣床，系列床身数控铣床和系列立式加工中心，数控龙门铣以及系列台钻产品。目前公司拥有机加工设备 220 多台，其中精、大、稀设备 20 台，形成年生产大规格升降台铣床 600 台，加工中心、数控铣床 300 台以及 5 000 台工业台钻的生产能力。

2005 年底，年产 300 台数控机床技术改造项目已顺利建成，新购置的加工设备在陆续安装。公司积极倡导以人为本，实行人性化管理的理念，扎扎实实地在企业管理、质量管理等方面做文章。定期举办操作技能和质量管理培训班，强化企业管理。在用户服务方面，切实落实质量“三包”承诺服务。做到第一时间反应，第一时间落实，第一时间到位，几年来一直受到广大用户的高度赞誉。企业的宗旨是“造机床精品、创晶菱名牌”。

MV65B 数控床身铣床

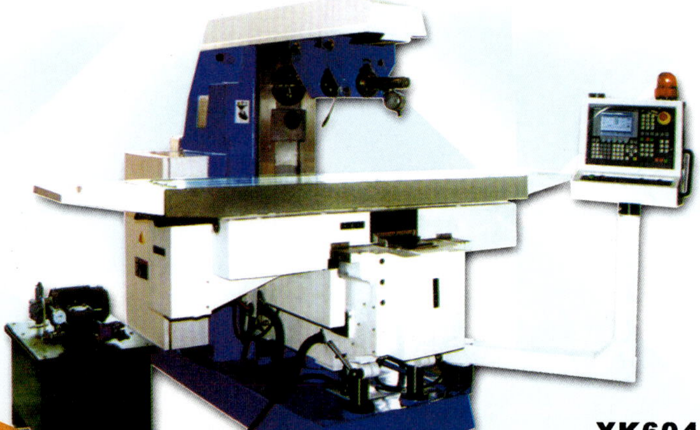

XK6042A 卧式升降台数控铣床

MV-45 加工中心

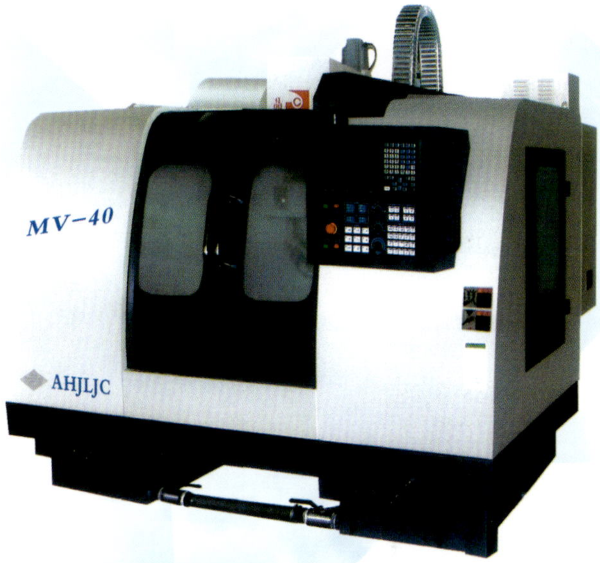

MV-40 加工中心

MV-70 加工中心

X5042A 立式升降台铣床

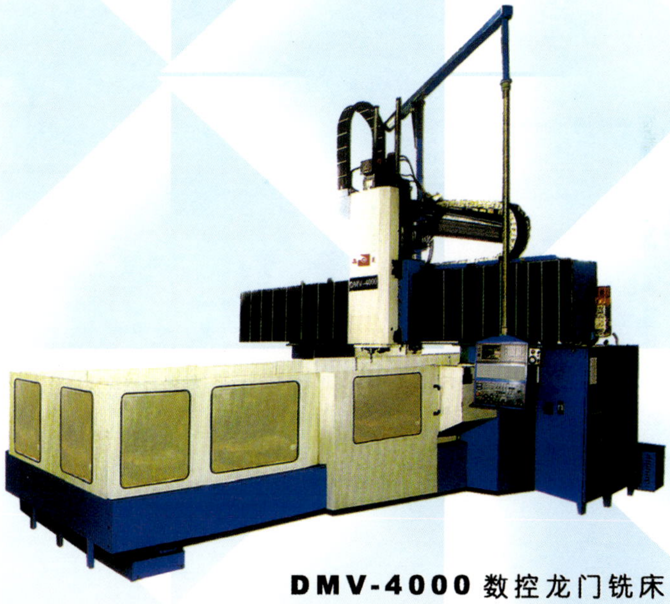

DMV-4000 数控龙门铣床

X6142A 卧式升降台铣床

地址：安徽省蚌埠市大庆路189号
邮编：233010
电话：0552-4928963 4926146
传真：0552-4928935 4926146
http：//www.bbjljc.com
E-mail：master@bbjljc.com

安徽双龙机床有限公司

麒 龙

ANHUI DOUBLE DRAGONS MACHINE TOOLS MANUFACTURING CO.,LTD.

安徽双龙机床有限公司(原安徽六安机床厂),从1969年开始制造普通车床，是机床行业生产定点专业厂，具有较完整的生产研发体系，是集机床开发、设计、制造、检测、售后服务为一体的专业生产企业，在新的经营管理体制下，不断改进产品的设计和制造工艺，以满足国内外市场的需求。

公司位于安徽省六安市区，占地面积12.4万m²，重组后的新公司有员工400余人，工程技术人员占25%以上，生产人员均经过技校和职业学校学习，具有中级技工水平。公司拥有机床开发研究部和设备完善的理化、计量、检验室，为生产大、中、小型机床和数控机床提供了可靠的质量和技术保证。

公司主要产品有“麒龙”牌CW61/232B系列、CW61/240系列、C630—1系列、CK6132、CK6128数控车床，CJK6132经济型数控车床等系列产品，新开发的CW6163、CW6180、CW61100系列机床具有较高的先进性和适用性。产品性能广泛、结构合理、运转平稳、噪声低，与同类机床相比，具有主轴孔较大，外形美观大方，能承担各种车削工作的特点。产品全部采用GB/T9061—1988标准组织生产和检验，质量稳定可靠，其综合性能在同行业同类产品中占有领先地位。以上产品多次获得“省优产品”和“质量信得过产品”荣誉称号，并畅销国内外。2004年上半年，公司通过ISO9001质量认证。

新公司将以崭新面貌、全新理念管理好企业，把企业做大做强。公司的经营理念是：“以质量求生存，以信誉求发展”；公司的服务宗旨是：“质量第一，用户至上”。

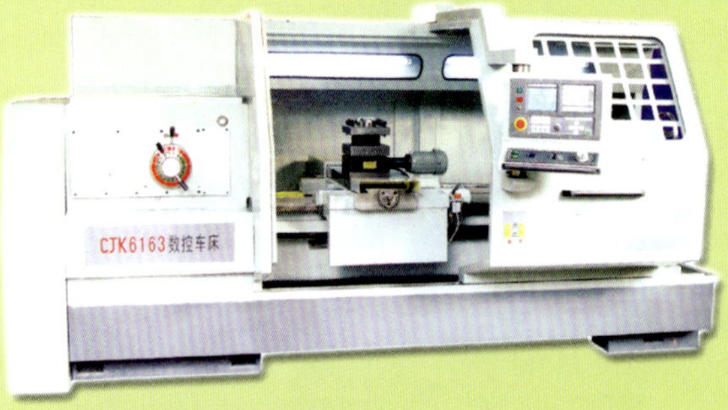

CJK6163/CK6163型数控车床

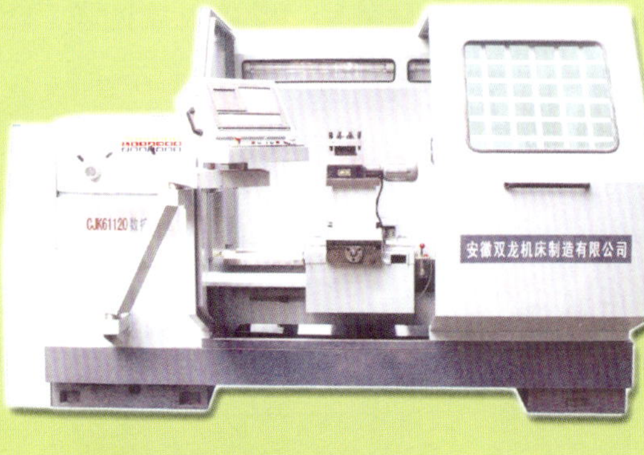

CJK61120/CK61120型数控车床

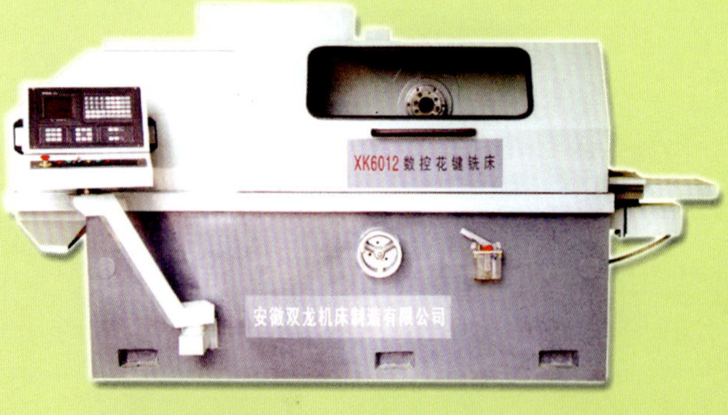

XK6012型数控花键铣床

ANHUI DOUBLE DRAGONS MACHINE TOOLS MANUFACTURING CO.,LTD.

CJK6132/CK6132型数控车床

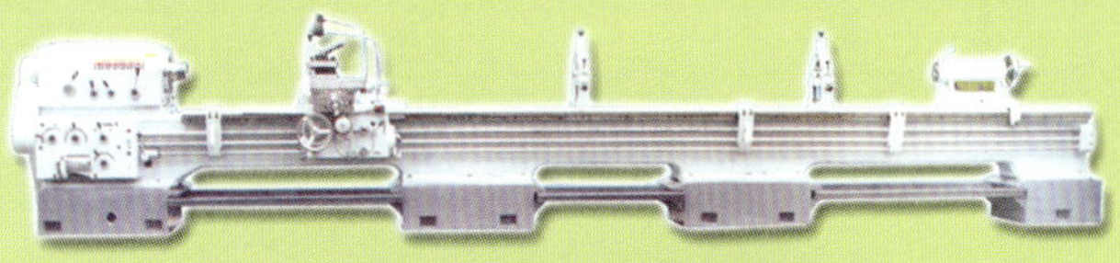

C630-1加长普通型车床

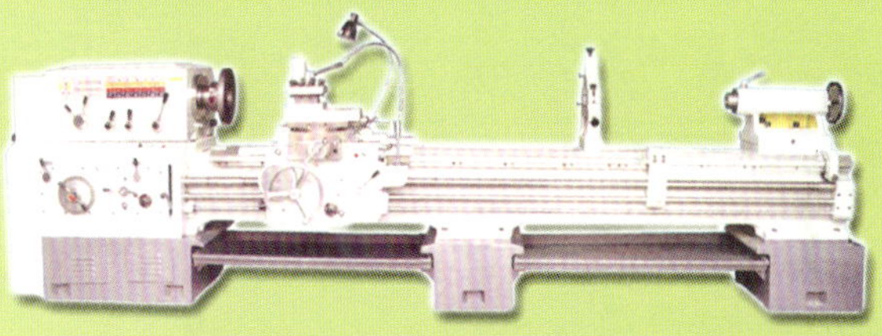

CW6163A型马鞍车床/CW6263A型普通车床

C630-1型普通车床/C630-1M型马鞍车床

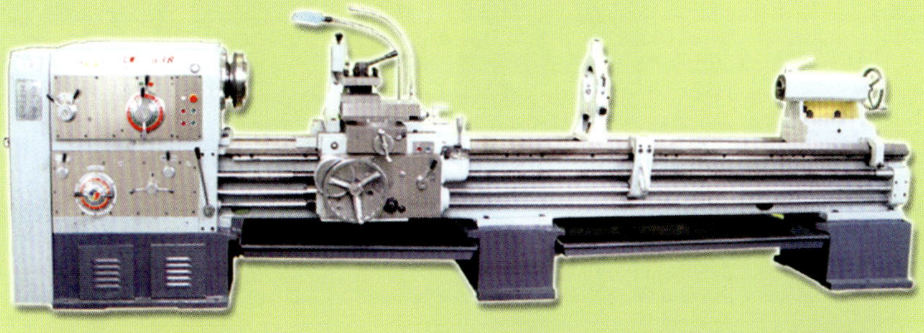

CW6163B型马鞍车床/CW6263B型普通车床

法人代表：叶日桂
总经理：王宪民
地址：安徽省六安市宁平路3号
邮编：237010
电话：0564-3394916 3394181
传真：0564-3394916
http://www.ahsljc.com

普利森 PRECION

董事长：陈声环

德州德隆（集团）机床有限责任公司前身为德州机床厂，始建于1945年。2002年国有资产全部退出，改制成为由普利森机械制造有限公司控股的民营企业，公司是中国机械工业企业500强企业，总占地面积46万m²，总资产3.2亿元，下设铸造、环保设备、特型油缸等6个子公司和10个分厂车间，现有员工1700人，其中高中级专业技术人员360人。公司通过了ISO9001：2000版国际质量管理体系认证，并拥有自主进出口经营权。

公司自1956年开始生产金属切削机床。主导产品有大中型普通车床、数控车床、深孔加工机床、加工中心以及其他专用机床，共70多个品种，200多个规格，产品出口世界40多个国家和地区。车床类产品规格由 260~2500mm，加工工件长度最长可达16m；数控车床分为简易数控、中档次数控和全功能数控，深孔类产品加工直径自 1.6~500mm，加工工件长度最长可达13m，深孔类产品国内一枝独秀，特别是深孔珩磨数控化、数控枪钻的多轴化达到国际先进水平。

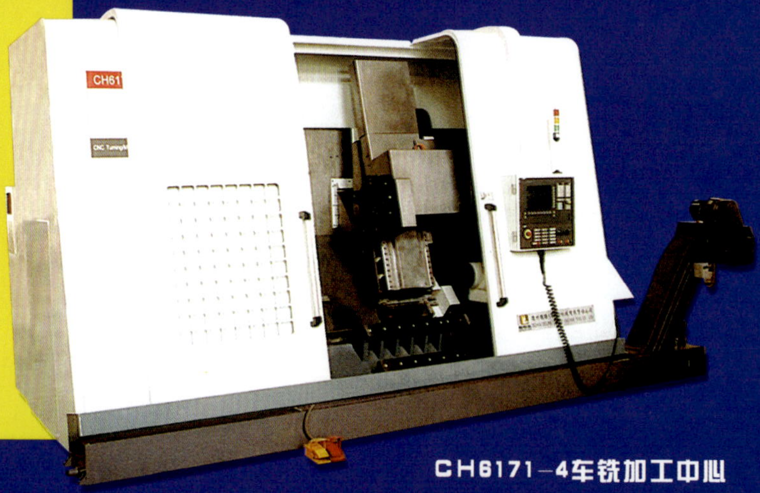

CH6171-4车铣加工中心

德州普利森机械制造有限公司
德州德隆（集团）机床有限责任公司

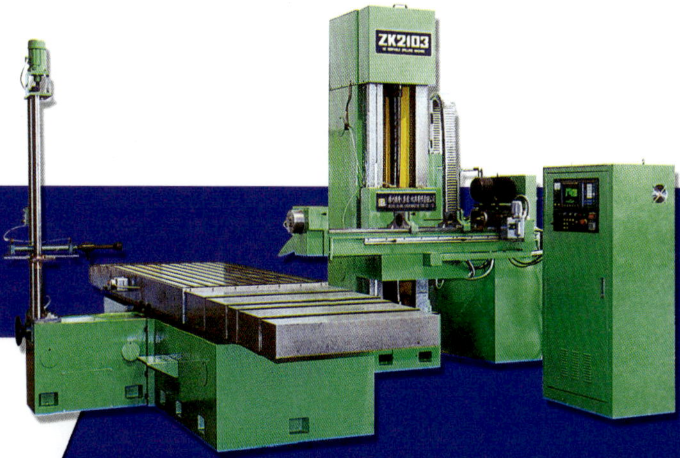

ZK2103数控深孔钻床

CW61160L卧式车床

TK2125A数控深孔钻镗床

苏州三光科技有限公司

总经理（左）　　董事长（右）

苏州三光科技有限公司是由苏州三光集团有限公司和友嘉（香港）实业有限公司合资经营的高新技术企业。公司位于苏州国家高新技术产业开发区，拥有加工中心、车削中心等国际先进的加工设备和一支高素质、高技术的员工队伍，被誉为中国电加工机床行业的排头兵。

公司有着三十多年专业生产电火花线切割机床的经验，主要产品是“三光”牌电火花数控高速走丝线切割机床、低速走丝线切割机床及电火花高速穿孔机。“三光”牌产品融入了国际主流机床的特点，质量稳定、性能可靠，深受用户欢迎，并远销日本、德国、意大利、南非、波兰、韩国、马来西亚和中国香港等几十个国家和地区。“三光”牌产品曾先后荣获国家银质奖、江苏省优秀新产品（金牛奖）、全国用户满意产品等诸多奖项。2005 年 12 月，“三光”牌电火花数控线切割机被评为江苏省名牌产品。

公司坚持走技术创新、管理创新的道路，一方面引进、消化、吸收国际先进的技术和管理经验，另一方面不断地开发、改进、完善、发展具有自主知识产权的产品。经过多年艰辛的努力，公司自主研发成功的 DK7632（SKDB）全闭环无电解精密低速走丝电火花线切割机于 2006 年 3 月通过了省级鉴定，鉴定委员会的专家一致认为该产品达到了国内领先、国际同类产品先进水平，性能价格比高，可以替代进口，具有很好的市场潜力。作为中国机械工业管理进步示范企业，公司在流程再造、信息化建设、质量管理等方面也取得了可喜的成绩。

苏州三光科技有限公司始终以提高中华民族的自主创新能力、推动我国现代装备制造业的发展为己任，发扬“精诚所至，金石为开”的企业精神，将继续走创新之路，力争成为中国领先的电加工机床制造企业，力争使“三光”牌线切割机床成为中国名牌产品。

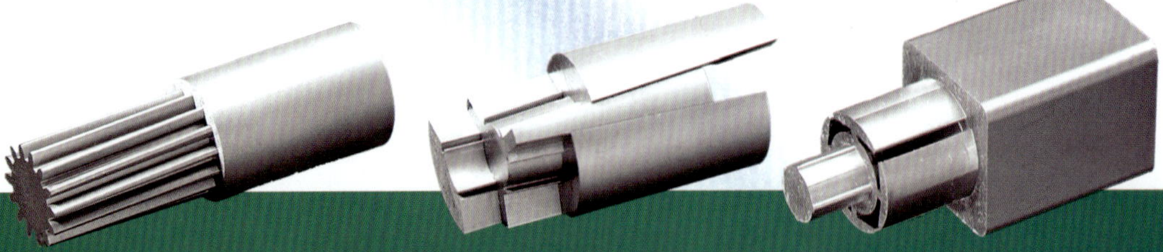

加工件

自动跑合机床

公司生产1.5m、2m、3m、5m、10m等型号的自动跑合机床

主要功能：

- 滚珠丝杠副的自动计数跑合
- 梯形丝杠副的自动计数跑合
- 轴类零件的抛光等

液压校直机

公司生产20t、40t、80t等型号的单臂液压校直机

主要功能：

- 校直滚珠丝杠、梯形丝杠
- 校直所有轴类产品
- 压装套类产品等

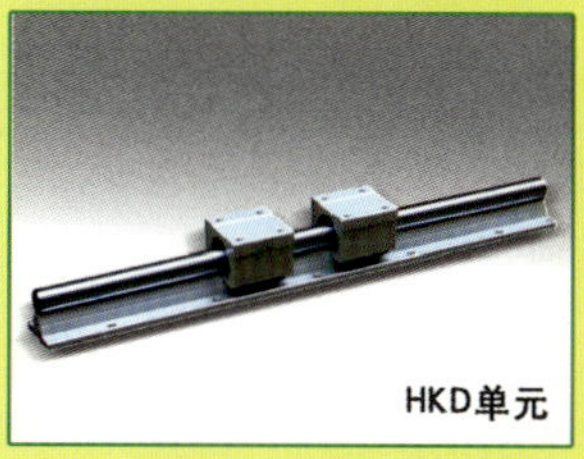

HKD单元

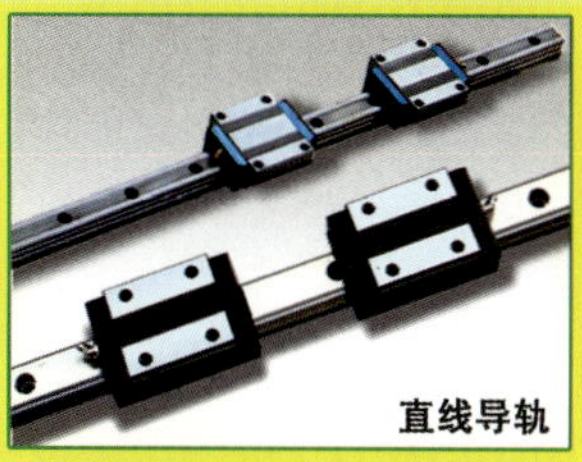

直线导轨

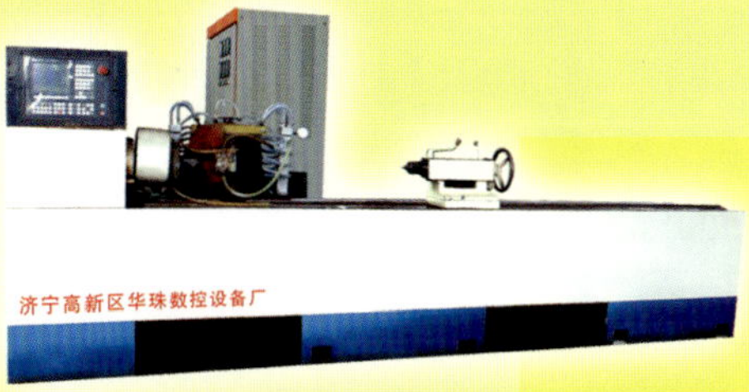

数控中频淬火机床−p3

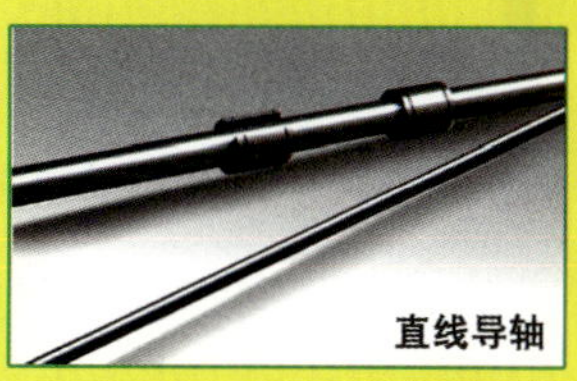

直线导轴

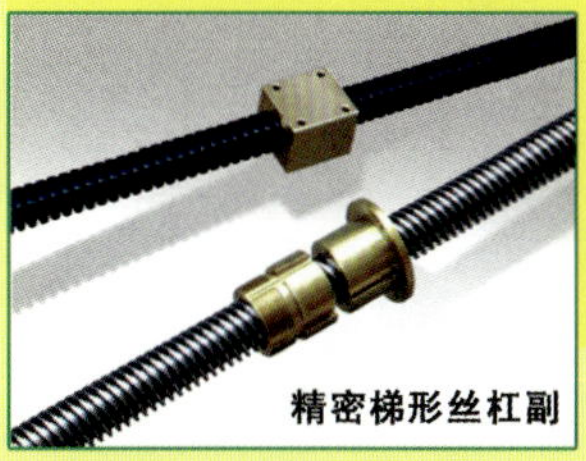

精密梯形丝杠副

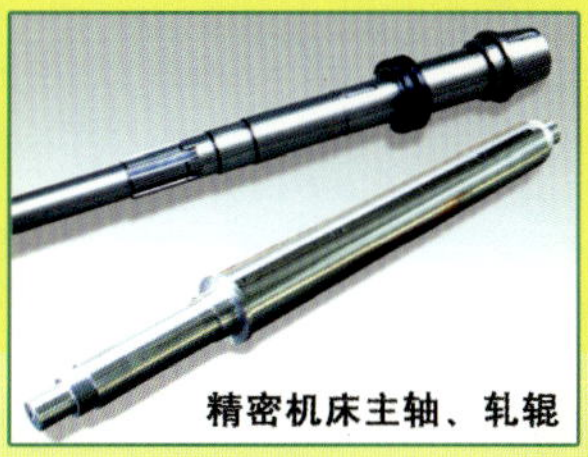

精密机床主轴、轧辊

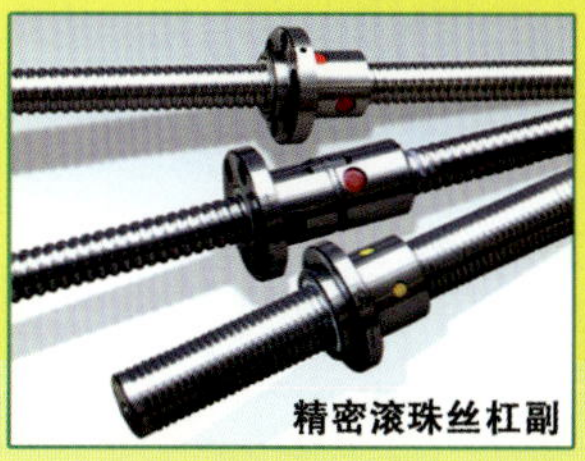

精密滚珠丝杠副

直线轴承及支架

我 们 的 产 品

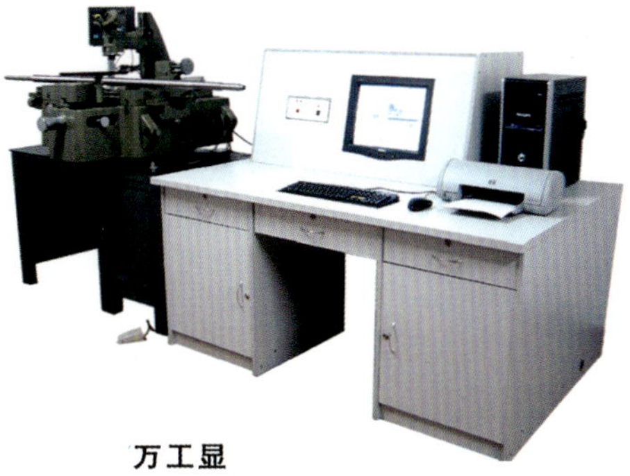

万工显

恒温车间

先进加工设备

http://www.jnhz.com.cn   E−mail:hyh@jnhz.com.cn

大连瓦房店机床有限公司

WAFANGDING HEAVY-DUTY MACHINE TOOL WORKS

大连瓦房店机床有限公司（原瓦房店重型机床厂）地处开发城市——大连，始建于1949年，全厂占地面积50万m²，拥有员工1500余人，是国家大二型企业、全国500强机械工业企业、国家一级计量检测单位和部省质量管理先进单位，已通过ISO9001质量体系认证，是辽宁省装备集团的骨干生产基地。

五十多年的机床研制与生产实践，使公司积累了很多的专业制造知识和丰富的实践经验，形成了一个技术力量雄厚、工艺装备精良、生产条件完备、检测手段完善、质量管理健全的开发——制造——服务全过程质量保证体系。

公司主导产品已形成了加工直径从400~4000mm的各种规格的单双柱普通立式车床，单、双柱数控立式车床的多种产品系列，以及多刀半自动立式车床，单、双柱带磨头数控立式车床和多功能双柱数控立式铣车床。公司开发研制的2MK95160数控立式万能磨床填补了国内空白。

公司还专业生产精密检验平板、划线平板、装配平板等产品，精密检验平板的精度可达到00级，在国内享有“国优产品”荣誉，成为我国领先的铸铁平板主导厂。

公司拥有现代化的CAD设计系统，先进的精密检测设备。“质量是生命，用户是上帝”是我们的宗旨，“高品质的产品和一流的服务”是我们的承诺。

公司恪守信誉，承诺责任，在不断降低成本的基础上，力争以优惠的价格，优质的产品，周到的服务来赢得广大用户的好评。

大连瓦房店机床有限公司，产品遍布全国各地，并出口美国、意大利等30多个国家和地区，多项产品填补国内空白，达到和赶上世界先进水平。公司真诚希望同新老客户和国内外有识之士建立良好的合作关系，愿与各界朋友携手共进，共创伟业。请君认准“瓦”字商标。

地址：辽宁省瓦房店市健康街2号
邮编：116300
电话：0411-85676888 85676777
传真：0411-85676911
http://www.whmtw.com
E-mail:wfdmtw@mail.dlptt.ln.cn

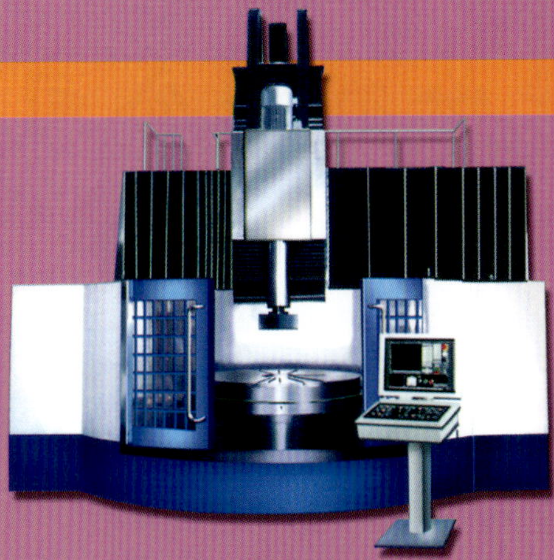

2MK95160数控立式万能磨床

CK5220/CK5225/CK5231/CQK5240
数控双柱立式车床

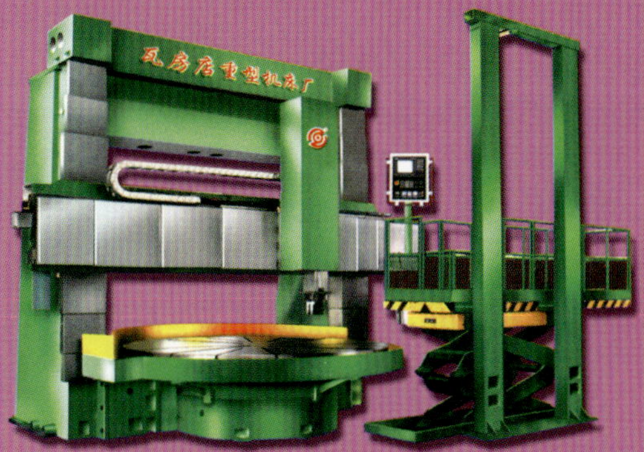

CKX5231/CQKX5240
数控双柱立式铣车床–多功能

立式车铣加工中心

CXH5240
数控立式车铣加工中心

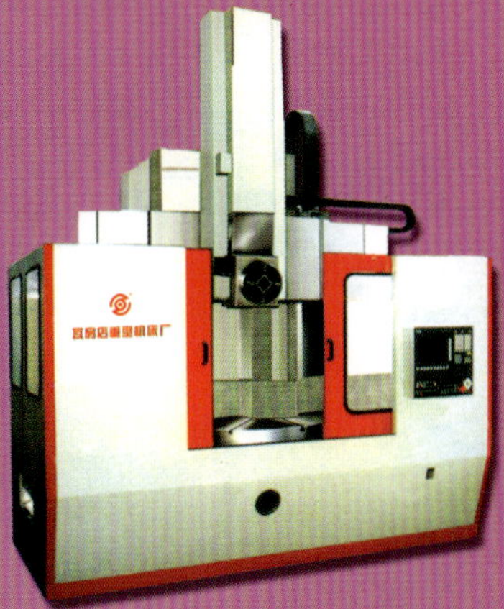

CK5112/CK5116
数控单柱立式车床

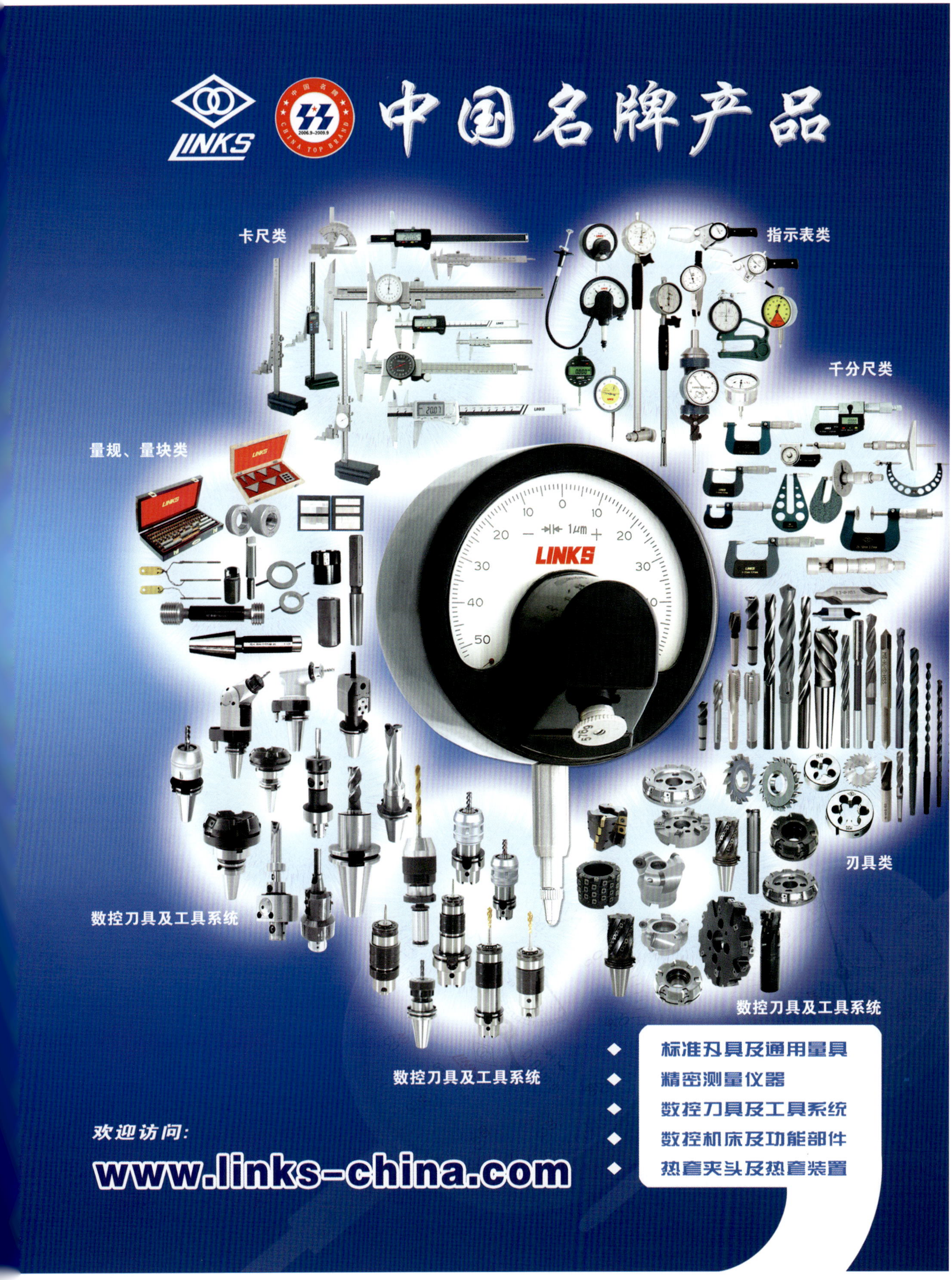

LINKS
中国名牌产品
卡尺类
指示表类
千分尺类
量规、量块类
刃具类
数控刀具及工具系统
数控刀具及工具系统
数控刀具及工具系统
标准刃具及通用量具
精密测量仪器
数控刀具及工具系统
数控机床及功能部件
热套夹头及热套装置
欢迎访问:
www.links-china.com

临清宏鑫机床有限责任公司

LINQING HONGXIN MACHINE TOOL CO., LTD.

（原山东临清磨床厂）

追求卓越 精益求精

临清宏鑫机床有限责任公司是改制后组建的，企业始建于1955年，是国内大型磨床生产企业之一，规格多，品种全，质量可靠，服务完善。公司主导产品有数控及普通M71系列卧轴矩台平面磨床，M72系列立轴矩台平面磨床，M73系列卧轴圆台平面磨床，M74系列立轴圆台平面磨床，M1420外圆磨床，数控剪刃成型磨床，立式转塔铣床，数控龙门铣床。先进的技术，精良的装备，卓越的品质，竭诚为您提供无可挑剔的服务。公司愿与广大客户建立密切的合作关系。

M73100卧轴圆台平面磨床

M74200立轴圆台平面磨床

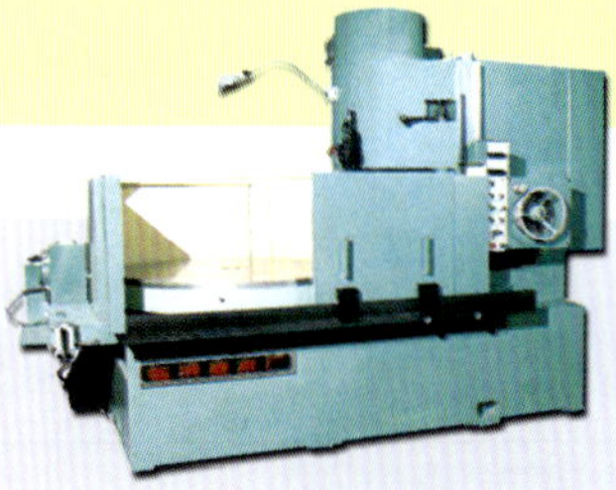

M74100立轴圆台平面磨床

M7363卧轴圆台平面磨床

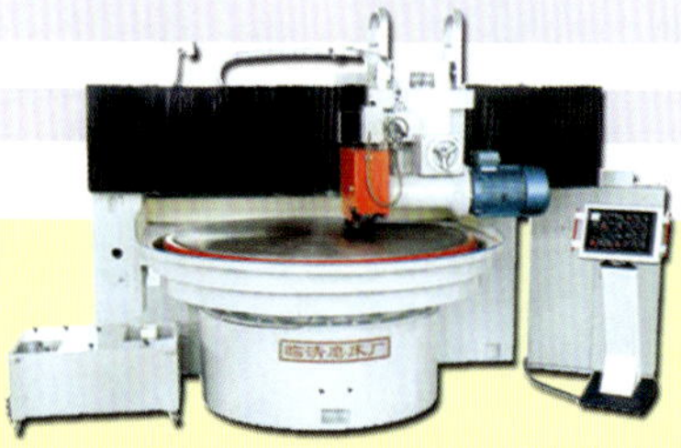

M73200卧轴圆台平面磨床

M7450B立轴圆台平面磨床

SDMK7340

数控剪刃成形磨床

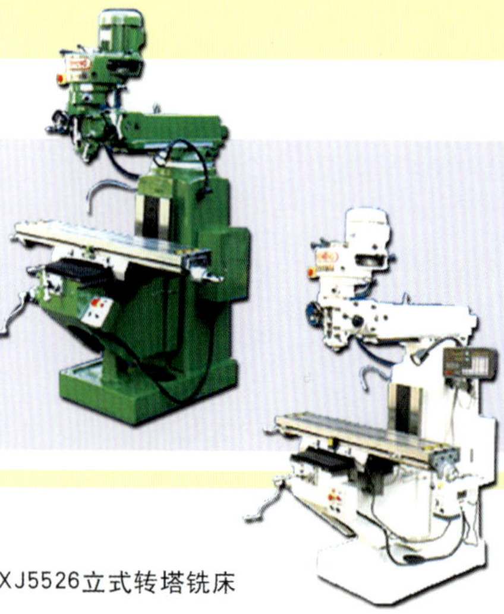

XJ5526立式转塔铣床

临清宏福机床附件有限公司

LINQING HONGFU MACHINE TOOL ACCESSORY CO.,LTD.

（原山东临清机床附件厂）

临清宏福机床附件有限公司是临清机床附件厂吸纳外资扩大规模组建的，是国内磁力吸盘的科研、生产和出口基地。公司主导产品有电磁吸盘、永磁吸盘、电永磁吸盘、圆形吸盘、多功能强力吸盘、各种专用吸盘、磁力起重器以及各种磁力工具、磁力夹具、硅整流控制器、退磁器等。公司拥有国内知名磁力吸盘设计研究专家和雄厚的专业技术人员队伍，设备齐全，工艺先进，管理严密，已获得ISO9001:2000质量体系认证和欧洲CE产品安全认证。公司以优质产品和优良的服务为经营宗旨，愿与国内外客户建立密切的合作关系。

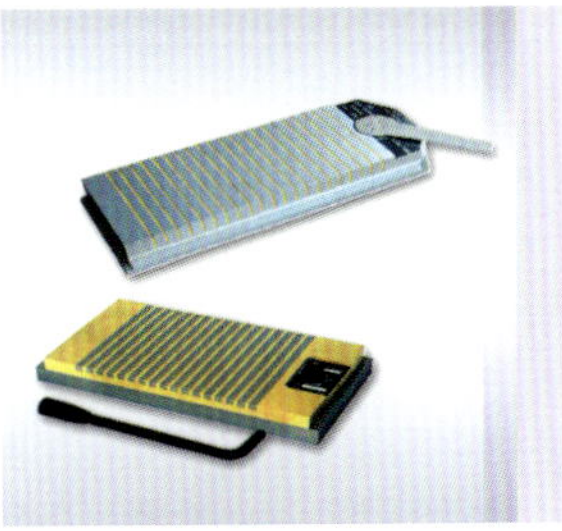
超薄永磁吸盘

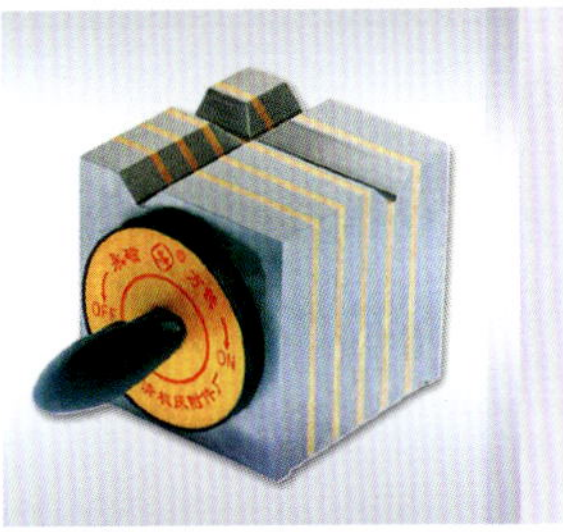
永磁方铁

TC—12退磁器

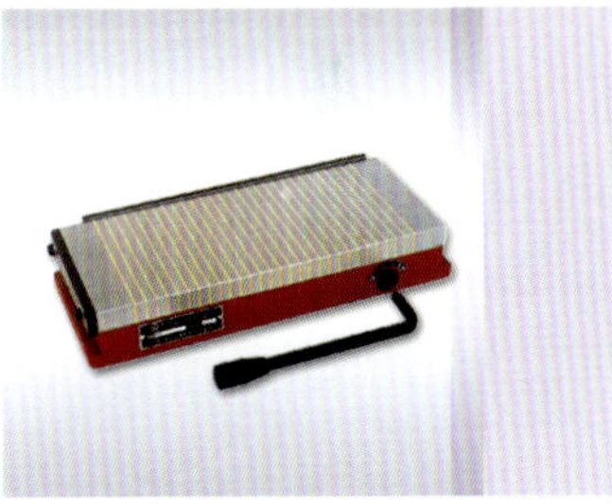
永磁吸盘

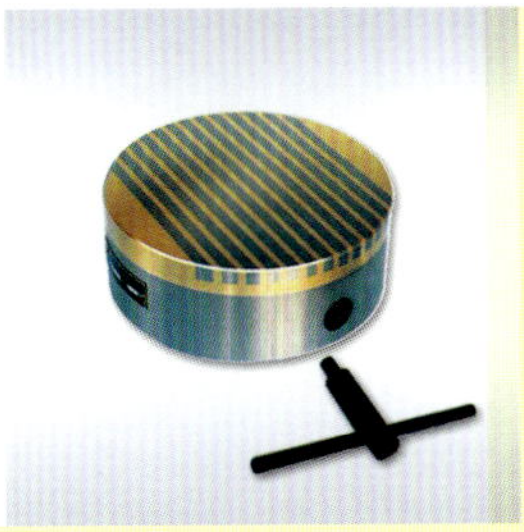
永磁圆形吸盘

圆形电磁吸盘

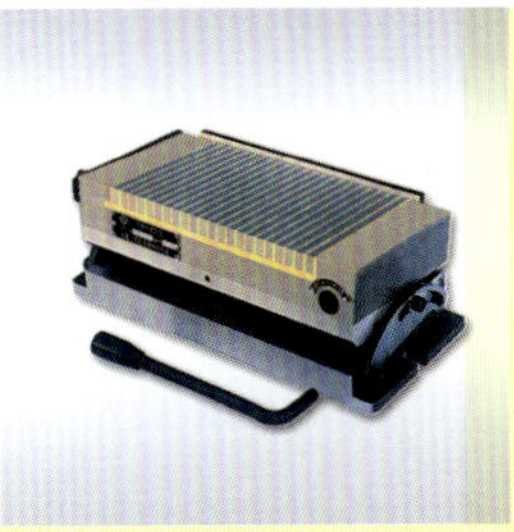
单倾永磁吸盘

矩形退磁器

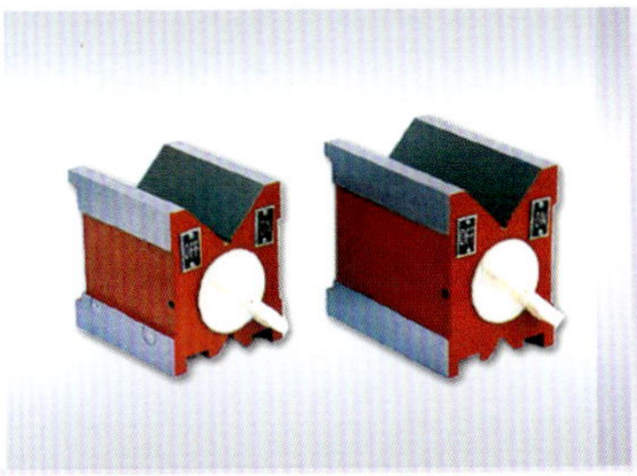
永磁V形铁

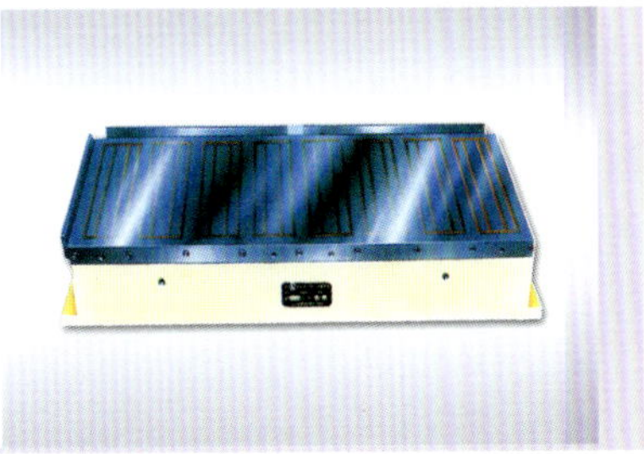
电磁吸盘

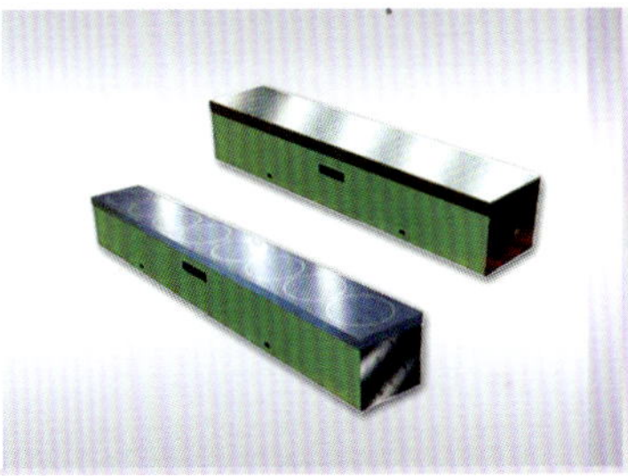
木工磨刀机专用吸盘

地址：山东省临清市车营街11号
Add:11 cheying street linqing shandong ,china
邮编(P.C)：252600
销售部(Marketing dept)：+86 635 2319653/5953/6750
采购部(Purchasing dept)：+86 635 2319089
传真(FAX)：+86 635 2319753
http：//www.lqhongxin.com
E-mail:lqzhang@lqhonghongxin.com

陕西秦川格兰德机床有限公司

秦川•格蘭德
陕西秦川格蘭德機床有限公司
SHAANXI QINCHUAN GRINDING MACHINE CO.,LTD

陕西秦川格兰德机床有限公司是由陕西秦川机械发展股份有限公司(股票代码：000837)与陕西机床厂合资组建的专业磨床制造公司，于2002年6月28日挂牌成立。

秦川格兰德公司通过了ISO9001:2000标准认证，被陕西省认定为“高新技术企业”，主营业务为“当前国家重点鼓励发展产业”，主导产品被评为“陕西省名牌产品”。

秦川格兰德公司主导产品为“陕机”牌系列磨床，主要有外圆磨床、万能外圆磨床、端面外圆磨床、轴承磨床、内圆磨床、无心磨床、曲轴磨床、凸轮轴磨床、平面磨床、球面磨床、汽车及工具行业专用磨床等11大类，110多个品种，150多个规格，产品从品种到规格全部达到系列化。

秦川格兰德公司技术力量雄厚，加工手段齐全，产品质量可靠，售后服务至上。公司衷心感谢各界朋友对秦川格兰德公司发展所给予的关怀和帮助，公司热忱欢迎广大新老客户惠顾秦川格兰德。

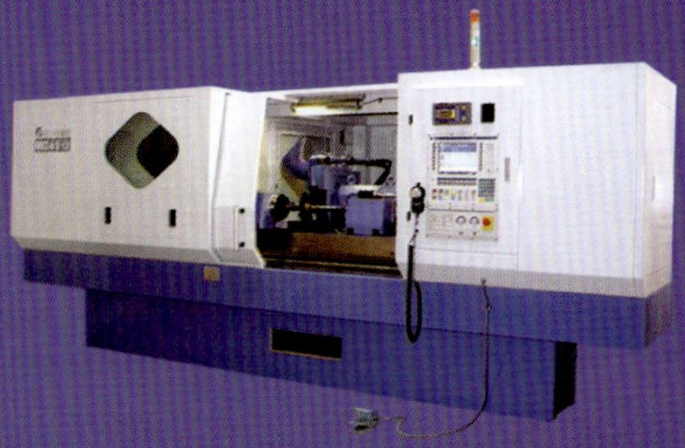

MKS8312数控高速凸轮轴磨床

MKS1650曲轴两端头磨床

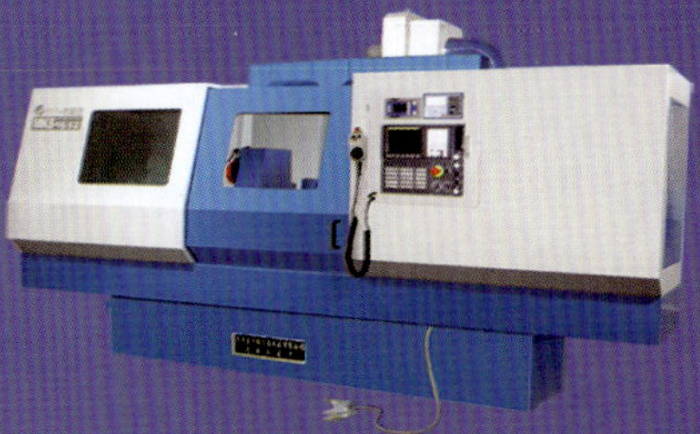

MKS1632数控高速端面外圆磨床

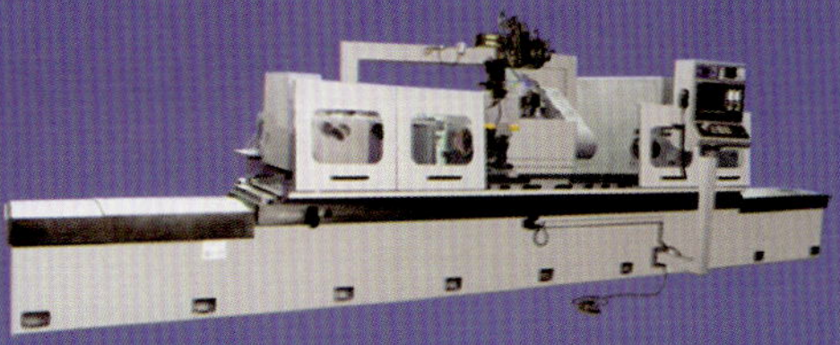

GZ118数控高速车轴专用磨床

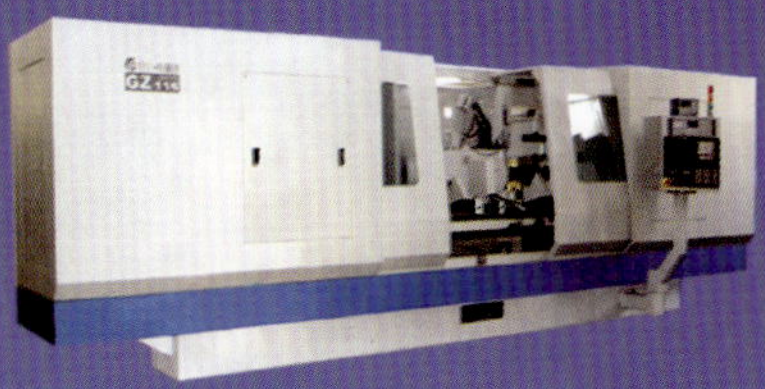

GZ116数控桥壳专用磨床

地址：宝鸡市陈仓区陕机路1号
邮编：721300
传真：0917-6413016
0917-6292222
电话：0917-6292465
0917-6292220
售后：0917-6292446
投诉：0917-6292464
http://www.qcgrinder.com
E-mail:sales@qcgrinder.com

湖州机床厂有限公司

HUZHOU MACHINE TOOL WORKS CO.,LTD.

中国大型液压机专业生产制造厂家

为广东三菱重工公司制造的生产流水线

为吉利汽车制造的冲压A线

为美资公司制造的HJ071—630
摩擦材料液压机

湖州机床厂有限公司始建于1954年，厂区位于湖州市凤凰经济开发区，占地面积11万m^2（170亩），厂房建筑面积4.2万m^2，配有80t行车及大型落地铣镗床、大型立车、重型车床、重型龙门刨床、加工中心和各类大精稀骨干设备200余台，现有员工790人，其中各类专业技术人员占15%。

湖州机床厂有限公司经过多年的产品开发积累，目前已形成四柱式、框架式、单柱式、卧式等各类结构形式，所产产品包括通用液压机、单动薄板冲压液压机、双动薄板拉伸液压机、金属挤压液压机、电机制造类专用液压机、汽车摩托车零部件专用液压机、橡塑、玻璃器皿制品液压机、挤压铸造液压机、粉末制品液压机、瓷砖建材液压机、校正压装机、液化气钢瓶生产流水线等二十余个系列三百多个品种，其中多项产品获部、省优称号和填补国内空白。

地址：浙江省湖州市凤凰经济开发区里村路555号
邮编：313000
电话：0572-2129581
传真：0572-2129578
http：//www.czjsl.com
E-mail：zjsl@mail.huptt.zj.cn

成于坚韧 量出完美
成都成量工具有限公司
CHENGDU CHENGLIANG GROUP COMPANY
ISO9001:2000
中国名牌
CHINA TOP BRAND
2006.09–2009.09
成量工具 中国名牌
地址:成都市二环路东一段14号
邮编:610056
电话: (028)83242257(销售公司)
传真: (028)83243128(销售公司)
http:// www.chinachengliang.com
E-mail: cl@chinachengliang.com

青海第二机床制造有限责任公司

QINGHAI NO.2 MACHINE TOOL MANUFACTURE CO.,LTD.

青海第二机床制造有限责任公司拥有先进的产品开发和制造能力。

公司的主要产品有：花键轴铣床系列、螺纹铣床系列、螺旋转子铣床及成套设备（转子刀具刃磨机、转子刀具测量机、转子啮合仪）、丝锥加工成套设备（丝锥磨床、方尾磨床、磨槽机、磨尖机）、数控曲轴车—车拉机床及数控曲轴圆角滚压机床、高速数控曲轴铣床、高速数控凸轮轴铣床、数控螺杆铣床、花键滚轧机床、滚刀铲磨床、蜗杆磨床等。

目前公司已经形成以数控为主，多品种、多层次、多领域的产品格局。

Qinghai No.2 machine tool manufacture CO.,LTD. has the ability advance development and manufacture.

The main products are as follow: a series of spline milling machines , a series of long or short thread milling machines, helix rotor milling machines and their complete equipment(rotor tool sharpening machines, rotor tool measuring machines, rotor engagement apparatus),tap made complete equipment (tap relieving grinder , tap square end grinder, flute grinding machines, point grinder),CNC crankshaft lathe, crankshaft corner rolling machines, CNC high-speed crankshaft milling machines, CNC high-speed camshaft milling machines, CNC screw rod milling machines, spline rolling machines ,hob relieving grinder ,worm grinder, etc.

NOW it mainly produces NC products with many kinds ,multiple levels and can meet more needs.

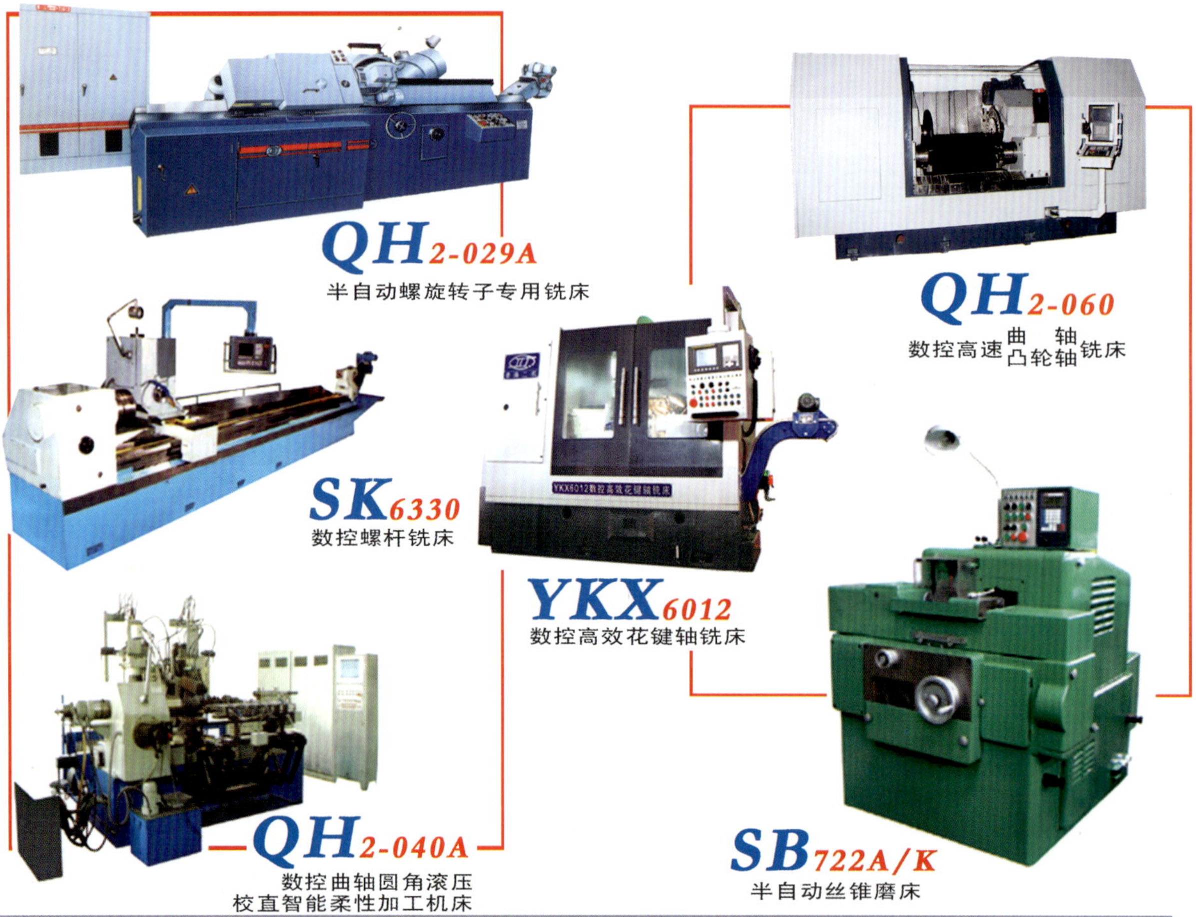

地址：青海省西宁市南川东路21号
Add:21Nanchuan East Road,Xining,Qinghai
电话 Tel:86-0971-6250070
传真 Fax:86-0971-6251729
邮编 P.C:810021
E-mail:qh2xs@tom.com

萬濠精密儀器有限公司
RATIONAL PRECISION INSTRUMENT CO.,LTD.

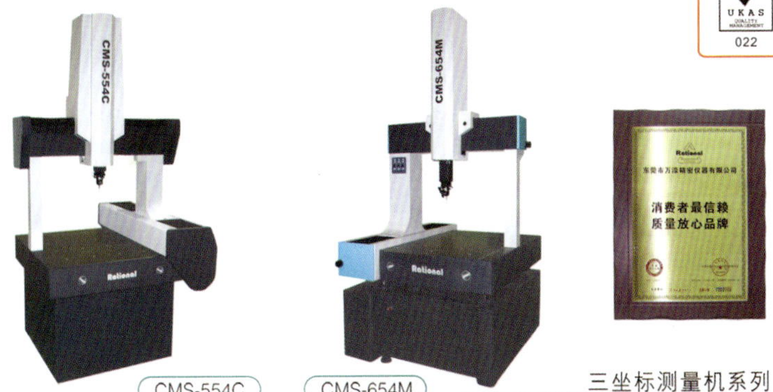

CMS-554C CMS-654M

三坐标测量机系列
Coordinate Measurment System

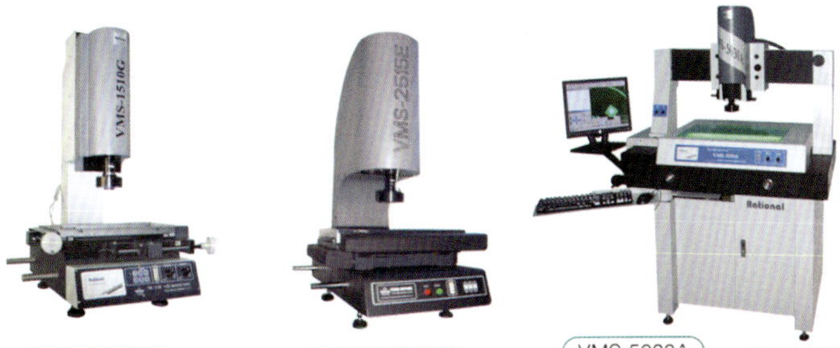

VMS-1510G VMS-2515E VMS-5030A

影像测量仪系列
Video Measuring System

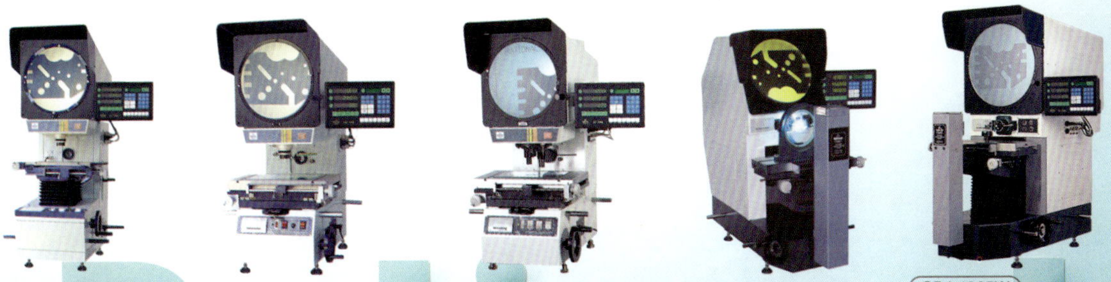

CPJ-3000Z CPJ-3000AZ CPJ-3000CZ CPJ-3020W CPJ-4025W

投影仪系列
Digital Measuring Projector

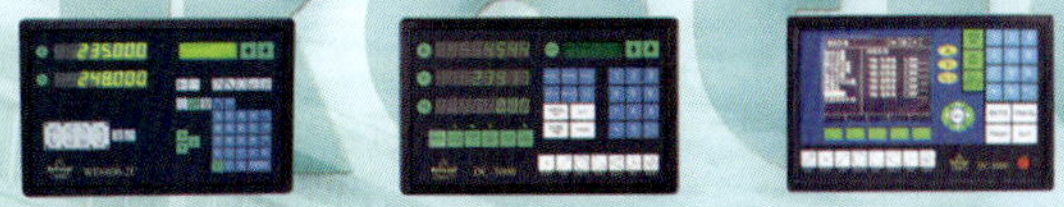

数显表系列
Multi-functional Digital Readout

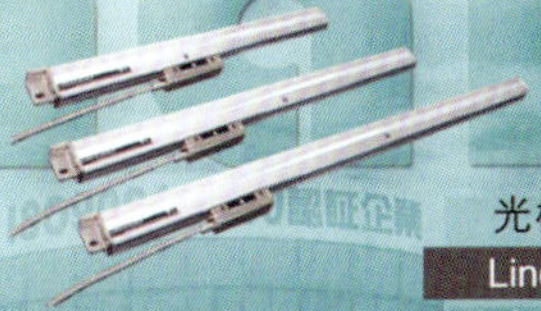

光栅尺系列
Linear Scale

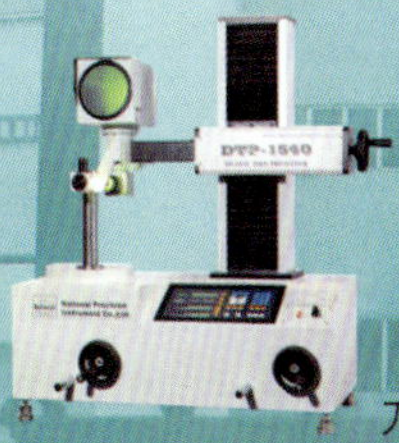

DTP-1540
刀具预调仪
Tool Presetter

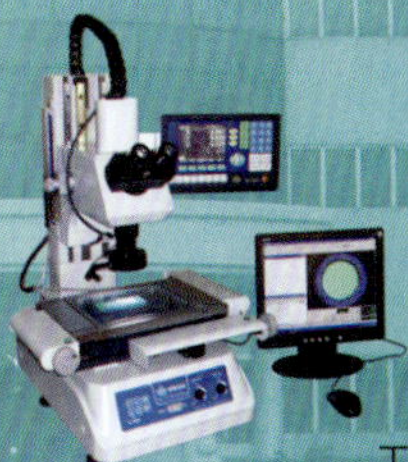

VTM-1510
工具显微镜
Video Toolmaker Microscope

专业精密仪器制造商

东莞市万濠精密仪器有限公司是一家专门从事光、机、电一体化的精密光学检测仪器产品研制、生产和销售的高新技术企业。

公司通过了ISO9001：2000质量体系认证，主要产品均已通过CE检测，产品除供应国内市场和台湾地区以外，还出口欧洲、美洲及亚洲地区。产品优良的性价比与周到的售后服务，为公司树立了良好的品牌形象，赢得了中外客户的广泛认可。

Rational precision instrument co.,ltd is a high-tech enterprise that integrates optics, mechine,electricity and software program. We are researching and producing the high quality and low price products for our customers. We has passed the ISO 9001:2000 certification and our major products have passed CE certification. Our products have been sold not only domestic but also export to many countries and areas, for example Europe, America, Korea, Taiwan etc. Excellent quality/cost ratio make we has been recognized in our customers.

电话(Tel):
0769-85330109 85316127
传真(Fax):
0769-85301322 85330106
邮编(Postalcode): 523877
网址(Homepage): Http://www.rational-wh.com
电子邮箱(E-Mail): Webmaster@rational-wh.com
地址(Add):
东莞市长安镇厦边管理区金沙五路
Jinsha Fifth Road, Xiabian District, Chang`an Town, Dongguan City, Guangdong Province, China

東莞市萬濠精密儀器有限公司
Rational Precision Instrument Co.,Ltd.

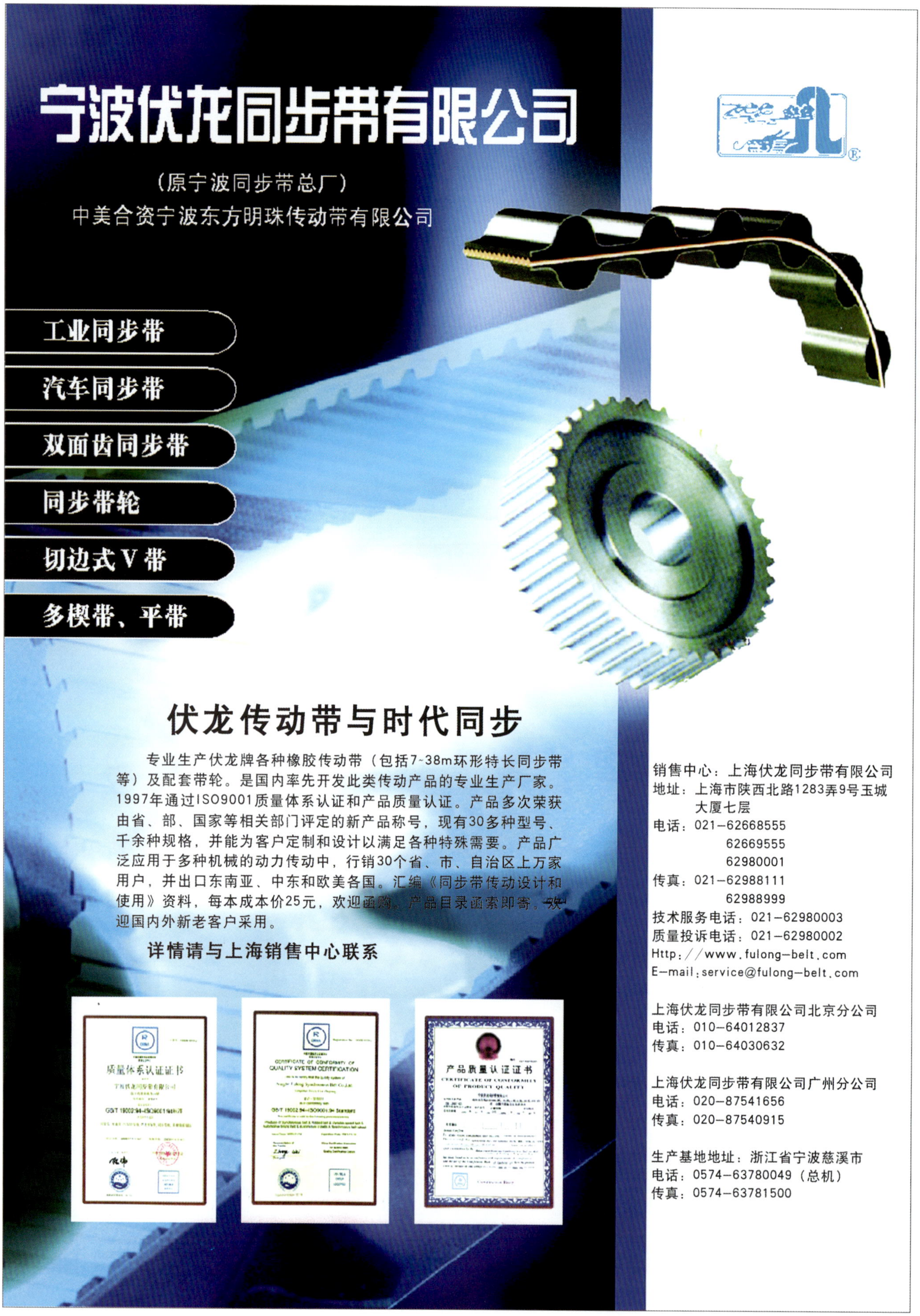
宁波伏龙同步带有限公司
（原宁波同步带总厂）
中美合资宁波东方明珠传动带有限公司
工业同步带
汽车同步带
双面齿同步带
同步带轮
切边式V带
多楔带、平带
伏龙传动带与时代同步
专业生产伏龙牌各种橡胶传动带（包括7~38m环形特长同步带等）及配套带轮。是国内率先开发此类传动产品的专业生产厂家。1997年通过ISO9001质量体系认证和产品质量认证。产品多次荣获由省、部、国家等相关部门评定的新产品称号，现有30多种型号、千余种规格，并能为客户定制和设计以满足各种特殊需要。产品广泛应用于多种机械的动力传动中，行销30个省、市、自治区上万家用户，并出口东南亚、中东和欧美各国。汇编《同步带传动设计和使用》资料，每本成本价25元，欢迎函购。产品目录函索即寄。欢迎国内外新老客户采用。
详情请与上海销售中心联系
质量体系认证证书
CERTIFICATE OF CONFORMITY OF QUALITY SYSTEM CERTIFICATION
产品质量认证证书
销售中心：上海伏龙同步带有限公司
地址：上海市陕西北路1283弄9号玉城大厦七层
电话：021-62668555
62669555
62980001
传真：021-62988111
62988999
技术服务电话：021-62980003
质量投诉电话：021-62980002
Http://www.fulong-belt.com
E-mail:service@fulong-belt.com
上海伏龙同步带有限公司北京分公司
电话：010-64012837
传真：010-64030632
上海伏龙同步带有限公司广州分公司
电话：020-87541656
传真：020-87540915
生产基地地址：浙江省宁波慈溪市
电话：0574-63780049（总机）
传真：0574-63781500

华中数控

全国数控技能大赛
指定数控系统

自主知识产权的
中高档数控系统

华中"世纪星"HNC-21/22、18i/19i系列数控系统

- 基于工业PC(采用32位处理器)的新一代开放式体系结构
- 支持6轴联动、全闭环控制、高速、高精加工功能(HNC-18i/19i为三轴联动)，可选配交流伺服、步进电机驱动系统
- 5.7"/8.4"/10.4"单色/彩色三维图形液晶显示，强大的网络功能
- 小线段连续高速加工功能，64兆字节可断电内存，适合复杂模具加工
- 自主知识产权的数字伺服驱动和电机，数字伺服主轴和主轴电机
- 高可靠性，超强电磁兼容性，电网电压适应范围 -20%~+15%
- 完善的技术服务
- 系统配套、机床改造、专机开发的优选设备
- 数控实训中心、工程训练中心、职业技能鉴定中心的优选设备

市场营销网络

北京办事处 010-82290689
沈阳办事处 024-31538263
南京办事处 025-86531352
西安办事处 029-85047678
重庆办事处 023-62808535
深圳分公司 0755-26733676

华中数控
武汉华中数控股份有限公司
WUHAN HUAZHONG NUMERICAL CONTROL CO.,LTD

武汉东湖高新技术开发区庙山小区华中科技大学科技园
业务咨询 027-87180093　技术热线 027-87180051
客户服务 027-87180095、87180303
传　真 027-87180307、87180306　邮政编码 430223
Http://www.huazhongcnc.com　E-mail:market@huazhongcnc.com

REP®
瑞 普 科 技
主要产品有：
编码器、光栅尺、磁尺、
联轴器、接近开关等。
新品
{在国内率先采用欧美
先进的光电阵列技术
生产编码器}
采用光电检测阵列技术
超平行光矩阵数据读取
应用温度范围宽
适用更恶劣的工作环境
有超长的工作寿命
三年包修或更换
Http://www.Chinarep.com.cn
无锡市瑞普科技有限公司
WU XI REP TECHNOLOGY CO., LTD.
地　址：江苏省无锡国家高新技术滨湖开发区高凯路6号
电　话：(0510) 85625101 85628111/222
传　真：(0510) 85628555　邮编：214124
E-mail:rep@Chinarep.com.cn
Http://www.Chinareap.com

棱环牌

靖江量具有限公司

JINGJIANG MEASURING TOOLS CO.,LTD.

董事长兼总经理：杨小震

靖江量具有限公司是专业从事长度量具研制、生产的国家中型企业，注册商标 ，年产游标卡尺、带表卡尺、数显卡尺、深度游标卡尺、高度游标卡尺、90°角尺、千分尺等各类量具 70 余万件。

公司创建于 1958 年，于 1987 年合资组建有限责任公司。2006 年 1 月，瑞典 HEXAGON 集团（公司）投资加盟，取代原外资方成为公司新的合资股东。公司拥有先进的进口加工设备和检测手段，运用世界先进加工工艺组织生产，产品质量在全国多次行业考评中名列前茅，并于 1997 年通过 ISO9001 标准质量体系认证，1998 年获得英国 UKAS 国际标准认证，2004 年取得 CE 认证。产品远销欧洲、北美、东南亚等国家和地区，出口占公司生产总量的 70% 以上。

公司贯彻“以质量为生命、追求完美无止境”的宗旨，努力为国内外顾客提供满意的产品和服务。

公司位于江苏省江阴长江大桥北岸的靖江市境内，紧傍宁通、京沪高速公路，职员淳朴好客，欢迎国内外朋友光临、合作，共创美好未来。

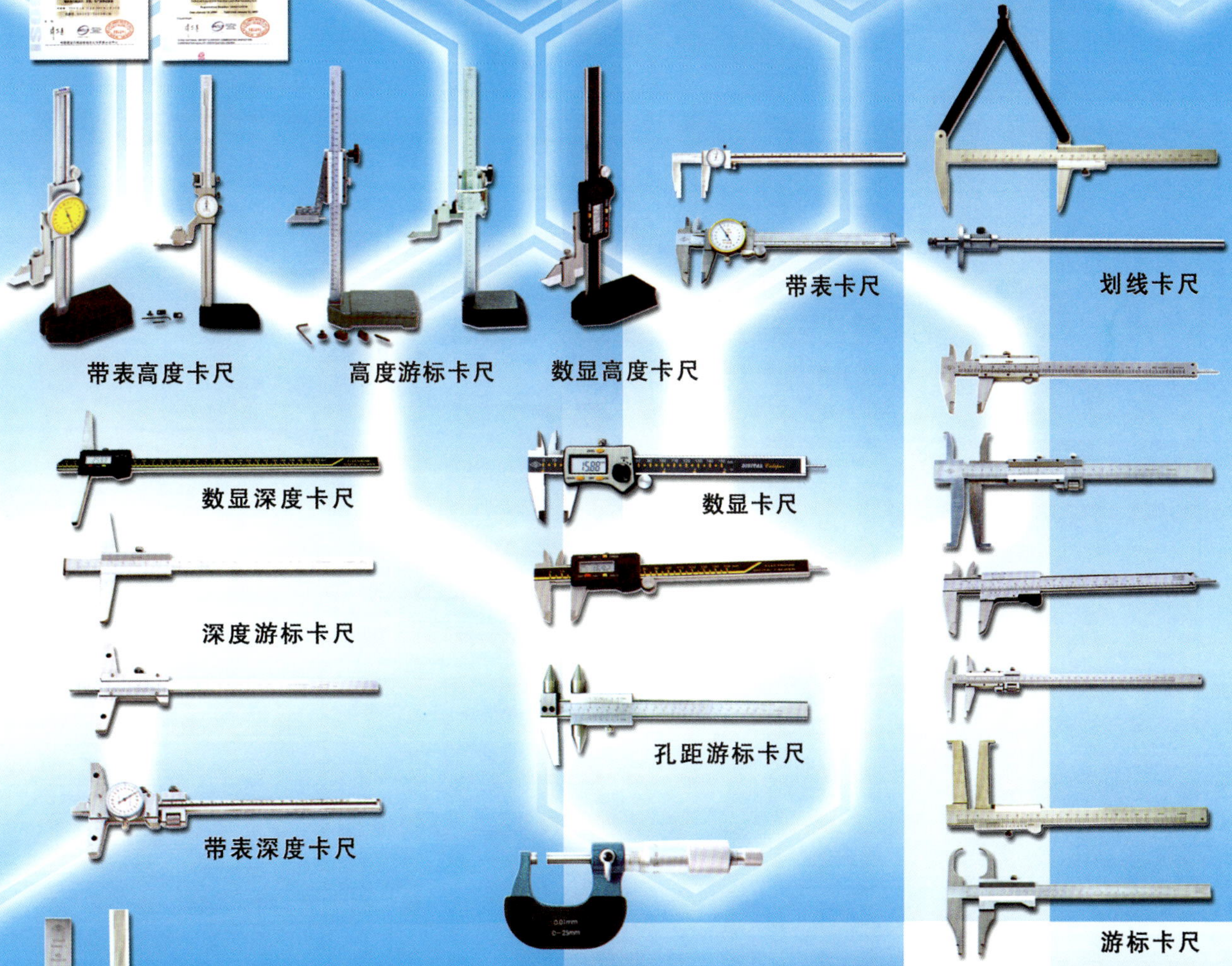

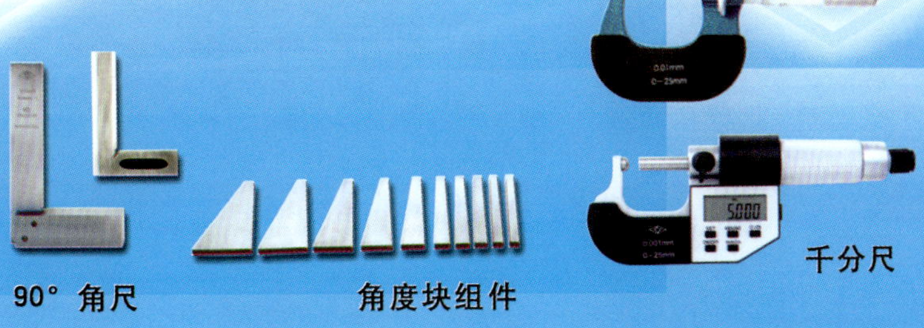

地　址：江苏省靖江市季市镇新马路 85 号
邮　编：214523
电　话：0523-4542159 / 4543777
传　真：0523- 4545166 /4543311
网　址：www.jmtc.cn
E-mail：sale@jmtc.cn / sala@jmtc.cn

newall 英国新和球栅尺 数控数显

◆ 新一代高可靠的长度传感器——球栅尺

五年保修

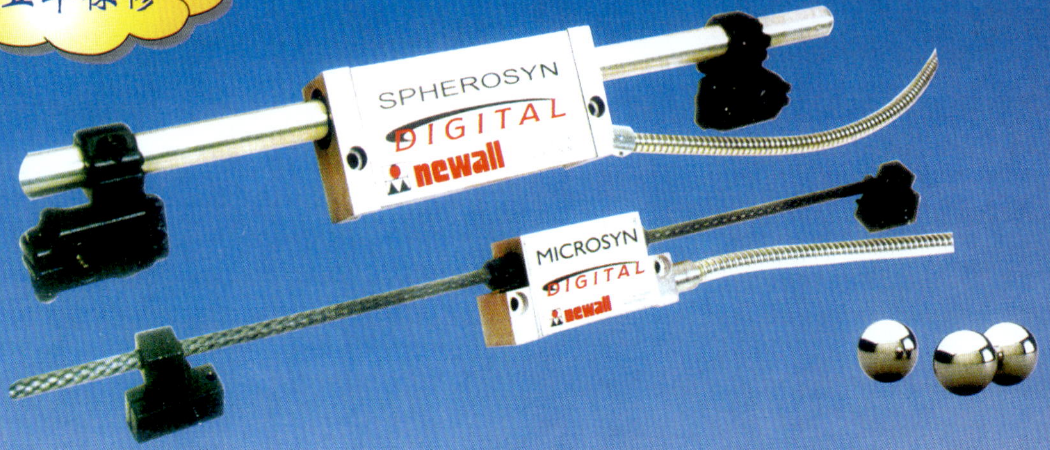

◆ 功能一流的数显表

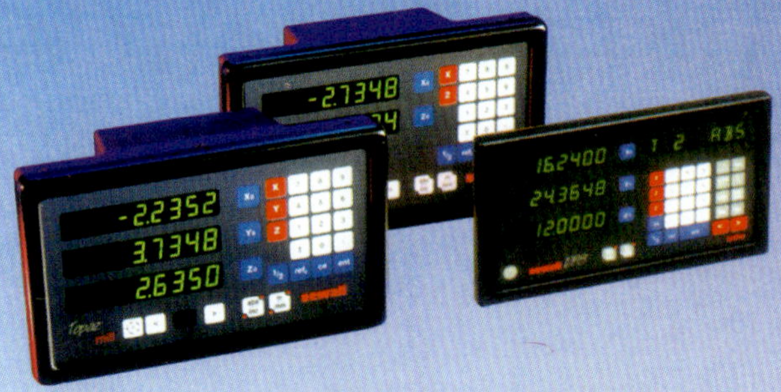

- 球栅尺高可靠，防水、防油、防尘、防铁屑。
- 安装简便，无安装面要求，不需日常维护。
- 正弦波输出或RS422方波输出，数控数显均可使用。
- 分辨率1μm/5μm可选，单尺行程可达12m。
- 数显表独特的追数功能，追寻停电后位移。
- 数显表可显示长度或角度。

英国 NEWALL 公司授权证书

诚征经销代理商

英国 NEWALL 公司中国销售技术服务中心

中 国 航 天 三 院 三 十 三 研 究 所

北 京 航 天 万 新 科 技 有 限 公 司

地址：北京市丰台科学城海鹰路3号航天万新　邮编：100070

电话：010 63791781 63791782　传真：010 63791783 63799330

网址：WWW.WONEW.COM　E-mail：wonew@wonew.com

综合索引

『鉴』证行业发展
共建制造强国

中国工业年鉴出版基地

中国机械工业年鉴系列

《中国机械工业年鉴》

《中国电器工业年鉴》

《中国工程机械工业年鉴》

《中国机床工具工业年鉴》

《中国通用机械工业年鉴》

《中国机械通用零部件工业年鉴》

《中国模具工业年鉴》

《中国液压气动密封工业年鉴》

《中国重型机械工业年鉴》

《中国农业机械工业年鉴》

《中国齿轮工业年鉴》

《中国机电产品市场年鉴》

中国工业年鉴出版基地

编辑说明

一、《中国机械工业年鉴》是由中国机械工业联合会主管、机械工业信息研究院主办、机械工业出版社出版的大型资料性、工具性年刊，创刊于1984年。

二、根据行业需要，1998年中国机械工业年鉴编辑委员会开始出版分行业年鉴，逐渐形成了中国机械工业年鉴系列。该系列现已出版了《中国电器工业年鉴》、《中国工程机械工业年鉴》、《中国机床工具工业年鉴》、《中国通用机械工业年鉴》、《中国机械通用零部件工业年鉴》、《中国模具工业年鉴》、《中国液压气动密封工业年鉴》、《中国重型机械工业年鉴》、《中国农业机械工业年鉴》、《中国齿轮工业年鉴》和《中国机电产品市场年鉴》等。

三、《中国机床工具工业年鉴》于2002年创刊，2006年为第5期。该年鉴集中反映了机床工具行业的产品状况、技术水平、产销情况及发展趋势，全面系统地提供了机床工具行业企业的主要经济技术指标。

四、《中国机床工具工业年鉴》2006年刊由综述、专文、行业概况、市场概况、企业概况、统计资料、推荐产品、大事记及附录等内容构成。为了增强年鉴的时效性，在综述中增加了2006年上半年机床工具市场分析的内容。

五、统计资料中的数据由中国机床工具工业协会提供，数据截止到2005年12月31日。

六、在编纂过程中得到了中国机床工具工业协会及多年从事机床工具工业研究的专家、学者和企业的大力支持和帮助，在此表示衷心感谢。

八、由于水平有限，难免出现错误及疏漏，敬请批评指正。

中国机械工业年鉴编辑部

2006年10月

回顾总结“十五”期间机床工具行业及数控机床发展情况，分析现状、展望未来

Reviewing and summing up the development of machine tool industry and NC machines in the Tenth Five-Year Plan period, analyzing the current status and looking forward to the future

综述

“十五”中国机床工具行业发展综述

中国机床工具工业协会　王黎明　王惠方

“十五”期间，中国机床工具行业产销两旺，共完成产品销售收入4 382亿元，平均年增长率达到21%。2005年实现工业总产值(当年价)1 259.61亿元，产品销售收入1 212.46亿元，比上年增长17.45%，与2004年增幅33.0%相比有所下降。2005年，国有经济在全行业完成的销售收入中的占比由2004年的62.11%降为61.57%，下降0.54个百分点。

“十五”期间，机床产量大幅度增加，金属切削机床产量总和达157万台，其中数控金属切削机床产量总和达19万台。2005年金属切削机床产量达45.07万台，是2000年的2.55倍，2005年数控金属切削机床共生产59 639台，是2000年的4.24倍。

“十五”期间，国内共消费金属加工机床(金属切削机床+金属成形机床)361亿美元，其中消费数控金属加工机床204亿美元。2005年金属加工机床消费增长幅度开始小于国内机床生产的增长幅度，2005年中国消费金属加工机床107.8亿美元，比上年增长13.95%，与2004年增幅40.56%相比，有较大幅度的下降。2005年国产机床按价值量计在国内市场所占比例为39.74%，比2004年的37.4%增加2.3个百分点。2005年中国继续保持金属加工机床世界第一消费大国和第一进口大国的地位。

“十五”期间，机床工具类产品进出口总额高达424亿美元。进出口逆差达到238亿美元。其中金属加工机床进出口逆差达到198亿美元，其中数控机床进出口逆差141亿美元。2005年机床工具类产品进出口逆差进一步增大，达到69.70亿美元，与2004年机床工具类产品进出口逆差66.79亿美元相比，又增加2.91亿美元。2005年机床工具类产品出口29.95亿美元，比上年增长33%，与2004年的增幅基本持平。其中数控机床(数控金属切削机床、数控金属成形机床)产品出口2.31亿美元，比上年增长89%。

新产品开发速度加快，一批新产品相继开发研制成功，特别是数控机床在高速化、复合化、精密化、多轴化等方面发展取得了显著进步。

“十五”期间，中国名牌战略推进委员会评选出中国机床工具行业名牌产品10个。

到2005年底，我国机床工具行业已经并购美国、德国、日本等国家9个世界知名的机床企业。

一、行业概况

机床工具行业主要由8个小制造行业和其他金属加工机械行业组成，包括：金属切削机床制造业、金属成形机床制造业、铸造机械制造业、木工机床制造业、切削工具及量具量仪制造业、机床附件制造业、机床电器及数控装置制造业、磨料磨具制造业和其他金属加工机械制造业。

(一)“十五”期间机床工具行业基本情况

1. 主要经济指标完成情况变化较大

“十五”期间，机床工具行业的主要经济指标有较大的变化，产品销售收入、工业总产值(当年价)都有大幅度增加。“十五”期间机床工具行业基本情况见表1。

表1　“十五”期间机床工具行业基本情况

项　　目	单位	2001年	2002年	2003年	2004年	2005年
企业总数	个	2 055	2 225	2 238	2 023	2 004
从业人员	万人	58.59	57.92	56.30	51.60	49.30
产品销售收入	亿元	578.74	704.42	853.85	1 032.28	1 212.46
利润总额	亿元	19.06	23.74	41.79	52.51	68.14
工业总产值(当年价)	亿元	631.95	745.17	912.75	1 087.85	1 259.61
流动资产平均余额	亿元	551.81	581.17	622.40	637.48	688.23
固定资产平均余额	亿元	316.77	339.83	313.79	298.68	311.98
资产总计	亿元	1 044.50	1 119.71	1 173.22	1 175.15	1 261.51

注：资料来源于国家统计局发布的2001～2005年机床工具大行业数据。

(1)整体行业规模变化不大。“十五”期间，机床工具行业企业数基本维持在2 000个左右，从2001年的2 055个到2005年的2 004个，变化不大(据国家统计局发布，机床工具行业统计范围：全部国有和年产品销售收入在500万元以上的非国有企业)。

(2)人均工业总产值(当年价)显著增加。“十五”期间，机床工具行业从业人员逐年减少，从初期的58.59万人，降到末期的49.30万人，仅为“十五”初期的84.14%。“十五”期间，人均工业总产值当年价2001年为10.79万元，2005年增加到25.55万元，是2001年的2.37倍。2001～2005年机床工具行业人均实现工业总产值(当年价)走势见图1。

(3)产品销售收入和利润总额增加很快。“十五”期间，产品销售收入从初期的578.74亿元，增加到末期的1 212.46亿元；“十五”末期的人均产品销售收入达到24.59万元，是初期的2.5倍。利润总额从初期的19.06亿元，增加到末期的68.14亿元，是“十五”初期的3.6倍。

(Chart 1)
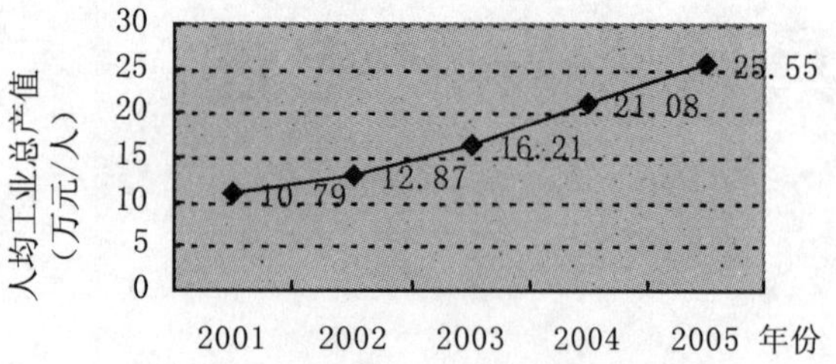

图1 2001～2005年机床工具行业人均实现工业总产值（当年价）走势

2001～2005年，机床工具行业产品销售收入变化情况见图2。

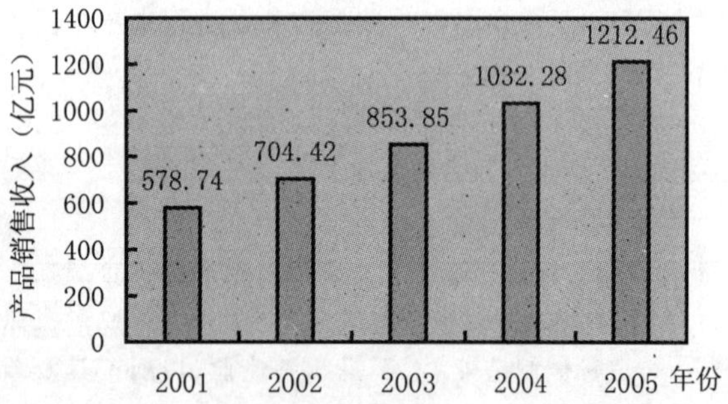

图2 2001～2005年机床工具行业产品销售收入变化情况

2. 各种经济成分运行情况

(1)民营经济企业数升到第一(由于全部小行业的不同经济成分统计始于2002年，故数据分析从2002～2005年)。国有经济企业数大幅度减少，从2002年的1 388个(占62.38%)减至2005年的819个(占40.87%)；民营经济企业数从2002年的521个(占23.42%)增至2005年的829个(占42.86%)；三资经济企业数从2002年的316个(占14.20%)增至2005年的326个(占16.27%)。2005年机床工具行业各种经济成分企业数构成见图3。

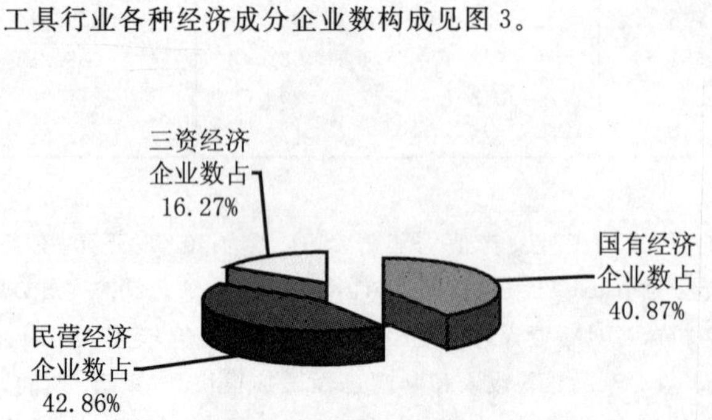

图3 2005年机床工具行业各种经济成分企业数构成

(2)国有经济总量仍然第一。虽然国有经济企业数大幅度减少，但在经济总量中仍然居首位，产品销售收入从2002年的422.09亿元(占59.92%)增至2005年的746.54亿元(占61.57%)，增长176.87%。民营经济产品销售收入从2002年的119.03亿元(占16.90%)增至2005年的262.38亿元(占21.64%)，增长220.43%。三资经济企业产品销售收入从2002年的163.29亿元(占23.18%)增至2005年的203.54亿元(占16.87%，比2002年占比减少)，增长124.65%。2005年机床工具行业各种经济成分产品销售收入构成见图4。

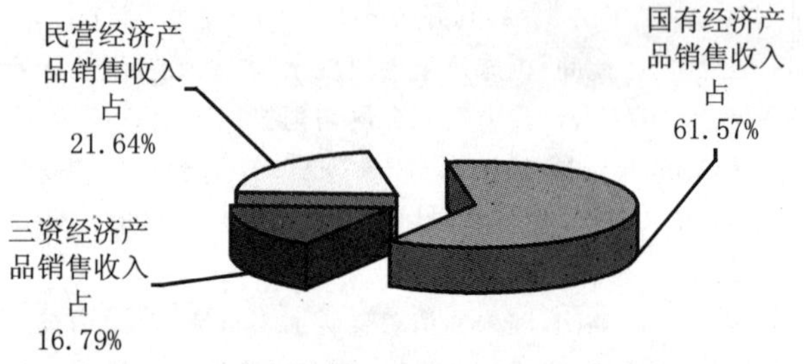

图4 2005年机床工具行业各种经济成分产品销售收入构成

(3)国有经济利润总额提高。“十五”期间机床工具行业利润总额大幅度增加，从2002年的23.74亿元增至2005年的68.14亿元，增长287.03%。其中，国有经济表现尤其突出，利润总额从2002年的8.77亿元(占36.94%)，增至2005年的34.19亿元(占50.18%)，增长389.85%。民营经济从2002年的6.25亿元(占26.33%)增至2005年的15.04亿元(占22.07%，比2002年占比减少)，增长240.64%。三资经济企业利润总额从2002年的8.72亿元(占36.73%)增至2005年的18.91亿元(占27.75%，比2002年占比减少)增长216.86%。2005年机床工具行业各种经济成分利润总额构成见图5。

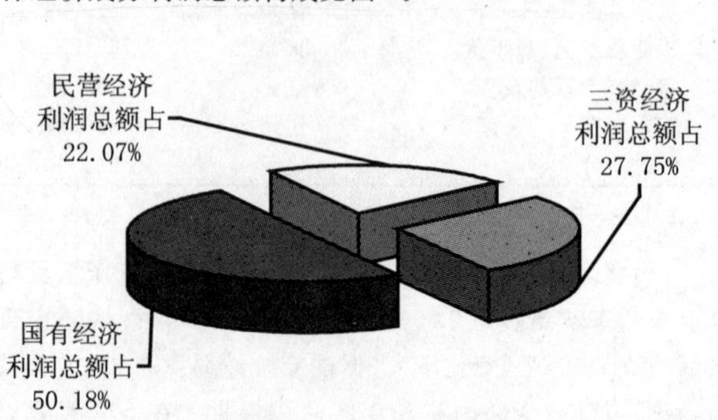

图5 2005年机床工具行业各种经济成分利润总额构成

(4)人均利润总额大幅提高。2001 年机床工具行业人均利润仅为3 253元,2002 年为4 099元,2005 年达到13 822元,是 2001 年的 427.90%。从人均利润增长幅度分析,国有经济表现尤其突出,人均利润从 2002 年的1 930元增至 2005 年的10 345元,增长 436.01%。民营经济人均利润从 2002 年的8 573元增至 2005 年的13 826元,增长 61.27%。三资经济企业人均利润从 2002 年的16 769元增至 2005 年的35 214元,增长 109.99%。从人均利润绝对值分析,三资企业最好,是国有经济的 3.40 倍。2002~2005 年机床工具行业各种经济成分人均利润走势见图 6。2002~2005 年机床工具行业国有经济主要经济指标完成情况见表 2。

2002~2005 年机床工具行业民营经济主要经济指标完成情况见表 3。

2002~2005 年机床工具行业三资经济主要经济指标完成情况见表 4。

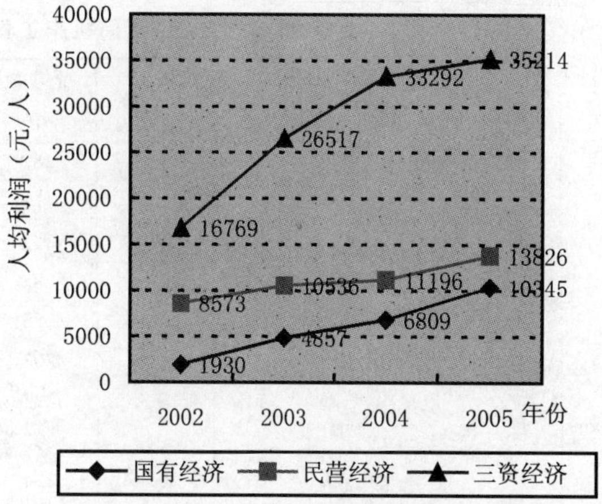

图6 2002~2005年机床工具行业各种经济成分人均利润走势

3. 机床工具行业中各小行业基本情况

(1)各小行业经济指标完成情况(由于全部小行业的统计归属始于 2001 年,故数据分析从 2001~2005 年)。从整体分析,机床行业各小行业在"十五"期间的企业数、从业人员数呈逐年减少的趋势,产品销售收入、利润总额、工业总产值(当年价)逐年上升,呈减员增效的态势,主机制造业(金属切削机床、金属成形机床)表现尤为明显。

"十五"期间机床工具行业各小行业主要经济指标完成情况见表 5。

(2)各小行业产品销售收入增长情况。"十五"期间机床工具行业多数小行业的产品销售收入均呈大幅度增长,其中增幅最大的是机床电器及数控装置制造业。各小行业的产品销售收入 2005 年比 2001 年增长幅度分别是:金属切削机床制造业 184%,金属成形机床制造业 125%,铸造机械制造业 195%,机床附件制造业 101%,切削工具及量具量仪制造业 141%,机床电器及数控装置制造业 290%,只有磨料磨具制造业只增长 12%,其他金属加工机械行业下降为 27.46%。

表 2 2002~2005 年机床工具行业国有经济主要经济指标完成情况

项 目	单位	2002 年	2003 年	2004 年	2005 年
企业总数	个	1 388	1 267	959	819
从业人员	万人	45.43	42.74	36.32	33.05
产品销售收入	亿元	422.09	548.71	637.56	746.54
利润总额	亿元	8.77	20.76	24.73	34.19
工业总产值(当年价)	亿元	447.35	588.76	675.70	784.05

注:资料来源于国家统计局发布的 2002~2005 年机床工具大行业数据。

表 3 2002~2005 年机床工具行业民营经济主要经济指标完成情况

项 目	单位	2002 年	2003 年	2004 年	2005 年
企业总数	个	521	657	758	859
从业人员	万人	7.29	9.33	10.45	10.88
产品销售收入	亿元	119.03	178.07	226.46	262.38
利润总额	亿元	6.25	9.83	11.70	15.04
工业总产值(当年价)	亿元	133.06	193.67	241.09	274.08

注:资料来源于国家统计局发布的 2002~2005 年机床工具大行业数据。

表 4 2002~2005 年机床工具行业三资经济主要经济指标完成情况

项 目	单位	2002 年	2003 年	2004 年	2005 年
企业总数	个	316	314	306	326
从业人员	万人	5.20	4.22	4.83	5.37
产品销售收入	亿元	163.29	127.07	168.25	203.54
利润总额	亿元	8.72	11.19	16.08	18.91
工业总产值(当年价)	亿元	164.75	130.32	171.06	201.48

注:资料来源于国家统计局发布的 2002~2005 年机床工具大行业数据。

表5 “十五”期间机床工具行业各小行业主要经济指标完成情况

序号	小行业名称	年份	企业数（个）	平均从业人数（人）	产品销售收入（万元）	利润总额（万元）	工业总产值(当年价)（万元）
1	金属切削机床制造业	2001	382	195 921	1 442 839	30 069	1 558 776
		2002	410	190 734	1 860 867	35 756	1 919 531
		2003	391	177 118	2 444 660	91 154	2 562 604
		2004	388	172 932	3 339 020	147 768	3 481 025
		2005	376	164 408	4 101 806	194 122	4 195 952
2	金属成形机床制造业	2001	203	63 103	551 943	13 628	612 818
		2002	221	61 561	643 272	21 521	698 283
		2003	203	51 580	761 334	26 771	799 877
		2004	224	53 953	1 018 924	39 364	1 048 041
		2005	261	54 418	1 243 904	58 904	1 277 524
3	铸造机械制造业	2001	103	20 559	203 109	8 975	220 620
		2002	144	26 819	254 070	10 309	279 057
		2003	151	28 127	340 192	18 782	378 544
		2004	120	19 050	359 387	17 106	402 914
		2005	181	24 458	598 752	41 203	640 705
4	木工机械制造业	2001					
		2002					
		2003	61	19 986	488 527	21 686	570 508
		2004	77	20 547	604 982	15 367	691 751
		2005	81	22 142	782 429	31 661	869 528
5	机床附件制造业	2001	102	23 667	157 801	7 428	171 292
		2002	114	23 861	215 335	10 646	236 096
		2003	116	23 094	256 629	11 733	276 367
		2004	94	21 202	291 475	20 029	309 835
		2005	117	23 044	317 471	21 160	329 092
6	切削工具及量具量仪制造业	2001	322	90 263	701 959	13 778	816 682
		2002	339	92 804	945 181	46 791	1 022 215
		2003	262	92 175	1 095 993	69 032	1 181 481
		2004	319	91 439	1 316 046	90 022	1 420 551
		2005	341	97 379	1 691 000	115 616	1 781 398
7	磨料磨具制造业	2001	606	113 601	1 802 705	82 933	1 936 490
		2002	627	112 105	1 984 041	61 666	2 075 178
		2003	681	109 673	1 758 474	74 297	1 879 895
		2004	540	82 464	1 808 577	83 362	1 913 903
		2005	487	73 040	2 033 038	110 393	2 126 717
8	机床电器及数控装置制造业	2001	18	10 120	215 425	12 377	231 109
		2002	19	11 264	257 993	14 429	274 894
		2003	17	14 157	606 758	74 259	596 518
		2004	21	14 244	739 948	76 858	733 922
		2005	26	15 751	840 031	82 624	836 324
9	其他金属加工机械制造业	2001	319	68 651	711 587	21 420	771 726
		2002	351	60 002	883 424	36 306	946 457
		2003	280	47 019	785 910	30 145	881 727
		2004	240	40 182	844 411	35 218	876 508
		2005	134	18 404	516 164	25 720	538 853

注：资料来源于国家统计局发布的2002～2005年机床工具大行业数据。

“十五”期间机床工具行业各小行业产品销售收入增长幅度见图7。

(3)各小行业人均利润增长情况。2001年机床工具行业人均利润3 253元/人，到2005年机床工具行业人均利润达到1.3万元/人，增长近3倍。其中，机床电器及数控装置制造业人均利润最高，为5.24万元/人，铸造机械制造业

1.68万元/人，磨料磨具制造业1.51万元/人，金属切削机床制造业和切削工具及量具量仪制造业为1.18万元/人；金属成形机床制造业1.08万元/人，机床附件制造业0.92万元/人。

2001～2005年机床工具行业各小行业人均利润变化情况见图8。

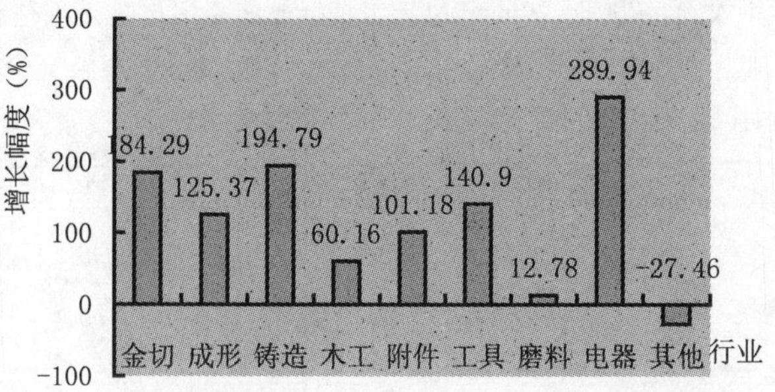

图7 2001～2005年机床工具行业各小行业产品销售收入增长幅度

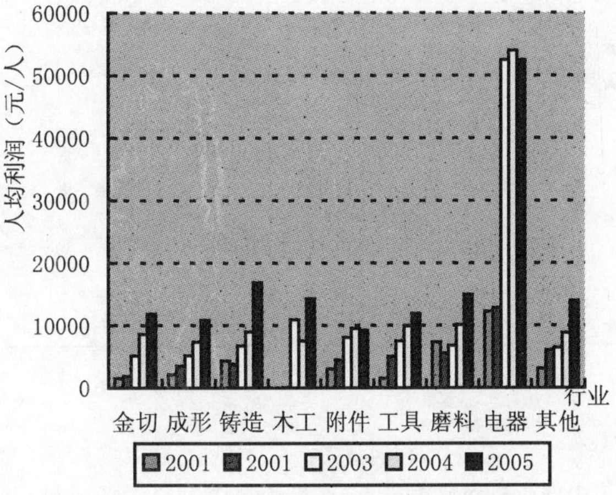

图8 2001～2005年机床工具行业各小行业人均利润变化情况

5. 机床工具行业主要企业情况

(1)生产规模较大的企业。机床工具行业企业数大体维持在2 000多个左右，“十五”期间，机床工具行业的主要企业有了很大的变化。机床工具行业大连机床集团有限责任公司产品销售收入从2000年的6.20亿元增加到2005年的76.00亿元，增长11.3倍；其机床产值已跻身当年世界机床产值排名的第10位。沈阳机床(集团)有限责任公司产品销售收入从2000年的6.48亿元增加到2005年的55.48亿元，增长7.56倍；其机床产值也跻身当年世界机床产值排名的第15位。

济南二机床集团有限公司、北京第一机床厂、宝鸡机床厂(集团)、上海机床厂有限公司、齐齐哈尔二机床(集团)有限责任公司、齐重数控装备股份有限公司、秦川机床集团有限公司等老牌的企业依然保持较好的发展趋势；另外，江苏扬力集团有限公司、江苏天工工具股份有限公司原来较小的企业获得了很大的发展。2005年机床工具行业产品销售收入超5亿元企业见表6。这24个企业占全行业企业数的1.2%，而产品销售收入却占全行业的32.90%。

表6 2005年机床工具行业产品销售收入超5亿元企业

序号	企业名称	产品销售收入(万元)
1	大连机床集团有限责任公司	760 000
2	沈阳机床(集团)有限责任公司	554 826
3	正泰集团公司	317 232
4	河南黄河旋风股份有限公司	301 108
5	山东工友集团股份有限公司	251 039
6	德力西集团有限公司	221 431
7	江苏天工集团有限公司	180 396
8	江苏飞达工具集团股份有限公司	176 926
9	北京发那科机电有限公司	112 867
10	江苏扬力集团有限公司	111 073
11	秦川机床集团有限公司	109 599
12	齐重数控装备股份有限公司	97 800
13	宝鸡机床厂	87 629
14	济南二机床集团有限公司	87 306
15	威海市齐全木机集团有限公司	86 713
16	金瑞新材料科技股份有限公司	75 490
17	三菱电机大连机器有限公司	71 778
18	上海机床厂有限公司(本部)	62 150
19	齐齐哈尔二机床(集团)有限责任公司	61 096
20	杭州友佳精密机械有限公司	56 179
21	青海华鼎实业股份有限公司	52 479
22	文登现代研磨材料有限公司	52 390
23	北京北一数控机床有限责任公司	51 158
24	武汉重型机床集团有限公司	50 770

注：资料来源于国家统计局发布的2005年机床工具大行业数据。

(2)金属加工机床出口规模较大的企业。“十五”之前，在机床工具行业产品出口中，金属加工机床所占比例较低，在“十五”期间，机床工具行业的金属加工机床出口额有了很大的增长。从2001年的2.79亿美元，增加到2005年的8.21亿美元，增长近2倍。2005年机床工具行业产品出口超500万美元企业见表7。

表7 2005年机床工具行业产品出口超500万美元企业

序号	企业名称	出口额(万美元)
1	沈阳机床(集团)有限责任公司	5 415
2	大连机床集团有限责任公司	2 748
3	宝鸡机床厂(集团)	1 635
4	济南二机床集团有限公司	1 617
5	湖北三环锻压机床有限公司	1 089
6	山东鲁南机床有限公司	1 063
7	北京阿奇夏米尔工业电子有限公司	940
8	杭州机床集团	935
9	浙江凯达机床集团有限公司	915
10	北京第一机床厂	770

（续）

序号	企　业　名　称	出口额（万美元）
11	威海华东数控股份有限公司	739
12	江苏亚威机床有限公司	654
13	上海明精机床有限公司(重型)	506

注:资料来源于中国机床工具工业协会重点联系企业数据。

(3)中国机床工具工业协会评选的年度十佳企业。十佳企业具体情况如下：

1)入选2001～2005年机床工具行业产品销售收入十佳企业。“十五”期间，在中国机床工具工业协会评选的产品销售收入十佳企业中，共有22个企业入选。金属切削机床行业企业占多数。其中，大连机床集团有限责任公司、济南二机床集团有限公司和沈阳机床(集团)有限责任公司年年入选。2001～2005年机床工具行业产品销售收入十佳企业见表8。

表8　2001～2005年机床工具行业产品销售收入十佳企业

序号	企　业　名　称	2001年	2002年	2003年	2004年	2005年
1	大连机床集团有限责任公司	★	★	★	★	★
2	济南二机床集团有限公司	★	★	★	★	★
3	沈阳机床(集团)有限责任公司		★	★	★	★
4	北京第一机床厂	★	★		★	★
5	河南黄河实业(集团)股份有限公司			★	★	★
6	江苏天工工具股份有限公司			★	★	★
7	上海机床厂有限公司	★	★	★		
8	杭州机床集团有限公司		★	★		
9	江苏飞达工具集团有限公司			★	★	
10	江苏扬力集团有限公司				★	★
11	秦川机床集团有限公司				★	★
12	三环集团黄石锻压机床有限公司	★	★			
13	无锡开源机床集团有限公司	★	★			
14	耀华电器集团有限公司		★	★		
15	宝鸡机床厂	★				
16	白鸽集团有限责任公司	★				
17	成都宁江机床(集团)股份有限公司		★			
18	齐齐哈尔二机床(集团)有限责任公司					★
19	齐重数控装备股份有限公司					★
20	上海砂轮厂	★				
21	山东工友集团股份有限公司				★	
22	正泰集团公司			★		
23	沈阳机床股份有限公司沈阳第一机床厂	★				

注:1.资料来源于中国机床工具工业协会重点联系企业数据。

2.★代表入选当年十佳企业。

3.企业排名以入选次数为序，入选次数相同时以企业名称拼音为序。

2)入选2001～2005年机床工具行业产品出口十佳企业。“十五”期间，在中国机床工具工业协会评选的产品出口十佳企业中，共有24个企业入选。其中以磨料磨具、工具、机床电器等小件产品企业为主，大连机床集团有限责任公司、白鸽集团有限责任公司年年入选。2001～2005年机床工具行业产品出口十佳企业见表9。

表9　2001～2005年机床工具行业产品出口十佳企业

序号	企　业　名　称	2001年	2002年	2003年	2004年	2005年
1	白鸽集团有限责任公司	★	★	★	★	★
2	大连机床集团有限责任公司	★	★	★	★	★
3	江苏天工工具股份有限公司		★	★	★	★
4	沈阳机床(集团)有限责任公司		★		★	★
5	河南黄河实业集团股份有限公司	★			★	★
6	江苏飞达工具集团有限公司		★	★	★	
7	中国磨料磨具进出口联营公司			★	★	★
8	宝鸡机床厂		★			★
9	重庆市博赛矿业(集团)有限公司			★		★
10	呼和浩特众环集团有限责任公司	★	★			
11	济南二机床集团有限公司	★				★
12	宁夏长城须崎铸造股份有限公司			★	★	

（续）

序号	企业名称	2001年	2002年	2003年	2004年	2005年
13	上海工具厂有限公司	★	★			
14	北京阿奇夏米尔工业电子有限公司		★			
15	丹阳华昌钻石工具制造公司	★				
16	德力西集团有限公司				★	
17	黑龙江丹峰磨料磨具集团有限公司			★		
18	河南富耐克超硬材料有限公司			★		
19	四砂股份有限公司				★	
20	山东鲁信高新技术产业股份有限公司					★
21	耀华电器集团有限公司			★		
22	云南机床厂	★				
23	中国七砂集团有限责任公司	★				
24	重庆南川市矿产品开发集团有限公司		★			
25	沈阳机床股份有限公司沈阳第一机床厂	★				

注：1. 资料来源于中国机床工具工业协会重点联系企业数据。

2. ★代表入选当年十佳企业。

3. 企业排名以入选次数为序，入选次数相同时以企业名称拼音为序。

3）入选2001～2005年机床工具行业数控产值十佳企业。“十五”期间，数控机床获得很大的发展。2000年，机床工具行业数控机床产值超过5 000万元的企业仅有10个，最大的数控机床生产企业沈阳机床（集团）有限责任公司的数控机床产值也仅有2.94亿元。到2005年入选中国机床工具工业协会评选的数控产值十佳企业中，数控产值最低的北京第一机床厂也达到2.10亿元；沈阳机床（集团）有限责任公司2005年的数控产值已达到29.18亿元，是2000年的近10倍。入选数控产值十佳企业的机床产值数控化率都大于50%。

2001～2005年间共有20个企业入选数控产值十佳企业。由于数控产值多由数控机床所代表，故全部是机床生产企业。济南二机床集团有限公司、沈阳机床股份有限公司、大连机床集团有限责任公司、济南一机床集团有限公司年年入选。2001～2005年机床工具行业数控产值十佳企业见表10。

表10　2001～2005年机床工具行业数控产值十佳企业

序号	企业名称	2001年	2002年	2003年	2004年	2005年
1	大连机床集团有限责任公司	★	★	★	★	★
2	济南一机床集团有限公司	★	★	★	★	★
3	济南二机床集团有限公司	★	★	★	★	★
4	沈阳机床（集团）有限责任公司		★	★	★	★
5	宝鸡机床厂		★	★	★	★
6	北京第一机床厂	★	★	★	★	
7	汉川机床有限责任公司	★				★
8	湖北三环锻压机床有限公司		★	★		
9	江苏多棱数控机床股份有限公司	★		★		
10	江苏亚威机床集团公司				★	★
11	秦川机床集团有限公司				★	★
12	上海冲剪机床厂	★	★		★	
13	无锡开源机床集团有限公司	★		★		
14	浙江日发数码精密机械股份有限公司		★		★	
15	北京阿奇夏米尔工业电子有限公司		★			
16	沈阳机床股份有限公司中捷友谊厂	★				
17	齐齐哈尔二机床（集团）有限责任公司					★
18	苏州沙迪克三光机电有限公司			★		
19	沈阳机床股份有限公司沈阳第一机床厂	★				
20	武汉重型机床集团有限公司					★

注：1. 资料来源于中国机床工具工业协会重点联系企业数据。

2. ★代表入选当年十佳企业。

3. 企业排名以入选次数为序，入选次数相同时以企业名称拼音为序。

二、生产情况

1. 全国机床工具产品生产情况（根据国家统计局公布的2001～2005年数据）

(1)金属切削机床。“十五”期间全国金属切削机床生产呈现飞跃式发展态势，2000年生产金属切削机床17.66万台，到2005年金属切削机床产量达到45.07万台(324个企业)，增长155.21%。其中，数控机床发展更快，2000年生产14 503台，到2005年已达59 639台(168个企业)，增长311.22%。

在2005年金属切削机床产量中，国有经济企业生产338 146台(204个企业)，占总产量的75.02%；民营企业生产96 741台(85个企业)，占21.46%；三资企业生产15 836台(35个企业)，占3.52%。

2005年生产的59 639台(168个企业)数控金属切削机床中，国有经济企业生产44 268台(109个企业)，占总产量的74.23%；民营企业生产10 222台(34个企业)，占17.14%；三资企业生产5 149台(25个企业)，占8.63%。

2001～2005年金属切削机床产量变化情况见图9。

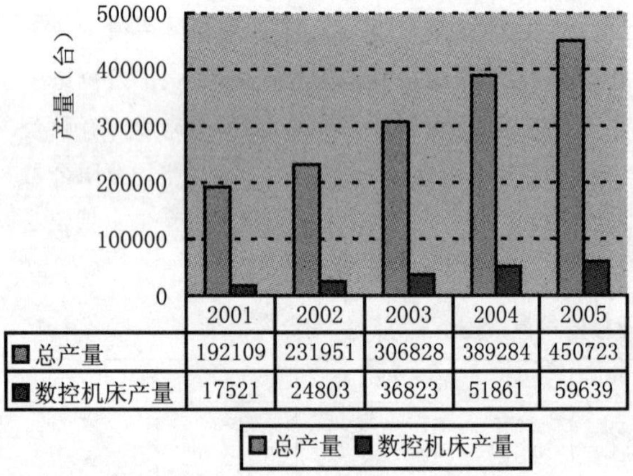

	2001	2002	2003	2004	2005
总产量	192109	231951	306828	389284	450723
数控机床产量	17521	24803	36823	51861	59639

图9 2001～2005年金属切削机床产量变化情况

注：资料来源于国家统计局发布的机床工具大行业数据。

(2)金属成形机床。“十五”期间全国金属成形机床也和金属切削机床一样，生产呈现飞跃式发展态势。2000年生产成形机床224 275 t，2005年金属成形机床产量达到625 253t(156个企业)，增长178.79%，比金属切削机床增幅还高(国统局在2003年前无数控金属成形机床统计数据)。2005年数控金属成形机床产量为49 557t(32个企业)。

2001～2005年金属成形机床产量变化情况见图10。

(3)铸造机械。“十五”期间全国铸造机械和金属切削机床、金属成形机床发展形态不同，呈现波浪式发展。2000年生产铸造机械21 484台，到2005年铸造机械产量只达到26 845台(59个企业)，增长24.95%。2001～2005年铸造机械产量变化情况见图11。

(4)金属切削工具。“十五”期间金属切削工具生产也呈现波浪式发展。2000年生产金属切削工具115 145万件，到2005年金属切削工具产量只达到211 271万件(177个企业)，增长83.48%。2001～2005年金属切削工具产量变化情况见图12。

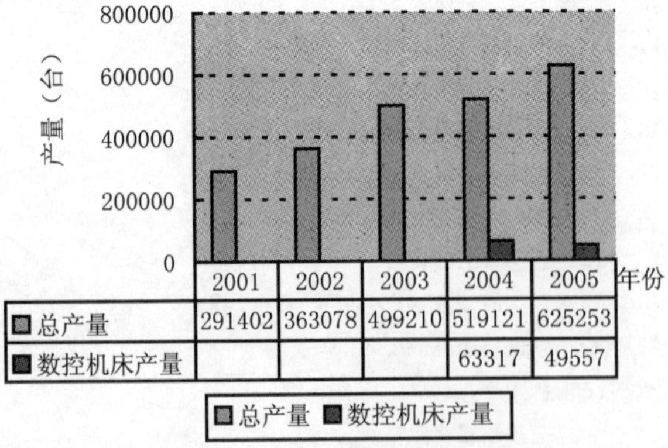

	2001	2002	2003	2004	2005
总产量	291402	363078	499210	519121	625253
数控机床产量				63317	49557

图10 2001～2005年金属成形机床产量变化情况

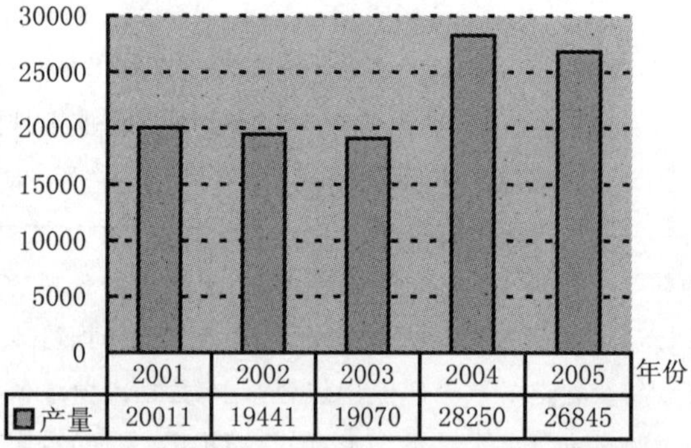

	2001	2002	2003	2004	2005
产量	20011	19441	19070	28250	26845

图11 2001～2005年铸造机械产量变化情况

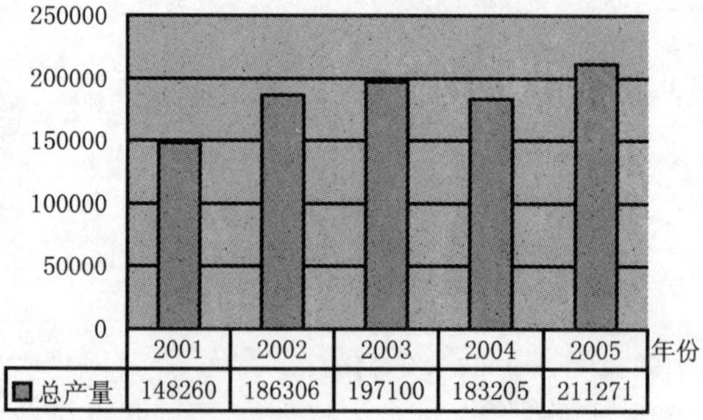

	2001	2002	2003	2004	2005
总产量	148260	186306	197100	183205	211271

图12 2001～2005年金属切削工具产量变化情况

2. 机床工具行业重点联系企业生产情况

2005年机床工具行业共有226个重点联系企业，占当年行业企业总数的11.28%。产品销售收入475.45亿元，占全行业的39.21%；完成工业总产值475.61亿元，占全行业的37.78%；利润总额22.24亿元，占全行业的32.64%。

(1)金属切削机床制造业。2005年金属切削机床制造业有111个重点联系企业，占全行业企业总数的29.52%。共完成产品销售收入319.74亿元，占全行业销售收入的77.95%；共完成工业总产值(当年价)314.25亿元，占全行业工业总产值的74.89%。生产金属切削机床264 828台，占全行业的58.76%；生产数控机床44 250台，占全行业的74.20%。完成金属切削机床产值254.96亿元，占重点联系企业工业总产值(当年价)的81.13%。完成数控金属切削机床产值123.16亿元。重点联系企业的产值数控化率约为39.19%(产值数控化率=数控金属切削机床产值/工业总产值(当年价))。

2005年重点联系企业金属切削机床产值前10名企业见表11。

表11 2005年重点联系企业金属切削机床产值前10名企业

序号	企业名称	金属切削机床产量(台)	金属切削机床产值(万元)
1	沈阳机床(集团)有限责任公司	64 152	601 975
2	大连机床集团有限责任公司	39 802	425 973
3	北京第一机床厂	6 524	78 619
4	齐重数控装备股份有限公司	1 045	71 170
5	宝鸡机床厂(集团)	7 354	57 224
6	秦川机床集团有限公司	1 099	54 508
7	武汉重型机床集团有限公司	186	54 291
8	上海机床厂有限公司	3 418	51 116
9	济南一机床集团有限公司	6 038	44 828
10	上海明精机床有限公司	6 832	43 162

注：资料来源于机床工具行业重点联系企业统计资料。

2005年金属切削机床行业重点联系企业中有29个企业数控金属切削机床产值超过亿元，比2004年的18个多11个。这29个企业的数控金属切削机床产值共106.56亿元，占重点联系企业数控金属切削机床产值的86.52%。

北京机电研究院高技术有限公司、北京阿奇夏米尔工业电子有限公司、苏州三光科技有限公司产值数控化率为100%。南京第二机床厂有限公司和宁夏长城数控机床有限公司金属切削机床产值数控化率都超过80%。

2005年重点联系企业数控金属切削机床产值前10名企业见表12。

表12 2005年重点联系企业数控金属切削机床产值前10名企业

序号	企业名称	数控金属切削机床产量(台)	数控金属切削机床产值(万元)
1	沈阳机床(集团)有限责任公司	10 008	311 275
2	大连机床集团有限责任公司	5 161	261 750
3	秦川机床集团有限公司	269	37 126
4	武汉重型机床集团有限公司	78	35 123
5	宝鸡机床厂(集团)	2 063	30 979
6	齐二机床集团有限公司	139	29 205
7	济南一机床集团有限公司	2 335	28 005
8	大连亿达日平机床有限公司	144	25 848
9	汉川机床集团有限公司	982	23 259
10	北京第一机床厂	537	21 913

注：资料来源于机床工具行业重点联系企业统计资料。

(2)金属成形机床制造业。2005年金属成形机床制造业有25个重点联系企业，占全行业企业总数的10.44%；完成产品销售收入54.84亿元，占全行业销售收入的44.08%；完成工业总产值(当年价)57.22亿元，占全行业产值的44.79%；共生产金属成形机床4.87万台；金属成形机床产值40.65亿元，占工业总产值(当年价)的71.04%。

2005年重点联系企业金属成形机床产值前10名企业见表13。

表13 2005年重点联系企业金属成形机床产值前10名企业

序号	企业名称	金属成形机床产量(台)	金属成形机床产值(万元)
1	江苏扬力集团有限公司	19 869	106 712
2	济南二机床集团有限公司	122	55 150
3	江苏亚威机床有限公司	680	28 758
4	上海冲剪机床厂	1 060	24 226
5	广东锻压机床厂有限公司	3 378	23 936
6	江苏省徐州锻压机床厂	3 689	22 608
7	湖北三环锻压机床有限公司	730	21 433
8	合肥锻压机床有限公司	524	17 081
9	天津市天锻压力机有限公司	366	14 805
10	天水锻压机床有限公司	216	10 269

注：资料来源于机床工具行业重点联系企业统计资料。

金属成形机床行业有11个企业生产数控金属成形机床，重点联系企业共生产数控金属成形机床1 713台，产值15.02亿元。主要生产企业济南二机床集团有限公司数控金属成形机床，产值占全行业产值的34.42%。重点联系企业金属成形机床产值数控化率为36.95%。2005年重点联系企业数控金属成形机床产值前10名企业见表14。

表14 2005年重点联系企业数控金属成形机床产值前10名企业

序号	企业名称	数控金属成形机床产量(台)	数控金属成形机床产值(万元)
1	济南二机床集团有限公司	75	51 700
2	江苏亚威机床有限公司	294	22 432
3	上海冲剪机床厂	635	19 425
4	合肥锻压机床有限公司	127	13 036
5	天津市天锻压力机有限公司	45	11 362
6	江苏扬力集团有限公司	268	10 416
7	湖北三环锻压机床有限公司	193	9 850
8	齐二机床集团有限公司	11	5 541
9	青岛青锻锻压机械集团公司	9	1 726
10	四川内江四海锻压机床有限公司	2	38

注：资料来源于机床工具行业重点联系企业统计资料。

(3)铸造机械制造业。铸造机械制造业共有重点联系企业4个，占全行业企业数的2%，2005年生产铸造机械3 280台，产值5.13亿元，占全行业产值的8%。2005年铸造机械制造业重点联系企业生产情况见表15。

表 15　2005 年铸造机械制造业重点联系企业生产情况

序号	企业名称	铸造机械产量(台)	铸造机械产值(万元)
1	青岛铸造机械集团公司	164	22 823
2	保定维尔铸造机械有限公司	2 637	12 291
3	灌南压铸机有限公司	145	4 080
4	双星漯河中原机械公司	162	4 370

注:资料来源于机床工具行业重点联系企业统计资料。

(4)木工机械制造业。2005 年木工机械制造业共有重点联系企业 3 个,生产木工机床176 583台,产值3.10亿元,2005 年重点联系企业木工机床生产情况见表 16。

表 16　2005 年重点联系企业木工机床生产情况

序号	企业名称	木工机床产量(台)	木工机床产值(万元)
1	山东东维木工机械有限公司	160 590	26 162
2	烟台牟平轻工机械有限公司	15 976	4 715
3	信阳木工机械股份有限公司	17	221

注:资料来源于机床工具行业重点联系企业统计资料。

(5)切削工具及量具量仪制造业。2005 年切削工具及量具量仪制造业有 30 个重点联系企业,共完成切削工具及量具量仪产值29.06亿元,占全行业产值的16.31%。2005 年工量具重点联系企业产值前 10 名企业见表 17。

表 17　2005 年工量具重点联系企业产值前 10 名企业

序号	企业名称	产值(万元)
1	株洲钻石切削刀具股份有限公司	64 027
2	哈尔滨量具刃具集团有限责任公司	40 249
3	上海工具厂有限公司	33 169
4	成都成量工具有限公司	25 877
5	哈尔滨第一工具有限公司	21 685
6	汉江工具有限责任公司	11 024
7	青海量具刃具有限公司	10 008
8	陕西关中工具制造有限公司	9 653
9	贵州西南工具西南(集团)有限公司	9 392
10	本溪工具有限责任公司	7 384

注:资料来源于机床工具行业重点联系企业统计资料。

(6)机床电器及数控装置制造业。2005 年机床电器制造业重点联系企业有 16 个,共完成机床电器产值 16.03 亿元,占行业产值的 19.17%。2005 年机床电器制造业重点联系企业产值前 10 名企业见表 18。

表 18　2005 年机床电器制造业重点联系企业产值前 10 名企业

序号	企业名称	机床电器产值(万元)
1	耀华电器集团公司	55 662
2	广州数控设备有限公司	25 684
3	天水 213 机床电器厂	16 318
4	九川电器有限公司	12 655
5	沈阳 213 机床电器有限公司	10 573
6	苏州机床电器厂有限公司	7 255
7	无锡市明达电器有限公司	6 366
8	榆液集团安阳机床电器有限公司	5 940
9	天津市机床电器有限公司	4 812
10	武汉华中数控股份有限公司	4 483

(续)

注:资料来源于机床工具行业重点联系企业统计资料。

(7)机床附件制造业。2005 年机床附件制造业重点联系企业有 13 个,共完成机床附件产值8.75亿元,占全行业产值的26.58%,2005 年机床附件制造业重点联系企业产值前 10 名企业见表 19。

表 19　2005 年机床附件制造业重点联系企业产值前 10 名企业

序号	企业名称	机床附件产值(万元)
1	南京工艺装备制造厂	22 135
2	呼和浩特众环集团有限责任公司	17 376
3	江苏省无锡建华机床厂	9 320
4	烟台环球机床附件集团有限公司	8 605
5	济宁博特精密丝杠制造有限公司	6 816
6	山东征宙机械有限公司	6 660
7	烟台艾格瑞精密机械有限公司	5 671
8	临清宏鑫机床有限责任公司	5 325
9	保定向阳航空精密机械有限公司	2 780
10	威海精密机床附件厂	1 459

注:资料来源于机床工具行业重点联系企业统计资料。

(8)磨料磨具制造业。2005 年磨料磨具制造业重点联系企业有 8 个,共完成磨料磨具产值9.28亿元,占全行业产值的4.36%。2005 年磨料磨具制造业重点联系企业磨料磨具产值见表 20。

表 20　2005 年磨料磨具制造业重点联系企业磨料磨具产值

序号	企业名称	磨料磨具产值(万元)
1	重庆市博赛矿业(集团)有限公司	24 054
2	上海新上砂磨料磨具有限公司	3 469
3	中国七砂集团有限责任公司	9 139
4	白鸽(集团)有限责任公司	11 319
5	山东鲁信高新技术产业股份有限公司	29 590
6	安徽凤阳东方磨料磨具有限公司	811
7	平顶山易成碳化硅有限公司	9 841
8	苏州远东砂轮有限公司	4 580

注:资料来源于机床工具行业重点联系企业统计资料。

三、进出口

1. 进出口概况

(1)进出口总额快速增加。“十五”期间,中国的机床工具类产品进出口总额大幅度增加,进出口总额高达 424.24 亿美元。2005 年进出口总额达 129.60 亿美元,是“九五”末期2000年的3.3倍。

(2)进出口逆差快速增加。“十五”期间，中国机床工具类产品的进出口逆差也大幅度增加，进出口逆差高达237.9亿美元，相当于“十五”期间中国机床工具行业产品销售收入总和的45%。2005年进出口逆差达69.70亿美元，是“九五”末期2000年的3.9倍。

按企业性质划分，外商独资企业是机床进口的主力军，外商独资企业进口额约占进口总额的50%。按机床进口的主要贸易方式划分，外商投资企业作为投资进口的设备、物品约占进口额的60%。

2001～2005年中国机床工具类产品进出口情况见表21。

表21　2001～2005年中国机床工具类产品进出口情况

年份	进口额（亿美元）	出口额（亿美元）	进出口差额（亿美元）	进出口总额（亿美元）
合计	331.07	93.17	−237.9	424.24
2001	34.77	11.25	−23.52	46.02
2002	45.73	12.59	−33.14	58.32
2003	61.61	16.86	−44.75	78.47
2004	89.31	22.52	−66.79	111.83
2005	99.65	29.95	−69.70	129.60

注：资料来源于海关总署。

2. 进口

“十五”期间，金属加工机床整机进口占全部机床工具类产品进口的比例逐年缓步下降。2002年整机进口额占的比例最高为69%，到2005年整机进口额占的比例降为65%。

数控机床在金属加工机床进口额中的占比逐年提高，2000年占比为59%，到2005年上升至69%。

机床用工具进口额的增长幅度远远大于机床进口的增长幅度，数控装置和机床零部件的进口则和金属加工机床整机进口同步增长。2005年工具进口的数额是2000年的8.3倍；2005年金属加工机床的进口额是2000年的3.6倍；同期机床零部件的进口额也增长2.6倍，数控装置增长2.8倍。

2001～2005年中国机床工具类产品进口情况见表22。

(1)金属加工机床。“十五”期间，中国金属加工机床进口额飞速增加，2005年进口额达64.96亿美元，是“九五”末期2000年的3.6倍。“十五”期间，中国共进口机床工具类产品331.07亿美元，其中金属加工机床221亿美元，占2/3。

“十五”期间，中国金属加工机床的进口总额相当于“十五”期间中国金属加工机床行业产品销售收入总和的104.86%。其中数控机床进口量147 465台，进口额145.54亿美元，占金属加工机床进口额的65.86%，也相当2/3。

2001～2005年中国金属加工机床进口情况见表23。

表22　2001～2005年中国机床工具类产品进口情况　（金额单位：亿美元）

序号	产品分类	2001年 进口量（台）	2001年 进口额	2002年 进口量（台）	2002年 进口额	2003年 进口量（台）	2003年 进口额	2004年 进口量（台）	2004年 进口额	2005年 进口量（台）	2005年 进口额
	总计		33.86		45.73		61.61		89.31		99.65
1	金属加工机床	95 501	23.16	124 132	31.51	125 702	41.31	127 830	59.16	116 567	64.96
2	铸造机械	1 327	0.73	1 493	1.04	1 671	1.49	1 739	2.23	2 134	2.54
3	木工机床	29 730	2.50	35 361	3.29	41 864	4.16	26 304	5.87	25 819	6.02
4	数控装置		2.74		4.18		5.26		7.23		7.33
5	磨料磨具		1.17		1.42		2.04		2.79		3.30
6	机床夹具、附件		0.86		1.01		1.18		1.71		2.07
7	机床零、部件		1.64		1.65		3.12		4.44		5.89
8	切削刃具、工具		0.94		1.52		2.85		5.64		7.25
9	量具、量仪		0.12		0.12		0.20		0.24		0.30

注：资料来源于海关总署。

表23　2001～2005年中国金属加工机床进口情况

年份	金属加工机床				其中：金属切削机床				其中：成形机床			
	全部		其中：数控		全部		其中：数控		全部		其中：数控	
	进口量（台）	进口额（亿美元）	进口量（台）	进口额（亿美元）	进口量（台）	进口额（亿美元）	进口量（台）	进口额（亿美元）	进口量（台）	进口额（亿美元）	进口量（台）	进口额（亿美元）
合计	595 185	221.00	147 465	145.54	371 598	156.15	116 104	117.83	223 487	64.84	31 161	27.71
2001	100 854	24.06	17 679	14.11	61 114	16.39	13 208	11.04	39 740	7.67	4 471	3.07
2002	124 232	31.51	25 547	18.85	75 959	20.75	18 726	14.54	48 173	10.76	6 821	4.31
2003	125 702	41.31	30 148	26.80	75 388	29.05	23 320	21.78	50 314	12.25	6 628	5.02
2004	127 830	59.16	36 956	41.07	83 400	43.66	30 104	34.31	44 430	15.50	6 852	6.76
2005	116 567	64.96	37 135	44.71	75 737	46.30	30 746	36.16	40 830	18.66	6 389	8.55

1)金属切削机床。“十五”期间，中国金属切削机床进口额飞速增加，进口额达156.15亿美元，相当于“十五”期间中国金属切削机床行业产品销售收入总和的97.80%。其中2005年进口额达46.30亿美元，是“九五”末期2000年的3.7倍。

“十五”期间，数控金属切削机床进口量116 104台，进口额117.83亿美元，占金属切削机床进口额的75.46%。2001～2005年金属切削机床进口额变化情况见图13。

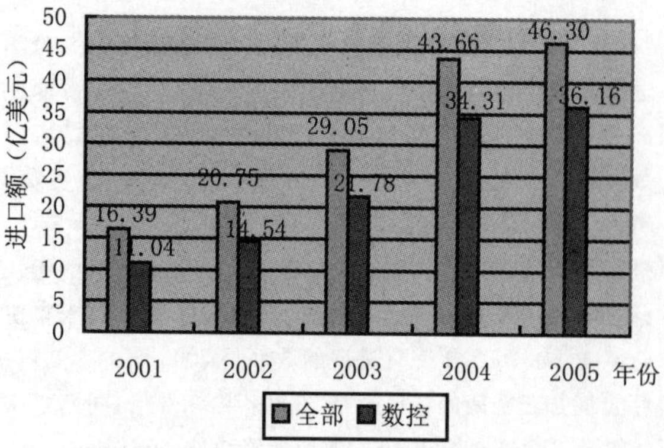

图13 2001～2005年金切机床进口额变化情况

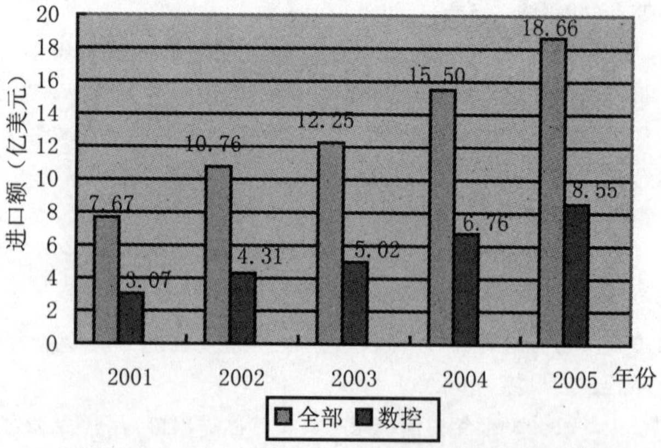

图14 2001～2005年成形机床进口额变化情况

2)金属成形机床。“十五”期间，中国金属成形机床进口额快速增加，进口额 64.84 亿美元，相当于“十五”期间中国金属成形机床行业产品销售收入总和的 125.13%。其中 2005 年进口额达 18.66 亿美元，是“九五”末期 2000 年的 3.41 倍。

数控金属成形机床共进口31 161台，进口额 27.71 亿美元，占金属成形机床进口额的 42.74%。2001～2005 年金属成形机床进口额变化情况见图 14。

3)金属加工机床的进口国家和地区。“十五”期间，中国金属加工机床进口国家和地区比较集中，主要来自日本、中国台湾、德国、美国、韩国、意大利、瑞士等。其中，日本占中国金属加工机床进口额的 32.11%，中国台湾占 22.80%，德国占 14.44%。中国金属加工机床主要进口国家所占比例见图 15，具体数据见表 24。

表 24 2001～2005 年金属加工机床进口情况 （单位：亿美元）

序号	国家或地区	“十五”总计	2001 年	2002 年	2003 年	2004 年	2005 年
	合计	220.98	24.05	31.51	41.31	59.15	64.96
1	日本	70.96	7.04	9.60	12.41	19.72	22.19
2	中国台湾	50.39	6.77	9.11	9.69	12.13	12.69
3	德国	31.90	3.14	3.79	5.65	8.57	10.75
4	美国	15.96	2.12	2.45	2.73	4.83	3.83
5	韩国	14.62	0.87	1.61	3.35	4.45	4.34
6	意大利	9.40	0.96	1.39	2.17	2.49	2.39
7	瑞士	8.60	1.23	1.09	1.67	2.00	2.61
8	英国	2.42	0.36	0.41	0.40	0.53	0.72
9	新加坡	2.30	0.17	0.20	0.43	0.71	0.79
10	其他	14.43	1.39	1.86	2.81	3.72	4.65

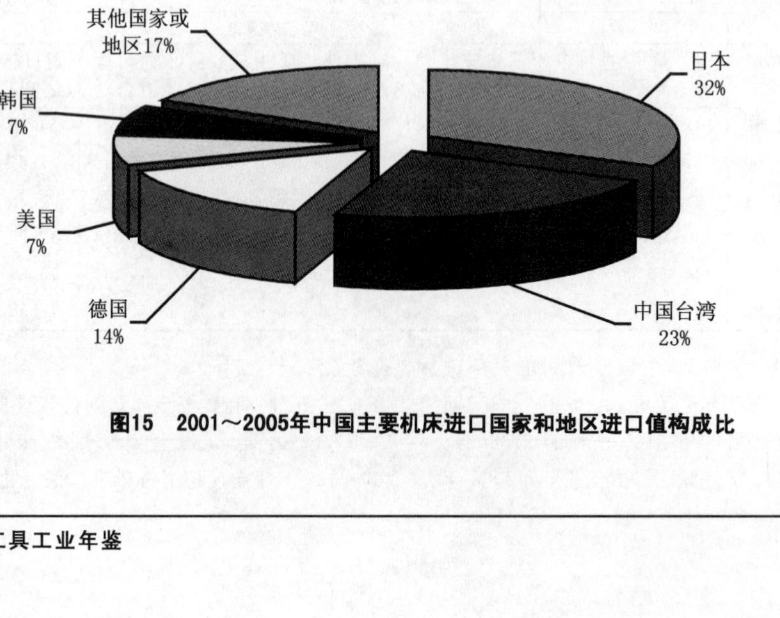

图15 2001～2005年中国主要机床进口国家和地区进口值构成比

3. 出口

2001～2005 年中国机床工具类产品出口额增长很快，2005 年出口额是 2000 年的 2.55 倍。2001～2005 年中国机床工具类产品出口额变化情况见图 16。

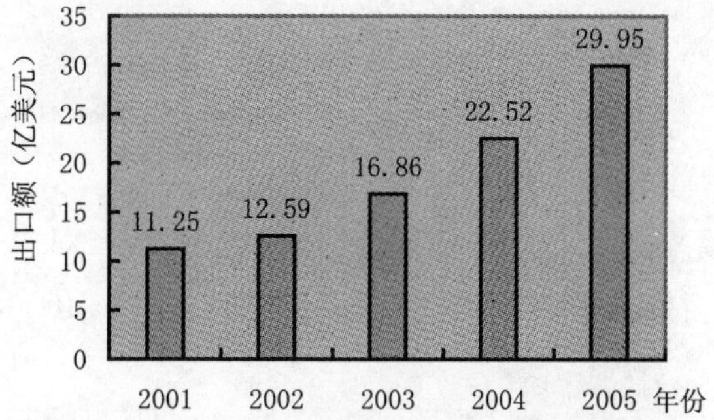

图16　2001～2005年中国机床工具类产品出口额变化情况

“十五”期间，机床工具类产品的出口结构向合理方向发展，金属加工机床出口额的占比提高，磨料磨具类原料型产品出口额的占比降低。但与金属加工机床行业的产品销售收入占全行业产品销售收入的比例相比，金属加工机床的出口额占比仍然相对较低。“十五”期间，金属加工机床行业产品销售收入在全行业产品销售收入的平均占比为 39.73%，而金属加工机床出口额 5 年平均水平仅占 25%。2005 年金属加工机床行业的产品销售收入占全行业产品销售收入的 44%，而出口额也只占 27%。数控金属加工机床出口占全部机床出口比例也小，5 年平均仅占 21%，2005 年也只达到 28%。但机床出口的增长幅度较大，2005 年金属加工机床出口额是 2000 年的 7.6 倍。同期数控金属加工机床的出口增长幅度也较大，2005 年数控金属加工机床的出口额是 2000 年的 5.3 倍。同期工量具出口也有较大增长，2005 年工量具的出口额是 2000 年的 3 倍。

2001～2005 年中国机床工具类产品出口情况见表 25。

表 25　2001～2005 年中国机床工具类产品出口情况　（金额单位：亿美元）

序号	产品分类	2001 年		2002 年		2003 年		2004 年		2005 年	
		出口量（台）	出口额	出口量（台）	出口额	出口量（台）	出口额	出口量（台）	出口额	出口量（台）	出口额
	合计		11.15		12.59		16.86		22.52		29.95
1	金属加工机床	4 535 450	2.79	5 561 915	3.14	6 232 788	3.79	6 193 018	5.40	6 817 544	8.21
2	铸造机械	300	0.09	438	0.12	806	0.18	2 351	0.26	823	0.37
3	木工机床	2 166 539	1.28	2 912 280	1.57	4 907 888	2.30	4 538 405	3.10	3 969 600	3.59
4	数控装置		0.17		0.24		0.88		1.15		1.79
5	磨料磨具		2.97		3.09		4.06		5.42		6.23
6	机床夹具、附件		0.48		0.61		0.90	3 133	0.78		0.72
7	机床零部件		1.27		1.32		1.58		2.02		2.88
8	切削刃具、工具		1.75		2.15		2.75	19.39	3.84		5.45
9	量具、量仪		0.35		0.35		0.43	0.30	0.55	0.26	0.71

注：资料来源于海关总署。

(1)金属加工机床(金属加工机床＝金属切削机床＋成形机床)。“十五”期间，中国金属加工机床的出口额飞速增加，2005 年出口额达 8.21 亿美元，是“九五”末期 2000 年的 2.08 倍。“十五”期间，中国金属加工机床的出口总额 23.44 亿美元，仅相当于“十五”期间金属加工机床行业产品销售收入总和的 11%。其中数控机床出口 22 088 台，出口额 4.97 亿美元，占出口总额的 21.20%。“十五”期间，中国金属加工机床出口额是同期金属加工机床进口额的 10.61%；中国数控金属加工机床出口额是同期数控金属加工机床进口额的 3.41%。2001～2005 年中国金属加工机床出口情况见表 26。

表 26　2001～2005 年中国金属加工机床出口情况　（单位：出口量/台，出口额/亿美元）

年份	金属加工机床				其中：金属切削机床				其中：成形机床			
	全　部		其中：数控		全　部		其中：数控		全　部		其中：数控	
	出口量	出口额	出口量	出口额	出口量	出口额	出口量	出口额	出口量	出口额	出口量	出口额
合计	29 460 042	23.44	22 088	4.39	28 799 285	19.16	19 866	3.63	560 757	4.27	2 252	0.70
2001	4 554 777	2.90	2 322	0.38	4 505 615	2.32	2 007	0.30	49 162	0.58	315	0.08
2002	5 561 915	3.14	2 279	0.34	5 506 581	2.64	2 041	0.30	55 334	0.50	238	0.04
2003	6 332 788	3.79	3 036	0.53	6 141 383	3.18	2 840	0.47	91 405	0.61	226	0.06
2004	6 193 018	5.40	6 072	1.09	6 028 644	4.46	5 478	0.91	164 374	0.94	594	0.18
2005	6 817 544	8.21	8 379	2.05	6 617 062	6.56	7 500	1.70	200 482	1.64	879	0.34

注：表中金属切削机床出口数量巨大，因其中含台钻、砂轮机、研磨机、小锯床等产品。

一般金属切削机床(指不含台钻、砂轮机、抛光机、锯床)"十五"期间历年出口量和出口额分别为2001年63 154台,1.13亿美元;2002年76 409台,1.22亿美元;2003年99 197台,1.52亿美元;2004年143 695台,2.42亿美元;2005年210 201台4.04亿美元。

小型机床(台钻、砂轮机、研磨机、小锯床等产品)出口量分别为2001年4 442 461台,2002年5 430 172台,2003年6 042 186台,2004年5 884 949台,2005年6 406 861台。

2004、2005年数控金属切削机床出口量中不包括数控电加工机床中的简易线切割机床。

(2)金属加工机床出口的国家和地区。"十五"期间,进口中国金属加工机床的国家和地区比较集中,主要是美国、日本、德国、中国香港、加拿大等。"十五"期间,中国机床出口的主要国家和地区中,和美国的贸易逆差最小,为11.8亿美元;和日本的贸易逆差最大,为69.46亿美元。

"十五"期间,中国金属加工机床主要出口国家或地区中,美国居首位,占中国金属加工机床出口额的17.75%,日本占6.39%,德国占6.27%,中国香港占5.84%,加拿大占3.41%。

"十五"期间,中国金属加工机床主要出口国家和地区构成见图17,2001~2005年中国金属加工机床按国别或地区出口情况见表27。

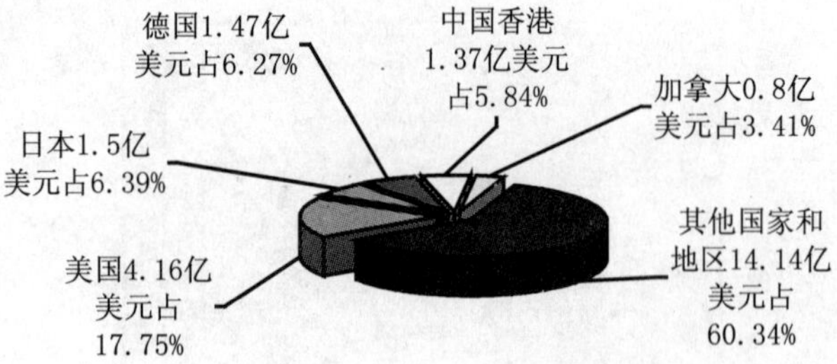

图17 "十五"期间中国金属加工机床主要出口国家和地区构成

表27 2001~2005年中国金属加工机床按国别或地区出口情况

序号	国家或地区	合计	2001年	2002年	2003年	2004年	2005年
	合计	23.44	2.90	3.13	3.79	5.40	8.21
1	美国	4.16	0.68	0.74	0.82	1.13	1.47
2	日本	1.50	0.09	0.09	0.17	0.42	0.73
3	德国	1.47	0.21	0.20	0.28	0.29	0.49
4	中国香港	1.37	0.13	0.19	0.24	0.32	0.49
5	加拿大	0.80	0.15	0.14	0.12	0.17	0.22
6	澳大利亚	0.74	0.08	0.10	0.13	0.18	0.25
7	印度尼西亚	0.64	0.10	0.12	0.12	0.14	0.16
8	英国	0.62	0.08	0.09	0.11	0.16	0.18
9	马来西亚	0.59	0.07	0.09	0.10	0.12	0.21
10	意大利	0.57	0.09	0.09	0.09	0.13	0.17
11	韩国	0.55	0.07	0.05	0.09	0.09	0.25
12	越南	0.60	0.10	0.09	0.12	0.12	0.17
13	泰国	0.54	0.04	0.06	0.11	0.15	0.18
14	其他	9.29	1.01	1.08	1.29	1.98	3.23

四、金属加工机床市场

说明:由于机床工具行业的产品多元化,本文所指金属加工机床的市场消费额中的国内机床销售收入不是整个行业的所有产品销售收入,而是扣除行业产品销售收入中非机床产品的销售收入。

1. 概况

中国机床市场的特点:容量大、国际化、需求层次多、竞争激烈。

"十五"期间,金属加工机床消费额也呈飞速增长态势,从2002年开始到2005年,中国金属加工机床消费额连续4年居世界首位。2004年世界金属加工机床消费额为449.8亿美元,当年中国金属加工机床消费额为94.6亿美元,占世界的21%,第二位的日本金属加工机床消费额还不及中国的2/3,仅占世界的13.17%。2005年世界金属加工机床消费额为516亿美元,中国金属加工机床消费额为107.8亿美元,仍占世界的21%。

改革开放以来,中国机床市场逐步对外开放,目前,国产金属加工机床在国内金属加工机床市场的占用率仅为1/3稍多。中国金属加工机床市场需求层次丰富,既有数控机床,也有普通机床。

在数控机床中既有高水平的五轴联动、复合、高精度的机床,还有普及型的数控机床,也有具有中国特色的经济型数控机床。

2005年中国金属加工机床消费额是2001年的2.72倍,2001~2005年按实际金属加工机床销售收入计算的金属加工机床消费额见表28。

表 28　2001～2005 年按实际金属加工机床销售收入计算的金属加工机床消费额

产品分类	单位	2001 年	2002 年	2003 年	2004 年	2005 年
金属加工机床合计	亿美元	39.7	51.9	67.3	94.6	107.8
其中:金属切削机床	亿美元	28.0	36.0	48.8	70.6	79.7
金属成形机床	亿美元	11.7	15.9	18.5	24.0	28.1
国产金属加工机床国内市场占有率	%	39.3	39.3	38.6	37.4	39.7

“十五”期间,虽然金属加工机床消费额和国内机床生产同时呈飞速增长,但由于进口增长高于国内生产增长,在中国机床的消费市场上,国产机床所占份额呈逐年下降趋势,从 2001 年国产机床占市场消费额的 39.3%,到 2004 年占 37.4%,下降 2 个百分点,到 2005 年才恢复到 39.74%。日本销售到中国的机床在中国机床市场上的占有率从 2001 年的 17.73%,增长到 2005 年的 20.58%;德国从 2001 年的 7.91%,增长到 2005 年的 9.97%。增长速度最快的是韩国,2001 年只占 2.19%,到 2005 年已超越美国排到第 5 位,占 4.03%。同期,中国台湾省机床在中国机床市场上呈逐年萎缩态势,2001 年占比和日本相差无几,为 17.05%,到 2005 年已下降至 11.77%。

2. 数控金属加工机床市场

(1)中国数控金属加工机床市场消费量的构成。“十五”期间,中国机床市场共消费 28.24 万台数控金属切削机床,其中国产 12.11 万台,从台数上看,国产数控机床也仅占数控金属切削机床消费量的 42.9%。目前我国国内供应的多数是中低档数控金属切削机床,约占国产金属切削数控机床产量的 60%～70%(数控车床的产量占全部数控机床产量的 60%左右,数控车床中有 70%左右为经济型数控车床;数控电加工机床产量占全部数控机床的 18%左右,其中大部分是有中国特色的电火花快走丝线切割机床)。加工中心、数控镗床、数控磨床、数控齿轮机床、普及型数控车床等普及型数控机床约占 30%左右;高档型数控机床的产量较少。

2001～2005 年中国数控金属切削机床消费量见表 29。

表 29　2001～2005 年中国数控金属切削机床消费量

年　份	消费量(台)
合　计	282 443
2001 年	28 535
2002 年	40 432
2003 年	53 383
2004 年	75 335
2005 年	84 758

注:进出口资料来源于海关总署,国内生产量来源于国家统计局。

(2)中国数控金属加工机床市场消费额的构成。“十五”期间,中国数控金属加工机床市场共消费数控金属切削机床 203.97 亿美元,其中国产 63.4 亿美元,占数控金属切削机床消费额的 31.08%。

在数控金属加工机床市场中,由于进口数控机床的市场份额占大部分,而进口数控机床中普及型的居多,因而决定了普及型数控机床市场份额占大部分,高档数控机床市场份额和经济型数控机床市场份额合起来只占小部分。

用户部门使用较多的立式加工中心,2005 年上半年主要来自中国台湾省、日本、美国和韩国,合计约占进口加工中心总量的 95%。从中国台湾省和美国进口的立式加工中心平均单价分别为 6 万美元和 5.5 万美元,从日本和韩国进口的平均单价为 9 万美元,其中大多数是普及型立式加工中心。

2001～2005 年中国数控金属切削机床消费额见表 30。

表 30　2001～2005 年中国数控金属切削机床消费额(亿美元)

年　份	消费额	出　口	进　口	生　产
合　计	203.97	4.97	145.54	63.4
2001 年	19.87	0.44	14.11	6.2
2002 年	26.46	0.39	18.85	8.0
2003 年	37.29	0.61	26.80	11.1
2004 年	56.15	1.22	41.07	16.3
2005 年	64.20	2.31	44.71	21.8

注:进出口资料来源于海关总署,国内生产值来源于本年鉴。

(3)国产数控机床在快速发展。“十五”期间,我国机床工业得到高速发展,特别是数控金属切削机床在产业化和产品开发方面取得明显进步,以及在高速化、多轴化、复合化、精密化方面进展很大,国产数控机床中一批优势产品已得到市场认可,用户满意度在逐年提高。

目前国内已有十几个企业年产数控机床超千台,其中 2005 年沈阳机床(集团)有限责任公司年产超过万台,大连机床集团有限责任公司超过5 000台。

1)数控车床。经济型数控车床在机械加工领域内的使用已相当普及,其产量占居国产数控车床的大部分;国产普及型数控车床在技术上和可靠性方面已可满足国内市场需要;近几年,高性能车削中心,通过合资合作和引进技术,部分产品也能适应市场需要。大连机床集团有限责任公司、沈阳机床(集团)有限责任公司、上海明精机床有限公司、宁夏长城数控机床有限公司、宝鸡机床厂(集团)、济南一机床(集团)有限公司、青海华鼎重型有限责任公司等企业的产品都比较受用户欢迎。

2)立式加工中心。生产厂商较多,有的生产厂商已具有一定批量,取得了国内用户认可;在性能价格比上我国产品还具有一定优势,可以满足市场需要。如沈阳机床(集团)有限责任公司、大连机床集团有限责任公司、上海明精机床有限公司、江苏多棱数控机床股份有限公司、北京机电院高技术股份有限公司、自贡长征机床有限责任公司等企业的产品都比较受用户欢迎。

3)数控齿轮加工机床。数控齿轮加工机床,国产的性能水平与国际相当，除个别高精度数控齿轮磨床（精度DIN2－3级）需进口外，国产机床已能替代国外产品。天津第一机床厂、重庆机床厂、南京第二机床厂有限公司、宜昌长江科技有限公司、上海第一机床厂、宁江机床集团股份有限公司、秦川机床集团有限公司等企业是生产数控齿轮机床的主要企业。

4)数控重型机床。国产数控重型机床在性价比上具有很大优势，机种也比较齐全。国产重型立式卧式车床、落地铣镗床、龙门镗铣床、重型齿轮加工机床等等，基本上可以满足国内市场需要，国内市场占有率达到60%～70%。

例如武汉重型机床集团公司，先后向核电设备制造业提供了一批重型超重型数控立车、数控铣镗床。这批设备为核电设备的制造积累了比较丰富的经验，为大亚湾核电站、秦岭核电站的建设发挥了重要作用。

齐齐哈尔二机床集团公司，近两年已累计向用户提供重型落地式铣镗床155台，其中50%为数控型，占据国内市场的主要份额。齐重数控装备股份有限公司的数控重型机床也比较受用户欢迎。

5)数控磨床。除精密数控磨床外，国产数控磨床在价格上具有很大优势。上海机床厂有限公司、北京第二机床厂、杭州机床集团等企业的产品基本上可以满足国内市场需要。

6)电加工机床。在电加工机床方面，除精密电加工机床外，基本能满足国内市场需要。苏州电加工研究所机床为沈阳飞机制造集团有限公司、沈阳黎明航空发动机集团有限公司、成都发动机制造股份有限公司、成都艾特航空制造有限公司、南方航空动力机械有限公司等企业，研制成功数控蜂窝磨专机、数控钛合金加工专机、8轴数控电火花高速小孔加工专机、数控放电高效铣削加工专机、数控电火花大型环件切割专机等近10种专用设备。其中数控蜂窝磨、数控钛合金等专机的成功研发，为我国的航空航天军工企业解决了大量加工难题。

五、产品开发

(一)新产品开发

2005年机床工具重点联系企业共完成主机（金属切削机床、金属成形机床、铸造机械、木工机床）新产品开发506种，比2004年增长8%；其中数控品种310种，比2003年增长约20%，占全部新产品的61.26%。主机新产品中，金属切削机床占比高达88.93%，金属成形机床占10.47%。

1. 金属切削机床

2005年金属切削机床行业重点联系企业共完成新产品开发560种，其中数控品种375种，占66.96%。数控机床新产品中，有11种五轴联动机床。

(1)加工中心。2005年金属切削机床行业重点联系企业共完成加工中心新产品开发93种。

沈阳机床（集团）有限责任公司共研制成功22种加工中心，其中有2种五轴联动加工中心，TH58200×500型龙门五轴加工中心行程（$X/Y/Z$）4 660 mm/2 000 mm/1 000 mm，主轴转速240～24 000 r/min；GMB200×40－5X型龙门式五轴镗铣加工中心的工作台面积2 000mm×4 000mm；还有THA57150×300型、THA57200×400型和THA57400×800型龙门五面加工中心；GMB100X16/2型、GMB125X25/2型、GMB160X30/2型、GMB250X60/1型、GMB300X80/1型和GMB300X100/1龙门式镗铣加工中心。

济南二机床集团有限公司研制成功XH2425×50型数控定梁龙门加工中心，工作台面积2 500mm×5 000mm。

江苏多棱数控机床股份有限公司开发的XH2420—500型龙门加工中心，工作台面积2 000mm×5 000mm。

桂林机床股份有限公司开发的XHZ2925/10型龙门移动式加工中心，工作台面积2 500mm×10 000mm，三向行程10 000mm×3 500mm×1 050mm。

南通纵横国际股份有限公司、济南一机床集团有限公司、浙江凯达机床集团有限公司、山东鲁南机床有限公司、宁夏银川大河数控机床有限公司、汉川机床有限责任公司等企业都开发了加工中心。

(2)车床。2005年金属切削机床行业重点联系企业共完成车床新产品开发99种，其中数控车床79种。

沈阳机床（集团）有限责任公司开发32种车床新产品，其中CX6154卧式数控车床最大车削直径Φ540mm，最大车削长度1 030 mm，B轴转角－102.5°～＋102.5°，C轴转角360°；SSCKZ40A－5型车铣复合加工中心，B轴最大行程－110mm/＋90mm，X轴最大行程440mm，Y轴最大行程－70mm/＋95mm；CKG6132型数控高精度车床加工精度为IT5。

武汉重型机床集团有限公司开发的CKX5280型数控双柱铣车床，最大车削直径Φ8 000mm，最大加工高度4 000 mm，最大承重160t。

青海华鼎重型有限责任公司开发9种车床新产品，其中CK63150×10/63型数控重型卧式车床最大回转直径Φ3 500mm，最大加工长度10 000mm；还开发了CKA8014数控不落轮对车床等新产品。

北京第一机床厂开发了CDHA512型倒立式车削加工中心。

南京机床厂开发了N－094型数控双端面车磨复合加工机床。

济南一机床集团有限公司、重庆第二机床厂、齐重数控装备股份有限公司和宁江机床（集团）股份有限公司等企业都有车床新产品问世。

(3)钻床。2005年金属切削机床行业重点联系企业共完成钻床新产品开发15种，其中数控钻床8种。

宁江机床（集团）股份有限公司开发了NJ—K031型数控二轴深孔钻床。

济南二机床集团有限公司开发了XZK2745×80型数控定梁龙门铣钻床，工作台面积4 500mm×8 000mm。

(4)镗床。2005年金属切削机床行业重点联系企业共完成镗床新产品开发24种，其中数控新产品19种。

沈阳机床（集团）有限责任公司开发的TKP6111/3

型数控刨台卧式铣镗床和 TK6913B×2 型数控落地式铣镗床，其镗轴直径分别为 Φ110mm 和 Φ130mm；TKA57200×400 数控龙门式铣镗床的行程($X/Y/Z$)为 4 200mm/3 200mm/1 000mm。

武汉重型机床集团有限公司的 FB200/185×50 型数控落地铣镗床，主轴直径 Φ200mm，主电动机功率 100kW，主轴转速 1 000r/min。

齐齐哈尔二机床(集团)有限责任公司开发 7 种数控落地铣镗床，在先后推出国家级新产品 TK6916/35×80 型重型落地铣镗加工中心、可以替代进口的高科技重大装备 TH6916 型落地铣镗加工中心、国家重大技术装备创新项目 ZD－TK6913/70 型重型数控对置式铣镗床之后，又相继开发了 TK6925 型超重型落地铣镗床、国内首台 FA－130 型高速精密数控落地铣镗床。与清华大学合作研制的 XNZD2416 型大型龙门五轴联动混联机床通过国家"863"计划专家组验收，同时 XNZD2430 型重型龙门五轴联动混联机床被列入国家"863"计划滚动项目。济南二机床集团有限公司成功研制了 XH2425×50 型数控定梁龙门加工中心、XK2125×100 型数控动梁龙门镗铣床、XK2136×180 型数控动梁龙门镗铣床、XKS2420×60 型数控高速定梁龙门镗铣床、XK2420C×60 型数控定梁龙门镗铣床、XZK2745×80 型数控定梁龙门移动铣钻床、GIMAX180A 型数控落地铣镗床和 GIMAX180A 数控落地铣镗床等。XKV2420×40 型五轴联动数控龙门镗铣床通过国家"863"验收。交大昆机科技股份有限公司和汉川机床有限责任公司也都开发了镗轴直径为 Φ110mm 的镗床。

(5)铣床。2005 年金属切削机床行业重点联系企业共完成铣床新产品开发 46 种，其中数控品种 39 种。

桂林机床股份有限公司共开发 35 种铣床新产品，其中有 4 种五轴联动新产品，他们是 XK2316/3－5X 型数控五轴联动龙门铣床、XK2314WT/5X 型数控五轴联动龙门铣床、XK2312WT/5X 型数控五轴联动龙门铣床和 XK715G/3－5X 型数控五轴联动床身铣床；另外还开发了强力龙门铣床、数控床身铣床、数控立式铣床和数控卧式升降台铣床等新产品。

汉川机床有限责任公司开发 5 种铣床新产品，其中 XH2420—5X 型五轴联动龙门加工中心，工作台面积 2 000mm×4 000mm。

江苏多棱数控机床股份有限公司开发了 TK42160/5X 型五轴联动数控龙门镗铣床，工作台面积 1 600mm×3 000mm，A 轴回转±100°，C 轴回转±200°。

北京第一机床厂的 XKAD2420S 定梁龙门数控镗铣床工作台面积 2 000mm×4 000mm，X、Y、Z 行程分别为 4 300mm、3 000mm、1 000mm。

济南二机床集团有限公司、太原第一机床厂、山东鲁南机床有限公司和陕西汉江机床有限公司都有铣床新产品问世。

(6)磨床。2005 年金属切削机床行业重点联系企业共完成磨床新产品开发 168 种，其中数控 87 种。

2005 年上海机床厂有限公司开发 15 种磨床产品，全部是数控产品。继 2004 年成功制造我国最大型数控外圆磨床 H300 之后，上海机床厂有限公司又成功制造一台更大的数控外圆磨床 MK13125/4000—H。该磨床采用工件预启动装置，最大的磨削直径为 Φ1 300mm，最大的磨削长度为 4 000mm。该磨床加工精度较高，圆度可达 0.003mm，圆柱度达 0.005/1 000mm，表面粗糙度为 R_a0.32μm。

杭州机床集团 2005 年共开发 30 种新产品，有数控强力成形磨床、数控龙门平面磨床、数控龙门导轨磨床、数控直线导轨滑块磨床、数控卧轴矩台平磨、阀片双端面磨床等新产品。

武汉重型机床集团有限公司开发了 MK84100 型、MK84125 型和 MK84200 型数控轧辊磨床，磨削直径分别为 Φ1 000mm、Φ1 250mm 和 Φ2 000mm，磨削长度分别为 6 000mm、7 000mm、8 000mm。

秦川机床集团有限公司开发了 MKS1650×1500/3 型和 MKS1320×750 型数控高速外圆磨床。

(7)齿轮加工机床。2005 年金属切削机床行业重点联系企业共完成齿轮机床新产品开发 33 种，其中数控 30 种。

重庆机床(集团)有限责任公司开发了 10 种新产品，有 YS3116CNC7 七轴四联动高速干切自动滚齿机、Y8406CNC7 七轴数控滚轧机等。

天津第一机床总厂开发 13 种新产品，其中有 YK2080G 型数控弧齿磨齿机，YK2955 型、YKD2250A 型、YKD2212 型、YKD2280 型和 YKT2250 型数控弧齿锥齿轮拉齿机。

南京二机床有限责任公司开发了 YW5140CNC 型和 YS5165CNC 型数控插齿机。

秦川机床集团有限公司开发了 YK7380 型数控成形砂轮磨齿机和 YK7236A 型数控蜗杆砂轮磨齿机。

(8)特种加工机床。2005 年金属切削机床行业重点联系企业共完成特种加工机床新产品开发 18 种，全部是数控机床。

汉川机床有限责任公司开发了 HCX320E 型数控电火花慢走线切割机。

杭州机床集团开发了 DKG7116 型高精度快走丝切割机。

山东鲁南机床有限公司开发了 DMZ—10 微细喷孔电火花加工机床。

(9)组合机床。2005 年金属切削机床行业重点联系企业共完成组合机床新产品开发 18 种。

宁江机床(集团)股份有限公司开发 15 种组合机床和生产线，有汽车空调压缩机装配线、汽缸生产线、曲轴生产线、壳体生产线、活塞生产线、曲轴箱体生产线、上轴承抛光生产线、汽缸抛光生产线、活塞抛光生产线等。

沈阳机床(集团)有限责任公司开发了凸轮轴加工自动线。

(10)刨床。2005 年金属切削机床行业重点联系企业共完成刨床新产品开发 8 种。

都匀东方机床实业有限责任公司开发了 BKM2016—

S/6M 型双刀架精密型数控龙门刨床和 B2225/10M 型龙门铣磨刨床。

桂林机床股份有限公司开发了 XS2312/4 型、XBS2316/4 型数显龙门铣刨床和 XB2312/4 型龙门铣刨床。

太原第一机床厂开发了 BQ1012B/6M 型单柱刨床。

(11)锯床。2005 年金属切削机床行业重点联系企业共完成锯床新产品开发 19 种。

湖南机床厂开发了 GZL607 型和 GZL6010 型切铝专用圆锯床，HN050A 型长行程切铝圆锯床，HN057 型切铝数控圆锯床，HN053 型切铝专用水平卧带锯床，GKT608 型硬质合金圆锯床，G53100 型，G5335－BH 型滑车立式带锯床，HN056A 型、HN056 型立式带锯床，GK4250 型立柱卧式带锯床和 GKT623 型数控硬质合金圆锯床。

都匀东方机床实业有限责任公司开发了 DF—048 带锯机。

2. 金属成形机床

2005 年金属成形机床行业重点联系企业共完成金属成形机床新产品开发 53 种，其中数控产品 11 种。

近年来，企业普遍加大了新产品开发的力度，开发出大量高性能新产品，并出现了许多新技术、新工艺，这些成果在 2005 年第九届中国国际机床展览会上得到了充分的展示。

数控冲剪复合柔性加工线是锻压机械行业近年来开发的高端产品，代表了国内最高水平和国际技术发展趋势，济南捷迈数控机械有限公司和江苏金方圆数控机床有限公司率先开发了该类产品。

济南捷迈数控机械有限公司开发的 C1 型数控冲剪复合柔性加工线，由 PS31250 型数控冲剪复合机、板材立体仓库、吸盘式送料机和码垛分选装置等组成，整线的钢板处理能力为 8 张/h。PS31250 型数控冲剪复合机公称压力(冲/剪)为 300kN/280kN，最大加工板材尺寸 1 250mm × 5 000mm，工作台最大行程(X/Y 轴)2 500mm/1 400mm，工作台最大移动速度 100mm/min；冲压部分模位数 32(含两套自动分度模)，最大单次冲孔直径 88.9mm，最大冲压速度 900 次/min；剪切部分最大单次剪切尺寸 800mm × 1 250mm，Y 轴单次剪切长度 1 250mm，X 轴方向可连续半剪实现任意长度剪切，最小剪切板厚 0.5mm。该冲剪复合机采用日本 FANUC18i 数控系统，5 个控制轴数(X、Y、T、C、B)，具有工件图形显示功能和 RS232C 接口；冲、剪滑块上死点、下死点位置可自动设定，剪切刀具间隙可编程控制，冲、剪工序自动转换；冲剪一体化自动编程软件可将工件图形文件生成加工程序，并可对冲压路径、模具规格、分剪排料等进行优化，提高了加工效率和材料利用率。板材立体仓库由货架、板料分层装置、板料定位装置、存取升降机、钢托盘、木托盘及进出料台等组成。吸盘式送料机由吸盘架、升降装置、送进驱动装置、真空系统和气路系统等组成。码垛分选装置由皮带输送机、料箱、数控分选装置(包括辊式输送机、工件数控定位装置、数控吸料码垛机及交换式工件托盘)等组成。控制系统分主机控制单元、立体仓库控制单元、吸盘式送料机和码垛分选装置控制单元以及一个全线控制器。码垛分选装置是数控冲剪复合柔性加工线的重要环节，主机输出的工件被输送到数控定位装置上，并根据大小不同分档定位，数控吸料码垛机将工件吸起，根据指令整齐码垛在托盘上。码垛方式分两种，一是还原码垛，按照排料样式复原码垛；二是指定方式码垛，在工件品种较少时将相同工件码垛在一起。数控吸料码垛机两轴数控，对工件的适应性强，凡尺寸在 250mm×250mm 和 500mm×100mm 以上的工件都能吸取。数控吸料码垛机还能从主机工作台上直接吸取大尺寸工件，成功解决了大件出料码垛的难题。

江苏金方圆数控机床有限公司开发的 APSS 型数控冲剪复合加工线，由一台数控冲剪复合机与定位台、自动上料机械手组成，加工板材最大尺寸 1 250mm×2 500mm，板材最大厚度 5mm。数控冲剪复合机冲压部分，公称压力 300kN，24 个标准工位，其中 2 个自动分度工位，一次冲孔最大直径 88.9mm；最大送料速度 X 轴 80m/min，Y 轴 75m/min，最大合成速度 110m/min；最高冲切频率 1 000次/min；数控冲剪复合机剪切部分，公称压力 240kN；最大单次剪切尺寸 800mm×1 250mm，Y 轴单次剪切长度 1 250mm，X 轴方向可连续半剪实现任意长度剪切，最小剪切板厚 0.5mm。该机采用德国 BOSCH－REXROTH 公司的液压系统驱动，智能型夹钳可由编程实现自动位移，并有板料脱落报警功能。自动上料机械手配备喷气分层装置，喷出的压缩空气使粘连的板料脱开，避免发生吸双料现象。机械手上装有人工仿真定位驱动装置，保证将板材精确送到主机的夹钳口和原点销上。

数控转塔冲床是锻压机械行业新产品开发最多的品种。

江苏亚威机床有限公司开发的 HIQ－3048 型和 HPI－3044 型 300kN 数控转塔冲床，系该公司与日本 NISSHINBO 公司合作生产的产品。HIQ－3048 型 300kN 数控转塔冲床，其液压系统、数控系统和转盘等主要部件均来自日本 NISSHINBO 公司。液压系统可对行程、速度、压力进行编程控制，冲头下死点位置精度达 0.01mm，并可实现下死点保压；6 个数控轴(X、Y、Z、$T1$、$T2$、C)，上下转盘分别驱动；三只夹钳的位置均可编程设定、自动调节，以适应不同尺寸板料的需要；脱模自动检测装置对故障自动检测并中断加工程序，以避免机构损坏和出现废品；56 个工位，带 2 个自动分度工位；板料最大移动速度 100m/min；最高冲程次数 1 500次/min，最高冲孔频率 350 次/min(步距 25.4mm)和 750 次/min(步距 1mm)。HPI－3044 型 300kN 数控转塔冲床，采用德国哈雷(H＋L)公司生产的液压冲头和液压驱动系统、西门子(SIEMENS)公司的数控系统，日本 NISSHINBO 公司提供转盘和旋转模具组件等关键部件。该机系闭式床身和厚转塔结构，具有良好的刚性和导向性；36 个工位，带 2 个自动分度工位；板料最大移动速度 90m/min；最高冲程次数 1 000次/min，最高冲孔频率 280 次/min(步距 25.4mm)和 550 次/min(步距 1mm)。

湖北三环锻压机床有限公司开发的 STRIPPIT—HD1500H/30 型 300kN 数控转塔冲床，是该公司引进美国 STRIPPIT 公司技术生产的新产品。该产品有机械传动和液压传动两种机型，液压传动机型采用德国哈雷(H＋L)公司生产的液压驱动系统，具有结构紧凑、冲压稳定的特点。该机有 28 个工位，其中 4 个工位最大冲孔直径为 88.9mm，并能提供 3 个自动分度工位；采用西门子(SIEMENS)公司数控系统和伺服单元，具有直接编程和自诊断功能。该机全行程重复精度为 0.05mm，最大冲孔速度 400 次/min，板料最大移动速度 90m/min。

江苏扬力集团有限公司开发的 EP20 型 200kN 数控转塔冲床，是国内首台伺服电动机直接驱动的数控转塔冲床。该机公称压力 200kN，可加工板材尺寸 1 250 mm × 2 500 mm，板材最大厚度6.35mm；24 个工位，其中 2 个自动分度工位；一次冲孔最大直径88.9mm；最大冲孔频率600次/min，板料最大移动速度106m/min。该机与机械传动和液压驱动的数控转塔冲床比较，既降低了能耗，又减少了油液污染，代表了数控转塔冲床技术发展的新动向。

在大、重型锻压机械和金属切削设备开发方面，济南二机床集团有限公司和齐齐哈尔二机床(集团)有限责任公司做出了杰出贡献。

济南二机床集团有限公司在大、重型机械压力机的开发方面始终处于国内领先水平，2005 年对通用压力机进行升级换代开发，为上海通用东岳汽车有限公司提供了 5 条 20 000kN 压力机生产线，为长春一汽大众提供了 12 条 21 000kN 和20 000kN 压力机生产线；成功开发了国内规格最大的 24 000kN 重型冲压生产线，研制了 LS4B—2500 型 25 000kN 四点多连杆压力机、S4—1000 型 1000 美吨闭式四点冲裁压力机、LS4—2250 型22 500kN 闭式四点多连杆压力机以及 JF39—1000C 型10 000kN 闭式四点压力机。

齐齐哈尔二机床(集团)有限责任公司注重新产品开发，与日本阪村公司合作开发了 BP－440S5 型和 BP－430S5 型螺栓自动冷镦机，与瑞典 APT 公司合作生产了 ZF－2000－48/25 型数控科研配试冲压机、自行开发了 JK91－16 型三坐标数控冲槽机等。

数控板料折弯机的开发是锻压机械行业的又一亮点。

江苏金方圆数控机床有限公司开发的 PR6C225×3 100 型2 250kN 数控板料折弯机，采用电液伺服同步控制技术、集成式液压系统、荷兰 Delem 公司的 DA69W 数控系统、八轴控制(折弯滑块 Y1、Y2 位置及后挡料 *X*1、*X*2、*Z*1、*Z*2、*R*1、*R*2 位置)、液压凸形补偿技术等。该机公称压力2 250 kN，最大折弯长度3 100mm，滑块行程 215mm，滑块快速向下速度 120mm/s，折弯速度 9mm/s，回程速度 80mm/s。该机配备了由德国 KUKA 六轴折弯机器人及其折弯软件组成的数控折弯单元，缩短了折弯工序的辅助时间，显著降低了大型工件单件加工时间，杜绝了人为因素的影响，提高了折弯机的生产效率。该单元代表了国内最高水平。

上海冲剪机床厂开发的 ME50/2550 型机械电子伺服数控板料折弯机，借助现代电力电子技术的最新成果，将板料折弯机由液压驱动回归到机械传动。该机的折弯滑块由 2 台伺服电动机同步驱动，在滑块平衡快速运行的同时，滑块挠度得到有效补偿。该机公称压力 500kN，工作台长度 2 550mm；滑块行程 115mm，空程速度70mm/s、折弯速度 10～20mm/s；滑块定位精度和重复定位精度分别为 0.035mm 和 0.01mm，后挡料定位精度和重复定位精度分别为 0.07mm 和 0.01mm。伺服电动机直接驱动可降低能耗、噪声、污染及制造维修成本，并提高了机床的可靠性、工作速度和效率。

锻压机械行业对高速精密压力机的开发也给予了足够的重视。

徐州锻压机床厂开发的 SH－25 型 250kN 开式高速精密压力机，公称压力 250kN，滑块行程 20mm，滑块行程次数 150～750 次/min；采用高强度合金铸造机身，具有强度高、刚性好、减震性好等优点；滑块采用三导柱无间隙导向形式，解决了高速运行的高精度难题；装在曲轴上的反向平衡装置，有效减少了运转时上下、前后的振动力；循环油冷系统，通过控制热膨胀提高滑块下死点的位置精度；液压式滑块调整锁紧装置，可保证滑块下死点精度的稳定性。

扬州锻压机床有限公司开发的 J76－200 型2 000kN 高速精密冲压线，由一台 J76－200 型2 000kN 闭式双点高速精密压力机主机和双头料架、S 型校平机、凸轮驱动送料机构组成。主机公称压力2 000kN、滑块行程 30mm、滑块行程次数 160～450 次/min；机身采用螺栓拉紧的组合式结构，具有刚性好、角变形小的优点；四点式曲轴支承结构提高了曲轴的刚性和抗偏载能力；组合式气动摩擦离合器—制动器，传动转矩冲击韧度大、制动角度小、使用寿命长；导柱导套式的导向结构，提高了滑块导向精度；完善的动平衡系统和气囊式平衡装置，减少了振动与噪声，保证了高速下整机运行平稳；温度自控系统和热补偿技术的应用，提高了滑块下死点的位置精度。

3. 木工机床

2005 年木工机床行业重点联系企业共完成木工机床新产品开发 2 种。

牡丹江木工机械(厂)有限责任公司开发的 BB1142 型单板刨切机，最大刨切尺寸4 200mm×700mm，MFB2545 型磨刀机，最大磨削尺寸4 500mm。

4. 工量具

成都工具研究所(国家精密工具工程技术研究中心) 2005 年完成了多项科研及新产品开发项目，其中“高速火车车轮数控加工专用系列刀具”项目，采用新涂层工艺的火车车轮加工专用系列刀具在相同切削条件下，使用寿命提高一倍，并具有重复性和稳定性，达到国外同类产品水平及国内领先水平。能基本满足国内火车车轮数控加工生产线的需要，填补了国内空白，可替代同类进口刀具产品。“齿轮在线自动检测分选机的开发研究”项目研制出汽车齿轮在线自动检测分选机具有一定的创新性和新颖性；所具备的齿轮在线测量功能达到国内领先水平，填补了我国齿轮测量领域的一项技术空白，具有完全自主知识产权。“低脆性

QPQ工艺研究”项目成功开发出一种高温氮化QPQ工艺，采用新工艺处理后的材料，韧性提高一倍以上。

江苏天工工具股份有限公司“高速钢的水平连铸技术”，在国内首次采用水平连铸技术生产出可替代模铸生产的高速钢电极坯，省略了模铸生产切头取尾的金属损失，可提高合金收得率5%以上，降低了能耗，大大降低了生产成本。

靖江量具有限公司的游标划线圆规主要应用于船舶制造及钣金作业划线放料，产品已交付日本公司使用，并得到确认，达到国内领先水平。研制出的旋转钩深度游标卡尺，2005年5月得到瑞士TESA公司的书面确认报告，现已批量打入国际市场。

太原工具厂设计开发了内排屑可转位套料钻、外排屑可转位套料钻、内容屑丝锥及可转位深孔钻。

洛阳洛硬工工模数控有限公司设计制造的汽轮机发电机专用铣刀——叶根槽成形铣刀为大型高精度复杂硬质合金可转位刀具，其使用性能被中国机械工业金属切削刀具技术委员会评价为国内领先。

上海量具刃具厂与以色列勒米特公司合作，开发出新一代二级影像测量系统。

青海新青工具有限公司开发出的渐开线花键单齿插刀为渐开线花键齿形、小模数，应用于花键内插及外插，效果良好。

2005年陕西汉江机床有限公司开发了HJY037型五坐标测量仪、SPH2010S型两坐标测量机、MYG型扫描仪。

威海市量具刃具有限公司开发了内径千分表、对刀器、数显内径表等新产品。

5. 磨料磨具

郑州磨料磨具磨削研究所开发的PCD、PCBN复合超硬材料磨加工用树脂金刚石砂轮，采用高性能树脂结合剂、材料处理技术、优化设计的配方、自动化工艺控制技术、精加工和检测技术等先进制造技术，用于加工国产复合片和进口复合片，均能达到用户的加工工艺要求，在保证工件的形位公差的前提下，降低了PCD、PCBN复合片的加工成本。

山东升华磨料磨具有限公司陶瓷结合剂大直径磨曲轴砂轮，建成了新的陶瓷砂轮生产线，引进先进的生产工艺，用来生产直径大于600mm的磨床专用配套砂轮。通过了山东天润曲轴有限公司数控磨床的合格使用，结果表明该砂轮平衡性能、硬度、磨削效果、强度等性能均优于国内同类产品。

2005年苏州远东砂轮有限公司开发了高精度磨滚道金刚石滚轮和高效精密普通磨具等新产品。

第三砂轮厂开发了精研钢球专用砂轮。

6. 机床附件及功能部件

2005年烟台环球机床附件集团有限公司开发33种新产品，其中有数控等分回转工作台、数控回转工作台、数控转塔刀架、数控立卧转台、高速数控工作台、数控分度头、升降式可倾数控工作台和数控自定心中心架等。

南京工艺装备制造厂开发了干法交联生产线和交叉滚子导轨薄型工作台等新产品。

7. 机床电器

2005年广州数控设备有限公司开发了GSK980TD型车床数控系统。

武汉华中数控股份有限公司开发了HSV—16B型全数字交流伺服驱动装置、HNC—18IM/T型世纪星数控装置和DAC型工业缝纫机数控装置。

（二）中国机床工具行业的名牌产品

十五期间，中国名牌战略推进委员会评选出中国机床工具行业名牌产品10个，他们是：大连机床集团公司“DMTG”牌数控车床，齐重数控装备股份有限公司“齐一机”牌数控车床，沈阳机床股份有限公司“沈一机”牌数控车床，济南一机床集团有限公司“济一机”牌数控车床，黄河旋风集团公司、中南矿业集团公司人造金刚石，株洲钻石切削刀具股份有限公司“钻石”牌硬质合金刀具，济南二机床集团公司“济二机”牌，江苏亚威机床有限公司“亚威”牌，江苏金方圆数控机床有限公司“金方圆”牌，湖北三环锻压机床有限公司“HCDV”牌。

（三）企业各级技术中心研发实力明显增强，数控冲压机床已成为行业创新的中坚力量

多年来，我国机床工具行业企业的各级技术中心发展迅速，研发实力明显增强，已成为行业技术创新与技术进步的中坚力量。截止至2005年末，全行业已拥有经国家科技部批准设立的国家工程技术研究中心6个、国家发展与改革委员会（前国家计委）批准设立的国家工程研究中心1个、国家发展与改革委员会认定的国家级企业技术中心11个以及一大批省市级企业技术中心。国家科技部批准设立的国家工程技术研究中心见表31。国家工程研究中心见表32。国家级企业技术中心见表33。

表31 国家科技部批准设立的国家工程技术研究中心

序号	依托单位名称	工程技术研究中心名称	批准部门
1	北京机床研究所	国家超精密机床工程技术研究中心	国家科技部
2	成都工具研究所	国家精密工具工程技术研究中心	国家科技部
3	华中科技大学	国家数控系统工程技术研究中心	国家科技部
4	郑州磨料磨具磨削研究所	国家超硬材料及制品工程技术研究中心	国家科技部
5	湖南大学	国家高效磨削工程技术研究中心	国家科技部
6	桂林矿产地质研究院	国家特种矿物材料工程技术研究中心	国家科技部

表 32　国家工程研究中心

序号	依托单位名称	工程研究中心名称	批准部门
1	中科院沈阳计算技术研究所	高档数控国家工程研究中心	国家发展和改革委员会(前国家计委)

表 33　国家级企业技术中心

序号	企业技术中心名称
1	沈阳机床股份有限公司技术中心
2	大连机床集团有限责任公司技术中心
3	哈尔滨第一工具有限公司技术中心
4	齐齐哈尔二机床(集团)有限责任公司技术中心
5	济南二机床集团有限公司技术中心
6	济南一机床集团有限公司技术中心
7	河南黄河实业集团股份有限公司技术中心
8	株洲硬质合金集团有限公司技术中心
9	秦川机床集团有限公司技术中心
10	兰州电机有限责任公司技术中心
11	天水星火机床有限责任公司技术中心

七、海外并购

随着经济全球化步伐的加快，世界制造业加速向中国转移，中国已经成为吸引外资最多的国家。与此同时，我国企业实施走出去的战略，加快了海外并购的步伐，到 2005 年末我国机床工具行业已经并购了美国、德国、日本等 8 个世界知名的机床工具企业，进一步加强了中国机床工具行业与世界同行的联系，增强了中国机床工具行业的整体实力。截止至 2005 年末，中国机床工具行业海外并购项目情况见表 34。

八、地区经济

2005 年除西藏外，全国 30 个省、市、自治区都生产机床工具产品。

表 34　中国机床工具行业海外并购项目情况

序号	时　间	并　购　情　况
1	2002 年 10 月	大连机床集团公司并购美国英格索尔生产系统有限公司，并拥有 100%股权
2	2003 年 7 月	大连机床集团公司并购美国英格索尔曲轴制造系统有限公司，并拥有 100%股权
3	2004 年 9 月	大连机床集团公司并购德国兹默曼公司，并拥有 70%股权
4	2004 年 10 月	沈阳机床集团公司并购德国希思公司，并拥有 100%股权
5	2003 年 10 月	上海明精机床公司并购德国沃伦贝格公司，并拥有 100%股权
6	2003 年 10 月	上海明精机床公司并购日本池贝公司，并拥有 65%股权
7	2004 年 6 月	秦川机械发展股份有限公司并购联合美国工业公司，并拥有 60%股权
8	2005 年 3 月	哈尔滨量具刃具集团有限公司并购德国凯狮公司，并拥有 100%股权
9	2005 年 10 月	北京第一机床厂并购德国科堡公司，并拥有 100%股权

从机床工具产品经济规模总量分析，东南沿海地区位居前沿。按产品销售收入排序，2005 年前三名和 2004 年有所不同，2005 年前两名仍是江苏、山东，辽宁由 2004 年的第四名上升为第三名，而浙江由 2004 年的第三名退至第四名。2005 年这 4 个地区的产品销售收入占全国的 58.26%，其中江苏省的占比为 16.89%，比上年下降 1.2 个百分点；山东省占比为 15.45%，比上年增加 0.4 个百分点；浙江省基本持平；辽宁省的产品销售收入有较大增长，比上年增长 45.06%，占比达13.84%，比上年的11.20%高2.64个百分点。

2003～2005 年机床工具行业各地区产品销售收入完成情况见表 35。

表 35　2003～2005 年机床工具行业各地区产品销售收入完成情况

序号	地　区	2005 年各地区占比(%)	2005 年产品销售收入(万元)	2004 年产品销售收入(万元)	2003 年产品销售收入(万元)
0	合计	100.00	12 124 595	10 325 771	7 759 748
1	江苏	16.89	2 047 534	1 867 205	1 447 286
2	山东	15.45	1 873 266	1 550 544	1 106 043
3	辽宁	13.84	1 678 052	1 156 827	746 963
4	浙江	12.08	1 464 605	1 263 795	1 007 702
5	河南	9.14	1 108 096	906 404	687 784
6	上海	4.68	567 272	708 202	583 582
7	北京	3.10	376 017	272 516	203 388
8	广东	2.77	336 454	323 161	271 655
9	陕西	2.74	332 494	229 964	174 474
10	湖北	2.33	282 428	250 993	176 235
11	黑龙江	2.24	271 460	208 596	142 182
12	湖南	1.85	224 167	85 194	60 214
13	四川	1.82	220 802	188 915	146 948
14	河北	1.73	209 021	229 805	184 019
15	安徽	1.48	178 855	145 829	113 180

（续）

序号	地区	2005年各地区占比(%)	2005年产品销售收入(万元)	2004年产品销售收入(万元)	2003年产品销售收入(万元)
16	福建	0.95	115 164	115 433	89 423
17	云南	0.94	114 347	76 167	52 951
18	贵州	0.83	100 976	62 755	46 032
19	山西	0.67	80 804	81 031	64 398
20	天津	0.63	76 633	137 542	110 577
21	青海	0.62	74 818	54 000	54 746
22	宁夏	0.57	69 471	65 239	48 110
23	重庆	0.52	63 564	61 648	48 205
24	广西	0.50	61 158	63 693	50 499
25	吉林	0.48	57 811	38 508	32 097
26	甘肃	0.47	56 525	49 179	38 102
27	江西	0.42	51 288	45 884	34 552
28	内蒙古	0.23	28 441	81 727	37 023
29	海南	0.02	2 070	5 015	1 378
30	新疆	0.01	1 004		

注：资料来源于国家统计局发布的2003～2005年机床工具大行业数据。

2005年不同所有制经济的机床工具行业产品销售收入在各地区所占的比例有较大差别。国有经济总量位居前10名的地区是：辽宁、山东、浙江、河南、江苏、陕西、上海、黑龙江、湖南和四川，其中前3名辽宁、山东和浙江的国有经济产品销售收入占全国国有经济的45.93%；辽宁占18.84%，山东占15.74%，浙江占11.34%。而从国有经济占当地的经济总量比例分析，国有经济所占比例较高的多是西部地区，前10名依次是：内蒙古、重庆、黑龙江、陕西、青海、广西、甘肃、吉林、贵州和山西。内蒙古的国有经济占100%，第10名的山西国有经济占84.17%。

民营经济总量地区前10名是：江苏、山东、河南、浙江、广东、安徽、辽宁、河北、湖北和四川，其中前3名的江苏、山东和河南的民营经济的产品销售收入占全国民营经济的62.03%；江苏占31.82%，山东占17.55%，河南占12.66%。而从民营经济所占当地的经济总量比例分析，民营经济所占比例较高的前10名依次是：新疆、江西、安徽、海南、江苏、河北、广东、河南、湖北和福建；新疆的民营经济占100%，第10名的福建占27.33%。

三资经济总量前10名地区是：江苏、浙江、上海、山东、北京、辽宁、广东、云南、河北和福建，大部分是沿海地区，其中前3名的江苏、浙江和上海的三资经济产品销售收入占全国三资经济的51.58%，其中江苏占23.50%，上海占12.34%。而从三资经济所占当地的经济总量比例分析，前10名则是：云南、北京、宁夏、上海、福建、广东、天津、江苏、浙江和河北，其中云南的三资经济占56.61%，第10名的河北占21.60%。

2005年各地区不同所有制经济的机床工具行业产品销售收入及所占比例见表36。

表36　2005年各地区不同所有制经济的机床工具行业产品销售收入及所占比例

序号	地区	国有经济产品销售收入(万元)	占当地全部产品销售收入的比例(%)	民营经济产品销售收入(万元)	占当地全部产品销售收入的比例(%)	三资经济产品销售收入(万元)	占当地全部产品销售收入的比例(%)
	合计	7 465 354		2 623 807		2 035 434	
1	江苏	734 276	35.83	834 952	40.78	478 307	23.36
2	山东	1 175 610	62.77	460 486	24.58	237 170	12.66
3	辽宁	1 406 365	83.81	87 788	5.23	183 898	10.96
4	浙江	846 700	57.81	297 632	20.32	320 273	21.87
5	河南	770 403	69.52	332 117	29.97	5 575	0.50
6	上海	284 979	50.24	31 060	5.48	251 233	44.29
7	北京	169 716	45.14	6 853	1.82	199 448	53.04
8	广东	134 315	39.92	104 016	30.92	98 123	29.16
9	陕西	320 936	96.52	4 065	1.22	7 493	2.25
10	湖北	180 016	63.74	80 576	28.53	21 836	7.73
11	黑龙江	263 039	96.90	8 421	3.10	0	0
12	湖南	184 812	82.44	32 314	14.42	7 041	3.14
13	四川	180 581	81.78	35 501	16.08	4 720	2.13

（续）

序号	地区	国有经济产品销售收入（万元）	占当地全部产品销售收入的比例（%）	民营经济产品销售收入（万元）	占当地全部产品销售收入的比例（%）	三资经济产品销售收入（万元）	占当地全部产品销售收入的比例（%）
14	河北	81 028	38.77	82 850	39.64	45 142	21.60
15	安徽	72 291	40.42	102 448	57.28	4 116	2.30
16	福建	47 585	41.32	31 473	27.33	36 106	31.35
17	云南	39 881	34.96	9 739	8.52	64 727	56.61
18	贵州	85 792	84.96	6 726	6.67	8 458	8.38
19	山西	68 016	84.17	9 298	11.51	3 491	4.32
20	天津	54 103	70.60	2 114	2.76	20 417	26.64
21	青海	70 510	94.24	4 307	5.76	0	0
22	宁夏	26 346	37.92	9 175	13.21	33 950	48.87
23	重庆	62 401	98.17	1 163	1.83	0	0
24	广西	55 741	91.14	2 032	3.32	3 385	5.53
25	吉林	49 290	85.26	8 521	14.74	0	0
26	甘肃	50 812	89.89	5 709	10.09	4	0.01
27	江西	20 475	39.87	30 292	59.06	521	1.02
28	内蒙古	28 440	100.00	0	0	0	0
29	海南	895	43.24	1 175	56.76	0	0
30	新疆	0	0	1 004	100.00	0	0

2006年上半年机床工具行业经济运行形势分析

中国机床工具工业协会市场部

2006年上半年机床工具行业经济运行态势较好，工业总产值和产品销售收入持续保持较快增长，产品产量增速回落，产品进口大幅度回落，出口增势强劲，行业经济效益全面提高。

一、行业基本情况

1. 工业总产值和产品销售收入

按国家统计局1～5月份资料，机床工具大行业2 439个企业合计完成工业总产值603.25亿元，同比增长27.4%，比上年同期回落1个百分点；产品销售收入568.96亿元，同比增长25.8%，比上年同期回落2.1个百分点；工业产品销售率为96.4%，低于上年同期0.7个百分点。2006年上半年大行业完成工业总产值和产品销售收入各月累计同比增长走势，详见表1。2006年上半年机床工具行业各分行业工业总产值完成情况见表2。

表1　2006年2～5月机床工具行业各月工业总产值和产品销售收入同比增长率

指标名称	2月	3月	4月	5月
工业总产值同比增长率(%)	26.7	28.9	27.7	27.4
产品销售收入同比增长率(%)	26.7	24.7	25.8	25.8

表2　2006年上半年机床工具行业各分行业工业总产值完成情况

指标名称	金属切削机床	成形机床	铸造机械	木工机床	机床附件	量具刃具	机床电器	磨料磨具
工业总产值(亿元)	188.6	75.8	44.8	28.5	19.9	89.6	35.3	95.3
同比增长(%)	20.2	43.3	55.9	22.5	35.2	19.7	22.8	30.0
上年同比增长(%)	30.4	18.2	37.0	21.3	31.2	35.1	26.3	27.4
产品销售收入(亿元)	179.1	69.1	40.6	27.8	18.9	83.8	34.8	89.6
同比增长(%)	16.0	43.5	53.8	26.1	40.1	22.6	26.1	24.9
上年同比增长(%)	29.2	17.8	40.4	21.7	30.8	36.1	19.5	27.7

由表2可知，工业总产值增幅，除金属切削机床、量具刃具、机床电器制造业低于上年同期外，其他各制造业增幅都高于上年同期；产品销售收入增幅，除金属切削机床、量具刃具、磨料磨具制造业低于上年同期外，其他各制造业增

幅都高于上年同期。

按机床工具行业部分重点联系企业资料，1～5月份5个小行业183个企业合计完成工业总产值184.7亿元和产品销售收入177.2亿元，同比增长分别为16.6%和9.4%，比上年同期回落10.1个百分点和14.3个百分点。2006年1～5月份机床工具各小行业工业总产值和产品销售收入同比增长情况详见表3。

表3　2006年1～5月份各小行业工业总产值和产品销售收入同比增长情况

指标名称	金属切削机床	锻压设备	机床电器	机床附件	量具刃具
工业总产值(亿元)	135.5	26.0	6.3	3.0	13.9
同比增长(%)	15.2	32.9	6.9	28.9	7.6
上年同比增长(%)	31.4	10.5	5.8	25.3	26.2
销售收入(亿元)	131.7	23.7	6.0	2.6	13.2
同比增长(%)	7.8	19.9	8.6	19.9	6.7
上年同比增长	25.7	16.1	6.3	23.0	27.4

由表3可见，各小行业工业总产值增幅，除锻压设备业外，都大幅度回落，回落幅度最大的是量具刃具和金属切削机床业，分别达到18.6和16.2个百分点；产品销售收入增幅，除锻压设备和机床电器业外，都有所回落，回落幅度最大的也是量具刃具和金属切削机床业，分别达到20.7和17.9个百分点。

另外，2006年2～5月小行业累计工业总产值和产品销售收入增幅见表4。

表4　2006年2～5月小行业累计工业总产值和产品销售收入增幅

指标名称	2月	3月	4月	5月
工业总产值同比增长(%)	14.5	17.5	18.0	16.6
上年同期增幅(%)	30.8	29.1	27.5	26.7
产品销售收入同比增长(%)	10.8	11.7	9.7	9.4
上年同期增幅(%)	12	20.4	26.4	23.7

由表4可见，工业总产值和产品销售收入增幅也呈缓慢回落走势，回落幅度逐月加大。

2. 全行业主要产品产量

(1)金属切削机床。2006年1～5月完成产量214 482台，同比增长12.1%。其中，数控金属切削机床32 350台，同比增长23.3%。

(2)金属成形机床。2006年1～5月完成产量65 056台，同比增长4%。其中，数控金属成形机床962台，同比下降30.2%。

(3)铸造机械。2006年1～5月完成产量26 419台，同比增长81.4%。

(4)金属切削工具。2006年1～5月完成产量100 806万件，同比增长22.2%。

3. 机床工具产品进出口

2006年1～5月机床工具产品进口41.13亿美元，同比增长4.34%，其中，金属加工机床进口26.43亿美元，同比下降1.82%。2006年1～5月机床工具分类产品进口情况及同比增长见表5。

表5　2006年1～5月机床工具分类产品进口情况及同比增长

指标名称	金属切削机床	成形机床	压铸机	木工机床	机床夹具	机床零件附件	数控装置	刃具	量仪量具	磨料磨具
金额(亿美元)	19.78	6.65	1.27	2.17	0.91	2.23	3.07	3.46	0.12	1.46
同比增长(%)	1.43	−10.36	39.93	−0.95	23.13	−2.8	12.36	53.51	5.84	14.68

由表5可知，刃具、压铸机、机床夹具等产品进口增幅较高，尤其是刃具增幅高达53.51%。

金属加工机床进口增幅只有1.43%(比上年同期回落27.6个百分点)，但是进口金额仍处于高位态势。

2006年1～5月机床工具产品出口14.2亿美元，同比增长33.6%，其中金属加工机床出口4.2亿美元，同比增长54.1%。2006年1～5月机床工具分类产品出口情况及同比增长见表6。

表6　2006年1～5月机床工具分类产品出口情况及同比增长

指标名称	金属切削机床	成形机床	压铸机	木工机床	机床夹具	机床零件部件	数控装置	刃具	量仪量具	磨料磨具
金额(亿美元)	3.36	0.87	0.13	1.49	0.31	1.33	0.92	2.55	0.3	2.76
同比增长(%)	50.6	69.2	2.2	25.2	17.2	28.6	34.5	37.7	12.7	11.0

由表6可知，出口金额增幅最高的是成形机床，达69.2%；其次是金属切削机床，为50.6%；第三是刃具，为37.7%。出口金额增幅低于机床工具产品出口金额增幅的产品有：压铸机、磨料磨具、量仪量具、机床夹具、木工机床、机床零件部件。成形机床、金属切削机床、刃具的出口拉动了机床工具产品出口金额的快速增长。金属加工机床中，数控机床出口大幅度增长，出口金额1.34亿美元，同比增长75.8%，数控机床出口金额占金属加工机床出口金额的比重达到31.8%，比上年同期提高了4个百分点。

4. 利润和主要经济指标

大行业实现利润299 287万元，比上年同期增加94 501万元，增长46.2%，增幅比上年同期高出27.8个百分点。各经济成分中，国有经济利润增幅30.3%，高于上年同期17.9个百分点；民营经济利润增幅70%，高于上年同期12个百分点；三资企业利润增幅52.1%，高于上年同期44.1个百分点。民营经济和三资企业拉动了全行业利润快速增长。

大行业各项主要经济指标都好于上年。2006年1～5月机床工具行业及分类经济成分企业主要经济完成指标情况见表7。

表7　2006年1～5月机床工具行业及分类经济成分企业主要经济指标完成情况

所有制经济类别	流动资金周转率		成本费用利润率		资产负债率		销售收入利润率	
	实际完成（次）	比上年增长（百分点）	实际完成（%）	比上年增长（百分点）	实际完成（%）	比上年增长（百分点）	实际完成（%）	比上年增长（百分点）
全行业	1.68	0.09	5.6	0.8	62.7	−0.2	5.3	0.8
国有经济	1.39	0.02	4.1	0.4	67.7	0.8	3.9	0.4
民营经济	3.02	0.37	5.8	0.9	57.2	−1.9	5.4	0.8
三资企业	1.57	0.09	10.4	1.9	48.9	−1.7	9.5	1.7

各种经济成分中，除国有经济的资产负债率高于上年同期外，其他指标都好于上年同期。

2006年1～5月机床工具各制造业的利润增幅情况见表8。

表8　2006年1～8月各制造业的利润增幅情况

指标	金属切削机床	成形机床	铸造机械	木工机床	机床附件	量具刃具	机床电器	磨料磨具
增幅（%）	32.4	123.6	147.4	39.7	51.8	9.4	62.4	41.0

由表8可见，除量具刃具外，各制造业的利润增长都在30%以上。利润增幅低于大行业的有4个制造业：量具刃具、金属切削机床、木工机床和磨料磨具。

二、上半年行业经济运行特点

从2006年1～5月份机床工具大行业经济运行情况，可以看出有以下特点：

(1)2006年上半年机床工具大行业工业总产值和产品销售收入仍保持较快的增长速度，增幅基本上与上年同期接近，但略有回落。从大行业和重点联系企业工业总产值和产品销售收入各月累计增幅看，增幅在缓慢回落。在各制造业中，金属切削机床制造业工业总产值和产品销售收入增幅回落较快，分别低于上年同期10.2和13.2个百分点，是造成2006年上半年全行业工业总产值和产品销售收入回落的主要因素。在各经济成分企业中，国有经济企业增速较低，工业总产值和产品销售收入同比增长分别为21.9%和18.6%；民营经济企业发展速度快，工业总产值和产品销售收入同比增长分别都达到42.3%，增幅高于国有企业20.4和23.7个百分点，拉动了全行业的增长速度。

(2)全行业利润总额实现了高的增长，1～5月份全行业利润总额同比增长46.2%，而上年同期利润总额增幅仅为18.4%。各制造业利润都比上年同期有较大增长。但是，量具刃具制造业利润增幅较低，仅为9.4%。大行业各经济所有制利润增幅中，民营经济企业最高，达70%，高于上年同期12个百分点；三资企业居中，为52.1%，高于上年同期44.1个百分点，利润增加迅速；国有经济企业最低，为30.3%，高于上年同期17.9个百分点。民营经济企业和三资企业拉动大行业经济效益的快速增长。

(3)机床工具产品进口金额增幅快速回落，增幅从上年23.8%回落到4.34%，其中金属加工机床增幅回落更大，上年增幅25.7%，2005年降幅1.82%；数控金属加工机床上年增幅25.7%，2005年降幅2.51%。但是，从1～5月份各月累计金额增幅走势看，有缓慢回升的态势。目前我国机床工具产品进口金额尚处于高位状态。

进口的金属加工机床金额中，由引进外资，以设备投资带进的金属加工机床的金额占机床进口总额的60%左右。2006年1～5月份，实际使用外资金额为229.89亿美元，其中还包含了上年未统计的金融和服务业的投资金额，同比增长仅为2.78%，因而，影响到金属加工机床进口金额的增长。

(4)机床工具产品出口金额呈逐月回升，2006年1～5月份增幅达到了33.6%，比上年又提高了2.1个百分点。其中，金属加工机床出口保持强劲的增长态势，数控机床出口金额达到金属加工机床出口金额的31.8%，成为拉动机床出口的主要因素。要努力提高出口产品的档次，加强数控机床的出口，特别是具有比较优势、高附加值的数控机床，如数控齿轮机床、数控重型机床、数控磨床、数控压力机的出口。

(5)市场需求质量和档次进一步提升。要密切注意市场的变化，加速产品结构的调整。①金属加工机床的产值增幅大大高于产量的增幅。按机床工具大行业资料，1～5月份金属切削机床和金属成形机床工业总产值同比增长20.2%和43.3%，而产品产量增长仅为12.1%和4%。按重点联系企业1～5月份资料，金属切削机床产品产值增幅为17.1%，而产品产量增幅为2.8%；锻压设备产品产值增幅为39.2%，而产品产量增幅为13.6%。②数控金属切削机床产量和产值增幅较大，高于金属切削机床产量和产值增幅。按机床工具大行业资料，1～5月份金属切削机床产品产量增幅为12.1%，而数控金属切削机床产品产量增幅为23.3%。按重点联系企业1～5月份资料，金属切削机床产品产量增幅为2.8%，而数控金属切削机床产品产量增幅为11.3%；金属切削机床产品产值增幅为17.1%，而数控金属切削机床产品产值增幅为33.3%。③金属切削机床和成形机床平均单台产值有较大幅度上升。按部分重点联系企业1～5月份资料，金属切削机床和成形机床平均单台产值分别比上年同期上升了14.8%和27.2%。④进口金属加工机床金额增幅高于数量增幅。从1～5月份海关资料看，金属加工机床进口金额同比下降了1.82%，而数量同比下降了13.9%。⑤有代表性的大型企业的金属切削机床产值增幅高于产量增幅，数控金属切削机床产值增幅高于产量增幅。按部分重点联系企业1～5月份资料，沈阳机床（集团）有限公司金属切削机床产值增幅为31.6%，产量增幅为15.9%；数控金属切削机床产值增幅为79.7%，产量增幅为68.3%。大连机床集团有限责任公司金属切削机床产值增幅为33.4%，产量下降9%；数控金属切削机床产值增幅为67.2%，产量下降13.8%。以上2家企业金属切削机床和数控金属切削机床产量分别占全行业总产量20.7%和21.7%。

(6)产业结构进一步变化。大行业各类经济成分中，民营经济、三资企业迅速发展。大行业2 439个企业中，民营经济企业数占全行业企业总数的47.7%，比上年同期提高5.4个百分点；三资企业数占全行业企业总数的17.0%，比上年同期提高0.3个百分点。二者合计企业数为1 577个，占大行业企业总数的64.7%，接近2/3。

2006年机床工具行业继续保持平稳较快发展，经济运行势头良好；市场需求结构发生了积极变化，需求正在向高端发展，数控机床特别是中高档数控机床逐步成为市场需求的主流。"国务院关于加快振兴装备制造业的若干意见"的出台以及鼓励发展数控机床和采用国产数控机床的措施，进一步促进了我国数控机床产业的快速发展。

三、下半年预测

1. 政策优势及用户市场

2006年国内外宏观经济发展势头良好。我国国民经济保持平稳较快发展，固定资产投资增长过快，1～5月份全社会固定资产投资同比增长30.3%，比上年1～6月份增加近5个百分点；外商投资继续增长，1～5月份实际利用外资金额229.9亿美元，同比增长2.78%。全球经济贸易进一步增长，有望从上年预测的6.2%增加到7%。投资、出口拉动了我国制造业，特别是机械制造业的快速发展，也成为拉动2006年上半年机床工具行业较快发展的主要因素。

2006年是"十一五"规划的开局年，规划的指导思想是以科学发展观统领经济发展全局。为此，要进一步调整推动发展的思路，转变推动发展的方式，明确推动发展的政策导向。做到"六个立足和六个转变"。立足扩大国内需求推动发展，把扩大国内需求特别是消费需求作为基本立足点，促使经济增长由主要依靠投资和出口拉动向消费与投资、内需与外需协调拉动转变。立足优化产业结构推动发展，把调整经济结构作为主线，促使经济增长由主要依靠工业带动和数量扩张带动向三次产业协同带动和结构优化升级带动转变。立足节约资源保护环境推动发展，把促进经济增长方式根本转变作为着力点，促使经济增长由主要依靠增加资源投入带动向主要依靠提高资源利用效率带动转变。立足增强自主创新能力推动发展，把增强自主创新能力作为国家战略，促使经济增长由主要依靠资金和物质要素投入带动，向主要依靠科技进步和人力资本带动转变。立足深化改革开放推动发展，把改革开放作为动力，促使经济增长由某些领域相当程度上依靠行政干预推动，向在国家宏观调控下更大程度发挥市场配置资源基础性作用转变。立足以人为本推动发展，把提高人民生活水平作为根本出发点和落脚点，促使发展由偏重于增加物质财富，向更加注重促进人的全面发展和经济社会的协调发展转变。很多国内外经济专家预见，规划的指导思想和精神将在2006年下半年以后逐步显现。7月1日开始，银行信贷利率的调整、国家产业安全管理的加强、国务院振兴装备制造业工作会议的召开和"振兴装备制造业的若干意见"的正式发布、外资的并购政策的规范等等一系列政策和措施都是积极落实科学发展观，加强宏观调控的信号。

在利好条件和以科学发展观统领经济发展的推动下，我国制造业特别是装备制造业发展加快，市场需求旺盛。机械工业1～5月产销继续处于高位运行，增长较快的行业如汽车产销同比增长31.77%和30.84%，预计全年产量可达690万辆；工程机械产销同比增长约34.9%；农业机械产销同比增长约31%。

铁路建设规模庞大。"十一五"期间铁路建设总投资12 500亿元，平均每年2 500亿元，投资中约30%用于机车车辆技术改造。铁道部为进一步提高铁路运输的竞争力，2006年将实现第六次全面提速。南北铁路机车车辆集团公司引进的美国GE公司高速机车技术和日本川崎重工高速电气机车技术，德国西门子交通技术集团和法国阿尔斯通公司的动车组技术将逐步实现国产化。

航空航天、信息电子、船舶和国防军工等产业将进行生产能力建设。上述各行业都需加大技术改造投资力度，增添高效和数控设备。

另外，西部大开发、振兴东北老工业基地、中部崛起和环渤海经济开发区的建设都将为机床工具行业提供间接发展的机遇。

2. 2006年展望

(1)全年机床工具行业将保持平稳较快的发展。下半年行业工业总产值和产品销售收入增速将缓慢回落，全年的增长速度有望达到20%，高于上年预期的15%；利润总额增速将高于上年，预计在40%左右。全行业工业总产值和产品销售收入将分别达到1 500亿元。机床工具产品进口金额约105亿美元，出口金额接近40亿美元。其中，金属加工机床进口金额约65亿美元，出口金额将超过10亿美元，接近12亿美元，进出口逆差有所缩小。

(2)数控机床的产业化进程加快。年产1 000台数控金属切削机床的企业将超过15个，接近20个。

(3)金属切削机床产量和产值的数控化率将进一步提高。金属切削机床产量增幅将回落，数控金属切削机床产量仍将保持较快增长，预计将达到7万台左右。数控金属切削机床中，普及型数控机床产量比重将进一步提高，按一季度行业产业安全监测企业统计资料，普及型数控车床产量占数控车床产量的比重，比2005年全年上升了3.3个百分点。

(4)产品结构调整加快。一批中高档数控机床新产品逐步进入汽车、航天航空、船舶、高新技术和军工行业,如九轴五联动车铣中心、五轴高速龙门加工中心、高速精密加工中心和五轴高速加工中心、五轴叶片和叶轮立式加工中心、高效专用数控磨床、重型数控机床等等,为国产高档数控机床开发市场打下了基础。

(5)机床消费将继续增加,预计达到 115 亿美元左右。国产机床和国产数控机床的市场占有率将进一步提高,预计国产机床市场占有率将超过 40%,有望达到 43%左右。

(6)国内市场竞争将进一步加剧。国际跨国公司在国内建厂的合资或独资的机床企业在国内生产的加工中心、普及型数控车床和车削中心已形成规模生产能力,如杭州友佳精密机械有限公司 2005 年年产数控机床 927 台,宁夏小巨人机床有限公司 2005 年年产数控机床 642 台,经过扩建后,2006 年 1～5 月份数控机床产量同比增长了 51.7%等等。合资或独资机床企业的产品,售价虽比国产的数控机床稍高,但是其性能优、质量稳定、交货期短,具有较强的竞争力。国产数控机床将受到国外机床企业和国内合资或独资机床企业的双重冲击,国内市场竞争将更加激烈。

全行业企业要密切注意国内外市场的变化,优化产品结构,加快普及型数控机床产业化步伐,提高企业的技术创新能力和综合竞争力,迎接新的挑战。

我国数控机床“十五”发展回顾和“十一五”展望

中国机床工具工业协会　丁雪生

一、“十五”的光辉成绩

“十五”期间是我国机床工业走出“九五”期间连续 4 年低谷,取得长足进步的 5 年。成绩斐然,捷报频传,各项指标年年创奇迹。机床工业,特别是数控机床的发展受到国家各级领导的高度重视,2003 年 4 月温家宝总理、黄菊副总理、曾培炎副总理对机床工业的发展做了重要批示。2004 年 11 月温家宝总理在东北老工业基地企业座谈会上讲话指出:“机床是装备制造业的工作母机,实现装备制造业现代化,取决于我国机床发展水平。振兴装备制造业,首先要振兴机床工业,我们要大力发展国产数控机床”。

1. 机床工业工业总产值和产品销售收入实现超常规增长。

至 2005 年底,机床工业(金属切削和锻压)现有企业 637 个,职工 21.8 万人,其中金属切削机床企业 376 个,职工 16.4 万人,分别占总数的 59%和 75.2%;锻压机床企业 261 个,职工 5.4 万人,分别占总数的 41%和 24.8%。“十五”末机床工业与“十五”初相比,企业数略有增加,约增长 9.1%;从业人员减少较大,约减少 15.8%;工业总产值约为“十五”初的 2.5 倍,平均年增长约 26%;产品销售收入约为“十五”初的 2.8 倍,平均年增长约 28%。2001～2005 年机床工业主要经济指标完成情况见表 1。

表 1　2001～2005 年机床工业主要经济指标完成情况

指标名称	单位	2001 年	2002 年		2003 年		2004 年		2005 年	
		完成	完成	比上年增长(%)	完成	比上年增长(%)	完成	比上年增长(%)	完成	比上年增长(%)
企业数	个	584	631		591		612		637	
工业总产值	亿元	217.1	261.8	20.6	336.2	28.4	452.9	34.7	547.4	20.9
产品销售收入	亿元	199.5	250.4	25.5	320.6	28.0	435.8	35.9	534.6	22.7
从业人员	万人	25.9	25.2		22.9		22.7		21.8	

2. 机床产量和产值快速增长

“十五”期间,机床产量逐年快速增长,“十五”末金属切削机床产量为“十五”初的 2.35 倍;锻压机床产量为“十五”初的 2.4 倍。金属切削机床产值增长更快,“十五”末金属切削机床产值为“十五”初的 2.7 倍;锻压机床“十五”末产值为“十五”初的 2.3 倍。2005 年机床产值达到 51 亿美元,超过意大利,跃居世界第三。2001～2005 年金属切削机床和锻压机床生产情况见表 2。

表 2　2001～2005 年金属切削机床和锻压机床生产情况

项目名称	2001 年完成	2002 年		2003 年		2004 年		2005 年	
		完成	比上年增长(%)	完成	比上年增长(%)	完成	比上年增长(%)	完成	比上年增长(%)
金属切削机床产量(万台)	19.21	23.19	20.7	30.68	32.3	38.92	26.9	45.07	15.8
金属切削机床产值(亿元)	115.1	148.2	28.8	189.6	27.9	260.0	37.1	322.8	24.2

（续）

项目名称	2001年完成	2002年		2003年		2004年		2005年	
		完成	比上年增长(%)	完成	比上年增长(%)	完成	比上年增长(%)	完成	比上年增长(%)
锻压机床产量(万t)	26.06	36.37	39.6	49.92	37.3	52.82	5.8	62.53	18.4
锻压机床产值(亿元)	38.1	46.4	21.8	57.1	23.1	77.8	36.3	88.8	14.1

3. 数控机床高速发展

数控机床是现代制造业的基础装备。一个国家数控机床的水平和拥有量是衡量国家综合经济实力和国防安全的重要标志。当今，数控机床已成为机床市场消费的主流产品。一方面，我国汽车、航天航空、船舶、一般机械、铁路机车车辆、军工和高新技术产业的发展为数控机床提供了广阔的市场；另一方面，用户又不断对数控机床在数量上、质量上和水平上提出更高、更新的要求，推动数控。

(1)数控金属切削机床产值和产量大幅度上升。“十五”末数控机床产值达21.8亿美元，是“九五”末4.9亿美元的4.45倍，平均年增长达到34.8%。数控金属切削机床产量“十五”末为59 639台，是“九五”末14 053台的4.24倍，平均年增长达到33.5%。2001～2005年数控金属切削机床生产情况见表3。

表3　2001～2005年数控金属切削机床生产情况

指标名称	2001年	2002年	2003年	2004年	2005年
产值(亿美元)	6.2	8.0	11.1	16.3	21.8
产量(台)	17 521	24 803	36 813	51 861	59 639
比上年增长(%)		41.6	48.4	40.9	15.0

(2)产业集中度大幅度提高。表现之一是数控机床年产量达到1 000台以上的规模企业，到“十五”末已达到11个，而“九五”末1个也没有。表现之二是产量前10名企业数控机床产量之总和，占全国产量的比重达到45.9%。产量前5名企业数控机床产量之总和，占全国产量的比重达到35.8%。表现之三是产量最大的企业——沈阳机床(集团)有限责任公司2005年产数控金属切削机床超万台，达到10 008台，占全国总产量的16.8%，成为世界数控金属切削机床产量最大的企业。

(3)中低档数控机床得到用户广泛认可，可以基本立足于国内。通过引进技术和自主开发相结合，一批具有自主知识产权的数控机床品种，如数控车床、立式加工中心、数控铣床、数控镗床、数控齿轮机床、数控磨床、数控电加工机床、数控重型机床和数控锻压机床等产品，具有较好的性价比和竞争力，得到国内用户广泛认可，可基本上立足于国内。

(4)高档数控机床品种取得历史性突破。近几年，一批我国急需，长期依靠国外进口的高档数控机床品种取得机床史上零的突破。其代表产品有五轴横梁移动式高速龙门铣削中心、五轴龙门加工中心、五轴车铣中心、五轴立式叶片加工中心、五轴卧式加工中心、六轴五联动弧齿锥齿轮磨床和重型数控车铣床等等。这些高档数控机床在航空制造业、发电设备制造业和军工产品制造业，与国外设备同台运行，打破了国外设备一统天下的局面。

(5)金属切削机床行业产值数控化率步步上升。2001～2005年机床行业及金属切削机床产值数控化率见表4。

4. 机床市场消费连创记录，数控机床消费额超过一半

“十五”期间我国机床消费连创记录，连续4年成为世界机床第一消费大国和第一进口大国，机床消费和机床进口节节攀升。到“十五”末我国机床消费额已接近110亿美元，其中机床进口约65亿美元。中国机床消费金额占全球机床销售总额的比重已超过20%。数控机床消费金额占机床消费金额的比重达到59.6%，接近60%。2001～2005年我国机床消费、机床进口及数控机床消费比重见表5。

表4　2001～2005年机床行业及金属切削机床产值数控化率

指标名称	2001年	2002年	2003年	2004年	2005年
机床行业产值数控化率(%)	25.3	29.4	33.0	32.8	36.3
金属切削机床产值数控化率(%)	37.8	36.1	44.4	43.6	47.3

注：数据来自机床工具行业部分重点联系企业月报。

表5　2001～2005年我国机床消费、机床进口及数控机床消费比重

指标名称	2001年	2002年	2003年	2004年	2005年
机床消费(亿美元)	40.8	51.9	67.3	94.6	107.8
机床进口(亿美元)	24.1	31.5	41.3	59.2	65.0
数控机床占消费比重(%)	49.0	57.2	56.8	58.4	59.6

5. 国产机床市场占有率连年下降，只到“十五”末期才出现回升

“十五”开始，国民经济各行各业的发展需要大量高效、柔性机床和数控机床，而国内机床制造业在品种上、水平上、质量上和产量上都远远满足不了当时的需要，致使机床进口连年攀升，国产机床市场占有率出现连年下降。随着国产数控机床竞争力的逐步提高，用户认可度的上升，2005年国产机床市场占有率出现了连年下降后的回升。2001～2005年国产机床及数控机床市场占有率见表6。

6. 机床出口突破8亿美元，数控机床出口成为机床出口增长的重要因素

“十五”期间我国机床出口金额打破了长期在3亿美元

上下徘徊的局面，2005年达到8.2亿美元，是2001年的2.8倍，其出口金额占产值的比重也提高了0.5个百分点。数控机床出口成为机床出口增长的主要因素，占机床出口的比重逐年上升，2005年达到28.2%，比2001年提高13个百分点，2001～2005年机床出口额、出口占产值比重及数控机床出口占机床出口比重情况见表7。

表6　2001～2005年国产机床及数控机床市场占有率

指标名称	2001	2002	2003	2004	2005
机床市场占有率(%)	39.3	39.3	38.6	37.4	39.7
数控机床市场占有率(%)	29.0	28.9	28.1	26.9	30.4

表7　2001～2005年机床出口额、出口占产值比重及数控机床出口占机床出口比重情况

指标名称	2001	2002	2003	2004	2005
机床出口金额(亿美元)	2.9	3.1	3.8	5.4	8.2
出口占产值比重(%)	15.6	13.2	12.8	13.2	16.1
数控机床出口占机床出口比重(%)	15.2	12.4	16.2	22.7	28.2

7. 机床业实现跨地区、跨省市重组

"十五"期间我国机床工业突破地区封锁，实现了跨地区跨省市重组，实现了强强联合，形成了一批大型企业集团。陕西秦川机械发展股份有限公司兼并了陕西机床厂，更名为秦川格兰德机床有限公司。杭州机床集团有限公司收购了长春第一机床厂。沈阳机床集团有限公司2005年收购了云南CY集团有限公司，2005年又收购了交大昆机科技股份有限公司28%股份，成为该公司的大股东。大连机床集团有限责任公司、沈阳机床(集团)有限公司的机床产品产值进入了世界机床产值前15强。继后，北京机电院高技术股份有限公司又控股了北京第二机床厂有限公司等等。

8. 大企业走出国门兼并收购国际著名机床公司

2004年，大连机床集团有限责任公司继2002年并购了世界著名的美国英格索尔生产系统公司和曲轴设备公司后，又并购了在龙门镗铣加工机床方面国际著名的德国兹默曼公司(F. Zimmermann)。同年，沈阳机床集团并购了制造大型数控立式车床、数控龙门铣床和数控落地镗铣床的国际著名的德国希斯公司(Schiess AG)，上海明精机床公司并购了德国生产车床的沃伦贝格公司后，又并购了制造大型车床、加工中心、数控镗铣床的日本池贝公司等。2005年初，哈尔滨量具刃具集团有限责任公司并购了德国一家刀具系统制造公司——凯狮公司(KELCH)。此后，北京第一机床厂又全资收购了制造重型数控龙门铣床的国际著名公司——德国瓦德里希－科堡两合公司(Waldrich Coburg)。走出国门，实施跨国经营战略有利于国企学习国外先进技术和管理，提高我国企业在国际上的著名度。

9. 跨国机床集团公司大举进入中国市场

跨国机床公司以各种方式进入中国境内。从开始在中国境内成立代表处和备件库，负责产品营销和服务，然后设立维修服务展示中心，到进行合作合资生产，最终在中国成立独资子公司。合作生产的典型例子有北京第一机床厂与德国瓦德里希·科堡公司。与中国主要企业成立合资企业的主要合资公司有北京机床研究所与日本法纳克公司、苏州三光集团与日本沙迪克公司、宁夏长城机器集团有限公司与日本马扎克公司、汉川机床厂与瑞士阿奇夏米尔公司、上海锻压机床厂与日本天田公司、北京第一机床厂与日本大限公司等等，合资比例有中方控股向外方控股转变的倾向。最后，也是目前外资采取的主要方式，建立独资企业公司，逐步实现生产本地化。近几年先后在中国设立独资公司的跨国公司有瑞典三多维克、德国DMG和斯莱福临、韩国大宇、日本新日本工机、沙迪克和三菱电机、美国哈挺和法道、意大利利雅路等等，还有中国台湾地区的友嘉和金丰等不少企业在中国大陆都设立有独资企业，采用大部件组装方式进行产品生产。目前合资和独资机床企业主要生产中低档数控机床，加剧了国内中低档数控机床的竞争，冲击了国产数控机床企业。

10. 行业体制发生了大的变化

"十五"期间国有企业基本上实现了公司制或股份制改造，一批民营企业加入了机床行业队伍，增加了行业的活力，三资企业得到了较大发展。到2005年底，全国规模以上机床企业637个，其中国有企业306个，占48.0%；民营企业235个，占36.6%；三资企业98个，占15.4%。工业总产值和产品销售收入国有企业分别占62.2%和61.6%。与"十五"期初相比，民营企业和三资企业合计企业数占行业企业数的比重由25.6%上升到"十五"末的52%；合计工业总产值占行业的比重由19.0%上升到"十五"末的37.8%；合计产品销售收入占行业的比重由20.7%上升到"十五"末的38.4%。

11. 数控机床技术取得较快发展

"十五"期间，我国数控机床技术在高速化、复合化、精密化、多轴化等方面取得了显著的进步。以下分类介绍国产数控机床的发展和代表产品。

(1)加工中心。我国立式加工中心发展较快，产品具有自主产权，已进入批量生产，并得到使用者的广泛认可，基本上可满足国内需求。一般精度的卧式加工中心国内已有多家企业可提供，最近北京机床研究所精密机电有限公司开发了μm系列精密加工中心，机床配置具有自主产权的温度补偿系统，加工时的定位精度可稳定在8μm以内，填补了这方面的空白，达到国际先进水平。主轴转速12 000～40 000r/min，快速进给50～60m/min的高速加工中心，国内已能提供，其代表产品是沈阳BW机床有限公的BW60HS高速卧式加工中心、大连机床集团有限责任公司的HDS500和HDS630高速卧式加工中心和宁江机床集团有限公司的NJ－5HNC40高速加工中心。直线电动机驱动的加工中心也研制成功，北京机电院高技术股份有限公司研制开发了直线电动机驱动的VS1250高速立式加工中心，*X*/*Y*轴采用直线电动机驱动，快移速度为70/100m/min。目前，国际上加工中心的最新发展——铣车复合加工中心，即在卧式加工中心上增加了动力工作台——车削功能，可以在一次装卡下，完成盘壳类零件的铣加工和车加工，北京机床所精密机电有限公司和沈阳机床股份有限公司都研制成功这类机床，并已在CIMT2005国际机床展上亮相。

（2）数控车床、车削中心和车铣复合中心。我国平床身数控车床和斜床身数控车床已达到规模生产，质量稳定，有较好的性价比，在市场竞争中有较大优势。国产平床身数控车床具有中国特色，适合国情，占据了国内绝大部分市场，特别是民营企业。

车削中心近几年发展较快，一批合资企业可提供性能较优的车削中心，如大连因代克斯机床有限公司的TRAB300 /TRAB400车削中心和D200/D400车削中心、宁夏小巨人机床有限公司的QTN系列车削中心、哈挺中国有限公司的TALENT系列车削中心和德马吉上海有限公司的CTX10系列的车削中心等。可提供国产车削中心企业还有：沈阳机床股份有限公司、大连机床集团有限责任公司、宁夏长城数控机床有限公司等企业。最近，上海明精机床有限公司新开发出具有国际先进水平的八轴控制HM—024双主轴双刀塔车削中心。

数控车床的最新动态是向车铣复合中心发展。继沈阳机床股份有限公司在引进吸收消化德国Max Muller公司技术的基础上，自行开发出SSCKZ40、SSCKZ80五轴车铣复合中心和江苏多棱数控机床有限公司自行研发出车铣复合中心后，大连机床集团有限责任公司和北京第一机床厂也开发出具有国际先进水平的CHD25和CXMH6130双主轴双刀塔9轴5联动车铣复合中心。至此，我国已有4个企业可提供车铣复合中心。沈阳机床股份有限公司车铣复合中心已形成系列，并出口到美国。北京第一机床厂开发的CXMH6130双主轴双刀塔9轴5联动车铣复合中心是车铣复合中心的最新形式，由车床和加工中心组合而成，Y轴行程大，加工范围进一步扩大。另外，沈阳机床股份有限公司可提供按德国希斯公司技术合作生产的VMG1.28数控立式龙门移动车铣复合中心，最大车削直径为3 200 mm。武汉重型机床集团有限公司研发出最大加工直径8 000mm七轴五联动数控重型立式车铣复合中心和CKX53160数控立式单柱移动车铣复合中心，最大加工直径为16 000mm。齐重数控装备有限公司开发出16.2m超重数控龙门移动立式车铣复合机床。

（3）五轴联动机床。①五轴加工中心。目前，宁江机床集团有限公司、北京机床研究所精密机电有限公司、大连机床集团有限责任公司、桂林机床股份有限公司等单位都可提供五轴联动卧式或立式加工中心。②五轴联动并联机床。齐齐哈尔二机床集团、清华大学和哈尔滨电机厂有限公司合作开发的XNZD2415五轴龙门混联机床，由二组并行四边形机构实现Y/Z向运动、工作台实现X向运动和A/C摆动头形成五轴联动，该机已用于哈尔滨电机厂有限公司加工大型叶片。哈尔滨量具刃具集团有限公司与哈尔滨工业大学联合开发的HLNC5001五轴并联加工中心，采用典型的6连杆并联机构，并在工作台上配置卧式数控转台和尾架，实现五轴联动。目前已有4台该种机床在哈尔滨汽轮机厂用于叶片加工。③五轴联动数控龙门铣床和五轴联动龙门铣削中心。江苏多棱数控机床有限公司研制开发的横梁移动式高速五轴龙门铣床已用于南昌洪都飞机制造公司加工大型铝合金板结构件；桂林机床股份有限公司与大专院校合作开发的五轴联动数控龙门铣床，已有多台销售到航空工业系统；济南二机床集团有限公司通过引进消化开发的五轴联动数控龙门铣床和五轴联动龙门铣削中心已有数台销售到水泵制造业，用于加工大型水泵叶片；沈阳中捷机床有限公司也开发了多种规格五轴联动数控龙门铣床和五轴联动龙门铣削中心。除上述外，北京第一机床厂、上海重型机床厂也研发了五轴联动数控龙门铣床，北京机电院高技术股份有限公司也为郑州飞机制造公司开发了直线电动机驱动的横梁移动式高速五轴龙门铣削中心等等。到目前为止，我国已有10来个企业可提供各种规格、各种型式的五轴联动数控龙门铣床或五轴联动龙门铣削中心。④五轴叶片加工中心。北京机电院高技术股份有限公司与东方汽轮机厂合作，开发出XKH系列五轴叶片立式加工中心，已有近10台应用于东方汽轮机厂进行大型叶片加工。目前，该公司正在将此产品扩大应用到飞机发动机制造业。另外，桂林机床股份有限公司、自贡长征机床有限公司也开发出五轴叶片立式加工中心。⑤五轴联动数控成形磨床和五轴联动数控弧齿锥齿轮磨齿机。杭州机床集团公司自主开发出七轴五联动数控缓进给成形磨床，适于加工叶片的叶根或叶冠等部位和有复杂型面的零件。湖南中大创远数控装备有限公司自主开发和生产出YK系列七轴五轴联动数控弧齿锥齿轮磨齿机产品。⑥五轴联动数控落地镗铣床。交大昆机股份有限公司、济南二机床集团有限公司、齐齐哈尔二机床集团有限公司、江苏多棱数控机床有限公司等单位可提供各种规格的五轴联动数控落地镗铣床。

（4）数控磨床。我国数控磨床发展较快，通过引进吸收消化和创新，国产数控磨床在品种上和水平上基本可满足国内需要，部分还出口国外。一批长期依赖国外进口的高档数控磨床取得了突破。如上海机床厂有限公司、北京二机床有限公司、湖大海捷制造技术有限公司可提供多种规格的高速数控凸轮轴磨床；上海机床厂有限公司开发出数控花键磨床、数控曲轴颈和主轴颈磨床和大型数控外圆磨床；杭州机床集团有限公司开发出叶片双面榫齿数控蠕动磨床、叶片安装板数控蠕动磨床、七轴五联动数控蠕动成形磨床和大型平面磨床；济南四机数控机床有限公司开发出数控阀体端面外圆磨床和数控气门锥面精密磨床等等。

（5）数控齿轮机床。数控齿轮机床是各类数控机床中发展最快，与国际水平最接近的一类数控机床。目前，我国齿轮制造业除高精度和特殊需要外，基本上都采用国产设备，满足度很高。目前，我国已能生产提供数控干切自动滚齿机、六轴四联动数控高速滚齿机、带电子导程的数控插齿机、数控弧齿锥齿轮铣齿机和七轴五联动数控弧齿锥齿轮磨齿机、数控成形砂轮磨齿机和直线电动机、扭矩电动机驱动的高精度剃齿刀磨床等具有国际水平的齿轮机床。

(6)数控电火花加工机。数控电火花加工机，特别是快走丝线切割机我国具有明显的性能特色和技术优势，适应我国国情，形成了一个相当的市场规模。慢走丝线切割机发展也较快，国内苏州三光科技有限公司、苏州中特机电科技有限公司、汉川机床有限责任公司和北京阿奇夏米尔工业电子有限公司等单位都有生产，机床加工表面粗糙度 R_a 为 0.4～0.5μm、生产效率约 200mm²/min，属一般精度，国际中档水平。国际著名企业在国内设立的独资企业如苏州沙迪克特种设备有限公司、大连三菱机电自动化有限公司等企业可提供中高档慢走丝线切割机和中高档电火花成形机。前者采用浸水加工，防电解电源，有拐角加工控制回路和精加工回路，可多次切割，最佳表面粗糙度为 R_a 为 0.2～0.4μm，生产效率约 300～400mm²/min；后者最佳表面粗糙度为 R_a 为 0.1～0.2μm。另外，我国在特种电加工技术上发展很快，北京市电加工研究所针对超硬材料加工、苏州电加工研究所针对航空发动机零件加工，创新地开发出一系具有自主产权的电加工机床。

(7)数控重型机床。我国数控重型机床有优越的性价比，市场占有率高。"十五"期间武汉重型机床集团有限公司、齐齐哈尔二机床(集团)有限责任公司、齐重数控装备有限公司等单位已为发电设备制造业、冶金设备制造业、造船制造业等行业提供了大量数控重型机床，如 16m 超重数控单柱移动立式车铣复合机床、16.2m 超重数控龙门移动立式车铣复合机床、镗杆直径 Φ260mm 数控落地铣镗床、5 000mm×18 000mm 超重型数控卧式车床等等。

(8)锻压机床。我国锻压机床与金属切削机床相比发展更快，锻压机床行业已成功为汽车工业提供多条全自动板材冲压生产线，目前汽车工业的板材生产线已立足于国内，并有多条出口美国通用汽车公司及其泰国分公司。通过引进、合作和合资，国产数控剪板机、数控折弯机、数控转塔冲床等产品技术成熟，可满足国内用户需求。另外，我国有些企业已掌握了数控冲剪复合柔性生产线、数控开卷横剪生产线、折弯柔性加工单元、激光转塔冲剪复合加工机等高技术产品的技术和生产。

二、我国数控机床工业存在的问题

"十五"期间我国机床工业取得了很大的进步，但与国外机床产业相比，差距依然比较明显。主要是我国机床工业综合竞争力不强，表现在机床产品品种、技术水平、可靠性以及产业化程度、成套能力等方面，与工业发达国家相比都有较大差距。

1. 国外机床技术的发展

步入 21 世纪，国际机床技术发展迅速，主要表现在以下几个方面：

(1)高速化技术。机床高速化技术的目的是通过提高主轴转速、主轴功率，提高机床切削加工能力以及缩短非机动时间，实现制造的高效化。高速加工技术已广泛应用于一般机械零件加工、模具加工和航空航天零件加工上，并取得了明显的经济效益。高速加工中心的主轴转速、主轴功率、主轴启止动时间、快速行程速度、加速度和换刀时间几乎都比 20 世纪 90 年代中期提高了一倍以上。高速加工中心的主轴转速一般都在12 000～20 000r/min，最高的达到 60 000～100 000 r/min；轴的快速行程一般都为 40～60m/min、加速度为 $0.8g$～$1g$，最高的行程速度达到 120m/min、加速度为 $2g$～$3g$。目前，高速加工技术主要应用于飞机制造业，成倍地提高了铝合金零件的加工效率和加工精度以及模具制造业型腔模具型面的铣削加工，要求的机床主轴转数都在24 000r/min 以上，轴加速度在 $0.8g$～$1g$。而对于钢铁和钛合金铣削加工，通常选用主轴转数在6 000～12 000r/min 之间，轴加速度在 $0.6g$～$1g$ 之间。为适应高速加工的要求，在机床的结构设计上国外广泛采用框中框结构，立柱移动式结构和直接驱动技术(如直线电动机、扭矩电动机、内置电动机主轴等)、重心驱动技术(如双丝杠驱动)。

(2)精密化技术。随着零件精度的不断提高，对机床加工精度的要求也在提高。以汽车发动机零件为例，从 20 世纪 80 年代到 90 年代零件的尺寸精度、几何精度、形位误差、表面粗糙度几乎提高了一倍多。特别是步入 21 世纪以后，信息产业的快速发展，其半导体器材加工、镜片加工和工模具加工对机床加工精度提出了更高的要求，要求从微米级向亚微米级、纳米级过渡；微型机械的发展也要求加工精度从微米级向亚微米级、纳米级过渡。目前，国外各大企业都在积极开发加工精度接近坐标镗床的精密加工中心、亚微米精密数控车床，还在数控磨床、精密车床和精密加工中心上采用分辨率为 0.1μm 的数控系统，广泛采用精度补偿技术和实时精度补偿技术，提高加工精度的稳定性。除此以外，某些国外大公司还在积极开展超精加工技术的研究，开发各种超精加工机床，如亚微米数控车床和纳米数控车床、纳米数控铣床、纳米微型数控磨床、纳米电火花加工机等。

(3)复合化技术。复合加工，也就是机床的复合化技术，是近年来机床技术发展最活跃、最快的技术之一。在一台机床上能完成复数工序和复数工种加工的称为复合加工机，目的在于实现复杂形状零件一次装夹完成全部加工工序。总之，用工序集中的方法可以实现生产的高效化，提高机床的附加值，免除了加工间的在制品存储和周转，大大缩短了零件的生产周期和制造成本。近几年，复合加工机发展迅速，国外各公司相继开发出多种多样的复合加工机，如车铣复合中心、铣车复合中心、棒料铣车复合中心、激光铣削中心、超声波铣削中心、车磨复合中心、激光焊接切割复合加工机、激光切割冲孔复合加工机、齿轮磨珩复合加工机等。

(4)智能化和信息化技术。现代数控机床和现代制造技术都离不开智能化技术。当前的数控机床都采用开放式数控系统结构，已将 CNC 和 PC 互相融合，可以相互通信，CNC 可以向 PC 提供答复、建议和报告，提高了数控机床的生产效率、自动化程度和可操作性。系统具有在线技术后援和在线服务后援功能。自动编程系统的使用能按普通机床的加工习惯对机床进行编程，无需专门知识。在线服务可以根据用户要求随时接通 INTERNET 接受远程服务。智能化使机床成为一台具有储存，工件输送和加工一体化、工件识别、工件夹持控制、适应控制、信息网络等最新监控技术的单元加工机。

信息化技术在制造系统上的应用，发展成柔性制造单元和智能网络工厂，并有进一步向可重组制造系统发展。

2. 我国机床工业存在的问题

“十五”期间我国机床工业发展很快，机床产量产值剧增。“十五”期间我国机床产值稳居世界第四位，到“十五”末我国机床按产值计成为世界第三机床生产国。但是，我国仅仅还是世界机床生产大国，不是机床生产强国。我国机床工业与发达国家机床工业相比，从总体上看，差距依然明显。其总体表现是三低，即国内满足率低，产值出口率低，人均产值低。2005 年世界各主要国家进口占消费比、出口占产值比、人均产值情况见表 8。

表 8　2005 年世界各主要国家进口占消费比、出口占产值比、人均产值情况

项　目	日本	德国	意大利	美国	瑞士	韩国	西班牙	英国	中国台湾	中国
进口占消费比例(%)	9	33	29	69	56	53	53	87	76	60.3
出口占产值比例(%)	49	61	50	45	86	40	53	87	79	16
人均产值(万美元)	30	12	14	17	16	4	15	10		2.3

由表 8 可见，我国国产机床市场占有率很低；出口占产值的比重最小，仅为 16%；人均产值最低，约为韩国的 1/2，为日本 1/13。主要原因是产品技术含量偏低，竞争力不高。

(1)产品水平低。我国生产的金属切削机床仍然以普通机床为主，数控机床仅占金属切削机床产量的 13%左右，金属切削机床产值的数控化率约为 47%，而日本为 88%、美国为 79%。在生产的数控机床中，经济型数控机床(主要指二轴控制以下的平床身数控车床和快走丝线切割机床)占主导地位，约占数控机床产量的 70%以上。

(2)数控机床产业化程度低。我国生产加工中心、普及型数控车床的企业年产量大多为几百台，最多的可达到千台而海外企业月产数控机床都在数百台以上，最高的月产接近千台。

(3)产品生产周期长，交货期长，质量稳定性相对较差。造成以上现象的根本原因是：①基础研究和开发能力弱，自主创新能力不高。国民经济和国防建设中急需的很多中高档数控机床基本上需依赖国外进口，如汽车发动机缸体、缸盖、曲轴、凸轮轴和连杆生产线、五轴加工中心、精密加工中心和立卧铣削中心、车削中心和车铣中心、高速五轴龙门铣床和龙门铣削中心、精密电加工机床、高精度磨床和高精度专用磨床、高效专用机床等等。②制造和管理技术相对落后。制造技术落后，生产管理信息化程度低是我国机床工业最大弱项。国外企业在机床零部件生产上普遍采用数控机床、柔性生产单元、柔性生产线和信息网络制造技术，而我国机床企业的制造设备仍以普通机床为主，设备的数控化率仅在 6%～10%之间，零件质量受人的因素影响大。制造和管理技术落后造成产品生产周期长，交货期长，质量稳定性相对较差；也造成数控机床产业化程度低；最终造成人均产值较低。

三、“十一五”展望

经过“十五”发展，市场容量已大大地提高，我国连续四年成为世界机床消费第一大国，2005 年消费金额达 107.8 亿美元，占世界机床消费总额的 20%以上。“十五”期间我国数控金属切削机床生产和消费数量剧增，但到“十五”末，数控金属切削机床的进口和消费数量增幅已大幅度回落，回落到个位数。

从发达国家机床生产、进口和消费资料看：2004 年，日本生产金属切削机床79 500台，其中数控金属切削机床60 713台，金属切削机床 50%以上出口。生产的数控金属切削机床中，数控车床占 28.4%，加工中心占 18.2%。日本消费数控金属切削机床28 000台，其中进口3 804台。2003 年，美国生产金属切削机床18 869台，其中数控金属切削机床11 132台；国内消费金属切削机床32 235台，数控金属切削机床22 184台，其中数控车床和加工中心分别占 16%和 24.5%。可见，日本和美国年消费数控金属切削机床都不到30 000台。

因而，可以预计，“十一五”期间，我国机床行业将从激情的高速增长回归到正常的平稳增长阶段，市场需求的量和金额不会有大增长，但是市场需求的质量会有较大的提高，特别是普及型以上的中高档数控机床将逐步成为市场需求的主流。展望“十一五”：

1. 国产数控机床综合竞争力将大幅度提高

“十五”后期，机床工业企业和企业集团加大了技术改造、引进和开发的投入，大连机床集团有限责任公司、沈阳机床(集团)有限公司投入十几亿元，还有一些企业也投入上亿元。到“十一五”中期，具有自主产权的国产普及型数控机床(中档数控机床)将形成规模化生产，生产能力将大幅度提高，产品质量稳定性将进一步提高，交货期将进一步缩短，竞争力将进一步增强。一批自行研发，具有自主核心技术的高档数控机床开始定型，进入批量生产，以优越的性价比与国外机床同台竞争。届时，国产数控机床竞争力将大幅度提高，最终国产数控机床的市场占有率将出现根本的变化。

2. 跨国机床集团在中国本土形成本地化生产能力

一批“十五”期间跨国机床集团在中国设立的独资企业或合资企业，如德国的德马吉上海有限公司、大连因代克斯机床有限公司、柯尔柏斯来福临机械(太仓)有限公司；美国的哈挺中国有限公司、上海法道机床有限公司；日本的宁夏小巨人机床有限公司、北一大隈机床有限公司、沙迪克上海有限公司以及台湾地区的友佳(萧山)实业有限公司等企业将形成本地化生产能力。由于中国机床市场的持续兴旺，“十一五”期间将在中国各地出现更多的跨国机床公司的独资企业。

3. 市场竞争加剧

“十一五”期间我国的机床市场规模不会有较大的变化,预计年机床消费额保持在110亿～120亿美元之间。国产机床要求得进一步发展,要提高市场占有率,必须从这块变化不大的市场份额中去争夺。因而,国有企业、民营企业与国外企业、外资企业、合资企业之间的竞争将会异常激烈。竞争主要是数控机床,而焦点是加工中心、普及型数控车床和车削中心。因为,在2005年我国数控金属切削机床消费中,加工中心消费约占数控金属切削机床消费量的17%和金额的30.5%,数控车床消费约占数控金属切削机床消费量的50.5%和金额的20%,两者合计占数控金属切削机床消费量的67.5%和金额的50.5%。而目前,国产加工中心、普及型数控车床金额的市场占有率很低,分别约为18%和30%。

2005年9月28日通过的《国务院关于加快振兴装备制造业的若干意见》,数控机床已列入16个重点振兴装备制造业之一。数控机床是装备制造业的工作母机,又是装备工业的装备,必须优先加以发展。《若干意见》的出台,为机床工业的发展提供了前所未有的发展机遇。

“十一五”期间机床工业要加快产业结构的调整;积极进行产品结构的调整;注重自主创新能力的培养;加大技改力度,采用先进技术装备和先进管理技术。相信,到“十一五”末,我国机床工业一定能改变目前高档数控机床依赖进口和市场占有率偏低的局面,实现“十一五”规划的主要目标——国产高档数控机床基本上可以满足国民经济和国防工业需要、国产机床市场占有率达到50%。

“中国机械工业科学技术奖”促进机床工具行业技术创新

——评“十五”期间机床工具行业“中国机械工业科学技术奖”

中国机床工具工业协会　于思远

机械工业行业自2001年开始设立“中国机械工业科学技术奖”(简称“科学技术奖”),该奖项评审工作在机床工具行业已经进行了5年。该奖的评审极大地调动了企业开发新产品和技术创新的积极性,促进了机床工具产品技术水平的提高和机床工具行业的技术进步。同时,表彰了在机床工具行业技术发展中做出突出贡献的单位和科技人员,增强了获奖人员的荣誉感,促进了技术人员的积极性,提高了获奖企业在市场上的知名度。

一、“科学技术奖”鼓励自主技术创新

近几年,我国机床工业的快速发展和进步,不仅仅体现在机床产量,特别是数控机床产量的快速增长上,更重要的还是体现在产品技术水平的提高和制造质量水平的提升上。随着我国机床工业的快速发展,机床工具行业更加重视技术创新,加大对产品研发的支持力度,鼓励提高自主创新能力,不断研发出一批具有高水平的机床工具产品和技术,形成一批具有自主知识产权、较强国际竞争力的优势企业。“科学技术奖”的设立主要是奖励国内自主研发的技术和产品,“十五”期间机床工具行业获得的80项“科学技术奖”,真实反映了5年来机床工具行业自主创新技术和产品开发水平的提高,也是技术创新能力提高的体现。获奖技术和产品具有国际或国内先进水平,是国外不愿转让的、填补国内空白的技术和产品,其中部分技术和产品是具有自己的专利技术,并在用户生产中得到验证,是可靠和成熟的技术产品。可以说,获奖项目是机床工具行业自主技术创新的代表,是自主创新振兴我国装备制造业的基础,部分的替代了同类机床工具产品的进口,极大地支援了国民经济发展和国防军工建设,产生了极大的社会效益。获奖项目技术对企业的产品发展也起着巨大的促进作用:一方面,将获奖项目的单台产品发展成为系列产品;另一方面,将获奖技术运用到其他产品上,全面推动了企业整体技术水平的提高。

二、自主技术创新是必然的战略选择

进入21世纪以来,我国机床工业产量连续多年快速增长,金属切削机床产量从2000年的不足18万台增长到2005年的45万多台,年均增长超过20%,机床产量已经多年居世界首位。特别是数控机床产量增长更快,年产量从2000年的1.4万多台增长到2005年的近6万台,年均增长约34%,数控机床产量已经挤进世界前3位,我国已经成为世界名副其实的机床生产大国。从我国机床行业发展的现状看,机床行业面临的真正考验并不是量的增长速度,而是质的提高,应当从追求量的增长向追求质的提高方向发展。目前我国生产的绝大部分数控机床都是中低档的,低档产品功能少技术含量低,中档产品大多靠引进技术生产,高档产品较少主要依靠进口。如何保证我国数控机床能够持续高速增长?仅仅靠扩大产量是根本不可能的,只能借助于加快调整产品结构,增加产品的技术含量和附加值,提高产品的整体水平,否则很难支持这么高速度的持续增长。加强企业自主创新能力,真正承担起振兴我国装备制造业的重任,尽快满足国民经济发展和国防建设的需要,这在行业中已经形成共识。自主创新能力是机床工具行业提高竞争力的核心,是应对国际机床市场挑战的必然选择,也是指导全行业技术发展的基本战略,更是实现建设机床“强国”目标的主要途径。

对于每一个机床工具企业,只有提高自主创新能力,才能在竞争中赢得用户的信任,在激烈的国际竞争中赢得主动。重要的是机床是关系到国民经济发展和国防军工建设的战略性装备，真正的核心技术、关键技术是买不来的，没有其他捷径可走，只能依靠自主创新。也就是说，今后我国机床行业的发展，只有加强自主技术创新，才能解决过分依赖引进技术或引进技术消化不良的问题。所以，机床企业只有把提高自主技术创新放在产品开发的首位，在一些重要技术和产品中，掌握一批拥有自主知识产权的核心技术，开发出一批具有国际先进水平的高档产品，把自己造就成具有国际竞争力的机床工具企业。近几年，机床工具行业中不少企业在自主技术创新的道路上，不断研发出一批高水平的技术和产品，出现一大批获得“科学技术奖”的项目。

三、重点获奖项目分析

“十五”期间，机床工具行业获“科学技术奖”共计80项，其中一等奖6项、二等奖24项、三等奖50项。在“科学技术奖”项目中，还有部分项目获得了国家级“科技进步奖”。获奖项目具有以下突出特点：一是技术水平高，技术难度大，对技术进步有促进作用，经济效益好，有很大推广实用价值；二是在实际生产应用中得到验证和受到用户好评的项目；三是大都以自主研发和技术创新为主。由于获奖项目较多，以下只对部分获奖项目进行简单的分析。

江苏多棱数控机床股份有限公司完成的“TH42160B/5X型五轴联动龙门加工中心”，在2003年获得一等奖。该五轴联动龙门加工中心在技术功能上与国际先进水平基本相当，说明我国数控机床已经突破重围，向高档数控机床迈进。无论在数控系统还是在主机方面，国内已经基本解决了高档机床的技术问题，国产高档数控机床已经逐渐被用户所接受，这是一个非常大的进步。

武汉重型机床有限公司完成的“CKX53160数控单柱移动立式铣车床”，在2004年获得一等奖，同时也获得国家级“科技进步奖”二等奖。该机床最大车削直径16m，最大工件高度6.3m，工作台最大承重550t，主电动机功率125kW。主要适用于设备水轮机组制造和重型机器制造，除能完成车削工序外，还可以车削螺纹、锥体和各种旋转曲面体，工作台具有铣削进给和精密分度功能，侧刀架可搬角度，刀架均可直接安装铣刀或直角头附件，完成铣端面和镗孔等功能。此外，该机床还可进行平面和内外圆磨削，对特大型部件一次装卡可完成车、铣、镗、钻、攻螺纹、磨削等全部加工工序。该机床为首创，在国际上也很少见到，已经达到国际领先水平，显示出该企业强大的自主创新能力。该设备已经成为三峡工程发电机组大件加工的关键设备，并且将继续为我国的发电机组制造和重型机器制造做出重大贡献。

北京机电院高技术股份有限公司完成的“大型汽轮机叶片五轴联动加工中心 ”，在2005年获得一等奖，该加工中心是针对加工60万kW汽轮机的40in大型叶片自主开发研制的。叶片为空间曲面，结构复杂，叶型扭转近90°，叶身中部带有凸台，叶根圆角由多个变直径的圆弧组成。该加工中心为六轴控制，可实现五轴联动。选用了开放式数控系统，系统软件可选配五轴数控加工软件包，具有三维刀具半径及长度补偿、五轴直线插补、圆弧插补、锥形表面插补和曲线插补等功能。自行开发加工程序后置处理软件，适用于多种方式开发的五轴加工程序的转换，并适用于多种数控系统。一系列的自主创新设计可保证五轴联动加工中心的先进性和实用性，并拥有自主知识产权。该机床的加工精度达到同类进口机床水平，具有很高的性能价格比。机电院自行开发研制的大型五轴联动叶片加工中心该机床的研制成功，解决了我国汽轮机行业大型超临界汽轮机组大型叶片的加工难题。该装备研制成功后，经实际使用，证明各项性能指标达到国际先进水平，而价格仅是进口同类产品的1/5。对提高我国机床制造水平，缩小与国外先进水平的差距具有积极意义。为我国数控机床的发展做出了贡献。过去此类设备我国一直依赖进口，其制造技术只掌握在国外少数几个公司手里。该产品的研制成功，打破了国外公司对技术和市场的垄断，打破了国外对我国重点用户的禁运，同时也迫使国外厂商降低了进口机床的价格。

获奖项目中，不仅获得一等奖的项目达到国际先进水平，而且所有80个获奖项目都具有很高的技术水平。如：2004年度获得二等奖的“六轴数控高效电火花小孔加工工艺及设备”项目，为军工航天行业解决了关键加工工艺，受到用户的高度赞扬；2005年度获得二等奖的“2 400t大型闭式四点多连杆压力机”项目，填补了国内空白，整体水平达到当今国际先进水平，可以参与国际竞争。该机床自动化程度高，功能多，广泛适用于大型薄板件的拉伸、成形、压弯、冲裁等各种冲压工序，可广泛用于汽车、电器等行业。此外，还有一大批各种加工中心、功能部件、刀具量仪等获奖项目，都是受到广大用户欢迎的产品。

四、“科学技术奖”促进了行业的技术进步

近几年，机床工具行业申报“科学技术奖”项目的数量逐年增加，申报项目的范围和品种在扩大，从研发到工艺，从硬件到软件，从主机到配套部件，从单机到自动线，从超大型机床到精密机床等，基本上形成了全面开花的局面。特别值得一提的是，自主开发的高档数控机床产品申报项目逐年增多，高速、高精、复合、五轴联动等数控机床，已经不再是个别稀少产品，获奖项目的技术水平一年比一年高。从获奖项目看，机床工具企业的市场观念和技术创新意识普遍在加强，越来越多的企业注重市场适用技术及国家重点工程建设项目急需设备的开发，不仅高档数控机床产品开发速度加快，而且专用设备和成套自动线项目也在增加，同时特别重视产品的经济效益。近几年，机床企业加大了研发高档数控机床的力度，提高了开发高档数控机床的能力，研制开发出一批为发电设备、交通运输设备、航空航天、国防军工等行业需要的重大机床装备。

“十五”期间，机床工具行业获得“科学技术奖”80项，且有一等奖6项。这些获奖项目都是通过不同自主技术创新路线开发出来的高新技术产品，自主创新技术主要有三种来源：一是通过产学研相结合，研发出具有国际先进水平的技术产品，其特点是完全拥有自己的专利技术，具有自主知识产权；二是技术集成创新，目前国际上采用的数控机床技术绝大部分是成熟技术，将这些成熟技术进行集成，开发出具有整体先进水平的高档产品。如：高速数控机床也要具有相当高的精度、多轴联动及复合功能等，这种高速数控机床才称得上是高档数控机床；三是通过技术引进、消化吸收、再创新，从而开发出属于自己的产品。我国拥有机床工具企业几千个，其中大部分企业技术基础差，技术人员少，技术产品开发能力低。许多企业采用较高起点，引进技术的办法，能够在较短的时间内，经过对引进技术的消化吸收，在原有引进技术的基础上进行再创新，开发出具有自己品牌的新产品。使企业的产品水平上一个台阶。虽然获奖项目所采用的技术路线不同，但其共同的特点是创新，通过自主技术创新达到提高产品的整体技术水平和满足市场需要的目的。

获得“科学技术奖”项目在机床行业全部品种数量中占的比重虽不大，但分量很重，作用很大，起到种子、火种的作用。不少项目在获奖后，将单机扩展成系列，提高了市场占有率；有的获奖后将其技术移植到另外一种产品上，全面推动了企业整体产品技术水平的提高；获奖的共性技术，对全行业的技术发展都有益。通过评审“科学技术奖”，将激励国内大中型机床企业自主研发更多的高水平数控机床，致力于与国外知名企业争夺中国高档数控机床市场，争取占有更多的市场份额。

自主创新和振兴装备制造业已提升到国家意志的战略高度，作为装备制造业基础的机床工业，特别是数控机床制造业，直接关系到国家的经济和国防安全，战略地位日益突出，受到国家政府的重视和支持。数控机床产业发展面临着前所未有的国家大好政策环境，是绝好的发展机遇期。广大机床工具企业应抓住这个黄金发展时期，加强自主技术创新，开发出更多高档机床工具产品，为振兴装备制造业做出贡献。“机械工业科学技术奖”将进一步鼓励自主技术创新，用自主创新促进全行业技术进步。

“十五”期间机床工具行业“中国机械工业科学技术奖”获奖项目见表1。

表1 “十五”期间机床工具行业获“中国机械工业科学技术奖”项目

序号	获奖项目	完成单位	获奖年份
一等奖			
1	数控机床可靠性设计与可靠性增长技术的研究	吉林大学、沈阳第一机床厂、北京市机电研究院、长城机床厂、济南一机床集团有限公司 北京第一机床厂	2001年
2	SPHERE200超精密球面镜加工机床	北京机床研究所	2002年
3	切屑形成与折断的机理、虚拟现实、预报系统及其应用	哈尔滨理工大学	2002年
4	TH42160B/5X型五轴联动龙门式加工中心	江苏多棱数控机床股份有限公司	2003年
5	CKX53160数控单柱移动立式铣车床	武汉武重机床有限责任公司	2004年
6	大型汽轮机叶片五轴联动加工中心研制	北京机电院高技术股份有限公司	2005年
二等奖			
7	数控机床用户加工工艺及自动编程技术的开发研究	机械科学研究院、成都工具研究所、清华大学、合肥工业大学、大河机床厂、长城机床厂	2001年
8	硬质合金精密复杂成形刀具PVD复合涂层成套技术	成都工具研究所	2001年
9	新一代数控高精度内圆磨床	无锡机床股份有限公司、东南大学	2001年
10	高精度超薄超硬材料磨具成套制造技术的研究	郑州磨料磨具磨削研究所	2002年
11	SHZ1044双主轴立式车削中心	上海重型机床厂、上海理工大学	2002年
12	2MK9733数控变径螺旋导轮磨床	北京市机电研究院	2002年
13	快速重组制造系统理论与方法研究	北京机床研究所、清华大学	2002年
14	CK1463型车削单元	南京数控机床有限公司	2002年
15	EQ491曲轴在线综合测量机研制	东风汽车有限公司工业研究所、东风汽车有限公司发动机厂	2002年
16	YKS3120六轴四联动数控高速滚齿机及其系列产品模块化的研制	重庆机床厂	2003年
17	CH61250×8/30卧式车削中心	青海重型机床有限责任公司	2003年
18	S2－237磁悬浮轨道梁专用数控机床	中捷机床有限公司	2003年
19	CNC齿轮测量中心	哈尔滨量具刃具厂、西安工业学院	2003年
20	六轴数控高效电火花小孔加工工艺及设备	苏州电加工机床研究所、苏州中特机电科技有限公司	2004年
21	多种控制系统数控机床集群控制系统研究及示范	北京机床研究所	2004年
22	YK2045数控孤齿锥齿轮磨齿机	中南大学齿轮研究所、长沙弘力精密机械有限公司	2004年
23	CK52100×50/150K数控重型双柱立式车床	齐重数控装备股份有限公司	2004年
24	MKLD7140型数控强力双磨头缓进给成形磨床	杭州机床集团有限公司	2004年
25	LS4－2400闭式四点多连杆压力机	济南二机床集团有限公司	2005年
26	大面积聚晶金刚石(PCD)高效、绿色、精密特种加工技术	北京市电加工研究所	2005年
27	螺旋曲面数控旋风包络铣削技术研究	沈阳工业大学	2005年
28	VMC75H高速立式加工中心	北京机床研究所	2005年
29	六足并联机床	哈尔滨量具刃具集团有限责任公司、哈尔滨工业大学	2005年
30	SSCKZ系列五轴车铣加工中心	沈阳数控机床有限责任公司	2005年

（续）

序号	获奖项目	完成单位	获奖年份
三等奖			
31	齿轮定量冷精挤加工技术	大连理工大学、大连机床集团有限责任公司	2001年
32	机床整机设计CAD技术	北京机床研究所、西安理工大学、天津大学	2001年
33	刀库、机械手工程化研究	北京机床研究所	2001年
34	圆柱齿轮(轴)准柔性自动生产线研究开发	合肥工业大学	2001年
35	数控机床用工具系统工程化技术的开发研究	成都工具研究所	2001年
36	DWJ－A/B－2型数控万能水切割机	南京大地水刀有限公司	2001年
37	J425数控立式升降台铣床	南通纵横国际股份有限公司	2001年
38	WX－ZX008深沟球轴承磨加工自动线	无锡机床股份有限公司	2002年
39	内装式电主轴单元的工程化开发研究	洛阳轴承研究所	2002年
40	CK64150数控端面车床	天水星火机床厂	2002年
41	XK2420×40数控定梁龙门镗铣床	南京二机床集团有限公司	2002年
42	高速滚珠丝杠副测试技术及装置的开发研究	北京机床研究所	2002年
43	普及型数控车床产业化工程的开发研究	济南一机床集团有限公司	2002年
44	MJ－18型数控车床	济南一机床集团有限公司	2002年
45	克林贝尔摆线等高齿锥齿轮铣刀	哈尔滨第一工具厂	2002年
46	MJ－520/MC数控车削中心	济南一机床集团有限公司	2002年
47	齿轮加工监测系统研制	西安理工大学	2002年
48	大型齿轮在机测量原理与技术及综合测量仪	沈阳工业大学、沈阳重型机械集团减速机厂	2002年
49	硬质合金弧齿锥齿轮铣刀	哈尔滨第一工具有限公司	2003年
50	TK21100D×180/80数控深孔钻镗床	齐齐哈尔第一机床厂	2003年
51	HZ－K4020型等数控龙门平面磨床系列产品	杭州机床集团有限公司	2003年
52	DA98全数字式交流伺服驱动装置中试投产	广州数控设备厂	2003年
53	XB—4000钢板铣边机	天水锻压机床厂	2003年
54	主轴倒置式数控单轴立车的开发与应用	东风汽车有限公司设备制造厂	2003年
55	全数控石墨电极接头柔性自动加工系统	江苏省泰兴市晨光高新技术开发公司	2003年
56	半自动提速铁路轴承内外滚道超精机	洛阳轴承集团有限公司技术中心装备研究所	2003年
57	MJ—860DT型双刀架四轴对置式数控车床	济南一机床集团有限公司	2003年
58	SM—002曲轴质量定心机	沈阳数控机床有限责任公司	2003年
59	SSK—U6034卡钳体柔性线	沈阳数控机床有限责任公司	2003年
60	TK6913型数控落地铣镗床	齐齐哈尔二机床有限责任公司	2003年
61	MK6335A数控高效钻尖磨床	湖南大学	2004年
62	汽车关键零部件加工用高效陶瓷CBN磨具研制	郑州磨料磨具磨削研究所	2004年
63	高速主轴单元的研究开发与应用	北京机床研究所	2004年
64	带型长磁栅数显装置	上海机床研究所	2004年
65	HM—017梯级轴双头加工数控自动线	上海明精机床公司上海第二机床厂	2004年
66	CKAE1112数控纵切自动车床	宁江机床(集团)股份有限公司	2004年
67	TK68125A型落地数控镗铣床	江苏多棱数控机床股份有限公司	2004年
68	JZ21F－250、JZ21F－200、JZ21F－150型开式快速返程压力机	浙江锻压机械集团有限公司	2004年
69	XK－500F型带肋钢筋轧辊月牙槽数控加工机床	清华大学、南通迪宇机械有限公司	2004年
70	J1HMC80/FMC型卧式加工中心柔性加工单元	济南一机床集团有限公司	2004年
71	CKJ6185/18M超长型数控车床	天水星火机床有限责任公司	2005年
72	YK4232四轴数控剃齿机及模块化系列产品的研究	重庆机床厂	2005年
73	XKV2420×40无轴联动数控定梁龙门镗铣床	济南二机床集团有限公司	2005年
74	数控螺杆磨床	扬州大学、汉江机床有限公司、扬州锻压机床有限公司	2005年
75	高速加工工具系统的开发与应用	成都工具研究所、江苏大学、成都英格数控刀具模具有限公司	2005年
76	PDC、PCBN复合片加工用系列树脂结合剂金刚石	郑州磨料磨具磨削研究所	2005年
77	3920型齿轮测量仪	哈尔滨量具刃具集团有限责任公司、西安工业大学	2005年
78	数控曲面成形磨床	上海机床厂有限公司、上海理工大学	2005年
79	CK8015数控铁路机床	青海重型机床有限责任公司	2005年
80	计算机辅助拉刀设计系统	湖北汽车工业学院、东风车桥有限公司	2005年

进一步加强行业自律工作

中国机床工具工业协会　于成廷

在政府职能不断转变、市场经济深入发展、产业升级步伐加快、国际竞争日趋激烈的情况下，企业的生存发展面临着前所未有的挑战，产业安全也面临着严峻的威胁，国家经济的振兴同样面临着错综复杂的局面。在这样十分复杂的国际竞争环境下，搞好以企业为中心的行业自律，对企业的发展、行业的兴旺、国家的繁荣有着重要意义。行业自律就是以国家利益为前提，制订有利于行业企业自主发展的措施和有助于为行业企业创造外部发展条件的方针政策以及制订有关行为行规行约，以约束行业某些企业只顾自身利益而损害国家利益的行为。这是当前行业自律工作的主要任务。

一、实行行业自律必须坚持六项基本原则

1. 行业自律要有明确的指导思想

要把国家利益、行业利益、企业利益三者进行统一协调，从长远的观点看问题，国家支持行业企业发展，企业的发展必须为国家的发展作贡献，最终还是为了国家的发展。

2. 行业自律要按市场经济规律办事

防止行政命令，干涉企业自主经营，更要严禁以行业自律为名，为少数行业组织谋取私利。同时也要注意既不能对企业放任自流，对损害国家利益视而不见，也不能只顾少数大企业的利益而损害中小企业的利益。行业内既要强调竞争促发展，又要提倡团结合作促进共同繁荣。

3. 行业自律要以企业为主体

制订行规行约要充分发扬行业民主，广泛听取各方面的意见，特别是对企业有约束力的条款，力求达到企业自愿，凡定下来的事在行业内部要认真贯彻执行。要本着公正、公平、公开的原则制订行规行约和检查行为的贯彻执行。

4. 行业自律要以国家方针政策和国际贸易的有关要求为依据制订行规行约

要做到宏观法律依据和行业特点有机结合，要围绕当前行业发展中突出的问题确定行业自律的内容要求，防止空对空，自律要有针对性。

5. 行业自律要坚持以教育为主

要以培养造就高素质行业职工队伍和优秀企业家为主要目标，同时明确违约责任、处罚等有关方面的内容，尽可能不用经济处罚的手段。行业自律要以表彰为主，行业荣誉为重，要把政府的支持和表彰做为推动行业自律的重要措施。

6. 行业协会搞好行业自律，政府的支持是关键

首先是建立过硬的行业协会组织，行业协会要树立服务意识，正确处理好协会和国家、企业的利益关系。要善于把国家的方针政策变成企业发展的动力；要善于把解决企业的困难变成国家支持产业发展的政策。不断提高为行业发展提供有效服务的方法、手段和措施。严防以各种形式巧立名目，变相向企业非法索取。协会的工作要取信于企业和政府，要经得起企业和政府的检查。

二、当前机床工具行业要搞好的几件事

控制固定资产投入方向，防止低水平普通机床在新形势下的重复建设，重点应引导投向数控机床和功能部件产业，发展品种、上规模、提高质量。加快出口产品结构的调整，严格控制耗能高、污染严重的磨料和普通高速钢钻头的出口量，提高出口产品档次，努力提高出口效益，不要仅靠国家退税维持微利出口。要大幅度提高铸件出口的价格，防止国外利用我国廉价的资源而造成能源消耗、环境污染的严重后果。要千方百计扩大数控产品的出口。全行业要认真研究分析市场，加快产品结构的调整，找到自己的定位，发展自己的特色产品，把替代进口做为努力方向，制订好“十一五”发展规划，不断提高国产数控机床的市场占有率。行业自律要做的事很多，当前要特别注意企业理性化的自主投入要自律、产品质量和用户服务要自律、产品在市场销售订价和推销手段要自律、出口产品互相压价和互相贬低对方要自律、制订出口反倾销和进口预警机制要自律等等，我们必须一件一件的做起。为了国家的利益、行业的发展，企业必须自觉地投入到行业自律的各项活动中去。保护了国家和行业利益，实际也保护了企业自己的利益。以出口为例，由于出口打价格战，国家蒙受很大经济损失，而我们的企业也付出了巨大的经济代价。行业自律搞得好不好是衡量一个行业的企业在市场经济条件下是否成熟的标志，也是衡量一个行业协会有否存在的价值和能否为行业发展提供深层次服务的标志，也是衡量政府改革、加强宏观经济调控是否有效的重要标志。

协会要主动积极地开展行业活动，不能什么问题都等政府的政策，不能用计划经济的思维方式去解决市场经济中的问题，更不能用等靠要的办法。只有经过自身的努力，和企业一道不断提出解决问题的办法，争取政府的支持。只有从行业的利益出发才能代表企业的利益，只要不断为政府提供有关制订政策的行业信息，才能得到政府的政策支持，促进行业的发展。协会要善于抓住行业发展机遇，善于组织行业企业开拓市场，善于借鉴国外发展趋势制订本行业的发展战略，为企业创造发展机会和发展条件。同时要对那些损害行业利益，不利于企业发展的问题，进行有效的控制。只有这样，行业协会才能在行业自律活动中提高行业的凝聚力、战斗力。从而在行业发展中，协会也得到自身的发展。

2005年中国机床工具行业十大新闻

中国机床工具工业协会

一、党和国家领导高度重视机床工业的发展

2005年，胡锦涛、吴邦国、温家宝、贾庆林、曾庆红、黄菊等党和国家领导，分别视察了齐齐哈尔第一、第二机床厂，武汉重型机床有限公司，青海华鼎重型机床有限责任公司，汉川机床有限责任公司，威海华东数控机床有限公司，海克斯康(青岛)测量技术有限公司等企业及第九届中国国际机床展览会，对机床工业的发展作了许多重要指示。这是中央领导视察机床行业企业最多的一年。党和国家领导对机床制造业的高度重视，给机床行业以极大的鼓舞与鞭策。

二、CIMT闪现世界名展品牌新亮点

于2005年4月11～17日举办的第九届中国国际机床展览会(CIMT2005)，规模空前、人气旺盛。高水平的展品、丰富的配套活动、强大的用户采购阵容、硕果累累的经贸交易，充分展示了世界名展的风范。CIMT展览会引起了中央领导的高度重视，贾庆林、曾培炎等党和国家领导人及十多个部委的领导亲临展会，并对CIMT展会给予了高度评价。

三、发展数控机床被列入《国务院关于加快振兴装备制造业的若干意见》

继温家宝总理批示重点支持发展机床工业后，2005年9月28日，在国务院常务会议讨论通过的《国务院关于加快振兴装备制造业的若干意见》中，把发展大型、精密高速数控设备、数控系统和功能部件列为国家重要的振兴目标之一。为机床行业的发展提供了前所未有的发展机遇。

四、"国产数控机床发展座谈会"建立了长效交流机制，拓展了服务领域

2005年5月26～28日，中国机床工具工业协会在大连市承办了国家发改委、国防科工委联合主办的"国产数控机床发展座谈会"。通过大连会议，建立了数控机床重点用户企业与机床制造企业供需互动、长期有效的合作交流机制，扩大了国产数控机床的特殊服务领域，为国产数控机床的自主创新提供了条件，为用国产数控机床装备国防工业创造了机遇。

五、4种冲压机床被授予"中国名牌产品"称号

继2004年数控车床、硬质合金、人造金刚石三大类8家企业产品被授予"中国名牌产品"称号之后，2005年济南二机床集团有限公司、江苏亚威机床有限公司、江苏金方圆数控机床有限公司和湖北三环集团黄石锻压机床有限公司4家企业的冲压机床被授予"中国名牌产品"称号。

六、机床行业为用户服务理念的新突破

"大连会议"后，机床行业企业认真履行会议的质量承诺，沈阳机床集团于2005年8月8日，率先在北京举行机床"召回"行动——A计划新闻发布会，引起了行业的震动。一石击起千层浪，其后上海机床厂有限公司、大连机床集团、武汉重型机床有限公司等企业也纷纷组织了大规模的用户回访或采取其他加强用户服务的措施。这是机床制造企业服务理念的突破，行动上的跨越，构筑了用户服务的新平台。

七、海外并购与境内重组又有新发展

继前几年机床行业企业跨国并购经营后，2005年3月，哈尔滨量具刃具集团成功收购了德国凯狮公司；同年10月，北京京城机电控股有限责任公司通过其子公司北京第一机床厂成功收购了德国阿尔道夫·瓦德里希科堡机床厂有限两合公司。

沈阳机床集团在重组云南CY集团后，2005年9月17日，收购了西安交通大学产业(集团)总公司持有的交大昆机科技股份有限公司的全部股权。

中国机床工具行业企业一系列海外并购、境内重组的举措，有效利用国内外资源，为提高中国企业知名度，打造中国机床工具品牌，提高国际市场的竞争力，注入了新的活力。

八、机床制造业自主创新取得新突破

从齐齐哈尔第一机床厂研制成功"立、卧车床系列新型谱"，到湖南长沙中大创远数控装备有限公司高档数控螺旋锥齿轮磨齿机的研制成功，以及沈阳机床集团、济南二机床集团、秦川机床集团、上海机床厂等行业企业一大批自主开发新产品的问世，多项国家发明专利的获得，表明我国机床工具行业自主开发高新产品速度明显加快，自主创新能力明显增强。

九、数控机床产业化进程加快

2005年，国产数控金属切削机床59 639台，数控系统销售量超过3万套。产业化进程明显加快，数控机床生产集中度的进一步提高，这一切标志着我国数控机床进入了快速发展的新时期。一大批中高档国产数控机床和一大批新产品进入关键部门核心制造领域，有力地支持了水电、核电设备制造业，船舶制造业，铁路交通运输制造业，航天航空工业，冶金设备制造业，桥梁制造业以及国防军工企业等领域的建设与发展，说明我国机床工业产业结构调整，产业化水平及产业布局，出现了良好的发展趋势。成套能力的提高，有力地提升了行业的竞争能力。

十、中国机床出口再创新高

在国家继续加强宏观调控的形势下，2005年中国机床市场稳步发展。全行业工业总产值和产品销售收入快速增长，出口大幅增长。2005年机床工具产品出口额已达29.95亿美元，同比增幅达33%，创历史新高，其中数控金属加工机床出口增幅达89.34%，开创了数控机床出口的新局面。

通过对“数控机床发展研究”企业调研结果、数控系统市场现状进行分析，就如何提高机床产品国际竞争力提出指导措施

After the analysis on the investigational result(report) of the enterprises in respect of “NC machine tool development research” and on the current status of NC system market, we put forward the directive measures concerning how to improve international competitiveness of Chinese machine tool products

专文

振兴装备制造业　加快发展数控机床

——"国产数控机床发展座谈会"

中国机床工具工业协会

一、会议报道

国家发展和改革委员会、国防科学技术工业委员会联合召开的"国产数控机床发展座谈会"于2005年5月26～27日在大连举行。这是一次受到各方高度重视、高规格的座谈会。中国机床工具工业协会承办了这次会议。国家发改委副主任、国务院振兴东北办主任张国宝，国防科工委副主任虞列贵出席会议，并作了重要讲话。国防科工委各部门所属的48个应用中、高档数控机床的重要用户和设计院所，中国机床工具工业协会及国内26个数控机床主要生产厂的代表以及辽宁省、大连市有关领导出席了会议。国家发改委国民经济动员办主任周建平主持这次座谈会，并作了会议总结。座谈会上，12个机床用户企业的代表和23个数控机床主要生产企业的代表发言。与会代表达成如下共识：

1. 要实现国防科技工业现代化，基础装备制造业现代化是关键，数控机床工业更要先行

为了确保国防科技工业长期稳定发展，国防科技工业企业的改造与建设应立足于国内装备制造业发展的基础上。当务之急是我国数控机床制造企业要加大科技开发和企业技术改造的投入，特别是要加大技术创新的力度，加快产品开发速度，不断提高数控机床的技术水平和可靠性，稳定产品质量，降低成本，缩短交货期，为国防科技工业提供高水平的数控机床。

数控机床重点用户企业与制造企业一致认为，要以此次会议为契机，大力加强双方的密切配合，建立经常性的信息通报制度，根据"十一五"发展规划，共同研讨新技术、新装备和发展战略的推进工作。供需双方一致表示，要及时沟通情况、反馈信息，以国防科技工业发展的需求为牵引，从产品研制开发、工艺制造、软件编程，到交付使用和售后服务的全过程，都要以最大限度地满足国防科技工业发展需求为目标，不断提高高档数控机床产品开发的成功率和实现技术的不断创新。

2. 通过交流互动，增进了对国内数控机床行业的了解和认识，提高了采用国产设备的信心

重点用户企业与机床行业保持经常性的联系和实质性的合作，支持国产数控机床行业的发展。国产数控机床制造企业也要严格企业管理，通过自身的不断努力，尽快提高国产数控机床的技术水平和可靠性，为数控机床重点用户企业提供性能优良、质量稳定、交货期确实得到保障的优质数控机床。

与会机床制造企业表示，要加大科技开发和技术改造投入，不断强化企业内部管理，练好内功，以确保满足用户企业需求为己任，以提高为国防科技工业服务的水平和能力为目标，为使重点用户企业想用、敢用、愿用国产数控机床，全体与会数控机床制造企业郑重提出了产品和服务质量承诺，建立与用户企业合作的约束和激励机制。

3. 与会代表共同建议

(1)建立数控机床重点用户企业与制造企业长期有效的合作交流机制。每年以年会的形式召开一次双方有关企业参加的"国产数控机床发展座谈会"，根据需要也可以不定期召开国防工业需求专题会。建立用户企业与机床制造企业长期沟通的渠道，用户企业及时向机床制造企业通报重点需要的设备，提出定单；机床制造企业则及时向重点用户企业提供自己开发的新产品和有关开发研制信息，从而建立起双方之间有效的合作机制。

(2)研究设立"高档数控机床应用示范工程"。高档数控机床应用示范工程应以国家发改委提出的《数控机床发展专项规划》为导向，以满足国防科技工业"十一五规划"及今后长期发展需求为目标，选择一批市场前景好，产业关联度高，对国防科技工业发展影响力大的项目，经国家发改委、国防科工委及有关部门组织专家评估论证后，纳入"高档数控机床应用示范工程"项目，每年约20个左右。对项目承担单位，相关职能部门要加强管理和考核并给予资金补贴。对在实施中取得显著成效的项目承担单位，由国家发改委和国防科工委联合颁发"高档数控机床应用示范工程"证书和奖状，对供需双方予以奖励和表彰。对采用首台首套高档数控机床的重点用户企业，在国债资金安排上要加大资金支持力度。

(3)与会代表一致认为，随着国民经济的发展和国防现代化的加速，我国机床工业迎来了难得的发展机遇，同时也面临着国际竞争的严峻挑战。抓住这个机遇，我国机床工业的发展将会出现历史性的飞跃。要尽快启动由国家发改委工业司主持制订的《数控机床发展专项规划》，落实有关政策措施，把温家宝总理关于发展数控机床产业的批示精神落到实处。

(4)与会代表希望中国机床工具工业协会应充分发挥中介组织的桥梁纽带作用，努力做好相关的各项服务工作，在国家发改委的领导下，围绕《数控机床发展专项规划》、"高档数控机床应用示范工程"项目，协助政府做好制定计划、立项、供需协调、监督检查、验收考核等工作。

这次会议对我国数控机床产业快速发展和国防科技工业装备基本立足国内具有非常重要的意义。代表们表示，会后要认真贯彻落实此次会议精神。机床企业要认真领会张国宝等领导同志的讲话精神，和针对机床行业发展提出

的5点意见，为振兴装备制造业、加快发展数控机床做出贡献。

二、领导讲话（按录音整理）

1. 国家发展和改革委员会副主任张国宝

这次由数控机床重点用户行业和机床行业共同召开的座谈会，已经酝酿很长时间了，可以说这是继不久以前在北京举办的中国国际机床展览会后，机床行业的又一次重要会议。

（1）充分认识机床制造业在国民经济发展和国防建设中的战略地位。机床工业是为装备制造业提供装备的制造业，俗称工作母机行业，在国民经济发展和国防建设中具有举足轻重的作用。在不久前结束的国际机床展览会上，贾庆林常委、曾培炎副总理、汪洋副秘书长及国家发改委主任马凯、国防科工委主任张云川、教育部部长周济、总装备部副部长李安东等很多部委的领导，特别是很多一把手来参观展览会，这在我的印象中还是很少见的。贾庆林同志讲，中央常委在保持党员先进性教育活动的民主生活会上，专门提到了要重视装备制造业的发展。这是一个重要信息和指示，是对装备制造业的关怀和支持。在中央常委中，很多领导同志都做过批示，也有的领导当面提出，要求国家发展规划部门重视装备制造业发展。“工欲善其事，必先利其器”，国家要振兴，就要有好的装备才行。工具是人的大脑和四肢的延伸，机床也是我们人类大脑和四肢的延伸，是非常重要的工作母机。可以说没有先进的机床工具行业，就不能生产出复杂的机械，也很难建设现代化强国。从人类历史看，社会发展阶段很多是以新材料或新装备发明使用、生产力发展水平得到飞跃为标志。封建社会是以铁器使用为标志，近代社会是以瓦特发明蒸汽机开始的，都是以生产力的进步为标志的。

近代中国受人欺侮，除政治腐败外，很重要的原因是敌不过坚船利炮，而坚船利炮的建造是离不开装备制造业的发展。

近几年经过各方面的努力，进口设备占固定资产投资的比例由1999年的36%下降到2003年的25%左右，取得了一定的成绩。但大量的中、高档数控机床还是依赖进口。

近10多年来，国内机床行业取得了相当大的进步。20世纪80年代时，我参与过机械行业一些比较大的技术引进项目。现在机床行业和我刚参加工作时相比，有了翻天覆地的变化，很多机床我们都能制造了。80年代发生的“东芝事件”，就是因为日本东芝公司把一台五轴联动机床卖给了原苏联，改进了苏联核潜艇的螺旋桨，美国跟踪不到苏联潜艇，经过调查认定日本违反了巴黎统筹委员会不能把关键设备卖给社会主义国家的规定，给予制裁。过去五轴机床很神秘，现在我们也能搞了。展览会期间，我们请这么多国防军工单位的领导去参观，就是为了让他们了解我国机床工具行业的现状，能满足需要的尽量买国产机床，也是为了省钱。相同型号的机床，国内外机床报价大致相差一半。国内设备能解决，省下钱买更多机床不是更好吗？行业之间要增进了解，加强沟通，就象当年搞简易数控机床那样。中高档数控机床，我们也要搞。只有把我们自己的装备制造业搞上去，才能真正把我国的国防工业搞上去。我讲个例子，当年搞发电设备时，一开始也是思想不统一，改革开放后，我们引进了30万、60万kN的发电设备，引进消化后，我们会做了。输变电设备也是这样，60年代我们做的最多的是200千伏的，电缆、开关、变压器也是与之相配的。后来引进了50万V的，第一条是在辽宁做的，开始毛病也不少，经过长期调试，摸索，现在的很多发电设备是国产的，我们打开国门，欢迎全世界发电设备制造商来竞争，他们的性价比绝对赶不上我们。正因为有了国产的发电设备，我国的电力工业发展才能这么快。我国的电力工业是全世界发展最快的，2004年新增发电能力5 050万 kW，2005年是6 000万 kW。如果当年不搞国产化，靠买，我们一年能买来6 000万 kW的发电设备吗？不要说我们没有这么多钱，就是有钱，国外开足马力生产，恐怕也不一定做得出来。所以当年引进消化，搞国产化是对的。我们一年的装机容量相当于1个英国，2个瑞典的总装机容量。连续3年电力增长14%以上，还满足不了需要，如果当时不做，我国现在的电力供应不可想象，整个社会的发展水平恐怕要比现在低一大截。没有电力，什么事也干不成。从这个意义说，把自己装备工业搞上去是非常必要的，如果没有我们自己的装备制造业，光花钱去买，不要说别人不卖给你，就是敞开卖给你，恐怕也不行。

（2）继续加大机床行业改革创新的力度，为国防建设提供强有力的支持。数控机床本身的质量、精度、服务和我们的制造水平也要实事求是，也不能说我们什么都能做，买也是一种借鉴，一种学习。如果没有开放，还自己埋头搞，也达不到今天这样的水平。正因为我们实施了开放政策，看到人家东西比我们好，从别人那里学到我们想要的东西，促进了机床工业发展，才有了今天很大的进步。但我们确实做得还不够，同样是机床，国产机床的颜色都不行，国外的就很明快。不说性能，外表就有差距。机床行业要不断改进，一些细微之处都要注意做到。要加强功能部件和整体配套能力。刀具、夹具总体来说还有相当差距。数控刀具很有市场，90%买国外的，如果企业还没有饭吃，只能怪你自己了。沈阳机床集团、大连机床集团兼并了国外的公司，采取走出去的办法发展自己，值得借鉴。国外有技术，没有市场，而我们有市场没有技术，两者结合都有好处。我们机床工业的整体素质要提高，功能部件是薄弱环节。数控系统，目前大部分都买国外的，这一部分价钱占整机的30%～50%，而且数控系统这一块，人家轻易不转让技术。目前形势很象当年的程控交换机那样，先引进了国外的程控交换机。不到20年，我们的程控交换机已经基本上把美国朗讯和加拿大的北方电讯挡在门外。

看了机床展后，感到很多机床我们都能生产了，有很大进步，现在机床行业的订单也相当不错，是多年未有的。今天开这个会，数控机床重点用户行业也听到了机床行业能做什么，还有什么差距，将来选用机床时，哪些可用国内的，也做到心中有数。机床行业也了解了重点用户企业的需求，要什么样的机床，什么样精度、尺寸，大致有个交流。同时，对振兴老工业基地也有深远意义，因为很多装备制造业都分布在老工业基地。特别是东北的机械制造业，在全国具有举足轻重的地位，一个大连机床集团，一个沈阳机床集团，还有齐齐哈尔第一、第二机床厂，都是我国机床行业的骨干企业。

最后，针对机床行业的发展，谈5点意见：①机床企业数量众多，要对企业进行调整重组。我国机床厂家数量多，规模以上企业2 000多个，但能叫得响的没有多少。真正要在国际上能叫得响，能参与竞争，还得培育重组几个企业集团，形成合力才行。在企业重组中不搞“拉郎配”。②加强机床行业设计队伍建设，依托有实力的企业组建若干设计中心。机床企业的设计队伍建设非常重要，它是机床制造业持续发展的重要保证，全国要依托企业集团建立若干个设计中心。③发展机床的功能部件，培育专业化的生产企业。④采取厂所、院校结合的多种形式，发展具有自主知识产权的数控系统。⑤加强对用户的技术支持，做好售后服务工作。

2. 国防科学技术工业委员会副主任虞列贵

(1)国防科技工业进入了快速发展期，也就是说，我们有需要了。照理说，社会有需要就会有供应。但我们现在有需要，供应跟不上。进入快速发展期，必须有强大的国防装备作支撑，如台海局势，目前有点缓和了，但不管怎么说，我们没有强大的武器装备就不可能谈判，不可能有和平。尽管我们要立足于和平，但没有实力就不可能谈判，没有实力就不可能有和平。所以，我们必须有强大的实力作后盾。

(2)我们这么大的国家，没有强大的国防建设，是和我们的国际地位不相称的。没有实力也就没有外交，讲大话，喊口号，讲空话不行，解决不了问题。我国尽管是发展中的大国，如果没有原子弹、氢弹，国际上谁会听你的?! 所以，目前常规战争也是需要强大国防作后盾的。

(3)我们的经济安全需要强大的国防工业。中国经济的快速发展，燃油、矿石要进口，去年进口了一亿吨矿产品。今后中国经济的生命线谁来保护，也必须靠强大的国防。从长远说，国防工业也都是要快速发展、提升的。国防的快速发展，对我国的装备制造业提出了更高的要求。

国防工业对高档数控机床需求很多，我们主要还是买国产机床。国产设备的好处是价格低，交货期短，服务也快些。差距是精度不够，可靠性差，复合性也差，故障率较高，这是头痛的问题。我绝对主张用国产机床，国宝主任一提出来，我就双手赞成，坚决拥护，一定要大力推进。机床行业进步很大，但问题也不少，机床达不到使用要求。

从三个方面努力，第一个方面政府一定要促进、帮助、支持机床工业的发展，国防科工委一直重视国产机床的发展。现在上上下下形成了一个共识，如果我们的装备制造业和武器装备不建立在自己装备水平的基础上来制造，中国的国防建设是强大不起来的。1999年时，只要国内能提供的，我们就按目录审批。这还是行政手段，要让人家发自内心的愿意买才好。作为国防科工委，要鼓励采用国产设备。第二个方面，科研经费要拿出一部分来放到用户企业去，进行补贴，条件是用户有义务提供使用记录和意见。这便于改进产品，这比把钱仅仅花在中间研发上要好得多。现在开发的产品很多，可用户使用的不多，成果用不上去，钱也花了，最后还得进口。我们花了双份钱，不注重结果不行。韩国的做法可借鉴，前面怎么搞是你的事，后面我来鼓励你。第三方面是协会的桥梁作用一定要发挥。机床协会能把这两家找到一起开会是非常好的，说明机床协会发挥作用了。把供需双方叫到一块，面对面交流很好，形式还可以多种多样，灵活些，可以用大屏幕演示机床达到的水平。协会一定要起作用，一是要搭平台，包括网站都可以用起来，制造企业能做什么，用户需要什么，都可以在网站上交流，达到信息充分交流，增进双方了解的目的。

协会要建立自律制度，服务不好的企业，没有资格参加协会，到现在如果还没有服务意识，这样的企业还有希望吗！要有几条硬标准。产品不太好，售后服务再不好，谁还敢用呢！售后服务做得好，即使产品有问题，我们也敢用。

企业也要作出努力。要加大投入，不要指望政府，财务制度现在是放开的，拿出多少钱去研发都是可以的，没有比例限制，不要舍不得投入，不要光跑政府，政策上是允许自己投入的。机床企业还要和用户结合，某些需要往往是专用的，千万别关起门来搞，不对路不行。

中国的国防科技工业如果不建立在国产装备的基础上，就不可能有国防科技工业的现代化，国防科技工业也不可能有长久的进步和持久的后劲。现代化是买不来的。我们批项目、批投资时，要求企业敢用、多用国产设备，即使不太好的，也没关系，只要不耽误我们的紧要任务就行。企业把服务做得好些，政府给些补助，大家一起共同努力，使我国的机床工业快速发展起来。

3. 国家发展和改革委员会动员办主任周建平总结讲话

(1)要求与会的所有企业，把此次会议的精神，特别是两位委领导的讲话，向企业的班子传达、汇报。要把会议达成的共识变成企业班子的共识，真正从思想上高度重视这项工作。

(2)各个企业一定要以此次会议为契机，真心诚意地把机床企业和用户企业合作交流的长效机制真正落到实处，而不是流于形式。对用户企业而言，要根据自身发展的需要，明确提出新需求的数控机床，同时你们也要收集、归纳、整理在使用国产机床中所碰到的问题，以便在会上反映给机床企业。

对机床企业而言，在加大科技投入、加大自己产品开发力度、提高自身创新能力的同时，也要把自己的新产品、新技术进行系统整理，现在IT技术很发达，应制成多媒体形式提供给用户企业，便于他们回去研究。

(3)中国国际工程咨询公司、新时代咨询公司和国防科技工业的有关设计院所，在起草、编制可研报告，包括咨询评估时，应及早与机床协会和机床企业加强沟通和交流，以便机床企业早作准备。同时，通过机床协会选择机床行业中最优秀的企业，也就是真正的国家队，来承担国防建设的重点任务。

机床协会也应代表机床行业及时把机床生产企业研发的新产品,新技术告诉咨询公司和设计院所,便于对方起草报告或评估时用,这也是长效机制的一种体现形式。

(4)对机床生产企业的要求。机床生产企业这几年发展较快,走出去,请进来,通过引资合作等也建立了自己的研发中心,国内优势企业也在进行强强合作,为自己的发展奠定了很好的基础,替代进口,在挡住进口方面也做出了很大贡献,这一点勿容置疑,但也应该看到机床行业也有很多自身的不足。用户的发言中,坦率而客气地指出了很多问题,有些是低级错误,不是认识问题,不是技术水平问题,而是管理问题,总结经验是为了更好的发展,指出不足,不是找旧帐,而是为了今后少走弯路,少犯错误。

希望机床生产企业在以下 5 个方面努力。①公司、企业的法人代表一定要有强烈的国防意识。对用户企业提出的需求,对到手的合同,一定要给予高度重视,作为第一责任人的法人,你要定期对项目执行情况进行研究,纳入你的视野,纳入你的议事日程,及时协调解决遇到的问题。昨天两委领导在讲话中也说到了,国防任务是后墙不倒的。另外,这些任务又是和国家整体的反台独的军事斗争需要和国家整体国防建设联系在一起的,我们的企业一定要有这样的认识。②机床生产企业的各个职能部门,也要为领导负责,为国家负责。拿到任务以后,一定要严格按合同规定的条款来编制你的实施计划(网络计划),建立起从设计、安装、调试,到关键功能部件的采购,包括资金安排等等。各个环节都要建立为国防任务开绿色通道的有效机制,确保按时交货。③希望机床生产企业都要树立全过程的质量管理观念。从抓好一次配套,二次配套,原材料采购,元器件采购,功能部件采购入手,直到做好售后服务。真正为重点用户企业提供高质量,高可靠性的精品。今天参会的机床企业都通过了 ISO 质量体系认证,厂内都有质保体系,关键是抓落实。要求机床企业一定要有生产精品的概念。至少应从 3 个方面进行努力,一是内部管理上要精耕细作,二是工艺和技术上要做到精雕细刻,三是在加工制造上要精益求精,做到三个“精”。④对国防科技影响较大的机床,也可实施用户监造的办法,机床协会也可聘请一些专家进行监理。通过监理,及早地发现质量和交货期方面的问题,早点向有关政府部门反映,进行协调,以免误事。⑤机床生产企业要确实将用户奉为上帝。服务和承诺要变成全厂职工的理念,应加强宣传,增强全厂职工的国防意识。向服务的高满意度方向努力。服务队伍要派精兵强将,不能应付用户。对反映出的问题要向工艺部门、设计部门反映,在后面产品上克服这些问题,低级错误不能重复犯。

希望机床生产企业通过自身的努力,使重点用户企业从敢用我们的产品,到以后愿用和想用我们的产品。在此,也要把丑话说清楚,机床生产企业从现在起,如果拿到任务以后,由于自身管理造成拖期,造成质量问题,造成售后服务恶劣等问题,我们将把你的不良行为记录在案,轻的提出警告,向国防科工系统提出慎用这个企业的产品,严重的要求国防科工系统不再用你的产品。以往的事不再追究,市场经济凭的是实力,是管理,不是眼泪。

(5)对机床协会的要求。要起好桥梁纽带作用,在政府和企业之间起桥梁作用,在重点用户企业和机床制造企业之间起纽带作用,同时希望机床协会站得高一点,要从行业健康有序发展的高度,实事求是的及时反映情况,真正做到上情下达,下情上述,真正把自己办成企业之家。

对机床协会再提 5 点希望。①纪要里关于交流合作长效机制,希望协会要有专人安排。这次是政府搭桥,两委发文开会,这种方式不能长久。以后协会开会,我们参加、支持。所以,协会要有专人负责。同时要加强调查工作,及时与用户沟通,是否要开专题会等,主动听取用户意见,掌握情况,及时通过有关部门向我们反映。②在行业自律方面要研究如何督促机床生产企业做好质量、交货期和售后服务方面的工作,研究一些约束机制、激励机制。有问题及时反馈,避免造成不可挽回的影响。③机床协会要加强与各个咨询公司、设计院所、重点用户企业的联系,走访用户、了解问题,总结好的经验,对用户使用中发现的技术复杂、影响较大、靠一个企业短期内难以解决的问题,行业协会有责任组织行业里的精兵强将,为大家解决问题。④对与会企业提出的一些要求,机床协会要做工作,关于启动数控专项问题,关于“十一五”规划问题,有些已经在实施了,规划要旨是如何提高开发能力、建立功能部件产业基地、提高行业整体竞争力等等,东北老工业基地改造,及 2004、2005 年工业司安排的机床行业的项目,实际上已在实施。今天的会实际上也是专项规划的一个具体措施。规划的批准有一个过程,大家知道,“十一五”规划正在制定,大家提出一些愿望都很好,机床协会要做好这方面的工作。⑤“十五”期间的增值税先征后返,“十一五”期间是否继续执行。进口整机,附机配件可免税,而进口一些关键功能部件,关键元器件而不能免税问题,已讲了多年了。海关如何操作,我们这里也作些研究。另外,利用世行、亚行的国际金融机构的招投标项目,中标以后能替代进口的如何享受进口减免税问题。另外国家正在研究,利用外资的哪些东西给予支持,哪些不予支持,不予免税。如三轴以下成熟的技术产品,建议国家不予免税问题。另外进口二手机床能否免税,对于外资将二手的设备作为实物投资进口后怎么办等问题,机床协会也要开展研究作些调查,提出一些政策性建议。会后,机床协会在这方面多做一些扎实工作,提高行业凝聚力,真正起好桥梁纽带作用。

总之,我们要以这次座谈会为契机,共同努力,进一步加大和促进数控机床重点用户企业和制造企业的协同、交流和合作,以机床企业和用户企业的共同发展和共赢。

4. 中国机床工具工业协会总干事长吴柏林

(1)我国机床工具行业“十五”发展状况及与国际先进水平差距。“十五”期间,我国机床工业得到了高速发展,但与世界先进水平相比,差距仍然明显。

1)我国机床工业得到了高速发展,主要表现在 7 个方面。第一、机床工具行业生产规模迅速扩大。全行业销售收入2004年1 032亿元，是2000年的2倍，年均增长19%；机床总产量2004年39万台，是2000年的2.3倍，年均增长23%。2005年一季度，同比仍以20%以上的速度增长。根据有关统计资料，自2002年起连续3年，我国金属加工机床总产值已居日本、德国、意大利之后，排名世界第四位，(日本105亿美元，德国92亿美元，意大利46亿美元，中国40.8亿美元)。第二、数控机床的产业化发展更快。数控金属切削机床产量：2004年生产51 861台，是2000年的3.7倍，年均增长38.6%；2004年，有14个企业年产数控机床超千台，其中最大一个年产超6 000台。机床行业以"高速、精密、智能、复合"为方向，科技创新和产品开发取得了显著进步。高速：加工中心主轴转速和快速移动速度，在第九届中国国际机床展览会上参展的国产加工中心主轴转速在每分钟万转以上的占有很大比例，其中主轴最高转速达到4万r/min，快速行程为40～60m/min，加速度、换刀速度也有很大提高。精密：精密化体现在加工中心的精度普遍提高，其中，定位精度在0.008mm以内，重复定位精度在0.004mm以内的加工中心在第九届中国国际机床展览会上展出多台。第三、多轴控制多轴联动加工机床技术趋于成熟。目前，机床行业已有20多个企业可制造五轴联动数控机床，其中已有近10台五轴联动数控机床在用户生产线长期稳定运行，经受了考验。如：北京机电院高技术公司、江苏多棱数控机床有限公司、大连机床集团公司、沈阳机床(集团)公司、桂林机床股份有限公司、宁江机床集团股份有限公司等为用户提供的多台五轴联动龙门、车削、立式、卧式加工中心，在生产中取得了很好效果。第四、复合加工机床崭露头角。国际上，大概是五、六年前刚出现的复合加工机床，在2005年中国国际机床展览会上，国产复合加工机床已有多个品种展出，如北京第一机床厂、大连机床集团公司展出的九轴五联动车铣复合加工中心；沈阳机床(集团)公司展出的五轴五联动车铣复合加工中心；南京机床有限公司展出的双面车磨复合加工中心；齐齐哈尔第一机床厂展出的重型立、卧式车铣复合加工中心等，可以说，国产复合加工机床崭露头角，但到成熟还要努力。第五、高端技术攻关有了重大突破。近年来通过科技攻关，机床工具行业取得了一批重大技术成果。"纳米加工及亚微米加工技术及设备"、"虚拟轴机床技术"、"快速成形技术"、"机床工业造型设计技术"和"网络制造技术"等一批关键技术获得重大突破，缩小了与世界水平的差距。第六、国产数控系统也有长足发展。国产数控系统在量大面广的普及性数控机床上应用，技术上已不成问题；多轴联动数控系统已成功试验应用。国产数控系统在可靠性、稳定性上还有待提高。"十五"以来，国产数控机床品种已发展到1 500多种，部分厂家品种已形成相对优势，技术水平与世界先进水平相当或相近。如普通数控车床、数控金属成形机床、数控齿轮加工机床、普通数控铣床和磨床、普通精度数控电加工机床、数控重型机床等，都可在国内解决。本次会议有26个机床工具企业重点介绍"十五"以来企业发展的新品、精品和名品。截止至2004年，数控机床出口额已达2亿多美元。以前，普及型数控机床很难出口，数控机床出口本身就说明机床行业的进步。第七、企业改制、改组取得突破。国有机床企业已全部进行了股份制改制。到2004年底，全行业企业数按所有制划分，属于国有经济范畴占47%，民营经济占38%，三资企业占15%。机床行业国际重组有了进展，有5家国有控股公司并购了8家海外世界著名机床企业。通过海外并购，吸收和学习国际著名企业先进的管理、技术和营销经验，提高了中国企业知名度和整体水平。综上所述，机床行业所取得的成就是在政府的关怀下、在用户行业的支持下、通过机床工具全行业的努力取得的，这些成就的取得使得中国机床行业向数控机床强国的目标跨进了一大步。

2)我国机床行业与世界先进水平的主要差距。总的来说，我国机床行业取得了快速发展，但是国际机床行业也在高速发展，差距仍然存在。西方发达国家对机床工业也非常重视，把机床工业视为军工的基础，美国国会给总统提出要重视发展机床工业报告，已被总统采纳。

总之，我国机床行业与国际先进水平尚有不小差距，就拿国内市场占有率来说，尽管国产数控机床年产量成倍增长，但是国内市场占有率却连年下降，这就是问题所在。主要差距表现在：①高档数控机床市场大部分被进口产品占领。国产高档数控机床每年提供10余个品种，远远满足不了用户需求。国产高档数控机床在品种、水平上都与市场需求有较大差距。国产高档数控机床在精度和效率方面都有指标，与国际先进水平相比，往往加工精度达到了，而效率差一点；效率上去了，而精度往往难以完全保证。这涉及整个技术水平问题。还有，国产高档数控机床品种与需求相差甚远，远远满足不了用户行业需求。究其原因，表现在企业科技投人不足，技术开发能力不强。科技投人靠政府投人是远远不够的，科技投人主体靠企业自己。②中档数控机床如三坐标加工中心、全功能数控车床、数控铣床、数控磨床、数控齿轮加工机床的质量、性能能满足国内需求，但行业制造能力不足。究其原因，从主观上，人力资源有问题，操作工人素质需进一步提高；客观上，制造厂技术装备落后，不适应现代化生产要求。中央领导去齐齐哈尔第二机床厂视察时，惊叹闻名的马恒昌小组还是用20世纪50～60年代的普通设备生产数控机床。其实，齐二机床厂的装备绝不是行业的一般水平，而是中上水平。用非数控机床生产数控机床，免为其难。从客观上来说，技术装备需要升级。③功能部件发展的滞后，牵掣了数控主机的发展。④综合服务水平不高。综合水平也包括产品质量水平，其中产品可靠性是主要问题。企业能够做好的事，实际做不好就是管理问题。目前，交货期问题很突出，交货期问题也涉及产能，有些工厂连续几年不放假，加班加点，企业经营者也连续几十天不回家，机床企业客观产能问题，应妥善解决。如何满足数控机床重点用户企业要求，兑现五条承诺，机床制造企业要认真做到，下功夫解决质量和交货期问题。

(2)"十一五"机床工具行业的形势、目标和任务。我国机床工具行业面临难得的战略发展机遇，首先是国家重视，今天，两部委在大连召开“国产数控机床发展座谈会”，就是国家重视的具体体现。我国国民经济发展和国防现代化的需求为机床行业发展提供了市场发展空间；国际经济全球化为机床行业提供了引进技术和人才的机遇。抓住机遇，加快发展，是时代赋予我们的责任。

“十一五”机床工具行业的主要目标是：到“十一五”末期，国产高档数控机床品种基本满足国内需要；国产数控机床国内市场占有率从“十五”末期的30％提高到50％以上。

“十一五”机床工具行业的主要任务是：加大科技投入，提高技术开发水平；发展品种，提高质量；搞好管理，全面提高服务水平；改制改组，实现机床行业战略重组；加快技术改造，建立数控机床和功能部件的制造基地，提高市场占有率。全面提高机床工具行业的国际竞争力。

(3)工作体会。工作体会有两点：

1)“十五”以来，中国机床工具行业所取得的成绩是在政府的关心和支持下，在用户的支持和配合下取得的。今后数控机床产业的提高和发展，离不开政府和用户行业的支持和合作，尤其是高档数控机床的发展，没有大用户的支持是绝对不可能发展的。如大连机床集团公司，尽管陈永开很努力，如果没有辽宁省和大连市政府的大力支持，不可想象，大连机床集团公司几年时间销售额从几亿元增加到50多亿元。沈阳机床(集团)公司也如此，没有辽宁省和沈阳市政府的强力支持，销售额不可能几年时间达到40多亿元。同时，要特别提醒，把用户当上帝，还不够，用户还是我们机床行业的老师，没有用户的支持和合作，软硬件结合开发就成问题；没有哈尔滨飞机公司、成都飞机公司、沈阳飞机公司等用户企业的支持和配合，就不可能解决高档数控机床的首台首套开发和推广问题。因此重点用户行业对数控机床发展有重大贡献。

2)近几年来，理论界摆脱跨入后工业时代知识经济影响，上下对振兴装备制造业重要性的认识逐步统一。2004年11月，温家宝总理在东北老工业基地企业座谈会上指出：“机床是装备制造业的工作母机，实现装备制造业现代化，取决于我国机床发展水平。振兴装备制造业，首先要振兴机床工业，我们要大力发展国产数控机床。”振兴工业首先要振兴装备制造业，振兴装备制造业，首先要振兴机床工业，让机床工业先行一步，更符合科学发展观。机床是装备工业的装备，首先启动机床工业，给自己的装备制造业以装备手段，从产业链先后分析，也更符合产业发展的科学发展观。以上观点，对于工业主管部门安排技改项目，实施总体发展规划和制定产业政策等，提供参考。

5. 中国机床工具工业协会常务副理事长于成廷

(1)首先感谢机床工具行业企业这几年为我国数控机床的发展所付出的辛勤劳动。机床行业所取得的每一个进步，都是大家长期不懈努力的结果。近几年来，我国机床工业取得了长足进步，发展很快。这是与政府的支持、用户的关爱、机床生产企业自身的努力分不开的，数控机床的这个发展成果来之不易，我们一定要倍加珍惜。同时，我们也一定要承认存在的差距，虚心听取用户的意见，在座谈会上宣布的《产品质量与服务承诺》是最基本的要求，作为机床生产企业必须做到，而且要比承诺所提出的内容要求做得更多，更好。2006年在上海举办的中国数控机床展览会(CCMT2006)上，要检查这个承诺落实的情况。

(2)数控机床生产企业一定要认真对待用户的意见和要求，努力做好内部管理，保证产品质量，遵守交货期，做好服务工作，务必使用户满意。现在，一定要抓住我国数控机床发展的难得机遇，认真做好自己的工作。

“座谈会纪要”已经确定，数控机床重点用户企业与数控机床制造企业要建立供需沟通长期有效的合作交流机制，每年以年会的形式召开一次双方有关企业参加的“国产数控机床发展座谈会”，根据重要用户的需求，也可以不定期的召开国防工业用户专题会。这项工作由中国机床工具工业协会具体运作。2006年的年会，我们就利用2006年2月在上海举办中国数控机床展览会(CCMT2006)之机举行，把它作为CCMT2006的一项重要配套活动。届时，请数控机床的主要用户，带着问题到CCMT2006展会，在参观展览、洽谈业务和选购设备后，参加座谈会。参展的我国机床工具企业，一定要重视利用CCMT2006展会，展示企业实力和企业形象。机床协会将从中择优选取参加座谈会的机床工具生产企业。

(3)参加CCMT2006展会的国内机床生产企业，请准备好申报“数控机床发展专项规划”和“高档数控机床应用示范工程”项目的意见和相关资料。承担示范工程项目的企业应与用户单位沟通配合，尽快落实。

(4)参加此次会议的机床工具行业企业，一定要认真地落实座谈会的要求，特别是国家发改委副主任张国宝、动员办主任周建平讲话中提出的要求。中国机床工具工业协会要做好工作，尽快启动“数控机床发展专项规划”和落实“高档数控机床应用示范工程”项目。

(5)真诚地感谢国家发改委和国防科工委联合召开这次“国产数控机床发展座谈会”，为国产数控机床的发展创造条件，为供需双方的交流、沟通搭建平台；衷心地感谢政府有关部门给予机床工业的长期支持和关爱；还要感谢辽宁省和大连市发改委的领导为开好这次座谈会提供的条件和帮助；感谢大连市发改委为座谈会做了大量的会务工作。对数控机床的重要用户积极应用国产数控机床，并对他们所提出的应用中的问题和许多宝贵意见，表示深深的谢意。

中国机床工具工业协会一定不辜负大家的重托，努力工作，更好地发挥协会的中介桥梁作用，竭诚为政府、为数控机床的重要用户和机床工具行业的生产企业服务。

6. 沈阳机床股份有限公司总经理耿洪臣

今天由政府有关部门的领导、机床生产厂和国防工业企业的负责人聚在一起，开这样高规格的座谈会，真是一次难得的交流机会，这对我国数控机床的产业发展来说，是具有里程碑意义的。

沈阳机床公司去年生产机床的产值45亿元，机床总产量50 980台，其中数控机床6 098台，大部分为经济型数控机床，中高档以下的有2 012台，高档的只有7台。国防工业企业一直是我们的重要用户，为国防工业提供设备也是我们的政治责任。机床用户才是机床使用的专家，我们采用快捷服务来弥补机床的小毛病。目前针对存在的主要差距，我们正在采取措施尽快缩小。如：产品开发方面，为缩小差距，我们在沈阳成立了研发中心，并计划在德国建立研发中心分部。其次是市场结构方面，销售额45亿元，出口的只有2 000万美元，我们正在努力扩大出口，在国际市场上去竞争。我们要建立和完善服务网络，特别是本地化服务，能直接在用户的家门口提供服务；我们还存在着人力资源方面的差距。为用户服务好，这本就是我们的天职，必须做好。

7. 济南二机床集团公司董事长张志刚

济南二机床集团公司在我国大型龙门刨和机械压力机等方面曾创造多个中国第一，被誉为“中国龙门刨的故乡，机械压力机的摇篮”。至今，产品主要为成形加工机床和金属切削机床两大类，也就是大型机械压力机和在龙门刨基础上发展起来的龙门式加工中心。龙门宽从1m～6.3m不等，系列较全；近年又开发了数控落地镗和数控等离子切割机。大型数控落地镗应用了法国Forest－line的技术，可以与国际先进水平同步。

利用这次召开的数控机床发展座谈会的机会，我提几点建议：①国家非常重视数控机床的发展，认识也统一了，我们感到很受鼓舞。希望有关方面按温总理的“振兴装备制造业，数控机床应先行”的批示精神，尽快启动“数控机床发展专项规划”。②希望政府在税收方面改变国外企业的超国民待遇。国内能生产的机床，整机进口不免税，使我们能在平等的水平上竞争，因为我们的机床有许多国外配套件是要交税的。③希望政府继续给予政策支持，以加快发展数控机床。

今后，我们一定以数控机床的重要用户作为服务重点，并希望用户需要进口设备时，能与我们沟通、合作。在这方面，我们有合作成功的经验。

8. 大连机床集团总裁董庆富

全球机床行业发展趋势是向高速、高效、数控、智能、成套、环保等方向发展，目前全球数控金属切削机床需求增加，国内需求仍保持稳定增长，中国成为全球最大的机床市场。我们要认清形势，抓住机遇，应对挑战，增强竞争实力，立足国内市场，积极参与国际市场竞争，改变当前数控机床进口有增无减，国产高档数控机床基本被排除在外的局面，扩大国内外市场份额，实现中国机床制造业的历史突破和全面振兴。为此，我们必须坚持自主开发与以我为主走出去、请进来相结合，将国外机床行业的核心技术为我所有，核心产品为我所用，核心人才为我所备。

大连机床通过跨国并购、合资合作，提升了研发能力。为国家的军工、航天、航空、船舶等国防关键行业提供关键设备，是我们集团的服务重点和目标。我们愿全力为国家关键领域、重点项目提供符合国际标准、具有中国民族特色的全方位服务。

大连机床集团具有3大优势：①双D港数字化机床制造园的竣工投产，进一步提高了装备水平，增强了干、高、精、尖“绝活”的攻关能力。抢抓新一轮发展机遇，在全国机床行业率先进行大规模搬迁改造，为企业持续高速发展，提供新的空间和平台。制造园占地面积33万m^2，新增具有世界和国内先进水平的加工、检测装备420台/(套)。提高了工艺流程和管理水平，降低了成本，提高了企业竞争力。2000年以来，连续5年机床销售额居全国机床行业首位，成为行业的排头兵企业。②跨国并购多家国外名企，在行业中率先形成国际研发、制造、经营平台和网络，构筑国际人才高地。2002年全资并购了美国英格索尔生产制造公司、2003年又并购了美国英格索尔曲轴公司、2004年并购了德国兹默曼公司，目前3个国外公司运行良好。在全功能数控车床、加工中心、高速车床、功能部件、刀具等产品方面，与世界发达国家著名企业成立了8个合资公司，建立了全球销售网络。通过并购，吸纳了国外的高级人才和世界先进的技术，并且大连机床具有一大批熟悉特殊工艺的国内高级技术人才。③数控化战略转移取得明显成效，数控产品连年翻番增长，机床出口连续数年全国第一。通过建立合资合作企业与国际接轨，引入了国外先进的企业管理经验、过程控制、技术质量监控标准，大大提高了产品的可靠性。同时我们还培养了数百名员工组成的售后服务队伍，在全国26个中心城市建有自己派出的售后服务网点，对我们的数控产品提供技术支持和售后服务，承诺28h内按用户要求到达现场。经过几年的努力，DMTG牌数控车床被评为中国名牌产品，并且被国家六部委选为全国数控技能大赛唯一指定的参赛产品。

今后大连机床集团的指导方针和发展目标是，坚持以对外资本合作为动力，走出去，请进来，全方位构筑国际化格局，实行跨国经营；坚持以国内外两个市场和为国家关键领域提供大型、多功能、多坐标联动等精、特、专加工装备为目标，建立“一个中心、两个基地”，即：国家数控机床工程研究中心以及国家数控机床制造产业化基地和数控功能部件产业化基地，到2010年经济总量达到260亿元。

三、产品质量与服务承诺

为了确保数控机床产品质量，加强售后服务，切实履行“为用户服务，对用户负责，让用户满意”的宗旨，机床制造企业对使用国产高档数控机床的国防企业用户单位郑重承诺如下：①严格按标准生产，不合格产品不出厂；②特殊订货和专用机床产品，严格按合同或技术协议生产、验收；③严格执行合同规定的交货期，保证按时交货；④产品在使用过程中发现质量问题，在接到用户通知后的48h内做出答复或派出服务人员，并做到故障不排除，维修人员不撤离现场；⑤对出厂产品，保证提供完整的技术文件，做好使用培训，提供维修备件，并按用户要求做好维修服务工作。

“数控机床发展研究”企业调研

中国机床工具工业协会行业发展部

根据国家发展和改革委员会工业司关于开展“数控机床发展研究”课题的要求，中国机床工具工业协会由协会领导带队，组织24名行业专家，分7个调研组，于2005年6月对我国机床工具行业企业进行了集中调研（其中东北和华北地区的机床工具企业先前已分别进行过调查），调研企业共110个，涉及金属切削机床制造企业67个、锻压机械制造企业16个、工量具制造企业17个、功能部件制造企业8个、铸造企业2个，此外，还访问了3个主要数控机床用户。调研企业按所有制分类：属于国有范畴的54个、民营企业44个、中外合资企业4个、外资企业8个。这次调研工作，领导重视，有关企业积极配合，调查范围广泛，了解和掌握了大量第一手资料，达到了预期目的。通过对调研企业数控产品开发、体制机制改革、企业经营、提高创新能力和竞争力进展情况，以及“十一五”企业发展规划设想等调查分析，为我国“十一五数控机床发展规划”和“高档数控机床应用示范工程”实施提供了依据。现将调研的主要情况介绍如下：

一、我国数控机床产业进入快速发展期

1.“十五”数控机床总体发展情况

“十五”是我国机床工具行业发展最快的5年。2004年，我国机床工具行业产品销售收入1 032亿元，是2000年507亿元的2倍，平均年增长19%；2004年全国金属切削机床产量39万台，是2000年17万台的2.3倍，平均年增长23%。机床行业的主导产品——数控机床的发展速度远高于机床工具全行业的平均水平。国产数控金属切削机床年产量从“九五”计划末期的几千台，增加到2001年17 521台，2002年24 803台，2003年36 813台，2004年51 861台，2005年59 639台。2005年产量是2000年的4.2倍，平均年增长33.2%。

2. 全国各地区机床工具企业调研简况

(1)东北地区。东北地区是我国机床工具工业的重要基地之一，“十五”以来，以沈阳机床(集团)有限责任公司、大连机床集团有限责任公司、齐齐哈尔第一机床和齐齐哈尔二机床(集团)有限责任公司、哈尔滨量具刃具集团有限责任公司和哈尔滨第一工具厂等为代表的东北地区机床工具行业取得了高速发展。2004年，东北地区机床产量约占全国总量的20%，其中数控机床产量约占全国总量的25%以上。2004年，大连机床集团有限责任公司机床销售额46亿元，其中数控产值14.7亿元；沈阳机床(集团)公司机床销售额44.9亿元，其中数控产值22.8亿元；齐齐哈尔一、二机床厂、哈尔滨量具刃具和第一工具厂产品销售收入都有较大幅度增长。“十五”期间，有关企业国债项目相继上马，技术改造力度加大，为“十一五”发展创造了良好条件。

(2)华北地区。重点了解北京第一机床厂、北京机电院高技术股份有限公司、北京北量机电工量具有限公司、北京阿奇夏米尔工业电子有限公司、天津第一机床总厂、天津市天锻压力机有限公司等企业。北京、天津某些企业面临厂区搬迁改造任务，企业根据各自特点，取得了可喜发展业绩。

(3)华东地区。山东省：调研组走访了8个主机厂（威海华东数控股份有限公司、济南二机床集团有限公司、济南一机床集团有限公司、济南铸造锻压机械研究所、徐州锻压设备有限公司、徐州压力机械股份有限公司、斗山机床烟台有限公司、山东鲁南机床有限公司），4个配套厂（烟台环球机床附件集团有限公司、山东济宁博特精密丝杠制造有限公司、威海精密机床附件厂、威海市量具厂有限公司），3个用户厂（龙口油泵油嘴厂、济南柴油机厂及一家军工企业），共15个企业。山东省机床企业多种所有制并存，发挥各自体制优势，生产取得快速发展。

江苏省：调研了无锡、南通、苏州、南京、扬州、泰州、丹阳等地20个机床工具企业。其中金属切削机床制造企业11个、锻压机械制造企业5个、工量具制造企业3个、功能部件制造企业1个。本次调研20个企业除南京3个机床企业和苏州电加工研究所为国有所有制外，其他国企都实现了民营化改革，改革推动了资源优化配置，调动了各方面积极性。江苏机床工具行业发展快，形成了以苏州、泰州地区电加工机床制造和扬州锻压机械制造集聚区，发挥了产业集群优势。

上海市：调研了上海机床厂有限公司、上海明精机床公司、上海工具厂有限公司、上海力达机床公司、上海天田冲剪有限公司(中日合资企业)、哈挺(上海)有限公司(外资企业)等企业。从总体来看，上海机床工具企业国有所有制体制改革是以推动优良资产进入上市公司为目标展开的，通过上市和企业搬迁土地置换等方法筹集资金，用于“十一五”技术改造投资，改革成果明显，体制和机制的改变促进了管理效能提高，技术开发、合资合作取得进展，生产发展速度明显加快。

浙江省：调研了杭州机床集团公司、杭州友嘉精密机械有限公司(台资企业)、浙江荣德机械有限公司(台资企业)、浙江锻压机械有限公司、浙江日发数码精密机械股份有限公司、宁波海天精工机械有限公司、浙江凯达机床集团有限公司、浙江兰溪联强机床制造有限公司、杭州西湖台钻有限公司等企业。浙江地区机床行业国有企业基本实现了民营化改革，机制灵活、管理有效，企业发展迅速。“十一五”技术改造通过自筹资金投入，技改力度较大。

(4)中南、华南地区。调研了武汉重型机床有限公司、安阳鑫盛机床有限公司、华中数控股份有限公司、广州数控设备有限公司、武汉机床厂、长沙机床厂、湖南机床厂、株洲钻石切削刀具股份有限公司、湖大海捷制造技术有限公司、湖南中大创远数控装备有限公司、湖南一派数控装备有限公司、广东高新凯特精密机械有限公司等18个企业。中南地区国有企业改革逐步到位，18个企业中，民营占50%。调研企业生产任务普遍饱满，出现生产能力不足，“十一五”计划大规模扩大生产。

(5)西北地区。调研了宁夏中卫大河机床有限责任公司、宁夏长城数控机床有限公司、宁夏小巨人机床有限公司、青海第一机床厂、青海第二机床制造有限责任公司、青海重型机床有限责任公司、天水星火机床有限公司、汉川机床有限责任公司、秦川机床集团有限公司、咸阳机床厂、汉江机床有限责任公司、天水锻压机床有限责任公司、天水213机床电器配件厂、汉江工具有限责任公司、青海量具刃具有限公司、长城须崎铸造股份有限公司和青海山川铸造有限公司等19个企业，以上属于国有控股改制和上市企业16个，其余为合资1个、外资1个、学校办厂1个。西北地区19个调研企业中有10个是“三线”内迁企业，长期以来，艰苦奋斗，已形成特色地域企业文化，机床技术开发和生产都取得了很大发展，很多企业具有自身竞争优势。

(6)西南地区。调研了桂林机床股份有限公司、桂林量具刃具厂、桂林广陆数字测控公司、云南CY集团公司、昆明铣床厂、交大昆机科技公司、重庆机床厂、重庆第二机床厂、自贡长征机床有限公司、成都工具研究所、成都成量工具有限公司、托普数控机床有限公司、森泰英格(成都)数控刀具有限公司14个企业。国有企业的体制改革很大程度上取决于政府推动，大部分国有企业向股份制企业转化。西南地区机床工具企业市场订货饱满，生产任务紧张，企业在数控机床产品开发和生产方面成绩显著。

3. 不同所有制企业发展特点

从此次调研的110个机床工具企业来看，国有和国有控股企业主要分布在东北、华北和西北地区及上海市，以原来机床行业重点骨干企业为主，西北地区具有地域特点。国有企业的改革涉及债务、冗员、社会职能分流等，改革处于进一步深化之中，当地政府对国企改革起主导作用。“十五”以来，由于国内市场需求急剧上升，大部分属于国企范畴的机床企业都取得很大发展。东北地区机床工具企业借助国家振兴东北老工业基地政策，利用国债项目的优惠，大搞技术改造，实行大兵团作战，大力提高了产业水平和生产能力。西北地区某些机床企业，也得到了当地政府的有力支持(如技术改造、税收等)，取得较快发展。上海市机床工具行业，借助上海电气集团上市筹集资金，用于“十一五”发展。

江苏、浙江和广东地区，大部分机床国有企业，国有资本基本退出，实行了民营化，从改革的效果来看，改制后，企业自主经营，机制灵活，管理加强，企业发展加快。这些地区机床行业的私营企业和三资企业发展速度尤为突出，将成为机床工具行业的新生竞争力量。

中南和西南地区机床工具行业，体制改革处于进展之中，多元化体制共存。

“十五”期间我国机床工业不论是国有企业还是民营企业都处于快速发展中成绩显著，特别是国产数控机床的发展和国产数控机床市场的培育有了极大的进展。但经过深入分析，可以发现两者虽然都是在高速发展的表象下，但又有深层次的区别，国有企业的发展，大多偏重于做大，因此投入大，产出高；而经过改制的民营企业往往是在做大的同时，更重视企业的投入产出效益。

从全国总体来看，机床工具行业处于国有、国有控股、多元股份制、民营化、私有企业、三资企业等多种所有制长期并存局面。每一种所有制形式都有自身的特点，关键在于发挥优势，在机制和管理上下大工夫，适应市场经济的特点，提高企业核心竞争力，在市场竞争中取胜。

4. 调研分析

我国“大型金属成形机床”、“重型金属切削机床”、“齿轮加工机床”、“电火花快走丝线切割机床”等产品在性能价格比上，已具有相当的优势，在国际市场具备一定的竞争力。

二、此次行业调研中反映的几个热点问题

1. 全行业生产任务繁忙，市场需求保持稳定增长

从各地区调研来看，机床行业生产任务普遍饱满，操作工人加班加点现象比较严重，如重庆机床厂只能完成订货量的50%～60%，落地铣镗床、导轨磨等重型机床产品都不能按时供货。2005年机床行业主要企业订货、生产、销售形势依然很好，国家宏观调控对机床行业影响不很明显，数控产品销售保持增长，普通机床产品订货也仅略受影响。从2005年经济运行统计，机床全行业仍保持20%以上速度增长，且机床进口量保持不减，说明世界制造业向中国转移，中国制造业发展正处于上升期。预计，“十一五”前期，中国机床市场需求依然保持旺盛趋势。

2. 体制改革逐步深入，国企产权多元化成为趋势

机床行业体制改革各地区进展不一，国企产权多元化，股份制是改革趋势。国企改革在很大程度上取决于当地政府的推动。江苏、浙江的国企机床厂基本实现民营化。在机床行业产权改革变动中，如何保留国家重点需求的机床品种的制造能力，这是需要关注的一个问题。

3. 技术改造，是扩大产能，还是提高制造水平

调研中发现，部分机床工具企业，为扩大产能，大上技术改造项目，征地建厂房，规模相当浩大。据16个调研企业不完全统计，拟投入技术改造资金规模约53亿元，形成年产数控机床9万多台的能力，相当于2004年产能的3倍多。技改项目中，有多家企业计划建设大型机床铸件基地，部分技改项目主要目标集中在扩大中低档产品的产能上。从行业总体来看，技术改造需研究三个问题：一是技术改造的总规模如何与“十一五”的市场需求相适应，投入产出的效益如何；二是技术改造的模式，是老厂的易地搬迁，还是在机制、体制和技术装备上有个新的起点；三是技术改造的产品目标，是建立在制造中、低档产品水平上，还是发展高

档产品？低、中档机床市场到底有多大？高档数控机床的研发、生产及相应的高水平的生产装备的投入能否挡住进口，满足“十一五”高档数控机床的需求，这些问题需认真研究对待。

4. 功能部件发展严重滞后，调研企业反映强烈

影响国产数控机床发展的不利因素中，功能部件产业发展的滞后已成为数控机床发展中公认的瓶颈，也是此次调研中反映强烈的问题之一。功能部件配套产品是数控机床的重要组成部分，也是发展数控机床的基础。当今世界数控机床正快速向高速、精密、复合、智能、环保的方向发展，任何功能部件配套产品的发展都是为了支撑数控机床制造技术的发展，都需要与这一发展趋势相适应。目前中高档功能部件大量采用日本、德国、中国台湾、韩国等的产品，台湾地区的功能部件制造企业有可能进入大陆。我国数控机床产业关键零部件依赖进口，说明我们自身在掌握核心技术上存在差距。因此，迅速提高国产数控机床功能部件制造水平，加快国产数控机床功能部件产业化进程至关重要。

5. 民营企业发展迅速，将形成一支行业新军

近几年来，山东、江苏、浙江、广东一带的民营机床企业发展很快，已成为行业关注焦点之一，民营企业发展迅速，将形成一支行业新军。

6. 三资企业的发展值得关注

“十五”以来，机床行业三资企业有一定发展，其中外商独资企业发展更快。外商独资机床制造企业的进入，使我国机床市场格局发生重要变化。这些外资企业一般都享受当地政府的产业优惠政策，国外母公司控制核心技术，关键部件可进口，组装后的产品具有较强的竞争力。三资企业的发展值得业界关注。

三、未来五年我国数控机床产业主要发展的方向

通过此次行业调研，结合前几次进行的用户调研，未来五年我国数控机床产业主要发展方向为：

1. 加快开发高档数控机床品种

为了缩短与世界先进水平的差距，提升我国机床工具行业整体水平，“十一五”期间对市场急需的高档数控机床品种，要集中力量，重点突破。

未来五年要加大科技投入，加强基础研究和开发研究，提高原始创新和集成创新能力。要促进重点企业技术开发能力建设，加快高档数控机床品种开发。掌握一批高档数控关键产品开发的核心技术，推出一批高档数控机床品种，满足重点用户急需，精心培育高档数控机床市场。

2. 积极促进功能部件产业化

“十一五”期间，要培育一批功能部件的龙头企业。加大政策支持力度，重点发展高档数控系统、高速主轴单元、精密滚动功能部件、动力刀架、精密转台、高速导轨防护装置等高水平的功能部件，加快产业化进程，培育国产品牌，实现功能部件与数控机床同步发展。

3. 进一步发展普及型数控机床

国产普及型数控机床产品技术已经成熟，产业化迫在眉睫。急需进一步提高产品可靠性和质量，提高产业集中度，确保稳定、可靠、快速地满足市场需求。以提高制造能力和生产集中度为重点，支持骨干企业快速发展。

4. 努力提高国产数控机床市场占有率

提高国产数控机床市场占有率是“十一五”期间行业发展的重中之重，要从质量、可靠性、服务等方面入手，创品牌、扩市场、挡进口、争出口。争取在5年内国产数控机床国内市场占有率有较大提高。

四、全国各地区机床工具企业调研情况

1. 上海、浙江地区

上海地区国企改革已渐入佳境。浙江省调研的机床企业按所有制可分三种类型：原国有企业改成民营（国有资产100%退出）、私企、台资企业，这三类机床企业都取得了高速发展。

(1)主要机床工具企业。上海机床工具行业隶属于上海电气（集团）总公司，上海电气（集团）总公司(CEC)是我国著名的综合性装备制造集团，年收入超过400亿元。在经历了几轮整合之后，新的CEC主体分为两大部分：优良资产进入上海电气集团股份有限公司（上市公司），其余部分则进入上海电气集团资产管理公司。上海电气集团资产管理公司进行动态管理，对下属企业进行改革重组，资源优化，形成的优良资产逐步进入上海电气集团股份有限公司（上市公司）。上海电气集团股份有限公司（上市公司）已于2005年4月在香港上市，融资68亿元，上市企业获得了充分的发展资金。从总体来看，改革思路明确，符合时代潮流，改革成果显著。

上海机床厂有限公司于2004年被上海电气（集团）总公司列为具有行业竞争力的企业，纳入上海电气集团股份有限公司。主要产品有：外圆磨床、平面磨床、轧辊磨床、曲轴磨床、双端面磨床、花键轴磨床、齿轮磨床、螺纹磨床、凸轮轴磨床等各类普通、大型、精密、专用、数控等磨床。目前生产的各类磨床的品种和规格，在全国磨床行业占有重要地位。上海机床厂有限公司在公司内部探索公有制的多种实现形式，突出体制创新，通过划小核算单位，模拟企业法人，全面走向市场。近年来，加强了科技创新，开发了出口美国的数控大型外圆磨床、高精度万能外圆磨床、数控轧辊磨床等多项高精尖新产品。2001～2004年，企业产品销售收入平均以30%以上的速度增长，2004年销售收入7.16亿元，已成为以数控、精密、大型、专用产品为主导，品种多，产品服务领域广的我国磨床科研、生产的重要基地。

上海明精机床有限公司组建于1997年，隶属于上海电气（集团）总公司麾下的上海电气资产管理公司。根据上海电气集团对机床产业发展的要求，明精公司正在对所属上海重型机床厂、上海仪表机床厂和上海第三、四机床厂等企业加紧改制改革。通过资产重组、优化组合形成三个基地：一是闵行大重型机床和中型数控车床生产基地；二是松江乐都路中型铣床、加工中心和中小型磨床生产基地；三是松江方塔路小型数控机床生产基地。上海明精机床有限公司近4年来销售收入平均增长速度约26%，现有产品覆盖金

属切削机床中量大面广的车床、铣床、磨床、钻床、刨床、齿轮机床、加工中心七个大类，公司先后引进德国、捷克、奥地利等数控机床制造技术。2004 年，明精公司收购德国 WOHLENBERG（沃伦贝格）公司和日本 IKEGAI（池贝）公司，为明精公司的发展提供了良好的技术引进平台和国际销售网络。2005 年明精公司完成实体化调整，条件成熟后，将被上海电气股份有限公司（上市公司）收购，成为上市公司组成部分，以寻求更大发展。

上海工具厂于 1997 年改制为上海工具厂有限公司。"十五"期间，实施了总投资为 1.2 亿元的"发展数控机床刀具系统"国家重点技术改造项目，使公司从过去单一生产高速钢刀具发展成为我国可以生产高速钢刀具、硬质合金刀具、涂层刀具、超硬刀具和配套数控刀柄与量具的多品种大型工具综合制造企业。该公司 2004 年比 2003 年产品销售收入增长 40%。主要产品有：孔加工刀具、螺纹刀具、齿轮刀具、铣铰刀具、拉削刀具、硬质合金刀具、涂层刀具、超硬刀具、刀柄刀杆和量具等十大类。上海工具厂有限公司与上海交通大学合作开展高速切削刀具综合性能评价和刀具的硬涂层技术开发与研究，与国际著名的齿轮机床和齿轮刀具制造商意大利桑浦坦斯利（SAMPUTENSILI）公司合资，发展新产品。公司以发展数控机床刀具系统国债技改项目为切入点，加快产品结构调整，提高产品精度、性能和可靠度等技术指标，形成圆形数控刀具、硬质合金刀具为主的规模生产能力，并继续大力开发和生产为数控机床配套的高精度、高性能、高效率、高耐用度、高可靠性的刀具系统，成为企业远景发展的主要突破口。

上海冲剪机床厂主要生产数控剪板机、折弯机等钣金加工装备以及专用成套设备，2001～2004 年销售收入平均年增长 20%以上。目前重点开发的新产品有：大吨位、超长型双机联动数控板料折弯机、薄金属板料剪切设备、机械电子伺服数控折弯机等。该企业生产任务繁忙，生产能力跟不上市场需求。目前规划搬迁改造，继续添置大型加工设备及数控机床，实施两头在内、中间在外的经营方式，以满足用户需要。

在上海，调研组还走访了上海天田冲剪有限公司（中日合资）和 HARDINGE（上海）有限公司（外资企业），以上企业都取得了明显发展。

杭州机床集团有限公司于 2001 年 12 月注册成立，国有资产全部退出，改制为民营企业。公司下设全资、控股、参股子公司 17 个；建有大型数控精密平面磨床、通用平面磨床、精密小型平面磨床、数控电加工机床和数控铣床、出口铸件、工量具制造等 9 个生产基地。2004 年，实现销售收入 4.15 亿元，是 2002 年销售收入的 1.9 倍。公司生产的主要磨床产品有 6 大系列：精密和高速平面磨床，数控龙门式平面磨床，数控强力成形磨床，数控卧轴矩台平面磨床，卧轴和立轴双端面平面磨床，各种专用磨床、数控球面磨床、数控导轨磨床共 103 个品种。"十一五"公司将全面提升企业集团化管理水平和核心竞争力，规划用地 16.7 万 m^2（250 亩），新建 10 万 m^2 厂房，形成现代化、集约化、精益化的数控机床制造基地。

浙江凯达机床集团有限公司于 1997 年由国营改为股份制民营企业，职工人人持股。2000 年，公司中层以上领导股权相对集中，改革进一步完善。"九五"期间，企业经过几轮改造，在诸暨经济技术开发区建设具有先进水平的新厂区，添置了精密高效加工设备，工艺水平提升，工艺路线和物流布局更加科学与务实。公司的主要产品有：立式加工中心、全功能数控车床、高速精密数控车床、大孔径强切型数控车床、经济型数控车床、大孔径马鞍车床、卧式车床、轻型车床等，是我国南方数控车床重要生产厂家之一。2004 年，公司数控产品产量1 731台，是 2001 年的 3.2 倍；数控产品销售收入11 271万元，是 2001 年的 3.77 倍。公司一贯坚持整机生产与功能部件生产同步，主机用的数控系统、变频电机、步进量具刃具、普通量具刃具、液压站、干式变压器、液压油缸、弹簧夹头、自动回转刀架等，凯达机床集团都能自行生产配套。

浙江兰溪联强机床制造有限公司是于 1999 年 1 月经股份制改造成立的民营企业，国有资本 100%退出。公司由管理层控股，职工参股，后经多次股权变动，2005 年改造成"浙江联强数控机床股份有限公司"，计划适时上市。该公司 2004 年实现销售收入 1.44 亿元，生产各类金属切削机床 3 381台，其中数控机床1 896台。目前，公司正在实施"中高档数控机床生产线技术改造项目"，在江南高新工业园区新购进 6.7 万 m^2（100 亩）土地，建设联强数控机床产业基地。

浙江锻压机械集团有限公司 1997 年进行了股份制改造（国有资本 100%退出），2000 年进行股权集中，董事会持股 50%以上。2004 年销售收入 1.2 亿元。浙江锻压机械集团有限公司是国内机械压力机的主要生产企业，主导产品有：各种开式压力机、高速精密压力机系列、数控压力机系列、数控剪板机、数控折弯机、自动弯曲机、汽车轮辋自动滚形机等产品。"十一五"期间，要完成开发区新厂房的整体搬迁工作，并添置设备，扩大精密、数控压力机生产能力。

杭州西湖台钻有限公司是由原西湖台钻总厂改制成立的民营股份制企业（国有资本 100%退出）。公司的产品有西湖钻床、西湖精密机械、西湖数控铣钻床 3 大系列。2004 年销售额 1.6 亿元，是 2002 年的 3 倍。"十一五"期间，公司将投资扩大数控钻铣床的生产能力。

浙江省两个私有机床企业，发展颇具特色：

浙江日发数码精密机械股份有限公司是 1998 年由浙江日发控股集团有限公司投资建立的机床企业，专业生产数控车床和加工中心，占地面积 3 万 m^2，其中生产面积 2 万 m^2，办公和研发面积8 000m^2，现有员工 126 人，2004 年数控机床产量为 251 台，销售收入16 253万元，利税2 243万元，人均年销售产值 110 万元。公司成立以来共生产2 000多台数控车床和加工中心，平均年销售产值以 30%以上的速度持续增长。"十一五"期间，公司准备引进国际先进的加工设备，扩大数控机床生产能力。

宁波海天精工机械有限公司隶属于宁波海天集团股份有限公司，专业生产数控车床、加工中心。其母公司宁波海天集团股份有限公司是中国最大的注塑机生产企业，2004年完成销售收入32亿元。宁波海天精工机械有限公司占地面积7万m^2，生产面积5.5万m^2，办公和研发面积5 000 m^2，职工人数200名。2004年共生产各类数控机床103台，实现销售收入8 000万元。宁波海天精工机械有限公司一期建设投资2.5亿元，二期建设投资2.5亿元，"十一五"期间，还计划投资2亿元，增加厂房和设备，扩大数控车床、中型加工中心和重型机床的生产能力。

杭州友佳精密机械有限公司是台湾友嘉实业集团于1993年在浙江萧山开发区投资建立的，后几经扩资，征地52.3万m^2(785亩)。公司产品主要为数控车床和加工中心，同时也生产停车设备和叉车。现有职工400多人，2004年生产数控机床1 100台，实现销售收入4.95亿元。最近，友嘉实业集团又在萧山下沙地区购买土地21.0万m^2(316亩)，准备成立友嘉科技园区，联络其主机的相关配套件企业在此投资设厂，以形成完整的机床生产供应链，杭州友佳精密机械有限公司计划2010年达到年产加工中心5 000台。

浙江荣德机械有限公司是1993年7月由台湾建德工业股份有限公司在浙江萧山设立的全资公司。厂房面积12 000m^2，员工人数252人。主要产品为磨床、加工中心、铣床等。2004年公司年产机床2 977台，产值1.6亿元。2005年公司规划增建第四期厂房与营运大楼，产品销售"北上西进"和发展规格较大的卧式加工中心和龙门磨床等。

(2)体会。对该地区调研后有几点体会：

1)国企在经历多年改革阵痛后，渐入佳境。多元股份制的形成，机制的改变，技术实力、设备和管理优势的发挥，将使改制后的新企业进入快速发展期，为中国数控机床产业发展增添后劲。

2)浙江机床行业的民企和台企，在各级地方政府的支持下，发展势头迅猛，企业机制灵活，资金富足，区域合作和产业积聚效应的形成，将对数控机床产业发展产生很大影响。

3)目前，调研的机床工具企业都处于任务饱满、产能不足状态，特别是某些重要数控产品，仍供不应求。"十一五"期间，企业为扩大生产规模，技改都有较大投入。从全国来看，基建规模和发展产品档次如何与"十一五"的市场需求数量和品种档次相适应，如何规避投资风险，需要加强认真研究和协调。

4)国内功能部件的产能，以及产品的可靠性和服务性对数控机床的生产和竞争所产生的制约，几乎是所有走访企业都强调的问题。望尽快提高国产功能部件的产能，以及产品的技术水平，满足机床主机配套需要，是机床行业的迫切要求。

5)据有关调研企业反映，加强行业自律，消除价格无序竞争、不规范和不负责任竞争给行业发展带来的负面影响，仍是机床行业需要解决的一大问题。

2. 江苏地区

(1)调研企业的基本情况。此次调研走访的20个企业中，属金属切削机床制造企业11个、锻压机械制造企业5个、工量具制造企业3个、滚动功能部件制造企业1个。从调研所闻所见，企业状况具有以下特点：

1)机床工具市场需求持续旺盛，经济运行势态良好。普遍反映当前机床工具市场需求仍持旺势，虽然有个别企业感到增幅有所回落，但仍对市场前景持乐观态度。几家受到不同因素影响的企业在2004年和2005年前5个月也呈回升态势。企业的工业总产值、产品销售收入仍保持高位增长，利润也有一定的增长。其中无锡开源机床集团有限公司、江苏扬力集团有限公司、江苏亚威机床有限公司、南京工艺装备制造有限公司、江苏飞达工具集团有限公司和江苏天工工具集团有限公司等企业的产品销售收入均列各小行业制造企业的前10名之列。企业的数控机床产量稳步提高，产值数控化率也有较大提升。

2)企业机制体制改革有新突破，进一步激发了企业活力。此次调研的20个企业中，国有及国有控股企业6个、民营及民营股份制企业13个、外商独资企业1个。在企业转制方面，无锡开源机床集团有限公司极具典型。作为"十八罗汉"之一的无锡机床厂在省市政府的直接领导下，于2002年完成转制为民营股份制。目前，企业的股东有300多人，集团领导、中层干部和技术生产骨干各占1/3股权。企业转制后，2004年又完成了内部所有员工身份的置换，从而极大地调动了员工的积极性。企业制订了以发展磨床为主业，带动以磨为主的周边企业延伸和拓展。以三大类数控磨床为龙头，按照技术相近、工艺相关的原则，开发五大类磨床，扩大产品经营空间。无锡机床在自主研发的基础上，坚持走"产学研"相结合的路，以及借鉴、引进、消化、吸收国外先进技术，有力地提高了产品水平和市场竞争力。

3)抓住搬迁改造良机，从根本上改变企业面貌。此次调研了解到，江苏省的各市县在规划城市建设中，对一些行业企业提出了"退城进园"的要求。不少企业充分抓住这一机遇，全面规划企业的发展愿景，取得了初步成效。如江苏亚威机床有限公司把工厂从没有发展余地的市区，迁到开发区，不仅使企业的生产环境发生了根本性变化，也使生产组织与流程更加合理，提高了生产效率。又如扬州地区的扬力集团，扬州锻压、金方圆数控机床、扬州捷迈等都通过搬迁以全新面貌，展示企业的新风采。企业通过搬迁改造，较好地解决了装备老化落后问题，不少企业增加了数控机床，如江苏扬力集团拥有Φ160mm以上的落地镗铣床23台，以及数控龙门铣镗床、大型卧式加工中心等关键装备，提升了企业的制造能力，也展示了企业的实力。

苏州电加工机床研究所、苏州中特机电科技有限公司新址建成投产，新厂区将为科研开发、产业化建设提供有力的保障。标志着他们进入了企业发展历史的新阶段。

4)发展特色产品，提高市场竞争能力。在市场竞争日趋激烈的今天，企业的生存发展在很大程度上决定于产品的市场认知程度。这就要求企业的产品必须是"物美价廉"，这对机床制造企业来说，就是在质量可靠的前题下，突出自己的产品特色。特色就是生命力，就是竞争力，就是生产力。此次调研中不少实例充分证明了这一点，如南京机床厂以其优良资产组建的南京数控机床有限公司，研制的弹体加工数控车床，从小到大，从手工装卸到机械手自动装卸，成为各种炮弹制造业的首选装备，几乎垄断了所有弹体加工装备市场。又如苏州电加工所针对航空工业的零件加工需要，研发了近10个品种的近百台专用电加工装备，其中八轴数控高速电火花小孔加工机，还荣获中国机械工业科学技术二等奖。

(2)推进电加工机床制造业的发展。此次调研侧重对电加工机床制造作进一步了解，根据调研所见，推进电加工机床制造业的发展，应着手强化以下几方面的工作：

1)进一步加强对电加工机床关键技术和共性技术研发的支持力度。据电加工机床制造企业反映，"十五"期间，国家投资7 000万元，支持电熔爆技术和自旋式线切割技术的发展，但这不是电加工技术的主导方向，其应用价值远不如慢走丝线切割技术。目前以电加工技术闻名于世的瑞士、日本的电加工机床生产厂家均致力于发展慢走丝线切割，就连我国台湾省也有十几家企业生产慢走丝线切割机，且以每年20%的速度增长。我国要改变在慢走丝线切割技术方面的落后状况，必须加大对这一领域关键技术研发的支持力度，同时还必须进一步强化相关的标准化工作。

2)对具有自主知识产权，且市场前景良好的技术与产品给以足够的支持。快走丝线切割技术是我国的自有技术，如何进一步提高快走丝的技术水平，提高快走丝机床的工作精度，整合好快走丝的资源，使其特色更加突出，进而打入国际市场，既需要电加工机床制造业的努力，也需要给予必要的支持。

3)推进企业做大做强，防止新的裂化。当前，电加工机床制造业的裂化现象较为严重，一个企业拉出几个人就组成一个新的企业，产品相同，品质受条件所限差异较大。为此，应针对电加工机床的特殊性，积极推进企业的联合，从软件(数控系统和控制软件)、硬件(机械结构与传动)两个方面提高产品的性能与水平，进一步做强企业，提高电加工机床制造业的整体实力。

4)进一步强化质量监督检查，加大执法力度，坚决打击伪劣产品，反对不正当的恶性竞争，维护市场秩序，促进电加工机床制造业的健康发展。

在此次调研中，行业企业还就共同关心的热点问题提出了许多具有建设性的意见和建议，如希望尽快启动"数控机床产业发展专项规划"；对不同所有制企业的税收政策应一样，以确保在同一起跑线上竞争；建议适当加大对机床工具行业企业的国债贴息技改力度等。总之，通过调研，我们深感江苏省在企业改制方面走在了前列，制度可以充分调动人的积极性，发挥人的潜能；制度可以充分调动各种社会资源，并对这些资源进行优化配置；制度具有整合功能，可以实现三大高科技要素(资金、人才、技术)的互动与集成。我们深信，随着事业的发展，江苏省机床工具制造企业的优势必将进一步显现。

3. 中南、华南地区

中国机床工具工业协会"数控机床发展研究"企业调研中南、华南地区调研组，对河南、湖北、湖南、广东四省的18个机床行业企业进行了调研。

(1)调研企业的基本情况。此次调研的中南、华南地区18个企业，按生产产品分类：金属切削机床生产企业11个，数控系统生产企业2个，工具生产企业2个，锻压机械生产企业1个，功能部件生产企业1个，其他1个。

按企业性质分类：民营企业9个，占50%；国有及国有控股企业7个，占39%；外商独资企业1个，占5.6%；中外合资企业1个，占5.6%。

(2)特点。调研企业有如下特点：

1)生产形势好，市场空间大。在调研的18个企业中，几乎所有企业都是任务饱满，生产能力不足。企业的"十一五"规划中都对提高开发水平，扩大企业的生产能力做出规划。越是技术含量高、量大面广的产品，扩大生产能力的要求越强。株洲钻石切削刀具股份有限公司将投资8亿元，其中技改7.7亿元，2010年将生产数控刀片5 000万片，市场占有率可达25%；刀具50万把，整体刀具200万支，数控产值16亿元。广州数控设备有限公司将投资3亿元，到2010年生产数控系统产值达到20.45亿元。安阳鑫盛机床有限公司在扩大生产能力后，2010年将实现年产数控机床9 730台，销售收入33亿元。

2)企业机制改革逐步到位，国有企业逐渐退出。随着企业机制改革逐步到位，国有资本逐渐退出，企业的性质发生了很大的变化：武汉武重机床有限责任公司是国有民营，国有股占52%，2004年11月实现全员身份置换；长沙机床厂将成为民营湖南阿波罗集团有限公司所属机床厂；湖南机床厂已由中联重科(工程机械)承债式兼并；株洲钻石切削刀具股份有限公司国有股占60%～70%；武汉华中数控股份有限公司和湖大海捷制造技术有限公司有高校背景。

3)一批民营企业以产学研相结合的方式，走上高新技术发展的道路。湖大海捷制造技术有限公司以湖南大学"国家高效磨削工程技术中心"为依托，开发了数控凸轮轴磨床，市场占有率为20%～30%；公司拥有的高速磨削、强力磨削、多砂轮磨削、磨床数控等多项技术都处于国内领先水平。

湖南中大创远数控装备有限公司以中南大学为依托，开发了七轴五联动数控螺旋锥齿轮磨齿机，在螺旋锥齿轮设计与制造的数学建模方面取得突破，成功解决了螺旋锥齿轮机床制造的理论瓶颈，其数控螺旋锥齿轮磨齿机有价格优势，将成为美国GLEASON、德国KLINGELNRGER公司在东南亚、日本、韩国等海外市场同类产品的有力竞争者。

湖南一派数控装备有限公司以国防大学为依托，开发了数控活塞环内外圆立式车床，用数控软件解决了活塞环内外圆非圆加工难题，受到活塞环生产企业的重视。

武汉华中数控股份有限公司是从事数控系统的研究、开发和生产的高科技企业。公司以华中科技大学为技术依托，拥有强大的科研、开发和产业化实力。采用基于工业微机作为硬件平台的开放式体系结构的创新技术路线,充分利用PC的软、硬件丰富资源,通过软件技术的创新,实现数控技术的突破,为实现科技产业发展奠定了坚实基础。目前,华中数控可以为用户提供具有自主知识产权的系列数控系统,已派生出10多种系列30多个产品,广泛用于车、铣、磨、锻、齿轮、仿形、激光加工、纺织机械等设备。华中数控系统的电磁兼容性全面达到欧洲4级电磁兼容性标准。

广州数控设备有限公司同上海交通大学、西安交通大学、华南理工大学、广东工业大学等大专院所,建立了密切合作关系,拥有国内较先进的数控设备组装焊接生产线、测试设备及较好的数控研发环境和科研设施。成功地承担了国家863计划项目《中档数控系统产业化支撑技术》课题,完成了主要技术指标及产业化经济指标,是国内同行中集CNC、伺服驱动、伺服量具刃具三位一体规模最大的企业。达到年产数控系统近两万套、各类驱动装置两万多单元,具备改造、装配、销售各类数控机床1 000多台(套)的生产能力。每年可为机床厂、直接用户培养专业数控机床操作人员1 500多人次。

4)数控产品已成为大部分企业的主导产品。广州数控设备有限公司、武汉华中数控股份有限公司、湖大海捷制造技术有限公司、湖南中大创远数控装备有限公司、湖南一派数控装备有限公司等高新技术产业,其产品均为数控产品;株洲钻石切削刀具股份有限公司和广东高新凯特精密机械有限公司,由于起点高,其产品都是为数控机床服务的。武汉武重机床有限责任公司2004年的产值数控化率达53%;广州机床厂有限公司2004年的产值数控化率达41%,广州市珠江机器有限公司2004年产值数控化率达37%。

(3)问题。调研企业的问题有:

1)一批市场需求量不大、国内无人替代,又不可缺少的机床品种生存前景值得关注。

在我国机床品种的总体构成中,目前有些机床品种需求量不大,但仍是不可缺少的品种,这些产品都是单一企业生产的,如武汉机床厂生产的数控拉刀磨床、数控滚刀磨床;长沙机床厂的拉床;湖南机床厂的高档锯床等。生产这些机床的企业在机制转换过程中有的改变了企业性质,有的改变了行业归属,如武汉机床厂将被美国企业独资收购,美方企业虽承诺仍生产工具磨床,但能否有计划把该产业做强?长沙机床厂成为阿波罗餐饮集团所属企业后,一旦由于资本经营的需要,是否还能够继续生产拉床?湖南机床厂归属工程机械行业后,对生产高档锯床有多大兴趣?这些都值得关注。为了基础装备业的发展,为了机床品种配套立足于国内,各级有关领导在企业兼并改制中,对于机床主业的发展应给予重点的指导和支持。

2)高技术产品如何开拓市场。湖大海捷制造技术有限公司生产的数控凸轮轴磨床、湖南中大创远数控装备有限公司生产的七轴五联动数控螺旋锥齿轮磨齿机、湖南一派数控装备有限公司生产的数控活塞环内外圆立式车床等一批高技术产品,由于市场需求数量有限,企业本身又不具备大批量生产的条件,致使产品在价格优势方面不明显,从而面临如何开拓市场以及与国外产品竞争的问题。

武汉华中数控股份有限公司生产的数控系统是国内市场上处于垄断地位的高档数控系统,也面临如何开拓市场的问题。

3)机床行业企业的机床拥有量的数控化率偏低。目前全国机械工业的机床拥有量数控化率大约为6%~8%,但机床行业多数企业的机床拥有量数控化率还低。湖南机床厂机床拥有量数控化率仅为0.5%;武汉武重机床有限责任公司为2.9%;广州机床厂有限公司为4.38%;广州市珠江机器有限公司为4.54%;长沙机床厂为4.61%;武汉机床厂为5.14%;低于机械工业平均水平。安阳鑫盛机床有限公司稍高,为11.29%。

但非机床行业的设备拥有量的数控化率比较高,株洲钻石切削刀具股份有限公司共有加工设备185台,其中数控90台,设备拥有量数控化率为48.6%;广州数控设备有限公司共有设备90台,其中数控75台,设备拥有量数控化率为83.3%。

4)提高国产功能部件的质量成为众多企业的呼声。在此次调研的企业中,几乎都提出国产功能部件的质量问题,如何提高国产功能部件的质量,使机床工具行业企业有更多选择余地,在市场上有较强的竞争力是大家的希望。另外由于国内的工业基础相对落后,对国产原材料、基础件选择性也很小,如广东高新凯特精密机械有限公司要用的轴承钢、钢球等在国内难于解决。

5)国内企业和外商投资企业在税收征收比例、出口退税等待遇上的不平等,一直没有解决。

6)企业在搬迁(以土地置换)过程中,不要简单的搬迁,应做好规划。

原有的机床工具行业的许多企业位于城市的有利位置,由于城市的发展,许多企业对土地置换方式获得的资金,大部分企业拟加大技术改造力度,提高设计、制造水平,为企业的后续发展提供坚实基础。但也有个别企业未充分利用这一时机,没有长远打算,只是完成简单的搬迁。

4. 西南地区

(1)调研企业范围。先后调访了桂林、昆明、重庆、自贡和成都五个城市的14个企业。西南地区企业通过深化改革、机制转换,呈现勃勃生机。目前企业生产任务饱满,形势较好,发展较快。

(2)特点。调研企业的特点如下:

1)市场需求旺盛,企业产销两旺。从各企业订货合同、生产、销售看,2005年上半年市场需求旺盛。由于订单充足,各企业都实行一周六天工作制,有时星期天和平时尚需加班。目前的主要矛盾是企业大多不能按合同交货。企业的产出能力不足已成为阻碍企业进一步发展的重要因素。重庆机床厂2004年订货齿轮机床合同有1 400多台,通过努力,只能生产800余台。云南CY集团预计,云南CY车床产品国内市场容量很大,每年需求约为18 000台。

2)体制机制发生重大变化,给企业带来了生机和活力。

企业都把体制机制的转换作为2005年工作的重中之重。据了解，桂林机床股份公司即将改制为外资控股企业，投资方为美国利维投资公司，外方控股51%，职工股占16.2%，其余为国有和私人股。桂林机床股份有限公司正在盘活现有资产，对城区内现有厂地分步进行房地产开发，开始逐步将工厂从城区搬迁到原桂林磨床厂厂址内，新建建筑面积8万m^2，包括办公楼，以及机械加工、齿轮加工和装配厂房，其中装配厂房面积约20 000m^2，机械加工厂房面积约15 000m^2，2005年建成。还计划在别处另建3～5万t铸造厂、2 000t锻件厂和3万t加工厂。"十一五"期间产品重点发展目标是"大中小、高中低、新特奇"，突出其中大、高、新三个字。重点开发大型数控龙门铣床系列和龙门加工中心系列，以及各种多用铣头，包括立卧回转铣头、双摆NC铣头等。公司销售收入计划是：2004年1.8亿元；2005年2.1～2.3亿元；2006年4亿元；2010年20亿元。桂林量具刃具厂在政府批准后，也即将改制为职工持股民营企业，高层和中层各占20%股份。云南CY机床集团公司2004年7月基本处于停产状态，同年12月30日与沈阳机床集团组建了昆明分公司(昆明国资委占股15%，沈阳机床集团占股85%)，沈阳机床集团昆明公司控股70%，企业经营层控股30%，沈阳机床集团昆明公司注入流动资金3 000万元，解决了企业生产流动资金不足问题。重组后云南CY集团有限公司起死回生，焕发了生机，车床产量从1月份100台，上升到4月份400台。2005年生产7 200台机床，其中数控机床300台，销售收入达3亿元，出口1 000万美元、创利1 500万元，创历史最好水平。2006年计划机床生产量13 000台，销售收入5亿元，出口1 500万美元。云南三龙机械集团有限公司昆明铣床厂也亟待改制，等当地政府的指示和批准。重庆机床厂是国有企业，采取了民营化管理后，企业发生很大变化。企业留住了技术骨干，增强了企业核心竞争力，加快了数控产品开发和生产，到目前为止，数控产品的产量达到总产量的20%～30%，产值达到总产值50%。最近，企业提出调整产品结构，靠模块化设计，实施产量倍增计划。成都英格数控刀具公司(民营企业)2005年初与美国Centrix Inc.合资成立森泰英格数控刀具公司，由于引进了国外先进管理理念，企业快速发展。2005年1～4月份，各项指标(产值、销售收入、回款额)都比上年同期增长40%，2005年销售收入6 900万元、产值5 500万元，人均产值达到28万元，产品性能、质量、外观可以与国外同类产品媲美，成为国内数控刀具生产企业的佼佼者。

改制后的公司，虽然控股方式不同，有民营的、外资的、国有的，但都给企业带来了新的活力，政府管得少了，企业自主能力强了，改制为企业带来了急需的资金，带来了新的企业管理理念和企业文化，带来了产品、技术，提高了企业的竞争力和职工积极性。

3)盘活存量资产，加速企业技术改造和发展。目前资金是企业发展的一大难题。所调研的企业大多采用盘活现有资产(厂房)来解决资金不足和企业发展问题。桂林机床股份有限公司利用城内厂地分步进行房地产开发所得的资金，加速企业现代化改造；桂林量具刃具厂也计划"十一五"期间盘活存量资产，在工业园购置6万m^2(90亩)土地，搬入工业园；重庆机床厂"十一五"期间也有盘活存量资产的规划，计划从市内的巴南区道角迁往工业园区，解决厂房不足和设备陈旧问题，目前已购置了18.4万m^2(276亩)土地；重庆第二机床厂盘活了存量资产，工厂逐步迁入南岸区茶园新城区玉马池工业园区，新增设备投资达2 000万元，新建装配厂房4 000m^2，现代化厂房明亮宽敞，办公生产条件优越；云南CY集团有限公司通过与沈阳机床集团昆明公司进行资产重组，解决了生产所需的大量流动资金，求得了企业快速发展。

4)加强人才培养，重视产品开发，提高企业竞争力。企业重视产品开发工作，多数企业已建立和正准备建立产品开发中心。自贡长征机床有限责任公司建立了省级技术开发中心，公司为其专门建设了开发中心大楼，中心各部门实行计算机联网。为解决开发人员短缺问题，各企业除加速对厂内技术人员培养、与院校合作开发外，有的还通过国家外管局邀请国外专家短期来厂工作，指导、审查或参加产品开发，分析、解剖现有产品，全面提高现有产品性能。如桂林机床股份有限公司先后短期引进了20多个国外专家，分别来自法国、德国、日本、意大利等国；重庆机床厂为培养技术骨干和人才，与大学合作，举办MBA专业班或派技术人员到大学进行脱产专业培训，对转业军人、高初中毕业的工人采用名师带徒进行专业培训。

企业发展到一定规模，要进一步发展，靠的是先进的企业管理理念和企业文化。从所调研企业看，各企业产品都有特色。重庆机床厂产品开发能力强，工艺基础条件很好，其滚齿机国内市场占有率达70%、剃齿机国内市场占有率达60%；宁江机床集团的纵切自动机、小型卧式滚齿机和小型坐标磨床为国内独家生产，为摩托车和家电业提供的各类加工生产线和装配线也有极强的竞争力；桂林机床股份有限公司加速高档数控机床的开发，已有10多台五轴加工中心和五轴龙门铣床交付航空、烟草机械、汽车轮胎等用户使用；交大昆机科技股份有限公司发展大型、精密、数控、成套设备，2005年数控机床产值占总产值的50%，数控落地镗铣床和刨台式镗铣中心市场看好；交大昆机与捷克TOS建立的合资公司，还生产数控落地镗铣床和数控刨台式镗床；自贡长征机床有限责任公司的重载数控升降台铣床市场看好，国内市场占有率很大；桂林广陆数字测控股份有限公司的产品竞争力强，其数显量具已达到较大规模生产，2004年产量80万件，2005年100万件，其中70%出口。数显量具国外发展方向是防水型，广陆公司与上海交大精密测量系合作，经3年的努力，开发出具有自主知识产权的电涡流式位移传感器，现已小批量投入生产。公司还与瑞士塞维克公司合作，生产防水型数显量具，芯片由瑞士塞维克公司提供。

5)产能问题。目前，企业生产能力不足是阻碍企业进一步发展的一大难题。为解决企业生产能力不足问题，所调研的企业都在积极建新厂或规划建新厂，扩大生产面积，多数企业厂房建筑面积都近10万m^2，有的甚至更大，而对设备投资，采用先进设备企业重视不够，多数加工设备还是原先的设备。提高生产能力有两种方法：一是原封不动的扩大厂房、增加设备和增加人员；二是靠管理、靠采用先进的设备和先进的制造工艺(机床加工参数)。我们认为提高企业生产能力首先要靠管理，挖掘现有设备能力，在新建扩大生产面积和改善生产条件的同时，更应注意采用高效先进数控设备和先进制造技术。

6)未来市场容量的思考。我们所调研的企业都在大规模的扩大产能，到“十一五”末，能力将扩大一倍以上。可是我国机床市场容量到底有多大？2004年我国机床产值40.8亿美元，机床消费94.6亿美元，如果按各企业“十一五”末生产能力将扩大一倍以上计算，届时我国机床产值将达到100亿美元。到那时，会不会出现中低档机床生产能力严重过剩，而高端机床又无能力提供，大部分还需依赖进口的局面，全行业会不会再一次出现困境。所以，企业要密切注意国内市场变化，关注国内市场可能承受的能力，适当地节制中低档机床的生产能力，坚持以销定产，防止产品积压。

5. 山东地区

(1)调研企业范围。走访了威海、烟台、徐州、滕洲、济宁、济南、龙口6个城镇，8个主机厂，4个功能部件制造厂，共12个企业。

(2)特点。调研企业的特点有：

1)大型国有企业仍是我国机床行业发展的主力军。“十五”期间我国机床工业发展迅猛，成绩显著，不但产品水平大大提高，而且在培育和开拓市场上有了极大的进步，从中也使我们看到，国有大型机床企业仍是我国机床行业发展的主力军。

济南二机床集团有限公司是我国著名的大型压力机和大型龙门、落地镗铣床等产品制造厂，其产品不仅得到国内用户的信赖，在国外也有很高的知名度和竞争力，在国际招标中频频取胜。

据张志刚董事长介绍，济二出口的压力机产品得到美方充分认可，多次重复订货，出口美国的5 000t大型多工位压力机产品，已不是原来与国外合作的产品，而是自行开发的具有自主知识产权的产品，济二的大型压力机已达到国际先进水平。在巴西国际招标中，曾迫使一家著名的外国竞争对手降价30%投标，由于运输费的差价，价格已低于济二报价，说明济二产品已具有很强的国际竞争力。美国通用上海公司采用济二的压力机生产线，并把济二列入配套厂名单，成为通用公司的供货基地。

济南二机床集团有限公司生产的五轴联动龙门铣床、2m×4m动梁数控龙门铣床、2m×6m龙门移动数控铣床在国内用户中有很好信誉，已成为国内大型龙门、落地镗铣床主要生产企业之一。

该企业是我国机床工业在“十五”期间高速发展的典范，通过企业内部体制、机制改革，调动职工的积极性、创造性，使企业取得突飞猛进的发展，为我国机床工业的发展作出了巨大的贡献。

我们认为，对于这样的企业国家应给予相应的政策，如在当前情况下，应取消大型压力机的进口减免税，以及外资企业独享的特殊优惠政策，按照同等的国民待遇进行竞争。同时呼吁政府不再审批生产大型压力机的外资企业，以保证国内大型压力机企业的发展和在国际竞争中的地位。

济南一机床集团有限公司也是我国机床行业的知名企业，“十五”期间通过自强不息的努力，企业的发展速度有目共睹。该企业的传统产品是精密车床、数控车床，目前主导产品已由精密车床、数控车床向立式加工中心、卧式加工中心、数控铣床等多元化方向发展。现有产品已形成了10大系列104个规格，成为国内数控机床品种规格最全的企业之一。该企业的发展与企业领导重视开拓市场，善于重点培育数控机床用户是分不开的。走访期间，于志海董事长陪同我们参观了两个重点用户。一个是龙口油泵油嘴集团有限公司，是民营企业。龙泵集团现有近2 000台数控机床，主要是立、卧式加工中心、数控车床、数控磨床和数控珩磨机。近几年来，集团已累计采购济一600余台数控机床，其中各类数控车床430台、立式加工中心79台、卧式加工中心50台、数控专用机床41台。龙泵集团生产车间基本上看不到普通机床，主要设备都是国产数控机床，除济一提供的数控机床外，还有江苏多棱等企业的产品，国外数控机床仅有瑞士斯图特磨床、日本日进珩磨机等设备。从企业的运行情况看，国产数控机床用得非常好，生产效率很高，在生产中真正起到了主力军作用。从中也使我们看到，民营企业迅速崛起，技术改造速度惊人，国产数控机床市场前景广阔。济一的另一用户是某军工厂，该厂也是济一的铁杆用户，车间里的主要数控设备基本上是济一的产品，用户反映产品质量和服务都非常好。由于济一的主要领导重视市场开拓和用户培育，因此收到了良好的效果。济一的做法为我们行业提高产品质量、开拓国产数控机床市场作出了榜样。

从以上两个企业的发展看出，国产数控机床的市场广阔，只要我们抓住机遇，实现“国产数控机床产业发展专项规划”提出的目标，指日可待。

2)一些中小型企业通过改制发展迅猛，前景光明。威海华东数控股份有限公司，几年前在行业内还没有多大名气，但近3年来发展速度惊人，主要产品为磨床、立卧式加工中心、龙门镗铣床、落地镗铣床等大型机床产品。2004年生产大型数控机床53台、加工中心117台、铣床4 232台、磨床994台，销售额18 175万元，企业经济效益显著。该企业在发展中有以下几个特点：①重视引进人才，高薪聘用外国专家任总工程师，负责产品开发，指导生产，对企业的技术进步起到很大作用。现有技术人员85人，其中博士5名，近3年每年招收大学生20～30人，由于重视技术人才的培育，显著地提高了产品开发速度和产品质量。②大量采用自制设备，加工车间中有23台大型关键生产设备是本厂制造的，其中部分产品采用自制数控系统。这不仅对自己产品质量掌握了第一手的实践资料，也为用户起了示范作用，使用户放心使用公司生产的产品，对开拓市场起到良好的促进作用。在短短的几年中，该厂大型龙门铣产品已经比较成熟，有自主知识产权，主轴、导轨、龙门结构有自己特色，如斜导轨、双V型导轨、贴塑气浮导轨(已申请专利)在大型机床中使用效果很好。自行设计的高速主轴最高转速12 000r/min，准备投入生产。正在研制纳米级加工机床，定位精度50nm，重复定位精度20nm，在技术上有创新、有突破。在国内龙门镗铣床市场激烈竞争中公司崭露头角，如已卖给沈阳机床股份公司10台龙门镗铣床，4台已经在沈阳机床股份公司使用。③企业改制比较到位，国有资产公司占总股本39.47%(不参与经营)，自然人占60.53%。在自然人股本构成中，公司高管持股比例为70.06%，因此该企业已是民营化经营。企业改制的顺利进行是推动企业发展的重要原因。

鲁南机床股份有限公司是近年来中小企业在改制后迅速发展的又一个例子，该企业自2000年底进行股份制改造后，发展迅速，2004年销售收入突破3亿元，产品销往欧美等70多个国家和地区，年出口额1 000万美元。公司原来只是生产普通车床、钻床的小厂，现已能生产立卧式加工中心、龙门加工中心、数控镗铣床、数控车床、高速精密车床、汽保设备、电动机、金属成形设备、机床灯具等20大类250多个规格产品。企业通过发展产品品种，积极开拓外销市场，取得卓有成效的销售业绩，成为具有自己特色的数控设备制造企业。

3)外资企业有较快发展，已成为新的竞争对手。在山东地区，韩国独资的斗山机床股份有限公司是一家新兴的外资机床企业，该企业原属韩国大宇重工，后被斗山整体兼并。主要产品为中档立、卧式加工中心和数控车床，生产纲领1 000台/a。该企业2004年开始生产，总投资2 100万美元，占地面积77 412m^2，厂房面积占20%，车间的主要设备是大件加工设备。

企业的经营特点是：在中国采购铸件，在中国加工后部分运回韩国，供本部使用，从本部进口关键部件在中国组装后，以斗山(大宇)的品牌出厂。其产品品牌有一定的竞争力，将成为我国部分普及型数控机床的竞争对手。由于地方政府往往对这样的招商引资企业给予一定的政策优惠，无疑助长了他们对国内同类机床企业的竞争能力。

4)功能部件企业已有起色，亟待国家大力扶持。烟台环球机床附件集团有限公司是我国主要数控机床功能部件制造企业之一。该企业的主要产品是：数控转塔刀架、数控动力转塔刀架、数控分度头、数控立卧回转工作台、数控自定心中心架、数控交换工作台等20个系列120多个品种的机床附件。近年来公司的产品品种、质量和产销量都有很大发展，数控转塔刀架、数控立卧回转工作台等数控机床主要配套功能部件已被主机厂采用，部分产品的技术水平已达到国外同类产品水平。

企业已于2003年完成整体改制，投资主体变国有为民营股份制。公司经过改制，完善了法人治理结构，推动了企业发展。企业已建立按相关专业分厂组成的加工、装配、销售、服务“四位一体”的经营管理模式，增强了抵抗市场风险的能力。该企业的发展对我国数控机床功能部件的发展起重要作用。

山东济宁博特精密丝杠制造有限公司是我国知名的数控机床功能部件制造企业之一。该企业由原山东济宁丝杠厂整体改制组建，主导产品有：滚珠丝杠副、滚动直线导轨副、机床主轴、机床三杠、高速电主轴和主轴单元、XY工作台等产品。2002年2月企业完成了产权制度改革，改制3年来，完善了法人治理结构，深化了内部改革，强化了技术创新，专、精、特的技术优势得到发挥，企业各项经济技术指标每年都以30%的幅度增长，2004年实现利税过千万元，成为济宁市经济效益创税大户。

以上两个功能部件制造企业都是在企业改制后，在自力更生的基础上取得了较快的发展。但由于我国功能部件企业基础普遍较差，加工设备达不到加工数控功能部件的要求，急需进行技术改造，这样才能改变功能部件滞后于数控机床发展的局面。近年来我国数控机床配套的高档功能部件主要依靠进口，因此，发展国产数控机床必需发展高档功能部件，而对于这样一些有条件、有前途的功能部件制造企业国家应予以重点支持，以保证我国数控机床产业的健康发展。

6. 西北地区

(1)调研企业范围。机床工具行业在西北地区的企业，大部分是“三线”调迁的老国有企业。这次调研走访的19个企业中有半数以上属于原“三线”厂。这些企业长期以来艰苦创业，不断克服西北地域偏僻带来的一系列困难和种种先天性不利因素，不断摆脱困境，奋发作为。在机床市场竞争日趋激烈的今天，这些企业为了适应市场经济规律，加快改制取得了可喜的成绩。通过盘活存量资产、筹资和资产重组，转换经营机制，加快产品结构调整，在数控机床新产品开发方面花大力气，加快企业技术改造步伐，使企业在数控机床品种、生产能力上尽快适应市场快速增长的需求。

(2)调研企业情况。秦川机床集团有限公司2005年上半年产品销售收入位列金属切削机床行业第三，比上年同期增长23%，实现利税比上年增长18%。2004年金属切削机床产值数控化率达到82.2%。该公司产品结构多元化，其主导产品是数控磨齿机，占据国内70%~80%的市场份额，并出口到20多个国家和地区。该公司是目前世界上品种最多、规格系列最全的磨齿机制造企业。该公司在加工中心产品方面，开发了卧式加工中心和8个系列的立式加工中心产品，2004年又开发成功VTM180数控龙门车铣复合加工中心。秦川机床集团建立了国家级企业技术中心，构建了以秦川发展技术研究院为核心，以13个专业研究所为外国的厂所合一的技术创新体系，是机床工具行业第一家博士后流动工作站。秦川机床集团拥有“精密加工、精密检测、精密装配”的“三精”优势，具备创新开发数控机床新产品的核心技术能力。为国家重点行业的核心制造领域提供重大装备和零部件，已成为秦川机床集团经济增长的重要支柱。

汉川机床有限责任公司通过技术改造，制造装备水平、生产能力、技术创新能力和数控机床生产规模在最近几年又上了一个大台阶。“十五”期间平均每年开发新产品30多种，围绕数控机床产品大力开发高速主轴单元和电主轴、刀库机械手、数控转台(力矩电动机驱动)、高速导轨防护罩等关键功能部件，不仅能保证本企业产品配套，而且可向全行业提供配套。在数控机床新产品开发方面，汉川机床坚持高起点的开发方针，例如在龙门式镗铣床系列产品上，引进了德国Cytec公司先进的数控双摆轴铣头(力矩电动机驱动双摆轴数控)；力矩电动机直接驱动的数控转台，卧式加工中心Y轴采用双丝杠同步驱动，大功率(40kW)的电主轴等等。汉川公司除了引进一批关键制造装备外，还充分利用自己生产的数控机床武装自己，努力实现用数控机床生产数控机床。目前金属切削加工装备的数控化率达到33.8%。自身拥有的制造装备水平的提高，使产品制造周期大大缩短。汉川公司目前正以数控机床产品为重点，提高产品性能和质量，实现规模化生产，以普及型数控机床满足广大用户对制造装备更新升级的需要，以高档数控机床满足航空航天、船舶、铁道、发电设备、汽车零部件以及国家重点行业核心制造领域的需要。

星火机床有限责任公司在“体制股份化、管理信息化、产品数字化、生产市场化、经营全球化”五化方针的指引下，企业发生了明显的变化。2000年扭转了连续5年的亏损局面，2004年实现产品销售收入达到1999年的11.3倍，上缴利税名列天水市第3名，现已成为甘肃省装备制造业的龙头企业，连续3年被评为甘肃省“优秀企业”，甘肃省首批制造业信息化示范企业。星火机床公司依靠“文化治企、理念致胜”凝聚人心，取得了骄人业绩。

由于航空航天、机车车辆、冶金机械以及国家重点行业核心制造领域各产业发展的不断提速，使大中型数控车床(Φ800mm以上)的市场需求急增，企业的生产能力远不能满足要求。星火机床作为大型数控车床的主导厂，顺应我国数控机床进入快速发展黄金时期的良好机遇，瞄准市场，先后开发出数控大型卧车(车削直径Φ800～2 200mm)、数控轧辊车床、数控轧辊磨床(Φ500～1 600mm)、数控管子车床、车削中心(Φ850～1 000mm)以及大型数控端面车床等12个品种20多个规格产品。这些数控机床的国内市场年需求量近千台(消费额近10亿元)。然而星火机床公司大型数控车床，尤其是中高档数控产品的生产能力，远远满足不了当前数控机床市场快速增长的需求，迫切需要加大技改力度。公司通过实施“大型数控车床替代进口”国债技改项目，建成了数控产品精密装配厂房，购置了一批关键设备，项目完成后预计大型数控车床的年生产能力将达到150台；“数控轧辊车、铣、磨自动化设备”技改项目计划两年内完成。星火机床生产的数控轧辊磨床是自行开发研制的，市场空间很大，有自主知识产权并拥有4项专利技术，被国家科技部等五部委列入国家级重点新产品，具有很强的市场竞争优势。近三年星火机床公司开发的新产品有67种，其中有4种新产品被列入国家重点新产品计划，2种新产品列入国家技术创新计划，2种列入国家科技兴贸计划，3种列入国家火炬计划，1种列入国家重点成果资金转化项目，新产品产值贡献率达到66%。目前正在进行的还有与清华大学合作开发的国家863计划“大型数控超精密菲尔透镜加工设备”项目，该项目将使星火机床公司进入国家“高、精、尖”制造企业领域。

星火机床公司十分重视人才引进、技术引进和人才培训。人才培训为星火机床公司科技进步和企业发展提供了智力支持。由于星火机床公司长期倡导并实践着“和谐立本、创新为先、行者无疆”的企业文化理念，将传统文化价值观念与现代经营理念融合在一起，大力倡导全员树立积极进取精神，为企业的发展持续不断的提供智力资源。星火机床公司长期积累和沉淀的具有本企业特色的有丰富人文科学底蕴的优秀企业文化，在很大程度上显现了企业领导层的追求、志向及个人的品位和人格魅力。

宝鸡机床厂的主导产品有数控车床、车削中心、加工中心等12大类160多个品种。机床出口已由过去单一的普通车床发展为普通车床与数控车床并进的格局。2004年机床产量和数控车床产量分别比上年增长39.8%和38.8%，出口创汇比上年增长52.4%。企业连续两年被中国工经联和中国机工联共同评为“中国机械行业竞争力之星企业”。“十五”期间该厂每年加快了技改步伐，开发新产品8～10种，实现了中档(普及型)数控车床的规模化生产。为了扩大汽车零部件以及国家重点行业核心制造领域急需的数控机床产品的产能。该厂2004年投资1亿元在宝鸡高新技术开发区征地11.7万m^2(176亩)兴建机床工业园区，标准厂房40 000m^2，4跨装配厂房，大件加工车间和物流仓储车间共12 000m^2，新建10 000m^2研发中心大楼。机床工业园已于2005年底投入使用，建成后年产机床达到12 000台。

青海华鼎重型机床有限责任公司的主导产品是铁路专用机床系列、重型卧式车床系列和轧辊机床等。CKA8013等数控不落轮对车床，CA8011等数控车轮车床以及数控车轴车床等产品，彻底改变了我国铁路车辆轮对加工等机床的落后状况。青海华鼎重型机床有限责任公司有较强的新产品开发能力和技术创新能力，其产品全部服务于铁路、能源、冶金以及国家重点行业核心制造领域。为太原重型机械集团公司开发的CK61315数控重型卧车和为杭州汽轮机厂开发的重型车削中心，急用户所急，交货期只有8个月。

青海一机数控机床有限责任公司(以下简称青一机)是我国最早开发加工中心等数控机床的企业之一，设有省级技术中心，积累了多年开发卧式加工中心的经验。青一机先后成功开发了11个系列120多个品种的新产品，其中加工中心产品80余种，主要有大中型精密、高速卧式加工中心。该公司关键工艺需要的高精尖制造装备不足，制约了加工中心的生产能力。如能加大制造装备的技改力度，青一机加工中心的产能将会大幅提升。

宁夏长城数控机床有限公司是目前国内斜床身数控车床品种规格最全的数控车床生产企业，其产品涵盖了加工直径Φ60～800mm，最大加工长度3 000mm，最多控制轴数8

轴、联动轴数 4 轴的 40 多个品种。近年来该公司还积极为用户开发专门化、专用数控车床，具备很强的“交钥匙工程”产品开发能力。例如用于汽车后桥加工的 CKU7832 型和 CKU7840 型中间驱动四轴数控车床；为石油机械行业和无缝钢管生产企业开发的加工高精度管螺纹的 CKG7915 型和 CKG7920 型数控管螺纹车床（石油钻杆、接头等零件）；为汽车行业提供的专门化、专用数控车床近 900 种。还有 27%的产品服务于航空航天及国家重点行业核心制造领域各产业部门。

汉江机床有限公司作为螺纹磨床系列产品和滚动功能部件的骨干企业，设有省级企业技术中心、螺纹磨床研究所和滚动功能部件研究所，目前正在以汉中公司本部、昆山分厂、浦东分厂三位一体，整合汉江公司资源，在昆山分厂设立滚动功能部件研发基地。在昆山国家级开发区新建 12 000m^2 厂房和办公楼（设有汉江公司研发中心和销售中心）。昆山分厂将在 2～3 年内形成 1 亿元的产能。

青海第二机床制造有限责任公司、宁夏中卫大河机床有限责任公司、秦川格兰德机床有限公司、天水锻压机床有限公司、汉江工具有限责任公司、咸阳机床厂等企业近年来都加大了技改力度，开发了不少新产品。如青二机研发的数控轴轴车一车拉机床、数控多线丝锥磨床、六轴数控高速花键铣床、数控曲轴高速铣床、螺旋转子专用铣床等均属数控高技术产品。中卫大河“数控珩磨机床国产化”国债专项完成后，不仅其生产的中高档数控珩磨机将替代进口，而且立加、卧加的产能也将大幅提升。秦川格兰德以发展数控磨床为重点，将形成数控高效专门化磨床生产基地，近年来已开发了一批中高档数控磨床新产品，加速实现普及型数控磨床产业化。天水锻压的数控大型锻压机械产品的开发能力又上了一个新台阶，为安徽江淮汽车厂成功开发了剪切宽度可达 12m 的数控剪切中心，作为加工汽车大梁的超宽工作台面的数控下料设备。该设备是目前亚洲规格最大的数控剪切中心。

创新服务理念　永为用户负责

——沈阳机床集团履行承诺实施“A 计划”行动

沈阳机床（集团）有限责任公司是中国最大的机床研发制造企业，代表着中国机床工业发展的最高水平，因而沈阳也被誉为中国的“机床之乡”。凭借卓越的品质、优异的性能、良好的信誉以及完整的解决方案，企业近年研制的近百种代表当代技术水平的数控机床产品，已成批量地进入国家重点行业核心制造领域。沈阳机床集团以不断创新和服务客户的理念，连续 5 年保持中国机床市场的领先地位，在中国机床工业发展史上谱写了令人叹服的传奇业绩，成为中国机床工业发展的风向标。

一、沈阳机床集团“A 计划”

2005 年 5 月 26 日～27 日，国家发改委会同有关部门在大连联合召开了“国产数控机床发展座谈会”。为认真贯彻此次重要会议精神，沈阳机床集团组织专门力量，对用户进行了详细的调查，深入了解本企业为五大产业领域一批重点用户提供的数控机床的使用情况，

调查显示，截止至 2005 年 5 月 31 日，沈阳机床集团共为首批重点用户的 240 个企业提供数控机床 716 台，总价值 48 500万元。其中 2000 年以来向重点用户提供数控机床 564 台，占向五大产业领域提供总量的 80%左右，基本满足了用户的使用要求。

根据调查数据的分析得出如下重要结论：国产数控机床的成熟和发展是从 2000 年左右开始的。因此，以 2000 年作一个时间分水岭，2000 年以前尤其是 90 年代前期的国产数控机床产品确实存在着许多问题，并在用户中产生了负面影响，致使部分用户企业对国产数控机床产生一定程度的不信任感。

为实现沈阳机床集团与客户共同成长的核心价值观，在“与客户并肩工作，帮客户解决问题，为客户创造价值”经营理念的指导下，沈阳机床集团提出，针对 2000 年以前向五大产业领域重点用户提供的数控机床实施“召回”行动，行动命名为“A 计划”。

2005 年 8 月 8 日，沈阳机床集团在北京召开“召回”行动——“A 计划”新闻发布会，宣布“A 计划”已于 2005 年 6 月底开始启动，计划于 2005 年 12 月底结束，将针对 2000 年以前提供的存在不同程度问题的 78 台数控机床，实行“召回”免费实施大修、项修和换货（总经费预算为2 000万元），达到用户正常使用要求。

“A 计划”是沈阳机床集团落实国家发改委召开的大连会议的重要举措，表明沈阳机床集团勇于承担历史产品缺陷的高度责任感。“A 计划”旨在为用户现在与未来需求提供技术支持与服务，并用全新的服务理念打造沈阳机床集团的新形象、重塑国产数控机床的新优势。

作为中国机床行业的一次创举，“A 计划”的实施开辟了沈阳机床集团引领国内同业创新价值理念、为客户提供增值服务的一个新纪元；是以沈阳机床集团为代表的中国机床工业企业全面提升服务理念的一个新的里程碑，它必将加速实现用中国装备，装备中国的夙愿。

二、有关方面对沈阳机床集团“A 计划”行动的反应

1. 国家发展与改革委员会副主任张国宝

近年，我国机床工具行业有了很大进步。年初，温家宝

总理对数控机床发展做出了重要批示，极大地鼓舞了全行业；随后，沈阳机床集团、大连机床集团和哈尔滨量具刃具集团公司等企业先后完成了对国外同行业先进企业的并购重组；4 月份，第 9 届中国国际机床展览会成功举办，贾庆林主席、曾培炎副总理等党和国家领导人亲临现场参观指导，体现了对机床行业的关怀和支持；5 月份，国家发展改革委员会同有关部门在大连联合召开了国产数控机床发展研讨会，邀请国内数控机床生产骨干企业、主要用户和科研机构共商数控机床产业振兴大计；沈阳机床集团公司认真贯彻落实研讨会精神，组织实施产品召回活动，这是我国数控机床行业的一个创举，也充分体现沈阳机床集团公司与时俱进、解放思想、大胆改革、锐意进取的精神风貌。

“工欲善其事，必先利其器”。机床工具制造业是基础装备工业，没有先进的机床工具制造业，就难以培育发展先进的装备制造业，就很难建设现代化强国，所以要充分认识机床工具制造业在国民经济发展中的战略地位。近代中国饱受外国列强欺凌，除封建王朝政治腐败外，很重要的原因是生产力发展落后，敌不过新兴资本主义国家的坚船利炮，而建造坚船利炮离不开发达的装备制造业。我国经济建设中，采用国外先进设备固然必要，但毕竟买不来一个现代化，装备供给还必须依靠我国的制造业。近十多年来，国内机床工具行业制造、研发水平有了很大提高，产品品种增多，质量提高，企业生产管理、经营观念也正在发生深刻的变化。用户部门也要转变观念，加深对我国机床工具制造业的了解，从国家利益和自身需要出发，满腔热情支持国产设备的应用，只要价格性能比有优势，就不要迷信国外产品。

但是，我们还要看到，无论是产品的性能、外观，还是企业的整体配套能力和售后服务水平，我国机床行业与国外先进水平还有不小的差距。我国机床工具制造业，尤其是数控机床制造业的发展依然任重道远。机床工具制造业要加大改革创新的力度，努力提高技术水平和服务水平，为国家经济建设提供强有力的保障。

机床工具制造业是我国装备制造业的主要行业之一，也是东北老工业基地的重要产业之一。大连机床集团、沈阳机床集团、齐齐哈尔第一、第二机床厂、哈尔滨量具刃具厂等都是我国机床工具制造业的骨干企业，东北三省机床产量占全国的 20％以上，所以，发展机床工具制造业，对振兴东北地区老工业基地和振兴装备制造业都具有推动作用。借此机会，对机床工具制造业提出以下几点建议：

(1)继续加大产业结构调整和重组力度，尽快培育形成几个有国际竞争力的大型企业集团。

(2)重视机床工具制造业研发能力建设，加快培养高素质的设计队伍，可依托有实力的企业组建工程研究设计中心。

(3)大力发展机床功能部件，提高企业的制造专业化水平，增强行业内的配套能力。

(4)借鉴华中数控和大连机床的做法，采取厂所、院校结合等多种形式，发展具有自主知识产权的数控系统，尽快填补我国中高档数控系统的生产空白，并尽快形成产业化能力。

(5)学习沈阳机床集团的做法，树立对用户高度负责的态度，树立企业诚信形象，切实做好售前、售后服务工作。

(6)利用我国市场潜力大、国外市场疲软的时机，借鉴沈阳机床集团、大连机床集团和哈尔滨量具刃具厂等企业的做法，实施“走出去，请进来”战略，加强与国外有技术实力的企业和专家的合作，发展壮大我国机床工具产业。

2. 国家发展与改革委员会国民经济动员办主任周建平

这项行动计划不仅对沈阳机床集团的发展，同时必将对机床工业的发展带来深刻的影响。沈阳机床集团采取的“A 计划”是一项具有创新意义的举措，是建立在经济实力和技术实力基础之上的举措。对此我们为沈阳机床集团这种真正为用户服务的精神感到高兴，并衷心祝愿沈阳机床集团“A 计划”获得成功，这项行动计划必将载入中国机床发展史册。

2005 年 5 月下旬，国家发改委等部门在大连联合召开了“国产数控机床发展座谈会”，这是一次全面推进国产中高档数控机床加速发展的非常重要的会议。我们欣喜地看到，作为中国机床工业骨干企业的沈阳机床集团，迅速落实“大连会议”要求，经过缜密策划后，在短短一个月时间内，推出了在第一批重点用户企业中实施数控机床召回行动的计划，表明中国机床企业正在进一步走向成熟。

近几年，以沈阳机床集团为代表的中国机床工业企业取得了长足发展，沈阳机床集团连续五年保持经济高速增长态势，企业通过实施科技创新工程，研发了一批自主创新技术，形成了一批能够满足国家重点行业核心制造领域要求的拳头产品。2004 年企业经济规模突破 40 亿元，已经进入世界机床 15 强。正是有了企业近五年积累的深厚底蕴，才使沈阳机床集团具备了雄厚的经济基础、技术基础，能够实施史无前例的数控机床召回行动——“A 计划”。

沈阳机床集团实施数控机床召回行动，标志着以沈阳机床产品为代表的国内数控机床产品质量及服务水平已经跃上一个新台阶。这次，沈阳机床集团“A 计划”行动的时间界限是 2000 年以前产品。可以想象，如果没有对 2000 年以后产品的自信和充分把握，就不可能敢于做出对 2000 年以前产品实施召回行动这样的决策。这次行动的实施，说明我国机床行业从过去浅层次的价格之争，开始走向适应市场经济需要的、成熟的、更深层次的理性发展阶段。我们相信这次行动，必将促进沈阳机床集团的产品和服务向更高的层次发展。

沈阳机床集团推出的数控机床召回行动——“A 计划”将引领国内机床同业创新服务理念，以一种为用户高度负责的精神，用不断提升的技术研发水平、产品制造技术及优异的产品品质，进一步满足国内重点用户的需求，让重点用户企业真正敢买、敢用、爱用国产数控机床，与国内重点用户实现共同进步、共同成长。

希望以这次行动为契机，全国的机床企业要向沈阳机床集团学习，采取多种方式，把用户至上、用户第一的理念真正落到实处，从工艺上、技术上、质量管理上不断创新，为广大用户提供高技术、高质量的产品。

希望沈阳机床集团亲自组织好“A 计划”的实施，同时希望全国机床行业企业树立精品意识，做到从技术上精益求精，从工艺上精雕细刻，从质量管理上精耕细作，向用户提供高水平、高质量、高稳定性的机床。

希望机床行业的用户，敢用国产机床，特别是重点用户，敢用、爱用国产机床，做积极支持使用国产机床的开明用户。广大重点用户给沈阳机床集团、给我国的机床制造业一抹阳光，沈阳机床集团与中国机床制造业必将灿烂一片。国内机床企业与重点用户，一定要遵照国务院振兴装备制造业的指示精神，按照张国宝副主任讲话中提出的要求，携手共进，共同创造中国机床制造业的春天。

3. 中国机床工具工业协会总干事长吴柏林

2005 年 5 月下旬，国家发改委会同国家有关部门在大连联合主办了“国产数控机床发展座谈会”，这是一次推进国产数控机床加速发展非常重要的会议。会后仅一个月的时间，沈阳机床集团就形成了在第一批重点用户企业中实施数控机床召回行动的计划，并已完成了实施该计划的各项准备工作，用实际行动积极贯彻大连会议，精神可佳！

沈阳机床集团召回行动——“A 计划”的实施，充分说明：

(1)沈阳机床集团在落实大连会议精神方面抓得细，落得实，行动快，走在了全行业的前面。

(2)体现了沈阳机床集团勇于承担历史责任的魄力和永远为用户负责的精神。

(3)显示了沈阳机床集团经过几年的快速发展，在产品质量、综合技术实力、经营理念，以及服务水平上跃上了一个新台阶。沈阳机床集团这次“A 计划”行动的时间界限是 2000 年以前产品。可以想象，如果没有对 2000 年以后产品基础和实力强有力的支撑，就不可能敢于做出对 2000 年以前产品实施召回行动这样的决策。这次行动必将促进沈阳机床集团的产品和服务向更高层次发展。

我们相信，沈阳机床集团的示范行动，必然会在全行业产生积极的连锁效应，也必将进一步增强重点用户企业敢买、敢用、爱用国产数控机床的信心，也更加坚定了我们组织全行业坚决贯彻好大连会议精神，完成好会议交给我们的任务，不断开创国产数控机床新局面的决心。

近几年来，我国机床行业实现了前所未有的快速发展，产品竞争力显著增强。但是，与世界先进水平相比，差距仍然明显。最突出的表现是高档数控机床的市场大部分仍然被进口产品占领，尤其是重点用户所需的高端产品绝大部分仍然依赖进口。中档普及型数控机床的国际竞争力也亟需进一步提高。基于这种情况，我们所确定的“十一五”机床工具行业的主要目标是：到“十一五”末期，国产高档数控机床品种基本立足国内解决；国产数控机床市场占有率从“十五”末期大约 30%左右，提高到 50%。

实现上述目标，需要全行业企业的共同努力，更需要行业的龙头和骨干企业发挥率先垂范的作用。沈阳机床集团的召回行动，已为全行业开个好头。我们殷切希望沈阳机床集团精心组织好、实施好“A 计划”行动，切实收到实效。同时，希望行业内的企业，尤其是骨干企业，要向沈阳机床集团学习，学习他们这种挑战自我，勇于、敢于承担历史责任，为用户高度负责的精神。用全行业企业的实际行动赢得用户的信任，肩负起用中国装备装备中国的历史责任。

4. 沈阳市副市长王英

沈阳机床集团在经营状况、新区建设、跨区域跨国经营、资产质量的坚实、高水平机床研发、经营理念的深化等 6 个方面，5 年之中实现了历史性转变。希望沈阳机床集团将高水平产品系列不断拓宽，水平不断提高，逐步实现进口替代。沈阳机床集团采取的召回行动“A 计划”，是为用户提供更好的服务，“A 计划”将来做的还要深、要多。“A 计划”让我们看到了机床行业在创立民族品牌上的高度的历史责任感，机床行业是负责任的。沈阳机床集团作为中国装备制造业中的骨干企业，是负责任的制造商。王英副市长讲话最后强调，机床业界的用户、新闻媒体要对沈阳机床集团提供全力支持，因为如果不能完成机床工业从初级向高级的过渡，从简单制造到实现国际品牌的替代，就没有主权工业。袜子、打火机等日用小商品无法与装备制造业相比，只有掌握了工业的根基、源泉，才能在世界立于不败之地。机床是装备制造业的基础装备，是根基，我们要在物质上积极采购国产产品，在精神上多鼓励表彰企业的创新行为。

5. 沈阳机床集团董事长陈惠仁

近几年来，沈阳机床集团始终恪守“与客户并肩工作，帮客户解决问题，为客户创造价值”的经营理念，潜心致力于制造水平的提高和服务能力的提升，通过提供解决方案、实施“交钥匙”工程、实施属地化和一体化服务等一系列措施，拉近了与客户的距离。目前公司数控机床的本土市场占有率达到 20%左右，中高档数控机床已成批量进入国家重点行业核心制造领域以及汽车、轨道交通等重点行业。机床产量和数控机床产销量均居国内首位。2003 年销售收入名列世界机床行业第 19 位，2004 年跃居第 15 位。

在沈阳机床集团的发展进程中，中高档数控机床的国内市场始终备受关注，特别是拟实施召回行动的第一批重点用户的需求更是公司关注的焦点。现在沈阳机床集团的数控机床在国内市场的良好表现，在很大程度上是得益于重点用户企业的合作与支持，今后沈阳机床集团的发展更离不开重点用户的合作与支持。

正是基于这样的认识，在“国产数控机床发展座谈会”以后，沈阳机床集团迅即对重点用户企业近年来采购公司数控机床的情况进行了详细的调查，并据此酝酿、筹划开始实施数控机床(2000 年以前产品)召回行动，并将召回行动命名为“A 计划”。

沈阳机床集团“A 计划”是给首批重点用户一个庄重的承诺，公司要用实际行动履行我们的承诺。请大家在对沈阳机床集团的“A 计划”给予关注的同时，对公司的承诺进行监督。

公司坚信，通过实施“A 计划”，重点用户对沈阳机床集团将会有一个进一步的了解，公司与用户之间合作的前景会更加广阔，让我们携手共创美好的明天！

6. 山西平阳重工机械有限公司王禹龙

作为首批重点用户的代表，对沈阳机床集团在快速发展中取得的显著成果、部分机床可以替代进口产品、企业为用户服务意识不断增强，给予了肯定。对沈阳机床集团为用户提供的服务总体上是满意的。

自主技术创新　结出丰硕成果

——2005年度机床工具行业“中国机械工业科学技术奖”获奖情况分析

2005年度机床工具行业“中国机械工业科学技术奖”获奖项目公布，给机床工具行业极大的鼓舞和促进。这些获奖项目的突出特点是以自主研发和技术创新为主，表明在机床工具行业抓住机遇快速发展的同时，企业更加重视技术创新，加强了对新产品的研制，不断开发出具有自主知识产权的高档机床工具产品。这些高端产品的商品化，很好的替代了同类机床工具产品的进口，也极大地支援了国民经济发展和国防军工建设。十六届五中全会中央首次把自主创新作为国家战略，机床工具行业必须提高自主创新能力，形成一批具有自主知识产权、较强国际竞争力的优势企业。技术创新是机床工具行业走科学发展观道路的必然选择，是机床工具行业能够持续快速发展的基础。而“科学技术奖”有利于提高机床工具行业的技术创新能力，是“技术创新的促进，科学发展观的体现”。

一、2005年度机床工具行业获奖情况

2005年度机床工具行业申报参加“中国机械工业科学技术奖”评审的共有36项，经评审有17个项目获奖，其中一等奖1项，二等奖6项，三等奖10项。值得一提的是，这些获奖项目都是经用户使用，并得到验证是可靠的高水平产品。2005年度机床工具行业“中国机械工业科学技术奖”获奖项目见表1。

表1　2005年度机床工具行业“中国机械工业科学技术奖”获奖项目

序号	项　目　名　称	完　成　单　位	获奖等级
1	大型汽轮机叶片五轴联动加工中心研制	北京机电院高技术股份有限公司	一等奖
2	LS4—2400闭式四点多连杆压力机	济南二机床集团有限公司	二等奖
3	大面积聚晶金刚石(PCD)高效、绿色、精密特种加工技术	北京市电加工研究所	二等奖
4	螺旋曲面数控旋风包络铣削技术研究	沈阳工业大学	二等奖
5	VMC75H高速立式加工中心	北京机床研究所	二等奖
6	六足并联机床	哈尔滨量具刃具集团有限责任公司、哈尔滨工业大学	二等奖
7	SSCKZ系列五轴车铣加工中心	沈阳数控机床有限责任公司	二等奖
8	CKJ6185/18M超长型数控车床	天水星火机床有限责任公司	三等奖
9	YK4232四轴数控剃齿机及模块化系列产品的研究	重庆机床厂	三等奖
10	XKV2420×40五轴联动数控定梁龙门镗铣床	济南二机床集团有限公司	三等奖
11	数控螺杆磨床	扬州大学、汉江机床有限公司、扬州锻压机床有限公司	三等奖
12	高速加工工具系统的开发与应用	成都工具研究所、江苏大学、成都英格数控刀具模具有限公司	三等奖
13	PDC、PCBN复合片加工用系列树脂结合剂金刚石	郑州磨料磨具磨削研究所	三等奖
14	3920型齿轮测量仪	哈尔滨量具刃具集团有限责任公司、西安工业大学	三等奖
15	数控曲面成形磨床	上海机床厂有限公司、上海理工大学	三等奖
16	CK8015数控铁路机床	青海重型机床有限责任公司	三等奖
17	计算机辅助拉刀设计系统	湖北汽车工业学院、东风车桥有限公司	三等奖

二、2005年度机床工具行业获奖项目分析

近几年，我国机床工具行业各项经济指标都在快速增长，2005年度机床工具行业“中国机械工业科学技术奖”的申报项目也在增加，特别是高档数控机床产品申报增加较多。从获奖项目看，机床工具企业越来越重视产品技术水平的提高和品种的增加，市场观念和技术创新意识在加强，并且注重实用技术和国家重点工程项目需要的设备，重视经济效益的提高。

1. 申报项目数量和品种增加

综合分析，2005年机床工具行业申报项目和获奖项目的数量和品种都有增加，有些是过去多年来没有单位申报的项目，申报和获奖项目的范围和品种在扩大。从研发到工艺，有软件和硬件，有主机和配套部件，有单机和自动线，有超大型机床和精密机床。如并联机床是我国跟踪国际机床发展的最新技术产品，国内有多家企业对并联机床进行研制，也曾在多次机床展览会上露面，但是多年来从来没有一家申报参加评奖，说明该产品过去还不够成熟。2005年哈尔滨量具刃具集团有限责任公司申报参加评奖，是件非常了不起的事情。又如五轴联动机床、高速度和高精度数控机床、高复合数控机床等已经成为主要申报项目，这些产品过去主要依靠进口，也是市场急需的项目，高档数控机床申报数量的增加，是一个非常大的进步。而且大部分申报项目都创造了很好的经济效益。

2. 高档数控机床产品开发速度加快

多年来，国产数控机床处于低档迅速膨胀，中档进展缓慢，高档依靠进口的局面。特别是重点工程建设需要的关键设备主要依靠进口，花费了国家的大量外汇，且受到一定限制，从某种程度上也影响了国产高档数控机床的发展。近几年，机床企业加大了研发高档数控机床的力度，提高了开发高档数控机床的能力，研制开发出一批发电设备、交通运输、航空航天、国防军工等部门的重点工程项目所需要的重大装备。

(1)由北京机电院高技术股份有限公司完成并获得一等奖的"大型汽轮机叶片五轴联动加工中心 "项目。该加工中心是针对加工60万kW汽轮机的40in大型叶片而自主开发研制的。由于叶片为空间曲面，结构复杂，叶型扭转近90°，叶身中部带有凸台，叶根圆角由多个变直径的圆弧组成。该加工中心驱动轴包括X、Y、Z、B、A、A共六轴控制，其中由X、Z、B轴实现刀具运动和由Y、A轴实现工件运动组成五轴联动。选用西门子840D开放式数控系统，系统软件可选配五轴数控加工软件包，具有三维刀具半径及长度补偿、五轴直线插补、圆弧插补、锥形表面插补和曲线插补等功能。自行开发的加工程序后置处理软件适用于多种方式开发的五轴加工程序转换，并适用于多种数控系统。一系列的自主创新设计保证五轴联动加工中心的先进性和实用性，并拥有自主知识产权。该机床的加工精度达到同类进口机床水平，加工效率达到同类进口机床的90%，而其价格仅为同类进口机床的20%～25%，具有很高的性能价格比。机电院自行开发的大型五轴联动叶片加工中心，解决了我国汽轮机行业加工难题，打破了国外在五轴联动加工领域的技术封锁，满足了我国生产60万kW超临界汽轮机组大型叶片加工的需要，对提高我国机床制造水平，缩小与国外先进水平的差距有积极意义，同时也迫使国外厂商降低进口机床的价格。为我国数控机床的发展做出了贡献。该机床已经有5台在东方汽轮机厂投入使用，机床运行平稳可靠。

过去我国此类设备一直依赖进口，其制造技术只掌握在国外少数几个公司手里。该装备研制成功后，经实际使用证明各项性能指标达到国际先进水平，而价格仅是进口同类产品的1/5。该产品的研制成功，打破了国外公司技术和市场的垄断，打破了国外对我国重点用户的禁运。

(2)由济南二机床集团有限公司申报并获得二等奖的"2 400 t大型闭式四点多连杆压力机"项目。该机床的特点是：主传动采用多连杆机构，行程速度低而均匀，保证冲压件质量要求，回程速度高，可提高生产效率；装模高度自动调节，超转矩冲击韧度保护装置，滑块配置自移式液压上模夹紧器，卸荷背压自动调节系统；移动工作台变频调速，使模具更换方便快捷，定位准确，配备400 t纯气气垫，设有行程自动调整机构和滞后锁紧机构。该大型压力机主要适用于大型薄板件的拉伸、成形、压弯、冲裁等各种冲压工序，可广泛用于汽车、电器等部门。该机配备自动上下料装置，可以获得较高的生产率，且主机和自动上下料装置，可根据生产需要分期安装，可降低一次性的投资强度，实现滚动发展。采用先进的ADC系统，多媒体触摸屏及多连杆驱动，填补国内空白，整体水平达到当代国际先进水平，可以参与国际竞争。

(3)由哈尔滨量具刃具集团有限责任公司申报获得二等奖的"六足并联机床"项目。该六足并联机床是哈量集团和哈尔滨工业大学联合开发研制的。该机床是由6个自由度空间机构组成，6根可伸缩杆通过球铰与固定平台及动平台相连，当改变可伸缩杆的杆长时，动平台上由电主轴驱动的铣刀就可以得到不同的位置和姿态，从而实现空间任意复杂形状的曲面加工。实际上由数控转台和6根可伸缩杆联合运动，构成七轴联动系统，从而实现对回转自由曲面或圆周上分布的自由曲面的加工。该机床主要适用于加工各种可展的柱面、锥面、平板凸轮；加工按三元流动理论设计的各种新型叶轮；高效率加工复杂模具的型腔；加工汽轮机、鱼雷推进器的叶片；加工船用螺旋桨、制氧机叶轮等。该机床被哈尔滨汽轮机厂有限公司购买2台，目前均用于叶片分厂加工动叶片和导叶片，实行三班制，连续运行，工作状态良好，加工精度与瑞士专机一样，而加工效率高于机床单主轴水平。哈尔滨汽轮机厂有限公司又提出订购2台的要求。自1991年美国INGERSOLL铣床公司研制出第一台并联机床以来，由于并联机床有独特的优点，成为许多大机床公司的研究热点。我国对这种高新技术也很敏感，不少大学对并联机构跟踪研究，很快便研制出并联机床样机，在多次机床展览会上展出。说明我国跟踪国际新技术的能力还是很强的。

3. 针对市场需求，获奖配套产品项目增加

由于我国机床工具行业的配套产品跟不上主机发展的需要，不能很好地满足市场的需要，不得不大量进口。近几年，由于全行业更加重视对配套产品的研发，申报配套产品项目增多。如由成都工具研究所完成的"高速加工工具系统"项目，通过科技攻关解决HSK工具系统加工工艺、在线检测、动平衡、实际应用等系列技术问题，确立了HSK工具系统的动平衡理论和控制技术，对开发具有自主知识产权的新型工具系统具有重要价值，并为实现安全、稳定的高速、精密加工创造了实用条件。随着高速数控机床的迅速增加，对工具系统的要求越来越高。此外，如"PDC、PCBN复合片加工用系列树脂结合剂金刚石砂轮"、"齿轮测量中心"等项目的获奖，表明机床配套产品的研制开发在加快。

三、申报中存在的问题

从2005年机床工具行业"中国机械工业科学技术奖"申报36项和获奖17项的情况看，仍然存在有待解决的问

题，应当引起行业的重视。

1. 企业应重视"科学技术奖"的申报工作

目前，市场对高水平的机床工具产品需求快速增加，企业更加重视对新产品的开发，全行业每年都有大量新产品涌现。仅金属切削机床每年都有约三四百项新产品（企业自报新产品），其中属于数控机床新产品的超过约百项。而每年申报"中国机械工业科学技术奖"评审的不多，申报项目占新产品的比例太小，应当有更多的项目申报评奖。因为获奖不仅能够提高企业的知名度，提高企业的声誉，而且对完成项目的技术人员也是极大的鼓励，可以促进企业对新产品的开发。从而提高了企业产品的市场竞争力，应当引起机床工具行业的广泛重视。

2. 加强申报"科学技术奖"的宣传

近几年，我国机床工具行业开发研制了一批高档数控机床和许多高水平的配套产品，在每年的机床展览会上都展出了一大批有相当高水平的产品。可是这些有较高水平和经济效益很好的产品或技术，申报评审"中国机械工业科学技术奖"的项目较少。造成这种状况的原因，可能是有关信息不灵或者单位对获奖不太重视造成的，应当加强对该项工作的宣传。

3. 针对市场需求量较大的项目申报较少

汽车产业是机床的第一大用户，但是针对我国汽车制造急需的装备项目申报不多，能获奖的就更少，为航空航天和军工等产业服务的项目也不多，更没有能够替代进口和扩大出口而获奖的产品，这表明进行产品结构和市场结构调整是我国机床行业当前的重要任务。

从近几年申报和获得"中国机械工业科学技术奖"项目的分析结果来看，我国机床工具企业新产品开发和技术创新方面的能力在不断加强，国产机床的技术水平和品种等方面都有了很大提高。在"自主创新"和"科学发展观"的精神指引下，我国机床工具行业将进入一个加快新产品自主开发的新阶段，满足市场急需的高档机床产品的能力将进一步提高，为机床工具行业能够持续、高速发展打下了有利基础，力争为振兴装备制造业做出新的更大贡献。

中国机床行业产业损害预警机制正式启动

中国机床工具工业协会市场部

为了积极应对我国加入世贸组织的挑战，有效运用反倾销、反补贴、保障措施，维护机床行业和机床企业的合法权益，保护机床产业的经济安全，中国机床行业产业损害预警机制正式启动。建立产业损害预警机制、开展产业国际竞争力评价，对我国机床产业如何在激烈的国际竞争中应对不公平的贸易和竞争，提升产业竞争力、趋利避害，维护机床产业安全具有特殊的意义。

2006年2月16日，商务部产业损害调查局在上海召开了中国机床行业产业损害预警机制启动会，中国机床工具工业协会、监测企业以及相关单位参加。会议对预警机制建立的重要意义和开展工作的方法作了详细说明，对建立预警机制很有指导意义。商务部巡视员刘云清宣读了"关于建立中国机床行业产业损害预警机制及开展产业国际竞争力调查与评价工作的复函"，并做了题为"应对入世挑战，提升产业竞争力，切实维护机床工具行业产业安全"的动员报告。报告就入世后我国机床工具行业面临的产业安全形势和建立产业损害预警机制、开展产业国际竞争力评价的重大意义进行了全面阐述，并介绍了我国已经建立预警机制的5个行业的情况和经验。同时提出了做好机床工具行业产业损害预警及产业国际竞争力评价工作的几点要求和希望。商务部朱小娟副处长就产业分析与预警机制建设的思路、模式及方法向大家作了详细的说明。协会王黎明副总干事长对中国机床行业建立产业损害预警机制的工作做了具体布置。下面把会上有关领导讲话综述如下：

一、应对入世挑战，提升产业竞争力，切实维护机床工具行业产业安全

1. 我国机床工具行业面临的产业安全形势不容乐观

加入世界贸易组织后，我国经济在更大范围内、更深层次上参与经济全球化和国际竞争，这既为我国经济发展提供了新的机遇，也提出了严峻挑战。

商务部产业损害预警系统的监测表明，近年来我国机床行业中发展最快的数控加工中心进口增长较快，2005年加工中心进口10 343台，金额12.97亿美元，进口额比上年增长35.83%。国产高端产品未能及时跟上，发展后劲不足，目前仍主要依靠进口，所面临的产业安全形势不容乐观。总体来看，我国机床行业在入世"后过渡期"既有机遇，又面临着挑战。

2. 建立产业损害预警机制和开展产业国际竞争力评价意义重大

党的十六届四中全会做出的《关于加强党的执政能力建设的决定》中要求我们："建立健全妥善应对国际贸易争端的机制，善于运用世贸通行规则发展和保护自己。"为了实现这个目标，一个重要的途径就是建立产业损害预警机制，开展对我国产业国际竞争力的调查与评价工作。

建立产业损害预警机制，就是要通过对重点、敏感产品进出口数量、价格等重要参数变化的监测，分析其对国内产业的影响，发布重要产业受到实质性损害、实质性损害威胁或阻碍发展的预警，为及时、有效地采取包括反倾销、反补贴、保障措施在内的应对措施提供资料和依据，实现产业保护工作的前置化。从中长期来看，通过产业国际竞争力评价，实现对产业发展状况的全面跟踪，评估行业发展状况及其在国际市场的竞争地位，发现不公平竞争行为，为提高产业竞争力提出应对预案。因此，产业国际竞争力评价是维护产业经济安全的基础性、前瞻性工作，是产业损害预警工作的延伸和深化，也是美国等发达国家的惯常做法。在建立产业损害预警机制的基础上开展产业国际竞争力调查与评价工程，是应对入世后过渡期的客观要求，也是贯彻新外贸法的具体措施。

(1)建立产业损害预警机制是入世后维护国家产业经济安全的客观要求，是维护机床产业安全的需要。机床产业是制造业的基础产业和战略产业，数控机床是保证尖端工业和国防发展的战略性装备。如果机床产业发展面临的一些突出问题得不到有效解决，将成为国家经济安全的隐患。因此，需要及时跟踪、掌握进出口变化对国内生产、市场价格的影响。通过预警分析，一方面及时发现进出口对我相关产业的损害及损害威胁的可能性，采取符合世贸规则的手段，如反倾销、反补贴、保障措施；另一方面，跟踪国外动态，发现其可能对我出口产品采取限制措施的苗头，评估出口受阻对我产业将产生的影响，并积极采取应对措施，尽可能减小由此带来的负面影响。

(2)建立产业损害预警机制是提高机床工具行业产业国际竞争力的需要。从总体上来说，我国的机床工具行业已具备了一定的国际竞争力。但近年来我国机床行业中发展最快的数控加工中心进口增长较快，由于国内技术水平较低，国产加工中心主要是中低端产品，与进口产品竞争激烈；国产高端产品发展未能及时跟上后劲不足，目前仍主要依靠进口，产业安全问题苗头初显。我们一方面要善于运用国际通行规则保护自己，更重要的是要发展壮大自己，归根结底要依靠自身产业国际竞争力的提高。要提高产业国际竞争力，必须要摸清家底，知己知彼。做好产业国际竞争力评价工作，目的就是搞清楚我国产业在国际竞争中的优势和劣势，并根据国内外竞争对手、市场的变化及时做出反应，研究对策，采取措施。

(3)开展机床行业产业损害预警及产业国际竞争力评价工作，是实现产业跨越式发展的需要。虽然我国制造业已具有一定优势，我国对外贸易保持了良好的快速发展态势，但我们也应该而且必须清醒地认识到，我国制造业的国际竞争力还比较低，我国仅是“制造大国”而并非“制造强国”，我们的制造水平还仅停留在“世界加工厂”而非“世界制造中心”的层次上。虽然我国制造业名列世界第4位，但总体规模仅相当于美国的1/5，日本的1/4强；制造业的人均劳动生产率远落后于发达国家，仅为美国的1/25、日本的1/26、德国的1/20。加入世贸组织后，中国经济发展非常快，呈上升趋势，在竞争中，一大批国有、乡镇、合资和民营企业迅速崛起。但是，与此同时，我们也要看到国外正在越来越多地使用各种手段达到限制我国出口的目的。在这种日益趋紧的国际市场环境下，机床工具行业要想获得跨越式的发展，就必须着力提高产业国际竞争力。为帮助正确评估产品和产业竞争力，获得及时、准确的预警信息，引导企业正确制定和调整发展战略，对中国机床工具行业产业竞争力进行动态评估已势在必行。同时，也充分体现政府为市场主体服务的职能，为企业提供及时、准确的信息和预测，更好地服务于行业和企业。

3. 做好机床工具行业产业损害预警及产业国际竞争力评价工作的几点要求

自2001年以来，商务部产业损害调查局已会同有关行业协会，在汽车、钢铁、化肥、纺织、电子信息等行业建立了产业损害预警机制，取得了很好的效果。为了做好机床工具行业产业损害预警工作，提出几点要求。

(1)企业要高度重视产业损害预警机制的建设。产业国际竞争力评价和产业损害预警工作离不开企业领导的重视和支持。这项工作的目的是为企业创造一个良好的进出口秩序，维护公平贸易，促进公平竞争，维护产业和企业的切身利益。企业领导要高度重视产业国际竞争力评价以及产业损害预警机制的建设工作，使其制度化、经常化、纳入企业营销、生产分析会中，使自己能够耳聪目明，“知己知彼，百战不殆。”

企业要配备专人负责产业损害预警工作，确定监测数据报送工作的负责人和报送人员，确保数据质量，及时准确的报送数据。同时，企业要学会很好地利用这些信息，着力提高自身竞争力，发展高附加值、高差别化的商品，减少贸易摩擦发生的可能性。

(2)行业协会要将产业竞争力评价和产业损害预警机制建设作为密切联系企业，更好地为企业服务的重要内容，充分发挥组织协调的作用。

(3)在产业损害预警和产业国际竞争力评价工作中要注意发挥专家的作用。

(4)加强政府、行业组织和企业之间的协调配合。产业损害调查局将积极支持行业协会和企业做好产业国际竞争力评价工作与产业损害预警工作。根据近几年产业损害调查局开展产业损害预警机制建设和产业国际竞争力评价工作的经验，可以在评价指标体系、产业损害预警模型的编制、产业损害评估的方法、监测企业监测数据报送软件等方面，给予行业协会和企业支持，并根据职能负责对地方商务主管部门、行业协会和商会有关产业损害预警工作人员进行培训。

目前我国产业国际竞争力调查与评价工程刚刚起步，距离应对入世挑战的要求相距甚远。万事开头难，希望大家在会后积极落实，共同努力，建立和运用好机床工具行业产业损害预警机制，维护产业经济安全，实现行业的持续健康发展。

二、机床行业建立产业损害预警机制的工作思路

机床产业，特别是数控机床产业，是我国制造业的基础产业和战略产业。数控机床是保证国防和尖端工业发展的战略性物资，正是由于数控机床所具有的重要的战略地位，世界各国对本国的数控机床产业都采取了一些扶持政策和保护措施，以保持其核心制造能力和核心竞争能力。根据商务部“关于建立中国机床行业产业损害预警机制及开展产业国际竞争力调查与评价工作的复函”的精神，在机床行业建立产业损害预警机制，目的是有效地运用反倾销、反补贴、保障措施等贸易救济手段，维护产业经济安全。根据商务部的要求就建立机床行业产业损害预警工作，提出以下几点思路。

1. 机床行业产业损害预警工作的指导思想、目标、原则

指导思想：强化预警工作的意识，凝聚行业智慧和力量，维护产业安全。目标：坚持建以致用，为行业发展服务，为产业和企业调整结构、提高竞争力服务，为政府和企业领导决策服务。最终使企业受益。原则：有限目标，建立工作程序，研究有效方法和途径。

2. 开展机床行业产业损害预警工作的内容及方法

(1)确定重点监测产品和相应的监测指标体系。首先选择加工中心和数控车床作为机床行业的重点监测产品，在监测工作中逐步积累经验，而后再向其他产品拓展。

选择加工中心和数控车床作为机床行业第一批重点监测产品的原因：①是行业重点发展的产品，国产产品技术发展相对比较成熟，但目前尚属幼稚工业的产品(2005年年产数控金属切削机床近60 000台，数控车床和加工中心合计约占66%)。②已成为市场的主流产品，市场份额占相当重要的地位(2005年年消费数控金属切削机床80 000多台，加工中心和数控车床合计约占67.5%。)。③进口量非常大，易受进口冲击(2005年进口数控金属切削机床30 746台，进口额36.2亿美元，加工中心和数控车床合计进口量、进口额均超过50%)。④出口增长很快，预计将逐步成为出口的主要产品(2005年数控金属切削机床出口金额比上年增长89%，加工中心和数控车床是主要出口产品)。

根据确定监测指标体系的原则，协会制定了机床行业的监测指标体系。有关报表内容将由专项负责人进行培训。监测指标体系还要在实际运转中逐步加以调整、补充和完善。

(2)确定监测企业。根据所监测的两种产品和监测企业应具备的条件，选定16个加工中心生产企业和18个数控车床生产企业作为首批重点监测企业。协会利用现有的统计体系，与监测企业建立联络员制度，由企业确定专人负责产业损害预警监测数据的统计上报。

(3)建立专家队伍。根据监测产品对机床行业的影响因素进行全面分析，需要建立一支相对稳定的专家队伍，制定科学、可行的专家评估指标体系和监测数据分析方法。专家队伍中除行业专家、技术专家外，还应包括贸易专家、经济分析专家和法律专家等。

(4)工作方法。定量分析与定性分析相结合，重点监测与综合分析相结合，预警模型分析与专家分析相结合，定期报告与专题报告相结合。

(5)信息的上报与反馈。监测企业定期按要求填报报表，由中国机床工具工业协会负责汇总，并承担对单个企业所报数据和商务部提供的相关数据的保密责任。行业内所监测的企业，本着谁参与谁受益的原则，可获得行业汇总后的汇总资料，汇总资料中不反映单个企业的数据。

3. 建立政府指导，协会推动，企业为主体的工作体系

机床行业要积极落实商务部产业损害调查局领导提出的有关要求，加强学习，努力工作。希望监测企业的领导对这项工作要给予足够的重视，当作一项重要工作来抓，使机床行业产业损害预警机制，为维护产业经济安全，实现行业的健康发展，起到应有的作用。

中国数控系统市场现状

中国机床工具工业协会　李　雷

一、中国数控系统发展回顾

从清华大学和北京第一机床厂共同研制成功第一台电子管直流驱动的数控系统至今已将近半个世纪，而我国数控系统真正得以发展还是在最近20年。在这20年中，我们通过引进技术，消化吸收进而发展到现在的自主开发，并形成产业化生产的局面。

“八五”期间，国家重点支持北京机床研究所和航天数控集团等数控系统生产企业，相继开发出中国机电集团中国珠峰的中华Ⅰ型、华中工大的华中Ⅰ型、北京航天集团的航天Ⅰ型以及蓝天Ⅰ型4个数控系统平台。在国内其他经济型数控系统还没有发展成熟，可靠性不高的情况下，这些数控系统在当时颇具竞争力。但随着技术的进步，国内经济型产品可靠性有所提高，国外厂家也将其普及型产品价格大幅降低，挤占中国市场，加之受到技术、体制、人才的制约，最初的4个数控系统没有得到进一步的发展。但是，这4个系统对于打破国外对我国的技术封锁还是有意义的。另外随着国产数控系统的不断成熟，机床制造企业有了更大的选择数控系统的自由度，同时价格也更加合理。

“九五”到“十五”期间，在国家的支持下，通过和高校、研究所联合攻关，国内数控系统厂家在一些中高档数控机床需要的高性能数控系统、伺服驱动单元及主轴驱动等功能部件方面掌握了一些国外一直对我们封锁的关键技术，如：多轴联动、多过程控制、复杂曲线及曲面处理等。同时，随着PC技术的进步，系统的可靠性也取得长足的进步。

近年来，随着体制机制改革的不断深入，我国机床工业迅速发展，数控产业规模迅速扩大，我国数控系统生产厂家每年都在以40%～50%的速度增长，其中大部分为民营企业。目前已形成一批以生产中档数控和普及型数控为主，具有一定产业化规模的企业，如：广州数控设备有限公司、北京凯恩帝数控技术有限公司、四川广泰实业有限公司、大连大森数控技术发展中心有限公司、江苏仁和新技术产业有限公司、南京华兴数控设备有限公司、武汉华中数控股份有限公司、北京航天数控系统有限公司等。这些企业的崛起为中国数控产业的进一步发展奠定了基础。

二、中国数控系统市场的容量

“十五”期间，中国成为世界第一大机床消费国，对数控系统的需求量急剧增加。数控系统市场主要由两部分构成：一是国内生产的数控机床对系统的需求；二是旧机床改造选用的数控系统。

“十五”末年国内数控金属切削机床产量比“九五”末翻了两番。金属切削机床产值数控化率由10年前的12%提升至40%。数控机床产业规模和集中度大幅提高，使批量采购数控系统成为可能，因此这个时期是数控系统大发展的时期。

产量和品种较“九五”期间有了显著提高，数控系统产量增长数倍，最大的数控系统生产企业已达年产2.5万套的规模，小规模的企业年产也有几百套。“十五”期间数控系统以2004年为例，国内生产的数控系统产销量与上年比较，经济型数控系统增长71%，全功能数控系统增长62%，专用数控系统增长22%。在国内低端数控系统市场上，国产系统基本上已经占有绝对优势。而最主要的两个国外系统厂家，国外生产的，还是中国生产，标明发那科和西门子在中国合资企业每年在中国销售的数控系统约2万套，基本垄断了中高档数控系统市场。这样算下来，2005年我国对数控系统的需求大致为7～8万套。

机床数控化改造是数控系统市场不容忽视的部分。我国现阶段的机床保有量约500～600万台，机床拥有量的数控化率仅为7%～8%，很多普通机床面临着数控化改造问题。机床数控化改造不仅符合“节约型社会”的要求，同时也为数控系统发展提供了广阔空间。例如，2001年国防科工委启动军工企业万台机床改造项目，华中数控中标2 800万元，为军工企业改造各种机床数百台。兵器集团下属的绵阳29所为兵器集团的100多台机床进行了数控化改造。通过机床的数控化改造为军工企业节约了大量设备采购经费，创造了可观的经济效益和社会效益。

受国产数控系统技术水平所限，我国数控系统出口量很小，另外，主要的两个国外系统厂家发那科和西门子在我国都有合资企业，普及型数控系统及部分高档数控系统基本上都是由其生产，只有很少量的高档数控系统由国外进口。因此，可以认为，国内企业（含合资企业）生产的数控系统数量与国内数控系统消费数量（含我国每年机床数控化改造的数量）基本相当。2001～2005年国内企业数控装置生产情况见表1，2001～2005年国内企业数控金属切削机床生产情况见表2。

表1　2001～2005年国内企业数控装置生产情况

分　类	单位	2001年	2002年	2003年	2004年	2005年
产量	套	16 016	24 675	41 194	66 422	75000
其中：经济型	套	5 056	13 168	20 156	3 6003	（估计值）
全功能	套	9 360	6 291	14 507	23 516	
专用	套	1 600	5 216	5 631	6 903	
产值	万美元	40 393	55 471	146 960	131 904	
其中：经济型	万美元	8 807	13 250	11 527	17 086	
全功能	万美元	31 066	40 176	78 017	109 950	
专用	万美元	520	2 045	1 945	4 868	

表2　2001～2005年国内企业数控金属切削机床生产情况

年份	产量（台）	产值（亿元）
2001	17 521	6.2
2002	24 803	8.0
2003	36 813	11.1
2004	51 861	16.3
2005	59 639	21.8

三、2005年中国数控系统市场构成

1. 市场占有率

在国际数控系统市场上占有霸主地位的发那科和西门子在中国市场上按销售额计占有40%的市场份额，日本三菱、法国NUM、西班牙FAGO等公司约占10%的份额。剩下的一半市场由国内数控系统厂家掌控。这样，就形成了国内外平分天下的局面。

经过若干年的发展，具有自主产权的国产数控系统产业已开始在市场上形成一定的竞争力，并且分得市场半边天。2005年产销量超过万台的厂家有：广州数控设备有限公司和北京凯恩帝数控技术有限公司；产量超过千台的有：南京华兴数控设备有限公司、大连大森数控技术发展中心有限公司、成都广泰实业有限公司和南京新方达数控有限公司、武汉华中数控股份有限公司等。其中广州数控实现了年销售2.5万台的骄人业绩，如果按销量计，广州数控设备有限公司占据了1/3的市场份额。

2. 技术水平分档次的市场占有率

按照现行的分类法，我们把数控系统分为高档型、普及型和经济型三类。全行业数控机床品种已达1 500多种，总量也增加很快，但国产数控机床在国内市场占有率并不高。除经济型数控机床基本自给外，高档型数控机床绝大部分依赖进口，普及型数控机床市场也大部分被进口产品占据。

从行业整体看，核心竞争力不强。

在开发高档系统方面，国产系统在高速运动控制算法性能，如高加速度控制算法、超前预读、动态误差补偿，以及高速伺服和主轴系统性能方面尚存在很大差距。因此，国内企业涉足的这部分产品还相当少，市场被国外企业垄断。

从发展趋势来看，普及型系统将成为市场需求的主流。从技术层面看，我们已经能够满足市场需要，并且价格优势明显，但是仍需要进一步提高质量和可靠性，逐渐树立品牌，培育使用国产数控系统的市场环境，扩大这块市场的占有率。

近年来，国内部分品牌的数控产品在低端市场上竞争力很强，取得了一定的成绩。国外公司也不断推出低价位数控系统，试图抵挡国产数控系统的发展势头，但是效果并不明显。因为国产系统在使用环境、服务、可操作性方面占较强优势。但是在中高档系统上，如何同国际大品牌竞争一直是一个需要解决的问题，这里需要充分利用我们的优势才能在竞争中取得胜利。

我国主要数控机床生产厂家大量生产经济型数控机床，这就给经济型数控系统生产企业带来了巨大的市场。设想我们的数控机床生产企业的主打产品是全功能型数控机床，那么，一定会推动数控系统生产企业批量供应中高档数控系统。这个目标并非遥不可及，我们已经有了一定的基础。例如：由华中数控股份有限公司为桂林机床配套的五坐标数控铣床已安装在南昌飞机公司用于叶片加工。齐齐哈尔重型机床厂加工船用螺旋桨的七轴五联动卧式加工中心也配装的是华中数控股份有限公司的数控系统。南京四开电子企业有限公司与苏州大学共同研制出国内首台直径 1.2m 五轴联动数控非球面铣磨机；2005 年，南京四开电子企业有限公司还为中电第 55 所提供 1 台高速雕刻铣床，用于微波器件的载体腔加工，为国家重大工程“神六”上天做出了贡献。这些机床所用的都是南京四开电子企业有限公司基于 PC 开放平台自己开发的三轴或五轴联动数控系统。如果说，上述这几个例子仅仅证明我国企业已具有研制开发并实际应用中高档数控系统的能力，那么四开公司每年为江浙模具生产企业提供几百台数控模具加工设备，足以证明我们已有批量生产的能力，批量生产就意味着产品的可靠性和稳定性都达到了一定水平。

国内企业大量生产经济型数控机床也带来不利影响，那就是限制了数控系统企业开发中高档数控系统的动力，目前，开发中高档数控系统的企业不少，但是没有一个能与发那科或者西门子抗衡。因此，这部分市场轻易地被国外系统所占领。

国内机床用户和机床厂对国外系统的过度依赖以及对国产数控系统的不信任，还造成了一个我国特有的、值得我们关注的现象，这就是，一些数控系统厂家，包括产量最大的广州数控设备有限公司，华中数控股份有限公司都在卖系统的同时卖起了机床。他们往往是和一些机床企业签订合同，在这些机床上配好自己的系统后通过自己的渠道进行销售。广州数控设备有限公司在广东地区几个较大的机械城都有展厅，每年通过展厅，也称为“机床超市”，销售出的机床占到营业额相当大的比例。而南京四开电子企业有限公司索性自己边做机床，边卖系统。这对最初迅速占领市场、扩大国产系统的影响力是有益的，但是这势必影响系统厂家投入足够精力、安排足够的技术人员专心研究系统开发和系统升级。

四、中国数控系统市场的技术水平构成

1. 国外系统的技术水平

就功能而言，智能化、开放式、网络化成为当代数控系统发展的主要趋势。基于这种数字化制造技术的发展趋势，近年来国际上一些系统厂和机床厂纷纷展开了面向数字化制造数控系统的研制与产业化实践，就硬件结构而言，主要有两类：第一类是将数控技术引入通用 PC 的自动化解决方案来提高系统的性能，以增强其市场竞争力。如：日本 MAZAK 公司的智能生产控制中心 CPC；日本 OKUMA 公司的 IT Plaza；日本日立精机的 SEIKI － FLEXLINK 等。第二类是在数控技术中引入嵌入式计算机，从而提高数控系统的专用性、稳定性和经济性。这主要是不愿意放弃多年设计生产传统 CNC 的企业为顺应信息技术的发展而开发的数控系统。代表产品是 GE FANUC 公司与美国 HARDINGS 公司研制的开放工厂－OPEN FACTORY CNC；以及西门子的 OPEN MANUFACTURING ENVIRONMENTS 开放制造环境。

在我国市场上的高端数控系统，主要是 FANUC 30i 和 SINUMERIK 840D。FANUC 30i 可以实现 32 个伺服轴和 8 个主轴、10 通道多路控制。该系统采用很高的硬件配置，极大地改善了 CNC 系统性能。例如，高速处理器、高速内部总线以及数据传送光缆，快速大容量多通道 PMC，采用纳米插补，其快速进给速度在分辨率为 0.001μm 时能够达到1m/min。它适合于对高速、高精度、复合、多轴联动机床的控制。

SINUMERIK 840D 采用三 CPU 结构：人机通信 CPU（MMC － CPU）、数字控制 CPU（NC － CPU）和可编程逻辑控制器 CPU（PLC － CPU）。三部分在复杂的系统平台上，通过系统设定而适于各种控制技术。SINUMERIK 840D 可对 31 个进给轴/主轴进行控制；具有 10 通道，可同时同步处理零件程序；进给速度在 103～999mm/min 之间；2D＋n 螺旋插补功能；五轴加工软件包。它还具有强大的网络功能，能够实现现代化管理。840D 与 SINUMERIK 611 数字驱动系统和 SIMATIC S7 可编程控制器一起，构成全数字控制系统，具有优越的动态品质和控制精度，适于对多种复杂加工的控制。例如：钻削、车削、铣削、磨削以及特殊控制，这些功能在使用中不会有任何相互影响。由于开放的结构，这个系统也适于剪切、冲压和激光加工等。

此外，发那科和西门子公司在中国主推的产品分别是 FANUC－0i 系列和 SINUMERIK 802D 系统。FANUC－0i 系统已经有 5 年的历史，它在硬件技术上并不是最好的，在全功能上不如 16 系统，但是配在有限使用目标的一些设备上，能够获得较好的性价比。

（下转 402 页）

行业概况

从生产发展、市场及销售、产品进出口、科技成果及新产品等方面阐述机床工具各分行业2005年的发展情况

An elaboration of the development of all the trades of machine tools in 2005 in aspects of production development, market and sales, product import & export, scientific and technological achievements and new products

行业概况

金属切削机床
锻压机械
铸造机械
木工机床
刀具量具量仪
机床电器
机床附件
磨料磨具

金属切削机床

金属切削机床制造业(以下简称金属切削机床行业)包括:车床行业、铣床行业、钻镗床行业、磨床行业、齿轮加工机床行业、特种加工机床行业、插拉刨床行业、锯床行业、组合机床行业、重型机床行业及小型机床行业。

一、行业基本情况

1. 国家统计局发布的金属切削机床行业基本情况

2005年金属切削机床行业共有企业376个,比2004年减少12个;从业人员平均人数16.44万人,比2004年减少0.85万人;产品销售收入410.18亿元,比上年增长22.85%;工业总产值(当年价)419.60亿元,比上年增长20.54%;利润总额19.41亿元,比上年增长4.63亿元。

2. 2005年鉴统计的金属切削机床行业基本情况

2005年度本年鉴共收集到232家企业资料,与2004年企业数持平,占全行业企业总数的61.7%。从业人员平均人数14.81万人,占全行业从业人员平均人数的90.09%。产品销售收入365.04亿元,占全行业产品销售收入的88.99%。工业总产值(当年价)的372.38亿元,占全行业工业总产值(当年价)的88.75%。

金属切削机床行业按统计口径分为11个小行业,由于各小行业的产品发展的多元化程度不同,各小行业的机床产品产值占工业总产值(当年价)的比例各异,全行业机床产值占总产值的比重平均值为81.70%;2005年金属切削机床行业11个小行业的基本情况见表1。

表1 2005年金属切削机床行业11个小行业基本情况

序号	行业名称	企业数(个)	工业总产值(当年价)(万元)	机床工具类产品总产值(万元)	产品销售收入(当年价)(万元)	其中:机床工具类产品销售收入(万元)	工业增加值(万元)	利税总额(万元)	全年从业平均人数(人)	固定资产合计(万元)	固定资产净值余额(万元)
	合计	232	3 723 808	3 042 515	3 650 372	2 965 188	1 079 021	328 132	148 139	2 780 809	1 785 821
1	车床	44	1 006 283	900 204	1 010 946	908 460	316 898	89 944	44 662	350 636	300 058
2	铣床	18	299 321	248 955	282 940	232 574	15 957	23 802	13 862	626 951	110 275
3	钻镗床	23	343 878	323 399	329 166	329 166	125 557	37 883	14 351	459 331	119 957
4	磨床	37	440 366	314 192	432 647	306 358	125 479	51 057	23 687	245 799	126 708
5	齿轮机床	7	224 047	191 702	216 820	185 518	74 608	23 143	9 890	324 562	83 713
6	特种加工机床	29	168 334	143 001	159 471	159 471	2 402	15 261	4 493	55 212	40 134
7	插、拉、刨床	14	107 268	49 029	104 372	35 559	30 992	19 812	432	40 214	42 203
8	锯床	17	52 564	52 564	49 443	49 443	9 448	5 884	2 962	14 777	6 919
9	组合机床	29	775 525	520 352	770 062	520 352	210 163	51 223	18 051	300 498	118 943
10	重型机床	7	248 822	241 717	237 305	181 087	148 685	7 613	12 239	341 605	821 548
11	小型机床	7	57 400	57 400	57 200	57 200	18 832	2 510	3 510	21 224	15 363+

注:资料来源于本年鉴统计资料。表中的机床产品产值含金属切削机床行业生产的非金属切削机床产值。

二、生产情况

1. 国家统计局发布的金属切削机床基本情况

2005年国家统计局发布共有324个企业生产金属切削机床,比上年增加9个企业;其中有139个企业生产数控机床产品,比上年增加22个。共生产金属切削机床450 723台,比上年增长15.78%;其中数控机床59 639台,比上年增长15.00%。

2. 本年鉴统计的金属切削机床基本情况

2005年度232个企业,共生产金属切削机床352 332台,占全国总产量的78.17%;其中数控机床49 739台,占全国总产量的83.40%。金属切削机床产值295.50亿元,其中数控机床产值132.56亿元,金属切削机床的产值数控化率为44.86%。

各种机床产值构成为:车床第一,占42.70%;铣床第二,占9.83%;磨床第三,占9.76%。各种数控机床产值构成为:数控车床第一,占38.55%;加工中心第二,占17.88%;组合第三,占11.64%;铣床第四,占9.02%;特种加工机床第五,占7.94%。2005年232个企业金属切削机床生产情况见表2。

表2 2005年232个企业金属切削机床生产情况

产品名称	金属切削机床			其中:数控		
	产量(台)	产值(万元)	产值构成比(%)	产量(台)	产值(万元)	产值构成比(%)
金属切削机床合计	352 332	2 955 032	100.00	49 739	1 325 607	100.00
车床	196 970	1 261 878	42.70	27 747	511 087	38.55

（续）

产品名称	金属切削机床			其中:数控		
	产量(台)	产值(万元)	产值构成比(%)	产量(台)	产值(万元)	产值构成比(%)
铣床	34 866	290 608	9.83	4 121	119 575	9.02
磨床	26 676	288 524	9.76	1 619	77 298	5.83
加工中心	3 378	236 983	8.02	3 378	236 983	17.88
镗床	5 808	186 303	6.30	265	30 338	2.29
组合机床	2 037	160 050	5.62	1 670	154 334	11.64
齿轮加工机床	3 331	119 859	4.06	836	57 966	4.37
其他金属切削机床	6 426	114 261	3.87	702	13 841	1.04
特种加工机床	10 746	112 454	3.81	8 839	105 206	7.94
钻床	38 787	95 446	3.23	413	6 411	0.48
锯床	16 196	43 799	1.48	87	631	0.05
刨床	3 320	32 164	1.09	58	11 567	0.87
螺纹加工机床	3 248	5 618	0.19	4	370	0.03
拉床	91	4 054	0.14			
插床	452	3 031	0.10			

注:资料来源于本年鉴统计资料。

三、出口情况

据海关总署统计,2005 年全国共出口一般金属切削机床210 201台(指不含台钻、砂轮机、抛光机、锯床),6.56 亿美元;其中数控机床5 619台,1.80 亿美元。

2005 年年鉴统计出口金属切削机床37 051台,占海关总署统计的 17.6%;出口值 18.18 亿元,占海关总署统计的 34.60%。出口各种数控机床2 350台,占海关总署统计的 41.82%;出口值为 5.02 亿元,占海关总署统计的 34.9%。2005 年 232 个企业金属切削机床出口情况见表 3。

表 3　2005 年 232 个企业金属切削机床出口情况

产品名称	金属切削机床		其中:数控	
	出口量(台)	出口额(万元)	出口量(台)	出口额(万元)
合计	37 051	181 797	2 350	50 156
车床	19 844	88 232	790	9 026
特种加工机床	1 383	31 611	1 382	31 604
镗床	1 555	14 967	8	479
铣床	5 835	13 922	16	216
钻床	5 850	9 846		
磨床	849	9 622	37	2 098
加工中心	108	6 365	108	6 365
锯床	944	3 347	5	40
其他金属切削机床	537	2 239		
齿轮加工机床	34	1 061	4	328
刨床	98	309		
螺纹加工机床	4	221		
插床	10	55		

注:资料来源于本年鉴统计资料。

四、新产品

2005 年金属切削机床行业 232 个企业完成新产品 560 种,其中数控机床 375 种。以磨床行业开发新产品数量最多,共 168 种;车床第二,99 种;加工中心第三,93 种。在数控机床品种中,加工中心第一,93 种;数控磨床 87 种;数控车床 79 种。2005 年金属切削机床行业各种新产品完成情况见表 4。

表 4　2005 年金属切削机床行业各种新产品完成情况

产品名称	新产品品种(种)	数控机床品种(种)
金属切削机床合计	560	375
车床	99	79
铣床	46	39
磨床	168	87
加工中心	93	93
镗床	22	19
组合机床	18	0
齿轮加工机床	32	30
其他金属切削机床	22	
特种加工机床	18	18
钻床	15	8
锯床	19	1
刨床	8	1

资料来源:本年鉴统计资料。

车床行业、铣床行业、钻镗床行业、磨床行业、齿轮加工机床行业、特种加工机床行业、插拉刨床行业、锯床行业、组合机床行业、重型机床行业及小型机床行业情况见以下介绍。

〔本部分撰稿人:中国机床工具工业协会王惠方〕

五、各小行业发展综述

(一)车床

2005 年车床行业产品仍是产销两旺,生产经营持续发展。在这一年里车床行业企业以数控机床为重点,在新产品开发、科研项目完成及产品出口方面都取得了好的成果。车床行业企业更加注重产品质量和用户服务,特别是在大连召开的国产数控机床应用座谈会以后,许多企业为贯彻会议精神,采取各种办法和措施提高产品质量,为用户服务落到实处。其中沈阳机床集团率先在行业内开展机床召回行动“A”计划,把对用户的“承诺”变成了实实在在的行动,提高了用户对购买和使用国产数控机床的信心。该计划在行业及用户企业引起强烈反响,成为为用户服务一种全新的创新理念，成为企业市场经营稳定发展的必要条件。

1. 基本情况

车床分会生产企业在册会员单位 52 个，其中国有企业 15 个，国有公司制企业 17 个，民营企业 18 个，合资企业 2 个，职工人数 5 万人以上。

参加本年鉴汇总的车床行业企业 44 个，2005 年完成工业总产值（当年价）1 006 283万元，其中机床工具产值完成 900 204万元。工业销售产值（当年价）完成1 010 946万元，其中机床工具销售产值（当年价）908 460万元，利税总额 89 944万元，工业增加值316 898万元。由于 2005 年生产经营产销两旺，人均经济效益比上年有很大提高。人均工业总产值比上年增长 24.3%，人均工业销售产值比上年增长 28.5%，人均工业增加值比上年增长 29.1%，人均利税总额比上年增长 44.9%。

2005 年车床行业 44 个企业主要经济完成情况见表 5。

表 5　2005 年车床行业 44 个企业主要经济指标完成情况

项　　目	单　位	数　值
工业总产值（当年价）	万元	1 006 283
其中：机床工具产品产值	万元	900 204
产品销售产值（当年价）	万元	1 010 946
其中：机床工具产品销售产值	万元	908 460
工业增加值	万元	316 898
利税总额	万元	89 944
全年从业人员平均人数	人	44 662
固定资产合计	万元	350 636
固定资产净值余额	万元	300 058

2. 生产情况

2005 年车床分会会员企业共生产金属切削机床 166 819台，比上年增长 7.93%，车床152 713台，比上年增长 8.55%，其中数控车床28 327台，比上年增长 17.06%，车床产量数控化率 18.55%；完成车床产值1 080 331万元，比上年增长 17.29%，其中数控车床产值比上年增长 25.90%，车床产值数控化率 42.78%。

2005 年全国金属切削机床生产企业数控机床产量接近 6 万台，其中车床分会会员企业数控车床产量占全国数控机床产量的 43.29%左右，数控车床产量在金属切削数控机床产量构成中仍占首位。

2005 年生产经营情况又有了很大的改善，实现产品销售收入 173.74 亿元，比上年增长 22.85%；工业总产值（当年价）165.07 亿元，比上年增长 27.39%；机床产值 133.84 亿元，比上年增长 26.01%；工业销售产值（当年价）160.31 亿元，比上年增长 25.21%；机床销售产值 123.26 亿元，比上年增长 18.31%；利润总额 5.90 亿元，比上年增长 11.7%。工业经济效益综合指数 170.10%，比上年增长 3.23 个百分点；全员劳动生产率81 336元/人，比上年增长 2 194元/人；产品销售率 97.12%，比上年减少 1.69 个百分点。

年鉴统计的 44 个企业共生产金属切削机床127 614台，其中车床113 639台，数控车床24 271台。2005 年年鉴统计的车床行业 44 个企业分类产品生产情况见表 6。

表 6　2005 年车床行业 44 个企业分类产品生产情况

产　品　类　别	实际完成		其中数控	
	产量（台）	产值（万元）	产量（台）	产值（万元）
合计	127 614	944 005	25 976	446 076
车床	113 639	814 644	24 271	385 601
加工中心	443	45 426	443	45 426
钻床（不含台钻）	2 956	4 970	9	275
台钻	1 082	572		
镗床	112	4 128		
铣床	3 147	14 118	605	3 782
刨床	95	4 048		
锯床	436	736		
齿轮加工机床	76	3 104		
组合机床	72	2 273	11	461
螺纹加工机床	173	1 514		
其他金属切削机床	5 383	48 472	637	10 531

3. 出口

2005 年实现金属切削机床出口16 848台，出口额71 747万元，其中车床出口14 411台，出口额63 350万元；数控车床出口 693 台，出口额7 340万元。金属切削机床出口量和出口额都比上年有所增长，值得关注的是加工中心和数控车床增长较大，加工中心出口量和出口额比上年分别增加 15 倍和 14 倍，数控车床出口量和出口额比上年分别增加 2.05 倍和 1.17 倍。2005 年车床行业 44 个企业分类产品出口情况见表 7。

表 7　2005 年车床行业 44 个企业分类产品出口情况

产　品　类　别	实际完成		其中：数控	
	出口量（台）	出口额（万元）	出口量（台）	出口额（万元）
合计	16 848	71 747	739	8 633
车床	14 411	63 350	693	7 340
加工中心	32	1 108	32	1 108
钻床（不含台钻）	298	698		
镗床	4	231		
铣床	1 526	4 024	14	185
磨床（不含砂轮机床）	16	79		
刨床	1	28		
锯床	29	28		
其他金属切削机床	531	2 201		

4. 新产品开发

2005 年参加年鉴汇总的会员企业共开发新产品 94 种（其中，通过鉴定的新产品 30 种，通过用户验收的 44 种，本企业鉴定及其他 20 种）。在新产品开发中仍以数控机床为主，数控机床占新产品总数的 80%，其中加工中心 16 种，车（削）铣中心 7 种、数控车床 39 种，其他数控车床 6 种，其他车床 3 种，其他数控机床 5 种，其他机床 16 种，数控功能部件 2 种。2005 年车床行业 44 个企业新产品开发情况见表 8。

表8　2005年车床行业44个企业新产品开发情况

序号	产品名称	产品型号	主要技术参数	鉴定时间	鉴定单位	生产企业
1	卧式加工中心	J1HMC40APC	工作台:400mm×400mm		山东省科技厅	济南一机床集团有限公司
2	立式加工中心	J1VMC320	工作台:500mm×320mm		山东省科技厅	济南一机床集团有限公司
3	立式加工中心	J1VMC600B	工作台:1 300mm×600mm		山东省科技厅	济南一机床集团有限公司
4	立式加工中心	VM650/850/950/1060/1260	工作台:800mm×420mm/1 050mm×500mm/1 300mm×600mm 主轴转速:50～6 000r/min 加工精度:IT6		用户验收	沈阳机床(集团)有限责任公司
5	立式加工中心	CY－VM650	工作台:800mm×420mm	2005.9	用户验收	沈阳机床(集团)有限责任公司
6	立式加工中心	CY－VM850	工作台:950mm×460mm	2005.9	用户验收	沈阳机床(集团)有限责任公司
7	立式加工中心	XH7132	工作台:800mm×320mm 行程($X/Y/Z$):500mm/320mm/350mm 最大快移速度:16m/min 定位精度:±0.005mm 重复定位精度:±0.003mm	2005.1	山东省机械工业办公室	山东鲁南机床有限公司
8	立式加工中心	XK7145A	工作台:700mm×450mm 行程($X/Y/Z$):600mm/450mm/500mm 主轴转速:100～8 000r/min	2005.1	山东省机械工业办公室	山东鲁南机床有限公司
9	立式加工中心	XH716	工作台:1 300mm×600mm 行程($X/Y/Z$):1 000mm/600mm/500mm 主轴转速:100～8 000r/min 定位精度:±0.008mm 重复定位精度:±0.004mm	2005.1	山东省机械工业办公室	山东鲁南机床有限公司
10	卧式加工中心	TH6350	回转工作台:500mm×600mm 行程($X/Y/Z$):600mm/650mm/530mm 主轴转速:100～6 000r/min 工作台回转精度:±5″ 定位精度:0.004mm/300mm 重复定位精度:0.003mm	2005.1	山东省机械工业办公室	山东鲁南机床有限公司
11	龙门加工中心	DMF7620		2005.1	山东省机械工业办公室	山东鲁南机床有限公司
12	立式加工中心	KDVM1000L	工作台:1 200mm×580mm	2006.1	浙江省科技厅	浙江凯达机床集团有限公司
13	立式加工中心	VCS800	Φ800mm×500mm×500mm	2005.5	企业	宁夏新瑞长城机床有限公司
14	立式加工中心	XK7140	Φ900mm×535mm×550mm	2005.7	企业	宁夏新瑞长城机床有限公司
15	立式加工中心	XK7142	Φ650mm×400mm×480mm	2005.7	企业	宁夏新瑞长城机床有限公司
16	立式加工中心	VMC1050	工作台:1 260mm×610mm 行程($X/Y/Z$):1 050 mm×610mm×580mm 主轴最高转速:8 000r/min 主轴电动机功率:7.5kW/11kW 刀库容量:20把		本企业	宝鸡机床厂

（续）

序号	产品名称	产品型号	主要技术参数	鉴定时间	鉴定单位	生产企业
17	数控车床	CK1440B	最大车削直径：Φ400mm			南京第一机床厂
18	数控车床	C2－6132K	最大加工直径：Φ320mm 主轴转速：45～2 100r/min	2005.1	重庆科委	重庆机床集团重庆第二机床厂
19	数控车床	CKQ61160	最大加工直径：Φ1 600mm 最大车削长度：2 900mm 主轴转速：5～500r/min X/Z 轴快移速度：6m/min 加工精度：IT6～IT7		用户验收	沈阳机床（集团）有限责任公司
20	数控车床	CK6136e	最大加工直径×最大加工长度：Φ400mm×750mm		山东省科技厅	济南一机床集团有限公司
21	数控斜床身车床	CK6130	主轴无级变速：100～4 000r/min 最大加工直径：Φ320mm 主电动机功率：5.5kW	2005.1	重庆科委	重庆机床集团重庆第二机床厂
22	数控斜床身车床	CK3050	主轴无级变速：100～4 000r/min 最大加工直径：Φ320mm 主电动机功率 5.5kW	2005.1	重庆科委	重庆机床集团重庆第二机床厂
23	大型轧辊车床	C84160	最大加工直径×最大加工长度：Φ1 600mm×6 000mm	2005.1	省科技厅、省经委	天水星火机床有限责任公司
24	车铣复合机床	CKX61235	最大加工直径×最大加工长度：Φ2 350mm×10 000mm	2005.1	省科技厅、省经委	天水星火机床有限责任公司
25	数控曲轴车床	CKW61125	最大加工直径×最大加工长度：Φ1 250mm×5 000mm	2005.1	省科技厅、省经委	天水星火机床有限责任公司
26	曲轴连杆车床	C43100	最大加工直径×最大加工长度：Φ1 000mm×3 000mm	2005.1	省科技厅、省经委	天水星火机床有限责任公司
27	卧式数控车床	CX6154	最大加工直径×最大加工长度：Φ540mm×1 030mm 主轴转速：35～3 500r/min B 轴最高转速：30r/min C 轴最高转速：350r/min B 轴转角：－102.5°＋102.5° C 轴转角：360° $X/Y/Z$ 轴快移速度：(30m/min)/(15m/min)/(20m/min) 刀库容量：20 加工精度：IT6		用户验收	沈阳机床（集团）有限责任公司
28	数控高精度车床	CKG6132	最大切削直径：Φ320mm 最大切削长度：500mm 主轴转速：30～5 000r/min X/Z 轴快移速度：(10m/min)/(15m/min) 加工精度：TI5	2005.1	沈阳市科技局	沈阳机床（集团）有限责任公司
29	数控车床	CKS6125/XD	最大车削直径：Φ400mm 最大车削长度：500mm 主轴转速：45～4 500r/min X/Z 轴快移速度：(60m/min)/(30m/min) 加工精度：TI6	2005.1	沈阳市科技局	沈阳机床（集团）有限责任公司
30	卧式车削中心	CHH6125G	主轴最大加工直径：Φ250mm 最大回转直径：Φ460mm 第一主轴最高转速：4 500r/min 第二主轴最高转速：6 000r/min $X/Z/Y/W$ 轴快移速度：(30m/min)/(30m/min)/(10m/min)/(20m/min) X/Z 轴进给加速度：1g Y 轴行程（刀架）±40mm 加工精度：IT5～IT6		用户验收	沈阳机床（集团）有限责任公司

（续）

序号	产品名称	产品型号	主要技术参数	鉴定时间	鉴定单位	生产企业
31	数控轮毂车床	CKL516	最大加工直径:600mm 最大车削高度:295mm 主轴转速:50～2 500r/min X/Z 轴快移速度:15m/min 加工精度:IT6～IT7		用户验收	沈阳机床(集团)有限责任公司
32	数控立式车床	CK516C	最大加工直径:Φ600mm 最大车削高度:500mm 主轴转速:50～1 000r/min X/Z 轴快移速度:(10m/min)/(15m/min) 加工精度:IT6		用户验收	沈阳机床(集团)有限责任公司
33	数控车床	CKH6116N	最大车削直径:Φ160mm 最大车削长度:200mm 主轴转速:40～4 000r/min X/Z 轴快移速度:15m/min 加工精度:IT6～IT7		用户验收	沈阳机床(集团)有限责任公司
34	数控车床	CKQ61100G	最大车削直径:Φ1 000mm 最大车削长度:2 900mm 主轴转速:5～500r/min X/Z 轴快移速度:6m/min 加工精度:IT6～IT7		用户验收	沈阳机床(集团)有限责任公司
35	电子车床	e—CA6140	最大车削直径:400mm 最大车削长度:750～2 000mm 主轴转速:11～1600r/min X/Z 轴快移速度:5m/min		用户验收	沈阳机床(集团)有限责任公司
36	数控车床	CKS6116B	最大车削直径:Φ160mm 最大车削长度:350mm 主轴转速:1 200～4 000r/min X/Z 轴快移速度:(12m/min)/(18m/min) 加工精度:IT6		用户验收	沈阳机床(集团)有限责任公司
37	数控车床	CK6154A	最大车削直径:Φ540mm 最大车削长度:1 500mm 主轴转速:20～2 500r/min X/Z 轴快移速度:(12m/min)/(18m/min) 加工精度:IT6		用户验收	沈阳机床(集团)有限责任公司
38	数控车床	CKS6180C	最大车削直径:Φ800mm 最大车削长度:3 000mm 主轴转速:10～1 200r/min X/Z 轴快移速度:10m/min 加工精度:IT6		用户验收	沈阳机床(集团)有限责任公司
39	数控车床	CKS6180D	最大车削直径:Φ800mm 最大车削长度:2 000mm 主轴转速:10～1 200r/min X/Z 轴快移速度:10m/min 加工精度:IT6		用户验收	沈阳机床(集团)有限责任公司
40	数控立式车床	CK518	最大车削直径:800mm 最大车削长度:800mm 主轴转速:50～1 000r/min X/Z 轴快移速度:(10m/min)/(15m/min) 加工精度:IT6～IT7		用户验收	沈阳机床(集团)有限责任公司

（续）

序号	产品名称	产品型号	主要技术参数	鉴定时间	鉴定单位	生产企业
41	车铣复合加工中心	SSCKZ80A－5/1500 型	主轴最高转速：2 000r/min B 轴最大行程：－110mm/＋90mm Y 轴最大行程：－200mm/＋300mm 床身上最大旋转直径：Φ900mm 主电动机功率：37kW 动力主轴最高转速：3 000r/min X/Y/Z 轴快移速度：（15m/min）/（12m/min）/（20m/min） 定位精度：X/Y/Z：0.008mm/0.008mm/0.015mm CF/B：20″/20″		用户验收	沈阳机床（集团）有限责任公司
42	车铣复合加工中心	SSCKZ40A－5 型	主轴最高转速 4 000r/min B 轴最大行程：－110mm/＋90mm X 轴最大行程：440mm Y 轴最大行程：－70mm/＋95mm 床身上最大旋转直径：Φ650mm 主电动机功率：22kW 动力主轴最高转速：6 000r/min X/Y/Z 轴快移速度：（15m/min）/（12m/min）/（20m/min） X/Y/Z 轴：定位精度：0.008mm/0.008mm/0.015mm CF/B：20″/21″		用户验收	沈阳机床（集团）有限责任公司
43	数控车床	SSCK32/600	主轴最高转速：4 000r/min 主轴孔径：Φ65mm 卡盘直径：Φ254mm 刀架工位数：8 工位 主电动机功率（AC）：15kW 伺服电动机（X 轴）12N・m 伺服电动机（Z 轴）：22N・m X/Z 轴快移速度：（12m/min）/（20m/min）		用户验收	沈阳机床（集团）有限责任公司
44	数控车床	SSCK40A/1000	主轴最高转速：3 000r/min 主轴孔径：Φ65mm 卡盘直径：Φ254mm 刀架工位数：8 工位 主电动机功率：15kW X/Z 轴快移速度：（16m/min/（40m/min）		用户验收	沈阳机床（集团）有限责任公司
45	数控车床	CAK6136VA/750	主轴转速：200～3 000r/min 床身上最大回转直径：Φ360mm 主电动机功率：5.5kW 最大车削直径：Φ180mm		用户验收	沈阳机床（集团）有限责任公司
46	电子普车	CY－e6140 系列	最大加工直径×最大加工长度：Φ400mm × 750mm/1 000 mm/1 500mm	2005.4	用户验收	沈阳机床（集团）有限责任公司
47	电子普车	CY－e6132 系列	最大加工直径×最大加工长度：Φ400mm×750mm/1 000mm	2005.4	用户验收	沈阳机床（集团）有限责任公司
48	增强性电子普车	CY－e6140i 系列	最大加工直径×最大加工长度：Φ400mm × 750mm/1 000 mm/1 500mm	2005.7	用户验收	沈阳机床（集团）有限责任公司

（续）

序号	产品名称	产品型号	主要技术参数	鉴定时间	鉴定单位	生产企业
49	增强性电子普车	CY—e6132i 系列	最大加工直径×最大加工长度：Φ400mm × 750mm/1 000 mm/1 500mm	2005.7	用户验收	沈阳机床(集团)有限责任公司
50	经济型数控车床	CY—K360 系列	最大加工直径×最大加工长度：Φ400mm × 750mm/1 000 mm/1 500mm	2005.6	用户验收	沈阳机床(集团)有限责任公司
51	经济型数控车床	CY—K400 系列	最大加工直径×最大加工长度：Φ400mm × 750mm/1 000 mm/1 500mm	2005.6	用户验收	沈阳机床(集团)有限责任公司
52	经济型数控车床	CY—K500 系列	最大加工直径×最大加工长度：Φ400mm × 750mm/1 000 mm/1 500mm	2005.6	用户验收	沈阳机床(集团)有限责任公司
53	经济型盘类数控车床	CY—K500D	最大加工直径×最大加工长度：Φ500mm×750mm	2005.4	用户验收	沈阳机床(集团)有限责任公司
54	普及型数控车床	CY—K40/550	最大加工直径×最大加工长度：Φ400mm×550mm	2005.4	用户验收	沈阳机床(集团)有限责任公司
55	双主轴数控车床	CYK40DSY/1000	最大加工直径×最大加工长度：Φ400mm×1 000mm	2005.4	用户验收	沈阳机床(集团)有限责任公司
56	恒线速数控车床	CY—L1640GS	最大加工直径×最大加工长度：Φ410mm×1 000mm	2005.6	用户验收	沈阳机床(集团)有限责任公司
57	数控车床	CK6180C	床身上最大回转直径：Φ800mm 刀架上最大工件回转直径：Φ480mm 主轴转速：28～1 000r/min		用户验收	福州机床厂
58	全功能数控车床	AD—10	床身上最大回转直径：Φ360mm 主轴最高转速：6 000r/min	2006.1	河南省科技厅	安阳鑫盛机床有限公司
59	车削中心	AD—25M	C 轴精度：0.001mm，钻、铣范围Φ20mm，Φ25mm		用户验收	安阳鑫盛机床有限公司
60	雕铣机	D×4050	X、Y、Z 三轴行程：400mm、500mm、120mm		用户验收	安阳鑫盛机床有限公司
61	数控车床	CK6142/500	床身上最大回转直径：Φ420mm 过滑板最大切削直径：Φ160mm		用户验收	安阳鑫盛机床有限公司
62	数控车床	CK6163/4M	床身上最大回转直径：Φ630mm 最大加工长度：4m		用户验收	安阳鑫盛机床有限公司
63	全功能数控车床	KDCL—25	最大加工直径×最大加工长度：Φ420mm×650mm	2006.1	浙江省科技厅	浙江凯达机床集团有限公司
64	数控车床	CKS7950	最大加工直径×最大加工长度：Φ500mm×750mm	2005.1	企业	宁夏新瑞长城机床有限公司
65	数控车床	CKF7150	最大加工直径×最大加工长度：Φ500mm×2 500mm	2005.1	企业	宁夏新瑞长城机床有限公司
66	数控车床	CKF7132	最大加工直径×最大加工长度：Φ300mm×2 000mm	2005.1	企业	宁夏新瑞长城机床有限公司
67	数控车床	CK7116	最大加工直径×最大加工长度：Φ160mm×300mm	2005.8	企业	宁夏新瑞长城机床有限公司
68	数控车床	CK718	最大加工直径×最大加工长度：Φ80mm×120mm	2005.6	企业	宁夏新瑞长城机床有限公司
69	数控车床	CKS7815	最大加工直径×最大加工长度：Φ400mm×600mm	2005.9	企业	宁夏新瑞长城机床有限公司
70	复合车铣中心	CX25Y	床身上最大回转直径：Φ560mm 最大车削直径：Φ330mm 最大加工长度：500mm 主轴转速：40～4 000r/min 副主轴转速：50～5 000r/min 主轴电动机功率(连续/30min)：12kW/15kW 副主轴电动机功率(连续/30min)10.1kW		本企业	宝鸡机床厂

（续）

序号	产品名称	产品型号	主要技术参数	鉴定时间	鉴定单位	生产企业
71	球面车床	CW6593B	最大车削球面直径：Φ930mm			丹东机床有限责任公司
72	数控铣镗机	NXK290	刀盘直径：Φ290mm			南京第一机床厂
73	龙门铣床	XQT2018A/6M	工作台：1 800mm×6 000mm	2005.6	用户	太原第一机床厂
74	数控龙门镗铣床	XQK2110	工作台：1 200mm×3 000mm	2005.1	用户	太原第一机床厂
75	龙门铣床	XQT2014A/4M	工作台：1 400mm×4 000mm	2005.3	用户	太原第一机床厂
76	铣床	XL5036B	工作台：1 250mm×360mm 工作台行程：1 000mm×320mm×380mm 主电动机功率：4kW	2005.1	山东省机械工业办公室	山东鲁南机床有限公司
77	铣床	XL7036	工作台：1 250mm×360mm 工作台行程：1 000mm×360mm 主电动机功率：4kW	2005.1	山东省机械工业办公室	山东鲁南机床有限公司
78	数控双端面车磨复合加工机床	N－094	最大车削直径：Φ450mm 最大磨削直径：Φ450mm			南京第一机床厂
79	铣端面钻中心孔机床	ZK828	工作台：Φ100mm×1 000mm	2005.7	企业	宁夏新瑞长城机床有限公司
80	数控钻铣床	ZXK5140	最大钻孔直径：Φ40mm 端铣刀：Φ150mm		本企业	丹东机床有限责任公司
81	十字工作台立钻	Z5740A	最大钻削直径：Φ40mm 工作台行程：550mm×300mm			丹东机床有限责任公司
82	数控轧辊磨床	MK84125	最大加工直径×最大加工长度：Φ1 250mm×5 000mm	2005.1	省科技厅、省经委	天水星火机床有限责任公司
83	外圆磨床	M1363	最大加工直径×最大加工长度：Φ630mm×4 000mm	2005.1	省科技厅、省经委	天水星火机床有限责任公司
84	轧辊磨床	M84125	最大加工直径×最大加工长度：Φ1 250mm×8 000mm	2005.1	省科技厅、省经委	天水星火机床有限责任公司
85	单柱刨床	BQ012B/6M	最大加工长度：6 000mm	2005.6	用户	太原第一机床厂
86	卧式拉床	L6120J	最大拉力：20 000kg			丹东机床有限责任公司
87	微细喷孔电火花加工机床	DZW－10	微细喷孔直径范围为Φ0.05～0.2mm 精度：0.005mm 加工时间：20～30s/孔 X/Y轴双向定位精度：0.006mm X/Y轴单向重复定位精度：0.006mm 主轴最高转速：3 000r/min	2005.1	山东省机械工业办公室	山东鲁南机床有限公司
88	大型无缝管加工机床	CKW61100	最大加工直径×最大加工长度：Φ1 000mm×20 000mm	2005.1	省科技厅、省经委	天水星火机床有限责任公司
89	曲轴质量定心机	SM－002A	曲轴最大回转直径：300mm 主轴径直径：Φ30～140mm 曲轴长度：500～1 250mm		用户验收	沈阳机床（集团）有限责任公司
90	凸轮轴加工自动线	TLF	最大加工长度：1 000mm 最大加工直径：Φ400mm		用户验收	沈阳机床（集团）有限责任公司
91	高效管螺纹机床	SSCK8128	主轴最高转速：900r/min 床身最大旋转直径：Φ810mm 主电动机功率：60kW		用户验收	沈阳机床（集团）有限责任公司

（续）

序号	产品名称	产品型号	主要技术参数	鉴定时间	鉴定单位	生产企业
92	高效管螺纹机床	SSCK8130	主轴最高转速：9 400r/min 床身最大旋转直径：Φ810mm 主电动机功率：60kW		用户验收	沈阳机床(集团)有限责任公司
93	SP系列高速主轴单元	SP主轴	主轴最高转速8 000r/min	2005.1	山东省机械工业办公室	山东鲁南机床有限公司
94	自动回转刀架	ACT80×12	中心高：80mm 刀位数：12	2006.1	浙江省科技厅	浙江凯达机床集团有限公司

5. 合资合作

2005年车床行业有2项合资合作项目，2005年车床行业合资合作项目情况见表9。

表9　2005年车床行业合资合作情况

项目名称	合资合作内容	外方企业名称	中方企业名称	合资年限	合同签订年份
龙门加工中心	研发与生产		山东省机械设计院	3	2005
高速主轴单元	研发与生产	日本日下部株式会社	山东鲁南机床有限公司	3	2005

6. 合资合作产品销售

2005年车床行业合资合作产品销售情况见表10。

7. 科研项目

2005年参加年鉴汇总的会员企业共进行和完成38项科研项目，科研项目主要以新产品开发为主进行科技攻关，提高产品水平，项目来源有国家“863”计划，省、市级计划，企业自选、自筹等。2005年车床行业科研项目情况见表11。

表10　2005年车床行业合资合作产品销售情况

产　品　名　称	数量(台)	金额(万元)	企　业　名　称
XH2412龙门加工中心	10	730	山东鲁南机床有限公司
SP系列高速主轴单元	600	480	山东鲁南机床有限公司

表11　2005年车床行业科研项目情况

序号	项　目　名　称	主　要　内　容	投入资金(万元)	项目来源	完成单位
1	XK7132数控铣床		50	省创新计划	山东鲁南机床有限公司
2	XK7145A数控铣床		50	省创新计划	山东鲁南机床有限公司
3	X6332C摇臂铣床		50	省创新计划	山东鲁南机床有限公司
4	X5036B铣床		50	省创新计划	山东鲁南机床有限公司
5	X7036床身铣床		50	省创新计划	山东鲁南机床有限公司
6	SP系列高速主轴单元		50	省创新计划	山东鲁南机床有限公司
7	非导电超硬材料电火花磨床		100	省创新计划	山东鲁南机床有限公司
8	微细喷孔电火花加工机床		100	省创新计划	山东鲁南机床有限公司
9	VMC650立式加工中心	工作台：420mm×800mm		自筹	宝鸡机床厂
10	VMC850立式加工中心	工作台：460mm×950mm		自筹	宝鸡机床厂
11	VMC1050G立式加工中心	工作台：1 260mm×610mm		自筹	宝鸡机床厂
12	CX25Y车铣中心	床身上最大回转直径：Φ560mm		自筹	宝鸡机床厂

（续）

序号	项目名称	主要内容	投入资金（万元）	项目来源	完成单位
13	2MK2218数控珩磨机	珩磨孔径：Φ80～180mm		自筹	宝鸡机床厂
14	CH7530车削中心	床身上最大回转直径：Φ670mm		自筹	宝鸡机床厂
15	DX4050雕铣机	普及型	8	自选	安阳鑫盛机床有限公司
16	CK6142排刀数控车床	普及型	8	自选	安阳鑫盛机床有限公司
17	CK6163数控车床	普及型	8	自选	安阳鑫盛机床有限公司
18	斜床身中高档数控车床高速化应用技术研究	研究多项关键技术、开发新产品	1 449	国家“863”计划	宁夏新瑞长城机床有限公司
19	斜床身数控车床配置国产数控系统关键技术的应用研究	研究多项关键技术、研发数控机床和数控系统及新产品	368	国家“863”计划	宁夏新瑞长城机床有限公司
20	VML1800/I立式加工中心	用途：用于457桥壳，153桥壳琵琶孔周边钻孔、攻螺纹；主要技术参数：①主轴转速40～3 000r/min②主轴尺寸：主轴轴径Φ220mm；轴承内径Φ110mm；③快移速度：X、Y轴为15m/min，Z轴为12m/min；④电动机功率：11kW	44	市场洽谈	三门峡金渠集团豫西机床有限公司
21	ACT系列新型自动回转刀架	开发12工位液压伺服刀架，重复定位精度达0.0015mm	200	浙江省科技计划	浙江凯达机床集团有限公司
22	C2－6136HK数控车床的研发	加工直径Φ360mm，数控车床，主轴无级变速，已投入小批量生产	7	自主开发	重庆机床集团重庆第二机床厂
23	C2－6136HK/1数控车床的研发	加工直径Φ360mm，数控车床，主轴为高低两速段，每速段为无级调速，已投入小批量生产	9	自主开发	重庆机床集团重庆第二机床厂
24	C2－6136普通车床的研发	加工直径为Φ360普车的研发，已投入小批量生产	4	自主开发	重庆机床集团重庆第二机床厂
25	C2－VM650立式加工中心的研发	立式加工中心，X向加工行程为650mm，已投入小批量生产	15	自主开发	重庆机床集团重庆第二机床厂
26	C2－VM850立式加工中心的研发	X轴向加工行程850mm的立式加工中心，已投入小批量生产	17	自主开发	重庆机床集团重庆第二机床厂
27	F1－1023E球面车床	最大车削直径：Φ500mm 磨削直径：Φ300～500mm	50	企业	福州机床厂有限公司
28	深孔加工机床	T2250A大型深孔镗床	150		德州德隆(集团)机床有限责任公司
29	深孔加工机床	T2280大型深孔镗床	160		德州德隆(集团)机床有限责任公司
30	数控深孔加工机床	ZK2104数控枪钻	180		德州德隆(集团)机床有限责任公司
31	数控深孔加工机床	ZK2102A×2双轴枪钻	200		德州德隆(集团)机床有限责任公司
32	数控深孔加工机床	ZK2102×4四轴枪钻	230		德州德隆(集团)机床有限责任公司
33	珩磨加工机床	2MK2625数控珩磨加工机床	170		德州德隆(集团)机床有限责任公司
34	重型数控车床	CK6120W20t重型数控车床研制	130		德州德隆(集团)机床有限责任公司
35	CK6180数控车床	数控车床新产品试制	72	市级计划	江苏齐航数控机床有限责任公司
36	CJKL－300数控异形螺杆铣床	经济型数控异形螺杆铣床	66	市级计划	江苏齐航数控机床有限责任公司
37	数控异形螺杆铣床	省重点新产品试产项目	158	省级计划	江苏齐航数控机床有限责任公司
38	数控车床关键技术研究与装备产业化	HM－024；双主轴双刀架车削中心基于Linux操作系统的嵌入式车床系统，中档数控车床可靠性指标MIBF达到500h以上，数控车床年产达到500台		上海市科委	上海明精机床有限公司

8. 获奖科研项目

2005年车床行业有8项科研项目获奖，2005年车床行业获奖科研项目情况见表12。

表12　2005年车床行业获奖科研项目情况

序号	项目名称	主要内容及应用范围	获奖名称	获奖等级	主要完成单位	主要完成者	授奖单位
1	CK7516数控车床	该产品是由计算机控制的高性能、多功能数控车床，采用整体式高刚性斜床身结构，机、电、液一体化布局，全封闭式防护，使整机刚性好、结构布局合理。采用FANUC－OTC/OTDII数控系统，数字交流伺服电动机，可靠性好。机床设计有安全限矩离合器，自动对刀仪程控尾座，液压自定心中心架，自动零件收集器，自动门等，使其自动化程度高，适应范围广	陕西省科学技术奖	三等奖	宝鸡机床厂	王　鹏 高东升 王申平	陕西省人民政府
2	KDVM800立式加工中心	开发950mm×460mm立式加工中心，应用于机加工中的钻、铣、攻螺纹等工序。	省科学技术奖	三等奖	浙江凯达机床集团有限公司	张　峰 陈锰锌	浙江省人民政府
3	2MK2125数控强力深孔珩磨机	深孔零件珩磨加工	山东省机械工业科技进步奖	三等奖	德州德隆(集团)有限责任公司技术开发中心	顾英楠 齐铁军	山东省机械工业科学技术协会
4	CK6156数控卧式车床	零件车削加工	德州市科技进步奖	一等奖	德州德隆(集团)有限责任公司技术开发中心	战佰良 朱玉华	德州市科技局
5	CK64315数控端面落地车床	应用于军工、机械、航空、航天等行业	甘肃省科技进步奖	一等奖	天水星火机床有限责任公司	李维谦 梁文勇 高永锋	甘肃省科技厅
6	MK84100数控轧辊磨床	应用于造纸、冶金、轧钢等设备制造行业	天水市科技进步奖	一等奖	天水星火机床有限责任公司	李维谦 许铭生 梁文勇	天水市科技局
7	CKJ6185超长型数控车床	应用于军工、冶金、能源等设备制造行业	中国机械工业科学技术奖	三等奖	天水星火机床有限责任公司	李维谦 张海强 高永锋	中国机械工程学会

9. 企业简介

绍兴通力机床有限公司　位于浙江省绍兴市，其前身是创始于1956年的绍兴机床厂，1995年与中国机电出口产品投资公司合资组建为有限公司。公司注册资本3 176万元，总资产5 800万元，员工近300余人，占地面积19 995m²，建筑面积21 000m²，拥有各类加工设备79台(套)，其他设备20台(套)。专业生产以外销为主的轻型车床、数控车床。公司2005年实现工业总产值3 947万元，销售收入3 642万元。公司已通过ISO9000质量体系认证，并具有自营出口权，主导产品轻型车床通过“CE”认证，产品在欧美、东南亚、澳大利亚等国家和地区有较高的信誉和知名度。“轻型机床项目”获国家星火三等奖。

德州德隆(集团)机床有限责任公司　前身是德州机床厂，始建于1945年，2001年改制组建为德州德隆(集团)机床有限责任公司。2002年国有资产全部退出，进一步改制为由德州普利森机械制造有限公司控股的民营企业。公司占地面积46万m²，总资产3.2亿元，是中国机械工业企业500强之一，国家机床行业重点企业，山东省环保产业重点企业。公司下设机床、铸造、环保设备、特型油缸等6个子公司和10个分厂车间，拥有主要生产设备800余台，工艺装备居全国同行业先进水平。公司现有员工1 700人，其中高、中级专业技术人员360人，公司设有省级企业技术开发中心和山东省深孔加工工程技术研究中心，产品开发全部采用CAD和CAPP等现代化手段。公司已通过ISO9001：2000版国际质量管理体系认证，拥有自主进出口经营权。

2005年企业完成：工业总产值(当年价)4 036万元，销售收入39 597万元，利税总额4 410万元，创外汇104万美元。主导产品有大中型普通车床、数控车床、深孔加工机床、加工中心以及其他各类专用机床，共70多个品种，200多个规格，年生产机床能力达4 000余台，公司产品不但在国内享有盛誉，为航空航天、汽车、模具、矿山机械、工程机械等行业提供了大量优质装备，而且常年出口世界40多个国家和地区。2005年公司获得全国用户满意服务企业称号、全国机械工业质量管理奖、德州市富民兴德劳动奖状、深孔钻镗床荣获山东省名牌产品称号。

丹东机床有限责任公司 原丹东机床厂，是一家以生产金属切削机床及从事机械加工为主的专业厂家。公司坐落在风景秀美、气候宜人的北国江城——丹东，占地 8.4 万 m^2，建筑面积 5.6 万 m^2，交通发达，物资丰富，给产品贸易创造了良好的环境。公司拥有各种大精设备 100 余台，研发人员 30 名，技术工人 450 多名，具有相当的研发、设计和生产能力。主要产品有：CA 系列普通车床、马鞍车床；大孔径 Z51 系列立式钻床；CJK 系列、CK 系列数控车床；ZJK 系列数控钻床；X42 系列刻模铣床；深孔钻床；ZXK 系列数控钻铣床、铣床；卧式拉床；球面车床等。公司还承揽难度大、复杂度高的专机及各种机械零部件的加工。2005 年公司根据机床行业数字化发展方向，已着手设计研发全功能数控车床、小型钻削中心及小型加工中心，以满足广大用户的需求。2005 年生产总值 7 678 万元，比 2004 年增长 20%。

福州机床厂有限公司 2005 年为顺应时代发展，增强企业市场竞争能力，福州机床厂进行了体制改革，顺利从国有企业过渡到民营企业，现已更名为“福州机床厂有限公司”。企业工业总产值 5 356 万元，销售产值 4 792 万元，实现利税总额 264 万元。企业有员工 727 人，其中技术人员 87 人，含 10 多名高级职称的技术带头人。企业从 20 世纪 90 年代后期开始加大生产力度，现具有加工中心、激光干涉仪等生产检测设备，大大提高了生产能力。同时，为加强新产品的开发，适应市场不断变化的需求，成立了企业技术中心。为此，企业投资 350 万元新增计算机、绘图机、数字化仪、打印机、网络服务器等硬件设施，购置三维造型、有限元分析、CAD 设计软件等软件设施，使得企业产品水平不断提高，产品产量逐年递增，2005 年普通车床、数控车床产量比上年增长 20%。企业主导产品 CW6180C、CW6280C 卧式、马鞍车床为部优产品，成为行业知名品牌，数控车床 CK6280A、CKA6480 达到国内领先水平，接近国外同类机床的先进水平。2005 年企业继续本着不断完善 CW6180C、CW6280C 卧式、马鞍车床以及数控车床的主导思想，持续深入地开发产品，充分发挥“长、特”技术的优势，使产品始终能保持较高的市场占有率，进而拓展更大范围的市场。企业改制后，对生产部门、设计研发部门、管理部门进行了适当的调整，以董事长为核心，总经理负责分别管理生产部、技术部、财务部、销售部、质管部和综合部以及 7 个生产车间，从而更大限度、更加合理地利用企业资源，同时特别成立了售后服务部门，为企业的新老用户提供更为快捷、简便的服务。

重庆第二机床厂 隶属重庆机床集团，属国有大型二档企业。工厂始建于 1941 年，至今已有 60 多年机床生产历史。企业目前可生产“数控车床、专用机床、立式加工中心和普通车床”4 大系列产品，拥有 40 多个品种，60 多种规格。工厂 1996 年通过了 ISO9001 国际质量管理认证，2003 年通过了 ISO9001：2000 版换版复查认证，2000 年被重庆市认定为高新技术企业。2005 年主要产品产量3 000台，市场综合占有率 4.5%，销售收入7 809万元，利润：766 万元，税金 540 万元。在产品开发方面，已建立 CAD 局域网，广泛使用 CAD 开发产品。企业 2004 年 5 月成功实施了搬迁重建，新厂区在茶园工业园区。企业通过土地置换部分解决了企业资金短缺问题。结合相应的技术改造，调整了产品结构，提高了工艺装备能力，扩大并提升了数控产品产量及水平。2005 年 12 月企业与重庆机床厂、重庆工具厂整合组建了重庆机床集团，企业的生产能力与技术开发能力得到进一步提升。

宁夏新瑞长城机床有限公司 是江苏新瑞机械有限公司和宁夏长城数控机床有限公司重组成立的新企业。江苏新瑞机械有限公司是一个专门从事铁路客车、高速列车、地铁牵引传动与自动化集成控制系统的研究与制造、办公设备 OEM 的制造、数控机床和风力发电设备的制造等的综合集团公司。宁夏长城数控机床有限公司是一个有着 40 年历史的国家机床行业重点骨干企业，拥有较强的产品开发实力，多次承担国家“八五”、“九五”、“十五”科技攻关项目，是国家数控机床研发制造基地。双方经一年多的协商，进行资产重组，正式成立宁夏新瑞长城机床有限公司，专门从事中高档数控卧式车床、立式车床和复合机床的研发和制造，并将从事部分机床关键零部件的开发与制造。重组后的公司首先将从产品开发和管理上入手，对现有产品进行重新定位和升级，对公司的管理水平进行提升，引入激励机制，努力建立一个开放、公平、公正，以业绩为导向的企业文化。其次将投入大量资金用于生产设备和工艺改造，提高产品质量，缩短交货期，以适应客户对交货期的要求。公司已在银川(国家级)经济技术开发区(Ⅱ)区规划233 310m^2土地，新建国际一流标准现代化的恒温厂房，规划建设68 000m^2，年产6 000台数控机床。同时投资设立宁夏新瑞铸造有限公司，规划建设57 000m^2、年产 5 万 t 树脂砂的现代化铸造生产线。宁夏新瑞长城机床有限公司将成为国际一流水平的研发和现代化制造基地，为国内外客户提供一流的产品和一流的服务，成为国内乃至国际最具有竞争力的数控机床解决方案提供商之一。

山东鲁南机床有限公司 为大型股份制企业，资产 4 亿余元，各类专业技术人员 978 人。产品以龙门式加工中心、立、卧式加工中心、数控铣床、数控车床、各类数控专用机床及铣床、卧式车床为主，共 18 大类 240 多个规格品种，主导产品产值数控化率达 70%，是全国数控机床生产基地，全国最大的铣床生产基地之一。公司 2005 年通过了欧洲“CE”产品安全认证，先后获得“山东名牌”、“山东免检产品”等荣誉称号。2002 年进入中国机床工具行业销售收入和综合绩效双百强企业，成为全国机床工具行业“核心竞争力之星”企业。2003 年、2004 年、2005 年连续 3 年进入中国机械行业 500 强，是“中国先进生产力示范研究基地”企业。公司下辖两个省级技术开发中心，每年向市场投放新产品 40 余种，被山东省专利局授予中国专利山东明星企业称号，多次承担国家、省、市技术创新项目，多次荣获国家、省、市科技进步奖。非导电超硬材料电火花磨床等产品填补了国内外空白，达到国际领先水平。企业自主开发、填补国内空白的ZK93系列数控喷孔钻床等多种产品获国家专利，被科技部等四部委认定为国家级重点新产品。数控机床进入国防军工行业并批量出口，产品还远销世界76个国家和地区，年自营出口创汇1 000万美元。

宝鸡机床厂 是一个生产金属切削机床的大型国有工业企业，具有独立的进出口自营权。企业下属9个分厂、公司，拥有员工2 100多人，各类专业技术人员400余人。企业拥有日本奥柯玛五面体加工中心、日本牧野加工中心、保加利亚加工中心、匈牙利双蜗杆磨齿机、瑞士坐标镗床、美国3坐标测量机、英国RENISHAW激光干涉仪等设备。主导产品有柔性加工单元、车削中心、加工中心、数控车床、数控铣床、普通车床、组合机床、平面磨床、带锯机等12大类、160多个品种。企业建立了省级技术研发中心和检测计量中心，全面采用CAD、CAPP、PDM系统，2005年企业自主完成了7个新产品开发设计项目，5个新产品试制项目。2005年企业CK系列数控车床荣获“陕西省名牌产品”称号，企业获得“数控产值十佳企业”、“出口创汇十佳企业”、“全国名优产品售后服务先进单位”等多项荣誉。2005年企业生产各类机床7 354台，实现工业总值94 419.7万元，销售收入87 629.1万元，出口创汇1 515.1万美元。为进一步发展壮大，2005年企业投资新建宝鸡机床工业园。建成标准厂房5万m^2，扩展了生产场地，为企业做大做强奠定了基础。

安阳鑫盛机床有限公司 是2002年改制而成的民营企业，是我国中部地区机床行业中规模最大的厂家之一，国家机床行业重点企业。近3年来开发的新产品相当于前20年的总和，数控机床品种规格从2002年20个增长到2005年100多个，数控机床产量增长13.7倍；高新技术产品产值率从2002年的7.7%增加到2005年的60%以上。自主开发的9m滚珠丝杠磨床填补了国内同类产品的空白，获得了2006年中国数控机床展览会“春燕奖”。公司从2002年改制以来，企业发展进入快车道，到2005年产品产量增长4.8倍，销售收入增长6.5倍，实现利税增长15.5倍；固定资产增长近1倍。获得了机床工具行业“精心创品牌活动”和“综合经济效益”十佳企业称号。

马鞍山万马机床有限公司 前身为马鞍山机床总厂，2002年11月26日改制为马鞍山万马机床制造有限公司。现有职工501人，其中工程技术人员33人。主要生产设备396台，其中金属切削机床250台（数控机床10台），具备年产机床产品1 200台的生产能力。主要产品有加工直径Φ360～1 100mm、加工长度750～3 000mm系列的数控车床及马鞍车床，DX4565数控模具铣刻机VMC600、650、850立式加工中心，数控铣床，以及电工机械大型精密变速箱总成及其整机。2005年完成工业总产值5 063万元，其中出口产值363万元；销售收入4 000多万元。公司拥有自营出口权，2003年通过了ISO9001：2000质量体系认证。

云南CY集团有限公司 前身云南机床厂，始建于1961年，是中国机械工业重点骨干企业，中国西南部地区最大的金属切削机床生产和出口厂之一，出口外向型企业。公司主导产品金属切削机床（2005年产量达7 600台），主要包括CY系列，MO系列，PQ系列3大系列的普通车床和数控车床。产品远销72个国家和地区，出口创汇连续6年保持1 000～1 300万美元（2005年为1 019万美元），名列全国机床行业前茅。公司曾先后荣获全国“五一”劳动奖状，全国机电产品出口创汇先进企业、云南省机电产品出口创汇先进企业等称号。云南CY集团有限公司于2004年12月30日与沈阳机床集团实施重组，今后5年将以中、高档数控车床产业化发展为龙头，整合云南省车床制造资源，构建“以先进制造技术为特征的机床制造集群”，提升云南省车床制造业的整体水平。企业以每年20%的发展速度，其中车床产值数控化率将达30%～40%，力争到2010年成为中国车床行业的龙头企业和金牌出口基地。

浙江凯达机床集团有限公司 2005年企业工业总产值25 224万元，产品销售收入22 558万元，工业增加值7 401万元，利税总额7 149万元，全年从业平均人数1 023人。2005年主要生产Φ320～660mm数控、数显、马鞍、卧式、台式车床及KDVM800、KDVM1000L立式加工中心。生产设备主要有日本卧式加工中心、英国激光切割机、美国龙门铣床、台湾数控龙门导轨磨床以及国产的高精度主轴外圆磨床、蜗杆砂轮磨齿机、龙门式导轨磨床、数控折弯机、主轴动平衡试验机和激光干涉仪、三坐标测量仪等精密设备及仪器。2005年12月企业通过了ISO14001：2004环境管理体系认证。KDVM800立式加工中心获浙江省科学技术三等奖。2005年企业产品出口美国、英国、德国、法国、墨西哥、沙特、新西兰、泰国、马来西亚等60多个国家和地区，创汇达878万美元。

上海明精机床有限公司 是由上海重型机床厂、上海第二机床厂、上海第三机床厂、上海第四机床厂、上海第五机床厂、上海仪表机床厂及上海江宁机床厂等企业实体化重组而组建的国家机床业重点骨干企业。2005年公司经历了企业重组，资产和人员整合等重大的机制变革，现已由上海电气集团股份有限公司收购。公司从事数控车床、车削中心、数控铣床、立卧加工中心、数控镗铣加工中心、数控外圆磨床、数控光学曲线磨床、龙门数控导轨磨床和龙门数控镗铣加工中心等7大类300多规格品种的金属切削机床及专用设备的生产制造，产品广泛应用于航空航天、船舶和军工业、汽车及零部件业、机械零件加工业、模具、轻工机械等制造业，远销世界50多个国家和地区。产品品种多、覆盖面广，有相当的市场份额和知名度。2005年公司完成了HM－024型双主轴双刀架车削中心、MMB1420D型精密半自动万能外圆磨床、XH718型立式加工中心、MK1320B型数控外圆磨床、XK7610型数控卧式铣床和其他新产品的开发试制。2005年公司全额收购世界著名大型数控卧式车铣复合加工机床的先进技术代表企业德国WOHLENBERG公司，收购日本著名机床制造企业池贝株式会社，跨出了国际化经营战略重要的一步。公司占地约23万m^2，生产面积15.6万m^2、拥有金属切削加工设备720台（套），其中数控加工设备80台（套）。公司现有在册人员1 905人，总资产3.85亿元。2005年工业总产值（当年价）63 175.6万元，销售产值59 584.3万元，比上年有较大幅度增长，公司生产各种规格机床6 892台，其中车床3 660台。

北京京仪世纪自动化设备有限公司 始建于1956年，是原机械部大型二档全民所有制重点企业，是原国家经贸委和国务院机电产品出口办公室批准的出口基地，拥有进出口自营权，隶属于北京京仪控股有限责任公司。企业占地面积10万余 m^2，工业建筑面积7万 m^2，资产总额1亿7000余万元，2005年完成工业总产值(当年价)7 141万元，实现销售收入7 525万元；拥有各类精密机械加工设备近千台(套)；现有员工634人，其中中专以上文化程度职工352名，拥有高级技术职称者55人，中级职称者180人。该厂是万能工具铣床、立式加工中心及数控车床的专业生产厂家，已形成系列产品，从普通型、数显型到数控型有20余个规格品种。已有30多年的出口历史，目前产品已远销英国、美国、德国、法国、意大利、新西兰、中国香港等40多个国家和地区，累计出口达4 000余台(套)，创汇4 000余万美元。2005年共出口各类机床50台，出口交货值近400万元。

黄山第一机床厂 始建于1955年，座落在闻名遐迩的联合国文化与自然遗产——黄山南麓，新安江畔，有着40年以上生产车床产品历史，属国有企业。而今已与国内外建立了稳固的市场销售网络与合作伙伴关系。该厂设有5个专业化分厂和6个车间，从业人员562人，具有专业的研究开发能力，并拥有技艺精湛的生产制造队伍。主要生产设备300多台。多年来推行全面质量管理工作，通过了ISO9001：2000版质量体系认证。目前该厂生产的产品有"皖屯版"普通车床、马鞍车床、数控车床等40多个品种规格，2005年工业总产值6 890万元，销售产值6 663万元，生产车床1 035台，数控车床增长迅速，达114台，并有18台马鞍车床出口土耳其。

盐城市机床有限公司 始建于1960年3月，2000年10月改制为有限责任公司，是江苏省高新技术企业，拥有进出口自营权，通过了ISO9001：2000质量体系认证。现有员工1 160人，拥有固定资产净值5 488万元，占地306 636m^2，厂房60 000多 m^2。产品注册商标为"飞球"牌，是江苏省著名商标。主要产品：CD、CC、CA、CY、CL等系列卧式车床，CK、CDK、CDJK、CMK等系列数控车床，BD系列台式车床，ZY3725摇臂钻床及各类专用机床、动力头、铣削头等，共计18大系列、160多种规格，年生产能力达万台以上。近年来还自主研发出拥有多项专利、形成系列的道路清扫车，产品销往国内26个省、市自治区、直辖市，远销美国、德国、英国、奥地利、瑞士等48个国家和地区。2005年，公司实现销售收入15 117万元，比上年增长2%，实现利税2 091万元，比上年增长25.05%，创历史最好水平。

天津第二机床有限公司 已转制为民营企业，2005年工业总产值完成4 384万元，销售收入4 016万元，现有从业人员261人。企业主要生产的机床工具类产品有：普通车床及专用机床(加工范围Φ1 000～1 250mm)，数控车床(加工范围Φ720～1 000mm)，MGK立式精密数控磨床(加工范围1 000～16 000mm)。企业具有先进的生产加工设备，如龙门式导轨磨床，加工中心，坐标镗床等，年生产能力200台。2005年新产品开发取得成效，首台MGK1600立式精密数控磨床研制成功，形成商品，销往大连。在此基础上为用户生产制造了MGK1600、MGK1000、MGK2000多种规格的立式精密数控磨床。此项新产品的试制成功，将为该企业2006年的产值提升及企业的发展起到决定性的作用。此项产品于2005年分别得到天津市科学技术委员会技改项目、天津市中小企业发展专项资金的资助。2005年企业的建设为今后发展建立了基础，在加工设备上购入了大型龙门刨床，新建厂区破土动工，一期工程全面竣工。新厂区建设工程项目占地面积46 668万 m^2，其中车间24 000m^2。

星火机床有限公司 是我国机床工具行业重点骨干企业，是我国大型数控机床、精密轧辊磨床主导生产企业，国家自动低压铸造工业性试验基地，大型卧式回转机床的领头羊，西北地区装备制造业的龙头企业。公司注册资本5 000万元，资产总计2亿元，资产负债率52%，银行信用等级AAA级。公司实现了办公自动化，建立了CAD、CAPP局域网、MRPII局域网，财务管理局域网。公司技术装备拥有600余台金属切削及齿形加工设备，年产铸件18 000余t。公司的产品研发拥有国家级企业技术中心，并在西安、兰州、上海建立了4个联合技术中心，拥有先进的CAD局域网，180余名中高级技术人员组成的研发队伍。近3年设计开发的新产品是过去30年的总和，新产品产值贡献率达到66%。产品的四大转变实现产品结构的调整，促进了生产的发展，从普通机床到数控机床的转变，从轻型机床到重型机床的转变，从卧式机床到立式机床的转变，从一般机床到精密机床的转变。公司为保证产品质量，通过了ISO9001质量体系认证、欧洲CE安全体系认证。在对外贸易中，公司具有进出口自营权。公司以和谐立本、创新为先、行者无疆为本公司的经营理念。主要产品有大型数控车床，数控端面车床、大型卧式车床、数控轧辊磨床、数控轧辊车床、双柱立式车床，精密轧辊磨床、端面车床、轧辊车床、专用车床、重型卧式车床、自动精密低压铸造机12大系列产品，品种规格可重构组合。产品覆盖全国各地，销往全球40多个国家和地区。本公司产品具有很强的市场竞争力，大型卧式数控车床国内市场占有率50%，大型卧式普通车床国内市场占有率40%，轧辊磨床国内市场占有率30%。公司2005年实现产品销售收入3.01亿元，比上年增长48%；实现利润2 655万元，比上年增长96%，企业生产经营继续保持良好的增长态势。公司的发展获得了多项荣誉，是甘肃省"高新技术企业"、"优秀企业"、"技术创新示范企业"、甘肃省首批10个制造信息化示范企业、"标准化良好行业企业"国家试点企业。公司荣获"全国五一劳动奖状"。

〔本部分撰稿人：中国机床工具工业协会车床分会刘百喜〕

(二)铣床

2005年是"十五"规划的丰收年，"十五"期间是我国机床工具行业发展最快的5年。同整个机床工具行业一样，铣床行业企业体制、机制改革成果显著，铣床产品品种、产量大幅度上升，各项经济指标创历史最好水平。尤其是用户重点急需加工中心和数控铣床的研发和生产，取得引人瞩目的成果。目前铣床行业有22个统计会员单位，其中，国有企业有9个，占40.9%，其他为股份制企业和民营企业。

1. 基本情况

据铣床分会对18个会员单位统计，2005年完成工业总产值(当年价)29.93亿元，比上年增长40.1%；产品销售产值28.29亿元，比上年增长37.3%；利税总额2.38亿元，比上年增长19%；职工平均人数13 862人，比上年增长2.2%。2005年铣床行业(18个企业)主要经济指标完成情况见表13。

表13 2005年铣床行业(18个企业)主要经济指标完成情况

项目	单位	数量
企业数	个	18
工业总产值(当年价)	万元	299 321
其中：机床工具类产品总产值	万元	248 955
工业销售产值(当年价)	万元	282 940
其中：机床工具类产品销售产值	万元	232 574
工业增加值	万元	15 957
利税总额	万元	23 802
全年从业平均人数	人	13 862
固定资产合计	万元	626 951
固定资产净值余额	万元	110 275

2. 生产

2005年铣床行业生产各种金属切削机床25 198台，比上年增长19.9%，其中数控金属切削机床2 930台，比上年增长29.5%，占金属切削机床总产量的11.6%。机床产值24.88亿元，比上年增长29.2%。其中数控机床产值11.92亿元，占机床总产值的47.9%。在数控机床中，加工中心696台，产值33 642万元。2005年铣床行业产品生产情况见表14。

表14 2005年铣床行业产品生产情况

产品类别	实际完成		其中：数控	
	产量(台)	产值(万元)	产量(台)	产值(万元)
合计	25 198	248 755	2 930	119 230
铣床	24 502	215 113	2 234	85 588
加工中心	696	33 642	696	33 642

3. 出口

2005年出口各种铣床1 356台，比上年增长47.8%，出口额4 309万元，比上年增长11.25%。2005年铣床行业产品出口情况见表15。

4. 新产品开发

据铣床分会资料统计，2005年铣床行业完成开发试制各种加工中心、数控机床52种。其中加工中心22种，占42.3%。2005年铣床行业新产品开发情况见表16。

表15 2005年铣床行业产品出口情况

产品类别	实际完成		其中：数控	
	出口量(台)	出口值(万元)	出口量(台)	出口值(万元)
合计	1 356	4 309.0	2	80.5
加工中心	1	61.5	1	61.5
铣床	1 355	4 247.5	1	19.0

表16 2005年铣床行业新产品开发情况

序号	产品型号	产品名称	主要技术参数	产品性质	生产企业
1	CXH6130	车铣复合加工中心	卡盘直径：Φ305mm 铣主轴功率：15kW 9轴5联动	全新设计	北京第一机床厂
2	CDHA512	车削加工中心	卡盘直径：Φ255mm 刀塔动力头：12把	全新设计	北京第一机床厂
3	XKAD2420S	数控定梁龙门镗铣床	工作台尺寸：2 000mm×4 000mm 主轴最高转速：6 000r/min	改型设计	北京第一机床厂
4	AVC1200	立式加工中心	工作台：560mm×1 250mm 主轴电动机功率：9kW/11kW 主轴转速：50～(8 000 m/min)/(24 000r/min)	全新设计	长征机床集团有限公司
5	GMC2500	横梁移动龙门加工中心	工作台：2 500mm×4 000mm 主轴转速：30～3 000r/min 主轴电动机功率：22kW/27kW	全新设计	长征机床集团有限公司
6	CMU50	45°万能回转头功能部件	*A*轴、*C*轴最小分度值5° *A*轴摆动角度：±110° *C*轴摆动角度：±200°	全新设计	长征机床集团有限公司
7	ETC50	车削中心	最大加工直径：Φ365mm 最大车削长度：750mm	全新设计	长征机床集团有限公司

（续）

序号	产品型号	产品名称	主要技术参数	产品性质	生产企业
8	CX054	数控轮槽铣专机	最大 X 向行程：4 000mm 主轴转速：20～1 500r/min	全新设计	长征机床集团有限公司
9	MV60	立式加工中心		改型设计	安徽晶菱机床制造有限公司
10	XK7480	数控龙门钻铣床	工作台：600mm×1 200mm 落地工作台宽度：1 800mm	全新设计	南昌凯马有限公司江东机床公司
11	XK2310	数控龙门铣床	行程 X/Y/Z：4 000mm/2 000mm/500mm 工作台宽度：1 000mm	全新设计	南昌凯马有限公司江东机床公司
12	XK378B	数控滑枕铣床	行程 X/Y/Z：2 000mm/1 000mm/500mm 工作台宽度：800mm	改型设计	南昌凯马有限公司江东机床公司
13	XK716/1	数控床身铣床	行程 X/Y/Z：1 800 mm/500mm/700mm 工作台宽度：630mm	改型设计	南昌凯马有限公司江东机床公司
14	XK714D	数控铣床	行程 X/Y/Z：1 600 mm/630mm/750mm 工作台：400mm×1 650mm	全新设计	长春数控机床有限公司
15	XKC8150	数控万能工具铣床	主轴转速：45～3 150r/min 工作台：500mm×900mm	全新设计	云南三龙机械集团有限公司昆明铣床厂
16	XH768	卧式加工中心	工作台：800mm×800mm	全新设计	上海第三(四)机床厂
17	VMC80	龙门加工中心	工作台：800mm×1 200mm	全新设计	青海一机数控机床有限责任公司
18	VMC1000	立式加工中心	工作台：560mm×1 200mm	全新设计	青海一机数控机床有限责任公司
19	XK713	数控床身铣床	工作台：320mm×1 000mm	全新设计	青海一机数控机床有限责任公司
20	XH755C	卧式加工中心	工作台：500mm×500mm	改型设计	青海一机数控机床有限责任公司
21	RFMP3016	龙门加工中心	工作台：1 600mm×3 000mm 行程 X/Y/Z：3 200 mm/2 600 mm/1 000mm	全新设计	浙江日发数码精密机械股份有限公司
22	XH714	立式加工中心	工作台：420mm×800mm	全新设计	黄山皖南机床
23	VMCL600	立式加工中心	工作台：400mm×800mm	全新设计	南通纵横国际股份有限公司
24	VMCL1000	立式加工中心	工作台：500mm×1 050mm	全新设计	南通纵横国际股份有限公司
25	XH715A/2	床身式加工中心	工作台：500mm×1 100mm	改型设计	桂林机床股份有限公司
26	XK716G/4	数控床身铣床	工作台：600mm×1 400mm	改型设计	桂林机床股份有限公司
27	XTH7512wD	立柱移动式龙门加工中心	工作台：1 200mm×3 000mm	改型设计	桂林机床股份有限公司
28	XKZ7912/4	数控滑枕铣床	工作台：1 200mm×4 000mm	改型设计	桂林机床股份有限公司
29	XK6136A	数控卧式升降台铣床	工作台：360mm×1 400mm	改型设计	桂林机床股份有限公司
30	XK714A/2	数控床身铣床	工作台：400mm×1 300mm	改型设计	桂林机床股份有限公司

（续）

序号	产品型号	产品名称	主要技术参数	产品性质	生产企业
31	XK715G/3－5X	数控五轴联动床身铣床	工作台：500mm×1 300mm	全新设计	桂林机床股份有限公司
32	XHZ2925/10	龙门移动式加工中心	工作台：2 500mm×10 000mm	全新设计	桂林机床股份有限公司
33	XHZ2330/	龙门加工中心	工作台：3 000mm×6 000mm	全新设计	桂林机床股份有限公司
34	6XK776B	数控滑枕床身铣床	工作台：600mm×2 000mm	改型设计	桂林机床股份有限公司
35	XK2314WT/5X	数控五轴联动龙门铣床	工作台：1 400mm×1 400mm	全新设计	桂林机床股份有限公司
36	XH715/1	立式加工中心	工作台：500mm×1 100mm	全新设计	桂林机床股份有限公司
37	XK2320T/4	数控龙门铣床	工作台：2 000mm×4 000mm	改型设计	桂林机床股份有限公司
38	XK2312WT/5X	数控五轴联动龙门铣床	工作台：1 200mm×1 200mm	改型设计	桂林机床股份有限公司
39	XK5032	数控立式铣床	工作台：320mm×900mm	改型设计	桂林机床股份有限公司
40	XH716G/2	立式加工中心	工作台：600mm×1 200mm	改型设计	桂林机床股份有限公司
41	FA－130	高速数控落地铣镗床	主轴转速：2 500r/min 快速进给：15m/min	全新设计	齐齐哈尔第二机床厂
42	XK715A	数控立式床身铣床	工作台：500mm×1 200mm	改型设计	齐齐哈尔第二机床厂
43	XK755A	数控卧式床身铣床	工作台：500mm×1 200mm	改型设计	齐齐哈尔第二机床厂
44	XK5032A	数控升降台立式铣床	工作台：320mm×1 320mm	改型设计	齐齐哈尔第二机床厂
45	XK6032A	数控升降台卧式铣床	工作台：320mm×1 320mm	改型设计	齐齐哈尔第二机床厂
46	YHC500	钻削加工中心	工作台：300mm×700mm	全新设计	深圳市华亚数控机床有限公司
47	XKH800	五轴联动加工中心	行程 *X*/*Y*/*Z*：1 250 mm/400mm/400mm，A360°，B±40° 主轴转速：60～10 000r/min	全新设计	北京机电院高技术股份有限公司
48	XH716	立式加工中心	工作台：635mm×1 450mm	全新设计	齐齐哈尔二机床（集团）三明制造有限公司
49	XK716	数控床身铣床	工作台：600mm×1 200mm	全新设计	齐齐哈尔二机床（集团）三明制造有限公司
50	XK5030B	数控立式升降台铣床	工作台：300mm×1 150mm	全新设计	齐齐哈尔二机床（集团）三明制造有限公司
51	XK6030B	数控立式升降台铣床	工作台：300mm×1 150mm	全新设计	齐齐哈尔二机床（集团）三明制造有限公司
52	XK6030B－1	数控滑枕回转头铣床	工作台：300mm×1 150mm	全新设计	齐齐哈尔二机床（集团）三明制造有限公司

5. 科研项目

2005年铣床行业共完成10项科研项目，多为企业新产品开发中科研攻关的自行应用项目。其中北京第一机床厂完成的“新型装甲车关键加工装备及工艺研究”项目，是国家“863”计划机器人技术主题组的科研项目，并初步得到验收鉴定组的好评。

2005年铣床行业共有8项科研项目获奖，其中北京机电院高技术股份有限公司的《大型汽轮机叶片五轴联动加工中心研制》项目，2005年度同时获得中国机械工业科学技术一等奖和北京市科学技术一等奖。2005年铣床行业获奖科研项目见表17。

表 17　2005 年铣床行业获奖科研项目

序号	项目名称	主要内容及应用范围	获奖名称	获奖等级	主要完成单位	授奖单位
1	大型汽轮机叶片五轴联动加工中心研制	产品开发及加工工艺	科学技术奖	一等奖	北京机电院高技术股份有限公司	北京市政府 中国机械工业联合会
2	50－ll 数控自动万能铣头	产品开发及生产	科技进步奖	一等奖	桂林机床股份有限公司	广西壮族自治区人民政府
3	XHZ7712/3 滑枕床身式加工中心	产品开发及生产	科技进步奖	一等奖	桂林机床股份有限公司	广西壮族自治区人民政府
4	XHZ2320/4 龙门加工中心	产品开发及生产	科技进步奖	二等奖	桂林机床股份有限公司	广西壮族自治区人民政府
5	KHV1050 五轴联动立式加工中心	产品开发及生产	科技进步奖	二等奖	自贡长征机床有限公司	自贡市科委
6	KVC1400/1 立式加工中心	产品开发及生产	科技进步奖	二等奖	自贡长征机床有限公司	自贡市科委
7	KVC650 立式加工中心	产品开发及生产	科技进步奖	二等奖	自贡长征机床有限公司	自贡市科委
8	XK7480 数控龙门钻铣床	适用于花岗岩等石材的精密加工	科技进步奖	三等奖	南昌凯马有限公司 江东机床公司	南昌市科委

6. 企业简介

北京第一机床厂　始建于 1949 年，是中国机床工业大型国有骨干企业之一。在深化国有企业改革中，北京第一机床厂根据北京市整体规划要求，提升传统制造业，吸收兼并北京第三机床厂，并整合优质资产成立了北京北一数控机床有限责任公司，在北京林河工业开发区投资兴建北京数控机床生产基地。工厂于 2005 年 8 月全部成功搬迁至该基地。该基地生产加工中心、数控龙门镗铣床、精密机床零部件、装配生产线、机床刀具等。建成后将成为世界一流的现代机床制造企业。2005 年 11 月北京第一机床厂全资成功收购德国阿道夫和瓦德里希科堡 2 个机床有限公司。

四川长征机床集团有限公司　前身为长征机床厂，由北京第一机床厂内迁四川省自贡市。1997 年改制为长征机床股份有限公司，1995 年公司社会公众股票“川长征 A”在深圳证券交易所挂牌上市。1998 年资产重组，更名为自贡长征机床有限责任公司。随着不断的发展，公司现已成为铣床行业西南最大的生产企业之一——四川长征机床集团有限公司。公司主营铣床、加工中心等产品的研制、开发、生产和销售。主导产品已形成：加工中心系列、数控龙门铣床系列、数控床身铣床系列、数控升降台铣床系列、升降台铣床系列、数控车床及车削中心系列等 6 大系列 80 多个品种和各类专用设备。产品获省优、部优、国家银质奖，并获四川省名牌产品和用户特别满意产品称号。

浙江日发数码精密机械股份有限公司　2005 年公司整体迁入新工业区日发数字科技园后，生产的硬件设施得到了质的提升，目前已经形成了数控车床、立式加工中心、卧式加工中心和大型设备等 3 条国内一流的装配生产线。为充分利用现有资源，根据对数控机床用户行业的分布调查发现，近几年，模具工业的持续发展对数控机床的需求高速增长，为此公司加大技改、研发投入，专门成立模具数控机床研发项目事业部，研究开发能够满足专业模具加工行业需要的数控机床产品，相对独立进入一个新的市场领域，为公司的持续发展寻找了一个新的增长点。公司人员 138 人，生产销售各类数控机床 327 台。2005 年公司出口土耳其 32 台数控机床，价值上千万元，这是自公司成立以来，获得最大的出口业务。

青海一机数控机床有限责任公司　青海省高新技术企业。多年来，先后成功地开发 11 个系列 120 多个品种的新产品，其中以高新技术产品——加工中心为主的技术密集型产品 80 余种。同时还承担了国家“七五”和“八五”、“九五”期间的重点科研攻关项目，如 UD80 换刀换箱柔性制造单元、FMS 柔性制造系统及 XH7910 系列五面立卧式加工中心等。主导产品有：卧式加工中心和立式加工中心系列、柔性制造单元、柔性制造系统、数控床身铣床系列、仿型铣床系列、万能工具铣床系列、升降台铣床系列等。卧式加工中心系列的产品品种、规格、产销量均居全国机床行业前列。

南通纵横国际股份有限公司　创建于 1956 年，是我国机床行业大型骨干企业、国家首批 3 大出口基地之一。中国第一台摇臂铣床在这里诞生，是我国摇臂铣床销量最大、出口最多的厂家。南通纵横国际是南通市暨江苏省机床行业第一个上市公司，占地面积 30 多万 m^2，2005 年末从业人数2 097名。公司除机床制造外，还有环保科技、电子器件、网络科技、软件开发、对外贸易等多种产业。主要产品有 X6325 系列万能摇臂铣床、数控铣床、加工中心、车床、草坪机械、船用冷却器、电子产品等 8 大门类 60 多个品种。“南通”牌铣床远销美国、加拿大、东南亚、欧盟等 40 多个国家和地区。1998 年公司被国家确定为数控产业化工程试点单位；2002 年 2 月获国家人事部批准，设立博士后工作站；2004 年 12 月 23 日通过了 ISO9001：2000 质量体系认证的复审。

云南三龙机械集团有限公司昆明铣床厂　有 30 多年的精密机床制造历史，拥有雄厚的技术力量，先进的加工设备，完善的检测手段。主导产品为高精度万能工具铣床、刻模铣床、精镗床、数控万能工具铣床、数控床身铣床、数控立式铣床、立式加工中心等上百个品种，以及专用机床和生产线，为中国航天航空、国防军工、机械制造、仪器仪表、电子电器、汽车摩托、模具、烟草设备等行业提供了大量装备。产品畅销全国，远销亚、非、欧、美等60多个国家和地区。

桂林机床股份有限公司 始建于1951年，至今已有55年机床生产经验和40多年机床出口历史。1993年7月由原桂林机床厂经股份制改组而成，是国家机械工业重点骨干企业，现为中国机械工业500强企业，现有从业人员2 020人。主导产品为龙门系列铣床及加工中心、滑枕系列铣床及加工中心、床身系列铣床及加工中心、立、卧式升降台系列铣床等。其中具有高新技术的数控产品有18大类180多种规格，不少新产品填了国内空白，荣获国家级重大项目奖项。2005年开发新产品26种，完成新产品试制40种，生产各种机床1 500台。其中，数控自动万能铣头获广西科技进步一等奖，XHZ2320/4龙门加工中心、XHZ7712/3滑枕床身式加工中心分获广西科技进步二等奖等多项奖项。

杭州铣床制造有限公司 系国有独资公司，有限责任。公司是有40多年历史的铣床专业生产厂家。2005年末职工人数795人，其中工程技术人员95人。现有金属切削机床、热处理、铸造等设备499台。主要产品有XQ6225万能回转头铣床、X5330摇臂铣床系列。近几年公司加大产品结构调整，开发出XK714数控床身铣床、XKJ6225数控万能升降台铣床等。公司通过了ISO9001质量体系认证和ISO10012计量体系认证，建立了一套较完整的质量保证体系，产品质量有较大提高。“启新”品牌铣床在浙江机床市场上，受到各界用户的好评。

北京机电院高技术股份有限公司 2005年，大力调整产品结构，工作重心逐步由以中档加工中心为主向以五轴联动数控机床为代表的高端机床转移，高端、大型加工中心产量和销量所占比例大幅增长，中档加工中心销量继续攀升，带动了利润的快速增长。2005年主要产品——立式加工中心达到300台的生产能力。2005年公司承担了4项国家“863”计划项目，其中“面向大型汽轮机叶片加工的数控装备及工艺技术”项目成功研制了XKH1600大型五轴联动叶片加工中心，并且在研制过程中，研制开发了五轴加工工艺和后置处理软件，开展了国产数控系统的试验研究工作，起草制定了五轴联动加工中心的行业标准。通过“863”项目的实施，掌握了五轴联动加工机床的核心技术。“大型汽轮机叶片五轴联动加工中心研制”项目2005年度同时获得中国机械工业科学技术一等奖和北京市科学技术一等奖。

北京京仪世纪自动化设备有限公司 公司始建于1956年，是原机械部大型二档全民所有制重点企业，是原国家经贸委和国务院机电产品出口办公室批准的出口基地，拥有进出口自营权。“十五”期间，开发生产了多种型号的数控车床和XH7132数控立式加工中心。在质量管理方面，1995年通过了ISO9001质量体系认证，2003年通过了ISO9001：2000质量体系认证，促进了质量管理规范化、科学化，并建立了统一的两级质量保证管理体系，确保质量体系有效运行。建立完善的售前、售中、售后服务机制和服务网络，形成对市场的24小时反映机制，为全国及国外用户提供快速周到服务

安徽晶菱机床制造有限公司 主要生产的机床品种有立、卧式升降台铣床，数控立、卧式升降台铣床，系列床身数控铣床和系列立式加工中心，数控龙门铣床以及系列台钻床。2005年底年产300台数控机床技术改造项目已顺利建成，新购置的加工设备在陆续安装。

深圳市华亚数控机床有限公司 是一个集数控机床研发、制造、销售于一体的民营股份制企业，是深圳市数控机床制造的主导企业。公司共有员工100多人，2005年生产并销售各类加工中心、数控铣床、数控车床等共计350多台，实现零库存。华亚公司的数控机床产品畅销国内市场，并远销东南亚、欧洲等世界各地。目前在国内已建立起广东、浙江、山东、四川、华北、东北等几大销售、维修网点，能快速地为用户提供最新的机床信息，并可为用户提供快捷、周到的售后服务

南昌凯马有限公司江东机床公司 南昌凯马有限公司在南昌经济技术开发区注册，注册资本为2亿元。其母公司为中国华源集团的子公司——华源凯马股份有限公司。公司下设江东机床、第四机床、第五机床、采矿机械、通用机械5个分公司。2005年设计新产品及专用设备39种，完成新产品及专用设备47种，全年新产品产值率达到25.2%。XK7480数控龙门铣床获得南昌市科技进步三等奖。

长春数控机床有限公司 是生产数控机床、普通铣床、C系列摩擦焊机的专业生产企业。近3年开发了XK7825、XK714、XK715数控铣床及XH715、XH713、XH716加工中心，C－50A/C－63A－J型摩擦焊机等10种新产品。C－50A/C－63A－J型摩擦焊机获国家新产品奖、市科技进步三等奖，XK7825数控铣床获市科技进步三等奖。尤其为中国原子能科学研究院的快速反应堆、新型先进反应堆、大亚湾核电站、秦山核电站等研制了热室检测专机、铣削设备、水下切割设备、磨削装置等多项专机、专用生产线，为核工业的发展做出一定贡献。

武汉第四机床厂 全民所有制校办工厂，隶属于武汉江汉大学，工厂按照校办产业的管理模式，不断扩大品种，生产的机床品种有小型数控床身铣床、普通及数控万能工具铣床及数控十字工作台铣钻床等3个系列13个品种的产品。现有职工130人，在用设备120多台(套)，年生产普通及数控铣床150台。

齐齐哈尔二机床(集团)三明制造有限公司 前身为福建省三明机床厂，建于1965年8月。于1997年11月改制为国有和职工共同持股的福建省三明机床有限责任公司，2004年7月与齐齐哈尔二机床(集团)合资组建齐齐哈尔二机床(集团)三明制造有限公司。公司现有职工368人，占地面积2.8万m^2。主要产品有：万能升降台铣床、立式升降台铣床、回转头铣床、单双柱平面铣床、定梁式龙门铣床、数控床身式铣床、立式加工中心等产品。

黄山皖南机床有限公司 前身是上海第七机床厂，

1987年更名为"安徽省皖南机床厂",2003年改制为股份制民营企业。占地面积10.9万 m^2,建筑面积5.8万 m^2,员工395人,其中工程技术人员82人。2005年公司年销售各种铣床790台,其中数控机床94台。2005年公司研制开发了X5025B立式升降台铣床、XY6025液压铣床、XK5025B、XK5030立式数控铣床、XK714数控床身铣床、XH714加工中心等新产品。公司建立和完善了相对独立的普通铣床、数控铣床、链传动件三个分公司。2005年"山字牌万能升降台铣床"系列产品,荣获"安徽省名牌产品"称号。

〔本部分撰稿人:中国机床工具工业协会铣床分会袁国樑〕

(三)钻镗床

2005年,是钻镗床行业持续快速发展的一年,不论是工业总产值、销售收入还是出口机床交货值都有明显的增加。

1. **基本情况**

钻镗床分会共有会员单位80个。国有企业改制工作力度加大,国有和国有控股企业相应减少,民营企业的数量迅速增加,占据行业主导地位,股份制企业则退居第二,这是钻镗床行业的一个显著特点。再一个显著特点就是合资合作、寻求资金投入、加大发展的趋势仍在增大。

2005年钻镗床分会入编企业共23个。2005年工业总产值(当年价)和工业销售产值(当年价)都比上年同期增长20%以上。2005年钻镗床行业23个企业基本情况见表18。

表18　2005年钻镗床行业23个企业基本情况

项　　目	单　位	数　量
工业总产值(当年价)	万元	343 878.0
其中:机床工具类产品总产值	万元	323 399.2
工业销售产值(当年价)	万元	329 165.8
其中:机床工具类产品销售产值	万元	
工业增加值	万元	125 556.8
利税总额	万元	37 883.2
全年从业平均人数	人	14 351
固定资产合计	万元	459 330.7
固定资产净值余额	万元	119 957.2

2. **生产情况**

2005年钻镗床行业23个企业共生产各类机床47 494(不含台钻)台,产值31.61亿元,其中数控机床2 793台,产值15.59亿元,产值数控化率49.32%。其中钻床30 847台,镗床4 730台,加工中心1 003台,分别比上年提高30%至60%。2005年,钻镗床行业的机床销售量也有大幅度的增长,库存量大幅度下降,多数产品供不应求,企业普遍呈现一种欣欣向荣的景象。产品质量也得到明显提高,杜绝了重大质量投诉,售后服务率下降25%以上。2005年钻镗床行业23个企业产品生产情况见表19。

表19　2005年钻镗床行业23个企业产品生产情况

产品类别	总　数		其中:数控	
	产量(台)	产值(万元)	产量(台)	产值(万元)
金属切削机床合计	142 494	375 942.7	2 793	155 937.4
加工中心	1 003	83 827.3	1 003	83 827.3
车床(不含仪表车床)	5 876	23 484.7	433	3 274.7
钻床(不含台钻)	30 847	84 733.6	281	5 315.9
台钻	95 000	14 929.4	10	54.9
镗床	4 730	144 918.5	263	29 635.9
铣床	528	13 219.6	528	13 219.6
磨床(不含砂轮机等)	461	1 960.4		
刨床	493	1 443.0		
组合机床	156	3 496.7	142	19 207.0
特种加工机床	156	1 506.2	133	1 402.1
螺纹加工机床	2 967	322.2		
其他金属切削机床	257	2 101.2		
剪切机	20	23.8		

3. **出口情况**

2004年,钻镗床行业产品出口9 615台(不含台钻)。出口交货值3.31亿元,各类机床出口都有大幅度的增加。2005年钻镗床行业23个企业产品出口情况见表20。

表20　2005年钻镗床行业23个企业产品出口情况

产品类别	实际完成		其中:数控	
	出口量(台)	出口值(万元)	出口量(台)	出口值(万元)
金属切削机床合计	9 615	33 090.7	70	5 059.7
加工中心	51	4 479.7	51	4 479.7
车床(不含仪表车床)	1 157	4 045.2		
钻床(不含台钻)	2 238	7 032.0		
台钻	4 304	949.7		
镗床	1 550	14 574.6	8	479.0
磨床(不含砂轮机等)	211	1 631.1		
刨床	86	232.0		
特种加工机床	12	108.4	11	101.0
其他金属切削机床	6	38		

4. **新产品**

钻镗床行业2005年共开发新产品79个,其中数控机床品种62个,占78%。数控机床中五面加工中心、五轴联动加工中心、车铣复合加工中心当属机床行业国内领先水平的新产品和填补国家空白的新产品。有的新产品已接近或达到国际同类机床的现代技术水平,这是我国数控机床发展的一个可喜的成就。2005年钻镗床行业23个企业新产品开发情况见表21。

表 21　2005 年钻镗床行业 23 个企业新产品开发情况

序号	产品名称	型　号	主要技术参数	生产企业
1	车铣复合加工中心	TCH6580	工作台直径:Φ800mm 主轴最高转速:12 000r/min 工作台最大行程(X 轴):1 300mm 主轴箱最大行程(Y 轴):1 000mm 立柱最大行程(Z 轴):1 500mm	沈阳机床(集团)有限责任公司
2	龙门式加工中心	TH54140×300A	行程(X/Y/Z):3 200mm/1 400mm/550mm 主轴转速:20～3 150r/min	沈阳机床(集团)有限责任公司
3	龙门五面加工中心	THA57150×300	行程(X/Y/Z):3 600mm/2 700mm/1 000mm 主轴转速:10～2 000r/min	沈阳机床(集团)有限责任公司
4	龙门五面加工中心	THA57200×400	行程(X/Y/Z):4 200mm/3 200mm/1 000mm 主轴转速:10～2 000r/min	沈阳机床(集团)有限责任公司
5	龙门五面加工中心	THA57400×800	行程(X/Y/Z):8 800mm/5 000mm/1 000mm 主轴转速:10～2 000r/min	沈阳机床(集团)有限责任公司
6	龙门五轴加工中心	TH58200×500	行程(X/Y/Z):4 660mm/2 000mm/1 000mm 主轴转速:240～24 000r/min	沈阳机床(集团)有限责任公司
7	卧式加工中心	TH6580×80A/D	行程(X/Y/Z):1 000 mm/850mm/750mm 主轴转速:20～5 000r/min	沈阳机床(集团)有限责任公司
8	卧式加工中心	TH6513B×2	主轴直径:Φ130mm 主轴转速:10～2 500r/min 工作台:1 000mm×7 000mm 工作台行程:8 000mm 主轴箱行程:Y1;Y2 1 500mm 立柱行程:Z 1 200mm	沈阳机床(集团)有限责任公司
9	落地式铣镗加工中心	TH6913B×2	镗轴直径:Φ130mm 镗轴转速:10～1 500r/min 工作台:8 000mm×1 600mm×400mm	沈阳机床(集团)有限责任公司
10	落地式铣镗加工中心	TH6213	镗轴直径:Φ130mm 镗轴行程(Z 轴):800mm 主轴箱垂直行程(Y 轴):2 000mm 立柱横向行程(X 轴):4 000mm 工作台台面:1 600mm×1 400mm 工作台行程(W 轴):2 000mm	沈阳机床(集团)有限责任公司
11	立式加工中心	XH786A	工作台宽 600mm 主轴最高转速:10 000r/min 快移速度:30m/min	江苏多棱数控机床股份有限公司
12	龙门加工中心	XH2420－500	工作台:2 000mm×5 000mm	江苏多棱数控机床股份有限公司
13	五面体龙门加工中心	TH42200/H－400	工作台:2 000mm×4 000mm	江苏多棱数控机床股份有限公司
14	双面卧式加工中心	THS6913－1200	工作台:1 600mm×12 000mm	江苏多棱数控机床股份有限公司
15	高速卧式加工中心	XH6650	交换工作台:500mm×500mm 主轴最高转速:8 000r/min	江苏多棱数控机床股份有限公司
16	卧式加工中心	TH6350A×2	工作台:500mm×500mm	宁夏银川大河数控机床有限公司

（续）

序号	产品名称	型　号	主要技术参数	生产企业
17	五轴联动数控龙门铣镗床	TK42160/5X	工作台：1 600mm×3 000mm A：±100° C：±200°	江苏多棱数控机床股份有限公司
18	数控立式珩磨机	DH010	工作台：500mm×1 050mm	宁夏银川大河数控机床有限公司
19	立式加工中心	V850	工作台：1 060mm×500mm	宁夏银川大河数控机床有限公司
20	龙门式五轴镗铣加工中心	GMB200X40－5X	工作台：2 000mm×4 000mm	沈阳机床（集团）有限责任公司
21	龙门式镗铣加工中心	GMB100X16/2	工作台：1 000mm×1 600mm	沈阳机床（集团）有限责任公司
22	龙门式镗铣加工中心	GMB125X25/2	工作台：1 250mm×2 500mm	沈阳机床（集团）有限责任公司
23	龙门式镗铣加工中心	GMB160X30/2	工作台：1 600mm×3 000mm	沈阳机床（集团）有限责任公司
24	立式加工中心	VMC400	工作台：360mm×600mm	沈阳机床（集团）有限责任公司
25	立式加工中心	VMC750	工作台：410mm×700mm	沈阳机床（集团）有限责任公司
26	立式加工中心	VMC1000	工作台：510mm×1 120mm	沈阳机床（集团）有限责任公司
27	立式加工中心	VMC1100	工作台：610mm×1 200mm	沈阳机床（集团）有限责任公司
28	龙门式镗铣加工中心	GMB250X60/1	工作台：2 500mm×6 000mm	沈阳机床（集团）有限责任公司
29	动龙门式镗铣加工中心	GMB300X80/1	工作台：3 000mm×8 000mm	沈阳机床（集团）有限责任公司
30	动龙门式镗铣加工中心	GMB300X100/1	工作台：3 000mm×10 000mm	沈阳机床（集团）有限责任公司
31	龙门加工中心	XH2420	工作台：2 000mm×4 000mm 32 把刀	汉川机床有限责任公司
32	五轴联动龙门加工中心	XH2420－5X	工作台：2 000mm×4 000mm 六轴五联动	汉川机床有限责任公司
33	龙门加工中心	XH2408	工作台：850mm×2 500mm 刀库容量：32 把刀	汉川机床有限责任公司
34	龙门加工中心	XH2425	工作台：2 500mm×8 500mm 刀库容量：32 把刀	汉川机床有限责任公司
35	卧式加工中心	TH6363×2	双交换工作台 工作台：630mm×630mm $X/Y/Z$ 轴行程：1 000mm×850mm×850mm	宁夏中卫大河机床有限责任公司
36	立式加工中心	V1350	工作台：1 500mm×750mm $X/Y/Z$ 轴行程：1 350mm×750mm×650mm	宁夏中卫大河机床有限责任公司
37	卧式加工中心	TH6513C	主轴直径：Φ130mm 滑枕端面尺寸：420mm×480mm 工作台：3 000mm×2 000mm 工作台最大承载：25 000kg	交大昆机科技股份有限公司
38	铣镗加工中心	TH6916	镗轴直径：Φ160mm 滑枕端面尺寸：480mm×580mm	交大昆机科技股份有限公司

（续）

序号	产品名称	型　号	主要技术参数	生产企业
39	数控龙门式铣镗床	TKA57200×400	行程（X/Y/Z）：4 200mm/3 200mm/1 000mm 主轴转速：10～2 000r/min	沈阳机床（集团）有限责任公司
40	数控刨台卧式铣镗床	TKP6113/2	行程：X：2 000mm，Y：1 800mm Z：2 000mm 变频电动机功率：18.5kW 主轴最大转矩冲击韧度：2 950N·m	沈阳机床（集团）有限责任公司
41	数控刨台卧式铣镗床	TKP6111/3	镗轴直径：Φ110mm 工作台：1 250mm×1 100mm 镗轴行程：600mm 主轴箱垂直行程：1 200mm 工作台横向行程：1 600mm 工作台纵向行程：1 400mm	沈阳机床（集团）有限责任公司
42	数控落地式铣镗床	TK6913B×2	镗轴直径：Φ130mm 镗轴转速：10～1 500r/min 立柱滑座最大行程：11 000mm 主轴箱最大行程：2 000mm 镗轴（W）滑枕（Z）最大行程 700mm 工作台：10 000mm×2 500mm×400mm	沈阳机床（集团）有限责任公司
43	动梁式龙门数控镗铣床	GMBW250X60	工作台：2 500mm×6 000mm	沈阳机床（集团）有限责任公司
44	数控镗铣床	XK750	工作台：1 000mm×320mm X/Y/Z 轴行程： 750mm×400mm×470mm	宁夏中卫大河机床有限责任公司
45	数控镗铣床	XK850	工作台：1 000mm×500mm X/Y/Z 轴行程： 800mm×450mm×500mm	宁夏中卫大河机床有限责任公司
46	数控落地式铣镗床	TK6913A	镗轴直径：Φ130mm 滑枕端面尺寸：420mm×480mm	交大昆机科技股份有限公司
47	数控刨台式铣镗床	TK6513×2	镗轴直径：Φ130mm 滑枕端面尺寸：420mm×480mm 工作台：3 000mm×2 000mm 工作台最大承载：25 000kg	交大昆机科技股份有限公司
48	经济型数控落地式铣镗床	TJK6216	镗轴直径：Φ160mm 立柱横向行程 X：6 000mm 主轴箱垂直行程 Y：2 000mm 主轴轴向行程 Z：1 000mm 平旋盘滑块行程 U：200mm	交大昆机科技股份有限公司
49	经济型数控落地式铣镗床	TJK6216A	同上	交大昆机科技股份有限公司
50	经济型数控落地式铣镗床	TJK6916	镗轴直径：Φ160mm 滑枕端面尺寸：480mm×580mm	交大昆机科技股份有限公司
51	经济型数控落地式铣镗床	TJK6920	镗轴直径：Φ200mm 滑枕端面尺寸：480×580mm	交大昆机科技股份有限公司
52	滚齿机	Y3140		盐城市机床有限公司
53	数控双柱立式车床	CQK5240	粗、精加工；加工大圆锥体 X 轴、Y 轴两坐标联动进给	芜湖恒升重型机床有限责任公司
54	卧式数控仪表车	HCK6116	最大回转直径：Φ160mm	汉川机床有限责任公司
55	数控车床	HCK6140	床身上最大回转直径：Φ500mm 溜板上最大回转直径：Φ320mm 最大工件长度：700mm	汉川机床有限责任公司

（续）

序号	产品名称	型　号	主要技术参数	生产企业
56	数控卧式钻镗床	TK611C/Ⅰ	镗轴直径：Φ110mm 工作台：1 320mm×950mm	汉川机床有限责任公司
57	数控立式床身铣床	XK714G/Ⅰ	工作台：400mm×1 800mm 带数控转台和尾座	汉川机床有限责任公司
58	数控龙门铣床	XK2420	工作台：2 000mm×4 000mm	汉川机床有限责任公司
59	数控龙门铣床	XK2408	工作台：850mm×2 500mm	汉川机床有限责任公司
60	数控铣床	XK 713	工作台：320mm×630mm	杭州西湖台钻有限公司
61	数控立式内圆珩磨机	2MKA2218Z	珩孔范围：Φ45～180mm 最大珩孔深度 600mm 主轴往复最大行程：800mm	宁夏中卫大河机床有限责任公司
62	数控电火花慢走丝线切割机	HCX320E	工作台：690mm×440mm 加工精度：0.01mm 最大加工效率≥130mm^2/min 粗糙度 R_a≤1.0mm	汉川机床有限责任公司
63	深孔钻床	HCZK2103	钻孔直径：Φ3～35mm 最大钻深2 000mm	汉川机床有限责任公司
64	卧式铣镗床	TX6111D	镗轴直径：Φ110mm 滑枕端面尺寸：1 200mm×1 100mm	交大昆机科技股份有限公司
65	落地式铣镗床	TX6913	镗轴直径：Φ130mm 工作台：420mm×280mm	交大昆机科技股份有限公司
66	刨台式铣镗床	TX6513A×2	镗轴直径：Φ130mm 工作台：1 600mm×1 400mm	交大昆机科技股份有限公司
67	车床	CF6136×0.75		盐城市机床有限公司
68	车床	CF6140×0.75		盐城市机床有限公司
69	车床	CF6140×1		盐城市机床有限公司
70	车床	CF6140×1.5		盐城市机床有限公司
71	车床	CF6240×1		盐城市机床有限公司
72	车床	CF6240×1.5		盐城市机床有限公司
73	车床	CF6250×1.5		盐城市机床有限公司
74	刨台式双面镗铣床	HCTX6511×2/13	镗杆直径：Φ130 工作台：1 400mm×4 000mm	汉川机床有限责任公司
75	扩孔钻	Z906	Φ6mm	福州台钻厂
76	等螺距攻螺纹机	S5030DJ	最大攻螺纹直径 M30（铸件），M24（中碳钢） 主轴最大行程 80mm，触底返程过载保护	杭州西湖台钻有限公司
77	半自动攻螺纹机	SB4010	最大攻螺纹直径 M10（铸件），M8（中碳钢） 主轴最大行程 40mm	杭州西湖台钻有限公司
78	数控立式铣钻床开发	ZXK7150×100		桂林正菱第二机床有限责任公司
79	数控立式铣钻床开发	ZXK7150×100		桂林正菱第二机床有限责任公司

5. **科研项目**

2005 年钻镗床行业部分企业共完成科研项目 3 项，2005 年钻镗床行业部分企业科研项目完成情况见表 22。

表 22　2005 年钻镗床行业部分企业科研项目完成情况

序号	项目名称	主　要　内　容	投入资金（万元）	项目来源	完成企业
1	大中型加工中心高速化技术研究及应用	①高速化研究 ②高效化研究 ③高刚性研究 ④可靠性增长技术研究 ⑤与湖南大学合作对主导产品开展外观设计 ⑥加工制造工艺技术研究 ⑦信息化技术研究应用 ⑧开展国产数控系统应用研究		“863”项目	中捷机床有限公司
2	面向飞机大型板类件加工的横梁移动式五轴联动加工中心关键技术开发及应用	工作台面尺寸：2 000mm×5 000mm 主轴转速范围：10～24 000r/min *X* 轴行程（横梁移动）4 600mm *Y* 轴行程（滑板移动）2 000mm *Z* 轴行程（滑枕移动）1 000mm *A* 轴（主轴头摆动）+95°～−110° *C* 轴（主轴头旋转）±200°		“863”项目	中捷机床有限公司
3	①五坐标龙门加工中心主机技术，②高精度、高刚性两锥旋转主轴头	在 XH2725/5X−10 大型五坐标龙门铣削加工中心上的应用（2002AA424015）	750	“863”项目	江苏多棱数控机床股份有限公司

6. **科研项目获奖**

2005 年钻镗床行业企业有 5 项科研项目获奖，2005 年钻镗床行业企业获奖科研项目情况见表 23。

表 23　2005 年钻镗床行业企业获奖科研项目情况表

序号	项目名称	主要内容及应用范围	获奖名称	获奖等级	主要完成单位	授奖单位
1	XK50/3 三轴凸轮轴数控铣床	主要用于加工汽车刹车凸轮轴 工作台面积：980mm×500mm 工作台前后左右行程：300mm×350mm	宁夏科技进步奖	三等奖	宁夏中卫大河机床有限责任公司	宁夏回族自治区人民政府
2	MBG4240 制动毂珩磨机床	主要用于加工汽车制动毂 珩孔范围：Φ200～400mm 最大珩孔深度：600mm 主轴往复最大行程：800mm	宁夏科技进步奖	三等奖	宁夏中卫大河机床有限责任公司	宁夏回族自治区人民政府
3	TKP6513 大型数控刨台卧式铣镗床	适合于较大型零件多工作面的铣、钻、镗、攻螺纹、车螺纹、铣端面、两维、三维曲面等多工序加工 工作台：1 400mm×1 600mm 主轴转速：10～2 000r/min（无级） 工作台最大行程 *X*：2 000mm 主轴箱最大行程 *Y*：1 600mm 立柱最大行程 *Z*：1 600mm 主轴数控行程 *W*：800mm 工作台回转 B360°/0.001°	国家级重点新产品奖		中捷机床有限公司	国家五部局：国家科技部、外贸部、税务总局、质监总局、环保总局

（续）

序号	项目名称	主要内容及应用范围	获奖名称	获奖等级	主要完成单位	授奖单位
4	TH6580×80 卧式铣镗加工中心	适合于箱体孔的调头镗孔加工 工作台：800mm×800mm 主轴转速（FANUC0i－MC）：20～5 000r/min 工作台最大行程 X：1 300mm 主轴箱最大行程 Y：1 000mm 立柱最大行程 Z：1 000mm	国家级重点新产品奖		中捷机床有限公司	国家五部局：国家科技部、外贸部、税务总局、质监总局、环保总局
5	PY 系列 XYEQP－66－11 型数控转台式压机	应用于电视、数控机床、模具加工、商业和运输行业等 显压机是荧光屏、锥玻壳生产线中头道工序的关键环节，是玻璃制造行业的基础设备，关键设备	国家级重点新产品奖；辽宁省优秀新产品	一等奖	中捷摇臂钻床厂	国家五部局：国家科技部、外贸部、税务总局、质监总局、环保总局；辽宁省经贸委
6	GMB200 型龙门式数控加工中心	用于军工、航空航天、汽车、铁路、船舶、模具、IT、矿山设备、冶金设备、发电设备、石化设备和机床等行业 采用龙门框架结构有 3 种形式：龙门框架固定、龙门框架移动、动梁式，对 6m 以上的 X 轴行程采用齿轮、齿条无间隙同步移动，以确保机床精度	辽宁省优秀新产品	二等奖	中捷摇臂钻床厂	辽宁省经贸委

7. 行业新特点

2005 年，钻镗床行业各企业深化企业改革，建立现代企业机制和管理制度，重在转变观念，建立企业新的文化，彻底改变传统的经济观和价值观，使企业呈现出良好的持续发展趋势，出现了许多新气象。

在质量管理上，各企业在建立了 ISO9000：2000 为依据的质量管理体系后，围绕市场和用户，采取了许多提高产品质量的措施；围绕市场和用户需求开发产品，以市场和用户需求组织产品生产，千方百计满足市场和用户的各种不同需要。各企业普遍细化了对供货方、原材料、产品生产过程及售后服务的质量控制，使产品质量和服务质量大幅度提高。在中国机床工具工业协会“精心创品牌”活动中，汉川机床有限责任公司、中捷机床有限公司、中捷摇臂钻床厂、江苏多棱数控机床股份有限公司、芜湖恒升重型机床有限责任公司、西安专用机床厂、杭州西湖台钻有限公司、交大昆机科技股份有限公司等企业积极参与，制定有效措施，取得了显著成效。汉川机床有限责任公司被中国机床工具工业协会授与 2005 年“精心创品牌”十佳企业。

前几年的企业技术改造，2005 年见到了成效。如芜湖恒升重型机床有限责任公司，前几年加大技术改造的投入，制定了第一期、第二期、第三期技术改造项目计划，现在第二期基本完成，第三期已经启动，已初见成效。当他们的技术改造项目全部完成之后，企业的机床产量和工业总产值将会成倍的增长。几个进入当地工业园区或科技开发区的企业都呈现了这样的好局面。

重组给企业注入了新的活力。本行业有 3 至 4 个企业，为了企业的发展，寻求合作伙伴，有合作伙伴注入大量的资金，保证了企业的可持续发展。

走向国际市场，扩大产品出口是企业发展的一条好途径。本行业有几个企业虽然规模不算太大，但他们已开辟出走进国际市场的通道，将产品打进国际市场，去赚外国人的钱。

8. 企业简介

安徽省黄山台钻有限公司　是国内专业化生产钻床产品的企业。具有 30 多年的生产历史，主要产品有：台式钻床、立式钻床、钻攻两用机、攻螺纹机、铣钻床、摇臂钻床、手动压轴机等共 8 大系列 50 多个品种。产品全部按照国家标准要求设计、制造和检验，先后荣获“省优产品”和“部优产品”称号，并有多个品种荣获省地级科技进步奖。该公司还可为用户设计制造各种特殊规格的台式钻床及相关产品，以最大限度地满足不同用户的需求。

上海五东机床有限公司　是上海电气（集团）总公司所属上海江宁机床厂、上海第五机床厂和上海沪东机床厂重组、转制而成的民营企业。公司 2005 年从业人员平均 120 人，工程技术、质量管理和企业管理人员 30 人，厂房占地面积约6 500m^2，主要金属切削设备 55 台，其中精大稀设备 11 台。主要的产品有原上海沪东机床厂的沪东牌 B6050．B6070 牛头刨床、有原上海第五机床厂的 H5 牌 SB408．SB4416 高效半自动台式攻螺纹机、有自行开发的 WD－3040×12 摇臂钻床。目前公司在开发 WD－40，WD－40A 柜式、立式钻床，设计 X3363 平面铣床等新产品。2005 年共生产机床 563 台，产值1 586．5万元，其中牛头刨床 493 台，产值1 443万元，牛头刨床出口 86 台，产值 232 万元，公司人均产值 13 万元。

杭州西湖台钻有限公司　为股份制企业，是目前国内最大的台钻和铣钻床生产企业之一，历史最长、品种最多、规格最齐。产品自1956年起远销海外，已销往60多个国家和地区；国内销售覆盖30个省市自治区，深受国内外用户的青睐。主要产品有：台式钻床、立式钻床、摇臂钻床、钻攻两用机、攻螺纹机、铣钻床、数控铣钻床、等螺距攻螺纹机、半自动攻螺纹机、带锯床、套丝机等100多个品种。公司坚持以科技振兴企业，以市场壮大企业，以人才发展企业，为进一步满足用户需要，正在进行产品结构调整，重点开发数控产品和精密机械产品。近年来已开发了ZXK－32数控铣钻床、XK713数控铣床，等螺距攻螺纹机已形成系列。

交大昆机科技股份有限公司　2005年工业总产值40 377万元，实现销售收入67 264万元，从业人员2 273人。主要生产的机床工具类产品有：卧式镗床，落地式铣镗床，刨台式铣镗床，坐标镗床，加工中心，数控回转工作台。本年度公司产品产值数控化率由上年的39.02%提高到50%。共投资1 400万元新建涂装车间技术改造项目。建设面积3 800m²，采用钢筋混凝土排架结构。新建涂装车间将实现公司产品在质量、产量、环保、安全、职业卫生等方面的生产流程再造及整合；新增移动式喷漆室将提高涂装质量，改善涂装工作备件，减少环境污染。此工艺设备既节省投资、满足环保要求，又能大幅度提高车间面积利用率。该项目2006年上半年竣工验收。研制成功“双轴数控成像转台”（用于“神州六号拍摄空中图像的扫描仪器”的检测仪器）。自主设计的“中华第一台”五轴联动大型数控落地铣镗床研制成功，技术水平达到国内领先。

河南省新乡市第三机床厂　是原国家机械部台钻定点生产企业，建厂于1957年，占地面积3 800m²，拥有各类设备200余台，现有职工500余名，其中专业技术人员近百名。企业已形成从铸造、机加工到装配较完善的生产体系和可靠的质量检测保证体系。产品有“黄河”牌商标注册的台式钻床、双坐标平口钳、砂轮机、快速冲击夯和型材切割机5个系列20个品种。台式钻床经过近30年的努力，规格从12mm到35毫米，已形成了完善的系列产品。企业已成为河南省最大规模的台钻生产厂家，其中Z412型台钻为河南省优质产品。

中捷机床有限公司　1 200人左右的企业。在连续多年跨越式发展的基础上，工业总产值和销售收入分别提高70%以上和50%。深入实施“A计划”，对江津增压器等10个企业以前购买的数控产品实施了召回行动，进行了免费维修和更换刀库等服务，受到了用户好评，进一步提高了企业信誉和知名度。“A计划”的实施已初见成效，一批接受服务的单位紧接着又派人到厂考察，并订购了新的大型数控卧式铣镗床等。2005年共完成21种新产品的设计以及5种主要产品的整顿工作。其中包括龙门五轴和龙门五面加工中心，复合加工中心和柔性制造单元等高档数控机床。

江苏多棱数控机床股份有限公司　是一个以常州机床总厂为基础，于2000年10月通过整体改制组建的股份有限公司，以国有股份为主，是国家机床工具行业重点企业之一，是省支柱产业重点企业和省高新技术企业。公司2005年生产经营情况良好，工业总产值22 344万元、销售收入22 124万元、实现利税2 100万元；公司信用等级AAA级。公司占地面积16.6万m²，生产用建筑面积10.96万m²，有4 000m²的恒温车间，拥有主要生产设备220台，主要关键设备30台；固定资产原价12 605万元，净值5 100万元；职工总数768人，其中工程技术人员225人（中级职称88人，高级职称17人），研究开发人员69人，占员工总数9%。其中省级“333工程”人才3人，市级“831工程”人才5人，市级青年技术拔尖人才4人，公司聘任了70名技师和9名高级技师，占技术工人总数的技术工人只有213人，公司先后有8名科技人员获得国务院政府特殊津贴。公司近年来承担并完成国家“863”项目3项、“十五”攻关项目1项、省级攻关项目3项，2005年又承担了江苏省数控机床工程技术研究中心的研究任务。产品曾获国家机械工业科学技术奖、江苏省科技进步奖多项。

宁夏中卫大河机床有限责任公司　是由原宁夏大河机床厂分立改制组建的具有独立法人资格的民营性质的股份制企业。公司沿袭原宁夏大河机床厂的4大系列产品：珩磨机床系列、立、卧式加工中心系列，立式钻床系列，组合专用机床及自动线。有40年的设计、制造国内先进水平机床的经验。公司拥有国家惟一的珩磨技术研究机构—《大河珩磨机床研究所》。该所承担着珩磨机床和立式钻床国家行业标准编制和品种开发的科研任务，相继攻克了珩磨、立钻等领域众多的技术难关，获得多项科技进步奖、新产品奖和实用新型专利。产品覆盖全国并远销世界70多个国家和地区，具有较强的市场竞争力和一定的产业规模。近几年，公司在提升产品质量的同时，新开发了“V系列加工中心”、“XK系列数控镗铣床”和2MKA2218Z新型数控珩磨机床等一大批新产品和高效专用设备，产品技术含量和质量在全国同类产品中处于领先水平。

〔本部分撰稿人：中国机床工具工业协会钻镗床分会常全富〕

（四）磨床行业

1. 基本情况

磨床行业是金属切削机床制造业中提供精密磨削机床的行业。磨床分会现有会员单位60个，其中：磨床设计开发，制造企业49个；砂轮机设计开发、制造企业8个；磨床零配件生产及磨料磨具生产企业3个。经过多年的国有企业改制及民营企业的发展，在60个会员单位中，国营企业18个，国内合资企业5个，民营企业32个，事业型单位4个，国外独资企业1个。随着市场经济的发展，为了适应市场经济的要求，以及提升企业的市场竞争力，磨床分会的许多企业，在企业改制和产品结构调整中做出了努力，并能结合企业实际情况进行探索，取得了许多成功的经验，并在市场竞争中发挥了积极作用，为磨床事业的发展做出了贡献。

磨床分会60个单位中，属重点骨干企业有11个；按企业规模分，属大中型企业有11个。应按季上报经济统计报表的企业有20个，实际按期上报经济统计报表的企业有19个。这次参加2006年版《中国机床工具工业年鉴》的企业有37个。这37个企业主要从事磨床设计开发和制造，其产量总和约占全国磨床生产总量的90%左右，有一定的代表性。

根据磨床行业37个企业提供的2005年度经济信息，经汇总统计：工业总产值（当年价）44亿元，比上年增长13.5%，但其增幅下降12.3个百分点；其中机床工具类产品总产值31.4亿元，比上年增长25.1%，其增幅上升7.5个百分点；机床工具类产品总产值占工业总产值的71.3%，比上年增长6.6个百分点；工业销售产值（当年价）43.3亿元，比上年增长27.5%，其增长幅上升16.2个百分点，其中机床工具类销售产值30.6亿元，比上年增长31.5%，其增幅值上升19.2个百分点；工业增加值12.5亿元，比上年增长5.4%，其增幅下降26.3个百分点；利税总额5.1亿元，比上年增长77.3%，其增幅下降1.6个百分点；全年从业平均人数23 687人，比上年增长为-1.8%；固定资产合计24.6亿元，比上年增长15%；固定资产净值余额12.7亿元，比上年增长5.3%。

工业总产值（当年价）及工业销售产值（当年价）均超过亿元的企业有10个：上海机床厂有限公司、无锡开源机床集团有限公司、杭州机床集团有限公司、上海第三机床厂、威海华东数控股份有限公司、陕西汉江机床有限公司、河南新机股份有限公司、桂林磨床包装机械有限公司、北京第二机床厂有限公司、陕西秦川格兰德机床有限公司。

综观磨床行业2005年经济运行情况，总体上是：前三季度是平稳增长，第四季度起开始有疲软态势。从全年工业总产值和产品销售收入走势看，工业总产值前三季度，同比保持小幅稳步增长，第四季度起增幅明显下降，而产品销售收入增幅全年是呈波浪起伏态势。磨床行业总体产销衔接良好，产品销售收入增幅除第二季度低于工业总产值增幅5.61个百分点，第三季度产销增幅基本持平外，其他各季度销售增幅均高于生产增幅。磨床行业平均工业产品销售率为98.25%，比上年增长上升2.27个百分点。

2005年磨床行业37个企业主要经济指标完成情况见表24。

表24　2005年磨床行业37个企业主要经济指标完成情况

项　目	单　位	数　量
企业数	个	37
工业总产值（当年价）	万元	440 366
其中：机床工具类产品总产值	万元	314 192
工业销售产值（当年价）	万元	432 647
其中：机床工具类产品销售产值	万元	306 358
工业增加值	万元	125 479
利税总额	万元	51 057
全年从业平均人数	人	23 687
固定资产合计	万元	245 799
固定资产净值余额	万元	126 708

2. 生产销售情况

2005年磨床行业37个企业共生产机床33 942台，比上年增长16.4%，但其增幅下降10.5个百分点；产值29.36亿元，比上年增长24.9%，其增幅下降5.3个百分点。其中金属切削机床33 659台，在金属切削机床产量中，大型机床774台、比上年增长幅21.5%，高精度机床939台，比上年增长8.06%；数控机床2 586台，比上年增长23.5%，产值8.55亿元。

2005年磨床产量24 664台、比上年增长16.4%，产值为25.42亿元、比上年增长24.9%。数控磨床1 597台，比上年增长32.1%；产值为6.83亿元，比上年增长71.2%。数控磨床产值的同比增长幅值明显大于其产量的同比增长幅值，说明数控磨床不仅产量在稳步增长，而其档次及附价值提升的速度更快。

磨床产量超过千台的企业有7个：上海机床厂有限公司产量3 418台，产值5.11亿元；无锡开源机床集团有限公司产量3 232台，产值4.16亿元；杭州机床集团有限公司产量4 401台，产值3.32亿元；桂林磨床包装机械有限公司产量2 073台，产值1.49亿元；上海第三机床厂产量1 899台，产值0.98亿元；威海华东数控股份有限公司产量1 379台，产值0.63亿元；北京第二机床厂有限公司产量1 028台，产值1.15亿元。

磨床产量占金属切削机床产量的73.3%，其产值占86.6%。磨床产量数控化率为6.5%，比上年增长1.3个百分点，产值数控化率为26.9%，比上年增长7.3个百分点。

2005年磨床产值数控化率大于45%的磨床制造企业有7个。其中：湖大海捷制造技术有限公司100%、湖南沅江宇环实业有限公司91%、无锡市明鑫机床有限公司77.3%、四川富临集团成都机床有限责任公司74.2%、临清市宏鑫机床有限公司70%、济南四机数控有限公司56%、无锡开源机床集团有限公司46.8%。

2005年，磨床行业产品销售收入超过亿元的企业有10个：上海机床厂有限公司9.17亿元、无锡开源机床集团有限公司9.06亿元、杭州机床集团有限公司7.32亿元、上海第三机床厂3.58亿元、威海华东数控股份有限公司2.80亿元、陕西汉江机床有限公司1.80亿元、河南新机股份有限公司1.42亿元、桂林磨床包装机械厂1.40亿元、北京第二机床厂有限公司1.18亿元、陕西秦川格兰德机床有限公司1.00亿元。

随着国产磨床的技术水平和可靠性的不断提高，有自主知识产权的新产品不断涌现，以及国内大型企业信誉的提高和品牌产品的形成，客户对品牌产品的需求趋于明显。由于用户对磨床的了解更趋成熟，对磨床的性能、功能、可靠性有更加个性化、更加专业化、更加明确的要求。因此，在选购磨床产品时，用户更趋向于选择优秀品牌和优秀企业的产品。大型、高精度、数控及专用磨床的需求有扩大趋势。普通磨床仍有一定的市场，但其销售额在磨床销售额中的占有率在逐步下降。

2005年机床行业磨床分会37个企业产品生产情况见表25。

表25　2005年机床行业磨床分会37个企业产品生产情况

产品类别	实际完成		其中：数控	
	产量（台）	产值（万元）	产量（台）	产值（万元）
磨床（不含砂轮机）	24 664	254 230	1 597	68 258
加工中心	177	11 057	177	11 057

（续）

产品类别	实际完成		其中：数控	
	产量（台）	产值（万元）	产量（台）	产值（万元）
车床（不含仪表车床）	1 378	5 239	39	598
钻床（不含台钻）	802	1 538		
台钻	186	32	186	32
镗床	4	72		
铣床	5 936	14 675	190	3 873
刨床	1	14		
特种加工机床	392	1 268	392	1 268
螺纹加工机床	108	3 782	4	370
其他金属切削机床	11	19	1	19
机械压力机	232	1 308		
其他锻压机床	51	319		

3. 出口情况

2005 年磨床行业 37 个企业出口金属切削机床3 715台，出口额14 270.2万元；其中数控机床 57 台，出口额2 442.1万元。

在出口金属切削机床中，出口磨床产品 606 台，出口额7 727.2万元；与 2004 年相比，磨床出口量下降 8.3 个百分点，出口额增长 26.8 个百分点。磨床出口量下降，而出口额在增长，说明出口磨床的档次及附加值在提升。

磨床出口量超过百台的企业有：威海华东数控股份有限公司出口 239 台、出口额1 029.9万元；上海机床厂有限公司出口 117 台、出口额3 228.7万元。

磨床出口额超过千万元的企业有：上海机床厂有限公司3 228.7万元、无锡开源机床集团有限公司1 213万元、威海华东数控股份有限公司1 029.9万元。

数控磨床出口量 37 台，出口额2 098万元，与 2004 年相比，数控磨床出口量比上年增长 85%，出口额比上年增长 141.5%。数控磨床的出口量和出口额都有明显提升，但磨床及数控磨床出口量及出口额，在金属切削机床出口中所占的百分比仍很低，其出口市场的空间仍很大。提高国产磨床及数控磨床的档次，仍然是当务之急。

2005 年磨床分会 37 个企业产品出口情况见表 26。

表 26　2005 年磨床分会 37 个企业产品出口情况

产品名称	实际完成		其中：数控	
	出口量（台）	出口值（万元）	出口量（台）	出口值（万元）
磨床（不含砂轮机）	606	7 727.2	37	2 098.1
加工中心	7	235.0	7	235.0
车床（不含仪表车床）	18	28.6		
钻床（不含台钻）	114	312		
铣床	2 954	5 650.2	1	12.3
特种加工机床	12	96.7	12	96.7
螺纹加工机床	4	220.5		

4. 新产品开发

2005 年磨床行业共开发新产品 187 种、比上年增长 56.7%，新产品中磨床类新产品有 152 种，其中数控磨床新产品为 81 种，磨床新产品数控化率为 53.3%，比上年增长 11.4 个百分点。

2005 年磨床市场空间呈现持续旺销的良好发展势头。为了进一步拓展市场，企业总是围绕用户，围绕市场，把握现状，预测未来趋势，结合企业优势，不断开发具有市场竞争力的磨床新产品。从原来的单机、单品种开发向精密数控、成形高效、大型专用、成套成线发展。为了推进技术进步，企业努力增强自主创新意识，努力做好专利技术的研发及推广应用，不断提升自主创新的能力，开发了许多有自主知识产权的新产品，提升了磨床新产品的档次，其中有些新产品已达到国内领先和国际先进水平。

在新产品开发中，上海机床厂有限公司、无锡开源机床集团有限公司、杭州机床集团有限公司、陕西汉江机床有限公司、北京第二机床厂有限公司、陕西秦川格兰德机床有限公司、天津津机磨床有限公司等企业，都为磨床新产品的开发作出了努力，并取得了显著的成绩。其中：上海机床厂有限公司的新产品 MG1480/H 高精度万能外圆磨床、无锡开源机床集团有限公司的新产品 MK2120B 数控内圆磨床、杭州机床集团有限公司的新产品 MKL7150×16/2 数控强力成形磨床等新产品已达到国际先进水平。

2005 年磨床分会 37 个企业磨床新产品情况见表 27。

表 27　2005 年磨床分会 37 个企业磨床新产品情况

序号	产品名称	型　号	主要技术参数	鉴定时间	生产企业
1	数控龙门导轨磨床	HZ－KD3015	工作台：1 500mm×3 000mm	2005.03	杭州机床集团有限公司
2	数控龙门导轨磨床	HZ－KD6520	工作台：2 000mm×6 500mm	2005.06	杭州机床集团有限公司
3	数控龙门导轨磨床	HZ－KD6520×8	工作台：2 000mm×6 500mm	2005.12	杭州机床集团有限公司
4	数控龙门平面磨床	HZ－K3211	工作台：1 100mm×3 200mm	2005.04	杭州机床集团有限公司
5	数控龙门平面磨床	HZ－K2515	工作台：1 500mm×2 500mm	2005.01	杭州机床集团有限公司
6	数控龙门平面磨床	HZ－K3015/2	工作台：1 500mm×3 000mm	2005.06	杭州机床集团有限公司
7	数控龙门平面磨床	HZ－K2010/1	工作台：1 100mm×2 000mm	2005.12	杭州机床集团有限公司
8	数控直线导轨磨床	HZ－050ACNC	工作台：1 100mm×2 000mm	2005.04	杭州机床集团有限公司
9	数控直线导轨滑块磨床	HZ－051ACNC	工作台：500mm×2 000mm	2005.09	杭州机床集团有限公司
10	数控强力成形磨床	MKL7150×16/2	工作台：500mm×1600mm	2005.06	杭州机床集团有限公司

（续）

序号	产品名称	型　号	主要技术参数	鉴定时间	生产企业
11	数控强力成形磨床	MKLD7140A	工作台：400mm×1 000mm	2005.01	杭州机床集团有限公司
12	数控强力成形磨床	MKL7140×10	工作台：400mm×1 000mm	2005.01	杭州机床集团有限公司
13	数控强力成形磨床	MKL7120×6/2	工作台：200mm×600mm	2005.06	杭州机床集团有限公司
14	数控高精度卧轴圆台平磨	MGK7350	工作台直径：Φ500mm	2005.06	杭州机床集团有限公司
15	数控卧轴矩台平磨	MK7120E/HZ	工作台：200mm×630mm	2005.08	杭州机床集团有限公司
16	数控卧轴矩台平磨	MK7132A	工作台：320mm×1 000mm	2005.07	杭州机床集团有限公司
17	数控剪刃磨床	MKL7132×20	工作台：320mm×2 000mm	2005.09	杭州机床集团有限公司
18	数控凸轮轴磨床	MK8312A	最大磨削直径：Φ320mm 最大磨削长度：1 600mm	2005.06	杭州机床集团有限公司
19	数控高速端面外圆磨床	MKS1663×2500	最大磨削直径：Φ630mm 最大磨削长度：2 500mm	2005.10	北京第二机床厂有限公司
20	数控高速端面外圆磨床	MKS1650×1000	最大磨削直径：Φ500mm 最大磨削长度：1 000mm	2005.12	北京第二机床厂有限公司
21	数控凸轮轴磨床	MKS8332A	最大磨削直径 Φ320mm 工作台最大行程1 050mm CBN 砂轮线速度 80～120m/s	2005.08	北京第二机床厂有限公司
22	数控曲轴连杆颈专用磨床	J4K－080	连杆颈外圆磨精度：0.002mm 连杆颈轴线平行度：≤0.015mm 表面粗糙度 R_a：≤0.6μm 圆度：≤0.002mm 圆柱度：≤0.005mm 表面粗糙度 R_a：≤0.2μm	2005.09	济南四机数控机床有限公司
23	数控内外圆复合专用磨床	J4K－095	卡磨内孔： 圆度：≤0.002mm 圆柱度：≤0.005mm 表面粗糙度 R_a：≤0.2μm 卡磨外圆： 圆度：≤0.005mm 圆柱度：≤0.004mm 表面粗糙度 R_a：≤0.32μm	2005.09	济南四机数控机床有限公司
24	数控轧辊磨床	MK8463/3000－H	最大磨削直径：Φ630mm 最大磨削长度：3 000mm	2005.03	上海机床厂有限公司
25	数控外圆磨床	MK1363/3000－H	最大磨削直径：Φ630mm 最大磨削长度：3 000mm	2005.04	上海机床厂有限公司
26	数控专用外圆磨床	H401－AB	最大磨削直径：Φ320mm 最大磨削长度：1 500mm	2005.04	上海机床厂有限公司
27	数控专用外圆磨床	H401－AC	最大磨削直径：Φ630mm 最大磨削长度：6 500mm	2005.04	上海机床厂有限公司
28	数控专用磨床	H405－AE	最大磨削直径：Φ500mm 最大磨削长度：3 600mm	2005.05	上海机床厂有限公司
29	数控外圆磨床	MK13125/4000－H	最大磨削直径：Φ1 250mm 最大磨削长度：4 000mm	2005.06	上海机床厂有限公司
30	数控柱塞扁位双端面磨床	SK007/1	工作台直径：Φ500mm	2005.06	上海机床厂有限公司
31	高精度数控螺纹橡胶轧辊磨床	SK036	最大磨削直径：Φ500mm 最大磨削长度：400mm	2005.06	上海机床厂有限公司

（续）

序号	产品名称	型　　号	主要技术参数	鉴定时间	生产企业
32	数控专用磨床	H401－DF	最大磨削直径：Φ630mm 最大磨削长度：4 000mm	2005.09	上海机床厂有限公司
33	数控专用磨床	H405－AB	最大磨削直径：Φ650mm 最大磨削长度：1 000mm	2005.09	上海机床厂有限公司
34	数控天线罩内曲线磨床	SEH100	工作台：Φ400mm×1 000mm	2005.09	上海机床厂有限公司
35	数控天线罩外曲线磨床	SEH101	工作台：Φ420mm×1 000mm	2005.09	上海机床厂有限公司
36	数控外圆磨床	MK1350/2000－H	最大磨削直径：Φ500mm 最大磨削长度：2 000mm	2005.10	上海机床厂有限公司
37	数控外圆磨床	MK1380/6000－H	最大磨削直径：Φ800mm 最大磨削长度：6 000mm	2005.11	上海机床厂有限公司
38	数控外圆磨床	MK13100/12000－H	最大磨削直径：Φ1 000mm 最大磨削长度：12 000mm	2005.11	上海机床厂有限公司
39	数控外圆磨床	MKA13100/H	最大磨削直径：Φ1 000mm 最大磨削长度：5 000mm	2005.11	上海机床厂有限公司
40	数控专用磨床	H405－AF	最大磨削直径：Φ500mm 最大磨削长度：4 000mm	2005.11	上海机床厂有限公司
41	单轴数控外圆磨床	MS1350/1500－H	最大磨削直径：Φ500mm 最大磨削长度：1 500mm	2005.11	上海机床厂有限公司
42	单轴数控外圆磨床	MS1380/3000－H	最大磨削直径：Φ800mm 最大磨削长度：3 000mm	2005.11	上海机床厂有限公司
43	数控专用平面磨床	H402－AA	工作台：500mm×1 000mm	2005.11	上海机床厂有限公司
44	数控专用外圆磨床	H401－DJ	最大磨削直径：Φ800mm 最大磨削长度：3 000mm	2005.12	上海机床厂有限公司
45	数控曲轴主轴颈磨床	H197B	最大磨削直径：Φ320mm 最大磨削长度：1 000mm	2005.03	上海机床厂有限公司
46	数控端面外圆磨床	H235	最大磨削直径：Φ500mm 最大磨削长度：3 000mm	2005.09	上海机床厂有限公司
47	数控曲轴连杆颈磨床	H236A	最大回转直径：Φ500mm 最大磨削长度：1 500mm	2005.12	上海机床厂有限公司
48	数控双端面磨床	MKY7875	最大砂轮直径：Φ750mm 加工直径：Φ20～180mm 加工厚度：1～14mm	2005.11	上海机床厂有限公司
49	数控曲轴连杆颈磨床	H203B	最大回转直径：Φ250mm 最大工件长度：450mm	2005.05	上海机床厂有限公司
50	数控外圆磨床	MK1350	最大磨削直径：Φ500mm 最大磨削长度：3 000mm	2005.11	上海机床厂有限公司
51	数控端面外圆磨床	H234	最大磨削直径：Φ320mm 最大磨削长度：750mm，1 000mm，1 500mm	2005.03	上海机床厂有限公司
52	数控外圆磨床	MK1320	最大磨削直径：Φ320mm 最大磨削长度：500mm，750mm	2005.04	上海机床厂有限公司
53	数控内外圆磨床	MK1420	最大磨削外圆直径：Φ200mm 最大磨削长度：500mm 最大磨削内圆直径：Φ10～100mm	2005.12	上海机床厂有限公司
54	数控端面外圆磨床	MK1620	最大磨削直径：Φ200mm 最大磨削长度：500mm，750mm	2005.05	上海机床厂有限公司

（续）

序号	产品名称	型　号	主要技术参数	鉴定时间	生产企业
55	数控内螺纹磨床	SK7632	最大磨削直径：Φ500mm 最大磨削长度：200mm	2005.03	陕西汉江机床有限公司
56	数控外圆磨床	MK1432×630	最大磨削直径：Φ320mm 最大磨削长度：630mm	2005.11	陕西汉江机床有限公司
57	数控成形剪刃磨床	TMCNC—17		2005.07	天津津机磨床有限公司
58	数控成形瓦楞辊磨床	TMCNC—18		2005.10	天津津机磨床有限公司
59	数控内圆磨床	M2110/CNC	磨削孔径 Φ20～100mm	2005.03	无锡开源机床集团有限公司
60	数控内圆磨床	MK2120B	磨削孔径：Φ50～200mm	2005.04	无锡开源机床集团有限公司
61	数控内圆磨床	MK2115	磨削孔径：Φ50～150mm	2005.11	无锡开源机床集团有限公司
62	数控轴承内圈滚道磨床	3MK2125	磨削滚道：Φ130～285mm	2005.11	无锡开源机床集团有限公司
63	数控轴承外圈滚道磨床	3MK2332	磨削滚道：Φ120～280mm	2005.11	无锡开源机床集团有限公司
64	数控轴承内圈挡边磨床	3MK2225	磨削挡边直径：Φ120～280 mm	2005.11	无锡开源机床集团有限公司
65	数控无心磨床	MK11150	磨削直径：Φ15～150mm	2005.10	无锡开源机床集团有限公司
66	数控球轴承内圈沟磨床	3MK133A	磨削外径：Φ10～30mm	2005.05	无锡开源机床集团有限公司
67	数控钻头沟槽磨床	MK9304	最大磨削直径：Φ2～4mm	2005.11	欧迈克机床(武汉)有限公司
68	数控高速外圆磨床	GZ113	最大磨削直径：Φ320mm 最大磨削长度：500mm	2005.01	陕西秦川格兰德机床有限公司
69	数控桥壳专用磨床	GZ116	最大磨削直径：Φ630mm 最大磨削长度：2 500mm	2005.08	陕西秦川格兰德机床有限公司
70	数控桥壳专用磨床	GZ116/1	最大磨削直径：Φ630mm 最大磨削长度：2 500mm	2005.10	陕西秦川格兰德机床有限公司
71	数控高速端面外圆磨床	MKS1650×1500/2	最大磨削直径：Φ500mm 最大磨削长度：1500mm	2005.05	陕西秦川格兰德机床有限公司
72	数控高速端面外圆磨床	MKS1650×1500/3	最大磨削直径：Φ500mm 最大磨削长度：1 500mm	2005.12	陕西秦川格兰德机床有限公司
73	数控高速外圆磨床	MKS1320×750	最大磨削直径：Φ200mm 最大磨削长度：750mm	2005.10	陕西秦川格兰德机床有限公司
74	数控高速外圆磨床	MKS1332×1500	最大磨削直径：Φ320mm 最大磨削长度：2 000mm	2005.12	陕西秦川格兰德机床有限公司
75	数控阀芯槽及倒角磨床	XYJ—2015	最大阀芯加工直径：Φ60mm	2005.12	咸阳机床厂
76	数控平板针刻机	XYJ—9203	针刻体积：1 200mm × 600mm × 800mm	2005.12	咸阳机床厂
77	数控龙门平面磨床	GM—K2516	工作台：1 000mm×2 000mm	2005.06	桂林磨床包装机床厂
78	数控龙门平面磨床	GM—K2011	工作台：1 600mm×2 500mm	2005.01	桂林磨床包装机床厂
79	数控曲轴磨床	MKS8225	最大回转直径：Φ250mm 工作台最大长度：500mm	2005	湖大海捷制造技术有限公司
80	四坐标数控凸轮轴磨床	MKS8312D	最大磨削直径：Φ120mm 最大磨削长度：850mm	2005	湖大海捷制造技术有限公司

（续）

序号	产品名称	型　号	主要技术参数	鉴定时间	生产企业
81	数控立式磨床	MK2880	磨削最大孔径：Φ50～800mm 加工孔的深度：$L=400$mm 加工精度：达 IT5 级	2005.4	四川富临集团成都机床有限责任公司
82	大型卧轴矩台平磨	M7160×40	工作台：600mm×4 000mm	2005.03	杭州机床集团有限公司
83	大型卧轴矩台平磨	M7160×50	工作台：600mm×5 000mm	2005.06	杭州机床集团有限公司
84	车床导轨磨床	HZ－071A	工作台：400mm×2 000mm	2005.04	杭州机床集团有限公司
85	车床导轨磨床	HZ－080	工作台：500mm×1 600mm	2005.05	杭州机床集团有限公司
86	车床导轨磨床	HZ－068/1、2、3	工作台：300mm×1 600mm	2005.02	杭州机床集团有限公司
87	摇臂 R 成形磨床	HZ－070	工作台：320mm×1 000mm	2005.02	杭州机床集团有限公司
88	刃具卧轴矩台平磨	HZ－033/5	工作台：300mm×2 500mm	2005.11	杭州机床集团有限公司
89	阀片双端面磨床	MY7650B/414	工作台直径：Φ500mm	2005.08	杭州机床集团有限公司
90	连杆双端面磨床	MZ7660A/204	工作台直径：Φ600mm	2005.02	杭州机床集团有限公司
91	活塞肖双端面磨床	MY7660A/201	工作台直径：Φ600mm	2005.11	杭州机床集团有限公司
92	阀片双端面磨床	MW7650C/219	工作台直径：Φ500mm	2005.07	杭州机床集团有限公司
93	普通外圆磨床	M1332	最大磨削直径：Φ320mm 最大磨削长度：1 000mm	2005.12	杭州机床集团有限公司
94	外圆磨床	M1333D×1500	最大磨削直径：Φ320mm 最大磨削长度：1 500mm	2005.11	北京第二机床厂有限公司
95	中凸滚子超精机	B2－5005	加工工件直径 Φ6～40mm 导辊转速(无级)50～300r/min	2005.07	北京第二机床厂有限公司
96	万能外圆磨床	M1420A/H	最大磨削直径：Φ200mm 最大磨削长度：500mm	2005.01	上海机床厂有限公司
97	专用外圆磨床	H307	最大磨削直径：Φ630mm 最大磨削长度：4 000mm	2005.01	上海机床厂有限公司
98	专用外圆磨床	H308	最大磨削直径：Φ500mm 最大磨削长度：1 500mm	2005.01	上海机床厂有限公司
99	精密外圆磨床	MM1350×2M	最大磨削直径：Φ500mm 最大磨削长度：2 000mm	2005.01	上海机床厂有限公司
100	曲轴磨床	MQ8260B/7	最大回转直径：Φ580mm 工作台最大长度：1 600mm	2005.01	上海机床厂有限公司
101	高精度万能外圆磨床	MG1480/H	最大磨削直径：Φ800mm 最大磨削长度：4 000mm	2005.02	上海机床厂有限公司
102	外圆磨床	M1320A/H	最大磨削直径：Φ200mm 最大磨削长度：500mm	2005.03	上海机床厂有限公司
103	曲轴磨床	MA8280B/H	最大回转直径：Φ800mm 工作台最大长度：3 000mm	2005.03	上海机床厂有限公司
104	外圆磨床	MA1380/H	最大磨削直径：Φ800mm 最大磨削长度：3 000mm	2005.03	上海机床厂有限公司
105	外圆磨床	MC1363/1	最大磨削直径：Φ630mm 最大磨削长度：5 000mm	2005.03	上海机床厂有限公司
106	精密外圆磨床	MM1332×3M	最大磨削直径：Φ320mm 最大磨削长度：3000mm	2005.04	上海机床厂有限公司
107	精密外圆磨床	MMC1363/2000－H	最大磨削直径：Φ630mm 最大磨削长度：2 000mm	2005.04	上海机床厂有限公司
108	高精度外圆磨床	MG1432B/H	最大磨削直径：Φ320mm 最大磨削长度：1 000mm	2005.05	上海机床厂有限公司
109	高精度外圆磨床	MMC1363/3000－H	最大磨削直径：Φ630mm 最大磨削长度：3 000mm	2005.05	上海机床厂有限公司
110	端面外圆磨床	MQ1650A×1000	最大磨削直径：Φ500mm 最大磨削长度：1 000mm	2005.05	上海机床厂有限公司

(续)

序号	产品名称	型　号	主要技术参数	鉴定时间	生产企业
111	精密万能外圆磨床	MM1450×2M	最大磨削直径:Φ320mm 最大磨削长度:2 000mm	2005.05	上海机床厂有限公司
112	专用外圆磨床	H310	最大磨削直径:Φ320mm 最大磨削长度:500mm	2005.06	上海机床厂有限公司
113	高精度轧辊磨床	MG8425×2M	最大磨削直径:Φ250mm 最大磨削长度:2 000mm	2005.06	上海机床厂有限公司
114	高精度轧辊磨床	MG8463/4000—H	最大磨削直径:Φ630mm 最大磨削长度:4 000mm	2005.06	上海机床厂有限公司
115	高精度外圆磨床	MMC1363/5000—H	最大磨削直径:Φ630mm 最大磨削长度:5 000mm	2005.06	上海机床厂有限公司
116	半自动外圆磨床	MB1320E/750—H	最大磨削直径:Φ200mm 最大磨削长度:750mm	2005.06	上海机床厂有限公司
117	高精度万能外圆磨床	H309	最大磨削直径:Φ500mm 最大磨削长度:3 000mm	2005.07	上海机床厂有限公司
118	专用外圆磨床	H169/1	最大磨削直径:Φ500mm 最大磨削长度:10 000mm	2005.08	上海机床厂有限公司
119	平面磨床	M7130D/H	工作台:300mm×1 000mm	2005.09	上海机床厂有限公司
120	精密万能外圆磨床	MM1450×1.5M	最大磨削直径:Φ500mm 最大磨削长度:1 500mm	2005.10	上海机床厂有限公司
121	专用外圆磨床	H311	最大磨削直径:Φ200mm 最大磨削长度:500mm	2005.11	上海机床厂有限公司
122	曲轴磨床	MQ8260D/H	最大回转直径:Φ500mm 工作台最大长度:1 600mm	2005.11	上海机床厂有限公司
123	深孔内圆磨床	H124B	最大磨削直径:Φ400mm 最大磨削长度:1 500mm	2005.12	上海机床厂有限公司
124	高精度万能外圆磨床	H250/1	最大磨削直径:Φ320mm 最大磨削长度:1 500mm	2005.12	上海机床厂有限公司
125	花键轴磨床	M8612A×2.5M	最大磨削直径:Φ120mm 最大磨削长度:2 500mm	2005.12	上海机床厂有限公司
126	内螺纹磨床	S7640	最大磨削直径:Φ600mm 最大磨削长度:400mm	2005.09	陕西汉江机床有限公司
127	钻头牙爪轴颈磨床	HJ078	最大磨削直径:Φ850mm 最大磨削长度:250mm	2005.02	陕西汉江机床有限公司
128	外圆磨床	M1432×2000	最大磨削直径:Φ320mm 最大磨削长度:2 000mm	2005.02	陕西汉江机床有限公司
129	精密半自动万能外圆磨床	MB1420D	工作台:200mm×500mm	2005.10	上海第三机床厂
130	卧轴矩台平面磨床	MT7160A		2005.04	天津津机磨床有限公司
131	卧轴圆台平面磨床	M73100		2005.05	天津津机磨床有限公司
132	精密卧轴矩台平面磨床	MM7140×800		2005.05	天津津机磨床有限公司
133	外圆磨床	ME1350×4000	最大磨削直径:Φ500mm 最大磨削长度:4 000mm	2005.12	陕西秦川格兰德机床有限公司
134	曲轴磨床	M8263A	最大回转直径:Φ630mm 工作台最大长度:1 500mm	2005.12	陕西秦川格兰德机床有限公司
135	曲轴主轴颈磨床	GZ121	最大回转直径:Φ320mm 工作台最大长度:500mm	2005.11	陕西秦川格兰德机床有限公司
136	半自动外圆磨床	GZ122	最大磨削直径:Φ320mm 最大磨削长度:1 000mm	2005.12	陕西秦川格兰德机床有限公司

（续）

序号	产品名称	型　　号	主要技术参数	鉴定时间	生产企业
137	伺服电动平面磨床	M7120	工作台:200mm×460mm	2005.06	桂林磨床包装机床厂
138	卧轴矩台平面磨床	M7140×45	工作台:400mm×4 500mm	2005.06	桂林磨床包装机床厂
139	卧立双磨头多功能磨床	ML7160×20/16	工作台:600mm×2 000mm	2005.03	桂林磨床包装机床厂
140	卧轴矩台平面磨床	M7180×30B－GM	工作台:800mm×3 000mm	2005.07	桂林磨床包装机床厂
141	卧轴矩台平面磨床	M7132×30－GM	工作台:320mm×3 000mm	200510	桂林磨床包装机床厂
142	卡尺专用平磨	GM－L165/40	工作台:500mm×380mm	2005.04	桂林磨床包装机床厂
143	立柱移动式卧轴矩台平面磨床	SG－60220SD	最大磨削面积:610mm×2 200mm 最大磨削高度:490mm	2005.12	威海华东数控股份有限公司
144	鞍座移动式卧轴矩台平面磨床	SG－4080AHD	最大磨削面:405mm×810mm 最大磨削高度:480mm	2005.12	威海华东数控股份有限公司
145	凸轮轴磨床	CBN120	加工工件直径:Φ20～200mm 加工长度:1000mm 最大提升值:20mm 砂轮线速度:120m/s	2005	湖南沅江宇环实业有限公司
146	自动测量精密半自动外圆磨床	JK001	磨削直径范围:8～200mm 最大磨削长度:500mm 砂轮最大线速度:35m/s	2005.5	浙江杰克机床有限公司
147	精密小孔万能磨床	JK004	内孔粗糙度:$R_a \leqslant 0.4\mu m$	2005.8	浙江杰克机床有限公司
148	精密数显卡规磨床	JK006	叉口面光洁度:$R_a \leqslant 0.4\mu m$	2005.9	浙江杰克机床有限公司
149	十字节端面磨床	JK007	端面粗糙速度:$R_a \leqslant 0.8\mu m$ 砂轮线速度:≥35m/s	2005.10	浙江杰克机床有限公司
150	曲线内圆磨床	JKQXM	内曲表面粗糙度:$R_a \leqslant 0.8$	2005.10	浙江杰克机床有限公司
151	高精度刀柄专用磨床	MG2112	磨削孔径:Φ8～120mm 加工孔的深度:L＝200mm 加工精度:达 IT4 级	2005.4	四川富临集团成都机床有限责任公司
152	圆盘式精密双端面磨床	MMY7660	砂轮直径:Φ600mm	2005.8	上海精密机床厂
153	贯穿式精密双端面磨床	MM7660	砂轮直径:Φ600mm	2005.10	上海精密机床厂
154	往复式双端面磨床	MM7660	砂轮直径:Φ600mm	2005.10	上海精密机床厂
155	精密无磁、圆锥滚子球形端面磨床	3MMT43	球面曲率:R90～400mm	2005.12	上海精密机床厂
156	加工中心	KVC650E	工作台:460mm×1 000mm	2005.01	杭州机床集团有限公司
157	定梁式数控龙门加工中心	SGN2035A	工作台:2 000mm×3 500mm 最大加工高度:970mm	2005.12	威海华东数控股份有限公司
158	定梁式龙门加工中心	CPN2025C	三轴行程:2 500mm/2 000mm/1 000mm 主轴转速:10～3 500r/min 刀库容量:32 把	2005.12	威海华东数控股份有限公司
159	立式加工中心	VS2090	三轴行程:2 000mm/900mm/800mm 主轴转速:65～5 000r/min 刀库容量:24 把	2005.12	威海华东数控股份有限公司
160	卧式加工中心	HC6350B	三轴行程:600mm/530mm/530mm 主轴转速:60～6 000r/min 刀库容量:24 把	2005.12	威海华东数控股份有限公司
161	立式加工中心	XH714/1	工作台:400mm×1 000mm	2005.03	上海第三机床厂

（续）

序号	产品名称	型　号	主要技术参数	鉴定时间	生产企业
162	卧式加工中心	XH766/A	工作台：630mm×630mm	2005.06	上海第三机床厂
163	数控床身铣床	XK714/1	工作台：400mm×1 000mm	2005.03	上海第三机床厂
164	数控铣床	XK717	工作台：700mm×1 600mm	2005.11	杭州机床集团有限公司
165	数控板材割槽机	SK022		2005.1	上海机床厂有限公司
166	CNC 雕刻机	JUS041	行程：800mm×600mm×300mm	2005.10	陕西汉江机床有限公司
167	数控水下切割切	HJS048	行程：4 500mm×3 600mm×800mm	2005.09	陕西汉江机床有限公司
168	数控钉子管加工机	JUS021	加工直径：Φ25mm	2005.10	陕西汉江机床有限公司
169	高精度快走丝切割机	DKG7116	工作台：160mm×200mm	2005.01	杭州机床集团有限公司
170	高精度小孔钻床	ZK53－15	工作台：160mm×200mm	2005.09	杭州机床集团有限公司
171	高速冲床	GSC－80	频率：1 250/min	2005.09	陕西汉江机床有限公司
172	5m 淬火机	HJZ048	行程：10 672 mm × 1 300 mm × 1 220 mm	2005.12	陕西汉江机床有限公司
173	丝杆跑合机	HJZ044	行程：3 800mm×900mm×1 200mm	2005.12	陕西汉江机床有限公司
174	中心偏测量仪	CMY600	测量直径：Φ600mm 测量长度：2 000mm	2005.12	陕西汉江机床有限公司
175	单元热电池生产线	HJS45	生产节拍：600～800 个/班	2005.03	陕西汉江机床有限公司
176	底火成品生产线	HJS46	生产节拍：18 发/min	2005.04	陕西汉江机床有限公司
177	压力机	HJ047	行程：1 700 mm × 1 600 mm × 1 400 mm	2005.03	陕西汉江机床有限公司
178	五坐标测量仪	HJY037	行程：*X*：500mm，*Y*：200mm，*Z*：300mm	2005.04	陕西汉江机床有限公司
179	两坐标测量机	SPH2010	行程：200mm×100mm	2005.06	陕西汉江机床有限公司
180	转台	HJY	双位 360°极化 360°	2005.06	陕西汉江机床有限公司
181	悬浮屏印刷机	JUS029	行程：1 000mm×800mm	2005.08	陕西汉江机床有限公司
182	散热片铣角机	JUS039	行程：1 500mm	2005.10	陕西汉江机床有限公司
183	散热片铣槽机	JUS040	行程：1 500mm	2005.10	陕西汉江机床有限公司
184	平面近场扫描架	HJY039	行程：950mm×690mm×170mm	2005.06	陕西汉江机床有限公司
185	扫描架	HJY041	行程：7 500mm×6 500mm×1 200mm	2005.11	陕西汉江机床有限公司
186	升降机	HS－GSSJ	行程：160mm 最大载荷：330kN	2005.04	陕西汉江机床有限公司
187	扫描仪	SMYG		2005.06	陕西汉江机床有限公司

5. 合资合作情况

2005 年山东省临清宏鑫机床有限责任公司与日本兴和工业株式会社合资合作，合资全额 250 万美元，中方占股份的 51%，外方占股份的 49%，合资年限为 40 年，主要生产立式加工中心。2005 年磨床行业合资合作情况见表 28。

表 28　2005 年磨床行业合资合作情况

项目名称	合资合作内容	合资金额（万美元）	外　方企业名称	外方占股金比例（%）	中　方企业名称	中方占股金比例（%）	合资年限	合同签订时间
立式加工中心	中日合资生产立式加工中心	125	兴和工业株式会社	49	临清宏鑫机床有限责任公司	51	40 年	2005 年 2 月

6. 科研项目开发情况

2005 年磨床行业共完成 23 项科研项目，投入科研资金约3 100多万元。科研项目中，有企业新产品开发中的科研攻关项目，也有获得自主知识产权专利技术的应用项目，为提高磨床产品的档次和市场竞争力作出了贡献。杭州机床集团有限公司完成的“HZ－073 数控陶瓷切割磨床及切割技术”项目，系浙江省经贸委 2005 年省重点高新技术产品项目。该机具有刚性高、抗震动的特点，采用多刀组合调切割技术，解决了切割加工超硬度陶瓷材料的难题，属国内首创，投入资金达450万元。杭州机床集团有限公司完成的“MKL7150×16/2七轴五联动数控强力成形磨研发”项目，拥有“立柱移动磨床的横向装置”专利技术，所采用的“气压密封方法及其机床主轴密封装置”的发明与实用新型已获申请专利。该项目经省鉴定，产品技术水平居国内领先地位，具有较好的创新性，项目投入资金1 200万元。上海机床厂有限公司完成的“数控凸轮轴砂带磨床”科研项目，利用共轭原理、采用数控技术、运用砂带成批磨削凸轮的新方法，具有创新性，已获得1项国家发明专利和1项实用新型专利，项目投入资金250万元。威海华东数控股份有限公司自主研发的“SGN2035A定梁式数控龙门导轨磨床”项目，通过旋转编码器反馈工作台的位置，实现纵向凸凹磨削功能；万能磨头通过伺服电动机带动蜗轮蜗杆实现自动回转，磨头采用动静压轴承，项目投入资金128万元。济南四机数控机床有限公司研发的“J4K－095数控内外圆复合磨床”项目，投资200万元，适用于自身和相互之间精度要求很高的盘类、短轴类零件以及齿轮零件的内孔、端面、外锥或外圆之间的组合磨削加工，项目获得成功。

2005年磨床行业科研项目情况见表29。

表29　2005年磨床行业科研项目情况

序号	项目名称	主　要　内　容	投入资金（万元）	项目来源	完成企业
1	数控凸轮轴砂带磨床	该机床利用非圆“砂轮”与工件凸轮轮廓共轭，工件与“砂轮”之间无需相对往复运动，可用多个“砂轮”一次磨削一根轴上的多个凸轮。对一根凸轮轴上不同相位的凸轮，用一次磨削切入的方式，同时加工出来。打破了过去传统方法必须跳档磨削的缺点，大大提高生产效率，可从毛坯或圆钢直接磨出凸轮，且表面质量大为改善，并为大批量生产凹形凸轮提供了可能	250		上海机床厂有限公司
2	深孔内圆磨具有限元分析	针对深孔内圆磨床H403aa现场存在问题，要求通过有限元分析找出磨杆、内圆磨具、支架整体静刚度和动刚度的薄弱环节，并加以改进，使得当砂轮正常转动且切削力在50～100kg范围时，砂轮端的变形量不得大于0.005mm。	2.5	企业自身	上海机床厂有限公司
3	中心架虚拟设计	研究虚拟技术应用于机床设计的方法，开发有关虚拟设计软件，选择关键部件，建立虚拟样机，分析机床性能，提出改进意见。对于中心架虚拟设计，主要根据磨床中心架的设计参数，自动生成中心架三维模型，并能够由此生成三维工程图	10	企业自身	上海机床厂有限公司
4	传动链测量系统的成套设备开发	研制开发一种新型的传动测量装置以适用于螺纹磨床、齿轮磨床等高精度机床的传动链测量。该装置应具有高干扰性、误差频率和记录曲线具有频段选择、自动频谱分析等功能。希望达到的测量精度为：直线运动0.0 005mm；回转动力：2～4″。初步应用在螺纹磨床中头架与工作台半闭环和全闭环螺旋运动精度的测定，应可实现二轴螺旋运动和二轴回转同步精度的测量与分析	15	企业自身	上海机床厂有限公司
5	MGK7350数控高精度卧轴圆台平面磨床	采用具有自主知识产权的“立柱移动磨床的横向移动装置”；工作台应用变频电动机，采用工作台旋转恒线速控制技术和应用永磁吸盘；磨头主轴采用静压轴承技术和液压系统恒温控制技术；二轴数控。最小进给精度0.001mm，磨削精度：0.003mm/500mm，表面粗糙度：R_a0.8μm，属国内首创	210	杭州市科技创新重点项目	杭州机床集团有限公司

（续）

序号	项目名称	主　要　内　容	投入资金（万元）	项目来源	完成企业
6	HZ－073 数控陶瓷切割磨床及切割技术	陶瓷是一种特殊材料，其硬度超过硬质合金，仅次于金刚石。被切割加工的陶瓷材料（ALO），其硬度达 HV2000，切削力大，易碎、易崩；要求设备整体刚性好，有足够的静态、动态、热稳态刚度和精度；有解决非金属材料的夹持及其分度技术，结构可靠方便，防震。采用西门子 802D 三轴数控系统，进给精度 0.001mm；装夹及分度机构，采用粘结与真空吸盘及端面齿分度机构相组合的装夹方式，具有高刚性，抗震动的特点；采用多刀组合调切割技术，属国内首创	450	浙江省经贸委 2005 年省重点高新技术产品项目	杭州机床集团有限公司
7	MKL7150×16/2 七轴五联动数控强力成形磨床研发	七轴五联动数控强力成形磨床 MKL7150×16/2，是目前国内磨床中的一种高端控制产品，可用于重型燃气轮机等行业。拥有“立柱移动磨床的横向装置”专利技术（专利号：ZL03230376.9）；产品所采用的气压密封方法及其机床主轴密封装置的发明与实用新型已获得申请专利（申请号：200510049023.2；200520100432.6）；MKL7120×6/MKL7150×16 型系列化数控强力成形磨床，经省鉴定产品技术水平居国内领先地位；产品技术成熟，质量稳定，性能可靠，项目有较好的创新性	1 200	浙江省经贸委 2005 年度省打造先进制造业基地合力攻关项目	杭州机床集团有限公司
8	SGN2035A 定梁式数控龙门导轨磨床	通过旋转编码器反馈工作台的位置，实现纵向凸凹磨削功能；万能磨头通过伺服电动机带动蜗轮蜗杆实现自动回转，卧磨头采用动静压轴瓦结构	128	自主研发	威海华东数控股份有限公司
9	CPN2025C 定梁式数控龙门加工中心	镗铣头采用大功率滑枕结构，包容长度为 1 200mm，主轴采用恒温式油冷结构，镗铣头换刀采用拉爪式结构	107	自主研发	威海华东数控股份有限公司
10	VS2090 立式加工中心	采用 BT50 直联式主轴结构，底座宽距四导轨设计，*X*、*Y* 轴采用气浮滑动式导轨，*Z* 轴导轨采用反包结构形式	60	自主研发	威海华东数控股份有限公司
11	SG－60220SD 立柱移动式卧轴矩台平面磨床	三轴导轨均采用平 V 导轨结构，Y、*Z* 轴均采用交流伺服电动机驱动、PLC 控制，电子手轮微量进给，磨头采用套筒式动静压结构	24	自主研发	威海华东数控股份有限公司
12	SG－4080AHD 鞍座移动式卧轴矩台平面磨床	鞍座采用双 V 导轨结构，工作台采用平 V 导轨结构，*Z* 轴由伺服电动机驱动，磨头采用套筒式滚动轴承结构	8	自主研发	威海华东数控股份有限公司
13	HC6350B 卧式加工中心	配置 FANUC－OIMC 数控系统，控制 *X*、*Y*、*Z*、*B*(回转)四轴联动，采用“复节距蜗轮蜗杆组”及高级滚锥轴承组合的回转结构	46	自主研发	威海华东数控股份有限公司
14	液压自动跟踪中心架	为解决细长轴、曲轴、凸轮轴等刚性差的零件磨削难题，可以由 CNC、PC 控制	40	公司计划	陕西秦川格兰德有限公司
15	J4K－095 数控内外圆复合磨床	该磨床适用于自身和相互之间精度要求很高的盘类、短轴类零件以及齿轮零件的内孔、端面、外锥或外圆之间的组合磨削	200	济南市科技局	济南四机数控机床有限公司
16	J4K－080 型数控曲轴连杆颈专用磨床	该项目主要用于汽车、摩托车发动机及各类汽油机中曲轴偏心连杆颈的磨削加工	200	济南市科技局	济南四机数控机床有限公司

（续）

序号	项目名称	主　要　内　容	投入资金（万元）	项目来源	完成企业
17	MKS8225 数控高速曲轴连杆颈磨床	新产品开发	90	横向项目	湖大海捷技术有限公司
18	MKS1320 数控高速外圆磨床	新产品开发	20	自选	湖大海捷技术有限公司
19	混合组合驱动器	混合步进电动机高精控制驱动器	0.2	自行研制	洛阳轴承集团装备制造有限公司
20	圆锥滚子磨床	磨削二级轴承圆锥滚子	8	自行研制	洛阳轴承集团装备制造有限公司
21	试验机	大型军工轴承疲劳实验	12.5	自行研制	洛阳轴承集团装备制造有限公司
22	对数超精辊	轴承滚子对数曲线加工	8.5	自行研制	洛阳轴承集团装备制造有限公司
23	静动压高速电主轴	金属切削机床主轴单元的理想结构	63	自筹	湖南沅江宇环实业有限公司
24	定梁式龙门铣床	新产品研发	120	自主研发	临清宏鑫机床有限责任公司

7. 科研项目获奖情况

2005 年磨床行业中有 6 个科研项目获奖，其中：上海机床厂有限公司开展的数控曲面成形磨床科研项目，陕西汉江机床有限公司开展的数控螺杆磨床科研项目，均获中国机械工业科学技术进步三等奖；湖大海捷制造技术有限公司开展的 CNC8312 数控高速凸轮轴磨床科研项目，获省科技进步二等奖。2005 年磨床行业获奖科研项目情况见表 30。

表 30　2005 年磨床行业获奖科研项目情况

序号	项目名称	主要内容及应用范围	获奖名称	获奖等级	主要完成单位	授奖单位
1	数控螺杆磨床	可磨削各种异型螺杆、梯形螺杆、蜗杆、滚珠丝杠等	中国机械工业科学技进步奖	三等奖	陕西汉江机床有限公司	中国机械工业联合会
2	数控曲面成形磨床 MKA8612/H	数控曲面成形磨床研发和特殊复杂曲面形状零件在线测量与自动修整砂轮。适用于汽车、拖拉机、航空、军工、机械及工具制造等行业	中国机械工业科学技进步奖	三等奖	上海机床厂有限公司	中国机械工业联合会
3	数控凸轮轴砂带磨床	利用非圆“砂轮”与工件凸轮轮廓共轭，可用多个“砂轮”一次磨削一根轴上的多个凸轮。并为大批量生产凹形凸轮提供了可能。适用于汽车、拖拉机、军工、机械制造等行业	技术创新奖		上海机床厂有限公司	上海国际工业博览会组委会
4	CNC8312 数控高速凸轮轴磨床	磨削技术及产品研制用于凸轮轴磨削加工	湖南省科技进步奖	二等奖	湖大海捷制造技术有限公司	湖南省科技厅
5	高速数控非圆轮廓磨削关键技术与中高档系列装备	磨削技术及产品研制用于凸轮轴磨削加工	教育部科学技术进步奖	二等奖	湖大海捷制造技术有限公司 国家高效磨削工程技术研究中心	教育部
6	双端面磨床	用于汽车、内燃机行业	湖南省科技进步奖	三等奖	湖南沅江宇环实业有限公司	湖南省科技厅

8. 企业简介

上海机床厂有限公司　是上海电气集团股份有限公司旗下的子公司，跟随上海电气集团股份有限公司改制和香港上市，公司性质已从国有独资企业转变为多元投资企业。公司本部现有职工 800 余人，2005 年完成工业总产值 8.84 亿元，销售收入 9.17 亿元，年产磨床 3 418 台，利润 5 176 万元。公司从 1950 年开始生产各类磨床，品种、规格占全国磨床行业的 1/3，产品曾多次获上海市和国家优质产品奖，居国内领先水平。上海机床厂有限公司是上海市文明单位，上海市的高新技术企业，全国机床工具行业“精心创品牌十佳企业”和“销售收入十佳企业”；质量管理获“ISO9001体系认证”和“上海市质量管理奖”。公司的M1332B外圆磨床出口免验申请成功，是上海市机电行业和全国机床行业的第一家。

无锡开源机床集团有限公司　原无锡机床厂，创办于1948年，1953年由国家定点专业生产磨床，为建国初期我国机床工具行业“十八罗汉”之一，现为我国机械工业大型骨干企业、国家520个重点联系企业、国家火炬计划重点高新技术企业，是我国内圆磨床、无心磨床、轴承磨床、外圆磨床、平面磨床、轧辊磨床、磨加工自动线的重要生产基地，为我国铁路、汽车、轴承、纺机、家电、农机、冶金设备、矿山设备、军工等行业的发展提供了大批精良装备，并出口远销世界20多个国家和地区。目前常年可供磨床产品300余种，产品数控化率高、质量稳定可靠，并能提供周全、及时的售前售后服务。2005年公司从业人员3 183人，磨床产量3 232台，工业总产值78 169万元、销售收入90 585万元、出口创汇200万美元。“八五”以来公司组建了省级技术中心，建造了CAD CAM/CAPP网络系统，提高了设计水平和新产品开发速度。为确保零件加工精度，公司引进了大批高精、高效、全自动加工设备，如美国辛辛那提·米拉克隆公司T30加工中心、德国瓦德里希·科堡公司导轨磨床、意大利PAMA公司镗铣加工中心、INNSE公司五面体加工中心、美国数控钣金加工机床等，另外还拥有大批数控机床。此外，公司还拥有诸多先进的检测仪器设备，如瑞士数显高度仪、德国大工显和万工显、英国圆度仪及轮廓仪、美国激光干涉测量仪、丹麦BK声级计、三坐标测量机等。这一系列具有世界先进水平的设计制造、检测系统确保了公司产品技术水平在国内的领先地位。

杭州机床集团有限公司　是由国内最大的平面磨床制造厂杭州机床厂、国内最早批量生产电火花线切割机专业制造厂杭州无线电专用设备一厂于2001年12月联合改制组建的有限责任公司。2005年完成的主要经济指标：工业总产值59 975万元，销售平面磨床等机床5 458台，出口创汇936万美元，销售收入73 212万元，税金5 477万元，利润总额3 984万元。公司建有大型数控精密平面磨床、常规通用平面磨床、精密小型平面磨床、数控电加工机床和数控铣床、出口铸件、工量具制造等9大生产基地和1个高新技术孵化器——中国科学院杭州科技园。在“大型专用、精密数控、成形高效、成套成线”16字方针的指导下，2005年根据市场从量的扩张为主转向以质取胜的经营策略，产品开发的重点转向提升产品档次，加大强势产品开发力度。将数控成形磨、数控龙门磨、数控直线导轨磨、数控精密平磨、双端面磨床和大型专用磨床列为重点开发的品种。全年完成新产品30多台，其中数控机床18台，在开发的新产品中，数控化率已明显提高。为上海开发的HZ－KD6520，是目前国内最大的数控龙门式平面磨床，工作台宽2m，长6.5m，可用于磨削精密机床导轨。为研制这台创纪录的机床，公司自力更生解决许多技术难点，提升了大型机床的生产制造技术水平。2005年取得的又一重要成果是普通机床数控化，设计试制成功普通机床M7130H升级替代产品MK7132A。该机床从结构、操作、精度上都有了新的提高。为推进技术进步，加强了自主创新意识，做好专利技术的研究开发。2005年完成了4项专利技术申报，其中有2项发明专利，2项实用新型专利。公司投入巨额资金，将三维设计软件投入到实际设计工作中去。自主创新的MKL7150X16/2七轴五联动数控强力成形磨床已于2005年11月接到中国企业联合会等评选单位的通知，入选第十批中国企业新纪录名录。2005年技术中心升级为省级技术中心，并被评为优秀技术中心。

北京第二机床厂有限公司　是在始建于1953年的原北京第二机床厂的基础上改制组建的一家国有企业，是中国机床工具行业骨干企业“十八罗汉厂”之一，地处北京市丰台区卢沟桥畔，占地10余万m^2。公司通过ISO9001：2000质量管理体系认证，拥用“北二”品牌系列产品，是中国机床工具工业协会常务理事单位，北京市高新技术企业。公司装备有大型五面体加工设备，配置先进的检测仪器，是国家二级计量单位。主要经营业务包括：研制、生产、销售数控磨床及高精度外圆磨床、普通精度外圆磨床、专用磨床、超精加工机床、立卧式加工中心、成套设备、机床配件、功能部件，并提供机床维修、维护、机械加工等专业服务。其中，数控（端面）外圆磨床、高精度外圆磨床、普通精度外圆磨床及超精加工机床在国内居领先水平。

陕西秦川格兰德机床有限公司　是由陕西秦川机械发展股份有限公司与陕西机床厂合资组建的专业磨床制造公司，是国家定点生产外圆磨床的专业厂家，也是我国最大的外圆磨床生产厂家之一。公司占地33万m^2，现有员工600多人，拥有固定资产4 500万元，具有年产磨床1 000台的生产能力。公司通过了ISO9001：2000版质量认证，被陕西省科技厅认定为“高新技术企业”，主营业务被陕西省国资委确认为“当前国家重点鼓励发展产业”，主导产品为“陕西省名牌产品”。主要有外圆磨床、万能外圆磨床、端面外圆磨床、轴承磨床、无心磨床、内圆磨床、曲轴磨床、凸轮轴磨床、平面磨床、球面磨床、汽车及工具行业专用磨床等产品。磨床产品覆盖11大类、110多个品种、150多个规格，从品种到规格全部实现系列化。特别是近年来开发生产了MKS8312数控高速凸轮轴磨床、MKSl650数控高速曲轴两端头磨床、GZll8宽砂轮数控高速车轴专用磨床、GZll6数控桥壳专用磨床、3MKS2525数控轴承磨床等为代表的高端产品。

天津市津机磨床有限公司　是以平面磨床产品，尤其是数控磨床产品为主导产品的公司，中国北方，乃至西北地区的大部分市场，特别是数控磨床市场仍属于天津市津机磨床有限公司。2005年工业总产值1 912万元，工业销售产值1 755万元，全年产品产量104台。2005年末的在岗人数213人，其中：具有初级证书以上的技术工人108人（其中高级工13人、中级工92人、初级工1人、技师2人），从事技术岗位工作的17人(其中高级职称6人,中级职称6人,初级职称5人)。平面磨床系列产品:一是研制和开发具有更新换代水平的经济型产品,如:MT7160A卧轴矩台平面磨床。二是继续保持卧轴圆台平面磨床的独家生产优势,重点是结合国内外用户的需求特点,以卧轴圆台平面磨床作为主攻方向,扩展产品种类,提高产品档次。现有设备68台(包括:导轨磨床、龙门铣床、龙门刨床、立车、龙门磨等)。公司的卧轴圆台平面磨床市场占有率达60%~70%。

上海第三机床厂 前身为上海亚中铁工厂,创建于1944年,是中国最早的磨床生产厂,在20世纪40年代曾制造出我国第一台外圆磨床。公司隶属于上海电气(集团)总公司旗下的上海明精机床有限公司。2000年12月按照上海电气(集团)总公司的要求,上海第三机床厂对上海第四机床厂进行资产重组,建立了统一的、有效的产品开发、生产经营的组织结构,实施一体化企业管理和质量管理体制,优势得到互补,资源得到共享,为企业的进一步发展创造了良好的条件。2005年7月,又根据上级公司进一步组合调整要求,以原从事车床生产的上海江宁机床厂为基础,组建成立了上海第三机床厂车床分厂。2005年实现销售收入3.57亿元,完成工业总产值3.79亿元,生产各种机床4 337台,实现利润673万元,出口创汇50.5万美元,比上年增长380%。

咸阳机床厂 国有企业,始建于1950年,有56年的制造经验,原机械部工具磨床定点生产厂家,主要产品生产能力550台/年。现有员工400余人,其中中高级工程技术人员80余名。2005年自行开发设计的新产品有:XYJ-2015数控阀芯槽及倒角磨床、XYJ—9203数控平板针刺机、XYJ-9204三维编织机,分别填补了国内空白。

海宁机床厂有限公司 原海宁机床厂,位于中国浙江省钱塘江观潮胜地——海宁市。建厂于1952年,50年来一直从事开发设计、生产制造"海机牌"各类磨床、立式攻螺纹机等几十种品种的金属切削机床及专用机床。

湖大海捷制造技术有限公司 是国家高效磨削工程技术研究中心的产业化基地,落户于长沙高新技术开发区,注册资金4 339万元。公司是一个集科研开发、生产、销售于一体的高新技术企业,主要从事数控高速、高效磨床的开发、生产、销售。公司现已形成年产200台数控高速磨床的生产能力,与一汽、二汽、重汽、南汽、长安汽车等大型企业建立了良好的关系。公司现有员工200余人,拥有一大批具有丰富产品开发经验的工程技术人员。2005年公司实现工业总产值(当年价)3 008万元,工业销售产值(当年价)2 662万元,工业增加值1 893万元,利税总额380万元。主要生产数控磨床65台,台钻186台。公司生产的数控高速磨床为凸轮轴磨床系列、数控高速曲轴磨床系列、数控高速端面外圆磨床系列。

济南四机数控机床有限公司 原济南第四机床厂,是我国外圆磨床专业生产厂家,已有40多年的生产历史,具有自营进出口权,已通过2000版ISO9001质量体系标准认证,产品保持国内同行业领先水平,产品质量在市场上得到用户广泛认可,是我国外圆磨床行业国优金牌的获得者。企业拥有设备500余台,其中主要生产设备286台,精、大、稀设备48台。有大型数控龙门导轨磨床用于机床导轨精加工,进口高精度外圆磨床用于轴类零件的加工等。磨床年生产能力900余台,产值、销售收入近8 000万元,其中数控磨床的产值占全部产值的60%。

威海华东数控股份有限公司 是2002年3月由威海机床厂有限公司,经过资产重组与山东省高新技术投资有限公司共同投资创办的山东省高新技术企业。公司注册资本8 000万元,总资产2.6亿元。公司员工1 300人,2005年销售收入2.8亿元,利润2 100万元,出口交货值8 000万元。2005年在中国高增长、高科技50强中排名24位;公司还被评为行业"最佳信誉企业"、"行业百强企业"、"质量服务信誉AAA级企业"。公司的高速发展受到了党和国家领导人的关怀,2005年4月9日,中共中央总书记、国家主席、中央军委主席胡锦涛,视察了威海华东数控股份有限公司,对公司走自主创新之路、提高核心竞争力的作法给予了充分的肯定。公司生产的主要产品有立、卧式加工中心系列、定梁式龙门加工中心系列、动柱式数控龙门铣床系列、龙门导轨平面磨床系列、数控床身式铣床系列、平面磨床系列、万能外圆磨床系列、万能高速摇臂铣床系列等。

桂林磨床包装机械厂 现为国有中型一档企业。在职职工747人,拥有立、卧式加工中心、精密数控导轨磨床、数控仿形铣床等各类生产设备400多台,以及三坐标测量仪、数控动平衡机、数显硬度检测仪等相应的检测仪器,加工制造设备较齐、检测手段良好。现具有年生产2 500台各种平面磨床的生产能力。2005年企业完成了1 500万元的技术改造项目,建造了4 000m^2的现代化车间一个,添置了数控导轨磨床、外精磨床等一批关键设备,为企业扩大生产规模打下了良好的基础。2005年工厂主要经济指标完成如下:完成工业总产值(当年价)15 630万元,完成工业增加值4 831万元,实现销售收入14 047万元,实现利税2 030万元,新产品产值率33%。

沈阳中科超硬磨具磨削研究所 是一个拥有进出口经营权的高科技股份制企业。2005年工业总产值2 000万元,销售收入1 500万元,从业人员65人。公司主要产品有陶瓷、树脂结合剂系列的立方氮化硼(CBN)与金刚石砂轮、金刚石修整滚轮、CBN及金刚石珩磨油石以及各种替代国外进口的高精度非标准普通磨具,并可根据用户的不同要求研制开发各种具有特殊用途的CBN及金刚石砂轮。

朝阳博文机床有限公司 建于1965年,2003年转制为民营企业——朝阳博文机床有限公司,2005年企业实现工业总产值2 800万元,销售收入2 600万元,从业人员350人。主要产品为M74系列立轴圆台平面磨床:M7435、M7450、M7475D、M7480A、M74100B、M74125A、M74160、M74180、M74200、M74225;M74系列立轴圆台模具磨床:M7450/C1、M7480/C2、M74125/C2、M74160/C2;MK28系列立式数控磨床:MK2840、MK2880。公司拥有年产10 000t的树脂砂铸造生产线,6m龙门铣刨床、6m导轨磨床等关键设备,具备年产各类磨床300台的生产能力。作为辽宁省高新技术企业，不断加大新产品开发力度，开发了数控曲线磨床，针对轴承行业的需求，开发了数控双端面磨床、立式数控轴承专用磨床。企业被评为辽宁省中小企业科技进步"先进集体"；立磨产品被朝阳市人民政府命名为"名牌产品"。

沈阳磨床厂 有近40年研制磨床的历史，目前可以向用户提供各种规格的立轴矩台平面磨床、卧轴矩台平面磨床、气门锥面磨床、砂带磨床和其他专用磨床，是原机械部立轴矩台平面磨床定点生产厂。几十年来先后开发生产的立轴矩台平面磨床有M723B/1、M7232B×20，以及S4－027磨头移动式平面磨床。由于该系列磨床磨削效率高（是普通卧轴磨床3倍）稳定性好，价格较低而受到广大用户的好评。1995年末1996年初该厂又开发生产了新产品M7240×30立轴矩台平面磨床，其加工范围扩大到400mm×3 000mm。该磨床适合加工3m长度以内的各种机械刀片，受到了国内机械刀片行业的重视。

福建省建阳磨床厂 国有企业，现有职工355人，主要从事机床产品的开发、制造和销售，2003年通过了ISO9001：2000质量管理体系认证。工厂占地面积6.1万m^2，拥有铸造、冷作、热处理、机械加工、装配等精密加工工艺设备及厂房。主要产品有MQ6025A万能工具磨床、2M6015A万能刀具刃磨床、MQX6025数显万能工具磨床、3M9312活塞环梯面磨床、电器控制屏等。

陕西汉江机床有限公司 是我国生产精密螺纹磨床、滚动功能部件和机电一体化精密机床的生产基地，国有中型企业。2005年公司完成工业总产值18 383万元，实现销售收入17 962万元，从业人员1 864人，拥有各类生产设备1 166台，具备年生产各类机床300台，滚珠丝杠5万副，滚动直线导轨2万m的能力。其中滚动功能部件产品立足为国内数控机床配套，并在江苏昆山、上海浦东建有分厂。在滚珠丝杠副的动态测量方面已形成微型丝杠1m、2m、3m、5m全系统丝杠动态测量仪，丝杠动态测量技术在国内始终处于领先地位。公司生产的S74、S75、S76、S77系列螺纹磨床，HJG－S滚珠丝杠副，HJG－D滚动直线导轨副产品等，被陕西省名牌战略指导委员会评为"陕西省名牌产品"。

杭州机床集团长春一机有限公司 于2003年9月30日注册成立，由杭州机床集团有限公司控股，公司结构为投资主体多元化的股份制造企业，其前身为长春第一机床厂。企业生产经营磨床系列产品，产品品种有5大系列，21个规格。主要产品有：M7130H平面磨床、MB8318凸轮轴磨床、M52160龙门导轨磨床、MA1432外圆磨床、MK8312A数控凸轮轴磨床及专用机床等等。其中"杭州牌"M7130H平面磨床是业内公认的中国平磨第一品牌。

石家庄轴承设备股份有限公司 是国有控股的公司制企业，河北省惟一批量生产精密机床的企业，河北省企业技术中心，通过了ISO9001：2000质量体系认证。注册资本3 712万元，总资产2.3亿元，占地5.7万m^2，从业职工1 297人，其中科技人员312名。2005年工业总产值、销售收入均为1.31亿元。主要生产轴承套圈两沟一孔超磨加工设备、球面滚子外表面磨加工设备、汽车等速万向节磨加工设备、汽车轮毂轴承磨加工设备。

四川磨床厂 位于四川省成都市北郊，是中国机床工具行业重点骨干企业，国内平面磨床定点生产及主力生产厂家之一，西南地区最大的平面磨床制造厂，国有中二型企业，主要从事卧轴矩台平面磨床和中小型水轮发电动机的生产经营。企业拥有数控加工中心、龙门组合导轨磨、精密万能外圆磨床、精密龙门刨床、坐标镗铣床、树脂砂铸造等先进生产加工设备和CAD技术开发中心，现已形成年产各型平面磨床上千台的生产能力和独立设计开发产品的研发能力，产品形成以M71系列普通平面磨床和MM71××/CM精密平面磨床为代表的较完整的产品结构和系列。2005年企业工业总产值7 753万元、销售收入7 199万元、从业人员637人，生产各型平面磨床1 051台，完成MM7132/CM精密平面磨床和M712×20平面磨床的研发，通过了ISO9001：2000质量体系换版审核和国家质量监督检测中心平磨产品质量检测。2003～2005年产品连续3年荣获"四川省用户满意产品"称号。

重庆磨床有限责任公司 是由原重庆磨床厂改制而成，始建于1954年，占地面积11万m^2，自20世纪60年代开始生产外圆磨床、无心磨床以来，由原来单一的产品发展到现有的26大类50多个型号规格的各种通用及专用磨床。公司现有职工近400人，固定资产3 000多万元。生产场地3万余m^2，拥有对磨床主要部件的独特加工工艺及300余台金属切削机床。通过全公司上下的共同努力，M1420系列磨床获市优质产品和免检产品称号。近几年公司成功开发出MK1320数控外圆磨床、MK1632数控端面外圆磨床和MKS1632四轴端面外圆磨床。公司通过了ISO9001质量体系论证。

欧迈克机床（武汉）有限公司 美国IIC公司收购武汉机床厂在中国武汉建立欧迈克机床（武汉）有限公司，公司进一步优化资源配置，加大数控机床的加工制造，扩大市场占有率，为中国及世界的客户提供更为便利和快捷的服务和支持。公司总部设在洛杉矶。公司在武汉建成的新厂区占地面积15 866m^2，固定资产投资2.5亿元，在3～5年新增产值达到5个亿元，现拥有各类生产设备307台，包括引进德国导轨磨床等高新设备20台，具有一流理化、热力、电及计量检测中心。

安庆机床有限公司 原安庆机床厂，是1955年初建立、开业的国有中型企业，原机械部定点厂家，现为中国机床总公司成员单位、中国机床工具工业协会磨床分会会员单位、轴承行业协会的会员厂、安庆市首批高新技术企业，1997年进行了公司制改造。公司占地面积5万m^2，其中厂房建筑面积1.56万m^2，仓库、办公楼等建筑面积5 000m^2，拥有门类齐全的金属切削设备和铸造、热处理、铆焊、起重、运输等重、大型生产设备和运输设备以及健全的质量保证和用户服务体系。主要产品：一是钢球光、磨、研、超精研、强化机床，以及加工锥滚子球基面的轴承滚动体专用机床；二是以缸套车床、活塞环镗床为代表的汽车零配件加工的系列专用设备;三是以冶金检、化验专机为代表的非标机床设备;四是轻便型龙门刨、龙门铣及系列弓锯床为主的通用机床。2005年固定资产4 000余万元,在职员工近500人(其中专业工程技术人员40余人),工业总产值(当年价)3 000万元,销售产值(当年价)3 100万元,利税200万元。

南通第二机床有限公司 原南通第二机床厂,成立于1966年。企业以生产平面磨床为主,兼营其他机械设计、制造加工,目前生产的平面磨床产品已形成NT、M71、FS3大系列,计30多个品种。其中和德国G&H公司、西班牙GER公司合作生产的FS系列精密卧轴矩台平面磨床,远销欧、美、东南亚地区。企业拥有意大利曼德利的加工中心,数控导轨磨床等金属切削加工设备和热加工设备、测试设备。2005年开发了ES640CH,FS840CH,FS1050CH3种规格的双轴数控卧轴矩台平面磨床。该产品与德国G&H公司合作生产,新产品试制样机已通过德方的技术质量检查验收,产品已批量外销德国、西班牙。企业对老产品M71系列卧轴矩台平磨进行了改进和优化设计,赢得了用户的一致好评。工厂在2003年获得质量管理体系认证证书(ISO9001:2000),为生产精密磨床打下了基础。

信阳机床厂 于1958年建厂,属国有企业,一直从事无心磨床系列产品的设计开发和制造,已积累48年磨床设计和制造的经验。公司设有设计开发、工艺编制、零件加工、产品装配、质量检测、产品销售、用户服务等职能部门。企业有职工160多人,拥有各类生产设备100余台。2005年工业总产值(当年价)1 600万元、销售收入1 300万元。主要磨床产品有:M1040、M1050、M1080、M10100等无心磨床系列产品;M1080/1、M1080/3十字轴磨削专用机床;3M4050球面滚子无心磨床;3M6025圆锥滚子无心磨床等产品。

江西第三机床厂 工厂建于1958年,有近50年的制造经验,系南昌大学昌大企业集团旗下主营机械设备的科技公司,原机械部磨床定点生产企业,是原国家经济贸易委员会和对外贸易合作部批准的机电产品出口基地。主要产品有:BQS18系列(4、6、8ft)无卡轴旋切机,3 000M′、5 000M′、10 000M′、20 000M′的0.9m×1.8m、1.2m×1.8m、1.2m×2.4m胶合板生产线成套机械设备及配件,2M69系列(800~7 500mm)剪切机刀片刃磨床、2MAS6945剪切刀片刃磨床(重型、机械、数字伺服控制)。

湖南沅江宇环实业有限公司 是湖南省认定的高新技术企业,是全国能系列化生产活塞环、曲轴、凸轮轴专用精密高效数控磨床的重点装备制造厂。2005年公司共完成产值5 463万元,实现销售收入5 368万元,实现利税1 352万元。主要产品有CBN超高速数控磨床、数控双端面磨床、数控凸轮轴磨床、曲轴磨床等产品。

江西杰克机床有限公司 是杰克控股集团有限公司于2004年底在重组原江西省吉安机床厂的基础上,组建的子公司,主要生产曲轴磨床系列、外圆磨床系列、内圆磨床系列等各类机床及相关配件。公司是江西省机械工业重点企业,原机械部定点生产曲轴磨床的中型企业,2005年产值2 000万元,产量200台。新产品:MQ8260H曲轴磨床、M2110C内圆磨床、M215A内圆磨床、JK101数控曲轴磨床;原有产品:JK101数显曲轴磨床、MQ8260曲轴磨床、MQ8240曲轴磨床。

浙江杰克机床有限公司 是杰克控股集团的下属子公司,是一个专业生产精密外圆磨床的企业,现有10 000m^{2}标准厂房。公司制造的MMl320精密外圆磨床,是对原同类规格型号磨床的改进产品,改进型的MM1320精密外圆磨床更具有磨削力强、光洁度高、性能稳定、操作简便等优点,特别适用于轴类工件的磨削。现在,已制造出半自动外圆磨床、量仪磨床、曲轴磨床、小孔专用磨床、卡规专用磨床、十字节端面磨床、气缸卡头专用磨床、内圆磨床等磨床系列品种。2005年新产品产值1 800万元,产量350台。新产品有:MMl320精密外圆磨床,MMBl320精密半自动外圆磨床、MMBl420精密半自动万能外圆磨床、MMl420精密万能外圆磨床、JK001带自动测量仪的精密外圆磨床、JK002曲轴磨床、JK003气门芯专用磨床、JK004精密数显外圆磨床。

洛阳轴承集团装备制造有限公司 是洛阳轴承集团全资子公司。2005年销售收入1 810.8万元,从业人员531人。主要生产轴承滚子磨床、轴承套圈磨床、超精机床、超精辊及磨床、导轮磨床等轴承行业专用设备。主要生产设备130多台,年生产各类机床60余台。2005年开发研制出轴承滚子磨床,中型滚道超精机床等新产品。在企业内部管理方面,强力推进机构改革,调整生产组织体系、压缩机构,实行一部一长制,精干了干部队伍。加强质量管理工作,本年度顺利通过了ISO9001复审,取得国家机械基础件工业数控装备维改资质等级"AAA"企业称号。

临清宏鑫机床有限责任公司 是由原临清机床附件厂、临清磨床厂于2001年改制后组建的,企业始建于是1955年。现下设磁盘、机床两个分厂,5个辅助车间,6个职能部室;建有CAC、CAD设计网络终端;2003年经省政府批准建有省级工程技术研发中心。总占地50 000m^2,建筑面积13 200m^2,总资产3 737万元,负债率48%,现有在职职工353人,拥有各类机械加工设备186台(套)。主导产品有:磁力吸盘系列产品、数控平面磨床、数控铣床3大系列产品。其中卧轴矩台圆弧剪刃成形数控磨床项目获国家2005年度创新基金支持。2005年完成销售收入6 800万元,实现利税1 360万元。

上海崇明机床厂 地处祖国第三大岛——崇明,是一个专业生产钢球加工系列设备的股份制企业,具有完整的管理体系和生产规模。该厂设备齐全,技术力量雄厚,是钢球加工机床新国标的起草单位之一,至今已为国内外钢球制造企业提供上千台立式、卧式系列钢球加工设备。凭借优质的产品质量及完善的售后服务,在同行业和用户中树立了良好的信誉。该厂已通过ISO9000:2000版质量体系认证。2005年该厂自主开发的3M7780Z卧式钢球研球机,填补了国内钢球加工的空白。主要产品有:钢球光球机、钢球磨球机、钢球研球机、钢球超精研机。

上海精密机床厂有限公司 是高新技术企业,始建于

1963年。企业拥有轴承生产设备,汽车、摩托车零件生产设备,自动装配检测生产线,各种精密加工机床,大型工作母机及瑞士测量仪器,主要产品为系列高精度双端面磨床及提升机,系列双端面磨床、系列精密圆锥滚子球形端面磨床(无磁削)和系列半自动三头攻螺纹机。

四川富临集团成都机床有限公司 原成都机床厂,原机械部定点生产内圆磨床的专业厂家,已具有近50年的生产内圆磨床的历史和经验,以生产优质内圆磨床著称。该公司于2000年完成了转制改革,被四川富临集团全资收购,现为民营企业。2005年该公司共完成产值3 674余万元,实现销售收入3 515余万元。目前全厂职工有272人(包括临时用工),其中工程技术人员57人,管理人员26人。具有机床生产所必须的机械加工设备200余台,包括龙门导轨磨床、龙门铣床、加工中心、热处理设备等关键加工设备,铸造、钣金、非关键件的加工等采取社会协作的方式委外加工。机床的年生产能力可以达到300台。

无锡市明鑫机床有限公司 是一个集设计、开发、生产、营销、服务于一体的现代化民营企业。公司主要产品有数控内圆磨床、数控外圆磨床、数控无心磨床、高精度无心磨床、普通无心磨床、普通内圆磨床、数控轴承磨床及各类专用磨床等。2005年度公司工业总产值5 025万元,销售收入4 500万元,企业人数200人,其中科技开发人员30多人,占总员工比例15%以上。2004年企业开发完成数控新品12种,当年开发当年实现销售。公司生产的数控内圆端面磨床,主要服务于汽车齿轮行业,已被国内绝大部分知名汽车齿轮生产企业广泛采用。2005年销售量为175台,其中数控磨床为89台。在该领域内公司产品的占有率达80%以上。

云南合信源机床有限责任公司 原云南裕海机械有限责任公司,是生产、销售磨床的专业公司。公司有36年生产磨床的历史,为云南省机械工业重点企业。公司设有股东会、董事会、监事会、党委、工会组织,公司目前现有员工254人,85%以上的员工具有大专、中技以上文化程度。其中专业技术人员49人,具有高级职称2人,中级职称18人,初级职称29人,专门从事产品技术研发人员17人。中层以上管理人员15人,其中大学以上学历的10人。目前主导产品为:卧轴矩台平面磨床系列。产能80台/月,年产值5 000万元。

〔本部分撰稿人:中国机床工具工业协会磨床分会夏萍、董立平〕

(五)齿轮机床

1. 行业基本情况

齿轮机床主要包括滚齿、剃齿、插齿、磨齿、倒棱、倒角等加工设备,属应用范围广、加工精度高、专业性很强的工艺装备。主要生产企业有10余个,即:重庆机床(集团)有限责任公司、秦川机床集团有限公司、南京二机床有限责任公司、天津第一机床总厂、南京第二机床厂、宜昌长机科技有限责任公司、营口冠华机床有限责任公司、上海第一机床厂、武汉重型机床集团公司、宁江机床集团公司和青海第二机床制造有限责任公司等。

"十五"期间,是机械工业历史上增长最快的时期。而汽车、摩托车、工程机械、矿山机械等行业的迅猛发展,更是带动了齿轮制造业和齿轮机床及其相关产业链的快速发展。特别是近3年来,汽车工业的"井喷"式发展,极大地激发了变速箱、汽车齿轮生产厂家强烈的技改投资欲望,给齿轮机床行业企业的发展也带来了巨大的市场契机。数据显示,"十五"时期齿轮机床行业主要经济指标均呈两位数的增长,特别是新品数量逐年增加,尤以数控机床增加最快,盈利水平显著提升,行业实力得以壮大。

"十五"期间,齿轮机床行业数控机床产量从2001年的730台增加到2005年的2 408台,增长近3倍。2001～2005年齿轮机床行业数控机床产量走势见图1。

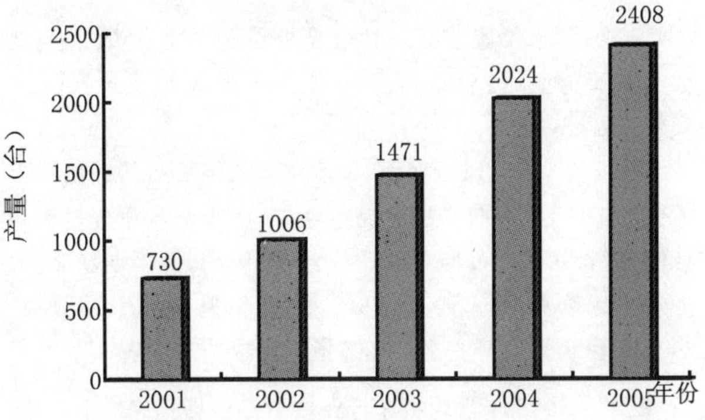

图1　2001～2005年齿轮机床行业数控机床产量走势

"十五"期间,齿轮机床行业销售收入从2001年的8.9亿元增加到2005年的22.5亿元,增长1.53倍。2001～2005年齿轮机床行业销售收入走势见图2。

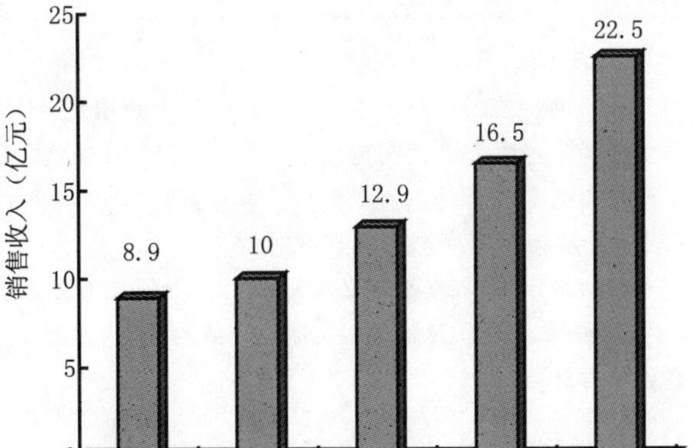

图2　2001～2005年齿轮机床行业销售收入走势

"十五"期间,齿轮机床行业利润总额从2001年的−569万元增加到2005年的12 003万元。2001～2005年齿轮机床行业利润总额走势见图3。

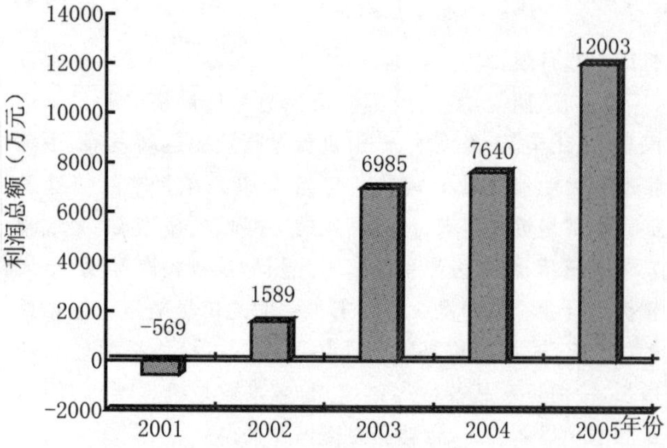

图3 2001～2005年齿轮机床行业利润总额走势

2005年本年鉴收集统计会员单位7个企业资料，均为重点联系企业，齿轮机床生产量占全国齿轮机床产量的85%左右。

2005年，面对风云变幻、风险莫测的市场形势和国民经济健康有序、持续向好的宏观环境，本行业企业充分发挥自身优势，紧紧抓住市场需求的特点，机床产、销再创新高，经济效益综合指标达到132.6%，比上年提高6个百分点。2005年齿轮机床行业主要经济指标完成情况见表31。

表31 2005年齿轮机床行业主要经济指标完成情况

指标名称	单位	实际完成
企业数	个	7
工业总产值(当年价)	万元	224 047
其中:机床工具类产品总产值	万元	191 702
工业销售产值(当年价)	万元	216 820
其中:机床工具类产品销售产值	万元	185 518
工业增加值	万元	74 608
利税总额	万元	23 143
全年从业平均人数	人	9 890
资产总计	万元	324 562
固定资产净值平均余额	万元	83 713

2. 产、销情况

2005年完成工业总产值22.4亿元，比上年增长33%，高于全国金属切削机床制造业平均水平10个百分点。共生产各类机床6 138台，136 156万元，其中数控机床2 408台，75 509万元，机床产值数控化率达到55%。

齿轮机床生产2 798台，101 878万元，分别比上年增长16%和34%，齿轮机床产值占机床总产值的75%，比上年提高4个百分点。

各类机床销售5 885台，销售收入128 437万元，分别比上年增长7%和26%，增速放缓。

齿轮机床销售2 614台，销售收入94 754万元，分别比上年增长13%和32%，其中数控齿轮机床销售收入56 207万元，占齿轮机床销售收入的55%，比上年的46%提高9个百分点。

产、销衔接趋于合理，在工业销售产值比上年增长35%的情况下，工业产品销售率达到97%，比上年提高2个百分点。2005年齿轮机床行业分类产品产量见表32。

表32 2005年齿轮机床行业分类产品产量

产品名称	实际完成		其中:数控	
	产量(台)	产值(万元)	产量(台)	产值(万元)
合计	6 138	136 156	2 408	75 509
加工中心	65	2 517	65	2 517
车床(不含仪表车床)	2 046	10 023	1 529	13 655
铣床	124	2 286	3	22
磨床(不含砂轮机等)	1 056	16 344	0	0
齿轮加工机床	2 798	101 878	762	56 207
其他金属切削机床	49	3 108	49	3 108

3. 出口情况

2005年出口业务呈现出较好的上升势头，这与中国加入WTO后市场深度开放密切相关，本行业实现出口交货值6 327万元，比上年增长49%。其中机床、机械零件3 176万元，占出口总值的50%。齿轮机床出口量近几年呈上升趋势，2005年出口32台、1033万元，比上年的28台、674万元增长14%、53%。2005年齿轮机床行业机床产品出口情况见表33。

表33 2005年齿轮机床行业机床产品出口情况

产品类别	实际完成		其中:数控	
	出口量(台)	出口值(万元)	出口量(台)	出口值(万元)
合计	48	1 218	4	328
磨床(不含砂轮机等)	16	185		
齿轮加工机床	32	1 033	4	328

4. 新产品开发情况

近年来，行业企业针对瞬息万变的市场需求，充分发挥企业的自身优势，以市场为导向，依靠技术进步，走自主创新之路，大力开发新产品。2005年开发试制完成金属切削机床新产品46种，其中数控机床40种，占总量的87%；在数控机床新产品中，齿轮机床有30种，占75%。填补国家空白的新产品5种，有的新产品已接近或达到国际同类机床的先进水平。2005年齿轮机床行业新产品试制完成情况见表34。

表34 2005年齿轮机床行业新产品试制完成情况

序号	产品名称	型号	主要技术参数	生产企业
1	七轴四联动数控高速干切自动滚齿机	YS3116CNC7	最大加工直径:Φ160mm 最大加工模数:3mm 主轴转速:2 000r/min 工作台最高转速:200r/min	重庆机床集团

序号	产品名称	型号	主要技术参数	生产企业
2	七轴数控滚轧机	Y8406CNC7	最大加工直径：Φ70mm 最大加工模数：1.75mm 最大径向滚轧力：40t 加工精度六级精度	重庆机床集团
3	硬齿面数控滚齿机	YKC3180	最大加工直径：Φ800mm 最大加工模数：10mm 主轴转速：70～300r/min	重庆机床集团
4	六轴高速数控滚齿机	Y3180CNC6	最大加工直径：Φ800mm 最大加工模数：12mm(16mm) 主轴转速：40～275r/min	重庆机床集团
5	两轴数控剃齿机	Y4232CNC2	最大加工外径：Φ320mm 最大加工模数：轴剃 8mm/径剃 6mm	重庆机床集团
6	多功能数控倒角机	YKW9325	外齿：34～250mm 内齿：48～230mm 齿数范围：10～150 齿 齿轮模数：1～5mm 刀轴最高转数：5 000r/min	重庆机床集团
7	数控齿轮倒角机	YK9325	外齿：34～250mm 内齿：48～230mm 齿数范围：12～120 齿 齿轮模数：1～5mm 刀轴最高转数：5 000r/min	重庆机床集团
8	大型滚齿机	YA31160	最大加工直径：Φ1 600mm 最大加工模数：16mm 工作台最高转速：4r/min	重庆机床集团
9	五轴数控滚齿机	YS3118CNC5	最大加工直径：Φ180mm 最大加工模数：4mm 主轴转速：1 200r/min 工作台最高转速：200r/min	重庆机床集团
10	六轴数控滚齿机	YS3140CNC6	最大加工直径：Φ400mm 最大加工模数：12mm	重庆机床集团
11	数控成形砂轮磨齿机	YK7380	加工直径：Φ100～800mm	秦川机床集团有限公司
12	数控蜗杆砂轮磨齿机	YK7236A	加工直径：Φ20～360mm	秦川机床集团有限公司
13	加工中心	VMC1000	工作台：600mm×1 300mm	秦川机床集团有限公司
14	加工中心	VMC1500	工作台：800mm×1 700mm	秦川机床集团有限公司
15	中空机	SCJ230B	120～230L	秦川机床集团有限公司
16	中空机	SCJ50C	50L	秦川机床集团有限公司
17	数控弧齿锥齿轮拉齿机	YK2955	最大加工直径：Φ50mm 最大加工模数：14mm	天津第一机床厂
18	数控弧齿锥齿轮铣齿机	YKD2250A	最大加工直径：Φ500mm 最大加工模数：12mm	天津第一机床厂
19	数控弧齿锥齿轮铣齿机	YKD2212	最大加工直径：Φ125mm 最大加工模数：2.5mm	天津第一机床厂
20	数控弧齿锥齿轮铣齿机	YKD2280	最大加工直径：Φ800mm 最大加工模数：15mm	天津第一机床厂

（续）

序号	产品名称	型号	主要技术参数	生产企业
21	数控弧齿锥齿轮铣齿机	YKT2250	最大加工直径:Φ500mm 最大加工模数:10mm	天津第一机床厂
22	数控弧齿磨齿机	YK2080G	最大加工直径:Φ800mm 最大加工模数:15mm	天津第一机床厂
23	数控插齿机	YK58A	最大加工直径:Φ800mm 最大加工模数:12mm	天津第一机床厂
24	数控插齿机	YK5180	最大加工直径:Φ800mm 最大加工模数:12mm	天津第一机床厂
25	数控插齿机	YK5150A	最大加工直径:Φ500mm 最大加工模数:8mm	天津第一机床厂
26	数控插齿机	YK5120	最大加工直径:Φ250mm 最大加工模数:6mm	天津第一机床厂
27	数控插齿机	YK5132	最大加工直径:Φ320mm 最大加工模数:8mm	天津第一机床厂
28	数控滚动检查机	YKW9580A	最大加工直径:Φ800mm	天津第一机床厂
29	数控滚动检查机	YK9550	最大加工直径:Φ500mm	天津第一机床厂
30	数控万能插齿机	YW5140CNC	最大加工直径:Φ100mm 最大加工模数:8mm	南京二机床有限责任公司
31	数控插齿机	YS5165CNC	最大加工直径:Φ650mm 最大加工模数:12mm	南京二机床有限责任公司
32	数控滚齿机	YKH3180	最大加工直径:Φ800mm 最大加工模数:8mm	南京二机床有限责任公司
33	数控龙门铣		工作台:1 250mm×3 000mm	南京二机床有限责任公司
34	数控插齿机	YKF5180	最大加工直径:800～1 100mm 最大加工模数:12mm 最大加工齿宽:200mm	宜昌长机科技有限责任公司
35	数控齿条插齿机	YK58200	最大加工长度:2 000mm 最大加工模数:8mm 最大加工齿宽:120mm	宜昌长机科技有限责任公司
36	数控插齿机	YK51125	最大加工直径:1 250～1 600mm 最大加工模数:14mm 最大加工齿宽:20mm	宜昌长机科技有限责任公司

5. 科研项目

2005年齿轮机床行业共完成21项科研项目，基本上是新产品开发中科研攻关自行应用的项目。共有13项科研项目获奖，其中获省级奖7项。重庆机床集团当年完成的项目有10余项，这些项目研究的技术及其成果具有自主知识产权，达到国际先进水平。长机科技由省科技厅立项并支持的攻关项目YK58200数控大型齿条插齿机，当年立项当年通过省级鉴定，其技术水平达到国内领先，填补了国内空白。2005年齿轮机床行业获奖科研项目见表35。

表35　2005年齿轮机床行业获奖科研项目

序号	项目名称	获奖名称	获奖等级	完成单位	授奖单位
1	YK4232四轴数控剃齿机及其模块化系列产品的研制	中国机械工业科学技术进步奖	三等奖	重庆机床集团	中国机械工业联合会、中国机械工程学会
2	YS3116CNC7七轴四联动数控高速干切自动滚齿机	中国数控机床展春燕奖	一等奖	重庆机床集团	中国机床工具工业协会
3	YKX3132数控高效滚齿机及其模块化系列产品	优秀新产品奖	一等奖	重庆机床集团	中国机械通用零部件工业协会齿轮专业分会
4	YK4232四轴数控剃齿机及其模块化系列产品	优秀新产品奖	一等奖	重庆机床集团	中国机械通用零部件工业协会齿轮专业分会

（续）

序号	项目名称	获奖名称	获奖等级	完成单位	授奖单位
5	YKS3120六轴四联动数控高速滚齿机及其系列产品	国产数控机床优秀合作项目（与军工企业合作）		重庆机床集团	中国机床工具工业协会、中国和平利用军工技术协会
6	数控大型精密插齿机	科技进步奖	一等奖	长机科技	湖北省
7	数控蜗杆砂轮磨齿机	中国数控机床展春燕奖	一等奖	秦川机床集团	中国机床工具工业协会

6. 企业简介

重庆机床(集团)有限责任公司 原重庆机床厂，成立于1940年，是中国生产成套齿轮加工机床及相关检测仪器的国有大型骨干企业，是国内最大的成套制齿设备生产基地。集团建有国家级齿轮机床研究所、重庆市企业技术中心和博士后工作站，是中国齿轮机床行业标准化委员会的归口单位。截止至2005年12月31日，重庆机床集团拥有资产总额8.2亿元，资产负债率49%；银行信用等级为AA级。在岗职工3 828人，各类专业技术人员1 200余人，其中科研、工程技术人员657人，获国家特殊津贴的技术专家7名，省部级拔尖人才及专家4名，各专业技术带头人22名。

秦川机床集团有限公司 原名秦川机床厂，1965年从上海内迁至陕西宝鸡，是我国精密机床行业的龙头企业。公司员工3 670(含控股子公司)，其中硕士以上学历60余人，各类专业技术人员1 115人，国家级专家8人。截止至2005年底，公司资产总额16亿元，在精密机械(精密机床工具、汽车零部件、塑料机械、齿轮传动、军品制造)、电子信息(系列PC及网络技术、汽车电子产品)、环保(节灌产品及工程服务、环保与材料)3大主体产业领域，拥有20多个控股、参股公司。2005年销售收入达到11亿元，进入全国金属切削机床行业前三甲，跻身“2005中国工业(金属切削机床)行业排头兵企业”，位列第三。2005年公司荣获中国机械工业企业现代化管理创新成果一等奖；2003年、2004年、2005年在中国机床工具行业4项十佳企业年度评比中连续三年蝉联“产品销售收入十佳企业”“数控产值十佳企业”以及“精心创品牌活动十佳企业”等称号。数控蜗杆砂轮磨齿机荣获2006年中国数控机床展“春燕奖”一等奖。除此之外，秦川在2005年还推出具有自主知识产权的YK73125大规格精密数控成形砂轮磨齿机亮相CIMT2005，并在当年实现销售。

南京二机床有限责任公司 是沈阳合金投资股份有限公司与南京机电产业(集团)有限公司共同投资组建的有限责任公司。公司在原国有大型一档骨干企业南京第二机床厂的基础上，集中了原有企业的核心竞争能力，于2002年10月进行资产重组。公司注册资本金1.12亿元。2005年现有职工619人，完成产值13 568万元，销售收入12 268万元；技术中心先后完成新产品YKX3132M、YN5132CNC、YB4232CNC与Y3112CNC产品技术设计；在国内市场开始下滑的形势下，公司外销工作2005年有了新的进展，开拓了与中东、印度、东欧及中国台湾等地区的贸易沟通，加强与RT、维拉公司等老客户的交流和联系，全年机床出口合同达到750万元，这在公司的历史上是个突破。

南京第二机床厂 是我国大型骨干企业，其改制后的参股、控股公司共有14个，主要产品有圆柱齿轮加工机床、数控车床、加工中心、数控铣床、干粉压力机等多种机床。2005年，公司开发了XH800M数控铣、TX6432斜床身数控车、XH715数控加工中心和CKX6132斜床身数控车，数控机床的产量及产值都比上年增长44%。2005年产品销售收入27 248万元，实现了产销双超27 000万元的目标。

天津第一机床总厂 始建于1951年，是国有大型一档企业，由生产车床转产生产齿轮加工机床。多年来，该厂承担了国家“七五”、“八五”、“九五”重点产品科技攻关项目，如XH715GY五轴联动立式加工中心、TH6380B卧式加工中心和Y2080I弧齿锥齿轮磨齿机，其中Y2080I弧齿锥齿轮磨齿机为我国首创，具有国内领先水平和国际当代水平。2005年，充分利用展会及网络信息平台，加大国际市场的开发力度，主动走出去推销产品，年内实现了4个第一次，即：插齿机第一次出口到土耳其，数控插齿机第一次出口到印度，数控铣齿机第一次出口到国际市场，齿轮机床第一次获得出口欧洲的CE认证书。同年，“津一”再次被天津市政府授予“天津名牌产品”称号，同时《将比较优势提升为竞争优势》课题，荣获第十届中国机械行业企业管理现代化创新成果二等奖。2006年天津市政府已决定投资5亿元，以数控齿轮机床研制为核心，以天津第一机床总厂为龙头，整合天津市优良机床资产，组建天津一机床集团有限公司。

宜昌长机科技有限责任公司 是由始建于1969年的国家机床工具行业重点骨干企业——长江机床厂改制而成。公司是以研制全系列插齿机、铣齿机、数控双铣头铣槽机和各种精密齿轮、齿条为主导产品，并拥有自营进出口权的省级高新技术企业和宜昌市重点培育高新技术企业。2005年度被授予“湖北省工业经济先进单位”和“湖北省企业信息化示范单位”称号。该公司亦是机械制造行业首家同时通过ISO9001《质量管理体系要求》、ISO14001《环境管理体系规范及使用指南》和OHSAS18001《职业健康、安全管理体系规范》3个国际标准认证的企业。公司的产品广泛应用于汽车、军工、矿山机械、港口机械等机械制造领域，优质的产品不仅行销全国，还批量出口美国、加拿大及东南亚地区。

〔本部分撰稿人：中国机床工具工业协会齿轮机床分会 聂章梅〕

（六）特种加工机床

1. 产品简述

长期以来有一种观念认为特种加工就是电加工，其实特种加工有几十个门类，电加工只是其中之一。特种加工种类的划分国内外基本一致。

主要有：电火花成形加工（SEDM）、高速走丝电火花线切割加工（HSWEDM）、低速走丝电火花线切割加工（LSWEDM）、高速小孔电火花加工（HSEDM）、电解加工（ECM）、电解磨削加工（ECG）、快速成形加工（R/MIN）、化学加工（CHM）、光化学加工（PCM）、超声加工（USM）、激光加工（LBM）、等离子弧加工（PAM）、离子束加工（IBM）、电子束加工（EBM）、磨粒流加工（AFM）、磨料喷射加工（AJM）、液体喷射加工（HDM）等等。各类特种加工又有不同的系列产品。特种加工的门类要比金属切削机床的车、铣、刨、磨等来得多。

特种加工机床被许多人认为是金属切削机床的一部分，其实，按照金属切削机床的国家标准，它不属于金属切削机床。GB/T15375“金属切削机床型号编制方法”的国家标准中明确规定：“本标准适用于新设计的各类通用及专用金属切削机床、自动线，不包括特种加工机床。”该标准是目前金属切削机床分类的惟一国家标准。而且金属切削机床标委会和特种加工机床标委会一样，同属国家级标委会。因此，特种加工机床与锻压机械、铸造机械、木工机床一样，与金属切削机床为并列的二类机床。

特种加工行业是个新兴产业，是国内外公认的先进制造技术的重要组成部分。随着我国国民经济的迅速发展，特种加工机床产量已达5.0～5.5万台/年，产值约为50～60亿元/年。在我国众多的特种加工机床中，按照专业而且具有一定规模的小行业有：电火花成形加工机床（SEDM）、电火花线切割机床（HSWEDM　LSWEDM）、高速小孔电火花加工机床（HSEDM）、电解加工机床（ECM）、快速成形加工机床（R/MIN）、高能束加工机床（LBM PAM HDM）等。电火花线切割机床中LSWEDM为高新技术产品，目前产量约3 000台/年，产值约18亿元/年，而HSWEDM大部分为低档产品，产量很大，约3.5～4.0万台/年，产值约16～18亿元/年，说明一台HSWEDM的价格是LSWEDM的1/15左右。

2. 行业概况

2005年特种加工机床行业共有35个企业上报企业情况，共完成工业总产值（当年价）16.83亿元与2004年基本持平，机床工具类产品总产值和全年从业平均人数比2004年下降，2005年特种加工机床行业的基本情况见表36。

表36　2005年特种加工机床行业基本情况

序号	项　　目	单　位	数　量
1	工业总产值（当年价）	万元	168 334
	其中：机床工具类产品总产值	万元	143 001
2	工业销售产值（当年价）	万元	159 471
3	全年从业平均人数	人	4 493
4	固定资产净值余额	万元	40 134

3. 生产

2005年特种加工机床行业共生产各种机床11 935台，与2004年基本持平，其中特种加工机床10 198台，占全部产量的85.45%，特种加工机床中的数控机床占总产量的81.52%，特种加工机床中数控机床产值占93.48%。2005年特种加工机床行业的生产情况见表37。

表37　2005年特种加工机床行业的生产情况

序号	产品类别	实际完成		其中：数控	
		产量（台）	产值（万元）	产量（台）	产值（万元）
	合计	11 935	151 462	9 177	124 010
1	特种加工机床	10 198	109 680	8 314	102 536
2	其他钻床	79	718	79	718
3	数控镗床及镗床	848	20 188		
4	数控铣床	561	13 090	561	13 090
5	车床	4	25	4	25
6	磨床	26	120		
7	加工中心	219	7 642	219	7 642

4. 出口

2005年特种加工机床行业共出口各种机床1 359台，是2004年的75%，出口值3.14亿元，与2004年基本持平。2005年特种加工机床行业产品出口情况见表38。

表38　2005年特种加工机床行业产品出口情况

序号	产品类别	实际完成		其中：数控	
		出口量（台）	出口值（万元）	出口量（台）	出口值（万元）
	合计	1 362	31 464	1 362	31 464
1	立式加工中心	3	58	3	58
2	特种加工机床	1 359	31 406	1 359	31 406

5. 新产品试制

2005年特种加工机床行业共开发各种机床新产品19种，其中特种加工机床15种，2005年特种加工机床行业各企业开发新产品情况见表39。

表 39　2005 年特种加工机床行业各企业开发新产品情况

序号	产品名称	型　号	主要技术参数	鉴定时间	鉴定单位	生产企业
1	精密数控电火花成形机床	BM30	工作台尺寸：600mm×400mm X、Y、Z 行程：300mm×210mm×270mm 最大加工电流：40A 最佳表面粗糙度：R_a≤0.10μm 最小电极损耗：≤0.1% 最大电极承重：50kg Z 轴最快进给速度：6m/min 数控系统：四轴四联动 脉冲电源：A1 智能电源	2005.3	电加工所技术委员会	北京电加工机床研究所
2	大型大锥度数控高速走丝线切割机床	BDK—7750T	工作台行程（X×Y）：500mm×630mm 工作台尺寸：830mm×500mm 切割厚度：300mm 最佳表面粗糙度：R_a≤2.5μm 最大切割速度：100mm²/min 切割锥度：30°	2005.6	电加工所技术委员会	北京电加工机床研究所
3	大型大锥度数控高速走丝线切割机床	BDK—7763T	工作台行程（X×Y）：630mm×1 000mm 工作台尺寸：1 500mm×1 000mm 切割厚度：500(800)mm 最佳表面粗糙度：R_a≤2.5μm 最大切割速度：100mm²/min 切割锥度：30°	2005.6	电加工所技术委员会	北京电加工机床研究所
4	大型大锥度数控高速走丝线切割机床	BDK—7780T	工作台行程（X×Y）：800mm×1 000mm 工作台尺寸：1 500mm×1 200mm 切割厚度：300mm 最佳表面粗糙度：R_a≤2.5μm 最大切割速度：100mm²/min 切割锥度：30°		电加工所技术委员会	北京电加工机床研究所
5	半自动超声波整形机	BDMT—CBZ	超声波频率：20kHz 超声功率：0～150W 超声头升降范围：120mm 加工孔径范围：Φ0.08～4mm 加工表面粗糙度：R_a≤0.025μm 工作台直径：Φ45mm 工作台旋转速度：120r/min 工作台纵向进给量：±6mm 工作台摆动角度：±6°～8° 砂轮电动机的转速：2 800r/min 砂轮横向摆动量：16mm 砂轮纵向进给量：30mm 磨针角度范围：0°～100°		电加工所技术委员会	苏州电加工机床研究所
6	60°大锥度数控高速走丝线切割机床	CTW320TC	工作台行程：320mm×400mm		电加工所技术委员会	苏州电加工机床研究所
7	数控慢走丝线切割机	DK7632	工作台尺寸：320mm×500mm U、V 轴行程：150mm 最大切割厚度：210mm 最大切割斜度：±15°/100mm 无电阻高效脉冲电源，防电解电源		中国机械工业集团公司	天津天仪数控机械股份有限公司

（续）

序号	产品名称	型　　号	主要技术参数	鉴定时间	鉴定单位	生产企业
8	数控电火花轮胎模加工机	ZT－006	转台尺寸：Φ800mm 伺服行程：70mm 最小分度值：1 最大加工电流：50A 带卸荷装置		中国机械工业集团公司	天津天仪数控机械股份有限公司
9	液压平面磨床	MPM150Y	磨削工件最大尺寸：350mm×150mm×260mm			天津天仪数控机械股份有限公司
10	圆台磨床	M7325	圆台直径：250mm 磨削厚度：160mm		天津天仪数控机械股份有限公司	天津天仪数控机械股份有限公司
11	大型高效数控模具加工机床关键技术研究		主轴最高转速：8 000r/min X、Y、Z 轴行程：1 400 mm、700mm、710mm 快速移动速度：(X/Y)24m/min，Z：12m/min 切削移动速度：(X/Y)12m/min，Z：8m/min 定位精度：X、Y、Z 三轴定位精度±0.01mm 重复定位精度：±0.004mm		浙江省科技技术厅	杭州杭机数控机床有限公司
12	ZK573 型数控立式钻床	ZK573	工作台行程：160mm×200mm 主轴行程：250mm 工作台、主轴快速移动速度：300mm/min 工作台、主轴慢速移动速度：7mm/min 工作台、主轴转动 0.01mm/次 主轴进给速度：10～80mm/min 主轴转速：2 000～10 000转/min 加工范围：Φ0.8～3mm	2005.12.15	杭州杭机数控机床有限公司	杭州杭机数控机床有限公司
13	DKG7716 高精度快走丝线切割机床	DKG7716	工作台行程：160mm×200mm 最大加工厚度：80mm 工件最大重量：40kg 加工精度：≤±0.0 075mm 精加工表面粗糙度：R_a≤1.5μm 最大加工速度：≥60mm²/min 定位精度：0.006mm 反向倍隙：0.002mm	2005.12.15	杭州杭机数控机床有限公司	杭州杭机数控机床有限公司
14	线切割机床	DK77100	行程 1 000mm×800mm		泰州德锋数控机床有限公司	泰州德锋数控机床有限公司
15	数控电火花成形加工机	AM45L	工作台尺寸：650mm×450mm X、Y、Z 轴移动距离：450mm×300mm×320mm 最大工件重量：800kg	2005.11		苏州沙迪克特种设备有限公司
16	慢走丝电火花数控线切割机	DK7663	工作台尺寸：1 120mm×820mm 行程：800mm×630mm 主轴行程：400mm 最大切割速度：≥210mm²/min 最佳加工表面粗糙度：R_a≤0.8μm，≤0.4μm，	2003.06	三光公司	苏州三光科技有限公司

（续）

序号	产品名称	型号	主要技术参数	鉴定时间	鉴定单位	生产企业
17	慢走丝电火花数控线切割机	DK7632A	工作台尺寸：745mm×510mm 行程：500mm×350mm 主轴行程：270mm 最大切割速度：≥210mm²/min 最佳加工表面粗糙度：R_a≤0.8μm，≤0.4μm	2003.6	三光公司	苏州三光科技有限公司
18	慢走丝电火花数控线切割机	DK7632(SK-DB)	工作台尺寸：745mm×510mm 行程：500mm×350mm 主轴行程：270mm 最大切割速度：≥210mm²/min 最佳加工表面粗糙度：R_a≤0.3μm		三光公司	苏州三光科技有限公司
19	高速精工电火花成形机	EDM7140	脉宽≤0.1Ms 峰值电流≥100A 时高速精工电源，在小面积加工时(20mm×20mm)，工件最佳表面粗糙度 R_a≤0.2μm，在大面积加工时(100mm×140mm)，工件最佳表面粗糙度 R_a≤0.4μm	2004.5	宁波市科技局	宁波海恩机床有限公司

5. 合资合作情况

2005 年特种加工机床行业有 2 个合资或独资企业，共完成产品销售7 980万元。2005 年特种加工机床行业合资合作情况见表 40。2005 年特种加工机床行业合资合作产品销售情况见表 41。

表 40　2005 年特种加工机床行业合资合作情况

序号	项目名称	合资合作内容	合资金额（万美元）	外方企业名称	外方占股金比例(%)	中方占股金比例(%)	合资年限	合同签订年份
1	苏州沙迪克特种设备有限公司	外商独资(2004 年 7 月开始)	450	日本株式会社沙迪克 CPC	100		30	1994 年 11 月，2004 年 6 月股权转让后变为外商独资企业
2	北京阿奇夏米尔工业电子有限公司		960	阿奇夏米尔集团	78	22	30	1993 年

表 41　2005 年特种加工机床行业合资合作产品销售情况

序号	合资合作产品名称	数量(台)	金额(万元)	生产企业
1	数控电火花成形机	5	90	上海第八机床厂有限公司 上海大量电子设备有限公司
2	FI2403L	60	3 605	北京阿奇夏米尔工业电子有限公司
3	SA20	20	590	北京阿奇夏米尔工业电子有限公司

6. 科研项目情况

2005 年特种加工机床行业共完成科研项目 12 项，2005 年特种加工机床行业完成科研项目情况见表 42。2005 年特种加工机床行业有 5 项科研项目获奖，2005 年特种加工机床行业科研项目获奖情况见表 43。

表 42　2005 年特种加工机床行业完成科研项目情况

序号	项目名称	主要内容	投入资金（万元）	项目来源	企业名称
1	电化学竹节深孔加工工艺设备	用电化学方法加工机加工无法完成的竹节状深孔	103	国家科技部	苏州电加工机床研究所
2	数控细线电火花加工工艺设备	研究微细丝在数控慢走丝上的应用，解决精密零件加工问题	133	国家科技部	苏州电加工机床研究所

（续）

序号	项目名称	主要内容	投入资金（万元）	项目来源	企业名称
3	电火花微孔加工工艺及设备	用电火花加工方法，解决大量机加工无法完成的微小孔加工问题	98	国家科技部	苏州电加工机床研究所
4	高效放电铣削加工机	采用简单的中空圈电极对高温粘性金属进行高效加工	89	航空天军工企业	苏州电加工机床研究所
5	数控电火花蜂窝磨床	适用于加工航天、航空、军工的蜂窝环	95	航空天军工企业	苏州电加工机床研究所
6	大面积聚晶金刚石（PCD）高效放电光整加工基础技术研究	超硬材料特种加工技术	18	国家自然科学基金	北京市电加工研究所
7	混沌理论在电火花加工中对放电状态监测与控制的应用研究	电火花成形机床数控系统研究	26	北京市新星计划	北京市电加工研究所
8	新型金刚石复合材料精密特种加工基础技术研究	超硬材料特种加工技术	26	北京市新星计划	北京市电加工研究所
9	电火花加工机床智能化柔性化开放式数控系统的研究	电火花成形机床数控系统研究	50	北京市自然科学基金	北京市电加工研究所
10	聚晶金刚石电火花超声机械复合精密加工基础技术研究	超硬材料特种加工技术	13	北京市自然科学基金	北京市电加工研究所
11	类金刚石涂层在精密 IC 模具的应用基础研究	模具加工	13	北京市自然科学基金	北京市电加工研究所
12	数控雕铣机	研制	70	自行开发	苏州市金马机械电子有限公司
13	电火花高速小孔加工机控制系统	微秒级自适应高频脉冲电源	6	自行开发	苏州新火花机床有限公司
14	电脑单轴数控高精度电火花机系统	高精度、自适应、工控高频脉冲电源	10	自行开发	苏州新火花机床有限公司
15	DK7632 慢走丝线切割机床		300		

表 43　2005 年特种加工机床行业科研项目获奖情况

序号	项目名称	主要内容及应用范围	获奖名称	获奖等级	主要完成单位	主要完成者	授奖单位
1	大面积聚晶金刚石（PCD）高效、绿色、精密特种加工技术	对大面积（$\Phi \geqslant 50$mm）PCD 的整个加工过程进行系统研究，形成一套完整的具有自主知识产权的特种加工技术，建成世界最大的大面积 PCD 加工基地。该项技术制成的产品广泛应用于汽车和木材加工行业、石油地质钻探、航空航天和宝石加工等各个行业，实现了其他材料无法胜任的工业化加工任务	中国机械工业科学技术进步奖	二等奖	北京迪蒙吉意超硬材料技术有限公司	曹凤国 桂小波 张勤俭 翟力军 叶书强 胡绛梅	中国机械工业联合会 中国机械工程学会
2	四轴数控电弧展成加工工艺及设备	完成机加工难以加工的高温、粘性金属材料	科学技术奖	三等奖	苏州电加工机床研究所 苏州中特机电科技有限公司		中国机械工业集团公司
3	DK7632 慢走丝线切割机床		上海市高新技术企业认证		上海市通用控制自动化有限公司	王小柘	上海市科学技术委员会
4	线电极放电加工实时适应体系	高速走丝高频脉冲电源放电状态的自适应检测与自动调节。主要应用于快走丝线切割机床	苏州市科技进步奖	三等奖	苏州新火花机床有限公司		

（续）

序号	项目名称	主要内容及应用范围	获奖名称	获奖等级	主要完成单位	主要完成者	授奖单位
5	六轴数控高效电火花小孔加工工艺及设备	为航空航天发动机制造业研制的专用设备，主要用于发动机叶片安装边环形件火焰筒等零件，复杂小孔的加工	中国机械工业科学技术奖	二等奖	苏州电加工机床研究所 苏州中特机电科技有限公司		中国机械工业工程学会

7. 企业简介

苏州电加工机床研究所　苏州中特机电科技有限公司，属原国家机械工业部，建立于1958年，主要从事电加工、特种加工技术与设备的研究、开发和制造，拥有行业一流的技术人才和检测设备，是我国特种加工行业的归口所。全国特种加工行业学会、协会、电加工机床产品质量监督检测中心、中国模协技术委员会等均挂靠在该所。苏州中特机电科技有限公司是由该所科研生产主体改制组建的高新技术企业。

该所及中特公司的主要通用产品有各种普通及数控电火花成形机、电火花高速小孔机、数控快、慢走丝电火花线切割机、数控电火花轮胎模加工机、电解去毛刺机、数控硬质合金轧辊磨床成套设备、数控精密微孔加工机等，其中有的产品远销美国、日本、韩国、新加坡、泰国、越南等国家。

汉川机床有限责任公司　前身是汉川机床厂，始建于1965年，由当时的北京第二机床厂内迁至陕西汉中。经过近40年的发展，现已成为我国精密数控机床的重要生产企业。

2005年企业生产经营共完成工业总产值32 867.5万元，比上年的21 260万元增长54.6%；销售收入28 210万元，比上年的20 892万元增长35%；利润总额1 852万元，比上年的305万元增长507%；2005年末从业人员637人。公司主导产品有卧式镗床、数控铣床、加工中心、电加工机床等7大系列80多个品种，基本适销对路。近年来不断跟踪市场，调整产品结构，每年都有10多种新产品推出。

苏州三光科技有限公司　是由苏州三光集团有限公司和友嘉（香港）实业有限公司合资经营的高新技术企业。它的前身是苏州沙迪克三光机电有限公司。公司生产“三光”牌DK76电火花数控慢走丝线切割机床、DK77快走丝线切割机床和电火花高速穿孔机等主要产品，国内市场占有率达30%，并远销日本、德国、意大利、南非、波兰、韩国、马来西亚和香港等几十个国家和地区。2005年共生产了901台金属切削机床，其中数控663台，实现工业总产值1.57亿元，产品销售收入1.62亿元，其中出口产品销售收入1 700多万元。2005年自行研制出节能型的BKDK控制器，以及DK7632(SKDB)全闭环无电解精密低速走丝电火花线切割机床。“线切割机连杆切割装置”“线切割机立柱移门装置”及“电火花小孔加工机的电极导向器”3项成果获得了专利。在标准化工作方面，公司参照国家新近颁布的GB/T7926—2005电火花线切割机（往复走丝型）精度检验标准，修订了企业的内控标准。在企业管理方面，2005年公司获得了“机械工业企业管理基础工作规范化达标企业”、“机械工业管理进步示范企业”等荣誉。2005年“三光牌”电火花线切割机床还荣获江苏省名牌产品称号。

北京阿奇夏米尔工业电子有限公司　是中国机床制造业第一家中外合资的高新技术企业，也是瑞士AGIECHARMILLES集团在欧洲外惟一的电加工机床专业生产研发基地。北京阿奇夏米尔工业电子有限公司的产品分为4大系列：高精度低速走丝线切割机、数控精密电火花成形机、数控高速走丝电火花线切割机和数控电火花穿孔机，共计17个品种。经过十余载的不懈努力，ACTSPARK产品和其他产品不仅深受国内用户的好评，成为中国电火花加工机床的领先者，并且60%远销欧洲、美洲等市场，获得了各国用户的广泛赞誉。

苏州沙迪克特种设备有限公司　是日本株式会社沙迪克CPC出资的外商独资企业，现有员工220人，2005年完成工业总产值4.57亿元，销售收入4.69亿元。

主要生产慢走丝线切割机床及数控精密电火花成形机床。现生产品种有AQ560L、AQ360L、AP200L慢走丝线切割机床及AM3L、AM65、AM45LNC精密电火花成形机床。2005年共生产各种电加工机床893台，销售各种电加工机床922台。其中出口395台，出口额达2 616万美元，主要出口至日本、欧洲及东南亚地区。公司建筑面积42 000m²，有大型五面体加工中心、立式/卧式加工中心等数控加工设备33台（套）。生产能力每月生产各种型号电加工机床120台左右。该公司的产品全部采用由沙迪克公司制造的直线电动机控制，使产品性能进一步提高。2005年开发出适应客户需要的AM45LNC精密电火花成形机床，现已批量生产投放市场。

国营成都无线电专用设备厂　633厂创建于1956年，是国内最早生产数控电火花线切割机床的专业厂家之一，也是原电子部定点的雷达汇流环生产厂。工厂现隶属于成都电子机械高等学校，是国家机械电子工程实训（师资）基地依托单位。工厂一直致力于数控线切割机床的设计、制造，是成都地区惟一的同类机床生产厂，其产品主要有DK7725—DK7750系列数控（单片机或编程一体化）电火花线切割机床。产品曾多次荣获包括“四川省科学进步三等奖”在内的政府和行业奖励。2004年公司顺利通过了ISO9001：2000年版质量管理体系认证。

泰州冬庆数控机床有限公司　成立于2001年，是集科研、生产、销售为一体的省高新技术企业。现有员工350人，工程技术人员50多人，其中高级工程师3人。占地面积34 000m²，建筑面积21 000m²，固定资产870多万元。各类生产设备150多台，有大型导轨磨床、大型龙门铣床、平面磨床、加工中心、激光干涉仪等大、中型设备。主要产品有：DK77系列电火花数控线切割机床、DK71系列电火花成形机、DD703系列内圆切片机以及J5060C系列高速穿孔机。公司研制的DK77系列大锥度、大厚度电火花数控线切割机获得江苏省高新技术产品称号。产品广泛应用于航空、航天、军工、冶金等设备制造领域。2005年研制的DK7632电火花数控慢走丝机床，是进口替代型产品，加工粗糙度为0.8μm，处于国内领先地位。

苏州市金马机械电子有限公司　原苏州市金马机械电子公司，成立于1992年，数控线切割机床专业生产企业。公司生产的数控电火花线切割机有DK77120、DK7763、DK7750、DK7740、DK7732、DK7725共6种型号40余种规格。机床具有从0°到90°锥度加工的可调功能，极大地扩展了线切割机的加工范围，产品的加工能力得到了飞跃式的提升。公司还生产DD703高速小孔加工机和D71系列成形机。近期公司又研发出数控铣床、加工中心和精密型数控雕铣机。

北京市电加工研究所　隶属于北京市科学技术研究院，是集科研、开发、生产于一体的高新技术企业，是北京市重点研究所之一，是北京市8个高技术实验室之一，即北京精密特种加工技术研究中心。随着体制改革，按不同的产品和研究方向，该所下设8个股份制公司和5个实验室。2005年全所拥有405名员工，高、中级职称94人，科技人员占42%，质量管理人员占24%。全所工业总产值1.34亿元，销售收入1.31亿元，出口创汇600多万美元，收汇212万美元。生产的主要机床产品有精密数控电火花成形加工机、数控快走丝线切割机、高速小孔加工机、电火花机械复合工具机床、工业金刚石拉丝模成套加工设备、BDMT－JP903型聚晶金刚石镜面抛光机以及应用于航空航天、军工等各种行业的专用设备。生产的主要工具产品有各种工业金刚石、立方氮化硼、金属陶瓷等刀具。下属的迪蒙普瑞公司生产的精密模具打入国际市场，目前已出口到美国、日本等国际知名企业。迪蒙卡特公司已在欧洲和南美市场建立销售服务网络，首批订单发往巴西和波兰的电加工机床均已执行，打开了走向国际市场的良好开端。

杭州华方数控机床有限公司　位于杭州市西湖区转塘科技园区(古寺庵)内，公司占地面积17 000m²，拥有员工近200人，是中国机床工具工业协会特种加工机床分会以及中国机械工程学会的会员单位，为杭州市高新技术企业。公司主要从事精密机床和数控系统的研制、生产和销售服务。目前主要生产DK系列数控线切割机床、数控车床及线切割控制器、线切割编控一体机等产品。

南昌江南电子仪器厂　是国家重点大学——南昌大学的校办企业，是国内最早生产电火花线切割机的厂家之一。企业拥有一支由大学教授、学者及众多专业人士组成的科研开发队伍，同时还有一支以大、中专毕业生为主体的高素质的工人队伍，并组建了江西新时代机械电子有限公司等中外合资高新技术公司。产品被原国家教委、原机械电子工业部评定为优质产品、一等品，产品畅销全国，远销欧洲、美洲和亚洲。先进的设计、高贵的品质、优秀的服务成就“江南”30年黄金品牌。企业主要产品种类：DK7725～DK77100系列电火花线切割机；D7132～D7150系列电火花成形机；XK715数控铣床。

淄博中威电加工机床有限公司　原名淄博市淄川恒力电加工机床厂，始建于1984年，是山东省最早生产电加工机床的专业厂家，2005年实现工业总产值300多万元，主要生产DK77系列数控电火花线切割机床，DK37系列电化学去毛刺机床，以及从事模具制造，产品广泛用于油泵、油嘴、汽车、工程机械、发动机、模具等制造行业。

泰州市江洲数控机床制造有限公司　是国内数控电火花线切割机床、电火花成形机床、数控铣床、雕铣机床的专业生产公司。具有产品开发设计、生产制造能力。公司生产的DK77系列数控电火花线切割机床，有DK7720～DK77120等多种型号，生产的电火花成形机有D7125～D7160 6种型号，还生产XK714至XK718系列数控铣床和砂线切割机、雕铣机、砂棒磨削机，并不断开发新产品满足用户需要。

苏州新火花机床有限公司　是由改制后的北京新火花机床公司华东公司、苏州吴中区高新技术投资管理公司共同投资组建的有限公司，是中国机械工程学会特种加工分会、全国特种加工机床标准化技术委员会委员单位、中国机床工具工业协会特种加工机床分会理事单位，江苏省科技型企业。公司总部和生产基地设在苏州市，在北京、山东、福建、浙江等地设有分公司及分销商。并拥有SPKW系列大锥度快走丝电火花线切割机及高速电火花小孔加工机等三项国家专利。

常州二机机床有限公司　原常州市第二机床厂。2005年完成工业总产值1 490.7万元；销售收入1 570.4万元。公司现有员工190人，拥有龙门加工中心、龙门导轨磨床、龙门刨床、大型镗床等一批精良的加工设备。主要生产电火花成形机、金属带锯床、方柱立式钻床、摇臂钻床等系列产品。公司坚持“提供高品质产品，真诚为用户服务”的理念，赢得了广大客户的信赖。产品畅销全国各地，其中金属带锯床曾小批量出口到韩国、俄罗斯等国。

上海汇盛电子机械设备有限公司　隶属于上海飞乐股份有限公司，是一个集经营、生产、科研开发为一体的经济实体。公司获“上海市高新技术企业”称号，通过了ISO9002质量体系认证。公司由上海无线电专用机械厂、上海申江机械厂、上海无线电十五厂和上海电视专用设备厂联合组建而成。公司注册资金2 139万元，现有员工360人，其中工程技术人员120人，管理人员近100人，公司占地面积72 600m²。主要产品有：①模具加工设备：电火花线切割机系列产品以及三坐标自动仿形铣床等设备；②电子专用设备：切片机、磨片机、抛光机、通过式R型内外面磨床以及充退磁机等电子专用设备；③半导体设备：制版机、外延炉、扩散炉、光刻机、铝丝和金丝焊接机以及塑料封装机等专用设备；④通用加工设备：卷料纵剪机组、气动冲床系列产品以及自动绕线机等产品；⑤项目工程：彩色显像管、显像管玻壳生产线配套设备及玻管生产线设备、汽车涂装生产线配套设备及城市轨道交通售检票系统配套设施；⑥其他产品：有机箱、机柜货架等钣金制品以及电讯接插件等产品。

山东省泰安生建电加工机床厂 是我国最早研制生产电火花机床的厂家之一，是中国机床工具工业协会特种加工机床分会理事单位，是山东省电加工协会副理事长单位，资信AAA级，泰安市13511工程重点保护企业，早期通过了ISO9001质量体系认证。主导产品：成形机D7125、D7125A、D7132、DM7140、DM7140B、DM7140C、DM7150、可配电源：TD系列40A、60A、80A、100A、150A；*Z*轴数控EDM系列60A、80A、100A；数控线切割机DK7725、DK7732、DK7740、DK7750等系列产品。

深圳福斯特数控机床有限公司 是1992年成立的中外合资企业，深圳市高新技术企业，深圳市机械行业协会副会长单位，连续3年被评为“产品监督检验质量好”企业，被深圳市工商行政管理所授予“重合同守信誉企业”，在深圳名牌战略品牌评价活动中被评为“中国深圳最有价值品牌”企业，公司通过了ISO9000质量管理体系认证。公司产品远销30余个国家与地区。产品主要有：直体、小锥度、大锥度编控一体化电火花线切割机系列；普通型、数控型电火花高速小孔机、高速数控模具雕铣机系列、小型数控等离子/火焰切割机系列等。公司产品拥有9项专利，具有较高的技术含量。

苏州长风有限责任公司 是隶属于中国航天工业第一集团公司的大型“军民结合型”国有独资企业。现有职工370余人，年销售额5 419余万元，其中电加工机床销售额2 163余万元。主要从事航空电子产品的科研开发和生产，同时应用航空高科技开发和生产民用产品，公司开发和生产的数控线切割机为国内最早生产的数控电加工机床之一。公司目前投放市场的民用产品有：高速走丝电火花线切割机、程控注射机、电脑雕刻机、“航空牌”量具、刀具，汽车、家电温控产品等。

上海第八机床厂有限公司 是电火花成形机和电火花线切割机的专业生产企业，1996年通过资产重组加入上海机床有限公司。企业重组后，努力调整产品结构，培养优势产品，进行内部改革，精简机构，分流人员，使企业经济效益有了较大幅度的提高。在产品品种发展方面，企业坚持自主开发和引进合作开发并举的方针，根据市场需求和用户不同层次的要求，及时开发了DLTM电火花轮胎模专机和S205四轴三联动数控电火花成形机。

天津市天仪数控机械股份有限公司 是1992年经天津市政府批准改制的股份制企业，是原机械工业部，机床工具行业重点企业。2005年公司从业人数135人，工业总产值完成1 100万元，销售收入完成950万元。主导产品为数控电火花线切割机床、数控砂线切割机床，另外还有小型外圆磨床、平面磨床。数控电火花线切割机主要有DK7720 DK7740 DK7750 DK7763等规格，可加工带锥度的工件及各种导电材料，适用于大、中型及形状复杂的精密零件以及各类模具零件的加工。数控砂线切割机主要有QTK5620、QTK5640规格，广泛用于石墨制品行业，是加工石墨电极、石墨模具、石墨零件及部分非金属材料必不可少的设备。小型外圆磨床、平面磨床主要服务于模具、仪器仪表、军工、汽车、航天、特殊异型零件加工等行业。这些优质产品遍销全国，并远销美国、新加坡、泰国等。

苏州工业园区江南赛特数控设备有限公司 苏州江南电梯（集团）有限公司、苏州江南赛特数控设备有限公司与外商合资组建的中外合资企业，地处中国历史文化名城苏州工业园区，工厂所在地苏州虎丘风景区。主要从事电火花线切割机床、电火花高速小孔加工机、数控铣床、数控雕铣机和加工中心等机电一体化产品的设计、制造。公司占地12 000多m^2，厂房面积7 500多m^2，各类专业技术人员20余人。主要产品有DK系列电火花线切割机：DK7720、DK7725、DK7732、DK7740、DK7750、DK7763 6种型号20余种规格，机床能实现6°、15°、30°和60°锥度加工，能满足冷冲模，塑胶模，挤压模，异型成形模具和金属零件的加工需要。CNC控制系统采用国际标准ISO代码控制，能实现四轴联动三维加工。公司生产的DK77—XM40鞋模专用线切割机床为国家专利产品。DS703A电火花高速穿孔机适用于在硬质钢、硬质合金、铜、铝等金属材料上打孔及在曲面、锥面上打孔。数控铣床、加工中心有ST850、ST1200等机型，采用日本三菱MITSUBISHISERIES64S、E60等CNC系统。

江苏三星机械制造有限公司 是国内跨行业的机械制造企业，集开发、生产、销售为一体，连续多年被评为泰州市明星企业，并已通过ISO9001：2000质量体系认证。多年来，公司员工积极弘扬“团结拼搏，自强务实”的精神，产品质量及技术含量不断提高，企业规模迅速发展。公司占地面积9 000m^2，员工400多人，其中，中、高级工程技术人员36人。主要产品有：DK77系列电火花线切割机、D71系列电火花成形机、XK系列数控铣床、SXDK系列数控雕刻机、SXD720高速电火花穿孔加工机、SXSL系列数控超高压水射流切割机、XGQ系列全自动洗脱两用机、XPG系列工业洗涤机、75系列脱水机、SWA801系列烘干机、YB系列烫平机、ASLMA系列地毯联合清洗机等。

三菱电机大连机器有限公司 是日本三菱电机株式会社在中国大陆的独资企业，公司成立于1994年10月，并于1999年及2003年2次增资，现总投资90亿日元。公司占地面积68 000m^2，员工576人，年销售收入80 000万元，其中电加工产品21 100万元。经营范围：设计、生产配电用机械器具、电加工机床、变频调速器及零部件；销售自产产品，提供相关售后服务，从事非配额许可证管理、非专营商品的收购出口。生产品种：小型断路器、变频调速器、电火花加工机床、伺服放大器及数控装置。

杭州杭机数控机床有限公司 建于2004年，由前杭州无线电专用设备一厂改制而成。是国内最早批量生产电火花数控线切割机床的专业生产厂之一。公司坐落于杭州市余杭经济开发区，占地面积2万m^2，拥有固定资产1 600余万元。各种专业设备及检测仪器400余台，员工300余名，具有各类职称的专业技术人员60余人，其中工程技术人员近40人。2005年企业实现工业总产值3 882万元，销售收入达4 370万元，公司产品远销波兰、中国台湾等地。公司秉承杭州无线电专用设备一厂30多年的技术积累，已形成"天工"牌DK7716、DK7725、DK7732、DK7740、DK7750、DK7763等6大系列的快走丝线切割产品，DK7135、DK7145等电火花成形机床产品。在此基础上，涉足数控铣、加工中心领域，已形成"杭州"牌XK714、XK717、V－510等立式数控铣和加工中心系列产品，并为杭州机床集团配套生产平面磨床的全套液压装置系列。2005年与高校合作承担的大型高效数控模具加工机床关键技术研究的课题，已通过浙江省科学技术厅组织的鉴定，自行开发设计的ZK573型立式数控钻床和DK7716高精度快走丝线切割机床已通过公司鉴定。DK7632慢走丝线切割机床、DKG7750高精度电火花快走丝线切割机床、XH717型立式加工中心，XK717型数控铣床等项目，均被列入2005年浙江省新产品计划项目。

保定市电加工设备厂　该厂多年来只单一生产电火花成形机床，面比较窄。自2004年以来，根据市场情况，该厂由原来只生产电火花机床改为生产、经销两条腿走路。该厂利用机床行业中的方方面面关系较多以及拥有一部分固定的用户群体，在南北各建立一个销售网点。除经销电加工成形机床外也经销兄弟厂的各种通用机床，满足了用户各方面的需求，还增加了工厂的销售收入，效益明显。

南京特种油厂　20世纪90年代起在华东地区率先生产DX系列线切割工作液，产品工艺精湛，畅销全国，是我国惟一一家线切割工作液出口企业。主要产品："达兴"牌电火花成形机床工作液、线切割工作液(DX)系列、TMS－1水剂磨床液，高级精磨液和数控加工中心工作液，是加工中心、进口磨床等精密机床使用的工作液。该产品具有污染小、无毒、无需冷却、防锈等特点。

北京迪蒙卡特公司　迪蒙卡特公司前身为北京市电加工研究所，现有主导产品数控快走丝线切割机床和数控电火花成形机床系列20多个品种的数控机床，并已形成批量生产能力。其中大锥度数控线切割机床曾在1994年荣获国家银质奖，并获北京市科学技术进步奖。

苏州市宝玛数控设备有限公司　是一家国内数控线切割机床专业生产大厂，地处环境优美、交通便利的苏州火车站白洋湾，占地面积2万多m^2，专门从事"宝玛"品牌电加工数控精密机床的生产销售及模具制造。主要产品为："宝玛"数控系列线切割机床，其特点是大锥度、大厚度、大行程、高效率、高精度、新结构。产品处于同行业领先地位。"宝玛"品牌为电加工行业在国内外的知名品牌，尤其是DK77120、DK77100、DK7763等大行程机床是国内首创，DK77系列大锥度(0°～80°)机床为填补国内空白，针对塑钢门窗异形成形模具、铝合金门窗异形成形模具、汽车行业、制笔行业、电视机、洗衣机等家用电器等外壳塑成模具，塑钢门窗模具，斜齿轮等各种上下异形加工有很大的实用价值，基本可替代进口机床。

泰州市集成数控机床制造有限公司　系专业从事数控机床生产的民营企业。公司现有高级机电设计人员5名，技师9名，熟练技术工人155名，管理人员20名。公司拥有高精度龙门导轨磨床、平面磨床、镗床、龙门铣床、超声频淬火装置、雷尼绍干涉仪、雷尼绍球杆仪、振动时效装置等加工检测设备50多台(套)。设计生产能力为年产数控线切割机床1 000台(套)，数控铣床120台(套)。公司顺利通过了ISO9001：2000国际质量保证体系复查。

泰州市海陵区正太数控机床厂　创建于1999年，是生产电加工机床的专业厂家。主要产品为：DK77系列数控电火花线切割机床、电火花成形机床系列及打孔机等，并拥有多种切割软件。

宁波海恩机床有限公司　创建于1998年8月，是一个集研发、制造和销售为一体的专业生产各种型号电火花成形机和线切割机床的民营企业。公司现有员工130多名，其中技术开发人员30多名。2005年企业实现工业总产值955万元，销售收入984.2万元，利税120.6万元。主导产品有EDM系列数控电火花成形机，自行开发研制的"双丝筒智能走丝电火花线切割机床"突破了传统概念，具有高精度、高光洁度等特点。其主要技术指标基本达到国外慢走丝电火花线切割机床水平(切割精度≤0.006mm；表面粗糙度R_a≤0.6μ(m)，其机床价格只有国外机床的20%，而加工成本却不到慢走丝电火花线切割机床的5%，是打造我国先进制造业基地的核心装备。

北京凝华实业有限责任公司　是由业内资深专家创立，专业从事高性能电加工产品研发、制造和专业技术服务的高科技企业，为国内领先的电加工产品、技术服务和加工工艺整体解决方案提供商。公司自1995年成立以来，一直致力于电加工产品的研发工作，组建了电加工工艺实验室。先后完成了聚晶金刚石电火花加工、聚晶金刚石高速切割、陶瓷刀片电火花加工，陶瓷刀片成形切割、金刚石成形砂轮加工和修整、单晶硅、多晶硅切割、半导体制冷材料超高速切割等技术研究等，取得了良好的加工效果，在电加工技术领域取得多项领先成果。其中半导体制冷材料为客户实现了800m^2/min的切割速度。目前北京凝华自主研发、生产的产品有电火花成形机、精密数控线切割机床、超声波模具抛光机和高速电火花工具机(折断丝锥取出机)。

泰州市德锋数控机床有限公司　原名泰州市锋陵动力机械厂，隶属于江苏省锋陵集团公司，始创于1986年，有20年生产机床的经验。前沿的设计与成熟的工艺是该厂产品质量的保证。工厂的产品有DK77系列线切割机床、DX系列数控铣床、电火花小孔机、电火花成形机。

上海通用控制自动化有限公司　是专业从事研制生产各类高科技电加工机床产品的企业。主要产品有：拥有完全知识产权的慢速走丝线切割及DK77系列电火花线切割机床、电火花线切割控制器系统(G996、GS2002、GL8)，数控DG703电火花高速小孔加工机和DK76系列低速走丝线切割机床等。

〔本部分撰稿人：中国机床工具工业协会特种加工机床分会陈德忠、孙　洁〕

（七）插拉刨床

1. 行业基本情况

插拉刨床分会现有会员单位 17 个，其中国有企业有 5 个，占行业的 30%。2005 年统计的 14 个企业，实现工业总产值 10.73 亿元，比上年增长 15.41%，其中机床工具类产品总产值 4.90 亿元，比上年增长 24.46%；产品销售收入由上年的88 942.7万元上升到100 463.3万元，增长 12.95%；当年累计订货量由上年的88 048.1万元上升到112 753.5万元，增长 28.06%；利润总额由上年的11 148.6万元上升到14 634.8万元，增长 31.27%；职工人数由上年的5 101人上升到5 432人，增长 6.49%。2005 年插拉刨床行业基本情况见表 44。

2. 生产情况、产品产量、出口量值、市场及销售情况

2005 年插拉刨床行业 14 个企业机械产品产量为5 853 台，产值 4.90 亿元。其中金属加工机床产量4 483台，产值 3.73 亿元，其中数控机床 91 台，产值 1.18 亿元。3257 台金属切削机床中本行业主导产品插、拉、刨床产量3 225台，占本行业全部金属切削机床产量的 99.01%；插、拉、刨床产值 2.93 亿元，占金属切削机床产值的 98.32%。销售各类机械产品5 827台，比上年增长 2.5%。2005 年插拉刨床行业 14 个企业出口交货值为3 069.99万元，比上年增长 20.25%，其中机床产品（含金属切削、成形、木工）出口交货值为 490 万元，占本行业总出口值的 15.94%。2005 年插拉刨床行业产品生产情况见表 45。2005 年插拉刨床行业产品出口情况见表 46。

表 44　2005 年插拉刨床行业基本情况

项　　目	单　位	数　量
工业总产值（当年价）	万元	107 268
其中：机床工具类产品总产值	万元	49 029
工业销售产值（当年价）	万元	104 373
其中：机床工具产品销售产值	万元	35 559
工业增加值	万元	30 992
利税总额	万元	19 815
全年从业平均人数	人	5 432
固定资产合计	万元	40 214
固定资产净值余额	万元	42 203

表 45　2005 年插拉刨床行业产品生产情况

序号	产　品　类　别	实　际　完　成		其中：数控	
		产量（台）	产值（万元）	产量（台）	产值（万元）
1	金属切削机床合计	3 257	29 804	73	11 750
	铣床	11	31		
	插床	452	3 031		
	拉床	91	4 054		
	刨床	2 682	22 174	58	11 567
	组合机床	6	331	0	0
	其他金属切削机床	15	183	15	183
2	成形机床合计	1 226	7 446	18	37
	机械压力机	1 188	7 313		
	线材成形自动机	38	133	18	37
3	其他木工机床	25	100		
4	其他	37 422	54 440		
	鼓风机	210	560		
	抽油机	778	10 956		
	磨球（t）	77	38		
	锻件（t）	28 000	26 724		
	球墨铸铁管管模（t）	8 000	16 000		
	CBY 手动液压搬运车	289	23		
	SSQP－180 强力切片机	13	82		
	XQP－720 鞋底切坡机	15	33		
	SQL－600 切料机	40	24		

表 46　2005 年插拉刨床行业产品出口情况

序号	产　品　类　别	实际完成	
		出口量（台）	出口值（万元）
1	金属切削机床合计	21	104
	插床	10	55
	刨床	11	49
2	成形机床合计	102	341
	机械压力机	89	282
	剪切机	13	59
3	木工机床	12	45

(续)

序号	产　品　类　别	实际完成	
		出口量 (台)	出口值 (万元)
4	其他产品合计(t)	4 000	2 581
	锻件(t)	3 000	518
	球墨铸铁管管模(t)	1 000	2 063

3. 新产品、新技术、新工艺发展情况

2005 年插拉刨床行业的企业共开发新产品 12 种(其中数控机床 2 种)。其中长沙机床厂自行设计的专用拉床 7 种,数控深孔枪钻 2 种,凸轮磨 1 种,共 10 种。另外还有苏州新华机床厂自行设计开发的 BYS60150 牛头刨床,其主要技术参数:最大切削长度1 500mm,工作台面长度1 100mm;辽宁抚顺机床制造有限公司自行设计的龙门铣床 X2016D。2005 年插拉刨床行业新产品开发情况见表 47。

表 47　2005 年插拉刨床行业新产品开发情况

序号	产品类别	型　　号	主要技术参数	鉴定时间	鉴定单位	企业名称
1	专用拉床	CS—7060	端面齿立式内拉床	2005.05	长沙机床厂	长沙机床厂
2	专用拉床	CS—7063		2005.12	长沙机床厂	长沙机床厂
3	专用拉床	CS—7056		2005.12	长沙机床厂	长沙机床厂
4	牛头刨床	BYS60150	最大切削长度 1 500mm 工作台面长度 1 100mm	2005.08	苏州新华机床厂	苏州新华机床厂
5	龙门铣	X2016D	最大加工尺寸 6m×1.8m×1.6m	2005.12	辽宁抚顺机床制造有限公司	辽宁抚顺机床制造有限公司
6	数控钻床	ZK2102×150	数控深孔钻床	2005.11	长沙机床厂	长沙机床厂
7	数控钻床	ZK2102(2)×150	数控深孔钻床	2005.11	长沙机床厂	长沙机床厂
8	凸轮磨	MKQ8312—1000		2005.12	长沙机床厂	长沙机床厂

4. 科研成果及其应用

多年来,插拉刨床行业企业以科技进步为中心,促进企业的改革与发展。各企业都建立了技术创新体系,培养了一支较强的产品研究开发队伍。在企业人员构成上,工程技术人员占有较高的比例,聚集了一批技术开发高级人才,为企业发展提供了核心动力。2005 年,插拉刨床行业共完成 6 项科研成果。2005 年插拉刨床行业科研项目情况见表 48。

表 48　2005 年插拉刨床行业科研项目情况

项目名称	投入资金 (万元)	完成企业名称
牛头刨床 BYS6065A	30	苏州新华机床厂
龙门铣床 X2016D	100	辽宁抚顺机床制造有限公司
龙门刨床 X2020	80	辽宁抚顺机床制造有限公司
万能回转头铣床 XQ6225	5	辽宁抚顺机床制造有限公司
CS—7065 专用拉床	80	长沙机床厂
ZK2101(4)×500 数控枪钻	30	长沙机床厂

5. 企业管理、质量管理、体制改革

2005 年,插拉刨床行业各企业重在转变观念,深化企业改革,建立现代企业机制和管理制度,彻底改变传统的经济观和价值观,建立新的企业文化,使企业呈现良好的持续发展态势。

在质量管理上,各企业在建立以 ISO9001：2000 为依据的质量管理体系后,围绕市场和用户需求,采取了许多提高产品质量的措施,依据市场和用户需求开发新产品,以市场和用户需求组织产品生产,千方百计满足市场和用户的各种不同的需要。各企业普遍加大了对原材料、产品生产过程及售后服务的质量控制,使产品质量和服务质量大幅度提高。

根据国家国有企业改制精神,插拉刨床分会一些企业已实施了体制改革,而部分企业正处于体制改革时期,如长沙机床厂、长沙星沙机床有限公司。

6. 企业简介

长沙机床厂　系拥有 90 余年历史的国有机床制造企业,全国插拉刨床行业的技术归口单位,已通过 ISO9001：2000 质量体系认证。企业拥有固定资产净值9 929.8万元,全年从业平均人数 784 人,其中工程技术人员 184 人。2005 年完成工业总产值7 211.5万元,实现销售收入6 233.4万元。该企业集 50 多年拉床、液压牛头刨床、组合机床等丰富的制造经验和成熟技术,服务于众多工业领域,为切削加工行业提供加工设备,同时按用户个性化需求采用经济方案解决复杂的加工工艺,生产提供各种专用拉床,从而为用户创造着日益增长的效益。先后研制开发出数控螺纹拉床、数控拉槽机床、数控刨床、数控深孔加工机床,特别围绕汽车及其零部件制造业快速发展的需求,从客户工艺技术分析入手满足客户的需求,适时开发出 400kN、600kN、1 000kN、单工位、双工位、三工位立式拉床,使其形成了从 50kN 至 1 000kN 立式、卧式通用拉床系列组合,为汽车及零部件制造等行业提供了端面齿、汽缸体、转向齿条、制动钳体、连杆、万向节、轴承盖、涡轮叶片等专用机床。

辽宁抚顺机床制造有限公司 是原辽宁省抚顺机床厂通过改制，于2006年1月11日成立的国有独资有限公司，隶属于辽宁省监狱企业集团有限公司。公司仍以插床、牛头刨床和步冲压力机为主要产品，2005年实现工业总产值5 953万元，实现销售收入5 518万元，销售各种机床366台，实现利润210万元。公司现有员工1 360人，其中各类专业技术人员131人，拥有各种机械加工设备1 000余台(套)，年设计生产各类机床1 200台以上，2004年起公司为适应市场需求，结合自身生产特点，加大新产品引进和开发力度，先后引进了EPC真空铸造工艺，水玻璃砂铸造工艺，提高了铸造生产能力和产品质量。开发生产了龙门铣床、龙门刨床、万能回转头铣床、电瓷修坯机、浇桩机等产品，目前已形成批量生产，部分产品已销往市场，得到了用户的好评。

山东省青岛生建机械厂 是国有企业，国家机械工业重点骨干企业，生产的滚丝机、牛头刨床销往国内各省区，牛头刨床、滚丝机的市场占有率分别达到35%和45%。2005年完成工业总产值10 128万元，产品销售收入10 019万元，实现利润2597万元，生产总量2 090台，销售总量2 051台，年末从业人员888人。

苏州新华机床厂 是一个具有50余年专业生产机床历史的中型国有企业，在同行业中享有盛誉。该厂坐落在素有“天堂”之称的历史文化古城苏州市。东邻苏州工业园区，西连苏州高新技术产业开发区，北靠沪宁高速公路和铁路，南临嘉杭高速公路，交通十分便捷。2005年完成工业总产值5 070万元，销售收入5 043.8万元。拥有金属切削机床400多台(套)。主要生产数控电火花线切割机床系列、牛头刨床系列。所生产的DK7763和DK7740等获得江苏省金牛奖，DK7763被列为“九五”国家重点新产品，DK77120为国内首创的特大型快走丝数控线切割机床。

甘肃省天水机床厂 系国有企业。2005年工业总产值(当年价)实际完成1 034.4万元，销售收入完成1 337.5万元，利润总额81.7万元，全年从业人员平均人数422人。全年综合经济效益趋于良好势态发展，整体运行质量有所提高。主要产品是BY60100B液压牛头刨床，BT6050A机械刨床，全年BY60100B、BT6050A牛头刨床完成68台。

贵州筑城机床厂 系中型国有企业。2005年拥有固定资产500.41万元，实现工业总产值866.8万元，实现销售收入905.5万元，利润总额30.9万元，全年从业平均人数750人。该厂拥有主要设备207台，其中金属切削机床188台，大、精、关设备18台。主要生产C620－1C车床、B60100牛头刨床、B6050G牛头刨床。

襄樊展宏机械制造厂 原襄阳机床厂，系国有独资企业，始建于1957年，占地面积4.7万m^2，厂房面积15 000m^2。拥有近50年的丰富制造经验，各类机加工设备531台，固定资产683万元，年生产各类机床800台。主要产品：B6050B型、B6063D型系列牛头刨床，BYE60100型液压牛头刨床，X5325系列摇臂万能铣床。B6050B型系列牛头刨床精度稳定、性能可靠、外形美观、油漆精致，多年来，在国际、国内市场享有盛名，远销加拿大、新西兰、东南亚等40多个国家和地区，颇受国内外用户好评。

山东通裕集团有限公司 是民营企业。2005年实现工业总产值54 244万元，销售收入52 830万元，利税12 551万元，从业人员平均人数600人。主要产品为数控电梯导轨刨床。公司拥有主要锻压设备20台(套)，机加工设备60台(套)，热处理设备15台(套)，电渣重熔冶炼设备10台(套)，年产数控机床40台，锻件30 000t，管模8 000t。先后开发出6万kW发电动机转子、风力发电动机主轴、40t以上大型电渣重熔钢锭等高技术、高附加值的产品，显著提高了企业的核心竞争力。

重庆五一机床厂 系国有企业。2005年工业总产值(当年价)144万元，实现产品销售收入144万元，全年从业平均人数40人。

泉州中侨(集团)机械制造公司 是原泉州机床厂、泉州机器厂、泉州车辆厂经改制和资产重组的机械制造专业厂家，于2000年1月组建。厂址设在鲤城区崇福路247号，原泉州机床厂内，注册资本500万港元。该公司是泉州中侨集团股份有限公司的子公司，系原机电部和轻工机械总公司的骨干企业。2005年工业总产值(当年价)318.1万元，销售收入348.9万元，工业产品销售产值(当年价)348.3万元，全年从业人员平均数为190人，其中各类专业技术人员50多人，高级工程师30多人。拥有各种机械装备180多台(套)。公司从事机械制造40多年，企业设有检测中心，拥有完善的检测设备，具有规模生产能力和产品开发的实力。主要产品有牛头刨床系列、CBY手动液压搬运车系列、CTJ堆垛车系列、花岗石加工机械、EVA、EP塑料切片机系列、环保机械等非标设备。其中SSQP1800塑料切片机、XQP720切坡机、SQL600塑料切料机、CBYD、CBYD6搬运车是近年来新研制的产品，

南通茂溢机床有限公司 系外商投资企业。该公司位于江苏省海安县墩头镇，经过52年的艰苦创业，现已发展成为具有机电产品出口扩大外贸自主权的相当规模的企业，已通过ISO9001：2000版质量体系论证。2005年实现工业总产值(当年价)4 206万元，实现销售收入4 105.4万元，其中自营出口和外贸出口总额860万元。公司有雄厚的技术力量和精良的设备，集设计、制造、安装为一体。主导产品：开式压力机、四柱液压机、跑车木工带锯机、牛头刨床4大系列产品及100多个规格，产品畅销全国31个省、市、自治区，并远销美国、日本、加拿大、俄罗斯、东南亚等20多个国家和地区，在国内和国际用户中享有良好的声誉。

长沙星沙机床有限公司 属民营企业，原为长沙第四机床厂，由50个职工合股购买组建为长沙星沙机床有限公司，拥有固定资产792万元。2005年工业总产值1 259万元，实现产品销售收入1 156万元，全年从业平均人数120人。主要产品有热处理、熔复焊接等多功能系列产品以及数控激光机床、B5032A、B5020H插床。

鄂州市咏鑫特种铸造有限公司机床厂 鄂州市咏鑫特种铸造有限公司是一个拥有固定资产3 000万元的民营企

业，专业生产碳素钢、合金钢、不锈钢、精密件、耐热钢、模具钢等铸件。铸钢单件达 8t。综合经营：冶金、工矿、化工、水电等机械设备制造及工程安装。2003 年 10 月整体收购鄂州市机床厂后，经平稳交接，重新调整后于 2004 年 4 月重新恢复生产。2005 年在保持原机床厂牛头刨床产品生产外，根据总公司的设备及生产能力和原机床厂的设备及生产能力，开发了其他产品的生产。

长沙机床厂机械刨床厂　是一个集体企业，具有多年的生产经验，设备精良，技术力量雄厚，有专门的科研开发机构，拥有较强的科研开发队伍，是一个工艺先进、检测手段齐全、质量可靠的机床专业生产厂家，现有职工 180 人。2005 年工业总产值1 500万元，销售收入1 400万元。2005 年主要机床工具类产品为：机械牛头刨床 BC6050D、BC6050E、BC6063B、BC6063A，数控机械牛头刨床 BCK6063，数控龙门刨床 BYK2012，机械插床 B5020E、B5032E，液压插床 BY5032E、BY5040E、BY5050E、BY5063E、BY5080E、BY50100E、BY50125E 等。其中主导产品机械牛头刨床年产 120 台，插床 150 台。2005 年继续执行 BY50125E 液压插床开发、设计、试制、生产的详细计划，引进德国技术合资生产。高精度液压插床、为数控三坐标，交流伺服控制，达到国内领先技术。回转工作台 180°重复定位 4″，操作方便，切削强劲有力。导轨表面经硬化处理，精度稳定，分度精度 15″，集中润滑，永不变形，经久耐用。2005 年还继续执行 BYK2012 数控龙门刨床设计、研制计划。刨削长度2 000mm，刨削速度 22m/min，液压控制，无级变速，来回刨削，效率高。刀架溜板由伺服电动机完成水平进给和垂直进给。利用数控实现两轴联动，可以加工各种形状的工件，特别是鼓风机的三叶和两叶的叶片，加工精度高，适用范围广，是机械加工的理想设备。

新疆维吾尔自治区第三机床厂　系国有企业。2005 年完成工业总产值14 137万元，实现销售收入13 716万元，实现利润总额2 652万元，企业现有职工 452 人，以生产石油钻井设备为主。

〔本部分撰稿人：中国机床工具工业协会插拉刨床分会贺　玲　审稿人：中国机床工具工业协会插拉刨床分会杨定华〕

（八）锯床

1. 行业结构

锯床行业现有各类大大小小生产带锯床、圆锯床、弓锯床等锯割设备的企业近百个。参加本次年鉴统计的 17 个会员单位基本都是生产带锯床的主要企业，其中民营企业 14 个，国有或国有控股企业 3 个。民营企业占参加年鉴统计数量的 82%，国有或国有控股企业占 18%，民营企业为绝对主流，与目前行业结构大体一致。2005 年 17 个会员企业共实现工业总产值 5.26 亿元，实现工业销售产值 4.94 亿元，工业增加值 1.59 亿元，利税总额 0.59 亿元，从业人数2 962人。各项指标都比上年有较大幅度的增长，分别增长 42%、40%、60%、15.6%和 45.3%。

2. 行业生产情况

从参加此次年鉴统计的 17 个会员单位的生产情况看，产值过亿元的 2 个，超过1 000万元的 8 个，超过 500 万元的 7 个，与上年相比产值都有比较大的提高，产业集中度正在逐步提高。2005 年共生产锯床15 760台，产值为 4.31 亿元，虽然台量比 2004 年少生产 70 台，但产值却增加 1.06 亿元，单台带锯床的平均价格也由 2004 年的 2.05 万元提高到 2.73 万元，有的企业最高的单台均价为 5.8 万元，有的最低的为 1.3 万元，2005 年共生产数控锯床 87 台，产值 631 万元，分别比 2004 年减少 141 台，1 133万元。数控带锯床的单台均价也由上年的 7.74 万元下降到 7.25 万元，但比常规产品仍高出 1.66 倍。数控锯床的产量和产值在锯床中的占比比上年相比分别增长－0.89%和 4%。

2005 年出口机床 915 台，出口产值3 139.44万元，分别比上年增加 785 台机床和2 739.44万元。其中数控机床出口 5 台，出口产值 40 万元；出口带锯床的单台均价由 2004 年的 3.08 万元涨至 3.43 万元，为国内市场价格的 1.25 倍，出口数控带锯单台价格由上年的 38 万元下降至 8 万元。从以上数据不难看出，国内带锯床市场将慢慢趋于饱和，而国际市场将逐渐成为锯床行业竞争的下一个战场。另外，带锯床的产量和销售量仍旧是锯床行业的主力军，占锯床行业总量的 90%以上。由于锯床上游产品的涨价和用户对锯切要求不断提高，常规带锯床的价格在逐步回升，但数控带锯床的发展速度较慢，不仅过程漫长，而且道路也将不会平坦。

从市场方面来看，应该说 2005 年行业的整体形势还是不错的，宏观经济持续快速的发展，特别是钢铁产量和有色金属需求的不断攀升，为锯床行业的不断增长注入了源源不断的发展动力，市场形势不逊于以往任何一年，产值产量和市场需求量都有不错增长。

3. 新产品、新技术、新工艺发展情况

2005 年共开发锯床类新产品 18 种，其中带锯床 10 种，圆锯床 3 种。2005 年锯床行业仍旧以汽车配件行业、有色冶金行业和型材锯切为主要市场开发产品。中联重科湖机分公司开发的 GKT623 硬质合金数控摆式圆锯床，采用高精度、不重磨硬质合金圆锯片锯切小规格棒料，锯口窄、精度好、效率高，锯片厚度仅 2.7mm，锯切表面粗糙度 R_a3.2μm 且表面光滑无毛刺，送料精度可达 0.03mm，垂直度小于 0.2/100mm。锯切直径 40mm 的 45＃钢只需要 4s，达到以锯代铣的效果，并实现参数设定、取料，锯切、分料的全过程自动控制。该机床能够很好地满足汽车齿轮、轴承行业大批量下料的要求；针对近年来有色冶金行业较快发展的特点，中联重科湖机分公司还开发了 HN050A、HN057 长行程切铝圆锯床，HN056 切铝专用带锯床等一批新产品。浙江三门剑齿虎机电制造有限公司、连云港机床厂有限公司、上海沪南带锯床有限公司等企业根据型材市场需求旺盛的特点，有针对性的开发了 LG1610X－1、GK4232JX、GZK4250/120 等型号的型钢锯床和数控旋转立柱卧式带锯床。保定向阳航空精密机械有限公司开发的 G5115 立式带锯床和上海荷南带锯床有限公司开发的 GZ4230/40 带锯床也都受到用户好评。2005 年锯床行业新产品开发情况见表 49。

表 49　2005 年锯床行业新产品开发情况

序号	产品名称	型号	主要技术参数	鉴定单位	企业名称
1	立柱卧式带锯床	GK4250	最大锯切规格：圆料 Φ500mm，方料 500mm×500mm 锯条规格：5 240mm×41mm×1.26mm	自行验收	中联重科湖机分公司
2	数控硬质合金圆锯床	GKT623	锯切规格：圆料 Φ15～65mm，方料 15～55mm 圆锯片规格：Φ285mm×2.0mm	用户验收	中联重科湖机分公司
3	硬质合金圆锯床	GKT608	最大锯切直径：Φ340mm 圆锯片规格：Φ830mm，Φ965mm，Φ1 020mm	用户验收	中联重科湖机分公司
4	立式带锯床	HN056	最大锯削厚度：320mm 最大锯削宽度：1 500mm 带锯条规格：5 490mm×27mm×0.9mm	用户验收	中联重科湖机分公司
5	切铝数控圆锯床	HN057	最大锯削厚度：120mm 最大锯削宽度：400mm 圆锯片规格：Φ610mm	用户验收	中联重科湖机分公司
6	长行程切铝圆锯床	HN050A	最大锯削厚度：150mm 最大锯削宽度：1 050mm 圆锯片规格：610mm×40mm×6mm	用户验收	中联重科湖机分公司
7	立式带锯床	G5150	最大锯削高度：500mm 喉深：500mm 工件行程：500mm	自行验收	保定向阳航空精密机械有限公司
8	立式带锯床	G5115	最大锯削高度：150mm 喉深：500mm 工件行程：2 000mm	自行验收	保定向阳航空精密机械有限公司
9	全自动卧式带锯床	GZ42025－1B	最大锯削规格：Φ250mm 带锯条规格：3 505mm×27mm×0.9mm	自行验收	保定向阳航空精密机械有限公司
10	全自动卧式带锯床	GZK4240	最大锯削规格：Φ250mm	连云港市科技局	连云港机床厂有限公司
11	型钢卧式带锯床	LG1610X－1	最大锯削规格：400mm×250mm	连云港市科技局	连云港机床厂有限公司
12	全自动卧式带锯床	GZK4228	最大锯削规格：圆料 Φ250mm，方料 280mm×280mm	浙江省科技厅	浙江三门剑齿虎有限公司
13	角度锯切卧式带锯床	GK4232JX	最大锯削规格：圆料 Φ320mm，方料 320mm×320mm	浙江省科技厅	浙江三门剑齿虎有限公司
14	全自动卧式带锯床	GZ4230/40	最大锯削规格：圆料 Φ300mm，方料 300mm×400mm	自行验收	上海荷南带锯床有限公司
15	全自动立式带锯床	GZK5435/200		上海市技术监督局	上海沪南带锯床有限公司
16	双立柱卧式带锯床	GZK4250		上海市技术监督局	上海沪南带锯床有限公司
17	双立柱卧式（旋转式）带锯床	GZK4250/120		上海市技术监督局	上海沪南带锯床有限公司
18	可倾立式带锯床	GZK5250		上海市技术监督局	上海沪南带锯床有限公司

4. 企业介绍

长沙中联重工科技发展股份有限公司湖机分公司 原湖南机床厂，创建于1951年，是中国机床工具行业的重点国有企业，是我国锯床、锯条行业的重点企业，长沙中联重工科技发展股份有限公司湖机分公司于2002年在行业中首家获得ISO9001：2000质量认证，“AA”牌系列双金属带锯条于2000年、2002年、2005年连续三次获得湖南省名牌产品称号及湖南省著名商标称号。完善的市场覆盖和服务网络，是公司和用户之间的桥梁和纽带。1995年，长沙中联重工科技发展股份有限公司湖机分公司成为中国机床工具行业首批签署“质量保证声明”的54个企业之一。遍布全国的20多个销售分公司和技术服务站，快捷及时地为用户提供最新的产品信息，最全的技术咨询和最完善的售后服务。加入长沙中联重工科技股份发展有限公司的湖机分公司依托新型上市公司母体的技术、资金、市场优势，继续发展和壮大锯削装备与双金属带锯条新品的开发和生产制造，继续投入资金对双金属带锯条生产线进行技术改造。2005年带锯条的产销量双双突破250万m大关，成为国内最大的带锯条生产基地。另外，根据机床产品朝高速高效发展的特点，开发了HN050A、HN057切铝专用圆锯床，GKT623数控硬质合金圆锯床等产品来满足市场需求。该厂以“质量持续改进，心系顾客满意，追求锯削完美，名品立在科技”的质量方针，满足用户的需求。

石家庄威锋机械制造有限公司 经过10多年的积累，现已拥有全自动、自动、半自动6大系列共30多个品种的金属带锯床：铰轴卧式金属带锯床、双柱卧式金属带锯床、双柱卧式宽幅金属带锯床、立式及可倾立式金属带锯床、可转角双柱卧式金属带锯床、可旋转立式金属带锯床。其中，全自动金属带锯床在自动化程度及可靠性上日臻完善。

浙江雁荡山机床有限公司 是一个专门从事带锯床、双金属带锯条生产的民营企业，从1987年创建至今已有16年历史。公司遵循科技兴厂、质量第一的办厂宗旨，机床产量连年递增，客户信赖程度越来越高。立式带锯床系列产品被评为乐清市科技进步一等奖。

保定市长城锯床有限公司 是1958年成立的军工企业，主要生产的产品有：GZK4025微电脑全自动锯床，GB4025、GB4032、GB4040半自动锯床。

三门剑齿虎机电制造有限公司 原浙江省三门机床厂三变集团子公司，始建于1958年，有着近50年的机床制造、机械加工历史，是中国带锯床最早生产厂家之一，中国机床工具工业协会锯床分会会员，有国家级一流的专业设计专家。50年来公司形成了一套严格的工艺检测手段，已通过ISO9001：2000质量管理体系认证和机械产品安全认证，锯床产品历年都通过了国家的监督抽查。公司注重人才的培养和产品开发，与浙江大学建立良好的校企业合作关系，开发的科研成果，每年都有新产品面市。公司生产的锯床系列：“剑齿虎”牌卧式、立式、立柱式、龙门式系自动、半自动金属带锯床，具有技术含量高、锯切速度快、省时、省材料、安全可靠、操作简便、维修方便等特点。产品畅销国内外市场，深受用户信赖。产品属浙江省名优产品、省优秀科技产品，并获浙江省科技进步奖，在国内同行中产品质量、性能保持领先水平。

浙江晨龙锯床集团有限公司 是一个以锯床制造为主，集水泥、交通安全制品、工贸、科研为一体的民营集团企业，从业员工500人，其中主业从人员248人。目前下属子公司有：浙江仙都水泥有限公司、缙云宏基橡塑有限公司、缙云晨龙置业有限公司、缙云龙机械有限公司。2004年集团公司工业总产值达1.08亿元，其中主业产品——金属带锯床的产值6 000多万元，销售收入5 800万元。产品出口有了重大突破，除继续销往东南亚外，还成功进入欧洲市场，有4台G4240和G4265分别销往比利时和西班牙。“晨龙”商标被浙江省认定为“省著名商标”，并获县政府奖金10万元。具有自主知识产权的新产品——自动智能往复锯通过了省级专家鉴定，成为省科技创新基金项目，获政府奖金20万元。研发的新产品CNC自动旋转卧式带锯床获政府贴息贷款资金支持。与金华自动控制研究院联合攻关的“数控带锯床故障自诊系统”。在普通带锯床上尝试应用了电子自动开关。位于壶镇工业园区内，占地面积5.9万m^2的“晨龙”新厂区基本竣工。大型龙门刨铣床、铣镗床、磨床等新设备已安装到位，能完成大型锯床及锯切组合机的生产、装配工作。新增办事处12个，现全国已有办事处56个，负责企业的销售、维修和服务工作。供销、服务人员达300多人。

上海沪南带锯床有限公司 是由上海沪南带锯床厂改制成立的股份制企业，是国内最早研制、开发生产卧式带锯床专业生产厂。经过20年的生产实践，公司目前已拥有“腾达”品牌的自动、半自动系列的16个品种规格的金属带锯条。产品经中国质量检验协会核准授予：“中华之光”名牌产品称号；经国家税务总局、原国家外经贸委、原国家技监局、国家环保局批准，锯削进给量自动控制带锯床为国家重点新产品。

保定向阳航空精密机械有限公司 其前身为中国航空工业总公司保定向阳精密机械厂，始建于1964年，2000年改制，由中国航空工业第二集团公司与中国航空技术进出口总公司共同发起设立有限公司。公司是国家大二型企业，高新技术企业，拥有自营进出口权企业。公司下设组合夹具厂、锯床厂、宇航设备分公司、模具标准件厂，拥有一个全资企业——保定向阳航空精密模具厂和一个中外合资企业——保定吉拉蒂精密机械有限公司。航空工业组合夹具研究室和航空工业精密机床修理总站亦设在该公司。公司主营产品有组合夹具，精密平口钳，金属带锯床，承揽模具及模具标准件的设计制造，承揽精密机床、数控机床精修、改造及机床调剂业务。公司生产的组合夹具曾获英国伯明翰国际机床工具博览会“当代最佳工装奖”。高精度万能平口钳曾获“国家级新产品”称号。组合夹具高精度万能平口钳，金属带锯床被认定为国家高新技术产品。组合夹具，精密平口钳等产品远销北美、西欧等地区。锯床分公司的主要产品：G4025—1B、G42100半自动卧式金属带锯床、G5332

×50——2000滑车立式金属带锯床、GQ5250可斜切立式金属带锯床。

浙江省乐清市华利锯割设备厂 是生产各种系列带锯床的专业厂家，中国机床工具工业协会锯床分会会员单位。现有员工168人，总厂占地面积6 600m²，建筑面积3 800m²，分金工车间、钳工车间、焊接车间、装配车间、喷漆车间、包装车间。下设制模分厂、铸造分厂、齿轮分厂、钣金分厂、磨齿机分厂、带锯分厂，全国各省设16个营业处。主要产品为GB42系列各种卧式带锯床、G53大中型滑车立式带锯床、MZ6605自动锯带磨齿机3大类10个机型35个规格，年生产能力500台以上，还生产硬质合金镶齿锯带。产品应用多项专利技术，锯床可锯割不锈钢、弹簧钢、铸铁、铜、铝、钛合金及高难度加工材料或薄壁材料，并能确保锯带不断齿、不断带。公司还配套生产MZ6605磨齿机，使锯带耗用成本为同行最低。

连云港机床厂有限公司 原连云港机床厂，创建于1967年2月。2.1万m²的占地面积，1.45万m²的厂房建筑，200余台(套)高精度的生产设备，使其拥有年产3 000余台(套)各类金属锯床的生产能力。经过近40余年的努力与奋斗，公司已发展成为中国最大的锯削装备生产基地，连续多年名列中国机床工具行业绩效综合指数百强企业，2002年名列中国机床工具行业企业绩效评比综合得分第一。主要产品有Φ160～500mm全系列卧式弓锯床及Φ250～1 600mm全系列带锯床。1994年，该厂与日本天田株式会社合资兴建天田连云港机械有限公司，注册资金620万美元，主要产品为AMADAΦ250系列带锯床、双金属带锯床，产品质量跻身世界一流。

汉中天一机床有限公司 为原国有汉中冲剪机床厂，创建于1958年。企业占地面积8.3万元m²，固定资产4 000万元，拥有各种金属切削、锻压、焊接、起吊等设备100余台。其中金属切削设备56台，大型平面加工，孔加工设备22台。公司主要生产经营：机械、液压、数控类剪板机、板料折弯机和金属带锯床3大类20多个规格型号的产品。2005年，是公司产权、体制转换后的第一年，同时也是企业恢复生产，恢复人气的第一年。这一年，公司装修了办公楼，购置了新的办公设备，重修了厂内道路，维修保养了许多正在生产一线服役的设备，厂内外环境焕然一新。经过半年的整顿完善，2005年5月份，生产逐渐恢复正常运转：毛坯、外协、机加、外购、总装各生产环节逐渐协调，生产秩序开始恢复正常，具有节奏感。生产量月月升高，工厂颇显生机。2005年下半年的生产、销售是近几年来产量产值的好几倍。2005年汉中天一公司共生产各类带锯床150台、剪板机、折弯机50台。工业总产值1 560.6万元。销售收入1 373.6万元。企业上岗职工180人。

上海闵川带锯床制造有限公司 创建于1982年，原江川带锯床机械制造厂，现改为上海闵川带锯床制造有限公司其后扩建至今。该公司占地面积10 000多m²，现有员工100多人，技术工人占80%，高级工程师3名，工程师6名，各种设备齐全，拥有完善的质量跟踪体系，以及新产品开发和研制体系，公司年生产能力1 000台。公司是中国机床工具工业协会锯床分会常任理事，也是国内最早开发研制、生产带锯床的企业，目前无论从生产规模、市场占有率，还是产品质量都处在国内同行业的前列。该公司生产的各种型号带锯床，具有设计巧妙，结构紧凑，稳定性好，锯削精度高，使用及维修简便等特点，适用材料可切性广。产品经国家机床检测中心检测，连续8年质量合格，被认定为全国产品质量稳定合格产品。

〔本部分撰稿人：中国机床工具工业协会锯床分会叶钧〕

(九)组合机床

1.行业结构及发展情况

2005年随着我国经济体制改革的不断深入，行业企业的结构发生了深刻的变化，组合机床行业现有会员45个，国有企业6个，占会员总数13.3%；合资企业3个，占会员总数6.7%；国有和民营混合企业3个，占会员总数6.7%；民营股份制企业33个，占会员总数73.3%。民营股份制企业在行业中已占主导地位。参加统计的企业29个企业2005年工业总产值77.6亿元，比上年增长21%，其中机床产值52亿元，比上年上年增长27%；工业销售产值77亿元，比上年增长20%，其中机床销售产值52亿元，比上年增长26%，利润总额2.93亿元，比上年下降12.6%。产量增长，利润下滑是行业必须注意的问题。导致利润下滑的原因是多方面的，如原材料涨价，体制改革的成本，企业管理不善，产品定价偏低等。这种状况2006年会有所改变。全年从业平均人数18 051人，固定资产总计67.4亿元，比上年增长18.5%，固定资产净值余额11.9亿元，2005年组合机床行业(29个企业)基本情况见表50。

表50 2005年组合机床行业(29个企业)基本情况

项目	单位	金额
企业数	个	29
工业总产值(当年价)	万元	775 525
其中：机床工具类产品总产值	万元	520 352
工业销售产值(当年价)	万元	770 062
其中：机床工具类产品销售产值	万元	520 352
工业增加值	万元	210 163
利税总额	万元	51 223
全年从业平均人数	人	18 051
固定资产合计	万元	300 498
固定资产净值余额	万元	118 943

2.生产及市场情况

组合机床、数控组合机床及其柔性自动线是集机、电、仪于一体的技术综合程度很高的高效自动化技术装备，是其他型机床不能取代的。这类技术装备是中大批量机械产品实现高效、高质量和经济性生产的关键装备，是其他型机床不能取代的。因而被广泛应用于汽车、拖拉机、内燃机、电动机、工程机械、压缩机、摩托车、阀门、制锁、仪表和缝纫机等工业生产领域。这些领域涉及交通、农业、能源、军工和轻工等设备制造各个工业部门。因此，组合机床、数控组合机床及其柔性自动线对增强我国机械加工工业的实力、对国民经济的发展和满足人们对物质和文化生活日益增长的需求具有重要意义。在中大批量生产产品的机械行业中，数控组合机床及其柔性自动线将占有很大比重。随着我国汽车工业的高速发展，以及一些工业部门向集团化规模经营发展，中、大批量生产的产品增多，因此，对数控组合机床及柔性自动线需求量不断增加。而汽车变型速度的加快，对柔性生产线的需求更将急剧增多。预计“十一五”期间，对数控组合机床及其柔性自动线的需求总量约将大量增加。

随着汽车进口关税的不断下调，我国汽车市场的竞争越来越激烈，在激烈的竞争中，汽车价格无疑是竞争的重要手段。大多数合资汽车厂在建厂时都是引进国外的成套设备，价格很高，相应的汽车制造成本也高，整车的价格高于国外同类车的价格。随着中国加入 WTO，国际汽车巨头不断的涌入我国，价格竞争的日趋白热化，各汽车厂必须不断的降低其采购成本。我们组合机床行业经过多年的努力，数控技术的广泛应用，通过引进、合资合作、自主创新使组合机床的制造水平有很大提高，能为汽车厂提供成套高效的自动化专用设备，且价格比从国外引进低的多，在能满足汽车厂要求的情况下必然成为厂商的首选。随着汽车车型周期的不断缩短，变形的加快，我们的数控组合机床和柔性自动线将被大量采用。这些都给组合机床行业提供了良好的发展机遇。2005 年组合机床及柔性自动线产量1 583台，比上年增长 6.5%；产值 14.5 亿元，比上年增长 46.5%。其中数控组合机床产量1 425台，占组合机床产量的 90.02%，产值 13.07 亿元，占 98.01%，组合机床实物量和价值量数控化率都过 90%。2005 年组合机床产品数量增长不大，但产值却大幅度增加，说明机床的单机价格在增长，机床的附加值在提高，行业发展前景广阔。2005 年组合机床行业企业产品生产情况见表 51。2005 年组合机床行业企业产品出口情况见表 52。

3、行业新产品、新技术、新工艺发展情况

现代数控组合机床及其柔性自动线，是一种综合性很高的高技术专用产品，它涉及到加工工艺、刀具、测量、控制、诊断监控、清洗、装配和试漏等技术，而这种专用设备由于是根据用户特殊需要而设计的，因此，根据每一个新的加工任务而设计制造的设备与先前的设备是不尽相同的。由于技术的不断进步，导致用户在生产过程中经常采用不同的加工工艺和不同结构的部件，为此组合机床厂家在设计制造组合机床过程中，必然要综合运用先进的现代制造工艺技术，特别是数控技术。大力发展数控柔性制造技术，开发数控组合机床及柔性自动线是组合机床行业的大势所趋。经过多年的技术创新，行业技术有了较快的发展。东风汽车公司设备制造厂、大连机床集团有限责任公司、大连亿达日平机床有限公司等厂家加强与国外的合资合作，通过对引进技术的消化吸收和再创新，提高自身的水平，开发柔性、高效、高精度系列加工单元及柔性自动线。产品加工精度、稳定性均达到国际同类产品水平，完全可以替代同类进口产品，已被几大发动机产品厂采用，标志着国产柔性加工自动线开始进入发动机制造装备的主流市场。2005 年组合机床行业企业新产品、新技术、新工艺发展情况见表 53。

表 51　2005 年组合机床行业企业产品生产情况

产品类别	总数		其中：数控	
	产量（台）	产值（万元）	产量（台）	产值（万元）
合计	42 499	520 352	1 686	209 259
加工中心	745	47 932	745	47 932
车床	39 074	265 687	261	78 561
钻床	388	1 512		
组合机床	1 583	145 220	1 425	130 698
其他金属切削机床	709	60 001		

表 52　2005 年组合机床行业企业产品出口情况表

产品类别	总数		其中：数控	
	产量（台）	产值（万元）	产量（台）	产值（万元）
合计	2 634	14 589	117	1 943
加工中心	20	257	20	257
车床	2 613	14 329	97	1 686
钻床	1	3		

表 53　2005 年组合机床行业企业新产品、新技术、新工艺发展情况

序号	产品名称	型号	主要技术参数	鉴定时间	生产单位
1	正时齿轮室加工自动线	85X01185X012	高精度坐标系自动加工；毛坯在线自动定位、装夹、输送；在线翻转；总线控制	2005 年	南京汽车装备有限公司
2	立式加工中心	VDL1000	工作台：1 120mm×560mm X/Y/Z 坐标行程：1 020mm/560mm/600mm X/Y/Z 快移速度：(24m/min)/(24m/min)/(18m/min) 主轴转速：8 000r/min	2005 年	大连机床集团有限责任公司
3	立式加工中心	VDL1300	工作台：1 300mm×560mm X/Y/Z 坐标行程：1 270mm/560mm/600mm X/Y/Z 快移速度：(24m/min)/(24m/min)/(18m/min) 主轴转速：8 000r/min	2005 年	大连机床集团有限责任公司

（续）

序号	产品名称	型　号	主要技术参数	鉴定时间	生产单位
4	立式加工中心	VDL600A	工作台：800mm×420mm X/Y/Z 坐标行程：600mm/400mm/540mm X/Y/Z 快移速度：(24m/min)/(24m/min)/(20m/min) 主轴转速：8 000r/min	2005 年	大连机床集团有限责任公司
5	立式加工中心	VDL800	工作台：900mm×420mm X/Y/Z 坐标行程：800mm/420mm/520mm X/Y/Z 快移速度：(24m/min)/(24m/min)/(20m/min) 主轴转速：8 000r/min	2005 年	大连机床集团有限责任公司
6	立式加工中心	VDF1200	工作台：1 220mm×620mm X/Y/Z 坐标行程：1 200mm/600mm/675mm X/Y/Z 快移速度：(20m/min)/(20m/min)/(8m/min) 主轴转速：6 000r/min	2005 年	大连机床集团有限责任公司
7	立式加工中心	VDF1500	工作台：1 700mm×800mm X/Y/Z 坐标行程：1 530mm/800mm/762mm X/Y/Z 快移速度：(15m/min)/(15m/min)/(12m/min) 主轴转速：6 000r/min	2005 年	大连机床集团有限责任公司
8	九轴五联动车铣复合加工中心	CHD25	最大加工直径：500mm 最大加工长度：1 000mm X/Z 快移速度：24m/min 正副主轴转速：50～5 000r/min	2005 年	大连机床集团有限责任公司
9	全功能数控车床	DL20M(I、II)	最大加工直径：400mm 加工长度：600mm X/Z 快移速度：24m/min 正副主轴转速：50～4 500r/min	2005 年	大连机床集团有限责任公司
10	全功能数控车床	DL30M(I、II)	最大加工直径：600mm 加工长度：1 000mm X/Z 快移速度：24m/min 正副主轴转速：50～3 500r/min	2005 年	大连机床集团有限责任公司
11	全功能数控车床	DL25M	最大加工直径：500mm 加工长度：1 500mm X/Z 快移速度：12m/min 正副主轴转速：50～3 500r/min	2005 年	大连机床集团有限责任公司
12	车削中心	DL20MH	最大加工直径：400mm 加工长度：600mm X/Z 快移速度：24m/min 正副主轴转速：50～4 500r/min	2005 年	大连机床集团有限责任公司
13	经济型数控车床	CKE6156	回转直径：Φ560mm 滑板最大切削直径：Φ330mm 主轴转速：7～2 200r/min，	2005 年	大连机床集团有限责任公司
14	经济型数控车床	CKE6130i	回转直径：Φ300mm 滑板最大切削直径：Φ145mm 主轴转速：40～4 000r/min	2005 年	大连机床集团有限责任公司
15	经济型数控车床	CKE6136Z	回转直径：Φ3 600mm 滑板最大切削直径：Φ180mm 主轴转速：20～2 500r/min	2005 年	大连机床集团有限责任公司

（续）

序号	产品名称	型　号	主要技术参数	鉴定时间	生产单位
16	经济型数控车床	CKE6150	回转直径：Φ500mm 滑板最大切削直径：Φ280mm 主轴转速：45～2 000r/min	2005 年	大连机床集团有限责任公司
17	经济型数控车床	CKE6140	回转直径：Φ400mm 滑板最大切削直径：Φ200mm 主轴转速：3 500r/min	2005 年	大连机床集团有限责任公司
18	普通车床	CD6132	最大回转直径：Φ320mm 最大工件长度：500mm/750mm/1 000mm	2005 年	大连机床集团有限责任公司
19	普通车床	CD6136	最大回转直径：Φ360mm 最大工件长度：500mm/750mm/1 000mm	2005 年	大机集团有限责任公司
20	九轴五联动车铣复合加工中心优化研究		结构拓扑优化；九轴五联动车铣复合加工中心的动态特性研究；九轴五联动车铣复合加工中心的热变形特性研究；九轴五联动车铣复合加工中心机床的振动特性研究	2005 年	大连机床集团有限责任公司
21	淬硬材料数控车削机床关键技术研究		通过对淬硬材料数控车削机床攻关研究，开展数控车床刚性试验及结构优化等方面的基础研究，并在新产品的开发研制过程中应用这些研究成果。通过对机床的可靠性提高技术研究，使经济型数控车床平均无故障时间达到500h，全功能数控车床平均无故障时间达到800h	2005 年	大连机床集团有限责任公司
22	TTB—300 车—车拉曲轴加工数控机床优化研究		机床的动态特性研究；热变形特性研究；振动特性研究	2005 年	大连机床集团有限责任公司
23	立式加工中心	XH786A	工作台宽：600mm 主轴最高转速：10 000r/min 快移速度：30m/min	2005 年	江苏多棱数控机床有限公司
24	龙门加工中心	XH2420－500	工作台：2 000mm×5 000mm	2005 年	江苏多棱数控机床有限公司
25	五面体龙门加工中心	TH42200/H－400	工作台：2 000mm×4 000mm	2005 年	江苏多棱数控机床有限公司
26	五轴联动数控龙门铣镗床	TK42160/5X	工作台：1 600mm×3 000mm A：±100°，C：±200°	2005 年	江苏多棱数控机床有限公司
27	双面卧式加工中心	THS6913－1200	工作台：1 600mm×12 000mm	2005 年	江苏多棱数控机床有限公司
28	高速卧式加工中心	XH6650	交换工作台：500mm×500mm 主轴最高转速：8 000r/min	2005 年	江苏多棱数控机床有限公司
29	铣削头	XD10		2005 年	光华机床股份有限公司
30	铣削工作台	XG63		2005 年	光华机床股份有限公司
31	传动装置	1HJ63－fg		2005 年	光华机床股份有限公司
32	传动装置	1HJ40－fg		2005 年	光华机床股份有限公司
33	传动装置	XZ25		2005 年	光华机床股份有限公司
34	VMC2000 数控龙门镗铣床			2005 年	江苏恒力组合机床有限公司
35	TWB－700 液压回转工作台			2005 年	江苏恒力组合机床有限公司
36	CZK 型电动机壳止口双刀架数控车床			2006 年	山东济宁特力机床有限公司（原山东济宁机床厂）

4. 技术引进及合资合作，以及外资独资进入行业情况

东风汽车公司设备制造厂通过其母公司与日本尼桑公司全面合资，长春一汽装备技术开发制造有限公司与德国EX—CELL—O公司合资，成立了"长春爱克塞罗一汽专用设备有限公司。大连机床集团在成功收购美国英格索尔生产系统公司(IngersollProductionSystems)和曲轴生产制造公司(IngersollCMSystems)后，2004年又并购了在镗铣加工机床上国际有名的德国兹默曼公司(F. Zimmermann)，与欧美及日本多个公司进行合作，实行全球化经营战略，提高了自身的国际竞争力和国际知名度。江苏恒力组合机床有限公司与日本山崎株式会社(YAMAZAKI)合作生产组合机床及其自动线和高性能的组合机床通用部件。2005年组合机床行业企业合资合作情况见表54，2005年组合机床行业合资合作产品销售情况见表55。

表54 2005年组合机床行业企业合资合作情况

序号	项目名称	合资合作内容	合资金额	外方企业名称	外方占股金比例(%)	中方企业名称	中方占股金比例(%)	合资年限	合同签定年份	完成企业
1	加工中心、组合机床、自动线，柔性加工线	合作设计制造	25亿日元	株式会社日平富山	58%	亿达集团有限公司	42	20年	1996年	亿达日平机床有限公司
2	合资合作	焊装线		韩国三洲机械株式会社		长春一汽装备技术开发制造有限公司			2003年	长春一汽装备技术开发制造有限公司
3	合资合作	数控车床、立式加工中心		韩国货泉(HWACHEON)工业株式会社		长春一汽装备技术开发制造有限公司			2003年	长春一汽装备技术开发制造有限公司
4	合资合作			德国、日本等		大连机床集团				大连机床集团
5	合资合作	组合机床及其自动线和高性能的组合机床通用部件		日本山崎株式会社(YAMAZAKI)		江苏恒力组合机床有限公司				江苏恒力组合机床有限公司
6	合资合作	通用部件		德国Huller-Hille		东风汽车公司设备制造厂				东风汽车公司设备制造厂

表55 2005年组合机床行业企业合资合作产品销售情况表

序号	产品名称	数量(台/条)	金额(万元)	企业名称	备注
1	YN4H7卧式加工中心	2	500	亿达日平机床有限公司	与日平富山株式会社合资
2	YNX—058、059缸体加工自动线	2	4 000	亿达日平机床有限公司	与日平富山株式会社合资
3	YNX—054缸盖加工自动线(龙门机械手送料)	1	1 500	亿达日平机床有限公司	与日平富山株式会社合资
4	YNX—055缸盖加工自动线(龙门机械手送料)	1	1 550	亿达日平机床有限公司	与日平富山株式会社合资
5	YNX—057缸体加工自动线(龙门机械手送料)	1	1 800	亿达日平机床有限公司	与日平富山株式会社合资

5. 行业科研成果及其应用

组合机床行业通过自主创新，大量采用数控技术，提高了产品水平，使产品的附加值有了大幅度提升。行业企业以科技进步为中心，带动企业的改革与发展，各企业都建立了技术创新体系，有一支较强的产品研究开发队伍。在企业人员构成上，工程技术人员占有较高的比例，聚集了一批技术开发的高级人才，保证了企业发展的核心动力。大力推进数控技术的应用，用数控技术改造传统的组合机床制造业，既可以提高组合机床的柔性，又可以使产品变得简单、可靠、可变。使产品的多品种加工和装备的可调可变形成统一，从而扩大了柔性制造的实用性。为此开发数控技术组合机床及其柔性自动线是行业企业发展的大趋势。

2005年组合机床行业企业科研项目情况见表56。2005年组合机床行业企业获奖科研项目见表57。

表56　2005年组合机床行业企业科研项目情况

序号	科研项目名称	主　要　内　容	投入资金（万元）	项目来源	企　业　名　称
1	正时齿轮室加工自动线	薄壁类箱体零件全毛坯上线，成品下线，全自动加工	50	用户订货	南京汽车装备有限公司
2	VMC2000龙门镗铣床加工中心	产品开发	105	用户订货	江苏恒力组合机床有限公司
3	TWB系列分度回转台	产品开发转让	21	用户订货	江苏恒力组合机床有限公司
4	SFEZ160滑台式铣削头	产品开发	15	用户订货	江苏恒力组合机床有限公司
5	6M缸体斜油孔加工生产线	系列产品开发	170	用户订货	安阳欣宇机床有限责任公司
6	前轴加工生产线	系列产品开发	170	用户订货	安阳欣宇机床有限责任公司
7	连杆加工自动线	系列产品开发	348	用户订货	安阳欣宇机床有限责任公司
8	六工位回转工作台机床	系列产品开发	149	用户订货	安阳欣宇机床有限责任公司
9	加工中心	YN4H7卧式加工中心：快进速度50m/min	50	NTC	亿达日平机床有限公司
10	加工中心	YN5H卧式加工中心：快进速度50m/min	60	NTC	亿达日平机床有限公司
11	YNX－058,059	专机加工中心混合多品种缸体自动加工线	200	用户	亿达日平机床有限公司
12	YNX－054,055	由加工中心组成的，利用工业以太网控制，龙门机械手送料的柔性缸盖缸体自动线	240	用户	亿达日平机床有限公司
13	组合机床制造ERP信息化工程	将技术与生产管理纳入网络，实现信息共享	30	用户订货	保定第二机床厂
14	发动机关键零部件先进制造设备（专机及其生产线）	发动机关键部件：汽缸头、箱体、箱盖、曲柄轴的加工	1222	用户订货	南京聚星机械装备有限公司

表57　2005年组合机床行业企业获奖科研项目

序号	项目名称	主要内容及应用范围	获奖名称	获奖等级	主要完成单位	授奖单位
1	TH系列NC控制转塔柔性组合机床	应用于汽车零部件的粗，精加工	2005年度大连市科技进步奖	一等奖	亿达日平机床有限公司	大连市人民政府（省厅级）
2	摩托车发动机关键零部件先进制造工艺及成套设备	主要内容：对发动机关键零部件（汽缸头、箱体、箱盖、曲柄轴）的加工应用范围：摩托车发动机、汽车发动机、汽油机发动机等关键零部件	中国机械工业科学技术奖	三等奖	南京聚星机械装备有限公司	中国机械工业联合会

6. 企业管理、质量管理、体制改革

行业企业几乎全部通过了质量管理体系认证，运行效果较好。在现有质量管理体系基础上，对企业管理各方面进行规范和整合，建立了结合企业实际情况的现代企业管理制度，规定各岗位的职责和权限，合理配置企业资源，重新识别业务流程，建立有效的激励机制和过程监测考核体系。按照已确立的规则和程序来推动企业管理，并在实施过程中，制定相应的监测机制，确保按规定的规则有效运行。在运行过程中，不断改进和完善，以达到持续改进的目的。行业企业积极参加中国机床工具工业协会的“精心创品牌活动”。大连机床集团有限责任公司、大连亿达日平机床有限公司、东风汽车公司设备制造厂先后获得“精心创品牌活动十佳企业”称号。大连机床集团生产的数控车床（普及型及以上）产品获得“中国名牌”产品称号。

7. 企业简介

大连机床集团　2003年进入中国企业500强，全国机械工业14强，是全国机床工具行业排头兵企业。集团现资产总额48亿元，下设营销、技术、人力资源、财务结算四大中心，30余个全资、控股、参股子公司。其中与德国、日本、韩国和美国等国家和地区组建的合资公司8个，在美国有独资子公司2个，德国1个。集团公司的主要产品有组合机床及柔性制造系统；立、卧式加工中心；数控车床和车铣中心；高速精密车床及机床附件；汽车总成及传动部件等。2005年实现销售收入77.3亿元，完成工业总产值62亿元，生产各种机床35 638台，实现利润2亿元，出口机床2 613台，出口创汇2 571万美元。2000～2005年，企业销售收入连续6年居全国机床行业首位。连续多年获全国机床工具行业“销售收入”“数控产值”“出口创汇”“精心创名牌”4项“十佳企业”称号。在中国经济500强企业中排名409位，在世界机床行业排名第10位，数控车床被评为全国名牌产品。

江苏恒力组合机床有限公司 由原国有中型企业盐城市红旗机床厂于1994年改制成立,企业创建于1958年,是原机械工业部定点生产组合机床及通用部件的专业厂、省高新技术企业、省民营科技企业、省制造业信息化示范企业、省CAD应用推广示范企业、省AAA级“重合同守信用”企业、盐城市三星级企业。公司通过了ISO9001:2000质量管理体系认证,具有中华人民共和国进出口企业资格证书,出口产品质量许可证书,公司内设大连组合机床研究所盐城分所,市级企业技术中心。目前主要产品有数控龙门镗铣床及加工中心、TWB系列高精度分度回转台、ZHX、ZH1X系列铣削组合机床、SK1X系列高精度数控铣削组合机床、转盘铣床、TX、1TX系列铣削头、1TA系列镗削头、1TC系列镗孔车端面头、TZ系列钻削头、机械滑台、液压滑台,以及LT160.3—21—273水箱拉丝机组、LMTX—63龙门铣床、GW—40高速涡流镁粉机组等省级新产品,还可根据用户需求设计、制造各类专用机床及生产线。公司占地面积13.3万m^2,拥有各种金属切削、检测设备300多台,其中进口加工中心、精密坐标镗床、三坐标测量仪、精密导轨磨床、瑞士坐标镗床、进口小孔磨床、超声频淬火机等精大稀设备30余台,具有较强的加工、装配、检测和机床安装调试能力,并全面应用CAD、CAM技术,实现了绘图自动化和三维智能化设计,为各类专用组合机床、生产线及自动线的设计制造提供了可靠保障。2005年,公司实现销售收入5 383万元,完成工业总产值5 660万元,现有从业人员444人。

跃进汽车集团南京汽车装备有限公司 是南汽集团下属全资子公司。公司有着40多年从事非标设备制造和汽车零部件生产经验,是具有产品开发与设备制造综合能力的技术密集型企业。公司占地面积7.5万m^2,建筑面积3万m^2,现有职工400多名,其中高级职称人员占10%,工人技师10%。公司拥有各种生产设备400多台,其中有从意大利、美国、德国、日本、瑞士等国家进口的多台数控加工检测先进设备。公司在积累经验的同时,努力吸收行业先进技术,自行设计制造了加工自动线、各类组合机床、数控机床及汽车零部件试验台、检测台等产品。同时公司还为南京菲亚特、南京依维柯、南汽跃进、江淮汽车等生产配套发动机机油泵和水泵、后桥齿轮、制动油管等。2005年公司完成工业总产值7 150万元,实现营业收入6 930万元。公司全年完成7种汽车零部件产品开发,成功实现了斯太尔发动机正时齿轮室加工自动线的现场终验收交付。公司产品质量、技术水平、开发能力均处于行业领先水平,得到用户好评。企业被南京菲亚特和南京依维柯评为“优秀供应商”,被南汽跃进授于“特殊贡献奖”,江淮汽车认定公司产品为“免检产品”。

安阳欣宇机床有限责任公司 由原河南省安阳第二机床厂改制成立,河南省高新技术企业。主要产品:组合机床和加工自动线,以及通用部件。现有职工617人,其中工程技术人员116人。拥有国内外生产的龙门导轨磨床、数控数显坐标镗床、龙门刨床、龙门铣床、卧式镗铣床和平面磨床等大型设备22台,高精度内外圆磨床、螺纹磨床、齿轮磨床、三坐标测量机等高精度加工检测设备25台,2005年完成工业总产值5 052万元,销售收入3 998万元。主要生产各类钻、镗、车、铣、攻螺纹等组合机床、加工自动线、装配输送线以及DSS系列镗削头、1TX系列铣削头、1TD系列动力箱、SEME系列机械滑台、GEP系列液压攻螺纹头、SE-HY系列液压滑台、BEP系列液压滑套头等通用部件和非标设备。组合机床和通用部件年生产能力分别为200台和800台。企业全面应用CAD、CAPP现代化技术网络,组建了通用部件、夹具零件库,定位夹紧单元资料库,常用被加工零件方案资料库,三维CAD通用部件立体库等。公司列入河南省科技攻关项目PDM数字共享系统示范企业,以技术手段支持产品质量,保证合同交货期。

一拖(洛阳)开创装备科技有限公司 是以从事组合机床及生产线、非标准设备制造、农业机械、工程机械驱动桥为主的国内知名企业。公司加工设备精良,技术力量雄厚,建立了以计算机技术为支撑的现代化设计制造网络,拥有28 000m^2机械加工制造场所,其中恒温精加工场所1 200 m^2。公司配备有加工中心、数控镗铣床、数控切割机、坐标镗床、精密内外圆磨床、精密导轨磨床等大型设备,高精密设备及通用机械加工设备共计539台,形成了高、大、精、稀和普通类型设备组合的完整加工体系。公司在各类数控组合机床、非标准设备、轮式拖拉机及工程机械类驱动桥等产品领域内,具有设计、开发、制造能力。公司是轮式拖拉机前驱动桥的全国最大的开发和生产基地,已形成年产1.5万台(套)的生产能力。此外,还具备变速箱物流输送及轻型起重机械开发制造能力。产品共涉及到航空航天、轻工、化工、汽车、拖拉机、柴油机、交通运输等设备制造行业,遍布全国20多个省市。

江苏省常州市同力机械制造有限公司 创建于1994年,公司现有员工61人,其中工程技术人员12人,其中高级职称2人,中级职称5人,在生产工人中,中专生和技校生占80%,高级技师3人。另外,聘有一批机床行业的顶尖人才,形成了较强的设计开发和制造能力。公司占地面积8 000m^2,主要从事组合机床的设计开发、生产、服务及部分动力部件的生产,为汽车、拖拉机、柴油机、动力机械、工程机械、轻纺机械等行业企业提供了一批优秀的组合机床以及生产线。公司设备、计量检测手段齐全,具有年产60~80台组合机床的生产能力。公司是国内大中型集体企业,是常州市最大的民营组合机床制造企业,是中国机床工具工业协会组合机床分会会员单位。面对激烈的市场竞争环境,公司根据自身特点,在传统管理的基础上,狠抓内部管理,引入先进的质量管理思路、方法、手段,不断提高管理水平,实现优质高产低消耗的经济效益。2002年5月,公司通过了ISO9000:2000质量管理体系论证。2004年被评为江苏省质量信得过企业。公司积极组织市场调查,及时掌握市场动态,积极与顾客沟通,了解顾客的需求动向及顾客的潜在期望,根据市场信息和自身营销特点,以销定产,以优质的产品质量、合理的价格、及时的交货期和热情的服务赢得了顾客的满意和信任。2004 年 12 月公司获得江苏省质量信得过企业证书。公司的目标是要以一流的管理，一流的质量，一流的产品和一流的服务为我国组合机床事业的发展做出应有的贡献。

福建将乐庆航机床有限公司 系原福建将乐机床厂改制而成，是原机械部定点组合机床及通用部件生产厂家。企业从事高效率、高精度组合机床、动力部件的设计和制造，产品行销 27 个省、市、自治区。主要产品有：活塞环销孔静压镗床、活塞环油孔铣床、XC－500(700)旋压机及 TX25A－N(P)、TX32A－N 铣削头。公司现有职工 123 人，技术人员 25 人，产品研发人员 16 人，其中高级工程师 3 人。企业占地面积 5.8 万 m^2，厂房建筑面积 3.8 万 m^2，公司拥有各类金属切削机床及其他设备 150 多台，公司下设铸造车间、机加工车间、热处理车间、喷漆车间、总装车间等等，年生产能力 200 余台。

东风汽车有限公司设备制造厂 是生产专用组合机床及其自动线、柔性加工设备、可控转矩冲击韧度转角螺纹拧紧工具、焊装设备、专用夹具、辅具等工艺装备和汽车零部件的企业，是我国机床工具行业的骨干企业，形成了从工艺、设计、制造到安装调试以及新产品开发的全方位服务能力和综合配套能力，其技术水平、产品质量、开发能力、产品竞争力均居行业领先水平。该厂以德国 HullerHille 通用部件技术为基础，加强与国外公司的技术合作，跟踪国际发展动向，不断开发及应用相关新技术、新工艺，开发新产品，先后为国内多个知名企业提供专用机床及自动线、加工中心组成的柔性生产线。该厂洞察行业发展趋势，于 1990 年开始自主开发了三坐标系列产品加工中心，经受了大批量的考验。该厂开发成功的单轴倒置电主轴数控立车，使该厂成为国内惟一一个具有开发、研制该种立车技术的生产厂家，并大大缩小该厂与国外同行在该项技术上的差距。该厂以国内外机床行业的高新技术标准打造企业，建立了开发、设计、工艺、制造、管理的高素质人才队伍和先进配套的硬件设施，形成了从汽车发动机到底盘，从卡车到轿车，从摩托车到空调压缩机以及医疗、核工业等众多行业使用的专用机床及自动线、以及柔性设备、通用设备的开发、设计、制造能力。产品的质量和技术水平已接近国际先进水平，获得国内外用户的一致称赞。经过 35 年的建设和发展，设备制造厂已拥有雄厚的技术实力，精良的加工设备和过硬的职工队伍。

老河口光华组合机床股份有限公司 是生产组合机床及通用部件的专业厂家，湖北省高新技术企业，通过了 ISO9000 国际质量认证。公司占地面积80 000m^2，现有资产8 309.7万元，员工 576 人，专业技术人员占 32%。组合机床年产能力 500 台(含通用组合机床)，通用部件年产能力1 500台(套)，汽车变速箱壳体加工件年产能力 5 万件。产品遍及全国汽车、柴油机、纺织、冶金、电力、船舶等设备制造行业。2005 年完成工业总产值6 000万元，实现销售收入4 361.1万元。企业主要产品有 TX、1TX、SFEZ 系列铣削头；TA、1TA 系列镗削头；1TC 系列镗车头；TZ、1TZ 系列钻削头；HJ、1HJ、SEME 系列机械滑台；HY、1HY 系列液压滑台；1XG 系列铣削工作台；ZHYG、ZH1X、ZH1Xb 系列组合机床；数控组合机床。

保定第二机床厂 是具有 600 余名在职职工的国有中型企业。2005 年实现工业总产值3 900余万元，产品销售收入3 200余万元，比上年增长 25%，利税 350 余万元，以上经济指标均达到了该厂的历史最好水平。专用机床产量也在上升，达到 140 台；组合机床通用动力部件产量大幅提高，达到1 500余台。组合机床及其自动线与通用动力部件为企业的两大主导产品，现具有年设计制造专用机床 300 台、通用动力部件3 000台能力。数控组合机床已占一定比例。该厂生产的组合机床主要服务于汽车、摩托车、农机、建机等规模生产企业。2005 年为吉利汽车生产的发动机缸盖凸轮轴孔加工组合机床，其加工同轴度可达 0.012mm、平行度达 0.025mm，达到了国内先进水平。组合机床产品应用了数控自动分度、定位技术。该厂生产的通用动力部件有 100 余个规格品种，其产量及规格品种全国同行业领先，机械滑台及十字滑台均有数控产品。保定第二机床厂十分重视科研、设计、开发力量的增强，拥有自行研制的组合机床 CAD 系统，并实现了与生产车间加工中心的 CAD－CAM 一体化。2005 年该厂自筹资金进行 ERP 信息工程建设，工厂设计、工艺、生产计划及调整更新已基本实现了部门间传递，信息共享。该厂为国家科技部科技创新示范企业、河北省精密数控专用设备中试基地。

长春一汽装备技术开发制造有限公司 原一汽专用机床厂，始建于 1953 年，是一个具有 50 余年历史的生产专用机床及其自动线的大型国有企业。公司具有承接国家大型综合配套项目的能力。现有在册职工1 073人，在岗人员 782 人，工程技术人员 85 人，其中高级工程师 21 人；管理人员 78 人，其中高级管理人员 11 人。公司设备总数 639 台，其中机械设备 513 台，动力设备 126 台，其中精、大、稀设备 68 台，数控设备 19 台，质量控制点设备 31 台。公司技术实力雄厚，设备齐全。公司曾为一汽大众、哈东安汽车动力公司、珀金斯(天津)动力公司、江淮汽车厂、一汽各专业厂等提供缸体、缸盖、连杆、曲轮、凸轮轴等近千台专机和近百条自动线。公司的汽车平衡轴产品已获得美国福特汽车公司的首肯，并向其供货，公司是国内第一个向美国福特供货的厂家。公司还开发了举升缸产品，ABS 刹车防抱死系统，并批量生产向用户供货。公司自 1997 年通过 ISO9001 质量体系认证，至今已通过 ISO9001：2000 质量管理体系认证、汽车部件产品的 QS9000 质量管理体系认证和出口部件产品的 Q1 质量标准的审核。

南京聚星机械装备有限公司 是由江苏聚星机械工程成套技术开发公司改制成立，是中国机床工具工业协会会员单位，组合机床分会理事单位，是南京市高新技术企业，是专业从事组合机床及其生产线、自动线；装配专机及自动装配线，非标设备与专用工装；数控机床与汽车配套件的股份制企业，具有 40 多年的专机生产历史。2005 年搬迁江宁经济开发区 4 4 000m^2 新厂区，全面启用 ERP、PDM、OA、

TS16949、5S等先进管理手段。具有年产上亿元专机的生产规模，研制的"摩托车发动机关键零部件先进制造工艺及成套设备"荣获中国机械工业科学技术三等奖。2005年认真贯彻执行ISO9001：2000质量管理体系认证并取得佳绩，2005年工业总产值达到1 926万元，全年从业平均人数99人。2005年公司主要为重庆宗申、重庆华岗、江苏罡阳等企业研制了摩托车发动机箱体、箱盖、缸头、缸体、曲轴、连杆加工专机及生产线；为美国BS公司、重庆宗申、临沂三禾、山东华盛集团等企业研制了通用汽油机缸体、箱盖、气缸头专机及生产线；为黄石东贝、加西贝拉等企业研制了压缩机加工专机及装配线。

江苏高精机电装备有限公司 系江苏省民营科技企业，占地面积8亿m^2，建筑面积16 000m^2，员工265人，其中工程技术人员80多人，主导产品有各类数控机床、组合机床、专用机床、非标工装设备和组合机床通用部件。公司本着高效、创新、求精的经营宗旨，立足组合机床已有的技术平台，广泛吸取近年来涌现出的新技术、新工艺，在专用机床的柔性化、自动化方面作了大量有益的尝试，赢得了较好的赞誉。公司侧重服务于上柴集团、常柴、柳工集团、徐工集团、福田重工、济南重汽、南汽集团、安徽汽车制动器、福建红旗马公司等重点企业，特别是在工程机械、汽车等装备行业做了有益的切入，先后生产专机近40台(套)，争得了市场、赢得了用户。全年实现销售收入6 374万元，取得了较好的经济效益和社会效益。

山东济宁特力机床有限公司 山东济宁特力机床有限公司是由山东济宁机床厂改制而成立的，现已整体搬迁至济宁高新技术开发区机电工业园内。该公司内抓管理、外抓市场，短短几年内企业有了长足的发展。在企业内部管理上，顺利完成了股份制改制，给企业注入了新的活力；2005年7月顺利通过了ISO9000质量管理体系认证。在外抓市场方面，坚持以市场为导向，制定了生产经营围绕市场转，公司上下围绕生产经营转的战略。目前公司为电动机、汽车、工程机械、内燃机、农机、轻工机械等行业设计制造各类组合机床、组合机床生产线、自动线和组合机床通用部件，并有部分产品出口到美国、古巴、委内瑞拉、伊朗、缅甸等国家。公司下属一个全资子公司——山东济宁精工机械设备有限公司，主要从事煤矿机械产品的开发与研制以及汽车零部件的生产，并与济宁博特精密丝杠有限公司强强联合，成立了济宁新力数控机床有限公司，主要从事加工中心，数控铣床的开发与研制，目前，已具备批量生产的能力。为了提高特力机床产品在高端市场的竞争能力，目前该公司十分注重产品的技术创新，广泛采用先进技术，着力提高机床数控化率，2006年底公司将有另一科技攻关项目研制成功，投入批量生产。

大连专用机床厂 系原机械工业部生产组合机床定点专业企业，企业拥有雄厚的加工基础，产品检验手段齐全，各种加工设备140台(套)，形成铸、机加、装配、高频、热处理、钣金、电气等完整的生产体系和较强的制造能力，年产组合机床80余台，通用部件400余件。近年来，该厂又自主开发了多功能数控镗铣钻床和双滚冶金粉末旋转压机。组合机床产品被一汽、二汽、南汽、航天新光、绵发、柳工等国内著名企业所选用，为山东华源莱动制造的CZJ－U型多轴多工位精镗数控组合机床，已通过大连市科技成果鉴定，处于国内先进水平，可替代进口设备。几年来，由于企业有一个坚强有力、求真务实的领导班子和一批经验丰富、设计能力较强的科技队伍及完整的设计、生产、销售质量保证体系，企业效益逐年递增。企业先后获得庄河市明星企业、大连市先进企业称号，多次荣获大连市、庄河市科技成果奖，连续多年被评为大连市重合同守信用单位、大连市AAA级信用企业、一级纳税企业。2003年企业通过了ISO9001：2000质量体系认证。

大连兴龙液压有限公司 是大连市文明单位和高新技术企业，多次荣获大连市明星企业和AAA级信誉称号，并于1999年通过了ISO9001质量保证体系认证。公司为用户提供成套液压系统的设计、制造、安装与调试一条龙服务。公司生产的符合ISO标准的叠加阀四个通径系列和中高压新板式阀系列分别被国家定为A类产品和国家级新产品。产品工艺先进、性能可靠，安装尺寸完全符合ISO4401标准，是主机配套、设备维修和替代国外同类元件的理想产品。为D155、D85、D80、D65、D60推土机和ZL15、ZL30、ZL50装载机配套的工程液压阀和油箱总成是全套引进日本小松公司的技术。其技术含量高，质量好，性能稳定，公司产品多次荣获国家、省、市科技进步奖和省、部级优质产品奖。

江西中机科技产业有限公司 是研发制造铁道车辆制造和维修用系列数控专用设备的高科技股份有限公司，2005年从业人员126人，完成工业总产值3 120万元，实现销售收入3 020万元。公司主导产品是铁道车辆制造和维修用系列数控设备，主要有：车辆轮对数控动平衡去重机床、车辆轮对数控车床、车辆侧架组合铣床、车辆上下心盘型面加工数控立车、车辆中梁组合钻、车辆扁销孔卧式双面铣床、钩体、钩舌双面铣床、数控龙门铣边机等专用设备，以及数控龙门镗铣加工中心、数控端面铣床、数控卧式镗铣床、数控车床等普通数控机床。公司是江西省高新技术企业、南昌市科技示范企业，2005年，公司共开发具有市场前景的高新技术产品3个，包括：车辆轮对动态检测装置、车辆车轴精铣端面精铰中心孔数控机床、车辆车轮自动去重机床，其中车辆轮对动态检测装置通过了省级新产品新技术鉴定。在管理上，公司主要以质量管理为中心，紧紧围绕着以提高产品质量、服务质量和提高用户满意度为目标开展全面质量管理。公司已较早建立ISO9001：2000质量管理体系并通过认证。公司在推进质量管理体系有效运行的同时，积极开展QC小组活动，有效解决质量问题。公司每年都通过认证公司的年度质量体系进行监督检查，2005年公司获得了"全国机械工业质量管理小组活动优秀企业"称号。公司承担的国家发改委项目"城市轨道交通设备国产化开发及产业化建设"、南昌市科技计划项目"车辆轮对加工维修系列机床产业化"均通过验收。

亿达日平机床有限公司 是由亿达集团与日本日平富山株式会社合资经营的现代化机床制造企业。地处大连软件园，占地面积 6 万 m^2，投资总额 32 亿日元，注册资本 25 亿日元，公司员工 420 人。按合资时董事会设想的“引进技术、引进管理、结合中国国情消化吸收，创建 YNC 品牌，不求最大，但求最佳”的战略思路，通过 8 年的发展，从产品结构、技术含量到制造能力得到质的飞跃，其产品具有广阔的市场空间。YNC 年产值由 2000 年的3 200万元增加到 2005 年的23 000万元，每年以 45%的平均速度高速成长，产值翻了近三番，利润、全员劳动生产率名列行业首位。公司为国内大中型汽车制造企业、日资企业的汽车发动机制造、压缩机制造等提供高精度数控专机及自动线 450 余台，柔性加工自动线 50 余条。目前在汽车关键零部件加工行业，柔性加工中心系列产品的市场占有率为 10%，高精度组合机床的市场占有率为 15%，产品产值数控化比率 85%，累计上缴税金8 000余万元，替代进口2 000余万美元。产品还出口日本、美国、英国、韩国、巴西等国家。BH 系列 NC 控制三坐标柔性加工系列产品，荣获“大连市科技进步一等奖”。被授予“2004～2006 年度辽宁省名牌产品”及“大连市名牌产品”称号。企业文化是企业经营管理者追求的最高境界，是企业的灵魂和动力的源泉。而 YNC 是中日合资企业，融合了中日两国的文化，因此，创造和维系 YNC 文化更为重要。

湖北省襄樊市第二高级技工学校实习工厂 是一个全民所有制单位，从业人数 20 人。现有车床、刨床、磨床、铣床、钻床、数控加工中心等各种机床设备 20 多台(套)，产品全部由中、高级实习指导教师进行加工、组装、调试，有完备的质量检验程序，产品质量可靠，在同行业中享有很高的信誉。2005 年生产 T35 系列制动器、制动电动机 2 000 台，总产值 130 万元，销售 YKJ、YEJ 制动器、制动电动机 1 300 台，实现销售收入 110 万元。该厂可以依据用户的需要，生产各类制动器、离合器、各种组合机床专用油泵、夹具油缸、机械滑套动力头、小型铣头、机械滑台传动装置等多种组合机床功能部件和通用部件。

〔本部分撰稿人：中国机床工具工业协会组合机床分会 刘庆乐、李秀敏〕

(十)重型机床

重型机床分会参加 2005 年“年鉴”统计的成员单位有 7 个，即：武汉武重机床有限责任公司、齐重数控装备股份有限公司、青海华鼎重型机床有限公司、上海重型机床厂、险峰机床厂、都匀东方机床实业有限公司、大连瓦房店机床有限公司等，均属国营金属切削重型机床公司和企业。

从总体形势看，重型机床行业各公司、企业的机构优化、产品、产业结构调整、新产品开发和技术水平提高，以及市场营销形势等，2005 年都持续稳步地向更好和更高层次发展。

1. 行业基本情况

重型行业 7 个成员单位 2005 年主要经济指标：全行业完成工业总产值248 822万元，比上年的165 213万元增长 50.6%；其中机床工具类产品产值241 717万元，比上年的153 561万元增长 57.40%；工业销售产值234 305万元，比上年的166 107万元增长 41.05%；完成产品销售收入214 338万元，比上年的141 267万元增长 51.73%；出口交货值3 931万元，比上年的1 728万元增长 127.48%。

2005 年累计订货量由上年的272 920万元增加到400 945万元，增长 46.91%；实现利润由上年的5 688.8万元增长到7 613万元，增长 33.82%。职工人数由上年的12 397人，下降到12 239人，降低 1.27%。

2005 年 7 个成员单位的机床(含金属切削、成形等)生产量3 430台，比上年的1 895台增长 81%，产值258 032万元，比上年增长 118.79%。其中数控型产品 408 台，机床产量数控化率 11.89%；数控机床的产值78 883万元，机床产值数控化率 30.57%。

2005 年出口重型机床产品 90 台，比上年增加 35 台，增幅 63.7%。出口额4 129万元，比上年增长 42.70%。其中，数控型产品 42 台，占出口产品的 46.7%；出口数控产值1 465万元，占出口总产值的 46.7%。可见，2005 年全行业在市场经营中，产量、产值以及产品销售收入都比上年同期有 50%以上的大幅度增长，增幅远高于全国机床行业 35%。2005 年重型机床行业基本情况汇总见表 58。

表 58 2005 年重型机床行业基本情况汇总

项　　目	单　位	数　量
企业数	个	7
工业总产值(当年价)	万元	248 822
其中：机床工具类产品总产值	万元	241 717
工业销售产值(当年价)	万元	234 305
其中：机床工具类产品销售产值	万元	181 087
工业增加值	万元	148 685
利税总额	万元	7 613
全年从业平均人数	人	12 239
固定资产合计	万元	341 605
固定资产净值余额	万元	82 155

2. 产品发展情况

重型机床是国家能源、交通、重机、舰船主机、冶金、航空航天、军工等设备制造业的重要工艺加工装备。其产品的主要特点是，开发、研制、制造的技术含量高，多为单件小批量生产形式。

我国重型机床行业至 2005 年开发经营的主要金属切削重型机床系列，已完成数控化系列设计，继续向加工中心和复合、多坐标联动化发展。其中主要系列产品已完成了整个系列的加工中心化设计，能够根据市场需求，较快地向市场投放产品。重型机床行业现拥有的系列品种，基本上能与当代国际上重型机床系列品种和技术品牌发展同步，能够适应国家，包括国外机制工艺发展的需要。如舰船工业发展需要的多轴控制，五轴联动机床和航空航天工业需要的技术高度密集的专用机床等。技术含量高的高新技术数控重型机床，近几年都有所开发并投放市场。量体裁衣型产品显著增加。目前国内市场占有率，仍然不能令人满意，一些重大项目还是以进口为主。但是有些品种，如立式车床，国内产品水平、性能已经接近和达到了国际先进水平，基本进口很少。近年来，武汉重型机床集团有限公司开发了16m单柱移动式数控车铣立式车床（2005年获得国家级科技进步奖）；齐齐哈尔第一机床厂开发了16m双柱移动立式车铣立式车床；齐齐哈尔第一机床厂开发的重型数控卧式车床加工直径5m，长度18m。这些产品都能满足我国工业发展需要，解决了如三峡工程等重大项目的加工需要。近年来，我国新产品开发也取得了很大的进步。如具有五轴联动功能的数控落地铣镗床、龙门式五轴联动数控镗铣床、立式五轴联动复合加工中心等等，这些都是我国重型机床技术水平的代表，也显示我国重型机床制造技术在不断提高，与国际先进技术水平的差距在不断缩小。目前行业拥有的主要数控重型机床品种有：

龙门镗铣床系列（含龙门立式加工中心） 国内外有5种主要结构形式：顶梁固定工作台移动数控龙门镗铣床、顶梁固定龙门移动数控龙门镗铣床、横梁和工作台移动数控龙门镗铣床、横梁和龙门移动式龙门镗铣床以及高架式数控龙门镗铣床，我国均有系列开发和生产。工作台移动式龙门宽（加工宽度）1 600～5 000mm；龙门移动式最大加工宽度可达到7 000mm以上。根据需要可提供带刀库和各种铣头自动交换装置的高速产品，可实现多轴控制，五轴联动加工，铣头转速可达10 000r/min，如果加上高速电主轴，转速可达24 000r/min，X、Y、Z轴快速移动可达15 000mm/min。2005年武重开发研制并投入生产的双龙门移动式数控龙门镗铣床，同一床身的两条导轨上，由一个定梁龙门和一个动梁龙门组合而成，加工宽度4.5m，加工长度可达38m。

数控卧式（落地）铣镗床系列（含卧式加工中心和柔性化产品） 数控铣镗床系列有三种结构形式：①数控落地镗床，国内规格为Φ130～200mm。Φ200mm以上的规格向数控落地铣镗床靠拢。②数控落地铣镗床，系列结构有滑枕式（当前多以长方形滑枕为主）和主轴箱轴向移动式，两种结构各有特点，国内都有发展。主参数系列有Φ130、Φ160、Φ200、Φ225、Φ250和Φ260mm。按市场需要可提供Φ280，Φ300mm等品种，且在其主机上可增加自动交换刀库及数控回转工作台，形成卧式加工中心。国内已生产Φ225mm的五轴联动数控落地铣镗床投放了市场。齐齐哈尔第二机床厂也开发和生产了新型五轴联动落地铣镗加工中心并投放市场。武重集团和交大昆机都有新产品开发并投入市场。③数控刨台式铣镗床（含卧式加工中心），系列规格Φ110、Φ130、Φ160mm，是中大型箱体工件的主要加工装备之一。已实现加工中心系列化设计和生产并可向市场提供复合、柔性化产品。武重、中捷、交大昆机先后开发出具有一定水平的新产品。

数控立式车床系列（含立式加工中心） 当前国内外主要有3种结构形式。①数控单柱立式车床系列。属中大型机床。系列规格为，最大加工直径：Φ800、Φ1 000、Φ1 250、Φ1 600、Φ2 000、Φ2 500和Φ3 150mm。已实现加工中心化和车、铣、镗复合加工系列设计和商品化。武重立式柔性加工单元已经批量生产。②数控双柱立式车床系列（含立式加工中心）主参数最大加工直径Φ3 500、Φ4 000、Φ5 000、Φ6 300、Φ8 000、Φ10 000、Φ12 500mm，国内已做出Φ16 000mm双柱立车。齐齐哈尔第一机床厂2005年完成试制并在用户单位安装投入使用的双柱移动式立式车铣床，加工直径为16m，是能源、交通、重机制造、军工等设备制造行业加工重大关键零件的重要工艺装备。③数控单柱移动式立式车铣床系列，该系列属超重型数控立式车床范畴，系列规格有最大加工直径Φ10 000、Φ12 500、Φ15 000、Φ16 000、Φ20 000mm。国内已作到Φ16 000mm，属当代国际高新技术产品。武汉重型机床集团有限公司生产的16m数控立式车铣床产品被评为国家级科技进步二等奖产品。该机是水电设备超大回转体和机座加工的不可或缺的关键设备。至2005年，Φ12 500、Φ15 000和Φ16 000mm数控立式铣车床，国内已生产8台之多，现均在用户厂良好服役。

三种形式的数控立式车铣床，均为当代主要工艺加工装备。

数控重型卧式车床系列 数控重型卧式车床系列规格有：Φ800、Φ1 000、Φ1 600、Φ2 000、Φ2 500、Φ3 150、Φ4 000、Φ4 200、Φ4 300和Φ5 000mm该系列产品是能源、交通、冶金、造船、军工等行业的重要关键工艺装备。国内齐一厂已经开发并生产出加工直径5 000mm，加工长度18 000mm的重型数控卧式车床。

在车床系列中还有轧辊车床、端面车床、曲轴车床、深孔钻镗床、车轮车床、铁路专用车床等产品，均实现了系列数控化。

数控轧辊磨床 数控轧辊磨床是冶金，造纸，橡胶等设备制造业的主要工艺加工设备，已完成全系列产品数控化，最大磨削直径可达Φ3 150mm。机床可提供自动数字测量、误差补偿、故障诊断、打印出图等功能。

数控导轨磨床系列 龙门式导轨磨床、龙门式平面磨床，立式平面磨床技术档次均属当代较高技术水平。我国数控导轨磨床的中小规格已经可以自给，并可满足使用要求。

除以上主要品种外，重型机床行业具有较高的开发研制能力，完全可以承担为国家工业，特别是军工、航天工业提供高新技术专用机床的重任，重型机床行业为科技强国，科技强军做出了应有的贡献。

3. 生产情况

2005年重型机床行业7个成员单位的金属切削机床生产量3 137台，比上年增长48.53%，其中数控型产品229台，金属切削机床产量数控化率7.29%。金属切削机床产值19.02亿元，比上年增长55.65%；数控机床产值3.62亿元，金属切削机床产值数控化率19.03%，比2004年降低16.47个百分点。2005年重型机床行业生产情况见表59。

表 59　2005 年重型机床行业生产情况

产品名称	产量（台）	产值（万元）	其中：数控机床产量	其中：数控机床产值（万元）
金属切削机床总计	3 137	190 178	229	36 193
加工中心	14	2 717	14	2 717
车床	2 436	124 212	195	24 187
镗床	83	14 433	2	702
磨床	461	15 302	18	8 587
齿轮加工机床	35	10 576		
铣床	57	18 076		
刨床	49	4 485		
其他机床	2	377		
其中：大型机床	1 439	139 183		
其中：重型机床	665	67 777		
其中：高精度机床	580			

2005 年重型机床行业合资合作产品销售情况见表 60。

4. 出口

2005 年重型机床行业出口量有较大增长，出口量从 2004 年的 55 台增加到 90 台，出口额4 129万元较上年增长 1.43 倍。2005 年重型机床行业出口见表 61。

5. 新产品

重型机床分会 7 个成员单位 2005 年开发研制新产品共 28 类，37 个品种。其中数控型产品 30 种，加工中心 5 种，常规型产品 2 种。数控型产品占新产品总数的 81.08%，其中加工中心占数控产品的 14.28%。37 种新产品中均为自行设计。2005 年重型机床行业新产品分类开发情况见表 62。2005 年重型机床行业新产品开发情况见表 63。

6. 科研项目

重型机床分会 7 个成员单位 2005 年完成科研项目开发 23 项，其中获奖科研项目 16 项。2005 年重型机床行业科研项目见表 64，2005 年重型机床行业获奖科研项目情况见表 65。

表 60　2005 年重型机床行业合资合作产品销售情况

合资合作产品名称	台数（台）	销售额（万元）	企业名称
PT1－Ⅱ数控车床	1	70	上海重型机床厂
数控不落轮对车床	1	40.4 万欧元	武汉善福重型机床公司

表 61　2005 年重型机床行业出口情况

产品名称	数量（台）	出口值（万元）	其中数控数量（台）	其中数控出口值（万元）
合计	90	4 129	3	385
其中：车床	89	3 968		
镗床	1	161		

表 62　2005 年重型机床行业新产品分类开发情况

单位名称	开发新产品类别	品种	普通型	数控型	加工中心	数控化率	自行
武汉重型机床集团有限公司	4	6	0	5	1	100%	√
齐重数控装备股份有限公司	5	5	0	5		100%	√
青海重型机床集团有限公司	8	10	0	8	2	100%	√
上海重型机床厂	2	5		4	1	100%	√
险峰机床厂	2	4		4		100%	√
东方机床厂	4	4	2	2		50%	√
瓦房店重型机床厂	3	3		2	1	100%	√
合计	28	37	2	30	5	92.86%	√

表 63　2005 年重型机床行业新产品开发情况

序号	新产品名称	型号	主要技术参数	鉴定时间	鉴定单位	企业名称
1	数控龙门移动车铣床	DMVTM1600 × 55/200L－MC	最大加工直径：16 200mm 最大工件高度：5 500mm 最大工件重量：250t	2005.12	黑龙江省经贸委	齐重数控装备股份有限公司
2	数控重型卧式铣车床	HM160 × 100/4L －NC	最大车削直径：1 600mm 最大工件高度：10 000mm 最大工件重量：40t	2005.12	黑龙江省经贸委	齐重数控装备股份有限公司

（续）

序号	新产品名称	型　　号	主要技术参数	鉴定时间	鉴定单位	企业名称
3	数控卧式双面电动机座镗床	TK90200×300/100	最大镗孔直径:2 000mm 最小镗孔直径:1 000mm 最大镗孔长度:3 100mm	2005.12	黑龙江省经贸委	齐重数控装备股份有限公司
4	数控专用立车	Q1ZCK－010	加工范围:700～1 350mm 加工工件孔直径范围:Φ100～300m	2005.4	黑龙江省经贸委	齐重数控装备股份有限公司
5	高精度多工位程控机床	军工专用机床		2005.12	黑龙江省经贸委	齐重数控装备股份有限公司
6	数控纤维缠绕机	数控纤维缠绕机	最大回转直径:3 150mm 最大加工长度:14 000mm	2005.9	青海省科技厅	青海华鼎重型机床有限公司
7	数控不落轮对车床	CKA8014	最大回转直径:1 400mm 最大加工长度:2 400mm 轨距:1 435mm	2005.11	青海省科技厅	青海华鼎重型机床有限公司
8	数控车轴车床	CK8132B－JS	加工轴:2 000～2 600mm 钻孔直径夹:Φ18～22mm 夹紧直径:Φ100～250mm	2005.12	青海省科技厅	青海华鼎重型机床有限公司
9	数控车轴端面三孔专用车床	QZ—56A/ZS	直径:Φ100～320mm 最大加工长度:2 600mm	2005.12	青海省科技厅	青海华鼎重型机床有限公司
10	数控车轴端面铣及钻中心	QZ—48A/ZS	加工轴:2 000～2 600mm 铣削直径夹:Φ210mm 夹紧直径:Φ100～250mm	2005.12	青海省科技厅	青海华鼎重型机床有限公司
11	数控车削中心	CH61100	最大回转直径:1 000mm 最大加工长度:3 300mm	2005.3	青海省科技厅	青海华鼎重型机床有限公司
12	数控车削中心	CH61220	最大回转直径:2 200mm 最大加工长度:3 300mm	2005.4	青海省科技厅	青海华鼎重型机床有限公司
13	数控重型卧式车床	CK63150＊10/63	最大回转直径:61 350mm 最大加工长度:10 000mm	2005.6	青海省科技厅	青海重型机床有限公司
14	数控重型落地车床	CK6031＊8/32	回转直径:Φ3 150mm 加工长度:8 000mm	2005.8	青海省科技厅	青海重型机床有限公司
15	数控激光加工车床	GFTC—4000	纵向行程(*Z*轴):4 000mm 横向行程(*X*轴):2 500mm 竖向行程(*Y*轴):1 000mm	2005.10	青海省科技厅	青海重型机床有限公司
16	数控车床	CK6160	最大车削直径:1 600mm 最大车削长度:6 500mm 工件重量:10 000kg	2005.12	用户	上海重型机床厂
17	数控车床	CK61125	最大车削直径:1 250mm 最大车削长度:6 000m 工件重量:12 000kg	2005.11	用户	上海重型机床厂
18	数控车床	K1000	最大车削直径:1 000mm 最大车削长度:2 000m 主轴转速:1～900r/min	2005.12	用户	上海重型机床厂
19	数控车床	Z1000	最大车削直径:1 000mm 最大车削长度:3 000m 主轴转速:1～565r/min	2005.9	用户	上海重型机床厂
20	数控龙门导轨磨床	MK5315	最大磨削宽度:1 500mm 最大磨削长度:6 000mm 最大磨削高度:1 100mm	2005.9	用户	上海重型机床厂

（续）

序号	新产品名称	型　号	主要技术参数	鉴定时间	鉴定单位	企业名称
21	数控龙门移动镗铣床	XKU2645	龙门间距：5 800mm 龙门移动行程：20 000mm 横梁移动行程：4 000mm	2005.10	武重	武汉武重机床有限责任公司
22	数控落地铣镗床	FB260	镗杆直径：Φ260mm 立柱行程：18 000mm 主轴功率：110kW	2005.10	武重	武汉武重机床有限责任公司
23	数控落地铣镗床	FB200	镗杆直径：200mm 立柱行程：14 000mm 主轴功率：100kW	2005.10	武重	武汉武重机床有限责任公司
24	数控双柱立式铣车床	CKX5280	最大车削直径：Φ8 000mm 最大工件高度：4 000mm 最大承重量：160t	2005.11	武重	武汉武重机床有限责任公司
25	数控双柱立式铣车床	CKX52100	最大车削直径：10 000mm 最大工件高度：5 000mm 最大承重量：180t	2005.12	武重	武汉武重机床有限责任公司
26	立式车削加工中心	VTC1600	最大加工直径：1 600mm 最大加工高度：1 600mm 工作台承重：5t	2005.11	武重	武汉武重机床有限责任公司
27	高精度数控轧辊磨床	MK8463A	最大磨削直径：630mm 顶尖距：6 000mm 最大重量：6 300kg	2005.7	贵州省科技厅	险峰机床厂
28	经济型数控无心磨床	MJK1040	磨削直径范围：2～40mm 圆度：0.002mm 圆柱度：0.002 5mm 表面粗糙度：R_a≤0.32μm	2005.7	贵阳市经贸委	险峰机床厂
29	全自动数控轧辊磨床	MKZ84160	最大磨削直径：16 00mm 顶尖距：8 000mm 最大重量：60 000kg 圆度：0.002mm 圆柱度：1000：0.002mm 表面粗糙度：R_a0.2μm	2005.11	用户	险峰机床厂
30	数控轧辊磨床	MK84200	最大磨削直径：2 000mm 顶尖距：9 000mm 最大重量：100 000kg 圆度：0.002mm 表面粗糙度：R_a0.2μm	2005.12	用户	险峰机床厂
31	双刀架精密型数控龙门刨床	BKM2016—S/6M	最大加工尺寸：6 000mm×1 600mm×1 250mm 工作台每米长度承重2 500kg/m	2005.4	用户验收	东方机床实业有限公司
32	龙门铣磨刨床	B2225/10M	最大加工尺寸：10 000mm×2 500mm×2 000mm 工作台拖动电动机功率：132kW 铣头电动机功率：152kW 工作台每米长度承重：3 200kg/m	2005.7	用户验收	东方机床实业有限公司
33	带锯机	DF－048	全集成自动化监控系统，带锯最大切割尺寸：1 100mm×1 200mm×800mm	2005.2	用户验收	东方机床实业有限公司

（续）

序号	新产品名称	型　号	主要技术参数	鉴定时间	鉴定单位	企业名称
34	龙门镗铣床	X2125/8M	最大加工尺寸：8 000mm×2 500mm×2 300mm	2005.8	用户验收	东方机床实业有限公司
35	数控立式万能磨床	2MK95160	最大磨削直径：1 600mm 最大磨削高度：700mm 工作台直径：1 600mm 最大工作重量：8t	2005.6	辽宁省科技局	大连瓦房店重型机床厂有限公司
36	数控立式车铣加工中心	CXH5240	最大车削直径：4 000mm 最大工件车削高度：2 500mm 最大工件重量：32t	2005.12	辽宁省科技局	大连瓦房店机床厂有限公司
37	数控双柱立式铣车床	CKX5240/2	最大车削直径：4 000mm 工作台最大承重：32t	2005.12	辽宁省科技局	大连瓦房店机床厂有限公司

表 64　2005 年重型机床行业科研项目

序号	项目名称	主要内容及应用范围	投入资金（万元）	项目来源	企业名称
1	数控龙门移动镗铣床	龙门移动同步技术、横梁平衡技术、铣头技术的研究	150	武汉武重机床有限责任公司	武汉武重机床有限责任公司
2	立车系列底座的工艺优化设计研究	对原工艺进行科学、合理地优化设计	100	武汉武重机床有限责任公司	武汉武重机床有限责任公司
3	立车系列滑枕的工艺优化设计研究	对原工艺进行科学、合理地优化设计	100	武汉武重机床有限责任公司	武汉武重机床有限责任公司
4	磨削防撞系统		10	本厂提出	上海重型机床厂
5	机械增力夹爪的试验研究	机械增力夹爪、液压增力夹爪应用效果对比分析	5	本厂提出	青海重型机床有限责任公司
6	无心车床三刀切削应用研究	三刀对 NbTi 钛合金材料的切削试验，达到技术协议要求	20	自行应用	青海重型机床有限责任公司
7	数控机床联网、群控技术开发应用研究	数控机床性能，信息技术在数控机床中的应用	35	自行应用	青海重型机床有限责任公司
8	自动对刀装置改进试验研究	数控车轮车床自动对刀自动测量	8	自行应用	青海重型机床有限责任公司
9	CK8132A/1 数控精加工车轴车床传动头试验研究	改善了工件定位状况，提高了工件的定位精度，可满足加工工件的切削要求	6	自行应用	青海重型机床有限责任公司
10	主轴淬火裂纹预防与控制工艺攻关	预防主轴裂纹提高主轴加工精度	15	自行应用	青海重型机床有限责任公司
11	*X* 轴、*U* 轴传动链改进	采用进口减速机取代自制蜗轮箱，减少产生传动间隙的环节，提高传动精度和运行平稳性	5	自立项目	险峰机床厂
12	西门子数控系统功能扩展及应用	840DI 在轧辊磨床上的应用，840D 新技术在轧辊磨床上的应用	20	自立项目	险峰机床厂
13	带锯实现液压垂直进给的技术研究	两垂直油缸的同步运行控制及进给运动的平稳性研究	12	自立项目	东方机床实业有限公司
14	数控龙门刨床往返切削加工的技术研究	在数控龙门刨床的开发中采用垂直抬刀，采用滑枕式垂直双刀架实现往复行程切削的技术研究，获得成功	10	自立项目	东方机床实业有限公司
15	数控立式磨床部件试验研究	立式磨床工作台滚动导轨的动、静态精度与预负荷技术的研究；直线滚动导轨在横梁上“挂壁使用”的结构布局试验	30	自行设计	大连瓦房店机床厂

（续）

序号	项目名称	主要内容及应用范围	投入资金（万元）	项目来源	企业名称
16	数控车铣立车部件研究	车铣复合加工中心C轴试验研究	20	自行设计	大连瓦房店机床厂
17	铸件性能研究	MTQI高强度，低应力，耐磨铸铁性能试验	30	自行设计	大连瓦房店机床厂
18	基础研究	横梁分级定位精度试验	10	自行设计	大连瓦房店机床厂
19	Sy－(2005)552	涂层导轨耐磨性能试验研究	20	自行设计	齐齐哈尔第一机床厂
20	Sy－(2005)547	立车主轴控制器可靠性试验	25	自行设计	齐齐哈尔第一机床厂
21	Sy－(2005)543	立车C轴试验研究	35	自行设计	齐齐哈尔第一机床厂
22	Sy－(2005)558	DVT630系列滑枕变形试验	30	自行设计	齐齐哈尔第一机床厂
23	Sy－(2005)559	双柱立车触摸屏试验研究	40	自行设计	齐齐哈尔第一机床厂

表65　2005年重型机床行业获奖科研项目情况

序号	项目名称	主要内容及应用范围	奖项名称	获奖等级	主要完成单位	授奖单位
1	CKX53160数控单柱移动立式铣车床	最大加工直径:16m 最大加工高度:6.3m 最大承重:550t	国家科学技术进步奖	二等奖	武汉武重机床有限责任公司	国务院
2	DmVTM1600×55/250L－NC型数控龙门移动式车铣床	适用于超大规模超重型工件的复杂回转表面加工	技术进步奖	一等奖	齐齐哈尔第一机床厂	齐齐哈尔市人民政府
3	Q1－105型数控曲拐专用车床	国内首台数控大型曲拐车床，应用于造船业	科学进步奖	二等奖	齐齐哈尔第一机床厂	黑龙江省人民政府
4	SMVT63×25/32Q－ML型单柱移动立式车铣加工中心	适用于回转零件类加工	科学进步奖	三等奖	齐齐哈尔第一机床厂	黑龙江省人民政府
5	CKA612000×80/80－5X	适用于造船、电力、军工等设备制造业	省新产品奖	一等奖	齐齐哈尔第一机床厂	黑龙江省人民政府经委
6	CXH5240×25/40L数控双柱立式车磨床	适用于发电、冶金、军工设备制造业	省新产品奖	二等奖	齐齐哈尔第一机床厂	黑龙江省人民政府经委
7	CH61250×8/30车削中心	用于能源、化工、轻工、机电、造纸、航天航空等设备制造行业的大型轴类零件的圆柱面、外曲面、锥面、螺纹及端面切槽切断等粗、精加工	青海省科学技术进步奖	二等奖	青海重型机床有限责任公司	青海省人民政府
8	CK8015数控车轮车床	CK8015的开发主要是适应铁路机车工厂及机务段轮对加工修理的需要。应用于电力机车、内燃机车等各种机车轮对解体后的加工和修理；轮缘和踏面的加工修理	国家机械工业科学技术进步奖、青海名牌产品	二等奖、名牌产品	青海重型机床有限责任公司	青海省人民政府
9	CH61250×8/30车削中心	用于能源、化工、轻工、机电、造纸、航天航空等设备制造行业的大型轴类零件的圆柱面、外曲面、锥面、螺纹及端面切槽切断等粗、精加工	国家倍增计划优秀项目”	名牌产品	青海重型机床有限责任公司	青海省人民政府
10	CK61350车铣中心	用于能源、化工、轻工、机电、造纸、航天航空等设备制造行业的大型轴类零件的圆柱面、外曲面、锥面、螺纹及端面切槽切断等粗、精加工	青海省高新技术产品	高新技术产品	青海重型机床有限责任公司	青海省人民政府

（续）

序号	项目名称	主要内容及应用范围	奖项名称	获奖等级	主要完成单位	授奖单位
11	CAK8013/1数控不落轮对车床	应用于电力机车、内燃机车等各种机车的车辆轮对不解体加工和修理；轮缘和踏面的加工修理	青海省科学技术进步奖	高新技术产品	青海重型机床有限责任公司	青海省人民政府
12	MK8463A型高精度数控轧辊磨床	工件直径：6 300mm 顶尖距：6 000mm 工件重量：63 000kg 圆度0.001 5mm 圆柱度：1000：0.0015mm 表面粗糙度：R_a0.1μm	贵阳市优秀新产品	二等奖	险峰机床厂	贵阳市人民政府
13	2MK95160数控立式万能磨床	适用于轴承、航空航天、造船等行业磨削大中型回转零件	省新产品	一等奖	大连瓦店房机床有限公司	辽宁省经委
14	CXH5240数控立式车铣加工中心	适用于电动机厂、军工厂、齿轮箱厂	省新产品	一等奖	大连瓦店房机床有限公司	辽宁省经委
15	CKX5240/2数控立式铣车床	适用于军工、石油机械、电动机、齿轮箱、轴承、水泵等行业	省新产品	一等奖	大连瓦店房机床有限公司	辽宁省经委

7. 企业简介

武汉武重机床有限责任公司　2005年工业总产值54 937万元，比上年的34 807万元增长57.83%；产品销售收入50 770万元，比上年的30 980万元增长63.87%；利润总额3 210万元，比上年的815万元增长293.86%；累计订货量106 081万元，比上年的84 979万元增长24.83%；现有职工2 444人，工程技术人员354人。主导机床产品涵盖了立式车床系列、卧式铣镗床系列、龙门镗铣床系列、回转工作台系列、大型滚齿机系列、重型卧车系列等重型机床的所有种类，是我国可供重型机床规格最大、种类最全的机床制造企业，代表了我国重型机床制造业水平。CKX53160 16m数控单柱立式铣车床荣获2005年度中国科学技术进步二等奖。公司与意大利SAFOP公司合作生产数控不落轮对车床。2005年开发的以XKU2645双龙门数控镗铣床为代表的6种新产品，均为数控产品。

齐重数控装备股份有限公司　2005年是企业改革和发展取得实质性突破的一年，也是改写公司历史的一年。企业围绕生产经营和改制这两大任务，积极做好政策性破产和引进战略投资者等工作，不断提升技术水平和创新能力，不断提升企业经营理念，在生产经营、科研开发、技术改造、深化改革、管理创新等方面都取得了巨大的成绩。一年来，企业实力得到了大幅度提高，全年完成工业总产值12.5亿元，比上年增长53.1%；实现销售收入11亿元，比上年增长55%；实现工业增加值49 800万元；实现利润2 687万元；从业人员5 009名。这些成绩的取得，体现了企业推进各项机制改革取得的成果，展示了企业的创新能力和管理水平。2005年公司生产重型数控立式、卧式车床、深孔钻镗床、铁路车床、轧辊车床等共1 051台。2005年是公司技术改造工作丰收年，购入的新设备已全部安装、调试、验收，当年技术改造项目投入资金4 100万元。2000年以来承担的国家高技术产业化示范工程项目，使公司掌握了五轴联动车削等尖端技术。目前重大产品产值的数控化率达到95%，产品整体数控化率达52%。

青海华鼎重型机床有限责任公司　是青海省机械行业惟一上市公司青海华鼎实业股份有限公司的核心子公司，现有员工1 098人，其中工程技术人员155人。2005年公司完成工业总产值18 420万元，比上年增长40.81%，机床工具类产品总产值17 149万元，比上年增长38.76%；销售收入12 024万元，比上年增长29.76%；利润总额1 214.5万元，比上年增长10.33%。累计订货量13 496万元。新产品开发项目8种10台，科研成果项目6项，产品获机械工业科技进步奖和省科技成果奖。用于火车机车、车辆的车轴和车轮修理与加工的铁路和城市轨道专用机床，国内市场占有率为90%；适用于冶金企业轧辊的辊身及孔型加工与修理的轧辊机床及其专机，国内市场占有率为75%；适用于冶金、重型装备、能源、船舶、造纸等设备制造业的重型卧式车床，国内市场占有率为70%。

上海重型机床厂　2005年工业总产值16 550.8万元，增长83.89%，销售收入16 391.3万元，比上年增长79.02%，现有职工702名。2005年开发试制了CK61160数控车床、K1000、Z100数控车床、MK5315数控龙门导轨磨床等新产品。引进德国沃伦贝格公司和日本池贝公司先进技术，合作生产PT、PB、PS、TU等数控机床。2005年已连续14年被评为“上海高新技术企业”，并通过了全国机床工具行业“精心创品牌”十佳企业复审，获得了上海出入境检验检疫局为工厂颁发的出口生产《一类管理企业证书》。通过了国家机床监督检查中心对工厂主导产品CK61100X5m数控机床的“飞行检查”。

险峰机床厂　险峰是国家大型重点骨干企业，是我国轧辊磨床、无心磨床等产品的主要生产厂家之一，享有进出口经营权，已通过ISO9001质量保证体系国际标准认证。近几年的生产经营状况呈持续增长的良好发展态势，2005年完成工业总产值（当年价）13 513万元，比上年增长31.53%，数控产值占63.28%；实现销售收入13 050万元，比上年增长29.12%；完成利税总额1 842万元，比上年增长21.26%；机床产量452台；产销量95.7%。险峰机床厂非常重视技术创新，积极开发适销对路的新产品，2005年企业坚持以市场为导向，积极开发适销对路的新产品。当年开发了MKZ8463×50、MKZ8480×50、MK8463A、MJK1040、MK8480A×40、MQK84200×140等多种数控轧辊磨床新产品。其中两种新产品通过省级鉴定，MK8463A获得了贵阳市优秀新产品二等奖。

东方机床实业有限责任公司　东方机床厂，现有职工639余人，其中工程技术人员116余人，2005年生产各种机床89台（铣床27台，刨床48台，锯床1台，数控火焰切割机13台），产品产量数控化率16.85%。2005年完成工业总产值8 236.8万元，其中，机床工具类产品总产值7 291.8万元；销售收入8 072.1万元。2005年开发成功4种新产品，其中2种为数控重型机床，新产品产量数控化率为50%。2005年新产品开发的亮点是在数控龙门刨床形成系列的基础上，开发成功双行程切削精密型数控龙门刨床BKm2016—S/6M，消除了龙门刨床的空行程，大大提高了生产效率。

瓦房店重型机床厂　2005年实现工业总产值12 102.8万元，比上年增长14.52%。实现销售收入12 439.4万元，比上年增长15.39%，利润1 043万元。全厂从业人员1 069人，其中工程技术人员216人。新开发研制了CH5240车铣加工中心、2MK95160数控立式万能磨床等高新技术产品3台，产品水平均达到了国内领先水平。出资组建了大连瓦机数控机床有限责任公司，并在瓦房店市西郊工业园区建立了现代化的新厂区，生产制造国内先进的数控机床产品。出资与德国赛丁·席士公司在瓦房店市西郊工业园区组建了中德合资企业大连瓦机·席士机床制造有限责任公司，生产制造世界一流的数控机床产品。

〔本部分撰稿人：中国机床工具工业协会重型机床分会　翟　巍〕

（十一）小型机床

1. 产品简介、特点及构成

小型机床产品有10余大类，涵盖了机床中的大部分类别，行业产品主要服务于钟表、照相机、光学仪器、电子工业、航空航天、石油化工、视听设备、办公设备、家用电器、家用维修、玩具、五金、汽车摩托车、IT等行业，产品范围应用较广，通过几十年的发展，也有部分产品跨入到中、大等规格，行业主要产品有：

(1)仪表车床（小型车床）：最大加工直径≤250mm及变型产品≤300mm及其以下尺寸规格。包括：台式车床、工具车床、小型车床、轴类车床、盘类车床、转塔车床、精整车床。该类产品主要用于小型回转零件的加工，产品结构通常较为简单并简化了制造工艺，因而产品的制造成本很低、附加价值低，通常一台普通仪表车床的售价在500～3 000元，数控型附加价值较高，售价在3万元以内，部分产品售价6万元左右。产品在乡镇企业、小型的私营企业及家庭作坊等劳动密集型生产单位使用较多。

(2)台式钻床、钻铣床和小型钻铣床：主要用于小型零件的钻削、攻螺纹、铣削、磨削等加工，多用于精度要求不高的零件的辅助加工如钻孔、攻螺纹、普通维修等，加工零件较小。

(3)卧式车床：最大加工直径≤500mm的短床身车床、数显车床、数控车床、车削中心、车削柔性单元、车削生产线及专用、专门化车床。该类产品主要用于盘类、轴类零件的加工，与常规的数控车床、普通车床相同。

(4)单轴自动车床：小型自动车床主要有3种结构形式，包括主轴箱移动型（又称瑞士型）的机械凸轮式单轴纵切自动车床和数控型纵切自动车床，采用长棒料为加工原料；主轴箱固定型的单轴自动车床，采用长棒料为加工原料；盘料横切自动车床，采用盘状棒料为加工原料，加工直径较小，通常为几毫米。自动车床主要是采用棒料大批量生产小型轴类零件，加工直径通常在30mm以下，加工效率极高，全功能数控型最多可配置14把刀具，包括动力刀具，可以实现零件的背加工。

(5)工作台面宽度小于200mm的小型铣床：主要用于小型零件的铣削加工。

(6)小型磨床。①工作台面宽度小于200mm的平面磨床，主要用于中小规格零件的磨削加工，加工精度较高。②最大磨削外圆直径≤100mm的外圆磨床，万能外圆磨床。③最大磨孔直径≤30mm的内圆磨床。④坐标磨床，最大工作台宽800mm，有单柱式和龙门式，主要用于淬火零件的精密孔系、精密孔和精密轮廓的精密磨削，也可进行精密轻铣，通常用于制造业的工具车间，也用于高硬材料如冲模加工，近年也逐步用于高硬精密零件的批量加工，如印刷机械中的凸轮轮廓的精密磨削。

(7)小刀具、小刃具、小工具加工机床。

(8)小模数齿轮加工机床：最大加工直径≤150mm，机床采用卧式结构，主要用于小型齿轮（包括斜齿轮、蜗轮蜗杆等）的精密加工和批量加工，有普通型、数控型、全数控型，加工精度较高。还有专门用于轿车蜗杆大批量加工的数控蜗杆铣床等。

(9)镗床：主要有坐标镗床、轴瓦镗床。坐标镗床工作台宽≤450mm，主要用于有精密孔系要求及精密孔要求的模板类零件的精密加工；轴瓦镗床用于轴承行业轴瓦的精密镗削加工。

(10)小型组合机床及自动线、自动装配生产线等专用设备。组合机床及自动线适用于汽车、摩托车、空调压缩机、家电行业各种中小型零件的大批量加工，有回转工作台结构、直线移动型结构及多台组合机床组成生产线等方式，有普通型和数控型。自动装配生产线，通常由数十个装配单元组成，有中央总控装置，主要用于家电组部件的自动装配，生产效率极高。

(11)中小型加工中心及柔性加工单元、多台加工中心组成的柔性生产线，工作台面≤800mm 的卧式加工中心系列和工作台宽≤450mm 的立式加工中心：主要特色是加工精度高，用于汽车摩托车、航天航空业等中小型箱体类零件的精密加工；五轴联动加工中心主要用于叶片类零件的精密加工。部分企业开发出了工作台在1 200mm 的大型产品以及龙门结构的中等规格立式加工中心等。

(12)多功能工具机：机床结构设计较为巧妙，具有多种功能，通常具有车、钻、铣、攻螺纹等功能，产品 70%以上供出口。主要用于家庭维修、制造和小型维修用。

(13)光学冷加工设备：光学玻璃、玛瑙、宝石、石英晶体、硅加工机床，主要是对该类材料进行抛磨、切片等，机床规格较小。

(14)弹簧夹头、转台、机床附件、机床配件及少量的木工机床、小型锻压机床等。

2. 行业结构分析

由于中国经济的不断发展，各种物品的需求均在不断增长，大批的民营企业的涌现，在区域性小产品经济强势发展的情况下，廉价型的小型机床市场持续保持较高的需求。小型机床行业近年有较多的新企业出现，特别是江浙地区如温州、杭州等地，近年有很大发展，估计现有生产厂家在 120 个以上，其中 40 余个为专业厂家。江浙地区有为数不少的私营企业，在浙江坎门及台州地区就有 50 多个从事仪表数控车床的生产厂家，年产值通常为数百万元，也有的规模较大。小型机床分会现有统计会员 20 个，主要有宁江机床集团股份有限公司、上海仪表机床厂、池州家用机床股份有限公司、山东临沂金星机床有限公司、温州仪表机床厂、杭州金宝机床有限公司、广州粤港工程技术有限公司、南京仪机股份有限公司等。

2005 年分会的所有制形式没有变化，会员主要以股份制企业为主，共有 10 个，经改制后的股份制企业基本都属于民营企业；有 2 个为高校企业，有 3 个私营企业；会员单位上海仪表机床厂仍为国有企业，在并入上海明精公司后现为上海电气的下属企业；分会有研究所 1 个、有主要以技术成套和销售为主的公司 1 个，会员单位所有制形式有私有化趋势，但总体变化不大。

3. 生产情况

特别说明：因上海仪表机床厂并入上海明精机床股份有限公司而没有向分会上报统计数据(仅有数控机床产品情况)，故本年度生产情况中所列数据不含该公司情况。

按可比性，小型机床行业 2005 年全年完成工业总产值(当年价)5.74 亿元，比上年增长 20.37%，比上年增幅高 2.03 个百分点。行业出口交货值 1.13 亿元，比上年增长 28.57%，主要是宁江机床集团出口增长幅度达到 39.83%。本行业 2005 年全年产品销售收入 5.22 亿元，比上年增长 19.27%，产销同步增长，产值上升幅度较大，而存货大幅下降出现负增长−9.45%，表明虽然市场需要仍然很旺，企业库存品有较好销售，但销售价格有所降低，工业中间投入增长较大达到 31.84%。2005 年小型机床行业按可比企业计，机床(含金属切削、成形)产量为 36 918 台，比上年降低 34.15%，主要是普通仪表车床产品大幅下降，但机床产品产值却略有上升，说明产品档次在逐步提高。2005 年全行业生产数控机床1 245台，比上年增长 146.54%，销售数控机床1 066台，销售产值比上年增长 126.81%，说明行业的数控机床产品发展较快，同时也说明行业的数控机床以简易型为主。下面是主要产品的生产、销售、出口情况简述：

仪表车床：2005 年共生产29 584台小型仪表车床，比上年减少约20 000台，产值4 480余万元，比上年下降 18.82%。2005 年销售仪表车床约29 770余台，与上年相比有较大回落，销售量略高于产品生产量，产品库存有所下降。2005 年生产数控仪表车床 557 台，销售数控仪表车床 523 台，分别比上年增长 57.87%和 121.1%，库存有所上升，2005 年仪表车床出口1 556台，比上年下降 13.67%，主要销往南非、意大利、美国及南亚等地，主要出口商为池州家用机床股份有限公司。主要生产厂家为温州仪表机床总厂、杭州金宝机床有限公司、池州家用机床股份有限公司。

卧式车床：2005 年共生产卧式车床 408 台，比上年增长 29.11%，产值3 120余万元，比上年增长 123%。主要生产厂家为山东临沂金星机床有限公司、江西盛鸿仪表机床有限公司、宁江机床集团股份有限公司。山东临沂金星机床有限公司近年大力进行产品结构调整，逐步淘汰原来的台钻、普通工具机等产品，大力发展数控车床、数控铣床等产品，取得了较好成绩。2005 年销售数控车床 329 台，(不包括数控仪表车床)。当年卧式车床无出口，行业原主要出口厂家及卧式车床生产厂家上海仪表机床厂因并入上海明精公司未报数据，上海仪表机床厂每年的数控车床产量在1 000台左右。

单轴自动车床：2005 年生产各种单轴纵切自动车床、单轴自动车床共计1 800余台，产值 1.13 亿元，销售1 700余台，库存略有增长。生产数控型自动车床 11 台。生产厂家为宁江机床集团股份有限公司。该产品在国内外有较强的竞争能力，当年出口普通自动车床 230 余台，出口金额约1 400余万元，出口量和出口金额比上年增长约 20%，出口形式为自营出口，主要由香港地区进行转口贸易。

台式钻床、钻铣床：2005 年共生产钻铣床3 715台，产值约1 975万元，产量比上年增长 28.28%，生产厂家为池州家用机床股份有限公司。2005 年钻铣床实现销售3 499台，库存比上年增长。当年钻铣床出口3 199台，比上年增长 20.27%，出口占销售量的 91.43%，产品主要通过国内各进出口公司，销往南非、意大利、美国、伊朗、印度尼西亚、韩国、墨西哥、芬兰等国家。

磨床：2005 年共生产磨床 8 台，产值 568 万元，主要为宁江集团生产的坐标磨床，其中数控坐标磨床 4 台；当年销售坐标磨床共计 11 台，比上年有一定增长。

组合机床及加工自动线、装配自动线等专用设备：2005 年共生产 128 台(套)，产值4 761万元，比上年略有降低，主要产品为多工位数控深小孔钻床、摩托车曲轴箱生产线、空调压缩机零件加工生产线、自动装配生产线及其他组合机床等，当年销售113台(套)；当年生产数控专用设备92套，实现销售80台(套)，数控型专用设备产量比上年略有下降。主要生产厂家为宁江机床集团股份有限公司，另有上海松泽数控机床有限公司生产部分数控专用设备。

齿轮机床：该类机床的生产以宁江机床集团股份有限公司和上海仪表机床厂为主。2005年宁江集团共生产小型卧式滚齿机422台，比2004年降低54%，产值4 301万元，共销售440台，销量比上年降低46%；当年生产小型数控滚齿机74台，数控滚齿机全面销出，并出现供不应求现象，当年有2台滚齿机出口。宁江与重庆大学合作开发的小型卧式零传动数控滚齿机开始试制。据日本有关专家称，目前在世界范围内小模数精密卧式滚齿机的生产中，宁江的生产批量是最大的。

加工中心：本行业仅宁江集团一家生产加工中心，2005年宁江机床集团股份有限公司共生产加工中心16台，产值约2 223万元，均为卧式，包括五轴加工中心，当年实现销售13台，其中出口1台，在制品有所上升。另有池州家用机床股份有限公司试制成功立式加工中心，但未形成量产。

多功能工具机：2005年共生产多功能工具机8 281台，产量略有下降；产值4 606万元，略有增长。主要生产厂家为池州家用、临沂金星。当年共计销售7 763台，比上年下降11.3%，其中出口5 676台，出口占总销售量的73.12%。多功能工具机主要销往美国、南非、欧洲和南亚等国家和地区。

镗床：2005年共生产镗床31台，产值2 564万元，主要产品为宁江机床集团的坐标镗床。当年共计销售25台，生产销售比上年增长40%以上。

光学冷加工设备：用于镜片的抛磨和修形，该设备仅南京仪机股份有限公司生产。2005年共计生产398台，产值约1 688万元，销售372台，实现销售产值1 680万元，当年出口26台。生产量比上年降低18.61%，销售量下降17.5%，但销售额比上年却增长38.63%，表明产品结构有较大调整，机床附加值上升。当年出口增长较大，达到5.5倍。

2005年小型机床行业企业产品产量、产值情况见表66。2005年小型机床行业企业机床工具产品出口情况见表67。

表66 2005年小型机床行业企业产品产量、产值情况

产品类别	2005合计		其中：数控	
	产量(台)	产值(万元)	产量(台)	产值(万元)
金属切削机床合计	36 929	38 924	1 245	13 690
加工中心	16	2 223	16	2 223
车床	32 517	18 564	1 015	5 185
钻铣床	3 715	1 975	44	102
镗床	31	2 564	0	0
磨床	8	568	4	453
齿轮加工机床	422	4 301	74	1 759

(续)

产品类别	2005合计		其中：数控	
	产量(台)	产值(万元)	产量(台)	产值(万元)
组合机床	128	4 761	0	0
专用机床	92	3 968	92	3 968
锻压设备	81	59		
木工机械	150	121		
机床配件	109	12		
多功能工具机	8 281	4 606		
铸件		486		
光学冷加工设备	398	1 688		
配件		2 453		

表67 2005年小型机床行业企业机床工具产品出口情况

产品类别	2005合计		其中：数控	
	产量(台)	产值(万元)	产量(台)	产值(万元)
金属切削机床总计	4 757	4 341	2	166.5
车床	1 556	2 512		
钻铣床	3 199	1 801		
齿轮加工机床	2	28		
木工机械	151	153		
机床配件		2 302		
系列工具机	5 676	3 357		
光学冷加工设备	26	42		
特种设备				

4. 新产品、新技术、新工艺发展情况

本行业2005年共开发新产品近30余种，其中宁江机床集团股份有限公司开发27种，主要包括：曲轴生产线、曲轴喷涂机气缸抛光生产线、上轴承抛光生产线、活塞抛光生产线、汽车空调压缩机装配线、气缸抛光生产线、CG125摩托车曲轴箱体生产线、针阀体3孔数控九工位组合机床、数控纵切自动车床、数控卧式镗铣床、减速器壳体镗削组合机床、导电嘴深小孔数控六工位钻削组合机床、斜盘式轴向变量柱塞泵装配线、数控卧式滚齿机、立式加工中心、数控车床等。

宁江机床集团股份有限公司对工厂自动化技术FA进行了研究，2005年自主开发的柔性制造系统FMS001完成开发制造。该柔性制造岛屿由3台精密卧式加工中心、一条物流传输线和18工位托板库及输送小车、总控计算机和控制软件及刀调中心、质量检测中心等相关的辅助设施组成，主要用于多品种、变批量箱体类零件的加工。柔性制造岛采用了先进成熟的数控技术、精密制造技术、网络通信技术系统、智能检测技术等，具有上与企业MIS网络联接，下与设备相联接的两级网络通讯技术，直接接受企业生产信息系统的计划指令，通过内部网络系统实现计划安排和加工程序下载；具有加工对象的图像自动识别系统，零件在进入加工线时，系统自动识别零件并调用相应的加工程序对零件进行自动化加工；在零件加工过程中采用先进的刀具管理功能、刀具检测功能、设备运行状态的监视和远程诊断功能等，确保加工工件的质量。重要部位设置完整的自动保护装置，如加工单元、托盘库和自动传输小车均有托盘在位识别装置等。

宁江机床集团股份有限公司与重庆大学合作开发完成的零传动可重构数控滚齿机 YK3610，采用直接驱动技术对各主要轴进行驱动，取消传统的滚齿机床的复杂传动链，并采用惯性阻尼技术、高速运动联动同步控制技术，在消除传动链误差的前提下，确保机床的刚性和传动精度，并大大提高了机床的可靠性和质量稳定性，完全可满足现代齿轮加工对高刚性、高效率、高精度的要求，是齿轮加工技术领域的一个突破。

山东临沂金星机床有限公司近年来根据国内市场对数控机床的需要，大力进行产品结构调整，2005 年度淘汰了传统产品台钻，减少了普通工具机的生产，大力发展数控机床，有 7 种数控车床产品、1 种数控铣床产品、1 种数控工具机先后投入生产，当年销售量近 170 余台，比上年度有较大增长，取得了较好的经济效益。

2005 年中国机床工具工业协会小型机床行业企业新产品研制情况见表 68。

表 68　2005 年中国机床工具工业协会小型机床行业企业新产品研制情况

序号	产品名称	型号	主持鉴定单位	鉴定日期
1	汽车空调压缩机装配线	NJ－ZZX007	用户鉴定	2005.12
2	汽缸生产线	NJ－SX014	用户鉴定	2005.07
3	曲轴生产线	NJ－SX015	用户鉴定	2005.01
4	生产线	NJ－SX016	用户鉴定	2005.12
5	壳体生产线	NJ－SX017	用户鉴定	2005.11
6	活塞生产线	NJ－SX018	用户鉴定	2005.06
7	壳体生产线	NJ－SX020	用户鉴定	2005.03
8	曲轴箱体生产线	NJ－SX021	四川科技厅	2005.01
9	曲轴生产线	NJ－SX022	用户鉴定	2005.01
10	上轴承抛光生产线	NJ－SX024	用户鉴定	2005.11
11	活塞抛光生产线	NJ－SX025	用户鉴定	2005.12
12	汽缸抛光生产线	NJ－SX026	用户鉴定	2005.11
13	主壳体双端面数控车床	NJ－K029/1	用户鉴定	2005.12
14	数控二轴深孔钻床	NJ－K031	用户鉴定	2005.01
15	喷油器体回油斜孔数控六工位机床	NJ－HK020	用户鉴定	2005.09
16	节叉数控三工位组合机床	NJ－HK021	用户鉴定	2005.09
17	中板抛光机	NJ－H112	用户鉴定	2005.12

5. 技术引进及合资、合作情况

宁江机床集团股份有限公司与瑞士 LAMBER－WAHLI 公司合作推出数控蜗杆铣床 NJ－124CNC，公司的技术开发能力和制造能力得到对方认可，进一步就其他数控滚齿机床的合作进行了探讨，但暂未形成协议。

6. 科研成果及其应用

2005 年宁江机床集团股份有限公司大力开展主轴系统研究，其中用于磨床改造的高精度主轴项目的主轴回转精度突破 1μ，与进口磨床的精度等级相当，这将有力地促进公司磨削加工能力的提高；用于替代进口主轴的内冷主轴研制成功；加工中心电主轴完成试制，进入切削试验阶段；还与四川大学、电子科大、西华大学等省内多个院校分别合作开发基于 PC 机的图形交换式编程系统、零件在线图像识别系统、刀具设计及切削用量优化软件等项目。全年集团公司完成科研试验及技术攻关项目 500 余项，企业的科研试验及新技术应用有较大进步。2005 年中国机床工具工业协会小型机床行业企业完成科研项目情况见表 69。

表 69　2005 年中国机床工具工业协会小型机床行业企业完成科研项目情况

序号	项目名称	主要内容及应用范围	企业名称
1	高精度主轴系统研制及现场验证	研究磨削用高精度电主轴的设计制造，主轴回转精度突破 μ 级，并在技术改造中推广应用	成都宁江机床集团股份有限公司
2	NJ－KM011 机床型式试验	研究小型精密数控车床的加工工艺、产品结构的性能试验，改进提高小型精密数控车床的产品性能	成都宁江机床集团股份有限公司
3	高速编码器的开发试验	研究高速主轴编码器的设计制造，并在产品中试验验证，解决小规格产品高速主轴的检测问题	成都宁江机床集团股份有限公司
4	高速电主轴研制	研究高速电主轴的关键制造工艺，并进行切削试验。应用于 THM6363 卧式加工中心主轴系统	成都宁江机床集团股份有限公司

7. 获奖科研项目

2005 年度宁江机床集团开发研制的 NJ5HMC40 五轴联动加工中心获成都市科技进步三等奖，数控滚齿机 YKJ3610 获得都江堰市科技进步一等奖和四川省人民政府科技进步三等奖，精密数控车床 NJ－K(B、M)011 获得科技部国家级新产品奖和四川省人民政府科技进步三等奖。

2005年中国机床工具协会小型机床行业企业获奖科研项目情况见表70。

表70　2005年中国机床工具协会小型机床行业企业获奖科研项目情况

序号	项目名称	主要内容及应用范围	奖项名称	获奖等级	主要完成单位	授奖单位
1	NJ－K(B、M)011精密数控车床	主要采用棒料进行小型轴类零件的中、大批量生产。适用于电子、航空航天等行业	科技进步奖、国家重点新产品	三等奖	宁江机床(集团)股份有限公司	四川省人民政府、科技部
2	YKJ3610数控高效卧式滚齿机	主要采用件料进行小模数齿轮的中、大批量生产。适用于电动工具、玩具、汽车摩托车等行业。	科技进步奖 科技进步奖	三等奖 一等奖	成都宁江机床(集团)股份有限公司	四川省人民政府、都江堰市人民政府

8. 企业简介

宁江机床集团股份有限公司　前身原宁江机床厂建立于1965年，专业从事精密机床的研究与设计制造。2000年企业转制为股份制企业，国有资产全面退出。2005年，宁江机床(集团)股份有限公司实现工业总产值3.8亿元，实现销售收入3.4亿元，公司从业人员共2 300余人。公司产品以“精密、高效、成套、自动化”为特色，主要产品包括加工中心、数控车床、坐标机床、自动车床、滚齿机床、专用机床、自动化生产线和装配线等8大系列100多个品种，服务领域遍及航空、航天、船舶、汽车、摩托车、电子、仪器仪表、家电、工具、玩具等行业。2005年公司主要产品生产设备达600余台，全年共生产金属切削机床2 624台，机床附件900余套，铸铁件3 000多t。2005年企业加大新产品开发、与大专院校的合作、先进技术的引进和合资合作的力度，宁江机床集团全年共完成曲轴生产线、曲轴喷涂机气缸抛光生产线、上轴承抛光生产线、活塞抛光生产线、汽车空调压缩机装配线、气缸抛光生产线、CG125摩托车曲轴箱体生产线、针阀体三孔数控九工位组合机床、数控纵切自动车床、数控卧式镗铣床、减速器壳体镗削组合机床、导电嘴深小孔数控六工位钻削组合机床、斜盘式轴向变量柱塞泵装配线、数控卧式滚齿机等20余种新产品的开发，柔性制造岛项目投入使用；同时，以国债技改项目的实施为核心，完成了精加工基地、装配基地和研发大楼的建设；公司严格执行和保证所建立的ISO9001：2000质量管理体系的有效运行，切实实施用户满意工程和名牌战略，不断提升企业形象。2005年，公司荣获“成都市重点优势企业”、“成都市五十强”、“四川省质量管理先进企业”、“四川省守合同重信用企业”、“成都市民营企业二十强”等荣誉称号，连续保持“全国用户满意企业”称号，“宁江牌”精密数控机床继续保持“四川省名牌产品”称号，“宁江牌”商标被评为“四川省著名商标”，公司形象不断提升，市场竞争力进一步增强。公司产品出口到欧美、日本、东南亚等多个国家，2005年出口创汇达200多万美元。完成精密主轴试验、高速电主轴试验等重大科研项目14项，全公司完成技术创新、科技攻关项目共计500余项。宁江机床集团股份有限公司继续推进企业信息化建设，2005年企业信息化的一大突破是，实现从生产管理向财务结算的深入，除根据机构调整后的生产组织模式对生产信息系统进行修改和开发外，还按照订单管理的原则实现了自动生成订单、生成滚动投料交库指标，全面实现库存动态管理；初步实现了部门间的计算机辅助自动结算，原来需几个月才能计算出的零件价格清单，现在两个小时内即可重新计算一次，系统还能根据入库单自动生成每个部门的月度结算清单，生成财务部要求的多种报表，提高了工作效率和准确性。

安徽池州家用机床股份有限公司　是拥有进出口业务自营权，通过了ISO9001质量认证的国家机电产品出口基地、安徽省生产出口重点企业、省高新技术企业。公司主导产品有白鹰牌HQ系列多功能工具机、CZ系列台式车床、ZAY系列钻铣床、CX16车铣床、ML1744七功能木工机床等，产品95%以上供出口。2005年，公司实现销售收入7 400余万元，销售各种产品约7 900台，其中出口7 300多台，创汇500多万美元。为适应市场需求，公司开始大力发展中等规格的数控机床，开拓国内市场。

山东临沂金星机床有限公司　是原山东临沂机床厂于1994年改制成立的，主要从事小型机床的设计开发和制造。企业创建于1965年，属股份制企业，有自营进出口权，是山东省出口定点企业，有生产设备190台，具有年产小型机床1万台的综合生产能力。1995年获“出口机电产品质量许可证”；1998年获ISO9001质量体系认证证书。现有主导产品数控车床、数控铣床、轻型多用车床(多功能工具机)、台式铣钻床、台式小车床和筒式平面磨床及轻型台钻7大系列产品。轻型多用车床系列产品应用14项新技术，其中6项获国家专利。该系列产品先后荣获省科技进步奖和省优秀新产品奖，并列入省火炬计划。产品销往全国各省市，并外销30多个国家和地区。近年来，企业不断推进技术创新，进行产品结构调整，积极开发科技含量高，附加值高的数控机床产品。2005年改进了数控车床和开发了数控铣床，推出3种新型号，全年完成工业总产值4 600余万元，实现销售收入3 670余万元，出口创汇250余万美元，产值数控化率达25%以上。

杭州金宝机床有限公司　主要生产金宝牌仪表机床、数控车床等。其中仪表车床最大夹持直径75mm，年产量20 000余台；仪表立式、卧式铣床具有对小型工件进行钻孔、铣槽、切割和磨削功能。公司还生产经济型数控车床，特别推出的双头数控车床，有较高的加工效率，价廉物美。获得国家知识产权局实用新型专利。公司注册的金宝商标，荣获杭州市著名商标和富阳市知名商标的荣誉称号。

南京仪机股份有限公司　是原机械工业部部属企业，

是我国光学冷加工设备和眼镜片制造专用设备研发和生产基地，江苏省省级先进企业，2003年通过了ISO9001质量管理体系认证，注册商标为“鹰牌”，具有自营进出口权。公司创建于1966年，前身为南京仪表机械厂，1994年改制为股份有限公司，注册资本1 001万元，总资产5 666万元，固定资产3 107万元，现有员工240余人。改制后的企业按《公司法》规范运作，为适应多元化发展，公司在南京市江宁滨江经济技术开发区投资建设占地面积40 000m² 的生产、研发基地，现拥有各类数控车床、精密坐标镗、螺纹磨、精密内外圆磨床、大型立式车床、龙门刨床、导轨磨床等加工设备。具有年提供1 000台(套)光学冷加工和眼镜片制造专用设备的能力。产品用于光学玻璃、陶瓷、晶体等硬脆材料加工，覆盖了开料、粗磨、精磨、抛光、磨边等各工序过程，品种达80余种，先后有30多个产品及科研课题获得国家、部、省及市级科技成果奖。公司用户遍及全国30个省、市、自治区、产品远销十几个国家和地区。2005年公司继续进行改造、改革，大力进行新产品的开发，实现销售收入1 688万元，与上一年度持平。

〔本部分撰稿人：中国机床工具工业协会小型机床分会 高克超〕

锻压机械

一、生产发展情况

据国家统计局统计，2005年销售收入在500万元以上的锻压设备生产企业261个，从业平均人数54 418人，产品销售收入124亿元，利润总额5.89亿元，工业总产值当年价128亿元。

中国机床工具工业协会锻压机械分会会员单位有80个。锻压设备生产企业中大型企业较少，绝大多数为中小型企业。锻压设备生产企业一半以上集中在江苏、山东、上海、浙江等省市。按生产的产品种类分，生产机械压力机的企业占40%以上，生产液压机的企业约占15%，生产剪切、弯曲、校正机的企业在30%左右，生产其他锻压设备的企业约占15%。

根据中国机床工具工业协会锻压机械分会对49个企业的统计，2005年锻压机械行业(49个企业)主要经济指标见表1。

表1 2005年锻压机械行业(49个企业)主要经济指标

项　　目	单　位	数　　量
企业数	个	49
工业总产值(当年价)	万元	759 257
其中：机床工具类产品总产值	万元	759 257
工业销售产值(现价)	万元	738 607
其中：机床工具类产品销售产值	万元	738 607
工业增加值	万元	249 620
利税总额	万元	38 187
全年从业平均人数	人	32 487
固定资产合计	万元	799 652
固定资产净值余额	万元	198 927

与2004年比较，2005年锻压机械行业保持持续增长势头。2005年49个企业的数据与2004年48个企业的数据比较，工业总产值比上年的659 476万元增长15.13%，比2003年的434 195万元增长94.87%；工业增加值比上年的111 714万元增长120%以上，比2003年的93 241万元增长168%；工业销售产值比上年的620 002万元增长19.13%，比2003年的425 331万元增长73.65%；全员劳动生产率比上年的46 443元/人增长65.44%，比2003年的40 162元/人增长91.32%。

由以上数据可以看出，锻压机械行业在过去的一年里，经济运行质量又进一步提高。工业增加值和全员劳动生产率的增长率远高于工业总产值与工业销售产值的增长幅度。2005年利润总额为38 187万元，全员劳动生产率达到7.68万元/人，创锻压机械行业的最好水平。可见，企业更加注重内部管理，充分消化不利因素，提高了企业的总体效益。但与国内其他行业或国外同行业比较，中国锻压机械行业经济运行仍处于低水平阶段。

二、产品分类产量

2005年锻压机械总产量为76 509台(套)，比2004年增长14%。在锻压机械总产量中，机械压力机为61 720台(套)，占总量的80.67%，比上年的85.58%下降近5个百分点。据不完全统计，2005年数控锻压机械产品1 840台(套)，仅占总量的2.40%，锻压机械产品数控化率的进程仍相当缓慢。2005年锻压机械行业49个主要企业锻压机械产品产量及分类构成见表2。

表2 2005年锻压机械行业49个企业锻压机械产品产量及分类构成

产品分类	产量(台/套)	产量构成比(%)	产值(万元)	产值构成比(%)
机械压力机	61 720	80.67	331 289	58.75
液压机	2 721	3.56	72 994	12.94
线材成形自动机	111	0.15	3 470	0.62
锻锤	505	0.66	7 322	1.30
锻机	16	0.02	378	0.07
剪切机	3 256	4.26	47 386	8.40
弯曲校正机	4 484	5.86	83 598	14.82
其他锻压机械	3 696	4.83	17 466	3.10
合计	76 509	100.00	563 903	100.00

由表2可见，在锻压机械的产品分类产量中，80%以上是机械压力机，弯曲校正机的产量位居其次，占5.86%，剪切机与液压机均在4%左右，线材成形自动机、锻锤、锻机之和不足1%，其他锻压机械产品占4.83%。2005年总产量的增加，主要是机械压力机，增幅在8%以上。此外，锻压机

械产品仍以中小型设备为主,大型锻压机械仅5 098台(套),占总产量的6.66%,其中重型锻压机械只有751台(套),约占总产量的1%,大型与重型锻压机械的产量和占产量比例与上年基本相同。从锻压机械产值分析,占产量80%以上的机械压力机,产值仅占58.75%;液压机、剪切机和弯曲校正机产量之和不足14%,产值之和却占36%以上;仅占产量2.40%的数控锻压机械产品,其价值量为155 383万元,接近总价值量的30%。由此可见,减少普通机械压力机特别是小型、低档机械压力机的比例,提高大中型锻压机械的产量,多生产高技术附加值的锻压机械产品,努力提高锻压机械的数控化率,是今后相当长一段时间锻压机械行业的重要目标。

三、市场及销售

2005年锻压机械内销74 523台(套),出口1 842台(套),共计销售76 365台(套),年底库存量10 862台(套)。2005年销售量比上年增长近11%,库存量与上年持平,库存量与销售量之比比上年下降1个百分点。

2005年共出口锻压机械1 842台(套),不到2004年的1/4;出口金额27 734万元,为上年的57%。虽然锻压机械出口产品仍主要是机械压力机,数量占出口总数的57%,金额占出口总数的46%,但与上年机械压力机数量占75%、金额占41%对照,出口产品的结构和出口质量均有了明显改善。在出口的锻压机械中,有大重型锻压机械157台(套),就数量而言虽然只占出口总数的8.5%,但出口金额却达8 612万元,占锻压机械出口金额的31%。更值得一提的是,2005年数控锻压机床出口113台(套),出口金额10 197万元,数量仅占6%的数控锻压机床,出口金额占到总额的37%,2004年底之前,我国企业在退税政策的诱导下,以原材料消耗和环境污染为代价,低价出口低档产品,通过国家调控和企业自律的双重作用,2005年终于出现了转机,这是锻压机械行业企业技术与观念进步的可喜开端。2005年锻压机械分类产品内销及出口情况见表3。

表3　2005年锻压机械分类产品内销及出口情况

产品类别	内销		出口	
	数量(台)	金额(万元)	数量(台)	金额(万元)
机械压力机	60 881	304 132	1 051	12 729
液压机	2 555	70 774	64	1 831
线材成形自动机	110	3 519	0	0
锻锤	451	7 024	78	385
锻机	16	378	0	0
剪切机	2 873	41 035	390	6 845
弯曲校正机	4 369	80 676	245	5 710
其他锻压机械	3 268	15 018	14	234
合计	74 523	522 556	1 842	27 734

2005年锻压机械行业销售收入前10名企业见表4。

2005年锻压机械行业出口额前10名企业见表5。

表4　2005年锻压机械行业销售收入前10名企业

序号	企业名称	产品销售收入(万元)
1	江苏扬力锻压机床有限公司	106 573
2	济南二机床集团有限公司	87 306
3	齐齐哈尔第二机床有限公司	61 632
4	湖北三环锻压机床有限公司	38 258
5	江苏沃得精机(中国)有限公司	32 137
6	上海冲剪机床厂	30 339
7	江苏亚威机床有限公司	29 250
8	扬州锻压机床有限公司	29 089
9	广东锻压机床厂有限公司	25 513
10	江苏省徐州锻压机床厂	23 339

表5　2005年锻压机械行业出口额前10名企业

序号	企业名称	出口额(万元)
1	湖北三环锻压机床有限公司	9 025
2	济南二机床集团有限公司	5 451
3	广东锻压机床有限公司	3 302
4	江苏扬力集团有限公司	3 099
5	扬州锻压机床有限公司	2 779
6	湖北力帝机床股份有限公司	1 899
7	靖江市三力锻压机床制造有限公司	966
8	安阳锻压机械工业股份有限公司	495
9	上海冲剪机床厂	487
10	山东宏康机械制造有限公司	467

由表4可见,2005年进入销售收入前4名的企业与上年相同,但位次有所变化。2004年名列第二的江苏扬力集团有限公司2005年上升至首位,销售收入突破10亿元大关;济南二机床集团有限公司销售收入虽比上年有所增加,但首次退出龙首位置而居第二;第三、第四名位次与上年相同,仍是齐齐哈尔二机床集团公司和湖北三环锻压机床有限公司。值得一提的是,江苏沃得精机(中国)有限公司2004年刚刚进入销售收入十强序列,2005年便取得第五名的好成绩,而将多年来稳居第五名的上海冲剪机床厂推至第六名的位置。江苏亚威机床有限公司、扬州锻压机床有限公司和广东锻压机床有限公司分别为第七、八、九名,而徐州锻压机床厂重新进入十强,取代了山东高密高锻机械有限公司的位置。

与上年比较,2005年前10名企业的销售业绩均有很大提高,首位突破10亿元大关,末位也突破2亿元。江苏扬力集团有限公司销售收入为10.66亿元,比上年增长2.5亿元,增幅达31%;济南二机床集团有限公司销售收入达到8.73亿元,比上年有所增加。

地处我国东北重工业基地的齐齐哈尔二机床集团公司,销售收入连续5年持续增长。2002年刚刚跨入销售收入前10名行列,2003年便取得了排名第四的好成绩,2004年销售收入达5.5亿元排名第三,2005年销售收入为6.16亿元仍位居第三,比上年增长11%,超过了2003年济南二机床集团有限公司的水平。

在出口方面,湖北三环锻压机床有限公司出口额仍居榜首,出口额为9 025万元,比上年的5 751万元增长57%,接近2003年3 073万元的3倍;南通江海机床有限公司

2002 年首次进入出口前 10 名，2004 年名列第二，2005 年却从出口前十名的名单中消失；济南二机床集团有限公司 2005 年晋升为第二名，出口额比上年翻番，达 5 451 万元。

广东锻压机床有限公司、江苏扬力集团有限公司名列第三、四出口额也逾 3 500 万元。名列第五的扬州锻压机床有限公司出口额也接近 2 800 万元。

值得指出的是，2005 年出口额绝对值有较大增长，首位的出口额达到 0.9 亿元，前 4 名都超过 3 000 万元，而 2004 年第二名也只有 2 800 万元，这是锻压机械行业在产品出口方面创出的新高。

四、新产品、新技术、新工艺

近年来，企业普遍加大新产品开发力度，开发出大量高性能新产品，并出现了许多新技术、新工艺，这些成果在 2005 年第九届中国国际机床展览会上得到了充分的展示。

数控冲剪复合柔性加工线是锻压机械行业近年来开发的高端产品，代表了国内最高水平和国际技术发展趋势，济南捷迈数控机械有限公司和江苏金方圆数控机床有限公司率先开发了该类产品。

济南捷迈数控机械有限公司开发的 C1 型数控冲剪复合柔性加工线，由 PS31250 型数控冲剪复合机、板材立体仓库、吸盘式送料机和码垛分选装置等 3 部分组成，整线的钢板处理能力为 8 张/h。PS31250 型数控冲剪复合机公称压力（冲/剪）为 300/280 kN，最大加工板材尺寸1 250mm×5 000 mm，工作台最大行程（X/Y 轴）2 500mm/1 400 mm，工作台最大移动速度 100m/min；冲压部分模位数 32（含两套自动分度模），最大单次冲孔直径 88.9mm，最大冲压速度 900 次/min；剪切部分最大单次剪切尺寸 800mm×1 250mm，Y 轴单次剪切长度1 250mm，X 轴方向可连续半剪实现任意长度剪切，最小剪切板厚 0.5mm；采用日本 FANUC 18i 数控系统，5 个控制轴数（X、Y、T、C、B），具有工件图形显示功能和 RS232C 接口。冲、剪滑块上死点、下死点位置可自动设定，剪切刀具间隙可编程控制，冲、剪工序自动转换；冲剪一体化自动编程软件可将工件图形文件生成加工程序，并可对冲压路径、模具规格、分剪排料等进行优化，提高了加工效率和材料利用率。板材立体仓库由货架、板料分层装置、板料定位装置、存取升降机、钢托盘、木托盘及进出料台等组成。吸盘式送料机由吸盘架、升降装置、送进驱动装置、真空系统和气路系统等组成。码垛分选装置由皮带输送机、料箱、数控分选装置（包括辊式输送机、工件数控定位装置、数控吸料码垛机及交换式工件托盘）等组成。控制系统分主机控制单元、立体仓库控制单元、吸盘式送料机和码垛分选装置控制单元以及一个全线控制器。码垛分选装置是数控冲剪复合柔性加工线的重要环节，主机输出的工件被输送到数控定位装置上，并根据大小不同分档定位，数控吸料码垛机将工件吸起，根据指令整齐码垛在托盘上。码垛方式分两种，一是还原码垛，按照排料样式复原码垛；二是指定方式码垛，在工件品种较少时将相同工件码垛在一起。数控吸料码垛机 2 轴数控，对工件的适应性强，凡尺寸在 250mm×250mm 和 500mm×100mm 至最大加工板材的工件都能吸取。数控吸料码垛机还能从主机工作台上直接吸取大尺寸工件，成功解决了大件出料码垛的难题。

江苏金方圆数控机床有限公司开发的 APSS 型数控冲剪复合加工线，由 1 台数控冲剪复合机与定位台、自动上料机械手组成，加工板材最大尺寸1 250mm×2 500mm，板材最大厚度 5mm。数控冲剪复合机冲压部分，公称压力 300kN，24 个标准工位，其中 2 个自动分度工位，一次冲孔最大直径 88.9mm；最大送料速度 X 轴 80m/min，Y 轴 75m/min，最大合成速度 110m/min；最高冲切频率1 000次/min。数控冲剪复合机剪切部分，公称压力 240kN；最大单次剪切尺寸 800mm×1 250mm，Y 轴单次剪切长度1 250mm，X 轴方向可连续半剪实现任意长度剪切，最小剪切板厚 0.5mm。采用德国 BOSCH－REXROTH 公司的液压系统驱动，智能型夹钳可由编程实现自动位移，并有板料脱落报警功能。自动上料机械手配备喷气分层装置，喷出的压缩空气使粘连的板料脱开，避免发生吸双料现象。机械手上装有人工仿真定位驱动装置，保证将板材精确送到主机的夹钳口和原点销上。

数控转塔冲床是锻压机械行业新产品开发最多的品种。

江苏亚威机床有限公司开发的 HIQ－3048 型和 HPI－3044 型 300kN 数控转塔冲床，系该公司与日本 NISSHINBO 公司合作生产的产品。HIQ－3048 型 300kN 数控转塔冲床，其液压系统、数控系统和转盘等主要部件均来自日本 NISSHINBO 公司。液压系统可对行程、速度、压力编程控制，冲头下死点位置精度达 0.01mm，并可实现下死点保压；6 个数控轴（X、Y、Z、$T1$、$T2$、C），上下转盘分别驱动；3 只夹钳的位置均可编程设定、自动调节，以适应不同尺寸板料的需要；脱模自动检测装置可对故障进行自动检测并中断加工程序，以避免机构损坏和出现废品；56 个工位，带 2 个自动分度工位；板料最大移动速度 100m/min；最高冲程次数 1 500次/min，最高冲孔频率 350 次/min（步距 25.4mm）和 750 次/min（步距 1mm）。HPI－3044 型 300kN 数控转塔冲床采用德国哈雷（H＋L）公司的液压冲头和液压驱动系统，西门子（SIEMENS）公司的数控系统，日本 NISSHINBO 公司的转盘和旋转模具组件等关键部件。该机系闭式床身和厚转塔结构，具有良好的刚性和导向性；36 个工位，带 2 个自动分度工位；板料最大移动速度 90m/min；最高冲程次数 1 000次/min，最高冲孔频率 280 次/min（步距 25.4mm）和 550 次/min（步距 1mm）。

湖北三环锻压机床有限公司开发的 STRIPPIT－HD1500H/30 型 300kN 数控转塔冲床，是该公司引进美国 STRIPPIT 公司技术生产的新产品。该产品有机械传动和液压传动两种机型，液压传动机型采用德国哈雷（H＋L）公司的液压驱动系统，具有结构紧凑、冲压稳定的特点。该机有 28 个工位，其中 4 个工位最大冲孔直径为 88.9mm，并能提供 3 个自动分度工位；采用西门子（SIEMENS）公司数控系统和伺服单元，具有直接编程和自诊断功能。该机全行程重复精度为 0.05mm，最大冲孔速度 400 次/min，板料最大移动速度 90m/min。

江苏扬力集团有限公司开发的EP20型200kN数控转塔冲床，是国内首台伺服电动机直接驱动的数控转塔冲床。该机公称压力200kN，可加工板材尺寸1 250 mm×2 500 mm，板材最大厚度6.35mm；24个工位，其中2个自动分度工位；一次冲孔最大直径88.9mm；最大冲孔频率600次/min，板料最大移动速度106m/min。该机与机械传动和液压驱动的数控转塔冲床比较，既降低了能耗，又减少了油液污染，代表了数控转塔冲床技术发展的新动向。

在大重型锻压机械和金属切削设备开发方面，济南二机床集团有限公司和齐齐哈尔第二机床(集团)有限责任公司做出了杰出贡献。

济南二机床集团有限公司在大重型机械压力机的开发方面始终处于国内领先地位。2005年对通用压力机进行升级换代开发，为上海通用东岳汽车有限公司提供了5条20 000kN压力机生产线，为长春一汽大众提供了12条21 000kN和20 000kN压力机生产线；成功开发了国内规格最大的24 000kN重型冲压生产线，研制了LS4B－2500型25 000kN四点多连杆压力机、S4－1000型3闭式四点冲裁压力机、LS4－2250型22 500kN闭式四点多连杆压力机以及JF39－1000C型10 000kN闭式四点压力机。此外，成功研制了XH2425×50型数控定梁龙门加工中心、XK2125×100型数控动梁龙门镗铣床、XK2136×180型数控动梁龙门镗铣床、XKS2420×60型数控高速定梁龙门镗铣床、XK2420C×60型数控定梁龙门镗铣床、XZK2745X80型数控定梁龙门移动铣钻床和GIMAX180A数控落地铣镗床等。XKV2420×40型五轴联动数控龙门镗铣床通过国家“863”验收。

齐齐哈尔二机床(集团)有限责任公司注重新产品开发，与日本阪村公司合作开发了BP－440S5型和BP－430S5型螺栓自动冷镦机，与瑞典APT公司合作生产了ZF－2000－48/25型数控研配试冲压机，自行开发了JK91－16型三坐标数控冲槽机等产品。同时还在先后推出了国家级新产品TK6916/35×80型重型落地铣镗加工中心、替代进口的高科技重大装备TH6916型落地铣镗加工中心、国家重大技术装备创新项目ZD－TK6913/70型重型数控对置式铣镗床之后，又相继开发了TK6925型超重型落地铣镗床、国内首台FA－130型高速精密数控落地铣镗床。与清华大学合作研制的XNZD2416型大型龙门五轴联动混联机床通过国家“863”计划专家组验收，同时XNZD2430型重型龙门五轴联动混联机床被列入国家“863”计划滚动项目。

数控板料折弯机的开发是锻压机械行业的又一亮点。

江苏金方圆数控机床有限公司开发的PR6C225×3100型2 250kN数控板料折弯机，采用电液伺服同步控制技术，液压系统采用集成式设计，荷兰Delem公司DA69W数控系统，作轴控制(折弯滑块$Y1$、$Y2$位置及后挡料$X1$、$X2$、$Z1$、$Z2$、$R1$、$R2$位置)，液压凸形补偿技术等。该机公称压力2 250kN，最大折弯长度3 100mm，滑块行程215mm，滑块快速向下速度120mm/s，折弯速度9mm/s，回程速度80mm/s。该机配备了德国KUKA六轴折弯机器人及其折弯软件，组成数控折弯单元，缩短了折弯工序的辅助时间，显著降低了大型工件单件加工时间，杜绝了人为因素的影响，提高了折弯机的生产效率。该单元代表了国内最高水平。

上海冲剪机床厂开发的ME50/2550型机械电子伺服数控板料折弯机，借助现代电力电子技术的最新成果，将板料折弯机由液压驱动回归到机械传动。该机的折弯滑块由两台伺服电动机同步驱动，在滑块平衡快速运行的同时，滑块挠度得到有效补偿。该机公称压力500kN，工作台长度2 550mm；滑块行程115mm，空程速度70mm/s、折弯速度10～20mm/s；滑块定位精度和重复定位精度分别为0.035mm和0.01mm，后挡料定位精度和重复定位精度分别为0.07mm和0.01mm。伺服电动机直接驱动可降低能耗、噪声、污染及制造维修成本，并提高了机床的可靠性、工作速度和效率。

锻压机械行业对高速精密压力机的开发也给予了足够的重视。

徐州锻压机床厂开发的SH－25型250kN开式高速精密压力机，公称压力250kN，滑块行程20mm，滑块行程次数150～750次/min；采用高强度合金铸造机身，具有强度高、刚性好、减震性好等优点；滑块采用三导柱无间隙导向形式，解决了高速运行的高精度难题；装在曲轴上的反向平衡装置，有效减少了运转时上下、前后的振动力；循环油冷系统，通过控制热膨胀提高滑块下死点位置精度；液压式滑块调整锁紧装置，可保证滑块下死点精度的稳定性。

扬州锻压机床有限公司开发的J76－200型2 000kN高速精密冲压线，由1台J76－200型2 000kN闭式双点高速精密压力机主机和双头料架、S型校平机、凸轮驱动送料机构组成。主机公称压力2 000kN、滑块行程30mm、滑块行程次数160～450次/min；机身采用螺栓拉紧的组合式结构，具有刚性好、角变形小的优点；四点式曲轴支承结构提高了曲轴的刚性和抗偏载能力；组合式气动摩擦离合器－制动器，传动转矩冲击韧度大、制动角度小、使用寿命长；导柱导套式的导向结构，提高了滑块导向精度；完善的动平衡系统和气囊式平衡装置，减少了振动与噪声，保证了高速下整机运行的平稳性；温度自控系统和热补偿技术的应用，提高了滑块下死点的位置精度。2005年锻压机械行业新产品开发情况见表6。

表6　2005年锻压机械行业新产品开发情况

序号	产品名称	型号	主要技术参数	鉴定单位	生产企业
1	数控板料开卷校平剪切线	T44RK－6×1630	可加工板厚6mm，板宽1 630 mm，速度40m/min	江苏省经贸委	江苏亚威机床有限公司
2	数控板料折弯机	WEHK － 220/4100	公称压力2 200kN，工作台长度4 100 mm，滑块最大行程265mm	江苏省经贸委	江苏亚威机床有限公司

(续)

序号	产品名称	型号	主要技术参数	鉴定单位	生产企业
3	数控板料折弯机	PBH－110/3100	公称压力1 100kN，工作台长度3 100 mm，滑块最大行程160mm	江苏省经贸委	江苏亚威机床有限公司
4	数控龙门磨铣床	XK2220	工作台1 800mm×1 021mm，铣头转数120～400r/min	用户验收	齐齐哈尔二机床(集团)有限责任公司
5	立式加工中心	XH718	工作台800mm×2 000mm，主轴转速6 000r/min	齐齐哈尔市科技局	齐齐哈尔二机床(集团)有限责任公司
6	卧式加工中心	XH758	工作台800mm×2 000mm，主轴转速6 000r/min	齐齐哈尔齐齐哈尔市科技局	齐齐哈尔二机床(集团)有限责任公司
7	数控铣床	XKD5032	工作台320mm×1 320mm	用户验收	齐齐哈尔二机床(集团)有限责任公司
8	数控铣床	XK755	工作台500mm×1 800mm，主轴转速35～1 800r/min	用户验收	齐齐哈尔二机床(集团)有限责任公司
9	数控铣床	XK714B	工作台440mm×800mm	用户验收	齐齐哈尔二机床(集团)有限责任公司
10	数控铣镗床	TK6513/16×14	工作台1 600mm×1 400mm，镗轴直径Φ130mm	用户验收	齐齐哈尔二机床(集团)有限责任公司
11	数控刨台式铣镗床	TK6513/18×16	工作台1 800mm×1 600mm，主轴转速6～1 500r/min	齐齐哈尔市科技局	齐齐哈尔二机床(集团)有限责任公司
12	数控铣镗床	T6913E/25×60	镗轴直径Φ130mm，Y轴2 500mm，X轴6 000mm	用户验收	齐齐哈尔二机床(集团)有限责任公司
13	数控铣镗床	T6916E/100×40	镗轴直径Φ160mm，Y轴4 000mm，X轴10 000mm	用户验收	齐齐哈尔二机床(集团)有限责任公司
14	数控铣镗床	TK6916/30×120	镗轴直径Φ160mm，Y轴3 000mm，X轴12 000mm	用户验收	齐齐哈尔二机床(集团)有限责任公司
15	数控铣镗床	TK6920/L120	镗轴直径Φ200mm，Y轴4 000mm，X轴12 000mm	用户验收	齐齐哈尔二机床(集团)有限责任公司
16	数控落地铣镗床	TK6925	主轴直径Φ250mm，X向行程18 000mm	用户验收	齐齐哈尔二机床(集团)有限责任公司
17	数控铣镗床	TK6925/50×120	镗轴直径Φ250mm，Y轴5 000mm，X轴12 000mm	用户验收	齐齐哈尔二机床(集团)有限责任公司
18	落地铣镗床	T6916F	镗轴直径Φ160mm，Y轴3 000mm，X轴6 000mm	用户验收	齐齐哈尔二机床(集团)有限责任公司
19	落地铣镗床	T6920F	镗轴直径Φ200mm，Y轴4 000mm，X轴8 000mm	用户验收	齐齐哈尔二机床(集团)有限责任公司
20	落地铣镗床	T6926	镗轴直径Φ260mm，Y轴5 000mm，X轴10 000mm	用户验收	齐齐哈尔二机床(集团)有限责任公司
21	高速多工位螺母冷镦机	Z41G－6/5	制作规格3～6mm，镦锻力550kN，生产率320件/min	用户验收	齐齐哈尔二机床(集团)有限责任公司
22	零件冷成形机	Z48－48/5	制件杆部直径Φ6mm，长60mm，镦锻力480kN	齐齐哈尔市科技局	齐齐哈尔二机床(集团)有限责任公司
23	三坐标数控冲槽机	JK91－16	冲切力160kN，封闭高度250mm，冲次50～300次/min	齐齐哈尔市科技局	齐齐哈尔二机床(集团)有限责任公司
24	研配试冲液压机	ZF－2000D－48/25	滑块公称压力20 000kN，最大冲裁力12 000kN，工作台4 800mm×2 500mm	用户验收	齐齐哈尔二机床(集团)有限责任公司
25	机械压力机	E2S630－MBC	吨位630t，行程600mm，装模高度1 400mm，台面4 000mm×1 800mm	用户验收	齐齐哈尔二机床(集团)有限责任公司
26	机械压力机	E2S800－MBC	吨位800t，行程600mm，装模高度1 400mm，台面4 000mm×1 800mm	用户验收	齐齐哈尔二机床(集团)有限责任公司

（续）

序号	产品名称	型号	主要技术参数	鉴定单位	生产企业
27	机械压力机	E4S630－MB	吨位630t，行程650mm，装模高度1 200mm，台面400mm×200mm	用户验收	齐齐哈尔二机床（集团）有限责任公司
28	机械压力机	E4S800－MB	公称压力800t，滑块行程700mm，装模高度1 400mm	用户验收	齐齐哈尔二机床（集团）有限责任公司
29	机械压力机	E4S1000－MB	公称压力1 000t，滑块行程800mm，工作台5 500mm×2 500mm	用户验收	齐齐哈尔二机床（集团）有限责任公司
30	闭式四点多连杆压力机	LS4－2400	公称压力24 000kN	山东省科技厅	济南二机床集团有限公司
31	闭式双点双动拉伸压力机	J46－500/300	公称压力：内滑块5 000kN，外滑块3 000kN	山东省科技厅	济南二机床集团有限公司
32	钢板自动清洗生产线	ZX－2×1950	板厚2mm	山东省科技厅	济南二机床集团有限公司
33	压力机自动化上下料生产线		板宽1 950mm	山东省科技厅	济南二机床集团有限公司
34	五轴联动数控定梁龙门镗铣床	ZT－1.2×3500	板厚1.2mm	山东省科技厅	济南二机床集团有限公司
35	数控动梁龙门镗铣床		板宽3 500mm	山东省科技厅	济南二机床集团有限公司
36	闭式四点多连杆压力机	XKV2420×40		山东省机械工业办公室	济南二机床集团有限公司
37	闭式多连杆压力机	LS4B－800A	公称压力8 000kN	山东省机械工业办公室	济南二机床集团有限公司
38	四点单动压力机	JB39－1000D	公称压力10 000kN	山东省机械工业办公室	济南二机床集团有限公司
39	双点单动压力机	JA36C－800	公称压力8 000kN	山东省机械工业办公室	济南二机床集团有限公司
40	四点单动压力机	JB39－1000F	公称压力10 000kN	山东省机械工业办公室	济南二机床集团有限公司
41	闭式多连杆压力机	LS4－1300A	公称压力13 000kN	山东省机械工业办公室	济南二机床集团有限公司
42	闭式多连杆压力机	LS4－2000D	公称压力20 000kN	山东省机械工业办公室	济南二机床集团有限公司
43	闭式多连杆压力机	LS4－1200E	公称压力12 000kN	山东省机械工业办公室	济南二机床集团有限公司
44	闭式多连杆压力机	LS4－1600B	公称压力16 000kN	山东省机械工业办公室	济南二机床集团有限公司
45	四点单动压力机	JD39－800	公称压力8 000kN	山东省机械工业办公室	济南二机床集团有限公司
46	多连杆双动压力机	LD4－1000/500	公称压力：内滑块10 000kN，外滑块5 000kN	山东省机械工业办公室	济南二机床集团有限公司
47	开式固定台压力机	JZ21－250	公称压力2 500kN	江苏省经济贸易委员会	江苏省徐州锻压机床厂
48	开式固定台压力机	JZ21－315	公称压力3 150kN	江苏省经济贸易委员会	江苏省徐州锻压机床厂
49	开式固定台压力机	JZ21－400	公称压力4 000kN	江苏省经济贸易委员会	江苏省徐州锻压机床厂
50	闭式高速精密压力机	JF75G－80	公称压力800kN	江苏省经济贸易委员会	江苏省徐州锻压机床厂
51	闭式高速精密压力机	JF75G－125	公称压力1 250kN	江苏省经济贸易委员会	江苏省徐州锻压机床厂
52	闭式高速精密压力机	JF75G－200	公称压力2 000kN	江苏省经济贸易委员会	江苏省徐州锻压机床厂
53	数控冲模回转头压力机	NTP20/100	公称压力2 500kN	江苏省经济贸易委员会	江苏省徐州锻压机床厂

（续）

序号	产品名称	型号	主要技术参数	鉴定单位	生产企业
54	开式固定台压力机	JE21－125	公称压力 1 250kN	江苏省经济贸易委员会	江苏省徐州锻压机床厂
55	开式固定台压力机	JE21－250	公称压力 2 500kN	江苏省经济贸易委员会	江苏省徐州锻压机床厂
56	半闭式快速压力机	JK31－110	公称压力 1 100kN	江苏省经济贸易委员会	江苏省徐州锻压机床厂
57	半闭式快速压力机	JK31－150	公称压力 1 500kN	江苏省经济贸易委员会	江苏省徐州锻压机床厂
58	半闭式快速压力机	JK31－200	公称压力 2 000kN	江苏省经济贸易委员会	江苏省徐州锻压机床厂
59	开卷校平剪切生产线	TDT44－3×1600	最大加工板厚度 3mm，宽度 1 600mm	用户验收	泰安华鲁锻压机床有限公司
60	板料校平机	WD43－25×1500	最大校平板厚度 25mm，宽度 1 500mm	用户验收	泰安华鲁锻压机床有限公司
61	开卷校平剪切生产线	TDT44－6×2000	最大加工板厚度 6mm，宽度 2 000mm	用户验收	泰安华鲁锻压机床有限公司
62	开卷校平剪切生产线	TDT44－10×2000	最大加工板厚度 10mm，宽度 2 000mm	用户验收	泰安华鲁锻压机床有限公司
63	液压摆式剪板机	QC12Y－25×2500	最大加工板厚度 25mm，宽度 2 500mm	用户验收	泰安华鲁锻压机床有限公司
64	数显闸式剪板机	QC11X－8×3200	最大加工板厚度 8mm，宽度 3 200mm	用户验收	泰安华鲁锻压机床有限公司
65	水平下调式三辊卷板机	WS11－80×3000	最大加工板厚度 80mm，宽度 3 000mm	用户验收	泰安华鲁锻压机床有限公司
66	四辊卷板机	WB12－50×2500	最大加工板厚度 50mm，宽度 2 500mm	用户验收	泰安华鲁锻压机床有限公司
67	三轴数控折弯机	WS67K－300/4000	公称压力 3 000kN，折弯长度 4 000mm	用户验收	泰安华鲁锻压机床有限公司
68	数控折弯机	WS67K－800/8000	公称压力 8 000kN，折弯长度 8 000mm	用户验收	泰安华鲁锻压机床有限公司
69	空气锤	C41－1000		用户验收	安阳锻压机械工业有限公司
70	压块机	Y83－230		用户验收	安阳锻压机械工业有限公司
71	电液锤	C86－25 C66－35		用户验收	安阳锻压机械工业有限公司
72	动力头	DY15ZD		用户验收	安阳锻压机械工业有限公司
73	剪断机	Q－250		用户验收	安阳锻压机械工业有限公司
74	操作机	T31JH－3		用户验收	安阳锻压机械工业有限公司
75	数控液压剪板机	QC11K－6×2500	最大加工板厚度 6mm，宽度 2 500mm	用户验收	黔南锻压机床有限责任公司
76	开式压力机	JG21－80	公称压力 800kN，公称压力行程 5mm，滑块行程次数 60 次/min	沧州市经贸委	河北天辰锻压机械有限公司
77	开式压力机	JG21－110	公称压力 1 100kN，公称压力行程 5mm，滑块行程次数 60 次/min	沧州市经贸委	河北天辰锻压机械有限公司
78	高性能半闭式固定台压力机	JY21 系列	公称压力 800～50 000kN，滑块行程 160～280mm	江苏省科技厅	江苏扬力集团
79	高性能半闭式固定台双点压力机	JY25 系列	公称压力 800～50 000kN，滑块行程 140～200mm	江苏省科技厅	江苏扬力集团
80	液压板料折弯机	WC67Y63×2500	公称压力 630kN，滑块行程 100mm	江苏省科技厅	江苏扬力集团

（续）

序号	产品名称	型号	主要技术参数	鉴定单位	生产企业
81	液压闸式剪板机	QC11Y－6×3200	最大加工板厚度 6mm，宽度 3 200mm	江苏省科技厅	江苏扬力集团
82	液压摆式剪板机	QC12Y－6×2500	最大加工板厚度 6mm，宽度 2 500mm	江苏省科技厅	江苏扬力集团
83	开式压力机	JB21－250	公称压力 2 500kN	用户验收	四川内江四海锻压机床有限公司
84	开式压力机	JG21－400	公称压力 4 000kN	用户验收	四川内江四海锻压机床有限公司
85	开式双点固定台压力机	JZ25－200	公称压力 2 000kN	用户验收	浙江锻压机械集团有限公司
86	高速精密压力机	JZ21G－25	公称压力 250kN	用户验收	浙江锻压机械集团有限公司
87	开式固定台长行程压力机	J21L－165	公称压力 1 650kN	用户验收	浙江锻压机械集团有限公司
88	高速精密压力机	JZ21G－60	公称压力 600kN	用户验收	浙江锻压机械集团有限公司
89	经济性数控折弯机	W67KE － 100/3200	公称压力 1 000kN，工作台长度 3 200mm	用户验收	黑龙江省锻压机床厂
90	数控回转头步冲机	JY92K － 3031/2000	公称压力 300kN，最大加工板材 4 000mm×1 250mm	用户验收	黑龙江省锻压机床厂
91	数控开卷校平纵横剪切生产线	HK － T44 － 3.2×1650	最大加工板材厚度 3.2mm，宽度1 650mm	用户验收	山东宏康（集团）机械制造有限公司
92	数控开卷校平横剪生产线	HK － T44 － 3.2×825	最大加工板材厚度 3.2mm，宽度 825mm	用户验收	山东宏康（集团）机械制造有限公司
93	数控开卷校平纵横剪切生产线	HK － T44 － 3.2×1800	最大加工板材厚度 3.2mm，宽度1 800mm	用户验收	山东宏康（集团）机械制造有限公司
94	数控开卷校平横剪生产线	HK－T44－25×2200	最大加工板材厚度 25mm，宽度2 200mm	用户验收	山东宏康（集团）机械制造有限公司
95	数控开卷校平横剪生产线	HK－T44 系列	最大加工板材厚度 3～25mm，宽度 900～2 200mm	用户验收	山东宏康（集团）机械制造有限公司
96	封头液压机	YH24 － 2000/4000	总公称压力 60 000kN，工作台 4 500mm×2 500mm	本公司	合肥锻压机床有限公司
97	快速薄板拉伸液压机	RZU1000HG	公称压力10 000kN，工作台 4 500mm×2 500mm	本公司	合肥锻压机床有限公司
98	快速薄板拉伸液压机	RZU800HT	公称压力8 000kN，工作台 3 200mm×2 000mm	本公司	合肥锻压机床有限公司
99	磁性材料成形液压机	YH72－125	公称压力1 250kN，工作台 1 000mm×700mm	本公司	合肥锻压机床有限公司
100	塑料封装液压机	YH99－200	公称压力 2 000 kN，工作台 800mm×450mm	本公司	合肥锻压机床有限公司
101	封头液压机	YH24 － 1000/4000	公称压力3 000kN，工作台 2 900mm×2 800mm	安徽省科技厅	合肥锻压机床有限公司
102	单动薄板拉伸液压机	RZU2500HM	公称压力2 500kN，工作台 4 000mm×3 000mm	安徽省科技厅	合肥锻压机床有限公司
103	单动薄板拉伸液压机	RZU6300HG	公称压力6 300kN，工作台 2 800mm×1 600mm	安徽省科技厅	合肥锻压机床有限公司
104	精密数控双向压药液压机	YH33 系列		安徽省科技厅	合肥锻压机床有限公司
105	快速挤压铸造液压机	RZU2000HC	公称压力2 500kN，工作台 2 500mm×1 800mm	安徽省科技厅	合肥锻压机床有限公司

（续）

序号	产品名称	型　号	主要技术参数	鉴定单位	生产企业
106	数控冲剪复合机	PS31250	冲压力 300kN，冲压/剪切频率：900/105 次/min，模位数 32，一次剪切尺寸：$X\times Y=800$mm ×1 250mm，控制轴数：5 轴，刀片间隙、自动调整	本公司	济南捷迈数控机械有限公司
107	300kN 闭式数控转塔冲床	SKYY31228C	冲压力 300kN，冲压频率 1 000次/min，模位数 32，自转模位 2 个，一次重定位加工板材尺寸1 250mm×2 800 mm，控制轴数 5 轴	本公司	济南捷迈数控机械有限公司
108	250kN 数控转塔冲床	SKYY21225C	冲压力 250kN，冲压频率 600 次/min，模位数 25，自转模位 2 个，一次重定位加工板材尺寸 1 250mm×2 500mm，控制轴数 5 轴	本公司	济南捷迈数控机械有限公司
109	集成化板材柔性加工系统	C1	仓库单元格数 8 个，仓库容量 24t，真空吸盘式自动上料；主机：数控冲剪复合机 PS31250，工件自动分拣整齐码垛；板材尺寸1 250mm×2 500 mm，加工钢板能力 8 张/h	本公司	济南捷迈数控机械有限公司
110	电液伺服同步折弯机系列	WD 系列	公称压力1 000kN、1 600kN、2 000 kN、2 250 kN，折板宽度 3 100mm，控制轴数 3～5 轴	本公司	济南捷迈数控机械有限公司
111	数控闸式剪板机系列	JZK 系列 JZS 系列	前送料行程 2 500 mm	本公司	济南捷迈数控机械有限公司
112	汽车纵梁数控冲孔机	STPP120－12	冲压力 120t，模具数量 20 个，加工平板尺寸 12 000 mm × 600mm × 10 mm，冲压频率 75 次/min，送进速度 $X=50$ m/min，$Y=30$m/min	本公司	济南捷迈数控机械有限公司
113	数控冲床自动编程软件	PROCAM2000		本公司	济南捷迈数控机械有限公司
114	数控激光切割机	LC－1218	切割范围 1 250mm × 1 800 mm，激光器功率 2kW	本公司	济南捷迈数控机械有限公司
115	数控激光切布机	LCC － 1500 × 3500	切割范围 1 500mm × 3 500 mm，激光器功率 100W	本公司	济南捷迈数控机械有限公司
116	数控激光锯片焊接机系列	LW 系列	焊接锯片直径 1 000mm，激光器功率 2.5kW，工位：1～4 个	本公司	济南捷迈数控机械有限公司
117	数控薄壁钻激光焊接机	LWd－300	焊接钻筒直径 300mm，激光器功率 2.5 kW	本公司	济南捷迈数控机械有限公司
118	数控激光快速成形机	LFM－855	成形范围 800mm×500mm×500mm，激光器功率 5kW	本公司	济南捷迈数控机械有限公司
119	数控激光快速成形机	LAM－553	成形范围 500mm×300mm×300mm，激光器功率 2kW	本公司	济南捷迈数控机械有限公司
120	双盘摩擦压力机	J53－3150	公称压力 31 500kN	青岛市科技局、经贸委	青岛锻压机械有限公司
121	辗环机	D52－1000	最大辗环外径 1 000mm	青岛市科技局、经贸委	青岛锻压机械有限公司
122	数控折弯机	PPEB3600	公称压力 36 000kN	用户验收	湖北三环锻压机床有限公司
123	程控冷弯肋骨机	JXS100	公称压力 1 000kN	用户验收	湖北三环锻压机床有限公司
124	伺服折弯机	PPH35/13	公称压力 3 500kN	用户验收	湖北三环锻压机床有限公司

（续）

序号	产品名称	型号	主要技术参数	鉴定单位	生产企业
125	螺旋压力机	J58－500	公称压力 5 000kN	用户验收	湖北三环锻压机床有限公司
126	前送料剪板机	HGNK31/8	最大剪板宽度 3 100mm，厚度 8mm	用户验收	湖北三环锻压机床有限公司
127	校平机	Y45－315	公称压力 3 150kN	用户验收	湖北三环锻压机床有限公司
128	精冲机	HFZP320	公称压力 3 200kN	用户验收	湖北三环锻压机床有限公司
129	校平机	T44－25×2250	最大加工板材宽度 2 250mm，厚度 25mm	用户验收	湖北三环锻压机床有限公司
130	100 000kN 数控等温锻造液压机	THP10—10000	公称压力 100 000kN	天津市科委	天津市天锻压力机有限公司
131	温冷挤压液压机	THP61—500	公称压力 5 000kN	天津市科委	天津市天锻压力机有限公司
132	温冷挤压液压机	THP61—1250	公称压力 12 500kN	天津市科委	天津市天锻压力机有限公司
133	温冷挤压液压机生产线	S－THP61－500		天津市科委	天津市天锻压力机有限公司
134	台式压力机	JB04G－1	公称压力 10kN	浙江省经贸委	浙江萧山金龟机械有限公司
135	数控冲—剪复合柔性生产线	APSS	数控转塔冲床公称压力 300kN，工位数 24，直角剪最大剪切力 250kN	江苏省科技厅	江苏金方圆数控机床有限公司
136	伺服主传动数控冲模回转头压力机	EP2005	公称压力 200kN，最高冲压频次 480 次/min	江苏省科技厅	江苏金方圆数控机床有限公司
137	数控垛料及翻转柔性物流处理中心		最大垛料长度 700～3 800 mm，最大宽度 700～2 000mm	江苏省科技厅	江苏金方圆数控机床有限公司
138	闭式双点压力机	JF36－800	公称压力8 000kN	用户验收	营口锻压机床有限责任公司
139	开式高速压力机	JA21G－25	公称压力 250kN	用户验收	营口锻压机床有限责任公司
140	热切边压力机	ADP500	公称压力5 000kN	用户验收	营口锻压机床有限责任公司
141	闭式单点机械压力机	JB31－315	公称压力3 150kN	用户验收	营口锻压机床有限责任公司

五、技术引进及合资合作

锻压机械行业的技术引进及与外资外商的合资合作，对提高行业技术水平和优化产品结构起到积极作用。

江苏亚威机床有限公司与瑞士 SMS 公司组建的中瑞合资江苏亚威爱普特锻压机床有限公司，专门从事数控折弯机、数控剪板机等板材加工机床的生产。2005 年生产销售数控折弯机 185 台，销售收入 10 863 万元，数控剪板机 57 台，销售收入 1 805 万元。与意大利 SELEMA 公司组建的中意合资亚威赛力玛锻压机械有限公司，生产的数控开卷校平剪切线，以及与日本日清纺合作生产的高速数控转塔冲床，均有较好的销售业绩，充分显示了合资合作产品在国内外市场的竞争力。

湖北三环锻压机床有限公司与德国汉斯舍恩公司(HANS SCHOEN)各出资 50％成立的黄石汉斯舍恩机械设备制造有限公司，开发生产系列液压精冲机，用于金属板材的精冲加工。该公司开发的 HFZP500 型5 000kN 数控液压精冲机，冲裁力5 000kN，压边力2 000kN，顶出力1 000 kN，快速上行及快速下行速度均为 245mm/s，冲裁速度 5～48mm/s，最大冲裁次数为 55 次/min。该机克服了液压精冲机承偏载能力差的弊端，使之更能满足连续模和连续复合模的工艺需要。采用多级油泵驱动，确保滑块的运动速度的优化与快速；压力检测系统监控滑块的正常工作，反馈扫描系统可识别模具上未被去除的零件或废料，以保护造价昂贵的精冲模具；配备了数控前送料及后出料单元、废料剪切机、零件吹出装置、零件废料分选器、隔音装置等各种附件。

济南二机床集团有限公司技术合作与创新开发取得重要成果。与德国KOHLER、美国ISI、法国FOREST－LINE公司，在高档自动开卷落料线、压力机自动上下料装置、数控落地铣镗床等领域的合作取得重要进展。成功研制出具有国际先进水平出口美国的2 000t重型机械压力机、龙门移动式五轴联动数控镗铣床、大功率铣头等，核心技术取得重要进展。3项重大装备项目列入国家“863”计划，大型压力机开发项目列入国家级技术创新计划。该公司与诺冠、山特维克、米勒·万加顿以及AISAKU等公司组建的合资企业生产的产品，产生了较好的品牌效应。

齐齐哈尔二机床（集团）有限责任公司与瑞典AP&T公司合作生产的重型数控研配试冲液压机，山东宏康（集团）机械制造有限公司与韩国、日本等企业合作生产的钢卷护圈生产线、捆扎钢带生产线和数控开卷校平横剪生产线等产品的知名度也在不断提高。2005年锻压机械行业合资合作项目见表7。2005年锻压机械行业合资合作产品销向及名称见表8。

表7　2005年锻压机械行业合资合作项目

序号	项目名称	合资合作内容	外方企业	外方占股金比例(%)	中　方　企　业
1	机械手	技术转让	美国诺冠		济南二机床集团有限公司
2	压力机生产线	合作生产	米勒·万加顿		济南二机床集团有限公司
3	开卷线	项目合作	山特维克		济南二机床集团有限公司
4	冲压自动化	项目合作	AISAKU		济南二机床集团有限公司
5	钢卷护圈生产线	项目合作	韩国大铉株式会社	60	山东宏康(集团)机械制造有限公司
6	捆扎钢带生产线	项目合作	韩国SCE公司	60	山东宏康(集团)机械制造有限公司
7	数控开卷校平横剪生产线	项目合作	韩国大铉株式会社	60	山东宏康(集团)机械制造有限公司

表8　2005年锻压机械行业合资合作产品销向及名称

序号	合资合作产品销向及名称	数量(台)	金额(万元)	生　产　企　业
1	上海通用东岳汽车有限公司2 000t压力机生产线	5	1 760	济南二机床集团有限公司(同德国MW公司合作)
2	长春一汽大众2 100t和2 000t压力机生产线	12	4 200	济南二机床集团有限公司(同德国MW公司合作)

六、科研成果及其应用

企业的科研工作源于新产品开发，科研成果又直接为新产品开发服务。济南捷迈数控机械有限公司开发的C1型数控冲剪复合柔性加工线，江苏亚威机床有限公司开发的HIQ－3048型和HPI－3044型300kN数控转塔冲床，江苏金方圆数控机床有限公司开发的APS3型数控冲剪复合加工生产线，济南二机床集团有限公司开发的LS4－2250型22 500kN闭式四点多连杆压力机、JF39－1000C型10 000kN闭式四点压力机以及XH2425×50型数控定梁龙门加工中心，齐齐哈尔第二机床（集团）有限责任公司开发的大型龙门式五轴联动混联机床、XK2220型数控龙门磨铣床、XNZD755型卧式并联机床等新产品，都是在进行了大量的试验研究工作的基础上完成的。近年来全行业每年完成的科研项目均在100项以上。

企业为了提高产品的质量和档次，不惜重金进行基础性技术的研究。据不完全统计，锻压机械行业2005年科研投入在2.5亿元以上，10多个企业的科研投入超过1 000万元。济南二机床集团有限公司科研投入超过6 000多万元，湖北力帝机床股份有限公司、江苏扬力集团、江苏亚威机床有限公司等投入在3 000万元以上，青岛青锻锻压机械有限公司、齐齐哈尔第二机床（集团）有限责任公司、济南捷迈数控机械有限公司、江苏金方圆数控机床有限公司和扬州锻压机床有限公司等企业的科技投入均在2 000万元左右。这些企业表现出对产品开发的远见卓识。

锻压机械行业的科研成果也十分可喜。据不完全统计，近年来有几十个项目获省市级科技进步奖和其他奖励。荣获省级科技进步一等奖的有济南二机床集团有限公司的XSV2720×60型龙门移动式五轴联动高速铣床；获省级科技进步二等奖的有齐齐哈尔第二机床（集团）有限责任公司的TK6913型数控落地铣镗床和数控多连杆压力机、天津市天锻压力机有限公司的THP10—10000型100 000kN数控等温锻造液压机、江苏金方圆数控机床有限公司的APSS型数控冲—剪复合柔性生产线和青岛锻压机械集团公司的行业标准《辗环机　技术条件》；获省级科技进步三等奖和市级科技进步奖的有浙江锻压机械集团有限公司的JZ21F系列开式快速返程压力机，济南二机床集团有限公司的LS4－1200D型闭式四点多连杆压力机、黔南锻压机床有限责任公司的C11K－6×2500型数控液压剪板机、湖北力帝机床股份有限公司的PSX－6080型废钢破碎生产线、浙江萧山金龟机械有限公司的JD04－1.1型台式压力机、青岛锻压机械集团公司的J67－1000型双盘摩擦压砖机和J67Z－630A型摩擦自动压砖机等。此外，河北天辰锻压机械有限公司和江苏扬力集团的JG21－80和JG21－110型高性能压力机、JY25－200型高性能半闭式固定台双点压力机、WC67Y－63×2500型液压板料折弯机以及QC11Y－63×3200型液压闸式剪板机、QC12Y－63×2500型液压摆式剪板机等新产品也获得了不同形式的奖励。2005年锻压机械行业科研项目见表9。2005年锻压机械行业获奖科研项目见表10。

表 9　2005 年锻压机械行业科研项目

序号	科研项目	主要内容	投入资金（万元）	项目来源	完成企业
1	方滑枕型数控刨台式铣镗床偏载攻关	TK6513/18×16、TK6513/16×14 型带方滑枕的刨台式数控铣镗床是国内首创，方滑枕内藏有铣轴，方滑枕和铣轴均可伸出，加大了机床的加工范围。方滑枕前端可安装多种附件，置有数控电缆插头接口，使更换附件时快捷、方便。该项目研究方滑枕伸出重心偏载补偿，方滑枕伸出变形补偿，镗头重心平衡补偿	280	齐齐哈尔市攻关项目	齐齐哈尔二机床（集团）有限责任公司
2	大型龙门式五轴联动混联机床关键技术攻关	该项目是针对哈尔滨电机厂提出的，解决国家重点建设项目三峡大型水轮机叶片加工问题，由公司与清华大学通过产学研结合研制开发的重型五轴联动混联机床。重点研究直线导轨在重型混联机床的两坐标导轨上的应用，X 向（水平）导轨行程 10m，Y 向（垂直）导轨行程 6m，保证工作台承载 80t。并联结构铣头置于两立柱垂直直线导轨中，可保证并联结构四块支板与两侧滑板的垂直移动精度，实现五轴联动高速切削功能	300	国家“863”项目	齐齐哈尔二机床（集团）有限责任公司
3	高精度摆角铣头技术攻关	高精度摆角铣头主要用于大重型数控铣镗床和重型数控车床，能扩展主机的加工范围，主要研究内容包括双轴摆角铣头的设计及结构技术研究，制造技术研究；驱动及控制技术研究，结构热分析技术研究，以及系列化设计	210	黑龙江省攻关项目	齐齐哈尔二机床（集团）有限责任公司
4	国家机械行业标准	《开卷校平剪切成套设备》	9	机械工业科学技术发展计划	山东宏康（集团）机械制造有限公司
5	液压机产品投标、报价和三维开发设计集成系统	CAD/CAE/CAPP/CAM 集成系统开发与应用	60	天津市制造业信息化工程项目	天津市天锻压力机有限公司
6	精密高效智能数控温冷挤压液压机生产线	温冷挤压复合成形工艺；大型无拉杆整体框架式机身结构模型的 CAE 分析；比例液压直驱控制系统；具有设置、储存和异地通信功能的液压机数控系统；基于公用通信网络的液压机远程异地诊断系统；联线装置及控制系统	200	天津市重大科技攻关项目	天津市天锻压力机有限公司
7	数控垛料及翻转柔性物流处理中心	在钣金制造领域，在制品的垛料及翻转物流处理是实现制造自动化过程不可缺少的环节，为防止板料划伤、变形及消除操作危险隐患，从系统配置的角度分析，实现高度自动化制造系统必须有高度自动化的物流处理系统	100	江苏省科技攻关项目	江苏金方圆数控机床有限公司

表 10　2005 年锻压机械行业获奖科研项目

序号	项目名称	主要内容及应用范围	获奖名称	获奖等级	主要完成单位
1	XK2145×100 型数控动梁龙门镗铣床	主要应用于汽车、造船、模具、飞机及航空航天等行业	山东省科技进步奖 济南市科技进步奖	三等奖 一等奖	济南二机床集团有限公司
2	ZT1.2×3500 型压力机自动化上下料生产线	该设备主要用于汽车零部件钢板冲压线的自动化上下料	济南市科技进步奖	三等奖	济南二机床集团有限公司
3	JZ21F－150、200、250 型开式快速返程压力机	具有快速返程的特点，特别适合拉伸工艺	中国机械工业科技进步奖	三等奖	浙江锻压机械集团有限公司

（续）

序号	项目名称	主要内容及应用范围	获奖名称	获奖等级	主要完成单位
4	数控多连杆压力机	技术参数：公称压力 20 000kN，滑块行程 950mm，工作台尺寸 4 500mm；主要用于大型汽车覆盖件的冲压生产	黑龙江省科技进步奖	二等奖	齐齐哈尔二机床(集团)有限责任公司
5	TK6913 型数控落地铣镗床	技术参数：镗轴直径 Φ130mm，主要用于航空、军工、机械、船舶等国家重点行业加工复杂大型件	黑龙江省科技进步奖	二等奖	齐齐哈尔二机床(集团)有限责任公司
6	QC11K－6×2500 型数控液压剪板机	用于金属板料剪切	黔南州科技进步奖	三等奖	黔南锻压机床有限责任公司
7	JG21－80 和 JG21－110 型高性能压力机		技术创新奖		河北天辰锻压机械有限公司
8	JY25－200 型高性能半闭式固定台双点压力机	应用于大型板料的冲压及级进模连续冲压	江苏省高新技术产品奖		江苏扬力集团
9	WC67Y－63×2500 型液压板料折弯机		江苏省高新技术产品奖		江苏扬力集团
10	QC11Y－63×3200 型液压闸式剪板机		江苏省高新技术产品奖		江苏扬力集团
11	QC12Y－63×2500 型液压摆式剪板机		江苏省高新技术产品奖		江苏扬力集团
12	PSX－6080 型废钢破碎生产线	技术性能和各项技术指标均达到国际先进水平	宜昌市科技进步奖	三等奖	湖北力帝机床股份有限公司
13	《辗环机 技术条件》	行业标准	山东省科技进步奖	二等奖	青岛锻压机械集团公司
14	J67－1000 型双盘摩擦压砖机	复合式机外出砖，液压顶料，浮动加压，PC 控制，能量可调，用于耐火材料行业	山东省科技进步奖	三等奖	青岛锻压机械集团公司
15	J67Z－630A 型摩擦自动压砖机	复合式机外出砖，液压顶料，浮动加压，PC 控制，能量可调，用于耐火材料行业	山东省科技进步奖	三等奖	青岛锻压机械集团公司
16	THP10－10000 型 100 000kN 数控等温锻造液压机	主要用于航空航天、有色金属、武器装备、船舶制造、化工、机械等行业	天津市科学技术进步奖	二等奖	天津市天锻压力机有限公司
17	JD04－1.1 型台式压力机	主要用于机械、电子、汽车、轴承等行业	杭州市科学技术进步奖	二等奖	浙江萧山金龟机械有限公司
18	APSS 型数控冲—剪复合柔性生产线	由定位台、自动上料机械手、数控转塔冲床、数控直角剪组成，具有整体结构紧凑，模块化设计，生产效率高，性价比高等优点，广泛应用于汽车制造行业	江苏省科技进步奖	二等奖	江苏金方圆数控机床有限公司

七、企业管理、质量管理、体制改革

坚持不懈地加强质量管理，提高产品实物质量和生产过程管理质量，是获得稳定的国内市场份额的有效途径，这一理念已被锻压机械行业广大企业充分认识并普遍接受。

据不完全统计，锻压机械行业 90%以上的企业都通过了 ISO9001 质量体系认证。较早获 ISO9001 国际质量标准认证的企业，在质量体系运行的过程中不断自我完善，形成了产品质量提高、质量成本下降的良性循环。按 1994 年版 ISO9001 国际质量标准进行认证的企业，以及认证有效期接近届满的企业，已完成了 2000 年版的认证和转换工作。从 2005 年度企业运行情况来看，锻压机械行业对质量与质量管理工作的重视程度进一步提高，“质量就是企业的生命”不再是一句空话，企业普遍开展了创优质名牌活动，并获得显著的综合效益。

以改革促发展，以创新求效益是锻压机械行业又一特点。

济南铸造锻压机械研究所在完成由事业单位转为企业的改制后，仍走在锻压机械行业技术进步的前列。该所通过改制成立了济南捷迈铸造机械工程有限公司、济南捷迈锻压机械工程有限公司、济南捷迈数控机械工程有限公司及济南捷迈液压机电工程有限公司等 4 个股份制公司。股份制公司充分发挥现代企业的优势，形成了特有的综合优势。以高层次技术人员开拓市场，以技术成套项目为龙头，以技术进步为依托，不断开发高技术附加值产品，销售及技术服务领域已涉及机械、电子、汽车、家电、电力、通信、轻工、纺织等诸多行业。

济南二机床集团有限公司注重加强企业信息化建设，提升现代化管理水平。坚持用现代网络信息技术改造提升传统产业，紧密结合企业流程再造，推进企业信息化建设。自主开发建立了办公自动化系统，开发并不断完善MRPII系统，并逐步向ERP升级。开发完善工序成本核算系统，主要生产厂均实现了计算机辅助工序成本核算，推动了企业管理不断深化和细化。全面实施CAD，加快"三维"设计步伐，CAD应用跃到全国同行业领先水平。以生产计划管理信息化为中心，将销售管理、产品开发、技术准备、采购管理、生产计划、成本核算、财务管理、人事管理、综合查询等模块和各个子系统，整合形成高效的一体化信息系统，实现了信息共享、快速传递，提升了技术开发能力、敏捷制造能力和企业核心竞争力。在国内大型离散型制造企业中，济南二机床集团是成功运行以生产计划和财务成本为主体的MRPII/ERP为数不多的企业之一，已通过山东省信息化应用试点示范工程企业验收，并蝉联"中国企业信息化500强"。企业信息化建设分别被评为中国机械行业和山东省管理现代化创新成果二等奖。

合肥锻压机床有限公司由香港曼图实业有限公司并购重组，成为具有独立法人资格的外商独资企业。重组后，首先对人力资源进行了整合，对各部门负责人全部实行竞聘上岗，其中采购部和市场部实行全员竞聘上岗；其次，对公司组织机构进行了调整，将原有的11个部门合并为6个主要部门，将原有的8个车间合并为4个车间；再次，聘任具有丰富外企管理经验的新加坡籍总裁，对企业管理工作进行改革和创新，逐渐引进国外企业的先进管理模式和企业文化，大力提升企业的管理水平和经营效益。通过资产重组，整合资源，公司以提高经济效益为中心，以企业可持续发展为目标，按照现代企业制度的要求，采取了一系列强有力的举措，在生产经营、经济效益等各方面都取得了丰硕的成果。

江苏亚威机床有限公司与时俱进，坚持科学发展观，走可持续发展之路。公司在1999年和2002年先后进行两次产权制度改革。特别是在2001年，在地方政府直接指导下，公司进行了彻底的资产置换和职工身份置换。2002年与瑞士合资成立了江苏亚威爱颇特锻压机床有限公司，与意大利合资成立了江苏亚威赛力玛锻压机械有限公司，使江苏亚威机床有限公司成为纯民营、投资多元化的国际化股份制公司。体制的变换，使企业能轻装上阵，业绩取得了长足发展。

上海冲剪机床厂面对市场竞争，不断提高管理、科研开发、营销和财务等方面的综合实力，依靠科学技术进步，坚持技术改造，强化生产管理，调整产品结构，开发高水平的数控产品，使其数控产品的产量、产值在锻压机械行业名列榜首，获"数控产值"十佳企业称号。

江苏金方圆数控机床有限公司是股份制高科技民营企业，在管理上突出技术创新和管理创新，成为公司发展的新思路；坚持品牌战略，依托市场求发展，加速高科技产品市场化的进程。公司注重科技开发，在加强自身科技队伍建设的同时，坚持产学研联合，建立了畅通的新产品开发信息源系统，每年推出2～3个新品投放市场，投入科技费用占当年销售额的7%左右。公司重视人才的引进、开发，把教育培训工作作为一项重要的工作，在日常工作中充分发挥人力资源的创造力和工作潜力，做到人尽其才，才尽其用。

徐州锻压机床厂积极走新型工业化道路，以信息化促工业化，全面提升企业的综合竞争能力。在生产管理上运行了MRP系统，在技术管理上运行了PDM系统，在企业管理上运行了OA系统和金蝶K3系统。ERP系统投入运行后，实现了物流、资金流、信息流的同步运行，使企业资源得到了充分利用，有利于更加快捷有效地为用户提供优质服务。

八、企业简介

济南铸造锻压机械研究所　始建于1956年，是原机械工业部直属一类研究所，国务院批准第一批转制的242个研究所之一，现隶属于中国机械工业集团公司。现有在职职工500余人，其中专业技术人员350余人，具有中高级专业职务的200余人。该所分北、南、西三个工作区，占地面积19.3万m^2。该所拥有济南捷迈铸造机械工程有限公司、济南捷迈锻压机械工程有限公司、济南捷迈数控机械有限公司、济南捷迈液压机电工程有限公司和扬州捷迈锻压机械有限公司5个控股科技产业公司。5个公司均被授予省级高新技术企业称号。该所挂靠的行业工作机构有，国家铸造锻压机械质量监督检验中心、《铸锻机械》杂志编辑室、国家铸造机械标准化技术委员会、国家锻压机械标准化技术委员会、中国机床工具工业协会铸造机械分会及锻压机械分会等。该所主要经营范围包括铸造机械及铸造工程机械化、自动化成套技术及装备；锻压机械及锻压工程机械化、自动化成套技术及装备；数控锻压和激光加工技术及设备；数控板材加工成套装备；液压元件及系统的新技术、新产品开发、设计、制造；铸造锻压机械产品质量检测，以及相关技术的咨询服务。该所具有科技产品自营进出口权。

湖北三环锻压机床有限公司　前身为黄石锻压机床厂，始建于1958年，是国家863/CIMS示范企业，湖北省高新技术企业，"全国机械工业企业最具有核心竞争力三十佳企业"之一，生产的锻压机床获"中国名牌"称号，企业综合经济效益指标评价得分持续十余年全国行业排名前列。公司占地面积17万m^2，员工1 600多人，其中中高级技术人才260余人，主要加工设备400台(套)，其中数控及大型加工设备80多台(套)，拥有总资产5.2亿元，2005年实现销售收入接近4亿元。公司下辖具有法人资格企业9个，其中中外合资企业3个，分别承担大型数控和中小型电液伺服数控剪折机床，数控转塔冲床，精密冲裁液压机、中小型剪折机床，自动镦锻机系列机床，液压机及开卷校平剪切线设备，塑基磁卡条和IC卡及相关产品，塑料制品等的制造和销售。产品以其技术先进性和质量可靠性达到国际先进水平，在国内市场占有主导地位。产品畅销国内市场并出口到欧美亚非洲的30多个国家和地区，近几年产品出口总额名列全国同行业第一。公司主要产品为折弯机、剪板机、自动镦锻机、数控转塔冲床、精密冲裁液压机、液压机及开卷校平剪切生产线。该公司开发的40 000kN螺旋压力机、36 000kN数控折弯机、120/30宽台面数控剪板机等高技术产品填补了国内空白。

济南二机床集团有限公司 是全国520个重点企业、山东省高新技术企业，占地面积101万 m^2，生产性用地65万 m^2，现有在岗职工4 700余人，总资产逾13亿元。主要生产重型数控冲压设备、大型数控金属切削机床两大类主导产品和自动化设备、铸造机械、环保机械、建材机械、数控切割机等新门类产品。2005年实现销售收入87 306万元，完成出口交货值13 336万元，完成工业增加值33 009万元，实现利税11 208万元，实现利润3 656万元，主要经济技术指标稳定增长，企业综合实力和抗风险能力显著增强。公司荣获2005年度中国机床工具行业"数控产值十佳企业"、"产品销售收入十佳企业"、"出口创汇十佳企业"和"精心创品牌活动十佳企业"称号。近年来，公司先后承担了3个国家"863"计划项目和1个国家级技术创新计划项目，以及40余项省、市科技创新、攻关计划。数控冲压设备达到了国际先进技术水平，荣获"中国名牌"称号，进一步巩固了国内领先地位。大重型机械压力机的国内市场占有率提高到60%以上，数控金属切削机床销售呈现高速增长态势。凭借技术开发、质量管理、制造能力等方面的优势，被美国客户誉为"世界五大数控冲压装备制造商之一"。主要经济技术指标连年位居全国锻压行业榜首，企业跨入"中国机械工业核心竞争力三十佳"、"中国机床行业核心竞争力之星"行列，被胡锦涛、李岚清等党和国家领导人誉为"全国同行业最好的企业之一"、"中国机床行业的佼佼者"。

江苏金方圆数控机床有限公司 系中国名牌产品企业、国家高新技术企业、全国机械工业联合会理事单位、全国机床工具行业协会及全国锻压行业协会副理事长单位、国家火炬计划邗江数控金属板材加工设备产业基地龙头骨干企业、扬州市邗江锻压协会理事长单位，国内锻压行业较早通过ISO9001国际质量体系认证的企业及AA+信用企业，拥有出口产品质量许可证和自营进出口权。公司员工300余人，其中高级工程师以上职称7人，中级职称22人，初级职称57人，其他专业技术人员55人，技术人员占公司员工的48%。公司坚持"人才兴企、科技兴企"的道路，有较强的产品研究、开发和新技术、新工艺、新材料应用能力。公司的数控板材加工工程技术中心，拥有完善的网络资源共享平台，跟踪世界先进水平，采用三维CAD设计制图，大力进行技术创新和新产品开发，每年推出2～3个新品。主要产品为VT、ET、RT系列数控转塔冲床，PR系列数控液压折弯机、VR系列数控液压剪板机、JLC系列数控精密激光切割机、MCZ型数控母线生产线，汽车大梁冲孔柔性加工单元(FMC)、PL数控冲压激光切割复合机、板材自动柔性生产线(FMS)、APSS冲－剪复合生产线等高新技术产品。数控压力机产量约占国内同行业的60%，国内市场份额的30%，产品出口美国、西班牙、新加坡、俄罗斯、南非、印度、沙特阿拉伯、巴基斯坦等国家。2005年产值26 000万元，销售收入25 100万元，利润总额2 320万元，利税总额3 950万元，人均劳动生产率达90万元。

齐齐哈尔第二机床(集团)有限责任公司 是在原齐齐哈尔第二机床厂的基础上组建的高新技术企业，设国家级技术中心。公司占地面积54万 m^2，其中生产性面积15万 m^2，主要生产设备824台；员工2 235人，其中工程技术人员450人。公司引进德国、意大利、日本、瑞典等世界著名机床制造公司的先进制造技术，经二次开发以及与清华大学、哈尔滨工业大学、燕山大学产学研结合，形成具有自主知识产权的大重型落地铣镗床、重型机械压力机、大型自动锻压机、铣床等主导产品的生产能力，可为国防军工、航空航天、汽车船舶、机械冶金、石油化工、交通能源等各行业提供10大系列400多个品种的设备。公司全面应用CAD/CAPP技术，CIMS一期工程已通过验收，公司被科技部列为国家高新技术研究发展计划CIMS应用工程示范企业和全国CAD应用工程示范企业。公司具有完善的质量保证体系，对原材料采购、配套件、外购外协件、开发研制、生产制造、销售、售后服务等各个环节进行有效监控。2001年6月公司通过了ISO9001：1994质量体系认证，同年机床与锻压系列产品荣获"黑龙江省名牌产品"称号，2003年6月顺利通过了ISO9001：2000版质量管理体系转版审核。主导产品有十一轴控制、三～五轴联动、镗轴直径130～260mm重型落地铣镗床系列；FA系列数控高速精密铣镗床；公称压力4 000～20 000kN的单点、双点、四点单动及双动机械压力机；工作台宽300mm、320mm、400mm的升降台铣床，立卧复合铣床系列以及自动锻压机系列等。2005年完成工业总产值98 453万元，实现销售收入61 632万元。

上海冲剪机床厂 是上海电气(集团)总公司、上海力达锻压设备有限公司下属的国有企业，上海市高新技术企业。该厂创建于1931年，占地面积7万多 m^2，固定资产近9 000万元，职工800余人，各类专业技术人员和管理人员200多人，已通过ISO9001质量体系认证，专业生产各类液压、数控剪折机械及专用锻压设备。已形成系列化的数控剪板机、数控折弯机产品，产品产值数控化率达60%以上，年生产数控产品300多台(套)，2002年和2004年被评为数控产值十佳企业。产品除满足国内需求外，还销往世界30多个国家和地区。该厂设剪折机械研究所，采用CAD、CAM，已开发和生产300余种锻压机械，多数产品为国内首创，填补了空白。产品多次荣获国家金质奖、国家银质奖和部优质产品称号以及上海市科技进步奖、上海市优质新产品奖、国家新产品奖。该厂还设刀片模具专业分厂，致力于模具材料、工艺、热处理技术和折弯机成形技术研究，为客户设计、制造专用模具。该厂以剪切机、弯曲校正机及专用锻压设备为主，产品有4大系列160余种。包括QC12Y系列液压摆式剪板机、QC11Y系列液压闸式剪板机，QC12K、Q11K、HS系列数控剪板机，WC67Y、WE67Y系列液压板料折弯机，WC67K、PX－K、PS系列数控板料折弯机，以及与日本AMADA公司合作生产的RG产品。2005年实现销售收入30 339万元。

安阳锻压机械工业有限公司 原安阳锻压设备厂，是原机械工业部生产锻压设备的定点企业，河南省科技型企业，国内专业生产锻锤的生产厂家，已有近50年发展历史。公司占地面积6万m^2，现有职工1 200人，拥有各类专业技术人员210人，具有高、精、尖设备300余台，公司设有小件机加工、大件机加工、铆锻成装、机修4个分厂及16个部、处室和一个在原机械部规划内的三类锻锤研究所，是国家二级计量单位。生产的主要产品有系列数控全液压模锻锤、系列电液模锻锤、系列电液自由锻锤、系列空气锤、系列电液动力头、系列锻造操作机、系列金屑压块机、系列金屑液压打包机、系列液压铆接机、系列闭式单点压力机、系列棒料精密剪断机等产品，并能根据用户的需要，设计、制造多种产品的加工流水作业线，不仅适用于机械行业，而且还能满足电力、钢铁、汽车、矿山、金属回收、轻工、轴承等行业的需要。产品畅销国内30个省、市、自治区，并远销美国、德国、意大利、加拿大、挪威、巴基斯坦、印度、印度尼西亚、越南、朝鲜、缅甸等56个国家和地区。产品中150kg空气锤和315kN液压铆接机分获国优和省优产品称号。企业受原机械工业部委托先后起草制定了空气锤、铆接机等行业标准，企业通过了ISO9001认证。2005年实现销售收入10 027万元。

长治钢铁(集团)锻压机械制造有限公司 原名长治锻压机床集团有限公司，始建于1957年，是原机械工业部骨干企业，国家技术进步示范企业，我国设计水平、制造能力最强的弯曲校正类产品的研发、生产基地，并承担国家弯曲校正类产品行业技术标准的制修订工作。为打造弯曲校正类产品精品和开发生产冶金机械产品，在长治市政府主持下，于2002年将原长治锻压机床(集团)有限公司挂靠长治钢铁(集团)有限公司，组建了长治钢铁(集团)锻压机械制造有限公司。公司占地面积32万m^2，生产建筑面积6.1万m^2；员工600余人，具有高中级技术职称80余人，高中级技师近50人；各类设备760余台，主要设备371台，其中金属切削设备258台，数控、大、精、尖设备85台；公司设“八科一院”，7个生产车间和二级理化计量中心，2001年通过了ISO9000质量体系认证。公司生产20个系列200多个规格的产品，已形成大中小规格，高中低档次，数控、液压、机械结构乃至单元(线)的矩阵式产品结构。主要产品有三辊、四辊卷板机系列，CNC弯管机系列以及管形测量机，管端成形机，管材校直机，管材柔性加工单元；板材校平机、棒料校直机、板料折弯机、型材弯曲机、瓦楞成形机、CNC开卷校平自动定尺剪切线；大口径直缝埋弧焊管生产线、型材校直成形生产线；烧结机、高炉设备、转炉设备、棒线材轧机；以及环保机械、煤矿机械、金属结构制品等。2005年实现销售收入6 841万元。

重庆江东机械有限公司 原重庆江东机械厂，位于重庆市万州区，公司占地面积30万m^2，建筑面积10万m^2，在职职工750人(其中工程技术人员70人)。主要生产设备434台，具有生产各类大中型液压机，年产200万件精锻汽车连杆和80万件精加工汽车连杆的生产能力；是西南地区最大的液压机生产厂家和川渝地区最大的汽车连杆生产厂家。公司注册商标“JD”，主要生产各类液压机械和汽车连杆。液压机包括BY11系列多层热压机，YJZ系列线圈压床，YJ32、YJ30、YJ27、YJ28、YJ79、YJ41、YJ71、YJ78、YJ24、YJ61、YJ96等系列四柱式、框架式液压机等，汽车连杆为轿车精密锻造连杆和精加工成品连杆。企业于2001年通过了ISO9001：2000质量体系认证，2005年实施了TS16949汽车质量体系认证工作。现为工商银行AA级信用单位，重庆市重合同守信誉企业，具有自营进出口权。产品畅销全国各地，并在北京、重庆、成都、云南、贵州、武汉、长沙、山东、东北、江苏、浙江、广东、西安等地设有营销办事处。产品还远销东南亚以及北美、非洲等国家和地区。

合肥锻压机床有限公司 前身合肥锻压机床厂，始建于1951年，是原机械工业部重点企业。经安徽省人民政府2003年7月批准由香港曼图实业有限公司并购重组，成为外商独资企业，注册资本1 500万美元。公司占地面积26.41万m^2，现有员工700余人，专业技术人员292人，其中高级技术职称67人，享受国务院及省政府津贴的中青年专家13人。公司主要生产数控、快速、专用、成套、多工位和精密液压机，有34个系列350多个品种，广泛用于汽车制造、轻工家电、航空航天、军工石化、建筑材料等行业，并远销美国、日本等50多个国家和地区。主导产品有YH24型封头液压机、YH25型车门包边液压机、YH27型单动薄板拉伸液压机和YH28型双动薄板拉伸液压机、YH32型四柱液压机、YH33型数控精密双向压药液压机、YH41型单柱液压机、YH98型模具研配液压机和RZU型快速液压机。其中YH24型液压机列入2005年度国家重点新产品计划；YH27型、YH28型和RZU型系列产品为安徽省高新技术产品；YH32型产品为安徽省名牌产品；YH33型为国家级创新产品。此外，公司生产的塑料制品液压机、热压液压机、层压板液压机等也在逐步形成规模。2005年实现销售收入17 152万元。

济南捷迈数控机械有限公司 以济南铸造锻压机械研究所和其他自然人为主要投资方，按照现代企业制度组建的高科技企业。公司现有职工150余人，具有合理的人才结构，大专以上学历的职工占职工总数的80%，教授级高级工程师及高级工程师27名，具有先进的研发、加工、检验手段和完善的质量保证体系，是目前技术水平、产品品种、综合实力均处于国内同行业领先地位的数控板材加工设备研发生产企业。目前生产的产品主要有：数控转塔冲床、数控直角剪板机、数控激光切割机、数控等离子切割机、数控激光焊接机、数控汽车纵梁板冲孔线、板材柔性加工系统(FMS)、自动化立体仓库、数控折弯机、数控剪板机、母线加工机等各类数控板材加工设备。年销售额超过1亿元。公司依托济南铸造锻压机械研究所强大的技术优势和人才优势，为用户提供板材加工领域完整的解决方案及成套加工装备。作为中国数控锻压机械行业研发中心，公司先后承担了数十项国家科技攻关项目、新产品开发项目和政府间合作项目，多项成果获国家、部、省级科技进步奖和发明奖并填补国内空白。作为国内数控板材加工设备产业的摇篮，公司曾向国内数十个企业输出和转让技术，培育和推动了中国数控板材加工设备的发展。四十余年持续不懈地努力，奠定了公司目前产品水平及综合技术实力国内同行业的领先地位。

江苏省徐州锻压机床厂 始建于1951年，1964年开始批量生产机械压力机，是原机械工业部定点生产企业，1988年被评为国家二级企业，中国机床工具协会常务理事单位。现有资产2.6亿元，其中固定资产1.4亿元，拥有各种加工设备800余台，其中精、大、稀设备97台；职工1 300余人，专业技术人员300余人，享受国家级政府津贴1人，拥有高级职称的35人。企业连续被评为AAA级资信企业，通过了ISO9001质量管理体系、GB/T24001环境管理体系和GB/T28001职业健康安全管理体系等认证。该厂主要产品为J11、J21、J23、JF、JE、JD、JZ、JL、JS、JE25、JH36、JK21、JK31、VH、NTP、JG、JF75G压力机和轮辋线等30个系列200多个品种，广泛应用于航空、汽车、农机、电动机、电器、仪器仪表、医疗器械、家电、五金等行业。“环球”商标为江苏省著名商标，“环球”牌压力机连续8年被评为江苏省名牌产品。该厂产品开发采用三维CAD设计和CAPP辅助工艺设计，PDM产品数据管理系统，生产过程运用ERP管理。与中国矿业大学联合成立了锻压研究中心，开展锻压机械及模具基础研究；与东南大学联合成立了“产、学、研基地”；厂技术中心被评为江苏省省级技术中心。企业奉行“为顾客创造价值”的宗旨，坚持“做精品机床，树一流品牌”的经营方针，倡导技术创新、科技领先，为社会各界提供优质的产品和服务。该厂2005年实现销售收入23 339万元。

江苏亚威机床有限公司 是定点生产锻压机床的省属企业，国家二级企业，高新技术企业，江苏省双文明单位，江苏省博士后技术创新中心单位，2004年中国机床工具行业数控产值十佳企业，2005年9月获数控冲压类产品首批中国名牌称号。主要产品两大类、百余个规格品种，数控转塔冲床、数控折弯机、数控剪板机属国内同类产品一流水平，卷板加工生产线产销名列前茅。“亚威”商标被评为“江苏省著名商标”，生产经营连续五年保持以30%左右的速度稳定发展。企业于1999年成功改制为股份制公司，积极开展国际合作，组建了中瑞合资江苏亚威爱颇特锻压机床有限公司和中意合资江苏亚威塞力玛锻压机械有限公司，并与日本NISSHIBO公司合作生产数控转塔冲床。江苏亚威爱普特锻压机床有限公司系亚威与瑞士SMS公司建立的合资企业，从事数控折弯机、数控剪板机的开发与生产，产品巩固了“亚威”折剪机床一流品牌的地位，并为攀升世界知名品牌奠定了基础。江苏亚威塞力玛锻压机械有限公司系亚威与意大利SELEMA公司建立的合资企业，从事数控开卷校平剪切线、分条卷取线等卷板加工机械的开发与生产，使亚威在该领域的领先地位得以巩固和加强。亚威与日本NISSHIBO公司建立了紧密合作关系，采用NISSHIBO的先进技术和主要部件，结合亚威的制造优势，生产国际先进水平的数控转塔冲床，为客户提供一流的产品与服务。公司2005年实现销售收入29 250万元。

江苏扬力集团 始建于1966年，以江苏扬力集团有限公司为母公司，辖江苏富力数控机床有限公司、江苏国力锻压机床有限公司、江苏扬力铸锻有限公司、江苏扬力模具有限公司、江苏扬力坚城锻压机床有限公司5个控股子公司。集团占地面积100万m^2，注册资本1亿元，员工3 000多人，其中工程技术人员829人，高级职称人员21人。集团长期从事金属板材加工设备的研发、生产和销售，压力机有J21、J21S、JE21、JF21、JL21、JZ21、JFY21、J21G、JFC21、J23、J25、JY25、J75G、JM31、JS36等10余个系列400多个品种，均可配接开卷、校平、自动送料等周边设备实现单机自动化，亦可配接机械手组成自动化生产线；数控类机床有MP系列数控转塔冲床、MS8系列数控闸式剪板机、MB8系列数控折弯机；此外还有WC67Y系列液压摆式剪板机、WC67K系列经济型数控液压板料折弯机、QC12Y系列液压摆式剪板机、QC12K系列经济型数控液压摆式剪板机、2－WC67K型双机联动液压板料折弯机、QS12Y型深喉口液压摆式剪板机、YL32型四柱式液压机、YL34K型数控精密框架式液压机等。集团荣获“质量体系认证证书”、“AAA企业资信等级证书”、“江苏名牌产品证书”、“重点高新技术企业证书”、“国家级火炬计划项目验收合格证书”、“江苏省著名商标”、“国家重点新产品证书”等相关荣誉，并于2004年被科技部认定为国家级高新技术企业、国家数控板材加工设备生产基地。产品畅销国内、东南亚及欧美等10多个国家与地区。江苏扬力集团2005年实现销售收入106 573万元。

青岛锻压机械有限公司 原青岛锻压机械厂，始建于1946年，是原机械工业部的重点企业，国有独资企业，国家一级计量单位，青岛市高新技术企业。公司占地面积27.62万m^2，生产建筑面积7.95万m^2，在册职工1 961名，在岗职工1 396名。加工起重能力75t，公司内有铁路专用线与胶济铁路线衔接。公司有年生产330余台大重型产品的能力，是国内目前规模最大的生产螺旋压力机的企业。该公司的主要产品为锻压机械和包装机械两大类。锻压机械产品主要有：J53系列双盘摩擦压力机是公司的传统产品，其中7种分获国家银质奖、部省级优秀新产品奖和科技进步奖。J54系列精压型摩擦压力机是根据国际摩擦压力机的发展趋势和国内市场需求开发的精压型锻压设备。J55系列离合器式螺旋压力机，采用计算机控制、实现人机对话，是节能、节材、精密高效锻压设备。其中2个规格分获机械工业部科技进步一等奖和国家科技进步三等奖。J76、J69、J93系列压砖机是20世纪80年代兴起的为耐火材料行业专用的压砖机，倍受青睐。包装机械产品主要有：包括高中低速三片罐电阻焊生产线和大、小开口易开盖生产线。三片罐电阻焊生产线主要有电阻焊罐身成形组合机、刮黄机、划线机、切板机、补涂机、烘干机、提升机、储运机、翻边机、缩颈机、封罐机等。大、小开口易开盖生产线主要有八工位成形组合机、基础盖成形机、圆边机、展卷机、拉环成形机、注胶机、烘干机等。公司2005年实现销售收入12 833万元。

上海第二锻压机床厂 创建于20世纪60年代初期，现隶属上海电气(集团)总公司旗下的上海力达重工制造有限公司，是国家二级企业。该厂生产的"凹凸"牌机械压力机，1998年被原国家机械工业部评为部级名牌产品，从1996～2005年连续10年被评为上海市名牌产品。"凹凸"牌的宗旨是，一流的品牌、创新的产品、精湛的技术、精品的质量、周全的服务，为用户和合作者创造价值。企业注重产品质量全过程管理，已通过ISO9001质量体系认证，是第一批获得《出口机电产品质量许可证书》的企业，JH21系列开式固定台压力机第一批列入国家取代进口机电产品目录。企业有意大利PAMA公司的CNC落地镗铣床、德国NORTH公司的CNC卧式加工中心、德国KOLB公司的五面体加工中心、奥地利的WNC700S－CNC车削中心等一批具有世界先进水平的加工设备，保障了产品的加工质量。该厂主要产品有JH73系列110型和160型开式多工位压力机，可实现带料到成品一次冲压完成；JH21系列25～315型九种规格开式固定台压力机，采用气动摩擦离合器－制动器，传动转矩冲击韧度大、结构紧凑、灵敏可靠；JH25系列110－250型四种规格开式双点压力机，具有宽台面和较强的刚度，精度稳定，传动平稳，动作灵敏，操作方便；JH31系列110～250型四种规格闭式单点压力机，可按用户需求增加多连杆机构，满足拉伸工艺空程快速、冲压慢速的要求，提高产品质量和生产效率。2005年实现销售收入6 606万元。

上海锻压机床厂 始建于1924年，是原机械工业部骨干企业之一，上海电气(集团)总公司下属的国有企业。专业生产大型、重型机械压力机、液压机，"力达"牌压力机在市场上有着良好的信誉。该厂现有职工800人，具有中高级职称的专业技术人员20余人。设计开发工作全部采用CAD等现代化手段，每年研制10多种新产品，轮番生产16～20种产品。该厂从德国、意大利、英国、俄罗斯等国，购进了大型数控滚齿机、数控镗铣床、刨齿机等关键加工设备，在同行业中具有独特优势。该厂于1999年通过了ISO9001质量体系认证，2002年完成了2000版的换版工作。上海锻压机床厂近年来与德国舒勒压力机公司、日本小松株式会社、西班牙法格公司等技术合作，利用引进技术生产大型数控压力机，提供国内知名企业使用。该厂的主要产品有J31系列闭式单点机械压力机(1 000～16 000kN)；J36系列闭式双点机械压力机(2 500～40 000kN)；J39系列闭式四点机械压力机(6 000～16 000kN)；Y27系列单动薄板拉伸液压机(1 000～50 000kN)；Y28系列双动薄板拉伸液压机(4 000/6 300～10 000kN/16 000kN)；J25系列开式双点压力机(1 250～2 500kN)以及J88系列肘杆式金属挤压机(2 000～3 500kN)；J44系列底传动拉伸压力机(250～800kN)；J11系列卧式冷室压铸机(6 300～40 000kN)。此外，该厂还生产J86K、J89系列立式肘杆式金属挤压机等产品。该厂2005年实现销售收入5 734万元。

天津市天锻压力机有限公司 前身为天津市锻压机床总厂，原机械部大型骨干企业。1956年自行设计制造国内第一台液压机，开创了我国液压机生产的历史。公司在册职工589人，其中工程技术人员100人，享受政府津贴的专家11人。公司目前拥有42个系列300余个品种液压机，规格从80kN至100 000kN，具有年产1 200台的生产能力。其中YT32—315四柱液压机获国家质量银牌奖，YT28—630/1030双动薄板拉伸液压机荣获国家质量金牌奖。产品广泛用于汽车制造、粉末冶金、金属挤压、轻工家电、化工机械、航空航天、模具磨料、机械制造等行业，出口到日本、美国、中东及亚洲等30多个国家和地区。借助液压机研究所设在公司的技术优势，成功采用了比例控制技术、位置数字控制技术、同步控制技术、触摸屏和工控机技术、产品异地远程控制技术、三维及模块化设计技术，普遍采用CAD/CAPP/CAM等先进设计手段，2001年被国家科技部批准为"全国CAD应用工程示范企业"。2002年承担国家重大技术装备创新研制项目——100MN数控等温锻造液压机研制，开发出我国目前最大规格数控液压机。公司拥有202项液压机专利，产品和技术开发能力代表了行业先进水平。引进德国科堡公司五面体加工中心和意大利帕玛公司卧式加工中心等先进加工设备，大大提高了产品的加工水平。公司坚持"以市场为导向，以质量求生存，以品种求发展，以服务求信誉"，努力开拓国内外两个市场。1996年通过了ISO9001质量体系认证，同年获得了自营进出口权。公司2005年实现销售收入14 592万元。

西安通力锻压机床有限公司 前身西安锻压机床厂，原系国有企业，始建于1956年，于2000年改制组建为有限责任公司。该公司经四十余年的发展与积累，已形成拥有固定资产6 000多万元，年生产各类压力机500余台(套)，是我国中西部地区生产机械压力机品种规格最多、规模最大的专业化企业。企业占地面积15.6万m^2，拥有各类加工设备300余台(套)，包括大型数控和专业化设备在内的金属切削设备200余台(套)，其中精大稀设备50台(套)。该公司下设铸造、锻造、焊接、热处理、机械加工、工具和总装7个分厂。企业十分重视质量工作，1999年通过了中国进出口质量认证中心对企业的ISO9001质量体系认证，现已完成2000年版换版工作。西安通力锻压机床有限公司主要生产J23、JS21、JH21、JH23、JZ21、JZ21/S、JZ25、JZ25/S、JF21、JG21、J31B、JD31、JD36/H、J75G、JA88等17个系列，公称压力250～8 000kN 100多个品种规格高中低档机械压力机，以及J93K系列数控步冲压力机、精密冲压(单元)生产线，YXY、YXS、JKW系列液压、机械弹壳引伸机、收口机，WC67Y系列液压折弯机、Q12Y系列液压剪板机等。2001年被认定为西安市高新产品生产企业。西安通力锻压机床有限公司拥有CAD中心，随着CAD、CAM、CAPP工程的完成和完善，实现了产品图样设计、结构优化、运动分析、工艺编制、生产过程控制等同步进行，极大地缩短了产品的开发和生产周期，提高了产品质量，最大限度地满足了用户的要求。公司2005年实现销售收入6 548万元。

厦门锻压机床有限公司 前身为厦门锻压机床厂，始建于1958年，是国内中小型机械压力机的重点生产企业，福建省惟一压力机生产专业厂，系国家二级企业，福建省省级先进企业，具有40余年开发、生产各种压力机的历史。公司主要生产J23系列开式可倾压力机、J21M系列高性能开式固定台压力机、J21G系列开式固定台高速精密压力机、J72系列多工位自动压力机以及轻工机械、包装机械等。公司坚持"用户至上，科技兴业"的方针，严把产品质量关，信守对用户的服务承诺，公司生产的"力牌(Power Brand)"产品以其优异的性能价格比获得用户的青睐，畅销全国各地并远销海外。公司主要产品：J21G系列开式固定台高速精密压力机有300kN、450kN和600kN 3个规格，最高行程次数达600次/min。JB21G系列开式固定台高速压力机有100～600kN 5个规格，行程次数300～400次/min，无级可调。J21M系列高性能开式固定台压力机有250～2 500kN 8个规格，采用钢结构机身、闭式齿轮传动、组合式干、湿式摩擦离合器－制动器，液压过载保护、装模高度自动调整、PLC控制。J72系列多工位自动压力机有250～650kN 4个规格，主传动为凸轮机构，可在行程中实现上模瞬间停止，以便进行打印、冲侧孔、攻螺纹等辅助工序，适合复杂零件加工。此外，还生产J23系列开式可倾压力机，以及机械压力机的辅机和周边设备，如开卷校平机、开卷机、辊式自动送料器、夹钳式自动送料器等。公司2005年实现销售收入5 803万元。

扬州锻压机床有限公司　前身扬州锻压机床厂，始建于1958年，是国家定点生产机械压力机的专业厂，国家重点火炬项目高新技术企业，国家技术进步示范企业，国家火炬、星火计划重点实施单位。已通过ISO9001质量体系认证，拥有外贸自营权。公司占地面积22万m^2，建筑面积15万m^2，拥有固定资产9 000万元，职工523人，其中工程技术人员118人，主要生产JH21、JY21、J31G、J25、JB36等系列通用压力机和YKC空调翅片冲压生产线、J76定转子高速冲压生产线等专用设备。该公司生产的"鼎"牌产品，以其优异的质量、可靠的性能、精湛的工艺和完善的售后服务远销美国、德国、澳大利亚、泰国、马来西亚等20多个国家和地区。公司生产的YKC系列空调翅片高速冲压生产线，拥有完全知识产权，现已开发出YKC12、YKC－18、YKC－24、YKC－36等4个规格的产品。JH21系列开式固定台高性能压力机，是消化吸收国外先进技术，自行研制的高性能产品。J25系列开式双点压力机是用于大型板料冲压及浅拉伸工艺的通用设备，也可用于级进模或多工位模具对复杂零件进行成形加工。J76系列压力机是针对电动机定转子的级进模连续冲压而设计的，其滑块行程速度可达300次/min以上。该公司与济南铸造锻压机械研究所合资组建了扬州捷迈锻压机械有限公司，与港商合资组建了扬州鼎牌机械有限公司，与新加坡合资成立了比纳克(扬州)有限公司，2004年与南京理工大学合作建立了压力机技术及装备工程研究中心。该公司2005年实现销售收入29 089万元。

浙江锻压机械集团有限公司　原浙江锻压机床厂，创建于1951年，拥有资产1.81亿元，占地面积28万m^2，各类专业技术人员200余人，系锻压机械专业生产企业。公司为国家二级企业、国家高新技术企业、浙江省重点骨干企业、浙江省技术进步企业、浙江省纳税大户、浙江省企业技术中心。公司注重技术进步和科学管理，企业技术水平、产品质量、生产规模、售后服务在同行业中处于先进水平，是压力机行业标准起草单位。公司生产的JZ21系列高性能开式固定台压力机、JZ21F系列快速返程开式压力机、J23系列开式可倾压力机、J21S系列开式深喉口压力机、JZ21G系列高速精密压力机、JZ21K系列数控精密快速返程压力机及数控剪板机、数控折弯机等10大系列50余种锻压机械产品在国内外客户中有良好的声誉。公司通过了ISO9001：2000质量体系认证，拥有自营进出口权，"ZD"牌机械压力机为浙江省名牌。浙江省机械产品质量监督检验总站机械压力机分站设在该公司。公司奉行"质量、创新、诚信"的经营理念，坚持"不断改进，做得更好"的质量方针，严格按ISO9000：2000标准组织生产经营，研制开发市场需求的产品，向客户提供优质产品和良好服务。公司投资1.09亿元实施的第七批国债项目和国家重点技改项目"数控高速精密压力机成套生产线"已投产，新项目的投入将为公司的快速发展创造条件。2005年实现销售收入14 893万元。

浙江萧山金龟机械有限公司　系生产机械压力机和精密冷冲模架的专业企业，浙江省高新技术企业，国内台式压力机龙头企业，国内最大精密冷冲模架生产基地。公司占地面积2万m^2，建筑面积1.6万m^2，拥有各类加工设备150余台(套)，员工400余人，其中大专以上学历占员工总人数20%以上，已形成年产机械压力机10 000台、精密冷冲模架15万套的生产能力。公司拥有杭州萧山精密模具标准件厂、杭州萧山模具公司、杭州萧山金大机电物资有限公司等控股子公司。公司现有员工400余人，其中公司技术中心为浙江省中小企业技术中心，具有较强的设计开发能力，已拥有15项国家专利。公司注重企业现代化管理，已通过ISO9001：2000质量管理体系认证、浙江省二级计量确认和浙江省二级标准化水平确认，系浙江省出入境检验检疫局认定的"一类质量管理企业"，出口产品享受免检待遇。注册商标"金龟"牌荣获浙江省著名商标称号。金龟牌台式压力机荣获原机械部优质产品称号并获国家检验中心"质量可靠性认定证书"。金龟牌精密冷冲模架荣获浙江省优质产品、全国优秀模具标准件、杭州市名牌产品等称号；2004年获得"具有国内先进水平的模具标准件"证书和"具有国际水平的模具标准件"证书。主要产品有JB04、JC04、JD04系列台式压力机，J23系列压力机和J23G高速压力机，J01、J03系列手动压力机，T51系列辊式送料装置，T51G高速精密辊式送料装置及JM系列千余种规格的精密冷冲模架。公司2005年实现销售收入13 407万元。

广东锻压机床厂有限公司　始建于1958年，是华南地区最大的集设计、开发、制造、服务于一体的锻压设备生产厂家。公司占地面积18万多m^2，现有员工630多人，其中工程技术人员110多人，高级职称6人；主要加工设备200多台，拥有齿轮磨床、曲轴磨床、加工中心等大型、精密、数控设备近100台。公司建立了高速精密锻压机械工程技术研究开发中心，具备自主开发精密、高速、大型机械压力机和液压机的能力。公司已通过ISO9000、CQC产品认证及机械安全认证，拥有"国家生产锻压设备骨干企业"、"国家出口基地"、"广东省高新技术企业"、"广东省民营科技企业"、"国家火炬计划佛山自动机械及设备产业基地骨干企业"、"顺德先进民营企业"等称号。2005年"万顺牌"商标被评为广东省著名商标，产品获"广东省名牌产品"称号。主导产品为高性能机械压力机、液压机和自动转序冲压线。大型压力机最大吨位达20 000kN，高速压力机最高速度达600次/min，精密压力机调整精度达0.01mm。公司注重科技创新，近10年获得国家专利9项，科技进步奖10多项，列入国家级、省级重点新产品10多项。公司建立了完善的销售网络，产品以珠江三角洲为中心，辐射全国并远销印度尼西亚、日本、菲律宾、马来西亚、美国及中国香港等10多个国家和地区。公司以"系统管理、精心制造、优质服务、创造名牌"为宗旨，努力提高核心技术的研发能力，创建国内一流的锻压设备制造企业。公司2005年实现销售收入25 513万元。

河北天辰锻压机械有限公司 是由原沧州市锻压机械厂改制而成的股份制企业，始建于1952年，已有40余年的压力机生产历史，是原机械工业部定点生产压力机的专业厂家。公司占地面积50 000m²，主要机加工制造设备170台(套)，拥有先进的CAD辅助设计系统和可靠的检测检验手段，可为用户设计制造各种功能和用途的专机和模具。2001年通过了ISO9001：2000质量管理体系认证。公司主要生产JH21、JG21、JA21、JB21、JT21、JS21、JL21、JQ21、JQ23、JZ21、J23、J11等十几大系列百余种规格型号的"铁狮"牌机械压力机和专用压力机成套设备及模具，年生产能力1 000余台(套)，是我国生产压力机的骨干企业，河北省机床制造业的龙头企业之一。产品广泛用于汽车、家电、五金、电子、仪器仪表、航空等领域，畅销全国各地，并批量出口。公司生产的"铁狮"牌压力机2001年被授予"河北省优质产品"称号。"铁狮"牌为河北省著名商标。公司拥有良好的经营环境，集中了一批从事本行业并拥有丰富经验的专业人才。公司秉承几十年来专业技术积累和优秀企业文化，凭借着创新、务实、卓越的人才团队，竭诚为顾客提供一流的产品和服务。公司2005年实现销售收入1 360万元。

湖北富升锻压机械有限公司 系原鄂州市锻压机床厂转制企业，始建于1966年，是原机械工业部定点生产螺旋压力机的三大企业之一。公司拥有湖北琛华机械有限公司和湖北星烨机械有限公司两个子公司，为铁道部提供新型铁路组合式制动梁锻造和加工。2005年总产值过亿元。公司占地面积8万m²，员工380人，其中工程技术人员60人。厂房建筑面积3万m²，各类加工设备220台(套)，起吊能力达75t，具有完善的冷热加工能力及先进完善的检验、检测手段，2004年通过了ISO9001：2000质量体系认证，确保产品质量和满足用户要求的能力。公司注册商标为"精锤"牌，主要产品有J58K新型数控电动螺旋压力机、J53和JB53双盘摩擦压力机、J55高能螺旋压力机、J57副螺杆式液压螺旋压力机、J67双盘摩擦压砖机等6个系列43个品种和规格的产品。产品广泛应用于飞机、汽车、摩托车、建筑管桩、五金工具、耐火材料、医疗器械、铁路、纺织机械等行业的锻造加工，适用于模锻、精锻、冲压、下料、弯曲、切边、校正、成形等锻造工艺。公司独家生产的JB53型双电动机驱动的新型结构双盘摩擦压力机，达到当前国际同类产品的先进水平，荣获湖北省科技成果一等奖，湖北省精品奖，国家经贸委优秀产品金龙奖和国家级新产品奖。J58K新型数控电动螺旋压力机，采用交流伺服电动机驱动、高科技电子技术控制系统，填补国内空白，达到国际先进水平。公司产品畅销全国各省市及世界多个国家和地区。公司2005年实现销售收入1 438万元。

湖北力帝机床股份有限公司 位于湖北省宜昌市中心，是中国最大的专业化生产环保回收机械的企业，是中国废钢铁应用协会副理事长兼加工技术专业委员会主任委员单位，中国环保机械行业协会固体废弃物处理装备专业委员会主任委员单位。主要开发研制金属回收加工机械、非金属回收机械、液压机械、垃圾处理机械等产品，共有剪断、打包、压块、剥离、破碎等五大系列上百种规格。其中YD81－100金属打包液压机为历届国优精品，系列金属打包液压机与系列大型废钢剪断机为省优名牌产品。20世纪90年代引进德国技术生产的Q91Y大型系列剪断机已达国际先进水平。近年来又引进美国技术开发出当前世界上最先进的废钢铁加工设备——废钢破碎生产线。2001年1月由公司制造的国内首条PSX－6080废钢破碎生产线试制成功并于同年7月通过国家经贸委新产品鉴定，引进消化全部国产化的第二台废钢破碎生产线于2005年6月也在山东正式投产运行。通过近50年的潜心研究、探索和科技创新，掌握了环保机械制造核心技术。研制的Y81系列金属打包液压机，Q91Y、Q43Y系列废钢剪断机，Y83金属屑压块机，Y82系列非金属打包液压机、导线剥皮机等主导产品，门类齐全，规格多样，功能完善，自动化程度高。产品不仅国内销售，还出口欧、美、俄罗斯、东南亚及港澳地区。公司2005年实现销售收入12 336万元。

济南捷迈锻压机械工程有限公司 是以济南铸造锻压机械研究所和其他自然人为主要投资方，按照现代企业制度组建的高科技企业。公司现有职工200余人，具有合理的人才结构，大专以上学历的职工占职工总数的80%，工程师45名，高级工程师35名，具有先进的研发、加工、检验手段和完善的质量保证体系，是目前技术水平、产品品种、综合实力均处于国内同行业领先地位的锻压机械研发生产企业。目前生产的产品主要有：CNC角钢加工生产线、开卷校平横剪/纵剪生产线、冷弯成形生产线、CNC辗环机、汽车轮辋生产线、专用液压机及其他专用和成套生产线等。年销售额近1亿元。公司依托济南铸造锻压机械研究所强大的技术优势和人才优势，为用户提供型材加工领域完整的解决方案及成套加工装备。作为锻压机械行业研发中心，公司先后承担了数十项国家科技攻关项目、新产品开发项目和政府间合作项目，多项成果获国家、部、省级科技进步奖和发明奖并填补国内空白。公司曾向国内数十家企业输出和转让技术，培育和推动了我国型材加工设备的发展。四十余年的努力，奠定了公司产品水平及综合技术实力国内同行业的领先地位。

江苏省无锡振华机器厂 始建于1984年，是锻压机械功能部件专业生产厂。该厂不断汲取国外离合器和凸轮控制器的先进技术，凭借雄厚的人才优势，致力于新产品的开发与制造，形成了一套集产品开发、制造、维修和技术服务于一体的优化生产体系，以及一套完整的质量控制体系。2001年该厂通过了ISO9002质量体系认证。该厂生产的各类离合器和凸轮控制器广泛应用于锻压机械、纺织机械、包装机械及机械自动生产线上，其主要产品有LZ系列离合器和LSK系列凸轮控制器两大类几十个规格。承诺为用户提供具有上乘的性能价格比的产品和优秀的产品售前技术服务，同时提供产品售后的现场技术指导和服务，使客户得到一个从产品选型到现场使用连续快捷的技术支持和技术服务。

靖江市三力锻压机床制造有限公司 系原机械工业部定点生产各类锻压机械设备的专业公司，国家二级企业，国家中型企业，有自营进出口经营权，已通过ISO9001：2000质量体系认证。公司占地面积2.8万m^2，建筑面积1.6万m^2，员工405人，其中工程技术人员78人。固定资产2 000多万元，主要加工设备168台，其中精、大、稀设备25台，检测手段齐全。公司现有机加工、热加工、机修、总装等5个车间和6个职能科室，并外设钣金、铸锻、热处理3个专业化分厂。公司主要生产各种规格的机械、液压联合冲剪机，6 000kN以下板料折弯机，20mm以下液压摆式剪板机，开卷校平剪切生产线以及数控折弯机和剪板机等。公司生产的Q35－16型联合冲剪机曾获国家银质奖，Q34－25型联合冲剪机获江苏省优质产品奖。机械、液压联合冲剪机国内市场占有率在80%以上，还远销美洲、欧洲、东南亚等20多个国家和地区。公司多次参加德国、美国、日本、韩国和东南亚等地的国际机床博览会，产品得到好评。近年来产销达5 000万元，实现利税300万元，出口交货值达200万美元。

辽阳锻压机床股份有限公司 是一个集科研、开发、制造为一体，以引进国内外高科技产品为主的原机械工业部定点生产摩擦压力机的国家二级企业。公司占地面积10.3万m^2，员工360人，其中中高级职称技术人员80多人。为加速新产品开发，提高产品质量，更好地满足用户要求，公司建立了计算机工作站及其网络系统，应用计算机进行辅助设计及管理。公司拥有镗、铣、钻、刨、磨床等200余台加工设备，充分保证了产品的精度及质量。公司实行三级质量保证体系，严格按行业标准加工、制造、检查，获辽宁省质量管理奖。公司系原机械工业部首批质量承诺单位之一，完善周到的用户服务机制，使用户无后顾之忧，“辽锻”品牌得到广大用户的认可，产品遍及全国各地。公司自2001年改制以来，加强质量管理，完善质量管理体系，于2005年7月通过了ISO9001：2000质量管理体系认证。

黔南锻压机床有限责任公司 前身是黔南锻压机床厂，始建于1951年，系原机械工业部定点生产锻压设备的专业厂，长期生产10个系列近100个规格型号的锻压设备，其中剪板机荣获贵州省优质产品称号，产品不仅畅销国内，而且远销美国等国家及东南亚、中国香港地区。该公司连续5年被贵州省工商行政管理局授予“重合同守信用单位”称号。该公司拥有一批高中级技术人才和高级技术工人、技师，具备开发、设计、生产各种规格型号锻压设备的能力。企业改制后，引进了一批年轻的技术人才，培养了一批年轻的技术工人，大大提高了企业素质。采用计算机辅助设计提高了新产品开发的速度，实现办公自动化提高了企业的管理水平，在激烈的市场竞争中企业获得了发展。最近，仅用3个月的时间，完成了外商所需的特大型液压剪板机的设计、制造，并顺利通过了商检，是企业素质提高的有力证明。该公司在广州、南宁、柳州、昆明、重庆、成都等10多个城市设有办事处，负责产品售前及售后服务。公司主要产品有Q11系列上传动剪板机；Q11系列下传动剪板机；Q11Y系列液压剪板机；WC67Y系列液压折弯机以及空气锤、机械压力机、卷板机、校平机、油压机等10个系列近100个规格型号的锻压设备。此外，还生产各种规格型号的钢管杆塔，并可为客户设计、制造各种非标锻压设备，最大限度地满足用户的不同需求。

荣成锻压机床有限公司 原荣成锻压机床厂，始建于1958年，是生产锻压、剪切、折弯设备的专业工厂，现为国家二级企业。占地面积2.3万m^2，厂房等建筑面积8万m^2；员工1 000余人，其中工程技术人员100多人；拥有主要生产设备300余台(套)，其中精大稀设备30余台；建有铸造、锻热、机加工、总装配等现代化车间，完全具备生产各种大、中、小型锻压、剪切及折弯设备的条件和能力。2005年3月，公司投资2 000万元新建的年产10 000t树脂砂铸造车间已正式投产。公司主要生产闭式单点压力机、闭式双点压力机、闭式四点及多连杆压力机、开式固定台压力机、开式可倾压力机、开式双点压力机、剪板机、折弯机、油压机等近90个品种以及三层复合自润滑材料等产品。其中为一汽集团生产的JD31－630E闭式单点机械压力机、为重庆大江信达车辆股份有限公司和吉利集团豪情汽车制造公司生产的JD36－630E闭式双点机械压力机冲压线等产品采用了当今最先进的机电仪一体化技术；JA21－400A型开式固定台压力机是目前国内公称压力最大的开式固定台压力机；J28系列开式柱型工作台压力机系独具风格的系列产品。公司坚持“以产品质量求生存，以高新技术促发展”的方针。2000年通过了ISO9001质量体系认证，使产品质量在国际市场得到了认可；近年来开发了多种高新技术产品，为产品更新换代奠定了基础。公司2005年实现销售收入7 500万元。

山东宏康(集团)机械制造有限公司 创建于1982年，是一家集科研、开发、制造和销售为一体的民营企业，占地面积12万m^2，建筑面积7万m^2，中试基地5 000m^2，固定资产3 800万元，加工设备300多台(套)，其中精、大、稀设备

60余台(套),从业人员680余人,其中技术人员50余人,主导产品为金属板材开卷校平剪切生产线成套设备和轧钢机械。经过20多年的快速发展,目前已成为我国研制生产板材开卷校平剪切成套设备的骨干企业。山东省科委、山东省专利管理局评定的"中国专利山东明星企业",科技部认定的"国家级重点高新技术企业",中国机床工具工业协会锻压机械分会理事单位。公司承担了行业标准《开卷校平剪切成套设备》起草制订工作,自行研制的宽厚板开卷校平剪切生产线成套设备已成为国内替代进口的主导产品,"宏康牌"板材开卷校平剪切成套设备荣获"山东名牌产品"称号。公司被山东省工商局、山东省企业信用协会评定为省级重合同守信用企业,山东华信财务咨询有限公司资信评估委员会评为"AA级信用企业"。公司建立了完善的质量管理体系,2002年通过了ISO9001:2000质量体系认证,2005年取得了山东省商品出口检验检疫局颁发的产品出口质量许可证,产品出口到韩国、日本、澳大利亚、西班牙等国家。公司与清华大学、西安交通大学、广东工业大学、华南理工大学、太原科技大学、济南铸造锻压机械研究所等高等院校科研院所建立了长期稳定的合作关系,先后与台湾淳和机械有限公司、日本本田飞剪设备公司、韩国大铉TECH株式会社、韩国SCE株式会社等具有开卷校平剪切生产线成套设备国际先进技术水平的境外企业建立了合作伙伴关系。公司2005年实现销售收入9 206万元。

四川内江四海锻压机床有限公司 前身系内江锻压机床厂,始建于1958年,是原机械工业部定点生产开式压力机和精密冲裁液压机的专业厂,开式压力机和精密冲裁液压机行业技术标准的起草单位。2003年改制重组为民营企业,公司占地面积13万m^2,生产建筑面积5万m^2,拥有总资产8 000余万元,从业人员600余人,其中专业技术人员150人,各类加工设备180多台(套),其中大中型、精密设备45台(套)。公司主要生产J23、J21系列普通型开式压力机;JG21、JE21、JF21系列安全型开式压力机;JB21系列高性能开式压力机;J21S、JG21S系列深喉口开式压力机;J25系列开式双点压力机;JA84系列精压机;Y26系列精密冲裁液压机和剪板机等8大系列100余种不同规格的产品。公司已通过ISO9001:2000质量体系认证,并获得了产品自营进出口权。四川内江四海锻压机床有限公司以"质量和服务是我们的承诺,让顾客满意是我们的目标"为宗旨,在各大城市设立办事处,实现了一体化、终端化的产品售后服务。2005年实现销售收入4 910万元。

天水锻压机床有限公司 始建于1966年,属国家大型二档企业,是为国内外用户提供板材和型材剪切、弯曲、校平整型及冲压设备品种最多、规格最全的生产厂家。公司占地面积28.87万m^2,生产建筑面积5.12万m^2;主要加工设备300多台(套),其中大型、精密设备30多台(套);员工1 000余人,具有高、中级以上职称的工程技术人员180人。公司致力于剪板机、折弯机、液压机和其他锻压机床的研制,产品有五大类(剪切、弯曲校正、液压、大口径直缝埋弧焊管设备及其他机床),20个系列,180多种规格。公司产品以"TSD"注册商标,年生产能力1 000台(套)。产品销往全国各地及世界40多个国家和地区,累计出口4 000多万美元。公司技术中心具有三维CAD/CAE和PCCAD设计手段;可对产品进行结构优化设计、有限元分析、三维动态虚拟装配等;可为用户提供量体裁衣的个性化产品。为适应国家"西气东输"建设需要,在大口径直缝埋弧焊管和螺旋焊管成套设备开发上加大科研力度、取得了重大成果,相继研制成功探伤机、铣边机、预弯机、成形机、合缝机、内外焊机、钢管扩径机、水压试验机和螺旋焊端头扩径机等高新技术产品。公司是原机械工业部"质量保证承诺声明"单位之一,可提供完善的售前、售中、售后服务。公司2005年实现销售收入8 686万元。

无锡金球机械有限公司 创建于1968年,2001年改制为股份制企业。公司占地面积8万m^2,员工500余人,专业技术人员100余人,其中中高级职称人员20余人。具有年生产折弯机、剪板机1 000台(套)的能力,是江苏省高新技术企业。公司20世纪70年代开始生产折弯机、剪板机,是我国生产折、剪机床的重点骨干企业。1996年获国家自营出口权,产品远销东南亚、欧洲、中东、非洲、美国、加拿大等国家和地区,是国家折、剪机床的出口基地。公司较早通过了ISO9001:2000质量体系认证,最早成为省级"重合同守信用企业"。产品多次荣获部、省优质产品证书和国家重点产品证书和国家级质量信得过产品称号,"金球"牌折弯机、剪板机为国家名牌产品。公司可生产200~32 000kN折弯机和剪切板厚3~30mm、剪切长度1 300~10 000mm剪板机,有100多个规格品种。公司不断推出新品,近年开发了6 000mm数控剪板机和10 000kN数控折弯机并实现出口。公司开发的电液同步数控折弯机,成功地用于大吨位双机联动折弯机,填补了我国空白,被评为国家级重点新产品。公司成功开发了具有国际水平的板材高速成形机,已有多个规格品种和几十种模具,再次填补了我国空白。公司2005年实现销售收入1.25亿元。

无锡市德华机械有限公司 长期从事机床功能部件的开发和制造。公司占地面积7 000m^2,建筑面积3 500m^2,员工55名,其中大中专以上学历者16名。加工设备50余台,并有动平衡机、产品试验机、数控板材切割机等。主要产品有LZ系列气动干式、SLZ系列气动湿式摩擦离合器—制动器;气袋式鼓形离合器;QJ、YJ系列气动和液压夹钳;LS1、LS2、LS3系列可调式凸轮控制器以及各种规格旋转接头。产品广泛应用于机械压力机、剪板机械、数控冲床、纺织机械、包装机械、冶金机械和矿用机械等多种行业,用户覆盖全国20多个省市自治区,深受用户好评。公司一贯注重基础管理、科学管理和人力开发;重视产品质量,坚持"优良的设计、精细的工艺、严格的检验、完善的服务"质量方针;坚持"用户至上、质量第一、服务完善"的经营宗旨;不断采用新技术、新工艺、新设备提供质量可靠的优质产品。公司已通过了ISO9001:2000质量体系认证,并取得了国内和国际双重认证证书。

梧州市万顺锻压机床有限公司 是广西壮族自治区目

前最大的机械压力机制造厂，属中型一级企业。公司有着30多年生产锻压设备的技术和经验，拥有精密加工设备、机床装配设备和计量检测设备等主要生产设备346台(套)，其中包括大精尖设备42台(套)，有年生产1 000多台(套)机械压力机的能力。近年来，公司被评为自治区先进企业，科技开发百强企业，银行信用“AA”级企业，并已获得英国NQA公司的ISO9001质量体系认证证书。公司主要生产JH21系列气动高性能开式固定台压力机、JH25系列高性能开式双点压力机、J23系列开式可倾压力机、J21Z开式固定台压力机、J21S系列开式固定台深喉口压力机等。梧州市万顺锻压机床有限公司实施“生产一代、开发一代、研制一代”的发展战略，与科研院所、高等院校密切合作，积极研制大吨位、高性能、高效率的具有广阔市场前景的新型压力机。该厂正以220万美元的资金总额进行招商，共同开发单、双点闭式机械压力机和高速、准高速机械压力机，使企业具有年生产大型机械压力机150台的生产能力。公司主要产品有三大系列20多个规格品种，其中J23系列开式可倾压力机有4个规格；JH21系列高性能开式固定台压力机有10个规格；JH25系列高性能开式双点压力机有JH25－110、JH25－160、JH25－200型等3个规格。公司2005年实现销售收入3 385万元。

徐州压力机械股份有限公司　前身为徐州锻压设备制造厂，始建于1959年，历经40余年的建设与发展，现已成为国家大二型机械工业企业，江苏省高新技术企业，全国CAD应用工程示范企业，企业质量保证体系通过ISO9001质量认证，企业享有进出口自主权。公司现有在岗职工919人，其中技术人员146人，中高级技术人员92人。资产总额21 070万元，固定资产总额9 885万元。主要生产设备310余台，其中大精尖设备30余台，行车最大起重能力100t，用于产品开发和管理用微机90余台。产品开发全部采用计算机，二维出图率100%，三维参数化设计和有限元分析技术在产品关键零部件上进行应用。该公司主要生产50 000kN以下单动、双动和四柱及单柱液压机，并生产电热镦机、摆动辗压机及各种大型通用、专用锻压设备共六大系列50多个品种。企业的YX32－500、315液压机是原机械部优质产品，40 000kN汽车纵梁等10余种液压机是国家级新产品，50 000kN热模锻等12种液压机是省高新技术产品。几年来，公司以市场为导向，将产品技术开发的重点放在数控技术和机电一体化上，在技术上依托济南铸造锻压机械研究所，年均开发新产品和变型产品50个左右，其中开发设计的10余种数控液压机的技术水平分别达到了国内先进和国际20世纪90年代同类产品水平，填补了国内空白并获江苏省优秀新产品金牛奖。公司2005年实现销售收入12 798万元。

扬州捷迈锻压机械有限公司　是济南铸造锻压机械研究所与扬州锻压机床有限公司共同组建的股份制公司。公司的主要产品，12 500kN以下闭式压力机、30 000kN以下液压机及金属板材加工自动化生产线。公司已先后获国家火炬计划邗江金属板材加工设备产业基地骨干企业，江苏省高新技术企业，江苏省民营科技企业，火炬项目承担单位，质量、信誉先进单位，工商银行资信AA等级，扬州市银行信贷诚信企业等荣誉称号。扬州市大型锻压设备及成套化、集成化工程技术研究中心和扬州市级企业技术中心设在该公司。公司坚持科技领先策略，立足高科技，依托济南铸造锻压研究所雄厚的技术实力，与多所大专院校合作，积极走产学研一体化道路，先后研制出多项高新技术产品投放市场，收到很好的经济和社会效益。

营口锻压机床有限责任公司　前身为营口锻压机床厂，始建于1949年，是原机械工业部重点企业，机械压力机定点生产厂，职工800余名。公司生产型建筑面积3.5万m^2，装配车间2 000余m^2，最大起重能力为75t，有装配大型锻压机床的地坑与平台，有生产12 500kN锻压机械的能力。公司下属车间及分厂包括铸造、锻造、热处理、铆焊、大中小型机械加工、装配及电火花机床、数控、专用机床等，具有完整的生产组织体系。公司生产24个系列100多种规格的机械压力机，取得生产许可证和出口许可证，产品畅销国内外。已通过ISO9001：2000质量体系认证。近年来，引进德国、日本技术，加快产品的更新换代，使产品性能更加完善，质量不断提高。公司技术力量雄厚，设有锻压机械研究所，工业自动化研究所，具有现代化的先进设计手段和完善的产品检测设备，计量工作达到国家二级水平。有150余名高中级专业技术人员，具备较强的科研技术开发能力。公司开发的多种产品被评为部、省、市优质产品。此外，公司可承揽各种锻压机械，自动化生产线，电火花机床、模具等设备的设计、制造和大中修业务，并可及时提供零配件的需求。

永嘉流遍机械润滑有限公司　系原机械工业部定点专业生产润滑产品的厂家。1994年，由原机械工业部引入日资在永嘉建立中日合资企业，现为浙江省高新技术企业，拥有7项国家专利产品及多个国家级新产品。合资双方均长期从事润滑产品的研究、开发与制造，并设立了温州市市级企业技术中心。合资的日方公司研究、开发润滑产品已有60多年的历史，具有国际先进的技术水平与开发能力，为促进国内润滑产品的现代化奠定了坚实的技术基础。公司拥有抵抗式、卸压式、递进式成套干油、稀油集中润滑两大类型以及双线集中油脂润滑装置及成套干油、稀油喷雾润滑装置等产品，品种规格齐全。产品广泛应用于机械、纺织、建筑、矿山、冶金、印刷、橡胶、化工、制药、食品等各行业机械设备的润滑系统，并返销日本与出口美国、东南亚等国家。公司有较高的市场知名度和产品市场份额，系国内润滑产品的支柱企业。

长沙锻压机床有限公司　系国家中型二级企业，素有“湖南长锻，冲压之冠”的美誉，已有四十余年的建厂历史。公司技术力量雄厚，生产设备齐全，加工工艺先进，检测手段完善，职工素质高。有一套完整的质量保证体系和管理体系，产品均获原机械工业部颁发的生产许可证和出口质量许可证。主要产品有：国家科委推荐的国家重点新产品D51系列液压数显辗环机；引进国外先进技术产品JT21系列高性能机械压力机；J21、J23系列(160～1 600kN)机械压力机以及板料开卷校平剪切生产线等锻压设备。产品用于金属材料辗环扩孔、板材落料、冲孔、成形和浅拉伸，适用汽车、拖拉机、电动机电器、轴承、航空、集装箱、仪器仪表等行业以及军工和日用工业等。公司在政府各部门的大力支持下，已基本完成企业改制工作，将迁厂至长沙市暮云科技工业园。公司2005年实现销售收入824万元。

佛山市康思达液压机械有限公司 由原佛山通用机械厂、佛山液压件厂、岭南液压缸厂和南粤轻工机械厂合并而成，是国内首创四柱拉伸液压机的专业厂。该公司建筑面积5万m^2，各类加工设备500多台(套)，已通过ISO9001质量体系认证。该公司实行ERP管理，拥有市级工程技术研究开发中心，被认定为广东省高新技术企业，多项产品被列为国家和省级重点新产品。公司产品研发部门由技术精湛、经验丰富的高中级工程技术人员组成，拥有博士后、硕士、学士等技术人才数十人，公司大专学历以上的员工占职工总数的31%。该公司与广东工业大学、华中理工大学、武汉冶金科技大学等高等院校共建的产、学、研基地，成为企业新产品开发可靠的技术支持。该公司设有售后服务部，为用户提供产品备件、维修服务和24h的热线咨询服务。佛山市康思达液压机械有限公司的主要产品有YZ28G系列四柱拉伸液压机、YDK系列框架型液压机、双头外圆半自动抛光机、立式注塑机和硫化橡胶制品液压机等，广泛应用于不锈钢制品、铝制品的加工生产和家用电器、钟表、眼镜、砂轮、小五金、饰品等的加工生产。该公司还承接各类非标液压机的设计与制造，并具有为不锈钢薄板制品或铝质制品的冲压车间及抛光车间提供整厂、整线生产设备的设计、制造和配套能力。该公司产品畅销全国20多个省市自治区，并出口日本、东南亚及中国香港等地。公司2005年实现销售收入9 066万元。

黑龙江锻压机床厂 是我国专业化生产板料加工和型材剪切设备的重点国有企业，占地面积17万m^2，在职职工约900人，拥有固定资产3 200万元。建厂40多年来，配备了铸造、板焊、热锻、机械加工、工具模具、机床总装等各类生产线，加工设备达300多台(套)。产品注册"黑龙牌"商标。该厂主要生产10个系列30多个品种的冲、剪、折设备，主导产品是"数控三大件"系列，即数控步冲机、数控剪板机、数控折弯机。数控步冲机系列包括24模位、16模位、10模位和单冲头等不同品种与规格。数控剪板机机身采用钢板焊接结构，数控系统可实现现场编程，具有较高的定位精度和剪切精度。数控折弯机配备国外专用的数控系统，具有折弯精度高和操作方便的特点。此外，该企业还生产普通剪板机系列、折弯机系列、联合冲剪机系列、冲型剪切机系列、型钢剪断机系列等，均是针对板料加工行业生产的专业设备。新开发的母排折弯机，可用于电控柜的铜、铝母排的加工，切断、冲孔、折弯、压花等工序可连续完成。该企业的许多产品荣获了火炬计划高新技术奖、省级科技进步奖等多种奖项。该厂2005年实现销售收入1 786万元。

江都市锻压机床总厂 是锻压机械行业具有一定规模的专业厂，占地面积4万m^2，建筑面积1.5万m^2；现有职工480人，工程技术人员100余人，其中具有高级职称的10人；固定资产总额5 000万元，主要加工设备100多台(套)。该厂有先进的检测设备，是国家二级计量单位，已通过ISO9001质量体系认证；是扬州市明星企业，有进出口企业资格证书。该厂主要生产液压板料折弯机、机械剪板机、摆式剪板机和液压机械压力机等，并可根据用户要求设计生产特殊机床。该厂宗旨是"信誉第一、用户至上"，质量方针是"依靠科技、注重品质、周到服务、拓宽市场"。其产品销往国内20多个省市自治区并出口东南亚地区。主要产品有：SPB系列数控电液同步折弯机和WE67YK系列数控液压折弯机，SXS系列数控剪板机和QC12YK系列数控剪板机，以及J96BY、J96CY系列液压快速压力机等。数控折弯机采用荷兰DELAM公司的DA65W或瑞士CYBELEC公司的DNC880折弯机专用数控系统，德国BOSCH或HOERBIGER公司折弯机专用集成式液压控制系统，日本安川交流数字式伺服电动机以及德国海德汉精密光栅尺形成全闭环电液控制系统。SXS系列数控剪板机采用荷兰DELAM公司DAC－310剪板机专用数控系统，日本安川交流数字式伺服电动机，进口精密超长直线导轨/滚珠丝杠。产品荣获国家实用新型专利证书和国家火炬计划项目证书及江苏省新产品(金牛奖)证书等。该厂2005年实现销售收入4 985万元。

南通电熔爆股份有限公司 始建于1956年，占地43 290m^2，建筑面积25 000m^2，固定资产4 000多万元，主要生产设备167台(套)，是国家中型企业，江苏省高新技术企业、火炬计划高新技术企业，系国家二级计量单位，获江苏省文明单位和江苏省先进集体称号，现已通过ISO9001：2000质量体系认证。被江苏省工商银行、建设银行评为AAA级信用企业。主要产品为四柱液压机、框架式液压机、薄板拉伸液压机、机械压力机以及磁性材料与粉末冶金专用设备和其他非标设备，具有年产600多台(套)的能力。此外，还生产与上述设备配套的各类模具与模架。产品广泛用于电子磁性材料、粉末冶金、陶瓷加工、微电子装备、汽车、摩托车、基础机械产品等行业，有显著的经济效益和社会效益。公司宗旨是，"以人为本，诚信为根；务实求精，开拓创新"，实施多元化经营，面向全方位发展。

沃得精机(中国)有限公司 前身为丹阳锻压机床厂，始建于1953年，一直致力于锻压设备的研发制造。公司技术力量雄厚，生产设施齐全，工艺先进，测试手段完善；产品引领市场需求，设计新颖，结构合理，性能可靠。"沃得"品牌，已成为压力机用户的首选品牌。公司与上海第二锻压机床厂联合，从技术合作到品牌合作，使丹阳成为"凹凸"牌压力机的主要制造基地，并在国内建立了完善的营销网络，"沃得"、"凹凸"两大品牌市场知名度、美誉度、品牌价值得到极大提升。公司先后引进日本、意大利和德国先进技术，不断提高产品水平。公司主要产品有J23、JH23、J21、J21S、JH21、JH25、J21G、JC31等八大系列，共80多个规格的压力机，公称压力为6.3～6 300kN。产品适用于金属板料剪切、冲孔、落料、浅拉伸、弯曲、校正等冲压工艺，广泛用于各大工业部门。同时，公司可根据用户需要，定制各种特殊工艺要求的产品，满足个性化需求。公司 2005 年实现销售收入 32 137 万元。

洛阳机床有限责任公司　前身洛阳机床厂，始建于 1951 年，是原机械工业部卷簧机定点生产厂，弹簧设备制造骨干企业，卷簧机国家标准制定单位，河南省、洛阳市制造业信息化示范企业。公司占地面积 6 万 m^2，职工 430 余人，工程技术人员 113 人，拥有先进齐全的机械加工设备，完善的检测手段，健全的企业管理和质量管理保证体系。公司主要产品系引进德国和日本技术生产的自动卷簧机、数控卷簧机、数控成形机、磨簧机、数控双端面磨簧机、弹簧疲劳试验机和电动料架等 7 大类，30 余个品种。其中 Z53－1.6、Z53－4、Z53－8、Z53－14 型卷簧机采用离合器送料系统，适应卷制长送料、圆截面弹簧。Z53－0.5、Z53－0.8、Z53－2.5 型卷簧机采用曲柄连杆结合离合器送料系统，引进德国技术生产，适应卷制高精度圆截面弹簧。Z53－5、CML－50A、CML－80A 型卷簧机采用扇形轮结合单向离合器系统，在引进日本技术基础上自行研制而成，适用卷制各种高精度弹簧，具有加工精度高，调试方便，生产效率高等特点，是国内汽车摩托车行业生产汽门簧、离合器簧、油泵调压簧的首选设备。公司 2005 年实现销售收入 1 042 万元。

南通江海机床有限公司　即南通市江海机床厂，始建于 20 世纪 70 年代初，系江苏省生产剪折机床的重点企业。公司占地面积 4 万 m^2，建筑面积 2.7 万 m^2；拥有各类加工设备 150 多台(套)，专业技术人员 100 余人，具有自主研制开发及生产制造各类锻压机械的能力。主要生产“江海牌” Q11 型、QH11D 型、QC12Y 型、QC12K 型等系列剪板机和 WC67Y 型、WC67K 型等系列液压折弯机以及 T44QK 系列数控板料开卷校平剪切生产线。公司以有效的质保体系和检测手段保证产品质量，1997 年通过了 ISO9002 质量体系认证，1998 年荣获江苏省高新技术企业称号。产品畅销国内和欧美、中东、南非、东南亚等 30 多个国家和地区。公司生产的 QH11D 型精密剪板机，吸取国内外先进技术，采用电磁式盘形制动机，小剪切角度和倾斜的剪切方向，使加工件的弯曲变形降到最低限度。QC12Y 型液压摆式剪板机，采用液压传动，机动后挡料置带手动微调器和数值显示机构，刃口间隙可快速调整。WC67Y 型、WC67K 型系列液压折弯机采用双缸传动，控制上滑块行程的机械档块与后档料装置均为机动，有手动微调和计数器显示装置，在上模上方装有斜楔式精度调整机构，以保证工件加工精度。T44QK 系列数控板料开卷校平剪切生产线，可将冷轧、热轧钢卷料经开卷、校平、定尺，剪切成不同规格板材并堆放整齐，适用于车辆制造、家用电器、开关电柜、钢结构办公用品、不锈钢厨房用品、机器制造等行业。公司 2005 年实现销售收入 10 062 万元。

山东高密高锻机械有限公司　始建于 1952 年，占地面积 32.6 万 m^2，建筑面积 11.5 万 m^2，总资产 2.2 亿元，拥有主要加工设备 626 台(套)，员工 1 600 人，属中型企业。公司系“国家重点环保开发项目企业”、省级“重合同、守信用企业”、市级“AAA 级信誉企业”、“A 级纳税信誉企业”，拥有“市级技术中心”，具有较强的技术开发能力。企业已通过 ISO9001：2000 质量管理体系认证，“高锻”牌被评为山东省著名商标，产品在国内同行业和用户群体中享有较高声誉。主要产品为 JM、J21、J23、J25、J31、J36 和 J39 等 11 个系列的机械压力机，公称压力为 250～8 000kN，数控机械压力机，冲压自动化生产线和 Y27 系列公称压力为 5 000～16 000kN 的薄板冲压液压机。公司多次获省、市级科学技术进步奖，JM21－200 开式固定台压力机获国家新产品奖及省科技进步一等奖，“高锻牌”JM 机械压力机被评为山东省名牌产品，JB21－100 型、JM21－200 型、J36－630C 型等五种机械压力机先后获省级优质产品称号和省科技进步二、三等奖。公司产品约 80% 达到或接近国际、国内先进技术水平，并可根据用户需求，接受特殊订货。公司 2005 年实现销售收入 20 148 万元。

山东鲁南同锐数控设备有限公司　原山东鲁南锻压机床厂，位于滕州市经济园区益康大道，占地面积 8.6 万 m^2。公司通用机床类产品有 J21、JB21S 系列开式固定台压力机(160～1 600kN)，JC23 系列开式可倾压力机(100～1 000kN)，J25 系列开式双点压力机(1 000～2 000kN)，Q11 系列机械剪板机(板厚 3～20mm，板宽 1 300～2 500mm)，QC12Y 系列液压摆式剪板机(6～16mm/3 200mm)，WC(D)67Y 系列液压板料折弯机(400～1600kN/2 200～4 000mm)等锻压产品和金属切削机床共八大系列 120 个品种规格。数控机床类产品有：数控折弯机、数控剪板机、数控压力机、数控金属切削机床、数控异型螺杆铣床、螺纹钢数控轧辊铣床、数控雕刻机床等。同时生产具有自主知识产权的数控系统、数字交流伺服驱动器等高新技术产品。山东鲁南同锐数控设备有限公司拥有先进的加工设备，已通过 ISO9001 国际质量保证体系认证，具备了快速发展的硬件基础。公司 2005 年实现销售收入 2 141 万元。

上海新力机器厂　隶属于中国航天科技总公司上海第八研究院的中型企业，长期从事航天产品、民用机械产品的研制与生产，是我国较早从事研制、开发和生产精密数控型、普通型折弯机和剪板机的企业之一，是锻压机械行业的骨干企业。该厂利用自身的技术优势和质量保证体系，开发、生产的各种型号的折弯机、剪板机，不仅畅销国内各省市自治区，而且远销美洲、非洲和东南亚的国家和地区。该厂先后荣获“全国用户满意企业”、“上海市重合同、守信用企业”、“精神文明单位”、“争创中国名牌先进单位”等称号，其产品多次荣获“航天部科技进步奖”、“上海市优秀新产品奖”，“上力牌”折弯机获“全国用户满意产品”称号。主要产品为剪板机和折弯机两大类。剪板机有 Q12Y 系列液压摆式剪板机，剪板厚度 4～20mm，工作长度 2.5～6m；Q12K 系列数控液压摆式剪板机，剪板厚度 4～12mm，工作长度 2.5～6m。折弯机有 W67Y 系列液压板料折弯机，公称压力 400～800kN，工作长度 2～3.2m；WD67Y 系列液压板料折弯机，公称压力 400～5 000

kN，工作长度2～6m；WD67K系列数控液压板料折弯机，公称压力400～6 000kN，工作长度2～6m；WF67K系列数控液压板料折弯机，公称压力400～10 000kN，工作长度2～6m(双机联动可达12m)。为保证机床的性能稳定可靠，数控液压板料折弯机采用瑞士Cybelec公司或荷兰Delem公司的数控系统和德国BOCH公司的液压系统。

上海宇意机械有限公司　始建于2000年，为意大利OMPI公司在中国的全资子公司，主要从事离合器与回转接头的加工、制造、销售及售后服务。公司占地面积5 400m²，建筑面积2 500m²，拥有一流的生产设备、制造技术及管理经验。主要产品有KB系列气动离合制动器、HT系列气动离合制动器、AS系列气动离合制动器、WW系列液压离合制动器、R系列气动回转接头，U.T系列气动回转接头，NB系列石墨轴承回转接头。产品广泛应用于机械压力机、包装机械、纺织机械、冶金机械、选矿机械等，用户已覆盖世界112个国家。OMPI气动离合器采用摩擦片与离合制动板分体式设计，无需拆卸离合器即可更换摩擦片，具有摩擦片寿命长，响应时间短等特点。OMPI回转接头最高转速可达3 500r/min，可耐高压、高温，介质可为空气、水、蒸汽、油及腐蚀性液体。公司在加强生产、销售、研发的同时，注重提高员工的综合素质。OMPI以其高性价比赢得客户，并针对中国国情不断完善产品售后服务体系。

沈阳液压机厂　始建于1965年，现隶属于沈阳市皇姑区工业公司，占地面积1.2万m²，生产建筑面积5 100m²；现有员工168人，其中工程技术人员27人。是全民所有制中型企业，原机械工业部锻压机械行业骨干企业，东北地区惟一专业研制液压机和CY型高压轴向柱塞泵的制造厂。生产21个系列60多个品种的液压机，能为国内外用户提供大重型50 000～200 000kN钢丝缠绕式板材成形液压机。该厂被辽宁省命名为"巨人化企业"，在国家液压产品"双治"工作中荣获"不漏工厂"称号。各类液压机与CY型高压轴向柱塞泵曾多次荣获部、省、市级科技进步奖，以及新产品开发奖、优质产品奖等。企业以液压机制造为基础，研制各类型液压装备。为板式换热器行业开发的钢丝缠绕式液压机，公称压力可达50 000～200 000kN。其中与清华大学合作生产的100 000kN板材成形液压机，1998年获国家科技进步奖。该厂始终以"服务、质量、开拓、效益"为宗旨，不断进行技术改造和产品升级，决心将沈阳液压机厂打造成一流技术的液压产业制造龙头企业，为液压装备制造业做出贡献，并成为辽宁省重型机械加工的重要基地。该厂2005年实现销售收入600万元。

泰安华鲁锻压机床有限公司　前身泰安锻压机床厂，始建于1968年，系原机械工业部定点生产"岱岳"牌剪板机、折弯机、卷板机、校平机、板料滚压成形生产线、板料开卷校平剪切生产线等六大系列200多种锻压设备的大型企业。占地面积12.8万m²，生产建筑面积5万m²，办公楼6 000m²，各种配套建筑3 000m²。从业人员700余人，各类专业技术人员260余人，主要加工设备350余台(套)，年生产能力可达1 000台(套)。公司已通过了ISO9001质量体系认证和2000版的转换工作。公司以高科技为平台，应用CAD设计手段，先后研制开发了具有国际先进水平的数控剪板机、数控折弯机以及大型精密校平机等新产品。能承揽大规格、多功能的特异型锻压设备，多种产品被评为省优、部优，荣获省、部级科技进步奖，6种产品申请了国家专利，填补了国家空白。产品品种之多，销量之大名列全国前茅，在国家产品质量监督抽查10年中，荣登国家质量龙虎榜。产品畅销全国，并且出口欧美及东南亚各地。公司新投入1.2亿元在泰安市高新技术开发区建起一座一流的现代化厂房，依靠雄厚的技术力量，科学的管理体制，先进的工艺装备，完善的检测手段，使产品不断更新换代，质量稳步提升。公司2005年实现销售收入11 222万元。

泰安联达锻压设备制造有限公司　前身泰安锻压设备厂，原机械工业部定点生产锻压设备的专业厂。公司占地面积5.22万m²，建筑面积1.62万m²；固定资产总额4 650万元，各类加工设备60余台(套)。公司先后被山东省和泰安市授予"质量合格企业"、"重合同守信用单位"、"文明单位"和"明星企业"等称号，1996年被评为"山东省高新技术企业"。该公司2002年通过了ISO9001质量体系认证。公司具有独立开发新产品的能力，生产WC67Y系列液压折弯机，WC67K系列数控折弯机，2－WC67Y系列双机联动折弯机，QC11系列剪板机，Q12Y系列摆式液压剪板机，Q11Y系列闸式液压剪板机，W11、W11B、W11XNC、W12系列卷板机，W62系列折边机，JY93K系列数控步冲机，WB43系列校平机，Q21－5B型冲剪机，以及T44、T44K、T45、T46系列开卷校平剪切生产线等10个系列160多个规格的产品，同时可承接大型非标专用产品的开发设计与制造。该公司产品畅销全国30个省市自治区，并出口到德国、非洲、东南亚等国家和地区。公司生产的QC11系列剪板机荣获山东省优质产品称号，W62－4×3000型折边机荣获全国星火计划博览会金奖，Q21－5B型冲剪机获山东省科技进步二等奖。公司2005年实现销售收入5 008万元。

天津市第二锻压机床厂　是定点生产液压机的主要专业厂家之一，已有40余年生产液压机的历史。该厂占地面积3.5万m²，现有职工557人，其中专业技术人员55人，具有高中级技术职称的31人。主要生产9个系列、8个派生系列的液压机床，加工设备齐全，检测手段先进。产品用户遍及军工、农机、纺织机械、航空航天、家用电器、机床、汽车、轻工和磨料磨具等行业。目前，该厂从产品设计到企业管理均已进入了计算机网络化阶段。近年来产品开发采用了先进的液压新技术、新工艺，产品的功能从手动操纵的粗校到手动伺服精校；从半自动的定程定时定压到程序控制压力、位移，使之达到高精度，可与其他设备相连接，广泛应用在生产线上。该厂已成为国家重点项目和国内大型合资企业配套生产专用液压机的主要生产基地，产品销售覆盖全国并销往国外，享有较高的声誉。该厂曾多次荣获天津市机械局、天津市政府、原机械工业部等授予的经济效益、企业管理、设备管理、质量管理、信得过企业等多种殊荣。该厂2005年实现销售收入1 389万元。

无锡市蓝力机床有限公司　创建于1987年，是原机械工业部定点专业生产液压机的企业。公司占地面积3.8万m²，其中生产建筑面积 2.5 万 m^2；拥有各类加工设备 80 余台，其中数控机床 15 台，并配有一套功能齐全、性能先进的检测设备；公司现有职工 150 人，其中管理人员 20 人，工程技术人员 23 人，生产工人 107 人；工程技术人员均具有大专以上学历，具有高级技术职称的 8 名；公司下设公司办公室、市场营销部、技术开发部、生产品质部、购买部、财务管理部、外贸部、质检科等机构；该公司生产各种规格品种的液压机、专用压机及专用机床，产品不仅畅销国内，而且出口东南亚、俄罗斯、埃及、丹麦等国家和地区，年销售机床 500 余台，年销售额3 800万元左右。产品已经通过 ISO9002 质量体系认证，部分产品已通过 CE 认证。主要产品有 Y30 系列单柱万能液压机、Y31 系列双柱液压机、Y32 系列四柱液压机、Y28 系列框架式液压机、YT41 系列台式单柱压装液压机、气动压力机系列、Y71 系列塑料制品液压机、Y41 系列压装机系列、YW41 系列液压校直机和 YSK 压力管理系统液压机等。此外，还生产铝筒浇铸机、铝筒多轴钻孔机、铝筒气密实验机、自动涂胶机、定量注油机、发动机测试台、手动液压千斤顶、全自动堆高车、电升手推堆高车、手动液压升高车、手动液压搬运车、电动液压托盘车以及封口机等。公司 2005 年实现销售收入4 377万元

诸城亿沣机械有限公司　原诸城锻压机床厂，始建于 1952 年，是原机械工业部定点生产锻压机械的专业厂。公司占地面积 3.9 万 m^2，建筑面积 2.8 万 m^2；拥有总资产4 200万元，主要生产设备 149 台(套)，其中精大稀设备 39 台(套)；从业人员 500 余人，工程技术人员 38 人；产品注册商标“金刚牌”。公司主要生产 J23 系列开式可倾压力机、JS21 系列高性能开式固定台压力机、GJC 系列高速精密间歇传动凸轮分度机构和玻璃机械生产线四大系列产品。J23 系列开式可倾压力机获国家颁发的生产许可证，其中JB23－63 型开式可倾压力机获国家“机械行业可靠性认定产品”证书，GJC 系列高速精密间歇传动凸轮分度机构获山东省发明一等奖、国家科技进步三等奖，作为国家级新产品被科技部列为“星火计划”项目推广。诸城亿沣机械有限公司生产的 J23 系列开式可倾压力机有J23－6.3 型、JC23－35 型、JZ23－16B 型、JB23－63 型、JC23－80 型共 5 个规格型号，JS21 系列高性能开式固定台压力机有JS21－45 型、JS21－63 型、JS21－80 型、JS21－110 型、JB21－100B 型共 5 个规格型号。高速精密间歇传动凸轮分度机构，GJC 系列的中心距45～350mm，PTF 系列的中心距50～320mm，YTF 系列的中心距50～250mm。玻璃机械生产线包括平拉玻璃生产线和浮法玻璃成套生产线。公司 2005 年实现销售收入2 437万元。

西安冲剪机床制造有限公司　前身系西安冲剪机床厂，创建于 1954 年，是原机械工业部定点生产剪板机、折弯机的专业厂。原址位于西安市伍道什字南街 16 号，现已迁入长安县郭杜镇工业园区内。该厂占地面积 1.3 万 m^2，建筑面积 0.6 万 m^2，下设总厂、剪板机分厂、防盗门分厂和锻压分厂。有职工 369 人，有一支专业技术队伍。公司有 40 余年生产剪板机、折弯机的历史和经验，产品规格齐全，设计合理，结构紧凑，操作简便，灵活可靠，维修方便，能满足航空、汽车等行业机械制造的需要，并可根据用户的要求生产特殊的非标产品。该厂产品畅销国内并出口美国、法国、俄罗斯、印度、泰国等国家。公司一贯奉行“质量第一、信誉第一”的宗旨，以优良的质量，优惠的价格，优质的服务积极参与市场竞争。公司先后荣获西安市消协“信得过单位”称号，荣获西安市质量技术监督局颁发的“Q11 系列机械剪板机质量先进产品”证书和中国质量检验协会颁发的 Q11 系列机械剪板机检测合格产品证书。公司 2005 年实现销售收入 269 万元。

株洲锻压机床厂　始建于 1952 年，系原机械工业部生产锻压机械定点企业，湖南省最大的锻压机械生产厂家。占地面积 12 万 m^2，在职职工1 000余人，各类专业技术人员 300 余人。1993 年取得产品出口证书，1994 年评为湖南省工业企业经济活力百强企业，1997 年全国机床行业综合指数统计排名第 86 位，1998 年获企业自营进出口权，银行信用等级为“AA”级。株洲锻压机床厂主要产品有，Q11 系列机械闸式剪板机，板厚 3～25mm 共 8 个规格；QC12Y、QC12K 系列液压摆式剪板机，板厚 6～25mm 共 9 个规格，全部为数显产品；WD67Y、WD67K 系列板料折弯机，公称压力 800～5 000kN、板料宽2 500～6 000mm 共 8 个规格；C41 系列空气锤有 75kg 和 150kg2 个规格；联合冲剪机有 Q35Y－16 和 Q35Y－20 型 2 个规格；坡口机有 GQ－20A 和 GQ－122 个规格。此外，还生产 W11 系列三辊卷板机、W12 和 W12K 系列四辊卷板机，S－T44、BS－T44、ZS－TK44 系列开卷校平剪切落料生产线和纵剪生产线等系列产品。产品注册商标为“金光”和“剑锋”。该厂生产的空气锤多次被评为省优产品，剪板机、开卷校平剪切生产线多次获省级科技进步奖。其中，ZS－TK44－3×1300A 型全自动开卷校平剪切落料生产线获湖南省科技进步二等奖。QC12Y－20×2 500型剪板机获全国机械行业优秀成果奖。该厂产品覆盖全国各地，并远销北美、欧洲、北非、东南亚等 30 多个国家和地区。该厂 2005 年实现销售收入1 576万元。

〔撰稿人：中国机床工具工业协会锻压机械分会王春生〕

铸 造 机 械

一、生产发展情况

根据有关统计数据，销售收入在 500 万元以上的铸造设备生产企业全国有近百家，中国机床工具工业协会铸造机械分会会员单位 40 个，其中参与信息统计的企业不足 20 个。铸造设备生产企业，绝大多数为中小型企业，一半以上集中在山东、江苏、上海和浙江等省市。

根据中国机床工具工业协会铸造机械分会对 17 个企业的统计，2005 年铸造机械行业 17 个企业主要经济指标见表 1。

与 2004 年相比，2005 年铸造机械行业保持持续增长势头。2005 年 17 个企业的数据与 2004 年 20 个企业的数据

比较，工业总产值比2004年的71 350万元增长25.76%，产品销售收入比2004年的68 818万元增长18.10%，工业增加值和全员劳动生产率与2004年基本持平。

表1　2005年铸造机械行业17个企业主要经济指标

工业总产值当年价（万元）	工业总产值比上年增长（%）	工业增加值（万元）	产品销售收入（万元）	产品销售税金及附加（万元）	利益总额（万元）
89 733	25.76	32 755	81 277	389	4 098

固定资产净值余额（万元）	流动资金平均余额（万元）	流动负债平均余额（万元）	全员劳动生产率（元/人）	平均工资（元）	从业人员平均人数（人）
398 248	75 210	77 966	64 707	23 478	5 062

由以上数据可以看出，2005年铸造机械行业工业总产值与产品销售收入均有较大增长，但工业增加值与全员劳动生产率基本未变。与国内其他行业或国外同行业比较，铸造机械行业仍处于低水平阶段，企业应更加注重内部管理，充分消化不利因素，进一步提高企业的经济运行质量和总体效益水平。

二、产品分类产量

2005年铸造机械行业17个主要企业产品产量、产值及其分类构成见表2。

表2　2005年铸造机械行业17个主要企业产品产量、产值及其分类构成

产品类别	产量（台/套）	产量构成比（%）	产值（万元）	产值构成比（%）
砂处理设备	567	5.74	3 563	4.23
造型及制芯设备	3 153	31.90	19 179	23.15
清理设备	565	5.72	30 365	36.64
落砂设备	63	0.64	755	0.91
金属型设备	343	3.47	9 621	11.61
熔模设备	76	0.77	186	0.22
熔化浇注设备	80	0.81	835	1.01
树脂砂生产线	16	0.16	1 466	1.77
其他设备	5 022	50.80	16 894	20.39
合　计	9 885	100.00	82 864	100.00

2005年铸造机械总产量为9 885台(套)，比2004年20个主要企业完成的产量9 207台(套)增长7.36%。在铸造机械总产量中，造型及制芯设备3 153台(套)，占总量的31.90%，其价值量为19 179万元，占总量的23.15%；清理设备565台(套)，占总量的5.72%，其价值量为30 365万元，占总量的36.64%；金属型设备343台(套)，占总量的3.47%，其价值量为9 621万元，占总量的11.61%；砂处理设备567台(套)，占总量的5.74%，其价值量为3 563万元，占总量的4.23%；其他铸造设备5 022台(套)，占总量的50.80%，其价值量为16 894万元，占总量的20.39%。

以上数据表明，按台(套)数计占总量近1/3的造型及制芯设备，其价值量仅占总量的23%，可见造型及制芯设备以小型单机为主，高水平的造型线及大型制芯设备为数极少。与其相反，按台(套)数计仅占总量不足6%的清理设备，其价值量占总量的36%以上，这表明近年来大型清理设备发展迅速，特别是船用钢板清理强化成套设备等高端产品的开发，提高了清理设备的整体水平。343台(套)金属型设备包括了金属型铸造机、低压铸造机和压铸机等，不足总量的4%，其价值量约为总量的12%，中大型压铸机提高了该类设备的价值量。按台(套)数计占总量50%以上的是其他设备，其中包括大量造型线用的砂箱以及其他小型设备或部件，与以上门类的铸造设备比较，其价值量较低，仅占总量的20%。

由此可见，减少小型、低档铸造设备的比例，提高大中型铸造设备以及生产线的产量，努力开发数控铸造设备，是今后相当长一段时间铸造机械行业的重要发展目标。

三、市场及销售

2005年铸造机械内销11 000台(套)，销售收入84 969万元。出口仅34台(套)，出口金额1 174万元。此外，还出口铸造设备附件12 688件，出口金额330万元；出口钢丸460t，出口金额187万元。2005年铸造设备内销及出口情况见表3。

表3　2005年铸造设备内销及出口情况

产品类别	内销数量（台）	内销金额（万元）	出口数量（台）	出口金额（万元）
砂处理设备	581	3 351		
造型及制芯设备	2 976	18 396		
清理设备	620	31 411		
落砂设备	56	677		
金属型设备	321	9 604	2	434
熔模设备	99	1 693		
熔化浇注设备	83	917		
树脂砂生产线	16	1 578		
其他设备	6 248	17 342	32	740
合　计	11 000	84 969	34	1 174

以上数据表明，铸造机械产品的出口极少，总出口金额仅1 690万元。但这并非说明没有国际市场，只是我国铸造设备的水平较低，不能满足国外市场的需求。

2005年铸造机械行业销售收入前5名企业见表4。

表4　2005年铸造机械行业销售收入前5名企业

序号	企业名称	产品销售收入(万元)
1	青岛铸造机械集团公司	20 944
2	保定维尔铸造机械有限公司	11 569
3	青岛新东机械有限公司	9 540
4	潍坊宏盛铸造机械有限公司	9 218
5	济南捷迈铸造机械工程有限公司	5 190

由表4可见，铸造机械行业企业规模较小，销售收入居首位的青岛铸造机械集团公司2005年销售收入也只有2亿元多一点，排在第2位的保定维尔铸造机械有限公司销售收入为1.1亿多元，居第3、第4位的青岛新东机械有限公司和潍坊宏盛铸造机械有限公司销售收入接近亿元，第5

名济南捷迈铸造机械工程有限公司仅有5 000多万元的销售收入。

在2005年销售收入前5名的企业中，居前2位的青岛铸造机械集团公司和保定维尔铸造机械有限公司，均系原机械工业部的骨干企业，经过改制和持续发展，目前仍处于铸造机械行业排头兵位置。位居第3的青岛新东机械有限公司，系原青岛第二铸造机械厂与日本新东机械株式会社的合资企业，其发展势头不可低估。潍坊宏盛铸造机械有限公司作为民营企业，近年来的发展十分迅速，不仅跻身4强，而且与青岛新东机械有限公司齐头并进，创出销售收入近亿元的好成绩，可视为并列第3名的企业。济南捷迈铸造机械工程有限公司是济南铸造锻压机械研究所通过改制创立的控股公司，在短短的数年之内，便从以科研开发为主的事业单位转成销售收入超5 000万元的产业性企业。

四、新产品、新技术、新工艺

近年来，铸造机械行业普遍加大新产品开发力度，涌现出许多新技术、新工艺。

为满足生产高质量铸件的需要，一些企业在造型和制芯设备方面不断开发新品。济南捷迈铸造机械工程有限公司和苏州铸造机械厂有限公司先后开发出静压造型机，以及以其为主机的造型生产线。静压造型机与采用其他工艺的造型机比较，所生产的砂型表面紧实度高且均匀、透气性好，浇注出的铸件表面粗糙度和内在质量均优于其他工艺。以静压造型机为主机组成的造型线(砂箱尺寸为1 000mm×800～1 400mm×900mm×350mm)，生产率可达120型/h。为适应高生产率造型线的要求，企业相继开发了数控铣浇口机，可依据不同铸型的要求自动调整铣刀位置。

为满足高生产率造型线的需要，济南捷迈铸造机械工程有限公司开发出S1825底盘旋转式高效混砂机。由于底盘旋转加上转子自转并带有斜刮板，消除了混砂时的死角，使混制出的型砂质量均匀，且提高了混砂效率，生产率可达80t/h。该公司研制的型砂在线检测装置，可在线检测型砂性能参数，既保证了型砂质量，又提高了混砂机实际工作效率。

高质量铸件必须有高质量的型芯，制芯设备的技术进步成为行业共同关注的焦点。由于传统的热芯盒制芯工艺，不仅工作环境差，而且型芯在受热状态下容易变形，影响型芯精度。冷芯盒制芯工艺是将三乙胺硬化剂吹入芯盒内，加速型芯硬化。一件40kg型芯完全硬化，热芯盒工艺需要15min，冷芯盒制芯工艺仅需要48s，其效率的提高不言而喻。其次，冷芯盒制芯工艺不仅芯盒变形小、型芯精度高，而且改善了工作环境。近年来，随着国外冷芯盒制芯工艺的迅速发展，济南捷迈铸造机械工程有限公司和苏州铸造机械厂有限公司相继开发出冷芯盒射芯机，在汽车发动机缸体、缸盖的铸件生产中得以应用，不仅提高了铸件的质量，而且为开发制芯中心奠定了基础。

为提高造型线的运行质量，克服人工操作浇注机不能随机运行、定位精度差的弊端，苏州铸造机械厂有限公司和济南捷迈铸造机械工程有限公司开发出倾转式浇注机。该机采用伺服电动机驱动，运行灵活、平稳，定位准确，与造型线有联锁功能。浇包横向运行为液压伺服驱动，可精确对准砂型的浇口杯。浇注机配备远红外线铁水温度检测装置，可监控铁液浇注温度，保证铸件浇注质量。

以生产抛喷丸清理设备著称的青岛铸造机械集团公司，为适应汽车发动机缸体缸盖内腔的清理，开发出QZJ2605型复杂内腔抛喷丸清理机，使汽车发动机缸体缸盖铸件的复杂内腔得以有效清理，提高了机械加工前的成品率。此外，青岛铸造机械集团公司还利用其多年来生产抛喷丸清理设备的技术优势，开发出连杆强化、型材预处理成套设备。

济南捷迈铸造机械工程有限公司开发的双工位缸体缸盖四面磨削机，在两个工位上交替进行磨削和上下工件，使加工效率成倍提高；通过更换胎具可以磨削不同的缸体缸盖铸件，减少了用户的设备投资。

此外，上海压铸机厂开发的新型卧式冷室压铸机，济南捷迈铸造机械工程公司开发的低压铸造机，灌南压铸机有限公司开发的电动机转子压铸机，代表了有色金属铸造设备的技术进步与发展趋势。

五、技术引进及合资合作

铸造机械行业通过技术引进及与外资外商合资合作，对提高技术水平和产品结构起到积极作用。

济南捷迈铸造机械工程有限公司开发生产的静压造型线，就是与德国HWS公司合作的成果。通过技术合作，不仅使国内企业学习、掌握了当今国外的先进技术，而且取得了显著的经济效益。

青岛第二铸造机械厂与日本新东工业株式会社合资建立的青岛新东机械有限公司，利用中方的场地、设备和人力资源，利用日方的资金和技术优势，引进先进的管理模式，生产出一流的铸造设备，使合作双方都取得了较好的技术经济效益。

此外，保定维尔铸造机械有限公司与英国斯潘塞公司合作生产抛丸清理设备，生产与销售形势俱佳。

以项目为载体进行合作也是一种好的形式。国外企业提供关键技术或部分关键设备，国内企业承担部分设备的开发与制造，并负责国内用户的安装调试和技术服务。这样不仅取得了经济方面的效益，而且掌握了一定的先进工艺与技术。

六、企业简介

济南铸造锻压机械研究所 始建于1956年，是原机械工业部直属一类研究所，国务院批准第一批转制的242个研究所之一，现隶属于中国机械工业集团公司。现有在职职工500余人，其中专业技术人员350余人，具有中高级专业职称的200余人。该所分北、南、西3个工作区，占地面积19.3万m^2。该所拥有济南捷迈铸造机械工程有限公司、济南捷迈锻压机械工程有限公司、济南捷迈数控机械有限公司、济南捷迈液压机电工程有限公司和扬州捷迈锻压机械有限公司5个控股科技产业公司。5个公司均被授予省级高新技术企业称号。挂靠该所的行业工作机构有：国家铸造锻压机械质量监督检验中心、《铸锻机械》杂志编辑室、国家铸造机械标准化技术委员会、国家锻压机械标准化技术委员会、中国机床工具工业协会铸造机械分会及锻压机械分会等。该所主要经营范围包括铸造机械及铸造工程机械化、自动化成套技术及装备,锻压机械及锻压工程机械化、自动化成套技术及装备,数控锻压和激光加工技术及设备,数控板材加工成套装备,液压元件及系统的新技术、新产品的开发、设计和制造,铸造锻压机械产品质量检测,以及相关技术的咨询服务。该所具有科技产品自营进出口权。凝聚着科技人员智慧和良好信誉的济南铸造锻压机械研究所,坚持"以市场为导向,以产品为龙头,以科技为后盾,面向国内外两个市场"的企业方针,努力提高产品科技含量,打造具有产业特色的核心竞争力。

保定维尔铸造机械有限公司 原保定铸造机械厂,始建于1955年,是国内大型铸造机械专业生产厂家。公司现有员工1 500人,其中各类专业技术人员321人(高级职称32人,中级职称136人,初级职称153人),拥有各种生产设备700余台,资产总额2.18亿元。厂区面积40.5万 m^2,建筑面积18.4万 m^2,配有铁路专用线。2001年12月,依照国家有关政策完成股份制改造之后,经几年运行,公司焕发了新的生机并取得了长足发展,市场业绩辉煌,产销量跃居同行业前茅,更加受到业界关注。公司辖有保定维尔工程设计有限公司及7个分厂、3个子公司,是集科研、生产、经营为一体的产业实体,具有年产铸造机械5 000余台(套)的生产能力,具有承接铸造工厂(车间)钥匙工程的能力。公司通过ISO9001质量体系认证之后,不断持续改进,进一步完善质量管理体系,确保产品质量。

公司产品有砂处理设备(粘土砂、树脂砂、水玻璃砂生产成套设备),造型、制芯设备(各种造型机、机械化造型线、水平分型和垂直分型自动造型线),落砂、清理设备(系列惯性振动落砂机、系列振动输送落砂机、各种抛丸清理设备、清理滚筒),环保及辅助设备等4大类、上百个品种近200个规格。其中有33种产品获省、部优产品称号和省、部、国家级优秀新产品奖、科技成果奖。建厂50年来生产的60 000多台(套)铸造机械为国内外汽车、铁路、机床、泵阀、重型机械、冶金设备、轻工机械、电力设备、交通车辆、石化设备、仪器仪表等行业的上万个企业提供了铸造装备。主导产品大型树脂砂生产成套设备、X-ZZ416垂直分型无箱射压自动造型线、粘土砂机械化造型线等大型成套设备有400余条在用户中成功使用,国内市场占有率达70%以上,同时产品多年出口到东南亚国家和被合资、独资企业选用,标志着公司大型成套产品已具备竞争国际市场的实力。

公司本着"顾客至上、诚信为本、优质高效、持续改进"的原则,弘扬"创业、创新、创优"的企业精神,开拓奋进,突出"上规模、树品牌",以更加完善的产品和服务,竭诚与国内外客商加强合作,谋求共同发展壮大,为经济全球化发展做出更大贡献。2005年完成工业总产值12 291万元,实现产品销售收入11 569万元。

青岛铸造机械集团公司 以青岛铸造机械厂为主体组建的集科研、生产、经营于一体的国有大二型企业集团,是我国最早生产铸造机械的原机械工业部骨干企业。该公司占地面积19.7万 m^2,拥有固定资产原值1.47亿元,主要加工设备303台,其中大型设备40台、高精度机床4台、加工中心2台、数控机床2台,具有年生产1 200台(套)产品的能力。现有从业人员640余人,其中技术工人300余人。该公司拥有省级技术开发中心,从事科研开发的工程技术人员38人,其中高级工程师13人,全部采用CAD、CAPP进行设计开发和工艺编制,CAD已步入三维设计阶段。该公司2001年被青岛市政府命名为"信息化带动工业化"示范企业,1998年3月通过了ISO9001质量体系认证,2001年4月通过了英国尤卡斯机构2000版的换版工作。

公司主要生产清理设备、砂处理设备,同时生产除尘设备、耐磨铸铁件、钢丸、钢砂等产品。该公司在设计制造大型清理设备、大型砂处理设备方面,在国内铸造机械行业处领先地位。"八五"期间,该公司先后引进美国潘伯恩公司的抛丸清理强化技术及荷兰吉米柯公司的大型砂处理制造技术,经过二次开发,拥有了在国内领先的抛丸清理强化技术和砂处理制造技术。该公司生产的Q69系列钢板预处理线有7种规格,最大板宽4m;GN、TN系列履带式抛丸清理机一次可清理铸锻件3.5t,单件重量可达363kg,长度1.75m;JKQ001数控抛丸强化机床,采用三坐标四自由度抛丸器,可用于飞机零件的表面强化处理。此外,还开发生产不同规格的铸管、钢管内外壁清理机及钢结构件清理机等。2005年在板材、型材、线材、钢管、钢结构件、铸件的抛丸清理和抛丸强化领域开发出20余种新产品,其中3个新产品通过了青岛市科技局组织的专家技术鉴定,9个新产品通过了青岛市经贸委组织的专家技术鉴定,技术水平全部达到国内领先水平。新产品适应国内外钢铁、造船、飞机、汽车、桥梁、石油、建筑等行业的需求。此外,2005年公司共设计制造抛丸清理和强化设备、混砂机、除尘设备等铸造机械产品164台(套)。向新加坡出口QZJ6309型钢管外壁抛丸清理机1台,XQZJ6925B型辊道连续钢材预处理线及XQZJ6930D型辊道连续钢材预处理线各1套。

2005年公司获中国机床工具工业协会"精心创品牌活动"十佳企业称号。2005年完成工业总产值22 822万元,实现产品销售收入20 994万元。

上海压铸机厂 原机械工业部铸造机械行业6个重点企业之一,隶属上海电气(集团)总公司机床事业部,是具有40余年压铸机专业生产史的企业。该厂占地面积2.92万 m^2,建筑面积1.32万 m^2,拥有各类主要设备150余台(套),从事新产品开发、技术质量管理的科技人员50多名。该厂生产规模可观、经济技术实力雄厚,具有较强的设计能力和丰富的制造经验,注重生产过程的质量管理,已通过了法国国际质量认证有限公司(BVQI)对ISO9001质量保证体系的认证。

工厂生产卧式冷室、立式冷室、热室和电动机转子等4大系列20多个品种的压铸机。目前,产品规格主要有合型力为1 250kN、1 350kN、1 600kN、1 800kN、2 000kN、2 500 kN、2 600kN、4 000kN、5 000kN、7 000kN、9 000kN 和13 500 kN 的卧式冷室压铸机，合型力为 250kN、630kN6 和1 000 kN 的热室压铸机等。产品采用 PLC 控制，部分产品可配备压铸工艺参数的检测显示和控制装置。工厂产品设计新颖、制造精良。J1150D 型、J1140E 型卧式冷室压铸机分别被评为 1998 年度和 1999 年度国家级新产品；J1125E 卧式冷室压铸机被评为部优产品，J1125F 型卧式冷室压铸机获上海市赶超新产品奖。该厂产品畅销国内外市场，压铸机的累计生产量已占国内拥有量的 40%，部分产品出口意大利、西班牙、澳大利亚、东南亚、中东等地区。

近几年来，企业不断加强基础管理，以严格的工作质量保证产品的质量，使企业的压铸机质量水平处于国内同行领先地位。2005 年完成工业总产值5 220万元，实现产品销售收入4 103万元。

灌南压铸机有限公司 前身为灌南压铸机厂，是专业生产压铸机和金属型铸造机械的中型重点骨干企业，国家二级企业。该公司占地面积 6.75 万 m²，主要生产设备 300 多台(套)，固定资产总额 3 300 万元；现有职工 700 余人，其中工程技术人员 105 人。该公司先后被评为江苏省文明单位，江苏省技术进步先进企业，江苏省高新技术企业，经济效益综合指数在行业中名列前茅。

公司主要生产卧式冷室压铸机、立式电动机转子压铸机、低压铸造机、金属型铸造机械成套设备和有色金属压铸件等 5 大系列近 40 个规格品种的产品。年生产能力为铸造机械 300 台(套)，有色金属压铸件1 000t。公司已成为新型压铸机试验、模具制造以及压铸件生产的示范基地。

公司曾承担了国家“八五”科技攻关项目金属型铸造机械成套设备的研制工作。其中汽缸盖全自动金属型铸造设备、摩托车汽缸头及轮毂铸造机等，通过了原机械工业部的鉴定，填补了国内空白。J1113C 型、J1116B 型、J1125C 型和 ZJ 系列等 4 个品种的压铸机获省市科技成果一等奖、二等奖和三等奖；J116B 型、J1110A 型、J1116B 型、J1125C 型、J1140A 型和 J1163A 型压铸机被列为推荐替代进口产品，并通过了国际标准验收。卧式冷室压铸机被评为江苏省高新技术产品和省级名牌产品，其中，中大型数显、数控压铸机被授予江苏省优秀新产品金牛奖。2005 年完成工业总产值4 080万元，实现产品销售收入4 040万元。

广西八步铸造机械厂 广西壮族自治区惟一的生产铸造机械的专业厂，生产铸造机械已有 40 多年的历史。该厂积累了丰富的设计和制造铸造机械的经验，拥有一批具有较高技术水平和实践经验的专业技术人员和一支高素质的职工队伍，具有较齐全的铸造、锻造、热处理、机械加工、理化、计量和检测等手段及设备，是国家二级计量合格单位。工厂生产三大系列 20 多个规格型号的铸造机械，同时，还可以根据用户的要求，为用户设计、制造、安装、调试各种非标产品以及生产线。

广西八步铸造机械厂的主要产品有砂处理设备、造型制芯设备和清理设备。砂处理设备有 S1112A 型、S114A 型、S114B 型、S1118 型、S116 型辗轮式混砂机，S1318 型辗轮转子式混砂机，S4112 型滚筒筛砂机，S714 型联合砂处理机以及0.3m³、0.5m³、0.75m³、1m³、1.5m³ 型单绳悬挂式抓砂斗等。造型制芯设备有 Z271 型、Z265A 型、Z145A 型、Z148B 型造型机，Z124C 型、Z145C 型、Z148C 型气动微震造型机，Z236A 型制芯机，Z8110 型射芯机等。清理设备有 Q3110 Ⅰ型、Q3110A 型抛丸清理机以及 Q378 型抛丸清理室等。2005 年完成工业总产值 264 万元，实现产品销售收入 318 万元。

济南捷迈铸造机械工程有限公司 系济南铸造锻压机械研究所改制创建的控股公司。公司集科研、开发、生产、经营于一体，设造型、制芯、砂处理、清理、熔化、特种铸造、振动机械和压砖机等 8 个技术装备部。现有员工 130 余人，其中中高级专业技术人员 80 余人，技术力量雄厚。公司主要开发、生产静压造型机及其自动生产线、气流冲击造型机及其自动生产线、冷芯盒射芯机、壳芯机、热心盒射芯机及其他制芯设备、低压铸造机、金属型重力铸造机、抛丸清理除锈强化设备、缸体缸盖四面磨削机、砂处理设备和砂处理生产线、熔化浇注设备及其计算机控制系统、振动输送设备和真空摩擦压砖机、主从控制关节式机械手等高新铸造设备。多年来，该公司为国内汽车、摩托车、发动机、机床、农机、钢铁冶金设备、电力设备、纺织设备、化工设备等行业提供了大量具有国内领先水平的铸造生产线、单机和专用设备，承揽了大量的铸造厂(车间)新建或技改项目的设计、制造、安装调试、人员培训及交钥匙工程。2005 年完成工业总产值9 244万元，实现产品销售收入5 190万元。

天水华荣铸造机械有限公司 是原机械工业部定点的特种铸造机械专业生产厂家，中国机床总公司铸造机械技术成套公司主要成员单位，全国铸造机械行业“低压铸造机”、“离心铸造机”、“离心铸管机”技术标准的制修订单位，国内特种铸造机械的重要生产基地，1998 年国家确定的技术创新试点企业。该厂占地面积 5 万 m²，建筑面积 3.2 万 m²，拥有包括大精稀设备在内的车、铣、刨、磨、滚、镗、剪板、折弯等各种加工设备 198 台(套)。工厂设有铸造、板焊、机械加工、电器、装配、制氧等 9 个生产车间，集铸造、锻压、焊接、机械加工、电器、装配于一体，年生产能力为 200 台(套)标准铸造机械。

公司主要产品有低压铸造机、离心铸造机、离心铸管机、离心轧辊机、混砂机、抛丸清理机、冲天炉和浇包等 30 多个品种。其中，J514 型离心铸造机、J452 型低压铸造机荣获甘肃省优质产品称号，J522D 型离心铸管机荣获甘肃省新产品、新技术成果二等奖。

公司产品是机械、石油设备、铁路、汽车、冶金设备等行业生产各类铝合金铸件及汽车、摩托车轮毂的首选设备，产品不仅畅销国内 30 个省市自治区，而且部分远销非洲、东南亚以及中国台湾等地区。公司以“科技兴厂、求真务实、团结拼搏、加速发展”为宗旨，以崭新的面貌和拼搏精神，迎接西部大开发给企业带来的发展契机。2005 年完成工业总产值 1 623 万元，实现产品销售收入 982 万元。

潍坊机床二厂 始建于 1951 年，系国有企业。1975 年开始生产铸造机械、矿山机械，并成为原机械工业部定点生产砂箱、铸型输送机的专业厂家。该厂装备精良，技术力量雄厚，检测手段完善，数十年来，积累了丰富的制造经验，具有较高的制造能力和水平。该厂已为我国的汽车、内燃机、拖拉机、纺织机械、机床、冶金设备及专业铸造厂等行业的技术改造提供了大量的装备，第一汽车厂铸造厂、东风公司铸造厂、北京内燃机厂、北京汽车厂、天津汽车厂、上海汽车铸造总厂、沈阳鸿本和天津勤美达等国内众多著名企业都有该厂生产的设备。

工厂占地面积 3 万 m^2，建筑面积 2.4 万 m^2，总资产 3 400 多万元；现有职工 200 人，各类专业技术人员 30 余人。该厂开发生产以下主要产品：造型线砂箱、小车，XZ 系列步移式铸型输送机及各种造型线辅机，Z14 系列气动微震造型线，BLT、JYB 系列鳞板输送机，各类平板输送机、辊子输送机，L25 系列落砂机，各种砂处理设备，抛丸清理设备等。多年来，该厂始终坚持追求优良的产品质量和优秀的售后服务，将质量视为企业的生命，使产品销往国内 28 个省市自治区，并获得用户的信赖和支持。为提高企业对市场的综合应变能力，该厂通过改进企业管理，强化生产成本控制，优化产品工艺设计，逐步降低成本，保持了比较合理的产品价格，在全国铸造设备招标中屡屡中标，充分展现了该厂的市场竞争能力。2005 年完成工业总产值 2 263 万元，实现产品销售收入 1 561 万元。

浙江临海市铸造机械厂 始建于 1953 年，于 1975 年开始生产铸造机械，是原机械工业部专业生产铸造机械的定点厂。该厂占地面积 1.6 万 m^2，建筑面积 8 000m^2，拥有主要加工设备 95 台(套)，固定资产总额 1 100 万元；现有职工 200 多人，其中工程技术人员 14 人；2002 年 4 月通过了 ISO9001 质量体系认证。

工厂主要生产造型、制芯、输送、砂处理和金属型铸造五大系列 60 多个品种规格的产品，并能承担非标铸造机械、设备以及铸工造型生产线的设计、制造、安装和调试。该厂按照“设计创新、制造认真、质量可靠、用户满意”的 16 字方针，竭诚为客户提供最好的产品和服务。工厂还能提供适用于各种中小型铸件造型的震压式造型机，5～30kg 的各种热芯盒射芯机和壳芯机(包括水平分型和垂直分型两种形式)，各种铸工造型输送设备和金属型铸造设备。工厂主要产品之一的 Z148C 型造型机多次荣获国家、行业的优质产品称号；ZJ036 型高效活塞环造型机和 Z5810 型铁模覆砂造型机均为国内首创产品，深受用户欢迎。2005 年完成工业总产值 1 850 万元，实现产品销售收入 1 628 万元。

青岛市第四铸造机械有限公司 始建于 1966 年，占地面积 3.5 万 m^2，是生产铸造机械的专业厂，现已通过 ISO9001 质量体系认证。该公司在铸造砂处理设备的研制开发中，最先开辟了国内混砂设备、新砂烘干设备和旧砂冷却设备的新领域。该公司可承接 20～180m^3/h 粘土砂砂处理生产线和年产1 000～10 000t 铸件树脂砂生产线的设计、制造、安装调试以及售后服务交钥匙工程。该公司与山东大学、清华大学、天津大学和济南铸锻机械研究所等单位合作，研制成功 20 多个类别、200 多种新产品。其中 30 多种新产品通过了部省级鉴定，20 多种产品填补了国内空白，20 多项技术分别获国家专利、国家发明奖、部省级科技进步奖。该公司还有年产4 000t 铸件的生产能力，主要生产灰铸铁件和球墨铸铁件，采用粘土砂、树脂砂、覆膜砂等多种工艺满足市场对产品的不同要求。该公司生产的铸造机械产品不仅畅销国内，而且出口到泰国、马来西亚等东南亚国家和地区，铸件产品销往美国、英国、丹麦、法国、荷兰、日本和沙特阿拉伯等国家。

公司主要产品有混砂设备、智能化型砂性能测控系统、松砂及破碎设备、筛砂设备、烘干设备、冷却设备、机械输送设备、给料设备、气力输送设备、除尘设备以及树脂砂成套设备等。2005 年完成工业总产值2 500万元，实现产品销售收入2 245万元。

青岛双星铸造机械有限公司 系原机械工业部定点生产铸造机械的骨干企业，占地面积72 万 m^2，建筑面积 18 万 m^2；拥有各类加工及检测设备 800 余台(套)，资产总额 3.2 亿元；现有职工 800 余人，专业技术人员 200 余人，其中高级工程师 24 人；全部产品的开发、设计均采用 CAD 方式，具有年生产铸造机械3 000余台(套)的能力。2001 年销售收入超过 1.2 亿元，多年来主要经济指标和主要产品清理机械的市场占有率在行业中名列前茅。该公司先后被评为山东省管理示范企业，青岛市十强企业，山东省机械行业利税 50 强企业，中国工商银行信誉 AAA 级企业等。该公司已通过 ISO9001 质量体系认证，并获得自营进出口权。

公司主要产品有通过式板材、型材预处理线；吊钩吊链式抛丸清理室，转台式、台车式抛丸清理室，钢、橡胶履带抛丸清理机，滚筒式抛丸清理机，砂处理设备，树脂砂再生设备，系列混砂机，砂粉输送设备，斗式提升机及爬式加料机，系列环保除尘器等。此外，公司利用其大型非标设备和型材构件清理方面的成熟经验，为常州林业机械厂、小松山推挖掘机有限公司、合肥日立挖掘机有限公司等企业成功地研制了专用抛丸清理机。2005 年完成工业总产值4 370万元，实现产品销售收入4 064万元。

山东菏泽黄淮铸造机械有限公司 前身为山东菏泽铸造机械厂，系原机械工业部铸造机械定点生产企业，也是国内惟一定点生产熔模铸造机械的企业。该公司拥有固定资产和流动资产4 800多万元；工程技术人员 85 人，具有中高级职称的 45 人。该公司 30 余年来，致力于铸造机械设备的研究、设计、开发，主要生产熔模铸造、造型、旧砂再生等三大类 30 多个品种规格的铸造设备产品。其中 Z145A 型造型机曾两次荣获山东省优质产品称号，有 6 种产品填补国内空白，2 种产品获国家科技进步三等奖，3 种产品获国家专利。公司产品畅销全国 29 个省市自治区，部分产品远销印度、巴基斯坦、澳大利亚、阿尔及利亚等国。公司的宗旨是“质量第一、信誉第一”，真诚地为用户提供最优质的产品和最完善的服务。

公司主要生产以下产品：造型设备有 Z145A－1 型顶箱震压式造型机，砂箱内尺寸 500mm×400mm，生产率 40～

60箱/h;Z145C—1型气动微震压实造型机,采用内装震铁的微震机构,比Z145A—1型有较大的压实力;Z148型顶箱震压式造型机,有震动小、噪声低、起模同步性好的优点。熔模铸造设备有X—M253B型蜡料制备线,M233型液态蜡注射成形机,MZ384C型自动制壳机,M614振动脱壳机,M354悬链制壳机等。旧砂再生设备有S568型水玻璃砂再生成套设备,S568A型树脂砂再生成套设备。清理设备有Q326、Q3210型履带式抛丸清理机,Q376、Q378型吊钩式抛丸清理机。2005年完成工业总产值481万元,实现产品销售收入535万元。

顺德市华大机械制造有限公司 始建于1985年,1993年转制后成为有限责任公司。该公司占地面积7 000多m^2,建筑面积近7 000m^2;现有员工300多人,其中工程技术人员68人;设计年产各类铸造机械350台;产品开发采用CAD技术,公司内部实行计算机管理;公司建立了完善的质量保证体系,并已通过ISO9001国际质量体系认证。

公司专业生产全自动热室压铸机、卧式冷室压铸机、低压铸造机、挤压铸造机,四柱双动、单动液压机,液压板料折弯机、塑料拉链排牙机以及全自动柴油燃烧机,锌、铝、铜合金熔化炉等。公司设有压铸分厂和模具分厂对用户实行一条龙服务,为客户提供压铸工艺及建厂规划、培训操作技术人员,并及时供应压铸机配件、压铸辅料等服务。公司技术力量雄厚、加工设备先进、员工素质高、产品设计合理、质量稳定,已达到国内先进水平。公司是全国冷、热室压铸机制造行业的骨干企业,并纳入广东省火炬计划,是全国生产热室、冷室压铸机规格、型号较齐全的厂家。其代表产品J212、J218型全自动精密热室压铸机已通过可靠性认证,系列压铸机经广东省科委鉴定,可以替代同类进口产品。公司产品质优价廉,行销全国各地,并远销东南亚、拉美、中东等地区和国家。2005年完成工业总产值934万元,实现产品销售收入994万元。

苏州铸造机械厂有限公司 前身苏州铸造机械厂,始建于1962年,是原机械工业部定点生产铸造机械的骨干企业。该公司占地面积4.5万m^2,建筑面积2.5万m^2;拥有龙门式加工中心、落地镗铣床等大精尖机床和各类加工设备180多台(套)。公司设研究所,有技术人员17人;有一支训练有素的技工队伍,包括11名技师和高级技师。该公司具有设计和制造造型机、射芯机和造型线的能力。该公司生产的Z8525A型射芯机获国家质量银质奖,SZ8、SZ9、Z1415等产品先后荣获部、省、市科技进步奖。2000年12月该公司通过了ISO9001质量体系认证,2001年又通过了监督审核。近年来,该公司发挥技术和设备优势,成功开发了加工铜管的盘拉机、双拉机等新产品。

公司主要生产造型机、射芯机、壳芯机和造型线等产品。造型机有Z124C、Z145B、Z145JX、Z148J、Z1410、SZ8、SZD0806、Z1415、ZB1410和Z2320等,射芯机有Z8612B、Z8525A、SZ12、Z8625C、Z8625D、Z8640D、Z8025、Z8663等,壳芯机有Z955、Z957等,造型线有XZ1410、XZ458DF、VRH等。此外,该公司还生产盘拉机、单拉机、双拉机、内螺纹机等。

青岛新东机械有限公司 系青岛铸造机械集团公司与日本新东工业株式会社共同投资2 000万美元,于1996年创建的合资企业。该公司在引进日本先进技术和管理经验的基础上,发挥国内生产制造的优势,以国内合理的价格向用户提供国际水平的铸造机械及相关设备。

公司占地面积约4.5万m^2,建筑面积2.4万m^2,职工350人。公司拥有由一支中日技术专家、中青年技术人员组成的技术队伍和一批具有丰富制造经验的技术工人。为适应生产需要,该公司购置了日本东芝制造的BF—130B型落地镗床和MPE—2650(H)型数控五面加工机床;新落成的大型厂房可同时组装两台静压造型机(线),还能满足其他大型铸造机械成套工程的总装调试。1999年该公司通过了ISO9001质量体系认证。

公司主要生产造型设备、砂处理设备、表面清理设备和环保设备。造型设备有静压造型机(线)、水平分型脱箱射压造型机(线)、F型震压造型机、顶杆起模式震压造型机等。砂处理设备有砂冷却设备、混砂机、磁选破碎筛分设备、粉体输送设备、砂温水分比例测定注水设备、紧实率控制设备等。表面清理设备有喷丸器、抛丸器、滚筒式抛丸清理机、台车式抛丸、喷丸清理机、吊钩式抛丸清理机、金属材料表面清理机、转台式抛丸喷丸清理机、金属材料表面强化机等。环保设备有机械、脉冲、反吹布袋式除尘器和机械振打布袋式除尘器等。2005年完成工业总产值8 861万元,实现产品销售收入9 540万元。

江阴市铸造设备厂 是原机械工业部定点生产冲天炉成套设备的专业厂,国家"提高熔炼质量成套技术推广组"成员。该厂有较强的技术力量,具有承接非标设计、制造、安装、调试机电一体化工程项目的能力。该厂1993年改制成为股份合作制企业,2000年通过ISO9001质量体系认证。该厂主要产品R11型系列大排距双层送风冲天炉,为原机械工业部重大科技成果,自"八五"以来,一直被列为国家重点科技成果推广项目,该厂为重点推广项目定点生产厂家。

工厂主要产品有R11型系列大排距双层送风冲天炉,包括1～20t/h大排距双层送风冲天炉,以及与其匹配的各种形式的加配料机械设备及自动、半自动、手动控制设备等;R11型系列外水冷两班制熔炼大排距双层送风冲天炉,包括3～20t/h外水冷两班制熔炼大排距双层送风冲天炉,以及与其匹配的各种形式的加配料机械设备及自动、半自动、手动控制设备等;R11SL系列大排距双层送风冲天炉,包括5～20t/h长炉龄冷风大排距双层送风冲天炉,以及与其匹配的各种形式的加配料机械设备及自动、半自动、手动控制设备等。此外,还生产V法造型成套设备,其造型机有小车式和转台式两种。该厂自行研制的R11SL系列长炉龄冷风大排距双层送风冲天炉,通过了江苏省"新产品新技术"和"科技成果"两项鉴定,并被列入江苏省2002年火炬计划项目。2005年完成工业总产值3 189万元,实现产品销售收入3 179万元。

南通压铸机床有限公司 是国家中型企业,始建于1958年,占地面积2万多m^2,固定资产1 500多万元,拥有各种加工设备200余台(套),具有较强的机械加工能力。公司注重技术进步,自1980年起,引进压铸机制造技术,生产多种型号的卧式冷室压铸机,产品畅销国内18个省市自治区。近年来,企业不断对老产品更新换代、技术改造,使其结构更先进、性能更可靠、用户更满意。

公司主要产品有J1113C型1 250kg卧式冷室压铸机(全液压式)、J1116G型1 600kg卧式冷室压铸机(PC控制、自动润滑)、J1125G型2 500kg卧式冷室压铸机(PC控制、自动润滑)以及Q11－13×2500型剪板机等。南通压铸机床有限公司竭诚为广大国内外用户提供先进的优质产品和优良服务,欢迎海内外客商及同行在平等互利的基础上进行友好合作和交往。2005年完成工业总产值1 065万元,实现产品销售收入1 115万元。

潍坊宏盛铸造机械有限公司 是集科研、设计、制造、安装、调试于一体的铸造机械专业企业,现有员工350人,其中工程技术人员36人,具有年生产各种抛喷丸设备200台(套),耐磨铸铁600t,球墨铸铁、灰铸铁件10 000t的能力。2001年公司通过了ISO9001质量体系认证。公司主要生产各种抛(喷)丸清理(强化)设备、砂处理设备、电热远红外型芯烘干炉、除尘设备、各种优质抛丸清理设备配件,以及为一汽配套生产各种球墨铸铁、灰铁材质的变速箱铸件。特别近年来开发的齿轮强化抛丸设备、钢管内外壁防腐处理抛丸设备深受齿轮行业和管道行业的青睐。

公司主要产品有Q3110I、Q3113B、Q3113C、Q3113D型抛丸清理滚筒,Q37系列单钩式抛丸清理机,Q32型履带式抛丸清理机,Q35系列转台式抛丸清理机,Q38系列吊链式抛丸清理机,Q48系列积放悬链式抛丸清理机,Q58系列推杆悬链式抛丸清理机,Q36、Q76系列台车式抛丸清理机,钢管内外壁抛丸清理机,板簧、圆簧强化抛丸清理机,T21系列电热远红外烘干炉,S11系列混砂机,CLP、HSHC、LZZ等系列布袋除尘器。此外,还有各种抛丸器及抛丸清理设备易损件,各种球墨铸铁、灰铸铁件,各种抛丸用铸铁丸、铸钢丸、钢丝切丸、不锈钢丸等。2005年完成工业总产值8 613万元,实现产品销售收入9 218万元。

苏州市虎丘熔化设备厂 是原机械工业部定点生产铸造机械的专业厂。该厂生产铸造熔炼、浇注设备及砂处理设备已有20余年的历史,产品行销全国近30个省市自治区。近年来,该厂立足于企业自身发展,依托先进的科学技术和管理方式,充分利用CAD技术,对传统产品进行不断改进和创新,进一步提高了产品使用的稳定性、安全性和可靠性。该厂不仅向用户提供品质优良、性能可靠、价格合理的铸造机械设备,而且提供一流的售前、售中、售后服务和商务服务。

苏州市虎丘熔化设备厂主要产品有全系列、全规格的冲天炉,全系列、全规格的冲天炉用加料机械和辅助设备,全系列机械浇注、浇包设备(包括机械浇注浇包、铁水包、钢水包、球铁包、铝水包、茶壶包、密封加镁球铁包、电动铁水包、电动或手动升降包、双层保温包、叉车包等),系列混砂机、落砂机、磁选机、筛选机、松砂机、破碎机及烘干设备等,系列树脂砂设备,系列机械输送辊道、斗式提升机、传送带机等输送设备,系列清理设备和铸造用除尘设备。此外,该厂还可根据用户要求,承接成套设备的设计、制造、安装和调试。苏州市虎丘熔化设备厂的服务理念是,重合同、守信用,“质量第一,用户至上”将是该厂永恒的承诺。

〔撰稿人:中国机床工具工业协会铸造机械分会王春生〕

木 工 机 床

一、行业概况

2005年随着中国社会主义市场经济的不断发展,木工机床行业原有的国有企业已不能适应经济发展的要求,绝大部分企业已完成了改制重组,改变了原有的经营机制。民营、外资、合资企业正在兴起,并成为行业经济发展的主体,给行业发展带来了新的生机和活力。改变了计划经济时代“大而全”的生产模式,企业结合自身的技术与生产能力,生产“少而精”的特色产品。继东北木工机械生产区之后,胶东木工机械生产区正在壮大,相继又出现了长三角,珠三角木工机械生产区,构成了中国完整的木工机械行业生产体系。特别是华南的顺德伦教镇,仅用了几年的时间就发展成为“木工机械商城”,以“华南木工机械之乡”著称。目前,全国木工机床行业企业约有1 200多个,具有一定规模的有200多个,从业人员约10万人,为木材加工、木制品和家具生产、人造板及二次加工企业提供1 500多种木工机械产品。全行业年工业总产值逾百亿元,产品不仅满足国内需求,还出口世界各地。我国已成为名副其实的木工机床生产大国。

二、基本情况

2005年我国木工机床行业的发展依旧保持良好的上升势头,不过全年经济效益增幅同机床工具行业其他7个制造行业一样也出现了下滑,行业工业总产值和产品销售收入增速与上年相比有所回落。

2005年为木工机床分会统计信息网提供统计数据的有15个成员单位,实现工业总产值20.35亿元,2005年木工机床分会15个会员单位主要经济指标见表1。

表1　2005年木工机床分会15个会员单位主要经济指标

指 标 名 称	单位	实际完成
工业总产值	万元	203 503
工业销售产值	万元	198 035
工业增加值	万元	50 018
利润总额	万元	9 634
全年平均人数	人	9 290
固定资产合计	万元	76 815
固定资产净值余额	万元	36 717

注:数据来源于木工机床分会行业统计资料。

1. 生产情况

15 个统计信息网成员单位 2005 年生产各类主要木工机床产品 8 28 454台，产值151 830万元；生产各类木工刀具2 583万件，产值16 701万元。2005 年木工机床分会 15 个成员单位主要产品产销存情况见表 2。

表 2　2005 年木工机床分会 15 个成员单位主要产品产销存情况

产品名称	年初库存		产　量		销　量		年末库存	
	实物量（台）	价值量（万元）	实物量（台）	价值量（万元）	实物量（台）	价值量（万元）	实物量（台）	价值量（万元）
木工机床	20 092	3 997	828 454	151 830	814 136	145 884	34 410	6 582
木工圆锯机	74	205	2 480	10 679	2 391	10 432	163	450
木工带锯机	174	102	4 438	2 844	4 471	2 919	141	131
带锯跑车			3	33	3	33		
木工压刨床	1 010	693	35 901	17 529	35 259	13 772	1 652	1 032
木工平刨床	70	26	990	336	1 006	341	54	21
木工铣床	436	226	112 265	38 537	109 983	37 675	2 718	1 088
开榫机			120	190	110	174	10	16
榫槽机	2 337	201	242 553	22 072	237 702	21 631	7 188	642
砂光机	3	20	120	802	121	808	2	13
木工多用机床	15 203	1 613	427 893	47 343	421 201	46 482	21 895	2 499
木工辅机			5	26	5	26		
其他木工机床	785	911	1 686	11 439	1 884	11 591	587	690
木工刀具(万件)	46	1 359	2 583	16 701	2 588	16 676	41	1 384

注：数据来自木工机床分会行业统计资料。

2. 出口情况

15 个统计信息网成员单位 2005 年共出口各类木工机床103 479台，出口交货额23 529万元；出口各类木工刀具2 581万件，出口交货额16 245万元。2005 年木工机床分会统计信息网 15 个成员单位产品出口情况见表 3。

表 3　2005 年木工机床分会统计信息网 15 个成员单位产品出口情况

产　品　名　称	出口量(台)	出口额(万元)
木工机床	103 479	23 529
木工圆锯机	32	90
木工带锯机	1 200	1 055
木工压刨床	18 080	6 717
木工铣床	4 797	1 644
榫槽机	33 153	3 017
木工多用机床	43 575	7 881
其他木工机床	2 642	3 125
木工刀具(万件)	2 581	16 245

注：数据来自木工机床分会行业统计资料。

3. 新产品试制情况

2005 年木工机床分会统计信息网成员单位主要新产品试制情况见表 4。

表 4　2005 年木工机床分会统计信息网成员单位主要新产品试制情况

单位名称	产品名称	产品型号	产品性质	属　性	产品水平
牡丹江木工机械(厂)有限责任公司	单板刨切机	BB1142	改型设计	行业新产品	国内先进水平
	磨刀机	MFB2545	改型设计	行业新产品	国内先进水平
威海齐全木工机械有限公司	往复锯	MJ626	改型设计	企业新产品	国内较好水平
	细木工带锯机	MJ345D	改型设计	企业新产品	国内较好水平
	数控镂铣机	MXK5813×25	改型设计	企业新产品	国内先进水平
东台市巨轮木工机械有限责任公司	高精度旋切机	BXQ1110/6	全新设计	行业新产品	
	液压单卡轴旋切机	BXQ1106/8	全新设计	行业新产品	
	液压单卡轴旋切机	BXQ1213/8	全新设计	行业新产品	
	轻八呎旋切机	BXQ1126/8Q	全新设计	行业新产品	
	无卡轴旋切机	BXQ1813/8	全新设计	行业新产品	
	四呎剪板机	BJ1214	全新设计	行业新产品	
	卷板机	BJB1126	全新设计	行业新产品	
山东东维木工机械有限公司	框锯机	MJ4020	全新设计	企业新产品	国内先进水平

注：数据来自木工机床分会行业统计资料。

以上新产品中牡丹江木工机械(厂)有限责任公司开发并试制成功的BB1142型单板刨切机填补了国内空白,并已申报2006年度国家级火炬计划。

三、企业简介

牡丹江木工机械(厂)有限责任公司 原林业部牡丹江木工机械厂,始建于1946年,是国家大型木工机械科研和生产制造基地。是中国机床工具工业协会木工机床分会理事长单位和秘书处挂靠单位。主要产品有木工机床系列设备、板式家具生产线成套设备、人造板生产设备、木材干燥设备、集成材生产线设备和木工刃磨设备,六大类160多个品种。"MA"牌产品是中国公认的名牌产品,产品覆盖全国各地,还远销世界56个国家和地区。2004年初企业进行了改制重组,先后投资1 000多万元进行了技术改造。其铸造分厂在树脂砂造型的基础上又新增了消失模铸造技术,并对铸件进行抛丸清理和时效振动处理,保证了毛坯的质量。还陆续购置了大宇立式加工中心、汉川数控镗床和大连机床集团数控车床等先进的加工设备和高精度的化验、检验检测仪器,使企业的生产加工能力和检验检测手段均居同行业领先水平。公司还建立了完善的质量保证体系,通过了ISO9001:2000国际质量管理体系认证,保证了"质量第一,诚信为本,关注顾客,持续改进。"质量方针的实施。

哈尔滨第二工具厂 始建于1956年,是国家大型企业,出口自营企业,ISO9001质量管理体系认证企业,拥有产品知识产权和国家及行业标准的制定、修订权,代表国家成立了全国惟一的木工刃具研究机构——哈尔滨木工刃具研究所,并于1999年8月成立了哈尔滨第二工具有限责任公司。主要产品有金属切削刀具和木工刀具两大类,金属切削刀具有28个品种853个规格,精密复杂木工刀具有70个品种5 121个规格,能满足各种木工生产的需要,生产能力、品种、技术程度和加工水平均属全国之首。其中引进日本、德国等国家和地区的先进刀具生产线3条,设备30套。

沈阳带锯机械有限公司 原沈阳带锯机床厂,是全国规模最大、品种最全的木工带锯机床制造厂家。产品注册商标为"双轮"牌,通过了ISO9001:2000质量管理体系认证,并率先采用国际标准,公司拥有雄厚的产品设计开发能力,工艺先进,装配精良。产品共8个系列,30多个品种,可为国内外木材加工企业提供各种型号、规格的带锯机,并可根据生产的需要设计制造大型成套设备和全自动木材加工生产线。产品还远销30多个国家和地区,深受国内外客户的青睐和同行业的认同。

沈阳北方木工设备制造厂 是一家不断引进国内外尖端技术,专业从事研究、开发、生产木工机床的厂家,拥有一批高素质员工,技术力量雄厚,加工设备齐全,检测设备先进。完善的管理体制及诚信的售后服务使企业在激烈的竞争中不断发展壮大。产品质量由国家指定的监督检验所跟踪检测。主要产品有:MJ90型、MJ45型精密截板锯,并生产直线导轨移动工作台、光轴直线导轨移动工作台、往复式电子开料锯、曲线双面涂胶封边机和半自动直线封边机、布袋式吸尘器等。产品畅销国内外。

沈阳市建海木工机械制造厂 是木工机械设备的专业生产厂家,具有多年的木工机械生产历史,为适应市场需要,不断利用国内的先进技术进行产品更新换代的研究。目前的产品主要有MJ90型、45型精密截板锯,MX509镂铣机,MX511、MX513单双轴木工立铣床,K362榫槽机等产品,产品荣获用户委员会颁发的用户"满意产品"证书。

沈阳友邦木工机械厂 我国最大的精密裁板锯生产企业,生产设备精良,技术检测工艺先进,质量保证体系完善,信守合同。凭着雄厚的专业生产技术实力,优质的木工机械产品,完善周到的售前、售后服务体系,合理的价格及良好的职业素质取信于广大客户,深受广大客户的欢迎和信赖。

烟台黄海木工机械有限责任公司 具有30多年的专业生产木工机械的历史。企业技术力量雄厚,检测手段完善,工艺装备技术先进。公司严格按照ISO9001质量保证体系模式规范全体员工的行为。公司定型木工机械产品30多种,本着做专、做精的原则,目前主要向市场提供液压四面旋转拼板机,液压双面拼板机、自动铣齿机、自动连续指接机等集成材加工用的关键设备。同时少量提供双工位门窗组合拼板机,万向切角机、三点带式砂光机、平刨送料机等产品。优良的质量,合理的价格使产品具有较高的性能价格比。

天津林业工具厂 是中国福马林业机械集团有限公司直属企业,主要产品有木工带锯条、硬质合金锯片、木工圆锯片、链锯导板、指接铣刀、木工刀具、截锯机、锯条等。

山东东维木工机械有限公司 是亚洲著名的木工机械生产基地,始建于1956年,公司积40多年之经验,研发生产了"东维"牌三板成套设备、板式家具设备、实木家具设备、集成材设备、多功能木工机床系列产品。

山东工友集团股份有限公司 生产木工多用机床、刨床、锯床、铣床、封边机和排钻等各类加工板式家具、实木家具、三板及各类木工设备。

威海齐全木工机械有限公司 是生产木工机械的专业公司,主要生产"齐全"牌ML291、MQ432和ML292系列台式平刨和木工多用机床,性能可靠,功能齐全,产品畅销全国各地,远销世界20多个国家和地区,受到广大用户的信赖。

青岛木工机械制造总公司 是国家二级企业,省级重合同守信用单位,40多年来,主要生产五大类30余个品种的"飞轮"牌优质木工及家具机械,产品畅销全国各地和亚欧等国家和地区,在用户中享有较高的声誉和知名度。产品荣获国家级新产品称号,国家科委、轻工总会及省市多项优秀新产品奖,国内木工机械行业首家通过ISO9002质量体系认证。公司资金雄厚,加工设备精良,计量检测手段齐备,并有熟练使用CAD的专业设计队伍。"七五"以来,企业投资3 000万元进行技术改造,通过引进包括加工中心、CAD设计软件在内的大量先进设备,扩建厂房等举措,企业的技术水平和制造能力有了质的飞跃。

青岛千川木业设备有限公司 是一家木工机械专业生

产企业，是青岛市高新技术企业，青岛市民营科技50强，在木工机床行业率先通过了挪威船级社(DNV)公司ISO9001国际质量体系认证。公司设计开发采用电脑三维主体设计，生产工艺采用进口动平衡，时效振动等先进检测设备，确保优良的产品质量。

青岛华顺昌木工机械制造有限公司 是专门制造木工机床及板式家具成套设备的生产厂家。产品包括全自动封边机系列、木工排钻系列、精密导向锯、全自动后成形包边机及电子往复锯系列。公司已率先通过ISO9001国际质量认证，部分产品通过欧盟CE认证。

青岛木友机械制造有限公司 1995年投资兴建，是专门生产X系列木工机械的独资企业。公司在国内同行中，产品品种最齐全，并可提供实木家具、板式及厨房家具规模化流水线。

青岛政田机械厂 是专业研究、设计、制造木工机械的企业，主要经营MY系列复动式气动拼板机、液压拼板机、铣齿机及纵向接长机等拼板机械，并可以根据用户的不同要求，单独设计，订做各种特殊规格的拼板机，为客户提供更加方便的服务，更加完善的售后服务体系。

青岛林泽木工机械有限公司 是集产品设计、生产制造、市场营销、技术服务为一体的综合性木工机械公司，可为用户提供各种木材加工设备，公司的经营理念是“以人为本、服务至上”。

信阳木工机械股份有限公司 原林业部信阳木工机械厂，国家大型二类企业，是国内同行业中首批获得产品自营出口权的企业。公司是人造板生产线成套设备的专业制造商，主要产品有木塑板生产线成套设备，三通道刨花板干燥机，稻草均质板生产线成套设备，2 438mm×14 630mm大幅面单层刨花板生产线成套设备，可提供1.5万～20万m^3刨花板生产线成套设备，胶合板生产线成套设备，制材生产线成套设备，产品遍布全国各地，销往30多个国家和地区。

江苏江佳机械有限公司 是木工机械大型现代化企业，从1958年创立到现在经过48年的严格管理，以可靠的产品质量，精湛周到的技术服务，强大而又贴近用户需求的研发能力，成功的市场扩张，成为中国最大的木工锯、刨产品专业制造商和中国实木加工企业的可靠合作伙伴。坚持不断创新和完善品质，并致力为客户提供买有信心，服务称心的产品。

杭州金辉木工机械有限公司 生产的欧悦推台锯以先进的设计理念，整机高质量的零部件，具有世界先进水平的高精度、高强度的精密移动轨道，保证了整台机器的高品质和耐用性。电动升降、45°转角，以及各种人性化配置，降低了劳动强度，提高了生产效率，精度保持性可达10年。

广东东莞市南兴木工机械有限公司 是一家专业生产板式家具成套设备的现代化规模企业，生产装配精良，并拥有一批高素质的技术人才，长期从事木工机械研究、开发、设计工作。“进口机质量，国产机价格”是南兴产品的特色。

福建省邵武振达机械制造有限责任公司 是集科工贸一体的民营科技型企业，是福建省木工机械制造业榜首企业。主要产品有木工四面刨、木工铣床、往复锯、木材指接机、复合地板纵铣机等系列木工机械。多项产品拥有自主技术知识产权，处于国内领先和国际水平，并获省市科技成果奖。

〔供稿单位：中国机床工具工业协会木工机床分会秘书处〕

刀具量具量仪

一、刀具量具量仪

1. 行业发展情况

机床工具行业是国民经济的基础装备产业，是装备制造业发展的重中之重。经过50多年的艰苦努力，我国机床工具行业的发展取得了长足的进步，为国民经济和国防建设提供了大量的基础工艺装备，为我国的现代化建设做出了突出的贡献。“十五”期间，随着国民经济持续、稳定、快速的发展，机床工具行业进入发展速度与经济运行质量同步增长的新阶段，呈现出跨越式发展的局面，为我国由机床制造大国向机床制造强国的迈进打下了坚实的基础。2005年是“第十个五年计划”的最后一年，党的十六届五中全会和中央经济工作会议明确提出，以科学发展观统领经济社会发展全局，在国民经济持续快速发展的带动下，加快发展我国机床工具制造业和提高装备制造业水平，“用中国装备装备中国”已经成为当务之急。

我国机床行业沿着高效、高速、成套的趋势蓬勃发展，迅速进入以数字化制造技术为主导的发展时期，为制造业的变革注入了强大的动力，从而有效地拉动了工具行业的技术进步，为工具行业新一轮的发展创造了有利的条件。进入21世纪，我国工具行业在改革与发展中，开始根据国内外竞争形势的需要，按照自身条件准确定位，选择合理的发展模式，发挥特色，扬长避短，丢掉一些缺乏优势的产品领域，我国工具企业已逐步从“大而全”、“小而全”向专业化方向转变，走“小而专”、“小而精”的道路，研发出一批具有核心竞争力的特色产品。随着高效切削技术成为现代制造技术的发展主流，工具行业一改50年一贯制的只生产标准化、通用化刀具的旧格局，建立了适应现代制造业需要的高精度、高效率、高可靠性和专用化刀具生产的新格局。这种“三高一专”刀具随着新型材料技术、表面改性技术和CAD/CAPP/CAM制造技术的发展，已成为高效切削技术发展的关键要素。

2005年工具行业以市场为导向，深化改革、强化管理、调整结构、提高质量，经济运行态势良好，技术水平有所提高，呈现出快速、平稳发展的趋势。我国工具企业的产业规模、品种类别、技术水平、营销方式、服务范围等均有一定程度的进步，正在形成一个为数控机床全方位服务的网络体系和市场构架。

2005年工具行业快速、平稳发展的主要原因：一是数控机床的发展，市场需求的扩大，促进了工具市场需求的扩大，有力地带动了工具行业的发展；二是工具行业的发展更加注重贯彻"以市场为导向"的原则，一些工具企业有针对性地扩大生产能力，施行了一定规模的专项技术改造；三是各级政府加强了对民营企业的扶持力度，鼓励国外、境外著名工具企业在中国投资，促进了我国工具行业整体水平的提高。我国工具行业通过制度创新、技术创新、管理创新，以调整和重组相结合的方式，寻求快速发展的有效途径，不断加强企业的科研开发能力、成套供货能力和抗风险能力，逐步提高企业的服务水平、国际竞争力和市场占有率。

"十一五"期间，随着数控机床本身功能的扩大，与之配套的数控刀具水平亦应随之大幅度提高，我国工具行业必须在科研开发、科技创新、成果推广等方面增加人力、物力、财力的配备力度。工具行业应坚持以市场导向为发展主线，寻求各级政府在发展政策方面给予倾斜，寻求中央、地方、社会各界在资金方面给予支持，争取民间资本、国有资本和国际资本的注入，全方位、多渠道地加大投融资力度，夯实基础、增强实力，促使工具企业加快科技创新的步伐，逐步提高我国工具企业生产的总体水平，加快实现工具行业的跨越式发展。

当前，我国国民经济正在进行战略性结构调整，"十一五"将是我国工具行业发展的关键时期。工具行业面临着国民经济发展和国防建设亟需提升装备水平的市场机遇，也恰逢国外企业产业重组、国际人才交流畅通的有利时机，工具行业应进一步深化改革，调整产业和产品结构，增强自主创新能力，加快高档数控刀具新产品开发的步伐，提高产品质量和加强服务，提升全行业的国际市场竞争力。

2. 生产发展情况

据中国机床工具工业协会工具分会会员企业的统计资料，2005年与2004年工具行业经济效益指标对照情况见表1。

表1　2005年与2004年工具行业经济效益指标对照情况

指　标　名　称	单位	行业标准值	权数	2005年 行业平均值	2004年 行业平均值	比上年增加值
总资产贡献率	%	10.70	20	8.91	8.90	0.01
资本保值增值率	%	120.00	16	119.10	95.30	23.80
资产负债率	%	≤60.00	12	74.80	77.59	−2.79
流动资金周转率	次	1.50	15	1.19	1.06	0.13
成本费用利润率	%	3.70	14	4.93	6.55	−1.62
全员劳动生产率	元/人	16 500	10	40 480	39 366	1 114
产品销售率	%	96.00	13	95.20	94.60	0.60
经济效益综合指数		—	—	1.07	1.08	−0.01

根据对工具行业68个企业的综合统计，2005年工具行业完成工业总产值(当年价)817 187.84万元，按照可比口径计算，比上年增长25.4%；工业销售产值(当年价)770 778.42万元，比上年增长26.1%；工业增加值271 053.26万元，比上年增长13.8%。2005年，工具行业企业亏损面为27.9%；利润总额51 005.20万元。根据工具行业68个企业的统计，2005年工具行业职工平均人数56 455人，比上年减少3 464人；职工工资总额75 393.50万元，比上年增长2.1%；职工年人均收入13 355元，比上年增长8.4%；全员劳动生产率(按工业增加值计算)47 337元/人，比上年增长22.5%；固定资产原价480 865.77万元，比上年增长4.4%。2005年生产各类刀具135 101.17万件；比上年增长20.3%；生产各类量具1 128.13万件，比上年降低23.1%；生产各类量仪31 314台(套)，比上年降低2.0%。

工具行业30个重点骨干企业2005年工业总产值(当年价)279 853.20万元，比上年增长18.2%；工业销售产值(当年价)259 482.20万元，比上年增长16.1%；30个重点骨干企业中有9个企业共亏损2 846.4万元，占全行业亏损额的78.5%，其中21个企业利润总额10 717.10万元。2005年30个重点骨干企业生产各类刀具产品21 499.61万件，占全行业总产量的15.9%；生产各类量具产品718.94万件，占全行业总产量的63.7%；生产各类量仪产品31 234台(套)，占全行业总产量的99.7%。30个重点骨干企业2005年职工人数为29 507人，比上年减少4 339人；重点骨干企业职工工资总额39 352.06万元，比上年增长2.1%；全员劳动生产率34 935元/人，比上年增长16.8%；职工人均收入13 337元，比上年增长17.2%。

3. 出口

2005年工具行业刀具出口量占销售量的68.5%，出口额占销售额的43.3%；量具出口量占销售量的41.4%，出口额占销售额的43.5%；量仪出口量为397台(套)，出口额为153.79万美元。产品外销国际市场量与上年相比有所增长，刀具增长37.6%，量具增长11.2%(量具数量减少是因为山东工具制造有限公司小量规不出口之故)。

2005年工具行业主要产品分类产销量和出口情况见表2。2005年工具行业重点骨干企业主要产品出口情况见表3。2005年工具行业重点骨干企业主要产品产销存情况见表4。

表 2　2005 年工具行业主要产品分类产销量和出口情况

产品类别	产量（万件）	产值（万元）	销售量（万件）	销售额（万元）	出口量（万件）	出口额（万元）
刀具	134 620.75	501 214	136 199.86	490 798	93 486.59	212 427
高速钢刀具	123 356.47	397 943	124 703.71	395 926	92 656.38	205 141
钻削刀具类	113 498.15	266 950	115 392.43	269 130	90 488.36	186 707
铣削刀具类	2 424.58	35 060	2 277.86	34 117	691.65	9 287
刀条刀片	266.89	4 942	305.61	5 667	7.23	70
螺纹刀具类	6 809.04	52 343	6 345.97	47 810	1 235.65	7 105
拉削刀具类	3.94	8 563	4.13	8 324	0.24	60
齿轮刀具类	23.71	18 226	24.63	18 617	2.58	398
木工刀具类	21.96	1 317	22.38	1 321	227.37	1 473
锯条	288.25	9 211	311.94	9 628	3.30	39
其他	19.95	1 330	18.76	1 311	—	—
硬质合金类刀具	11 243.73	94 392	11 478.59	86 760	830.21	7 286
工具系统类刀具	20.55	8 879	17.56	8 113	—	—
量具	1 128.13	79 317	1 116.40	75 373	461.79	32 812
卡尺类	313.93	25 850	302.06	24 135	148.72	10 002
千分尺类	163.26	13 378	150.63	12 442	45.29	4 205
指示表类	201.64	14 059	196.37	12 740	63.36	3 420
块规及量规	226.20	7 788	232.00	8 726	40.00	1 008
角度测量类	7.03	625	8.29	673	3.96	149
数显量具类	171.24	16 934	165.44	15 379	143.87	13 348
辅助测量器具	10.49	232	11.80	643	13.10	177
其他	34.34	452	50.28	636	3.22	504
量仪	31 314.00	13 556	28 867.00	13 208	397.00	154

表 3　2005 年工具行业重点骨干企业主要产品出口情况

序号	产品名称	单位	产品出口情况						
			实物量	人民币（万元）			美元（万元）		
				合计	收购的交货量	自营出口额折算	合计	交货量折美元	自营出口额
1	上海量具刃具厂								
	量具	万件	6.36	607	607		73.1	73.1	
	刃具	万件	1.11	8	8		0.9	0.9	
2	上海工具厂有限公司								
	刃具	万件	2 081.75	8 603	8 603		915.9	41.4	874.5
3	天津市工具厂								
	刃具	万件	13.64	14	14		1.7	1.7	
4	桂林量具刃具厂								
	量具	万件	24.89	2 337	1 661	676	286.0	202.5	83.5
5	成都成量集团公司								
	量具	万件	2.56	317	1 116	201	38.3	13.9	24.3
	刃具	万件	87.12	843	158	686	102.0	19.1	82.9
6	重庆工具厂								
	刃具	万件	0.75	99		99	12.0		12.0
7	关中工具制造有限公司								
	刃具	万件	36.95	159	100	60	20.9	13.6	7.3
8	北量机电工量具公司								
	量具	万件	1.00	91		91	11.0		11.0
	刃具	万件	53.40	961	631	330	116.4	76.4	40.0
9	哈尔滨量具刃具集团公司								
	量仪	台件	41.00	148	8	140	17.9		17.9

（续）

序号	产品名称	单位	产品出口情况						
			实物量	人民币(万元)			美元(万元)		
				合计	收购的交货量	自营出口额折算	合计	交货量折美元	自营出口额
	量具	万件	2.17	398	168	230	48.7	20.9	27.9
	刃具	万件	3.00	4	4		0.5	0.5	
10	哈尔滨第一工具有限公司								
	刃具	万件	3.58	585	150	435	72.1	18.5	53.6
11	哈尔滨第二工具厂								
	刃具		6.68	302	302		36.4	36.4	
12	汉江工具有限责任公司								
	刃具	万件	1.05	101	55	46	14.2	7.8	6.5
13	韶关工具厂								
	刃具	万件	1.23	196		196	48.8		48.8
14	山东工具制造有限公司								
	刃具	万件	144.00	443	443		53.4	53.4	
15	株洲钻石切削工具公司								
	刃具	万件	318.13	4 341	965	3 376	525.6	116.9	408.7
16	兰州量具刃具厂								
	刃具	万件	44.00	156	156		19.0	19.0	
17	靖江量具有限公司								
	量具	万件	44.69	4 792	2 099	2 693	593.8	260.1	333.7
18	威海市量具总厂有限公司								
	量具	万件	23.96	1 367	1 367		164.7	164.7	
19	青海量具刃具有限公司								
	量具	万件	48.03	5 459	3 425	2 035	666.7	417.6	249.1
20	中原量仪股份公司								
	量仪	台件	354.00	3		3	0.4		0.4

表 4　2005 年工具行业重点骨干企业主要产品产销存情况　　（价值量单位：万元）

序号	产品名称	单位	主要产品产销存情况							
			年初库存量		年末累计生产量		年末累计销售量		年末累计库存量	
			实物量	价值量	实物量	价值量	实物量	价值量	实物量	价值量
1	上海量具刃具厂									
	量仪	台件	4.00	38.70	13.00	43.90	1.00	4.80	16.00	77.80
	量具	万件	5.43	684.82	60.43	4 785.40	53.57	4 033.82	12.29	1 436.40
	刃具	万件	22.30	3 380.10	31.64	195.91	24.94	169.30	29.00	364.71
2	上海工具厂有限公司									
	刃具	万件	2 434.26	12 607.50	6 753.56	35 146.32	7 821.79	36 170.32	1 366.03	11 583.50
3	天津市工具厂									
	刃具	万件	125.51	1 240.60	268.58	1 181.00	303.92	1 114.00	90.17	1 307.60
4	太原工具厂									
	刃具	万件	10.00	1 646.33	24.00	3 505.50	22.00	3 434.00	9.99	2 112.33
5	桂林量具刃具厂									
	量具	万件	9.90	1 215.00	77.45	6 633.99	78.25	6 779.99	12.00	1 717.83
6	成都成量集团公司									
	量仪	台件	−6.00	−8.07	1 115.00	504.92	944.00	491.20	165.00	5.65
	量具	万件	44.48	2 487.81	139.04	8 980.76	138.45	9 273.90	45.07	2 194.67
	刃具	万件	1 134.15	8 318.82	2 963.10	24 749.48	2 759.69	23 581.37	1 337.56	9 486.93
7	重庆工具厂									
	刃具	万件	191.14	1 455.57	81.57	2 906.92	54.57	2 947.33	218.14	1 415.16
8	贵阳工具厂									

（续）

序号	产品名称	单位	主要产品产销存情况							
			年初库存量		年末累计生产量		年末累计销售量		年末累计库存量	
			实物量	价值量	实物量	价值量	实物量	价值量	实物量	价值量
	量具	万件	0.09	77.10	0.24	225.90	0.24	225.90	0.09	71.10
	刃具	万件	17.52	1 046.41	17.70	2 954.17	17.70	2 954.17	17.52	1 046.41
9	关中工具制造公司									
	刃具	万件	580.50	3 265.59	822.29	9 515.76	691.90	8 256.83	710.89	4 524.52
10	青海量具刃具厂									
	量具	万件	8.36	487.36	77.24	7 804.20	79.97	7 875.42	5.63	416.14
	刃具	万件	533.19	227.52	1 300.14	2 203.80	1 406.09	1 724.58	427.24	706.74
11	北量机电工量具公司									
	量具	万件	7.50	192.70	10.80	364.80	7.50	397.20	10.80	160.30
	刃具	万件	161.50	800.70	185.60	1 328.10	195.10	1 466.60	152.00	662.20
12	北工雄峰机电工具公司									
	刃具	万件	5.26	241.76	4.65	140.93	6.79	209.28	3.12	173.41
13	哈尔滨量具刃具公司									
	量仪	台件	242.00	3 156.90	693.00	9 331.00	576.00	9 172.00	305.00	3 315.90
	量具	万件	34.92	5 286.13	102.61	12 091.03	85.00	8 366.13	52.53	9 011.03
	刃具	万件	1 484.76	11 342.75	4 420.66	28 015.09	3 563.88	22 573.64	2 341.54	16 784.20
14	哈尔滨第一工具公司									
	刃具	万件	426.48	6 918.85	759.73	21 084.95	735.77	20 760.88	450.44	7 242.92
15	哈尔滨第二工具厂									
	刃具	万件	132.00	4 622.70	187.29	5 210.40	188.85	5 209.00	130.44	4 624.10
16	衡阳量具刃具总厂									
	刃具	万件	63.30	1 214.94	11.24	614.80	11.73	613.30	62.81	1 216.44
17	本溪工具有限责任公司									
	刃具	万件	40.80	915.60	162.50	7 323.80	166.30	7 580.70	37.00	658.80
18	汉江工具厂									
	刃具	万件	15.88	4 741.00	17.22	11 024.30	17.22	11 024.30	15.88	4 741.00
19	中原量仪股份公司									
	量仪	台件	3 210.00	566.40	29 228.00	3 596.71	26 993.00	3 449.73	5 445.00	713.38
20	四平兴市工刃具厂									
	刃具	万件	162.13	1 903.21	132.00	5 060.00	127.00	4 933.50	167.13	2 029.71
21	长春量具刃具厂									
	刃具	万件	114.93	1 408.20	76.54	1 394.28	57.42	1 144.39	134.05	1 658.09
22	上海刃具厂									
	刃具	万件	492.72	1 460.62	1 543.12	4 691.90	1 203.85	3 542.85	831.99	2 609.67
23	常熟量具刃具厂									
	刃具	万件	31.49	251.00	241.95	5 778.00	253.36	4 839.00	20.08	688.00
24	靖江量具有限公司									
	量具	万件	4.33	655.26	68.28	6 932.42	66.12	7 013.18	6.49	574.50
25	山东工具制造有限公司									
	刃具	万件	66.67	227.99	346.69	981.30	370.58	1 080.83	42.78	128.46
26	兰州量具刃具厂									
	刃具	万件	341.83	2 367.32	225.61	1 558.08	352.54	2 279.46	214.90	1 645.94
27	株洲钻石切削工具公司									
	刃具	万件	1 552.66	1 279.20	7 677.95	64 028.99	8 134.18	58 237.57	1 096.43	7 070.62

4. 市场及销售

根据海关的统计数字和中国机床工具工业协会工具分会的综合分析，2005 年进口刃具的增长幅度有所回落，刃具进口额约 45 000万美元，比上年增长 11.25％(2004 年年鉴年所报的刃具进口额，系源自初步统计数据为45 000万美元，后经核实为40 000万美元)。进口各类量具、量仪约2 971.5万美元，比上年增长 24.13％。这些数据表明，我国现代制造业(轿车、航空航天、能源设备、模具制造等)所需的高精度、高效率、高可靠性刃具产品和量具、量仪有相当一部分还需要进口。

2005 年工具行业产品销售收入前 10 名企业见表 5。2005 年工具行业产品出口金额前 10 名企业见表 6。

5. 科技成果及新产品

成都工具研究所(国家精密工具工程技术研究中心)2005 年完成了多项科研及新产品开发项目，为企业进一步健康、持续的发展打下了良好基础。①“高速火车车轮数控加工专用系列刀具”项目。成功研发了2种适用于高速度、大用量的干式重切削条件下的硬质合金涂层刀具新基体材料牌号及MT－CVD中温化学涂层工艺。经现场切削试验表明，采用新涂层工艺的火车车轮加工专用系列刀具在相同切削条件下，使用寿命提高一倍，并具有良好的重复性和稳定性，产品达到国外同类产品水平及国内领先水平。该项目现已形成9种型号的系列化刀具产品的中试生产规模，实现了科技成果的转化，能基本满足国内火车车轮数控加工生产线的需要，填补了国内空白，可替代同类进口刀具产品。该项目荣获四川省科技进步三等奖。②“齿轮在线自动检测分选机的开发研究”项目研制出汽车齿轮在线自动检测分选机一台，具有完全自主知识产权。目前，该项目已通过由四川省科技厅组织的科技成果鉴定，并申报发明专利2项，实用新型专利2项。鉴定委员会认为，该项目采用齿轮双面啮合原理检测齿轮轴向误差、其合理的传感技术、测量齿轮方法以及自行设计的工件快速装夹机构、计算机误差修正等多项技术，具有一定的创新性。所具备的齿轮在线测量功能达到国内领先水平，填补了我国齿轮测量领域的一项技术空白。该项目科技成果的转化，将为齿轮制造业的发展起到极大的推动作用。③“低脆性QPQ工艺研究”项目成功开发出一种高温氮化QPQ工艺，采用新工艺处理后的材料，韧性提高1倍以上，抗双氧水的腐蚀能力提高两倍以上，具有良好的耐磨性和抗蚀性。该项目率先对国内氮化处理行业的氮化层脆性进行了系统研究，并提出了氮化工艺的脆性机理，促进了高温氮化盐的开发与完善。④“产品数据管理(PDM)系统应用开发”项目建立了产品数据管理系统(以下称PDM)的运行框架，完成了数据库、FTP配置和企业建模配置；规范了企业CAD制图标准、工艺卡、工序卡；编制了PDM系统管理规范；实现了PDM系统与部分二维绘图设计软件以及Office应用软件的无缝集成。该项目的实施，为人与人之间、部门与部门之间提供了全新的沟通方式，方便相关人员对信息的存取和利用；不仅完善了企业产品设计和工艺设计数据以及过程的管理，更为重要的是提高了企业管理的规范化程度和管理水平，提高了设计创新能力。⑤“加工不锈钢用新型硬质合金基体材质的研制及应用”项目成功研发出一种用于不锈钢内排屑深孔钻的硬质合金刀片基体材料新牌号，完成了内排屑深孔钻头的结构、几何参数、断屑槽型的设计和合理切削用量的选择，具有良好的切削和断屑效果，钻头使用寿命达到了国内领先水平，已实现批量生产。⑥“高速加工工具系统的开发与应用”项目荣获中国机械工业科学技术三等奖。

江苏天工工具股份有限公司2005年取得了丰硕的科研成果。①“高速钢的水平连铸技术”已通过省科技成果鉴定，该成果在国内首次采用水平连铸技术生产出可替代模铸生产的高速钢电极坯，消除了模铸生产切头取尾的金属损失，可提高合金回收率5%以上，降低了能耗，缩短了生产流程，大大降低了生产成本。采用水平连铸技术已批量生产出20余t高速钢电极坯，经电渣重熔、开坯及轧制等工序生产的高速钢线材产品经江苏省产品质量监督检验中心所的抽样检测：W4Mo3Cr4VSi Φ5.9mm及W9Mo3Cr4VΦ8.7mm高速钢钢丝成分、规格、退火硬度及淬回火硬度均符合国家标准的要求。试验结果表明，采用由连铸高速钢电极坯经电渣重熔、开坯及轧制等工序生产的高速钢线材产品加工的产品性能优于模铸高速钢电极坯。该技术的研究成功初步掌握了水平连铸技术生产高速钢电极坯的生产控制工艺，为进一步开展高速钢的连铸研究打下了良好的基础。该项技术成果总体处于国际先进、国内领先水平。②“新型PID全自动控制重熔稀土高速钢”已通过省科技成果鉴定，设计开发出的新型PID全自动控制器，改变了手动控制模式，填补了高速钢电渣炉全自动重熔的空白，实现了重熔电流的稳定控制，切断了重熔点状偏析形成的必要条件——结晶前沿钢液的不均匀流动，提高了钢的内部碳化物质量。再通过在钢中添加稀土，可实现钢水双重精炼，充分发挥稀土在高速钢中的净化、变质、合金化作用，提高了高速钢的综合性能。该成果的主要冶金质量和产品使用性能达到甚至超过世界先进水平。③“优质稀土低合金高速工具钢”项目显著降低了贵金属元素钨、钼、钒的含量，充分利用微量元素在钢中的强效变质作用和微合金化作用，在钢中与元素碳、氮、铝、硅等作用形成的一些高熔点化合物可代替贵金属，使高速钢具有低成本高性能特征。这是高速钢研究发展的新突破。其1 150～1 180℃淬火奥氏体晶粒度为8.5～9.5级，540±10℃回火硬度为63～65.5HRC，600℃热硬性(600℃×4h)≥60HRC。④“低成本高性能钢结硬质合金属切削削刀具的研发”项目采用电冶钢结硬质合金材料制备工艺，增强相体积分数达20%～40%，钢基体中主要化学成分为Cr、Mo、W、V、Ni、Fe、C等，刀具硬度为68～71HRC，抗弯强度2 000～2 100MPa，冲击韧度8.0 J·cm^{-2}。⑤“TG高速工具钢”具有良好的热硬性和韧性，适用于制作手工锯条、机用锯条和钻头等中等切削条件下使用的刀具，淬回火硬度63HRC以上。该成果采用廉价的硅进行补充合金化，降低了日益枯竭的钨、钼合金的使用量，其性能接近通用高速钢，可替代通用高速钢制造切削速度不高的刀具。⑥“高纯净度优质稀土超硬高速钢M42”是高速机床加工难切削材料、高精度工件必不可少的刀具材料，广泛应用于航空航天工业加工钛合金、高温合金、奥氏体不锈钢及硬度在45～50HRC的淬硬合金结构钢等，同时也应用于军工企业。超硬高速钢M42是一种在硬度、热硬性、耐磨性、可加工性及价格等方面处于普遍工具钢和硬质合金之间的工具材料。退火硬度≤255HB，夹杂物ABCD四类夹杂细系≤1.5级，粗系≤1.0级(按ASTME45评定)，淬回火硬度(1 190℃淬火+540℃回火)≥68HRC，制成的刀具经切削试验，切削寿命达到国外同类产品先进水平。

威海市量具厂有限公司研制出符合国家标准GB/T8122－2004、国内领先的35～50mm、50～160mm内径千分表，也可按日本、德国标准制造。根据国外客户需要开发的50mm、100mm对刀器，主要用于数控机床更换刀具时定位。符合国家标准GB/T8122－2004的6～450mm数显内径表，分辨力0.002mm，具有公英制转换功能及数据输出接口。符合机械行业标准JB/T10036－1999的0～25mm测厚规，可配0～25或0～30指示表，可方便地进行大尺寸测量。经江苏省产品质量监督检验中心所抽样检验，主要冶金质量和淬火、回火情况见表7。

表5 2005年工具行业产品销售收入前10名企业

序号	企 业 名 称	销售收入（万元）
1	江苏天工集团有限公司	180 396.00
2	江苏飞达工具集团公司	176 926.41
3	株洲钻石切削刀具股份有限公司	45 537.80
4	哈尔滨量具刃具厂	40 716.60
5	中国贵航集团西南工具总厂	30 883.29
6	上海工具厂有限公司	35 071.40
7	成都成量集团公司	28 326.56
8	哈尔滨第一工具厂	20 857.20
9	东风汽车公司刃量具厂	12 811.80
10	陕西航空硬质合金工具公司	11 849.00

表6 2005年工具行业产品出口金额前10名企业

序号	企 业 名 称	出口金额（万元）
1	江苏天工集团有限公司	117 257.00
2	江苏飞达工具集团公司	89 523.60
3	桂林广陆量具厂	8 996.30
4	青岛优先出锐工具有限公司	8 625.00
5	中国贵航集团西南工具总厂	6 964.00
6	株洲钻石切削刀具股份有限公司	6 147.50
7	上海申利螺纹工具有限公司	5 894.60
8	靖江量具有限公司	4 792.09
9	无锡锡工量具有限公司	4 500.00
10	陕西航空硬质合金工具公司	3 259.00

表7 主要冶金质量和淬火、回火情况

化学成分	国家标准	世界先进水平	检验结果
S(%)	≤0.03	≤0.008	0.005～0.006
Cu(%)	≤0.25	≤0.10	0.08～0.09
H		$2\sim3\times10^{-6}$	1.5×10^{-6}
O		$20\sim50\times10^{-6}$	13.8×10^{-6}
硬度	≥63HRC	≥64HRC	65～66.5HRC

靖江量具有限公司的0～300mm游标划线圆规（JW20.300－0）采用游标读数原理，可对几何划线进行测量，最小划线圆120mm，最大划线圆3 000mm，主要应用于船舶制造及板金作业划线放料，产品已交付日本公司使用，并得到确认，达到国内领先水平。该公司研制的0～150mm旋转钩深度游标卡尺（BY32.15－0），达到国际领先水平，主要用于测量深度和沟槽，测量范围0～150mm，分辨力0.02mm。2005年5月产品得到瑞士TESA公司的书面确认报告，现已批量打入国际市场。

太原工具厂设计开发出Φ090/030、Φ172/110内排屑可转位套料钻、Φ215/140外排屑可转位套料钻、M56～M130内容屑丝锥及Φ25～110mm可转位深孔钻。

陕西航空硬质合金工具公司设计开发的背插式Z轴设定器，主要用于刀具对刀，测量范围2″，分度值0.001″，示值误差0.0006″；硬质合金丝锥坚韧、耐用，主要用于各种小规模螺纹孔的加工；整体硬质合金孔加工刀具，其几何结构及形状复杂、精度高；主要用于数控机床的精密加工，光电式Z轴设定器，用于刀具或量具对刀调整等，测量范围0～50mm，示值误差0.015mm。

四川天虎工具有限责任公司设计制造的国内首创的机夹可转位叶片铣刀（正在申请专利），刀片可转位，被加工面一次成形，切削平稳，表面质量好，主要用于汽轮机行业；机床行业专用系列铣刀，刀片可转位，多个成形表面一次加工完成，切削平稳，表面质量好，切削效率高，为国内领先水平；自主创新的机夹焊接重型车刀（正在申请专利）集机夹、焊接的优点于一体，消除了重切削中的高温变形，切削效率高；引进吸收的机夹坡口铣刀（正在申请专利），刀片可转位，刀刃强度好，切削效率高，广泛用于天然气输气管及石油管行业；引进吸收的车拉刀，刀片可转位，切削平稳，效率高，表面质量好，主要用于汽车行业曲轴的加工。

洛阳洛硬工工模数控有限公司设计制造的汽轮发电动机专用铣刀—叶根槽成形铣刀，为大型高精度复杂硬质合金可转位刀具，其使用性能被中国机械工业金属切削刀具技术委员会评价为国内领先。铣刀直径Φ490，厚度42±0.01，成形尺寸允差±0.03，比旧结构整体高速钢铣刀效率提高3～4倍，且刀体能长期使用。“汽轮发电机专用铣刀”项目被河南科技厅授予河南省高新技术产业化项目。

陕西渭河工模具总厂研制的M3～M10全磨制螺旋槽丝锥，其特点是把容屑槽作成螺旋槽状，从而大大加强了控制切削流向和导屑作用，切屑呈螺旋状连续排出，避免了堵塞，改善了工作条件；攻螺纹时，不必多次退出排屑，一次进刀就可完成螺纹孔的加工；增大的丝锥实际前角和容屑空间，使得刀刃更锋利，切削更轻快，降低了切削转矩冲击韧度，提高了丝锥的耐用度，特别适于加工低碳钢、合金钢、不锈钢、耐热合金钢及有色金属的深孔螺纹，也适用于加工带槽或有断续表面的螺纹孔。开发生产的精密钢四导柱滚珠模架为系列产品，包括67种规格，配有5种导向件，在上模座脱开式结构上，采用了该厂最新研制的结构形式，导向件中的导柱、导套及滚珠架中的滚珠三者为过盈配合，外形尺寸、凹模周界闭合高度采用了日本“FuTABA”参数，零部件精度、总装精度均采用企业标准。该种模架的设计、制造达到国外同类产品水平，居国内领先地位，其脱开式装置优于日本的“FuTABA”产品。

陕西关中工具制造有限公司设计制造的可转位车刀，刀片材质为硬质合金，采用机械夹固方式，刀片可转位，更换方便，夹紧可靠，刀尖位置尺寸精度±0.08mm，适用于车削加工；开发出的60°圆锥管螺纹，牙型角为60°，技术参数符合JB/T 83662－96，适用于汽车、机床等的油、气输送系统的管连接；研制的Φ3.5～4.5小规格枪钻，采用硬质合金刀头、焊接式结构，钻孔尺寸精度达IT6～8级，直线度0.16～0.33mm/1 000mm，表面粗糙度R_a3.2～0.1μm。

衡阳量具刃具总厂研制出的装可转位刀片的A型镗刀头，适用于数控机床粗、半精镗加工，装夹方便，使用效果好;BT60－XM60－75数控刀杆配于大型数控机床Φ200mm以上刀盘,国内能生产的工具厂很少,产品质量达到国内先进水平;塑料粉碎机用刀具广泛应用于各种塑料、尼龙的粉碎,能替代进口产品,达到国内先进水平。

上海量具刃具厂与以色列勒米特公司合作,开发出新一代二级影像测量系统。该系统广泛适用于机械、电子、电器、航空、汽车、模具、型材、光学等领域,可对各种复杂或简单形状的机械零件、电子线路板进行非接触测量,并将测量结果以影像、图表等方式输出,具有国际领先水平。

青海新青工具有限公司开发的渐开线花键单齿插刀为渐开线花键齿形、小模数,应用于花键内插及外插,效果良好。

成都成量工具有限公司开发的圆柱管圆板牙G1/16～G2,硬度60～63HRC,寿命长,主要用于加工有色金属材料;大规格螺纹塞规、环规M185～M300,硬度58～65HRC,牙面粗糙度≤R_a0.32,结构及尺寸精度符合国家标准,主要用于军工业;偏置中心距卡尺10～300/0.05,刻线宽度差:游标与主尺差0.02mm;首尾线误差:首线0.005mm;尾线0.01mm;示值误差:10～150mm为±0.05mm,150～200mm为±0.06mm,200～300mm为±0.07mm,主要用于直读测量机械加工件的多孔间中心距离。

6. 质量与标准

中华人民共和国国家标准委发布公告2005年第7号文,公布了批准发布的刀具国家标准14项,实施日期为2005年5月18日。2005年全国刀具标准委员会完成了8项行业标准的制定;协助国家标准委完成了198项刀具专业国家标准清理整顿的后续工作,整顿结果为:继续有效79项、修订74项(包括正在进行的51项)、整合修订30项、整合10项、修改1项、废止1项、转为行业标准3项。有40项标准将整合为17项,标准数量削减23项,承担了ISO/TC 29(小工具)国内技术归口的管理工作。刀具标准委员会秘书处与各分会秘书处共同编制了"十一五"刀具标准化发展规划;与中国标准出版社联合编制出版了《中国机械工业标准汇编　刀具卷》,编辑出版了《标准和质量信息》(刀具量具量仪)网刊4期。全国量具标准委员会对2004年完成的6项标准根据会审意见进行了修改、完善,已完成报批工作。2005年制修订的6项标准已完成意见征求和标准审查稿,并提交审查。上报2006年机械行业标准制修订项目10项;上报2004年完成的54项国家标准和11项国家标准制修订计划的评价复核工作材料;上报2004年完成的标准制修订项目6项;上报2005年快速程序修订机械行业标准项目计划汇总表;编制了《全国装备制造业2005～2007年标准化发展规划》量具量仪部分国家标准的研制项目及量具量仪行业"十一五"期间标准化发展规划;配合中国标准出版社联合编辑出版了《中国机械工业标准汇编　量具量仪卷》(上下册)。

扬州新江正工具有限公司2005年4月通过了ISO9001:2000质量体系认证。汉中智海精密机械工具公司2005年ISO9000认证合格。常熟量具刃具厂2005年11月通过了ISO9001:2000质量体系第二次年度监督审核。杭州杭工工具实业有限公司2005年通过了ISO9000质量复审换证工作。陕西航空硬质合金工具公司2005年9月通过了ISO9000:2000年度审核。四川天虎工具有限责任公司2005年9月通过了ISO9001:2000质量体系认证。陕西渭河工模具总厂2005年通过了中国进出口商品质量认证。泰安泰山福神齿轮箱有限责任公司2005年通过了TS16949标准体系认证。

7. 基本建设及技术改造

2005年12月,成都工具研究所所属成都工研科技股份有限公司承担的国家重点"精密专用数控刀具技术改造项目",通过了受国家发展和改革委员会委托由中国机械工业集团公司会同四川省经济委员会组成的验收组的竣工验收。该项目总投资2 850万元,其中,银行贷款2 000万元,自筹资金850万元,建设期为2年。验收组听取了建设单位所作的竣工验收总结报告,察看了现场,逐项核查了建设内容,审阅了档案和财务资料,认为该项目完成了预定的建设内容,达到批准的生产纲领,实现了改造目标,显著改进了项目承担单位"精密专用数控刀具"的设备条件,改善了生产环境,增强了技术工艺手段,产品质量显著提高。承担单位在项目实施中管理规范、经费支出合理、投资省、效益好、边技改边生产,销售收入和利润连年都有较大幅度的增长,技术创新也取得了可喜的成果,具有明显的经济效益和社会效益。2005年,成都工具研究所完成了科学技术部"科学仪器设备改造升级技术开发"项目的"高温硬度计的改造"。该项目完成了高温硬度计的全面技术改造和升级,恢复并提高了其原有的测试功能,完成了CCD显微镜图像数据分析系统的改造,图像测量放大倍数达600×以上;新增了编辑、查询及打印测量结果等功能。该项目的完成对于分析材料的热硬性,提高刀具产品的质量等都具有重要意义。2005年工具所还投入200多万元新增数控加工中心等8台设备,大大提高了加工能力、产品质量及生产效率。

扬州新江正工具有限公司2005年面对高速钢的不断涨价,果断下调微利产品直柄麻花钻的产量,投资100万元新上3套磨制六角柄钻头生产线。另外,还先后投入200万元用于扩大、改进新产品阶梯钻的工艺、装备(由手工单一生产改进为机动流水线生产),阶梯钻产量由原来的5 000支/月扩大到现在的6万支/月。

汉中智海精密机械工具公司2005年投入50万元进行了四轴花键磨数控改造,并斥资560万元购进3台数控平面磨床,其中:德国ELB2台,德国布隆1台。

江苏天工工具股份有限公司始终坚持加快发展步伐不动摇,在发展中求投入,在投入中求更大发展的方针,仅与法国埃赫曼集团共同投资的"天工爱和特钢有限公司"一期工程,公司就投入2.8亿元,安装了按照当今世界先进标准设计的且具有国际领先水平的25t电弧炉、30tLF钢包炉外精炼炉、1 250t快锻机及与其相配套的"氧气、氩气、氮气"三气站、环保除尘装备等,合资企业一期工程于2005年6月投产。投产半年来,已生产优质高档高速钢1万t,有望新增销售收入5亿元。另外，投资1 000万元新成立了磁选厂，预计增加销售收入3 000万元。

威海市量具厂有限公司2005年在威海经济技术开发区投资建设了威海新威量具有限公司，占地约4.5hm²，建筑面积11 000m²，建有1个办公楼、1个生活福利综合楼及5个生产车间，现已投资1 600万元，已于2006年4月下旬搬迁至新厂。

靖江量具有限公司继前几年连续实施工艺技术改造之后，再次投入250余万元(其中钢结构剪板机房18万元，多功能楼170万元，总装大楼附属楼65万元)用于生产布局调整和优化，使公司快速响应市场的能力有了新的提高。

杭州杭工工具实业有限公司下属4个子公司(螺纹刀具公司、非标刀具公司、复杂刀具公司、热处理公司)2005年顺利搬迁至萧山义桥基地，原杭工销售公司重新组建成杭州杭机杭工工具销售公司。

四川天虎工具有限责任公司非常注重企业的基本建设，2005年投入资金达420万元。其中，数控刀柄生产线98万元，预计2006年实现产值300万元；数控工具生产线100万元，预计2006年实现产值360万元；丝锥生产线120万元，预计2006年实现产值200万元；电动工具配件线102万元，预计2006年实现产值500万元。

洛阳洛硬工工模数控有限公司为扩大再生产投资2 000万元，2005年8月从原址珠江南路迁至洛阳高新开发区，购地36.2hm²，新建厂房7 823m²，办公楼1 672m²，辅助设施厂房及道路绿化756m²，现已建成，正式投入生产。

陕西渭河工模具总厂自2004年申请贷款及自筹资金用于军品技改投资，截止至2005年技改项目投资已累计2 750万元，其中国家预算内资金978万元，2005年购置设备751万元。

山东工具制造有限公司2005年实施了多项基本建设及技改项目，进一步加强了生产加工实力。其中，投资21.48万元用于车间改造；投资18.67万元对17台设备进行了更新；投资13.5万元进行动力线路改造；投资28.74万元进行热处理生产线改造。

青海新青工具有限公司2005年的“高强度刀具系列化”项目预计投资1.4亿元，计划年产值1.2亿元，现为筹备阶段。“石油机械加工中心”项目预计投资6 080万元，年产值1.4亿元，现为准备阶段。

成都成量工具有限公司2005年进行了多项技术改造项目。如退火炉温改造项目、焊接节材改造项目、电子数显卡尺改造项目、螺纹环规加工工艺改造项目及不锈钢卡尺淬火工艺改造项目等等。

8. 技术合作与引进

汉中智海精密机械工具公司与汉中海纳川精密机械公司合作，投资200万元建成滚刀生产线，于2005年9月投产，现已初具规模。

四川天虎工具有限责任公司2005年6月从四川省外贸机械进出口有限公司引进102万元资金合作建设“数控刀柄生产线”，现已投入生产；2005年12月从自然人引进120万元资金合作建设“丝锥生产线”，现也已投入生产。这两个项目建成后都与投资方在市场及管理方面进行合作共管。

9. 企业简介

扬州新江正工具有限公司　2005年，面对原材料高速钢价格的飞涨及人民币升值的严峻形势，主要依靠出口的扬州新江正工具有限公司为立足不败，在激烈的市场竞争中站稳脚跟，主要采取了以下措施：①开展抓管理降成本活动。重新核算车间成本，制定各工序消耗定额，直接与工人工资挂钩，兑现2004年以前各车间物耗奖，使全厂统一了认识“节约归自己，用亏自己掏”。②调整产品结构，加强市场竞争力。果断下调微利产品直柄麻花钻的产量，投资100万元新上3套磨制六角柄钻头生产线。增加了拳头产品的产量，2005年中心钻、取出器、手用丝锥等产品产量较上年上升40%。同时，加大适应市场需求新产品的投入，先后投入200万元扩大新产品阶梯钻的生产规模。③注重人才的培养。2005年公司派2名责任心强的技术骨干到成都工具研究所学习，回来后委以重任，担任质检科长，系统抓质量管理工作，卓有成效。

汉中智海精密机械工具公司　2005年，根据国内外大环境的变化及本企业的实际情况，按照“以人为本，质量第一，服务至上”的服务宗旨，紧紧围绕“实现跻身国际舞台，成为集科研开发、制造销售于一体的大型拉削刀具生产基地”的企业发展战略目标，对企业的组织机构进行了较大的调整，进一步明确了各职能部门的职责内容，使其更适应市场经济发展的要求，也为企业内部管理工作的细化及管理信息化建设打下了良好的基础。为适应市场需求，开发出了航空发动机行业及汽车行业所需要的高、精、尖拉刀产品。通过在设备及人才方面的大力投入，生产的高精度拉刀产品已成功销往如西安航空发动机有限公司、成都飞机制造有限公司等新用户。同时，为了不断提高企业的现代化管理水平，与陕西理工学院合作开发了“智海精密信息管理系统”，现已使用在公司人事管理、合同管理、生产管理、客户管理及退货管理中。

江苏天工工具股份有限公司　中国大型出口外向型企业，始建于1981年，是以生产工具麻花钻及其原材料(高速工具钢)为主的专业厂家，是国家重点高新技术企业。20余年来，公司紧紧依靠科技进步，实施科技兴企战略，遵循“精益求精，创造精品”的宗旨，充分发挥两大主导产品(高速工具钢、工具麻花钻)的互补性和定位于以“出口产品”为市场导向的经营方针，立足特色求发展，构筑了从冶炼、重熔、轧钢、锻造、拔丝、工具深加工到工具中空包装一条龙的生产体系，形成了国内独一无二的产业链条。公司占地面积89.6万m²，总资产18.8亿元，现有员工6 100余人，专业技术人员2 355人，其中高级职称18人，中级职称285人。

2005年，天工秉承“一切从诚信做起”的经营理念，紧紧围绕“高速工具钢、工具麻花钻”两大主业，孜孜不倦，强势造势，做优做强，全年实现销售收入20亿元，其中自营出口5 850万美元，利税1.98亿元(其中上缴地国两税达8 000万元)，分别比2004年增幅达32.9%、46.6%和34.8%。取得上述骄人的战绩是与公司制定的一系列方针计划分不开的，主要有：①加快发展步伐，在发展中求投入，在投入中求更大发展。与法国埃赫曼集团的合作，在国际特钢和工具界均产生了强烈的反响，极大地提升了天工高速钢的质量档次。②加大技术创新。2005年天工技术创新成果颇丰。制定了模具钢SKDI1、高碳高铬不锈钢、热作模具钢H13、9341Al的生产工艺，攻克了含铝高速钢走中频炉冶炼、电渣重熔的工艺路线，完成了美标立铣刀、国标锥柄立铣刀、日标锥钻、日标磨制钻等各类产品标准20余项，标定各类生产图纸250份。高纯净度优质稀土M42超硬高速钢、TG牌高速工具钢均被国家科技部审定为国家火炬计划项目，尤其是江苏省重点科技成果转化项目"水平连铸高品质稀土高速钢的开发及产业化"填补了中国高速钢生产2个技术自主创新空白，通过了江苏省专家组考察认证鉴定，并获江苏省2 000万元成果转化资金资助。工具方面新获6项专利，使天工的专利总数达22个。③加速产品创新。一是为积极实施循环经济，变废为宝，天工将产业链进一步向前延伸，新成立了磁选厂，将被机床砂轮磨下的废碎屑料(砂轮灰)全部通过磁选炼钢回收再用，解决了资源浪费和环境污染问题，大大降低了生产成本。二是钢厂方面，新生产了H13模具钢、SKDII冷作模具钢、德标M_2高标准钢。三是工具方面，根据客户和市场需求新研制生产了群钻、轧制美标短钻、M14～M30大规格螺旋槽丝锥等。④加强营销创新。2005年公司实现了中国高速钢出口"零"的突破，尤为可喜的是2005年7月自营出口创造了713万美元的最佳业绩，实现了历史性的突破。在销售领域，两大主导产品在稳定原有老客户的基础上，进一步拓展了销售渠道和市场。高速工具钢方面，与国内一些大中型工具厂家的合作进一步稳固，销售领域已延伸至复杂刀具行业，而且出口到韩国、美国等10多个国家；工具方面，在稳定发展世界知名客商的基础上，通过参加国际、国内展览会等多种形式，又开辟了亚洲、中东、美洲的一些市场，使天工的销售真正延伸至世界50多个国家和地区，TG牌天工工具已在世界30多个国家注册，天工自主研发的群钻同时在国内及世界60多个国家申请专利，目前，国际知名客商美国纽威公司、香港TTi公司均在天工设立了定点的制造分厂。

常熟量具刃具厂 2005年企业在面临外部钢材大幅度涨价、销售阻滞不畅、限电避峰控制用电等重重困难情况下，坚持以"市场为导向，销售为中心"的经营理念，紧紧抓住工具市场商机，紧紧围绕年初制订的企业方针目标及任务，从狠抓"一增二消三加强四提高"的内功入手(即努力增产挖潜，再创历史新高)；节支降本，化解原辅材料涨价和新厂房折旧等不利影响；加强车间管理，加强外加工管理，加强分厂管理，以此提高劳动生产率，提高产品竞争能力，提高市场占有率，最终提高企业整体效益。2005年生产经营的实绩是：完成产值6 134万元，比上年的4 800万元增长27.79%，完成年计划5 000万元的122.68%；实现销售收入5 196万元，比上年的4 572万元增长13.65%，完成年计划5 000万元的103.92%；实现利润483万元，比上年的467万元增长3.43%，完成年计划200万元的241.5%；资金回笼6 279万元，比上年的5 378万元增长16.75%，完成年计划6 000万元的104.65%；年末2项资金占用562万元，比年初的689万元减少127万元，资金占用下降18.43%。

2005年，企业综合经济效益指标继续在同行业中名列前茅，职工年平均收入亦比上年增长约5%，被中国机床工具工业协会评为"精心创品牌十佳企业"。

青海量具刃具有限责任公司 原青海量具刃具厂，创建于1955年，原为机械工业部属生产量具刃具的重点企业。1997年由国有企业改制为股份合作制企业。2005年，青海量具刃具有限责任公司、青海麦克龙测量技术有限公司及苏州麦克龙测量技术有限公司共同成立了青海量具刃具集团公司。公司基础坚实、科技实力雄厚，着眼长远的发展战略使青量集团公司成为中国千分尺品种、规格最为齐全，质量最优，规模最大的生产企业，千分尺产量占国内总产量的60%以上，占世界千分尺产量的1/6多。

公司始终将质量、信誉视作生命，建立了严格的质量保证体系和可靠的质量管理制度，1996年首次通过了ISO9001质量体系认证，2004年通过了ISO9001：2000版的认证，所有产品均严格按照ISO及DIN标准制造，质量稳定，精度可靠。

主要产品有：机械及电子数显的微分头、外径千分尺、内径千分尺、内测千分尺、三点内径千分尺、两点内径千分尺、各种变型千分尺(奇数沟千分尺、深度千分尺等)，计数器外径千分尺、μ计数器外径千分尺、杠杆千分尺、双面数显外径千分尺，内径表、螺纹中径比较仪、带表卡规、电子量表、电子厚度规、机械及电子内外卡规、电子数显卷尺、电感量仪、测量台，游标卡尺、电子数显卡尺、钻头、丝锥等。

靖江量具有限公司 2005年公司取得了良好的经营业绩，产、销、利、税等各项经济指标均创历史新高，完成工业总产值(当年价)6 957.7万元，比上年增长39.72%；产品销售收入7 009.7万元，比上年增长38.45%；实现利税1 008.85万元，比上年增长26.56%。

新产品开发方面，全年累计开发新品31项，其中多功能旋转钩深度游标卡尺0～150、0～250、0～300和0～500系列已定型批产；200爪长、250爪长、300爪长等系列重卡新品均已完成试制并陆续投放市场，新品产值率达到45.71%。对外合资合作方面，公司完成了外资方的全面"换防"，资本结构和投资主体都得到了优化，强强联合的竞争优势将得到更好的体现。企业管理方面，继续开展EPR流程优化重组，ERP资源计划工程正在向高级运用迈进，运用计算机网络平台实施的高效、精细化管理已覆盖生产经营的各个方面，企业的质量管理、成本管理、职业安全健康管理、清洁生产、5S及目视管理以及诚信建设等管理工作均取得了显著成效。2005年被市委市政府授予"百优企业"称号。

太原工具厂 是以生产金属切削刀具为主的国有综合性工具厂，始建于1958年，是中国工具行业的重点骨干企业之一，也是华北地区惟一复杂刀具生产企业。拥有各种加工设备和检测仪器500余台，下设4个刀具制造分厂、1个工艺分厂、1个辅助分厂及1个刃具分厂，从业人员800余人。主要产品有：齿轮刀具、拉削刀具、硬质合金可转位刀具以及孔加工刀具、铣削刀具、螺纹刀具等6大类产品，70余个品种，6 000余个规格，年生产能力约50万件。

2005年，企业克服了钢材价格上涨、退休职工增资、合同承接量不足、市场价格波动、同行业竞争激烈、资金运行偏紧等困难，领导班子团结务实，党政拧成一股绳，支持科学管理、民主决策，积极应对挑战，主要经济指标完成情况如下：

工业总产值实现3 505万元，比上年增长3.5%；销售收入实现2 808.9，比上年增长3.6%；销售回款3 068.9万元，比上年增长6.2%；实现利税405.2万元，比上年增长12.8%；在岗职工年人均收入9 584元，比上年增长3.4%。

陕西航空硬质合金工具公司　国有独资企业，隶属于中国航空工业第二集团公司，主导产品有硬质合金刀具、量具、硬质合金粉末冶金制品三大类，是为航空工业及国防军工提供硬质合金属切削削刀具配套的专业化生产企业。

2005年公司从业人员1 860人，实现工业总产值10 501万元，销售收入11 849万元，完成出口创汇395万美元。高新工程技改项目也于2005年9月顺利通过国防科工委、中航第二集团专家组的国家级竣工验收。完成了主辅分离辅业改制总体方案和6个主辅分离项目方案，并通过了中航第二集团公司的审查，上报国资委待批；9月国资委对包括该公司在内的59个军工企业下达了银行停息日，标志着公司债转股工作正式启动。根据公司“十一五”规划完成了产品研发、技术改造、人力资源管理等10个分规划的编制工作，为公司“十一五”规划的顺利实施奠定了良好的基础。

四川天虎工具有限责任公司　是在原四川工具厂的基础上，通过分流改制扩股而建成的有限责任公司，是我国定点生产机夹硬质合金可转位刀具的中二型民营企业，占地面积8万m^2，拥有各类生产、检测设备540多台（套），9个综合管理部，正式员工420人。其中，工程技术和专业管理人员占在册职工的20%以上，具备较强的技术开发和管理能力。年开发新产品和新工艺攻关10项以上，已获国家专利2项，部优产品4项，省优产品3项。机夹类可转位刀具的技术水平和市场份额居全国同行业前列，中心钻居全国第一。年产“天虎”牌刀具150万件，年产值7 000万元，拥有2 000多个品种，1 000多个规格。机夹硬质合金可转位刀具、高速钢刀具、中心钻及刀具配件、电动工具配件、木工工具是主导产品，也可根据用户的要求设计、生产各类非标产品。产品除在国内销售外，从1971年开始，还远销到欧美、澳大利亚、东南亚、香港等国家和地区，年出口额1 600万元左右。

公司现有3个控股公司和2个参股公司，即中外合资四川宏天机械有限责任公司和四川韦斯特工具制造有限责任公司、四川省简阳宏力机械有限公司、四川韦斯特精密刀具有限公司、四川天虎螺纹工具有限责任公司。

洛阳洛硬工工模数控有限公司　原洛阳市硬质合金工具厂，始建于1985年，2002年兼并两厂改制为民营企业。2005年8月从原址珠江南路迁至洛阳高新开发区，1998年通过了ISO9002标准质量体系认证，2003年通过了ISO9000：2000版认证。

2000年、2003年公司被河南省科技厅认定为河南省高新技术企业，产品被认定为高新技术产品。近几年来，公司不断研制开发出满足市场需求的新产品，新产品产值约占总产值的60%以上。主要新产品有：①铁路提速道岔成形铣刀，已基本占领国内市场；②可替代进口的系列国产化刀具，主要用于汽车行业、柴油机行业加工汽缸件、汽缸盖、曲轴等；③机床行业加工床身导轨所用的成形组合铣刀，为国内首创；④汽轮发电机所用的成形铣刀，其中叶根槽成形铣刀采用硬质合金可转位刀具，属国内外领先。

陕西渭河工模具总厂　机械电子行业工模具专业生产企业，兴建于1960年，占地面积37.5万m^2，固定资产1.15亿元，现有职工1 500人。主要产品有精密模具及冲压件、精密冷冲模架、量具刃具、电子专用工具、成形磨削夹具、硬质合金烧结及深加工制品、精密齿轮及谐波齿轮传动装置、线切割机床及机床零部件共八大类3 000余种规格产品。经过40余年的发展，现已成为西北地区最具实力的电子工模具研制生产基地。

陕西关中工具制造有限公司　位于陕西凤翔，于2003年6月注册成立，总资产5 860万元，资产负债率62.7%。2006年1月与北京北量机电工量具有限公司合作重组成功，将引入北量机电的管理机制和利用其资金优势，注册资本1 509万元，其中北量机电持股80%，国有股5%，自然人股15%，员工1 300多人。主导产品有机用丝锥、铣刀、铰刀、各类麻花钻、硬质合金可转位刀具、枪钻、数控刀具等60多个品种，5 000多个规格。其中，机用丝锥获国优银奖，并与精密级直柄麻花钻共同被评为陕西省名牌产品，产销量居全国工具行业前列。公司已通过ISO9001质量体系认证，2005年实现工业总产值10 180万元，销售收入9 600万元。

衡阳量具刃具总厂　坐落在衡阳市雁峰区白沙洲工业园区，始建于1958年8月，国有中型企业，现有总资产3 450万元。主要产品有各种铣刀、镗床、铣床、CNC机床等各类联结刀柄系统及刃具产品。其中，硬质合金可转位系列产品*X*209、*X*214等系列模块式面铣刀一体多用、切削快，获工具博览会“攻关奖”；T形槽刀具填补国内生产空白；R8柄铣刀为我国可转位刀具出口到欧美各国的惟一品种。2005年被衡阳市人民政府评为“目标管理先进单位”。

青海新青工具有限公司　是由原青海工具厂2001年经过资产重组改制而成的。其前身青海工具厂是原国家机械工业部20世纪60年代内迁兴建的大型二档国有企业，是生产切削工具的国家重点企业，于1985年开始介入石油机械产品减速器的生产，属国家二级计量单位，已通过ISO9002质量认证。公司地处西宁市，厂区占地面积71 733m^2，现有员工527人，其中重组职工381人，外聘员工146人。现有刀具生产车间3个、石油机械生产车间2

个、辅助生产车间2个(热处理车间、生产准备车间),各类机械加工、动力设备483台、辅助生产设备164台,其中大型机床17台,高精尖机床38台。公司的经营理念是"一流工具厂的质量、工具车间式的服务"。"青工"牌产品经过几十年的市场磨砺已在广大用户中树立了良好的信誉,生产制造的刀具产品多达5 000余种80万件,广泛用于汽车、发动机、工程机械、石油设备、冶金设备、铁路等行业。尤其是非标刀具,已有极好的市场信誉。非标刀具的标准化,标准刀具的非标化是企业发展的方向。石油机械产品减速器达16种型号50多个品种,涉足大庆、中原、长庆、吐哈、新疆、辽河、华北、玉门、青海及四川等各大油田,现有减速器生产能力1 000台。

上海刃具厂有限公司 创建于1928年,是以生产螺纹刀具为主的金属切削工具企业。公司占地面积6 000m²,建筑面积14 300m²,总资产1.45亿元。2005年,公司党政班子紧紧围绕企业的稳定和发展这个根本,抓管理,拓市场,主要经济目标比上年有一定幅度增长,管理工作有一定程度进步,职工收入小幅提高,各项工作稳步前进,取得了"重塑三圈、重组刃具"5年规划目标第一阶段的初步成果。

兰州量具刃具厂 正在进行改制,已完成资产评估、清产核资、土地评估等工作,各项准备工作已经就绪,企业重组方案已报兰州市国有资产管理委员会审批。

山东工具制造有限公司 由山东工具总厂经改制、改组于2005年8月成立。目前公司有员工270人,自2005年8月成立至年末,实现工业总产值550万元,销售收入260万元,出口交货值210万元。主导产品有丝锥、圆板牙及非标产品,年生产能力500万件,产值2 000余万元。公司成立后,加大了新产品开发投入和产品结构调整力度,逐步扩大了高工钢和硬质合金刀具的生产,开发的2个新产品已基本形成批量生产能力,且获得地方2005年技术进步奖。

泰兴市黄桥工具有限公司 原江苏黄桥工具厂,系原国家机械工业委员会定点的刃具生产企业和外贸出口基地,是江苏省省级先进企业,二级计量企业和国家中型企业,地处长江三角洲地区,基础设施完善,交通便捷。随着国家对企业改革的不断深化,原江苏黄桥工具厂改制为民营企业,并更名为:泰兴市黄桥工具有限公司。公司占地30 400m²,其中厂房面积15 016m²,拥有各类冷加工设备475台(套),其中主要生产设备295台(套)。主要产品有:锥柄麻花钻、机用丝锥、直长钻、非标长钻、板材开孔钻、中心钻和铣绞刀及非标刀具等。拥有两个注册商标:铁锚牌和锐字牌。

泰安泰山福神齿轮箱有限责任公司 坐落在雄伟壮丽的泰山脚下,总资产1.7亿元,占地面积26万m²,职工1 300人,系由原国有企业山东齿轮箱厂于2002年改制而成,省级先进企业,先后被评为泰安市经济效益30佳,泰安工业50强,山东省机械工业企业利税50强。公司拥有先进的CAD、CAM系统及雄厚的技术开发能力,拥有德国、瑞士的精密检测仪器,是山东省量具刃具检测中心,国家二级计量单位。1999年顺利通过了ISO9002质量体系认证,2003通过了ISO9001换版及监督审核认证,2005年通过了TS16949标准体系认证。主要生产各类收获机械,工程机械齿轮箱,各类标准、非标复杂刀具、丝锥,商品齿轮,并可根据用户需求承作其他各类齿轮箱。生产的各类产品多次在全国行业评比中荣获第一名,被中国质协评为用户满意产品,公司被评为用户服务满意单位和连续6年被评为山东省重合同守信用企业。

北京北工雄峰机床工具有限公司 2005年是公司生产经营非常困难的一年,由于钢材价格的不断上涨,库存产品又不足,使得公司做出了压缩主业、调整经营、开发其他产品确保公司正常运营的决定。2005年公司销售收入与2004年基本持平。

无锡锡工量具有限公司 2005年全体员工围绕年初制定的经营方针和计划大纲,在生产、经营等各方面均取得了良好的发展态势和效果,卡尺产量达到近几年来公司历史的最高水平。新品开发方面,加大力度开发了1 500～4 000mm大卡尺及其他新产品,为实现销售目标(或提高销售收入)提供了坚强的保证。面对量具销售市场的新形势,公司坚持贯彻"以质量拓市场、以管理求效益、以创新促发展"的经营理念,在努力提高产品质量的前提下,不断提高服务质量,积极开辟新的销售渠道,扩大市场占有率,2005年,公司销售收入比上年同期增长15%。公司坚持按照ISO9001标准开展质量管理工作,认真贯彻"以优质产品树形象、以过硬品牌拓市场"的企业质量方针,牢固树立质量第一的观念,产品质量明显提高,注册的"锡工"牌商标,被推荐申报江苏省"著名商标"。在原辅材料涨价,产品销售价格下跌的情况下,坚持向管理求效益,全面加强经济核算,严格控制原辅材料消耗,控制非生产性开支,努力降低生产经营成本,2005年实现利润稳步增长,员工的收入也稳步提高,职工的社保体系得到了进一步完善。

成都成量工具有限公司 2005年,四川省人民政府授予"川牌"量具刃具"四川名牌产品"称号,四川省质量技术监督局授予公司"四川省企业质量信誉等级AA级企业"称号。2005年12月举行了公司新厂址奠基仪式。

嘉兴精工工量具有限责任公司 2005年实现工业总产值1 005.5万元,销售收入1 153.1万元,员工165人。年产16万把各种类型的"J"牌卡尺,主要有:游标卡尺、量具刃具线圈游标卡尺、高度尺、深度尺、带表卡尺和电子数显高度尺等近百种产品,其中300Ⅲ型游标卡尺、200mm、300mm深度卡尺等产品多次被部、省、市评为优质产品。

〔本部分撰稿人:成都工具研究所黄宁秋　审稿人:成都工具研究所商宏谟〕

二、数显行业

1. 中国数显产业的崛起与产业结构的变化

21世纪以来,中国直线和角度位移传感器发展迅速,在位移传感器中占主导地位的光栅尺和圆光栅编码器产量从2000年以来大陆每年以30%～50%的速度递增,2005年光栅尺的销售量已超过25万坐标居世界第一(全世界的总产量大约在70万坐标左右);圆光栅编码器的销售量也超过

40万个，和国际领先的德国、日本相差不远，现在中国大陆的机床数显化率已达到30%以上。中国数显产业是当代崛起的新兴产业。

机床各个轴的位置测量是机床技术发展的关键，随着机床数显技术的发展，数显装置已成为机床各轴位置反馈的传感器，同时也促进了数控机床的发展。光栅、感应同步器、磁栅、球栅和容栅5种测量系统在机床行业中都有采用，但是90%以上是光栅传感器。

20世纪90年代中后期，我国的光栅数显产品才逐步商品化、产业化，2000年以后民营企业和三资企业不断壮大，生产企业逐步实现公司制或股份制改造，数显产业进一步集中，形成了规模经济，出现一批领头企业，其中生产光栅尺是长春光机、信和、怡信、万濠和新豪，生产圆光栅编码器是长春禹衡，生产容栅是桂林广陆，生产磁栅是上海平信公司（原上海机床研究所），球栅以北京万新公司代理推广英国产品为主。数显企业都是中小企业，直接相关的职工都在300人以下，一般为70人左右，桂林广陆公司规模稍为大一些，人数也只有700多人，人均产值为人民币15万～25万元。根据行业统计分析，数显行业的生产厂家都处于赢利水平，无亏损企业。从全行业来看，有5个生产企业的销售收入超过或接近亿元，光栅尺、圆光栅编码器和容栅数显卡尺的销售量已居国际领先，创造了中国数显产业发展的奇迹。但是我们也要看到中国数显产业的总体水平还不高，产品主要还是低端产品。产业从数显领域进入数控领域才刚刚开始，但市场前景很好。

2. 国内数显主要产品及其企业情况

（1）光栅尺。国产光栅尺的品种和规格比较齐全，可以满足普通数显机床和测量仪器的需要，并开始用于数控机床和数控系统，光栅尺的发展促进了国内数控系统和测量仪器的发展。国内的光栅尺主要是玻璃光栅尺，普遍的栅距是20μm，分辨率有5μm、1μm、0.5μm，准确度在±10μm/m，还有一些达到±5μm/m。光栅尺的输出信号主要为TTL方波，5、10倍频电路都安装在读数头内。单支尺的测量长度都可以达到1 200mm和3 000mm，长春光机和莱格可以生产12m的玻璃光栅尺。信和展出了可以接长到30m的玻璃光栅尺，公司还生产大屏幕液晶显示的四坐标数显表。信和已将自己生产的光栅尺用于本公司的数控铣床和加工中心。怡信也将自己生产的光栅尺用于本公司的三坐标测量机二次元影像仪的数控系统。莱格公司生产12m金属钢带式光栅尺。光栅尺的测量速度一般为60m/min，有的可以达到120m/min，防护等级能达到IP53。光栅尺生产厂的发展模式也不一样，长春光机是专门生产光栅尺，信和是在光栅尺的基础上发展数控机床。怡信、万濠、新豪则是在光栅尺的基础上发展测量仪器，其产品有投影仪、影像仪、坐标测量机、测高仪、对刀仪等等，产品已进入国际市场。由于规模化的生产和市场的竞争，光栅尺每根的平均价格已降到500元，安装在铣床上的400mm、800mm光栅尺和1台数显表国内销售价降到了1 200元。现在数显测量系统在机床和测量仪器上的应用非常普及，数显机床基本上用中国大陆的光栅数显产品。光栅尺年产量在2万坐标以上的生产厂家是信和、怡信、万濠、新豪和长春光机。2005年光栅尺的生产总量已突破25万坐标，数显表产量已超过10万台，产值达到2亿元，其中30%是出口，销往德国、美国、澳大利亚、西班牙等28个国家。

（2）圆光栅编码器。角位移传感器是圆光栅编码器，分为角度编码器和旋转编码器，可以测量直线及角度的位移、速度和加速度，其应用也相当广泛，不单用于数控机床，同时也用于伺服电动机、机器人、电梯、印刷机械、纺织机械、办公自动化、注塑机、加油机、工业自动化仪器仪表和银行取款机等产品。长春禹衡是国内圆光栅编码器最大的生产企业，共有员工300人，现有48个产品系列，上千种产品，能刻画圆光栅的线数可到8 192/周，每转输出的脉冲数可达25 000个，绝对式编码器的位数可以到16位。2005年销售圆光栅编码器25万个，在电动机上应用就有3万个，销售额7 000万元，其中出口17%，创汇120万美元。无锡瑞普是本世纪发展起来的企业，从事圆光栅编码器制造，圆光栅的线数是1 000和1 024，也能制造绝对式编码器。该公司产品的销售价格不断下降，1台编码器的售价从800元下降了一半。该公司从2001年到2005年的5年间每年产量都成倍增长，从2001年的4 000个到2005年达到10万个，2005年销售额达到4 000万元。2005年国内圆光栅编码器的生产总量已突破40万个，产值1.5亿元。

（3）磁栅尺、球栅尺和容栅尺。磁栅尺现在大陆惟一的生产单位是上海平信机电，除了常规尺外还自主开发了3～30m的长磁栅尺，准确度在±10μm/m和±5μm/m，2005年销售量已达6 000坐标，填补了国内超长度金属直线传感器的空白。长春三英展出了球栅尺。容栅数显主要用在数显量具，桂林广陆数显卡尺2005年的销售量已超过100万支，其数量仅次于日本三丰（MITUTOYO），其中80%出口，销售额已超过1亿元，还展出了有自主知识产权的IP67防水数显卡尺。

3. 行业经济运行情况

2005年数显行业完成工业总产值75 000万元，比上年增长25%，出口额为2 100万美元，比上年增长35%。其中光栅尺销量25万坐标，圆光栅编码器40万件，数显量具210万件，数控机床360台，其他光电测量仪器如投影仪、高度仪、测长仪、坐标测量仪、刀具预调仪等产品的销量也有较大幅度的增长。从行业当前的主导产品机床数显装置来看，95%以上都还是光栅；在数显量具方面90%以上仍是容栅。2005年数显行业7个企业主要经济指标情况见表8。2005年数显行业7个企业主要产品生产情况见表9。2005年数显7个行业出口主要产品出口情况见表10。

4. 新产品开发

2005年数显行业共有3个企业开发了5种新产品。

2005年无锡市瑞普科技有限公司从德国引进磁栅尺的生产技术，目前磁栅尺的分辨率可达0.001mm，产品抗油污能力强，可以用于较恶劣的工作环境。磁栅尺生产工艺较简单，特别适合3m以上量程的测量。磁栅尺具有广泛的市场应用领域，如数控机床、印刷机械、木工机械等行业。

2005年桂林广陆数字测控股份有限公司从德国LTF公司引进2条二手设备生产线：千分尺生产全套二手设备生产线和指示表生产全套二手设备生产线，并同时从该公司引进其他具有当前世界先进水平的量仪项目生产技术及样机。

2005年桂林广陆公司与美国及新加坡公司技术合作，共同研制电子数显卡尺的核心电子组件及其专用芯片(ASIC)，共同开发和产业化具有自主知识产权的IP67防水型电子数显卡尺。2005年数显行业3个企业新产品开发情况见表11。2005年数显行业合资合作项目见表12。

表8　2005年数显行业7个企业主要经济指标情况

项　　目	数　量
工业总产值(当年价)(万元)	41 205
其中：机床工具类产品总产值(万元)	38 551
工业销售产值(当年价)(万元)	38 773
其中：机床工具类产品总产值(万元)	36 305
工业增加值(万元)	11 877
利润总额(万元)	4 912
全年从业平均人数(人)	1 973
固定资产合计(万元)	14 486
固定资产净值余额(万元)	12 032

表9　2005年数显行业7个企业主要产品生产情况

序号	产品名称	单位	产量	产值(万元)
	合计			28 502
1	光栅尺	支	195 327	8 407
2	光栅数显表	台	68 650	3 250
3	圆光栅	台	100	50
4	容栅数显量具	万把	100.3	9 050
5	容栅部件	万把	102	1 900
6	磁栅尺	支	5 700	798
7	磁栅表	台	300	114
8	感应同步器尺	件	1 890	161
9	感应同步器表	台	35	18
10	感应同步器部件	台	18 915	275
11	圆感应同步器	台	249	278
12	光电编码器	台	12	4 200

表10　2005年数显行业7个企业主要产品出口情况

序号	产　品　名　称	出口量	出口交货值(万元)
1	光栅尺(根)	56 600	3 079
2	光栅数显表(台)	20 300	1 280
3	容栅数显量具(万件)	94	7 282
4	光电编码器(台)	1 000	35

表11　2005年数显行业3个企业新产品开发情况

序号	产品名称	型号	主要技术参数	生产单位
1	磁栅尺	ZT ZG	分辨率：0.1mm/0.01mm/0.005mm/0.001mm 精度：±0.04mm/±0.02mm/0.008mm	无锡瑞普科技有限公司
2	二次元影像仪	EVT	影像系统：CCD 1/2″ 精度：(3+L/200) 放大倍数：20～200 2D：测量软件 Z轴：探针系列 三维数据库，作手动三坐标用 电脑：P4/256M/80G　17″LCD	苏州怡信光电科技有限公司
3	全自动影像仪	EV/NC3020 EV/NC4030 EV/CNC6050	影像系列：CCD 1/2″ 精度：(3+L/200) 放大倍数：20～200 2D：测量软件 Z轴：探针系列 三维数据库作自动三坐标用	苏州怡信光电科技有限公司
4	IP67防水数显卡尺	IP67	分辨率：0.01mm 测量范围：1～150mm 示值误差：±0.02mm(0～100mm)、±0.03mm(100～200mm) 示值变动性≤0.01mm 测量速度≥1.5m/s 防护等级：IP67S(防水、防尘)，达到国际先进水平，应用推广效果良好	桂林广陆数字测控股份有限公司

(续)

序号	产品名称	型号	主要技术参数	生产单位
5	高精度电感测微仪		具有数字和模拟显示,数字量程二档 分辨率 0.1μm 和 1μm 量程±0.5mm、±1mm 重复性 0.1μm 线性度±0.15%FS 温度漂移 0.15μm/℃ 激励频率 19kHz,达到国际先进水平,应用推广效果良好	桂林广陆测控股份有限公司

表 12 2005 年数显行业合资合作项目

项目名称	合资合作内容	合资金额(万元)	外方企业名称	外方占股金比例(%)	中方企业名称	中方占股金比例(%)	合资年限	合同签订年份
IP67 防水型电子数显卡尺产业化及其专用芯片(ASIC)开发	通过与美国及新加坡公司合作共同开发专用芯片(ASIC),具有自主知识产权,形成产业化生产能力	1 500	美国 新加坡		桂林广陆数字测控股份有限公司			

5. 科研项目

2005 年数显行业共有 3 个企业完成 7 项科研项目,2005 年数显行业企业完成科研项目情况见表 13。2005 年数显行业企业获奖科研项目情况见表 14。

表 13 2005 年数显行业企业完成科研项目情况

序号	科研项目名称	主 要 内 容	投入资金(万元)	项目来源	完成单位
1	3V 容栅部件	研制 3V 电源下工作的集成电路芯片	20	自选	北京航天峰光电子技术有限责任公司
2	太阳能容栅部件	研制太阳能电池及电源系统	10	自选	北京航天峰光电子技术有限责任公司
3	超速报警系统	研制速度测量系统及报警电路	15	自选	北京航天峰光电子技术有限责任公司
4	磁栅尺	磁栅尺的生产设备、生产工艺	200	德国	苏州怡信光电科技有限公司
5	磁栅读数头	磁栅读数头技术的引进	300	德国	苏州怡信光电科技有限公司
6	Et－300H 机械对刀仪	X:150mm;Z:≤0.005μm;同心度:≤0.005μm;BT40/BT50 转换	60		桂林广陆数字测控股份有限公司
7	ELS－800 三维激光抄数机	X/YZ:800mm/600mm/400mm;扫描精度:0.05mm;扫描速度:1 000 点/s;扫描量深:150mm;PCI/四轴 CNC;控制软件:Rescan	120		桂林广陆数字测控股份有限公司

表 14 2005 年数显行业企业获奖科研项目情况

序号	项目名称	主要内容及应用范围	获奖名称	主要完成单位	授奖单位	完成单位
1	模块光电编码器	编码器模块的应用	科技进步奖	技术开发部	市科协	无锡瑞普科技有限公司
2	磁栅尺引进	磁栅尺设备、工艺	科技贡献奖	市场开发部	市科协开发区管委会	无锡瑞普科技有限公司

6. 行业发展工作

(1)行业标准工作。行业技术标准是衡量该行业技术水平的一项重要标志,也是与国际接轨的重要依据。经过 20 多年的努力,数显行业虽然取得了长足的发展,但其现行技术标准与国际标准相比仍然存在一定差距,特别是加入 WTO 之后,这一矛盾更显突出。其一,为了参与国际竞争和国际交流,必须建立我们自己的技术壁垒,以保护自己,扩大出口竞争能力。其二,一些国际知名品牌公司纷纷来华投资建立独资生产企业,我们的行业标准需要与国际通用标准接轨。其三,为了求得更大的发展,我们也必须建立高水平的行业标准，生产出高品质的产品，对行业内水平低、品质不高的产品，应该进行整顿，防止无序的低价竞争，以保障我国工业的正常、健康发展。经过多年的高速发展，大家认为抓紧行业标准的修订工作已是当务之急。为此，在2004年，数显分会上就修订行业标准召开了行业专家研讨会，特别是在讨论“十一五”发展规划时，一致认为必须把行业技术标准的修订摆上议事日程。在2004年底分会换届大会上明确了首先抓好光栅标准的修订工作，并制订了由各光栅主要生产厂家出资，由分会秘书处负责组织实施此项工作，不靠不等国家资助而由企业集资搞行业标准是一有效尝试，目前此项工作进展正常。

1)在2005年4月北京国际机床展会上召开了专题会议，讨论了如何修订光栅标准的有关事项，并确定了各主要生产厂家的集资额度，落实了起草修订草案的执笔单位与个人，并于5月份落实了资金，工作正常开展。

2)2005年11月在北京召开了光栅标准研讨会，对修订草案初稿进行预审，并征求了行业内主要光栅生产厂家和行业专家意见。

3)2006年2月在苏州召开的分会理事扩大会上对修订草案进行了初审。

4)拟于2006年6月召开光栅标准审定会并上报总会报批稿，争取尽快颁布实施。

(2)行业发展工作。行业发展工作是分会工作的立足点。近年来，国内制造业持续高速发展，数显市场需求旺盛，国外数显进口逐年增加，国际著名的数显厂商纷纷在我国设厂，国内数显行业的许多企业也面临改制转型的关键时刻。当前国内数显行业和国内外市场的发展现状，引起了分会秘书处的更多关注，并为此开展了调研与分析工作：

1)利用北京国际机床展的时机，在组织专家了解国内外数显产品发展水平的同时，向国内国际的一些著名厂商(包括德国Heidnhain、西班牙发格公司等)索取了资料、并与其进行座谈交流，了解他们的现状与发展思路，以对我们分会的发展有所启迪。

2)借修订光栅标准及修改“十一五”规划草案的机会与行业内的企业多交谈、多交换意见，做了一些初步调查研究，了解了企业在发展中遇到的问题与阻力，为2006年进行更深入更广泛的调研与分析工作做好准备。

3)抓技术创新，促行业进步。抓技术创新，无论是对企业、行业，还是国家，都是一个永恒的主题。作为新兴产业的数显行业抓技术创新工作尤为重要。从2005年北京国际机床展会上可见，数显行业的不少企业产品结构有了较大的调整，有些企业开发的新门类产品的产销量已超过了其主导数显产品，有些企业的自主创新能力得到提高，拥有了自己的核心技术，获得了国家专利。如桂林广陆数字测控股份有限公司的IP67防水数显卡尺2005年3月通过了省级科技成果鉴定和国家商务部出口机电产品研发资金项目验收，获得国家专利，达到国际先进水平，是一项真正自主研发的拥有知识产权的新产品，已进入小批量生产阶段，2006年将投入大批量生产，将成为“十一五”规划期间企业新的经济增长点。分会秘书处注意收集行业内诸如此类的创新产品，在展会上，在总会的报纸、杂志上加以宣传，扩大影响，促进行业的科技进步，促进行业的发展。

(3)行业共识。2005年数显行业的两点重要共识：

1)在激烈的市场竞争环境下，企业竞争不仅仅局限于产品的竞争，标准的竞争更为重要。试想在落后标准指导下生产出来的产品与采用先进标准的产品同台打擂，结局恐怕是产品尚未照面，输赢已成定局。经过几年的实践证明，分会主要生产光栅的几大企业对此都已达成共识。2005年分会推进光栅标准修订工作进展所以顺利，得益于各生产企业积极性高，集资款项到位及时，为光栅标准的修订提供了经济条件。我国市场经济的迅猛发展，政府加大采用国际标准和国外先进标准的力度，把标准化工作提到了一个前所未有的重要地位。市场经济需要标准，标准化工作必须适应市场，企业参与标准化工作的积极性空前高涨。分会秘书处作为数显行业各方面工作的牵头单位，必须不失时机地搭建平台、沟通信息，发挥纽带和桥梁的作用，把行业的标准化推上新的台阶。

2)2005年北京国际机床展览会上参展的数显产品档次明显提高，经过“十五”期间几年的市场考验，大家都已意识到“继续低端产品混战，高端产品徘徊不前”的局面有碍于行业的发展，更严重的是会造成企业经济效益下滑的恶果，因此各有关生产企业都十分注重拥有自主知识产权产品的研发与产业化，少数骨干企业已经有了一些成功的经验，值得数显行业有条件的企业研究和借鉴。

7. 基本建设及技术改造

2006年是我国“十一五”规划的开局之年，每逢5年规划的开端，国家总会出台一些政策，鼓励各行各业以及企业的发展，数显行业各个主要生产企业对此认识都有了很大的提高，不少企业都在2005年下半年开始对“十一五”规划的科研项目、技改项目以及其他各类专项工作进行筹备。如广州信和公司及时启动了数控机床方面的研发项目；桂林广陆公司在2005年下半年即启动了3项较大的新建和扩建技改项目，其中2项在桂林高新区，另一项在无锡高新区，以及对外技术合作与交流等项目。各企业的目标是一致的，都在争取在未来的新一轮5年规划中得到国家的大力支持，求得企业发展，为数显行业的发展与进步作出贡献。

8. 企业简介

北京航天峰光电子技术有限责任公司 系航天部下属的航天试验技术研究所主办的，由国有和职工合资，经营民用产品的公司。主要研发、生产、销售容栅位移测量部件，为国内生产数显量具配套，年产部件100万件(用于卡尺、千分尺、量表等)。2005年自行研发了太阳能容栅部件和3V容栅部件，使产品更符合环保和节能要求，带超速报警的容栅部件的研发成功解决了因超速而出错的警示，符合欧洲数显量具的技术标准，有利于出口创汇。在产品的质量管理方面，公司加大执行ISO9001的力度，完成了年度复审，始终把使顾客满意作为公司经营的宗旨。

广州信和光栅数显有限公司 始创于1989年，是一家中外合资专业厂家，以引进先进技术生产光栅尺、数显表、数控系统。经过多年努力和得到各方面的支持，公司继1997年通过技术监督局样机检测合格，获得政府计量部门颁发的计量器具生产许可证"0000128"之后，又通过了ISO9001国际质量系统及欧洲电器安全标准认证。其中光栅数显国内销售量占国内总销量的30%，产值达5 000万元，成为中国名副其实最大的光栅数显生产企业，产品同时还销售到世界五大洲。公司的生产场地近10 000m²，设计生产能力年产9万个坐标光栅尺和3万个数显表，拥有2个研究中心，研究员高工、研究生、本科生、大专生近150人。由高级技术人才专门从事研究开发相关的新产品和全方位技术支持。有专业化的生产车间5个，1个检测中心。他们分别是：五金生产车间、数显表生产车间、光栅尺装配车间、光栅尺玻璃生产车间和数控系统生产车间。拥有一大批国内最先进的生产、检测设备和设施，如3.2m长碰控溅射真空镀膜机，4.5m长光栅尺与激光干涉仪组成的比长仪，3.2m长数控涂布机，3.2m长数控曝光机，日产5t的工业纯水设备，超声波清洗生产设备，3.2m的烘炉，6 000倍电子显微镜，万能工具显微镜，一批零级花岗岩平台、自动波锋焊接机、老化装置、恒温检查室和无尘洁静室。在全国设立了21个售后服务中心，遍及沿海开放发达的主要工业城市，为用户提供完善的售后服务。

桂林广陆数字测控股份有限公司 在其主导产品的产量、出口量和销售量连续10年以30%以上的速度增长的基础上，2005年的生产经营又取得较大幅度的增长。其中：产品产量达98.5万件(套)，比上年增长26.3%；销售收入达12 153万元，比上年增长35%；上缴税金940万元，比上年增长24.7%；净利润1 923万元，比上年增长26.3%；出口创汇达1 102万美元，比上年增长36.7%。2005年企业在各方面都得到了全面提升，尤其是企业的知识产权工作开展较好，被广西自治区列为广西专利工作试点企业(有专题文章论述)。由于企业的科研及新产品开发成绩显著，企业技术中心通过评审被授予自治区级(省级)技术中心称号。由于自营出口额大幅度提高被桂林市授予外贸出口贡献奖，广西商务厅授予外贸出口特别贡献奖。由于2005年广陆公司生产经营、技术研发等方面业绩显著，分别荣获桂林市超2 000万元利税大户奖；桂林市科技进步优秀企业奖等荣誉称号，被广西自治区重点列入拟上市公司名单。2005年下半年开始实施由广西自治区发改委批准备案的"桂林广陆年产160万套高精度容栅电子数显量具扩建项目"、"桂林广陆建设年产60万套基于电涡流传感技术防水数显卡尺新建项目"和"无锡广陆建设电子数显量仪出口生产基地项目"。这三大项目的顺利实施将有力地促进广陆公司产业化生产跃上一个新的台阶，在"十一五"期间，广陆公司将积极推进"GL"名牌战略行动，实现更大的发展，为中国的数显行业作出更大的贡献。

无锡市瑞普科技有限公司 公司位于太湖之滨的国家高新技术滨湖经济开发区，占地面积30hm²，建筑面积18 000m²，现有员工180人，其中技术开发人员、工艺员30人。公司主要产品有光电编码器、磁栅尺、弹性联轴器、数控机床配件等。主导产品光电编码器采用了国际先进的编码器模块技术，以编码器模块生产的编码器与传统光电池技术的编码器相比，运用了超平行光技术、相位阵接收技术、温差补偿技术、抗干扰技术等多项新技术。模块编码器与传统光电池编码器相比，生产成本有所提高，但稳定性有了很大的提高。2005年，公司从德国引进了磁栅尺的生产技术，目前磁栅尺的分辨率可达0.001mm，产品抗油污的能力强，可以用于较恶劣的工作环境。2005年，公司的编码器销售产值达到了1 000万元。2005年，公司取得了自营进出口权，编码器核心零部件及整机产品开始出口欧美市场，出口形势良好。

长春光机数显技术有限责任公司 简称长光数显，是由中科院长春光机所数显工程中心与激光编码器产业部整合重组的股份制企业，其中职工持股42%，该企业由中科院长春光机所控股。公司是专门从事光栅传感器制造的技术研发型生产企业，企业职工88人，其中大学本科以上学历的员工人数占总人数的60%。2005年光栅线位传感器销售额达到1 100万元，利税170万元，人均纳税额超过1.5万元，被高新开发区授予绿色纳税人称号。2005年，在国家科技型中小企业创新基金支持下，高精度大量程光栅传感器的批量生产能力已形成，达到年产4万m的水平。2005年转口德国产品近4 000多支。沈阳第一机床股份有限公司出口的数显机床，几乎百分之百配套长光数显光栅传感器，公司为国产机床出口做出了贡献。

〔本部分撰稿人：中国机床工具工业协会数显分会李振雄〕

机 床 电 器

一、机床电器行业

1. 行业发展现状

机床电器行业经过50年的发展历程，目前已形成比较完善的体系，就机床电器品种、规格、性能及生产能力，已能基本满足国民经济发展的需要。

机床电器行业自1998年至今，已保持多年连续增长的势头。据不完全统计，2002年到2005年全行业销售收入年均增长7.5%，但利润增幅较小，年均增长3.75%。这些数据如实地反映了机床电器行业近年来的发展情况，但也有不少企业的发展速度大大高于上述平均水平，企业发展已步入良性循环。

近年来，机床电器行业在转换体制、优化结构、开拓市场、开发新产品、增加收益和建立现代企业管理制度等各方面都做出了不懈的努力，取得了良好的效果。

目前，机床电器行业的发展变化主要表现出以下特点：①深化国企改革，实现资产的转化和人员的优化。企业通过改制激活了自身发展，取得了显著的经济效益，同时使企业突破了发展瓶颈，更好地参与市场竞争。②适应市场需要，大力开发新产品。一大批技术先进、质量好、竞争力强的产品开发成功，增加了行业产品的品种，提升了行业产品的技术水平，增强了企业的实力与市场竞争力，拓展了市场，满足了更多用户的需求。经过这几年的努力，行业中不少企业已由原来主要为机床提供配套产品，发展成为多行业多用户提供电器产品。③加强技术改造，提高企业的生产能力和生产水平。企业在生产经营不断发展的同时，注意发掘自身技术实力，通过新材料、新工艺、新技术的应用，增强企业的发展后劲，确保产品性能及质量的提高。④民企崛起，民营经济迅猛发展。一大批以温州经济模式起家的民营企业迅速崛起，由于机制灵活，民营经济所具有的活力日益展现。在行业中的影响越来越大。⑤行业发展呈现两极分化。在众多企业取得较好成绩的同时，行业内也有一批企业由于各种原因，近年来发展缓慢或停滞不前，濒临亏损的边缘。还有一些企业在竞争中破产或转产，同时又有大量新成立的企业投入到激烈的市场竞争中。

2. 机床电器行业产品发展分析

机床电器产品可分为：接触器、起动器、继电器、电磁铁、电磁离合器、行程开关、转换开关、按钮开关、机床变压器、断路器及其他机床电器元件等10余大类。

我国目前生产的机床电器产品大致可分为3代。第一代产品是我国20世纪60～70年代自行开发的，相当于国外50年代的水平；第二代产品为更新换代产品，如当时行业内的引进产品和联合设计产品，其主要技术性能相当于国外20世纪80年代初水平；第三代产品为跟踪国外新技术自行开发的产品，产品水平相当于国外90年代初的水平。机床电器行业自引进产品和技术后，进行了联合设计，各企业又相继对引进产品和联合设计产品做了进一步改进升级，可以说这些改进升级产品，其主要技术性能有的已接近或达到第三代产品的水平。此外，国外从20世纪90年代后期推出了智能化、可通信的第四代产品，是未来机床电器的发展趋势。

进入21世纪，电器产品的更新与开发速度加快，第一代产品面临淘汰，第二代产品逐步萎缩，第三代产品迅速发展；一批优秀企业正在自主开发产品，创企业品牌。但不能回避的是，仍有很多企业主要生产的还是第一、二代产品。

当前行业发展的重点是第三代产品，主要是致力于提高我国机床电器产品的总体水平，缩小与国外差距；提高高档国产电器产品市场占有率；满足我国机床和各类工业机械电气控制的需求；明显提高我国主要机床电器产品的可靠性和外观质量。从目前发展情况看，应重点开发、研制、改进适用于高精度、高自动化、高复杂化的各类工业机械设备、机床和自动化装置的高性能、高精度、高可靠性、高安全性的传统的新型有触点电器元件和利用电子技术、光电技术、光纤技术而开发的电子化、电子适应性新产品。

根据我国机床电器市场的实际，为满足不同用户需求，拉开主导产品的档次，机床电器主要系列产品发展应分为高级型、较高型、经济实用型3个档次，以方便用户根据实际需要合理选用。第一、高级型，第三代产品可以作为我国目前阶段的高档次机床电器产品。第二、较高型，以我国第二代机床电器产品为主体，同时这一档次产品应根据市场需要进行二次开发。进行二次开发主要是为了提高产品性能，增加我国中档机床电器产品的市场竞争能力，挡住外国产品向我国机床电器中档产品的市场渗透。第三、经济实用型，重点应抓好交流接触器、塑壳断路器、热继电器等几大类产品。需要指出的是，开发新一代经济实用型产品是我国机床电器发展的战略需要，是为了适应不同档次用户要求而提出的，它将在未来的市场中占据重要的角色，并将加速我国第一代落后产品的淘汰。

在我国努力开发第三代产品并逐步推向市场的同时，国外主要电器公司从20世纪90年代后期又开始推出更新的产品，即第四代机床电器。新一代产品除了高性能、小型化、电子化、智能化、模块化、组合化外，其主要特征是可通信、高可靠、维护性能好、符合环保要求等。特别是新一代产品能与现场总线系统连接，实现网络化。这必将给传统机床电器产品注入高新技术，使机床电器的产品功能发生质的飞跃。

3. 行业结构及基本情况

参加此次统计的机床电器行业的企业共计31个，其中国有企业4个，占12.9％；股份制企业(含改制企业)20个，占64.5％；集体所有制企业2个，占6.5％；民营企业5个，占16.1％。企业的地区分布主要集中在京津、沈阳、江浙和上海等地区。

从行业的企业性质构成看，当前股份制公司(含改制企业)在机床电器行业中所占比重最大。越来越多的国有企业纷纷选择改制作为国企改革的突破口，通过改制实现资产和人员的优化，以此应对激烈的市场竞争。同时，以温州柳市为代表的一大批民营企业正迅速发展，并大力扩张其在机床电器产品市场的影响力，现已成为行业发展中重要的一极。

2005年机床电器行业基本情况见表1。

表1　2005年机床电器行业基本情况

项　　目	单位	数量
参加汇总的企业数	个	31
工业总产值(当年价)	万元	925 5010
其中：机床工具类产品总产值	万元	407 965
工业销售产值(当年价)	万元	889 422
其中：机床工具类产品销售产值	万元	386 964
工业增加值	万元	303 414
利税总额	万元	113 284
全年从业平均人数	人	15 899
固定资产合计	万元	126 138
固定资产净值余额	万元	96 605

行业各企业在2005年共计实现工业总产值92.55亿元，工业销售产值88.94亿元，利税总额11.33亿元，全年从业平均人数15 899人。

本次汇总统计中工业销售产值上亿元的企业是：正泰集团股份有限公司（67.03亿元）、耀华电器集团有限公司（6.10亿元）、九川集团有限公司（5.70亿元）、天水二一三电器有限公司（1.99亿元）、上海二工电气有限公司（1.05亿元）和桂林机床电器有限公司（1.01亿元）。

利税总额上千万元的企业是：正泰集团股份有限公司（8.80亿元）、九川集团有限公司（1.14亿元）、耀华电器集团有限公司（0.74亿元）、天水二一三电器有限公司（0.16亿元）和上海二工电气有限公司（0.14亿元）。

对比2004年行业企业实现的工业销售产值和利税总额，可看出机床电器行业继续保持着稳定增长的势头。随着我国经济健康、快速发展，国内机床行业形势喜人，带动了机床电器行业的振兴，行业重点骨干企业的各项主要经济指标上升趋势明显。但值得注意的是，由于近期国内原材料价格持续走高，加之机床电器产品低价竞争的压力，直接导致了机床电器行业利润空间的压缩。为此，众多企业主动采取各种行之有效的应对措施以规避经营风险。

4. 行业生产情况

2005年机床电器行业的机床电器元件的生产量达13 896.70万件，产值近40亿元。其中，断路器产品的产量（6 235.48万件）和产值（18.40亿元）在机床电器元件中所占比例最大。2005年机床电器行业产品生产情况见表2。

表2　2005年机床电器行业产品生产情况

产品类别	产　量（万件）	产　值（万元）
机床电器合计	13 896.70	399 708
接触器	2 661.71	109 492
起动器	11.14	385
继电器	963.12	31 046
电磁铁	91.65	2 274
电磁离合器	12.70	5 808
行程开关	247.85	5 975
转换开关	135.78	4 528
按钮开关	2 325.52	15 967
机床变压器	540.00	6 289
断路器	6 235.48	183 954
其他机床电器元件	671.76	33 991
控制柜（台/套）	30 450	8 256

机床电器行业的产品主要面向国内市场，整体出口量较小。此次统计的出口企业共有10个，2005年共计出口机床电器产品1 908.43万件，出口值4.24亿元，比上年出口有了明显增长。其中，断路器产品的出口量（1 111.49万件）和出口值（2.31亿元）在机床电器元件出口中所占比例最大。出口值上千万元的企业是：正泰集团股份有限公司（2.34亿元）、耀华电器集团有限公司（1.06亿元）、九川集团有限公司（0.55亿元）和无锡市明达电器有限公司（0.10亿元）。2005年机床电器行业产品出口情况见表3。

表3　2005年机床电器行业产品出口情况

产　品　类　别	出口量（万件）	出口值（万元）
机床电器合计	1 908.43	42 421
接触器	162.35	6 030
起动器	0.32	9
继电器	102.24	2 738
电磁铁	1.50	7
行程开关	24.06	544
转换开关	40.00	1 200
按钮开关	312.00	2 212
机床变压器	19.02	1 646
断路器	1 111.49	23 108
其他机床电器元件	135.46	4 927
控制柜（台/套）	2	1

5. 行业新产品、新技术、新工艺发展情况

机床电器行业在2005年开发的新产品共有31种。行业企业面对残酷的市场竞争，越来越注重新产品的开发及新技术、新工艺的应用。在巩固传统产品市场的同时，有实力的企业竞相开发附加值高的新产品，努力提高产品质量与技术性能，抢占机床电器产品的高端市场。2005年行业的新产品开发仍以自行设计为主，占全年新产品开发数的83.87%；对比2004年行业新产品开发情况，可看出自行设计的比例明显上升，这标志着机床电器行业企业的自主研发能力正在进一步提高，机床电器行业整体技术水平又跃上了一个新的台阶。2005年机床电器行业新产品开发情况见表4。

表4　2005年机床电器行业新产品开发情况

序号	产品名称	型　号	主要技术参数	鉴定时间	鉴定单位	生　产　企　业
1	塑壳开关	LXP1	AC—15：Ue：380V，Ie：0.7A DC—13：Ue：220V Ie：0.13A	2005.06	北京京城控股公司	北京第一机床电器厂有限公司
2	微动开关	YDX2	AC—15：Ue：220V，Ie：2A DC—13：Ue：220V Ie：0.1A	2005.12	北京京城控股公司	北京第一机床电器厂有限公司
3	组合开关	JW2	Ue：220V	2005.10	北京京城控股公司	北京第一机床电器厂有限公司

（续）

序号	产品名称	型　号	主要技术参数	鉴定时间	鉴定单位	生　产　企　业
4	低压开关柜	GCK	额定电流：3150A；额定开断电流(分断能力)：50kA	2005.11	北京电器有限公司	北京电器有限公司
5	单片电磁离合制动器	DLZ1－25/10、40/20	DLZ1－25/10额定静力矩：离合250N·m，制动100N·m DLZ1－40/20额定静力矩：离合400N·m，制动200N·m	2005.12	天津机床电器有限公司	天津机床电器有限公司
6	行程开关	JW2－11K	AC：220V，2.2A DC：220V，0.22A 绝缘电压：220V 发热电流：3A	2005.11	上海第二机床电器厂有限公司	上海第二机床电器厂有限公司
7	转换开关	LW39－25	Ui：690V Ith：25A AC－15：380V/8A，220V/12A DC－13：110V/2.5A，220V/1.25A AC－3：380V/12A AC－4：380V/10A	2005.12	上海二工电气有限公司	上海二工电气有限公司
8	小型控制继电器	ZY2、ZY3、ZY4	Ui：250V Us：DC6V、12V、24V、48V、110V，AC：12V、24V、48V、110V、220V Ith：5A(ZY2、ZY3) Ith：3A(ZY4) AC－12：240V/5A(ZY2、ZY3)，240V/3A(ZY4) DC－12：30V/5A(ZY2、ZY3)，30V/3A(ZY4)	2005.12	上海二工电气有限公司	上海二工电气有限公司
9	双路电源自动切换开关	HGQ2Z	电器级别：CB级 使用类别：AC－33B 额定工作电压：AC400V 额定电流：63～800A 欠压保护：150～180V可调 过压保护：230～287V可调	2005.12.18	苏州电器工业协会	苏州机床电器厂有限公司
10	漏电断路器	1SM1L－225、400	额定剩余动作电流I△n：100mA/300mA/500mA可调 剩余电流保护动作时间(s)可选 可带漏电报警单元模块，声、光报警	2005.10	苏州市经贸委	苏州爱胜电器有限公司
11	控制继电器	HH5□N－L	额定电压：AC12V、24V、48V、110V、220V 动作电压：<75%额定电压 动作时间：<20ms 释放时间：<20ms	2005.09	无锡市明达电器有限公司	无锡市明达电器有限公司
12	功率继电器	MR5□	额定电压：AC24、48、110、220、380V，DC12、24、48、110、220V 动作时间：<20ms 释放时间：<20ms	2005.12	无锡市明达电器有限公司	无锡市明达电器有限公司
13	脚踏开关	YDT2－14	额定电压：AC380V 额定电流：5A	2005.12	无锡市正煌电器有限公司	无锡市正煌电器有限公司

（续）

序号	产品名称	型　号	主要技术参数	鉴定时间	鉴定单位	生　产　企　业
14	电子式过载继电器	NRE8	额定绝缘电压：～690V 额定工作电流：85～630A	2005.06	浙江省经贸委	正泰集团股份有限公司
15	塑料外壳式断路器	NM8	电流：16～1250A 电压：690V 及以下	2005.06	浙江省经贸委	正泰集团股份有限公司
16	漏电断路器	NM1LE－400H/4P	额定电压：400V 额定电流：225～400A	2005.06	浙江省经贸委	正泰集团股份有限公司
17	无氧化零飞弧电磁继电器	NJX－BX	电气寿命：300 000 次 机械寿命：10 000 000 次	2005.11	浙江省经贸委	正泰集团股份有限公司
18	电涌保护器	NU6－1	额定工作电压：230V/400V 冲击电流：40kA	2005.11	浙江省经贸委	正泰集团股份有限公司
19	双金属片式热过载继电器	JCR8	具有 4 个等级电流：12、25、50、100A 在 7.2*Ie* 时脱扣时间在 4s＜*tp*≤10s 范围可调	2005.12	九川集团有限公司	九川集团有限公司
20	智能数显电动机保护器	HAB1	具有过载、缺相、过压、欠压、堵转及三相不平衡保护，能显示A、B、C 三相工作电流、电压和精确设定保护值	2005.11	浙江省经贸委	耀华电器集团有限公司
21	汉显节能交流量具刃具软起动器	HQR1	起动时间、停车时间：0.1～199.9s 起动方式：降压、恒流 适用电动机功率：7.5～500kW	2005.12	耀华电器集团有限公司	耀华电器集团有限公司
22	时间继电器	SCF－P/D	延时特性：断电延时 延时范围：1s、3s、5s、10s 输出触头延时转换 额定工作电压：AC（50Hz/60Hz）110V、220V DC24V	2005.12	南平市科技局	福建光泽机床电器有限公司
23	大容量交流接触器	GC3－140	*Ie*＝140A *U*i＝690V	2005	上海电器科学研究所	桂林机床电器有限公司
24	低噪声接触器	CJX9B－25S/DX	*Ie*＝25A *U*i＝690V	2005	中国质量认证中心	桂林机床电器有限公司
25	墙壁保护开关	GB1－32L	*Ie*＝32A *U*e＝240V	2005	中国质量认证中心	桂林机床电器有限公司
26	用于中央空调大容量交流接触器	GC3－32、40、50、63	*Ie*＝32～63A *U*i＝690V *U*e＝380V	2005	中国质量认证中心	桂林机床电器有限公司
27	交流接触器	GC8－30/D20	*Ie*＝30A *U*e＝240V	2005	中国质量认证中心	桂林机床电器有限公司
28	三相干式主电源变压器（出口型）	JBSG－100THJBSG－20THJBSG－40TH	额定容量：100kV・A、40kV・A、20kV・A 额定电压：220V/380V（三相），415V/380V（三相） 额定频率：60Hz、50Hz 冷却方式：AF（风冷） 保护方式：温控保护	2005.8	湖北省京山轻工机械有限公司	荆州市中宇机床电器有限公司

（续）

序号	产品名称	型　号	主要技术参数	鉴定时间	鉴定单位	生　产　企　业
29	塑壳断路器	GSM8	额定电流:0.1～32A 额定绝缘电压:AC690V 瞬时脱扣电流:12In 分断能力:50kA	2005.12	天水二一三电器有限公司	天水二一三电器有限公司
30	小型直流断路器	GSB1Z	额定工作电流:1～40A 额定电压:DC250V 瞬时脱扣电流:8.4In 分断能力:10kA	2005.12	天水二一三电器有限公司	天水二一三电器有限公司
31	热过载继电器	JRS4－140d	额定电流范围:80～104A、95～120A、110～140A 额定绝缘电压:690V 额定工作电压:380V、660V	2005.12	天水二一三电器有限公司	天水二一三电器有限公司

6. 行业合资合作情况

2005 年，沈阳二一三电器有限公司分别与美国 GE 公司和德国沙尔特堡公司开展合作，2005 年机床电器行业合资合作产品销售情况见表 5。

表 5　2005 年机床电器行业合资合作产品销售情况

序号	合资合作产品名称	数量 （台）	金额 （万元）	生产企业
1	S 系列、C 系列产品配件（灭弧栅）	800 000	278	沈阳二一三电器有限公司（与美国 GE 公司合作）
2	C100 系列直流接触器	4 500	52	沈阳二一三电器有限公司（与德国沙尔特堡公司合作）

7. 行业科研成果及其应用情况

2005 年机床电器行业共完成科研项目 8 项，行业企业日益重视科研项目对自身发展的指引作用，并从人力和财力上逐步加大对科研项目的投入力度。2005 年机床电器行业科研项目完成情况见表 6。

表 6　2005 年机床电器行业科研项目完成情况

序号	科研项目	主要内容	投入资金 （万元）	项目来源	完成企业
1	机床控制变压器浸漆改进	保证产品质量及符合标准要求，合理调配浸漆的浓度与时间，达到小批量、多批次，以适应市场的要求	5	自行开发	北京电器有限公司
2	DLZ1－25/10、40/20 单片电磁离合制动器的开发	DLZ1－25/10、40/20 单片电磁离合制动器主要是为液压机械传动系统研制的。其可在主动部分运转的情况下，使主从动部分结合或分离，并且主从动部分分离后制动器会使从动部分迅速制动，该离合制动器可作为执行元件简化传动机构，提高机械传动自动化水平。该产品的阶梯式调整结构已申报并获得国家实用新型专利，在其他如印刷机械、包装机械等各种机械传动系统中应用广泛，有很好的发展前景	26	自行开发	天津机床电器有限公司
3	1SM1E 系列电子式塑壳断路器的开发	采用智能型框架断路器的三段反时限动作保护原理，具有大电流瞬时电磁脱扣机构。电子线路部分采用自感应电源，无需外接供电电源，又免除电源波动影响的后顾之忧。软件程序完全具有 IT 行业的自主知识产权	50	自行开发	苏州爱胜电器有限公司
4	先进制造关键技术研制及应用	重点改造控制继电器零部件生产工艺，开展可靠性指标的研究，解决制造瓶颈问题	720	无锡市经贸委计划项目	无锡市明达电器有限公司

（续）

序号	科研项目	主要内容	投入资金（万元）	项目来源	完成企业
5	采用数字化、信息化技术开发新一代机电产品	通过日本富士电机株式会社有关专家的有偿技术指导及对本公司相关生产线作适当改造，提高生产效率，最终达到合作开发并生产的目的	280	无锡市科技局计划项目	无锡市明达电器有限公司
6	环保型交流接触器的开发	该产品在结构上为双断点触头、直动式运动机构，采用模块化设计，具有结构紧凑、外形小巧、防护等级高等特点。产品外壳采用环保型聚酯胺工程材料，是可分解的绿色环保材料，利于回收再用；其触头材料由电性能优越的银镍或银氧化锡合金制成，具有电寿命长以及良好的接触可靠性	850	乐清市科技发展计划项目	九川集团有限公司
7	智能数显电动机保护器（HAB1系列）的开发	开发新型的，具有过载、缺相、过压、欠压、堵转及三相不平衡保护的电动机保护产品	100	自行开发	耀华电器集团有限公司
8	汉显节能交流电动机软起动器（HQR1系列）的开发	采用先进的单片微型计算机、半导体电力电子器件及现代控制技术所综合构成的电动机新型起动器	200	自行开发	耀华电器集团有限公司

2005年机床电器行业共有9项科研项目获奖，比2004年有很大幅度的增长，这充分说明了机床电器行业科研成果的含金量增加。2005年机床电器行业获奖科研项目情况见表7。

表7　2005年机床电器行业获奖科研项目情况

序号	项目名称	主要内容及应用范围	获奖名称	获奖等级	主要完成单位	授奖单位
1	JBK5系列机床控制变压器	40～2 500V·A，机床配套用	科技成果奖	三等奖	北京电器有限公司	北京市宣武区政府
2	BDXL低压成套开关设备	63～630A，应用于低压配电、建筑电气	科技成果奖	三等奖	北京电器有限公司	北京市宣武区政府
3	BDMF母线槽	100～3 150A，应用于低压配电、建筑电气	科技成果奖	二等奖	北京电器有限公司	北京市宣武区政府
4	1SW45型智能型万能式断路器	具有智能化保护功能，提高供电可靠性，带有通信接口，可实现“四遥”功能	江苏省高新技术产品	省级	苏州爱胜电器有限公司下属企业苏州电器一厂	江苏省科技厅
5	NM8系列塑料外壳式断路器	该系列产品有100、250、630、1250四个壳架，电流16～1 250A，电压690V及以下，有热磁脱扣和电子脱扣两种形式。具有单位体积分断能力高、模块化设计、零飞弧的特点。主要用来保护线路和设备免受欠电压、短路、过载所造成的损害	机械工业科学技术进步突出贡献奖	一等奖	浙江正泰电器股份有限公司	中国机械工业联合会、中国机械工程学会
6	节能型交流接触器	适用于交流额定电流至630A的电力线路中，供远距离控制电动机接通与分断，可节能30%～50%	实用新型专利		耀华电器集团有限公司	国家知识产权局
7	交流电动机软起动装置	具有良好的节能控制功能和完善的电动机运行综合保护功能，适用于7.5～500kW电动机起动	实用新型专利		耀华电器集团有限公司	国家知识产权局

（续）

序号	项目名称	主要内容及应用范围	获奖名称	获奖等级	主要完成单位	授奖单位
8	GSI 智能控制器	主要用于使线路和电源设备免受过载、短路、接地等故障的危害。适用于额定绝缘电压 U_i:800V；额定工作电压 U_e:400V；额定工作电流 I_n:630～2 000A	2005 年国家重点新产品	国家级	天水二一三电器有限公司	科学技术部、商务部、国家质量监督检验检疫总局、国家环境保护总局
9	DZX2 — 32N/32NL 断路器	主要用于对线路的过载和短路进行保护以及正常情况下对线路进行不频繁通断。适用于交流 50Hz，额定工作电压至 200V，电流至 32A 线路中	甘肃省机械工业科技进步奖	三等奖	天水二一三电器有限公司	甘肃省机械工程学会

8. 企业简介

北京机床电器有限责任公司　在原北京机床电器厂基础上改制的民营企业，现有职工 400 人。2005 年工业总产值7 130万元，实现销售收入6 491万元，完成机床电器和低压电器产品产量约 40 万件，电工合金 4.5t。公司主要产品包括：低压断路器、交流接触器、中间继电器、各类组合开关、万能转换开关、行程开关、熔断器、机床变压器、按钮、信号灯、继电器组合模块等，还从事各种电触头、银基纤料、金、银及合金的加工制造。2005 年，公司开发的 DZS30 系列低压断路器（3RV），3LBB 系列组合开关通过了欧洲 CE 认证、美国 UL 认证和德国 TüV 认证，3VE 系列低压断路器和 3LB 系列组合开关获得国家采用国际标准证书。

北京第一机床电器厂有限公司　由国营企业改制而成的有限责任公司，2005 年工业总产值1 590万元，销售收入1 583.7万元，职工人数 143 人。公司主要生产：各类行程开关、组合行程开关、微动开关、接近开关、电磁离合器、控制按钮及交流接触器等产品。公司拥有主要生产设备 11 台。2005 年，公司根据行业发展情况，重点开发了 LXP1 塑壳开关、JW2 塑壳开关和 YDX2－11D、YDX2－11E 微动开关。在质量管理上，公司开展了“质量年”活动，强化员工的质量意识、品牌意识，打造“北一电”品牌。3SE3 系列行程开关、LXZ1 系列组合行程开关荣获全国数控设备行业“全国用户满意产品”称号；“北一电”牌行程开关被中国质量协会和全国用户委员会授予“全国用户满意产品”称号。

北京第三机床电器厂　专业生产各种工业用接插器件的机床电器企业，是我国首部机床接插器件行业标准的制定单位。其研制的 ACJ1、ACJ3 系列工业矩形插头座曾荣获国家“七五”科技攻关重大成果奖和“八五”国家级新产品证书。企业技术力量雄厚，工艺设备先进，具有完善的售后服务保障体系。该厂遵循“诚信为本、科技领先、用户至上、质量上乘、服务一流”的宗旨，致力于打造国内工业用接插器件的第一品牌。企业依照 ISO9001 标准建立质量管理体系，并已成功取得 2000 版 ISO9001 质量管理体系证书、欧盟 CE 安全认证证书和国家电工电子产品 3C 认证证书。

北京电器有限公司　原北京电器厂，2000 年改制为股份制企业，2005 年工业总产值1 100万元，销售收入1 100万元，现有职工 92 人，其中高中级技术人员 10 余名，是一个发展中的企业。公司主要生产：JBK1、JBK3、JBK5、BK 机床控制变压器、BZ 照明变压器、整流变压器、电子式时间继电器、光电控制器、低压成套开关设备和控制设备（GCK、GGD、BDXL、BDX、JK、PGL 等）以及母线槽、电缆桥架等三大类 10 多个系列的产品，产品销售面向全国。主要生产设备有开卷、调平、纵横剪切机组（荷兰铁胜进口）、数控折弯机、车、铣、磨、深颈冲床、冲床等金加设备 40 余台。公司内设中心实验室（其中包括电磁兼容试验）。企业遵循“科技第一、质量为本”的方针，几年来结合国家强制性产品认证要求，对已生产的低压成套开关设备和控制设备按照新的 IEC60439 标准要求进行改进、提高，取得国家质量检测中心的型式试验认可及专家鉴定的好评。公司扩大了市场销售的覆盖面，获得了较好的经济效益和社会效益，被北京市评为“北京市用户满意企业”和“北京市守信企业”，扩大了企业的知名度和影响力。

北京攀峰低压电器厂　原北京第二机床电器厂一分厂，拥有一批专业的科技人员，走科技兴业的道路，勇攀科技高峰。该厂主要产品有：CJX8（B 系列）节能型交流接触器、JRS8（T 系列）热过载继电器、JRL1 系列热过载继电器、液位控制器、电动机综合保护器、照明控制器、接近开关、光电开关、JSS29 系列数显式时间继电器、JSS38 系列新型时间继电器、新型行程开关、DZ20ST 系列智能型低压断路器等。该厂先后荣获 5 项填补国内空白的国家专利，并获得了 1998 年中国专利博览会金奖。

天津机床电器有限公司　原天津市机床电器总厂，生产电磁离合器、制动器的专业厂家，已有 50 年研制开发电磁离合器的历史，产品注册商标为“天字牌”。1982 年从德国 stromag 公司引进 ERD、EKE、EZE3 个系列产品，1998 年通过了 ISO9001 国际质量体系认证，从而确定了企业在国内的主导地位。公司内设天津市电磁离合器研究所和经国家认可的电磁离合器检测试验室，能为各行业开发设计配套检测电磁离合器、制动器。公司生产手段先进、专业工艺成熟、专业设备及技术人员齐备。目前产品达 48 个系列1 000多种规格，力矩 0.1～85 400N·m。2005 年实现工业总产值5 000万元，工业销售产值4 446万元，从业人员 354 人。公司产品除为国内各主机配套外，并随机出口欧美及亚太地区、单机出口至欧亚各国。近几年还为汽车空调压缩机配套各种形式专用离合器，规格 50～510N·m。

沈阳二一三电器有限公司 国内知名的低压电器、机床电器供应商。公司前身沈阳二一三机床电器厂始建于1954年，1958年2月13日，毛泽东主席亲临工厂视察，企业由此得名；2002年企业转制，目前是新型的股份制民营企业。2002年公司率先通过了ISO9001：2000国际质量体系认证，全部产品均获得国家强制性产品3C认证。公司现代化的厂区建筑面积2.5万 m^2，拥有员工430名，工程技术人员占15%。2005年实现工业总产值10 563万元，销售收入6 332万元。公司主要生产：接触器、继电器、行程开关、断路器等，主要生产设备有瑞士布卡注射机、高速精密冲床、线圈绕制机、数控剪板机、西门子公司铁心、触头自动生产线等200台(套)，年生产能力达460万件。2005年，公司与德国沙尔特堡公司开展合作，生产直流接触器产品，预计2006年产量为10万～20万件。公司的出口产品主要是为美国GE公司提供的电器配件，预计可达400万元。

沈阳市建新机床电器厂 始建于1953年，是原机电工业部机床电器定点生产的国有民政福利企业，生产机床电器产品已有50多年的历史。2005年企业实现工业总产值316.7万元，销售收入357.6万元，现有职工639人，固定资产1 205万元。主要产品有：JBK2系列（25V·A～16kV·A)，JBK5系列（63V·A～35kV·A)，BK系列(25V·A～50kV·A)，机床控制变压器；BKZ整流变压器、BG.BZH照明变压器、JBBI系列三相变压器；LST2－11D、LST2H－11D、LST2－11S、LST2H－11S脚踏开关；JZ7中间继电器；2SD－D信号灯；LX5系列行程开关；JH9－1.5、JH9－2.5、JH9－6、JH9－10、JH9－25组合接线板。

沈阳市按钮开关厂 集体企业，始建于1962年，隶属于沈阳市沈河区工商企业管理局，主要生产按钮开关、信号灯、电笛等。具备生产电器元件的机加、热压、注塑、热处理设以及齐全的产品出厂检测设备，具备健全的管理体制和质量保证能力。成熟的工艺足以保证产品质量的稳定，电器产品的年产能力可达40万只以上。其主要产品多次荣获优质产品称号，其中LA101系列按钮开关曾被国家指定为替代进口产品。按钮开关主要品种有：普通式、灯式、钥匙式、旋钮式、急停自锁式、防水式、按钮站及各种组合式。操作方式之多，使用范围之广足以满足各种场合需要。产品结构多为积木式，装拆方便、联接可靠。产品符合GB14048.1,GB/T14048.5标准，并已通过3C认证。

营口科宇数控机床电器有限公司 原营口市机床电器厂，原机械工业部和电力工业部定点生产机床电器、离合器、电器开关和高低压开关柜设备的厂家之一，曾荣获辽宁省授予的“质量信誉保证单位”称号，已通过ISO9001：2000质量管理体系认证，具有40多年的生产历史，技术测试设备先进，产品质量可靠。主要生产的产品有：DLM0、DLM3、DLM5系列电磁离合器，LSS1－21、31、41、41Q、41A、41Z、42十字开关，LSZ1－16/n、18/n多级主令开关，TD接线端子排，高压手车式、固定式开关柜，低压抽出式、固定式开关柜，各种动力箱，起动设备，锅炉控制设备，起重机控制设备等。公司技术力量雄厚，具有独立设计能力。在电磁离合器系列中又开发了DLM5－10CZ电磁制动器，完整了十字开关LSS1系列。

上海机床电器厂有限公司 上海电气(集团)公司旗下的国有企业，公司前身——上海机床电器厂为国内第一个机床电器的专业生产厂，全国同行业第一个国家二级企业。公司主要生产接触器、中间继电器、时间继电器、断路器、热继电器、数显表等6大类产品。根据空调、机械等不同行业的特点和要求，开发出适应不同用户的产品，如：CJX9B二极交流接触器等，使公司产品在品种、规格上更为齐全，而且在技术等级、质量水平方面都上了一个新台阶，

上海第二机床电器厂有限公司 原上海第二机床电器厂，始建于1939年，原机械部重点企业，现已转制为股份合作制。目前有职工120人，其中专业技术人员25名，生产机床电器、低压电器产品已有60多年的历史。2005年完成工业总产值1 655万元，销售收入1 633万元，设备齐全，有独立的测试中心和模具加工能力。已全面通过ISO9001：2000质量管理体系的第三方认证，生产的产品均获得3C认证。LXW5、831330（LXW8）、831060（LXW9）、831600(LXW10)等系列行程开关，LXP1(3SE3)、JLXK1等系列行程开关、LAY12系列按钮开关获CE认证。

上海第三机床电器厂有限公司 由原上海第三机床电器厂改制而成的股份制企业，具有40多年专业生产机床电器产品的历史。2005年实现工业总产值700万元，工业销售产值722万元，现有员工96人。公司主要生产：机床控制变压器、电磁离合器、电磁制动器、阀用电磁铁、牵引电磁铁等。近年来，为适应市场经济发展的需要，公司在大力推进原有系列产品的同时，加强了对用户需求的各类相关产品的开发，不断调整和完善企业的运行机制，建立了一整套适应市场的产品开发、制造和质量管理机制。公司已通过ISO9001：2000质量管理体系第二次复审。

上海二工电气有限公司 原上海二工电器厂，是一个民营企业，历经10余年的发展，已经形成了一个公司总部、两个生产基地，从业人员近500人，生产能力和销售额均超过1亿元的专业化设计制造公司。公司主要生产指示灯、按钮、转换开关、电流互感器、继电器等产品。2005年实现工业总产值11 000万元，工业销售产值10 500万元。2005年，公司重点建设位于上海嘉定马陆的新工厂，大力引进技术人才，着力开发控制继电器、行程开关、接近开关等产品以形成公司新的利润增长点。而公司原有生产基地——天台工厂不断完善质量体系，强化产品质量意识，努力确保产品的高可靠性，使指示灯、按钮等成熟产品继续做大做强，扩大市场份额，争当行业排头兵。除了对体系进行ISO9001认证外，公司还对产品进行了3C认证、CMC计量产品许可证认证、UL认证、CE认证及ROHS认证等相关认证。2005年公司有指示灯25万件、按钮60万件产品直接出口。

南通开关有限责任公司 成立于2005年10月，是由原南通市开关厂转制而成的企业，性质为民营企业。公司专业生产机床电器、低压电器产品，现有在册职工165人，2005

年完成工业总产值774.22万元，产品销售收入831.4万元。主要产品有：MFJ1、MFZ1、MFZ1－YC、MFB1－YC交、直流，干、湿式阀用电磁铁；MQ系列牵引电磁铁；FD系列防火消烟阀用电磁铁；CJX系列交流接触器；LAY3、LAY3－T系列按钮开关；XD系列节能信号灯；JW系列微动开关。公司在获得3C和ISO19000：2000认证的基础上，2005年一次性通过了监督复查。

苏州机床电器厂有限公司　国内生产各类电器元件的重点骨干企业，国家二级企业，江苏省首批高新技术企业，全国“五一”劳动奖章获得者，中国500个最佳经济效益工业企业之一。公司经过两次经营机制的转换，按照现代企业制度要求，建立了规范的法人治理结构，使企业成为市场竞争的主体。公司始建于20世纪60年代初，现占地面积4.5万m^2，员工281名，其中工程技术人员及各类专业人员100多名。主要产品有：断路器、接触器、继电器、起动器、开关、双电源切换装置、电涌保护器、调压器/稳压器等8大类，80多个系列，1 000多个品种规格。产品行销全国，出口美国、巴西、东南亚、中东、南美和欧洲等国家及地区，先后通过了3C、CE、TüV、CB等多种安全认证。公司十分重视技术进步，不断推进技术改造，采用美国EDS公司先进的UG软件，以改善电器设计和制造的综合条件，进一步强化新产品的开发能力。引进具有国际先进水平的生产装备20多台，为产品开发提供了强有力的装备保证，并可承接对外加工业务。公司加强同国际著名大公司的交流与合作，先后与西门子、艾默生、库柏等大公司建立了良好的业务关系。产品检测实力雄厚，可测试的产品种类和检测项目在国内同行居领先地位。公司依托不断的技术创新，全面提升产品质量水平，加速产品的更新换代，使整个生产过程达到了模具制造标准化、零件生产自动化、产品装配流水化、质量检测微机化。

苏州爱胜电器有限公司　下属苏州电器一厂、苏州低压电器厂、苏州起重电器一厂，均创建于20世纪50年代末，是原机械部定点生产机床电器、低压电器的专业工厂，是我国主要电器生产供应商之一。公司现有厂房近3万m^2，职工400多人，工程技术人员70多名，其中高工10人。2005年实现产值8 420万元。主导产品有：智能型万能式断路器、智能型塑壳断路器、塑壳断路器、漏电断路器、小型交、直流断路器、小型漏电断路器、各系列交流接触器、热过载继电器、继电器、负荷隔离开关、自动转换开关、软起动器、成套电阻器等10大类、50多个系列、700多种规格的产品，使用“爱胜”、“丰丰”、“狮林”商标。公司生产的各类产品均符合相关IEC标准并获得3C认证，企业质量保证体系获ISO9001：2000认证。其中，1SW45智能型万能式断路器、1SC1接触器、JZC1继电器先后荣获“江苏省高新技术产品”称号，苏州电器一厂还获得“江苏省高新技术企业”称号。

无锡市明达电器有限公司　原无锡市机床电器厂，创建于1959年，是我国最早专业生产机床电器产品的厂家之一，1998年改制为股份制企业。公司是国家主要电气机械及器材制造企业，江苏省高新技术企业。2005年实现工业总产值7 940万元，销售收入6 483万元，企业职工528人。主要产品为：控制继电器、时间继电器、交流接触器、电磁铁、开关、仪表和成套电气控制装置7大类。公司的质量保证体系通过了ISO9001标准认证，产品获得了美国UL和CUR、德国VDE和TüV及CE、3C等国内外安全认证。2005年，公司进行技术设备改造，采购了退火炉、立式注塑机、压缩机、行车等生产设备，新增年生产能力400万件。公司的“先进制造关键技术研制及应用”项目获得无锡市技术改造财政专项的贴息，“采用数字化、信息化技术开发新一代机电产品”项目获得无锡市科技局拨款30万元。2005年10月，公司响应政府退城进园的号召，整体搬迁至滨湖经济开发区。

无锡市正煌电器有限公司　由原国企“无锡市第二机床电器厂”成功改制而成。公司拥有固定资产1 000余万元，占地面积4 500m^2，建筑面积6 800m^2，拥有各类制造和检测设备180余台(套)，年综合生产能力60万台(套)。经过40余年机床电器专业化生产的锤炼，企业已成为具有一定生产制造规模，产品研究开发和营销网络健全，为各大企业竭诚配套的专业化生产基地之一。主要生产：为小天鹅集团配套的ZDT－4直流电磁铁、DQ－23电动牵引器；为各类机械制造企业配套的SG系列三相电源变压器、伺服变压器；BZS系列三相自耦变压器；JBK3、JBK4、JBK5、BK2系列控制变压器；MQ1、MQ2系列交流电磁铁；MQZ5系列直流电磁铁；TC－1退磁器、YDT1－11K脚踏开关、C1－6/4插销等。

宁波银鸡机床电器有限公司　民营股份制企业，2005年实现工业总产值415万元，共有员工38人。公司主要产品有：按钮开关、交流接触器、用于控制小型电动机起动用的控制开关、按动开关、倒顺开关和可逆转换开关以及主令开关等。主要生产设备有：冲制设备、热塑性注塑机、超声波塑料焊接机等，具备较强的电器产品生产能力。公司已有4个系列的10个产品通过了3C认证。

正泰集团　始创于1984年7月，现辖6大专业公司、1 000多个专业协作厂，并在全国各地设有2 000多个销售公司，在国外设立了5个分公司和30多个销售总代理，产品畅销世界70多个国家和地区。主要生产经营高低压电器、输配电设备、仪器仪表、建筑电器、工业自动化系统、汽车电器等100多个系列、5 000多个品种、20 000多种规格的产品。集团综合实力已连续多年名列全国民营企业500强前茅，系中国低压电器行业最大产销企业。“正泰”商标被国家工商总局认定为中国驰名商标，3大产品荣获“中国名牌产品”称号，部分产品荣获“国家免检产品”称号。正泰集团坚持以产权制度改革为核心，先后经历了股份合作、公司制、集团制、(控股)集团公司制4个发展阶段。初步形成了以集团公司为投资中心，以专业总公司为利润中心，以基层生产公司为成本中心的母子公司管理体制；初步建立了现代企业制度，实现了“家族企业”向“企业家族”的跨越。同时，在温州电器行业中首开网络营销先河，建立了以省城和主要工业城市为中心，以地级城市为重点，以县级城市为辐射点的3级分销体系，从而赢得了市场营销的主动权，使正泰电器的市场份额名列前茅。

九川集团有限公司 是一个以专业生产高低压成套设备、输变电设备、建筑电气设备、机床电器及电器元件为主，集科研、生产、贸易、服务于一体的大型现代工业企业。集团拥有雄厚的技术开发力量、先进的工艺检测仪器和生产设备。公司以几十项自主发明、实用专利的知识产权为基础，形成了集科研、开发、教育、培训为一体的"科技链"。公司已通过ISO9001质量体系认证，并保持有效运作，主导产品均获3C认证及美国UL、欧盟CE/CB等认证。集团是全国低压电器、电线电缆、成套开关和控制设备、工业机械电气系统等标委会委员单位；是全国首个民营企业起草制定国家标准的单位。集团被率先列为原国家经贸委"两网"改造推荐企业，是中国机床工具工业协会机床电器分会，中国电器工业协会变压器分会、通用低压电器分会和电线电缆分会会员单位。产品为众多大型输配电工程项目所采用，广泛应用于机床、化工机械、冶金设备、电力设备、纺织机械等众多行业。公司已成功构建多层次的营销网络，遍布国内外，产品远销中东、东欧、南非、东南亚、南北美等20多个国家和地区。

耀华电器集团有限公司 中国机床电器、低压电器行业重点企业之一，国内民族电气产业的重要组成成员。公司创立于1986年，1998年经国家工商总局批准为全国无区域企业集团，注册资金1.088亿元。目前拥有5大专业总公司、46个生产企业、400多个销售分公司和5个境外公司。集团通过了ISO9001质量管理体系，2005年通过了ISO14001环境管理、OHSAS18001职业健康安全管理体系的认证，拥有3C证书。主要产品有：锻压机床、机床电器、机床工具、低压电器、仪器仪表、成套设备、输配电设备等200多个系列6 000多个规格的产品。

乐清市华达电子器材厂 电子器件行业骨干企业之一，中国机床工具工业协会机床电器分会会员单位。企业生产规模大、专业性强，其"雁虹牌"系列接近开关、光电开关、磁开关，选用进口集成电路及元器件生产，品质优良、重复精度高、性能稳定。生产多个系列近千个品种，在吸收国外先进技术的基础上并遵照广大用户多年应用的实践和要求而不断推出最新产品，各种型号内在功能和外观设计与原进口产品保持一致，可直接替代进口产品。"雁虹牌"接近开关、光电开关、磁开关等系列产品最早纳入电子工业部国产化替代项目，多年来配套服务于国内大型著名电子生产企业(彩虹集团所属彩色显像管一厂、二厂，彩虹显示器件股份有限公司，彩虹玻璃厂，北京松下彩色显像管公司，上海永新彩色显像管公司，安彩集团成都电子玻璃有限公司，福地彩色显像管公司，深圳赛格日立彩色显像管公司，深圳三星电子管公司)，得到用户的普遍好评。

福建光泽机床电器有限公司 南平市科技企业、南平市就业再就业工作先进企业。公司通过了ISO9001：2000质量管理体系认证，产品通过了国家强制性3C认证、CE安全认证及获得采用国际标准产品标志。公司现有员工88人，2005年工业总产值1 382万元，销售收入1 235万元。公司主要产品有：WJ1系列微电子型多功能继电器，CJX1、CJ20、CJL1系列交流接触器，SCF系列电子式时间继电器，JRC1系列电子式热过载继电器，JRS2、JR36系列热过载继电器，JZC1、JZ7系列中间继电器，机床和建筑机械电气控制柜等。

2005年，公司荣获光泽县"2005年度纳税大户"等荣誉称号；SCF－P/D型电子式时间继电器新产品通过市级鉴定，结论为国内先进水平；ISO9001：2000质量管理体系获得复评认证证书。

桂林机床电器有限公司 由国有企业改制而成的有限责任公司。2005年公司生产各种电器产品470万台(套)，产值达15 000万元，创销售收入10 070万元，实现利税900多万元(利润399万元)，取得了建厂以来最好成绩。公司为适应市场经济需要，提高企业自主创新能力，2005年投入科技活动经费750万元，组织科技骨干力量进行技术攻关，开发更多新产品，不断提高产品质量。公司技术中心(自治区级)当年开发拥有自主知识产权新产品7个，对产品CJX9B－25S交流接触器电寿命进行研究攻关，完全达到了空调大用户要求的大于等于10万次，处于国内领先水平。到2005年底，公司拥有各项专利14项，完成7个产品的"高新技术产品"认定(自治区科技厅认定)，使公司的主导产品均为自治区认定的高新技术产品。2005年高新技术产品销售收入达到7 800万元以上，占总收入77%以上。公司连续7年成为市场占有率最高、品种最多、产量最大的空调用接触器制造企业，为全国各大空调企业(如格力、海尔、美的、长虹、春兰等)提供大批量配套产品。产品获得3C、TüV、UL等认证，可替代进口，直接与主机配套出口。公司主要生产的电器产品有：GC1、GC3、GC5、GC6、GC7、GC8、CJX9B－25S、CJX9B－25S/D系列交流接触器，GR1、GR2、GR3系列热过载继电器，GT1、GT2、JDQ1－6系列继电器，GD6漏电断路器等众多产品。

荆州市中宇机床电器有限公司 原荆州市机床电器厂，2005年在体制改革方面主要实现了全员职工买断工龄补偿兑现50%的承诺，在买断工龄兑现补偿的同时，解除了原有的劳动关系，在企业改制方面迈出了实质性的一步。在新产品开发方面，2005年公司着重开发了出口型JBSG－TH系列主电源三相干式变压器产品，系列产品最大容量为100kV·A，60Hz，干式风冷，带线圈温度设定保护。目前，主要用户为东南亚、南亚等国家和地区，通过8个月左右的运行，运转状况良好，受到用户和主机单位的好评。自2005年下半年以来，产品需求逐步增加，系列产品范围逐步扩大，已经向用户交货总容量达2 000kV·A。目前供货已出现可喜势头，为企业今后的生存和发展又增加了一个新的经济增长点。近年来，企业开发的低干扰防护型隔离变压器，由于其良好的低干扰防护性能，使控制变压器类产品的品质跃上了一个新的台阶，产品性能价格比具有明显的优势，深受自动化主机用户欢迎，已形成批量生产规模，产量以较快速度大幅增长。企业近几年经济工作的目标是：发挥优势求生存，扩大优势求发展。

天水二一三电器有限公司 国内机床电器、低压电器行业名列前茅，主要产品为以交流接触器为代表的控制电器，以断路器为代表的配电电器，以软起动器为代表的智能化电器和以中低压控制柜为代表的成套电气装置。2005年，受宏观层面上机床电器、低压电器行业的洗牌和整合步伐的进一步加剧，国家宏观调控的深层推进的影响，产能过剩行业受到限制和调整。在高位运行的基础原材料价格不可能短期内回落、成品资金占用过大、市场竞争过于激烈等不确定因素的影响下，公司内抓素质，提高市场响应速度和快速反应能力，外抓经济合作和市场拓展，克服了市场有效需求不足带来的困难，全年生产经营保持了稳健发展，实现了较快的增长。工业总产值完成 20 159.22 万元，销售收入 17 590.22 万元，销售回款 23 190.49 万元，实现利税 1 587 万元。公司经过多年的市场磨练，始终坚持"以用户为中心"的指导思想，严格要求产品质量。2005 年公司通过了 ISO9001 质量管理体系监督审核，ISO14001 环境管理体系复评换证审核，OHSMS 职业健康安全管理体系审核。至此，公司 3 大体系全部获得了相应认证，主要产品全部取得 3C 认证，部分产品还取得美国 UL 认证。科技项目方面，GSI 智能控制器获"2004 年度甘肃省科技进步三等奖"，并被评为"2005 年国家重点新产品"；DZX2－32N/32NL 断路器获"甘肃省机械工业科技进步三等奖"；CJX9－25S 双极交流接触器获"天水市科技进步三等奖"。

西安腾达电器有限责任公司 是 1988 年建厂的股份制企业，地处西安市高新技术开发区中心，是从事指令电器和显示电器设计、开发、研制和生产经营的专业厂家，2005 年实现工业销售产值 500 万元。受数控机床蓬勃发展的大环境拉动，公司先后开发出数字式波段开关、机床面板、分线器，逐步在数控机床人机界面、接口产品方面得到发展，2005 年新产品开发创历史最好水平。同时，企业还对老产品进行改造，降低成本，提高产品性能、质量，建立以顾客为关注焦点的质量运行体系，近年来在产品种类和产业结构上有重大突破。特别是抓住市场有力搜集用户需求信息，在满足用户需求上探索发展的途径。

西安机床电器厂 是原机电部机床电器行业的重点国有企业之一，创建于 1965 年，毗邻西安高新技术开发区，占地面积 33 000m²，建筑面积 28 000m²，企业从业人员 270 人。主要产品有：LAY3、LAY7、LAY8、F31 等系列按钮开关，XDY1、XDY2、AD11、AD16 等系列指示灯，交流接触器，中间继电器，低压配电控制柜等。其中 LAY3 系列按钮开关，创国内组合式按钮之先河，被冠之"按钮大王"称号。先后有多个产品系列多次获部、省、市优质产品奖和名牌产品荣誉。按钮系列产品广销机械、电力、铁路、煤炭、纺织、冶金、石化、制药等设备制造行业。厂内设有部级低压电器试验站和较先进的产品设计研发中心，具有丰富的专业经验。

四川省彭山长寿电器有限责任公司 由成都第一机床电器厂改制而成，公司占地面积约 7 300m²，职工人数 120 余人，其中管理人员 15 人，技术人员 13 人。公司拥有先进的检测设备、试验设备和制造加工设备，具有较强的技术开发能力和生产加工能力。公司推行现代企业制度，各种管理制度配套；积极推行全面质量管理，曾多次荣获"省级先进企业"、"省级全面质量管理达标企业"、"市级文明企业"、"重合同守信用单位"等称号。2005 年 1 月通过了 ISO9001：2000 国际质量体系认证和 3C 认证。公司专业生产各种变压器：机床控制变压器（JBK1、JBK3、JBK5、BKC、BK、BKZ）；三相干式整流变压器（SG、SBK、ZSG）；其他控制变压器（JMB、BJZ、DG 以及 GBD 超隔离变压器、QSB 潜水变压器、BZ 系列照明、行灯变压器、SC 系列树脂绝缘干式变压器、WEI、WED、ECD 稳压变压器）。同时还生产各种电抗器（交直流 DK、SDK 系列电抗器）及各种电器线圈（MQ1、MZD1、MZS1、MFJ1、CJ0、CJ10、CJ12）。

〔本部分撰稿人：中国机床工具工业协会机床电器分会 董华根、熊 伟〕

二、数控系统

数控系统行业的产品主要包括数控系统、电动机（伺服、步进、主轴）、伺服驱动装置。作为数控装备的核心，数控系统产业关系到国家经济利益、产业安全和国防安全，是现代各种新兴技术或尖端技术产业得以存在和发展的"使能产业"，受到政府的扶持和重视。我国数控技术及其产业经历了"六五"的引进，"七五"的消化吸收，到"八五"的自主开发，"九五"、"十五"的产业化，为我国数控产业的发展奠定了一定的基础。数控行业的技术水平和产业集中度逐步提高，为国产数控机床的快速发展提供了强有力支撑。

1. 行业基本情况

本年鉴收录了我国大陆境内 17 个产量较多的数控系统企业的数据和信息。

(1)近几年来，国产数控系统行业已经取得了较大的发展。国产数控系统已经占据了国产数控机床 1/3 的市场份额，形成了一定的市场竞争力。

2005 年，以广州数控设备有限公司为代表的国产经济型数控系统已具有较大的生产规模，并占据了国内市场较大份额。

以武汉华中数控股份有限公司为代表的普及型和中高档数控系统批量生产已经起步。如华中数控公司的 HNC－21/22、HNC－18i/19i 普及型数控系统已实现批量生产。2005 年销售数控系统3 000余台，并且具备全数字交流伺服驱动系统和主轴伺服驱动系统等配套能力，可以为用户提供数控系统全套解决方案。北京航天数控集团作为国内最早专业生产机床数控系统的高新技术企业，充分发挥航天工业的高技术优势，已开发生产以 CASNUC2100 系列为代表的近 20 种系统产品，涵盖了普及型数控车、铣、锻压设备，全功能数控车、铣、火焰切割机等数控系统。

为高档数控机床配套的国产数控系统已经取得突破。如华中数控具有自主知识产权的国产高性能"世纪星"HNC－21/22M，已具备 4 通道、16 通道、9 轴联动的能力，其功能达到某些国外高档数控系统的水平，打破了国外的技术封锁，填补了国内空白，在性价比上更具有明显优势。

(2)国产数控系统发展仍然面临着非常严峻的形势。近几年,数控机床进口额连年激增,国产数控机床市场占有率逐年下降;国产数控机床总量虽然增加很快,但市场占有率不高。目前经济型数控机床基本自给,但高级型数控机床绝大部分依靠进口,普及型数控机床国内市场大部分也被进口产品占据。从行业总体来看,核心竞争力不强,我国虽然是机床大国,但还不是机床强国,这表明我国中高档数控系统产业发展严重滞后,国产数控机床的批量化生产及应用的逐步普及并没有强有力地拉动国产数控系统的相应发展,这在很大程度上影响了我国装备制造业的发展。

(3)作为数控装备的核心,数控系统产业关系到国家经济利益、产业安全和国防安全,是现代各种新兴技术或尖端技术产业得以存在和发展的“使能产业”。中国数控系统产业应该得到政府更多的关注和扶持。同时数控系统生产企业和机床厂也应通力合作,共同创造我国装备制造业的美好明天。

“振兴装备制造业,数控机床要先行”,“振兴数控机床制造业,数控系统要先行”。我国的数控系统行业在“十一五”期间行业的发展一定要坚持4个基本原则:市场竞争和政策引导相结合、引进技术和自主创新相结合、系统产业化和深化改革相结合、重点突破和全面提升相结合,以及坚持科学发展观,形成企业合理分工、相互促进、协调发展的产业格局。在政府的宏观指导下,通过企业的积极努力,真正形成具有核心竞争力的数控系统产业,夺回被国外品牌占领的中国市场。2005年数控系统行业基本情况见表8。

表8 2005年数控系统行业基本情况

项目	单位	金额
工业总产值(当年价)	万元	320 828
其中:机床工具类产品总产值	万元	290 359
工业销售产值(当年价)	万元	319 761
其中:机床工具类产品销售产值	万元	296 619
工业增加值	万元	42 765
利税总额	万元	8 492
全年从业平均人数	人	7 122
固定资产合计	万元	18 259
固定资产净值余额	万元	8 729

2. 生产情况

近几年来,由于国内市场需求旺盛,数控机床销售势头良好,带动了数控系统产品的快速发展。2005年,国产数控系统年增长率接近20%,个别企业的年增长率达到或超过50%。据统计,2005年国内生产的数控系统产销量比2004年有较大增长,其中:经济型数控系统增长9%,全功能数控系统增长54%,专用数控系统增长295%。全功能数控系统增长率大超过经济型数控系统增长率,说明国内数控系统的技术水平在提高(专用数控系统增长率达到295%,是因为今年统计数据包含了深圳市珊星电脑公司生产的注塑机专用数控系统)。

统计资料显示,2005年产销量超万台和近万台的厂家有:广州数控设备有限公司、北京凯恩帝数控技术有限公司;产销量过3 000台的有:武汉华中数控股份有限公司、上海开通数控有限公司、南京华兴数控设备有限责任公司、成都广泰实业有限公司和南京新方达数控有限公司等。我国具有自主知识产权的数控产业开始形成,在市场上形成一定的竞争力。

据统计,2005年,国产数控系统已经占领国内市场份额的30%。其中,国产经济型系统占国内市场份额的93%,国产普及型数控系统占国内市场份额的22.8%。

与此同时,国外几个知名厂家,不断推出中、低价位数控系统,试图垄断国内数控系统市场,从而形成了更为激烈的市场竞争局面。据统计,我国生产的金属切削数控机床中80%为经济型数控,20%为中高档产品。中高档数控机床要求高性能的数控系统、伺服单元及主轴驱动等功能配套部件,由于国产中高档数控系统产业化目前还刚刚起步,所以国外的几个知名厂家仍占据国内中高档数控系统的主导地位。

近几年在国家的支持下,通过联合攻关和行业的努力,企业加大了开发力度,一些高档数控系统取得突破性进展,如自主知识产权的华中“世纪星”数控系统。但这些仅仅是良好的开端,仍有许多工作要做。在产品可靠性上和技术水平上,我们与国外相比仍有较大差距。如硬件元器件选择和工艺水平、应用软件开发、生产检测手段、生产规模和组织、开发能力等等都需要我们去做大量的试验才能稳定批量生产,成套向市场提供商品。2005年数控系统及相关产品生产情况见表9。

表9 2005年数控系统及相关产品生产情况

产品类别	产量(台/套)	产值(万元)
合计	195 500	240 048
数控系统小计	79 964	215 688
经济型数控系统	39 082	21 144
全功能数控系统	36 175	185 099
专用数控系统	4 707	9 445
相关产品小计	97 086	16 415
伺服与步进电动机	16 853	6 708
伺服与步进驱动装置	56 529	9 008
伺服变压器	23 704	699
其他产品小计	18 450	7 945

3. 产品出口情况

进入21世纪,世界机床市场逐步由衰颓走向兴旺。随着世界经济形势的好转,机床市场需求增多,在机床技术上竞争也更激烈。目前,我国一些具有国际视野的数控系统企业已经认识到走出国门、参与国际竞争的重要性,展开了海外市场营销等一些措施,进一步拓展国际市场,取得了较好的成绩。

当今世界发展中国家很多,许多国家正处于实现工业化的进程中,经济发展迅速,一直是我国数控系统企业较为关注的国际市场。同时,长期以来,西方发达国家对发展中国家特别是“社会主义”国家工业急需的五轴联动高性能数控设备采取技术封锁、出口控制和价格垄断。而国产五轴联动数控系统性能价格比较高，适合于发展中国家选用，被越来越多的发展中国家用户了解和接受。

例如，华中数控在2004年的基础上成功承办了科技部主办的2005年第二届发展中国家数控技术培训班，通过这个平台，在前几年的基础上，进一步拓展国际市场，取得了较好的成绩。现在，公司的产品已经出口到巴基斯坦、越南、阿根廷等国。

根据有关企业上报的资料统计，2005年国产数控系统出口量与2004年接近，但出口额增长35.2%。主要出口企业为沈阳高精数控有限公司、北京凯奇数控设备有限公司、广州数控设备有限公司、武汉华中数控股份有限公司、上海开通数控有限公司等，主要出口国家为俄罗斯、东南亚等国家和地区。2005年国产数控系统产品出口情况见表10。

表10　2005年数控系统产品出口情况

产品类别	出口量(台/套)	出口额(万元)
数控系统	1 461	3 423
经济型数控系统	390	592
全功能数控系统	1 241	2 791
专用数控系统	10	40
驱动系统	50	10

4. 新产品开发情况

据统计，2005年数控系统行业各企业结合国内市场实际需求，共开发20种新产品。2005年数控系统行业各企业新产品开发情况见表11。

表11　2005年数控系统行业各企业新产品开发情况

序号	产品名称	型　号	主要技术参数	生产企业
1	六轴联动数控系统	HNC－21M/22M	①可控制6个进给轴和1个主轴，最大联动轴数为6轴。可为车削中心、加工中心、数控专机、车铣复合机床等机床配套 ②基于工业微机(IPC)开放式体系结构 ③配置8.4/10.4 in高亮度TFT彩色液晶显示器 ④可选配电子盘、硬盘、软驱、网络等存储器，极大地方便用户的程序输入 ⑤独创的SDI曲面插补高级功能，经济地实现高效高质量曲面加工 ⑥实时刀补(RTCP)功能 ⑦提供二次开发接口，可按用户要求订制控制系统的功能 ⑧支持在线帮助、蓝图编程、后台编辑	武汉华中数控股份有限公司
2	数控系统	HNC－21/22	①普及型数控系统HNC－21/22可控制4个进给轴和1个主轴，最大联动轴数为5轴，可为数控车、车削中心、数控铣、加工中心、数控专机等机床配套 ②基于工业微机(IPC)开放式体系结构的数控系统 ③系统配置8.4 in/10.4 in高亮度TFT彩色液晶显示器 ④可选配电子盘、硬盘、软驱、网络等存储器，极大地方便用户的程序输入 ⑤独创的SDI曲面插补高级功能，经济地实现高效高质量曲面加工 ⑥用户程序可断电储存容量大，程序存储个数无限制 ⑦三维彩色图形实时显示刀具轨迹和零件形状 ⑧面板上功能按钮带指示灯，并且不占用系统I/O点数(输入40、输出32) ⑨提供二次开发接口，可按用户要求订制控制系统的功能 ⑩支持在线帮助、蓝图编程、后台编辑	武汉华中数控股份有限公司
3	数控系统	HNC－19i	①可以控制3个进给轴和1个主轴，最大联动轴数为3轴。可应用于数控车、铣、磨、以及专用数控机床 ②配置长寿命(5万h)5.7 in彩色液晶显示器 ③最大编程尺寸为99999.999；最小分辨率0.001mm；最大移动速度为16m/min；最大编程行数为20亿行	武汉华中数控股份有限公司
4	数控系统软件	V6	直线、圆弧、螺旋线插补和A、B、C轴线性插补；自动加减速控制；M.S.T功能和加工断点保护/恢复功能；刀具长度和半径补偿；支持G代码编程和图形编程	武汉华中数控股份有限公司

（续）

序号	产品名称	型　号	主 要 技 术 参 数	生产企业名称
5	全数字交流伺服主轴驱动单元	HSV－18S	①具有025A、050A、075A多种规格 ②控制简单、灵活：通过操作面板或通讯方式，可对主轴驱动单元的工作方式、内部参数进行修改，以适应不同应用环境和要求 ③状态显示齐全：主轴驱动单元设置了一系列状态显示信息，方便客户在调试、运用过程中浏览主轴驱动单元的相关状态参数；同时也提供了一系列的故障诊断信息 ④接口丰富，控制方式灵活多样：主轴驱动单元具有脉冲指令输入接口，模拟电压指令输入接口，电动机码盘反馈接口，串行通讯接口及可编程I/O接口，具有多种控制方式 ⑤具有主轴定向功能 ⑥稳速精度高，可用于刚性攻螺纹	武汉华中数控股份有限公司
6	全数字交流伺服驱动单元	HSV－18D	①具有025A、050A、075A多种规格 ②控制简单、灵活：通过操作面板或通讯方式，可对伺服驱动单元的工作方式、内部参数进行修改，以适应不同应用环境和要求 ③状态显示齐全：驱动单元设置了一系列状态显示信息，方便客户在调试、运用过程中浏览伺服驱动单元的相关状态参数；同时也提供了一系列的故障诊断信息 ④接口丰富，控制方式灵活多样：驱动单元具有脉冲指令输入接口，模拟电压指令输入接口，电动机码盘反馈接口，串行通讯接口及可编程I/O接口，具有多种控制方式 ⑤直流母线电压为DC530V，可用于对转速和功率要求较高的场合 ⑥具有双码盘接口，可连接光栅尺等位置反馈器件，构成全闭环位置控制系统	武汉华中数控股份有限公司
7	军用雷达伺服驱动装置			武汉华中数控股份有限公司
8	交流伺服主轴电动机	GM7	①功率规格2.2～100kW ②结构紧凑，体积小，重量轻，功率密度高 ③采用了特殊设计，电磁振动小，噪音低，旋转精度高，恒转矩及恒功率调速范围宽 ④转子惯量小，响应速度快 ⑤气隙均匀，平衡精度高，转矩脉动小 ⑥全密封设计，防护等级IP54 ⑦特殊F级绝缘结构，抗浪涌电流及电晕现象冲击，寿命长，运行可靠 ⑧性能价格比高	武汉华中数控股份有限公司
9	加工中心数控系统	GSK21M	快速移动速度：60m/min 快速进给速度：12m/min 七轴四联动 加工精度：0.0001mm或0.0001°	广州数控设备有限公司
10	数控系统	GSK980TD/ GSK983M	快速移动速度：30m/min 快速进给速度：15m/min 二轴联动/五轴四联动 加工精度：0.001mm 内置PLC；带有反向间隙、螺距、刀具补偿可实现闭环控制	广州数控设备有限公司

（续）

序号	产品名称	型　　号	主　要　技　术　参　数	生产企业名称
11	数控系统	GSK928TC－2	快速移动速度：15m/min 快速进给速度：直线 6m/min、圆弧 3m/min 加工精度：0.001mm	
12	磨床数控系统	GSK928GA	嵌入式双 CPU 控制核心；内嵌 PLC，S 曲线自动加减速，交流伺服电动机闭环控制 快速移动速度：8m/min 快速进给速度：8m/min 加工精度：0.5μm 自动修正与尺寸补偿、螺距误差补偿、反向间隙补偿等	广州数控设备有限公司
13	驱动装置	DAP01	输出功率：3.7～11kW 最高转速：6 000～9 000r/min 调速比：1∶1000 转速变化率≤最高转速的 0.1%，速度闭环控制	广州数控设备有限公司
14	驱动装置	DA98B	输出功率：0.4～2.6kW 最高转速：3 000r/min 调速比：1∶5 000 单位精度：±0.036°	广州数控设备有限公司
15	数控系统	NC－210	控制轴数：4 个坐标轴＋1 个主轴 控制精度：0.1μm 输入/输出点数：64/48	沈阳高精数控技术有限公司
16	数控系统	NC－220	最大联动轴数：4 轴 最小输出单位：0.0001mm/0.0001inch 最大快移速度：48m/min	沈阳高精数控技术有限公司
17	数控系统	KT－590－T/M/C	控制轴数：4 个坐标轴＋1 个主轴 最小分辨率：0.0001mm 最大编程尺寸：±8 388mm 内存：3KB 最大快移速度：25 000mm/min 进给速度：1～25 000mm/min 自动加减速、闭环控制 T－车床、M－铣床、C－切割机	上海开通数控有限公司
18	交流伺服驱动系统	KT－270－20/30/75	功率范围：0.4～5.4kW(2～37N·m) 具有位置/速度/力矩 3 种控制模式(可切换) 调速比：1∶5 000 最高速度：3 000r/min 过流、短路、过载、主电路过压/欠压、转速超差等保护功能	上海开通数控有限公司
19	数控系统	DASAN 9i	全闭环系统 32 位 CPU 彩色 LCD 显示 PC 卡备份 内置 PLC 进给速度：30m/min 分辨率：0.1μm	大连大森数控技术有限公司

5. 科研项目

据统计，2005 年数控系统行业各企业完成 21 项科研项目，2005 年数控系统行业各企业科研项目见表 12。

表12　2005年数控系统行业各企业科研项目

序号	科研项目名称	主　要　内　容	完成单位
1	国产数控系统的开发及其在中档加工中心上的应用	①科技部“863”项目 ②三轴及三轴以上加工中心关键技术的研究开发 ③国产数控系统关键技术的研究和开发 ④数控系统性能稳定、可靠性达到加工中心应用要求 ⑤开发出配国产数控系统的加工中心新产品BV75、BV85、VMC750、VMC850系列，实现规模化和产业化	武汉华中数控股份有限公司
2	数控冰刀研磨机	①国家体育局科研项目 ②适合于冰刀测量、研磨和砂轮修整的专用冰刀测量研磨数控系统 ③对冰刀测量和研磨的采样运动控制系统 ④优化、研制便携式冰刀测量与研磨机控制的传动结构和总体结构 ⑤冰刀技术参数、运动员个人特征数据、训练比赛数据等信息的数据库 ⑥冰刀拱形仿形测量方法包括：冰刀刃跟随控制、测量系统自保护功能、基于仿形数据研磨路径自生成等 ⑦研究适合冰刀测量装置的自动扫描机构和机械装置	武汉华中数控股份有限公司
3	适用于电子行业的高性能数控系统	①科技部火炬计划项目 ②在华中数控现有数控系统的基础上，增加数控系统的相关功能，通过系统可靠性设计和成套性技术的开发，建设相关的生产线和产品质量保证体系 ③实现年产800套应用于电子产品制造行业的数控系统的生产能力 ④提升电子制造业的技术含量，打破国外对该领域的垄断局面	武汉华中数控股份有限公司
4	直线电动机驱动的龙门动梁动态特性及综合刚度研究	科技部“863”项目	武汉华中数控股份有限公司
5	车间级异构数控设备网络化集群管理技术研究	湖北省科技厅科技攻关项目	武汉华中数控股份有限公司
6	新一代数控系统STEP－CNC的研究与开发	武汉市科技局科研项目	武汉华中数控股份有限公司
7	中档数控系统产业化支撑技术	区科技局科研项目	广州数控有限公司
8	嵌入式普及型闭环控制车床数控系统		广州数控有限公司
9	高速铣削数控系统关键技术研究		广州数控有限公司
10	军用数字式伺服技术研究	航天支撑项目	北京航天数控系统有限公司
11	大功率随动系统技术研究	国防基础科研项目	北京航天数控系统有限公司
12	开放式数控系统产业化	北京市工业促进局科研项目	北京航天数控系统有限公司
13	减速机专用交流伺服驱动系统	上海市科委科研项目	上海开通数控有限公司
14	液晶显示全功能闭环系统	①位置闭环控制 ②PWM模拟量输出 ③R232通讯接口 ④液晶显示专用电器FPG ⑤系统操作面板集键盘和机床控制一体	上海开通数控有限公司
15	嵌入式中档数控系统	上海市科委科研项目 采用嵌入式ARM芯片和LINUX操作系统，可应用于车床，铣床，切割机等数控系统	上海开通数控有限公司

（续）

序号	科研项目名称	主　要　内　容	完成单位
16	车床数控系统	GREAT－66TA	成都广泰实业有限公司
17	三相驱动电源	GTHS3－1	成都广泰实业有限公司
18	铣削加工中心系统	GREAT－180M	成都广泰实业有限公司
19	铣床数控系统	GREAT－160im	成都广泰实业有限公司
20	螺纹轧辊铣系统	GREAT－180Z	成都广泰实业有限公司
21	磨床数控系统	GREAT－180G	成都广泰实业有限公司

6. 企业简介

武汉华中数控股份有限公司　是从事数控系统及其装备研究、开发和生产的高科技股份制企业。公司以华中科技大学国家数控工程技术研究中心为技术依托，拥有强大的科研、开发和产业化实力，注册资本6 506万元，员工 280 多人，其中高、中级技术人员占 70％。2000 年华中数控出资组建了“襄樊华中数控系统有限公司”和“上海登奇机电技术有限公司”2 个控股子公司，近 3 年又参股“齐重数控装备股份有限公司”、“武汉威泰数控立车有限公司”、“大连高金数控有限公司”等企业。2005 年，华中数控坚持自主创新，研发生产基于嵌入式工业微机的、具有自主知识产权的“世纪星”高档、中档、普及型系列数控系统产品。其中五轴联动数控产品打破国外技术封锁，成为我国军工企业（南昌洪都航空集团）选用的首台全国产化高档数控设备；研制生产了基于实时嵌入式 DSP 的、具有自主知识产权的数字交流伺服驱动单元和主轴伺服驱动单元系列产品，已销售 2 万多台；8 个产品获得国家重点新产品称号。华中数控已经成为国产数控系统强势品牌。公司2005 年销售额突破 2 亿元。华中数控被评为 2005 年度湖北省“优秀软件企业”，华中“世纪星”数控系统软件 V6 被评为“中国优秀软件产品”。2005 年，华中数控实现销售收入突破 2 亿元，其中数控产品 1.8 亿元，红外产品 500 万元；全年销售数控系统5 000套，数控机床 800 台，交流伺服驱动装置与伺服电动机6 000台（套）。

广州数控设备有限公司　广州数控（GSK）——中国南方的数控产业基地，国家 863《中档数控系统产业化支撑技术》重点项目承担企业，广东省 20 个重点装备制造企业之一。公司十几年来致力于专业研发、生产机床数控系统、伺服驱动装置与伺服电动机，推广普及机床数控化改造，开展数控机床贸易，现已发展成为一个集科、教、工、贸于一体的大型高新技术企业。年产数控系统 2 万多套，2000 年至 2005 年，产品产销量连续 6 年居国内同行业首位，是全国最大的机床数控系统生产基地。主要产品有：GSK 系列车床、铣床、加工中心数控系统，DA98 系列全数字式交流伺服驱动装置，DY3 系列混合式步进电动机驱动装置，DF3 系列反应式步进电动机驱动装置，GSK SJT 系列交流伺服电动机，CT－L 数控滑台等控制设备。产品配套于济南第一机床集团公司、沈阳第一机床厂、兰溪联强机床制造有限公司、广州机床厂、大连机床厂、宝鸡机床厂、长城机床厂等 50 多个机床生产企业，市场占有率连续 3 年全国第一。产品还适用于金属加工机械、食品加工机械、印刷机械、纺织机械、进给机械等设备。

北京航天数控系统有限公司　隶属于航天长峰股份有限公司，是国家定点机床数控系统研发中心和产业化基地、北京市新技术产业开发试验区高新技术企业，主要从事机床数控系统及其配套产品的设计、开发、生产、销售和服务，以及机床数控化改造工程。企业占地面积达6 000m²，资产总额近5 000余万元。现有员工 150 多名，其中高级职称占 30％，中级职称以上人员占 51％，在计算机、电子技术、自动控制、精密仪器等方面拥有雄厚的技术实力。公司已形成年产5 000套数控系统及伺服装置的生产制造和装配调试能力。航天数控充分发挥航天工业的高技术优势，相继开发了高、中、低档次的多个系列的产品，功能覆盖了车床、铣床、加工中心、磨床、火焰切割机等控制系统，广泛应用于军工、船舶、汽车、航空、航天、造纸设备、建筑设备等设备制造领域。2005 年，公司根据市场需求进行产品结构调整，现主销产品有 CASNUC2100e 系列数控系统和 CASNUC2100 系列数控系统以及 DSCU 系列全数字伺服控制单元和 DSSU 系列全数字主轴控制单元。

上海开通数控有限公司　成立于 1993 年 2 月 27 日。隶属上海电气（集团）总公司电气研究中心，是上海市科委认定的“上海市高新技术企业”，国内最早从事数控系统和交流伺服驱动系统开发、生产的单位之一。公司主要业务范围：各种数控系统、交流伺服、主轴驱动系统、混合式步进电动机驱动系统开发、制造、销售；各种电气控制设备设计开发及改造。产品广泛应用于机床制造业、汽车及配件制造业、机械零件加工业、模具行业、轻工机械行业。公司主要产品有普及型（全功能）和开放式 PC 型数控装置。适用于车、铣、磨、加工中心、切割、弯板、绕簧等各类机床和机械。公司批量生产交流伺服（模拟和数字式）装置、交流主轴驱动装置，除了为数控机床配套外，还广泛应用在印染、印刷、包装、玻璃、饲料、微电子等生产机械上。公司还为信息产业和其他各行业开发、研制各类数控专机，以及为汽车、量具刃具、冶金设备、重矿设备等行业的大重型机床和自动生产线进行数控化改造。目前，已成为多个国际著名自动化产品制造商的授权代理及合作伙伴。2002 年设计生产通过了ISO9001：2000 质量管理体系认证。

成都广泰实业有限公司　是专业从事高科技数控系统开发、生产的民营体制经济实体，公司拥有一批国内最早开发数控系统的专家和年轻的专业技术人才，具有从产品研制开发、生产加工到销售服务以及机床数控化改造、数控机床销售的完备体系。广泰数控根据中国的实际需求出发，从经济型数控开发生产开始，逐步发展到普及型数控，并已进入中高档数控系统开发生产领域。产品主要有：具有较高精度和速度的标准普及型 GREAT－66T(TA)、GREAT－55T、GTX3E、GTX4E 数控系统；具有高精度、高速度、功能强大的 GREAT－180M/T、GREAT－160iM、GREAT－88TA 系列数控系统；网络化模拟数控操作的教学软件；具有从 200W 到 10kW 全系列的交流伺服驱动系统；全系列步进电动机驱动器。产品适配于各型车床、铣床、钻床、磨床、滚齿机等加工机床。2005 年初，广泰公司经过全面发展和调整，已形成年产各型数控系统 1 万余台、驱动电源 3 万余台的生产能力。

南京华兴数控设备有限责任公司 是从事机床数控系统研发、生产、销售的高新技术企业公司。公司已在纺织、印染、食品、医疗等设备的运动控制上产生广泛影响。目前，公司是国内经济型机床数控系统的最主要的供应商之一。2005 年生产万套数控系统，2 万多台电动机驱动装置及伺服电源，并承接了国内若干行业的数控设备的改造与升级。

襄樊长虹电器传动设备有限责任公司 由原襄樊机床电器传动设备厂改制而成，主要生产机床电气产品。主要产品有：V5 直流调速系统，ZSZ1，ZSS1 主轴，伺服直流调速系统，各种车床、刨床、镗床、铣床等电气控制电柜。同时承接运用 PLC 进行逻辑控制，运用数控系统对各种机床进行数控化改造，并根据客户要求选用国外调速系统进行机床改造服务等。

沈阳高精数控技术有限公司 是在辽宁省和沈阳市地方政府的大力推动下，由中科院沈阳计算技术研究所有限公司、沈阳机床集团、新飞达集团（民营企业）、辽宁科发实业公司等社会优势资源结合，共同投资组建的数控专业化公司，技术上依托高档数控国家工程研究中心。高档数控国家工程研究中心是国家级高档 CNC 工程研究中心，是我国数控工程化研究的国家重点基地。公司致力于建成一个以高中档数控系统、高性能伺服驱动单元和高性能主轴驱动单元为主，兼顾全系列产品的成套数控技术和机床电子产品的研发生产基地和龙头企业，使之成为国产成套数控系统产业化和数控共性关键技术推广应用的基地，为东北及国内装备制造业提供数控、伺服驱动等成套数控系统产品和技术以及整体解决方案，扭转高性能数控系统及功能部件产品依赖国外的局面。经过了多年的研究与开发，现在 NC 系列新产品已经形成了中档、高档两个系列品牌。公司的主要业务有：①数控系统的研究与开发、工程化研究、技术转让、技术咨询、技术服务；②数控系统工程项目的总体设计以及相关设备的开发制造、系统集成和技术培训；③参与数控技术及相关技术与设备的引进和出口工作，促进引进技术的消化、吸收和创新；④企业的数控技术改造；⑤为企业培训高级工程技术人才。

先进设备：为了配合高新技术的试验、研究及生产，中心配备了先进的电源测试仪、在线测试仪、逻辑分析仪、电磁兼容测试仪器等验证设备，并配备了波峰焊机、回流焊机等设备，具有国内一流的数控系统工程化研究开发和批量生产的环境。

荣誉、证书：中心以数控系统的工程化研究与开发为主攻方向，开发了我国第一台五轴联动的高档数控系统“蓝天一号”，承担了多项国家数控攻关项目。

中心研发的数控系统及配套产品通过了 ISO9001：2000 质量体系认证。

大连大森数控技术发展中心有限公司 成立于 1995 年，是一个高科技民营企业，主要从事数控技术与产品的研究、开发、生产与销售，为数控机床生产企业提供中高档数控和电动机产品以及相应解决方案，产品性能达到国际先进水平，是国内数控系统市场的主要供应商之一，也是我国国内惟一能够与世界各大公司竞争中、高档数控系统的制造企业。公司位于大连市甘井子区七贤岭高新技术产业园区火炬路 49 号，占地面积42 625m²；厂房、研发中心和办公房屋建筑面积9 800m²，还有二期工程现正在建设中，三期工程目前正在筹划。2004 年，公司的销售额为 1.78 亿元，在国内中高档数控产品市场中的占有率较高。大森公司每年将不少于销售额 10% 的资金投入研发，并坚持在自主开发的基础上进行开放合作，现已与日本、美国等国家一批世界一流企业进行着广泛的技术与市场合作。大森数控的产品凭借其卓越的产品质量、低廉的销售价格以及完善的售后服务体系，不仅打破了国外产品对我国中档数控系统产品市场的垄断，而且占据了较大的市场份额。从“八五”到“九五”、“十五”，机床数控系统的开发一直是国家投巨资、重点攻关的科技项目。大森公司凭借自己的实力得到了业内专家的认可并承担起“中高档数控系统开发和可靠性技术研究”等 4 个子课题研究和开发任务。这是国家数控攻关项目“数控关键技术与装备产业化支撑技术及运用”下的 4 个子课题。

南京大地数控有限公司 原南京微分电机厂江南机床数控工程公司，是从事机床数控及工业自动化产品研制、生产及营销服务的科技型企业。公司已从事近 20 年机床数控产品研制开发、生产制造、营销服务和机床数控化改装，经验丰富，其产品已遍及全国 20 多个省市自治区，被广泛用于国防、军工、机械电子、汽摩制造、模具、纺织机械、包装机械、科研院所及教学等不同行业。

中国东方数控公司 是中国兵器工业集团公司的成员单位，隶属于第四事业部归口管理。公司 1989 年与德国西门子公司在机床数控系统方面开始合作，主要从事普及型、经济型及全功能型各类数控系统的开发、制造、销售、服务和各类机械设备的数控化改造。1996 年和西门子公司合资组建了“西门子数控（南京）有限公司”，现已形成年产8 000 套各类机床数控系统的生产能力。公司一直从事各类旧机床（车床、铣床、磨床、各类加工中心等）翻新和数控化改造业务及从事西门子数控系统（810、802S、802C、802D、810D/840D）及备件的销售、维修和服务业务，现已达到年改造数控机床 250 台以上的水平，位于国内同行业的第三位。公司自 2003 年开始，紧紧抓住国防系统内部企业机械加工设备更新换代的大好契机，采取"借船出海，贴牌销售"的原则，广泛与国内知名机床生产厂商强强联合，生产销售"东方数控"牌各类数控机床，目前已初步形成一定规模。与西门子合资企业生产810T、81OM等型号810系列数控系统，开发生产802S、802C、802D等型号802系列数控系统，生产SIJECT等型号系列控制产品和各类西门子数控和工厂自动化产品。公司现已建成集研发、制造、销售、服务、工程与投资管理、对外贸易于一体的综合性企业，努力抓好国际国内两个市场。公司于2004年申请并通过了ISO9000国际质量认证体系。

北京首科凯奇电气技术有限公司 是集数控系统研发、制造、销售、服务及贸易于一体的企业，是北京市高水平的科技创新和机电产品的产业化基地。北京首科凯奇电气技术有限公司以振兴民族现代制造业为核心使命，专注于工业控制产品的开发，多年来承担了多项科技项目（完美无谐波高压变频器、开放式数控软件系统、精密伺服控制基础技术研究、直接电动式精密运动部件等）的开发任务，并在此基础上自行研制开发了多品种、多系列、全规格的产品，在电力电子、自动控制、机床数控、信息与网络、模糊控制、嵌入式操作系统等领域卓有建树。数控事业部面向市场开发信息化、智能化、高效率、高精度的系列化数控产品，如：系列交流伺服驱动器、永磁同步伺服电动机、数控软件、伺服驱动电动机技术、直接电驱动技术等，可广泛应用于工业自动化、机器人、数控机床及纺织、印刷、包装、食品、医疗器械等设备制造领域。目前，公司已经形成集研发、制造、销售、服务及贸易于一体的企业发展体系，与俄罗斯、日本、美国、德国等国家的企业有深入的技术合作或业务关系，与清华大学、上海交通大学、华北电力大学、中国电力科学院等科研机构合作进行前沿课题的研究。公司的数控产品远销俄罗斯及其他东欧国家，获得用户的好评。

江苏仁和新技术产业有限公司 经营范围是机床数控系统及驱动器的开发、制造、销售、服务，机床数控化改装及技术咨询，数控机床操作培训，数控机床销售与服务。公司主要产品有：车床数控系统、铣床数控系统、磨床数控系统、步进电动机驱动器、数字式交流伺服驱动器等7大系列30余种产品，全部产品都具有自主知识产权。公司建立了严格的生产管理体系，将产品质量监控贯穿于产品生产、交付的全过程，努力为客户提供优质的产品，公司的产品连续多年通过市、省、国家组织的技术监督抽查，公司产品在市场上享有很高的声誉。公司于2002年通过了ISO9001：2000质量管理体系认证。经过10余年发展，公司现已具备年产数控系统5 000余套，各类驱动器1万台的生产能力，公司拥有厂房2 000余 m^2，土地1万 m^2，资产1 000万元。

滕州市山森创发数控设备有限公司 是一个专门从事机床数控产品研发和制造的高科技企业。公司拥有一批多年从事数控产品设计、制造、应用的高素质专业技术人员，熟悉国内外各种数控系统，技术力量雄厚。近几年根据机床市场的需求，先后开发了适用于配套多种数控系统的数控机床操作面板，可广泛用于加工中心、数控铣床、数控车床、数控冲床等产品。该产品使用方便，质量可靠，成本低，从2000年投放市场以来得到广泛应用，用户涵盖沈阳一机床，济南一机床，大连机床，沈阳数控机床、德州机床等500多个企业。公司研制的数显控制器、行程挡铁、分线器、中间继电器模块、接口电缆、RS型通信接口等数控产品，在国内普遍使用。

〔本部分供稿单位：中国机床工具工业协会数控系统分会〕

机 床 附 件

一、通用机床附件

1. 行业产品综述

2005年，机床附件行业在机械加工制造业发展需求的持续拉动下，继续保持产销两旺、企业生产规模不断扩大的局面。工业总产值及销售产值等各项经济指标均有较大增幅，企业经济效益进一步提高，绝大多数企业的经营形势前景良好。

在行业经济形势发展较好的情况下，还应该注意到机床附件行业企业存在的不足。在高档技术水平的数控机床附件产品方面，我们同发达国家相比，还存在较大差距。目前，共性的问题仍然是：常规速度、常规精度的机床附件，有很强的市场竞争能力和生产能力，出口量也较大；但为数控机床配套的新技术、高速度、高精度的数控附件的市场竞争能力较差。行业企业还需要进一步加大产品结构调整力度，向高速度、高精度、数控用机床附件方向调整，使产品技术水平不断提高。同时，要加大技术改造资金投入，增加高精尖设备仪器，提高数控机床附件的制造及检测技术水平。

随着全球经济一体化的形势不断发展，以及大陆市场的对外开放，外资企业不断在大陆投资建厂。外企以先进技术与大陆的劳动力结合，加之外企在全球采购配套件的条件比大陆企业有优势，将使大陆原行业企业面临更强大的竞争对手。近年来，在江浙一带、大连市等地区，均有很多台商投资建厂，专业生产数控机床附件，虽然目前尚未经营生产，但这些企业必将成为原行业企业的强劲竞争对手。行业企业应认真分析企业现状，采取对应措施，提高经营、研发、管理等水平，以保证在激烈的市场竞争中稳步发展。

(1)数控机床附件概况：①为数控磨床等配套的各类电磁吸盘、永磁吸盘、电永磁吸盘；为加工中心等数控机床、生产流水线配套的各类自动排屑、过滤、恒温冷却装置；为经济型数控车床配套的数控刀架，俗称经济型数控刀架；为数控立式车床配套的数控立车刀架。这类附件目前进口商品很少，主机厂基本选用国内产品。②为全功能数控车床配套的各种全功能数控刀架、动力卡盘、数控自定心中心架；为加工中心配套的各类数控分度头、数控回转工作台、数控可倾回转工作台、自动交换工作台、多联自动虎钳、数控刀杆。这类产品国内外竞争激烈，其中中档技术水平的主机基本采用国内产品。③为车铣中心配套的数控动力刀架；各种数控机床配套用各类刀库；各类小规格多角度铣头、角度转换镗铣头。这类产品配套进口商品较多，但是，近年来国产商品的竞争力在快速提高。④B轴或BY两轴运动的铣镗、滚齿用数控铣头，为龙门式数控铣床配套的A－C轴双摆动数控铣头。该类产品主机较多配套进口商品。

就各类机床附件的品种而言，大部分品种我国机床附件行业企业都有，也基本属于专业化生产，能够满足数控主机的需要。但随着国外先进数控机床的速度、精度、功能、性能、可靠性等特征的快速发展，新技术、新工艺不断应用，新结构数控机床附件不断出现，并快速转为产业化或专业化制造方式。例如：加工中心用角度转换镗铣头、伺服电动机直接驱动数控转台；数控龙门铣床用A－C轴双摆动数控铣头；为车铣中心配套的B轴或BY两轴运动的铣镗、滚齿用数控铣头等高端技术数控机床附件，我国与国外的差距较大。主机仍然依进口配套为主。

2005年国内数控机床附件产品的水平比2004年有一定提高，尤其是数控车铣复合刀架、数控机床用刀库等产品，主要性能和可靠性方面均有较大提高。就刀库来讲，前几年主要从台湾地区采购配套，2005年中国大陆生产刀库的企业数量明显增多，将会形成激烈的市场竞争，预计在近几年来，市场将对刀库生产厂商的位次进行“洗牌”，产生国产数控机床用刀库的主要厂商。

(2)国内外数控机床附件的主要差距。①可靠性。用户对数控机床的最基本要求是工作可靠性。国外数控机床附件产品开发应用较早，对电器配套件、机电配套方式、零件材料等很多方面不断研发、改进、提高，产品可靠性相对较高，故障率比国产机床附件低。例如：数控刀架的可靠性问题，主要是外购配套电器件的可靠性差，造成数控刀架产品整体可靠性与国外产品有差距。②高速特性。近年来，数控机床普遍向高速、高效发展，对机床附件也提出了同样要求。由于受材料、制造能力、检测手段等多方面条件的限制，国内产品的高速特性与国外同类产品相比还有较大差距。例如：动力卡盘的极限转速平均比国外低1 500r/min左右，盘体材料、零件制造精度、动平衡方面的差距影响了国产动力卡盘的转速水平。为数控铣床、加工中心配套的各类高速刀杆，主要是动平衡方面的差距，一时还难以达到自动平衡的水平。国外伺服电动机直接驱动式数控转台及A－C轴双摆动数控铣头，分度转速比国内同规格机械结构产品的转速高10倍左右，主要是伺服电动机制造技术方面的差距。③精度水平。我国数控机床附件产品的精度及稳定性应该说还是比较好的，基本满足主机配套要求，与日本等工业发达国家的产品相比有些差距，与台湾地区的产品水平相当。目前，精度尚不是数控附件的主要问题。④夹持力等方面。一是电磁吸盘类：电永磁吸盘吸力大、节能、工作时自身不发热、加工过程中变形小，目前国内在该项技术方面与国外差距较大。另外吸盘的厚度尺寸比国外大(缩小了机床的最大加工范围)、重量大、吸力小、吸力的均匀性也有些差距。主要原因是制造工艺及材料技术水平的差距。二是数控刀杆及动力卡盘的夹持力方面有差距，例如国外的液压夹紧数控刀杆夹持力大、精度高，目前国内尚无生产此类刀杆。由于高速回转离心力的影响，高速条件下夹持力差距较大。⑤外观质量。国外产品外观质量很好，对各类机床附件产品精工细凿，非常考究，看上去像工艺品。而我们的产品外观虽然比以前有了改观，但与国外相比还有较大差距。质量意识决定着产品质量，主要是对外观质量的意识有差距。美观也是产品的一种价值属性，宜人性也属人机工程的范畴。行业企业还应进一步重视产品的造型及外观质量。

(3)数控机床附件发展趋势。①技术性能方面。数控机床附件的现实发展方向是高可靠性、高精度、高速度、高效率等。但从近年来CIMT及CCMT机床展览会的主机展品来看，其主要发展趋势是复合化、高速化。复合加工有以下优点：一是一次装夹可加工完成多台机床加工工序，完成多次装夹无法保证的位置精度；二是减少工艺难度和工装种类及数量；三是减少停机时间(装卸工件时间)，缩短加工周期；四是减少设备及零件占地面积；五是简化多工序生产的检验、周转等管理过程。总之，在提高加工质量及效率方面，复合加工的某些优势是多台高速、高精设备无法取代的。因此，行业企业要特别重视复合加工用数控机床附件的研发制造，保持与数控主机的发展趋势同向同步，保证将来的市场竞争能力。②生产模式方面。随着市场激烈竞争，产品价格逐步走低，利润空间逐步减小，产品向社会协作化、专业化、规模化生产方向发展，以此进一步提高质量、降低成本、分解单个企业投资负担。企业小而全的模式已经不适应数控附件生产的要求。

2005年行业企业比较注重专业化生产的技术改造，部分企业在向市外搬迁过程中，增加了厂区厂房面积，进行了技术改造。另外，部分企业为适应专业化、产业化的生产条件，解决多品种轮番上场、交叉影响生产的问题，继续扩建厂房、增加设备。例：烟台环球机床附件集团有限公司在完成8 000m^2数控厂房、增加100多台设备仪器后，2005年规划再建一个2 000多m^2的数控附件生产厂房，解决数控中心架用生产场地不足而制约发展的问题；山东征宙机械有限公司加快技术改造步伐，投资800万元，新建厂房2 657m^2，购置设备42台，解决了生产场地及制造能力不足的问题。

2. 行业企业发展情况

2005年机床附件行业企业改制改革工作继续推进，由于各地推行改制的具体政策与时间要求不完全相同，行业企业改制的步伐也有较大差异。但企业正以不同进度，向股份制民营企业过渡。总体情况仍是南方早于北方，沿海早于内地。改制后的民营企业明显比改制前加快了发展步伐，经营理念与职工意识都向着更有利于发展的方向转变，加大了技术改造力度，经济效益等各方面均有很大提高。近年来，新生私营企业的规模膨胀速度较快。随着企业的改制、改革及企业内部管理水平的提高，整个机床附件行业的产品质量、产销衔接能力、市场竞争能力将会有很大提高。

(1)企业产品情况。①分度类机床附件产品主要生产企业有烟台环球机床附件集团有限公司，主要生产机械分度头、机械回转工作台、数控分度头、数控回转工作台、数控刀架、数控自定心中心架等产品；常州亚兴机床数控设备有限公司和常州宏大机床数控有限公司主要生产数控刀架；江苏象牌机械有限公司部分产品为机械回转工作台及其他工装夹具。②卡盘类产品主要生产企业有呼和浩特机床附件(集团)有限公司、烟台艾格瑞精密机械有限公司、无锡建华机床厂、瓦房店永川机床附件厂、天津市泽尔数控机床成套股份有限公司机床附件分公司、浙江人和机械有限公司、甘肃省平凉市机床附件厂、台州市浙东机床附件有限公司、浙江圆牌机床附件厂、台州天一机床附件有限公司等企业。③电磁吸盘产品主要由无锡建华机床厂、山东临清宏鑫机床有限责任公司、浙江人和机械有限公司、河北临西黑马机械有限公司等企业生产。④钻夹头、刀杆、镗铣插头等产品主要由山东征宙机械有限公司、上海机床附件一厂、山东威海精密机床附件厂、北京机床附件厂有限公司、天津市泽尔数控机床成套股份有限公司机床附件分公司等企业生产；附件产品量较大的钻夹头小行业，品种与产量主要集中于山东济宁大象机械集团公司、台州华鑫机械制造有限公司、临沂市机械制造有限公司、山东天源机床附件有限公司、浙江台州三欧钻夹头制造有限公司、苏州捷合机械有限公司、浙江贝力得工业有限公司、山东威达机械股份有限公司等企业。⑤机用虎钳、顶尖产品主要由大连伯远机械制造有限公司、无锡建华机床厂、甘肃省平凉市机床附件厂、南京吉鸿机床附件制造有限公司、西安机床附件厂等企业生产。⑥生产排屑、过滤装置的企业，大多为私有制民营企业，近年来随着数控机床及很多金属切削加工自动线大量采用该类设备，这些企业发展较快。主要集中在山东烟台及江浙的部分地区。

近年来，其他行业民营企业介入机床附件行业，生产各类非数控机床附件的企业不断增多。尤其在机用虎钳、各类顶尖、钻夹头、刀杆、变径套等类产品领域，其他行业企业介入较多。同样，也有很多原行业中小企业大量生产行业外产品，整个机床附件行业的企业构成和原行业企业的产品结构都在不断变化，充分体现了市场经济的生产特征。

(2)行业企业基本情况。2005年，机床附件行业企业各项经济指标创下历史新高。参加本年度《年鉴》汇编的企业有42个，基本涵盖了行业情况。2005年机床附件行业基本情况见表1。

(3)行业企业生产情况。2005年机床附件行业工业总产值比上年增长23.54%，销售产值增长23.47%，工业增加值提高23.54%，人均销售收入提高24.41%。2005年全员劳动生产率、经济效益综合指数、利税总额、职工平均工资、产品销售率等各项经济指标均有不同程度提高。2005年机床附件行业生产产品情况见表2。

表1 2005年机床附件行业基本情况

项目	单位	数量
参加汇总的企业数	个	42
工业总产值(当年价)	万元	152 161
其中：机床工具类产品总产值	万元	123 857
其中：机床工具类产品销售产值	万元	124 027
工业增加值	万元	53 237
利税总额	万元	17 772
全年从业平均人数	人	14 268
固定资产合计	万元	97 535
固定资产净值余额	万元	61 654

表2 2005年机床附件行业生产产品情况

序号	产品类别	产量(台/套)	产值(万元)
1	机床附件	5 919 430	123 856
1.1	机械分度头	11 344	3 337
1.2	数控分度头	724	638
1.3	自定心卡盘	932 436	38 280
1.4	单动卡盘	157 048	10 822
1.5	动力卡盘	8 988	1 554
1.6	其他卡盘	12 144	1 241
1.7	机械工作台	11 636	1 647
1.8	数控工作台	372	1 268
1.9	数控刀架	46 633	9 433
1.10	其他刀架	43 139	2 384
1.11	普通虎钳	38 570	1 592
1.12	固定顶尖	95 129	242
1.13	回转顶尖	99 904	932
1.14	变径套	321 000	922
1.15	钻夹头	1 989 063	7 553
1.16	丝锥夹头	17 288	326
1.17	弹簧夹头	1 319 900	2 709
1.18	铣夹头	26 895	1 413
1.19	电磁吸盘	18 553	7 005
1.20	永磁吸盘	18 352	1 685
1.21	铣镗插头	8 760	718
1.22	数控刀杆	42 848	1 620
1.23	普通刀杆	41 732	451
1.24	过滤、排屑器	15 380	9 250
1.25	其他	641 592	16 836

(4)产品的出口情况。与2004年相比，出口产品结构有所改变，虽然出口量有所下降，但出口额有所上升。前几年出口额主要集中于普通刀杆、钻夹头、弹簧夹头、变径套类产品，2005年虽然动力卡盘、数控刀架、数控转台等技术含量高的产品尚不具备较大出口能力，但出口产品的复杂程度及技术含量仍有所上升，机械分度头、机械回转工作台、各类卡盘、数控刀杆出口额有较大增长。

高端技术水平产品出口量极小，其主要原因还是产品性能与国际水平有较大差距。因此，行业企业还需要加大力度搞好技术开发和技术改造，加强对高端技术产品的技术攻关。2005年机床附件行业出口产品情况见表3。

表 3　2005 年机床附件行业出口产品情况

序号	产品类别	产　量 (台/套)	产　值 (万元)	序号	产品类别	产　量 (台/套)	产　值 (万元)
1	机床附件	1 968 839	19 970	1.13	回转顶尖	6 000	48
1.1	机械分度头	6 660	943	1.14	变径套	109 000	296
1.2	数控分度头	145	113	1.15	钻夹头	589 520	1 759
1.3	自定心卡盘	159 708	6 879	1.16	丝锥夹头	7 200	133
1.4	单动卡盘	24 652	1 765	1.17	弹簧夹头	920 000	2 065
1.5	动力卡盘	0	0	1.18	铣夹头	720	12
1.6	其他卡盘	4 106	527	1.19	电磁吸盘	500	280
1.7	机械工作台	6 575	906	1.20	永磁吸盘	6 976	615
1.8	数控工作台	1	1	1.21	铣镗插头	4 168	124
1.9	数控刀架	40	16	1.22	数控刀杆	2 873	138
1.10	其他刀架	29 444	1 824	1.23	普通刀杆	23 600	232
1.11	普通虎钳	13 000	916	1.24	其他	21 361	331
1.12	固定顶尖	32 590	48				

(5)新产品开发情况。2005 行业所属企业，因市场订单猛增，新产品开发力度受到影响，从机床附件分会秘书处收到的企业上报年鉴资料统计分析看出，行业企业新产品开发主要集中于骨干企业，共计 30 项。行业骨干企业在保证大量的市场订单的同时，比较重视新产品开发，但开发力度仍有待加强，在数控技术快速发展的今天，附件产品水平跟上发展的步伐，是参与市场竞争的重要条件。

行业企业在新产品开发方面虽然取得了一些成绩，但是离国际水平还有很大差距。主机配套用高端技术数控附件类产品还主要依赖于进口，国外及台湾厂商的大量涌入，使市场竞争更加激烈。行业企业不仅要发挥地利优势，还要提高研发制造水平，提升产品质量，以适应国际机床工具行业发展方向，不断提高数控附件的市场竞争能力。2005 年机床附件行业新产品开发情况见表 4。

表 4　2005 年机床附件行业新产品开发情况

序号	产　品　名　称	产　品　型　号	主　要　技　术　参　数	生　产　企　业
1	数控立卧回转工作台	TK13200E	工作台直径 Φ200mm	烟台环球机床附件集团有限公司
2	数控立卧回转工作台	TK13315E	工作台直径 Φ315mm	烟台环球机床附件集团有限公司
3	数控立卧回转工作台	TK13400E	工作台直径 Φ400mm	烟台环球机床附件集团有限公司
4	高速数控立卧回转工作台	TK13400M	工作台直径 Φ400mm	烟台环球机床附件集团有限公司
5	数控立卧回转工作台	TK131000R	工作台直径 Φ1 000mm	烟台环球机床附件集团有限公司
6	数控立卧回转工作台	TK131200	工作台直径 Φ1 200mm	烟台环球机床附件集团有限公司
7	数控等份回转工作台	TK561400×1400	方工作台 1 400mm×1 400mm	烟台环球机床附件集团有限公司
8	配油式数控回转工作台	TK511250×5N	工作台直径 Φ1 250mm	烟台环球机床附件集团有限公司
9	数控交换工作台	TK95400×400X2	方工作台 400mm×400mm	烟台环球机床附件集团有限公司
10	数控转塔刀架	AK27420×4－QY	方刀台尺寸 420mm	烟台环球机床附件集团有限公司
11	数控转塔刀架	AK22370×8A	八角刀台尺寸 370mm	烟台环球机床附件集团有限公司
12	数控自定心中心架	PK11320×100U	夹持范围 Φ100～320mm	烟台环球机床附件集团有限公司
13	数控自定心中心架	PK11350×220U	夹持范围 Φ220～350mm	烟台环球机床附件集团有限公司
14	数控自定心中心架	PK11400×260U	夹持范围 Φ260～400mm	烟台环球机床附件集团有限公司

（续）

序号	产品名称	产品型号	主要技术参数	生产企业
15	数控自定心中心架	PK11475×300U	夹持范围 Φ300～475mm	烟台环球机床附件集团有限公司
16	数控自定心中心架	PK11500×260	夹持范围 Φ260～500mm	烟台环球机床附件集团有限公司
17	立车用动力卡盘	KL51500	卡盘体外径 Φ500mm	呼和浩特众环(集团)有限责任公司
18	盘式斗笠气动刀库	BT40－16PQ	BT40 刀柄，16 个刀位	呼和浩特众环(集团)有限责任公司
19	杠杆式轮毂卡盘	KT421100	卡盘体外径 Φ1 100mm	呼和浩特众环(集团)有限责任公司
20	高速大通孔回转油缸	P25155×52B	油缸内径 Φ155mm	呼和浩特众环(集团)有限责任公司
21	大规格四爪分离爪卡盘	K72 1250/C11	卡盘体外径 Φ1 250mm	无锡建华机床厂
22	大规格四爪卡盘	K72 2200/$A_2$15	卡盘体外径 Φ2 200mm	无锡建华机床厂
23	强力电磁吸盘	XS11 500×1000	磁盘尺寸 500mm×1 000mm	无锡建华机床厂
24	电控永磁吸盘	X61 300×680	磁盘尺寸 300mm×680mm	无锡建华机床厂
25	动力卡盘	K51 250C	卡盘体外径 Φ250mm	无锡建华机床厂
26	动力卡盘	K54 210C/$A_2$6	卡盘体外径 Φ210mm	无锡建华机床厂
27	钻头磨刀机	ZZM－B	刃磨直径 Φ3～21mm	山东征宙机械有限公司
28	钻头磨刀机	ZZM－C13	刃磨直径 Φ2～13mm	山东征宙机械有限公司
29	双向冲子成形器	ZCYQ80A	中心高 80mm	山东征宙机械有限公司
30	万向回转平口钳	CHM80	钳口宽 70mm	山东征宙机械有限公司

3. 企业简介

烟台环球机床附件集团有限公司　原烟台机床附件厂，是全国分度类机床附件品种规格最全、生产规模最大的企业。“一五”期间被列为全国机床工具行业十八“罗汉”厂之一，具有雄厚的技术实力，曾多次承担国家科技开发或技术攻关课题，全国机床附件行业的归口研究机构（机床附件研究所）设在该企业。企业占地面积 13.5 万 m^2，资产总计 2.1 亿元。主要产品：“环球”牌数控刀架、数控分度头、数控转台、数控中心架、机械分度头、机械转台、数控专用机床等 100 多种规格品种。企业通过了 ISO9001 认证，产品出口到欧美等 30 多个国家和地区。近年来，不断推进数控功能部件产业化基地建设，至 2005 年已完成8 000m^2 数控厂房建设，新增设备及仪器 100 多台（套），提高了专业化研发、产业化制造数控功能部件的能力。

呼和浩特众环(集团)有限责任公司　是国有大型二档企业。职工约2 000余人，工程技术人员 100 余人。主要产品：三爪、四爪卡盘和中高档动力卡盘、油、气缸等 8 个品种 50 多个系列 500 余个规格。企业拥有完善的机械加工、铸造、锻造和热处理设备。2005 年企业除完成多项机床附件新品开发，还涉足数控装备领域，与主机厂进行多项技术合作，开发出一批实用性强的新品。企业不断深化改革，在质量管理、技术改造、用户服务等方面都取得了成就。企业通过了 ISO9000 认证和 CE 安全认证，产品的质量和安全性达到标准要求。为了适应市场需求，公司组建了呼和浩特众环数控机床装备有限责任公司，负责数控装备的研制开发。2005 年工业总产值20 849万元，实现销售收入20 635万元，出口创汇1 014万美元。

江苏省无锡建华机床厂　始建于 1951 年，该厂是一个具有 40 多年机床附件生产历史的国有企业。主要产品：四爪单动卡盘、三爪自定心卡盘、动力卡盘、磁力吸盘、钻夹头、回转顶尖等产品。K72 系列四爪单动卡盘有短圆柱型、短圆锥型两种连接形式，产品覆盖范围 72～2 000mm；K11 系列三爪自定心卡盘亦有短圆柱型、短国锥型两种连按型式，产品覆盖范围 80～630mm；磁力吸盘规格品种达 250 余个；钻夹头有 5 个规格 20 多个品种；回转顶尖有 5 个规格品种。企业已通过了 ISO9001 认证。企业设备设施齐全，拥有生产设备 600 余台，固定资产6 000万元，机床附件年产能力达 60 余万件，可承接各类特殊规格产品的订货业务。2005 年完成销售收入7 500万元。

上海机床附件一厂　是生产钻、镗、车、铣和数控车床用机床附件的专业厂，已有 50 多年的历史，现有职工 266 名，各类科技人员 18 名。该厂生产的“马牌”产品历史悠久、规格齐全，在国内外享有盛誉。主要产品：精密万能镗头、弹簧夹头、攻螺纹夹头、快换夹头、钻夹头、精密刀杆、圆锥量规、各类接杆、供数控车床用 CSG 型工具系统、加工中心用 7∶24 锥度数控工具系统等产品，有 10 大类、500 多个品种、4 000多个规格。该厂重视新产品研发，不断扩大品种，为用户提供满意的产品。同时，学习和探索国外先进技术，向 SANDVIK 公司引进 Varilock 工具技术生产许可。企业通过了 ISO9001 质量体系认证。

山东征宙机械有限公司　原平原机械厂，建于 1958 年，系国家机床附件专业生产厂。现有职工1 100人，工程技术人员 360 名。公司占地面积70 000m^2，厂房20 000m^2，资产总额7 000万元，固定资产原价3 863万元，净资产2 955万元。拥有生产设备660台，其中加工中心10台，其他数控及高精设备100多台。1995年被原国家外经贸部批准享有进出口自营权，1997年获得出口产品质量许可证，1999年通过ISO9001质量体系认证。公司产品远销美国、英国、法国、德国、东南亚等30多个国家和地区，是我国机床附件产品出口创汇较大的厂家之一。近几年，相继开发了技术含量高、附加值高的HDT磨刀机、NT1300数控回转工作台等产品，并通过了山东省科技厅鉴定。

北京机床附件厂有限责任公司 建于1951年，是原机电部定点生产机床附件的国企，隶属于原北京市机械工业局。2003年底改制成为有限责任公司，现有职工118人，其中科技人员40余名，具有高中级职称占22%；拥有各类生产设备60余台，机加工设备占90%，已形成规模生产能力。2004年通过了ISO9001质量体系认证。

威海精密机床附件厂 是威海市技术学院实习工厂，是中国精密机床附件和数控工具系统的定点生产厂家，具有自营进出口权，2003年通过了平压模切机的CE安全认证。现有职工280人，专业技术人员60余人，95%的技术工人是高级技校的毕业生；拥有设备448台，其中金属切削设备188台，数控及高精机床32台。主要产品镗铣类数控机床工具系统是引进美国DEVLIEG公司技术生产的，锥柄执行ISO标准、美国CT标准、德国DIN标准、日本BT标准、中国GB标准，可满足数控机床实现镗、铣、钻、扩、铰、锪、攻螺纹等工艺需要，其他产品有万能镗头、快换刀架、等高平行垫块等。

浙江人和机械有限公司 是原浙江东阳市机床附件厂(创建于1952年)改制的民营企业，2003年更名为浙江人和机械有限公司，是机床附件的专业生产厂家。现有职工219人，专业技术人员23人；注册资本1 680万元，占地面积31 452m²，公司下设卡盘、吸盘2个分厂，永磁、铸造、热处理、维修4个车间。

天津市泽尔数控机床成套有限公司机床附件分公司 是由原天津市机床附件厂改制的民营企业，企业历史悠久。主产产品：三爪、四爪自定心卡盘、轮毂卡盘及轮毂加工夹具、数控刀柄、磨床附件、各类软爪、加工中心工具系统、车床及磨床附件等产品。产品曾多次荣获原国家经委、机电部及地方各级部门授予的荣誉奖励。企业加工设备先进，检侧手段完善，通过了ISO9001质量体系认证。2005年工业总产值1 560万元，年出口产值261万元。

甘肃省平凉机床附件厂 是国家机床附件重点企业，已有40多年的历史，是西北地区惟一生产卡盘的专业厂家。主要产品有：三爪自定心卡盘、四爪单动卡盘、楔式动力卡盘、管子卡盘、精密机用虎钳及各类专用虎钳等10多个品种、40多个规格。还可根据用户需要，设计生产特殊用途的卡盘及其他机床附件产品。该厂“三台牌”产品，各类技术指标均达到国家标准，主导产品采用国际标准。

烟台艾格瑞精密机械有限公司 是由原烟台第二机床附件厂改制的民营企业，专业生产“三精”牌卡盘等机床附件，具有40年的历史。现有职工500余人，占地面积7.5万m²，建筑面积2万m²，预留发展用地3.5万m²。主要产品：三爪、四爪卡盘，动力卡盘，回转油缸，过滤排屑设备。其中三爪、四爪卡盘有100多个品种。出口欧洲的K11125德国标准钢体卡盘、K11160G～K11250G德国标准三爪卡盘亦有相当的生产能力。企业通过了ISO9001认证，拥有自营出口权，产品出口美国、英国、中东等60多个国家和地区。近年来研制了KZ53500W动力卡盘，P24180、P23125A高速回转油缸等产品。2005年工业总产值5 500多万元，销售收入5 399万元、出口交货额1 153万元。

瓦房店永川机床附件有限公司 原瓦房店机床附件厂，是国家机床附件行业为普通车床和数控车床生产配套产品的骨干企业，是四爪单动卡盘国家标准的起草单位。企业建于1958年，2003年改制。现为大连机床集团有限公司下属的全资子公司。公司从业人员545人，工程技术人员35人，中高级技术人员20人，占地面积5.8万m²，建筑面积3.6万m²。主要产品：三爪自定心卡盘、四爪单动卡盘、数控转塔刀架、电动卡盘、液压卡盘、气动卡盘、各类管子卡盘、油缸等。企业通过了ISO9001质量管理体系认证。

临清宏鑫机床有限责任公司 是由原临清机床附件厂改制的民营企业，始建于1955年，现下设磁盘、机床两个分厂，建有CAC、CAD设计网络终端。现有职工353人，具有高级技术职称的6人，中级技术职称的38人，常年外聘享有政府津贴的教授级专家6人。占地面积5万m²，建筑面积1.3万m²，总资产3 737万元。拥有各类加工设备186台，精大稀设备36台，检测设备先进。主导产品有：磁力吸盘、数控平面磨床、数控铣床三大系列产品，产品除在国内销售还有部分出口，已通过ISO9001质量体系认证和CE认证。2005年完成销售收入6 800万元；实现利税1 360万元。

台州市浙东机床附件有限公司 是专业生产“福尔大”牌系列机床卡盘的企业。公司位于浙江省台州市椒江区马庄工业区，毗邻104国道和甬、台、温高速公路，距离海门港5km，至黄岩机场5km，交通便利。公司现有员工600余人，工程技术人员100多人。总占地面积5.2万m²，建筑面积3.3万m²。年可生产25万套卡盘产品。企业通过了ISO9001质量体系认证。部分产品出口欧洲、美洲、中东、东南亚等国家和地区，为很多国外机床公司配套。其中K01－50型与K03－80系列卡盘产品设计获科技新产品发明奖，也是国内目前最为“袖珍”的卡盘产品。

常州市新墅机床数控设备有限公司 是全国数控机床功能部件配套企业之一。1985年以来，公司一直致力于开发和生产数控电动刀架。1987年参加全国电动刀架联合设计。多年以来，以赶超世界先进为目标，对产品不断改进、完善、总结、开发，创出了一条自己的路。公司四项产品获国家专利，品种多、规格全、销量大，产品性能优良，质量稳定，产品为国内数十家主机厂配套，并成功打入国际市场。近年来，研发了CNC自动换刀系统(刀库)，成为国内刀库专业研发生产厂家之一。2004通过ISO9000：2000质量保证体系转版认证工作。

大连伯远机械制造有限公司 是由大连现代轴承有限

公司改制后成立的私营有限责任公司。公司检测仪器齐全，如：三坐标测量机、万工显、大工显、测长仪、立式光学仪、投影仪，已通过 ISO9001 质量体系认证。主要产品：回转顶尖、固定顶尖、变径套、中间套以及为数控机床配套的产品，主要为机床行业配套。有多种产品获国家、省和市名优产品称号。

南京吉鸿机床附件制造有限公司 是由原南京机床附件厂改制的民营企业，主要产品为："钟山"牌普通机用虎钳、高精度虎钳。2002 年迁至南京光华门外经济技术开发区。占地面积 1 万多 m^2，建筑面积5 000m^2，机加工设备种类齐全，有数条机用虎钳装配流水线。具备独立的产品设计及工艺实验能力，积 40 多年的技术及生产经验，质量稳定品，产品远销亚洲、欧洲、美国等国家和地区。

烟台同心卡具有限公司 是由原烟台卡具厂改制而成的民营企业。现有员工 120 人，机床设备 100 多台。主导产品"钻夹头"的生产已有 50 多年的历史。其"同心"品牌在用户中一直享有极高声誉，产品供不应求。2003 年，企业改制成民营企业，企业引入全新经营理念，加强管理水平，更新设备，产量规模逐步做大。企业拥有完善的质量管理体系和检测手段。产品执行 GB/T6087－2003 国家标准。为满足客户的需求，企业建立了完善的质量信息反馈制度。2005 年，完成工业总产值 696 万元，实现销售收入 492 万元。

山东济宁大象机械集团公司 原山东机床附件总厂，已有 50 年的历史，已发展成为集科、工、贸、教于一体的企业集团公司。占地面积 33 万 m^2，加工设备 800 多台(套)，其中引进德国、美国、西班牙的夹头专用生产设备 50 多台(套)。集团公司辖 6 个子公司、2 个分厂、1 所技工学校和 1 个经营公司，是中国机床附件主要生产企业之一。于 1997 年通过 ISO9002 质量保证体系认证。公司主要生产"象"牌自紧、手紧、锥孔、螺纹孔四大系列钻夹头，年产量超过1 000 万件。同时生产"象"牌系列三爪卡盘、端面拔动顶尖、回转顶尖、铣刀杆、变径套、弹簧夹头、铣夹头、数控刀杆等机床附件产品。

西安机床附件厂 现为股份制企业，已有 40 年的历史。专业生产"华山"牌机床附件产品，有各种轻型、中型、重型回转顶尖及公制 80 锥度、公制 100 锥度重型回转顶尖，普通、合金、半缺、带压出螺母固定顶尖及各类顶尖套等，有 20 个品种 60 多种规格。近年来又开发了公制 80、公制 100 等规格的齿形合金顶尖，Φ125、Φ100(锥度 1：4、1：7)法兰式顶尖等。经过技术改造，现已具备直径 $\Phi \leqslant 200$mm 的各种锥度的大、中型轴套类产品的设计、生产、检测能力。2005 年完成厂区迁移，由原址丰庆路 130 号搬迁至半坡路 79 号。搬迁后增大了生产场地面积，增添了新设备，为企业今后发展奠定了坚实基础。

烟台市三发输送过滤设备制造有限公司 原烟台市三发机床功能部件厂，是国内最早生产排屑装置的专业厂家之一。现有金属切削设备 15 台，冲压设备 5 台，固定资产总额 826 万元。1986 年建厂以来，已为国内外数百家机床及内燃机制造企业配套了各种排屑过滤装置及数千米的排屑线。

无锡银通工具厂 生产各种机床夹具，压板，磁性工具，铝镍钴永磁，铝、锌、铜等金属压铸件。工厂拥有加工、装配一条龙的生产线。产品按照 JB/T8004～8045－1999 标准生产，并吸收国内外同类产品之精华，精心设计制作，产品规格齐全，品质优良，检测手段完备，在特种非标产品研制方面实力雄厚。

烟台杞杨机械有限公司 是专业生产过滤排屑装置的企业，具有自营出口权。现有员工 86 人，工程技术人员 18 人；生产场地 8 000m^2，公司拥有车、铣、刨、剪板、折弯、冲压、等离子切割、亚弧焊、铆焊等加工设备。主要产品：各种不同类型平网纸带过滤机、弧网过滤机、真空负压过滤机、霍夫曼过滤机、磁性分离器及各种切屑输送装置等。通过多年的发展，在国内汽车、机床、轴承、冶金、粉末涂装、拉丝等行业有一定的品牌知名度。

烟台市芝罘新宇机床辅助设备厂 成立于 1993 年，是专门从事机床排屑、过滤、分离、清洗、试漏等产品研发生产的专业厂家，产品为国内几十家大中企业配套。现有职工 60 余人。已通过 ISO9001 质量管理体系认证，以产品质量、价格及售后服务，获得用户的好评。"质量第一，用户至上"是企业的经营宗旨。该厂部分产品还随主机出口日本等国家和中国台湾地区，得到了国内外客户的认可。

丹东市中欣机床附件厂 是原丹东市机床附件厂改制后的股份制企业。该厂主要产品为车床中心架、跟刀架，为全国许多机床厂商配套。近年来根据用户需要，设计生产了非标准大直径中心架、重型机床中心架和跟刀架、磨床中心架，根据市场要求还生产了建筑机械及其配件。

烟台一新精密机械有限公司 是国内生产过滤排屑装置的专业厂家，占地面积 2 000 余 m^2。主要产品：切屑输送设备、冷却液过滤净化设备两大系列 60 多个品种。产品广泛用于机床、内燃机、汽车、轴承、冶金等机械制造和其他非机械行业。公司在机床切屑输送、冷却液过滤净化及各种非标机械的设计制造方面积累了丰富的经验，可根据用户的不同要求，设计制作非标产品，满足用户需要。

台州华鑫机械制造有限公司 是专业生产机床附件的中外合资企业。主要产品："华鑫"牌钻夹头、快换夹头、攻螺纹夹头、弹簧夹头以及供数控机床使用的 7：24 锥度各种刀柄，近期还开发成功接泡机玻璃夹头，也可按客户要求进行特殊结构研发生产。目前，年产自紧钻夹头 100 万件，是国内最大的自紧钻夹头生产企业之一，部分产品出口美国、欧洲、中东、东南亚等国家和地区。

象牌机械(江苏)有限公司 创立于 1992 年，位于苏州相城区望亭镇新华工业区，临近 312 国道和沪宁高速，交通条件十分优越。公司厂房面积 12 000 余 m^2。主要产品是：硬度计、机械工具、钣金机、机床附件。拥有先进的生产设备及检测仪器，如加工中心，数控精密车床，精密磨床，铝压铸机等。公司于 2000 年通过 ISO9002 质量体系认证。"象"牌产品销售以出口欧美国家为主，还出口日本等国家。

临西县黑马机械有限公司 是1996年成立的民营企业，是磁力吸盘专业制造厂。主要产品：电磁吸盘、永磁吸盘、永磁起重器、各式退磁器及各种磁性工具，并可根据用户需求设计制造专用磁力吸盘等磁性工具，满足用户的需要是企业的不断追求，已通过ISO9001国际质量管理体系认证。公司拥有自己的专利，是河北省惟一一家专业磁力吸盘制造厂。

武汉昌合阿美斯塔机械有限公司 是生产机床附件的中德合资企业，坐落在武汉经济技术开发区。公司主要产品：快换刀架系列、数控刀夹系列和软爪。其中快换刀架系列包括PARAT分度快换刀架、40工位欧式快换刀架、意式快换刀架和美式快换刀架。数控刀夹包括DIN标准VDI数控刀夹及楔式数控刀夹。其他产品：切管器、钻头刃磨尖机、微调镗头、CNC排刀夹、汽车零部件工装、夹具、模具等。公司通过了ISO9001质量管理体系认证。

浙江园牌机床附件厂 是原国营台州机床附件厂改制的民营企业，专业生产"园牌"卡盘。2000年在台州经济开发区征地3万m^2，投资5 000多万元，新建23 300多m^2厂房，并增添了大量的设备。企业基本完成了卡盘关键部位的数控化加工，形成年产15万台卡盘的生产能力。企业依据大学科技力量及自身40多年积累的实践经验，在卡盘研发制造水平方面有很大提高。产品由改制前十多种规格，增加到K10二爪系列160～400、K11三爪系列80～800、K72四爪单动系列160～800、K12四爪自定心系列80～500、K11/A、C、D160～630、K72/A、D短锥联接系列160～800等6个系列100多种规格。企业已通过ISO9001质量体系认证。

北京新兴超越离合器有限公司 是北京中关村高新技术企业，是生产超越离合器的专业厂家。主要产品：CK系列楔块式超越离合器、CG型滚柱式超越离合器（该离合器是公司董事长孔庆堂教授的专利），现有CAK型、CKB型（B型）、CKZ型、CKF型（非接触式离合器）和CKS型（双向离合器）等10种类型，500多个规格。主要用于机床、包装、印刷、轻工、石化、减速机、冶金、矿山、起重、运输等机械。现按该公司和机械科学研究院共同制定的单向楔块式超越离合器标准（JB/T9130—2002）生产。企业通过了ISO9001：2000质量管理体系认证。

烟台捷林达通用齿轮箱制造有限公司 原烟台铣床附件厂，成立于1958年，占地面积134 000m^2，建筑面积48 000m^2，总资产8 624万元，职工748人，工程技术人员147人。拥有各类设备1 030台，其中金属切削及数控机床628台。公司已形成完善的产品研发、生产、检测、售后服务体系。主要产品：万能铣头、立铣头、插头、农用齿轮箱、拖拉机前桥等。1981年与外商合作开发生产农用齿轮箱，已有13大系列、775种规格，产品出口国际市场，主要销往美国、澳大利亚、日本、意大利等国家。1986年以来，年出口额在500万美元以上。近年来，公司又投入300多万美元，进口先进设备，提高产品生产专业化水平。

常州市宏达机床数控设备有限公司 属股份制民营企业，专业生产数控电动、液压回转刀架及精密滚珠丝杠等产品。主要生产设备为：普通车床、数控车床、普通立卧铣床、数控铣床、加工中心、平面磨床、内外圆磨床、螺纹磨床及丝杠磨床。公司对产品开发有专业开发部，质量管理方面成立质检部，通过了ISO9001质量体系认证。近年来，投资近500多万元用于设备技术改造。

烟台开发区博森机床辅机有限公司 建于1993年，是生产机床辅助设备的专业生产厂家，公司坐落在烟台开发区，占地面积2万m^2。主导产品：各类链板式排屑装置、刮板及磁刮板式排屑装置、永磁式排屑装置、复合式排屑装置、螺旋式排屑装置、磁性分离装置、涡旋分离装置、纸带过滤装置、反冲滚筒过滤装置、综合式排屑－过滤－冷却系统等机床辅机。公司产品销往全国各地，并随主机出口到多个国家，公司以产品质量得到用户的广泛赞誉。

临沂市圣鑫机械制造有限公司 是专业生产自紧钻夹头及木工机床附件的股份制企业。现有员工200余人，工程技术人员38人；占地面积5万m^2，总资产2 800万元；拥有加工中心、数控机床、磨床、专用机床、三坐标测量机、万能工具显微镜等设备仪器。企业通过了ISO9000质量体系认证。主要产品：自紧钻夹头、攻螺纹夹头、快换扳手、木工机械夹头、木工机械顶尖等。主导产品自紧式钻夹头，有重型、轻型、螺纹孔型3大系列80多个品种，产品还销往欧、美及东南亚等30个国家和地区。2005年工业总产值1 360万元，工业销售收入1 320万元，实现利税360万元。

台州天一机床附件有限公司 属民营企业，地处浙江省台州市，交通便利。从业人员120多人，工程技术人员18人，厂房面积1万m^2，加工设备160多台，其中数控等专用设备40多台。主要产品：二爪、三爪、四爪自定心卡盘（短圆柱/短圆锥）80～400mm；四爪单动卡盘80～500mm；手紧三爪卡盘50～100mm；钢体三爪卡盘160～250mm。企业具有较强的自主开发、设计制造的能力，可根据用户需求，设计生产各类特种卡盘。企业已通过ISO9001国际质量体系认证。

山东天源机床附件有限公司 是生产"天鸢"牌机床附件系列产品、农机配件产品和微电动机产品的企业。职工人数220人，固定资产659万元，固定资产净值537万元。企业通过ISO9001质量管理体系认证。自主开发的三爪、四爪自定心木工卡盘新产品已投放市场，合资合作生产微型电动机已试制成功。引进先进数控设备，加快技术和工艺改造，加速产品更新换代，产品的规格和品种增加30多种。除为国内机床厂家配套外，还出口美国、欧洲和东南亚等国外市场。

北京市长城机床附件厂 是专业生产机床减振垫铁的厂家，中国环境保护产业协会噪声与振动控制委员会委员单位，参与"机械行业圆形机床减振垫铁"JB/T6607标准的制定。定型产品有15个系列、60多个规格，单位承载值50～40 000kg。企业已通过ISO9001质量体系认证。适用于金属切削机床、锻压机床、橡塑机械、制药机械、包装机械、电动机、工程设备的隔振减振。产品不但为国内主机厂配套供应，并出口美国、加拿大、德国、西班牙、意大利等国家。

烟台市福山区众力机床辅助设备厂 是生产机床辅助设备的专业厂家，主要产品：链板式排屑装置、刮板及磁刮板式排屑装置、永磁式排屑装置、螺旋式排屑装置、纸带过滤机、磁辊纸带过滤机、涡旋分离器、除浮油装置、导轨防护等机床功能部件。企业有着10余年的生产经验，具有雄厚的技术力量，良好的质量信誉，产品销往国内各机床、汽车、发动机等生产行业企业，并部分随主机出口到欧洲、美洲等许多国家。

北京京密云发机床附件有限公司 由原北京燕山机床附件厂改制而成的民营企业，位于北京市密云县西郊，新厂区占地面积5 300m^2，新建现代化厂房。企业有近30年专业生产平口钳的实践经验，其“双三角”牌机用平口钳曾被原机械工业部评为“优质产品”。主要产品：机用平口钳、简易镗刀架、叶片油泵、阶梯可调压板、机床垫铁等。现有职工30余人，公司研发部门拥有本科及硕士学历人才。2005年实现工业总产值380万元，销售收入250万元。

上海金玉篮精密机床配件有限公司 是民营有限责任公司，从业人员45人。专业生产各种自动车床、数控车床、加工中心等设备所配套的弹簧夹头，工厂设备配套齐全，检测手段完善。现形成优势的产品有中国国内、日本、台湾地区产自动车床、铣床、数控车床用系列弹簧夹头。

〔本部分供稿人：中国机床工具工业协会机床附件分会 王兴麟〕

二、组合夹具

1. 行业基本情况

组合夹具行业现有12个企业，其中3个股份制企业，7个民营企业，1个国有和1个合资企业，全部是中小企业，有9个企业加入组合夹具分会。2005年组合夹具行业基本情况见表5。

表5 2005年组合夹具行业基本情况表

企业数(个)					职工数(人)	工业总产值(万元)	销售收入(万元)	
国有	股份	民营	合资	总数	906	7 047	总 额	其中出口
1	3	4	1	9			7 004	1 185

2005年组合夹具行业9个企业完成工业总产值7 047万元，产品销售收入7 004万元。夹具产品出口额1 185万元。与2004年相比工业总产值增长14.78%，产品销售收入增长15.27%，夹具产品出口额下降了6%。2005年组合夹具行业完成产值和销售收入有较大的增幅，但经济效益不好，全行业亏损209万元。组合夹具行业虽然呈上升的趋势，但与机床工具其他行业相比差距很大，发展速度缓慢，总体经济效益低下。

近期组合夹具的市场主要是军工、航空航天、铁道、汽车、摩托车、纺织、仪器仪表和电子通讯等行业。“十五”期间军工行业购置的数控机床和设备基本到位，为组合夹具提供了潜在的市场。另外，哈尔滨工业大学、武汉理工大学、山西科技大学、天津科技大学等一些高等院校，购置了组合夹具元件或组合冲模元件，用于机床夹具或模具设计演示教具，这是组合夹具行业的一个亮点。组合夹具被纳入高校专业课程，不仅为组合夹具的推广应用播下种子，而且为组合夹具开展产学研协作创造了有利条件。

2. 产品和出口情况

组合夹具行业是为机械制造行业提供组合夹具、组合检验夹具、组合焊接夹具、组合冲模等组合工艺装备，以及专用夹具、夹具功能部件和机床功能部件等产品的行业。2005年组合夹具行业主要产品产量和产值情况见表6。

表6 2005年组合夹具行业主要产品产量和产值情况

产品名称	产量(台/件)	产值(万元)
合计	1 298 744	6 299
组合夹具元件	1 291 263	4 897
机床附件(光学仪器)	39	180
机床功能部件	1 024	221
金属带锯机	309	724
其他产品	6 109	277

随着我国数控机床和加工中心的发展，孔系组合夹具的应用逐步扩大，大型的孔系基础板、基础角铁和方箱的需求增加。钱江和重庆摩托车集团，参照新大洲摩托车公司的使用经验，购置了成套槽系组合焊接夹具元件，组合焊接夹具的推广应用向前迈出一步。“十五”期间，组合夹具行业紧跟国外夹具技术发展步伐，新开发的电加工柔性夹具和电控永磁孔系组合夹具，在技术水平和安全可靠性方面与瑞士3R、意大利泰磁、法国沃克公司的产品相比，还有明显的差距，竞争能力不强，尚未打开市场。

保定向阳吉拉蒂机械有限公司生产的精密平口钳、数控柔性钳、多工位组合平口钳和四面夹紧钳等系列产品是组合夹具行业主要的出口产品，产品质量达到国际先进水平。2005年精密平口钳和组合夹具元件出口创汇1 185万元，比2004下降了6%。

近几年我国机床工具行业持续发展，国外夹具厂商瞄准中国机械制造的巨大市场，纷沓而至。美国、德国、法国、意大利、瑞士、瑞典、日本、韩国、以及中国台湾在国内设立的办事处与合资建厂已达20多个，其数量和实力远远超过国内组合夹具行业。通过办事处，美国杰金斯，意大利泰磁，瑞典3R，瑞士汉欧华，台湾米其林、巧手等公司的夹具产品，已在国内打开市场，并获得很好的声誉。我国夹具行业和机床行业受到同等程度的冲击，但是夹具行业的基础相对薄弱，承受的压力更大，面临着更严峻的考验。

3. 企业简介

保定向阳航空精密机械有限公司 在完成“十五”技术改造项目的基础上，2005年又实施专项技术改造项目，购置国外大型高精度磨床等先进设备，进一步提高加工水平，为抢占大型、高精、高效的夹具市场增强了实力。保定向阳航空精密机械有限公司坚持“团结、诚信、实干、创新”的向阳精神，在机制改革和技术改造方面下功夫，为企业“十一五”实现跨越式发展打下坚实的基础。该公司紧跟国外夹具技术发展的步伐，在夹具产品开发、技术与制造水平，以及夹具产品出口方面走在行业的前列。

天津组合夹具厂　2005年完成企业转制，并迁入新厂投入正常生产。通过了ISO9001：2000质量管理体系认证。转制后企业轻装上阵焕发生机，2005年生产和销售迅速增长，达到历史最好水平。根据生产的需要，添置了立式加工中心，更新改造了德国aba公司的3m平磨的数控系统，在生产中重新发挥了作用。在采取为用户配套元件与组装使用一条龙服务的经营方针指导下，钱江和重庆摩托车集团开始使用组合焊接夹具，天津组合夹具厂以优质的技术服务获得用户的信任，推广应用组合焊接夹具这项新技术取得了成效。

上海组合夹具厂　是组合夹具行业的老企业，主要生产组合夹具元件和汽车维修工具。2004年上海组合夹具厂转制为股份制企业，加入上海工具集团。

沈阳组合夹具厂　是东北的老企业，主要生产组合夹具元件和标签印刷机。在国家振兴东北老工业基地的战略方针指引下，沈阳组合夹具厂完成国有企业转制，目前正在筹建新厂重组企业。

贵阳兴航工装元件厂和贵阳清江组合夹具元件厂　是以制造小型组合夹具、小型组合冲模元件为主的专业化生产厂。

宁波富利精密机械厂　是以制造小规格中型组合夹具元件，以及纺机组合夹具功能部件为主的专业化生产厂。

南昌洪都组合夹具元件厂　是以制造钻套、定位键、定位销、各种压板、螺栓、螺钉和螺母等夹具元件的专业化生产厂。

由于组合夹具元件的配套品种和规格繁多，而且批量有限，多品种、小批量的生产模式，很难保证及时供货，满足市场需要。这4个小而精的民营企业规模都不大，主要生产一些小型、结构简单的夹具元件，具有一定的专业制造能力和价格优势，在组合夹具行业元件协调配套供货，及时满足用户需求方面，起到填平补齐的作用。

深圳市天凌高实业有限公司　主要生产铰链杠杆夹紧和气、液压夹紧功能部件，以及铝合金型材等产品，2004年加入组合夹具分会。2005年该公司在上海和北京先后建立了经销处和夹具技术研发中心。该公司在生产铰链杠杆夹紧功能部件的基础上，正在研制组合焊接夹具新产品。深圳市天凌高实业有限公司主动提出，与天津组合夹具厂、保定向阳航空精密机械有限公司合作，在深圳及珠江三角洲地区推广应用组合夹具，开拓潜在的市场。三个企业进行了协商并达成共识，以诚信、团结、互动、双赢的原则，开展区域性联营，共同开拓组合夹具市场，促进行业发展。深圳市天凌高实业有限公司加入行业协会仅一年，就融入行业之中，发挥其自身的优势和作用。

〔本部分供稿单位：中国机床工具工业协会组合夹具分会秘书处〕

三、主轴功能部件

1. 行业结构

机床主轴功能部件是机床的重要组成部分，长期以来一直是机床的核心部件。当轴承专用机床使用电主轴时，开始出现机床主轴功能部件行业的雏形。

20世纪70～80年代静压、动静压技术在我国机械制造行业、机床行业推广。对于精密机床主轴系来说，动静压混合油膜轴承是滑动轴承体系中在加工精度、生产效率、精度寿命等方面具有先进性的产品，代表着当前发展的方向。20世纪80～90年代静压、动静压技术由技术推广转变为产品的专业化生产，逐步形成滑动轴承主轴单元行业，1994年经中国机床工具工业协会批准成立了滑动轴承主轴单元专业委员会，滑动轴承主轴单元行业开始形成，它是机床主轴功能部件行业的一个分支。尽管多数主轴轴系生产仍在机床生产厂自制，从事专门生产动静压混合油膜轴承及其主轴功能部件生产厂家的第一市场仍是用于精密机床设备维修和技术改造，但随着机床行业向专用、小批、个性化发展，促使原有机床企业的体制改革和新兴机床生产厂家诞生，与机床产品配套市场的品种和数量逐步发展壮大，如与数控活塞车床配套的动静压混合油膜轴承床头箱每批定单在10台以上；一些机床厂部分产品如导轨磨床、平面磨床、大型外圆磨床、数控磨床的主轴系统采取配套方针；到发展十多年的今天，与机床产品的配套市场逐步成为第一市场。

数控机床行业的发展壮大，对机床精密滚动轴承及其轴系、电主轴的需求愈来愈大，这就促使机床主轴功能部件行业的另一个分支滚动轴承机床主轴功能部件行业的形成和发展。轴承生产企业依据机床市场的需求进行开发生产，如洛阳轴承研究所成立了洛阳轴研科技股份有限公司，专门从事滚动轴承机床主轴功能部件的开发和生产；机床行业的一些具有生产能力的企业也瞄准了这一需求，进行专业生产，如济宁博特精密丝杠制造有限公司组成山东济宁博特科技有限公司，从事电主轴、车铣床主轴的专业生产；有的地区政府部门投资促进电主轴的研制和生产，如北京东方精益机械设备有限公司获得北京市的资助；一些电动机生产企业也在进行电主轴的专业生产。在这种形势下，为了促进机床主轴功能部件行业形成和壮大，2003年经中国机床工具工业协会批准将滑动轴承主轴单元专业委员会更名为主轴功能部件专业委员会，以便适应机床行业的发展需求，促进机床主轴功能部件行业的发展。

机床主轴功能部件行业结构当前有如下特点：大量的普通的机床主轴功能部件仍在机床生产厂生产；精密机床主轴部件在专用机床产品、数控机床产品等方面采用配套生产方式愈来愈多，特别是一些新兴机床厂采用了选配专业生产的机床主轴功能部件产品的生产机制，促进了行业发展；随着电主轴需求的增大，轴承行业、电主轴电动机生产行业、机床滚动部件生产行业扩大或组建精密主轴功能部件及电主轴专业生产体系，但都处于各自为战的状态。机床主轴功能部件行业处于生成发展阶段。在技术水平方面，机床滚动轴承主轴功能部件，高精密的主要还是依靠进口，国内生产多数处于中、低档水平；静压、动静压主轴功能部件国内生产达到国际水平。在生产规模方面则都处于中、小规模，使得高精度的产品价位偏高，产品质量的稳定性偏低。在企业构成方面，出现了一些新型的组成形式多样的从事主轴功能部件行业的企业，与国外知名企业合资的如大连伊贝格公司；与国内知名技术人员合资的如上海原创精密机床主轴有限公司等。2005年机床主轴功能部件行业9企业基本情况见表7。

表7 2005年机床主轴功能部件行业9企业基本情况

项　　目	单位	实际完成
工业总产值	万元	22 185
销售产值	万元	21 854
工业增加值	万元	9 127
利税总额	万元	3 211
全年从业平均人数	人	1 027
固定资产总值	万元	12 543
固定资产余额	万元	7 945

2. 行业产品特点及构成

滚动轴承主轴功能部件主要用于铣床、数控机床、加工中心等机床的主轴系统。滑动轴承主轴功能部件主要用于精密轴系，包括内圆磨床、平面磨床、各种外圆磨床、精密车床、金刚镗床等精密机床的主轴系统。

主轴功能部件行业产品构成仍是以下4种：①一对轴承加主轴，当前未见标准化产品。②套筒组件即主轴单元，是当前市场的主导产品之一。③主轴功能部件，也是当前市场的主导产品之一，用于机床配套和增加机床功能的技术改造。④电主轴，市场主要仍是滚动轴承电主轴，油膜轴承的电主轴产品已出现在精密机床和专用数控机床上。随着市场需求的扩大，适用市场需求的品种增多。如减去压力油源的长寿命的动压主轴单元、动滚组合主轴单元等多种结构已在市场中出现。

辅助配件。对于静压、动静压主轴功能部件配有压力油源，对于高速电主轴配有油雾润滑装置。随着主轴向高速发展，温控或制冷设备也成为重要的辅助配件。

3. 行业生产情况

限于主轴功能部件行业处于逐步形成阶段，大量的产品在机床制造厂内部生产和消化，这里所统计的只是总量的很小部分，从事专门生产动静压混合油膜轴承及其主轴功能部件生产厂家的生产情况继续好转。其中参加滑动轴承主轴单元行业企业的总产值发展到3 485万元，除去新增加统计企业外为1 935万元，较2004年增加305.2万元，增幅18.7%；与机床产品（主要是与数控机床）配套的产值有明显增加，在1 000万元以上。与机床配套的电主轴产品只有3家企业参加了统计，产值达6 450万元，只占一小部分。2005年机床主轴功能部件行业9企业产品生产情况见表8。

4. 企业介绍

从事专门生产动静压混合油膜轴承及其主轴功能部件生产、研制、开发厂家有：北京北航精密机电有限公司（原北京中航设备改造研制厂），岳阳科梦科技有限责任公司，北京东方精益机械设备有限公司，北京普来得而机电技术有限公司，北京航空精研机电技术有限责任公司，上海原创精密机床主轴有限公司，广州市天凿精机机械有限公司，重庆科菲精密机械有限公司，北京环岛机电技术公司，杭州求精机床研究所和美国得宝机床（北京）有限公司上海办事处等单位以及广州机械科学研究院（广州机床研究所）。从事专门滚动轴承主轴功能部件及电主轴生产、研制、开发的厂家有：洛阳轴研科技股份有限公司，江苏星辰高速电机有限公司，无锡市博华高速机电设备有限公司，安阳莱必泰机械有限公司，山东济宁博特科技有限公司，南京工艺装备制造厂，北京机床所精密机电有限公司，汉川机床（集团）有限责任公司，大连伊贝格公司，上海富田电气技术有限公司等。随着市场的需求，出现批量生产机床主轴的厂家，如山东济宁博特精密丝杠制造有限公司；天津数控机床配套有限公司等。

表8 2005年机床主轴功能部件行业9企业产品生产情况

序号	产品大类	产品类别	产　量（套）	产　值（万元）
	合计	总产值		12 836
		其中用于数控	2 286	5 477
1	主轴轴承组件	滚动轴承	140 900	3 449
		油膜轴承	10	715
2	主轴单元	滚动轴承		
		油膜轴承	373	910
3	主轴功能部件	滚动轴承	1 000	120
		油膜轴承	381	1 062
4	电主轴	滚动轴承	8 800	6455
		油膜轴承	19	125

北京北航精密机电有限公司　北京北航精密机电有限公司是北京航空航天大学的高科技企业，原北京中航设备改造研制厂，成立于1986年4月，2002年在北京密云工业开发区建立了主轴单元的专业化生产基地，改制为北京北航精密机电有限公司。在北京航空航天大学科研成果基础上研制和生产各类液体动静压轴承精密主轴单元。该产品可与精密机床配套，又可用于旧机床的改造和精化。目前已在全国500家企业的设备上使用，取得了较好的效果，创造了良好的社会和经济效益。该产品自1992年以来多次获得国家、北京市级荣誉，1998年被北京市科委列为重大科技成果推广项目，1999年被评为国家级重点科技新产品。

岳阳科梦科技有限责任公司　是岳阳机床厂转制后的民营企业，主要从事液体静压技术的研究开发与应用，1984年开始专业生产静压主轴部件，产品已通过部级鉴定，在全国广泛应用。产品主要用于：①在普通机床上加装高精度静压磨削装置替代同类磨床；②为机床产品配套，提高产品档次；③研究开发高精度工艺装备，提高行业工艺水平。

北京东方精益机械设备有限公司　是北京市科委认证

的专业生产形式多样的液体动压及动静压混合轴承轴系、高速电主轴、高速滚动主轴单元的高新技术企业。主要产品有：专利产品套筒式中间止推动静压主轴单元；专利产品套筒式锥体动压轴承滚动止推卸荷连接主轴单元；滚动轴承主轴单元；电主轴；高精度头架。产品具有高精度、高刚度的特点，满足高效、重载、宽砂轮、高刚度、高精度等不同工况条件。

北京普来得而机电技术有限公司　是中关村科技园区高新技术企业，主要从事机电产品开发、制造和销售。其中有课题组从事液体动静压混合轴承、主轴单元及主轴功能部件产品生产，该项目2006年进行了引资和结构重组。

上海原创精密机床主轴有限公司　是专门从事精密机床静压、动静压主轴部件及静压支承开发、制造的专业公司。公司集精密磨床动静压轴承创始、开拓者在内的技术力量和相当规模的加工制造、试验场地，以领先的技术为用户提供静压、动静压技术及产品，对进口的精密机床采用静压、动静压技术改造的成功率达100%。其技术成果推动了我国静压、动静压技术的发展，使我国静压技术居世界领先地位。

北京航空精研机电技术有限公司　是由我国航空技术和人员为依托、以机械数控技术为发展方向的中关村科技园区高新技术企业，成立于2005年7月。主要从事动静压、静压轴系及电主轴，专用数控机床及部件，机电一体化设备产品的研制、开发和生产。主要产品有动静压精密镗头、立式和卧式动静压电主轴、五轴联动数控磨床、数控振动台等。

洛阳轴研科技股份有限公司　是上市公司，隶属于中国机械集团公司，并被河南省科技厅认定为高新技术企业。主要从事航天、航空、机床精密轴承，轴承成套专用磨削超精设备，机电一体化轴承专用检测仪器，高速机床电主轴等研究、开发、生产、试验。2005年完成科研课题932项，申请国家专利352项，制定国家、行业标准12项。2001年通过ISO9000质量保证体系。现与NSK、SNFA等公司在技术交流、新产品开发以及产品项目上进行合资合作。

江苏星辰高速电机有限公司　江苏星辰高速电机有限公司是集科研、产品开发、生产为一体的高科技公司，成立于2004年，是独资的私营有限公司。主导产品是数控机床用的电主轴。2005年实现了由小作坊式的生产向大批量、高质量的规模化生产模式的转变。引进专业技术人才组成研究所，开发出具有自主知识产权的恒功率电主轴和自动换刀高速电主轴产品。2005年11月通过了质量认证体系。

无锡市博华高速机电设备有限公司　无锡市博华高速机电设备有限公司是高速精密主轴专业制造商，创立于1999年，经过近7年的奋斗，现已初具规模。主导产品是用于模具加工、精密雕刻、轴承磨削、加工中心等机床的主轴部件。公司提出的技质目标是高转速、高出力、高刚性、高精度、高可靠性；营销宗旨是技术引领市场、质量赢取市场、服务完备市场。

无锡市新风轴瓦厂　无锡市新风轴瓦厂位于风景秀丽、物产富饶的太湖之滨，20世纪60年代建厂，是全国最早离心浇注双金属及整体轴瓦的厂家之一。该厂的经营宗旨是“以质量求信誉，以品种求发展，以开拓求进取”。该厂的主要业务范围是：各类机床配件；各类磨床主轴，动压、静压、动静压轴瓦，蜗轮、蜗杆、螺母、丝杠、操纵箱等配件；各种双金属、整体铜套的离心浇铸；各种非标易损件的来图加工；承接各类磨床磨头的高改造和维修。

三河市同飞制冷设备有限公司　三河市同飞制冷设备有限公司主要生产工业制冷设备和换热器系列。是主轴功能部件企业配件的配套伙伴。配套年销售在1 500万元。

〔本部分供稿单位：中国机床工具工业协会主轴功能部件专业委员会〕

四、滚动功能部件

1. 行业发展

以滚珠丝杠和滚动直线导轨为主的滚动功能部件，是应我国数控机床和机电一体化产品的发展而出现的一个新兴产业。

滚动功能部件既是资本密集型和技术密集型的通用零部件，又是数控机床的关键配套产品，它的兴起和发展从一个侧面反映了我国机电产品向高精度，高效率方向发展的进程，也反映了我国高档基础配套件的国产化水平。

我国早在1958年由北京机床所、清华大学等单位开始研制用于数控机床的滚珠丝杠，到了1973年首次制定了行业的试行标准，1982年正式编制了滚珠丝杠部标准。此后几年，行业得到很大的发展，生产单位也逐步增多，生产规模也逐步向专业化发展，那个时候，我国的滚珠丝杠副产品已完成了更新换代，在精度、性能上有较大的提高。到了1989年由于行业发展的需要，加之在与国际标准的接轨中诞生了国标，我国的滚珠丝杠副产业得到了一个飞跃的发展。国内的一些研究所、生产制造厂围绕国家标准，分别研制出一批具有一定水平的测试仪器，例如：丝杠副综合导程扦测仪，磨擦力矩测量仪、刚度试验机、手持力矩仪等，我国的滚珠丝杠已开始进入国际市场，这个时期我们已开始同台湾的同行有所接触，那个时候主要是做外贸生意。

滚动直线导轨产业，在我国的历史则更短，从1985年武汉机床展览会由汉江机床厂展出第一付直线导轨至今只有20年，这20年我们定制了直线导轨副行业标准及部标准，产业也逐步扩大，产品品种、规格也逐步得以完善。

因此可以说，我国的滚动功能部件产业是在20世纪60年代精密机床会战中发展壮大起来的一个新兴行业，历经40多年，生产企业由原先少数几家发展到今天的五六十家。“七五”、“八五”期间，在政府主管部门推动数控机床功能部件专业化生产的政策指导下，并在技改资金投入上对行业中的重要骨干企业进行倾斜，进口了一批高档制造设备，“九五”期间国家经贸委将滚动功能部件列为重点振兴的“特定基础件”产品，使得这个行业迅速发展，近几年随着市场的扩大，产品品种的不断增多，其产量每年以25%以上的速度快速增长。

从全球范围看，我国是滚动功能部件制造厂家最多的国家，但不是强国，生产不集中，生产规模小，分布又不合理，总产量和总产值不高，多数企业只能重复生产中、低档产品，品种单一，含金量也低，至今尚无一个在国际上有影响的知名品牌，也尚无一家上市公司。

从总体水平上看，我国的滚动功能部件处于发达国家名牌产品之下，发展中国家之上，属中上水平；行业中的重点骨干企业的部分产品达到或接近国外先进水平，中低档产品与国外同类产品差距较小，但生产效率远远低于国外，高性能、高档次产品与国外差距较大，约有5～10年的差距，尤其是在滚动功能部件向高速、复合、智能、环保方面发展上，差距比较明显。

从产品的具体指标上看，国产滚动功能部件的性能指标的差距远远大于精度指标的差距，也就是说国产滚动功能部件产品的精度一致性，运动的稳定性，手感的流畅性，产品的可靠性等综合方面的性能，包括温升、噪声、力矩波动等与国外品牌产品有明显的差距，尤其是在高档产品上反映更强烈，已成为制约我国高档数档机床发展的瓶颈。

造成以上现象的原因是多种多样的，但以下几条尤为突出：①制造工艺技术落后和设备落后，使我国滚动功能产品在"低精度、高成本"的怪圈中徘徊，使我国功能部件在国际市场中没有竞争能力。传统的生产方式，落后的工艺手段，与国外名牌企业的高水平的制造工艺、性能与效率极佳的先进制造装备，以及先进的管理方式，专业化，集约化大批量与大规模生产和高速度满足市场需求形成了鲜明的对比。②基础研究的薄弱，制约了具有自主知识产权的新产品、新技术、新工艺和新设备的涌现，而这些因素又都是困扰我国滚动功能部件行业发展成为世界一流产品和企业的关键。企业只注重制造，忽视基础理论的研究与开发，缺乏核心技术，几乎没有什么像样的专利。③对市场的研究不够，大多数企业只注重低端市场，认为好做、好吃，忽略了高端市场，因而造成高端失守，让国外知名品牌蜂涌而入，造成这种现象除了自身开发能力有限外，资金的不足也是一个重要因素，国内虽然也有一批比较好的企业，产品质量，交货期均不错，但规模都太小，比日本NSK、THK，规模相差太大。④行业内企业众多，但太分散，缺乏团队精神，这是计划经济向市场经济过渡带来的不良效果。经过这二十多年来的发展，部分企业老板已认识到这个问题，开始走联合道路。强强联合不光是企业之间的联合，也包括产研学的联合，更包括与国外企业和台湾同胞的联合。

随着我国制造业的振兴，我国的滚动功能部件产业，经过近二、三十年的发展，正进入一个新的调整期、发展期，并已取得了可喜的进步，其主要表现在国内已经形成了一个巨大且稳定的需求市场，随着我们国家的发展，需求将越来越大。目前行业内各企业都在或正在筹划着用现代企业管理理念，进行企业的机制创新、技术创新、管理创新，进行更深层次的产品结构调整。行业龙头企业，正以"建立中国一流的滚动功能部件基地"，"建设中国最大的滚动功能部件研发基地"为目标，为使我国的滚珠丝杠、直线导轨产品有更大的发展，增强国际市场竞争力，满足日益发展的工业化的高技术要求。

参加汇总的行业企业有21家，2005年共完成工业总产值15亿元（全行业生产能力约18亿元），比上年增长30%，市场需求量是22亿元，比2004年增长10%。2005年滚动功能部件行业基本情况见表9。

表9　2005年滚动功能部件行业基本情况

项　目　名　称	单　位	实际完成
参加汇总的企业数	个	21
工业总产值(当年价)	万元	100 548
其中:机床工具类产品总产值	万元	62 202
工业销售产值(当年价)	万元	91 864
其中:机床工具类产品销售产值	万元	58 341
工业增加值	万元	44 194
利税总额	万元	12 326
全年从业平均人数	人	7 110
固定资产合计	万元	98 798
固定资产净值余额	万元	48 311

2. 生产情况

滚动功能部件行业主要产品有滚动直线导轨、滚珠花键、滚珠丝杠、滚动直线导套、二坐标工作台、离合器、电主轴等。2005年上述产品产值为6.32亿元，占全行业的62.8%。主要产品中，滚珠丝杠全年生产37.77万套，比上年增长35%；产值4.8亿元，比上年增长39%。滚动直线导轨副全年生产100 000m，比上年增长16%，产值1.32亿元，比上年增长20%。2005年滚动功能部件行业产品生产情况见表10。

表10　2005年滚动功能部件行业产品生产情况

产品类别	单位	产　量	产值(万元)
合计			63 191
滚动直线导轨	m	107 592	13 150
滚珠花键	套	1 436	231
滚珠丝杠	套	377 738	47 958
滚动直线导套	件	13 017	602
二坐标工作台	台	261	557
其他	件	23 307	693

3. 出口

2005年出口比上年有较大增长，其中滚珠丝杠出口1.2万套，出口值1 273万元，占滚珠丝杠总产值的2.65%。2005年滚动功能部件行业产品出口情况见表11。

表11　2005年滚动功能部件行业产品出口情况

产　品　类　别	产量(套)	产值(万元)
合计		1 278
滚珠丝杠	12 007	1 273
滚动直线导轨	24	5

4. 新产品

2005年滚动功能部件行业新产品开发情况见表12。

表 12　2005 年滚动功能部件行业新产品开发情况

序号	产品名称	型　号	主要技术参数	单位	生产企业
1	滚动直线导轨	DZ35	重载系列	m/套	陕西汉江机床有限公司
2	滚动直线导轨	DA85	大规格重载系列	m/套	陕西汉江机床有限公司
3	滚珠丝杠	Φ8,Φ10	微型系列	m/套	陕西汉江机床有限公司
4	滚动直线导轨	SGW25S	特定轻型，组合高度 35mm，宽度 120mm，长度 58mm	m/套	广东高新凯特精密机械有限公司
5	滚动直线导轨	D15－D65		m/套	江苏瑞安特机械有限公司
6	弹性预紧滚珠丝杠	FD1604	内循环双螺母弹性预紧，GQ16×380	副	西北机器厂滚珠丝杠厂
7	高速数控滚压机	CNC6132C			浙江穗特机械有限公司

5. 科研项目

2005 年滚动功能部件行业共完成科研项目 12 项。2005 年滚动功能部件行业完成科研项目见表 13。

表 13　2005 年滚动功能部件行业完成科研项目

序号	科研项目	主要内容	应用情况	投入资金（万元）	项目来源	生产企业
1	滚珠丝杠	中径 Φ100mm，螺距 30mm，导程 60mm，总长 4 650mm，螺纹长 4 200mm	研制阶段	10	市场需求	陕西汉江机床有限公司
2	专用滚珠丝杠	电动注射机专用重载滚珠丝杠	研制阶段	30	市场需求	陕西汉江机床有限公司
3	直线导轨	DA85 滚动直线导轨		20	市场需求	陕西汉江机床有限公司
4	丝杠测试仪		研制阶段		本公司	陕西汉江机床有限公司
5	端盖式滚珠花键	利用端盖式反向，规格 80mm，行程 1 000mm，定位精度 0.03mm，重复定位精度±0.003mm	自行应用	10	企业创新	南京工艺装备制造有限公司
6	特型交叉直线导轨	外型 76mm×63mm×1 398mm，氮化处理，V 形槽一致性≤0.03mm	自行应用	11	企业创新	南京工艺装备制造有限公司
7	GGC 滚动圆弧导轨	平行度 0.02～0.09mm，滑动顶面变动量 0.02～0.06mm，半径变动量 0.018～0.2mm	自行应用	40	南京市科技计划	南京工艺装备制造有限公司
8	GGC 微型直线导轨	平行度 0.004～0.036mm，变动量 0.005～0.04mm，侧面变动量 0.007～0.07mm	自行应用	50	南京市科技计划	南京工艺装备制造有限公司
9	重载直线导轨	平行度≤0.025mm，侧面平行度≤0.025mm，高度极限偏差±0.1mm，预紧力 885～1 035N	自行应用	10	企业创新	南京工艺装备制造有限公司
10	薄型工作台	采用交叉滚动导轨，滚珠丝杠薄型工作台，步进式伺服驱动，行程 200mm	自行应用	20	企业创新	南京工艺装备制造有限公司
11	直线导轨测量仪	数控化动态测量，数据准确可靠，重复性高，数据处理自动生成曲线		26	企业创新	广东高新凯特精密机械有限公司
12	导轨滚道轮廓测量仪	能测量导轨，滑块，滚道截面表面粗糙度，深度，轮廓形状误差用尺寸，测量范围 0～50mm，分辨率垂向 0.005μm，横向 0.1μm		20	企业创新	广东高新凯特精密机械有限公司

6. 获奖科研项目

2005 年滚动功能部件行业有 1 项科研项目获奖。2005 年滚动功能部件行业获奖科研项目见表 14。

表 14　2005 年滚动功能部件行业获奖科研项目

项目名称	主要内容及应用范围	奖项名称	获奖等级	主要完成单位
GGY 系列滚动圆弧导轨	实现高效、高精度圆弧运动	南京科学技术进步奖	三等奖	南京工艺装备制造有限公司

7. 企业简介

陕西汉江机床有限公司　下属的汉江丝杠导轨厂、汉江机床厂昆山分厂、汉江机床厂浦东分厂是我国最大的国有滚动功能部件专业生产企业。主要产品有滚珠丝杠副、滚动直线导轨、滚动花键、滚动导轨块，二坐标精密工作台等滚动功能部件产品。2005 年公司滚动功能部件产品实现工业总产值 10 711 万元，销售收入 9 845.88 万元。工厂从业人员 700 多人。2005 年 8 月公司在昆山成立汉江机床厂滚动功能部件研发中心，实施大汉江发展战略。在新产品研发、技术标准、产品质量、价格体系，服务系统等方面实现了一体化，使滚动功能部件产品实现了标准化、系列化、模块化，最大限度实现了优化设计和优化工艺。公司以 ISO9001：2000 标准为宗旨，定期对标准执行情况进行监督检查，发现问题及时采取措施，建立健全质量保证体系，始终保持体系有效运行。在产品服务方面，树立为用户全程服务的观念，做好售前、售中、售后服务，充分与顾客沟通、交流，让每个用户满意。

南京工艺装备制造有限公司　国有控股，2005 年工业总产值 1.81 亿元，销售收入 1.81 亿元，从业人员 1 054 人。主要产品有滚珠丝杆副、滚动导轨副、滚动花键副、滚动导套副、精密十字工作台、数控水射流切割机及机械主轴、刀库等功能部件，橡塑机械及螺杆机筒产品，拥有生产高精度滚动功能部件产品的各类专业设备，2005 年还从德国引进了高速硬体旋铣机床。2005 年开发的新产品主要有：端块返向结构的滚珠丝杠副，高速滚珠丝杠副，GSB45 低噪声导轨副，GGD45、GZB45 导轨副，FCM1313、1818 和 2031 水射流切割机。GGY 滚动圆弧导轨副、SZHT3025－P3 数控工作台获江苏省高新技术产品称号，GGY 滚动圆弧导轨副获南京市科学进步三等奖，GGC 微型滚动直线导轨副获南京市高新技术产品称号。2005 年获中国质量协会全国数控设备委员会授予的“艺工牌滚珠丝杠副产品全国用户满意企业”和中国质量协会全国用户委员会授予的“艺工牌滚珠丝杠副全国用户满意产品”称号；获中国机床工具协会授予的“精心创品牌活动十佳企业”、江苏省质量协会授予的“江苏省质量管理优秀企业”、江苏省名牌战略推进委员会授予的“江苏省名牌产品”、江苏省科技厅授予的“江苏省高新技术企业”。2005 年滚动功能部件出口创汇 65.4 万美元。

济宁博特精密丝杠制造有限公司　现有员工 1 592 人，其中工程技术人员 98 人，固定资产 10 200 万元，各种金属切削设备 478 台，是专业化生产机床配件的企业。具有 40 年的专业化生产经验，企业已进行 ISO9001：2000 质量体系认证，2003 年产品被山东省评为优质奖，中国质协评为“产品质量用户满意单位”。2004 年公司技术中心和公司分别被山东省批准为省级技术开发中心，山东省高新技术企业。2005 年企业进行搬迁，在济宁开发区建成 8 万多 m^2 的新厂区，且购进部分新设备及检测仪器，使企业进行升级换代，为企业今后发展打下良好基础。企业主导产品：滚珠丝杠副，滚动直线导轨副，机床三杠，机床主轴，高速精密电主轴和主轴单元，线性直线单元。

广东高新凯特精密机械有限公司　是由中国高新投资集团公司控股、并与香港俊豪发展有限公司以中外合资形式组建的高新技术企业，现为中国机床工具协会理事单位、中国机床工具协会滚动功能部件分会副理事长、副秘书长单位。注册商标为“HTPMLG”品牌的精密滚动直线导轨副系列产品，被国家科委列为“国家级火炬计划”项目，被广东省科委评为“广东省高新技术企业”，获“AAA＋级中国质量信用企业”称号。2005 年通过 ISO9001：2000 质量管理体系的复审。十年磨一剑，公司在 2005 年被中国机床工业工具协会授予中国机床工具工业精心创品牌“十佳企业”称号。并在“2005 年广东省关键领域重点突破项目”投标活动中，成功中标“精密滚动直线导轨副关键生产技术”项目。公司工艺装备精良，科技人才荟萃。公司厂房面积 11 000m^2，其中恒温车间 5 250m^2，拥有引进的高精度 CNC－3000 导轨磨床、CNC－1000 滑块磨床、HP5528A 型激光测量仪、590A 粗糙度形状测量仪、PJ303 型投影仪等先进生产、检测设备；拥有一批长期从事精密滚动直线导轨副研究、设计的专家和年轻有为的科技人员。2005 年，公司投入了 429 万元进行技术改造，当年下半年所有改造已正式完成，设备投入正常使用，使公司年生产精密滚动直线导轨副的能力已提升到 50 000m(套)，成为全国目前生产规模最大、生产技术最先进、生产设备最现代化、生产管理最科学的精密滚动直线导轨副专业生产企业；是目前全国滚动直线导轨副生产厂家的龙头和典范；是国内能生产与进口产品相抗衡的惟一企业。经过近年不断的技术改造，精心设计、精密制度、精诚服务的精神，使得公司的产品博得了广大用户好评，赢得了市场，产品供不应求。

上海中恒导轨有限公司　前身为上海组合夹具厂，具有四十多年从事精密机械产品制造的历史。2000 年底转制为有限责任公司(国内合资)，实行董事会领导下的总经理负责制。2005 年实现工业总产值 1 917 万元；工业销售产值 1 698 万元。现有从业人员 115 名。公司生产的主要产品有：SGA 系列四方向等载荷型滚动直线导轨副；SGB 系列等载荷分离滚动直线导轨副；SGC 系列轻型滚动直线导轨副；SGV 系列交叉滚柱 V 形导轨副等。公司拥有生产滚动直线导轨产品必备的各种冷、热加工及检测、理化设备等 86 台(套)，其中有：CNC 专用导轨磨床 2 台，专用滑块磨床 2 台，CNC 钻铣床 5 台，CNC 3m 感应淬火机床 1 台，滚动直线导轨副综合精度测试仪 1 台。具有年产各种滚动直线导轨副数万 m(套)的生产能力。公司迁入新厂区后，硬件方面有了很大的改善，近年来，公司倾力做好进一步完善质量管理体系等软件方面的建设。公司质量管理体系通过 ISO9001：2000 认证后，认真贯彻落实企业“以人为本、顾客满意、精工细作、持续改进”的质量方针。企业在管理、服务、产品质量等方面不断改进，努力做到让客户满意。为更好地满足市场的需求，在过去的一年里，公司投入大量的人力、物力，持续改进产品设计和工艺手段。对主导产品 SGA 系列滚动直线导轨副充实了 SGA20、SGA30 等两个规格，并对 SGA 全系列产品作了结构改进，采用了新的滚珠保持架和返向器，更新了全部模具和金刚石砂轮修整器，使产品性能得到显著改善。另外，由于采用了 CNC 3m 感应淬火机床，现在可以不用拼接向用户提供单根长度为 3m 的滚动直线导轨，受到用户欢迎。

济宁市华珠机械有限公司 属股份制企业。2005 年公司实现产值 2 320 万元，销售额 1 930 万元，从业人员 192 人，在主要从事滚珠丝杠副、梯形丝杠副、精密导轴三大产品生产的基础上，又投资开发生产了数控淬火机床、自动跑合机床及液压校直机床等三大系列专业机床，并已投放市场，为滚动功能部件行业发展做出了自己的贡献。2006 年为扩大生产规模，公司投资购买了 2m 外螺 1 台，美国内、外螺设备 3 台，组建了丝杠分厂、主轴分厂，曲阜华珠公司一期工程竣工后又成立了梯形丝杠及冷轧丝杠生产分厂，使产品生产更加专业化、系统化，提高了管理水平和生产效率。另外公司为提高产品质量，重点加大了对检测设备的投资，投资购买了 2m 激光丝杠检查仪，改造了万工显，建立了标准计量室，大大增强了检测手段，为产品质量的提高发挥着应有的作用。

汉江机床厂昆山分厂 是专业生产精密滚动功能部件的国家中型、高新技术企业，从业人员 280 余人，主要产品有精密滚珠丝杠副、滚动直线导轨副、滚动花键副等。主要产品的生产设备有 120 多台，主要有螺纹磨床 24 台、内外磨床 12 台、加工中心机 1 台、数控车铣床 9 台、导轨磨 2 台、普通车铣床 30 台、镗床 2 台、龙门刨 1 台、牛头刨 1 台、热处理设备包括中频淬火机共 4 台等。企业采用先进的生产工艺和严格完整的质量检验体系，其中所使用的 1 台 3m、2 台 1.5m 激光测量仪，属国内领先水平。目前企业的生产能力为年产值3 500万元。由于工厂搬迁安排精细，企业的生产经营不仅没有后退，还得到大踏步地向前发展。2005 年，分厂完成工业总产值2 828.4万元，比上年增长 8.07%；销售收入3 000.3万元，比上年增长 39.82%；实现利润 181.7 万元，比上年增长 27.06%。滚珠丝杠副产量达到20 827副，比上年增长 20.3%；滚动直线导轨副产量达到 800 副，比上年增长 73.16%。2005 年，分厂能够有向上发展的势头，主要是能够坚持不懈地贯彻“四增一减”的企业发展战略决策，即增合同总量，增生产设备，增一线工人，增生产场地，减后勤人员。在贯彻“四增一减”的决策中，企业当年最大的动作是，工厂由老厂搬到新厂，使企业有了进一步发展的空间。新厂的场地有效面积 3.9 万 m^2，建筑面积增加了9 507m^2，当年技改投入 300 余万元，增加设备 10 台(主要有丝杠磨床 2 台、内外圆磨床 2 台、数控车床 2 台、立式钻床 1 台等)。企业的生产能力从年3 000万元增至3 800万元。在质量管理上，厂部主要领导兑现质量管理体系实施和保持所作的承诺，为职工参与质量工作、生产合格产品创造了良好的氛围和条件。企业按时召开质量例会，适时解决和预防产品质量问题，并特别强调用增加设备来保证产品精度和质量的提高，如添置了中心孔磨床、抛光机等。对于售后服务，凡江苏、浙江、上海的顾客有问题，做到随叫随到，以上三个地区以外的顾客有问题，能迅速给予答复，用最快的速度加以处理。

西北机器厂 原 709 厂，是我国电子行业从事专用设备研制生产的大型国有企业。企业现有职工3 127余人。各类专业技术人员 900 余名，占地 69 万 m^2，拥有完整的 CAD、CAPP、CAM，加工中心及各类生产设备1 600余台。2003 年取得 ISO9001 质量认证。2005 年完成工业总产值 28 735万元，销售收入24 010万元。2005 年度新产品研制项目 97 项.完成老产品改进项目 23 项，取得新工艺研究应用、技术创新、软件编程成果 43 项，有 77 项产品通过厅级鉴定，14 项产品获陵西省售息产业厅利技成果奖，其中 5 项产品获厅级一等奖，2 项产品获陕西省科学技术三等奖。“西北”牌滚珠丝杠副是西北机器厂滚珠丝杠厂的主导产品，自 20 世纪 80 年代初研制滚珠丝杠副已有二十多年的历史，现已形成三大系列、几十个品种的滚珠丝杠副，在数控机床行业得到广泛应用，同时服务于国防、航空、铁路、化工、仪表、印刷包装机械、医疗机械、纺织机械等行业，部分产品还远销国外；滚球丝杠厂自行开发、生产的插槽式内循环滚珠丝杠副获国家专利，在国内滚动行业处领先地位。目前，小导程 2mm、小直径 Φ10mm 系列微型滚珠丝杠副，大导程 40mm 系列滚珠丝杠副、生产长度3 000mm 滚珠丝杠副，空心系列滚珠丝杠副已开发研制成功，投入批量生产。另外，工厂先后与多家军工企业合作，研制开发了为军工项目配套的滚珠丝杠副，自行研制成功弹性预紧滚珠丝杠副，属国内独创。

启东润泽机床附件有限公司 系中日合作企业，创建于 1984 年，是滚珠丝杠副专业制造厂家。公司拥有配备完善的加工设备，配套合理的一流检测手段，现代化流水恒温生产车间。能完成直径 10～125mm，导程 2～40mm(根据需要可单线制，也可双线或多线制)各种型式滚珠丝杠副的设计与制造。公司采用日本引进的 UBE－600 数控箱式多用炉和德资企业生产的数控 HKTP 自动调频感应淬火设备，保证了滚珠丝杠副零件良好的热处理品质，使“启尖”牌滚珠丝杠副产品在机床、自动化机械、航空电子、军工装备等多个领域得到普遍认同与广泛应用。并出口德国、意大利等发达国家。2005 年实现工业总产值5 000多万元，销售4 500多万元，其中出口销售收入 600 多万元。公司贯彻 ISO9000 质量管理体系标准，坚持“质量第一、用户至上”的宗旨，强化产品质量监督手段，用计算机数字技术提升传统激光动态检测仪及力矩测量仪，检测滚珠丝杠副产品制造精度及综合性能的有效性、可靠性和可信性；同时，公司强化“即时到位”的服务意识，不断提升三包服务理念，在重点地区设立专职服务机构，从而保证了“启尖”丝杠副的品牌效应与质量信誉，赢得了广大用户的普遍肯定。

江苏瑞安特机械有限公司 生产滚珠丝杠副、精密滚动直线导轨副、智能型立体停车设备为主的新型现代化综合机械制造公司，江苏省高新技术企业、AAA级信用企业。公司拥有总资产9 600万元、占地9.3万 m^2、专业技术人员120人，法人代表获省"五一劳动奖章"。

南通市精华滚动功能部件厂 2005年征地2万多 m^2，按滚珠丝杠副生产工艺的要求，新建生产用房面积1万 m^2，办公用房面积2千多 m^2。新增立式加工中心1台，数控镗铣床1台，数控车床2台，车铣复合加工中心1台。新厂区建成后，拟新增数控3m螺纹磨床2台，磨加工中心2台以及其他数控加工设备，使生产用设备数控化率达40%，计划2006年中高档产品所占比例达40%，生产、销售翻一番，为振兴国产数控机床做贡献。

浙江穗特机械有限公司 是浙江省滚珠丝杠行业的民营企业。2005年工业总产值4 355万元，销售收入2 850万元。其中滚珠丝杠和高速数控滚压机床通过浙江省数控机械鉴定委员会的审核鉴定，并且荣获浙江省优质产品荣誉奖。2005年公司充分发挥温州特色经济发展战略，以人为本，引进国外精密机床设备，加大工人的基础理论教育和ISO9001：2000质量体系的培训及实际检查落实。2005年公司高速数控滚压机床出口韩国、泰国等国家，产品使用状况良好，而且许多国内外相关配套企业相继来厂订购，为2006年各项指标的完成打好基础。

山西精益精密机械股份有限公司 公司现有员工380人，固定资产4 000余万元，生产占地73 000多 m^2，年产值3 600万元。公司主要产品：滚珠丝杠副、机床零部件、汽车零部件、液压油缸等精密机械加工。主要生产设备150余台，其中包括瑞士UL螺纹磨床、俄罗斯滚珠丝杠专用生产线、日本大型五面体综合加工中心、卧式六工作台柔性制造单元、多台立式加工中心和数控车床。公司还拥有热处理和表面处理生产线以及德国卧式测量仪、德国工具显微镜、瑞士大型投影仪、激光动态检测仪等检测设备。滚珠丝杠副为公司主营产品，已有20多年的生产技术经验。能生产直径12～125mm、导程20mm以内各种型式的滚珠丝杠副，现已达到年产2万副的生产能力。多年来为兵器装备、数控车床、仪器仪表、医疗器械、纺织机械、食品机械等行业配套滚珠丝杠副。

陕西航空宏峰精密机械工具公司 隶属于中国航空工业第二集团公司，是中国航空工业惟一的螺纹工量具科研、生产基地。1987年被评为航空工业部先进企业，同年晋升为国家二级企业，并跨入陕西省先进企业行列。公司产品取得数项专利，建立了完善的质量管理体系，通过ISO9001：2000质量认证。三十年来，宏峰公司凭借尖端的航空工业技术，优良的工艺设备，先进的检测手段和完善的服务体系，通过不断创新，主要产品已发展到螺纹量规、光滑量规、内螺纹刃具、外螺纹刃具、重型卡尺、高度尺、滚珠丝杠副等七大系列。品种有：螺纹量规、光滑极限环规、光滑极限环塞规、机用丝锥、全磨制机用丝锥、圆板牙、滚丝轮、螺纹梳刀、重型游标卡尺、重型带表卡尺、重型数显卡尺、游标高度尺、精密滚珠丝杠副等百余个品种，产品畅销欧洲、美洲、亚洲、非洲、大洋洲等三十多个国家和地区，在国内外享有盛誉。为了不断提高产品档次，增强企业核心竞争力，公司再次投入了巨资进行技术改造，对冷热加工手段进行技术升级，引进了国际一流的螺纹加工中心和检测设备，为使公司成为一流的螺纹工量具科研和生产基地提供了可靠的保证。

江津永进齿轮有限责任公司 隶属于中国船舶重工集团公司重庆齿轮箱有限责任公司，公司注册资金3 000万元。公司位于江津东方红工业园区，距重庆市60余km，占地面积27万 m^2，专业从事汽车零部件、精密机床备件及小齿轮箱的生产制造。公司前身为"重庆红阳机械厂"，是生产精密机床配件的专业厂，生产精密丝杠已有20余年历史，是国内批量生产精密滚珠丝杠副的主要厂家之一。公司生产的内循环滚珠丝杠副广泛应用于机床制造业、印刷线路制板专用钻铣床、造纸切割机床和测试仪。目前公司已形成年产5 000副滚珠丝杠副的生产能力，2005年销售滚珠丝杠副3 000余副，实现销售收入360万元。公司在重庆齿轮箱有限责任公司的统一领导下推行全面质量管理、定置管理，于2003年进行了GJB9001A、ISO9001：2000质量管理体系、ISO14004环境管理体系、OHSAS18001职业安全卫生管理体系的整合并通过了认证审核；2005年通过了ISO/TS16949：2002质量体系认证，2005年公司为航天、船舶系统试制的专用丝杠副在研制上实现了突破，已完成小型空心滚珠丝杠副和长度大于8m公称直径为 Φ80mm的淬硬梯形丝杠的样件试制，具备了批量生产高附加值专用丝杠副的能力。2005年公司组织市场营销人员、设计和工艺人员多次对西南地区滚珠丝杠副用户进行质量回访，通过市场信息反馈，了解到自身不足之处，多次改进丝杠副的加工工艺，促进了产品质量与工效的提高，与2004年相比增产达30%以上。公司开发的公称直径 Φ20mm/Φ25mm，导程10mm的大导程、小直径滚珠丝杠副被多家印刷线路板专用钻铣床厂家列为替代进口产品，真正实现了物美价廉。

上海雄联精密机械配件有限公司 2005年，公司花大力气进行研制和开发。同时吸取了德国先进的润滑技术，形成了比较完整的生产加工工艺，使公司生产的高速滚珠丝杆副能在－273℃～650℃的温度下正常运转，并保持滚珠丝杆副的尺寸不变，而且摩擦系数可减至0.03，为加工中心的制造以及其他高速运转的机械制造，排除了由于滚珠丝杆的阻碍而影响机械制造的难题，推动了我国机械制造工业的发展。目前公司生产的微型滚珠丝杆副，最小直径可以达到6mm，并且已形成批量生产。大导程滚珠丝杆副，目前公司的生产能力已经可以达到丝杆直径的2倍。2005年公司为日本石川岛株式会社研制开发的螺母回转式滚珠丝杆深受该公司专业人员的好评。

〔本部分撰稿人：中国机床工具工业协会功能部件分会 陈孝富〕

磨料磨具

一、生产发展情况

2005年磨料磨具行业用的原辅材料价格虽然持续高位波动，主要产品产量、销售收入、利润总额、出口创汇等同比仍有提高。行业结构性调整也不断取得进展，行业大厂正逐步确立龙头地位。另有一些行业中型厂家也在产品结构上下工夫，退出原有竞争激烈的产品，转而发展市场前景看好的产品，如金刚石工具等产品。从统计到的厂家情况来看，2005年已经成为磨料磨具行业的洗牌年，2006年这种状况还将延续，这将更好地促进行业发展，实现资源的最佳配置，提高企业的经济效益和产品质量水平，更好地适应市场竞争。

2005年磨料磨具行业主要经济技术指标完成情况见表1，2004～2005年磨料磨具行业主要经济指标增长情况见表2。

表1　2005年磨料磨具行业主要经济技术指标完成情况

指标名称	企业数(个)	单位	2005年完成	指标名称	企业数(个)	单位	2005年完成
产品销售收入	264	万元	1 513 753	负债总计	226	万元	1 030 507
销售成本	229	万元	1 183 703	流动负债年平均余额	207	万元	865 904
销售费用	213	万元	56 511	销项税额	216	万元	208 650
销售税金及附加	214	万元	11 686	应交增值税	214	万元	53 639
管理费用	227	万元	94 774	工业中间投入	176	万元	776 463
财务费用	204	万元	25 800	工业总产值	217	万元	1 465 520
其中：利息支出	153	万元	19 746	工业销售产值	215	万元	1 409 238
利润总额	231	万元	83 615	其中：出口交货值	85	万元	280 473
资产总计	227	万元	1 881 865	本年累计定货量	112	万元	518 071
流动资产年平均余额	215	万元	872 442	从业人员平均人数	226	人	65 718
应收帐款余额	222	万元	244 649	从业人员工资总额	219	万元	63 738
存货	228	万元	338 779	平均资产总额	214	万元	1 785 858
其中：产成品	212	万元	182 173	出口创汇额	72	万美元	34 355
固定资产净值年平均余额	223	万元	589 046	工业增加值	161	万元	351 510
应付帐款	220	万元	224 681	所有者权益	212	万元	840 663
流动比率	197	%	194.0	流动资产周转率	206	次	2.3
速动比率	197	%	110.0	工业成本费用利润率	218	%	3.8
债务股权比率	200	%	270.0	工业全员劳动生产率	160	元/人	58 335
总资产贡献率	206	%	12.7	产品销售率	203	%	96
资本保值增值率	193	%	112.0	工业经济效益综合指数	158		118
资产负债率	215	%	60.0				

表2　2004～2005年磨料磨具行业主要经济指标增长情况

指标名称	同比企业数(个)	2005年(万元)	2004年(万元)	增加(万元)	比2004年增长(%)	2004年比上年增长(%)
产品销售收入	259	1 491 691	1 257 601	234 090	18.61	24.66
产品销售成本	225	1 170 773	957 869	212 904	22.23	26.17
产品销售费用	207	49 722	45 772	3 950	8.63	18.95
产品销售税金及附加	209	10 806	6 397	4 409	68.92	12.43
管理费用	222	94 409	77 531	16 878	21.77	10.76
财务费用	193	25 387	21 515	3 872	18.00	4.28
其中：利息支出	141	19 407	17 676	1 731	9.79	−0.90
利润总额	227	80 284	75 085	5 199	6.92	36.23
资产总计	222	1 865 339	1691 214	174 125	10.30	6.82
存货	224	335 019	296 930	38 089	12.83	17.08
其中：产成品	202	176 611	154 438	22 173	14.36	57.60
固定资产净值年平均余额	217	580 989	554 391	26 598	4.80	27.37
负债总计	219	1 022 540	940 164	82 376	8.76	15.23
从业人员平均人数(人)	223	65 058	64 006	1 052	1.64	−1.19
从业人员工资总额	214	62 092	57 484	4 608	8.02	7.88
工业总产值	209	1 430 431	1 173 526	256 905	21.89	25.71

（续）

指 标 名 称	同比企业数（个）	2005年（万元）	2004年（万元）	增 加（万元）	比2004年增长(%)	2004年比上年增长(%)
工业销售产值	207	1 380 181	1 138 564	241 617	21.22	25.93
平均劳动生产率(元/人)	156	58 437	56 800	1 637	2.88	5.13
人均工资(元/人)	206	11 222	10 390	832	8.01	7.00

以表1的数据与机械行业标准值相比，总资产贡献率、流动资产周转率、工业成本费用利润率、产品销售率、全员劳动生产率、工业经济效益综合指数均高于或等于标准值，说明磨料磨具行业经济运行水平高于机械行业平均水平，处于良好状态。而资本保值增值率(报告期末所有者权益/上年同期期末所有者权益)为112%，虽然为资本增值，但低于120%的标准植，说明行业企业整体发展能力相对较弱。表1中报送2005年利润指标的231个企业中，盈利企业182个，占78.8%；亏损及持平企业49个，占21.2%；盈利在5万元以下(不含5万元)及持平的企业22个，占9.5%，这些比率与上年相比(2004年比率76.5%，23.5%及32.9%)，盈利企业数增加2.3个百分点，亏损及持平企业数下降2.3个百分点，盈利在5万元以下的企业比例下降23.4个百分点。盈利千万元以上企业15个，利润额8.35亿元，占利润总额的99.6%，这说明盈利千万元以下的167个企业创造的利润与亏损及持平的49个企业的负利润基本相等，平均亏损额的绝对值在加大，对亏损企业而言形势严峻。

从表2可以看出，2005年209个企业工业总产值(当年价)为143亿元，比上年增长21.89%；207个企业工业销售产值138亿元，比上年增长21.22%，227个企业利润总额8亿元，比上年增长6.92%。但前两项指标2005年的增幅比2004年增幅低4个百分点，而后一项指标增幅则下降近30个百分点，经济增长势头放缓。2005年224个企业库存增长12.83%，202个企业产成品库存增长14.36%，比上年分别下降4.25个百分点和43.24个百分点；225个企业销售成本增长幅度为22.23%，增幅下降3.94个百分点；222个企业管理费用增长21.77%，增幅为11.01个百分点。222个企业资产总计增长10.30%，217个企业固定资产净值增长4.80%，206个企业人均年工资11 222元，比2004年的10 390元增长8.01%，工资增长幅度略低于GDP增长幅度。

从以上数据分析，2005年经济运行保持平稳较快增长，但增幅回落，各项主要总量指标又创新高。

二、产品分类产量

2005年磨料磨具行业(264个企业)主要产品分类产量见表3。2001～2005年各类产品产值构成比见表4。

表3　2005年磨料磨具行业(264个企业)主要产品分类产量

产 品 名 称	单 位	产 量	产 品 名 称	单 位	产 量
普通磨料	t	963 626	涂附磨具	万 m^2	25 103
棕刚玉	t	647 096	干磨砂纸	万 m^2	2 450
白刚玉(含WA微粉)	t	44 285	干磨砂布	万 m^2	2 500
黑碳化硅(含C微粉)	t	60 439	耐水砂纸	万 m^2	12 163
绿碳化硅(含GC微粉)	t	39 581	全树脂砂布卷	万 m^2	4 129
其他①	t	44 396	砂带	万 m^2	1 054
磨料商品块	t	127 829	页轮	万 m^2	390
普通磨具	T	140 961	其他②	万 m^2	2 417
陶瓷磨具	t	79 220	超硬材料	万克拉	416 808
树脂磨具	t	56 576	人造金刚石	万克拉	395 327
橡胶磨具	t	807	立方氮化硼	万克拉	21 481
磨石	t	2 772	超硬制品	片	31 469 560
其他	t	1585	金刚石制品③	片	31 371 814
硅碳棒	千标支	1 898	CBN制品	片	97 746

①含天然磨料、铬、黑、单晶、微晶刚玉，碳化硼及其他。

②含超涂层砂纸，半树脂砂布卷，耐水耐油砂布卷，磨金属砂布卷，特柔软砂布卷，其他卷状、带状产品，砂盘、碟盘、磨片、弹性海绵磨块及其他产品。

③含金刚石锯片、刀头、钻头、砂轮磨石、磨辊、磨轮、磨块、电镀制品、研磨膏、刀具等，单位有付、支、个、片等，这里统一用片表示。

表4　2001～2005年磨料磨具产品的产值构成比　　(单位%)

年份	普通磨料	普通固结磨具	涂附磨具	超硬材料	超硬制品	硅碳棒
2001	33.11	16.06	13.08	25.77	11.05	0.93
2002	25.07	13.99	14.39	28.86	17.18	0.52
2003	33.06	11.52	12.13	28.68	14.02	0.53
2004	33.88	10.02	12.05	30.69	12.92	0.44
2005	26.52	10.82	20.14	29.67	12.40	0.44

注：普通磨料含商品块。

(1)普通磨料。2005年普通磨料类统计到的生产厂家有66个，其中作为一家纳入统计的河南伊川磨料协会就有

43个企业，去掉重复的3个企业，生产普通磨料类产品的实际厂家数应为105个，产品产量合计为96.36万t(含商品块)，比上年的108.15万吨减少11.79万t，降低了10.9%。其中白刚玉产量4.43万t，增长迅猛，比2004年的3.38万t增长31%，成为最大的亮点。在这里需要说明的是根据海关统计2005年普通磨料出口量达91.4万t，出口的刚玉总量为69.44万t，而本年鉴统计到的刚玉为70.3万t(含棕刚玉砂、白刚玉砂和棕刚玉商品块)；出口的碳化硅总量为19.7万t，年鉴统计到的为21.6万t(含黑、绿碳化硅砂、微粉及商品块)，这说明还有相当一部分产量本年鉴未能统计到。

本年鉴统计到的产品种类除各种刚玉和碳化硅之外，还包括天然磨料、碳化硼等，2001～2005年普通磨料按产量计产品构成比见表5。

表5　2001～2005年普通磨料按产量计产品构成比　　(单位%)

年度	棕刚玉	白刚玉	黑碳化硅	绿碳化硅	其他
2001	52.77	6.91	24.69	9.43	6.20
2002	61.68	6.78	21.88	6.19	3.47
2003	69.92	5.70	13.58	5.61	5.17
2004	70.22	3.13	17.22	6.12	3.32
2005	68.38	4.56	15.21	7.23	4.61

注：本表含微粉及商品块，其他项为天然石榴石、铬刚玉、单晶刚玉、微晶刚玉、黑刚玉、碳化硼及其他。

由表5可知，棕刚玉构成比经历了2001～2004年的增长后，在2005年出现下滑，产量比上年下降13.26%，导致所占比重比上年下降1.84%。而白刚玉、绿碳化硅和其他品种所占比重都提升了1个百分点以上，这种小品种磨料的小幅增长说明市场需求多样化、特殊化在增长，是个好现象。

(2)普通磨具。2005年普通磨具类统计到的生产厂家为83个，产品产量合计为140 961t，比上年的129 675t增加11 286t，增长8.7%。

2001～2005年普通固结磨具按产量计产品构成比见表6。

表6　2001～2005年普通固结磨具按产量计产品构成比　　(单位%)

年度	陶瓷磨具	树脂磨具	橡胶磨具	油石	其他
2001	60.80	33.21	0.75	4.32	0.92
2002	59.69	37.85	0.69	1.10	0.67
2003	56.88	38.50	0.74	1.29	2.57
2004	54.93	41.40	0.76	1.80	1.11
2005	56.20	40.13	0.57	1.97	1.12

由表6可以看出，陶瓷磨具与树脂磨具占据市场主导地位，2005年两者占比高达96.3%。陶瓷磨具5年内占比呈现缓慢下降趋势，而树脂磨具则缓慢上升，其所占比例5年内增长近8%，但短期内还很难撼动陶瓷磨具的龙头地位。在磨具品质上我国和发达国家还存在巨大差异，从2005年磨料磨具海关进出口汇总表可以看到价格差达7.98倍，虽然比上年的8.70倍有所减少，但形势依然严峻。因此磨料磨具行业应加快结构调整，靠技术进步转变经济增长方式，提高磨具的质量水平和市场竞争力。

(3)超硬材料。2005年超硬材料类统计到的生产厂家有42个，其中生产金刚石的有40个，产量(不含金刚石微粉)合计为39.53亿克拉，接近40亿克拉。但根据我们的分析，有部分厂家上报的产量有水份，去掉水份后产量应在35亿克拉左右。这个产量比较接近实际生产总量，再创历史新高，比2004年增长6.4%，增幅回落23.6个百分点，增速大大放缓。2005年是金刚石生产企业的洗牌年，行业内第一集团两强势企业充分利用自身生产规模和技术优势依旧高歌猛进，其产量占总量的六成；第二集团备感压力、举步维艰；处于第三集团的众多小厂，则纷纷停产转产，有的甚至关门歇业，唯有一些技术有特色、产品有特点的企业压机还在正常运转。这次洗牌对金刚石生产小厂和片状碳素、触媒原辅材料厂家影响最大。大型压机、粉末工艺、间接加热技术和规模化生产代表了行业发展方向，尤其是间接加热法生产高档金刚石工艺成功用于生产，合成时间长达30～40min，可以生产出达到世界先进水平的产品，这是2005年超硬材料制造业最值得庆贺的大事，是多年技术积淀的突破。

2001～2005年人造金刚石按产量计产品构成比见表7。

表7　2001～2005年人造金刚石按产量计产品构成比　　(单位%)

年度	RVD	MBD	SMD
2001	34.05	48.91	17.04
2002	34.18	44.36	21.46
2003	30.41	49.07	20.52
2004	36.6	47.5	15.9
2005	32.5	51.2	16.3

注：未计金刚石微粉、其他及未分项等。

由表7可见,RVD与上年相比占比回落了4.1个百分点,MBD所占比例近5年首次突破50%。目前TTI检测指标的应用及普及、工艺技术的突破,使金刚石生产的峰值向40/45、45/50粒度前移,最新技术甚至前移至35/40,再加上市场中的降级销售,实际MBD、SMD产品的比例应高于表中所列。或者说2005年产品构成比与前些年的相比,其内涵发生了变化,如原列为SMD级的产品有部分在2005年降级为MBD级产品,2005年SMD级产品产量远高于往年同级产品产量。2005年年鉴统计的金刚石单价为0.55元/克拉,比上年下降12.7%。原辅材料价格上涨,品质提高,售价下降,这又从另一角度反映了2005年金刚石市场竞争的残酷性。

生产CBN及CBN微粉的企业有5个,产量突破2亿克拉,合计为21 481万克拉,比2004年的15 490万克拉多5 991万克拉,又创历史新高。CBN平均单价为1.22元/克拉,比2004年平均价格1.46元/克拉下降16.4%。

这里金刚石和CBN平均单价的降幅是指统计到的企业多规格产品的总平均降幅。应该指出的是,随着技术水平的大幅提高引起的成本降低和激烈市场竞争导致的价格下滑,2005年金刚石和CBN两类产品中较高档规格的产品单价降幅应在40%~50%,由此减轻了制品业因金属粉等其他原料涨价带来的压力。

(4)超硬材料制品。超硬材料制品类统计到的生产厂家有41个,产量合计为3 137万片,比2004年的2 946万片增长6.5%。统计的金刚石制品包括金刚石锯片、刀头、工程钻头、砂轮磨石、磨辊磨轮磨块、电镀制品、研磨膏及其他制品。报送的超硬材料消耗量总数为2.9亿克拉金刚石,有的企业未报该项数据,还有相当多的企业未报报表,故此数据与实际相差较大。

2001～2005年超硬材料制品按产值计产品构成比见表8。

表8　2001～2005年超硬材料制品按产值计产品构成比

年度	金刚石砂轮、油石(%)	金刚石锯片(%)	金刚石钻探工具(%)	金刚石电镀制品(%)	金刚石其他制品(%)	CBN制品(%)
2001	6.47	79.55	1.75	2.08	9.43	0.72
2002	4.86	62.73	2.03	2.12	19.57	8.70
2003	7.76	60.66	2.10	1.48	19.59	8.34
2004	9.06	65.82	1.28	1.41	21.82	0.61
2005	9.24	69.47	6.96	0.98	5.49	7.86

注:1. 2001～2004数据未计聚晶、未分项及其他,金刚石研磨膏归入金刚石其他制品;2005年金刚石其他制品包含金刚石刀头、金刚石磨辊磨轮磨盘、金刚石研磨膏、金刚石刀具。

2. CBN制品中有一家大型企业2004年度未报数据,导致2004年所占比例严重下滑。

3. 因金刚石制品企业数量太多,完全统计难度太大,表中比例仅供参考。

由表8可见金刚石锯片份额仍高居榜首,说明超硬材料最大的用户仍为石材、建材、高速公路等需用锯片的行业。通过这些年的努力,逐步形成了一批专门制造CVD膜及其工具,以及出口中高档金刚石锯切钻探工具,汽车加工用陶瓷CBN砂轮、超精超薄金刚石切割片、显像管加工用砂轮、磁性材料加工用砂轮、玻璃加工用砂轮的高水平企业。各类金刚石单层钎焊工具成功用于生产并批量投入市场,Φ8mm金刚石绳锯、硅晶圆背磨砂轮也成功投放市场并替代部分进口产品等等,都说明我们制品的结构调整已经取得成就,高附加值产品已成为今后开发的重点,但彻底改变经济增长方式还有很长的路要走,这将是我们不懈努力的目标。

(5)涂附磨具。2005年统计到的涂附磨具生产厂家共有39个,产品产量合计2.56亿m^2,比2004年的1.98亿m^2多0.58亿m^2,增长29.3%;产值19.5亿元,比2004年增长65.6%。统计产品类别分:①张页式产品:干磨砂布、干磨砂纸、耐水砂纸及超涂层干(湿)砂纸;②卷状和带状产品:半树脂卷状砂布、全树脂卷状砂布、半树脂卷状砂纸、全树脂卷状砂纸、超涂层卷状全树脂砂布、超涂层卷状全树脂砂纸及上述各种卷状产品制成的砂带;③各种异型产品:各种页轮、弹性磨盘、不干胶磨片、尼龙搭扣等。这里将涂附工具归纳为普通产品(干磨砂纸、砂布等)、耐水砂纸、高档产品(卷状、带状及异型产品)等3大类。2001～2005年涂附磨具产量产值构成比见表9。

表9　2001～2005年涂附磨具产量产值构成比

年　度		2001	2002	2003	2004	2005
普通产品	产量(%)	37	30.12	24.07	23.46	24.97
	产值(%)	31	20.4	22.19	18.79	18.97
耐水砂纸	产量(%)	50.9	51.4	59.67	56.75	47.40
	产值(%)	37.1	27.9	29.78	22.56	22.47
高档产品	产量(%)	12.1	18.47	16.26	19.79	27.63
	产值(%)	31.9	51.7	48.03	58.65	58.56

2005年涂附磨具行业也和其他行业一样呈现快速发展的态势，不论是产品产量，还是销售收入其增幅都在近30%以上。行业整体运行呈现以下几大特点：①高档产品增幅是5年来最快的1年，其中增幅最高的是全树脂纸基卷状产品，增幅达997%，其次是特柔软砂布，增幅为165%。②张页式产品在相对减少。2005年张页式手工产品产量已从2001年占全部产量的87.9%下降到72.37%，降幅为15.5%。③3大类产品中异型产品的发展如雨后春笋迅猛增长，2005年同比增加了410万m^2，增幅高达110.5%。从以上特点看出涂附磨具行业正随着市场需求的变化而变化，正逐步向高档、高品质化发展。

三、销售及进出口市场

2005年比2004年的整体销售状况有所好转，其中产销率在90%～99%的占39.9%，比上年提高4.15个百分点，≥100%、89%～90%的分别比上年降低3.93、1.89个百分点，≤80%的又增加1.67个百分点，有74.88%的企业产销率在90%以上，比2004年略有提高。但产销率≤80%的企业数有所增加应引起重视，产销率的下降将直接导致产品积压，现金流不畅，危及企业生存。应尽快分析原因，采取措施，改善局面。2005年磨料磨具203个企业产品销售率见表10。

表10　2005年磨料磨具203个企业产品销售率

产品销售率(%)	≥100	99～90	89～80	≤80	合计
企业数(个)	71	81	32	19	203
所占百分数(%)	34.98	39.90	15.76	9.36	100

2005年磨料磨具行业产品销售收入前10名企业见表11，其中普通磨料磨具和涂附磨具综合性企业2个、普通磨料磨具企业2个、超硬材料企业4个、涂附磨具企业2个。2005年磨料磨具行业工业总产值前10名企业见表12，分布情况与销售收入相同，只是8、9位企业顺序互换(注：两表均不含非经济实体的伊川磨料集团)。

表11　2005年磨料磨具行业产品销售收入前10名企业

序号	产品销售收入(万元)
1	301 108
2	150 790
3	75 110
4	68 651
5	46 752
6	38 938
7	38 100
8	25 406
9	23 128
10	21 925
合计	789 908

(续表头：企业序号 | 产品销售收入(万元))

表12　2005年磨料磨具行业工业总产值前10名企业

企业序号	工业总产值(万元)
1	306 840
2	150 164
3	81 853
4	68 618
5	45 516
6	43 585
7	42 917
8	25 159
9	24 887
10	22 450
合计	811 989

由表11和12可知，前10名的销售收入总和为789 908万元，比2004年多187 204万元，增长31.06%；工业总产值总和为811989万元，比2004年多212 237万元，增长35.39%。前10名企业的这两项指标，占到各自总量的51.4%和54.4%，都超过了一半。因此大型企业的发展基本代表了行业整体的发展状况，应重视、支持、鼓励这些企业的发展，只有通过他们才能将行业做大做强。

据海关统计，2005年磨料磨具产品进出口情况见表13，2005年磨料磨具产品主要进出口国家或地区(按进出口量顺序)见表14。

表13　2005年磨料磨具产品进出口情况

	出口				进口				2005年进口单价/出口单价
	数量(t)	比2004年增长(%)	金额(万美元)	比2004年增长(%)	数量(t)	比2004年增长(%)	金额(万美元)	比2004年增长(%)	
合计	996 845	−3.07	60 058	14.24	119 355	17.16	30 173	18.36	4.20
普通磨料	914 211	−4.51	42 709	7.39	96 044	23.23	6 500	28.82	1.45
天然磨料	20 113	28.98	406	34.04	2 750	3.89	266	−26.30	4.79
人造刚玉	694 435	−2.05	22 779	2.46	91 368	25.07	5 559	37.43	1.85
碳化硅	197 009	−14.83	16 528	5.25	1 920	−13.57	662	5.60	4.11
碳化硼	2 654	77.78	2 996	95.54	4.6	−71.36	13	0.08	2.52

（续）

	出口				进口				2005年进口单价/出口单价
	数量（t）	比2004年增长(%)	金额（万美元）	比2004年增长(%)	数量（t）	比2004年增长(%)	金额（万美元）	比2004年增长(%)	
普通磨具	54 670	18.98	7 853	30.94	5 012	11.66	5 746	23.04	7.98
普通砂轮	38 630	24.11	5 888	29.52	4 403	30.11	4 538	28.88	6.76
天然石制砂轮	7 312	43.04	1 382	64.95	252	−15.39	593	−3.53	12.45
磨石	8 727	−10.13	582	−4.98	358	−55.70	615	15.14	25.76
金刚石	102	65.34	3 537	80.17	8	61.46	1 011	44.38	3.55
金刚石制品	3 314	−27.30	704	−32.78	1 190	−20.59	4 815	9.79	19.05
涂附磨具	24 548	19.76	5 256	38.51	17 100	−4.69	12 101	13.18	3.30
砂布	9 983	28.42	2 298	39.77	7 826	−9.38	4 891	13.45	2.72
砂纸	13 679	13.14	2 491	26.63	7 885	−0.87	5 050	13.24	3.52
其他	886	39.93	468	154.30	1 388	2.84	2 160	12.44	2.95

注：由于四舍五入，表中合计数有微小出入。

表14　2005年磨料磨具产品主要进出口国家或地区（按进出口量顺序）

产品名称	出口国家或地区	进口国家或地区
普通磨料		
天然磨料	日本、美国、加拿大、马来西亚、印度、中国台湾省、韩国、阿根廷、新加坡、德国	印度、澳大利亚、日本、中国台湾省、美国、韩国、法国、印度尼西亚、新加坡、意大利
人造刚玉	美国、日本、荷兰、意大利、韩国、印度、俄罗斯联邦、中国台湾省、泰国、比利时、英国	美国、荷兰、日本、德国、印度、奥地利、韩国、意大利、中国台湾省
碳化硅	美国、日本、韩国、墨西哥、中国台湾省、俄罗斯联邦、澳大利亚、印度、泰国、挪威、印度尼西亚	日本、朝鲜、德国、比利时、挪威、美国、瑞士、荷兰
碳化硼	德国、美国、日本、英国、韩国、印度、中国台湾省、俄罗斯联邦、澳大利亚、荷兰、中国香港、巴西	瑞典、中国台湾省、韩国、英国、德国、日本、美国
普通磨具		
普通砂轮	美国、印度、日本、巴基斯坦、泰国、越南、印度尼西亚、马来西亚、韩国	中国台湾省、美国、日本、奥地利、德国、瑞典、泰国、韩国
天然石制砂轮	美国、阿拉伯联合酋长国、泰国、印度、巴基斯坦、波兰、新加坡、	奥地利、中国台湾省、瑞典、印度、美国、韩国、德国、意大利
磨石	印度尼西亚、泰国、越南、菲律宾、马来西亚、韩国、美国、孟加拉国	中国台湾省、日本、韩国、德国、美国、马来西亚、中国香港
金刚石	中国香港、美国、日本、印度、意大利、韩国、比利时、新加坡、英国、德国、中国台湾省、爱尔兰	爱尔兰、韩国、美国、日本、比利时、中国台湾省、英国、意大利
人造和天然金刚石制品	马来西亚、中国香港、越南、印度尼西亚、泰国、新加坡、印度、中国台湾省、英国、美国、韩国	中国台湾省、泰国、韩国、日本、美国、德国
涂附磨具		
砂布	埃及、越南、印度尼西亚、波兰、阿拉伯联合酋长国、孟加拉国、捷克、美国、德国、韩国、俄罗斯联邦	韩国、中国台湾省、日本、德国、印度尼西亚、瑞士、美国、意大利、泰国、越南、新加坡
砂纸	英国、德国、孟加拉国、菲律宾、美国、越南、印度尼西亚、荷兰	韩国、日本、德国、中国台湾省、意大利、加拿大、泰国、瑞士
其他	美国、德国、中国香港、波兰、埃及	韩国、中国台湾省、美国、日本

2005年磨料磨具出口创汇前10名企业见表15，其中综合性企业2个、普通磨料磨具企业2个、超硬材料企业6个。超硬材料企业又多出2个，反映了超硬行业相对发展较快，对外出口能力较强。

由表13可知，2005年我国磨料磨具海关出口总额6.01亿美元，比上年增长14.24%，出口总量为99.68万t，比上年微降3.07%，虽然出口总量减少了，但出口总额又创新高，总的进口单价/出口单价由2004年4.90倍降至2005年4.20倍。这充分说明我们的产品出口档次在逐步提高，正逐渐缩小与进口产品的价格差距，预计这种势头仍将保持下去。海关进口总额为3.02亿美元，比上年增长18.36%，进口总量为11.94万t，比上年增长17.16%，进口增速依旧高于出口增速，说明国内市场对高档产品的需求仍很旺盛。

从具体产品来看，普通磨料磨具出口创汇达到5.06亿美元，比历史最高创汇额的2004年增长10.5%。值得一提的是，出口产品结构有了进一步调整。一是附加值较高的普通磨具出口比上年增长18.98%，达到5.47万t，碳化硼出口量增长77.78%。二是尽管刚玉、碳化硅出口量比上年减少4.65%，为89.14万t，其中刚玉出口量69.44万t，比上年减少2.05%，碳化硅出口量19.7万t，比上年减少14.83%，仅为年最高出口量32.49万吨的60.6%，但是，刚玉、碳化硅出口产品的结构有了进一步优化，出口价格持续提升，刚玉出口平均单价为328美元/t，比2004年提高4.59%，而碳化硅的平均单价更是达到839美元/t，比2004年提高23.56%。2005年四季度开始，磨料生产企业压力开始增大，无大的外贸订单，绝大部分企业库存增加，截止年底碳化硅只出口19.7万多t，23万t的配额没有用完。但这种状况是暂时的，随着中国经济运行的持续稳定增长以及美国和欧盟纷纷调高经济增长率，对我国磨料、磨具出口应该是利好的。

表15　2005年磨料磨具出口创汇前10名企业

序　号	出口创汇额(万美元)
1	3 356
2	3 200
3	1 998
4	1 363
5	1 360
6	1 348
7	1 200
8	1 184
9	930
10	876

人造金刚石2005年的出口量为5.1亿克拉(估计实际出口数量应远大于此数据)，出口额3 537万美元，分别比上年增长65.34%和80.17%，出口平均单价为0.069美元/克拉，比上年0.0636美元/克拉上涨8.5%，但与2003年最高价0.107美元/克拉依旧相差不少；进口方面进口总量为0.411亿克拉，进口额1 011万美元，分别比上年增长61.46%和44.38%，但增幅分别比上年回落4.32个百分点和43.89个百分点。进口/出口单价为3.84倍，比上年也回落0.48倍，这充分说明国内市场对高品级金刚石需求旺盛，迅速提升的国产高质量金刚石挤占了部分进口产品市场，这种趋势在未来2～3年内会更加明显。未来几年，国产金刚石在国际市场上的竞争力将日益增强，出口价格将逐步接近进口价格。

金刚石制品，2005年出口量降低27.3%，出口金额也相对下降32.78%，这种状况与2005年5月开始的美国对我金刚石锯片出口实施倾销案有着直接的关系。该案严重影响了2005年金刚石锯片的出口。2006年6月19日，美国国际贸易委员会(ITC)对中国和韩国金刚石锯片倾销案做出终裁：认定来自上述两国进口的被调查产品未对美国产业造成实质性损害，也未造成实质性损害威胁，此前美国商务部(DOC)对中国企业做出征收2.5%～164.09%的反倾销税率和对韩国企业征收6.4%～26%的反倾销税率的裁决将不予执行。这种无损害结案可以说是中国金刚石制品制造业取得的重大胜利。但这是我们付出沉重代价(3个应诉单独税率的企业总诉讼费用约100万美元)后取得的，今后在出口中应接受教训，注意营销策略，以免再次引发贸易争端。预计2006年金刚石制品出口将会回到原有快速发展的轨道上。

涂附磨具2005年出口量增长19.76%，出口额增长38.51%。其中砂布出口量增长28.42%，出口额增长39.77%；砂纸类产品出口量增长13.14%，出口额增长26.63%。自2002年以来，每年的涂附磨具进口额增幅都在25%以上，但2005年国内高档涂附磨具增幅较快，品种快速增加，挡住了一部分产品进口，抑制了进口产品的高速增长态势，使我国涂附磨具进口额增幅降到13.18%，进口量近年来更是首次出现负增长，为−4.69%(海关统计量用t，行业统计量为m^2)。但我们应清醒地看到，进口额依然达1.21亿美元，为近几年新高，比出口的0.526亿美元多130%。由此可以看出国内市场对进口产品的依赖度仍较高，这需要行业同仁加倍努力，力争进一步提高国产涂附磨具的国际竞争力。

四、质量管理及标准化工作

2005年国家磨料磨具质量监督检验中心完成的主要工作如下：①顺利通过了中国实验室国家认可委员会对实验室的监督评审。该质检中心实验室严格按有关规定规范运作，并按照CNAL/AC01：2005的规定，重新编制了质量手册和程序文件(第八版)；及时完成了换版转换工作，并系统进行了全员培训；按认可准则和质量手册、程序文件的要求进一步规范实验室的各项管理，完善各项规章制度，保持质量体系有效运行并持续改进。②园满完成了砂轮产品质量国家监督抽查任务，期间共完成对山东、河南、江苏、浙江、江西等5省的85个企业的产品质量抽样及检验工作。③完成了河南省产品质量定期监督检验任务。定检工作中，河南省磨料磨具产品质量监督检验站实抽145个企业的172个产品，抽查了郑州、开封、洛阳、许昌、漯河、平顶山等11个地市的砂轮生产企业；在省质量技术监督局的指导下，在各企业的积极配合下，全省砂轮定检工作按计划安排如期完成。④砂轮生产许可证产品检验工作。砂轮生产许可证的产品检验工作是一项技术性要求高、政策性强、对行业影响大的国家指令性任务。在全国工业生产许可证办公室和审查中心领导下，及时准确地完成了审查部交予的产品检验工作。⑤完成了客户委托检验，出口许可证产品检验，有关省市产品监督和执法检验，仲裁检验等检验任务，全年完成磨料磨具产品检验2 400多个批次。⑥发挥行业质检机构作用，为企业培训检验技术人员，为行业培训理化检验技术人员18名。⑦完成了标准修订、仪器设备技术改造和科研课题研究等。该质检中心2005年承担了两项标准制修订任务，即“白刚玉、铬刚玉化学分析方法”国家标准和“碳化钙脱氧剂化学分析方法”行业标准，该两项标准预计2006年完成。此外还完成了“全自动树脂薄片砂轮切割性能试验”科研项目。

全国磨料磨具标准化技术委员会2005年7月在江西吉安市召开了标委会年会，讨论、审定了《"十一五"磨料磨具行业标准制修订规划(草案)》。2005年共完成行业标准制修订工作3项，2005年磨料磨具类标准制修订情况见表16。

表16 2005年磨料磨具类标准制修订情况

标准名称	标准级别	备注
普通磨料 包装	行业标准	修订
碳化硅特种制品 方梁	行业标准	制定
碳化硅特种制品 辊棒	行业标准	制定

五、科研成果项目

2005年磨料磨具行业完成科研成果项目10项。

(1)高品质白刚玉精细微粉研制，由汉寿金诚研磨材料有限公司完成，湖南省科学技术厅于2005年9月28日组织鉴定。该项目开发了独特的颗粒形状、粒度分级控制技术及颗粒表面包覆技术，这些技术具有创新性。该产品性能指标达到日本JSR－6001－1998标准，填补了国内空白，替代了进口产品。高品质白刚玉精细微粉是精磨砂轮、油石、砂布的优良原料，适合加工淬火钢、合金钢、高速钢、高碳钢等硬度材料，还可用作触媒体、绝缘体、高级耐火材料以及精密元件、火箭发动机耐高温元件和高温汽轮机叶片的制造。

(2)深切缓进给精密抛磨大力磨机专用砂轮，由盐城华扬磨料磨具有限公司完成，江苏省科学技术厅于2005年4月20日组织鉴定。该公司研制成功的深切缓进给精密抛磨大力磨机专用砂轮，选用国际上新型的高分子结合改性聚酯材料作结合剂，加入专用添加剂，选用高档磨料和抛光材料制成。内外两层结构，内层磨削，外层柔性抛光，两层中间采用特殊材料处理一次成形。采用独特的固化工艺，使产品具有回转强度高，硬度均匀性好，磨削率高，抛光工件光洁度高，产品性能达到国外同类产品先进水平。其最大的特点是深切磨削、抛光一次完成，磨削层硬度在R－Y之下不烧伤工件，主要技术指标为：回转速度≥35m/s，平行度≤0.2mm，磨削层硬度达R－Y，硬度均匀性≤0.1h(h为相差值)，静平衡系数≤0.25，磨削比1∶6。该产品应用于我国餐具、刀具、手术器械、水晶玻璃工艺品等行业的精磨和抛光工序。该类加工原来都是两步法，先用陶瓷、树脂砂轮或氧化镁砂轮在磨床上荒磨，第二步用布轮、PVA轮或涂附磨具抛光、镜面处理，工序复杂，消耗量大，产品档次低，污染环境，产品质量无法与国外产品抗衡，限制了我国出口产品的档次，降低了应有的经济效益。国际上先进的工艺都是在磨床上采用新型的高技术专用砂轮一次完成磨削抛光，磨削比大，光洁度高，无粉尘污染。该砂轮由于采用独特工艺，原材料全部国产，制造成本远远低于国外同类产品，价格仅为进口的一半，主要经济指标达到国外同类产品的先进水平，为用户行业提高产品质量，降低物耗，实现自动化磨削，提供了理想工具，市场应用前景广阔。

(3)PCD及PCBN复合片合成技术，由河南黄河旋风股份有限公司完成，河南省科学技术厅于2005年12月28日组织鉴定。该项目是采用六面顶大吨位压机合成出大直径(Φ40mm)PCD、PCBN复合片，其硬度、耐磨性、抗冲击强度保证达到或超过国外同类产品(平均规格Φ57mm)的性能指标，具有高的成品率并达到产业化。解决的关键技术：①确立合成PCD、PCBN原材料的成份及其质量标准；②粉末料的均匀混合及复合片坯料压制成形；③复合片坯料真空高温脱气及合成块组装；④高温高压烧结；⑤合成块结构的合理设计。

(4)改性纳米金刚石发动机油，由天津市乾宇超硬科技有限公司完成，由天津市科学技术委员会于2005年9月30日组织鉴定。该课题是自选项目。项目产品广泛应用于交通运输、工矿企业和国防诸领域。它是用负氧平衡法制造的纳米金刚石和非金刚石碳经过表面改性处理，采用特殊的分散悬浮工艺，将其加入到普通的发动机油中，从而极大地改善了机油性能。项目解决了长期分散和稳定悬浮这一国际难题，研制了改性纳米金刚石发动机油。它是摩擦与润滑理论的一次重大突破，润滑与摩擦理论和实践的一次重大创新。纳米金刚石的减摩抗磨机理与油性剂和极压抗磨剂有着本质的区别，后者是用缓慢地腐蚀代替快速磨损，而前者是用滚动摩擦代替滑动摩擦，避免了干摩擦，在摩擦副之间形成一个几乎不可破坏的油膜。该成果是纳米科学、物理化学与有机化工交叉科学的结晶，使润滑油的性能有了质的飞跃。若在全国推广应用，每年可节约燃油700多万t，节省资金约420亿元；可使大中城市空气中的碳氢化合物和氮氧化合物降低百分之几十。该成果还可推广应用于涡轮蜗杆油、抗磨剂，亦可制作齿轮油、液压油、导轨油、真空泵油、高速机械油，凡是使用润滑油的场合均可利用此成果。

(5)金刚石抛光液，由天津市乾宇超硬科技有限公司完成，天津市科学技术委员会于2005年9月30日组织鉴定。该课题是自选项目。随着科技的迅速发展，光电子、计算机等行业对晶体元件的抛光要求也越来越高。抛光液是机械抛光技术中的关键要素，其性能直接影响抛光后的表面质量。项目采用的金刚石颗粒的粒度分布精度极高，用它配制的金刚石抛光液颗粒分布均匀，PH值呈中性，悬浊度好，长时间存放基本不产生沉淀，抛光质量稳定，不含对人体有害成分，有利于环保。抛光时间较国外同类产品减少50%以上，而价格仅为国外同类产品的几分之一。该系列抛光液可对多种难加工的硬脆材料如SiC、Al2O3、Si、SiO2、CaF2、BeF2、Li3AlO3、Li3CaO3、Tb3CaO12、GeO2、Si3N4、ZrO2、BK7型玻璃等进行抛光。该抛光液可广泛应用于多种领域，尤以计算机和光电子行业为甚，市场前景极佳。该项目符合国家节能、新材料应用、环保的产业政策，有很高的附加值。若该产品批量投放市场，将使我国在抛光液研究方面不再单纯地模仿和停留在理论探讨上，而是拥有自主知识产权，使国产抛光液在高端市场拥有一席之地。

(6)高级轿车漆面精整抛光剂的开发与研究，由郑州磨料磨具磨削研究所完成，中国机械工业联合会于2005年12月20日组织鉴定。该抛光剂主要用于汽车制造厂汽车生产线上汽车表面涂漆或产生的疵点的精整抛光，也可用于汽修厂汽车漆面翻新后产生的疵点抛光，还可用于汽车的美容抛光。该抛光剂为均匀、细腻膏状体，在不同条件下，产品具有存放不分层、无沉淀、不变质等特性，与美国3M公司同类产品相当。该产品解决了抛光过程易出现白雾、擦除性和影响再喷漆等问题，抛光稳定性好，效率高，抛光后的漆面与整体漆面光泽均匀一致等，产品性能达到美国3M公司同类产品水平。其整体技术属国内首创，达到国内领先水平。

(7)聚晶金刚石石油钻头，由河南黄河旋风股份有限公司完成，河南省科学技术厅于2005年12月28日组织鉴定。聚晶金刚石石油钻头，是用人造聚晶金刚石(PCD)切削齿焊于钻头胎体上而成的一种新型切削原理的钻头产品。PCD钻头的切削齿具有锋利、耐磨、高寿命等特点，并能在低钻压下获得高的机械钻速(高于牙轮钻头2～4倍以上)及高的钻井进尺(高于牙轮钻头4～6倍)，因而极大地降低了钻井成本，大大地提高了劳动生产率，减轻了钻井工人的劳动强度，深受石油钻井业欢迎。该产品适用于钻穿软到中硬地层，对我国高速发展的石油工业起着巨大的推动作用。PCD石油钻头现已成为石油、天然气勘探与开发的高效节能新工具。它对硬地层、中硬地层和软地层岩石的钻进，比硬质合金钻头有着很大的优越性，可提高钻进效率几十倍，钻头使用寿命可延长500倍左右。总之，它对提高钻速、减少提钻次数，低劳动强度、缩短钻井时间等方面都充分体现出高节能、低成本之优势。

(8)高档金刚石工具的开发及应用，由桂林矿产地质研究院完成，中国有色金属工业协会于2005年7月26日组织鉴定。该项目首次建立了“等效切削刃”和“吃入深度”两个数学模型，有效提高了工具设计的科学性，为设计高品质金刚石工具——绳锯、薄壁钻头和玻璃磨边轮提供了理论依据。该项目有如下特点和创新：①开发了降低金刚石在胎体中植入高度的技术、创建多层浮动组装技术以及多项绳锯制造技术，成功解决了串珠胎体金刚石掉粒、锯切寿命短、效率低、串珠固定不牢及钢丝绳频繁断绳等难题，成功开发了高性能Φ8mm烧结金刚石绳锯；②激光焊接薄壁钻头应用金刚石包衣、粉末制粒、容积式钻齿冷压等先进工艺技术方法，优化了生产工艺，不仅使钻齿的焊接强度成倍提高，而且生产效率比高频钎焊工艺提高10～15倍，多工位、单齿、连续齿等定位工装设计在国内具有独创性；③开发了高档金刚石玻璃磨边轮制造技术，其产品利用国产金刚石达70%，综合性价比优于国际同类产品；④成功地利用国产中粒度高强人造金刚石制备高档切削工具，推动了国产中粒度高强金刚石的广泛利用，降低了生产成本，提高了在国际市场的竞争力；⑤该项目所研制的绳锯、薄壁钻头、玻璃磨边轮等产品技术经济指标均居国内领先水平，其中绳锯的生产技术和产品综合指标达到国际先进水平、激光焊接薄壁金刚石钻头的钻齿与钢体间的焊接强度超过德国标准(DEA)。

(9)多功能复合(通过式)金刚石磨轮，由浙江超硬磨具有限公司完成，浙江省科学技术厅于2005年7月30日组织鉴定。该项目主要用于磁性材料、玻璃、石材和电子元器件行业加工。该磨轮是在砂轮磨料层工作面上设计三段不同磨料粒度的金刚石砂轮，用在软磁磁芯磨加工工序中，被磨削工件从磨轮磨料层工作面的粗、中、细粒度段依次通过进行磨削加工。从而实现一次性完成对工件的粗磨、细磨、精磨的加工工艺过程，改变了传统的单一粒度的砂轮磨削加工方法，减少了更换不同粒度的磨轮次数。该产品有3个方面创新：①在砂轮的磨料层工作面上设计3种不同磨料粒度的金刚石磨粒；②设计出一套新结构的成形模具，使模具的结构完全满足该产品能够分粒度段完成初压，以及保证一次性实现终压成形和硬化的目的，同时保持各个粒度段之间相互独立，避免细粒度段中混入粗粒度的磨粒；③通过工艺配方的试验调整和不断改进，添加不同要求的填料，从而改变不同粒度段结合剂的耐磨性能和消耗速度，满足了产品的工艺性能要求。

(10)超高压油泵的研制，由郑州磨料磨具磨削研究所完成，河南省科学技术厅于2005年6月25日组织鉴定。金刚石合成压机及超高压技术显著进步，行业新增六面顶压机均为大型化压机，传统的增压器已不能满足使用要求，超高压油泵恰能适应市场需求。该JB系列超高压油泵工作压力60～120MPa，额定流量0.5～15L/min，采用阀式径向柱塞泵结构形式，在传统泵的基础上改革关键部件结构，提高油泵耐压性，加大油泵流量。高压泵配油阀采用分体结构，使得易损件便于更换维修，缩短了维修时间，提高了压机开机率。整台高压油泵具有结构紧凑、可靠性好、噪声低等特点。高压油泵采用特殊的阀配流结构，当油泵工作在压力增大、油温升高及转速下降等影响油泵排量的工况时，该油泵所受影响相对较小，因此该油泵在油温60℃、压力100MPa、转速960r/min条件下工作时，其容积效率仍然＞85%。在调节转速低到50r/min、压力100MPa下仍能泵油，实现对六面顶压机的补充。JB系列超高压油泵还可在超高压油泵进油管路中装一电磁换向阀，用以切换超高压油泵柱塞的供向数量，使一个柱塞单独工作或四个柱塞同时工作，即油泵流量作1∶4切换。该系列超高压油泵已成功地应用于60MPa工作压力的金刚石压机，并在90～100MPa工作压力的压机上试用。以该泵替代增压器，具有压力控制方便、工艺稳定、体积小、成本低、维护方便等特点，对提高我国金刚石合成压机的技术水平有重要作用。

六、新产品开发

(1)陶瓷结合剂大直径磨曲轴砂轮，由山东升华磨料磨具有限公司完成，山东质量检验协会于2005年4月29日组织鉴定。该公司引进先进的生产工艺，建成了新的陶瓷砂轮生产线，用来生产直径大于600mm的磨床专用配套砂轮。2005年初，大直径磨曲轴砂轮生产下线，就通过了山东天润曲轴有限公司数控磨床的使用验证。结果表明该砂轮平衡性能、硬度、磨削效果、强度等指标均优于国内同类产品。特别是直径1 100mm、厚度75mm、速度60m/s的高速磨削砂轮，成组安装在从英国进口的数控曲轴磨床上，磨削轿车曲轴时达到了比较理想的效果：磨削效率高，修整次数少，不烧伤曲轴，表面光洁度好。

(2)PCD、PCBN复合超硬材料磨加工用树脂金刚石砂轮1A1、6A2(国家重点新产品证书)，由郑州磨料磨具磨削研究所完成，国家科技部于2005年6月组织鉴定。该项目采用高性能树脂结合剂、材料处理技术、优化设计的配方、自动化工艺控制技术、精加工和检测技术等先进制造技术，开发研制出的系列树脂结合剂金刚石砂轮产品具有高磨削效率、高加工精度和低成本特性，用于加工国产复合片和进口复合片，均能达到用户的加工工艺要求；在保证工件形位公差的前提下，降低了PCD、PCBN复合片的加工成本。1A1粗磨复合片外圆金刚石砂轮加工Φ19mm系列，加工余量≥1.3mm，锥度≤0.05mm，表面粗糙度R_a≤1.6，加工寿命≥220片；6A2多晶金刚石层抛光用杯形金刚石砂轮加工Φ19mm系列，加工余量0.15mm，平面度≤0.03mm，表面粗糙度R_a≤0.2μm。

七、获奖科研项目

(1)高精度金刚石、立方氮化硼切割砂轮。由郑州磨料磨具磨削研究所完成，2005年9月被中国郑州先进适用技术交易会授予"金牌奖"。该项目研究领域属新材料、超硬材料制品制造技术领域，其产品是该领域的全新型高档产品，主要应用于电子信息领域精密贵重电子元器件的精密细微切断与开槽。该项目通过对原材料的选择与制备工艺、结合剂与配方技术、均匀压制成形与烧结(固化)工艺、磨料层与基体高强度结合技术、精密加工工艺、表面商品化处理工艺、检测技术、专用工装设备等全方位技术的研究，有效地解决了压制法制造超薄切割砂轮的技术难题——投摊料难、成形不均匀、加工变形等，开发出压制法生产金属结合剂1A8、树脂结合剂1A1R、树脂结合剂1A8等3个系列的高精度超薄超硬材料切割砂轮产品的成套制造技术，研制的3个系列产品经用户批量使用表明，能满足电子信息产业不同用户、不同材料的精密细微切割与开槽加工的工艺要求，使用性能安全可靠，各项技术指标均达到并超过项目规定的要求。项目建成了我国第一个以高精度超薄超硬材料磨具为研究对象的试验基地，形成了金属和树脂结合剂超薄切割砂轮两条中试生产线，具备年产6万片、产值1 200万元以上的中试生产能力。项目技术国内首创，达到国际先进水平。该产品目前已广泛应用于信息产业领域，并取得较好效益，希望快速将产品系列化，加强质量管理，加大国际市场的开发力度，争取更大的经济和社会效益。

(2)PCD、PCBN复合片加工用系列树脂结合剂金刚石砂轮的研制。由郑州磨料磨具磨削研究所完成，分别于2005年12月30日和2005年9月被中国机械工业联合会和中国郑州先进适用技术交易会授予机械工业科学技术奖三等奖和金牌奖。国内复合片的生产厂家在磨削加工复合片的过程中遇到很多问题，主要是砂轮存在不均匀磨损、消耗快、寿命短等缺陷。加工出的复合片精度低、成本高、影响了复合片的推广使用。该项目开发并采用高性能树脂结合剂、材料处理技术、优化设计的配方、自动化工艺控制技术、精加工和检测技术等先进制造技术，研制出的系列树脂结合剂金刚石砂轮产品具有高磨削效率、高加工精度和低成本的特性，用于加工国产复合片和进口复合片，均能达到用户的加工工艺要求，在保证工件形位公差的前提下，降低了PCD、PCBN复合片的加工成本，目前砂轮的性能优于国内其他厂家同类产品。

(3)SJ800型金刚石绳锯机。由河南黄河实业集团股份有限公司完成，于2005年12月19日被河南省科学技术厅授予科技进步三等奖。该项目是为适应我国矿山采石的发展需要，并配合南水北调工程所需大量条石，经过充分的市场调研后而开发的新型锯石机械产品。该机主要用于矿山采石工程，也可用于对脆硬材料的切割，如在房屋拆迁及城市改造工程中，对混凝土墙体等的切割。为提高设备的生产效率，最大范围地延展设备的使用范围，使其适应对不同硬度材料的切割，该设备的锯绳部分引进日本联合材料公司的全套生产技术及设备。其绳锯机部分在吸收国际同类产品先进技术的基础上，进行了创新性的结构设计，主要为：①主驱动电动机及行走进给电动机的控制均采用变频控制技术；②特殊结构设计的蜗轮蜗杆减速器可使主驱动轮的牵绳方向360°回转，并可在任意位置固定；③行走导向采用V形轨方式；④主驱动电动机的轴承采用特种高精度轴承；⑤驱动绳轮采用铝合金材料压铸而成，并进行严格的动平衡检验，表面包裹高性能的特种橡胶。该设备的上述技术多为在同类设备中首次使用，属国内创新性技术成果，某些技术在国际上也属首先应用。

(4)超硬材料及制品专业教学改革与实践。由河南工业大学完成，于2005年1月被河南省教育厅授予二等奖。该成果基于超硬材料及制品专业的教学改革方案，在理论教学体系、实践教学体系上进行了改革与实践。理论教学体系主要从课程设置、教材建设、师资建设、教学手段等方面进行了改革与建设；实践教学体系主要从实验室建设与实验教学改革、实习教学改革、教科产三结合工程实践基地的建设等方面进行了改革与实践，建立了面向行业，依托行业、服务行业，以产学合作的形式为主，加强专业与企业联系，共同开展科研、科技开发与科技服务，使人才培养置于强烈的工程环境之中并紧密贴近企业的实际需要，被称为"教学全过程"的产学人才培养模式。

八、发明专利

2005年磨料磨具行业发明专利情况见表17。

表17　2005年度磨料磨具行业发明专利情况

序号	专利名称	专利号
1	黑色碳化硅冶炼降低单位耗料的工艺	CN200410020538.5
2	低温烧结高强度刚玉耐火材料制备方法	CN200410060515.7
3	一种刚玉的回收方法	CN200410067088.5

（续）

序号	专　利　名　称	专　利　号
4	矾土基电熔锆刚玉尖晶石的制备方法	CN200410060214.4
5	从含碳化硅炉渣中提取碳化硅的方法	CN200310107217.4
6	一种冶炼棕刚玉的方法	CN200510003023.9
7	利用碳化稻壳制造碳化硅的方法	CN200410027511.9
8	镀铜碳化硅颗粒增强镁基复合材料的制备方法	CN200510024931.6
9	碳纳米结构体转变为纳米金刚石的方法	CN200410016926.6
10	纳米微晶金刚石薄膜及其制备方法	CN200310109045.4
11	一种金刚石膜平面场发射阴极及其制作方法	CN03149189.8
12	金刚石厚膜与硬质基体形成牢固连接的方法	CN200410010895.3
13	制备纳米金刚石薄膜的辅助栅极热丝化学气相沉积法	CN200410067571.3
14	通过化学反应制备立方氮化硼的方法	CN200410011085.X
15	立方氮化硼复合片	CN200310110139.3
16	激光轰击碳粉合成纳米金刚石的方法	CN200410093973.0
17	用碱金属氟化物合成立方氮化硼的方法	CN200510016652.5
18	人造超细金刚石的精制方法	CN200510018577.6
19	片状法合成金刚石用发热、保温碳片及生产方法	CN03135591.9
20	一种含氧化物的合成金刚石用粉末触媒	CN200510037860.3
21	用于合成含硼金刚石单晶的铁－镍－硼－碳系催化剂及其制备方法	CN200510042572.7
22	一种水基纳米金刚石抛光液及其制造方法	CN200410022936.0
23	金刚石刀头及其锯片	CN200410027557.0
24	复合电喷镀法制备不锈钢金刚石切割线的装置及其方法	CN200410020618.0
25	基于气中放电辅助的多功能金刚石砂轮修整器	CN200410066434.8
26	单层钎焊金刚石工具的制备方法	CN200410041974.0
27	一种金刚石磨抛片的制备方法	CN200410041972.1
28	聚晶金刚石喷嘴的加工方法及产品	CN200410091398.0
29	一种薄型金刚石切割片的制造方法	CN200310108163.3
30	一种导热立方氮化硼砂轮及其制备工艺	CN200410060365.X
31	一种镶嵌型树脂金刚石复合磨块及其制作方法	CN200410077492.0
32	金刚石锯片及其制作方法	CN200410010062.7
33	玻璃切磨两用锯片及其制作方法	CN200410010063.1
34	用于切割金属的金刚石/立方氮化硼锯片及其制作方法	CN200410022997.7
35	金刚石多晶团、用多晶团制成的节块及他们的制造方法	CN200510020216.5
36	金属基超薄金刚石切割片真空钎焊制造方法	CN200510042824.6
37	在润滑油中添加的纳米金刚石微粒的表面处理方法	CN200410027232.2
38	纳米金刚石润滑油添加剂的制备工艺	CN200410027233.7
39	超分散纳米球金刚石乳化液及其制备方法	CN200510057088.1
40	加工玉石宝石用金刚石压牙锯片及其生产方法	CN200510017603.3
41	高自锐性金属结合剂金刚石制品的材料	CN200410023189.2
42	纳米级氧化铁黄颜料的制备方法	CN200510017551.X
43	一种聚晶金刚石复合片钻头底模模具的制造方法	CN200410006167.5
44	一种人造金刚石压机合成工步系统压力的控制方法	CN200410014302.0
45	金刚石膜高速精密抛光装置及抛光方法	CN200410050364.7
46	铰式六面顶人造金刚石压机的液压系统	CN200310119312.6
47	六面顶金刚石压机实现两面顶压机工作的方法及其顶锤	CN200310119314.5
48	一种砂纸用超涂层材料及其制备方法	CN200510018118.8
49	一种砂纸用环氧树脂粘结剂及其制备方法	CN200510018117.3

九、企业简介

郑州磨料磨具磨削研究所　该所建立于1958年，是我国磨料磨具行业惟一的综合性研究和技术开发机构，以该所为依托单位建立的“国家超硬材料及制品工程技术研究中心”，是中国机床工具工业协会副理事长单位和超硬材料分会理事长单位。2005年经营收入达到3 395万元，毛利收入达到1 274万元，在职职工的人均收入也有较大幅度的提高，实现了近几年的连续增长，达到历史最好成绩。科技开发继续呈现持续发展的局面，2005年先后申请国家、市科研项目5项，其中4项国家项目，1项郑州市重大科技攻关项目（已获批准）。全年安排各类科研项目18项，其中根据市场预测和产业化发展的需要安排自选项目14项。2005年完成7项（结转到2006年完成的8项），分别达到国内领先或国内先进水平。“高级轿车精整抛光剂的开发与研究”项目通过了中国机械工业联合会组织的技术鉴定，“超高压油泵”项目通过了由河南省科技厅组织的专家鉴定，均达到国内领先水平。“PCD、PCBN复合片加工用树脂结合剂金刚石砂轮的研制”项目荣获中国机械工业科学技术奖三等奖。另外，2005年申报国家及省市科研项目取得了满意的效果。获得批准的项目分别是：“高精度超薄超硬切割砂轮”（国家创新基金项目）、“高精度超薄超硬材料切割砂轮系列产品研究及其产业化开发”（郑州市招标项目）、“金属结合剂金刚石砂轮离心成形反应烧结技术”（科技部院所基金项目）、“15～60μm超薄金刚石切割砂轮制造技术研究”（科技部院所基金项目）。这些项目的开展，将对该所持续在国内超硬材料制品领域技术保持领先地位、调整产品结构、实现科技成果产业化、进一步提升综合竞争力有着重要意义。

河南黄河实业集团股份有限公司　公司始建于1979年，从3 000元起步，现已发展成为集科研、生产、贸易于一体的国家大型一类企业。拥有总资产25亿元，员工4 000人，下属成员企业22个，分布于长葛、郑州、上海三地。主要产品有人造金刚石、金刚石制品、UDS系列金刚石压机、建设机械、特种车辆、自动化控制装置等6大类146个品种400多个规格。“旋风”牌人造金刚石被国家质检总局评为“中国名牌”产品，年生产能力达12亿克拉。目前公司已成为国内最大的超硬材料生产基地，人造金刚石行业国内第一、世界前三强。

2005年黄河集团整体经济运行情况良好，金刚石主业增长幅度较大。2005年全年实现销售收入30.11亿元，实现利税4.29亿元，出口创汇2200万美元，分别比2004年增长48%、56%和26%。投资1.2亿元完成了“500mm缸径高压合成设备生产线”项目，采用公司自主研制成功的高压合成设备及工艺，安装金刚石压机104台，新增建筑面积4 736m²，建成金刚石九厂，2005年3月竣工投产。投资1.48亿元，实施“560mm缸径压机人造金刚石生产线”项目，采用国内最先进的六面顶大腔体压机及合成工艺，安装金刚石压机160台，新增建筑面积6 864m²，建成金刚石十厂，2005年10月完工投产。金刚石九厂、十厂建成后，新增高品级金刚石生产能力4.85亿克拉，实现销售收入7.2亿元，扩大了高品级金刚石生产规模，为公司产品结构调整迈出了坚实的一步。2005年重点项目总投资2.68亿元，比2004年（2.5亿元）增长7.2%。

天津乾宇超硬科技有限公司　原为国有天津超硬磨料研究中心，于2002年改制为天津市乾宇超硬科技有限公司。公司位于天津高新技术产业园区，主要从事微米级、纳米级金刚石粉及其产品的制造、应用、技术开发，拥有自营进出口权。公司以科技为先导，以质量求生存，以信誉求发展，产品深受国内外广大用户的普遍赞誉和青睐。2005年公司完成两项具有重大意义的科研成果“改性纳米金刚石润滑油”和“金刚石抛光液”。两项成果均通过了天津市科学技术委员会的鉴定和验收，并获得了国家发明专利。验收的综合评价分别为“国际领先”和“国际先进”，其中“改性纳米金刚石润滑油”项目成功地解决了纳米金刚石在润滑油中均匀悬浮这一国际难题，目前正在积极推进科技成果的产业化。

山东升华磨料磨具有限公司　山东省最大的民营磨料磨具生产及相关技术研究与开发的高科技企业。公司自1994年建立以来，一直以科技为先导，自主创新，提升产品质量，提高核心竞争力，抢占技术高地，公司规模和产品知名度有了较大的提高。2001年取得自营进出口资格，2002年顺利通过了ISO9001：2000质量管理体系认证，同年被评为省级“守合同，重信用”单位，2003年“升华”牌磨具被山东省工商局评为山东省著名商标，同时公司自行研制的纤维抛光轮项目获山东省中小企业科学进步一等奖。

随着磨料磨具市场竞争的不断激烈，凭着对市场敏锐地洞察力，通过与国内各大磨具生产厂技术合作与交流，于2004年底又投资5 000多万元，引进了先进的生产工艺，建成了新的陶瓷砂轮生产线，用来生产直径大于600mm的磨床专用配套砂轮。

山东八三碳化硅热件厂　该厂始建于1958年。产品有硅碳棒（管）电加热元件、磨料磨具（微粉）、耐火材料、饲料添加剂（硫酸亚铁）等，是国内生产硅碳棒（管）电热元件规模最大的专业厂家之一。拥有资产5 000余万元，员工500余人，各类工程技术人员140名，高级专业技术人员10名，专业生产设备100余台（套），其中国外引进大型先进设备5台（套）。

“八三牌”硅碳棒（管）电加热元件具有自主知识产权。产品分等直径棒，两端加粗式硅碳棒，异型硅碳棒，单、双螺纹管等5大系列，规格品种齐全。产品广泛应用于有色金属、电子陶瓷、玻璃等行业的高温窑炉及加热设备。“八三牌”硅碳棒（管）具有质量可靠、节约能源、使用寿命长等特点。2005年6月，公司投资2 000余万元，建成投产具有国际一流水平的硅碳棒技改项目（新产品注册商标为“新八三”），标志着该厂产品技术含量更高，质量更好，服务更周到，产品更具市场竞争力。在近50年的经营中，该厂秉承质量第一、诚信经营的理念，服务于广大客户，其品牌在国内外享有较高的信誉。

该厂常年具备1 000人左右的劳务加工生产能力，1997年首次通过了中质协质保中心ISO9001质量体系认证，2002年又顺利通过了ISO9001：2000版的换版认证。“市场需要是我们的发展方向，用户满意是我们的工作标准”，这既是该厂的质量方针，也是对广大客户的庄严承诺。

桂林特邦新材料有限公司　按照现代企业制度组建的高新技术企业，是“国家特种矿物材料工程技术研究中心”的运行载体，广西科技厅认定的新技术企业和科技创新单位，拥有自营进出口权，2002年通过了ISO9001质量管理体系认证。

公司具有强劲的产品技术开发能力，是全国超硬材料及制品研究、开发、生产的发起和领头单位之一。20世纪60年代末开始进行人造金刚石的合成研究，并率先研制开发出人造金刚石钻头，应用于地质钻探试验。20世纪80年代开拓了石材工业的切磨工具；20世纪90年代开拓建筑施工用钻切工具和机加工用立方氮化硼复合材料。历年来在超硬材料领域取得科研成果51项，获国家级奖励5项，国家专利3项，省部级奖励34项。其中“金刚石地质岩芯钻探配套技术的推广应用”获国家科技进步一等奖，是我国超硬材料行业获得的最高奖项；技术成果推广到国内外60多个厂家，其中帮助直接建厂9个，在印度完成交钥匙工程1个，取得了很好的社会经济效益。

2005年“中心”共开展“高性能烧结金刚石绳锯产业化”等产业化项目3项。其中“激光焊接金刚石工具产业化”项目已经完成，建成了激光焊接金刚石工具生产线，产品销往全国，部分出口到澳大利亚、美国。其他两项产品化项目按计划进度要求进行。2005年产品销售收入2 000多万元。

贵州达众磨料磨具有限责任公司 是中国七砂集团有限责任公司将主要经营性资产和信达等3个资产管理公司依照国家政策整合而成的“债转股”企业。公司下属5个全资子公司、3个控股子公司。主要从事普通磨料磨具、超硬磨料磨具、耐火材料及派生工业基础材料的研制、生产和经营。同时还从事房地产、建筑工程、旅游汽车出租、绿色产品等产业的开发经营活动，主要生产基地分布在贵阳、清镇、余庆等地。注册商标有“山牌”、“三牌”、“日月牌”、“山绿丹”等。公司拥有各类先进生产线30多条，具有年产普通磨料10万t，普通磨具1万t，高精磨具3千t，锆刚玉重负荷砂轮500t，耐火材料3万t，超硬材料与磨具1 000kg，各类小叶苦丁茶1 000担的生产能力。公司产品多次获得国家和省市优质产品称号，在行业内具有较强的竞争能力。其中“山牌”磨料以其一流的品质享誉世界，产品分布20多个国家和地区。

重庆市博赛矿业(集团)有限公司 公司是一个以氧化铝、棕刚玉、铝矾土熟料等铝基系列产品为龙头，煤炭、焦碳和铁合金系列产品为支柱，涉足国际贸易、矿产资源开发等领域的跨国、跨行业大型外向型民营企业。公司成立于1994年，2005年底已拥有资产超15亿元，员工约3 500人。在重庆、贵州、天津、广西以及德国和中国香港等国家和地区建有16个生产加工企业。产品畅销欧洲、北美、日本、印度等20多个国家和地区以及国内广大市场。公司多年跻身中国民企500强、重庆市工业企业50强、重庆市外贸出口前10强和重庆市民营企业前5强。2005年，公司已形成年产氧化铝20万t、铝矾土熟料20万t、棕刚玉12万t、焦炭30万t、原煤15万t和铁合金10万t的综合生产能力，实现销售收入15亿元，出口创汇5 000万美元，实现利税2.5亿元。2006年，预计销售收入20亿元，利税4亿元。公司正向“打造中国的世界的魅力博赛、雕塑重庆的行业的矿业骄子”这一发展目标迈进。

山东鲁信高新技术产业股份有限公司 公司是上海证券交易所上市公司，2002年被山东省科技厅认定为高新技术企业。主营业务范围为：磨料、磨具、砂布、砂纸产品的生产与销售。2005年公司实现销售收入4.7亿元，产值4.6亿元，利税3 363万元。2004年、2005年连续两年获得中国机床工具工业协会出口创汇十佳企业称号。

磨料产品：以品种规格齐全、质量稳定在国内行业中赢得重要地位。近年来，公司加大技改投入和新产品的开发力度，在较短的时间内，完成了新产品耐磨砂从研制开发到大规模生产的过程。目前，新上高档磨料项目正在建设中。

磨具产品：公司生产的“泰山”牌磨具选用优质原材料精心设计制造，品种规格齐全，质量稳定可靠，具有硬度稳定、组织均匀、自锐性好、磨削能力强等特点。

砂布砂纸产品：主要为张页状耐水砂纸，产品质量属国际先进水平，产品大量出口国际市场。目前正积极采取措施扩大产品的品种和规模，促进涂附磨具产业的快速发展。

“泰山”“MT”磨料磨具产品被认定为山东名牌产品，并被山东省政府指定为争创国家名牌产品。公司出口的“泰山”牌磨料磨具、“MT”牌砂纸，在国际市场享有较高的声誉。

江苏三菱磨料磨具有限公司 公司前身是盐城市刚玉砂布厂，始建于1964年，是涂附磨具分会副理事长单位。主营产品卷状全树脂砂布产销量已连续3年位于全国同行第一位。全树脂砂布荣获江苏省高新技术产品称号；企业被评为国家、省高新技术企业；“三菱”牌商标被评为江苏省著名商标。

近年来，企业不断深化改革，加强技术改造，坚持创新突破，走出了一条跨越式发展的新路子。2005年，企业年产值2.52亿元，销售2.31亿元，实现利税1 907万元。在大发展、快发展的浪潮中，公司适时提出“三年再建一个新三菱”的奋斗目标，立足高起点、高定位，瞄准世界涂附磨具行业最高水平，总投资1.2亿元，一期6 500万元，引进德国、韩国世界一流技术设备，新建新型高档涂附磨具项目。公司研发的15个系列新品已与市场磨合，品种全、档次高、性能好，生产出的产品品质与德国金世博公司产品相当，市场反应良好，已被广大客户接受，预计达产后可新增销售收入4亿元，利税4 000万元。

“三菱”涂附磨具的创新和发展，进一步增强了三菱在国内外涂附磨具行业的综合竞争力，加快了三菱向国际化发展的进程。

河南中南工业有限责任公司 公司是中国著名超硬材料生产企业，专营超硬材料系列产品，主导民品是人造金刚石单晶，是中国最大的人造金刚石生产基地之一。公司地处中国历史文化名城南阳，占地面积264万m^2，员工2 500余人，其中中级以上技术、管理人员400多人，各类设备、仪器3 000多台(套)，拥有固定资产3.9亿元，总部下设2个控股子公司，4个参股子公司，在郑州高新技术产业开发区和公司本部设有省级技术中心。

2005年公司抓住机遇，坚持对生产各环节进行配套技术改造，使公司的产能大幅度提高；加强按市场需求组织生产与加大技术工艺攻关的力度，使扩产的产品能够及时的实现销售，经济运行质量进一步提高，较好地完成了生产经营计划。全年固定资产投资1.5亿元，截止至2005年底，公司的压机总量达到800余台，全部为主力机型，生产能力超过10亿克拉。

2005年，“中南”品牌被“品牌中国”活动组织委员会评为“中国品牌国际市场创新奖”；公司被中国企业文化促进会、中国企业报社、中国质量与品牌杂志社、中国十大影响力品牌推选组织委员会评为“中国行业十大影响力品牌”；被人民日报社市场信息中心评为“中国金刚石市场质量满意用户首选第一品牌”；“利用大型六面顶压机和大腔体合成技术合成粗颗粒金刚石”项目被国家科技部列入“国家火炬计划”；公司被中国机床工具工业协会评为“精心创品牌”十佳企业和超硬材料分会工作先进单位。

公司把“创新求优质，诚信树品牌”作为公司发展的基本理念，注重科技投入，不断开发新工艺，以技术进步为强大动力，谋求公司快速发展。2005 年投入技术开发费近 2 000 万元，进行了金刚石项目的新工艺开发，公司高品级金刚石尤其是 30/35 粒度以上高品级金刚石各项指标已达到世界先进水平，为替代进口扩大出口提供了强大的技术工艺支撑。

河南富耐克超硬材料有限公司 公司位于国家郑州高新技术产业开发区，主导产品为立方氮化硼磨料系列产品，包括适用于各种金属磨削用途的中高档品种及立方氮化硼微粉。公司 1999 年在行业中率先通过了 ISO9001 质量管理体系的基础上，2005 年底又顺利通过了 ISO14001 环境管理体系和 OHSAS18001 职业健康安全管理体系标准的认证，从而使富耐克公司成为行业首个通过“三标一体”认证的单位。

惯标工作使公司质量、环境和职业健康安全管理及其他管理工作上了一个新台阶，有效地推动了公司的整体发展。几年来公司取得了巨大的经济效益和社会效益，公司和立方氮化硼产品获高新技术企业和高新技术产品认定；公司荣获中国机床工具行业出口创汇十佳企业、精心创品牌活动十佳企业和经济效益十佳企业；“富耐克”商标被认定为河南省著名商标；公司立方氮化硼磨料被评为“河南省名牌商品”；公司被确定为中国立方氮化硼磨料标准起草单位；被列入国家河南超硬材料产业基地骨干企业；公司承担了国家“火炬计划”和“科技兴贸行动计划”项目；截止目前公司获得 8 项、申报 7 项新技术、新工艺专利。

湖北玉立砂带集团 集团创立于 1978 年，现已成为产销量最大、规格品种最全、亚洲最大的涂附磨具企业。公司厂区面积 55.7 万 m^2，拥有涂附磨具产品砂带、砂布、砂纸及异型四大系列产品。450 多个品种的产品群。每年可向市场提供优质砂带 1 200 万 m^2，砂布 750 万 m^2，耐水砂纸 4 500 万 m^2，木砂纸 600 万 m^2，异型产品 2 000 万片。集团 2005 年实现产值 8 亿元，出口创汇 900 万美元。据行业年鉴资料显示，玉立集团产值、销售、利税、出口创汇 4 项经济指标连续多年蝉联涂附磨具行业首位，部分主导产品国内市场占有率达 80%，产品质量荣获国际金奖。集团公司已在国外办厂，产品销售遍布全球。

金瑞新材料科技股份有限公司 公司是以中央直属大型科技企业长沙矿冶研究院为主发起人，联合华菱集团等 4 个发起人共同发起设立的、以电子基础材料和超硬材料为主导的高科技上市公司。公司注册资本 10 670 万元，拥有自营进出口权。

公司依托长沙矿冶研究院雄厚的技术力量，充分发挥自身在新材料领域拥有的科研成果和技术开发实力，并利用已开辟的证券市场直接融资的渠道，现已发展成拥有数个直属企业和数个控股子公司，总资产规模超过 12 亿元的高科技企业。

公司通过了国家科技部和中国科学院主持的高新技术企业认定，是湖南省重点高新技术企业和国家级火炬计划重点高新技术企业，并连续多年被长沙市高新技术产业开发区评为十强企业。公司建立了完整的质量管理运行体系，并通过了 ISO9001 认证。

公司近年来资产总额、主营收入连年攀升，现已发展成为我国电子基础材料、超硬材料研究开发和生产的重要基地。公司主导产品有 Mn_3O_4、电解金属锰、软磁铁氧体磁芯等电子基础材料系列产品及合成人造金刚石用触媒合金、粉末一体化块、高品级人造金刚石和金刚石微粉、金刚石工具等超硬材料系列产品，产品技术水平先进，品质优良，畅销国际国内市场，产销量均居全国前列。

2005 年上半年受原材料涨价等综合因素影响，公司业绩出现了较大幅度下滑，但从下半年开始，公司经营状况渐趋好转，生产经营运行逐步平稳。2005 年，公司实现主营业务收入 75 110 万元，比上年增长 2.56%。

2005 年公司开始产业结构调整，对小压机采取了逐步退出的方案，进一步优化了公司资产。完成了几个重点项目：3 000t/年 Mn_3O_4 生产线新扩建项目、40 台 500mm 大压机更新改造项目、粉末一体化块改扩建项目。这些项目都已全部按时保质建成投产，对于公司原有优势产品继续保持主导地位和竞争优势具有重要意义。

〔撰稿人：中国机床工具工业协会超硬材料分会宜云雷、李志宏　磨料磨具分会陈和生　涂附磨具分会尹传忠〕

市场概况

通过对产品成本的分析、民营企业发展的思考，提出机床工具各分行业的发展对策

Through the analysis on product cost and the ponderation over the development of private enterprises, this chapter present a way to development for all sectors in machine tool industry

市场概况

大胆选用国产数控机床　促进企业装备水平提高

——“济一机”牌数控机床与山东龙泵集团公司共荣共赢

山东龙泵企业集团公司

山东龙泵企业集团公司总部(以下简称龙泵公司)地处烟台龙口市。公司下辖龙泵大连油泵油嘴有限公司和龙口龙泵燃油喷射有限公司、潍坊世达泵业高科技有限公司等若干全资子公司,现有员工近8 000人,为大型企业集团,2004年年销售额已达10亿元。

龙泵公司主导产品是为重型柴油汽车发动机配套的高压供油泵总成和输油泵、喷油器等,有多种系列和规格。龙泵公司也是国内能为达到欧Ⅱ排放标准的发动机配套供油泵总成的最大生产者,是国内山东维坊柴油机厂和上海柴油机股份公司、广西玉柴机器股份有限公司、一汽大连柴油机厂和一汽无锡柴油机厂等企业的主要供应商之一。

近几年来,龙泵公司为适应企业发展已先后累计采购数控设备近2 000余台。其中国产数控设备占80%以上,公司的国产设备主要采自济南一机床集团有限公司(以下简称济南一机床)、青海一机数控机床有限责任公司、江苏常州多棱数控机床股份有限公司、山东鲁南机床有限公司、北京第二机床厂等厂家的数控机床,公司同上述公司共荣同赢。特别值得一提的是,龙泵公司3年中购进济南一机床近600余台数控机床,其中各类数控车床430台,立式加工中心79台,卧式加工中心50台,数控专用机床41台。济南一机床已成为龙泵公司最主要的机床供应商和战略合作伙伴之一。公司的装备水平由此跃入国内行业排头兵的位置。目前企业机械加工设备的数控化率已达到70%以上。

以下仅就龙泵公司选择济南一机床的产品和选用国产机床有什么好处两个问题浅谈一下体会。

一、为什么选择济南一机床

在近十几年企业发展过程中,龙泵公司先后使用过不少国内企业制造的数控机床,其中既有数控车床,也有一定数量的立式、卧式加工中心。客观地讲,这些产品都曾对企业发展做出过贡献。但其中不少产品在技术性能、效率、质量可靠性以及售后服务方面也存在某些缺憾之处,企业始终没能寻找到好的机床供应商和确定一个可长期进行合作的战略伙伴。企业所使用的设备也成了“万国”牌,给维修、备件供应等添了不少麻烦。

结合企业大规模技术改造和长远发展战略的需要,依据供应商的综合实力、合作态度、地缘优势及数控产品在公司的前期使用情况,最终选择了济南一机床,主要基于以下原因:

(1)济南一机床是行业中的骨干企业,其总体技术优势多年来居于行业领先水平。该厂的技术研发部门为国家级技术中心,曾多次承担并完成国家“863”高科技攻关项目,有令人放心的技术实力。

(2)近些年来,济南一机床普及型立、卧式数控车床及数控车削中心全系列出口工业发达国家,累计已达600余台,为国内行业所仅见。

(3)数控车床全系列获“中国名牌产品”和“产品质量国家免检”荣誉。数控机床生产规模大、品种多,并连续4年获机床工具行业“数控产值十佳企业”称号,企业规模和产品质量都有足够的保证。

(4)济南一机床是国内行业中最早通过ISO9001质量管理体系国际认证的企业之一,并于2002年再一次通过了2000年新版认证,在管理上有较好的基础。

另外,前期公司也曾购买过济南一机床的不少数控设备,对其产品质量、售后服务等总体上比较满意。因此,公司一开始就拟与济南一机床进行长期高层次的战略合作,实际结果证明当初的选择是正确的。通过近几年的合作,极大地促进了公司的技术进步,装备水平和装备数控化率及经济效益大幅提高。这种战略合作为供需两方带来双赢效果。

二、选用国产机床有什么好处

应该说在中等技术层面上国产机床是有优势的,如供需双方把技术、需求两方面结合好,往往会收到事半功倍之效果。而欲达此目地,选择国内企业合作就较为有利,因其利于沟通和磨合。公司与济南一机床的成功合作就充分证明了这一点。

龙泵公司主导产品高压供油泵总成中最复杂、最关键的零件就是油泵壳体。它是由多组精度和表面粗糙度要求极高的孔系和数十个螺纹孔,多个需粗铣削、精铣削的大小平面组成的关键零件,其特点为结构复杂,对精密和技术要求高且适宜组织大批量生产。公司过去用国产传统卧式加工中心加工,全部工序需要动用两台机床花费一个多小时才能基本完成,且精度不稳定,攻螺纹工序因机床不具刚性攻螺纹功能,还需转人工手攻。油泵壳体成了“卡脖子”的零件。

济南一机床是国内机床行业中的排头兵,但以前只生产数控车床类产品,加工中心特别是卧式加工中心几乎是空白。在开始合作之时,他们既无图样,又无样机。但考虑到他们的综合实力,特别是考虑到济南一机床制造加工中心没有任何历史、产品和技术包袱的实际,从另一个角度分析,正如伟人所说:“一张白纸,没有负担,可写最新最美的文章,可画最新最美的画图”,我们反而认为其有可能、也有条件大胆直接采用、整合多项最新的结构和技术,从一个更高的技术水平线上起步。加之他们的决心和动作的迅速感动了公司,在多家竞争的情况下,最终公司还是抱着信人不疑的态度，坚决地把第一批共20台高速卧式加工中心和60台高速立式加工中心的合同交给了济南一机床，并义无反顾地把机床款项全部一次付清，以示公司的决心和置济南一机床于死地而后生的态度。

合同签订后，济南一机床马上启动对3种型号加工中心的研制，成立了以公司总经理和总工程师亲自挂帅、由精兵强将组成的研发团队，并迅速开展工作。为加快研发进度和提高设计质量，他们采用并行工程、资源整合式设计，全部“CAD”出图等一系列先进设计方法和手段，其间也不断和公司进行方案交流、沟通。设计初步完成后双方又进行了必要地会审和设计的完善，使整个研制过程忙而不乱、紧张有序、科学合理、协调一致。

2002年7月签订合同，同年9月即完成了全部设计。自10月1日起开始投入机械加工，到2003年2月底第一批10台卧式加工中心就运到了公司，整个过程只用了不到半年的时间，速度之快、质量之优大大超出了公司的预料。为此，在一年多的时间内，公司不断追加订货，目前共有50台卧式加工中心和79台立式加工中心在公司使用，状态良好，为公司的产品质量升级、规模壮大、效益增长均做出较大贡献。

总之，选用国产数控机床的好处有：①能用有限的资金去买更多的设备。因国产机床毕竟比国外同类产品的价格低得多，这样有助于加快技术改造、设备更新和装备现代化的进程；②更有可能通过与机床制造企业的战略合作、紧密沟通，购买到更适合自己企业需要的产品，合适的就是最好的；③对购进产品的使用、维修、人员培训、技术升级、易损件更换等有了更放心和长期的保障；④对机床主机厂加快新产品开发、技术升级和产品结构调整起到促进推动作用。

中国汽车工业的高速发展拉动了汽车零部件行业的高速发展，特别是重型汽车，有很大的市场需求和很好的发展前景，这些都为龙泵公司的产品提供了广阔的扩展空间。生产能力扩展的需要又促使公司今后还要继续采购大量的机床设备，因此我们也呼吁国内的机床制造厂，只要努力把握好自己产品的技术、质量；把握好产品的性价比；切实做好售前、售中、售后服务，那么，用户企业的大门永远会为你们敞开的。

机床制造业中民营企业的发展

中国机床工具工业协会　佟璞玮

20世纪60年代，我国机床制造业已基本形成较完整的齐全的独立产业体系，70年代的“三线建设”，进一步完善了产业布局。这时的机床制造企业几乎清一色为国有企业，其中大部分归属于原机械工业部，小部分归属于地方。当时在地方上也有少量的集体所有制小企业，从事机床及其零部件生产。改革开放初期，原机械工业部即将机床工具企业的管理权下放给地方。70年代末到80年代中期，机床制造企业开始了企业整顿、改章建制，推行了内部人事、用工、分配三项制度，以及主辅剥离、减人增效等一系列改革，并尝试多种经营、兴办“三产”、开设各种经贸公司等，其目的在于安置富余员工，搞活企业，提高效益，但从总体上讲收效不明显。随着改革的深入发展，社会主义市场经济的建立与完善，虽然企业内部改革基本到位，历史遗留的一些问题也基本得到解决，企业获得了“轻装”，但仍与市场经济有诸多不相适应之处，企业的活力不足、凝聚力不强，严重制约了企业潜力的发挥和生产力的解放。在经历了20世纪80年代“三角债”和90年代中期的机床市场低迷，机床制造企业开始反思制约企业发展以及如何适应市场经济等问题，并深切认识到：出路在于深化改革，认为机制体制已严重制约企业的进一步发展，机制体制的改革与创新被提到重要的日程。

“九五”末期，在国家关于深化企业改革一系列方针政策指引下，以“产权清晰、权责明确、政企分开、管理科学”为准则，开展建立现代企业制度的企业制度创新，触及了企业产权结构，企业改革进入了攻坚阶段。这期间，著名经济学家厉以宁教授在中共北京市委宣传部组织的报告会上，就国有企业改革提出了8个要统一的认识问题，其中对股份制性质、产权转让、市场经济改革程度的判断以及“抓大放小”等问题的精辟论述，开阔了人们的思路，对推进国有企业改革起到了积极作用。这时，机床制造业中的宁江机床厂、杭州机床厂和鲁南机床厂等企业，在当地政府的大力支持下，将原国有企业体制改换为民营或民营股份制企业，率先实行了民营化。其间改革的发达地区，如江苏、浙江、广东等，则将地方的中小机床制造企业进行了改制，转换为民营企业。在机床制造业中也有少量的国有企业被民营资本所收买，也向民营化方向发展，如青海第一机床厂、河南豫西机床厂等。

进入21世纪的“十五”期间，在机床工业快速发展的新形势下，机床制造业的企业机制体制改革也有了新的进展，并在某些方面有所突破。具体表现在：一是机床制造业中的重点骨干企业几乎全部进行了公司制改造，或为国有资产控股的股份制公司、或为资本多元化的新型公司、或由企业经营团队出资购买国有资产转制为民营股份制企业。二是在我国机床市场不断升温的形势下，民营资本进入机床制造业，一批民营企业家以其高起点、高投入、广聚人才，组建新的民营企业。三是地方小企业，根据当地政府的政策，改制为民营企业。这期间的国有企业改革，出现了国有资产流失、产权转让运作不规范问题。国资委成立以来，国家出台了多部法规文件，对规范国有企业改制和国有产权转让起到了非常积极的作用。2005 年，江苏新瑞机械有限公司收购宁夏长城机床厂，组建宁夏新瑞长城机床有限公司就是较成功的一例。

当前，机床制造业中的民营企业大体可归纳为以下几种类型：

1. 整体转制的民营企业

从国有企业整体转制为民营企业，其中具有代表性的企业有：杭州机床集团有限公司、宁江机床集团股份有限公司、无锡开源机床集团有限公司、江苏金方圆数控机床有限公司、安阳鑫盛机床有限公司等。这些企业多是机床工具行业中的重点骨干企业，企业的产品研发能力较强，其产品在行业中占有较强的优势。企业转制以来，有力地激发了企业的活力，进一步解放了劳动生产力，使企业取得了新的发展，被誉为“第二次创业”。如原杭州机床厂自 2001 年 12 月 28 日与杭州无线电专用设备一厂联合组建杭州机床集团有限公司，实行民营化以来，集团紧紧抓住产品、生产、产权和产业四大结构调整，先后并购了长春第一机床厂、杭州工具总厂，利用品牌、技术、资金、管理和人才等优势，进行集团化规模建设，坚持做强做大机床主业，使集团的销售收入从 2002 年的 2.6 亿元，增加到 2005 年的 7.3 亿元，提高了 1.8 倍。

2. 民营企业购买国有企业，转制为民营企业

20 世纪末，一些民营企业购买国有企业，实行控股经营，但在产权转让上还有一点遗留问题尚未解决。2005 年，生产注塑机的江苏新瑞机械有限公司收购宁夏长城机床厂和生产缝纫机的杰克控股集团有限公司收购江西吉安机床厂，是两个较为典型的例子。这是在机床市场旺盛条件下，民营资本为扩大产品范围，介入机床制造业的一种简便有效形式。利用原企业的品牌、技术、人才、生产条件等良好的基础，以新的投入增大原企业的产品。

3. 地方中小企业整体出售，转制为民营企业

在“抓大放小”政策的推动下，地方所属的机床及其配套部件生产企业，几乎全部实行了民营化。如威海华东数控股份有限公司、泰州冬庆数控机床有限公司、江苏恒力组合机床有限公司、广东高新凯特精密机械有限公司等。中小企业的转制，其新的民营企业家更加注重市场、更加专注产品的差异化，以企业特色、产品特色占据市场，也都取得了较好的发展。如从集体经济转制为民营企业的浙江凯达机床集团有限公司，坚持制度创新与产品创新两手抓，使企业获得快速发展，进入机床工具行业 2005 年综合经济效益十佳企业行列。

4. 机械制造业的民营企业从事机床制造，成立民营机床企业

最早进入机床制造业的是浙江日发数码精密机械股份有限公司，其母公司是从事纺织机械生产的。其后，宁波海天精工机械有限公司、浙江佳雪数控机床有限公司等相继成立。作为机床制造业中的新兴企业，以其对用户需求的了解，体制、管理的优势，坚持高起点、上规模的发展方针，很快成为机床制造业突起的新生力量。如浙江日发已跻身机床工具行业 2005 年综合经济效益十佳企业行列。

5. 从机床制造企业中分出组建的民营企业

从机床制造企业中拉出另组民营企业，从事机床及其零部件生产的多是规模较小的企业，但经过几年的发展，也颇见实力。如山东法因数控机械有限公司、广州市敏嘉制造技术有限公司和大连豪森控制工程公司等。这些企业具有灵活的生产经营方式，善于在细分市场中捕捉商机，进而有针对性地开发新产品，形成企业的特色。如敏嘉制造就针对滚珠丝杠螺母加工开发了成套设备，取得较好的业绩。

6. 其他类型的民营企业

原为中外合资企业，经友好协商外方撤股而转制为民营企业的苏州三光科技有限公司；为使科技成果尽快转化为生产力，由湖南创远投资集团与中南大学、长沙市科技风险投资公司共同出资组建的湖南中大创远数控装备有限公司；以产学研相结合组建的湖南一派数控设备有限公司等。

到 2005 年底，纳入国家统计局统计的，规模以上机床工具行业企业有2 004个，其中国有及国有控股企业 819 个，占 40.9%；民营企业 859 个，占 42.9%；三资企业 326 个，占 16.2%。民营企业不仅在数量上迅猛增加，其利润率也有令人惊喜的增长。根据国统局资料，2005 年三类企业利润率同比增长分别为：29.5%、74.1%和 29.7%。在 637 个机床制造业企业中，国有及国有控股企业 306 个，占 48.0%；民营企业 235 个，占 36.6%；三资企业 98 个，占 15.4%。民营企业和三资企业的企业合计数量所占机床制造业企业数的比例，由“十五”初期 2001 年的 25.6%上升到 2005 年的 52.0%；其工业总产值的比重由 19.0%上升到 37.8%；产品销售收入的比重由 20.7%上升到 38.4%。

民营资本进入机床制造业相对其他行业稍显滞后，其原因既与机床制造业是集劳动密集、技术密集、资金密集于一身的产业性质有关；也与机床制造业本身利润率不高有关。但是，作为国民经济基础产业装备制造业的重要组成部分，制造业的母机行业，机床制造业还是吸引了众多民营企业家的目光。从企业发展的长远考虑，机床制造业是一个风险较低的行业，机床制造业也很难出现泡沫经济，而国内外的机床市场更为企业家们提供了施展才华的舞台，这是民营资本热衷于机床制造业的根本。

我国机床制造业的企业改革还处于不断深化的过程中，机床制造业原有的一些弱点、矛盾和问题尚未彻底解决，在这种形势下，在发达国家机床强企的包围圈中，要打开一条通道，就必须坚持科学发展观，走新型工业化道路，以自主创新和拥有企业的核心技术为基点，深入推进企业体制改革和产权改革，发展多种经济形式，鼓励民营企业发展，进一步解放和发展生产力，创建创新型企业，使机床制造业更好地服务于国民经济发展和国防安全建设。

有关产品成本几项指标调查的分析及措施建议

中国机床工具工业协会　高习武

中国机床工具工业协会(以下简称机床协会)市场部于2005年9月共发函上百份寄给车床、金属成形机床、工具、磨料磨具、超硬材料行业的有关企业,对行业主要产品成本几项指标进行了调查。截止至2005年10月13日,共收到反馈函35份,有效28份。现就调查情况进行简要分析。

中国机床工具行业在中央加快发展先进装备制造业的思想指导下,坚持以信息化带动工业化,走新型工业化之路,广泛应用高技术和先进适用技术提升机床工具制造业水平,数控机床得到长足发展,经济效益显著提高。此次调查对数控机床和普通机床及其他产品按生产成本主要项目分别列项进行,对几项综合经济指标也给予关注。

一、车床行业

车床行业的数控车床生产成本构成中,原材料占70%左右,与机床协会2002年调查情况相近。此次调查的8种型号产品成本中,原材料占比最少年份平均占68%,2001年占比最大平均占74%,2002年占比下降,2004年又上升为71.3%。燃料、动力在生产成本中占比呈上升趋势,2001年平均占1.3%,2003年平均占3.7%,2004年有所下降。直接工资在生产成本中的比呈缓慢上升趋势。固定资产折旧费、管理费用在生产成本中的占比2002年呈上升趋势,从2003年起开始下降。从以上主要成本项目的走势可以看出,近几年企业在发展数控车床和加强管理工作上有了明显的进步。虽然从2003年起钢材、生铁、有色金属、配套件的价格大幅度上升,但在产品成本中的占比没有同步增长,原材料成本占比还有所下降。水、电、气等能源涨价及质量要求的提高,使燃料、动力在成本中的占比上升较快,直接工资占比上升反映了技术工人收入的增加,劳动价值的提升。固定资产折旧费、管理费用占比下降,说明企业的不良固定资产在减少。产量产值的增加,机构改革人员的减少,说明管理工作有了成效。在上游产品价格上涨的同时,数控车床价格也进行了调整,此次调查范围内的产品单价2004年比2001年平均升高19%。

普通车床成本中原材料、燃料动力占比从2001年起呈逐年上升的趋势,到2004年原材料占比平均提高5.87%,燃料动力占比平均提高0.27%。直接工资、固定资产折旧费、管理费用在成本中的占比从2001年起呈逐年下降趋势,到2004年直接工资占比平均降低1.63%,固定资产折旧费占比平均降低3.42%,管理费用占比平均降低1.01%,产品价格呈逐年上升趋势,车床单台平均提价5 000元,价格平均升高7%。从以上资料可以看出,上游产品价格上升对普通车床生产成本影响很大,原材料、能源在产品成本中占有较大的比例,变动成本很难用增产的措施消化涨价因素。由于我国近几年经济增长较快,多种经济所有制的企业出现,对普通车床的需求量增长很大,企业以市场为导向,增加产量以满足市场需求,所以固定资产折旧费、管理费用这些固定成本和直接工资相对固定的成本项目,由于产量的增加,在生产成本中的占比必然呈下降的趋势。

从机床协会掌握的车床分会几年来的统计资料看,2004年的产品销售收入、利润总额、资产总额、应收账款分别比2001年增加107亿元、5亿元、71.6亿元和4.2亿元,增长比例分别为312%、3 164%、88%和38%,财务指标向好的方向发展。此次调查的10个企业的综合财务指标也证实了以上结果。由于产量增加、质量提高、成本降低,产品销售收入大幅度增加,利润总额增幅更大。2004年与2001年相比,工业资金利税率提高4.7%,流动资产周转率提高0.69%,成本费用利润率提高3.4%,利润总额增加32 520万元。受调10个企业的利润占车床行业利润总额的64.7%。此调查结果,真实反映了当前车床行业的基本经营状况,具有一定的代表性。

二、锻压机械行业

锻压机械行业对折弯机、剪板机和高速冲床等产品进行了调查,全部是数控产品。为简化分析,将8种型号产品数据进行平均,按平均水平进行分析。2004年与2001年相比,原材料在生产成本中的占比提高15.92%,燃料动力、直接工资、管理费用在生产成本中的占比分别下降1.43%、10.83%和0.17%。由于在金属成形机床的原材料成本中数控配套件价值量比重小于钢材的比重,所以钢材、生铁、有色金属材料涨价对产品成本的影响较大,影响幅度远大于对数控车床的影响。行业中的锻件、铸件外协量增加,也会使企业的燃料动力消耗指标降下来,粗加工外协及加大农民工的比例,使直接工资降低。企业机构改革精减人员,加强管理,增产增收,使管理费用在成本中的占比也大幅度下降。

金属成形机床的产品价格逐年上涨,2004年与2001年相比,单台平均价格上升8.9万元,上升幅度33%。

从机床协会掌握的锻压机械分会近几年的统计资料看,2004年的产品销售收入、利润总额、资产总额、应收账款分别比2001年增加35.7亿元、1.9亿元、17.3亿元和3亿元,增长比例分别为136%、207%、28%和46%,增长幅度小于车床行业。此次调查的4个企业的利润下降,成本费用利润率、工业资金利税率2004年比2001年分别下降5.38%和4.33%。4个企业利润总额占锻压机械分会利润总额的15%,虽然不能反映锻压机械小行业的全貌,但也可说明主要企业的问题。

三、量具刃具行业

此次对量具刃具行业的7个企业9种规格钻头产品成本进行了调查，原材料在生产成本中的占比从2001年的44.02%，上升到2004年的50.78%，提高6.76%。钻头的主要原材料为高速工具钢，高速工具钢的价格从2002年底的2.8万元/t，涨到2004年的5万元/t，涨价幅度接近一倍，2005年又升为7万元/t。燃料动力在生产成本中的占比呈下降趋势，从2001年的9.61%降为2004年的7.9%，下降1.71%。直接工资在生产成本中的占比先升后降，从2001年的10.62%升为2002年的11.22%，2004年降为10.16%，比2001年降低0.46%。固定资产折旧费在生产成本中的占比先升后降，从2001年的1.95%升为2002年的3.42%，2004年降为2.25%，但仍比2001年提高0.3%。管理费用在生产成本中的占比呈下降趋势，从2001年的22.11%降为2004年的17.11%，降低5个百分点。

钻头销售价格呈逐年上升趋势，平均价格从2001年的53.03元/件，上升为2004年的69.98元/件，提高16.95元/件，增幅为32%。

从机床协会掌握的工具分会近几年的经济指标统计资料看，量具刃具行业产品销售收入、利润总额和资产总额2004年比2001年分别增加24.6亿元、3.04亿元和11.75亿元，增长幅度分别为76%、814%、15%，应收账款降低0.9亿元，降幅6%。量具刃具行业这几年有了较快的发展，产品销售收入、利润总额有了较大幅度的提高，总资产增长幅度小于收入增长，在销售收入增长的情况下，应收账款额却有所下降。2004年固定资本净值比2003年增长3.8%，行业工业资金利税率2004年达到7.4%，利税总额65 698万元，比2003年增长40%，成本费用利润率6.3%比2003年增长2%。7个被调查企业规模较大，经济效益较差，这几年经济运行形势虽有好转，但综合经济指标低于行业平均水平。2004年成本费用利润率为-1.19%，但却出现7个企业平均利润80万元的情况，有可能是钻头出口退税后冲减亏损额所致。7个企业利润总额560万元，仅占行业利润总额34 207万元的1.6%，虽然不能代表小行业的整体情况，但也可说明一些企业出口效益不高的原因。

四、磨料磨具行业

磨料磨具行业此次的有效调查共5个企业，其中生产棕刚玉产品的4个，生产绿碳化硅产品的1个。棕刚玉是高耗能产品，燃料动力在生产成本中占32%左右。绿碳化硅是高耗材产品，原材料在生产成本中占85%左右。两类产品直接工资在产品成本中的占比较低，约5%左右。2001年到2004年这两种产品成本中，原材料的占比变化不大，燃料动力价格上涨对产品成本影响较大，燃料动力在棕刚玉成本中的占比2001年为32.5%，到2004年升为35%，在绿碳化硅成本中的占比从2001年的7.3%上升到2004年的10.7%。生产这两种产品的企业，节能及降低消耗是成本管理工作的重点。这两种产品成本的固定资产折旧费的占比均呈上升趋势，主要是源于企业固定资产增长大于产量的增长，管理费用在两种产品成本中的占比均呈下降趋势。这两种产品的平均单价从2001年起每年均有小幅升高。

从机床协会掌握的磨料磨具分会近几年的经济指标统计资料看，2004年产品销售收入、利润总额、资产总额、应收账款分别增加43.5亿元、4.2亿元、42.9亿元和7.5亿元。除利润总额外，分别增长245%、84%和109%，行业整体经济效益2004年比2001年有了很大的提高，由全行业亏损转变为盈利。全行业工业资金利税率达到8%的新水平，所调查的5个企业2004年工业资金利税率达到12.3%，比2001年提高6.15%；流动资产周转率2004年比2001年提高0.87%；成本费用利润率2004年比2001年提高9.38%。5个企业的利润总额14 150万元，占行业总额42 225万元的34%，此调查结果基本反映了小行业经营状况。

五、超硬材料行业

该行业调查了2个企业的立方氮化硼、人造金刚石两种产品的成本，原材料、燃料动力在生产成本中的占比2004年比2001年分别增加4.9%和2.7%，直接工资、固定资产折旧费、管理费用在成本中的占比分别下降1%、1.8%和4.8%。

产品销售价格2004年比2001年下降0.13元/克拉。工业资金利税率、成本费用利润率2004年比2001年分别提高6.8%和4.23%，流动资产周转率下降1.33%。利润总额增加966万元。

由于目前对超硬材料分会整体经济指标情况还未掌握，对以上指标不便作进一步分析。

六、参加调查的5个小行业汇总情况

此次参加调查的28个企业，10种产品成本等数据的汇总情况，反映出行业的经济运行向着好的方向发展。

由于材料成本上升，原材料在生产成本中的占比增长6.79%，燃料动力、直接工资、固定资产折旧费、管理费用在生产成本中的占比分别下降0.94%、1.65%、1.03%和2.54%；工业资金利税率、流动资产周转率和成本费用利润率，分别提高3.14%、0.47%和5.34%。平均每家企业利润总额2004年比2001年增加2 075万元，28个企业利润总额占4个小行业利润总额的37%。此次调查的结果与大行业经济指标中产品销售收入、利润总额近几年增长的走势是相同的。

机床工具行业这几年与全国的经济运行形势一样，主要经济指标高速增长，增幅高于机械工业的平均水平。此次5个小行业的产品成本及其相关经济指标的调查结果，也同样反映出高速增长的形势和成本与产量、人员变动、上游产品价格等方面的关系。

七、几点措施建议

为了保持机床工具行业经济的可持续发展，企业在产品发展战略、经营模式、内部管理等方面，还有许多工作要研究和实践。

(1)加大技术投入，提高产品的技术含量，实现可持续发展。产品成本的高低主要由设计工艺决定，设计成本、工艺成本影响产品成本的60%以上。因此不断的调整产品结构，开发新产品，提升机床工具产品的技术含量，生产适应市场需求的产品，是企业提高经济效益的重要方面。企业要增加技术投入，技术人员要增强成本意识，广泛运用价值工程，在保证产品技术条件的前提下，降低产品设计成本。与此同时，认真分析工艺，选用合理的加工设备，尽可能减少工装制造，减少加工工时，降低材料消耗，降低工件的制造成本。企业财务部门要按产品品种进行成本核算，为企业提供调整产品结构的效益数据，向企业决策者建议增加效益高的产品产量，限制微利产品，停止亏损产品生产。

(2)在降低直接材料成本上下功夫。从此次调查的情况看出，直接材料在生产成本中的占比很大，上游产品价格上涨对全部产品成本均有很大影响。因此企业应确定合理的采购批量开展比价，集中采购十分必要。与此同时，加强物资的定额发放，建立科学合理的库存管理等都是十分必要的。

比价集中采购是企业降低成本，增加效益的一项重要措施。比价采购是企业内部管理的重要内容，使资金流量管理上了一个层次。比价采购不但可以使企业的全面经济核算得以开展，而且也使财务管理增加了丰富的内涵。企业在开展比价采购工作中，要将物资按重要度和价值量分为A、B、C三大类。比价采购的重点应放在A类物资上，如钢材和机电配套件上。而同样的钢材、配套件，不同的企业价格相差很大，有很大的潜力可挖。集中统一采购是比价采购深入发展的方向，企业可以得到更优惠的价格。采购上的集中，有利于物资分配上的流通，从而降低企业库存，减少企业物资积压。

(3)关注环境保护，节约能源，降低消耗。发展经济不能以牺牲环境为代价，我们生存的地球只有一个，很多能源是短期内不能再生的，为了给子孙后代留下一片蓝天和净土，在机床工具行业发展中要节约能源，降低消耗。在出口产品上，不能只出售高耗能、耗材产品，否则是在出售原材料和能源，要提高出口产品的技术含量。

(4)以人为本，充分调动各类人员的积极性。此次调查的多数产品成本中直接工资呈上升趋势，在数控产品中体现的更为明显，直接生产工人的工资占总成本的比例提高了，但仍旧偏低。具有高技能的生产工人太少，水平较高的技术人员、管理人员也十分缺乏，要留住人材，调动人的积极性，提高劳动生产率，增加职工收入是当务之急，这也是建立和谐社会的必备条件。这个问题的解决要靠企业的改组、改制、深化人事制度改革和分配制度的完善来解决。

(5)加快资金周转，提高资金利用率。

(6)在市场调节中，形成价格自律。在市场经济条件下，价格变动是经常发生的，企业为保护自身的经济利益，要形成价格自律的市场调节机制。从行业调查资料看，所调查的企业在价格自律方面有很大进步。

(7)企业要认真对待用户的意见和要求，加强内部管理工作，保证产品质量，遵守合同交货期。

抓住发展数控磨床这个中心
实现技术、质量、服务新突破

上海机床厂有限公司　缪　颖

上海机床厂有限公司(以下简称上机公司)作为国内磨床专业生产基地，近几年产品与技术取得了较快的发展。企业发展的原因有二：一是在国家振兴装备制造业的政策支持下，企业对市场机遇的准确把握；二是企业针对市场需求，进行了产品结构的调整与经营服务理念的更新。内外两个条件的结合，成为企业快速发展的动力。

上机公司在提高产品质量，强化服务上做文章，努力从根本上缩小与进口数控机床的差距，消除用户对使用国产数控机床的顾虑和担心，重塑国产数控机床的形象，努力提高数控机床的制造水平。

一、“专机、质量、服务”目标统领下的上机数控磨床产品与技术发展现状

随着国内经济的不断发展，尤其是汽车、钢铁、军工、航天等国家重点产业的发展，为数控机床制造业带来了巨大的发展空间。加上英美等发达国家制造业逐步向中国转移，以及国内民营、合资、股份制企业的快速发展，加大了对机床产品的需求。基于这种形势，上机公司及时调整磨床产品结构，将中高档数控磨床，尤其是军工、冶金设备、航天等领域需求的专用数控磨床作为发展重点，并配以专门人才和科研资金研发各类专用数控磨床，促使各类新产品新技术不断面世。

1. 明确专用数控磨床的发展重点

2005年，上机公司在国家宏观调控政策指导下，努力寻找自身发展的新突破，其切入点就是产品结构的调整，即在确保满足通用类磨床市场需求的同时，把数控专用磨床作为重点发展目标，并以强化质量和服务来确保专机研发、生产、销售等目标的实现。2005年，公司承接一批大型、专用、精密数控磨床。企业的技术、生产、质保、销售、服务等各条线都围绕专机“转”，确保了258台各类专机的出产。公司2005年产值增长幅度达到30%，其中专机贡献逾20%。

2. 新技术、新产品不断亮相市场

要使国产数控机床从根本上缩小与进口数控机床差距，就要在核心技术上下工夫，要在性能和质量上敢于超

越。近两年，上机公司在引进消化吸收国外先进制造技术的基础上，与上海大学、上海理工大学、西门子中国有限公司合作建立了“产学研”工作室，专门研发机床数控系统。同时又在美国乔治亚理工学院建立技术分中心，专事各类高端数控磨床的研究，加速了数控磨床产品研发的步伐。2004年，根据美国用户对磨削大型叶轮主轴径产品的需求，上机公司成功地自行研发了H300数控外圆磨床。该磨床可磨削工件的最大外径2 300mm，最长可达1 000mm，重量可达23t，并且各类重要技术参数(圆度0.005mm，直径一致性0.008mm，工作台回转精度小于1′)均达到国内外先进水平，填补了我国生产大型数控外圆磨床的空白，同时该磨床价格创下了国内单机出口价格之最。又如公司自行研发的具有自主知识产权的H405－AA数控凸轮轴磨床，是利用共轭原理，运用砂带成批磨削凸轮的新型高效磨床，目前已获1项国家发明专利和1项实用新型专利授权。该磨床分别在2005年的北京中国国际机床展和上海工博会上展出，受到极大关注，并荣获2005年上海工博会创新奖。同样，根据一些军工单位对高精度磨床的特殊需求，自行研发成功用于磨削导弹罩的高精度数控磨床和MG1480高精度数控万能外圆磨床，其中MG1480磨床的工件内孔的磨削精度，达到国际先进水平。

3. 极端制造理念的树立与实践

国内机床行业要实现本质意义上的突破，其最终表现在“新技术、新装配”上的突破。装备制造业继绿色制造、与高新技术相互融合和基于网络的制造技术后，极端制造技术已成为与之并列的世界制造科技发展趋势的四大主要方面之一。以磨床来说，极端制造理念的内涵就是制造上的极端化，精细化，也就是说在极端条件下，制造极端尺度和极高功能的器件和功能系统。在制造上集中表现在微细制造，超精密制造，巨系统制造等方面。它突破了机床产品制造的传统观念，更加注重科研价值和基础技术的研究。我们把极端制造视为提高数控磨床整体技术水平的一个新突破，制定了发展目标，并从2005年起付诸实施。在实施中分两步走，一是组织优秀人才，加强与海外合作，通过在美国设立的技术分中心，瞄准国际先进水平，向磨床最大和最小两个极端发展；二是对常规产品用极端制造的理念和要求，在设计制造中，不断提高产品的精度和质量。2005年，公司派出技术人员在美国乔治亚理工学院的技术分中心成功研制出纳米级精度微型数控磨床ELITE。该磨床外型尺寸仅210mm×220mm×230mm，砂轮架进给采用纳米级高新技术，转速达60 000r/min，砂轮采用最小直径可达200mm的CBN圆柱砂轮，它创下了中国磨床规格最小，精度最高两项纪录，将用于航天工业的精密加工，如高精度小孔、槽、台级面等加工。同样，在巨型制造上，与邢台机械轧辊集团有限公司签订了MK84200×12m大型数控轧辊磨床的制造合同，该磨床最大可磨100t重的轧辊，创下了规格最大，加工件最重的高精度轧辊磨床的国内之最。

4. 以数控磨床推动企业可持续发展

上机公司前几年取得了较快发展，只能说是量的递增。要实现可持续发展目标，只有在做强，做精上下功夫。因此，公司今后的发展定位和方向是中高档数控磨床。以2006年规划为例，上机公司的发展速度保持在20%左右，而大型、精密专用数控磨床的增长要达到50%以上。具体产品研发上，重点还是要为冶金设备、军工、汽车、航天等重点行业研发大型、精密、专用数控磨床。在发展方向上，提出了7项重点：

一是扩大数控曲轴磨床制造，包括用于大型船用曲轴加工的数控曲轴磨床。

二是为重点用户量体裁衣，加大研发生产各类数控轧辊磨床、数控凸轮轴磨床、数控端面外圆磨床、数控花键轴磨床的力度。

三是努力赶超国际先进技术，加强数控机床的柔性化设计，争取研发出一系列具有当代先进水平的复合磨床。

四是针对军工行业产品的特点和要求，每年将拨出相当数量的科研经费用于研发军工行业需求的各类专用数控磨床，如大型轴承磨床等。

五是逐步加快国产数控系统和软件应用研究步伐，除充分利用公司“产学研”工作室的力量外，还将逐步与国内一些具有自主知识产权的数控系统供应商联手，研发先进的国产数控系统及其应用软件，不断满足军工等特殊重点行业的需要。

六是用严密的质量保证体系和质量管理手段，以及严格的质量考核措施，确保数控磨床产品的质量稳定性。

七是不断培养吸收引进高级专业人才，建立国际化人才引进机制，用人才队伍建设为企业数控磨床产品发展提供强大的人才和技术支撑。

二、改善产品质量和服务，完善产品售后“回访制”

2005年5月，国家发改委等部门召开了国产数控机床发展座谈会。会上，大连机床集团、沈阳机床集团等26个机床制造企业联合发表了产品质量与服务承诺书。8月份，沈阳机床集团又率先启动召回行动——A计划，这些举措的重要意义在于增强国内用户敢买、敢用国产数控机床的信心。大连会议后，上机公司和行业内所有企业一样，召开公司班子会议，学习大连会议精神，在达成进一步完善产品质量和服务这个共识的基础上，全面审视和充实、完善了企业内部产品质量保证和产品服务体系，形成了产品质量回访制度，同时组织了多批由专业技术人员组成的调研组，奔赴国内各地区，走访军工企业、重点用户，对在使用中的数控磨床产品质量进行了一次系统的全面调查。这为企业改进产品技术和质量，进一步沟通用户，完善产品的售后服务制度打下了良好基础。

1. 建立售后服务的“回访制”

上机公司磨床产品品种较多，可占到全行业磨床品种的2/3，企业内部本身就有一套较为完整的售后服务体系和制度，包括用户质量反馈或投诉响应时限等。随着国内汽车、军工、冶金设备、航天等行业的迅速发展，企业的重点用户增多，数控磨床，尤其是专用、大型、精密数控磨床生产量逐渐上升。针对这种情况，上机公司对原有的售后服务体系及其制度作了调整和完善，把原来的售后维修服务转为集质量跟踪、用户访问、现场维修为一体的产品质量回访制度，“回访制”主要是针对数控磨床产品。具体来说是军工行业用户、重点用户所购的各类数控磨床，一是一年内对机床质量、性能及使用状况进行回访；二是针对出现质量问题的机床，组织有关专业技术人员和维修人员赴用户现场进行维护或维修；三是如果机床质量问题无法在现场解决，或者是用户误购机床型号而无法使用，则拉回公司解决，或者予以调换。在服务上，不管是机床本身的质量问题，还是用户使用不当发现的问题，甚至是运输过程中造成的问题，均属服务范围。从这个意义上，公司的“回访制”又涵盖了召回，这是“回访制”的一个特点。

2. 企业文化核心理念和质量理念涵盖下的产品质量保证及服务体系

针对企业高速发展的内在要求，上机公司倡导并形成“一切工作以客户为中心”的企业文化理念和“塑造人品，制造精品”的质量理念，在员工中树立精品精做的质量意识，并推出一系列质量保证措施。对内抓现场质量控制，对外抓梯度零部件转移的质量控制，尤其是对专用、大型、精密数控磨床的质量控制，并根据用户的要求，对出厂前的数控磨床的外观及整体质量进行严格考核。同时，在质量考核上，及时推出质量保证金制度，确保产品实物质量得到用户的认可和满意。

上机公司始终把专机、质量、服务三大目标放在企业发展的大平台上，花大力气、大成本进行运作。在服务上，2005年上机公司企业在明确由生产主导型企业向有技术支撑的生产服务型企业转变的思路的前提下，强调做好对外和对内两方面服务，目的只有一个，千方百计满足客户的要求，让客户满意。在售后服务措施和制度上，加强了售后服务力量，增强了服务网点，规定了各类机床服务响应时间，开设了投诉热线等等，一切制度和措施均旨在提高服务质量和水平，努力为用户排忧解难。

3.“回访制”实施效应及其长效机制

上机公司产品在国内拥有众多用户，在质量保证和售后服务上有着相当良好的信誉，特别是对军工、航天等重点用户使用的数控专用磨床，上机公司实行的质量“回访制”在一定程度上不仅消除了用户对使用上机公司数控磨床售后服务的顾虑，而且深得重点用户的欢迎，同时也提升了企业和产品的形象。比如，内蒙包头一军工企业所购的1台H169数控磨床，在使用过程中发现加工质量不稳定，且难以达到他们所要求的工作效率。公司得到信息反馈后，有关领导亲自带队，并组织有关技术、工艺及维修服务等人员赴用户现场，对机床进行认真细致的“会诊”。结果发现，造成工作效率不高的原因是多方面的，如用户的加工对象、加工材质的问题等等，但公司本着为用户负责的服务宗旨，在现场难以全面解决的情况下，毅然决定把机床拉回公司。随后针对用户的加工对象和所要求的精度、效率，公司对机床进行全面系统的改造，最终满足了用户对机床各项技术指标的要求，用户对此相当满意。再如广西一用户所购的3台数控曲轴磨床，在使用中对加工精度不甚满意，通过“回访制”形式，几次派出有关技术人员前去检查维护，同时帮助他们找出问题的症结，最后派出富有经验的技术工人前去解决问题。

近年来，越来越多的军工、汽车、冶金设备、航天等领域的企业成为上机公司的重点用户，这就要求质量回访制度要与时俱进，不断加强，不断完善，并全力向纵深发展。上机公司已把回访制度作为今后对数控磨床用户服务的主要形式并形成长效机制。这些制度包括：一是企业高层领导每年一次带队回访军工、冶金设备、汽车等行业的重点用户；二是有关技术人员、维修人员对售出的数控磨床质量回访情况要定期汇总，归纳问题，对“症”下“药”，为重点用户排忧解难；三是与军工企业等重点用户建立信息网，包括互通国外同类机床的有关技术、维修等方面信息，从而为进一步提高数控磨床技术水平和维修服务水平建立良性循环等。此外，上机公司通过“回访制”的实施，在达到完善服务，沟通用户目的的同时，更要在企业内部形成人人树立精品意识，树立技术上精益求精，工艺上精雕细刻，质量上精耕细作的良好风气，不断提高国产数控机床的制造水平及其服务能力，全面提升国产数控机床的整体形象。

总之，上机公司的“回访制”将自始至终围绕客户、质量、服务而持久开展，努力用实际行动去打一场国产数控机床技术、质量和服务的翻身仗，推动中国机床企业进一步走向成熟。

模具电火花加工技术的新发展

——高效、精密、数控低速走丝电火花线切割加工技术

中国机床工具工业协会特种加工机床分会　陈德忠

一、概述

电火花加工机床(EDM)用于模具加工已相当成熟。据统计，约有80%左右的电火花线切割机床(WEDM)用于模具加工，约有75%左右的电火花成形加工机床(SEDM)同样用于模具加工。目前在模具企业中拥有几十台EDM已屡见不鲜，EDM已成为模具制造中不可缺少的重要装备，随着EDM的发展，它在模具工业中的作用和地位将不断攀升。

我国模具工业发展迅速，2005 年的模具产值估计达 570 亿～600 亿元，至 2010 年的“十一五”末，模具产值预计达1 000亿元。模具工业的发展主要依靠技术进步，目前技术含量高的大型、精密、复杂、长寿命模具产量的不断增长，推动了模具加工设备的技术进步。高效、精密、数控低速走丝电火花线切割机床（LSWEDM）、精密数控电火花成形机床（NCSEDM）、高速铣（HSM）等许多高新技术模具加工设备应运而生，而在冲压模加工方面，LSWEDM 可谓独树一帜。LSWEDM 在相当长的一段时间里，由于其加工后的表面质量问题，影响了模具的寿命，故一直没有作为最终加工的手段。近几年来，LSWEDM 不仅解决了加工表面质量问题，同时取得一系列的技术进步，使 LSWEDM 有了质的飞跃，其优异的加工性能，目前还找不到哪一种加工技术可以与之竞争。

二、精密、高效、长寿命冲压模的发展推动了 LSWEDM 技术进步

LSWEDM 主要用于精密、高效、长寿命冲压模的加工制造，代表冲压模先进水平的为多工位级进模。这种模具具有结构复杂、制造难度大、精度高、寿命长、生产效率高及耗能耗材低等一系列特点，这些模具中具有代表性的有：机电一体化的电动机铁心自动叠片硬质合金多工位级进模，具有自动冲压、叠片、扭槽、分组、回转等功能，模具寿命达 1 亿次以上。其精度达 2μm，步距精度达 3μm，拼块精度 1μm，双回转精度 1′，表面粗糙度 R_a 0.10～0.40μm。精密、高效、长寿命的空调器翅片多工位级进模，其精度达 2μm，凹凸模工作面近千处，冲裁间隙为 0.01mm 的有 300 多处，同类型可互换，模具寿命达 2 亿次以上；高难度成形的彩管电子枪零件，G5 底 25 工位硬质合金级进模，其精度达 2μm，冲制 0.245mm 厚的无磁不锈钢，制品精度±5μm，模具寿命 3 000万次以上；高水平的集成电路框架 32 工位级进模，其精度达 2μm，模具冲速达 350～500 次/min，寿命3 000万次以上；自主创新的手机连接器 50 工位级进模，其精度达 2μm，步距精度 3μm，冲速 400 次/min 以上，模具寿命 2 亿次；还有如数码相机弹簧片 18 工位级进模、汽车零件多工位级进模、接插件 46 工位级进模、微电机机壳 12 工位级进模等，均属当今水平制高点的冲压模。这些模具的加工制造，LSWEDM 是不可缺少的关键设备，特别是这些精密、高效、长寿命模具中关键部位的硬质合金型孔的加工更是 LSWEDM 的“用武之地”。为适应高新技术模具加工的需要，LSWEDM 技术也取得不断进步。

三、LSWEDM 高效加工技术的新进展

1. 最大加工效率

国外 LSWEDM 的最大加工效率停留在 300mm²/min，已有多年，但最近有了新突破，而我国则刚刚达到 300mm²/min 水平。

最大加工效率依赖于窄脉宽高峰值电流脉冲电源的开发，国外在窄脉宽的情况下，其最大峰值电流≥1 200A，高峰值电流与其他条件（各种控制方式、供液条件、复合电极丝等）配合，可使最大加工效率达到 400～500mm²/min。例如，瑞士阿奇公司的 AGIE CUT PROGESS 机床采用数字化的 IPG 智能电源，用 Φ0.33mm 的电极丝，其最大加工效率可达 500mm²/min 以上；日本三菱电机公司的 FA－V 机床，采用 Φ0.36mm 的电极丝，加工效率也可达到 500mm²/min；日本沙迪克公司开发的 LQ33W 新电源，在 AQ325L 机床上，用 Φ0.30mm 的复合电极丝，加工效率可达 400mm²/min 等等。总之，目前国外最大加工效率在 400～500mm²/min。

瑞士阿奇公司的 AGIE CUT PROGESS 机床是最有价值的最大加工效率机床。该机床开发的 e－cut 电源使用标准电极丝在加工效率达到 350～500mm²/min 的情况下，R_a 可达到 0.8μm。这种高效粗加工能达到 R_a0.8μm 水平，对于最终实现精密加工的多次切割来说，可节省约 50%的加工时间，减少约 40%的滤芯消耗，40%的树脂消耗，60%的丝材消耗，技术经济效益十分明显。

2. 平均加工效率

最大加工效率在精密冲压模加工中往往难于达到，主要原因是要达到最大加工效率需要使用粗丝（Φ0.33～0.36mm），而粗丝难于实现精密加工，精密加工只能用细丝，例如 Φ0.10mm 等。瑞士阿奇夏米尔公司为发挥机床的最大加工效率，开发了双丝切割机床，电极丝自动交换，粗加工用粗丝，精加工用细丝，现可以实现精密加工，又大幅度提高了平均加工效率。

瑞士夏米尔的 ROBOFIL 2050TW、ROBOFIL 6050TW 双丝加工机床，解决了精密和高效加工的矛盾，使总的加工时间大为缩短，一般可节省 30%～50%的加工时间，同时可节省价格昂贵的细丝，降低了加工成本。瑞士阿奇的双丝切割系统具有同样的效果，并还具有如下特点：自动交换不同直径电极丝无须更换导向器、自动交换没有精度损失、自动穿丝时间一般只有 15s、穿丝的可靠性 100%等。

3. 变截面加工效率

LSWEDM 在加工模具过程中，不可避免地会遇到不同的加工截面。而采用自动检测系统，就能根据截面的变化自动控制加工能量，使加工过程自始至终保持最佳状态，有效地提高了变截面的加工效率。

例如，日本三菱公司的 FA 系列机床采用了加工电源控制系统。该系统由工件厚度检测器、加工状态检测器和脉冲能量输出控制器等部分组成，以适应加工截面的变化，尤其适合台阶形、中空形、薄形等零件加工，能有效防止断丝，提高加工效率。

这种智能化加工技术，只要向最大能量控制专家系统输入电极丝直径和类型，以及工件材料，即可自动进行最佳加工，根据加工过程中不同的加工厚度自动增减加工能量，以保持最高加工效率，应用这种专家系统一般能提高效率 30%左右。

四、LSWEDM 加工表面质量的新突破

LSWEDM 的加工表面质量是决定 LSWEDM 能否直接进入精密加工领域的关键问题。加工表面质量除表面粗糙度和几何形貌（尺寸精度）外，在 LSWEDM 中还应包括两个方面：一是 LSWEDM 加工表层的化学、物理、力学性能，主要包括表层金相组织、表层的显微硬度、残余应力及宏观和微观裂纹等，即所谓表面“变质层”；二是由于 LSWEDM 采用水质工作液，在脉冲电源的作用下产生的电化学反应在工件表面形成的表面“软化层”，也称表面“变质层”。这两个方面的“变质层”直接影响模具寿命和性能（耐磨性、耐腐蚀性、疲劳强度）等。随着 LSWEDM 的发展，表面质量的改善有了新的突破，其技术进步主要体现在以下两个方面。

1. 优化放电能量的新型电源

电火花加工时，金属材料蚀除分为熔化和气化两种，宽脉宽（放电时间长）易造成熔化放电加工，使加工表面形貌变差、“变质层”加厚、内应力加大，易产生裂纹；而当脉宽小到一定值时，易形成气化放电加工，气化放电加工变质层很小，内应力也减小，并可避免表面裂纹的产生，改善了表面质量。因此为了保持相同的加工效率，在放电能量相同的情况下，采取压缩放电时间和增大峰值电流 I 的方法，即优化脉冲能量的方法，使表面质量得到很大改善。

2. 防电解（AE）脉冲电源

优化放电能量只能改善一个方面的表面质量，如表面粗糙度、形貌、内应力、裂纹等。但 LSWEDM 采用水质工作液，虽然采用的是“去离子”水，但还存在一定数量离子，在脉冲电源的作用下产生电化学反应。当工件接正极时，在电场的作用下，氢氧根负离子（OH^-）会在工件上不断沉积，使铁、铝、铜、锌、钛、碳化钨等材料氧化、腐蚀，造成所谓的“软化层”。在使用硬质合金工件时，硬质合金中的结合剂钴成为离子状态溶解在水中，同样形成“软化层”。

一系列的生产实践证明，开发的 AE 脉冲电源，是控制工件表面电化学反应的最有效方法。AE 电源是通过交变脉冲，使平均电压为零的脉冲电源。由于交变脉冲使 OH^- 离子在工作液中处于振荡状态，不趋向于工件及电极丝，这样可防止工件表面的锈蚀氧化，硬质合金的钴结合剂也不会流失，与优化放电能量配合，可使表面“变质层”控制在 1μm 以下。这种 LSWEDM 加工的硬质合金模具寿命可达到机械磨削的水平。

以 IC 引线框架模具加工为例，对用 LSWEDM 传统脉冲电源在去离子水中加工、用 LSWEDM 传统脉冲电源的浸油式加工、用 LSWEDM 的 AE 电源在去离子水中加工及用机械磨削加工的模具寿命进行测试比较，结果证明，AE 电源加工的硬质合金模具寿命已达到机械磨削的水平，在接近磨损极限处还优于机械磨削。

五、LSWEDM 加工精度上新台阶

1. 新兴精密机床结构

提高 LSWEDM 的加工精度是一项系统工程，除了脉冲电源、各种控制系统、工作液系统、加工工艺技术等以外，精密机床结构是精密加工的基础。

典型的精密机床结构要数瑞士阿奇公司的 AGIE CUT VERTEX 机床。该机床采用类似三坐标测量机的三点吸振支撑结构，各轴的运动不影响其他轴的精度；各运动轴采用直线光栅尺与编码器双测量反馈伺服系统，其位置检测控制精度达到 0.1μm。机床上所有的发热源都安装了温度传感器，具有循环气冷、水冷或热隔离结构，消除了温升对机床精度的影响。机床不但热容量大，而且刚性好，因此载荷的变化对机床精度影响极小。机床的 X、Y、U、V 轴的平均定位精度允差 Pa 为 0.8μm，平均重复定位精度允差 Ps 为 0.4μm。该机床具有双丝自动交换系统，最细电极丝为 Φ0.02mm，可进行精确自动穿丝，穿丝孔的直径只需比电极丝大 5μm 即可。为了确保 Φ0.02mm 电极丝完成精密切割加工，机床上设置了两个电极丝探测器以检测丝的运行状态，精确控制丝的张力、吸收振动和隔绝外界干扰等，机床还能自动调整上下导向器的偏移量来自动补偿加工中因电极丝上下损耗不同，以及冲液造成的垂直度偏差。该机床还推出了锥度切割新功能，有效地提高了锥度切割精度等等。

2. 多次切割加工工艺

LSWEDM 粗、精加工的多次切割加工不是新技术，但它是实现精密加工的重要工艺技术，能体现整机的总体水平。多次切割最终加工的工艺指标，取决了精密机床的设计制造技术、数控技术、智能化技术、脉冲电源技术、精密传动及控制技术和工作液系统水平等。

但近来在达到同样的加工质量的情况下，多次切割的次数大为减少。例如，原来切割次数需要 7～9 次，现在达到同样的加工质量只需 3～4 次，节省了大量时间。这主要是脉冲电源高效粗加工的技术进步，即如前所述，第一次高效切割（350～500mm²/min），就能达到 R_a 0.8μm，这样好的表面粗糙度，自然会减少多次切割次数，且能达到精密加工的水平。

代表 LSWEDM 精密加工的主要指标是加工精度和表面粗糙度，对于加工精度，国内外各厂商的表达方式各不相同。例如，瑞士阿奇公司用工件的轮廓精度 T_{km}（$T_{km}=\pm\frac{\text{最大值}-\text{最小值}}{2}$）来表达，而国外其他公司从提供的资料来看，都以不同形状和尺寸的具体加工工件的精度来表达，我国则以国家标准的要求检验加工精度。虽然没有统一的规范，但为了说明当前 LSWEDM 精密加工的水平，瑞士阿奇公司机床是有代表性的。瑞士阿奇公司 LSWEDM 精密加工水平见表 1。

表 1　瑞士阿奇公司 LSWEDM 精密加工水平

机床型号	VERTEX	EXCELLENCE 2、2F、3、3Fe cut	CHALLENGE 2、2F、3、3Fe cut	PROGRESS 2、3	CLASSIC GOLDEN EDIT10N 2、3	CLASSIC 2、3、2S、3S
轮廓精度 T_{km}/μ	1.0	1.5	3.0	4.0	5.0	5.0
表面粗糙度 R_a/μ	0.05	0.1	0.1	0.2	0.2	0.2

从表 1 可见，LSWEDM 以完善的表面质量(无变质层)，高水平的加工精度，完全可对各类精密冲压模进行最终精密加工，无需手工抛光等后道工序，因此工件表面不会有任何抛光损伤。

3. 细丝切割加工技术

细丝切割属于精密加工技术。过去的细丝切割丝径为 Φ0.05mm，现在已达到 Φ0.02mm。细丝切割加工中的自动穿丝功能十分重要，目前已能对 Φ0.02mm 的细丝进行自动穿丝。在一台机床上进行粗、细丝自动交换加工，是双丝系统 LSWEDM 的明显优势。

在冲压模加工中，细丝用于内清角加工，用 Φ0.02mm 的细丝，可加工出内角半径为 15μm 的内清角。在 IC 行业中，集成电路框架模的细丝切割加工，有其重要的应用价值。目前集成电路引线脚已多达 100 根以上，其引线的线脚间距很小，模具材料一般为硬质合金，所以适合细丝加工。其他如微型接插件、微型马达铁心、微型齿轮等模具也宜于用细丝加工。

在 LSWEDM 加工精度方面，除了上述检测指标外，还有如锥度加工精度、拐角加工精度和平直度等指标。

六、LSWEDM 国内市场发展情况

LSWEDM 的国内市场近几年出现了新的发展趋势，产量和销量呈 30%～40% 速度增长。2001 年我国的 LSWEDM 产量只有约 150 台/a，至 2004 年的短短几年中，产量已达 1 800 台/a(包括日本、瑞士及中国台湾等企业在大陆生产的数量)，至 2005 年大陆 LSWEDM 产量已约达 2 400台/a，比 2004 年增长 33%。预计“十一五”末期产量可达6 000～8 000台/a，产值约 35～40 亿元/a。

LSWEDM 市场迅速发展的主要原因有以下几个方面：①LSWEDM 主要应用于模具工业、航空航天和军工等领域。模具产值每年以 20% 的速度增长，2005 年模具制造企业已有 2 万多个。随着模具向精密、复杂和长寿命等方向发展，各模具制造企业的加工设备纷纷更新换代，而 LSWEDM 是模具企业必不可少的高档设备。我国航空航天事业的发展是有目共睹的，加上其他一些应用领域的发展，推动了 LSWEDM 市场的迅速发展。②过去 LSWEDM 加工表面产生“变质层”，影响模具及其他所加工的零部件寿命。随着技术的进步，LSWEDM 加工的表面质量和精度已能满足精密、复杂、长寿命模具的要求，可以作为精密模具最终加工的主要手段，“以割代磨”的趋势越来越明显，这也促进了 LSWEDM 的市场发展。③LSWEDM 优异的加工性能，是目前其他加工方法还无法与之竞争的，而且 LSWEDM 的加工工艺水平及运行的经济性已优于机械磨削加工。④我国的 WEDM 分为 LSWEDM 及 HSWEDM (高速走丝电火花线切割机床)两大类，而 HSWEDM 为低档产品，但与 LSWEDM 属同一加工工艺，同一应用领域。随着我国模具行业及其他各领域的技术进步，HSWEDM 逐渐不能适应技术发展的需要，并且随着 LSWEDM 性能价格比的提高，目前 HSWEDM 约 4 万台/a 的大市场一定会受到挤压，一定会让出一部分市场给 LSWEDM，从中也可以看出 LSWEDM 今后的发展空间。

电加工机床正面临从数量增长向性能质量提升的转变

中国机床工具工业协会特种加工机床分会　叶　军

随着我国经济的持续发展，特别是电加工机床的主要应用领域——模具制造业的快速发展以及航天航空、军工、IT、家电、建材等相关行业对电加工机床需求的不断增长，“十五”时期电加工机床产品产量增长迅速。2005 年各种电加工机床年产量从 20 世纪末的 1 万台左右发展到 5 万台左右，为我国模具制造业及相关行业的发展提供了有力的装备支撑。但是，2006 年以来电加工机床产品生产、销售的各种迹象表明，电加工机床的发展正面临着由以数量的迅速增长为主导，向以性能质量的提升为主导转变。

一、2005 年电加工机床生产销售现状

首先，中国机床工具工业协会特种加工机床分会(以下简称特机协)对全国 29 个主要电加工机床制造企业 2005 年的生产销售的基本数据统计分析，充分显示了我国电加工机床行业正从量的增长向质的提高的转变。

1. 电火花线切割机

(1)2005 年国产慢走丝线切割机销售1 870台左右，估计台湾慢丝机在大陆的销售量在 500 台左右。据此推算，2005 年我国大陆市场慢丝机的销售量应在2 300～2 400台，比 2004 年增加 800 台左右，增长约 50%，销售额达 13 亿元。

(2)据 29 个企业统计，2005 年快走丝机的销量为8 000多台，销售额 3.5 亿元左右。但我国快走丝机制造企业数量很多，大量的企业未进入统计，这一数据不能反映我国快走丝机的全貌。仅泰州就有近百家企业在制造快丝机，但进入统计的仅 5 个，仅就这 5 个企业分析，较好的企业产量比 2004 年略有增长，有的企业快丝机产量明显下滑，总体呈下滑趋势。据估计，2005 年我国快走丝机的产量仍会有 3 万～4 万台，数量仍然是很大的。

(3)2 400台慢丝机的销售额达 13 亿元左右，平均每台 54 万元左右；8 000多台快丝机的销售额在 3.5 亿元左右，平均每台 4 万余元，慢丝机平均单台价格是快丝机的 12 倍以上，如果 2005 年的快丝机的销售量为 3 万～4 万台，那么销售总额在12亿～16亿元，也就是说，2 400台慢丝机的销售额与3万～4万台快丝机的销售额大体相当。

2. 电火花成形机

(1)据特机协对29个企业的统计预估，2005年生产销售普通成形机450台，销售额0.26亿元；数控电火花成形机1 383台，销售额3.4亿元。

(2)前述可知，这29个企业的数控电火花成形机的销量已是普通成形机的3倍，销售额为13倍。单台数控成形机的均价为24.5万元，普通成形机约为5.8万元，单台价格前者为后者的4.2倍。

(3)上述数据不是很准确。一是由于还有许多电火花成形机制造企业未进入统计。二是这些企业生产的数控成形机与普通成形机的价格与数量比值差距还没有像进入统计的29个企业的明显，但反映的趋势是正确的。

其次，从电加工机床用户及代理商等渠道反映的情况，也表明我国电加工机床发展方向的转变是正确的。

浙江黄岩是我国重要的模具制造基地，企业全都是民营企业，这几年发展形势很好，许多企业已开始新一轮的企业基本制造能力升级建设，从新购置的加工设备来看，一些实力较强的企业，不仅在金属切削机床方面，对原有的普通机床，包括品牌不太好的数控机床进行淘汰，购进品牌好的数控装备，如德马吉、牧野的数控铣、加工中心(含有五轴联动)等，而且在电加工机床方面也是如此，把原有的非数控或品牌不佳的电加工机床更新为高档数控电加工机床，如瑞士阿奇夏米尔公司的数控电火花成形机、韩国大韩EDM的大型数控电火花成形机。由于黄岩是以制造塑料模具为主，对慢丝机的需求比精密冷冲模具制造企业要迟缓，但也在开始装备慢走丝线切割机，用于替代快丝机进行模芯制造。这些企业不仅重视电加工机床主机的性能，而且也开始关注高档的配套设备和附件，如电极制造及交换系统等。低档的电加工机、品牌不好的产品在这些老板们的视线中已明显淡化，渐行渐远。当然，快丝机的需求还是存在的，但他们往往都选择品牌好的机床，机床价格已不是优先考虑的因素。目前，多数企业青睐具有多次切割功能的快丝机。

浙江的温州也是电加工机床热销的地区，但该地区的电加工机床的中介代理商普遍反映，2005年快丝机的销售量下降30%～40%，一些用户也将目光放在购买具有多次切割功能的快丝机上。而这一地区的慢丝机销售势头为这些代理商看好，现在温州地区的慢丝机已有100多台的拥有量。

山东某电加工机床代理商，前几年以代理宁波某品牌的低档快丝机为主，但2005年这种产品呈现下降趋势，从原来占全部快丝机销售量的70%～80%下降到50%～60%。浙江宁海市模具工业协会负责人说，在宁海，买这种机床的企业越来越少。

我国电加工机床行业最优秀的内资企业苏州三光集团，这几年不仅慢丝机营销业绩引人注目，而且今年在整个快丝机的市场增长迟缓的情况下，其快丝机的销售额却增长20%多。这也充分说明用户更加注重选择有品牌、性能质量好的产品。

二、电加工机床从数量的增长向性能质量的提升转变的原因试析

电加工机床的这种发展趋势，从根本上来说，也是我国制造业不断向前迈进的历史必然。我国要从制造大国变为制造强国，一个重要条件就是必须提升装备的性能质量水平。具体到电加工机床行业而言，下面的一些原因是明显影响、左右了这种发展趋势：

(1)为了适应产品发展及激烈的市场竞争，模具制品企业要求模具制造企业提供精度更高、寿命更长、结构更复杂、生产率更高、外观质量更好、制造周期更短的模具。这就迫使模具制造企业必须配备性能质量更好、数控化程度更高的电加工机床。如电动机定转子叠片冲模，最早是采用普通的简易模具，冲床的冲压频率也较低，一般在60～80次/min，模具的寿命也只在20万～30万次，精度只有0.05mm即可，因此快走丝线切割机可以满足对这种模具的加工要求。随着技术的发展，电动机定转子叠片冲模已从简易模具发展到级进模，又从级进模发展到精密高效硬质合金级进模、自动叠铆硬质合金级进模，最近又出现了双排、多排硬质合金级进模，冲床的冲压频率也提高到250次/min以上，模具寿命也提高到1亿次，当然对模具的精度要求也大大提高，形孔精度要小于0.003mm，步距精度要求小于±0.003mm。对于这类模具，低档的快丝机甚至中档的慢丝机，都无法满足加工要求，为此高档的慢丝机就成为必然的选择。

(2)我国模具的出口量在不断增长，许多模具企业已十分关注模具出口的业务。因为模具出口，不仅能为我国的模具制造企业找到一块新的生存空间，而且能获得更高的利润。争取模具的出口，可以说是我国模具制造企业发展的上策之一，而出口的模具，一般要求都比较高，必须要有高档的制造装备。另外，在承接模具出口订单的过程中，外国用户往往要对工厂进行考察，如果制造装备档次太低，工厂能力考察这一关就过不去。

(3)近期，由于我国航空航天、军工、汽车等制造业的快速发展，他们对电加工机床的需求在明显增长。在这些制造领域中，由于加工的材料特殊性及加工件的质量要求高，不仅对电加工机床的性能质量要求高，且有许多个性化的要求，同时这些企业经济实力都比较强，因此会更多地采购高档电加工机床。

(4)在我国改革与经济发展的进程中，许多个体、民营企业在创业之初，受到资金的制约，选购设备往往以价格作为首位考虑的因素，但现在许多这样的企业已经完成了原始积累，他们要向更高的水平发展，就转向采购更高档的装备，电加工机床当然也是如此。

(5)电火花成形机受到加工中心、高速铣、雕铣机的严重冲击，需求量大幅下降。据模具制造的专业人士分析，原来模具制造企业金属切削机床与电火花成形机、电火花线切割机的配比一般为1∶2∶3，但现在一般为1∶1∶3。根据这种状况，模具制造业对电火花成形机的需求至少要减少一半。电火花成形机要在这种技术竞争中生存发展，只有根据自身的技术特点，发展微细加工、深槽窄缝加工、大面积高光洁度加工等相关技术，提高加工效率，降低电极损耗，更加完善数控化、智能化，在竞争中才能求生存、求发展。

(6)我国快丝机已经达到年产3万～4万台的批量，数量增长空间已十分有限，另外，快丝机和慢丝机的应用领域相同，所以快丝机也必须让出一块市场份额给慢丝机。

(7)现在我国的各种电加工机床，特别是快丝机、小孔机、成形机正在逐步走出国门，走向世界，这也要求电加工机床制造企业提高产品的性能质量，提高可靠性，逐步创立自己的品牌，满足国外用户的高标准要求。

三、对策与思考

电加工机床生产企业应顺应市场需求的变化，根据企业各自的特点，充分发挥自身的竞争优势，在激烈的市场竞争中求生存求发展。

(1)要全力打造技术复杂，别人暂时难以模仿的高端产品，像慢丝机、高档成形机、微小孔机等。特别是慢丝机是发展的重中之重，市场对该产品的需求增长很快，每年销量都以800台左右的速度递增，销售值以4亿～5亿元的速度递增。我国电加工机床企业如不能在慢丝机产品上占据应有的市场份额，在电加工机床行业将难以立足。2005年2 400台左右的慢丝机的销售额已约有13亿元，与3万～4万台快丝机的销售额相当，也就是说，要卖10多台快丝机，才能抵得上1台慢丝机的销售额，慢丝机的销售总额超过快丝机的销售总额已是指日可待。更值得关注的不仅是销售数量与销售总额上的巨大反差，而且利润差距更为明显。据估计，2 400台左右的慢丝机的利润是3万～4万台快丝机利润的2～3倍。另外，快丝机的用户服务量与慢丝机比，也要大得多，在相同销售额情况下，慢丝机制造企业销售1台慢丝机，相当于快丝机制造企业销售10台快丝机，前者只面对一个用户的售前售后服务，后者却要面对10多个用户的售前售后服务，这也给快丝机制造企业带来了沉重的负担。再者，慢丝机的无电阻纳秒级千安培峰值电流的脉冲电源技术、高速精准检测控制技术以及抗干扰技术等是电加工的基础共性技术，对电加工成形机、小孔机的技术进一步发展也很重要。当然，由于慢丝机技术相当复杂，机械、电源、控制等各方面要求很高，并不是每个电加工机床制造企业都有能力进行研发或生产的，企业要根据自身条件，选择发展模式。慢走丝技术的发展，涉及到我国先进制造技术的水平及能力，也需要引起国家各部委的高度重视和不断支持。

(2)快丝机不仅性价比好，用户投资小，运行成本低，而且还有许多技术优势和很大的市场空间。我们应该重点根据快丝机的技术特色进行发展，如大厚度、大锥度、大工件、难切割材料的加工等，一些企业在围绕快丝机的这些技术特色发展过程中也得到了很好的回报。近年来，不少企业围绕快丝机多次切割技术进行了积极的探索并得到了一些用户的认同。这一技术有望给快丝机带来新的活力。

价格竞争是市场经济的特征之一，但关键是价位低，质量不能低，不能欺诈用户。如果企业产品执行了标准，特别是强制性的安全标准，守法经营，通过调整价格进行竞争，也是正常的企业行为。价廉物美的产品用户还是欢迎的。一些企业选择这种竞争方式对其自身而言是合理、有效的。

(3)发展专用技术和设备，为用户提供个性化服务。个性化产品市场的需求越来越大。开发个性化产品不仅是电加工企业的求生存、求发展之道，同时也有助于避开竞争，打造出企业独特的竞争优势。苏州电加工所中特公司近年来依靠自身技术实力较强的优势，发展人无我有产品，在开发个性化产品经营模式方面取得了很好的成效。

(4)要加大力度，打造产品品牌。中国产品严重缺乏优秀的品牌，导致我们的产品只能在低端市场挣扎，或者被别人贴牌，拼能耗，拼资源，仅仅赚取血汗钱，大部分利润被品牌商、渠道商赚去。电加工机床的品牌状况也是如此，在中国电加工机床市场上驰骋的是瑞士阿奇夏米尔、日本沙迪克、三菱、牧野的电加工机床，这些公司的产品被用户认为是性能优良、质量上乘的产品，愿意掏大价钱买。而我们国内企业的优秀品牌一是数量很少，二是光彩也不够。在通用机床品牌方面，应该首推苏州三光，苏州三光的电加工机床在国内用户中有很好的知名度及美誉度，可以说是目前中国电加工机床知名品牌，而苏州三光也依靠品牌优势，获得了快速的发展，取得了令人瞩目的经营业绩。但即使是苏州三光这样的品牌，也有其缺憾。苏州三光目前毕竟只能算是国内优秀的电加工机床品牌，还不能算世界级的，他们的产品要走出国门，走向世界还要付出更多的努力。当然，我国电加工机床制造业中也还有一些比较优秀的企业和品牌，但从目前情况看，其品牌的影响力和含金量还是不够的。我国电加工机床的品牌打造也可谓“路漫漫其修远兮”，有待于全体行业同行，特别是企业领导人的不懈努力。

(5)要优势互补，整合做强。我国目前电加工机床制造企业估计有200多个，数量不少，但绝大多数企业规模不大，各方面实力不强，有的企业也无长远打算，得过且过。大多数企业被迫置身于在低端产品上进行低价位竞争。这种状况在发达国家工业化进程中也出现过。但是纵观世界电加工机床制造强国发展历程，经过优胜劣汰，只保留了少数优势企业，如瑞士原仅有的两家企业阿奇和夏米尔，近年整合为一家；日本也只有沙迪克、三菱、牧野等为数不多的几家优秀企业。所以，我国的电加工机床生产企业应该审时度势，通过整合兼并，优势互补，把企业做大、做强，着力发展高端优质产品，谋求企业的长久生存与发展。

(6)要打造精品，开拓国际市场。我国的电加工机床产品，不论是成形机，还是小孔机；不论是快丝机，还是慢丝机，还是有出口潜力的。一是在价格方面，具有明显的优势，二是我国的电加工机床还具有明显的特色，像快丝机，除了性价比及运行成本低的优势外，在加工大厚度、大锥度、大型工件及难加工材料方面也具有明显技术优势，近年来，国外用户的认可度也在增大，出口量在增加。另外，我们还有其他一些电加工机床品种，在国际上也只有少数国家能制造，有的产品甚至是我国独有的，像电化学去毛刺设备、机械阳极切割机、多轴数控电火花小孔加工机、高效数控放电铣等等，但要扩大我国电加工机床的产品出口，关键是提高性能质量，加强售后服务体系建设。对于出口产品，我们一定要打造精品，选用好的元器件配套件，精工细作，严格把关，宁愿多花点成本，也不能砸了牌子，何况电加工机床产品属数控设备，出口的退税率也比较高。在出口的问题上，宁少勿滥，有隐患的，宁愿暂时不外销。

回顾“十五”看我国数控锻压机床的进步与发展

中国机床工具工业协会锻压机械分会　王春生

统计数据表明，我国锻压机械行业销售收入在500万元以上的企业约200余个，绝大多数为中小型企业，一半以上分布在江苏、山东、上海和浙江等省市。按产品种类分，生产机械压力机的企业占40%以上，生产液压机的企业占15%，生产剪切、弯曲、校正机的企业占30%左右，生产其他锻压设备的企业约15%。按产品数量计，高、中、低档构成比约为1∶19∶80，是典型的金字塔形，即低档产品为主占80%，中档产品不足20%，高档产品仅占1%而已。工业发达国家高、中、低档产品的构成比为1.0∶6.5∶2.5，呈现橄榄球状，即中档产品为主占65%，高档产品占10%，低档产品仅占25%。我国锻压机械行业与工业发达国家的差距显而易见。

值得一提的是，我国数控锻压机床与国外的差距正在逐步缩小，“十五”期间的进步与发展，业内人士有目共睹。数控锻压机床按产量计，虽然仅占锻压设备的2%，多数为压力机和剪切弯曲机门类。但不可小视的是，实物量2%的数控锻压机床，价值量约占锻压设备总量的30%。

一、“十五”前数控锻压机床的基本情况

数控锻压机床的出现超前于概念的形成，而对数控锻压机床的界定，则经历了较长的认同阶段。由于数控锻压机床不同于数控金属切削机床，数控轴多数为过程控制与点位控制，较少有多轴联动；而数控轴数动辄4～6个，10轴以上也十分常见。因此，在相当一段时间内，机床行业内部在技术层面上对数控锻压机床的界定存在分歧。随着国外数控锻压机床的发展和国内锻压机械行业的技术进步，对数控锻压机床的界定终于达到了认知和认同阶段。

我国数控锻压机床萌生于“七五”、“八五”，较完善的技术支持形成于“九五”，数控锻压机床及其生产企业的快速发展则出现在“十五”。

“八五”期间，机械工业部投入近亿元经费启动“数控专项”，研发具有自主知识产权的数控机床及其数控系统。然而，“数控专项”开发的主要是数控金属切削机床和适用于金属切削机床的数控系统，数控锻压机床的开发仍是步履艰难。首先，锻压机床的主机条件远不如金属切削机床；其次，锻压机床低速重载的驱动特性是数控系统和伺服系统的一大难题。当时，国内数控系统开发刚刚起步，攻关方向是量大面广的金属切削机床用数控系统，不可能顾及到用于锻压机床的专用系统。国外生产数控系统的著名公司，开发锻压机床专用系统的也为数不多，因为市场需求量毕竟有限。

然而，20世纪90年代初，工业发达国家对数控锻压机床的开发日渐成熟，数控冲剪折机床已步入实用阶段。国外的技术进步给我国锻压机械行业以深刻启迪，机械工业部济南铸造锻压机械研究所在“七五”技术储备的基础上，率先研制数控转塔冲床、数控激光切割机、数控折弯机。随后，国内一批有实力的企业，也相继开始开发数控锻压机床。至此，我国数控锻压机床的开发正式迈入实质性门槛。

“九五”期间，我国汽车工业重点发展轿车的战略，给锻压机械行业提供了前所未有的发展机遇。在各行各业中，与锻压机械行业关联度最大的就是汽车工业。有关资料表明，轿车零件中金属板材冲压件占40%以上，而锻压行业生产的锻件60%以上用于汽车工业，锻压机械在汽车工业中的地位可见一斑。

为适应汽车工业作为国家支柱产业发展的需要，机械工业部在“九五”期间，以30万辆轿车为生产纲领，启动了“30万辆轿车制造技术及其关键工艺装备”专项，济南铸造锻压机械研究所、济南二机床集团有限公司等单位对相关的数控锻压机床及其生产线进行了攻关。与此同时，一批企业通过技术引进、合作生产、自主开发等方式，迅速提升产品档次、调整产品结构、研制极具市场前景的数控锻压机床。“九五”后期，我国数控锻压机床的门类已基本齐全，生产数控锻压机床的企业已形成方阵，用于数控锻压机床的数控系统已自成体系，数控锻压机床的技术支持已日臻成熟，数控锻压机床快速发展的条件已完全具备。

二、“十五”期间数控锻压机床的快速发展

如前所述，“十五”期间数控锻压机床取得了有力的技术支持并遇到了有利的外部环境，因此在短短的5年内获得了快速发展，成绩有目共睹。快速发展表现在两个方面：一是生产数控锻压机床的企业形成规模；二是数控锻压机床的门类趋于齐全，水平迅速提高，产量不断增长。

1. 生产数控锻压机床的企业方阵

生产数控锻压机床的企业在“九五”期间已崭露头角，这些企业的共同特点是，有一支较强的技术队伍，较早地开发出不同门类的数控锻压机床，技术引进和合作生产的步子扎实。经过“九五”的努力拼搏，这部分企业在锻压机械

行业中脱颖而出，形成了生产数控锻压机床的第一方阵。第一方阵由三路大军组成，一是原机械工业部直属一类研究所，二是原机械工业部国有骨干企业，三是作为后起之秀的民营企业。

中国机床工具工业协会锻压机械分会统计资料和“十五”期间第七届、第八届、第九届中国国际机床展览会有关资料表明，济南铸造锻压机械研究所、济南二机床集团有限公司、齐齐哈尔二机床集团有限公司、江苏金方圆数控机床有限公司、上海冲剪机床厂、湖北三环锻压机床有限公司、济南捷迈数控机械有限公司、江苏扬力集团有限公司和江苏亚威机床有限公司等企业，是国内生产数控锻压机床的主体，其产量与产值可占国内数控锻压机床总量的70%以上。此外，扬州锻压机床有限公司、合肥锻压机床有限公司、济南捷迈锻压机械工程有限公司、江苏徐州锻压机床厂、上海第二锻压机床厂和天水锻压机床有限公司等企业生产的数控锻压机床品种和数量也在逐年增加(以上未包括国外公司在国内设立的独资企业)。

2. 数控锻压机床的门类与水平

(1)大型自动冲压线。轿车零件的40%以上是金属板材冲压件，而车身覆盖件和车身结构件是金属板材冲压件的主体，生产这些冲压件的主要设备便是大型冲压生产线。大型冲压生产线有多种形式，通常以1台双动压力机与数台单动压力机为主机，配以板料传输系统与控制系统组成。

国内生产大型冲压生产线的企业主要是济南二机床集团有限公司和齐齐哈尔二机床集团有限公司。他们通过“八五”、“九五”以来的科技攻关，以及引进德国舒勒、美国维尔森、日本小松等著名公司的设计制造技术，其自主开发能力和制造水平明显提高，为我国轿车生产企业提供了几十条冲压生产线，其中不乏大型自动冲压生产线。

当前，大型自动冲压生产线所采用的柔性化技术已趋于成熟。首先，组成冲压生产线主机的数控化，奠定了冲压生产线自动化的基础。而柔性传送技术、机外仿真技术、脱机编程技术的日臻完善，特别是模具系统的实用化，包括模具自动仓库、模具自动识别与提取、模具工作参数自动调整等技术的趋于成熟，使大型自动冲压生产线“个性化”生产、按定单生产和“准时生产”成为可能。

目前较普遍的大型自动冲压生产线，由1台双动压力机与数台单动压力机串联布置。在双动压力机之前有拆垛装置，由上料车、液压顶升器、磁力分层器、真空吸盘提升器、双料检测器、磁力辊道、双料排除器、清洗涂油装置和送料装置组成；双动压力机与单动压力机之间有上下料装置，包括下料器、翻转装置、传送装置和上料器；单动压力机之间的上下料装置，由下料器、传送装置和上料器组成；最后1台单动压力机之后是码垛装置，由下料器、传送装置和码垛车组成。自动快速换模系统、自动快速调整系统、故障检测系统以及废料排除与运输系统的应用，不仅实现了冲压过程的自动化，而且实现了生产组织的柔性化。

“十五”期间，大型多工位压力机自动冲压生产线的投入使用，标志着我国大型自动冲压线取得重大技术进步。此类冲压线由1台大型多工位压力机配备拆垛装置和码垛装置组成，比传统的1台双动压力机与数台单动压力机为主机的冲压线简捷得多。带数控液压气垫装置的大型多工位压力机，将拉伸与其他冲压工序组合到1台压力机上完成。数控液压气垫通过四角控制，可调节拉伸工件的压边力，从而实现单动深拉伸，不仅简化了压力机的结构、取消了翻转装置，而且实现了压边力的优化控制，提高了拉伸件的质量、降低了工件的废品率。

大型多工位压力机自动冲压生产线，代表了当前国内外冲压生产线的发展趋势和最高水平。

(2)数控转塔冲床。数控转塔冲床问世以来，经历了缓慢起步、趋于成熟、快速发展和日臻完善4个阶段。在不同阶段，数控转塔冲床按结构特点可分为几代产品。第一代产品为机械驱动，三轴控制，模位数通常在30个以下，辅助功能较少；第二代产品模位数大为增加并带二个自转模位，四轴控制，辅助功能增多，开始出现液压驱动转塔冲床；第三代产品以液压驱动的四轴、五轴转塔冲床为主体，辅助功能更加完善，机械传动已是风光不再；第四代产品的标志是，网络式数控转塔冲床问世，出现了伺服电动机直接驱动的结构形式，但不是当前的主流产品。

“八五”期间，济南铸造锻压机械研究所成功研制出我国第一台400kN数控转塔冲床，实现了锻压机械行业零的突破。“九五”期间，国内有实力的企业普遍看好数控转塔冲床的市场前景，投入大量人力财力进行研制与生产，使数控转塔冲床成为我国技术支持最完备的数控锻压机床。“十五”期间，数控转塔冲床得到快速健康发展，第二代和第三代产品成为国内主流产品，形成了以济南铸造锻压机械研究所、江苏金方圆数控机床有限公司、湖北三环锻压机床有限公司、济南捷迈数控机械有限公司、江苏扬力集团有限公司、江苏亚威机床有限公司等为代表的排头兵企业。

江苏金方圆数控机床有限公司和济南捷迈数控机械有限公司，以其雄厚的技术力量和丰富的制造经验，不断创新，始终是国内生产数控转塔冲床企业技术进步的代表。而“十五”期间的技术引进和合作生产，成为企业迅速提高产品水平和生产能力的有效途径。江苏亚威机床有限公司与日本NISSHINBO公司的合作生产和湖北三环锻压机床有限公司引进美国STRIPPIT公司的设计制造技术，是国内企业应用国外技术的成功典范。

江苏亚威机床有限公司生产的HIQ－3048型300kN数控转塔冲床，其液压系统、数控系统和转盘等主要部件均来自日本NISSHINBO公司。该机液压系统可对行程、速度、压力进行编程控制，冲头下死点位置精度达0.01mm，并可实现下死点保压；六轴控制(X、Y、Z、$T1$、$T2$、C)，上下转盘分别驱动；3只夹钳位置均可编程设定、自动调节，以适应不同板料的需要；脱模自动检测装置可对故障进行自动检测并中断加工程序，以免损坏机构和出现废品；56个工位，带2个自动分度工位；板料最大移动速度100m/min；最高冲程次数1 500次/min，最高冲孔频率350次/min(步距25.4mm)和750次/min(步距1mm)。

湖北三环锻压机床有限公司生产的 STRIPPIT－HD1500H/30 型 300kN 数控转塔冲床，是引进美国 STRIPPIT 公司技术生产的最新产品。该机采用德国哈雷（H＋L）公司的液压驱动系统，具有结构紧凑、冲压稳定的特点；该机 28 个工位，有 4 个工位的最大冲孔直径为 88.9mm，其中可提供 3 个自动分度工位；采用西门子（SIEMENS）公司数控系统和伺服单元，具有直接编程和自诊断功能；该机全行程重复精度为 0.05mm，最大冲孔速度 400 次/min，板料最大移动速度 90m/min。

第三代数控转塔冲床的共同特点是，采用高性能伺服液压驱动的专用液压系统，使步冲次数和冲压稳定性大为提高，步距为 0.5mm 时步冲频率可达 600～1 000 次/min；智能型的夹钳机构，最大限度地减小了冲裁死区；毛刷型工作台保证了对板料的有效支撑，并保护板料在快速运动时表面不被划伤；工作台移动速度普遍提高，轴向速度达 80m/min，合成速度达 120m/min；具有 2～4 个自动分度工位，将大直径模位设置在自动分度工位上；开放型数控系统，用户界面友好，可扩展性强，配备高效自动编程软件。

"十五"期间，济南铸造锻压机械研究所开发的无离合器数控转塔冲床和江苏扬力集团有限公司开发的伺服电动机直接驱动数控转塔冲床，属于创新产品。目前虽不是主流产品，却代表了产品发展的某种动向或潮流。

应当指出，虽然国内产品与国外同类产品的技术水平大体相当，但代表当今顶尖水平的仍是国外著名公司开发的产品。

（3）数控剪板机及剪切生产线。剪板机是金属板材加工的重要设备，数控剪板机是较早出现的数控锻压机床。由于数控剪板机技术上相对简单，生产剪板机的企业多数都能够生产数控剪板机。

剪板机按结构分，有闸式剪板机和摆式剪板机两类；按传动方式分，有机械传动剪板机和液压传动剪板机两类。由于液压传动在控制方面的优势，数控剪板机主要采用液压传动形式，而且数控液压摆式剪板机多于数控液压闸式剪板机。

国内生产数控剪板机的企业较多，其中以上海冲剪机床厂、湖北三环锻压机床有限公司、江苏亚威机床有限公司等企业的产品水平与质量最为上乘。

"十五"期间，数控剪板机在结构与配置方面跨越了各行其道的阶段，逐步向国际主流靠拢。目前多数数控剪板机，机架采用整体焊接结构，经时效处理具有良好的强度、刚度和精度保持性；采用集成式液压系统伺服驱动，极大地提高了机床运行的可靠性；根据被剪板料的材质、厚度和剪切长度，自动完成剪切角度、剪切行程、刀片间隙和后挡料的调整；可配备前送料系统或后托料装置，集送料、卸料于一体，有效地提高了设备自动化程度。

数控剪切生产线是在数控剪切机基础上发展起来的专用设备，由开卷机、校平机、剪切机及其辅助装置组成。数控剪切生产线按剪切形式可分为横剪线和纵剪线，也有既可横剪也能纵剪的复合剪切线。横剪线将卷料经开卷、校平后剪切成定尺矩形；纵剪线将卷料经开卷、校平、分条剪切后收卷；复合剪切线同时具备横剪线与纵剪线的功能，可根据生产计划轮番使用。数控剪切生产线可加工冷轧钢板、镀锌钢板、不锈钢板、彩涂钢板、铝板等金属板材，特别适用于车辆制造、家用电器、食品机械、包装机械以及钢板配送中心等行业。

我国数控剪切生产线技术水平接近国际先进水平，板料送进最高速度可达 100～120m/min，剪切定长精度为±0.3mm/2 000mm，剪切板料的对角线精度为±0.5mm/（2 000mm×650mm），剪切板料长度 300～2 500mm 时，生产率 90～20 件/min。

济南捷迈锻压机械工程有限公司与江苏亚威机床集团公司是国内较早研制、生产数控剪切生产线的企业，其技术实力、产品水平和市场应变能力均较出众。

在剪切机门类中，还应提及数控角剪机。数控角剪机是较特殊的剪切机，用于板材的切角工序，通常与数控折弯机配合使用，是加工箱体类零件必不可少的设备。普通数控角剪机，结构紧凑、操作方便，剪切角度为 90°或 30°～140°可调，功能单一。多功能数控角剪机，有两个工位，主工位剪切角度为 90°或 30°～140°可调，辅助工位则可对板材进行冲孔或冲切。数控角剪机作为辅机，许多生产数控转塔冲床和数控折弯机的企业都生产。

（4）数控复合加工机及数控复合加工生产线。数控复合加工机是继数控转塔冲床之后出现的新型数控锻压机床。该机集数控转塔冲床与数控角剪机于一体，将板材冲孔、成形及剪切工序一次完成，特别适合于有后续折弯工序的面板类工件加工。由于数控冲剪复合机的冲、剪单元共用一套数控系统、液压系统和送料机械手，与数控转塔冲床和数控角剪机整机组合比较，不仅降低了制造成本、节省了机床占地面积，而且减少了故障率。数控冲剪复合加工机可单机使用，也可作为主机组成数控冲剪复合柔性加工线。

济南捷迈数控机械有限公司生产的 PS31250 型数控冲剪复合加工机，公称力（冲/剪）300kN/280kN，最大加工板材尺寸 1 250mm×5 000mm，工作台最大行程（X/Y 轴）2 500mm/1 400mm，工作台最大移动速度 100m/min；冲压部分模位数 32（含两套自动分度模），最大单次冲孔直径 88.9mm，最大冲压速度 900 次/min；剪切部分最大单次剪切尺寸 800mm×1 250mm，Y 轴单次剪切长度 1 250mm，X 轴方向可连续半剪实现任意长度剪切，最小剪切板厚 0.5mm；FANUC18i 数控系统，五轴控制（X、Y、T、C、B），具有工件图形显示功能和 RS232C 接口。冲、剪滑块上死点、下死点位置可自动设定，剪切刀具间隙可编程控制，冲压与剪切工序由程序控制自动转换；冲剪一体化自动编程软件可将工件图形文件生成加工程序，并可对冲压路径、模具规格、分剪排料等进行优化。

该公司生产的 C1 型数控冲剪复合加工生产线，以 PS31250 型数控冲剪复合机为主机，配以板材立体仓库、吸盘式送料机、码垛分选装置及控制系统组成，整线的钢板处理能力为 8 张/h。板材立体仓库由货架、板料分层装置、板料定位装置、存取升降机、钢托盘、木托盘及进出料台等组成；吸盘式送料机由吸盘架、升降装置、送进驱动装置、真空系统和气路系统等组成；码垛分选装置由皮带输送机、料箱、数控分选装置(包括辊式输送机、工件数控定位装置、数控吸料码垛机及交换式工件托盘)等组成；控制系统分主机控制单元、立体仓库控制单元、吸盘式送料机控制单元、码垛分选装置控制单元和1个全线控制器。为方便操作，除主机控制台外，物料输送系统设前后两个控制台。

江苏金方圆数控机床有限公司生产的APSS型数控冲剪复合加工生产线，以数控冲剪复合加工机为主机，与立体仓库、上料装置和分选装置组成。该机转塔冲床部分，公称力300kN，24个标准工位(其中2个自动分度工位)，一次冲孔最大直径88.9mm；采用德国BOSCH－REXROTH公司的液压系统驱动，最高冲切频率可达900次/min；智能型夹钳可由编程实现自动位移，并有板料脱落报警功能。该机数控直角剪部分，最大剪切力250kN，与冲压共用一个液压系统驱动；刀片长度(X、Y方向)800mm×1 250mm，刀口间隙可双向同步调整，X方向可进行半剪切。立体仓库有8个货格，最大装料尺寸为1 250mm×2 500mm，装料高度为125mm；取料机构的测厚装置和喷气分层装置，能保证存放板料的高度相同并在出料时不致发生吸双料现象。该生产线的上料系统由上料机械手和垂直、水平移动装置组成；上料机械手采用真空吸盘机构，带防坠落保险装置；垂直、水平移动装置采用无杆气缸驱动，设极限位置缓冲装置。分选装置共4组，有5种零件分选料斗，可使零件按种类进入相应料盒。

数控液压冲剪复合加工机作为新型的钣金加工设备，正以其综合性能优势为越来越多的用户所认识，以复合机为主机的板材加工柔性单元及柔性系统也在此基础上得到发展和应用。

济南捷迈数控机械有限公司和江苏金方圆数控机床有限公司的产品，代表了该类产品的国内最高水平，其技术性能处于国际先进水平。

(5)数控折弯机。数控板料折弯机是问世最早、应用最广泛、国内生产企业最多的数控锻压机床，已由早期的3轴发展到现在的八轴控制，配以上下料机器人和折弯机器人可形成数控折弯单元。

“十五”期间，我国数控板料折弯机已进入国际先进水平行列。高档产品普遍采用BOSCH公司或HOERBIGER公司的数字式闭路液压系统以及DELEM公司和CYB-ELEC公司的专用数控系统；采用动态压力补偿系统、侧梁变形补偿系统、温度补偿系统、板材厚度及反弹在线检测和修正系统，保证了受力状态下工作台与滑块相对位置的精确性；以人为本的设计思想实现了机床外观及色彩的宜人化；成熟完善的工艺软件、自动编程功能及彩屏显示，可实现多种折弯工件的工艺存储与轮番生产；滑块最大空程速度和工作速度分别达到100mm/s和10mm/s；多轴数控后定位机构保证了板料的精确送进，定位精度可控制在±0.01mm左右。目前，已经出现了网络控制的商品化数控板料折弯机产品。

江苏金方圆数控机床有限公司生产的PR6C225×3100型2 250kN数控板料折弯机是以上理念的具体体现。该机采用电液伺服同步控制技术及液压凸形补偿技术，集成式液压系统，荷兰DELEM公司DA69W数控系统，实现对折弯滑块Y1、Y2位置和后挡料$X1$、$X2$、$Z1$、$Z2$、$R1$、$R2$位置的八轴控制。滑块快速向下速度120mm/s，折弯速度9mm/s，回程速度80mm/s。折弯滑块定位精度0.005mm，后挡料前后位置重复定位精度0.005mm。该机可配备6轴折弯机器人，缩短折弯工序辅助时间，显著提高工件加工效率。

近年来，数控板料折弯机出现了由液压驱动向机械传动回归的动向。这种回归不是机械传动简单地替代液压驱动，而是采用伺服电动机带动滚珠丝杠直接驱动折弯滑块，形成新型数控板料折弯机。上海冲剪机床厂生产的ME50/2550型数控板料折弯机、江苏扬力集团有限公司生产的EB3512型数控板料折弯机和湖北三环锻压机床有限公司生产的PPH35/13型数控板料折弯机，折弯滑块由两台伺服电动机同步驱动，在滑块平衡快速运行的同时，滑块挠度得到有效补偿。伺服电动机直接驱动的优点在于，能耗、噪声、污染以及制造维修成本大为降低，机床的可靠性、工作速度和效率得以提高。该类数控板料折弯机滑块空程速度可达100mm/s，折弯速度10～15mm/s，空程速度70mm/s；滑块定位精度为0.035mm，重复定位精度为0.01mm。

我国数控板料折弯机目前有着向网络化和折弯单元发展的趋势。

(6)数控激光切割机。数控激光切割机是我国开发较早的数控锻压机床之一，“八五”期间济南铸造锻压机械研究所已研制出第一代数控激光切割机。经过十几年的发展，国产数控激光切割机已普遍采用全飞行光路技术，动态加速性能更加优良；高性能数控系统和内置激光切割专用工艺软件，使机床自动处于最佳运行状态；封闭式防护舱能有效地避免辐射泄露，提高了机床的安全性能；宜人化造型设计和人性化用户界面，充分体现了以人为本的设计思想；网络连接控制技术得到应用。

济南铸造锻压机械研究所生产的LC_M－1212型数控激光切割机，是数控激光切割机的典型产品。该机采用动光路技术，运动部件重量轻、惯量小，使切割机动态特性大为提高。运动机构由精密滚珠直线导轨、精密滚珠丝杠及成对精密滚珠轴承组成，使机床运动速度快、精度高；激光切割头配有反应灵敏的电感式自动寻找焦点检测系统，可实现板面不平整的有效切割；数控系统的内置激光切割专用工艺软件，可自动设定激光切割时所需的激光功率、切割速度、打孔时间、激光焦点位置等切割参数。该机可加工板材的最大尺寸为1 250mm×1 250mm，X、Y轴快速移动速度15m/min，最大插补速度10m/min，定位精度±0.03mm/m，重复定位精度0.003mm。

应当指出，与国外著名公司产品比较，我国激光切割机水平尚有明显差距。国内企业生产的激光切割机基本上是三轴控制的平面切割机，真正意义上的五轴控制可实现三维切割的商品化产品尚未出现。

(7)数控弯管机。国内原生产数控弯管机较著名的企业，近年来处于发展迟缓状态，目前活跃在国内市场上的是企业规模较小的后起之秀。

国外高水平数控弯管机有两个或两个以上工位，采用4+4轴的控制方式，可将管子弯成任意角度的三维形状；触摸式显示屏具有自动编程功能，可实现50个以上零件的工艺设定、编辑、存储及自诊断提示；$X-Y-Z-R$ 轴重复定位精度能够达到±0.05mm；X 轴速度达2 000mm/s，Y 轴、Z 轴和R轴的速度分别达到300°/s、900°/s和300°/s。数控弯管机可设计成1个或2个弯头，左右各带4个模具，进行左向或右向弯曲。此外，在1台设备上还可进行双向弯曲，并在同一流程中实现固定半径与可变半径的弯曲。

国内数控弯管机低于上述水平。张家港和丰机械制造有限公司、旭东机械(昆山)有限公司和上海国青机械有限公司生产的数控弯管机，采用双层模设置，液压比例伺服，送料和旋转2轴数控或送料、旋转、倾斜、弯曲4轴数控。采用触摸屏控制，对每一个弯都可作速度、角度、补偿值以及脱模间隙的设定；具有3D图形预视功能，可从不同角度对制件进行监控。国内企业虽曾成功研制过数控弯管单元，但未形成商品化产品。

“十五”以来，我国数控锻压机床得到快速发展，技术水平与产品门类接近国际先进水平，市场供应能力也大幅度提高。应该承认，目前数控锻压机床的产值占锻压机械总量的比例仍然很低，国产数控锻压机床尚不能满足国内日益增长的需求。但从另一个层面讲，数控锻压机床的上升空间很大，“十一五”的发展前景是值得欣慰的。

三、“十一五”数控锻压机床发展前景的展望

从“十五”期间锻压机械产量产值分析，数量占85%以上的机械压力机，产值仅占65%；液压机、剪切机和弯曲校正机产量之和仅占12%，产值之和却占30%以上；其中占总产量2%的数控锻压机床，价值量接近总量的30%。由此可见，减少普通机械压力机特别是小型、低档机械压力机的比例，提高大中型锻压机械的产量，多生产高技术附加值的数控锻压机床，努力提高锻压机械的数控化率，是今后相当长一段时间内锻压机械行业的重要发展目标。

数控锻压机床，不仅有其发展的必要性，而且具备持续快速发展的条件。首先，国家宏观经济环境有利于行业的发展。国家继续扩大内需的方针有利于国民经济的持续增长，国内外投资的高速增长给制造业提供了一个大舞台。根据国家规划和近几年实际情况，国民生产总值年增长速度为7%～8%，固定资产每年增长10%左右，到2010年，将有600亿元的机床消费市场。汽车工业进入高速发展阶段，机械工业、电力工业、航空航天工业持续高速发展，市场对锻压机械的需求大量增加，给企业营造了一个难逢的发展机遇。其次，产业发展的惯性有利于在一段时间内继续保持增长势头。“十五”以来，锻压机械行业始终以30%的速率持续增长，汽车工业作为机床工具行业的主要用户，对锻压机床的需求量占其机床总需求的50%左右。以轿车为代表的我国汽车产业进入快速发展期，对锻压机械行业特别是数控锻压机床的发展起到强劲的拉动作用。

“十一五”期间，我国锻压机械行业的发展重点不是数量的增长，而是加快优化产品构成，努力提高中高档锻压机械产品特别是数控锻压机床的产量。也惟有如此，才能满足日益扩大的国内市场需求，改变目前大量进口锻压设备的现状，进而加快出口创汇，扩大国际市场占有率，将国内外的潜在市场变成真正自己的市场。

从技术层面上讲，数控锻压机床有两点值得提及。其一，数控锻压机床在门类和主要技术指标方面基本达到或接近工业发达国家的先进水平，但产品的总体水平低于国外。作为典型的数控锻压机床，大型冲压生产线、数控转塔冲床、数控复合加工机、数控激光切割机、数控剪切折弯设备等，其技术指标、结构性能与世界知名公司的设备基本相当。但如果对其进行综合评价，在可靠性、安全性、宜人性、精细性等方面与国外的一流设备则有着明显差距。其二，行业内部多数企业的总体技术水平落后。主要表现在，行业总量供给能力很强，但产品技术含量低，提供市场的产品80%属低档落后产品；许多产品不能全面符合国际安全标准，行业国际市场的竞争力不强；产品的成套性、宜人性、加工精细程度、整体自动化程度、基础元件可靠性等方面与国外差距较大；多数企业关键核心技术自主研发力量薄弱，缺乏市场快速反应的能力；能够生产数控锻压机床的企业虽是行业的中坚力量，但毕竟在数量上不是主体。

为满足市场对数控锻压机床的需求，要求锻压机械行业在“十一五”期间，提高关键技术与核心技术的自主研发能力，提升产品的技术含量；加大信息技术的应用，提高快速适应市场的能力；加强产品标准化工作，与国际标准特别是国际安全标准接轨；应加强数控技术、计算机技术和网络化技术的应用，大力发展数控、高效、复合成套设备，重点开发大型多工位机械压力机、高速精密压力机、高性能机械压力机、高能螺旋压力机、网络式数控转塔冲床及网络板料折弯机、全自动冲压生产线、板料加工柔性单元和柔性线。

为确保数控锻压机床的健康发展，国家在政策、法规方面应给予一定的保护和支持。首先，调整产品进出口税收政策，扶持国产数控锻压机床的发展。目前实行的对数控转塔冲床、数控激光切割机、数控剪板机、数控折弯机等锻压设备进口免税政策，在一定程度上遏制了国产同类产品的发展；在出口产品退税政策方面，由于对出口产品没有严格分类，激励了以高能耗、高耗材和严重污染为代价的低档产品的大量生产与出口。其次，国家应实行强硬的产品淘汰制度，定期公布淘汰产品目录并强制执行，逐步限制和淘汰低水平机床的生产，控制低水平项目的重复建设，鼓励技术含量高的锻压机械产品的开发与生产。第三，加强行业标准的制修订工作，特别是安全性的强制性标准的制订与执行。以先进的标准促进行业产品水平与制造水平的提高，限制低水平产品的生产与销售。展望“十一五”，数控锻压机床的发展前景令人鼓舞。在国家技术创新大环境下，高端产品将得到快速发展，低端产品必将逐步减少。到“十一五”后期，数控锻压机床按数量计，有望达到4%～5%；按价值量计可占锻压机械总量的50%左右。

中国工具工业发展战略的思考

中国机床工具工业协会工具分会秘书处

研究中国工具工业当前的发展战略，必须充分考虑国际、国内宏观经济环境的变化。同时，根据十年来进入市场经济的经验教训，在确定发展战略方面，有几个大前题应该在企业中形成共识：①国内宏观经济保持快速、平稳、健康、持续的发展，是各行各业良性发展的最大保障。经济大起大落对行业造成的冲击和损害，大家记忆犹新。所以，每个行业考虑自身发展战略的时候，必须自觉地和国家宏观经济调控方向保持一致，这既是全局发展的需要，也是行业根本利益之所在。②全球性的资源、能源短缺和环境问题，已经成为经济发展面临的主要挑战。制定行业的发展战略，必须坚持走新型工业化道路，着力调整经济结构和加快转变经济增长方式，不断提高经济增长的效益和质量。

以上两个方面，既是中央对经济发展的全局性指导方针，也是工具行业制定发展战略时必须遵循的基本原则。

还有一点必须指出的是，我们当前要确立的是市场经济环境下的发展战略。对中国企业而言，进入市场经济只有短短的10年历史，比起发达国家二三百年的市场经济经历，我国企业还处于入门阶段。因此，迅速地学习和掌握市场经济规律，是我国广大企业家的一个共同课题，只有从观念和行动上彻底摆脱计划经济时代留下的种种影响，才能驾驭企业，采取正确的发展战略，在经济全球化的大潮中，求得生存和发展。

从全国看，各行各业进入市场经济后遇到的困难和问题，可以说是大同小异。产生的原因也基本相同：一方面是国内企业对市场经济规律的认识和掌握不够，遇到问题应对办法较少。另一方面，我们的竞争对手是在市场经济中身经百战、实力强大的跨国公司，相比之下，我们的企业优势少，劣势多，形势十分严峻。从总体竞争实力来看，跨国集团从资本运作、人才储备、科技开发、企业管理、国际化市场运作等方面，都大大强于我们。据统计，全球6.9万个跨国公司，已占世界贸易额的60%以上，占全球对外直接投资的90%，并控制了全球知识产权的70%。有的经济学家指出，我国的比较优势算来算去只有劳动力成本低这一项了。因此，只能在产业链的低端帮人家做一点加工装配，挣点辛苦钱。然而，更多的有识之士不同意这种看法，指出：我们固然应该充分认识竞争对手的力量和优势，但这是为了知己知彼，克敌制胜，决不能甘心认输。何况，力量的对比是可以通过主观努力改变的。改革开放以来我国经济取得了举世瞩目的成就，这就是最好的证明。关键是我们必须审时度势，采取正确的战略战术。

就工具行业而言，我们的优势就不仅仅是劳动力成本低这一项。我们还有资源优势：工具材料的重要合金元素钨、钼，我国的储量分别居世界第1、第2位。其次，工具行业作为传统产业，国内外的差距不像IT行业那么大。尽管“三高一专”的现代工具差距较大，但是通用刃具和通用量具我们的性能价格比有很大的优势，只要在品种、外观和质量上再努一把力，完全可以进入国际加工业市场一显身手。

一、节约资源，发挥比较优势，提高产品质量和档次，推动增长方式从数量型向质量效益型转化

这是工具行业今后一个时期的总体发展战略，也是党的十六届五中全会提出的经济社会发展战略在工具行业的具体化，主要有以下几个方面：

1. 充分发挥资源优势，使其成为提高工具行业竞争力的一个重要手段

目前的状况是，我们非但没有把资源优势转化为竞争力，反而在浪费和滥用资源的错误道路上愈走愈远。例如：①我国钨资源居世界第一，占全球储量的35.5%。但是无节制开采和低价出口，已经给资源的利用造成了极大的破坏。2004年在国外需求钨总量3.5万t中，我国出口供应3.03万t，占总需求量的86.6%。权威机构估计：如出口不加节制，我国钨资源只能维持22年，优势将完全丧失。②我国工具材料高速钢和硬质合金，2004年产量均占全球40%。但制成的工具成品，销售收入仅占全球工具销售收入的10%左右，这又是一个很大的落差。

由此可见，我国从矿产到制成品整个产业链，都在大量浪费国家宝贵的资源。这种状况应该尽早纠正。

2. 着力调整产品结构，提高产品质量和档次，在提高产品附加值方面狠下功夫

工具行业浪费资源的一个突出表现是，无节制的生产低档产品。如：在2004年生产的7.8万t高速钢中，有30%是粗制滥造的所谓低合金高速钢，2005年由于原料涨价，有些企业为降低成本，低合金高速钢产量有增加的趋势。又如：2004年生产的约25亿件高速钢刀具中，有20亿件是低价出口的低档家用工具。长此以往，节约资源无从谈起，企业效益从何而来？当然，提高产品质量和档次，对每个企业，要从自身实力和市场需求出发，准确定位，以提高实际效益为前提，不是为高档而高档。

3. 必须把提高效益作为企业经营活动的中心目标

在成熟的市场经济条件下，低效益或无效益的企业无法生存，这是人所共知的常识。但是在我国目前仍然有一

批企业继续在低效益或无效益条件下运转。有下面两种情况:①极少数国有企业,计划经济时代吃大锅饭的旧观念没有完全转变,继续执行粗放式的经营方式,得过且过,不怕亏损;②一批民营乡镇企业,在早期一些企业靠劣质低价产品盈利的鼓舞下,纷纷加入这个行列,造成低价劣质产品在国内国外两个市场供大于求,价格步步下跌。这些企业走上亏损道路是必然结果。上述两种情况,随着我国改革深化,市场经济日趋规范,不可能长久存在下去,只有转变观念,规范运作,才有生存的希望。

二、落实工具行业总体发展战略的几点建议

1. 控制低端,发展高端,巩固国内市场

当前国内工具市场的突出问题是"低端混战,高端失守"。所以对应的措施也有两条:①制止低端混战局面。首先是有实力的大、中型工具企业,应带头撤出低价混战圈子。这句话有两层意思,首先是你的产品要性能高、质量好,才能和劣质低价产品拉开档次,实施优质优价;其次是:企业切不可图一时的销售增长,把好产品也低价卖了。这样不仅损害了行业全局利益,也把自己的发展后路堵死了。在市场供求基本平衡的前提下,维持适当的产品价格和利润空间,是完全能做到的。但条件是主要企业要对维护市场平衡的重要性取得共识,共同遵守规则。②逐步收复高端市场。这些年来,随着中国现代制造业的发展壮大,对现代高效刀具的需求潜力巨大,大家看好中国市场,全球有实力的工具企业,都进入了中国市场,而我国企业对制造业的新发展和新需求,却准备不足,近年来在高端市场上节节退让。目前进口刀具已占我国工具市场总量的1/3,在高端领域,更占有80%的绝对优势。长此下去,我们的生存空间愈来愈小,生产经营难以为继。所以,必须逐步收复失地,扩大高端产品的市场占有率。韩国目前已做到刀具国产化率70%以上(包括合资企业产品),我们也要逐步提高比例。假如国内市场都节节败退,无招架之力,就谈不上什么"走出去"战略。

但是,工具企业怎样才能进入高端市场,这是一个必须认真研究的问题。现代刀具技术和传统标准刀具最大的区别是:它不仅仅是一种单纯的刀具,而是一整套为用户解决问题的加工技术。因此,工具企业千万不要认为,引进一点现代刀具的制造设备,就可以和跨国公司较量了。除了现代化的装备以外,还必须培养一支队伍,从产品开发,制造技术,服务技术,营销技术各方面配套发展,真正形成为用户解决制造技术问题的综合实力,才有资格进入现代制造业高端技术的大门。当然,我们的企业在开始进入高端领域的时候,不可能面面俱到,可以根据自己的长处,确定有限领域,集中兵力,形成解决问题的综合能力。

2. 调整国际市场发展战略,控制低端产品出口数量,重点发展中档优质产品主打出口

控制低端产品出口数量,和国内市场的道理是相同的,是旨在节约资源,转变增长方式。2004年我国出口19.4亿件刀具,收入3.84亿美元,每件均价仅0.2美元。这种"超大量、超低价"的出口模式,既损害自身利益,也破坏国际市场的平衡,是一种两败俱伤的模式,一定要尽快改变。所以,有实力的企业要积极考虑以中档优质产品主打国际市场。所谓中档优质产品,就是目前发达国家机械工业仍在使用的优质标准刀具(包括高速钢和硬质合金刀具)和通用量具。这种刀量具和我国制造业大量使用的传统标准刀量具属于同一档次,我国工具企业在这个领域,有较强的竞争优势。这种工具出口到发达国家的工业领域,除了价格以外,品种、质量成为关键竞争要素。为此在品种、质量和外观上再努一把力,和国际接上轨,出口前景将十分良好。以中档产品主打出口,就可以和劣质低价的家用工具拉开档次,就可使出口工具产品数量大幅减少,而效益大幅度上升。

举一个在这个方面上运作成功的例子。目前韩国排名第三的工具公司YGone,1981年12个人起家,就是集中精力做优质标准刀具,品种很简单:立铣刀、钻头、丝锥和旋转锉(高速钢、硬质合金都做),发展到目前,已有员工1 500名(全球),销售收入1.2亿美元,2004年向欧、美、日等70多个国家出口上述优质标准刀具约3 000万件,换汇9 000万美元。出口价格比日、欧等国同类产品低30%~40%。

大家设想一下,我们国内有实力的工具企业,假如都像YGone这样运作,在国内、国际两个市场必定都会从目前的困境中解脱出来。消耗会降下来,效益会提上去,出现全盘皆活的局面。这正是我们转变经济增长方式追求的目标。

我国很多有实力的工具企业,为什么长期跳不出出口低档家用工具的旧格局?有没有想到进入更高的领域去试一试?主要是对企业目标市场的研究定位和开拓,做得太差,甚至根本没有做。这方面国内外企业的差距是很大的。韩国YGone的董事长宋镐根,目前已经事业有成,但致力于市场开拓的精神不减当年,每年仍有2/3的时间深入国际市场调研。国内一些新兴民营企业的主要领导,也已经把市场的研究和开拓,放在工作的首位,取得了非常好的效果。通过这些事例,希望工具行业更多的企业主要领导,能把对国内外市场的研究和分析,定位和开拓,放到自己重要的议事日程上来,因为这项工作是企业正确决策和取得成功的基础。

三、关于中国工具企业走向国际化途径的探讨

前面曾多次提到,中国工具产品出口数量很大,但主要是低档家用工具,售价很低,效益不高。那么,我们为什么不能像韩国YGone那样,把优质标准工具销到国外工业用户那里去呢?效益不是可以大大提高吗?回答是暂时做不到,因为渠道不通。长期以来,我国工具产品的出口,都是通过贸易方式进行的,即由中介贸易公司收购转卖,不直接面对用户。这样做的好处是成本低、风险小,缺点是不直接面对最终用户,出口20多年,对国际市场的真实情况仍然是两眼一抹黑,被中介贸易商牵着鼻子走,卖了20多年低档家用工具。现在欲把销售对象转到工业用户,原来的渠道走不通了,就必须开辟新的贸易渠道。至少要找工业用品的中介贸易商做代理,这需要有一个过程。当然,在国际营销中掌握主导权的最好办法是产、销衔接,像YGone那

样，在全球建立自己的直接销售网络。但这样做显然费用很高，并且需要培养一支懂得国际化市场规则和跨国经营的人才队伍。这方面，国内株硬集团已经有了一些探索，在欧洲开始聘用当地专业人才来建立自己的直销网络，效果很好，比通过中介贸易商可获得更多的用户需求信息反馈和更快的市场扩展效果。

此外，对名牌产品的进行“贴牌生产”(OEM)，虽然不是直接面对最终用户，但作为名牌产品的国际水平，同样也是一个走向国际化的有效途径。贴牌生产有助于在生产技术、工艺流程、企业管理、员工素质、质量控制等方面逐步和国际接轨，从而在保证质量和建立信誉方面逐渐走向良性发展轨道，为进而创出自己的品牌打下基础。国内一些量具生产企业，在这方面做得比刃具企业要更好一些。

2005年，工具分会秘书处也开始通过协会渠道，帮助企业增加一些和国际市场沟通的机会。先后同韩国工具工业协同组合和德国VDMA下属的精密工具专业协会，进行了接触，彼此都有进一步合作的愿望。其中与韩国的合作进展较快，他们派出了多个代表团访问协会和一些工具企业，成都工具所、成量等单位也组团前往韩国，参加10月25日韩方举办的国际工具展览会。希望通过交往和了解，双方能够找到一些优势互补的项目，推动互利合作和共同发展。韩方特别提出，该国量具基本依靠进口，大多是日本三丰的产品，质量过硬，但价格很高。后来发现，一些三丰的优质量具原产地是中国，于是想到从中国直接进口，这样对中、韩双方都有利。目前碰到的问题是，过去通过中间商进入韩国的中国量具，大多是价格很低，质量较差，给中国产品的质量、信誉在韩国造成了不良影响。韩方提出由双方工具协会在这件事上进行沟通和合作，例如，由协会推荐优秀的生产商，并通过质量认证等措施加以保证等。协会间的这类沟通和接触，可以帮助广大企业，在开拓国际市场的过程中，增加一些信息来源和选择余地。今后应进一步加强这方面的工作。

2005年，工具行业很多企业都加大了国际化的步伐，有些动作力度是前所未有的。如哈尔滨量具刃具集团公司全资收购了德国Kelch公司，哈尔滨第一工具厂和著名的跨国公司Gleason合资等。

在经济全球化的背景下，竞争的压力迫使每个企业都必须认真研究走向国际化，打开国际市场大门的有效途径。实践证明，通过中介贸易商出口产品的做法，已经不能满足发展需要。必须加强努力，自主开辟出通向国际市场更加对口和畅通的渠道，为企业的发展打出一片新天地。

机械工业中机床相关行业的基本情况

一、机械工业总体情况

(一)行业经济发展总体概况

2005年，机械工业较好地克服了“市场波动”和上游产品大幅提价等不利因素的影响，成功地实现了由高速增长向平稳快速增长的过渡，主要经济指标创历史新水平。2004～2005年中国机械工业主要经济指标和主要产品产量(为规模以上企业，下同)见表1。

表1　2004～2005年中国机械工业主要经济指标和主要产品产量

指标名称	单位	绝对值		同比增长(%)	
		2004年	2005年	2004年	2005年
主要经济指标					
工业增加值	亿元	9 087.5	10 820.6	33.5	19.1
工业总产值	亿元	35 045.0	41 428.0	36.8	18.2
销售收入	亿元	33 832.6	40 307.3	37.0	19.1
利润总额	亿元	1 923.4	2 140.8	26.6	11.3
外贸出口额	亿美元	778.8	1 044.6	41.9	34.1
主要产品产量					
大中型拖拉机	万台	9.8	16.2	83.9	65.3
机床	万台	38.9	45.1	35.9	15.9
其中：数控机床	台	51 861	59 639	49.8	15.0
发电设备	万kW	7 137.0	9 200.0	90.9	28.9
汽车	万辆	507.1	570.8	14.1	12.6
其中：轿车	万辆	222.5	276.8	12.0	24.4

1. 生产发展

(1)保持平稳较快增长,由超高速向快速过渡。从2004年下半年开始,国家宏观调控在机械工业经济运行中的影响逐步显现,部分行业增速走低,至2005年第二季度开始进入稳定的增长期。2005年工业增加值在2003年(38.9%)、2004年(33.5%)连续两年以30%以上超高速增长的基础上,向20%左右回落,增幅虽比上年有较大下降,但仍属较快增长。

经济的稳定性有所提高。2005年全年工业总产值达到41 428亿元,比上年增长18.2%;工业增加值10 821亿元,比上年增长19.1%,4个季度分别增长11.7%、17.8%、20.7%和20.3%。数据显示,增长速度曲线非常平稳,前3年过快增长所引发的诸多风险大大缓解,增长的可持续性明显提高。

生产效率显著提高。2005年机械工业全员劳动生产率94 912元/人,比上年的83 677元/人增加11 235元/人,增长13.4%,增长率创历史最好水平,但总的水平与工业发达国家(美国9.73万美元/人、日本10.47万美元/人、德国7.66万美元/人)相比,还有较大差距。

(2)重要产品产量实现新的突破。在统计的94种主要产品中,产量比上年增长的产品有77种,占总量的81.9%;其中以两位数增长的产品有60种,占总量的63.8%,大中型拖拉机、火力发电设备等13种重要产品增幅在30%以上。2005年产量比上年增速超过30%的机械产品见表2。

表2 2005年产量比上年增速超过30%的机械产品

序号	产品名称	单位	产量	比上年增长(%)
1	大中型拖拉机	万台	16.2	65.2
2	电站汽轮机	万kW	7 790.2	46.7
3	数码照相机	万台	5 553.0	45.9
4	造纸机械	万台	2.8	39.7
5	越野汽车	万辆	8.5	39.6
6	阀门	万t	169.7	37.8
7	采矿设备	万t	114.3	37.6
8	电站锅炉(蒸汽)	万t	32.0	37.5
9	起重设备	万t	191.7	36.5
10	环境监测仪表	台	9 373	36.4
11	汽轮发电机	万kW	7 888.0	33.2
12	固体废弃物处理设备	台(套)	2 602	30.4
13	气动元件	万t	7 138.2	30.3

大中型拖拉机:支持"三农"的大中型拖拉机大发展。2004年生产9.8万台,比2003年增长83.9%,在此基础上,2005年生产16.2万台,比上年又增长65.2%。

机床:2005年生产45.1万台,比上年增长15.9%,按台数计居全球首位。按产值计,2005年年产值40亿美元,占全球金属切削机床产值约410亿美元的1/10,仅次于日本、德国,居世界第三位。结构改善,数控机床生产5.96万台,比上年增长15.0%;数控化率按实物量计比上年增长13.2%,按价值量计比上年增长35.2%。

发电设备:2005年生产9 200万kW,比上年增长28.9%。按中国机械工业联合会发电设备中心对全国29个单位统计,完成电站主机8 635.6万kW,比上年增长29%。据全球最大的美国通用公司、德国西门子公司和法国阿尔斯通公司3个发电设备制造商的研究报告,近年全球发电设备订单年平均约为12 000万kW,金额约500亿美元;中国2005年生产电站发电设备8 600多万kW,价值300多亿美元,稳居世界第一位。

汽车:2005年生产汽车570.8万辆,其中轿车276.8万辆,分别增长12.6%和24.4%,分别比上年增幅回落1.5个百分点和增长12.4个百分点;产量仅次于美国、日本,已居全球第三位。

2. 销售与市场

2005年,机械产品国内外市场活跃,机械工业生产企业总体产销形势良好,销售增长快于生产增长。

机械工业产品市场需求旺盛,反映在三个方面:一是销售收入增速(19.1%)快于生产增速(工业总产值增长18.2%);二是产品销售率达98.0%的高水平,创历史最高(2000年97.23%,2001年97.11%,2002年97.66%,2003年97.64%,2004年97.59%);三是产成品、应收账款净额比上年增速低于销售收入和销售产值的增幅。

从各行业情况看,销售率在98%以上的有6个行业,汽车行业最高达99.01%,反映汽车制造厂家密切跟踪市场需求,较好地安排生产;文化办公设备和工程机械行业销售率分别为98.79%和98.78%;产品销售率最低的食品与包装机械行业也有96.09%。

机械工业是一个以内需为主的产业,但外需增长也很快。2005年国产机械工业产品内需市场占83.31%,外需占16.69%。对国内外市场分析,出口交货值比上年增长28.97%,内销交货值增长18.98%。外贸依存度,2005年为16.69%,比2004年的15.81%多0.88个百分点;内贸依存度,2005年83.31%,比2004年的84.19%有所减少。

从机械产品国内外市场情况分析,大多数行业产品市场主要是依靠国内需求。出口率最高的是文化办公设备行业产品达84.09%,仪器仪表行业和其他民品行业产品分别为27.74%和22.95%。内销率最高的是农业机械行业产品为94.15%,工程机械行业、汽车行业和内燃机行业产品分别为93.79%、92.00%和91.4%;重型矿山机械、机床、石化通用机械行业的产品内销率都在85%以上。2005年机械工业各行业产品销售率和市场外贸依存度见表3。

表3 2005年机械工业各行业产品销售率和市场外贸依存度

行业	产品销售率		外贸依存度	
	排序	指标值(%)	排序	指标值(%)
机械工业全行业		98.00		16.69
农业机械	5	98.44	13	5.85
内燃机	6	98.00	10	8.60
工程机械	3	98.78	12	6.21
仪器仪表	10	97.16	2	27.74
文化办公设备	2	98.79	1	84.09
石化通用机械	12	96.80	6	14.63

（续）

行　　业	产品销售率		外贸依存度	
	排序	指标值（%）	排序	指标值（%）
重型矿山机械	11	96.91	8	12.99
机床工具	9	97.17	9	12.85
电工电器	7	97.67	4	19.79
通用基础件	8	97.36	5	19.41
食品与包装机械	13	96.09	7	13.19
汽车	1	99.01	11	8.00
其他民用机械	4	98.50	3	22.95

3. 盈利状况

2005年，机械工业经营管理水平有所提高，销售费用（比上年增加18.12%）、管理费用（14.62%）和产成品库存（12.30%）等指标的增幅都比同期销售收入（比上年增长19.1%）增幅低。但由于上游产品大幅提价，在制造成本加大和产能过剩导致降价竞销的双重挤压下，利润增幅下降。

原材料占机械产品成本的比重为60%～70%，年内由于钢材、铜、铝大幅提价，企业难以消化，以及部分产品产能过剩，产品降价竞销，严重地影响了机械工业企业的盈利。如轿车，平均每辆售价2004年为14.63万元，2005年为12.93万元，每辆售价减少1.7万元。2005年销售轿车278.74万辆，仅降价一项，即减少利润约470亿元。

2005年，机械工业利润总额比上年增长8.1%的成果来之不易，1～4月利润总额同比增长曾下滑到－15.36%；亏损企业亏损额1～7月同比高达41.34%。严峻的形势，激烈的竞争，促使企业改善经营管理，优化产品结构、企业结构，加上原材料的价格增势自第3季度开始有所松动，盈利情况逐步好转，至10月份才终止盈利负增长局面，全年实现利润2 140.8亿元，再创历史新高。2005年机械工业利润总额、亏损企业亏损额分月同比增长情况见表4。

表4　2005年机械工业利润总额、亏损企业亏损额分月同比增长情况　　（单位：%）

项　目	1～2月	1～3月	1～4月	1～5月	1～6月	1～7月	1～8月	1～9月	1～10月	1～11月	1～12月
利润总额	－10.6	－14.6	－15.4	－12.6	－9.1	－6.5	－4.2	－1.4	0.9	6.1	11.3
亏损企业亏损额	25.1	37.8	35.4	37.2	39.8	41.3	37.8	33.7	28.6	18.7	19.8

从各行业的盈利情况看：农机行业增长最快，增幅达82.2%，其次是重型矿山机械行业和仪器仪表行业，增幅分别为58.4%和39.3%；汽车行业减幅最大，累计利润总额下降22.6%。电工电器行业利润总额最多共599.3亿元，占机械工业利润总额的27.99%，居第1位，而上年占比为23.06%，居第2位；汽车行业次之，共542.44亿元，占比25.34%，居第2位，而上年占比为28.27%，居第1位。

利润增长贡献率最高的是电工电器行业，2005年新增利润147.2亿元，对当年机械工业全行业新增利润的贡献率达67.95%，即占全行业新增利润的2/3；次之为基础件、重型矿山机械和石化通用机械行业，分别为21.24%、17.94%和17.21%。2005年机械工业各行业利润总额增长情况见表5。

表5　2005年机械工业各行业利润总额增长情况

行　业　名　称	指标值（亿元）	比　重（%）	比上年增加额（亿元）	比上年增长（%）
机械工业全行业	2 140.8	100.00	216.7	11.3
农业机械	41.4	1.94	18.7	82.2
内燃机	28.9	1.35	0.5	1.8
工程机械	32.8	1.53	0.2	0.6
仪器仪表	112.3	5.24	31.7	39.3
文化办公设备	36.7	1.71	－1.4	－3.6
石化通用机械	218.7	10.21	37.3	20.6
重型矿山机械	105.3	4.91	38.8	58.4
机床工具	89.3	4.17	23.8	36.3
电工电器	599.3	27.99	147.2	32.6
通用基础件	181.2	8.47	46.0	34.0
食品与包装机械	13.3	0.62	1.8	15.7
汽车	542.4	25.34	－157.9	－22.6
其他民用机械	139.5	6.52	30.0	27.4

4. 综合经济效益

2005年，机械工业经济效益综合指数156.37%，比上年提高3.86个百分点。主要经济效益指标与上年比较增减不一；流动资产和人力工效趋好，流动资产周转率比上年增加0.08次，劳动生产率比上年增加1.12万元；产品单位费用得到有效控制，但因能源、原材料价格持续上涨，成本增加过高，2005年机械工业销售收入利润率和成本费用利润率分别比上年下降0.53个百分点和0.58个百分点。2005年机械工业综合评价指标见表6。

表 6　2005 年机械工业综合评价指标

分　类	指　标　名　称	单　位	2004 年	2005 年	比上年增加(百分点)
综合评价指标	综合经济指数	%	152.51	156.37	3.86
一、投入产出能力	附加价值率	%	26.42	26.13	-0.29
	劳动生产率	元/人	83 677	94 912	11 235(元/人)
	成本费用利润率	%	6.21	5.63	-0.58
二、运营能力	流动资金周转率	次	1.72	1.80	0.08(次)
	产品销售率	%	97.59	98.00	0.41
三、盈利能力	总资产贡献率	%	10.38	10.28	-0.10
	销售利润率	%	5.84	5.31	-0.53
四、偿债能力	资产负债率	%	60.62	60.55	-0.07
五、发展能力	资产保值增值率	%	116.99	116.36	-0.63

分规模类型来看，小型企业盈利情况较好，全部效益指标高于机械工业总体水平。大型企业虽然资金充足，重大产品多，销售形势好，但由于产销成本费用较高，产成品和应收账款占用资金多，获利能力不强。2005 年全国机械工业不同规模类型企业经营情况见表 7。

表 7　2005 年全国机械工业不同规模类型企业经营情况　　(单位：%)

企业类型	销售收入利润率	总资产贡献率	资产负债率	流动资产周转率	成本费用利润率	资产保值增值率
机械工业全行业	5.31	10.28	60.55	1.80	5.63	116.36
大型企业	4.85	9.89	60.85	1.68	5.14	110.28
中型企业	5.66	9.77	60.87	1.71	5.97	114.41
小型企业	5.36	11.11	59.98	1.99	5.70	123.60

(二)体制改革与并购重组

2005 年，由于政策环境、市场环境的变化，机械工业的改革、重组不断深化，行业上下努力探索发展的新路。

(1)国有大中型企业主辅分离、辅业改制。主辅分离、辅业改制是国有大企业一项意义深远的改革，在机械工业国有企业改革中发挥了显著作用。首先是主辅分离、辅业改制，成为分流安置企业富余人员的主要渠道，为深化国有企业改革与维护企业和社会稳定发挥了重要作用。其次是国有大型企业在计划经济体制下形成的大而全、小而全的不合理结构，已成为参与市场竞争的一大障碍，通过这项改革有力推动了国有大型企业的结构调整，逐步化解了历史遗留问题。再次辅业改制后以多种方式推进了产权多元化，增强了活力和发展后劲。东方锅炉厂和中国第一汽车集团公司在这项意义深远的改革中取得了较好成绩，为国有企业改革提供了成功的范例。

(2)企业并购重组进入平稳阶段。2005 年中国机械工业的国内企业联合重组和走出国门并购，在经历了 2004 年快速增长后，进入平稳发展阶段。①企业跨地区兼并，实现强强联合和战略重组及产业结构调整；②开放合作逐步深入，开展多种形式的科技合作与交流；③市场经济促进其他行业进军机械制造业。

(3)以外资收购为特点的行业排头兵企业变局引发各界关注。近年来，装备制造业领域吸引外资呈现出一个特点，即外资进入战略对准行业排头兵企业。

(三)科技发展与自主创新

2005 年，中国机械工业在经济实力稳步提高的同时，在科学技术发展道路上也取得了重要成就，创新能力显著增强，重大科技成果不断涌现。①科技进步显示机械工业创新和研发能力的增强；②自主创新结出丰硕成果。

(四)结构调整和经济增长方式转变

产品结构优化取得进展；市场经济观念深化，服务水平有新突破，质量形象有改善，经营观念有新发展；企业结构调整，形成新的格局；企业资本结构不断调整，民营经济快速发展；综合要素生产率已达较好水平。

2005 年，机械工业市场化程度不断提高，各类市场主体的发展活力进一步激发，三种不同经济类型企业都取得迅速发展的业绩，特别是民营企业取得更为引人注目的快速健康发展。民营经济的迅速发展，为机械工业经济发展、产业结构优化、增长方式转变提供了新的动力和保障。2005 年，机械工业民营经济工业增加值增长30.5%，比国有及三资企业分别高22.9个百分点和16.5个百分点；在机械工业增加值中，比重达46.54%，比 2004 年高4.08个百分点。2004～2005 年机械工业增加值在不同类型企业的增长情况见表 8。

表 8　2004～2005 年机械工业增加值在不同类型企业的增长情况

企　业　类　型	2004 年			2005 年		
	金额(亿元)	比上年增长(%)	比重(%)	金额(亿元)	比上年增长(%)	比重(%)
机械工业总计	9 087.5	33.5	100.00	10 820.6	19.1	100.00
其中：国有及国有控股企业	2 749.6	4.3	30.26	2 959.1	7.6	27.34
民营企业	3 858.8	43.9	42.46	5 035.4	30.5	46.54
三资企业	2 479.1	66.5	27.28	2 826.1	14.0	26.12

2005年，机械工业总资产比上年增长16.15%、从业人员比上年增长6.1%，而同期工业增加值却比上年增长19.1%，表明中国机械工业的经济增长，初步改变了过去过分依靠资金投入、人力投入的粗放型增长方式。经济管理进步、科技进步在机械工业增长各因素中已占重要地位，转变经济增长方式初见成效。

(五)区域发展

1.2005年地区发展总的态势

2005年，各地区发展态势与全行业一致，继续保持平稳快速的增长。东部地区，特别是长江三角洲、珠江三角洲和环渤海湾地区继续保持机械工业发展的核心地位。振兴中西部机械工业、振兴东北老工业基地都取得了巨大成绩，但区域间发展不协调仍是一个不容回避的重要问题。

(1)省市区发展不平衡。各地机械工业继续高速前行，各项指标大多创历史新高，但发展不平衡。

增加值：吉林、广西、湖北为负增长(主要受汽车行业影响)，山西、上海、海南、重庆、贵州、宁夏为个位数增长，其他省市均为两位数增长，内蒙古、黑龙江、四川、青海4个省、自治区增速在50%以上；山东、河南、湖南、云南4个省增幅在40%以上。各地区发展不平衡，比上年增速最高(青海63.5%)与最低(吉林−17.5%)间差距81.0个百分点。

利润总额：甘肃亏损，其他地区都是盈利。吉林、上海、湖北、广西、重庆、贵州、陕西6个省、自治区、直辖市，大都是受汽车盈利下降所累，为负增长，其他地区都创历史新高。天津、河北、内蒙古、黑龙江、江苏、安徽、江西、山东、河南、四川、云南、青海、宁夏、新疆增幅在20%以上；山东、江苏在高基数情况下又得到高速增长，成绩突出。

从各地区的工业增加值和利润的排序表中看，江苏、山东、广东、上海和浙江为排名前5位的机械大省，5省市机械工业增加值总和与利润总和分别占全行业工业增加值和利润总和的57.81%和66.16%，5省市对新增工业增加值的贡献率达60.79%。2005年这5个省市工业增加值都超过1 000亿元，而2004年过1 000亿元的只有江苏和山东两省；2005年5省市利润总额都在200亿元以上。西部地区(不含渝、川、陕)的多数省市，工业增加值和利润总额均比较低，在全国总量中所占比重很小，但从发展的角度看，增速极具潜力。2004～2005年机械工业各省市区工业增加值、利润总额情况见表9。

表9　2004～2005年机械工业各省市区工业增加值、利润总额情况

地区	工业增加值					利润总额				
	2004年		2005年			2004年		2005年		
	金额(亿元)	比重(%)	金额(亿元)	比重(%)	比上年增长(%)	金额(亿元)	比重(%)	金额(亿元)	比重(%)	比上年增长(%)
北京	251	2.90	298	2.76	10.1	76	4.10	79	3.69	0.2
天津	210	2.43	384	3.55	25.7	49	2.66	67	3.14	25.3
河北	207	2.40	273	2.53	30.0	50	2.69	68	3.15	42.1
山西	52	0.61	66	0.61	7.5	2	0.13	3	0.14	9.0
内蒙古	17	0.20	30	0.28	53.0	1	0.04	2	0.09	108.4
辽宁	368	4.26	459	4.24	27.9	39	2.11	52	2.43	13.2
吉林	469	5.43	329	3.04	−17.5	62	3.34	29	1.35	−53.3
黑龙江	76	0.88	102	0.94	51.6	4	0.21	11	0.50	271.0
上海	913	10.57	1 025	9.47	1.8	354	19.08	306	14.31	−16.5
江苏	1 162	13.45	1 507	13.92	26.3	231	12.43	289	13.50	27.6
浙江	834	9.66	1 016	9.39	18.7	232	12.50	267	12.49	11.7
安徽	158	1.83	199	1.84	20.3	29	1.54	37	1.74	32.6
福建	207	2.40	270	2.50	18.7	46	2.48	51	2.36	1.1
江西	68	0.79	98	0.90	25.2	10	0.53	16	0.76	71.1
山东	1 003	11.64	1 450	13.40	43.9	193	10.38	289	13.48	48.1
河南	308	3.56	459	4.24	46.9	43	2.31	82	3.83	77.2
湖北	465	5.38	488	4.51	−2.1	53	2.84	57	2.64	−0.4
湖南	142	1.64	210	1.94	44.9	22	1.20	27	1.27	14.7
广东	969	11.22	1 258	11.63	16.3	238	12.79	265	12.38	2.4
广西	110	1.27	95	0.88	−6.8	22	1.20	22	1.01	−4.8
海南	22	0.26	25	0.23	9.4	4	0.24	6	0.28	10.4
重庆	217	2.51	233	2.15	10.8	53	2.86	39	1.81	−23.7
四川	212	2.45	297	2.74	53.6	32	1.73	56	2.60	77.5
贵州	17	0.20	19	0.18	6.8	0	−0.01	2	0.11	−6.6
云南	25	0.29	37	0.34	45.4	1	0.06	2	0.11	65.3
陕西	98	1.13	121	1.12	19.0	15	0.81	15	0.69	−9.1
甘肃	31	0.36	40	0.37	14.0	−2	−0.11	0	−0.02	−86.8
青海	3	0.04	6	0.05	63.5	0	0.01	0	0.02	65.0

(续)

地区	工业增加值					利润总额				
	2004年		2005年			2004年		2005年		
	金额（亿元）	比重（%）	金额（亿元）	比重（%）	比上年增长（%）	金额（亿元）	比重（%）	金额（亿元）	比重（%）	比上年增长（%）
宁夏	12	0.14	16	0.15	6.6	−5	−0.25	2	0.09	136.6
新疆	11	0.13	11	0.11	−5.4	2	0.12	3	0.16	25.6

(2)东部地区优势明显，中部地区比重下降，西部地区绝对差距仍在增加。以工业增加值为例，2005年，在机械工业继续快速发展的情况下，东、中、西三个地区都以两位数增长，分别为21.8%、13.0%和24.5%。但从绝对值看，东部地区优势突出，且在全国的占比继续扩大，2005年占比达73.62%，比2004年的71.16%增加2.46个百分点；中部凹陷进一步发展，其比重由2004年的20.11%降低为18.02%，降低了2.09个百分点；西部地区也下滑0.37个百分点。

地区之间比较，不仅比重在变化，差距的绝对值快速扩大，如中部与东部的差距，2004年为4 410亿元，2005年增到6 017亿元，比上年增长36.4%；西部与东部的差距也以30.93%的速度拉大。东部地区利润的占比更大，高达80%以上。2004～2005年机械工业分地区工业增加值、利润情况见表10。

表10　2004～2005年机械工业分地区工业增加值、利润情况

地区	工业增加值									利润总额	
	指标值		比重		增速		指标值 中西部与东部比较			比重	
	2004年（亿元）	2005年（亿元）	2004年（%）	2005年（%）	2004年（%）	2005年（%）	2004年（亿元）	2005年（亿元）	增速（%）	2004年（%）	2005年（%）
东部地区	6 147	7 966	71.16	73.62	21.40	21.80	—	—	—	81.46	81.25
中部地区	1 737	1 950	20.11	18.02	24.40	13.00	−4 410	−6 017	36.40	12.10	12.23
西部地区	754	905	8.73	8.36	30.70	24.50	−5 394	−7 062	30.90	6.44	6.52

(3)三大经济圈是机械工业的集中地区。以上海为中心的长江三角洲地区，以广州、深圳为中心的珠江三角洲地区和包括京、津、冀、鲁、辽等省市在内的环渤海湾地区是机械工业集中地带，在机械工业主要经济指标中，三大经济圈占绝大比重，大体上生产总量占70%左右，利润占80%左右，出口额占90%左右。2005年三大经济圈经济实力都有所提升，总体上看长江三角洲实力最雄厚，约为珠三角和环渤海湾地区两者之和，除出口额外，环渤海湾地区占比均高于珠三角地区。2004～2005年三大经济圈机械工业发展情况见表11。

表11　2004～2005年三大经济圈机械工业发展情况　（单位：%）

经济区	工业增加值			利润总额			出口交货值		
	比重		比上年增长（%）	比重		比上年增长（%）	比重		比上年增长（%）
	2004年	2005年		2004年	2005年		2004年	2005年	
全国总计	100.00	100.00	20.3	100.00	100.00	11.3	100.00	100.00	29.0
三大经济圈合计	68.51	70.89	21.9	82.78	78.60	11.2	93.04	89.69	28.7
长江三角洲	33.68	32.79	16.1	44.06	40.29	3.6	42.19	44.16	38.1
珠江三角洲	11.23	11.63	16.1	12.79	12.38	2.4	31.56	29.69	15.6
环渤海湾地区	23.60	26.48	33.0	25.93	25.93	31.7	19.29	15.84	31.4

2. 区域发展的新动态。

(1)振兴东北老工业基地已取得初步成效。振兴装备制造业是振兴东北老工业基地的重要方面。通过近几年的大量工作，已取得初步成效。如黑龙江省投入10亿元的振兴老工业基地第一批重大技改项目之一落户中国第一重型机械集团公司，改造了加氢、轧辊、热加工等六大项目，加氢产品迅速扩容，现已领跑全国。中国第一重型机械集团公司生产的发电机转子、水轮机大轴、超临界汽轮机缸体等电站铸锻件居全国领先水平，而且产量占据国内半壁江山。2005年11月底，以5台钢水包合浇、液重达716t的国内最大轧机机架在该厂诞生。

辽宁省的装备工业以调整优化结构为主线，企业重新定位，核心竞争力进一步提高。大连冰山集团75%的产品达到国际先进水平，国内市场占有率60%以上。大连重工·起重集团综合指标在国内重机行业排名第一。沈阳鼓风机(集团)有限公司的离心压缩机产量居世界第二，打破了国外长期垄断局面。瓦轴集团13 000多个规格的轴承拥有自主知识产权，他们组建了世界最先进的铁路轴承生产线，生产的铁路轴承达到世界先进水平，一举打破了国外铁路轴承产品垄断国内市场的格局；该集团已经把目标瞄准世界轴承十强。特变电工变压器集团产能已达8 000万kV·A，自主研发的53.5万kV·A、525kV的大容量超高压单相自耦变压器，成功填补了我国变压器制造领域的空白，表明我国变压器制造的自主创新能力已经达到世界一流水平，具备了与跨国公司同台竞技的能力。

(2)在做大做强方面，加快战略布局调整。跨地区发展有两种类型，一类是跨地区企业间的并购重组，另一类是一些大企业为做大做强，根据本身发展需要，突破地区限制全方位发展。前者早已得到很大发展。如汽车行业大企业，早在20世纪80年代即在全国范围内并购重组，各大汽车集团的成员企业大都纵连南北，横跨东西。后者是近年来发展起来的一批重大技术装备制造企业的战略布局调整。哈尔滨电站设备集团公司、东方电机股份有限公司、中国第一重型机械集团公司、中国第二重型机械集团公司、保定天威保变电气股份有限公司、西安西电变压器有限责任公司、特变电工变压器集团等企业为适应当今世界水平的超大超重型装备加工、装配、试验和发运的要求，分别在大连、秦皇岛、广州等地加速建设超大超重装备加工、装配、发运新基地，形成了既能适应国内重点工程运输要求，又便于开拓国际市场和对外合作的跨地区的生产、经营布局。典型的如中国第一重型机械集团公司，为充分利用外部市场资源，相继将设计研究院、市场营销部迁到大连，组建了大连分公司，并在鞍山、天津、上海成立了协作部，同时在天津组建了国家研究中心，初步实现了跨地域发展，使企业成为中国综合能力最强的重型机械制造企业之一。

(3)产业集群的效应初步显现，产业布局有所改善。当前的世界经济发展正在演绎着一个个产业集聚的空间模式。一方面由于信息技术和交通系统的飞速发展，推进了全球化的进程；另一方面，区域经济在增长中的作用比以往更为重要，其主要原因是出现了“产业集群”。这些产业集群吸收聚集了巨大的经济能量，培育了一大批世界级的产业和企业，是当今时代模块经济的反映与表现形式。无论是发达国家或发展中国家，产业集群在推动区域经济增长、集聚人才、解决就业、扩大出口、占领市场等方面，都体现出非凡的活力和良好的势头。

产业集群通过产品结构的前向关联和后向关联，逐步形成了细分的专业化分工；通过要素配置的优化，实现了规模化生产；竞争、合作与互动联接，已经形成综合优势。良好的政策导向、园区规划、区位环境和优势产业的出色表现，提高了关联产业的集聚效应，驱使相关产业往一个特定区内集聚。正是在这一大背景下，经过多年的发展、培育，目前中国机械工业已经拥有一批以民营企业为主体的、规模不一的产业集群。如浙江温州和苏南地区的低压电器和泵阀产品、宁波的塑料机械和微小型轴承、珠江三角洲的照相机和复印机、浙江、福建及珠海的模具、浙江的水表和电表、山东的农用运输车和拖拉机、河北的标准件和铸件，这些产业聚集以高度专业化分工和规模化生产为特点，已形成明显竞争优势。

还有汽车产业，以整车厂为龙头，相关零部件企业迅速在其周围聚集，形成以大型汽车集团为中心的产业经济圈，上海、吉林、湖北、重庆、广东和京津地区构成我国汽车产业的重要集聚区，汽车产业集中度进一步提高。在长江三角洲、珠江三角洲、京津地区、东北地区、华北地区和西南地区出现了六大汽车产业集群的雏形。

产业集群的逐步形成，可以为我国机械工业相关产业的发展带来新的机遇，增强竞争力，改善地区布局。

(六)机械产品对外经济贸易持续高速发展

2005年，机械产品进出口贸易规模继续扩大，突出的特点是进出口态势出现较大变化：一方面出口继续呈现快速增长态势，商品结构和出口方式不断优化；另一方面进口明显放缓，外贸逆差大幅减少。

1. 机械产品对外经济贸易总体形势良好

(1)增势强劲，为全国外贸高速增长做出重要贡献。2005年，机械产品进出口总额2 228.7亿美元，比上年增长16.73%，比上年1 909.3亿美元净增319.4亿美元，增量主要是依靠外贸出口而增加的，与往年净增额进口占大头的情况迥然不同。

2005年，机械产品进出口总额占全国外贸总额的15.67%，比上年的16.50%略有减少，主要是因为进口增幅大幅下降所致；占机电产品外贸总额7 771.25亿美元的28.68%，比上年的30.53%减少1.85个百分点。

机械产品2005年进出口净增额319.4亿美元，对全国外贸进出口净增额2 663.5亿美元的贡献率为12.0%，为全国机电产品进出口净增额1 518.25亿美元的21.04%。

(2)贸易逆差大幅减少。2005年，机械产品外贸进出口逆差139.47亿美元，比2004年的351.53亿美元，减少201.96亿美元，减幅达60.32%；逆差额低于2000年(160.82亿美元)以后的各年，改写了机械装备逆差额只增不减的态势。2004～2005年机械产品进出口概况见表12。

表12　2004～2005年机械产品进出口概况

项　目	贸易额(亿美元)				2005年比上年增速(%)		机械产品在全国比重(%)	
	全国外贸		机械产品		全国外贸	机械产品	2004年	2005年
	2004年	2005年	2004年	2005年				
进出口总额	11 547.7	14 221.2	1 909.2	2 228.7	23.2	16.7	16.50	15.67
出口总额	5 933.6	7 620.0	778.8	1 044.6	28.4	34.1	13.13	13.71
进口总额	5 614.2	6 601.2	1 130.4	1 184.1	17.6	4.8	21.89	17.94
顺逆差	319.4	1 018.8	−351.5	−139.5				

(3)各行业产品对外贸易大发展。2005年，机械工业13个行业中，除其他民用机械产品进出口总额略有减少(−2.8%)，内燃机产品(9.9%)、食品包装机械产品(3.5%)为个位数增长外，其他9个行业产品都以二位数增长。电

工电器产品连年高速增长，在2004年增长43.2%的基础上，2005年又增长20.7%，贸易总额达549.24亿美元，占机械产品贸易总额的24.64%，是机械产品进出口贸易额最多的产品；仪器仪表产品(411.75亿美元)、石化通用机械产品(322.77亿美元)、机床工具产品(127.00亿美元)、机械基础件产品(122.12亿美元)都超过100亿美元。

出口额最多的是电工电器产品，达275.89亿美元，占机械产品出口总额的26.41%；其后是仪器仪表产品(199.10亿美元)、石化通用机械产品(168.36亿美元)、汽车(117.87亿美元)分别占机械产品出口总额的19.06%、16.12%和11.28%。出口增长最快的是工程机械产品和汽车，分别比上年增长54.7%和50.1%；其次是重型矿山机械产品和农业机械产品，分别增长49.0%和46.1%；其他各行业产品也都以二位数增长，增长最少的食品包装机械产品也增长22.5%。

多数行业产品2005年比上年进口减少，食品包装机械产品(−22.6%)、其他民用机械产品(−14.3%)、农业机械产品(−12.4%)、工程机械产品(−11.4%)、汽车(−5.2%)均为负增长；进口增幅最大的是仪器仪表产品(19.2%)，主要源于加工贸易的零配件进口增加，电工电器产品(15.8%)、机械基础件(15.1%)的进口增长也不低。

进出口贸易平衡，2004年有10个行业产品有逆差，2005年减至5个行业产品。逆差大户是机床工具产品(67.70亿美元)，其次是内燃机(19.21亿美元)、仪器仪表产品(13.55亿美元)、重型矿山机械产品(12.24亿美元)和机械基础件(12.16亿美元)等一些基础性行业产品。2005年机械工业各类产品进出口情况见表13。

表13 2005年机械工业各类产品进出口情况

产　品	进出口总额			进　口		
	金额(亿美元)	比上年增长(%)	占比(%)	金额(亿美元)	比上年增长(%)	占比(%)
合　计	2 228.67	16.7	100.00	1 184.07	4.8	100.00
农业机械	29.72	21.4	1.33	9.09	−12.4	0.77
内燃机	55.92	9.9	2.51	37.57	0.0	3.17
工程机械	56.61	13.2	2.54	27.84	−11.4	2.35
仪器仪表设备	411.75	27.9	18.48	212.65	19.2	17.96
石化通用机械	322.77	13.6	14.48	154.41	0.4	13.04
重型矿山机械	70.83	19.8	3.18	41.54	5.3	3.51
机床工具	127.00	14.5	5.70	97.35	10.2	8.22
电工电器	549.24	20.7	24.64	273.35	15.8	23.09
机械基础件	122.12	23.4	5.48	67.14	15.1	5.67
食品包装机械	55.23	3.5	2.48	17.40	−22.6	1.47
汽车	231.75	16.6	10.40	113.88	−5.2	9.62
其他民用机械	195.73	−2.8	8.78	131.87	−14.3	11.14
合　计	1 044.60	34.1	100.00	−351.53	−139.47	
农业机械	20.62	46.1	1.97	3.75	11.53	
内燃机	18.36	37.8	1.76	−24.23	−19.21	
工程机械	28.77	54.7	2.75	−12.82	0.93	
仪器仪表设备	199.10	38.7	19.06	−34.90	−13.55	
石化通用机械	168.36	29.1	16.12	−23.32	13.95	
重型矿山机械	29.30	49.0	2.80	−19.82	−12.24	
机床工具	29.65	31.2	2.84	−65.77	−67.70	
电工电器	275.89	26.0	26.41	−17.07	2.54	
机械基础件	54.98	35.2	5.26	−17.67	−12.16	
食品包装机械	37.83	22.5	3.62	8.41	20.43	
汽车	117.87	50.1	11.28	−41.60	3.99	
其他民用机械	63.86	34.7	6.11	−106.52	−68.01	

(4)欧美日等发达国家仍为主要贸易伙伴。2005年，中国机械商品对外贸易仍以欧美日等发达国家为主，欧盟、日本和美国为中国机械产品最大的三个贸易伙伴。

2005年，中国对欧盟的机械产品贸易，进口略有减少，但出口有较大增长，贸易额531.05亿美元，居中国外贸伙伴国的第1位。第2、3位为中日贸易468.84亿美元、中美327.03亿美元，中国与欧盟、日本和美国机械产品的贸易总额1 326.92亿美元，占机械产品进出口总额的59.54%。同期，中国与韩国的机械产品贸易额为141.96亿美元、与中国香港为134.62亿美元、与东盟为131.30亿美元、与中国台湾为121.27亿美元。

2005年，中国机械产品不仅对中东以及非洲国家出口贸易活跃，对美日及欧盟等发达国家的出口也继续高速增长。出口销往最多的是美国，出口额214.23亿美元，比上年增长32.13%，占中国机械产品出口总额的20.51%；其次是欧盟，出口额198.71亿美元，比上年增长32.42%，占出口总额的19.02%；第3是日本130.51亿美元，占出口总额12.50%，前3家共543.45亿美元，占出口总额的52.02%。还有出口中国香港119.93亿美元、占11.48%，东盟83.43亿美元、占7.99%，韩国36.85亿美元、占3.53%，中国台湾

25.52亿美元，占2.44%。

中国从日本进口机械产品最多，进口额338.29亿美元，比上年增长4.19%，占中国机械产品进口总额的28.57%；其次是欧盟，进口332.34亿美元，比上年减少3.61%，占进口总额的28.07%；第3是美国112.81亿美元，日本、欧盟和美国共783.44亿美元，占进口总额的66.17%。还有从韩国进口105.11亿美元、占8.88%，中国台湾95.74亿美元、占8.09%，东盟47.87亿美元、占4.04%，新加坡20.22亿美元、占1.71%。

从贸易平衡情况看，与主要贸易伙伴，除个别国家和地区逆差有小幅增加外，其他国家逆差有所减少，而顺差则增幅较大。主要逆差国家、地区，除韩国由2004年65.41亿美元增至2005年的68.26亿美元、中国台湾由69.25亿美元增至70.22亿美元外，其他国家均有所减少，欧盟由2004年的194.01亿美元减至133.63亿美元，日本由218.01亿美元减至207.78亿美元，分别减少60.38亿美元和10.23亿美元。主要顺差国家、地区，顺差均有所增加，美国由54.13亿美元增至101.42亿美元，增加47.29亿美元；中国香港由79.86亿美元增至105.25亿美元，增加25.39亿美元；东盟由21.70亿美元增至35.56亿美元，增加13.86亿美元。

从市场分布和市场稳定的角度看，机械产品进出口贸易分布比较合理。如出口市场，欧、美、日三家以外的其他国家约占50%左右，这样的分布，市场比较稳定，不易受制于人；进口来源地，欧、美、日三家近1/3，货物资源水平较高，也有选择的余地。2005年机械产品对外贸易伙伴分析见表14。

表14　2005年机械产品对外贸易伙伴分析

国家或地区	进出口总额			进　口		
	金额(亿美元)	比上年增长(%)	占比(%)	金额(亿美元)	比上年增长(%)	占比(%)
总计	2 228.67	16.7	100.00	1 184.07	4.8	100.00
欧盟合计	531.05	0.1	23.83	332.34	−3.6	28.07
其中：德国	224.76	0.8	10.08	181.79	−4.9	15.35
法国	46.49	16.2	2.09	28.70	5.9	2.42
英国	49.66	14.8	2.23	21.63	9.2	1.83
意大利	58.96	5.3	2.65	34.14	0.8	2.88
东盟合计	131.30	25.7	5.89	47.87	15.7	4.04
美国	327.03	21.1	14.67	112.81	4.5	9.53
日本	468.80	8.7	21.04	338.29	4.2	28.57
中国香港	134.62	20.0	6.04	14.68	−9.0	1.23
韩国	141.96	22.3	6.37	105.11	15.8	8.88
中国台湾	121.27	9.6	5.44	95.74	6.4	8.09

国家或地区	出　口			顺　逆　差(亿美元)	
	金额(亿美元)	比上年增长(%)	占比(%)	2004年	2005年
总计	1 044.60	34.1	100.0	−351.53	−139.47
欧盟合计	198.71	32.4	19.0	−194.01	−133.63
其中：德国	42.97	35.4	4.1	−155.47	−138.82
法国	17.80	37.8	1.7	−14.19	−10.90
英国	28.03	19.5	2.7	3.60	6.41
意大利	24.81	14.3	2.4	−12.18	−9.33
东盟合计	83.43	32.3	8.0	21.70	35.56
美国	214.23	32.1	20.5	54.13	101.42
日本	130.51	22.4	12.5	−218.01	−207.78
中国香港	119.93	24.9	11.5	79.86	105.25
韩国	36.85	45.4	3.5	−65.41	−68.26
中国台湾	25.52	23.2	2.4	−69.25	−70.22

2. 机械产品出口稳定快速增长

(1)出口持续快速增长。机械产品外贸出口连续3年在30%以上增速的高位运行。2005年出口1 044.60亿美元，增速34.1%，高于同期全国外贸出口增幅(28.4%)5.7个百分点；出口额在全国外贸总出口额中的比重为13.71%，比2004年的13.13%提高0.68个百分点。

(2)机械产品出口对全国外贸出口迅速增长贡献很大。2005年出口贸易净增额：全国外贸1 686.3亿美元，机电产品1 033.5亿美元，机械产品265.78亿美元。新增机械产品出口额，对全国和机电产品新增出口额的贡献率分别为15.76%和25.72%。

(3)出口已成为机械产品市场的重要组成部分。2005年，机械产品出口交货值6 777.1亿元，比上年增长29.0%，比上年机械工业销售产值增幅22.2%高6.8个百分点。出口率16.69%，比上年的15.81%提高0.88个百分点，即出口产品占机械产品销售额的1/6，外贸是机械产品的重要市场。但与德国、日本等机械装备制造大国出口率在40%以上相比，我国机械产品的出口还有较大发展空间。

良好的外贸出口业绩，为2005年中国机械工业快速发展做出重要贡献。2005年机械产品新增出口交货值

1 522.31亿元，对同期机械工业发展的贡献率20.65%，即机械工业21.55%的增速中，有1/5是出口拉动的。

(4)出口商品结构趋于升级。一是汽车及零部件、数控机床、电动机、电器等产品逐步成为出口新亮点。2005年共出口汽车17.28万辆，比上年增长164.2%，其中轿车3.11万辆，比上年增长233.4%；卡车近10万辆，比上年增长88%，首次成为汽车净出口国。虽然中国目前出口的多是廉价而大众化的产品，车型主要是卡车，市场主要是面向叙利亚等发展中国家，与日本汽车出口400万辆、韩国出口250万辆，且能大量进入欧洲和美国市场相比，还有很长的路要走，但已开了一个好头，已出现了长城汽车等创汇1亿美元以上的大户，出现了长安、奇瑞、吉利等积极开创出口事业的厂家。又如数控机床和加工中心，全年分别出口5 306台和707台，数量分别比上年增长38.5%和下降47.8%，金额分别比上年增长75.3%和138.81%。沈阳机床集团2005年海外市场营业额已突破5 000万美元，中高档卧式加工中心这一类产品仅出口到美国就近40台，龙门五面加工中心已成批出口欧美，经济型数控机床大批量销往世界各地。二是出口产品档次提升。多数重点出口商品在量价齐增的情况下，出口金额增幅高于数量增幅，反映出口产品档次有所提高，附加值有所增加。如自动调节和控制仪器及装置出口数量比上年增长9.5%，而出口金额比上年增长42.8%；标准件出口数量比上年增长32.6%，出口金额比上年增长39.6%；轴承出口数量增长10.6%，出口金额比上年增长24.5%；摩托车出口数量比上年减少5.54%，出口金额增长21.62%等等。三是出口商品水平提高，大型成套设备和关键产品开始走出国门。如振华港机公司荣获2005年国家科技进步奖一等奖的大型集装箱起重机，已出口50多个国家和地区，占据了全球60%的市场份额。杭州杭氧股份有限公司的大型空分设备，继2004年1.8万m^3/h和2.1万m^3/h产品成功出口后，2005年进一步发展，已签的合同中包括6万m^3/h和4万m^3/h产品各2套、3万m^3/h的1套、2万m^3/h的4套和1万m^3/h的7套。陕西鼓风机(集团)有限公司的工业流程能量回收装置中标巴西。特变电工沈阳变压器集团向美国洛杉矶电力公司出口23万V、90万kV·A变压器，标志着中国的变压器产品技术水平已跻身世界先进行列，由原来仅向第三世界国家出口迈向世界发达国家出口。大型冶金设备开始出口，中国第一重型机械集团公司向比利时出口1 700mm连铸机设备，中国二重集团公司首次向欧洲出口2250热连轧机，合同金额达3 250万欧元。

(5)出口方式有所改善，一般贸易增长快于加工贸易。2005年，机械产品一般贸易额484.80亿美元，比上年增长38.0%；加工贸易额516.81亿美元，比上年增长29.1%；一般贸易增幅比加工贸易高8.9个百分点。在出口总额中的比重，一般贸易连续提高，2004年为45.45%，2005年为46.41%；加工贸易不断降低，2004年为51.45%，2005年为49.07%，两者差距日益缩小。

摩托车、汽车、内燃机、仪表、通用机械、电动机等行业不少企业走出国门设厂扩大出口，取得好成绩。

(6)民营企业出口增长强劲，三资企业出口贸易占比重大。2005年，机械工业不同经济类型企业的外贸出口都以两位数以上的高速增长，尤以民营企业发展最快。

国有企业出口232.8亿美元，比上年增长17.2%，增速比全行业出口速度低16.9个百分点；占比22.29%，比上年减少2.72个百分点。

民营企业出口213.24亿美元，比上年增长45.4%，比全行业高11.3个百分点；在行业的占比20.41%，比上年增长两个百分点。特别是私营企业发展快，出口156.95亿美元，比上年增长65.0%，占比15.02%，比上年增长3.05个百分点。

三资企业机械产品出口最多，出口额598.51亿美元，占比57.30%；其中中外合资企业214.47亿美元，占总量的20.53%；外商独资企业365.44亿美元，占1/3还多。2004～2005年机械工业各种经济类型企业出口情况见表15。

表15　2004～2005年机械工业各种经济类型企业出口情况

企业类型	2004年占比(%)	2005年		
		金额(亿美元)	比上年增长(%)	占比(%)
机械产品出口总计	100.00	1 044.60	34.1	100.00
国有企业	25.01	232.84	17.2	22.29
民营企业	18.47	213.24	45.4	20.41
其中:集体企业	6.49	56.26	19.2	5.39
私营企业	11.97	156.95	65.0	15.02
其他企业	—	0.03	—	—
三资企业	56.55	598.51	33.3	57.30
其中:中外合作企业	2.11	18.60	10.8	1.78
中外合资企业	19.60	214.47	37.7	20.53
外商独资企业	34.84	365.44	32.2	34.98

3. 机械产品进口情况

2005年，我国机械产品进口1 184.07亿美元，比上年增长4.8%。增幅比上年(32.8%)降低了28个百分点，比全国外贸进口(17.6%)降低12.9个百分点；比同期机械产品外贸出口增幅(34.1%)低29.4个百分点。改变了长期以来机械产品进口高速增长和进口增幅与同期全国外贸进口增幅相近和高于同期机械产品出口增幅的态势。然而,受国内需求的拉动,2005年机械产品进口仍创历史新高;在全国外贸进口总额中的比重仍高达17.94%(2004年为21.89%)。

进口增势趋缓反映在许多重要机械产品上,如机床连续4年进口高速增长,2005年有所减缓,进口64.96亿美元,比上年仅增长9.8%,比2004年增长的43.3%降低33.5个百分点。又如汽车,是多年来高速进口的主要产品,2005年进口减缓,进口金额153.13亿美元,比上年只增长1.1%。其中汽车整车进口16.19万辆、比上年降低38.1%,金额51.52亿美元,比上年降低5.1%;轿车进口7.65万辆,比上年降低34.1%,金额21.94亿美元,比上年降低20.7%。

初步分析进口增幅下降的原因,主要是:①2005年国家加大宏观调控力度,效果正在逐步体现,同时国债项目投资也在减少,这些必然带来一定影响。②经过改革开放以来的建设,机械工业自主创新能力大增,国产装备的认知度提高,许多重要装备都留在国内制造供应。2005年电力装机6 000多万kW,如果进口国外机组,仅主机一项即需200多亿美元,现在绝大部分留在国内制造。③人民币升值的预期。从分月的进口额增幅看,人民币升值的7月份是分水岭,7月份进口同比增长−2.5%,其后各月快速回升,12月已升至16.8%。预示2006年机械产品进口将会提高,值得关注。④外商投资企业投资进口的设备减少。2004年外商投资进口设备275亿美元,占机械产品进口的23.75%;2005年只有246.76亿美元,减少10.34%,占比下降到20.84%。⑤欧美等发达国家对我国出口管制范围不断扩大,许多大型设备、技术含量高的产品设限,导致进口不畅。

2005年下半年机械产品进出口增速变化情况见表16。

表16　2005年下半年机械产品进出口增速变化情况

(单位:%)

月　份	6	7	8	9	10	11	12
出口月度同比增速	36.4	28.5	40.8	32.5	44.5	25.0	26.3
进口月度同比增速	−0.7	−2.5	8.2	11.8	12.8	14.7	16.8

注:表中数据为人民币升值以后数值。

二、汽车行业

(一)生产发展情况

2005年,是"十五"规划的最后一年,这一年汽车工业虽然面临着较为严峻的挑战,但是在全行业的共同努力下,汽车工业整体发展仍保持稳定。2005年,汽车产销双双突破570万辆,分别达到570.77万辆和575.82万辆,分别比上年增长12.56%和13.54%。其中乘用车产销393.07万辆和397.11万辆,分别比上年增长19.73%和21.40%;商用车产销177.70万辆和178.71万辆,分别比上年下降0.60%和0.75%。

2005年,摩托车产销1 776.72万辆和1 774.51万辆,分别比上年增长6.75%和6.52%,产销增幅分别比上年少10.02个百分点和9.57个百分点。其中,二轮摩托车产销1 723.69万辆和1 721.71万辆,分别比上年增长7.54%和7.35%,产销增幅分别比上年少9.77个百分点和9.16个百分点;三轮摩托车产销53.03万辆和52.80万辆,分别比上年下降13.83%和14.92%,而上年三轮摩托车产销为正增长。虽然,2005年产销增速较上年明显放缓,但是,2005年我国仍是摩托车世界第一生产大国。

2005年,进口汽车(含底盘)161 862辆,比上年下降8.06%;进口汽车金额51.5亿美元,比上年下降5.06%。其中:轿车76 542辆,越野车65 966辆,两项合计占汽车进口总量的88%;进口轿车金额25.9亿美元,越野车金额18.2亿美元,两项合计占汽车进口金额的85.6%。进口发动机金额10.6亿美元,比上年增长3.44%;汽车零部件进口金额83.89亿美元,比上年增长5.72%。

2005年,出口汽车(包括汽车底盘,不包括雪地行走专用车、高尔夫球机动车等车辆)172 815辆,比上年增长119.76%;出口整车金额15.9亿美元,比上年增长157.32%。其中:载货车96 549辆,占汽车出口总量的55.9%;出口载货车金额6.1亿美元,占汽车出口金额的38.7%。出口轿车31 125辆,占汽车出口总量的18%;出口轿车金额2.7亿美元,占汽车出口金额的17%。出口发动机金额6亿美元,比上年增长22.52%。出口摩托车722.6万辆,比上年增长85.53%;金额22.48亿美元,比上年增长57%。汽车零部件出口金额85.3亿美元,比上年增长51.46%。

2005年,全行业累计完成工业总产值11 929.72亿元,比上年增长8.6%,增长额944亿元,增幅比2004年回落9个百分点;累计实现销售收入11 895.64亿元,比上年增长10.65%,增长额1 145亿元,增幅比2004年回落6.23个百分点;累计实现工业增加值2 785亿元,比上年增长19.5%,增长额212亿元,增幅比2004年回落11.3个百分点;实现利润总额526.17亿元,比上年下降24.33%,下降额169.22亿元;实现利税总额1 121.63亿元,比上年下降7.81%,下降额95.08亿元。

(二)重点企业(集团)公司经济分析

据2005年汽车工业重点企业(集团)经济指标快报显示,汽车工业重点企业(集团)经济运行与上年相比增速继续趋缓,产品销售收入保持稳步增长,工业总产值、工业销售产值呈小幅增长,利润、利税总额降幅较大,企业盈利水平普遍下降。

1.工业经济效益综合指数比上年降低,降幅减缓

2005年汽车工业重点企业(集团)经济效益综合指数为252.40,比上年的288.55,降低36.15点。从2005年工业经济效益综合指数的变动情况看:1～4月呈逐步增长趋势;5月经济效益综合指数出现较快下降,为234.34,比4月下降8.48点;6月恢复上升走势,比5月提高8.74点;7月比6月微降0.61点;8月以后呈小幅稳步上升走势,12月末达到252.4,为全年的最高点。2005年汽车工业重点企业(集团)经济效益综合指数的走势与年初相比虽有提高,但与上年同期对比,各月工业经济效益综合指数均低于上年同期水平。

2.工业总产值、工业销售产值高于上年水平,工业增加值低于上年水平

2005年汽车工业重点企业(集团)累计完成工业总产值5 468.56亿元,比上年增长0.65%,增幅低于上年(15.10%)14.45个百分点,增长额35.17亿元;累计完成工业销售产值5 429.27亿元,比上年增长3.60%,增幅低于上年(13.68%)10.08个百分点,增长额为188.63亿元;累计完成工业增加值1 212.42亿元,比上年下降8.41%,增幅低于上年(7.31%)15.72个百分点,下降额111.40亿元。

2005年以来,由于汽车市场变化较大,促使汽车生产企业在生产经营上更加理性化,汽车工业重点企业(集团)在排产中尽力做到按市场规律适时进行调整,趋于合理。2005年汽车工业重点企业(集团)的工业总产值、工业销售产值虽高于上年水平,但工业总产值、工业销售产值和工业增加值前10个月均低于上年同期水平,11月以后工业总产值和工业销售产值才相继有所提高,12月这两项指标均高于上年同期水平,呈小幅增长,而工业增加值却依然低于上年同期水平。

从2005年汽车工业重点企业(集团)产出指标增长率变动情况来看,工业总产值、工业增加值前5个月累计降幅均呈逐渐加大走势;6月、7月和8月工业增加值和工业总产值的下降幅度均有减缓,呈逐月减缓走势;9月以后的各月工业增加值的下降幅度继续逐月减缓;12月同比下降8.41%,降幅与5月下降的最低点22.29%相比,减缓了13.88个百分点;而9月工业总产值的降幅则出现小幅反弹,下降幅度比8月加大0.26个百分点;10月以后下降幅度呈逐月减缓走势;12月由负增长变为正增长,同比增长达到0.65%,增幅与5月下降的最低点9.70%相比,提高了10.35个百分点。工业销售产值1～2月同比下降7.30%;3月同比下降5.20%,降幅有所减缓;4月、5月同比下降6.17%和7.84%,降幅出现反弹,呈逐月加大走势;6月、7月和8月降幅呈逐月减缓走势,且降幅减缓比较明显;9月降幅出现小幅加大,比8月加大0.18个百分点;10月降幅又继续减缓;11月同比增长0.74%,由负增长变为正增长,12月同比增长3.60%,增幅与5月下降的最低点7.84%相比,提高11.44个百分点。

2005年汽车工业重点企业(集团)产销率为99.28%,比上年提高2.83个百分点。从汽车工业重点企业(集团)累计产销率变动情况来看,1～2月的产销率为91.23%,是全年的最低点;3月以后呈逐月上升走势,6月产销率达到99.12%,是上半年的最高点;7月以后逐月上升,11月产销率达到全年的最高点为99.44%。从其他各月产销率的变动来看,虽有升降,但基本保持在97.62%～99.44%之间,产销衔接总体保持较高水平。

3.产品销售收入高于上年水平,三大集团占市场份额主导地位

2005年汽车工业重点企业(集团)累计实现产品销售收入5 906.28亿元,比上年增长10.56%,增幅低于上年(14.21%)3.65个百分点,增长额563.95亿元。从2005年汽车工业重点企业(集团)产品销售收入累计增长率变动趋势来看,全年呈前低后高走势,产品销售收入前5个月同比均呈负增长走势,1～2月同比下降8.24%,是全年产品销售收入下降的最低点;3月、4月降幅有所减缓;5月下降幅度比4月又有所加大;6月出现转机,同比增长2.09%,由负增长变为正增长;7月～9月呈稳步增长走势;10月比9月微微回落0.15个百分点;11月以后继续呈稳步上升走势;12月产品销售收入增长率同比达到10.56%,是全年的最高点,增幅比1～2月提高18.80个百分点。

2005年汽车市场基本处于较平稳的销售状态,没有出现火热场面。从全年汽车工业重点企业(集团)实现产品销售收入的具体情况看,2005年与上年同比,11个企业实现产品销售收入保持增长,3个企业产品销售收入比上年下降。东风公司、长安公司、江淮集团、金杯公司、南汽集团、一汽集团、广州集团、庆铃公司、哈飞公司、昌河公司和北京公司实现产品销售收入同比保持增长。其中:东风公司实现产品销售收入增长率为最高,比上年增长34.10%,位居汽车工业重点企业(集团)榜首;长安公司和江淮集团实现产品销售收入分别比上年增长20.11%和15.54%;金杯公司、南汽集团、一汽集团、广州集团、庆铃公司实现产品销售收入比上年增长10.77%～14.05%;哈飞公司、昌河公司和北京公司实现产品销售收入比上年增长1.96%～8.91%。上汽集团、重汽集团和东南公司产品销售收入比上年分别下降6.35%、9.14%和10.42%,但下降幅度与前11个月相比均有减小,减小的幅度在0.93～7.23个百分点之间。

从2005年汽车工业重点企业(集团)市场产占有率来看,一汽集团、东风公司和上汽集团继续保持市场主导地位。三大集团占汽车工业重点企业(集团)产品销售收入的份额分别为25.90%、20.86%和19.03%。其中:东风公司市场占有率比上年提高3.66个百分点;一汽集团市场占有率比上年提高0.70个百分点;上汽集团市场占有率比上年下降3.43个百分点。广州集团、长安公司、金杯公司、江淮集团和南汽集团的市场占有率分别为7.62%、5.76%、2.17%、2.13%和1.49%,比上年均呈小幅提高,提高的幅度在0.04～0.12个百分点之间。庆铃公司市场占有率为0.68%,与上年持平;哈飞公司和昌河公司市场占有率为1.13%和0.57%,比上年微降0.01和0.02个百分点;北京公司、重汽集团和东南公司市场占有率分别为8.25%、3.60%和0.83%,比上年均为下降,下降的幅度在0.19～0.78个百分点之间。

4.利润、利税总额比上年降幅较大,多数企业盈利能力下降

2005年汽车工业重点企业(集团)累计实现利润总额234.96亿元,比上年下降39.89%,降幅比上年(下降5.12%)大34.77个百分点,下降额155.94亿元;累计实现利税总额595.05亿元,比上年下降13.39%,降幅比上年(下降4.82%)大8.57个百分点,下降额92.01亿元。其中:产品销售税金及附加161.48亿元,比上年增长23.50%,增长额30.72亿元;应缴增值税198.60亿元,比上年增长20.08%,增长额33.21亿元。

2005年以来,汽车工业重点企业(集团)实现利润、利税总额始终处于负增长状态。面对严峻的市场经济形势,各

企业努力克服产品价跌、料涨，成本不断加大等不利因素的影响，加大市场开拓和降本增效的力度，使利润、利税总额下滑幅度与年初相比得到减缓。2005 年汽车工业重点企业(集团)利润、利税总额增长率比较见表 17。

表 17　2005 年汽车工业重点企业(集团)利润、利税总额增长率比较

指标名称	1～2 月	1～3 月	1～4 月	1～5 月	1～6 月	1～7 月	1～8 月	1～9 月	1～10 月	1～11 月	1～12 月
利润总额(%)	−84.63	−79.53	−74.57	−71.69	−65.69	−57.09	−56.62	−53.12	−52.46	−45.82	−39.89
利税总额(%)	−58.31	−50.96	−47.65	−44.63	−40.18	−32.31	−32.54	−27.52	−27.37	−19.77	−13.39
其中:产品销售税金及附加(%)	−25.37	−13.69	−10.62	−10.45	−6.40	−2.16	1.95	3.92	7.39	18.77	23.50
应缴增值税(%)	−30.14	−17.60	−10.01	2.24	9.08	14.64	5.26	18.02	11.60	15.10	20.08

2005 年汽车工业重点企业(集团)利润、利税总额下降幅度与年初相比虽有减缓，但与上年同比降幅依然较大。因此，构成工业经济经济效益综合指数的相关指标仍受其影响，低于上年水平。2005 年重点企业(集团)主要经济指标见表 18。

表 18　2005 年重点企业(集团)主要经济指标

指　标　名　称	2005 年(%)	2004 年(%)	比上年提高百分点	指　标　名　称	2005 年(%)	2004 年(%)	比上年提高百分点
总资产贡献率	10.58	13.62	−3.04	产销率	99.28	96.45	2.83
资产负债率	54.84	54.15	0.69	净资产收益率	8.89	16.51	−7.62
流动资金周转率(次)	1.95	1.87	0.08	资本保值增值率	111.67	118.58	−6.91
成本费用利润率	4.15	7.88	−3.73	全员劳产率(万元/人)	25.97	28.55	增长率 −9.04

从 2005 年汽车工业重点企业(集团)实现利润的具体情况看，企业盈利水平普遍下降，降多增少。其中：江淮集团、哈飞公司和重汽集团实现利润同比为增长；北京公司、一汽集团、上汽集团、东南公司、东风公司、广州集团、庆铃公司和长安公司实现利润同比均为下降；昌河公司实现扭亏；金杯公司和南汽集团仍为亏损。2005 年汽车工业重点企业(集团)利润总额增速比较见表 19。

表 19　2005 年汽车工业重点企业(集团)利润总额增速比较

指　标　名　称	利润总额增长率(%)		比上年提高	指　标　名　称	利润总额增长率(%)		比上年提高
	2005 年	2004 年	百分点		2005 年	2004 年	百分点
北京公司	−78.35	5.73	−84.08	东南公司	−84.19	−63.97	−20.22
金杯公司	亏损	亏损	—	昌河公司	扭亏	亏损	—
一汽集团	−22.86	−28.69	5.83	重汽集团	5.37	114.65	−109.28
哈飞公司	15.66	−75.84	91.15	东风公司	−14.36	23.75	−38.11
上汽集团	−50.81	−12.46	−38.35	广州集团	−19.80	46.62	−66.42
南汽集团	亏损	亏损	—	庆铃公司	−58.26	−35.15	−23.11
江淮集团	27.63	48.59	−20.96	长安公司	−60.67	19.08	−79.75

2005 年末，汽车工业重点企业(集团)应收账款净额347.78亿元，比上年增长6.40%，增幅比上半年上升5.56个百分点，增加资金占用20.92亿元；2005 年末，汽车工业重点企业(集团)产成品库存资金 302.47 亿元，比上年增长6.46%，增幅比上半年上升5.40个百分点，增加资金占用18.36亿元。

2005 年末，汽车工业重点企业(集团)应收账款净额、产成品库存资金占流动资产的比重为21.44%，比上半年下降1.89个百分点。

(三)产品分类产量

2005 年汽车分车型产量见表 20。

表 20　2005 年汽车分车型生产汇总表　(单位:辆)

指　标　名　称	2005 年	2004 年	比上年增长(%)
汽车总计	5 707 688	5 070 765	12.56
其中:国内制造	5 284 564	4 765 896	10.88
CKD	423 124	304 869	38.79

(续)

指　标　名　称	2005 年	2004 年	比上年增长(%)
总计中:乘用车	930 718	3 283 026	19.73
其中:柴油汽车	49 800	31 887	56.18
汽油汽车	3 880 793	3 251 139	19.37
其他燃料汽车	125	0	0.00
其中:基本型乘用车	2 767 722	2 224 505	24.42
多功能乘用车(MPV)	155 113	118 929	30.42
运动型多用途乘用车(SUV)	195 318	169 143	15.48
交叉型乘用车	812 565	770 449	5.47
总计中:商用车	1 776 970	17 807 739	−0.60
其中:柴油汽车	1 377 876	1 410 060	−2.28
汽油汽车	397 692	376 736	5.56
其他燃料汽车	1 402	943	48.67
其中:客车	176 849	181 567	−2.60
货车	1 162 448	1 114 972	4.26
半挂牵引车	56 490	96 851	−41.67
客车非完整车辆	90 228	90 188	0.04
货车非完整车辆	290 955	304 161	−4.34

（四）市场及销售

2005年，汽车销售575.82万辆，比上年增长13.54%，销量增幅比上年回落1.96个百分点，与销量形势最好的2003年相比，销量增幅回落20.67个百分点。

从2005年各月产销变动来看，3、4月继续维持较高水平，5月有所下降，6月较上月虽有所增长，但增幅未超过3月和4月，从7月开始产销有小幅回落，9月较上月明显增长，10月受"十一"长假影响，产销与上月比呈明显下降，从11月开始产销再次呈现明显增长，12月汽车销量突破60万辆，达到月度历史最高值。此外，与上年相比2005年产销衔接保持良好状态，各月产销率一直维持较高水平，除1月、8月略低外，其他各月产销率均超过95%，其中3月、5月、6月、10月、11月和12月产销率均超过100%。

值得一提的是，"十五"期间，我国汽车工业表现出前所未有的活力，据统计，"十五"期间，我国累计生产汽车2 085.61万辆，累计销售汽车2 086.82万辆，已经当之无愧地成为世界汽车生产大国。五年来，国内汽车主导企业不仅与国外跨国汽车集团合资合作的力度进一步加大，而且全行业自主开发能力也得到显著增强。特别是从2004年后，汽车行业开始大力拓展海外市场，使得汽车出口无论是数量还是创汇额都较前几年得到迅猛增长，汽车工业作为国民经济支柱产业的地位日益稳固，汽车工业未来发展的前景更加光明。

1.乘用车市场

（1）基本型乘用车（轿车）销量继续保持快速增长，经济型轿车品种市场表现最为活跃。进入2005年，由于消费者持币待购心理仍未得到有效缓解，同时油价不断上涨也使得汽车使用成本明显提高，这些都为企业开拓市场增加了一定难度。为此，广大轿车生产企业采取了一系列行之有效的措施以缓解危机，不仅进一步完善了营销策略，同时也不断推出高性价比的新车型，特别是加大了小排量、低油耗以及综合使用成本更具竞争力的经济型轿车品种的开发和推广力度，使得经济型轿车品种"一枝独秀"，成为引领轿车市场发展的主力军。2005年，基本型乘用车（轿车）销售278.74万辆，比上年增长24.31%，比上年增幅高9.14个百分点。其中：1.6L以下排量的经济型轿车品种共销售177.74万辆，占轿车销售总量的63.77%。在这一系列中，1L≤排量≤1.6L累计销售145.20万辆，占轿车销售总量的52.09%；此外，排量≤1L轿车品种与上年相比增幅较为显著，2005年该品种销售32.54万辆，比上年增长75.74%。

截止至2005年底，在国内主要销售的轿车品牌中，夏利、QQ、奥拓、吉利、千里马、飞度、伊兰特等经济型轿车品牌占据了绝大部分市场份额。在这些品牌中，一些主导品种表现尤为出色，其中：在夏利系列中，夏利7101U一款车型进入2005年后由于良好的性价比，一直呈迅猛增长态势。虽然进入下半年由于众多竞争品牌进入市场，使得这款车型销量有所萎缩，但截至止2005年底，该品种累计销售超过9万辆，达到9.30万辆，比上年增长近2.5倍。伊兰特1.6表现也很骄人，不仅长期占据月度销售排行榜首位，而且也是惟一一个单一品种销量超过15万辆的车型。截止至2005年底，伊兰特1.6销量达到15.56万辆，比上年增长近1.3倍。作为小排量车型中的佼佼者，QQ销量2005年也超过10万辆，达到11.60万辆，比上年增长近1.4倍。此外，吉利美日、飞度两厢、千里马等品种销量也超过6万辆。其中飞度两厢同比增幅最为迅猛，截止至2005年底，飞度两厢累计销售6.67万辆，比上年增长近2.2倍；美日销售7.56万辆，比上年增长1.6倍，表现也很出色。还值得一提的是桑塔纳和捷达，作为市场较早推出的车型，由于多年来技术比较成熟，特别是售后服务具备较高水平，因此他们在与众多新款车型的竞争中并未处于劣势。其中桑塔纳2005年销售15.11万辆，占轿车销售总量的5.42%；捷达销售14.22万辆，占轿车销售总量的5.10%，销售排名分别位居第三位和第五位。

从轿车生产企业来看，进入2005年，为争夺市场各轿车企业竞争日趋白热化。在排名前10位的轿车主导企业中，上海大众和一汽大众与上年同期相比，销量有所下降；与此相反，东风日产、奇瑞、神龙和吉利等企业后来居上，销量较上年均呈现快速增长。其中，奇瑞2005年累计销售轿车18.40万辆，比上年增长近1.1倍；东风日产销售15.75万辆，比上年增长近1.6倍；吉利和神龙与上年相比增幅也超过50%，截止至2005年底，分别销售14.99万辆和14.04万辆，分别比上年增长56.39%和57.52%。

（2）多功能乘用车（MPV）进入快速发展期，国内主导企业品牌市场占有率仍占据较大比例。进入2005年，乘用车市场需求日益多样化，为此，国内主要多功能乘用车（MPV）生产企业敏锐地发掘并把握了市场发展良机，使得进入2005年后MPV出现了难得的快速发展。截止至2005年底，多功能乘用车（MPV）累计销售15.58万辆，比上年增长42.76%。其中，2.5L以下品种占据了绝大部分市场份额，截止至2005年底，共销售12.01万辆，占MPV销售总量的77.09%。在这一系列中，2.0L≤排量≤2.5L品种累计销量超过6万辆，达到6.76万辆，比上年增长36.94%，占MPV销售总量的43.39%。此外为了满足市场需求，2005年许多MPV生产企业还开发出排量小于1.6L的低油耗MPV品种，截止至2005年底，该品种累计销售1.62万辆，占MPV销售总量的10.40%。

在多功能乘用车（MPV）主要品牌中，瑞风、奥德赛和别克GL8占据了近"半壁江山"，2005年上述3个品牌分别销售3.15万辆、2.75万辆和2.63万辆，3个品牌2005年共销售8.53万辆，占MPV销售总量的54.03%，与上年同期相比，除GL8销量有所下降外，瑞风、奥德赛继续保持快速增长。另外，风行和普利马品牌在2005年也保持了稳定增长，分别销售1.88万辆和1.50万辆，分别比上年增长13.33%和16.08%。此外，长安CM8销量也超过1万辆，达到1.50万辆，市场表现总体可以。

（3）运动型多用途乘用车（SUV）市场环境日趋严峻，总体发展进入调整期。进入2005年，运动型多用途乘用车（SUV）市场受到严峻挑战，一方面由于本身高油耗的特征，使得用车成本相对于其他乘用车品种较高，另一方面由于市场竞争过于激烈，且产品定位不够清晰，因而在2005年上半年SUV销售情况一直较为低迷。为了扭转不利局面，国内主要SUV生产企业重新制定了市场推广战略，同时在产品上也逐渐回归中高档发展路线，产品档次和技术含量明显提升。受此影响，进入7月后，SUV市场逐渐回暖，并最终保持了稳定的增长。据统计，2005年，运动型多用途乘用车(SUV)销售19.64万辆，比上年增长20.63%。其中，四轮驱动SUV销售9.70万辆，比上年增长44.29%；两轮驱动SUV累计销售9.94万辆，比上年增长3.98%。在四轮驱动SUV乘用车品种中，除3.0L≤排量≤4.0L系列销量呈明显下降外，其他品种均呈现快速增长。其中1.6L≤排量≤2.0升和2.5L≤排量≤3.0L系列增幅均超过80%，2005年上述两个系列分别销售2.10万辆和2.17万辆，分别比上年增长81.80%和81.12%。此外在四轮驱动SUV品种中所占比例最大的2.0L≤排量≤2.5L系列增幅也较为快速，2005年该系列销售3.73万辆，比上年增长34.69%。在两轮驱动SUV品种中，2.5L≤排量≤3.0L系列高档SUV品种市场表现最为出色，2005年该系列销售1.35万辆，比上年增长近1.9倍。相比较而言，2.0L≤排量≤2.5L系列所占比重虽然仍为最大，但占比比上年呈一定下降，2005年该系列销售7.36万辆，比上年下降7.27%，占两轮驱动SUV品种销售总量的74.04%。

在运动型多用途乘用车(SUV)主要品牌中，赛弗、本田CRV和猎豹等市场主导品牌销量依然位居前列。2005年，上述3个品牌分别销售2.85万辆、2.62万辆和2.42万辆，与上年同期相比，赛弗呈小幅增长，猎豹略有下降，本田CRV增势仍最为迅猛。此外，北京吉普旗下的切诺基由于价格下调且市场推广力度不断加强，在2005年表现也很出色，2005年切诺基销售1.28万辆，比上年增长19.93%。在2005年新上市的品种中，北京现代推出的途胜表现不错，自6月上市以来，累计销售9 007辆。然而，奇瑞公司在年初推出的瑞虎，2005年累计销售5 164辆，与奇瑞公司其他品牌相比表现较为低迷。

(4)交叉型乘用车市场发展较为稳定，上汽通用五菱、长安和哈飞等重点企业继续成为市场主导。据新汽车分类，交叉型乘用车品种主要是微型客车，作为最早体验激烈市场竞争的行业，多年来微型客车行业一直在艰苦的环境中顽强的生存。进入2005年，国内重点微型客车生产企业加大了产品的技术含量，不仅保持了微型客车产品油耗较低，价格相对低廉的优点，同时在性能上也力求贴近轿车，因此微型客车行业在2005年继续保持稳定增长。2005年交叉型乘用车累计销量超过80万辆，达到83.15万辆，比上年增长9.87%。在交叉型乘用车(微型客车)主要生产企业中，上汽通用五菱、长安以及哈飞等企业销量占据近4/5的市场份额。截止至2005底，上述3个企业分别销售26.48万辆、23.14万辆和15.50万辆微型车，与上年同期相比，上汽通用五菱增幅最为显著，哈飞略有下降。上述3个企业2005年共销售65.12万辆，占交叉型乘用车销售总量的78.32%。

2.商用车市场

(1)货车产销增幅明显减缓，重型载货车需求下降趋势逐渐显现。2005年，在商用车各品种中，与上年同期相比，货车虽然惟一保持增长，但增幅开始呈明显减缓态势。在货车各主要品种中，轻型货车和微型货车产销总体仍保持一定增长，成为稳定货车行业发展的主力。然而重型货车由于受国家宏观调控，上游原材料价格上涨以及限载、治超等因素影响，特别是在2005年4月1日开始强制执行新国标之后，重型货车销量出现了8年以来的首次负增长，由此导致货车产销增幅呈现明显下降。截止至2005底，货车产销116.24万辆和116.34万辆，分别比上年增长4.26%和3.79%，货车非完整车辆(货车底盘)产销29.10万辆和29.77万辆，分别比上年下降4.34%和2.98%。在货车主要品种中，总质量≤1.8t微型货车品种保持较快增长，2005年该品种累计产销22.43万辆和22.33万辆，分别比上年增长16.29%和13.08%。在1.8t≤总质量≤6t轻型货车品种中，4.5t≤总质量≤6t系列增幅最为明显，2005年该系列累计产销5.69万辆和5.68万辆，分别比上年增长19.97%和21.53%。此外，产销量在货车中所占比例较大的1.8t≤总质量≤3.5t和3.5t≤总质量≤4.5t两大系列继续保持小幅增长，其中1.8t≤总质量≤3.5t系列2005年产销45.14万辆和45万辆，分别比上年增长7.58%和6.55%；3.5t≤总质量≤4.5t系列产销24.28万辆和24.76万辆，分别比上年增长6.08%和7.24%。在6t≤总质量≤14t中型货车系列中10t≤总质量≤12t系列惟一保持快速增长，2005年该系列产销3.61万辆和3.23万辆，分别比上年增长56.61%和36.64%。然而，在14t以上重型货车各品种中，与上年同期相比，除19t≤总质量≤26t系列保持小幅增长外，其他重型货车品种销量均呈现不同程度下降，其中14t≤总质量≤19t和26t≤总质量≤32t等主导品种降幅均较为显著，2005年，14t≤总质量≤19t系列产销2.05万辆和2.10万辆，分别比上年下降56.57%和53.61%；26t≤总质量≤32t系列产销1.27万辆和1.35万辆，分别比上年下降38.93%和31.94%。2005年，19t≤总质量≤26t系列产销2.65万辆和2.71万辆，分别比上年增长2.73%和3.60%。在此，值得一提的是，2005年，虽然货车增幅较上年明显放缓，但行业内主导企业仍保持了较强的活力，市场占有率继续维持较高水平。其中，在重型货车生产企业中，销量排名前3位的东风汽车公司、北汽福田和一汽集团等企业销量虽然较上年明显下降，但继续占据行业主导地位，2005年上述3个企业累计销售3.95万辆，占重型货车销售总量的60.03%。此外，重型汽车集团在2005年表现较为出色，截止至2005年底，重汽集团销售7 703辆，比上年增长18.31%。在中型货车行业中，排名前两位的一汽和东风销量较上年呈一定下降，2005年分别销售2.73万辆和2.59万辆，分别比上年下降8.13%和26.59%。上述两个企业2005年累计销售5.32万辆，占中型货车销售总量的44.37%。然而，销量排名3～5位的安徽江淮、四川银河汽车公司和成都王牌汽车股份公司等企业比上年均保持不同程度增长，其中四川银河和成都王牌公司增幅最为显著。2005 年，上述 3 个企业分别销售 1.34 万辆、1.18 万辆和 1.13 万辆，分别比上年增长 6.69%、34.69% 和 33.53%。在轻型货车行业中，北汽福田依旧占据了绝大部分市场份额，2005 年，福田公司累计销售27.46万辆，比上年增长1.25%，占轻型货车销售总量的 36.40%。江淮和江铃虽然名列二、三位，但销量远远小于福田公司，2005 年上述两个企业销售7.30万辆和5.33万辆，分别比上年增长7.94%和25.15%。在微型货车生产企业中，长安公司销量继续保持首位，达到7.12万辆，比上年增长 15.81%；排名 2～3位的上汽通用五菱和哈飞与上年相比表现不一。其中哈飞公司保持较快增长，2005 年累计销售2.55万辆，比上年增长47.35%，而五菱则呈现一定下降，2005 年累计销售4.02万辆，比上年下降6.82%。2005 年上述 3 个企业共销售13.69万辆，占微型货车销售总量的61.31%。

(2)客车产销整体未摆脱低速运行态势，轻型和中型客车产销比上年继续呈现明显下降，大型客车增长依旧稳定。2005 年，客车发展总体形势依旧不容乐观。据统计，2005 年客车产销 17.68 万辆和 17.86 万辆，分别比上年下降 2.60%和2.34%；客车非完整车辆(各车底盘)产销9.02万辆和9.05万辆，产量比上年增长0.04%，销售比上年下降 0.15%。在客车主要品种中，市场表现不尽相同，从中型和轻型客车市场来看，一方面由于轻型客车、中型客车产品同质化问题仍未得到根本解决，同时更新步伐也无法满足消费者不断提高的要求，因此轻型和中型客车市场整体继续呈现较为低迷的发展。然而车长≤6m 系列产销较上年同期虽呈一定下降，但在客车品种中仍占据绝大部分比例。2005 年，该系列产销12.38万辆和12.57万辆，分别比上年下降4.65%和3.76%，占客车产销总量的70.02%和70.38%。在此，最为值得一提的还是 10m 以上的大型客车品种，受城市交通路况、道路基础设施的不断完善以及相关政策性因素影响，大型客车在 2005 年遇到了较好的发展机遇，尤其是 10m<车长≤12m 系列，2005 年产销1.94万辆和1.95万辆，分别比上年增长17.11%和18.65%，占客车产销总量的10.97%和10.92%。从客车产品按用途销售流向来看，城市和长途客车销量较上年呈一定下降，其中城市客车销售1.80万辆，比上年下降14.00%；长途客车销售3.09万辆，比上年下降1.97%。然而，受市场专业化需求日益强烈的影响，2005 年专用客车品种增长较快，2005 年，专用客车销售6 660辆，比上年增长81.18%。2005 年，尽管我国主要客车生产企业面临较为严峻的挑战，但是多数企业自身实力依旧稳步提高，因而市场占有率继续维持较高水平。其中，在轻型客车生产企业中，金杯汽车股份有限公司销量较上年虽呈明显下降，但销量仍高居榜首。2005 年，金杯公司累计销售5.50万辆，比上年下降10.29%，占轻型客车销售总量的39.88%。此外，江铃、福田、跃进集团以及东南福建等企业销量均超过 1 万辆，分别达到1.89万辆、1.32万辆、1.29万辆和1.28万辆，与上年同期相比，江铃和跃进集团增长较为明显，而福田尤其是东南公司销量降幅较为显著。2005 年上述 5 个企业共销售11.28万辆，占轻型客车销售总量的 81.80%。在中型客车市场占有率位居前 5 位的企业中，除扬州亚星与上年同期相比呈明显下降外，其他企业均保持较快增长，其中郑州宇通、江苏亚星增幅较为明显。从大型客车生产企业来看，销量排名第一的郑州宇通表现较为出色，2005 年郑州宇通累计销售 6 867 辆，比上年增长 39.72%，占大型客车销售总量的34.52%。

(3)半挂牵引车受需求下降影响，产销降幅十分剧烈。2004 年受国内长途运力需求增加，以及国内超限政策的影响，半挂牵引车行业呈现出“爆发式增长”态势。然而由于半挂牵引车生产企业盲目扩产，同时国内需求并未达到厂家预期的效果，因此进入 2005 年以后，半挂牵引车行业开始呈现明显调整态势，产销与上年同期相比，降幅均超过 40%。2005 年，半挂牵引车产销5.65万辆和5.68万辆，分别比上年下降41.67%和42.76%。

3.行业重点企业市场表现

2005 年，面对市场需求不畅，制造成本提高，盈利能力下降的不利因素影响，行业内重点企业成熟而理性地采取了应对措施，积极推进稳健、有效的营销策略，从而为稳定行业发展，保持汽车工业持续、旺盛的活力做出了重要的贡献。截止至 2005 年底，国内前 10 个重点企业累计产销汽车479.14万辆和482.02万辆，占汽车产销总量的83.95%和83.71%。其中，一汽、上汽、东风、长安和北汽等 5 个汽车行业大型骨干企业，2005 年分别销售98.31万辆、91.75万辆、72.90万辆、63.11万辆和59.73万辆，与上年同期相比，除一汽略有下降外，其他企业均保持稳定增长。2005 年，上述 5 个企业累计销售汽车385.80万辆，占汽车销售总量的 67%。其中：乘用车累计销售284.94万辆，占乘用车销售总量的71.75%；商用车累计销售100.87万辆，占商用车销售总量的56.44%。在此，尤其令人欣慰的是，2005 年企业自主品牌开发能力显著增强，其中一些企业如奇瑞和吉利等轿车产品还实现了出口，在国际上赢得了一定声誉。另外与上年同期相比，奇瑞和吉利汽车销量均呈现快速增长，且双双进入前 10 名，2005 年，奇瑞销售18.92万辆，比上年增长近1.2倍；吉利销售15.14万辆，比上年增长56.54%。

(五)部分汽车企业自主开发情况

一汽集团：已经形成全系列商用车自主开发能力，基本形成中级乘用车自主开发能力。“十五”期间基本建立起现代化产品开发流程与体系能力，并获得 475 项专利。在商用车发动机方面，已经开发出大功率、长寿命、低排放、低噪声、低油耗、高可靠性的 6DL 系列发动机，排量3.0L～13L；在乘用车发动机方面，开发出国内技术领先的系列产品，可以满足欧Ⅲ和欧Ⅳ排放标准，排量0.99L～4.0L。目前一汽已开发出全新 A00 级具有自主品牌底盘、车身，并匹配完全自主动力总成的经济型轿车。2005 年上市的新产品中，自主开发的产品主要有，重型载货车：悍威 J5M、解放 J6H、CA1312P21K2LT4 型 8×4 平头柴油车；轻型货车：小解放 31K2 系列、小解放 41K26 系列、长春低速轻型载货车、解放霸铃；客车：混合动力客车、CA6100H2；轿车：红旗新明仕、

1.4L夏利、夏利新 N3 等。

东风汽车公司:东风汽车公司在自主创新能力和自主品牌建设方面取得重大进展。首先,体现在体系建设方面。在强化合资公司技术创新和品牌建设本土化导向的同时,推进集团总部以自主创新和自主品牌建设为核心的体系建设优化。与此同时,开始构建自主轿车事业发展平台。其次,体现在现有自主品牌建设方面。其中商用车升级换代基本完成,新一代军车研发和准备工作取得新突破,1.5t军用越野车已正式通过军方正样车评审。微型乘用车东风小康,2005 年销售突破9 000辆。清洁能源汽车研究取得阶段性成果,东风公司承担的两项"863"项目通过了国家专家组节点验收,用于城市公交的混合动力电动汽车已实现产业化。

长安集团:2005 年长安集团申请专利 766 项,其中得到国家授权的有 161 项。目前已推出具有自主知识产权的 CM8、CV9 等产品和"杰勋"、"长江鲟"、"龙腾"、"御风"4 款概念车。在研发投入方面,长安已累计投资 10 亿元建成汽车工程研究院,投资1 000万元建立上海分院,目前拥有技术人员3 138人,占集团公司总人数的11.5%,形成在乘用车车身开发、机车匹配、系统集成、CAE 分析、试验验证、开发过程控制及数据库管理等方面的核心能力。

哈飞股份公司:"十五"期间,哈飞汽车股份有限公司在坚持并发展适应我国国情的微客、微货的同时,全力切入轿车的研发生产工作。共研制开发了赛马、民意、路宝、赛豹、锐意及多种专用车等新品种并推向市场。其中民意乘用车是完全自主开发的产品,在整车造型设计和结构设计、零部件的三维结构设计、整车碰撞模拟分析、建立国际通用的设计开发程序和实验检测标准及并行工程的应用与混流生产线的自我改造方面有新的突破,该项目获 2005 年度中国汽车工业科技进步二等奖。

华晨金杯:华晨金杯 2005 年自主研发了几十种主要新主品,海狮平台主要有:海狮柴油车、06 款海狮、海狮 CNG/LPG 双燃料车、监护性救护车、无障碍车、儿童接送车、乡村客运车等;阁瑞斯平台主要有:12 种系列车型、阁瑞斯经济型、阁瑞斯顶级版、阁瑞斯内饰改型等;轿车平台主要有:中华出租车、中华 CNG/LPG 双燃料车、06 款尊驰、尊驰行政版、骏捷1.6、1.8、2.0、1.8T系列产品等。

奇瑞汽车:2005 年,奇瑞汽车推出 05 款东方之子改进车型和瑞虎 SUV 全新车型。2005 年奇瑞汽车销售18.9万辆。公司在产品销售、增长及产品出口方面在行业名列前茅。

吉利集团:"十五"期间,吉利集团坚持走自主创新、自主研发、自主知识产权道路,先后开发并批量生产吉利豪情、吉利美日、吉利优利欧、上海华普、吉利自由舰、吉利美人豹等 7 个系列产品,开发并批量生产 MR479 与 MR479Q 发动机,以及 S90～S170 等 7 个系列机械变速器和 Z90、Z130、Z170 等 3 个系列自动变速器。

(六)对外合作

据不完全统计,2005 年新签约成立中外合资企业 44 个,其中汽车整车企业 2 个,零部件企业 35 个,涉及汽车研发中心、钢材、金融、技术及汽车油品等领域的合资企业 7 个,合资企业数比上年增长 31%;总投资额32.54亿美元,比上年下降16.5%。

2005 年来投资我国汽车行业的有美国、德国、韩国、日本、意大利及法国等国的外商,其中美国与我国签约成立合资企业 14 个,参与合资项目 7 个,协议出资额8.08亿美元,居第一位;德国与我国签约成立合资企业 7 个,参与合资项目 5 个,协议出资额2.61亿美元,居第二位;韩国与我国签约成立合资企业 1 个,参与合资项目 1 个,协议出资额2.22亿美元,居第三位。从投资额看,紧随其后的是意大利、日本等国。无论从合资厂家还是从投资额看,美国在 2005 年中外合资中扮演着主角,美国通用、福特、天合及伊顿等大集团纷纷来我国合资合作。德国、日本近几年都是平稳出击,合资企业数每年保持在 5 个以上,参与合资项目较多,已成为众多国内企业寻找合作伙伴的目标。韩国从前两年起就已显示出不容忽视的后劲,2005 年合资厂家尽管不多,但投资额较高。

中外汽车企业合资合作特点:

(1)整车合资企业及合作项目目标明确。整车合资企业及合作项目数量虽不多,但企业追求的目标明确。如长丰集团是以生产 SUV、轻型越野车为主的企业,在经历了 2003 年的高速增长后,2004 年至 2005 年上半年,SUV、轻型越野车市场呈现下滑趋势,长丰签约进军客车领域,目标很明确:开辟第三战场。上海大众与斯柯达建立战略合作关系,上海大众拟应用斯柯达最新技术,针对特殊市场开发车型的经验,协助上海大众进一步提升自有汽车工程技术能力,扩大上海大众的产品领域。

(2)零部件合资呈现大手笔。全年零部件合资企业共计 35 个,零部件合资项目 7 个。合资规模较以往大,这从投资额、合资生产产品及合资双方企业规模可见一斑。从投资额看,合资企业投资总额在2 500万美元以上有 20 个,其中上亿美元以上的企业有 6 个。从生产产品看,有发动机、制动系统及底盘系统等关键总成。从合资双方企业规模看,国内大企业集团居多,在行业中有着稳固的地位,其产品有广泛的影响;合资的外方企业如日本的马自达公司、住友电装,美国通用公司、阿文美驰公司,德国大众公司、本特勒汽车工业公司等企业,在国际上知名度高。零部件合资呈现的大手笔与目前汽车行业合资方面总的发展趋势是相辅相成的。"十五"期间,国外的零部件厂商大量进入我国,2005 年合资热潮亦达到高峰。

(3)注重研发中心的建立。全年中外合资企业中建立研发中心的有 5 个,这是合资逐步走向成熟的标志。过去引进合资看重国产化率,在实际运作中,人们逐渐认识到,提高国产化率不等于消化了技术,也不等于创造了自主品牌。在新一轮引进中,研发中心的建立被提到了一个很高的位置,这也是我国既往合资合作的反思结果。

(4)独资企业居多。全年建立独资企业 40 个,是近年来最多的一年。特点:①围绕原有整车合资企业配套。这些独资企业从设厂的地点、生产的产品等方面目标都很明确:为已成立的合资整车企业配套。②合资企业类别较以往丰富。以往多以生产零部件为主,此次40个企业中,除有传统的零部件合资企业外,还有以往鲜见的技术中心、投资公司、企业管理咨询公司、金融公司,甚至有汽车商业基地。

(5)国企海外设厂步伐加快。如果说2004年国内企业走出国门是凤毛麟角的话,那么2005年国内企业海外设厂则加快了脚步。江淮、吉利及中大集团与海外大集团签约,建立客车厂、汽车厂及设计中心,将本企业生产的产品直接销往海外市场。

(6)原有合资企业增资扩股提高竞争力。上汽通用五菱、烟台首钢电装、昌河铃木、广汽丰田发动机及东风悦达起亚,陆续在原有基础上增加投资或新建生产基地或扩大产能。通过增资扩股,增强了这些企业的综合实力,并提高了整体竞争力。

三、工程机械行业

(一)基本情况

工程机械行业受国家宏观调控政策影响,自2003年下半年以来,结束了高速增长的发展走势,2005年进入一个温和的发展态势。但是产品低价货销的恶性竞争销售行为在加剧,致使各企业经营利润普遍下降,从而降低了行业自主创新的研发能力,老产品更新和新产品开发数量明显减少,产品质量得不到提高,甚至影响到上游配套产品的创新能力和质量,这是一个非常令人担忧的情况。2004～2005年工程机械行业各类产品销售收入和利润完成情况见表21。

表21　2004～2005年工程机械行业各类产品销售收入和利润完成情况

产品类别	产品销售收入			利润总额		
	2005年(亿元)	2004年(亿元)	比上年增长(%)	2005年(亿元)	2004年(亿元)	比上年增长(%)
液压挖掘机	143.20	169.30	−15.4	5.20	7.17	−27.5
装载机、推土机、平地机、铲运机	304.40	264.70	15.0	5.92	10.70	−44.7
轮式起重机、塔机、履带吊、高空作业车、随车起重机、清障车等	140.68	92.60	51.2	5.93	2.90	104.5
压实与路面机械	50.20	75.00	−33.1	−1.68	2.20	−176.4
叉车、正面吊、牵引车、托盘搬运车等	66.40	69.40	−4.3	3.74	2.80	33.6
混凝土机械、桩工机械、建筑装修机械、升降机等	161.40	147.10	9.7	7.94	9.20	−13.7
凿岩机械及风动工具	18.00	14.20	26.8	0.40	0.04	900.0
配套件	47.90	44.90	6.7	2.78	2.40	15.8
电扶梯、货梯、医用梯、人行走道	330.00	280.00	17.7	15.00	20.00	−25.0
合　计	1 262.18	1 157.20	9.1	45.49	57.40	−20.7

表1中数据是根据行业对204个主要企业的年报数据进行统计分析后测算出来的。这204个企业的销售规模已经代表了全行业90%以上的销售规模,基本反映了整个行业的经济运行情况,具有一定的参考价值。从表中数据分析,2005年全行业销售额达到1 262亿元,比上年增长9.1%,完成利润57.40亿元,比上年下降20.7%;如果不包括电梯产品,则工程机械产品销售额实际只增长6.3%,利润下降19.8%。其中销售额增长的主要原因是出口市场的拉动,行业出口额由上年的18.52亿美元增加到29.4亿美元,净增10.88亿美元。这说明2005年国内市场处于温和状态,基本持平,略有增长。从各个分行业销售额分析,铲土运输机械增长15%、工程起重机增长51.2%、混凝土机械增长9.7%、凿岩机械增长26.8%、电扶梯增长17.7%,液压挖掘机行业和压实与路面机械出现较大幅度负增长。其中工程起重机行业发展态势最好,销售额和利润分别增长51.2%和104.5%;其次是工业车辆行业利润增长33.6%。产品低价恶性竞争主要反映在铲土运输机械、混凝土机械、压路机、电梯4个行业,这4个行业的主要企业,应调整自身的经营发展方针,落实党中央国务院提出的科学发展观,把产品技术水平发展和产品质量放在第一位,使企业得到与时俱进的发展。

(二)主要产品销售情况

2005年根据市场需求情况,各种产品销售量发展不平衡,2004～2005年工程机械主要产品销量和增长情况见表22。由于统计企业数量口径不一样,表中数据所反映出来的增长率代表着一种发展趋势,仅供参考。

表22　2004～2005年工程机械主要产品销量及增长情况

序号	产品类别及名称	2005年		2004年		销量比上年增长(%)
		企业数(个)	销量(台)	企业数(个)	销量(台)	
1	塔式起重机	9	12 693	9	8 255	53.8
2	工程起重机	11	11 330	11	11 842	−4.3
	其中:汽车起重机	10	10 836	10	11 478	−5.6
	轮胎起重机	6	212	7	116	82.8
	履带吊	3	282	3	248	13.7
3	施工升降机、高空作业吊篮及擦窗机、升降平台	11	2 340	9	1 998	17.2
4	高空作业车及消防平台车	8	745	9	676	10.2

（续）

序号	产品类别及名称	2005年		2004年		销量比上年增长（%）
		企业数（个）	销量（台）	企业数（个）	销量（台）	
5	叉车	19	68 108	22	57 593	18.3
	其中：内燃叉车	10	47 808	10	41 220	16.0
	电动叉车	17	12 044	17	10 173	18.4
	仓储堆垛机	8	8 256	8	6 200	33.2
6	凿岩机械	22	207 744	24	182 554	13.8
	其中：凿岩钻机与钻车	1	10	4	398	−97.5
	内燃凿岩机	3	12 940	2	19 596	−34.0
	电动凿岩机	2	5 037	2	4949	1.8
	手持式凿岩机	4	114 538	3	110 861	3.3
	气腿式凿岩机	5	75 219	5	46 750	60.9
7	液压挖掘机	16	34 052	22	33 769	0.8
	其中：履带式液压挖掘机	16	31 599	20	33 049	−4.4
	轮式挖掘机	4	2 263	4	565	300.5
	挖掘装载机	4	190	4	155	22.6
8	铲土运输机械	40	114 618	32	99 308	15.4
	其中：推土机	9	5 096	8	5 611	−9.2
	轮式装载机	25	107 336	23	91 334	17.5
	平地机	7	1 754	7	1 788	−1.9
	非公路翻斗运输卡车	6	432	6	575	−24.9
9	压路机	10	8 263	10	10 706	−22.8
	其中：静碾压路机	6	1 079	6	2 141	−49.6
	振动压路机	6	6 995	6	7 451	−6.1
	轮胎压路机	4	161	4	294	−45.2
	其他变形产品	4	28	4	820	−96.6
10	商品混凝土机械		10 466	33	11 296	−7.3
	其中：混凝土拖式泵	18	2 768	19	2 593	6.7
	混凝土搅拌运输车	18	5 780	19	6 355	−9.0
	混凝土搅拌楼	18	1 012	20	1 321	−23.4
	混凝土泵车	6	906	11	1 027	−11.8
11	路面机械	14	1 990	14	2 619	−24.0
	其中：摊铺机	8	904	8	1 363	−33.7
	沥青搅拌设备（1 000kg以上）	5	524	7	569	−7.9
	稳定土路拌机	6	192	8	248	−22.6
	稳定土厂拌设备	7	296	8	350	−15.4
	稀浆封层机	2	18	2	9	100.0
	铣刨机	4	56	3	80	−30.4

注：凿岩钻机不含外资企业数据。

1. 塔式起重机

2005年塔式起重机9个企业统计的销售量比上年增长53.8%，实际全行业据20个企业初步统计销售量已达到16 000多台。主要原因是城市化建设正在向中小城市推进，因此以中小吨位起重量的塔机市场反弹特别明显，也包括自落式混凝土搅拌机和钢丝绳式施工升降机市场也在反弹。由于市场的拓展，重新又为这些产品的销售扩大了空间。

2. 移动式起重机（工程起重机）

移动式起重机主要包括汽车起重机、轮胎起重机、履带起重机。汽车起重机销售量虽比上年下降5.6%，但销售额却有大幅度增长。这主要原因是大吨位起重机用户数量在增加，2004年16t以下（含16t）的汽车起重机占总销售量的65%，而2005年下降到57%，接近半数销售的汽车起重机都是大于16吨级的产品。轮胎起重机销售量也有较好的表现，比上年增长82.8%，主要得益于货场及港口建设的发展。履带起重机销售量增长幅度并不突出，但100吨级以上履带起重机明显上升，已经出现150、200、250吨级履带起重机供不应求状况，2006年已有3个企业生产了400吨级以上履带起重机，大大扭转了依靠进口履带起重机的被动局面。

3. 叉车

叉车销售量达到68 108台，比上年增长18.32。其中内燃叉车47 808台，比上年增长15.98%，电动叉车12 044台，比上年增长18.4%，仓储用堆垛装卸车8 256台，比上年增长33.2%。仓储类堆垛电动叉车主要由林德、伟伦、科赛、斗山、海斯特、丰田等独资合资企业生产，国内企业主要由浙江金华起重设备厂生产。此类电动堆垛叉车市场需求发展非常快，这与国内仓储业发展密切相关，国内有实力的企业都应该发展此类产品进入市场。平衡重式、前移式、步移式电动叉车增长速度也高于内燃叉车。我国电动叉车迅速发展的时机已经到来。

4. 液压挖掘机

液压挖掘机 2005 年销售34 052台，比上年增长0.8%，但销售额下降15.4%，利润下降27.5%。2005 年挖掘机销售量增长主要集中在小挖市场，7 吨级以下小挖 2005 年销售量达到9 000台，比上年的5 100台增长了78.5%，而20～24 吨级挖掘机 2005 年销量只有12 672台，比上年的18 988台下降了49.84%，这就是形成销售数量小幅增长，销售额和利润下降的主要原因。看来中吨位挖掘机市场与国家宏观调控政策影响有着密切的联系。

5. 铲土运输机械

轮式装载机受国家交通运输业、采矿业、建材业、建筑业发展的带动，受国家宏观调控政策影响较小，仍然保持增长态势，2005 年销售量达到107 336台，比上年增长17.5%，但也逐步显现出增长乏力的苗头。如果今后不靠出口拉动，国内市场将逐步进入饱和状态。

推土机与液压挖掘机一样，受宏观调控影响较重，全年销售 5 096 台，比上年下降9.2%。非公路翻斗自卸车销量也呈下降趋势，平地机销量与上年基本持平。

6. 压路机

由于静碾压路机销售量比上年下降 49.6%，造成压路机行业总销量下降了－22.8%，总销售量全年为8 263台，其中静碾压路机只有1 079台。同时压路机市场出现疲软以后，大型企业带头实行低价恶性竞争策略，致使压路机行业企业生产举步维艰，甚至出现亏损局面。

7. 混凝土机械

受国家支持三农经济、中小城镇化、西部大开发建设等政策的拉动，一般混凝土机械产品市场呈强劲发展走势。相反的是商品混凝土机械市场呈现疲软发展走势，混凝土拖式泵、搅拌运输车、搅拌站、泵车销售量均有不同程度的下降趋势。

8. 路面机械

2005 年路面机械销售量呈现全面下滑令人不解，公路建设计划并没有减少，市场却出现疲软。与业内人士共同分析有以下几种原因：一是设备租赁业在道路建设行业发展较快；二是道路建设项目承包面向私有化工程施工公司发展，设备购置投资大，谨慎使用，提高了利用率；三是“十五”建设收尾，“十一五”项目列项待定，国家土地审批项目从严，在建项目多，新开工项目少；四是许多路面机械产品经营企业、个体企业、外资企业生产数量不断扩大，而这些企业的生产销售情况大部分未统计进来，造成统计分析数据反映情况不全面，例如沥青混凝土搅拌设备、养护设备实际为增长态势。

（三）生产经营效益情况

2005 年工程机械行业生产经营效益不但没有提高，相反有下滑趋势。根据 2005 年 204 个主要企业的财务年报统计，销售收入776.18亿元，比上年增长3.9%；完成利润28.05亿元，比上年下降24.9%；综合效益经济指数比上年下降到132.8%；总资产贡献率也由8.5%下降到7.2%。造成这种情况的原因，一是部分产品市场销售不畅，市场出现疲软；二是低价恶性竞争愈演愈烈，直接影响到企业经营效益；三是下半年钢材略有涨价。2005 年工程机械行业主要经济指标完成情况见表 23。

表 23　2005 年工程机械行业（204 个企业）主要经济指标完成情况

序号	指 标 名 称	单位	2005 年	2004 年	比上年增长(%)
1	工业总产值（当年价）	万元	8 877 315	7 512 461	18.2
2	工业销售产值（当年价）	万元	7 695 267	7 583 659	1.5
	其中：出口交货值	万元	539 014	413 763	30.3
	出口创汇	万美元	62 461	59 822	4.4
3	工业增加值	万元	1 610 226	1 340 754	20.1
4	从业人员平均数	人	183 545	179 942	2.0
5	全年从业人员工资总额	万元	361 442	336 887	7.3
6	工业生产用钢材消耗	t	1 498 662	1 492 255	0.4
7	全年能耗总量标准	t	418 973	529 850	－20.9
8	全年完成基建投资	万元	207 261	200 170	3.5
9	全年完成技改投资	万元	115 866	129 433	－10.5
10	年末资产总计	万元	8 447 209	6 811 934	24.0
11	流动资产合计	万元	5 375 733	4 457 558	20.6
	其中：应收账款净额	万元	1 346 815	1 009 580	33.4
	年末库存额	万元	2 031 851	1 963 582	3.5
12	流动资产年平均余额	万元	5 453 910	4 151 221	31.4
13	长期投资	万元	415 764	357 594	16.3
14	固定资产合计	万元	2 084 118	1 813 324	14.9
15	年末负债合计	万元	5 266 184	4 323 622	21.8
	其中：流动负债合计	万元	4 696 473	3 911 007	20.1
	长期负债合计	万元	612 461	451 273	35.7
16	实收资本	万元	1 339 670	1 080 646	24.0

（续）

序号	指 标 名 称	单位	2005 年	2004 年	比上年增长(%)
	其中:国家资本	万元	399 067	360 749	10.6
	法人资本	万元	412 003	352 585	16.9
	个人资本	万元	331 995	254 231	30.6
	集体资本	万元	13 615	17 685	−23.0
	外商资本	万元	198 301	69 181	186.6
17	年末所有者权益	万元	3 166 930	2 392 681	32.4
18	产品销售收入	万元	7 761 783	7 466 973	3.9
	其中:产品销售成本	万元	6 511 460	5 051 164	28.9
19	产品销售费用	万元	410 331	361 753	13.4
20	产品销售税金及附加	万元	27 064	19 565	38.3
21	产品销售利润	万元	1 079 815	875 738	23.3
22	管理费用	万元	502 804	421 961	19.2
23	财务费用	万元	106 565	85 865	24.1
	其中:利息支出	万元	89 375	82 335	8.6
24	利润总额	万元	280 527	373 647	−24.9
25	应缴增值税	万元	210 429	148 372	41.8
26	应缴所得税	万元	76 830	65 875	16.6

从表 3 中数据看出，工业增加值虽然增长20.10%，但是企业消耗大大增加了，利润在下降。主要表现在以下几方面，流动资金达到537.57亿元，比上年增长20.6%，可是销售收入只增长3.9%；应收账款达到134.68亿元，存货203.19亿元，两项合计337.87亿元，比上年增长 14%，两项合计占销售收入的43.52%(国外企业一般在20%左右)，因此相应财务费用支出增长24.1%。应收账款和库存量大幅上升，说明了产品销售市场不畅，出现销售难和回款难的两难局面。

从表 3 中看出，2005 年产品出口交货值大幅增加，这对改善行业经营状况大有好处，否则 2005 年的经营财务指标比上年还要下降得多。影响经济效益提高的主要产品是压路机、液压挖掘机、推土机，其次是轮式装载机和混凝土机械。在市场疲软期间，企业更要注意产品质量和产品的技术进步，认真做好售后工作，才能持续赢得市场，而不是靠一时低价和赊销手段来获取市场。

(四)行业结构调整情况

1. 生产集中度进一步提高

2004～2005 年工程机械行业生产集中度情况见表 24。

表 24　2004～2005 年工程机械行业生产集中度情况

企业年销售规模	企 业 数(个)		销 售 额(亿元)		占全行业销售总额比重(%)	
	2005 年	2004 年	2005 年	2004 年	2005 年	2004 年
10 亿元以上	22	23	500.93	488	64.54	55.6
5 亿元以上	31	35	561.87	530	72.39	60.0
1 亿元以上	105	101	735.45	675	98.50	77.0

注:不包括电梯行业。

2. 盈利企业数量减少，亏损企业数量上升

在 2005 年统计的 204 个企业中，盈利企业数量由 2004 年的 165 个下降到 156 个，亏损企业由 2004 年的 44 个上升到 48 个，而且亏损额有继续扩大趋势。昔日的行业重点骨干企业例如宣化工程机械(集团)有限公司、陕西新黄工、三九宜工生化股份有限公司、郑州宇通重工、陕西建设机械股份有限公司、西安筑路机械有限公司、利勃海尔(大连)有限公司、吉林恒业工程机械(原四平工程)、北京重型汽车有限公司、北京起重机器厂、锦州重型机械厂、宝鸡双力叉车集团、厦门叉车总厂、南京工程机械厂、徐工科技等一批骨干企业均出现巨额亏损。工程机械行业新一轮洗牌，重新组合即将开始。

3. 注重出口贸易，大力开拓国际市场

2005 年工程机械产品出口额已达到29.4亿美元，折合人民币 240 亿元，出口额占行业销售总额由 2004 年的 12.40%上升到 19%，预计 2006 年将达到 25%。

4. 产品结构进一步向两头延伸

中国工程机械行业发展一直以中型产品为主，大型和小型机发展很缓慢. 近两年来，小型液压挖掘机、小型滑移转向装载机以及适应农村经济建设的小型施工机械都得到了快速发展，其中小型挖掘机和滑移转向装载机开始批量进入国际市场。在大型工程机械发展方面有 165 吨级液压挖掘机、额定载重 8 吨级轮式装载机、250～400t 履带式起重机、900 吨级运梁车及1 600吨级架桥机、200kW 硬岩掘进机、大型盾构机、Φ12m 大型转盘钻机、Φ 2 500～3 000mm 大型旋挖钻机、渠道机械化大型衬砌成套设备、超大型预冷强制式混凝土搅拌楼、4000 型大型环保节能型沥青混凝土搅拌设备等，为国家重点建设工程提高了选用国产设备的条件。

5. 减少了工程机械产品进出口逆差

2005年我国工程机械进口30.64亿美元，出口达29.4亿美元，进出口逆差较前几年显著减少，且接近平衡。其中液压挖掘机、轮式装载机、推土机、平地机、叉车、移动式起重机、托盘搬运车、混凝土泵车等一批性价比具有较强竞争力的产品已具备批量出口能力，并且出口势头剧增。2006年上半年已经出口22亿美元，同比增长75.3%，进口只有19.2亿美元，第一次出现顺差，工程机械将成为机械工业主要出口产品之一。

6.大部分产品产能过剩局面没有改变，产品低价无序恶性竞争局面依然严重

近两年我国工程机械市场受国家宏观调控影响，进入了一个调整发展时期，多数产品产能过剩。企业为争取市场，片面压低价格进行促销，低价无序恶性竞争进一步使企业盈利能力大大下降低，甚至产生亏损。因此除鼓励企业加大出口外，同时支持企业到发展中国家及地区就地办厂，把国内剩余生产能力逐步向国外转移，既有利于扩大宣传和销售，又能很好完成售后服务，对巩固已开拓的国际市场十分有利。

7.工程机械基础部件发展滞后于主机

我国工程机械制造业总体规模已进入国际生产大国行列，但总体竞争力和发展后劲仍无法与发达国家相抗衡，目前国内高端用户和出口产品配套的基础零部件主要依靠进口，随着出口竞争摩擦加大，势必要受到国外竞争对手和供应商的制约。因此工程机械今后振兴发展的重心应放到基础技术和基础部件上来，提高自主开发水平，在国际上的地位才能逐步走强。

(五)2006年发展预测

两年来，工程机械行业受国家宏观调控政策影响比较明显，也再次显示工程机械市场发展走向与全社会固定资产投资增长拉动，有着自调控政策实行以来，2004年下半年开始，销售额逐月下降，全年走向从年初火爆到年底滑向低谷。2005年部分产品市场温和上升，全行业销售额仍增长6.27%(不包括电扶梯产品)，但发展不平衡，受调控影响大的几个产品如液压挖掘机、推土机、压路机及部分路面建设用的路面机械产品仍没有好转。

2006年开始，中央提出宏观调控目标固定资产投资增长控制在20%以内，改粗放型发展向节能降耗与效益型模式发展，坚持科学发展观，建设和谐社会。但自2006年初以来，全国固定资产投资增长逐月攀升，前5个月累计增幅达到30.3%，特别是东北地区达到39.81%，中部地区38.33%，西部地区32.10%。这种情况与中央提出的要加快振兴东北老工业基地、中部崛起、发展西部的方针有关，为投资迅速增长增加了温度，同时金融体制改革也导致对各种投资渠道产生某些失控现象，这是造成投资过快增长的主要原因，引起钢材、铜材等原材料行业涨价，看来坚持科学发展观并不容易，没有相应法规手段，光靠政策还不行。

在上述这种经济结构总体形势发展下，必然推动工程机械市场需求趋旺。从工程机械工业协会月度监视的8种产品来看，2006年1～2月产品销售收入增长50%，截止到6月累计增长24.6%，其增长率是2005年的3.9倍。8种主要产品销售量增长了22.7%，增幅呈逐月微量下降趋势，这与产品销售季节有关系。2006年1～6月累计销售收入、工业总产值、主要产品销量情况见表25。

各类主机产品销售量增长幅度差别较大，2006年6月底产品销售收入、工业总产值、主要产品销量情况见表26。

表25　2006年1～6月累计销售收入、工业总产值、主要产品销量情况

月份	产品销售收入(万元)		同比增长(%)	工业总产值(当年价)(万元)		同比增长(%)	主要产品销量(万元)		同比增长(%)
	当　月	上年同月		当　月	上年同月		当月	上年同月	
1～2	493 418	328 225	50.0	612 674	477 776	28.0	29 449	18 689	57.6
3	1 037 529	771 490	34.5	1 130 490	810 200	39.5	61 121	45 624	34.0
4	1 505 725	1 147 833	31.2	1 541 266	1 228 735	25.4	93 033	66 749	39.4
5	1 870 375	1 566 646	19.4	1 869 405	1 628 262	14.8	104 093	83 101	25.3
6	2 263 050	1 816 878	24.6	2 309 416	1 931 095	19.6	125 723	99 070	26.9

表26　2006年6月底产品销售收入、工业总产值、主要产品销量情况

序号	企　业	产品销售收入(万元)			工业总产值(当年价)(万元)			主要产品销量(台)		
		当月止累计	上年同期	同比增长(%)	当月止累计	上年同期	同比增长(%)	当月止累计	上年同期	同比增长(%)
1	装载机	1 220 798	983 428	24.1	1 255 788	1 048 235	19.8	59 282	49 954	18.7
2	推土机	193 874	128 272	51.1	187 112	143 506	30.4	2 998	2 291	30.9
3	叉车	279 144	197 149	41.6	278 274	214 422	29.8	31 231	23 275	34.2
4	工程起重机	419 588	290 096	44.6	428 414	313 788	36.5	7 737	5 633	37.4
5	平地机	37 754	32 679	15.5	44 838	38 931	15.2	790	761	3.8
6	压路机	67 466	114 378	−41.0	71 211	101 150	−29.6	3 641	3 588	1.5
7	摊铺机	44 426	70 876	−37.3	43 779	71 063	−38.4	321	315	1.9
8	液压挖掘机							19 723	13 253	48.8
	合　计	2 263 050	1 816 878	24.6	2 309 416	1 931 095	19.6	125 723	99 070	26.9

从表 26 中看出，受宏观调控影响不大的装载机和叉车仍保持较强的增长走势；2005 年处于停滞状态或销售下降的工程起重机、液压挖掘机、推土机表现出强劲反弹走势，大幅增长；同时平地机、压路机、摊铺机产品也有较好表现。另外商品混凝土机械部分企业在 2006 年 5～6 月出现供不应求状态。

最近中央对 2006 年固定资产投资增长过猛已经亮起红灯，要在结构调整方面采取果断措施，控制投资增长过快。但是如果没有强有力政策，控制金融投资市场，投资增长速度虽得到控制，要做到大幅下调很困难，已开工项目年度时间已过半，这种投资惯性还会存在下去。因此除了国内市场以外，2006 年出口大幅增长又是中国工程机械发展的机遇年，据海关统计，2006 年 1～6 月工程机械累计出口 22 亿美元，比上年同期增长了 75.30%。其中整机出口 13.75亿美元，比上年同期增长 90.5%，占出口总额的 62.5%。整机出口金额最大的是电梯，为2.75亿美元，比上年同期增长67.4%，其次是履带挖掘机，为2.2亿美元，比上年同期增长 208%；第三是前铲装载机，为1.08亿美元，比上年同期增长127.6%。出口零部件8.3亿美元，比上年同期增长54.8%，占出口总额的37.5%。综上分析，2006 年工程机械市场应是 2005 年后的反弹年，加上出口的大力拉动作用，全年增长幅度有望达到 20%。2006 年 1～6 月工程机械主要出口产品监测情况见表 27。

表 27　2006 年 1～6 月工程机械主要出口产品监测情况

产品名称	单位	累计数量（万美元）	同比增长（%）	累计金额（万美元）	同比增长（%）	平均价格（万美元/台）	
						2006 年上半年	2005 年同期
其他电动的短距离运货车辆	辆	2 765	2 243.2	62.6	1 205.0	0.02	0.04
电动牵引车	辆	47	235.7	22.4	110.1	0.48	0.76
50t＜最大起重量≤100t 其他起重车	辆	85	325.0	1 831.6	281.0	21.55	24.04
最大起重量≤50t 其他起重车	辆	330	323.1	3 056.1	441.5	9.26	7.23
最大起重量≤50t 全路面起重车	辆	83	245.8	687.5	293.1	8.28	7.29
履带式起重机	台	51	218.8	1 169.1	596.8	22.92	10.49
塔式起重机	台	839	202.9	5 808.2	90.4	6.92	11.01
混凝土泵	台	638	188.7	2 083.0	177.6	3.26	3.40
其他机动压路机	台	1 144	154.2	3 045.9	120.0	2.66	3.08
打桩机及拔桩机	台	291	146.6	1 074.6	145.4	3.69	3.71
上部 360°旋转的履带式挖掘机	台	3 762	136.3	21 955.6	208.4	5.84	4.47
前铲装载机	台	3 404	119.8	10 820.2	127.6	3.18	3.06
未列名叉车及装有升降或搬运装置工作车	台	548 072	36.1	7 612.9	47.8	0.01	0.01
其他电动叉车及装有升降或搬运装置工作车	台	4 021	27.8	2 753.0	30.7	0.68	0.67

四、模具行业

(一)生产发展情况

2005 年我国模具行业持续高速发展，行业结构进一步改善；随着国有企业改制和股份制改制步伐的加快以及民营企业的发展，模具行业中国有和国有控股企业比例进一步下降，三资、民营、私营企业的比例进一步上升。模具工业最发达的广东、浙江两省，已很难找到国有企业。上海和江苏等模具工业发展很快的省市，国有企业也为数不多了。2005 年模具生产厂点已达 3 万个左右，中国制造业的快速发展促进了世界模具业向中国转移的发展趋势。由于原材料涨价，模具价格不涨反落，因此行业总体利润率下降。根据中国模具工业协会(下称中国模协)对 275 个主要模具企业的调查，2005 年产值利润率比上年下降了3.1个百分点。

根据国家统计局，2004～2005 年规模以上模具行业主要指标对比见表 28。

表 28　2004～2005 年规模以上模具行业主要指标对比

年份	企业数（个）	产品销售收入（亿元）	工业总产值（亿元）	利润总额（亿元）	职工人数（万人）	人均年产值（万元/人）
2005	1 173	408.99	414.52	35.66	21.30	19.5
2004	715	230.64	241.54	21.88	12.45	19.0
比上年增长(%)	64.1	77.30	71.60	63.00	71.10	2.60

注：表中销售收入和工业总产值不完全是模具产品，包括部分模具制品及其他产品。

根据中国模协对全国 275 个主要模具生产企业的统计，其中 2004 年和 2005 年两年都列入统计的可比企业共 192 个，两年对比情况见表 29。

表 29　2004～2005 年 192 个主要模具生产企业可比情况

年份	工业总产值（亿元）	产品销售收入（亿元）	利润总额（亿元）	职工人数（万人）	人均年产值（万元/人）
2005	90.40	81.74	10.45	6.11	14.79
2004	64.65	59.26	9.18	5.23	12.36
比上年增长（%）	39.80	37.90	13.80	16.80	19.70

在中国模协统计的 275 个企业中，模具产值超过3 000万元的有 85 个，比上年增长46.6%；其中超过 1 亿元的企业有 17 个，比上年增长21.4%；同时首次出现 1 个超 10 亿元的企业。就全国来说，我国模具行业超 1 亿元模具产值的企业有 40 多个，超过3 000万元的企业有 200 多个，比上年又有了较大发展。

由于我国模具自产自配量很大，而且大部分不计产值，因此，中国模协认为，鉴于模具行业实际模具产值难以正确统计，从2005年起，今后拟发布模具销售额。根据各方面汇集的资料，经研究分析，中国模协发布2005年全国模具销售额约为610亿元，约比上年增长25%。

从地区分布来看，珠江三角洲和长江三角洲仍是发展最快的地区，而且呈现长江三角洲发展形势好于珠江三角洲的势头。这两个地区模具产值约占全国的80%。在汽车模具方面，上海、天津及其周边地区、川渝、十堰及长春是发展最快的地区，这5个地区汽车模具产值已有30多亿元。

经中国模协技术委员会组织专家评审，推荐上报国家级新产品的模具项目2005年为45项，比上年增加了7项，且模具综合水平比上年又有较大提高。由于大量引进硬件以及加强国际交流，我国模具与世界先进水平的差距正在逐渐缩小。

2005年地区性的模具城生产发展迅速，规模化生产和集聚效应所表现出来的优越性已有体现。中国模协授予河北黄骅"中国北方(黄骅)模具城"的牌子，促进了当地模具工业的发展，2005年模具产值比上年增长了60%以上。泊头市在"中国汽车模具之乡"这一集体品牌之下，2005年模具产值也比上年约增长50%。

根据行业的发展情况，许多企业已提出了"生产专业化、产品品牌化、企业规模化、市场国际化"等的企业发展战略。成都市专门成立模具产业推进办公室，浙江余姚、河北泊头以及许多地方政府都正式出台了鼓励模具工业发展政策，并给予资金支持，促进了当地模具工业的发展。

(二)产品分类情况

各类模具中，塑料模和冲压模仍各占40%，其次是压铸模。2005年各类模具产值比例情况见表30。

表30　2005年各类模具产值比例情况

模具类型	所占比例(%)	备注
冲压模具	40.0	
塑料模具	40.0	其中大部分为注塑模具
铸造模具	10.6	其中大部分为压铸模具
其他各类模具	9.4	

(三)市场及销售

2005年我国模具市场得到快速发展，继续呈产需两旺的繁荣景象。虽然模具主要用户汽车工业的发展速度有较大回落，但新车型开发速度却未放慢，因而对模具需求仍保持高速增长的态势。根据市场供需情况(不计自产自用部分)，2005年我国模具市场总需求约为720亿元，国产模具自给率约为76.4%，与上年持平。自给率不足的主要问题仍是大型、精密、复杂等高技术含量的模具水平和能力不足。中低档模具继续呈现供过于求的趋势。

2005年模具行业电子商务进一步发展。例如设在浙江宁波余姚模具城中的电子商务平台已有国内外会员企业84 700个，网上业务成交率达80%以上。

(四)产品进出口

根据海关统计资料，2005年我国模具进出口总量为28.06亿美元，比上年增长21.79%。其中进口总量为20.68亿美元，比上年增长14.07%；出口总量7.38亿美元，比上年增长50.31%。总体发展平稳，结构渐趋合理，有关情况如下：

(1)按模具种类分，进出口最高的是塑料橡胶模具，分别占进出口额的54.4%和72.1%。其次是冲压模具，分别占进出口额的35.1%和19.8%。2005年模具进出口情况见表31。

表31　2005年模具进出口情况

种类	进口		出口	
	金额(亿美元)	所占比例(%)	金额(亿美元)	所占比例(%)
塑料橡胶模具	11.45	55.4	5.32	72.1
冲压模具	7.26	35.1	1.46	19.8
其他模具及模具标准件	1.97	9.5	0.60	8.0

(2)按进口货源地分，进口模具主要来自日本、韩国和中国台湾，其次是德国、美国、意大利和中国香港。2005年进口模具主要货源地情况见表32。

(3)按出口目的地分，我国出口模具的市场主要是中国香港、美国、日本和中国台湾，其中出口中国香港的模具有不少是转口贸易，最终目的地比较分散。2005年出口模具主要国家和地区见表33。

(4)按进口目的地分，进口最多的是广东、江苏、上海、天津、吉林、浙江和北京，都达1亿美元以上。其次是辽宁、山东和福建。2005年进口模具最多的10个省市情况见表34。

(5)按出口货源地分，出口模具主要来自广东、浙江、上海等省市，其次是山东、福建、天津、安徽和辽宁等省市。2005年出口模具主要货源地情况见表35。

表32　2005年进口模具主要货源地情况

指标名称	日本	韩国	中国台湾	德国	美国	意大利	中国香港
进口量(亿美元)	7.524	3.712	2.466	1.991	0.640	0.485	0.480
所占比例(%)	36.4	17.9	11.9	9.6	3.1	2.3	2.3

表33　2005年出口模具主要国家和地区

指标名称	中国香港	美国	日本	中国台湾	法国	泰国	韩国	新加坡	土耳其	德国
出口量(万美元)	21 723	6 419	4 528	4 480	1 596	1 596	1 574	1 526	1 267	1 176
所占比例(%)	29.4	8.7	6.1	6.1	2.3	2.3	2.1	2.1	1.7	1.6

表34　2005年进口模具最多的10个省市情况

指标名称	广东	江苏	上海	天津	吉林	浙江	北京	辽宁	山东	福建
进口量(万美元)	38 267	35 950	30 838	16 143	11 093	10 479	10 340	8 975	8 647	5 920
所占比例(%)	18.5	17.4	14.9	7.8	5.4	5.1	5.0	4.3	4.2	2.9

表35　2005年出口模具主要货源地情况

指标名称	广东	浙江	上海	江苏	山东	福建	天津	安徽	辽宁
出口量(万美元)	31 504	11 120	9 413	8 616	2 371	2 038	1 752	1 410	1 115
所占比例(%)	42.7	15.1	12.8	11.7	3.2	2.8	2.4	1.9	1.5

(6)从进出口比例看,结构进一步改善。2005年进出口比例为2.8∶1,比上年3.7∶1有较大改善,其中浙江最好,为0.94∶1,已获顺差。但全国范围内进出口相抵后仍有13.3亿美元的逆差,比上年高出0.1亿美元。

从上述6个方面情况看,可分析出如下结果:①塑料橡胶模具仍是出口主体,但冲压模具出口发展最快,年增幅达94.7%,几乎翻了一番。②国际市场很大,出口前景继续看好。③外贸逆差仍旧很大,我国模具仍旧亟待提高水平与能力,模具工业发展前景很好。

(五)基本建设及技术改造

2005年模具行业固定资产总投入超过100亿元,其中固定资产净值500万元以上的568个企业其净值比上年增加了26.2亿元。根据中国模具工业协会对全国275个主要模具生产企业的统计,2005年共计完成固定资产投资19.5亿元。2005年外商(含中国香港、中国台湾)投资模具行业踊跃,协议投资26.5亿美元,实际投资6.29亿美元。总投资额为9 200万美元的中美合资上海赛科特利汽车模具技术应用有限公司是2005年投资规模最大的签约项目,其一期工程5 600万美元将于2006年初开始起动。一汽模具制造公司2005年完成投资1.34亿元。广东巨轮模具股份有限公司完成投资2.13亿元。保定长城模具中心完成了投资1亿多元的汽车模具建设项目,形成了较大的生产能力。河源龙记金属制品有限公司完成投资近1亿元。芬兰贝尔罗斯公司深圳模具制造基地完成首期投资6 000万元。广东圣都模具股份有限公司的"精密、大型、复杂汽车模具制造成套加工中心设备技术改造项目"已完成投资1亿多元。安徽江淮福臻汽车车体有限公司和东江科技(深圳)有限公司各完成投资5 000多万元。浙江嘉仁模具有限公司6 000多万元的汽车塑模项目2005年已竣工投产。上海华庄模具有限公司1.6亿元投资项目已起动。安徽福臻技研有限公司2005年完成技改投资7 420万元。完成投资2 000万元及以上的企业有:北京康迪普瑞模具技术有限公司、北京比亚迪模具有限公司、天津汽车模具有限公司、上海龙记金属制品有限公司、盘起工业(大连)有限公司、山东豪迈机械科技有限公司、宁波强盛机械模具有限公司、昆山市中大模架有限公司、无锡微研有限公司、湖北东风汽车模具有限公司、湖南同心实业股份有限公司、株洲钻石切割刀具股份有限公司、福建五友模具科技有限公司、四川宜宾普什模具有限公司、广州导新模具注塑有限公司、上海威虹模塑制造有限公司、河北金环汽车模具有限公司、黄山三佳谊华精密机械有限公司、佛山市顺德区宏力模具有限公司、宁波申江汽车部件有限公司等。以塑料制品和塑料模具为主要对象,以中西亚市场为主要目标的乌鲁木齐经济技术开发区台州民营企业工业示范园已到位投资2.4亿元。河北的泊头和黄骅已投入1亿多元,使模具企业和模具产能又有了很大增长。由佛山市金型制钢有限公司投资6亿元建成的中厚模具扁钢生产线2005年投产,具备了25万t各类模具扁钢的轧制能力。

模具城建设仍旧是一个亮点。浙江慈溪范市模具城占地面积33hm²,共完成投资3亿元,2005年已有4亿元的产出。历经8年,截止至2005年底余姚模具城已累计完成投资13亿元,有780多个企业进驻,年产出近20亿元。宁海模具城已完成二期工程,共建成面积为17万m²标准厂房和6 000m²综合楼,有260多个企业入驻,年产出近10亿元,被有关部门认定为"省级塑料模具高新技术特色产业基地"和"省级中心企业创业基地"。

黄骅模具城被中国模具工业协会授予"中国北方(黄骅)模具城"称号,已有260多个企业入驻,2005年产出3亿多元。规划占地面积200hm²的重庆模具产业园已开始起动。座落在国家级西安经济技术开发区内的西安模具工业基地已初见端倪。沈阳模具工业园也已有了明确的规划方案,并已开始实施。苏州高新国际模具城招商注册资金已达7.9亿元,一期26.7hm²已签约完毕。位于常州的江苏长三角模具城一期1.5亿元投资已起动。位于芜湖经济技术开发区的模具产业基地一期占地面积15.3hm²建设已起动。首期规划占地面积53.3hm²,投资数亿元的合肥模具产业园也已起动。

(六)对外合作

随着中国进入加入WTO的后过渡时期,模具行业对外合作随之进一步扩大,工作也更富有成果。2005年12月9～10日,中国模具工业协会代表团在访问葡萄牙期间参加了温家宝总理访问葡萄牙的有关活动,并与葡萄牙模具工业协会签署了若干商务合作的意向协议书,参加了"中葡企业家研讨会",中葡两国总理都出席了上述活动。10月17～19日,中国模协在北京召开了2005年森精机第二届国际模具技术会议,有240名国内外代表参加,会议以中、英文印发了《2005森精机第二届国际模具技术会议论文集》。2005年12月,中国模协组团参加了在德国法兰克福举办的欧洲国际模具展览会(Euromold 2005),我国(未包括港、澳、台)有45个模具企业参加了展出,展出面积300m²,共有70

多位企业家赴欧考察。一年中,中国模协先后接待了来自欧、美、日、韩、新加坡、印度及我国港台地区的10多个模具代表团和许多国家驻中国的使馆商务代表及有关客商,并组团出访了美国、加拿大、德国、法国、意大利、西班牙、印度、巴西、日本、韩国等国家,进行对口交流与考察,开展了经贸的技术交流活动。

外贸发展迅速是2005年的对外合作的一个亮点,与上年相比,出口增长率超过50%。不少企业出口模具已占其全部产量的70%以上。为发展外贸,铜陵三佳科技股份有限公司在欧、美等地设立了分公司专营出口,还聘请了当地的外籍职员以求发展。

2005年,聘请外籍模具专家到国内模具企业工作又有了发展,外籍专家担任总经理及部门负责人的情况越来越多,个别企业聘有外籍员工多达30名。模具企业选派骨干出国培训工作也有较大发展,例如十堰先锋模具有限公司2005年就有42人次出国培训。这些都促进了模具制造水平和企业管理水平的快速提高。由于我国模具出口具有相对优势,因此已有越来越多的跨国公司到中国来采购模具。例如英国路虎公司就在我国采购了1 000多万美元的汽车模具。通过国际合作,我国模具企业在技术、管理和产品质量等方面都得到了提升。

五、纺织机械

(一)生产发展情况

2005年是纺织品配额取消的第一年,纺织行业面对国际贸易摩擦加剧、人民币汇率机制改革、纺织品出口数额管理、征收出口关税以及原材料和国际原油价格持续上涨等诸多因素挑战,深入贯彻科学发展观,走可持续发展道路,生产、销售、出口、效益及投资均实现快速增长。

2005年,纺织行业实现销售产值20 011亿元,比上年增长26.09%,拉动衣着类消费约6 826亿元。全国规模以上纺织工业纱产量1 412.40万 t,比上年增长23.6%;布产量377.61亿 m,比上年增长17.5%;印染布产量362.15亿 m,比上年增长15.7%;服装产量148亿件,比上年增长16.8%;化纤产量1 629万 t,比上年增长14.8%。

2005年,纺织工业规模以上企业实现销售收入19 793亿元,比上年增长26.3%;实现工业总产值20 471亿元,比上年增长26%;产销率达到97.8%,比上年增长0.15个百分点;工业增加值4 999.18亿元,比上年增长26.5%;实现利润689.72亿元,比上年增长35.8%;出口交货值5 736.89亿元,比上年增长18.2%;全员劳动生产率51 099元/人,比上年增长14.6%。销售产值增速高过出口交货值增速7.9个百分点,说明内需对纺织产业的拉动作用突出。

据中国纺织机械器材工业协会对行业内731个纺织机械、纺织器材生产企业的统计,2005年各项经济指标都有较大增长。全行业完成工业总产值(当年价)474.99亿元,比上年增长23.5%;产品销售收入458.85亿元,比上年增长22.7%;利润总额23.49亿元,比上年增长14.3%。进出口总额43.16亿美元,其中进口34.45亿美元,比上年减少24.1%;出口8.71亿美元,比上年增长30.3%。2005年纺织机械行业主要经济指标见表36。

表36 2005年纺织机械行业主要经济指标

项目名称	单位	2005年	比上年增长(%)
企业数	个	731	0.0
亏损企业数	个	98	−12.5
亏损总额	万元	16 917	32.2
亏损面	%	13.41	−1.9
产品销售收入	万元	4 588 479	22.7
产品销售成本	万元	3 878 803	23.4
产品销售税金及附加	万元	26 794	64.3
利润总额	万元	234 942	14.3
利税总额	万元	419 778	19.0
资产总计	万元	4 937 234	22.5
流动资产平均余额	万元	2 915 959	22.2
固定资产净值平均余额	万元	1 182 551	17.6
负债合计	万元	2 931 720	21.6
工业总产值(当年价)	万元	4 749 898	23.5
工业销售产值	万元	4 626 549	23.6
出口交货值	万元	532 345	44.7
全员劳动生产率	元/人	67 783	34.1
从业人员平均人数	人	177 145	6.7

2005年纺织机械行业经济运行具有以下特点:

1.生产销售持续增长,创造历史好成绩

从2005年纺织机械行业的经济运行情况看,上半年由于受纺织工业经济运行情况的影响,特别是受众所周知的纺织品贸易摩擦及纺织品出口关税等的影响,动摇了部分投资者的信心,使得纺织机械的生产和销售在1～4月出现了下滑。随着贸易摩擦的逐步解决,加上国家出口退税政策的调整,大大减轻了地方政府的压力,促进了企业产品的出口,恢复了投资者的信心,下半年纺织机械产品的销售开始逐步回升,从10～12月出现快速增长,2005年纺织机械全行业产品销售率为97.40%,比上年增长0.06个百分点。全年完成产品销售收入458.85亿元,比上年增长22.7%,创造历史好成绩。

2.市场竞争激烈,经济效益有所增长

2005年,尽管煤、电的紧张情况有所缓解,钢材价格开始回落,但是纺织机械行业依旧受到煤电油运及原材料价格上涨的困扰,前3个季度煤电价格上涨15%。在纺机产品市场激烈的竞争中,产品销售价格不可能提升,这些成本的增加无法或很少能在产品销售价格中得到消化,企业只好在内部采取各种措施降低成本,提高产品附加值,全行业利润总额完成23.40亿元,比上年增长14.3%,但产值利润率仅为5.0%,比上年下降0.4个百分点;企业财务费用、利息支出大幅度上扬,增长幅度分别是52.9%和76.6%;而产品销售收入增长幅度为22.7%,产品销售成本增长幅度为23.4%。产品销售成本的涨幅略高于销售收入涨幅,经济效益有所增长。

3.主要产品产量仍以棉纺机械为主

2005年,纺织机械行业主要产品产量仍以棉纺机械为主。2005年纺机产品分类完成情况见表37。

表37 2005年纺机产品分类完成情况

产品类别	数量(台)	产量(t)
总计	152 612	589 417
合成纤维设备	2 737	22 948
人造纤维设备	428	7 343
棉纺织设备	101 652	376 866
毛纺织设备	1 673	7 574
麻纺织设备	834	7 090
丝绸机械设备	7 181	16 086
绢纺织设备	21	65
非织造织物设备	445	2 492
针织设备	31 653	14 945
染整设备	2 800	29 777
附属设备通用装置(套)	70 505	26 598
纺织仪表仪器电器	2 983	973
纺织机械专配件		34 997
纺织器材		19 929
其他	66	4 420
非纺机产品		17 314

4.产业呈现区域化,东部地区发展迅猛

随着改革开放的逐步深入,市场经济的快速发展,纺机行业的经济格局发生了很大变化,产业经济呈现区域化,东部地区经济发展迅猛,近90%的企业集中在东部地区。2005年纺机行业分地区主要经济指标完成比例见表38。

江苏省、浙江省、山东省、北京市、上海市的销售收入占行业销售总额的八成以上。产品销售收入从总量方面看,江苏省完成122.78亿元,占全部产品销售收入的26.76%,排在第一位。从纺织机械产品销售收入的分省同比情况来看,涨幅前5位的省份是河北省、陕西省、山东省、浙江省、江苏省。降幅前5位的省份分别为吉林省、重庆市、江西省、广东省、天津市。

表38 2005年纺机行业分地区主要经济指标完成比例

地区分布	企业分布(%)	产品销售收入(%)	利润总额(%)	工业总产值(%)
全国	100	100	100	100
东部地区	88	90	92	90
其中:江苏省	34	28	31	26
浙江省	19	22	23	22
山东省	15	15	15	16
上海市	5	5	2	5
东部地区其他省市	15	20	21	21
中西部地区	12	10	8	10

全行业实现利润排在前5位的省市是:江苏省、浙江省、山东省、北京市、广东省,这5个省市的利润之和占全行业利润总额的85.88%。2005年主要地区纺织机械产品销售收入、利润总额完成情况见表39。

表39 2005年主要地区纺织机械产品销售收入、利润总额完成情况

省市	产品销售收入(万元)	占总额比重(%)	利润总额(万元)	占总额比重(%)
江苏省	1 227 834	26.76	73 447	31.26
浙江省	1 021 294	22.26	54 423	23.16
山东省	711 860	15.51	34 786	14.81
北京市	518 871	11.31	26 916	11.46
上海市	249 804	5.44	—	—
广东省	—	—	12 185	5.19
其他省市	858 963	18.72	33 174	14.12

5.股份制企业、外商和港澳台商投资企业、私营企业经济发展快

股份制企业、外商和港澳台商投资企业、私营企业占行业统计数的85.09%,产品销售收入占行业的84.01%,利润总额占行业的83.67%,出口交货值占行业的93.34%。2005年纺织机械行业各类性质企业销售、利润等情况见表40。

表40 2005年纺织机械行业各类性质企业销售、利润等情况

企业性质	企业数(个)	企业数比重(%)	产品销售收入2005年(万元)	产品销售收入比重(%)	产品销售收入比上年增长(%)	利润总额2005年(万元)	利润总额比重(%)	利润总额比上年增长(%)	出口交货值2005年(万元)	出口交货值比重(%)	出口交货值比上年增长(%)
合计	731		4 588 479		30.4	234 942		22.8	532 345		49.3
国有企业	34	4.65	182 868	3.99	−5.5	1 757	0.75	−56.4	23 151	4.35	2.8
集体企业	37	5.06	443 270	9.66	151.3	23 169	9.86	132.0	8 612	1.62	310.4
股份合作企业	38	5.20	107 548	2.34	7.5	13 447	5.72	8.3	3 715	0.70	201.1
股份制企业	390	53.35	2 191 853	47.77	2.4	108 298	46.10	−10.1	151 575	28.47	2.3
外商和港澳台商投资企业	129	17.65	1 416 039	30.86	97.8	76 598	32.60	111.0	334 684	62.87	90.3
其他企业	103	14.09	246 902	5.38	27.2	11 673	4.97	40.7	10 607	1.99	57.3

在股份制企业中,私营有限责任公司占行业统计数的33.52%,产品销售收入占16.12%,利润总额占15.02%,出口交货值占6.16%;其他有限责任公司企业数占行业统计数的14.91%,产品销售收入占12.47%,利润总额占

15.20%，出口交货值占6.27%。

在外商和港澳台商投资企业中，港澳台商投资股份有限公司占行业统计数的0.27%，产品销售收入占10.00%，利润总额占6.74%，出口交货值占5.83%；港澳台独资经营企业占行业统计数的6.93%，产品销售收入占8.74%，利润总额占6.74%，出口交货值占38.55%；外资企业占行业统计数的3.97%，产品销售收入占3.36%，利润总额占5.27%，出口交货值占7.22%。

在其他企业中，私营独资企业占行业统计数的12.45%，产品销售收入占4.87%，利润总额占4.51%，出口交货值占1.99%。

(二)进出口情况

据海关统计，2005年我国纺织机械进出口总额43.16亿美元。其中纺织机械出口金额8.71亿美元，比上年增长30.34%；纺织机械进口金额34.45亿美元，比上年减少24.06%。

1.纺织机械产品出口增长幅度创新高

2005年，纺织机械出口金额8.71亿美元，比上年增长30.34%，是近10年来国产纺织机械产品出口增幅最快的一年，创了新高。从出口情况来看具有以下特点：

(1)针织机械排在第一位。从产品出口的大类情况来看，出口额排在第一位的是针织机械，非织造机械出口增幅最大，比上年增长290.4%；织造准备机械出口546万美元，比上年减少13.2%。2005年纺织机械出口分类情况见表41。

表41　2005年纺织机械出口分类情况

产品名称	金额(万美元)	比上年增长(%)	比重(%)
合　计	87 089.23	30.3	100.00
针织机械	24 759.45	66.8	28.43
印染后整理机械	22 487.68	26.5	25.82
辅助装置及零配件	18 168.35	35.4	20.86
纺纱机械	14 060.65	−6.5	16.15
化纤机械	3 346.93	9.0	3.84
织机	2 727.87	52.8	3.13
非织造机械	992.20	290.4	1.14
织造准备机械	546.10	−13.2	0.63

(2)出口的主要市场仍然是亚洲。在出口的国家和地区当中，排在前6位的均属亚洲。他们分别是印度、中国香港、巴基斯坦、孟加拉国、印度尼西亚和越南。特别是印度市场，近几年我国对该市场的纺机出口增长最快，目前已列入排名的首位。我国纺机产品出口额排在前10位的国家和地区占出口总额的75.19%，2005年我国纺织机械出口金额前10位国家(地区)情况见表42，2005年我国纺织机械按产品类别分出口前5位国家(地区)情况见表43。

表42　2005年纺织机械出口金额前10位国家和地区

排序	国家或地区	金额(万美元)	比上年增长(%)	比重(%)
	合　计	87 089.24	30.3	75.19
1	印度	16 026.97	146.7	18.40
2	中国香港	14 805.01	8.2	17.00
3	巴基斯坦	11 829.92	−0.2	13.58
4	孟加拉国	5 722.86	10.5	6.57
5	印度尼西亚	3 652.78	45.6	4.19
6	越南	3 069.61	103.5	3.52
7	土耳其	2 963.04	49.8	3.40
8	德国	2 764.58	−7.4	3.17
9	日本	2 664.99	28.5	3.06
10	泰国	1 986.86	17.2	2.28

表43　2005年我国纺织机械按产品类别分出口前5位国家(地区)情况

产品类别	国家或地区	出口数量(台)	数量比上年增长(%)	出口金额(万美元)	金额比上年增长(%)
	总　计	8 257 500	44.4	87 089.36	30.34
化纤机械	小计	1 470	36.9	3 346.93	8.97
	叙利亚	71	373.3	671.13	422.44
	巴基斯坦	26	85.7	657.99	338.6
	越南	29	222.2	436.48	2 421.48
	印度	66	−67.3	340.64	−67.26
	中国香港	480	389.8	172.86	−56.15
纺纱机械	小计	7 467	8.8	14 060.65	−6.53
	巴基斯坦	2 991	−9.5	6 416.48	−19.59
	孟加拉国	1 229	−16.6	2 351.49	−10.30
	越南	530	213.6	1 206.87	227.34
	印度	314	78.4	721.32	242.94
	印度尼西亚	468	51.0	702.53	19.27
织造准备机械	小计	200	−42.7	546.10	−13.20

（续）

产品类别	国家或地区	出口数量(台)	数量比上年增长(%)	出口金额(万美元)	金额比上年增长(%)
	印度	36	157.1	78.46	198.59
	孟加拉国	7	−75.9	72.20	81.73
	土耳其	3	0.0	60.64	16.30
	日本	8	166.7	50.47	237.96
	印度尼西亚	4	−97.1	44.04	−50.00
织机	小计	13 203	171.1	2 727.87	52.82
	印度	1 160	165.5	1 130.04	117.74
	孟加拉国	8 013	587.2	462.43	379.33
	韩国	312	183.6	143.85	456.14
	中国香港	878	15.4	116.71	94.06
	越南	293	−31.5	112.22	−38.29
针织机械	小计	110 385	−13.1	24 759.58	66.78
	印度	9 753	170.0	9 977.46	182.40
	印度尼西亚	6 782	−14.6	1 572.26	60.61
	孟加拉国	45 293	−21.9	1 553.56	0.45
	巴基斯坦	1 822	95.9	1 371.93	67.42
	土耳其	1 092	10.8	1 263.25	49.35
辅助装置及零配件	小计	34 277 251	23.9	18 168.35	35.44
	印度	3 737 752	270.6	2 926.69	244.69
	日本	3 458 085	13.1	2 025.10	50.13
	德国	2 590 527	3.5	1 959.18	−9.38
	巴基斯坦	4 196 614	−0.3	1 845.84	9.68
	中国台湾	4 024 574	38.4	1 205.91	42.89
非织造机械	小计	2 650 786	185.1	992.20	290.41
	印度	524 655	988.7	206.94	422.74
	韩国	178 290	445 625.0	100.45	251 033.25
	中国香港	224 500	889.3	91.57	813.67
	南非	67 900	−30.8	80.20	358.58
	法国	167 850	92 125.3	74.58	11 787.93
印染后整理机械	小计	5 473 989	17.7	22 487.68	26.53
	中国香港	1 508 050	60.3	12 662.25	17.51
	巴基斯坦	164 720	−1.8	1 349.25	22.82
	土耳其	148 045	42.3	826.22	101.76
	孟加拉国	62 395	2.6	770.04	73.62
	印度	379 428	831.9	645.43	130.44

2.纺织机械产品进口下降幅度为历史新高

受宏观政策、国际市场贸易摩擦等因素的影响，我国纺织机械产品的进口自年初开始就呈现出大幅度下降的趋势。据海关统计，2005年纺织机械进口金额34.45亿美元，比上年下降24.06%，为历史新高。

(1)进口的针织机械、印染及后整理机械较多。从2005年纺织机械进口金额来看，进口的针织机械、印染及后整理机械较多。2005年纺织机械进口大类产品情况见表44。

表44　2005年纺织机械进口产品大类情况

产品名称	金额(万美元)	金额比上年增长(%)	比重(%)
合　计	344 492.01	−24.1	100.00
针织机械	78 665.60	−14.5	22.84
印染后整理机械	72 960.95	−2.1	21.18
织机	61 584.72	−7.5	17.88
纺纱机械	44 407.88	−32.8	12.89
辅助装置及零配件	40 213.34	−22.5	11.67
化纤机械	35 158.78	−54.5	10.21

（续）

产品名称	金额(万美元)	金额比上年增长(%)	比重(%)
织造准备机械	7 388.00	−56.5	2.14
非织造机械	4 112.74	−51.2	1.19

(2)进口主要来自日本和德国。2005年纺织机械进口主要来自日本、德国、意大利、中国台湾和韩国国家和地区，占进口总额的79.01%。2005年主要国家(地区)对中国出口纺织机械的情况表45。

表45　2005年主要国家(地区)对中国出口纺织机械的情况

排序	国家或地区	金额(万美元)	比上年增长(%)	比重(%)
	合　计	344 492.01	−24.1	79.01
1	日本	95 651.89	−29.0	27.77
2	德国	88 425.31	−26.2	25.67
3	意大利	44 404.91	3.4	12.89
4	中国台湾	23 905.21	−14.7	6.94
5	韩国	19 800.34	−49.6	5.75

3.进出口情况分析

(1)从企业性质看,进出口额外商独资企业排第一。在2005年纺织机械产品全部出口金额中,独资企业2.98亿美元,占全部出口额的34.26%,排在第一位;国有企业2.48亿美元,占全部出口额的28.50%,排在第二位。增长幅度最大的是私营企业,排第三位;合资企业占第四位,其他依次为集体企业、中外合作企业和个体工商户。2005年纺织机械出口按企业性质划分情况见表46。

表46 2005年纺织机械出口按企业性质划分情况表

企业性质	金额(万美元)	比上年增长(%)	比重(%)
合计	87 089.36	30.3	
独资企业	29 834.65	30.2	34.26
国有企业	24 817.35	3.3	28.50
私营企业	20 900.35	102.0	24.00
合资企业	7 498.45	19.8	8.61
集体企业	3 488.49	24.2	4.01
合作企业	362.24	−16.4	0.42
个体工商企业	187.85	116 793.6	0.22

2005年,纺织机械进口额中,外商独资企业11.15亿美元,比上年下降1.04%,所占比重32%;国有企业7.92亿美元,比上年下降25.99%,所占比重23%;合资企业5.77亿美元,比上年下降48.29%,所占比重17%;私营企业5.00亿美元,比上年下降12.72%,其他性质企业17.33万美元,其中,集体企业4.14亿美元,比上年下降23.02%,所占比重12%;中外合作企业0.46亿美元,比上年下降58.53%,所占比重1%。

(2)进出口仍然集中在东部纺织业发达地区。根据海关统计,2005年全国30个省市自治区有纺织机械产品出口,广东省出口排第一,排名前10位的省市出口额占总额的97.07%。增长幅度最大的前5位是:甘肃省、浙江省、黑龙江省、广西、重庆市。下降幅度最大的前5位是:宁夏、云南省、山西省、天津市、青海省。2005年纺织机械出口前10位省市情况见表47。

2005年全国31个省市自治区,除青海省没有进口外,其余30个省市均有不同数量的进口。广东省、江苏省、浙江省、山东省和上海市位列进口总额的前5名,占进口总额的82.66%。与上年相比,进口金额增长幅度最大的前5名是:甘肃省、黑龙江省、西藏、天津市、重庆市。2005年纺织机械进口前10位省市情况见表48。

表47 2005年纺织机械出口前10位省市情况

省市名称	金额(万美元)	比上年增长(%)	比重(%)
合计	87 089.36	30.3	97.07
广东省	19 447.28	30.8	22.33
浙江省	19 441.51	79.8	22.32
江苏省	18 432.50	34.3	21.17
上海市	12 037.55	0.0	13.82
北京市	7 982.14	26.2	9.17
山东省	3 478.94	36.8	3.99
福建省	1 897.63	35.4	2.18
湖南省	673.52	24.0	0.77
辽宁省	618.13	49.2	0.71
河南省	530.48	−17.7	0.61

表48 2005年进口纺织机械前10位省市情况

省市名称	金额(万美元)	比上年增长(%)	比重(%)
合计	344 492.01	−24.1	95.81
广东省	73 503.63	−1.3	21.34
江苏省	67 908.00	−39.5	19.71
浙江省	66 512.41	−40.8	19.31
山东省	54 238.57	−1.3	15.74
上海市	22 597.65	−18.0	6.56
福建省	19 205.17	−8.1	5.57
北京市	8 160.61	−37.5	2.37
天津市	7 717.31	214.9	2.24
河北省	5 894.16	−15.5	1.71
辽宁省	4 308.61	14.4	1.25

(3)进出口均以一般贸易方式为主。纺织机械出口仍旧以一般贸易方式为主,出口额6.39亿美元,占出口总额的73%;进料加工贸易方式出口额2.17亿美元,占出口总额的25%;其他贸易方式出口额1.52亿美元,占出口总额的2%。纺织机械进口也以一般贸易方式为主,进口额18.32亿美元,比上年下降20.38%,占进口总额的53%;外商投资企业作为投资进口的设备、物品12.96亿美元,比上年下降33.98%,占进口总额的38%;加工贸易进口设备的进口额1.88亿美元,比上年增长42.17%,占进口总额的5%;其他贸易方式进口额1.29亿美元,占进口总额的4%。

六、仪器仪表行业

(一)概况

按照《国民经济行业分类》国家标准(GB/T 4754—2002),仪器仪表行业包括工业自动化仪表、电工仪器仪表、绘图/计算及测量仪器、实验分析仪器、试验机、供应用仪表及其他通用仪器、环境监测专用仪器仪表、汽车及其他用计数仪表、导航/气象及海洋专用仪器、农林牧渔专用仪器仪表、地质勘探和地震专用仪器、教学专用仪器、核子及核辐射测量仪器、电子测量仪器、其他专用仪器、钟表及计时仪器、光学仪器、其他仪器仪表的制造及修理、衡器、医疗诊断/监护及治疗设备共20个门类。

2005年,仪器仪表行业企业数3 391个,比上年的2 494个增长36%;职工人数65万人,比上年增长18.2%,劳动生产率9.1万元/人;固定资产净值平均余额373亿元,比上年增长11.5%。工业总产值1 777亿元，比上年增长26.9%；工业增加值590.2亿元，比上年增长26.8%；销售收入1 726亿元，比上年增长25.8%；利润总额123亿元，比上年增长33.2%。进口额140.1亿美元，比上年增长15.7%；出口额52.5亿美元，比上年增长30.8%。逆差87.6亿美元。

（二）生产快速发展，效益同步提高

1. 生产快速增长，效益同步提高

工业总产值和销售收入均超过1 500亿，分别为1 777亿元和1 726亿元；仪器仪表行业2004年首次超过1 000亿元，按2005年增速，2006年将达到2 000亿元，即第1个1 000亿元用了55年时间，第2个1 000亿元可能只需两年。2005年利润增幅大大高于上年，并大于销售收入的增幅，即使剔除上年有1个企业巨额亏损的影响，全行业实际利润仍与销售收入同步增长。其中三资企业利润增长高于国有企业和民营企业。

2005年仪器仪表工业主要产品产量见表49。

表49　2005年仪器仪表工业主要产品产量

产品名称	单位	产量	比上年增长(%)
自动化仪表及系统	台(套)	53 383 411	8.0
电工仪器仪表	台	44 104 438	10.2
光学仪器	台	11 724 629	12.0
分析仪器及装置	台	108 954	15.5
试验机	台	25 901	1.6
汽车仪器仪表	台	14 998 655	−26.5
环境监测仪器仪表	台	9 373	36.4

2. 出口增幅基本稳定，进口和逆差增幅明显下降

2005年出口金额比上年增长30.8%，虽然已从2004年38.4%的高点回落，但仍保持稳定、高速增长势头。出口产品以劳动密集和中低档产品为主的格局未根本改变，但中高档产品明显增加。如实验分析仪器出口金额比上年增长38.3%，试验机出口金额比上年增长71%，电度表出口数量比上年增长48.8%，金额比上年增长72.4%，高技术产品DCS出口金额更猛增324.9%。由于中低档产品出口剧增，已经引起贸易摩擦。

进口金额增幅连续第2年从50%以上大幅度下降，增幅最低是2005年7月，增幅为10.9%，后又缓慢回升，至2005年年终累积增幅为15.7%，不到上年的一半。一些往年大量进口的产品，如自动化仪表和控制系统已从上年增幅39%回落至8.6%，其中DCS已从110%高增幅下降为17.6%，反映出火电控制系统等需求已从高点回落和国产控制系统的迅速发展。有些产品，如电子测量仪器出现负增长。一些高技术产品的进口金额仍保持在高增长水平，如试验台38.7%，医用射线69%，测距仪54%，精密天平30%等。

在进出口增幅逆向趋势下，逆差增幅第1年明显下降，2005年逆差87.6美元，仅比2004年微增6亿美元，大大低于2004年比2003年增加逆差20亿美元的水平。

商务部2005年发布了2005～2006年度“重点培育和发展的出口名牌”产品名单，进入名单的仪器仪表产品有德力西集团有限公司的“德力西”(DELIXI)和正泰集团公司的“正泰”(CHNT)2个品牌产品。

2005年仪器仪表产品进出口情况见表50。

表50　2005年仪器仪表产品进出口情况

进口金额(亿美元)	比上年增长(%)	出口金额(亿美元)	比上年增长(%)	逆差金额(亿美元)
140.1	14.6	52.5	29.3	87.6

（三）改革、重组继续深入，行业组织结构调整取得新进展

1. 行业重组购并有发展趋势

2005年，上海电气(集团)总公司收购重组了上海自动化仪表股份有限公司，宁夏电力集团收购了吴忠仪表集团公司，上海精密科学仪器公司被上市公司上海飞乐股份有限公司收购，江南光电集团被香港永新集团控股，北京博飞公司厂区整体转让，建设新厂等。这些仪器仪表行业骨干企业重组改制为仪表企业今后发展注入了新的活力，其特点是：①总体上说，重组后减轻了历史包袱，改善了资产质量，增强了企业的经济和经营支撑，有利于企业发展。②有的仪表企业进入主机制造集团，密切了主机与配套关系，有利于承接配套任务。③重组主要由地方业务归口和国资主管部门主导，多数准备充分，措施力度大，目前有的效果开始显现，有的成效尚待观察。

此外，为争夺中国市场，美国GE—FANUC公司收购了我国3个具有自主知识产权的DCS生产厂之一——上海新华控制系统有限公司，引起了行业的极大关注。

2. 外资新投项目减少，兼并优势中资企业势头上升

近几年，著名跨国公司在华新建独资企业的高潮开始降温，购并中资企业成为新热点。除上海新华控制技术(集团)有限公司已被GE—FANUC购并外，重庆川仪总厂有限公司、浙江中控自动化仪表有限公司、上海威尔泰工业自动化股份有限公司、北京和利时系统工程股份有限公司等都有外资洽谈投资或购并意向。目前，除西门子与重庆川仪总厂有限公司的购并洽商已停止外，其他磋商仍在探索中。上述中资优秀企业如被外资购并，我国仪控产业自主创新的基础和实力将受到严重破坏。

3. 一些地方加大对发展仪器仪表产业的支持力度

重庆市确定江北开发区重点发展仪表产业，重庆川仪总厂有限公司、重庆工业自动化仪表研究所、伟岸公司、重庆耐德工业股份有限公司等一批企业和研究单位将进入或增建新基地。天津市建设中环智能仪表工业园区，并采取有力措施，支持仪表企业解困改制建新厂。温州市把仪器仪表产业作为支柱产业之一，并提出申报“新兴仪表城”。

4. 行业经济结构的基本格局未变，但由于经济普查结果不断纳入国家统计局数据，国有及国有控股企业、民营企业、三资企业3者比例有调整

2005年三资企业在全行业中所占的比重，资产为32%，销售收入为44.9%，利润为45.4%。2005年仪器仪表工业不同经济成分企业主要经济指标见表51。

表 51　2005 年仪器仪表工业不同经济成分企业主要经济指标

类　型	年份	销售收入			利润总额			资产总额		
		金　额（亿元）	比上年增长（%）	比　例（%）	金　额（亿元）	比上年增长（%）	比　例（%）	金　额（亿元）	比上年增长（%）	比　例（%）
国有及国有控股企业	2004	162.9	13.4	13.7	−4.1	—	−5.6	381.3	2.9	27.7
	2005	281.6	14.0	16.3	14.9	60.9	12.1	509.1	4.9	29.8
民营企业	2004	428.2	18.6	36.0	33.7	27.1	46.5	520.7	10.7	37.8
	2005	669.6	26.0	38.8	52.2	16.7	42.5	652.1	16.7	38.2
三资企业	2004	597.9	30.1	50.3	42.9	30.1	59.2	475.8	23.9	34.5
	2005	774.7	30.5	44.9	55.8	45.8	45.4	546.9	15.4	32.0

5. 国外仪表跨国公司积极参与中国市场竞争

美俄法入围核电项目设备竞标。2005 年初，浙江三门和广东阳江两个核电项目的一期工程已正式结束对核电技术和设备进行国际招标的竞标阶段。美国西屋电气联队、俄罗斯原子能出口公司和法国法马通公司已入围我国这两个核电国产化依托项目的竞标行列。

中国石化与霍尼韦尔公司第 3 次“牵手”。双方高度评价过去 10 年的成功合作，并于 2005 年 5 月 11 日续签了第 3 个为期 5 年的策略联盟协议。双方重点将在继续推动控制系统、安全系统标准化，完善生产执行管理系统，拓展信息自动化技术提升炼油水平，在先进控制和区域优化，推动新建、改扩建厂管控一体化等 5 个方面加强合作。

艾默生赢得了中国首个超超临界电厂——玉环电厂价值 700 万美元的控制系统合同。该项目旨在扩大玉环电厂的发电能力，以满足华东地区迅速增长的电力需求。玉环电厂隶属于华能国际电力股份公司，该电厂单机容量为 1 000MW，在国内尚属首例，同时也是国内第 1 个使用超超临界技术的电厂。

ABB 系统应用于上海大型化工区管理。ABB 独有的化学品储运中心的管理自动化和控制系统，将用于中国最大的综合性化工区之一——上海化学工业园，确保数以百万吨计的原材料和制成品安全、可靠、高效地进出。园区一期工程于 2005 年下半年完工，每年将有大约 400 万 t 的石油化学产品通过化学品储运中心的 50 个储罐出入园区，平均每天有 8 艘远洋油轮和 100 辆运输车在化学品储运中心停靠。

西门子工业系统及技术服务集团为中国首钢集团股份有限公司新建的五机架酸洗冷连轧生产线提供全套自动化和传动系统。项目不仅包括基础和过程自动化，而且还包括可视化系统和传动装置，合同总价约为2 000万欧元。新建机组计划于 2007 年底正式开工生产。目前，西门子还为中国邯钢、包钢、鞍钢和武钢等大型钢铁集团的类似项目提供服务。

横河电机集团对中国上海区域营业据点进行集结。此次上海地区相关公司的集结，目的在于提高销售能力，加强客户服务体系，这是横河电机集团开拓中国市场，强化事业体制一系列举措中的重要一环。

2005 年 9 月 6 日，中日合资重庆横河川仪有限公司成立 10 周年庆典系列活动在重庆北碚举行，横河川仪蓬勃发展的 10 年，使公司事业由当初单一的变送器，扩展到变送器、记录仪、分析仪三大事业。2005 年 EJA 变送器销售 13 万台，销售收入突破 5 亿元；EJA 变送器产量名列全国前茅，进入世界前 10 名。

七、文化、办公用机械制造行业发展综述

根据国家统计局《国民经济行业分类》(GB/T4754—2002)，文化、办公用机械制造业包括下列六小类：电影机械制造，幻灯及投影设备制造，照相机及器材制造，复印和胶印设备制造，计算器及货币专用设备制造和其他文化、办公用机械制造。

文化、办公用机械制造业自改革开放以来，随着世界信息化、数字化的高速发展，许多国际跨国公司生产逐步移师中国境内，在外资的带动下，产业结构不断发生变化，目前已形成以三资企业为主体、多种经济性质并存的、以加工贸易为主的外向型高新技术产业。中国已成为世界数码相机、数字多功能静电复印一体机的生产和出口大国，是世界影像行业的重要生产基地之一。

(一)行业构成

(1)企业和人员：全行业共有规模以上企业 399 个，全部从业人员平均人数18.02万人，企业数、人数比上年都有增加。按企业规模分，大型企业 13 个，中型企业 94 个，小型企业 312 个。按企业性质分，国有企业 25 个、从业人员 6 399人，民营企业 114 个、从业人员21 315人，三资企业 260 个、从业人员152 583人，其中独资企业 180 个、从业人员 119 301人。三资企业数占总数65.16%，人员数占总数 84.65%。2004～2005 年文化、办公用机械制造行业企业和人员情况见表 52。2005 年文化、办公用机械制造行业企业规模情况见表 53。2005 年文化、办公用机械制造行业企业分类构成情况见表 54。

表 52　2004～2005 年文化、办公用机械制造行业企业和人员情况

行业分类	企业数(个)			从业人员平均人数(人)		
	2005 年	2004 年	比上年增长(%)	2005 年	2004 年	比上年增长(%)
合　计	399	300	33.0	180 237	172 476	4.5
电影机械	12	10	20.0	6 312	5 704	10.7

（续）

行业分类	企业数(个)			从业人员平均人数(人)		
	2005 年	2004 年	比上年增长(%)	2005 年	2004 年	比上年增长(%)
幻灯及投影设备	21	10	110.0	2 749	2 196	30.9
照相机及器材	124	105	18.1	75 182	75 463	−0.4
复印和胶印设备	85	70	21.4	44 632	41 647	7.2
计算器及货币专用设备	97	56	73.2	31 700	29 376	7.9
其他文化、办公用机械	60	49	22.4	19 662	18 090	8.6

表 53　2005 年文化、办公用机械制造行业企业规模情况

行业分类	企业数(个)			从业人员平均人数(个)		
	大型	中型	小型	大型	中型	小型
合计	13	74	312	54 981	68 839	55 080
电影机械		4	8		5 267	1 045
幻灯及投影设备		2	19		579	2 170
照相机及器材	7	28	89	32 252	24 581	10 708
复印和胶印设备	4	23	58	14 157	19 767	17 012
计算器及货币专用设备	1	9	87	3 500	11 188	17 012
其他文化、办公用机械	1	8	51	5 072	7 457	7 133

表 54　2005 年文化、办公用机械制造行业企业分类构成情况

代码	企业类别	合计	电影	电教	照相	复印	计算器	其他办公机械
110	国有企业	16	2	1	7	4		2
120	集体企业	7			1	4		2
130	股份合作企业	4			1		1	2
141	国有联营企业	1		1				
149	集体联营企业	1						1
159	其他有限责任公司	32	3	2	5	7	10	5
160	股份有限公司	3			1		2	
171	私营独资企业	7			1	2		4
173	私营有限责任公司	62		4	7	7	27	17
174	私营有限股份公司	3	1					2
190	其他内资企业	1					1	
210	与港澳台商合资经营企业	28	1	1	13	5	7	1
220	与港澳台商合作经营企业	2				1		1
230	港澳台商独资企业	87	1	2	38	15	24	7
240	港澳台投资股份有限公司	1			1			
310	中外合资经营企业	48	1	3	18	11	11	4
320	中外合作经营企业	3				2	1	
330	外资企业	93	3	7	31	27	13	12
	合计	399	12	21	124	85	97	60

(2)资产、负债情况：全行业资产总计509.25亿元，比上年增长4.6%；负债总计272.14亿元，比上年减少1.9%；资产负债率为53.44%，比上年减少3.5个百分点；固定资产净值平均余额112.96亿元，比上年增长7.4%；流动资产平均余额348.95亿元，比上年增长5.6%；应收账款净额136.88亿元，比上年增长2.5%；应收账款占流动资产率为39.23%，比上年减少8.3个百分点；产成品25.56亿元，比上年减少8.8%。2005 年文化、办公用机械制造行业不同企业性质资产情况见表 55。

表 55　2005 年文化、办公用机械制造行业不同企业性质资产情况

指标名称	全行业	国有企业			民营企业			三资企业		
		2005 年(亿元)	占全行业(%)	比上年增长(%)	2005 年(亿元)	占全行业(%)	比上年增长(%)	2005 年(亿元)	占全行业(%)	比上年增长(%)
资产总计	509.25	28.28	5.55	−2.7	35.90	7.05	16.3	445.07	87.40	4.2
负债总计	272.14	16.58	6.09	−10.4	19.29	7.09	19.4	236.27	86.82	−2.7
资产负债率(%)	53.44	58.63		−5 个百分点	53.73		1.36 个百分点	53.09		−3.8 个百分点

（续）

指标名称	全行业	国有企业			民营企业			三资企业		
		2005年（亿元）	占全行业（%）	比上年增长（%）	2005年（亿元）	占全行业（%）	比上年增长（%）	2005年（亿元）	占全行业（%）	比上年增长（%）
流动资产平均余额	348.95	17.22	4.93	7.5	20.47	5.87	21.9	311.26	89.20	4.6
固定资产净值平均余额	112.96	3.94	3.5	−9.2	7.41	6.56	18.6	101.60	89.94	7.4
应收账款净额	136.88	4.84	3.54	11.0	4.26	3.11	13.0	127.78	93.35	1.9
应收账款占流动资产率(%)	39.25	28.11		0.9个百分点	20.81		−16.4个百分点	41.05		−1.1个百分点
产成品	25.56	1.34	5.23	−38.0	2.48	9.7	20.4	21.74	85.06	−8.7

（二）经济运行

主要经济指标完成情况：全行业经济运行开始呈平稳增长态势。2005年完成工业增加值220.94亿元，比上年增长4.4%；工业总产值当年价1 100.6亿元，比上年增长14.2%；产品销售收入1 108.08亿元，比上年增长14.6%；三者增速都比2004年有较大幅度下降。新产品产值75.82亿元，比上年增长15.5%；出口交货值914.53亿元，比上年增长15.3%；利润总额36.65亿元，比上年下降3.6%。

产品销售率为98.79%，比上年增加0.1个百分点；出口交货值率为84.11%，比上年增长0.6个百分点。产品销售率和出口交货值率都比较高，特别是84%的出口交货值率说明中国文办行业是一个以出口为主的外向型行业。但是新产品率比较低，只有6.89%。流动资产周转率为3.18次，比上年加快0.25次，周转速度比较快。全员劳动生产率（工业增加值）122 585元/人，比上年减少。2005年文化、办公用机械制造行业主要经济指标见表56。

表56　2005年文化、办公用机械制造行业主要经济指标

专业名称	企业数（个）	亏损数（个）	工业增加值（万元）	比上年增长（%）	产品销售收入（万元）	比上年增长（%）	出口交货值（万元）	比上年增长（%）	利润总额（万元）	比上年增长（%）
合计	399	112	2 209 439	4.4	11 080 827	14.6	9 145 327	15.3	366 501	−3.6
电影机械	12	3	15 137	56.7	71 497	29.4	45 681	17.4	3 152	57.0
幻灯及投影设备	21	6	66 862	−9.1	159 423	−22.0	93 278	−34.0	2 621	−79.0
照相机及器材	124	44	723 044	−20.3	4 841 516	7.9	4 254 821	13.9	113 473	−17.5
复印和胶印设备	85	15	567 369	7.2	3 904 268	21.5	3 242 117	18.2	154 176	12.7
计算器及货币专用设备	97	33	585 551	38.4	1 370 597	38.0	925 563	40.2	54 827	20.5
其他文化、办公用机械	60	11	251 476	44.6	733 526	1.8	483 867	−0.8	38 253	−16.3
按企业规模分类										
大型企业	13	0	893 891	4.2	5 161 368	23.7	4 948 914	24.0	165 896	2.3
中型企业	74	18	900 827	−1.4	4 514 068	2.9	3 490 279	2.5	133 597	−21.0
小型企业	312	94	414 721	20.2	1 405 391	26.0	706 134	31.5	67 008	37.3
按企业性质分类										
国有及控股企业	25	16	22 304	13.2	74 307	−11.3	20 364	9.4	−2 508	
民营企业	114	13	112 889	29.3	389 217	24.6	150 921	9.2	14 852	13.6
三资企业	260	83	2 074 246	3.2	10 617 302	14.5	8 333 253	18.8	354 157	−2.0

全行业盈利36.65亿元，比上年下降3.7%；亏损企业112个，亏损面28.1%，亏损总额5.46亿元。其中：国有及控股企业25个，亏损16个，亏损面64%，亏损额8 703万元。民营企业114个，亏损13个，亏损面11.4%，亏损额3 003万元。三资企业260个，亏损83个，亏损面31.9%，亏损额42 786万元。国有及控股企业整体亏损；民营企业利润总额比上年增长13.56%；三资企业利润总额35.42亿元，占全行业利润总额的95.1%，比上年减少。

2005年，7个重点省市完成工业增加值208.75亿元、销售收入1 074.18亿元，分别比上年增长3.4%和14.0%，利润总额34.66亿元，比上年下降4.6%；各占全行业的比重为94.5%、96.9%、94.6%。2005年重点省市主要经济指标完成情况见表57。

2005年，全行业销售收入前20名企业，合计完成销售收入751.22亿元，比上年增长20.8%，占全行业67.8%，增长幅度比全行业高6.2个百分点，2005年销售收入排序前20名企业情况见表58。

2005年，全行业出口交货值前20名企业，合计完成出口交货值691.86亿元，比上年增长25.1%，占全行业75.65%，增长幅度比全行业高9.8个百分点，2005年出口交货值前20名企业情况见表59。

2005年，全行业利润总额前20名企业，完成利润总额28.85亿元，比上年增长9.0%，占全行业78.73%。全行业利润总额为负增长，在20个企业中利润负增长的有9个。2005年利润总额前20名企业情况见表60。

2005年，利润总额、销售收入和出口交货值都进入前20名的有14个企业，2005年3项指标进入前20名的14个企业情况见表61。

表 57　2005 年重点省市主要经济指标完成情况

重点省市	企业数（个）	亏损数（个）	工业增加值（万元）	比上年增长（%）	产品销售收入（万元）	比上年增长（%）	出口交货值（万元）	比上年增长（%）	利润总额（万元）	比上年增长（%）
广东	170	66	975 173	2.7	5 426 374	11.2	4 818 177	9.2	169 534	7.9
江苏	36	8	615 574	35.7	2 629 932	27.7	2 263 381	35.2	87 845	9.6
上海	45	14	219 154	−4.0	1 403 279	12.4	1 095 964	28.5	52 344	−19.6
福建	24	3	128 842	−12.5	510 223	11.3	346 551	−9.4	16 828	−52.0
浙江	42	4	57 023	−21.4	223 676	10.2	179 744	9.9	14 279	55.1
北京	19	4	41 193	10.3	262 783	−4.6	146 066	10.4	11 203	−15.7
天津	15	9	50 538	−61.4	285 525	−5.1	135 728	−24.5	−5 457	
7 省市合计	351	108	2 087 497	3.4	10 741 792	14.0	8 985 611	15.2	346 576	−4.6

表 58　2005 年销售收入排序前 20 名企业情况

企　业　名　称	企业专业	企业规模	销售收入（万元）	比上年增长（%）
佳能珠海有限公司	照相	大型	830 423	3.7
佛山普立华科技有限公司	照相	大型	798 217	59.5
佳能（中山）办公设备有限公司	复印	大型	637 880	30.0
佳能（苏州）有限公司	复印	大型	578 946	83.5
柯达电子（上海）有限公司	照相	中型	505 371	−2.7
夏普办公设备（常熟）有限公司	复印	中型	465 616	16.7
理光（深圳）工业发展有限公司	复印	大型	455 707	0.3
常州市津盛办公用品有限公司	其他	中型	379 929	−2.5
彩晶光电科技（昆山）有限公司	照相	中型	373 051	109.0
金宝电子（中国）有限公司	照相	大型	372 601	64.9
佳能精技（苏州）办公设备有限公司	复印	大型	326 302	69.0
奥林巴斯（广州）工业有限公司	照相	大型	301 093	3.9
东芝复印机（深圳）有限公司	复印	中型	294 346	18.9
上海富士施乐复印机有限公司	复印	中型	233 078	73.2
天津三星光电子有限公司	照相	中型	213 616	58.9
柯尼卡美能达光学仪器（上海）有限公司	照相	大型	191 212	34.9
佳能科技工业发展（深圳）有限公司	复印	中型	151 519	−48.1
奥林巴斯深圳工业有限公司	照相	大型	136 301	−39.9
苏州富士胶片映像机器有限公司	照相	中型	135 317	−32.8
飞利浦半导体（广东）有限公司	照相	中型	131 722	58.6
合　计			7 512 249	20.8

表 59　2005 年出口交货值前 20 名企业情况

企　业　名　称	企业专业	企业规模	出口交货值（万元）	比上年增长（%）
佳能珠海有限公司	照相	大型	828 917	6.9
佛山普立华科技有限公司	照相	大型	746 020	57.5
佳能（中山）办公设备有限公司	复印	大型	616 425	22.6
佳能（苏州）有限公司	复印	大型	573 385	87.9
柯达电子（上海）有限公司	照相	中型	460 275	9.7
金宝电子（中国）有限公司	照相	大型	411 469	67.1
夏普办公设备（常熟）有限公司	复印	中型	407 585	23.5
理光（深圳）工业发展有限公司	复印	大型	394 137	3.2
彩晶光电科技（昆山）有限公司	照相	中型	356 022	84.6
常州市津盛办公用品有限公司	其他	中型	335 600	−7.4
佳能精技（苏州）办公设备有限公司	复印	大型	305 143	44.7
奥林巴斯（广州）工业有限公司	照相	大型	289 197	5.7
东芝复印机（深圳）有限公司	复印	中型	231 787	21.2
上海富士施乐复印机有限公司	复印	中型	194 093	146.7
柯尼卡美能达光学仪器（上海）有限公司	照相	大型	175 639	47.5
奥林巴斯深圳工业有限公司	照相	大型	134 508	−36.3
飞利浦半导体（广东）有限公司	照相	中型	131 721	58.7
柯达（厦门）有限公司	照相	中型	126 389	−28.7

（续）

企 业 名 称	企业专业	企业规模	出口交货值(万元)	比上年增长(%)
柯尼卡美能达精密光学(大连)有限公司	照相	大型	103 609	8.0
苏州富士胶片映像机器有限公司	照相	中型	96 672	−3.9
合 计			6 918 592	25.1

表60 2005年利润总额前20名企业情况

企 业 名 称	企业专业	企业规模	利润总额(万元)	比上年增长(%)
佳能珠海有限公司	照相	大型	32 827	2.7
夏普办公设备(常熟)有限公司	复印	中型	26 788	3.9
飞利浦半导体(广东)有限公司	照相	中型	26 010	137.0
迪堡金融设备有限公司	金融设备	小型	25 078	9.8
佳能(中山)办公设备有限公司	复印	大型	22 389	56.3
佳能(苏州)有限公司	复印	大型	21 535	86.1
理光(深圳)工业发展有限公司	复印	大型	18 813	−8.5
佳能精技(苏州)办公设备有限公司	复印	大型	16 150	129.2
玉晶光电(厦门)有限公司	照相	大型	15 077	−29.1
京瓷美达办公设备(东莞)有限公司	其他	大型	13 580	3.1
常州市津盛办公用品有限公司	其他	中型	9 933	−44.5
金宝电子(中国)有限公司	照相	大型	9 490	15.1
上海富士施乐复印机有限公司	复印	中型	8 933	−27.8
安迅(北京)金融设备系统有限公司	金融设备	中型	8 444	−14.8
佳能科技工业发展(深圳)有限公司	复印	中型	6 297	−30.6
东芝复印机(深圳)有限公司	复印	中型	6 178	−20.6
佛山普立华科技有限公司	照相	大型	5 435	137.8
凤凰光学(广东)有限公司	照相	中型	5 384	−2.8
柯达电子(上海)有限公司	照相	中型	5 368	−42.0
柯尼卡美能达光学仪器(上海)有限公司	照相	大型	4 835	74.6
合 计			288 546	9.0

表61 2005年3项指标进入前20名的14个企业情况

企 业 名 称	利润总额排序	销售收入排序	出口交货值排序
佳能珠海有限公司	1	1	1
夏普办公设备(常熟)有限公司	2	6	7
飞利浦半导体(广东)有限公司	3	20	17
佳能(中山)办公设备有限公司	4	3	3
佳能(苏州)有限公司	5	4	4
理光(深圳)工业发展有限公司	6	7	8
佳能精技(苏州)办公设备有限公司	7	11	11
常州市津盛办公用品有限公司	8	8	10
金宝电子(中国)有限公司	9	10	6
上海富士施乐复印机有限公司	10	14	14
东芝复印机(深圳)有限公司	11	13	13
佛山普立华科技有限公司	12	2	2
柯达电子(上海)有限公司	13	5	5
柯尼卡美能达光学仪器(上海)有限公司	14	16	15

（三）主要产品产量

全国73个企业生产照相机9 056万架，其中46个企业生产数码相机5 523万架（不包括摄像头），占全行业的61%；照相机产量（含数码相机）比上年增长6.5%，其中数码相机产量比上年增长45.9%。全国16个企业生产复印机401万台，比上年增长21.4%；其中江苏3个企业生产复印机197万台，占全国复印机产量的49%，比上年增长63.9%；上海产量已达到23.4万台，比上年增长80.7%；广东复印机产量比上年下降9.4%。全国10个企业生产电教设备（幻灯机、投影仪）45 596台，比上年增长2.9%。2005年主要产品产量完成情况见表62。23个年产数码相机60万架以上企业，合计生产数码相机5 313万架，比上年增长51.5%，占全行业的96.2%，增长幅度比全行业高5.6个百分点，2005年生产60万架以上数码相机企业情况见表63。9个年产复印机20万台以上企业，合计生产复印机384万台，比上年增长25.3%，占全行业的95.88%，增长幅度比全行业高4.0个百分点，2005年生产复印机20万台以上企业情况见表64。

表 62　2005 年主要产品产量完成情况

产品名称	企业数(个)	产量(台)	比上年增长(%)
照相机	73	90 559 070	6.5
北京	4	473 194	−57.3
天津	1	743 438	−3.3
河北	1	1 292 000	−24.6
上海	9	11 647 324	−23.1
江苏	7	11 348 781	78.1
浙江	3	1 820 402	1 261.4
福建	2	1 6101 899	22.8
江西	1	67 285	−41.3
广东	45	47 264 747	0.9
其中数码相机	46	55 229 737	45.9
北京	2	162 802	−15.5
天津	1	699 904	38.4
上海	6	9 456 771	3.1
江苏	6	10 922 387	75.0
浙江	3	1 820 402	1261.4
福建	1	176 730	
广东	27	31 990 741	48.0
复印机	16	4 009 025	21.4
天津	2	42 499	12.0
河北	1	7 741	67.3
上海	1	234 007	80.7
江苏	3	1 969 299	63.9
武汉	1	47 796	5.7
广东	8	1 707 683	−9.4
电教设备	10	45 596	2.9

表 63　2005 年生产 60 万架以上数码相机企业情况

企业名称	产量(架)	比上年增长(%)
佛山普立华科技有限公司	9 625 247	143.4
彩晶光电科技(昆山)有限公司	7 308 380	122.5
惠普科技(上海)有限公司	4 224 754	10.1
东莞华强三洋马达有限公司	3 704 360	2.8
柯达电子(上海)有限公司	3 668 400	−9.8
佳能珠海有限公司	3 450 859	23.9
东莞长安乌沙宝腾光学电子厂	3 230 510	18.0
奥林巴斯(广州)工业有限公司	1 991 351	−16.2
东莞奥美佳电子有限公司	1 621 255	818 715.7
德之杰科技(深圳)有限公司	1 545 008	—
翔盛电子科技(深圳)有限公司	1 486 874	60.9
硕颖数码科技(中国)有限公司	1 384 621	—
尼康光学仪器(中国)有限公司	1 368 426	28 080.1
奥林巴斯深圳工业有限公司	1 096 693	−40.5
天瀚科技(吴江)有限公司	1 042 592	−41.8
苏州富士胶片映像机器有限公司	961 519	110.9
柯尼卡美能达光学仪器(上海)有限公司	897 405	40.4
豪佳电子(深圳)有限公司	849 579	64.4
翔德电子科技(深圳)有限公司	793 505	−6.3
伟创力科技(珠海)有限公司	780 000	—
群光电子(东莞)有限公司	739 320	157.4
天津三星光电子有限公司	699 904	38.4
上海索广电子有限公司	660 732	6.9
23 个企业合计	53 131 294	51.5

表 64　2005 年生产复印机 20 万台以上企业情况

企业名称	复印机产量(台)	2004 年同期(台)	比上年增长(%)
佳能精技(苏州)办公设备有限公司	981 912	580 122	69.3
夏普办公设备(常熟)有限公司	643 875	570 291	12.9
理光(深圳)工业发展有限公司	612 283	627 121	−2.4
佳能(苏州)有限公司	343 512	51 096	572.3
京瓷美达办公设备(东莞)有限公司	342 684	424 685	−19.3
佳能科技工业发展(深圳)有限公司	243 253	320 176	−24.0
上海富士施乐复印机有限公司	234 007	129 536	80.7
东莞石龙事务机工厂	226 716	170 594	32.9
东芝复印机(深圳)有限公司	215 579	193 485	11.4
9 个企业合计	3 843 821	3 067 106	25.3

(四)进出口情况

据海关 2005 年 12 月份有关文办产品的 60 多个税则号(不包括计算器及货币专用设备)统计，文办产品进出口总额149.24亿美元，其中进口33.74亿美元，出口115.5亿美元，顺差 81.76 亿美元，分别比上年增长 36.1%、15.83% 和 43.4%。

进出口贸易以照相机和复印设备为主。照相机及器材进出口总额88.9亿美元，其中出口额67.2亿美元、进口额21.7亿美元，分别占全行业的 60%、58.2%和64.4%。数码相机进出口总额65.4亿美元，其中出口额55.34亿美元、进口额10.04亿美元，分别占照相机进出口的73.2%、81.9%和46.1%。复印设备进出口总额51.09亿美元，其中出口额40.43亿美元、进口额10.66亿美元，分别占全行业的34.2%、35%和31.6%。

产品出口主要国家和地区是，美国、日本、中国香港、荷兰、德国和英国。出口贸易方式以进料加工和来料加工装配贸易为主，加工贸易占出口总额的 92%以上。

2005 年出口各类传统胶片照相机 4 600万台，出口额 1.92亿美元；数码相机 7 600万台(含摄像头等)，出口额 55.34亿美元。出口各类复印设备 935 万台，出口额29.3亿美元；其中多功能静电感光一体机 917 万台，出口额28.16亿美元。出口各类投影仪和幻灯机54.69万台，出口额0.5亿美元。出口自动柜员机1.69万台，出口额1.6亿美元。出口碎纸机2 912万台，出口额2.97亿美元。

广东省是我国数码相机最大的生产、出口基地，出口量占全国 7 成以上。2004 年出口数码相机4 586万台，比 2002

年增长3.6倍。2005年出口5 600万台，比上年增长26%，出口额占全国数码相机出口总额的74%。2005年进出口完成情况见表65

表65　2005年进出口完成情况

行业名称	进出口额（亿美元）	比上年增长（%）	进口额（亿美元）	比上年增长（%）	出口额（亿美元）	比上年增长（%）
合　计	149.24	36.1	33.74	15.8	115.5	43.4
电影机械	0.66	37.5	0.21	−22.2	0.45	114.3
幻灯及投影设备	1.85	−3.1	0.25	−45.7	1.6	10.3
照相机及器材	88.92	6.9	21.73	−1.6	67.19	10.0
其中：数码相机	65.38	13.3	10.04	9.7	55.34	14.0
复印和胶印设备	51.09	172.0	10.66	103.1	40.43	198.8
其他文化、办公用机械	6.73	25.8	0.89	−16.8	5.84	36.5

2005年，出口额超2 000万美元以上的22个商品出口金额为112.68亿美元，占全部出口总额115.5亿美元的97.56%，2005年主要出口商品情况见表66。2005年，进口额超2 000万美元以上的14个商品进口金额为31.48亿美元，占全部进口总额33.74亿美元的93.3%，2005年进口额超2 000万美元以上商品情况见表67。

表66　2005年主要出口商品情况

税则号	商品名称	单位	数量	金额（万美元）	平均单价（美元）
85254050	其他数字照相机	万台	7 599	553 438	72.83
90091291	多功能静电感光复印一体机（间接法）	万台	917	281 645	307.06
90099990	复印设备的其他零件、附件	万kg	8 081	84 404	
90021190	其他照相机、投影仪、放大机及缩片机用物镜	万个	258	63 066	
84729030	碎纸机	万台	2 912	29 696	10.20
90069199	其他照相机未列名零件	万kg	1 557	16 976	
84729010	自动柜员机	台	16 859	16 299	9 667.80
90099200	送纸器	万个	126	15 641	123.78
90065300	其他使用胶片宽度为35mm的照相机	万架	4 418	14 490	3.30
90083090	其他影像投影仪的零件、附件	万kg	86	8 158	
84729022	订书机	万台	12 386	6 361	0.51
90066900	其他照相闪光灯装置	万个	3 075	4 540	1.48
90021910	摄影机或放映机用物镜	万个	12	4 117	343.94
90064000	一次成像照相机	万台	131	3 806	28.97
84729021	打洞机	万台	4 955	3 693	0.75
90083090	其他影像投影仪	万台	44	3 626	82.58
90091210	多色静电感光复印设备（间接法）	台	9 746	3 465	3 556.76
90069192	其他照像机用快门组件	万套	12	3 082	254.71
90069900	照相闪光灯装置的零件、附件	万kg	78	3 039	
90106000	银幕及其他投影屏幕	万个	76	2 784	36.85
84729029	其他装订用机器	万台	230	2 360	10.27
90029010	照相机用其他已装配的光学元件	万个	16	2 124	135.46
	22个商品合计			1 126 765	

表67　2005年进口额超2 000万美元以上商品情况

税则号	商品名称	单位	数量	金额（万美元）	平均单价（美元）
85254050	其他数字照相机	万台	597	100 436	168.30
90099990	复印设备的其他零件、附件	万kg	3 475	72 250	—
90021190	其他照相机、投影仪、放大机及缩片机用物镜	万个	108	48 966	454.7
90069199	其他照相机未列名零件	万kg	1 435	21 543	—
90091291	多功能静电感光复印一体机（间接法）	万台	101	18 529	182.60
90029010	照相机用其他已装配的光学元件	万个	22	11 544	525.44
90099910	有机光导体感光鼓	万个	1 005	11 348	11.30
84729010	自动柜员机	台	5 600	8 131	14 520
90105029	其他照相洗印用未列名装置和设备	台	985	6 425	6.52
90109090	其他照相洗印用装置和设备的零件、附件	万kg	50	4 597	—
90066200	闪光灯泡、方形闪光灯及类似品	万个	6 140	3 297	—

（续）

税　则　号	商　品　名　称	单　位	数　量	金额(万美元)	平均单价(美元)
90069192	其他照相机用快门组件	万套	7	3 036	444.50
90066900	其他照相闪光灯装置	万个	1 318	2 398	
90099200	送纸器	万个	16	2 250	142.60
	14个进口商品合计		—	314 750	—

(五)区域发展

文办行业全国399个企业，主要集中在东部沿海地区，其中广东170个，上海45个，浙江42个，江苏36个，福建24个，北京19个，天津15个，7省市合计351个，占总数的87.97%。7省市的产品销售收入占总数的96.94%，工业增加值占总数的94.48%，出口交货值占总数的98.25%，利润总额占总数的94.56%。其中广东最高，4项指标分别占总数的48.97%、44.14%、52.68%和46.26%；江苏第二，4项指标分别占总数的23.73%、27.86%、24.75%和23.97%；上海第三，4项指标分别占总数的12.66%、9.92%、11.98%和14.28%。

全国照相机整机生产企业73个，其中广东4项45个，产量4 726万台，占全国的51.19%；福建4项2个，产量1 610万台，占全国的17.78%；上海4项9个，产量1 165万台，占全国的12.86%；江苏4项7个，产量1 135万，占全国12.53%。

全国数码相机生产企业46个，其中广东企业27个，产量3 199万台，占全国的57.92%；江苏企业6个，产量1 092万台，占全国的19.76%；上海企业6个，产量946万台，占全国的17.12%；浙江企业3个，产量182万台，占全国的3.3%。

全国复印设备生产企业16个，其中江苏企业3个，产量196.9万台，占全国的49.1%；广东企业8个，产量170.8万台，占全国的42.6%；上海企业1个，产量23.4万台，占全国的5.8%。

八、石油设备(中国石油天然气集团公司)

(一)生产发展情况

2005年是石油装备制造业不断深化改革，加快发展进程，实现新的跨越的一年。石油装备制造企业面对市场竞争和改革发展的新形势、新情况，审时度势，抓住机遇，不屈不挠，锐意进取，实施了一系列重大战略举措，企业管理体制和运行机制更加科学，主营业务更加突出。石油装备制造企业乘中国石油强势发展的东风，坚持立足石油市场，不断开拓社会市场，大力拓展外贸市场，市场竞争能力明显增强，取得了丰硕的成果。

2005年石油设备行业32个企业共完成工业总产值737 859万元，比上年增长46.8%；完成工业增加值199 193万元，比上年增长45.1%，工业增加值率为27%；实现主营业务收入703 116万元，比上年增长34.4%；完成出口交货值82 129万元，比上年增长64.4%，出口产值率为11.13%，全员劳动生产率为71 300元/人。

(二)产品分类产量

2004～2005年石油装备制造业产品分类产量完成情况见表68。

表68　2004～2005年石油装备制造业产品分类产量完成情况

产　品　名　称	单位	2004年		2005年		
		数量	产量	数量	产量	比上年增长(%)
石油装备制造业机械产品产量	t		249 407		418 821	67.9
石油设备	台(套t)	41 348	189 083		290 938	53.9
地震勘探及钻井设备	台(套t)	3 602	57 996		66 128	14.0
石油开发设备	台(t)	34 745	109 405	40 516	194 876	78.1
石油石化专用车载设备	台(t)	1 398	10 282	1 419	15 263	48.4
石油炼化设备	台(t)	1 577	10 666	1 216	7 606	−28.7
天然气压缩机	台(t)	26		27	733	3.8
其他石油化工机械产品	台(t)	5 067	18 669		70 285	276.5
工业泵	台(t)	154	981	257	1 050	7.03
高中压阀门	台(t)	13 905	172	3 342	231	34.3
石油配件及工具	t		33 934		48 675	43.4
非石油机械产品	台(t)	267 078	6 568		7 642	16.4
电动机	台(kW)	825	22 063	1 760	44 914	103.6
内燃机	台(kW)	1 802	1 164 454	2 053	1 450 952	24.6
发电机组	台(kW)	654	450 575	476	235 375	−27.2
石油专用仪器仪表	台(套)	1 937		1 604		−17.2
勘探仪器	台(套)	1 860		1 496		−19.6
钻采仪表	台(套)	77		108		40.3
地震检波器	只	1 871 602		2 408 080		28.7
自动化仪表	台(套)	14 933		13 275		−11.1

（续）

产品名称	单位	2004年		2005年		
		数量	产量	数量	产量	比上年增长(%)
石油专用控制电缆	万m	2 369		3 195		34.9
石油导爆索	万m	25		35		40.0
石油射孔弹	万发	274		320		1.7

从综合产量来看，石油机械产品产量比上年增长67.9%，作为石油装备制造业主导产品的石油设备，产量比上年增长53.9%，其中产量增幅较大的产品品种有：石油开发设备比上年增长78.1%；石油石化专用车载设备比上年增长48.4%。电机产量比上年增长103.6%；石油导爆索比上年增长40%。

（三）市场及销售

2005年石油装备制造企业，国内外市场并驾齐驱，强势拓展，市场的竞争力显著提高。

1.抢抓机遇，开拓市场，国内市场得到巩固和拓宽

宝鸡石油机械厂在国内陆上石油机械市场的竞争力显著提高，陆上石油机械市场持续扩大，客户忠诚度进一步增强。全年新增钻机订货61台，比上年增加25台；新增泥浆泵及泵组订货203台（套）；回收货款12亿元以上，实现了历史性突破。市场竞争格局出现了可喜的新变化：在中石油所属各油田，宝石机械非车载钻机的市场占有率突破70%，稳居国内同行之首；在中石化各油田的市场占有率迅速攀升，由2004年的60%上升到75%以上。该企业与大庆、新疆、长庆、吉林和中原等油田建立了长期的战略伙伴关系，使其成为宝石机械产品长期稳定的销售市场。海上石油机械市场，与中海油田服务股份有限公司、中国石油集团海洋工程公司及中石化胜利海洋钻井公司，通过多层面交流沟通，建立了稳固可靠的合作关系，市场拓展卓有成效：中标了中海油番禺30—1项目钻机模块1套、签约了中国石油集团海洋工程公司4台底座式和自升式钻井平台的7 000m交流变频钻机及1台试采平台修井机，承担了中海931钻井船和中石化胜利海洋钻井公司2号平台钻井部件改造任务，完成了中海油南堡35—2项目的海上安装、调试及春晓项目的后期服务工作。海上石油机械市场全年新增订货30 349万元，是上年的7.6倍。

承德司达石油装备技术开发公司市场开发取得新突破。面对复杂多变的市场，采取各种应对措施，开创了各项产品销售的新局面。特别是大庆市场，在多年来两进两出的情况下，经过艰苦细致的努力，终于再次打入市场，2005年在大庆市场实现销售收入456.25万元，销售电动机363台。

北京石油机械厂重视现场服务和培训，配件供应及时，满足用户不同的需求，国内各油田顶驱的需求量不断增加，四川石油管理局、新疆局、长城钻井公司和华北局、辽河局、长庆局等多家单位积极与北石厂签订合同，相继购置了北石顶驱产品，同时提出了下一步合作的意向。北石顶驱形成产业化推向市场后，得到油田用户的极大关注和热情支持，为了满足不同用户的不同要求，几乎每台顶驱都签订了技术协议和商务合同，生产规模保持每年翻1番的速度。

大港中成机械公司通过集团公司的整体拉动、成套中心的影响以及行业协会的交流推广，“中成”品牌效应进一步得到提高，在国内各油田具有较高的知名度。2005年主营收入从上年的3.83亿元上升到2005年的5.07亿元，增长32.38%。2005年在冀东实现合同额近2 000万元、收入900多万元，抽油机、注水泵、电潜泵等产品都取得了很好的成绩；海洋石油机械市场也初步取得成效，钻具、电潜泵等实现收入近500万元；西部是主力市场之一，电潜泵仅在中石化西北局就实现收入2 000万元。在塔里木油田创历史新高，实现收入近200万元；钻具在吐哈和克拉玛依油田保持近3 000万元的收入；钻机成套在中石化河南油田、新星四普都开辟了新的市场，特别是在吉林油田实现收入近5 000万元，其中钻井机械厂的产品就占3 000多万元；钻头在吉林油田实现收入首次突破1 000万元。

大港新世纪机械公司通过市场资源的整合，促进了市场目标的顺利实现。一是继续深化领导分工负责制的市场运行机制，进一步明确领导责任、市场目标和考核机制；二是对部分目标市场进行重新定位，单独组建了冀东业务办和配件业务办；三是对大庆、华北等市场的责任领导和业务人员进行了适度调整，通过进一步整合市场资源使领导责任更加明确，业务力量更加精干，市场开发力度进一步增强，有力促进了全年市场目标的实现。

四川局总机厂在市场开拓中努力贯彻年初制订的“抢占先机，有水快流”的市场运作思想。在国内大力宣传川石产品，重点突击新疆、四川、长庆、陕北地方油田机械市场，钻头销售量都取得突破。

2.国际市场进一步扩大

宝鸡石油机械厂国际市场销售坚持自营出口与间接出口并举，努力拓展和培育外销渠道，实现了令人瞩目的飞跃式发展。全年签订出口钻机18台，其中自营出口10台；签订出口泥浆泵及泵组226台，其中自营出口64台，自营出口订单总额达4 500万美元以上，是近10年累计自营出口订货总额的3倍，实现了历史性突破。2005年宝石钻机首次打入美国市场，并实现批量销售，为企业树立了新的里程碑，标志着宝石机械的设计制造水平正在步入世界先进行列。与伊朗和阿曼签订的批量钻机及泥浆泵组合同，一举打开了中东市场徘徊不前的局面。宝石机械的主要产品的出口市场已转向欧美发达国家和中东主产油区。

北京石油机械厂积极执行国际化营销战略，与国际上知名钻井公司联系和沟通，加快顶驱的研发和投向市场的速度，加大顶驱的产出量；严格工作程序，稳定产品质量，打入国际市场。美国Rowan公司定购北石顶驱就是一个成功

的例子。Rowan公司作为美国著名的海洋和陆地钻井公司，对顶驱装置的技术和质量要求非常严格。顶驱在2005年3月运抵美国后，在现场已经连续完成2口油井的钻井任务，目前第三口井已经开钻，美方对北石顶驱的产品质量和产品服务十分满意。该企业加大产品出口力度，大力开拓国际市场，增加出口份额。已经累计出口顶驱15套(订货21套)。

华北石油管理局第一机械厂全年出口交货值1.6亿元，比上年增长2倍多。抽油机进一步拓宽了北美市场，并首次打入澳洲市场，全年实现出口抽油机518台，出口量是上年的2.6倍。固控设备继出口日本之后，又首次出口美国和英国。

四川石油管理局成都总机厂多渠道加大市场的开拓力度，积极扩大出口份额。除稳定加拿大、哈萨克斯坦、阿曼、土库曼斯坦等国外市场外，在美国市场也取得了大的突破，2005年共实现钻头外销收入2 285.34万元，泥浆泵出口35台，实现外销收入1 731.36万元，创泥浆泵出口的历史新高。

大庆油田装备集团海外市场开发创历史新高，实现收入1.76亿元，比上年增长43%。

大港油田中成机械制造有限公司面对国际、国内石油需求量不断扩大，石油开采力度不断加大的新形势，及时抓住机遇，提出了"以国际市场为龙头，以东部市场为主体，以西部和海洋市场为两翼"的营销战略，在"以出口产品为契机，打造精品，全面实现产品质量上水平"的"精品工程"推动下，通过加速新品开发、不断加强管理、提高员工素质、全力开拓市场，获得了丰硕成果。2005年国际业务收入从上年的712万美元，上升到2005年的1 010万美元，增长41.85%。除为出口钻机进行成套调试，带动固控系统、井场电路等产品出口外，螺杆钻具、PDC钻头、往复泵、潜油电泵、抽油机等产品也直接销往北美、南美、南亚、中亚、中东等10多个国家和地区，国际营销正逐渐成为重要营销渠道，为今后的发展提供了广阔的市场空间。

(四)对外合资合作工作取得突破性进展

2005年石油装备制造业，积极开展对外合资合作工作，企业新的经济增长点正在形成并逐渐壮大。

2005年，宝鸡石油机械厂完成了与挪威MH公司合资设立"宝石—MH海洋石油工程有限公司"的准备事宜，合资公司2006年4月28日已正式挂牌运营。这是该企业首次与行业内的国际著名企业联合。合资公司是从事海洋石油装备研发、销售与服务的专门机构。合资公司的成立，将填补宝石机械在海洋石油装备自行设计方面的空白，为全面进入海洋石油装备市场奠定坚实的基础。

华北石油管理局第一机械厂2005年与加拿大长弓石油公司合资组建的河北华油一机抽油机有限公司、与英国图博公司合资组建的河北华油一机图博涂层有限公司，已开始按现代企业制度运行，收到明显效果。

九、铁路机车车辆

(一)概述

"十五"时期，是中国南方机车车辆工业集团公司重组成立、快速发展、不断壮大的5年。5年来，在国有资产管理体制变革、铁路市场改革加快、改革发展任务艰巨的形势下，集团公司积极适应市场变化，落实发展战略，加快技术引进和技术创新，深化改革改制，落实经营责任制，各项工作取得突出成绩，呈现出蓬勃发展的好势头。

(二)"十五"经营目标

"十五"期间，集团公司深化和完善资产经营责任制，各厂所、公司抢抓市场机遇，生产经营呈快速发展势头，5年累计实现销售收入780亿元，年均增长14.9%。株机公司、四方股份公司、戚墅堰厂、资阳厂和浦镇厂居销售收入前五位。5年累计实现利税43亿元，其中实现利润总额5.8亿元。累计实现利润超过1亿元的企业有株洲所、株机公司、四方股份公司、戚墅堰厂和戚墅堰所；上交利润最多的企业为株机公司、戚墅堰厂、眉山厂、资阳厂、株辆厂和四方股份公司。一些长期困难的企业努力扭亏脱困，为集团公司提升整体效益做出了贡献。扭亏成绩显著的企业有成都厂、铜陵厂和江岸厂。2005年，集团公司各项经营指标再次刷新历史纪录，实现销售收入215.3亿元，比上年增长23.04%，比2000年翻一番。2005年人均销售收入22.05万元，比2000年翻一番；实现利润总额1.64亿元，净资产收益率2.24%，成本费用利润率0.77%，较好地完成了国务院国有资产监督管理委员会的经营业绩考核指标，实现了国有资产的保值增值。

(三)机车车辆

集团公司及各厂所、公司积极适应铁路的跨越式发展，加强营销策划，参与市场竞争，保持了比较稳定的市场份额。"十五"期间新造内燃机车2 014台、修理内燃机车3 805台，比"九五"期间分别增长16.3%和19.3%；新造电力机车1 041台，同比增长52.4%；修理电力机车258台，同比增加256台；新造客车4 720辆、修理客车8 863辆，同比分别增长4.5%和57.8%；新造货车63 754辆、修理货车141 453辆，同比分别增长18.8%和3.8%。"十五"期间，积极开拓路外和国外机车车辆市场，向路外市场提供机车780台、客车699辆、货车7 204辆；共为国外用户提供机车155台、客车229辆、货车5 669辆，动车组6列。

2005年集团公司新造内燃机车384台、修理内燃机车760台，比上年分别减少20.8%、增长6.7%；新造电力机车180台、修理电力机车104台，分别比上年增长2.3%和36.8%；新造客车772辆、修理客车1 946辆，分别比上年增长26.4%、减少19.8%；新造货车16 508辆、修理货车30 120辆，分别比上年增长59.0%和0.3%，完成货车转K2改造22 523辆。

(四)城轨地铁

"十五"期间，集团公司大力开发城轨地铁市场，取得突出成绩。四方股份公司、株机公司、浦镇厂、株洲所分别在北京、上海、广州、南京、中国香港等地铁项目中获得整车及部件订单。5年间，集团公司共签订国内城轨地铁合同金额为101.1亿元，其中2005年新签合同9.5亿元。截止至2005年底，已交付用户城轨地铁88列467辆，产品得到用户好评。相关多元化经营取得成效，初步形成一批具有一定规模优势的产品，“十五”期间集团公司非铁路机车车辆产品收入88.6亿元。

(五)对外贸易

适应经济全球化的发展形势，努力开拓国际市场，巩固东南亚市场，拓展中东、中亚、南亚市场，进入南美和非洲市场，促进了出口贸易的快速增长。据统计，“十五”期间，集团公司出口交货额9.7亿美元，收汇额5.7亿美元，近3年签约金额均在2亿美元以上。2005年，集团公司出口交货额2.5亿美元，收汇额2.1亿美元，其中机车车辆产品收入占94%。国际化经营开始启动，多个海外项目正在筹备和洽谈中，“中国南车”品牌影响力在海外有所扩大。

(六)体制改革

经国务院批准，集团公司是自主经营、自负盈亏的市场化运作的国有独资企业，并成为中央计划单列的企业集团。根据国务院批复精神，结合集团公司实际，集团公司定位为市场型(M型)公司，总部主要功能和职责为产权交易、产权事务管理、重大投资与资本运筹、战略制定与管理、财务预算控制、重大人事决定及人力资源配置、统筹经营运行监控。集团公司初步建立了总部调控有序、各企业自主经营的运行机制。积极推进所属企业的现代企业制度建设，“十五”期间，有4个企业进行公司制和股份制改制，湖南铁道职业技术学院、常州铁道高等职业技术学校上收集团公司管理，进一步理顺院校管理关系，减轻企业负担。

(七)主辅分离改制分流

根据国家8部委859号文件精神，集团公司制定了具体实施的指导意见，积极稳妥地推进改制分流工作。先后组织编制了向国务院国有资产监督管理委员会、财政部、劳动和社会保障部上报的总体方案，并分三批报批了实施方案，涉及改制分流单位233个，员工34 440人，资产总额40.2亿元。集团公司启动和批复改制分流方案144个(包括重组注销单位)、挂牌经营企业88个，分流安置人员达11 225人；株辆厂、成都厂、株机公司、二七车辆厂基本完成改制分流任务。积极推进分离企业办社会职能工作，全面完成了集团公司、企业与地方政府移交中小学校、公安机构的对账工作和上报工作；财政部已正式批复集团公司所在7个省的13个企业移交方案，集团公司已与5个省政府签订移交协议。稳步推进医院的改革工作，截止至2005年底，已有9个企业医院通过整体出售、移交地方、改制分流、地方医院承包等方式基本实现分离。

(八)结构调整

“十五”期间，集团公司按照“主机产品集约化、重要零部件专业化、一般零部件市场化、后勤辅助社会化”的思路，扎实稳妥地推进结构调整。完成株洲电力机车厂业务整合，促进了关键部件的专业化生产；按专业化要求，对集团公司的铸造生产布局进行了全面调整。以株洲所为主与株洲电力机车厂和北京机械厂，以成都厂为主与襄牵公司的重组整合，进一步优化了产业结构；武昌厂退城进郊工作也进入实质性操作阶段。各单位结合主辅分离改制分流，采取关闭、分离等措施，整合内部小而全项目，突出主营业务，优化生产结构，增强了市场竞争力。

(九)三项制度改革

集团公司积极平推三项制度改革，使企业的配套改革不断深化和完善。各厂所、公司加强劳动合同管理，大力推行减员增效，集团公司人数减至97 644人，比2000年减少18 645人。人事制度改革取得重大突破，积极引入竞争机制，逐步扩大公开竞选范围。在二级企业全面推行高层管理人员竞争上岗和总会计师委派制，5年共公开选拔党政正职4人、副职87人。分配制度改革深入推进，全面实施岗位工资制，初步建立起具有集团公司特色的工资分配制度；对所有二级单位实施经营管理者年薪制。重视员工培训，加大对骨干人员的激励力度，“十五”期间集团公司共组织培训管理和技术骨干2 487人次、高技能工人1 000余人；落实高技能人才培养计划，积极开展职业技能鉴定和技能竞赛，取得优异成绩。两个确保扎实有效，下岗员工基本生活费和离退休人员养老金按时足额发放，确保了企业和社会稳定。

(十)新产品开发

按照“十五”科技发展战略，集团公司积极实施“2211”工程，构建开放式技术创新体系，先后成立3个国家级企业技术中心，以及客车电气和材料工艺2个技术研发中心；组织集团公司及以上科技开发立项452项，获得国家级科技成果5项、省部级科技进步奖45项，获得授权专利174项；试制新品种机客货车和动车组整车共232项，研发重要零部件和关键技术127项；涌现出一批集成创新和引进消化吸收再创新的新成果。建立了集团公司标准化工作体系，开发了技术标准查询系统，组织完成7项国家标准、53项铁道行业标准的修订，组织制定20项集团公司企业标准。适应铁路跨越式发展，制定了集团公司引进技术国产化计划，做好技术引进的相关工作。在铁道部的统一组织下，集团公司组织四方股份公司、株机公司、戚墅堰厂以及株洲所、戚墅堰所、浦镇厂、成都厂、BSP公司等单位就引进时速200km及以上等级动车组、电力机车和内燃机车，分别与日本联合、德国西门子公司、美国GE公司等进行谈判，签订了技术转让协议，并建立了合作关系。共签订时速200公里动车组100列，时速300km动车组60列，电力机车180台，内燃机车300台，合同金额420亿元，其中南车集团所占比例超过50%。该项工作得到铁道部的肯定。特别是四方股份公司第一个以完全国内采购方式，签订了时速300km动车组的合同，这是引进技术、消化吸收，实现技术升级和再创新方面的一个重要标志，具有十分重要的意义。

(十一)主产品与国际接轨

积极开展主产品与国际水平接轨工作，组织进行国际对标，研究、分析并采用国际先进标准，集团公司机、客、货车设计和制造工艺国际采标率大幅度提高。各厂所、公司认真落实“十五”质量攀登计划，采取强有力的措施，努力提升工艺制造水平，以先油漆后组装工艺为切入点，在机客车新造、修理厂普遍实施“精细制造”；积极实施“提升货车修造质量计划"，促进货车质量的提高。目前，电力、内燃机车，时速160公里等级动车组，21t、23t轴重货车等主型产品质量和技术水平接近国际水平。机、客、货车主要产品水平不断提高，为中国铁路客运5次提速和货运快捷重载做出了贡献。城轨地铁产品通过集成创新或引进技术、消化吸收，达到国际先进水平。所属生产企业均通过ISO9000—2000质量体系认证，集团公司获得中国质量协会颁发的"质量效益型企业"称号。

（十二）技术改造

"十五"期间，集团公司加大资金筹措力度，积极拓宽资金渠道，利用国家拨款（含铁道部"九五"期间重点投入项目尾款和国债补助）、银行贷款、外国政府贷款、企业自筹资金等多种形式进行技术改造，共完成固定资产投资48亿元。其中国家拨款（含铁道部）和国债补助10.5亿元，企业自筹资金和银行贷款37.1亿元。实施国债项目15个，3 000万元以上的重大项目37个，重点企业主要产品的关键工艺制造装备达到国际水平。

十、船舶工业

（一）中国船舶工业集团公司

1. 造船产量突破500万t，生产经营实现跨越式发展

2005年，中船集团公司造船完工513万t，进入世界造船集团"三强"行列，如期实现"五三一""五强"目标。513万t年产量是集团公司成立之初年产量的5倍多，占世界船舶市场份额的7%。其中，中船集团公司所属外高桥船厂造船完工突破200万t，成为国内第一个造船产量超过200万t的船厂。

经营工作跃上新台阶，有力地促进了造船产量的大幅提高。中船集团公司全年承接船舶订单856万t，合同金额439.5亿元。外高桥船厂承接的美国康菲石油中国公司的30万t浮式生产储油轮（FPSO），是目前国内吨位最大、技术最新的FPSO；中船江南长兴造船基地接获首批2+2艘VLCC订单，标志着长兴基地的建设进入一个全新阶段。截止至2005年底，中船集团公司累计手持订单1 662万t，是原船舶总公司最高手持订单量的6倍多，可保持3年稳定的造船生产任务。

除造船主业外，中船集团公司主要配套企业任务饱满，生产总量快速增加，全年共完成配套产品产值39.2亿元，柴油机完工408台、116.9万kW；集团公司系统修船生产继续实现高速增长，2005年，上船澄西修船厂继续保持良好增长态势，产值突破17亿元，继续保持全国排名第1；文冲船厂修船产值超过7亿元，全国排名进一步提高。

2. 长兴工程开工建设，重大工程建设进展顺利

重大工程建设是中船集团公司实现规模效应，提升国际竞争力的重要战略决策，是实现"五三一"目标的重要物质基础，也是我国成为世界第一造船大国的重要保证。中船集团公司紧紧抓住上海、广州等城市布局调整的机遇，分别在长兴岛、龙穴岛、崇明岛争取到总计约15km岸线资源，并开始规划建设长兴、龙穴、崇明等造船基地，使中船集团公司主要船厂逐步由黄浦江、珠江向水域、岸线及腹地条件更加优越的长江口、珠江口转移，完成了中船集团公司造船主业的重大布局调整。

目前，中船集团公司在建或规划建设的重大工程主要有长兴工程、龙穴工程、临港工程、崇明工程和外高桥二期工程。长兴工程是中船集团公司结合在上海的黄浦江沿岸船厂的搬迁重建，利用长兴岛8km岸线规划建设一个高标准、高水平、21世纪世界最大、最现代化的造船基地。龙穴工程是利用广州南沙龙穴地区4.5km岸线资源，建设世界知名、华南最大的造修船基地。临港工程是在上海南汇临港工业园区建设大功率低速柴油机及关键零部件生产基地。崇明工程是利用把上海船厂搬迁至崇明岛的机遇，建设崇明修造船基地。外高桥二期工程是在一期建设的基础上进行补充建设，到2007年形成260万t造船能力。

中船江南长兴造船基地项目已率先获得国务院的批准，并于2005年6月3日正式开工建设；临港工程于2005年7月28日开工；龙穴工程已经得到国家发展和改革委员会的正式批复，前期基础设施建设正在进行；崇明工程修船部分和10万吨级船台已经建成投产；外高桥二期已在抓紧实施。

3. 产品开发与优化取得新成绩，科技工作迈上新台阶

2005年，中船集团公司通过不断加大产品开发的投入力度，三大主力船型基本形成系列化，一批高新技术船舶和海洋工程研发取得突破性进展。研发中心成功开发VLCC，为长兴基地承接首制船打下了基础；沪东中华开发的8530TEU超大型集装箱船也开始实船建造，填补了国内空白；沪东中华LNG船关键技术研究项目转入实船建造技术研究阶段，首制船已于2005年底顺利出坞。修船方面，船舶改装技术取得较大发展。配套方面，在成功完成国内首台VLCC主机制造基础上，又承接了国内单缸功率最大的900mm缸径主机，低速机大型化迈上新台阶。

中船集团公司不断加大制造技术和生产管理技术的研究开发和推广应用力度，造船效率大幅提高。骨干造船企业劳动生产率从中船集团公司成立之初的86工时/修正总吨减少到目前的约40工时/修正总吨，一大批船舶实现提前交船。2005年10月27日，沪东中华建造的4250TEU集装箱船提前337天交船，中国海运（集团）总公司李克麟同志为此还专门给集团公司写信致谢。外高桥采用并排半串联造船法，2005年完工的17.5万t散货船船坞周期平均为60天，比首制船缩短309天。

（二）中国船舶重工集团公司

2005年，中国船舶重工集团公司全体员工认真实践"三个代表"重要思想，树立和落实科学发展观，紧紧抓住发展这个第一要务，统筹规划、夯实基础，改革调整、创新超越，多项经济指标创历史新高，全面超额实现了集团公司提出的21世纪头15年"三步走、翻三番"的第一步战略目标。

1. 生产情况

全年共完成工业总产值408亿元，比上年增长31%。完成增加值101亿元，比上年增长36%。出口交货值69亿元，比上年增长30%。实现主营业务收入496亿元，比上年

增长23%。实现利润15亿元，比上年增长177%。

全年工业企业完成造船产值175亿元，比上年增长26%，造船产量大幅增加，生产节奏进一步加快。全年造船完工90艘、315万t，吨位数比上年增长47%，创历史新高。其中，出口船42艘、130万t，吨位数比上年增长17%。全年造船开工75艘、285万t，吨位数比上年减少10%。骨干船厂主要船型建造周期明显缩短，6艘首制船全部提前交付。大连船舶重工集团有限公司实现了每两个月开一次坞门，4250箱集装箱船平均22天交工一艘，生产效率达到先进造船国家水平。

全年工业企业完成船舶配套产值60亿元，比上年增长76%。主要船舶配套产品船用柴油机全年完工538台、111万kW，功率数比上年增长27%，其中，中速柴油机比上年增长87%。船用辅机、齿轮箱、增压器等都有较大幅度增长。甲板机械成功实现为大型油船、散货船和超大型集装箱船的配套。

全年工业企业完成非船产品产值87亿元，比上年增长23%。一批优势产品根据市场需求不断进行技术升级，进一步扩大了市场占有率，蓄电池、铁路车辆、液压支架、厚壁钢管等非船产品产销量都有较快增长。2005年主要非船舶产品产量见表69。

表69　2005年主要非船舶产品产量

产品名称	单位	产量	比上年增长(%)
蓄电池	万只	684	11
	万kVA·h	567	15
铁路货车	辆	1 635	90
烟草机械	台(套)	1 673	−22
自动化物流	套	28	56
液压支架	架	1 751	63
煤气表	万只	103	41
厚壁无缝钢管	t	22 866	15
增压器	台	2 433	18
齿轮箱	台	1 311	−25

2. 经营工作

2005年，民船经营成绩显著，国际化、大型化、批量化的特点更加明显。全年承接船舶订单94艘、377万t，合同金额354亿元。30万t超大型油轮(VLCC)、17.4万t环保型双壳散货船、11万t成品油船、4250箱集装箱船等批量船型累计承接数量分别达到19艘、8艘、35艘和41艘。同时，优化产品结构，批量承接了一批高技术、高附加值新船型的制造订单，其中有JU2000钻井平台5座、大型海上浮式生产储油船6艘。抓住造船发展的契机，承接配套合同85.5亿元，比上年增长56%，其中，柴油机826台、106.7万kW。引进B&W最新中速柴油机专利产品，已签订合同56台。承接非船合同106亿元，比上年增长33%，液压启闭机首次在国际大型水电项目中中标，打入国际市场。集团公司2005年全年承接合同金额680亿元，比上年增长40%。截止至2005年底，集团公司手持合同总金额810亿元，手持船舶订单1 070万t，主要船厂任务已排到2009年。

3. 规划建设

2005年，集团公司完成固定资产投资42.6亿元。东北老工业基地改造项目，渤海船舶重工有限责任公司30万t大坞建设工程进展顺利，两台600t龙门起重机和船体联合工场项目已开工建设；大连船舶重工集团有限公司新建的厂房、车间、加工区等一批重要工程项目基本完工，一批大型关键设备完成采购并投入使用。青岛海西湾造修船基地两座修造船坞已全面建成并投入生产，两座造船坞已于2005年11月22日正式开工建设。

4. 科技创新

2005年，集团公司研发经费投入22.8亿元，比上年增长22%，其中，自主投入10.9亿元，比上年增长15%。重点用于提高油船、散货船、集装箱船三大主力船型的系列化、标准化水平，LNG船、超大型集装箱船、超大型矿砂船以及深水半潜式钻井平台的研发取得新进展。发挥科研院所的技术优势，与国际知名品牌公司合作，加强船舶配套产品的开发，促进了产品升级换代。组织实施知识产权推进工程，进一步加强知识产权的管理、保护和运用。60个项目获国防科技奖；140个项目获得国家专利授权，新申请专利440项。

十一、航空工业

(一)中国航空工业第一集团公司

2005年，中国航空工业第一集团公司认真贯彻党中央、国务院、中央军委的部署，奋力拼搏，取得突出成绩。主要经济指标再创新高，实现总收入700亿元，比上年增长20.5%；利润比上年增长60%；完成了“四机(弹)定型、一机鉴定、两机首飞”，其他各项工作也都取得新成绩。以2005年各项任务全面完成为标志，中国一航“十五”计划圆满完成，实现了跨越式发展。

1. 在大集团战略引领下，“十五”期间各方面成绩显著

“十五”期间，中国一航着力和持续推进“两个根本性转变”，即由计划经济向社会主义市场经济的转变，由政府机关加速向企业化的转变。以“成为一家快速成长、创造卓越的公司，跻身于世界航空工业强者之林”的集团愿景为牵引，强力推进“整合、凝聚、创新、卓越”的大集团战略，以事业部制与母子公司并存的组织结构为基础，通过资产、产品和文化三个纽带，把中国一航凝聚成坚强的整体，通过拼搏和创新，努力实现集团公司的跨越式发展。

在党中央、国务院、中央军委的关怀下，在国家有关政府部门、用户和社会各界的大力支持下，“十五”期间，中国航空工业第一集团公司广大员工团结协作，超常拼搏，自主创新，取得了显著成绩，为我国航空工业跨越式发展、为国防建设和国民经济建设做出了重大贡献。集团公司2005年总收入为700亿元，是2000年的2.6倍，总资产增加1倍多，经济效益和质量大幅度提升。航空主业超常发展，在世界航空航天100强中排名从2000年的42位上升到2005年的20位。航空科技进步明显加速，几十个航空重点型号实现首飞、鉴定、定型和批产，创造了许多我国新型飞机研发史上的新纪录，使我国跻身于少数几个能够自主研制先进战斗机的国家行列。民用飞机、燃气轮机、机载设备和非航空产品发展取得重大进展。管理创新力度非凡，集团文化

开展得有声有色，调整改革环环突破，人才队伍茁壮成长，各项工作全面推进，集团公司整体实力大幅提升，基本形成了主业突出、具有较强核心竞争力和自主创新能力的大型军工集团，为跻身世界航空工业强者之林奠定了坚实基础。

2. 经济规模与效益大幅提升，在世界航空航天百强排名不断前移

中国一航始终把发展作为航空报国的第一要务，紧紧抓住不放。为了加快经济发展，全集团在跨越式发展的征途中，加压奋进，奋发向上，激情进取。

“十五”期间，中国一航经济迅猛发展。①发展速度明显加快。“十五”计划提出到2005年集团总收入比1999年翻一番、航空销售收入占总收入50%的目标，在2003年就提前实现。2005年总收入和工业企业销售收入是2000年的2.6倍，年均增长21%；航空收入是2000年的4倍，年均增长31%，占总收入比重从2000年的37%上升到2004年的56%；非航空销售收入是2000年的1.8倍，年均增长11%。②差距明显缩小。中国一航与世界500强企业入围门槛值的差距在不断缩小，从2000年只相当于当年500强末位收入的36%，到2005年相当于500强末位收入的69.7%。在世界航空航天工业企业100强中，2000年为第42位，2005年为第20位，排名前移22位。③效益不断上升。在消化大量潜亏和处理不良资产基础上，实现了减亏——扭亏持平——实现赢利——赢利稳定增长的转变。2005年亏损企业数下降到1个，亏损面下降到4%，集团整体赢利25.3亿元。在2005年公布的179个中央企业2004年度经营业绩考核中，中国一航排在25个考核成绩为A的集团之列，处于军工集团前列。④经济运行质量良好。在经济快速增长的同时，经济运行质量不断改善。2005年，直接反映经济运行质量的有关财务指标进一步改善，如应收账款、存货、期间费用占销售收入的比例比上年分别下降14%、22%和9%；银行流动资金贷款占销售收入比例比上年下降39%。在消化大量潜亏和不良资产的同时，大力盘活存量资产和改善资产质量。⑤资产规模迅速扩大。2005年资产总额是2000年的2倍多。

集团公司经济增长点在不断扩大。①狠抓民用飞机产业。包括原有机型的改进改型和促销以及ARJ21等新机研制。航空转包生产规模和水平上了新台阶，交付额上升到2005年的2.3亿美元，是2000年的3倍多，年均增长25%；少数零件转包生产已成为惟一转包商，正向风险合作伙伴迈进。②燃气轮机产业化初见端倪。首台QD—128和QD—70燃气轮机相继点火成功、并网发电；在国家10万千瓦级大功率重型燃气轮机招标中获胜，并进入全面研制阶段；QC70、QC185等军用燃气轮机开发不断取得新进展。③外贸业绩不断增长。外贸进出口总额大幅度提升，累计出口56.7亿美元。其中金城摩托车2004年出口数量和出口创汇均居全国摩托车行业前茅。枭龙飞机、闪电10导弹等产品出口前景看好。④非航空产品在激烈竞争中发展。摩托车、空调压缩机等一批民品产销创历史最高水平。金城摩托车由内转外，出口势头强劲，连续两年出口量、创汇额均位居全国摩托车行业前茅。庆安是中国空调压缩机行业中惟一的民族品牌，空调压缩机的企业标准被确立为中国空调压缩机行业标准的主体，空调压缩机销量创历史最高纪录。柴油电喷等产品研发也初显成效。

3. 重点型号研制成果丰硕，实现了三大跨越和升级换代

“十五”期间，中国一航广大员工迎难而上，以空前的政治热情，罕见的拼搏精神，精心组织，呕心沥血，超常作战，突破了一大批具有自主知识产权的核心技术、关键技术和前沿技术，实现了我国军用飞机从第二代向第三代的跨越，实现了军用航空发动机从第二代向第三代、从涡喷向涡扇、从中等推力向大推力的跨越，实现了空空导弹从第三代向第四代的跨越，实现了机载设备和系统的升级换代。批量生产交付了具有自主知识产权、能与发达国家在役主力战机相匹敌的航空武器装备。同时，民用飞机产业、燃气轮机产业及其非航空产品的发展都取得重大进展。中国与世界上最先进国家航空工业的差距大幅度缩短，实现了由“望尘莫及”到“望其项背”的历史转折。中国已跻身于能够同时自主研制生产具有国际先进水平的战斗机、轰炸机、特种飞机、无人机、发动机、空空导弹等多种航空装备的少数几个先进国家之列。

中国一航在型号研制生产上创造许多新纪录。某重点型号，历经多年研制终于完成了设计定型，这是我军武器装备现代化建设的一项重大成果。该型号研制成功，开创了我国航空工业发展史上自主研发先进歼击机的重要里程碑，实现了我国军用飞机发展换代的大跨越，使我国跻身于少数几个能够自主研制先进歼击机的国家之列。中国一航自主研制的某特种型号飞机打破了发达国家对我国的严密封锁，填补了国内空白。枭龙飞机从冻结技术状态到首飞成功，只用了23个月，创造了我国航空发展史上的奇迹。太行发动机的研制成功，翻开了我国航空发动机自主发展大功率先进涡扇发动机的崭新一页。多型导弹成功通过了定型靶试和其他靶试科目，使我国航空武器进入先进国家之列。集团公司多个重点型号，在科研生产高度交叉、批量生产能力不足的情况下，还超纲领完成批量生产任务。这些巨大成绩，其重要性是单纯经济效益所不可比拟的，多次得到党中央、国务院、中央军委有关领导的表扬，大量的批示和指示对中国一航所取得的成绩给予肯定。中国一航在党和国家领导人心中的地位明显提升，仅仅在2004年，胡锦涛等7位中央政治局常委和多位中央军委领导视察了中国一航，这在中国航空工业历史上是前所未有的。中国一航的企事业单位在当地地位也显著提升，在2005年，中国一航评上全国劳模就有16人，占当年整个国防科技工业全国劳模总数的1/5强，其中15位是地方政府推荐的。

民用飞机是中国一航的核心主业。为此，中国一航以全新思路发展民用飞机产业。在发展项目上，确立从支线飞机起步发展民用飞机产业的思路。首先是转变观念，认识到市场和客户的极端重要性，大力倡导“对市场的特殊理解，对客户的特别关注”。在发展模式上，吸取历史教训，坚

持走面向市场、自力更生为主，积极争取国际合作的发展模式。在由谁为主发展上，坚持大集团战略，克服巨大阻力，整合东西部民用飞机研发力量，形成合力。在运作方法上，扬弃用发展军用飞机的办法发展民用飞机，采用与国际接轨的方法，大力建设三个体系（市场营销体系、产品研发和生产体系、客户服务体系），相应的三种能力得到了较大提升。ARJ21新型涡扇支线飞机研制进展良好。在预发展阶段就签订了41架启动用户订单，已由发展阶段预转入全面试制阶段，通过招标方式在全球范围成功地选择了供应商，开创了我国按国际惯例和市场规则研发民用飞机的先河。新舟60飞机完成改进工程，累计交付25架；我国涡桨支线飞机实现了出口"零"的突破，到2005年底共签订17架出口合同，已交付3架。

自主创新是企业的核心竞争力，只有把发展的基点放在提高自主创新能力上，集团的持续发展才有源头。集团公司高度重视自主创新，集团公司科技进步和自主创新步伐明显加快。①强调自主创新要以市场为先导。要把实现从知识创新、科技创新到成果产业化的有效传导机制，不断提高技术进步对经济增长的贡献率，作为科技工作的重点，全面开展科技发展战略与规划工作。②大力推进科研工作逐步实现从"学步"式向学习式与独创式结合的转变。按照"探索一代，预研一代，研制一代，生产一代"的模式，认真做好每一代之间的衔接，以此奠定持续发展和跨越发展的基础。集团公司高度重视基础研究和原始创新，不断拓展资金渠道，中国一航与国家自然科学基金委共同设立了"航空科技联合基金"。航空基金资助范围不断扩大，成果丰硕。在飞机、发动机、机载设备等方面的预先研究，取得了一系列重大标志性进展，多项重点预研项目通过了中期评估，填补了国内空白。③不断完善技术创新体系。依据"一个整体、两个层次"的科技创新体系构架，对企业技术中心工作进行了全面规划，各企业都建立了技术中心，其中国家级技术中心6个，省级技术中心15个。设立了集团技术创新基金，把技术创新工作推进到集团层面，已资助39个项目。④全面提高科研生产手段和能力。通过大量条件建设和生产线改造，为型号研制和生产提供条件保障，产品研制和生产能力全面提高，初步具备了先进战斗机机体、发动机和机载设备的研制条件和小批量生产条件；部分试验设备和生产设备达到国际一流水平。⑤不断加强航空技术基础。重点实验室建设在加快进行，已有3个国防科技重点实验室和12个航空科技重点实验室建成，并投入运行。截止至2005年底，集团获国防科技奖416项，国家科技奖15项。各成员单位专利申请量明显增加，专利授权数为1 154件。

（二）中国航空工业第二集团公司

2005年，中国航空工业第二集团公司围绕"加大改革力度、加快发展速度、提高经济效率"的工作思路，重点型号研制、企业结构调整、科技创新能力等各个方面取得了可喜成绩，全面完成了各项任务。2005年任务的圆满完成，标志着集团公司较好地实现了"十五"计划确定的各项目标。经过5年的努力，集团公司产品开发取得了新成绩，经济发展迈上了新台阶，企业改革实现了新突破，技术创新开创了新天地，精神文明建设有了新进展，为今后的改革发展奠定了较好的基础。

1. 航空产品

2005年是集团公司航空产品快速发展的一年。重点航空产品研制取得了重大进展，一批新产品鉴定试飞或结束立项，开始研制，全部按照节点完成任务。全面完成航空产品指令性计划任务，交付飞机144架。民用航空产品的发展实现了新的突破，小鹰500取得CAAC型号合格证，直15直升机签订了国际合作合同，中航技签订了40多架飞机出口合同。

"十五"期间集团公司大力发展直升机、支线飞机和通用飞机，完成了直11、直11MB1、直9H410和H425、运8F400、运12E等飞机的改进改型和取证工作；大力开拓国际市场，完成了出口埃及80架K8E飞机及生产线合同，续签了40架飞机合同；开展了ERJ145涡扇支线客机、直15直升机、A109E直升机、阿赫耶2C发动机和空客工程中心等项目的国际合作；建设了HC120总装生产线；完成了ERJ145、波音787、空客A320、A330和GENX发动机机匣等飞机、发动机零部件转包生产的商务谈判；成为贝尔M430直升机机身、波音787机翼机身整流罩、CENX发动机机匣的惟一供应商。

通过"十五"期间的努力，集团公司航空产品的产值在总产值中的比例从2000年的11.4%，增长到2005年的33%，新的产业结构初步呈现。

2. 汽车产品和优势民品

2005年，集团公司的汽车产品经受了市场考验，保持平稳发展，销售汽车37.7万辆，比2000年增长60.6%；发动机37.5万台，比2000年增长60%。汽车发展战略得到完善，形成了"大昌铃"思路；生产线建设及制造技术水平得到提升，形成了46万辆整车、45万台发动机的生产能力；产品进行了结构调整，跻身于轿车领域，形成微型轿车、经济型轿车、中级轿车多品种系列化的发展格局。

2005年，集团公司其他民品完成工业总产值79.3亿元，比上年增长19.6%，比2000年增长164.3%。经过调整和优化，优势民品比例不断扩大，产品品牌知名度不断提高，形成了一批掌握核心技术、市场占有率行业领先的优势产品。大型风力发电风机叶片和等静压机国内市场占有率达到90%，应变计、传感器、高速线材精轧机组和三坐标测量机等国内市场占有率达到50%以上。

3. 经济发展

2005年，集团公司圆满完成各项任务，保持了良好的发展态势，较好地实现了"十五"计划确定的各项目标。与2000年相比，各项经济指标大幅度增长，其中工业总产值、销售收入（工业企业销售收入）、工业企业出口交货额等经济指标的增幅超过100%。2005年实现利润3.6亿元（按新会计制度口径计算），上缴税金13.7亿元，集团公司实现了从组建初期整体亏损到减亏、扭亏、盈利的转变。在企业效益提高的同时，职工收入也得到增长，2005年在岗职工人均工资比2000年增长89%。

4. 科技创新与基础能力建设

"十五"期间，集团公司承担的各项预研任务以及民机预研、装备创新、"863"等领域的科研项目全部按节点完成，取得了一批技术成果，为下一步自主创新提供了必要的技术储备。特别是数字化设计、制造、仿真试验技术开始起步，初步建成"兴航网"，推进了高科技产业化，企业技术基础水平和能力进一步提高。"十五"期间，集团公司共获得国家奖6项，国防奖89项；开展了保护知识产权试点工作，累计申请专利500余项。

"十五"期间，集团公司的各项固定资产投资总规模不断增加，其中民品固定资产投资达到66亿元，其他固定资产投资43亿元。固定资产投资取得明显成效，确保了汽车产品、优势民品研制生产需要，加快了技术进步，提高了核心竞争力，推动了结构调整，促进了经济发展。集团公司的创新能力不断增强，共组建11个研发中心，通过各级政府认定的企业技术中心从4个增加到20个；组建了发动机振动和水动力学2个集团公司重点实验室；建立了技术创新基金，规模从开始的1 500万元发展到目前的1亿元，支持了重点创新开发项目。

十二、航天工业(中国航天科技集团公司)

2005年，是我国航天事业发展史上举国关注、举世瞩目的一年。在党中央、国务院、中央军委的亲切关怀下，在国家综合部门、社会各界和广大用户的大力支持下，中国航天科技集团公司以党的十六大、十六届三中全会、四中全会精神为指导，认真贯彻落实科学发展观，埋头苦干，奋力拼搏，开拓进取，无私奉献，圆满完成了以"神舟六号"载人航天飞行为代表的各项科研生产任务，创造了新的辉煌业绩，把我国航天事业的发展推上了新的历史高峰。

1. 重大决策

2005年，中国航天科技集团公司工作的总体要求是：以邓小平理论和"三个代表"重要思想为指导，深入贯彻党的十六届三中、四中全会精神和中央经济工作会议精神，全面落实科学发展观，进一步增强政治意识、大局意识和责任意识，统筹安排，突出重点，确保圆满完成以神舟六号载人航天飞行为代表的科研生产试验以及飞行任务，整体推进航天民用产业发展；围绕转变经济增长方式、提高经济运行质量、规范经济行为，实现经济发展速度与质量的和谐统一、规模与效益的和谐统一；深化体制机制改革调整，着力抓好"四好"领导班子建设、队伍建设和保持共产党员先进性教育；完成"十一五"规划的论证与制定，推进技术创新和管理创新，保持稳定，落实责任，脚踏实地，埋头苦干，保持集团持续快速健康发展。

2. 经济效益

截止至2005年底，中国航天科技集团公司总资产达到804亿元，比上年增长12.8%。全年国有及国有控股单位完成工业总产值169.2亿元，比上年增长19.7%；完成增加值88.1亿元，比上年增长17.9%；完成主营业务收入310亿元，比上年增长18%。28个国家预算内工业企业中，盈利企业为27个，亏损企业为1个，全年盈亏相抵工业企业实现利润3.5亿元。

3. 科研生产

2005年，中国航天科技集团公司圆满完成了5箭3星1船的发射任务，将1996年以来长征系列运载火箭连续成功的记录续写为46次。

2005年10月12～17日，集团公司研制的"神舟六号"载人飞船圆满完成了两人5天的太空飞行，标志着我国已跨入有人参与的空间科学试验阶段，迈开了从航天大国走向航天强国的新步伐。这是我国航天事业发展的又一重要里程碑，对进一步提升我国的国际地位，增强我国的经济实力、科技实力、国防实力和民族凝聚力，具有重大而深远的意义。

2005年4月12日，中国航天科技集团公司制造的"长征三号乙"运载火箭成功将由法国阿尔卡特空间公司制造的"亚太六号"卫星送入预定轨道，发射获得圆满成功。这是中国国际商业发射服务自1999年以来，重返国际发射服务市场。2005年，中国航天科技集团公司研制的实践七号、两颗返回式科学技术与试验卫星等3颗卫星均发射成功，实践七号在轨运行正常，交付用户，两颗返回式卫星成功回收。

2005年，集团公司获国家科技进步特等奖1项、国家科技进步二等奖2项；获国防科学技术奖一等奖7项、二等奖22项、三等奖41项。全年共获授权专利22件，其中发明专利10件；申请专利190余件，其中发明专利150多件，专利申请量比上年增加50%。

2005年中国航天科技集团公司航天发射情况见表70。

表70　2005年中国航天科技集团公司航天发射情况

运载火箭	发射地点	发射时间	卫星名称	备注
长征三号乙	西昌	2005.04.12	亚太六号	成功
长征二号丁	酒泉	2005.07.06	实践七号	成功
长征二号丙	酒泉	2005.08.02	第21颗返回卫星	成功
长征二号丁	酒泉	2005.08.29	第22颗返回卫星	成功
长征二号己	酒泉	2005.10.12	神舟六号飞船	成功

4. 航天民用产业

2005年，集团公司航天民用产业国有及国有控股单位实现销售收入102.01亿元，产值108.51亿元，本级公司实现主营业务收入22亿元，利润总额2亿元。研究制定了集团公司民用产业"十一五"专项规划，确立了卫星应用、信息技术、新材料与新能源、航天特种技术应用、汽车零部件及特种车辆等五大领域发展战略。积极推进与地方政府和大企业集团的合作。集团公司与上海市签署了战略合作框架协议，与闵行区签署了共同打造"航天闵行"框架协议；与神华集团、华能集团分别签署了战略合作协议，在煤机设备、风力发电、煤气化、煤电脱硫、泵阀等领域进行了合作；与西班牙EHN公司合资组建北京航天万源安迅能新能源有限公司和南通航天万源安迅能风电设备制造有限公司，在风力发电等新能源领域开展合作；与新加坡航空货运公司、新加坡腾飞投资有限公司合 成立长城航空货运公司，积极开拓航空物流运营业务。

5. 国际合作和外经外贸

集团公司分别与尼日利亚和委内瑞拉签订了尼日利亚一号和委内瑞拉一号两颗通信卫星合同，这是我国首次以中国的运载火箭、卫星以及发射和地面支持的整体方式，为发展中国家提供国际商业卫星服务，也是中国首次用自己的火箭和卫星向国际用户提供在轨交付服务，同时也实现了我国整星出口的历史性突破。2005 年，中国航天科技集团公司(含控股公司)实现外贸进出口总额为7.6亿美元，其中出口总额为4.2亿美元，进口到货总额为3.4亿美元。

〔本部分摘自《中国机械工业年鉴 2006》〕

企业概况

介绍机床工具行业“五项十佳”企业的成功经验，重点企业文化建设和发展规划

The successful experiences from the Ten Top Enterprises by five items in the machine tool industry, and the culture construction and development plans of important enterprises

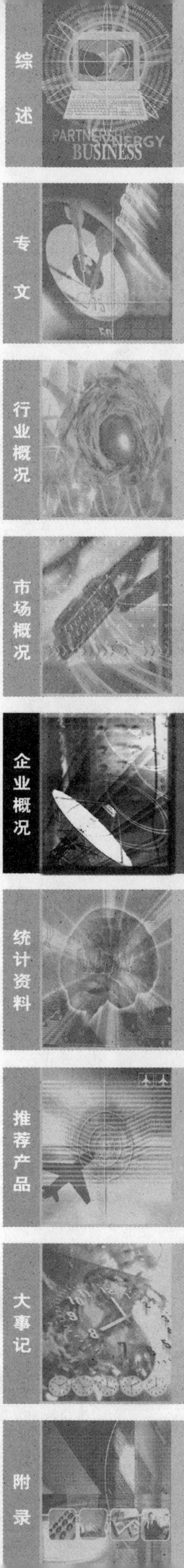

企业概况

五项十佳企业介绍

努力为国民经济提供高品质装备

——济南二机床集团有限公司

济南二机床集团有限公司(以下简称“JIER”)是我国520家重点企业之一,山东省高新技术企业。集团生产用地65万 m^2,在岗职工4 600余人,总资产逾13亿元。下设压力机、数控金属切削机床、销售、进出口等19个公司,7部1室,5个中心。重型数控冲压设备和大型金属切削机床国内市场占有率在60%以上,并远销世界50多个国家和地区;现已发展形成了数控冲压设备、数控金属切削机床、环保设备、自动化设备、铸造设备、数控切割设备等六个门类的产品。公司主要经济技术指标连年位居全国锻压行业榜首,是“中国机械工业核心竞争力三十佳”、“中国机床行业核心竞争力之星”、中国机床行业“十佳”企业。

制造业是国民经济的物质基础和工业化的产业主体,是社会进步与富民强国之本,对拉动国民经济的发展,保证国家产业安全、国防安全的重要性不言而喻。近年来,济南二机床集团有限公司以打造国际一流机床制造企业为目标,以“为国民经济发展提供高品质装备”为已任,坚持不懈地推进自主创新,精心培育“JIER”自主品牌,积极推进制造准时化,持续改进用户服务,不断实现国内外市场营销新突破。在为国民经济发展提供了大量高技术、高品质关键装备的同时,企业自身也实现了持续、快速发展,不断向着“打造国际一流机床制造企业”的战略目标迈进。

一、自主创新成效显著

JIER在自主创新开发方面有着优良的传统,曾先后多次完成国家交给的关键设备首台(套)自主研发任务。20世纪50年代初,研制出中国第一台机械压力机和第一台大型龙门刨床;20世纪60年代,研制出中国最大、也是至今世界上规格参数最大的龙门刨床;20世纪70年代,研制出具有国际先进水平的汽缸体平面拉床。20世纪80、90年代,率先向市场推出了具有国际先进水平的国内第一条压力机自动化生产线、智能化控制的一级精度重型冲压线、大型五面龙门加工中心、大型全自动开卷落料线等高技术装备,为我国机械工业的发展提供了大量关键装备。

近几年来,JIER认真分析国内外市场需求发展轨迹及未来走势,完善技术创新体系,采取措施加速推进自主技术创新。一是加大技术开发投入。公司科技投入占到销售收入的5%以上,主要用于国家级企业技术中心的建设,以及科研设施、仪器仪表、软硬件投入、人员培训、新产品试制等方面。技术中心综合实力在国家级企业技术中心综合评价中位居全国第17位、山东省第3位。2006年初,技术中心被认定为首批118家“国家级研发中心”之一。二是积极开展对外技术合作。自20世纪80年代以来,先后与多家国外同行业先进企业在大型数控龙门镗铣床、数控落地镗铣床、数控冲压设备、冲压自动化系统等高新技术产品领域进行了广泛合作,奠定了JIER较高的技术创新起点。三是抓好自主创新开发。在融合、吸收国外先进技术的基础上,进行“开放式创新”,通过技术集成、掌握关键技术,发展拥有自主知识产权的核心技术与核心产品,培育持久的核心竞争力。四是建立科技进步激励机制。设立技术进步奖和总经理奖励基金,评聘主任(副主任)工程师,引导专业技术人员将实现自身价值与企业发展统一起来,促进员工潜力和创造力的发挥。

目前,JIER每年自主开发七八十种新产品,90%达到国际或国内先进水平,技术进步产品产值占到新增工业产值的70%以上。“十五”期间,共承担并完成了涉及南水北调、航空(军工)、汽车等重点领域的3项国家863计划项目,数控机床技术迅速实现了从低速到高速,从经济型数控机床向高、精、尖产品的跨越。特别是在数控柔性技术、静压技术、五轴联动技术、无间隙传动技术及数控冲压设备的自动连线、自动换模、大型多工位技术的开发等方面,取得了实质性的突破。作为代表数控机床技术制高点的重要标志,JIER生产的大型五轴联动高速数控龙门镗铣床已进入成熟的工业实用阶段,在大型水泵叶片加工、机车制造等领域得到了很好的应用,居国内前沿,达到国际先进水平。JIER的数控产品现已发展到30多个系列、100多个品种,具备提供“高新数控套餐”的能力。

二、实施准时化制造,生产能力大幅度提升,按期交付能力得到保证

公司为适应市场竞争及企业发展需求,实施了内部业务流程再造,提高效率,提升产能。根据企业生产流程优化情况,结合企业产品产出特点,运用计算机网络技术,突出计划的过程控制,通过技术、管理措施,发掘生产潜能;以向用户交钥匙作为考核的重点,以订单作为组织生产和采购的惟一依据,促进准时化生产、准时化采购,企业按期交货能力显著提升，大型成套设备均实现了按期产出，广州本田、江淮汽车等用户订货产品还根据用户要求实现了提前产出。

三、售后服务持续改进

公司全面贯彻ISO9001国际质量标准，持续改进和有效运转质量保证体系，为产品质量持续改进提供了体系保证。致力于为用户提供持续、可靠、优质的售后服务，成立设备维修改造工程公司，加强用户服务的网络建设，在上海、安徽、广州等用户密集地区建立了售后服务中心，在19个省市设立了35个服务网点，在美国、日本、香港设有联络处，规范备件生产、销售渠道，及时提供产品备件及维修、技术服务。2005年7月以来，组织质量管理部及压力机、数控机床两大商品公司领导和人员全面回访用户，听取用户意见和建议，指导用户科学维护与使用设备，针对设备使用中存在的问题，落实整改措施及计划，与用户关系更加和谐。

四、品牌培育初见成效

着力于国内外市场主打品牌的规范统一，在国内外市场集中推出“JIER”品牌概念，并积极开展品牌推广、宣传，扩大JIER品牌知名度。成功组团参加德国汉诺威第十八届国际金属板材加工技术展览会、第九届中国国际机床展览会等国内外知名展会，与国内外用户和合作伙伴进行了广泛交流，效果明显。其中，GIMAX200A数控落地铣镗床作为规格、参数最大的展品，成为北京国际机床展的一大亮点，受到中央、部委领导的好评，引起了国内外用户的广泛关注，品牌影响力不断扩大。2005年下半年又到香港、南美走访，并有选择性参与了部分重点项目的投标，使JIER品牌国际市场认知度有了新的提高。2005年9月JIER牌机械压力机荣获“中国名牌产品”称号。

五、市场营销增势渐强

抓住国家大力扶持国产数控机床发展的有利时机，采取多种措施，提高数控机床产品质量与水平，强化售后服务，支持数控机床产品市场营销，数控龙门镗铣床国内销售额连续多年名列前茅。针对汽车行业合资企业受宏观调控影响相对较小，投资力度仍然较大的特点，适时制定并实施了高端市场营销战略，充分利用企业在技术、制造、质量等方面的综合优势，重点加强国内合资企业的营销，赢得了上海大众、上汽股份、广州本田、通用五菱、长安铃木、东风汽车、江淮汽车、长春一汽、风神汽车等重点项目，有效扩大了市场份额，重型锻压设备占到国内产销量80%的份额。

坚持实施国际化经营战略，持续推进国际市场营销，在开拓国际市场方面取得了骄人业绩，被誉为“世界五大数控冲压装备制造商之一”。2005年1月，济南二机床公司与世界一级冲压商——美国德纳公司(DANA)签定了5 000t多工位压力机供货合同。2005年4月，与美国DANA公司签定了2台重型落料压力机供货合同。2005年7月，为美国OMD公司提供了1台1 500t多连杆压力机。2005年9月，签订了向福巴西特(FORD)提供机器人自动线合同。2005年10月，签订了向通用巴西提供压力机自动化设备的合同。2005年11月，与泰国萨密特(Summit)公司签订了冲压线供货合同。2005年，JIER出口交货值突破1.3亿元。2006年，再次与泰国萨密特(Summit)公司签订了2条冲压线供货合同。

通过近几年的飞速发展，企业技术开发、生产制造能力得到了显著的提升，基本具备了与国际同行同台竞争的能力，完全能够满足国内市场需求。今后，JIER将再接再厉，继续抓好自主技术创新和“JIER”自主品牌的推广培育，不断提高产品技术性能和质量档次，努力为国民经济发展提供更多高品质国产装备。

抓住发展数控磨床这个中心　实现技术质量服务新突破

——上海机床厂有限公司

上海机床厂有限公司(以下简称上机)作为国内磨床专业生产基地，近几年来，产品及技术取得了较大规模的发展，尤其是数控磨床产品技术发展较快。但是，面对这几年国内各行业对进口机床，尤其是中高档数控机床需求的剧增，既感到压力重重，也感到责任重大。这几年，公司在不断满足通用类磨床市场需求的同时，把发展重点放在了中高档数控磨床上，特别是在针对军工、航天、船舶等重点行业用户需求的专用数控磨床的研发上，形成了几项具有自主知识产权、填补国内空白的核心技术。

一、“专机、质量、服务”目标统领下的上机数控磨床产品及其技术发展现状

针对国内汽车、钢铁、军工、航天等国家重点产业的发展，公司及时调整产品结构，将中高档数控磨床，尤其是军工、钢铁、航天等领域需求的专用数控磨床作为发展重点，配以专门人才和科研资金，投入各类专用数控磨床技术研发。

1. 明确专用数控磨床的发展重点

2005年，公司在国家宏观调控政策下努力寻找自身发展的新突破，其切入点就是产品结构的调整，把数控专用磨床作为重点发展目标，并以强化质量和服务来确保专机研发、生产、销售等目标的实现。公司2005年增长幅度达到30%，仅专机一项就超过20%。公司把钢铁、汽车、军工、航天等领域需求的各类专用数控磨床作为重点研发对象，承接了一批大型、专用、精密数控磨床定单。

2. 新技术、新产品不断亮相市场

与上海大学、上海理工大学、西门子中国有限公司合作建立“产学研”工作室，专门研发机床数控系统。同时又在美国佐治亚理工学院建立技术分中心，专事各类高端数控

公司合资建立的北一法康有限公司；与日本圣和精机SHOWA公司建立的北一圣和精密工具有限公司；特别是与国外一技术公司成立了北一合资设计开发公司，使企业新产品开发能力得到大幅度提升。应该指出，企业从1984年开始与世界一流技术水平的德国瓦德里希·科堡(WALDRICH COBURG)公司合作生产数控龙门镗铣床系列产品至今已有20年的历史，其中双方合作生产10余台。为了更加密切双方的合作，双方一直在寻求建立合资关系的可能性。在北京市政府及国家有关部门的支持下，终于在2005年11月全资收购了德国瓦德里希·科堡公司。与此同时，公司与河北省高碑店市有关企业建立了合资的铸造公司与锻造公司，与北京房山区工业公司建立了合资的零部件公司与北一良工数控机床公司，批量生产中小型数控机床。

通过搬迁，公司完成了"十五"规划所确定的目标，使企业具备了良好的生产制造条件，拥有多个中外合资企业与国内合资企业及国外子公司的企业结构，人员精简，业务流程优化。

二、调整产品布局，提供成套服务

通过企业的搬迁调整，机床产品形成了四个板块：

一是重型产品板块，即以数控龙门镗铣床为代表，技术来源于德国科堡公司。经过多年的消化吸收与国产化创新，企业掌握了多项关键技术，可生产工作台宽度从1m到5m、长度从3m到超过20m的工作台移动式、桥式、定梁或动梁等各种重型、超重型数控龙门镗铣床。由于采用了德国关键技术与标准，产品具有国际先进水平，即精度高、刚性好、可进行大转矩冲击韧度的重负荷切削。企业对科堡公司的收购将有助于这一产品板块的发展。

二是中型立卧加工中心与数控车板块。即以合资企业"北一大限"产品为代表，采用日本大限公司的关键技术和验收标准。包括工作台面宽度400～600mm的卧式加工中心MRA系列、工作台面宽度460～560mm的立式加工中心MXR系列及加工直径Φ270～370mm的数控车LBR系列，三个系列产品均采用内装式电主轴，刚度好，精度高，目前在现代化的厂房内批量生产。

三是数控铣床产品与倒立车板块，以北一良工数控公司产品为代表，技术来源于企业自身。作为上述两个板块的补充，企业自行开发了有企业特点的产品，一是数控铣XKA71系列产品，其特点是承重大、可以重切削；二是倒立车CDHA51系列，适合于盘套类零件加工，可集成有不同功能的物料输送系统，既适合批量生产也可用于单件小批生产。公司生产的由企业自行开发的CHA61系列车铣复合机床，是由立式加工中心与数控车组合而成，可实现九轴五联动。产品达到国际先进水平。

四是企业的传统产品板块，以2号、3号立卧普通升降台为代表，这类产品经过近半个世纪生产改进，为企业"北一"品牌的创立起了十分重要的作用。通过搬迁与业务流程优化，产品的生产环节大大缩短，通过合资合作，形成了保证产品质量的社会协作链，使企业在人员大大精简的情况下可实现产品快速换产，并保证市场需求。

企业的新产业是北一圣和公司的高速BT刀柄产品，有五十多种，其双面接触，适用于万转高速机床。该公司下一步准备生产HSK锥柄刀柄以适应机床高速化发展的趋势。再有是北一法康公司的生产线产品，曾为中国二汽提供汽车发动机、变速箱及缸盖装配线，近期将配合北京一机床的各类机床产品，向提供零件加工线方向发展。

目前企业的产品布局初步具备了为用户提供成套服务的基础，企业将下大力气发展增强自身的集成技术能力，在优质产品上发挥集成效益。

三、掌握关键技术，走技术创新之路

企业认为，其产品技术创新能力至少包括两个方面，一是新产品的设计开发，二是关键技术的掌握，这两个方面相互促进相互支撑，创新的结果必须是以产品实物的形式面向市场。通过企业搬迁，在工艺能力上有了大幅度提高，企业及下属公司共拥有200台主要机加工设备，其中包括多台世界著名厂家生产的各类主要设备，如德国瓦德里希·科堡公司和日本大限公司的龙门加工中心、数控龙门镗铣床；日本大限公司的立、卧加工中心；日本安田(YASDA)公司的数控坐标镗床；日本马扎克(MAZAk)公司的车铣复合中心、数控车床；瑞士斯图特(STUDER)公司的数控万能内外圆磨床；德国宝宁(BLOHM)公司数控端齿盘磨床；德国埃马克(EMAG)集团下KOPP公司的数控凸轮铣磨床；德国克林贝格(KLINGELNBERG)公司的数控螺旋锥齿轮和弧齿端齿盘磨床等精密加工设备和德国蔡司(ZEISS)公司的三坐标测量机；英国泰勒·霍普森(TAYLORHOBSON)公司的圆柱度仪等高精密计量及测试仪器。数控钣金设备、树脂砂铸造生产线等关键设备已占工厂设备固定资产的90%以上，加工设备的数控化率从原来的5%提高到70%以上，具备了加工机床高速主轴、高精度箱体、ATC换刀凸轮、高精度螺旋等高弧齿、端齿盘等关键零件的制造能力，并初步掌握了电主轴、动力转塔刀架、ATC凸轮减速箱等关键功能部件的制造能力。这些能力有力的支撑了企业新产品的开发水平。

更为重要的是员工队伍的建设，有了先进的设备要有能操作的人，有了先进的厂房要求员工具备相应的行为规范，有了好的技术来源要有一大批能够掌握并在此基础上继续创新的工程技术队伍，当然，还应有先进的管理者、市场营销人员等，这样才使一个企业有可能成为有竞争力的企业，成为先进的企业。

通过近几年跨越式的发展，北京第一机床厂已成为拥有世界一流的重型机床产品制造公司、多个技术先进的中外合资公司、4个产业基地和多个国内合资公司的集团公司，已成为一家多元的国际化企业，具备并愿意向广大用户提供高技术产品与高质量的服务，北京第一机床厂将保证为您提供最值得信赖的"北一"产品。

〔撰稿人：北京第一机床厂刘宇凌〕

自主创新　助重庆机床厂再次腾飞

——重庆机床厂

重庆机床厂始建于1940年，是国内最大的成套制齿设备生产基地，世界上滚齿机产销量最多的制造商，建有国家级齿轮机床研究所、重庆市企业技术中心和博士后科研工作站。从20世纪50年代研制成功中国第一台滚齿机、插齿机、剃齿机、弧齿锥齿轮铣床、齿轮噪声检查机、摆线铣齿机和齿轮倒角机等制齿机床以来，长期致力于制齿机床从传统到数控，从简易到多功能的成套自主开发与技术创新，被国内外用户誉为“中国西南的一颗明珠”，产品远销美国、日本、韩国及东南亚等50余个国家和地区。

经历了濒临绝境的1998年后，重庆机床厂更是精心弹奏了以技术创新为主、管理创新为辅、体制创新搭台的自主创新“三部曲”，充分利用项目、资金、人力资源三要素的现有资源和历史沉淀，获得了最佳的自主创新效果，使工厂连续三年实现自我超越与腾飞，不断提升“重机”品牌价值，塑造行业领军新形象，连续三年被评为“重庆市技术创新先进集体”，连续五年作为“重庆市66户重点增长型企业”，并于2004年重新跨入阔别6年之久的“重庆市工业企业五十强”序列，同年被评为“中国机械工业管理进步示范企业。

一、技术创新结硕果，引领行业闯世界

重庆机床厂技术创新的动因：一是改变国内以汽车工业为代表的机械工业以及国防工业对高档数控齿轮加工机床依赖进口的现状，满足和引领市场需求；二是根据国际先进制齿技术及制齿装备的发展趋势，提高我国制齿装备档次；三是利用国家激励数控机床发展而返还的增值税作为促进高新技术发展的再投入，以高新技术改造提升传统产业，调整产品结构，增强核心竞争力。为此，工厂瞄准世界先进水平，密切关注用户行业的发展，及时了解用户需求，先后为国内外众多用户设计开发了一系列具有特殊要求的模块化数控机床、专用机床、专用夹具、刀具和量具，很好地满足了市场的“个性化”需求，取得了平均每年开发10余种新产品的骄人业绩，引领制齿机床行业的发展潮流，成为了国内金属切削机床市场自给率超过50%的三个行业之一，其中部分产品已具备打造国际品牌的基础条件。

1. 依托国家重大项目进行集成创新，不断创造并掌握核心关键技术

自2000年以来，工厂充分利用几十年来积累的深厚的技术底蕴，先后自主承担了一系列国家重大技术装备项目的研制和开发工作，如2001年“国家重大技术装备国产化创新研制项目”——YKS3120/YKS3132六轴四联动数控滚齿机及其模块化系列产品，2002年“国家重点新产品试产计划”——YK4232四轴数控剃齿机及其系列模块化产品，2001年“国家重点新产品试产计划”——YK3132数控高效滚齿机及其模块化系列产品、2004年国家“十五”科技攻关“西部开发行动”重大项目——“数控高速高精度滚齿/插齿/磨齿机床的成套技术开发”，2004年“国家火炬计划”——“数控制齿装备”等多项国家级重大技术创新项目。

随着装备制造业市场需求的不断发展，特别是重型汽车、工程机械等行业的高速发展，带动了对此类高效数控机床的强烈需求，有力地推动了工厂数控机床产业化工程的顺利实施。该类机床市场占有率占同档次机床的90%以上。工厂已累计销售该系列机床430余台，销售收入2.2亿元，利润2 200万元。2004年被评为“重庆市名牌产品”、“重庆市高新技术产品”，2001年获得“重庆市科技进步奖三等奖”。

2004年以来，企业在收集国内外最新开发成果的基础上，根据已开发成功的YKS3120/YKS3140/YKS3132六轴四联动数控高速滚齿机、YS3140CNC4四轴四联动数控高速滚齿机、YKS3112/YKS318六轴四联动数控高速滚齿机、YS3116CNC7七轴四联动数控高速自动干切滚齿机等模块化产品，又研制开发了Y3180CNC6/Y31100CNC6/Y31120CNC6大规格六轴四联动数控滚齿机，并实现了对上海三菱电梯公司的销售，使工厂成为国内惟一能生产大规格全功能数控滚齿机的厂家。

在发明专利方面，企业获得了机床用无级调速移动工作台（ZL200420060013.X）、机床用双分度副回转工作台（ZL200420060014.4）、数控机床用回转工作台（ZL20420060015.9）三项专利授权，并于2005年再次申请了三项专利；先后有数控高效滚齿机、YKA3120A数控滚齿机、YKB3120A数控滚齿机、YKA4232A数控剃齿机、YKS3120六轴四联动数控高速滚齿机、YK4232四轴数控剃齿机、YKX3132数控高效滚齿机等8种数控产品被评为“重庆市新技术产品”，形成了七大数控系列50余种产品的新产品体系，YKB3180数控滚齿机和Y4232CNC2数控剃齿机首次开发成功就分别实现向约旦、韩国的出口销售。

在争取技术创新资金方面，“十五”期间，工厂获得了中央及重庆市政府相关部门给予的大力支持，加上工厂自身投入的技术创新资金6 000余万元，极大地加快了工厂新产品的开发速度，也显著地提高了企业的综合技术创新能力。

2. 大胆尝试新技术、新工艺、新材料、新刀具，加快产品开发平台建设

（1）大胆应用新技术，改进产品结构设计。大胆尝试机床床身、立柱等大件采用焊接结构，省去了木模、铸造等工序，制造周期大大缩短，生产效率显著提高，单件成本降低，并增强了机床刚性；采用高速、高精度齿轮分度副逐步代替传统制齿机床采用的蜗杆副，大大提高了数控机床的加工速度，生产效率显著提高；开发专用的制齿机床嵌入式软件，不断提高机床的柔性、可靠性和精度稳定性，使操作机床变得更加方便、简单。

（2）改变传统工艺，进行流程再造。在新工艺研究应用方面，适时调整、改变工艺路线，进行工序前移，尽可能减少配作工序，采用新的注塑工艺修正大型零部件工作面和接合面精度，购买新设备以满足磨削或刨削改铣削等加工方法的转换，极大地提高了零件的互换性和加工精度，也提高了生产效率，降低了生产成本。

3. 不断提升开发试验手段，构建资金信息渠道，推进技术创新能力平台建设

（1）加大技改投入，强化信息技术。2000年以来，工厂依靠企业自有盈余资金和项目拨款，累计投入5 000多万元购买了一批急需的关键加工、检测设备，并完成了50余台（套）关键设备的数控化改造，大大改善了陈旧的试验条件，提高了机床、零件的分析检测能力和效率，同时扩大了新产品的制造能力。为了适应数控机床产业化基地建设的要求，工厂在建立了软、硬件设施较为完备的技术信息系统（TIS）基础上，添置台式计算机和笔记本电脑100余台，并更新了部分软件，为部分产品建立三维数字化模型，可进行有限元分析。

（2）坚持自主开发与产、学、研相结合。工厂技术创新在以自主开发为主的同时，尽可能采用多渠道方式，坚持走“产、学、研、用”相结合之路，先后与重庆大学、重庆工学院、清华大学、香港蒋氏基金及市级主管部门等建立了长期的紧密关系，并聘请重庆大学刘飞教授、易树平教授、王时龙教授等多位专家担任企业的技术及管理顾问，定期为企业的技术创新与发展提供指导。此外，工厂积极引进国内外先进的齿轮机床技术和齿轮加工制造工艺以拓展技术创新思路，同时加强与汽车、摩托车、工程机械、船舶机械、矿山机械、电动工具等相关行业的横向联系，通过聘请上、下游产业链企业的专家作为工厂顾问，更快地获取有用技术创新信息以加快市场急需新产品的开发速度。

二、管理创新促发展，行业进步上台阶

1. 改变传统人才观，搭建高效人才队伍

企业在技术创新人才的吸引、培养、利用和激励等方面采取了很多措施，建立了聘用和淘汰相结合的人才建设机制，充分发挥每位职工的特长和积极性，做到人尽其才。

在分配激励方面，工厂采取先进的绩效工资分配模式，让科技创新人员、高技能人才和优秀管理者的收入待遇在职工中处于领先地位，并不断强化激励调节机制，进一步拉大内部分配的差距，使之逐步与市场接轨，从而保证了中、高级骨干人才队伍的相对稳定性。

2. 创新服务理念，发展忠诚的客户群

在近年的管理实践中，企业不断强化用优质和满意的服务发展和维系忠诚的客户，通过营销战略、品牌经营和客户服务不断增强市场竞争力。经过努力构建了技术、生产和服务高度协调的快速服务绿色通道，可随时对客户的需求进行迅速响应。为此，企业在北京、上海、长春、武汉、郑州、济南、西安、温岭等11个城市和地区建立了营销服务网点，在用户集中的重点地区还设立了临时备品备件库，大大缩短了服务周期。

3. 向管理要效益，推动管理进步

为推动管理水平再上台阶，进一步强化管理创新，2004年工厂申报了中机企协主办的“机械工业管理进步示范企业”的评选。以此为契机，修订了岗位职责和管理制度，并将其汇编成册，改变了多年来无规范的完整的制度体系及版本的被动局面；同时为生产现场增添了必要的工位器具，制作了管理展板，全面推行“5S管理”，对规范生产现场秩序，促进安全文明生产，提高现场管理水平发挥了积极作用。经过中机企协联合考查组来现场考查评价，中国机械工业联合会批准，授予工厂“机械工业管理进步示范企业”，认为工厂的管理经验在全国同行业和机械行业都具有重要的示范和推广价值。

三、体制创新打基础，稳步发展觅良机

加快企业机制、体制创新是企业保持活力的重要途径。根据重庆市委、市政府促进国有资本向重点企业、重点产业、优势产品集中，向产业链的核心部位和价值链的主端部位聚集的要求，经市国资委批准同意，将重庆第二机床厂、重庆工具厂的国有法人资本金划转到重庆机床厂。于2005年12月31日正式完成了工商注册登记，完善了法人治理结构，整合重组为重庆机床（集团）有限责任公司。

1. 机构调整扁平化，降低管理成本

集团公司按照精干、高效、扁平化原则对机构进行整合重组，对岗位进行合并精简，对人员按照一人多职，一专多能原则进行优化竞聘，使厂级领导职数由12名减为7名，平均年龄44岁，中层管理人员由120余名减为73名。员工平均年龄约40岁，车间、处室由50多个减为18个。各部门和人员岗位职责进一步明确后，推诿扯皮少了，分工合作多了，团队精神已成为企业职工同心协力战胜困难的法宝。在提高执行能力的同时，降低了合作、协同、沟通等管理难度和管理成本。

2. 以齿轮机床为核心，发挥整体优势，提高技术创新能力

发挥集团公司的整体优势，提高快速反应能力和技术创新能力，寻求合资合作，引入多元资本结构，加速技术改造，实现循环经济，打造节约型企业。以数控齿轮机床制造为核心，带动其他机床、工具产品的发展。同时，利用核心技术优势，开发适销对路产品。重点发展高档产品，兼顾中、低档产品生产，扩大市场占有率。

四、自主创新的体会和取得的成效

1. 自主创新的体会

自主创新是企业不断发展壮大的内在需求，也是企业面临激烈市场竞争的必然选择，重庆机床厂无论是在科技、管理，还是机制上，都把创新作为企业不断提高自身竞争力的重要手段。由此得出的体会是：

（1）自主创新的目标一定要瞄准国际上最具竞争力的同行业企业，以高速、高效、高精度、全数控、功能复合、柔性、模块化、智能化、绿色制造、网络化为发展目标，打造成套齿轮加工机床研发和制造基地。

（2）自主创新的出发点和落脚点一定是来自于市场，以

用户的需求作为产品开发和技术创新的前提。

(3)技术创新要深入持久地推行下去,一定要以管理创新为基础,以体制创新为依托,持续创新才能使企业获得可持续的发展。

2. 自主创新取得的成效

经过几年来的改革发展,技术与管理创新,极大地推动了企业的进步,调动了职工的积极性和主动性,重庆机床厂遭遇过前所未有的困难,也创出了前所未有的成绩,取得了较好的经济效益和社会效益。

(1)经济效益显著上升。机床产销量由1998年的100余台上升到2005年的1 051台,比1998年增长10倍;

销售收入由1998年的不到5 000万元上升到2005年的近4亿元;

(2)社会贡献度迅速增加。上缴税金由1998年的不到300万元上升到2005年的近4000万元;

齿轮机床综合市场占有率由1998年的24%上升到2005年的26%,滚齿机市场占有率保持在60%以上,剃齿机市场占有率由1998年的不足5%上升到2005年的59%。

造名牌产品　创明星企业

——汉川机床集团有限公司

汉川机床集团有限公司位于陕西省汉中市汉台区,其前身为1965年经原国家计委立项批准建立的“三线企业”——汉川机床厂。1999年12月,经陕西省人民政府批准,汉川机床厂改制为多元投资主体的汉川机床有限责任公司。2006年2月,在汉川机床有限责任公司基础上引进民营资本组建的汉川机床集团有限公司正式成立,标志着汉川机床跨入了一个崭新的发展阶段。

公司资产总值4.5亿元,占地面积54万m^2,其中生产面积19万m^2,拥有先进的生产设备800多台(套),现有职工1 360余人,其中各类专业技术人员700余人。

汉川机床集团有限公司是集产品开发设计、制造、销售、技术服务为一体的机床工具行业大型骨干企业,经过40年的发展,汉川机床集团有限公司已成为我国精密机床的重要生产基地。

2005年,汉川机床集团有限公司完成工业总产值42 050万元,比上年增长13%;实现销售回款44 237万元,比上年增长17%。各主要经济指标连续四年高速增长,汉川已进入历史发展的最好时期。

公司不断根据市场需求,大力调整产品结构,不断开发适销对路的新产品。在产品多元化的基础上,加强产品的系列化开发,使产品具有较高的技术含量和广泛的市场适应性。公司批量生产立式数控铣床、立式加工中心、卧式数控铣床、卧式加工中心、龙门式数控铣床、龙门式加工中心、卧式镗铣床、卧式数控镗铣床、卧式数控双面镗铣床、数控车床、数控钻铣床、数控电火花成形机床、数控电火花快走丝线切割机床、数控电火花慢走丝线切割机床等系列产品。

公司奉行“质量第一、诚信为本、依靠科技、创造精品、关注顾客、持续改进”的质量方针,秉承“以顾客为关注焦点、为用户创造价值”的经营理念,坚持走“以质量求生存、以品种求发展、以服务求市场、以管理求效益”的质量效益型之路。公司于1996年通过ISO9001质量体系认证,2002年通过ISO9001:2000质量体系认证,2006年4月通过ISO9001:2000质量体系复审换证。

汉川机床集团有限公司自1999年从工厂制改建为公司制以来的6年间,深化内部改革,加强各项基础管理,大力调整产品结构,不断提升生产能力,极大的提高了产品科技含量,提高了经济运行的质量,企业综合实力得到了很大的增强。

一、生产经营高速增长

2001～2005年,工业总产值、产品销售收入年均增长32%,实现利润年均增长200%,经过自2002年以来连续四年高速增长,“十五”期间创造的产值和利润达到“九五”期间的4倍和100倍。

二、产品开发成绩斐然

“十五”期间,汉川机床公司始终坚持用户第一的思想,紧贴市场需求,积极调整产品结构,狠抓技术创新工作,贴近用户、贴近市场开发出一批市场前景看好,适销对路的新产品,每年都有十多种新产品投入市场,增强了企业发展的后劲。如今,汉川已形成卧式镗床、加工中心、数控铣床、数控镗铣床、电火花机床等几大系列和多种功能部件的生产规模,年产销量2 000多台,产品档次呈现高低兼顾的立体式发展结构,产品销售出现了多年来不曾有过的持续火红局面。

在加强主导产品开发的同时,公司还开发了数控车床、数控磨床、深孔钻床、数控仪表车床等产品。

在国内首家实现了电转台、电主轴批量化生产自给,一举打破了国外企业垄断技术的格局。既保证了主导产品的质量,降低了主机的成本,也为公司今后的多元化发展打下了基础。

三、技术改造收效显著

“十五”期间,汉川机床集团有限公司不断加大技改投入,对基础加工、检测设备进行了全面的更新。先后投资10 558万元,实施了“数字化制造技术应用工程”项目、第四批国债项目、“扩大数控电火花加工机床出口”技改项目。通过这三个大的技改项目,新增各类设备及检测仪器近260台套,基本解决了制约公司生产制造、技术创新以及质量保证能力的“瓶颈”因素,逐步形成了敏捷制造和快速反应市场的能力,同时使公司开发制造龙门式加工中心、五轴联动加工中心以及高档双交换工作台卧式加工中心等大型、复杂、技术密集型产品成为可能，使具有较高技术含量和制造难度的电主轴、电转台等功能部件逐步形成了规模化生产。

此外，汉川公司对生产组织方式进行变革，着力调整生产工艺流程，发挥数控化加工优势，大力开展群众性技术创新活动。

随着“十五”技改的完成，已对企业发展产生巨大影响。一大批六七十年代的陈旧设备退出历史舞台，被高技术含量的数控设备取代，极大的提升了工艺装备水平，成倍地提升了生产能力，极大的提高了工作效率和产品质量。近几年，汉川公司之所以能够实现飞跃，应该说很大程度上得益于技术改造。

2006年汉川机床集团有限公司正式组建，实现了资源的优化整合，为公司稳定持续发展搭起了新的平台，也给企业插上了腾飞的翅膀，汉川迎来了加速发展的第二个春天。借助新的发展平台，汉川人一定会坚持以提高核心竞争力为目标，加强管理，深化改革，着力推进机制的变革，立志把汉川机床集团打造成为具有国际竞争力的行业巨人，到“十一五”末，达到年产机床4 000台，产值12亿元，销售收入10亿元，利税总额2亿元，数控化率达到90%以上，机床主业经营指标进入国内同行业前5名。

江苏亚威机床有限公司

江苏亚威机床有限公司创建于1956年，是一个具有50年历史的国有老企业，1999年改制为有限责任公司。

亚威于20世纪70年代初开始从事冲压机床的制造，是全国最早生产折弯机、剪板机厂家之一，是原机械部生产板材加工机械重点骨干企业，首批国家二级企业，是板料折弯机获国家银质奖的惟一单位；现有职工649人，大专以上毕业生210人，占地面积15万m^2，生产经营用建筑面积10.5万m^2；现有总资产20 800万元，总负债11 500万元，资产负债率59%；银行资信等级AAA级。

亚威数控冲压机床2005年荣获中国名牌产品称号。主要产品为：数控转塔冲床、数控折弯机、数控剪板机、数控校平线四大门类，15个系列，近百个规格品种。其中HIQ系列数控转塔冲床、PBH系列数控折弯机、LGS数控剪板机三大系列产品的技术性能指标在全国同类产品中处于领先水平。亚威产品以先进的技术、可靠的质量、优质的服务在国内享有较高的知名度；亚威牌冲、折、剪产品遍及全国除台湾以外的所有省、市、自治区，并远销国外30多个国家和地区；亚威的高档数控折弯机、数控转塔冲床不仅在国内部分替代进口，而且已批量出口欧美等发达国家。

一、搭建技术创新平台、加速产品升级换代、技术达到国际先进水平

随着国内经济的迅猛发展，数控机床市场需求不断增长，亚威早在“八五”期间就将产品的开发重点转向数控冲压机床，将“数控、高速、精密、成套”作为产品发展方向，采取自主创新与引进创新相结合的方式，建立了一套较为科学、行之有效的技术创新体系。

1. 充满活力的研发机制、打造一支实力雄厚的人才队伍

亚威建有专业的研发机构，为省级技术中心，同时建有博士后创新中心。企业滚动编制3～5年产品发展规划，对年度技术创新、产品开发目标实施严格的项目管理，按完成开发产品项目的数量、难度、效果对开发人员进行绩效评价，拉开收入的差距，并对贡献大的技术骨干实施股权激励。

充满活力的研发机制极大地吸引和调动了技术人员的积极性，打造出一支稳定的能够适应企业发展的高素质技术人才队伍。公司专门从事产品开发设计的技术人员近百名，其中亚威自行培养的高级工程师、市级以上专家型人才10名。长期聘用的国内教授级专家3名，聘用国外行业资深专家3名，同时与华中科技大学、东南大学、济南铸锻研究所等院所均保持着长期产学研合作关系。

2. 持续集中的科研投入是技术不断创新的有力保障。

近年来亚威每年投入新产品开发费用达销售收入的10%以上。2003年以来在原计算机中心CAD设施的基础上，多次投资添置软硬件设施，技术人员已普遍使用三维设计软件和CAPP软件。为保证新产品的试制周期，专门设立了直属技术中心管理的新产品试制和检测车间，为加快技术创新步伐提供有力的物质保障。

3. 主要产品全面达到国际先进水平

近年来，坚持瞄准世界先进水平进行产品的开发设计，2001～2004年共开发设计8个系列、近百个规格品种的数控产品，其中含达到国内领先、国际先进水平的HIQ、HPI、HPH三个系列高性能数控转塔冲床和PBH、PBB、PBE三个系列高性能数控折弯机等产品。

HIQ数控转塔冲床是一项引进技术、消化吸收后再创新、拥有多项自主技术专利、代表了国内最高技术性能水平的创新成果，具有高速度、高精度、高智能的特点。

数控折弯机是针对不同市场、运用不同技术开发的产品，其中PBH数控折弯机是瞄准欧美市场开发的高档数控电液伺服折弯机，具有高速度、高精度、高刚性等特点。

二、强化质量管理，实施国际先进技术质量标准，实物质量达欧洲同类产品水平

1. 国家银质奖是推动亚威质量持续提高的动力

亚威坚持抓质量，创品牌几十年如一日。早在20世纪80年代末亚威的板料折弯机就获得国家银质奖，并有十多个产品获得省优、部优称号。20世纪90年代按ISO9001标准，结合企业实际建立了企业质量管理体系，并不断加以完善，对产品制造全过程实施有效控制。2003年5月通过2000版改版评审，亚威以换版升级为契机，进一步强化质量管理的八大

原则、质量手册、程序文件的宣传贯彻执行，企业质量管理基础得到进一步巩固和加强。

2. 实施国际先进水平的标准，树立“做世界一流锻压机床”理念

为保证公司已拥有的国际先进技术切实转化为国际一流的产品，公司以标准升级为切入点，对数控冲压机床制定并实施国际先进水平的标准。坚持以人为本，树立“做世界一流的锻压机床，提高国际市场竞争能力”的质量理念，用国际先进标准组织生产，进行质量控制，逐步在全体员工中形成了“追求卓越，制造国内外客户满意的产品”的质量意识。

3. 先进的工艺装备是制造高品质数控机床的重要保证

为切实保证提高数控产品的质量，近三年来投资3 000多万元，添置了工作台长为6m的五轴联动数控落地镗铣加工中心、数控落地镗铣床、数控龙门加工中心、数控万能铣床、数控立式加工中心、大型数控车床等十多台数控加工设备。进行传统加工工艺的改革后，使原先需要几台不同设备、若干道工序完成的主要零件，如数控转塔冲床、数控折弯机的机架、滑块、模座，现在只用一台设备、一次装夹即可完成加工，不仅零件加工精度达到发达国家水平，一致性得到了保证，而且效率提高了数倍。

提高安装调试工艺水平。公司学习日本先进的制造管理技术，制定了一整套可视性、操作性较强的图文并茂的装配调试作业指导书，编制了内容详尽的检验记录卡，员工在装配过程中严格地按装配作业指导书操作，按照检验记录卡进行自检，专职检验人员及时地进行复查。

三、开拓全球高端市场，品牌知名度持续攀升，推动规模效益大幅增长

1. 瞄准国内国际两个市场——着力高端客户的培养

巩固扩大国内市场。亚威以先进的技术，可靠的质量，优质的服务在国内已争取有近两万个冲压机床的最终用户，其中数控折弯机市场占有率为全国同行第一。在中低端市场不断巩固扩大的情况下，已全面进入高端行业客户。钣金设备使用量最大、要求最高的家电行业中，海尔、格力、美的等国内知名企业都是亚威的忠实客户；许多国际大公司的在华投资项目都选用了亚威高档数控冲压机床，如西门子、伊莱克斯、LG、三星；国内近几年发展非常迅猛的工程机械行业80%是亚威的用户，如徐工卡特彼勒、小松山推、柳工、厦工、龙工等。

开拓国际市场——欧美发达市场有重大突破。亚威在欧洲投资设立销售分公司，并建立了由欧洲6个国家代理商组成的销售网络，是中国品牌高档数控折弯机在欧洲市场年销量最大的企业。在美国有长期合作的独家代理公司，并建立了遍布全美的分销网络。目前正以巩固扩大欧美发达市场为重点，在加拿大、澳大利亚、东南亚等市场逐步建立稳定可靠的销售网点。

2. 健全、优质、超前的服务体系保证了两个市场战略顺利实施

优质产品依托于良好的服务，成为亚威赢得市场，年年创历史新高的法宝。

亚威是国内机床行业发表质量保证声明的企业之一，严格履行“24h答复、48h到现场”的服务承诺。亚威在国内主要城市都建有销售和服务功能合一的办事处，选拔优秀工程师、技工常驻办事处，保证在最短时间内给客户提供优质服务。

公司领导定期组织技术、生产人员组成服务小分队，访问用户、听取意见，落实技术、质量、服务，不断完善说明书，采用图示指导操作维护；定期举办客户培训班，帮助客户更好地掌握机床的结构、原理，更好地操作机床；由技术、生产人员组成的服务小分队定期走访客户，听取用户意见，解决客户生产中遇到的问题。

3. 企业管理、产销规模、经济效益水平持续提高

亚威借鉴国外制造型企业的成功经验，突现公司信息化，并借此有力推动企业管理现代化的步伐。

随着公司综合素质的提高，几年来公司的产、销、利及上交税收各项效益指标增长速度均在30%以上。亚威的目标是三年内实现产销规模6个亿，出口创汇1个亿。

自主创新　勇担行业发展重任

——齐重数控装备股份有限公司

齐重数控装备股份有限公司成立于2000年，是由原齐齐哈尔第一机床厂作为主发起人，联合中国机电产品出口投资公司等6家社会法人单位共同发起成立的。齐齐哈尔第一机床厂实施政策性破产以后，其所有资产和人员全部由齐重数控装备股份有限公司接收。企业占地面积106万m^2，资产总额18亿元，现有员工3 800人。公司现已成为国内机床行业领头羊，中国数控机床生产基地。公司在中国机械工业500强排名中逐年攀升，已步入发达国家先进水平的第一方阵。

目前，企业拥有以立、卧式中型车床为主的6大类、26个系列、500多个品种的机床产品，有180多种产品填补了国家空白，72项科研成果86次荣获国家、部、省级的各种奖励，许多产品被誉为“共和国的当家装备”。“齐一”牌数控车床被评为中国重型机床行业惟一的名牌产品和“中国行业十大影响力品牌”。在2006年中国数控机床展览会上，公司主导产品HT500×180/120L－NC获得行业最高奖——春燕一等奖，企业获得“销售收入十佳企业”。2006年5月，公司被评为“中国工业行业排头兵企业”，全国机床

行业共有5家企业入选，公司是国内重型机床行业惟一上榜的单位。

公司主导产品中三～五轴联动，承载能力在32t以上的重型卧式加工中心市场占有率为95%，最大加工直径可达5m，最大加工长度为18m；数控立式车床市场占有率为70%以上，最大加工直径可达16.8m，工件最大承受600t。近年来，公司为国防军工企业的生产加工提供了大量专利技术及成套设备，为三峡工程、西气东输、西电东送等国家重点项目提供了大量数控装备。其中，数控深孔钻镗床、数控气缸套镗车床、数控量具刃具座车镗床、数控曲轴旋风车床和工业CT等产品是我公司为国防、航天、电力、船舶等行业提供的替代进口、独家制造的产品。这些产品的研制打破了国外对我国的技术封锁，为国防装备的技术水平和产品质量的提高提供了重要的基础保证，为加强综合国力和提高我国国防地位做出了重要贡献。

企业拥有雄厚的生产制造能力，2005年实现工业总产值12.5亿元，共产出重型数控机床1 056台，开创了中国重型机床史的新纪元。2006年上半年公司完成工业总产值6.5亿元，产出数控机床571台。公司拥有精密装配的恒温车间、国内机床行业最大的数字化机加装备车间以及亚洲最大的超重型装配车间。公司是我国规模最大的专业化铸造生产基地之一，铸造生产量在3万t以上，实型铸件最大重量可达60t。公司拥有从德国、日本进口的数控镗铣床等主要生产设备2 000余台，从德国进口的齿轮测量机、日本产三坐标测量仪等一批精密检测仪器，是国家一级计量企业。几年来，企业自筹2亿多元技改资金，进行了大规模的技术改造。2006年又自筹技改资金5 000多万元，扩建了重型装配制造车间，形成了亚洲最大的重型机床专业化生产基地，极大地提高了公司的生产制造能力，为技术成果的迅速转化提供了强有力的支撑。公司通过了ISO9001：2000版质量管理体系认证，在管理手段创新上，是国内机床行业首家成功实施ERP资源管理的企业，实现了物流、资金流、信息流的优化，达到资源高度共享。

公司形成了以国家二类所——重车研究所、机电应用技术研究所、计量检测中心、中试基地——为核心的省级技术中心。有政府特殊贡献专家、国内机床行业学科带头人为主的科研开发队伍，开发设计全部应用CAD、CAPP、三维动态仿真等现代化设计手段，实现了设计信息化，建立了工程图文信息管理系统及3～5轴数控编程软件等计算机系统。公司是国家科技部认定的国家级重点高新技术企业，全国CAD应用工程示范企业。

公司通过加大自主创新力度，提高企业制造数控机床的研制水平和市场占有率，以发展集车、铣、钻、镗、磨等多种功能于一体的“多轴控制、五轴联动”重型卧式加工中心为龙头，以形成有效益的系列产品为目标，始终坚持生产一代、设计一代、研制一代、构思一代的原则，在巩固数控卧车、数控立车、数控深孔钻镗床这些拳头产品的同时，公司牢牢把握世界先进技术潮流，紧贴市场需求，积极开发满足市场需求的新产品，产品结构取得了突破性进展。成功开发立、卧两大类产品发展型谱，开创了中国机床行业的历史先河，它将影响中国未来10～15年立、卧两大类金属重型车削机床的发展走向，为我国大型金属切削机床实现批量生产探索出一条新路。

公司通过政策吸引人、待遇留住人、感情激励人、机制管理人，形成进人有渠道、淘汰有机制、发展有空间的良好用人框架和平台。公司按照现代企业制度的要求，改革了劳动、收入、分配制度，科学设置工作岗位，优化劳动组织结构，实行公开竞聘、择优聘用、定期考核、绩效工资。基层单位负责人实行年薪制，公司以职工年收入增长8%作为主要衡量指标。公司与清华大学、哈尔滨工业大学、华中理工大学等院校形成了紧密的科研联合体，成为齐齐哈尔市惟一的黑龙江省研究生培养创新基地，公司即将建立博士后流动站，为企业的可持续发展提供了强有力的人才保障。

公司始终坚持精品化战略，以为用户提供高质量的产品为宗旨。公司重大合同的中标率已经达到80%。2005年共签订销售合同12亿多元，再创历史新高。公司积极开拓内、外两个市场，在全国各地建立了销售、维修服务网络，组成了强大的销售队伍，树立了“营销是龙头，人人关心市场、人人服务营销”的全员市场营销意识，建立了以市场为龙头的生产经营体系，使企业以一个有机的整体参与市场竞争。公司各级领导经常深入市场调研，及时了解市场变化，形成了主要领导抓营销、各级领导促营销的局面。

公司的发展目标是：企业将以最大的努力和最快的发展速度，带动中国装备行业由装备大国向装备强国转变；企业将以最大的努力和最快的速度，进行自主创新，使企业高速可持续发展；企业将以最大的努力，提高经济运行质量，使员工的经济收入达到国际同行业发达国家水平；把企业建成国际知名的重大装备及国防装备保障产业化基地。

实施名牌战略　走质量效益型发展道路

——青海华鼎重型机床有限责任公司

一、企业简介

青海华鼎重型机床有限责任公司曾被原国家计委、原机械部列入振兴国家机械化基础件和配套的220家特定振兴企业行列，是国家机械行业重点骨干企业和重型机床主要生产企业之一，国家大型二档企业。企业先后获得国家二级企业、原机械部质量管理奖、国家一级计量单位、国家安全级企业、全国用户满意企业、全国首批“重合同、守信用”企业、青海省科技先导型企业等殊荣，2005年获全国机械工业质量效益型先进企业、中国机床工具工业“精心创品牌活动十佳企业”、中国机械工业50家现代化管理企业称号。产品获“2000年度中国市场名牌”全国同行业前十名，2003年“青海省著名商标”，2003年、2004年度“青海省名牌产品”等称号。

二、做法和体会

1. 确立质量文化在企业文化中的核心地位

近年来，公司认真研究制定企业的质量战略方针和质量发展目标，以质量文化作为企业文化的核心内容和生产经营活动的总原则，坚持质量否决权制度，确立了以用户为中心的经营理念，始终将质量工作作为经营工作的首要任务来抓。

企业遵循八项质量管理原则，建立了文件化的质量管理体系。在建立质量管理体系过程中，重点突出了“产品质量制造体系”和“产品质量监督体系”的建立和有效运行，严格执行不合格产品不准出厂的规定。加强过程控制和现场管理，严格执行生产工艺纪律，做到设备好、物流合理、信息准确、环境整洁。公司于1999年获得质量管理体系认证，2001年至2004年连续三年获全国机械行业质量管理小组活动优秀企业称号，2004年获全国质量管理先进企业称号。

2. 注重产品开发，实施名牌战略

多年来公司始终将实施品牌战略作为企业发展的首要任务，在实施名牌战略的实践中形成了自己的特点，探索出了企业实施名牌战略的基本思路：提高名牌战略意识，注重企业名牌战略的研究，突出名牌战略在企业发展中的位置，始终将新产品开发作为企业经营工作的首要任务来抓，建立完善名牌战略体系，从产品开发入手，加大投入力度，突出产品实物质量，达到提高产品质量、发展品种、创立名牌、提高经济效益的目的。同时，公司针对中国名牌的八个条件，建立了产品评价体系，对产品的设计质量、技术水平、制造质量、用户满意度、市场占有率、知识产权及专利等综合评价指标进行了分解落实，制定了企业的名牌战略规划。

公司建立了产品开发机构和有效的控制制度，建立了规范的产品开发决策工作程序、工作步骤和监督机制，保证开发决策的有效、快捷。企业采用国际标准，产品设计和开发以国际国内先进水平为目标，积极采用新技术、新工艺、新材料和新设备，加速开发过程，做到产品开发周期短，更新换代快，适应了国内外市场需求的变化。多年来，公司设计开发了200多个规格品种的机床产品，其品种规格能适应用户高中低档不同的需求。数控重型车床、数控铁路机床、数控轧辊机床的主导产品居国内同行业领先地位，其产品在技术上具有一定的储备和导向作用，具有较高的市场竞争力。公司引进德国赫根沙依特公司设计和制造技术，在消化吸收的基础上开发了CK8011B数控车轮车床和CKA8013/1数控不落轮对车轮车床，填补了国内空白。CKA8013/1数控不落轮对车轮车床，CK8011B、CK8011D、CK8010/H数控车轮车床，CK84100、CK84160数控轧辊车床，CK61315、CK61160数控重型卧式车床，相继被列为国家级新产品。自行研制开发的Q3808无心车床，各项技术指标均达到国际同类产品水平，填补了国内空白。2000年，CKA8013/1数控不落轮对车轮车床、CK84160、CK84100数控轧辊车床被法国科技质量监督评价委员会列为“中国进入WTO高质量推荐产品”。2000年公司机床产品被中国机械工业质量管理协会、中国资信评价中心列为2000年度中国市场名牌全国同行业前十名。2001年，被评为全国首批“重合同、守信用”企业。2003年和2004年，车轮车床系列、重型卧式车床系列获“青海省名牌产品”。2004年，数控车床被青海省质量技术监督局推荐青海省惟一一家中国名牌产品。三十多年来，公司共生产各类重型机床234种3 622台，产品国内市场占有率60%，部分产品远销30多个国家和地区。

3. 注重技术创新和科技进步

企业坚持以市场为导向，质量第一、用户至上的方针，从加强质量管理入手，强化技术创新，把技术进步和加强管理紧密结合起来，大力开发高质量、高档次的名牌产品。为实现技术创新和企业科技进步，公司建立了由技术中心、数控机床研究所、特种机床研究所、产品工艺部等部门组成的新产品研发体系，成立了省级技术中心，具备独立完成数控、机电液一体化高新机床产品的开发设计能力。企业建立了较完善的技术创新体系和产品设计开发、技术管理、质量管理等保证体系，为提高企业技术创新能力和市场竞争能力打下了坚实的基础。

公司于2001年成立了计算机中心，建立了企业生产经营网络。围绕企业的生产经营目标，以产品销售为龙头，利用信息管理技术控制工作流程，对产品的生产组织、人员配置、物料供应等各环节进行综合管理。通过计算机对生产过程各环节的动态管理，形成CAD、MRP等计算机联接和数据共享的企业管理网络。

目前，公司最新开发研制的数控重型卧式车床、车削中心、数控管模车镗床、高档数控铁路机床、数控管道定径辊车床、管道坡口机等为重点工程项目提供了大型技术装备。

4. 突出重点，加强过程控制

公司从产品技术协议的签订到产品技术设计、方案设计和工作图设计都建立了严格的评审制度，并在工作图设计阶段，由主管设计人员编制产品质量特性分级表，从产品的安全性、可靠性及主要功能、对外购件、关键件加工及装配调试的有关质量特性的重要度都详细的体现在分级表上。通过分级表这一设计文件，将设计人员的思想传递给工艺、检验、采购，有重点地进行质量控制。另外建立了产品功能试验基地，对电气、液压、数控等典型系统部件，进行功能试验工作，把产品故障解决在厂内。同时加强新产品在装配过程的现场调试工作，调试中坚持充分暴露问题，及时质量改进，设计人员对新产品可靠性负责的作法。在严格执行国家有关标准的基础上，实施公司内部控制标准。在产品调试后处于基本稳定的状态下，实行现场试生产制度，保证产品的可靠性。新产品试制完毕后，坚持开展产品鉴定工作，对产品基本参数和技术性能、制造质量和各种试验过程，从软件到硬件，进行全面的审查与评定。

在整机装配质量方面，坚持从基础工作抓起。首先，抓装配工人的业务培训工作，进一步完善了装配工艺守则、产品清洁度技术条件和产品装配清洁工艺守则，在装配工人中全面进行培训工作。装配工人必须经过考试合格方可上岗操作。其次，抓装配工艺装备工作。在装配现场设计制作了液压试验台、清洗池、管路清洗机、流动工具车和工位器具架，购置配备了清洗风枪、磁棒等专用装备，大力改善了装配现场生产环境，杜绝了产品渗漏、外观磕碰划伤、手柄不灵活、机床不清洁的现象。第三，抓质量责任的落实。制订了严格的质量考核制度，加强了装配工艺纪律的检查与考核。

为了保证整机装配质量，在产品制造过程中，加大了质量考核和奖惩力度，对出现的质量问题严格按质量奖惩条例执行。

加强产品出厂的质量把关是保证实物质量的重要一环。在整机检验中全面执行国家机床检验标准，严格执行"三不出厂"规定，未经切削试验或切削不合格的机床不出厂，随机附件和文件不齐全的机床不出厂，未达到技术协议要求及用户不满意的机床不出厂。

加强质量管理的基础性工作，完善计量检测手段，建立计量检测体系，严格对计量设备进行定期检定，实施生产全过程的计量检测。公司是国家一级计量单位，拥有现代化的计量检测中心。齿轮整体误差测量仪、滚刀测量仪，美国HP(惠普公司)、英国雷尼绍公司产双频激光干涉仪，意大利产桥式三坐标测量仪等检测仪器，为产品检测提供了可靠的保证。

近年来公司的产品销售额逐年提高，企业经济效益稳步增长。2005 年，机床产品产值20 065万元，销售产值19 065万元，回收货款187 708万元，销售收入16 722万元，实现利税1 215万元，其中利润540 万元。

公司在市场竞争日益激烈的环境下，在质量上下功夫，加强企业的质量管理，走质量效益型发展道路。用 2～3 年的时间，使机床产品产值达到 3 亿元，机械产品产值达到 2 亿元。

创建企业新的文化　建设创新型的企业

——中捷机床有限公司

中捷机床有限公司是沈阳机床集团下属的一个重要主机生产企业，是一个主要以生产普通镗床、铣镗床，数控铣镗床和各式加工中心为主的机床制造企业。近几年来，企业通过深化体制和机制改革、产品结构调整，创建了新的企业文化，打造了新的企业品牌，为建设创新型企业迈出了坚实的步伐。企业的产销量每年都以较大幅度增长。在经过几次跨越式发展的基础上，2005 年的工业总产值和销售收入可望双双再创新高。

一、精简组织机构设置，实行单一首长制

为提高效率，企业大力精简机构，将非生产机构和非生产人员有计划地进行分离，最后企业只有 1000 余人。企业设立了八部一室，即技术部、销售部、生产制造部、质量保证部、人力资源部、财务部、党群工作部、保卫部和总经理办公室。同时实行一部一长的单一首长制，责权利统一。这样，强化了各部门的职能权限，减少了管理人员数量，提高了效率。

二、创建学习型企业

2005 年，中捷机床有限公司创建企业新的文化核心，就是创建学习型企业。提倡学习、学习、再学习，围绕提高员工素质和企业整体素质的课题，开展创建学习型企业的活动。创建学习型企业是总经理在全公司大会小会上一再强调的内容，不懂就学，学了就干，干中再学，不断提高，不断升华。较好地适应了沈阳机床双提速(即机床产销量提速，新产品开发提速)和大上数控机床的要求。

通过创建学习型企业活动，使每名员工都能在各自的岗位上，持续不断地对产品、质量、交货期、成本、服务等工作，做出改进和提高。

三、完善新型的企业制度

为适应市场条件下激烈竞争的需要，企业围绕竞争机制和现代化、科学化管理方法，健全和逐步完善了企业新型的现代化管理制度。这些制度包括：

(1)设立部门和岗位职责共 178 项，涵盖了公司所有的部门和岗位，从一把手到普通的员工岗位，都规定了明确的职责和义务。做到了人人清楚本岗位工作内容和责任，使每个员工工作有目标，考核有依据，责、权、利相结合。对于一线工人，既有保底工资，多干者(计件工资)不封顶。大大调动了员工的自觉性、工作热情和创造性。

(2)全员实行聘任制，签订聘用合同。根据员工自愿，合同有不同的年限，比如：有 5 年的，有 10 年的。使每一位员工都感到了市场经济条件下的紧迫感和危机感。

(3)建立了激励机制，竞聘上岗，绩效考核，末位淘汰制度。为激励员工的进取心、积极性、主观能动性得到充分发挥，企业每年都要进行绩效考核，包括中层干部在内。

(4)坚持科技兴企、人才兴企。企业鼓励员工在本岗位上努力学习、积极进行创新，对确有造诣者，企业聘为专家。

四、实行信息化管理，加快企业运作速度

企业建立了信息化管理办公室，负责筹划实施企业信息化管理事宜。企业已建立了信息化平台，并开始运作。先是铺设 5000 多 m 光纤，并由 300 多台计算机联网组成网络平台。在此基础上实现了办公自动化(OA)，使企业内部信息传递速度加快，文件、计划、技术通知、重大管理信息等均可通过企业网络实现传递。

五、提高企业质量管理体系的运作水平

刚刚开始搞质量管理体系认证的时候，只是限于将标准条款上的规定变为管理上的实际行动。经过13年质量管理体系的有效运作，公司体会到必须把标准条文的规定用活、用到位，方能产生应有的效应。在工作中，对供方产品的管理上，对所有外购件、外协件的供货方一律实行公开招聘，并经过严格评审，产品跟踪试用，被确立为合格供方后，方可批量供货，这是每年年初都必须做的一项工作。这样就保证了外购件、外协件的产品质量，进而保证了公司产品的整体质量。

六、实行零部件加工扩散政策，实现两头大、中间小的生产模式

这几年，公司将大量的零部件扩散到企业之外生产。这样既带动了周围一批生产企业，又保证了公司产品提速上量的需要。

七、抓新产品开发，以创新品牌赢得用户

最近几年，公司下大力气，进行新产品开发，紧紧跟踪国际机床市场的先进研制技术，投入大量人力和资金研发填补国内空白项目的创新产品，如大规格的卧式加工中心和数控铣镗床，大型龙门式五面加工中心、五轴加工中心等。

为促进创新产品开发工作，企业实行了新产品边际贡献奖，充分调动了工程技术人员的积极性。

八、开拓市场，提高企业效益，最大限度提高员工的收入和生活水平

公司采取积极措施，应对市场经济条件下的市场变化，调动每个员工的积极性，让大家共同认识到市场竞争的激烈，只有提高技术，提高产品质量，才能够赢得客户。

公司将只有企业变好了，职工的收入和生活水平才会提高的思想贯彻到每一个员工，发挥员工的潜力，促使全体员工都尽心尽力为企业的发展贡献力量。

加强研发　稳固HTPM导轨副高端精品市场

——广东高新凯特精密机械有限公司

近年来，精密滚动直线导轨副在中国市场呈现供应量急剧增长的态势，中国台湾地区、欧洲和日本等相关企业都将中国市场作为重点发展地区给予了高度重视。可以预见，在未来的一年里，精密滚动直线导轨副行业竞争越来越激烈。

广东高新凯特精密机械有限公司作为一家由中国高新投资集团公司控股，并与香港中银集团投资公司以中外合资形式组建的高新技术企业，是中国机床工具工业协会理事，滚动功能部件分会的副理事长、副秘书长，质量技术委员会副主任委员单位。公司向国家机械工业部和国家科委立项承担的滚动直线导轨副系列产品研究开发项目于1996年被国家科委评为“国家级火炬计划项目”。2002年被认定为“广东省高新技术企业”。2002年获ISO9001：2000国际质量认证，2003年被中国质量信用评价中心认定为“中国质量信用企业”。在过去的发展历程中，广东高新凯特精密机械有限公司生产的HTPM品牌精密滚动直线导轨副已经成为国内生产的高端品牌的代表，在各种类型的数控金属切削机床及电加工等精度较高的行业成为替代进口、在国内各个行业的龙头企业大批量应用的品牌。虽然不少客户反映，HTPM品牌产品的价格高于台湾和韩国产品，但客户了解到HTPM的制造工艺以及装备实力之后，有规模的用户总能成为HTPM的长期合作伙伴。

广东高新凯特精密机械有限公司占地面积2.3万m^2(35亩)，首期投资700万美元，建有现代化的厂房面积达1 1000万m^2，其中包括可满足超精密零件机械加工所需的恒温车间面积5 200m^2。公司耗资400多万美元从意大利、美国、日本等国家引进了具有20世纪90年代中期最先进的现代化精密滚动直线导轨副生产设备和精密检测设备。其中有意大利生产制造的CNC－3000、CNC－1000超精密导轨、滑块磨削设备各2台(套)；美国惠普、日本东京精机、日本三丰等公司生产制造的HP5528A型激光测量仪、590A型粗糙度形状测量仪、PJ303投影仪等精密测量设备。2005年，追加投资近1 000万元，现已形成精密滚动直线导轨年生产能力5万m(套)，为当前全国生产规模最大、生产设备最现代化、生产工艺技术最先进，并具有独立研究、开发、设计能力的专业精密滚动直线导轨副生产企业。

广东高新凯特精密机械有限公司是一家以大专院校为技术依托，集产、学、研为一体的滚动直线导轨副生产企业。公司的主要技术来源于华中科技大学机械工程学院。一直以来，公司面向市场需要的产品研究开发、产品的设计、生产工艺技术等工作由一批长期从事滚动直线导轨副研究的专家、学者和公司培养的年轻科技人员负责。面向未来的战略性理论研究、产品开发，以及对国际先进技术的跟踪、消化、吸收等工作，由华中科技大学一批专家、学者负责。

为加强HTPM品牌导轨副的研发，广东高新凯特精密机械有限公司与华中科技大学在武汉成立了研发中心，并吸收了一批华中科技大学的教授、副教授、博士、硕士参与精密滚动直线导轨的性能研究，同时投资开发一系列的实验、测试设备，以期不断在产品制造工艺和产品基础理论方面都能走在行业的前列，稳固HTPM的高端品牌的市场定位。

抓牢发展要务　实现新的跨越

——南京工艺装备制造有限公司

南京工艺装备制造有限公司是以专业生产滚动功能部件为主的股份制企业，始建于1952年。本着“敬业、团队、服务、创新”的企业精神，经过50多年的发展和积累，尤其是在滚动功能部件开发与运用的40年间，在技术、设备、产品性能等方面均处于国内领先水平。2005年6月，在原南京工艺装备制造厂的基础上通过改制成立了新型股份制企业。新公司的产品定位与发展方向是在规模生产滚动功能部件系列产品——滚珠丝杠副、滚动导轨副、滚动花键副、滚动导套副以及由滚动功能部件延伸的产品数控精密十字工作台、数控超高压水射流切割机及机械主轴、刀库等功能部件的同时，不断汲取新的技术理念，用世界一流的技术与装备不断推出优质产品。新公司集中了原企业的产品优势、品牌优势、技术优势和团队优势，努力创建公司的新型文化理念，以“和谐、安全、节约、优质、规模、效益”为目标，进一步提升企业的核心竞争力，力求在新的发展征途上，经受住市场经济的严峻考验，促进经济增长和改革事业的不断发展。在新形势、新任务、新目标的面前，以科学发展观统领新型公司的发展全局，以与时俱进的思想观念，追新求变的工作激情，争取新的成功，实现新的振兴。

一、坚持发展战略，发挥竞争优势，调整变革并举

2005年是“十五”计划的最后一年，也是企业在国家宏观调控、市场经济更为成熟的形势下，调整整合，适应变化，改革发展的关键一年。

公司在市场周期性变化与产业结构性变化的环境中，根据产业化发展需要，组织实施了多次产品结构和产能结构的重大调整。科学整合企业有效资源，投入数千万元，用于技术改造，分别建成了高精度滚珠丝杠副生产线、普通滚珠丝杠副生产线和滚动导轨副生产线，全力打造滚动功能部件产业化基地。

借助国家重视并扶持机械装备制造业的政策推进，取得了以下成就：8 000万元国债项目获得国家发改委的批复，引进了德国数控旋铣等一批高性能加工设备；旋铣新工艺新技术的应用；高速低噪音滚珠丝杠副、空心不锈钢滚珠丝杠副、低噪声系列滚动直线导轨副、径向重载型系列滚动直线导轨副、滚柱重载型系列滚动直线导轨副开发成功。

公司向大型、高精产品发展的思路在滚动功能部件及功能部件系列产品中找到了可行的切入点，为下一步全面推进实施公司功能部件五年专项规划和塑料电工机械三年发展规划奠定了坚实的基础。

二、顺应市场变化，调整工作思路，凸显产品特色

针对滚动功能部件所处的竞争市场环境，公司领导层始终保持清醒的头脑，紧紧依靠公司固有的产品优势和业已建立的营销网络，不断的拓展市场。全年承接的大型滚珠丝杠副，在整个滚动元件产品产值中比重上升20个百分点；P3级精度以上的精密滚珠丝杠副也稳步增长。

公司的塑料电工机械产品，尤其是以干法交联线为主的线缆机械持续火爆，国内国外需求旺盛，订单纷呈，合同总量居高不下，给塑机产品的发展提供了良好机遇，但同时，用户的个性化要求也给生产与服务带来一系列新的难题。公司生产经营各环节克服各种困难，一方面充分挖掘内部潜力，提高产能产量，另一方面适当外扩利用社会资源，满足生产要求。全年提供塑料电工机械352台(套)，其中干法交联生产线11条。

产品外销量不断提升，形成产品多元化、多领域、多方向的发展新格局。公司四大主产品出口创汇形势喜人，年创汇达到126.4万美元，成为进入新世纪以来外销之最，产品远销美国、德国、奥地利、韩国、印度、越南等国家和地区，产品的性能和质量受到国外客商的普遍好评。

公司努力把抓市场、促营销作为企业发展的重中之重。在实施营销策略的指导思想上，立足于在市场营销工作中真正体现“市场观、用户观”，进行深入的用户走访和市场调研，对重点厂家及时沟通信息，征求意见，了解需求，改进不足。同时，把市场变化的信息反馈给生产系统，制定出重点产品生产计划，狠抓落实，较好地提高了生产与市场紧密结合的程度。2005年取得全年合同总量突破2亿元的佳绩。

三、注重运行质量，理顺生产环节，以节约促增效

2005年以来，公司从创建和打造节约型企业的目标入手，把节约增效作为提高经济运行质量的主攻方向，从意识到观念全方位引导员工“重视节约，参与节约，从我做起，节约增效”，在公司范围内营造了一个“全员节约，共同行动”的良好氛围。

在经营管理中，公司以扭转“高投入、高消耗、不协调、低效益”的粗放型经济增长方式为重点，把“全员节约、共同行动”作为公司深化内部改革、促进经济发展的重要举措，促使员工从思想上确立崇尚节约的意识，养成自觉良好的节约习惯。

在生产管理中，公司从保障、考核、督促三方面着手，严格划分职责，理顺生产环节。在生产要素基本具备的条件下，加强计划的有序推进，充分发挥调度职能，一切以适应、满足生产为前提。

在物资管理中，公司坚持贯彻实施《物资流程管理办法》，在员工中大力宣传“发展创造效益，节约同样创造效益”的理念，着力在物资管理上下功夫。

在安全管理中，公司着重以贯彻机械制造企业安全质量标准化为主线，按照国家二级安全质量标准化企业的要求，对公司各体系、各环节、各要害关键部门进行了全面的对照、检查、整改。在落实整改过程中，把“安全是一种意识，安全源于细节，安全注重责任和自我保护意识”的观念贯穿于安全工作的始终，用标准化督促日常安全工作的有序推进。

四、坚持技术进步，狠抓产品质量，加快投入增效

2005年公司围绕年度企业技术进步项目计划，抓落实、抓创新、抓开发、抓运用，快速推进新工艺、新技术进入生产；新产品、新设备投入市场，技术创新工作取得较好成效。

根据市场发展变化和用户的需求，公司适时调整技术进步所列项目计划，以提高产品的市场适应能力为前提，不断完善新工艺、新技术，增强产品的竞争力。全年新产品项目完成27项，其中机械主轴在试生产过程中工艺技术日趋成熟，产品经用户使用，各项指标已满足技术要求；高速滚珠丝杠副完成了结构设计和性能测试；GSB45低噪声导轨副已投放市场、GGD45和GZB45两种导轨副样试已完成。工艺攻关完成9项，实现了硬旋铣工艺的应用和批产；完成了车铣复合加工中心的工艺研究和批产；实施了新型大气孔砂轮在导轨磨削上的应用。技术改造完成12项，其中加工中心先进刀具的应用，较大地提高了产能产效，在技术质量上为产品产出提供了保证；技术管理项目8项，完成新产品微型、圆弧导轨的市级鉴定，干法交联生产线顺利通过省级新产品鉴定。GGY滚动圆弧导轨副、GGC微型滚动直线导轨副、SZHT3025－P3数控工作台三产品获得了“江苏省高新技术产品”称号。

2005年的设备投入，在市场调研、技术论证的基础上，取得新的进展。公司靠经济增量的返回确保投入资金到位，充分利用国债贴息项目，挤身于国家重点投资项目。全年投入资金达2 200万元，购置数控精密大型螺纹磨、数控精密大型导轨磨和数控精密大型平磨，新增设备已陆续进入生产序列。值得一提的是引进德国的高速旋铣数控机床，在精细管理与操作下，消化吸收并掌握了技术性能，开始投入正常生产，发挥效益，全年旋铣丝杠产值已突破千万元。新的设备投入，促使核心产品的产能和质量同步提升，不断提高了公司产品的卖点，培育了品牌优势。

公司把技师、生产技术骨干队伍建设作为持续发展的关键环节加以重视和培养。在新一年度的技师选拔工作中，扩大聘用范围，制定严格的考核标准，引导技师在生产实践中突出技术性和解决问题的水平。由于对工人技师技术上重视、能力上培养、收入上倾斜，技师的作用和影响力在员工中产生了极大的反响，越来越多员工主动向这方面努力，愿意加入这一行列。公司及时筹办技师培训班，尽力满足员工的需求，为他们理论素质和操作技能的提高提供条件。同时，加强对技师队伍的日常检查督促，注重思想上的帮助和工作上的指导，以技师协会的组织形式，推动技师队伍的健康成长。

根据国务院《质量振兴纲要》的相关要求，公司布置了丰富的质量月活动。公司提出的活动主题为：“提高全员素质，奉献优质产品”。活动内容包括对突出的质量问题案例展开分析，防止类似问题重复发生；以“用户在心中，质量在手中”为主题，开展“我与质量”大讨论；自查“三按”、“三检”制度执行情况，进一步增强员工的质量意识。为加大宣传力度，公司举办了“提高全员素质，奉献优质产品”征文活动，编发专题动态报道，对“我与质量”大讨论情况通过广播、报道，进一步宣传活动主题，对注重质量，树立全员正确的品质观起到了积极的促进作用。

在年度质量工作中，公司强化了为用户服务的职能，制定了三包期外有偿服务的相关规定；加强了对用户反馈意见的分析、整改以及对改进效果的跟踪监控；顺利通过滚动功能部件产品、塑机产品年度质量管理体系监审工作；对质量处罚条例进行修订，对全额理赔制度作了适当的调整，更强调了员工的质量意识和自律责任。在2005年公司改革中推行兼职检验制度是一个亮点。公司根据生产发展的需要，在生产一线工人中选拔有经验、责任心强的员工兼任检验工作，成功实现了产出与质量的互动，转变了传统的“我产出、你检验”的被动式为质量负责的观念，员工自检、自查、自律的自觉性和质量意识得到了极大的提升。

五、推进文明和谐，加强队伍建设，筑牢共同利益

2006年既是公司经济发展的重要一年，也是改制进入实质性操作的关键一年。企业努力推进新公司的文化理念，从自身发展要求出发，建立起规范有序、文明和谐的内部环境，以新型的利益共同体凝聚员工团队，有力地促使“敬业、团队、服务、创新”的企业精神深入人心。

经过近三年的努力，企业顺利完成了从工厂制到公司制的转变、由国企到以国有资产占大股的新型股份制公司的转变。在新体制下，借助劳动关系的变更，进一步整合了员工队伍，使大家更加紧密地团结凝聚在一起，以新的利益共同体的发展目标为进取方向，齐心协力投入到公司的经济发展之中。新体制的建立只是新一轮改革的开端，在下一步的深化改革过程中，观念的交锋、思想的碰撞将会更加激烈。公司要求每位员工坚持与时俱进的进取精神，不断更新观念，顺应发展潮流，在工作实践中，确立自己的发展定位，把握自己的成长方向，与企业同心同德共创未来。

2005年，公司以创建和谐企业，保持企业经济与改革稳定发展为主题，开展了一系列活动。党委结合企业发展要求制定了《关于建设和谐企业的若干意见》，组织了“共创和谐、共谋发展”的大讨论，全体员工对企业的经济发展必须拥有一个良好的和谐稳定的环境已形成共识，自觉在岗位、在生产工作实践中珍惜美好家园，筑牢新的利益共同体。工会和女工委员会在全公司女员工中开展了“文明着装从女工开始”的活动，讲道德、讲文明，守纪律，全面贯彻“6S”，再现了工装女职工的风采。

从发展的必然要求出发，公司着重抓了干部和骨干队伍的建设。在集中对中层以上管理人员系统培训的基础上，强化对中管人员管理力度、工作高度、执行深度的要求，较好地提高了干部的管理水平和责任心。同时，又依照满足与适应新公司生产经营需要的发展要求，对机构设置和中层管理进行了较大幅度的调整，注重了工作的协调性和系统性。针对市场的变化，进一步推进市场与生产、技术与生产、质量与生产的联动与互动，加强了工作的科学性，提高了快速反应能力，干部队伍的工作状态也因此发生了巨大变化，对促进年度经济工作起到了积极的作用。此外，公司还把建设好党团骨干、职代会代表、技术骨干与技师、班组长这四支团队作为基础管理的重点，着重做好现状分析和观念引导，让他们参与管理，发挥作用，使之成为企业发展的中坚力量。这也是公司人力资源开发运用的基本思路，2005年度在团队建设的探索上公司取得了成功，对鼓励能干的人发挥自己的聪明才智，群策群力，提供了公司以人力资源为坚实基础的新的发展空间。

2006年，南京工艺装备制造有限公司将以已确立的五年发展规划为蓝本，坚持抓好发展第一要务不动摇；坚持有效益、有质量的发展不动摇；坚持自主创新、技术进步不动摇；坚持走可持续发展道路不动摇。继续以滚动功能部件为主导产品，研发拓展功能部件产品；通过强化专业化生产方式，大力发展技术含量高及国内配套缺项的高精度、高品质、高性能滚动功能部件，在“大、精、特、专、微、新”上下功夫，使之达到国际先进水平，跻身世界先进行列；尽快形成合理经济规模，努力建设国家级滚动功能部件产业化基地，从“滚动、科技、专家”向“功能、配套、产业”提升；使“艺工”牌滚动功能部件成为中国名牌产品，为中国实现数字精品机器产业化、上规模、再发展，提供高档滚动功能部件“全品种、全规格、全系列、全精度、全面解决方案”，为发展我国装备工业做出应有的贡献。

践行“八荣八耻”　兴业报国　服务社会

——耀华电器集团

耀华电器集团是中国低压电器行业重点企业之一，是国内民族电气产业的重要组成成员。

耀华集团在创办之初引进德国西门子的先进技术和产品，并在此基础上进行国产化改造，首期产品就被浙江省技术监督局评为“达到国际先进水平，填补国内空白”。此后，耀华集团更加坚定地实施“质量立市、名牌兴企”的战略方针，推行全面质量管理，配备具有世界先进水平的检测控制仪器设备，落实生产质量责任制，并于1996年获得ISO9001质量管理体系认证，部分产品还获得了CE、VDE、UL等认证。

随后，耀华集团扩充产品线，除低压电器外，还生产机床电器控制元件、高低压电器成套设备、仪器仪表、输配电设备等200多个系列6000多个规格的产品。凭着过硬的产品质量，耀华集团长期为我国多项重点工程及国家级大型企业生产配套产品，先后为三峡工程、大庆油田、中石化、中石油、首都机场、秦山核电站等近100家企业及工程项目提供产品和技术支持。产品除满足国内市场外，还远销北美、东南亚、中东、拉美、欧洲等地，为国家的基础建设和对外出口创汇作出积极贡献。

耀华集团认真落实科学发展观，依托科技创新和质量进步谋求企业和谐、健康、可持续发展，连续三年稳居中国民营企业500强，连续多年位居乐清市质量管理20强。2005年，耀华集团名列CEEIA中国电器工业销售收入排行榜第23位，获得了中国机床工具工业协会颁发的“全国机械机床工业综合效益十佳企业”称号，继续稳居“中国电器之都”——柳市镇三十强企业和柳市镇十佳出口创汇企业。在温州市首次排出的市百强企业中，耀华电器集团有限公司排在第39位，在温州市百强企业电气行业中排名前十位。

在公司飞跃发展的同时，率先以民营企业的身份投身到国有企业的改革浪潮中，很好地贯彻了国家提出的“开发中西部”的战略规划，落实了浙江省委省政府提出的“跳出浙江、发展浙江”的要求。耀华集团先后兼并了安徽合肥高压开关厂、安徽安庆变压器厂、安徽广德电器厂、湖南株洲锻压厂、湖南珍珠轴承厂等大中型国有企业，很好地盘活了国企资产，缓解了当地的就业压力，健全当地的产业结构，优化当地的资源配置，并且通过引进雄厚的资本、先进的设备、现代化的管理模式、适合的营销模式，快速推动了当地的经济发展，受到了当地政府的一致赞赏和肯定。

同时，耀华集团也高度重视社会责任，为改革开放和建设社会主义和谐社会作出积极努力。公司实践“以人为本”的企业理念，连续九年蝉联“乐清市明星企业”称号，在2005年还通过14000环境管理体系与18000职业健康安全管理体系，为员工创造健康、安全、和谐的生活生产环境。公司始终秉承依法经营、诚信纳税的理念，多年被评为诚信AAA级企业和地方税收百强纳税企业。公司积极回报社会，在温州重点学校乐清中学设立“耀华”奖学金，每年赞助数十万元，扶持教育事业。耀华集团党总支被地方党委评为先进基层党组织，企业工会被地方总工会评为工会先进集体。

目前，耀华集团已经逐步建成企业股份化、销售网络化、生产现代化、经营国际化的现代企业机制，发展成为一家年产值达25亿余元的现代企业集团，为其倡导“光耀中华”的创业目标打下了雄厚的基础。

企 业 介 绍

战略创新　企业持续发展的核心动力

——杭州机床集团有限公司

杭州机床集团有限公司是由国内最大的平面磨床制造厂、国内最早批量生产电火花线切割机的专业制造厂杭州无线电专用设备一厂经联合改制组建的。公司现有总资产5.3亿元，设有全资、控股、参股子公司17家，建有大型数控平面磨床、通用平面磨床、精密小型平面磨床、数控铣床和数控电加工机床、出口铸件、工量具制造等九大生产基地和高新技术企业孵化器——中国科学院杭州科技园。公司自改制以来，赶上了一个非常好的经济发展机遇，一路高歌猛进。公司近年来进军东北老工业基地，控股长春一机，零资产购并杭州工具总厂，被中国机械工业联合会授予"中国机械行业竞争力之星"称号，被评为浙江省信息化推荐示范企业和浙江省技术创新与科技进步优秀企业。平面磨床销售总量稳居全国第一位。2005年在国家宏观调控形势下，公司生产经营继续保持稳步增长势头。

一、促进企业快速发展的因素

从1998年到2005年，公司经历了扭亏脱困、整体改制、跨越式发展等三个目标、措施、战略迥然不同的阶段。在总结发展经验的时候，公司领导积极总结、分析、探索这几年之所以能出现跨越式发展的内在根源，以上升到理性认识。公司领导认为企业外部宏观经济环境发展带动了企业经济快速发展，整体改制激活了企业运行机制，这都是企业快速发展的因素之一。企业快速发展的根本原因是公司在企业经营中，努力抓好四大结构调整，高度重视战略创新。

战略原来是一个军事术语，其含义是对整个战争全局的谋划和指挥。战略引入企业经营领域，是指企业在分析外部环境和内在条件基础上，为谋求生存发展而做出的方向性、长远性、全局性的经营规划。战略创新就是突破常规思维模式，依靠敏锐的分析判断能力，根据不断变化的内在条件和外部经济环境，制定出新的经营规划，其核心是价值创新。

近年来，市场竞争日益激烈，有的企业在竞争中失利，公司赢利性增长成了面临的巨大挑战；但另一些公司的利润和收入却能持续增长。对一些高增长公司与不那么成功的公司进行分析对比，发现他们的战略方法有所不同。不那么成功企业的战略方法往往是传统的、常规的，而成功企业战略方法个性非常明显，突破常规思维，并且随着时间的推移，不断对经营战略赋予新的思想，即成功的企业非常注重战略创新。

因为制定战略基本要素的内部环境和外部环境处在不断运动变化中，如国际国内经济环境、行业环境、企业战略重点、服务对象和客户群等都处在变化之中，而且我国加入WTO前和加入WTO后、改革开放前和改革开放后的经济环境是截然不同的，随着科技发展生产力的不断进步，经济环境发生着日新月异的变化。适应变化，超前思维，超前决策，善于战略创新，企业才能持续不断地发展。

二、杭机集团的战略创新

杭机集团在企业三年发展规划中，提出了"创建学习型组织，打造百年企业，跻身国际知名机床企业第一方阵，主要经济指标在现基础上实现翻一番"的奋斗目标，为实现这一奋斗目标，又提出了"抓好四大结构调整，促进企业持续健康快速发展"的经营战略。

1. 战略创新的原则

为防止战略创新过程中出现偏差，公司有相应的战略创新要求和原则。首先是战略创新应与企业的执行力相匹配。有优秀的战略创新构思，等于画好了一幅优秀的发展蓝图，但这蓝图变成现实中的高楼大厦，还需要去按图实施，按图执行。战略创新不仅要同企业的经营实力相平衡，还要重视培养各阶层管理者的执行力。没有好的执行力，一个好的战略创新会在衰弱的执行力中消失殆尽。相反，有强大的执行力可以弥补战略上先天不足。

其次，战略创新应把握低成本扩张原则。包括工艺相关、行业相近、充分利用企业现有资源原则。在不熟悉的行业中发展，往往导致投入成本过高，收益回报太低情况。

2. 杭机集团四大结构调整的主要内容

在此原则指导下，公司大力进行了四大结构调整。

(1)产品结构调整。产品结构调整总的要求是围绕用户，围绕市场，把握现状，预测未来趋势，进行迎合式调整、主导式调整、回避式调整，不断开发具有市场生命力的新产品，并从原来的单机、单品种开发向精密数控、成形高效、大型专用、成套成线发展。

迎合式调整：用户是企业生存的支撑点，市场是企业发展的基石，企业的产品开发，要努力迎合满足用户需要。这种形式的产品开发，都是由用户从自身的需要提出技术要求，再由公司工程技术人员按用户要求提出技术方案，经双方讨论磋商达成统一意见后，再投入开发。

主导式调整：这种形式的产品开发，在开发的当时，并无用户订货，也无市场需求，是经营决策者在分析了用户需求趋势后，走在市场前面的超前性行为。开发的目的是主动引导用户消费，并预见到当用户了解了新产品的性能后，会表现出较大的热情，出现一定的市场需求。如公司2005年4月参加北京第九届国际机床展览会的MKL7156×16七轴五联动的成形加工设备，是顶尖级数控机床，属国内首创。

回避式调整：即遵循“人无我有，人有我精，人精我转”的原则，主动放弃某些产品的生产。

(2)生产组织方式调整。传统高效、刚性、机械化、自动化、单品种大批量的生产模式，正在向现代的敏捷、快速、柔性、低成本、多品种、小批量的生产组织方式转变。为适应这种变化，公司积极进行了生产组织方式调整，目标是建立敏捷、快速的柔性生产制造系统，能根据市场变化因素迅速按新的要求重新构组生产能力。企业柔性，不仅要求机器设备和相应的生产设施具有柔性，而且要求根据市场新的需求，工程技术设计人员组合也应具有柔性，即从一种产品开发迅速转换到另一种产品开发。其次是按“精益”生产模式，调整产品加工工艺流程，降低成本。ERP是信息技术运用于企业管理的最新方法。为“优化业务流程、深度开发企业资源、降低生产成本，快速反映市场”，公司已与美国软件公司MAPICS签约，正式启动ERP系统，联手合力打造制造业e化巨轮，致力改造传统企业为现代化制造企业。

(3)产权结构调整。完成集团公司的总体改制后，集团公司为进一步推进企业经营机制的转变，根据人、财、物基本因素，结合是否具有企业法人资格等情况，对所属的全资、控股子公司进行分体改制。分体改制的单位，划清资产关系，组建有限责任公司，实行独立核算、自主经营、自负盈亏的管理模式。员工与集团公司中止劳动关系，与二次改制单位建立劳动关系，一旦离开二次改制单位工作岗位，劳动合同即行解除。

(4)产业结构调整。杭机集团在历史上曾是全国最大的平面磨床专业制造厂，随着改制联合组建集团公司和产业结构调整，公司从较单一的制造厂向集团化的多元经营发展，经产业结构调整，已初步形成了各具特色的四大产业。一是机床制造业。杭州牌平面磨床目前能制造三个精度等级七大系列200多个品种的产品，年产40个品种4 000余台，并不断提高技术含量，向超高精度、智能化方向发展。目前，公司的机床制造业生产的品种不断扩大，目前已有平面磨床、加工中心、数控铣床等成套成线设备，能为用户提供菜单式的服务。二是铸造基础业。由于铸件质量、价格、交货期均达到要求，出口铸件已为日本著名生产企业东芝公司、大限、富士机械等公司提供配套服务。三是流通服务业。公司利用黄金地段，兴办零售商业，拥有28 000m^{2}营业面积。四是高新技术企业孵化器中国科学院杭州科技园。杭州学院路50号地块，位于高新技术开发区，公司和中国科学院、杭州市科技局、杭州高新技术开发区管理委员会联合组建中国科学院杭州科技园，建筑面积达2.9万m^2，已于2005年4月8日正式开园。科技园具有四大功能：高新技术成长转化功能，高新技术企业孵化培育功能，技术研发功能，人才培训功能。

3. 四大结构调整的相互关系

通过四大结构调，努力提高企业核心竞争能力，对市场快速反应能力，让用户对公司产品和服务更为满意，努力提高企业的社会效益和企业经济效益。四大结构调整，有其内在的联系和相辅相成、相得益彰的互为因果关系。

产品结构调整和生产组织结构调整，是企业工作重中之重，是公司跻身国际知名机床企业第一方阵的支撑点。

4. 战略管理的核心是价值创新，以价值创新努力为用户创造需求

公司在投资创建中国科学院杭州市科技园的过程中，采取了价值创新策略，一改企业引进技术、院校合作等传统的提升企业技术档次模式，而直接与我国科技界最具权威机构中国科学院等联合组建中国科学院杭州科技园，以中科院的顶尖科技人才、顶尖科技水平来带动公司的科技发展，并建成了科技孵化园区，不仅为自己培育发展高新技术，而且为社会培育引领时代的高新科技。

〔撰稿人：杭州机床集团有限公司朱金根〕

坚持技术创新　争创中国名牌

——合肥锻压机床有限公司

2005年是合肥锻压生产销售持续快速增长的一年。公司全年完成工业总产值、销售收入等各项经济指标均达合锻历史上的最高水平。生产和销售的持续、快速增长，为合肥锻压实现“十一五”发展规划目标和企业的长远发展奠定了坚实的基础。近年来，许多发展迅速的行业如汽车、模具、军工、航空航天、造船、铁路、电子、机械制造等都在调整产品结构，市场对机床工具的需求十分旺盛，因而引发了机床行业的销售连创新高，锻压行业的销售也随着机床市场的持续升温而升温。面对良好的市场形势，合肥锻压一方面加强市场、采购、技术和生产等部门间的相互协调和配合，高效地满足市场需求；另一方面坚持技术创新，不断提升产品品质和合锻品牌。

一、加快人才培养步伐，建设高效能的技术创新团队

合肥锻压技术中心于1995年就被确定为"省级技术中心"，现有各类专业技术人员72人，占企业职工总数的10.34%。具有中高级技术职称有38人，其中2人享受国务院特殊津贴，3人享受安徽省政府特殊津贴，4人享受合肥市拔尖人才津贴。为建立一支高效能的技术创新团队，公司采取了一系列的举措选拔人才。

1. 完善激励机制，发挥现有科技人员的积极作用

为充分发挥员工的积极性和创造性，合锻通过科学的方法激发员工的内在潜力，使每个人都切实感到力有所用、才有所施、劳有所得。技术中心建立了各种规章制度，努力促进公平竞争，使优秀人才脱颖而出。对专业人才则用其所长，避其所短，充分发挥其最大能量。为确保技术中心人才战略的顺利实施，公司制订了符合企业实际和长远发展的人才激励机制。在激励方式方法上，强调个人激励、团队激励和组织激励的有机结合，突破以前的项目后奖励的模式，转变为从价值创造、价值评价、价值分配的事前、事中和事后的三个环节出发的设计奖励机制，侧重价值链的循环和优化；同时把研发人员短期激励和长期激励结合起来，对技术中心实行工资浮动分配制度改革，实施技术补贴、新产品开发奖、"主任工程师"岗位津贴、突出贡献奖、节约能源奖等多种激励措施，充分调动了广大技术人员的积极性，充分体现了多劳多得的分配原则，并对新开发的产品及时组织检测和新产品鉴定，充分肯定科技人员成绩；再次就是发扬团队精神，营造宽松的工作环境、和谐的人际关系和尊重科学、尊重人才的浓厚氛围，使技术开发人员在紧张的工作之余，感受到团队和组织的温暖。

2. 提高研发手段

合锻技术中心在充实科研开发队伍、提高科技人员素质的同时，还加大了科研开发软硬件建设的力度，大力推广CAD技术和信息化技术的应用，已建立了电气试验室，在原有CAD网络的基础上，添置新的软、硬件。在设计工艺、标准化、定额等方面，全面推广计算机应用，并使用计算机开展结构优化、模块化、通用化、三维立体化的设计工作，使CAD应用向更高层次发展。

3. 加快人才培养步伐

建立了有利于科技人才安心工作、脱颖而出的激励机制，采取"引进来、送出去"的办法，每年招收一定数量的重点院校本科生，不断提高技术中心人员素质，把技术骨干送出去深造，在内部加强培训和知识更新，逐步实现"人员精、素质高"的目标。近年来，技术中心引进了多名技术骨干，增强了总体实力，参加国内各种学习班人数突破500人次，请外教在业余时间开办了德语、英语培训班，并和合肥工大联合开办了硕士研究生班。

4. 形成以人为本的管理理念

企业是每个职工施展才华、实现理想抱负的主要场所，而每个职工的才能、理想和抱负又是不尽相同的。公司为员工提供了各种施展才华和实现理想抱负的机会，使每个职工都感到工作与生活充实而有意义。为使大家减轻工作压力，技术部每年都组织开展各种形式的集体活动，有文艺活动、踏青活动和外出参观旅游活动等。通过这些活动，使大家进一步增进了了解，加强了相互交流、沟通和相互协作。在工作场所，还张贴了一些标语，营造了一种浓厚的工作氛围，激励大家积极向上，形成一个风正人和、人人爱岗敬业、个个奋进争先的合力局面。

通过建设高效能可持续的技术创新开发团队，使技术人才的个人能力演变成团队的综合战斗力，使产品开发团队在紧张的工作中享受到开发的成就感，并把成功的经验带给其他的产品项目。公司用新的任务使有关人员熟悉新的工作领域，对公司所需专业在企业内部和外部进行培训，组织人员参加专业会议和展览会以丰富知识，并且经常与供应商特别是进口元件经销商保持联系，以便了解外购件和进口元件的性能更新。技术部逐年加大了人员培训方面的费用支出，连续三年都派出精干的技术人员赴海外技术交流，职工"40＋4"学习班和在职职工硕士研究生班也举办两年多时间了。作为一个学习型企业，公司高层注意技术人员的老、中、青搭配，未雨绸缪，特别注意关键岗位接班人的培养，并大力培养研发人员与市场的对接能力，以维持企业创新能力的持续性。

二、产品优势地位和竞争力逐步提升

合锻始终坚持以市场为导向，以效益为中心，不断提高技术开发能力和高新技术成果转化能力，追求企业经济效益和市场竞争力的同步提高。2005年合锻共开发新产品103项，实现销售收入12 265万元，为企业稳定发展奠定了坚实的基础。近年来，合锻的新产品开发速度和新产品销售合同履约能力均在行业中居于领先地位，其优势地位具体表现在：①与国内中小液压机制造商相比，具有更多的产品技术优势和品牌优势；②具有完善的售后服务体系和绝对的价格优势；③具有先进技术的成熟经验，同时利用自身各种优势、开拓和扩大国内液压机的应用领域，提升自身的核心竞争力和持续发展的空间；④具有一支成熟、稳定的营销队伍，市场营销网络布局合理。

多年来，合锻一直着眼于超前技术的研究，开发高档次产品，使企业产品水平保持在国内领先地位。坚持技术创新是企业持续发展之本，合锻技术中心把液压机产品的"四点位置、压力闭环控制"、"工控机电控技术"等作为研发重点。合锻始终坚持质量第一的方针，通过技术引进、技术开发，为国民经济各行业提供了优良的装备。合锻在行业中率先引进德国快速液压机制造技术，通过长时间消化吸收和创新，自主研发了获安徽省科技进步奖的YH33型系列精密数控压药液压机和获"国家重点新产品"称号的大型封头液压机等多项产品。企业被授予高新技术企业称号，企业技术中心被评定为省级技术中心。公司通过了ISO9001认证，华德牌液压机被授予"安徽省名牌产品"称号。企业的各项经济效益指标连续多年居同行业首位，多年来，合锻市场占有率在均保持20%以上。2004年合锻工业总产值在中国机床工具工业协会锻压设备制造行业中排名第十一位，在专业生产液压机行业中排名第一；在2005年1～12月

中国机械工业重点联系企业综合指标前 100 个企业中，合锻排行第 63 位。

三、企业整体研发和技术创新能力逐步增强

产品开发是以研究并开发满足市场需求的产品与服务为目的，并不断为企业创造良好的经济效益，为企业在竞争中获得竞争优势提供保证，是企业研究与开发的重点内容。随着市场变化的日益频繁，产品寿命周期日益缩短，企业的产品战略也从“制造产品”向“创造产品”的方向发展。因此，企业经营战略出发点与企业生产运作战略的出发点都是努力开发、研究、设计、生产出能切实满足市场需求并具有竞争力的产品。新产品开发在科学技术迅猛发展的市场竞争环境中日益成为企业取得竞争主动权的物质基础，是企业技术创新体系中的重要组成部分。产品生命周期规律决定了企业必须不断地开发新产品，改进老产品，才能在市场上占据有利地位，增强企业活力。

合锻新产品开发从个性化、美学化、高效节能化、质量优质化、环保化等五个方面着手，通过造型、技术以及附加值把自己同竞争对手区别开来，确立了自己独特的产品品牌。超前的技术研究以及开发高档次产品，使企业产品水平保持国内领先地位。通过与国外公司共同办展览、代理其产品等方式加强国际合作，提升我们的技术水平，缩短与国外的差距。在科技投入方面，合锻以兴建工业园为契机，加大了技术开发的投入力度；在研发环境和基本条件方面，按照 ISO9001 管理程序，建立管理部门对重大项目的设计与开发进行设计评审、验证和确认制度。在技术中心内部、企业内部、企业与供方、企业与顾客（用户）之间，多方面的沟通工作贯穿于创新项目的研发全过程。技术中心现拥有各类计算机 74 台，其中“奔 4”以上计算机 70 台，工作站 2 台。另有零号以上电子绘图仪 2 台，各种打印机 5 台，复印机 1 台，并通过计算机网络实现了资源共享。技术中心的产品数据管理系统（PDM）第一期工程已通过合肥市科技局验收，并顺利投入运行。

四、坚持自主研发和对外交流与合作相结合

在市场经济条件下，自我封闭单向循环的创新方式已不适应当前企业发展的需要。参与全方位交流、多层次合作的网络式创新，已成为现代企业创新方式的战略选择。近年来，合锻技术中心坚持走自主创新之路，并充分利用外协和外部资源，大大缩短了新产品的开发周期。

“产、学、研”结合是企业技术创新的重要部分。合锻充分发挥自身优势，进行了全方位的合作，一是合作开发新产品，二是合作对新产品、新技术进行试验，三是利用院校、研究所等智力资源，联合攻关，解决技术难题。近年来，合锻与合肥工业大学、济南铸锻研究所、河北交通大学、凌码信息技术有限公司、北京机电研究所等合作开发项目，并与其中有技术互补的单位组成了企业技术联盟，共同攻坚。不断提高产学研项目经费，以提升企业核心竞争力。

技术创新是提升企业核心竞争力的关键。合锻将坚持走可持续发展之路，把技术创新和创中国名牌产品作为企业做大做强的有力支撑。

全面优化整合　打造世纪品牌

——德州德隆（集团）机床有限责任公司

德州德隆（集团）机床有限责任公司的前身是德州机床厂，始建于 1945 年，2001 年改制组建为德州德隆（集团）机床有限责任公司。2002 年国有资产全部退出，进一步改制为由德州普利森机械制造有限公司控股的民营企业。公司是中国机械工业企业 500 强之一，国家机床行业重点企业，山东省环保产业重点企业。公司占地总面积 46 万 m^2，总资产 3.2 亿元，各类主要生产设备 800 余台，工艺装备居全国同行业先进水平。总公司下设机床、铸造、环保设备、特型油缸等子公司，现有员工 1 700 人，其中高、中级专业技术人员 360 人。公司拥有自主进出口经营权，通过了 ISO9001：2000 版国际质量管理体系认证，设有省级企业技术开发中心和山东省深孔加工工程技术研究中心，建有 4 800 m^2 的恒温净化试验车间，产品开发全部采用 CAD 和 CAPP 等现代化手段实施。

公司自 1956 年开始生产金属切削机床，主导产品有大、中型普通车床、数控车床（经济型、全功能、车削中心）、深孔加工机床（深孔枪钻、深孔钻镗床和深孔珩磨机）、加工中心以及其他各类专用机床，共 70 多个品种，200 多个规格，年生产机床能力达 4 000 余台。有多种产品达到国际先进水平，被定为国家级新产品和替代进口产品，为航空航天、汽车、模具、矿山、工程机械等行业提供了大量优质装备。公司产品不但在国内享有盛誉，而且常年出口世界 40 多个国家和地区。

近几年来，德隆公司坚持以质量求生存、以科技求发展，坚定不移地全面实现企业管理整体优化整合，生产经营规模实现了历史性跨越；企业的经济效益、主要经济指标显著提高，技术改造能力、产品创新能力、市场竞争能力日趋增强，以崭新的姿态、崭新的形象展现在新世纪。公司连续四年被评为山东省重合同守信用企业，中国专利山东明星企业，全国机械工业企业管理进步示范企业，全国机械工业质量效益型先进企业、全国用户满意服务企业、获德州市富民兴德劳动奖状，公司主导产品有：深孔钻镗床荣获山东省名牌产品称号、CDZ6140 卧式车床分别荣获全国机械工业用户满意产品和山东省名牌产品称号。公司董事长、总经理陈声环荣获全国机械工业优秀企业家、山东省优秀企业家、山东省富民兴鲁劳动奖章。公司 2004 年在全国车床行业排名第四位。

面对市场激烈的竞争，德隆人坚定不移地全面实现企业管理整体优化整合，以顾客关注为焦点，以顾客持续满意为目标，研制好的产品，提供好的服务，以高品质、高效率、高信誉、高水平，挺进市场、占领市场、巩固市场，满足市场需求。

一、强化质量管理，提升企业素质

在加速建立现代企业制度的新形势下，德隆公司充分认识到质量管理是实行科学管理的一项重要内容，加强以质量管理为核心的企业管理，是促进企业全面实现企业管理整体优化、全面提升整体素质、增强企业市场竞争力的重要基础；而贯彻 ISO9000 标准，实施质量管理体系认证工作，是企业管理从“人治”走向“法治”的转变，是优化资源配置、降低成本、增加效益，实施名牌战略的有效途径。

德隆公司领导层把全面实现企业管理整体优化，坚持“质量第一”落实到经营决策中，纳入重要的议事日程，定期研究，并围绕全面实现企业管理整体优化，提高产品质量制订决策。建立健全了质量保证体系和自上而下的三级质量管理体系。由董事长亲自抓质量管理工作，实行质量否决权制度，制定了《质量管理制度》、《外部质量损失索赔办法》、《内部质量损失索赔办法》、《产品质量监督抽查管理办法》等规章制度，并在全公司贯彻实施，严格考核奖惩。坚持“三严”、“三先”的原则，即：“检查管理从严，分档设奖在先、考核奖惩从严，督促教育在先、执行否决从严，领导责任在先。”进而增强了公司各级领导和员工的质量意识和质量责任，减少了质量损失，增加了经济效益，公司年均减少损失 50 余万元。

德隆公司十分重视过程控制的管理，从制造现场到整个生产供应链实施全方位控制。对订单签订、产品开发、物资采购、产品生产、销售服务实施重点监控；强调持续改进、预防缺陷、减少损失和不断降低成本，实行全过程的质量监控和全员的质量管理。从“4M1E”（人、机、料、法、环）入手，严格执行“三按”（按图纸、按工艺、按标准）、“三检”（首件检验、巡回检验、完工检验）把好“三关”（物资进厂关、工序质量关、整机出厂关），坚持“三不准”（不合格的原料不准进厂、不合格的半成品不准进入下道工序、不合格整机不准出厂）、“三不放过”（出现质量问题查不出原因不放过、找不出责任者不放过、定不出纠正和预防措施不放过），从而保证了每一个环节质量稳定受控，确保机床产品出厂合格率 100%，为用户提供了质量过硬的名牌产品，满足市场需求。

面对竞争激烈的国内外市场，德隆公司深刻认识到，只有认真的贯彻 ISO9000 标准，按照标准要求建立质量体系，取得认证，实现与国际惯例接轨，才能真正获得打入国内外市场的通行证，才能在激烈的市场竞争中立于不败之地。公司成立了以董事长任组长，各职能部门一把手任组员的质量管理体系认证领导小组，并由副董事长任管理者代表，负责 ISO9001：2000 标准认证的总体规划制定，质量管理体系文件的起草和修改以及质量体系在运行中的指导和监督。公司多次请专家到现场开展咨询，举办了三期各类人员参加的培训班，共培训内审员 22 名。编写了《质量手册》和 27 个程序文件以及 38 个第三层次文件，修改和完善了 216 个质量记录，并对文件的起草、批准、收发、更改和作废、回收的全过程进行动态控制，使质量管理体系文件以立法的形式得到了严格的贯彻执行。为了保证公司的各项质量活动严格按质量管理体系文件实施，建立了“立法、监督、审核”三位一体的运行机制，形成了企管处对质量管理体系进行全面监督、各职能处室进行纵向监督、各车间（分厂）进行横向监督的网络。公司成立了质量管理体系内部审核小组，按质量管理体系文件的要求，对质量管理体系进行内部审核，对查出的不符合项采取纠正和预防措施进行有效整改。同时按质量管理体系文件的要求，对质量管理体系进行了管理评审，确保了质量管理体系的有效运行。2002 年 9 月通过中国质量认证中心 ISO9001：2000 版质量管理体系认证，同时获得 ISO9001：2000 质量体系认证证书；2005 年 8 月通过中国质量认证中心的复核评审。通过质量管理体系认证达到了三个目的：一是提高了产品质量，为进一步拓宽国内外市场创造了条件，满足了用户在订货中提出的质量保证，为全面实现企业管理整体优化打下了坚实的基础。质量管理体系认证后的 2002 年不含税销售收入达 11 950 万元，比 2001 年增长 48.2%；2004 年不含税销售收入达到 30 471 万元，比 2001 年增长 277.26%，取得了显著的经济效益。二是进一步强化了员工的质量意识和以顾客关注为焦点的理念；使企业的形象和信誉度得到全面提升。三是培养了一批既懂业务又懂质量管理的骨干人员，为质量管理体系有效运行提供了有力保障。

二、坚持科技为先，实施名牌战略

德隆公司在改革开放的大潮中，始终以市场为导向，以改革为动力；以质量为主线，以管理为依托，以技术创新为动力，以结构调整为重点，以提高市场整体竞争力为目标。把全面实现企业管理整体优化，打造德隆品牌，作为企业长期发展战略和提高市场竞争力的主要手段。在对具有省级资格的德州德隆（集团）机床有限责任公司技术开发中心进行大规模技术改造的基础上，由董事长兼任技术开发中心主任；并对技术开发中心进行了机构调整，充实加强了各级领导力量；引入技术创新机制，广泛引进高科技人才，并强化广大科技人员的再学习、再培养，提高科技人员的整体业务素质和水平；技术开发中心全面实现了 CAD 计算机辅助设计、CAPP 计算机工艺辅助设计；引导广大科技人员充分发挥自身优势，运用现代化的设计手段和方法，形成自己的核心技术，使之达到了高水平的设计能力。在对国内外市场进行广泛调查研究的基础上，德隆技术开发中心根据顾客的需求，瞄准世界同行业先进技术和国内先进水平，采用新技术、新工艺、新材料，开发设计了符合国家法律法规，具有高科技含量、高市场占有率、高性能价格比的、能满足顾客需求的新产品，并及时投放市场。

德隆技术开发中心根据用户需求，对主导产品之一 CDZ6140 系列机床进行多次技术改进，在保证质量的前提下，对 CDZ6140 系列机床的可操作和适宜性进行全面优化，达到了质量可靠、操作灵便、用途广泛、经济耐用，受到广大用户的青睐，产品常年畅销不衰，并出现了供不应求局面。公司销售排名和市场占有率排名在全国和全省稳居前列，连续多年保持全省第一。2004 年，CDZ6140 卧式车床分别荣获全国机械工业用户满意产品和山东省名牌产品称号。

为了满足浙江黄岩模具有限公司和重庆庆铃集团技术改造需要，德隆技术开发中心先后两次派设计技术人员深入到客户现场进行调研，在对客户所加工零件的品种、范围、精度、技术条件等反复进行探讨和测算的基础上，按照客户规定的时间，在短时期内，为客户开发设计了具有国际先进水平的 ZXK2103/CNC 数控钻铣中心；为了促进国家汽车工业的发展，技术开发中心先后为中国一汽集团和上海大众汽车集团设计完成了能替代进口、具有国内领先水平、与引进轿车生产线所配套的钻孔专用机床，以上机床投入生产后，使用情况良好，受到客户的赞扬和好评，不但满足了用户需求，使德隆公司产品拓宽占领了市场，而且提升了德隆公司产品的科技含量和档次。

几年来，德隆技术开发中心根据市场需求和顾客的需要，共开发设计了 6 大系列，100 多个新产品、专机、特殊定货产品，实现了公司整体设计能力的超常规、超水平跨越和提高，形成了大型机床覆盖全国，中型机床具有区域优势，深孔机床在国内一枝独秀的市场格局。全面实现企业管理整体优化，促进了德隆公司科技进步的超常规发展，取得了骄人的成果；其中 Z2102 深孔钻床、2M2125 深孔强力珩磨机床、TK2120 数控深孔钻镗床、ZK2103 三坐标数控深孔钻床、ZK2101 数控深孔钻床、ZKA2102 三坐标数控深孔钻床，被国家经贸委授予国家级新产品称号；CK6156 数控车床、2MK2125 数控珩磨机床被山东省经贸委授予新产品称号；“提高深孔钻镗床水平”项目荣获山东省科技兴鲁一等奖；“高速精密轴承及主轴系统的研究”项目荣获山东省科技进步二等奖；CK61125D 数控车床荣获山东省机械工业科技进步二等奖；CK6140D 数控车床荣获山东省机械工业科技进步三等奖；CDZ6140、CW61100、CD6163 获得山东省技术监督局颁发的采用国际标准证书，采用标准达到国际水平，实物质量达到一等品；有四项实用型专利和一项发明专利得到国家专利局认定，并颁发证书。

三、实施过程控制，提供超值服务

对产品形成的全过程实施有效的控制和管理，是全面实现企业管理整体优化，开拓市场的关键所在。德隆公司坚持“以顾客满意为中心，以改进创新为宗旨，以诚信守法为准绳，以创造名牌为目标”的质量方针，把全面实现企业管理整体优化贯穿于产品形成的全过程。实现了公司售前、售中、售后全过程、全方位、优质快捷的一条龙服务。

为了强化售前服务工作，公司设立了“技术服务处”，负责全公司与客户的技术谈判并拟订技术方案，答复客户技术咨询并拟订投标文件，组织有关部门为客户培训人员等；使售前服务工作得到了实质性的加强，为顾客提供了超值服务。

公司技术服务处坚持“客户至上，服务无限”方针，在投标工作中，对标书进行认真的分析研究，充分了解客户的需求，进行技术谈判，认真做好产品投标前的准备工作，确保万无一失。2002～2005 年，德隆公司先后在北京、南京、昆明、西安、郑州、合肥、重庆、广州、长治、太原、珠海、成都、武汉、马鞍山、无锡、青岛、威海、烟台等地的招标中，以产品技术含量高，标的合理，交货期短，能满足客户需求的优势中标，中标金额达3 000余万元。

在售前服务工作中，公司技术服务处时刻把客户利益放在第一位，想客户所想，帮客户所需，积极为客户制定技术方案，提供各种技术试验并进行技术培训。近年来，为客户提供售前服务 180 余次，培训人员 260 余人。

河北省灵寿县的客户了解到德隆公司售前服务的信息后，怀着将信将疑的心情，带着多次为日本客商加工不合格的零件来德隆公司咨询。技术服务处的人员热情接待了河北灵寿的客户，组织有关技术人员对客户带来零件的不合格原因进行了分析，并制定了切实可行的解决方案，加工工艺及数控加工程序。经在德隆公司的车间进行试加工，零件全部合格，达到了图样的所有技术要求。日本客商经对德隆公司加工的零件进行检验后，确认质量全部合格，十分满意，并追加了订单。德隆公司技术服务处还对河北灵寿客户的工人进行了数控机床基本知识及实践操作培训，使客户初步掌握了数控机床的操作技能和程序的编制。河北灵寿客户被德隆公司热情周到的服务和求真务实的敬业精神所感动，连声称赞德隆公司的售前服务到位、到家，当即全款订购了德隆公司生产的 6 台 CKD6140 数控机床，并表示今后再购买机床时首选德隆公司的产品。

在德隆公司与陕西新航集团签订 3 台 CK 大型数控机床销售合同时，由于德隆公司大型机床 6 个月以内的合同已订满，而客户因技术改造又急需机床，双方在合同交货期上意见不统一。德隆公司本着“一切为客户着想，以诚信为本，最大限度满足客户需求”的原则，运用倒推法排计划，把交货期压到最短，经与客户协商双方终于在交货期上达成了一致。为了确保合同的按期履行，特别召开了公司有关部门参加的专题会议，从开发设计、采购供应到生产制造进行了周密的计划和安排，要求各个部门要全力以赴，发扬敢于打硬仗的作风，确保合同按期完成。

在赶制陕西新航集团 3 台 CK 大型数控机床的生产过程中，德隆公司把产品质量放在第一位，对生产过程进行严格科学的质量控制，每个部位严把质量关，采用先进的技术、工艺和设备，造精品，创名牌。为了保证合同产品按时交货，公司供应部门的采购人员在采购急需物资时不顾连续 36 小时乘车的旅途劳累，下车后立即赶往供货厂家采购物资，当晚即刻乘车往回赶，保证了物资的按期供应。各生产车间严格执行公司制造部下达的生产计划，合理组织，科学调配，紧张突击，发扬顽强拼搏，连续作战的作风，在加工机床的关键件床体的过程中，车间领导和工人克服了时间紧，任务重，工装供应不及时等困难，连续奋战 48h 保质保量的完成了床体加工任务。在机床装配的攻坚战中，公司各个部门协调一致，共同努力，心往一处想，劲往一处使，圆满完成了机床的装配任务，保证了机床按时交货，满足了客户的需求，使德隆公司诚实守信创名牌战略得到了充分的展现。

德隆公司把全面实现企业管理整体优化视为企业振兴发展的宗旨，把“客户第一、质量第一、信誉第一”作为售后服务的工作方针，建立健全了服务网络，建成了一支文明礼貌、素质过硬、技术精湛的专业化售后服务队伍，把亲情化服务贯穿整个服务过程。制定了《机床产品售后服务承诺》，对客户反映的质量问题，在48h做出答复或派出服务人员到客户现场，并保证故障及时排除，机床运转正常；免费为客户调试机床，对数控机床实施“交钥匙工程”；对于重型机床或专机产品，实施用户监制和公司内验收制度；对于德隆公司售出的每台机床都建立了售后服务档案，把相关的信息都记入档案内，从而推进了售后服务工作信息化、规范化的进程。

德隆公司强化售后工作，进一步健全了德隆公司来电、来函登记、汇总、处理制度，对客户反映的质量问题，严格执行《机床产品服务承诺》和《服务管理规定》做到：一准、二有、三快、四满意、五保证。一准是：故障原因判断准；二有是：有信必复，有求必应；三快是：答复快，行动快，见效快；四满意是：客户满意，销售公司满意，生产厂家满意，供货厂家满意；五保证是：保证满足用户需求，保证零部件供应，保证机床维修质量，保证服务及时周到，保证遵守服务纪律。

在售后服务过程中，德隆公司要求每个售后服务人员，实行换位工作法，即假如我是客户的工作方法，事事处处站在客户的角度上考虑问题，发现问题，处理问题，解决问题。江苏连云港的客户来电反映CDZ6140机床床头箱发热超出标准规定，售后服务人员到客户现场后发现，床头箱发热是客户没有清洗床头箱所致，服务人员清洗床头箱后，问题解决。德隆公司售后服务中心得知这一信息后，并没有过多的埋怨客户，而是从自身找原因，认为：虽然说明书中有清洗内容，但不醒目，客户没有清洗床头箱是德隆公司工作没有做到家。为了完全彻底解决问题，德隆公司组织有关部门进行了整改；在床头箱明显位置增添不干胶警示牌，写明：“机床使用前，请按说明书的要求清洗床头箱”。由于采取措施得当，避免了类似问题的发生。当江苏连云港客户再次购买德隆公司机床时，发现了床头箱增添的警示牌后深受感动，对德隆公司的诚信务实、为客户着想的做法大加赞赏，称赞德隆公司的售后服务是：“一点一滴见真心，细微之处见精神”。由于实施热情周到、及时快捷、全方位、亲情化的服务，受到用户的普遍赞扬，2005年被中国质量管理协会、全国用户委员会授予“全国用户满意服务企业”。

通过全面实现企业管理整体优化，不仅提高了德隆公司的管理水平、质量水平和产品的市场占有率，而且提升了企业的知名度和信誉度。德隆公司将在今后工作中继续实施企业管理整体优化，以质量为中心，不断加大科技投入，增强公司主导产品的科技含量和持久竞争力。

德隆公司面对机遇和挑战，将坚决贯彻执行“强化管理，制作精品，多元求稳，主业做强”的工作方针。按照“有序、渐进、求实”的工作思路，以中央经济工作会议精神为指导，对企业内部组织机构、生产要素等资源进行全面整合，进一步加大投入，全面实现企业管理整体优化，提高企业核心竞争力，开创企业跳跃发展的新局面。主要工作方向是：按照规范化的现代化管理制度和先进的管理模式的要求，注重管理细节，堵塞管理漏洞，健全完善各项管理制度，加大贯彻落实力度，从基础开始搭建信息平台，有效的应用计算机软件，进一步贯彻从严治企的方针，引进借鉴科学管理经验，全面提升综合管理水平。积极开展“品牌战略”的宣传和实施，从树立全员新的质量观念入手，提高技术开发水平和技术创新能力，加快产品结构调整，增加高附加值产品比重。大力实施“质量、服务、交货期”三位一体的品牌战略，牢固树立品牌意识，提升品牌知名度，扩大市场占有率。进一步全力支持和促进子公司的发展，延伸产业链条，形成“东西方都亮”的经营局面；努力扩大企业规模，在做强的同时做大，实现内外部扩张，建立完善的预警机制，提升企业的核心竞争力和抗风险能力。为了企业的长远发展，大力引进和培养人才；进一步转变员工观念，加强企业文化建设，增强团队合力和员工凝聚力、向心力，促进企业持续健康发展。2005年工业总产值（当年价）40 336万元，销售收入39 597万元，利税总额4 410万元；争取3～5年内销售收入达到8亿元，成为华东华北一带最大的金属切削机床制造厂家。

为国家关键部门、军工企业提供优质服务

——江苏多棱数控机床股份有限公司

五轴联动数控机床是电力、船舶、航空航天、高精密仪器和模具等民用工业和军事工业部门迫切需要的关键加工设备。在20世纪60年代，国外航空工业生产就已经开始采用五轴数控铣床，随着航空技术的发展，大量结构件的加工已普遍采用五轴联动机床来加工，因此国际上把五轴联动数控技术和设备作为衡量一个国家生产设备自动化水平的一种标志。由于它的技术含量和对航空航天、军事工业的敏感性，西方国家历来把它作为战略物资实行出口许可证制度。由于这类机床数控编程、数控系统、机床结构和制造的要求及难度远比三轴机床高，直到20世纪90年代，我国真正自主制造的五轴联动机床，特别是主轴带A、C双摆角的龙门机床还没有投入实际使用。因此我国机床工业自力更生地进行科技攻关，突破西方国家技术垄断，发展自己的五轴联动机床就成了

十分迫切的课题。

1998年下半年，多棱公司着眼于市场前景，在资金短缺的情况下，还是决定着手研制带A、C双摆头的五轴联动龙门数控铣床，并在不到一年的时间内研制出一台2.5m×1.6m的样机TH42160/5X，在1999年9月的北京国际机床展上首先亮相，引起与会领导、同行和有关产业人士的关注和赞许。这一开先河的之举，也引发了国内机床行业研制五轴机床热，在以后的几届机床展中不少厂家纷纷推出了多款五轴联动机床。

1999年的出展只是推出了一台初具功能的样机，这台样机离用户满意的商品还有一定的差距。于是公司又走出了关键的第二步，即将展品变成商品，这一步足足花了两年多的时间。因为无论是机床的刚性、可靠性和加工精度都存在着不少的问题。公司先后对A、C轴的传动和支承，电主轴，Z轴滑枕等主要部件结构进行了多次改进，甚至推倒重来。A、C轴原先采用了多种形式的蜗轮蜗杆传动，由于材料、加工等多种原因均不成功，最后选择谐波减速和双齿轮消隙传动才达到比较理想的效果，在这反复试验的过程中，得到了南昌洪都航空数控机加厂的大力协助。从一开始他们就支持、关心国产五坐标机床的研制，多次派人赴多棱公司协助试验，利用他们丰富的设备使用经验，提出了许多中肯、有效的改进意见，还多次带了工件和相关软件到公司实地进行切削试验，对加工中出现的问题协助分析，提出改进措施，大大地加快了这个项目的商品化进程。公司加大了人力、财力的投入，到2002年年初，终于将机床交付给洪都集团投入生产验证，允诺免费试用一年。在生产验证过程中公司及时派专人到用户生产现场跟班，以消除早期故障，直至稳定地生产出合格的零件。机床投入使用至今，用户反映良好，与一同投入使用的类似进口机床相比，加工刚性和精度毫不逊色，甚至略胜一筹，至于性价比就更高了。

一、国内首台五轴联动龙门式数控铣床

研制出五坐标机床后江苏多棱又紧跟着迈出了研制五轴联动数控机床的新一步——研制五轴高架桥式龙门数控铣床。因为随着数控机床向高速化发展，用户对高效机床的需求越来越迫切，为了提高速度，使机床轻量化是一种必然方向，西方国家大型龙门铣削加工机床有向高架桥式龙门移动发展的趋势，这种形式机床的特点就是移动部件相应减轻，易于实现高速进给；占地面积小，易于实现航空航天行业超长工件的加工。根据用户的需求研制的第二台五轴联动龙门机床为XK2725/5X—600高架桥式龙门数控铣床，整机采用大型有限元分析软件进行动态优化设计。实际切削加工表明，机床的动静态刚性、精度、可靠性等都接近国外近年同类产品，而产品的价格和售后服务都优于国外产品。

二、高架桥式五轴联动龙门数控铣床

该机床已被列为科技部国家高技术研究发展计划(863计划)数控关键技术与装备中“高、精、尖”项目之一。现在该机床已被安徽江淮福致车体装备有限公司购买，用于汽车车身模具的加工。

江苏多棱的五轴联动技术在龙门式机床上取得成功后，现在已将其广泛应用到公司其他系列的产品上。

TH68125A落地式数控铣镗床，是一台大型卧式动柱式六轴五联动数控加工机床。适用于对大型复杂形面结构件和叶轮类回转体强力、高效加工。如汽车、船艇模型、模具、大型结构件、叶轮、船桨等。

此机床是卧式大型主轴带A、C双摆五轴联动加工中心机床中的国内第一台，是“十五”国家科技攻关计划《精密制造与数控关键设备技术研究和应用示范》项目之一，该机床2003年下半年交给上海航空发动机厂用于汽车模架的加工，使用至今，反映良好。

三、大型落地式六轴五联动数控加工机床

XH716/5X五轴联动立式数控铣床是在公司定型产品立式数控镗铣床的基础上增加A、B两回转轴而组成。该机床是针对大叶片加工而开发的，具有刚性高、可靠性好、易操作的显著特点，是适合汽轮机行业高精度叶片加工的理想设备。该机床现已被常州天力涡轮增压设备有限公司购买，用于叶轮的加工。

通过为军工企业提供服务，研制成第一台五轴联动机床，主要取得了这么几方面的效益。虽然这类高端数控机床还不能与国外产品抗衡，但由于打破了其技术垄断，使得国内用户购买国外产品的价格大幅度下降，如南飞购买德国西门迈一台高架桥式五轴联动龙门机床，价格也就一百多万欧元，在以前价格肯定是这二至三倍。将五轴联动的成熟技术进行移植，开发出多种五轴联动机床，满足了不同用户的需求。扩大了企业的影响，提升了企业品牌的价植，直接带动了本企业其他产品的销售。

创新是企业发展的灵魂

——江苏金方圆数控机床有限公司

江苏金方圆数控机床有限公司是中国机械工业联合会理事单位，中国机床工具协会及中国锻压行业协会副理事长单位，国家火炬计划邗江数控金属板材加工设备产业基地龙头骨干企业。

一、技术创新

几年来，公司面向市场需求，以新品开发为龙头，积极实施科技创新战略。在设计及工艺技术上取得的突破：产品由小吨位向大吨位发展，由数控冲向折、剪、冲发展，由单机向复合机、柔性线发展，技术含量逐步增加，产品档次日益提高。

2000年以来，先后开发了VT40t、VT50t、VT80t大吨位数控液压压力机，对VT、ET、RT系列作了通用化设计，开发了飞行光路的数控精密激光切割机及PR系列225t、320t、400t数控折弯机及VR系列6.5m×3m、6m×4m、8m×3m数控剪板机等产品。在这期间公司又开发了PL数控激光切割冲孔复合机、FMS智能型板材柔性生产线、FMC—120汽车大梁数控冲孔柔性生产线、APSS数控冲剪复合柔性生产线。2004年FMS智能型板材柔性生产线产品被列入省科技成果转化项目，获得省科技厅专项拨款。

公司设有专门的研发机构，是省级机械工程研究中心，在数控板材加工领域具有较雄厚的科研实力，中心与研究所、高等院校建立长期稳定的联合体，以高新技术产品的供应商和协作厂家为支持，以自研为主，引进学科带头人，充分发挥目前是扬州大学研究生基地的条件，加快培养自身开发队伍，建成了完善的规范化新品开发体系。

公司通过对市场供求信息分析，紧盯国际市场高新科技含量和高附加值产品的发展趋势，发挥技术及管理优势，使设计人员参予从市场调研、设计制造及市场开拓，再设计完善的全过程，实现科研与生产、产品与市场的紧密结合，不断满足用户的需求。公司每年投入技术开发费用占销售收入的7%。

2005年公司在苏州市工业园的新厂区破土动工，投资1.5亿元实施技改项目，推动公司进一步发展。

二、管理创新

管理是企业永恒的主题。公司始终把管理作为其他一切工作的基础，通过管理的不断创新，最大限度地发挥管理的效能。

公司1997年通过ISO9001质量管理体系论证，2003年通过2000版ISO9001质量管理认证。

公司成立成本管理中心，专门加强成本管理，从产品设计开发、原材料入厂、生产、储存、出厂、售后服务等各环节，制订成本管理制度，使生产成本逐年下降。切实实施寻价、比价和成本控制制度，重视设计过程中的成本控制，加强外协采购、制造过程中的成本控制。

行政管理中推行垂直指挥系统，“一个上级的原则，服从的原则，逐级的原则”编制推行横向联络系统中各项事务的程序和流程，正常工作按程序和流程运行。坚持员工述职制度、例会制度和复命制度。对任何命令不管完成与否都要在规定时间内复命。

在生产现场推行以提高“员工素养”为核心的5S管理。从整理、整顿、清扫、清洁、素养五方面，对公司制造及办公现场环境进行管理。

在公司内部局域网和初步建立ERP的基础上，实现对产品开发、制造、发展、销售和服务全过程的控制与管理。

公司建立了严密的知识产权开发、运用、保护体系，对内与关键岗位人员均签订了保密协议和竞业限制协议，鼓励员工的发明创造，对外积极申请专利。

三、机制创新

企业处于千变万化的市场环境中，建立与外部环境相适应的机制是企业发展的必然要求，公司着力创新以下各项体制和机制。

1. 企业体制改革创新

金方圆数控机床有限公司成立于1997年9月，公司成立之初，国有股占80%，职工股占20%，2000年企业进行了改制，改制后国有股占20%，职工股占80%，2003年国有股完全退出，职工股占100%，其中经营者占65%，技术、销售、管理骨干占35%，从资本构成上企业现已成为名符其实的民营企业。2004年公司股东出资对原国有企业职工进行了身份置换，通过身份置换的契机做到思想上的置换，实现真正意义上的改制。体制的转换使经营者经营风险加大，从而促使经营者经营理念的转变和管理上创新。

2. 创新人才培养、使用机制

为适应企业发展，公司不断加强人力资源的引进、培训与开发。按照企业发展的总体规划，多渠道、高质量配好人力资源；在此基础上抓好每位员工的岗前教育及继续教育。加强现有人力资源的培训及开发，对技术工人进行“中级工—高级工—技师—高级技师”培训；对技术人员进行“大专—本科—研究生(或工程硕士)”培训；对营销、管理人员进行“销售员—高级销售员”、“管理员—高级管理师”培训，以提高全体员工的整体素质，形成人部合理的人才金字塔。

3. 创新分配、激励机制。

公司实行动态工资制度。对员工从工作任务和个人行为两方面每年进行优、甲、乙、丙、丁五项考核，每三年进行升等考试，并将考绩和个人工资、奖金挂钩。在实行动态工资过程中，突出技术、销售在工资分配、股份中的含量，体现知识的价值，合理拉开脑力劳动和体力劳动、简单劳动和复杂劳动的差距，形成尊重知识、尊重人才的良好氛围，引导广大职工自觉学文化、学技术，不断提高自身的素质。

4. 创新竞争、考核机制

建立健全人力资源绩效考评系统，形成有效的淘汰及激励机制，充分发挥现有人员的价值及潜能。对个人，从工作任务和行为规范两方面进行考核，记录每位员工当月动态工资的考核情况，并将考绩和个人工资挂钩；对部门，每月进行日常管理、计划管理、流程管理考核，并将考绩和个人奖金挂钩。

四、文化创新

公司把“互相尊重，忠于金方圆数控事业；服务第一，真诚回报客户和社会”，作为企业文化的精髓与核心理念。强调员工相互尊重，对企业忠诚并把岗位作为人生的事业。

特色鲜明的金方圆文化是公司在长期实践中凝结、积淀起来的为广大员工所认同的企业精神、经营理念、行为模式等。是企业日积月累创造出的独特精神财富，对企业的发展有着重要的深远的影响。

公司把诚实守信渗透到企业经营的各个环节。一是公司提出了“售前、售中、售后全过程、全方位的服务”，用户资料专号专档、4h回复、24h承诺，从技术开发到售后服务的各个环节，都把用户是否满意作为衡量服务工作好坏的重要标准。二是实行一年两次对用户使用的产品质量和售后服务进行质量调查；三是对产品出现的质量问题，由质量项目经理专门主抓，进行跟踪，直到解决为止。

创建学习型企业。公司广泛开展以“创学习型企业，做知识型职工”为主题的创建活动，通过建立企业晨会、厂内培训、选送进修深造、自学等途径，促使广大职工在学习中完善自我，超越自我。

公司每年春、秋季举办两次晚会，开展蓝球比赛、象棋比赛、征文比赛、集体旅游等活动，通过活动，满足不同层次职工的爱好和需求，活跃了企业文化，使物质生产和精神文明建设得到有机结合，增强了创业的凝聚力，提高了企业的文化品位。

创新　敢为　迈出产品开发的新步伐

——四川长征机床集团有限公司

国家振兴装备制造业的战略决策，为机床制造企业的发展提供了良好的机遇，同时也是一次严峻的挑战。

四川长征机床集团有限公司在面对这次机遇时，坚持创新、敢为的理念，迈出了新产品开发的新步伐。

一、产品开发，要立足于创新，立足于高起点的创新

近年来，四川长征机床集团有限公司自主开发的GMC横梁移动龙门加工中心系列、AVC新结构立式加工中心系列均达到当代国际同类产品水平，使得企业不仅在国内市场竞争力大大增强，并且打开了高档机床出口的通道。2005年这两类机床将出口欧洲。近年研制开发的45°万能自动回转铣头，打破了国外对此项技术的封锁，不仅应用在公司的龙门加工中心、卧式加工中心、滑枕式加工中心上，提升了这些机床的功能，还为公司开辟功能部件的生产闯出了一个新路子。

二、产品开发，要有“敢为天下先”的气势和勇气，以科学严谨的作风，突破研制的难点，为企业插上腾飞的翅膀

产品开发，必然伴随着风险。知难而进，以“难”促“进”，这是四川长征机床集团有限公司近年产品开发的一个特点。公司是以制造中小型机床为主的企业，但近年却为汽轮机行业提供了成系列的重型汽轮机转子轮槽数控专用机床，替代了进口，节约了外汇。这些转子轮槽铣床的重量都达几十吨、上百吨，并且公司从来没有设计制造过这类机床，通过这些产品的研制提升了公司对重型数控专机的设计开发能力和创新能力，极大地促进公司的技术进步，并使得公司在这一领域的市场占有率具有绝对的优势。公司2005年又签订了更大规格、更高精度的核电轮槽数控专用铣床的合同。

三、产品开发，要作好机床共性技术研究，把它作为技术创新的重要内容

国内的机床制造企业多年来存在重视新产品开发、不重视机床共性技术研究的倾向，这样产品技术水平提高就没有坚实的基础，制约了我国机床制造业的整体发展水平。近年来，四川长征机床集团有限公司开始致力于机床共性技术的研究，并取得一定效果。圆满完成关于机床主轴热变形规律及补偿技术研究，并将这些成果运用了合同产品上。这项技术运用，使公司在众多对手竞争的情况下，中标四台立式加工中心，并在实际交货时完全达到了标书对热变形精度的要求。应力变形规律及对策项目的实施，使公司立式加工中心产品在滑轨形式及半闭环状态下的位置精度水平非常接近线轨、全闭环状态。针对数控系统的电源干扰问题，还开展了电源干扰规律及抗干扰装置的研究。

四、产品开发，要有良好的机制，要充分利用各种资源

产品开发能否成功，技术创新能否实现，关键取决于人，要有激励工程技术人员积极工作，发挥主动性、创造性的良好机制，才能有效地推动企业产品研发、技术创新工作。近年来，四川长征机床集团有限公司，不断完善、推行项目管理制，有效地推动了产品开发、技术创新工作。推行公司内部工程技术职称聘用制，不拘一格，培养人才、使用人才，同时给他们以应得的薪酬待遇。公司设立“推动企业进步奖”，对在技术创新、以新产品推动市场方面做出突出贡献的工程技术人员、项目组给予重奖。公司每年召开两次技术大会，倡导“求知务实”、“严谨刻苦”、“创新敢为”的精神，促使技术工作形成一种良好的氛围。

为充分利用沿海地区及国外的技术资源，公司对产品开发方式作出了战略性的转变，已在北京设立了“长征机床北京设计所”，同时加大了与国外设计公司的合作力度。在与国外合作方面，公司不着眼于单纯的购买技术，而是通过合作开发，溶入其中，掌握核心技术，并且具有自主知识产权。利用这些资源，公司正在进行新结构高精度卧式加工中心、大跨距横梁移动五联动龙门加工中心及双摆铣头等储备性产品的开发。

公司还与多所高等院校合作进行多项共性技术研究，促进新产品的开发。

〔撰稿人：四川长征机床集团公司徐中行〕

夯实企业管理　打造企业品牌

——长春数控机床有限公司

长春数控机床有限公司自2000年以来，不断进行结构调整和新产品开发，加强企业管理、质量管理和售后服务工作，把产品质量和企业信誉当作企业的生命，使企业的发展得到了长足的进步。几年来投入技术改造、高精尖及数控装备的资金将近1 000万元。

在开发数控铣床产品方面，随着数控机床在国内需求量的不断增长，长春数控机床有限公司根据市场需求，相继开发了高中低档的数控产品和加工中心产品，XK713型、XK714型、XK715型数控床身式铣床和XH713型、XH715型、XH716型立式加工中心。其中XK7825数控铣床产品湖南一家用户就购买了30台。

长春数控机床有限公司在重视开发新产品和数控产品的同时，非常注意传统的拳头产品质量和品牌形象。摩擦焊机产品是公司的拳头产品，也是国内知名品牌。为了提高企业核心竞争力，公司积极打造供需双方技术交流的平台。在建立供需双方交流平台的同时，公司技术中心编制了《摩擦焊机常见故障排除手册》发给用户。使得广大摩擦焊机用户在掌握和使用设备时出现的简单故障，能够在最短时间内排除。避免了用户耽误生产、影响效益，同时也节省了设备制造厂家的售后服务费用。

公司非常重视摩擦焊机产品从设计、生产及售后服务和零配件供给的一条龙配套服务。

自1979年以来，公司在国内独家专业化、规模化生产摩擦焊机，逐渐替代了闪光焊、二氧化碳气体保护焊等工艺，广泛用于全国数十家汽车零配件厂。

2006年长春数控机床有限公司的发展重点是抓住国家实施各种政策措施带来的机遇，积极开发新产品以适应市场和用户的需求。

服务客户 诚信共享 精准求实 创业创新

——成都成量工具有限公司

成都成量工具有限公司(以下简称成量)，前身为成都量具刃具总厂，从1956年建厂到2006年，已走过50年的发展历程。公司是国家第一个五年计划的重点建设项目之一，是我国生产量具、刃具、数控刃具及工具系统、硬质合金制品、精密量仪及汽车检具的大型骨干企业。其主要产品技术水平为国内先进水平，并享有较高声誉。毛泽东、朱德、刘少奇、邓小平等老一辈党和国家领导人先后视察了工厂。经过市场经济的不断磨砺和深化改革的锤炼，一个充满朝气和活力、机制体制全新的工厂正以全新的面貌日益显示出它强大的生命力。

公司现有员工2 674人，其中专业技术、管理人员674人，占总数的25%(工程技术人员219人，中级职称125人，高级职称12人)；资产总额达7亿多元；拥有金属切削机床、锻压、热处理、表面处理设备共1 800余台(套)，其中大型设备、高精度设备、数控机床和加工中心160余台(套)；具备年生产刃具5 000万件、量具量仪100万件、数控刃具10万件、硬质合金制品100t的生产能力。公司于1997年底通过ISO9001质量体系认证，主导产品中先后有6种获中国国家金、银奖，23种获中国机电部、四川省优质产品称号，"川"牌量具、刃具产品获"四川省名牌产品"称号。600余个品种、5 000多个规格的产品，畅销全国各地，远销美国、欧洲、日本等60多个国家和地区，销售收入位居行业前茅。作为传统通用量具刃具，在行业中占有重要地位，特别是螺纹工具、量具及高技术含量的数控刃具产品市场占有率居行业之首，满足了市场需要，赢得了用户好评。近年来，通过不断的技术改造和科学管理，大大提升了员工的质量意识和产品质量水平，2006年荣获了国家"中国名牌"称号，表明成量产品已成为技术成熟且质量稳定的产品，为成量的发展提供了更为广阔的市场前景。

公司在实施成都市工业企业搬迁调整的战略中，整合形成了新的资源优势，为企业进行技术改造，加快机制创新和技术创新奠定了必备基础。企业获得了新的发展机遇，一个新的成量正在新的土地上迅速崛起。

成量历经风雨，不断发展，根基在于几代成量创造的优秀文化。

一、百折不挠，自强不息，是成量企业精神的基本内涵

由于成量公司前身是一个国有老企业，从诞生之日起，方方面面都打上了计划经济的烙印，显示出对市场经济的不适应。虽然历史上有过不少辉煌，但在残酷市场竞争中也走到了破产的边缘。就在企业最困难的时候，新一届领导班子统一思想，统一认识，认真谋划摆脱困境、振兴成量的方略大计，提出了成量的总体改革思路。这就是：锐意进取，开拓创新，以改革为动力，以建设现代企业制度为目标，一手抓资本经营，一手抓资产经营，团结带领全公司职工排

继推出了DK7625、DK7663、DK7632A、DK7625P系列低速走丝线切割机，满足了不同客户的需要。

四、以创中国名牌为目标

争创中国名牌是三光人追求的目标之一。近年来，苏州三光利用各种社会资源来帮助企业快速发展，与多所国内知名高校建立了合作关系，其中既有新品开发项目，又有对企业的经营管理、营销战略的策划。"三光牌"线切割机床1995年被评为苏州市名牌产品，1999年和2003年两次被评为全国用户满意产品，2005年被评为江苏名牌产品。

瞄准市场前沿　开展产品创新

——安徽双龙机床制造有限公司

安徽双龙机床制造有限公司是由原安徽六安机床厂整体改制后重新注册的机床制造业，新公司成立后，决策层对企业的发展和建设进行了重新定位，改变传统的生产经营模式，对老企业进行脱胎换骨地改造。瞄准市场前沿，以机床市场发展趋势为公司的追求目标，引进人才、引进技术、引进新工艺，加速产品创新，提升产品档次和水平，以满足市场和用户的需求，从而更进一步增强在市场中的竞争力。两年多来，通过不懈的努力，公司已步入健康、快速的发展轨道，产销量均比改制前翻了几番。现在的双龙公司可以说是：发展后劲增强，精神面貌变样，产销有序顺畅，管理规范有章。已彰显出公司的生机和活力。

一、用户的需求，推动了创新机制的形成

原六安机床厂虽是个老企业，有多年机床生产制造的历史和经验，但由于机制不活，思想守旧，缺乏创新意识和创新动力，所以多年来始终停留在简单再生产的水平上，产品单一，档次不高，企业没有自己的拳头产品，市场占有份额不大。双龙公司生产经营工作启动后，就确定了产品生产必须走高精化、大型化、数控化的发展路子，起点要高，思想要新。为此，公司建立了一支专业机床研发队伍，针对不同客户的不同需求，积极开展新产品研发和创新。通过两年多来的努力，已实现了机床生产由小型化向大型化转变，普通型向数控型转变，单一品种向多品种系列化转变。同时，对数控机床通过高配置实现产品高效率、高速度化，使产品档次上了一个新台阶。现在公司的产品已从原来仅有的CW6$\frac{1}{2}$32B车床和C630车床两个产品，发展到了CW6$\frac{1}{2}$63A、CW6$\frac{1}{2}$63B、CQ6$\frac{1}{2}$40普通车床和CJK630、CJK0620、CJK6163、CJK6130、CK6128、CJ6128、CJK6180、CJK61100等不同规格、不同档次的数控车床，并将新产品研发延伸到立式车床和数控花键铣床以及专用机床等产品生产。产品创新为公司赢得了市场、赢得了用户，更为企业增加了发展后劲和竞争力。

二、加强质量管理，打造品牌产品

公司决策层对公司的发展提出的要求是：不做三流企业，不产低档产品，要打造好有自己特色的品牌产品。公司的经营理念："诚信务实双为本"。"诚信"就是要在市场上和用户心中树立良好的信誉和声誉，视信誉和声誉为企业生命。"务实"就是要求全体员工以扎实、严谨的工作态度和作风，加工好每个部件，组装好每一台产品，为用户提供放心使用的产品。公司建立健全了质量保证体系，从部件加工到整机装配，每个环节，每道工序都实行严密的把关和质量控制，在质量上做到精细化管理。一是强化工艺纪律，严格执行加工工序；二是加强质量检验监督，把好质量关，坚决做到不合格的部件不装，不合格的产品不出厂；三是对质量问题，下道工序有权否定上道工序，下道工序发现上道工序存在质量问题，可以拒绝再加工或组装，并将情况反馈给相关部门。通过这样层层把关，确保了产品质量的稳定和提高，也受到了用户对产品质量的肯定。2004年通过了国家ISO9001：2000质量认证，2005年又通过认证复审。公司连续两年被安徽省评为"质量信得过企业"。

三、创办学习型企业，增强企业活力和凝聚力

企业要发展，产品要创新，关键在人，关键要有一支适应企业建设和发展的高素质的员工队伍。公司十分重视人才的引进和培养工作，每年都从省、市人才市场招聘大专院校毕业生和有机床制造经验、技术的人员来公司工作。其次，公司积极做好各类人员专业技能培训工作。2005年公司自行举办了车间主任和班组长管理人员培训班、质量检验人员业务培训班、数控机床人员技能培训班以及新进人员岗前培训班。在人员培训上，公司不惜花费时间和资金，购置各类教材和专业书籍，帮助员工学习和提高。公司还组织选拔技术能手参加各种技术比赛，对获得名次的选手给予物质奖励和晋级，为他们创造良好的环境和施展才华的平台，在整个员工队伍中形成了学习技术、掌握本领、积极进取的氛围。通过人才的引进和人员的培训，员工队伍结构得到改善，整体素质也有所提高，为提升产品质量提供了人力资源保证。同时，企业的健康发展和良好的环境氛围，也极大地增强了企业的凝聚力。

四、建立服务人员队伍，做好售后服务保障工作

公司在抓好产品生产，提高产品质量的同时，更十分重视和做好产品售后服务工作，为用户提供良好、及时的服务，做到处处为用户着想。一是公司建立了信息反馈制度，通过电话、售后服务反馈单、用户意见征求表等不同形式，倾听用户对产品质量的意见和建议，并将意见反馈到相关部门和车间，认真对待并在工作中改进和提高。二是对用户的需求给予及时答复，不管是用户产品安装问题还是使用过程中造成的质量问题，都及时安排人员上门服务。在服务过程中，为用户讲清机床使用、保养、润滑、调试等注意事项。三是针对一些企业缺少数控机床专业技术人员的情况，公司安排专门人员上门服务，帮助产品安装调试，提供人员技术培训，进行言传身教。并且还邀请用户派人员到公司来免费代为培训人员，直到熟练使用为止。使用户买到产品就能及时投入使用，及时产生效益。良好的信誉和服务，加强了企业与用户的沟通，巩固了与用户之间的关系。

安徽双龙公司近两年多来，已实现了公司自我发展，自我壮大，但与机床行业的龙头企业相比，还相差甚远，而这正是我们加快发展的动力。公司将坚定不移地追求实现制定的发展规划和目标。2006 年公司投入资金再建 4 000m² 钢构车间，购置添置精密关键加工设备，提高加工能力和加工手段，为公司"十一五"发展奠定基础。我们将通过不懈的努力，不断的创新，为用户提供更多、更好的产品。

淮畔晶菱　何以璀灿

——安徽晶菱机床制造有限公司

坐落在淮河之畔珍珠城的安徽晶菱机床制造有限公司成立于 2001 年 6 月，是全资收购原国有企业安徽省蚌埠机床厂资产而重新组建的民营股份制企业；是全国大规格升降台铣床、数控机床专业生产企业；是中国机床工具工业协会铣床分会的理事单位、中国质量检验协会会员单位。

公司现有职工 304 人，其中工程技术人员 35 人。公司拥有各类生产加工设备 220 余台，精、大、稀设备 21 台，其中包括德国产导轨磨床及龙门镗铣床、匈牙利产磨齿机和台湾产龙门加工中心等。较完善的计量、检测设备，公司可独立完成新产品的开发、设计和制造。公司主导产品为普通升降台铣床、数控铣床、加工中心等，产品销往全国 30 多个省、市、自治区。2002 年至 2005 年间，公司连续被评为蚌埠市最佳经济效益单位。2005 年销售收入5 867万元，利税为 2 211万元，工商银行信誉度为 AA 级。

一、转换经营管理体制，建立现代企业制度

1. 完善内部股权结构，实行产权变更

在经过充分的调研并吸取了其他企业改制的经验和教训的基础上，企业结构和运行机制彻底摒弃旧的运行模式。以经营者持大股，技术、管理骨干多持股的方式成立股份制有限公司。

2. 建立起全新的劳动分配机制

公司根据本企业的实际状况，确定出二大块工资的运行分配机制。一块是车间一线的机床操作工，实行计件工资制，多劳多得；另一块是车间无工时员工（包括机修、装配、后勤服务等）和科室管理员工，按岗位技术复杂程度、劳动强度、岗位重要度进行区分划线，定出不同的工资标准。

3. 健全和完善民营企业的内部管理体制

公司在经营管理的运行机制和拓展思路上进行了大胆的尝试、积极探索，初步建立了一整套顺应市场经济发展要求的民营企业管理体制和运作方式。

4. 更新观念与时俱进，促进管理制度贯彻实施

全公司开展转变观念的理念教育。一是生产经营工作必须一切以客户为中心的理念，时时、事事都要以此为基本出发点，着力提高产品的满意度、服务质量的满意度和企业信誉的满意度；二是树立厂家、客户双赢的观念，企业的效益还得通过用户的途经才能实现。只有厂家、用户利益共享，风险同担，才能真正地做到长远持久的发展。

二、以顾客为中心，建立全方位销售服务体系

1. 建立、健全销售工作的激励和约束机制

公司总经理亲自过问市场销售的调研工作，并对销售部门的承包方案和分配制度进行大胆的改革和创新。根据产品在全国销售市场分布状况的变化，适时地调整销售策略和方针，将全国销售市场划片包干到人、任务分配到人。规定销售部门，每人、每年 90% 以上时间在外跑市场，实行销售人员的工资与所签订货合同的销售回笼资金挂钩。差旅费等销售成本费用实行包干制。通过以上的销售策略和方针实施，极大地调动了销售人员的积极性，并激发了销售人员不断地加强自我学习、自我加压的主动性。

2. 实施用户满意工程，作好产品的售前、售中、售后优质服务工作

公司着重开展售后优质服务。公司从售前的备品、备件准备，售后派员服务到用户信息反馈处理，建立了一整套快速传递系统，做到用户信息处理快速、高效，借以提高产品品种和质量的敏捷反应能力。近年来，根据用户的需求，公司重点对生产了几十年的老产品在适用性、可靠性、安全环保性方面进行了改进，使之能满足新时期新、老用户的不同需要和要求。通过坚持不懈的努力，老产品又焕发出新活力，重新成为公司的支柱产品之一。

三、加大新产品的研发力度，提升企业的核心竞争力

公司在普通升降台铣床设计制造方面，积累了丰富的经验，打下了雄厚的技术基础。近几年，又瞄准具有当今先进技术水平的数控铣床和加工中心机床，进行开发试制并取得成功。到目前为止，已形成系列普通升降台铣床、数控铣床、加工中心机床、龙门数控机床等多个品种，使公司产品形成"精密、高速、高效"的特点。

通过推行技术创新和技术进步，公司的核心制造技术能力得到了明显加强。"十一五"期间，公司将继续加大技改投入，在"年产 300 台数控机床技术改造项目"的基础上，再投资 6 000 万元技术改造项目。

四、技术创新是企业持续发展的源泉

1. 技术创新首先应是观念创新

从原蚌埠机床厂经营不善的破产到公司重新组建股份

制企业的新生，使全体员工加强了对市场经济观念的认识和理解。近年来，公司通过引进、消化、吸收、联合开发等形式，加大了新产品开发力度。数控铣床、加工中心等产品相继研发成功，并批量投入市场。“年产300台数控铣机床技改项目”的建成投入使用，将提高在数控产品领域的研发能力和速度。

2. 实施品牌战略，提高产品质量档次

公司重新组建之后，始终把产品质量作为管理工作的关键，把“造机床精品，创晶菱名牌”作为一切工作指导方针。公司采取的措施：一是更新质量的理念，在产品质量符合技术标准的基础上，不断进行质量改进，精益求精，力求完善，树立让用户满意为最终目标的质量意识，以实际行动努力实现产品上档次。二是以工艺为突破口，建立、健全从原材料进厂到各主要生产工序的工艺技术标准，完善各主要工序的操作工艺规程。三是坚持产品全过程的控制，加强现场管理，严格按产品质量技术标准和客户要求组织生产，努力提高产品的内在质量和外观质量。四是构建切实可行的质量责任制，完善质量管理考核机制，质量的好坏与个人经济效益直接挂钩。2004年顺利通过了ISO9001：2000质量保证体系认证，2005年通过确认保持注册证书。

五、以人为本，实行人性化管理，提高员工的整体素质

公司通过积极倡导，提高员工的创新意识，特别是技术开发和管理创新，以此来求得企业不断发展。大力宣传和教育员工树立“时时有竞争，事事靠竞争，人人要竞争”的竞争理念；树立“战胜自我，追求双赢”的价值观；“严格、精干、高效、低廉”的管理理念以及“造机床精品、创晶菱名牌”的品牌意识。

为了使员工的整体素质得到进一步提高，公司通过各种培训班和讲座。培养了一批优秀的销售人员，造就了一批技术工人和工人技师。

2006年晶菱公司将完成工业产值1亿元，实现销售收入9 250万元。

宁波海天精工机械有限公司

一、公司概况

宁波海天集团股份有限公司拥有总资产30亿元，资信状况AAA级，2005年实现产值30亿元。总公司占地面积100多万 m^2，拥有正式职工2 000多名，是中国目前最大的注塑机生产基地。

宁波海天精工机械有限公司(简称“海天精工”)是宁波海天集团股份有限公司下属生产加工中心的子公司。公司先后投入了超过2亿元的资金，占地面积达7万多 m^2。

海天精工是宁波海天集团股份有限公司实现跨行业发展的重大战略步骤的结果，2003年底正式投入运行，现有员工300多名，大中专以上学历人员占80%；专业研发人员50名，其中高级技术人员18名。公司拥有现代化的恒温装配车间、精良的加工设备、完善的测试手段。通过技术引进和自主研发，产品已形成三大系列：卧式加工中心HTM－H系列、龙门加工中心HTM－G系列和数控车HTM－TC系列，20多个品种，可满足汽车、模具、航空航天、军工、五金等各种机械加工领域的需求。2005年产量120台，完成近1亿元的产值。其中被列为国家火炬计划的HTM－850G龙门式加工中心是公司利用自有技术、独立自主开发的新一代龙门式加工中心。在第九届中国国际机床展览会上，海天精工作为机床界的新兵崭露头角，并得到全国政协主席贾庆林的赞许。

二、海天精工发展历程

1. 集成引进，为发展机床行业夯实基础

长期以来，海天集团公司一直在寻求新的经济增长点。2001年经过论证，发现数控机床行业的市场需求非常大，是注塑机市场的20倍，而且海天在30多年的发展中，始终没有脱离机械行业，在机械加工和装配方面积累了丰富的经验，在机械加工设备的引进、安装调试和长期使用中，对数控机床有了比较深刻的理解。海天董事会决定发展数控机床和加工中心，发展战略体现为“机械相关、共性多元化发展”。在经过初步规划和市场调研后，确定了海天加工中心的发展思路：起点要高，适合于国内市场需求，走集成引进和自主开发道路，大批引进人才，为海天加工中心的快速发展奠定基础。

在产品品种上，公司确定了发展市场上量大面广的四大机型：卧式加工中心系列、龙门加工中心系列、数控车系列。海天结合自身情况和市场需求，决定引进日本新泻的HN系列卧式加工中心和日本大日金属F系列数控车技术，同时自主开发龙门加工中心系列。

(1)初期样机研制。2002年10月，海天自主开发的龙门加工中心样机HT－850G试制成功，并于2003年进入批量生产。与台湾合作生产的立式加工中心VY－1000在2003年2月份试制成功。

(2)技术引进和消化吸收。2002年下半年，海天公司分别与日本新泻公司和日本大日金属公司达成技术转让协议和技术合作协议。2003年初，启动了技术引进工作。图纸交接后是人员的培训、学习。首次培训从图纸消化吸收转化、现场加工装配、电气原理配线安装调试等，为海天引进技术的消化吸收、样机的出产奠定了坚实的基础。

(3)现代化厂房建设。在技术引进的同时，海天精工的现代化厂房也在规划实施，从2002年10月开始破土动工，到2003年年底基本完成。海天精工厂房占地7万多 m^2，其中一期厂房建筑面积2.5万 m^2。坚实的地基确保了数控机床装配的高质量要求；所有关键设备严格按高等级规格加以施工，保证了加工设备精度的长期稳定性；恒温加工和装配车间保证了对恒温精度的要求。以上条件为海天精工生产出高质量的数控设备提供了先决条件。随着生产量的提高，2.38万 m^2 二期厂房于2004年5月开始施工建设，现已建成，并投入生产。

(4)先进设备、工艺装备的引进。公司拥有日本SNK五面体加工中心、精密坐标镗、数控导轨磨床、激光切割机、导轨感应淬火机，瑞士精密数控内圆磨床，德国精密数控外圆磨床等先进生产设备。同时在测试手段上有德国莱兹精密三坐标测量机、激光干涉仪、主轴箱测试台、刀塔检测台等先进测量工具。

(5)现代信息技术的引进。依托海天集团高科技的管理手段，海天精工也全面实行计算机管理，率先与国际大企业在配置上齐头并进，企业资源计划、OA系统的引进实施，形成了计算机管理网络体系，节约成本，提高效率，实现了各部门间意见最快捷的反馈与沟通。

利用从德国引进的ERP软件——SAP，实现从计划、设计、制造、成本管理、销售到反馈全闭环控制，无论是生产中的装配零件或是生产出的整机，都能及时地反映出入库总量、预留、库存量。公司还建立了以PDM为纽带的工程设计信息管理系统，实现包括所有关联数据的信息检索，产品结构与配置管理。公司还将PDM与企业信息管理系统ERP(SAP)有机结合，实现企业真正意义上的信息统一、资源共享。

此外，公司引进美国PTC公司的PRO/E高端CAD/CAM软件用于机床新产品的开发设计，实现了三维参数化建模和机构装配，对主关键件进行准确的分析计算，帮助设计人员迅速的了解、评估和修改设计方案。

2. 消化吸收，不断积累创新经验

(1)创新是企业活力的源泉，关系到企业的兴衰成败。卧式加工中心和数控车两大系列引进技术的国产化，直接关系到海天精工的市场竞争力。卧式加工中心有三大技术难题：主轴箱组件、工作台组件和刀库组件。数控车也有三大难题：主轴箱组件、尾座组件和刀塔组件。为使海天精工拥有自主的加工和装配调试技术，公司确定了技术攻关计划，现除卧式加工中心刀库攻关项目列入2006年计划外，其他项目已完成技术攻关。

(2)为更好地消化、吸收引进技术，海天投入大量资金，用于高级人才的引进和聘请日方高级技术和装配人员，同时从国内知名机床厂聘请多名相关主轴加工、装配，以及热处理方面的专家，为海天的迅速发展奠定了基础。

(3)公司的新产品开发历程。公司每年开发2～3个全新产品，并在现有产品的基础上进行产品的系列开发以及老产品的改进设计，目前海天精工的产品已为我国许多重点行业提供了服务，如军工行业、航空航天、汽车行业、模具行业等。

3. 创新提高，缩小与国际先进水平的差距

(1)培育和鼓励创新性人才，宁波海天集团股份有限公司科学管理的最大特色，就是以人本、成本、资本“三本”管理为核心，走内涵发展的道路。海天精工正是秉承这一管理理念，在异常激烈的市场竞争中快速崛起。公司每年进行“海天公司科技创新奖”的评比，对在科技创新方面有突出表现的团体及个人予以奖励；提倡群策群力、人人献计献策，广泛深入地开展合理化建议建功活动，逐渐形成集思广益的良好工作氛围。

(2)积极寻求国内外资源进行合作。几年来，海天精工始终以全球化视野思考技术创新的问题，积极开展国际合作，利用全球资源，在高起点上引进、消化、吸收，迅速提升自主技术创新的能力和水平。在国际合作基础上，精工自主开发能力不断提高，可适应不同客户需求，开发卧式加工中心、龙门式加工中心和数控车床新品机床。

(3)面向市场与客户进行产品开发。21世纪，我国的制造业面临着个性化、多样化需求与标准产品大批量需求并存的局面。这就要求企业能够面向市场，及时有效地收集客户信息，结合自身条件开发出市场满意的产品。海天精工一方面要满足用户个性化的需求，主动向小批量、多品种发展，针对客户的特殊需求进行攻关、技术改造，以客户的需求为公司发展的动力，生产出了一系列为客户量体裁衣的产品。另一方面，继续通过大规模生产方式，高效的生产出符合大众需求的标准机型。公司不断强化对市场需求的前瞻性研究，洞察客户未来的期望与需求。在服务客户的同时，不断提出新的思想和概念、新的技术和产品，与客户互动，让客户选择，为客户创造价值。

三、公司未来的发展展望

数控机床产业是制造业的基础产业和战略产业，海天作为充满活力的浙江民营企业，将依靠务实先进的管理，经过不懈的努力，走可持续发展的道路，在5年时间内，打造出海天数控机床品牌，为国家的民族工业争光添彩。“世界的品牌，中国的骄傲”——海天将在不断的自我突破中向新的高峰攀登。

创新中的汉江机床有限公司

汉江机床有限公司是以螺纹磨床为主导产品的精密机床生产基地，还是以滚珠丝杠副和直线导轨副为主的滚动功能部件生产基地。进入新世纪，汉机公司生产的螺纹磨床占全国总产量的85%以上，数控机床占公司机床产品的80%以上。滚珠丝杠年产8万副以上，滚动直线导轨年产2万m以上。“汉江牌”滚动功能部件市场占有率达到了20%，市场覆盖面达80%。以数控螺纹磨床为代表的精密机床系列产品和以滚珠丝杠与直线导轨为代表的主要功能

部件两大主导产品具有技术高端、资本密集、管理科学的特征，更具有产业互助、技术互补的紧密关系。连续三年，公司的产销指标以超过30%的速度增长，汉江机床有限公司已成为我国螺纹磨床和滚动功能部件行业的领军企业。

作为螺纹磨床的研发制造企业，核心竞争力“螺纹技术”在国内具有独创的优势。契而不舍的技术创新，具有自主知识产权的精密螺纹磨床制造技术、精密螺纹磨削技术、螺纹检测仪器制造技术、精密滚珠丝杠制造技术以及螺纹基础理论和应用技术的研究，使汉机公司在螺纹技术领域里具备举足轻重的作用：汉机公司是国家螺纹标准的主要起草单位，是滚动功能部件国家标准的主要起草单位之一。

汉机公司拥有国家级螺纹磨床研究所、省级滚动功能部件研究所、省级技术中心。公司在20世纪80年代初，在江苏昆山、上海浦东建立了分厂，2004年又在昆山建立了滚动功能部件研发中心。这是汉机公司突破地理、经济、观念的战略性举措，意在以技术、人才、市场、信息诸方面走自主创新的路子而充分利用社会资源的布局。

汉江机床有限公司在长期的滚动功能部件生产实践中，积累了丰富的设计及工艺经验，探索出了一系列最佳技术参数，并与大专院校合作开发滚动功能部件设计、工艺专用软件，使之实现了标准化、模块化、系列化，最大限度实现了优化设计、优化工艺。汉机公司在产业升级中提出了“四个坚持”的方针：坚持中低档产品规模化发展；坚持攻克行业共性难题；坚持相对超前研发，向高端市场领域进军；坚持自身核心能力提高与推进品牌建设。

汉机公司在“四个坚持”的基础上做更大的投入以求发展。一是投巨资技改，以“技术高起点、生产专业化、产量规模化”的理念抓好规模化发展；二是管理科学，使市场要素实现信息化管理，达到信息对滚动功能部件产业发展的引领作用；三是加大技术创新投入的同时，制定鼓励产业技术创新的薪酬制度，给科研和技术人员创造宜人的工作、生活环境；四是作为螺纹磨床专业化生产基地，要继续为滚动功能部件行业提供大批急需的专业化、高效率的新式装备，提供试验设备和检测仪器，达到共赢；五是争创滚动功能部件国家级品牌，不断创造条件，加快“汉江牌”滚动功能部件进军国际市场的步伐。

“汉江机床、汉江丝杠、汉江导轨”在“十一五”末产销计划达到6.5亿元的水平。

汉江机床有限公司将承担与“中国螺纹磨床制造基地”，“中国滚动功能部件制造”基地相称的重任，向更高的目标迈进。

〔撰稿人：汉江机床有限公司高荣森〕

抓特色优势　做名牌专机

——青海第二机床制造有限责任公司

青海第二机床制造有限责任公司是国内最著名的专业机床生产厂家之一。公司经四十余年的经验积累并通过积极不断的开发创新，目前已形成以数控为主，多品种、多层次、多领域的产品格局，大部分产品市场占有率及技术水平在国内处领先地位，公司的主导产品为国内行业最高水平且独家生产，部分产品销往国外。近年来，公司围绕着“抓特色优势、创专业名牌”的工厂目标，不断开发有特色优势的专机产品，使公司的产品有了较大的发展。

公司主要产品为花键轴铣床系列、长短螺纹铣床系列、丝锥加工成套设备（含丝锥磨床、方尾磨床、磨槽机、磨尖机）、数控曲轴铣床及数控曲轴圆角滚压机床、数控曲轴车床、数控凸轮轴铣床、数控螺杆铣床、滚刀铲磨床、蜗杆磨床、花键滚轧机床等。

公司主导产品花键轴铣床系列、长短螺纹铣床系列从20世纪60年代开始制造生产，经过几十年不断发展及市场检验，特别近几年向高效、高速铣削及智能数控化加工方向发展，使该系列产品又上一个台阶，接近国际水平。随着切削刀具的发展及用户对铣削效率要求的提高，高速、高效切削成为当前机床行业发展的必然趋势，针对这种情况，公司在近两年研制成功了YKX6012数控高效花键轴铣床（可以进行高速干式切削），SK6220数控螺纹铣床（梳铣短螺纹）、SK6130数控螺纹铣床（长螺纹），目前正在进行完善设计和系列化开发。

公司生产的螺旋转子加工成套设备是用来加工空压机、冷冻机及工业泵转子等产品核心元件转子的专用关键设备。该类机床因其加工精度高、构造复杂，20世纪80年代以前均靠进口。公司经多年不懈努力于20世纪90年代试制成功，后经改进发展为多个规格产品。该设备试制成功为我国空压机、冷冻机及工业泵行业的发展做出了特殊贡献。

公司生产的数控异形螺杆铣床是塑料机械、化工机械、橡胶机械及石油机械加工挤出螺杆及石油钻具等的专用机床，技术含量高、控制复杂，20世纪80年代公司与清华大学合作第一个研制成功。

公司生产的丝锥加工成套设备也是国内目前配套最全、水平最高的，从丝锥的螺纹、方尾、容屑槽、切削锥，均有专机，是国内惟一能做到配线提供全套设备的厂家。该类机床特别是丝锥磨经数控化改造后已经是国内行业水平最高的，从2005年到2006年1月实现销售近百台，同规格市场占有率90%以上。

公司生产的SGW7825B滚刀铲磨床磨削精度能达到AAA，是国内精度最高的，经改造后其效率、稳定性大为提高，接近国际水平，部分项目达到或超过国际水平。

近两年，公司加快了产品开发速度，特别是为汽车行业开发了高性能数控产品，相继完成了QH2－040A曲轴圆角滚压智能柔性加工系统、QH2－039A曲轴车拉机床、QH2－062A高速数控曲轴铣床、QH2－060高速双头曲轴铣床的开发。

通过近几年努力，青海第二机床制造有限责任公司的特色优势产品将有一个重大发展，将为我国机械行业做出应有的贡献。

坚持自主创新　加快发展步伐　做强做实做大

——陕西秦川格兰德机床有限公司

陕西秦川格兰德机床有限公司是由陕西秦川机械发展股份有限公司与陕西机床厂合资组建的专业磨床制造公司，是国家定点生产外圆磨床的专业厂家，也是我国最大的外圆磨床生产厂家之一。公司占地33万m^2，现有员工600多人，拥有固定资产4 500万元，具有年产磨床1 000台的生产能力。

秦川格兰德公司通过了ISO9001：2000版质量认证，被陕西省科技厅认定为“高新技术企业”，主营业务被陕西省国资委确认为“当前国家重点鼓励发展产业”。

秦川格兰德公司主导产品为“陕机”牌磨床系列产品，主要有外圆磨床、万能外圆磨床、端面外圆磨床、轴承磨床、无心磨床、内圆磨床、曲轴磨床、凸轮轴磨床、平面磨床、球面磨床、汽车及工具行业专用磨床等产品共11大类、110多个品种、150多个规格。

2005年，公司完成销售收入1.36亿元，比上年增长19%；其中：主营业务收入1.18亿元，比上年增长22%；实现利润总额609万元，比上年增长21%；完成工业总产值10 460万元(不含税)，比上年增长17.6%。

一、实施树形象扩容量工程

2005年，机床市场总的发展趋势是“上半年稳中有升、下半年骤然变冷”，特别是10月份突现“寒流”。公司针对这一现状，及时调整销售工作思路，继续坚持“以通用产品占领市场，大规格、数控机床提高效益”的经营思路，积极寻找新的经济增长点，加大产品市场推广力度，尤其是轴承磨床年度销售收入比上年增长200%，树立了秦川格兰德公司专业磨床制造商的形象。

公司进一步完善了以销售部为中枢、以区域销售点为主线、各地经销商为分支的多层次、立体化、点面结合、以点带面的销售网络。加大培养忠诚用户和优秀经销商的工作力度，对各个市场梳理、整顿，做到每个市场有一到两名忠诚用户、大中城市都有优秀经销商，并对直接用户和重点经销商不定期跟踪服务。凡是重大招投标项目，产品开发人员直接参与售前服务。辽宁、江苏、浙江、山东、陕西已发展成为年度销售收入突破千万元的重点大市场。

加强营销服务体系建设，认真做好售前、售中、售后服务。2005年，产品售后服务工作采用计算机管理，实现了及时查询、跟踪服务，对售后服务人员实行分片负责，统一安排、合理调配。

利用各种宣传渠道，强化秦川格兰德公司专业磨床制造商的形象。一是加强公司网站建设。二是上半年参加北京国际机床展览会。三是10月份邀请重点经销商和主要用户代表召开了“联谊会”。四是在晋西机器厂召开了“车轴磨床推介会”。五是组织两支队伍(技术人员、销售人员参加)访问轴承磨床主要用户，提供技术服务，了解潜在需求，推介数控轴承磨床。六是对车轴磨、车桥磨、M1380等系列产品重点推销，取得了良好效果。

二、实施产品提升工程

一年来，相继设计开发了GZ116、GZ116/1数控桥壳磨床、MKS1650×7.5(GZ112、GZ114)数控高速端面外圆磨床、MKS1650×15/2数控高速端面外圆磨床、3MKSD2116数控轴承磨床、ME1350×40外圆磨床、ME1363×30外圆磨床等为代表的各种新产品。MKS8312数控高速凸轮轴磨床、动静压主轴系统、液压式自动跟踪中心架的试制取得了突破，为开发高端产品提供了强大的技术保障。M8263A曲轴磨床试制成功、内孔磨床实现了批量生产，丰富了产品链、成为新的经济增长点。

针对研究所新产品开发任务重、人员偏紧，以及定型产品改进缓慢的现状，成立“定型系列产品管理服务小组”，划归工艺所管理，专门负责定型产品的售前、售中、生产制造、技术整顿、产品改进等一系列管理服务工作。

2005年，开发新产品15种，试制新产品20种。生产大规格机床151台、数控机床21台，占全年机床总产值的54%。

三、实施精益生产工程

随着市场形势的变化，原有生产组织方式无法满足市场需要，必须按照“多品种、小批量”的市场需求调整生产组织方式。经过一年来的努力，生产系统已经基本上适应了“多品种、小批量”的要求，缩短了生产周期，提高了生产效率。特别是，去年产值增长达到17.6%，而存货同比仅增加2%，尤其是配套部年末存货量同比减少26%。当期存货占当期产值比例也在降低，同比下降3.76%。

四、实施品质突围工程

以ISO9000质量体系审核换证为契机，狠抓产品质量管理工作。

大张旗鼓地树立服务意识。根据业务流程，倡导“下道是上道的客户、上道要为下道提供优质服务”的理念。强化产品设计方案评审，将质量隐患消灭在前期设计阶段。修订了《质量手册》、《程序文件》等体系文件，使其更加符合公司质量管理现状。全面推行《质量索赔制》，利用经济杠杆促进产品质量稳步上升。全面推行"5S"管理，倡导"全程清洁生产"，尤其是"清洁装配"。并成立"现场管理督查小组"，不定期检查、纠正违章，促进现场管理工作上台阶。每季度召开一次《质量分析会》、每月编发一期《质量简报》，专题研究落实产品质量工作。

五、实施人才活力激发工程

在工作中，教育、引导各级领导干部要关心和爱护员工，采取有效措施保护员工的劳动积极性和主动性，在"育人"和"留人"上下大功夫，并合理配置人力资源，让合适的人去干合适的事。

六、实施财务管理上台阶工程

进一步完善财务运作体系，突出了财务的管理与控制职能，疏理了结算渠道。应收账款、应付账款、在制品资金占用、存货周转率等财务指标均在预期范围内。

七、实施信息化管理工程

经过一年来的努力，初步建立了信息化管理平台，信息化建设初现规模。一是财务部全面实施会计电算化。二是技术部门实施了PDM(产品数据管理)项目。三是新购置了16台计算机(打印机)，提高办公自动化水平。

坚持科技创新　全面升华鲁机品牌

——山东鲁南机床有限公司

山东鲁南机床有限公司为大型股份制企业，资产4亿余元，各类专业技术人员978人，拥有两个省级技术开发中心，每年有40多个新产品投放市场。主要产品有立卧式、龙门式加工中心，数控铣床、车床，各类数控专用机床及普通铣床、车床等，共18类220多个规格品种，主导产品产值数控化率达到了70%以上，是全国数控机床生产基地，全国最大的铣床生产基地。

公司"T"字牌产品连续多年获得"山东名牌"、"山东省免检产品"等荣誉称号。公司自2003年连续三年进入中国机械500强，两年排名前移95位，位居第377位，在进入500强的机床工具企业中列第7位。2005年，公司被评为"全国用户满意企业"、"全国名优产品售后服务十佳单位"、"山东省十五期间机电产品出口先进企业"，被认定为"中国先进生产力示范研究基地"。

公司着力提高增长质量，保持了旺盛的发展势头，在"十一五"规划中，被山东省列为省数控加工中心、高精密机床龙头及重点发展企业，被国防科工委、国家发改委列为全国军工企业数控机床设备供应基地企业。

一、以技术创新为动力，持续优化产品结构，提高企业的核心竞争力

加快和完善技创新体系，强化技术队伍建设，持续产品结构优化调整是企业健康发展的根本。公司通过自主开发和与科研院所走产、学、研相结合的路子，着力打造一支事业心强、技术水平高的员工队伍，不断提高企业的核心竞争力。

公司坚持自主创新，坚持和科研院所、石油大学、中科院的合作，在不求所有，但求所用、利益共享、共同发展的目标下，建立了没有围墙的科研开发部。同山东省机械设计院共建山东省数控研发中心，已开发的XH2412龙门加工中心、ZK2010－4深孔钻床及3MGK7204内元磨削中心等高技术、高附加值的产品，为公司的长远发展储备了技术。与石油大学合作的科研项目"微细喷孔电火花加工机床"、"非导电超硬材料电火花磨床"已通过省级鉴定，填补了国内空白，达到国际先进水平。目前，公司已基本实现产品销售一代、生产一代、储备一代、研发一代"四代"同抓的目标，为公司的持续健康发展奠定了基础。

二、积极转变增长方式，国内外市场得到进一步拓展

2005年，国家宏观调控有效地抑制了经济运行中出现的不稳定、不健康因素，国民经济持续较快发展，使机械工业从前几年的高效增长阶段转向稳定增长阶段，同时也显现出速度、效益、规模和素质、数量和质量方面的矛盾尖锐。面对严峻的客观形势，公司始终保持清醒经营。"十五"期间国家转变了出口增长方式，在鼓励数控机床等高附加值产品出口等政策的引导下，积极转变增长方式，强抓机遇，突出特色优势、立足自身，打造自主品牌、把将顾客关注的焦点和开拓市场的方向相结合的服务理念溶入营销策略，促进了国内外两个市场的巩固和开拓。

围绕产品结构的持续调整，营销工作更加注重市场调研、信息反馈工作，设置了加工中心等产品的销售示范点。进一步树立"大服务"意识，实行缺陷产品召回，全面落实好"对用户负责，为用户创造价值"的理念，做到服务及时、优良，让用户满意。

为让世界了解鲁南机床，使鲁南机床走向世界，公司充分利用国际大型机床展会的有利时机展示形象，特别是美国芝加哥、德国汉诺威、日本东京、中国北京这四大世界机床展，不惜巨资组织设计、精心策划，让客商全面了解鲁南机床的综合实力，做大、做活对外贸易。2005年出口总量有了历史性突破，自营出口实现了1 052万美元，数控机床出口选准印度市场，积极推销，5个月共出口50多台数控机床，实现继泰国外又一个数控机床大市场。现公司在世界76个国家和地区形成自己的销售渠道，以高速精密机床、中高档数控机床为主的80多个规格品种的产品销往以欧美为主的国际市场。自营出口额连续多年在省内同行业中居首位，2005年跃居全国前4位，被授予"山东省十五期间出口工作先进单位"。

三、坚持不懈抓好产品质量，不断升华鲁机品牌

公司在前几年质量管理取得较大进展的基础上，面对市场发展的要求，提出了“瞄准世界水平，打造国际一流产品”，誓做民族精品、世界知名品牌的战略目标。为实现这一目标，完善制订了各类人员质量责任制，明确了质量工作的重点，全面提高员工的质量意识。2005年11月被中国质量协会、全国用户委员会评为“全国用户满意单位”，被中国商业联合会和工业联合会评为“全国名优产品售后服务十佳单位”称号。

公司始终把抓产品质量作为工作的重点，不断强化全过程的管理和控制，注重队伍质量素质的提高及工作作风的养成。通过做足、做好细节，消除产品“小毛病”工作的开展，使全体员工认识到细节决定成败、决定企业的兴衰。生产过程中及时分析质量管理控制过程存在的关键问题，每月坚持做好检查、公示、整改相结合的纠正预防措施，制订质量工作改进计划，严格执行质量考核制度，使ISO9000质量管理体系更加完善、运行更加有效。创新管理方法，开展创建质量免检个人、班组、单位活动，突出抓好质量方面的重点工作，实行整机质量定期抽查制，落实管理者质量责任追究制，搞好过程控制，提高产品的稳定性和可靠性。

在“大服务”观念的指导下，进一步落实让用户满意，为用户创造价值的理念，公司成立了技术服务中心，积极探索服务新模式，开展用户满意工程，随产品发放用户信息反馈卡，不断改进和提高服务技能和水平，得到了中间商和最终用户的认可，提高了公司的知名度，有力地支持了国内外两个市场的巩固和开拓。

四、坚持以人为本、努力打造优秀员工队伍

在生产经营工作中，公司领导层深深认识到：一流的产品质量和工作质量，源于良好的员工素质，产品质量的好坏直接反映出员工队伍素质的高低，坚持不懈地优化员工结构、提高员工队伍素质，已成为建设常青企业的首要工作。

(1)为引导全员深刻领会和挖掘“靠企业走共同富裕，靠智慧和诚实劳动发达”的两靠文化内涵，促进公司的健康发展，公司贯彻“以德治企”理念，着力建设一支“执权为民、兴企富民”的经营管理者队伍，一支永保先进性，充分发挥模范带头作用的党员队伍，一支“有理想、有道德、有文化、有纪律、高技能”的“四有一高”员工队伍，保障企业发展与全员共同富裕目标的实现。

(2)持续开展全员职业道德、职业技能教育，开展创建学习型企业活动及全员作风建设，以完善落实《振兴企业工作守则》为突破口，制订了各类人员的行为规范、工作标准及落实措施。

(3)创新人才工作机制，改造、完善各项人才政策，实施员工技术等级评审晋升制，形成了“价值分流，梯次培养”的人力资源管理制度，理顺了人才引进、成长、培养、使用等管理渠道，使各类人才干事有舞台、创业有机会、发展有空间。技术队伍打破论资排辈，单纯讲学历的观念，一大批青年技术骨干脱颖而出，成长为技术主管；公司高级技术工人队伍更是快速发展，目前公司拥有全国机械行业突出贡献技师2人，省首席技师1名，市首席技师3名，全国技术创新能手1名。各类技师享有补贴，工程技术人员实行岗位工资、目标承包、新产品利润提成相结合的分配制度等薪酬体系，使人力资源得到极大的发挥，同时提升了鲁机人“敬业奉献，争创一流”的企业精神。

展望未来，山东鲁南机床有限公司作为省数控、精密机床、加工中心重点发展企业，将在不断调整和完善中建立更加规范的现代化股份制企业制度，并通过不断优化产品结构、提升产品档次，确立企业在中高挡数控铣床和精密车床行业中的优势地位，推进我国数控机床行业的发展。

坚持自主创新　为国家竞争力蓄能

——天津市天锻压力机有限公司

为把我国建成创新型国家，从根本上提升国家竞争力，国务院在《国家中长期科学和技术发展规划纲要》中指出，首先要建设以企业为主体、产学研结合的技术创新体系，并将其作为全面推进国家创新体系建设的突破口。作为我国锻压机最大的装备制造商——天锻压力机有限公司要从以下几方面为国家竞争力的提高蓄能。

一、自主创新，使天锻蓬勃发展

在实施以市场为目标的产品研发和技术创新中，天锻研制开发的大重型数控液压机和机电一体化产品，已成为填补国家空白和替代进口产品。2006年2月在上海召开的“2006年军工行业国产数控机床应用座谈会”上，经国家发改委及国防科委批准，对我国军工行业所使用的1 100台数控机床，按照“百里挑一”的比例和标准，通过中国机床工具工业协会和中国和平利用军工技术协会对11个“国产数控机床优秀合作项目”进行了表彰。天锻压力机有限公司为陕西红原航空锻铸工业公司开发的我国第一台“THP10－10000 100MN数控等温锻造液压机”获此殊荣。2006年4月3日在由中国工业报和中国机电工业杂志社联合主办的“2005中国机电工业年度风云榜”评选活动中，获得“2005中国机电工业年度风云产品”殊荣，成为全国机床类产品惟一上榜品牌。

以市场为导向，追求效益最大化，这早已被企业界接受并认同的创新追求，在天锻公司却有着另一番解读。公司认为，作为国内液压机制造业的龙头企业，在技术创新上还应有更高的追求、更高的境界、更高的价值取向。即：创新不仅要以市场为导向，更要以国家产业政策为导向，创新不仅要追求效益最大化，更要把国家利益视为最高利益。唯其如此，才能使企业的科技创新服务于国家竞争力的提升。基于这一认识，公司始终坚持把国家产业政策支持鼓励的、关乎国家利益的重大技术装备创新项目作为主攻方向，力争在打破国外的技术垄断和技术壁垒上做出自己的贡献。

“十五”期间，企业先后研制出多台(套)填补国内空白的重大技术装备，其中包括：结束了我国不能生产大型等温锻件历史的、用于航空航天业的万吨级数控等温锻造液压机；引领我国玻璃钢机械化成形技术走向世界前沿的玻璃钢制品大型数控液压机生产线；加速我国上海江南造船厂、上海浦东造船厂、上海长兴岛造船公司、大连中远造船公司、宁波造船公司等造船工业关键重大装备国产化进程的船体板材成形和数控生产线；改变我国一汽集团、二汽集团等汽车重要部件精密锻压、多工位压力成形关键装备依赖进口现状的精密高效智能型温冷挤压液压机生产线；还有能满足广州本田二期工程每50s生产一台车身设计要求的车身覆盖件包边成形柔性制造系统以及江铃、长安、厦门金龙、山东五征汽车覆盖件生产线等。

天锻人提出了“创新拒绝平庸”的口号并制定了跨越式的创新目标，凡是天锻推出的新品，既要填补国内空白又要达到国际先进水平。在企业的创新理念中，新品达不到国际水平，就不可能替代进口，也不可能打破国外的技术垄断和技术壁垒，更不可能实现为国家竞争力蓄能的目的。

为做到这一点，公司立足新材料，新技术、新工艺，开创性地不断向新的应用领域进军，务求在关键技术上实现重大突破，使每一台新品都能有其创新的亮点闪，并敢与世界名牌同类产品同台一比高下。

通过不断在关键技术上实现重大突破，天锻已掌握了一定量的位居国际先进水平的核心技术。

二、专利战略助跑天锻

为创造出属于自己的新品，公司制定了凡是创新的产品，必须拥有自主知识产权，要有专利技术的制度。在企业的眼中，没有专利的产品谈不上创新；没有专利的技术，就不可能为国家竞争力蓄能。2005年承接的市级和国家级重大技术装备项目主要有：

国家重点新产品计划——THP71－4000玻璃钢制品液压机；国家“863”计划课题——大重型精密高效数控液压机制造业信息化建设；国家商务部出口机电产品研发项目——大型远程异地数控液压机；专利战略推进工程研究项目——数控液压成形机床技术及产品专利战略、天津市科技攻关重点项目——半固态金属模锻成套装备全自动生产线；天津市重点新产品——S－THP61－500＋1250＋1000温冷挤压液压机生产线；天津市重大高新技术产业化项目——大型远程数控液压机成套装备产业化；工业科技开发基金项目——大型远程玻璃钢数控液压机成套装备；工业重点技术改造项目——大重型远程数控液压机本地化；天津市企业技术创新重点项目——重型玻璃钢制品液压机远程数控成套生产线；天津市信息化优秀项目——液压机产品投标、报价和三维开发设计集成系统。

其中THP61－1250 12500kN温冷挤压液压机，获天津市技术创新优秀项目一等奖；S－THP61－500＋1250＋1000温冷挤压液压机生产线，获天津市科学技术进步二等奖。

截止到2005年底，公司拥有液压机行业的专利202项，其中发明专利30项。

公司拥有全国惟一液压机研究所——天津液压机研究所，是天津首家企业技术中心。

自主创新　超越自我

——威海华东数控股份有限公司

威海华东数控股份有限公司(简称“华东数控”)是2002年3月在原威海机床厂有限公司基础上，经过资产重组与山东省高新技术投资有限公司共同投资创办的山东省高新技术企业。主营业务为数控系统、数控机床、编码器、伺服驱动器、伺服电动机等产品的研发、生产和销售。注册地址为威海高技术产业开发区火炬路305号，公司董事长汤世贤，注册资本为8 000万元，全部为面值1元的普通股，其中山东省高新技术投资有限公司持有国有法人股3 158万股，占39.47%；其余为华东数控高管等自然人持股，占60.53%。

截至2005年12月华东数控总资产2.95亿元，生产厂区占地面积6.2万m^2，建筑面积4万m^2；正在进行建设的第二厂区占地面积15万m^2，建筑面积12万m^2，其中5万m^2已经完工投入使用，其余正在建设中，预计2006年8月可全部竣工交付使用。

华东数控现有员工1 048人，其中管理人员130人，中高级技术人员85人。

在华东数控成立的三年中，销售收入和利润每年都大幅度提高，企业经济效益迈上了一个新的台阶。2002年成立当年销售3 404万元，实现利润59万元；2003年销售1.06亿元，实现利润662万元，分别较上年增长2.1倍和10倍；2004年实现销售收入1.81亿元，实现利润1 212万元，分别较上年增长71%和103%；2005年实现销售收入2.4亿元，实现利润1 655万元，分别较上年增长32.6%和36.6%。

华东数控自成立以来，坚持走自主创新的发展道路，不断加大新产品开发力度，加强企业内部管理，公司竞争能力不断增强。吸收国外先进经验，开发成功国内领先水平的三头龙门铣床CP2040，受到专家赞赏；设计试制的

MW5210D 等五种程控龙门磨床和 CP1220CNC 程控龙门铣床，大大改善了机床性能；与哈尔滨工业大学合作开发的 HD500A 型精密数控系统，已在立式加工中心上应用；高性能磁电式编码器的研发成功填补了国内空白。不仅如此，华东数控已开发开放式五轴联动数控系统、具有国际先进水平的纳米级数控钻铣床、系列化的立式加工中心和卧式加工中心、大规格的龙门加工中心和数控龙门磨床产品。

2003 年 2 月，自主研发的 PC—BASED HD－500 型控制十六轴五轴联动数控系统取得了国家版权局颁发的计算机软件自主著作权证书。

2003 年 7 月，被山东省科学技术厅认定为高新技术企业。2004 年 5 月，被山东省威海市政府认定为重点扶持工业企业之一。2004 年 12 月，经山东省人民政府批准，并在山东省工商局注册，完成整体变更为股份有限公司工作，公司现已通过山东证监局的上市辅导验收，正进行国内中小企业版上市的材料申报工作。2005 年 10 月被国际五大会计师之一的德勤会计师事务所评为“中国高科技、高增长 50 强企业”，名列 24 名。2006 年 1 月被山东省企业信誉评价工作委员会评为“AAA”级信誉等级企业。

华东数控是国内数控机床行业的后起之秀。近年来，该企业通过自主创新，抢占数控机床的技术高点，企业先后开发出具有自主知识产权的十六轴五轴联动数控系统、磁电式旋转编码器等数控机床领域的高端产品，并着手推出纳米级和微纳米级精密数控机床产品。

2005 年 4 月 9 日，中共中央总书记、国家主席、中央军委主席胡锦涛和随行的中央政治局候补委员、中央书记处书记、中央办公厅主任王刚，在省委书记、省人大常委会主任张高丽，省委副书记、省长韩寓群等领导的陪同下，视察了华东数控。并在生产现场听取了公司董事长汤世贤的生产经营情况汇报，胡锦涛主席对华东数控坚持走自主创新的道路给予了充分肯定。

2005 年华东数控在产品的改进和开发方面重点是龙门系列产品，着重于重载重切方面下功夫，成功开发了 CPN14 系列、CPN20 系列、CPN25 系列、CPN30 系列龙门铣和龙门加工中心机，开发了 SGN14 系列、SGN20 系列、SGN25 系列、SGN30 系列龙门导轨磨床；其中龙门铣床系列加工范围从长度 2m 到 24m，宽度从 1.4m 到 4.5m，基本上可以满足不同用户的需要。根据机床行业的需求，又成功开发了三个铣头的数控龙门铣床和加工中心，该机床可以实现多刀同时加工机床的机体，大大提高工效及加工精度。在龙门导轨磨床的磨头方面，华东数控聘请了国内知名专家，共同开发了功率高达 55kW 的强力动静压磨头，使龙门导轨磨床能够采用成形砂轮实现导轨的成形磨削加工。

华东数控在日本籍总工程师的主持下，充分吸收国际先进的机床制造技术与理念，着力于大型立式加工中心的设计与开发，先后开发出 VC－1375、VS－1575、VS－2090 等大型立式加工中心和 VC－6045L、VC5641N 型高速高精度的立式加工中心，卧式加工中心从 HC400、HC500 至 HC3218 形成系列产品，可以满足不同用户的需要。其中 VS2090 大型立式加工中心还通过了省级技术鉴定，专家组一致认为该机床达到了国内领先水平。

2005 年完成 6 个新产品的省级鉴定：CPN2025C 定梁式龙门加工中心、SGN2035A 定梁式数控龙门导轨磨床、VS2090 立式加工中心、HC6350B 卧式加工中心、SG－4080AHD 鞍座移动式卧轴矩台平面磨床、SG－60220SD 立柱移动式卧轴矩台平面磨床。其中 CPN2025C 定梁式龙门加工中心、SGN2035A 定梁式数控龙门导轨磨床、VS2090 立式加工中心三个新产品为国内领先水平。

华东数控在京津城际轨道工程关键设备——专用数控磨铣复合机床竞标中，成为中标企业。该机床属国内首创，世界第二台。这台替代了进口机床技术，达到国际先进水平。

为保持产品竞争力，华东数控坚持对产品进行技术创新，及时推出新产品，不断的超越自我，以“销一流产品、立一流诚信、求一流效益、给一流服务”为宗旨，为航天、航空、核能、军工、电子、机械、医疗等行业提供性能先进的中高档数控机床，为实现“中国装备、装备中国”而努力拼搏。

合资十年　YNC 业绩增长喜人　市场前景乐观

——大连亿达日平机床有限公司

合资十年来，YNC 销售额由 1996 年的不足 40 万元到 2005 年的 27 000 万元，2005 年销售额与 2000 年相比增长近 6 倍，2002 年销售额突破亿元大关，2005 年销售额与 2004 年相比，增长 1.8 倍，实现合资十年以来历史性突破，增长率居行业前列。

YNC 为中国汽车、农机、轻工等行业提供了大量的优良设备，部分产品还远销美国、英国、日本、韩国和巴西；到目前为止为国内大中型汽车制造企业、三资企业的发动机行业、压缩机行业等提供高精度数控专机 470 余台，柔性加工中心 170 余台，自动线及流水线 60 余条。在汽车关键零部件加工行业，柔性加工中心系列产品的市场占有率为 10%，高精度组合机床的市场占有率为 15%，产品数控化率为 95%。

YNC 的主要客户群为汽车制造业，其产品是为汽车发动机厂提供生产汽车发动机关键零件的工作母机。主要产品有高精度、高效率加工中心，数控专机及由它们组成的自动线。YNC 为中日合资企业，国内的中日合资汽车制造厂、压缩机厂较多，其企业管理水平，企业文化与之相近，YNC 的产品可替代进口产品，而价格要比进口产品低很多。

一、合资十年，YNC 产品屡填国内空白，荣誉接踵而至

BH 柔性加工中心系列产品，填补国内空白，达到国外同类产品水平，荣获 2004～2006 年度大连市及辽宁省名牌产品。为沈阳航天三菱汽车发动机制造有限公司提供的中国第一条进排气歧管柔性加工线，为广州东风本田发动机有限公司设计制造的我国首台倾斜式数控转塔可换主轴箱柔性专机及由它们组成的柔性加工自动线，达到国外同类产品水平，该系列产品荣获 2004 年度大连市科学技术进步一等奖，被列入 2005 年度《国家重点新产品计划》；为东风康明斯发动机有限公司设计制造了我国第一条由加工中心组成的附带机械手装卸工件系统、工件自动识别系统及在线测量系统的柔性加工并行自动线，填补国内空白。

YNC 合资十年以来，在技术创新方面，YNC 引进 NYC 组合机床技术及柔性加工制造技术。通过十年的消化和吸收，从产品质量到技术水平发生了质的飞跃，取得了显著的经济效益和社会效益。YNC 以企业信息化建设为手段，助推技术创新。企业管理的过程同时也是信息传递和沟通的过程，大量的信息传递完全依靠人脑，往往是事倍功半，同时信息也很难实现共享，当今信息产业迅猛发展，为企业的发展起到了推动作用。信息化带动工业化已是大势所趋。YNC 经营管理机构已经充分认识到这一点。首先，在设计上实施了 CAD 计算机辅助设计系统，目前运行效果良好，不仅提高了劳动生产率，提高了设计质量，同时还降低了设计成本，实现了设计处内部及外部信息的充分交流。YNC 从 NTC 引进的生产管理计算机控制系统，基本实现了成本控制、工艺管理、日程管理的计算机化，大大提高了劳动生产率，提高了日程管理的准确度。

在管理创新方面，首先 YNC 建立了企业目标管理体系，以公司中期经营计划为指导，确定年度公司目标。在经营管理机构领导下，将公司目标分解成部门目标，由各部门主管制定本部门的目标，在目标体系的约束下，公司上下有的放矢地开展经营活动。由于部门目标是本部门制定的，同时建立在公司目标基础之上，对各部门都有极强的约束力。而在运行中，经营管理机构定期进行监控，发现问题及时纠正。因此，有较好的运行效果。其次，重组企业流程，建立科学的管理体系，为了坚持以顾客为中心的思想，提高企业运行效率，对企业的业务流程重新进行了识别，减少多余流程，建立适合 YNC 特点的组织机构，确保各级人员责权分明，消除了过去由于各级、各部门之间接口不畅造成的扯皮现象。其三，建立 ISO9000 质量管理体系。通过质量方针、质量目标管理，建立体系文件，对体系、过程进行控制，确保产品最终达到顾客满意。

二、YNC 的品牌战略

品牌是一个系统，是企业市场竞争实力的综合反映。YNC 的主要客户群为汽车制造业，其产品是为汽车发动机厂提供生产汽车发动机关键零件的工作母机。主要竞争对手为国外的同类机床制造商及国内竞争实力较强的机床制造商。面对中国加入 WTO，在挑战与机遇并存的形势下，如何实施品牌战略是 YNC 管理层的当务之急。品牌是价值、品牌是文化、品牌是个性的体现。YNC 在实施品牌战略中制定了如下对策：

品牌的基础是质量，YNC 将满足顾客需求放在第一位。由于 YNC 产品个性化程度很高，为了在产品生产以前，使顾客对产品有深入的了解，在投产前对产品的结构、技术参数、配套件、外观等与顾客充分沟通，以满足顾客的个性化需求。

提高产品忠诚度是一项系统的战略工程。YNC 的目标市场是国内的中外合资企业，企业文化、企业理念相近，易于文化交流。通过 YNC 及顾客双方的共同努力，目前已形成良好的合作关系，如东风康明斯发动机有限公司、东风本田发动机有限公司、东风本田汽车零部件有限公司、宁波吉利发动机有限公司、松下万宝压缩机有限公司等企业已将 YNC 作为国内主要的设备采购供应商。

三、YNC 企业文化建设

运用企业文化管理企业，是企业经营管理者追求的最高境界。YNC 在中日双方共同努力下，创建了 YNC 的企业文化，确立了 YNC 员工的共同的价值观体系。

四、YNC 的发展目标

亿达日平机床有限公司的发展目标是在未来 5～10 年内将 YNC 发展成为具有高端产品研发能力，具有独立知识产权产品，世界知名汽车制造企业及汽车零部件企业的优良设备制造商。

正确定位 创新发展 再创“北二”辉煌

——北京第二机床厂有限公司

北京第二机床厂有限公司是在始建于 1953 年的原北京第二机床厂的基础上改制组建成的一家国有企业，是中国机床工具行业骨干企业（“十八罗汉厂”）之一。地处北京市丰台区卢沟桥畔，占地 10 余万 m^2。公司通过 ISO9001 ：2000 质量管理体系认证，拥有“北二”品牌的名牌系列产品，是中国机床工具工业协会常务理事单位，北京市高新技术企业。

在半个世纪的发展历程中，成功制造出中国第一台高精度万能外圆磨床、第一台坐标镗床、第一台数控高精度外圆磨床，是中国第一家磨床系列模块化生产企业。20 世纪

90 年代跻身全国机械制造业 500 强，并享有外贸进出口权，多种产品远销国外。曾获国家、部、市级等各种科技奖项 70 余项，为我国机床行业的发展做出了贡献。

北京第二机床厂有限公司主要经营业务包括：研制、生产、销售数控磨床及高精度外圆磨床、普通精度外圆磨床、专用磨床、超精加工机床、立卧式加工中心、成套设备、机床配件、功能部件，并提供机床维修、维护、机械加工等专业服务。其中，数控（端面）外圆磨床、高精度外圆磨床、普通精度外圆磨床及超精加工机床在国内居领先水平。产品广泛应用于航空、航天、军工、汽车、电子、轴承、冶金、机床工具、工程机械等行业，在广大用户中享有盛誉，多种产品获机械工业和北京市优秀科技产品奖。

北京第二机床厂有限公司延续了原企业的科研开发体系、精密制造技术、装配生产能力和销售服务网络。公司拥有一批高素质工程技术人员和管理人员，近百名员工先后赴国外著名企业培训。公司目前装备有主要生产设备 525 台，其中有大型五面体加工中心、六工位卧式加工中心、数控龙门导轨磨床、箱体类零件柔性生产线等现代化加工设备；配置有英国 LK 坐标测量仪、高精密圆度仪、三坐标测量仪、双频激光干涉仪、轮廓及表面粗糙度检测仪、投影仪等先进的检测仪器，是国家二级计量单位，保证了机床的检测水平。公司具有较高的研发能力和管理水平，经过多年不断的技术引进、改革创新、资源优化，现已成为一家技术领先、管理有序的现代化高新技术企业。

公司遵循“精密可靠、诚信服务、顾客满意、持续改进、争创品牌”的质量方针，坚持“立足高精，发展数控，扩张大型，成线配套”的产品发展方向，竭诚为广大用户提供精良的制造装备和优质的产品服务，致力成为中国高精度外圆磨床、数控外圆磨床、超精加工设备制造商的第一品牌。

一、公司发展情况

近几年来，公司以满足客户需求为己任，狠抓质量管理，坚持走以市场为导向，以需求效益发展为主的生产经营模式，通过了 ISO9001：2000 质量体系认证。同时，自 2004 年底企业改制以来，以“有效益的增长”为指导，加强技术创新，调整产品结构，实施流程再造，改变增长方式，推进产品战略的实施，扭转了多年的亏损局面，实现利税总额 1 084 万元。

2005 年，公司磨床、超精加工机床供销两旺，数控、大型、高精、普通、专用等各类磨床和超精加工机床产品共产出 1 028 台，产品销售收入 11 791 万元，工业总产值（当年价）达 11 715 万元，实现利润 64 万元。

二、公司产品发展战略

公司产品结构调整的总体构思是由过去的单一提供设备制造供应商向为用户提供全套工艺解决方案的服务供应商转变。坚持走“立足高精，发展数控，扩张大型，成线配套”的产品发展之路，力争成为高精度外圆磨床、数控外圆磨床及超精加工设备的中国第一品牌制造商。

1. 通用型外圆磨床

巩固高精度系列外圆磨床在国内的主导地位，根据售后服务和用户反馈，不断改进和完善产品，优化配置，降低生产成本，使其能够保持长久的生命力和市场竞争力。做大做强 Φ200、Φ320 系列外圆磨床，全面发展新型 Φ500 系列及 Φ630 系列外圆磨床。

2. 数控外圆磨床

保持 Φ200 系列和 Φ320、Φ500 系列数控外圆磨床的市场优势和市场知名度，并不断创新发展，同时采取简化数控机床的操作难度和建立培训中心的方式，对用户、代理商及公司员工进行定期的数控机床技术培训。采用科学的市场培育策略，引导中小企业购买实用、可靠的数控外圆磨床。

3. 提供专用精加工及成套项目设备

进一步完善公司已有的各类专用磨床，加强对汽车、航天、军工、轴承及石油等行业上使用的专用磨床、数控磨床、高效砂带磨床及特种材质磨削加工设备的开发与研制。在行业中树立专用磨床制造厂的形象。加快研制数控凸轮轴磨床、非圆轨迹磨削机床及“切点跟踪磨削”式数控曲轴连杆颈磨床，成为实现凸轮轴、曲轴精加工设备成套提供的制造商。完成高精度数控复合磨削中心的研发，满足军工、航空、航天用户的需要。巩固和发展工厂专有的超精加工机床，其中包括油石类、砂带类超精加工机床。着手对高端数控磨床进行技术预研工作，扩大产品种类及市场应对能力。加强对典型零件工艺路线、加工设备、检测手段、生产布局等方面相关知识及经验的积累，造就一支能够提供典型零件加工生产线设计、开发的技术队伍。

4. 技术交流与合作

实施“走出去、请进来”战略，通过多种形式，加强对国内外相关领域先进技术的跟踪和相关行业的技术交流。通过技术引进及合作方式，提升公司产品技术含量和公司核心竞争力。同时，公司正积极与国外著名公司进行多层次的合作洽谈。

三、公司营销渠道建设

近几年来，机床市场需求仍呈现高速增长态势，这对企业来说是机遇也是挑战，特别是加入 WTO 之后，市场竞争尤为激烈，在这样的大环境下，公司以打造“北二”品牌，树立良好的公司形象，依靠品牌战略提高公司知名度和信誉度，努力开拓市场，不断提高市场占有率和覆盖率。

经过几年的整顿和调整，公司在营销体制、政策及销售手段和管理等方面都有所加强。在全国的几个大中城市建立了稳固的销售公司及代理商、分销商，以此辐射全国 30 多个省市自治区，形成了北京第二机床厂有限公司强大的市场营销网络。

为了能够不断的开拓市场，塑造产品品牌，最大限度的满足用户的需求，公司对用户实行全方位的服务，将服务工作前移。在加强售后服务的同时，重视对用户的售前服务及售中服务。不仅提供产品，更为用户提供解决问题的方案。

售前服务：为了能够在签订合同前充分了解用户需求，指导用户选择更适用的产品，在对销售人员进行现代营销理念、营销知识培训的同时也加强对销售人员技术知识方面的培训，使销售人员能够更好的服务于用户。公司还在销售部门的下属专门成立了技术支持室，配备了具有很高专业水平的技术支持工程师，负责签订合同前与用户的沟通工作，充分了解用户的具体要求，同用户一起讨论产品的配置、合适的机型，为提供给用户满意的产品做好前期准备。

售中服务：在合同执行过程中严格按合同交货期组织生产，对用户的特殊要求或提供的物品（如试件等）做到有专人跟踪和保管。经常与用户互通情况，让用户了解进展状况做到心中有数，确保产品按合同要求验收，为用户提供满意产品。

售后服务：售后服务是服务中很重要的一部分，它是企业的一个窗口，其质量将直接影响到公司的形象和企业的信誉，也直接影响用户的生产经营工作。公司对售后服务的要求是要处处为用户着想，既要及时、又要高质量的解决问题。维修信息直接由售后服务部门处理，24h 内答复用户，落实维修方式，需到用户现场解决的问题，在 48h 内派出服务人员。为此，售后服务人员均是从车间抽调出的素质、技术水平高，有丰富经验且责任心强的同志，他们在服务中注意维护公司的形象与信誉，以让用户满意为目标。

四、公司质量管理体系

明确提出“以质量求效率、以质量促管理、以质量争市场、以质量创效益”的方针，提出必须推行全面质量管理，提倡提高全员质量管理意识。公司从原材料进厂、零部件加工、外购和外协、产品的装配调试、质量检验一直到成品交付用户和售后服务，生产经营的一切活动都在质量管理体系的控制之下，使公司产品质量得到稳步提高，确保满足广大用户需求为目标的经营方针顺利实施。

公司在生产过程中不断完善质量管理体系，贯彻质量方针，落实质量职能，严格执行质量责任制和质量奖惩制度，实行质量否决权，从而使产品实现过程的各个环节得到控制。把好每道加工程序、每个工作程序的质量关，“质量保证从我做起”融合在企业文化中，体现在每台产品上。树立下道工序就是上道工序的用户，要为用户提供合格满意的产品的理念。并且对关键设备和关键工序建立工序质量控制点，使重点工序始终处于受控状态。在工作中不断完善工艺手段，强化工艺试验研究。

加强出厂前产品的质量把关。在产品出厂前，厂内要进行预验收，及时发现问题，采取纠正措施，不把问题留给用户。做到不合格机床不出厂，随机附件和文件不准确、不齐全的机床不出厂，未达到技术协议要求和用户不满意的机床不出厂。现产品一等品率达 98%，为低返修率打下好的基础，为公司创品牌奠定坚实的基础并取得良好成绩。

近年来，为了提高产品质量，争创品牌，公司内部建立了质量监督检查管理机制，按季对公司各部门执行 ISO9000（公司程序文件）情况进行抽查，发现问题，及时解决。同时对主机产品进行抽查，合格率 100%；国家监督抽查、市级质量定期抽查合格率均达 100%，出口机床商检合格率 100%。

五、公司生产及内部管理

2005 年，公司用“稳中求变”的发展策略，打破传统思维方式，转变思想观念，结合公司实际，积极探索新的生产方式和增长方式，在不断挖掘公司内部潜能的同时，充分利用外部资源，从业务模式、流程到基础设施通盘考虑，在保护公司产品核心竞争力的同时，借助外力，提高产能，降低风险。将更多的精力和资源用于强化公司的有效产能和核心生产，发展高利润产品，保证公司的盈利能力。把培植合格的零部件供应商作为公司的一项长期工作来抓，树立与供应商共同成长的理念，同时抓住供应链、价值链中的利润环节，关键环节，降低成本，提升产能，为公司的蓄势发展提供必要的支持。

在市场网络建设中，按产品与市场细分的原则完善营销政策和内部管理；按不同产品的市场特点树立新的营销观念；加强加快市场的网络建设，做好信息的捕捉、追踪；加大对重点项目的投入力度，提高重大项目的命中率；提高合同的承接质量，扩大市场占有率和影响力，为未来几年公司的生产经营打好合同储备。积极开展业务培训和新人培养，逐步加大技术销售人员的比重，壮大高素质的销售队伍，提高营销队伍的凝聚力和战斗力。

在公司信息化建设方面，做好分析研究，强调以信息化促进公司业务流程的再造，完善公司的基础管理。把公司重要的信息数字化，采取数字模式对最重要的信息进行整合及共享，建立一个数字化管理系统。成立信息化工作小组，在论证充分的基础上，有计划有步骤地实施，建立完善的事务处理系统，为公司提供强有力的数据采集平台，加快信息采集速度和信息采集的准确率。

六、公司文化建设及人才战略

为了促进公司生产经营、改革与发展，2005 年公司继续坚持“外抓市场拓展，内抓生产管理”，通过借鉴、学习其他企业先进管理经验及广泛吸取职工意见，不断完善公司内部的管理制度。完善和健全公司绩效工资制度和各项工作考核办法，全面实现对公司所有部门的工作实施考核，促进公司各项工作运转效率的提高。积极组织职工开展群众性经济技术创新工程：开展以质量为中心的“五个一”活动，发动职工提合理化建议；开展以车间为单位，有目标的劳动竞赛；开展建设学习型组织活动，特别是生产车间对年轻职工进行了岗位业务技术培训。这些都有效促进了公司生产经营工作，并涌现出一批兢兢业业、奋勇拼搏的优秀职工。

实施人才战略，注重人才培养，实现人才互动。培养职业化、年轻化、高素质的技术工人、技术人员、管理人员，合理调整员工的年龄结构、知识结构和岗位结构，以适应更加激烈的竞争态势。培育并树立全体职工共同的目标感，使命感，责任感和荣誉感，使员工素质不断提高，使公司管理向良性循环的方向发展，依此形成的凝聚力和向心力成为公司无坚不摧的精神支柱和活力源泉。着力把公司打造成学习型组织，注意对干部职工的培训教育，以提高队伍的整体素质。在实际工作中，采取措施吸取人才、激励人才，为人才提供成长发展的空间，充分释放人才的潜能，使人才优势得到最大程度地发挥。公司培育出一批具有创新激情和奉献精神的管理团队，一批出类拔萃的工程技术队伍，众多技术精湛的高级技工。

展望未来，北京第二机床厂有限公司作为我国外圆磨床、超精加工机床及各类型专用精加工机床的综合制造企业，将在不断的改革与调整中建立完善的现代企业制度，并通过不断优化产品结构，提升产品档次，确立公司在磨床行业中的优势地位，推进我国磨床及超精加工机床行业的发展与壮大。

北京第二机床厂有限公司在“务实、求精、创新、发展”的企业理念指导下，遵循“精密可靠、诚信服务、顾客满意、持续改进、争创品牌”的质量方针。目前北京第二机床厂有限公司为加速科技创新，坚持“立足高精，发展数控，扩张大型，成线配套”的产品发展方向，竭诚为广大用户提供精良的制造装备和优质产品服务，致力成为中国高精度外圆磨床、生产型数控外圆磨床、超精加工设备制造商的第一品牌。

新瑞机械　长城品质

——江苏新瑞机械有限公司

一、公司概况

江苏新瑞投资(控股)集团有限公司是从事数控设备研究制造、办公设备 OEM 制造、高速铁路牵引研究制造、风力发电投资管理和工业房地产业的综合性集团公司，目前主要全资拥有江苏新瑞机械有限公司和江苏轨道车辆牵引传动工程技术研究中心。公司本部位于江苏省常州市，总占地面积14 万多 m^2(2 150亩)。

2003 年，新瑞机械挟雄厚的资本与技术实力进入数控机床制造产业，发展迅猛，在业界引起广泛关注。2005 年 12 月 21 日通过产权转让的方式承债并购原宁夏长城数控机床有限公司，长城机床将生产经营性资产整体出让给新瑞公司，正式成立宁夏新瑞长城机床有限公司，专门从事中高档数控卧式车床、数控立式车床和复合数控机床的研发和制造，以及部分机床关键零部件的开发与制造。宁夏长城数控机床有限公司是 1965 年为支援内地建设由大连机床厂分迁至银川建立的，是国内数控机床研发生产基地之一，国家机床行业重点骨干国有企业，我国第一台经国家鉴定的斜床身数控车床的诞生地，国家级高新技术企业。其产品多次荣获国家级、部级优质产品和重点新产品称号，在我国数控机床产业发展中作出了重要贡献，在国内机床市场具有很高的知名度。此次并购有效实现了不同地区不同所有制企业间资产的合理流动以及资产的高效利用与科学配置，转变了企业的经营机制，提升了企业的综合实力和核心竞争力，加快推进了国有经济结构的战略性调整。整合后的新瑞机械，大力打造研产销的统一体系。首先从产品开发和管理入手，对现有产品进行重新定位和升级，对公司的管理水平进行提升，倡导员工主动工作，引入激励机制；其次是强大完备的生产能力建设，投入大量资金用于生产和工艺改造，提高装备水平，提高产品质量，优化研发、生产、销售人才资源，组建了南北两大研发生产基地，以合力打造中国机床工业第一品牌为己任，致力于以高新技术和前沿技术帮助客户提升传统产业，为客户提供最佳的数控设备解决方案。

新瑞机械拥有立式加工中心、数控车床以及 SR 压铸机等系列产品。高速度、高精度、高可靠性是新瑞产品的主要特点。产品被广泛应用于军工、航空、航天、石油机械、汽车等国家重点用户行业，公司真诚周到的服务赢得了客户的信赖。

高水准的设计，先进的制造技术，锻造了新瑞产品优良的品质。新一代 V 系列和 VM 系列高速铣削加工中心，是依据人体工程学、利用精密制造技术和自动化技术与先进的理念进行设计和制造。确保了 VM、V 系列加工中心的高速、高效、高精度和高可靠性。V 系列主要应用于通用机械中板类和箱体类零件的加工，VM 系列是专为模具行业开发的高速加工中心。CK71 系列、CK78 系列、CKH78 系列、CKG79 系列中高档数控车床广泛应用于航空航天、石油和汽车等行业复杂的轴类和盘类机械零件的加工，其升级换代产品 LS、LV、LP 系列车床更加贴近用户的需求。公司研制的大量的专用及专门化数控车床，在国家和行业协会组织的各类评比中屡获殊荣，深受用户好评。

二、经营方针

1. 解决方案

新瑞一直致力于满足用户个性化的需求，为用户提供完整的技术，因此，新瑞机械的定位不仅仅是设备制造商，更是各类数控解决方案的提供商。

2. 设计与制造

目前公司与高等院校和科研机构建立了良好的产学研合作关系，技术力量雄厚，在开发设计当中全部采用三维 CAD 设计并大力采用国内外先进技术，在制造上引进国际先进的设备和先进的工艺手段，在研发、生产、技术、质量、营销和人力资源管理等方面已形成一套行之有效的管理体系，能够不断向市场推出满足客户要求和引导行业发展的新型数控设备。

3. 品质保证

国际化的新瑞机械对机床的评定均严格执行国家标准和行业标准。精密的检测仪器和先进的检测方法为保证产品质量提供了可靠的检测手段；运用 Renishaw 双频激光干涉仪和球杆仪对机床定位精度、重复定位精度及轮廓度进行测量和补偿；高精度的机床则采用 HEIDENHAIN 光栅尺实现全闭环控制，其定位精度可达到 0.005mm。

4. 培训

新瑞机械已经为用户培训了大量的操作应用和编程人员。培训教师是具有多年数控加工和维护经验的应用工程师，无论是基本的入门培训，还是加工工艺的高层次交流，新瑞机械都会提供最贴心的服务。

5. 营销及服务网络

新瑞机械在上海、北京、西安、重庆、长沙、广州、沈阳、成都、青岛等28个地区都设有办事机构，每个办事处都配备足够的服务人员。新瑞机械经过严格培训的服务人员随时为客户提供专业的机床维修和保养服务。公司备有充足的机床备品备件，涵盖所有型号的机床。800－828－5508服务热线让客户有任何疑问都可以随时得到快速响应。

三、公司规划

新瑞机械作为一家致力于振兴民族装备制造业的新兴民营企业，将追求卓越、超越期望、缔造完美。新瑞机械的使命就是致力于为客户提供一流的产品和一流的服务，成为国内乃至国际最具竞争力的数控机床解决方案提供商之一。为了更高的起点，建设一个国际一流的机床制造企业，江苏新瑞机械有限公司在银川(国家级)经济技术开发区二区规划23万多m^2土地，新上“高档数控机床产业化”建设项目，新建国际一流标准的现代化恒温厂房6.8万m^2，年产6 000台数控机床及机床功能部件，项目投资3.8亿元，其中固定资产投资2.8亿元。新上“机床铸件”建设项目，新建现代化的厂房5.7万m^2，年产5万t树脂砂机床铸件，项目投资2.5亿元，其中固定资产投资1.6亿元。项目分两期进行，总投资6.3亿元。在常州高新技术园区，公司规划31万多m^2(470亩)土地，投资兴建新瑞(集团)工业园。公司整体规划三年内将达到年产2 000台立式、卧式和龙门加工中心、3 000台数控车床的能力，预计年销售额可达25亿元，利税达5亿元，产品将覆盖全球市场。

新瑞机械将继续秉承“务实敬业、合作高效、锐意进取、精益求精”的企业精神，把一流产品献给用户，把永不满足留给企业，用信心、技术与竞争力来实现“构筑业界一流企业，争创业内第一品牌”的承诺。

坚定信念 敢闯新路 加快进军数控磨床领域

——江西杰克机床有限公司

江西杰克机床有限公司是杰克控股集团有限公司于2004年底重组原江西省吉安机床厂基础上，组建的子公司，主要生产曲轴磨床系列、外圆磨床系列、内圆磨床系列等各类机床及相关配件。产品畅销全国并远销欧美、中东、东南亚国家和地区。是江西省机械工业重点企业，原机械工业部定点生产曲轴磨床的中型企业。

公司座落在素有“文章节义之邦”的赣中名城吉安市南郊，距105国道1.5km，距京九铁路吉安站8km，距泰和机场仅40km，千里赣江横穿市区，交通便利。公司占地总面积86 580m^2，拥有铸造车间、机加工车间、热处理车间、装配车间和油漆车间，具有铸、锻、焊、冷作、金属切削加工、涂装等各种工艺条件，质量检测设备和计量设备齐全。

江西杰克通过资源重组和文化整合，有效地承接了47年机床制造技术沉淀，形成了较强的技术优势，积累了丰富的经验，能够自行开发各类磨床产品和磨削专机，具备独立开发和设计数控机床的能力。公司现有员工200多人，其中各类专业技术人员30多人。生产员工技术等级平均在6.3级，大多数都有20～30年的工作经历。公司还通过探索校企合作新模式，有效整合产学研资源，与井冈山大学合作成立吉安市数控机床工程技术研究中心，引进国内数控磨床行业顶尖专家队伍，通过研究数控技术、高效磨削技术、尤其是通过研究开发发动机曲轴、凸轮轴数控磨床、数控内外圆磨床、数控无心磨床等工程，研发水平和研发能力已趋国内一流水准。

江西杰克机床有限公司秉承集团公司的人才与发展运作理念，同时通过重组原江西省吉安机床厂很好的继承和发展原厂的技术优势和人员优势，并充分引入民营企业灵活的管理机制，使得既有的机床界技术人才在新的体制下获得更大的发展空间。

2005年公司完成了投资上千万元的基础改造项目，开发3款新产品，分别获得2005年江西省优秀重点新产品二等奖和三等奖，与井冈山学院合作成立的吉安市数控机床工程技术研究中心顺利启动。

一、面对复杂现状，最大努力实现了平稳过度

改制初期，在最困难的时候，公司把“稳定压到一切”作为中心工作，适时出台各项安抚政策，承诺接纳现有在岗员工，现有的各项基本分配原则不变，同时严格上下班纪律，在岗员工坚守工作岗位，避免了矛盾的扩大；在争取吉安市和吉州区两级政府各部委办以及改制工作组的全力支持和帮助的同时，随着员工安置方案职代会一次通过，安置资金陆续发放，下岗职工和退休职工的过激行为也逐步平息，企业外围不稳定因素基本排除，矛盾得到有效控制，生产得到全面恢复。

同时，抢抓时间，制订了详细周密的改造方案，投入上千万元资金，粉刷车间、整理环境、厂区绿化，刷新设备。广大员工也是加班加点，边工作、边搬迁、边改造，经过近半年的努力，厂区环境整治一新，现代企业的硬件设施已初步具备，产能也逐月增加。

二、适时导入现代企业管理体系，逐步理顺企业运作的基础管理

在改造和稳定员工的同时，公司适时导入各项现代管理。在物流方面：针对原企业采购失控情况，加强仓库物资的基础排查工作，同时制订仓库管理相关制度，规范物资进出管理，仓库相对集中和规范，实现物资管理的账、卡、物相统一；新成立了采购科，对大部分的采购价格进行理顺和调整，构建了新的采购体系，加强供应商的选择标准和考核，成本有了较大幅度的下降。在现场管理方面，公司出台了“6S”实施方案，对全员进行整理、整顿、清扫、清洁、素养、安全的教育和推行，实现人、机、料、法、环等生产要素管理井井有条，同时，不断规范早会、周例会等机制，做到信息宣传到位，决定传达到位，有效做到上情下达，下情上报。在质量管理方面，通过质量月活动和导入 ISO9000 体系，规范了质量管理。在财务管理方面，除固定资产外已全部纳入 K3 中，极大的改善了原手工帐时数据严重滞后的情况，加快了财务人员的办事效率，提高了财务核算能力。

三、稳步实施文化整合，拓展宣传网络，杰克机床品牌形象得到有效提升

2005 年 8 月，公司启动企业文化调研工程，2005 年 10 月，公司组织了第二批员工赴总公司参观学习，通过现场参观、华琪厂庆、老乡座谈等方面，回来后形成一股转变观念的热潮，增强员工的归属感，从而从根本上扭转了整个公司的核心文化氛围。

四、技术创新为动力，提升企业的研发能力

为让研发更加贴近市场，公司先后组织技术人员赴上海、浙江等地参观学习和培训，组织技术人员与营销人员一道，拜访重点客户，了解客户的需求和呼声，回来后，将搜集的信息给予技术整改，满足客户的个性化需求，同时，全面开展了“小改、小革、小发明、小创造、小窍门”以及合理化建议的创新活动，建立了创新管理制度，将创新纳入绩效考核，通过制度推进，员工参与创新的积极大增，相关工艺和工序得到有效改进。

五、整合资源，构筑哑铃模式，全面提升江西杰克的核心竞争力

杰克将对企业现有资源进行重组和调整，组建新的架构。由总经理亲自抓科研开发和市场营销，通过机构改革和重组，引导资源重新分配，加快企业管理模式由“橄榄型”向“哑铃型”转变，提升企业的核心竞争力。同时，将在上海、北京等地设立研发和营销机构，让科研人员和营销人员去感受和感知最前沿的科技研发和营销理念，加快人才引进和聚集，逐步构筑江西杰克强大的科研实力和市场开拓能力，以促进企业持续快速发展。

六、以市场为导向，打造全新的营销运作体系

强化营销基础管理，细分营销市场，完善营销体系，开展组合营销方式，全面提升江西杰克的营销业绩。在市场细分上，改变原先粗放型的营销体系，逐步细分市场领域，加强市场信息收集力度，建立了一套灵敏的信息反映机制，完善客户档案。

完善销售渠道和营销网络，充分利用经销商和重点客户等资源渠道和经销网络，形成以客户促销售，以品牌促营销的模式，全面带动杰克营销网络的发展。

应着眼于机床市场竞争新形势，由产品为中心的营销方式逐步过度到以“技术”为中心的营销模式，整合出一支强有力的营销服务队伍。

根据市场形势需要，利用展会和技术研讨等形式，加强公共关系活动策划，提升杰克品磨床的知名度。

七、探索“捆绑”式研发模式，紧密与重点供应商和客户战略合作关系

公司选择以研发 JK101 数显改为简易数控磨床为突破口，从单缸到多缸，稳步开发成熟的数控曲轴磨床。

在研发模式上，将研发触角更加贴近市场，建立了自己的试磨和试验中心。

加强企业管理 提升市场竞争优势 着力发展数控机床

——江苏齐航数控机床有限责任公司

江苏齐航数控机床有限责任公司系由原“国企”镇江机床厂转制而成。企业转制以来，在公司董事会、公司经营班子的正确决策与领导下，通过公司全体员工的共同努力，使公司经营业绩逐年以 30%以上的幅度递增，企业规模迅速做大。至 2005 年末，公司已拥有资产 1.14 亿元，其中固定资产净值2 163万元。拥有各类设备近 500 台(套)，其中拥有精、大、稀等关键生产设备 12 台(套)。

2005 年，公司共生产销售各类机床1 000台，其中数控机床 47 台。实现产品销售收入(税后)8 130万元、工业增加值(当年价)3 350万元、利税1 746万元，其中实现利润1 275万元。公司现有员工 499 人，其中各类专业技术人员 42 人，占员工总数的 9.4%。

公司主要产品为普通车床；经济型、普及型数控车床；专用数控机床等。

根据国家“十一五”规划及相关产业政策，公司已制定出企业发展规划，规划结合工厂“退城进区”技术改造的条件及要求，确定产品发展导向为：大力开发数控机床产品，突出专用、高效数控机床产品，为典型零件专业化生产提供装备。

一、努力夯实企业管理基础，建设好两个平台

1. 信息化管理平台。

公司作为“制造装备”生产企业，所生产的产品品种多，用户要求各一，因此，对生产过程中的配套要求很高。激烈竞争的形势要求，对企业在生产过程中的成本控制、质量控制和经济核算要求也很高。因此，企业对此类动态信息的掌握、控制和调度就显得十分重要。而这项工作仅靠人运用传统的方式去操作已越来越不可能，必需要建立起一个以计算机为工具、专门设计的系统软件为基础的信息化管理平台。企业只有建立了这样的平台，并予以合理运用，才能使企业管理水平跃上一个新的台阶，企业才能适应时代发展趋势。

2. 企业工艺水平及能力平台。

用机器制造机器、用先进的工艺手段生产先进的工艺装备，是机床工具行业求发展的重要基础。随着数控机床的发展、应用和推广，公司的主要加工手段也是采用了数控机床来实现的，即逐步形成了关键零部件加工过程的信息化控制、柔性化生产，同时提高了制造精度和产品质量，从而对产品开发的升级换代提供保障。

2006年公司将通过两个平台的建设，全面提升企业的管理水平和产品开发能力，从而为企业在现代化条件下的可持续性发展提供有力保障。

二、加速技术改造促进普机结构调整，使产品在市场竞争中处于优势地位

公司近几年发展再次证明，没有投入就没有发展，没有大投入，就没有大发展。公司将继续通过融资、引资，合理调配、平衡峰谷确保技改投入、生产投入和员工生活三不误。2005年实现技改性投资1 309万元，共添置金属切削机床和工装专机设备27台。主要技改项目有8m数控导轨磨、床鞍镗孔专机、床头箱粗镗床、精镗床、尾座粗镗床、精镗床、超音频淬火设备、龙门铣床等，这些技改项目的完成为生产上总量打下了坚实的基础。工艺工装设计部门根据产品开发计划和设备技改计划，及时进行工装工艺设计，并以工艺为突破口，积极创新及优化，提高工艺水平，降低制造成本，增产增效，从而增强公司抗击市场波动和抗击风险的能力。

三、创造条件、集中优势，着力发展数控机床

随着“十一五”经济建设深入展开、高新技术的发展，对优质、高效数控机床的需求量越来越大。公司一直把发展数控、提高产品数控化率为发展方向，加大力度把数控做大做强。近两年研制和开发了以数控螺杆铣床为代表的主营产品。该铣床采用GMT－CNC第五代专用数控系统和专用软件，机械主机是按异形螺杆加工工艺要求全新设计，力求吸收国外同类型产品的优点，为国内蓬勃发展的橡塑机械行业提供高效、实用、价廉的数控专机。该产品的研制成功填补了国内空白，达到了国内先进水平。

四、企业发展战略目标

围绕企业综合水平的全面升级，结合工厂“退城进区项目和技术改造规划”的分步实施，未来五年，公司将企业发展战略目标锁定为：形成年产机床4 000台的生产能力。届时，将实现年销售收入5亿元，其中：数控机床实现销售收入2亿元，占40%，出口机床1亿元占20%，年创利税8 500万元，其中年创利5 000万元。将公司打造成管理先进、设备精良、产品过硬，经济效益好和企业文化优秀的，在市场上具有较强竞争能力的现代化企业。

奋进中的杰克装备制造业

——杰克控股集团有限公司

杰克控股集团有限公司是一家多元化经营的民营企业，业务涉及工业缝纫机、机床、投资等多个领域。集团创始于1995年，现拥有总资产5亿多元，员工1 800余人，其中各类工程技人员300余人，2005年集团实现工业总产值82 000万元，创利税1亿多元。

集团以资本为纽带，以科技为先导，以人才为依托，以市场为载体，稳健经营，不断创新，始终保持高速发展。集团全力创建以“绩效为导向，营造学习型组织”的企业文化，始终围绕“创世界杰克，塑世界品牌”的集团远景，恪守“品牌经营、信誉兴业”的经营宗旨，发扬“和、诚、拼、崛”的企业精神，本着“科技创造价值，创新改善效率，为顾客创造价值，为员工创造机会，为社会创造效益，为股东创造回报”的集团使命和“我们一直致力于创新”的核心理念，坚持“今天的质量，明天的市场”的质量方针，积极追求集团的可持续发展。

集团十分重视人力资源的引进与开发，始终坚持“公平竞争、任人唯贤、职适其位、人尽其才”的用人理念，目前大中专学历的员工占集团总人数的30%以上。高薪聘请了终身享受国务院津贴和日本制造行业的资深专家，同时不断加大在职人员的培训力度，使员工把自我培训和企业培训紧密结合起来，把个人素质的提高同职业培训的要求紧密结合起来。并通过了JIT(精益生产)、六西格玛的推进，进一步优化了企业运作的流程，提升了企业满足客户要求的能力。

集团大力推进企业的信息化建设，导入了CAD(计算机辅助设计)、CAM(计算机辅助制造)、CAPP(计算机辅助工艺设计)、PDM(设计数据管理系统)等，建立了缝纫机行业中领先的CIMS(计算机集成制造系统)。

一、进军机床

杰克在跨入机床业这一战略选择上，进行了两年的市场调研和市场论证。

首先，机床属于制造业，在杰克“跨产业，不跨制造业”所划定的领域之内。其次是相关性，杰克的主业缝纫机制造，需要机床，需要机床技术，本身也有这方面的基础和人才储备。再次杰克在机床行业欲抢先一步，掌握先机，实现低成本扩张。第四、利用杰克在国内外已经有了一定的品牌影响力，用品牌带动。第五，随着国民经济继续快速发展，各方面对各种新设备的需要越来越大，而制造这些新设备都需要机床，所以，机床的市场很大，它是一个长远性产业。

杰克选择以“外磨”为突破口，高起点进入机床装备行业中技术高等级的磨床产业。2004年5月，杰克机床项目正式启动。在几乎“一穷二白”的基础上，从引进人才、研究设计到顺利下线，仅仅用了5个月的时间。首批MM1320顺利下线，并在较短的时间内实现批量生产。

2004年8月，“杰克机床国际贸易有限公司”成立，主要业务代理国外知名机床企业高档机床产品的销售。

二、激活“休克鱼”

2004年12月，杰克机床重组江西吉安机床厂，使杰克在实现多元化扩张战略上迈出了更大的步伐。

江西吉安机床厂是一家有着40年历史的国有企业，职工1 000多人，占地面积近7 000m²，固定资产4 000多万元，主要生产曲轴磨床，产量约占全国的三分之一。产品虽然单一，但有市场潜力，只是由于历史包袱太重，加上经营管理不善，濒临破产。江西吉安机床厂完全符合杰克方针策略要求。进军机床是杰克实施多元化战略的第一步，重组江西吉安机庆厂符合杰克的战略需要：江西吉安机床厂有雄厚的技术装备实力，产品有发展前途；重组江西吉安厂正值杰克机床公司急需扩大机床生产规模之时；杰克以品牌、文化、管理和资本，完全有能力重组并使它焕发生机。

通过一年的资源整合，江西杰克有效地激活了原企业的人力资源，成功嫁接了47年机床制造的技术和经验，形成了较强的技术优势，并积累了丰富的经验、具备了对产品的自行开发设计能力。

集团将在未来三年内，投资2亿元，把江西杰克机床公司打造成一个现代化的机床生产基地。

〔撰稿人：杰克控股集团有限公司 陈化贵〕

浅谈快走丝电火花线切割机多次切割

——苏州新火花机床有限公司

快走丝线切割机床是目前我国电加工行业的主导产品之一，是模具加工的重要设备，也是电加工机床出口创汇的主要品种。主要应用领域在模具制造业以及航天航空、军工、IT、家电、建材等行业，而要提高快走丝加工工艺指标的重要手段是多次切割。多次切割犹如常规金加工中通过粗加工、半精加工和精加工等多道工序去除加工余量，其加工工艺效果是不言而喻的。

随着中国经济的快速发展，模具及其他行业对快走丝电火花线切割机需求的不断增长，苏州新火花机床有限公司电加工机床产量不断提升，由20世纪末各种电加工机床年产量1万台左右发展到目前的约4万台，为我国模具制造业及相关行业的发展提供了有力的装备支撑。

一、快走丝线切割机床上实现稳定的多次切割的理论依据

决定机床能否多次切割的机床精度指标不是机床一次切割的综合误差值(例如GB7926—1987规定的加工对边为28mm的正八棱柱的横割面上各对边距离的最大允差为0.015mm，就是综合加工精度)，而是机床的重复定位精度。如上述国标规定，线切割机床的重复定位精度为0.002mm，以及每一脉冲指令的进给精度即上述标准中规定的坐标工作台每移动0.02mm脉冲指令的实际移动距离允差0.001mm。因此，对于执行国家标准“电火花线切割精度”GB7926—1987生产验收质量合格的快走丝线切割机床都是较易实现上述精度指标。由于多次切割的加工余量都不大，如第二次切割轨迹相对于第一次切割轨迹的偏移量一般在0.04mm左右。这样第二次切割实际加工轨迹相对于第一次加工轨迹的理论误差最大为0.005mm(其中重复定位精度0.002mm，0.04mm偏移量引起的进给精度最大误差0.002mm。偏移及插补运算误差0.001mm)。如果第三次切割相对于第二次切割的偏移量为0.02mm，则它们的加工轨道最大误差为0.004mm，因此，我国的快走丝线切割机床进行多次切割的轨迹运动控制精度是有保障的。而问题在于一方面是上述提到的快走丝线切割机床电极丝动态位置干扰问题，另一方面在于如何结合我国快走丝乳化液线切割机床的具体情况与特点提出相应的多次切割的加工工艺。

二、多次切割是提高综合工艺效果的有效途径

随着模具工业的发展，线切割加工不仅要速度快，而且要求有上佳的加工表面粗糙度。国外低速走丝电火花线切割机采用多次切割工艺，即第一次切割用较大的电规准进行高速粗切割，然后用第二次、第三次甚至第四次切割逐步用精规准和精微规准进行修光，以获得理想的加工表面粗糙度质量和加工尺寸精度。低速走丝电火花线切割机加工多次切割应用结果表明，多次切割工艺是解决加工速度与表面粗糙度矛盾并获得较高综合工艺效果的有效途径。

三、自主创新，挖掘快走丝电火花线切割机多次切割潜能

在低速走丝电火花线切割机推广应用多次切割技术的同时，我国快走丝电火花线切割机也进行了大量的多次切割试验和技术攻关并获得了一定的成果。快走丝电火花线切割机目前面临的两大主要难题，一是要解决加工过程中的电极丝空间形位变化，二是要有高质量的脉冲电源。苏州新火花机床有限公司多年来组织人力、物力、财力，主要在这两方面进行研究并获得一定成效。就稳定电极丝的空间形位变化采用恒张力控制机构，高耐磨性导向装置及采用可控变频器进行运丝速度程控调节等措施，使电极丝的空间形位变化得到有效控制。

但是，彻底解决电极丝的空间形位变化和丝损补偿还需要进一步的攻关。就脉冲电源的品质而言，一般的快走丝电火花线切割机脉冲电源，存在以下几个问题：一是振荡器的频率稳定度差；二是振荡器可控性差；三是波形组合难；四是输出波形差；五是响应速度慢。针对上述问题并结合慢丝的成熟技术，苏州新火花机床有限公司自主研发高品质全数字化脉冲电源，经过科研人员攻克一个个技术难关，最终获得了成功。此全数字化脉冲电源系统，采用国际上最先进的高可靠性电子芯片高度集成而成，脉冲宽度及脉冲间隔在1～1 000μs范围内可数控编程调节；共五种数字化脉冲波型，可数控编程选择；运丝速度可数控编程调节。具有以下几个突出优点，一是解决了一般的快走丝线切割机脉冲电源，模拟量太多，受非线性因素影响，造成加工不稳定，效率低，切割表面粗糙度差，容易断丝等问题；二是可重复性强（粗糙度、效率）；三是稳定性、可靠性好；四是智能化程度高，在大量工艺试验的基础上，装有智能化的专家数据库，降低了对操作人员的要求；五是采用模块化设计，输出波形种类多，适应范围广，并可拓展到电火花小孔加工及电火花成形加工机床上。可以说它是快走丝线切割脉冲电源系统的一次革命。

采用上述脉冲电源系统及苏州新火花公司在电脑系统中已存放的工艺参数，用普通加装运丝稳定装置的机床，由普通操作人员进行三次切割，均能获得$R_a \leqslant 1.2\mu m$切割表面，综合加工效率≥50mm²/min，加工表面光泽无切割条纹，且电极丝使用寿命并没有降低。单次切割最大加工效率≥140mm²/min，丝耗约0.01mm²/50 000mm²。

在快走丝线切割机床的制造成本是慢走丝线切割机床的1/10，甚至更少，快走丝加工的模具成本又是慢走丝模具加工成本的几十分之一的情况下，提高快走丝线切割加工工艺指标意义重大。

桂林量具刃具厂

桂林量具刃具厂是国内量具产品的主要专业制造厂之一，1970年由哈尔滨量具刃具厂搬迁到桂林建厂，1987年获全国环境优美工厂称号，1989年获国家二级企业称号，同年被批准为国家机电产品扩大出口权企业，1993年被广西壮族自治区评为全国第一批优秀科技型企业，1994年被国务院批准为自营出口企业，是国家二级计量单位，国家大型二级企业。

工厂占地面积80 000多m²，现有资产总额1.202 5亿元，负债总额6 661万元，资产负债率55%，桂量产品产销量在全国工量具行业中仅次于成都量具刃具厂、哈尔滨量具刃具厂，列第三位。桂林量具刃具厂2001～2004年生产经营情况及2005年目标见表1。

表1　桂林量具刃具厂2001～2004年生产经营情况及2005年目标

年　份	产品销售收入（万元）	产　量（万件）	利　税（万元）	人均劳动生产率（元/月）
2001	3 155	45	307	21 040
2002	3 683	46	397	32 190
2003	5 240	59	571	40 252
2004	6 816	80	801	48 277
2005	7 800	90	超1 000	50 000

桂林量具刃具厂是以生产通用量具为主，品种规格齐全。数显量具月产2万件左右。但由于目前普通数显卡尺的市场售价很低，每只在85元左右，基本上无利可图。因此，工厂数显量具的主攻方向已调整到附加值较高的产品上，如新开发的数显杠杆百分表、数显杠杆千分表，能在水里正常使用的防油防水数显卡尺、电子指针显示式数显百分表、电子指针显示式数显千分表、电子杠杆百分表、电子千分尺、电子内径量表等。

工厂现有在岗职工800多人，工程技术人员165人，其中高级职称43人（含教授级高工2人），中级职称51人，工人技师54人（含高级技师2人）。

工厂高度重视质量管理，产品质量稳定，连续获得广西壮族自治区质量管理企业奖称号。其产品中带钻百分表3次获取国家银质奖（表类最高奖），杠杆百分表、卡尺、千分尺等多种产品获区优、部优称号，1998年度国家技术监督局对全国同行业产品进行质量抽查，桂量获得第一名，获国家通报表彰。1997年通过ISO9001质量体系认证，2000年再次通过换证复审。

桂量重视新产品开发工作，其量具产品品种、规格为全国最全，有卡尺类、千分尺类、仪表类、表卡类、数显量具类及变型量具类，6大种类，200多个品种，2 000多个规格，产值产量在中南地区同行中排第一位，国内市场占有率约为20%，在全国同行业中紧随哈尔滨量具刃具厂，成都量具刃具厂之后列第三位，各项综合指标在全国同行业列第7位。其中大卡尺国内市场占有率为50%，杠杆千分尺只有成量和桂量生产，杠杆千分表只有哈量、成量和桂量生产。拥有多项自主知识产权专利产品，工厂研制的电子数显系列产品获1998年度自治区科技进行三等奖，桂林市科技进行一等奖。最近桂量又开发出专利产品：数显杠杆百分表、数显杠杆千分表、防水数显卡尺。其中数显杠杆百分表和数显杠杆千分表均为国际上独家生产产品，防水数显卡尺为国内首创。

工厂重视市场开拓，坚持两条腿走路，产品45%出口国外，55%国内销售，产品主要销往美国、德国、法国、荷兰、瑞士、巴西、东南亚等40多个国家和地区，年创汇能力接近300万美元。

2001年完成工业总产值5 700万元，比上年增长35%，完成产品产量45万件，比上年增长30%，产值从2000年的

4 450万元到 2001 年的5 700万元，再到 2002 年的7 000万元，产量从 2001 年的 45 万件，到 2002 年的 46 万件，再到 2004 年的 80 万件。连续创历史新高。

技术力量雄厚，现有工程技术人员 165 人。近年来工厂通过一系列知识分子政策、工程技术人员技术开发、技术攻关奖励、住房分配优先、厂内职务、职称破格聘用岗位工资的倾斜政策，稳定了技术队伍，发挥了技术人员的积极性，增强了新产品开发能力。近年来平均每年开发新产品 10 多项，改型产品 100 多项。2004 年完成改型产品设计 249 项，设计全新产品 14 项，多项产品获得国家专利，拥有自主知识产权。

工厂现拥有各种设备 500 多台。经国家多次投资进行技术改造，增添了一批关键工艺装备和计量检测仪器，如引进德国三台激光刻线机，价值 400 万元，改变了传统的照像刻线，镀黑铬工艺，实现了工艺的重大突破，产品质量非常可靠；引进瑞士的连续式可控气体保护淬火炉，淬火效率高，变形小，质量好；引进美国数控激光切割机，数控铣床，还有美国的 HP 激光干涉仪，德国 Mahr 轮廓仪，瑞士 TESA 测长机，瑞士 TESA 高度仪等高精度检测仪器，增强了实力，可靠地保证了产品质量。

桂量经过多年的发展，现能生产千分尺、游标卡尺、仪表、带表卡尺、数显量具、变型量具 6 大类别，200 多个品种，2 000 多个规格的量具产品，年产值 1.3 亿元，年产量 90 万件，是全国量具产品品种规格最全的企业。

超平行光编码器与传统编码器的性能比较

——无锡瑞普科技有限公司

当今微电子技术进步日新月异，而超平行光技术及矩阵技术是微电子领域国际上的高端技术。将超平行光及矩阵技术进行 IC 模块化集成，应用到光电轴角编码器上，和传统的光电池、光电管方案编码器比较，在技术上有了本质上的提高，是光电编码器技术领域的一次革命。

超平行光技术就是由一个带有专用透镜的发光二极管(LED)点光源，将光线校准为一束超平行光束。在点光源发射器的对面是由将光电池高度集成的专用 ASIC 芯片以及集成的检测器电路。按照矩阵(相位阵)排列的数套光电池及信号处理回路组成一个大的集成电路，超平行光束在旋转的光栅的明暗区切割下，形成平行光束按一定规律的通断现象，专用 ASIC 芯片感应光束的光能变化并将光能的微弱变化转化为电流变化，该信号处理集成电路对电流信号进行处理即产生数字式波形输出。

无锡瑞普科技公司独家从德国引进的超平行光及矩阵技术，并投入精兵强将经过 4 年多时间摸索、改进、提高、创新而研制成功，花费了数百万元在国外开微电子芯片模具，享有专有权。超平行光及矩阵技术可用于增量式、绝对式及复合式编码器，瑞普科技是国内首家将此技术应用到产品上的生产厂家，并申请了数十项国家专利。

应用该超平行光及矩阵技术的编码器和传统的光电池、光电管方案编码器相比较，在产品性能上有着明显优势：超平行光矩阵(相位阵)数据读取，应用温度范围宽，适应更恶劣工作环境，超长工作寿命(MTBF)，抗干扰能力强。

一、超平行光矩阵(相位阵)数据读取

采用超平行光矩阵数据读取，其高质量的原始信号进一步提高了编码器的定位精度和运行速度。特殊的防尘技术，对污染特别不敏感，有实验数据表明在机床小截面防溅液污染对比测试中，原信号的抗污染性能表现优异。

二、应用温度范围宽

由于采用特殊材料 IC 集成模块，模块的储存温度以及模块的工作温度宽达：－40～140℃。考虑编码器其他部分材料如电子元件、电缆、连接导线等因素，产品保守标称为：工作温度为－25～100℃，贮存温度－40～110℃，满足了一部分用户对温度的特别要求。

三、适应更恶劣工作环境

模块采用槽形设计，容许轴向游隙＋/－0.25mm、径向游隙＋/－0.04mm，产品保守标称为：轴向游隙＋/－0.1mm、径向游隙＋/－0.015mm；结合高抗污染性能、宽温度应用范围，这样就极大增强了编码器适应更恶劣工作环境的能力，同时也降低了编码器对轴承、轴系的使用要求。

四、超长工作寿命(MTBF)

根据实验室的实验数据结论及推算，以及多年以来产品用户的使用、验证，采用超平行光编码器的工作环境适应能力大大提高，工作寿命(MTBF)大大延长。其工作寿命在常规工作环境下(＋25℃，2 000r/min)：工作寿命 MTBF≥50 000h，传统的光电池光电管方案编码器工作寿命为 MTBF≥5 000h，提高了约十倍。

五、抗干扰能力强

(1)抗环境变化，因超平行光编码器工作温度范围较宽，减少了因设备长时间连续运转、炎热夏天等高温环境下使用带来的温源干扰(温漂)。

(2)电气抗干扰能力大大提高。无锡瑞普科技公司已设计开发生产出多个系列、多种接口电路的应用超平行光及矩阵技术的编码器。有应用于高端产品如绝对式编码器、多圈绝对式编码器的；有应用于中端产品如常规增量式编码器的；也有应用于低端简易编码器、分体式编码器的。已售出的数十万台编码器的遍布在各种工业环境下，如数控机床、印刷机械、纺织机械、电梯、电动机、机器人、航空、工业自动化等领域，编码器工作可靠性能稳定，进一步验证说明了超平行光及矩阵技术编码器性能卓越。

随着规模化生产、生产工艺改进提高以及产能的扩大，超平行光矩阵数据读取、高性能、高可靠性的编码器其价格也进一步降低，产品更加显得平易近人，编码器的应用领域也越来越广泛、越来越普及，同时也推动了工业自动化、网络化、智能化的进步。

〔撰稿人：无锡市瑞普科技有限公司刘　权〕

沃得精机　实力显示

——沃得精机(中国)有限公司

沃得精机(中国)有限公司(以下简称“沃得精机”)，坐落在史称“曲阿”的历史名城——江苏丹阳：公司初创以来，一直致力于锻压设备的研发制造，是行业内历史最久、最专业的锻压设备制造商之一。1998 年改制为民营企业，2006 年 4 月成功在新加坡证券交易所主板上市，成为行业内惟一的境外上市公司。公司占地面积 54 万 m^2，产品涵盖主要的金属成形机床如机械压力机(包括开式闭式、单点双点、高速等系列)、数控冲、剪板机、折弯机等几十个规格上百个品种。

改制以后，沃得精机充分发挥了良好的区位优势特别是公司所在地相对雄厚的工业基础、具备一定技术水准的工人群体、政府的开放意识等优势，结合民营经济的机制灵活、资金雄厚、观念先进等优势，对技术研发、厂房设备加大了投入，并积极引进人才，以开放谦虚的心态，积极与业内具备雄厚技术力量的国有企业开展技术和品牌合作。为尽快掌握世界先进锻压设备的开发与制造技术，目前沃得精机已经在上海成立了专业的研发中心，扩大与美、德、法、日、瑞典等国的专业公司的合作，与十余家国内高校、科研院所进行产学研联合，加快产品“两化”发展，迅速发展完善数控锻压设备等高技术产品。

沃得精机悉心经营着两大品牌的锻压设备产品。兼营的上海二锻“凹凸”牌锻压设备，已连续八年荣获上海名牌产品称号。主营的“沃得”品牌(英文 WORLD)，2004 年年底开始推向市场，其中文“沃得”包含有“购买沃得产品，必有丰厚所得”的寓意。被评为“江苏名牌产品”、“中国压力机十佳品牌”。由于锻压设备作为用户的固定资产和主要加工设备，用户非常看重其经济效益和回报率，所以沃得精机始终坚持运作品牌，提高品牌知名度和美誉度，让用户知道、认可 WORLD 牌、凹凸牌就代表着“高品质、优服务、高回报”，是真正的可以信赖的合作伙伴。

沃德精机的目标是：把沃得精机建成最具竞争力的中小型压力机生产基地，一流的板料设备生产基地，有一定影响的大型压力机生产企业。

用心打造产品　用心服务社会

——北京市电加工研究所

北京市电加工研究所隶属于北京市科学技术研究院，是集科研、开发、生产于一体的高新技术企业，是北京市重点研究所之一，是北京市八个高技术实验室之一，即北京精密特种加工技术研究中心。自建所 28 年来，该所一直在电火花加工、超声加工、激光加工、离子束加工、电化学加工、电子束加工、等离子体加工等领域从事新设备、新工艺的研究与开发，具有坚实的理论和实践基础，已形成了具有一定规模的“一特二精(一特即特殊材料的特种加工技术，二精即精密数控电加工机床和精密工模具的制造)”特色的高科技产业。目前，已拥有 8 个股份制公司和 5 个专项实验室，固定资产近亿元，产业规模上亿元。全所各公司拥有 405 名员工，其中具有高、中级职称的人员 94 人，科技人员占 42%，质量管理人员占 24%。

自建所 28 年来，该所共荣获国际、国家、市(部)级科技成果奖、进步奖 44 项，拥有国内外专利 61 项，发表学术论文数百篇，编著特种加工技术丛书四本(电火花加工技术、超声加工技术、激光加工技术、电化学加工技术)，高新技术产品 30 多项。处于国际领先的“聚晶金刚石电火花加工技术”荣获国家发明二等奖、日内瓦国际新发明银奖。利用该项技术所开发和制造的加工装备，在超硬材料加工领域，特别是国内金刚石工具行业已覆盖 60% 以上，在国内外具有较高知名度。在精密特种加工、精密数控电加工机床、精密模具等领域也具有一定知名度。

进入 21 世纪以来，该所全面贯彻 ISO9001 质量管理体系认证工作，落实科学发展观，提高自主创新能力，制造具有自主知识产权的高性价比产品服务于社会。近几年来，我所共承担国家自然基金项目 2 项，北京市自然基金项目 5 项，北京市科技新星项目 5 项，北京市优秀人才 14 项，北京市科研院萌芽项目 21 项，机械工业部科技进步奖 2 项。2005 年所完成国家自然基金项目——大面积聚晶金刚石(PCD)高效、绿色、精密特种加工技术的研究，首次采用独特的低功耗线路结构电源，使电能利用率提高 2～3 倍，降低能耗70%，研磨效率比原有磁力均压研磨提高16倍，在项目的鉴定会上受到了专家的好评，该项目获得了中国机械工业科学技术进步二等奖和北京市科学技术进步二等奖；承担的北京市自然基金重点项目——电火花加工中智能化柔性化开放式数控系统的研究是工程学科类该年度惟一重点项目，在该项目的支持下，研制了具有自主知识产权的迪蒙数控系统(DMNC2000)，并在此基础上完成了“高集成度数控系统”项目的研发工作，获得了北京市科学技术研究院十大科技成果之一。2005年度新获国家自然基金项目1项，北京市自然基金项目1项，北京市科技新星项目1项，北京市优秀人才1项，北京市科学技术研究院萌芽项目3项；迪蒙斯巴克公司还获得国家科技部中小型企业科技创新基金项目的资助。该所还设立“迪蒙火花基金”支持各公司新产品的开发，保持了各公司持续发展的后劲。

企业精神：忠诚勤奋 敬业报国

企业宗旨：一特二精科技创新，服务顾客高效诚信，
高新技术打造产品，顾客迪蒙携手双赢。

企业团队：北京市电加工研究所拥有一支求实进取、高效协作的专业技术团队，决策管理层有8人参加了MBA高级管理学习，同时聘请多名资深管理人才加盟，经验丰富思路开阔，有很强的科技创新意识和开拓进取的科技经营与组织管理能力，注重及时掌握国内外产业信息。该所具有明确的企业理念与丰富的企业文化，注重发挥集体智慧与团队协作精神，广泛吸纳八方英才，努力为每位员工提供广阔的发展空间，每位致力于精密特种加工事业的人都能尽显其价值与才华。在科研、生产和产业化经营中，逐步建立和完善了整套规章制度与管理办法，运行高效、有序。

该所坚持“事业吸引，感情投人，机制先进，待遇提高”的用人原则，以人为本，通过多种渠道吸引人才，培育人才。在改革发展中培养了一批创新能力强、敢于攻关打硬仗的科研开发队伍。现有3位博士生，5位硕士生，以及一批具有良好的科研和科技经营素质、工作作风扎实的科技人员。北京市电加工研究所还与清华大学、北京工业大学等高等院校建立博士后工作站和良好的产学研合作关系，已有2名博士进入清华大学与所共建的博士后工作站工作两年，圆满的完成研究项目，成为学科带头人，在该领域里发挥着重要的作用；2005年该所又与北京工业大学联合培养电加工所的在职博士1名，该学生带着企业的研究项目攻读博士更有针对性，更有利于产品的研发。

组织架构：北京市电加工研究所随着体制的改革，目前按不同的产品，成立了8个股份制公司；按不同研究方向，在北京精密特种加工技术研究中心(北京市8个高技术实验室之一)下成立了5个实验室。

产业化基础：北京市电加工研究所目前在中关村高新技术园区拥有1.4万m^2的迪蒙科研大厦，在奥运村大羊坊拥有1万多m^2的中试基地，在永丰北科现代制造技术产业园区拥有1.2万m^2的科研、产业基地。在北京市科委的支持下建立了1个研究中心和建设了3个产业基地，即建立北京精密特种加工技术研究中心、博士后工作站、超硬材料加工技术研发产业基地，北京精密微电子模具技术平台、产业基地，先进制造特种加工技术装备研发、超精密制造和测量、微纳制造的机械平台基地。

企业产品：北京迪蒙斯巴克工控技术有限公司依托北京市电加工研究所强大的技术、人才优势和通过与国际电加工机床巨头——日本SODICK公司的技术合作，经过多年的艰苦努力，已经成为国内电火花成形机床技术的领跑者。公司的BM30、B35、B50系列产品精密数控电火花成形机床，凭借完全掌握产品的核心技术、优质的销售服务过程，为客户提供高性价比的产品，产品整机的加工性能，包括机床精度(定位精度：0.003mm/任意100mm，全行程0.005mm；重复定位精度：0.002mm)、最佳表面粗糙度(R_a $\leqslant0.1\mu m$)、最小电极损耗($\theta\leqslant0.1\%$)、四轴四联动、专家工艺数据库等性能指标，已达到国际同类先进机床的水平。自1996年出口国外30台以来，面对国内外竞争对手，公司依靠创新科技、制造精品、工艺先行、做好服务的战略，目前已成为国内精密数控电火花成形机床的主要设备提供商之一。公司还针对航空航天、军工等多个行业的特殊工艺和零件要求研制专用设备，得到了用户的好评。尤其在精密数控电加工机床数控系统取得了重大突破后，使该系列产品在全国同行业数控电火花成形机床综合性能评比时名列前茅，代表着当今国内电火花成形加工机床的先进水平。

北京迪蒙特佳工模具技术有限公司利用该所获国家发明二等奖、日内瓦国际新发明银奖的“聚晶金刚石电火花加工技术”专利技术，通过与美国公司的长期合作，近年来在精密特种加工技术方面取得了令人瞩目的成绩，研制开发了具有国际先进水平的超硬材料加工工艺及成套专用设备，使超硬材料拉丝模具、刀具以及聚晶金刚石复合片、石油地质钻头的加工变得轻而易举，用普通电加工机床无法实现的加工难题迎刃而解。研制的工业金刚石拉丝模具制造成套加工设备有：BDMT－CBZ型半自动超声波整形机、BDDC型电火花－超声波复合抛光机、BDC型超声波微孔研磨机、BGXP型单头高速线抛光机、BDMT－XP型多头高速线抛光机、BDCX－100B型超声波清洗机、BDMT－XP型多头高速线抛光机、DMT－SS熔蚀型电缩丝机、BDMS－Ⅱ型拉丝模双目体视显微镜检测仪、BDSJ型电/气动试丝机以及磨针机和测量角度板，工业金刚石、立方氮化硼、金属陶瓷等刀具成套加工设备有：BDM－901型精密电火花－机械复合工具机床、BDMT－JP903型聚晶金刚石镜面抛光机和DK7725超硬材料电火花线切割机。再者，该公司拥有国际一流的拉丝模具和刀具生产线和拉丝模具检测系统(挪威Conoptica公司产CU10型拉丝模激光孔形测定系统、英国产BETA型激光测径仪等)，生产“迪蒙特佳”品牌的高品质工业金刚石拉丝模具、各种超硬材料刀具和复合片整形抛光。二十多年以来，凭借综合技术实力，为众多用户提供了交钥匙工程，建立了拉丝模具、刀具生产线，解决了技术难题，产品与服务遍及国内29个省市自治区、香港和台湾地区以及美国、法国、日本、印度、泰国等国家。

北京康迪普瑞模具技术有限公司具有近20年精密模

具研发经验，是北京市高新技术企业。公司配有世界一流的制造模具设备 AGIE 线切割机床 8 台，Wasino 精密光学曲线磨床 3 台，日本 GLS－5P 精密光学曲线磨床 1 台，SODICK 精密电火花成形机床 1 台，Moore 坐标磨床 1 台，精密平面磨床 6 台，中国台湾 V－40 数控加工中心 1 台，高精度半自动万能内外圆磨床 1 台，国产光学曲线磨床 2 台等高精密设备 30 余台；具有完备的质量检测设备（高精度垂直测量仪 5 套、JT3 高精度投影仪 1 台、三坐标测量仪 1 台）对产品进行质量监控。曾为我国的国防、航空航天等领域解决了许多重要的模具及零件的加工难题，成功地加工出精细的集成电路（IC）引线框架表面贴装模具，替代进口。在冷冲模具、塑料模具，尤其是精密复杂多工位级进模具的加工方面有着丰富的加工经验，在模具加工领域享有良好的信誉。公司主导产品有：①多工位级进模具，包括精密 IC 引线框架模具、石英表模具、各种型号电动机定转子片和自动叠铆模具、电位器电刷模具等；②精密注塑模，包括 3.5in 软盘注塑模、集成电路塑封模及电器开关精密注塑模；③精密粉末冶金模具，包括汽车行业用精密粉末冶金件。公司目前生产的精密模具已打入国际市场，出口到美国、日本等国际知名企业。公司依托先进的 CAD/CAPP/CAM 软件资源和人才优势，采用国际先进的加工设备和制造技术，承接各种高精密模具及零配件的加工。公司将优质高效地为国内外新老用户服务。

北京迪蒙恒达机电技术有限公司是在中关村科技园区注册的高科技企业。公司依托北京市电加工研究所综合科技优势，是集科研、生产、销售为一体的经济实体，从事电加工行业新技术的综合开发，提供新型机电一体化电加工设备。公司主导产品为数控高速走丝电火花线切割机床（BDK7780、BDK7763、BDK7750、BDK7740、BDK7725 等系列产品）、数控及手动高速小孔加工机床、数控平动头（NP－50 产品）、精密机械式平动头（BJT－50、BJT－25、BJT－15 等系列产品）。数控高速走丝电火花线切割机床采用直线导轨、大工作台面、绘图式全自动编程系统，实现大厚度、大锥度、高效率、高精度切割。设备功能强大，使用方便，产品质量可靠，精度保持性长久。2005 年在电加工所创新基金的支持下，开发完成了“大型大锥度数控高速走丝线切割机床”，这个产品的销售形势很好。另外，为适应市场的需求，公司正在开发一种 M15 小型精密数控高速走丝电火花线切割机床。

北京迪蒙卡特机械电子设备技术有限责任公司是专业从事电加工机床研发和制造的大型生产企业，具有较强的电加工专业技术研发能力和生产制造能力。1999 年被中关村科技园区批准为高新技术企业，并在北京顺义工业园区建有占地面积 3 万 m^2 的现代化生产制造基地。公司现已形成数控高速走丝线切割机床、精密数控低速走丝线切割机床和数控电火花成形机床等三大系列三十多个品种的数控电加工机床的批量生产能力。CTW 系列线切割机床是在公司 DK 系列基础上改进的一种新型数控高速走丝线切割机床。该机床吸收了国内外机床的特点并根据用户要求而设计制造，具有造型美观、结构新颖、性能优越、操作方便等特点。可广泛应用于电动机、仪器、仪表、汽车、航空、航天、轻工、军工、家用电器等行业，特别适合加工冷冲模，挤压模、塑料模、滚齿刀及各种复杂截面精密零件的大锥度切割和等锥、不等锥、上下异形等复杂面以及大承重、大厚度、大型模具的切割。CTE 系列单轴数控电火花成形机床是公司研发的升级换代产品。该产品采用先进的日本控制电路和高频电源，关键件均为进口配置。目前，公司已在欧洲和南美市场建立了销售服务网络，首批发往巴西和波兰的电加工机床订单均已执行，打开了走向国际市场的良好开端。2004 年在高教部和财政部联合举行的全国 150 个“教学实训基地”的项目招标中脱颖而出，一举中标 170 台机床。2005 年招标的数量又在 300 台左右。公司始终把握市场差异化原则，突出自己的特点，发挥质量、精度、价格、服务的优势，扩大市场份额，近两年承接军工企业订单越来越多。

坚持“两头在内、中间在外”的发展战略

——咸阳机床厂

咸阳机床厂以陕西工业职业技术学院为依托，具有较强的技术优势和研发能力。然而由于企业规模有限，生产能力严重不足，在“十五”期间，机械行业处于快速发展期，产品供不应求，厂内生产远远不能满足市场需求。为此，咸阳机床厂坚持“两头在内，中间在外”的发展战略，厂内重点抓市场适销对路产品的研发、关键零部件的加工和整机的装配调试以及产品销售，而把大量的粗加工或简单零部件的生产转移到企业外部的协作单位。既发挥企业自身优势，又充分利用了企业外部资源，从而使企业在投入（人力、财力）较少的情况下，企业的产值、利税较 2000 年翻了一番。

“两头在内，中间在外”的显著特点是强化了企业产品研发和市场营销能力，弱化了企业自身的机械加工能力。随着企业产品所需的功能零部件、配套件外协供应量的增加，从而使企业产品的制造风险（投资）减小，设计成本降低，产品可靠性提高，同时加快了企业对市场的反应速度。咸阳机床厂的具体做法是：

一、优化人才资源，强化产品开发

咸阳机床厂是 20 世纪 50 年代建立的国有企业，受计划经济管理模式的影响，工程技术人员围绕老产品搞工艺和对老产品改进设计等较多，对新产品开发责权利不落实，开发周期长，不能适应市场变化的需求。针对这一症结，2003 年厂

领导班子决定对全厂技术人员进行重新整合，组建产品开发部，每年加大新产品开发经费的投入，并制定新产品开发的有关政策和措施，从人力、财力和制度上保证了新产品的开发，很快扭转了工厂产品开发周期长、销路不畅的局面。

2003年以来，不但通过市场调研，开发有市场和发展前景的新产品，还根据个别用户的特殊功能要求，开发满足个体用户要求的专机产品，以扩大企业的知名度。如在航天工业、汽车零部件制造业、军工等领域先后开发完成了XYJ－2016、XYJ－9203数控针刺编织专用机床；XYJ－2007数控涨圈开口磨床；XYJ－2013凸轮磨床；XYJ－2015数控阀芯槽及倒角磨床；XYJ－9204三维轴向编织机等系列航天工业专用机床；XYJ－2012数控沟槽倒角磨床，填补了汽车零部件制造业设备的国内空白；2MK9025螺旋槽工具磨床填补了国内空白，可取代进口设备。汽车零部件制造业所需的数控球笼窗口磨床软件通过了陕西省教育厅科研项目验收。

二、建立完善快捷的销售服务机制，提高用户满意度

咸阳机床厂在销售和售后服务方面做了如下工作。

(1)加强销售工作，全面建立售前、售中、售后服务体系，使咸阳机床厂的技术服务与用户零距离进行，为用户技术服务更及时、更到位。扩展营销网络覆盖面，随时掌握市场动态，为新产品开发提供瞻前信息。

(2)为了提高销售人员的服务技能，建立和完善销售人员上岗培训考核制度，实行末位淘汰制，对当年考核不合格的销售员，调离销售队伍。全年对销售人员培训不少于40个工作日，每年对销售员进行"设备故障排除"、"合同、营销管理"、"产品性能、用途"等内容的业务培训和考评，使销售人员不但懂经营，会维修，还能为消费者选型当好参谋。为加强售后服务机能，先后从装配生产一线职工中选拔一批操作技能、思想素质优秀的年轻人充实售后服务队伍，形成了机、电技术全面的售后服务队伍，每年主动上门跟踪服务达当年售出机床的90%以上。从而解决了用户的后顾之忧，提高了用户的满意度。

(3)建立用户档案，实行产品跟踪服务，变被动等待为主动上门服务。制作了咸阳机床厂产品使用、操作服务指南的VCD光碟，使用户培训工作更快捷方便。通过走出去和请进来培训相结合的方式，每年都要组织用户培训4次以上，既增强了用户对产品性能、使用的了解，又增加了厂家与用户的亲合力。

(4)重视"咸机"产品的宣传和机床行业兄弟厂商的信息沟通。每年都组织新老产品参加国际、国内的机床博览会，扩大咸阳机床厂产品的市场知名度。和兄弟机床厂商销售人员互通情报，加强横向联合，以多种形式掌握用户对产品需求的信息。为工厂生产、营销决策、新产品开发提供第一手可靠资料，确保咸阳机床厂能够研发更多的适销对路产品，以满足不同用户的需求。

(5)销售人员实行绩效挂钩。企业为销售部门制定了有关销售政策，采取销售收入、费用、工资、奖金挂钩，按月预算，年终决算，落实责权利，从而大大提高了销售人员不断开拓市场和为用户服务的积极性和自觉性。

三、利用厂外资源，扩大生产规模

随着用户对"咸机"产品日益增长的需求，单靠自身的生产能力还远远不够。为此，咸阳机床厂在"中间在外"上做文章，在内部调整管理机构，外部建立定点协作单位，实现产品零部件的平稳向外扩散。

(1)2002年底，为了缓解工厂生产制造能力不足的压力，组建了外协办公室，制定了《外协办工作职责和考核办法》。明确了责权利，强化了对外协单位的管理和外协件生产的计划组织实施。

(2)合理利用外部资源，实现工厂和协作厂双赢是咸阳机床厂对外合作的基本原则。在加大对外扩散力度的同时，对外协厂家进行了重点的扶植，主要是从技术上给予全方位的支持。对各外协厂家派有专门的质管、技术、生产等工程技术人员进行现场指导和技术培训，以确保产品质量不受影响，从而建立了较为牢固的合作生产关系，使得协作厂家有信心、有能力按时提供质量可靠的零部件。

(3)加大外协生产力度，企业产值迅速增长。在以咸阳机床厂为中心的100km之内，先后扶植和建立了十多家外协生产配套厂，每年新增制造加工能力达一万个工作日，彻底解决了企业的生产制造瓶颈，缓解了机械加工能力不足的矛盾。由于外协生产的加强，也改善了过去厂内生产能力不均衡，生产调度不畅的被动局面。企业工业总产值每年递增30%以上，利税每年递增10%以上。

"两头在内，中间在外"的发展战略之所以能使咸阳机床厂跃上一个新台阶，就是因为它充分发挥自身的优势和有限资源，有效利用外部资源不断发展壮大自己。

持续发展中的山东济宁特力机床有限公司

——山东济宁特力机床有限公司

一、企业简介

山东济宁特力机床有限公司是由原山东济宁机床厂改制后，于2006年元月4日注册成立的股份制公司。

原山东济宁机床厂是1953年建厂的国营中二型企业。经过五十多年的发展和市场竞争的锤炼，形成了以专用机床和组合机床通用部件为主导产品的机械制造企业，具有完备的加工手段和较强的机械加工能力，检测手段齐全。拥有一支较强技术能力的技术人员队伍，被国家有关部委确定为组合机床及组合机床通用部件专业化生产企业。是山东省高新技术企业和省级重合同守信用企业。

企业现有职工 475 人，其中各类专业技术人员 156 人，厂区占地面积37 256m²，建筑面积18 000m²，主要生产加工设备 140 余台，固定资产原值2 263万元，净值1 884万元。

企业在开展产品创新的同时，不断加大对技术工人的培训投入。2005 年度被确定为山东省金蓝领工程车工培训基地。

二、主要产品简介

主要生产专用机床，数控滑台、铣削头、镗削头、钻削头、镗车头、动力箱及各种数控系统。

特别是近十年来，企业密切注视市场动向，研究客户需求动态，共承担了省市科研项目 24 项，其中 CDS5712 数控立车，N285 柴油机机体加工生产线，电动机座加工生产线，数控多工位组合机床等八种产品获山东省科技进步二等奖；立、卧式铣削组合机床，铣削工作台等十余种产品获省科技进步三等奖；数控滑台等六种产品获市科技进步一等奖。

坚持科技创新、走多元化发展的路子是济宁特力机床公司可持续发展的法宝。2005 年企业在巩固发展传统产品——组合机床及其通用部件的基础上，经营范围由单纯的组合机床及其通用部件拓展到以下几个方面：

(1)面对济宁煤碳工业的优势，以下属企业济宁精工机械设备公司为主体开发生产煤矿专用产品，扩展企业的经济增长点。目前已成功开发了液压千斤顶、液压支柱、矿用液压阀等产品。2005 年实现了产值、销售额均突破 600 万元的业绩。

(2)走强强联合的路子。2004 年与济宁博特丝杠有限公司共同出资，在济宁市高新区成立了济宁新力数控机床有限公司，专业生产数控铣床和加工中心。2005 年该合资项目的产值、销售额均突破1 000万元，2006 年目标2 000万元。

(3)借助“产、学、研”走高等院校、科研院所、企业横向联合的路子，在生产组合机床的基础上，开发高、精、尖、产业化产品。继与清华大学成功研发 CZK 电动机壳止口双刀架数控机床的基础上又与清华大学签署了联合开发经济型立式加工中心的项目协议书，目前双方正处在科研攻关阶段，预计 2007 年该项目能够投产、达到年产值 3 000 万元的生产能力。

三、技术改造

2004 年企业投入近 4 000 万元，在市高新技术开发区建设了占地 37 256m² 现代化新厂房，2005 年元月投入使用。企业利用厂区设备整体搬迁的时机，投入大量资金对原有设备进行了更新改造。

四、抓好企业 ISO9000 质量管理体系论证工作，提高产品质量

为了进一步提高和保证企业的产品质量，树立企业形象，2004 年 7 月份与北京天屹伟业咨询有限公司签订协议在企业内实施 ISO9000 质量管理体系认证工作。2005 年 7 月一次通过了专家验收。

五、加强企业管理搞好企业的制度建设

企业广泛听取各级人员的意见，更新企业机质，改变员工的思想，以现代化的企业管理制度管理企业。

针对目前企业管理基础薄弱的特点，企业以改制、实施 ISO9000 认证为契机，完善各项规章管理制度，充分调动员工的积极性，以管理促效益。

在企业内部鼓励，支持积极向上的企业氛围，建立和依靠科学合理的规章制度，形成公平、公正的企业风气。

经过近一年的努力，2006 年 1 月 6 日企业改制顺利完成，新公司严格按照《公司法》的要求管理企业，使老的国有企业焕发了新的生命力。

以自主创新为导向　打造民族品牌机床

——宜昌长机科技有限责任公司

宜昌长机科技有限责任公司是由始建于 1969 年的国家机床工具行业重点骨干企业——长江机床厂改制而成。公司是以研制全系列插齿机、铣齿机、数控双铣头铣槽机和各种精密齿轮、齿条为主导产品，并拥有自营进出口权的省级高新技术企业和宜昌市重点培育高新技术企业。2005 年被授予湖北省工业经济先进单位和湖北省企业信息化示范单位称号。公司是机械制造行业首家同时通过 ISO9001《质量管理体系要求》、ISO14001《环境管理体系规范及使用指南》和 OHSAS18001《职业健康、安全管理体系规范》三个国际标准认证的企业。公司的产品广泛应用于汽车、军工、矿山、港口等机械制造领域，优质的产品不仅行销全国，还批量出口美国、加拿大及东南亚地区。

但在 20 世纪 90 年代末至 21 世纪初，公司的生产经营曾一度处于停产状态，职工月平均收入不足 300 元钱，还曾 9 个月没拿到一分钱，80%以上的技术人员和管理骨干离开企业，客户信任度基本丧失，产品的市场占有率也降至 3%左右，公司已到破产的边缘。

2002 年 10 月，公司新任领导集体面对犹如一盘散沙的企业，结合实际有针对性地开展了制度创新、管理创新和科技创新活动，经过三年多的艰苦努力，如今的长机已逐渐走出困境，其主导产品插齿机的研发和制造水平均处于国内领先地位，成为全国惟一的全系列插齿机专业制造商和最大型插齿机生产基地。

一、以制度创新求生存

1. 建立具有激励机制的分配制度

公司在制定内部分配制度时，遵循按劳分配、效益优先的原则，鼓励实干但更重视绩效，提倡创造性的劳动，重奖贡献大的员工，从而激发出全体员工学知识、学技术、创造性劳动的积极性，使全员劳动生产率由2002年的人均1.6万元上升至2005年的人均约20万元。

2. 坚持以人为本并将其贯穿于企业的各项规章制度之中

通过以人为中心和主体的管理，激发出公司的每一个人为振兴企业并实现个人价值的积极性、主动性和创造性。"525工程"和"报恩行动"就是公司人力资源管理制度的创新之一。

所谓"525工程"就是按照公平、公正、公开的原则，以技能、业绩、贡献为标准，每年度在公司范围内经过公开推选、严格考核，最后经过公司领导班子集体研究决定，选取5个核心人才、20个关键人才和50个优秀人才。对于入选者公司不但在学习、工作、生活上为其创造更加良好的条件，每月还在其正常工资外另给予相应津贴的制度。这一制度不仅极大的激励了全体员工的积极性和创造性，更重要的是让公司每一位员工都清楚地看到，在长机公司只要勤奋工作，人人都有展示才华实现自身价值的机会。

所谓"报恩行动"是公司对入选的核心人才、关键人才和公司在职中层干部的父母，按月寄给200元的报恩费，感谢其为公司培养出优秀的员工。这一极具人性化的举措，使公司员工及其父母甚为感动。

3. 在新产品研发机制上大胆创新并推行项目招标承包责任制

公司将研发课题的技术要求、参数、必须实现的功能和研发周期，以及公司按照技术难度确定的发包经费标准等在公司内公布，激励公司的工程技术人员参与竞标。投标人在规定时间内向公司技术委员会提交设计方案、自由组合的课题组人员名单及研发所需设施等书面文件，公司技术委员会经过答疑、评审后，择优确定中标人并签订协议。这一措施有效地激发出科研人员的积极性和创造性，使公司不断推出具有较高科技含量且适应市场需求的新产品。

二、以管理创新谋发展

任何一个经营成功的企业都是与严格的科学管理密不可分的。公司以建立"三标"体系为切入点，狠抓内部管理，通过建立健全管理制度并持续改进，实现了长机由人治向法制的转变，科学化、规范化、制度化的管理使公司在激烈的市场竞争中得到了长足的发展。

1. 严格规范企业管理行为

按照ISO9001《质量管理体系要求》、ISO14001《环境管理体系规范及使用指南》和OHSAS18001《职业健康、安全管理体系规范》三个国际标准（简称"三标"）的要求，从理论和实践上对企业进行全员培训，并按照"三标"认证要求严格规范企业的管理行为。通过规范的贯标工作，使企业整个管理体系乃至每一个员工的观念得到脱胎换骨的转变。"三标"认证既是对企业经营各个环节的工作程序化，又不失创造性执行的空间，使企业每一位员工对自己的岗位职责、工作流程、行为规范清楚明了。围绕"精细打造，品质卓越"的企业精神，管理体系对经营的每个环节甚至细节上的成功或失误均能得到有效的追溯，从而达到持续提高用户满意度的目标。

2. 及时明确企业前进的方向和奋斗目标，确立自己的市场定位

公司适时与三峡大学联合，将高校的理论优势与企业的管理实践紧密结合，在对企业进行全面诊断和对外部环境充分调研的基础上，制定出近20万字的公司2003～2010年中长期战略发展规划。也就是以市场需求为导向，实现企业快速、健康和可持续发展为目标；大力推进企业自主的技术创新、市场创新和制度创新。在2008年前将公司建设成为国家级高新技术企业和省级文明单位；到2010年，建成销售收入2亿元，利税3000万元，各项经济技术指标在国内处于行业领先地位，在机床工具行业具有较强综合实力和核心竞争力的现代化企业。

3. 创新企业管理手段，实施企业信息化

充分利用信息技术，实现企业管理的精细化和快捷化，加快企业对市场变化和技术进步的反应速度。公司投入280多万元，建成拥有4台服务器，16台交换机及配套设施的信息中心。

三、以科技创新促腾飞

科技是第一生产力，科技是引领企业发展和促使企业腾飞的原动力。公司领导集体清醒地认识到，只有坚持科技领先和自主创新，不断增强自身的核心竞争力，才能使企业长盛不衰。

公司每年以超过销售收入6%的资金用于科技研发，坚持以自主创新为主并积极走产、学、研相结合的道路。公司成立了专门的研发机构——"长机科技研究院"，2005年又与华中科技大学联合组建了"长江机电研发中心"，使公司的研发实力迅速得到提高，使公司的技术进步和创新能力走在国内同行业的前列。在产品研发方向上，坚持以高新技术改造传统产品，目前在公司从加工直径200mm到3 500mm的8大系列的插齿机中，已有7大系列实现了数控化，并且其机床的研制技术和数字控制软件均具有自主知识产权。公司在插齿机的研发技术和制造工艺中获得了11项国家专利。在新产品开发中，坚持瞄准国际先进技术，致力于为我国装备制造业提供高精度、高效率、高柔性的插齿机产品。公司通过自主创新推出了一系列在国内领先和替代进口的新产品。为军工和大型回转支承制造业研制的加工直径达2 500mm的数控大型精密插齿机，经省级技术鉴定为"国内首创，亚洲首台，技术水平达国际先进。"不但荣获国家科技进步二等奖和被列入2004年度国家级新产品计划外，还打破了国外在该类型装备上的垄断和封锁，该机床除用于军工外，同时也是国家风力发电、大型水利发电等重大项目指定的关键装备。为汽车转向器关键零部件阀心高对称油槽加工而研发的七轴数控双铣头铣槽机，经省级鉴定其技术水平达国际先进，替代了进口，使我国汽车工业首次装备上中国制造的该类型数控装备，并被纳入2005年度国家火炬计划。

在制度、管理、科技等不断创新的同时，公司投入大量资金进行大规模的技术改造，购置了一批包括英国产双频激光

干涉仪、德国产高精度导轨磨等具有国际先进水平的检测和加工装备，为公司研制优质系列插齿机产品进而打进国际市场、为打造成民族机床品牌提供了重要的基础保证。

由于公司在设计和制造技术上的不断创新，在装备上的不断更新，使公司的产品质量、客户的满意度和产品的市场占有率大幅回升，销售收入也连年翻番。近年不断创新的高新技术产品产值占到公司销售收入的82.38%，其中，加工直径为200～500mm的数控型高速插齿机保持着省优、部优；加工直径达1 000mm以上的中重型插齿机、数控大型超长精密齿条插齿机以及数控扇形齿轮和齿条插齿机、数控双铣头铣槽机等汽车转向器专用成套装备形成独家经营的局面。

经济运行腾飞　效益再创辉煌

——山东征宙机械有限公司

2005年，是山东征宙机械有限公司不平凡的一年，是战胜各种困难，经受市场竞争考验和锻炼的一年，是以扎实苦干取得辉煌战绩的一年。在这一年里，公司领导发扬勇于开拓的精神，带领全体干部员工，牢牢把握发展为第一要务，狠抓企业管理，实现了跨越式发展。企业经济效益再达新高。

2005年完成工业总产值7 006万元，比上年增长37%，比2002年翻了一番。工业销售产值完成7 000万元，比上年增长17%，比2002年翻了一番还多。出口交货值4 750万元，比上年增长28%，比2002年翻了一番；其中：自营出口达156万美元，比上年增长13%，比2002年翻了三番(2002年21万美元)。货款回收：全年完成7 000万元，比上年增长27%，比2002年翻了一番还多。产品销售收入6 196万元，比上年增长15%，比2002年翻了一番。利润总额912万元，比上年增长13%，比2002年翻了三番(2002年205万元)。实现利税总额1 367万元，比上年增长16%，比2002年翻了一番。

一、加快技术改造步伐

2005年技术改造投入800万元，均是公司自筹。在800万元的投入中，用于建筑工程222万元，建筑面积2 657m²，修建了2个车间2个配电室。用于设备工具购置578万元，购进金属切削机床设备42台，其中高精度、数控设备10台。目前，全公司拥有设备621台，其中数控高精度设备86台。这些先进的生产设备为创品牌战略奠定了良好的基础。

二、坚持以人为本发展战略

如果说设备是企业发展的基点，那么人才是企业成功的关键。培养人才，用好人才是体现企业领导综合指挥能力的体现。公司历年来坚持以人为本，树立人才战略思想，充分发挥员工的潜能，为每位员工搭建一个施展才华的平台。在使用中发现人才的优点，用其所长避其所短，不求全责备。对人员的选拔使用，坚持“公开、公正、公平”的原则，以成绩论英雄，以贡献评佳绩，把适当的人用到最适当的工作岗位。为强化员工的向心力，体现人性化管理的原则，善待、爱惜每位员工，提高了员工对公司的认同感和忠诚度，沟通了员工与领导间的感情。实施了以薪酬制度激励人、留住人的工作思路，激励每个员工的工作上进心。

2005年在聘任中层干部过程中，充分体现“有为就有位”的公平原则，根据工作需要提拔了8名中层干部，和一名经理助理。其中1名是通过公开招标、多方论证、在40名竞争对手中选拔的，他是一位普通工人。此项工作激励了工人们的求知奋进精神，展现了企业文化的一个方面，同时进一步促进了中层管理干部的进取向上精神。

在培养人才方面，大力培养重用一线工人和生产能手，特别是对数控设备操作人员，不仅在物质方面给他们优厚的待遇，在评定技术职称、拔尖人才、外出旅游等方面均排名在前。公司强调“员工是公司最宝贵的财富，没有他们的付出，公司不会有发展”。七八月份天气炎热，也正是订货合同最多的时候，为保证职工的身体最佳，公司加大福利费的发放力度，从牛奶、鸡蛋、方便面、给单身职工宿舍安装太阳能和电风扇，另外在冬季还发放羽绒服。职工深深体会到“我依公司求生存、公司靠我去发展”这句话的内含。2005年职工福利费达110万元，比上年增长44%，工资总额达986万元，比上年增长36%，人均工资达11 095元，创历史最高。

三、加快新产品开发步伐

在公司稳步发展，逐步扩大市场的同时，公司领导非常重视市场信息的反馈工作，建立起“市场信息收集——领导决策——技术研发——试制鉴定——生产销售”体系。对新产品采取了“开发一种，试制一种，投放一种”的方针，坚持“你无我有，你有我优”的指导思想，保证产品更新换代和产品结构调整工作的顺利进行。为了在市场竞争中站稳脚跟，在产品开发方面突出一个“新”字和一个“快”字，“新”要结构新、外观新、性能新，“快”要信息快、决策快、研制快、投放市场快。

2005年根据走访客户的信息分析，开发研制了多种新产品：攻螺纹机、YBQJ圆柄夹具、CBQ巡边器、木工夹盘、PF冲子成形研磨器、GX/HDT30万能磨刀机、CHM80万向角度回转工作台、ZZM－A及ZZM－B钻头磨刀机、砂轮修整器、ZCM车刀磨刀机等新产品，填补了省内空白，均已批量投放市场。由于研制快、生产快、适销对路，赢得了市场，2005年仅新产品产值就达1 346万元，占总产值的22%，不仅增加了高精度、高附加值产品，而且调整了产品结构，提高了产品质量，提升了企业形象，使公司的经济效益得到很大提高。

经过几年的发展，公司的产品品种不断增加，近两年开发的新产品大到HDT型磨刀机、小到压帽，由于这些高精度、高技术含量、高附加值、高销售率的“四高”新产品，赢得了2005年7 006万元的产值，7 000万元的销售产值和回款7 000万元的大丰收。2005年被评为山东名牌产品、出口先进企业、平原县五星级企业、德州市总工会先进职工之家先进单位。

在市场经济条件下，营销工作是企业开拓市场，将产品转为商品的前沿。为适应市场需求，公司每月向销售部下达指标，销售部将指标分解到销售员，做到人人有指标。在货款回收方面根据区域不同，分配指标不同。制定了一套切实可行的销售政策和促销机制。实行超指标者奖，完不成者适当罚款的政策，年终根据业绩评选出销售冠军、亚军。由总经理亲自发奖，激发销售人员的积极性，使销售产值、货款回收分别以17%、27%的速度递增，从而创下了2005年双双过7 000万元的佳绩。

四、加强企业文化建设、打造强势品牌

名牌战略是企业文化的一个重要组成部分，名牌是公众对一种产品的信赖，由此对名牌产品的企业产生信赖感。因此，“以发扬拼搏精神教育人，以优秀文化武装人”，是征宙机械有限公司企业文化的重要理念，通过几年的探索实践，征宙机械有限公司形成了特色鲜明的企业文化体系。不仅增强了企业凝聚力，实现了“征宙机械，走向世界”，而且打造了强势品牌，公司领导分析认为“品牌的一半是文化，离不开企业文化的支撑，没有文化内涵的品牌不可能成为优秀品牌”。为此，深化民主管理、厂务公开制度，加大职工的知情权、参与权、监督权，坚持定期召开职代会，做到重大决策听取职工意见和建议，民主管理、民主监督机制日趋完善。

五、加强企业管理、降低消耗

为了降低成本，消除各种增支减利因素，公司在物资采购方面，实行招标采购、比价采购、财务监督制度。从各类钢材到包装盒、刀量辅具等，2005年在工业总产值增加了37%的条件下，采购成本比上年度同比降低5%。在其他管理工作方面，坚持抓好节支增效工作，管理费用比上年度同比降低15%。这充分体现了企业管理工作水平的提高。

2005年，山东征宙机械有限公司在企业管理、技术创新、技术改造、生产经营、出口创汇等多方面取得了跨越式发展，提高了企业效益。但是，公司仍将坚持不断改革创新、探索前进的工作方针，坚持解放思想、与时俱进、谋求发展的工作思路，在市场经济的大潮中，不断迎接新的挑战，为中国机床工具行业的发展做出更大贡献。

树立科学的人才观　建设高技能人才队伍

——烟台环球机床附件集团有限公司

烟台环球机床附件集团有限公司（原烟台机床附件厂）是全国机床附件行业的排头兵企业，已有50余年的专业生产历史。主要产品为“环球”牌数控分度头、数控转台、数控刀架、数控中心架、机械分度头、机械转台等100多个品种规格的机床附件和专用机床，年总产量达3万余台（套），是目前国内生产分度类数控功能部件品种规格最齐全，生产规模最大的厂家。产品曾多次获得省部名优称号，并大量出口到欧美等30多个国家和地区。2005年与2004年相比销售收入增长31%，利税增长64.8%。

近几年来，我国机床工具市场持续旺势，环球集团牢固把握这一历史机遇，自2002年起分期实施大规模的技术改造，投资几千万元先后启动数控功能部件产业化和企业管理信息化两大工程项目，产出能力及管理水平得到显著提升，企业步入发展快车道。

产业化目标的实现需要一支高素质技能人才队伍。多年来，环球集团一直保持和发扬加强高技能人才队伍建设的优良传统，紧紧抓住培养、吸引和使用人才的三个环节，多方面、多渠道、多形式激发技术工人自觉学习和钻研技术的主动性、积极性，努力造就一支结构合理、技术精湛、作风过硬的高技能技术工人队伍，并取得丰硕成果。公司现有技术工人总数621人。其中，技师157人，占工人总数的25.28%；高级工95人，高级工以上技工占技术工人总数的40.58%。

一、转换机制，政策引导，激励员工钻研技术

数控功能部件产品的技术含量较高，加上近几年产品结构调整，生产数控类产品与国外产品的竞争日益激烈，这就要求员工队伍素质能够适应快速发展的需要。但前几年，由于机制僵硬，分配不合理，工人在不同岗位、技术水平高低，在工资分配方面差别不大。反而越干粗活或简单工序收入越高，干技术等级高的工序，由于技术难度大，易出废品，反而工资收入低。而往往在安排生产时，谁技能水平高，就安排谁进行关键工序加工，造成技术难度大的工序没人愿干。在员工中造成逆反心理，员工不愿学技术，组织的培训班、技术比武等活动，员工参加的积极性也不高。针对这些问题，公司于2000年初在分配制度上实施改革，搁置原有的档案工资，按现岗位的技术含量高低实行以岗定薪，在此基础上，不断完善“岗位计时工资”的计酬办法，即岗位权重越高，超额工时的价值越高，员工的收入越高，使技术水平高的员工积极性得到提高，学习的气氛逐渐浓厚。

二、树立科学的人才观，营造有利于高技能人才干事创业的工作环境

市场竞争归根到底是人才的竞争，设计开发出新产品，如果没有相应技能的技术工人，就生产不出符合要求的产品，即使生产出来，其产出效率也不会高，企业也就失去了竞争力。为了培养高素质技术工人队伍，公司完善了员工培训体系，将一线技术工人作为一种重要资源来管理。

（1）健全完善员工的教育培训体系。培训工作做到有组织、有分工、有计划、有落实，《教育培训计划》列入公司的《年度生产经营综合计划》。在培训经费上予以保障，做到年年有专题培训，年年有技能竞赛，创造条件，吸引员工参加。同时建立激励机制，鼓励学习。采取多种渠道、多种形式。在借助劳动部门和社会培训的基础上，公司每年组织员工进行技能等级培训，并结合生产特点，组织刀具使用的专题培训，对工人技能水平的提高起到了很好的促进作用。对于取得成绩的员工，予以奖励。凡是市局取得的成绩，市局给予什么奖励，公司也同等给予奖励；对业绩突出的员工，还给予总经理特别津贴，激发了员工学技术、提高技能的热情。由于企业重视，待遇落实，有的员工在钻研业务的同时，还为提高产品质量，提高效率，努力在刀具等技术革新方面动脑筋，想办法，使生产效率得到极大提高。高技能技术工人收入最高的基本与公司经理层管理人员持平。

正是因为引导、培养、激励并存，员工队伍相对稳定。特别是生产骨干发现了自身的价值，努力钻研技术，工作的热情得到提高。近年来，技工队伍在各类技术比武中获得优异成绩。2002年烟台市技能大赛中数控机床加工比赛获第一、二、三、五名，电工比赛获第一、五名；2003年有4名员工获市“突出贡献技师”称号；2004年数控机床加工比赛中获第二、五名；2005年全市铸造造型比赛中，获得第一、二名；2003年，获山东省职工技能大赛车工第一名，并参加全国车工技能大赛，获优秀选手称号。2005年又获山东省“首席技师”称号。

（2）改变传统的人才评价模式，突破原来重学历轻技能的偏见。在人才的认定方面更加科学务实，树立了量才标准，不唯学历，不唯职称，不唯资历，不唯身份，把品德、知识、能力和业绩作为衡量标准，彻底改变了技术工人地位低，素质低，待遇低的“三低”价值观。为想干事的提供机会，能干事的创造条件，干成事的落实地位。有一名电工取得烟台市技术比武第一名，由于其强电、弱电技术都比较拔尖，被聘为电气施工员，待遇与同等专业的科技人员一样。另有名曾经下岗的员工，由于技术革新成绩突出，被评为2005年度公司技能标兵，除给予一次性奖励外，同时被评为公司的“首席技师”，每月享受400元的特殊津贴。

三、加快建设学习型和创新型企业

针对企业的生产特点，强化岗位技能培训，通过开展技术攻关，技能交流，传授技艺，技能竞赛等活动，激发学习热情，培育高技能人才队伍，同时建立健全合理化建议和技术革新的长效机制。从1999年开始，每年组织技能竞赛；2003年组织了8个工种126人参加的高级工培训班，有78人通过资格鉴定，取得高级工证书；2004年举办了20余人的刀具、磨具专题实践活动；2005年组织了7个工种74人参加的高级工培训班，有56名一次通过高级工技能鉴定；2004年推荐选拔了20名员工参加烟台市首批“金蓝领”培训，并全部取得合格证书。

（1）落实待遇，激励推进，激发培育高技能人才的积极性。建立选拔机制，实行“动态优化、竞争择优”的用人机制，建立健全技师的评聘和考核机制，对工人技师的聘用实行动态管理，采取能者上庸者下，无作为者解聘的管理方式，实行低职高聘和高职低聘的评聘办法，重在实际作用的发挥。2006年1月，建立了工种带头人制度，制订了《高技能人才选拔使用管理办法》，在关键岗位、关键工种、关键工序推荐选拔了6名“首席技师”和15名“技术能手”，给予一至两年的总经理特殊津贴，并要求这部分员工在传授技艺、技术革新、以师带徒、学术论文和岗位业绩等方面制订年度计划，季度考核，年终总结，发挥他们的作用，起到以点带面的作用。

由于培训工作及时，员工的技术基础较好，在企业技术改造后能很快适应产品结构调整的技术和生产要求，使投入和产出效果达到预期目标，学习型企业的框架基本形成。

（2）表彰奖励，典型引路。对于各岗位的典型，由公司抓住其特色的内容、表现、事例，利用公司《环球简讯》、宣传栏、内部网站，广泛进行宣传推广，组织会议和座谈会，总经理亲自发奖，为树立新一代的环球员工形象起到示范导向作用。

站在新起点，烟台环球机床附件集团有限公司，努力争创国家级数控功能部件研发基地，奋力向更高、更强的工作目标前进。这就需要更好的发挥科技人才和技能人才的作用。烟台环球集团愿意和大中专院校、科研机构、兄弟企业共同努力，培育锻造一批优秀的高技能人才队伍，为国产数控功能部件的振兴做好人力资源的开发和储备，以积极的姿态迎接各种挑战。

设计面向用户　质量保证生存

——西安机床附件厂

近几年来由于煤、原油等能源产品价格飞涨，导致钢材等原材料价格节节攀升，再加上支付工人的工资也水涨船高，使机床附件企业的生产成本大幅度增加。机床附件行业中各中小企业林立，竞争日趋激烈，产品价格低位徘徊，很多企业惨淡经营，举步维艰。在这种情况下，西安机床附件厂在2005年积极转变营销策略，直接面向用户设计开发产品或和用户一起合作生产，一举扭转了企业生产大幅下滑的颓势，赢得了用户，也赢得了市场，也为自己赢得了生存的一席之地。

一、产品做精做细，以质量赢得用户，以质量抢占市场

2005年工厂狠抓产品质量，凡影响产品质量的工序，所有零件个个检验，坚决杜绝不合格产品流入下道工序，做到出厂产品个个合格，以质量求生存。

针对产品在用户使用过程中所出现的问题，工厂及时做出反应，多次到现场帮助用户解决问题，赢得了用户的信赖，巩固了产品市场。特别是针对D516重型回转顶尖，用户时有反映加载后精度超差，影响使用的情况，工厂积极对待，认真查找问题根源，多次做加载试验，重新定购小间隙轴承，终于制作出加载后精度满足用户要求、符合标准的产品。

二、发展和配套厂家联合开发，合作生产的新模式

由于常规产品生产厂家众多，且产品技术含量低，产品价格低廉，利润空间极小。因此工厂积极发展合作关系，寻找配套主机厂，展现自己的专业优势，向他们要产品。只有产品质量更好，成本更低，才能获得他们产品的生产权，才能成为主机厂的配套厂商，才能取得双赢的局面，才能长久发展合作关系。

2005年，在得知兄弟主机厂生产的内置式回转顶尖，市场销路好、销量大后，几次到兄弟厂积极联系，扩展设备生产能力，增添新设备，从试生产样品到敲定供货合同，紧锣密鼓地进行，为2006年生产再上一个新台阶奠定了基础。

三、设计生产面向单个用户，成为我厂新的经济增长点

工厂按标准化设计产品，用户在使用时却更加多样化。根据标准设计的机床附件产品，往往由于受设备限制或工件自身特点，而不能使用，2005年工厂建立了从用户反馈信息至产品设计、生产的快速反应机制，以最快的速度把用户满意的产品交到用户手中。类似这种产品的开发、生产，2005年在企业中的合同订单很多，成为企业新的经济增长点，推动了工厂的技术发展与经济增长。

西安机床附件厂将继续坚持以质量赢得用户的信赖，以服务赢得用户的满意，以快速反应机制保证交货及时，为企业发展壮大，为用户提供满意产品，与用户合作，在激烈的市场竞争中获得双赢。

发展的江津永进齿轮有限责任公司

江津永进齿轮有限责任公司公司原名重庆红阳机械厂，2004年改制进行资产重组，系重庆市工业50强企业重庆齿轮箱有限责任公司独资控股公司，注册资金为3 000万元。公司位于江津东方红工业园区，距重庆市60余km，占地面积27万m^2，专业从事汽车零部件、精密机床备件及小齿轮箱的生产制造。

公司从1985年开始生产滚珠丝杠副至今已有20余年的历史，经历了外循环（螺旋槽式、插管式）、内循环等产品结构的生产过程。通过两代人的不断努力，公司已成为众多专业机床厂的配套单位之一，目前已形成年产5 000套滚珠丝杠副的能力。

公司拥有雄厚的技术力量和精良的加工和检测设备，生产的内循环滚珠丝杠副广泛应用于机床制造业、印刷线路制板专用钻铣床、造纸切割机床和测试仪。

津齿公司组建后，不仅继承和吸收了原红阳厂生产滚珠丝杠的技术和经验，还通过不断改进加工工艺、对生产线投资改造和操作人员技能培训，使公司生产滚珠丝杠的能力和质量得到很大提高。公司于重新组建初期就成立了丝杠车间，汇集了技术精湛的专业技术人员和技能人才，通过大家的努力和公司近两年来对丝杠生产线的投资改造、更新，公司生产丝杠的产能有了大幅提高。

公司近五年的产品发展方向和投资思路中，一项重要内容就是“扩丝杠”，提升丝杠生产能力、补充完善丝杠加工生产线，提升滚珠丝杠品质，扩大加工范围和生产能力，提高竞争力，使之成为津齿公司真正意义上的主导产品。公司拟在“十一五”期间计划投资1 080万元对丝杠生产线改造，其中2006年205万元。需投资及改造的设备如下：内螺纹磨床、螺纹磨床、丝杠磨床、激光丝杠动态检测仪、数控滚珠螺母磨床等。

公司2005年销售滚珠丝杠副3 000余副，实现销售收入近500万元。

为打造出一支技术过硬的队伍，津齿公司丝杠车间狠抓技术（能）人才培养，鼓励员工刻苦钻研技术，潜心研究，同时还开展“传、帮、带”，实行导师带徒。在不到两年的时间里，丝杠车间就成为一个求知、开拓、奋发向上、永不言败的团体。

2005年公司组织市场营销人员、设计及工艺人员多次对西南地区滚珠丝杠副用户进行质量回访。通过市场信息反馈，了解自身不足，多次改进丝杠副的加工工艺，促进了产品质量与工效的提高，与2004年相比增产达30%以上。同时，公司开发的公称直径Φ20mm/Φ25mm，导程10mm的大导程、小直径滚珠丝杠副被多家印刷线路板专用钻铣床厂家列为替代进口产品。

公司在重庆齿轮箱有限责任公司的统一领导下推行全面质量管理、定置管理，于2003年进行了GJB9001A、ISO9001：2000质量管理体系、ISO14004环境管理体系、OHSAS18001职业安全卫生管理体系的整合并通过了认证审核；于2005年通过了ISO/Ts16949质量体系认证，使公司的管理水平有了进一步提高。

随着近年来机床行业的复苏，滚珠丝杠将会有更大的发展空间，津齿公司生产滚珠丝杠的竞争力将会随着投资改造的逐步实施、员工素质的提高和管理水平的提高而得到极大的提升。

振兴中的石轴设备公司

——石家庄轴承设备股份有限公司

石家庄轴承设备股份有限公司(简称石轴设备公司)是国有控股的公司制企业,中国500家最大机械工业企业之一,河北省企业技术中心,河北省惟一批量生产精密机床的企业,石家庄市小巨人企业之一。注册资本3 712万元,总资产2.3亿元,从业职工1 297人,其中科技人员312名。2005年工业总产值、销售收入均为1.31亿元,其中出口产品销售收入4 000万元。主要有四大类产品:轴承磨床及超精机、焊管冷弯型钢设备、塑料挤出机械、摆线减速机及电站锅炉传动装置,此外还生产轧辊、铝塑复合管等产品。通过了ISO9001:2000质量体系认证。

公司地处石家庄市中心位置,占地56 974 m^2,拥有20 385m^2标准的生产厂房,具有冷加工、热加工、装配的能力和组合夹具中心、恒温精加工车间、精测室等国内领先的加工、检测手段。主要加工设备有进口加工中心、数控车床、数控切割机、坐标镗、大型专用设备及通用加工设备等680多台,具有2.5亿元的生产能力。轴承磨床生产能力可达年产700台套。

主导产品是轴承磨床、焊管冷弯型钢设备,其生产规模、技术水平、产品质量、品种达同行业中上游水平。

一、以满足用户需求为目的,着力调整产品结构,提高技术水平

产品开发方向:以满足市场需求为前提,高、中、低档产品共存;产品开发向高、大、精、特方向发展、向成套连线方向发展;开发出拥有自己的知识产权和独特技术的产品。

质量方针是:不断改进与创新,以超值的产品和服务,赢得顾客首选。产品质量目标是:产品出厂合格率100%、顾客满意度85%、新产品开发不少于12项。

根据用户要求改进设计了3MZ143/1、3MZ131/1、3MZ147/1、3MZW2210档边磨床、3MZ1410SC等。开发了第三代数控轴承磨床、轿车等速万向节系列专用磨床、汽车轮毂轴承、压缩机轴承及水泵轴承系列专用磨床。等速万向节3MK766、3MK778磨床,高精度轮毂轴承外沟道磨床3MZW1412/1,填补了国内空白。

2005年产品结构向轴承磨超精加工的大型设备转变已见成效,大型产品的收入占70%。2005年累计申报国家专利25项,获得专利16项,其中国家发明专利3项。

为适应市场的需求,企业不断提高自主开发产品能力。一是企业加大科技投入,实现产品计算机辅助设计。对技术部门投资几十万元增加计算机硬件及软件,已建成拥有58个机位的CAD工作站,其工作环境为同行业一流水平。产品设计已普遍使用二维制图软件InteCAD,产品设计100%计算机出图,加快了新产品的开发速度。

二是充分借助社会能力,增强产品开发能力。邀请国内外轴承磨床专家到企业进行参观指导,拓宽开发视野,借鉴、吸收国内外先进技术。聘用行业知名专家作为技术顾问,积极与有关院、所进行技术合作,共同开发新产品。

三是对技术人员实施《产品开发岗位绩效工资制》,进行课题立项,工作业绩与工资挂钩,分配上向技术人员倾斜。

二、以产品为导向,不断进行技术改造,提高加工制作水平

企业在生产经营资金比较紧张的情况下,千方百计筹措资金,进行技术改造。在2003年投资400多万元重建焊接车间基础上,2004年又投资100多万元改善装配、热处理、机械加工生产车间的工作环境,2005年投资135万元,新购置数控设备5台,数控线切割机1台,投入55万元改造修复镗床、立铣等大型生产设备,投入19万元购买测量仪器,不断替代、淘汰现有普通加工设备和计量器具,提高产品的加工能力和加工质量,适应产品结构调整的要求。

三、以快速响应用户为目标,转机制强管理,提升用户满意度

为解决国有企业部门之间推萎扯皮、生产进度后拖的痼疾,提高生产工作效率,近两年公司对内部组织机构和管理流程进行了大力度的调整。调整的目标是建立事业部式、扁平化的组织模式,建立闭环的买卖关系,实施流程管理,实现产品经营的顺畅、有序、快捷、有效。

在机构调整方面,本着职责权利相结合的原则,充分调动基层领导的积极性,争取将产品做精、做大、做强。

在业务流程优化方面,将市场机制引入企业内部,建立厂内的买卖关系,减少中间环节,撤消独立于机加与装配的自制零部件成品库及外采物资的供应库、油漆库等,减去零部件及配套物资的中间周转环节。撤消介于加工与装配之间的零部件加工的计划、调度、采购环节,减少中间的信息传递与沟通环节,使上下工序之间直接商谈与协作。

在强化内部管理方面,一是借质量管理体系认证之机,将企业的规章制度进行了重新修订,现已形成了具有本公司特点的5种管理性文件,作为企业的法规。二是树立以流程为主的管理观念,在流程上以客户为中心,实现流程与部门的结合。三是加强生产、质量、技术、采购等管理职能,以行政管理为手段,对合同实施过程中生产、质量、技术、采购等进行监督、裁决、考核与服务。四是加速企业信息化建设的步伐。

此次调整是将分公司作为模拟法人单位,赋予了更大的生产经营自主权,是部门间责权利的再分配,是将沿袭了30年、40年的计划管理机制和观念比较彻底地转为市场管理机制和市场观念,是一次根本性、实质性的变革。

公司目前能提供小型、中小型、中大型球轴承、滚子轴承、关节轴承、汽车轮毂轴承等80多个品种内外圈滚道、挡边磨超加工磨床、超精机以及磨超生产线。企业将不断开发具有时代特点的高科技新产品，竭诚为轴承行业提供服务。

创新正泰

——正泰集团

正泰集团始建1984年7月，现有6大专业公司、1 000多家专业协作厂，并在全国各地设有2 000多家销售公司，在国外设立了5家分公司和30多家销售总代理，产品畅销世界70多个国家和地区。主要生产经营高低压电器、输配电设备、仪器仪表、建筑电器、工业自动化、汽车电器等100多个系列、5 000多个品种、20 000多种规格的产品。集团综合实力已连续多年名列全国民营企业500强前茅，系中国低压电器行业最大产销企业。“正泰”商标被国家工商局认定为中国驰名商标，三大产品荣获“中国名牌产品”称号，部分产品荣获“国家免检产品”称号。

创新是正泰事业发展的前提和基础。正泰集团坚持以产权制度改革为核心，先后经历了股份合作、公司制、集团制、(控股)集团公司制四个发展阶段。初步形成了以集团公司为投资中心，以专业总公司为利润中心，以基层生产公司为成本中心的母子公司管理体制；初步建立了现代企业制度，实现了“家族企业”向“企业家族”的跨越。同时，在温州电器行业中首开网络营销先河，建立了以省城和主要工业城市为中心，以地级城市为重点，以县级城市为辐射点的三级分销体系，从而赢得了市场营销的主动权，使正泰电器的市场份额名列前茅。

科技与质量的创新是企业发展的一大“主题”。正泰集团拥有雄厚的技术开发力量和一流的检测试验设备，初步形成了以集团技术开发中心、专业技术处为主体的多层次开放式技术开发网络和集科研、教育、培训、开发为一体的“科技链”。为推进科技进步，集团出台了《关于加快技术进步的若干规定》，明确规定每年以销售收入的5%用于科技开发，并定期召开科技大会，重奖科技进步有功人员。在全国同行业中率先通过了ISO9001质量体系认证、ISO14001环境体系认证和OHSAS18001职业健康安全管理体系认证，部分产品通过了国际CE安全认证、美国UL认证、芬兰FI认证、比利时CEBEC认证、荷兰KEMA认证、德国VDE认证等，并领取我国低压电器行业第一张“中国强制认证”(简称“CCC”)证书。多项产品通过国家新技术新产品鉴定，被评为国家和省、市级名牌产品。正泰电器在国内20多个省市被列为“免检”产品。数百人组成的质量检验队伍和“总裁质量巡视制度”、“董事长质量专线”，开展“质量月”及“质量年”活动等卓有成效的工作，保证了集团质量管理工作的顺利开展。

正泰坚持“以人为本，文明塑魂，内强素质，外树形象”的16字方针，大力开展精神文明建设。建立了温州首个非公有制企业党委，形成了以党委为核心，精神文明委、工会、团委等群团组织为纽带的组织体系。紧紧围绕经济建设，积极创新创效，并广泛开展“致富思源、富而思进”等教育，在集团上下形成了一种“讲学习、讲政治、讲正气、比创新、比发展、比奉献”的浓厚氛围。为使企业员工业务水平、综合素质与企业同步协调发展，集团与上海理工大学联合创办了正泰学院，成为企业营造“学习型组织”，增强可持续发展能力的有力保证。与此同时，先后投入扶贫救灾、希望工程、军民共建、防洪海堤建设等社会公益事业近1亿元积极回报社会。

正泰的健康快速发展，受到了党和国家领导人及专家、学者的密切关注，胡锦涛、江泽民、吴邦国、曾庆红、王乐泉、王兆国、刘云山、吴仪、张德江、贺国强、曾培炎、王刚、李鹏、朱镕基、李瑞环、尉健行等党和国家领导人曾莅临正泰视察或亲切接见南存辉董事长。正泰集团公司和董事长南存辉先后被评为“全国先进基层党组织”、“全国文明单位”、“全国五一劳动奖状”、“全国学习型组织标兵单位”、“全国质量管理奖”、“国家‘双加’工程重点骨干企业”、“全国诚信守法乡镇企业”、“全国诚信纳税会员企业”、“全国重合同守信用企业”、“全国质量管理先进企业”、“全国乡镇企业出口创汇先进单位”、“中国优秀民营科技企业”、“管理基础规范化企业”、“中国机械工业最具核心竞争力的十强企业”等。董事长南存辉荣获“优秀中国特色社会主义事业建设者”、“中国十大杰出青年”、“世界青年企业家杰出成就奖”、“2002CCTV中国经济年度人物”、“中国青年企业家管理创新金奖”、“首届中国优秀民营企业家”、“中国时代十大风云人物”、“第二届中华十大管理英才”、“中国优秀民营科技企业家”、“首届中国机械十大杰出企业家”、“浙江省劳动模范”、“首届浙江商人年度风云人物资深贡献奖”、“浙江省突出贡献企业经营者”、“浙江省优秀企业家”、“温州市改革开放十大风云人物”等称号，并当选为中美企业家协会副会长、中国机械工业联合会副会长、中国国家认证机构认可委员会副主任、中国工业经济联合会主席团主席、浙江省工商联副会长、全国工商联常委和九届、十届全国人大代表。

面对经济全球化的挑战，正泰人决心立足工业电气，坚持“产业化、国际化、科技化”发展方向，不断创新，大力引进先进设备、技术和优秀人才，打造国际性先进制造业基地，整合资源，发挥优势，增加新的经济增长点，努力将“正泰”塑造成为长盛不衰的世界知名企业。

加强合作　开拓进取

——沈阳二一三电器有限公司

沈阳二一三电器有限公司成立于2000年12月，是国内知名的低压电器生产制造企业。公司前身为沈阳二一三机床电器厂，始建于1954年，1958年2月13日，毛泽东主席亲临工厂视察，企业由此得名。

公司地处沈阳市大东区望花南街41号，沈海现代化工业示范园内，占地面积2.35万 m^2，建筑面积2.25万 m^2。公司现有员工430名，各类专业技术人员占职工总数15%，其中高级工程师14人，公司建有市级技术研发中心。

公司是国内第一家从德国西门子公司引进交流接触器产品技术和生产技术的企业。同时，企业先后从德国、瑞士、美国、日本等国家引进了生产、检验和检测设备150余台(套)，如瑞士布卡热固注射机，德国、日本高速精密冲床、线圈绕线机，德国西门子铁心、触头自动生产线、多条成品装配生产线及全套产品检测设备。公司设有先进、完备的模具加工车间，配备了美国"米勒尔"坐标磨床、数控加工中心、数控车床及各种精加工设备。

公司建有中国质量认证中心授权的具有"3C"产品认证检测资格的电器元件检测所。

公司主导产品有：各类接触器、继电器、断路器、行程开关、可编程序控制器、传感器、成套电控设备及模具等。企业每年可为用户提供400余万台(套)优质电器元件产品。产品广泛用于机械、铁路、建筑、纺织、冶金、化工、空调、电梯等行业。

公司于2002年11月通过ISO9001：2000国际质量管理体系认证，2003年公司产品通过国家强制性产品的"3C"认证，同年通过美国通用电器(中国)有限公司的认证，成为美国通用(GE)公司低压电器产品的供应商。

沈阳二一三电器有限公司做为毛主席亲自视察过的企业，多年来一直得到党和政府的关爱，在市政府及上级主管部门帮助支持下，企业通过搬迁改造及改组改制，重组了沈阳二一三电器有限公司，完成了全员并轨，实现了国有身份转换和国有资本的有序退出。改制为企业快速发展和腾飞提供了强大的动力，在上级部门的大力支持帮助下，公司领导以高度责任心、使命感和强烈的竞争意识，解放思想、开拓进取，坚持制度管理创新，调整产品结构，大力开展对外合资合作，营造规模经济，板块经营，快速发展，企业不但恢复了生机，而且不断呈现新的跨越，企业经济运行质量稳步提高，各项经济指标连续几年有较大增长。

公司在改进现有老产品的同时，加大了新产品的开发力度，积极开拓国际市场，加大加快企业合资合作的力度，在不断提高企业经济运行质量的基础上，大力推进企业快速发展，为企业做大做强创造条件。公司紧紧抓住与国际著名的铁路电器生产商——德国沙尔特堡公司的合作，在沈阳市外经委、区政府及主管部门的帮助下，于2004年5月份双方签订了为期10年的合作协议，双方共同开发，由沈阳二一三电器有限公司负责生产专用工程车辆及通讯程控电源用直流接触器。目前双方已合作开发了十个基型产品，并已打入国际市场。2006年预计国外市场需求10～20万台，预计产值2000万元。

在与美国GE公司合作3年的基础上，又与美国GE公司的Humacao工厂签订了225万件电器元件的生产合同。公司将在保证质量和供货期的前提下，进一步寻求更广阔的合作发展空间。

前进中的天津机床电器有限公司

一、企业发展沿革

天津机床电器有限公司是专业化生产电磁离合器、电磁制动器的企业，产品品牌为"天字牌"。企业1956年公私合营成立，1960年试投产中型机床，1962年中型机床下马，转产机床电器产品，1964年试产电磁离合器。当时企业主要产品为电磁离合器、中间继电器、压力电磁铁等。1982年引进德国Stromag三个系列36种产品，1984年将全部电器产品转至其他企业生产，企业专业化生产电磁离合器至今。

企业自成立以来稳定发展，年销售收入20世纪50年代100～200万元，20世纪60年代最高达到1 000万元，1962年后下降至200万元，20世纪70年代在400～600万元之间徘徊，20世纪80年代发展至1 700万元，20世纪90年代达到2 000～3 000万元，2000～2004年保持在3 000～3 500万元之间，2005年实现年销售收入5 000万元。

企业年利润20世纪80年代以前每年在几十万元至200万之间，20世纪80年代至90年代最高利润达380万元。1990年以后年利润在200～400万元之间，2000年以后最高年利润为850万元。

企业成立之初职工人数仅100多人，19世纪60年发展至1 000多人，1963年以后降至400余人。20世纪70年代发展至500多人，20世纪80年代维持在500～600人之间，20世纪90年代兼并了原天津市机床齿轮厂，人员发展至

1 000多人，1990年以后企业采取各种措施分流压缩人员(包括1994年与日方合作成立天津神钢电机有限公司分流的100余人)，目前在岗人员354人。

在50年前的公私合营以后，企业逐步演变为国有体制。1999年经改制，企业成立为股份制企业，现职工个人持股70%，国有股30%，企业注册资本780万元，净资产3 000万元。2006年国有资本将全部退出企业，企业将实行真正意义上的自主运营。

二、企业发展战略

企业自成立以来，经历我国政治经济变革的风风雨雨，而未发生过大的波折，即使在20世纪60年代初和文化大革命的动乱时期，企业仍然正常运行，从未发生过亏损。改革开放以后，企业成为市场竞争的主体，在发展战略上遵循的原则就是——求实稳健。1999年改制以后，企业性质发生了根本变化，企业发展战略也增加了新的内容，即：求实稳健、创新发展。

在市场和产品上要进行细化，突出重点、兼顾一般。在技术和生产上要突出发展专业技术、核心能力，利用社会力量实现技术和能力的跳跃。

三、企业文化建设

企业的经营理念是：以客户为中心，诚实、守信，视信誉和质量是企业的生命。

企业的管理特色是：以员工为中心，注重情感沟通。严格的制度管理与发挥员工的主动性创造性相结合。培养员工树立爱厂敬业、团结务实的工作作风。对不胜任本职工作和不思进取的员工进行调整与流动。

企业的营销渠道是：企业自销为主，通过企业设立的营销窗口，建立营销网络，实现产品销售。

四、企业的技术开发

随着我国国民经济的迅猛发展，企业的发展也经历了市场竞争的锤炼，打破了原来单一为机床行业配套的格局。在确保已有市场的前提下，主动开拓新市场，拓宽产品的服务领域，加大新产品的开发力度，为企业生存与发展争取更大的空间。先进的生产手段，成熟的专业工艺，齐备的专业技术人员，形成了企业雄厚的技术力量，更好的满足市场的变化与需求。除机床行业外，目前已开发了汽车空调行业、冶金行业、建筑机械行业、印刷包装机械行业、办公机械行业、水泥机械行业、电动机行业、民用机械行业、军工产品等服务领域的数百种产品。

企业开发新产品的原则是：开发高水平产品，挡住进口产品，适应高科技领域的需求，进一步扩大服务领域。

企业的宗旨是：高质量、低价格、守信誉。

自主创新铸造精品机床　搏击商海成就百年航母

——江苏恒力组合机床有限公司

江苏恒力组合机床有限公司成立于1958年，是原国有中型企业盐城市红旗机床厂2001年完成了企业民营化改制后成立的。企业为原国家机械工业部定点生产组合机床的专业公司，是国家机械行业“1250”重点工程企业、省高新技术企业、省民营科技企业、江苏市场公认名牌产品企业、省AAA级重合同守信用企业、信用江苏诚信单位、ISO9000质量管理体系认证企业、国家进出口企业。在中国机床工具工业协会机床行业2004年度“精心创品牌活动十佳企业”评选中，被列为在质量管理和提高产品质量上作出显著成绩的企业(位列第三名)。公司占地面积14.1万m^2，现有员工500多人，各类工程技术人员150多人，下设大连组合机床研究所盐城分所、市级企业技术中心，改制后创办了《今日恒力》报(江苏省民营企业内部优秀报刊、第一届中国工业企业报好新闻奖单位)。目前恒力系列产品形成加工中心、组合机床及通用部件两大技术平台，转盘铣床、专用机床、非标生产线及装备、钢帘线生产设备、数控机床五大类产品20个系列，品种规格为国内同行之首，成为全国组合机床及专用机床生产基地，其中主导产品组合铣床的产量已连续10年在国内市场的占有率达52%以上，位列行业前四名。

公司改制以来，仲秋董事长提出了“造精品机床，成百年航母”的企业发展战略，明确了以发展为主线，以创新为灵魂，引领中国组合机床新潮流的目标，使企业走过了一条不平凡的自主创新之路，2006年，公司销售收入8 500万元，产值8 600万元，上缴税收816万元，销售业绩、生产能力、社会贡献较改制前翻了一番多。

一、实施自主创新人才战略，构筑创新人才体系

人才是自主开发的重要支撑，坚持以人为本，整合国内人力资源，培育一流自主创新团队是我们坚持自主创新所遵循的原则。一是建立完善为人才“提供创新舞台的激励机制”，在企业技术中心内，设立6个技术研究室，选聘具有强烈责任心和使命感、具有较强的专业技术知识和掌握组合机床前沿开发技术的技术中坚人才担任室主任，使他们有职有权放手主导开发新品，目前他们担负企业新品开发的绝大部分任务，同时建立人才功臣奖励基金，室主任年收入在7万元左右。二是全国招聘，广揽人才，巧用“外脑”。在培养和使用自主创新人才的过程中，公司还将眼界放至全国，在全国人才市场寻找优秀的人才，公司利用网站进行网上招聘，到科研院所、大型企业选聘人才等方法进行全国范围内的选才，10多名研究员级外地专家来到恒力，组成了自主创新的卓越团队智慧，成为公司自主创新不竭的外来动力和源泉。三是创建学习型企业，培养学习型创新员工队伍。为使自主创新有持续动力，公司坚持科学发展观，认真开展“创建学习型企业，培育知识化员工，积极推进员工素质工程建设”活动，为使该项活动深入人心，成为全公司上下共识，变成广大员工的自觉行动，仲秋董事长主持召开全体员工大会，亲自作动员，全公司迅速掀起全员大学习热潮，公司领导带头参加清华大学、东南大学、江苏理工大学等院校的MBA学习，对技术人员举办机床设计及工艺知识讲座，一线生产工人到盐城技师学院进修高级技师，《今日恒力》报积极配合，在报纸上先后开办了近20期《设计师园地》，登载工程设计人员的近百篇设计论文，公司工会积极组织群众性技术练兵、技能竞赛等活动，对优胜者及时奖励，有力促进了学习活动的深入开展，员工的学习力、创新力不断增强，公司董事长仲秋的科技论文、公司总工程师孙德洲的论文《采用双楔环——钢球定位的新型回转工作台》先后登在《组合机床与自动化加工技术》杂志。公司副总经理蔡国宝主持设计的LT160.3－21－273型水箱式拉丝机组被鉴定为省级新产品、科技成果并荣获盐城市2004年度科技进步奖，数名装配车间钳工通过自学获得国家高级技师证书。

二、加快自主知识产权开发，专利产品引领市场

恒力公司开发组合机床已有三十多年的历史，有着雄厚的科技实力，以领先的技术创新能力蜚声业内，创造了许许多多的国内首创，填补国内空白，如第一台ZH1×63W240G型双面式高精度铣削组合机床、第一台ZHXZ160C转盘铣床、第一台SRX100W63三坐标柔性卧式铣削组合机床、第一台ZHXK63Z211M双柱数控精密铣削组合机床等等，始终引领着中国组合机床行业产品的更新和产业的升级。这些20世纪80～90年代开发的1字头组合机床给企业带来了较大的经济效益，但因为没有申请专利，只经过了几年的生命周期，就被其他厂家模仿推出了，失去了独占市场的机会。前车之鉴，新恒力领导在专利投入上奋起直追，积极开展知识产权保护工作，决心在现有技术基础上，不与中小民营企业在中低端市场竞争，要在高端市场参与国际知识产权竞争，构建自主创新的技术基础，把产品开发中取得的技术优势转化为产品优势，以便拥有更多的自主知识产权技术和知名品牌，以适应不同用户的需求，从而在市场中赢得主动权，2006年，公司打响了知识产品“战役”，高层领导从战略高度重视，把技术创新和拥有核心技术作为企业生死存亡的大事来抓，公司建立健全了知识产权管理体系，将专利工作落实到部门及个人，明确责权，实施“人人有专利，款款有专利”战略，对在产品中实施的专利技术设计人员进行重奖，极大的激发了技术人员和广大员工的专利申请积极性。TWB－700液压回转工作台采用双楔环——钢球定位机构新技术获国家知识产权局发明专利、实用新型专利审查合格，VMC－2000数控龙门镗铣床及加工中心、12m动梁数控龙门五轴镗铣加工中心、6m定梁五轴钻镗加工中心等一批自主开发的新品已申报国家专利。恒力公司的专利产品从无到有、从个别到批量，形成集群专利，目前已申报国家专利9项。

三、健全自主创新推动机制，增强持续发展后劲

多年来，恒力公司注重健全自主创新推动机制，一是建立健全自主创新的组织保障，以大连组合机床研究所盐城分所、市级企业技术中心为主体，有效借助产、学、研等外部资源和人才优势，重点突破和掌握关键核心技术，使企业自主创新能力始终处于行业领先水平，先后与日本山崎株式会社、大连组合机床研究所、南京理工大学、北京航空航天大学、东南大学、江苏理工大学、江苏省机械研究院、盐城工学院等签订了多项技术与产业化科技成果合作项目协议书，通过合作、引进消化、自主创新等形成恒力独特创新机制，如今公司已建立了大连组合机床所盐城分所、市级企业技术中心、国内大专院校和科研院所、国外专业组合机床研发机构以及供应链同步研发机构等5个层次组成的自主创新体系。这个自主创新体系，极大程度地整合了国内外创新资源，形成了恒力国际化战略开发体系并且发挥着重要作用。二是加大自主创新投入，为加强企业自主创新能力的提升，公司在科技投入上“毫不吝啬”，在盐都新区征地13.3万m^2，总投资1.6亿元的恒力机床项目建设进展较快，两座各1.1万m^2的车间基本完成，以加工中心等为代表的先进设备已陆续进场，即将破土动工的新技术研发大楼，规划中的技术设计室软硬件都具有国际先进水平，这些都为公司在新世纪参与国际机床行业技术竞争打下了良好基础。

党的十六届五中全会为企业自主创新指明了方向，“十一·五”是恒力公司超速发展的大好时期，作为全国组合机床行业重点企业，公司一定要把握和抓住机遇，把贯彻和落实科学发展观与企业自主创新，加快企业快速持续、和谐健康发展紧密结合起来，用3～5年的时间，把恒力新厂区建成集科研、生产经营于一体的现代化组合机床城，实现年销售收入2.0亿元，利润总额1 600万元，上缴税金1 400万元，产品市场占有率率60%以上，跨入国内组合机床数控专用设备生产的第一世界行列，为地方经济发展作出应有的贡献。

（上接 70 页）

SINUMERIK 802D 将 NCK、PLC、HMI 集成一体，通过 PROFIBUS 连接各部件 SIMODRIVE 611U 数字驱动系统。具有 256K 内存，最大可存储 100 个程序；可控制 4 个进给轴和 1 个主轴；分辨率为 1μm 预处理程序段 30；具有螺旋线插补功能；适合车、铣、钻加工控制。此外，它集成大量 CNC 功能，提供编程模拟及图形循环支持功能，PC 卡备份数据，可实现一次编程批量安装。

数控硬件的日益成熟，PC 及配置日益完善，使一些技术能力较强的制造商有能力开发自己的系统，尤其是用于专机的系统。他们根据自己丰富的工艺经验开发相应的软件、配置通用的数控硬件，形成各有特色的数控系统。这些系统的编程软件、工艺软件、人机对话界面都是自己开发的，其他如存储、运算主板、电动机伺服单元等都使用国际专业厂家产品。

2. 国产系统技术水平

国产全功能系统有华中世纪星、蓝天、凯奇、四开等。华中高性能数控系统已经具备 4 通道、十六轴控制、九轴联动控制能力，功能达到了国外高档数控系统的技术水平，打破了国外的封锁，而价格仅仅是国外同类产品的 30%～50%。

华中数控 HNC － 22 全功能型系列数控系统，基于工业 PC 结构，与发那科、西门子系统最大的区别是便于用户二次开发。这也是抗衡发那科和西门子这样的数控巨头的希望所在。它具有六轴联动、全闭环控制、高速高精度加工功能，三维图形实时显示刀具轨迹和零件形状，DNA 接口通讯功能，小线段高速连续加工功能，准确定位功能，超大容量内存，适合复杂模具加工。

目前我国数控系统总体上和国外先进水平还有较大差距，特别表现在高端数控系统市场占有率方面。尽管华中数控股份有限公司和南京四开电子企业有限公司已经能够提供全功能五轴控制的数控系统，并且进入实用阶段。但是国外数控系统已经达到了高速、高精度、空间补偿控制，数字式直线电动机驱动；国内既没有此类产品，也没有此类成熟技术。此外，软件的开发和硬件制造工艺水平还有待提高。国内企业还不具备发那科或者西门子的影响力。

我国每年生产的近 4 万套系统中大部分还是功能比较简单的经济型，多用于车床两轴系统，容量较小，快速进给还只能达到 24m/min 左右，配套的伺服电动机有步进电动机和转速较低的交流数字电动机等。此外，还有一部分来自机床改造，用在机床改造的系统大部分也属于经济型。当前，全国预计有 80 万台普通机床需要进行数控化改造，主要为车床、铣床和镗床。我们通常提供的系统是带 2 轴的伺服单元和电动机，价格在 1.5～1.7 万元，极具吸引力，这对我国制造业提高数控化率是很有帮助的。

国产数控系统水平的全面提高还需全行业的共同努力，一些有实力的企业已经开始在高档数控系统上投入研发力量，相信在国家政策的支持下，在国内机床企业的支持下，我国的高档数控系统一定会闯出一片蓝天。

统计资料

2005年主要统计数据，准确、系统、全面地反映机床工具行业、地区及企业的主要经济指标

This chapter shows main statistic data, which accurately, systematically and all-roundly reflect the main economic indexes of regions and enterprises in machine tool industry

统计资料

2005 年机床工具行业主要经济指标完成情况

行业类别	代码	企业数		从业人员平均人数	产品销售收入			利润总额			工业总产值(当年价)		
		数量(个)	占比(%)	(人)	实际完成(万元)	占比(%)	比上年增长(%)	实际完成(万元)	占比(%)	比上年增加(万元)	实际完成(万元)	占比(%)	比上年增长(%)
金属切削机床	3 521	376	100	164 408	4 101 806	100	24.6	194 122	100	43 714	4 195 952	100	25.9
国有经济		204	54.3	135 587	3 330 650	81.2	25.9	123 149	63.4	30 369	3 389 290	80.8	28.3
民营经济		108	28.7	17 375	258 694	6.3	22.1	15 999	8.3	5 852	286 686	6.8	17.3
三资企业		64	17.0	11 446	512 462	12.5	18.1	54 974	28.3	7 493	519 976	12.4	16.5
金属成形机床	3 522	261	100	54 418	1 243 904	100	23.4	58 904	100	22 063	1 277 524	100	20.0
国有经济		102	39.1	31 651	597 092	48.0	15.8	24 310	41.3	7 894	636 035	49.8	12.0
民营经济		125	47.9	17 094	435 534	35.0	36.7	18 171	30.8	8 063	444 405	34.8	36.8
三资企业		34	13.0	5 673	211 278	17.0	21.6	16 423	27.9	6 106	197 084	15.4	14.5
铸造机械	3 523	181	100	24 458	598 752	100	42.6	41 203	100	16 855	640 705	100	37.7
国有经济		57	31.5	9 638	207 951	34.7	37.4	9 271	22.5	3 305	236 354	36.9	35.3
民营经济		103	56.9	10 661	266 090	44.5	58.7	13 721	33.3	6 785	283 945	44.3	52.0
三资企业		21	11.6	4 159	124 711	20.8	23.6	18 211	44.2	6 765	120 406	18.8	16.0
木工机械	3 624	81	100	22 142	782 429	100	20.9	31 661	100	11 350	869 528	100	18.2
国有经济		33	40.7	14 907	555 288	71.0	17.8	18 741	59.2	−25	666 511	76.7	20.3
民营经济		34	42.0	3 619	110 539	14.1	34.2	7 065	22.3	5 347	101 417	11.6	28.9
三资企业		14	17.3	3 616	116 602	14.9	24.5	5 855	18.5	6 028	101 600	11.7	−0.8
机床附件	3 525	117	100	23 044	317 471	100	28.3	21 160	100	6 226	329 092	100	29.1
国有经济		58	49.6	15 212	160 173	50.5	18.6	7 051	33.3	2 497	168 204	51.1	17.5
民营经济		44	37.6	5 797	99 677	31.4	36.5	6 650	31.4	1 994	105 319	32.0	43.7
三资企业		15	12.8	2 035	57 621	18.1	46.9	7 459	35.3	1 735	55 569	16.9	44.5
工具、量具及量仪	3 421	273	100	97 379	1 691 000	100	28.7	115 616	100	37 035	1 781 398	100	25.1
	4 113	68											
国有经济		111	32.6	55 803	684 910	40.5	22.7	40 087	34.7	18 207	710 808	39.9	19.1
民营经济		137	40.2	24 251	554 835	32.8	39.6	37 928	32.8	12 561	601 782	33.8	35.7
三资企业		93	27.2	17 325	451 255	26.7	26.1	37 601	32.5	6 267	468 808	26.3	22.2
磨料磨具	3 199	487	100	73 040	2 033 038	100	23.7	110 393	100	28 383	2 126 717	100	24.7
国有经济		188	38.6	44 260	1 138 849	56.0	17.2	62 032	56.2	12 224	1 212 916	57.0	20.8
民营经济		239	49.1	23 368	642 319	31.6	45.6	39 515	35.8	18 938	668 330	31.4	45.0
三资企业		60	12.3	5 412	251 870	12.4	9.3	8 846	8.0	−2 779	245 471	11.6	2.2
机床电器及数控装置	3 924	15	100	15 751	840 031	100	25.0	82 624	100	9 285	836 324	100	24.2
	4 111	11											
国有经济		16	61.5	14 124	580 839	69.2	16.1	45 645	55.2	−1 894	592 507	70.8	16.4
民营经济		4	15.4	470	40 472	4.8	161.1	1 625	2.0	256	30 968	3.7	82.8
三资企业		6	23.1	1 157	218 720	26.0	40.1	35 354	42.8	10 923	212 849	25.5	44.5
其他金属加工机械	3 529	134	100	18 404	516 164	100	24.2	25 720	100	10 417	538 853	100	22.3
国有经济		50	37.3	9 330	209 602	40.6	25.5	11 625	45.2	5 386	227 925	42.3	27.2
民营经济		65	48.5	6 180	215 647	41.8	39.5	9 704	37.7	4 223	217 941	40.4	33.6
三资企业		19	14.2	2 894	90 915	17.6	−3.3	4 391	17.1	808	92 987	17.3	−5.3
行业合计		2 004	100	493 044	12 124 595	100	25.5	681 403	100	185 328	12 596 093	100	24.8
国有经济		819	40.9	330 512	7 465 354	61.6	22.1	341 911	50.2	77 963	7 840 550	62.2	23.1
民营经济		859	42.9	108 815	2 623 807	21.6	40.9	150 378	22.1	64 019	2 740 793	21.8	37.6
三资企业		326	16.2	53 717	2 035 434	16.8	21.2	189 114	27.7	43 346	2 014 750	16.0	16.3

〔供稿人:中国机床工具工业协会周秀茹、黑　杉〕

2005年各地区机床工具行业主要经济指标完成情况

（按地区企业产品销售收入汇总排序）

序号	地区	企业数（个）	从业人员平均人数（人）	产品销售收入			利润总额		工业总产值（当年价）	
				实际完成（万元）	比上年增长（%）	在全国占比（%）	实际完成（万元）	比上年增长（%）	实际完成（万元）	比上年增长（%）
	合计	2 004	493 044	12 124 595	25.5	100.0	681 403	37.4	12 596 093	24.8
1	江苏	378	75 906	2 047 534	23.8	16.9	109 693	29.2	2 117 725	21.0
2	山东	231	70 226	1 873 266	36.9	15.5	129 811	74.2	2 053 440	30.9
3	辽宁	80	31 472	1 678 052	32.7	13.8	60 728	−5.0	1 594 031	36.2
4	浙江	269	55 962	1 464 605	13.0	12.1	96 594	0.5	1 488 191	13.5
5	河南	174	35 822	1 108 096	36.7	9.1	80 654	80.4	1 159 379	37.5
6	上海	109	19 642	567 272	10.0	4.7	30 695	44.3	548 455	4.2
7	北京	31	8 227	376 017	28.9	3.1	37 186	80.5	361 624	31.0
8	广东	108	16 000	336 454	20.8	2.8	19 552	26.0	356 626	21.1
9	陕西	36	17 962	332 494	28.0	2.7	16 529	70.0	352 123	26.0
10	湖北	59	17 471	282 428	23.4	2.3	14 908	57.8	294 391	10.8
11	黑龙江	24	21 313	271 460	29.3	2.2	11 229	7.0	342 565	35.7
12	湖南	60	9 994	224 167	34.0	1.8	9 339	−2.0	248 613	39.6
13	四川	63	16 035	220 802	18.3	1.8	5 971	518.8	238 177	18.5
14	河北	58	15 462	209 021	23.7	1.7	18 360	29.5	224 481	25.1
15	安徽	74	10 067	178 855	33.9	1.5	12 029	111.1	197 806	24.5
16	福建	47	5 234	115 164	21.8	0.9	8 462	−3.8	128 342	23.2
17	云南	13	6 467	114 347	44.2	0.9	2 299	161.1	121 517	43.1
18	贵州	35	13 148	100 976	9.1	0.8	−515	82.7	101 983	11.9
19	山西	19	6 669	80 804	2.0	0.7	−8 219	−55.7	86 789	16.0
20	天津	24	4 602	76 633	−0.1	0.6	43	106.1	86 128	13.7
21	青海	11	5 078	74 818	25.1	0.6	1 777	62.8	81 536	14.6
22	宁夏	9	2 871	69 471	5.6	0.6	7 209	28.0	70 499	17.7
23	重庆	7	4 937	63 564	26.2	0.5	4 885	18.1	59 462	17.5
24	广西	12	5 131	61 158	11.7	0.5	4 192	11.6	64 615	16.2
25	吉林	18	3 397	57 811	−8.3	0.5	2 367	−2.7	60 512	1.8
26	甘肃	20	5 319	56 525	18.2	0.5	1 331	86.3	64 393	40.9
27	江西	28	5 585	51 288	35.0	0.4	2 963	2 746.5	58 430	40.2
28	内蒙古	3	2 728	28 441	51.5	0.2	1 320	314.6	30 570	41.3
29	海南	3	206	2 070	1.1		68	−67.9	2 319	2.7
30	新疆	1	111	1 004	9.0		−57	−4 284.6	1 371	14.9

〔供稿人：中国机床工具工业协会周秀茹、黑　杉〕

2005年各地区机床工具行业国有经济主要经济指标完成情况

（按地区企业产品销售收入汇总排序）

序号	地区	企业数（个）	从业人员平均人数（人）	产品销售收入			利润总额		工业总产值（当年价）	
				实际完成（万元）	比上年增长（%）	在全国占比（%）	实际完成（万元）	比上年增长（%）	实际完成（万元）	比上年增长（%）
	合计	819	330 512	7 465 354	22.1	100.0	341 911	29.5	7 840 550	23.1

（续）

序号	地区	企业数（个）	从业人员平均人数（人）	产品销售收入			利润总额		工业总产值（当年价）	
				实际完成（万元）	比上年增长（%）	在全国占比（%）	实际完成（万元）	比上年增长（%）	实际完成（万元）	比上年增长（%）
1	辽宁	35	26 257	1 406 365	33.6	18.8	34 317	−9.5	1 318 461	40.0
2	山东	86	49 063	1 175 610	23.5	15.7	67 861	44.7	1 364 324	22.4
3	浙江	77	28 194	846 700	10.1	11.3	59 819	−5.2	866 212	10.9
4	河南	83	23 719	770 403	26.8	10.3	53 896	50.5	808 710	29.0
5	江苏	89	32 200	734 276	17.0	9.8	33 230	24.5	753 120	15.2
6	陕西	29	17 044	320 936	29.2	4.3	16 400	69.2	339 483	26.7
7	上海	51	11 192	284 979	8.9	3.8	9 731	210.5	289 198	11.3
8	黑龙江	19	20 980	263 039	32.1	3.5	10 698	7.1	335 424	37.1
9	湖南	37	8 139	184 812	30.7	2.5	5 984	−16.6	202 501	34.9
10	四川	34	12 975	180 581	20.8	2.4	5 031	3 515.1	189 661	17.4
11	湖北	30	14 451	180 016	23.8	2.4	11 186	65.4	194 859	11.4
12	北京	22	6 772	169 716	20.8	2.3	5 091	831.0	160 341	20.4
13	广东	29	7 020	134 315	25.8	1.8	8 636	18.2	143 185	26.5
14	贵州	25	12 330	85 792	3.9	1.1	−245	91.9	89 236	11.6
15	河北	30	9 466	81 028	29.1	1.1	3 001	819.1	85 375	23.7
16	安徽	18	4 376	72 291	24.8	1.0	5 980	230.7	84 292	22.3
17	青海	7	4 834	70 510	26.5	0.9	1 940	61.2	77 816	17.0
18	山西	13	5 788	68 016	−8.2	0.9	−6 895	−72.5	73 492	5.1
19	重庆	6	4 753	62 401	26.9	0.8	4 898	19.4	58 171	17.0
20	广西	9	4 693	55 741	13.7	0.7	3 829	−2.2	58 256	18.2
21	天津	14	3 999	54 103	4.6	0.7	−357	74.5	59 212	14.3
22	甘肃	17	4 952	50 812	21.0	0.7	1 650	141.6	59 003	32.3
23	吉林	13	2 674	49 290	−11.3	0.7	642	−38.3	50 090	−2.2
24	福建	17	2 560	47 585	13.9	0.6	5 076	−7.4	50 785	6.0
25	云南	9	3 305	39 881	84.4	0.5	−2 591	13.0	47 736	108.6
26	内蒙古	3	2 728	28 440	51.5	0.4	1 320	314.6	30 570	41.3
27	宁夏	4	2 061	26 346	−3.1	0.4	1 162	−36.2	25 928	−1.3
28	江西	11	3 880	20 475	−9.8	0.3	622	261.6	24 116	−7.4
29	海南	2	107	895	−16.5		−1	−100.4	993	−14.0

〔供稿人：中国机床工具工业协会周秀茹、黑 杉〕

2005年各地区机床工具行业民营企业主要经济指标完成情况

（按地区企业产品销售收入汇总排序）

序号	地区	企业数（个）	从业人员平均人数（人）	产品销售收入			利润总额		工业总产值（当年价）	
				实际完成（万元）	比上年增长（%）	在全国占比（%）	实际完成（万元）	比上年增长（%）	实际完成（万元）	比上年增长（%）
	合计	859	108 815	2 623 807	40.9	100.0	150 378	74.1	2 740 793	37.6
1	江苏	211	31 820	834 952	31.2	31.8	33 373	46.5	883 409	29.1
2	山东	112	13 298	460 486	71.2	17.6	39 420	156.3	464 881	61.6
3	河南	86	11 678	332 117	67.6	12.7	26 679	204.5	344 928	63.1
4	浙江	140	18 527	297 632	20.8	11.3	15 301	22.2	302 666	16.3
5	广东	40	4 176	104 016	26.5	4.0	1 777	−17.0	112 875	24.6

（续）

序号	地区	企业数（个）	从业人员平均人数（人）	产品销售收入			利润总额		工业总产值(当年价)	
				实际完成（万元）	比上年增长（%）	在全国占比（%）	实际完成（万元）	比上年增长（%）	实际完成（万元）	比上年增长（%）
6	安徽	54	5 474	102 448	49.2	3.9	5 972	53.9	109 698	33.5
7	辽宁	28	2 516	87 788	130.8	3.3	3 014	46.4	82 900	74.0
8	河北	21	4 558	82 850	27.5	3.2	11 717	45.6	92 051	37.7
9	湖北	25	2 621	80 576	14.7	3.1	2 378	28.7	80 744	7.5
10	四川	23	2 719	35 501	13.1	1.4	651	−22.4	42 480	31.4
11	湖南	22	1 719	32 314	50.8	1.2	2 489	42.9	39 068	68.0
12	福建	17	1 151	31 473	51.6	1.2	599	−17.5	35 387	66.0
13	上海	16	1 309	31 060	15.7	1.2	3 009	1.5	31 318	15.1
14	江西	16	1 630	30 292	104.6	1.2	2 331	386.7	33 511	124.7
15	云南	2	709	9 739	32.2	0.4	59	−24.1	12 934	44.2
16	山西	5	693	9 298	209.3	0.4	348	872.3	9 531	178.6
17	宁夏	4	443	9 175	−16.4	0.3	−590	−77.1	7 798	−14.4
18	吉林	5	723	8 521	14.5	0.3	1 725	24.0	10 422	26.9
19	黑龙江	5	333	8 421	−21.5	0.3	531	4.8	7 141	−7.7
20	北京	3	418	6 853	−11.6	0.3	140	−66.9	8 009	−6.8
21	贵州	6	462	6 726	39.9	0.3	−186	−281.6	6 685	14.2
22	甘肃	2	357	5 709		0.2	−319	−979.1	5 389	389.5
23	青海	4	244	4 307	5.9	0.2	−163	−45.3	3 720	−19.2
24	陕西	4	578	4 065	−5.5	0.2	−23	0.4	4 456	9.4
25	天津	3	140	2 114	14.3	0.1	128	−38.7	2 480	169.0
26	广西	2	125	2 032	16.9	0.1	19	108.9	2 326	15.8
27	海南	1	99	1 175	20.4		69	35.5	1 325	20.2
28	重庆	1	184	1 163	−5.1		−13	−137.0	1 290	50.6
29	新疆	1	111	1 004	9.0		−57	−4 284.6	1 371	14.9

〔供稿人：中国机床工具工业协会周秀茹、黑　杉〕

2005 年各地区机床工具行业三资企业主要经济指标完成情况

（按地区企业产品销售收入汇总排序）

序号	地区	企业数（个）	从业人员平均人数（人）	产品销售收入			利润总额		工业总产值(当年价)	
				实际完成（万元）	比上年增长（%）	在全国占比（%）	实际完成（万元）	比上年增长（%）	实际完成（万元）	比上年增长（%）
	合计	326	53 717	2 035 434	21.2	100.0	189 114	35.9	2 014 750	16.3
1	江苏	78	11 886	478 307	22.8	23.5	43 090	21.6	481 196	16.7
2	浙江	52	9 241	320 273	14.3	15.7	21 474	4.7	319 313	18.2
3	上海	42	7 141	251 233	10.5	12.3	17 955	18.3	227 938	−4.6
4	山东	33	7 865	237 170	60.6	11.7	22 530	84.4	224 236	34.8
5	北京	6	1 037	199 448	39.1	9.8	31 955	62.7	193 274	43.9
6	辽宁	17	2 699	183 898	6.0	9.0	23 397	−2.3	192 670	6.5
7	广东	39	4 804	98 123	9.5	4.8	9 139	50.5	100 566	11.0
8	云南	2	2 453	64 727	28.7	3.2	4 831	660.7	60 847	14.7
9	河北	7	1 438	45 142	9.3	2.2	3 643	−37.3	47 055	7.9
10	福建	13	1 523	36 106	12.7	1.8	2 787	7.7	42 171	20.7
11	宁夏	1	367	33 950	22.8	1.7	6 636	60.2	36 773	49.9

（续）

序号	地区	企业数（个）	从业人员平均人数（人）	产品销售收入 实际完成（万元）	产品销售收入 比上年增长（%）	产品销售收入 在全国占比（%）	利润总额 实际完成（万元）	利润总额 比上年增长（%）	工业总产值（当年价） 实际完成（万元）	工业总产值（当年价） 比上年增长（%）
12	湖北	4	399	21 836	65.5	1.1	1 344	59.9	18 789	19.1
13	天津	7	463	20 417	−11.8	1.0	271	−45.7	24 436	6.2
14	贵州	4	356	8 458	63.8	0.4	−84	−114.9	6 061	14.6
15	陕西	3	340	7 493	6.7	0.4	153	175.5	8 184	8.5
16	湖南	1	136	7 041	57.7	0.3	865	42.0	7 044	50.2
17	河南	5	425	5 575	14.4	0.3	79	−42.2	5 740	25.9
18	四川	6	341	4 720	−16.8	0.2	289	6.0	6 036	−15.9
19	安徽	2	217	4 116	−41.2	0.2	77	565.5	3 816	−51.4
20	山西	1	188	3 491	63.6	0.2	−1 673	−26.7	3 766	157.2
21	广西	1	313	3 385	−15.1	0.2	345	563.5	4 034	−6.3
22	江西	1	75	521	8.2	0.0	11	6.0	804	13.2
23	甘肃	1	10	4	−96.5	0.0	0	−100.0	1	0.0
24	重庆	0	0	0	0.0	0.0	0	0.0	0	0.0
25	新疆	0	0	0	0.0	0.0	0	0.0	0	0.0
26	青海	0	0	0	0.0	0.0	0	0.0	0	0.0
27	内蒙古	0	0	0	0.0	0.0	0	0.0	0	0.0
28	吉林	0	0	0	0.0	0.0	0	0.0	0	0.0
29	黑龙江	0	0	0	0.0	0.0	0	0.0	0	0.0
30	海南	0	0	0	0.0	0.0	0	0.0	0	0.0

〔供稿人：中国机床工具工业协会周秀茹、黑　杉〕

2005 年机床工具行业企业经济指标

（分地区按企业产品销售收入排序）

序号	企业名称	产品销售收入（万元）	工业总产值（当年价）（万元）	从业人员平均人数（人）
	北京市			
1	北京发那科机电有限公司	112 867	110 727	209
2	北京北一数控机床有限责任公司	51 158	44 554	504
3	西门子工厂自动化工程有限公司	48 070	43 159	404
4	北京第一机床厂	37 496	41 140	1 352
5	北京机电院高技术股份有限公司	16 930	14 850	437
6	北京阿奇夏米尔工业电子有限公司	16 121	16 773	224
7	北一大隈（北京）机床有限公司	12 038	12 363	100
8	北京第二机床厂	11 791	11 715	936
9	北京机床所精密机电有限公司	10 018	9 596	601
10	北京金万众机电技术有限公司	9 084	5 072	68
11	北京发格自动化设备有限公司	9 034	9 034	46
12	北京京仪世纪自动化设备有限公司	7 500	6 926	669
13	北京机床电器有限责任公司	5 138	6 034	327
14	北京凯恩帝数控技术有限责任公司	4 525	4 525	68
15	北京北方红旗精密机械制造有限公司	4 422	4 577	160
16	北京一机床良工机床零件制造有限公司	4 092	4 142	398
17	北京市西山机械厂	1 869	2 172	602
18	北京永定精密电器厂	1 764	1 764	134

（续）

序号	企业名称	产品销售收入（万元）	工业总产值（当年价）（万元）	从业人员平均人数（人）
19	北京北量瑞科机械工具有限责任公司	1 373	1 328	205
20	北京门头沟城子金刚石厂	1 356	1 254	41
21	北京东新研磨工具有限公司	1 319	1 219	54
22	北京迪蒙卡特机械电子设备技术有限责任公司	1 224	1 126	15
23	北京机床附件厂有限责任公司	1 117	1 233	107
24	北京鑫纳达超硬材料有限公司	1 008	1 261	62
25	北京北方艾克瑞液压机械有限责任公司	1 004	1 004	124
26	北京凯奇机床有限责任公司	721	720	65
27	北京新路机械设备有限公司	707	715	29
28	清华大学机械厂	633	780	164
29	北京市长城机床附件厂	603	732	42
30	北京帝特马数控设备公司	599	561	60
31	北京金达新材料有限公司	438	572	20
	天津市			
1	天津第一机床总厂	19 496	20 467	1 390
2	天津市天锻压力机有限公司	14 593	17 096	567
3	天津高丽研磨有限公司	11 433	14 770	58
4	天津埃佛因机械有限公司	6 163	6 420	145
5	天津市机床电器总厂	4 441	4 812	329
6	住电硬质合金(天津)有限公司	3 173	4 468	110
7	天津南景研磨工业有限公司	2 128	1 365	74
8	天津市津机磨床有限公司	1 755	1 912	227
9	天津市天重通用机械厂	1 749	1 201	131
10	天津天菱超硬工具有限公司	1 527	1 404	97
11	天津市第二锻压机床厂	1 389	2 133	118
12	天津市异型刃具厂	1 360	1 959	370
13	东砂(天津)磨料磨具有限公司	1 286	1 286	47
14	天津市永鑫建材工具厂	1 217	1 249	80
15	天津市北闸口仪表机床厂	1 126	1 213	93
16	天津市津南东埂铸造厂	812	815	80
17	天津市工具厂	769	1 181	347
18	连阳(天津)机械有限公司	673	673	39
19	天津市泰利机械有限公司	598	990	48
20	天津市安达克机械技术有限公司	299	241	12
21	天津市机床附件厂	275	1	137
22	天津昌大机械制造有限公司	197	470	38
23	天津市数控机床配套有限公司	142	1	12
24	天津市锻压机床总厂	34	1	53
	河北省			
1	石家庄冀凯金刚石制品有限公司	21 529	22 662	330
2	石家庄博深工具集团有限公司	18 555	23 487	1 492
3	天龙制锯(中国)有限公司	13 078	12 584	586
4	河北星烁锯业股份有限公司	10 259	10 259	456
5	沧县砂轮网片福利厂	9 516	9 516	34
6	山特维克(中国)有限公司	8 580	9 284	170
7	保定华建机械有限公司	7 717	7 495	680
8	保定维尔铸造机械有限公司	7 563	12 291	904
9	保定凯达锯业有限公司	6 960	6 957	93
10	石家庄轴承设备股份有限公司	6 874	6 747	1 180
11	河北机床厂	6 674	6 542	1 052
12	河北省景县砂轮厂	6 480	7 260	75
13	任丘永茂木工机械有限公司	6 476	7 510	130
14	唐山冶金锯片有限公司	6 340	7 008	304
15	三河燕郊晶日金刚石工业有限公司	6 291	3 123	260

（续）

序号	企业名称	产品销售收入（万元）	工业总产值（当年价）（万元）	从业人员平均人数（人）
16	河北小蜜蜂工具集团有限公司	4 943	3 790	396
17	泊头市兴达机械有限责任公司	4 900	6 035	36
18	河北双羊砂轮制造有限公司	4 854	6 302	535
19	泊头市精工量具制造有限公司	4 644	4 700	42
20	三河市京津机床电器有限公司	3 996	4 238	110
21	保定向阳航空精密机械有限公司	3 894	3 481	640
22	深州市北方机床配件厂	3 487	3 318	21
23	河北大城平舒砂轮厂	3 265	3 267	160
24	保定第二机床厂	3 056	3 728	875
25	河北砂轮厂	2 880	3 470	150
26	三河燕郊晶成金刚石工具有限公司	2 494	2 354	76
27	秦皇岛西力锯业有限公司	2 254	2 223	90
28	廊坊恒宇工具有限公司	2 058	2 614	507
29	河北天辰锻压机械有限公司	1 360	1 624	277
30	徐水县机械铸造厂	1 300	1 003	100
31	石家庄力神锻压机床有限公司	1 290	761	180
32	承德市摩顿铸石有限公司	1 246	1 653	200
33	保定向阳吉拉第机械有限公司	1 215	1 360	79
34	南宫市北方硬质合金有限公司	1 143	1 203	81
35	邯郸市机床厂	1 138	1 426	399
36	泊头市河北凯创机床工量具制造有限公司	1 039	1 056	51
37	唐山市专用设备机械厂	981	1 140	65
38	泊头市建新铸造量具有限责任公司	976	997	38
39	唐山重型机床厂	918	1 671	142
40	河北省青县机床制造有限公司	880	957	197
41	河北省阜城县阜城镇神锋机械厂	764	987	70
42	东光县东塘冲压设备厂	725	740	140
43	泊头市沧州丰华铸造量具有限公司	704	722	30
44	河北省唐山铸造机械厂	675	694	91
45	河北省保定机床厂	552	705	338
46	河北省定州机床厂	468	499	547
47	三河市北极星金刚石粉料有限公司	467	564	54
48	海兴县青先机床附件有限公司	403	468	46
49	石家庄白鹿磨料磨具有限公司	268	340	20
50	平山县新星机床有限责任公司	172	500	114
51	望都县大通铸锻有限公司	172	196	28
52	青龙满族自治县鑫秋木业有限责任公司	161	167	248
53	南宫市盛鑫磨料有限责任公司	123	185	22
54	滦平县金盛矿化有限责任公司	108	538	13
55	河北省廊坊市静海机床厂	82		143
56	临西县砂轮厂	80	80	20
57	邢台县三民人造板机械厂			30
58	保定工具厂		3	315
	山西省			
1	太原双塔刚玉	41 407	45 156	2 103
2	太原第一机床厂	12 994	11 051	1 062
3	山西省大同县地方国营工业硅厂	4 976	6 172	310
4	安格化工效能技术（山西）有限公司	3 491	3 766	188
5	平陆县同鑫磨料有限公司	3 160	3 059	95
6	太原工具厂	2 809	3 505	816
7	平陆县鑫锋刚玉有限公司	2 129	2 350	64
8	山西省太行锯条厂	2 088	1 854	464
9	山西鑫距重型机械制造有限公司	1 510	1 344	168
10	山西省第二锻压机床有限责任公司	1 489	2 288	267

（续）

序号	企业名称	产品销售收入（万元）	工业总产值（当年价）（万元）	从业人员平均人数（人）
11	襄汾县金泉铸造有限责任公司	1 457	1 705	240
12	长治市钜星锻压机械设备制造有限公司	1 041	1 073	126
13	山西省陵川县工具有限责任公司	700	852	240
14	新绛县亨通机床有限公司	641	979	126
15	山西省静乐县碳化硅厂	402	520	125
16	静乐县华星金属硅有限公司	340	346	120
17	山西省沁源县亚通刚玉有限公司	170	769	110
18	忻州锻压机床厂			
19	山西省陵川县机床厂			45
	内蒙古自治区			
1	呼和浩特市众环集团有限责任公司	18 420	20 129	2 598
2	通辽铁人机械有限公司	7 317	7 923	38
3	鄂尔多斯东祥炭化硅有限责任公司	2 704	2 518	92
	辽宁省			
1	大连机床集团有限责任公司	760 000	621 749	7 675
2	沈阳机床(集团)有限责任公司	554 826	601 975	12 478
3	三菱电机大连机器有限公司	71 778	78 348	752
4	大连道氏硅业有限公司	36 145	36 145	23
5	大连大森数控技术发展中心有限公司	31 839	20 975	23
6	大连亿达日平机床有限公司	27 082	24 371	460
7	沈阳沈水红菱机械有限公司	17 624	18 800	275
8	沈阳第一机床厂专用机床厂	14 638	13 520	170
9	大连东兴工业机械有限公司	12 936	14 039	162
10	瓦房店重型机床厂	12 412	12 102	1 069
11	沈阳机床厂集团沈一有限责任公司	7 940	8 550	613
12	丹东市磨具材料联合厂	7 730	8 120	360
13	沈阳市三友重矿机械厂	6 619	6 619	125
14	锦州华昌硅材料有限公司	6 423	6 434	40
15	大连经济技术开发区星海机械刀片有限公司	5 938	6 001	285
16	辽阳锻压机床股份有限公司	5 634	5 244	272
17	辽宁省抚顺机床厂	5 512	5 953	291
18	锦州新日硅材料有限公司	4 778	4 784	40
19	丹东机床有限责任公司	4 715	5 250	320
20	宽甸满族自治县彤宽金刚砂厂	4 692	5 481	57
21	本溪斯尔锯业有限公司	4 508	4 315	52
22	庄河市金华机械制造有限公司	4 080	4 120	182
23	沈阳市带锯机械有限公司	3 836	3 892	98
24	大连欣和机械有限公司	3 328	3 500	85
25	阜新力劲北方机械有限公司	3 165	5 124	410
26	营口冠华机床有限公司	3 098	5 186	139
27	本溪工具有限责任公司	3 051	2 240	456
28	辽宁金刚石有限责任公司	2 813	3 337	265
29	大连德春机械制造有限公司	2 683	2 790	150
30	鞍山市东泰耐磨材料有限公司	2 243	2 217	68
31	锦州机床配件厂	2 185	2 320	280
32	大连大锻机床有限公司	2 086	2 100	121
33	宽甸满族自治县硼海镇民政福利硼粉厂	1 985	2 213	86
34	沈阳金时创机械制造有限公司	1 900	1 900	15
35	大连专用机床厂	1 789	1 746	139
36	大连国森木工机械制造有限公司	1 753	1 753	80
37	沈阳市盛世磨料磨具有限公司	1 730	1 810	128
38	沈阳宝山木工设备厂	1 663	1 686	90
39	大连经济技术开发区森港机械刀片有限公司	1 553	1 553	85
40	朝阳博文机床有限公司	1 447	1 531	194

（续）

序号	企 业 名 称	产品销售收入（万元）	工业总产值（当年价）（万元）	从业人员平均人数（人）
41	大连因代克斯机床有限公司	1 439	1 220	25
42	营口锻压机床有限公司	1 430	4 827	259
43	锦州铨刚机械有限公司	1 258	1 254	58
44	沈阳机床制造有限责任公司	1 122	967	145
45	辽宁三马机械厂	1 105	1 097	120
46	沈阳中科超硬磨具磨削研究所	1 101	1 101	60
47	沈阳液压机床厂	1 083	2 602	116
48	东港市黄海砂轮制造有限公司	1 070	1 238	127
49	大连群达机械制造有限公司	1 036	1 036	28
50	沈阳华为重型机械有限责任公司	1 000	1 331	11
51	营口市熊岳利工铸造机械厂	995	970	57
52	沈阳金山机床厂	957	1 080	65
53	鞍山市砂轮厂	882	898	39
54	沈阳大兴机床有限公司	866	626	29
55	沈阳经济技术开发区创新数控设备有限公司	862	1 432	10
56	锦州市大兴锻压机床有限责任公司	840	920	35
57	晶峰(桓仁)硅业有限公司	831	818	107
58	海城机床厂	666	717	165
59	清原满族自治县恒达工业硅厂	659	592	63
60	阜新红泰机械丝杠制造有限公司	655	692	61
61	大连神工机械有限公司	630	630	88
62	沈阳一蒙砂轮有限公司	565	669	20
63	沈阳中意精密磨料磨具厂	559	582	26
64	沈阳诚大机械制造有限公司	552	745	30
65	辽阳市太子河区福利机械铸造厂	538	638	39
66	本溪市世恒机床有限责任公司	523	578	100
67	沈阳市宏宇铸造材料厂	515	786	17
68	沈阳市苏家屯区胜利砂轮厂	504	505	25
69	沈阳金锋特种刀具有限公司	502	510	26
70	沈阳双实磨料磨具有限公司	501	502	140
71	朝阳机床有限责任公司	501	488	60
72	燕东硅业开发有限公司	446	371	10
73	铁岭市洪光超硬材料有限公司	372	439	20
74	大连机械刀片厂	354	587	66
75	旅顺柏岚子机械制造厂	300	248	40
76	海城市杨滑工贸有限公司	289	300	50
77	沈阳工业大学机电厂	214	76	44
78	辽阳市金刚石制品厂	108	110	159
79	沈阳迪蒙机电新技术公司	63	54	26
80	沈阳机床厂	2	4	293
	吉林省			
1	临江市翔豪实业股份公司	13 657	24 518	394
2	长春第二机床有限公司	11 322		80
3	白山市能源金刚砂有限责任公司	9 488	8 963	480
4	通化宏信研磨材料有限责任公司	4 978	6 275	264
5	四平兴工刃具有限责任公司	4 634	5 060	315
6	长春数控机床有限公司	4 304	4 163	407
7	江源县江山硅业有限责任公司	2 381	2 892	160
8	吉林省旺达机械有限公司	1 545	1 652	301
9	长春量具刃具有限公司	1 186	1 549	350
10	吉林市长城机械制造有限公司	806	1 771	98
11	江源县碳化硅微粉有限责任公司	793	1 029	121
12	集安市工业硅厂	700	700	110
13	蛟河市康兴工业硅有限责任公司	586	399	39

（续）

序号	企业名称	产品销售收入（万元）	工业总产值（当年价）（万元）	从业人员平均人数（人）
14	白山市英利磨料有限责任公司	572	602	30
15	吉林市新大科机电技术有限公司	507	507	37
16	白城市同力机床附件厂	234	322	130
17	吉林省锻压设备厂	120	112	41
18	蛟河市东业工业硅有限责任公司			40
	黑龙江省			
1	齐重数控装备股份有限公司	97 800	125 060	5 009
2	齐齐哈尔二机床(集团)有限责任公司	61 096	98 454	2 203
3	哈尔滨量具刃具集团有限责任公司	39 700	40 237	3 690
4	哈尔滨第一工具有限公司	16 152	21 685	4 843
5	哈尔滨四海数控科技股份有限公司	16 000	16 000	428
6	哈尔滨哈汽轮机叶片加工有限公司	6 104	6 104	380
7	牡丹江迈克机床制造有限公司	5 630	5 962	629
8	鸡西市丹峰磨料磨具有限公司	3 953	2 542	145
9	哈尔滨第二工具厂	3 819	5 210	780
10	牡丹江木工机械(厂)有限责任公司	3 128	4 171	496
11	哈尔滨市建成工业公司	2 203	2 137	609
12	齐齐哈尔富林动力机械有限责任公司	2 084	1 842	885
13	哈尔滨工具厂	2 013	2 041	380
14	第一重型机器厂附具修造联合分厂	1 787	1 526	40
15	黑龙江锻压机床厂	1 786	1 472	184
16	牡丹江市东方金刚石钻头有限公司	1 580	1 582	63
17	黑龙江省延寿铸造机械厂	1 500	2 000	200
18	黑龙江省宁安带锯机床厂	1 446	1 576	75
19	大庆华力机械制造有限公司	1 323	1 323	30
20	哈尔滨一工斯劳特刀具有限公司	1 124	411	62
21	鸡西市富士工业硅厂	485	395	65
22	鸡西市滴道宏达工业硅厂	416	469	87
23	哈尔滨市华意木材干燥设备厂	212	248	10
24	哈尔滨市杰曼科技发展有限公司	118	118	20
	上海市			
1	上海机床厂有限公司(本部)	62 150	58 927	762
2	上海人造板机器厂有限公司	35 485	23 801	485
3	上海工具厂有限公司(本部)	28 370	27 426	1 257
4	上海第三机床厂	23 850	25 976	724
5	上海上机机床制造有限公司	17 301	17 300	118
6	上海一达机械有限公司	17 257	16 330	441
7	建荣精密机械(上海)有限公司	16 490	16 185	277
8	上海重型机床厂	16 463	16 551	702
9	豪德机械(上海)有限公司	14 540	11 471	205
10	上海冲剪机床厂	13 912	16 002	532
11	上海伟扬精机有限公司	11 307	10 799	182
12	上海佳凯益精密机械有限公司	10 410	10 410	497
13	德克尔马豪吉特迈(上海)机床有限公司	10 379	10 858	110
14	上海尖点精密工具有限公司	9 253	7 755	180
15	佑能工具(上海)有限公司	9 107	9 046	230
16	上海第二机床厂梅陇分厂	9 046	8 995	374
17	上海名古屋精密工具有限公司	8 497	8 375	529
18	肯纳金属(上海)有限公司	8 493	8 517	179
19	上海开通数控有限公司	8 057	3 886	139
20	正侑机械(上海)有限公司	7 468	7 662	147
21	会田工程技术(上海)有限公司	7 429	4 796	38
22	上海第三机床厂浦东分厂	7 304	11 949	159
23	上海天田冲剪有限公司	7 258	7 258	52

（续）

序号	企业名称	产品销售收入（万元）	工业总产值（当年价）（万元）	从业人员平均人数（人）
24	上海舒勒压力机有限公司	6 750	3 054	140
25	上海申利螺纹工具有限公司	6 722	8 245	390
26	上海西马特机械有限公司	6 704	6 785	210
27	上海上工国际精密工具有限公司	6 702	6 176	297
28	上海第二锻压机床厂	6 607	6 162	294
29	上海上机精密机械制造有限公司	6 295	6 295	245
30	上海仪表机床厂	5 760	6 200	220
31	上海锻压机床厂	5 734	7 722	429
32	上海刃具厂有限公司	5 590	3 904	457
33	上海量具刃具厂	5 421	5 025	358
34	上海巨威剪折机床厂有限公司	5 088	4 588	198
35	凯伯精密机械(上海)有限公司	5 085	5 085	85
36	上海第一机床厂	4 869	5 181	465
37	上海国豪机械制造有限公司	4 844	4 914	115
38	仲德实业(上海)有限公司	4 840	4 008	61
39	上海良笠机械电机有限公司	4 766	3 175	133
40	上海腾麒机械制造有限公司	4 668	5 430	155
41	莱必泰(上海)机械有限公司	4 529	5 191	148
42	上海华灵工具厂	4 523	4 863	245
43	上海竹崴机电有限公司	4 401	5 362	48
44	上海天联机床有限公司	4 207	4 207	20
45	上海永明机械制造有限公司	4 185	4 264	80
46	洛克机电系统工程(上海)有限公司	4 109	4 109	172
47	上海捷成白鹤木工机械有限公司	3 749	4 634	80
48	上海新力机器厂	3 415	3 506	381
49	上海朝阳锻压机床厂	3 326	2 618	153
50	上海压铸机厂	3 103	4 220	199
51	上海杰信抛磨材料有限公司	3 010	3 010	75
52	上海长江砂轮厂有限公司	2 857	2 962	153
53	上海丸仲饭田机械有限公司	2 661	2 575	989
54	3M上海研磨产品制造有限公司	2 644	2 119	130
55	上海开隆冶金机械制造公司	2 627	2 750	165
56	佳瑞特五金精密刀具(上海)有限公司	2 373	2 015	180
57	上海万顺砂轮有限公司	2 311	2 311	68
58	上海标俐机械有限公司	1 836	1 836	55
59	上海法道机床有限公司	1 768	2 511	42
60	上海汉欧华精密机械电子工程有限公司	1 744	1 160	36
61	亨特自动化机械(上海)有限公司	1 607	1 607	17
62	上海市浦东同乐机床附件厂	1 588	1 588	85
63	上海斯汇明机械有限公司	1 587	1 914	110
64	上海金山刃具厂	1 433	1 425	105
65	上海海新机床制造有限公司	1 387	1 602	98
66	白鸽(集团)股份有限公司上海公司	1 387	1 585	98
67	上海东源机械有限公司	1 329	1 395	58
68	上海申航锻造厂	1 303	1 476	50
69	上海富安工厂自动化有限公司	1 302	1 420	104
70	上海弘波机床功能设备有限公司	1 275	1 122	143
71	上海上银机械制造有限公司	1 264	1 256	47
72	上海安锋科技企业有限公司	1 218	1 242	106
73	上海第四机床厂分厂	1 168	1 464	116
74	上海汉江机床附件厂	1 126	1 144	120
75	上海自九量具有限公司	1 125	1 286	94
76	上海齐宝数控机床制造有限公司	1 121	878	13
77	上海帅力机械制造有限公司	1 116	1 263	37

（续）

序号	企业名称	产品销售收入（万元）	工业总产值（当年价）（万元）	从业人员平均人数（人）
78	上海群丰机器有限公司	1 095	1 129	74
79	上海树脂砂轮厂	1 091	1 091	36
80	上海上工奉贤刃具厂	1 080	1 613	117
81	上海三立机床制造有限公司	1 077	1 134	9
82	上海奉贤量具二厂	1 051	1 001	79
83	上海航空设备厂	1 039	988	103
84	上海机械刃具厂	1 011	1 212	91
85	上海三机液压成套有限公司	998	998	65
86	上海石粉厂有限公司	935	958	76
87	上海沪南带锯床有限公司	935	1 250	76
88	上海申宏量具工具厂	923	1 038	132
89	上海大桥数控机床有限公司	918	883	48
90	上海机床附件一厂	912	1 124	295
91	扬铁科技发展（上海）有限公司	899	913	110
92	上海建亚机床有限公司	826	685	33
93	上海飞鹿磨具厂	815	427	38
94	东昱精机（上海）有限公司	810	523	45
95	上海银兴机床附件厂	795	790	33
96	上海机床电器厂有限公司	789	790	122
97	上海众环机床附件有限公司	781	647	15
98	上海亿光机电有限公司	746	746	58
99	上海荷南带锯床机械有限公司	673	760	49
100	上海华茂机床附件有限公司	670	810	82
101	上海兴川专用设备制造公司	654	654	48
102	上海华灵精密铸造厂	608	1 140	57
103	上海江南机械厂	595	518	78
104	上海锦志机械有限公司	551	410	25
105	上海迈科机械设备有限公司	470	489	21
106	上海滨江工具厂	455	500	50
107	上海机床附件六厂	413	396	44
108	上海新旋机床厂有限公司	358	362	82
109	上海第十二机床厂	317	365	60
	江苏省			
1	江苏天工集团有限公司	180 396	192 936	6 085
2	江苏飞达工具集团股份有限公司	176 926	186 238	5 980
3	江苏扬力集团有限公司	111 073	116 712	2 612
4	沙迪克特种设备有限公司	46 906	42 790	205
5	无锡机床股份有限公司	40 077	36 952	1 101
6	西门子数控（南京）有限公司	37 765	37 765	329
7	扬州锻压机床集团有限公司	29 089	31 585	537
8	盐城市晨龙机械厂	26 900	31 900	118
9	江苏锐石集团有限公司	26 800	31 800	260
10	南通纵横国际股份有限公司	24 921	26 305	2 106
11	江苏亚威机床有限公司	23 331	25 030	605
12	江苏徐州锻压机床厂	23 141	17 353	703
13	盐城恒泰铸造有限公司	22 868	23 260	308
14	江苏多棱数控机床股份有限公司	22 124	22 899	761
15	捷可勃斯夹头（苏州）有限公司	21 900	21 677	491
16	张家港斯依格机械设备制造有限公司	21 532	21 900	900
17	外商独资镇江科氏沥青产品有限公司	21 530	21 451	55
18	江苏新跃集团公司	21 200	22 000	600
19	扬州力创机床有限公司	19 695	16 083	577
20	江苏三菱磨料磨具有限公司	19 273	20 966	220
21	江苏丰裕工具有限公司	19 201	20 180	1 060

（续）

序号	企业名称	产品销售收入（万元）	工业总产值（当年价）（万元）	从业人员平均人数（人）
22	苏福马股份有限公司	18 968	10 269	464
23	江苏扬力坚城锻压机床有限公司	18 938	18 942	417
24	徐州福达机械制造有限公司	18 186	18 879	390
25	南京第一机床厂	18 181	18 178	2 774
26	江苏金方圆数控机床有限公司	18 007	31 065	420
27	苏州三光科技有限公司	16 156	15 296	201
28	瓦尔特（无锡）有限公司	15 484	15 484	110
29	盐城市机床有限公司	15 117	13 093	1 170
30	扬州市真牛机床有限公司	12 887	13 040	326
31	徐州压力机械股份有限公司	12 798	12 659	897
32	蓝帜（南京）工具有限公司	12 785	12 869	245
33	江苏省无锡建华机床厂	11 964	11 410	526
34	协易科技精机（中国）有限公司	11 352	11 458	150
35	丹阳华昌钻石工具制造有限公司	10 933	11 870	390
36	无锡开源机床集团有限公司	10 569	5 938	190
37	东台市升华工具有限公司	10 550	10 334	581
38	江苏省南京第四机床厂	10 333	10 495	1 128
39	天田连云港机械有限公司	10 171	15 491	63
40	苏州市天烨机械工程有限公司	10 035	12 050	380
41	扬州市爱华机械总厂	10 006	10 469	200
42	无锡市宝长年硬质合金有限公司	9 950	9 950	168
43	六和铸造工业（昆山）有限公司	9 841	9 736	251
44	南京鑫业电动工具制造有限公司	9 245	10 261	395
45	南京二机数控车床有限责任公司	8 703	8 703	261
46	江苏省句容市工具厂	8 592	9 093	210
47	迪砂（常州）机械有限公司	8 466	8 467	134
48	江阴市第三铸造机械有限公司	8 284	7 850	235
49	江苏齐航数控机床有限责任公司	8 130	8 976	618
50	南通江海机床有限公司	8 062	7 500	283
51	连云港市研磨厂	8 046	8 136	90
52	江苏新美达工具有限公司	7 520	8 249	252
53	苏福马股份有限公司镇江分公司	7 488	8 926	509
54	靖江量具有限公司	7 010	6 618	301
55	扬州市南扬机械制造有限公司	6 775	8 336	298
56	无锡开源集团泰兴机床有限公司	6 701	10 730	580
57	无锡恒丰硬质合金制品有限公司	6 565	7 010	120
58	无锡市金球机械有限公司	6 517	5 720	385
59	张家港和丰机械制造有限公司	6 419	6 707	195
60	句容市茅山工具有限公司	6 279	7 099	70
61	蜜测多友量仪（苏州）有限公司	6 211	6 160	116
62	江苏盟特佳集团公司	6 175	7 616	132
63	振力机械（昆山）有限公司	5 885	6 167	139
64	江阴市南菁机械有限公司	5 844	4 755	120
65	无锡锡工量具有限公司	5 700	5 050	400
66	常熟市金刚石磨料磨具有限公司	5 562	6 050	324
67	太仓托克斯冲压技术有限公司	5 536	5 411	204
68	扬州四星集团公司	5 525	6 274	206
69	南京数控机床有限公司	5 521	5 514	286
70	江苏耐尔坚砂轮有限公司	5 510	6 177	120
71	钴领（常州）刀具有限公司	5 460	5 385	52
72	苏州远东砂轮有限公司	5 448	5 737	371
73	南京二机床数控机床有限公司	5 385	5 065	124
74	江苏恒力组合机床有限公司	5 380	5 660	477
75	华伟纳精密工具（昆山）有限公司	5 337	6 412	107

(续)

序号	企 业 名 称	产品销售收入(万元)	工业总产值(当年价)(万元)	从业人员平均人数(人)
76	常熟市琴工刃具有限公司	5 336	6 058	458
77	苏北砂轮厂	5 325	5 547	543
78	无锡锡南铸造机械厂	5 303	5 577	78
79	常熟量具刃具厂	5 196	6 134	318
80	张家港市名阳精密机械制造有限公司	5 084	5 405	139
81	苏州工业园区明志铸造装备有限公司	5 081	4 309	124
82	江苏省苏州新华机床厂	5 044	5 070	335
83	江苏江佳机械有限公司	4 994	5 594	288
84	无锡开源集团灵山机械有限公司	4 937	5 574	278
85	南通第五机床有限公司	4 936	5 138	295
86	捷高科技(苏州)有限公司	4 909	3 699	68
87	马尔精密量仪(苏州)有限公司	4 904	3 527	88
88	扬州市组合机床厂	4 843	4 967	141
89	镇江市飞亚集团公司	4 821	5 306	289
90	常州市万绥工具厂	4 728	5 495	355
91	扬州新江正工具有限公司	4 660	5 108	260
92	江苏高精机电装备有限公司	4 570	4 625	218
93	启东市申泽机床附件有限公司	4 518	5 020	120
94	无锡建发机器制造有限公司	4 480	4 612	100
95	无锡金力锻压机床有限公司	4 368	5 146	127
96	通州市通林机电设备有限公司	4 330	4 539	102
97	盐城市华壁治金铸造有限公司	4 320	4 418	120
98	无锡开源集团华胜机床有限公司	4 305	3 984	186
99	扬州市星火锻压机床有限公司	4 112	5 052	80
100	雅宝研磨材(苏州)有限公司	4 055	3 700	92
101	灌南压铸机有限公司	4 040	3 521	302
102	昆山市合济机械有限公司	4 032	4 227	130
103	连云港机床厂有限公司	4 025	3 850	268
104	无锡市明鑫机床有限公司	4 022	3 621	130
105	无锡光洋机床有限公司	4 015	4 185	38
106	南通富丽精密机械制造有限公司	3 979	4 283	32
107	无锡蓬天工具有限公司	3 957	3 900	150
108	泰州冬庆数控机床有限公司	3 925	3 846	247
109	南京荣鑫机械制造有限公司	3 916	4 000	120
110	无锡新佳盛压铸机制造有限公司	3 873	3 882	140
111	无锡润元锻压机床有限公司	3 852	3 850	150
112	如东黄海金刚石有限公司	3 828	3 828	30
113	力霸科技(南京)有限公司	3 805	3 760	36
114	苏州自动化成控设备厂(苏州电器发展实业公司)	3 793	3 615	9
115	南京巨威机械制造有限公司	3 703	3 708	165
116	扬州市运河锻压机床有限公司	3 672	4 589	252
117	苏州市宝玛数控设备有限公司	3 610	3 451	60
118	镇江市荣盛工具制造公司	3 599	4 140	409
119	苏州锻造机械有限公司	3 592	3 814	195
120	盐城轻通机械有限公司	3 582	3 444	301
121	东台市机床厂	3 581	3 893	125
122	丹阳市后巷镇粤阳工具厂	3 500	3 827	96
123	苏州三信机器制造有限公司	3 475	1 763	61
124	常熟市琴工硬质合金工具厂	3 453	3 015	120
125	镇江市耐尔特钻石有限公司	3 415	4 470	45
126	扬州市邗江金猴机械厂	3 396	3 611	78
127	南通通用机械制造有限公司	3 374	1 701	116
128	常州常兴科技有限公司	3 364	4 020	75
129	无锡南元机床制造有限公司	3 298	3 050	120

（续）

序号	企业名称	产品销售收入（万元）	工业总产值（当年价）（万元）	从业人员平均人数（人）
130	昆山亚细亚机械有限公司	3 276	3 222	51
131	扬州市新力机械有限公司	3 272	3 542	126
132	金莹铸造材料(苏州工业园区)有限公司	3 268	3 155	78
133	苏州林业机械厂有限公司	3 262	2 680	144
134	姜堰苏蒙砂轮有限公司	3 201	3 706	106
135	大丰市丰达铸造机械有限公司	3 200	3 350	140
136	东海县新源矿产品有限公司	3 192	4 069	122
137	姜堰市大伦精机制造有限公司	3 180	3 410	36
138	扬州市邗江华扬机械厂	3 177	3 381	76
139	无锡开源集团精密机床制造有限公司	3 120	3 120	81
140	南通大西洋机械有限公司	3 116	3 518	130
141	无锡开源集团德胜机床有限公司	3 106	3 065	82
142	江苏三星机械制造有限公司	3 099	3 380	207
143	常州市武进广宇花辊有限公司	3 057	2 858	122
144	南京友嘉机械有限责任公司	3 054	3 537	80
145	盐城金锐利电动工具厂	3 052	3 064	21
146	扬州捷迈锻压机械有限公司	3 030	3 800	80
147	南通东海机床制造有限公司	3 009	3 026	85
148	靖江市三力锻压机床制造有限公司	3 001	2 802	385
149	无锡开源集团策汇机床有限公司	2 992	2 765	110
150	盐城市第三机床厂	2 940	2 144	104
151	射阳县求新机械有限责任公司	2 898	3 403	50
152	常州市天宁区中大机械制造厂	2 890	2 890	60
153	徐州市金顺铸业有限公司	2 870	2 930	230
154	南京高基数控设备制造有限公司	2 865	3 890	100
155	扬州市东方砂轮厂	2 859	3 041	106
156	镇江哈特工具制造有限公司	2 820	3 359	67
157	淮阴盖克斯工具制造有限公司	2 731	878	214
158	张家港市合丰机械制造有限公司	2 730	2 771	120
159	南通第二机床有限公司	2 703	2 709	333
160	无锡上机磨床有限公司	2 697	2 750	180
161	南通压铸机床有限公司	2 660	2 772	80
162	东台市巨轮木工机械有限公司	2 658	2 799	298
163	扬州飞力锻压机床有限公司	2 656	3 006	275
164	常州市恒瑞机械厂	2 635	2 635	40
165	淮安兴盛机床制造有限公司	2 635	2 675	48
166	镇江市普瑞兴机械制造有限公司	2 631	2 726	42
167	江苏特利重型机床有限公司	2 625	2 333	519
168	昆山市大昌机械制造有限公司	2 589	2 589	102
169	苏州市华翔木业机械有限公司	2 585	2 619	90
170	泰州市江洲数控机床制造有限公司	2 584	2 617	84
171	徐州新宇机械厂	2 560	2 620	30
172	南京周宇机床制造有限公司	2 486	2 721	165
173	泰兴市黄桥工具有限公司	2 448	4 218	71
174	常熟市林业机械厂有限公司	2 434	2 480	113
175	常州市科昌机械有限公司	2 427	2 417	110
176	溧阳市林达机械有限公司	2 412	2 680	182
177	苏州长风机电科技有限公司	2 390	1 771	335
178	南通市天力锻压机床有限公司	2 389	2 507	136
179	丹阳市超峰钻石工具制造有限公司	2 379	2 712	199
180	镇江康兴卷板机制造有限公司	2 362	2 546	185
181	江苏西马机床制造有限公司	2 303	3 217	260
182	大丰市飞丰机械铸造厂	2 300	2 450	234
183	连云港东海县硅微粉有限责任公司	2 261	2 500	150

（续）

序号	企业名称	产品销售收入（万元）	工业总产值（当年价）（万元）	从业人员平均人数（人）
184	扬州星力机械制造有限公司	2 251	2 501	98
185	扬州莱茵切削工具有限公司	2 242	2 239	180
186	如东县振兴机床有限公司	2 223	2 418	100
187	盐城市丰特铸造机械有限公司	2 150	2 200	55
188	南通麦斯铁机械有限公司	2 097	2 286	24
189	汉江机床厂昆山分厂	2 078	2 342	287
190	大丰市龙发铸造除锈设备有限公司	2 050	2 150	50
191	镇江市裕久精机制造有限公司	2 044	2 029	160
192	常州兴荣机电制造有限公司	2 036	995	30
193	常州市宝利工具有限公司	2 032	2 108	120
194	江苏环球砂轮厂	2 007	2 320	120
195	南通茂溢机床有限公司	2 005	2 206	193
196	新沂张氏磨具发展有限公司	1 957	2 289	79
197	苏州新协力企业发展有限公司	1 926	1 537	15
198	镇江市锻压机床厂	1 924	1 692	90
199	张家港旺瞬精密机械制造有限公司	1 922	1 835	115
200	江苏宏兴铸机有限公司	1 900	2 000	50
201	无锡开源机床集团康狄电器有限公司	1 891	1 932	65
202	西风空气轴承（苏州）有限公司	1 861	1 541	39
203	阿诺（苏州）刀具有限公司	1 839	1 797	48
204	江都市长江机械厂	1 836	2 034	50
205	江阴市港东机械有限公司	1 825	1 825	39
206	无锡佳华精密工具有限公司	1 815	1 780	110
207	连云港华强硅微粉厂	1 810	1 856	22
208	江苏省华天机电设备有限公司	1 800	1 900	50
209	无锡市锡西模锻厂	1 754	1 749	97
210	东台市飞花砂轮有限公司	1 744	1 743	60
211	常熟市东民硬质合金厂	1 736	1 952	133
212	南通中威机床有限公司	1 716	1 622	60
213	扬州光明机电设备有限公司	1 709	1 795	60
214	盐城市南华机床厂	1 706	1 731	76
215	海安县威弘锻压机械有限责任公司	1 697	1 712	112
216	无锡市六通机械有限公司	1 695	1 707	99
217	无锡爱锡量仪有限公司	1 680	1 839	98
218	泰州永进机电设备有限公司	1 668	2 002	120
219	江都市润华磨料磨具厂	1 659	2 022	106
220	南京弘鑫砂轮有限公司	1 658	1 089	98
221	常州市华科工具厂	1 654	1 592	260
222	盐城市金达机械制造有限公司	1 650	1 750	55
223	南京市金球机床制造有限公司	1 647	1 910	40
224	连云港东渡碳化硅有限公司	1 634	1 701	36
225	南京聚星机械装备有限公司	1 630	1 630	100
226	丰钧木工机械（昆山）有限公司	1 580	1 711	40
227	东台市锋火轮磨料磨具有限公司	1 568	1 831	44
228	南通太和机械有限公司	1 566	1 601	71
229	江苏金方圆集团扬州中江机床有限公司	1 565	3 195	108
230	镇江益林金刚石工具有限公司	1 563	1 493	126
231	苏州市金马机械电子有限公司	1 556	1 439	57
232	江苏洲达铸造机械有限公司	1 550	1 650	50
233	苏州意码斯砂光设备有限公司	1 531	1 615	26
234	无锡市新安特种机械制造有限公司	1 529	2 000	80
235	常熟市巨力砂轮有限责任公司	1 528	1 696	88
236	连云港环球锻压机械制造有限公司	1 512	2 006	140
237	徐州鑫源工具有限公司	1 510	1 840	32

（续）

序号	企 业 名 称	产品销售收入（万元）	工业总产值（当年价）（万元）	从业人员平均人数（人）
238	盐城市第二机床厂	1 505	1 449	120
239	盐城市盛亿达机械有限公司	1 500	1 550	50
240	徐州天炬铸造有限责任公司	1 500	1 654	92
241	江苏德丰机械制造有限公司	1 500	1 500	56
242	无锡豪贝金刚石钻头有限公司	1 491	1 474	38
243	镇江市钻石合金工具厂	1 488	1 656	41
244	江苏中田机械制造有限公司	1 485	1 600	160
245	无锡神冲锻压机床有限公司	1 426	1 400	76
246	常州市第二机床厂	1 424	1 490	195
247	弘鑫砂轮(常熟)有限公司	1 421	1 420	82
248	南通威特机械有限公司	1 412	831	80
249	泰州市集成数控机床制造有限公司	1 408	1 412	129
250	姜堰市信源机电制造有限公司	1 365	1 565	50
251	青海省贵强磨料股份有限公司东海分公司	1 363	1 425	45
252	苏州市振宇工具有限公司	1 359	1 380	154
253	无锡市凯达电器有限公司	1 351	1 311	15
254	常州市新墅机床数控设备有限公司	1 350	1 330	60
255	宜兴市精益机械厂	1 332	1 595	117
256	盐城锋潮机械制造有限公司	1 318	1 260	94
257	海安县第一机床厂	1 313	13 289	195
258	常熟市何氏金刚石有限公司	1 304	1 012	58
259	盐城市亚丰铸件机械总厂	1 300	1 350	55
260	南通如锻机床有限公司	1 297	1 501	114
261	常州华中金刚石工具制造有限公司	1 296	1 352	35
262	南通国全木工机械制造有限公司	1 295	1 280	80
263	昆山达华人造板机器制造有限公司	1 264	1 163	64
264	苏州市华东磨料磨具厂	1 249	1 248	32
265	苏州精机机械工业有限公司	1 241	1 043	56
266	淮安市恒力液压机械有限公司	1 234	1 234	45
267	丹阳市荣达金刚石工具有限公司	1 231	1 276	50
268	连云港市东海高科硅微粉有限公司	1 207	1 225	65
269	南通凯特机床有限公司	1 189	1 146	37
270	兴化市东方量具刃具有限公司	1 171	1 177	35
271	宿迁市金马机床有限公司	1 170	1 400	230
272	常州市西夏墅工具研究所	1 160	1 257	130
273	南京杰恩特机电有限公司	1 156	1 156	80
274	江苏象牌机械有限公司	1 151	1 196	24
275	盐城市久昌机械有限公司	1 150	1 200	45
276	大丰市亿达铸造机械有限公司	1 150	1 200	45
277	宜兴市锻压机床厂有限公司	1 136	1 240	148
278	南京绿洲机器配件厂	1 128	1 128	96
279	丹阳市通用工具厂	1 123	1 500	92
280	南通华城机床有限公司	1 117	1 200	80
281	淮安市飞跃工具制造有限公司	1 113	1 113	132
282	南京宏泰砂轮有限公司	1 100	1 513	50
283	常熟市锻压机床有限公司	1 084	1 176	100
284	兴化市华海抛磨材料有限公司	1 065	1 111	60
285	南京菱虹数控机床有限公司	1 054	1 081	110
286	扬州市特威机床制造有限公司	1 052	1 228	64
287	盐城正达龙铸造机械有限公司	1 050	1 200	45
288	盐城市城区新兴机械厂	1 050	1 060	32
289	大丰市龙城铸造机械有限公司	1 050	1 150	45
290	大丰市大龙铸造机械厂	1 050	1 200	50
291	苏州南兴研磨材有限公司	1 014	950	29

（续）

序号	企 业 名 称	产品销售收入（万元）	工业总产值（当年价）（万元）	从业人员平均人数（人）
292	丹阳市鹏飞科技发展有限公司	1 013	1 067	63
293	建湖县民生机械配件厂	1 003	1 022	88
294	盐城市建民工具厂	1 000	1 070	36
295	丹阳市威龙工具有限公司	997	1 194	250
296	泰州市山河砂轮厂	978	1 058	126
297	大丰市宏达铸造机械厂	975	809	45
298	宜兴市通用机床厂	961	980	80
299	江苏苏中砂轮厂	954	1 086	198
300	海门市机械厂	952	876	123
301	启东市锻压机床有限公司	951	1 010	42
302	镇江灵通机械铸造有限公司	941	846	72
303	镇江市宇星工具有限责任公司	936	941	62
304	宿迁市第一砂轮制造有限公司	928	975	120
305	扬州市维扬区晶鑫机械厂	920	941	20
306	常州市华星机械有限公司	902	978	100
307	镇江市力搏工具有限公司	900	1 000	100
308	无锡开源集团艾可机械有限公司	897	713	34
309	无锡人民机器有限公司	885	880	113
310	东台市绿玉磨料磨具有限公司	880	880	80
311	张家港市机床厂	872	851	10
312	南通金威机床有限公司	860	965	30
313	泰州市海陵区正太数控机床厂	854	1 052	70
314	丹阳市福田工具有限公司	844	984	59
315	南京环力重工机械有限公司	841	841	60
316	苏州工业园区兰佩铸造设备有限公司	838	891	22
317	南通中南数控机床制造有限公司	833	695	30
318	海安县恒利卷板机制造有限公司	829	809	70
319	镇江日进磨具有限公司	825	776	80
320	南通润金机电有限公司	820	814	50
321	盐城市庆华精密铸造有限公司	812	812	71
322	南京砂轮厂	802	783	100
323	盐城市罗氏机械有限公司	775	755	30
324	泰州市同方数控机床有限公司	768	808	85
325	连云港龙新石英高新技术有限公司	766	801	32
326	南京德诺孚机电有限公司	764	805	38
327	姜堰市亚光磨具有限公司	762	1 185	110
328	盐都县兴达铸造厂	756	772	48
329	泰州市方正数控机床厂	748	939	91
330	连云港富恒矿产有限公司	744	806	53
331	常州市精诚金刚石工具有限公司	737	849	57
332	丹阳市丹鹰工具制造有限公司	737	952	57
333	泰州市雄峰机械厂	726	683	41
334	高邮市鸿运电动工具厂	721	800	29
335	南通利王剪折机床有限公司	720	800	39
336	丹阳市长江刃具厂	719	800	81
337	泰州市飞天刃模有限公司	718	718	60
338	睢宁县升达机械制造有限责任公司	709	709	30
339	丹阳市鸿举机械制造有限公司	701	720	27
340	盐城市真诚机床制造有限公司	700	749	34
341	江苏鑫龙机械制造有限公司	700	700	45
342	凯达日窒(新沂)石英有限公司	695	689	25
343	丹阳市永舜工具有限公司	689	805	45
344	盐城市珠峰机械制造有限公司	682	700	30
345	丹阳市呈龙合金工具有限公司	673	683	65

（续）

序号	企业名称	产品销售收入（万元）	工业总产值（当年价）（万元）	从业人员平均人数（人）
346	镇江丰成特种工具有限公司	664	808	62
347	张家港市兴宇机械厂	662	626	50
348	扬州宏越机械有限公司	654	662	75
349	东台市金属研磨厂	649	673	32
350	南通日净通用设备有限公司	634	649	48
351	建湖县鑫森机电制造有限公司	609	623	30
352	海门市天元锻压机床有限责任公司	607	485	73
353	东台市唐洋带锯机械有限责任公司	607	593	102
354	盐城市万胜机械有限公司	600	620	70
355	常州市茶山锻造有限公司	600	600	10
356	镇江市正大工具有限公司	594	858	75
357	南京森茂机械有限公司	576	758	36
358	南通国谊锻压机床厂	575	736	60
359	连云港市星宇砂轮制造有限公司	565	577	50
360	南京亚龙液压机械制造有限公司	564	581	52
361	东台市宝剑砂轮有限公司	555	568	40
362	丹阳卓源工具有限公司	548	550	40
363	吉龙精密磨料(连云港)有限公司	547	642	40
364	盐城市超越组合机床有限公司	528	698	41
365	如东高精机床有限公司	521	521	35
366	南通建华锻压机械制造有限公司	519	509	40
367	南京新贝斯特科技有限公司	519	461	29
368	盐城市创业铸造机械有限公司	515	570	25
369	南通恒发卷板机械有限公司	510	570	48
370	宿迁市六角磨具有限公司	507	614	79
371	建湖县宏大机械制造有限公司	505	606	25
372	南通江河机床有限公司	503	503	30
373	盐城众意机械制造有限公司	500	650	32
374	南通市长城通用机械设备厂	479	467	26
375	姜堰市美轮打磨工具厂	380	406	60
376	南京仁祥数控技术有限责任公司	244	208	17
377	南京恒久机器制造有限公司	200	135	25
378	泰州市吉姆机械制造有限公司	114	184	26
	浙江省			
1	正泰集团公司	317 232	322 511	6 740
2	德力西集团有限公司	221 431	228 768	5 265
3	杭州友佳精密机械有限公司	56 179	56 767	930
4	杭州机床集团有限公司	45 321	43 855	1 425
5	宁波长城精工实业有限公司	34 999	34 334	667
6	金丰(中国)机械工业有限公司	28 415	20 849	420
7	杭州力武机电有限公司	27 367	26 425	426
8	温州黄龙集团有限公司	22 944	5 753	1 244
9	浙江凯达机床集团有限公司	22 558	25 224	1 023
10	宁波大墩机械工业有限公司	20 673	21 743	611
11	湖州机床厂有限公司	19 527	17 252	785
12	台州市三鸥钻夹头制造有限公司	15 384	17 446	1 900
13	浙江锻压机床厂	14 893	15 061	819
14	宁波巨联工量具有限公司	14 607	14 389	821
15	杭州杭机通用机床有限公司	14 049	14 450	325
16	浙江荣德机械有限公司	12 463	16 450	228
17	浙江金华托派特工具有限公司	12 371	14 473	394
18	郑泰集团有限公司	11 118	10 902	112
19	杭州铣床制造有限公司	10 838	11 013	804
20	杭州萧山金龟机械有限公司	10 544	6 438	284

（续）

序号	企 业 名 称	产品销售收入（万元）	工业总产值（当年价）（万元）	从业人员平均人数（人）
21	浙江中申机械有限公司	10 235	10 234	24
22	浙江友信机械工业有限公司	10 103	9 586	228
23	浙江锯力煌锯床集团有限公司	10 016	12 600	390
24	乐清市荣成工具有限公司	9 431	10 500	600
25	浙江东精工量具有限公司	9 064	10 602	512
26	兰溪联强机床制造有限公司	8 894	8 517	413
27	宁波宝丰工量具有限公司	8 625	8 625	560
28	杭州荣达工具有限公司	8 501	8 501	280
29	兰溪联强数控机床有限公司	7 703	7 435	322
30	杭州西湖台钻有限公司	7 690	7 729	416
31	浙江方大工具有限公司	7 625	8 027	508
32	浙江晨龙锯床有限公司	7 106	12 080	462
33	浙江超硬磨具有限公司	7 032	7 008	86
34	浙江耐特工具制造有限公司	6 365	12 359	467
35	宁波欧圣自动设备有限公司	6 315	6 315	77
36	浙江天球工量具实业有限公司	6 075	6 915	390
37	杭州富阳金火仪表机床厂	6 007	6 074	220
38	乐清市电动工具厂	5 960	6 854	330
39	宁波铝台精机有限公司	5 654	3 445	150
40	湖州抛光磨料磨具总厂	5 409	5 121	158
41	浙江贝力得夹头工业有限公司	5 350	5 341	220
42	杭州工具量具有限公司	5 342	6 087	170
43	丽驰精密机械(嘉兴)有限公司	5 191	4 898	70
44	上虞海胜精机有限公司	5 007	5 061	29
45	宁波甬利压铸有限公司	4 710	5 045	156
46	杭州杭机数控机床有限公司	4 370	4 925	297
47	玉环县坎门机床厂	4 340	4 620	294
48	温州永昌工具有限公司	4 311	4 668	362
49	武义机床制造有限公司	4 266	4 366	375
50	乐清市恒利工具厂	4 226	4 488	385
51	宁波市凯博数控机械有限公司	4 181	4 266	189
52	宁波市海曙长光电加工机床厂	4 154	4 493	82
53	玉环华丰机床厂	4 029	4 000	210
54	宁波阿勒法管系机械制造有限公司	3 986	3 996	97
55	宁波精密机床有限公司	3 971	4 750	198
56	永康市稳可磨具有限公司	3 812	4 002	180
57	宁波恒威数控机床有限公司	3 673	2 567	137
58	绍兴通力机床有限公司	3 642	3 947	266
59	宁波海曙富茂机械有限公司	3 612	3 316	342
60	浙江红旗机械有限公司	3 588	3 326	348
61	宁波海工集团公司	3 532	3 882	404
62	杭州浙工工具有限公司	3 443	4 008	82
63	杭州百盛精密铸造有限公司	3 416	3 375	223
64	杭州钱江机床厂有限公司	3 359	3 485	364
65	浙江威力锻压机床厂	3 330	3 500	163
66	台州飞达机床有限公司	3 275	3 376	92
67	嵊州市锻压机床有限公司	3 238	3 092	82
68	浙江太阳砂轮有限公司	3 202	3 192	250
69	杭州金丰机械有限公司	3 172	3 249	124
70	海宁机床厂有限公司	3 110	3 131	245
71	金华荣胜工具厂	3 049	3 612	218
72	浙江欣兴工具有限公司	2 991	2 979	196
73	宁波德威机械有限公司	2 889	2 640	223
74	平湖市斯迈克工具制造有限公司	2 824	2 969	150

（续）

序号	企业名称	产品销售收入（万元）	工业总产值（当年价）（万元）	从业人员平均人数（人）
75	浙江东亚工具有限公司	2 820	2 941	196
76	宁波利浦刀具有限公司	2 811	3 042	185
77	浙江汤溪工具制造有限公司	2 735	2 580	540
78	萧山刃具厂	2 735	3 088	167
79	杭州志乾机电有限公司	2 715	2 753	78
80	杭州临安木工机械有限公司	2 686	2 492	106
81	浙江天成机床有限公司	2 656	2 738	130
82	嘉兴恒锋工具有限公司	2 640	2 775	92
83	杭州荣丰机械制造有限公司	2 594	2 636	69
84	杭州永合机械有限公司	2 565	2 516	73
85	乐清市雁荡山机床实业公司	2 541	2 142	193
86	宁波银山机械有限公司	2 521	3 102	66
87	浙江艾斯吉成机器制造有限公司	2 519	2 574	146
88	宁波滚石自动化科技有限公司	2 438	2 436	82
89	宁波奥玛克数控机械有限公司	2 430	3 228	134
90	宁波大华宏联砂轮有限公司	2 428	2 864	141
91	安吉吉泰机械有限公司	2 395	2 691	95
92	宁波大宇工具有限公司	2 345	2 345	65
93	宁波树脂砂轮厂	2 315	2 315	129
94	浙江省平湖市工具厂	2 249	2 221	233
95	温州方成工具有限公司	2 242	2 536	205
96	宁波陆霖机械铸造有限公司	2 210	2 447	69
97	金华市强宏板式家具机械有限公司	2 160	2 301	175
98	金华市华鑫工具厂	2 117		100
99	浙江第二锻压机床厂	2 112	2 128	99
100	浙江得力机床制造有限公司	2 111	2 425	110
101	杭州三金机械制造有限公司	2 085	2 300	105
102	浙江人和机械有限公司	2 081	1 959	219
103	余姚市天宏工量具制造有限公司	2 033	2 075	52
104	海宁三强精密机械有限公司	2 030	1 999	69
105	浙江国光工具厂	1 976	2 088	150
106	宁波上工工具有限公司	1 972	2 444	202
107	宁波恒威机械有限公司	1 967	1 820	102
108	浙江志和工具有限公司	1 959	2 396	63
109	杭州双龙机械有限公司	1 948	2 816	152
110	金华市新恒工具有限公司	1 945	2 022	71
111	浙江伟业锯床有限公司	1 912	3 106	164
112	杭州劳武工具厂	1 901	1 822	179
113	金华汤溪齿轮机床有限公司	1 900	2 148	218
114	湖州生力液压有限公司	1 869	1 759	97
115	杭州昌煜机械有限公司	1 862	1 862	63
116	玉环仪表机床制造厂	1 842	2 000	86
117	杭州金南工量具有限公司	1 811	1 895	56
118	亿铨机械(嘉兴)有限公司	1 800	1 800	44
119	浙江古鹿锻压机床有限公司	1 786	1 689	195
120	杭州瑞鹏机电有限公司	1 775	1 375	46
121	嵊州市江南锻压机床有限公司	1 753	1 745	91
122	浙江瑞享精密工具有限公司	1 745	1 750	58
123	浙江远达锯业有限公司	1 737	2 385	79
124	温岭市深澳机床厂	1 730	1 843	76
125	余姚市健力机械设备有限公司	1 680	1 726	118
126	浙江威泰机械有限公司	1 656	2 025	106
127	杭州潘工工具有限公司	1 644	1 644	110
128	金华市康华工量具有限公司	1 643	1 567	100

(续)

序号	企 业 名 称	产品销售收入（万元）	工业总产值（当年价）（万元）	从业人员平均人数（人）
129	杭州佳德机电有限公司	1 643	1 394	15
130	浙江省临海市铸造机械厂	1 629	1 850	200
131	温州市仪表机床总厂	1 622	1 879	121
132	余姚市新导工量具厂	1 579	1 645	120
133	杭州新博士工具有限公司	1 537	1 518	142
134	宁海县天工铸造有限公司	1 526	1 526	60
135	杭州威武工具有限公司	1 515	1 534	53
136	杭州成洲锯业工具有限公司	1 500	1 505	112
137	舟山市中天工具有限公司	1 494	2 020	130
138	宁波市北仑耀发机械设备有限公司	1 462	1 496	167
139	宁波飞红工量具有限公司	1 457	1 439	60
140	宁波通美砂轮制造有限公司	1 445	1 218	96
141	宁波华升数控车床有限公司	1 439	1 292	106
142	东阳市大川机床附件厂	1 438	1 490	120
143	杭州明珠工具有限公司	1 436	1 570	85
144	浙江泰华电器有限公司	1 425	1 491	143
145	杭州光大机械有限公司	1 413	1 470	80
146	嘉善志达机电有限公司	1 411	1 411	45
147	杭州锻压机床有限公司	1 408	1 600	66
148	海盐鼎盛机械有限公司	1 378	1 398	146
149	乐清市三星钻头厂	1 349	1 401	136
150	海盐联合钢锯厂	1 341	1 345	152
151	宁波市机床刀具厂	1 338	1 334	13
152	杭州萧山江南金属冲压件有限公司	1 337	1 340	40
153	宁波市江北数控设备厂	1 328	1 545	82
154	杭州金宝机床有限公司	1 325	1 342	113
155	浙江园牌机床附件厂	1 305	1 362	170
156	玉环县金鼎数控机床有限公司	1 290	1 290	78
157	杭州钱祥工具有限公司	1 287	1 345	150
158	杭州恒立裁剪机有限公司	1 286	1 300	30
159	浙江省缙云县威力锯业工具有限公司	1 265	1 157	70
160	桐乡巨振矿业有限责任公司	1 246	1 203	42
161	宁波博莱特机床厂	1 243	965	60
162	宁波蓝天工具制造有限公司	1 234	1 640	97
163	杭州钱塘江工具量具有限公司	1 220	1 493	202
164	永康市白马砂轮厂	1 220	1 220	82
165	缙云县机械工具有限公司	1 195	1 200	32
166	嘉兴精工工量具有限责任公司	1 153	1 006	165
167	杭州锐和机械制造有限公司	1 126	1 127	17
168	温岭市牧屿陵城机床附件厂	1 121	1 151	40
169	金华市尖峰机械工具厂	1 118	1 125	52
170	绍兴机床集团公司	1 118	1 087	70
171	浙江德嘉数控设备有限公司	1 116	1 078	100
172	杭州西湖量具刃具厂	1 102	1 133	190
173	宁波云腾工具有限公司	1 098	1 143	136
174	嵊州市开升锻压机械有限公司	1 071	1 086	42
175	武义协力机电有限公司	1 063	1 088	90
176	杭州大蒙电加工机床有限公司	1 061	1 023	67
177	金华市孝顺磨料磨具厂	1 046	1 038	60
178	宁波市北仑先锋磨料磨具厂	1 044	1 008	62
179	永康市坚固砂轮厂	1 042	1 039	107
180	宁波顺发机械设备制造有限公司	1 036	1 065	104
181	富阳新马工具有限公司	1 035	993	62
182	浙江省缙云县华东机床厂	1 026	1 111	85

（续）

序号	企 业 名 称	产品销售收入（万元）	工业总产值（当年价）（万元）	从业人员平均人数（人）
183	浙江金马逊机械有限公司	1 025	1 187	50
184	浙江贝利工具有限公司	1 024	1 133	110
185	海宁市超奇精密机械设备有限公司	1 013	1 127	75
186	浙江锻压机床厂一分厂	1 005	974	106
187	缙云县克标磨料磨具有限公司	1 000	1 181	20
188	杭州春风机械有限公司	997	1 645	88
189	杭州博大金刚石有限公司	995	1 110	92
190	象山华洋机床附件厂	986	1 015	75
191	宁波海恩机床有限公司	984	995	137
192	金华市金太阳砂轮厂	973	975	112
193	宁波利达工量具有限公司	961	971	35
194	宁波京琼液压机械有限公司	961	961	44
195	浙江丽水神雕机械有限公司	939	936	73
196	乐清市天力工具有限公司	939	962	98
197	浙江省常山液压机有限公司	938	999	78
198	宁波市科技园区海雄机械有限公司	937	935	53
199	金华市万盛研磨产品制造有限公司	933	880	31
200	台州兴岛机械制造有限公司	905	905	125
201	宁波市鄞州中原机床有限公司	902	1 000	136
202	嵊州市怀宏机械有限公司	895	858	65
203	永康市南湖砂轮厂	893	921	56
204	宁波杭湾机械制造有限公司（宁波金山机械制造厂）	892	1 307	176
205	乐清市永盛工具有限公司	890	890	65
206	杭州海特工量具有公司	864	870	30
207	嵊州市天力铸业有限公司	863	865	58
208	金华市东风工量具厂	839	824	52
209	田中精机（嘉兴）有限公司	830	830	60
210	宁波市镇海黄泰数控机械制造有限公司	806	903	55
211	上海浙日机械厂育英分厂	803	822	32
212	杭州祥生砂光机制造有限公司	791	930	45
213	宁波高标磨具有限公司	790	841	59
214	玉环县新华铸钢厂	787	890	72
215	杭州海峡工具有限公司	755	757	40
216	富阳神机仪表车床厂	751	799	74
217	上虞市不二精机电有限公司	749	667	22
218	台州邵氏工具有限公司	745	844	63
219	宁波东钱湖旅游度假区良明机械工具有限公司	737	711	61
220	三门剑齿虎机电制造有限公司	726	791	85
221	宁波隆安机械制造有限公司	723	723	92
222	杭州史丹卡量具有限公司	721	769	58
223	宁波东方压铸机床有限公司	719	1 671	149
224	温州市奋飞数控机床厂	711	1 214	107
225	嵊州市浙冲机床有限公司	710	710	66
226	鄞州宝昌压铸机制造有限公司	702	717	76
227	衢州市东港机械制造有限公司	700	802	25
228	杭州富阳业伊工具有限公司	698	700	46
229	舟山延通工具有限公司	689	850	58
230	浙江恒力机械有限公司	673	743	32
231	台州金鼎电动工具制造有限公司	670	688	37
232	缙云县东风工具有限公司	652	721	49
233	阿尔法工具有限公司	645	600	65
234	奉化市环宇砂轮有限公司	640	640	65
235	浙江方圆机床制造有限公司	638	1 136	70
236	乐清市芙蓉黑色金属材料有限公司	630	859	15

（续）

序号	企业名称	产品销售收入（万元）	工业总产值（当年价）（万元）	从业人员平均人数（人）
237	上虞美速达机电有限公司	622	718	16
238	余姚市三株工量具有限公司	607	590	8
239	杭州之江机械设备厂	602	710	26
240	杭州金龙锻压机械有限公司	602	631	45
241	上虞市涂附磨具有限公司	595	604	36
242	浙江中一工具有限公司	589	595	46
243	浙江宏远数控机床有限公司	578	577	71
244	玉环机床厂	572	573	63
245	永康市方岩机械厂	553	553	65
246	宁波市坚克液压机械制造有限公司	550	558	37
247	嵊州市城关机械制造厂	549	532	40
248	缙云县三联工具机械厂	532	535	14
249	宁波市北仑电加工设备厂	524	550	30
250	杭州华方数控机床有限公司	523	1 850	60
251	兰溪市海德机床制造有限公司	520	558	55
252	浙江金鼎锯业有限公司	502	522	30
253	衢州市柯城兴达机械配件厂	501	515	35
254	浙江省淳安机床有限责任公司	501	521	80
255	浙江省缙云木工机械总厂	501	594	49
256	台州市飞鹰机械制造有限公司	501	502	39
257	台州蓝盾机械有限公司	500	388	21
258	台州皇鼎电动工具有限公司	499	500	18
259	宁海县三动机电工具总厂	485	533	50
260	台州华鑫机械制造有限公司	469	480	72
261	富阳市宏立机械制造有限公司	460	590	28
262	台州建安液压件有限公司	425	502	40
263	嘉善王氏机械有限公司	403	302	20
264	海盐迈实机械有限公司	384	400	53
265	金华市华凯工具厂	330	252	25
266	嘉兴市王店利明压铸厂	287	294	50
267	台州市椒江机床制造厂	120	106	109
268	台州市西子台钻厂	66	69	15
	安徽省			
1	马鞍山市沪马机械设备有限责任公司	22 855	22 860	380
2	芜湖恒升机床有限责任公司	17 556	20 668	440
3	合肥锻压机床股份有限公司	13 642	17 294	686
4	安徽池州家用机床股份有限公司	7 424	8 049	346
5	安徽长江机床制造有限公司	7 340	7 555	216
6	蚌埠市晶菱机床制造有限公司	5 868	6 109	342
7	安徽国风非金属高科技材料有限公司	5 629	5 663	210
8	马鞍山市金海冶金机械制造有限公司	5 578	5 851	109
9	芜湖重型机床股份有限公司	4 782	4 851	163
10	安徽省鸿庆精机有限公司	4 117	3 816	212
11	马鞍山市中亚机床制造有限公司	4 012	4 351	122
12	安徽省皖南机床厂	3 969	4 649	395
13	黄山第一机床厂	3 554	4 274	562
14	马鞍山太平洋重型机器制造有限公司	3 500	3 600	78
15	安徽省三力机床制造有限公司	3 100	2 247	135
16	马鞍山万马机床制造有限公司	3 010	5 063	511
17	安徽省航天机床制造股份有限公司	2 985	2 985	128
18	安徽双龙机床制造有限公司	2 686	4 045	398
19	马鞍山市巨星集团总公司江南锻压机床厂	2 372	2 940	80
20	马鞍山市三洋机床厂	2 300	2 200	50
21	马鞍山市惊天液压机械制造有限公司	2 201	2 462	127

（续）

序号	企 业 名 称	产品销售收入（万元）	工业总产值（当年价）（万元）	从业人员平均人数（人）
22	马鞍山市巨星(集团)总公司特种刀模厂	2 195	2 195	40
23	马鞍山市三洋刃模具制造有限公司	2 180	2 205	28
24	蚌埠市金洋家用机床有限责任公司	2 071	2 100	210
25	安徽中德机床股份有限公司	1 941	1 975	64
26	安庆机床有限公司	1 881	1 715	380
27	安徽中瑞机床制造有限公司	1 854	1 833	110
28	安徽东海机床制造有限公司	1 836	1 817	93
29	马鞍山市华东机床厂	1 827	1 718	69
30	马鞍山市当涂国产化机械刀具厂	1 700	1 706	76
31	安徽省海安机械制造有限公司	1 696	3 638	167
32	上海钮凡尔新材料技术有限公司马鞍山市	1 684	1 652	29
33	安徽省黄山台钻有限公司	1 669	2 292	173
34	巢湖量具刃具厂	1 361	2 383	220
35	马鞍山市恒利达机械刀片有限公司	1 290	1 178	102
36	合肥压力机械有限责任公司	1 171	1 453	160
37	巢湖砥钻树脂砂轮有限公司	1 138	1 500	80
38	安徽豹王砂布有限公司	1 090	1 089	54
39	马鞍山市华盛冶金工业机械刀片有限公司	1 087	953	30
40	蚌埠市家用机床总厂	1 052	835	90
41	马鞍山市巨星(集团)总公司刃具三厂	926	532	80
42	芜湖锻压机床总厂	901	910	113
43	华宇机械公司	900	1 000	40
44	华艺压铸机有限公司	890	982	58
45	当涂县沪光机床制造有限公司	849	818	38
46	舒城上工工具有限公司	846	964	105
47	芜湖中轮机械制造有限公司	795	832	162
48	安庆市汇东机械有限责任公司	777	1 074	42
49	安庆红旗机床有限责任公司	734	777	122
50	马鞍山江南机械制造有限公司	721	721	51
51	马鞍山市凌锋模具制造有限公司	715	837	47
52	安徽省凤阳东方磨料磨具有限公司	708	811	94
53	安徽省华厦机床制造有限公司	694	736	56
54	马鞍山市沪东机床制造有限公司	673	695	56
55	安徽三力矿业有限公司	659	550	75
56	马鞍山市浩宇机械有限公司	656	651	50
57	蚌埠市苏华机械制造有限公司	630	633	48
58	安徽威士顿机床有限公司	629	706	40
59	上海明斯克有限公司明光分公司	616	632	38
60	马鞍山市海天重工科技发展有限公司	595	595	40
61	安徽省海力机床制造有限公司	573	627	42
62	马鞍山市新力机械制造有限公司	525	716	58
63	马鞍山南锻机床有限公司	519	611	56
64	马鞍山市精华机械刀模制造有限公司	501	510	32
65	旌德县锦程机械有限公司	452	452	16
66	安徽中意机床制造有限公司	425	818	32
67	明光市恒星粘土矿业有限责任公司	420	820	40
68	安徽金球机床制造有限公司	367	468	35
69	当涂县机床厂	366	478	16
70	马鞍山市当涂县大进机械刃具厂	239	239	10
71	淮北市金泰尔高岭土有限公司	214	212	35
72	安徽省长江超硬材料集团公司	71	46	324
73	华隆机器制造有限责任公司	68	586	146
74	安大数控机床(蚌埠)有限公司			5

（续）

序号	企 业 名 称	产品销售收入（万元）	工业总产值（当年价）（万元）	从业人员平均人数（人）
	福建省			
1	厦门厦芝科技工具有限公司	12 672	13 403	263
2	圣力(福州)重工有限公司	10 061	10 061	80
3	莆田市恒达机电实业有限公司	9 463	9 770	61
4	厦门艾思欧标准砂有限公司	7 140	6 026	121
5	厦门锻压机床有限公司	5 803	5 320	383
6	泉州市洛江区双阳金刚石工具有限公司	4 788	7 208	242
7	齐齐哈尔二机床(集团)三明制造有限公司	4 574	5 029	336
8	福州机床厂	4 530	5 023	433
9	厦门大金机械有限公司	3 603	3 915	170
10	福州久日机械铸造有限公司	3 443	3 505	100
11	福建宏达机械有限公司	3 429	4 972	488
12	泉州众志金刚石工具有限公司	3 170	4 108	118
13	漳州全盈磨料磨具有限公司	3 032	3 151	201
14	克石通金刚石(厦门)有限公司	2 671	2 799	14
15	福州辰龙机械有限公司	2 542	2 580	42
16	建瓯市东方磨料有限公司	2 245	2 459	123
17	福建省大田县升宏硅业有限公司	2 109	2 222	46
18	福建二和金刚石有限公司	1 977	2 328	74
19	石狮市湘闽金刚石公司	1 902	2 194	58
20	福建上杭县朝阳硅业有限公司	1 891	2 186	128
21	福州合利机电有限公司	1 782	1 709	79
22	福州台钻厂	1 553	1 664	140
23	三明市多维机械工具厂	1 547	1 613	49
24	厦门力辉机械有限公司	1 456	1 559	82
25	漳州市益精木工机械有限公司	1 372	1 372	38
26	三明市双轮经济发展有限公司	1 272	1 045	79
27	福州黑金刚炭业有限公司	1 271	2 873	30
28	福建省上杭县九洲硅业有限公司	1 187	1 077	65
29	厦门市思明区黎明冶金机械厂	1 108	1 240	52
30	泉州市金利金刚石工具有限公司	1 042	1 042	40
31	罗源县新宏威木工机械有限公司	1 035	1 037	29
32	福建将乐庆航机床有限公司	911	1 175	65
33	厦门佳品金刚石工业有限公司	890	969	213
34	福建省东南磨料磨具有限公司	853	842	42
35	建瓯市小桥恒丰磨料磨具有限公司	772	788	42
36	平和县兴发机械有限公司	771	821	68
37	邵武市振达机械制造有限责任公司	675	1 126	134
38	莆田市森达数控机械有限公司	674	936	27
39	漳州汀龙机械有限公司	656	656	34
40	光泽县天地人砂布砂纸有限公司	527	560	50
41	福州双屹砂轮有限公司	515	525	75
42	上杭县太拔工业硅厂	491	525	35
43	东山县爱烁硅砂有限公司	480	480	24
44	福建省南平永佳机械有限公司	381	501	73
45	福建三利源磨具制造有限公司	381	3 269	75
46	泉州华大超硬工具科技有限公司	334	408	48
47	福建省建阳磨床厂	183	272	65
	江西省			
1	江西省定海砂轮有限公司	6 629	7 365	101
2	江西第一机床有限责任公司	5 678	6 314	836
3	江东机床厂	5 006	6 014	737
4	江西冠亿砂轮有限公司	3 138	3 487	88
5	江西兴林机器制造有限公司	3 061	3 061	136

（续）

序号	企业名称	产品销售收入（万元）	工业总产值（当年价）（万元）	从业人员平均人数（人）
6	江西省东风砂轮厂	3 043	3 371	107
7	江西工具有限责任公司	2 504	3 014	668
8	江西省奉新县滕泰磨料有限公司	2 125	2 361	227
9	江西机床厂	2 115	3 012	422
10	江西省宏利超细粉体有限公司	2 000	2 040	90
11	江西明星砂轮有限公司	1 560	1 733	61
12	南昌方圆砂轮厂	1 523	1 768	30
13	江西第三机床厂	1 448	774	220
14	南昌华力超硬材料发展有限公司	1 406	1 057	60
15	南昌异型砂轮厂	1 369	1 368	60
16	江西省吉安杰克机床厂	1 170	1 813	200
17	江西耐施特机电有限公司	1 082	1 227	52
18	南昌市恒鑫工具有限责任公司	964	1 603	172
19	江西盛鸿仪表机床有限公司	951	1 029	115
20	江西重型机床有限公司	812	900	150
21	南昌市翔荣磨具制品有限公司	782	788	56
22	南昌江南电子仪器厂	533	873	177
23	南昌钻石工具有限公司	521	804	75
24	南昌市高氏磨具有限公司	507	502	45
25	宜黄县信江碳化硅有限公司	505	705	60
26	江西新雷精密机械厂	435	394	470
27	江西省翠江机床有限公司	346	453	100
28	江西量具刃具总厂	74	600	70
	山东省			
1	山东工友集团股份有限公司	251 039	334 125	2 805
2	济南二机床集团有限公司	87 306	88 794	4 727
3	威海市齐全木机集团有限公司	86 713	103 548	1 100
4	文登现代研磨材料有限公司	52 390	41 507	545
5	山东鲁新高新技术产业股份公司	46 752	45 516	1 648
6	济南一机床集团有限公司	45 625	52 500	3 179
7	荣成市大明集团有限公司	44 802	45 689	541
8	文登市钻床厂	38 171	55 416	561
9	乳山市第二轻工机械厂	31 726	29 733	120
10	山东威达机床工具集团总公司	31 050	28 172	4 879
11	蓬莱市村里集镇富新机械厂	28 838	16 701	124
12	德州德隆(集团)机床有限责任公司	28 237	28 503	1 544
13	山东鲁南机床有限公司	24 136	28 395	2 470
14	威海华东数控公司	24 071	24 881	580
15	乳山市木工机床制造有限公司	22 459	25 173	180
16	青岛地恩地机械制造有限公司	21 683	27 982	602
17	滕州市圣诺研磨有限公司	20 790	19 898	194
18	鲁南机床厂四分厂	20 719	20 400	310
19	山东省淄博蠕墨铸铁股份有限公司	20 608	33 958	1 218
20	东维木工机械有限公司	20 260	30 132	1 459
21	山东高密高锻机械有限公司	20 148	18 061	968
22	潍城锦模铸造有限公司	19 679	19 654	70
23	德州长虹机械制造有限公司	17 504	17 534	210
24	淄博市南定福利砂轮厂	16 184	16 233	42
25	青岛天泰机械有限公司	13 954	14 095	450
26	济阳县通达机械厂	13 849	14 997	248
27	莱州新海威机械有限公司	12 977	13 400	320
28	章丘市宏达磨料有限责任公司	12 386	13 463	267
29	莱州市行星机械有限公司	12 118	12 823	372
30	费县金轮机械厂	11 907	11 950	152

（续）

序号	企 业 名 称	产品销售收入（万元）	工业总产值（当年价）（万元）	从业人员平均人数（人）
31	济南东星精密仪器有限公司	11 887	14 059	100
32	淄博砂轮厂	11 314	12 713	125
33	泰安华鲁锻压机械有限公司	11 222	9 162	420
34	荣成市金辰机械制造有限公司	11 172	12 788	288
35	滕州市恒强磨料有限责任公司	10 804	10 905	73
36	莱州市君信金刚石制品有限公司	10 670	11 866	40
37	大宇机床烟台有限公司	10 600	11 744	102
38	莱州市博特机械厂	10 157	7 183	130
39	莱州市春林机械有限公司	10 028	7 204	127
40	山东省青岛生建机械厂	10 019	10 128	894
41	山东宏康机械制造有限公司	10 017	10 261	530
42	济南汇九数控机床厂	9 997	10 251	388
43	滕州市鑫发磨料磨具工贸有限公司	9 887	9 737	72
44	烟台环球机床附件集团有限公司	9 691	9 762	1 275
45	龙口市南王冲压机械厂	9 604	9 800	150
46	青岛新东机械有限公司	9 540	8 861	391
47	青岛征和工业有限公司	9 361	6 628	654
48	蓬莱金王耐磨材料有限公司	9 353	10 373	155
49	青岛优先出锐工具有限公司	9 148	7 885	516
50	济南泽业机床制造有限公司	9 146	10 303	35
51	滕州市威达机床有限公司	9 114	8 250	500
52	淄博晶山刚玉厂	9 092	8 757	60
53	滕州市环球剪切设备厂	9 005	8 413	346
54	烟台铣床附件厂	8 983	10 338	776
55	济南四机数控机床有限公司	8 600	8 601	528
56	青岛天工机械有限公司	8 571	8 646	175
57	宏鑫机床有限责任公司	8 250	8 335	344
58	山东高密康达机床有限公司	8 186	6 485	150
59	滕州天利机床厂	8 170	8 214	109
60	滕州市鑫源磨料磨具公司	8 154	7 293	41
61	淄博巨龙金刚石有限公司	7 957	7 576	150
62	德州市德银机械制造有限公司	7 921	8 160	147
63	青岛美克精密机械有限公司	7 770	5 469	411
64	蓬莱市远大实业有限公司	7 673	7 277	396
65	山东恒欣镁业有限责任公司	7 437	6 981	813
66	青岛新韩金刚石有限工业公司	7 234	6 529	226
67	莱阳市隆华机械厂	7 147	7 298	150
68	滕州市三合机械有限公司	7 095	7 175	159
69	山东大通集团公司福利金钢石厂	7 010	7 880	160
70	荣成市锻压机床有限公司	7 000	14 400	590
71	烟台艾格瑞精密机械有限公司	6 986	7 355	437
72	费县强力机械厂	6 822	6 845	120
73	星王集团有限公司	6 790	15 068	800
74	嘉祥县金烁金刚石工具厂	6 787	6 801	80
75	日照福加五金磨具有限公司	6 763	6 823	70
76	平原县征宙机械有限公司	6 460	7 006	950
77	蓬莱通源金刚石工具机械有限公司	6 432	7 624	58
78	山东博世模具实业有限公司(砂布厂)	6 423	7 642	313
79	德州银河机械有限公司	6 311	6 432	78
80	青岛铸造机械集团公司	6 103	8 053	633
81	淄博华丰锻压机床有限公司	6 013	6 119	265
82	烟台精密机床附件厂	5 969	8 476	248
83	茌平县博光铸造厂	5 878	0	75
84	淄博先锋磨料磨具制造有限公司	5 852	5 853	37

（续）

序号	企　业　名　称	产品销售收入（万元）	工业总产值（当年价）（万元）	从业人员平均人数（人）
85	滕州市国力机床工具有限公司	5 735	9 443	157
86	蓬莱市渤海切割机械厂	5 615	6 805	150
87	淄博市博山长城机械厂	5 510	4 863	150
88	潍坊市永昊机械铸造有限公司	5 448	5 710	66
89	青岛正道工具有限公司	5 242	3 908	120
90	淄博理研泰山涂附磨具有限公司	5 187	5 470	82
91	哈尔宾量具刃具厂烟台分厂	5 181	6 501	248
92	山东沂水机床厂	5 124	4 577	489
93	泰安联达锻压设备制造有限公司	5 008	5 017	276
94	山特维克(青岛)有限公司	4 810	5 015	52
95	淄博开元磨具有限公司	4 810	4 807	90
96	博山鲁达压力机械厂	4 809	4 151	73
97	青岛天成机械制造有限公司	4 738	4 985	130
98	青岛弘泰玛钢铸造有限公司	4 693	9 521	285
99	平度市三星精铸有限公司	4 673	5 842	330
100	烟台市牟平轻工机械有限公司	4 558	4 502	331
101	费县亚蒙机械厂	4 441	3 600	67
102	山东平原第二机械厂	4 405	4 622	236
103	淄博鑫易达刚玉有限公司	4 374	4 188	93
104	青岛丰光精密机械有限公司	4 182	3 867	475
105	祥光机械产业有限公司	4 181	3 710	242
106	荣成市成大机械厂	4 150	5 043	80
107	威海精密机床附件厂	4 116	4 147	239
108	青岛泰富磨具有限公司	4 086	3 939	108
109	济南汇东机械有限公司	3 985	3 147	80
110	日照鸿本机械制造有限公司	3 928	4 077	216
111	费县通达铸造厂	3 906	2 890	56
112	泰安市振华机器有限公司	3 892	3 797	110
113	青岛奇锋刀具有限公司	3 889	4 093	296
114	平度市强力精铸厂	3 754	4 417	120
115	青岛胶南市胶威机械有限公司	3 729	5 159	743
116	济南龙钢铸造有限公司	3 407	4 010	80
117	滕州机床厂	3 273	4 160	520
118	昌乐县汇通铸造厂	3 260	3 558	60
119	枣庄力源碳化硅有限公司	3 111	3 111	215
120	临沭县兴华机械有限公司	3 094	3 106	187
121	淄博金宇磨料有限公司	3 081	2 961	80
122	淄博金钟有限公司	3 078	2 932	65
123	烟台市勇士机械有限公司	2 995	3 039	180
124	青岛昊悦机械有限公司	2 973	2 263	240
125	青岛深特机械有限公司	2 954	2 546	336
126	威海市量具总厂	2 951	3 304	302
127	滨州双峰石墨密封材料有限公司	2 828	2 814	209
128	潍坊市寒亭区晟泰机械加工厂	2 812	3 650	72
129	青岛黄河铸造机械厂	2 778	2 471	150
130	济南捷迈数控机械有限公司	2 766	4 402	168
131	淄博金星锻压机床制造有限公司	2 756	2 562	100
132	莱州市华申机械有限公司	2 729	2 813	170
133	齐河县机械厂	2 698	2 732	110
134	淄博桓威机械设备有限公司	2 660	2 790	295
135	山东临沂金星机床有限公司	2 624	3 319	266
136	滨州市滨城区红星铸造厂	2 425	2 689	86
137	呼和浩特机床附件总厂福山分厂	2 347	2 208	247
138	青岛华兴达机械有限公司	2 311	2 884	165

（续）

序号	企 业 名 称	产品销售收入（万元）	工业总产值（当年价）（万元）	从业人员平均人数（人）
139	青岛金风华刀具有限公司	2 276	2 447	133
140	呼和浩特机床附件总厂牟平分厂	2 185	3 371	441
141	泗水鑫亿机床附件有限公司	2 173	2 173	123
142	淄博市淄川黄家铺金轩剪折机床厂	2 147	2 062	40
143	山东聊城鑫达机械设备有限公司	2 146	3 075	204
144	青岛黄河铸造机械集团有限公司	2 130	2 303	120
145	山东升华磨料磨具有限公司	2 097	1 854	133
146	日照海恩锯业有限公司	2 090	3 815	390
147	滨州市东郊机械铸造有限公司	2 042	2 430	132
148	滕州市鲁南同锐数控设备有限公司	2 004	2 259	507
149	泰安圣殿工贸公司宁阳机床厂	1 985	1 799	80
150	莱州富林机械有限公司	1 982	1 925	92
151	青岛钰涛机械制造厂	1 947	2 346	122
152	莒南县嘉庆磨具厂	1 939	1 936	25
153	枣庄龙山机床有限公司	1 920	1 690	38
154	肥城市泰岳硬质合金有限公司	1 913	8 373	80
155	临清市益华机床有限公司	1 848	1 886	241
156	莒南县新亚磨具有限公司	1 829	2 168	22
157	山东省泗水县金马机械厂	1 821	1 821	86
158	青岛五洋铸机有限公司	1 782	1 812	138
159	泰安市泰山木工机械有限公司	1 759	1 824	56
160	淄博市淄川巨星冲剪机床厂	1 748	1 693	30
161	三环刃具工业(山东)有限公司	1 730	1 726	209
162	泰安市宏昌机械制造有限公司	1 636	1 598	56
163	滕州市东方机床厂	1 570	1 838	147
164	潍坊机床二厂	1 562	1 935	160
165	青岛高科技工业园鑫山工具厂	1 515	1 523	58
166	临沭县晓伟锻造厂	1 507	3 013	80
167	泰安大升精密工具有限公司	1 502	1 572	252
168	烟台铣床总厂	1 378	1 283	226
169	莒南县信发磨料磨具有限公司	1 340	1 490	102
170	青岛大贤精密机械有限公司	1 336	1 314	88
171	青岛市石桥铸造机械厂	1 328	1 353	66
172	烟台市明茂机械有限公司	1 315	1 348	78
173	山东济宁机床厂	1 301	1 539	463
174	章丘市正昌有限责任公司	1 283	1 283	93
175	乳山市双丰机床制造有限公司	1 254	2 144	187
176	潍坊奥星机械有限公司	1 251	1 452	123
177	兖州市威龙机械有限公司	1 207	999	301
178	兖州市鸣嵫机床工具有限公司	1 192	1 192	150
179	青岛滨洲铸造机械有限公司	1 188	2 114	99
180	山东省高密市通用机床厂	1 171	761	210
181	烟台第三机床附件厂	1 162	1 382	120
182	淄博中理磨具有限公司	1 100	1 100	23
183	山东泗水方达机械有限公司	1 100	1 415	200
184	德州东诚机械电子有限公司	1 098	744	30
185	烟台芝罘三峰液压机床有限责任公司	1 095	1 281	45
186	临沭县东升磨料有限公司	1 087	1 187	30
187	山东天源机床附件有限公司	1 069	1 382	220
188	烟台杞杨机械有限公司	1 067	1 020	63
189	临沭县祥盛铸造厂	1 065	1 065	8
190	青岛豪中豪木工机械有限公司	1 059	1 571	250
191	莒南县玉和磨具制造有限公司	1 043	912	58
192	青岛盛威机械有限公司	1 019	976	152

（续）

序号	企 业 名 称	产品销售收入（万元）	工业总产值（当年价）（万元）	从业人员平均人数（人）
193	淄博中暖磨具辅料有限公司	1 006	943	120
194	青岛豪迈隆木业机械有限公司	1 004	1 499	45
195	泰安市泰尊锻压机械有限责任公司	999	1 343	110
196	临沭县中兴铸造厂	989	1 080	40
197	兖州市华重机械设备有限公司	963	1 035	42
198	宁阳县华强机械设备制造有限公司	950	958	58
199	淄博市周村鲁玉磨料磨具厂	921	931	15
200	莒南县旭日磨具有限公司	921	997	45
201	聊城光明锻压机床有限公司	911	980	153
202	青岛东日铸造有限公司	900	947	340
203	烟台市铸造机械厂	896	1 100	49
204	诸城大宇铸造机械有限公司	877	880	70
205	淄博市淄川川山砂轮有限公司	867	808	70
206	滨州市滨城区红光铸造厂	861	1 081	68
207	泰安华宇锻压设备制造有限公司	851	1 011	70
208	济南大唐机械制造有限公司	848	899	70
209	青岛昌佳机械有限公司	844	1 030	47
210	青州市北方机床厂	840	957	20
211	兖州市维科机电设备有限公司	823	883	165
212	临沂市圣鑫机械制造有限公司	814	748	160
213	山东滨州市锻压机械厂	796	852	128
214	青岛华鑫克斯顿机械有限公司	788	1 074	52
215	济宁开发区长青机床配件厂	788	683	70
216	日照圣力锻造有限公司	731	813	80
217	嘉祥县机械厂有限公司	710	519	76
218	青岛山兴机械制造有限公司	609	1 111	112
219	临沂市昆宏机械有限公司	597	503	80
220	山东军兴机械有限公司	592	640	486
221	济南汇力数控机械有限公司	586	1 331	31
222	淄博环球模具有限公司	574	575	16
223	泰安市东岳工具制造有限公司	571	596	108
224	兖州市金马机床工具有限责任公司	568	8	10
225	莒南县信义机械制造有限公司	562	1 569	88
226	日照市河山磨具磨料厂	551	662	66
227	淄博市周村异型砂轮厂	514	525	51
228	济宁宝象机械有限公司	506	629	40
229	烟台开发区博森机床辅机有限公司	389	378	40
230	烟台路辰世友数控机械有限公司	383	420	67
231	莒南县兴工磨具有限公司	362	718	50
	河南省			
1	河南黄河旋风股份有限公司	301 108	301 122	4 125
2	河南飞孟金刚石工业有限公司	38 608	39 396	1 028
3	河南新机股份有限公司	33 507	44 981	1 420
4	安阳鑫盛机床有限公司	31 333	38 857	1 640
5	河南华晶超硬材料有限公司	29 907	22 813	710
6	河南省凯祥企业有限公司	29 300	29 800	2 286
7	白鸽集团有限责任公司	23 674	24 887	2 240
8	郑州新亚机械制造公司	20 405	20 414	105
9	巩义市信达液压机械有限公司	16 115	16 127	130
10	巩义市孝义金刚砂冶炼厂	15 684	15 735	96
11	河南省渑池县长城金刚砂有限公司	15 593	17 006	360
12	新郑市九洲微粉有限公司	14 220	14 813	70
13	新郑市禄兴实业有限公司	14 023	14 411	70
14	淇县黄洞机械厂	13 360	13 540	105

（续）

序号	企 业 名 称	产品销售收入（万元）	工业总产值（当年价）（万元）	从业人员平均人数（人）
15	河南省伊龙高新材料股份有限公司	13 253	14 522	621
16	巩义市恒源磨料厂	12 782	12 781	50
17	禹州市银星磨料有限公司	11 184	12 001	256
18	博爱县青天河金钢砂厂	10 893	11 008	221
19	安阳锻压机械工业有限公司	10 027	12 360	467
20	郑州市金产锻压机械设备厂	9 539	9 729	175
21	郑州玉发磨料有限公司	9 254	9 113	160
22	河南省巩义市米南磨料磨具厂	8 967	8 974	210
23	郑州市豫立实业有限公司	8 680	8 710	75
24	郑州鉴成磨料磨具有限公司	8 430	8 436	158
25	郑州阳申机械制造有限公司	8 341	8 826	190
26	荥阳市熔金白刚玉厂	8 289	8 545	80
27	安阳市永昌机械有限责任公司	8 273	8 018	80
28	新郑市恒瑞金钢石碳源有限公司	8 231	8 495	283
29	郑州市鑫源磨料有限公司	7 897	8 227	135
30	高阳福利金钢纱厂	7 678	7 756	394
31	郑州市中原脱氧砂厂	7 620	8 347	66
32	郑州铝城三星白刚玉厂	7 573	7 610	172
33	郑州市德亿磨料有限公司	7 433	7 323	143
34	安阳县茂盛金钢砂有限责任公司	6 840	6 852	110
35	郑州市中原万隆磨料耐材厂	6 833	7 000	60
36	榆液集团安阳机床电器有限责任公司	6 081	7 831	341
37	洛阳高新启明超硬材料有限责任公司	6 008	5 660	291
38	伊川县亚通刚玉有限公司	5 988	6 008	106
39	河南省虞城县江华量具有限公司	5 733	5 761	330
40	伊川县东风磨料磨具有限公司	5 706	6 407	159
41	荥阳市特耐磨料有限公司	5 490	5 602	40
42	郑州新亚复合超硬材料有限公司	5 435	6 058	70
43	嵩阳磨料有限公司	5 400	5 411	330
44	洛阳市洛宁县金钢沙厂	5 323	5 323	169
45	郑州市磨料磨具厂	5 202	5 503	213
46	虞城县双星量具有限公司	5 186	5 220	55
47	河南省虞城县亚东量具有限公司	5 177	5 461	50
48	河南省虞城县长宏量具有限公司	5 107	4 936	84
49	商丘市方正量具郁民公司	5 030	5 030	31
50	信阳木工机械股份有限公司	5 019	4 077	612
51	虞城县红日量具厂	4 975	4 929	60
52	河南省虞城县华新量具有限公司	4 975	4 713	70
53	河南省东方标准工业有限公司	4 920	5 348	60
54	郑州平原磨料有限公司	4 912	5 075	126
55	河南第一工具厂	4 609	4 118	562
56	禹州市玉鑫磨料有限公司	4 448	4 522	72
57	荥阳市中磨平原磨料厂	4 442	4 771	52
58	河南省伊川县天龙研耐有限公司	4 284	3 833	307
59	郑州中岳磨料磨具有限公司	4 226	5 018	190
60	登封丰祥磨料磨具有限公司	4 040	5 181	55
61	河南省安阳第二机床厂	3 998	5 052	470
62	夏邑县铸造有限责任公司	3 908	5 978	584
63	许昌震华模具压铸有限公司	3 787	3 858	335
64	登封市正伟刚玉冶炼有限公司	3 728	4 874	85
65	洛阳洛硬工工模数控有限公司	3 719	4 785	380
66	沙沃砂轮厂	3 686	3 700	91
67	荥阳市金渤磨料有限公司	3 649	3 796	170
68	双星漯河中原机械有限公司	3 580	4 070	396

（续）

序号	企 业 名 称	产品销售收入（万元）	工业总产值（当年价）（万元）	从业人员平均人数（人）
69	三门峡中原量仪股份有限公司	3 550	3 604	845
70	长葛市亚特金钢石制品厂	3 550	3 622	93
71	三门峡黄河齿轮厂	3 501	3 501	35
72	河南富耐克超硬材料有限公司	3 449	8 087	234
73	河南省伊川县东方金刚砂厂	3 449	3 470	118
74	郑州市永泰磨料磨具有限公司	3 429	3 478	240
75	洛阳精密机床有限公司	3 409	3 119	349
76	河南平顶山双鸽砂轮厂	3 345	4 164	161
77	河南醒狮高新技术股份有限公司	3 273	3 833	140
78	登封市欣莹磨料公司	3 241	4 086	112
79	获嘉县明星机械有限公司	3 128	3 285	118
80	登封市登阳磨料磨具有限公司	3 124	3 997	45
81	洛阳鑫祥刚玉有限公司	3 104	3 201	145
82	河南省新密市碳化硅厂	3 060	3 060	267
83	义马市永泰磨料磨具有限公司	2 976	4 179	76
84	登封市发祥磨料有限公司	2 945	3 869	42
85	登封市昌茂磨料磨具有限公司	2 923	3 900	52
86	周口威华硅业有限公司	2 914	3 151	102
87	郑州市铁路实业总公司嵩山磨料厂	2 816	2 738	120
88	伊川县富威金刚砂厂	2 779	2 460	183
89	焦作市金牛机械制造有限公司	2 713	2 916	55
90	河南金贝特种金刚石有限公司	2 630	2 741	100
91	郑州市中原育才磨料磨具厂	2 579	2 717	63
92	河南省林州市精密机械制造厂	2 552	2 552	35
93	河南远发金刚石有限公司	2 480	2 503	214
94	确山县石英砂有限公司	2 450	2 840	12
95	河南亚龙超硬材料有限公司	2 436	2 880	55
96	巩义市涉村镇机械厂	2 343	2 349	52
97	郑州市中原四方磨料厂	2 304	2 249	32
98	登封市嵩山磨料公司	2 299	2 367	190
99	郑州市恒泰磨料有限公司	2 198	2 231	32
100	河南省豫新磨料有限公司	2 195	2 195	54
101	渑池县仰韶磨料磨具有限公司	2 130	2 283	40
102	郑州丰润耐磨料有限公司	2 080	3 066	62
103	郏县志勇磨具有限公司	2 060	2 222	70
104	河南省伊川县伟华耐火磨料有限公司	1 941	1 924	65
105	安阳市金钢砂厂	1 937	1 981	160
106	郑州利宝龙磨具工贸有限公司	1 819	2 217	93
107	郑州白鸽树脂磨具有限公司	1 766	1 766	89
108	登封市汇联磨料磨具有限公司	1 743	1 922	82
109	河南四方超硬材料有限公司	1 737	1 737	100
110	河南省巩义市豫中砂轮厂	1 733	1 786	67
111	洛阳汇翔精机有限公司	1 731	1 731	250
112	焦作市修武机械有限责任公司	1 664	1 686	315
113	襄城县王洛镇微磨粉厂	1 620	1 665	160
114	郑州市宇龙磨料有限公司	1 565	1 313	180
115	河南合成超硬材料有限公司	1 488	1 549	50
116	登封市少林碳化硅厂	1 460	1 432	29
117	巩义市泰通研磨材料有限公司	1 449	1 456	50
118	河南省郏县广阔天地砂轮厂	1 427	1 502	72
119	武陟县祯贤铸造有限公司	1 362	1 598	47
120	禹州市宏发磨料厂	1 354	1 395	40
121	滑县抛光磨具总厂	1 294	1 183	107
122	郑州宇港磨料有限公司	1 285	1 309	53

(续)

序号	企业名称	产品销售收入（万元）	工业总产值（当年价）（万元）	从业人员平均人数（人）
123	宜阳县鑫源刚玉有限公司	1 282	1 375	60
124	洛阳市智伟磨料有限公司	1 268	1 325	25
125	郑州市金达磨料磨具有限公司	1 263	1 259	20
126	义马市跃进刚玉厂	1 214	1 448	95
127	洛阳九久机械制造有限公司	1 208	1 348	70
128	新蔡县龙口镇机械厂	1 204	1 146	59
129	伊川县明星磨料磨具厂	1 162	825	97
130	新密市天马磨料磨具有限公司	1 145	1 145	32
131	河南省伊川县锐石磨有限公司	1 096	1 505	60
132	安阳市西郊非金属矿粉厂	1 091	1 165	140
133	郑州市上街砂轮厂	1 077	1 077	48
134	洛阳机床有限责任公司	1 042	1 139	382
135	义马市千秋刚玉物资有限公司	1 020	816	50
136	郑州市晨光磨料磨具有限公司	1 014	986	63
137	郑州市异型砂轮制造有限公司	1 005	926	58
138	河南省伊川县中州磨料磨具厂	999	988	59
139	洛阳三升钢玉有限公司	977	712	60
140	南阳康远机器厂	970	1 228	319
141	巩义市北官庄机械厂	826	842	37
142	河南省郑州矿区东风磨料厂	820	760	62
143	洛阳市津川磨料磨具有限公司	797	840	40
144	新郑科达开发公司	779	780	84
145	平顶山市银马磨料磨具有限责任公司	757	1 287	80
146	三门峡中原精密有限公司	736	405	45
147	伊川县顺标刚玉有限公司	734	828	469
148	许昌中洋磨具工业有限公司	724	730	56
149	洛阳市金龙耐火磨料有限公司	709	925	20
150	伊川县远大刚玉有限公司	667	569	65
151	伊川县晨阳刚玉有限公司	631	937	40
152	安阳市旭辉磨料有限责任公司	621	741	80
153	淮阳县白楼乡磨料磨具厂	605	618	46
154	伊川县恒星磨料磨具有限公司	598	850	15
155	鹤壁市重型机器有限公司	592	1 204	120
156	伊川县白云刚玉有限公司	568	758	13
157	河南泰丰磨料磨具有限公司	536	547	145
158	洛阳市三耐轴承磨具有限公司	512	521	30
159	洛阳市晓华刚玉有限公司	473	640	28
160	郑州三和金刚石有限公司	465	420	60
161	安阳市文峰研磨材料有限责任公司	445	438	65
162	伊川县金星金刚砂厂	409	432	25
163	郑州矿区金龙源碳化硅厂	377	305	64
164	伊川县恒顺研磨有限公司	352	449	29
165	伊川县威远刚玉有限公司	247	266	19
166	郑州嵩浩磨料磨具有限公司	175	190	15
167	伊川县灵兴刚玉有限公司	144	478	40
168	安阳市砂轮厂	140	200	61
169	郑州福隆磨料磨具有限公司	104	329	80
170	伊川县伊东金刚玉有限公司	62	119	35
171	伊川县天虹刚玉有限公司	43	25	25
172	伊川县中州金钢砂厂	3	27	140
173	河南汇丰金刚石精选有限公司			2
174	范县碳化硅厂			1
	湖北省			
1	武汉重型机床集团有限公司	50 770	39 569	2 444

（续）

序号	企业名称	产品销售收入（万元）	工业总产值（当年价）（万元）	从业人员平均人数（人）
2	天门市华中钢带锯业有限责任公司	35 600	31 760	336
3	湖北省玉立砂带股份有限公司	31 244	42 917	2 000
4	天门市干一木工机械有限公司	14 712	13 518	520
5	三环集团黄石锻压机床有限公司	12 138	7 660	731
6	黄石华信机械设备有限公司	12 096	8 789	198
7	中国人民解放军 3604 工厂	8 988	9 905	1 535
8	潜江市昊江工贸有限公司	7 466	6 224	494
9	湖北省潜江市江汉工具厂	6 900	7 046	412
10	武汉威泰数控立车有限公司	6 144	5 693	165
11	宜昌长机科技有限责任公司	6 009	7 471	518
12	荆州主力和精机有限公司	6 001	6 110	45
13	通城县宝塔砂布厂	5 347	6 762	460
14	天门市卢埠机械厂	4 954	3 362	202
15	襄樊竞泽机械零件有限责任公司	4 788	4 788	80
16	荆州市中奇机械厂	4 299	7 152	170
17	荆州荷花机床有限公司	4 257	6 151	355
18	湖北长江工具有限责任公司	3 179	3 229	306
19	通城县丰普磨具有限责任公司	3 148	3 256	122
20	武汉万邦团结激光金刚石工具有限公司	3 004	3 114	58
21	武汉祥一科技有限公司	2 768	3 238	15
22	汉川市福科机电设备有限公司	2 627	2 627	23
23	鄂州市俊兴超硬材料有限责任公司	2 595	2 648	175
24	鄂州市昌利超硬材料有限责任公司	2 560	2 612	77
25	湖北省沙洋鲨龙机床有限公司	2 434	1 970	1 515
26	武汉数控集团股份有限公司	2 379	2 383	360
27	鄂州市鄂信超硬材料有限责任公司	2 369	2 418	75
28	湖北黄冈欣迪尔机床制造有限公司	2 325	2 761	267
29	鄂州市新型材料研究所	2 226	2 269	185
30	黄石华力机械设备有限公司	2 153	2 579	122
31	湖北襄樊老河口光华组合机床股份有限公司	2 058	3 800	576
32	武汉锐特金刚石有限公司	1 855	960	55
33	京山县和顺机械有限责任公司	1 820	1 820	61
34	天门市宏达机械有限责任公司	1 469	1 014	45
35	天门市鲁班锯业有限责任公司	1 467	1 687	35
36	湖北富升锻压机械有限公司	1 439	2 009	151
37	潜江市精工机械有限公司	1 430	1 450	10
38	公安县鸿基铸造有限公司	1 410	1 550	40
39	黄石锻压华曜机械设备有限公司	1 211	1 068	70
40	宜昌五环钻机具有限公司	1 093	1 054	40
41	建始县宝国硅业有限责任公司	1 089	1 089	85
42	武汉机床厂	968	3 279	407
43	海德威机械有限公司	906	1 060	81
44	湖北团结林辉金刚石制品有限公司	897	907	21
45	湖北第三机床厂	894	1 569	320
46	恩施工具有限公司	777	937	120
47	武汉昌合阿美斯塔机械有限公司	734	776	98
48	武汉科技大学机械厂	716	750	107
49	通城县金虎砂纸有限责任公司	600	567	60
50	武汉第四机床厂	563	604	129
51	武汉市青山机械设备厂	556	629	50
52	武汉东顺机械制造有限公司	553	647	92
53	崇阳县鹏龙达锻压机床厂	520	1 454	120
54	武汉天宇激光数控技术有限责任公司	451	451	85
55	武汉中锐机械有限责任公司	400	273	93

（续）

序号	企 业 名 称	产品销售收入（万元）	工业总产值（当年价）（万元）	从业人员平均人数（人）
56	潜江市磨料磨具厂	376	550	33
57	湖北长明机械设备有限公司	374	408	52
58	汉江集团水利枢纽管理局碳化硅总	327	2 052	450
59	应城市枫林机床制造有限公司			20
	湖南省			
1	金瑞新材料科技股份有限公司	75 490	84 330	2 100
2	株洲市钻石切削刀具股份有限公司	45 787	45 536	710
3	株洲市钻石合金工具有限公司	7 041	7 044	136
4	长沙机床厂	6 233	6 929	784
5	桂阳县联合锰业有限公司	5 885	5 819	129
6	湖南省宁超金刚石有限公司	5 600	5 600	350
7	长沙通发通用机械厂	4 816	5 082	216
8	长沙金岭机床有限责任公司	4 663	6 182	394
9	湖南飞碟新材料有限责任公司	4 155	4 549	428
10	嘉禾县康凌工具厂	3 360	3 360	85
11	湖南飞碟新材料有限责任公司岳阳合金材料分厂	3 140	3 140	110
12	长沙石立超硬材料有限公司	3 000	3 019	80
13	娄底市三泰轧辊有限公司	2 762	2 744	50
14	湘潭市江大机械制造有限公司	2 730	4 284	165
15	湖南宇晶机器实业有限公司	2 309	2 766	225
16	宁乡县博利超硬材料厂	2 302	2 330	40
17	湖南天成锯业有限公司	2 251	2 416	60
18	湖大海捷制造技术有限公司	2 138	3 008	193
19	衡阳县玉鑫超硬材料厂	2 010	2 010	40
20	宁乡县成功金刚石材料厂	1 930	1 930	80
21	湖南省量具工业公司	1 850	1 860	72
22	长沙机床厂机械刨床厂	1 850	1 921	175
23	湖南省涟源方圆磨具磨料有限公司	1 791	1 805	45
24	湖南宁乡超硬材料有限公司	1 632	1 630	102
25	怀化市机床总厂	1 498	2 662	135
26	长沙五里量具厂	1 410	1 450	85
27	汨罗市汨江砂轮有限公司	1 340	1 284	180
28	湘乡市达仁机械有限责任公司	1 280	1 880	40
29	衡阳市机械工具厂	1 271	1 262	75
30	衡阳市晶科威实业有限公司	1 235	3 253	178
31	新田县得力机电有限责任公司	1 212	1 212	26
32	湖南直田量具厂	1 200	1 200	50
33	宁乡县大成桥金刚石材料厂	1 150	1 150	70
34	湖南省龙山县金刚石有限责任公司	1 142	1 142	260
35	长沙晶科磨具厂	1 108	1 166	40
36	湖南省宁乡县沙田量具厂	1 100	1 120	75
37	益阳市宏光铸造有限公司	920	970	88
38	宁乡县聚星超硬材料有限公司	918	958	24
39	长沙锻压机床有限公司	824	858	221
40	长沙第三机床厂	800	811	106
41	湖南省宁乡县白云金刚石厂	796	800	28
42	衡阳市三维连铸机制造实业有限公司	780	1 140	48
43	长沙一派数控设备有限公司	769	700	52
44	长沙科宏达超硬材料有限公司	739	745	25
45	长沙市机电设备厂	730	740	117
46	长沙远兴机械有限公司	722	742	58
47	邵阳县松鹤钻头厂	710	720	29
48	株洲华新硬质合金工具有限公司	695	680	80
49	湖南省华云机器厂	674	842	308

(续)

序号	企业名称	产品销售收入(万元)	工业总产值(当年价)(万元)	从业人员平均人数(人)
50	长沙星沙机床有限公司	674	502	175
51	湖南一派数控设备有限公司	617	547	65
52	湖南省望城县霞凝机械厂	530	758	35
53	衡阳市精密铸造厂	512	1 389	100
54	衡阳县金刚石厂	510	1 200	98
55	长沙方达新材料有限责任公司	486	486	42
56	邵阳市奇力工具有限公司	462	2 773	60
57	新化县田坪镇物华金刚石厂	326	1 562	98
58	衡阳量具刃具总厂	300	615	154
59	邵阳县新飞工具集团公司	0	0	0
60	衡阳市砂布厂	0	0	0
	广东省			
1	广东锻压机床厂有限公司	25 464	23 936	917
2	广州机床厂有限公司	19 115	20 073	922
3	佛山市高明区新明和机械技术研究开发有限公司	16 585	17 386	114
4	力劲机械(深圳)有限公司	14 206	13 022	50
5	佛山市顺德区容桂南区永雄机械制造厂	13 739	13 502	168
6	佛山市南海区力丰机床有限公司	13 665	13 050	686
7	青海华鼎实业股份有限公司番禺石楼机械厂	13 411	13 411	197
8	深圳市二砂深联有限公司	8 818	8 019	495
9	佛山市顺德区新马木工机械设备有限公司	7 693	7 500	470
10	佛山市高明捷龙机械有限公司	6 698	7 022	26
11	佛山市康思达液压机有限公司	6 425	7 078	407
12	佛山市顺德区伦教威德力木工机械厂	6 321	5 436	305
13	番禺财益机械工业有限公司	5 908	9 623	301
14	佛山市顺德区锐亚机械有限公司	5 397	3 919	282
15	台山市英华机械制造有限公司	5 273	5 538	536
16	佛山市顺德区富豪木工机械制造有限公司	5 109	5 138	140
17	中台精密机械(广州)有限公司	4 958	8 249	73
18	广州施雅研磨材料有限公司	4 690	5 222	42
19	中山市翠山机械制造有限公司	4 471	4 504	168
20	广东宏兴机械有限公司	4 402	6 378	228
21	同向兴业机械(深圳)有限公司	4 147	3 801	325
22	广州市珠江机床厂有限公司	4 133	4 373	383
23	深圳市宝佳数控设备制造有限公司	4 047	3 972	48
24	江门市信贝利机械有限公司	3 898	839	129
25	佛山市高明银通机械有限公司	3 873	4 060	108
26	东莞龙远机电有限公司	3 706	3 706	108
27	中山市业隆机电有限公司	3 641	3 641	163
28	佛山市顺德区大唐研磨材料有限公司	3 639	7 040	526
29	广东省曲江金龙机械制造有限公司	3 557	3 557	86
30	阳东县伟艺抛磨材料有限公司	3 533	3 340	179
31	深圳伟群精密机械制品发展有限公司	3 487	2 814	1 080
32	佛山市顺德区同安木工机械制造有限公司	3 480	3 505	171
33	台山市信光机械制造有限公司	3 345	3 501	89
34	利丰砂布砂纸厂有限公司	3 302	3 896	95
35	佛山市顺德区科豪木工机械有限公司	3 159	2 811	91
36	佛山市顺德区三力联兴锻压机床实业有限公司	3 156	3 291	130
37	佛山市南海区合力创兴机械有限公司	3 011	2 880	90
38	汕头市富力机器制造有限公司	2 850	2 713	60
39	帝马数字机器(深圳)有限公司	2 744	3 343	124
40	广州市敏嘉制造技术有限公司	2 547	3 013	70
41	石井超硬工具(珠海)有限公司	2 521	2 594	94
42	广州旭能机械有限公司	2 446	2 589	40

（续）

序号	企业名称	产品销售收入（万元）	工业总产值（当年价）（万元）	从业人员平均人数（人）
43	深圳市华亚数控机床有限公司	2 343	2 815	87
44	广州日东兴机械有限公司	2 291	1 921	30
45	珠海大象磨料磨具有限公司	2 289	1 830	160
46	佛山市顺德区伦教永强木工机械厂	2 169	3 236	72
47	京瓷泰康合金工具珠海有限公司	2 161	2 318	66
48	深圳天威创新微钻有限公司	2 160	3 436	150
49	深圳市博利昌数控切割设备公司	2 050	2 347	96
50	广州汉尼诗机电设备有限公司	1 782	1 782	25
51	广州震高机械有限公司	1 751	1 239	105
52	广州诚隆研磨材料有限公司	1 677	1 782	101
53	中山市源田非金属矿业有限公司	1 643	2 448	50
54	中山奥美森工业有限公司	1 557	1 762	85
55	广州智源工具制造有限公司	1 548	790	155
56	珠海市亚刚金刚石砂轮有限公司	1 534	1 605	56
57	中山市华研研磨材料有限公司	1 523	1 605	24
58	佛山市顺德区创汇磨具制品有限公司	1 467	1 548	120
59	广州市番禺区石楼机械三厂	1 443	1 486	265
60	鹤山市捷龙机械制造厂	1 434	1 384	70
61	东砂磨料磨具(深圳)有限公司	1 407	1 331	60
62	固高科技(深圳)有限公司	1 364	1 695	71
63	佛山市地天泰磨具有限公司	1 324	1 473	10
64	深圳福斯特数控机床有限公司	1 285	1 236	55
65	韶关工具厂	1 221	1 747	464
66	天鹰精密工具(番禺)有限公司	1 176	1 162	99
67	广州市番禺区中粤电动工具制造有限公司	1 173	1 046	67
68	深圳市思业兴机电技术开发有限公司	1 172	6 656	133
69	深圳市证通机电有限公司	1 154	1 058	165
70	惠东周氏金刚石制品有限公司	1 096	1 096	70
71	金丰利刃(深圳)有限公司	1 089	1 205	57
72	佛山市奇亮磨具有限公司	1 088	910	41
73	佛山市南海区布新美林机械铸造有限公司	1 070	1 040	90
74	佛山市南海区南海机床厂	1 070	1 054	101
75	佛山市顺德区华大机械制造有限公司	1 048	946	95
76	台塑重工(广州)有限公司	1 031	1 044	198
77	珠海市巨海超硬材料开发有限公司	979	799	60
78	中山市信多机械有限公司	968	936	78
79	乐昌市兆铭机器厂	925	1 081	45
80	深圳市联思精密机器有限公司	911	1 133	81
81	亨胜贸隆机械(深圳)有限公司	882	809	35
82	佛山市南海区官窑永泰机械有限公司	870	1 037	68
83	肇庆市第二机床厂	850	945	110
84	深圳市海明润实业有限公司	810	573	37
85	南珠人造金刚石有限责任公司	775	863	65
86	惠州市机床附件厂	729	867	124
87	鑫逸(番禺)机械有限公司	723	748	90
88	广州市白云南亚机电设备厂	708	4 364	46
89	佛山市振盛精密有限公司	702	499	95
90	清远大南方铸造机械有限公司	697	709	111
91	佛山市南海区振轩机械实业有限公司	640	703	100
92	泰威机械工具(深圳)有限公司	595	573	68
93	广州市天河羊城磨料磨具厂	588	464	66
94	番禺胜发精机制造有限公司	587	421	70
95	佛山市顺德区陈村镇南涌永丰机械实业有限公司	536	508	30
96	深圳市托姆斯机械设备有限公司	462	551	19

(续)

序号	企 业 名 称	产品销售收入(万元)	工业总产值(当年价)(万元)	从业人员平均人数(人)
97	佛山市顺德区北窖镇荣丰机械制造有限公司	427	434	62
98	佛山市南海区里水赤山赤山吉利研磨材料制品	408	450	26
99	广州市番禺区沙湾汇业铸造厂	361	437	48
100	佛山市顺德区荣兴锻压设备有限公司	354	482	34
101	广东金锋金刚石工具厂	343	400	13
102	广州冠钧机械工业有限公司	334	334	36
103	多瑞磨料深圳有限公司	294	462	30
104	珠海市星中金刚石实业有限公司	276	234	12
105	从化市神岗胜通研磨制品有限公司	242	220	30
106	中山禧宝电机制品有限公司	234	273	15
107	广州市合鑫机电有限公司	85	978	79
108	佛山市计量仪器实验工厂	8	23	8
	广西自治区			
1	桂林机床股份有限公司	19 304	19 793	1 978
2	桂林广陆数字测控技术有限公司	11 331	12 751	670
3	桂林机床电器有限公司	10 070	10 062	521
4	桂林量具刃具厂	7 530	7 166	945
5	梧州市万顺锻压机床厂有限公司	3 385	4 034	313
6	桂林市同方机械有限责任公司	3 339	3 698	133
7	广西平果金山刚玉厂	2 032	2 326	125
8	桂林特邦新材料有限公司	2 002	2 200	155
9	桂林金刚石工业有限公司	1 352	1 775	169
10	百色百越磨料磨具厂	519	605	85
11	广西柳州第二机床厂	294	207	37
12	桂平市社坡机械厂	0	0	0
	海南省			
1	海南精华黑刚玉有限公司	1 175	1 325	99
2	海南省蓬莱磨料磨具厂	827	910	77
3	琼海市机械厂	68	84	30
	重庆市			
1	重庆机床厂	38 576	33 047	2 506
2	重庆江东机械有限责任公司	10 663	11 646	680
3	重庆第二机床厂	7 810	8 258	693
4	重庆工具厂	3 296	3 217	652
5	重庆永川锻压机床厂	1 936	1 916	196
6	重庆派斯克刀具制造厂	1 163	1 290	184
7	重庆五一机床厂	120	87	26
	四川省			
1	成都宁江机床(集团)股份有限公司	34 631	37 327	2 327
2	自贡长征机床有限责任公司	31 949	31 679	1 561
3	成都成量集团公司	25 347	22 449	2 648
4	四川自贡机床厂	8 145	7 417	509
5	阿坝州禧龙工业硅有限责任公司	7 619	7 636	438
6	四川省青城机械有限公司	7 205	7 618	405
7	四川磨床厂	7 160	7 753	637
8	四川东华机械集团有限公司	6 826	5 678	294
9	射洪华星硅业有限公司	6 235	8 235	198
10	成都工研科技股份有限公司	5 796	6 087	435
11	四川天虎工具有限责任公司	5 264	6 500	413
12	内江锻压机床厂	4 910	10 154	535
13	成都协和机械实业有限公司	3 821	4 198	62
14	成都三锐工具制造有限公司	3 456	5 218	260
15	汶川潘达尔硅业有限责任公司	3 402	3 260	202
16	四川工友机械有限公司	2 560	2 640	130

（续）

序号	企业名称	产品销售收入（万元）	工业总产值（当年价）（万元）	从业人员平均人数（人）
17	四川天元机械工程有限公司	2 508	2 599	160
18	成都瑞尔非金属材料有限公司	2 293	1 595	36
19	成都砂轮有限公司	2 159	2 488	295
20	成都广泰实业有限公司	2 144	2 648	105
21	四川天灵科技有限公司	2 069	2 129	32
22	四川省崇州市亨通机械工贸有限公司	2 017	2 008	284
23	四川省乐山市钻石天然磨料有限责任公司	2 000	2 166	243
24	德阳新黄重型机械有限公司	1 975	2 001	189
25	成都前锋机械电器有限责任公司	1 952	3 523	245
26	绵阳海天斯威福特自动化有限公司	1 777	2 598	30
27	八达磨抛材料(四川)有限公司	1 773	1 548	110
28	成都成量螺纹工具有限公司	1 720	2 126	255
29	四川省新岷江人造板机械有限责任公司	1 638	2 424	157
30	甘洛县立兴碳化硅冶炼厂	1 574	1 944	70
31	四川省宜宾机床厂	1 561	1 852	87
32	成都新青城木工机械有限公司	1 500	1 800	15
33	泸定县枣庄碳化硅有限责任公司	1 494	2 264	130
34	小金县天行建硅业有限责任公司	1 444	2 003	110
35	成都志强液压附件有限公司	1 433	1 468	140
36	四川省简阳长城刃具有限责任公司	1 250	1 304	65
37	德阳东方荣业机械有限公司	1 213	1 238	56
38	成都星维科自动化设备有限公司	1 198	1 154	70
39	四川马尔康恒丰硅业有限公司	1 142	1 173	130
40	成都航晨数控设备有限公司	1 096	1 001	32
41	德阳东方数控科技有限公司	1 060	1 060	75
42	德阳市旌阳区扬嘉镇齿轮厂	1 055	1 055	65
43	四川省汶川玉龙工业硅厂	971	762	94
44	德阳市东鹏机械有限公司	935	959	48
45	四川富临集团成都机床有限责任公司	935	1 226	175
46	四川自贡第二机床厂	922	645	253
47	德阳市汉江机械制造有限公司	919	919	55
48	四川省简阳龙头磨料磨具有限公司	893	1 450	160
49	眉山市奔朗新材料科技有限公司	859	829	53
50	汶川县顺合碳化硅有限责任公司	814	839	54
51	成都市金刚砂厂	748	976	73
52	四川自贡西南特种磨具厂	688	571	34
53	四川乐山众鑫硅业有限公司	627	757	120
54	成都成量龙桥工具有限公司	617	870	125
55	成都岷江精密刀具有限公司	579	578	33
56	四川惠利工具有限公司	565	494	57
57	四川省甘孜州华星硅业有限公司	504	638	152
58	宁南县碳化硅厂	500	526	55
59	成都新超机械制造有限公司	452	347	123
60	四川省甘孜州西谷硅业有限公司	390	324	53
61	德昌县仁和碳化硅有限责任公司	363	402	57
62	四川纳塞硬质材料有限公司	153	1 050	20
63	四川惠锋金刚石工具有限公司	0	0	1
	贵州省			
1	贵州西南工具(集团)有限公司	30 910	27 608	2 556
2	贵州险峰实业总公司	13 050	13 513	1 410
3	贵州达众磨料磨具有限责任公司	9 985	11 647	2 898
4	都匀东方机床实业有限责任公司	5 090	8 237	639
5	贵州太巴客磨料有限公司	4 314	1 931	84
6	贵州汇新科技发展有限公司	3 468	3 723	165

（续）

序号	企　业　名　称	产品销售收入（万元）	工业总产值（当年价）（万元）	从业人员平均人数（人）
7	凯里监狱	3 120	3 423	471
8	贵阳工具厂	2 819	4 519	858
9	贵州航天凯南科技有限公司	2 694	2 625	436
10	贵州省立新工业总厂	2 618	2 588	1 111
11	中国七砂集团有限责任公司	2 385	874	469
12	贵阳云雾磨料有限公司	2 062	1 868	195
13	贵阳四达机械制造有限公司	2 006	2 169	82
14	凯里新亚研磨有限公司	1 988	2 173	93
15	贵阳广航铸造有限公司	1 773	1 867	107
16	贵阳白云磨料有限公司	1 290	1 108	87
17	中外合资贵州大湖磨料有限公司	1 124	812	20
18	遵义机械厂	1 110	1 023	398
19	贵州伊海工具有限公司	1 015	1 150	170
20	开阳县勇江磨料有限责任公司	984	1 129	68
21	贵阳市特种砂布厂	932	475	110
22	贵州省修文县联合磨料厂	871	918	35
23	贵州铝厂第一磨料厂	861	738	90
24	贵州清镇银峰磨料有限公司	766	597	63
25	黔南锻压机床有限责任公司	741	1 536	148
26	黔东南州鑫钰磨料有限公司	662	880	65
27	贵阳市福利工业公司大华磨料厂	610	644	26
28	中国第七砂轮厂专用磨料厂	554	515	123
29	贵州铝厂白刚玉厂	494	359	70
30	贵阳市白云磨粉磨具厂	345	659	23
31	福泉市天马硅业有限责任公司	197	208	3
32	中国第七砂轮厂综合制品厂	56	195	49
33	贵州新材料(矿业)发展有限公司	56	0	8
34	贵阳市白云金刚砂厂	28	275	8
35	贵阳东华磨料有限公司	0	0	10
	云南省			
1	交大昆机科技股份有限公司	43 883	40 377	2 214
2	云南cy集团有限公司	23 558	29 934	1 244
3	昆明台正精密机械有限公司	20 844	20 469	239
4	峨山恒昌东兴铸造有限责任公司	6 980	9 420	342
5	云南三龙机械集团有限公司	4 595	5 243	870
6	云南CY航天数控机床有限公司	3 183	3 722	72
7	昆明天马机械制造有限公司	3 078	3 308	182
8	玉溪机床有限责任公司	2 760	3 514	367
9	昆明人造机械厂	2 057	2 332	378
10	云南丽江机床有限公司	1 836	2 011	231
11	昆明市新二砂轮厂	1 121	846	44
12	云南锻压机床厂	277	340	222
13	云南CY集团数控机床公司	176	0	62
	陕西省			
1	秦川机床集团有限公司	109 599	110 543	3 680
2	宝鸡机床厂	87 629	94 420	2 181
3	汉川机床有限责任公司	38 235	42 080	669
4	陕西汉江机床有限公司	13 951	14 948	1 881
5	陕西秦川格兰德机床有限公司	10 049	10 460	615
6	汉江工具有限责任公司	10 007	11 024	1 390
7	陕西关中工具制造有限公司	9 596	10 179	1 406
8	汉中汉川精工制造有限公司	6 998	6 983	220
9	西安北村精密机械有限公司	5 618	5 923	70
10	陕西渭河精密工模具总厂	5 430	6 538	1 415

（续）

序号	企业名称	产品销售收入（万元）	工业总产值（当年价）（万元）	从业人员平均人数（人）
11	渭南银鹭硬质合金材料有限公司	5 224	6 056	38
12	西安通力锻压机床有限公司	3 067	3 216	458
13	汉中汉川机器制造有限公司	2 484	2 906	111
14	咸阳机床厂	2 386	2 672	380
15	宝鸡金牛锻压机床有限责任公司	1 949	1 938	201
16	汉中汉川工业电子有限责任公司	1 922	1 923	68
17	西安华欧精密机械有限责任公司	1 887	2 073	65
18	陕西第二机床厂	1 645	1 521	139
19	汉中汉川现代制造技术有限公司	1 605	1 605	153
20	汉中汉川电控装备有限公司	1 484	1 484	115
21	陕西品鼎硬质合金工业发展有限公司	1 379	1 461	199
22	汉中汉川机械电子有限公司	1 366	1 595	96
23	淳化化工有限责任公司	1 363	1 551	98
24	汉川电器厂	1 021	1 194	97
25	岐山北方机械有限公司	1 005	1 045	306
26	西安临潼硅碳棒厂	798	814	105
27	西安渭河精密工具公司	756	857	100
28	西北正大人造板机器有限公司	731	995	733
29	西安金戈磨料磨具有限责任公司	686	596	155
30	汉中汉江工具工艺装备有限公司	628	663	155
31	西安日洋机械有限公司	497	800	71
32	陕西省军工(集团)胜利锻压设备制造有限责任公司	458	315	55
33	西乡县西玛机床有限责任公司	376	525	102
34	西安腾达电力电子有限责任公司	344	707	63
35	西安机床厂	286	482	329
36	西安机床电器厂	40	35	43
	甘肃省			
1	天水星火机床有限公司	21 980	30 296	1 233
2	天水锻压机床有限公司	9 045	10 615	873
3	兰州机床厂	4 908	4 301	696
4	嘉峪关市亨通矿业经贸有限责任公司	4 666	4 279	308
5	兰州兰石新技术开发实业公司	2 805	1 593	81
6	甘肃省平凉机床附件厂	1 607	1 505	334
7	兰州东川机械厂	1 598	1 700	44
8	甘肃岷县碳化硅有限公司	1 520	1 559	128
9	刘家峡水电联业有限公司峡南碳化硅厂	1 391	717	100
10	兰州西铁机械制造有限责任公司	1 180	735	91
11	兰州西固东泉机械厂	1 043	1 110	49
12	甘肃省天水机床厂	934	1 034	421
13	兰州金星机械厂	820	882	100
14	天水二一三机床电器配件厂	753	1 270	113
15	永靖县刘家峡镇碳化硅厂	726	458	65
16	天水华荣铸造机械有限公司	661	921	203
17	兰州量具刃具厂	638	889	410
18	天水二一三厂成套电器厂	243	280	50
19	兰州兰港磨料磨具有限公司	4	1	10
20	天水精密模具厂	3	249	10
	青海省			
1	青海华鼎实业股份有限公司	52 479	56 365	2 615
2	青海量具刃具有限公司	8 521	6 427	664
3	青海第二机床制造有限责任公司	3 944	4 350	496
4	青海省贵强磨料股份有限公司	3 674	5 328	160
5	门源县三进碳化硅厂	1 807	1 282	93
6	青海新青工具有限公司	1 481	1 977	403

（续）

序号	企业名称	产品销售收入（万元）	工业总产值（当年价）（万元）	从业人员平均人数（人）
7	海北立丰碳化硅有限责任公司	1 119	1 136	49
8	刚察县海湖碳化硅厂	1 095	1 119	62
9	青海第一机床厂	412	1 401	496
10	海北三进碳化硅厂	287	183	40
11	青海方盛磨具磨料有限公司	0	1 968	0
	宁夏自治区			
1	宁夏小巨人机床有限公司	33 950	36 773	367
2	宁夏长城数控机床有限公司	13 492	12 825	752
3	宁夏中卫大河机床有限责任公司	9 095	9 188	957
4	银川市滨河磨料磨具有限责任公司	4 363	3 671	55
5	宁夏银川大河数控机床有限公司	2 955	3 102	248
6	宁夏天净电能开发有限公司晨光碳化硅分公司	2 795	3 612	152
7	宁夏华能碳化硅制品有限公司	1 429	619	110
8	宁夏回族自治区长城机床厂	965	303	200
9	石嘴山市隆湖昊利达碳化硅有限公司	428	407	30
	新疆自治区			
1	阿勒泰地区金马碳化硅有限责任公司	1 004	1 371	111

〔供稿人：中国机床工具工业协会周秀茹、黑　杉〕

2005 年中国机床工具出口统计

Statistics of China's Export of Machine Tools

序号 No.	项目名称 Name of item	出口量 Export volume			出口额 Export value		
		2005（台 unit）	2004（台 unit）	比上年增长 Change(%)	2005（万美元 USD10000）	2004（万美元 USD10000）	比上年增长 Change(%)
	机床工具总计 Grand total of machine tools				299 463	225 216	32.97
1	金属加工机床合计 Total of metalworking machines	6 817 544	6 193 018	10.08	82 050	53 997	51.95
	其中：数控 In which ;NC	8 379	6 072	37.99	20 477	10 873	88.33
1.1	金属切削机床小计 Sub－total of metal－cutting machines	6 617 062	6 028 644	9.76	65 683	44 601	47.27
	其中：数控 In which ;NC	7 500	5 478	36.91	17 050	9 079	87.80
1.1.1	车床 Lathes	88 595	76 963	15.11	17 634	11 883	48.40
	其中：数控 In which ;NC	2 810	1 992	41.06	5 163	2 829	82.51
1.1.1.1	卧式车床 Horizontal lathes	34 189	32 366	5.63	14 066	9 324	50.87
	其中：数控 In which ;NC	2 724	1 941	40.34	4 988	2 772	79.92

（续）

序号 No.	项 目 名 称 Name of item	出 口 量 Export volume 2005 （台 unit）	2004 （台 unit）	比上年增长 Change(%)	出 口 额 Export value 2005 （万美元 USD10000）	2004 （万美元 USD10000）	比上年增长 Change(%)
1.1.1.2	其他车床 Other lathes	54 406	44 597	21.99	3 568	2 560	39.40
	其中:数控 In which :NC	86	51	68.63	175	57	209.72
1.1.2	钻床 Drilling machines	1 437 546	1 737 181	−17.25	10 195	9 784	4.20
	其中:数控 In which :NC	98	59	66.10	411	163	152.46
1.1.2.1	台钻 Bench drills	1 437 356	1 736 820	−17.24	9 761	9 603	1.64
1.1.3	镗床 Boring machines	2 503	1 668	50.06	1 000	593	68.73
	其中:数控 In which :NC	17	37	−54.05	166	172	−3.03
1.1.3.1	镗铣床 Boring and milling machines	97	74	31.08	209	181	15.66
	其中:数控 In which :NC	14	7	100.00	146	148	−1.22
1.1.3.2	其他镗床 Other boring machines	2 406	1 594	50.94	791	412	92.01
	其中:数控 In which :NC	3	30	−90.00	21	24	−14.58
1.1.4	铣床 Milling machines	29 152	22 902	27.29	3 308	2 182	51.63
	其中:数控 In which :NC	87	100	−13.00	148	175	−15.43
1.1.4.1	升降台铣床 Knee and column milling machines	13 583	8 842	53.62	2 279	1 289	76.72
	其中:数控 In which :NC	13	16	−18.75	24	15	58.78
1.1.4.2	龙门铣床 Gantry−type milling machines	17	46	−63.04	43	51	−15.29
	其中:数控 In which :NC	13	46	−71.74	14	51	−72.16
1.1.4.3	其他铣床 Other milling machines	15 552	14 014	10.97	986	841	17.20
	其中:数控 In which :NC	61	38	60.53	110	109	1.01
1.1.5	锯床 Sawing machines	1 337 338	563 170	137.47	8 627	4 334	99.04
1.1.6	刨床 Planing machines	273	429	−36.36	98	57	72.41
1.1.7	插床 Slotting machines	59	47	25.53	57	38	52.66
1.1.8	拉床 Broaching machines	7	4	75.00	9	6	53.57
1.1.9	磨床 Grinding machines	3 639 841	3 591 021	1.36	9 219	8 041	14.66
	其中:数控 In which :NC	180	107	68.22	752	465	61.92
1.1.9.1	外圆磨床 External cylindrical grinding machines	268	207	29.47	527	380	38.58

(续)

序号 No.	项目名称 Name of item	出口量 Export volume 2005 (台 unit)	2004 (台 unit)	比上年增长 Change(%)	出口额 Export value 2005 (万美元 USD10000)	2004 (万美元 USD10000)	比上年增长 Change(%)
	其中:数控 In which :NC	46	2	2 200.00	26	5	424.49
1.1.9.2	内圆磨床 Internal cylindrical grinding machines	6	6	0.00	8	7	4.11
1.1.9.3	平面磨床 Surface grinding machines	936	622	50.48	524	390	34.61
	其中:数控 In which :NC	19	43	−55.81	16	36	−56.30
1.1.9.4	工具磨床 Tool grinders	5 579	4 730	17.95	142	101	40.24
	其中:数控 In which :NC	8	1	700.00	18	1	2 200.00
1.1.9.5	其他磨床 Other grinding machines	513	268	91.42	835	495	68.60
	其中:数控 In which :NC	107	61	75.41	693	423	63.62
1.1.9.6	轧辊磨床 Roll grinders	44	21	109.52	34	9	266.30
1.1.9.7	珩磨机 Honing machines	166	112	48.21	43	38	12.24
1.1.9.8	研磨机 Lapping machines	162	96	68.75	253	106	138.61
1.1.9.9	砂轮机 Grinders	3 236 034	3 229 790	0.19	4 452	4 605	−3.31
1.1.9.10	抛光机 Polishing machines	396 133	355 169	11.53	2 400	1 908	25.78
1.1.10	齿轮加工机床 Gear cutting machines	7 874	1 632	382.48	446	247	80.63
	其中:数控 In which :NC	75	27	177.78	101	27	280.83
1.1.11	螺纹加工机床 Thread producing machines	19 463	10 926	78.13	338	178	90.21
1.1.12	单工位组合加工机床 Single−station modular machines	233	141	65.25	197	182	8.18
1.1.13	多工位组合加工机床 Multi−station modular machines	165	862	−80.86	125	89	40.02
1.1.14	特种加工机床 Non−traditional machines	40 833	11 347	259.86	12 849	6 335	102.81
	其中:数控 In which :NC	3 924	2 804	39.94	9 049	4 859	86.24
1.1.14.1	超声波加工机床 Ultrasonic machines	97	82	18.29	14	23	−37.17
1.1.14.2	放电处理加工机床 Electro−discharge processing machines	2 659	1 669	59.32	7 690	3 854	99.55
	其中:数控 In which :NC	2 043	1 540	32.66	6 526	3 752	73.96
1.1.14.3	用干法蚀刻半导体材料的加工机床及等离子弧切割机 For dry−etching patterns on semicon−ductor materials machines and cutting machines of plasma arc	34 811	6 820	410.43	1 652	577	186.54

（续）

序号 No.	项目名称 Name of item	出口量 Export volume 2005（台 unit）	2004（台 unit）	比上年增长 Change(%)	出口额 Export value 2005（万美元 USD10000）	2004（万美元 USD10000）	比上年增长 Change(%)
1.1.14.4	激光、其他光或光子束加工机床 Laser or ather light or photon beam processing machines	1 881	1 264	48.81	2 523	1 107	127.83
1.1.14.5	其他化学、电子、离子束或等离子弧加工机床 Other electro－chemical，electron beam，ionic－beam or plasma arc processing machines	1 385	1 512	－8.40	970	775	25.08
1.1.15	加工中心 Machining centers	309	352	－12.22	1 259	391	222.27
1.1.15.1	立式 Vertical	187	76	146.05	720	207	247.51
1.1.15.2	卧式 Horizontal	43	25	72.00	329	55	500.73
1.1.15.3	龙门式 Gantry－type	7	2	250.00	26	30	－16.12
1.1.15.4	其他 Others	72	249	－71.08	184	98	87.59
1.1.16	其他机床 Other machine tools	12 871	9 999	28.72	323	264	22.25
1.2	金属成形机床小计 Subtotal of metal forming machines	200 482	164 374	21.97	16 367	9 396	74.19
1.2.1	主要金属成形机床 Main metal forming machines	187 806	149 124	25.94	13 984	7 776	79.82
	其中：数控 In which ：NC	879	594	47.98	3 428	1 794	91.03
1.2.1.1	机械模锻压力机 Mechanical drop presses	1 930	1 251	54.28	1 784	1 272	40.33
	其中：数控 In which ：NC	122	195	－37.44	799	560	42.58
1.2.1.2	成形折弯矫平矫直机 Forming，bending，flattening，straightening machines	126 224	92 190	36.92	4 390	2 392	83.50
	其中：数控 In which ：NC	417	220	89.55	1 295	618	109.38
1.2.1.2.1	矫直机 Straightening machines	275	721	－61.86	250	284	－11.88
	其中：数控 In which ：NC	41	23	78.26	94	123	－23.15
1.2.1.2.2	成形折弯机 Forming and bending machines	125 949	91 469	37.70	4 140	2 108	96.34
	其中：数控 In which ：NC	376	197	90.86	1 201	496	142.18
1.2.1.3	剪床 Shearing machines	23 043	25 025	－7.92	2 928	1 557	88.09

（续）

序号 No.	项 目 名 称 Name of item	出口量 Export volume 2005 (台 unit)	2004 (台 unit)	比上年增长 Change(%)	出口额 Export value 2005 (万美元 USD10000)	2004 (万美元 USD10000)	比上年增长 Change(%)
	其中:数控 In which :NC	167	77	116.88	584	228	155.98
1.2.1.3.1	板带纵剪机 Longitudinal plate shearing machines	56	19	194.74	201	121	65.38
	其中:数控 In which :NC	8	6	33.33	69	73	−5.10
1.2.1.3.2	板带横剪机 Transverse plate shearing machines	746	283	163.60	739	408	81.02
	其中:数控 In which :NC	98	56	75.00	257	130	98.00
1.2.1.3.3	其他剪板机 Other plate shearing machines	22 241	24 723	−10.04	1 988	1 027	93.58
	其中:数控 In which :NC	61	15	306.67	259	26	891.57
1.2.1.4	冲床 Punching machines	903	1 980	−54.39	447	353	26.44
	其中:数控 In which :NC	26	16	62.50	105	214	−51.19
1.2.1.5	液压压力机 Hydraulic presses	9 420	2 654	254.94	1 762	976	80.50
	其中:数控 In which :NC	147	86	70.93	645	173	272.46
1.2.1.6	其他金属成形机床 Other metal forming machines	26 286	26 024	1.01	2 673	1 227	117.91
1.2.2	金属或金属陶瓷的其他非切削机床 Other non—cutting machines of metals or metal ceramics	12 676	15 250	−16.88	2 383	1 620	47.16
2	压铸机 Die cast machines	823	2 351	−64.99	3 684	2 630	40.07
	其中:数控 In which :NC	180	110	63.64	1 058	721	46.69
3	木工机床 Woodworking machines	3 969 600	4 538 405	−12.53	35 909	31 003	15.82
3.1	组合加工机床 Modular machines	29 228	20 966	39.41	984	700	40.58
3.2	锯切加工机床 Sawing machines	2 818 699	3 048 452	−7.54	17 481	16 850	3.75
3.3	刨铣加工机床 Planing and milling machines	49 0057	650 611	−24.68	8 444	6 824	23.73
3.4	磨削抛光机床 Grinding and polishing machines	152 482	175 096	−12.92	1 518	1 337	13.49
3.5	弯曲装配机床 Bending and assembling machines	9 901	15 235	−35.01	140	182	−23.33
3.6	钻孔凿榫机床 Drilling and mortising machines	68 516	337 564	−79.70	1 479	1 109	33.35

（续）

序号 No.	项目名称 Name of item	出口量 Export volume			出口额 Export value		
		2005 (台 unit)	2004 (台 unit)	比上年增长 Change(%)	2005 (万美元 USD10000)	2004 (万美元 USD10000)	比上年增长 Change(%)
3.7	剖劈切削机床 Cleaving and cutting machines	294 450	169 616	73.60	3 767	2 196	71.52
3.8	其他加工机床 Other machines	106 267	120 865	−12.08	2 097	1 805	16.19
4	数控装置 Numeric control devices				17 878	11 507	55.36
5	机床夹具，附件 Machine jigs, accessories	24 811 269	31 329 845	−20.81	7 183	7 788	−7.76
5.1	刃具装夹夹具 Cutter tool clamps	18 617 289	24 850 750	−25.08	5 720	6 507	−12.10
5.2	工件装夹夹具 Workpiece clamps	5 224 714	5 653 381	−7.58	1 241	1 136	9.25
5.3	分度装夹夹具 Indexing clamps	969 266	825 714	17.39	223	145	53.73
6	机床零件，部件 Machine parts, components				28 841	20 199	42.78
6.1	金属切削机床类 Those in the category of metal−cutting machines				22 869	16 839	35.81
6.2	金属成形机床类 Those in the category of metal forming machines				5 972	3 360	77.72
7	切削刃具、工具 Cutting tools, tools				54 520	38 385	42.03
7.1	车刀 Turning tools	464 083	10 131 233	−95.42	313	390	−19.64
7.2	硬质合金钻头 Carbide−tipped bits	126 186	15 942 053	−99.21	811	663	22.36
7.3	普通钻头 Ordinary bits	42 908 646	1 714 948 758	−97.50	27 103	19 196	41.19
7.4	硬质合金镗刀 Carbide boring cutters	180 277	2 461 244	−92.68	91	71	27.73
7.5	普通镗刀 Ordinary boring cutters	173 578	3 622 443	−95.21	537	317	69.25
7.6	铣刀 Milling cutters	773 860	16 050 833	−95.18	3 759	2 332	61.22
7.7	机用丝锥，板牙 Machine taps, cutting dies	4 114 271	61 562 472	−93.32	3 259	2 368	37.62
7.8	机用锯条，锯片 Machine saw blades, saw webs	41 516 682	114 140 117	−63.63	15 618	11 718	33.29
7.9	冲压刃具，工具 Stamping cutting tools, tools				3 029	1 331	127.51
8	量仪，量具 Measuring instruments, measuring tools	25 965 621	29 526 152	−12.06	7 098	5 469	29.79

(续)

序号 No.	项 目 名 称 Name of item	出口量 Export volume			出口额 Export value		
		2005 (台 unit)	2004 (台 unit)	比上年增长 Change(%)	2005 (万美元 USD10000)	2004 (万美元 USD10000)	比上年增长 Change(%)
9	磨料磨具类 Category of abrasives and abrasive tools				62 300	54 238	14.86
9.1	天然刚玉 Natural corundum	20 112 989	15 594 327	28.98	406	303	33.98
9.2	人造刚玉 Synthetic corundum	694 434 947	709 112 651	-2.07	22 779	22 242	2.41
9.3	碳化硅 Silicon carbide	197 008 500	231 363 350	-14.85	16 528	15 707	5.23
9.4	碳化硼 Boron carbide	2 654 238	1 492 788	77.80	2996	1 532	95.61
9.5	石磨、石碾 Stone mills, stone rollers	2 645 665	1 976 807	33.84	79	69	13.11
9.6	合成天然金刚石 Synthetic natural diamond	3 314 495	4 560 920	-27.33	704	1 047	-32.78
9.7	其他粘聚磨料制砂轮 Grinding wheels made of other bonded abrasives	70 584 642	50069079	40.97	8 664	6 294	37.67
9.8	天然石料制石磨、石碾 Stone mills and stone rollers made of natural stones	11 762 949	7 756 166	51.66	1 538	974	57.91
9.9	手工磨石、油石 Hand millstones, oilstones	8 727 323	9 710 504	-10.12	583	613	-4.94
9.10	砂布 Emery cloth	9 983 194	7 741 413	28.96	2 298	1 644	39.77
9.11	砂纸 Sand paper	13 679 195	12 090 506	13.14	2 491	1 967	26.60
9.12	其他涂附磨具产品 Other coated abrasive tool products	885 779	632 979	39.94	468	185	153.47
9.13	未加工钻石 Unprocessed diamond	57 099	65 272	-12.52	15	35	-56.13
9.14	其他工业钻石 Other industrial diamonds	353 622	7 825	4 419.13	6	1	1 833.33
9.15	钻石粉末 Diamond powder	407 111 483	261 371 386	55.76	2 747	1 627	68.85

注:1. 磨料磨具部分除钻石计量单位为克拉外、其他商品计量单位为 kg。

In the section of abrasive materials and abrasive tools, except that the measurement unit of diamond is karat, the measurement unit of other commodities is kilogram.

2. 机床夹具、切削刃具、工具、量仪、量具等计量单位为件或套。

The measurement unit of machine jigs, cutting tools, tools, measuring instruments and measuring tools is piece or set.

〔供稿人:中国机床工具行业协会李卫青、姜茂云〕

2005 年中国机床工具进口统计

Statistics of China's Import of Machine Tools

序号 No.	项　目　名　称 Name of item	进　口　量 Import volume			进　口　额 Import value		
		2005 (台 unit)	2004 (台 unit)	比上年增长 Change(%)	2005 (万美元 USD10000)	2004 (万美元 USD10000)	比上年增长 Change(%)
	机床工具总计 Grand total of machine tools				996 504	893 079	11.58
1	金属加工机床合计 Total of metalworking machines	116 567	127 830	−8.81	649 615	591 556	9.81
	其中:数控 In which :NC	37 135	36 956	0.48	447 125	410 753	8.85
1.1	金属切削机床小计 Sub−total of metal−cutting machines	75 737	83 400	−9.19	462 993	436 551	6.06
	其中:数控 In which :NC	30 746	30 104	2.13	361 576	343 141	5.37
1.1.1	车床 Lathes	16 872	17 919	−5.84	56 327	53 527	5.23
	其中:数控 In which :NC	7 550	7 946	−4.98	47 950	45 626	5.10
1.1.1.1	卧式车床 Horizontal lathes	8 475	7 575	11.88	31 763	26 748	18.75
	其中:数控 In which :NC	4 470	3 907	14.41	28 010	23 677	18.30
1.1.1.2	其他车床 Other lathes	8 397	10 344	−18.82	24 564	26 779	−8.27
	其中:数控 In which :NC	3 080	4 039	−23.74	19 940	21 949	−9.15
1.1.2	钻床 Drilling machines	5 308	6 838	−22.37	18 709	22 714	−17.63
	其中:数控 In which :NC	1 441	1 707	−15.58	15 453	19 184	−19.45
1.1.2.1	台钻 Bench drills	3 548	4 702	−24.54	1 967	2 488	−20.95
1.1.3	镗床 Boring machines	932	1 176	−20.75	14 767	15 244	−3.13
	其中:数控 In which :NC	290	392	−26.02	13 013	13 137	−0.95
1.1.3.1	镗铣床 Boring and milling machines	434	549	−20.95	10 451	11 645	−10.25
	其中:数控 In which :NC	197	312	−36.86	9 632	10 467	−7.97
1.1.3.2	其他镗床 Other boring machines	498	627	−20.57	4 316	3 599	19.93
	其中:数控 In which :NC	93	80	16.25	3 381	2 671	26.60

(续)

序号 No.	项目名称 Name of item	进口量 Import volume			进口额 Import value		
		2005 (台 unit)	2004 (台 unit)	比上年增长 Change(%)	2005 (万美元 USD10000)	2004 (万美元 USD10000)	比上年增长 Change(%)
1.1.4	铣床 Milling machines	5 782	8 049	−28.16	30 182	35 768	−15.62
	其中:数控 In which :NC	2 238	3 517	−36.37	24 755	29 836	−17.03
1.1.4.1	升降台铣床 Knee and column milling machines	1 321	1 577	−16.23	3 566	3 697	−3.56
	其中:数控 In which :NC	403	459	−12.20	2 234	2 283	−2.16
1.1.4.2	龙门铣床 Gantry−type milling machines	435	589	−26.15	10 713	12 694	−15.60
	其中:数控 In which :NC	240	318	−24.53	9 708	11 743	−17.33
1.1.4.3	其他铣床 Other milling machines	4 026	5 883	−31.57	15 903	19 377	−17.93
	其中:数控 In which :NC	1 595	2 740	−41.79	12 813	15 810	−18.96
1.1.5	锯床 Sawing machines	5 204	7 306	−28.77	10 744	9 127	17.71
1.1.6	刨床 Planing machines	196	214	−8.41	341	347	−1.70
1.1.7	插床 Slotting machines	18	16	12.50	14	14	0.00
1.1.8	拉床 Broaching machines	148	148	0.00	1 772	1 318	34.38
1.1.9	磨床 Grinding machines	16 945	17 974	−5.72	85 603	73 053	17.18
	其中:数控 In which :NC	2 197	1 943	13.07	48 851	39 205	24.60
1.1.9.1	外圆磨床 External cylindrical grinding machines	1 012	887	14.09	22 068	13 372	65.03
	其中:数控 In which :NC	536	415	29.16	20 335	10 996	84.92
1.1.9.2	内圆磨床 Internal cylindrical grinding machines	373	379	−1.58	5 458	4 361	25.15
	其中:数控 In which :NC	215	217	−0.92	4 670	3 492	33.72
1.1.9.3	平面磨床 Surface grinding machines	3 314	3 549	−6.62	8 772	8 793	−0.25
	其中:数控 In which :NC	515	495	4.04	4 929	4 787	2.97
1.1.9.4	工具磨床 Tool grinders	1 403	1 254	11.88	5 497	5 732	−4.10
	其中:数控 In which :NC	352	354	−0.56	4 403	5 053	−12.86
1.1.9.5	其他磨床 Other grinding machines	1 608	1 470	9.39	17 251	18 159	−5.00
	其中:数控 In which :NC	579	462	25.32	14 514	14 876	−2.43
1.1.9.6	轧辊磨床 Roll grinders	41	45	−8.89	1 658	731	126.83

(续)

序号 No.	项目名称 Name of item	进口量 Import volume 2005 (台 unit)	2004 (台 unit)	比上年增长 Change(%)	进口额 Import value 2005 (万美元 USD10000)	2004 (万美元 USD10000)	比上年增长 Change(%)
1.1.9.7	珩磨机 Honing machines	282	221	27.60	3 475	2 077	67.33
1.1.9.8	研磨机 Lapping machines	3 330	4 188	−20.49	11 859	10 643	11.43
1.1.9.9	砂轮机 Grinders	2 503	2197	13.93	333	328	1.56
1.1.9.10	抛光机 Polishing machines	3 079	3 784	−18.63	9 233	8 858	4.23
1.1.10	齿轮加工机床 Gear cutting machines	759	1165	−34.85	12 043	9 930	21.28
	其中:数控 In which :NC	243	205	18.54	10 331	7 722	33.78
1.1.11	螺纹加工机床 Thread producing machines	2 814	3 779	−25.54	3 628	4 707	−22.93
1.1.12	单工位组合加工机床 Single−station modular machines	216	509	−57.56	4 069	2 042	99.21
1.1.13	多工位组合加工机床 Multi−station modular machines	614	582	5.50	11 609	9 414	23.31
1.1.14	特种加工机床 Non−traditional machines	8 481	8 482	−0.01	78 378	99 003	−20.83
	其中:数控 In which :NC	6 444	6299	2.30	71 504	92 929	−23.06
1.1.14.1	超声波加工机床 Ultrasonic machines	1 115	867	28.60	3 344	2 556	30.85
1.1.14.2	放电处理加工机床 Electro−discharge processing machines	3 942	4 201	−6.17	25 523	22 225	14.84
	其中:数控 In which :NC	3 020	2 885	4.68	21 992	18 706	17.57
1.1.14.3	用干法蚀刻半导体材料的加工机床及等离子弧切割机 For dry − etching patterns on semicon − ductor materials machines and cutting machines of plasma arc	933	824	13.23	16 712	36 796	−54.58
1.1.14.4	激光、其他光或光子束加工机床 Laser or ather light or photon beam processing machines	2 163	1 864	16.04	23 949	24 527	−2.36
1.1.14.5	其他化学、电子、离子束或等离子弧加工机床 Other electro − chemical, electron beam, ionic − beam or plasma arc processing machines	328	726	−54.82	8 850	12 900	−31.39
1.1.15	加工中心 Machining centers	10 343	8 095	27.77	129 720	95 503	35.83
1.1.15.1	立式 Vertical	8 133	6 004	35.46	63 669	44 222	43.98
1.1.15.2	卧式 Horizontal	1 326	1 164	13.92	45 964	34 325	33.91
1.1.15.3	龙门式 Gantry−type	295	221	33.48	12 267	8 812	39.21

（续）

序号 No.	项 目 名 称 Name of item	进口量 Import volume 2005（台 unit）	2004（台 unit）	比上年增长 Change(%)	进口额 Import value 2005（万美元 USD10000）	2004（万美元 USD10000）	比上年增长 Change(%)
1.1.15.4	其他 Others	589	706	−16.57	7 821	8 144	−3.97
1.1.16	其他机床 Other machine tools	1 105	1 148	−3.75	5 089	4 840	5.15
1.2	金属成形机床小计 Subtotal of metal forming machines	40 830	44 430	−8.10	186 622	155 004	20.40
1.2.1	主要金属成形机床 Main metal forming machines	33 727	37 014	−8.88	168 267	135 918	23.80
	其中:数控 In which :NC	6 389	6 852	−6.76	85 549	67 612	26.53
1.2.1.1	机械模锻压力机 Mechanical drop presses	9 799	12 128	−19.20	56 506	51 411	9.91
	其中:数控 In which :NC	2 575	2 929	−12.09	33 539	29 327	14.36
1.2.1.2	成形折弯矫平矫直机 Forming, bending, flattening, straightening machines	4 009	4 438	−9.67	19 826	16 784	18.13
	其中:数控 In which :NC	1 219	1 401	−12.99	13 616	11 222	21.33
1.2.1.2.1	矫直机 Straightening machines	1 066	1 173	−9.12	6 389	4 229	51.07
	其中:数控 In which :NC	181	202	−10.40	4 197	2 161	94.17
1.2.1.2.2	成形折弯机 Forming and bending machines	2 943	3 265	−9.86	13 437	12 555	7.03
	其中:数控 In which :NC	1 038	1 199	−13.43	9 420	9 061	3.96
1.2.1.3	剪床 Shearing machines	1 475	1 763	−16.34	16 715	12 570	32.98
	其中:数控 In which :NC	439	474	−7.38	12 378	8 036	54.02
1.2.1.3.1	板带纵剪机 Longitudinal plate shearing machines	165	174	−5.17	6 089	3 971	53.34
	其中:数控 In which :NC	65	76	−14.47	4 444	2 807	58.32
1.2.1.3.2	板带横剪机 Transverse plate shearing machines	203	183	10.93	5 718	2 595	120.35
	其中:数控 In which :NC	104	93	11.83	4 751	2 122	123.85
1.2.1.3.3	其他剪板机 Other plate shearing machines	1 107	1 406	−21.27	4 908	6 004	−18.25
	其中:数控 In which :NC	270	305	−11.48	3 184	3 107	2.45

（续）

序号 No.	项 目 名 称 Name of item	进口量 Import volume 2005 （台 unit）	 2004 （台 unit）	 比上年增长 Change(%)	进口额 Import value 2005 （万美元 USD10000）	 2004 （万美元 USD10000）	 比上年增长 Change(%)
1.2.1.4	冲床 Punching machines	4 620	4 733	−2.39	26 280	19 779	32.87
	其中：数控 In which：NC	1 696	1 431	18.52	19 188	13 609	41.00
1.2.1.5	液压压力机 Hydraulic presses	2 505	2 908	−13.86	17 132	16 403	4.44
	其中：数控 In which：NC	460	617	−25.45	6 828	5 418	26.03
1.2.1.6	其他金属成形机床 Other metal−forming machines	11 319	11 044	2.49	31 807	18 972	67.65
1.2.2	金属或金属陶瓷的其他非切削机床 Other non−cutting machines of metals or metal ceramics	7 103	7 416	−4.22	18 356	19 086	−3.83
2	压铸机 Die cast machines	2 134	1 739	22.71	25373	22 339	13.58
	其中：数控 In which：NC	354	374	−5.35	9 152	8 287	10.44
3	木工机床 Woodworking machines	25 819	26 304	−1.84	60 152	58 689	2.49
3.1	组合加工机床 Modular machines	199	202	−1.49	935	748	24.95
3.2	锯切加工机床 Sawing machines	4 349	4 371	−0.50	2 272	3 322	−31.59
3.3	刨铣加工机床 Planing and milling machines	4 567	4 794	−4.74	7 513	7 356	2.13
3.4	磨削抛光机床 Grinding and polishing machines	4 214	4 179	0.84	5 773	7 060	−18.24
3.5	弯曲装配机床 Bending and assembling machines	1 008	1 042	−3.26	2 100	2 762	−23.95
3.6	钻孔凿榫机床 Drilling and mortising machines	4 227	4 860	−13.02	20 785	20 175	3.02
3.7	剖劈切削机床 Cleaving and cutting machines	3 195	2 773	15.22	7 658	6 837	12.01
3.8	其他加工机床 Other machines	4 060	4 083	−0.56	13 118	10 429	25.78
4	数控装置 Numeric control devices				73 264	72 283	1.36
5	机床夹具，附件 Machine jigs，accessories	5 924 188	4 994 244	18.62	20 709	17 134	20.86
5.1	刃具装夹夹具 Cutter tool clamps	1 838 031	1 411 210	30.25	5 451	3 420	59.37
5.2	工件装夹夹具 Workpiece clamps	3 097 701	2 299 212	34.73	13 471	11 789	14.27
5.3	分度装夹夹具 Indexing clamps	988 456	1 283 822	−23.01	1 787	1 925	−7.14
6	机床零件，部件 Machine parts，components				58 944	44 439	32.64

（续）

序号 No.	项 目 名 称 Name of item	进 口 量 Import volume			进 口 额 Import value		
		2005 （台 unit）	2004 （台 unit）	比上年增长 Change(%)	2005 （万美元 USD10000）	2004 （万美元 USD10000）	比上年增长 Change(%)
6.1	金属切削机床类 Those in the category of metal－cutting machines				32 809	31 441	4.35
6.2	金属成形机床类 Those in the category of metal forming machines				26 134	12 998	101.07
7	切削刃具工具 Cutting tools，tools				72 548	56 376	28.69
7.1	车刀 Turning tools	58 518	1 245 239	－95.30	790	578	36.62
7.2	硬质合金钻头 Carbide－tipped bits	28 326	1 968 084	－98.56	478	448	6.79
7.3	普通钻头 Ordinary bits	3 232 170	273 478 491	－98.82	8 955	6 609	35.49
7.4	硬质合金镗刀 Carbide boring cutters	1 265	4 690	－73.03	47	60	－20.84
7.5	普通镗刀 Ordinary boring cutters	69 961	595 405	－88.25	640	354	80.94
7.6	铣刀 Milling cutters	279 910	6 339 666	－95.58	5 019	3 613	38.93
7.7	机用丝锥，板牙 Machine taps，cutting dies	116 010	39 025 525	－99.70	1 814	2 157	－15.92
7.8	机用锯条，锯片 Machine saw blades，saw webs	2 422 595	72 895 697	－96.68	3 245	2 765	17.37
7.9	冲压刃具，工具 Stamping cutting tools，tools				51 560	39 793	29.57
8	量仪，量具 Measuring instruments，measuring tools	470 641	743 025	－36.66	2 972	2 394	24.13
9	磨料磨具类 Category of abrasives and abrasive tools				32 927	27 870	18.15
9.1	天然刚玉 Natural corundum	2 750 034	2 648 806	3.82	266	362	－26.43
9.2	人造刚玉 Synthetic corundum	91 368 491	73 050 450	25.08	5 559	4 045	37.42
9.3	碳化硅 Silicon carbide	1 920 497	2 222 128	－13.57	662	627	5.61
9.4	碳化硼 Boron carbide	4 583	15 526	－70.48	13	13	－0.76
9.5	石磨、石碾 Stone mills，stone rollers	26 975	63 169	－57.30	35	59	－40.61
9.6	合成天然金刚石 Synthetic natural diamond	1 190 384	1 499 774	－20.63	4 816	4 387	9.78
9.7	其他粘聚磨料制砂轮 Grinding wheels made of other bonded abrasives	5 918 509	4 664 810	26.88	6 906	5 491	25.77
9.8	天然石料制石磨、石碾 Stone mills and stone rollers made of natural stones	682 207	688 313	－0.89	825	763	8.13

（续）

序号 No.	项目名称 Name of item	进口量 Import volume 2005（台 unit）	2004（台 unit）	比上年增长 Change(%)	进口额 Import value 2005（万美元 USD10000）	2004（万美元 USD10000）	比上年增长 Change(%)
9.9	手工磨石、油石 Hand millstones, oilstones	357 539	806 621	−55.67	615	534	15.11
9.10	砂布 Emery cloth	7 826 248	8 636 052	−9.38	4 891	4 316	13.34
9.11	砂纸 Sand paper	7 885 491	7 953 044	−0.85	5 050	4 455	13.35
9.12	其他涂附磨具产品 Other coated abrasive tool products	1 388 307	1 351 875	2.69	2 160	1 921	12.43
9.13	未加工钻石 Unprocessed diamond	978 649	961 299	1.80	292	254	14.95
9.14	其他工业钻石 Other industrial diamonds	13 829	14 963	−7.58	19	13	51.18
9.15	钻石粉末 Diamond powder	28 885 282	23 445 836	23.20	820	632	29.72

注：1. 磨料磨具部分除钻石计量单位为克拉外，其他商品计量单位为 kg。
In the section of abrasive materials and abrasive tools, except that the measurement unit of diamond is karat, the measurement unit of other commodities is kilogram.
2. 机床夹具、切削刃具、工具、量仪、量具等计量单位为件或套
The measurement unit of machine jigs, cutting tools, tools, measuring instruments and measuring tools is piece or set.

〔供稿人：中国机床工具工业协会李卫青、姜茂云〕

2006 年中国机床工具主要产品进口税率

税则号列	产品名称	最惠国税率（%）	税则号列	产品名称	最惠国税率（%）
金属切削机床类					
84561000	用激光、其他光或光子束处理各种材料的加工机床	0	84596110	切削金属的数控龙门铣床	5.0
			84596190	切削金属的其他数控铣床	5.0
84562000	用超声波处理各种材料的加工机床	10.0	84596910	切削金属的非数控龙门铣床	12.0
84563010	数控的用放电处理各种材料的加工机床	9.7	84596990	切削金属的其他铣床	12.0
84563090	其他用放电处理各种材料的加工机床	10.0	84597000	切削金属的其他攻螺纹机床	12.0
84569100	用干法蚀刻半导体材料的加工机床	0	84601100	数控平面磨床	9.7
84569910	等离子切割机	0	84601900	其他平面磨床	15.0
84569990	其他用化学法、电子束、离子束或等离子弧处理各种材料的加工机床	0	84602110	数控外圆磨床	9.7
			84602120	数控内圆磨床	9.7
84571010	立式加工中心	9.7	84602190	其他数控磨床	9.7
84571020	卧式加工中心	9.7	84602910	其他外圆磨床	15.0
84571030	龙门式加工中心	9.7	84602920	其他内圆磨床	15.0

（续）

税则号列	产品名称	最惠国税率（%）	税则号列	产品名称	最惠国税率（%）

（续）

税则号列	产　品　名　称	最惠国税率（%）	税则号列	产　品　名　称	最惠国税率（%）
84571090	其他加工中心	9.7	84602990	加工金属的其他磨床	13.0
84572000	单工位组合机床	8.0	84603100	数控刃磨(工具或刀具)机床	9.7
84573000	多工位组合机床	5.0	84603900	其他刃磨(工具或刀具)机床	15.0
84581100	切削金属的数控卧式车床	9.7	84604010	珩磨机床	13.0
84581900	切削金属的非数控卧式车床	12.0	84604020	研磨机床	13.0
84589100	切削金属的其他数控车床	5.0	84609010	加工金属的砂轮机(含加工金属陶瓷)	15.0
84589900	切削金属的其他车床	12.0	84609020	金属抛光机床	15.0
84591000	切削金属的直线移动式动力头钻床	15.0	84609090	其他用磨石、磨料等对金属进行精加工机床	15.0
84592100	切削金属的数控钻床	9.7	84612010	牛头刨床	15.0
84592900	切削金属的其他钻床	15.0	84612020	插床	15.0
84593100	切削金属的数控镗铣机床	9.7	84613000	拉床	12.0
84593900	切削金属的其他镗铣机床	10.0	84614010	数控切齿机、齿轮磨床或齿轮精加工机床	9.7
84594010	切削金属的数控镗床	9.7	84614090	非数控切齿机、齿轮磨床或齿轮精加工机床	15.0
84594090	切削金属的其他镗床	15.0	84615000	锯床或切断机	12.0
84595100	切削金属的升降台式数控铣床	9.7	84619011	龙门刨床	15.0
84595900	切削金属的其他升降台式铣床	15.0	84619019	其他刨床	15.0
84602930	轧辊磨床	13.0	84619090	其他金属切削机床	12.0
金属成形机床类					
84621010	数控锻造或冲压机床及锻锤	9.7	84624190	其他数控冲孔或开槽机床	9.7
84621090	非数控锻造或冲压机床及锻锤	12.0	84624900	非数控冲孔、开槽机、冲剪两用机	10.0
84622110	数控矫直机	9.7	84629110	金属型材挤压机	10.0
84622190	数控弯曲、折叠或矫平机床	9.7	84629190	其他液压压力机	10.0
84622910	非数控矫直机	10.0	84629910	其他机械压力机	10.0
84622990	非数控的其他弯曲折叠或矫平机床	10.0	84629990	其他加工金属或硬质合金的压力机	10.0
84623110	数控的板带纵剪机	7.0	84631011	重量≤300 t 冷拔管机	10.0
84623120	数控的板带横剪机	7.0	84631019	其他冷拔管机	10.0
84623190	数控的其他剪切机床	7.0	84631020	拔丝机	10.0
84623910	非数控板带纵剪机	10.0	84631090	其他金属杆、管、型材及类似品的拉拔机	10.0
84623920	非数控板带横剪机	10.0	84632000	金属或金属陶瓷的螺纹滚轧机	15.0
84623990	其他剪切机床	10.0	84633000	金属丝加工机	10.0
84624111	自动模式数控步冲压力机	9.7	84639000	其他金属或金属陶瓷非切削加工机床	10.0
84624119	其他数控冲床包括冲剪两用机	9.7			
铸造机械(压铸机)类					
84543010	冷室压铸机	12.0	84543090	其他金属冶炼及铸造用铸造机	12.0
木工机床类					
84651000	不需更换工具即可进行不同机械加工的机器	10.0	84659400	加工木材等材料的弯曲或装配机器	10.0
84659100	加工木材等材料的锯床	10.0	84659500	加工木材等材料的钻孔或凿榫机器	10.0

（续）

税则号列	产品名称	最惠国税率（%）	税则号列	产品名称	最惠国税率（%）
84659200	加工木材等材料的刨、铣或切削成形机器	10.0	84659600	加工木材等材料的剖、切或刮削机器	10.0
84659300	加工木材等材料的研磨、砂磨或抛光机器	10.0	84659900	加工木材等材料的其他机床	10.0
数控装置类					
85371011	用于电压不超过 1000V 线路的可编程序控制器	5.0	85371019	用于电压不超过 1000V 线路的其他数控装置	5.0
量仪、量具类					
90173000	千分尺、卡尺及量规	8.0			
机床零部件类					
84661000	工具夹具及自启板牙切头	7.0	84669200	税号 84.65 所列机器用的零附件	6.0
84662000	工件夹具	7.0	84669300	税号 84.56—84.61 所列机器用零附件	0
84663000	分度头及其他专用于机床的附件	7.0	84669400	税号 84.62—84.63 所列机器用零附件	6.0
84669100	税号 84.64 所列机器用的零附件	0			
切削刃具 及工具类					
82022000	带锯片	8.0	82075090	其他材料制工作部件的钻孔工具	8.0
82023900	其他圆锯片，包括部件	8.0	82076010	超硬材料制工作部件的镗孔或铰孔工具	8.0
82073000	锻压或冲压工具	8.0	82076090	其他材料制工作部件的镗孔或铰孔工具	8.0
82074000	攻螺纹工具	8.0	82077000	铣削工具	8.0
82075010	超硬材料制工作部件的钻孔工具	8.0	82078000	车削工具	8.0
涂附磨具、超硬材料类					
68041000	碾磨或磨浆用石磨、石碾	8.0	68053000	以其他材料为底的天然或人造研磨料	8.0
68042100	其他石磨、石碾及砂轮	8.0	71022100	工业用钻石(未加工或经简单锯开、劈开)	0
68042210	其他砂轮	8.0	71022900	工业用其他钻石(未镶嵌)	0
68042290	其他石磨、石碾及类似品	8.0	71051010	天然钻石粉末	0
68042310	天然石料制的砂轮	8.0	71051020	人工合成的钻石粉末	0
68042390	天然石料制其他石磨、石碾等	8.0	25132000	刚玉岩、天然刚玉砂和石榴石及其他天然磨料	3.0
68043010	手用琢磨油石	8.0			
68043090	手用其他磨石及抛光石	8.0	28181000	人造刚玉，不论是否已有化学定义	5.5
68051000	砂布	8.0	28492000	碳化硅	5.5
68052000	砂纸	8.0	28499010	碳化硼	5.5

注：数据来自中国海关。

〔供稿人：中国机床工具工业协会李卫青、姜茂云〕

推荐产品

推荐国产高档数控机床产品，为高档数控机床制造厂和高端数控机床用户之间搭起信息交流平台

Recommending domestic top-grade NC machine products, in order to build an information exchange platform between top-grade NC machine manufacturers and top-grade NC machine users

综述
专文
行业概况
市场概况
企业概况
统计资料
推荐产品
大事记
附录

国产高档数控机床推荐产品汇总（第一批）

国产高档数控机床推荐产品汇总
（第一批）

为促进我国高档数控机床的应用和发展，特将符合大型、精密、高速和四轴以上联动等条件的国产高档数控机床产品予以汇总，作为高端数控机床用户采购设备时的参考资料，内容包括产品的名称、主要技术参数及其制造厂。

此次仅汇总了31个企业196种数控机床，所汇总的产品是行业专家从企业申报的1 000多个产品中筛选出来的。这些产品都是通过技术鉴定、国家质检中心检测、用户生产验证的产品，技术先进、质量可靠，能较好地满足用户的需要。希望能够为高档数控机床制造厂和高端数控机床用户之间搭起信息交流平台，进一步推广国产高档数控机床的应用，为推动机床行业自主创新和振兴我国装备制造业做出贡献。

国产高档数控机床推荐产品汇总（第一批）见表1。

表1　国产高档数控机床推荐产品汇总(第一批)

序号	产品型号	产品名称	主要技术参数	主要用途
沈阳机床(集团)有限责任公司				
1	BW60HS	高速卧式加工中心	主轴最高转速12 000～16 000r/min；主轴功率（100%/40%）18kW/23kW；主轴转矩冲击韧度（100%/40%）61/80；工作行程：X轴700mm，Y轴630mm，Z轴550mm；快速进给速度60m/min；加速度1.0g；刀库容量32把；换刀时间2s（刀—刀），5s（切—切）；数控转台分度0.001°；数控转台最大转速40r/min；双交换工作台交换时间7s；精度标准符合VDI/DGQ3441标准；双向定位精度：Y/Z轴0.006mm，NC转台8″；双向重复定位精度：X、Y、Z轴0.004mm，NC转台5″；数控系统SIEMENS840D	适用于汽车、仪表、模具、航空等行业，是箱体、壳体、阀体等零部件加工及轴类零件端面加工的理想设备
2	BW60HS/2	高速卧式加工中心	主轴最高转速16 000r/min；主轴功率（100%/40%）18kW/23kW；主轴转矩冲击韧度（100%/40%）61N·m/80N·m；X轴工作行程：700mm；Y轴工作行程450mm；Z轴工作行程500mm；快速进给速度60m/min；加速度0.7g；刀库容量48把；换刀时间2s（刀—刀），7s（切屑—切屑）；数控转台分度0.001°；数控转台最大转速40r/min；双交换工作台交换时间7s；精度标准符合VDI/DGQ3441标准；双向定位精度：X、Y、Z轴0.006mm，NC转台8″；双向重复定位精度：X、Y、Z轴0.004mm，NC转台5″；数控系统SIEMENS840D	适用于汽车、仪表、模具、航空等行业，是箱体、壳体、阀体等零部件加工及轴类零件端面加工的理想设备
3	HTM541030 (CX6154)	车铣中心	最大车削直径540mm；最大车削长度1 030mm；主轴转速35～3 500r/min；B轴最高转速30r/min；C轴最高转速350r/min；B轴转角−102.5°～+102.5°；C轴转角360°；X/Y/Z轴快移速度(30m/min)/(15m/min)/(20m/min)；刀库容量20把；X/Y/Z/B/C定位精度：0.012mm/0.012mm/0.020mm/±4″/32″；X/Y/Z/B/C重复定位精度：0.006mm/0.006mm/0.008mm/±1.5″/25″；加工精度IT6	适合汽车、航天、军工等行业对回转体类零件进行高效、大批量、高精度的加工
4	HTC32500μ (CKG6132)	数控高精度车床	最大切削直径320mm；最大切削长度500mm；主轴范围30～4 000r/min；X快移速度10m/min；Z快移速度15m/min；X/Z定位精度0.004mm；X/Z重复定位精度0.002mm；尺寸精度IT5	适合汽车、航天、军工等行业回转体类零件大批量加工
5	SSCK系列	车削中心	卡盘直径Φ250～500mm；床身上最大回转直径Φ500～1 000mm；最大车削直径Φ400～800mm；最大车削长度750～4 000mm；主轴转数3 300～1 800r/min；主轴孔径Φ65～125mm；主轴驱动功率15/18.5kW～37/45kW；滑鞍快进速度（X/Z）13/15～(10m/min)/(12m/min)；动力刀头定位精度±4″；动力刀头重复定位精度±1.6″；C轴分度精度0.001°；C轴定位精度36″；C轴重复定位精度18″；动力附具最大铣刀尺寸3～26mm	该系列车削中心，集车、铣、钻、攻螺纹等功能于一台机床。适用于军工、汽车等行业。可加工形状复杂的轴、盘类零件

（续）

序号	产品型号	产品名称	主要技术参数	主要用途
6	HTM40150sub(SS-CKZ40A－5)	车铣加工中心	床身上最大回转直径 600mm；床鞍上最大回转直径 500mm；盘类零件最大加工直径 400mm；轴类零件最大车削长度 1 000mm；主轴通孔直径 65mm；*X* 轴行程 460mm；*Y* 轴行程－100/＋150mm；*Z* 轴行程1 100mm；B 轴行程－110°/110°；B 轴最小进给单位 0.001°；*X*/*Y*/*Z* 轴快移速度(16m/min)/(15m/min)/(20m/min)；主轴最高转速4 000r/min；动力轴最高转速6 000r/min；主电动机功率 22kW；动力轴电动机功率 12kW	五轴五联动集车、铣、钻、镗、攻螺纹等功能于一身。适用于航空、航天、船舶、军工形状复杂回转体零件的加工
7	HTM80150sub (SSCKZ80A－5)	车铣加工中心	床身上最大回转直径1 100mm；床鞍上最大回转直径 900mm；盘类零件最大加工直径 800mm；轴类零件最大车削长度1 500mm；主轴通孔直径 100mm；*X* 轴行程 720mm；*Y* 轴行程－200mm/＋300mm；*Z* 轴行程 1 750mm；*B* 轴行程－90°/90°；*C* 轴最小进给单位 0.001°；*B* 轴最小进给单位 0.001°；*X*/*Y*/*Z* 轴快移速度(15m/min)/(8m/min)/(20m/min)；主轴最高转速 2 000r/min；动力主轴最高转速4 000r/min；主电动机功率37kW；副主轴电动机功率28kW；动力电动机功率17kW；控制联动轴数六轴五联动(或任意四联动)	集车、铣、钻、镗、攻螺纹等功能于一身，适用于航空、航天、船舶、军工等形状复杂异形回转体零件的加工
8	SSK－U6035	以车代磨柔性加工单元	A 轴：定位精度±15″，回转角度 360°；B 轴：定位精度±15″，回转角度±10°；*X* 轴：定位精度±0.005mm，行程 400mm；*Y* 轴：定位精度±0.005mm，行程 400mm，*Z* 轴：定位精度±0.005mm，行程1 150mm；U 轴：定位精度±0.005mm，最高转速 3 000 r/min，行程±25mm，刀库 40 把刀位，系统西门子 840D	用于航空、航天、船舶等领域，加工形状复杂等特点。实现自动检测、自动校正、以车代磨的精加工工序
9	TH6540×40A	卧式铣镗加工中心	工作台尺寸 400mm×400mm～1 800mm×1 800mm；工作台数 2 个(双交换工作台)；工作台承重 400～10 000kg；主轴转速：20－5 000r/min～12－3 000r/min；主轴最大转矩冲击韧度 376～1100N·m；工作台行程 *X*700～2 000mm；主轴箱行程 Y650～1 500mm；立柱行程 Z600～1 200mm；刀库容量 40～60 把；主电动机输出功率 11/15～17kW/22.5kW	可分度回转加工，多工作面铣、钻、镗、铰、攻螺纹、两维、三维曲面等多工序加工
10	TH58200×500	桥式龙门五轴铣镗加工中心	工作台尺寸2 000mm×5 000mm；工作台承重5 000kg/m；主轴转速 240～24 000r/min；主轴最大转矩冲击韧度1 100N.m；工作台行程：*X* 4 500mm；主轴箱行程 *Y* 2 000mm；立柱行程 *Z* 1 000mm；主轴头 B 轴摆角 95°～－110°；主轴头 *C* 轴转角±200°；刀库容量 20 把；主电动机输出功率27kW	用于航空航天复杂零件加工、难加工材料(钛)加工
11	HS664RT	五轴联动高速铣加工中心	工作台尺寸1 000mm×550mm；最大负载 700kg；线性轴行程：*X* 轴 600mm，*Y* 轴 560mm，*Z* 轴 400mm；线性轴进给 *Y* 轴 30m/min；刀库容量 20 把；主轴：速度22 000r/min、36 000r/min(选配)；最大功率 16kW、19kW(选配)；内置旋转倾斜工作台；工作台直径：400mm；最大旋转直径 565mm；A 轴行程－100°/＋105°；*C* 轴行程 360°；五轴联动	加工复杂形面所需的高速和准确的特性，用于模具、电极、锻模和塑料模具的加工及小批量生产，以及适用于航空航天领域
12	D165/3＋1	3＋1 轴高速铣加工中心	工作台尺寸1 400mm×820mm；最大承重1 500kg；最大进给速度 30m/min；加速度 0.5*g*；定位精度 0.01m(VDI/DGQ3441/ISO230－2)，0.006m(ASMEB5.54norms)；重复定位精度 0.008mm(VDI/DGQ3441/ISO0230－2，0.003mm(ASMEB5055norms)；主轴最大转速 36 000r/min；最大功率 19kW；摆头 *B* 轴行程＋25°/－25°；*B* 轴分辨率 5°；控制方式全闭环控制；控制轴数四轴三联动；刀库容量 20 把	20 把刀刀具容量可满足不同用户加工的需要。广泛应用于模具、电极、航空航天等领域
13	GMB 系列	龙门式镗铣加工中心	工作台宽度1 000～4 000mm；长度1 600～30 000mm；主轴转速(20～2 000r/min)/(40～6 000r/min)；主轴锥孔 BT50；主电动机功率 12kW/16kW、30kW/40kW、37kW/51kW；刀库容量 32 把、40 把、50 把、60 把	用于航天、航空、军工、IT 等完成铣、钻、镗、扩、铰、攻螺纹、锪等加工
14	GMD 系列	龙门式数控铣钻床	工作台宽度1 600～4 000mm；长度1 600～30 000mm；主轴转速 40～4 500r/min；主轴锥孔 BT50；主电动机功率 15kW/20.5kW×2、22kW/30kW×2	用于军工、造船等零件加工。可完成钻、铣、镗工序加工

（续）

序号	产品型号	产品名称	主要技术参数	主要用途
15	PLATINO1530HS	数控激光切割机	加工范围：X 轴3 000mm，Y 轴1 500mm；最大定位速度 140m/min；X、Y 轴加速度 1.2g；定位精度 0.03mm；重复定位精度 0.03mm	用于板材、管材的切割加工
大连机床集团有限责任公司				
16	TNA400Ⅱ	数控车削中心	床身上最大回转直径 Φ665mm；最大车削直径 Φ340/Φ435mm；最大快速移动速度 X/Y/Z：(15m/min)/(15m/min)/(24m/min)；最大行程 X/Y/Z：285m/±50m/750m；转速范围 50～4 000r/min；主电动机功率 15kW/18.5kW；刀台工位数 12(任意刀位可装动力刀具)；动力刀具电动机功率 2.2/5.5kW；动力刀具转速范围：30～4 000r/min；C 轴转速：0～100r/min；定位精度 X/Y/Z/C：0.008/0.006/0.010mm/25″；重复定位精度 X/Y/Z/C：0.0025/0.002/0.004mm/15″；标配光学式自动对刀仪，可选数控尾座	用于航空、航天、造船、兵工、汽车等行业需车铣复合加工的零部件的精密机械加工
17	DL－30M	全机能数控车床	床身上最大回转直径 Φ635mm；最大车削直径 Φ300mm/Φ600mm；最大工件长度 1 000mm；最大快速移动速度 X/Z：(20m/min)/(24m/min)；主转速范围 30～3000r/min；电动机功率 15kW/18.5kW；刀台工位数 12；定位精度 X/Z：0.01mm/0.016mm；重复定位精度 X/Z：0.005mm/0.008mm	用于航空、航天、造船、兵工等行业回转类精密零件加工
18	MDH－800	高精密卧式加工中心	工作台尺寸 800mm×800mm(双交换工作台)；工作台分度 1°×360°(可选数控转台)；行程 X/Y/Z 向：1 400mm/1 100mm/1 050mm；快速移动速度 40m/min；主轴电动机功率 25kW(连续)/30kW(30min)；主轴转速 35～8 000r/min(电主轴，2 档变速)；主轴内锥度 No.50；刀库容量 40～160 把；换刀时间 2.5s(刀－刀)，6s(切－切)；工作台交换时间 12.5s；定位精度±0.002 5mm；重复定位精度±0.001 5mm；丝杠采用中空冷却技术，机床具有温度补偿功能	适用于航空、航天、造船、兵工、汽车等行业箱体或回转类精密零部件的精密加工
19	MDV－75	高精密立式加工中心	工作台尺寸 1 550mm×740mm；行程 X/Y/Z 向：1 530mm/740mm/660mm；主轴电动机功率 7.5kW(连续)/11kW(30min)；主轴转速(6 000r/min)/(8 000r/min)(2 档变速)，12 000r/min(电主轴 2 档变速)；刀库容量 20 把/30 把；换刀时间 2s(刀－刀)，7s(切－切)；定位精度±0.002 5mm；重复定位精度±0.001 5mm；丝杠采用中空冷却技术，机床具有温度补偿功能；可选配 Φ400mm 以下数控转台(四轴联动)	适用于航空、航天、造船、兵工、汽车等行业复杂零部件(包括回转类)及模具的精密加工
20	VDL－1300	立式加工中心	工作台尺寸 1 300mm×560mm；行程 X/Y/Z 向：1 270mm/560mm/600mm；快速移动速度 24m/min；主轴电动机功率 7.5kW(连续)/11kW(30min)；主轴转速(8 000r/min)/(10 000r/min)；刀库容量 20/24 把；定位精度±0.002 5mm(全闭环)；重复定位精度±0.001 5mm(全闭环)；可选配 Φ250mm 以下数控转台(四轴联动)	适用于航空、航天、造船、兵工、汽车等行业复杂零部件及模具精密加工
21	FZ37 系列	五坐标数控桥式高速铣床	工作台长度3 000～10 000mm；工作台宽度2 000～3 000mm；工作行程：X 轴3 000～10 000mm，Y 轴2 000～3 000mm，Z 轴1 000～2 000mm；快移速度20 000(直线电动机40 000)mm/min；A/C 轴转速 50°/s；刀库容量 30 把(选择 80 把)；定位精度 X/Y/Z 轴：0.03mm/0.02mm/0.02mm，A/C 轴 15″(0.004°)；重复定位精度 X/Y/Z 轴：0.015mm/0.01mm/0.01mm，A/C 轴：8″(0.002°)；主轴转速最大24 000～28 000r/min；主轴功率最大 20～40kW；A 轴加工范围最大±110°，C 轴加工范围最大±360	适用于航空、航天、造船、汽车等行业各种复杂零部件、覆盖件、模具等各类大型工件加工
宁夏长城数控机床有限公司				
22	OMEGA65	车削中心	床身/床鞍上回转直径 Φ600/Φ530mm；最大车削直径 Φ380mm/Φ500mm；最大车削长度 500mm；床鞍 X/Z 向快速：X16m/min；Z24m/min；Y5m/min；主轴转速范围 0～4 000r/min；主轴孔径 Φ80mm；刀盘刀位数 12(动力 live－tools6)；主电动机功率 AC24/35	用于汽车、军工、航空航天等行业复杂回转体零件的加工

（续）

序号	产品型号	产品名称	主要技术参数	主要用途
23	TW250	车削中心	床身/床鞍上回转直径 Φ260mm；最大车削直径 Φ250(标准 Φ200) mm；床鞍 X/Z 向快速：X20m/min，Z32m/min，Y7.5m/min；主轴转速范围 40～4 000r/min；刀盘刀位数 12(动力 live－tools5)×2；主电动机功率 AC29.3kW/37.5kW	主要用于汽车、军工、航空航天等行业复杂回转体零件的加工
宝鸡机床厂				
24	CH7520	车削中心	床身上最大回转直径 Φ500mm；最大车削直径 Φ280mm；推荐车削直径/长度：Φ200mm/490mm；主轴转速 40～4 000r/min；主电动机功率(连续/30min)11kW/15kW；主轴头型式 A2－6；移动距离(X/Z)：210mm/510mm；快速移动速度(12m/min)/(16m/min)；最小控制角度 0.001°；回转刀具电动机功率(连续 30min)3.7kW/5.5kW；回转刀具速度：40～4 000r/min；最大端铣直径/攻螺纹尺寸 Φ18mm/M12；定位精度：X0.013mm(0.016mm)，Z0.016mm(0.025mm)；重复定位精度：X0.005mm(0.007mm)，Z0.006mm(0.010mm)；C 轴定位精度≤36″(72″)；C 轴重复定位精度≤18″(36″)	适用于航天、汽车、机械等行业中等规格零件的车削、铣削、钻孔、攻螺纹等加工
25	CH7516	车削中心	床身上最大回转直径 Φ400mm；最大车削直径 Φ250mm；最大车削长度 350mm；主轴转速 55～5 500r/min；主电动机功率(连续/30min)11kW/15kW；主轴头型式 A2－5；移动距离(X/Z)：165mm/350mm；快速移动速度(12m/min)/(16m/min)；最小控制角度 0.001°；回转刀具电动机功率(连续 30min)1.1kW/3.7kW；回转刀具速度：80～6 000 r/min；最大端铣直径/攻螺纹尺寸：Φ13mm/M10；定位精度：X0.013mm(0.016mm)，Z0.016mm(0.02mm)；重复定位精度：X0.005mm(0.007mm)，Z0.006mm(0.008mm)；C 轴定位精度≤(36″)72″；C 轴重复定位精度≤(18″)36″	适用于航天、汽车、机械等行业中等规格零件的车削、铣削、钻孔、攻螺纹等加工
26	CH7530	车削中心	床身上最大回转直径 Φ400mm；最大车削直径 Φ670mm；最大车削长度 350mm；主轴转速 25～2 500r/min；主电动机功率(连续/30min)22kW/30kW；主轴头型式 A2－8；移动距离(X/Z)：325mm/1 470mm；快速移动速度(12m/min)/(16m/min)；最小控制角度 0.001°；回转刀具电动机功率(连续 30min)5.5kW/7.5kW；回转刀具速度 30～3 000r/min；最大端铣直径/攻螺纹尺寸：Φ25mm/M18；定位精度：X0.013(0.016)mm，Z0.016mm(0.025mm)；重复定位精度：X0.005mm(0.007mm)，Z0.006mm(0.010mm)；C 轴定位精度≤36″(72″)；C 轴重复定位精度≤18″(36″)	适用于航天、汽车、机械等行业中等规格零件的车削、铣削、钻孔、攻螺纹等加工
27	CK7520	数控车床	床身上最大回转直径 Φ500mm；最大车削直径 Φ370mm；床鞍上最大回转直径 Φ320mm；最大车削长度 530mm；主轴转速 40～4 000 r/min；主轴电动机功率(连续 30min)11kW/15kW；主轴头型式 A2－6；移动距离(X/Z)210mm/550mm；快速移动速度(12m/min)/(16m/min)；定位精度：X0.013mm (0.016mm)，Z0.016mm (0.025mm)；重复定位精度：X0.005mm(0.007mm)，Z0.006mm (0.010mm)	适用于航天、汽车、机械等行业中等规格零件的车削加工
28	CK7516	数控车床	床身上最大回转直径 Φ400mm；最大加工直径 Φ285mm；最大加工长度 400mm；液压卡盘直径 Φ165mm；主轴转速 55～5 500r/min；主轴电动机功率(连续 30min)11kW/15kW；主轴头型式 A2－5；移动距离(X/Z) 165mm/410mm；X 向最高进给速度 12m/min；Z 向最高进给速度 16m/min；定位精度：X0.013mm(0.016mm)，Z0.016mm(0.025mm)；重复定位精度：X0.005mm(0.007mm)；Z0.006mm(0.010mm)；	适用于航天、汽车、机械等行业中等规格零件的车削加工
29	CK7525	数控车床	床身上最大回转直径 Φ550mm；最大加工直径 Φ450mm；最大加工长度1 000mm；液压卡盘直径 Φ254mm；主轴转速 30～3 000r/min；主轴电动机功率(连续/30min)：15kW/18.5kW；主轴头型式 A2－8；移动距离(X/Z)250mm/525mm；X 向最高进给速度 16m/min；Z 向最高进给速度 20m/min；定位精度：X0.013mm (0.016mm)；Z0.016mm(0.025mm)；重复定位精度：X0.005mm (0.007mm)，Z0.006mm(0.010mm)	适用于航天、汽车、机械等行业中等规格零件的车削加工

（续）

序号	产品型号	产品名称	主要技术参数	主要用途
30	CK7660L	数控车床	床身上最大回转直径 Φ750mm；床鞍上最大回转直径 Φ600mm；最大车削直径 Φ630mm；行程（X/Y/Z）：550mm/400mm/270mm；主轴转速范围 22～2 200r/min；主轴电动机功率 30kW/37kW；主轴头型式：A2－8；移动距离（X/Z）：410mm/720mm；快速移动速度（20m/min）/（24m/min），定位精度：X0.016mm，Z0.025mm；重复定位精度：X0.007mm，Z0.010mm	适用于中小型箱体、盖、板、壳、盘等零件的加工
南京机床有限公司				
31	CKH1420	车削中心	床身上最大车削直径 200mm；最大车削长度 280mm；床鞍上最大车削直径 200mm；主轴转速范围：（40～8 000r/min）/（30～6 000r/min）；刀架工位 8/12；电主轴分度定位任意；动力刀具转速范围 0～4 000mm/min	
32	CKH1440B	车削中心	床身上最大车削直径 400mm；床鞍上最大车削直径 280mm；最大车削长度 600mm/1 000mm/1 500mm；主轴转速范围（30～3 500r/min）/（40～4 000r/min）；刀架工位 8/12；电主轴分度定位任意；动力刀具转速范围 0～4 000mm/min	
33	CKH1450	车削中心	床身上最大车削直径 500mm；床鞍上最大车削直径 300/320mm；最大车削长度 650mm/1 000mm/1 500mm/2 000mm；主轴转速范围（30～3 000r/min）/（25～2 500r/min）；刀架工位 8/12；电主轴分度定位任意；动力刀具转速范围 0～4 000mm/min	
34	CKH1463	车削中心	床身上最大车削直径 630mm；床鞍上最大车削直径 440mm；最大车削长度 700mm/1 000mm/1 500mm/2 000mm；主轴转速范围（25～2 500r/min）/（20～2 000r/min）；刀架工位 8/12；电主轴分度定位任意；动力刀具转速范围 0～4 000mm/min	
35	CKH1480	车削中心	床身上最大车削直径 800mm；拖板上最大车削直径 640mm；最大车削长度1 500mm/2 000mm/2 500mm；主轴转速范围（25～2 500r/min）/（20～2 000r/min）；刀架工位 8/12；电主轴分度定位任意；动力刀具转速范围 0～4 000mm/min	
北京第一机床厂				
36	CDHA512	倒立式车削加工中心	最大加工直径 305mm；三向行程：1 170mm、±50mm、420mm；主轴转速 30～4 000r/min；快速进给速度：X 轴 60m/min，Y 轴 15m/min，Z 轴 30m/min；动力刀具转速 100～4 000r/min；可实现四轴联动	大批量的盘、套类零件的生产
37	CXHA6130	车铣复合加工中心	可实现五轴联动：X1/X2/Y/Z1/Z2/Z 背/B（分度）/C/CB；定位精度：±0.015mm/±0.010mm/±0.010mm/±0.020mm/±0.020mm/±0.020mm/±4″/±30″/±30″；重复定位精度：±0.005mm/±0.005mm/±0.005mm/±0.005mm/±0.005mm/±0.005mm/±4″/±10″/±10″；最大加工直径 600mm；车主轴转速 35～4 200r/min；铣主轴转速 35～12 000r/min；行程（X1/X2/Y/Z1/Z2/ZB）：700mm/215mm/－200～＋150mm/1 350 mm/1 200 mm/1 200mm；各轴切削速度 0.001～500mm/min；C 轴转速 5.6r/min；快速进给速度：（X1/X2）30m/min，Y15m/min，（Z1/Z2）36m/min，ZB30（m/min）；快速进给速度：B 轴 54mm/min，C 轴 300mm/min，CB 轴 300r/min	汽车、航空航天、军工等高技术行业
38	XHAD2412	定梁龙门加工中心	工作台面积1 250mm×2 500mm；工作台最大承载重量5 500kg；三向行程：2 700mm、1 650mm、750mm；主轴转速 30～3 000r/min；切削进给速度 1～5 000mm/min；快速移动速度：（X/Y）12 000mm/min，Z 10 000 mm/min；定位精度、重复定位精度：按照德国 T8504.01 位置精度标准；可实现四轴联动	各类行业的机械加工；可实现对工件的五面综合加工

（续）

序号	产品型号	产品名称	主要技术参数	主要用途
39	XHAD7310	立式加工中心	工作台面积1 000mm×3 000mm；工作台最大承载重量8 000kg；三向行程：3 000mm、1 000mm、900mm；主轴转速 40～10 000r/min；切削进给速度 6～6 000mm/min；快速移动速度10 000mm/min；定位精度：X0.03，(Y/Z)0.02mm；重复定位精度 0.01mm；主电动机功率 50kW；可实现四轴联动	大、中型精密复杂模具、三维复杂曲面的加工
40	MXR－460V	立式加工中心	工作台面积 460mm×1 000mm；工作台最大承载重量 500kg；三向行程：762mm、460mm、450mm；主轴转速 50～15 000r/min；快速进给速度：(X/Y)36 000mm/min，Z 30 000mm/min；切削进给速度 30 000mm/min；定位精度±0.004/全行程 mm；重复定位精度±0.001 5mm/100mm；可实现四轴联动	汽车相关零件、中小型机械零件和模具类零件的加工
41	MAR－630H	卧式加工中心	工作台面积 630mm×630mm；工作台最大承载重量1 200kg；三向行程(X/Y/Z)1 000mm/800mm/810mm，主轴转速5 000～12 000r/min；快速进给速度40 000mm/min；切削进给速度 1～40 000mm/min；定位精度±0.004/全行程 mm；重复定位精度：±0.001 5/100mm；可实现四轴联动	复杂型面零件的加工，直线、斜线、曲线等轮廓的铣削加工
42	LBR－370	数控车床	主轴最大加工直径 370mm；最大加工长度1 000mm；主轴转速(45～4 500r/min)/(38～3 800r/min)；移动量：X 轴 260(185＋75)mm，Z 轴1 020mm；快速进给速度：X 轴 20mm/min，Z 轴 25mm/min；切削进给速度：(X/Z)0.001～1 000mm/min；圆度 0.37μm；粗糙度 0.3μm；可实现四轴联动	大批量生产的各类行业的机械零件加工
43	XKA2130	数控龙门镗铣床	工作台面积3 000mm×8 000mm；三向行程：(X/Y/Z)10 720mm/210mm/550mm；主轴转速 8～2 000r/min；铣头快速移动3 000mm/min；铣头垂直行程1 250mm 或1 000mm；进给量范围(无级)1～3 000mm/min；铣头主电动机功率：DC60kW；可实现四轴联动	大型黑色金属和有色金属零件的粗、精加工；各类机械制造行业的复杂零件加工
44	XKA738C	立式数控铣床	工作台面积：800mm×2 500mm；工作台最大承载重量：6 000kg；定位精度：X 向 0.04mm，Y 向 0.025mm，Z 向 0.03mm；重复定位精度 0.01mm；三向行程：2 500mm、800mm、800mm；主轴转速 40～4 000r/min；切削进给速度 5～4 000mm/min；快速移动速度10 000mm/min；可实现四轴联动	各类大、中型精密复杂磨具加工；大中型黑色、有色金属件三维复杂曲面的加工
北京机床研究所精密机电有限公司				
45	μ1000－3V	立式加工中心	工作台工作面尺寸 500mm×1 200mm；行程：X 轴/Y 轴/Z 轴 1 000 mm/560mm/550mm；主轴电动机功率 22kW/18.5kW；主轴转速 35～(12 000 r/min)/(15 000 r/min)/(20 000r/min)(可选)；X、Y 轴快速移动速度：36m/min、48m/min(可选)；刀库容量：24 把；换刀时间(刀对刀)1.5s；X、Y、Z 轴定位精度：0.018mm、0.008mm(全闭环)(可选)；重复定位精度：0.008mm、0.004mm(全闭环)(可选)	用于汽车发动机缸体、缸盖、制动器、变速箱体、转向节、减速器等零件大批量精密加工
46	μ1000－5V	立式加工中心	工作台工作面尺寸 Φ500mm；主轴电动机功率：22kW/18.5kW；行程(X/Y/Z)500mm/500mm/415mm；主轴转速 35～(12 000r/min)/(5 000r/min)/(20 000r/min)(可选)；X、Y 轴快速移动速度：36m/min、48m/min(可选)；刀库容量 24 把；换刀时间(刀对刀)15s；X、Y、Z 轴定位精度：0.018mm、0.008mm(全闭环)(可选)；重复定位精度：0.008mm、0.004mm(全闭环)(可选)；(执行 GB8771－1998 标准)	为五轴联动机可实现五面加工，中、小型箱体零件、叶轮、叶片和空间曲面多品种加工
47	μ2000/5 －630H	卧式加工中心	工作台工作面尺寸 Φ630mm；主轴转速 80～8 000r/min；行程(X/Y/Z)820/1 000/900mm；B 轴允许旋转角度任意方向；A 轴允许旋转角度－20°～100°；切削进给速度 1～24 000mm/min；快速移动速度 48m/min；刀库容量：38 把、60 把(可选)；换刀时间(刀对刀)6s；定位精度：0.025mm、0.008mm(闭环)(可选)；重复定位精度：0.01mm、0.004mm(闭环)(可选)	五轴五联动，适合于汽车发动机缸体、精密传动箱、泵体、差速器等箱体类零件加工

（续）

序号	产品型号	产品名称	主要技术参数	主要用途
48	CKG(A、B、C型)	系列高精度数控车床	加工直径 Φ300mm；主轴回转精度 1μm；导轨直线性：X 轴 2μm/200mm；Z 轴 2μm/200mm；定位精度±2μm；重复定位精度±1μm；主轴配置形式高精度气体静压主轴、液体静动压主轴、超精密轴承主轴（可选）	适合于端面、内外圆、任意锥面、球面、切槽加工，高精度、精密加工需求
49	SPHERE	系列超精密球面镜车床	主轴回转精度≤0.1μm；工作转台精度：≤0.3μm；行程：(X/Z轴)340mm/200mm；X、Z 轴定位精度 1μm；加工件精度（无氧铜）：表面粗糙度 R_a≤0.025μm；圆度(Φ50)≤0.3μm	加工球面镜及圆柱镜面加工，为国防、航天航空、核能、激光等领域装备
50	SQUARE	系列超精密镜面铣床	加工范围 300mm×300mm；主轴及溜板均采用气体静压结构，几何精度高，运动灵敏、平稳。选用开放式结构，可选配增加第三轴或第四轴。主轴回转精度：轴向、径向圆跳动≤0.05μm；表面粗糙度 R_a≤0.01μm	可做车床、铣床用，加工球面及非球面回转曲面，用于航天航空、核能工业、激光等领域
51	NAM－800	超精密数控车床	机床加工最大直径 800mm；测量反馈系统分辨率 2.5nm，气浮主轴回转精度≤0.03μm；溜板移动直线性 0.15μm/200mm；加工表面粗糙度 R_a<0.008μm；定位精度≤0.2μm/400mm	可为航天航空、天文、光学、激光及军工所需大型极高精度核心部件提供纳米级加工手
江苏多棱数控机床股份有限公司				
52	TK68125A	落地式数控铣镗床	工作台尺寸 4 000mm(6 000mm、8 000mm)×1 600mm；B 轴转台直径 1 000mm；工作台行程：5 500（立柱）、2 000（拖板）、800（滑枕）mm；A、C 轴行程：±100°、±200°；快移速度(X/Y/Z)：(12m/min)/(10m/min)/(16m/min)；(A、C 轴)4.3r/min；主轴转速 8 000r/min；主电动机功率 30kW；主轴转矩冲击韧度 197N.m；定位精度 0.015mm；重复定位精度 0.008mm；六轴五联动	汽车模架加工及大型航空结构件加工
53	TK/TH42 系列	数控龙门铣镗床	工作台宽 1 000 mm、1 250 mm、1 600 mm、2 000 mm、2 500 mm、3 000mm、5 000mm；工作台长：2 500mm、3 000mm、4 000mm、6 000 mm、8 000mm、10 000mm、12 000mm、18 000mm；A、C 轴行程：±100°、±200°；主轴转速 50～14 000r/min；主轴功率 15～30kW	各种金属模具加工及大型航空结构件加工
54	XH2725/5X－10	高架桥式五轴联动龙门加工中心	工作台尺寸 10 000mm(6 000mm、8 000mm、12 000mm、18 000 mm)×2 500mm；工作台行程(X/Y/Z)：10 000mm/2 500mm/1 000 mm；A、C 轴行程：±100°、±200°；快移速度(X/Y/Z)20m/min，(A/C 轴)5r/min；主轴转速 14 000r/min；主电动机功率 30kW；主轴转矩冲击韧度 124N.m；定位精度：0.06mm(X 轴全长)、0.02mm(Y、Z 轴全长)；15″(A、C 轴)；重复定位精度：0.02mm(X 轴)，0.01mm(Y 轴)，10″(A、C 轴)	大型航空结构件（有色金属和钛合金）及大型模具、叶轮加工
成都宁江机床（集团）股份有限公司				
55	TH(M)6350	精密卧式加工中心	工作台尺寸 500mm×500mm；主轴转速 6 000～12 000r/min；三轴行程：700mm/600mm/600mm；定位精度 0.015mm(0.008mm 选购)；重复定位精度：0.01mm；(0.004mm 选购)；刀位数 32 把/40 把/60 把	可完成铣、镗、铰、攻螺纹和粗、精加工，满足箱体和曲面加工需要
56	TH(M)6363	精密卧式加工中心	工作台尺寸 630mm×630mm；主轴转速 6 000r/min，8 000r/min，12 000 r/min；三轴行程：900mm/800mm/800mm；定位精度 0.008mm；重复定位精度 0.005mm；刀位数 40 把/60 把/80 把	配六工，完成铣、钻、镗、铰、攻螺纹和轮廓粗、精加工，满足箱体和曲面加工需要

（续）

序号	产品型号	产品名称	主要技术参数	主要用途
57	NJ－5HMC40	五轴联动加工中心	工作台尺寸 Φ400mm；主轴转速：30 000r/min，40 000r/min；三轴行程：900mm/800mm/800mm；定位精度 0.004mm；重复定位精度 0.002mm；刀位数 20/40	用于叶片、叶轮、模具等复杂曲面加工，满足箱体和曲面加工需要
58	CKA(E)1112	数控纵切自动车床	最大棒料直径 12mm；最大车削直径 12mm；行程（X/Y/Z）64mm/170mm/140mm；主轴转速12 000r/min；定位精度：（Z/Y）0.020mm，X0.015mm	上下料自动循环，车、钻、镗、螺纹、切断、攻螺纹等
59	CKD(N)6140	CNC 普及型数控车床	最大回转直径 400mm；最大车削直径 250mm；X/Z 行程 200mm/530mm；主轴转速4 000r/min；定位精度 0.012mm/0.015mm；重复定位精度：0.006mm/0.012mm	应用于各行业批量生产
60	NJ－KM011	CNC 车床	最大回转直径 250mm；最大车削直径 125mm；X/Z 行程 250mm/200mm；主轴转速6 000r/min；定位精度 0.003mm	车、钻、镗、攻螺纹、割槽、切断等
61	MK2945C	连续轨迹数控坐标磨床	工作台面积 450mm×800mm；工作台行程 400mm×600mm；磨轮转速4 500～180 000r/min；最大磨孔直径 220mm；加工精度：孔距精度 0.005mm，坐标定位精度±0.003 5（VDI）、±0.001 5mm	曲线、模具和冲头等加工，可磨削凸轮、叶片、圆弧面等零件
62	MK2932B	数控坐标磨床	工作台面积 320mm×600mm；工作台行程 250mm×400mm；磨轮转速4 500～180 000r/min；最大磨孔直径 250mm；坐标定位精度±0.002mm；加工精度：孔距精度0.001 5mm	适用于模具制造、硬质合金加工和精密零件加工
63	MK4280	大规格连续轨迹数控坐标磨床	工作台面积 800mm×1 200mm；工作台行程1 000mm×620mm；磨轮转速4 500～180 000r/min；最大磨孔直径 220mm；坐标定位精度±0.005mm；加工精度：孔距精度 0.005mm	可对曲线样板、模具型腔和冲头等零件进行加工
交大昆机科技股份有限公司				
64	TK6916	数控落地式铣镗床	主轴直径 Φ160mm；方滑枕尺寸 480mm×580mm；立柱横向行程（X）8 000mm，主轴箱垂直行程（Y）3 000mm，主轴轴向行程（W）900mm，滑枕行程（Z）1 100mm；任意四轴联动，数控系统采用德国 SINUMERIK840D 系统；回转工作台规格自选；可加刀库，刀库容量为自选；多种附件铣头可供选择	用于工程机械、兵器、造船、钢铁、矿山、冶金等大型零件的孔、面加工
65	TK6913	数控落地式铣镗床	主轴直径 Φ130mm；方滑枕尺寸 420mm×480mm，立柱横向行程（X）6 000mm，主轴箱垂直行程（Y）2 000mm，主轴轴向行程（W）800mm，滑枕行程（Z）800mm；任意四轴联动，数控系统采用德国 SINUMERIK840D 系统；回转工作台规格自选；可加刀库，刀库容量自选；多种附件铣头可供选择	用于工程机械、兵器、造船、钢铁、矿山、冶金等大型零件孔、面加工
66	TK6920	数控落地式铣镗床	主轴直径 Φ200mm；方滑枕尺寸 480mm×580mm；立柱横向行程（X）10 000mm，主轴箱垂直行程（Y）4 000mm，主轴轴向行程（W）1 200mm，滑枕行程（Z）1100mm；任意四轴联动，数控系统采用德国 SINUMERIK840D 系统；回转工作台规格自选；可加刀库，刀库容量自选；多种附件铣头可供选择	用于工程机械、兵器、造船、钢铁、矿山、冶金行业大型零件孔、面加工
67	TK6516	数控刨台式铣镗床	主轴直径 Φ160mm；方滑枕尺寸 420mm×480mm；工作台横向行程（X）2 500mm，主轴箱垂直行程（Y）2 000mm，滑枕行程（Z）800mm，主轴轴向行程（W1）850mm，立柱纵向行程（W）2 000mm；工作台回转（B）360°；工作台尺寸2 500mm×2 000mm；最大承重 30 000kg；任意四轴联动，数控系统采用德国 SINUMERIK840D 系统；可加刀库，刀库容量自选	用于工程机械、兵器、造船、钢铁、矿山、冶金行业大型零件孔、面加工
68	TK6513	数控刨台式铣镗床	主轴直径 Φ130mm；工作台尺寸2 500mm×1 800mm；方滑枕尺寸 420mm×480mm；工作台横向行程（X）2 500mm，主轴箱垂直行程（Y）2 000mm，滑枕行程（Z）800mm，主轴轴向行程（W1）850mm，立柱纵向行程（W）2 000mm；工作台回转（B）360°；任意四轴联动，数控系统采用德国 SINUMERIK840D 系统；可加刀库，刀库容量自选	用于工程机械、兵器、造船、钢铁、矿山、冶金行业大型零件孔、面加工

（续）

序号	产品型号	产品名称	主要技术参数	主要用途
69	TK6513A	数控刨台式铣镗床	主轴直径Φ130mm；工作台尺寸1 600mm×1 800mm；工作台横向行程(X)2 500mm，主轴箱垂直行程(Y)1 600mm，立柱纵向行程(Z)1 250mm；主轴轴向行程(W)900mm，工作台回转(B)360°；任意四轴联动，数控系统采用德国SINUMERIK840D系统；可加刀库，刀库容量自选	主要用于兵器、造船、钢铁、矿山、冶金、煤机行业中型零件的孔、面加工
70	TK6516A	数控刨台式铣镗床	主轴直径Φ160mm；工作台尺寸2 000mm×1 800mm；工作台横向行程(X)2 500mm，主轴箱垂直行程(Y)1 600mm，立柱纵向行程(Z)1 250mm，主轴轴向行程(W)900mm，工作台回转(B)360°；任意四轴联动，数控系统采用德国SINUMERIK840D系统；可加刀库，刀库容量自选	主要用于兵器、造船、钢铁、矿山、冶金、煤机行业中型零件的孔、面加工
71	TK6513B	数控刨台式铣镗床	主轴直径Φ130mm；工作台尺寸1 800mm×1 600mm；工作台横向行程(X)2 500mm，主轴箱垂直行程(Y)1 600mm，立柱纵向行程(Z)1 250mm，主轴轴向行程(W)900mm，工作台回转(B)360°；任意四轴联动，数控系统采用德国SINUMERIK840D系统；可加刀库，刀库容量自选	用于兵器、造船、钢铁、矿山行业中型零件孔、面加工
自贡长征机床有限责任公司				
72	GMC2500	横梁移动龙门加工中心	工作台面积2 500mm×4 000mm(6 000mm/8 000mm/10 000mm)；三向行程(X/Y/Z)(4 000mm/6 000mm/8 000mm/10 000mm)/2 500mm/1 000mm；三向快速进给(X/Y/Z)(20m/min)/(20m/min)/(20m/min)；主轴功率(连续/30min)22kW/30kW；主轴转速40～4 000r/min；定位精度0.022mm；重复定位精度0.012mm	用于航空航天、模具、汽车、铁路、船舶等大中型复杂零件粗加工到精加工
73	GMU2500	数控横梁移动龙门五面体铣床	工作台面积2 500mm×4 000mm(6 000mm/8 000mm/10 000mm)；三向行程(X/Y/Z)(4 000mm/6 000mm/8 000mm/10 000mm)/2 500mm/1 000mm；三向快速进给(X/Y/Z)(20m/min)/(20m/min)/(20m/min)；主轴功率22kW/30kW(连续/30min)；主轴转速25～2500r/min；定位精度0.022mm；重复定位精度0.012mm	用于航空航天、模具、船舶等行业大中型复杂零件形面粗加工到精加工
74	GMCU2500	横梁移动龙门五面体加工中心	工作台面积2 500mm×4 000mm(6 000mm/8 000mm/10 000mm)；三向行程(X/Y/Z)(4 000mm/6 000mm/8 000mm/10 000mm)/2 500mm/1 000mm；三向快速进给(X/Y/Z)(20m/min)/(20m/min)/(20m/min)；主轴功率(连续/30min)22kW/30kW；主轴转速25～2 500r/min；定位精度0.022mm；重复定位精度0.012mm	适用于航空航天、船舶等行业零件型面粗加工到精加工
75	GMC2000	横梁移动龙门加工中心	工作台面积2 000mm×4 000mm(6 000mm/8 000mm)；三向行程(X/Y/Z)：4 000mm(6 000mm/8 000mm)/2 000mm/1 000mm；三向快速进给(X/Y/Z)(20m/min)/(20m/min)/(20m/min)；主轴功率22kW/30kW；主轴转速40～4 000r/min；联动轴数3轴；定位精度0.022mm；重复定位精度0.012mm	适用于航空航天、模具、船舶等大中型复杂零件粗加工到精加工
76	GMU2000	数控横梁移动龙门五面体铣床	工作台面积2 000mm×4 000mm(6 000mm/8 000mm)；三向行程(X/Y/Z)：4 000mm(6 000mm/8 000mm)/2 000mm/1 000mm；三向快速进给(X/Y/Z)：(20m/min)/(20m/min)/(20m/min)；主轴功率：22kW/30kW；主轴转速25～2 500r/min；联动轴数3轴；定位精度0.022mm；重复定位精度0.012mm	适用于航空航天、模具、汽车、船舶等大中型复杂零件粗加工到精加工
77	GMCU2000	横梁移动龙门五面体加工中心	工作台面积2 000mm×4 000mm(6 000mm/8 000mm)；三向行程(X/Y/Z 4 000mm(6 000mm/8 000mm)/2 000mm/1 000mm；三向快速进给(X/Y/Z)：(20m/min)/(20m/min)/(20m/min)；主轴功率22kW/30kW；主轴转速25～2 500r/min；定位精度0.022mm；重复定位精度0.012mm	适用于航空航天、汽车、船舶等大中型复杂零件型面粗加工到精加工
78	GMC1300	横梁移动龙门加工中心	工作台面积1 300mm×1 300mm；三向行程(X/Y/Z)3 000mm/1 250mm/750mm；三向快速进给(X/Y/Z)(15m/min)/(15m/min)/(10m/min)；主轴功率17kW/22kW；主轴转速40～4 000r/min；定位精度0.025mm；重复定位精度0.015mm	适用于航空航天、汽车、船舶等大中型零件型面粗加工到精加工

（续）

序号	产品型号	产品名称	主要技术参数	主要用途
79	SU3000	回转头滑枕加工中心	工作台面积1 300mm×1 300mm；三向行程（X/Y/Z）3 000mm/1 040mm/1 200mm；三向快速进给（X/Y/Z）：(10m/min)/(10m/min)/(8m/min)；主轴功率 22kW/26kW；主轴转速 20～2 500r/min；定位精度 0.04mm；重复定位精度 0.025mm	用于精度高、工序多、形状复杂零件，特别适合于五面体加工
80	XH718B/1	四坐标立式加工中心	工作台面积 800mm×2 000mm；三向行程（X/Y/Z）1 600mm(1 800mm)/800mm/850mm；三向快速进给（X/Y/Z）(24m/min)/(24m/min)/(20m/min)；主轴功率 15kW/18.5kW（连续/30min）；主轴转速：60～6 000r/min；联动轴数 4 轴；定位精度 0.02mm；重复定位精度 0.012mm	用于加工各种精度高、工序多、形状复杂的零件
81	KVCP1050B/1	四坐标立式加工中心	工作台面积 500mm×1 250mm；三向行程（X/Y/Z）1 050mm/510mm/600mm；三向快速进给（X/Y/Z）(32m/min)/(32m/min)/(20m/min)；主轴功率 7.5kW/15kW；主轴转速 60～8 000r/min；联动轴数 4 轴；定位精度 0.008mm；重复定位精度 0.006mm	用于模具、凸轮、汽车零部件等的精加工
82	AV1200/2	五坐标联动数控立式铣床	工作台直径 Φ320mm；机床行程（X、Y、Z）1 200mm/580mm/430mm，A 轴－250°～125°，C 轴 360°；三向快速进给（X/Y/Z）(40m/min)/(40m/min)/(30m/min)；主轴转速 50～12 000r/min；主轴功率 9kW/12kW（连续/30min）；联动轴数 5 轴；定位精度 0.01mm；重复定位精度 0.008mm	主要用于叶轮加工
83	KHV1050	五轴联动立式加工中心	工作台面积 500mm×1 150mm；三向行程（X/Y/Z）1 050mm/500mm/500mm；三向快速进给（X/Y/Z）(32m/min)/(32m/min)/(20m/min)；主轴功率 22kW；主轴转速 200～15 000r/min；联动轴数 5 轴；定位精度 0.01mm；重复定位精度 0.007mm	主要用于叶片加工
84	HMC630	卧式加工中心	工作台面积 630mm×630mm；三向行程（X/Y/Z）900mm/800mm/800mm；三向快速进给（X/Y/Z）：(24m/min)/(32m/min)/(32m/min)；主轴转速 20～6 000r/min；主轴功率 15kW/18.5kW（连续/30min）；定位精度 0.01mm；重复定位精度 0.006mm	用于加工各种精度高、工序多、形状复杂的异形零件
85	HMCU630A	卧式五面体加工中心	工作台面积 630mm×630mm；三向行程（X/Y/Z）900mm/800mm/800mm；三向快速进给（X/Y/Z）(24m/min)/(24m/min)/(32m/min)；主轴转速 20～2 500r/min；主轴功率 11kW/15kW（连续/30min）；定位精度 0.01mm；重复定位精度 0.006mm	用于加工各种精度高、工序多、形状复杂的异形零件
86	ETC50	车削中心	最大回转直径 Φ545mm；最大加工直径 Φ430mm；最大回转长度 720mm；主轴转速3 200r/min；主电动机功率 15kW/18.5kW；定位精度 0.015mm；重复定位精度 0.01mm	完成外圆、螺旋槽、键槽、凸轮孔的车、铣、镗等加工
南通纵横国际股份有限公司				
87	VMCL600	立式加工中心	工作台面积 400mm×800mm；工作台承重 700kg；主轴转速 50～10 000r/min（可选 12 000r/min）；三向行程（X/Y/Z）610mm/410mm/510mm；切削进给速度 1～6 000mm/min；快速进给速度 32m/min 刀库容量 16 把；换刀时间 1.8s；定位精度（X、Z）0.025mm，Y0.022mm；重复定位精度（X、Z）0.015mm，Y0.012mm	加工范围广，可完成铣、镗、钻、铰、攻螺纹等多种加工，应用于中小型机械零件和模具加工
88	VMC1100/1100A	立式加工中心	工作台面积1 200mm×500mm；工作台承重1 100kg；主轴转速 50～8 000r/min（可选10 000r/min）；三向行程 X/Y/Z）1 100mm×510mm×575mm；进给速度 1～8 000mm/min；快速移动速度（X/Y）24m/min，Z20m/min；刀库容量 24 把；换刀时间 1.7s；定位精度（X、Z）0.032mm，Y0.025mm；重复定位精度：（X、Z）0.018mm，Y0.015mm	用于各类大中型机械零件和具有复杂型腔模具及标准化模板的加工，一次装夹可完成铣、镗、钻、铰、攻螺纹等工序加工
89	VMC1300A	立式加工中心	工作台面积1 600mm×630mm；工作台承重1 500kg；主轴孔锥度 BT50；主轴转速 50～5 000r/min；三向行程（X/Y/Z）1 300mm/650mm/710mm；主轴端面距工作台距离 120～830mm；切削进给速度 1～5 000mm/min；刀库容量 24 把；换刀时间 2.9s；定位精度：（X、Z）0.042mm，Y0.025mm；重复定位精度（X、Z）0.020mm，Y0.015mm	该产品高效通用，主轴输出转矩大，既适合强力切削又适合精密切削，适用军工航天模具行业零件加工

（续）

序号	产品型号	产品名称	主要技术参数	主要用途
青海一机数控机床有限责任公司				
90	XH7610/2 XH7610/3	卧式加工中心	工作台尺寸1 000mm×1 000mm；最大承载2 000kg；X 轴行程1 500mm/2 000mm，Y 轴行程1 000mm/1 200mm，Z 轴行程1 000/1 200mm；主轴中心线至工作台面距离 0～1 000mm/1 200mm；主轴端面至工作台中心线距离 260～1 260/1 460mm；主轴转速 12～3 600r/min；主轴电动机功率 18.5kW/22kW(连续/30min)；进给速度 1～4 000mm/min，B 轴 3r/min；快速移动速度(X、Y、Z)10 000mm/min；刀库容量 60 把；定位精度 0.012mm，B 轴 10″；重复定位精度 0.008mm，B 轴 6″；最小分度角度 0.001°×360。XH7610/3 卧式加工中心主要技术参数同 XH7610/2，带交换工作台	用于平面、孔、复杂形状表面加工，是航天航空、军工、汽车制造业、电子行业的加工设备
91	XH7612/2、 XH7612/3	卧式加工中心	工作台尺寸1 250mm×1 250mm；最大承载2 000kg；X 轴行程1 500mm/2 000mm，Y 轴行程1 000mm/1 200mm，Z 轴行程1 000mm/1 200mm；主轴中心线至工作台面距离 0～1 000mm/1 200mm；主轴端面至工作台中心线距离 260～1 260mm/1 460mm；主轴转速 12～3 600r/min；主轴电动机功率 18.5kW/22kW(连续/30min)；快速移动速度(X、Y、Z)：10 000mm/min；刀库容量 60 把；定位精度：0.012mm，B 轴 10″；重复定位精度：0.008mm，B 轴 6″；最小分度角度 0.001°×360°；XH7612/3 卧式加工中心主要技术参数同 XH7612/2，带交换工作台	用于各种平面、孔、复杂形状表面加工，是航天航空、军工、汽车制造业、电子行业的理想加工设备
92	XH768/2、 XH768/3	卧式加工中心	工作台尺寸 800mm×800mm；最大承载2 000kg；X 轴行程1 500mm/2 000mm，Y 轴行程1 000mm/1 200mm，Z 轴行程1 000mm/1 200mm；主轴中心线至工作台面距离 0～1 000mm/1 200mm；主轴端面至工作台中心线距离 260～1 260mm/1 460mm；主轴转速 12～3 600r/min；主轴电动机功率 18.5kW/22kW(连续/30min)；快速移动速度(X、Y、Z)：10 000 mm/min；刀库容量 60 把；定位精度 0.012mm，B 轴 10″；重复定位精度 0.008mm，B 轴 6″；最小分度角度 0.001°×360。XH768/3 卧式加工中心主要技术参数同 XH768/2，带交换工作台	用于各种平面、孔、复杂形状表面加工，是航天航空、电子工业、军工、汽车制造行业的理想加工设备
93	XH7910/2、 XH7910/3	卧式加工中心	工作台尺寸1 000mm×1 000mm；最大承载2 000kg；X 轴行程1 250mm，Y 轴行程1 200mm，Z 轴行程1 200mm；主轴中心线至工作台面距离(卧、立) - 80～1 120mm；主轴端面至工作台中心线距离(卧、立)0～1 200mm；主轴转速 20～2 030r/min；主轴电动机功率15/20.5kW(连续/30min)；快速移动速度(X、Y、Z)10 000mmmin；刀库容量 60 把；定位精度 0.012mm，B 轴 12″；重复定位精度 0.008mm，B 轴 6″；最小分度角度 0.001°×360°；XH7910/3 卧式加工中心主要技术参数同 XH7910/2，带交换工作台	用于复杂箱体类零件加工，一次装夹可加工 5 个面；可加工直径较大的盘型零件，是航天航空、军工等行业的理想加工设备
94	HMC50	高速卧式加工中心	工作台尺寸 500mm×500mm；最大承载 500kg；X/Y/Z 轴行程 750mm/620mm/750mm；主轴中心线至工作台面距离 100～720mm；主轴端面至工作台中心线距离 150～900mm；主轴转速 20～6 000r/min；主轴电动机功率 11/15kW；进给速度 1～8 000mm/min、B 轴 3r/min；快速移动速度(X/Y/Z)(32 000 mm/min)/(32 000mm/min)/(24 000mm/min)；刀库容量 40 把；定位精度(全闭环)0.010mm、B 轴 10″；重复定位精度(全闭环)0.006mm、B 轴 5″；最小分度角度 0.001°×360	主要针对航空、航天、军工、船舶等行业快速发展的需要而开发的加工设备
95	XH756B/2、 XH756B/3	卧式加工中心	工作台尺寸 630mm×630mm；最大承载1 000kg；X/Y/Z 轴行程 850mm/700mm/700mm；主轴中心线至工作台面距离 150～850mm；主轴端面至工作台中心距离 200～900mm；主轴转速 17～4 125r/min；主轴电动机功率 15kW/18.5kW(30min)；进给速度 1～4 000mm/min、B 轴 3r/min；快速移动速度(X、Y、Z)10 000 mm/min；刀库容量 40(或 60)把；定位精度(全闭环)0.010mm、B 轴 12″；重复定位精度(全闭环)0.008mm、B 轴 6″；最小分度角度 0.001°×360°；XH756B/3 卧式加工中心主要技术参数同 XH756B/2，带交换工作台	用于复杂箱体零件、深腔模具加工，是航天航空、电子工业、军工、汽车行业的理想加工设备

（续）

序号	产品型号	产品名称	主要技术参数	主要用途
威海华东数控股份有限公司				
96	VS2090	大型立式加工中心	工作台尺寸2 200mm×900mm；三轴行程：X 2 000mm，Y900mm，Z800mm；主轴鼻端到工作台面的距离200～1 000mm；主轴转速60～5 000 r/min；主轴电动机功率15kW/18.5kW；三轴快移速度16m/min；X、Y、Z轴伺服电动机功率4kW/7kW/4kW；刀库容量BT50机械手式换刀24把；三轴定位精度0.016mm；三轴重复定位精度0.008mm(ISO230－2)；标准配置FANUC0i－MC数控系统；四轴联动	适合模具、汽车、军工等机械加工行业进行镗、铣、钻、攻螺纹和复杂曲面的加工
97	VS1575	大型立式加工中心	工作台尺寸650mm×1 700mm；三轴行程：X 1 500mm，Y750mm，Z650mm；主轴鼻端到工作台面的距离200～850mm；主轴转速60～5 000r/min；主轴电动机功率11/15kW；三轴快移速度16m/min；X/Y/Z轴伺服电动机功率4kW/4kW/4kW；刀库容量BT50机械手式换刀24把；三轴定位精度0.016mm；三轴重复定位精度0.008mm(ISO230－2)；标准配置FANUC0i－MC数控系统；四轴联动	适合模具、汽车、军工等机械加工行业进行镗、铣、钻攻螺纹和复杂曲面的加工
98	HC6350B	卧式加工中心	工作台尺寸500mm×600mm；三轴行程(X/Y/Z)600mm/530mm/530mm；主轴端面到工作台中心的距离310～840mm；主轴中心到工作台面的距离0～530mm；主轴转速60～6 000r/min；主轴功率11kW/15kW；刀库容量BT5024把；三轴定位精度0.012mm；三轴重复定位精度0.006mm(ISO230－2)；标准配置FANUC0i－MC数控系统；四轴联动	适合模具、汽车、军工等机械加工行业的各种箱体类零件的加工
99	CPN2445	龙门五面体加工中心	工作台尺寸2 000mm×5 000mm；龙门间距：2 600mm；三轴行程：X 4 500mm，Y 2 400mm，Z 1 200mm；主轴鼻端到工作台面的距离200～1 400mm；主轴转速35～3 500r/min(6 000r/min)；主电动机功率22kW/26kW；主轴最大输出转矩600N·m；刀库容量BT5040把/60把；三轴快移速度10m/min；三轴定位精度0.02mm；三轴重复定位精度0.009mm(ISO230－2)；标准配置FANUC0i－MC数控系统	进行铣削、镗、钻、攻螺纹和复杂曲面的加工；带附件铣头，完成五个面加工；适合对大型模板进行加工
100	SGN2035A	定梁式龙门导轨磨床	最大磨削面积2 000mm×3 500mm；立柱间距离2 200mm；最大纵向行程3 750mm；最大磨削高度970mm；最小进给量0.001mm/min；工作台移动速度5～25m/min；磨头电动机功率：30kW(卧式)、11kW(立式)mm；卧磨头砂轮尺寸(外径×宽度×内径)：600mm×150mm×305mm；立磨头砂轮尺寸(外径×宽度×内径)：450mm×75mm×203mm；标准配置西门子840D数控系统，具有纵向凸凹磨削功能	适合机械、模具、汽车、军工等行业磨削中大型工件，具有纵向凸凹磨削功能等
武汉武重机床有限责任公司				
101	CR5116	柔性立式加工单元	最大车削直径1 600mm；最大加工高度1 400mm；工作台直径1 250mm/1 400mm；最大承载3.2t；工作台转速范围：车削3.15～315r/min，铣削0.003 2～0.32r/min；工作台最大转矩：车削20kN·m，铣削8.5kN·m；主轴铣削转速10～2 500r/min；主轴铣削最大转矩900N·m；刀架水平行程3 070mm；滑枕垂直行程1 200mm；刀架最大切削力25kN；刀架快移速度6 000mm/min；横梁水平行程1 000mm；横梁快移速度5 000mm/min；横梁进给速度0.1～2 000mm/min；工作台面的端跳0.015mm；工作台面的径跳0.015mm；机床定位精度0.03mm/1 000mm；重复定位精度0.015mm/1 000mm；反向偏差0.01mm/1 000mm；工作台回转轴位置精度±5″	具有一般数控立车的功能，又能一次装夹完成钻、铣、镗、攻螺纹、磨削等功能，机床具有四轴联动，可进行各种复杂曲面的加工
102	CK5240D	数控双柱立式车床	最大车削直径4 000mm；最大加工高度2 500mm；工作台直径3 600mm；最大承载50t；最大转矩125kN·m；工作台转速范围0.5～50r/min；刀架快移速度8 000mm/min；刀架水平行程2 400mm；滑枕垂直行程1 600mm；横梁升降行程3 000mm；横梁升降速度320mm/min；刀架过中心60mm；工作台面的端跳0.036mm；工作台面的径跳0.036mm；定位精度0.03mm；重复定位精度0.015mm；反向偏差0.01mm	能完成普通立式车床的车削工序外，还可车削螺纹、锥体和各种旋转曲面体

（续）

序号	产品型号	产品名称	主要技术参数	主要用途
103	CKX5680	重型七轴五联动车铣复合加工机床	最大车削直径8 000mm；最大加工高度2 000mm；工作台直径7 200mm；最大承载100t；工作台最大转矩冲击韧度：车削400kN·m，铣削：80kN·m；工作台转速范围：车削0.25～25r/min，铣削0.002～0.2r/min；刀架水平行程4 750mm；滑枕垂直行程2 000mm；刀架快移速度4 000mm/min；铣主轴功率40kW；铣主轴转速5～1 250r/min；C1轴回转速度0～1 800r/min；标准数控铣头速度0～1 800r/min；特殊数控铣头转速10～800r/min；工作台面的端跳0.07mm；工作台面的径跳0.07mm；机床定位精度0.035mm(1 000 mm以内)每增加1m允差增加0.01mm；重复定位精度0.025mm；反向偏差0.025mm；五轴联动	精密铣削加工，车铣功能复合的特点，实现螺旋桨的一次装夹，多表面的加工，由机床精度保证零件的型面加工精度、相互位置精度
104	TKA6916A、THA6916A	数控落地铣镗床、落地铣镗床加工中心	镗轴直径Φ160mm；滑枕断面尺寸365mm×455mm；主轴转速2～1 000r/min；镗轴最大转矩6 860N·m；各轴快速移动速度10 000 mm/min；镗轴行程800mm，滑枕行程800mm；加工范围：*X*轴可任意加长，*Y*轴最大至3 000mm；数控系统840D，数控4轴(*X*、*Y*、*Z*、*W*)+主轴，任意四轴联动；自动更换附件；可带刀库	适合于中等箱体零件上的孔和面的加工
105	FB200、FB225A	数控落地铣镗床、数控落地铣镗床	镗轴直径Φ200～225mm；滑枕断面尺寸460mm×550mm；滑枕行程1 200mm，镗轴行程1 250mm；各轴快速移动速度：(Z/W)4 500mm/min，(*X*/*Y*)8 000mm/min；主轴转速2.5～800r/min，主轴转矩1 600N·m；加工范围：*X*轴可任意加长，Y轴最大至5 000mm，定位精度0.02/1 000mm；重复定位精度0.012mm/1 000mm；数控系统840D，任意四轴联动	适合于大型箱体的加工，相配的回转台有TDV45、TDV80等
106	FB260	数控落地铣镗床	镗轴直径Φ260mm；主轴转速2～600r/min；滑枕断面尺寸620mm×740mm；滑枕行程1 600mm，镗轴行程1 700mm；主轴转矩19 000N·m；各轴快速移动速度：(Z/W)4 500mm/min，(*X*/*Y*)5 600mm/min；*X*轴可任意加长，*Y*轴最大至8 000 mm；定位精度0.02mm/1 000mm；重复定位精度0.012mm/1 000mm；数控系统840D，任意四轴联动	适用于超大型零件加工，相配数控回转台有TDV系列，TDV140系列
107	TK6513C、TH6513C、TR6513	数控刨台卧式铣镗床、刨台卧式铣镗加工中心、刨台卧式柔性加工单元	镗轴直径Φ130mm；铣轴端部直径Φ225mm；主轴转速10～2 500 r/min；主轴最大转矩1 400N·m；镗轴行程800mm；各轴快速移动速度10 000mm/min；*X*轴可任意加长，*Y*轴最大至1 800mm。数控系统840D，数控5轴(*X*、*Y*、*Z*、*W*)+主轴，任意四轴联动；可配刀库，换刀时间22s；配可交换回转工作台；定位精度0.02mm/1 000 mm；重复定位精度0.012/1 000mm	配1JHT1可成为柔性加工单元，可加工箱体，是一台高效率、高自动化的机床
108	TK6916A、TK6920A、TH6916A、TH6920A	数控落地铣镗床、落地铣镗加工中心	镗轴直径Φ160、Φ200；滑枕断面尺寸470mm×520mm；主轴转速2～800r/min；铣轴最大转矩12 000N·m；镗轴行程1 200mm，滑枕行程1 200mm；*X*轴可任意加长，*Y*轴最大至5 000mm；定位精度0.02mm/1 000mm；重复定位精度0.012/1 000mm；数控4轴(*X*、*Y*、*Z*、*W*)+主轴，任意四轴联动	加工箱体零件孔、面，具有铣、镗、钻、攻螺纹、切槽、车削等多种功能
109	XK2132	数控龙门镗铣床	工作台(长×宽)3 200mm×8 000mm；工作台单位承重量20t/m；主电动机功率100kW；主轴转速(无级)5～600r/min；进给速度：*X*轴0～10 000mm/min，*Y*轴0～10 000mm/min，*Z*轴0～4 000mm/min，*W*轴0～1 000mm/min；快速移动：工作台10 000mm/min，*Y*轴10 000mm/min，*Z*轴6 000mm/min，横梁*W*轴2 000mm/min；定位精度0.002 5mm；重复定位精度0.015mm；反向间隙0.01mm	进行平面(曲面)和孔加工，用于军工、航空航天等粗精加工，一次装夹完成内外五面加工
110	XK2150	数控龙门镗铣床	工作台(长×宽)5 000mm×14 000mm；工作台单位承重量20t/m；主电动机功率100kW；主轴转矩8 000N·m；主轴转速(无级)：5～1 200r/min；进给速度：*X*轴0～10 000mm/min，*Y*轴0～10 000 mm/min，*Z*轴0～5 000mm/min，*W*轴0～2 000mm/min；快速移动：工作台10 000mm/min，*Y*轴10 000mm/min，*Z*轴6 000mm/min，横梁*W*轴2 000mm/min；定位精度0.002 5mm；重复定位精度0.015mm；反向间隙0.01mm	用于箱体件机架、底座等复杂零件粗精加工，一次装夹完成内外五面加工

（续）

序号	产品型号	产品名称	主要技术参数	主要用途
111	XK2645	数控龙门移动镗铣床	工作台(长×宽)：29 000mm×5 000mm；主电动机功率100kW；主轴转矩8 000N·m；主轴转速(无级)5～1 200r/min；进给速度：X轴0～12 500mm/min，Y轴0～10 000mm/min，Z轴0～5 000mm/min，W轴0～2 000mm/min；快速移动：工作台10 000mm/min，Y轴10 000mm/min，Z轴6 000mm/min，横梁W轴2 000mm/min；龙门快速移动15 000 mm/min；定位精度0.002 5 mm；重复定位精度0.015mm；反向间隙0.01m	进行平面(曲面)和孔加工，用于军工、汽轮机、航空航天、模具等粗精加工。一次装夹完成内外五面加工
齐重数控装备股份有限公司				
112	CK52100	数控重型双柱立式车床	最大车削直径Φ10 000mm；最大高度5 000mm；最大工件重量150t；系列产品DVT250－DVT20000(加工直径2 500～20 000mm)	适用于军工、电站、船舶等
113	CKA61200D	五轴联动重型卧式加工中心	最大车削直径Φ2 000mm；最大加工长度8 000mm；最大工件重量80t；系列产品：数控重型卧式车床HT100－HT500(加工直径1 000～5 000mm)	适用于电力、船舶、航天等
114	CXH5240×25/40L－1	数控双柱立式加工中心	最大车削直径16 200mm；最大工件高度2 500mm；最大工件重量40t	适用于军工、能源等行业
115	DMVTM1600JP×55/250L－NC	数控龙门移动式车铣床	最大车削直径Φ2 000mm；最大工件高度5 500mm；最大工件重量250t；系列产品：数控单柱移动立式车床SMVT630－SMVT20000(加工直径6 300～20 000mm)	适用于核电、能源、军工、机械、冶金等行业
116	C5112H×10/3Q	数控单柱立式车床	最大车削直径1 250mm；最大工件高度1 000mm；最大工件重量3.2t；系列产品：数控单柱立式车床SVT80－SVT250(加工直径800～2 500mm)	适用于机械、军工、电力等行业
117	TK90200×310/10Q	数控卧式双面电动机座镗床	最大镗孔直径2 000mm；最大镗孔长度3 100mm	适用于电动机、能源等行业
118	TK21100D×180/80	数控深孔钻镗床	最大钻、镗、研磨长度18 000mm；最大工作回转直径2 000mm；最大工件重量80t	适用于造船、军工等行业
青海华鼎重型机床有限责任公司				
119	CK61250×10/100	数控重型卧式车床	床身上最大回转直径Φ2 500mm；最大加工长度10 000mm；最大转矩125kN·m；最大承重100t；主轴和尾座锥孔轴线径向跳动0.01mm/0.04mm(距主轴500mm)；主轴轴向跳动0.01mm；顶尖径向跳动0.01mm；定位精度P=(25+L/200)/1 000mm；重复定位精度：X轴0.01mm，Z轴0.015mm；反向差值：X轴0.01mm，Z轴0.015mm；工作精度：圆度0.01mm，圆柱度0.015/400mm，平面度0.04/500mm；数控系统840D；X、Z轴全闭环控制	用于大型轴类的表面、外曲线表面、锥面、螺纹及端面、切槽、切断等加工
120	CK61200×20/40	数控重型卧式车床	床身上最大回转直径Φ2 000mm；最大加工长度20 000mm；最大转矩60kN·m；最大承重40t；主轴和尾座锥孔轴线径向跳动：0.01、0.04(距主轴500mm)；主轴轴向跳动0.015mm；顶尖径向跳动0.02mm；定位精度：X轴0.02mm，Z轴0.05mm；重复定位精度：X轴0.01mm，Z轴0.025mm；反向差值：X轴0.02mm，Z轴0.03mm；工作精度：圆度0.008mm，圆柱度0.006/500mm，平面度0.02/300mm；数控系统840D；X、Z轴全闭环控制	用于大型轴类的表面、外曲线表面、锥面、螺纹及端面、切槽、切断等加工。可安装附件进行磨削、铣削、镗孔等加工
121	CH61250×8/30	卧式车削中心	床身上最大回转直径Φ2 500mm；最大加工长度8 000mm；主轴转速范围1～200r/min；C轴转速范围0.001～4r/min；主轴和尾座锥孔轴线径向跳动0.02/0.04mm(距主轴500mm)；主轴轴向跳动0.02mm；顶尖径向跳动0.02mm；定位精度：(X/Y/Z)0.035/0.035/0.06mm(任意1 000mm测量长度上)；重复定位精度(X/Y/Z)0.02/0.02/0.035mm；反向差值(X/Y/Z)0.015/0.015/0.025mm；工作精度：圆度0.012mm，圆柱度0.07/500mm，平面度0.025/300mm；数控系统840D；X、Z轴全闭环控制	用于大型轴类的表面、外曲线表面、锥面、螺纹及端面、切槽、切断、钻扩、攻螺纹、铣削等加工

（续）

序号	产品型号	产品名称	主要技术参数	主要用途
122	CKM61200 × 8/40	数控精密重型卧式车床	床身上最大回转直径 Φ2 000mm；最大加工长度8 000mm；最大转矩 40kN·m；最大承重 40t；主轴和尾座锥孔轴线径向跳动 0.008mm/0.04mm(距主轴 500mm)；主轴轴向跳动 0.008mm；顶尖径向跳动 0.02mm；定位精度：X 轴 0.02mm，Z 轴 0.05mm；重复定位精度：X 轴 0.01mm，Z 轴 0.025mm；反向差值：X 轴 0.02mm，Z 轴 0.03mm；工作精度：圆度 0.01mm，圆柱度 0.06/500mm，平面度 0.018/300mm；数控系统 840D；X、Z 轴全闭环控制	用于大型轴类的表面、外曲线表面、锥面、螺纹及端面、切槽、切断等加工。可安装附件进行磨削、镗孔等加工
123	GFTC－4000	数控激光加工机床	最大行程(Y/X/Z)4 000mm/2 400mm/1 000mm；快速移动(Y/X/Z)6 000mm/min；进给范围(Y/X/Z)1～6 000mm/min；主轴转速范围 0.1min～20r/min；顶尖间最大承重3 000kg；回转工作台直径 Φ2 000mm；回转工作台承重6 000kg；回转工作台转速范围 0.04～0.13r/min；基座平板尺寸2 000mm×4 600mm	进行激光对零件表面处理。如轴类、圆筒类、盘类零件的表面硬化、熔覆、合金化、焊接、淬火等
124	SKC－3000	纤维缠绕机	床身上最大工件回转直径 Φ3 150mm；最大工件长度14 000mm；承重 40t；主轴转速范围：Ⅰ挡 0～8r/min，Ⅱ挡 0～20r/min；几何精度：主轴轴向跳动 0.025mm，顶尖径向跳动 0.025mm；主轴和尾座锥孔轴线径向跳动 0.025mm、0.05mm	该机床专为"航天四院四十三所"设计制作
济南二机床集团有限公司				
125	XKV24 系列(XHV24)	五轴联动数控定梁龙门镗铣床系列(加工中心系列)	工作台宽度1 600～2 500mm；龙门宽度2 000～3 100mm；行程长度：工作台纵向3 000～10 000mm，溜板横向(X 轴)2 500～3 600mm，铣头滑枕垂直(Z 轴)950mm；主轴端面至工作台面距离(Z 轴)800～2 050mm(当 B 轴处于垂直位置时，该距离为 300mm，但可按需改变)；工作台最大承重2 500～5 000kg/m；主铣头：主轴转速 10～3 000r/min，功率 30～40kW，转矩 800～1 200kN·m；万能铣头：主轴转速 10～1 500r/min，功率 15～20kW，转矩 370～500kN·m；快速移动(X、Y、Z 轴)：8 000mm/min；回转角度：B 轴±110°，C 轴±200°；B、C 轴快速旋转 8r/min；双回转摆动铣头：主轴转速 10 000～24 000r/min，功率 30～40kW，转矩 95.5～71.7kN·m	具有铣削、镗削、钻削、攻螺纹、锪孔、铰孔等功能。广泛用于航空、航天、兵工造船、发动机等行业
126	XSV25 系列(XHSV25)	桥式五轴联动高速铣床系列(加工中心系列)	工作台宽度1 500～4 000mm；龙门宽度2 400～5 000mm；行程长度；床身纵向移动(X 轴)4 000～30 000mm，溜板横向(Y 轴)1 700～4 200mm，铣头滑枕垂直(Z 轴)800～1 250mm；回转角度(摆动范围)：B 轴±110°，C 轴±200°；主轴端面至工作台面距离 250～1 500mm；工作台最大承重3 000kg/m；快速移动(X、Y、Z 轴)20 000mm/min(直线电动机60 000mm/min)；B、C 轴快速旋转速度 8r/min；双回转摆动铣头：主轴转速24 000～15 000r/min，功率 30～91kW，转矩 29.1～213kN·m；机床精度标准：执行 ISO10791－2，2 001精度标准；刀库容量 20～80 把；数控系统西门子 840D；可实现 X、Y、Z、B、C 五轴联动	广泛用于航空、航天、兵工、造船、发动机、模具等行业。具有铣削、镗削、钻削、攻螺纹、锪孔等功能
127	XSV27 系列(XHS27)	龙门移动式五轴联动高速铣床系列(加工中心系列)	工作台宽度1 500～4 000mm；龙门宽度2 000～4 500mm，行程长度：龙门纵向移动(X 轴)4 000～30 000mm，溜板横向(Y 轴)2 500～4 500mm；铣头滑枕垂直(Z 轴)800～1 250mm；回转角度(摆动范围)：B 轴±110°，C 轴±200°；主轴端面至工作台面距离 50～1 400mm(当 B 轴处于垂直位置时，该距离可按需改变)；工作台最大承重3 000kg/m；快速移动(X、Y、Z 轴)20 000mm/min；回转旋转速度 B、C 轴快速：8r/min；双回转摆动铣头：主轴转速24 000～15 000 r/min，功率 30～91kW，转矩 29.1～213kN·m；机床精度标准：执行 ISO10791－2：2 001精度标准；刀库容量 20～80 把；数控系统西门子 840D；可实现 X、Y、Z、B、C 五轴联动	广泛用于航空、航天、兵工、造船、发动机、模具等行业。具有铣削、镗削、钻削、攻螺纹、锪孔等功能

（续）

序号	产品型号	产品名称	主要技术参数	主要用途
128	XKS24 系列（XHS24）	数控高速定梁龙门镗铣床系列（加工中心系列）	工作台尺寸1 100mm×3 000mm～2 000mm×4 000mm；龙门宽度1 500～2 600mm；工作台长度：以工作台长度尺寸为基型，可以1 000mm的整数增或减。行程长度：工作台纵向（*X*轴）3 500～4 500mm，溜板横向（*Y*轴）2450～3300mm，铣头滑枕垂直（*Z*轴）700～1 250mm；主轴端面至工作台面最大距离100～1 650mm；工作台最大承重3 000～4 000kg/m；主轴转速5 400r/min；电动机功率17～30kW，快速移动（*X*、*Y*、*Z*轴）：10 000mm/min；定位、重复定位精度：执行JB/T8330，1－1996精度标准；刀库容量20～60把；数控系统西门子840D；可供附件铣头：加长铣头、万能铣头、直角铣头等	具有铣削、镗削、钻削、攻螺纹、锪孔、铰孔等功能。可实现一次装夹，进行五面加工
129	XH24A系列	定梁龙门镗铣加工中心	工作台尺寸1 400mm×4 000mm～3 000mm×6 000mm；龙门宽度1 800～3 600mm；工作台长度：以工作台长度尺寸为基型，可以1 000mm的整数增或减。行程长度：工作台纵向（*X*轴）4 500～6 500mm，溜板横向（*Y*轴）2 900～4 700mm，铣头滑枕垂直（*Z*轴）700～1 500mm；主轴端面至工作台面最大距离1 100～2 000mm；工作台最大承重4 000～5 000kg/m；主轴转速0～3 200（5 400）r/min；电动机功率22～60kW，快速移动（*X*/*Y*/*Z*轴）：（8 000 mm/min）/（8 000mm/min）/（6 000mm/min）；定位、重复定位精度：执行JB6086－92精度标准；刀库容量32～60把；数控系统西门子840D；可供附件铣头：加长铣头、万能铣头、直角铣头、双端面铣头、窄直角铣头等	具有镗削、铣削、钻削、攻螺纹、锪孔、铰孔等功能。可实现一次装夹，进行五面加工
130	GIMAX系列	数控落地铣镗床系列	镗杆直径Φ160～250mm；滑枕截面480mm×480mm～600mm×600mm；主轴转速0～2 000r/min；主电动机功率40～105kW；行程长度：立柱横向（*X*轴）6 000～9 000mm，主轴箱垂直（*Y*轴）3 000～7 000mm，镗杆纵向（*Z*轴）800～1 500mm，滑枕（*W*轴）1 000～1 500mm；快速移动：（*X*/*Y*）8 000mm/min，（*Z*/*W*）轴5 000mm/min；回转工作台：台面尺寸2 500mm×2 500mm～4 000mm×4 000mm；*V*轴纵向线性移动1 250～2 000mm；*V*轴工作进给速度0～2 000mm/min；*B*轴旋转分度精度0.001°；定位、重复定位精度：执行JB/T8490，1－1996精度标准；刀库容量40～120把；数控系统西门子840D	具有镗孔、铣削、钻孔、攻螺纹、锪孔等功能。可实现一次装夹，进行五面加工
131	XK21系列、XH21系列	数控动梁龙门镗铣床动梁龙门镗铣加工中心	工作台尺寸2 600mm、×6 000mm～5 000mm×16 000mm；龙门宽度2 600～5 800mm；工作台长度：以工作台长度尺寸为基型，可以1 000mm的整数增或减。行程长度：工作台纵向（*X*轴）6 500～16 500mm，溜板横向（*Y*轴）3 600～6 600mm，铣头滑枕垂直（*Z*轴）1 250～1 500mm，横梁垂直（*W*轴）1 500～3 500mm；主轴端面至工作台面最大距离2 000～5 000mm；工作台最大承重10 000～20 000kg/m；主轴转速范围0～3 200r/min；电动机功率30～100kW，进给速度：（*X*/*Y*/*Z*轴）5～5 000mm/min，5～2 000mm/min（*W*轴）；快速移动（*X*/*Y*/*Z*/*W*轴）（10 000 mm/min）/（10 000 mm/min）/（6 000 mm/min）/（2 000 mm/min）；定位、重复定位精度：执行JB6086－92精度标准；刀库容量40～120把；可供附件铣头：加长铣头、万能铣头、直角铣头、双端面铣头、窄直角铣头、反刮铣头、增速铣头等	固定床身，移动工作台，横梁可垂直升降，滑枕式铣头可水平移动，也可垂直移动。主要用于造船、能源等大型机械加工
132	XK28系列、XH28系列	龙门移动式数控动梁镗铣床、龙门移动式数控动梁镗铣加工中心	工作台尺寸3 000mm×10 000mm～5 000mm×16 000mm；龙门宽度3 600～6 200mm；工作台长度：以工作台长度尺寸为基型，可以1 000mm的整数增或减。行程长度：工作台纵向（*X*轴）10 500～20 500mm，溜板横向（*Y*轴）4 600～6 600mm，铣头滑枕垂直（*Z*轴）1 500mm，横梁垂直（*W*轴）1 500～3 800mm；主轴端面至工作台面最大距离3 000～5 000mm；工作台最大承重15 000～20 000kg/m；主轴转速范围：0～2 000r/min；电动机功率40～100kW，进给速度：（*X*/*Y*/*Z*轴）5～5 000mm/min，（*W*轴）5～2 000mm/min；快速移动（*X*/*Y*/*Z*/*W*轴）（10 000 mm/min）/（10 000 mm/min）/（6 000 mm/min）/（2 000 mm/min）；定位、重复定位精度：执行JB6086－92精度标准；刀库容量40～120把；可供附件铣头：加长铣头、万能铣头、直角铣头、双端面铣头、窄直角铣头、反刮铣头、增速铣头等	固定式床身工作台，龙门框架水平纵向移动，横梁可垂直移动，滑枕式铣头可水平移动，也可垂直移动。主要用于造船、能源等大型机械加工

(续)

序号	产品型号	产品名称	主要技术参数	主要用途
133	XK25系列、XKF25系列	高架式数控龙门镗铣床、高架式数控仿形龙门镗铣床	工作台尺寸2 000mm×4 000mm～3 000mm×5 000mm；龙门宽度2 800～3 600mm；工作台长度：以工作台长度尺寸为基型，可以1 000mm的整数增或减。行程长度：横梁纵向（X轴）4 500～5 500mm，溜板横向（Y轴）2 600～3 200mm，铣头滑枕垂直（Z轴）：950～1 250mm；主轴端面至工作台面最大距离1 000～2 250mm；主轴最高转速3 200r/min；电动机功率22kW～30kW，快速移动（$X/Y/Z$轴）6 000mm/min；定位、重复定位精度：执行JB6086－92精度标准；可供附件铣头：加长铣头、万能铣头、直角铣头等	广泛使用于航空、航天、模具、通用机械造等行业各种复杂零件的粗、精加工
134	XK27系列、XH27系列	数控定梁龙门移动镗铣床、定梁龙门移动镗铣加工中心	工作台尺寸1 800mm×8 000mm～5 000mm×10 000mm；龙门宽度2 200～6 600mm；工作台长度：以工作台长度尺寸为基型，可以1 000mm的整数增或减。行程长度：龙门纵向（X轴）8 500～10 500mm，溜板横向（Y轴）2 750～6 200mm，铣头滑枕垂直（Z轴）1 500mm，横梁垂直（W轴）950～1 500mm；主轴端面至工作台面最大距离1 350～2 000mm；工作台最大承重4 000～10 000kg/m；主轴最高转速5 000～1 200r/min；电动机功率22～60kW，快速移动（$X/Y/Z$轴）10 000～6 000mm/min；重复定位精度：执行JB6086－92精度标准；刀库容量20～120把；可供附件铣头：加长铣头、万能铣头、直角铣头等	具有铣削、钻削、功丝等功能。主要用于大型机械制造、汽轮机等行业的大型复杂零件的粗、精机械加工
齐齐哈尔二机床(集团)有限责任公司				
135	XK21系列	数控龙门镗铣床	工作台面积（长×宽）：6 000mm×2 000mm～10 000mm×3 000mm；两立柱间距离2 600～3 600mm；垂直主轴端面至工作台距离50～3 900mm；水平主轴中心线至工作台面距离100～36 500mm；工作台行程（X）6 500～10 500mm；工作台承重50～80t；工作台进给范围1～15 000mm/min；镗铣头行程（Y）3 600～4 600mm；镗铣头进给范围1～20 000mm/min；主轴转速范围5～2 000r/min；镗铣头滑枕行程（Z）800～1 250mm；滑枕进给范围1～10 000mm/min；横梁行程（W）2 000～2 700mm；横梁进给范围1～10 000mm/min；主电动机功率22～37kW；定位精度0.015mm；重复定位精度：0.008mm；机床配有五面铣头、垂直铣头、伸长铣头、万能铣头及薄角铣头，铣头可实现自动更换、自动松夹刀、自动分度；数控系统：西门子840D或海德汉；控制轴数：控制七轴，四轴联动，可按用户要求提供五轴联动	用于航空航天、军工、船舶、发电设备、重型机械、模具制造等大型精密零件加工。在一次装夹完成对零件五个不同表面进行钻孔、镗孔、切沟槽以及平面、曲面的铣削加工
136	FA系列	高速精密数控落地铣镗床	镗轴直径Φ130～200mm；铣轴直径Φ221.44～380mm；主轴转速10～2 500r/min；行程：立柱（X）4 000～8 000mm，主轴箱（Y）2 000～4 000mm，镗轴（Z）800～1 200mm，滑枕（W）700～1 200mm；快速移动：（X/Y）15 000mm/min，（Z/W） mm/min；主电动机功率37kW/46kW～55kW/75kW；定位精度0.02～0.035/1 000mm；重复定位精度：0.015～0.025/1 000mm；数控系统：西门子840D或海德汉；控制轴数：控制8轴，任意四轴联动，可按用户要求提供五轴联动（注：可按用户要求配置刀库提供加工中心型产品）	满足航空航天、军工、船舶等大型零件加工，可在一次装夹中完成铣、镗、钻削等多种工序加工。配备多种铣头、平旋盘、数控转台扩大其应用范围
137	TK69系列	数控落地铣镗床	镗轴直径Φ130～260mm；铣轴直径Φ221.44～400mm；主轴转速3.5～800r/min；行程：立柱（X）≥4 000～10 000mm，主轴箱（Y）≥2 000～5 000mm，镗轴（Z）800～1 500mm，滑枕（W）700～1 500mm；快速移动：（X/Y）6 000～4 000mm/min，（Z/W）4 000～3 000mm/min；主电动机功率45～100kW；定位精度0.035mm/1000mm；重复定位精度0.025mm/1 000mm；数控系统西门子840D；控制轴数多轴控制，三～四轴联动，可按用户要求提供五轴联动（注：可按用户要求配置刀库提供加工中心型产品）	满足航空航天、军工、船舶等领域大型零件的加工，一次装夹完成铣、镗、钻削等加工。配备铣头、平旋盘、数控转台扩大其应用范围
138	XNZD2415型	大型数控五轴联动龙门混联机床	工作台工作面积（长×宽）4 000mm×1 600mm；工作台承重10t；作业空间[X（串联轴）×Y（并联轴）×Z（并联轴）]4 500mm×1 600mm×1 200mm；两立柱间距离2 900mm；A轴摆角±100°；C轴转角：0°～400°；主轴转数500～10 000r/min（电主轴）；主电动机功率18kW；快速移动10 000mm/min；重复定位精度±0.01mm；数控系统清华大学自行开发，基于RT—Linux的实时系统；控制轴数：五轴联动	加工复杂曲面较长类和大型箱体零件，适用于国防军工、航天航空等复杂曲面精密零件

（续）

序号	产品型号	产品名称	主要技术参数	主要用途
139	SKLC系列	立式数控纤维缠绕机	缠绕芯模直径300～4 000mm；缠绕芯模长度2 000～18 000mm；缠绕角0°～90°；缠绕线速度0～60m/min；坐标分辩率0.001mm；重复定位精度0.01mm；布线精度0.1～0.2mm；缠绕线型：环绕、螺旋缠绕、极性缠绕、零度缠绕、过渡缠绕、对称异型件缠绕等；缠绕软件包具有：芯膜设计、缠绕轨迹计算、线型仿真、运动仿真等；配备电控张力器、温度控制系统和质量保证系统；数控系统：西门子、日本发那克；控制轴数四轴联动	航空航天、兵器、舰船等用于武器装备（如火箭壳体、喷管、发射筒、飞机构件、机翼、舰船构件、鱼雷、仪器舱）等加工
140	SKCR系列	卧式数控纤维缠绕机	缠绕芯模直径1 200～1 800mm；缠绕芯模长度6 000～10 000mm；缠绕角0°～90°；缠绕线速度0～60m/min；坐标分辩率0.001mm；重复定位精度0.01mm；布线精度0.1～0.2mm；缠绕线型：环绕、螺旋缠绕、极性缠绕、线性和非线性缠绕、过渡缠绕、组合缠绕；缠绕软件包具有：芯膜设计、缠绕轨迹计算、线型仿真、运动仿真和数控缠绕程序生成等；配备CAD/CAM一体化缠绕软件、电控张力器、温度控制和质量保证系统；数控系统：西门子、日本发那克；控制轴数五轴控制，四轴联动	航空航天、兵器等部门用于武器装备（如火箭壳体、喷管、发射筒、飞机构件、机翼、舰船构件、鱼雷、仪器舱）等加工
浙江日发数码精密机械股份有限公司				
141	RFMH100(*P*)	卧式加工中心	工作台面积1 000mm×1 000mm；行程（*X*/*Y*/*Z*）1 600mm/1 250mm/1 140mm；快移速度24 000mm/min；进给速度1～6 000mm/min；*X*/*Y*/*Z*电动机功率4.5kW/3.8kW/5.7kW；主轴转速80～6 000r/min；主电动机功率22kW/26kW；刀库容量（凸轮式）40把；定位精度0.02mm/0.025mm；重复定位精度0.01mm/0.012mm	用于箱体的加工，大量适用于航空、航天、工程机械、船舶、军工等多种行业
142	RFMP2012	龙门加工中心	工作台台面尺寸mm 2 000mm×1 250mm；行程：（*X*轴/*Y*轴/*Z*轴）2 000mm/1 500mm/700mm；进给速度：*X*轴8m/min，（*Y*/*Z*）轴10m/min；*X*/*Y*/*Z*电动机功率4.5kW/3.8kW/5.7kW；刀库容量（凸轮式）24把；主轴转速6 000r/min；主电动机功率11kW/15kW	用于航空航天、船舶、军工等行业。可五面体加工或五轴联动复杂曲面加工
陕西汉江机床有限公司				
143	Sk7432×20	数控丝杠磨床	最大安装直径320mm；最大顶尖距2 000mm；可磨螺纹直径20～250mm；可磨螺纹长度1 800mm；可磨螺纹螺距：（公制）1.5～48mm，（英制）2～18牙/in；模数1～18π；可磨螺纹最大螺纹升角±25°；可磨螺纹最大导程300mm	用于磨削6级精度的梯形丝杠和2级精度的滚珠丝杠
144	Sk7432×40	数控丝杠磨床	最大安装直径320mm；最大顶尖距4 200mm；可磨螺纹直径20～250mm；可磨螺纹长度3 950mm；可磨螺纹螺距：（公制）1.5～48mm，（英制）2～18牙/in；模数：1～18π；可磨螺纹最大螺纹升角±25°；可磨螺纹最大导程300mm	控制六轴四联动，用于磨削6级精度的梯形丝杠和2级精度的滚珠丝杠
145	SK7520	数控螺纹磨床	最大安装直径：（外螺纹）200mm，（内螺纹）160mm；可磨螺纹直径：（外螺纹）2～200mm，内螺纹25～125mm；可磨螺纹长度：（外螺纹）500mm，（内螺纹）75mm；可磨螺纹螺距：（外螺纹）公制0.25～24mm，（内螺纹）0.5～6mm；可磨螺纹最大螺纹升角±30°；顶尖距750mm	用于磨削丝杠、蜗杆、螺纹塞规、环规、丝锥、滚刀及螺纹铣刀铲磨等
146	SK7732×15	数控蜗杆磨床	最大安装直径320mm；最大顶尖距1 500mm；可磨螺纹直径10～200mm；可磨螺纹长度1 000mm；可磨螺纹螺距：（公制）3～24mm，（英制）2～6牙/in；模数1.5～20π；可磨螺纹最大螺纹升角±40°；可磨螺纹最大导程300mm	用于磨削蜗杆，也可以用于磨削梯形丝杠
147	MK8612	数控花键轴磨床	可磨花键轴直径11～125mm；最大顶尖距1 000mm；中心高160mm；最大可磨长度900mm	用于磨削矩形、三角形和花键拉刀侧面与底径圆弧面
重庆机床（集团）有限责任公司				
148	YKS318、YKS3112、YS3116CNC6	数控高速滚齿机	最大工件直径80mm/120mm/160mm；最大工件模数3mm；主轴最高转速（1 500r/min）/（1 500r/min）/（2 000r/min）；工作台最高转速200r/min；*X*轴行程范围10～160mm；*Z*轴行程范围（90～440mm）/（240～440mm）；数控轴数六轴四联动；加工精度GB/T10095.1—2001：稳定达到6级	用于直齿、斜齿、鼓形齿、蜗轮、不同螺旋角双联或多联齿轮以及花键等

(续)

序号	产品型号	产品名称	主要技术参数	主要用途
149	YKS3120、YKS3132	数控高速滚齿机	最大工件直径 200mm/320mm；最大工件模数 6mm(8mm)；主轴最高转速(1 200r/min)/(600r/min)；工作台最高转速(200r/min)/(100r/min)；X 轴行程范围 30～300mm；Z 轴行程范围 100～450mm(700mm)；数控轴数六轴四联动；加工精度 GB/T10095.1—2001:稳定达到 6 级	用于直齿、斜齿、小锥度齿、鼓形齿、不同螺旋角双联或多联齿及花键等
150	YS3118CNC5	数控高速滚齿机	最大工件直径 180mm；最大工件模数 4mm；主轴最高转速1 200r/min；工作台最高转速 200r/min；X 轴行程范围 25～195mm；Z 轴行程范围 185～485mm；数控轴数五轴四联动；加工精度 GB/T10095.1—2001:稳定达到 6 级	用于直齿、斜齿、鼓形齿、少齿数齿、不同螺旋角多联齿轮及花键等
151	YS3116CNC7	数控干切自动滚齿机	最大工件直径 160mm；最大工件模数 3mm；主轴最高转速2 000r/min；工作台最高转速 200r/min；X 轴行程范围 10～160mm；Z 轴行程范围 240～440mm；数控轴数七轴四联动(自动上下料伺服控制)；加工精度 GB/T10095.1—2001:稳定达到 6 级	用于直齿、斜齿、鼓形齿、不同螺旋角多联齿及花键等干式切削
152	YKS3140、YS3140CNC6	数控高速滚齿机	最大工件直径 400mm；最大工件模数 12mm；主轴最高转速 800r/min；工作台最高转速(35r/min)/(75r/min)/(100r/min)；X 轴行程范围 60～315mm/45～315mm；Z 轴行程范围 150～570mm/200～600mm；数控轴数六轴四联动；加工精度 GB/T10095.1—2001:稳定达到 6 级	用于直齿、斜齿、小锥度齿轮、鼓形齿轮、蜗轮及花键等
153	Y3180CNC6、Y31125CNC6	数控高速滚齿机	最大工件直径 800/1 250mm；最大工件模数 16mm；主轴最高转速 275r/min；工作台最高转速 24r/min；X 轴行程范围 75～560mm/75～785mm；Z 轴行程范围 200～800mm；数控轴数六轴四联动；加工精度 GB/T10095.1—2001:稳定达到 6 级	用于直齿、斜齿、小锥度齿轮、鼓形齿轮、蜗轮及花键等
154	YKC3180	数控硬齿面滚齿机	最大工件直径 800mm；最大工件模数 10mm；主轴最高转速 70～300(无级)r/min；工作台最高转速 8r/min；X 轴行程范围 50～520mm；Z 轴行程范围 240～440mm；加工精度 GB/T10095.1—2001:稳定达到 6 级	用于淬硬齿轮(直齿、斜齿、鼓形齿、小锥度齿)、花键等
155	YKA31125、YKM31125、YKD30100	大型数控滚齿机	最大工件直径 1 250 mm/1 250 mm/1 000 mm；最大工件模数 16mm/12mm/20mm；主轴最高转速(1254/min)/(125r/min)/(187r/min)；工作台最高转速(5r/min)/(2.5r/min)/(5r/min)；X 轴行程范围 100～760mm；Z 轴行程范围 200～730mm；加工精度 GB/T10095.1—2001:稳定达到 7 级	用于直齿、斜齿、小锥度齿轮、鼓形齿轮、蜗轮及花键等
156	YK4232、YK4240	数控剃齿机	最大加工直径 320/400mm；最大工件模数 8mm；刀具回转中心至工件回转中心最小距离 110mm/125mm/140mm；X 轴行程范围±70mm/±75mm；数控轴数四轴；加工精度 GB/T10095.1—2001；6 级	用于直齿和斜齿、连轴齿、鼓形齿和小锥度齿的精密加工
157	YKT4232、YKT4232/T、YKT4240T	数控径向剃齿机	最大加工直径 320mm/320mm/400mm；最大工件模数 6mm；刀具回转中心至工件回转中心最小距离 110mm/125mm/140mm；数控轴数三轴；加工精度 GB/T10095.1—2001；6 级	用于直齿和斜齿、连轴齿、鼓形齿和锥度齿轮的精密加工
158	Y8406CNC7	数控滚轧机	最大加工直径 70mm；最大工件模数 1.75mm；刀具回转中心至工件回转中心最小距离 130mm；X 轴行程范围 50mm；数控轴数七轴四联动；加工精度 GB/T3478.1—1995；6 级	用于花键、小模数齿、蜗轮、发动机、丝杆、航空螺栓、电动机轴等
上海机床厂有限公司				
159	SEH100	数控内曲线磨床	磨削直径范围 180～420mm；磨削长度范围 400～1 000mm；工件最大回转直径 420mm；工件最大长度1 000mm；头架主轴(C 轴)转速 0～300r/min；砂轮架主轴转速≤10 000r/min；砂轮架主轴功率 11kW；头架电动机功率 5.5kW	用于孔曲面，如抛物面，或双曲线的成形面，一次装夹完成内轮廓直线、曲线磨加工

（续）

序号	产品型号	产品名称	主要技术参数	主要用途
160	MK1420	数控万能外圆磨床	工件最大回转直径Φ200mm；磨削最大直径Φ200mm；磨削最小直径Φ6mm；磨削工件长度500mm；工件最大重量50 kg（两顶尖）；外圆砂轮直径Φ500m；外圆砂轮线速度45m/s；可磨内孔直径Φ10～100mm；可磨内孔深度100mm；头架转速50～800r/min；砂轮架进给速度：（X轴）0.1～5 000mm/min，工作台进给速度：（Z轴）0.1～8 000mm/min；X轴最小编程量0.000 1mm，Z轴最小编程量0.000 5mm；砂轮架电动机功率5.5～7.5kW；内圆电主轴磨头功率4.5～11kW；内圆电主轴转速12 000～36 000r/min；尾架主轴行程≤40mm	用于高精度磨削加工、砂轮修整自动补偿，高刚度，高精度，高磨削率，砂轮恒线速度。头架主轴也为滚动轴承，高刚度，高精度
161	H405－BF	数控专用磨床	最大回转直径Φ400mm；最大工件长度1 250mm；最大砂轮直径Φ600mm；最大砂轮线速度125m/s	用于凸轮轴和曲轴等非圆型面加工
162	MK8332/HMK8332/600－H	数控凸轮轴磨床	最大工件回转直径Φ320mm；最大工件长度1 250mm；最大砂轮直径Φ600mm；最大砂轮线速度：（普通砂轮）60m/s，（CBN砂轮）120m/s	用于磨削各种凸轮轴的凸轮型面
163	H235	数控端面外圆磨床	最大回转直径Φ500mm；最大工件磨削长度3 000mm；最大顶尖距3 000mm；最大顶尖承重1 000kg；砂轮直径Φ900mm；最大砂轮线速度45m/s；砂轮电动机功率≥30kW	完成外圆端面和自动循环，砂轮自动修整及自动补偿、自动测量等功能
164	H405－BD	数控专用磨床	最大回转直径Φ800mm；磨削直径范围Φ50～150mm；工件长度1 900～2 600mm；中心高575mm；砂轮直径Φ900mm；最大砂轮线速度50m/s；砂轮电动机功率≥30kW	用于轴外圆、端面多功能型设备，配自动测量仪和轴向定位量仪等
165	SHE101	天线罩数控外曲线磨床	磨削直径范围Φ 180～420mm；最大工件磨削长度400～1 000mm；中心高500mm；砂轮直径Φ500mm；最大砂轮线速度45m/s；头架转速10～500r/min；头架电动机功率5.5kW；砂轮电动机功率5.5kW	用于磨削陶瓷天线罩轮廓，工件自动切换、自动测量、修正等功能
杭州机床集团有限公司				
166	MKL7150×16/2	七轴五联动数控强力成形磨床	工作台面积（宽×长）500mm×1 600 mm；双轴工作台直径Φ400mm；主轴功率60kW；重复定位精度：直线轴X、Y、Z、V≤0.002mm，回转轴A、B≤2.5″；加工轮廓精度0.006mm；七轴数控系统：X、Y、Z、V、B、A、SP，前五轴联动	用于飞机发动机等叶片圆弧叶冠型面，多方向、凸台面、凹面、圆弧面表面、成形面加工
167	MKL7120×6－MKL7150×16系列	数控强力成形磨床	工作台面（宽×长）：（200～500）mm×（630～1 600）mm；主轴功率9～60kW；砂轮修整可选择顶置式滚轮砂轮修整器、台式滚轮砂轮修整器、台式金刚笔砂轮修整器；重复定位精度：直线轴X、Y、Z、V≤0.005mm（半闭环），直线轴X、Y、Z、V≤0.002mm（全闭环）；加工轮廓精度0.006mm	用于航空发动机和汽轮机叶片榫齿、机车连杆和柴油机气门摇臂接合齿等型面加工
168	MKLD7140A	数控强力双头成形磨床	工作台面积（宽×长）400mm×1 000mm；主轴功率2×17kW（可选28kW、40kW、52kW）；砂轮修整：台式滚轮砂轮修整器；重复定位精度：X≤0.005mm，Y、Z≤0.003mm；加工轮廓精度0.006mm	用于航空发动机和汽轮机叶片双面榫齿、直线导轨等典型型面加工
169	MMK7140×8	数控精密卧轴矩台平面磨床	最大磨削尺寸（宽×长×高）400mm×800mm×400mm；垂直最小微进给量0.001mm/min；横向最小微进给量0.001mm/min；加工表面对基面的平行度300∶0.003mm；表面粗糙度R_a0.16μm；数控系统西门子802D	用于精密工件平面、侧面、成形磨削加工
170	MGK7120×5(6)	数控高精度卧轴矩台平面磨床	最大磨削尺寸（宽×长×高）200mm×630mm×380mm；垂直最小微进给量0.001mm；横向最小微进给量0.005mm；加工表面对基面的平行度300∶0.002mm；表面粗糙度R_a0.08μm；数控系统FANUCPOWERMATE－D	用砂轮周边磨削平面，用砂轮端面磨削工件槽和凸缘侧面
北京第二机床厂有限公司				
171	MKS1450A	高速数控调锥外圆磨床	最大加工直径：Φ320mm、Φ500mm、Φ630mm；最大加工长度：1 500mm、2 000mm、2 500mm、3 000mm；中心高：180mm、270mm、335mm；最小分辨率：（X、Z轴）0.001mm，（B轴）1″；工作台回转角度±4°（伺服控制）；圆度0.0 025 mm；表面粗糙度R_a≤0.32μm（Max）	用于多锥体细长杆类零件各锥面加工，一次装夹连续复合磨削

（续）

序号	产品型号	产品名称	主要技术参数	主要用途
172	MGK1432	高精度数控万能外圆磨床	最大加工直径：Φ200、Φ320mm；最大加工长度：320mm、630mm、750mm、1 000mm、1 500mm；磨削孔径范围：16～125mm；中心高180mm；砂轮线速度：35m/s、45m/s；最大工件重量 150kg；圆度：0.001mm（<1 000mm 规格）、0.002mm（≥1 000mm 规格）；表面粗糙度 R_a≤0.04μm(Max)	适合军工、航天、刀具、量具等精密机械工业成批精密加工
173	B2－K3000	转塔式数控万能复合外圆磨床	最大加工直径 Φ200、Φ320mm；最大加工长度：500mm、750mm、1 000mm、1 500mm；中心高：180、230mm；最小分辨率：0.000 1mm（X、Z 轴）、1″（B 轴）；砂轮架回转角度 360°（伺服定位）；圆度：0.001mm（<1 000mm 规格）、0.002mm（≥1 000mm 规格）；粗糙度：R_a≤0.04μm(Max)	用于军工、航天等精密机械工业。用于内孔、外圆、端面、锥面及螺纹等一次装夹多功能复合磨削加工
苏州三光科技有限公司				
174	DK77 系列	高速电火花数控线切割机床	工作行程 250mm×350mm～630mm×800mm；最大切割厚度 120～400mm；最大切割斜度±1.5°～±36°；最大加工速度≥100mm²/min；表面粗糙度 R_a≤2.25μm	模具加工
175	DK76 系列	低速电火花数控线切割机床	工作行程 250mm×350mm～630mm×800mm；最大切割厚度 200～350mm；最大切割斜度±15°～±20°；最大加工速度≥210mm²/min；表面粗糙度 R_a≤2.25μm	精密模具加工
176		电火花高速小孔机	工作行程 250mm×350mm～630mm×800mm；最大切割厚度 120～400mm；最大切割斜度±1.5°～±36°；最大加工速度≥100mm²/min；表面粗糙度 R_a≤0.8μm	穿孔
哈尔滨量具刃具集团有限责任公司				
177	HLNC5001	并联加工中心	工作范围：姿态角 27°，400mm×250mm；电主轴转速 200～10 000 r/min，转矩 110kN・M；功率 14kW；联动轴数：七轴联动；可加工叶片、叶轮等复杂曲面；刀库容量 24 或 16 把；数控系统：工控机＋PLC＋MC 卡	用于加工叶片、叶轮等复杂曲面
江苏金方圆数控机床有限公司				
178		数控转塔冲床	液压冲孔压力 300kN；冲裁次：200～1 000次/min；加工板材尺寸1 250mm×2 500mm、1 250mm×4 000mm 或1 250×5 000mm；工位数 24/32 个；控制轴数 3 轴或 4 轴；旋转工位 2 个（可扩展）。床身为闭式结构，配置日本 FANUC 系统；控制 X、Y 轴送料，T 轴模具选择及 C 轴模具旋转（4＋1 轴）；配置德国液压系统，采用数字伺服阀，全闭环控制；行程可调、速度可调，自动液压过载保护	适合于钣金加工行业
179	PR6C 系列	数控折弯机	压力吨位：60t、100t、150t、225t、320t；可选择配置双机联动；加工长度：2 550mm、3 100mm、4 100mm、5 000mm、6 000mm；控制轴数3＋1；最多可控制八轴（$Y1$、$Y2$、$X1$、$X2$、R、$Z1$、$Z2$、挠度），控制精度±0.10mm；X 轴行程速度 300mm/s；R、Z 轴行程速度 200mm/s；具有折弯图形模拟显示；全方位碰撞检测功能，误操作警示，杜绝废品，杜绝误操作	适合于钣金加工行业
180	VR	数控闸式剪板机	剪切板厚：6mm、8mm、10mm、12mm；剪切长度 3070mm 或4 070 mm；控制上刀倾角（0.5°～2°）；上下刀片间隙及剪切行程，高清晰度 LCD 显示；气动后托料；后挡料行程 5～1 000mm	适合于钣金加工行业
181	APSS	数控冲－剪复合线	冲床吨位 30t；加工板材1 250mm×2 500mm；控制轴数 4＋1 轴；工位数 24 个；旋转工位 2 个；剪板机加工板厚 4mm，刀口间隙可调，单列库（8 格）或多列库；自动立体仓库、上料机械手、数控直角剪、自动分选装置、中央控制系统等；自动分选装置 4 级；主要配置数字伺服阀全闭环控制；行程可调、速度可调，自动液压过载保护；数控系统：控制 X、Y 轴送料、T 轴模具选择及 C 轴模具旋转等	适合于钣金加工行业

（续）

序号	产品型号	产品名称	主要技术参数	主要用途
济南铸造锻压机械研究所				
182	SKYY31228C	数控液压转塔冲床	公称压力 300kN，最大加工钣材厚度 6mm；最大加工钣材尺寸 1 250mm×2 800mm；冲空精度±0.10mm；模位数 32 个；分度公位数 2 个；数控轴数 4 个	钣金加工
183	Spt12－120	汽车纵梁板数控冲孔线	公称压力 800～1 200kN；最大加工厚度 10mm；最大加工尺寸 12 000mm×600mm；最大冲孔尺寸 60mm；模具数量 20 套；工件最大重量 560kg	汽车自动化批量冲孔加工
184	LC2－1530	数控激光切割机	有效加工范围1 500mm×3 000mm；X 轴行程3 000mm，Y 轴行程 1 500mm，Z 轴行程 100mm；X、Y 轴定位精度±0.05mm；X、Y 轴重复定位精度 0.005mm；X、Y 轴快速移动速度 48m/min；X、Y 轴最大切割速度 15m/min；工作台最大载重 500kg	金属及非金属切割
江苏亚威机床集团有限公司				
185	HIQ－3048（及 HIQ 系列）	高速智能化数控转塔冲床	数控轴数 6 轴；冲程次数1 500次/min；公称力 294kN；板材最大移动速度：X=75m/min，Y=70m/min；模位数 56	用于多品种、中小批量的各种钣金加工
186	HPI－3047－36LA2（及 HPI 系列）	数控转塔冲床	数控轴数 5 轴；冲程次数1 000次/min；公称力 294kN；板材最大移动速度：X=75m/min，Y=70m/min；模位数 36 个	用于多品种、中小批量的各种钣金加工
187	HPH－3044－26LA2（及 HPH 系列）	数控转塔冲床	数控轴数 4 轴；冲程次数 600 次/min；公称力 294kN；板材最大移动速度：X=75m/min，Y=70m/min；模位数 26 个	用于多品种、中小批量的各种钣金加工
188	PBH－110/3100（及 PBH 系列）	电液同步数控折弯机	公称力1 100kN；滑块行程 265mm，滑块快下 150mm/s；折弯工作速度 10mm/s；返程速度 120mm/s；控制轴数最多可达 11 轴；具有 CE 证书	用于折弯，配合适当模具用于冲和拉伸等，此机型出口欧美
189	PBB－110/3100（及 PBB 系列）	电液同步数控折弯机	公称力1 100kN；滑块行程 220mm，滑块快下 130mm/s；折弯工作速度 10mm/s；返程速度 125mm/s；控制轴数最多可达 11 轴	用于板料折弯，配合适当模具，也可用于冲和拉伸等
190	LGS－6×3050（及 LGS 系列）	数控闸式剪板机	剪切板厚 6mm；剪切板宽3 050mm；行程次数 18～25 次/min；控制轴数 3～4 轴	主要用于剪切定尺板材
191	T44QK－3×1600	数控板料开卷校平剪切线	线速度最大 80m/min；开卷板厚 0.3～3mm；开卷板宽 600～1 600mm；定尺精度±0.25mm/m	用于开卷、校平、剪切、整齐堆垛
192	T44S－3×1600	板料开卷分条卷取线	分条板厚 0.5～3mm；分条板宽 500～1 600mm；线速度 100～150m/min	用于开卷、分成窄条，再卷取
湖北三环锻压机床有限公司				
193	PPEB 系列	数控液压折弯机（单元）	公称压力 400～60 000kN；可折板宽 1.25～12.5m；数控轴数 4～19 轴，可提供双台或多台联动	用于汽车、工程机械、海上工程、核电站等行业
194	HGA、HGN、HGS 系列	数控液压剪板机（单元）	最大剪切厚度 2～40mm；剪切长度 2～16m；数控轴数 4～7 轴	用于汽车、工程机械、海上工程、核电站等
195	KHF 系列	数控液压精冲机	冲裁力2 000～10 000kN；滑块行程 130～310mm；工作台有效尺寸 500mm×500mm～900mm×900mm；数控轴数 6 轴	用于仪器仪表、军工、汽车等
196	20 系列、30 系列、	数控液压（机械）转塔冲床	冲压能力 300kN；加工范围1 500mm×3 000mm；工位数 28 个；数控轴数 4 轴；进料速度 95m/min；冲孔精度 0.10mm；重复精度 0.03mm；冲裁次数 400～1 000次/min	用于电器、轻工机械、汽车等钣金加工

记载机床工具行业2005年发生的重大事件

Recording major events occurred in the machine tool industry in 2005

综述
专文
行业概况
市场概况
企业概况
统计资料
推荐产品
大事记
附录

大事记

2005年机床工具行业大事记

1月

18日 哈尔滨量具刃具集团公司举行隆重的庆典活动纪念建厂五十周年。

☆ 首批机械工业企业高级经济经理人，通过资格认证审核。苏州三光科技有限公司包志书、盛家乐，秦川机床集团有限公司刘庆乐、天水213机床电器厂朱安成、德州德隆(集团)机床有限公司陈声环、成都宁江机床集团股份有限公司陈江等企业领导榜上有名。

☆ 哈挺机床(上海)有限公司新厂房正式开业。新厂房的建立，表明了哈挺公司在中国市场的进一步扩展。

24日 日本锻压机床协会访问中国机床工具工业协会。

☆ 济南二机床集团有限公司赢得世界一级冲压商——美国德纳公司(DNNA)5 000t重型多工位压机的订货合同，创造中国机电产品出口新的里程碑。合同签字仪式在山东济南举行，济南市市长鲍国强等领导出席了签字仪式。

2月

22日 中国机械工业联合会党委系统在京举行共产党员保持先进性活动动员大会，协会全部共产党员参加大会，并从即日起开始投入到为期4个月的保持共产党员先进性教育活动。

☆ 国家发改委工业司组织专家对数控机床产业化发展专项规化进行评审论证，经充分讨论一至通过，上报待批。这是机床工具行业发展的机遇，也是数控机床下一步发展的指导性文件。

3月

9～11日 中国机床工具工业协会第五届理事会正副理事长会议暨协会2005年第一次秘书长会议在广西桂林召开。14名理事长、副理事长及26位分会秘书长、副秘书长及协会总会领导、部门负责人共计60人出席了会议。会议通报了2004年度行业经济运行情况，2005年协会主要工作。会后参观了桂林机床股份有限公司、桂林广陆数字测控股份有限公司。

29日 在2004年全国机械工业质量管理奖、质量效益型先进企业、用户满意产品、优秀质量管理经营者、优秀质量管理工作者评选中，机床工具行业荣获“全国机械工业质量管理奖”的有哈尔滨量具刃具集团有限责任公司，沈阳机床(集团)有限责任公司沈阳第一机床厂。

荣获“全国机械工业质量效益型先进企业”的有大连机床集团有限责任公司，交大昆机科技股份有限公司(本部)、哈尔滨量具刃具集团有限责任公司、德州德隆(集团)机床有限责任公司。

荣获“全国机械工业用户满意产品”的有沈阳数控机床有限公司“SS牌”CAK6136V数控车床，哈尔滨量具刃具集团有限责任公司“LINKS连环牌”3000系列齿轮量仪，德州德隆(集团)机床有限责任公司“德隆牌”CDZ6140全系列卧式车床，大连机床集团有限责任公司“DMTG牌”CKA6150系列数控车床、CD6$\frac{1}{2}$ 40A/50A和CW6$\frac{1}{2}$63C/80C系列普通卧式车床，桂林正菱第二机床有限公司“象山牌”Z3032、Z3050系列摇臂钻床，中捷机床有限公司“中捷牌”TK系列刨台式数控铣镗床、TH系列卧式铣镗加工中心。

荣获“全国机械工业优秀质量管理经营者”的有哈尔滨量具刃具集团有限责任公司董事长、总经理魏华亮，齐齐哈尔第一机床厂厂长刘建荣，德力西集团有限公司执行总裁张永。

荣获“全国机械工业优秀质量管理工作者”的有哈尔滨第一工具有限公司王任策，德力西集团有限公司周诞康。

☆ 中国机械工业质量管理协会公告，机床工具行业荣获全国机械工业质量管理奖有：哈尔滨量具刃具集团有限责任公司、沈阳机床(集团)有限责任公司沈阳第一机床厂。荣获全国机械工业质量效益型企业有：交大昆机科技股份有限公司(本部)、哈尔滨量具刃具集团有限责任公司、德州德隆(集团)机床有限责任公司。荣获全国机械工业用户满意产品企业有：沈阳数控机床有限公司SS牌CAK6136V数控车床、哈尔滨量具刃具集团有限责任公司300系列齿轮量仪、大连机床集团有限责任公司DMTG牌CK6150系列数控车床、德州德隆(集团)机床有限责任公司德隆牌CDZ6140全系列数控车。

☆ 中国名牌战略推进委员会发布2005年1号公告，公布了2005年中国名牌产品评价目录，装备制造业数控冲压机床、轴承等产品榜上有名。

30日 汉川机床有限责任公司董事长王祖恩、杭州机床集团有限公司董事长朱金根、大连机床集团有限责任公司董事长陈永开、沈阳机床(集团)有限责任公司董事长陈惠仁、重庆机床厂厂长廖绍华、哈尔滨量具刃具集团有限责任公司董事长兼总经理魏华亮等获得全国机械工业优秀企业家称号。

月内 国家副主席曾庆红视察东北老工业基地，考察了齐齐哈尔第二机床厂。

4月

1日 重庆机床厂建厂65周年。65年的漫漫征程、艰苦磨砺,几代人的不懈努力,造就了重庆机床厂的辉煌事业。

4日 中国工业报社主办的2004年度“中国工业经济年度新闻人物”征评活动中,齐齐哈尔第二机床(集团)有限责任公司董事长曲波、齐重数控装备股份有限公司董事长刘建荣为十大新闻人物。

9日 中共中央总书记胡锦涛在山东省考察期间,视察了威海华东数控股份有限公司,参观了数控装配车间,现场听取了汤世贤董事长的汇报。

11日 2004年度“中国机械工业科学技术奖”揭晓,共232项成果奖,攻克了一批机械制造难题。机床工具行业获奖16项,其中一等奖1项,二等奖5项,三等奖10项。由武汉重型机床集团有限公司开发制造的“CKS53160数控单柱移动式铣车床”获得一等奖。该产品解决了三峡工程水轮发电动机组制造加工能力不够的瓶颈问题。

11～17日 CIMT2005第九届中国国际机床展览会胜利举行。此次展会成果显著,无论是观众数量还是贸易成果可称盛况空前。中共中央政治局常委、全国政协主席贾庆林,中共中央政治局委员、国务院副总理曾培炎莅临展览会,国家发改委、国资委、科技部、国防科工委、解放军总装备部、教育部等有关部委领导,以及中国贸促会、十大军工集团的负责人和中国机械工业老领导随同参观。

应邀出席开幕式的驻华外交官员有:德国、美国、瑞士、西班牙、捷克、英国、印度等国驻华使节、商务参赞等。沈阳市、大连市、济南市、齐齐哈尔市四位副市长和北京发改委负责人出席了开幕式。其他贵宾有:美国、西班牙、巴西、欧洲、阿根廷、日本、韩国、英国、瑞士、法国、捷克、意大利、德国等以及中国台湾地区的机床协会负责人。

国内参展机床和大型量仪共计600多台,其中金属切削机床近530台,锻压设备50多台,另有三坐标测量机等量仪20余台。德国、美国、意大利、日本、瑞士、英国、西班牙、捷克、奥地利、澳大利亚、韩国、芬兰、卢森堡、印度等26个国家及中国台湾、香港参展的海外公司近600个,其中,2004年世界机床销售额排名前20位的企业集团全部参展,展出机床及大型量仪400多台,参展的公司和参展机床及大型量仪都远远超过上届。展览期间观众达到245 679人次。

据统计,此届展览会组团参观采购的贸易团超过20个。包括:兵器、纺机、航空一集团、航空二集团、中航技进出口公司、中船重工国际贸易公司、中船重工物资公司、中国维修改造协会、绵阳核工业九院、四川精锐机电有限公司、四川博实通信电气公司等单位组织的用户采购团。

展览期间贸易硕果累累,境内展商累计成交达到94.588万元,比上届CIMT增长38.7%,其中出口订单达到19 152万元,均创历史最高点。

22日 中共中央政治局常委、国务院总理温家宝在陕西省委书记李建国、省长陈德铭等领导陪同下视察了汉川机床有限责任公司。汉川公司董事长王祖恩、总经理杜立群陪同温总理察看了该公司总装配车间和大件数控加工工段。

30日 全国劳模和先进工作者表彰大会在京举行。国务院决定授予2 124人全国劳动模范荣誉称号,授予845人全国先进工作者称号。机床工具行业全国劳动模范共9名,他们是天津第一机床总厂工人王吉、沈阳机床有限公司齿轮车间工人石战宁、齐重数控装备有限公司工人尚维军、盐城市机床有限公司董事长徐宪生、济南一机床集团有限公司班长侯尔伦、安阳鑫盛机床有限公司总工程师韩长生、河南实业集团股份有限公司总工程师刘建设、云南丽江机床有限公司工人赖白康(纳西族)、青海重型机床有限公司电气设计室主任李武。

5月

20日 国家税务总局发布了“关于外商投资企业和外国企业购买国产设备投资抵免企业所得税若干问题的通知”。通知对不同情况购买国产设备抵免企业所得税作出了详细规定。该规定的出台,对加快国产设备生产、质量、技术的发展与提升十分有利。特别是对国产数控机床生产与市场的培育和扩大,起到了进一步的促进作用。

26～28日 由国家发改委和国防科工委联合主办、中国机床工具工业协会承办的“国产数控机床发展座谈会”在大连召开。会议得到了各方的高度重视,主要机床生产企业和机床重要用户企业的主要领导踊跃参会。座谈会由国家发改委动员办主任周建平主持,国家发改委副主任张国宝、国防科工委副主任虞列贵先后在座谈会上作了重要讲话。中国机床工具工业协会总干事长吴柏林在会上介绍了机床工具行业发展情况。

6月

13～16日 中国机床工具工业协会在四川绵阳召开了“2005年机床工具行业统计信息工作会议”。来自分会和企业的近130名统计人员出席了会议。国家统计局工业交通统计司生产运行处处长周学文应邀出席会议并讲话;协会副总干事长王黎明做了题为“加强统计分析,提高预测水平”的主题报告;协会常务副理事长于成廷为会议做了总结发言。

月内 根据国家发展和改革委员会工业司关于开展“数控机床发展研究”课题的要求,中国机床工具工业协会由协会领导带队,组织24名行业专家,分7个调研组,对我国机床工具行业企业进行了集中调研(其中东北和华北地区的机床工具企业先前已分别进行调查),调研企业共110个,涉及金属切削机床制造企业67个、锻压机械制造企业16个、工量具制造企业17个、功能部件制造企业8个、铸造企业2个,此外,还访问了3个主要数控机床用户。调研企业按所有制分类:属于国有范畴的54个,民营企业44个,中外合资企业4个,外资企业8个。这次调研工作,领导重视,有关企业积极配合，调查范围广泛，了解和掌握了大量第一手资料，调研工作达到了预期目的。通过对调研企业数控产品开发、体制机制改革、企业经营、提高创新能力和竞争力进展情况、以及“十一五”企业发展规划设想等调查分析，为我国“十一五数控机床发展规划”和“高档数控机床应用示范工程”实施提供了依据。

☆　沈阳机床集团“A计划”开始启动，计划于2005年12月底结束。沈阳机床集团根据调查数据的分析，截至2005年5月31日，沈阳机床集团共为首批重点用户的240个企业提供数控机床716台，总价值量48 500万元。其中2000年以来向重点用户所属五大产业领域提供数控机床564台，占向该领域提供总量的80%左右，基本满足用户的使用要求。将针对2000年以前提供的存在不同程度问题的78台数控机床，免费实施大修、项修和换货(总经费预算为2 000万元)，达到用户正常使用要求。

7月

5日　中共中央政治局常委、全国人大常务委员会委员长吴邦国，在山东省省委书记张高丽，山东省委副书记，省长韩寓群，山东省省委副书记，青岛市市委书记杜世成，青岛市市长夏耕及青岛高科园主管领导的陪同下，视察了青岛海克斯康。吴邦国委员长及各位领导听取了海克斯康总裁李洪全对企业发展情况、经营业绩的汇报，并饶有兴致地参观了海克斯康的生产现场和培训演示中心。吴委员长对海克斯康所取得的成就及为我国汽车、航空、机床、家电、模具等制造业提供的先进技术与装备给予充分肯定，并鼓励海克斯康抓住发展机遇，继续保持在计量领域的国际领先地位，为我国现代制造业的技术进步做出更大的贡献。

7日　中共中央政治局委员、全国人大常委会副委员长、中华全国总工会主席王兆国，在全总副主席、书记处书记徐德明及黑龙江省省长张左己等领导的陪同下，视察了齐齐哈尔二机床企业集团。王兆国同志听取了集团董事长兼总经理曲波关于企业情况的介绍，参观了著名的爱国主义教育基地——马恒昌小组展览馆，并亲切看望了马恒昌小组组员。他鼓励企业和小组要在新的历史时期，继承和发扬马恒昌小组光荣传统，抓住振兴东北老工业基地的历史机遇，为我国装备制造业做出新的贡献。

☆　中央政治局委员、全国人大副委员长、全国总工会主席王兆国在省长张左己、市委书记杨信、市长林秀山等领导的陪同下到齐齐哈尔第一机床厂视察指导工作。在厂长刘建荣、党委书记陈卫民等厂领导的陪同下，中央、省、市领导先后视察了技术中心、股份公司重装工部两个单位。

8月

16日　北京第一机床厂由北京建国门外大街4号迁址到北京顺义区林河工业开发区双河大街16号。“北一”企业搬迁工作的顺利完成，标志着一个全新的“北一”呈现在世人面前。迁址后的新北一，实现了用现代制造手段代替传统制造的产业升级，实现了用数控机床生产制造数控机床的历史性转变。新的软硬件环境，大大提升了企业的核心制造力和竞争力。

26日　沈阳机床董事长陈惠仁圆满完成中国机床工具工业协会第五届理事会第一年度轮值理事长任职，济南二机床集团公司董事长张志刚接任第二年度轮值理事长职务。

9月

1日　2005年“中国名牌产品暨中国世界名牌产品表彰大会”在北京人民大会堂隆重召开。机床工具行业4位企业领导应邀出席表彰大会。

中国机床工具行业继2004年8个企业产品首次进入中国名牌榜之后，2005年新增评的中国名牌评选中，数控冲压机床4个企业产品光荣入选，他们是：济二机(济南二机床集团有限公司)，亚威(江苏亚威机床有限公司)，金方圆(江苏金方圆数控机床有限公司)，HSDY(湖北三环锻压力机床有限公司)。

13日　中央政治局委员、国务院副总理曾培炎率国家发改委等部门，在湖北省省长罗清泉，省委常务副书记陈训秋，省委常委、武汉市委书记苗圩等领导的陪同下，视察了武汉重型机床集团有限公司大件加工厂、铣床公司和威泰立车公司。武汉重型机床集团有限公司董事长陈国新向曾培炎副总理汇报了企业近几年的生产经营情况，特别是CKX5 316 016m立车等一批重大装备服务中国制造业的情况。曾副总理听后很是欣慰，向随同视察的国家发改委副主任张国宝说：“要充分利用国债项目支持武重这样的关键企业，从而振兴我国的数控机床产业。”

17日　沈阳机床集团收购西安交通大学产业(集团)总公司持有的交大昆机科技有限公司(即原昆明机床厂)股权签字仪式在西安举行，这表明沈阳机床集团成为交大昆机科技有限公司第一大股东(持股比例为29%)。这次重组将以沈阳机床集团昆明有限公司为载体，重点发展卧式加工中心、大型重型镗铣设备。沈阳机床将把德国希斯公司世界一流重大型镗铣床设备制造技术转移到昆明机床厂。

19日　东盟协议正式启动，数控金属切削机床、数控成形机床协定税率为5%，比我国现行税率9.7%低4.7个百分点。非数控机床协定税率10%，比我国现行税率12%低2个百分点。工量具及附件协定税率为5%，比我国现行税率低1～3个百分点。

30日　机床行业发展大型、精密、高速数控装备和数控系统及功能部件项目，被列入国务院批准的关于加快发展振兴装备制造业的若干意见中，国家政策的支持，这是数控机床发展的大好机遇。

10月

11日　德国机床协会在柏林举办了德国首届机床制造业峰会，峰会主题是“世界机床行业的现状以及未来发展的趋势”。150多位与会者皆为德国本土知名机床企业的经理人以及业内的权威专家，德国总理施罗德到会并做了演讲。

沈阳机床集团总经理关锡友作为惟一的国外企业代表受邀参加，他同时在这次峰会上以流利的德语发表了“中国机床制造业的快速发展对德国意味着什么，是机遇还是挑战”主题演讲。

17日 经济日报公布了全国工业重点行业效益十佳企业名单，机床工具行业中下列企业榜上有名：大连机床集团有限公司、沈阳机床集团有限公司、杭州友嘉精密机械有限公司、江苏天工实业有限公司、江苏飞达工具集团股份有限公司、山东威达机床工具集团总公司、株洲钻石切削刀具股份有限公司、上海刀片厂有限公司。

11月

1日 中国第一条自主建设的弧齿锥齿轮数字生产线在湖南长沙建成投产，填补了中国在这一领域的空白。这条生产线打破了西方发达国家在这一领域对中国长期的垄断，开创了我国加工高端弧齿锥齿轮的新纪元。

3～4日 由中国机床工具工业协会主办的“国产数控系统发展座谈会”在武汉华中科技大学召开。

30日 中国机床工具工业协会用户联络网年会在北京召开，来自航空、航天、船舶、纺机、兵器、汽车、电子、机械、铁路等行业的代表出席了会议。

12月

14日 中共中央总书记胡锦涛同志在青海省省委书记赵乐际、青海省省长宋秀岩的陪同下，来到青海华鼎重型机床有限责任公司视察。青海华鼎重型机床有限责任公司董事长杨拥军汇报了企业的产品开发、市场开发和主要用户以及企业发展规划等基本情况。总书记仔细询问了“青重”产品的用途及性能。胡锦涛同志每到一个工段，都向正在工作的员工们频频招手，亲切握手，嘘寒问暖。在装配工段，胡锦涛同志与全国劳动模范、高级工程师李武同志亲切交谈，询问其生活和工作情况，充分体现了总书记对奋战在青海高原职工的关怀和爱护。

中国机床工具工业年鉴 2006

附录

发布中国机床工具工业协会国内、国外展会考查报告，世界各国机床产品生产、消费、进出口情况

Publishing the investigation reports of China Machine Tool Industry Association on domestic and overseas exhibitions, and the production, consumption and import & export of machine tool products of the countries all over the world

附录

240m/min；THK 展出 200m/min 的高速滚珠丝杠副，而台湾上银科技的 180m/min 高速滚珠丝杠副已有商品。Fischer 公司的电主轴转速达150 000r/min，IBAG 的高速电主轴也在 10 万 r/min 以上。总之，数控机床的高速化是个普遍现象。

2. 高精度、高可靠性等单项技术集成的机床和生产系统发展迅速，加工精度明显提高

为了减少温度变化对加工精度的影响，许多企业都采取措施。瑞士 Studer 公司的磨床早就采用人造花岗岩床身，既对温度变化不敏感，又具有良好的吸振功能，使其磨床的高精度享誉全球；瑞士 MIKRON 的高速加工中心，采用矿石粉末浇铸的龙门框式结构床身，既刚性好，又对温度不敏感，这也是实现高精度加工的原因之一。除此之外，MIKRON 还在新近开发的 HPM1100 和 HPM1 000U 等加工中心上加装了主轴保护系统（SPS）、智能热控制系统（ITC）、操作者支持系统（OSS）以及先进的工艺过程处理系统（APS）等，既能控制和消除热影响，又能实时监控主轴振动，早期预知临界加工操作，进一步延长了主轴和刀具的使用寿命，提高了机床运行的可靠性。日本大隈公司应用精确的热变形补偿技术，创新设计了箱形热对称并有效热稳定的结构（TAS－C）和有效热稳定主轴（TAS－S），其高精度热变形补偿技术获得日本工程师协会的奖励。大隈公司还开发应用了号称世界首创的防碰撞系统（CAS），无论自动还是手动操作，均可避免碰撞，使操作者感到安全，工作进行更快，可减少试切时间 50％。瑞士 DIXI 是世界著名的高精度坐标镗铣床生产厂，这次展出的新的 5 轴坐标镗铣加工中心 JIG700/1200，其精度已进入纳米级。这台 5 轴加工中心与摆动工作台配合，可以一次装卡完成全部表面加工；定位精度＜0.99μm，重复定位精度＜0.05μm，可编程分辨率＜0.1μm；主轴转速12 000r/min；刀库容量根据需要可配 12 把、30 把、60 把、108 把刀；数控系统为 GE－FANUC 系统。瑞典 KMT 推出的具有革命性设计方案的精密磨床——纳米磨床（Nano Grinder），是 EMO2005 展会上展出的精度最高的机床，数控系统为西门子 840D 系统。这台纳米磨床是一台全新的专利结构的内圆磨床，独特的 $X-\theta$ 滑动系统取代了传统的 X、Y、Z 轴而产生圆进给磨削运动，偏心的磨削主轴是内部的工作主轴。$X-\theta$ 滑块由空气轴承支承，直线电动机驱动。结构非常紧凑。组件数量大大减少，磨床尺寸减少约 80％，而生产率比传统内磨提高 50％，并且由于 $X-\theta$ 滑块的运动由一根分辨率为 0.1mm 的 2D 玻璃光栅反馈，定位精度可通过控制系统编程确定，对大多数应用者来说，推荐 0.1mm 精度。它操作容易，维修成本低，柔性好。

很多数控机床都配有在机测量系统和刀具激光检测系统，能及时发现刀具磨损情况，并及时补偿工件加工尺寸误差，机床加工精度普遍提高。

3. 数控机床加工高效化趋势十分强劲

在 EMO2005 展会的各个展馆里都可以看到展商标着更高生产率（Higher Productivity）和更高质量（Higher Quality）等字样。的确，为了提高加工效率，多轴、多刀架、不同工艺和工序组合的复合加工机床随处可见。CHIRON 公司的新产品 DZ15KW、DZ18W、DZ12KS 等都是双主轴结构。美国 CINCINNATI LAMB 的 MACH1 为双主轴卧式加工中心；MAKINO 的 TWINFLEXMD 为双卧主轴和双立主轴加工中心，各有一个机械手换刀。MAZAK 的 INTEGREX300－Ⅳ为双主轴车铣复合加工中心，有双刀架和铣削主轴，还展出了一批多功能加工机床。SPINNER 的 RM7H 为双主轴加工中心，在铣头上加 4 个排刀增加车削功能，形成车铣复合加工，花岗岩床身。德国 STAMA 的 MC726/MT 加工中心为 1 个铣主轴，2 个车削主轴对置；MC734/MT 铣车加工中心，铣车交换时，卡盘不变，故安装时间为零；MC520/compact 为双主轴加工中心，由 1 个刀库服务。DMG 的 GMX250Linear 为双主轴车铣复合加工中心，下转塔，上铣头布置。TRAUB 的 TNL 26K 为双主轴、双转塔刀架、双排刀的数控车床，也具备钻铣功能。德国 INDEX 展出的很多机床都是多主轴、多刀塔车铣复合机床，如 V160D 为双主轴双转塔刀架的机床，同时加工 2 个相同零件，上装和下卸工件控制简单，产量可增加一倍。TRAUB 的 TNX80/65 为双主轴、4 个转塔刀架的车铣中心。TORNOS 公司加工小零件的机床，多主轴加多个排刀装置使加工效率大为提高，如 MULTIDECO 32/6c 和 DECO20s 车床。日本 Miyano Machinery 公司的 ABX－51TM² 为双主轴 3 刀塔机床，而 BVJ－4εsy 为双主轴双刀塔机床。日本 MURATA KYOTO 的 MW200G 是双主轴、双刀塔、龙门式上下料的机床。而日本 NAKAMURA TOME 公司展出的多主轴机床也很有特色，如 SuperNTY³ 为双主轴 3 转塔刀架的车床，也有钻铣功能，有 3 个 Y 坐标（上部 2 个，下面 1 个，行程各为±31mm），3 个转塔均为 12 个刀位 24 把刀。Super NTJX 机床为双主轴、双转塔刀架、1 个铣头的多功能车削中心，下转塔上实现第一个 Y 坐标，可两把刀同时加工（转塔或铣头上的刀），不仅提高了生产率，而且降低零件加工成本 30％左右。SuperNTM³ 也为双主轴、3 个刀塔的 CNC 车床，可以用 3 把刀同时加工，2 个 Y 轴同时运动，大大提高了生产率，与只有 1 个主轴、2 个刀塔的机床相比，加工循环时间减少约 50％，而第 3 个转塔又有多种用途，如可作中心支架或卸工件等。Super NTJ 多轴 NC 车削中心，上转塔刀架 B/Y 轴滑块，提供柔性，以加工最复杂的零件，不管小批量还是大批量生产，生产率都很高，现代控制的人机友好功能，提供最大的舒适性，缩短了零件安装时间。为了提高生产率，磨床也增加了砂轮轴数，如 Mägerle 的磨削中心 MGC，就为多主轴结构。Schaudt 公司的车磨复合的 KAIROS 卧式精密加工中心，配 Marposs 测头进行在线测量。它不仅是非常好的磨床，还是 400mm 磨削长度的轴类零件的精加工中心，其软件 Schaudtwin 和 SchaudtGrind 确保快速而可靠的编程并有效地控制机床。在加工过程中测量控制与传感器技术集成一体进行监控，保证加工过程的高可靠性。EMAG 公司的 BA WO4－22 为双主轴数控车床，可 5 轴加工。EMAG 的 ELC 250 DUO

是应用激光技术的成功产品，用激光焊接代替切削加工，大大缩短了工艺过程链，在一台机床上能自动地完全输送不同工件、激光清洗、连接、压紧、激光焊接、去毛刺、测量等全部工序。根据部件的复杂程度，运动时间最高可减少60%。以上所列足以说明高效化趋势发展迅速、强劲。

4. 机床产品的模块化发展更加突出，显示更重要的作用

为了满足用户日益增多的个性化要求，加速新产品推向市场，各机床厂和机床附件厂都把产品的模块化设计作为一个有效措施。EMO2005展会上，许多产品都呈现模块化趋势。例如TRAUB的MHS1500传送系统是模块化的，与CNC车削自动机TNL26K和TNK36组合，则可以集成为柔性制造单元。在MHS1500中集成很多加工过程、控制过程和改善过程。单就加工而言，TNL26K和TNK36也能作为双主轴车床用。日本大限公司最新设计的MAC TURN550－2SW是模块化结构的，可实现九轴控制的多用途机床。其结构相似于最新的MULTUS B300W多功能车铣中心的模块化结构布局。瑞士Pfiffner公司有很多模块化的CNC加工单元，如CNC *X/Y* 滑台，CNC轮廓车削单元等。德国MIKROSA磨床的金刚石形成轮廓滚轮、陶瓷或单晶金刚石、砂轮修正工具等都已成为标准化模块，极易更换，不仅柔性好，而且改装时间省50%。一些可以更换铣头的加工中心，是把铣头和接口标准化、模块化，例如SHW公司开发了通用铣头系列产品，可根据加工需要自动更换铣头。Mägerle公司的磨削中心也是模块化结构，可以按具体零件的磨削工艺过程扩装相应部件，准确地重构一台适用的磨床。机床构件的模块化为机床制造商及机床用户带来了巨大的经济效益，也昭示可重构的生产系统有了坚实的基础，必将会得到快速发展。

5. 自动化和柔性成为许多工业用户关注的焦点，数控机床的柔性、自动化程度更高，生产系统智能化是制造技术的发展方向

由于用户个性化需求强烈，市场多变，许多工业产品都是多品种、小批量的生产模式，即使是大批量的汽车工业，也要经常变换型号以吸引顾客。因此，制造商为了降低生产成本，要求机床的柔性和自动化程度更高，以减少投资和节省人力。所以，机床的柔性和自动化程度高低已成为机床的重要卖点之一。EMO2005的展品在柔性和自动化方面有了明显的提高，许多机床都有自动上、下料机构。由传输装置把一台机床或两台以上机床构成生产单元的也比较多。由于软件丰富了，机床配备了各种防护和监控系统，例如MIKRON许多型号的机床都加装了SPS、APS、ITC、OSS等防护监控系统，使机床的柔性、自动化程度大为提高，故装有这些系统的机床均标有“Smart Machine”(智能机床)字样。MIKRON应用新标准开发的UCP600 Vario加工中心还加装了托盘交换装置和新的大量刀具交换塔，其柔性、自动化和智能化程度更高。Studer的磨床S21、S31、S36、S40等都装有上、下料系统和磨削监控系统。日本大限的CAS防碰撞系统也使机床具备了自保护功能。德国HELLER公司把标准加工中心用接口选装托盘存储器，线性连接机器人上、下料和高架传输机组成了柔性生产系统(FMS)。蒂森集团的Cross Hüller公司展出由2台机床组成的柔性生产线(staline)，GropWerke展出的组合机床柔性生产系统都体现了模块化和柔性自动化趋势。Mägerle的5坐标CD磨削中心装有砂轮自动交换机构和刀具交换装置(铣、钻等刀具)，使之成为磨铣复合的磨削中心，自动化程度、柔性和加工精度大大提高，生产率也提高了。FANUC展示的搬运机器人单元水平很高，带2D视觉识别器，能从杂乱堆放的工件中准确找准工件的抓取位置抓取、运送工件。西门子公司的控制系统中为模具和工具制造开发了相应软件，通过快速安装循环，使机床安装更简便，通过预测加速度和Spline处理器，使加工表面质量更好，用Pro/E CAM系统、开放式结构，集成5轴信息，可五轴联动加工，3D形状检测，控制3轴/5轴自由曲面加工。许多高档机床均配海德汉iTNC530系统，DMG反映，海德汉提供的数控系统有防撞功能，5轴加工时iTNC530用起来很宜人。森精机继2004年在美国芝加哥展会上推出MAPPSⅡ以后，这次展出的MAPPSⅢ的处理速度、容量和性能又有进一步提高。所以，随着各种软件的日益丰富，机床的性能和智能化程度也随之日臻完善和提高。

6. 机床配套件和工装产业发展迅速，刀具系统改进很多，这些都对发挥机床的潜力起到了重要作用从而备受关注

在配套件和机床附件展厅里，展品琳琅满目，可以说应有尽有，配套十分方便。最引人注目的是数控机床配用的数控转台，尽管规格有大小，型式也略有不同，基本上都具有两个回转坐标，或一个坐标(即没有中间圆转台)。这样的数控转台，大都用力矩电动机驱动，控制方便，定位准确，很容易实现4轴或5轴加工。置于这种转台上的工件也很容易实现五面加工。在多台数控机床上还看到了直立式刀库，这种刀库安装在机床一侧，既省地方，也省能源(备用刀具在选刀时不运动)，还可以按需要增减刀库容量，避免了链式刀库的一些缺点。数控机床还为用户配备必要的工装卡具，工卡装卡快捷，定位准确，大大缩短了辅助时间，提高了生产率。许多夹具已经模块化，可以任意组合。机床功能部件也已标准化，如电主轴，动力刀具转塔等。SAUTER公司的王冠式回转刀塔，有些数控机床装4～5个，加工效率非常高。这个部件在展品机床上应用也比较多，尤其是一些欧洲机床厂家愿意用这种刀塔。

刀具的新产品也很多，世界几个著名的刀具制造公司SANDVIK、KENNAMETAL、ISCAR等都展出了各自的特色刀具。刀具形状、涂层都有改进，而EMO2005展会上，刀具展示最卖力气的当数德国WALTER公司，每天都有真老虎表演，刀具也用虎牌(Tiger. Tec)。据说他们的硬质合金刀片首次用PVD镀氧化铝(Al_2O_3)涂层，新的切削刀具材料硬度特别高，韧性好，耐磨，是理想的切削刀具材料，适用于加工所有金属材料中80%以上的材料。Tiger Tec牌WKP级刀具能提高生产率100%，WAK级能提高生产率75%，WSM、WSP、WPP级能提高生产率50%，可见效果极佳。德国KELCH公司除了生产各种刀柄外，生产的KALiMAT 系列刀调仪的机身采用热优化的灰铸铁材料，导轨为钢制。应用这种材料结构，消除了热膨胀影响，保证了测量精度。刀柄上装有芯片，测量结果自动写入芯片。使用时，数据直接读入控制系统，非常先进，也非常实用，这种仪器已在 CCMT2006 展上亮相，英国雷尼绍公司展出的最新测头 REVO Renscan5，是一种革命性测头系统，它是接触式测头，在激光技术支持下可以进行超高速五坐标扫描测量，是 EMO2005 展会上技术含量最高的产品之一，可扫描测量叶片曲面、内孔圆度和圆柱度、自由曲面等，既快捷又准确。

7. 环保要求更严格，绿色制造更普及

欧洲的生态环境保护早就受到了普遍重视，所以，绿色制造在那里很容易为人们接受。在 EMO2005 展会上，与机床配套的环保产品很多，品种齐全。各类冷却润滑剂都标有绿色字样，空气过滤器，油雾、烟雾滤清装置等性能都有所改善，过滤效果更好。干切削工艺得到推广，有相应的配套刀具，展会上表演干切削的也不少。总的印象是制造系统的环保要求日趋严格，环保技术和环保配套产品日趋增多，我国的机床工业也必须重视绿色制造问题，首先要提高认识，在实际生产和新产品开发中，要切实贯彻绿色制造的要求。

8. 机床售前、售后服务观念有了新扩展

大家都认识到，做好用户服务对开拓市场，争取新客户、巩固老客户非常重要。但服务内容一般都是技术培训、安装调试、故障维修和提供备品备件等，做好这些工作很必要，也很重要。但现在服务的概念有了很大扩展，机床制造厂和机床用户之间变成伙伴关系，通过服务为用户创造更多的效益。所以，很多制造厂都设有专门的培训室，参观的雷尼绍、Studer、MIKRON、Heller 等公司都有用户培训车间和培训设备。在 EMO2005 展会上，DMG 公司把这种理念表达得较全面、较清楚。

为做好服务工作，DMG 首先提出了 KAM 理念（Key Account Managment），也叫大客户管理理念。把全球的大客户如美国波音公司、德国的大众、宝马、美国通用，也包括上海通用、上海大众、一汽大众等客户都纳入了 KAM。DMG 建立了专门的服务事业部，在全球范围内为客户提供产品生命周期内的全面支持。服务分为两大内容，分设两个分事业部，一个叫服务支持，一个叫产品支持。

服务支持包括：①设备安装：从开始就提供支持，规划未来，确保投资效益。负责所购机床的安装调试、试运行、最后的检测和验收，还帮助培训操作者。②培训服务：DMG 在亚洲、欧洲和美洲等都建有培训学院，为客户提供实用培训和后续进修培训。培训包括 CNC 车、铣、激光加工、超声波加工等诸方面。③技术服务：通过服务热线咨询和快速的现场指导解决问题。随时提供修理、维护等服务，解决实际应用问题。在全球范围内，用户都可以享受到 DMG 用所在国语言提供的服务。④改装服务：根据客户需要，DMG 可以提供设备改装或翻新服务，帮助客户提高生产率和更好发挥机床的价值潜力。⑤回购服务：机床经过一段高效生产期以后，客户仍可享受 DMG 的相应服务。DMG 回购旧机床，还帮客户拆卸和包装运出。

产品支持包括：①DMG 强有力的工具辅之最优秀的培训，使故障时间最少并提高机床的可用能力。DMG 提供创新的软件方案提高生产率。②零部件供应：用户可充分利用 DMG 在规划、处理和生产多轴自动车、车铣加工中心的装备系统方面的优势，获取最佳生产率的自动杆件装卸料仓、弹簧夹头和快速更换的夹爪等。③备件供应：无论是车削、铣削、激光加工，还是超声波加工，DMG 的备件服务部门拥有的完善的后勤物流系统和大量服务网点，能在最短时间内为用户提供急需的备件。④精细器具服务：采用高效精细的刀具测量和调整仪器及刀具管理系统，提高生产率。刀具的测量、调整不仅在机外进行，而且可在加工过程中进行。⑤二手设备服务：DMG 回购旧机床后，经过测试、翻新改装，可提供性价比最好的高品质的二手机床，满足用户需要。

总之，EMO2005 透出的信息非常丰富，技术趋势也很明确。EMO2005 展会给人的主旨信息，当以瑞士 Pfiffner 公司展位上的大字标语口号表述得最为清楚，标语依次是：

生产率（Productivity），投资回报（Return of Investment），模块化理念（Modular Concepts），灵活的方案（Flexible Solutions），销售时机（Time to Market）。

企业（机床制造企业和用户企业）必须考虑效益：提高生产率，通过模块化设计和灵活的生产方案以降低产品的制造成本；生产要考虑投资回报率，要看准产品入市时机，这样才能为企业创造尽可能好的效益。

2001～2005 年世界机床产品生产、进出口及消费统计

2004～2005 年世界主要机床消费情况见表 1，2005 年世界机床企业产值排名前 20 名见表 2，2003～2004 年日本机床生产统计见表 3，2003～2004 年日本机床订单统计见表 4，2001～2004 年日本机床需求和供应趋势见表 5，2003～2004 年日本机床产品分类出口情况见表 6，2003～2004 年日本机床产品分类进口情况见表 7，2004 年日本机床产品按国别或地区进出口情况见表 8，2003～2004 年德国机床产品按国别或地区进出口额见表 9，2002 年美国机床产品生产、进出口及

消费情况见表10,2003年美国机床产品生产、进出口及消费情况见表11,2002～2003年美国机床产品按国别或地区进口额见表12,2002～2003年美国机床产品按国别或地区出口额见表13,2002～2004年瑞士机床生产及出口情况见表14,2002～2004年瑞士机床产品按国别或地区进口值见表15,2002～2004年瑞士机床产品按国别或地区出口值见表16,2003～2004年意大利机床产品按国别或地区进出口情况见表17,2002～2004年英国机床产品按国别或地区进出口值见表18,2004年英国机床产品分类进出口情况见表19,2002～2004年中国台湾主要机床生产情况见表20,2002～2004年中国台湾主要机床产品出口国家或地区见表21,2002～2004年中国台湾主要机床出口情况见表22,2002～2004年中国台湾主要机床进口情况见表23,2002～2004年中国台湾主要机床出口国家或地区见表24。

表1　2004～2005年世界主要机床消费情况　　(单位:百万美元)

国别或地区	2004年	2005	国别或地区	2004年	2005
中国	9 456	10 780	印度	562	1 000
日本	5 943	7 528	捷克	414	481
德国	5 093	5 307	奥地利	359	344
美国	5 111	5 823	俄罗斯	387	389
意大利	3 280	3 294	瑞典	256	291
韩国	3 059	3 666	荷兰	247	250
中国台湾	2 617	2 193	澳大利亚	174	187
法国	1 180	1 423	比利时	196	197
加拿大	1 200	1 429	丹麦	100	98
西班牙	1 033	1 087	罗马尼亚	155	155
英国	681	667	芬兰	153	173
瑞士	768	821	葡萄牙	121	119
巴西	941	1 082	阿根廷	95	152
土耳其	805	942	克罗地亚	137	114

注:资料来源于美国Gardner公司公布的数据。

表2　2005年世界机床企业产值排名前20名　　(单位:百万美元)

序号	公司名称	国别	截止时间	机床产值	总产值
1	山崎·马扎克(YAMAZAKI MAZAK)	日本	2005.03	1 576	1 576
2	通快(TRUMPF)	德国	2005.06	1 465	1 804
3	吉德美(GILDEMEISTER)	德国	2005.12	1 308	1 308
4	天田(AMADA)	日本	2005.03	1 256	1 874
5	森精机(MORI SEIKI)	日本	2005.03	1 139	1 139
6	大隈(OKUMA)	日本	2005.03	1 074	1 074
7	阿奇·夏米尔(AGIE CHARMILLES GF)	瑞士	2004.12	802	802
8	丰田(TOYODA)	日本	2005.03	723	2 271
9	牧野(MAKINO)	日本	2005.03	735	979
10	大连(DALIAN)	中国	2004.12	680	712
11	舒勒(SCHULER)	德国	2004.09	679	679
12	科茂(COMAU)	意大利	2004.09	619	2 135
13	蒂森(THYSEN KRUPP)	德国	2004.09	596	47 884
14	意伟卡(IWKA)	德国	2004.12	582	2 926
15	沈阳(SHENYANG)	中国	2004.12	548	548
16	优诺瓦(UNOVA)	美国	2004.12	470	470
17	哈斯(HAAS)	美国	2004.12	465	465
18	米勒·万家顿(MUELLER WEINGARTEN)	德国	2004.12	464	464
19	斗山(DOOSAN INFRACORE)	韩国	2004.12	461	2 518
20	因代克斯(INDEX)	德国	2004.12	460	460

注:资料来源于美国Gardner公司公布的数据。

表3　2003～2004年日本机床生产统计　　(单位:百万日元)

产品分类	2003年				2004年			
	产量	其中:数控	产值	其中:数控	产量	其中:数控	产值	其中:数控
车床	17 105	16 074	165 074	160 671	22 567	21 485	212 477	207 619
磨床	4 074	2 383	76 149	53 142	5 175	3 017	93 728	65 786
齿轮加工机床	730	532	16 698	13 415	811	633	19 761	16 433
特殊加工机床	3 988	1 547	100 565	64 377	4 250	1 694	99 317	62 744

（续）

产品分类	2003年				2004年			
	产量	其中:数控	产值	其中:数控	产量	其中:数控	产值	其中:数控
加工中心	10 318	10 318	186 342	186 342	14 484	14 484	267 492	267 492
数控钻床	7 085	7 085	29 178	29 718	12 180	12 180	46 655	46 655
数控镗床	173	173	7 478	7 478	246	246	10 350	10 350
数控铣床	440	440	4 475	4 475	599	599	5 877	5 877
数控电加工机床	3 308	3 308	398 967	38 967	4 046	4 046	48 051	48 051
其他机床	18 452	2 200	64 739	38 721	15 142	2 331	74 374	42 455

表4 2003～2004年日本机床订单统计 （单位:百万日元）

产品分类	2003年		2004年	
	订单总值	其中:数控	订单总值	其中:数控
车床	251 123	246 546	362 807	356 795
钻床	26 753	25 904	38 983	37 293
镗床	10 220	9 813	17 321	17 138
铣床	13 559	12 080	13 797	11 342
磨床	76 812	67 252	119 840	104 866
齿轮加工机床	21 703	20 640	24 081	22 334
特殊加工机床	52 212	45 148	63 204	58 364
加工中心	262 925	262 925	418 112	418 112
电加工机床	46 409	45 941	57 627	56 788
其他机床	55 193	36 776	76 798	49 603
柔性加工系统	34 183	34 183	43 622	43 622

表5 2001～2004年日本机床产品需求和供应趋势 （单位:亿日元）

项目名称	2001年	2002年	2003年	2004年
订单总值	7 889	6 758	8 511	12 362
国内订单	4 111	3 503	4 416	6 728
国内订单比例(%)	52.1	51.8	51.9	54.4
国外订单	3 778	3 255	4 095	5 634
国外订单比例(%)	47.9	48.2	48.1	45.6
生产总值	7 765	5 851	6 902	8 781
数控机床产值	6 802	5 097	5 973	7 735
数控机床产值占比(%)	87.6	87.1	86.5	88.1
进口	5 584	4 847	5 641	6 831
出口	696	509	532	882
进口/消费(%)	24.2	33.6	29.7	31.2

表6 2003～2004年日本机床产品分类出口情况

产品分类	2003年				2004年			
	出口量(台)	其中:数控(台)	出口值(百万日元)	其中:数控(百万日元)	出口量(台)	其中:数控(台)	出口值(百万日元)	其中:数控(百万日元)
特种加工机床	4 762	3 542	127 334	53 010	5 997	4 654	202 468	71 957
加工中心	7 289	7 289	141 788	141 788	7 920	7 920	158 259	158 259
特殊加工机床	164	138	19 146	18 885	87	73	7451	7 041
车床	24 622	11 583	128 540	122 242	19 798	13 745	150 745	146 090
导轨式组合机床	1 637	0	251	0	1 790	0	260	0
钻床	9 030	3 006	22 475	19 357	10 580	4 902	32 861	31 310
钻铣机床	405	164	4 553	4 151	328	177	4 889	4 572
镗床	679	141	4 908	3 690	469	173	4 678	4 148
铣床	3 818	722	16 419	14 075	3 225	597	13 509	11 371
攻螺纹机或螺纹机	4 297	911	7 167	5 965	5 327	1 007	7 394	6 102
磨床或精加工机床	10 793	2 239	65 610	43 305	21 238	2 439	70 494	47 413
其他机床	64 600	922	25 915	12 183	46 933	923	30 059	15 583

表 7　2003～2004 年日本机床产品分类进口情况

产品分类	2003 年				2004 年			
	进口量（台）	其中:数控（台）	进口值（百万日元）	其中:数控（百万日元）	进口量（台）	其中:数控（台）	进口值（百万日元）	其中:数控（百万日元）
特种加工机床	2 193	1 712	34 488	14 918	3 084	2 000	63 193	19 357
加工中心	199	199	1 751	1751	297	297	2 411	2 411
特殊加工机床	10		628		25		1 172	
车床	3 137	938	2 152	1 625	3 428	927	5 235	4 782
导轨式组合机床					1		26	
钻床	28 261	27	491	192	31 096	32	925	380
钻铣机床	8	4	39	8	42	11	26	17
镗床	16		290		30		63	
铣床	1022		723		1592		841	
攻螺纹机或螺纹机	1097		247		138		423	
磨床或精加工机床	154853	322	6288	2742	137453	475	8758	3779
其他机床	79010	60	6066	4702	98194	62	5172	2815

表 8　2004 年日本机床产品按国别或地区进出口情况

国别或地区	出口额（百万日元）	占比（%）	进口额（百万日元）	占比（%）
总计	683 066	100.0	88 245	100.0
美国	143 067	20.9	48 560	55.0
中国	118 298	17.3	3 992	4.5
中国台湾	87 390	12.8	2 312	2.6
韩国	70 548	10.3	3 588	4.1
泰国	46 358	6.8	4 692	5.3
德国	30 622	4.5	10 262	11.7
新加坡	19 957	2.9		
印度尼西亚	13 122	1.9		
意大利	11 312	1.7		
瑞士			7 166	8.1
其他地区	142 392	20.9	7 673	8.7

表 9　2003～2004 年德国机床产品按国别或地区进出口额

国别或地区	2003 年		2004 年			
	出口额（百万欧元）	占　比（%）	出口额（百万欧元）	占　比（%）	进口额（百万欧元）	占　比（%）
合计		100	4 565	100	1 467	100
欧盟国家			1 841		941	
其他国家			2 724		525	
中国	429.50		697.50	15.3		
美国	503.59	68.9	519.70	11.4	63.50	4.3
奥地利	271.67		253.90	5.6		
法国	266.64		249.20	5.5		
意大利	239.50	98.1	248.60	5.5	118.40	
其他			2 596.10	56.9	471.90	32.2
瑞士		453.5			498.80	34.0
日本		204.4			239.20	16.3
捷克					75.20	5.1

表 10　2002 年美国机床产品生产、进出口及消费情况

产品分类	生　产		进　口		出　口		消　费		出口占生产比例	
	数量（台）	金额（百万美元）	数量（台）	金额（百万美元）	数量（台）	金额（百万美元）	数量（台）	金额（百万美元）	数量占比（%）	金额占比（%）
合计	28 372	1 883.9	45 342	2 311.3	34 008	840.1	39 706	3 355.0	119.9	44.6
其中:金属切削机床	16 944	1 344.7	24 881	1 659.8	12 689	519.6	29 136	2 485.0	74.9	38.6
其中:成形机床	11 428	539.1	20 461	651.5	21 319	320.6	10 570	870.0	186.6	59.5

（续）

产品分类	生产		进口		出口		消费		出口占生产比例	
	数量（台）	金额（百万美元）	数量（台）	金额（百万美元）	数量（台）	金额（百万美元）	数量（台）	金额（百万美元）	数量占比（%）	金额占比（%）
数控机床	10 417	1 055.3	14 619	1 553.2	5 289	406.7	19 747	2 201.8	50.8	38.5
钻镗床			1 588	99.1	764	30.4				
磨床	2 220	199.2	5 841	237.0	4 429	128.9	3 623	307.4	199.5	64.7
卧式数控车床	1 793	132.4	3 010	296.1	291	35.8	4 512	392.6	16.2	27.1
立式数控车床			455	66.2	91	10.1				
非数控车床			2 926	48.4	653	10.4				
铣床	369	56.1	3 219	89.2	2 139	57.5	1 449	87.8	579.7	102.4
加工中心	5 367	273.6	3 159	491.8	904	95.7	7 622	669.7	16.8	35.0
组合机床	66	169.9	378	153.1	110	49.2	334	273.7	166.7	29.0
其他金属切削机床	5 159	229.0	4 075	148.4	3 131	86.1	6 103	291.3	60.7	37.6
冲剪机床	4 346	104.1	1 771	60.7	1 416	76.0	4 701	88.8	32.6	73.0
折弯成形机床	2 831	139.1	8 068	213.3	1 855	58.1	9 044	294.3	65.5	41.8
压力机	1 561	136.6	2 707	157.7	12 811	73.6	−8 548	220.7	820.7	53.9
其他成形机床	2 690	159.3	7 920	219.8	5 237	112.9	5 373	266.2	194.7	70.9

表 11　2003 年美国机床产品生产、进出口及消费情况

产品分类	生产		进口		出口		消费		出口占生产比例(%)	
	数量（台）	金额（百万美元）	数量（台）	金额（百万美元）	数量（台）	金额（百万美元）	数量（台）	金额（百万美元）	数量	金额
合计	29 527	1 344.7	48 411	1 659.8	17 810	519.6	60 158	2 485.0	60.3	40.9
其中:金属切削机床	18 869	1 332.7	23 175	1 761.9	9 809	471.2	32 235	2623.3	52.0	35.4
其中:成形机床	10 658	520.2	25 266	729.5	8 001	287.5	27 923	962.2	75.1	55.3
数控机床	11 132	1 051.6	15 058	1 633.0	4 006	348.0	22 184	2 355.8	36.0	33.2
钻镗床	1 612	129.3	1 242	81.1	1 079	44.6	1 755	165.8	66.9	34.5
磨床	2 232	157.5	4 758	255.7	2 286	80.5	4 704	322.7	102.4	51.1
卧式数控车床	1 816	119.5	3 651	379.9	308	38.3	5 159	461.1	17.0	32.1
立式数控车床			316	48.8	47	7.8				
非数控车床			2 648	47.8	772	13.4				
铣床	531	39.3	3 520	82.9	1 576	41.7	2 475	80.5	296.8	106.1
加工中心	5 841	318.3	3 277	486.6	1 205	131.0	7 913	674.1	20.6	41.2
组合机床			317	193.0	60	12.4				
其他金属切削机床	5 882	240.3	3 933	149.5	2 925	66.1	6 890	323.6	49.7	27.5
冲剪机床	3 904	103.1	1 622	74.6	1 337	47.4	4 189	130.3	34.2	45.9
折弯成形机床	2 654	130.3	11 235	225.7	2 294	87.3	11 595	268.7	86.4	67.0
压力机	1 612	117.7	3 303	175.2	4 104	69.6	811	223.3	254.6	59.1
其他成形机床	2 488	169.1	9 106	254.0	3 076	104.5	8 518	318.7	123.6	61.8

表 12　2002～2003 年美国机床产品按国别或地区进口额　（单位:百万美元）

国别或地区	2002 年						2003 年					
	全部机床		金属切削机床		成形机床		全部机床		金属切削机床		成形机床	
	进口额	占比（%）	进口额	占比（%）	进口额	占比（%）	进口额	占比（%）	进口额	占比（%）	进口额	占比（%）
日本	1 051.4	41.86	831.7	45.74	219.3	31.64	1 001.7	41.18	812.6	46.51	189.1	27.46
德国	464.7	18.50	340.0	18.70	124.7	17.97	483.2	19.86	344.9	19.71	138.3	20.08
意大利	136.1	5.43	81.2	4.47	55.0	7.92	166.5	6.84	111.9	6.41	54.7	7.94
加拿大	153.8	6.12	53.8	2.96	100.0	14.41	126.5	5.20	37.5	2.15	88.9	12.91
瑞士	146.2	5.82	112.2	6.17	34.1	4.91	120.5	4.95	80.1	4.59	40.4	5.87
中国台湾	131.4	5.23	116.2	6.39	15.2	2.19	111.2	4.57	100.0	5.72	11.2	4.63
中国	74.0	2.95	63.8	3.51	10.1	1.46	70.6	2.90	61.4	3.51	9.1	1.32
英国	59.4	2.36	36.6	2.01	22.8	3.28	60.2	2.90	28.3	1.62	31.9	4.63
韩国	53.0	2.11	46.2	2.54	6.9	0.99	43.8	1.80	34.6	1.98	9.2	1.34
西班牙	31.8	1.27	25.6	1.41			31.4	1.29	23.8	1.36		

（续）

国别或地区	2002年						2003年					
	全部机床		金属切削机床		成形机床		全部机床		金属切削机床		成形机床	
	进口额	占比（%）	进口额	占比（%）	进口额	占比（%）	进口额	占比（%）	进口额	占比（%）	进口额	占比（%）
法国	25.5	1.02	10.8	0.59	14.7	2.12	30.3	1.25	16.7	0.96	13.6	1.98
瑞典	18.9	0.75			14.4	2.07	26.4	1.09	9.5	0.54	16.9	2.45
捷克	17.5	0.70	16.8	0.92			21.6	0.89	21.2	1.21		
奥地利	25.1	1.00			10.8	1.56	16.7	0.69			10.6	1.54
比利时					9.4	1.35	18.5	0.76			16.3	2.37
新加坡			8.6	0.47					12.2	0.70		
泰国									10.1	0.58		
芬兰					12.9	1.86					9.1	1.32
新西兰											8.6	1.25
其他	123	4.90	74.9	4.12	43.5	6.27	103.5	4.25	42.2	2.42	41.5	6.03

表13　2002～2003年美国机床产品按国别或地区出口额　（单位：百万美元）

国别或地区	2002年						2003年					
	全部机床		金属切削机床		成形机床		全部机床		金属切削机床		成形机床	
	出口额	构成比（%）	出口额	构成比（%）	出口额	构成比（%）	出口额	构成比（%）	出口额	构成比（%）	出口额	构成比（%）
加拿大	218.6	18.93	104.8	15.19	113.8	24.47	195.3	17.59	104.0	16.31	91.3	19.33
墨西哥	220	19.05	117.9	17.09	102.1	21.95	169.5	15.27	91.9	14.41	77.6	16.43
中国	115.6	10.01	85.6	12.41	30.0	6.45	99.5	8.96	62.7	9.83	36.8	7.79
英国	75.5	6.54	58.2	8.44	17.3	3.72	58.2	5.24	39.5	6.19	18.7	3.96
德国	59.3	5.14	36.1	5.23	23.3	5.01	53.3	4.80	30.6	4.80	22.7	4.81
日本	39.8	3.45	29.7	4.31	10.4	2.24	50.2	4.52	35.5	5.57	14.7	3.11
比利时	40.1	3.47	33.9	4.91			50.1	4.51	39.0	6.11	11.1	2.52
韩国	28	2.42	20.7	3.00	7.3	1.57	43.7	3.94	30.2	4.74	13.6	2.88
巴西	22.4	1.94			14.8	3.18	39.5	3.56	24.4	3.83	15.1	3.20
马来西亚	48.5	4.20	44.8	6.49			22.3	1.77	19.9	3.12		
香港	18.2	1.58	11.8	1.71			19.7	1.73	14.8	2.32		
澳大利亚							19.2	1.73			10.1	2.35
俄罗斯							18.9	1.70			11.3	2.88
阿联酋							18.6	1.68			16.8	3.56
泰国							17.7	1.59				
中国台湾			15.9	2.31					9.7	1.52		
意大利			11.0	1.59					10.6	1.66		
印度			8.1	1.17					9.4	1.47		
卡塔尔											11.9	2.52
沙特阿拉伯											7.8	1.65
南非											8.7	1.84
其他	268.8	23.28	111.3	16.14			234.6	21.13	104.8	16.43		

表14　2002～2004年瑞士机床生产及出口情况　（单位：百万瑞士法郎）

产品分类	2002年		2003年		2004	
	生产	出口	生产	出口	生产	出口
切削机床	2 401	2 055	2 142	1 851	2 436	2 095
成形机床	431	369	389	336	462	397
切削机床零件	618	529	603	521	795	592
成形机床零件	201	172	193	167	255	190
机床附件	286	245	285	246	97	296

表 15　2002～2004 年瑞士机床产品按国别或地区进口值

国别或地区	2002 年		2003 年		2004 年	
	进口额（百万瑞士法郎）	比上年增长（%）	进口额（百万瑞士法郎）	比上年增长（%）	进口额（百万瑞士法郎）	比上年增长（%）
合计	934.0	−22.1	860.7	−7.8	1 009.3	17.3
德国	500.1	−17.1	471.8	−5.7	528.0	11.9
意大利	124.0	−15.3	110.3	−11.1	133.2	20.8
法国	86.1	−19.6	67.8	−21.3	75.8	11.8
日本	44.8	−48.9	37.4	−16.5	45.8	22.5
美国	32.9	−33.9	28.6	−13.1	26.3	−8.0
奥地利	31.3	−23.3	34.1	8.8	51.6	51.3
英国	17.4	−48.4	18.8	7.6	17.7	−5.8
中国台湾	11.5	61.5	11.8	2.7	17.5	48.3
荷兰	15.8	−10.6	15.9	0.6	26.8	68.6
西班牙	11.0	−17.4	10.9	−1.4	11.7	7.3

表 16　2002～2004 年瑞士机床产品按国别或地区出口值

国别或地区	2002 年		2003 年		2004 年	
	出口额（百万瑞士法郎）	比上年增长（%）	出口额（百万瑞士法郎）	比上年增长（%）	出口额（百万瑞士法郎）	比上年增长（%）
合计	3 368.5	−16.3	3 119.5	−7.40	3 570.0	15.0
德国	1 045.4	−18.5	930.9	−11.0	1 036.0	11.3
美国	371.9	−16.6	322.9	−13.2	437.2	35.4
法国	250.8	−30.0	224.2	−10.6	237.1	5.8
意大利	361.2	−2.6	231.1	−36.0	242.1	4.8
英国	108.7	−28.1	92.7	−14.7	108.4	16.9
日本	77.5	−35.8	93.4	20.5	110.4	18.2
西班牙	107.3	0.8	106.4	−0.9	99.5	−6.5
奥地利	106.3	−9.2	107.2	0.8	103.5	−3.5
瑞典	52.9	−13.1	50.7	−4.1	64.3	26.8
荷兰	38.4	−33.6	44.6	16.3	40	−0.2

表 17　2003～2004 年意大利机床产品按国别或地区进出口情况

国别或地区	2003 年				2004 年			
	出口额（百万欧元）	占　比（%）	进口额（百万欧元）	占　比（%）	出口额（百万欧元）	占　比（%）	进口额（百万欧元）	占　比（%）
合计	1 851.16	100.00	549.90	100.0	2 077.00		840.90	
德国	219.73	11.87	236.71	43.0	261.70	12.60	240.40	28.59
西班牙	165.46	8.94			195.24	9.40		
美国	106.21	5.74			186.93	9.00		
法国	150.28	8.12			184.85	8.90		
中国	151.98	8.21			174.47	8.40		
瑞士			99.91	18.2			116.10	13.81
日本			106.05	19.3			78.00	9.28
比利时			65.19	11.9			75.30	8.95
中国台湾			42.04	7.6			45.40	5.40
其他	1 057.50	57.12			1 073.81	51.70	285.70	33.98

表 18　2002～2004 年英国机床产品按国别或地区进出口值　　（单位：百万英镑）

国别或地区	2002 年		2003 年		2004 年	
	出口值	进口值	出口值	进口值	出口值	进口值
全部国家	383.8	452.3	401.1	389.0	402.3	381.9
欧共体国家(15)	169.1	206.7	167.9	222.2	168.5	179.2
美国	55.8	44.9	62.7	36.6	64.7	47.7
德国	50.7	118.2	51.0	140.5	50.1	100.8
比利时	29.8	21.0	33.4	19.1	42.6	19.3

（续）

国别或地区	2002 年		2003 年		2004 年	
	出口值	进口值	出口值	进口值	出口值	进口值
法国	20.8	9.1	26.0	13.6	14.4	11.3
中国	17.3		24.0		30.4	10.2
意大利	16.7	28.5	13.2		12.1	
日本	13.5	107.8				
波兰	13.5					
西班牙	11.5		9.9	8.6	11.2	
瑞典			0		9.1	
加拿大		9.9	9.9			
印度					9.4	
瑞士		23.3		22.4		25.8
中国台湾		14.3		16.8		22.8
韩国		9.8		12.7		20.8

表 19　2004 年英国机床产品分类进出口情况

产品分类	出口额(百万英镑)	占比(%)	进口额(百万英镑)	占比(%)
合计	402.31	100.0	381.79	100.0
特种加工机床	55.46	13.8	55.6	14.6
加工中心	90.03	22.4	49.88	13.1
车床	59.48	14.8	77.68	20.4
铣床、钻床及镗床	34.97	8.7	40.75	10.7
磨床及精加工机床	47.42	11.8	35.03	9.2
特殊加工机床	4.42	1.1	6.85	1.8
其他金属切削机床	18.09	4.5	25.13	6.6
折弯机	26.93	6.7	29.70	7.8
压力机	24.92	6.2	29.94	7.6
其他成形机床	40.59	10.1	31.23	8.2

表 20　2002～2004 年中国台湾主要机床生产情况　　（单位:百万新台币）

产品分类	2002 年				2003 年				2004 年			
	数量(台)	其中:数控(台)	产值	其中:数控	数量(台)	其中:数控(台)	产值	其中:数控	数量(台)	其中:数控(台)	产值	其中:数控
合计	701 430	34 080	60 569	26 341	1 147 084	37 039	72 318	33 560	1 292 225	45 210	95 967	48 099
加工中心	14 148	14 148	15 999	15 999	16 794	16 794	19 944	19 944	20 565	20 565	28 702	28 702
车床	30 544	5 896	9 080	5 079	32 261	6 488	11 982	7 499	36 547	9 911	16 951	11 465
钻床	63 152	638	2 015	909	44 449	604	1 847	806	34 251	1 147	3 045	1 608
铣床	21 660	1 524	4 930	1 670	22 674	2 100	6 092	2 384	29 624	1 951	6 847	2 498
磨床	9 992	1 082	2 083	372	22 207	4 243	2 156	355	23 764	2 586	3 068	555
砂轮机	93 171	0	121	0	93 522	0	129	0	86 751	0	130	0
锯床	173 032	0	2 231	0	175 869	0	2 403	0	191 007	0	2 931	0
刨床	2 151	0	48	0	2 837	0	85	0	814	0	41	0
镗床	2 100	0	466	0	1 611	0	663	0	2 663	0	896	0
齿轮机床	969	0	55	0	5 553	0	83	0	8052	0	99	0
电加工机床	10 792	10 792	2 312	2 312	6 810	6 810	2572	2 572	9 050	9 050	3 271	3 271
专用机床	125 262	0	4 830	0	431 948	0	4913	0	256 492	0	5 937	0
冲剪床	108 665	0	12 583	0	119 198	0	14633	0	554 780	0	19 296	0
其他成形机床	45 792	0	3 816	0	171 351	0	4816	0	37 865	0	4 753	0

表 21　2002～2004 年中国台湾主要机床产品出口国家或地区

国别或地区	2002 年		2003 年		2004 年	
	出口值(百万新台币)	占　比(%)	出口值(百万新台币)	占　比(%)	出口值(百万新台币)	占　比(%)
合计	49 956	100.0	57 630	100.0	75 204	100.0
中国(含香港)	24 478	49.0	27 917	48.4	34 240	45.5

（续）

国别或地区	2002年		2003年		2004年	
	出口值（百万新台币）	占比（%）	出口值（百万新台币）	占比（%）	出口值（百万新台币）	占比（%）
美国	4 263	8.5	4 261	7.4	6 550	8.7
土耳其	1 286	2.6	2 769	4.8	4 299	5.7
泰国	1 659	3.3	2 516	4.4	3 228	4.3
马来西亚	1 609	3.2	1 644	2.9	2 409	3.2
荷兰	1 131	2.3	1 577	2.7	1 721	2.3
印度	601	1.2	693	1.2	1 588	2.1
意大利	1 655	3.3	1 582	2.7	1 588	2.1
韩国	1 068	2.1	994	1.7	1 575	2.1
德国	1 009	2.0	1 104	1.9	1 396	1.9
英国	740	1.5	1 005	1.7	1 375	1.8
新加坡	615	1.2	676	1.2	1 359	1.8
日本	1 454	2.9	1 034	1.8	1 271	1.7
越南	1 266	2.5	1299	2.3	1 268	1.7
印度尼西亚	842	1.7	818	1.4	1 142	1.5
南非	458	0.9	808	1.4	966	1.3
巴西	298	0.6	347	0.6	791	1.1
加拿大	594	1.2	703	1.2	747	1.0
澳大利亚	539	1.1	694	1.2	746	1.0
法国	407	0.8	464	0.8	669	0.9
西班牙	405	0.8	509	0.9	658	0.9
比利时	300	0.6	317	0.6	410	0.5
菲律宾	176	0.4	270	0.5	240	0.3
其他	3 103	6.2	3 629	6.3	4 968	6.6

表22　2002～2004年中国台湾主要机床出口情况

产品分类	2002年			2003年			2004年		
	出口值（百万新台币）	出口量（台）	出口值占比（%）	出口值（百万新台币）	出口量（台）	出口值占比（%）	出口值（百万新台币）	出口量（台）	出口值占比（%）
合计	49 966	629 966	100.0	57 630	982 183	100.0	75 130	1 101 485	100.0
加工中心	11 999	10 611	24.0	14 360	12 092	24.9	20 091	14 396	26.7
数控机床	3 758	4 363	7.5	5 249	4 542	9.1	8 025	6 938	10.7
铣床	4 647	21 456	9.3	5 755	22 386	10.0	5 880	27 656	7.8
普通机床	3 880	23 909	7.8	4 348	25 000	7.5	5 321	25 837	7.1
锯床	2 119	164 381	4.2	2 283	167 076	4.0	2 784	181 457	3.7
磨床	1 763	8 669	3.5	1 834	18 714	3.2	2 594	20 613	3.4
钻床	1 720	61 711	3.4	1 585	43 392	2.8	2 533	33 245	3.4
电加工机床	1 849	8 634	3.7	2 057	5 448	3.6	2 529	7 153	3.4
冲剪机床	10 695	92 366	21.4	11 707	95 359	20.3	15 347	443 824	20.5
其他金属切削机床	4 474	197 232	9.0	4 599	451 093	8.0	6 224	310 074	8.3
其他成形机床	3 062	36 634	6.1	3 853	137 081	6.7	3 802	30 292	5.1

表23　2002～2004年中国台湾主要机床进口情况

产品分类	2002年			2003年			2004年		
	进口值（百万新台币）	进口量（台）	进口值占比（%）	进口值（百万新台币）	进口量（台）	进口值占比（%）	进口值（百万新台币）	进口量（台）	进口值占比（%）
合计	24 292	29 407	100.0	29 569	38 769	100.0	65 788	42 164	100.0
电加工机床	562	251	2.3	773	317	2.6	740	442	1.1
加工中心	813	391	3.3	936	304	3.2	1 551	422	2.3
激光切割机床	4 650	1 534	19.1	4 467	2 457	15.1	10 400	3 008	15.7
磨床	701	282	2.9	800	314	2.7	328	382	1.3
数控车床	1 496	1 646	6.2	1 476	1 460	5.0	2 180	2 432	3.3
齿轮加工机床	293	338	1.2	361	635	1.2	502	525	0.8
钻床	276	1 274	1.1	349	3 111	1.2	438	3 891	0.7

（续）

产品分类	2002年			2003年			2004年		
	进口值（百万新台币）	进口量（台）	进口值占比（%）	进口值（百万新台币）	进口量（台）	进口值占比（%）	进口值（百万新台币）	进口量（台）	进口值占比（%）
铣床	371	341	1.5	457	670	1.5	322	972	0.5
冲剪机床	2 294	2 651	9.4	2 430	3 138	8.2	2 968	3 230	4.5
半导体制作设备	11 213	1 780	46.2	14 046	1 215	47.5	42 143	1 442	63.6
其他	1 623	18 919	6.7	3 474	25 148	11.7	4 216	25 418	6.4

表24　2002～2004年中国台湾主要机床出口国家或地区

国别或地区	2002年		2003年		2004年	
	进口值（百万新台币）	占　比（%）	进口值（百万新台币）	占　比（%）	进口值（百万新台币）	占　比（%）
合计	24 292	100.0	29 569	100.0	66 299	100.0
日本	13 748	56.6	18 228	61.6	34 980	52.8
美国	6 548	27.0	6 578	22.2	22 817	34.4
德国	1 442	5.9	1 690	5.7	2 823	4.3
韩国	183	0.8	441	1.5	1 487	2.2
瑞士	701	2.9	1 141	3.9	1 299	2.0
奥地利	180	0.7	93	0.3	573	0.9
中国（含香港）	140	0.6	206	0.7	376	0.6
英国	239	1.0	124	0.4	344	0.5
意大利	575	2.4	201	0.7	313	0.5
新加坡	140	0.6	64	0.2	243	0.4
其他	396	1.6	803	2.7	1 044	1.6

编 者 说 明

一、《中国环境统计年鉴-2020》是国家统计局和生态环境部及其他有关部委共同编辑完成的一本反映我国环境各领域基本情况的年度综合统计资料。本书收录了2019年全国各省、自治区、直辖市环境各领域的基本数据和主要年份的全国主要环境统计数据。

二、本书内容共分为十二个部分，即：1. 自然状况；2. 水环境；3. 海洋环境；4. 大气环境；5. 固体废物；6. 自然生态；7. 土地利用；8. 林业；9. 自然灾害及突发事件；10. 环境投资；11. 城市环境；12. 农村环境。同时附录五个部分：资源环境主要统计指标、“十三五”规划资源环境指标、东中西部地区主要环境指标、世界主要国家和地区环境统计指标、主要统计指标解释。

三、本书中所涉及的全国性统计指标，除国土面积和森林资源数据外，均未包括香港特别行政区、澳门特别行政区和台湾省数据；取自国家林业和草原局的数据中，大兴安岭由国家林业和草原局直属管理，与各省、自治区、直辖市并列，数据与其他省没有重复。

四、有关符号说明：

“空格”表示该项统计指标数据不详或无该项数据；

“#”表示是其中的主要项。

五、参与本书编辑的单位还有水利部、住房和城乡建设部、自然资源部、农业农村部、国家卫生健康委员会、应急管理部、交通运输部、国家林业和草原局、中国气象局、中国地震局。对上述单位有关人员在本书编辑过程中给予的大力支持与合作，表示衷心的感谢。

EDITOR'S NOTES

I. *China Statistical Yearbook on Environment*—2020 is prepared jointly by the National Bureau of Statistics, Ministry of Ecology and Environment and other ministries. It is an annual statistics publication, with comprehensive data in 2019 and selected data series in major years at national level and at provincial level (province, autonomous region, and municipality directly under the central government) and therefore reflecting various aspects of China's environmental development.

II. *China Statistical Yearbook on Environment*—2020 contains 12 chapters: l. Natural Conditions; 2. Freshwater Environment; 3. Marine Environment; 4. Atmospheric Environment; 5. Solid Wastes; 6. Natural Ecology; 7. Land Use; 8. Forestry; 9. Natural Disasters & Environmental Accidents; 10. Environmental Investment; 11. Urban Environment; 12. Rural Environment. Five appendixes listed as Main Indicators of Resource and Environment; Main Indicators on Resources & Environmental in the 13th Five-year Plan; Main Environmental Indicators by Eastern, Central and Western; Main Environmental Indicators of the World's Major Countries and Regions; Explanatory Notes on Main Statistical Indicators.

III. The national data in this book do not include that of Hong Kong Special Administrative Region, Macao Special Administrative Region and Taiwan Province except for territory and forest resources. The information gathered from National Forestry and Grassland Administration, Daxinganling is affiliated to the National Forestry and Grassland Administration, tied with the provinces, autonomous regions, municipalities under the central government, without duplication of data.

IV. Notations used in this book:

"(blank) " indicates that the data are not available;

" # " indicates the major items of the total.

V. The institutions participating in the compilation of this publication include: Ministry of Water Resource, Ministry of Housing and Urban-Rural Development, Ministry of Natural Resources, Ministry of Agriculture and Rural Affairs, National Health Commission, Ministry of Emergency Management, Ministry of Transport, National Forestry and Grassland Administration, China Meteorological Administration, China Earthquake Administration. We would like to express our gratitude to these institutions for their cooperation and support in preparing this publication.

目　　录

CONTENTS

一、自然状况

Natural Conditions

二、水环境

Freshwater Environment

1-5 主要城市气候情况(2019年)
Climate of Major Cities (2019)

城市 City	年平均气温(摄氏度) Annual Average Temperature (℃)	年极端最高气温(摄氏度) Annual Maximum Temperature (℃)	年极端最低气温(摄氏度) Annual Minimum Temperature (℃)	年平均相对湿度(%) Annual Average Humidity (%)	全年日照时数(小时) Annual Average Sunshine Hours (hour)	全年降水量(毫米) Annual Average Precipitation (millimeter)
北　京 Beijing	13.8	38.0	-14.4	48	2542.3	403.3
天　津 Tianjin	14.2	39.0	-12.6	54	2596.7	490.0
石家庄 Shijiazhuang	14.9	38.5	-10.5	54	2225.4	470.6
太　原 Taiyuan	11.6	36.8	-18.1	52	2484.3	312.6
呼和浩特 Hohhot	7.3	32.7	-24.2	48	2729.5	412.2
沈　阳 Shenyang	9.5	36.3	-23.1	59	2426.6	874.7
大　连 Dalian	12.5	34.2	-12.0	58	2569.8	543.0
长　春 Changchun	7.6	35.7	-24.5	57	3010.6	710.2
哈尔滨 Harbin	5.9	35.5	-31.2	62	2480.3	623.5
上　海 Shanghai	17.4	37.7	-2.8	75	1617.0	1404.4
南　京 Nanjing	17.1	38.3	-3.1	73	1799.0	721.8
杭　州 Hangzhou	18.0	38.9	-0.9	74	1657.9	1650.3
合　肥 Hefei	16.3	38.8	-5.5	78	2048.5	581.6
福　州 Fuzhou	20.8	38.3	4.9	74	1573.3	1346.2
南　昌 Nanchang	19.1	37.5	0.0	73	1630.1	1613.4
济　南 Jinan	15.7	39.0	-10.6	52	2385.8	703.4
青　岛 Qingdao	14.1	33.6	-7.0	67	2227.6	479.5
郑　州 Zhengzhou	16.5	40.0	-8.3	56	1820.0	633.4
武　汉 Wuhan	17.3	38.7	-6.8	78	1621.7	1053.3
长　沙 Changsha	17.4	39.1	-1.9	79	1484.0	1218.3
广　州 Guangzhou	22.7	38.0	6.1	82	1658.5	2459.3
南　宁 Nanning	22.1	36.7	4.1	80	1563.3	1222.6
桂　林 Guilin	20.2	38.0	1.2	74	1357.6	2533.6
海　口 Haikou	25.8	38.9	11.4	80	2017.6	1798.7
重　庆 Chongqing	19.2	40.1	4.8	76	964.5	1406.4
成　都 Chengdu	16.4	36.1	-1.8	84	858.5	1107.8
贵　阳 Guiyang	15.0	33.8	-4.3	82	1215.3	1254.1
昆　明 Kunming	16.7	31.8	-2.9	66	2393.3	840.2
拉　萨 Lhasa	9.6	30.8	-11.6	37	2955.1	491.0
西　安 Xi'an	15.3	39.3	-7.6	61	1751.8	574.5
兰　州 Lanzhou	8.0	35.2	-22.2	60	2353.3	276.5
西　宁 Xining	6.4	30.5	-18.2	57	2332.3	536.5
银　川 Yinchuan	10.8	36.7	-15.7	48	2660.7	145.5
乌鲁木齐 Urumqi	8.3	37.3	-23.3	56	2665.5	226.9

资料来源：中国气象局。
注：2004年起，成都站被温江站替代、兰州站被皋兰站替代；2006年起，重庆站被沙坪坝站替代、西安站被泾河站替代。
Source: China Meteorological Administration.
Note:Since 2004, Chengdu station was substituted by Wenjiang station, Lanzhou by Gaolan; Since 2006, Chongqing station was substituted by Shapingba station, Xi'an by Jinghe.

二、水环境

Freshwater Environment

2-2　各流域水资源情况(2019年)
Water Resources by River Valley (2019)

单位：亿立方米　　(100 million cu.m)

流域片	River Valley	水资源总量 Total Amount of Water Resources	地表水资源量 Surface Water Resources	地下水资源量 Ground Water Resources	地表水与地下水资源重复量 Duplicated Measurement of Surface Water and Groundwater	降水量（毫米） Precipitation (millimeter)
全　国	**National Total**	**29041.0**	**27993.3**	**8191.5**	**7143.8**	**651.3**
松花江区	Songhuajiang River	2223.2	1935.1	628.4	340.3	603.4
辽河区	Liaohe River	407.6	305.7	195.1	93.2	557.9
海河区	Haihe River	221.4	104.5	190.4	73.4	449.2
黄河区	Huanghe River	797.5	690.2	415.9	308.7	496.9
淮河区	Huaihe River	507.2	328.1	274.8	95.8	610.0
长江区	Changjiang River	10549.7	10427.6	2580.5	2458.4	1059.8
#太湖	Taihu Lake	225.8	204.2	44.1	22.5	1261.8
东南诸河区	Southeastern Rivers	2488.5	2475.0	542.0	528.4	1844.9
珠江区	Zhujiang River	5080.0	5065.8	1198.4	1184.2	1627.5
西南诸河区	Southwestern Rivers	5312.0	5312.0	1307.0	1307.0	1013.6
西北诸河区	Northwestern Rivers	1454.0	1349.4	859.2	754.6	183.2

资料来源:水利部(以下各表同)。
Source:Ministry of Water Resource (the same as in the following tables).

2-3　各流域节水灌溉面积(2019年)
Water Conservation Irrigated Area by River Valley (2019)

单位：千公顷　　(1 000 hectares)

流域片	River Valley	节水灌溉面积合计 Water Conservation Irrigated Area	#喷　灌 Jetting Irrigation	#微　灌 Tiny Irrigation	#低压管灌 Low Pressure Pipe Irrigation
全　国	**National Total**	**37059.3**	**4549.8**	**7047.8**	**11043.3**
松花江区	Songhuajiang River	3512.9	2372.4	377.0	245.5
辽河区	Liaohe River	1921.9	234.6	1028.4	426.4
海河区	Haihe River	5743.5	382.4	239.5	4158.9
黄河区	Huanghe River	4418.2	321.3	623.7	1551.9
淮河区	huaihe River	6143.0	421.6	143.8	2482.4
长江区	Changjiang River	6281.3	359.5	306.6	1155.0
#太湖	Taihu Lake	660.8	17.6	18.5	164.4
东南诸河区	Southeastern Rivers	1507.0	206.3	104.2	163.1
珠江区	zhujiang River	1996.6	124.9	178.7	355.3
西南诸河区	Southwestern Rivers	446.8	27.9	39.5	168.9
西北诸河区	Northwestern Rivers	5088.1	98.8	4006.4	335.9

2-4 各流域供水和用水情况(2019年)
Water Supply and Use by River Valley (2019)

单位：亿立方米 (100 million cu.m)

流域片	River Valley	供水总量 Total Amount of Water Supply	地表水 Surface Water	地下水 Groundwater	其 他 Other
全 国	**National Total**	**6021.2**	**4982.5**	**934.2**	**104.5**
松花江区	Songhuajiang River	442.3	260.8	177.7	3.8
辽河区	Liaohe River	190.6	85.8	98.7	6.0
海河区	Haihe River	380.6	192.2	160.8	27.6
黄河区	Huanghe River	400.2	269.2	114.3	16.7
淮河区	Huaihe River	641.5	476.6	148.1	16.9
长江区	Changjiang River	2064.5	1987.1	59.8	17.6
#太湖	Taihu Lake	338.7	330.4	0.2	8.1
东南诸河区	Southeastern Rivers	290.4	282.3	5.0	3.1
珠江区	Zhujiang River	814.4	780.9	26.7	6.9
西南诸河区	Southwestern Rivers	105.3	99.7	4.2	1.4
西北诸河区	Northwestern Rivers	691.4	548.0	138.9	4.5

2-4 续表 continued

单位：亿立方米 (100 million cu.m)

流域片	River Valley	用水总量 Total Amount of Water Use	农业用水 Agriculture	工业用水 Industry	生活用水 Household and Service	人工生态环境补水 Eco-environment
全 国	**National Total**	**6021.2**	**3682.3**	**1217.6**	**871.7**	**249.6**
松花江区	Songhuajiang River	442.3	366.5	33.8	28.3	13.7
辽河区	Liaohe River	190.6	129.7	21.9	31.1	7.9
海河区	Haihe River	380.6	212.4	45.4	68.0	54.8
黄河区	Huanghe River	400.2	267.4	55.7	52.2	24.9
淮河区	Huaihe River	641.5	426.8	83.6	95.8	35.4
长江区	Changjiang River	2064.5	999.5	704.0	332.1	29.0
#太湖	Taihu Lake	338.7	73.0	205.4	57.7	2.6
东南诸河区	Southeastern Rivers	290.4	129.6	84.9	67.9	8.0
珠江区	Zhujiang River	814.4	475.9	162.5	165.2	10.9
西南诸河区	Southwestern Rivers	105.3	83.7	8.5	11.6	1.5
西北诸河区	Northwestern Rivers	691.4	590.8	17.3	19.6	63.6

2-5 各地区水资源情况(2019年)
Water Resources by Region(2019)

单位：亿立方米　　　　(100 million cu.m)

地 区	Region	水资源总量 Total Amount of Water Resources	地表水资源量 Surface Water Resources	地下水资源量 Ground Water Resources	地表水与地下水资源重复量 Duplicated Measurement of Surface Water and Groundwater	降水量(毫米) Precipi-tation (millimeter)	人均水资源量(立方米/人) per Capita local Water Resources (cu.m/person)
全 国	**National Total**	**29041.0**	**27993.3**	**8191.5**	**7143.8**	**651.3**	**2077.7**
北 京	Beijing	24.6	8.6	24.7	8.8	506.0	114.2
天 津	Tianjin	8.1	5.1	4.2	1.2	436.2	51.9
河 北	Hebei	113.5	51.4	97.8	35.7	442.7	149.9
山 西	Shanxi	97.3	58.5	82.5	43.7	458.1	261.3
内蒙古	Inner Mongolia	447.9	305.8	233.8	91.7	279.5	1765.5
辽 宁	Liaoning	256.0	211.5	106.8	62.4	687.2	587.8
吉 林	Jilin	506.1	437.4	156.1	87.4	679.3	1876.2
黑龙江	Heilongjiang	1511.4	1305.7	413.6	207.8	728.3	4017.5
上 海	Shanghai	48.3	40.9	10.4	3.0	1389.2	199.1
江 苏	Jiangsu	231.7	163.0	77.5	8.9	798.5	287.5
浙 江	Zhejiang	1321.5	1303.0	253.7	235.3	1950.3	2281.0
安 徽	Anhui	539.9	482.1	144.8	87.1	935.8	850.9
福 建	Fujian	1363.9	1362.5	339.0	337.7	1730.7	3446.8
江 西	Jiangxi	2051.6	2032.7	482.4	463.5	1710.0	4405.4
山 东	Shandong	195.2	119.7	128.4	52.9	558.9	194.1
河 南	Henan	168.6	105.8	119.1	56.3	529.1	175.2
湖 北	Hubei	613.7	583.4	217.3	187.0	893.5	1036.3
湖 南	Hunan	2098.3	2091.2	472.3	465.2	1498.5	3037.3
广 东	Guangdong	2068.2	2058.3	508.2	498.2	1993.6	1808.9
广 西	Guangxi	2105.1	2103.8	445.0	443.7	1602.7	4258.7
海 南	Hainan	252.3	249.3	73.0	70.0	1594.4	2685.5
重 庆	Chongqing	498.1	498.1	98.5	98.5	1106.8	1600.1
四 川	Sichuan	2748.9	2747.7	616.2	615.1	953.2	3288.9
贵 州	Guizhou	1117.0	1117.0	267.0	267.0	1246.1	3092.9
云 南	Yunnan	1533.8	1533.8	554.6	554.6	1008.0	3166.4
西 藏	Tibet	4496.9	4496.9	1037.0	1037.0	596.3	129407.2
陕 西	Shaanxi	495.3	469.7	139.4	113.8	759.4	1279.8
甘 肃	Gansu	325.9	312.2	148.7	134.9	362.1	1233.5
青 海	Qinghai	919.3	898.2	412.7	391.6	374.0	15182.5
宁 夏	Ningxia	12.6	10.3	18.4	16.1	345.7	182.2
新 疆	Xinjiang	870.1	829.7	508.5	468.0	174.7	3473.5

2-6 各地区节水灌溉面积(2019年)
Water Conservation Irrigated Area by Region (2019)

单位：千公顷 (1 000 hectares)

地 区	Region	合 计 Total	#喷 灌 Jetting Irrigation	#微 灌 Tiny Irrigation	#低压管灌 Low Pressure Pipe Irrigation
全 国	**National Total**	**37059.3**	**4549.8**	**7047.8**	**11043.3**
北 京	Beijing	212.0	34.0	24.8	145.5
天 津	Tianjin	245.0	4.5	2.6	178.8
河 北	Hebei	3623.9	259.0	136.9	2816.4
山 西	Shanxi	995.5	78.2	53.1	604.3
内蒙古	Inner Mongolia	2931.9	642.2	1115.5	406.5
辽 宁	Liaoning	967.8	143.9	362.5	263.6
吉 林	Jilin	821.1	393.7	231.0	145.4
黑龙江	Heilongjiang	2200.4	1661.2	83.9	12.4
上 海	Shanghai	138.4	3.4	1.1	96.2
江 苏	Jiangsu	2847.8	49.0	61.8	217.4
浙 江	Zhejiang	1106.5	73.2	57.0	103.9
安 徽	Anhui	1059.8	159.9	24.4	87.4
福 建	Fujian	703.2	138.4	57.2	117.6
江 西	Jiangxi	630.9	28.5	44.6	69.6
山 东	Shandong	3465.0	144.3	121.9	2423.8
河 南	Henan	2190.2	178.7	37.7	1302.7
湖 北	Hubei	562.0	133.2	72.6	201.8
湖 南	Hunan	452.1	21.4	12.9	62.5
广 东	Guangdong	425.1	22.5	14.7	41.8
广 西	Guangxi	1162.9	53.1	82.4	183.5
海 南	Hainan	95.4	9.1	20.1	26.5
重 庆	Chongqing	258.4	14.2	4.8	71.7
四 川	Sichuan	1793.0	54.5	41.2	146.7
贵 州	Guizhou	350.2	32.4	23.8	94.0
云 南	Yunnan	959.9	53.1	141.6	356.2
西 藏	Tibet	34.2	4.1	0.5	16.4
陕 西	Shaanxi	971.3	36.0	68.1	368.0
甘 肃	Gansu	1058.7	40.1	278.2	239.4
青 海	Qinghai	131.0	2.4	11.4	50.2
宁 夏	Ningxia	418.0	43.7	178.1	44.4
新 疆	Xinjiang	4247.8	37.8	3681.5	148.8

2-7 各地区供水和用水情况(2019年)
Water Supply and Use by Region (2019)

单位：亿立方米 (100 million cu.m)

地区	Region	供水总量 Total Amount of Water Supply	地表水 Surface Water	地下水 Ground-water	其他 Other	用水总量 Total Amount of Water Use	农业用水 Agriculture
全国	**National Total**	**6021.2**	**4982.5**	**934.2**	**104.5**	**6021.2**	**3682.3**
北京	Beijing	41.7	15.1	15.1	11.5	41.7	3.7
天津	Tianjin	28.4	19.2	3.9	5.4	28.4	9.2
河北	Hebei	182.3	78.3	96.4	7.5	182.3	114.3
山西	Shanxi	76.0	42.3	29.2	4.5	76.0	43.8
内蒙古	Inner Mongolia	190.9	100.0	84.3	6.6	190.9	139.6
辽宁	Liaoning	130.3	72.6	52.7	5.0	130.3	80.7
吉林	Jilin	115.4	75.0	39.0	1.4	115.4	81.5
黑龙江	Heilongjiang	310.4	173.5	135.4	1.5	310.4	274.2
上海	Shanghai	100.9	100.9			100.9	16.9
江苏	Jiangsu	619.1	602.3	6.3	10.5	619.1	303.1
浙江	Zhejiang	165.8	162.4	0.7	2.7	165.8	72.4
安徽	Anhui	277.7	244.1	29.1	4.6	277.7	150.2
福建	Fujian	177.5	171.3	4.7	1.5	177.5	83.7
江西	Jiangxi	253.3	243.2	8.0	2.2	253.3	162.5
山东	Shandong	225.3	137.0	78.7	9.5	225.3	138.2
河南	Henan	237.8	117.4	112.5	7.9	237.8	121.8
湖北	Hubei	303.2	297.3	5.6	0.3	303.2	155.6
湖南	Hunan	333.0	319.0	13.3	0.6	333.0	191.7
广东	Guangdong	412.3	397.6	11.8	3.0	412.3	208.5
广西	Guangxi	283.4	272.1	9.3	2.1	283.4	189.9
海南	Hainan	46.4	42.9	3.0	0.4	46.4	34.2
重庆	Chongqing	76.5	75.1	1.0	0.4	76.5	25.2
四川	Sichuan	252.4	241.8	9.8	0.8	252.4	154.5
贵州	Guizhou	108.1	103.4	3.5	1.2	108.1	61.7
云南	Yunnan	154.9	148.4	3.5	3.0	154.9	106.4
西藏	Tibet	32.0	28.2	3.7	0.1	32.0	27.2
陕西	Shaanxi	92.6	58.5	31.1	3.0	92.6	55.1
甘肃	Gansu	110.0	81.2	24.6	4.2	110.0	86.5
青海	Qinghai	26.2	20.7	5.0	0.6	26.2	18.9
宁夏	Ningxia	69.9	62.7	6.8	0.4	69.9	59.6
新疆	Xinjiang	587.7	479.1	106.4	2.2	587.7	511.4

2-7 续表 continued

单位：亿立方米 (100 million cu.m)

地 区	Region	工业用水 Industry	生活用水 Household and Service	人工生态环境补水 Eco-environment	人均用水量（立方米） Water Use per Capita (cu.m)
全 国	**National Total**	**1217.6**	**871.7**	**249.6**	**430.8**
北 京	Beijing	3.3	18.7	16.0	193.6
天 津	Tianjin	5.5	7.5	6.2	181.9
河 北	Hebei	18.8	27.0	22.1	240.7
山 西	Shanxi	13.5	13.8	4.9	204.1
内蒙古	Inner Mongolia	14.6	11.7	25.0	752.5
辽 宁	Liaoning	18.3	25.3	6.0	299.2
吉 林	Jilin	14.1	13.4	6.5	427.8
黑龙江	Heilongjiang	19.5	15.6	1.2	825.1
上 海	Shanghai	58.9	24.2	0.9	415.9
江 苏	Jiangsu	248.3	64.0	3.7	768.1
浙 江	Zhejiang	40.8	47.2	5.4	286.2
安 徽	Anhui	85.2	34.7	7.7	437.7
福 建	Fujian	56.0	34.2	3.6	448.6
江 西	Jiangxi	59.4	29.1	2.4	543.9
山 东	Shandong	31.9	37.3	17.9	224.0
河 南	Henan	45.2	41.6	29.2	247.1
湖 北	Hubei	91.3	54.6	1.7	512.0
湖 南	Hunan	90.8	46.7	3.8	482.0
广 东	Guangdong	94.6	103.6	5.7	360.6
广 西	Guangxi	49.0	41.2	3.3	573.3
海 南	Hainan	2.8	8.5	0.9	493.9
重 庆	Chongqing	28.1	21.9	1.3	245.7
四 川	Sichuan	37.9	54.1	5.9	302.0
贵 州	Guizhou	25.4	20.0	1.0	299.3
云 南	Yunnan	20.8	23.3	4.4	319.8
西 藏	Tibet	1.5	3.0	0.3	920.9
陕 西	Shaanxi	14.8	18.1	4.5	239.3
甘 肃	Gansu	8.7	9.6	5.2	416.4
青 海	Qinghai	2.8	3.2	1.4	432.7
宁 夏	Ningxia	4.4	3.0	2.8	1010.8
新 疆	Xinjiang	11.5	15.7	49.0	2346.1

2-8 流域分区河流水质状况评价结果(按评价河长统计)(2019年)
Evaluation of River Water Quality by River Valley (by River Length) (2019)

流域分区	River	评价河长(千米) Evaluate Length (km)	分类河长占评价河长百分比(%) Classify River length of Evaluate Length (%)					
			Ⅰ类 Grade Ⅰ	Ⅱ类 Grade Ⅱ	Ⅲ类 Grade Ⅲ	Ⅳ类 Grade Ⅳ	Ⅴ类 Grade Ⅴ	劣Ⅴ类 Worse than Grade Ⅴ
全 国	**National Total**	**253803**	**9.3**	**55.5**	**19.3**	**9.1**	**3.2**	**3.6**
松花江区	Songhuajiang River	16754	0.4	33.8	46.3	11.5	3.3	4.7
辽河区	Liaohe River	6071	4.4	39.2	27.0	16.9	5.0	7.5
海河区	Haihe River	12955	0.7	29.4	16.1	19.3	16.8	17.7
黄河区	Huanghe River	21947	9.1	47.2	24.0	6.7	3.8	9.2
淮河区	Huaihe River	24423	0.4	17.7	41.0	29.7	6.6	4.6
长江区	Changjiang River	85581	8.2	65.9	15.5	7.0	2.0	1.4
#太湖	Taihu Lake	6206		11.8	38.7	40.4	6.1	3.0
东南诸河区	Southeastern Rivers	8419	6.1	68.2	21.8	3.4	0.3	0.2
珠江区	Zhujiang River	33094	5.2	70.6	13.1	5.2	2.3	3.6
西南诸河区	Southwestern Rivers	21086	11.1	76.7	9.1	2.2	0.4	0.5
西北诸河区	Northwestern Rivers	23474	40.4	53.7	4.1	1.5	0.1	0.2

2-9 主要水系水质状况评价结果(按监测断面统计)(2019年)
Evaluation of River Water Quality by Water System (by Monitoring Sections) (2019)

主要水系	Main Water System	监测断面个数(个) Number of Monitoring Sections (unit)	分类水质断面占全部断面百分比(%) Proportion of Monitored Section Water Quality (%)					
			Ⅰ类 Grade Ⅰ	Ⅱ类 Grade Ⅱ	Ⅲ类 Grade Ⅲ	Ⅳ类 Grade Ⅳ	Ⅴ类 Grade Ⅴ	劣Ⅴ类 Worse than Grade Ⅴ
长 江	Changjiang River	509	3.3	67.0	21.4	6.7	1.0	0.6
黄 河	Huanghe River	137	3.6	51.8	17.5	12.4	5.8	8.8
珠 江	Zhujiang River	165	3.6	69.1	13.3	9.7	1.2	3.0
松花江	Songhuajiang River	107		13.1	53.3	26.2	4.7	2.8
淮 河	Huanhe River	179	0.6	20.1	43.0	35.2	0.6	0.6
海 河	Haihe River	160	6.9	28.8	16.2	27.5	13.1	7.5
辽 河	Liaohe River	103	3.9	37.9	14.6	25.2	9.7	8.7

资料来源：生态环境部(以下各表同)。
Source: Ministry of Ecology and Environment(the same as in the following tables).

2-10 重点评价湖泊水质状况(2019年)
Water Quality Status of Lakes in Key Evaluation (2019)

主要水系	Main Water System	所属行政区 Region	总体水质状况 Categories of Overall Water Quality	营养状况 Nutritional Status
白洋淀	Baiyangdian	河北	轻度污染/Grade Ⅳ	轻度富营养/Light Eutropher
衡水湖	Hengshui Lake	河北	良好/Grade Ⅲ	轻度富营养/Light Eutropher
呼伦湖	Hulun Lake	内蒙古	重度污染/Worse than Grade Ⅴ	中度富营养/Medium Eutropher
乌梁素海	Wuliangsuhai Lake	内蒙古	良好/Grade Ⅲ	中营养/Mesotropher
小兴凯湖	Xiaoxingkai Lake	黑龙江	轻度污染/Grade Ⅳ	轻度富营养/Light Eutropher
兴凯湖	Xingkai Lake	黑龙江	中度污染/Grade Ⅴ	轻度富营养/Light Eutropher
镜泊湖	Jingpo Lake	黑龙江	良好/Grade Ⅲ	中营养/Mesotropher
淀山湖	Dianshan Lake	上海	中度污染/Grade Ⅴ	轻度富营养/Light Eutropher
高邮湖	Gaoyou Lake	江苏	中度污染/Grade Ⅴ	轻度富营养/Light Eutropher
阳澄湖	Yangcheng Lake	江苏	轻度污染/Grade Ⅳ	轻度富营养/Light Eutropher
洪泽湖	Hongze Lake	江苏	轻度污染/Grade Ⅳ	轻度富营养/Light Eutropher
太湖	Taihu Lake	江苏	轻度污染/Grade Ⅳ	轻度富营养/Light Eutropher
白马湖	Baima Lake	江苏	轻度污染/Grade Ⅳ	轻度富营养/Light Eutropher
骆马湖	Luoma Lake	江苏	良好/Grade Ⅲ	轻度富营养/Light Eutropher
东钱湖	Dongqian Lake	浙江	良好/Grade Ⅲ	轻度富营养/Light Eutropher
西湖	West Lake	浙江	良好/Grade Ⅲ	中营养/Mesotropher
龙感湖	Longgan Lake	安徽	轻度污染/Grade Ⅳ	轻度富营养/Light Eutropher
巢湖	Chaohu Lake	安徽	轻度污染/Grade Ⅳ	轻度富营养/Light Eutropher
南漪湖	Nanyi Lake	安徽	轻度污染/Grade Ⅳ	轻度富营养/Light Eutropher
菜子湖	Caizi Lake	安徽	良好/Grade Ⅲ	轻度富营养/Light Eutropher
焦岗湖	Jiaogang Lake	安徽	轻度污染/Grade Ⅳ	轻度富营养/Light Eutropher
武昌湖	Wuchang Lake	安徽	良好/Grade Ⅲ	中营养/Mesotropher
升金湖	Shengjin Lake	安徽	良好/Grade Ⅲ	中营养/Mesotropher
瓦埠湖	Wabu Lake	安徽	轻度污染/Grade Ⅳ	中营养/Mesotropher
黄大湖	Huangda Lake	安徽	良好/Grade Ⅲ	中营养/Mesotropher
花亭湖	Huating Lake	安徽	优/Grade Ⅰ~Ⅱ	中营养/Mesotropher
仙女湖	Xiannv Lake	江西	轻度污染/Grade Ⅳ	轻度富营养/Light Eutropher
鄱阳湖	Poyang Lake	江西	轻度污染/Grade Ⅳ	中营养/Mesotropher
柘林湖	Zhelin Lake	江西	优/Grade Ⅰ~Ⅱ	贫营养/Oligotropher
东平湖	Dongping Lake	山东	良好/Grade Ⅲ	中营养/Mesotropher
南四湖	Nansi Lake	山东	良好/Grade Ⅲ	中营养/Mesotropher
高唐湖	Gaotang Lake	山东	优/Grade Ⅰ~Ⅱ	中营养/Mesotropher
洪湖	Honghu Lake	湖北	轻度污染/Grade Ⅳ	中度富营养/Medium Eutropher
斧头湖	Futou Lake	湖北	良好/Grade Ⅲ	轻度富营养/Light Eutropher
梁子湖	Liangzi Lake	湖北	良好/Grade Ⅲ	中营养/Mesotropher
大通湖	Datong Lake	湖南	中度污染/Grade Ⅴ	轻度富营养/Light Eutropher
洞庭湖	Dongting Lake	湖南	轻度污染/Grade Ⅳ	中营养/Mesotropher
邛海	Qionghai Lake	四川	优/Grade Ⅰ~Ⅱ	中营养/Mesotropher
百花湖	Baihua Lake	贵州	良好/Grade Ⅲ	中营养/Mesotropher
红枫湖	Hongfeng Lake	贵州	优/Grade Ⅰ~Ⅱ	中营养/Mesotropher
万峰湖	Wanfeng Lake	贵州	优/Grade Ⅰ~Ⅱ	中营养/Mesotropher
杞麓湖	Qilu Lake	云南	重度污染/Worse than Grade Ⅴ	中度富营养/Medium Eutropher
星云湖	Xingyun Lake	云南	重度污染/Worse than Grade Ⅴ	中度富营养/Medium Eutropher
异龙湖	Yilong Lake	云南	中度污染/Grade Ⅴ	中度富营养/Medium Eutropher
滇池	Dianchi	云南	轻度污染/Grade Ⅳ	轻度富营养/Light Eutropher
程海	Chenghai Lake	云南	重度污染/Worse than Grade Ⅴ	中营养/Mesotropher
阳宗海	Yangzonghai Lake	云南	良好/Grade Ⅲ	中营养/Mesotropher
洱海	Erhai	云南	良好/Grade Ⅲ	中营养/Mesotropher
抚仙湖	Fuxian Lake	云南	优/Grade Ⅰ~Ⅱ	贫营养/Oligotropher
泸沽湖	Lugu Lake	云南	优/Grade Ⅰ~Ⅱ	贫营养/Oligotropher
班公错	Bangongcuo	西藏	优/Grade Ⅰ~Ⅱ	中营养/Mesotropher
纳木错	Namucuo	西藏	重度污染/Worse than Grade Ⅴ	
色林错	Celincuo	西藏	良好/Grade Ⅲ	
羊卓雍错	Yangzhuoyongcuo	西藏	重度污染/Worse than Grade Ⅴ	
沙湖	Shahu Lake	宁夏	轻度污染/Grade Ⅳ	轻度富营养/Light Eutropher
香山湖	Xiangshan Lake	宁夏	优/Grade Ⅰ~Ⅱ	中营养/Mesotropher
艾比湖	Aibi Lake	新疆	重度污染/Worse than Grade Ⅴ	中度富营养/Medium Eutropher
乌伦古湖	Wulungu Lake	新疆	重度污染/Worse than Grade Ⅴ	中营养/Mesotropher
赛里木湖	Sailimu Lake	新疆	良好/Grade Ⅲ	中营养/Mesotropher
博斯腾湖	Bositeng Lake	新疆	轻度污染/Grade Ⅳ	中营养/Mesotropher

2-12 续表 continued

行 业	Sector	化学需氧量排放量（吨）COD Discharged (ton)	氨氮排放量（吨）Ammona Nitrogen Discharged (ton)
化学原料和化学制品制造业	Manufacture of Raw Chemical Materials and Chemical Products	92971	7628
医药制造业	Manufacture of Medicines	29712	1621
化学纤维制造业	Manufacture of Chemical Fibers	19392	1192
橡胶和塑料制品业	Manufacture of Rubber and Plastic	4050	228
非金属矿物制品业	Manufacture of Non-metallic Mineral Products	6733	70
黑色金属冶炼和压延加工业	Smelting and Pressing of Ferrous Metals	7067	575
有色金属冶炼和压延加工业	Smelting and Pressing of Non-ferrous Metals	12900	1261
金属制品业	Manufacture of Metal Products	10334	453
通用设备制造业	Manufacture of General Purpose Machinery	3134	99
专用设备制造业	Manufacture of Special Purpose Machinery	2144	35
汽车制造业	Manufacture of Automobile	7345	90
铁路、船舶、航空航天和其他运输设备制造业	Manufacture of Railway, Shipbuilding, Aerospace and Other Transportation Equipment	2676	30
电气机械和器材制造业	Manufacture of Electrical Machinery and Equipment	9565	589
计算机、通信和其他电子设备制造业	Manufacture of Computers, Communication, and Other Electronic Equipment	16193	1126
仪器仪表制造业	Manufacture of Measuring Instrument	456	42
其他制造业	Other Manufactures	395	13
废弃资源综合利用业	Utilization of Waste Resources	2574	87
金属制品、机械和设备修理业	Metal Products, Machinery and Equipment Repair	158	3
电力、热力生产和供应业	Production and Supply of Electric Power and Heat Power	16506	1041
燃气生产和供应业	Production and Supply of Gas	578	58
水的生产和供应业	Production and Supply of Water	12876	194

2-13 各地区工业废水处理情况(2019年)
Treatment of Industrial Waste Water by Region (2019)

地 区	Region	工业废水治理设施数(套) Number of Industrial Waste Water Treatment Facilities (set)	工业废水治理设施处理能力(万吨/日) Capacity of Industrial Waste Water Treatment Facilities (10 000 tons/day)	工业废水治理设施本年运行费用(万元) Annual Expenditure of Industrial Waste Water Treatment Facilities (10 000 yuan)
全 国	**National Total**	**81056**	**23637**	**9229993**
北 京	Beijing	525	45	46925
天 津	Tianjin	1026	95	94949
河 北	Hebei	3637	2570	429268
山 西	Shanxi	2408	809	268211
内蒙古	Inner Mongolia	1568	571	310406
辽 宁	Liaoning	2063	1362	379549
吉 林	Jilin	720	157	70671
黑龙江	Heilongjiang	941	632	172826
上 海	Shanghai	1732	175	170468
江 苏	Jiangsu	7297	1929	1076816
浙 江	Zhejiang	8510	1144	850137
安 徽	Anhui	3247	901	302920
福 建	Fujian	3519	1202	246758
江 西	Jiangxi	3803	731	194200
山 东	Shandong	5702	1550	755742
河 南	Henan	3020	1088	302185
湖 北	Hubei	2562	721	1253556
湖 南	Hunan	2599	1071	148025
广 东	Guangdong	9815	1140	727100
广 西	Guangxi	1703	1105	150568
海 南	Hainan	325	44	33232
重 庆	Chongqing	1830	166	86704
四 川	Sichuan	4645	908	290925
贵 州	Guizhou	1087	436	96125
云 南	Yunnan	2317	871	121727
西 藏	Tibet	81	7	2118
陕 西	Shaanxi	1888	553	225224
甘 肃	Gansu	674	113	63740
青 海	Qinghai	185	29	20540
宁 夏	Ningxia	417	149	98865
新 疆	Xinjiang	1210	1366	239513

3-1 全国海洋环境情况(2000-2019年)
Marine Environment (2000-2019)

年 份 Year	管辖海域未达到第一类海水水质标准的海域面积(平方公里) Sea Area with Water Quality Not Reaching Standard of Grade Ⅰ (sq.km)				
	合 计 Total	二类水质海域面积 Sea Area with Water Quality at Grade Ⅱ	三类水质海域面积 Sea Area with Water Quality at Grade Ⅲ	四类水质海域面积 Sea Area with Water Quality at Grade Ⅳ	劣四类水质海域面积 Sea Area with Water Quality below Grade Ⅳ
2001	173390	99440	25710	15650	32590
2002	174390	111020	19870	17780	25720
2003	142080	80480	22010	14910	24680
2004	169000	65630	40500	30810	32060
2005	139280	57800	34060	18150	29270
2006	148970	51020	52140	17440	28370
2007	145280	51290	47510	16760	29720
2008	137000	65480	28840	17420	25260
2009	146980	70920	25500	20840	29720
2010	177720	70430	36190	23070	48030
2011	144290	47840	34310	18340	43800
2012	169520	46910	30030	24700	67880
2013	143620	47160	36490	15630	44340
2014	148710	43280	42740	21550	41140
2015	154610	54120	36900	23570	40020
2016	135520	49310	31020	17770	37420
2017	130330	49830	28540	18240	33720
2018	109790	38070	22320	16130	33270
2019	89670	34330	18440	8560	28340

3-1 续表 continued

年 份 Year	主要海洋产业增加值(亿元) Added Value of Major Marine Industries (100 million yuan)	海洋原油产量(万吨) Output of Offshore Crude Oil (10 000 tons)	海洋天然气产量(万立方米) Output of Offshore Natural Gas (10 000 cu.m)
2000	2297	2080	460127
2001	3297	2143	457212
2002	4042	2406	464689
2003	4623	2545	436930
2004	5829	2842	613416
2005	7185	3175	626921
2006	8286	3240	748618
2007	10461	3178	823455
2008	12243	3421	857847
2009	12989	3698	859173
2010	15531	4710	1108905
2011	18760	4452	1214519
2012	20575	4445	1228188
2013	22681	4541	1176455
2014	25156	4614	1308899
2015	26791	5416	1472400
2016	28646		
2017	31735	4886	1395462
2018	33609	4807	1538464
2019	35724	4916	1621271

3-2 管辖海域未达到第一类海水水质标准的海域面积(2019年)
Sea Area with Water Quality Not Reaching Standard of Grade Ⅰ (2019)

单位：平方公里 (sq.km)

海 区	Sea Area	合计 Total	二类水质海域面积 Sea Area with Water Quality at Grade Ⅱ	三类水质海域面积 Sea Area with Water Quality at Grade Ⅲ	四类水质海域面积 Sea Area with Water Quality at Grade Ⅳ	劣四类水质海域面积 Sea Area with Water Quality less than Grade Ⅳ
全 国	**National Total**	**89670**	**34330**	**18440**	**8560**	**28340**
渤 海	Bohai Sea	12740	8770	2210	750	1010
黄 海	Yellow Sea	11550	4890	5410	490	760
东 海	East China Sea	52610	15820	8270	6280	22240
南 海	South China Sea	12770	4850	2550	1040	4330

资料来源：生态环境部(下表同)。
Source: Ministry of Ecology and Environment (the same as in the following table).

3-3 海区废弃物倾倒及石油勘探开发污染物排放入海情况(2019年)
Sea Area Waste Dumping and Pollutants from Petroleum Exploration Discharged into the Sea (2019)

单位：万立方米 (10 000 cu.m)

海 区	Sea Area	海洋废弃物 Marine Waste	生产污水 Sewage from Production	钻井泥浆 Drilling Mud	钻屑 Debris from Drilling	机舱污水 Sewage from Engineroom	食品废弃物(吨) Food Wastes (tons)	生活污水 Oily Sewage
全 国	**National Total**	**19117**	**21003**	**10.09**	**21.52**	**0.12**	**1217**	**86.5**
渤 海	Bohai Sea	2235	765	1.47	5.31			39.7
黄 海	Yellow Sea	3126						
东 海	East China Sea	7623	185	0.06	0.22		454	0.4
南 海	South China Sea	6133	20053	8.56	15.98	0.12	762	46.4

3-4 全国主要海洋产业增加值(2019年)
Added Value of Major Marine Industries (2019)

海洋产业	Marine Industry	增加值(亿元) Added Value (100 millionyuan)	增加值比上年增长(按可比价计算)(%) Percentage of Added Value of Increase Over Last Year (at comparable price) (%)
合　计	**Total**	**35724**	**7.5**
海洋渔业	Marine Fishery Industry	4715	4.4
海洋油气业	Offshore Oil and Natural Gas	1541	4.7
海滨矿业	Beach Placer	194	3.1
海洋盐业	Sea Salt Industry	31	0.2
海洋化工业	Marine Chemical	1157	7.3
海洋生物医药业	Marine Biological Pharmaceutical	443	8.0
海洋电力业	Marine Electric Power Industry	199	7.2
海水利用业	Marine Seawater Utilization	18	7.4
海洋船舶工业	Marine Shipbuilding Industry	1182	11.3
海洋工程建筑业	Marine Engineering Architecture	1732	4.5
海洋交通运输业	Maritime Transportation	6427	5.8
滨海旅游业	Coastal Tourism	18086	9.3

资料来源：自然资源部(下表同)。
Source: Ministry of Natural Resources (the same as in the following table).

3-5 海洋资源利用情况(2019年)
Utilization of Marine Resources (2019)

地　区	Region	海洋原油(万吨) Marine Oil (10 000 tons)	海洋天然气(万立方米) Marine NaturalGas (10 000 cu.m)	远洋渔业(万吨) Pelagic Fishery (10 000 tons)	海水直接利用量(万吨) Seawater Direct Utilization (10 000 tons)	海水淡化工程规模(万吨/日) Seawater Desalination Project Scale (10 000 tons/day)
全　国	**National Total**	**4916**	**1621271**	**198.0**	**14861349**	**157.4**
天　津	Tianjin	2753	314550	0.8	120871	30.6
河　北	Hebei	171	40066	5.6	390233	30.4
辽　宁	Liaoning	49	1762	26.5	990520	11.9
上　海	Shanghai	41	126403	18.3	143632	
江　苏	Jiangsu			0.9	896005	0.5
浙　江	Zhejiang			44.2	3315515	40.8
福　建	Fujian			51.7	2275482	1.1
山　东	Shandong	338	11761	41.4	1217716	32.6
广　东	Guangdong	1565	1126729	6.8	4661153	8.5
广　西	Guangxi			1.8	580914	
海　南	Hainan				269308	1.1

4-2 各地区废气排放情况(2019年)
Emission of Waste Gas by Region (2019)

单位: 吨 (ton)

地 区	Region	二氧化硫排放总量 Total Volume of Sulphur Dioxide Emission	工业 Industrial	生活 Household	集中式污染治理设施 Centralized Pollution Control Facilities
全 国	**National Total**	**4572858**	**3953670**	**612998**	**6191**
北 京	Beijing	1923	880	1042	1
天 津	Tianjin	17831	15963	1818	50
河 北	Hebei	286938	230605	53875	2458
山 西	Shanxi	228640	197156	31473	11
内蒙古	Inner Mongolia	352399	303130	49258	11
辽 宁	Liaoning	263087	236946	26126	14
吉 林	Jilin	98374	89922	8441	10
黑龙江	Heilongjiang	134919	95164	39720	34
上 海	Shanghai	7517	7218	276	24
江 苏	Jiangsu	284552	274378	9630	544
浙 江	Zhejiang	77820	73227	3304	1289
安 徽	Anhui	151022	148280	2602	140
福 建	Fujian	125363	118860	6402	101
江 西	Jiangxi	227079	210658	16199	223
山 东	Shandong	281511	241076	40384	51
河 南	Henan	104387	96567	7807	13
湖 北	Hubei	116785	96344	20399	43
湖 南	Hunan	191311	85709	105475	127
广 东	Guangdong	120421	113333	6727	361
广 西	Guangxi	95139	94911	43	186
海 南	Hainan	6874	6868	0	5
重 庆	Chongqing	74962	68870	6075	17
四 川	Sichuan	188160	176137	11964	59
贵 州	Guizhou	233695	185499	48196	
云 南	Yunnan	235755	203546	32110	99
西 藏	Tibet	3372	2523	848	1
陕 西	Shaanxi	143261	127336	15819	106
甘 肃	Gansu	112916	87868	25046	2
青 海	Qinghai	43211	40323	2704	183
宁 夏	Ningxia	125031	121669	3362	0
新 疆	Xinjiang	238603	202703	35874	27

资料来源：生态环境部(以下各表同)。
Source:Ministry of Ecology and Environment (the same as in the following tables).

4-2 续表 1 continued 1

单位：吨 (ton)

地 区	Region	氮氧化物排放总量 Nitrogen Oxides Emission	工业 Industry	生活 Household	机动车 Motor Vehicle	集中式污染治理设施 Centralized Pollution Control Facilities
全 国	**National Total**	**12338518**	**5480735**	**497424**	**6336318**	**24040**
北 京	Beijing	98619	8005	4913	85667	34
天 津	Tianjin	114223	38785	4889	70341	207
河 北	Hebei	1016548	418355	45600	544100	8494
山 西	Shanxi	576277	325859	24383	226013	22
内蒙古	Inner Mongolia	589717	384540	41970	163197	9
辽 宁	Liaoning	703001	394508	30385	278049	59
吉 林	Jilin	245204	106056	9914	129198	35
黑龙江	Heilongjiang	368397	134480	56254	177540	122
上 海	Shanghai	151591	26980	5035	118994	582
江 苏	Jiangsu	875649	436369	11987	422000	5294
浙 江	Zhejiang	380369	136216	5869	234966	3319
安 徽	Anhui	573366	255251	6386	311398	331
福 建	Fujian	305834	173526	3926	128080	301
江 西	Jiangxi	406842	193860	8763	203495	725
山 东	Shandong	1093288	415801	29976	647267	245
河 南	Henan	607684	134570	10435	462623	56
湖 北	Hubei	356347	139852	13940	202273	282
湖 南	Hunan	370658	137141	62091	170722	704
广 东	Guangdong	699701	274905	7180	416605	1010
广 西	Guangxi	365189	182503	1161	180668	857
海 南	Hainan	48739	22806	234	25659	40
重 庆	Chongqing	175171	62882	5178	106960	151
四 川	Sichuan	483968	216555	14421	252676	315
贵 州	Guizhou	231517	118059	14509	98949	
云 南	Yunnan	328776	161740	16370	150394	272
西 藏	Tibet	40861	7463	287	33111	0
陕 西	Shaanxi	328851	148381	13777	166208	485
甘 肃	Gansu	219664	104820	14898	99943	3
青 海	Qinghai	76176	40162	4649	31335	30
宁 夏	Ningxia	154905	94693	2604	57600	9
新 疆	Xinjiang	351383	185612	25440	140286	47

4-2 续表 2 continued 2

单位：吨 (ton)

地 区	Region	颗粒物排放总量 Particulate Matter Emission	工业 Industry	生活 Household	机动车 Motor Vehicle	集中式污染治理设施 Centralized Pollution Control Facilities
全 国	**National Total**	**10884766**	**9259287**	**1549001**	**73693**	**2784**
北 京	Beijing	16796	11509	4422	863	3
天 津	Tianjin	29206	19383	8990	828	5
河 北	Hebei	482191	341843	133223	6438	687
山 西	Shanxi	393523	303388	87897	2230	7
内蒙古	Inner Mongolia	957568	803118	152375	2073	2
辽 宁	Liaoning	788440	710216	74842	3368	13
吉 林	Jilin	231859	195456	35054	1345	4
黑龙江	Heilongjiang	516172	298080	216014	2025	53
上 海	Shanghai	15386	13531	776	1065	14
江 苏	Jiangsu	408730	371858	32389	4148	335
浙 江	Zhejiang	240699	232153	5109	3037	399
安 徽	Anhui	559727	548245	8007	3315	160
福 建	Fujian	490856	476807	12332	1656	61
江 西	Jiangxi	399790	368003	29262	2201	324
山 东	Shandong	371582	266986	97220	7348	28
河 南	Henan	175251	149996	19600	5644	11
湖 北	Hubei	318659	267617	48692	2304	47
湖 南	Hunan	500358	236458	261816	2073	11
广 东	Guangdong	586655	564195	17198	5159	102
广 西	Guangxi	383691	381485	81	2059	67
海 南	Hainan	23111	22728	21	356	5
重 庆	Chongqing	157030	149568	6038	1418	7
四 川	Sichuan	345746	322495	20155	2839	257
贵 州	Guizhou	189350	181910	6052	1388	
云 南	Yunnan	522039	449503	70337	2112	86
西 藏	Tibet	135211	133966	825	420	1
陕 西	Shaanxi	299322	255027	42363	1851	81
甘 肃	Gansu	516268	459216	55700	1351	1
青 海	Qinghai	100349	90532	9404	409	4
宁 夏	Ningxia	197848	190637	6496	713	1
新 疆	Xinjiang	531350	443377	86311	1656	7

4-3 各行业工业废气排放情况(2019年)
Emission of Industrial Waste Gas by Sector (2019)

单位：吨 (ton)

行　业	Sector	工业二氧化硫排放量 Industrial Sulphur Dioxide Emission	工业氮氧化物排放量 Industrial Nitrogen Oxides Emission	工业颗粒物排放量 Industrial Particulate Matter Emission
行业总计	**Total**	**3953670**	**5480735**	**9259287**
农、林、牧、渔专业及辅助性活动	Professional and Support Activities for Agriculture, Forestry, Animal Husbandry and Fishery	15048	9411	10479
煤炭开采和洗选业	Mining and Washing of Coal	13098	24948	1227054
石油和天然气开采业	Extraction of Petroleum and Natural Gas	25372	16078	5565
黑色金属矿采选业	Mining and Processing of Ferrous Metal Ores	4679	9746	139968
有色金属矿采选业	Mining and Processing of Non-ferrous Metal Ores	1595	3129	195751
非金属矿采选业	Mining and Processing of Non-metal Ores	11080	25329	232609
开采专业及辅助性活动	Professional and Support Activities for Mining	144	808	4758
其他采矿业	Mining of Other Ores	0	9	49
农副食品加工业	Processing of Food from Agricultural Products	47382	48670	91402
食品制造业	Manufacture of Foods	30802	28832	30184
酒、饮料和精制茶制造业	Manufacture of Wine, Drinks and Refined Tea	13830	16738	17473
烟草制品业	Manufacture of Tobacco	2853	1226	10309
纺织业	Manufacture of Textile	18069	26315	21436
纺织服装、服饰业	Manufacture of Textile Wearing and Apparel	839	1511	2252
皮革、毛皮、羽毛及其制品和制鞋业	Manufacture of Leather, Fur, Feather and Related Products and Footware	3103	3439	47483
木材加工和木、竹、藤、棕、草制品业	Processing of Timber, Manufacture of Wood, Bamboo,Rattan, Palm, and Straw Products	30984	21029	190049
家具制造业	Manufacture of Furniture	2085	4089	80860
造纸及纸制品业	Manufacture of Paper and Paper Products	34536	51573	36529
印刷和记录媒介复制业	Printing,Reproduction of Recording Media	510	1698	1408
文教、工美、体育和娱乐用品制造业	Manufacture of Articles for Culture, Education, Arts and Crafts, Sport and Entertainment Activities	911	627	15497
石油、煤炭及其他燃料加工业	Processing of Petroleum, Coal and Other Fuels	144085	367736	355313

4-5 各行业工业废气处理情况(2019年)
Treatment of Industrial Waste Gas by Sector (2019)

行 业	Sector	工业废气治理设施数(套) Number of Industrial Waste Gas Treatment Facilities (set)	工业废气治理设施处理能力(万立方米/时) Capacity of Industrial Waste Gas Treatment Facilities (10 000 cu.m/hour)	工业废气治理设施本年运行费用(万元) Annual Expenditure of Industrial Waste Gas Treatment Facilities (10 000 yuan)
行业总计	**Total**	**465250**	**9317019**	**23778386**
农、林、牧、渔专业及辅助性活动	Professional and Support Activities for Agriculture, Forestry, Animal Husbandry and Fishery	760	745	8683
煤炭开采和洗选业	Mining and Washing of Coal	3149	5996	82898
石油和天然气开采业	Extraction of Petroleum and Natural Gas	221	14272	19830
黑色金属矿采选业	Mining and Processing of Ferrous Metal Ores	1213	208374	32515
有色金属矿采选业	Mining and Processing of Non-ferrous Metal Ores	1192	2681	27689
非金属矿采选业	Mining and Processing of Non-metal Ores	3087	6222	50015
开采专业及辅助性活动	Professional and Support Activities for Mining	86	257	1218
其他采矿业	Mining of Other Ores	101	187	1386
农副食品加工业	Processing of Food from Agricultural Products	11427	30316	168967
食品制造业	Manufacture of Foods	3649	320996	110815
酒、饮料和精制茶制造业	Manufacture of Wine, Drinks and Refined Tea	1876	41067	50189
烟草制品业	Manufacture of Tobacco	1176	5990	25389
纺织业	Manufacture of Textile	9135	250281	283746
纺织服装、服饰业	Manufacture of Textile Wearing and Apparel	583	922	14263
皮革、毛皮、羽毛及其制品和制鞋业	Manufacture of Leather, Fur, Feather and Related Products and Footware	4472	6231	40355
木材加工和木、竹、藤、棕、草制品业	Processing of Timber, Manufacture of Wood, Bamboo,Rattan, Palm, and Straw Products	7957	25803	133397
家具制造业	Manufacture of Furniture	14603	32476	195087
造纸及纸制品业	Manufacture of Paper and Paper Products	3649	223438	333187
印刷和记录媒介复制业	Printing,Reproduction of Recording Media	5757	41668	190523
文教、工美、体育和娱乐用品制造业	Manufacture of Articles for Culture, Education, Arts and Crafts, Sport and Entertainment Activities	3431	13136	25030
石油、煤炭及其他燃料加工业	Processing of Petroleum, Coal and Other Fuels	5512	508381	1445235

4-5 续表 continued

行 业	Sector	工业废气治理设施数（套）Number of Industrial Waste Gas Treatment Facilities (set)	工业废气治理设施处理能力（万立方米/时）Capacity of Industrial Waste Gas Treatment Facilities (10 000 cu.m/hour)	工业废气治理设施本年运行费用（万元）Annual Expenditure of Industrial Waste Gas Treatment Facilities (10 000 yuan)
化学原料和化学制品制造业	Manufacture of Raw Chemical Materials and Chemical Products	35532	1286270	1602743
医药制造业	Manufacture of Medicines	7836	101602	228271
化学纤维制造业	Manufacture of Chemical Fibers	1631	10364	105031
橡胶和塑料制品业	Manufacture of Rubber and Plastic	22099	327979	301507
非金属矿物制品业	Manufacture of Non-metallic Mineral Products	133429	1291681	2579315
黑色金属冶炼和压延加工业	Smelting and Pressing of Ferrous Metals	20770	613484	5382095
有色金属冶炼和压延加工业	Smelting and Pressing of Non-ferrous Metals	11080	772840	1061195
金属制品业	Manufacture of Metal Products	47582	189980	645700
通用设备制造业	Manufacture of General Purpose Machinery	11977	20608	117888
专用设备制造业	Manufacture of Special Purpose Machinery	7262	18331	84759
汽车制造业	Manufacture of Automobile	16693	96686	362818
铁路、船舶、航空航天和其他运输设备制造业	Manufacture of Railway, Shipbuilding, Aerospace and Other Transportation Equipment	5848	43418	75092
电气机械和器材制造业	Manufacture of Electrical Machinery and Equipment	13625	91777	167102
计算机、通信和其他电子设备制造业	Manufacture of Computers, Communication, and Other Electronic Equipment	17592	175831	304313
仪器仪表制造业	Manufacture of Measuring Instrument	649	945	6364
其他制造业	Other Manufactures	3022	42688	50360
废弃资源综合利用业	Utilization of Waste Resources	3432	9245	79921
金属制品、机械和设备修理业	Metal Products, Machinery and Equipment Repair	849	2900	9742
电力、热力生产和供应业	Production and Supply of Electric Power and Heat Power	21140	2479507	7358688
燃气生产和供应业	Production and Supply of Gas	149	1406	14874
水的生产和供应业	Production and Supply of Water	17	40	191

5-1 全国工业固体废物产生、排放和综合利用情况(2000-2019年)
Generation, Discharge and Utilization of Industrial Solid Wastes(2000-2019)

年 份 Year	工业固体废物产生量(万吨) Industrial Solid Wastes Generated (10 000 tons)	工业固体废物排放量(万吨) Industrial Solid Wastes Discharged (10 000 tons)	工业固体废物综合利用量(万吨) Industrial Solid Wastes Utilized (10 000 tons)	工业固体废物贮存量(万吨) Stock of Industrial Solid Wastes (10 000 tons)	工业固体废物处置量(万吨) Industrial Solid Wastes Disposed (10 000 tons)	工业固体废物综合利用率(%) Ratio of Industrial Solid Wastes Utilized (%)
2000	81608	3186.2	37451	28921	9152	45.9
2001	88840	2893.8	47290	30183	14491	52.1
2002	94509	2635.2	50061	30040	16618	51.9
2003	100428	1940.9	56040	27667	17751	54.8
2004	120030	1762.0	67796	26012	26635	55.7
2005	134449	1654.7	76993	27876	31259	56.1
2006	151541	1302.1	92601	22399	42883	60.2
2007	175632	1196.7	110311	24119	41350	62.1
2008	190127	781.8	123482	21883	48291	64.3
2009	203943	710.5	138186	20929	47488	67.0
2010	240944	498.2	161772	23918	57264	66.7
2011	326204	433.3	196988	61248	71382	59.8
2012	332509	144.2	204467	60633	71443	60.9
2013	330859	129.3	207616	43445	83671	62.2
2014	329254	59.4	206392	45724	81317	62.1
2015	331055	55.8	200857	59175	74208	60.2
2016	376457					
2017	393289					
2018	415269					
2019	448936					

注：1.2011年原环境保护部对统计制度中的指标体系、调查方法及相关技术规定等进行了修订，故不能与2010年直接比较。
2.以第二次全国污染源普查成果为基准，生态环境部依法组织对2016-2019年污染源统计初步数据进行了更新，2016年之后数据与以前年份不可比。统计调查对象为全国排放污染物的工业源、农业源、生活源、集中式污染治理设施、机动车。危险废物综合利用量和处置量指标合并为危险废物综合利用处置量。

Note: a)In 2011, indicators of statistical system, method of survey, and related technologies were revised by the former Ministry of Environmental Protection, so it can not be directly compared with data of 2010.
b)Reference to the benchmarks of the Second National Pollution Sources Census, the Ministry of Ecology and Environment has adjusted and updated relevant data of pollution sources in 2016-2019, which are not comparable to the data of previous years. The statistical scope inclues industry source, agriculture source, domestic source, vehicle and centralized pollution control facilities. Hazardous wastes utilized and hazardous waste disposed was consolidated into Hazardous wastes utilized and disposed.

5-2 各地区固体废物产生和利用情况(2019年)
Generation and Utilization of Solid Wastes by Region (2019)

单位：万吨 (10 000 tons)

地 区	Region	一般工业固体废物产生量 Common Industrial Solid Wastes Generated	一般工业固体废物综合利用量 Common Industrial Solid Wastes Utilized	一般工业固体废物处置量 Common Industrial Solid Wastes Disposed	危险废物产生量 Hazardous Wastes Generated	危险废物综合利用处置量 Hazardous Wastes Utilized and Disposed
全 国	**National Total**	**440810**	**232079**	**110359**	**8126.0**	**7539.3**
北 京	Beijing	690	427	260	24.6	24.1
天 津	Tianjin	1968	1939	25	62.4	62.3
河 北	Hebei	32744	17661	5040	284.2	269.2
山 西	Shanxi	52037	18440	27402	360.7	352.9
内蒙古	Inner Mongolia	42671	11469	19418	733.9	643.5
辽 宁	Liaoning	22621	10527	8509	282.6	246.9
吉 林	Jilin	5362	2885	1560	269.9	149.7
黑龙江	Heilongjiang	9799	4560	1389	86.9	75.1
上 海	Shanghai	1826	1676	149	124.8	125.2
江 苏	Jiangsu	13610	11822	992	651.6	623.2
浙 江	Zhejiang	5722	5355	336	502.0	508.5
安 徽	Anhui	16571	13230	1572	156.2	147.7
福 建	Fujian	9418	6380	1843	148.1	131.4
江 西	Jiangxi	13049	6968	1391	210.0	188.7
山 东	Shandong	32129	25230	2299	985.6	1046.1
河 南	Henan	24965	11976	5457	230.1	212.9
湖 北	Hubei	13368	10060	2467	120.7	110.4
湖 南	Hunan	7510	5206	975	416.3	408.3
广 东	Guangdong	10111	7331	925	466.4	433.5
广 西	Guangxi	10278	5408	1338	279.5	265.6
海 南	Hainan	609	398	200	4.9	5.9
重 庆	Chongqing	2730	1935	506	72.0	68.3
四 川	Sichuan	18722	7632	2231	364.9	349.2
贵 州	Guizhou	12734	7078	1831	73.9	62.6
云 南	Yunnan	20797	10694	7411	368.2	334.7
西 藏	Tibet	3238	129	222	0.5	0.5
陕 西	Shaanxi	14846	5411	6707	187.2	168.9
甘 肃	Gansu	6485	2550	1824	177.9	139.7
青 海	Qinghai	15603	8685	318	119.9	49.9
宁 夏	Ningxia	6423	2552	2971	89.6	82.3
新 疆	Xinjiang	12176	6465	2789	270.5	252.1

资料来源：生态环境部(以下各表同)。
Source:Ministry of Ecology and Environment (the same as in the following tables).

5-3 各行业固体废物产生和利用情况(2019年)
Generation and Utilization of Solid Wastes by Sector (2019)

单位：万吨 (10 000 tons)

行业	Sector	一般工业固体废物产生量 Common Industrial Solid Wastes Generated	一般工业固体废物综合利用量 Common Industrial Solid Wastes Utilized	一般工业固体废物处置量 Common Industrial Solid Wastes Disposed
行业总计	**Total**	**440809.7**	**232078.8**	**110358.7**
农、林、牧、渔专业及辅助性活动	Professional and Support Activities for Agriculture, Forestry, Animal Husbandry and Fishery	265.6	225.6	15.2
煤炭开采和洗选业	Mining and Washing of Coal	61729.7	29111.7	24173.7
石油和天然气开采业	Extraction of Petroleum and Natural Gas	393.2	153.4	125.5
黑色金属矿采选业	Mining and Processing of Ferrous Metal Ores	53591.6	11582.3	16649.9
有色金属矿采选业	Mining and Processing of Non-ferrous Metal Ores	65759.2	9366.4	24525.9
非金属矿采选业	Mining and Processing of Non-metal Ores	19643.3	12641.6	3734.6
开采专业及辅助性活动	Professional and Support Activities for Mining	378.6	155.3	204.6
其他采矿业	Mining of Other Ores	4.2	2.8	0.9
农副食品加工业	Processing of Food from Agricultural Products	7408.7	6862.4	307.7
食品制造业	Manufacture of Foods	1113.0	787.0	215.5
酒、饮料和精制茶制造业	Manufacture of Wine, Drinks and Refined Tea	1536.7	1327.9	149.8
烟草制品业	Manufacture of Tobacco	302.7	287.5	7.3
纺织业	Manufacture of Textile	742.3	585.1	159.0
纺织服装、服饰业	Manufacture of Textile Wearing and Apparel	103.6	85.4	17.3
皮革、毛皮、羽毛及其制品和制鞋业	Manufacture of Leather, Fur, Feather and Related Products and Footware	118.0	86.2	24.8
木材加工和木、竹、藤、棕、草制品业	Processing of Timber, Manufacture of Wood, Bamboo,Rattan, Palm, and Straw Products	2129.8	1699.7	117.1
家具制造业	Manufacture of Furniture	437.8	356.7	21.9
造纸及纸制品业	Manufacture of Paper and Paper Products	2847.6	2289.9	408.5
印刷和记录媒介复制业	Printing,Reproduction of Recording Media	251.1	217.6	22.8
文教、工美、体育和娱乐用品制造业	Manufacture of Articles for Culture, Education, Arts and Crafts, Sport and Entertainment Activities	56.0	46.7	5.1
石油、煤炭及其他燃料加工业	Processing of Petroleum, Coal and Other Fuels	8123.8	3252.1	4498.6

5-3 续表 1 continued 1

单位：万吨 (10 000 tons)

行 业	Sector	一般工业固体废物产生量 Common Industrial Solid Wastes Generated	一般工业固体废物综合利用量 Common Industrial Solid Wastes Utilized	一般工业固体废物处置量 Common Industrial Solid Wastes Disposed
化学原料和化学制品制造业	Manufacture of Raw Chemical Materials and Chemical Products	35626.3	22877.2	6932.8
医药制造业	Manufacture of Medicines	426.6	302.9	91.3
化学纤维制造业	Manufacture of Chemical Fibers	479.5	446.5	19.7
橡胶和塑料制品业	Manufacture of Rubber and Plastic	424.3	362.0	40.5
非金属矿物制品业	Manufacture of Non-metallic Mineral Products	11118.0	9805.9	1078.7
黑色金属冶炼和压延加工业	Smelting and Pressing of Ferrous Metals	56268.8	46935.3	5473.1
有色金属冶炼和压延加工业	Smelting and Pressing of Non-ferrous Metals	20975.3	6738.6	3995.9
金属制品业	Manufacture of Metal Products	2173.1	1803.9	251.8
通用设备制造业	Manufacture of General Purpose Machinery	1264.1	1162.8	61.3
专用设备制造业	Manufacture of Special Purpose Machinery	571.8	459.7	60.6
汽车制造业	Manufacture of Automobile	1177.9	978.7	136.6
铁路、船舶、航空航天和其他运输设备制造业	Manufacture of Railway, Shipbuilding, Aerospace and Other Transportation Equipment	537.6	273.4	201.6
电气机械和器材制造业	Manufacture of Electrical Machinery and Equipment	619.2	477.4	125.4
计算机、通信和其他电子设备制造业	Manufacture of Computers, Communication, and Other Electronic Equipment	1540.4	1259.5	225.4
仪器仪表制造业	Manufacture of Measuring Instrument	11.4	6.4	3.0
其他制造业	Other Manufactures	41.4	17.6	2.4
废弃资源综合利用业	Utilization of Waste Resources	2604.0	1272.5	364.8
金属制品、机械和设备修理业	Metal Products, Machinery and Equipment Repair	107.3	74.5	10.2
电力、热力生产和供应业	Production and Supply of Electric Power and Heat Power	77307.3	55224.2	15791.1
燃气生产和供应业	Production and Supply of Gas	45.1	35.2	1.4
水的生产和供应业	Production and Supply of Water	553.8	441.1	105.6

5-3 续表 2 continued 2

单位：万吨 (10 000 tons)

行　业	Sector	危险废物产生量 Hazardous Wastes Generated	危险废物综合利用处置量 Hazardous Wastes Utilized and Disposed
行业总计	**Total**	**8125.95**	**7539.28**
农、林、牧、渔专业及辅助性活动	Professional and Support Activities for Agriculture, Forestry, Animal Husbandry and Fishery	0.15	0.14
煤炭开采和洗选业	Mining and Washing of Coal	2.71	2.36
石油和天然气开采业	Extraction of Petroleum and Natural Gas	231.32	200.32
黑色金属矿采选业	Mining and Processing of Ferrous Metal Ores	1.08	0.91
有色金属矿采选业	Mining and Processing of Non-ferrous Metal Ores	549.51	258.37
非金属矿采选业	Mining and Processing of Non-metal Ores	3.95	0.22
开采专业及辅助性活动	Professional and Support Activities for Mining	4.88	4.35
其他采矿业	Mining of Other Ores	0.00	0.00
农副食品加工业	Processing of Food from Agricultural Products	4.37	4.33
食品制造业	Manufacture of Foods	4.47	4.29
酒、饮料和精制茶制造业	Manufacture of Wine, Drinks and Refined Tea	0.72	0.72
烟草制品业	Manufacture of Tobacco	0.31	0.30
纺织业	Manufacture of Textile	9.02	8.33
纺织服装、服饰业	Manufacture of Textile Wearing and Apparel	1.34	1.32
皮革、毛皮、羽毛及其制品和制鞋业	Manufacture of Leather, Fur, Feather and Related Products and Footware	11.70	10.78
木材加工和木、竹、藤、棕、草制品业	Processing of Timber, Manufacture of Wood, Bamboo,Rattan, Palm, and Straw Products	2.84	2.51
家具制造业	Manufacture of Furniture	4.87	4.33
造纸及纸制品业	Manufacture of Paper and Paper Products	274.59	272.86
印刷和记录媒介复制业	Printing,Reproduction of Recording Media	10.72	9.87
文教、工美、体育和娱乐用品制造业	Manufacture of Articles for Culture, Education, Arts and Crafts, Sport and Entertainment Activities	2.54	2.32
石油加工、炼焦和核燃料加工业	Processing of Petroleum, Coking and Processing of Nuclear Fuel	1187.22	1170.99

5-3 续表 3 continued 3

单位：万吨 (10 000 tons)

行 业	Sector	危险废物产生量 Hazardous Wastes Generated	危险废物综合利用处置量 Hazardous Wastes Utilized and Disposed
化学原料和化学制品制造业	Manufacture of Raw Chemical Materials and Chemical Products	1506.06	1462.49
医药制造业	Manufacture of Medicines	175.99	172.85
化学纤维制造业	Manufacture of Chemical Fibers	52.30	52.13
橡胶和塑料制品业	Manufacture of Rubber and Plastic	28.01	24.91
非金属矿物制品业	Manufacture of Non-metallic Mineral Products	134.93	123.50
黑色金属冶炼和压延加工业	Smelting and Pressing of Ferrous Metals	846.92	827.16
有色金属冶炼和压延加工业	Smelting and Pressing of Non-ferrous Metals	1417.90	1353.50
金属制品业	Manufacture of Metal Products	340.16	322.02
通用设备制造业	Manufacture of General Purpose Machinery	50.77	49.67
专用设备制造业	Manufacture of Special Purpose Machinery	16.56	15.53
汽车制造业	Manufacture of Automobile	74.07	70.45
铁路、船舶、航空航天和其他运输设备制造业	Manufacture of Railway, Shipbuilding, Aerospace and Other Transportation Equipment	18.08	17.44
电气机械和器材制造业	Manufacture of Electrical Machinery and Equipment	101.71	95.25
计算机、通信和其他电子设备制造业	Manufacture of Computers, Communication, and Other Electronic Equipment	349.31	341.31
仪器仪表制造业	Manufacture of Measuring Instrument	0.98	0.87
其他制造业	Other Manufactures	2.64	2.50
废弃资源综合利用业	Utilization of Waste Resources	87.01	73.52
金属制品、机械和设备修理业	Metal Products, Machinery and Equipment Repair	5.26	5.01
电力、热力生产和供应业	Production and Supply of Electric Power and Heat Power	594.22	558.33
燃气生产和供应业	Production and Supply of Gas	14.75	11.18
水的生产和供应业	Production and Supply of Water	0.03	0.03

六、自然生态

Natural Ecology

6-1 全国自然生态情况(2000-2019年)
Natural Ecology(2000-2019)

年 份 Year	自然保护区 数(个) Number of Nature Reserves (unit)	自然保护区面 积(万公顷) Area of Nature Reserves (10 000 hectares)	保护区面积占辖区面积比重(%) Percentage of Nature Reserves in the Region (%)	累计除涝面 积(万公顷) Area with Flood Prevention Measures (10 000 hectares)	累计水土流失治理面积(万公顷) Area of Soil Erosion under Control (10 000 hectares)
2000	1227	9821	9.9		8096.1
2001	1551	12989	12.9		8153.9
2002	1757	13295	13.2		8541.0
2003	1999	14398	14.4	2113.9	8971.4
2004	2194	14823	14.8	2119.8	9200.5
2005	2349	14995	15.0	2134.0	9465.5
2006	2395	15154	15.2	2137.6	9749.1
2007	2531	15188	15.2	2141.9	9987.1
2008	2538	14894	14.9	2142.5	10158.7
2009	2541	14775	14.7	2158.4	10454.5
2010	2588	14944	14.9	2169.2	10680.0
2011	2640	14971	14.9	2172.2	10966.4
2012	2669	14979	14.9	2185.7	10295.3
2013	2697	14631	14.8	2194.3	10689.2
2014	2729	14699	14.8	2236.9	11160.9
2015	2740	14703	14.8	2271.3	11557.8
2016	2750	14733	14.9	2306.7	12041.2
2017	2750	14717	14.9	2382.4	12583.9
2018				2426.2	13153.2
2019				2453.0	13732.5

6-2 各地区自然保护基本情况(2019年)
Basic Conditions of Natural Protection by Region (2019)

地 区	Region	国家级自然保护区个数(个) Number of National Nature Reserves (number)	国家级自然保护区面积(万公顷) Area of National Nature Reserves (10 000 hectares)
全 国	**National Total**	**474**	**9811.4**
北 京	Beijing	2	2.8
天 津	Tianjin	3	3.8
河 北	Hebei	13	26.1
山 西	Shanxi	8	14.1
内蒙古	Inner Mongolia	29	444.8
辽 宁	Liaoning	19	89.1
吉 林	Jilin	24	118.5
黑龙江	Heilongjiang	49	389.3
上 海	Shanghai	2	6.6
江 苏	Jiangsu	3	30.0
浙 江	Zhejiang	11	14.9
安 徽	Anhui	8	14.7
福 建	Fujian	17	22.7
江 西	Jiangxi	16	25.5
山 东	Shandong	7	22.0
河 南	Henan	13	44.8
湖 北	Hubei	22	54.7
湖 南	Hunan	23	60.8
广 东	Guangdong	15	33.7
广 西	Guangxi	23	39.1
海 南	Hainan	10	15.7
重 庆	Chongqing	6	25.4
四 川	Sichuan	32	305.8
贵 州	Guizhou	10	29.1
云 南	Yunnan	20	151.0
西 藏	Tibet	11	3720.5
陕 西	Shaanxi	26	63.3
甘 肃	Gansu	21	692.8
青 海	Qinghai	7	2073.8
宁 夏	Ningxia	9	46.0
新 疆	Xinjiang	15	1230.2

资料来源：国家林业和草原局。
Source: National Forestry and Grassland Administration.

6-3 各地区矿山生态修复情况(2019年)
Ecological Restoration of Mine by Region (2019)

地 区 Region	现存采矿损毁土地面积(公顷) Existing Area of Land Destructed by Mining (hectare)	新增采矿损毁土地面积 Area of Land Destructed by Mining in Current Year	累计矿山生态修复土地面积(公顷) Accumulated Ecological Restoration Land Area of Mine (hectare)	新增矿山生态修复土地面积 Ecological Restoration Land Area of Mine in Current Year
全 国 National Total	**1211163**	**64245**	**637834**	**110678**
北 京 Beijing	2722		6664	383
天 津 Tianjin	2252		1648	70
河 北 Hebei	47321	1618	38734	6160
山 西 Shanxi	281204	8763	119883	13815
内蒙古 Inner Mongolia	215313	9033	74721	11518
辽 宁 Liaoning	87502	2455	17229	3598
吉 林 Jilin	15845	224	9754	1143
黑龙江 Heilongjiang	70133	957	8262	759
上 海 Shanghai	36		189	10
江 苏 Jiangsu	22377	247	18696	1569
浙 江 Zhejiang	6193	455	9851	1108
安 徽 Anhui	91337	2844	27114	4681
福 建 Fujian	7088	386	6748	1587
江 西 Jiangxi	18074	1183	21432	3380
山 东 Shandong	48932	1759	54677	13037
河 南 Henan	26645	1063	24513	6677
湖 北 Hubei	35919	1221	6280	952
湖 南 Hunan	24581	1014	12453	2624
广 东 Guangdong	18347	767	12878	1198
广 西 Guangxi	35541	4620	7224	1228
海 南 Hainan	1942	154	2213	1020
重 庆 Chongqing	4352	484	1972	1271
四 川 Sichuan	14250	909	8127	1393
贵 州 Guizhou	4048	1120	9011	2496
云 南 Yunnan	27298	2381	26696	2085
西 藏 Tibet	1604	86	1034	187
陕 西 Shaanxi	30368	6540	43691	5077
甘 肃 Gansu	20724	1189	16570	3853
青 海 Qinghai	6324	297	7041	1688
宁 夏 Ningxia	5331	368	5186	1238
新 疆 Xinjiang	37558	12109	37343	14875

资料来源：自然资源部。
Source: Ministry of Natural Resources.

6-3 续表 continued

地 区 Region		本年投入矿山生态修复资金（万元）Investment of Mine Ecological Restoration in Current Year (10 000 yuan)	中央财政资金 Central Finance	地方财政资金 Local Finance	矿山企业资金 Mine Enterprise Investment	其他社会资金 Other Social Investment
全 国	**National Total**	**4208181**	**389233**	**1259001**	**2166538**	**393408**
北 京	Beijing	23763	1040	21181	1542	
天 津	Tianjin	24751	1090	17873		5788
河 北	Hebei	202708	27620	84983	65379	24725
山 西	Shanxi	849398	46507	275681	452510	74701
内蒙古	Inner Mongolia	236164		4117	232047	
辽 宁	Liaoning	107809	357	17879	69521	20053
吉 林	Jilin	19825	1231	10408	8186	
黑龙江	Heilongjiang	23641	3532	13977	6128	4
上 海	Shanghai					
江 苏	Jiangsu	102171	1967	86628	10991	2585
浙 江	Zhejiang	102095	873	43706	50405	7111
安 徽	Anhui	129114	3971	50664	69060	5419
福 建	Fujian	83196	17074	27975	36922	1225
江 西	Jiangxi	145216	17087	45276	79990	2863
山 东	Shandong	511919	14289	170759	186041	140829
河 南	Henan	359482	25446	66779	230435	36822
湖 北	Hubei	43455	17560	12962	11767	1166
湖 南	Hunan	196405	59979	93366	38882	4178
广 东	Guangdong	71802	5860	34487	31395	60
广 西	Guangxi	47297	854	5432	37133	3878
海 南	Hainan	23716	3800	4927	14988	
重 庆	Chongqing	75730	18879	18107	23039	15706
四 川	Sichuan	93162	41305	13800	17432	20624
贵 州	Guizhou	62990	9304	8277	43022	2387
云 南	Yunnan	167356	27933	37585	100632	1206
西 藏	Tibet	17373	27	5895	11451	
陕 西	Shaanxi	162732	7507	38062	111216	5946
甘 肃	Gansu	96216	2680	15152	78160	224
青 海	Qinghai	51593	17817	1753	16341	15683
宁 夏	Ningxia	11803	1000	8203	2560	40
新 疆	Xinjiang	165299	12647	23106	129361	185

6-4 各流域除涝和水土流失治理情况(2019年)
Flood Prevention & Soil Erosion under Control by River Valley (2019)

单位：千公顷 (1 000 hectares)

流域片	River Valley	累计除涝面积 Area with Flood Prevention Measures	本年新增除涝面积 Increase Area with Flood Prevention	累计水土流失治理面积 Area of Soil Erosion under Control	#小流域治理面积 Small Drainage Area	本年新增水土流失治理面积 Increase Area of Soil Erosion under Control
全　国	**National Total**	**24529.6**	**329.1**	**137324.5**	**43277.3**	**6684.7**
松花江区	Songhuajiang River	4367.8	10.7	10332.2	1738.8	750.6
辽河区	Liaohe River	1242.4	1.4	9537.0	3543.9	336.4
海河区	Haihe River	3261.4	5.6	10832.0	4886.0	459.9
黄河区	Huanghe River	630.4	18.4	26773.4	7814.6	1384.4
淮河区	Huaihe River	8267.3	149.6	6288.3	2720.4	182.8
长江区	Changjiang River	5207.3	123.0	45769.5	17306.8	1760.9
#太湖	Taihu Lake	634.1	7.1	265.3	75.7	3.4
东南诸河区	Southeastern Rivers	456.4	3.6	7367.7	1413.4	215.8
珠江区	Zhujiang River	959.3	12.9	8930.0	1994.8	507.6
西南诸河区	Southwestern Rivers	113.8	2.3	5176.1	922.4	363.8
西北诸河区	Northwestern Rivers	23.4	1.7	6318.5	936.3	722.6

资料来源：水利部(下表同)。
Source: Ministry of Water Resource (the same as in the following table).

6-5 各地区除涝和水土流失治理情况(2019年)
Flood Prevention & Soil Erosion under Control by Region (2019)

单位：千公顷 (1 000 hectares)

地 区 Region	累计除涝面积 Area with Flood Prevention Measures	本年新增除涝面积 Increase Area with Flood Prevention	累计水土流失治理面积 Area of Soil Erosion under Control	#小流域治理面积 Smasll Drainage Area	本年新增水土流失治理面积 Increase Area of Soil Erosion under Control	水土保持及生态项目本年完成投资(万元) Investment of Soil and Water Conservation & Ecological Projects (10000 yuan)
全 国 National Total	**24529.6**	**329.1**	**137324.5**	**43277.3**	**6684.7**	**9134280.2**
北 京 Beijing	12.0		901.6	901.6	82.8	164512.7
天 津 Tianjin	364.6		100.6	50.7	0.6	74402.3
河 北 Hebei	1638.3		5722.2	3047.9	209.8	1156598.2
山 西 Shanxi	89.3		7086.5	689.9	362.7	177911.3
内蒙古 Inner Mongolia	277.0		14625.0	3370.5	629.4	161673.2
辽 宁 Liaoning	931.7	0.2	5553.4	2572.6	175.7	44867.0
吉 林 Jilin	1034.0	1.2	2594.4	203.6	208.6	21207.2
黑龙江 Heilongjiang	3410.8	10.7	5334.1	1154.9	438.6	25334.8
上 海 Shanghai	61.2	0.9				766255.5
江 苏 Jiangsu	4451.1	151.0	940.4	342.1	10.2	859101.8
浙 江 Zhejiang	557.6	2.8	3611.4	603.3	46.5	304366.0
安 徽 Anhui	2436.2	23.5	2084.5	782.3	95.4	271534.6
福 建 Fujian	157.3	2.1	3895.9	853.5	169.5	762913.2
江 西 Jiangxi	435.0	3.8	6070.5	1421.0	152.8	181746.0
山 东 Shandong	3089.8	62.8	4277.6	1693.0	136.8	130840.8
河 南 Henan	2149.3	13.5	3913.4	2250.6	140.7	1030060.9
湖 北 Hubei	1511.5	31.0	6270.4	1945.9	148.2	128682.3
湖 南 Hunan	441.3	2.9	3905.7	1041.1	161.2	301213.3
广 东 Guangdong	541.9	0.7	1858.1	187.7	110.9	519695.0
广 西 Guangxi	236.9	1.6	2845.5	653.9	201.1	125144.3
海 南 Hainan	25.2		136.8	75.7	20.1	13013.8
重 庆 Chongqing			3722.5	1710.8	142.6	149226.3
四 川 Sichuan	100.2	0.6	10463.6	4911.0	501.8	234096.6
贵 州 Guizhou	125.2	2.2	7321.4	3243.3	272.0	167207.0
云 南 Yunnan	307.1	14.9	10047.7	2166.1	551.3	216466.3
西 藏 Tibet	3.4		622.6	133.3	94.1	36249.4
陕 西 Shaanxi	103.4	1.1	8039.8	3102.1	306.4	726742.8
甘 肃 Gansu	15.2		9574.7	2618.4	721.0	116090.3
青 海 Qinghai	0.8	0.8	1408.1	520.0	182.0	63798.9
宁 夏 Ningxia			2388.1	753.4	92.0	48031.3
新 疆 Xinjiang	22.6	0.9	2008.1	277.3	320.0	155297.2

6-6 各地区湿地情况
Area of Wetland by Region

地 区 Region	湿地面积(千公顷) Area of Wetland (1 000 hectares)	自然湿地 Natural Wetland	近 海与海岸 Coast & Seashores	河 流 Rivers	湖 泊 Lakes	沼 泽 Marshland	人工湿地 Artifical Wetland	湿地总面积占国土面积比重(%) Proportion of Wetland in Total Area of Territory (%)
全 国 National Total	**53602.6**	**46674.7**	**5795.9**	**10552.1**	**8593.8**	**21732.9**	**6745.9**	**5.58**
北 京 Beijing	48.1	24.2		22.7	0.2	1.3	23.9	2.86
天 津 Tianjin	295.6	151.1	104.3	32.3	3.6	10.9	144.5	23.94
河 北 Hebei	941.9	694.6	231.9	212.5	26.6	223.6	247.3	5.04
山 西 Shanxi	151.9	108.1		96.9	3.1	8.1	43.8	0.97
内蒙古 Inner Mongolia	6010.6	5878.8		463.7	566.2	4848.9	131.8	5.08
辽 宁 Liaoning	1394.8	1077.7	713.2	251.5	2.9	110.1	317.1	9.42
吉 林 Jilin	997.6	862.9		223.5	112.0	527.4	134.7	5.32
黑龙江 Heilongjiang	5143.3	4953.8		733.5	356.0	3864.3	189.5	11.31
上 海 Shanghai	464.6	409.0	386.6	7.3	5.8	9.3	55.6	73.27
江 苏 Jiangsu	2822.8	1948.8	1087.5	296.6	536.7	28.0	874.0	27.51
浙 江 Zhejiang	1110.1	843.3	692.5	141.2	8.9	0.7	266.8	10.91
安 徽 Anhui	1041.8	713.6		309.6	361.1	42.9	328.2	7.46
福 建 Fujian	871.0	711.2	575.6	135.1	0.3	0.2	159.8	7.18
江 西 Jiangxi	910.1	710.7		310.8	374.1	25.8	199.4	5.45
山 东 Shandong	1737.5	1103.0	728.5	257.8	62.6	54.1	634.5	11.07
河 南 Henan	627.9	380.7		368.9	6.9	4.9	247.2	3.76
湖 北 Hubei	1445.0	764.2		450.4	276.9	36.9	680.8	7.77
湖 南 Hunan	1019.7	813.5		398.4	385.8	29.3	206.2	4.81
广 东 Guangdong	1753.4	1158.1	815.1	337.9	1.5	3.6	595.3	9.76
广 西 Guangxi	754.3	536.6	259.0	268.9	6.3	2.4	217.7	3.20
海 南 Hainan	320.0	242.0	201.7	39.7	0.6		78.0	9.14
重 庆 Chongqing	207.2	87.7		87.3	0.3	0.1	119.5	2.51
四 川 Sichuan	1747.8	1665.6		452.3	37.4	1175.9	82.2	3.61
贵 州 Guizhou	209.7	151.6		138.1	2.5	11.0	58.1	1.19
云 南 Yunnan	563.5	392.5		241.8	118.5	32.2	171.0	1.43
西 藏 Tibet	6529.0	6524.0		1434.5	3035.2	2054.3	5.0	5.35
陕 西 Shaanxi	308.5	276.2		257.6	7.6	11.0	32.3	1.50
甘 肃 Gansu	1693.9	1642.4		381.7	15.9	1244.8	51.5	3.73
青 海 Qinghai	8143.6	8001.0		885.3	1470.3	5645.4	142.6	11.27
宁 夏 Ningxia	207.2	169.5		97.9	33.5	38.1	37.7	4.00
新 疆 Xinjiang	3948.2	3678.3		1216.4	774.5	1687.4	269.9	2.38

注：本表为第二次全国湿地资源调查(2009-2013)资料，全国总计数包括台湾省和香港、澳门特别行政区数据；湿地面积不包括水稻田湿地。

Note: Data in the table are figures of the Second National Wetland Resources Survey (2009-2013), data of national total include wetlar in Taiwan Province and Hong Kong SAR and Macao SAR. Area of wetland excludes the wetland of paddyfields.

6-7 各地区沙化土地情况
Sandy Land by Region

单位：公顷 (hectare)

地区	Region	沙化土地面积 Area of Sandy Land	流动沙地(丘) Mobile Sand	半固定沙地(丘) Semi-fixed Sand	固定沙地(丘) Fixed Sand	露沙地 Bare Sand
全 国	**National Total**	**172117498**	**39885227**	**16431600**	**29343039**	**9103907**
北 京	Beijing	27608			27608	
天 津	Tianjin	13913			6299	
河 北	Hebei	2103404		11989	1000102	
山 西	Shanxi	580169		22357	475348	3409
内蒙古	Inner Mongolia	40787884	7805285	4937009	13696571	5122349
辽 宁	Liaoning	510696	679	4930	352668	425
吉 林	Jilin	704447		3288	354004	
黑龙江	Heilongjiang	473978		1975	373083	
上 海	Shanghai					
江 苏	Jiangsu	525934			63410	
浙 江	Zhejiang	42			42	
安 徽	Anhui	171079			57647	
福 建	Fujian	35089	1530	126	11733	
江 西	Jiangxi	64004	450	1208	27416	
山 东	Shandong	681769	108	357	182375	
河 南	Henan	596796	86	1846	105042	
湖 北	Hubei	189659	3016	1891	78306	
湖 南	Hunan	58716	42	26	56900	
广 东	Guangdong	53820	2055	276	32596	
广 西	Guangxi	186570	418	197	52882	
海 南	Hainan	55039			44189	
重 庆	Chongqing	1308		2	95	
四 川	Sichuan	863080	5351	28455	203441	588349
贵 州	Guizhou	2555	430	80	1215	
云 南	Yunnan	29420	2712	452	12038	
西 藏	Tibet	21583626	377511	1042668	491300	1405845
陕 西	Shaanxi	1353940	3535	27787	1242894	
甘 肃	Gansu	12170243	1853606	1337595	1748758	43868
青 海	Qinghai	12461713	1116733	1139892	1288737	1939662
宁 夏	Ningxia	1124573	71470	87972	794424	
新 疆	Xinjiang	74706423	28640211	7779222	6561916	

注：本表为第五次全国荒漠化和沙化监测(2014年)资料。
Note:Data in the table are the figures of the Fifth National Desertification and Sandy Land Monitoring (2014).

6-7 续表 continued

单位：公顷 (hectare)

地 区	Region	沙化耕地 Arable Land Desertificated	非生物治沙工程地 Non-biological Sand Control Project	风蚀残丘 Mound of Wind Erosion	风蚀劣地 Badlands of Wind Erosion	戈壁 Gobi
全 国	**National Total**	**4849955**	**8863**	**922292**	**5456858**	**66115757**
北 京	Beijing					
天 津	Tianjin	7614				
河 北	Hebei	1091314				
山 西	Shanxi	79055				
内蒙古	Inner Mongolia	444211		4360	1677076	7101023
辽 宁	Liaoning	151995				
吉 林	Jilin	347155				
黑龙江	Heilongjiang	98920				
上 海	Shanghai					
江 苏	Jiangsu	462524				
浙 江	Zhejiang					
安 徽	Anhui	113432				
福 建	Fujian	21701				
江 西	Jiangxi	34930				
山 东	Shandong	498928				
河 南	Henan	489822				
湖 北	Hubei	106447				
湖 南	Hunan	1748				
广 东	Guangdong	18893				
广 西	Guangxi	133073				
海 南	Hainan	10850				
重 庆	Chongqing	1211				
四 川	Sichuan	37268	216			
贵 州	Guizhou	830				
云 南	Yunnan	14218				
西 藏	Tibet	21861	981			18243462
陕 西	Shaanxi	79723				
甘 肃	Gansu	55460	848	39914	136137	6954058
青 海	Qinghai	29426	1281	742295	3096371	3107316
宁 夏	Ningxia	83607				87100
新 疆	Xinjiang	413741	5537	135722	547275	30622799

七、土地利用

Land Use

7-1 全国土地利用情况(2000−2017年)
Land Use (2000-2017)

单位：万公顷 (10 000 hectares)

年 份 Year	农用地 Land for Agriculture Use	#耕地 Cultivated Land	#园地 Garden Land	#林地 Woodland	#牧草地 Grass Land
2000	65336.2	12824.3	1057.6	22878.9	26376.9
2001	65331.6	12761.6	1064.0	22919.1	26384.6
2002	65660.7	12593.0	1079.0	23072.0	26352.2
2003	65706.1	12339.2	1108.2	23396.8	26311.2
2004	65701.9	12244.4	1128.8	23504.7	26270.7
2005	65704.7	12208.3	1154.9	23574.1	26214.4
2006	65718.8	12177.6	1181.8	23612.1	26193.2
2007	65702.1	12173.5	1181.3	23611.7	26186.5
2008	65687.6	12171.6	1179.1	23609.2	26183.5
2009	64777.5	13538.5	1481.2	25395.0	21972.1
2010	64728.0	13526.8	1470.3	25376.6	21967.2
2011	64686.5	13523.9	1460.3	25356.0	21961.5
2012	64646.6	13515.8	1453.3	25339.7	21956.5
2013	64616.8	13516.3	1445.5	25325.4	21951.4
2014	64574.1	13505.7	1437.8	25307.1	21946.6
2015	64545.7	13499.9	1432.3	25299.2	21942.1
2016	64512.7	13492.1	1426.6	25290.8	21935.9
2017	64486.4	13488.1	1421.4	25280.2	21932.0

7-1 续表 continued

单位：万公顷 (10 000 hectares)

年 份 Year	建设用地 Land for Construction	居民点及工矿用地 Land for Living Quarters, Mining and Manufacturing Sites	交通运输用地 Land for Transport Facilities	水利设施用地 Land for Water Conservancy Facilities
2000	3620.6	2470.9	576.1	573.6
2001	3641.3	2487.6	580.8	573.0
2002	3072.4	2509.5	207.7	355.2
2003	3106.5	2535.4	214.5	356.5
2004	3155.1	2572.8	223.3	359.0
2005	3192.2	2601.5	230.9	359.9
2006	3236.5	2635.4	239.5	361.5
2007	3272.0	2664.7	244.4	362.9
2008	3305.8	2691.6	249.6	364.5
2009	3500.0	2873.9	282.3	343.7
2010	3567.9	2924.4	298.2	345.3
2011	3631.8	2972.6	310.7	348.4
2012	3690.7	3019.9	321.0	349.8
2013	3745.6	3060.7	334.5	350.4
2014	3811.4	3105.7	349.8	356.0
2015	3859.3	3143.0	359.1	357.2
2016	3909.5	3179.5	371.0	359.0
2017	3957.4	3213.1	383.4	361.0

7-2 各地区土地利用情况(2017年)
Land Use by Region (2017)

单位：万公顷 (10 000 hectares)

地 区	Region	农用地 Land for Agriculture Use	#耕 地 Cultivated Land	#园 地 Garden Land	#林 地 Woodland	#牧草地 Grass Land
全 国	**National Total**	**64486.36**	**13488.12**	**1421.42**	**25280.19**	**21932.03**
北 京	Beijing	114.67	21.37	13.28	74.45	0.02
天 津	Tianjin	69.21	43.68	2.96	5.47	
河 北	Hebei	1306.44	651.89	83.23	459.64	40.10
山 西	Shanxi	1002.62	405.63	40.58	485.46	3.37
内蒙古	Inner Mongolia	8288.06	927.08	5.64	2322.19	4950.70
辽 宁	Liaoning	1153.31	497.16	46.78	561.46	0.32
吉 林	Jilin	1659.26	698.67	6.58	885.20	23.60
黑龙江	Heilongjiang	3991.27	1584.57	4.46	2182.01	109.49
上 海	Shanghai	31.34	19.16	1.65	4.60	0.00
江 苏	Jiangsu	647.04	457.33	29.72	25.62	0.01
浙 江	Zhejiang	858.89	197.70	57.43	563.78	0.03
安 徽	Anhui	1112.19	586.68	34.65	373.55	0.05
福 建	Fujian	1086.24	133.69	76.65	832.76	0.03
江 西	Jiangxi	1441.15	308.60	32.07	1031.10	0.07
山 东	Shandong	1148.61	758.98	71.43	147.76	0.58
河 南	Henan	1265.57	811.23	21.33	344.58	0.03
湖 北	Hubei	1572.96	523.59	48.02	858.99	0.20
湖 南	Hunan	1816.66	415.10	65.31	1219.93	1.36
广 东	Guangdong	1491.65	259.97	126.07	1001.79	0.31
广 西	Guangxi	1952.68	438.75	108.05	1329.94	0.52
海 南	Hainan	296.74	72.24	91.70	119.92	1.92
重 庆	Chongqing	705.68	236.98	27.09	386.85	4.55
四 川	Sichuan	4213.32	672.52	72.69	2214.78	1095.66
贵 州	Guizhou	1472.59	451.88	16.21	892.61	7.22
云 南	Yunnan	3292.79	621.33	162.82	2300.62	14.70
西 藏	Tibet	8723.02	44.40	0.15	1602.42	7068.30
陕 西	Shaanxi	1856.26	398.29	81.64	1116.68	216.94
甘 肃	Gansu	1854.79	537.70	25.58	609.63	591.86
青 海	Qinghai	4508.80	59.01	0.60	353.96	4079.46
宁 夏	Ningxia	380.69	128.99	5.00	76.62	149.17
新 疆	Xinjiang	5171.87	523.96	62.07	895.83	3571.48

资料来源：自然资源部(以下各表同)。
Source: Ministry of Natural Resources (the same as in the following tables).

7-2 续表 continued

单位：万公顷 (10 000 hectares)

地 区	Region	建设用地 Land for Construction	居民点及工矿用地 Land for Living Quarters, Mining and Manufacturing Sites	交通运输用地 Land for Transport Facilities	水利设施用地 Land for Water Conservancy Facilities
全 国	**National Total**	**3957.41**	**3213.10**	**383.35**	**360.95**
北 京	Beijing	36.02	30.68	3.28	2.06
天 津	Tianjin	41.73	33.33	3.03	5.37
河 北	Hebei	224.16	193.80	19.48	10.89
山 西	Shanxi	104.00	89.41	10.82	3.77
内蒙古	Inner Mongolia	167.34	136.97	23.39	6.97
辽 宁	Liaoning	164.42	134.29	16.36	13.77
吉 林	Jilin	110.59	87.09	9.66	13.85
黑龙江	Heilongjiang	163.69	123.33	15.82	24.54
上 海	Shanghai	30.88	27.49	3.07	0.32
江 苏	Jiangsu	231.10	191.46	23.28	16.36
浙 江	Zhejiang	131.82	102.41	15.17	14.25
安 徽	Anhui	201.49	166.05	14.94	20.50
福 建	Fujian	84.42	64.09	13.08	7.25
江 西	Jiangxi	130.62	98.80	11.58	20.24
山 东	Shandong	288.37	242.58	22.41	23.38
河 南	Henan	264.43	226.78	18.95	18.70
湖 北	Hubei	173.72	133.22	13.17	27.33
湖 南	Hunan	165.33	135.24	14.83	15.25
广 东	Guangdong	207.23	168.15	19.58	19.51
广 西	Guangxi	125.28	92.91	14.25	18.12
海 南	Hainan	34.83	26.26	2.76	5.81
重 庆	Chongqing	68.46	58.03	6.55	3.88
四 川	Sichuan	187.00	158.13	15.72	13.15
贵 州	Guizhou	72.82	57.95	10.70	4.18
云 南	Yunnan	110.52	86.61	12.06	11.84
西 藏	Tibet	15.72	10.67	4.22	0.83
陕 西	Shaanxi	96.80	82.22	10.93	3.65
甘 肃	Gansu	92.23	79.42	8.88	3.93
青 海	Qinghai	35.90	24.22	5.33	6.34
宁 夏	Ningxia	32.37	27.37	4.07	0.94
新 疆	Xinjiang	164.11	124.12	15.98	24.01

7-3 各地区耕地变动情况(2017年)
Change of Cultivated Land by Region (2017)

单位: 公顷 (hectare)

地 区	Region	本年减少耕地面积 Area of Reduce Cultivated Land	建设占用 Used for Construction Purpose	灾毁耕地 Destroyed by Disasters	生态退耕 Restored to Original-land land for Ecological Preservation	农业结构调整 Structural Adjustment to Agriculture
全 国	**National Total**	**306123**	**252468**	**4021**	**17267**	**32367**
北 京	Beijing	3008	860		2067	80
天 津	Tianjin	1722	1300		138	284
河 北	Hebei	16893	14137	6	67	2682
山 西	Shanxi	5609	4375	147	6	1081
内蒙古	Inner Mongolia	5708	4326	23	0	1359
辽 宁	Liaoning	4510	3679	3		827
吉 林	Jilin	7256	5317	1300	30	610
黑龙江	Heilongjiang	5349	3427	397	129	1395
上 海	Shanghai	1357	1234	93	1	28
江 苏	Jiangsu	22903	20840	17	30	2016
浙 江	Zhejiang	10727	10207	0		520
安 徽	Anhui	16470	14926	0	29	1514
福 建	Fujian	4776	4369	5		402
江 西	Jiangxi	8317	7289	410	72	546
山 东	Shandong	28988	23240	235	458	5055
河 南	Henan	27946	24610	166	3	3168
湖 北	Hubei	14972	12746	86	586	1554
湖 南	Hunan	8443	7179	622	159	483
广 东	Guangdong	8129	8059			70
广 西	Guangxi	8696	8196			500
海 南	Hainan	1276	1237			39
重 庆	Chongqing	21195	6414	2	13467	1312
四 川	Sichuan	18142	16656	28		1458
贵 州	Guizhou	16224	13859	169	0	2196
云 南	Yunnan	10507	9658	1	0	849
西 藏	Tibet	891	824	1		67
陕 西	Shaanxi	9656	8284	310		1062
甘 肃	Gansu	5362	4838			523
青 海	Qinghai	1043	953			90
宁 夏	Ningxia	2241	1974		16	251
新 疆	Xinjiang	7807	7453		8	347

7-3 续表 continued

单位：公顷 (hectare)

地 区	Region	本年增加耕地面积 Area of Increased Cultivated Land	补充耕地 Supplementary Cultivated Land	农业结构调整 Structural Adjustment to Agriculture	年末耕地面积 Area of Cultivated Land at the end of the year	人均耕地面积(亩) Cultivated Land per Capita (a unit of area)
全 国	**National Total**	**266198**	**252847**	**13351**	**134881218**	**1.46**
北 京	Beijing	393	393	0	213731	0.15
天 津	Tianjin	1553	1551	1	436755	0.42
河 北	Hebei	15300	15288	12	6518870	1.30
山 西	Shanxi	5150	5150	1	4056317	1.64
内蒙古	Inner Mongolia	18527	17965	562	9270780	5.50
辽 宁	Liaoning	1545	1543	3	4971587	1.71
吉 林	Jilin	616	610	6	6986738	3.86
黑龙江	Heilongjiang	1002	993	10	15845697	6.27
上 海	Shanghai	2201	2199	2	191603	0.12
江 苏	Jiangsu	25085	24969	116	4573339	0.85
浙 江	Zhejiang	13013	12995	18	1977038	0.52
安 徽	Anhui	15716	15710	6	5866764	1.41
福 建	Fujian	5378	5375	2	1336904	0.51
江 西	Jiangxi	12099	12085	14	3085990	1.00
山 东	Shandong	11815	11784	31	7589786	1.14
河 南	Henan	29195	21296	7899	8112278	1.27
湖 北	Hubei	5616	5611	5	5235908	1.33
湖 南	Hunan	10694	10589	105	4151019	0.91
广 东	Guangdong	200	130	71	2599650	0.35
广 西	Guangxi	1038	1037	1	4387456	1.35
海 南	Hainan	944	944	0	722397	1.17
重 庆	Chongqing	8544	8472	72	2369847	1.16
四 川	Sichuan	10363	10351	12	6725168	1.22
贵 州	Guizhou	4809	4697	112	4518768	1.89
云 南	Yunnan	16009	16008	1	6213315	1.94
西 藏	Tibet	279	273	6	443957	1.98
陕 西	Shaanxi	3054	3047	7	3982887	1.56
甘 肃	Gansu	9936	9931	6	5376953	3.07
青 海	Qinghai	1758	1758	0	590142	1.48
宁 夏	Ningxia	3399	3398	2	1289950	2.84
新 疆	Xinjiang	30964	26695	4269	5239622	3.21

八、林业

Forestry

8-1 全国造林情况(2000-2019年)
Area of Afforestation (2000-2019)

单位：万公顷 (10 000 hectares)

年 份 Year	造林总面积 Total Area of Afforestation	人工造林 Manual Planting	飞播造林 Airplane Planting	封山育林 Closed Hillsides for Afforestation	退化林修复 Restoration of Degraded Forest	人工更新 Artificial Regeneration
2000	510.5	434.5	76.0			
2001	495.3	397.7	97.6			
2002	777.1	689.6	87.5			
2003	911.9	843.2	68.6			
2004	679.5	501.9	57.9	119.7		
2005	540.4	323.2	41.6	175.6		
2006	383.9	244.6	27.2	112.1		
2007	390.8	273.9	11.9	105.1		
2008	535.4	368.5	15.4	151.5		
2009	626.2	415.6	22.6	188.0		
2010	591.0	387.3	19.6	184.1		
2011	599.7	406.6	19.7	173.4		
2012	559.6	382.1	13.6	163.9		
2013	610.0	421.0	15.4	173.6		
2014	555.0	405.3	10.8	138.9		
2015	768.4	436.3	12.8	215.3	73.9	30.1
2016	720.4	382.4	16.2	195.4	99.1	27.3
2017	768.1	429.6	14.1	165.7	128.1	30.5
2018	729.9	367.8	13.5	178.5	132.9	37.2
2019	739.0	345.8	12.6	189.8	153.8	37.0

注：自2015年起造林面积包括人工造林、飞播造林、新封山育林、退化林修复和人工更新。自2019年起新封山育林指标名称改为封山育林。

Note: Since 2015, total area of afforestation includes that of manual planting, airplane planting, new closed hillsides for affordstation, restoration of degraded forest, artificial regeneration. Since 2019, New Closed Hillsides for Affordstation is renamed as Closed Hillsides for Affordstation

8-2 各地区森林资源情况
Forest Resources by Region

地 区	Region	林业用地面积(万公顷) Area of Afforested Land (10 000 hectares)	森林面积(万公顷) Forest Aera (10 000 hectares)	#人工林 Artifical Forest	森林覆盖率(%) Forest Coverage Rate (%)	活立木总蓄积量(万立方米) Total Standing Forest Stock (10 000 cu.m)	森林蓄积量(万立方米) Stock Volume of Forest (10 000 cu.m)
全 国	**National Total**	**32591.12**	**22044.62**	**8003.10**	**22.96**	**1900713.20**	**1756022.99**
北 京	Beijing	107.10	71.82	43.48	43.77	3000.81	2437.36
天 津	Tianjin	20.39	13.64	12.98	12.07	620.56	460.27
河 北	Hebei	775.64	502.69	263.54	26.78	15920.34	13737.98
山 西	Shanxi	787.25	321.09	167.63	20.50	14778.65	12923.37
内蒙古	Inner Mongolia	4499.17	2614.85	600.01	22.10	166271.98	152704.12
辽 宁	Liaoning	735.92	571.83	315.32	39.24	30888.53	29749.18
吉 林	Jilin	904.79	784.87	175.94	41.49	105368.45	101295.77
黑龙江	Heilongjiang	2453.77	1990.46	243.26	43.78	199999.41	184704.09
上 海	Shanghai	10.19	8.90	8.90	14.04	664.32	449.59
江 苏	Jiangsu	174.98	155.99	150.83	15.20	9609.62	7044.48
浙 江	Zhejiang	659.77	604.99	244.65	59.43	31384.86	28114.67
安 徽	Anhui	449.33	395.85	232.91	28.65	26145.10	22186.55
福 建	Fujian	924.40	811.58	385.59	66.80	79711.29	72937.63
江 西	Jiangxi	1079.90	1021.02	368.70	61.16	57564.29	50665.83
山 东	Shandong	349.34	266.51	256.11	17.51	13040.49	9161.49
河 南	Henan	520.74	403.18	245.78	24.14	26564.48	20719.12
湖 北	Hubei	876.09	736.27	197.42	39.61	39579.82	36507.91
湖 南	Hunan	1257.59	1052.58	501.51	49.69	46141.03	40715.73
广 东	Guangdong	1080.29	945.98	615.51	53.52	50063.49	46755.09
广 西	Guangxi	1629.50	1429.65	733.53	60.17	74433.24	67752.45
海 南	Hainan	217.50	194.49	140.40	57.36	16347.14	15340.15
重 庆	Chongqing	421.71	354.97	95.93	43.11	24412.17	20678.18
四 川	Sichuan	2454.52	1839.77	502.22	38.03	197201.77	186099.00
贵 州	Guizhou	927.96	771.03	315.45	43.77	44464.57	39182.90
云 南	Yunnan	2599.44	2106.16	507.68	55.04	213244.99	197265.84
西 藏	Tibet	1798.19	1490.99	7.84	12.14	230519.15	228254.42
陕 西	Shaanxi	1236.79	886.84	310.53	43.06	51023.42	47866.70
甘 肃	Gansu	1046.35	509.73	126.56	11.33	28386.88	25188.89
青 海	Qinghai	819.16	419.75	19.10	5.82	5556.86	4864.15
宁 夏	Ningxia	179.52	65.60	43.55	12.63	1111.14	835.18
新 疆	Xinjiang	1371.26	802.23	121.42	4.87	46490.95	39221.50

注：1.本表为第九次全国森林资源清查(2014–2018)资料。
2.全国总计数包括台湾省和香港、澳门特别行政区数据。

Notes: a) Data in the table are the figures of the Ninth National Forestry Survey (2014-2018).
b) Data of national total include forest resources in Taiwan Province and Hong Kong SAR and Macao SAR.

8-3 各地区造林情况(2019年)
Area of Afforestation by Region (2019)

单位：公顷 (hectare)

地区	Region	造林总面积 Total Area of Afforestation	按造林方式分 By Approach				
			人工造林 Manual Planting	飞播造林 Airplane Planting	封山育林 Closed Hillsides for Afforestation	退化林修复 Restoration of Degraded Forest	人工更新 Artificial Regeneration
全国	**National Total**	**7390294**	**3458315**	**125565**	**1898314**	**1537877**	**370223**
北京	Beijing	34084	18698		15386		
天津	Tianjin	16538	16522			16	
河北	Hebei	520644	350969	21365	140156	3946	4208
山西	Shanxi	347355	275024		58266	14065	
内蒙古	Inner Mongolia	720285	371332	32186	121361	187710	7696
辽宁	Liaoning	157599	48980	13333	55333	29460	10493
吉林	Jilin	102929	24595			69926	8408
黑龙江	Heilongjiang	118264	43030		28620	42214	4400
上海	Shanghai	5003	5003				
江苏	Jiangsu	44366	32370			159	11837
浙江	Zhejiang	75527	6276		1332	61400	6519
安徽	Anhui	138746	51264		40381	46109	992
福建	Fujian	214092	6738		142780	16938	47636
江西	Jiangxi	269354	66951		74312	122704	5387
山东	Shandong	168297	125393			18114	24790
河南	Henan	196493	164771	13335	18287	100	
湖北	Hubei	473105	138486		192486	136220	5913
湖南	Hunan	574543	191985		162741	213907	5910
广东	Guangdong	244726	22132		93201	69898	59495
广西	Guangxi	220068	34537		43194	5885	136452
海南	Hainan	15704	3057			55	12592
重庆	Chongqing	275195	146539		53256	75400	
四川	Sichuan	400370	136609	79	126563	129833	7286
贵州	Guizhou	346974	142472		101592	95376	7534
云南	Yunnan	353812	261244		53859	38376	333
西藏	Tibet	87124	36026		51098		
陕西	Shaanxi	333451	151419	45000	79427	57272	333
甘肃	Gansu	369085	259997		85209	23879	
青海	Qinghai	220576	128735		67679	24162	
宁夏	Ningxia	92254	63057		12401	16796	
新疆	Xinjiang	229331	131704	267	79394	15957	2009
大兴安岭	Daxinganling	24400	2400			22000	

资料来源：国家林业和草原局(以下各表同)。

注：自2015年起造林面积包括人工造林、飞播造林、新封山育林、退化林修复和人工更新。自2019年起新封山育林指标名称改为封山育林。

Source: National Forestry and Grassland Administration (the same as in the following tables).

Note: Since 2015, total area of afforestation includes that of manual planting, airplane planting, new closed hillsides for affordstation, restoration of degraded forest, artificial regeneration. Since 2019, New Closed Hillsides for Affordstation is renamed as Closed Hillsides for Affordstation

8-4 各地区天然林资源保护情况(2019年)
Natural Forest Protection by Region (2019)

地区	Region	当年造林面积(公顷) Area of Afforestation in the Year (hectare)	按造林方式分 by Approach					林业投资完成额(万元) Investment Completed (10 000 yuan)	#国家投资 State Investment
			人工造林 Manual Planting	飞播造林 Airplane Planting	封山育林 Closed Hillsides for Afforestation	退化林修复 Restoration of Degraded Forest	人工更新 Artificial Regeneration		
全国	**National Total**	**503662**	**127378**	**59852**	**184039**	**126791**	**5602**	**654331**	**649632**
北京	Beijing								
天津	Tianjin								
河北	Hebei								
山西	Shanxi	57076	27078		29998			35757	35450
内蒙古	Inner Mongolia	86950	31106	14853	11867	26322	2802	103892	102533
辽宁	Liaoning								
吉林	Jilin	63433				63433		59237	59097
黑龙江	Heilongjiang	20016	2677		1939	12734	2666	73584	73584
上海	Shanghai								
江苏	Jiangsu								
浙江	Zhejiang								
安徽	Anhui								
福建	Fujian								
江西	Jiangxi								
山东	Shandong								
河南	Henan	6416	1639		4777			1700	1700
湖北	Hubei	6731	1600		5131			15794	15794
湖南	Hunan								
广东	Guangdong								
广西	Guangxi							3	3
海南	Hainan								
重庆	Chongqing	15616	1732		13884			31345	31332
四川	Sichuan	39119	7123		31996			43541	42128
贵州	Guizhou	12667	6668		4999	1000		6600	6600
云南	Yunnan	15414	11514		3198	702		29596	29081
西藏	Tibet	1466	133		1333			19450	19450
陕西	Shaanxi	87402	10662	44999	31741			52698	51758
甘肃	Gansu	15434	8769		6665			75639	75639
青海	Qinghai	39487	7576		31911			46938	46938
宁夏	Ningxia	9840	5240		4600			4312	4300
新疆	Xinjiang	2195	1461			600	134	9437	9437
大兴安岭	Daxinganling	24400	2400			22000		44808	44808

8-5 各地区退耕还林情况(2019年)
The Conversion of Cropland to Forest Program by Region (2019)

地 区	Region	当年造林面积(公顷) Area of Afforestation in the Year (hectare)	按造林方式分 by Approach					林业投资完成额(万元) Investment Completed (10 000 yuan)	#国家投资 State Investment
			人工造林 Manual Planting	飞播造林 Airplane Planting	封山育林 Closed Hillsides for Afforestation	退化林修复 Restoration of Degraded Forest	人工更新 Artificial Regeneration		
全 国	**National Total**	**478020**	**476414**			**635**	**971**	**586684**	**576077**
北 京	Beijing							19	19
天 津	Tianjin								
河 北	Hebei							1563	1547
山 西	Shanxi	32067	32067					40773	40773
内蒙古	Inner Mongolia	32405	32405					23201	22403
辽 宁	Liaoning								
吉 林	Jilin								
黑龙江	Heilongjiang							6335	6335
上 海	Shanghai								
江 苏	Jiangsu								
浙 江	Zhejiang								
安 徽	Anhui	133				133		807	807
福 建	Fujian								
江 西	Jiangxi							2215	2167
山 东	Shandong								
河 南	Henan	2225	2225					3	3
湖 北	Hubei	9787	9787					13493	11393
湖 南	Hunan							900	900
广 东	Guangdong								
广 西	Guangxi							711	711
海 南	Hainan								
重 庆	Chongqing	69595	69595					143615	140415
四 川	Sichuan	10746	10746					12279	11559
贵 州	Guizhou								
云 南	Yunnan	185993	185325			335	333	133534	131992
西 藏	Tibet								
陕 西	Shaanxi	50934	50934					62664	61365
甘 肃	Gansu	19179	19179					74443	74416
青 海	Qinghai							4391	4391
宁 夏	Ningxia	1267	1267					760	760
新 疆	Xinjiang	63689	62884			167	638	64978	64121

8-6 三北、长江流域等重点防护林体系工程建设情况(2019年)

Key Shelterbelt Programs in North China and Changjiang River Basin (2019)

单位：公顷 (hectare)

地区 Region	当年造林面积 Area of Afforestation in the Year	人工造林 Manual Planting	飞播造林 Airplane Planting	封山育林 Closed Hillsides for Afforestation	退化林修复 Restoration of Degraded Forest	人工更新 Artificial Regeneration	林业投资完成额（万元） Investment Completed (10 000 yuan)	#国家投资 State Investment
全 国 National Total	**868158**	**451905**	**8666**	**285449**	**112199**	**9939**	**720683**	**526713**
北 京 Beijing	333	333					2500	2500
天 津 Tianjin								
河 北 Hebei	91452	59210	3333	25355	3554		205660	64463
山 西 Shanxi	90488	55888		20535	14065		55240	54690
内蒙古 Inner Mongolia	102222	67294	5333	23801	5794		27398	27098
辽 宁 Liaoning	41675	24665		4343	12667		26500	26500
吉 林 Jilin	13388	12121			1267		8659	8659
黑龙江 Heilongjiang	51214	22600		25280	3334		20146	20076
上 海 Shanghai								
江 苏 Jiangsu	5327	5068				259	21500	3900
浙 江 Zhejiang								
安 徽 Anhui	17196	12000		2069	3099	28	31527	19145
福 建 Fujian	4356	247			1247	2862	5424	5349
江 西 Jiangxi	37753	19170		8434	10149		23700	21080
山 东 Shandong	8662	8462				200	6516	6516
河 南 Henan	21665	13299		8366			10700	10700
湖 北 Hubei	19066	7733		7999	3334		11440	11440
湖 南 Hunan	33177	13514		12733	6930		22246	18964
广 东 Guangdong	1148	487		120	285	256	1768	1534
广 西 Guangxi	6821	5553			534	734	4793	4413
海 南 Hainan								
重 庆 Chongqing	7332	5665			1667		6488	6448
四 川 Sichuan							349	
贵 州 Guizhou	10002	667			4001	5334	8100	7500
云 南 Yunnan	7842	4432			3410		6479	6013
西 藏 Tibet	19289	7130		12159			8000	8000
陕 西 Shaanxi	45244	12396		30182	2666		16438	16230
甘 肃 Gansu	73393	17400		43137	12856		30248	29353
青 海 Qinghai	36636	14633		17335	4668		27133	27123
宁 夏 Ningxia	27524	15911		5333	6280		20277	16017
新 疆 Xinjiang	94953	46027		38268	10392	266	111454	103002

8-7 京津风沙源治理工程建设情况(2019年)
Desertification Control Program in the Vicinity of Beijing and Tianjin (2019)

单位：公顷 (hectare)

地区 Region	当年造林面积 Area of Afforestation in the Year	人工造林 Manual Planting	飞播造林 Airplane Planting	封山育林 Closed Hillsides for Afforestation	退化林修复 Restoration of Degraded Forest	人工更新 Artificial Regeneration	林业投资完成额(万元) Investment Completed (10 000 yuan)	#国家投资 State Investment
全 国 National Total	**230799**	**134789**	**10000**	**86010**			**139606**	**139148**
北 京 Beijing	1174	1174					10823	10823
天 津 Tianjin	859	859					879	879
河 北 Hebei	32740	17204		15536			36572	36189
山 西 Shanxi	52736	45003		7733			32261	32261
内蒙古 Inner Mongolia	121249	54175	10000	57074			43118	43043
陕 西 Shaanxi	22041	16374		5667			15953	15953

8-8 石漠化治理工程情况(2019年)
Rocky Desertification Control Projects by Region (2019)

单位：公顷 (hectare)

地区 Region	当年造林面积 Area of Afforestation in the Year	人工造林 Manual Planting	飞播造林 Airplane Planting	封山育林 Closed Hillsides for Afforestation	退化林修复 Restoration of Degraded Forest	人工更新 Artificial Regeneration	林业投资完成额(万元) Investment Completed (10 000 yuan)	#国家投资 State Investment
全 国 National Total	**178965**	**40883**		**131816**	**6266**		**94516**	**94516**
湖 北 Hubei	34466	3729		30737			8399	8399
湖 南 Hunan	17471	5594		8304	3573		15824	15824
广 西 Guangxi	7447	789		6658			4184	4184
重 庆 Chongqing	8121	1385		6736			7651	7651
四 川 Sichuan	3868	3101		767			5052	5052
贵 州 Guizhou	75146	12896		59557	2693		36716	36716
云 南 Yunnan	32446	13389		19057			16690	16690

8-9 国家储备林建设工程情况(2019年)
National Forest Reserves Projects by Region (2019)

单位：公顷 (hectare)

地 区 Region	当年造林面积 Area of Afforestation in the Year	人工造林 Manual Planting	飞播造林 Airplane Planting	封山育林 Closed Hillsides for Afforestation	退化林修复 Restoration of Degraded Forest	人工更新 Artificial Regeneration	林业投资完成额(万元) Investment Completed (10 000 yuan)	#国家投资 State Investment
全 国 National Total	**48698**	**11257**			**26397**	**11044**	**124522**	**28338**
北 京 Beijing								
天 津 Tianjin								
河 北 Hebei	1926	859				1067	2996	1716
山 西 Shanxi								
内蒙古 Inner Mongolia								
辽 宁 Liaoning								
吉 林 Jilin	1333				1333		872	872
黑龙江 Heilongjiang	26623	6727			19896		8253	8253
上 海 Shanghai								
江 苏 Jiangsu								
浙 江 Zhejiang								
安 徽 Anhui	366	166			200		375	375
福 建 Fujian	173				141	32	827	767
江 西 Jiangxi	1298	494			751	53	1690	1070
山 东 Shandong								
河 南 Henan								
湖 北 Hubei	1201				1201		1000	1000
湖 南 Hunan	1737	720			950	67	1644	1394
广 东 Guangdong							168	160
广 西 Guangxi	10932	467			640	9825	78861	7894
海 南 Hainan	53				53		70	70
重 庆 Chongqing	333	333					1780	400
四 川 Sichuan							23	23
贵 州 Guizhou	1359	360			999		24830	3330
云 南 Yunnan	1364	1131			233		1133	1014
西 藏 Tibet								
陕 西 Shaanxi								
甘 肃 Gansu								
青 海 Qinghai								
宁 夏 Ningxia								
新 疆 Xinjiang								

九、自然灾害及突发事件

Natural Disasters & Environmental Accidents

9-1　全国自然灾害情况(2000-2019年)
Natural Disasters (2000-2019)

年 份 Year	地质灾害　Geological Disasters			地震灾害　Earthquake Disasters		
	灾害起数 (处) Number of Geological Disasters (unit)	人员伤亡 (人) Casualties (person)	直接经济损失 (万元) Direct Economic Loss (10 000 yuan)	灾害次数 (次) Number of Earthquake Disasters (time)	人员伤亡 (人) Casualties (person)	直接经济损失 (亿元) Direct Economic Loss (100 million yuan)
2000	19653	27697	494201	10	2855	14.2
2001	5793	1675	348699	12		
2002	40246	2759	509740	5	362	1.3
2003	15489	1333	504325	21	7465	46.6
2004	13555	1407	408828	11	696	9.5
2005	17751	1223	357678	13	882	26.3
2006	102804	1227	431590	10	229	8.0
2007	25364	1123	247528	3	422	20.2
2008	26580	1598	326936	17	446293	8595.0
2009	10580	845	190109	8	407	27.4
2010	30670	3445	638509	12	13795	236.1
2011	15804	410	413151	18	540	602.1
2012	14675	636	625253	12	1279	82.9
2013	15374	929	1043568	14	15965	995.4
2014	10937	637	567027	20	3666	332.6
2015	8355	422	250528	14	1192	179.2
2016	10997	593	354290	16	104	66.9
2017	7521	523	359477	12	676	147.7
2018	2966	185	147128	11	85	30.3
2019	6181	299	276868	13	428	91.0

注：自2019年起，地震灾害造成的直接经济损失由应急管理部提供。

Note: Since 2019, the data of direct economic loss caused by earthquake disasters is provided by Ministry of Emergency Management.

9-1 续表 continued

年 份 Year	海洋灾害 Marine Disasters 发生次数（次） Number of Marine Disasters (time)	死亡、失踪人数（人） Deaths and Missing People (person)	直接经济损失（亿元） Direct Economic Loss (100 million yuan)	森林火灾 Forest Fires 灾害次数（次） Number of Forest Fires (time)	人员伤亡（人） Casualties (person)	其他损失折款（万元） Economic Loss (10 000 yuan)
2000		79	120.8	5934	178	3069
2001		401	100.1	4933	58	7409
2002	126	124	65.9	7527	98	3610
2003	172	128	80.5	10463	142	37000
2004	155	140	54.2	13466	252	20213
2005	176	371	332.4	11542	152	15029
2006	180	492	218.5	8170	102	5375
2007	163	161	88.4	9260	94	12416
2008	128	152	206.1	14144	174	12594
2009	132	95	100.2	8859	110	14511
2010	113	137	132.8	7723	108	11611
2011	114	76	62.1	5550	91	20173
2012	138	68	155.0	3966	21	10802
2013	115	121	163.5	3929	55	6062
2014	100	24	136.1	3703	112	42513
2015	79	30	72.7	2936	26	6371
2016	123	60	46.5	2034	36	4136
2017	25	17	64.0	3223	46	4624
2018	28	73	47.8	2478	39	20445
2019	17	22	117.0	2345	76	16220

9-2 各地区自然灾害损失情况(2019年)

Losses Caused by Natural Disasters by Region (2019)

单位：千公顷 (1 000 hectares)

地 区	Region	农作物受灾面积合计 Total 受灾 Area Affected	农作物受灾面积合计 Total 绝收 Total Crop Failure	旱 灾 Drought 受灾 Area Affected	旱 灾 Drought 绝收 Total Crop Failure
全 国	**National Total**	**19256.9**	**2802.0**	**7838.0**	**1113.6**
北 京	Beijing	2.5	0.1		
天 津	Tianjin				
河 北	Hebei	314.7	51.6	130.5	30.9
山 西	Shanxi	1473.7	314.2	1284.5	294.5
内蒙古	Inner Mongolia	1453.5	110.8	379.7	58.8
辽 宁	Liaoning	324.7	35.1	13.7	3.0
吉 林	Jilin	536.2	64.3		
黑龙江	Heilongjiang	3540.7	737.5		
上 海	Shanghai	8.7	0.1		
江 苏	Jiangsu	224.2	18.1		
浙 江	Zhejiang	353.8	45.7	11.6	0.8
安 徽	Anhui	958.0	123.7	857.1	116.3
福 建	Fujian	123.1	21.6	21.6	1.7
江 西	Jiangxi	1200.7	216.8	492.6	92.2
山 东	Shandong	1340.7	198.7	282.5	20.1
河 南	Henan	969.8	97.4	807.1	90.0
湖 北	Hubei	1429.8	202.0	1153.4	173.6
湖 南	Hunan	997.8	179.5	356.6	47.8
广 东	Guangdong	144.7	4.5		
广 西	Guangxi	247.8	24.9	26.3	1.7
海 南	Hainan	3.6	0.5		
重 庆	Chongqing	78.3	12.7	42.9	7.2
四 川	Sichuan	323.8	33.2	79.0	1.3
贵 州	Guizhou	141.0	23.9		
云 南	Yunnan	1568.9	122.7	1432.9	102.3
西 藏	Tibet	5.5	0.4		
陕 西	Shaanxi	645.1	109.0	457.5	71.4
甘 肃	Gansu	173.6	8.3	2.5	
青 海	Qinghai	70.3	5.9		
宁 夏	Ningxia	29.1	3.6	6.0	
新 疆	Xinjiang	572.6	35.2		

资料来源：应急管理部。

注：农作物受灾面积合计、受灾人口、死亡人口(含失踪)和直接经济损失含地震、森林、海洋等灾害。

Source: Ministry of Emergency Management.

Note: Total areas affected of farm crops, population affected, deaths (including missing) and direct economic loss include earthquake, forest disasters and marine disasters.

9-2 续表 1 continued 1

单位：千公顷 (1 000 hectares)

地 区	Region	洪涝、地质灾害和台风 Flood, Geophysical Disaster, Typhoon		风雹灾害 Wind and Hail	
		受灾 Area Affected	绝收 Total Crop Failure	受灾 Area Affected	绝收 Total Crop Failure
全 国	**National Total**	**8604.8**	**1480.8**	**2228.4**	**171.4**
北 京	Beijing	0.2		2.3	0.1
天 津	Tianjin				
河 北	Hebei	58.1	4.9	115.9	11.7
山 西	Shanxi	71.5	6.1	73.4	9.4
内蒙古	Inner Mongolia	222.8	22.3	498.1	27.3
辽 宁	Liaoning	282.5	31.0	28.5	1.1
吉 林	Jilin	410.8	50.6	125.4	13.7
黑龙江	Heilongjiang	3279.7	723.9	223.6	13.6
上 海	Shanghai	8.7	0.1		
江 苏	Jiangsu	155.4	14.9	68.6	3.2
浙 江	Zhejiang	341.7	44.8	0.5	0.1
安 徽	Anhui	48.4	4.7	52.5	2.7
福 建	Fujian	93.6	18.5	7.9	1.4
江 西	Jiangxi	671.1	122.7	37.0	1.9
山 东	Shandong	946.1	159.9	111.8	18.7
河 南	Henan	86.9	3.1	75.8	4.3
湖 北	Hubei	219.0	22.7	45.8	5.2
湖 南	Hunan	607.3	121.6	10.6	1.5
广 东	Guangdong	142.4	4.3	1.6	0.2
广 西	Guangxi	217.1	23.0	1.4	0.2
海 南	Hainan	3.5	0.5	0.1	
重 庆	Chongqing	31.0	4.8	4.4	0.7
四 川	Sichuan	237.7	30.5	6.9	1.4
贵 州	Guizhou	125.8	20.9	15.2	3.0
云 南	Yunnan	80.3	12.2	38.1	5.0
西 藏	Tibet	3.0	0.3	2.5	0.1
陕 西	Shaanxi	126.9	23.9	15.5	1.7
甘 肃	Gansu	92.4	2.8	61.5	5.3
青 海	Qinghai	21.0	2.4	38.2	3.4
宁 夏	Ningxia	3.6	1.4	16.1	2.0
新 疆	Xinjiang	16.3	2.0	549.2	32.5

9-2 续表 2 continued 2

地 区	Region	低温冷冻和雪灾(千公顷) Low-temperature, Freezing and Snow Disaster (1 000 hectares) 受灾 Area Affected	绝收 Total Crop Failure	人口受灾 Population Affected 受灾人口(万人次) Population Affected (10 000 person-times)	死亡人口(含失踪)(人) Deaths (including missing) (person)	直接经济损失(亿元) Direct Economic Losses (100 million yuan)
全 国	**National Total**	**585.7**	**36.2**	**13759.0**	**909**	**3270.9**
北 京	Beijing			6.4	1	5.2
天 津	Tianjin					
河 北	Hebei	10.2	4.1	289.2	3	23.2
山 西	Shanxi	44.3	4.2	953.0	38	124.0
内蒙古	Inner Mongolia	352.9	2.4	220.7	8	46.8
辽 宁	Liaoning			171.4	6	47.5
吉 林	Jilin			177.7	2	51.7
黑龙江	Heilongjiang	37.4		397.6	2	221.4
上 海	Shanghai			18.9		1.9
江 苏	Jiangsu	0.2		145.9	9	15.6
浙 江	Zhejiang			896.0	64	552.6
安 徽	Anhui			789.1	15	85.0
福 建	Fujian			139.8	7	117.7
江 西	Jiangxi			1545.9	56	333.6
山 东	Shandong	0.3		1126.6	21	425.3
河 南	Henan			1221.9	6	41.9
湖 北	Hubei	11.6	0.5	1281.6	49	100.7
湖 南	Hunan	23.3	8.6	1173.9	31	243.1
广 东	Guangdong	0.7		103.8	54	55.8
广 西	Guangxi	3.0		356.0	104	100.5
海 南	Hainan			12.9	8	1.7
重 庆	Chongqing			145.9	27	19.6
四 川	Sichuan	0.2		487.6	159	340.9
贵 州	Guizhou			277.2	76	47.0
云 南	Yunnan	17.6	3.2	949.4	70	102.1
西 藏	Tibet			11.4	7	1.7
陕 西	Shaanxi	45.2	12.0	458.8	52	58.8
甘 肃	Gansu	17.2	0.2	224.5	22	46.5
青 海	Qinghai	11.1	0.1	86.9	9	14.3
宁 夏	Ningxia	3.4	0.2	14.6	3	2.9
新 疆	Xinjiang	7.1	0.7	74.4		41.9

9-3 地质灾害及防治情况(2019年)
Occurrence and Prevention of Geological Disasters(2019)

地 区	Region	发生地质灾害起数(处) Geological Disasters (case)	#滑 坡 Land-slide	#崩 塌 Collapse	#泥石流 Mudslide	#地面塌陷 Sinkhole	人员伤亡(人) Casualties (person)	#死亡人数 Deaths	直接经济损失(万元) Direct Economic Losses (10 000 yuan)
全 国	**National Total**	**6181**	**4220**	**1238**	**599**	**121**	**299**	**211**	**276868**
北 京	Beijing	20	1	19					35
天 津	Tianjin								
河 北	Hebei	2		1	1				11
山 西	Shanxi	2	1	1			35	22	793
内蒙古	Inner Mongolia	1	1						1
辽 宁	Liaoning	2	1	1					55
吉 林	Jilin	21	4	15	1	1			122
黑龙江	Heilongjiang	11	3	7	1				246
上 海	Shanghai								
江 苏	Jiangsu	6	2	1		3			22
浙 江	Zhejiang	488	240	130	118		8	6	9044
安 徽	Anhui	182	104	66	11	1			2044
福 建	Fujian	163	91	70	2		1	1	4292
江 西	Jiangxi	738	632	82	11	13	9	7	5825
山 东	Shandong	63	28	24		11			1108
河 南	Henan	6	4	2					335
湖 北	Hubei	84	65	11	1	7	4	1	1393
湖 南	Hunan	2449	2116	248	57	27	5	4	26249
广 东	Guangdong	327	141	176	1	8	24	22	7558
广 西	Guangxi	386	195	133	18	40	42	27	13255
海 南	Hainan	2	1	1					120
重 庆	Chongqing	117	62	44	2	9	16	15	3377
四 川	Sichuan	725	302	136	287		7	2	136003
贵 州	Guizhou	29	23	6			66	44	20607
云 南	Yunnan	117	81	14	20	1	35	28	8944
西 藏	Tibet	58	20	8	30				1084
陕 西	Shaanxi	64	37	11	16		10	6	3558
甘 肃	Gansu	33	19	13	1		25	19	28679
青 海	Qinghai	51	42	6	3		3	1	1672
宁 夏	Ningxia	8	3	5			3	2	103
新 疆	Xinjiang	26	1	7	18		6	4	334

资料来源：自然资源部。
Source: Ministry of Natural Resources.

9-4 地震灾害情况(2019年)
Earthquake Disasters (2019)

地 区	Region	地震灾害次数(次) Number of Earthquakes (case)	5.0-5.9级 5.0-5.9 Richter Scale	6.0-6.9级 6.0-6.9 Richter Scale	7.0级以上 Over 7.0 Richter Scale	人员伤亡(人) Casualties (person)	#死亡人数 Deaths	直接经济损失(亿元) Direct Economic Losses (100 million yuan)
全 国	**National Total**	**13**	**8**	**2**		**428**	**17**	**91.0**
吉 林	Jilin	1	1					0.5
湖 北	Hubei	1						
广 东	Guangdong							0.1
广 西	Guangxi	2	2			6	1	1.2
四 川	Sichuan	5	3	1		415	16	64.4
贵 州	Guizhou	1						0.1
云 南	Yunnan							1.2
西 藏	Tibet	1		1				
甘 肃	Gansu	2	2			7		16.7
青 海	Qinghai							6.7
新 疆	Xinjiang							0.1

资料来源：应急管理部、中国地震局。
Source: Ministry of Emergency Management and China Seismological Administration.

9-5 海洋灾害情况(2019年)
Marine Disasters (2019)

灾 种	Disaster Categories	发生次数(次) Occurance of Disasters (case)	死亡、失踪人数(人) Deaths and Missing People (person)	直接经济损失(亿元) Direct Economic Losses (100 million yuan)
合 计	**Total**	**17**	**22**	**117.03**
风暴潮	Stormy Tides	5		116.38
赤 潮	Red Tides	2		0.31
海 浪	Sea Wave	10	22	0.34
海 冰	Sea Ice			

资料来源：自然资源部。
Source: Ministry of Natural Resources.

9-6 各地区森林火灾情况(2019年)
Forest Fires by Region(2019)

地 区 Region	森林火灾次数(次) Forest Fires (case)	一般火灾 Ordinary Fires	较大火灾 Major Fires	重大火灾 Severe Fires	特别重大火灾 Especially Severe Fires	火场总面积(公顷) Total Fire-affected Area (hectare)
全 国 National Total	**2345**	**1534**	**802**	**8**	**1**	**39705**
北 京 Beijing	8	2	6			68
天 津 Tianjin						
河 北 Hebei	41	36	5			556
山 西 Shanxi	34	16	17	1		14082
内蒙古 Inner Mongolia	230	92	135	3		4181
辽 宁 Liaoning	63	35	26	2		2023
吉 林 Jilin	46	36	10			139
黑龙江 Heilongjiang	10	9	1			11
上 海 Shanghai						
江 苏 Jiangsu	7	7				11
浙 江 Zhejiang	30	12	18			218
安 徽 Anhui	43	34	9			178
福 建 Fujian	26	6	20			328
江 西 Jiangxi	60	35	25			1199
山 东 Shandong	6	6				5
河 南 Henan	156	144	12			596
湖 北 Hubei	200	169	31			1489
湖 南 Hunan	272	171	101			1816
广 东 Guangdong	126	72	53	1		2050
广 西 Guangxi	387	273	114			2614
海 南 Hainan	32	12	20			79
重 庆 Chongqing	8	4	4			47
四 川 Sichuan	138	105	31	1	1	2477
贵 州 Guizhou	10	8	2			140
云 南 Yunnan	104	50	54			2900
西 藏 Tibet	2	2				
陕 西 Shaanxi	202	115	87			1908
甘 肃 Gansu	15	10	5			73
青 海 Qinghai	18	9	9			163
宁 夏 Ningxia	48	43	5			341
新 疆 Xinjiang	23	21	2			14

资料来源：应急管理部。
Source: Ministry of Emergency Management.

9-6 续表 continued

地 区	Region	受害森林面积（公顷） Destructed Forest Area (hectare)	公益林 Non-commercial Forest	商品林 Commercial Forest	伤亡人数（人） Casualties (person)	#死亡人数 Deaths	其他损失折款（万元） Economic Losses (10 000 yuan)
全 国	**National Total**	**13505.8**	**8926.4**	**4579.5**	**76**	**64**	**16219.9**
北 京	Beijing	5.6	5.6				
天 津	Tianjin						
河 北	Hebei	110.1	26.1	84.0			66.1
山 西	Shanxi	1897.3	1854.0	43.3	7	6	3687.3
内蒙古	Inner Mongolia	3291.8	2369.3	922.5	1	1	259.7
辽 宁	Liaoning	1441.4	1343.5	97.9			6369.2
吉 林	Jilin	62.7	43.0	19.6	2	2	115.0
黑龙江	Heilongjiang	4.7	3.9	0.9			
上 海	Shanghai						
江 苏	Jiangsu	0.7	0.7				
浙 江	Zhejiang	115.5	62.8	52.7			165.7
安 徽	Anhui	42.4	3.1	39.3			15.4
福 建	Fujian	217.4	44.3	173.2	2	1	216.6
江 西	Jiangxi	489.1	255.8	233.4			170.6
山 东	Shandong	2.9	2.9				23.2
河 南	Henan	59.7	47.0	12.7	2	2	241.0
湖 北	Hubei	386.7	132.5	254.3	3	3	262.3
湖 南	Hunan	864.9	196.2	668.7			559.5
广 东	Guangdong	1118.6	373.4	745.2	1	1	269.7
广 西	Guangxi	918.0	250.3	667.8	10	9	480.8
海 南	Hainan	54.0	8.9	45.1			26.9
重 庆	Chongqing	35.2	14.6	20.6			2.9
四 川	Sichuan	661.1	575.8	85.3	31	31	1660.6
贵 州	Guizhou	18.8	11.5	7.3			9.1
云 南	Yunnan	1023.8	649.5	374.4	1	1	1375.8
西 藏	Tibet						
陕 西	Shaanxi	444.2	423.0	21.2	14	5	80.4
甘 肃	Gansu	67.0	56.7	10.3	2	2	18.7
青 海	Qinghai	80.3	80.3				83.6
宁 夏	Ningxia	80.4	80.4				32.9
新 疆	Xinjiang	11.5	11.5				27.1

9-7 各地区森林有害生物防治情况(2019年)
Prevention of Forest Biological Disasters by Region (2019)

单位：公顷，% (hectare, %)

地 区	Region	合 计 Total			森林病害 Forest Diseases		
		发生面积 Area of Occurrence	防治面积 Area of Prevention	防治率 Prevention Rate	发生面积 Area of Occurrence	防治面积 Area of Prevention	防治率 Prevention Rate
全 国	**National Total**	**12367658**	**10153145**	**82.1**	**2295391**	**1651800**	**72.0**
北 京	Beijing	35793	35792	100.0	1445	1445	100.0
天 津	Tianjin	51239	51238	100.0	6691	6691	100.0
河 北	Hebei	482171	445464	92.4	18255	17792	97.5
山 西	Shanxi	230585	180961	78.5	15545	7961	51.2
内蒙古	Inner Mongolia	1062051	973265	91.6	157251	104390	66.4
辽 宁	Liaoning	566643	519673	91.7	46285	39620	85.6
吉 林	Jilin	335983	320623	95.4	21563	18779	87.1
黑龙江	Heilongjiang	447119	345559	77.3	28848	15669	54.3
上 海	Shanghai	13438	12597	93.7	1255	1254	99.9
江 苏	Jiangsu	120737	120735	100.0	10771	10771	100.0
浙 江	Zhejiang	413642	274158	66.3	374813	236365	63.1
安 徽	Anhui	388775	339669	87.4	72455	46293	63.9
福 建	Fujian	177081	164523	92.9	11536	7715	66.9
江 西	Jiangxi	357162	266285	74.6	165283	109629	66.3
山 东	Shandong	518945	502559	96.8	146229	140179	95.9
河 南	Henan	542510	488885	90.1	105166	92978	88.4
湖 北	Hubei	525320	419102	79.8	118436	103788	87.6
湖 南	Hunan	363746	198824	54.7	53522	25493	47.6
广 东	Guangdong	342036	244571	71.5	128670	118568	92.2
广 西	Guangxi	338458	293674	86.8	58657	18370	31.3
海 南	Hainan	25682	5937	23.1	54	9	16.7
重 庆	Chongqing	401115	401114	100.0	147742	147742	100.0
四 川	Sichuan	681378	469906	69.0	124245	84069	67.7
贵 州	Guizhou	186434	175015	93.9	19497	16172	83.0
云 南	Yunnan	405032	400140	98.8	72642	71040	97.8
西 藏	Tibet	225746	74501	33.0	62526	20634	33.0
陕 西	Shaanxi	380634	288262	75.7	67941	39161	57.6
甘 肃	Gansu	402600	289786	72.0	75269	48823	64.9
青 海	Qinghai	262991	213975	81.4	26955	20856	77.4
宁 夏	Ningxia	281975	129258	45.8	1289	877	68.0
新 疆	Xinjiang	1661605	1485267	89.4	133202	76827	57.7
大兴安岭	Daxinganling	139032	21827	15.7	21353	1840	8.6

资料来源：国家林业和草原局。
Source: National Forestry and Grassland Administration.

9-7 续表 continued

单位：公顷，% (hectare, %)

地 区 Region	森林虫害 Forest Pest			森林鼠(兔)害 Forest Rat (Rabbit) Plague			有害植物 Harmful Plants		
	发生面积 Area of Occurrence	防治面积 Area of Prevention	防治率 Prevention Rate	发生面积 Area of Occurrence	防治面积 Area of Prevention	防治率 Prevention Rate	发生面积 Area of Occurrence	防治面积 Area of Prevention	防治率 Prevention Rate
全 国 National Total	**8114644**	**7013153**	**86.4**	**1780251**	**1385210**	**77.8**	**177372**	**102982**	**58.1**
北 京 Beijing	34348	34347	100.0						
天 津 Tianjin	44548	44547	100.0						
河 北 Hebei	427709	397407	92.9	36207	30265	83.6			
山 西 Shanxi	155054	126965	81.9	57926	44182	76.3	2060	1853	90.0
内蒙古 Inner Mongolia	716762	709890	99.0	188038	158985	84.6			
辽 宁 Liaoning	512153	473235	92.4	8205	6818	83.1			
吉 林 Jilin	274564	263188	95.9	39856	38656	97.0			
黑龙江 Heilongjiang	262813	198441	75.5	155458	131449	84.6			
上 海 Shanghai	12183	11343	93.1						
江 苏 Jiangsu	108976	108976	100.0				990	988	99.8
浙 江 Zhejiang	38829	37793	97.3						
安 徽 Anhui	316320	293376	92.8						
福 建 Fujian	165545	156808	94.7						
江 西 Jiangxi	191878	156655	81.6				1	1	100.0
山 东 Shandong	372716	362380	97.2						
河 南 Henan	437344	395907	90.5						
湖 北 Hubei	325163	268649	82.6	3855	3580	92.9	77866	43085	55.3
湖 南 Hunan	310224	173331	55.9						
广 东 Guangdong	171667	97977	57.1				41699	28026	67.2
广 西 Guangxi	268648	268647	100.0	128	128	100.0	11025	6529	59.2
海 南 Hainan	9165	4811	52.5				16463	1117	6.8
重 庆 Chongqing	235654	235653	100.0	17493	17493	100.0	226	226	100.0
四 川 Sichuan	522992	358066	68.5	34125	27755	81.3	16	16	100.0
贵 州 Guizhou	159412	153338	96.2	2861	2473	86.4	4664	3032	65.0
云 南 Yunnan	309740	306741	99.0	6359	6286	98.9	16291	16073	98.7
西 藏 Tibet	114360	37739	33.0	48200	15906	33.0	660	222	33.6
陕 西 Shaanxi	237160	200585	84.6	75533	48516	64.2			
甘 肃 Gansu	179713	126686	70.5	147618	114277	77.4			
青 海 Qinghai	111737	92483	82.8	118888	98822	83.1	5411	1814	33.5
宁 夏 Ningxia	112398	42534	37.8	168288	85847	51.0			
新 疆 Xinjiang	945689	868945	91.9	582714	539495	92.6			
大兴安岭 Daxinganling	29180	5710	19.6	88499	14277	16.1			

9-8 各地区突发环境事件情况(2019年)
Environmental Emergencies by Region (2019)

单位：次 (case)

地区	Region	突发环境事件次数 Number of Environmental Emergency Events	特别重大环境事件 Extraordinarily Serious Environmental Emergency Events	重大环境事件 Serious Environmental Emergency Events	较大环境事件 Comparatively Serious Environmental Emergency Events	一般环境事件 Ordinary Environmental Emergency Events
全 国	**National Total**	**261**			**3**	**258**
北 京	Beijing	17				17
天 津	Tianjin	2				2
河 北	Hebei	4				4
山 西	Shanxi	15				15
内蒙古	Inner Mongolia	2				2
辽 宁	Liaoning	10				10
吉 林	Jilin					
黑龙江	Heilongjiang					
上 海	Shanghai					
江 苏	Jiangsu	9			1	8
浙 江	Zhejiang	10				10
安 徽	Anhui	6				6
福 建	Fujian	9				9
江 西	Jiangxi	8				8
山 东	Shandong	8				8
河 南	Henan	10				10
湖 北	Hubei	19			1	18
湖 南	Hunan	25				25
广 东	Guangdong	26				26
广 西	Guangxi	4				4
海 南	Hainan					
重 庆	Chongqing	3				3
四 川	Sichuan	25				25
贵 州	Guizhou	8				8
云 南	Yunnan					
西 藏	Tibet					
陕 西	Shaanxi	26			1	25
甘 肃	Gansu	4				4
青 海	Qinghai	2				2
宁 夏	Ningxia	5				5
新 疆	Xinjiang	4				4

资料来源：生态环境部。
Source: Ministry of Ecology and Environment.

十、环境投资

Environmental Investment

10-1 全国环境污染治理投资情况(2001-2019年)
Investment in the Treatment of Environmental Pollution (2001-2019)

单位：亿元 (100 million yuan)

年份 Year	环境污染治理投资总额 Total Investment in Treatment of Environmental Pollution	城镇环境基础设施建设投资 Investment in Urban Environment Infrastructure Facilities	燃气 Gas Supply	集中供热 Central Heating	排水 Sewerage Projects	园林绿化 Gardening & Greening	市容环境卫生 Sanitation
2001	1166.7	655.8	81.7	90.3	244.9	181.4	57.5
2002	1456.5	878.4	98.9	134.6	308.0	261.5	75.4
2003	1750.1	1194.8	147.4	164.3	419.8	352.4	110.9
2004	2057.5	1288.9	163.4	197.7	404.8	400.5	122.5
2005	2565.2	1466.9	164.3	250.0	431.5	456.3	164.8
2006	2779.5	1528.4	179.2	252.5	403.6	475.2	217.9
2007	3668.8	1749.0	187.0	272.4	517.1	601.6	171.0
2008	4937.0	2247.7	199.2	328.2	637.2	823.9	259.2
2009	5258.4	3245.1	219.2	441.5	1035.5	1137.6	411.2
2010	7612.2	5182.2	357.9	557.5	1172.7	2670.6	423.5
2011	7114.0	4557.2	444.1	593.3	971.6	1991.9	556.2
2012	8253.5	5062.7	551.8	798.1	934.1	2380.0	398.6
2013	9037.2	5223.0	607.9	819.5	1055.0	2234.9	505.7
2014	9575.5	5463.9	574.0	763.0	1196.1	2338.5	592.2
2015	8806.4	4946.8	463.1	687.8	1248.5	2075.4	472.0
2016	9219.8	5412.0	532.0	662.5	1485.5	2170.9	561.1
2017	9539.0	6085.7	566.7	778.3	1727.5	2390.2	623.0
2018		5893.2	398.6	578.6	1897.5	2413.4	605.1
2019		6017.8	376.5	699.6	1930.0	2327.3	684.4

10-1 续表 continued

单位：亿元 (100 million yuan)

年 份 Year	工业污染源治理投资 Investment in Treatment of Industrial Pollution Sources	治理废水 Treatment of Waste water	治理废气 Treatment of Waste Gas	治理固体废物 Treatment of Solid Waste	治理噪声 Treatment of Noise Pollution	治理其他 Treatment of Other Pollution	当年完成环保验收项目环保投资 Environmental Protection Investment in the Environmental Protection Acceptance Projects in the Year	环境污染治理投资占GDP比重(%) Investment in Anti-pollution Projects as Percentage of GDP (%)
2001	174.5	72.9	65.8	18.7	0.6	16.5	336.4	1.05
2002	188.4	71.5	69.8	16.1	1.0	29.9	389.7	1.20
2003	221.8	87.4	92.1	16.2	1.0	25.1	333.5	1.27
2004	308.1	105.6	142.8	22.6	1.3	35.7	460.5	1.27
2005	458.2	133.7	213.0	27.4	3.1	81.0	640.1	1.37
2006	483.9	151.1	233.3	18.3	3.0	78.3	767.2	1.27
2007	552.4	196.1	275.3	18.3	1.8	60.7	1367.4	1.36
2008	542.6	194.6	265.7	19.7	2.8	59.8	2146.7	1.55
2009	442.6	149.5	232.5	21.9	1.4	37.4	1570.7	1.51
2010	397.0	129.6	188.2	14.3	1.4	62.0	2033.0	1.85
2011	444.4	157.7	211.7	31.4	2.2	41.4	2112.4	1.46
2012	500.5	140.3	257.7	24.7	1.2	76.5	2690.4	1.53
2013	849.7	124.9	640.9	14.0	1.8	68.1	2964.5	1.52
2014	997.7	115.2	789.4	15.1	1.1	76.9	3113.9	1.49
2015	773.7	118.4	521.8	16.1	2.8	114.5	3085.8	1.28
2016	819.0	108.2	561.5	46.7	0.6	102.0	2988.8	1.24
2017	681.5	76.4	446.3	12.7	1.3	144.9	2771.7	1.15
2018	621.3	64.0	393.1	18.4	1.5	144.2		
2019	615.2	69.9	367.7	17.1	1.4	159.1		

10-2 各地区城镇环境基础设施建设投资情况(2019年)
Investment in Urban Environmental Infrastructure by Region (2019)

单位: 万元 (10 000 yuan)

地 区	Region	投资总额 Total Investment	燃气 Gas Supply	集中供热 Central Heating	排水 Sewerage Projects	园林绿化 Gardening & Greening	市容环境卫生 Sanitation
全 国	**National Total**	**60178446**	**3764711**	**6996016**	**19300184**	**23273466**	**6844069**
北 京	Beijing	5620877	154399	274904	1163097	3504425	524052
天 津	Tianjin	738366	4704	47709	297405	203007	185541
河 北	Hebei	3078619	385534	555623	585945	1289213	262304
山 西	Shanxi	2049060	332782	527249	264474	813566	110989
内蒙古	Inner Mongolia	1090777	126757	342701	264134	296701	60483
辽 宁	Liaoning	553651	102034	237184	84999	27191	102243
吉 林	Jilin	507828	68895	129000	247683	53970	8281
黑龙江	Heilongjiang	681336	132438	263002	151540	61945	72410
上 海	Shanghai	1505088	257383		989428	99647	158630
江 苏	Jiangsu	4038580	264854	56584	1297354	1971242	448546
浙 江	Zhejiang	2764839	166616	120577	633902	1376854	466890
安 徽	Anhui	3367127	148655	411595	1175029	1278291	353557
福 建	Fujian	1905614	80148	141349	786878	664633	232606
江 西	Jiangxi	3462268	50666	362425	1140385	1263055	645736
山 东	Shandong	4384018	404767	869920	1232041	1445162	432127
河 南	Henan	4834572	208495	680507	849070	2665923	430577
湖 北	Hubei	3037667	32467	91971	1847805	718562	346862
湖 南	Hunan	1057569	39441	235770	447796	233339	101224
广 东	Guangdong	3157691	131052	10675	1959291	207870	848804
广 西	Guangxi	1170681	56656	156564	449678	367121	140662
海 南	Hainan	264308		30964	154958	22653	55734
重 庆	Chongqing	1643873	48602	90629	531098	912713	60830
四 川	Sichuan	3309498	74327	341955	1241317	1295589	356310
贵 州	Guizhou	851807	3361	144703	196878	382957	123909
云 南	Yunnan	1248820	37829	106420	291473	746651	66446
西 藏	Tibet	97461	37347	11044	38841	5809	4420
陕 西	Shaanxi	1573915	126289	260084	411023	640194	136325
甘 肃	Gansu	774448	121445	197405	198271	227837	29489
青 海	Qinghai	161828	14107	33953	35506	52940	25322
宁 夏	Ningxia	197199	27829	23700	93511	49190	2969
新 疆	Xinjiang	1049062	124831	239850	239372	395217	49792

资料来源：住房和城乡建设部。
Source: Ministry of Housing and Urban-Rural Development.

10-3 各地区工业污染治理投资完成情况(2019年)
Completed Investment in Treatment of Industrial Pollution by Region (2019)

单位：万元 (10 000 yuan)

地区	Region	污染治理项目本年完成投资 Investment Completed in Pollution Treatment Projects	治理废水 Treatment of Waste water	治理废气 Treatment of Waste Gas	治理固体废物 Treatment of Solid Waste	治理噪声 Treatment of Noise Pollution	治理其他 Treatment of Other Pollution
全国	**National Total**	**6151513**	**699004**	**3676995**	**170729**	**14168**	**1590616**
北京	Beijing	7308	1666	4829			813
天津	Tianjin	125944	1569	55280			69095
河北	Hebei	373871	10084	271946	176	16	91648
山西	Shanxi	426034	60466	254245	18433	260	92629
内蒙古	Inner Mongolia	254401	58518	102054	8823		85007
辽宁	Liaoning	121547	9622	92215		1563	18148
吉林	Jilin	67771	5495	23872			38404
黑龙江	Heilongjiang	31850	5390	26014	150		296
上海	Shanghai	299377	8479	171586	187	1109	118016
江苏	Jiangsu	599923	57352	302880	29368	15	210308
浙江	Zhejiang	340650	93229	140370	4648	1044	101359
安徽	Anhui	270492	20408	177773	250	509	71552
福建	Fujian	127645	17962	23446	61220	895	24122
江西	Jiangxi	201243	50432	89701	4444	1443	55223
山东	Shandong	954348	69038	755315	3819	2777	123399
河南	Henan	424762	27279	292106	1141		104237
湖北	Hubei	133861	31287	77832	273	217	24252
湖南	Hunan	54788	6618	37890	1	1047	9231
广东	Guangdong	317016	67498	178936	33414	564	36603
广西	Guangxi	48620	14708	17299		175	16438
海南	Hainan	6258	364	5885	5		4
重庆	Chongqing	37461	4071	18645		1250	13495
四川	Sichuan	123260	23123	86608	113	70	13346
贵州	Guizhou	89572	7158	54589	220	834	26772
云南	Yunnan	119331	10568	83584	1632	70	23478
西藏	Tibet						
陕西	Shaanxi	294610	10700	114533	975	252	168150
甘肃	Gansu	48765	11934	29375	280		7176
青海	Qinghai	38903	3813	15544	842	48	18655
宁夏	Ningxia	62335	5798	31775	230		24532
新疆	Xinjiang	149567	4375	140869	86	10	4228

资料来源：生态环境部。
Source: Ministry of Ecology and Environment.

10-4 各地区林业草原投资完成情况(2019年)
Completed Investment for Forestry and Grassland by Region(2019)

单位：万元 (10 000 yuan)

地区	Region	本年完成投资 Completed Investment During the Year	#国家投资 State Investment	本年完成投资 Completed Investment During the Year: 生态修复治理 Ecological Restoration and Treatment	林(草)产品加工制造 Manufacture of Forest and Grassland Products	林业草原服务、保障和公共管理 Sevices, Security and Public Management of Forest and Grassland Sector
全国	**National Total**	**45255868**	**26523167**	**23758869**	**8962720**	**12534279**
北京	Beijing	2388438	2345979	1965408		423030
天津	Tianjin	448385	199754	445454		2931
河北	Hebei	1431233	1135517	1231034	23826	176373
山西	Shanxi	1074677	1004212	903076		171601
内蒙古	Inner Mongolia	1733035	1670665	992544	458	740033
辽宁	Liaoning	347031	341570	228682	3190	115159
吉林	Jilin	875511	781350	542708	78981	253822
黑龙江	Heilongjiang	1288251	1273685	541872	659	745720
上海	Shanghai	240345	239565	154490		85855
江苏	Jiangsu	731374	403669	558257	114920	58197
浙江	Zhejiang	1423907	1295055	275991	13615	1134301
安徽	Anhui	1056938	533468	688633	141315	226990
福建	Fujian	1142097	372860	725819	307025	109253
江西	Jiangxi	2288186	794112	774370	1095628	418188
山东	Shandong	1245878	543356	932101	26051	287726
河南	Henan	1977923	785748	682212	1016391	279320
湖北	Hubei	3321823	522999	1269588	881600	1170635
湖南	Hunan	907967	1564951	492547	760	414660
广东	Guangdong	128620	828213	55066		73554
广西	Guangxi	1173403	677608	610401	45522	517480
海南	Hainan	7378570	117523	1972924	4017644	1388002
重庆	Chongqing	765752	630096	509771	20990	234991
四川	Sichuan	2168729	1014387	1009524	722009	437196
贵州	Guizhou	2990078	1571363	2121453	191281	677344
云南	Yunnan	1127236	1095030	745943	15215	366078
西藏	Tibet	387432	387432	206001	14154	167277
陕西	Shaanxi	1141571	979979	847322	28689	265560
甘肃	Gansu	1364271	915250	770672	189650	403949
青海	Qinghai	576211	575004	350837	464	224910
宁夏	Ningxia	295003	209065	224579		70424
新疆	Xinjiang	914730	802810	531632	9593	373505
局直属单位(含大兴安岭)	Units under the Bureau (including Daxinganling)	921263	910892	397958	3090	520215

资料来源：国家林业和草原局。
注：全国合计数包括国家林业和草原局直属单位数据。
Source: National Forestry and Grassland Administration.
Note: Data of national total include the units directly under the National Forestry and Grassland Administration.

十一、城市环境

Urban Environment

11-1 全国城市环境情况(2000-2019年)
Urban Environment (2000-2019)

年 份 Year	城区面积 (万平方公里) Urban Area (10 000 sq.km)	人均日生活用水量 (升) Daily Household Water Consumption per Capita (liter)	城市供水普及率 (%) Water Coverage Rate (%)	城市污水排放量 (亿立方米) Waste Water Discharged (100 million cu.m)	城市污水处理率 (%) Waste Water Treatment Rate (%)
2000	87.8	220.2	63.9	331.8	34.3
2001	60.8	216.0	72.3	328.6	36.4
2002	46.7	213.0	77.9	337.6	40.0
2003	39.9	210.9	86.2	349.2	42.1
2004	39.5	210.8	88.9	356.5	45.7
2005	41.3	204.1	91.1	359.5	52.0
2006	16.7	188.3	86.1	362.5	55.7
2007	17.6	178.4	93.8	361.0	62.9
2008	17.8	178.2	94.7	364.9	70.2
2009	17.5	176.6	96.1	371.2	75.3
2010	17.9	171.4	96.7	378.7	82.3
2011	18.4	170.9	97.0	403.7	83.6
2012	18.3	171.8	97.2	416.8	87.3
2013	18.3	173.5	97.6	427.5	89.3
2014	18.4	173.7	97.6	445.3	90.2
2015	19.2	174.5	98.1	466.6	91.9
2016	19.8	176.9	98.4	480.3	93.4
2017	19.8	178.9	98.3	492.4	94.5
2018	20.1	179.7	98.4	521.1	95.5
2019	20.1	180.0	98.8	554.6	96.8

注：2006年起住房和城乡建设部《城市建设统计制度》修订，统计范围、口径及部分指标计算方法都有所调整，故不能与2005年直接比较。

Note: Urban Construction Statistical System had been amended by Ministry of Housing and Urban-Rural Development in 2006. Scope, caliber and calculated method of some indicators are adjusted,so it can not be directly compared with data of 2005.

11-1 续表 continued

年 份 Year	城市燃气普及率(%) Gas Access Rate (%)	城市生活垃圾清运量(万吨) Volume of Garbage Disposal (10 000 tons)	城市生活垃圾无害化处理率(%) Proportion of Harmless Treated Garbage (%)	供热面积(万平方米) Heated Area (10 000 sq.m)	建成区绿化覆盖率(%) Green Covered Area as % of Completed Area (%)	人均公园绿地面积(平方米) Park Green Land per Capita (sq.m)
2000	45.4	11819		110766	28.2	3.7
2001	59.7	13470	58.2	146329	28.4	4.6
2002	67.2	13650	54.2	155567	29.8	5.4
2003	76.7	14857	50.8	188956	31.2	6.5
2004	81.5	15509	52.1	216266	31.7	7.4
2005	82.1	15577	51.7	252056	32.5	7.9
2006	79.1	14841	52.2	265853	35.1	8.3
2007	87.4	15215	62.0	300591	35.3	9.0
2008	89.6	15438	66.8	348948	37.4	9.7
2009	91.4	15734	71.4	379574	38.2	10.7
2010	92.0	15805	77.9	435668	38.6	11.2
2011	92.4	16395	79.7	473784	39.2	11.8
2012	93.2	17081	84.8	518368	39.6	12.3
2013	94.3	17239	89.3	571677	39.7	12.6
2014	94.6	17860	91.8	611246	40.2	13.1
2015	95.3	19142	94.1	672205	40.1	13.4
2016	95.8	20362	96.6	738663	40.3	13.7
2017	96.3	21521	97.7	830858	40.9	14.0
2018	96.7	22802	99.0	878050	41.1	14.1
2019	97.3	24206	99.2	925137	41.5	14.4

11-2 主要城市空气质量情况（2019年）
Ambient Air Quality by Main City (2019)

城　市 City		二氧化硫年平均浓度（微克/立方米）Annual Average Concentration of SO_2 ($\mu g/m^3$)	二氧化氮年平均浓度（微克/立方米）Annual Average Concentration of NO_2 ($\mu g/m^3$)	可吸入颗粒物(PM_{10})年平均浓度（微克/立方米）Annual Average Concentration of PM_{10} ($\mu g/m^3$)	一氧化碳日均值第95百分位浓度(毫克/立方米) 95th Percentile Daily Average Concentration of CO ($\mu g/m^3$)	臭氧(O_3)最大8小时第90百分位浓度(微克/立方米) 90th Percentile Daily Maximum 8 Hours Average Concentration of O_3($\mu g/m^3$)	细颗粒物($PM_{2.5}$)年平均浓度（微克/立方米）Annual Average Concentration of $PM_{2.5}$ ($\mu g/m^3$)	空气质量达到及好于二级的天数（天）Days of Air Quality Equal to or Above Grade Ⅱ (day)
北　京	Beijing	4	37	68	1.4	191	42	240
天　津	Tianjin	11	42	76	1.8	200	51	219
石家庄	Shijiazhuang	16	46	118	2.4	206	63	174
太　原	Taiyuan	22	50	107	1.9	186	56	200
呼和浩特	Hohhot	15	39	71	2.2	146	37	292
沈　阳	Shenyang	21	36	77	1.9	155	43	284
长　春	Changchun	11	34	64	1.3	134	38	306
哈尔滨	Harbin	17	32	67	1.4	116	42	304
上　海	Shanghai	7	42	45	1.1	151	35	309
南　京	Nanjing	10	42	69	1.3	181	40	255
杭　州	Hangzhou	7	41	66	1.1	181	38	287
合　肥	Hefei	6	42	68	1.2	168	44	257
福　州	Fuzhou	5	22	42	0.9	138	24	360
南　昌	Nanchang	9	34	68	1.4	151	35	322
济　南	Jinan	15	45	106	1.6	201	55	182
郑　州	Zhengzhou	9	45	99	1.6	194	58	177
武　汉	Wuhan	9	44	71	1.5	183	45	245
长　沙	Changsha	7	33	57	1.3	171	47	275
广　州	Guangzhou	7	45	53	1.2	178	30	293
南　宁	Nanning	9	29	53	1.3	126	30	346
海　口	Haikou	5	13	32	0.9	144	17	342
重　庆	Chongqing	7	40	60	1.2	157	38	309
成　都	Chengdu	6	42	68	1.1	160	43	287
贵　阳	Guiyang	10	21	47	0.9	125	27	358
昆　明	Kunming	11	31	45	1.0	134	26	356
拉　萨	Lhasa	6	19	31	0.9	129	12	364
西　安	Xi'an	9	48	96	1.7	166	57	225
兰　州	Lanzhou	18	50	79	2.5	151	36	296
西　宁	Xining	17	37	59	2.3	129	34	346
银　川	Yinchuan	15	37	68	2.0	147	31	324
乌鲁木齐	Urumqi	8	42	84	2.5	127	50	277

资料来源：生态环境部。
Source: Ministry of Ecology and Environment.

11-3 各地区城市市政设施情况(2019年)
Urban Municipal Facilities by Region (2019)

地 区	Region	道路长度(公里) Length of Roads (km)	道路面积(万平方米) Area of Roads (10 000 sq.m)	桥梁(座) Number of Bridges (unit)	#立交桥 Inter-section Bridges	道路照明灯(千盏) Number of Road Lamps (1 000 units)	排水管道长度(公里) Length of Drainage Pipes (km)	#污水管道 Sewers
全 国	**National Total**	**459245**	**909678**	**76157**	**5430**	**28656.0**	**743982**	**325211**
北 京	Beijing	8307	14318	2350	457	309.4	17992	8596
天 津	Tianjin	8927	16918	1151	140	377.5	22069	10429
河 北	Hebei	17771	38546	1716	193	1048.5	19586	9004
山 西	Shanxi	9188	20736	572	88	529.9	11023	4816
内蒙古	Inner Mongolia	10094	21571	483	65	576.5	13827	7638
辽 宁	Liaoning	19461	35090	1855	231	1309.4	22745	6203
吉 林	Jilin	9467	17270	949	107	471.0	12378	4921
黑龙江	Heilongjiang	13422	21160	1157	261	690.3	12422	3664
上 海	Shanghai	5494	11459	2836	50	634.5	21754	8961
江 苏	Jiangsu	49056	87687	16519	427	3621.2	83943	42245
浙 江	Zhejiang	25307	48780	11878	201	1709.1	51185	26166
安 徽	Anhui	16329	40095	1890	313	1053.9	33302	13960
福 建	Fujian	13859	28236	1724	47	838.0	18112	8508
江 西	Jiangxi	11909	24771	1012	102	795.1	17590	7277
山 东	Shandong	48149	97663	5855	252	2061.9	67710	27897
河 南	Henan	15767	39506	1563	161	1038.6	27933	11787
湖 北	Hubei	21802	40650	2289	205	903.1	30751	11445
湖 南	Hunan	13076	29474	1187	109	817.1	19601	7353
广 东	Guangdong	49269	84371	8090	867	3144.1	98633	39161
广 西	Guangxi	12823	26726	1493	136	654.4	17571	5777
海 南	Hainan	4571	6344	217	11	193.5	5660	2789
重 庆	Chongqing	10105	22160	2020	290	775.5	20839	10330
四 川	Sichuan	20402	42936	3247	286	1550.2	38276	17051
贵 州	Guizhou	5347	11786	715	65	626.2	10035	5126
云 南	Yunnan	7793	15050	827	51	624.0	15357	7415
西 藏	Tibet	827	1664	41	1	28.1	831	293
陕 西	Shaanxi	9114	21039	799	153	824.6	11017	5403
甘 肃	Gansu	5585	12450	674	51	354.2	7280	3733
青 海	Qinghai	1485	3797	212	5	146.5	3269	1655
宁 夏	Ningxia	2663	7625	213	7	238.1	2207	481
新 疆	Xinjiang	11873	19803	623	98	711.7	9084	5126

资料来源：住房和城乡建设部(以下各表同)。
Source: Ministry of Housing and Urban-Rural Development(the same as in the following tables).

11-4 各地区城市供水和用水情况(2019年)
Urban Water Supply and Use by Region (2019)

单位：万立方米 (10 000 cu.m)

地区	Region	供水总量 Total Water Supply	生产运营用水 Production & Operation	公共服务用水 Public Service	居民家庭用水 Household Use	其他用水 Other
全国	**National Total**	**6283010**	**1615647**	**895997**	**2493939**	**304046**
北京	Beijing	157672	17293	51969	61511	4293
天津	Tianjin	96911	29083	14376	36990	1759
河北	Hebei	173684	58106	20004	64568	7795
山西	Shanxi	89570	26352	9545	43438	1171
内蒙古	Inner Mongolia	86568	31738	9307	25858	6470
辽宁	Liaoning	287316	69080	43456	79512	20744
吉林	Jilin	107279	23722	17456	33442	4116
黑龙江	Heilongjiang	135444	37157	23308	39912	3428
上海	Shanghai	297923	42742	75046	108862	13290
江苏	Jiangsu	599976	201721	79488	192398	52762
浙江	Zhejiang	389283	134676	49658	153932	9131
安徽	Anhui	226762	66598	28072	91240	6830
福建	Fujian	173856	34982	28523	71946	8794
江西	Jiangxi	136140	25514	17569	59903	8594
山东	Shandong	392093	156581	49609	126790	18364
河南	Henan	221104	56428	28245	95183	9532
湖北	Hubei	311077	78329	30843	129684	8290
湖南	Hunan	226060	44716	12291	115692	8352
广东	Guangdong	947940	225060	155763	384023	47595
广西	Guangxi	181326	36119	25171	93247	2215
海南	Hainan	52351	3706	9111	27897	4799
重庆	Chongqing	157953	31162	21054	71273	12403
四川	Sichuan	272784	30636	42040	148632	9517
贵州	Guizhou	87262	16469	7637	43525	990
云南	Yunnan	105393	29539	6470	46586	3667
西藏	Tibet	14519	1383	772	10330	221
陕西	Shaanxi	125971	40926	5019	61471	4261
甘肃	Gansu	56205	15763	7998	23866	3614
青海	Qinghai	30123	15187	411	9492	2276
宁夏	Ningxia	32024	7149	7453	8657	4256
新疆	Xinjiang	110444	27731	18334	34079	14517

11-4 续表 continued

地 区	Region	用水人口（万人）Population with Access to Water Supply (10 000 persons)	人均日生活用水量（升）Daily Household Water Consumption per Capita (liter)	供水普及率（%）Water Coverage Rate (%)
全 国	**National Total**	**51778.0**	**180.0**	**98.8**
北 京	Beijing	1847.5	168.5	99.1
天 津	Tianjin	1303.8	111.2	100.0
河 北	Hebei	1932.0	120.7	100.0
山 西	Shanxi	1195.2	121.6	99.3
内蒙古	Inner Mongolia	918.3	104.9	99.3
辽 宁	Liaoning	2310.1	148.6	99.2
吉 林	Jilin	1157.2	120.9	94.7
黑龙江	Heilongjiang	1373.1	126.8	98.8
上 海	Shanghai	2428.1	207.5	100.0
江 苏	Jiangsu	3450.6	217.1	100.0
浙 江	Zhejiang	2564.4	217.7	100.0
安 徽	Anhui	1681.3	194.5	99.4
福 建	Fujian	1319.6	208.8	99.9
江 西	Jiangxi	1223.5	174.6	98.5
山 东	Shandong	3852.6	125.5	99.7
河 南	Henan	2533.4	133.9	97.4
湖 北	Hubei	2310.1	190.8	99.2
湖 南	Hunan	1628.0	216.6	97.7
广 东	Guangdong	6146.9	240.8	99.1
广 西	Guangxi	1205.6	269.3	98.9
海 南	Hainan	342.5	296.1	98.5
重 庆	Chongqing	1508.4	167.9	97.9
四 川	Sichuan	2514.1	208.2	95.9
贵 州	Guizhou	797.8	175.9	98.3
云 南	Yunnan	974.2	149.8	97.1
西 藏	Tibet	100.4	303.1	95.0
陕 西	Shaanxi	1210.1	150.6	96.8
甘 肃	Gansu	632.2	138.4	98.0
青 海	Qinghai	204.3	132.8	99.2
宁 夏	Ningxia	286.4	154.1	98.4
新 疆	Xinjiang	826.3	175.5	98.6

11-5　各地区城市节约用水情况(2019年)
Urban Water Saving by Region (2019)

地　区	Region	实际用水量(万立方米) Actual Quantity of Water Used (10 000 cu.m)					
		合　计 Total	#工业 Industry	新水取用量 New Water Source Used	#工业 Industry	重复利用量 Recycled Use	#工业 Industry
全　国	**National Total**	**12081956**	**10110927**	**2333077**	**1029824**	**9748879**	**9081103**
北　京	Beijing	340503	25860	225351	19749	115151	6111
天　津	Tianjin	598510	583594	45152	30251	553358	553343
河　北	Hebei	357259	336933	34805	17595	322454	319338
山　西	Shanxi	424648	382957	61353	20931	363295	362027
内蒙古	Inner Mongolia	205817	191795	35552	21765	170265	170030
辽　宁	Liaoning	751024	715103	65192	35971	685832	679133
吉　林	Jilin	157688	150614	32205	25354	125483	125260
黑龙江	Heilongjiang	220195	198248	93939	72340	126256	125908
上　海	Shanghai	94011	29847	94011	29847		
江　苏	Jiangsu	2294329	1834870	366408	220014	1927921	1614856
浙　江	Zhejiang	799291	728920	153154	103867	646137	625053
安　徽	Anhui	588057	555004	72301	40800	515757	514205
福　建	Fujian	106646	56946	54554	9885	52092	47061
江　西	Jiangxi	21463	8077	7422	2547	14041	5530
山　东	Shandong	1116094	934633	181845	85346	934249	849287
河　南	Henan	954288	916585	72359	37346	881929	879238
湖　北	Hubei	632682	565524	102968	54322	529714	511202
湖　南	Hunan	87980	51167	47123	17788	40857	33379
广　东	Guangdong	1111743	965622	248401	102567	863342	863055
广　西	Guangxi	421216	280873	87952	16680	333264	264193
海　南	Hainan	36160	11137	28903	3880	7257	7257
重　庆	Chongqing	797	234	520	135	277	99
四　川	Sichuan	137396	79995	65803	15085	71594	64910
贵　州	Guizhou	41066	25911	17641	4150	23426	21761
云　南	Yunnan	118033	101733	26995	11108	91038	90625
西　藏	Tibet	1000		1000			
陕　西	Shaanxi	66201	23949	51778	9973	14423	13976
甘　肃	Gansu	227517	205432	34507	13598	193009	191834
青　海	Qinghai	2364	972	827	404	1537	568
宁　夏	Ningxia	147327	142026	10892	5591	136435	136435
新　疆	Xinjiang	20651	6364	12164	935	8487	5429

11-5 续表 continued

地 区	Region	节约用水量（万立方米）Water Saved (10 000 cu.m)	#工 业 Industry	重复利用率（%）Reuse Rate (%)	#工业用水重复利用率 Reuse Rate for Industrial Purpose
全 国	**National Total**	**499888**	**314919**	**80.7**	**89.8**
北 京	Beijing	10941	576	33.8	23.6
天 津	Tianjin	6	5	92.5	94.8
河 北	Hebei	6899	5684	90.3	94.8
山 西	Shanxi	14414	10527	85.6	94.5
内蒙古	Inner Mongolia	401	350	82.7	88.7
辽 宁	Liaoning	27348	16292	91.3	95.0
吉 林	Jilin	9880	7011	79.6	83.2
黑龙江	Heilongjiang	11306	8142	57.3	63.5
上 海	Shanghai	21530	15948		
江 苏	Jiangsu	64135	47268	84.0	88.0
浙 江	Zhejiang	36748	27272	80.8	85.8
安 徽	Anhui	26038	22412	87.7	92.6
福 建	Fujian	14142	5675	48.8	82.6
江 西	Jiangxi	700	564	65.4	68.5
山 东	Shandong	35864	25111	83.7	90.9
河 南	Henan	17202	10593	92.4	95.9
湖 北	Hubei	29357	22648	83.7	90.4
湖 南	Hunan	30068	22493	46.4	65.2
广 东	Guangdong	78358	37374	77.7	89.4
广 西	Guangxi	9712	1772	79.1	94.1
海 南	Hainan	3206	297	20.1	65.2
重 庆	Chongqing	181	48	34.8	42.3
四 川	Sichuan	18556	10649	52.1	81.1
贵 州	Guizhou	10968	10408	57.0	84.0
云 南	Yunnan	4087	311	77.1	89.1
西 藏	Tibet				
陕 西	Shaanxi	2168	859	21.8	58.4
甘 肃	Gansu	5963	2279	84.8	93.4
青 海	Qinghai	289	289	65.0	58.4
宁 夏	Ningxia	3727	1297	92.6	96.1
新 疆	Xinjiang	5698	766	41.1	85.3

11-6 各地区城市污水排放和处理情况(2019年)
Urban Waste Water Discharged and Treated by Region (2019)

地区	Region	城市污水排放量(万立方米) Waste Water Discharged (10 000 cu.m)	污水处理厂(座) Waste Water Treatment Plants (unit)	#二、三级处理 Secondary & Tertiary Treatment	污水处理厂污水处理能力(万立方米/日) Treatment Capacity (10 000 cu.m/day)	#二、三级处理 Secondary & Tertiary Treatment	污水处理厂污水处理量(万立方米) Volume of Waste Water Treated (10 000 cu.m)
全 国	**National Total**	**5546474**	**2471**	**2294**	**17863.2**	**16902.4**	**5258499**
北 京	Beijing	199336	67	67	679.2	679.2	193356
天 津	Tianjin	110141	41	41	315.5	315.5	104964
河 北	Hebei	179158	93	89	659.1	637.1	176073
山 西	Shanxi	86465	44	36	299.8	253.9	82816
内蒙古	Inner Mongolia	69234	44	44	243.9	243.9	67443
辽 宁	Liaoning	293906	117	85	935.7	726.2	282144
吉 林	Jilin	130382	51	33	419.6	349.0	124109
黑龙江	Heilongjiang	118827	68	64	406.3	369.8	107352
上 海	Shanghai	223578	42	42	834.3	834.3	209388
江 苏	Jiangsu	472646	206	201	1420.2	1390.2	423201
浙 江	Zhejiang	341076	99	92	1130.3	1048.4	318917
安 徽	Anhui	189716	84	78	627.2	581.2	177204
福 建	Fujian	138631	53	51	402.0	392.0	128708
江 西	Jiangxi	103662	62	53	327.9	308.4	97724
山 东	Shandong	354337	217	217	1274.1	1274.1	345420
河 南	Henan	207300	105	101	844.8	800.8	202547
湖 北	Hubei	260100	98	93	754.9	733.3	248826
湖 南	Hunan	227086	83	69	660.3	597.5	216352
广 东	Guangdong	808535	301	284	2411.7	2324.7	780295
广 西	Guangxi	137265	56	55	391.8	383.8	121672
海 南	Hainan	35851	23	23	113.0	113.0	33294
重 庆	Chongqing	134541	69	66	392.8	372.8	130520
四 川	Sichuan	236109	141	134	704.8	694.2	216531
贵 州	Guizhou	75011	82	82	280.1	280.1	72643
云 南	Yunnan	107572	57	56	293.5	292.5	102259
西 藏	Tibet	9616	9	8	29.9	29.4	9130
陕 西	Shaanxi	126452	52	44	397.2	349.2	120815
甘 肃	Gansu	46270	27	25	160.4	156.6	44935
青 海	Qinghai	18449	12	11	60.7	59.2	17553
宁 夏	Ningxia	27612	23	20	108.6	98.1	26467
新 疆	Xinjiang	77612	45	30	284.0	214.5	75842

11-6 续表 continued

地 区 Region	污水处理装置 Waste Water Treatment Equipments 处理能力(万立方米/日) Treatment Capacity (10 000 cu.m/day)	处理量(万立方米) Volume of Treatment (10 000 cu.m)	污水处理总能力(万立方米/日) Total Treatment Capacity (10 000 cu.m/day)	污水处理总量(万立方米) Total Volume of Waste Water Treated (10 000 cu.m)	污水再生利用量(万立方米) Total Volume of Waste Water Recycled & Reused (10 000 cu.m)	城市污水处理率(%) Waste Water Treatment Rate (%)	#污水处理厂集中处理率 Waste Water Treatment Concentration Rate
全 国 National Total	**1307.8**	**110783**	**19171.0**	**5369283**	**1160784**	**96.8**	**94.8**
北 京 Beijing	24.4	4598	703.6	197954	115152	99.3	97.0
天 津 Tianjin	3.4	743	318.9	105707	26023	96.0	95.3
河 北 Hebei	4.8	103	663.9	176176	58355	98.3	98.3
山 西 Shanxi	1.5		301.3	82816	19597	95.8	95.8
内蒙古 Inner Mongolia			243.9	67443	23948	97.4	97.4
辽 宁 Liaoning	5.6	580	941.3	282724	26829	96.2	96.0
吉 林 Jilin			419.6	124109	18666	95.2	95.2
黑龙江 Heilongjiang	21.2	2896	427.5	110248	16267	92.8	90.3
上 海 Shanghai		5845	834.3	215233		96.3	93.7
江 苏 Jiangsu	521.9	31218	1942.1	454419	98411	96.1	89.5
浙 江 Zhejiang	54.8	11767	1185.1	330684	31845	97.0	93.5
安 徽 Anhui	77.6	6938	704.7	184142	23255	97.1	93.4
福 建 Fujian	38.3	3333	440.3	132041	23734	95.2	92.8
江 西 Jiangxi	4.9	1155	332.8	98879		95.4	94.3
山 东 Shandong	5.8	1799	1279.9	347218	152464	98.0	97.5
河 南 Henan	4.5	36	849.3	202583	54254	97.7	97.7
湖 北 Hubei	54.5	11938	809.4	260764	34376	100.3	95.7
湖 南 Hunan	31.5	4134	691.8	220486	18981	97.1	95.3
广 东 Guangdong	41.4	1733	2453.1	782028	318071	96.7	96.5
广 西 Guangxi	331.5	12119	723.2	133791		97.5	88.6
海 南 Hainan	4.3	302	117.3	33596	2171	93.7	92.9
重 庆 Chongqing	1.3	239	394.1	130759	1300	97.2	97.0
四 川 Sichuan	51.0	8447	755.8	224978	24323	95.3	91.7
贵 州 Guizhou			280.1	72643	2433	96.8	96.8
云 南 Yunnan	5.5	720	299.0	102979	44922	95.7	95.1
西 藏 Tibet			29.9	9130		94.9	94.9
陕 西 Shaanxi			397.2	120815	7020	95.5	95.5
甘 肃 Gansu			160.4	44935	4534	97.1	97.1
青 海 Qinghai			60.7	17553	784	95.1	95.1
宁 夏 Ningxia			108.6	26467	3784	95.9	95.9
新 疆 Xinjiang	18.1	140	302.1	75982	9284	97.9	97.7

11-7 各地区城市市容环境卫生情况（2019年）
Urban Environmental Sanitation by Region (2019)

地 区	Region	道路清扫保洁面积（万平方米）Area under Cleaning Program (10 000 sq.m)	生活垃圾清运量（万吨）Volume of Garbage Disposal (10 000 tons)	无害化处理厂（座）Number of Harmless Treatment Plants/Grounds (unit)	卫生填埋 Sanitary Landfill	焚烧 Incineration	其他 Others
全 国	**National Total**	**922124**	**24206.2**	**1183**	**652**	**390**	**141**
北 京	Beijing	15602	1011.2	43	9	11	23
天 津	Tianjin	13296	300.2	13	4	7	2
河 北	Hebei	37034	802.2	49	35	10	4
山 西	Shanxi	21652	500.4	28	20	6	2
内蒙古	Inner Mongolia	24983	394.5	28	25	3	
辽 宁	Liaoning	42017	985.4	40	32	6	2
吉 林	Jilin	18155	483.1	30	21	7	2
黑龙江	Heilongjiang	26586	523.6	40	31	7	2
上 海	Shanghai	21190	750.6	17	5	10	2
江 苏	Jiangsu	71066	1809.6	72	27	35	10
浙 江	Zhejiang	47186	1530.2	77	18	39	20
安 徽	Anhui	39629	646.1	45	16	22	7
福 建	Fujian	20504	967.1	33	11	15	7
江 西	Jiangxi	22228	542.6	28	17	10	1
山 东	Shandong	76154	1786.8	98	34	46	18
河 南	Henan	42347	1134.6	47	36	10	1
湖 北	Hubei	37230	980.0	54	34	12	8
湖 南	Hunan	27955	775.4	40	29	7	4
广 东	Guangdong	118646	3347.3	111	54	48	9
广 西	Guangxi	25962	497.7	29	18	11	
海 南	Hainan	8331	256.5	12	6	4	2
重 庆	Chongqing	20955	601.8	22	15	6	1
四 川	Sichuan	43381	1168.6	53	26	24	3
贵 州	Guizhou	15196	364.6	28	12	13	3
云 南	Yunnan	19220	455.9	32	21	10	1
西 藏	Tibet	1949	64.7	8	7	1	
陕 西	Shaanxi	19163	634.0	31	28	2	1
甘 肃	Gansu	12566	279.7	24	19	4	1
青 海	Qinghai	3458	109.4	10	8		2
宁 夏	Ningxia	9095	130.5	12	8	2	2
新 疆	Xinjiang	19390	371.9	29	26	2	1

11-7 续表 1 continued 1

地 区	Region	无害化处理量(万吨) Amount of Harmless Treated (10 000 tons)	卫生填埋 Sanitary Landfill	焚烧 Incineration	其他 Others	市容环卫专用车辆设备(台) City Sanitation Special Vehicles (unit)
全 国	**National Total**	**24012.8**	**10948.0**	**12174.2**	**890.6**	**281558**
北 京	Beijing	1010.9	292.0	548.9	170.0	12526
天 津	Tianjin	300.2	79.7	191.3	29.2	5276
河 北	Hebei	797.7	387.0	380.0	30.7	11885
山 西	Shanxi	500.4	378.5	108.6	13.3	6551
内蒙古	Inner Mongolia	393.8	290.9	102.9		6471
辽 宁	Liaoning	979.6	815.3	143.9	20.4	11033
吉 林	Jilin	436.0	223.6	201.9	10.5	7639
黑龙江	Heilongjiang	500.0	360.6	124.4	14.9	8747
上 海	Shanghai	750.6	215.3	492.6	42.8	9252
江 苏	Jiangsu	1809.6	354.0	1395.2	60.4	19049
浙 江	Zhejiang	1530.2	347.7	1117.9	64.6	9083
安 徽	Anhui	646.1	157.5	460.5	28.1	9248
福 建	Fujian	966.5	302.1	626.4	38.1	5845
江 西	Jiangxi	542.6	349.0	189.1	4.5	9458
山 东	Shandong	1785.8	400.5	1295.0	90.3	19270
河 南	Henan	1130.7	833.5	295.4	1.7	18258
湖 北	Hubei	979.8	473.8	427.3	78.6	12917
湖 南	Hunan	775.3	403.5	337.2	34.6	6792
广 东	Guangdong	3345.7	1545.0	1736.3	64.4	24327
广 西	Guangxi	497.7	271.2	226.5		10318
海 南	Hainan	256.5	98.0	140.4	18.1	10346
重 庆	Chongqing	534.5	225.8	304.4	4.3	4504
四 川	Sichuan	1166.5	446.7	706.6	13.2	11188
贵 州	Guizhou	352.1	179.0	160.9	12.3	5686
云 南	Yunnan	454.9	226.5	224.4	3.9	4509
西 藏	Tibet	63.6	38.0	25.7		790
陕 西	Shaanxi	632.1	616.5	14.1	1.5	4642
甘 肃	Gansu	279.7	140.3	124.3	15.1	5489
青 海	Qinghai	105.3	89.8		15.6	915
宁 夏	Ningxia	130.4	66.5	60.6	3.3	2083
新 疆	Xinjiang	358.0	340.3	11.5	6.2	7461

11-7 续表 2 continued 2

地 区	Region	无害化处理能力(吨/日) Harmless Treatment Capacity (ton/day)	卫生填埋 Sanitary Landfill	焚烧 Incineration	其他 Others	生活垃圾无害化处理率(%) Proportion of Harmless Treated Garbage (%)
全 国	**National Total**	**869875**	**367013**	**457639**	**45222**	**99.2**
北 京	Beijing	32711	7491	17090	8130	100.0
天 津	Tianjin	13500	5100	7000	1400	100.0
河 北	Hebei	23917	11357	11670	890	99.4
山 西	Shanxi	14924	10442	4103	379	100.0
内蒙古	Inner Mongolia	12283	8933	3350		99.8
辽 宁	Liaoning	32960	23732	8428	800	99.4
吉 林	Jilin	17130	8900	7650	580	90.2
黑龙江	Heilongjiang	19113	12650	5900	563	95.5
上 海	Shanghai	36600	15350	19300	1950	100.0
江 苏	Jiangsu	63951	15155	46810	1986	100.0
浙 江	Zhejiang	67067	12818	49685	4565	100.0
安 徽	Anhui	29749	7889	19110	2750	100.0
福 建	Fujian	25516	5866	16950	2700	99.9
江 西	Jiangxi	23259	15259	7800	200	100.0
山 东	Shandong	68964	18214	46890	3860	99.9
河 南	Henan	32810	18560	14200	50	99.7
湖 北	Hubei	33368	14768	13500	5100	100.0
湖 南	Hunan	29677	17186	11306	1185	100.0
广 东	Guangdong	134543	56367	73376	4800	100.0
广 西	Guangxi	16546	7296	9250		100.0
海 南	Hainan	6660	2260	3900	500	100.0
重 庆	Chongqing	17099	6449	10500	150	88.8
四 川	Sichuan	32080	9289	21892	900	99.8
贵 州	Guizhou	15420	5755	9100	565	96.6
云 南	Yunnan	13567	5537	7930	100	99.8
西 藏	Tibet	2123	1420	703		98.3
陕 西	Shaanxi	20585	18139	2346	100	99.7
甘 肃	Gansu	9659	5609	3600	450	100.0
青 海	Qinghai	1865	1695		170	96.3
宁 夏	Ningxia	5193	2593	2500	100	99.9
新 疆	Xinjiang	17036	14936	1800	300	96.3

11-7 续表 3 continued 3

地 区	Region	公厕数 (座) Number of Public Lavatories (unit)	#三类以上 Better than Grade Ⅲ	每万人拥有公厕 (座) Number of Public Lavatories per 10 000 Population (unit)
全 国	**National Total**	**153426**	**128602**	**2.93**
北 京	Beijing	6034	6026	3.24
天 津	Tianjin	1510	1277	1.16
河 北	Hebei	5884	4401	3.04
山 西	Shanxi	2634	2096	2.19
内蒙古	Inner Mongolia	7233	4577	7.82
辽 宁	Liaoning	4710	2714	2.02
吉 林	Jilin	4427	3370	3.62
黑龙江	Heilongjiang	5964	2982	4.29
上 海	Shanghai	6225	4260	2.56
江 苏	Jiangsu	14279	13317	4.14
浙 江	Zhejiang	7744	6413	3.02
安 徽	Anhui	4403	4021	2.60
福 建	Fujian	5517	4627	4.18
江 西	Jiangxi	3756	3265	3.02
山 东	Shandong	7458	6896	1.93
河 南	Henan	10675	10089	4.10
湖 北	Hubei	5828	5149	2.50
湖 南	Hunan	4022	3001	2.41
广 东	Guangdong	11497	10970	1.85
广 西	Guangxi	1784	1694	1.46
海 南	Hainan	1048	977	3.01
重 庆	Chongqing	4606	3536	2.99
四 川	Sichuan	6627	5381	2.53
贵 州	Guizhou	2275	2177	2.80
云 南	Yunnan	4610	4466	4.59
西 藏	Tibet	670	127	6.34
陕 西	Shaanxi	6129	5909	4.90
甘 肃	Gansu	1964	1727	3.05
青 海	Qinghai	751	699	3.65
宁 夏	Ningxia	869	834	2.99
新 疆	Xinjiang	2293	1624	2.74

11-8 各地区城市燃气情况(2019年)
Supply of Gas in Cities by Region (2019)

地 区	Region	人工煤气 Coal Gas				
		生产能力（万立方米/日）Production Capacity (10 000 cu.m/day)	管道长度（公里）Length of Pipeline (km)	供气总量（万立方米）Total Gas Supply (10 000 cu.m)	#家庭用量 Domestic Consumption	用气人口（万人）Population Covered (10 000 persons)
全 国	**National Total**	**1474.5**	**10915.0**	**276841**	**56168**	**675.4**
北 京	Beijing					
天 津	Tianjin					
河 北	Hebei	11.8	1229.3	45218	4272	47.4
山 西	Shanxi	262.0	985.0	67845	2900	40.5
内蒙古	Inner Mongolia		321.0	3068	1887	16.4
辽 宁	Liaoning	212.8	4707.8	34685	27248	360.9
吉 林	Jilin		347.5	3310	2507	40.5
黑龙江	Heilongjiang		296.9	2872	1839	35.8
上 海	Shanghai					
江 苏	Jiangsu					
浙 江	Zhejiang	1.3	111.7	454	395	4.2
安 徽	Anhui					
福 建	Fujian	10.0	156.0	1208	886	7.1
江 西	Jiangxi	12.0	460.2	15026	1273	7.1
山 东	Shandong	340.0	10.0	48002		
河 南	Henan	224.5	241.6	31835	27	0.3
湖 北	Hubei					
湖 南	Hunan					
广 东	Guangdong					
广 西	Guangxi	9.6	573.9	4199	2919	35.8
海 南	Hainan					
重 庆	Chongqing					
四 川	Sichuan		698.9	14192	5656	57.7
贵 州	Guizhou					
云 南	Yunnan		341.9	816	606	
西 藏	Tibet					
陕 西	Shaanxi					
甘 肃	Gansu	345.6	372.8	2354	1996	15.1
青 海	Qinghai					
宁 夏	Ningxia					
新 疆	Xinjiang	45.0	60.5	1757	1756	6.7

11-8 续表 1 continued 1

地 区	Region	天然气 Natural Gas 管道长度 (公里) Length of Pipeline (km)	供气总量 (万立方米) Total Gas Supply (10 000 cu.m)	#家庭用量 Domestic Consumption	用气人口 (万人) Population Covered (10 000 persons)
全 国	**National Total**	**767946.3**	**16085570**	**3470004**	**39025.0**
北 京	Beijing	29149.9	1924347	145888	1436.1
天 津	Tianjin	29802.2	576197	71555	1251.6
河 北	Hebei	35354.6	581672	162142	1657.7
山 西	Shanxi	22101.9	404718	83735	1071.2
内蒙古	Inner Mongolia	10145.0	221198	61683	668.0
辽 宁	Liaoning	27539.7	335858	69424	1571.2
吉 林	Jilin	13137.4	209125	38046	839.5
黑龙江	Heilongjiang	10708.5	164258	38246	948.5
上 海	Shanghai	32095.4	973605	167104	1880.8
江 苏	Jiangsu	89337.5	1332189	275725	3016.5
浙 江	Zhejiang	47523.0	656652	100521	1634.9
安 徽	Anhui	29576.7	385150	117624	1503.1
福 建	Fujian	12257.6	263595	25398	701.5
江 西	Jiangxi	16197.1	169840	57834	838.3
山 东	Shandong	70631.4	1074897	257281	3394.7
河 南	Henan	29203.9	601761	216813	2106.7
湖 北	Hubei	38957.2	570290	149370	1847.8
湖 南	Hunan	22191.3	283440	111520	1145.9
广 东	Guangdong	39435.7	1918463	155673	3018.6
广 西	Guangxi	8456.3	87444	35767	631.9
海 南	Hainan	4126.8	36844	18340	264.2
重 庆	Chongqing	23613.0	538136	224500	1432.9
四 川	Sichuan	57054.8	920112	376635	2324.8
贵 州	Guizhou	7815.8	99848	31731	433.7
云 南	Yunnan	7904.3	48815	16759	530.1
西 藏	Tibet	3458.6	3862	1378	32.9
陕 西	Shaanxi	21513.6	521589	191354	1168.3
甘 肃	Gansu	3816.7	252040	48241	488.0
青 海	Qinghai	2500.0	170390	36741	166.9
宁 夏	Ningxia	6906.4	216050	48055	251.1
新 疆	Xinjiang	15434.1	543186	134920	767.9

11-8 续表 2 continued 2

地 区 Region	液化石油气 Liquefied Petroleum Gas				燃气普及率 (%) Gas Access Rate (%)
	管道长度 (公里) Length of Pipeline (km)	供气总量 (吨) Total Gas Supply (ton)	#家庭用量 Domestic Consumption	用气人口 (万人) Population Covered (10 000 persons)	
全 国 National Total	**4451.5**	**10408110**	**4917008**	**11297.1**	**97.3**
北 京 Beijing	279.1	434286	114224	429.0	100.0
天 津 Tianjin		54448	35470	52.3	100.0
河 北 Hebei	142.3	141206	62767	216.8	99.5
山 西 Shanxi	134.8	63217	47168	49.2	96.4
内蒙古 Inner Mongolia	120.0	58654	42754	201.7	95.8
辽 宁 Liaoning	312.3	679254	163008	350.0	98.0
吉 林 Jilin	69.5	147208	51377	241.8	91.8
黑龙江 Heilongjiang	19.2	188058	78267	281.8	91.1
上 海 Shanghai	263.2	328008	178143	547.4	100.0
江 苏 Jiangsu	168.8	558223	327391	426.2	99.8
浙 江 Zhejiang	328.3	769427	508420	925.4	100.0
安 徽 Anhui	254.1	162157	85728	167.0	98.7
福 建 Fujian	187.7	326593	182737	592.0	98.4
江 西 Jiangxi		208151	157203	370.9	97.9
山 东 Shandong	50.1	298330	199231	435.4	99.1
河 南 Henan	14.2	176726	151749	418.0	97.1
湖 北 Hubei	130.0	329993	171294	433.4	97.9
湖 南 Hunan	41.6	256917	214366	464.4	96.6
广 东 Guangdong	1182.1	4123672	1479351	3059.3	97.9
广 西 Guangxi	2.1	304973	226697	537.4	98.8
海 南 Hainan	1.9	75319	68180	75.8	97.7
重 庆 Chongqing		61187	41633	67.2	97.4
四 川 Sichuan	414.5	194371	99638	106.9	95.0
贵 州 Guizhou		121083	56311	311.1	91.8
云 南 Yunnan	75.4	162123	57381	251.8	77.9
西 藏 Tibet	1.8	6894	5324	30.6	60.1
陕 西 Shaanxi	2.7	30336	22027	53.9	97.8
甘 肃 Gansu	253.3	47732	24768	94.5	92.7
青 海 Qinghai		11433	9665	26.3	93.8
宁 夏 Ningxia	0.8	13350	6455	30.3	96.7
新 疆 Xinjiang	1.8	74782	48278	49.5	98.5

11-9 各地区城市集中供热情况(2019年)
Central Heating in Cities by Region (2019)

地 区	Region	供热能力 Heating Capacity		供热总量 Total Heating Supply	
		蒸 汽 (吨/小时) Steam (ton/hour)	热 水 (兆瓦) Hot Water (megawatts)	蒸 汽 (万吉焦) Steam (10 000 gigajoules)	热 水 (万吉焦) Hot Water (10 000 gigajoules)
全 国	**National Total**	**100943**	**550530**	**65067**	**327475**
北 京	Beijing		45731		18995
天 津	Tianjin	2445	30404	937	16751
河 北	Hebei	4810	45491	6625	28397
山 西	Shanxi	16374	25766	10218	14717
内蒙古	Inner Mongolia	2451	47395	1435	32508
辽 宁	Liaoning	16092	66780	10636	46839
吉 林	Jilin	1767	46151	1015	26451
黑龙江	Heilongjiang	4516	52674	2383	41297
上 海	Shanghai				
江 苏	Jiangsu		2		3
浙 江	Zhejiang				
安 徽	Anhui	2514	280	3275	5
福 建	Fujian				
江 西	Jiangxi				
山 东	Shandong	29367	63381	16377	36678
河 南	Henan	6003	24240	3574	13046
湖 北	Hubei	1204	100	753	3
湖 南	Hunan				
广 东	Guangdong				
广 西	Guangxi				
海 南	Hainan				
重 庆	Chongqing				
四 川	Sichuan				
贵 州	Guizhou		295		45
云 南	Yunnan		232		159
西 藏	Tibet		64		48
陕 西	Shaanxi	7292	22791	3580	10614
甘 肃	Gansu	1000	18249	611	11887
青 海	Qinghai		4810		5007
宁 夏	Ningxia	2004	16792	1024	5592
新 疆	Xinjiang	3105	38904	2624	18434

11-9 续表 continued

地 区	Region	管道长度（公里）Length of Pipelines (km)	供热面积（万平方米）Heated Area (10 000 sq.m)	#住 宅 Housing
全 国	**National Total**	**392917**	**925137**	**687765**
北 京	Beijing	60166	63928	44419
天 津	Tianjin	31427	51410	39468
河 北	Hebei	39110	85882	67656
山 西	Shanxi	21287	67828	48495
内蒙古	Inner Mongolia	18331	61375	38085
辽 宁	Liaoning	54354	120379	88333
吉 林	Jilin	29971	64619	45942
黑龙江	Heilongjiang	20241	78100	55618
上 海	Shanghai			
江 苏	Jiangsu	0	4	4
浙 江	Zhejiang			
安 徽	Anhui	723	2526	1106
福 建	Fujian			
江 西	Jiangxi			
山 东	Shandong	71052	148256	121577
河 南	Henan	12543	51600	43737
湖 北	Hubei	301	1473	966
湖 南	Hunan			
广 东	Guangdong			
广 西	Guangxi			
海 南	Hainan			
重 庆	Chongqing			
四 川	Sichuan			
贵 州	Guizhou	29	110	48
云 南	Yunnan	435	369	234
西 藏	Tibet	300	150	50
陕 西	Shaanxi	3731	38614	31566
甘 肃	Gansu	6056	26121	17111
青 海	Qinghai	2066	8015	5723
宁 夏	Ningxia	6641	13952	10645
新 疆	Xinjiang	14152	40427	26983

11-10 各地区城市园林绿化情况(2019年)
Area of Parks & Green Land in Cities by Region (2019)

单位：公顷 (hectare)

地 区	Region	绿化覆盖面积 Green Covered Area	#建成区 Completed Area	绿地面积 Area of Green Land	#建成区 Completed Area	公园绿地面积 Park Green Land
全 国	**National Total**	**3653748**	**2522931**	**3152889**	**2285203**	**756441**
北 京	Beijing	93443	93443	88704	88704	35157
天 津	Tianjin	46720	43138	42921	39472	12002
河 北	Hebei	110149	92268	93701	84182	27616
山 西	Shanxi	59979	51705	51446	46546	15204
内蒙古	Inner Mongolia	73290	51454	69069	47506	17310
辽 宁	Liaoning	201495	110859	128137	104189	27883
吉 林	Jilin	100478	60932	90003	53751	15324
黑龙江	Heilongjiang	76943	64451	68732	58124	17275
上 海	Shanghai	163906	45605	157785	43707	21206
江 苏	Jiangsu	333185	201663	298531	185674	51683
浙 江	Zhejiang	191900	125291	172280	112890	35977
安 徽	Anhui	129283	95760	114267	87633	25041
福 建	Fujian	81462	72169	73903	66090	19864
江 西	Jiangxi	77590	73229	71933	68380	18055
山 东	Shandong	289833	226228	252338	204005	67884
河 南	Henan	131448	120800	115269	106431	35362
湖 北	Hubei	111746	103464	96910	92303	27871
湖 南	Hunan	84451	76540	74359	67663	19672
广 东	Guangdong	584449	277100	502353	244262	112519
广 西	Guangxi	119313	62877	72409	54587	16479
海 南	Hainan	19503	15985	17661	14188	3678
重 庆	Chongqing	75552	63373	67694	59140	25589
四 川	Sichuan	141218	127810	124158	112734	36786
贵 州	Guizhou	72548	42792	54433	39764	13290
云 南	Yunnan	54912	48371	48586	43559	11926
西 藏	Tibet	6415	6183	6049	5810	1035
陕 西	Shaanxi	69289	53373	59616	48480	14516
甘 肃	Gansu	33093	31548	29186	28117	9208
青 海	Qinghai	7707	7577	7309	7112	2456
宁 夏	Ningxia	27442	20220	26216	19095	6127
新 疆	Xinjiang	85008	56722	76931	51104	12445

注：1.公园绿地面积包括综合公园、社区公园、专类公园、带状公园和街旁绿地。
2.北京市建成区绿地率为该市调查面积内数据，全国城市建成区绿地率作适当修正。

Note: a)Area of park green areas includes comprehensive park, community park, topic park, belt-shaped park and green area nearby street.

b)The parks & green land rate of completed area of Beijing is calculated by the data of the surveyed areas, and the national parks green land rate of completed area is appropriately revised.

11-10 续表 continued

地 区	Region	人均公园绿地面积（平方米）Park Green Land per Capita (sq.m)	建成区绿化覆盖率(%) Green Covered Area as % of Completed Area (%)	建成区绿地率(%) Parks & Green Land as % of Completed Area (%)	公园个数（个）Number of Parks (unit)	公园面积（公顷）Area of Parks (hectare)
全 国	**National Total**	**14.4**	**41.5**	**37.6**	**18038**	**502360**
北 京	Beijing	16.4	48.5	47.0	344	35157
天 津	Tianjin	9.2	37.5	34.3	131	2845
河 北	Hebei	14.3	42.3	38.6	723	21709
山 西	Shanxi	12.6	42.3	38.1	262	11422
内蒙古	Inner Mongolia	18.7	40.5	37.4	330	13753
辽 宁	Liaoning	12.0	40.8	38.3	503	18335
吉 林	Jilin	12.5	39.2	34.6	356	12687
黑龙江	Heilongjiang	12.4	36.4	32.8	373	11078
上 海	Shanghai	8.7	36.8	35.3	319	2975
江 苏	Jiangsu	15.0	43.4	39.9	1168	31423
浙 江	Zhejiang	14.0	41.5	37.4	1401	21269
安 徽	Anhui	14.8	42.7	39.1	529	17251
福 建	Fujian	15.0	44.5	40.8	690	15851
江 西	Jiangxi	14.5	45.5	42.5	614	13662
山 东	Shandong	17.6	41.8	37.7	1200	41450
河 南	Henan	13.6	41.0	36.1	523	16970
湖 北	Hubei	12.0	38.9	34.7	486	16260
湖 南	Hunan	11.8	41.2	36.5	395	14197
广 东	Guangdong	18.1	43.3	38.2	3912	81100
广 西	Guangxi	13.5	40.8	35.4	320	14205
海 南	Hainan	10.6	41.7	37.1	106	2617
重 庆	Chongqing	16.6	41.8	39.0	479	15503
四 川	Sichuan	14.0	41.8	36.9	693	20696
贵 州	Guizhou	16.4	39.4	36.6	217	12361
云 南	Yunnan	11.9	39.7	35.8	901	9796
西 藏	Tibet	9.8	37.6	35.3	105	800
陕 西	Shaanxi	11.6	39.3	35.7	314	8528
甘 肃	Gansu	14.3	36.0	32.1	178	5706
青 海	Qinghai	11.9	35.2	33.1	54	1694
宁 夏	Ningxia	21.0	41.3	39.0	100	3474
新 疆	Xinjiang	14.9	39.9	35.9	312	7584

11-11 各地区城市公共交通情况(2019年)
Urban Public Transportation by Region (2019)

地 区	Region	公共汽电车 Bus and Trolley Bus			轨道交通 Subways, Light Rail, Streetcar		
		运营车数（辆）Number of Bus in Operation (unit)	运营线路总长度（公里）Length of Lines in Operation (km)	客运总量（万人次）Total Passenger Traffic (10 000 person-times)	配属车辆数（辆）Number of Attached Vehicles (unit)	运营里程（公里）Length in Operation (km)	客运总量（万人次）Total Passenger Traffic (10 000 person-times)
全 国	**National Total**	**584026**	**964919**	**6288266**	**40998**	**6172**	**2387796**
北 京	Beijing	23685	27632	311896	6449	696	395414
天 津	Tianjin	12746	25526	109077	1244	239	52506
河 北	Hebei	22355	42389	170959	264	38	9566
山 西	Shanxi	11350	22396	135826			
内蒙古	Inner Mongolia	8862	19093	102893	144	22	20
辽 宁	Liaoning	23080	30295	364976	1168	269	57822
吉 林	Jilin	11391	16983	151566	848	118	21762
黑龙江	Heilongjiang	17479	27012	208393	186	30	10355
上 海	Shanghai	17903	24779	204695	5949	705	388023
江 苏	Jiangsu	44976	80628	417859	3611	739	165925
浙 江	Zhejiang	36794	88260	293511	1632	281	80821
安 徽	Anhui	18156	22202	158478	594	90	17982
福 建	Fujian	17444	28505	193951	834	125	16542
江 西	Jiangxi	10390	22757	109107	366	60	17479
山 东	Shandong	54961	122395	394202	807	233	19442
河 南	Henan	27537	26618	239933	846	152	41126
湖 北	Hubei	21307	23517	298214	2416	335	122373
湖 南	Hunan	24488	25696	230855	540	101	33789
广 东	Guangdong	64953	113595	605351	5602	885	538681
广 西	Guangxi	10530	17554	94179	474	81	27338
海 南	Hainan	4187	8338	28858			
重 庆	Chongqing	13226	27105	240421	2130	329	104187
四 川	Sichuan	29337	38160	361271	2764	342	140011
贵 州	Guizhou	7583	12729	139687	204	35	5064
云 南	Yunnan	11856	21885	145192	492	89	21400
西 藏	Tibet	674	1853	9257			
陕 西	Shaanxi	15018	14330	227252	1122	130	94368
甘 肃	Gansu	7314	13210	138368	156	26	3250
青 海	Qinghai	2410	2619	36242			
宁 夏	Ningxia	3085	6538	32546			
新 疆	Xinjiang	8949	10322	133253	156	27	2552

资料来源：交通运输部。
Source: Ministry of Transport.

11-11 续表 continued

地 区 Region	出租汽车 Taxi		客运轮渡 Ferry	
	运营车数（辆） Number of Taxi in Operation (unit)	客运总量（万人次） Total Passenger Traffic (10 000 person0times)	运营船数（艘） Number of Ferry in Operation (unit)	客运总量（万人次） Total Passenger Traffic (10 000 person0times)
全 国 National Total	**1102470**	**2717007**	**222**	**7278**
北 京 Beijing	71517	33110		
天 津 Tianjin	31775	36867		
河 北 Hebei	54095	104352		
山 西 Shanxi	31410	82659		
内蒙古 Inner Mongolia	38662	89984		
辽 宁 Liaoning	81589	224342		
吉 林 Jilin	56028	148154		
黑龙江 Heilongjiang	62249	203415	31	323
上 海 Shanghai	39962	56415	35	921
江 苏 Jiangsu	51098	97295	12	467
浙 江 Zhejiang	39341	82532	5	202
安 徽 Anhui	39131	117785		
福 建 Fujian	20382	53497	28	3015
江 西 Jiangxi	13970	47005		
山 东 Shandong	62340	114092	3	17
河 南 Henan	46742	107668		
湖 北 Hubei	37253	118092	30	540
湖 南 Hunan	26479	111230	6	59
广 东 Guangdong	61437	140038	60	1603
广 西 Guangxi	17343	26912		
海 南 Hainan	6184	14165		
重 庆 Chongqing	22385	93866	12	132
四 川 Sichuan	34499	133394		
贵 州 Guizhou	25679	117250		
云 南 Yunnan	20001	50487		
西 藏 Tibet	2365	10719		
陕 西 Shaanxi	27939	86082		
甘 肃 Gansu	24582	67694		
青 海 Qinghai	8641	22088		
宁 夏 Ningxia	12845	30415		
新 疆 Xinjiang	34547	95405		

11-12 主要城市道路交通噪声监测情况(2019年)

Monitoring of Urban Road Traffic Noise in Main Cities (2019)

城市 City	道路总长度(米) Total Length of Roads (m)	超标路段(米) Roads with Excess Noise (m)	路段超标率(%) Percentage of Roads with Excess Noise (%)	路段平均路宽(米) Average Width of Roads (m)	平均车流量(辆/小时) Average Traffic Volume (car/hour)	等效声级 dB(A) Average Noise Level dB(A)
北京 Beijing	962700	448834	46.6	33	3822	69.6
天津 Tianjin	499600	101622	20.3	29	6059	67.6
石家庄 Shijiazhuang	399200	82644	20.7	19	2101	66.9
太原 Taiyuan	137600	40750	29.6	42	3072	68.7
呼和浩特 Hohhot	223500	49223	20.5	34	769	68.3
沈阳 Shenyang	144000	69600	48.3	40	3726	70.0
长春 Changchun	279700	81855	29.3	29	9035	69.4
哈尔滨 Harbin	120200	94800	78.9	17	3015	71.8
上海 Shanghai	204100	69980	34.2	32	1286	68.2
南京 Nanjing	279700	38804	13.8	30	1826	67.5
杭州 Hangzhou	707900	213760	30.2	36	5068	68.6
合肥 Hefei	591700	235560	39.8	35	1115	68.6
福州 Fuzhou	335300	135910	40.5	27	1816	68.7
南昌 Nanchang	252100	47929	19.0	38	2221	66.7
济南 Jinan	191300	83617	43.7	51	2057	69.6
郑州 Zhengzhou	131300	24844	18.9	42	13263	67.0
武汉 Wuhan	394400	159012	40.0	26	2148	69.3
长沙 Changsha	355700	152130	42.8	36	2785	69.4
广州 Guangzhou	1019900	402114	39.3	28	2442	69.3
南宁 Nanning	159700	55154	34.5	53	1909	69.0
海口 Haikou	145400	38040	26.2	39	3482	68.9
重庆 Chongqing	533900	22790	4.3	24	2069	65.6
成都 Chengdu	214800	55194	25.7	41	18102	69.2
贵阳 Guiyang	285200	128356	45.0	44	3031	69.8
昆明 Kunming	296400	19679	6.6	35	2329	67.4
拉萨 Lhasa	53000	2500	4.7	20	1736	67.8
西安 Xi'an	202100	107997	53.4	38	7634	70.5
兰州 Lanzhou	123300	30021	23.9	23	6592	68.8
西宁 Xining	85700	46160	53.9	17	6561	69.9
银川 Yinchuan	198800	17730	8.9	37	2105	65.9
乌鲁木齐 Urumqi	378400	45940	12.1	27	3003	64.9

资料来源：生态环境部(下表同)。
Source: Ministry of Ecology and Environment (the same as in the following table).

11-13 主要城市区域环境噪声监测及声源构成情况(2019年)
Monitoring of Urban Environment Noise and the Composition by Sources in Main Cities (2019)

单位: %，dB(A)　　(%, dB(A))

城　市	City	区域环境噪声等效声级 Urban Environment Noise Average Noise Level	交通噪声 Traffic Noise 所占比例 Percentage of Total	交通噪声 Traffic Noise 平均声级 Average Noise Value	工业噪声 Industry Noise 所占比例 Percentage of Total	工业噪声 Industry Noise 平均声级 Average Noise Value
北　京	Beijing	53.7	22.2	56.4	27.0	54.0
天　津	Tianjin	53.8	12.9	58.3	13.5	54.8
石家庄	Shijiazhuang	54.9				
太　原	Taiyuan	55.1	37.9	61.3	1.7	51.2
呼和浩特	Hohhot	53.8	10.7	62.1	3.8	50.5
沈　阳	Shenyang	56.0	13.3	57.5	7.5	57.9
长　春	Changchun	55.6	26.7	63.9	3.3	57.0
哈尔滨	Harbin	59.7	22.1	68.1	3.1	56.3
上　海	Shanghai	54.9	16.5	57.8	9.2	58.3
南　京	Nanjing	53.4	39.0	54.3	17.2	54.6
杭　州	Hangzhou	56.4	21.6	56.6	5.2	57.4
合　肥	Hefei	54.6	20.4	55.7	23.7	55.3
福　州	Fuzhou	57.2	18.5	60.4	5.2	59.2
南　昌	Nanchang	54.4	18.1	56.4	12.6	55.7
济　南	Jinan	54.9	7.1	55.1	4.6	54.8
郑　州	Zhengzhou	56.0	19.5	56.2	6.5	50.7
武　汉	Wuhan	55.1	13.8	59.8	13.8	58.4
长　沙	Changsha	54.4	15.3	57.7	0.8	54.3
广　州	Guangzhou	55.6	21.6	59.5	17.9	57.5
南　宁	Nanning	54.0	28.1	57.9		
海　口	Haikou	55.4	26.7	59.0	3.8	53.7
重　庆	Chongqing	52.0	12.0	54.4	8.8	53.2
成　都	Chengdu	54.5	11.6	57.5	6.2	55.1
贵　阳	Guiyang	56.1	23.5	57.3	8.8	54.8
昆　明	Kunming	53.1	37.0	54.2	3.7	52.5
拉　萨	Lhasa	53.8				
西　安	Xi'an	55.8	19.1	58.1	11.9	54.5
兰　州	Lanzhou	54.5	35.1	55.2	3.9	56.1
西　宁	Xining	54.3	17.9	57.5	0.4	48.5
银　川	Yinchuan	53.1	30.8	53.1	12.1	54.0
乌鲁木齐	Urumqi	55.0	34.8	56.8	17.4	54.3

11-13 续表 continued

单位: %，dB(A) (%, dB(A))

城 市	City	施工噪声 Construction Noise 所占比例 Percentage of Total	施工噪声 Construction Noise 平均声级 Average Noise Value	生活噪声 Household Noise 所占比例 Percentage of Total	生活噪声 Household Noise 平均声级 Average Noise Value
北 京	Beijing	1.1	51.7	49.7	52.3
天 津	Tianjin	1.2	54.4	72.4	52.8
石家庄	Shijiazhuang				54.9
太 原	Taiyuan	1.3	65.8	59.1	51.1
呼和浩特	Hohhot	3.8	56.0	81.7	52.7
沈 阳	Shenyang	2.9	55.3	76.3	55.6
长 春	Changchun	1.7	61.3	68.3	52.2
哈尔滨	Harbin	1.8	61.0	73.0	57.4
上 海	Shanghai	0.8	59.7	73.5	53.8
南 京	Nanjing	0.7	53.9	43.1	52.1
杭 州	Hangzhou	2.6	55.2	70.6	56.3
合 肥	Hefei	3.5	55.8	52.3	53.9
福 州	Fuzhou	3.9	58.8	72.4	56.1
南 昌	Nanchang	3.3	58.0	66.0	53.5
济 南	Jinan	1.6	55.1	86.6	54.8
郑 州	Zhengzhou	1.8	56.8	72.2	57.3
武 汉	Wuhan	5.2	56.1	67.1	53.3
长 沙	Changsha	8.1	56.4	75.8	53.6
广 州	Guangzhou	3.7	56.7	56.8	53.8
南 宁	Nanning	11.4	54.4	60.5	52.2
海 口	Haikou	2.9	60.4	66.7	53.9
重 庆	Chongqing	0.2	57.6	79.0	51.5
成 都	Chengdu			82.2	54.0
贵 阳	Guiyang	9.2	56.6	58.5	55.6
昆 明	Kunming	1.9	55.6	57.4	52.4
拉 萨	Lhasa				
西 安	Xi'an	9.3	53.1	59.8	55.7
兰 州	Lanzhou	0.6	59.8	60.4	54.1
西 宁	Xining	1.8	58.3	79.9	53.5
银 川	Yinchuan	0.9	53.9	56.1	52.9
乌鲁木齐	Urumqi	4.5	55.9	43.3	53.8

十二、农村环境

Rural Environment

12-1 全国农村环境情况(2000-2019年)
Rural Environment (2000-2019)

年 份 Year	农村改水累计受益人口 (万人) Accumulative Benefiting Population from Drinking Water Improvement Projects (10 000 persons)	农村改水累计受益率 (%) Proportion of Benefiting Population from Drinking Water Improvement (%)	累计使用卫生厕所户数 (万户) Households with Access to Sanitation Lavatory (10 000 households)	卫生厕所普及率 (%) Sanitation Lavatory Access Rate (%)	农村沼气池产气量 (亿立方米) Production of Methane in Rural Areas (100 million cu.m)	太阳能热水器 (万平方米) Water Heaters Using Solar Energy (10 000 sq.m)	太阳灶 (台) Solar Kitchen Ranges (unit)
2000	88112	92.4	9572	44.8	25.9	1107.8	332390
2001	86113	91.0	11405	46.1	29.8	1319.4	388599
2002	86833	91.7	12062	48.7	37.0	1621.7	478426
2003	87387	92.7	12624	50.9	47.5	2464.8	526177
2004	88616	93.8	13192	53.1	55.7	2845.9	577625
2005	88893	94.1	13740	55.3	72.9	3205.6	685552
2006	86629	91.1	13873	55.0	83.6	3941.0	865238
2007	87859	92.1	14442	57.0	101.7	4286.4	1118763
2008	89447	93.6	15166	59.7	118.4	4758.7	1356755
2009	90251	94.3	16056	63.2	130.8	4997.1	1484271
2010	90834	94.9	17138	67.4	139.6	5488.9	1617233
2011	89971	94.2	18019	69.2	152.8	6231.9	2139454
2012	91208	95.3	18628	71.7	157.6	6801.8	2207246
2013	89938	95.6	19401	74.1	157.8	7294.6	2264356
2014	91511	95.8	19939	76.1	155.0	7782.9	2299635
2015			20684	78.4	153.9	8232.6	2325927
2016			21460	80.3	144.9	8623.7	2279387
2017			21701	81.7	123.8	8723.5	2222666
2018					112.2	8805.4	2135756
2019						8476.7	1835693

12-2 各地区农村改厕情况(2017年)
Sanitation Lavatory Improvement in Rural Area by Region(2017)

单位：万户 (10 000 households)

地 区	Region	农村总户数 Total Rural Households	累计使用卫生厕所户数 Accumulative Households Sanitary Toilets	累计使用卫生公厕户数 Accumulative Households Using Sanitary Public Lavatories	卫生厕所普及率(%) Access Rate to Sanitary Toilets (%)	无害化卫生厕所普及率(%) Access Rate to Harmless Sanitary Toilets (%)
全 国	**National Total**	**26549.7**	**21700.6**	**2997.7**	**81.7**	**62.5**
北 京	Beijing	103.7	101.7	13.3	98.1	98.1
天 津	Tianjin	131.4	122.4	14.9	93.2	93.2
河 北	Hebei	1570.2	1151.5	87.1	73.3	51.8
山 西	Shanxi	718.7	439.4	67.9	61.1	38.0
内蒙古	Inner Mongolia	442.6	344.7	99.4	77.9	33.5
辽 宁	Liaoning	681.1	539.5	49.4	79.2	45.2
吉 林	Jilin	424.9	346.3	41.3	81.5	27.9
黑龙江	Heilongjiang	584.2	421.8	76.7	72.3	15.8
上 海	Shanghai	99.9	99.1	18.9	99.2	99.1
江 苏	Jiangsu	1546.9	1514.4	82.5	97.9	92.5
浙 江	Zhejiang	1184.9	1168.7	168.4	98.6	96.7
安 徽	Anhui	1478.2	1091.4	248.7	73.8	45.3
福 建	Fujian	753.8	716.3	52.4	95.0	93.5
江 西	Jiangxi	858.1	805.4	147.1	93.9	77.7
山 东	Shandong	2031.9	1876.3	92.9	92.3	78.5
河 南	Henan	2052.0	1538.7	353.2	75.0	57.1
湖 北	Hubei	1127.3	939.4	134.2	83.3	58.9
湖 南	Hunan	1542.8	1273.7	33.0	82.6	43.8
广 东	Guangdong	1511.2	1441.0	87.2	95.4	93.0
广 西	Guangxi	1124.6	1029.6	85.1	91.6	86.5
海 南	Hainan	142.0	122.5	4.0	86.3	85.3
重 庆	Chongqing	619.1	409.6	182.7	66.2	66.2
四 川	Sichuan	2088.6	1741.8	322.5	83.4	66.6
贵 州	Guizhou	904.5	596.4	117.3	64.5	48.0
云 南	Yunnan	994.3	731.2	218.1	73.5	45.6
西 藏	Tibet	58.7	30.7		52.3	
陕 西	Shaanxi	706.1	332.9	39.9	47.2	29.2
甘 肃	Gansu	514.4	398.2	86.4	77.4	36.6
青 海	Qinghai	96.1	66.5	8.6	69.2	19.7
宁 夏	Ningxia	106.2	78.9	25.0	74.3	56.1
新 疆	Xinjiang	351.5	230.5	39.7	65.6	48.0

资料来源:国家卫生健康委员会。
Source: National Health Commission.

12-2 续表 continued

单位：万元 (10 000 yuan)

地区	Region	农村改厕投资 Investment of Sanitation Lavatory Improvement	国家 State Investment	集体 Collective Investment	个人 Personal Investment	其他 Other Investment
全国	**National Total**	**1905091**	**1171732**	**77109**	**601387**	**54864**
北京	Beijing	1306	1306			
天津	Tianjin	2533	2053		480	
河北	Hebei	27599	17427	1861	6073	2237
山西	Shanxi	18833	9375	1717	4413	3328
内蒙古	Inner Mongolia	42037	24165	318	14099	3456
辽宁	Liaoning	19281	14866	533	3265	617
吉林	Jilin	84976	79636	156		5184
黑龙江	Heilongjiang	5639	855	751	3911	123
上海	Shanghai	6385	1914	4062	175	234
江苏	Jiangsu	23764	20000	3764		
浙江	Zhejiang	62103	27780	9622	22937	1763
安徽	Anhui	110301	79612	5497	23468	1724
福建	Fujian	48243	29149	1355	17562	177
江西	Jiangxi	70864	29331	4094	34432	3007
山东	Shandong	419744	386239	13190	14650	5666
河南	Henan	43149	12701	4101	24541	1806
湖北	Hubei	63092	25650	6008	29675	1760
湖南	Hunan	65287	41318	2160	20133	1675
广东	Guangdong	72669	2923	2345	65578	1824
广西	Guangxi	207257	100470	1293	103659	1834
海南	Hainan	37211	3305		33907	
重庆	Chongqing	28736	16246	196	9739	2555
四川	Sichuan	107300	63690	3468	35485	4657
贵州	Guizhou	149778	115835	1758	31517	668
云南	Yunnan	93969	38189	4277	50436	1068
西藏	Tibet					
陕西	Shaanxi	27237	10368	1215	14759	896
甘肃	Gansu	29097	4701	913	21250	2234
青海	Qinghai					
宁夏	Ningxia	10319	7571	365	1750	633
新疆	Xinjiang	26382	5057	2091	13495	5738

12-3 各地区农村可再生能源利用情况(2019年)
Use of Renewable Energy in Rural Area by Region (2019)

地 区 Region	户用沼气池数量(个) Number of Household Biogas Digester (unit)	沼气工程数量(个) Number of Biogas Project (unit)	太阳能热水器(万平方米) Water Heaters Using Solar Energy (10 000 sq.m)	太阳房(万平方米) Solar Energy Houses (10 000 sq.m)	太阳灶(台) Solar Kitchen Ranges (unit)
全 国 National	**33802653**	**102650**	**8476.7**	**2074.3**	**1835693**
北 京 Beijing	100	9	87.4	115.0	
天 津 Tianjin	48600	408	40.5		
河 北 Hebei	1224911	2322	624.7	167.9	9288
山 西 Shanxi	236200	216	146.4		64979
内 蒙 Inner Mongolia	259600	271	71.7	56.5	21953
辽 宁 Liaoning	389900	1029	90.8	412.2	769
吉 林 Jilin	194300	64	68.6	289.4	365
黑龙江 Heilongjiang	238143	1412	27.5	151.6	
上 海 Shanghai		65			
江 苏 Jiangsu	708391	4061	1110.4	0.8	
浙 江 Zhejiang	93800	5089	608.3		80
安 徽 Anhui	812748	2974	586.2		
福 建 Fujian	382764	3691	34.0		
江 西 Jiangxi	1693170	8143	197.5		
山 东 Shandong	1667900	6918	1332.7	11.2	1979
河 南 Henan	3685100	5518	612.0	0.2	
湖 北 Hubei	2012932	9122	310.8		
湖 南 Hunan	1872686	23011	241.4	0.5	
广 东 Guangdong	110357	4301	174.1	2.5	98
广 西 Guangxi	3895800	1608	151.0		
海 南 Hainan	345200	1896	389.2		
重 庆 Chongqing	1537740	5279	70.4		
四 川 Sichuan	5556210	7077	225.4	1.2	43812
贵 州 Guizhou	1887963	1971	81.6		
云 南 Yunnan	2329856	1574	503.9		
西 藏 Tibet	1176	14	150.1		391563
陕 西 Shaanxi	846200	3508	215.6	2.1	126416
甘 肃 Gansu	1181700	458	162.8	352.8	753116
青 海 Qinghai	184200	233	14.9	505.2	258259
宁 夏 Ningxia	229806	129	144.2	5.3	162292
新 疆 Xinjiang	175200	279	2.7		724

资料来源：农业农村部。
Source: Ministry of Agriculture and Rural Affairs.

12-4 各地区耕地灌溉面积和农用化肥施用情况(2019年)
Irrigated Area of Cultivated Land and Consumption of Chemical Fertilizers by Region (2019)

地 区	Region	耕地灌溉面积(千公顷) Irrigated Area of Cultivated Land (1 000 hectares)	化 肥 施用量(万吨) Consumption of Chemical Fertilizers (10 000 tons)	氮 肥 Nitrogenous Fertilizer	磷 肥 Phosphate Fertilizer	钾 肥 Potash Fertilizer	复合肥 Compound Fertilizer
全 国	**National Total**	**68678.6**	**5403.6**	**1930.2**	**681.6**	**561.1**	**2230.7**
北 京	Beijing	109.2	6.2	2.2	0.3	0.3	3.3
天 津	Tianjin	304.8	16.2	5.3	1.9	1.2	7.8
河 北	Hebei	4482.2	297.3	106.5	23.4	22.2	145.2
山 西	Shanxi	1519.3	108.4	22.6	10.2	8.5	67.1
内蒙古	Inner Mongolia	3199.2	218.4	83.5	38.5	18.4	78.1
辽 宁	Liaoning	1629.2	139.9	51.2	9.5	11.2	68.0
吉 林	Jilin	1909.5	227.1	53.3	5.9	13.2	154.7
黑龙江	Heilongjiang	6177.6	223.3	73.0	44.1	30.6	75.6
上 海	Shanghai	190.8	7.5	3.1	0.4	0.3	3.7
江 苏	Jiangsu	4205.4	286.2	141.1	32.3	17.0	95.9
浙 江	Zhejiang	1405.4	72.5	35.4	7.8	5.9	23.4
安 徽	Anhui	4580.8	298.0	88.0	26.2	26.9	157.0
福 建	Fujian	1076.8	106.3	39.9	14.9	20.8	30.7
江 西	Jiangxi	2036.1	115.6	30.6	16.0	16.2	52.8
山 东	Shandong	5271.4	395.3	119.2	37.9	33.0	205.3
河 南	Henan	5328.9	666.7	190.0	89.7	55.3	331.7
湖 北	Hubei	2969.0	273.9	104.7	42.9	26.7	99.6
湖 南	Hunan	3176.1	229.0	83.8	23.0	37.6	84.5
广 东	Guangdong	1773.4	225.8	86.3	26.4	43.3	69.8
广 西	Guangxi	1713.1	252.0	72.8	29.5	55.1	94.6
海 南	Hainan	290.6	46.3	13.9	3.0	8.2	21.2
重 庆	Chongqing	697.7	91.1	44.1	16.0	5.3	25.7
四 川	Sichuan	2954.1	222.8	103.5	41.4	15.8	62.1
贵 州	Guizhou	1154.0	83.2	35.9	9.7	7.9	29.7
云 南	Yunnan	1922.5	204.0	98.5	28.2	23.4	53.9
西 藏	Tibet	275.9	4.8	1.5	0.7	0.4	2.3
陕 西	Shaanxi	1285.2	202.5	80.4	17.4	23.1	81.6
甘 肃	Gansu	1328.9	80.9	31.7	15.0	7.9	26.4
青 海	Qinghai	213.3	6.2	2.6	1.0	0.2	2.4
宁 夏	Ningxia	538.3	38.4	16.2	4.0	2.7	15.5
新 疆	Xinjiang	4959.9	257.8	109.5	64.5	22.7	61.1

资料来源：国家统计局(下表同)。
Source: National Bureau of Statistics (the same as in the following table).

12-5 各地区农用塑料薄膜和农药使用量情况(2019年)
Use of Agricultural Plastic Film and Pesticide by Region (2019)

地 区	Region	塑料薄膜使用量 (吨) Use of Agricultural Plastic Film (ton)	地膜使用量 (吨) Use of Plastic Film for Covering Plants (ton)	地膜覆盖面积 (公顷) Area Covered by Plastic Film (hectare)	农药使用量 (吨) Use of Pesticide (ton)
全 国	**National Total**	**2407658**	**1379172**	**17628077**	**1391747**
北 京	Beijing	7699	1758	9233	2257
天 津	Tianjin	8096	3030	42243	2171
河 北	Hebei	103211	50270	773845	57344
山 西	Shanxi	48555	31111	602008	25319
内蒙古	Inner Mongolia	94194	80767	1415872	27278
辽 宁	Liaoning	113505	37966	297691	51074
吉 林	Jilin	53130	27744	167654	48658
黑龙江	Heilongjiang	71831	25306	268194	64267
上 海	Shanghai	13213	3111	12613	2771
江 苏	Jiangsu	114153	43330	584802	67396
浙 江	Zhejiang	66737	27558	149615	38572
安 徽	Anhui	103735	45218	484901	88271
福 建	Fujian	58507	31006	135510	45477
江 西	Jiangxi	52020	31655	127700	62701
山 东	Shandong	267113	101591	1767801	120342
河 南	Henan	150762	66059	995344	107231
湖 北	Hubei	58801	21696	386140	97024
湖 南	Hunan	83792	55187	638974	105548
广 东	Guangdong	43842	24246	131820	87489
广 西	Guangxi	47577	34145	427993	68144
海 南	Hainan	30550	16194	56825	21358
重 庆	Chongqing	42559	23088	240262	16542
四 川	Sichuan	123235	81273	944617	46290
贵 州	Guizhou	44121	23406	349431	9210
云 南	Yunnan	122139	96797	1077445	47441
西 藏	Tibet	1492	1266	2106	802
陕 西	Shaanxi	44780	21912	425214	12240
甘 肃	Gansu	152253	111649	1298641	41938
青 海	Qinghai	7780	6004	71567	1398
宁 夏	Ningxia	15600	12155	194029	2245
新 疆	Xinjiang	262677	242674	3547989	22948

附录一、资源环境主要统计指标

APPENDIX Ⅰ. Main Indicators of Resource & Environment Statistics

附录1 资源环境主要统计指标
Main Indicators of Resources & Environment Statistics

指　　标	Indicator	2017	2018	2019
1.土地资源	**Land Resource**			
耕地面积（万公顷）	Cultivated Land (10 000 hectares)	13488.1		
人均耕地面积（亩）	Cultivated Land per Capita (mu)	1.46		
2.水资源	**Water Resource**			
水资源总量（亿立方米）	Water Resources (100 million cu.m)	28761.2	27462.5	29041.0
人均水资源量（立方米／人）	Per Capita Water Resources (cu.m/person)	2074.5	1971.8	2077.7
用水总量（亿立方米）	Water Use (100 million cu.m)	6043.4	6015.5	6021.2
#工业用水量	Industry	1277.0	1261.6	1217.6
人均用水量（立方米／人）	Per Capita Water Use (cu.m/person)	435.9	431.9	430.8
3.森林资源	**Forest Resource**			
森林面积（万公顷）	Forest Area (10 000 hectares)	22044.6	22044.6	22044.6
森林覆盖率（%）	Forest Coverage Rate (%)	22.96	22.96	22.96
活立木总蓄积量（亿立方米）	Standing Forest Stock (100 million cu.m)	190.1	190.1	190.1
森林蓄积量（亿立方米）	Stock Volume of Forest (100 million cu.m)	175.6	175.6	175.6
4.能源	**Energy**			
一次能源生产总量（万吨标准煤）	Total Primary Energy Production (10 000 tce)	358867	378859	397317
人均能源生产量(千克标准煤／人）	Per Capita Energy Production (kgce/person)	2588	2720	2843
能源消费总量（万吨标准煤）	Total Energy Consumption (10 000 tce)	455827	471925	487488
人均能源消费量(千克标准煤／人）	Per Capita Energy Consumption (kgce/person)	3288	3388	3488
能源生产弹性系数	Elasticity Ratio of Energy Production	0.54	0.84	0.82
能源消费弹性系数	Elasticity Ratio of Energy Consumption	0.46	0.52	0.55
电力生产弹性系数	Elasticity Ratio of Electricity Production	1.12	1.27	0.78
电力消费弹性系数	Elasticity Ratio of Electricity Consumption	1.12	1.27	0.78
万元国内生产总值能源消费量（吨标准煤／万元）	Energy Intensity by GDP (tce/10 000 yuan)	0.58	0.56	0.55
5.污染物排放	**Pollutant Discharge**			
化学需氧量排放量（万吨）	COD Discharge (10 000 tons)	608.9	584.2	567.1
氨氮排放量（万吨）	Ammonia Nitrogen Discharge (10 000 tons)	50.9	49.4	46.3
二氧化硫排放量（万吨）	Sulphur Dioxide Emission (10 000 tons)	610.8	516.1	457.3
氮氧化物排放量（万吨）	Nitrogen Oxides Emission (10 000 tons)	1348.4	1288.4	1233.9
一般工业固体废物综合利用量（万吨）	Common Industry Solid Wastes Utilized (10 000 tons)	206117.1	216859.7	232078.8
城市生活垃圾清运量（万吨）	Urban Garbage Disposal (10 000 tons)	21521	22802	24206

附录二、“十三五”规划资源环境指标

APPENDIX II. Indicators on Resources & Environment in the 13th Five-year Plan

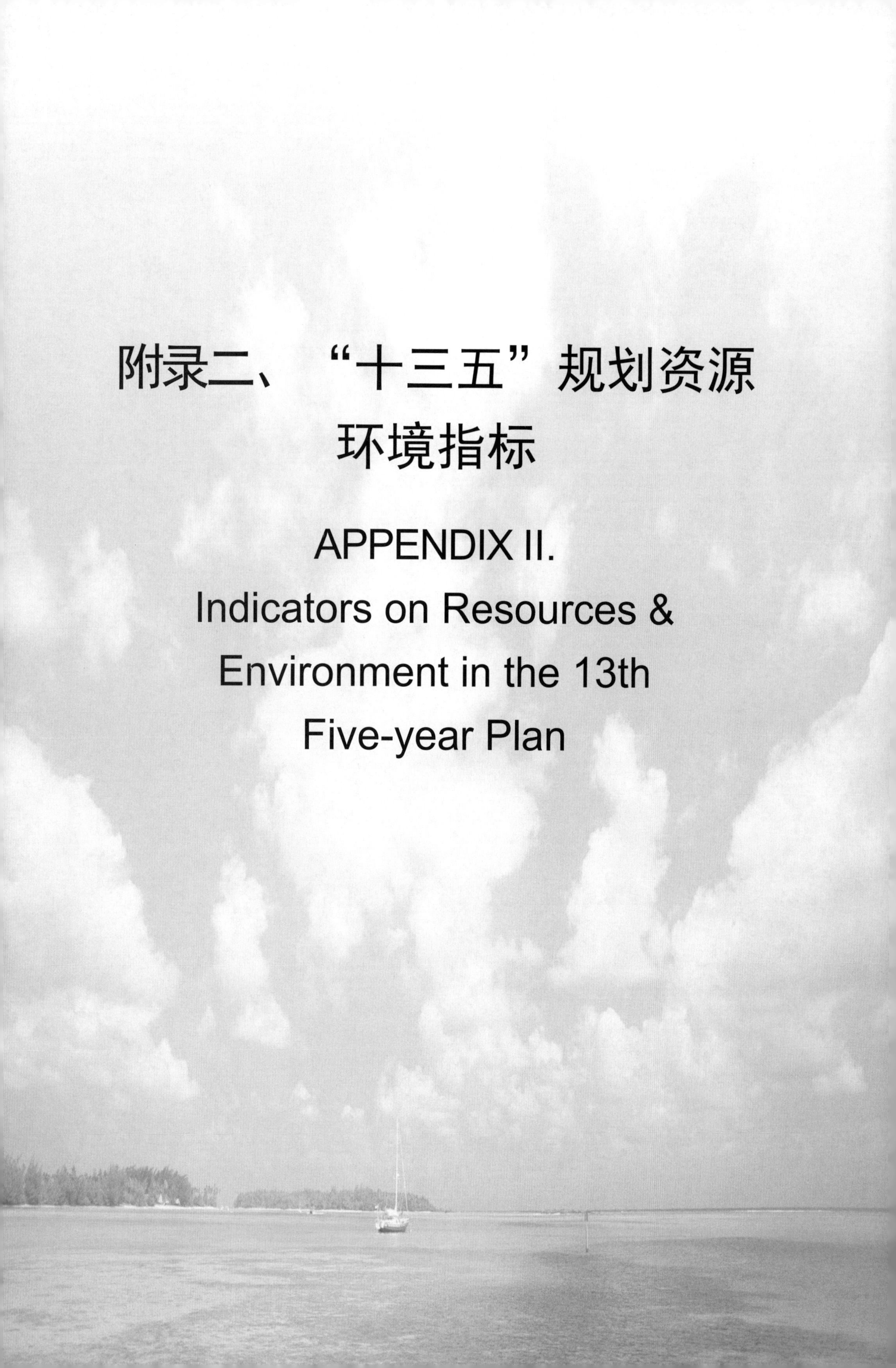

附录2 “十三五”规划资源环境主要指标

Indicators on Resources & Environment in the 13th Five-year Plan

指　标	Item	2015	2020	年均增速[累计] Annual Growth Rate [Cumulative]	属　性 Attribute
耕地保有量（亿亩）	Total Cultivated Land (100 million mu)	18.65	18.65	[0]	约束性 Obligatory
新增建设用地规模（万亩）	Area of New Construction Land (1 0000 mu)	—	—	[<3256]	约束性 Obligatory
万元GDP用水量下降（%）	Reduction of Water Use per unit GDP (%)	—	—	[23]	约束性 Obligatory
单位GDP能源消耗降低(%)	Reduction of Energy Consumption per unit GDP (%)	—	—	[15]	约束性 Obligatory
非化石能源占一次能源消费比重（%）	Proportion of Consumption on Non-fossil Energy to Primary Energy (%)	12	15	[3]	约束性 Obligatory
单位GDP二氧化碳排放降低（%）	Reduction of CO_2 Emission per unit GDP (%)	—	—	[18]	约束性 Obligatory
森林发展 Forest Development	森林覆盖率(%) Forest Coverage Rate (%)	21.66	23.04	[1.38]	约束性
	森林蓄积量（亿立方米） Stock Volume of Forest (100 million cu.m)	151	165	[14]	Obligatory
空气质量 Air Quality	地级及以上城市空气质量优良天数比率（%） Proportion of Good Air Quality Days in Cities at Prefecture Level or Above (%)	76.7	>80	—	
	细颗粒物($PM_{2.5}$)未达标地级及以上城市浓度下降（%） Reduction of $PM_{2.5}$ Concentration in Cities Fail the Standard at Prefecture Level or Above (%)	—	—	[18]	约束性 Obligatory
地表水质量 Surface Water Quality	达到或好于Ⅲ类水体比例（%） Proportion of Water Quality Reach or Better than Grade Ⅲ (%)	66	>70	—	约束性 Obligatory
	劣Ⅴ类水体比例（%） Proportion of Water Quality Worse than Grade Ⅴ (%)	9.7	<5	—	
主要污染物排放总量减少(%) Reduction of Total Major Pollutants Emission Volume (%)	化学需氧量 COD	—	—	[10]	约束性 Obligatory
	氨氮 Ammonia Nitrogen			[10]	
	二氧化硫 SO_2			[15]	
	氮氧化物 NO_x			[15]	

注：国内生产总值按可比价格计算；[ ]内为五年累计数；$PM_{2.5}$未达标指年均值超过35微克/立方米。

Note: Figures of GDP is of 2015 price; those in [ ] are accumulative figures in five years; $PM_{2.5}$ fail the standard refers to annual average over 35mg/cu.m.

附录三、东中西部地区主要环境指标

APPENDIX III . Main Environmental Indicators by Eastern, Central & Western

附录3-1　东中西部地区水资源情况(2019年)
Water Resources by Eastern,Central & Western (2019)

单位：亿立方米　　(100 million cu.m)

区域 Area	地区	Region	水资源总量 Total Amount of Water Resources	地表水 Surface Water Resources	地下水 Ground Water Resources	地表水与地下水重复量 Duplicated Measurement of Surface Water and Groundwater	人均水资源量(立方米/人) per Capita Water Resources (cu.m/person)
	全　国	**National Total**	**29041.0**	**27993.3**	**8191.5**	**7143.8**	**2077.7**
	东部小计	**Eastern Total**	**5627.3**	**5361.8**	**1516.9**	**1251.7**	**1042.9**
	北　京	Beijing	24.6	8.6	24.7	8.8	114.2
	天　津	Tianjin	8.1	5.1	4.2	1.2	51.9
	河　北	Hebei	113.5	51.4	97.8	35.7	149.9
	上　海	Shanghai	48.3	40.9	10.4	3.0	199.1
东部	江　苏	Jiangsu	231.7	163.0	77.5	8.9	287.5
Eastern	浙　江	Zhejiang	1321.5	1303.0	253.7	235.3	2281.0
	福　建	Fujian	1363.9	1362.5	339.0	337.7	3446.8
	山　东	Shandong	195.2	119.7	128.4	52.9	194.1
	广　东	Guangdong	2068.2	2058.3	508.2	498.2	1808.9
	海　南	Hainan	252.3	249.3	73.0	70.0	2685.5
	中部小计	**Central Total**	**5569.4**	**5353.7**	**1518.4**	**1302.8**	**1498.0**
	山　西	Shanxi	97.3	58.5	82.5	43.7	261.3
	安　徽	Anhui	539.9	482.1	144.8	87.1	850.9
中部	江　西	Jiangxi	2051.6	2032.7	482.4	463.5	4405.4
Central	河　南	Heinan	168.6	105.8	119.1	56.3	175.2
	湖　北	Hubei	613.7	583.4	217.3	187.0	1036.3
	湖　南	Hunan	2098.3	2091.2	472.3	465.2	3037.3
	西部小计	**Western Total**	**15570.9**	**15323.2**	**4479.8**	**4232.0**	**4090.3**
	内蒙古	Inner Mongolia	447.9	305.8	233.8	91.7	1765.5
	广　西	Guangxi	2105.1	2103.8	445.0	443.7	4258.7
	重　庆	Chongqing	498.1	498.1	98.5	98.5	1600.1
	四　川	Sichuan	2748.9	2747.7	616.2	615.1	3288.9
	贵　州	Guizhou	1117.0	1117.0	267.0	267.0	3092.9
西部	云　南	Yunnan	1533.8	1533.8	554.6	554.6	3166.4
Western	西　藏	Tibet	4496.9	4496.9	1037.0	1037.0	129407.2
	陕　西	Shaanxi	495.3	469.7	139.4	113.8	1279.8
	甘　肃	Gansu	325.9	312.2	148.7	134.9	1233.5
	青　海	Qinghai	919.3	898.2	412.7	391.6	15182.5
	宁　夏	Ningxia	12.6	10.3	18.4	16.1	182.2
	新　疆	Xinjiang	870.1	829.7	508.5	468.0	3473.5
	东北小计	**Northeast Total**	**2273.5**	**1954.6**	**676.5**	**357.6**	**2102.2**
东北	辽　宁	Liaoning	256.0	211.5	106.8	62.4	587.8
Northeast	吉　林	Jilin	506.1	437.4	156.1	87.4	1876.2
	黑龙江	Heilongjiang	1511.4	1305.7	413.6	207.8	4017.5

资料来源：水利部。
Source:Ministry of Water Resource.

附录3-2　东中西部地区废水排放情况(2019年)
Discharge of Waste Water by Eastern, Central & Western (2019)

单位：吨　　(ton)

区　域 Area	地　区 Region	化学需氧量排放总量 COD Discharged	工业 Industry	农业 Agriculture	生活 Household	集中式污染治理设施 Centralized Pollution Control Facilities
	全　国 National Total	**5671433**	**771611**	**186126**	**4699493**	**14203**
	东部小计 Eastern Total	**2246975**	**340922**	**47862**	**1852943**	**5248**
东部 Eastern	北　京 Beijing	42523	1403	2753	38233	134
	天　津 Tianjin	37759	2944	9808	24922	86
	河　北 Hebei	223795	16541	6220	200356	677
	上　海 Shanghai	55625	8074	2222	45007	321
	江　苏 Jiangsu	474120	109953	9288	354553	326
	浙　江 Zhejiang	206215	49077	1916	154290	932
	福　建 Fujian	251571	31816	4876	212578	2301
	山　东 Shandong	275674	52729	1797	221014	134
	广　东 Guangdong	634809	63120	8900	562464	325
	海　南 Hainan	44885	5265	83	39525	11
	中部小计 Central Total	**1604884**	**175459**	**34839**	**1390714**	**3871**
中部 Central	山　西 Shanxi	109176	9585	7183	90060	2347
	安　徽 Anhui	341898	27970	3058	310541	328
	江　西 Jiangxi	322158	52341	9812	259120	885
	河　南 Heinan	251854	18027	6188	227549	91
	湖　北 Hubei	267614	19721	2126	245635	133
	湖　南 Hunan	312184	47815	6472	257809	88
	西部小计 Western Total	**1453203**	**192420**	**94015**	**1162503**	**4265**
西部 Western	内蒙古 Inner Mongolia	58859	20617	678	37343	221
	广　西 Guangxi	327265	25502	5758	295913	93
	重　庆 Chongqing	51504	16792	74	34386	252
	四　川 Sichuan	329426	38818	501	289564	543
	贵　州 Guizhou	124235	4762	883	118500	91
	云　南 Yunnan	110621	16591	1295	91113	1623
	西　藏 Tibet	18234	1283	581	16245	126
	陕　西 Shaanxi	98411	12013	761	85079	559
	甘　肃 Gansu	59521	17920	661	40384	557
	青　海 Qinghai	19677	2576	0	17057	45
	宁　夏 Ningxia	90086	13180	57312	19561	32
	新　疆 Xinjiang	165363	22368	25512	117359	123
	东北小计 Northeast Total	**366372**	**62810**	**9410**	**293332**	**819**
东北 Northeast	辽　宁 Liaoning	131080	27996	3800	98682	602
	吉　林 Jilin	76547	16297	2637	57470	141
	黑龙江 Heilongjiang	158746	18517	2973	137180	75

资料来源：生态环境部(以下各表同)。
Source:Ministry of Ecology and Environment (the same as in the following tables).

附录3-2 续表 continued

单位：吨 (ton)

区 域 Area	地 区	Region	氨氮排放总量 Ammona Nitrogen Discharged	工业 Industry	农业 Agriculture	生活 Household	集中式污染治理设施 Centralized Pollution Control Facilities
	全 国	**National Total**	**462528**	**34911**	**3683**	**421390**	**2544**
	东部小计	**Eastern Total**	**165488**	**14724**	**1627**	**148580**	**556**
东 部 Eastern	北 京	Beijing	2801	46	31	2703	21
	天 津	Tianjin	1670	122	85	1459	4
	河 北	Hebei	18262	1033	148	16967	114
	上 海	Shanghai	7259	421	67	6754	17
	江 苏	Jiangsu	33483	6165	429	26830	58
	浙 江	Zhejiang	13433	1029	287	12067	50
	福 建	Fujian	15644	1027	208	14219	190
	山 东	Shandong	23356	2505	34	20805	12
	广 东	Guangdong	44834	2223	337	42183	90
	海 南	Hainan	4745	151	1	4592	1
	中部小计	**Central Total**	**131603**	**8272**	**1245**	**121011**	**1075**
中 部 Central	山 西	Shanxi	11159	497	117	9798	747
	安 徽	Anhui	19698	1049	52	18589	8
	江 西	Jiangxi	27963	3003	640	24114	205
	河 南	Heinan	20592	946	149	19488	9
	湖 北	Hubei	22513	980	105	21338	90
	湖 南	Hunan	29679	1796	184	27683	16
	西部小计	**Western Total**	**136809**	**9060**	**734**	**126161**	**854**
西 部 Western	内 蒙 古	Inner Mongolia	3362	1186	13	2135	27
	广 西	Guangxi	24741	1040	107	23566	29
	重 庆	Chongqing	4852	653	1	4161	37
	四 川	Sichuan	33942	1658	9	32192	83
	贵 州	Guizhou	15597	612	42	14917	26
	云 南	Yunnan	12963	793	39	11785	346
	西 藏	Tibet	2240	36	9	2174	21
	陕 西	Shaanxi	9238	514	23	8554	147
	甘 肃	Gansu	4987	389	0	4494	104
	青 海	Qinghai	2798	262	0	2529	7
	宁 夏	Ningxia	3270	531	240	2494	5
	新 疆	Xinjiang	18818	1386	250	17161	21
	东北小计	**Northeast Total**	**28627**	**2855**	**76**	**25637**	**59**
东 北 Northeast	辽 宁	Liaoning	9571	1010	33	8500	28
	吉 林	Jilin	5347	898	34	4400	15
	黑 龙 江	Heilongjiang	13710	948	9	12738	16

附录3-3 东中西部地区废气排放情况(2019年)

Emission of Waste Gas by Eastern,Central & Western (2019)

单位：吨 (ton)

区 域 Area	地 区	Region	二氧化硫排放总量 Total Volume of Sulphur Dioxide Emission	工业 Industrial	生活 Household	集中式污染治理设施 Centralized Pollution Control Facilities
	全 国	**National Total**	**4572858**	**3953670**	**612998**	**6191**
	东部小计	**Eastern Total**	**1210751**	**1082408**	**123458**	**4885**
	北 京	Beijing	1923	880	1042	1
	天 津	Tianjin	17831	15963	1818	50
	河 北	Hebei	286938	230605	53875	2458
	上 海	Shanghai	7517	7218	276	24
东 部	江 苏	Jiangsu	284552	274378	9630	544
Eastern	浙 江	Zhejiang	77820	73227	3304	1289
	福 建	Fujian	125363	118860	6402	101
	山 东	Shandong	281511	241076	40384	51
	广 东	Guangdong	120421	113333	6727	361
	海 南	Hainan	6874	6868	0	5
	中部小计	**Central Total**	**1019225**	**834712**	**183955**	**557**
	山 西	Shanxi	228640	197156	31473	11
	安 徽	Anhui	151022	148280	2602	140
中 部	江 西	Jiangxi	227079	210658	16199	223
Central	河 南	Heinan	104387	96567	7807	13
	湖 北	Hubei	116785	96344	20399	43
	湖 南	Hunan	191311	85709	105475	127
	西部小计	**Western Total**	**1846504**	**1614516**	**231298**	**690**
	内 蒙 古	Inner Mongolia	352399	303130	49258	11
	广 西	Guangxi	95139	94911	43	186
	重 庆	Chongqing	74962	68870	6075	17
	四 川	Sichuan	188160	176137	11964	59
	贵 州	Guizhou	233695	185499	48196	
西 部	云 南	Yunnan	235755	203546	32110	99
Western	西 藏	Tibet	3372	2523	848	1
	陕 西	Shaanxi	143261	127336	15819	106
	甘 肃	Gansu	112916	87868	25046	2
	青 海	Qinghai	43211	40323	2704	183
	宁 夏	Ningxia	125031	121669	3362	0
	新 疆	Xinjiang	238603	202703	35874	27
	东北小计	**Northeast Total**	**496379**	**422033**	**74287**	**58**
东 北	辽 宁	Liaoning	263087	236946	26126	14
Northeast	吉 林	Jilin	98374	89922	8441	10
	黑 龙 江	Heilongjiang	134919	95164	39720	34

附录3-3 续表 1 continued 1

单位：吨 (ton)

区 域 Area	地 区	Region	氮氧化物排放总量 Nitrogen Oxides Emission	工业 Industry	生活 Household	机动车 Motor Vehicle	集中式污染治理设施 Centralized Pollution Control Facilities
	全 国	**National Total**	**12338518**	**5480735**	**497424**	**6336318**	**24040**
东 部 Eastern	**东部小计**	**Eastern Total**	**4784562**	**1951748**	**119609**	**2693679**	**19526**
	北 京	Beijing	98619	8005	4913	85667	34
	天 津	Tianjin	114223	38785	4889	70341	207
	河 北	Zhejiang	1016548	418355	45600	544100	8494
	上 海	Shanghai	151591	26980	5035	118994	582
	江 苏	Jiangsu	875649	436369	11987	422000	5294
	浙 江	Zhejiang	380369	136216	5869	234966	3319
	福 建	Fujian	305834	173526	3926	128080	301
	山 东	Shandong	1093288	415801	29976	647267	245
	广 东	Guangdong	699701	274905	7180	416605	1010
	海 南	Hainan	48739	22806	234	25659	40
中 部 Central	**中部小计**	**Central Total**	**2891174**	**1186533**	**125998**	**1576523**	**2120**
	山 西	Shanxi	576277	325859	24383	226013	22
	安 徽	Anhui	573366	255251	6386	311398	331
	江 西	Jiangxi	406842	193860	8763	203495	725
	河 南	Heinan	607684	134570	10435	462623	56
	湖 北	Hubei	356347	139852	13940	202273	282
	湖 南	Hunan	370658	137141	62091	170722	704
西 部 Western	**西部小计**	**Western Total**	**3346180**	**1707410**	**155264**	**1481328**	**2178**
	内 蒙 古	Inner Mongolia	589717	384540	41970	163197	9
	广 西	Guangxi	365189	182503	1161	180668	857
	重 庆	Chongqing	175171	62882	5178	106960	151
	四 川	Sichuan	483968	216555	14421	252676	315
	贵 州	Guizhou	231517	118059	14509	98949	
	云 南	Yunnan	328776	161740	16370	150394	272
	西 藏	Tibet	40861	7463	287	33111	0
	陕 西	Shaanxi	328851	148381	13777	166208	485
	甘 肃	Gansu	219664	104820	14898	99943	3
	青 海	Qinghai	76176	40162	4649	31335	30
	宁 夏	Ningxia	154905	94693	2604	57600	9
	新 疆	Xinjiang	351383	185612	25440	140286	47
东 北 Northeast	**东北小计**	**Northeast Total**	**1316601**	**635044**	**96553**	**584788**	**216**
	辽 宁	Liaoning	703001	394508	30385	278049	59
	吉 林	Jilin	245204	106056	9914	129198	35
	黑 龙 江	Heilongjiang	368397	134480	56254	177540	122

附录3-3 续表 2 continued 2

单位：吨 (ton)

区 域 Area	地 区 Region		颗粒物排放总量 Particulate Matter Emission	工业 Industry	生活 Household	机动车 Motor Vehicle	集中式污染治理设施 Centralized Pollution Control Facilities
	全 国	**National Total**	**10884766**	**9259287**	**1549001**	**73693**	**2784**
	东部小计	**Eastern Total**	**2665214**	**2320995**	**311681**	**30899**	**1639**
	北 京	Beijing	16796	11509	4422	863	3
	天 津	Tianjin	29206	19383	8990	828	5
	河 北	Zhejiang	482191	341843	133223	6438	687
	上 海	Shanghai	15386	13531	776	1065	14
东 部	江 苏	Jiangsu	408730	371858	32389	4148	335
Eastern	浙 江	Zhejiang	240699	232153	5109	3037	399
	福 建	Fujian	490856	476807	12332	1656	61
	山 东	Shandong	371582	266986	97220	7348	28
	广 东	Guangdong	586655	564195	17198	5159	102
	海 南	Hainan	23111	22728	21	356	5
	中部小计	**Central Total**	**2347308**	**1873708**	**455273**	**17767**	**560**
	山 西	Shanxi	393523	303388	87897	2230	7
	安 徽	Anhui	559727	548245	8007	3315	160
中 部	江 西	Jiangxi	399790	368003	29262	2201	324
Central	河 南	Heinan	175251	149996	19600	5644	11
	湖 北	Hubei	318659	267617	48692	2304	47
	湖 南	Hunan	500358	236458	261816	2073	11
	西部小计	**Western Total**	**4335773**	**3860832**	**456137**	**18289**	**515**
	内 蒙 古	Inner Mongolia	957568	803118	152375	2073	2
	广 西	Guangxi	383691	381485	81	2059	67
	重 庆	Chongqing	157030	149568	6038	1418	7
	四 川	Sichuan	345746	322495	20155	2839	257
	贵 州	Guizhou	189350	181910	6052	1388	
西 部	云 南	Yunnan	522039	449503	70337	2112	86
Western	西 藏	Tibet	135211	133966	825	420	1
	陕 西	Shaanxi	299322	255027	42363	1851	81
	甘 肃	Gansu	516268	459216	55700	1351	1
	青 海	Qinghai	100349	90532	9404	409	4
	宁 夏	Ningxia	197848	190637	6496	713	1
	新 疆	Xinjiang	531350	443377	86311	1656	7
	东北小计	**Northeast Total**	**1536471**	**1203753**	**325910**	**6738**	**70**
东 北	辽 宁	Liaoning	788440	710216	74842	3368	13
Northeast	吉 林	Jilin	231859	195456	35054	1345	4
	黑 龙 江	Heilongjiang	516172	298080	216014	2025	53

附录3-4 东中西部地区固体废物产生和利用情况(2019年)
Generation and Utilization of Solid Wastes by Eastern,Central & Western (2019)

单位：万吨 (10 000 tons)

区 域 Area	地 区 Region	一般工业固体废物产生量 Common Industrial Solid Wastes Generated	一般工业固体废物综合利用量 Common Industrial Solid Wastes Utilized	一般工业固体废物处置量 Common Industrial Solid Wastes Disposed	危险废物产生量贮存量 Hazardous Wastes Generated	危险废物综合利用处置量 Hazardous Wastes Utilized and Disposed
	全 国 National Total	**440810**	**232079**	**110359**	**8126.0**	**7539.3**
东 部 Eastern	**东部小计 Eastern Total**	**108825**	**78219**	**12070**	**3255**	**3229.4**
	北 京 Beijing	690	427	260	24.6	24.1
	天 津 Tianjin	1968	1939	25	62.4	62.3
	河 北 Hebei	32744	17661	5040	284.2	269.2
	上 海 Shanghai	1826	1676	149	124.8	125.2
	江 苏 Jiangsu	13610	11822	992	651.6	623.2
	浙 江 Zhejiang	5722	5355	336	502.0	508.5
	福 建 Fujian	9418	6380	1843	148.1	131.4
	山 东 Shandong	32129	25230	2299	985.6	1046.1
	广 东 Guangdong	10111	7331	925	466.4	433.5
	海 南 Hainan	609	398	200	4.9	5.9
中 部 Central	**中部小计 Central Total**	**127499**	**65880**	**39264**	**1494.0**	**1420.8**
	山 西 Shanxi	52037	18440	27402	360.7	352.9
	安 徽 Anhui	16571	13230	1572	156.2	147.7
	江 西 Jiangxi	13049	6968	1391	210.0	188.7
	河 南 Heinan	24965	11976	5457	230.1	212.9
	湖 北 Hubei	13368	10060	2467	120.7	110.4
	湖 南 Hunan	7510	5206	975	416.3	408.3
西 部 Western	**西部小计 Western Total**	**166703**	**70008**	**47567**	**2737.9**	**2417.3**
	内蒙古 Inner Mongolia	42671	11469	19418	733.9	643.5
	广 西 Guangxi	10278	5408	1338	279.5	265.6
	重 庆 Chongqing	2730	1935	506	72.0	68.3
	四 川 Sichuan	18722	7632	2231	364.9	349.2
	贵 州 Guizhou	12734	7078	1831	73.9	62.6
	云 南 Yunnan	20797	10694	7411	368.2	334.7
	西 藏 Tibet	3238	129	222	0.5	0.5
	陕 西 Shaanxi	14846	5411	6707	187.2	168.9
	甘 肃 Gansu	6485	2550	1824	177.9	139.7
	青 海 Qinghai	15603	8685	318	119.9	49.9
	宁 夏 Ningxia	6423	2552	2971	89.6	82.3
	新 疆 Xinjiang	12176	6465	2789	270.5	252.1
东 北 Northeast	**东北小计 Northeast Total**	**37782**	**17972**	**11458**	**639.4**	**471.7**
	辽 宁 Liaoning	22621	10527	8509	282.6	246.9
	吉 林 Jilin	5362	2885	1560	269.9	149.7
	黑龙江 Heilongjiang	9799	4560	1389	86.9	75.1

附录3-5　东中西部地区环境污染治理投资情况(2017年)
Investment in the Treatment of Evironmental Pollution by Eastern,Central & Western (2017)

单位：亿元　(100 million yuan)

区　域 Area	地　区 Region		环境污染治理投资总额 Total Investment in Treatment of Environ-mental Pollution	城市环境基础设施建设投资 Investment in Urban Environment Infrastructure Facilities	工业污染源治理投资 Investment in Treatment of Industrial Pollution Sources	当年完成环保验收项目环保投资 Environmental Protection Investment in the Environmental Protection Acceptance Projects in the Year	环境污染治理投资占GDP比重(%) Investment in Anti-pollution Projects as Percentage of GDP (%)
	全　　国	**National Total**	**9539.0**	**6085.7**	**681.5**	**2771.7**	**1.15**
	东部小计	**Eastern Total**	**4264.5**	**2516.4**	**357.6**	**1390.6**	**0.98**
东　部 Eastern	北　京	Beijing	665.4	640.0	15.7	9.7	2.23
	天　津	Tianjin	71.2	44.3	7.8	19.0	0.57
	河　北	Hebei	605.8	311.9	34.3	259.6	1.98
	上　海	Shanghai	160.4	97.5	44.8	18.1	0.49
	江　苏	Jiangsu	715.4	363.6	44.8	307.0	0.83
	浙　江	Zhejiang	452.9	284.1	36.9	131.9	0.86
	福　建	Fujian	224.4	145.5	14.7	64.1	0.66
	山　东	Shandong	948.8	442.5	113.1	393.2	1.51
	广　东	Guangdong	366.2	146.8	42.0	177.4	0.40
	海　南	Hainan	54.1	40.1	3.4	10.5	1.20
	中部小计	**Central Total**	**2393.8**	**1705.8**	**164.6**	**523.5**	**1.33**
中　部 Central	山　西	Shanxi	278.2	148.1	51.5	78.6	1.92
	安　徽	Anhui	505.0	369.3	25.9	109.8	1.70
	江　西	Jiangxi	315.5	239.3	10.6	65.7	1.56
	河　南	Heinan	641.3	483.1	50.5	107.7	1.43
	湖　北	Hubei	434.5	304.5	17.5	112.6	1.17
	湖　南	Hunan	219.3	161.5	8.6	49.2	0.65
	西部小计	**Western Total**	**2435.3**	**1588.9**	**128.1**	**718.3**	**1.43**
西　部 Western	内蒙古	Inner Mongolia	419.6	278.4	42.1	99.0	2.82
	广　西	Guangxi	184.1	145.1	7.6	31.5	1.04
	重　庆	Chongqing	222.1	143.4	6.1	72.7	1.11
	四　川	Sichuan	308.2	220.3	12.7	75.2	0.81
	贵　州	Guizhou	216.7	86.0	5.3	125.4	1.59
	云　南	Yunnan	142.6	101.1	6.0	35.5	0.77
	西　藏	Tibet	27.2	26.8	0.1	0.3	2.01
	陕　西	Shaanxi	314.5	213.2	17.2	84.1	1.46
	甘　肃	Gansu	89.3	61.0	7.5	20.9	1.22
	青　海	Qinghai	41.1	17.9	1.5	21.7	1.67
	宁　夏	Ningxia	84.4	44.8	8.6	31.1	2.64
	新　疆	Xinjiang	385.5	250.9	13.5	121.1	3.45
	东北小计	**Northeast Total**	**442.1**	**274.7**	**31.2**	**136.2**	**0.98**
东　北 Northeast	辽　宁	Liaoning	219.2	128.4	13.0	77.7	1.01
	吉　林	Jilin	91.6	61.8	9.1	20.7	0.84
	黑龙江	Heilongjiang	131.4	84.5	9.1	37.7	1.07

资料来源：生态环境部、住房和城乡建设部。
Source: Ministry of Ecology and Environment, Ministry of Housing and Urban-Rural Development.

附录3-6　东中西部地区城市环境情况(2019年)
Urban Environment by Eastern,Central & Western (2019)

区　域 Area	地　区 Region	城市污水 排放量 (万立方米) Volume of Municipal Sewage Discharge (10 000 cu.m)	城市污水 处理率 (%) Rate of Municipal Sewage Discharge (%)	城市燃气 普及率 (%) Gas Access Rate (%)	生活垃圾无 害化处理率 (%) Domestic Garbage Harmless Disposal Rate (%)
	全　　国　National Total	**5546474**	**96.8**	**97.3**	**99.2**
东　部 Eastern	**东部小计　Eastern Total**	**2863288**	**96.9**	**99.2**	**99.9**
	北　　京　Beijing	199336	99.3	100.0	100.0
	天　　津　Tianjin	110141	96.0	100.0	100.0
	河　　北　Hebei	179158	98.3	99.5	99.4
	上　　海　Shanghai	223578	96.3	100.0	100.0
	江　　苏　Jiangsu	472646	96.1	99.8	100.0
	浙　　江　Zhejiang	341076	97.0	100.0	100.0
	福　　建　Fujian	138631	95.2	98.4	99.9
	山　　东　Shandong	354337	98.0	99.1	99.9
	广　　东　Guangdong	808535	96.7	97.9	100.0
	海　　南　Hainan	35851	93.7	97.7	100.0
中　部 Central	**中部小计　Central Total**	**1074328**	**97.7**	**97.5**	**99.9**
	山　　西　Shanxi	86465	95.8	96.4	100.0
	安　　徽　Anhui	189716	97.1	98.7	100.0
	江　　西　Jiangxi	103662	95.4	97.9	100.0
	河　　南　Heinan	207300	97.7	97.1	99.7
	湖　　北　Hubei	260100	100.3	97.9	100.0
	湖　　南　Hunan	227086	97.1	96.6	100.0
西　部 Western	**西部小计　Western Total**	**1065743**	**96.4**	**94.2**	**97.9**
	内 蒙 古　Inner Mongolia	69234	97.4	95.8	99.8
	广　　西　Guangxi	137265	97.5	98.8	100.0
	重　　庆　Chongqing	134541	97.2	97.4	88.8
	四　　川　Sichuan	236109	95.3	95.0	99.8
	贵　　州　Guizhou	75011	96.8	91.8	96.6
	云　　南　Yunnan	107572	95.7	77.9	99.8
	西　　藏　Tibet	9616	94.9	60.1	98.3
	陕　　西　Shaanxi	126452	95.5	97.8	99.7
	甘　　肃　Gansu	46270	97.1	92.7	100.0
	青　　海　Qinghai	18449	95.1	93.8	96.3
	宁　　夏　Ningxia	27612	95.9	96.7	99.9
	新　　疆　Xinjiang	77612	97.9	98.5	96.3
东　北 Northeast	**东北小计　Northeast Total**	**543115**	**95.2**	**94.5**	**96.2**
	辽　　宁　Liaoning	293906	96.2	98.0	99.4
	吉　　林　Jilin	130382	95.2	91.8	90.2
	黑 龙 江　Heilongjiang	118827	92.8	91.1	95.5

资料来源：住房和城乡建设部。
Source:Ministry of Housing and Urban-Rural Derelopment.

附录3-7 东中西部地区农村环境情况(2017年)
Rural Environment by Eastern,Central & Western (2017)

区 域 Area	地 区	Region	卫生厕所普及率(%) Access Rate to Sanitary Lavatory (%)	无害化卫生厕所普及率(%) Access Rate to Harmless Sanitary Lavatory (%)	农村改厕投资(万元) Investment of Sanitation Lavatory Improvement (10 000 yuan))
	全 国	**National Total**	**81.74**	**62.54**	**1905091**
	东部小计	**Eastern Total**	**91.60**	**83.07**	**701557**
	北 京	Beijing	98.11	98.11	1306
	天 津	Tianjin	93.17	93.17	2533
	河 北	Hebei	73.33	51.76	27599
	上 海	Shanghai	99.18	99.07	6385
东 部	江 苏	Jiangsu	97.89	92.47	23764
Eastern	浙 江	Zhejiang	98.64	96.65	62103
	福 建	Fujian	95.02	93.54	48243
	山 东	Shandong	92.34	78.52	419744
	广 东	Guangdong	95.36	93.04	72669
	海 南	Hainan	86.27	85.28	37211
	中部小计	**Central Total**	**78.28**	**53.00**	**371526**
	山 西	Shanxi	61.14	38.03	18833
	安 徽	Anhui	73.83	45.34	110301
中 部	江 西	Jiangxi	93.85	77.70	70864
Central	河 南	Heinan	74.98	57.11	43149
	湖 北	Hubei	83.33	58.94	63092
	湖 南	Hunan	82.56	43.79	65287
	西部小计	**Western Total**	**74.66**	**55.58**	**722112**
	内蒙古	Inner Mongolia	77.88	33.53	42037
	广 西	Guangxi	91.56	86.45	207257
	重 庆	Chongqing	66.16	66.16	28736
	四 川	Sichuan	83.40	66.59	107300
	贵 州	Guizhou	64.49	48.00	149778
西 部	云 南	Yunnan	73.54	45.56	93969
Western	西 藏	Tibet	52.26		
	陕 西	Shaanxi	47.15	29.24	27237
	甘 肃	Gansu	77.42	36.60	29097
	青 海	Qinghai	69.17	19.66	
	宁 夏	Ningxia	74.33	56.14	10319
	新 疆	Xinjiang	65.58	48.03	26382
	东北小计	**Northeast Total**	**77.40**	**30.70**	**109897**
东 北	辽 宁	Liaoning	79.22	45.21	19281
Northeast	吉 林	Jilin	81.51	27.92	84976
	黑龙江	Heilongjiang	72.30	15.80	5639

资料来源:国家卫生健康委员会。
Source: National Health Commission.

附录四、世界主要国家和地区环境统计指标

APPENDIX IV. Main Environmental Indicators of the World's Major Countries and Regions

附录4-1 淡水资源(2014年)

国家或地区	Country or Area	淡水抽取量（亿立方米）Total Freshwater Withdrawals (100 million m^3)	人均可再生淡水资源（立方米）Renewable Internal Freshwater Resources per Capita (m^3)
阿富汗	Afghanistan	20.3	1491
阿尔巴尼亚	Albania	1.3	9296
阿尔及利亚	Algeria	8.4	289
美属萨摩亚	American Samoa		
安道尔	Andorra		4336
安哥拉	Angola	0.7	6109
安提瓜和巴布达	Antigua and Barbuda		572
阿根廷	Argentina	37.8	6794
亚美尼亚	Armenia	2.9	2282
荷兰	Aruba		
澳大利亚	Australia	19.8	20968
奥地利	Austria	3.7	6439
阿塞拜疆	Azerbaijan	12.0	851
巴哈马	Bahamas		1827
巴林	Bahrain	0.4	3
孟加拉国	Bangladesh	35.9	660
巴巴多斯	Barbados	0.1	282
白俄罗斯	Belarus	1.5	3585
比利时	Belgium	6.2	1068
伯利兹	Belize	0.1	43389
贝宁	Benin	0.1	972
百慕大	Bermuda		
不丹	Bhutan	0.3	101960
玻利维亚	Bolivia	2.1	28735
波黑	Bosnia and Herzegovina	0.3	9299
博茨瓦纳	Botswana	0.2	1081
巴西	Brazil	74.8	27470
文莱	Brunei Darussalam	0.1	20364
保加利亚	Bulgaria	6.1	2907
布基纳法索	Burkina Faso	0.8	711
布隆迪	Burundi	0.3	930
佛得角	Cabo Verde		584
柬埔寨	Cambodia	2.2	7868
喀麦隆	Cameroon	1.0	11988
加拿大	Canada	38.8	80183
开曼群岛	Cayman Islands		
中非	Central African Republic	0.1	29349
乍得	Chad	0.9	1104
海峡群岛	Channel Islands		
智利	Chile	35.4	49824
中国香港	Hong Kong SAR, China		
中国澳门	Macao SAR, China		
哥伦比亚	Colombia	11.8	44883
科摩罗	Comoros		1558
刚果民主共和国	Congo, Dem. Rep.	0.7	12020
刚果	Congo, Rep.		49279
哥斯达黎加	Costa Rica	2.4	23751
科特迪瓦	Cote d'Ivoire	1.5	3468
克罗地亚	Croatia	0.6	8895
古巴	Cuba	7.0	3350

资料来源：世界银行WDI数据库。

Freshwater (2014)

年度淡水抽取量 Freshwater Withdrawals			
占水资源总量的比重 (%) % of Internal Resources	农业用水 % for Agriculture	工业用水 % for Industry	生活用水 % for Domestic
43.0	99	1	1
4.9	39	18	43
74.9	59	5	36
0.5	21	34	45
22.1	16	22	63
12.9	74	11	15
42.9	39	4	30
4.0	66	13	22
6.6	3	79	18
147.5	84	19	4
8935.0	45	6	50
34.2	88	2	10
101.3	68	8	25
4.5	32	32	36
51.5	1	88	11
0.7	68	21	11
1.3	45	23	32
0.4	94	1	5
0.7	92	2	7
0.9		15	
8.1	41	18	41
1.3	60	17	23
1.1	6		
29.1	16	68	16
6.5	51	3	46
2.9	77	6	17
7.3	91	2	7
1.8	94	2	4
0.4	76	7	17
1.4	12	80	14
0.1	1	17	83
5.9	76	12	12
4.0	83	13	4
0.5	54	19	27
0.8	47	5	48
0.1	11	21	68
	9	22	70
2.1	57	11	32
2.0	38	21	41
1.7	1	14	85
18.3	65	11	24

Source: World Bank WDI Database.

附录4-1　续表 1

国家或地区	Country or Area	淡水抽取量（亿立方米）Total Freshwater Withdrawals (100 million m³)	人均可再生淡水资源（立方米）Renewable Internal Freshwater Resources per Capita (m³)
库拉索岛	Curacao		
塞浦路斯	Cyprus	0.2	676
捷克	Czech Republic	1.8	1249
丹麦	Denmark	0.7	1063
吉布提	Djibouti		342
多米尼加	Dominica		2765
多米尼加共和国	Dominican Republic	7.2	2258
厄瓜多尔	Ecuador	9.9	27819
埃及	Egypt, Arab Rep.	68.3	20
萨尔瓦多	El Salvador	2.1	2559
赤道几内亚	Equatorial Guinea		31673
厄立特里亚	Eritrea	0.6	635
爱沙尼亚	Estonia	1.6	9669
埃塞俄比亚	Ethiopia	5.6	1258
法罗群岛	Faroe Islands		
斐济	Fiji	0.1	32207
芬兰	Finland	6.6	19592
法国	France	33.1	3008
法属波利尼西亚	French Polynesia		38408
加蓬	Gabon	0.1	97175
冈比亚	Gambia	0.1	1556
格鲁吉亚	Georgia	1.8	15597
德国	Germany	33.0	1321
加纳	Ghana	1.0	1131
希腊	Greece	9.5	5325
格陵兰	Greenland		10662187
格林纳达	Grenada		1881
关岛	Guam		
危地马拉	Guatemala	3.3	6818
几内亚	Guinea	0.6	18411
几内亚比绍	Guinea-Bissau	0.2	8886
圭亚那	Guyana	1.4	315489
海地	Haiti	1.5	1231
洪都拉斯	Honduras	1.6	11387
匈牙利	Hungary	5.1	608
冰岛	Iceland	0.2	519265
印度	India	761.0	1116
印度尼西亚	Indonesia	113.3	7935
伊朗	Iran, Islamic Rep.	93.3	1644
伊拉克	Iraq	66.0	998
爱尔兰	Ireland	0.8	10612
马恩岛	Isle of Man		
以色列	Israel	2.0	91
意大利	Italy	53.8	3002
牙买加	Jamaica	0.8	3977
日本	Japan	81.5	3382
约旦	Jordan	0.9	92
哈萨克斯坦	Kazakhstan	21.1	3722
肯尼亚	Kenya	3.2	461
基里巴斯	Kiribati		
朝鲜	Korea, Dem. People's Rep.	8.7	2677
韩国	Korea, Rep.	29.2	1286

continued 1

年度淡水抽取量 Freshwater Withdrawals			
占水资源总量的比重 (%) % of Internal Resources	农业用水 % for Agriculture	工业用水 % for Industry	生活用水 % for Domestic
23.6	86	3	10
14.0	2	63	35
10.9	25	20	55
6.3	16		84
10.0	5		95
30.5	80	8	12
2.2	81	6	13
3794.4	86	6	8
13.6	68	10	22
0.1	6	15	79
20.8	95		5
12.8		96	4
4.6	94		6
0.3	61	11	28
6.1	1	93	6
16.6	9	74	17
0.1	29	10	61
3.0	43	19	37
3.1	58	22	20
30.9	1	84	15
3.2	66	10	24
16.4	89	2	9
7.1	15		85
3.0	57	18	25
0.2	53	9	38
1.1	82	5	13
0.6	94	1	4
11.1	83	4	13
1.8	73	7	20
84.2	6	79	14
0.1	42	8	49
52.6	90	2	7
5.6	82	7	12
72.6	92	1	7
187.5	79	15	7
1.5	15	7	83
260.5	58	6	36
29.5	44	36	17
7.5	55	9	35
18.9	67	14	19
138.0	65	4	31
32.9	66	30	4
15.5	59	4	37
12.9	76	13	10
45.0	55	15	24

附录4-1　续表 2

国家或地区	Country or Area	淡水抽取量（亿立方米）Total Freshwater Withdrawals (100 million m^3)	人均可再生淡水资源（立方米）Renewable Internal Freshwater Resources per Capita (m^3)
科索沃	Kosovo		
科威特	Kuwait	0.9	
吉尔吉斯斯坦	Kyrgyz Republic	8.0	8385
老挝	Lao PDR	3.5	28463
拉脱维亚	Latvia	0.4	8396
黎巴嫩	Lebanon	1.3	855
莱索托	Lesotho		2480
利比里亚	Liberia	0.1	45490
利比亚	Libya	4.3	112
列支敦士登	Liechtenstein		
立陶宛	Lithuania	2.4	5272
卢森堡	Luxembourg		1798
马其顿	Macedonia, FYR	1.0	2602
马达加斯加	Madagascar	16.5	14297
马拉维	Malawi	1.4	967
马来西亚	Malaysia	11.2	19397
马尔代夫	Maldives		75
马里	Mali	5.2	3512
马耳他	Malta	0.1	118
马绍尔群岛	Marshall Islands		
毛里塔尼亚	Mauritania	1.4	101
毛里求斯	Mauritius	0.7	2182
墨西哥	Mexico	80.3	3262
密克罗尼西亚	Micronesia, Fed. Sts.		
摩尔多瓦	Moldova	1.1	456
摩纳哥	Monaco		
蒙古	Mongolia	0.6	11959
黑山	Montenegro	0.2	
摩洛哥	Morocco	10.4	855
莫桑比克	Mozambique	0.9	3685
缅甸	Myanmar	33.2	18770
纳米比亚	Namibia	0.3	2564
尼泊尔	Nepal	9.5	7035
荷兰	Netherlands	10.7	652
新喀里多尼亚	New Caledonia		
新西兰	New Zealand	5.2	72510
尼加拉瓜	Nicaragua	1.5	25973
尼日尔	Niger	1.0	183
尼日利亚	Nigeria	13.1	1245
北马里亚纳群岛	Northern Mariana Islands		
挪威	Norway	2.9	74359
阿曼	Oman	1.3	330
巴基斯坦	Pakistan	183.5	297
帕劳	Palau		
巴拿马	Panama	1.0	35320
巴布亚新几内亚	Papua New Guinea	0.4	107321
巴拉圭	Paraguay	2.4	17856
秘鲁	Peru	13.7	52981
菲律宾	Philippines	81.6	4832
波兰	Poland	11.5	1410
葡萄牙	Portugal	9.2	3653
波多黎各	Puerto Rico	1.0	2009
卡塔尔	Qatar	0.4	26

continued 2

年度淡水抽取量 Freshwater Withdrawals			
占水资源总量的比重 (%) % of Internal Resources	农业用水 % for Agriculture	工业用水 % for Industry	生活用水 % for Domestic
	54	2	44
16.4	93	4	3
1.8	91	5	4
2.5	13	49	38
27.3	60	11	29
0.8	9	46	46
0.1	9	36	54
618.0	83	3	14
15.4	3	90	7
4.5		8	91
19.0	12	67	21
4.9	98	1	1
8.4	86	4	11
1.9	22	43	35
19.7		5	95
8.6	98		2
106.7	35	1	64
337.5	91	2	7
26.4	68	3	30
19.6	77	9	14
65.7	3	83	14
			100
1.6	44	43	13
	1	39	60
36.0	88	2	10
0.9	78	3	19
3.3	89	1	10
4.7	70	5	25
4.8	98		2
97.0	1	87	11
1.6	62	23	16
1.0	77	5	19
28.1	67	3	30
5.9	54	15	31
0.8	29	43	28
94.4	88	1	10
333.6	94	1	5
0.8	43	1	56
		43	57
2.1	79	6	15
0.8	89	2	9
17.0	82	10	8
21.4	10	73	18
24.1	79	13	11
14.0	7	2	91
792.9	59	2	39

附录4-1　续表 3

国家或地区	Country or Area	淡水抽取量（亿立方米）Total Freshwater Withdrawals (100 million m³)	人均可再生淡水资源（立方米）Renewable Internal Freshwater Resources per Capita (m³)
罗马尼亚	Romania	6.9	2129
俄罗斯联邦	Russian Federation	66.2	29989
卢旺达	Rwanda	0.2	838
萨摩亚	Samoa		
圣马力诺	San Marino		
圣多美和普林西比	Sao Tome and Principe		11699
沙特阿拉伯	Saudi Arabia	23.7	78
塞内加尔	Senegal	2.2	1758
塞尔维亚	Serbia	4.1	1179
塞舌尔	Seychelles		
塞拉利昂	Sierra Leone	0.2	25334
新加坡	Singapore		110
圣马丁岛(荷兰部分)	Sint Maarten (Dutch part)		
斯洛伐克共和国	Slovak Republic	0.7	2325
斯洛文尼亚	Slovenia	0.9	9054
所罗门群岛	Solomon Islands		78123
索马里	Somalia	3.3	570
南非	South Africa	12.5	829
南苏丹	South Sudan	0.7	2183
西班牙	Spain	33.5	2392
斯里兰卡	Sri Lanka	13.0	2542
圣基茨岛和尼维斯	St. Kitts and Nevis		437
圣露西亚	St. Lucia		1634
圣马丁(法国部分)	St. Martin (French part)		
圣文森特和格林纳丁斯	St. Vincent and the Grenadines		914
苏丹	Sudan	26.9	102
苏里南	Suriname	0.6	183930
斯威士兰	Swaziland	1.0	2080
瑞典	Sweden	2.7	17636
瑞士	Switzerland	2.0	4934
叙利亚	Syrian Arab Republic	16.8	380
塔吉克斯坦	Tajikistan	11.5	7650
坦桑尼亚	Tanzania	5.2	1621
泰国	Thailand	57.3	3315
东帝汶	Timor-Leste	1.2	6777
多哥	Togo	0.2	1616
汤加	Tonga		
特立尼达和多巴哥	Trinidad and Tobago	0.4	2835
突尼斯	Tunisia	3.3	381
土耳其	Turkey	40.1	2928
土库曼斯坦	Turkmenistan	28.0	265
特克斯和凯科斯群岛	Turks and Caicos Islands		
图瓦卢	Tuvalu		
乌干达	Uganda	0.6	1032
乌克兰	Ukraine	14.9	1215
阿拉伯联合酋长国	United Arab Emirates	4.0	17
英国	United Kingdom	10.8	2244
美国	United States	478.4	8836
乌拉圭	Uruguay	3.7	26963
乌兹别克斯坦	Uzbekistan	56.0	531
瓦努阿图	Vanuatu		
委内瑞拉	Venezuela, RB	22.6	26227
越南	Vietnam	82.0	3961
维尔京群岛(美国)	Virgin Islands (U.S.)		
约旦河西岸和加沙	West Bank and Gaza	0.4	189
也门	Yemen, Rep.	3.6	80
赞比亚	Zambia	1.6	5101
津巴布韦	Zimbabwe	4.2	804

continued 3

年度淡水抽取量 Freshwater Withdrawals			
占水资源总量的比重 (%) % of Internal Resources	农业用水 % for Agriculture	工业用水 % for Industry	生活用水 % for Domestic
16.2	17	61	22
1.5	20	60	20
1.6	68	8	24
0.3			
986.3	88	3	9
8.6	93	3	4
49.0	2	82	17
	7	28	66
0.1	22	26	52
5.5	3	50	47
5.0		82	18
55.0	99		
27.9	63	6	31
2.5	36	34	29
30.2	64	21	16
24.5	87	6	6
65.0	1		99
14.3	71		29
8.5			100
673.3	96		4
0.6	70	22	8
39.5	97	1	2
1.6	4	63	34
4.9	10	54	36
235.0	88	4	9
18.1	91	4	6
6.2	89		10
25.5	90	5	5
14.3	91		8
1.5	45	2	53
10.0	4	34	62
78.8	80	5	15
17.7	74	11	15
1989.3	94	3	3
1.6	41	8	51
27.0	30	48	22
2665.3	83	2	15
7.5	9	32	58
17.0	40	46	14
4.0	87	2	11
342.7	90	3	7
2.8	74	4	23
22.8	95	4	1
51.5	45	7	48
169.8	91	2	7
2.0	73	8	18
34.3	79	7	14

附录4-2 供 水

国家或地区	Country or Area	最近年份 latest year available	淡水供应量（百万立方米） Net Freshwater Supplied by Water Supply Industry (mio m^3)
阿尔巴尼亚	Albania	2015	920
阿尔及利亚	Algeria	2015	3548
安道尔	Andorra	2015	6
安哥拉	Angola		
安提瓜和巴布达	Antigua and Barbuda	2015	4
亚美尼亚	Armenia	2017	121
澳大利亚	Australia	2017	3450
奥地利	Austria	2010	587
阿塞拜疆	Azerbaijan	2017	256
巴林	Bahrain	2015	261
孟加拉国	Bangladesh	2015	776
白俄罗斯	Belarus	2015	611
比利时	Belgium	2014	579
伯利兹	Belize	2012	8
贝宁	Benin	2009	28
百慕大	Bermuda	2017	3
玻利维亚	Bolivia (Plurinational State of)	2016	225
波黑	Bosnia and Herzegovina	2015	158
博茨瓦纳	Botswana	2016	72
巴西	Brazil	2016	9890
英属维尔京群岛	British Virgin Islands		
保加利亚	Bulgaria	2015	381
布隆迪	Burundi	2017	27
佛得角	Cabo Verde		
喀麦隆	Cameroon	2009	85
加拿大	Canada	2015	5021
开曼群岛	Cayman Islands	2015	4
中非共和国	Central African Republic		
智利	Chile	2011	1064
中国香港	China, Hong Kong SAR	2015	973
中国澳门	China, Macao SAR	2015	85
哥伦比亚	Colombia	2016	3129
哥斯达黎加	Costa Rica	2017	289
克罗地亚	Croatia	2009	271
古巴	Cuba	2017	910
塞浦路斯	Cyprus	2015	82
捷克	Czechia	2015	481
丹麦	Denmark	2009	386
厄瓜多尔	Ecuador		
埃及	Egypt	2015	6129

资料来源：联合国统计司环境统计数据库。
Sources:UNSD Environment Statistics Data.

Water Supply Industry

人均淡水供应量 (立方米/人) Net Freshwater Supplied by Water Supply Industry per capita (m^3/person)	最近年份 latest year available	供水受益率 (%) Total Population Supplied by Water Supply Industry (%)	受益人口人均淡水供应量 (立方米/人) Net Freshwater Supplied by Water Supply Industry per capita Connected (m^3/person)
	2017	78.0	
89	2015	98.0	91
77	2015	100.0	77
	2011	15.3	
	2011	82.0	
	2016	97.9	
	2016	92.0	
26	2017	50.9	51
190	2015	99.3	191
	2009	100.0	
23	2012	57.6	39
42	2017	19.0	220
	2017	85.7	
	2017	68.0	
	2006	96.0	
48	2016	83.3	58
	2001	48.4	
	2017	99.0	
	2017	84.5	
	2007	43.9	
	2009	30.0	
135	2015	100.0	135
141	2015	100.0	141
58	2017	95.2	61
	2011	86.0	
80	2017	95.6	84
	2017	100.0	
	2017	95.0	
	2002	97.0	
	2012	74.5	
66	2015	98.0	68

附录4-2　续表 1

国家或地区	Country or Area	最近年份 latest year available	淡水供应量（百万立方米） Net Freshwater Supplied by Water Supply Industry (mio m^3)
爱沙尼亚	Estonia	2013	52
斐济	Fiji	2017	75069
芬兰	Finland	1999	404
法国	France	2013	3622
法属圭亚那	French Guiana	2014	15
冈比亚	Gambia		
格鲁吉亚	Georgia	2017	262
德国	Germany	2013	4233
希腊	Greece	2015	1182
瓜德卢普	Guadeloupe	2015	36
危地马拉	Guatemala		
几内亚	Guinea	2009	68
圭亚那	Guyana	2012	127
匈牙利	Hungary	2015	443
冰岛	Iceland	2005	67
印度尼西亚	Indonesia	2012	2969
伊朗	Iran (Islamic Republic of)	2017	5610
伊拉克	Iraq	2015	3745
爱尔兰	Ireland	2011	669
以色列	Israel	2012	1902
意大利	Italy	2012	5232
牙买加	Jamaica	2017	87
日本	Japan	2012	80500
约旦	Jordan	2015	214
哈萨克斯坦	Kazakhstan	2017	1124
科威特	Kuwait	2015	640
吉尔吉斯斯坦	Kyrgyzstan	2017	5072
拉脱维亚	Latvia	2015	74
黎巴嫩	Lebanon	2008	326
立陶宛	Lithuania	2015	101
莱索托	Luxembourg		
马达加斯加	Madagascar	2007	101
马拉维	Malawi	2016	26
马来西亚	Malaysia	2017	3937
马尔代夫	Maldives	2015	6
马里	Mali	2017	11402
马耳他	Malta	2015	28
马提尼克	Martinique	2015	38
毛里求斯	Mauritius	2017	120
墨西哥	Mexico	2017	12628
摩纳哥	Monaco	2017	5
黑山	Montenegro	2011	50
摩洛哥	Morocco		
荷兰	Netherlands	2014	1068

continued 1

人均淡水供应量（立方米/人） Net Freshwater Supplied by Water Supply Industry per capita (m^3/person)	最近年份 latest year available	供水受益率（%） Total Population Supplied by Water Supply Industry (%)	受益人口人均淡水供应量（立方米/人） Net Freshwater Supplied by Water Supply Industry per capita Connected (m^3/person)
	2017	83.0	
	2014	94.0	
57	2013	99.0	57
	2012	68.0	
	2005	50.0	
65	2017	66.0	99
	2016	99.0	
	2007	94.0	
	2012	76.0	
	2011	74.9	
	2016	48.0	
	2017	100.0	
	2014	95.0	
70	2017	95.2	73
105	2015	86.8	121
	2007	85.0	
	2011	80.0	
	2014	96.7	
62	2017	92.0	68
167	2015	100.0	167
	2005	75.6	
	2017	82.0	
	2015	100.0	
127	2017	95.5	133
616	2017	68.0	906
	2017	100.0	
	2012	100.0	
95	2017	99.7	95
123	2017	100.0	123
	2014	83.0	
	2016	100.0	

附录4-2　续表 2

国家或地区	Country or Area	最近年份 latest year available	淡水供应量（百万立方米） Net Freshwater Supplied by Water Supply Industry (mio m^3)
新喀里多尼亚	New Caledonia		
尼日尔	Niger	2012	52
尼日利亚	Nigeria	2010	3047
北马其顿	North Macedonia	2014	524
挪威	Norway	1994	575
巴拿马	Panama	2017	419
巴拉圭	Paraguay		
秘鲁	Peru		
菲律宾	Philippines		
波兰	Poland	2015	1595
葡萄牙	Portugal	2009	718
卡塔尔	Qatar	2015	509
韩国	Republic of Korea	2015	7775
摩尔多瓦	Republic of Moldova	2017	97
罗马尼亚	Romania	2015	774
罗马尼亚	Russian Federation	2017	9080
卢旺达	Rwanda	2012	20
留尼汪	Réunion	2014	130
萨摩亚	Samoa	2014	16
沙特阿拉伯	Saudi Arabia	2016	2770
塞内加尔	Senegal	2017	150
塞尔维亚	Serbia	2015	423
新加坡	Singapore	2015	665
斯洛伐克	Slovakia	2015	288
斯洛文尼亚	Slovenia	2015	112
南非	South Africa	2012	14647
西班牙	Spain	2014	3669
巴勒斯坦	State of Palestine		
苏丹	Sudan		
苏里南	Suriname	2017	46
瑞典	Sweden	2005	737
瑞士	Switzerland	2015	803
泰国	Thailand	2014	4206
特立尼达和多巴哥	Trinidad and Tobago		
突尼斯	Tunisia	2013	1232
土耳其	Turkey	2014	3682
乌克兰	Ukraine	2012	2806
阿拉伯联合酋长国	United Arab Emirates	2015	1847
英国	United Kingdom of Great Britain and Northern Ireland	2011	3968
坦桑尼亚	United Republic of Tanzania		
乌兹别克斯坦	Uzbekistan	2015	1639
委内瑞拉	Venezuela (Bolivarian Republic of)	2009	28268
越南	Viet Nam		
也门	Yemen	2013	99
津巴布韦	Zimbabwe	2017	3820

continued 2

人均淡水供应量(立方米/人) Net Freshwater Supplied by Water Supply Industry per capita (m^3/person)	最近年份 latest year available	供水受益率(%) Total Population Supplied by Water Supply Industry (%)	受益人口人均淡水供应量(立方米/人) Net Freshwater Supplied by Water Supply Industry per capita Connected (m^3/person)
	2014	95.0	
19	2010	56.0	34
252	2014	95.0	266
	2017	89.0	
	2016	77.7	
	2017	80.9	
	2017	89.4	
	2004	80.2	
	2017	92.0	
	2017	93.0	
198	2015	100.0	198
24	2017	54.2	44
	2017	68.0	
	2010	79.2	
	2010	74.2	
81	2014	96.0	84
	2015	98.0	
10	2017	48.6	20
48	2015	82.9	57
119	2015	100.0	119
	2017	89.0	
277	2012	93.8	296
	2016	100.0	
	2015	94.9	
	2011	60.5	
	2012	67.8	
	2015	88.0	
	2012	99.0	
	2016	96.9	
	2015	97.6	
	2016	98.0	
	2013	55.6	
53	2015	81.4	65
1008	2009	95.0	1062
	2012	32.0	
4	2013	18.6	21

附录4-3 氮氧化物排放
NOx Emissions

国家或地区	Country or Area	最近年份 Latest Year Available	氮氧化物排放量（千吨） NOx Emissions (1000 tonnes)	比1990年增减（%） % Change since 1990 (%)	人均氮氧化物排放量（千克） NOx Emissions per Capita (kg)
阿富汗	Afghanistan	2005	62.58		2.56
阿尔巴尼亚	Albania	1994	18.01		5.73
阿尔及利亚	Algeria	2000	283.21		9.08
安道尔	Andorra	1997	0.71		11.07
安哥拉	Angola	2005	154.00		8.60
安提瓜和巴布达	Antigua and Barbuda	2000	2.27		29.23
阿根廷	Argentina	2000	675.79	31.13	18.24
亚美尼亚	Armenia	2010	17.21	-77.53	5.81
澳大利亚	Australia	2012	2536.45	44.60	110.71
奥地利	Austria	2012	178.26	-8.46	21.08
阿塞拜疆	Azerbaijan	1994	113.00	-28.20	14.72
巴林	Bahrain	2000	52.00		77.98
孟加拉国	Bangladesh	2005	3.95		0.03
巴巴多斯	Barbados	1997	0.05	-97.90	0.19
白俄罗斯	Belarus	2012	189.92	-43.47	20.01
比利时	Belgium	2012	193.31	-47.94	17.45
伯利兹	Belize	1994	5.60		27.75
贝宁	Benin	2000	60.53		8.71
不丹	Bhutan	2000	1.77		3.14
玻利维亚	Bolivia (Plurinational State of)	2004	64.92	31.07	7.24
波黑	Bosnia and Herzegovina	2001	40.07	-51.76	10.55
巴西	Brazil	2005	3400.00	35.84	18.04
保加利亚	Bulgaria	2012	148.48	-43.94	20.33
布基纳法索	Burkina Faso	1994	9.36		0.95
布隆迪	Burundi	2005	11.23		1.42
佛得角	Cabo Verde	2000	2.03		4.62
柬埔寨	Cambodia	1994	38.02		3.67
喀麦隆	Cameroon	1994	252.22		18.62
中非共和国	Central African Republic	1994	51.25		15.75
乍得	Chad	1993	78.35		11.95
智利	Chile	2010	272.20		16.00
哥伦比亚	Colombia	2004	335.16	24.53	7.84
科摩罗	Comoros	1994	0.46		0.99
刚果	Congo	2000	17.65		5.68
哥斯达黎加	Costa Rica	2005	26.88	-19.71	6.33
科特迪瓦	Cote d'Ivoire	2000	290.49		17.59
克罗地亚	Croatia	2012	55.19	-40.85	12.87

资料来源：联合国气候变化框架公约秘书处。
联合国统计司/联合国环境规划署2004年环境统计问卷，大气部分。
联合国经济社会事务部人口司，世界人口展望2015修订版，纽约，2015。

Sources: UN Framework Convention on Climate Change (UNFCCC) Secretatiat.
UNSD/UNEP 2004 Questionnaire on Environment Statistics, Air section.
United Nations, Department of Economic and Social Affairs, Population Division, World Population Prospects: The 2015 Revision, New York, 2015.

附录4-3 续表 1 continued 1

国家或地区	Country or Area	最近年份 Latest Year Available	氮氧化物排放量（千吨） NOx Emissions (1000 tonnes)	比1990年增减（%） % Change since 1990 (%)	人均氮氧化物排放量（千克） NOx Emissions per Capita (kg)
古巴	Cuba	1996	101.54	-28.35	9.27
塞浦路斯	Cyprus	2012	2124.00	13321.34	1880.81
捷克	Czech Republic	2012	210.77	-71.61	19.99
朝鲜	Democratic People's Republic of Korea	2002	159.00	-65.36	6.84
刚果民主共和国	Democratic Republic of the Congo	2003	784.69		14.92
丹麦	Denmark	2012	119.79	-57.28	21.39
吉布提	Djibouti	2000	1..89		2.62
多米尼加	Dominica	2005	0.63		8.93
多米尼加共和国	Dominican Republic	2000	93.12	68.33	10.88
厄瓜多尔	Ecuador	2006	231.77	47.71	16.59
萨尔瓦多	El Salvador	2005	40.42		6.80
厄立特里亚	Eritrea	2000	6.00		1.70
爱沙尼亚	Estonia	2012	3182.00	4021.81	2403.25
埃塞俄比亚	Ethiopia	1994	166.00	3.75	3.00
斐济	Fiji	2004	11.49		14.04
芬兰	Finland	2012	146.75	-50.31	27.05
法国	France	2012	1074.74	-44.59	16.91
加蓬	Gabon	2000	7.54		6.12
冈比亚	Gambia	2000	6.83		5.56
格鲁吉亚	Georgia	2006	27.67	-78.63	6.25
德国	Germany	2012	1269.26	-55.88	15.77
加纳	Ghana	2000	205.64		10.92
希腊	Greece	2012	258.91	-20.63	23.31
危地马拉	Guatemala	1990	43.79		4.78
几内亚	Guinea	1994	70.42		9.34
几内亚比绍	Guinea-Bissau	1994	4.88		4.22
圭亚那	Guyana	2004	17.00	1.80	22.91
海地	Haiti	2000	14.70		1.72
洪都拉斯	Honduras	2000	47.77		7.65
匈牙利	Hungary	2012	109.41	-53.02	10.99
冰岛	Iceland	2012	20.55	-24.70	63.54
印度尼西亚	Indonesia	2000	85.66	-28.91	0.40
伊朗	Iran (Islamic Republic of)	2000	600.84		9.12
爱尔兰	Ireland	2012	72.87	-40.17	15.61
以色列	Israel	2010	187.29		25.24
意大利	Italy	2012	881.52	-57.36	14.76
牙买加	Jamaica	1994	30.86		12.51
日本	Japan	2012	1626.95	-20.35	12.80
约旦	Jordan	2006	116.00		20.98
哈萨克斯坦	Kazakhstan	2012	500.26	-25.89	29.74
肯尼亚	Kenya	1994	49.98		1.88
基里巴斯	Kiribati	1994			0.00

附录4-3 续表 2 continued 2

国家或地区	Country or Area	最近年份 Latest Year Available	氮氧化物排放量（千吨） NOx Emissions (1000 tonnes)	比1990年增减（%） % Change since 1990 (%)	人均氮氧化物排放量（千克） NOx Emissions per Capita (kg)
科威特	Kuwait	1994	113.00		66.79
吉尔吉斯斯坦	Kyrgyzstan	2005	64.92	-44.53	12.69
老挝	Lao People's Dem. Rep.	2000	20.84	81.53	3.90
拉脱维亚	Latvia	2012	34.87	-58.24	17.12
黎巴嫩	Lebanon	2000	58.70		18.14
莱索托	Lesotho	1998	5.05		2.77
利比里亚	Liberia	2000	1.00		0.35
立陶宛	Lithuania	2012	59.53	-63.39	19.74
卢森堡	Luxembourg	2005	0.44	175.00	0.96
马达加斯加	Madagascar	2000	27.64		1.76
马拉维	Malawi	1994	26.31	-8.99	2.71
马里	Mali	2000	42.54		3.85
马耳他	Malta	2012	8.86	17.37	21.33
毛里塔尼亚	Mauritania	2000	10.31		3.80
毛里求斯	Mauritius	2006	15.15		12.34
墨西哥	Mexico	2002	1444.41	16.30	13.68
密克罗尼西亚	Micronesia (Federated States of)	1994	2.25		21.25
摩纳哥	Monaco	2012	0.33	-26.16	8.93
蒙古	Mongolia	1998	2.98	29.57	1.27
黑山	Montenegro	2003	10.94	5.80	17.81
摩洛哥	Morocco	2000	190.91		6.46
莫桑比克	Mozambique	1994	93.81	22.08	6.11
缅甸	Myanmar	2005	0.03		0.00
纳米比亚	Namibia	2000	41.20		21.71
荷兰	Netherlands	2012	230.22	-59.42	13.75
新西兰	New Zealand	2012	158.50	57.72	35.73
尼加拉瓜	Nicaragua	2000	90.62		18.03
尼日尔	Niger	2000	24.00		2.14
尼日利亚	Nigeria	2000	1008.00		8.20
纽埃岛	Niue	1994	26.30		11938.49
挪威	Norway	2012	166.23	-13.27	33.12
阿曼	Oman	1994	0.22		0.10
巴基斯坦	Pakistan	1994	410.26		3.43
巴拿马	Panama	2002	39.42		12.54
巴拉圭	Paraguay	2000	87.70	-20.33	16.54
秘鲁	Peru	1994	181.66		7.69
菲律宾	Philippines	1994	345.23		5.06
波兰	Poland	2012	817.30	-36.15	21.17
葡萄牙	Portugal	2012	172.14	-30.44	16.37
卡塔尔	Qatar	2007	175.69		149.02
摩尔多瓦	Republic of Moldova	2010	37.06	-72.99	9.07
罗马尼亚	Romania	2012	207.04	-54.69	10.38
俄罗斯联邦	Russian Federation	2012	5603.13	-40.94	39.10

附录4-3　续表 3　continued 3

国家或地区	Country or Area	最近年份 Latest Year Available	氮氧化物排放量(千吨) NOx Emissions (1000 tonnes)	比1990年增减(%) % Change since 1990 (%)	人均氮氧化物排放量(千克) NOx Emissions per Capita (kg)
卢旺达	Rwanda	2005	14.20		1.58
圣卢西亚	Saint Lucia	2000	2.00		12.74
圣文森特和格林纳丁斯	Saint Vincent and the Grenadines	1997	27.88	-3.21	258.10
萨摩亚	Samoa	1994	0.97		5.75
圣马力诺	San Marino	2007	1.54		51.62
圣多美和普林西比	Sao Tome and Principe	2005	0.77		5.03
塞内加尔	Senegal	2000	8.46		0.86
塞尔维亚	Serbia	1998	164.00	-20.88	16.96
塞舌尔	Seychelles	2000	1.15		14.17
斯洛伐克	Slovakia	2012	81.31	-64.10	15.01
斯洛文尼亚	Slovenia	2012	44.84	-26.09	21.74
西班牙	Spain	2012	929.61	-31.09	19.93
斯里兰卡	Sri Lanka	2000	83.69		4.46
苏丹	Sudan	2000	112.00		3.99
苏里南	Suriname	2003	10.00		20.51
斯威士兰	Swaziland	1994	19.93		21.11
瑞典	Sweden	2012	131.81	-51.19	13.81
瑞士	Switzerland	2012	73.71	-49.14	9.19
塔吉克斯坦	Tajikistan	2010	6.00	-91.89	0.79
泰国	Thailand	2000	907.10		14.47
马其顿	The Former Yugoslav Rep. of Macedonia	2009	34.11	-17.99	16.56
东帝汶	Timor-Leste	2010	1.82		1.72
多哥	Togo	2000	42.72		8.76
汤加	Tonga	2000	0.59		6.07
特立尼达和多巴哥	Trinidad and Tobago	1990	36.86		30.16
突尼斯	Tunisia	2000	94.87		9.78
土耳其	Turkey	2012	1283.74	99.43	17.15
土库曼斯坦	Turkmenistan	2004	90.24		19.21
图瓦卢	Tuvalu	1994			
乌干达	Uganda	2000	103.77		4.37
乌克兰	Ukraine	2012	1205.57	-48.22	26.60
阿拉伯联合酋长国	United Arab Emirates	2005	332.00		74.07
英国	United Kingdom	2012	1067.63	-63.10	16.79
坦桑尼亚	United Rep. of Tanzania	1994	979.07	524.88	33.73
美国	United States	2012	11882.02	-45.45	37.74
乌拉圭	Uruguay	2004	38.76	29.23	11.66
乌兹别克斯坦	Uzbekistan	2005	257.52	-37.48	9.93
瓦努阿图	Vanuatu	1994	0.08		0.51
委内瑞拉	Venezuela (Bolivarian Republic of)	1999	395.79		16.48
越南	Viet Nam	2000	312.63		3.89
也门	Yemen	2000	115.00		6.46
赞比亚	Zambia	2000	1276.67		120.61
津巴布韦	Zimbabwe	2000	148.83		11.91

附录4-4 二氧化硫排放
SO_2 Emissions

国家或地区	Country or Area	最近年份 Latest Year Available	二氧化硫排放量（千吨） SO_2 Emissions (1000 tonnes)	比1990年增减（%） % Change since 1990 (%)	人均二氧化硫排放量（千克） SO_2 Emissions per Capita (kg)
阿富汗	Afghanistan	2005	13.86		0.57
阿尔及利亚	Algeria	2000	45.64		1.46
安道尔	Andorra	1997	0.69		10.77
安提瓜和巴布达	Antigua and Barbuda	2000	2.75	-2.83	35.42
阿根廷	Argentina	2000	87.62	10.6	2.36
亚美尼亚	Armenia	2010	29.44	7448.7	9.93
澳大利亚	Australia	2012	797.76	-48.7	34.82
奥地利	Austria	2012	17.23	-76.8	2.04
阿塞拜疆	Azerbaijan	1994	48.00	-18.6	6.25
巴林	Bahrain	2000	27.00		40.49
巴巴多斯	Barbados	1997	0.05		0.19
白俄罗斯	Belarus	2012	146.86	-86.4	15.47
比利时	Belgium	2012	48.75	-86.4	4.40
伯利兹	Belize	1994	0.53		2.63
贝宁	Benin	2000	13.88		2.00
不丹	Bhutan	2000	1.06		1.88
玻利维亚	Bolivia (Plurinational State of)	2000	12.10	8.4	1.45
波黑	Bosnia and Herzegovina	2001	213.74	-52.8	56.25
保加利亚	Bulgaria	2012	1335.49	-15.6	182.85
智利	Chile	2010	271.40		15.95
哥伦比亚	Colombia	2004	142.81	0.7	3.34
哥斯达黎加	Costa Rica	2005	4.85		1.14
科特迪瓦	Cote d'Ivoire	2000	4079.55		246.98
克罗地亚	Croatia	2012	25.58	-85.3	5.97
古巴	Cuba	1996	432.38	-0.1	39.47
塞浦路斯	Cyprus	2012	16.10	-45.9	14.26
捷克	Czech Republic	2012	157.91	-91.6	14.97
朝鲜	Democratic People's Republic of Korea	2002	1384.00	-55.7	59.53
刚果民主共和国	Democratic Republic of the Congo	2000	0.02		0.00
丹麦	Denmark	2012	13.43	-92.5	2.40
多米尼加	Dominica	2005	0.22		3.12
多米尼加共和国	Dominican Republic	2000	110.15	42.9	12.86
厄瓜多尔	Ecuador	2006	8.87	37.7	0.64
爱沙尼亚	Estonia	2012	69.96	-62.0	52.84
埃塞俄比亚	Ethiopia	1995	13.20	18.9	0.23

资料来源：联合国气候变化框架公约秘书处。
联合国统计司/联合国环境规划署2004年环境统计问卷，大气部分。
联合国经济社会事务部人口司，世界人口展望：2015修订版，纽约，2015。

Sources:UN Framework Convention on Climate Change (UNFCCC) Secretatiat.
UNSD/UNEP 2004 Questionnaire on Environment Statistics, Air section.
United Nations, Department of Economic and Social Affairs, Population Division, World Population Prospects: The 2015 Revision, New York, 2015.

附录4-4 续表 1 continued 1

国家或地区	Country or Area	最近年份 Latest Year Available	二氧化硫排放量（千吨） SO_2 Emissions (1000 tonnes)	比1990年增减（%） % Change since 1990 (%)	人均二氧化硫排放量（千克） SO_2 Emissions per Capita (kg)
斐济	Fiji	1994	0.03		0.04
芬兰	Finland	2012	52.06	-79.1	9.60
法国	France	2012	274.29	-79.7	4.32
加蓬	Gabon	2000	7.67		6.23
冈比亚	Gambia	2000	3031.94		2467.27
格鲁吉亚	Georgia	2006	0.50	-99.8	0.11
德国	Germany	2012	427.07	-91.9	5.31
加纳	Ghana	2000	0.50		0.03
希腊	Greece	2012	244.90	-48.6	22.04
危地马拉	Guatemala	1990	74.50		8.13
几内亚	Guinea	1994	0.44		0.06
圭亚那	Guyana	2004	6.90	-8.0	9.30
海地	Haiti	2000	13.58		1.59
洪都拉斯	Honduras	2000	0.38		0.06
匈牙利	Hungary	2012	31.80	-96.2	3.19
冰岛	Iceland	2012	83.88	295.1	259.36
伊朗	Iran (Islamic Republic of)	2000	139.46		2.12
爱尔兰	Ireland	2012	23.12	-87.3	4.95
以色列	Israel	2010	164.46		22.16
意大利	Italy	2012	181.73	-89.9	3.04
牙买加	Jamaica	1994	99.70		40.42
日本	Japan	2012	936.84	-25.3	7.37
约旦	Jordan	2006	138.00		24.95
哈萨克斯坦	Kazakhstan	2012	649.61	-37.9	38.62
科威特	Kuwait	1994	319.00		188.55
吉尔吉斯斯坦	Kyrgyzstan	2005	26.90	-72.7	5.26
老挝	Lao People's Democratic Republic	2000	1.59		0.30
拉脱维亚	Latvia	2012	2.39	-97.7	1.17
黎巴嫩	Lebanon	2000	93.42		28.87
莱索托	Lesotho	1998			
立陶宛	Lithuania	2012	36.48	-82.8	12.09
卢森堡	Luxembourg	2005	0.21	31.3	0.46
马达加斯加	Madagascar	2000	39.82		2.53
马里	Mali	1995			
马耳他	Malta	2012	8.25	-47.7	19.85
毛利塔尼亚	Mauritania	2000	0.09		0.03
毛里求斯	Mauritius	2006	11.44		9.32
墨西哥	Mexico	2002	2612.91	-3.1	24.75
密克罗尼西亚	Micronesia (Federated States of)	1994	0.53		5.00
摩纳哥	Monaco	2012	0.04	-42.9	1.07
黑山	Montenegro	2003	45.43	6.3	73.95
摩洛哥	Morocco	2000	484.09		16.39
纳米比亚	Namibia	2000	10.90		5.74
荷兰	Netherlands	2012	33.91	-82.9	2.02
新西兰	New Zealand	2012	78.16	33.8	17.62
尼加拉瓜	Nicaragua	2000	0.19		0.04

附录4-4 续表 2 continued 2

国家或地区	Country or Area	最近年份 Latest Year Available	二氧化硫排放量(千吨) SO_2 Emissions (1000 tonnes)	比1990年增减(%) % Change since 1990 (%)	人均二氧化硫排放量(千克) SO_2 Emissions per Capita (kg)
尼日尔	Niger	2000	2140		190.65
尼日利亚	Nigeria	2000	190		1.55
纽埃	Niue	1994	2211.18		1003713.12
挪威	Norway	2012	16.66	-68.1	3.32
阿曼	Oman	1994	3.38		1.58
巴基斯坦	Pakistan	1994	775.46		6.49
巴拿马	Panama	2000	0.13		0.04
巴拉圭	Paraguay	2000	0.16	-46.7	0.03
秘鲁	Peru	1994	123.26		5.22
菲律宾	Philippines	1994	458.53		6.72
波兰	Poland	2012	853.30	-73.4	22.10
葡萄牙	Portugal	2012	59.22	-81.7	5.63
卡塔尔	Qatar	2007	143.92		122.07
摩尔多瓦	Republic of Moldova	2010	18.78	-93.6	4.60
罗马尼亚	Romania	2012	293.03	-66.3	14.69
俄罗斯联邦	Russian Federation	2012	681.95	-16.0	4.76
卢旺达	Rwanda	2005	18.00		2.00
圣卢西亚	Saint Lucia	2000	0.10		1.86
圣文森特和格林纳丁斯	Saint Vincent and the Grenadines	1997	0.32	28.0	2.96
塞内加尔	Senegal	2000	41.96		4.26
塞尔维亚	Serbia	1998	388.00	-21.0	40.13
斯洛伐克	Slovakia	2012	58.52	-88.8	10.81
斯洛文尼亚	Slovenia	2012	10.12	-94.9	4.91
西班牙	Spain	2012	407.94	-81.2	8.75
斯里兰卡	Sri Lanka	2000	105.87		5.64
苏丹	Sudan	2000	1.00		0.04
斯威士兰	Swaziland	1994	1.97		2.09
瑞典	Sweden	2012	27.79	-73.6	2.91
瑞士	Switzerland	2012	10.67	-73.7	1.33
塔吉克斯坦	Tajikistan	2010	9.00	-73.5	1.19
泰国	Thailand	2000	618.90		9.87
马其顿	The Former Yugoslav Rep. of Macedonia	2009	205.83	6807.0	99.97
东帝汶	Timor-Leste	2010	0.40		0.38
多哥	Togo	2000	8.35		1.71
汤加	Tonga	2000	0.10		1.02
特立尼达和多巴哥	Trinidad and Tobago	1996	8.60	-1.7	7.04
突尼斯	Tunisia	2000	111.29		11.47
土耳其	Turkey	2012	248.83	-70.2	3.32
土库曼斯坦	Turkmenistan	2004	2.43		0.52
乌干达	Uganda	2000	4.10		0.17
乌克兰	Ukraine	2012	1687.55	-68.2	37.24
阿拉伯联合酋长国	United Arab Emirates	2005	10354.00		2310.14
英国	United Kingdom of Great Britain and Northern Ireland	2012	429.44	-88.5	6.75
坦桑尼亚	United Rep. of Tanzania	1994	175.74	8.4	6.05
美国	United States of America	2012	4739.47	-77.4	15.06
乌拉圭	Uruguay	2004	51.50	25.1	15.49
乌兹别克斯坦	Uzbekistan	2005	170.85	-74.9	6.59
越南	Viet Nam	2000	9.86		0.12
也门	Yemen	2000	12.00		0.67
赞比亚	Zambia	2000	6.16		0.58
津巴布韦	Zimbabwe	2000	1.04		0.08

附录4-5 二氧化碳排放(2011年)
CO_2 Emissions (2011)

国家或地区	Country or Area	二氧化碳排放量(百万吨) CO_2 Emissions (mio. tonnes)	比1990年增减(%) % Change since 1990 (%)	人均二氧化碳排放量(吨/人) CO_2 Emissions per Capita (tonne / person)	每平方公里二氧化碳排放量(吨/平方公里) CO_2 Emissions per km^2 (tonne / km^2)
阿富汗	Afghanistan	12.25	357.7	0.43	18.77
阿尔巴尼亚	Albania	4.67	-37.7	1.62	162.38
阿尔及利亚	Algeria	121.76	54.3	3.32	51.12
安道尔	Andorra	0.49		5.97	1050.00
安哥拉	Angola	29.71	570.7	1.35	23.83
安圭拉	Anguilla	0.14		10.25	1571.43
安提瓜和巴布达	Antigua and Barbuda	0.51	70.7	5.82	1161.54
阿根廷	Argentina	190.03	68.7	4.56	68.35
亚美尼亚	Armenia	4.96		1.67	166.81
阿鲁巴	Aruba	2.44	32.5	23.92	13547.78
澳大利亚	Australia	398.16	44.2	17.66	51.76
奥地利	Austria	70.35	13.4	8.35	838.83
阿塞拜疆	Azerbaijan	33.46		3.63	386.35
巴哈马	Bahamas	1.91	-2.3	5.20	136.76
巴林	Bahrain	23.44	85.1	17.95	30943.23
孟加拉国	Bangladesh	57.07	267.4	0.37	386.73
巴巴多斯	Barbados	1.57	45.7	5.58	3641.40
白俄罗斯	Belarus	55.38	-46.7	5.84	266.77
比利时	Belgium	104.27	-12.4	9.47	3415.58
伯利兹	Belize	0.55	76.5	1.67	23.95
贝宁	Benin	4.99	597.4	0.51	43.46
百慕大	Bermuda	0.39	-34.3	6.17	7403.77
不丹	Bhutan	0.56	337.3	0.77	14.61
玻利维亚	Bolivia (Plurinational State of)	16.12	191.7	1.60	14.67
波黑	Bosnia and Herzegovina	23.75		6.20	463.74
博茨瓦纳	Botswana	4.86	122.9	2.32	8.34
巴西	Brazil	439.41	110.4	2.19	51.61
英属维尔京群岛	British Virgin Islands	0.18	166.7	6.31	1165.56
文莱	Brunei Darussalam	9.74	56.8	24.39	1690.06
保加利亚	Bulgaria	53.20	-33.7	7.23	479.78
布基纳法索	Burkina Faso	1.93	229.4	0.12	7.08

资料来源：联合国统计司千年发展目标数据库。
联合国经济社会事务部人口司，世界人口展望：2015年修订版，纽约，2015。
联合国统计司，人口统计年鉴2011。

Sources: UNSD Millennium Development Goals Indicators database.
United Nations, Department of Economic and Social Affairs, Population Division, World Population Prospects: World Population Prospects: The 2015 Revision, New York, 2015.
UNSD Demographic Yearbook 2011.

附录4-5　续表 1　continued 1

国家或地区	Country or Area	二氧化碳排放量(百万吨) CO_2 Emissions (mio. tonnes)	比1990年增减(%) % Change since 1990 (%)	人均二氧化碳排放量(吨/人) CO_2 Emissions per Capita (tonne / person)	每平方公里二氧化碳排放量(吨/平方公里) CO_2 Emissions per km^2 (tonne / km^2)
布隆迪	Burundi	0.21	-28.8	0.02	7.51
佛得角	Cabo Verde	0.43	383.4	0.86	105.48
柬埔寨	Cambodia	4.50	896.8	0.31	24.83
喀麦隆	Cameroon	5.66	225.7	0.27	11.90
加拿大	Canada	557.29	21.4	16.15	55.81
开曼群岛	Cayman Islands	0.58	130.5	10.31	2208.71
中非共和国	Central African Republic	0.29	44.4	0.06	0.46
乍得	Chad	0.54	267.4	0.04	0.42
智利	Chile	79.41	138.4	4.62	105.02
中国香港	China, Hong Kong SAR	40.27	45.6	5.72	36480.71
中国澳门	China, Macao SAR	1.17	12.8	2.13	38870.00
哥伦比亚	Colombia	72.42	26.3	1.56	63.43
科摩罗	Comoros	0.16	104.8	0.22	70.56
刚果	Congo	2.25	89.2	0.54	6.57
库克群岛	Cook Islands	0.07	216.8	3.42	295.34
哥斯达黎加	Costa Rica	7.84	165.4	1.70	153.50
科特迪瓦	Cote d'Ivoire	6.45	11.2	0.31	19.99
克罗地亚	Croatia	20.92	-10.4	4.86	369.62
古巴	Cuba	35.92	7.2	3.17	326.91
塞浦路斯	Cyprus	7.57	63.5	6.78	817.88
捷克	Czech Republic	115.07	-30.1	10.92	1459.06
朝鲜	Democratic People's Republic of Korea	73.58	-69.9	2.99	610.42
刚果民主共和国	Dem. Rep. of the Congo	3.43	-15.9	0.05	1.46
丹麦	Denmark	45.48	-16.1	8.15	1055.26
吉布提	Djibouti	0.47	25.2	0.56	20.39
多米尼加	Dominica	0.12	112.4	1.75	166.05
多米尼加共和国	Dominican Republic	21.89	137.1	2.18	449.72
厄瓜多尔	Ecuador	35.73	112.2	2.35	139.36
埃及	Egypt	220.79	190.7	2.64	220.35
萨尔瓦多	El Salvador	6.68	155.3	1.10	317.71
赤道几内亚	Equatorial Guinea	6.69	5427.8	8.91	238.44
厄立特里亚	Eritrea	0.52		0.11	4.43
爱沙尼亚	Estonia	18.43	-49.8	13.88	407.44
埃塞俄比亚	Ethiopia	7.54	149.9	0.08	6.83
法罗群岛	Faeroe Islands	0.57	-8.8	11.72	408.04
福克兰群岛(马尔维纳斯群岛)	Falkland Islands (Malvinas)	0.06	49.9	19.26	4.52
斐济	Fiji	1.24	51.1	1.42	67.63

附录4-5　续表 2　continued 2

国家或地区	Country or Area	二氧化碳排放量（百万吨）CO_2 Emissions (mio. tonnes)	比1990年增减(%) % Change since 1990 (%)	人均二氧化碳排放量（吨/人）CO_2 Emissions per Capita (tonne / person)	每平方公里二氧化碳排放量（吨/平方公里）CO_2 Emissions per km^2 (tonne / km^2)
芬兰	Finland	56.40	-0.4	10.45	167.44
法国	France	364.82	-8.5	5.77	661.50
法属圭亚那	French Guiana	0.72	-11.7	2.99	8.60
法属波利尼西亚	French Polynesia	0.86	36.1	3.17	214.53
加蓬	Gabon	2.24	-53.8	1.42	8.36
冈比亚	Gambia	0.42	121.1	0.24	37.34
格鲁吉亚	Georgia	7.93		1.89	113.80
德国	Germany	810.44	-22.2	10.08	2269.37
加纳	Ghana	10.08	156.4	0.40	42.26
直布罗陀	Gibraltar	0.45	377.1	14.64	75783.33
希腊	Greece	94.25	13.6	8.45	714.25
格陵兰	Greenland	0.71	27.0	12.54	0.33
格林纳达	Grenada	0.25	130.0	2.41	735.47
瓜德鲁普	Guadeloupe	1.77	37.1	3.87	1040.94
危地马拉	Guatemala	11.26	121.3	0.75	103.39
几内亚	Guinea	2.60	145.8	0.23	10.56
几内亚比绍	Guinea-Bissau	0.25	-2.9	0.15	6.80
圭亚那	Guyana	1.78	56.3	2.36	8.29
海地	Haiti	2.21	122.5	0.22	79.68
洪都拉斯	Honduras	8.41	224.5	1.10	74.78
匈牙利	Hungary	49.86	-31.2	4.99	535.96
冰岛	Iceland	3.33	54.3	10.38	32.36
印度	India	2 074.34	200.4	1.66	631.02
印度尼西亚	Indonesia	563.98	277.1	2.30	295.14
伊朗	Iran (Islamic Republic of)	586.60	177.8	7.80	360.15
伊拉克	Iraq	133.65	154.3	4.19	307.08
爱尔兰	Ireland	37.72	16.3	8.11	540.15
以色列	Israel	69.52	90.3	9.19	3149.81
意大利	Italy	413.38	-4.9	6.93	1371.82
牙买加	Jamaica	7.76	-2.6	2.82	705.67
日本	Japan	1 240.63	8.7	9.75	3282.70
约旦	Jordan	22.26	114.0	3.29	249.18
哈萨克斯坦	Kazakhstan	261.76		15.81	96.06
肯尼亚	Kenya	13.57	133.0	0.33	23.34
基里巴斯	Kiribati	0.06	183.2	0.60	85.77
科威特	Kuwait	91.03	88.4	28.10	5108.86
吉尔吉斯斯坦	Kyrgyzstan	6.62		1.19	33.08

附录4-5　续表 3　continued 3

国家或地区	Country or Area	二氧化碳排放量(百万吨) CO_2 Emissions (mio. tonnes)	比1990年增减(%) % Change since 1990 (%)	人均二氧化碳排放量(吨/人) CO_2 Emissions per Capita (tonne / person)	每平方公里二氧化碳排放量(吨/平方公里) CO_2 Emissions per km^2 (tonne / km^2)
老挝	Lao People's Dem. Rep.	1.20	412.5	0.19	5.08
拉脱维亚	Latvia	7.75	-59.3	3.76	120.06
黎巴嫩	Lebanon	20.49	125.1	4.46	1960.15
莱索托	Lesotho	2.20		1.08	72.48
利比里亚	Liberia	0.89	84.1	0.22	8.00
利比亚	Libya	39.02	6.1	6.20	22.18
列支敦士登	Liechtenstein	0.18	-10.4	4.93	1125.00
立陶宛	Lithuania	14.03	-60.8	4.57	214.85
卢森堡	Luxembourg	11.14	-6.8	21.42	4307.15
马达加斯加	Madagascar	2.45	148.3	0.11	4.17
马拉维	Malawi	1.21	97.0	0.08	10.18
马来西亚	Malaysia	225.69	298.8	7.90	682.26
马尔代夫	Maldives	1.10	616.8	3.26	3679.33
马里	Mali	1.25	196.5	0.08	1.01
马耳他	Malta	2.67	42.9	6.44	8442.72
马绍尔群岛	Marshall Islands	0.10	115.3	1.95	567.40
马提尼克	Martinique	2.45	18.4	6.21	2171.63
毛里塔尼亚	Mauritania	2.31	-13.3	0.63	2.24
毛里求斯	Mauritius	3.92	167.7	3.13	1989.03
墨西哥	Mexico	466.55	48.4	3.88	237.50
密克罗尼西亚	Micronesia (Federated States of)	0.13		1.24	182.76
摩尼黑	Monaco	0.08	-24.9	2.13	39600.00
蒙古	Mongolia	19.08	90.0	6.92	12.20
黑山	Montenegro	2.57		4.13	186.11
蒙特塞拉特	Montserrat	0.08	100.2	16.16	791.18
摩洛哥	Morocco	56.54	140.2	1.74	126.61
莫桑比克	Mozambique	3.28	227.8	0.13	4.09
缅甸	Myanmar	10.44	144.2	0.20	15.43
纳米比亚	Namibia	2.78	10701.2	1.24	3.37
瑙鲁	Nauru	0.05	-67.5	5.11	2442.86
尼泊尔	Nepal	4.33	583.2	0.16	29.45
荷兰	Netherlands	168.06	5.5	10.07	4499.07
新喀里多尼亚	New Caledonia	3.85	137.2	15.43	207.48
新西兰	New Zealand	33.26	33.5	7.55	122.97
尼加拉瓜	Nicaragua	4.90	92.2	0.84	37.58
尼日尔	Niger	1.42	70.9	0.08	1.12
尼日利亚	Nigeria	88.03	94.0	0.54	95.29

附录4-5　续表 4　continued 4

国家或地区	Country or Area	二氧化碳排放量（百万吨） CO_2 Emissions (mio. tonnes)	比1990年增减 (%) % Change since 1990 (%)	人均二氧化碳排放量（吨/人） CO_2 Emissions per Capita (tonne / person)	每平方公里二氧化碳排放量（吨/平方公里） CO_2 Emissions per km^2 (tonne / km^2)
纽埃	Niue	0.01	197.3	6.81	42.31
挪威	Norway	44.60	27.8	9.00	137.73
阿曼	Oman	64.85	469.6	20.20	209.55
巴基斯坦	Pakistan	163.45	138.4	0.94	205.32
帕劳	Palau	0.22		10.86	487.36
巴拿马	Panama	9.67	249.1	2.63	128.17
巴布亚新几内亚	Papua New Guinea	5.23	144.2	0.75	11.30
巴拉圭	Paraguay	5.30	134.2	0.84	13.03
秘鲁	Peru	53.07	150.7	1.78	41.29
菲律宾	Philippines	82.01	96.4	0.87	273.38
波兰	Poland	327.72	-12.6	8.49	1050.77
葡萄牙	Portugal	51.24	13.6	4.85	555.71
卡塔尔	Qatar	83.88	612.3	44.02	7226.27
韩国	Republic of Korea	589.43	138.7	11.94	5892.32
摩尔多瓦	Republic of Moldova	4.98		1.22	147.13
留尼汪	Réunion	4.51	210.6	5.39	1794.83
罗马尼亚	Romania	85.60	-51.9	4.26	359.09
俄罗斯联邦	Russian Federation	1 650.27	-34.2	11.52	96.52
卢旺达	Rwanda	0.66	22.3	0.06	25.20
圣赫勒拿	Saint Helena	0.01	50.7	2.66	90.16
圣基茨和尼维斯	Saint Kitts and Nevis	0.27	305.6	5.05	1025.67
圣卢西亚	Saint Lucia	0.41	146.7	2.27	755.10
圣皮埃尔岛和密克隆	Saint Pierre and Miquelon	0.07	-24.0	11.11	288.02
圣文森特和格林纳丁斯	Saint Vincent and the Grenadines	0.24	195.4	2.18	612.85
萨摩亚	Samoa	0.23	88.2	1.25	82.59
圣多美和普林西比	Sao Tome and Principe	0.10	115.3	0.59	106.54
沙特阿拉伯	Saudi Arabia	520.28	138.7	18.07	242.02
塞内加尔	Senegal	7.86	146.9	0.59	39.95
塞尔维亚	Serbia	49.19		5.45	556.64
塞舌尔	Seychelles	0.60	425.7	6.37	1323.32
塞拉利昂	Sierra Leone	0.90	131.1	0.15	12.43
新加坡	Singapore	22.39	-52.3	4.31	31351.53
斯洛伐克	Slovakia	37.23	-39.8	6.88	759.30
斯洛文尼亚	Slovenia	16.18	9.4	7.86	798.00
所罗门群岛	Solomon Islands	0.20	22.8	0.37	6.85
索马里	Somalia	0.58	3045.9	0.06	0.90

附录4-5 续表 5 continued 5

国家或地区	Country or Area	二氧化碳排放量 (百万吨) CO_2 Emissions (mio. tonnes)	比1990年增减 (%) % Change since 1990 (%)	人均二氧化碳排放量 (吨/人) CO_2 Emissions per Capita (tonne / person)	每平方公里二氧化碳排放量 (吨/平方公里) CO_2 Emissions per km^2 (tonne / km^2)
南非	South Africa	477.24	49.2	9.14	390.85
西班牙	Spain	280.92	23.5	6.01	555.19
斯里兰卡	Sri Lanka	15.23	293.7	0.75	232.17
巴勒斯坦	State of Palestine	2.25		0.54	373.41
苏里南	Suriname	1.91	5.5	3.65	11.66
斯威士兰	Swaziland	1.05	146.5	0.87	60.40
瑞典	Sweden	48.48	-15.2	5.12	107.67
瑞士	Switzerland	41.85	-6.3	5.28	1013.63
叙利亚	Syrian Arab Republic	57.67	54.0	2.81	311.43
塔吉克斯坦	Tajikistan	2.78		0.36	19.45
泰国	Thailand	303.37	216.6	4.53	591.23
马其顿	The Former Yugoslav Rep. of Macedonia	9.34		4.52	363.09
东帝汶	Timor-Leste	0.18		0.17	12.29
多哥	Togo	2.10	171.1	0.32	36.94
汤加	Tonga	0.10	33.4	0.98	137.48
特立尼达和多巴哥	Trinidad and Tobago	49.57	192.3	37.14	9663.59
突尼斯	Tunisia	25.64	93.3	2.38	156.73
土耳其	Turkey	345.73	144.2	4.70	441.23
土库曼斯坦	Turkmenistan	62.22		12.18	127.47
特克斯和凯科斯群岛	Turks and Caicos Islands	0.19		6.01	201.11
乌干达	Uganda	3.80	373.0	0.11	15.73
乌克兰	Ukraine	306.53	-57.6	6.74	507.93
阿拉伯联合酋长国	United Arab Emirates	178.48	243.2	20.43	2134.98
英国	United Kingdom of Great Britain and Northern Ireland	464.04	-21.5	7.35	1913.59
坦桑尼亚	United Republic of Tanzania	7.30	207.7	0.15	7.73
美国	United States of America	5 583.38	9.5	17.87	579.84
乌拉圭	Uruguay	7.77	94.7	2.30	44.12
乌兹别克斯坦	Uzbekistan	114.86		4.08	256.73
瓦努阿图	Vanuatu	0.14	105.2	0.59	11.73
委内瑞拉	Venezuela (Bolivarian Republic of)	188.82	54.6	6.42	207.03
越南	Viet Nam	173.21	709.1	1.94	523.36
瓦利斯和富图纳群岛	Wallis and Futuna Islands	0.03		1.91	180.99
也门	Yemen	22.30	-843.3	0.92	42.23
赞比亚	Zambia	3.05	24.6	0.21	4.05
津巴布韦	Zimbabwe	9.86	-36.4	0.69	25.23

附录4-6 温室气体排放
Greenhouse Gas Emissions

国家或地区	Country or Area	最近年份 Latest Year Available	温室气体排放总量（百万吨二氧化碳当量） Total GHG Emissions (mio. tonnes of CO_2 equivalent)	比1990年增减(%) % Change since 1990 (%)	人均温室气体排放量（吨二氧化碳当量/人） GHG Emissions per Capita (tonnes of CO_2 equivalent/person)
阿富汗	Afghanistan	2005	19.33		0.79
阿尔巴尼亚	Albania	1994	5.53	-22.43	1.76
阿尔及利亚	Algeria	2000	111.02		3.56
安哥拉	Angola	2005	61.61		3.44
安提瓜和巴布达	Antigua and Barbuda	2000	0.60	53.81	7.70
阿根廷	Argentina	2000	282.00	22.05	7.61
亚美尼亚	Armenia	2010	7.20	-71.14	2.43
澳大利亚	Australia	2012	543.65	31.01	23.73
奥地利	Austria	2012	80.06	2.53	9.47
阿塞拜疆	Azerbaijan	1994	43.17	-28.97	5.62
巴哈马	Bahamas	1994	2.20	14.72	7.96
巴林	Bahrain	2000	22.37		33.55
孟加拉国	Bangladesh	2005	99.44		0.70
巴巴多斯	Barbados	1997	2.20	-32.90	8.24
白俄罗斯	Belarus	2012	89.28	-35.84	9.41
比利时	Belgium	2012	116.52	-18.49	10.52
伯利兹	Belize	1994	6.34		31.41
贝宁	Benin	2000	6.25		0.90
不丹	Bhutan	2000	1.56		2.76
玻利维亚	Bolivia (Plurinational State of)	2004	43.67	184.95	4.87
波黑	Bosnia and Herzegovina	2001	16.12	-52.65	4.24
博茨瓦纳	Botswana	1994	9.29		6.04
巴西	Brazil	2005	862.81	49.67	4.58
保加利亚	Bulgaria	2012	61.26	-44.22	8.39
布基纳法索	Burkina Faso	1994	5.97		0.61
布隆迪	Burundi	2005	26.47		3.34
佛得角	Cabo Verde	2000	0.45		1.02
柬埔寨	Cambodia	1994	12.76		1.23
喀麦隆	Cameroon	1994	165.73		12.23
加拿大	Canada	2012	698.63	18.23	20.25
中非共和国	Central African Republic	1994	37.74		11.60
乍得	Chad	1993	8.02		1.22

资料来源：联合国气候变化框架公约秘书处。
联合国经济社会事务部人口司，世界人口展望：2015年修订版。

Sources: UN Framework Convention on Climate Change (UNFCCC) Secretatiat.
United Nations, Department of Economic and Social Affairs, Population Division, World Population Prospects: The 2015 Revision.

附录4-6　续表 1　continued 1

国家或地区	Country or Area	最近年份 Latest Year Available	温室气体排放总量（百万吨二氧化碳当量） Total GHG Emissions (mio. tonnes of CO_2 equivalent)	比1990年增减(%) % Change since 1990 (%)	人均温室气体排放量（吨二氧化碳当量/人） GHG Emissions per Capita (tonnes of CO_2 equivalent/person)
智利	Chile	2006	78.96		4.85
哥伦比亚	Colombia	2004	153.88	29.61	3.60
科摩罗	Comoros	1994	0.51		1.10
刚果	Congo	2000	2.07		0.66
库克群岛	Cook Islands	1994	0.08		4.40
哥斯达黎加	Costa Rica	2005	12.11	98.87	2.85
科特迪瓦	Cote d'Ivoire	2000	271.20		16.42
克罗地亚	Croatia	2012	26.45	-17.29	6.17
古巴	Cuba	1996	26.51	-58.28	2.42
塞浦路斯	Cyprus	2012	9.26	52.09	8.20
捷克	Czech Republic	2012	131.47	-32.98	12.47
朝鲜	Democratic People's Republic of Korea	2002	87.33	-57.92	3.76
刚果民主共和国	Democratic Republic of the Congo	2003	46.00		0.87
丹麦	Denmark	2012	53.12	-24.14	9.48
吉布提	Djibouti	2000	1.07		1.48
多米尼加	Dominica	2005	0.18		2.58
多米尼加共和国	Dominican Republic	2000	26.43	109.11	3.09
厄瓜多尔	Ecuador	2006	247.99	38.82	17.75
埃及	Egypt	2000	193.24	65.53	2.83
萨尔瓦多	El Salvador	2005	11.07		1.86
厄立特里亚	Eritrea	2000	3.93		1.11
爱沙尼亚	Estonia	2012	19.19	-52.77	14.49
埃塞俄比亚	Ethiopia	1995	47.75	10.99	0.86
斐济	Fiji	2004	2.71		3.31
芬兰	Finland	2012	60.97	-13.31	11.24
法国	France	2012	496.40	-11.42	7.81
加蓬	Gabon	2000	6.16		5.00
冈比亚	Gambia	2000	19.38		15.77
格鲁吉亚	Georgia	2006	12.22	-73.05	2.76
德国	Germany	2012	939.08	-24.76	11.67
加纳	Ghana	2006	18.23	97.52	0.97
希腊	Greece	2012	110.99	5.77	9.99
格林纳达	Grenada	1994	1.61		16.16
危地马拉	Guatemala	1990	14.74		1.61
几内亚	Guinea	1994	5.06		0.67
几内亚比绍	Guinea-Bissau	1994	1.69		1.47
圭亚那	Guyana	2004	3.07	13.17	4.14

附录4-6 续表 2 continued 2

国家或地区	Country or Area	最近年份 Latest Year Available	温室气体排放总量（百万吨二氧化碳当量） Total GHG Emissions (mio. tonnes of CO_2 equivalent)	比1990年增减(%) % Change since 1990 (%)	人均温室气体排放量（吨二氧化碳当量/人） GHG Emissions per Capita (tonnes of CO_2 equivalent/person)
海地	Haiti	2000	6.68		0.78
洪都拉斯	Honduras	2000	10.30		1.65
匈牙利	Hungary	2012	61.98	-36.50	6.22
冰岛	Iceland	2012	4.47	26.28	13.81
印度	India	2000	1523.77		1.45
印度尼西亚	Indonesia	2000	554.33	107.76	2.62
伊朗	Iran (Islamic Republic of)	2000	483.67		7.35
爱尔兰	Ireland	2012	58.53	5.95	12.54
以色列	Israel	2010	75.42		10.16
意大利	Italy	2012	461.19	-11.15	7.72
牙买加	Jamaica	1994	116.31		47.15
日本	Japan	2012	1343.14	8.81	10.56
约旦	Jordan	2006	27.75		5.02
哈萨克斯坦	Kazakhstan	2012	283.55	-20.71	16.86
肯尼亚	Kenya	1994	21.47		0.81
基里巴斯	Kiribati	1994	0.03		0.36
科威特	Kuwait	1994	32.37		19.13
吉尔吉斯斯坦	Kyrgyzstan	2005	12.02	-60.29	2.35
老挝	Lao People's Dem. Rep.	2000	8.90	29.59	1.67
拉脱维亚	Latvia	2012	10.98	-58.11	5.39
黎巴嫩	Lebanon	2000	18.45		5.70
莱索托	Lesotho	2000	3.51		1.93
利比里亚	Liberia	2000	8.02		2.77
列支敦士登	Liechtenstein	2012	0.23	-1.47	6.17
立陶宛	Lithuania	2012	21.62	-55.62	7.17
卢森堡	Luxembourg	2012	11.84	-8.25	22.77
马达加斯加	Madagascar	2000	29.34		1.86
马拉维	Malawi	1994	7.07	-12.11	0.73
马来西亚	Malaysia	2000	193.40		8.26
马尔代夫	Maldives	1994	0.15		0.62
马里	Mali	2000	12.30		1.11
马耳他	Malta	2012	3.14	57.65	7.56
毛里塔尼亚	Mauritania	2000	6.94		2.56
毛里求斯	Mauritius	2006	4.76		3.88
墨西哥	Mexico	2006	641.45	50.83	5.84
密克罗尼西亚	Micronesia (Federated States of)	1994	0.25		2.32

附录4-6 续表 3 continued 3

国家或地区	Country or Area	最近年份 Latest Year Available	温室气体排放总量（百万吨二氧化碳当量）Total GHG Emissions (mio. tonnes of CO_2 equivalent)	比1990年增减(%) % Change since 1990 (%)	人均温室气体排放量（吨二氧化碳当量/人）GHG Emissions per Capita (tonnes of CO_2 equivalent/person)
摩纳哥	Monaco	2012	0.09	-14.69	2.50
蒙古	Mongolia	2006	17.71	-8.32	7.52
黑山	Montenegro	2003	5.31	4.87	8.65
摩洛哥	Morocco	2000	59.70		2.02
莫桑比克	Mozambique	1994	8.22	21.24	0.54
缅甸	Myanmar	2005	38.37		0.77
纳米比亚	Namibia	2000	9.09		4.79
瑙鲁	Nauru	1994	0.04		3.64
尼泊尔	Nepal	1994	31.19		1.50
荷兰	Netherlands	2012	191.67	-9.53	11.44
新西兰	New Zealand	2012	76.05	25.41	17.14
尼加拉瓜	Nicaragua	2000	11.98		2.38
尼日尔	Niger	2000	13.63	180.83	1.21
尼日利亚	Nigeria	2000	212.44		1.73
纽埃	Niue	1994	4.42		2007.33
挪威	Norway	2012	52.76	4.53	10.51
阿曼	Oman	1994	20.88		9.76
巴基斯坦	Pakistan	1994	160.59		1.34
帕劳	Palau	2000	0.09		5.50
巴拿马	Panama	2000	9.71		3.09
巴布亚新几内亚	Papua New Guinea	1994	5.01		1.09
巴拉圭	Paraguay	2000	23.43	-58.31	4.42
秘鲁	Peru	2010	80.59		2.74
菲律宾	Philippines	2000	126.88		1.63
波兰	Poland	2012	399.27	-14.39	10.34
葡萄牙	Portugal	2012	68.85	13.13	6.55
卡塔尔	Qatar	2007	61.59		52.24
韩国	Republic of Korea	2012	688.43	133.70	13.95
摩尔多瓦	Republic of Moldova	2010	13.28	-69.31	3.25
罗马尼亚	Romania	2012	118.79	-52.04	5.96
俄罗斯联邦	Russian Federation	2012	2297.15	-31.79	16.03
卢旺达	Rwanda	2005	6.18		0.69
圣基茨和尼维斯	Saint Kitts and Nevis	1994	0.16		3.06
圣卢西亚	Saint Lucia	2000	0.55		3.51
圣文森特和格林纳丁斯	Saint Vincent and the Grenadines	1997	0.11	-72.76	0.99
萨摩亚	Samoa	1994	0.56		3.32
圣马力诺	San Marino	2007	0.24		7.95
圣多美和普林西比	Sao Tome and Principe	2005	0.10		0.65
沙特阿拉伯	Saudi Arabia	2000	296.06	79.14	13.84
塞内加尔	Senegal	2000	16.88		1.71
塞尔维亚	Serbia	1998	50.60	-37.37	5.23
塞舌尔	Seychelles	2000	0.33		4.07
新加坡	Singapore	2010	46.87		9.03
斯洛伐克	Slovakia	2012	43.12	-41.42	7.96

附录4-6　续表 4　continued 4

国家或地区	Country or Area	最近年份 Latest Year Available	温室气体排放总量（百万吨二氧化碳当量） Total GHG Emissions (mio. tonnes of CO_2 equivalent)	比1990年增减（%） % Change since 1990 (%)	人均温室气体排放量（吨二氧化碳当量/人） GHG Emissions per Capita (tonnes of CO_2 equivalent/person)
斯洛文尼亚	Slovenia	2012	18.91	2.53	9.17
所罗门群岛	Solomon Islands	1994	0.29		0.84
南非	South Africa	1994	379.84	9.35	9.37
西班牙	Spain	2012	340.81	20.11	7.31
斯里兰卡	Sri Lanka	2000	18.80		1.00
苏丹	Sudan	2000	67.84		2.42
苏里南	Suriname	2003	3.33		6.83
斯威士兰	Swaziland	1994	7.54		7.98
瑞典	Sweden	2012	57.61	-20.79	6.04
瑞士	Switzerland	2012	51.49	-2.84	6.42
塔吉克斯坦	Tajikistan	2010	8.18	-66.16	1.08
泰国	Thailand	2000	236.95		3.78
马其顿	The Former Yugoslav Rep. of Macedonia	2009	11.49	-13.32	5.58
东帝汶	Timor-Leste	2010	1.28		1.21
多哥	Togo	2000	4.92		1.01
汤加	Tonga	2000	0.25		2.50
特立尼达和多巴哥	Trinidad and Tobago	1990	16.01		13.10
突尼斯	Tunisia	2000	34.24		3.53
土耳其	Turkey	2012	439.87	133.44	5.88
土库曼斯坦	Turkmenistan	2004	75.41		16.06
图瓦卢	Tuvalu	1994	0.01		0.61
乌干达	Uganda	2000	27.56		1.16
乌克兰	Ukraine	2012	402.67	-57.36	8.88
阿拉伯联合酋长国	United Arab Emirates	2005	195.31		43.58
英国	United Kingdom of Great Britain and Northern Ireland	2012	586.36	-25.15	9.22
坦桑尼亚	United Republic of Tanzania	1994	39.24	0.64	1.35
美国	United States of America	2012	6487.85	4.31	20.61
乌拉圭	Uruguay	2004	36.28	13.00	10.91
乌兹别克斯坦	Uzbekistan	2005	199.84	9.26	7.71
瓦努阿图	Vanuatu	1994	0.30		1.82
委内瑞拉	Venezuela (Bolivarian Republic of)	1999	114.13		4.75
越南	Viet Nam	2010	266.05		3.31
也门	Yemen	2000	25.74		1.45
赞比亚	Zambia	2000	14.40		1.36
津巴布韦	Zimbabwe	2000	68.54		5.48

附录4-7 消耗臭氧层物质消费量

国家和地区	Country or Area	氟氯化碳消费量 Consumption of CFCs	
		基线水平 (吨) Baseline ODP tonnes	2013年消费量 (吨) 2013 ODP tonnes
阿富汗	Afghanistan	380.0	
阿尔巴尼亚	Albania	40.8	
阿尔及利亚	Algeria	2119.5	
安道尔	Andorra	67.5	
安哥拉	Angola	114.8	
安提瓜和巴布达	Antigua and Barbuda	10.7	
阿根廷	Argentina	4697.2	
亚美尼亚	Armenia	196.5	
澳大利亚	Australia	14290.4	-7.5
阿塞拜疆	Azerbaijan	480.6	
巴哈马	Bahamas	64.9	
巴林	Bahrain	135.4	
孟加拉国	Bangladesh	581.6	
巴巴多斯	Barbados	21.5	
白俄罗斯	Belarus	2510.9	
伯利兹	Belize	24.4	
贝宁	Benin	59.9	
不丹	Bhutan	0.2	
玻利维亚	Bolivia (Plurinational State of)	75.7	
波黑	Bosnia and Herzegovina	24.2	
博茨瓦纳	Botswana	6.9	
巴西	Brazil	10525.8	
文莱	Brunei Darussalam	78.2	
布基纳法索	Burkina Faso	36.3	
布隆迪	Burundi	59.0	
柬埔寨	Cambodia	94.2	
喀麦隆	Cameroon	256.9	
加拿大	Canada	19958.2	

资料来源：联合国统计司千年发展目标数据库。

Consumption of Ozone-Depleting Substances(ODS)

	全部消耗臭氧层物质消费量 Consumption of All ODS		
比基线水平减少 (%) Reduction from Baseline (%)	2002年消费量 (吨) 2002 ODP tonnes	2013年消费量 (吨) 2013 ODP tonnes	比2002年减少 (%) Reduction from 2002 (%)
100.0	181.5	17.7	90.2
100.0	50.5	5.7	88.7
100.0	1966.1	52.0	97.4
100.0			
100.0	110.0	15.4	86.0
100.0	4.0	0.2	95.0
100.0	2386.0	497.7	79.1
100.0	174.4	4.5	97.4
100.1	389.7	48.3	87.6
100.0	12.1	1.8	85.1
100.0	58.4	2.7	95.4
100.0	138.1	49.6	64.1
100.0	350.1	64.9	81.5
100.0	12.1	2.3	81.0
100.0	2.7	7.0	-159.3
100.0	21.7	2.4	88.9
100.0	36.0	22.2	38.3
100.0	0.1	0.3	-200.0
100.0	67.4	0.4	99.4
100.0	259.2	5.1	98.0
100.0	10.2	10.8	-5.9
100.0	3589.4	1189.3	66.9
100.0	46.3	4.3	90.7
100.0	27.9	14.9	46.6
100.0	19.2	7.1	63.0
100.0	97.0	9.5	90.2
100.0	261.7	82.3	68.6
100.0	923.1	65.9	92.9

Sources:UNSD Millennium Development Goals Database.

附录4-7　续表 1

国家和地区	Country or Area	氟氯化碳消费量 Consumption of CFCs	
		基线水平 (吨) Baseline ODP tonnes	2013年消费量 (吨) 2013 ODP tonnes
佛得角	Cape Verde	2.3	
中非共和国	Central African Republic	11.2	
乍得	Chad	34.6	
智利	Chile	828.7	
哥伦比亚	Colombia	2208.2	
科摩罗	Comoros	2.5	
刚果	Congo	11.9	
库克群岛	Cook Islands	1.7	
哥斯达黎加	Costa Rica	250.2	
科特迪瓦	Cote d'Ivoire	294.2	
克罗地亚	Croatia	219.3	
古巴	Cuba	625.1	
朝鲜	Democratic People's Republic of Korea	441.7	
刚果民主共和国	Democratic Republic of the Congo	665.7	
吉布提	Djibouti	21.0	
多米尼加	Dominica	1.5	
多米尼加共和国	Dominican Republic	539.8	
厄瓜多尔	Ecuador	301.4	
埃及	Egypt	1668.0	
萨尔瓦多	El Salvador	306.5	
赤道几内亚	Equatorial Guinea	31.5	
厄立特里亚	Eritrea	41.1	
爱沙尼亚	Ethiopia	33.8	
欧盟	European Union (EU)	301930.2	-1042.9
斐济	Fiji	33.4	
加蓬	Gabon	10.3	
冈比亚	Gambia	23.8	
格鲁吉亚	Georgia	22.5	
加纳	Ghana	35.8	
格林纳达	Grenada	6.0	
危地马拉	Guatemala	224.6	
几内亚	Guinea	42.4	
几内亚比绍	Guinea-Bissau	26.3	
圭亚那	Guyana	53.2	

continued 1

	全部消耗臭氧层物质消费量 Consumption of All ODS		
比基线水平减少 (%) Reduction from Baseline (%)	2002年消费量 (吨) 2002 ODP tonnes	2013年消费量 (吨) 2013 ODP tonnes	比2002年减少 (%) Reduction from 2002 (%)
100.0	1.8	0.2	88.9
	4.6		100.0
100.0	27.3	15.2	44.3
100.0	591.9	241.9	59.1
100.0	1002.2	176.7	82.4
100.0	1.9	0.1	94.7
100.0	11.2	9.4	16.1
100.0			
100.0	425.4	12.6	97.0
100.0	121.2	54.2	55.3
	172.3		100.0
100.0	518.0	12.2	97.6
100.0	2326.3	90.6	96.1
100.0	1081.3	35.9	96.7
100.0	15.8	0.6	96.2
100.0	3.1	0.1	96.8
100.0	406.9	34.8	91.4
100.0	273.4	22.0	92.0
100.0	1944.1	352.2	81.9
100.0	108.1	8.1	92.5
100.0	27.9	5.1	81.7
100.0	32.2	1.0	96.9
100.0	86.6	5.5	93.6
100.3	-6754.6	-3249.4	51.9
100.0	5.3	7.7	-45.3
100.0	6.9	28.6	-314.5
100.0	4.9	0.9	81.6
100.0	64.3	1.4	97.8
100.0	24.0	25.4	-5.8
100.0	2.3	0.3	87.0
100.0	952.5	251.3	73.6
100.0	31.4	7.1	77.4
100.0	27.2	2.3	91.5
100.0	15.6	1.0	93.6

附录4-7　续表 2

国家和地区	Country or Area	氟氯化碳消费量 Consumption of CFCs 基线水平(吨) Baseline ODP tonnes	2013年消费量(吨) 2013 ODP tonnes
海地	Haiti	169.0	
洪都拉斯	Honduras	331.6	
冰岛	Iceland	195.1	
印度	India	6681.0	-19.8
印度尼西亚	Indonesia	8332.7	
伊朗	Iran (Islamic Republic of)	4571.7	
伊拉克	Iraq	1517.0	
以色列	Israel	4141.6	
牙买加	Jamaica	93.2	
日本	Japan	118134.0	-181.3
约旦	Jordan	673.3	
哈萨克斯坦	Kazakhstan	1206.2	
肯尼亚	Kenya	239.5	
基里巴斯	Kiribati	0.7	
科威特	Kuwait	480.4	
吉尔吉斯斯坦	Kyrgyzstan	72.8	
老挝	Lao People's Democratic Republic	43.3	
黎巴嫩	Lebanon	725.5	
莱索托	Lesotho	5.1	
利比里亚	Liberia	56.1	
利比亚	Libya	716.7	
列支敦士登	Liechtenstein	37.2	
马达加斯加	Madagascar	47.9	
马拉维	Malawi	57.7	
马来西亚	Malaysia	3271.1	
马尔代夫	Maldives	4.6	
马里	Mali	108.1	
马绍尔群岛	Marshall Islands	1.1	
毛里塔尼亚	Mauritania	15.7	
毛里求斯	Mauritius	29.1	
墨西哥	Mexico	4624.9	
密克罗尼西亚	Micronesia (Federated States of)	1.2	

continued 2

	全部消耗臭氧层物质消费量 Consumption of All ODS		
比基线水平减少 (%) Reduction from Baseline (%)	2002年消费量 (吨) 2002 ODP tonnes	2013年消费量 (吨) 2013 ODP tonnes	比2002年减少 (%) Reduction from 2002 (%)
100.0	197.7	2.0	99.0
100.0	555.7	18.9	96.6
100.0	2.6		100.0
100.3	15026.9	956.1	93.6
100.0	5787.4	310.5	94.6
100.0	8572.9	357.8	95.8
100.0	1580.6	101.8	93.6
100.0	1241.3	94.5	92.4
100.0	39.2	3.6	90.8
100.2	2466.8	39.6	98.4
100.0	267.0	63.0	76.4
100.0	146.9	104.6	28.8
100.0	322.0	29.1	91.0
100.0			
100.0	515.7	414.7	19.6
100.0	50.2	4.0	92.0
100.0	42.9	1.6	96.3
100.0	710.8	72.6	89.8
100.0	4.6	2.0	56.5
100.0	54.0	4.5	91.7
100.0	1596.5	144.0	91.0
100.0	0.1		100.0
100.0	8.8	16.0	-81.8
100.0	75.4	10.2	86.5
100.0	1966.3	449.9	77.1
100.0	4.0	3.2	20.0
100.0	28.3	10.3	63.6
100.0	0.3	0.1	66.7
100.0	16.5	20.4	-23.6
100.0	14.4	5.4	62.5
100.0	3954.7	1106.2	72.0
100.0	2.2		100.0

附录4-7　续表 3

国家和地区	Country or Area	氟氯化碳消费量 Consumption of CFCs	
		基线水平 (吨) Baseline ODP tonnes	2013年消费量 (吨) 2013 ODP tonnes
摩纳哥	Monaco	6.2	
蒙古	Mongolia	10.6	
黑山	Montenegro	104.9	
摩洛哥	Morocco	802.3	
莫桑比克	Mozambique	18.2	
缅甸	Myanmar	54.3	
纳米比亚	Namibia	21.9	
瑙鲁	Nauru	0.5	
尼泊尔	Nepal	27.0	
新西兰	New Zealand	2088.0	
尼加拉瓜	Nicaragua	82.8	
尼日尔	Niger	32.0	
尼日利亚	Nigeria	3650.0	
纽埃	Niue	0.1	
挪威	Norway	1313.0	
阿曼	Oman	248.4	
巴基斯坦	Pakistan	1679.4	
帕劳	Palau	1.6	
巴拿马	Panama	384.1	
巴布亚新几内亚	Papua New Guinea	36.3	
巴拉圭	Paraguay	210.6	
秘鲁	Peru	289.5	
菲律宾	Philippines	3055.8	
卡塔尔	Qatar	101.4	
韩国	Republic of Korea	9159.8	
摩尔多瓦	Republic of Moldova	73.3	
俄罗斯联邦	Russian Federation	100352.0	288.0
卢旺达	Rwanda	30.4	
圣基茨和尼维斯	Saint Kitts and Nevis	3.7	
圣卢西亚	Saint Lucia	8.3	
萨摩亚	Samoa	4.5	
圣多美和普林西比	Sao Tome and Principe	4.7	
沙特阿拉伯	Saudi Arabia	1798.5	
塞内加尔	Senegal	155.8	
塞尔维亚	Serbia	849.2	

continued 3

	全部消耗臭氧层物质消费量 Consumption of All ODS		
比基线水平减少 (%) Reduction from Baseline (%)	2002年消费量 (吨) 2002 ODP tonnes	2013年消费量 (吨) 2013 ODP tonnes	比2002年减少 (%) Reduction from 2002 (%)
100.0	0.1		100.0
100.0	7.3	0.9	87.7
100.0	15.4	0.8	94.8
100.0	1070.0	49.4	95.4
100.0	14.4	8.3	42.4
100.0	45.7	3.0	93.4
100.0	20.0	7.0	65.0
100.0			
100.0	2.6	0.7	73.1
100.0	42.8	8.2	80.8
100.0	64.9	3.6	94.5
100.0	27.6	14.6	47.1
100.0	3933.3	334.5	91.5
100.0			
100.0	-42.8		100.0
100.0	201.5	28.9	85.7
100.0	2347.2	247.0	89.5
100.0	0.2	0.1	50.0
100.0	204.7	21.4	89.5
100.0	39.7	3.0	92.4
100.0	105.5	16.5	84.4
100.0	203.6	25.8	87.3
100.0	1795.1	136.7	92.4
100.0	105.4	80.7	23.4
100.0	11745.9	1893.1	83.9
100.0	29.6	1.0	96.6
99.7	892.3	836.5	6.3
100.0	30.4	3.8	87.5
100.0	6.3	0.3	95.2
100.0	7.7	0.6	92.2
100.0	2.6	0.1	96.2
100.0	4.4	0.1	97.7
100.0	1926.4	1440.3	25.2
100.0	82.3	7.7	90.6
100.0	384.9	8.1	97.9

附录4-7 续表 4

国家和地区	Country or Area	氟氯化碳消费量 Consumption of CFCs 基线水平 (吨) Baseline ODP tonnes	2013年消费量 (吨) 2013 ODP tonnes
塞舌尔	Seychelles	2.9	
塞拉利昂	Sierra Leone	78.6	
新加坡	Singapore	2718.2	
所罗门群岛	Solomon Islands	2.1	
索马里	Somalia	241.4	
南非	South Africa	592.6	
斯里兰卡	Sri Lanka	445.6	
圣文森特和格林纳丁斯	Saint Vincent and the Grenadines	1.8	
苏丹	Sudan	456.8	
苏里南	Suriname	41.3	
斯威士兰	Swaziland	24.6	
瑞士	Switzerland	7960.0	
叙利亚	Syrian Arab Republic	2224.6	
塔吉克斯坦	Tajikistan	211.0	
泰国	Thailand	6082.1	
马其顿	The Former Yugoslav Rep. of Macedonia	519.7	
东帝汶	Timor-Leste	36.0	
多哥	Togo	39.8	
汤加	Tonga	1.3	
特立尼达和多巴哥	Trinidad and Tobago	120.0	
突尼斯	Tunisia	870.1	
土耳其	Turkey	3805.7	
土库曼斯坦	Turkmenistan	37.3	
图瓦卢	Tuvalu	0.3	
乌干达	Uganda	12.8	
乌克兰	Ukraine	4725.2	
阿拉伯联合酋长国	United Arab Emirates	529.3	
坦桑尼亚	United Republic of Tanzania	253.9	
美国	United States of America	305963.6	-498.6
乌拉圭	Uruguay	199.1	
乌兹别克斯坦	Uzbekistan	1779.2	
瓦努阿图	Vanuatu		
委内瑞拉	Venezuela (Bolivarian Republic of)	3322.4	
越南	Viet Nam	500.0	
也门	Yemen	1796.1	
赞比亚	Zambia	27.4	
津巴布韦	Zimbabwe	451.4	

continued 4

	全部消耗臭氧层物质消费量 Consumption of All ODS		
比基线水平减少 (%) Reduction from Baseline (%)	2002年消费量 (吨) 2002 ODP tonnes	2013年消费量 (吨) 2013 ODP tonnes	比2002年减少 (%) Reduction from 2002 (%)
100.0	166.1	0.6	99.6
100.0	84.4	0.8	99.1
100.0	146.7	116.7	20.4
100.0	5.7	0.2	96.5
100.0	124.1	16.5	86.7
100.0	848.8	426.4	49.8
100.0	227.4	13.4	94.1
100.0	6.4	0.2	96.9
100.0	258.2	51.9	79.9
100.0	51.0	1.2	97.6
100.0	2.4	1.2	50.0
100.0	26.2	1.4	94.7
100.0	1754.1	28.0	98.4
100.0	12.6	2.3	81.7
100.0	3612.5	863.3	76.1
100.0	44.6	0.7	98.4
100.0	2.7	0.3	88.9
100.0	35.3	19.0	46.2
100.0	1.0		100.0
100.0	93.9	39.5	57.9
100.0	552.5	38.7	93.0
100.0	1336.4	147.0	89.0
100.0	10.9	4.2	61.5
100.0			-100.0
100.0	44.9		100.0
100.0	145.5	59.4	59.2
100.0	624.2	539.4	13.6
100.0	71.5	1.6	97.8
100.2	16206.4	711.3	95.6
100.0	100.9	15.5	84.6
100.0	0.8	4.6	-475.0
		0.1	-100.0
100.0	1653.0	139.9	91.5
100.0	447.4	252.9	43.5
100.0	1135.8	127.2	88.8
100.0	24.0	5.0	79.2
100.0	345.8	15.8	95.4

附录4-8 能源供应与可再生电力生产(2017年)

Energy Supply and Renewable Electricity Production (2017)

国家或地区	Country or Area	能源供应量(10^{15}焦耳) Energy Supply (Petajoules)	人均能源供应量(10^{9}焦耳) Energy Supply per capita (Gigajoules)	可再生电力生产占比(%) Contribution of Renewables to Electricity Production (%)
阿富汗	Afghanistan	123	3	84.70
阿尔巴尼亚	Albania	100	34	100.00
阿尔及利亚	Algeria	2289	55	0.84
安道尔	Andorra	9	117	83.96
安哥拉	Angola	618	21	71.40
安圭拉	Anguilla	2	136	
安提瓜和巴布达岛	Antigua and Barbuda	7	69	2.55
阿根廷	Argentina	3385	76	29.03
亚美尼亚	Armenia	137	47	29.28
阿鲁巴	Aruba	13	123	14.11
澳大利亚	Australia	5353	219	14.32
奥地利	Austria	1404	161	70.25
阿塞拜疆	Azerbaijan	602	61	7.42
巴哈马	Bahamas	29	72	
巴林	Bahrain	580	389	0.03
孟加拉国	Bangladesh	1925	12	1.67
巴巴多斯	Barbados	16	55	2.80
白俄罗斯	Belarus	1081	114	1.71
比利时	Belgium	2301	201	13.53
伯利兹	Belize	16	43	48.74
贝宁	Benin	213	19	1.81
百慕大	Bermuda	9	151	
不丹	Bhutan	67	83	99.99
玻利维亚	Bolivia (Plurinational State of)	371	34	23.13
波黑	Bosnia and Herzegovina	278	79	24.38
博茨瓦纳	Botswana	99	43	0.07
巴西	Brazil	12900	62	70.24
英属维尔京群岛	British Virgin Islands	2	77	0.67
文莱	Brunei Darussalam	153	356	0.05
保加利亚	Bulgaria	781	110	14.11
布基纳法索	Burkina Faso	185	10	12.51

资料来源：联合国统计司环境统计数据库。
Sources:UNSD Environment Statistics Data.

附录4-8 续表 1 continued 1

国家或地区	Country or Area	能源供应量 (10^{15}焦耳) Energy Supply (Petajoules)	人均能源供应量 (10^{9}焦耳) Energy Supply per capita (Gigajoules)	可再生电力生产占比 (%) Contribution of Renewables to Electricity Production (%)
布隆迪	Burundi	63	6	54.35
佛得角	Cabo Verde	10	18	16.87
柬埔寨	Cambodia	339	21	39.13
喀麦隆	Cameroon	388	16	51.31
加拿大	Canada	12088	330	64.59
开曼群岛	Cayman Islands	8	135	
中非共和国	Central African Republic	23	5	99.35
乍得	Chad	85	6	
智利	Chile	1603	89	36.28
中国香港	China, Hong Kong Special Administrative Region	587	80	
中国澳门	China, Macao Special Administrative Region	48	78	
哥伦比亚	Colombia	1677	34	76.52
科摩罗	Comoros	6	8	
刚果	Congo	124	24	44.23
库克群岛	Cook Islands	1	56	10.81
哥斯达黎加	Costa Rica	212	43	98.05
科特迪瓦	Cote d'Ivoire	458	19	20.23
克罗地亚	Croatia	364	87	56.66
古巴	Cuba	404	35	0.80
库拉索岛	Curaçao	76	473	38.61
塞浦路斯	Cyprus	94	79	7.65
捷克	Czech Republic	1818	171	6.81
刚果民主共和国	Democratic Republic of the Congo	1246	15	99.71
丹麦	Denmark	720	126	50.09
吉布提	Djibouti	9	9	
多米尼加	Dominica	2	33	20.77
多米尼加共和国	Dominican Republic	344	32	14.32
厄瓜多尔	Ecuador	615	37	72.05
埃及	Egypt	4012	41	8.02
萨尔瓦多	El Salvador	175	27	61.31
赤道几内亚	Equatorial Guinea	49	39	23.53
厄立特里亚	Eritrea	37	11	0.94
爱沙尼亚	Estonia	243	185	99.68
斯瓦蒂尼	Eswatini	44	39	5.80
埃塞俄比亚	Ethiopia	1534	15	28.26
法罗群岛	Faeroe Islands	10	210	51.20
福克兰群岛(马尔维纳斯群岛)	Falkland Islands (Malvinas)	1	183	25.00

附录4-8　续表 2　continued 2

国家或地区	Country or Area	能源供应量 (10^{15}焦耳) Energy Supply (Petajoules)	人均能源供应量 (10^9焦耳) Energy Supply per capita (Gigajoules)	可再生电力生产占比 (%) Contribution of Renewables to Electricity Production (%)
斐济	Fiji	34	38	48.91
芬兰	Finland	1385	251	29.64
法国	France	10278	153	16.14
法属波利尼西亚	French Polynesia	11	40	37.07
加蓬	Gabon	109	54	39.23
冈比亚	Gambia	14	7	
佐治亚州	Georgia	204	52	80.63
德国	Germany	12999	158	26.48
加纳	Ghana	315	11	39.61
直布罗陀	Gibraltar	11	309	
希腊	Greece	966	87	24.55
格陵兰	Greenland	9	156	74.90
格林纳达	Grenada	4	40	
危地马拉	Guatemala	530	31	52.61
根西	Guernsey	1	18	
几内亚	Guinea	156	12	24.42
几内亚比绍	Guinea-Bissau	31	17	
圭亚那	Guyana	37	47	0.18
海地	Haiti	188	17	12.12
洪都拉斯	Honduras	252	27	50.11
匈牙利	Hungary	1115	115	4.29
冰岛	Iceland	327	977	99.99
印度	India	38083	28	15.73
印度尼西亚	Indonesia	9959	38	11.24
伊朗	Iran (Islamic Republic of)	10987	135	5.02
伊拉克	Iraq	2521	66	2.59
爱尔兰	Ireland	574	121	27.05
马恩岛	Isle of Man	4	53	
以色列	Israel	965	116	2.86
意大利	Italy	6437	108	29.41
牙买加	Jamaica	111	38	11.17
日本	Japan	18116	142	16.34
泽西	Jersey	3	29	
约旦	Jordan	384	40	5.19
哈萨克斯坦	Kazakhstan	3335	183	11.29
肯尼亚	Kenya	932	19	74.97
基里巴斯	Kiribati	1	12	16.13

附录4-8 续表 3 continued 3

国家或地区	Country or Area	能源供应量 (10^{15}焦耳) Energy Supply (Petajoules)	人均能源供应量 (10^9焦耳) Energy Supply per capita (Gigajoules)	可再生电力生产占比 (%) Contribution of Renewables to Electricity Production (%)
朝鲜	Korea, Democratic People's Republic of	307	12	78.48
韩国	Korea, Republic of	11821	232	3.23
科索沃	Kosovo	108	59	3.04
科威特	Kuwait	1584	383	0.00
吉尔吉斯斯坦	Kyrgyzstan	162	27	91.55
老挝	Lao People's Democratic Republic	237	35	62.97
拉脱维亚	Latvia	185	95	60.16
黎巴嫩	Lebanon	369	54	1.95
莱索托	Lesotho	48	21	99.80
利比里亚	Liberia	97	21	9.15
利比亚	Libya	555	87	0.02
列支敦士登	Liechtenstein	3	89	97.85
立陶宛	Lithuania	313	108	68.38
卢森堡	Luxembourg	160	274	79.01
马达加斯加	Madagascar	322	13	40.03
马拉维	Malawi	84	5	90.86
马来西亚	Malaysia	3482	110	16.36
马尔代夫	Maldives	22	43	2.44
马里	Mali	96	5	56.14
马耳他	Malta	29	66	9.42
马绍尔群岛	Marshall Islands	2	43	2.25
毛里塔尼亚	Mauritania	73	17	21.11
毛里求斯	Mauritius	69	55	4.60
墨西哥	Mexico	7622	59	15.36
密克罗尼西亚	Micronesia (Federated States of)	2	20	2.90
蒙古	Mongolia	395	128	
黑山	Montenegro	43	68	45.71
蒙特塞拉特岛	Montserrat		72	
摩洛哥	Morocco	869	24	19.03
莫桑比克	Mozambique	452	15	82.76
缅甸	Myanmar	854	16	56.10
纳米比亚	Namibia	82	32	96.02
瑙鲁	Nauru	1	55	2.78
尼泊尔	Nepal	571	19	100.00
荷兰	Netherlands	3085	181	11.05
新喀里多尼亚	New Caledonia	68	246	13.44
新西兰	New Zealand	955	203	79.97
尼加拉瓜	Nicaragua	167	27	41.28

附录4-8 续表 4 continued 4

国家或地区	Country or Area	能源供应量 (10^{15}焦耳) Energy Supply (Petajoules)	人均能源供应量 (10^9焦耳) Energy Supply per capita (Gigajoules)	可再生电力生产占比 (%) Contribution of Renewables to Electricity Production (%)
尼日尔	Niger	85	4	2.65
尼日利亚	Nigeria	6568	34	17.22
纽埃	Niue		60	
北马其顿	North Macedonia	119	57	23.14
挪威	Norway	1235	233	97.84
阿曼	Oman	1102	238	
巴基斯坦	Pakistan	4280	22	27.69
帕劳	Palau	3	182	
巴拿马	Panama	197	48	71.58
巴布亚新几内亚	Papua New Guinea	168	20	28.70
巴拉圭	Paraguay	288	42	100.00
秘鲁	Peru	960	30	57.79
菲律宾	Philippines	2321	22	23.18
波兰	Poland	4384	115	10.66
葡萄牙	Portugal	951	92	35.48
波多黎各	Puerto Rico	50	16	2.23
卡塔尔	Qatar	1798	681	
摩尔多瓦	Republic of Moldova	114	28	73.57
罗马尼亚	Romania	1401	71	37.50
俄罗斯联邦	Russian Federation	31182	217	17.20
卢旺达	Rwanda	99	8	49.28
圣基茨岛和尼维斯	Saint Kitts and Nevis	3	63	5.07
圣露西亚	Saint Lucia	5	29	
圣皮埃尔和密克隆	Saint Pierre and Miquelon	1	171	
圣文森特和格林纳丁斯	Saint Vincent and the Grenadines	4	35	10.46
萨摩亚	Samoa	5	25	33.78
圣多美和普林西比	Sao Tome and Principe	3	14	7.78
沙特阿拉伯	Saudi Arabia	8946	272	0.00
塞内加尔	Senegal	168	11	2.96
塞尔维亚	Serbia	647	93	26.49
塞舌尔	Seychelles	8	86	1.95
塞拉利昂	Sierra Leone	68	9	72.28
新加坡	Singapore	1166	204	0.32
圣马丁岛(荷兰部分)	Sint Maarten (Dutch part)	12	292	
斯洛伐克	Slovakia	717	132	19.07
斯洛文尼亚	Slovenia	289	139	27.14
所罗门群岛	Solomon Islands	7	12	0.94

附录4-8 续表 5 continued 5

国家或地区	Country or Area	能源供应量 (10^{15}焦耳) Energy Supply (Petajoules)	人均能源供应量 (10^9焦耳) Energy Supply per capita (Gigajoules)	可再生电力生产占比 (%) Contribution of Renewables to Electricity Production (%)
索马里	Somalia	148	10	
南非	South Africa	5910	104	5.39
南苏丹	South Sudan	28	3	0.55
西班牙	Spain	5227	113	30.71
斯里兰卡	Sri Lanka	461	22	30.81
巴勒斯坦	State of Palestine	78	16	8.24
苏丹	Sudan	532	13	59.69
苏里南	Suriname	40	71	43.93
瑞典	Sweden	2033	205	50.54
瑞士	Switzerland	988	116	61.58
叙利亚	Syrian Arab Republic	374	20	4.14
塔吉克斯坦	Tajikistan	187	21	94.43
泰国	Thailand	5777	84	8.14
东帝汶	Timor-Leste	8	6	
多哥	Togo	154	20	29.71
汤加	Tonga	2	20	6.45
特立尼达和多巴哥	Trinidad and Tobago	703	514	0.04
突尼斯	Tunisia	473	41	4.04
土耳其	Turkey	6138	76	28.92
土库曼斯坦	Turkmenistan	1158	201	
特克斯和凯科斯群岛	Turks and Caicos Islands	3	91	0.84
乌干达	Uganda	693	16	89.83
乌克兰	Ukraine	3739	85	7.88
阿拉伯联合酋长国	United Arab Emirates	3042	324	0.59
英国	United Kingdom of Great Britain and Northern Ireland	7353	111	20.79
坦桑尼亚联合共和国	United Republic of Tanzania	855	15	29.69
美国	United States of America	90228	278	15.81
乌拉圭	Uruguay	217	63	80.43
乌兹别克斯坦	Uzbekistan	1880	59	13.81
瓦努阿图	Vanuatu	3	11	21.92
委内瑞拉	Venezuela (Bolivarian Republic of)	2064	65	53.50
越南	Viet Nam	2980	31	44.91
也门	Yemen	142	5	13.77
赞比亚	Zambia	501	29	85.99
津巴布韦	Zimbabwe	474	33	52.61

附录4-9 危险废物产生量
Hazardous Waste Generation

单位：千吨 (1000 tonnes)

国家或地区	Country or Area	1995	2000	2005	2010	2015	2016	2017
阿尔及利亚	Algeria	185.0						
安道尔	Andorra					1.8	1.9	1.5
亚美尼亚	Armenia		381.6	346.3	435.4	555.1	615.5	543.2
奥地利	Austria				1472.9		1261.0	
阿塞拜疆	Azerbaijan	27.0	26.6	12.8	140.0	262.6	632.6	266.0
巴林	Bahrain	136.0	140.0	38.2				
孟加拉国	Bangladesh							
白俄罗斯	Belarus	90.3	73.0	192.0	918.2	1207.8	1626.6	1668.1
比利时	Belgium				4767.3		3812.9	
伯利兹	Belize		0.8					
贝宁	Benin							
百慕大群岛	Bermuda				0.6	0.6	0.6	0.5
不丹	Bhutan							0.4
波黑	Bosnia and Herzegovina				10.3			
保加利亚	Bulgaria				13553.5		13328.4	
布基纳法索	Burkina Faso			0.4	0.0			
佛得角	Cabo Verde							
喀麦隆	Cameroon			9.4				
中国香港	China, Hong Kong SAR	97.1	91.6	47.1	40.8	33.7		
中国澳门	China, Macao SAR		4.2	5.9	12.4	23.7	21.1	19.8
克罗地亚	Croatia				72.6		174.3	
古巴	Cuba			941.4	660.8	302.9	230.9	235.1
塞浦路斯	Cyprus				23.8		159.1	
捷克	Czechia				1362.9		1088.7	
丹麦	Denmark				1224.8		2010.7	
多米尼加	Dominica							
爱沙尼亚	Estonia				8961.7		9682.2	
斐济	Fiji				3.5	11.9	13.0	14.3
芬兰	Finland				2559.4		2388.5	
法国	France				11538.1		11010.3	
法属圭亚那	French Guiana				0.6	1.2	8.6	

资料来源：联合国统计司环境统计数据库。
Sources:UNSD Environment Statistics Data.

附录4-9　续表 1　continued 1

单位：千吨　　(1000 tonnes)

国家或地区	Country or Area	1995	2000	2005	2010	2015	2016	2017
德国	Germany				19931.5		23039.2	
希腊	Greece				291.8			
瓜德罗普岛	Guadeloupe				7.5	22.0	10.0	
危地马拉	Guatemala			599.0	301.4	11.4	4.9	15.6
匈牙利	Hungary				540.6		457.1	
冰岛	Iceland				8.3		47.9	
印度	India		7243.8			7803.5		7172.8
伊拉克	Iraq				15.5	20.6	29.7	16.2
爱尔兰	Ireland				1972.2		534.0	
意大利	Italy				8543.4		9707.0	
牙买加	Jamaica		10.0	10.0				
约旦	Jordan			71.4	62.0			
哈萨克斯坦	Kazakhstan			1684318.5	303117.0	251565.6	151391.1	126874.3
肯尼亚	Kenya							38.3
科威特	Kuwait							5.0
吉尔吉斯斯坦	Kyrgyzstan	472.3	6304.1	6206.2	5806.8	10498.9	12377.5	12648.2
拉脱维亚	Latvia				67.9		66.2	
黎巴嫩	Lebanon							
列支敦士登	Liechtenstein				28.2	7.8	8.7	
立陶宛	Lithuania				105.3		176.0	
卢森堡	Luxembourg				380.1		427.4	
马达加斯加	Madagascar							
马来西亚	Malaysia		344.6	548.9	3087.5	2918.5	2766.6	2017.3
马耳他	Malta				24.9		134.0	
马提尼克	Martinique				4.1	8.0	15.7	
毛里求斯	Mauritius				7.8	19.9	20.7	21.6
摩纳哥	Monaco	0.3	0.3	0.5		0.3	0.4	0.2
摩洛哥	Morocco		119.0					
缅甸	Myanmar					0.4	0.5	0.8
荷兰	Netherlands				4486.5		5134.2	
尼日尔	Niger			554.0				
北马其顿	North Macedonia				149.5		57.0	
挪威	Norway				1763.0		1621.1	

附录4-9 续表 2 continued 2

单位：千吨 (1000 tonnes)

国家或地区	Country or Area	1995	2000	2005	2010	2015	2016	2017
巴拿马	Panama	0.2	0.3	1.5	3.0			
菲律宾	Philippines				1346.5	4335.7	1485.8	2098.5
波兰	Poland				1491.8		1917.1	
葡萄牙	Portugal				681.2		834.6	
摩尔多瓦	Republic of Moldova	2.9	2.9	1.7	0.9	7.3	6.0	8.7
罗马尼亚	Romania				695.7		625.0	
俄罗斯联邦	Russian Federation			142496.7	114366.6	110084.1	98263.5	107196.3
留尼旺	Réunion		9.8		4.8	7.9	8.4	
沙特阿拉伯	Saudi Arabia						559.3	900.0
塞内加尔	Senegal							
塞尔维亚	Serbia				11161.2	16571.3		
新加坡	Singapore	64.9	121.5	339.0	434.0	446.9	479.0	471.5
斯洛伐克	Slovakia				415.5		496.1	
斯洛文尼亚	Slovenia				117.2		123.6	
南非	South Africa							52076.7
西班牙	Spain				2991.2		3183.8	
斯里兰卡	Sri Lanka							
巴勒斯坦	State of Palestine		5.0	5.7	4.1			
苏里南	Suriname				0.0	0.0	0.0	0.0
瑞典	Sweden				2527.8		2379.2	
叙利亚	Syrian Arab Republic							
泰国	Thailand		1650.0	1814.0		2800.0		
多哥	Togo							
特立尼达和多巴哥	Trinidad and Tobago			31.9		123.9		
突尼斯	Tunisia							
土耳其	Turkey				3225.8		5550.8	
乌克兰	Ukraine	3562.9	2613.2	2411.8	1660.0	587.3	621.0	605.3
英国	United Kingdom of Great Britain and Northern Ireland				5242.9		6086.6	
坦桑尼亚	United Republic of Tanzania	0.0	0.0	0.0	0.1	0.1		
乌兹别克斯坦	Uzbekistan					39.4	42.9	84.4
也门	Yemen	38.2						
赞比亚	Zambia		50.0	80.0				

附录4-10 城市垃圾处理
Municipal Waste Treatment

国家或地区	Country or Area	最近年份 Latest Year Available	城市垃圾收集量（千吨） Municipal Waste Collected (1000 tonnes)	填埋 Municipal Waste Landfilled (%)	焚烧 Municipal Waste Incinerated (%)	回收利用 Municipal Waste Recycled (%)	堆肥 Municipal Waste Composted (%)
阿尔巴尼亚	Albania	2017	1254	63.2	3.4		
阿尔及利亚	Algeria	2017	6000				
安道尔	Andorra	2017	43		77.1		
安哥拉	Angola	2006	5840				
安圭拉	Anguilla	2008	15	100.0			
安提瓜和巴布达	Antigua and Barbuda	2015	96	100.0			
阿根廷	Argentina	2012	5692				
亚美尼亚	Armenia	2017	494	100.0			
澳大利亚	Australia	2015	13345	48.6	9.4	42.0	
奥地利	Austria	2017	5018	2.1	38.7		
阿塞拜疆	Azerbaijan	2017	1576	61.9	33.4		
巴哈马	Bahamas	2006	227				
巴林	Bahrain	2017	2125				
孟加拉国	Bangladesh	2014	4842	84.2		15.0	
白俄罗斯	Belarus	2017	3813	77.6		17.1	
比利时	Belgium	2017	4659	0.9	43.0		
伯利兹	Belize	2000	69	100.0			
百慕大	Bermuda	2017	96	10.4	69.6	1.0	18.8
不丹	Bhutan	2017	41	60.0	15.0	15.0	1.0
玻利维亚	Bolivia (Plurinational State of)	2017	1522				
波黑	Bosnia and Herzegovina	2017	1235	76.6			
博茨瓦纳	Botswana	2017	241	98.9	0.4	0.6	
巴西	Brazil	2015	34019		0.0	3.0	0.8
英属维尔京群岛	British Virgin Islands	2005	37		80.3		
保加利亚	Bulgaria	2017	3080	61.8	3.3		
布基纳法索	Burkina Faso	2010					
布隆迪	Burundi	2017	39				
佛得角	Cabo Verde	2015	146	100.0			
柬埔寨	Cambodia	2012	461				
喀麦隆	Cameroon	2009	7249	99.6		0.4	
加拿大	Canada	2016					
智利	Chile	2014	7416	100.0			

资料来源：联合国统计司环境统计数据库。
Sources:UNSD Environment Statistics Data.

附录4-10 续表 1 continued 1

国家或地区	Country or Area	最近年份 Latest Year Available	城市垃圾收集量(千吨) Municipal Waste Collected (1 000 tonnes)	填埋 Municipal Waste Landfilled (%)	焚烧 Municipal Waste Incinerated (%)	回收利用 Municipal Waste Recycled (%)	堆肥 Municipal Waste Composted (%)
中国香港	China, Hong Kong SAR	2015	5741	64.6		35.4	
中国澳门	China, Macao SAR	2017					
哥伦比亚	Colombia	2016	11032				
哥斯达黎加	Costa Rica	2002	1280				
克罗地亚	Croatia	2017	1716	72.4	0.1		
古巴	Cuba	2017	5917	91.4		5.5	3.1
库拉索	Curaçao	2017	173	91.8	0.0	8.2	
塞浦路斯	Cyprus	2017	547	75.7	0.4		
捷克	Czechia	2017	3643	48.4	17.4		
刚果民主共和国	Democratic Republic of the Congo	2014	589168				
丹麦	Denmark	2017	4503	0.8	52.9		
多米尼克	Dominica	2005	21	100.0			
厄瓜多尔	Ecuador	2012	2756	6.7	0.0	1.8	2.7
埃及	Egypt	2012	94868	20.0		2.1	
萨尔瓦多	El Salvador	2013					
爱沙尼亚	Estonia	2017	514	19.1	42.2		
斐济	Fiji	2017	67067				
芬兰	Finland	2017	2812	0.9	58.5		
法国	France	2017	34393	21.6	35.5		
法属圭亚那	French Guiana	2015	111				
法属波利尼西亚	French Polynesia	2015	83				
格鲁吉亚	Georgia	2017	982				
德国	Germany	2017	52342	0.9	30.9		
加纳	Ghana	2017	4113	95.0		5.0	
希腊	Greece	2015	5249	84.3	0.3	12.8	2.6
瓜德罗普岛	Guadeloupe	2015	214				
危地马拉	Guatemala	2010					
洪都拉斯	Honduras	2013	670				
匈牙利	Hungary	2017	3768	48.4	16.1		
冰岛	Iceland	2017	225	63.6	3.6		
印度	India	2012					
印度尼西亚	Indonesia	2017	9537				
伊拉克	Iraq	2017	20373				
爱尔兰	Ireland	2016	2763	25.7	29.4		
以色列	Israel	2015	5126	80.0		15.7	4.4
意大利	Italy	2017	29583	23.4	19.0		
牙买加	Jamaica	2009					

附录4-10 续表 2 continued 2

国家或地区	Country or Area	最近年份 Latest Year Available	城市垃圾收集量(千吨) Municipal Waste Collected (1 000 tonnes)	填埋 Municipal Waste Landfilled (%)	焚烧 Municipal Waste Incinerated (%)	回收利用 Municipal Waste Recycled (%)	堆肥 Municipal Waste Composted (%)
日本	Japan	2016	43170	1.0	77.9	20.0	0.4
约旦	Jordan	2015	3458	99.4	0.6		
哈萨克斯坦	Kazakhstan	2017	3415	76.0		5.5	
肯尼亚	Kenya	2017	460	100.0			
科威特	Kuwait	2017	18398	92.7		7.3	
吉尔吉斯斯坦	Kyrgyzstan	2017	1404	100.0			
拉脱维亚	Latvia	2017	851	27.1	2.5		
黎巴嫩	Lebanon	2012	1940	81.0		8.0	11.0
列支敦士登	Liechtenstein	2017	34				16.5
立陶宛	Lithuania	2017	1286	32.7	18.4		
卢森堡	Luxembourg	2017	362	6.9	44.5		
马达加斯加	Madagascar	2007	419	96.7			3.5
马来西亚	Malaysia	2017	13672	79.0	0.0	21.0	
马尔代夫	Maldives	2014	325				
马耳他	Malta	2017	283	86.2			
马绍尔群岛	Marshall Islands	2007	26			30.8	6.0
马提尼克	Martinique	2015	192				
毛里求斯	Mauritius	2017	497	97.1			2.9
新墨西哥州	Mexico	2012	42103	95.0		5.0	
慕尼黑	Monaco	2017	41		100.0		
黑山	Montenegro	2012	280				
摩洛哥	Morocco	2015	5817	90.0		10.0	
尼泊尔	Nepal	2012	1	80.0		20.0	
荷兰	Netherlands	2017	8787	1.4	44.4		
新西兰	New Zealand	2017	3481	100.0			
尼日尔	Niger	2005	9750	64.0	12.0	4.0	
北马其顿	North Macedonia	2017	714	100.0			
挪威	Norway	2017	3949	3.5	52.9		
巴拿马	Panama	2015	702	100.0			
秘鲁	Peru	2017	6083			0.7	
波兰	Poland	2017	11969	41.8	24.4		
葡萄牙	Portugal	2017	5012	47.3	19.7		
卡塔尔	Qatar	2017	4064			6.6	
韩国	Republic of Korea	2016	19627	14.7	25.3	59.2	0.8
摩尔多瓦	Republic of Moldova	2017	3084	100.0			
罗马尼亚	Romania	2017	5325	70.8	4.3		
留尼汪	Réunion	2015	490				

附录4-10 续表 3 continued 3

国家或地区	Country or Area	最近年份 Latest Year Available	城市垃圾收集量（千吨） Municipal Waste Collected (1 000 tonnes)	填埋 Municipal Waste Landfilled (%)	焚烧 Municipal Waste Incinerated (%)	回收利用 Municipal Waste Recycled (%)	堆肥 Municipal Waste Composted (%)
圣卢西亚	Saint Lucia	2017	75	100.0			
圣文森特和格林纳丁斯	Saint Vincent and the Grenadines	2002	38	84.9		15.1	
萨摩亚	Samoa	2017	15	93.4		5.6	1.0
沙特阿拉伯	Saudi Arabia	2017					
塞内加尔	Senegal	2015					
塞尔维亚	Serbia	2015	1374	99.0		1.0	
塞拉利昂	Sierra Leone	2007					
新加坡	Singapore	2017	7806	2.9	36.6	60.5	
斯洛伐克	Slovakia	2017	2058	60.5	9.6		
斯洛文尼亚	Slovenia	2017	974	10.2	11.4		
南非	South Africa	2017					
西班牙	Spain	2017	21530	53.6	12.9		
斯里兰卡	Sri Lanka	2016	1378				
巴勒斯坦	State of Palestine	2016	1699				
苏里南	Suriname	2017	195	0.1			
瑞典	Sweden	2017	4551	0.4	52.7		
瑞士	Switzerland	2017	5992		47.5		
叙利亚	Syrian Arab Republic	2003					
泰国	Thailand	2017	21663	47.1	4.1	28.4	2.8
多哥	Togo	2012	197			2.0	1.8
特立尼达和多巴哥	Trinidad and Tobago	2002	425				
突尼斯	Tunisia	2004	1316	99.9			0.1
土耳其	Turkey	2017	34173	84.4			
乌干达	Uganda	2017	776				
乌克兰	Ukraine	2017	11271	57.4	2.2	0.1	0.1
阿拉伯联合酋长国	United Arab Emirates	2017	6411	72.0		18.3	2.7
英国	United Kingdom of Great Britain and Northern Ireland	2017	30911	16.9	37.5		
坦桑尼亚	United Republic of Tanzania	2015	513	17.6	0.1	0.6	1.8
美国	United States of America	2015	238045	52.5	12.8	25.8	8.9
乌拉圭	Uruguay	2000	910				
委内瑞拉	Venezuela (Bolivarian Republic of)	2016	24394				
越南	Viet Nam	2010					
也门	Yemen	2013	1581	100.0			
赞比亚	Zambia	2005	389				
津巴布韦	Zimbabwe	2017	733		1	6	0

附录4-11　森林面积
Forest Area

国家或地区	Country or Area	2000年森林面积（平方公里）Forest Area in 2000 (km^2)	2019年森林面积（平方公里）Forest Area in 2019 (km^2)	比2000年增减（%）% Change since 2000 (%)	2019年森林覆盖率（%）% of Land Area Covered by Forest in 2019 (%)
阿富汗	Afghanistan	12084	12084		1.9
阿尔巴尼亚	Albania	7693	7889	2.5	28.8
阿尔及利亚	Algeria	15790	19390	22.8	0.8
美属萨摩亚	American Samoa	177	172	-3.2	85.8
安道尔	Andorra	160	160		34.0
安哥拉	Angola	777086	671624	-13.6	53.9
安圭拉	Anguilla	55	55		61.1
安提瓜和巴布达	Antigua and Barbuda	95	82	-13.4	18.6
阿根廷	Argentina	333780	286810	-14.1	10.5
亚美尼亚	Armenia	3326	3287	-1.2	11.5
阿鲁巴	Aruba	4	4		2.3
澳大利亚	Australia	1318141	1340051	1.7	17.4
奥地利	Austria	38381	38956	1.5	47.2
阿塞拜疆	Azerbaijan	9872	11202	13.5	13.6
巴哈马	Bahamas	5099	5099		50.9
巴林	Bahrain	4	7	83.8	0.9
孟加拉国	Bangladesh	19203	18834	-1.9	14.5
巴巴多斯	Barbados	63	63		14.7
白俄罗斯	Belarus	82730	87531	5.8	43.1
比利时	Belgium	6673	6893	3.3	22.8
伯利兹	Belize	14593	12882	-11.7	56.5
贝宁	Benin	41352	31852	-23.0	28.2
百慕大	Bermuda	10	10		18.5
不丹	Bhutan	26060	27231	4.5	71.4
玻利维亚	Bolivia	551014	510338	-7.4	47.1
荷兰加勒比区	Bonaire, Sint Eustatius and Saba	19	19		5.9
波黑	Bosnia and Herzegovina	21117	21879	3.6	42.7
博茨瓦纳	Botswana	176207	153730	-12.8	27.1
巴西	Brazil	5510886	4977985	-9.7	59.6
英属维尔京群岛	British Virgin Islands	37	36	-1.4	24.1
文莱	Brunei Darussalam	3970	3800	-4.3	72.1
保加利亚	Bulgaria	33750	38800	15.0	35.7
布基纳法索	Burkina Faso	72165	62664	-13.2	22.9
布隆迪	Burundi	1939	2796	44.2	10.9
佛得角	Cabo Verde	397	454	14.4	11.3
柬埔寨	Cambodia	107810	82241	-23.7	46.6

资料来源：联合国统计司千年发展目标数据库。
Sources: UNSD Millennium Development Goals Database.

附录4-11　续表 1　continued 1

国家或地区	Country or Area	2000年森林面积(平方公里) Forest Area in 2000 (km²)	2019年森林面积(平方公里) Forest Area in 2019 (km²)	比2000年增减(%) % Change since 2000 (%)	2019年森林覆盖率(%) % of Land Area Covered by Forest in 2019 (%)
喀麦隆	Cameroon	215975	203965	-5.6	43.1
加拿大	Canada	3478020	3469651	-0.2	38.2
开曼群岛	Cayman Islands	129	127	-1.6	53.0
中非共和国	Central African Republic	229030	223330	-2.5	35.8
乍得	Chad	63530	44220	-30.4	3.5
智利	Chile	158171	180878	14.4	24.3
哥伦比亚	Colombia	627355	593412	-5.4	53.5
科摩罗	Comoros	417	334	-20.0	17.9
刚果	Congo	221950	219610	-1.1	64.3
库克群岛	Cook Islands	156	156	0.1	65.0
哥斯达黎加	Costa Rica	28572	30185	5.6	59.1
科特迪瓦	Côte d'Ivoire	50945	29496	-42.1	9.3
克罗地亚	Croatia	18850	19366	2.7	34.6
古巴	Cuba	24350	32420	33.1	31.2
塞浦路斯	Cyprus	1716	1726	0.5	18.7
捷克	Czech Republic	26373	26753	1.4	34.6
朝鲜	Democratic People's Republic of Korea	64547	60513	-6.2	50.3
刚果民主共和国	Democratic Republic of the Congo	1438990	1272566	-11.6	56.1
丹麦	Denmark	5716	6275	9.8	14.9
吉布提	Djibouti	56	57	1.8	0.2
多米尼加	Dominica	479	479		63.8
多米尼加共和国	Dominican Republic	19725	21360	8.3	44.2
厄瓜多尔	Ecuador	137305	125621	-8.5	50.6
埃及	Egypt	592	450	-24.0	0.0
萨尔瓦多	El Salvador	6739	5884	-12.7	28.4
赤道几内亚	Equatorial Guinea	26156	24568	-6.1	87.6
厄立特里亚	Eritrea	11185	10584	-5.4	10.5
爱沙尼亚	Estonia	22389	24384	8.9	56.1
斯瓦蒂尼	Eswatini	4733	4964	4.9	28.9
埃塞俄比亚	Ethiopia	185285	171415	-7.5	17.1
福克兰群岛	Falkland Islands (Malvinas)				
法罗群岛	Faroe Islands	1	1		0.1
斐济	Fiji	10065	11333	12.6	62.0
芬兰	Finland	224456	224090	-0.2	73.7

附录4-11 续表 2 continued 2

国家或地区	Country or Area	2000年 森林面积 (平方公里) Forest Area in 2000 (km²)	2019年 森林面积 (平方公里) Forest Area in 2019 (km²)	比2000年 增减 (%) % Change since 2000 (%)	2019年 森林覆盖率 (%) % of Land Area Covered by Forest in 2019 (%)
法国	France	152880	171696	12.3	31.4
法属圭亚那	French Guiana	80794	80063	-0.9	97.4
法属波利尼西亚	French Polynesia	1486	1495	0.6	40.8
加蓬	Gabon	237000	235425	-0.7	91.4
冈比亚	Gambia	3573	2484	-30.5	24.5
格鲁吉亚	Georgia	27606	28224	2.2	40.6
德国	Germany	113540	114190	0.6	32.7
加纳	Ghana	88486	79785	-9.8	35.1
直布罗陀	Gibraltar				
希腊	Greece	36002	39018	8.4	30.3
格陵兰	Greenland	2	2		0.0
格林纳达	Grenada	177	177		52.1
瓜德鲁普	Guadeloupe	723	720	-0.4	42.6
关岛	Guam	240	280	16.7	51.9
危地马拉	Guatemala	42092	35394	-15.9	33.0
根西	Guernsey	2	4	82.6	5.4
几内亚	Guinea	69290	62290	-10.1	25.3
几内亚比绍	Guinea-Bissau	21489	19885	-7.5	70.7
圭亚那	Guyana	185642	184245	-0.8	93.6
海地	Haiti	3807	3504	-7.9	12.7
梵蒂冈	Holy See				
洪都拉斯	Honduras	67783	63802	-5.9	57.0
匈牙利	Hungary	19212	20545	6.9	22.7
冰岛	Iceland	298	507	69.9	0.5
印度	India	675910	718936	6.4	24.2
印度尼西亚	Indonesia	1012800	927387	-8.4	51.2
伊朗	Iran (Islamic Republic of)	93257	107435	15.2	6.6
伊拉克	Iraq	8180	8250	0.9	1.9
爱尔兰	Ireland	6304	7780	23.4	11.3
马恩岛	Isle of Man	35	35		6.1
以色列	Israel	1530	1400	-8.5	6.5
意大利	Italy	83693	95123	13.7	32.3
牙买加	Jamaica	5210	5930	13.8	54.8
日本	Japan	248760	249350	0.2	68.4
泽西岛	Jersey	6	6		5.0

附录4-11　续表 3　continued 3

国家或地区	Country or Area	2000年森林面积(平方公里) Forest Area in 2000 (km²)	2019年森林面积(平方公里) Forest Area in 2019 (km²)	比2000年增减(%) % Change since 2000 (%)	2019年森林覆盖率(%) % of Land Area Covered by Forest in 2019 (%)
约旦	Jordan	975	975		1.1
哈萨克斯坦	Kazakhstan	31569	34254	8.5	1.3
肯尼亚	Kenya	39612	36111	-8.8	6.3
基里巴斯	Kiribati	12	12		1.5
科威特	Kuwait	49	63	28.9	0.4
吉尔吉斯斯坦	Kyrgyzstan	11809	12971	9.8	6.8
老挝	Lao People's Democratic Republic	174250	166300	-4.6	72.1
拉脱维亚	Latvia	32410	34069	5.1	54.8
黎巴嫩	Lebanon	1382	1427	3.3	14.0
莱索托	Lesotho	345	345		1.1
利比里亚	Liberia	82226	76477	-7.0	79.4
利比亚	Libya	2170	2170		0.1
列支敦士登	Liechtenstein	67	67		41.9
立陶宛	Lithuania	20200	22000	8.9	35.1
卢森堡	Luxembourg	867	887	2.3	36.5
马达加斯加	Madagascar	130307	124430	-4.5	21.4
马拉维	Malawi	30817	22837	-25.9	24.2
马来西亚	Malaysia	196914	191642	-2.7	58.3
马尔代夫	Maldives	8	8		2.7
马里	Mali	132960	132960		10.9
马耳他	Malta	4	5	31.4	1.4
马绍尔群岛	Marshall Islands	94	94		52.2
马提尼克	Martinique	487	521	6.9	49.1
毛里塔尼亚	Mauritania	4216	3183	-24.5	0.3
毛里求斯	Mauritius	419	387	-7.6	19.1
马约特岛	Mayotte	157	139	-11.0	37.3
墨西哥	Mexico	683814	658199	-3.7	33.9
密克罗尼西亚	Micronesia (Federated States of)	639	644	0.8	92.0
摩纳哥	Monaco				
蒙古	Mongolia	142639	141739	-0.6	9.1
黑山	Montenegro	6260	8270	32.1	61.5
蒙特塞拉特	Montserrat	25	25		25.0
摩洛哥	Morocco	55065	57321	4.1	12.8

附录4-11 续表 4 continued 4

国家或地区	Country or Area	2000年 森林面积 (平方公里) Forest Area in 2000 (km²)	2019年 森林面积 (平方公里) Forest Area in 2019 (km²)	比2000年 增减 (%) % Change since 2000 (%)	2019年 森林覆盖率 (%) % of Land Area Covered by Forest in 2019 (%)
莫桑比克	Mozambique	411880	369661	-10.3	47.0
缅甸	Myanmar	348681	288336	-17.3	44.2
纳米比亚	Namibia	80591	67099	-16.7	8.2
瑙鲁	Nauru				
尼泊尔	Nepal	57808	59620	3.1	41.6
荷兰	Netherlands	3595	3686	2.5	10.9
新喀里多尼亚	New Caledonia	8379	8381	0.0	45.8
新西兰	New Zealand	98504	98655	0.2	37.5
尼加拉瓜	Nicaragua	53993	35075	-35.0	29.1
尼日尔	Niger	13281	10921	-17.8	0.9
尼日利亚	Nigeria	248930	217903	-12.5	23.9
纽埃	Niue	188	189	0.2	72.5
诺福克岛	Norfolk Island	5	5		12.3
北马其顿	North Macedonia	9576	10015	4.6	39.7
北马里亚纳群岛	Northern Mariana Islands	320	244	-23.8	53.0
挪威	Norway	121130	121722	0.5	40.0
阿曼	Oman	30	25	-16.7	0.0
巴基斯坦	Pakistan	45113	37672	-16.5	4.9
帕劳	Palau	396	413	4.4	89.8
巴拿马	Panama	44421	42253	-4.9	56.8
巴布亚新几内亚	Papua New Guinea	362780	358893	-1.1	79.3
巴拉圭	Paraguay	229917	163816	-28.7	41.2
秘鲁	Peru	752978	725032	-3.7	56.6
菲律宾	Philippines	73093	71537	-2.1	24.0
皮特凯恩	Pitcairn	35	35		74.5
波兰	Poland	90590	94710	4.5	30.9
葡萄牙	Portugal	32810	33120	0.9	36.2
波多黎各	Puerto Rico	4292	4958	15.5	55.9
卡塔尔	Qatar				
韩国	Republic of Korea	64760	62970	-2.8	64.6
摩尔多瓦	Republic of Moldova	3444	3865	12.2	11.8
留尼旺	Réunion	910	980	7.7	39.0
罗马尼亚	Romania	63660	69291	8.8	30.1

附录4-11 续表 5 continued 5

国家或地区	Country or Area	2000年森林面积(平方公里) Forest Area in 2000 (km²)	2019年森林面积(平方公里) Forest Area in 2019 (km²)	比2000年增减(%) % Change since 2000 (%)	2019年森林覆盖率(%) % of Land Area Covered by Forest in 2019 (%)
俄罗斯联邦	Russian Federation	8092685	8153116	0.7	49.8
卢旺达	Rwanda	2870	2750	-4.2	11.1
圣巴特岛	Saint Barthélemy	2	2		8.1
圣海伦娜	Saint Helena	20	20		5.1
圣基茨和尼维斯	Saint Kitts and Nevis	110	110		42.3
圣卢西亚	Saint Lucia	210	208	-1.1	34.0
圣马丁(法国部分)	Saint Martin (French part)	12	12		23.4
圣皮埃尔和密克隆	Saint Pierre and Miquelon	17	12	-25.7	5.4
圣文森特和格林纳丁斯	Saint Vincent and the Grenadines	285	285		73.2
萨摩亚	Samoa	1713	1622	-5.3	57.3
圣马力诺	San Marino	10	10		16.7
圣多美和普林西比	Sao Tome and Principe	584	525	-10.0	54.7
沙特阿拉伯	Saudi Arabia	9770	9770		0.5
塞内加尔	Senegal	88532	81082	-8.4	42.1
塞尔维亚	Serbia	24600	27222	10.7	31.1
塞舌尔	Seychelles	337	337		73.3
塞拉利昂	Sierra Leone	29294	25546	-12.8	35.4
新加坡	Singapore	170	158	-7.4	22.2
荷属圣马丁	Sint Maarten (Dutch part)	4	4		10.9
斯洛伐克	Slovakia	19014	19259	1.3	40.1
斯洛文尼亚	Slovenia	12330	12399	0.6	61.6
所罗门群岛	Solomon Islands	25376	25237	-0.5	90.2
索马里	Somalia	75150	60568	-19.4	9.7
南非	South Africa	177781	170865	-3.9	14.1
南苏丹	South Sudan	71570	71570		11.3
西班牙	Spain	170939	185679	8.6	37.2
斯里兰卡	Sri Lanka	21664	21162	-2.3	33.7
巴勒斯坦	State of Palestine	91	101	11.7	1.7
苏丹	Sudan	218262	185317	-15.1	9.9
苏里南	Suriname	153409	152085	-0.9	97.5
斯瓦尔巴群岛	Svalbard and Jan Mayen Islands				
瑞典	Sweden	281630	279800	-0.6	68.7

附录4-11　续表 6　continued 6

国家或地区	Country or Area	2000年森林面积（平方公里）Forest Area in 2000 (km^2)	2019年森林面积（平方公里）Forest Area in 2019 (km^2)	比2000年增减（%）% Change since 2000 (%)	2019年森林覆盖率（%）% of Land Area Covered by Forest in 2019 (%)
瑞士	Switzerland	11962	12657	5.8	32.0
叙利亚	Syrian Arab Republic	4321	5221	20.8	2.8
塔吉克斯坦	Tajikistan	4100	4228	3.1	3.0
泰国	Thailand	189980	199090	4.8	39.0
东帝汶	Timor-Leste	9491	9225	-2.8	62.0
多哥	Togo	12685	12122	-4.4	22.3
托克劳	Tokelau				
汤加	Tonga	90	90		12.4
特立尼达和多巴哥	Trinidad and Tobago	2367	2286	-3.4	44.6
突尼斯	Tunisia	6679	7012	5.0	4.5
土耳其	Turkey	201484	220644	9.5	28.7
土库曼斯坦	Turkmenistan	41270	41270		8.8
特克斯和凯科斯群岛	Turks and Caicos Islands	105	105		11.1
图瓦卢	Tuvalu	10	10		33.3
乌干达	Uganda	31630	23792	-24.8	11.9
乌克兰	Ukraine	95100	96840	1.8	16.7
阿拉伯联合酋长国	United Arab Emirates	3094	3173	2.5	4.5
英国	United Kingdom of Great Britain and Northern Ireland	29540	31820	7.7	13.2
坦桑尼亚	United Republic of Tanzania	536700	462140	-13.9	52.2
美国	United States of America	3035360	3097950	2.1	33.9
美属维尔京群岛	United States Virgin Islands	205	198	-3.5	56.5
乌拉圭	Uruguay	13690	20100	46.8	11.5
乌兹别克斯坦	Uzbekistan	29615	36638	23.7	8.6
瓦努阿图	Vanuatu	4423	4423		36.3
委内瑞拉	Venezuela (Bolivarian Republic of)	491510	462720	-5.9	52.5
越南	Viet Nam	117841	145672	23.6	47.0
沃利斯和富图纳群岛	Wallis and Futuna Islands	58	58	0.3	41.6
西撒哈拉	Western Sahara	6693	6651	-0.6	2.5
也门	Yemen	5490	5490		1.0
赞比亚	Zambia	470540	450022	-4.4	60.5
津巴布韦	Zimbabwe	183660	174907	-4.8	45.2

附录4-12 海洋保护区(2018)

Protected Marine Areas

国家或地区	Country or Area	保护区面积 (平方公里) Protected marine area (Exclusive Economic Zones) (km²)	保护区面积占海洋区域的比例 (%) Coverage of protected areas in relation to marine areas (Exclusive Economic Zones) (%)	海洋生物多样性重要区域的保护区平均覆盖率(%) Average proportion of Marine Key Biodiversity Areas (KBAs) covered by protected areas (%)
阿尔巴尼亚	Albania	250	2.2	70.7
阿尔及利亚	Algeria	40	0.0	48.9
美属萨摩亚	American Samoa	35140	8.6	69.2
安哥拉	Angola	23	0.0	66.6
安圭拉	Anguilla	27	0.0	13.4
安提瓜和巴布达	Antigua and Barbuda	327	0.3	19.1
阿根廷	Argentina	114089	10.5	40.5
阿鲁巴	Aruba	0	0.0	23.9
澳大利亚	Australia	3002885	40.4	63.2
阿塞拜疆	Azerbaijan	36	0.0	
巴哈马	Bahamas	46468	7.8	28.7
巴林	Bahrain	8	0.1	
孟加拉国	Bangladesh	4433	5.2	25.9
巴巴多斯	Barbados	296	0.2	
比利时	Belgium	1265	36.5	91.7
伯利兹	Belize	6494	17.9	27.7
贝宁	Benin			0.0
百慕大	Bermuda	0	0.0	4.0
荷兰加勒比区	Bonaire, Sint Eustatius and Saba			43.7
布韦岛	Bouvet Island			
巴西	Brazil	965145	26.3	57.2
英属印度洋领地	British Indian Ocean Territory	636894	99.1	
英属维尔京群岛	British Virgin Islands	138	0.2	9.9
文莱	Brunei Darussalam	4	0.0	5.4
保加利亚	Bulgaria	2859	8.1	99.7
佛得角	Cabo Verde	5	0.0	14.1
柬埔寨	Cambodia	260	0.5	34.2
喀麦隆	Cameroon	2961	20.1	
加拿大	Canada	166003	2.9	33.0
开曼群岛	Cayman Islands	92	0.1	31.5
智利	Chile	1519524	41.5	24.3

资料来源：联合国可持续发展目标数据库。
Sources: UNSD Sustainable Development Goals Database.

附录4-12　续表 1　continued 1

国家或地区	Country or Area	保护区面积 (平方公里) Protected marine area (Exclusive Economic Zones) (km^2)	保护区面积占海洋区域的比例(%) Coverage of protected areas in relation to marine areas (Exclusive Economic Zones) (%)	海洋生物多样性重要区域的保护区平均覆盖率(%) Average proportion of Marine Key Biodiversity Areas (KBAs) covered by protected areas (%)
中国香港	China, Hong Kong			32.5
圣诞岛	Christmas Island	1	0.0	
科科斯群岛	Cocos (Keeling) Islands	26	0.0	
哥伦比亚	Colombia	95971	13.1	56.4
科摩罗	Comoros	3959	2.4	7.1
刚果	Congo	5732	14.4	65.4
库克群岛	Cook Islands	1957543	99.2	29.3
哥斯达黎加	Costa Rica	14877	2.6	48.7
科特迪瓦	Cote d'Ivoire	8	0.0	93.3
克罗地亚	Croatia	4780	8.6	80.6
古巴	Cuba	17829	4.9	70.1
塞浦路斯	Cyprus	121	0.1	54.2
朝鲜	Democratic People's Republic of Korea	5	0.0	
刚果民主共和国	Democratic Republic of the Congo	31	0.2	
丹麦	Denmark	17983	17.9	86.9
吉布提	Djibouti	436	6.2	
多米尼加	Dominica	31	0.1	
多米尼加共和国	Dominican Republic	44786	16.5	85.3
厄瓜多尔	Ecuador	143215	13.3	67.5
埃及	Egypt	7802	3.3	43.0
萨尔瓦多	El Salvador	635	0.7	27.3
赤道几内亚	Equatorial Guinea	1548	0.5	100.0
厄立特里亚	Eritrea			
爱沙尼亚	Estonia	6743	18.6	97.1
福克兰群岛	Falkland Islands (Malvinas)	39588	7.2	10.4
法罗群岛	Faroe Islands	69	0.0	16.7
斐济	Fiji	11781	0.9	14.6
芬兰	Finland	9783	12.3	61.0
法国	France	165559	48.1	81.1
法属圭亚那	French Guiana	1354	1.0	54.3
法属波利尼西亚	French Polynesia	0		
法属南部领地	French Southern Territories		15.5	
加蓬	Gabon	50088	25.9	67.0

附录4-12 续表 2 continued 2

国家或地区	Country or Area	保护区面积 (平方公里) Protected marine area (Exclusive Economic Zones) (km^2)	保护区面积占海洋区域的比例(%) Coverage of protected areas in relation to marine areas (Exclusive Economic Zones) (%)	海洋生物多样性重要区域的保护区平均覆盖率(%) Average proportion of Marine Key Biodiversity Areas (KBAs) covered by protected areas (%)
冈比亚	Gambia	25	0.1	33.7
格鲁吉亚	Georgia	153	0.7	35.6
德国	Germany	25606	45.4	69.4
加纳	Ghana	0	0.0	15.9
直布罗陀	Gibraltar	177	41.4	
希腊	Greece	22265	4.5	86.1
格陵兰	Greenland	103094	4.6	26.3
格林纳达	Grenada	208	0.8	0.1
瓜德鲁普	Guadeloupe	90455	99.4	85.9
关岛	Guam	49153	24.3	47.4
危地马拉	Guatemala	4932	4.2	48.7
格恩西	Guernsey	1496	17.3	
几内亚	Guinea	580	0.5	74.3
几内亚比绍	Guinea-Bissau	9433	8.9	60.9
圭亚那	Guyana	17	0.0	
海地	Haiti			35.7
赫德岛和麦克唐纳岛	Heard Island and McDonald Islands	70545	17.0	
洪都拉斯	Honduras	19467	8.9	54.3
冰岛	Iceland	2876	0.4	16.6
印度	India	2444	0.1	18.8
印度尼西亚	Indonesia	180590	3.0	26.1
伊朗	Iran (Islamic Republic of)	1532	0.7	68.0
爱尔兰	Ireland	9957	2.3	83.1
英国属地曼岛	Isle of Man			
以色列	Israel	10	0.0	10.8
意大利	Italy	47067	8.7	77.2
牙买加	Jamaica	1850	0.8	14.4
日本	Japan	94270	2.3	64.8
泽西岛	Jersey	340	11.5	
约旦	Jordan			
哈萨克斯坦	Kazakhstan	56582	47.5	
肯尼亚	Kenya	848	0.8	51.9
基里巴斯	Kiribati	408300	11.8	32.9
科威特	Kuwait	212	1.8	32.1

附录4-12　续表 3　continued 3

国家或地区	Country or Area	保护区面积 (平方公里) Protected marine area (Exclusive Economic Zones) (km^2)	保护区面积占海洋区域的比例(%) Coverage of protected areas in relation to marine areas (Exclusive Economic Zones) (%)	海洋生物多样性重要区域的保护区平均覆盖率(%) Average proportion of Marine Key Biodiversity Areas (KBAs) covered by protected areas (%)
拉脱维亚	Latvia	4679	16.2	96.1
黎巴嫩	Lebanon	41	0.2	12.6
利比里亚	Liberia	136	0.1	96.7
利比亚	Libya			
立陶宛	Lithuania	1519	24.8	83.4
马达加斯加	Madagascar	12950	1.1	21.2
马来西亚	Malaysia	1585	0.4	13.7
马尔代夫	Maldives	673	0.1	
马耳他	Malta	4138	7.4	93.4
马绍尔群岛	Marshall Islands	7205	0.4	7.8
马提尼克	Martinique	47310	99.3	99.8
毛里塔尼亚	Mauritania	6445	4.1	16.0
毛里求斯	Mauritius	44	0.0	11.1
马约特岛	Mayotte	62894	99.3	83.5
墨西哥	Mexico	695843	21.2	65.8
密克罗尼西亚	Micronesia, Federated States of	472	0.0	1.6
摩纳哥	Monaco	283	99.7	
黑山	Montenegro	0	0.0	0.0
蒙特塞拉特	Montserrat			9.0
摩洛哥	Morocco	684	0.2	45.0
莫桑比克	Mozambique	12742	2.2	59.7
缅甸	Myanmar	2463	0.5	20.0
纳米比亚	Namibia	9596	1.7	83.0
荷兰	Netherlands	17308	27.0	97.4
新喀里多尼亚	New Caledonia	1307953	95.3	56.4
新西兰	New Zealand	1222307	29.8	44.1
尼加拉瓜	Nicaragua	33982	15.2	58.7
尼日利亚	Nigeria	44	0.0	
纽埃	Niue	4	0.0	
诺福克岛	Norfolk Island	188601	43.6	
北马里亚纳群岛	Northern Mariana Islands			48.0
挪威	Norway	7585	0.8	57.4
阿曼	Oman	652	0.1	10.4
巴基斯坦	Pakistan	570	0.3	14.6

附录4-12　续表 4　continued 4

国家或地区	Country or Area	保护区面积（平方公里）Protected marine area (Exclusive Economic Zones) (km^2)	保护区面积占海洋区域的比例(%) Coverage of protected areas in relation to marine areas (Exclusive Economic Zones) (%)	海洋生物多样性重要区域的保护区平均覆盖率(%) Average proportion of Marine Key Biodiversity Areas (KBAs) covered by protected areas (%)
帕劳	Palau	604201	99.4	70.0
巴拿马	Panama	6264	1.9	31.3
巴布亚新几内亚	Papua New Guinea	4384	0.2	1.6
秘鲁	Peru	4014	0.5	51.6
菲律宾	Philippines	21084	1.1	38.0
皮特凯恩	Pitcairn	836086	99.6	
波兰	Poland	7237	22.7	89.5
葡萄牙	Portugal	72229	4.2	65.5
波多黎各	Puerto Rico	3145	1.8	37.8
卡塔尔	Qatar	530	1.7	40.0
韩国	Republic of Korea	8930	2.7	38.5
留尼旺	Réunion	41	0.0	79.8
罗马尼亚	Romania	6816	22.9	88.6
俄罗斯联邦	Russian Federation	239475	3.1	23.6
圣巴托洛缪岛	Saint Barthélemy	4223	97.8	
圣赫勒拿	Saint Helena	448524	27.2	
圣基茨岛和尼维斯	Saint Kitts and Nevis	410	4.0	51.7
圣露西亚	Saint Lucia	377	2.4	26.2
法属圣马丁	Saint Martin (French Part)			
圣皮埃尔和密克隆	Saint Pierre and Miquelon	7	0.1	
圣文森特和格林纳丁斯	Saint Vincent and the Grenadines	81	0.2	26.3
萨摩亚	Samoa	2	0.0	2.4
圣多美和普林西比	Sao Tome and Principe	37	0.0	82.5
沙特阿拉伯	Saudi Arabia	16112	7.3	25.3
塞内加尔	Senegal	1741	1.1	21.5
塞舌尔	Seychelles	208701	15.6	31.7
塞拉利昂	Sierra Leone	0	0.0	
新加坡	Singapore	0	0.0	3.3
荷属圣马丁	Sint Maarten (Dutch part)	43	8.7	6.4
斯洛文尼亚	Slovenia	164	88.0	97.9
所罗门群岛	Solomon Islands	1546	0.1	2.4
南非	South Africa	213996	13.9	42.6
南乔治亚岛和南桑德韦奇岛	South Georgia and the South Sandwich Islands	1233042	85.3	

附录4-12 续表 5 continued 5

国家或地区	Country or Area	保护区面积 (平方公里) Protected marine area (Exclusive Economic Zones) (km^2)	保护区面积占海洋区域的比例(%) Coverage of protected areas in relation to marine areas (Exclusive Economic Zones) (%)	海洋生物多样性重要区域的保护区平均覆盖率(%) Average proportion of Marine Key Biodiversity Areas (KBAs) covered by protected areas (%)
西班牙	Spain	128063	12.7	84.1
斯里兰卡	Sri Lanka	331	0.1	50.0
苏丹	Sudan	2071	3.1	48.0
苏里南	Suriname	3300	2.6	74.2
斯瓦尔巴岛和扬马延岛	Svalbard and Jan Mayen Islands	82300	7.6	
瑞典	Sweden	23855	15.4	61.0
叙利亚	Syrian Arab Republic			
泰国	Thailand	4822	1.6	47.5
东帝汶	Timor-Leste	970	2.3	19.6
多哥	Togo			
托克劳群岛	Tokelau	399	0.1	
汤加	Tonga	332	0.0	19.2
特立尼达和多巴哥	Trinidad and Tobago	124	0.2	8.5
突尼斯	Tunisia	966	1.0	39.6
土耳其	Turkey	294	0.1	3.8
土库曼斯坦	Turkmenistan	1955	2.5	
特克斯和凯科斯群岛	Turks and Caicos Islands	3594	2.3	27.5
图瓦卢	Tuvalu	212	0.0	
乌克兰	Ukraine	2068	1.5	29.8
阿拉伯联合酋长国	United Arab Emirates	6141	11.2	
英国	United Kingdom of Great Britain and Northern Ireland	194682	26.9	82.0
坦桑尼亚	United Republic of Tanzania	5641	2.3	52.1
美国	United States of America	3518345	41.0	61.0
美属维尔京群岛	United States Virgin Islands	369	1.0	37.0
乌拉圭	Uruguay	1888	1.5	48.4
瓦努阿图	Vanuatu	541	0.1	3.1
委内瑞拉	Venezuela (Bolivarian Republic of)	7871	1.7	35.6
越南	Viet Nam	16168	2.5	23.9
西撒哈拉	Western Sahara	3690	1.5	
也门	Yemen	1236	0.2	35.2

附录4-13　农业用地

国家或地区	Country or Area	2018年 农业用地 (平方公里) Agricultural Land Area in 2018 (km²)	比1990年 农业用地增减 (%) % Change of Agricultural Land Area since 1990 (%)
阿富汗	Afghanistan	379190	-0.3
阿尔巴尼亚	Albania	11741	4.7
阿尔及利亚	Algeria	413588	6.9
美属萨摩亚	American Samoa	49	63.3
安道尔	Andorra	188	-18.1
安哥拉	Angola	569525	-0.8
安提瓜和巴布达	Antigua and Barbuda	90	
阿根廷	Argentina	1487680	16.6
亚美尼亚	Armenia	16773	
阿鲁巴	Aruba	20	
澳大利亚	Australia	3588950	-22.7
奥地利	Austria	26528	-12.3
阿塞拜疆	Azerbaijan	47795	
巴哈马	Bahamas	140	16.7
巴林	Bahrain	86	7.5
孟加拉国	Bangladesh	92023	-11.4
巴巴多斯	Barbados	100	-47.4
白俄罗斯	Belarus	84530	
比利时	Belgium	13540	
伯利兹	Belize	1720	36.5
贝宁	Benin	39500	74.0
百慕大	Bermuda	3	
不丹	Bhutan	5130	13.0
玻利维亚	Bolivia	377270	6.4
波黑	Bosnia and Herzegovina	22110	
博茨瓦纳	Botswana	258616	-0.6
巴西	Brazil	2368788	0.8
英属维尔京群岛	British Virgin Islands	70	-12.5
文莱	Brunei Darussalam	144	30.9
保加利亚	Bulgaria	50300	-18.3
布基纳法索	Burkina Faso	121000	26.4
布隆迪	Burundi	20330	-3.6
佛得角	Cabo Verde	790	16.2
柬埔寨	Cambodia	55660	24.9
喀麦隆	Cameroon	97500	6.3
加拿大	Canada	581990	-5.2
开曼群岛	Cayman Islands	27	

资料来源：联合国粮农组织。

Agricultural Land

2018年 耕地面积 (平方公里) Arable Land in 2018 (km²)	2018年 永久性作物面积 (平方公里) Land under Permanent Crops in 2018 (km²)	2018年 牧草地面积 (平方公里) Land under Permanent Meadows and Pastures in 2018 (km²)	2018年 农业灌溉面积 (平方公里) Agricultural Area Actually Irrigated in 2018 (km²)
77030	2160	300000	19470
6113	847	4781	1760
75050	10120	328418	
30	19		
8		180	
49000	3150	517375	
40	10	40	
392000	10680	1085000	13911
4456	591	11726	1549
20			
309740	3320	3275890	22980
13272	669	12588	
20979	2550	24266	14333
80	40	20	
16	30	40	
77723	8300	6000	
70	10	20	
57120	1110	26300	303
8500	240	4800	
900	320	500	
28000	6000	5500	
3			
940	60	4130	
44800	2470	330000	
10290	1000	10820	
2596	20	256000	
557620	77560	1733608	
10	10	50	
50	60	34	
34780	1530	13990	
60000	1000	60000	
12000	3500	4830	
500	40	250	
39110	1550	15000	
62000	15500	20000	
386870	1700	193420	
2	5	20	

Sources: Food and Agriculture Organization of the United Nations (FAO).

附录4-13 续表 1

国家或地区	Country or Area	2018年 农业用地 (平方公里) Agricultural Land Area in 2018 (km²)	比1990年 农业用地增减 (%) % Change of Agricultural Land Area since 1990 (%)
中非共和国	Central African Republic	50800	1.5
乍得	Chad	502380	4.0
海峡群岛	Channel Islands	92	8.5
智利	Chile	156930	-1.3
中国香港	China, Hong Kong Special Administrative Region	50	-37.5
中国大陆	China, mainland	5277330	4.4
中国台湾	China, Taiwan Province of	7907	-11.2
哥伦比亚	Colombia	494920	9.8
科摩罗	Comoros	1310	14.9
刚果	Congo	106280	1.0
库克群岛	Cook Islands	15	-75.0
哥斯达黎加	Costa Rica	17825	-18.9
科特迪瓦	Côte d'Ivoire	212000	12.0
克罗地亚	Croatia	14840	
古巴	Cuba	63000	-6.5
塞浦路斯	Cyprus	1309	-18.5
捷克	Czech Republic	35230	
朝鲜	Democratic People's Republic of Korea	26300	4.4
刚果民主共和国	Democratic Republic of the Congo	315000	21.3
丹麦	Denmark	26320	-5.6
吉布提	Djibouti	17020	31.0
多米尼加	Dominica	250	38.9
多米尼加共和国	Dominican Republic	24290	-4.6
厄瓜多尔	Ecuador	54480	-30.6
埃及	Egypt	38360	44.9
萨尔瓦多	El Salvador	14791	9.3
赤道几内亚	Equatorial Guinea	2840	-15.0
厄立特里亚	Eritrea	75920	
爱沙尼亚	Estonia	10040	
斯威士兰	Eswatini	12220	-1.3
埃塞俄比亚	Ethiopia	379030	
福克兰群岛	Falkland Islands (Malvinas)	11416	-4.1
法罗群岛	Faeroe Islands	30	
斐济	Fiji	4250	3.7
芬兰	Finland	22720	-5.1
法国	France	286601	-6.3
法属圭亚那	French Guiana	325	54.9
法属波利尼西亚	French Polynesia	455	5.8
加蓬	Gabon	22126	10.3

continued 1

2018年 耕地面积 (平方公里) Arable Land in 2018 (km^2)	2018年 永久性作物面积 (平方公里) Land under Permanent Crops in 2018 (km^2)	2018年 牧草地面积 (平方公里) Land under Permanent Meadows and Pastures in 2018 (km^2)	2018年 农业灌溉面积 (平方公里) Agricultural Area Actually Irrigated in 2018 (km^2)
18000	800	32000	
52000	380	450000	
38		54	
12130	4650	140150	
30	10	10	
1189000	160000	3928330	
5857	2050		
60210	38710	396000	
660	500	150	
5500	780	100000	
10	5		
2525	3300	12000	
35000	45000	132000	
8040	720	6080	
29086	6530	27384	
1040	254	16	
24840	490	9900	250
23500	2300	500	
118000	15000	182000	
23920	280	2130	
20		17000	
60	170	20	
8770	3550	11970	2981
9680	13860	30940	8200
29110	9250		
6270	2270	6251	223
1200	600	1040	
6900	20	69000	
6880	40	3120	
1750	150	10320	
161870	17160	200000	7886
		11416	
30			
1650	850	1750	
22440	30	240	
181264	10058	95279	
133	55	137	
25	230	200	
3250	1700	17176	

附录4-13 续表 2

国家或地区	Country or Area	2018年 农业用地 (平方公里) Agricultural Land Area in 2018 (km^2)	比1990年 农业用地增减 (%) % Change of Agricultural Land Area since 1990 (%)
冈比亚	Gambia	6050	3.2
格鲁吉亚	Georgia	23718	
德国	Germany	166450	-7.7
加纳	Ghana	147827	17.3
希腊	Greece	61036	-33.8
格陵兰	Greenland	2431	2.7
格林纳达	Grenada	80	-38.5
瓜德罗普	Guadeloupe	516	-2.7
关岛	Guam	180	-10.0
危地马拉	Guatemala	38560	-10.0
几内亚	Guinea	145000	2.5
几内亚比绍	Guinea-Bissau	8151	-43.7
圭亚那	Guyana	12513	15.6
海地	Haiti	18400	15.2
洪都拉斯	Honduras	33560	1.1
匈牙利	Hungary	52960	-18.2
冰岛	Iceland	18720	-1.5
印度	India	1796740	-1.0
印度尼西亚	Indonesia	623000	38.2
伊朗	Iran (Islamic Republic of)	459540	-25.3
伊拉克	Iraq	92500	0.2
爱尔兰	Ireland	45160	-20.1
马恩岛	Isle of Man	403	1.8
以色列	Israel	6233	7.7
意大利	Italy	124050	-26.3
牙买加	Jamaica	4440	-6.7
日本	Japan	44200	-22.4
约旦	Jordan	10218	-1.8
哈萨克斯坦	Kazakhstan	2160365	
肯尼亚	Kenya	276300	3.2
基里巴斯	Kiribati	340	-12.8
科威特	Kuwait	1500	6.4
吉尔吉斯斯坦	Kyrgyzstan	105413	
老挝	Lao People's Democratic Republic	23940	44.2
拉脱维亚	Latvia	19380	
黎巴嫩	Lebanon	6580	8.8
莱索托	Lesotho	24333	4.8
利比里亚	Liberia	19540	-21.6

continued 2

2018年 耕地面积 (平方公里) Arable Land in 2018 (km²)	2018年 永久性作物面积 (平方公里) Land under Permanent Crops in 2018 (km²)	2018年 牧草地面积 (平方公里) Land under Permanent Meadows and Pastures in 2018 (km²)	2018年 农业灌溉面积 (平方公里) Agricultural Area Actually Irrigated in 2018 (km²)
4400	50	1600	
3110	1208	19400	
117310	1990	47130	
47000	27000	73827	
21366	10850	28820	
		2431	
30	40	10	
229	29	259	
10	90	80	
8620	11830	18110	
31000	7000	107000	
3000	2500	2651	
4200	500	7813	
10700	2800	4900	
10200	5760	17600	
43240	1730	7990	860
1210		17510	
1564160	130000	102580	
263000	250000	110000	
146870	17900	294770	
50000	2500	40000	
4510	10	40640	
231		172	
3835	998	1400	2089
67230	24370	32450	
1200	950	2290	
41420	2780		
2010	788	7420	844
297484	1320	1861561	17665
58000	5300	213000	
20	320		
80	60	1360	
12880	770	91763	10039
15500	1690	6750	
12950	80	6350	
1320	1260	4000	
4293	40	20000	
5000	2000	12540	

附录4-13 续表 3

国家或地区	Country or Area	2018年 农业用地 (平方公里) Agricultural Land Area in 2018 (km^2)	比1990年 农业用地增减 (%) % Change of Agricultural Land Area since 1990 (%)
利比亚	Libya	153500	-0.7
列支敦士登	Liechtenstein	52	-26.3
立陶宛	Lithuania	29470	
卢森堡	Luxembourg	1316	
马达加斯加	Madagascar	408950	12.6
马拉维	Malawi	56500	33.9
马来西亚	Malaysia	85710	26.9
马尔代夫	Maldives	79	-1.3
马里	Mali	412010	28.2
马耳他	Malta	104	-20.2
马绍尔群岛	Marshall Islands	86	
马提尼克	Martinique	313	-19.7
毛里塔尼亚	Mauritania	396610	0.0
毛里求斯	Mauritius	860	-22.5
马约特岛	Mayotte	200	11.0
墨西哥	Mexico	1068910	1.7
密克罗尼西亚	Micronesia (Federated States of)	220	
蒙古	Mongolia	1134330	-9.7
黑山	Montenegro	2568	
蒙特塞拉特	Montserrat	30	
摩洛哥	Morocco	300690	-0.9
莫桑比克	Mozambique	414138	17.5
缅甸	Myanmar	128890	23.6
纳米比亚	Namibia	388100	0.4
瑙鲁	Nauru	4	
尼泊尔	Nepal	41210	-0.6
荷兰	Netherlands	18220	-9.2
新喀里多尼亚	New Caledonia	1840	-20.7
新西兰	New Zealand	104670	-35.3
尼加拉瓜	Nicaragua	50650	25.8
尼日尔	Niger	466000	41.0
尼日利亚	Nigeria	691235	12.2
纽埃	Niue	50	4.2
诺福克岛	Norfolk Island	10	
北马其顿	North Macedonia	12640	
北马里亚纳群岛	Northern Mariana Islands	30	
挪威	Norway	9863	1.1
阿曼	Oman	14589	35.1
巴基斯坦	Pakistan	363000	3.1

continued 3

2018年 耕地面积 （平方公里） Arable Land in 2018 (km²)	2018年 永久性作物面积 （平方公里） Land under Permanent Crops in 2018 (km²)	2018年 牧草地面积 （平方公里） Land under Permanent Meadows and Pastures in 2018 (km²)	2018年 农业灌溉面积 （平方公里） Agricultural Area Actually Irrigated in 2018 (km²)
17200	3300	133000	
22		30	
21150	360	7960	
621	16	677	
30000	6000	372950	
36000	2000	18500	
8260	74600	2850	
39	30	10	
64110	1500	346400	
91	13		35
20	65	1	
109	48	157	
4000	110	392500	
750	40	70	174
173	27	0	
239050	27070	802790	
20	170	30	
13274	50	1121006	365
92	54	2421	
20		10	
74776	15914	210000	
56500	3000	354638	
110803	15100	2987	
8000	100	380000	
	4		
21137	2120	17953	
10210	380	7640	
60	37	1743	
4910	670	99090	
15040	2860	32750	
177000	1180	287820	
340000	65000	286235	
10	30	10	
		10	
4180	410	8050	
10	10	10	
8032	31	1800	
767	322	13500	1009
305070	7930	50000	193200

附录4-13 续表 4

国家或地区	Country or Area	2018年农业用地(平方公里) Agricultural Land Area in 2018 (km²)	比1990年农业用地增减(%) % Change of Agricultural Land Area since 1990 (%)
帕劳	Palau	43	
巴勒斯坦	Palestine	4630	-7.6
巴拿马	Panama	22590	6.4
巴布亚新几内亚	Papua New Guinea	11900	35.7
巴拉圭	Paraguay	218190	53.8
秘鲁	Peru	236087	8.1
菲律宾	Philippines	124400	11.7
波兰	Poland	145120	-22.8
葡萄牙	Portugal	35740	-9.8
波多黎各	Puerto Rico	1689	-61.2
卡塔尔	Qatar	670	9.8
韩国	Republic of Korea	16520	-24.2
摩尔多瓦	Republic of Moldova	22571	
留尼汪	Réunion	481	-24.8
罗马尼亚	Romania	134140	-9.2
俄罗斯联邦	Russian Federation	2154940	
卢旺达	Rwanda	18117	-3.6
圣赫勒拿	Saint Helena, Ascension and Tristan da Cunha	120	20.0
圣基茨和尼维斯	Saint Kitts and Nevis	60	-50.0
圣卢西亚	Saint Lucia	106	-49.3
圣皮埃尔和密克隆	Saint Pierre and Miquelon	20	-33.3
圣文森特和格林纳丁斯	Saint Vincent and the Grenadines	70	-33.8
萨摩亚	Samoa	757	40.2
圣马力诺	San Marino	23	130.0
圣多美和普林西比	Sao Tome and Principe	440	4.8
沙特阿拉伯	Saudi Arabia	1736290	40.6
塞内加尔	Senegal	88780	0.1
塞尔维亚	Serbia	34640	
塞舌尔	Seychelles	16	-61.3
塞拉利昂	Sierra Leone	39490	39.8
新加坡	Singapore	7	-67.0
斯洛伐克	Slovakia	18890	
斯洛文尼亚	Slovenia	6120	
所罗门群岛	Solomon Islands	1170	72.1
索马里	Somalia	441250	0.2
南非	South Africa	963410	0.8
南苏丹	South Sudan	285332	
西班牙	Spain	261833	-14.1

continued 4

2018年 耕地面积 （平方公里） Arable Land in 2018 (km^2)	2018年 永久性作物面积 （平方公里） Land under Permanent Crops in 2018 (km^2)	2018年 牧草地面积 （平方公里） Land under Permanent Meadows and Pastures in 2018 (km^2)	2018年 农业灌溉面积 （平方公里） Agricultural Area Actually Irrigated in 2018 (km^2)
3	20	20	
870	990	2770	
5650	1850	15090	
3000	7000	1900	
47340	850	170000	
34297	13790	188000	
55900	53500	15000	
110090	3530	31500	
9192	7790	18759	
502	160	1027	
140	30	500	110
13740	2220	560	
16817	2343	3411	2222
343	30	108	
86860	4400	42880	2670
1216490	17930	920520	
11517	2500	4100	
40		80	
50	1	9	
30	70	6	
20			
20	30	20	
325	311	121	
20	3		
40	390	10	
34370	1920	1700000	
32000	780	56000	
25830	2050	6760	470
2	14		
15840	1650	22000	
6	1		
13480	170	5240	219
1818	540	3763	32
200	890	80	
11000	250	430000	
120000	4130	839280	
		257732	
118843	48861	94130	37037

附录4-13　续表 5

国家或地区	Country or Area	2018年农业用地（平方公里）Agricultural Land Area in 2018 (km^2)	比1990年农业用地增减（%）% Change of Agricultural Land Area since 1990 (%)
斯里兰卡	Sri Lanka	28116	20.2
苏丹	Sudan	681862	
苏里南	Suriname	840	-4.5
瑞典	Sweden	30090	-11.8
瑞士	Switzerland	15101	-6.0
叙利亚	Syrian Arab Republic	139210	3.2
塔吉克斯坦	Tajikistan	47277	
泰国	Thailand	221100	3.4
东帝汶	Timor-Leste	3800	19.5
多哥	Togo	38200	19.7
托克劳群岛	Tokelau	6	20.0
汤加	Tonga	350	9.4
特立尼达和多巴哥	Trinidad and Tobago	540	-29.9
突尼斯	Tunisia	97430	12.7
土耳其	Turkey	378020	-4.7
土库曼斯坦	Turkmenistan	338380	
特克斯和凯科斯群岛	Turks and Caicos Islands	10	
图瓦卢	Tuvalu	18	-10.0
乌干达	Uganda	144150	20.5
乌克兰	Ukraine	413290	
阿拉伯联合酋长国	United Arab Emirates	3818	33.9
英国	United Kingdom of Great Britain and Northern Ireland	173509	-4.7
坦桑尼亚	United Republic of Tanzania	396500	27.1
美国	United States of America	4058104	-5.0
美属维尔京群岛	United States Virgin Islands	40	-60.0
乌拉圭	Uruguay	140159	-6.0
乌兹别克斯坦	Uzbekistan	255777	
瓦努阿图	Vanuatu	1870	23.0
委内瑞拉	Venezuela (Bolivarian Republic of)	215000	-1.6
越南	Viet Nam	121688	80.9
瓦利斯和富图纳群岛	Wallis and Futuna Islands	60	
西撒哈拉	Western Sahara	50040	
也门	Yemen	233877	-1.0
赞比亚	Zambia	238360	14.5
津巴布韦	Zimbabwe	162000	24.5

continued 5

2018年 耕地面积 （平方公里） Arable Land in 2018 (km²)	2018年 永久性作物面积 （平方公里） Land under Permanent Crops in 2018 (km²)	2018年 牧草地面积 （平方公里） Land under Permanent Meadows and Pastures in 2018 (km²)	2018年 农业灌溉面积 （平方公里） Agricultural Area Actually Irrigated in 2018 (km²)
13716	10000	4400	
198232	1680	481950	
620	60	160	620
25500	40	4550	
3981	252	10867	
46620	10710	81880	
7018	1509	38750	
168100	45000	8000	
1550	750	1500	
26500	1700	10000	
	6		
200	110	40	
250	220	70	
26070	23860	47500	
197230	34620	146170	52150
19400	600	318380	
10			
	18		
69000	22000	53150	
328880	8630	75770	3990
423	394	3000	817
60378	462	112669	718
135000	21500	240000	
1577368	27000	2453736	
10	10	20	
19769	390	120000	2230
40645	3980	211152	36500
200	1250	420	
26000	7000	182000	
69883	45385	6420	
10	50		1
40		50000	
10977	2900	220000	
38000	360	200000	
40000	1000	121000	

附录五、主要统计指标解释

APPENDIX V. Explanatory Notes on Main Statistical Indicators

主要统计指标解释

一、自然状况

年平均气温 气温指空气的温度，我国一般以摄氏度为单位表示。气象观测的温度表是放在离地面约1.5米处通风良好的百叶箱里测量的，因此，通常说的气温指的是离地面1.5米处百叶箱中的温度。计算方法：月平均气温是将全月各日的平均气温相加，除以该月的天数而得。年平均气温是将12个月的月平均气温累加后除以12而得。

年平均相对湿度 相对湿度指空气中实际水气压与当时气温下的饱和水气压之比，通常以(%)为单位表示。其统计方法与气温相同。

全年日照时数 日照时数指太阳实际照射地面的时数，通常以小时为单位表示。其统计方法与降水量相同。

全年降水量 降水量指从天空降落到地面的液态或固态(经融化后)水，未经蒸发、渗透、流失而在地面上积聚的深度，通常以毫米为单位表示。计算方法：月降水量是将该全月各日的降水量累加而得。年降水量是将该年12个月的月降水量累加而得。

二、水环境

水资源总量 一定区域内的水资源总量指当地降水形成的地表和地下产水量，即地表径流量与降水入渗补给量之和，不包括过境水量。

地表水资源量 指河流、湖泊、冰川等地表水体中由当地降水形成的、可以逐年更新的动态水量，即天然河川径流量。

地下水资源量 指当地降水和地表水对饱水岩土层的补给量。

地表水与地下水资源重复计算量 指地表水和地下水相互转化的部分，即在河川径流量中包括一部分地下水排泄量，地下水补给量中包括一部分来源于地表水的入渗量。

供水总量 指各种水源工程为用户提供的包括输水损失在内的毛供水量。

地表水源供水量 指地表水体工程的取水量，按蓄、引、提、调四种形式统计。从水库、塘坝中引水或提水，均属蓄水工程供水量；从河道或湖泊中自流引水的，无论有闸或无闸，均属引水工程供水量；利用扬水站从河道或湖泊中直接取水的，属提水工程供水量；跨流域调水指水资源一级区或独立流域之间的跨流域调配水量，不包括在蓄、引、提水量中。

地下水源供水量 指水井工程的开采量，按浅层淡水、深层承压水和微咸水分别统计。城市地下水源供水量包括自来水厂的开采量和工矿企业自备井的开采量。

其他水源供水量 包括污水处理再利用、集雨工程、海水淡化等水源工程的供水量。

用水总量 指各类用水户取用的包括输水损失在内的毛水量。

农业用水　包括农田灌溉用水、林果地灌溉用水、草地灌溉用水、鱼塘补水和畜禽用水。

工业用水　指工矿企业在生产过程中用于制造、加工、冷却、空调、净化、洗涤等方面的用水，按新水取用量计，不包括企业内部的重复利用水量。

生活用水　包括城镇生活用水和农村生活用水。城镇生活用水由居民用水和公共用水（含第三产业及建筑业等用水）组成；农村生活用水指居民生活用水。

人工生态环境补水　仅包括人为措施供给的城镇环境用水和部分河湖、湿地补水，而不包括降水、径流自然满足的水量。

工业废水排放量　指报告期内经过企业厂区所有排放口排到企业外部的工业废水量。包括生产废水、外排的直接冷却水、超标排放的矿井地下水和与工业废水混排的厂区生活污水，不包括外排的间接冷却水(清污不分流的间接冷却水应计算在废水排放量内)。

化学需氧量(COD)　测量有机和无机物质化学分解所消耗氧的质量浓度的水污染指数。

工业废水治理设施数　指报告期内企业用于防治水污染和经处理后综合利用水资源的实有设施（包括构筑物）数，以一个废水治理系统为单位统计。附属于设施内的水治理设备和配套设备不单独计算。已经报废的设施不统计在内。

工业废水治理设施处理能力　指报告期内企业内部的所有废水治理设施实际具有的废水处理能力。

工业废水治理设施运行费用　指报告期内企业维持废水治理设施运行所发生的费用。包括能源消耗、设备维修、人员工资、管理费、药剂费及与设施运行有关的其他费用等。

三、海洋环境

二类水质海域面积　符合国家海水水质标准中二类海水水质的海域，适用于水产养殖区、海水浴场、人体直接接触海水的海上运动或娱乐区、以及与人类食用直接有关的工业用水区。

三类水质海域面积　符合国家海水水质标准中三类海水水质的海域，适用于一般工业用水区。

四类水质海域面积　符合国家海水水质标准中四类海水水质的海域，仅适用于海洋港口水域和海洋开发作业区。

劣四类水质海域面积　劣于国家海水水质标准中四类海水水质的海域。

四、大气环境

工业二氧化硫排放量　指报告期内企业在燃料燃烧和生产工艺过程中排入大气的二氧化硫总质量。工业中二氧化硫主要来源于化石燃料（煤、石油等）的燃烧，还包括含硫矿石的冶炼或含硫酸、磷肥等生产的工业废气排放。

工业氮氧化物排放量　指报告期内企业在燃料燃烧和生产工艺过程中排入大气的氮氧化物总质量。

工业烟（粉）尘排放量　指报告期内企业在燃料燃烧和生产工艺过程中排入大气的烟尘及工业粉尘的总质量之和。

工业废气排放量　指报告期内企业厂区内燃料燃烧和生产工艺过程中产生的各种排入空气中含有污染物的气体的总量，以标准状态（273K，101325Pa）计。

工业废气治理设施数 指报告期末企业用于减少在燃料燃烧过程与生产工艺过程中排向大气的污染物或对污染物加以回收利用的废气治理设施总数，以一个废气治理系统为单位统计。包括除尘、脱硫、脱硝及其它的污染物的烟气治理设施。已报废的设施不统计在内。锅炉中的除尘装置属于“三同时”设备，应统计在内。

工业废气治理设施处理能力 指报告期末企业实有的废气治理设施的实际废气处理能力。

工业废气治理设施运行费用 指报告期内维持废气治理设施运行所发生的费用。包括能源消耗、设备折旧、设备维修、人员工资、管理费、药剂费及与设施运行有关的其他费用等。

五、固体废物

一般工业固体废物产生量 指当年全年调查对象实际产生的一般工业固体废物的量。一般工业固体废物系指未被列入《国家危险废物名录》（2016 版）或者根据国家规定的《危险废物鉴别标准》（GB5085）、《固体废物浸出毒性浸出方法》（GB5086）及《固体废物浸出毒性测定方法》（GB / T 15555）鉴别方法判定不具有危险特性的工业固体废物。

一般工业固体废物综合利用量 指当年全年调查对象通过回收、加工、循环、交换等方式，从固体废物中提取或者使其转化为可以利用的资源、能源和其他原材料的固体废物量（包括当年利用的往年工业固体废物累计贮存量）。如用作农业肥料、生产建筑材料、筑路等。综合利用量由原产生固体废物的单位统计。

一般工业固体废物处置量 指当年全年调查对象将工业固体废物焚烧和用其他改变工业固体废物的物理、化学、生物特性的方法，达到减少或者消除其危险成分的活动，或者将工业固体废物最终置于符合环境保护规定要求的填埋场的活动中，所消纳固体废物的量（包括当年处置的往年工业固体废物累计贮存量）。

一般工业固体废物贮存量 指当年全年调查对象以综合利用或处置为目的，将固体废物暂时贮存或堆存在专设的贮存设施或专设的集中堆存场所内的量。专设的固体废物贮存场所或贮存设施必须有防扩散、防流失、防渗漏、防止污染大气、水体的措施。

一般工业固体废物倾倒丢弃量 指当年全年调查对象将所产生的固体废物倾倒或者丢弃到固体废物污染防治设施、场所以外的量。

危险废物产生量 指当年全年调查对象实际产生的危险废物的量。危险废物指列入国家危险废物名录或者根据国家规定的危险废物鉴别标准和鉴别方法认定的，具有爆炸性、易燃性、易氧化性、毒性、腐蚀性、易传染性疾病等危险特性之一的废物。包括利用处置危险废物过程中二次产生的危险废物的量。按《国家危险废物名录》（2016）填报。

危险废物综合利用和处置量 综合利用量指当年全年调查对象从危险废物中提取物质作为原材料或者燃料的活动中消纳危险废物的量。包括本单位利用或委托、提供给外单位利用的量。处置量指当年全年调查对象将危险废物焚烧和用其他改变工业固体废物的物理、化学、生物特性的方法，达到减少或者消除其危险成分的活动，或者将危险废物最终置于符合环境保护规定要求的填埋场的活动中，所消纳危险废物的量。处置量包括处置本单位或委托给外单位处置的量。

危险废物贮存量 指将危险废物以一定包装方式暂时存放在专设的贮存设施内的量。专设的贮存设施指对危险废物的包装、选址、设计、安全防护、监测和关闭等符合《危险废物贮存污染控制标准》

（GB18597-2001）等相关环保法律法规要求，具有防扩散、防流失、防渗漏、防止污染大气和水体措施的设施。包括本单位自行贮存的本单位产生的和接收外单位的危险废物量。

六、自然生态

自然保护区 指对有代表性的自然生态系统、珍稀濒危野生动植物物种的天然分布区、水源涵养区、有特殊意义的自然历史遗迹等保护对象所在的陆地、陆地水体或海域，依法划出一定面积进行特殊保护和管理的区域。以县及县以上各级人民政府正式批准建立的自然保护区为准。风景名胜区、文物保护区不计在内。

湿地 指天然或人工、长久或暂时性的沼泽地、泥炭地或水域地带，包括静止或流动、淡水、半咸水、咸水体，低潮时水深不超过 6 米的水域以及海岸地带地区的珊瑚滩和海草床、滩涂、红树林、河口、河流、淡水沼泽、沼泽森林、湖泊、盐沼及盐湖。

七、土地利用

耕地面积 指经过开垦用以种植农作物并经常进行耕耘的土地面积。包括种有作物的土地面积、休闲地、新开荒地和抛荒未满三年的土地面积。

林业用地面积 指用来发展林业的土地，包括郁闭度 0.20 以上的乔木林地以及竹林地、灌木林地、疏林地、采伐迹地、火烧迹地、未成林造林地、苗圃地和县级以上人民政府规划的宜林地面积。

草地面积 指牧区和农区用于放牧牲畜或割草，植被盖度在 5%以上的草原、草坡、草山等面积。包括天然的和人工种植或改良的草地面积。

八、林业

森林面积 包括郁闭度 0.2 以上的乔木林地面积和竹林面积，国家特别规定的灌木林地面积、农田林网以及村旁、路旁、水旁、宅旁林木的覆盖面积。

人工林面积 指由人工播种、植苗或扦插造林形成的生长稳定，(一般造林 3-5 年后或飞机播种 5-7 年后)每公顷保存株数大于或等于造林设计植树株数 80%或郁闭度 0.20 以上(含 02.0)的林分面积。

森林覆盖率 指以行政区域为单位森林面积占区域土地总面积的百分比。计算公式：

$$森林覆盖率=\frac{森林面积}{土地总面积}\times 100\%$$

活立木总蓄积量 指一定范围土地上全部树木蓄积的总量，包括森林蓄积、疏林蓄积、散生木蓄积和四旁树蓄积。

森林蓄积量 指一定森林面积上存在着的林木树干部分的总材积，以立方米为计算单位。它是反映一个国家或地区森林资源总规模和水平的基本指标之一。它说明一个国家或地区林业生产发展情况，反映森林资源的丰富程度，也是衡量森林生态环境优劣的重要依据。

造林面积 指在宜林荒山荒地、宜林沙荒地、无立木林地、疏林地和退耕地等其它宜林地上通过人工措施形成或恢复森林、林木、灌木林的过程。

人工造林 指在宜林荒山荒地、宜林沙荒地、无立木林地、疏林地和退耕地等其他宜林地上通过播种、植苗和分殖来提高森林植被覆被率的技术措施。

飞播造林 通过飞机播种，并辅以适当的人工措施，在自然力的作用下使其形成森林或灌草植被，提高森林植被覆被率或提高森林植被质量的技术措施。包括荒山飞播造林和飞播营林。

封山育林 对宜林地、无立木林地、疏林地或低质低效有林地、灌木林地或新造林地实施封禁并辅以人工促进手段，使其形成森林或灌草植被或提高林分质量的一项技术措施。包括无林地和疏林地封育、有林地和灌木林地封育、新造林地封育。

退化林修复 为改善林分的活力和结构，有效遏制防护林退化，提高林分质量和恢复森林功能，对结构失调和稳定性降低、功能退化甚至丧失且自然更新能力弱的林分采取的结构调整、树种替换、补植补播、嫁接复壮等森林经营措施。

更新造林 指在采伐迹地、火烧迹地、林中空地上通过人工造林重新形成森林的过程。包括通过松土除草、平茬或断根复壮、补植补播、除蘖间苗等措施促进目的树种幼苗幼树生长发育的人工促进天然更新。

天然林保护工程 是我国林业的“天”字号工程、一号工程,也是投资最大的生态工程。具体包括三个层次:全面停止长江上游、黄河上中游地区天然林采伐；大幅度调减东北、内蒙古等重点国有林区的木材产量；同时保护好其他地区的天然林资源。主要解决这些区域天然林资源的休养生息和恢复发展问题。

退耕还林还草工程 是我国林业建设上涉及面最广、政策性最强、工序最复杂、群众参与度最高的生态建设工程。主要解决重点地区的水土流失问题。

三北和长江流域等重点防护林体系建设工程 三北和长江中下游地区等重点防护林体系建设工程,是我国涵盖面最大、内容最丰富的防护林体系建设工程。具体包括三北防护林四期工程、长江中下游及淮河太湖流域防护林二期工程、沿海防护林二期工程、珠江防护林二期工程、太行山绿化二期工程和平原绿化二期工程。主要解决三北地区的防沙治沙问题和其他区域各不相同的生态问题。

京津风沙源治理工程 环北京地区防沙治沙工程,是首都乃至中国的“形象工程”,也是环京津生态圈建设的主体工程。虽然规模不大,但是意义特殊。主要解决首都周围地区的风沙危害问题。

九、自然灾害及突发事件

滑坡 指斜坡上不稳定的岩土体在重力作用下沿一定软面(或滑动带)整体向下滑动的物理地质现象。地表水和地下水的作用以及人为的不合理工程活动对斜坡岩、土体稳定性的破坏，经常是促使滑坡发生的主要因素。在露天采矿、水利、铁路、公路等工程中，滑坡往往造成严重危害。

崩塌 指陡坡上大块的岩土体在重力作用下突然脱离母体崩落的物理地质现象。它可因多裂隙的岩体经强烈的物理风化、雨水渗入或地震而造成，往往毁坏建筑物，堵塞河道或交通路线。

泥石流 指山地突然爆发的包含大量泥沙、石块的特殊洪流称为泥石流，多见于半干旱山地高原地区。其形成条件是地形陡峻，松散堆积物丰富，有特大暴雨或大量冰融水的流出。

地面塌陷 指地表岩、土体在自然或人为因素作用下向下陷落，并在地面形成塌陷坑(洞)的一种动力地质现象。由于其发育的地质条件和作用因素的不同，地面塌陷可分为：岩溶塌陷、非岩溶塌陷。

突发环境事件 指突然发生，造成或可能造成重大人员伤亡、重大财产损失和对全国或者某一地区的经济社会稳定、政治安定构成重大威胁和损害，有重大社会影响的涉及公共安全的环境事件。

十、环境投资

环境污染治理投资　指在工业污染源治理和城镇环境基础设施建设的资金投入中，用于形成固定资产的资金。包括工业新老污染源治理工程投资、当年完成环保验收项目环保投资，以及城镇环境基础设施建设所投入的资金。

十一、城市环境

年末道路长度　指年末道路长度和与道路相通的广场、桥梁、隧道的长度，按车行道中心线计算。在统计时只统计路面宽度在 3.5 米(含 3.5 米)以上的各种铺装道路，包括开放型工业区和住宅区道路在内。

城市桥梁　指为跨越天然或人工障碍物而修建的构筑物。包括跨河桥、立交桥、人行天桥以及人行地下通道等。包括永久性桥和半永久性桥。

城市排水管道长度　指所有排水总管、干管、支管、检查井及连接井进出口等长度之和。

全年供水总量　指报告期供水企业(单位)供出的全部水量。包括有效供水量和漏损水量。

用水普及率　指城市用水人口数与城市人口总数的比率。计算公式：

$$用水普及率=城市用水人口数/城市人口总数\times100\%$$

城市污水日处理能力　指污水处理厂(或处理装置)每昼夜处理污水量的设计能力。

供气管道长度　指报告期末从气源厂压缩机的出口或门站出口至各类用户引入管之间的全部已经通气投入使用的管道长度。不包括煤气生产厂、输配站、液化气储存站、灌瓶站、储配站、气化站、混气站、供应站等厂(站)内的管道。

全年供气总量　指全年燃气企业(单位)向用户供应的燃气数量。包括销售量和损失量。

燃气普及率　指报告期末使用燃气的城市人口数与城市人口总数的比率。计算公式为：

$$燃气普及率=城市用气人口数/城市人口总数\times100\%$$

城市供热能力　指供热企业(单位)向城市热用户输送热能的设计能力。

城市供热总量　指在报告期供热企业(单位)向城市热用户输送全部蒸汽和热水的总热量。

城市供热管道长度　指从各类热源到热用户建筑物接入口之间的全部蒸汽和热水的管道长度。不包括各类热源厂内部的管道长度。

生活垃圾清运量　指报告期内收集和运送到垃圾处理厂(场)的生活垃圾数量。生活垃圾指城市日常生活或为城市日常生活提供服务的活动中产生的固体废物以及法律行政规定的视为城市生活垃圾的固体废物。包括：居民生活垃圾、商业垃圾、集市贸易市场垃圾、街道清扫垃圾、公共场所垃圾和机关、学校、厂矿等单位的生活垃圾。

生活垃圾无害化处理率　指报告期生活垃圾无害化处理量与生活垃圾产生量比率。在统计上，由于生活垃圾产生量不易取得，可用清运量代替。计算公式为：

$$生活垃圾无害化处理率=\frac{生活垃圾无害化处理量}{生活垃圾产生量}\times100\%$$

年末运营车数　指年末公交企业(单位)用于运营业务的全部车辆数。以企业(单位)固定资产台账中已投入运营的车辆数为准。

城市绿地面积 指报告期末用作园林和绿化的各种绿地面积。包括公园绿地、防护绿地、生产绿地、附属绿地和其他绿地面积。

公园绿地 指向公众开放的,以游憩为主要功能,有一定的游憩设施和服务设施,同时兼有健全生态,美化景观,防灾减灾等综合作用的绿化用地。

十二、农村环境

卫生厕所 指有完整下水道系统的水冲式、三格化粪池式、净化沼气池式、多翁漏斗式公厕以及粪便及时清理并进行高温堆肥无害化处理的非水冲式公厕。

累计使用卫生公厕户数 指农民因某种原因没有兴建自己的卫生厕所，而使用村内卫生公厕户数。

Explanatory Notes on Main Statistical Indicators

I. Natural Conditions

Annual Average Temperature Temperature refers to the air temperature, generally expressed in centigrade in China. Thermometers used for meteorological observation are placed in sun-blinded boxes 1.5 meters above the ground with good ventilation. Therefore, temperatures cited in general are the temperatures in sun-blinded boxes 1.5 meters above the ground. The monthly average temperature is obtained by the sum of daily temperatures of the month, then divided by the number of days in the months, and the sum of the monthly average temperatures of the 12 months in the year divided by 12 represents the annual average temperature.

Annual Average Relative Humidity Humidity is the ratio between the actual hydrosphere pressure in the air and the saturated hydrosphere pressure at the present temperature, usually expressed in percentage terms. The average humidity is calculated in the same way as the average temperature.

Annual Sunshine Hours Sunshine refer to the duration when the sunshine falls on earth, usually expressed in hours. It is calculated with the same approach as the calculation of precipitation.

Annual Precipitation Precipitation refers to the volume of water, in liquid or solid (then melted) form, falling from the sky onto earth, without being evaporated, leaked or eroded, express normally in millimeters. The monthly precipitation is obtained by the sum of daily precipitation of the month, and the annual precipitation is the sum of monthly precipitation of the 12 months of the year.

Ⅱ. Freshwater Environment

Total Water Resources refers to total volume of water resources measured as run-off for surface water from rainfall and recharge for groundwater in a given area, excluding transit water.

Surface Water Resources refers to total renewable resources which exist in rivers, lakes, glaciers and other collectors from rainfall and are measured as run-off of rivers.

Groundwater Resources refers to replenishment of aquifers with rainfall and surface water.

Duplicated Measurement of Surface Water and Groundwater refers to mutual exchange between surface water and groundwater, i.e. run-off of rivers includes some depletion with groundwater while groundwater includes some replenishment with surface water.

Water Supply refers to gross water supply by supply systems from sources to consumers, including losses during distribution.

Surface Water Supply refers to withdrawals by surface water supply system, broken down with storage, flow, pumping and transfer. Supply from storage projects includes withdrawals from reservoirs； supply from flow includes withdrawals from rivers and lakes with natural flows no matter if there are locks or not; supply from pumping projects includes withdrawals from rivers or lakes with pumping stations; and supply from transfer refers to water supplies transferred from first-level regions of water resources or independent river drainage areas to others, and should not be covered under supplies of storage, flow and pumping.

Groundwater Supply refers to withdrawals from supplying wells, broken down with shallow layer freshwater, deep layer freshwater and slightly brackish water. Groundwater supply for urban areas includes water mining by both waterworks and own wells of enterprises.

Other Water Supply includes supplies by waste-water treatment, rain collection, seawater desalinization and other water projects.

Total Water Use refers to water use by all kinds of user, including water loss during transportation. including water loss during transportation.

Water Use for Agriculture including water use for irrigation of farming fields, forestry fields, grassland, replenishment of fishing pools, and livestock & poultry.

Water Use for Industry refers to water use by industrial and mining enterprises in the production process of manufacturing, processing, cooling, air conditioning, cleansing, washing and so on. Only including new withdrawals of water, excluding reuse of water within enterprise.

Water Use for Households and Service including water use for living consumption in both urban and rural areas. Urban water use by living consumption is composed of household use and public use (including service sector and construction). Rural water use by living consumption refers to households.

Water Use for Eco-environment Only including the replenishment of some rivers and lakes and use for urban environment, excluding the natural precipitation and runoff meet.

Waste Water Discharged by Industry refers to the volume of waste water discharged by industrial enterprises through all their outlets, including waste water from production process, directly cooled water, groundwater from mining wells which does not meet discharge standards and sewage from households mixed with waste water produced by industrial activities, but excluding indirectly cooled water discharged (It should be included if the discharge is not separated with waste water).

Chemical Oxygen Demand (COD) refers to index of water pollution measuring the mass concentration of oxygen consumed by the chemical breakdown of organic and inorganic matter.

Number of Industrial Wastewater Treatment Facilities refers to the number of existing facilities (including constructions) for the prevention and control of water pollution and the comprehensive utilization of treated water resources in enterprises in the reporting period, a wastewater treatment system as a unit. The subsidiary water treatment equipments and ancillary equipments are not calculated separately. It excludes scrapped facilities.

Treatment Capacity of Industrial Wastewater Treatment Facilities refers to the actual capacity of the wastewater treatment of internal wastewater treatment facilities in enterprises in the reporting period.

Expenditure of Industrial Wastewater Treatment Facilities refers to the costs of maintaining wastewater treatment facilities in enterprises in the reporting period. It includes energy consumption, equipment maintenance, staff wages, management fees, pharmacy fees and other expenses associated with the operation of the facility.

Ⅲ. Marine Environment

Sea Area with Water Quality at Grade Ⅱ refers to marine area meeting the national quality standards for Grade II marine water, suitable for marine cultivation, bathing, marine sport or recreation activities involving direct human touch of marine water, and for sources of industrial use of water related to human consumption.

Sea Area with Water Quality at Grade Ⅲ refers to marine area meeting the national quality standards for Grade III marine water, suitable for water sources of general industrial use.

Sea Area with Water Quality at Grade Ⅳ refers to marine area meeting the national quality standards for Grade IV marine water, only suitable for harbors and ocean development activities.

Sea Area with Water Quality below Grade Ⅳ refers to marine area where the quality of water is worse than the national quality standards for Grade IV marine water.

Ⅳ. Atmospheric Environment

Industrial Sulphur Dioxide Emission refers to the total volume of sulphur dioxide emitted into the atmosphere in the fuel combustion and production processes of enterprises in the reporting period. Industrial sulfur dioxide comes mainly from the combustion of fossil fuels (coal, oil, etc.), but also includes industrial emissions in sulphide of smelting and in sulfate or phosphate fertilizer producing.

Industrial Nitrogen Oxide Emission refers to the total volume of nitrogen oxide emitted into the atmosphere in the fuel combustion and production processes of enterprises in the reporting period.

Industrial Soot (Dust) Emission refers to the total volume of soot and industrial dust emitted into the atmosphere in the fuel combustion and production processes of enterprises in the reporting period.

Industrial Waste Gas Emission refers to the total volume of pollutant-containing gas emitted into the atmosphere in the fuel combustion and production processes within the area of the factory in the reporting period in standard conditions (273K, 101325Pa).

Number of Industrial Waste Gas Treatment Facilities refers to the total number of waste gas treatment facilities for reducing or recycling pollutants of the fuel combustion and production process in enterprises in the reporting period, a waste gas treatment system as a unit. The subsidiary water treatment equipments and ancillary equipments are not calculated separately. It includes flue gas treatment facilities of dust removal, desulfurization, denitration and other pollutants. It excludes scrapped facilities. Dust removal device in boiler should be included as a "three simultaneities" equipment.

Treatment Capacity of Industrial Waste Gas Treatment Facilities refers to actual waste gas processing capacity of emission control facilities at the end of the reporting period.

Expenditure of Industrial Waste Gas Treatment Facilities refers to the running costs of the waste gas treatment facilities to maintain in the reporting period. Including energy consumption, equipment depreciation, equipment maintenance, staff wages, management fees, pharmacy fees associated with the operation of the facility other expenses.

Ⅴ. Solid Waste

Common Industrial Solid Wastes Generated refers to the amount of common industrail solid wastes the surveyed units actual generated over the year. The common industrial solid wastes refers to the industrial solid wastes that are not listed in the 《National Catalogue of Hazardous Wastes》(2016 Version), or not regarded as hazardous according to the National Hazardous Waste Identification Standards (GB5085), the Solid Waste-Extraction Procedure for Lleaching Toxicity (GB5086) and the Assay Method of Solid Waste-Extraction Procedure for Leaching Toxicity (GB/T 15555).

Common Industrial Solid Wastes Utilized refers to amount of solid wastes from which useable materials can be extracted or converted into usable resources, energy or other materials through reclamation, processing, recycling and exchange (including utilizing in the year the stocks of industrial solid wastes of the previous year) generated by surveyed units over the year of the survey, e.g. being used as agricultural fertilizers, building materials or as material for paving road. The information should be measured as the unit of generating wastes.

Common Industrial Solid Wastes Disposed refers to the amount of industrial solid wastes disposed, which covers the amount of previous years, through incineration or other methods to change its physical, chemical and biological propertiesto reduce or eliminate the hazardsor landfilled in the sites following the requirements for environmental protection by surveyed units over the year of the survey.

Stock of Common Industrial Solid Wastes refers to the amount of solid wastes placed in special facilities or special sites by enterprises for the purposes of integrated use or disposal over the year of the survey. The sites or facilities should take measures against dispersion, loss, seepage, and air and water contamination.

Common Industrial Solid Wastes Discharged refers to the amount of industrial solid wastes dumped or discharged by producing enterprises to disposal facilities or to other sites over the year of the survey.

Hazardous Wastes Generated refers to the amount of actual hazardous wastes generated by surveyed units over the year of the survey, which is covered secondary generation during the process of disposal and reuse of hazardous wastes. Hazardous waste refers to those listed in the National Hazardous Wastes catalogue or identified as any one of the following properties in light of the national hazardous wastes identification standards and methods: explosive, ignitable, oxidizable, toxic, corrosive or liable to cause infectious diseases or lead to other dangers. It should be reported following the National Catalogue of Hazardous Wastes (2016 Version).

Hazardous Wastes Integrated Reused and Disposed Hazardous Wastes Integrated Reused refers to the amount of hazardous wastes that are used to extract materials for raw materials or fuel over the year of the survey, including own-use by the producing enterprise and other use of enterprises. Hazardous Wastes Disposed refers to the amount of hazardous wastes which are incineration or specially disposed using other methods to change itsits physical, chemical and biological properties and thus to reduce or eliminate the hazards, or placed ultimately in the sitesfollwoing the requirements for environmental protection over the year of the survey.

Stock of Hazardous Wastes refers to the amount of hazardous wastes specially packaged and placed in special facilities or special sites by enterprises, which covered stock of surveyed units generated and received from other units. The special stock facilities should meet the requirements set in relevant environment protection laws and regulations such as "Pollution Control Standards for Hazardous Waste Stock" (GB18597-2001) in regard to package of hazardous waste, location, design, safety, monitoring and shutdown, and take measures against dispersion, loss, seepage, and air and water contamination.

Ⅵ. Natural Ecology

Nature Reserves refers to the areas with special protection and management according to law, including representative natural ecosystems, natural areas the endangered wildlife live in, water conservation areas, land, ground water or sea with the protective objects like natural or historical remains those have special significance. It must be established by the county government or above levels. It doesn't include the scenic areas and cultural relic protective areas.

Wetlands refer to marshland and peat bog, whether natural or man-made, permanent or temporary; water covered areas, whether stagnant or flowing, with fresh or semi-fresh or salty water that is less than 6 meters deep at low tide; as well as coral beach, weed beach, mud beach, mangrove, river outlet, rivers, fresh-water marshland,

marshland forests, lakes, salty bog and salt lakes along the coastal areas.

Ⅶ. Land Use

Area of Cultivated Land refers to area of land reclaimed for the regular cultivation of various farm crops, including crop-cover land, fallow, newly reclaimed land and land laid idle for less than 3 years.

Area of Afforested Land refers to area for afforestation development, including arbor forest lands with a canopy density of 0.2 degrees or more as well as bamboo forest lands, bush shrub forest lands, sparse forest lands, stump lands, burned areas, non-mature forestation lands, nursery land, and land appropriate to the forestation planned by the people's government at or above the county level.

Area of Grassland refers to area of grassland, grass-slopes and grass-covered hills with a vegetation-covering rate of over 5% that are used for animal husbandry or harvesting of grass. It includes natural, cultivated and improved grassland areas.

Ⅷ. Forestry

Forest Area refers to the area of trees and bamboos grow with canopy density above 0.2, the area of shrubby tree according to regulations of the government, the area of forest land inside farm land and the area of trees planted by the side of villages, farm houses and along roads and rivers.

Area of Artifical Forests refer to the area of stable growing forests, planted manually or by airplanes, with a survival rate of 80% or higher of the designed number of trees per hectare, or with a canopy density of or above 0.20 after 3-5 years of manual planting or 5-7 years of airplane planting.

Forest Coverage Rate refers to the ratio of area of forested land to area of total land by administrative areas. Its calculation formula is:

$$\textit{Forest Coverage Rate} = \textit{area of forested land} / \textit{area of total land} \times 100\%$$

Total Standing Stock Volume refers to the total stock volume of trees growing in land, including trees in forest, tress in sparse forest, scattered trees and trees planted by the side of villages, farm houses and along roads and rivers.

Stock Volume of Forest refers to total stock volume of wood growing in forest area, which shows the total size and level of forest resources of a country or a region. It is also an important indicator illustrating the richness of forest resource and the status of forest ecological environment.

Area of Afforestation refers to the total area of land suitable for afforestation, including barren hills, idle land, sand dunes, non-timber forest land, woodland and "grain for green" land, on which acres of forests, trees and shrubs are planted through manual planting.

Manual Planting refers to technical measures of sowing, planting seedlings and divided transplanting on land suitable for afforestation, including barren hills, idle land, sand dunes, non-timber forest land, woodland and "grain for green" land to increase vegetation coverage rate of forests.

Airplane Planting refers to technical measures of airplane planting with of appropriate artificial help taken under the influence of natural power to restore certain amount of seedlings on land suitable for afforestation, with an aim of increasing vegetation coverage rate of forests or improving forest quality. It includes barren afforestation and aerial seeding forest afforestation.

Closed Hillsides to Afforestation is a technical measure by banning and artificial means to form forest or shrub and grass or improve forest quality land, to suitable for forest, forest land without stumpage, sparse forest land, or low quality forest, shrub forest.

Restoration of Degraded Forest in order to improve the vitality and structure of forest, effectively curb forest degradation, improve forest quality and restore forest function, management measures are taken to the forest of structural imbalance and stability reduction, function reduction or even loss and natural regeneration ability is weak, which include structural adjustment, species replacement, replanting sowing, grafting rejuvenation, etc.

Artificial Regeneration refer to forest reforming process in logging slash, slash burning, the glade through afforestation. Including artificially promoting natural regeneration of promoting the growth and development of target tree species seedlings by weeding, root pruning or stubble rejuvenation, sowing and replanting, removing tillering and thinning, etc.

Project on Preservation of Natural Forests is the Number One ecological project in China's forest industry that involves the largest investment. It consists of 3 components: 1) Complete halt of all cutting and logging activities in the natural forests at the upper stream of Yangtze River and the upper and middle streams of the Yellow River. 2) Significant reduction of timber production of key state forest zones in northeast provinces and in Inner Mongolia. 3) Better protection of natural forests in other regions through rehabilitation programs.

Projects on Converting Cultivated Land to Forests and Grassland (Grain for Green Projects) aiming at preventing soil erosion in key regions, these projects are ecological construction projects in the development of forest industry that have the widest coverage and most sophisticated procedures, with strong policy implications and most active participation of the people.

Projects on Protection Forests in North China and Yangtze River Basin covering the widest areas in China with a rich variety of contents, these projects aim at solving the problem of sand and dust in northeastern China, northern China and northwestern China and the ecological issues in other areas. More specifically, they include phase IV of project on North China protection forests, phase II of project on protection forests at the middle and lower streams of Yangtze River and at the Huihe River and Taihu Lake valley, phase II of project on coastal protection forests, phase II of project on Pearl River protection forests, phase II project on greenery of Taihang Mountain and phase II projects on greenery of plains.

Projects on Harnessing Source of Sand and Dust in Beijing and Tianjin these Beijing-ring projects aim at harnessing the sand and dust weather around Beijing and its vicinities. As the key to the development of Beijing-Tianjin ecological zone, these projects are of particular importance as it concerns the image of China's capital city and the whole country.

Ⅸ. Natural Disasters & Environmental Accidents

Landslides refer to the geological phenomenon of unstable rocks and earth on slopes sliding down along certain soft surface as a result of gravitational force. Role of surface water and underground water, and destruction of the stability of slopes by irrational construction work are usually main factors triggering the landslides. Several damages are often caused by landslides in open mining, in water conservancy projects, and in the construction of railways and highways.

Collapse refers to the geological phenomenon of large mass of rocks or earth suddenly collapsing from the mountain or cliff as a result of gravitational force. Usually caused by weathering of rocks, penetration of rain or earthquakes, collapse often destructs buildings and blocks river course or transport routes.

Mud-rock Flow refers to the sudden rush of flood torrents containing large amount of mud and rocks in mountainous areas. It is found mostly in semi-arid hills or plateaus. High and precipitous topographic features, loose soil mass, heavy rains or melting water contribute to the mud-rock flow.

Land Subside refers to the geological phenomenon of surface rocks or earth subsiding into holes or pits as a result of natural or human factors. Land subside can be classified as karst subside and non-karst subside.

Environmental Accident refer to environmental events that suddenly, causing or maybe cause heavy casualties, major property losses, major threat and damage to the nation or a region's economic, social and political stability, and the events have a significant social impact and related to public safety.

Ⅹ. Environmental Investment

Investment in Treatment of Environment Pollution refers to the fixed assets investment in the treatment of industrial pollution and in the construction of environment infrastructure facilities in cities and towns. It includes investment in treatment of industrial pollution, environment protection investment in environment protection acceptance project in this year, and investment in the construction of environment infrastructure facilities in cities and towns.

Ⅺ. Urban Environment

Length of Paved Roads at the Year-end refers to the length of roads with paved surface including squares bridges and tunnels connected with roads by the end of the year. Length of the roads is measured by the central lines for vehicles for paved roads with a width of 3.5 meters and over, including roads in open-ended factory compounds and residential quarters.

Urban Bridges refer to bridges built to cross over natural or man-made barriers, including bridges over rivers, overpasses for traffic and for pedestrian, underpasses for pedestrian, etc. Both permanent and semi-permanent bridges are included.

Length of Urban Sewage Pipes refers to the total length of general drainage, trunks. branch and inspection wells, connection wells, inlets and outlets, etc.

Annual Volume of Water Supply refers to the total volume of water supplied by water-works (units) during the reference period, including both the effective water supply and loss during the water supply.

Percentage of Urban Population with Access to Tap Water refers to the ratio of the urban population with access to tap water to the total urban population. The formula is:

Percentage of Population with Access to Tap Water= Urban Population with Access to Tap Water /Urban Population ×100%

Daily Disposal Capacity of Urban Sewage refers to the designed 24-hour capacity of sewage disposal by the sewage treatment works or facilities.

Length of Gas Pipelines refers to the total length of pipelines in use between the outlet of the compressor of gas-work or outlet of gas stations and the leading pipe of users, excluding pipelines within gasworks, delivery stations, LPG storage stations, refilling stations, gas-mixing stations and supply stations.

Volume of Gas Supply refers to the total volume of gas provided to users by gas-producing enterprises (units) in a year, including the volume sold and the volume lost.

Percentage of Urban Population with Access to Gas refers to the ratio of the urban population with access to gas to the total urban population at the end of the reference period. The formula is:

Percentage of Population with Access to Gas = (Urban Population with Access to Gas /Urban Population) × 100%

Heating Capacity in Urban Area refers to the designed capacity of heating enterprises (units) in supplying heating energy to urban users during the reference period.

Quantity of Heat Supplied in Urban Area refers to the total quantity of heat from steam and hot water supplied to urban users by heating enterprises (units) during the reference period.

Length of Heating Pipelines refers to the total length of steam or hot water pipelines for sources of heat to the leading pipelines of the buildings of the users, excluding internal pipelines in heat generating enterprises.

Consumption Wastes Transported refers to volume of consumption wastes collected and transported to disposal factories or sites. Consumption wastes are solid wastes produced from urban households or from service activities for urban households, and solid wastes regarded by laws and regulations as urban consumption wastes, including those from households, commercial activities, markets, cleaning of streets, public sites, offices, schools, factories, mining units and other sources.

Ratio of Consumption Wastes Treated refers to consumption wastes treated over that produced. In practical statistics, as it is difficult to estimate, the volume of consumption wastes produced is replaced with that transported. Its calculation formulae is:

Ratio= Consumption Wastes Treated / Consumption Wastes Produced×100%

Number of Vehicles under Operation at the Year-end refers to the total number of vehicles under operation by public transport enterprises (units) at the end of the year, based on the records of operational vehicles by the enterprises (units).

Area of Urban Green Areas refers to the total area occupied for green projects at the end of the reference period, including Park green land, protection green land, green land attached to institutions and other green land.

Park Green Land refers to the greening land, which having the main function of public visit and recreation, both having recreation facilities and service facilities, meanwhile having the comprehensive function of ecological improvement, landscaping disaster prevention and mitigation and other.

XII. Rural Environment

Sanitary Lavatories refer to lavatories with complete flushing and sewage systems in different forms, and lavatories without flushing and sewage system where ordure is properly disposed of through high-temperature deposit process for making organic manure.

Households Using Public Lavatories refer to the number of households using public sanitary lavatories in the village without building their private sanitary lavatories.

源自德国巴伐利亚*
The Classic Original Weissbier from Bavaria
源自德国巴伐利亚
燕京啤酒
YANJING BEER
原浆白啤
Original Weissbier
富含酵母·浓郁丁香花香气
The classical Bavarian recipe and precious top-fermented yeast give the beer an unmistakable character as clove-like flavor, creamy head, haze cloudy and rich yeast.
12°P白啤酒
净含量:500ml
北京燕京啤酒股份有限公司
* 燕京原浆白啤采用源自德国巴伐利亚的
白啤工艺和珍贵上面酵母酿造
燕京啤酒官方天猫旗舰店
燕京啤酒官方微信

传世185年
正宗凉茶 王老吉
怕上火
就喝王老吉
正宗凉茶 王老吉
王老吉®
民族品牌王老吉，180余年传承，始创于1828年。
凉茶植物饮料
正宗凉茶王老吉，采用本草植物材料配制而成。
净含量310毫升
广药集团®
传世185年·独家秘方·正宗凉茶王老吉

《中国食品工业年鉴》（2016）编辑委员会

编　委

金翔宇	四川高金实业集团有限公司董事长
贾先德	康师傅控股有限公司中国区董事长
刘宝青	龙大食品集团有限公司总经理
林炳生	永和食品（中国）有限公司董事长
李国权	江苏恒顺集团有限公司总经理
廖国峰	西藏自治区特色产品行业协会秘书长
雷金福	云南省食品行业协会秘书长
李秋喜	山西杏花村汾酒集团董事长
刘全平	山东景芝酒业股份有限公司 董事长
刘　然	宁夏经信委食药工业处处长
刘送保	湖南省食品行业联合会会长
林晓平	陕西省食品工业协会常务副会长
刘晓东	上海百润投资控股集团总经理
林玉明	福建省食品工业协会副会长兼秘书长
李玉林	烟台双塔食品股份有限公司总经理
刘中国	五粮液集团有限公司总经理
李兆军	河北承德露露股份有限公司总经理
彭　安	四川省经信委农产品加工处处长
潘　刚	内蒙古伊利实业集团股份有限公司董事长
庞　康	佛山市海天调味食品股份有限公司总裁
彭桥玲	湖北省食品工业协会主任
秦玉峰	东阿阿胶股份有限公司总裁
荣耀中	上海太太乐食品有限公司董事长
孙志刚	青岛瑞可莱餐饮配料有限公司董事长
沈志勇	中国食品工业协会企业发展部副主任
陶格仓	内蒙古自治区经信委消费品工业处副处长
陶华碧	贵阳南明老干妈风味食品有限责任公司董事长
唐建泽	江苏省食品工业协会副秘书长
魏存成	陕西石羊（集团）股份有限公司董事长
王丛笑	中国食品工业协会办公室主任
王　轰	蓬莱京鲁渔业有限公司董事长
汪俊林	四川郎酒集团有限责任公司董事长
万　隆	双汇实业集团有限责任公司董事长兼总经理
魏立华	石家庄君乐宝乳业有限公司董事长
吴龙妹	河北省食品工业协会常务副会长兼秘书长

温鹏程	广东温氏食品集团股份有限公司董事长
汪启超	黑龙江省龙江家园就业有限公司总经理
王　睿	红牛维他命饮料有限公司总经理
王岳成	浙江小王子食品股份有限公司总经理
王宇骅	河南科迪乳业股份有限公司总经理
王有生	海南省经信委消费品处处长
吴祖梁	金冠中国食品有限公司总经理
王　遵	贵州省食品工业协会副会长兼秘书长
许福林	甘肃省食品工业协会会长 甘肃滨河食品工业（集团）有限公司董事长
席　刚	新希望乳业控股有限公司总裁
许世辉	达利食品集团总裁
杨林广	四川米老头工业集团股份有限公司总裁
杨　强	中国食品工业协会科技质量部主任
袁仁国	贵州茅台酒股份有限公司董事长
宣以巍	浙江省食品工业协会秘书长
张崇建	光明乳业股份有限公司董事长
詹寒戈	新疆自治区轻工业行业办公室处长
张建新	中国中轻国际工程有限公司 董事长
张京玉	中国食品工业协会行业信息部主任
张俊修	广东省食品行业协会负责人
张　良	泸州老窖集团有限责任公司董事长
曾　黔	中国食品工业协会技术培训中心主任
张　崎	上海市食品协会副秘书长
宗庆后	杭州娃哈哈集团有限公司董事长
赵双连	中粮集团有限公司董事长
邹世云	重庆市食品工业协会主任
赵晓东	北京燕京啤酒集团有限公司总经理
朱新礼	北京汇源饮料食品集团有限公司董事长
张雪明	常熟市屠宰成套设备厂有限公司董事长
张　媛	天津市食品工业协会副理事长
周以秋	北京市食品协会常务副会长
张玉东	湖南省玉峰食品实业有限公司董事长

特约撰稿人

（排名以姓氏汉语拼音为序）

白　燕	中国调味品协会常务副会长
高　观	中国肉类协会副秘书长
高宏泉	中国水产学会副处长
刘美菊	中国乳制品工业协会副理事长
梁仲康	中国罐头工业协会理事长
李晓燕	中国生物发酵产业协会秘书长
宋占京	中国盐业协会副秘书长
王　庆	中国茶叶流通协会常务副会长
王延才	中国酒业协会理事长
吴月芳	中国食品工业协会豆制品专业委员会秘书长
薛　毅	中国食品添加剂生产应用工业协会秘书长
闫卫民	中国糖业协会副理事长
朱念琳	中国焙烤食品糖制品工业协会理事长
赵亚利	中国饮料工业协会理事长
赵　奕	中国粮食行业协会处长

编辑说明

一、《中国食品工业年鉴》（以下简称《年鉴》）是中国食品工业协会主管和主办的，是中国食品工业纪年性、资料性大型工具书，《中国食品工业年鉴（2016）》为总第28部。

二、为保持《年鉴》的连续性，《中国食品工业年鉴（2016）》的结构体例、行业篇与地方篇排序和以前《年鉴》的结构体例、行业分述与地方分述排序大体一致，部分篇幅进行了更新和新内容增设。

三、行业篇按照《国民经济行业分类》（GB/T4754—2011）所规定的分类名称和顺序排列，原则上按中类名称记述，少数特殊类有所合并或以小类名称来分述；地方篇按照东部（10个）、中部（6个）、西部（12个）、东北部（3个）及特区顺序排列；政府有关部门发布的主要政策、法规，文件、文号、令号等均刊录在大事记中；新增设的内容有“十二五”规划的回顾和行业专家专论。

四、《年鉴》中的统计数字，以国家统计局提供的数据为准；《年鉴》中“同比”表示“与上（去、2014）年同期相比”，统计数据中未包括香港、澳门及台湾地区数据；《年鉴》中所刊录的协会领导讲话、专家专论等，基本原文照登，不再做技术处理。

五、本部《年鉴》的组稿、编纂、出版等工作，得到了中央和地方政府及有关部门、中国食品行业各专业协会、地方食品工业协会（办公室）、国家统计局中国经济景气监测中心、中国统计出版社、《中国食品工业》杂志社等单位的大力支持和帮助，谨此表示衷心的谢意！

《中国食品工业年鉴》编辑部

目录

第一部分　综合篇

第二部分　行业篇

按行业篇按照《国民经济行业分类》（GB/T4754—2011）所规定的分类名称和顺序排列

目录

第三部分　地方篇

按照东部（10个）、中部（6个）、西部（12个）东北部（3个）及特区排列

目录

第四部分　统计篇

数据来源于中国经济景气监测中心

目 录

第五部分　附录

第一部分

综合篇

1.1 2015年食品工业经济运行综述

中国食品工业协会常务副会长　刘　治

2015年，我国食品工业保持了健康发展，生产增长平稳，产业结构不断优化，效益继续改善，投资规模扩大，价格低位平稳运行。食品工业资产占全国工业的7.1%，主营业务收入占10.3%，利润总额占12.6%，上缴税金占19.3%，主要经济指标占比同比都有不同程度提高，食品工业为保障人民生活水平，拉动消费增长，促进经济发展继续发挥重要的支柱产业的作用。

一、生产增长平稳，增速有所回落

根据国家统计局提供数据，2015年，规模以上食品工业增加值按可比价格计算同比增长5.7%，比全国工业增速低0.4个百分点，同比回落2.1个百分点。若不计烟草制品业，食品工业增加值同比增长6.5 %。

上半年食品工业生产低位开局后逐步回升，经历了7、8月份淡季，同比增速下降，9月份开始，随着节假日消费的拉动，产量不断提高，12月份达到全年的最高值7.9%，最低值是在8月份的3.8%。

从大类行业看，农副食品加工业同比增长5.5%，食品制造业同比增长7.5%，酒、饮料和精制茶制造业同比增长7.7%，烟草制品业同比增长3.4%，增幅同比分别增加为–2.2、–1.1、1.2、–4.8个百分点。

从中类行业看，主要行业生产同比增长情况：谷物磨制业增长5.8%，屠宰及肉类加工增长5.0%，植物油加工增长6.2%，焙烤食品制造增长11.3%，乳制品制造增长5.4%，方便食品制造增长5.6%，酒的制造增长7.6%，饮料制造增长7.2%。

据测算，2015年，食品工业完成工业增加值占全国工业增加值的比重达到12.2%，对全国工业增长贡献率10.8%，拉动全国工业增加0.66个百分点。

图12015年食品工业月度增加值增速

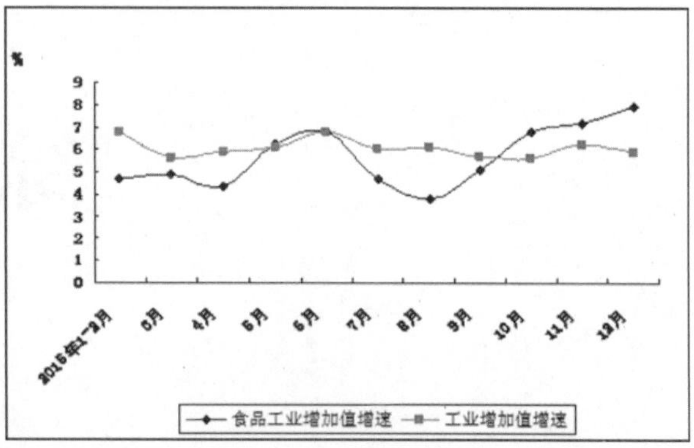

二、食品市场产销衔接，价格低位平稳运行

2015年，全国社会消费品零售总额30.09万亿元，同比增长10.7%，其中限额以上单位粮油食品、饮料烟酒零售总额19465亿元，同比增长14.6%，增速同比增加3.5个百分点。

食品工业产销衔接稳定。全年农副食品加工业，食品制造业，酒、饮料和精制茶制造业，烟草制品业的产销率分别是97.8%，97.4%，95.7%，99.9%，同比分别增加为0.1，–0.2，–0.2,0.6个百分点。

与人民基本生活关系密切的粮食、食用油、乳制品、饮料等食品产量保持稳定增长，一些产品如成品糖、乳粉等，受到进口产品冲击，产量有所萎缩。主要食品产量见表1。

表12015年食品工业主要产品产量

万吨、万千升、亿支

产品名称	全年产量	同比增长（%）
小麦粉	14461.58	1.84
大米	13564.20	4.43
精制食用植物油	6734.24	8.45
成品糖	1475.37	-7.36
鲜、冷藏肉	3761.08	-1.78
冷冻水产品	844.13	1.28
糖果	345.47	6.68
速冻米面食品	524.17	0.40
方便面	1017.80	-0.65
乳制品	2782.53	4.60
其中：液体乳	2521.00	4.72
乳粉	141.95	-4.50
罐头	1212.60	2.02
酱油	1011.94	6.43
冷冻饮品	306.99	0.02
食品添加剂	790.07	11.86
发酵酒精	1016.74	4.23
白酒（折65度，商品量）	1312.80	5.07
啤酒	4715.72	-5.06
葡萄酒	114.80	-0.73
软饮料	17661.04	6.23
其中：碳酸饮料类（汽水）	1794.50	7.42
包装饮用水类	8766.09	10.29
果汁和蔬菜汁饮料类	2386.54	1.06
精制茶	241.81	-1.90
卷烟	25890.61	-0.80

2015年，食品消费价格同比上涨2.3%，同比下降0.8个百分点，涨幅继续回落。全年月度食品价格涨幅在1.1%到3.7%之间波动。

全年价格同比上涨有：猪肉价格上涨9.5%，鲜菜价格上涨7.4%，烟草上涨4.3%，粮食价格上涨2.0%，水产品上涨1.8%，价格同比下降的有，蛋品价格下降7.0%，羊肉下降5.5%，鲜果价格下降3.8%，油脂价格下降3.2%，乳制品下降1.1%，酒下降0.8%。

从出厂价格来看，全年食品出厂价格同比持平，而整个工业生产者出厂价格同比下降5.2%。

从购进价格来看，农副产品购进价格同比下降2.3%。

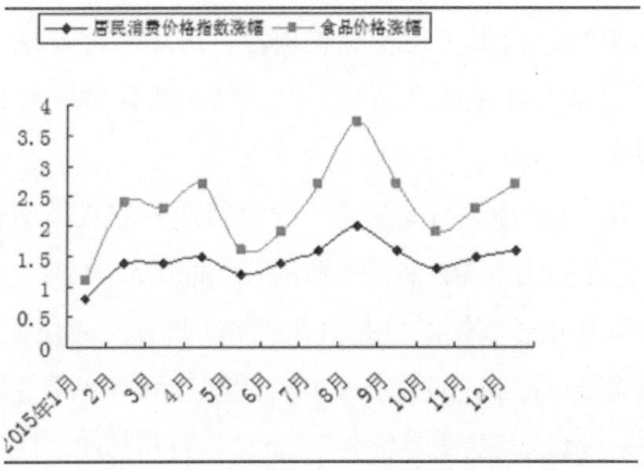

图22015年食品消费价格指数走势（%）

三、固定资产投资规模扩大，但增速继续回落

2015年，食品工业完成固定资产投资突破2万亿，达20205.7亿元，同比增长8.4%，增速比制造业高0.3个百分点。食品工业投资额占全国固定资产投资额3.6%，占比同比略有下降。投资和消费需求的共同拉动，使食品工业保持了稳定健康的发展见表2。

表22015年食品工业固定资产投资情况

	完成投资（亿元）	同比增长（%）	占比（%）
规模以上食品工业	20205.7	8.4	100.0
农副食品加工业	10761.2	7.7	53.3
食品制造业	5089.0	14.4	25.2
酒、饮料和制茶制造业	4090.1	4.4	20.2
烟草制品业	265.4	-6.5	1.3

四、食品行业经济效益情况

2015年，全国食品工业经济效益保持了平稳较快增长，39647家规模以上食品工业企业实现主营业务收入11.35万亿元，同比增长4.6%，比全国工业高3.8个百分点，增幅同比收窄3.4个百分点；食品工业实现利润总额8028.02亿元，同比增长5.9%，比全国工业高8.2个百分点，同比增加4.7个百分点；上缴税金总额9642.93亿元，同比增长4.7%，全国工业高1.6个百分点，增幅同比收窄2.5个百分点。

从大类行业来看，食品制造业利润增长最快，酒、饮料和精制茶制造业主营业务收入增长第1。这个行业的食物原料加工程度越来越深，产品值越来越高，可以看到食品工业在转型升级、结构优化方面取得显著进步。

从56个小类行业来看，49个行业利润总额增长，7个行业同比下降，利润下降的行业同比减少了12个。利润同比增长较快的行业的有：制糖业增长393.4%，鱼油提取及制品制造业增长40.9%，糕点、面包制造业增长34.5%，其他制造业增长26.3%，茶饮料和其他饮料制造业增长23.0%，碳酸饮料制造业增长22.6%，其他调味品、发酵制品制造业增长22.2%，酱油、食醋及类似制品制造业增长21.8%。利润同比下降较大的是其他罐头食品制造业和酒精制造业，利润下降分别为20.0%和25.5%。

从行业盈利能力来看，食品工业每百元主营业务收入中的成本为80.4元，同比持平；主营业务收入利润率为7.1%，成本费用利润率8.05%，同比均有小幅提高。大类行业中，烟草制品业盈利能力显著比其他3个行业高，缴税比例更是占到食品工业的60%以上见表3和表4。

表32015年食品工业经济效益指标

单位：亿元

行业名称	主营业务收入	同比增长(%)	利润总额	同比增长(%)	税金总额	同比增长(%)
食品工业总计	113469.21	4.61	8028.02	5.94	9642.93	4.72
农副食品加工业	65125.56	3.49	3233.76	6.38	1419.37	3.06
食品制造业	21700.34	6.26	1832.24	9.06	850.11	10.02
酒、饮料和精制茶制造业	17292.46	6.40	1741.39	7.48	1165.87	3.55
烟草制品业	9350.84	5.54	1220.64	-1.43	6207.59	4.63

表42015年食品工业盈利能力变化情况

单位：%

行业名称	2015年		2014年	
	主营收入利润率	成本费用利润率	主营收入利润率	成本费用利润率
全部工业平均水平	5.76	6.18	5.94	6.39
食品工业总计	7.08	8.05	6.99	7.95
农副食品加工业	4.97	5.25	4.83	5.10
食品制造业	8.44	9.24	8.23	9.00
酒、饮料和精制茶制造业	10.07	11.47	9.97	11.39
烟草制品业	13.05	38.49	13.98	43.28

五、区域经济发展状况

2015年，食品工业主营业务收入排在前10位的地区是，山东、河南、湖北、江苏、四川、广东、湖南、福建、安徽和吉林，共实现主营业务收入7.43万亿元，占全国食品工业66.5%。同比前6名位置没有变化，后4名中，吉林替代辽宁进入前10。

从东、中、西、东北区域同比来看，中部地区收入增长最快;西部地区利润增长最快;东北三省的收入、利润、税金等主要经济指标已连续2年下降。

从占比同比来看，东北地区占比下降，中部和西部地区占比略有增长见表5。

表52015年分区域食品工业经济效益表

单位：亿元

	企业数（个）	主营业务收入	占比（%）	同比增长（%）	利润总额	占比（%）	同比增长（%）
食品工业总计	39647	113469.21	100	4.61	8028.02	100	5.94
东部地区	15489	47729.92	42.06	4.76	3444.16	42.90	8.27
中部地区	11337	31943.39	28.15	8.60	2122.97	26.44	5.58
西部地区	8232	22022.41	19.41	7.20	1965.65	24.48	9.45
东北地区	4589	11773.49	10.38	-9.04	495.24	6.17	-16.13

六、食品进出口情况

据海关统计，2015年，我国进出口食品9918亿元人民币，同比下降0.7%。其中，出口3805.7亿元，增长 1.6%；进口 6112.3 亿元，下降 2.1%，贸易逆差 2306.6 亿元人民币。

东盟继续保持我国第一大食品贸易伙伴地位，对其进出口 1753.2 亿元人民币，同比增长 6.4%；其中出口 824.9 亿元，增长 14.6%，进一步巩固我国第一大食品出口市场的地位。美国以 1580.2 亿元人民币紧随其后，同比下降 12.2%。对巴西进出口 1242.2 亿元人民币，同比下降 7.2%，为第三大贸易伙伴。

从进出口产品种类来看，水产品仍是我国最大出口食品种类，共出口 391.4 万吨，同比下降 3%，价值 1217.2 亿元人民币，同比下降 5.1%。前 10 大类出口食品，出口量增加的有：蔬菜、水果、软饮料、茶和酒。进口方面粮油食品共进口 1.41 亿吨，同比增长 21.4%，价值 3596 亿元人民币，同比下降 5.6%，占全国食品进口总值的 58.8%。进口大豆 8169.2 万吨，创历史新高，同比增长 14.4% 。

七、重点行业运行情况

1. 粮食加工业

2015 年，我国粮食加工业整体保持稳定发展。全国 6394 家规模以上粮食加工企业，实现主营业务收入 1.34 万亿元，同比增长 7.35%，占食品工业主营收入的 11.81%；行业利润总额 660.67 亿元，同比增长 4.09%。生产小麦粉 1.45 亿吨，大米 1.36 亿吨，同比分别增长 1.84%、4.43%。

我国粮食产量“十二连增”，为我国粮食安全打下坚实基础，同时，为粮食加工业提供了充足的原料。但是近年来，我国粮食呈现出生产量、库存量、进口量“三量齐增”现象。品种调剂和国内外粮价差距较大，导致粮食进口量攀升，从而国内粮食库存压力增大。

行业面临的另一问题，是仓储运输和加工环节导致的粮食损失浪费现象，加工过程中，片面追求“精、细、白”导致粮食加工环节浪费严重。

2. 食用油加工业

2015 年，我国食用油加工业 2050 家规模以上企业，主营业务收入 1 万亿元，利润总额 356.45 亿元，同比分别增长 0.77% 和 3.89%，占食品工业比例分别为 8.84% 和 4.44%。

近年来，随着消费的多元化和新食用油类别的出现，小油种成为增长较快的品类。玉米油、葵花子油、山茶油等被越来越多的消费者所选择。

产业对外依赖程度高，加工产能过剩是一直以来食用油加工行业存在的问题。国内油料作物特别是大豆持续减产，导致进口量增加。油脂价格持续较低，限制了加工企业利润增长，特别是本土油料加工产业经营难度越来越大。

3. 屠宰及肉类加工业

2015 年，屠宰及肉类加工业包括牲畜屠宰、禽类屠宰、肉制品及副产品加工 3 个小类行业。全行业 2015 年 3940 家规模以上企业，主营业务收入 13291.04 亿元，利润总额 658.38 亿，同比分别增长 4.43% 和 4.97%。

“十二五”期间，屠宰及肉类加工业按照发展规划要求，加快由传统组织结构向现代组织结构的转变，提高产业集中度和专业化分工协作水平，延伸产业链，龙头企业得到发展壮大，行业集中度显著提高。大中型企业数量在行业内所占比为 20.3%，占全行业资产总额、销售收入及利润总和的比重分别为 65.5%、61.6%、60.9%，比“十一五”末的 2010 年均有显著提高。

4. 制糖业

2015 年，食糖产量 1475.37 万吨，同比下降 7.36%。297 家规模以上企业，主营业务收入 1200.59 亿元，利润总额 88.21 亿元，同比分别增长 6.69% 和 393.35%。

我国食糖供应缺口较大，却由于内外糖价差价大，进口糖数量较多，国内糖业亏损局面难以扭转。企业亏损面达 41.41%，亏损额 22.69 亿元。大量的走私进口糖影响了国内糖料种植业和制糖业的健康发展。

5. 乳品制造业

2015 年，全行业 638 家规模以上企业，主营业务收入 3328.52 亿元，同比增加 1.66 %，完成利润总额 241.65 亿元，同比增长 7.65%，行业利润率 7.26%。全年乳制品产量 2782.53 万吨，同比增长 4.6%。其中液体乳产量2521.00万吨，同比增长4.72%，乳粉产量141.95万吨，同比下降4.50%。

2015年，乳制品生产增长缓慢，原料奶价格维持高位，部分产品处于下降趋势，乳品企业承受了较大压力。主要原因一方面，随着整体经济发展步伐放缓，乳制品消费增长乏力，另一方面，国内相对国外高成本、高价格的格局，加之消费者对国产乳制品仍然信心不足，造成乳品进口量大幅增加，对国内生产形成了冲击。

八、需要关注的几个问题

1. 食品安全问题继续受到关注

食品安全问题社会高度关注，群众充满期待，政府、企业和社会做了大量工作，但食品安全形势依然严峻。2016年初，习总书记对食品安全工作做出重要指示强调，确保食品安全是民生工程、民心工程，牢固树立以人民为中心的发展理念，落实“四个最严”的要求，切实保障人民群众“舌尖上的安全”。2015年10月1日，被誉为“史上最严”的食品安全法，修订的《中华人民共和国食品安全法》开始正式施行，五大亮点覆盖食品生产经营：一是严惩违法行为，二是强化全程风险防控，三是强化特殊食品严格监管，四是强化食品安全社会共治，五是强化各方责任落实。

2. 行业国际竞争力有待提高

随着全球经济一体化的不断深入和贸易自由化程度的提高，世界逐步向着形成一个大市场，食品工业同其他行业一样，在资本、资源、人才、技术、装备等等方面的竞争更加激烈。我国面临资源环境约束的日益加剧，食物加工原料单一、等级不高，发展方式粗放，部分行业管理水平和技术水平落后，产业规模化集约化水平低，成本高、价格高等诸多问题。国外产品乘虚而入，对国内企业带来冲击。较为明显的行业有，制糖业、油脂压榨业、乳制品加工业等。

2016年是“十三五”的开局之年，在经济发展新常态下，食品工业将继续发挥国民经济支柱产业的作用，努力完成中央提出的“去产能、去库存、去杠杆、降成本、补短板”五大任务，着力加强供给侧结构性改革，着力提高供给体系质量和效率，加大创新力度，加快转型升级，保持平稳健康发展。

（注：文中所有数据，除进出口数据来源海关总署，其他均来自国家统计局。）

1.2 "十二五"时期我国食品工业总结

中国食品工业协会副会长兼秘书长　沈篪

一、发展成就

（一）效益继续平稳增长，产业地位不断提升

据国家统计局数据，2015年，我国规模以上食品企业（39647家）主营业务收入11.35万亿元，比2010年的6.06万亿元增长了87.3%，年均增长13.4%；2015年，利税总额1.77万亿元，比2010年的1.07万亿元增长了65.4%，年均增长10.6%，"十二五"期间，食品工业规模效益继续平稳增长。规模以上食品企业主营业务收入占全国工业企业主营业务收入的比重从2010年的8.7%提升到2015年的10.3%；食品工业增加值占全国工业增加值的比重达到12.2%，对全国工业增长贡献率为10.8%，拉动全国工业增长0.7个百分点，食品工业作为国民经济支柱产业的地位不断提升，是经济中高速增长的重要驱动力。

（二）质量管理体系不断完善，食品安全水平明显提高

"十二五"期间，食品工业通过健全食品安全监管体制，不断完善法律法规和标准体系，严厉打击违法犯罪，加强检（监）测能力建设，逐步落实企业主体责任等措施不断提升食品安全保障水平，食品质量国家抽查合格率始终保持在95%以上，2013年达96.2%。

实行食品安全监管体制改革。将食品安全链条的三个重要环节食品生产、流通和餐饮环节合而为一，纳入国家食药监管总局的职能范围，由"分段监管为主，品种监管为辅"的监管模式转变为"集中机关模式"的监管体制日趋完善。

修订发布相关法律法规和安全标准。修订发布《中华人民共和国食品安全法》，以及相关司法解释、粮食流通管理、生猪屠宰、兽药管理、畜牧、渔业等领域法律法规，制订食品安全抽样检验、召回、许可管理等部门规章，完成近5000项各类食品标准的清理，发布新的食品安全国家标准501项。

各级监管部门深入开展专项治理整顿。组织实施"瘦肉精"、"地沟油"、农村食品、虚假违法广告、"打四黑除四害"、"打击食品犯罪保卫餐桌安全"等多项整治行动，加强行政执法与刑事司法衔接，严厉打击食品安全各领域的违法犯罪行为，2010–2013年，全国公安机关共侦破食品犯罪案件6万起，查办了一批大案要案，有效遏制了食品安全犯罪高发多发态势。

国家大幅提高对检验检测能力建设的支持力度。2011–2014年中央预算内资金安排141.5亿元，共支持个检验检测技术机构开展基础设施建设，配备必要检验检测仪器，农业、质检、食品药品、粮食、卫生计生系统技术机构检验检测能力得到显著提高，为所在区域食品安全监管提供了有力技术支撑。2014年，印发了《关于做好首批县级食品安全检验检测资源整合试点工作的通知》，确定了30个县级食品安全检验检测资源整合项目为首批试点，安排中央预算内投资2亿元。此外，还支持食品工业企业技术进步及检测能力建设，2011年以来，累计安排中央预算内投资50余亿元，共支持了2000多个食品工业企业技术进步及检测能力建设项目，对提升企业食品生产基础设施和质量安全控制能力发挥了重要作用。支持农产品冷链

物流等项目建设，2011年以来累计安排中央预算内投资27亿多元，用于支持600多个鲜活农产品冷链物流项目，以及400多家骨干农产品批发市场购置食品安全检验检测设备，对提高农产品质量监控水平、保障消费安全具有积极推动作用。

规模以上食品生产企业普遍推行良好操作规范（GMP）。截至2014年底，全国通过危害分析和关键控制点（HACCP）认证的企业达到3926家，占规模以上企业的10.44%。婴幼儿配方乳粉、白酒、肉制品、水产品等行业治理安全追溯体系建设成效明显，婴幼儿配方乳粉行业100%纳入食品质量安全追溯体系。建立有机产品、无公害农产品、良好农业规范等11种认证制度，累计发放证书近12万张。实施了“黑名单”管理制度。

（三）食品工业企业不断发展壮大，两化融合进一步深化

“十二五”期间，食品工业企业不断发展壮大，生产集中度进一步提升。2015年，规模以上大中型食品工业企业共计5822家，占规模以上企业数的14.7%，完成主营业务收入占全行业的53.2%。据中国食品工业协会统计数据，2014年，全国销售收入达百亿的食品工业企业54家，比2010年的27家翻了一番。同时，随着互（物）联网、云计算、大数据等新型信息技术的快速发展及其在食品工业领域的应用，食品工业的信息化水平不断提高，信息信息化技术在食品工业的研发、生产管理、产品销售以及质量安全的可追溯等方面得到了广泛应用。从企业信息管理系统看，食品企业企业资源计划（ERP）的普及率接近50%，销售额上亿元的食品企业的ERP普及率高达80%以上。乳制品、肉制品、饮料等行业“量化融合试点示范”工作稳步推进，量化融合总体水平分别达到48.4%、46.5%和44.2%。

（四）科技创新取得积极成效，技术装备水平持续提高

“十二五”期间，食品工业科技研发投入持续增长，2014年，规模以上食品工业企业研究与实验发展（R&D）经费428.3亿元，其中农副食品加工业，食品制造业，酒、饮料和精制茶制造业，烟草制品业分别为195.9亿元、112.7亿元、98.8亿元、20.9亿元，投入强度分别为0.31%、0.55%、0.60%、0.23%。较2013年（用2010年数据）规模以上食品工业企业研究与实验发展（R&D）经费376.3亿元，增长13.8%。R&D经费投入中，企业、政府办科研院所、高等学校是我国研发活动的三大执行主体，其中企业引领作用增强。2014年，食品科技研发经费占当年食品工业总产值的比例为0.39%，较2013年（用2010年数据）的0.37%增加0.02个百分点。攻克了一批关键技术，先进生产技术加快推广，新型淀粉衍生物的创制与传统淀粉衍生物的绿色制造、机遇干法活化的食用油脱色吸附材料开发与应用、花生低温压榨油与饼粕蛋白高值化利用关键技术及装备制造、辣椒天然产物高值化提取分离关键技术与应用、高耐性酵母关键技术研究与产业化、新型香精制备与香气品质控制关键技术与应用等多个科研项目成果获国家科技奖励。专利数量明显增加，成果在食品产业中广泛应用，食品、食物及处理领域的专利申请、授权数分别达到15000项和5000项。基础研究支持不断强化，2014年，国家自然科学基金食品科学领域资助经费达2.2亿元，是2010年的2.7倍。

我国食品装备行业技术水平持续提高，不少新产品、新技术通过鉴定，推向市场。高速、成套、自动化程度高和可靠性好的食品装备不断涌现，产品结构更加丰富、产品数字化与自动化水平显著提高、信息技术和管理技术日益发展、节能水平显著提升。产学研用技术创新模式获得了更好的发展，开展食品装备教学与研究的高校数量不断增加，新建立一批国家级、省级研发中心、示范基地，知识产权保护和企业标准化建设工作有序推进、提升。

随着智能化数字化的转变和机器人及数控生产线大量进口及广泛应用，食品专用装备国产化率进一步提高，部分企业装备水平已达到国际先进水平。在粮油、果蔬、畜禽产品、水产品加工、液态食品包装装备和关键装备开发等重点领域取得了丰硕的成果，自主创新能力明显增强，突破了食品加工领域中的一批共性技术，在食品非热加工、可降解食品包装材料、在线质监控等关键技术的研究方向取得重大突破；屠宰加工技术和装备、饮料灌装设备、乳制品加工设备等的技术进步较快，掌握和开发了一批具有自主知识产权的核心技术和先进装备，装备的国产化率较高，部分装备已摆脱了国外技术垄断与制约。如国内自主开发了6000瓶/时5 L大容量吹灌旋一体机、72000罐/时高速易拉罐灌装机、单模产量2250瓶/时的第五代吹瓶机、36000瓶/时热灌装铝瓶旋盖定量生产线、36000瓶/时纯生啤酒玻璃瓶职能自动灌装线、16000包/时液态奶无菌包装线、全自动连续式杀菌釜、220公斤/时智能化半干面生产线、输送、码垛等智能物流包装生产线、10000只/时肉鸡自动屠宰加工生产线和600头/时猪自动化屠宰加工生产线等一批关键装备和成套设备。持续的科研投入，使我国自主装备的技术水平与国际差距逐步缩小，部分产品性能达到或超过国外先进水平，实现了关键成套装备长期依赖进口到基本实现自主化并成套出口的跨越，行业的产品质量总体水平显著提高，我国食品装备行业的整体水平得到提升。

（五）区域发展协调性增强，产业集群加快发展

“十二五”期间，在中央一系列区域发展政策指导下，食品工业区域经济逐渐趋向协调发展。东部地区继续保持了优先和优势的地位，2015年，东部地区实行了食品工业主营业务收入4.77万亿元，比2010年的3.26万亿元增长46.3%；中部地区借助农业资源优势，努力将其转化为产业优势，食品工业快速发展，2015年，中部地区实行食品工业主营业务收入3.19万亿元，比2010年的1.45万亿元增长120.0%；西部地区借助政策优势，食品工业发展进入快车道，2015年，西部地区实行食品工业主营业务收入3.20万亿元，比2010年的1.20万亿元增长83.3%。从增长速度看，“十二五”期间，中部发展最快。2010年，东部、中部、西部、东北地区食品工业主营业务收入在全国食品工业主营业务收入中的比例分别为45.1:22.9:19.4:12.6，到2015年发展为42.1:28.2:19.4:10.4。从中看出，东部地区食品工业份额占比几乎没变，中、西部地区份额占比增加。东北地区食品工业主营业务收入占全国的比重由2010年的12.6%提高到2015年的10.4%。

“十二五”期间，食品工业加快特色区域和产业集群建设，已成为区域经济的重要支柱，促进了当地就业增加，带动了地方经济发展。如粮食加工业推进产业园区建设投资力度，逐步形成了一批大型粮油加工园区。黑龙江省在全国推进30万吨以上稻谷加工产业园区建设，河南已形成全国重要的主食及速冻食品产业基地，山东省推进十大粮油产业园区，广西结合推进北部湾（广西）经济区建设，形成一批较强集聚效应的临海粮油深加工园区和产业集群，水产行业形成黄渤海、东南沿海、长江流域三个水产品出口加工优势产业带。山东辽东半岛、舟山群岛、雷州半岛均已建设规模化的加工产业园区。酿酒工业积极建设酿酒生态园区，陆续建成了“中国（宜宾）白酒之都”，广东佛山豉香型白酒产业基地、山东安丘“中国芝麻香白酒第一镇”，湖北宜昌“中国白酒名镇”等。发酵产业建设了山东昌乐柠檬酸特色产业基地，山东禹城功能糖特色产业基地等产业集群，方便休闲食品形成了以福建晋江为代表的产业基地雏形。

（六）资源利用率不断提高，节能减排取得一定成效

“十二五”期间，食品工业各行业，尤其是发酵、酿酒、制糖、淀粉加工、畜禽屠宰及肉类加工行业等重点企业全面落实《节能法》、《循环经济促进法》、《清洁生产促进法》，实施节能减排技术改造，加快推广高效节能、清洁生产和综合利用的新工艺、新设备，提高食品工业副产品开发利用水平，加大“三废”治理和废水循环利用力度，减少污染物排放，大力发展循环经济，实施循环经济示范工程，提高资源利用效率。如小麦加工副产品综合利用率达78%；制糖行业副产物综合利用水平显著提升，副产品包括纸浆、酒精、酵母、复合肥、活性炭、工业级和食品级纤维素等，初步形成了高效稳定的多门类循环经济产业链条。利用蔗渣发电取得新进展，发电量已居全国生物质发电首位。

节能减排取得积极成效。据《中国能源统计年鉴》和《中国环境统计年鉴》相关数据，2013年，全国食品工业万元增加值能源消耗量为313.4公斤标煤，比2010年316.8公斤标煤下降1.2%；2012年，食品工业单位产值废水排放量、COD排放量和氨氮排放量分别为3.2吨/万元、0.96 kg/万元、0.044 kg/万元，比2010年，分别下降了28%、27.3%、14.2%。生物发酵行业在2010–2012年吨产品水耗平均每年降低2.9%，能耗下降2.2%。以味精行业为例，吨产品综合能耗从2011年的1.2吨标煤下降到2014年的1吨标煤。添加剂行业节水达到60%以上。制糖行业从“十一五”末期到2013–2014年制糖期，百吨糖料能耗由5.3吨标煤下降到4.8吨，每吨糖COD排放量从18.6 kg下降到12.4 kg，降幅分别为9.6%、33.6%。

二、主要问题

（一）发展水平粗放，产业结构不够合理

我国食品工业发展水平与发达国家还存在较大差距，以数量扩张为主的粗放型发展方式仍然未得到改变，发展依赖于资本、劳动力、土地等生产要素，产业链条缺乏有效延伸，产品附加值较低，企业在价值链分配中所占比例较小，副产物综合利用效率低下，资源浪费和环境污染现象普遍存在。2014年，农业部农产品加工局调查显示，禽类副产物综合利用率为59.4%，畜类仅为29.9%。

1.产业层次较低，生产方式比较粗放，精深加工、高附加值产所占比重较小。在食品工业中，农副食品加工业处于产业链的低端，食品制造业位于高端。2014年，食品工业与农业产值的比值为1.09：1，与发达国家的2:1–3.7:1相比，存在较大差距，而农副食品加工业在主营业务收入、主营业务利润两方面占据绝对主导地位，分别占整个食品工业主营业务收入、主营业务利润的58.3%、40.5%；而食品制造业仅占18.6%、22.3%。

2.食品企业总体规模小，生产集中度不够高。2014年规模以上大中型食品工业企业共计5789家、小型企业31818家，分别占食品工业企业数的15.4%、84.6%；大中型食品工业企业完成主营业务收入占全行业的54.0%，小型企业占46.0%；实现利润总额分别占62.9%、37.1%；上缴税金分别占83.2%、16.8%。总体来看，食品工业产业规模集约化水平低，大中型企业偏少，小、微型企业仍占大多数。如我国食品装备行业80%以上为中小企业，缺乏具有较高品牌认知度的大型跨国企业。水产品加工业企业中小企业和家庭作坊较多，50%加工企业的装备还处于20世纪80年代的世界平均水平，40%左右处于20世纪90年代水平，只有不到10%装备达到世界先进水平。发达国家水产品深加工（二次以上加工）占80%，我国只有30%左右；发达国家水产品加工产值与渔业产值之比约为3:1，我国仅为0.35:1。在国际市场上，我国水产品几乎只能作为原料和半成品出口，不仅售价低，而且缺乏市场竞争力，与渔业大国的地位不相称。

3.部分行业先进产能不足与落后产能过剩并存，结构性过剩突出。如近年来，随着我国粮油加工业产品市场需求不断扩大，粮油加工项目盲目上马，造成低水平重复建设和产能过快扩张，以至于大大超出市场实际需求量，行业产能利用率不高。

——落后产能比重大，利用率低。我国粮油加工业整体产能利用率不高，大型企业的产能利用率明显高于中小企业，企业经营规模越小，产能利用率越低，产能过剩越严重。以2013年为例，全国粮油加工业企业19880个，其中大型粮油加工业企业2516家，占比12.7%，中型企业3556家，占比17.9%，小型企业13707家，占比68.9%。其中，稻谷加工、小米

加工、食用植物油加工、玉米加工大型企业产能利用率分别为61.5%、73.9%、70.3%、50.2%，分别比中型企业高出8.2个、12.2个、39.8个、13.7个百分点，比小型企业高出27.4个、32.5个、38.1个、15.8个百分点（见表1）。

这些中小企业在我国粮油加工业中占比很高，大多数设备陈旧、工艺落后、成品率低、能耗高、污染严重、产品质量不稳定、经济效益差，从而使我国粮油加工业呈现落后产能过剩的特点。

表1 2013年稻谷、小麦、食用植物油、玉米加工业不同规模企业产能利用率比较

类 别	不同规模企业产能利用率		
	大型企业	中型企业	小型企业
稻谷加工	61.5	53.3	34.1
小麦加工	73.9	61.7	41.4
食用植物油	70.3	30.3	32.2
玉米加工	80.5	60.6	61.0

注：大型企业指日产能大于400吨，中型企业日产能介于200-400吨，小型企业日产能小于200吨。下同。 资料来源：国家统计局、国家粮食局粮油加工业统计年鉴

——先进产能不足，集约化水平不高。我国粮油加工业经过近些年的发展，呈现规模化、集约化发展。以稻谷加工业为例，2008-2013年，日产400吨以上的企业占比虽然呈增长趋势，但总体比例不超过4%。2010年，我国粮油加工业优质产能合计仅为：稻谷6894.4万吨、小麦4912.3万吨、玉米2852万吨，分别只占各自行业总产能的36.0%、40.4%、62.1%。把这些优质产能与同期全国稻谷、小麦、玉米实际加工量做比较，日处理稻谷200吨以上、小麦400吨以上、玉米1000吨以上大企业的产能分别相当于当年稻谷、小麦、玉米实际加工量的80%、60%、73%，这说明稻谷、小麦、玉米加工优质产能至少有20%-40%的缺口。

表2 2008-2013年全国稻谷加工业企业数汇总表

单位：%

	<200吨/日		200-400吨/日		400-1000吨/日		>1000吨/日	
	绝对数	占比%	绝对数	占比%	绝对数	占比%	绝对数	占比%
2008	6794	92.93%	405	5.54%	88	1.20%	24	0.33%
2009	6964	90.59%	570	7.42%	115	1.50%	38	0.49%
2010	7386	86.70%	910	10.68%	172	2.02%	47	0.55%
2011	7956	84.69%	1131	12.04%	254	2.70%	53	0.56%
2012	8173	83.50%	1229	12.56%	324	3.31%	62	0.63%
2013	8218	81.95%	1385	13.75%	361	3.58%	72	0.71%

4. 部分产品结构不适应消费需求。如肉制品工业中猪肉比重偏大，牛羊禽肉比重下降，牛羊肉需求量不断增加；热鲜肉居高不下、冷鲜肉和小包装分割肉发展缓慢；安全、健康、营养的肉制品供应不足，与城乡居民的消费需求不相适应。西式肉制品多，中式肉制品少；肉类产品形态单一，同质化的问题比较突出，产品创新能力不足。2014年，肉制品产量只占肉类总产量的16.6%，与发达国家肉制品占肉类总产量比重50%的水平相比差距很大。发酵行业中大宗生物发酵产品所占比重依然偏高，产能结构性过剩，产业链单一；与之相反，高附加值产品数量少、品质低，产品应用技术发展相对缓慢，产品应用推广力度不够，未形成完整的生物发酵产业链条，缺乏国际竞争力。

（二）农产品原料供给存在数量、价格、质量等问题，尚未形成完整产业链

1. 部分食品原料依赖进口。如我国国产油料进口依赖严重，自给率不足40%。

2. 粮食托市收储政策扭曲食品加工原料供应，农产品价格和食品价格发生倒挂，企业成本压力大。

如托市收储政策保证了粮食的充足储备，保护了农民的利益，提高了农民种粮积极性，但多年的托市收购政策已造成市场严重扭曲。为避免粮食市场大幅波动，保护农民种粮利益，国家于2004年开始实施最低收购价政策并由中储粮进行收购。随着市场粮价的不断上涨，最低收购价也不断调整，并多次启动。2014年，生产的早籼稻、中晚籼稻和粳稻最低收购价格分别提高到每斤1.35元、1.38元和1.55元，比2004年分别增幅92.9%、91.7%和106.7%。从小麦开

始，早籼稻、中晚籼稻、粳稻都启动了最低收购价预案，玉米和大豆则启动了临时存储收购。粮食托市收购政策提高了农民种粮积极性、保证了农民的利益。但多年的国家托市收购政策，加上大量进口粮食进入市场，粮食加工企业处于尴尬境地，上游有国家托市收购价格的竞争，下游有进口粮食的挤压。

3. 近些年，“稻强米弱”、“麦强面弱”、“豆强油弱”等价格异常现象成了常态，原粮价格强、成品价格弱的格局致使粮油加工企业利润微薄，玉米、大米加工业出现了普遍亏损局面，在东北出现了大面积的停产，开工率严重不足。我国实行最低价收购的主要粮食品种，其价格已呈现高于国际市场平均价格的趋势，大豆临储价更是远高于国际市场平均价。粮价逐年攀升，新粮大量进入国家战略储备，导致粮商和加工企业对优质原粮的争夺越来越激烈，加工企业需要参与政策性拍卖才能高价获得所需粮源。这种扭曲的价格机制进一步增加了企业生产成本。

4. 部分食用农产品质量安全依然存在隐患。我国食品消费总量的 70% 以上为鲜活农产品。尽管农业部近年对大中城市主要农产品的抽检结果显示合格率基本在 97% 以上，但由于现有监测网点未能有效覆盖，抽检样本偏少，无法全面反映真实状况。相关调查表明，53% 的消费者认为农产品质量安全问题比较严重。受农药、兽药的不合理使用，重金属污染、工业“三废”和城市垃圾的不合理排放及农产品市场准入与监督制度不健全等因素影响，农、兽药残留、有毒有害物质超标的农产品大量存在。养殖业抗生素滥用、瓜果类植物激素滥用、蔬菜类农药残留、粮食类化肥过量使用等，不但造成食品的原材料农产品质量出现问题，还使得大量的有毒有害物质进入土壤和水，危害更长远，治理更艰难。

（三）食品生产质量安全体系控制不严格，隐患依然存在

我国食品工业标准体系和质量控制体系不完善，隐患依然存在。尽管“十二五”期间，我国在食品安全标准工作方面取得较大进步，但距离“最严谨的标准”还存在较大差距。一是标准缺失，农、兽药残留等基础和通用标准、产品标准、检测方法标准等与美国、日本、欧盟等发达国家存在较大差距；二是检测方法不配套，有些标准规定了限量值，但缺乏配套的检测方法。三是标准滞后，更新慢，时效性不强，新品种、新物质、新技术、新工艺、新材料风险监测、评估、标准建设滞后，难以及时识别食品安全风险。四是食品生产主体中以小、微企业为主，这些企业大多数工艺设备技术落后，资金有限，缺乏检测设备，管理水平较低，质量安全意识淡薄，缺乏保证食品安全的必备条件。五是食品工业涉及农业、食品包装等产业，分属于农业部和国家食品药品监督管理总局等多部门监管，且我国食品安全监管体制刚刚改革建立，发挥作用还有待检验。上述原因使得我国食品质量安全问题依然存在，食品企业生产经营行为和食品市场秩序混乱，添加剂滥用、制假售假等违法行为依然且将长期存在。

（四）品牌培育落后，名牌产品偏少

我国食品工业自主品牌少，对一些具有地方特色的传统名、特、优、稀、珍品种的开发力度和品牌宣传力度也不够。与发达国家相比，东北大米、新疆棉花、寿光蔬菜、福建铁观音茶等具有鲜明地方特色和较大市场规模的知名农产品品牌数量较少。我国的食品企业注重有形的产品销售和简单的售后服务，而忽略后续的产品生命周期的售后服务，从而影响企业的品牌建设。与此同时，我国知名食品工业龙头企业也难以与国际跨国公司比肩，缺乏对新兴产品创新的动力，新产品产业化能力也相对较弱，新产品市场和品牌培育不足。

（五）研发力量薄弱，技术创新不足

当前，我国食品科技研发投入不足，投入强度约为 0.4%，不仅低于发达国家 2% 以上的水平，也低于新兴工业化国家 1.5% 水平。食品科技创新基础薄弱，产学研用结合不紧密，缺乏工程技术中心、

工程实验室等创新平台，国家重点实验室有待于加强。企业原始创新能力不足，技术升级进度进展缓慢，内生动力不足。食品工业技术水平落后，导致中国食品加工层次偏低，品种结构比较单一，转化增值能力较差。

以食品制造装备行业为例，研发力量薄弱，技术创新不足，配套食品装备发展相对落后。我国食品工业整体技术和装备水平比发达国家落后20年左右。食品加工装备制造业产品稳定性、可靠性和安全性较低，能耗高，成套性差；整体研发能力不高，关键技术自主创新率低；一些关键领域对外技术依赖度高，不少高技术含量和高附加值产品主要依赖进口，部分重大产业核心技术与装备基本依赖进口；定向分离与物性修饰、非热杀菌、多级浓缩干燥等食品工业技术，以及连续冻干设备、超低温单体冷冻设备等一批共性关键重大技术与大型成套装备亟待突破。

1.3 我对“垃圾食品”的看法

国家食品安全风险评估中心　陈君石

在生活中，我们经常会听到“垃圾食品”这个说法，也会有媒体整理出各种“垃圾食品”名单，而方便面、薯条、可乐、汉堡、炸鸡、火腿等一般都会榜上有名，不少人对“垃圾食品”真是又爱又恨，很多人干脆敬而远之。

我并非对“垃圾食品”很有兴趣或对“垃圾食品”很有研究，但在不少场合都有媒体朋友询问我对“垃圾食品”的看法，在此就把我的一些观点写出来供大家参考。

“垃圾食品”这个说法来源于英文词junk food。根据牛津词典，junk的意思是无用或无价值的东西，而junk food则为“垃圾食品”（制作、食用方便，却有害健康的食品）。在西方，它最开始是指汉堡包、薯条等快餐食品，后来扩展到炸鸡、可乐等碳酸饮料。在中国，不知何时，方便面、油条也很荣幸地入选了。

在讨论“垃圾食品”是否有害健康之前，需要澄清的是，网络上流传的所谓“世界卫生组织（WHO）公布全球十大垃圾食品名单”并不属实，世界卫生组织自己已经辟谣，从未公布过最差食品或者垃圾食品名单。

大家之所以把汉堡包、薯条、炸鸡、可乐等食品列入“垃圾食品”名单，当然是因为它们有一个共同特点：从营养成分的角度来看，它们所含的能量高或脂肪高，而维生素、矿物质等其他营养素却很少；如果多吃、常吃，容易导致体重增加和发胖。

不过，是不是只有上述食品才是高能量、高脂肪的呢？

我查阅了2002和2004年的中国食物成分表，以每100克（毫升）可食部计算，将几种相关食物的常量营养素含量分别列出，如下表所示。

食物（每100克）	能量 (kcal)	蛋白质 (g)	脂肪 (g)	碳水化合物 (g)
可口可乐 [1]	43	0.1	0	10.8
薯条（肯德基）[1]	298	4.3	15.5	40.5
肯德基鸡肉汉堡 [1]	292	7.9	16.3	25.2
肯德基鸡柳汉堡 [1]	269	13.9	13.6	23.8
羊肉串（烤）[2]	206	26	10.3	2.4
北京烤鸭 [2]	436	16.6	38.4	6.0
方便面 [2]	472	9.5	21.1	61.6

从上表里可以看出，像北京烤鸭、烤羊肉串这些很受大家欢迎的食品，它们的能量和脂肪含量相当高，看起来也符合“垃圾食品”的特点啊！例如，每100克北京烤鸭的能量含量差不多是同样重量的汉堡包的2倍，脂肪含量也是汉堡包的2倍多。烤羊肉串的能量和脂肪也不低，好在蛋白质含量比较高。

照此，我们是不是要把北京烤鸭和烤羊肉串也纳入“垃圾食品”的名单呢？继而，红烧肉、狮子头、水煮鱼等传统中国菜肴也都要上榜？要这样，“垃圾食品”的名单是不是太长了，而且有违大家的“观感”？

我认为，应该深思一下，在中国照搬国外的名词到底是否合适。

作为营养学家，我们从不认为食品有好坏之分（即“垃圾食品”与非垃圾食品），因为一个人吃的是否营养、健康，关键在于食物搭配是否合理。比如，如果我中午吃了汉堡包，那晚上就应该多吃一点蔬菜。同样的，中午吃了方便面，那晚上就补上一点肉食和蔬菜。红烧肉脂肪太多，但也不是不能吃，只要不多吃，不天天吃，完全可以作为平衡膳食的一部分。当然，从正面来看，“垃圾食品”的说法笼统概括了某些食品能量高和脂肪高的特点，可以提醒人们要控制对它的“口腹之欲”，但并非完全不能碰。

还有一点误解需要澄清，现在越来越多地把超重和肥胖现象归罪于摄入“垃圾食品”，特别是汉堡包、热狗、薯条和可乐等甜饮料。超重和肥胖的原因是多方面的，即使从饮食方面来说，它的发生也是因为总的能量“收支不平衡”，即摄入远大于支出。因此，要保持健康体重，除了控制摄入量，还要“敢于支出”。偶尔吃多了，那就要加强运动，把多吃进去的能量消耗掉。体重控制说白了就是健康生活方式的问题，仅仅把它归罪于少数食品种类，你确定不是在为自己的“懒惰”找借口？

总之，“垃圾食品”不是一个科学的定义，食物本身并没有“垃圾”还是“健康”之分，没有垃圾的食品，只有垃圾的搭配。当然，消费者还是可以多了解各种食物的营养特点，尽量参照《中国居民膳食指南》的建议去做，比如根据其中的“平衡膳食宝塔”做到食物多样化，每种食物都吃一些，每种食物都不多吃。

1.4 完善法治体制 强化执行力

北京大学质量与法治研究所所长 刘兆彬

中共中央“十三五”规划建议提出：实施食品安全战略，形成严密高效、社会共治的食品安全治理体系，让人民群众吃得放心。要落实这一战略，当前最要紧的就是进一步完善法治体系，理顺体制机制，强化执行力。

完善法治：核心目标是以法为纲，依法保安全。当务之急：一是两法合并。把《农产品质量安全法》并入《食品安全法》。不仅节约立法资源，更重要的是保障食品安全制度的一致性，从源头到餐桌不能在制度上割裂。可以由国家食药监局、农业部分管，由国务院食安委统一协调。二是小作坊、小摊贩应由《食安法》统一规范，地方立法具体执行。《食安法》这个大漏洞要抓紧补上。否则，各地五花八门、不立法、立乱法、立笨法，造成占比例 80% 的小微企业无法可依、何来安全？三是把标准的制定权回归食安主管部门或标准化主管部门；把标准的种类、回归到强制标准和自愿性标准的完整体系上来，单一的强制标准既不符合世界标准化规律，也无法保障食品安全；把标准的采用、回归到企业的法律责任上来，即标准一经采用，就要承担相应法律责任。要尽快创建食品安全统计制度。没有统计，任何人说食品安全或不安全时，都是蒙着说。著名历史学家黄仁宇先生曾说：中国同西方的差距就在于数目字管理。科学客观准确的统计体系是食品安全工作的基石。要尽快立法确定实施这一制度。

理顺体制：核心目标是严密高效，社会共治。当务之急：第一、重构社会共治新体制。在企业主体、政府监管的基础上，强化消费者主权、行业自律和舆论监督。创建食品安全公益诉讼制，惩罚性赔偿制、消费者举报奖励制、内部人检举保护制、鼓励消费者建立各类食安团体、会社、抱团保食安。鼓励企业建立多种行业协会、商会，严格自律、自查、自纠。鼓励媒体大力曝光违法事件，充分公开透明。鼓励律师、司法介入食品安全案件，保护消费者和企业的合法权益。第二、适度垂直管理。探索省以下或市以下食药体制的垂直管理或双重管理。好处是可以冲击地方保护，把省、市高端的管理机制、人才、方法、观念向下延伸，用省、市集中的财力平衡协调落后地区的食品安全监管。同时也给市县政府食安监管相应的决策权、用人权和监督权，形成体制优化。第三适度的检验规模。食品检验是食品安全的重要技术保障，食品、监督、执法都要靠检验报告支撑。特别是中国 80% 都是 10 人左右的小企业、小摊贩，检验合格更为重要。但不能一哄而上，重复建设。在体制上，我主张三分之一是国家实验室，三分之一市场化的第三方，三分之一是大中企业自检的实验室。低端的、国有的、重复的实验室太多，是极大浪费。食品本身的成本、价格是必须重视的主要因素。

强化执行力，再好的法治体制也要靠执行。美国前商务部长古铁雷斯说过：质量、安全最终取决于操作工人那双手。强化执行力是食品安全的命脉。一要制定规划，五年内大规模培训一线管理者和工人，大力培训干部和执法者、监督者。消灭无知、惩罚恶意。二要强化严格执法。有人执法、严格执法、规法执法、大众护法，才会有人守法，才有法治国家。高铁、飞机上基本无人吸烟，就是有人执法。没必要动不动就罚个倾家荡产。法治原则是罪刑法定、过罚适当。著名法学家贝卡利亚说：刑罚的目的是制止伤害和防止他人再犯。至于执法人手少问题，只要积极调配、深化改革，总能想出很多办法，完全可以解决。三要完善执行中的激励机制、约束机制和监督追究机制。现有的问责制过于表面化，规则程序有点乱。问责的目的应当是解决问题，绝不是为问责而问责。保护、调动各方面的积极性，真正保障食品安全才是硬道理。

1.5 食品香料发展趋势及挑战

杨绍祥 刘永国 梁森 田红玉 孙宝国
（北京工商大学食品学院，北京市食品风味化学重点实验室）

摘要：食品香料是一类非常重要的食品添加剂，占整个食品添加剂市场的四分之一以上。近些年食品香料的发展受到诸多因素的影响，主要分为技术层面和社会层面两个方面，前者包括分离提取技术、仪器分析技术、生物技术等，而后者包括消费者的心理需求、可持续发展要求等。在这些因素的影响下，化学性质相对活泼、在食品中天然含量低、阈值低而特征性强的高影响力的含硫香料成为食品香料中快速发展的一类重要香料，而天然香料市场也稳步扩大。该文对这两类香料的发展情况进行了简要的介绍和分析。

民以食为天，而香味是食品品质基本要素之一，可以说食品香料的使用伴随着整个人类文明发展的进程。目前，食品香料已经形成相当成熟的工业化体系，为食品工业不可缺少的配套性行业之一。现代食品加工离不开各种食品添加剂，而在全球整个食品添加剂市场中，食品香料占据了四分之一以上的市场份额。

近些年，食品香料品种呈现出快速增长的发展态势。得益于分析技术的不断发展进步，食品中检测到的挥发性成分越来越多，目前文献报道的数量多达七千多种，而已经通过美国FEMA组织安全评价的食品香料已达2816种。美国食品香料和萃取物制造者协会（Flavour and Extract Manufacturers' Association，FEMA）在最近十次公布的安全列表（GRAS 18–27）中就通过了近1000个品种，其中含硫化合物情况如表1所示。

表1最近十次FEMA组织公布的安全列表中含硫化合物数量

Table 1 The status of sulfur-containing compounds in the last ten GRAS lists approved by FEMA

年份	含硫化合物	非含硫化合物	总计
1998	40	50	90
2000	1	57	58
2001	15	45	60
2003	14	31	45
2005	25	158	183
2007	41	135	176
2009	43	194	237
2011	16	45	61
2013	8	43	51
2015	10	28	38
小计	213	786	999

含硫香料属于非常特殊的一类香料，具有阈值低和特征性强的特点，尽管在食品中通常以很低的浓度存在，但是对许多食品的特征香味产生重要贡献。在目前检测到的各种食品的挥发性成分中，含硫化合物数量约占10%。而在FEMA组织最近十次公布的安全列表中，包括213种含硫香料，占到总数的五分之一以上。市场上含硫香料品种的发展速度远远超过了其他品种。

另一方面，食品香料市场近年来对天然香料的需求呈显著上升的趋势。对消费者来说，天然的概念包括了健康安全、绿色、可持续发展多重含义。这种强有力的市场需求推动了相关技术的不断发展进步，可获得的天然香料品种越来越多，天然香料的市场逐步扩大。2014 年，中国植物提取物类的天然香料出口额达到 17.78 亿美元，同比增长约 26%。

如上所述，含硫香料和天然香料为近年来食品香料领域发展非常活跃的两类香料。本文将针对这两类香料近些年的发展情况进行简要介绍。

一、高影响力的含硫香料

（一）何为高影响力

香料香精工业的发展与化学学科密切相关。从 19 世纪开始，一些关键的香料陆续得到鉴定，进而通过化学方法合成，如肉桂醛和香兰素。而近几十年间，随着分析仪器联用技术的兴起，如 GC–MS、GC–O 等，愈来愈多天然存在的香味化合物得以鉴定。有些化合物尽管天然存在的浓度很低，但是对香味和风味却有着至关重要的贡献作用。尤其是固相微萃取技术的发展和应用，可以从源头直接捕集香味物质，极大简化了前处理过程，得到鉴定的天然存在的香料化合物的数量进一步增加。而其中很多都属于高影响力的香料化合物。对于何为高影响力（high–impact），并没有官方的定义，有文献提到了应该至少符合以下几个方面的要求：

1. 低阈值。通常要求阈值达到 10 μg/kg 以下。以吡嗪类香料为例（如下所示），2,3,5– 三甲基吡嗪阈值在 1000 μg/kg 左右，而 2– 甲氧基 –3– 甲基吡嗪阈值只有 5 μg/kg，因此后者是高影响力的香料，而前者则不属于高影响力的。

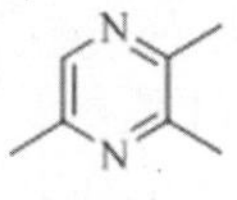

2,3,5-三甲基吡嗪

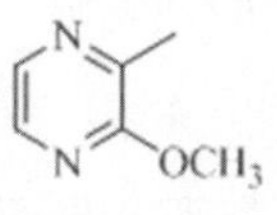

2-甲氧基-3-甲基吡嗪

2.. 令人愉悦的显著特征。即便在非常低的使用浓度下该类化合物也具有可识别的特征，这一点非常重要。很多香料尽管阈值很低，但并不具备该特点，因此也不属于高影响力的香料。如 2– 甲基丁酸乙酯，其阈值只有 0.1 μg/kg，但是在低浓度时只有模糊的水果香，而不具有特征性。

另一方面，尽管有很多化合物有很强的气味特征，但是这种特征气味并不一定是令人愉快的。如 2,4,6–三氯茴香醚，是损害纸张霉菌的代谢物，具有很强的气味。但是其不属于高影响力的香料化合物，因为书本霉味是一种令人反感的气味。

当然化合物的香气特征是否令人愉悦，要视具体情况而定，因为很多香料在纯品状态或高浓度时都具有令人反感的气味，而稀释后才呈现好闻的香气。例如：4– 巯基 –4– 甲基 –2– 戊酮（如下所示），其俗名为猫酮（Cat Ketone），从其名称可以推测其香气特点。但是该化合物为 sauvignon 葡萄的关键香成分[7,8]，可以用于调配出高品质的嘉本纳沙威浓（cabernet sauvignon，红葡萄酒品种）的酒香。

3. 可获得性。该方面的要求包括三点内容：①安全性方面符合法规要求。②足够的稳定性。有许多香料可以工业化生产，但却因为没有足够长的货架期而使其应用受到限制，如 cis–3– 己烯醛（如下所示），具有很强的令人愉悦的青香，阈值低达 0.25 μg/kg。但是其很容易发生重排，形成更为稳定的共轭结构的 trans–2– 己烯醛。③合理的价位。很多高影响力的香料价格相对较高，但如果价格过于昂贵，也会失去应用价值。以大蒜精油为例，烯丙基二硫醚是主要成分，而其异构体丙烯基二硫醚也是成分之一（如下所示），前者很容易制备，价廉易得，应用广泛，而后者迄今为止没有可行的工业化路线，没有市场应用。

不稳定的 cis–3– 己烯醛

大蒜精油的二硫醚成分

（二）代表性的高影响力含硫香料

近些年得益于分析技术的飞速发展，在很多食品中检测到了各种含量很低的高影响力的香味成分，而含硫化合物占据很重要的位置。为了便于介绍这些高影响力的含硫香料，下面将根据传统风味轮的16种关键风味（见图1）进行分类介绍。在16种关键风味中，高影响力的含硫香料涉及到其中约一半的风味（7种），包括青香和草香类、水果香和酯香类、辛香和药草香、烤香和焦香、肉汤香、肉香、葱蒜香。另外，文献报道了许多具有蔬菜香的高影响力的含硫香料，尽管蔬菜香型未包括在传统风味轮中的16种关键风味中，但这些化合物具有非常显著的特点，因此，本文也将予以简要的介绍。

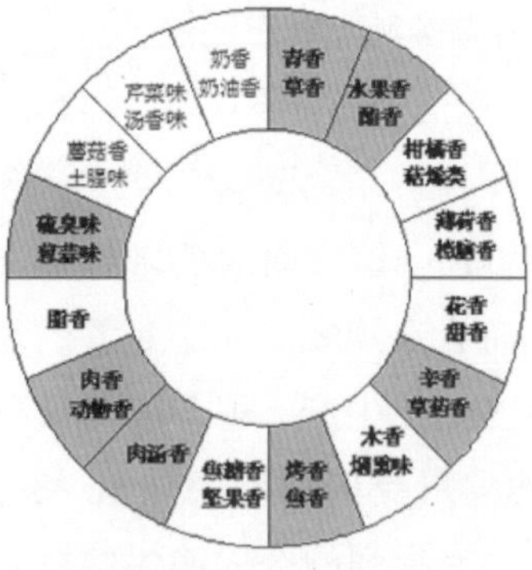

图1 传统风味轮

Fig. 1 Traditional flavor wheel

1. 青香和草香类

这类香型中传统的代表性的高影响力的香料化合物为含已烯基类的化合物，如前面提到的不稳定的cis-3-己烯醛，但是真正广泛应用的为trans-2-己烯醛（叶醛）和cis-3-己烯醇（叶醇）（如下所示），其阈值相对较高，分别为17 μg/kg和70 μg/kg，从阈值的角度来看属于临界边缘的高影响力的香料，但它们的确具有很显著的香气特征。

而含硫化合物2-异丁基噻唑也是该类香型一个非常具有代表性的化合物，具有新鲜青香（如下所示），其阈值低达3 μg/kg，天然存在于西红柿中，具有西红柿香和青香，其青香型更为普遍，尤其是在稀释后，为四季豆和香叶的青香。

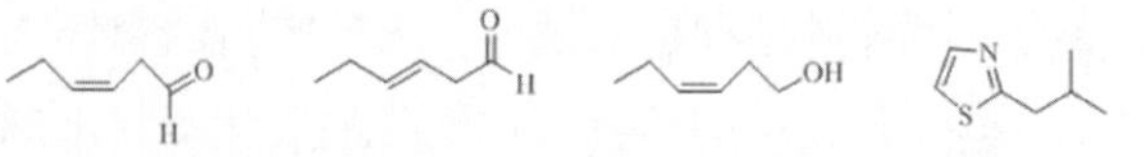

cis-3-己烯醛　*trans*-2-己烯醛　*cis*-3-己烯醇　2-异丁基噻唑

2. 水果香和酯香类

这类香料中酯类化合物无疑非常重要，但是很多酯类香料尽管阈值很低，如丁酸乙酯（1 μg/kg）、异丁酸乙酯（0.1 μg/kg）、2-甲基丁酸乙酯（0.1 μg/kg）、已酸乙酯（1-2 μg/kg）等，但缺乏显著的特征，因此算不上是高影响力的香料。相比之下，一些含硫的化合物代表性更为突出。

p-1-蓋烯基-8-硫醇（如下所示），又称为葡萄柚硫醇（grapefruit mercaptan），其阈值超乎寻常的低，接近10-5 μg/kg，即便在非常低的浓度下也呈现非常特征的香味。该硫醇在浓度较高时和其他硫醇类似，具有硫臭味、橡胶味，但是在稀释到0.001%以下后，则会呈现新鲜的葡萄柚香味。

很多高影响力的含硫香料具有热带水果香气。在对西番莲果、榴莲的分析中，发现了大量的香气很强的含硫化合物[12-16]，其中很多都列入在了1998年公布的FEMA GRAS列表18中。最具代表性的包括2-甲基-4-丙基-1,3-氧硫杂环已烷（约3 μg/kg）、3-巯基-1-已醇、硫代已酸甲酯和硫代异戊酸甲酯（如下所示）。

黑醋栗是欧洲地区非常受欢迎的水果风味，广泛应用于保健食品和酒精饮料中。黑醋栗中关键的香味物质是4-甲氧基-2-甲基-2-丁硫醇（如下所示），其也是橄榄油水果风味的重要来源[18,19]。在黑醋栗风味香精的调配中，往往需要使用p-蓋硫基酮和4-巯基-4-甲基-2-戊酮（猫酮）（如下所示）来重建黑醋栗中似猫（rather catty）的韵味。而前者是布枯精油的主要香味活性成分。

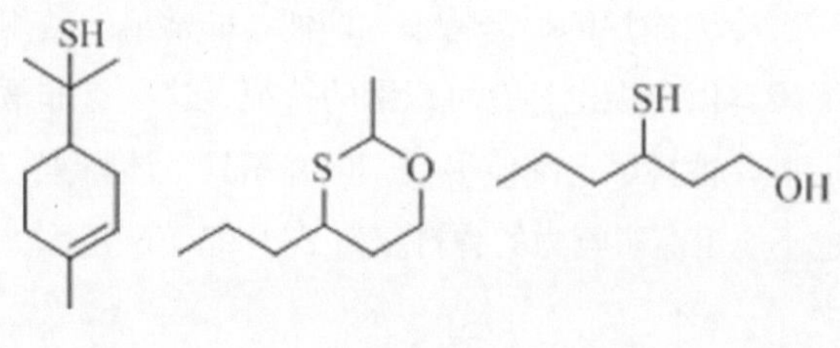

p-1- 蓋烯基 -8- 硫醇 2- 甲基 -4- 丙基 -1,3- 氧硫杂环已烷 3- 巯基 -1- 已醇

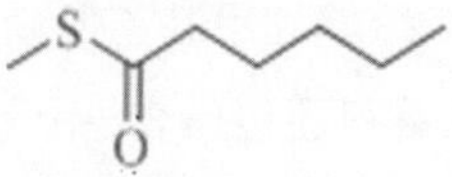
硫代己酸甲酯

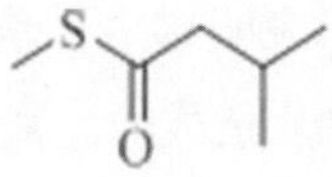
硫代异戊酸甲酯

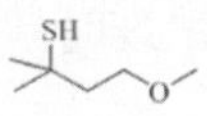

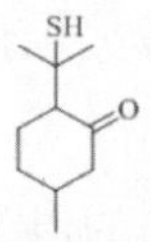

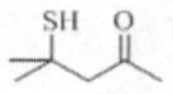

4- 甲氧基 -2- 甲基 -2- 丁硫醇 p- 蓋硫基酮 4- 巯基 -4- 甲基 -2- 戊酮

3. 辛香和药草香类

用于食用和日用的许多精油都来源于草本植物（herbs）和辛香料，通常含有大量的萜类化合物。在这一类香型的香料中值得一提的具有高影响力的含硫香料为硫代 3- 甲基 -2- 丁烯酸仲丁酯（如下所示），其为格蓬油的特征香成分 [20, 21]。

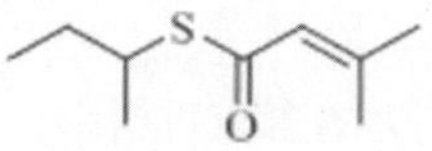
硫代3-甲基-2-丁烯酸仲丁酯

4. 烤香、焦香 (burnt) 类

这类香型通常与烘烤食物有关，高影响力的香气成分通常都是由 Maillard 反应产生的。最具代表性的含硫化合物为糠硫醇（如下所示）及其衍生物 [22–24]。糠硫醇的香气阈值为 0.005 μg/kg，是最早鉴定出的第一个高影响力的香料，其香气特征会随着浓度的变化而发生改变，在浓度较低（0.01–0.5 μg/kg）时，具有烤咖啡香，浓度较高（1–10 μg/kg）时，变成焦煳味、硫臭味。其纯品没有咖啡香，只有令人不愉快的汽油味。糠硫醇的硫醚衍生物二糠基二硫醚（如下所示）阈值相对较高，糠基甲基二硫醚（如下所示）具有愉快的甜咖啡（mocha）香，其阈值为 0.04 μg/kg。

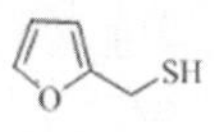
糠硫醇

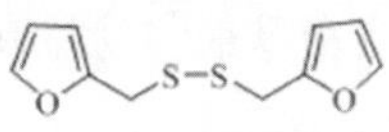
二糠基二硫醚

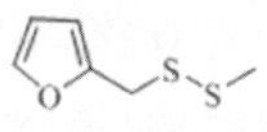
糠基甲基二硫醚

5. 肉汤香类

这类香型中比较具有代表性的含硫香料为 4- 甲基噻唑 -5- 乙醇，但是文献报道其阈值在 10000 μg/kg 以上，因此不属于高影响力的香料。众所周知，该香料不同批次的产品往往表现出香气差别，分析结果表明可能由于在 4- 甲基噻唑 -5- 乙醇（如下所示）制备过程中产生的副产物或由 4- 甲基噻唑 -5- 乙醇降解产生的 2- 甲基 -3- 四氢呋喃硫醇（如下所示）。该化合物是一个很强的咸味香料化合物，具有肉汤、炖肉的香味。

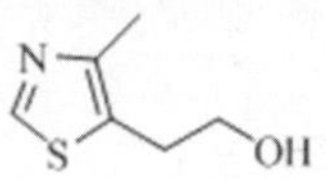
4- 甲基噻唑 -5- 乙醇

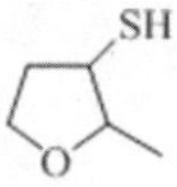
2- 甲基 -3- 四氢呋喃硫醇

6. 肉香类

在肉香类化合物中，2- 甲基 -3- 呋喃硫醇具有举足轻重的地位。在牛肉的挥发性成分中检测到了 2- 甲基 -3- 呋喃硫醇、二（2- 甲基 -3- 呋喃基）二硫醚、甲基 2- 甲基 -3- 呋喃基二硫醚、甲基 2- 甲基 -3- 呋喃基硫醚（如下所示）。据报道二（2- 甲基 -3- 呋喃基）二硫醚阈值低达 2′ 10–5 μg/kg，但据推测如此低的阈值很可能与二硫醚中残存的 2- 甲基 -3- 呋喃硫醇有关，该二硫醚具有非常特征的牛肉香味，而甲基 2- 甲基 -3- 呋喃基硫醚烤香味更显著，其他具有牛肉特征香味的含硫化合物还包括 3- 巯基 -2- 丁酮、3- 巯基 -2- 戊酮 [28]，后者的阈值为 0.7 μg/kg。2- 甲基 -3- 呋喃硫醇牛肉特征气息并不显著，而是呈现一般的肉香味，除了在牛肉中存在外，在其他肉类如猪肉中也有存在。巯基丙酮的二聚体具有特征鸡汤香，2- 吡嗪基乙硫醇具有特征的猪肉香。

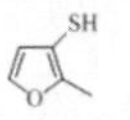
2- 甲基 -3- 呋喃硫醇

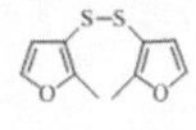
二（2- 甲基 -3- 呋喃基）二硫醚

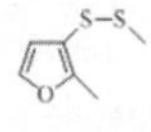
甲基 2- 甲基 -3- 呋喃基二硫醚

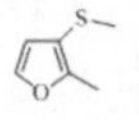
2- 甲基 -3- 呋喃基硫醚

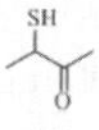
3- 巯基 -2- 丁酮

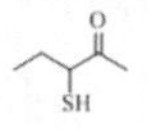
3- 巯基 -2- 戊酮

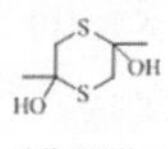
巯基丙酮的二聚体

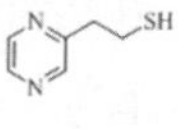
2- 吡嗪基乙硫醇

7. 葱蒜香类

大蒜中富含含硫化合物，尤其是含烯丙基（allyl）的化合物（如下所示）。英文中的烯丙基（allyl）实际上来源于蒜的拉丁名 allium sativum。大蒜精油的最主要成分为烯丙基二硫醚，烯丙基硫醇、烯丙基三硫醚、烯丙基丙基二硫醚也有存在 [25]。烯丙基甲基二硫醚非常刺鼻，在吃蒜人呼出的口气出以很高浓度存在。

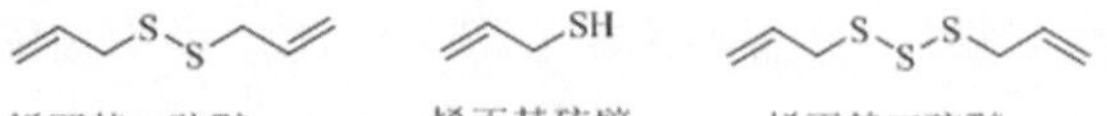

烯丙基二硫醚　烯丙基硫醇　烯丙基三硫醚

烯丙基丙基二硫醚　烯丙基甲基二硫醚

与大蒜类似，洋葱也含有大量的含硫化合物，但是这些化合物一般为饱和的化合物（如下所示），如甲基丙基硫醚、二硫醚以及三硫醚，二丙基二硫醚和三硫醚 [25]。与大蒜中烯丙基类的含硫化合物相比，它们更为柔和，具有甜的气息。最近在洋葱中发现了两个新的香气很强的硫醇类化合物 [29]，3–巯基–2–甲基–1–戊醇和 3–巯基–2–甲基戊醛，前者具有洋葱、韭菜气息，香气阈值为 0.15 μg/kg，后者更刺鼻，具有肉香味，香气阈值为 0.95 μg/kg。

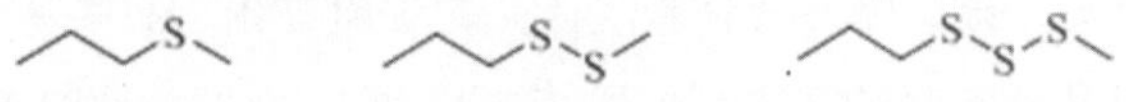

甲基丙基硫醚　二硫醚　三硫醚

二丙基二硫醚　三硫醚

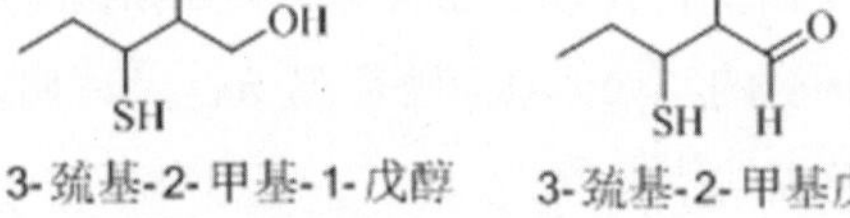

3-巯基-2-甲基-1-戊醇　3-巯基-2-甲基戊醛

8. 蔬菜香类

在传统风味轮的十六种关键风味中，并没有包括蔬菜香这一种风味。而这一类香型包括了很多高影响力的含硫香料（如下所示）。其中最为重要的当属无处不在的二甲硫醚（约 3 μg/kg）。纯度高的二甲硫醚具有纯净的、明快的、甜玉米香气，但是市场上的一些产品通常具有硫臭味、腐烂的卷心菜气味，分析结果表明这主要是含有二甲基二硫醚和甲基乙基硫醚的杂质造成的。其他高影响力的香料还包括 3– 甲硫基丙醛（0.2 μg/kg）及其同系物 3– 甲硫基丁醛 [30,31]。2– 庚硫醇是文献报道的对柿子椒特征香气起到非常重要贡献的第一个硫醇类化合物，其在低浓度时具有柿子椒特征香气 [32, 33]。

另一个值得一提的但不属于含硫化合物的香料为 2– 异丁基 –3– 甲氧基吡嗪（如下所示），天然存在于柿子椒中，阈值非常低，只有 0.002 μg/kg[34]。

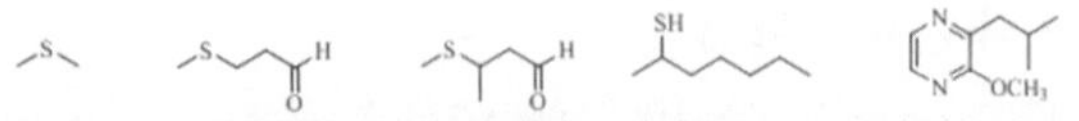

二甲硫醚　3-甲硫基丙醛　3-甲硫基丁醛　2-庚硫醇　2-异丁基-3-甲氧基吡嗪

（三）含硫香料的稳定性问题

含硫香料阈值低香气特征性强的特点，使得其成为调香师工具箱不可缺少的组成部分。但是很多含硫香料是不稳定的 [35]，在应用过程中必须予以关注。

1. 硫醇类

在上述高影响力的含硫香料中，硫醇类香料占有相当大的比例，它们通常为阈值最低的一类香料。在硫醇使用过程中最大的问题是其容易氧化，变成相应的二硫醚（图 2）。通常认为硫醇的氧化是通过自由基机理进行的，因此与富电子芳香环直接相连的硫醇因为容易形成稳定的自由基而更容易氧化；碱性条件下硫醇会变成相应的硫负离子，其更容易氧化。如 2– 甲基 –3– 呋喃硫醇、2,5– 二甲基 –3– 呋喃硫醇，都很容易被氧化成相应的二硫醚，而后者因为呋喃环多了一个给电子的甲基，因而更容易被氧化。相比之下具有饱和杂环结构的 2– 甲基 –3– 四氢呋喃硫醇的稳定性要好得多。脂肪族的硫醇的稳定性通常较好，主要受位阻的影响，其稳定的顺序如下: 伯硫醇 < 仲硫醇 < 叔硫醇，如叔硫醇香料 4–甲氧基 –2– 甲基 –2– 丁硫醇具有很高的稳定性。在脂肪族硫醇中烯丙基硫醇的稳定性很差，主要原因是分子中存在双键，因而硫自由基很容易与双键发生加成，形成碳链增长的产物（图 3）。

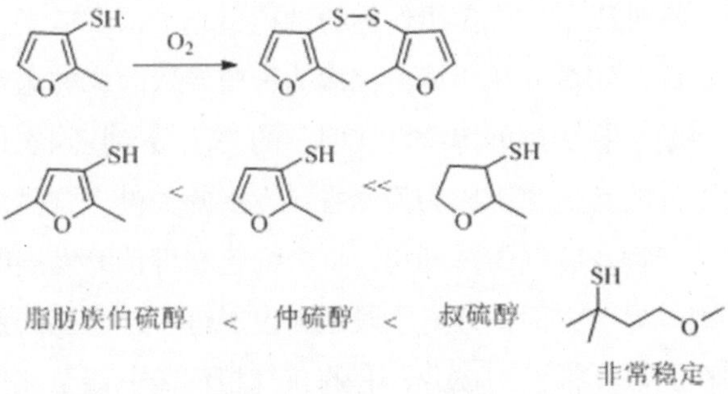

图 2 硫醇的不稳定性

Fig. 2 Unstability of mercaptans

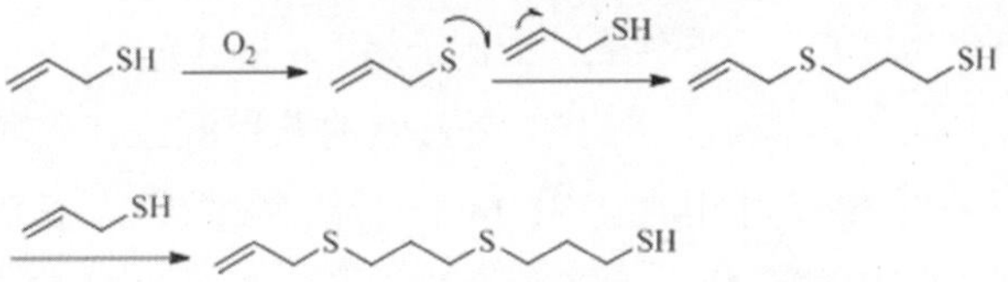

图 3 烯丙基硫醇的不稳定性

Fig. 3 Unstability of allyl mercaptans

2. 硫醚类

与硫醇类香料相比，硫醚类香料阈值相对较高，而其稳定性比硫醇好得多。单硫醚类香料在一般储存条件和应用的条件下都具有良好的稳定性，多硫醚因为含有相对较弱的 S–S 共价键，因此容易受亲核试剂进攻，发生变化。以甲基丙基二硫醚为例，其在碱性条件下，会变成多种二硫醚的混合物，包括二甲基二硫醚、二丙基二硫醚和甲基丙基二硫醚。三硫醚在碱性条件下会形成二硫醚、三硫醚和四硫醚的混合物（图 4）。

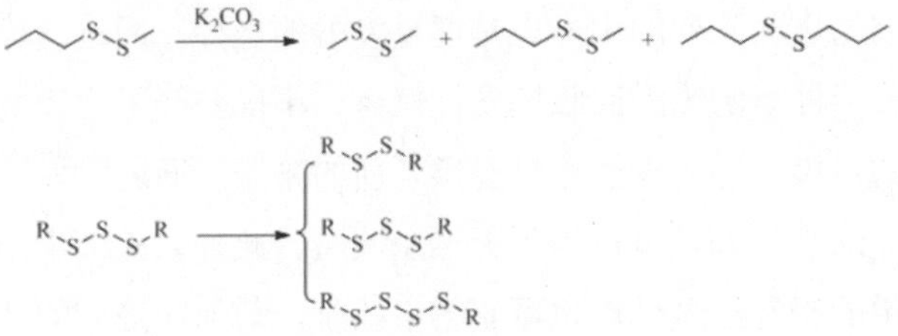

图 4 多硫醚的不稳定性

Fig. 4 Unstability of polysulfides

3. 硫代羧酸酯类

硫代羧酸酯类与一般的酯类香料相比，更容易发生水解，因为烷硫基比烷氧基更容易离去，水解后会产生阈值更低的硫醇类产物（图 5）。

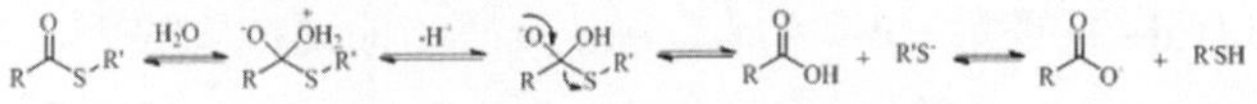

图 5 硫代羧酸酯类的不稳定性

Fig. 5 Unstability of thiocarboxylates

因此，硫代羧酸酯类的水解在香精工业中可以得以利用，原位释放出硫醇香料。如 2– 甲基 –3– 呋喃硫醇非常容易氧化，给其应用带来很多不便。在实际应用中可以直接利用其乙酸酯，然后在应用体系中原位释放出 2– 甲基 –3– 呋喃硫醇（图 6）。

图 6 硫代羧酸酯类不稳定性的应用

Fig. 6 The application of unstability of thiocarboxylates

二、天然香料

近些年天然香料香精的需求呈逐年上升的趋势。巨大的市场需求推动了天然香料方面的基础研究和生产技术的发展。目前天然香料的来源主要有 3 种途径，从天然植物提取分离，从工业废弃物中提取分离以及通过生物技术制备。

（一）精油及提取物

从天然植物直接分离提取是获得天然香料最为古老的方式，也是天然香料最为主要的来源。对非专业人员来说，这也是天然香料最为认可一种生产方式。在众多的分离手段中，蒸馏和结晶仍是最为主要的两条途径。

在众多的精油及提取物中以柑橘类精油尤为重要，其本身作为产品专门生产以及果汁生产的副产物的量非常巨大，是天然香料化合物非常重要的来源。一些代表性化合物如下所示。

柑橘类精油（citrus oils）通常需要除萜，即将精油中对香气的贡献作用小且会影响精油的水溶性易挥发的萜类化合物通过蒸馏除去，剩余的部分即称为去萜油。如葡萄柚精油经过除萜后，得到的萜烯部分含有 d- 柠檬烯、p- 盖烯基 -8- 硫醇（葡萄柚硫醇），去萜油进一步加工可得到诺卡酮。

甜橙油（orange oil）是所有精油中最为廉价和产量最大的，其萜烯部分可以用来生产 d- 柠檬烯、脂肪醛如辛醛和癸醛，去萜油（folded oil）可以用来生产倍半萜烯瓦伦亚烯（valencene）。

由松节油可以生产 a- 蒎烯、b- 蒎烯以及 a- 萜品醇。橘皮精油（mandarin oil）比较特殊，可以分离得到一种含氮的化合物 N- 甲基邻氨基苯甲酸甲酯。

薄荷油经过简单的冷冻后过滤即可得到盖醇。剩余的精油蒸馏后得到富含萜烯的成分，其中含有约百分之几的 cis-3- 已烯醇，得益于近年来减压精馏技术的发展，目前可以分离出来作为天然产品销售。最近也发展了从薄荷头油（peppermint oil）分离甲硫醚的技术。

其他由精油提取的重要香料化合物包括由芳樟(ho wood）精油提取的芳樟醇，由肉桂油提取的肉桂醛，丁香油提取的丁子香酚，山苍子油提取的柠檬醛。

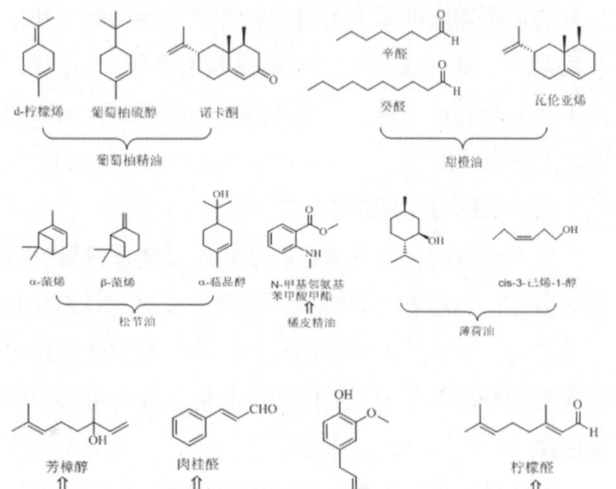

图7 精油及萃取生产天然香料

Fig. 7 Natural flavors produced by essential oil and extracts

（二）食品加工副产物及废气

将耕地用于非食用作物的种植引起了很多道义上的争议，如最近在印尼由棕榈的种植导致的森林滥伐的问题。鉴于对可持续发展问题的关注，寻找除农作物以外的其他来源成为天然香料发展的关键。食品加工副产物及废气的再利用，符合绿色和可持续发展的原则。另一方面，分离手段不断发展进步，一些天然存在的浓度很低的成分，有的在气相色谱中甚至在低于仪器基线噪音，也能够进行有效分离提取。这些先进技术手段使得从一些工业副产物提取含量较低的香料成为可能。一些代表性的例子如下（图 8）。

桃仁、杏仁可用于生产天然的苯甲醛；西红柿藤的叶和杆可用来提取 2- 异丁基噻唑和 2- 异丙基 -4- 甲基噻唑，在西方食品工业产生的大量的番茄糊废弃物可以用来提取 2- 异丁基噻唑。由蘑菇废弃物可以用来提取 1- 辛烯 -3- 醇。与化学合成的 1- 辛烯 -3- 醇相比，天然的香气更为逼真，蘑菇香味的特征更强。主要原因 1- 辛烯 -3- 醇为手性化合物，天然的有其固定的对映体组成比例，而化学合成的为消旋体产物。

另一个重要来源为食品加工中的废气利用。香料化合物通常都是易挥发的，因此在食品以及有关天然产品的加工过程中，一些有用的香气化合物会作为副产物释放出来，进入生产区域附近的大气中，带来不良影响。在酿酒厂附近生活或工作的人就饱受发酵释放出的有味物质的困扰。而发酵产生的废气量非常大，因为燃料乙醇的生产也是通过发酵的途径。通过冷冻或活性炭的吸附回收挥发性气体，不仅减轻了对环境的污染，还为天然香料提供了新的来源。通过对发酵业的废气处理可以得到天然甲硫醚，此外，蔗糖生产中的废气经过处理也可获得甲硫醚。与前面提到的从薄荷头油提取甲硫醚的技术相比，由这些废气处理后获得的甲硫醚不仅纯度高，而且香气纯正，价格则低廉得多。

另一个废气利用的重要实例是酒类蒸馏工艺中得到的副产物杂醇油，其主要成分为异戊醇和 1- 丁醇、1- 已醇等，经过分馏后还可以得到吡嗪类如 2,3,5- 三甲基吡嗪以及含量很少的 b– 大马士酮。

其他的化合物包括 2– 甲基四氢呋喃 –3– 酮（面包酮），可以从咖啡焙烤的废气中回收提取，trans,trans–2,4– 癸二烯醛可从植物油脱臭过程中分离，该过程还能为分离饱和的脂肪醛如辛醛和癸醛提供一条新的途径，如前所述这些饱和的脂肪醛可由柑橘精油（citurs oil）分离提取。trans,trans–2,4– 癸二烯醛具有强的脂香，因此在目前流行的一些低脂的食品中有重要的用途。

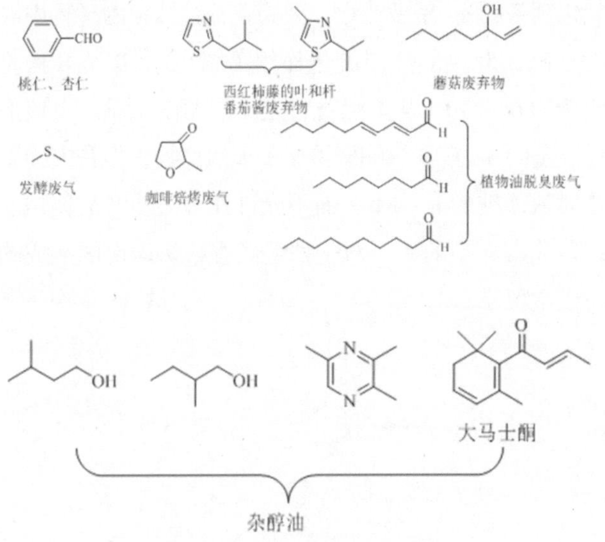

图8 食品加工副产物及废气提取天然香料

Fig. 8 Natural flavors extracted for food process by–products and effluent gases

（三）生物技术

自人类有史记载以来，生物技术广泛应用于人类日常生活中，如采用酵母进行酿造、制作面包、奶酪、豆瓣酱等各种发酵制品。目前，生物技术已经成为获取天然香料热门技术之一。与化学合成技术相比，一方面由生物技术获得的产品是消费者更为认同的天然产品，另一方面生物技术的途径一般具有良好的立体选择性，对于一些手性的香料，可以得到所需要的单一构型的产物。关于生物技术制备天然香料的研究报道非常多，但真正得到工业化应用的还非常有限，据统计目前市场上通过生物技术生产的香料约有一百多个品种。

用于天然香料生产的生物技术主要分为两大类，微生物技术和酶催化技术。前者利用酵母或其他一些菌的全细胞通过发酵或催化某一特定的化学反应来生产天然香料，而后者则是利用分离纯化后的酶来催化化学反应。

微生物技术中最具代表性的该属工业发酵生产乙醇，这也是酵母最大的用途，而乙醇除了作为酒类饮料和燃料的用途外，其也是一种重要香料。虽然通过微生物发酵制备香料的文献报道很多，但通常产率很低，实际应用的价值不大，工业化应用只有屈指可数的几个品种，如香兰素、苯甲醛、g– 癸内酯等。

利用酵母催化醛酮类还原来制备天然醇类香料的技术已经非常成熟。早在 1985 年 Seebach 等人报道了将酮通过酵母还原转化为光学活性的醇的技术，该方法对于制备高光学纯度的 S 构型的天然醇类具有非常好的通用性，如将天然的苯乙酮还原得到 (S)–1– 苯基乙醇。该方法对于伯醇的制备同样有效，如将天然的 l– 香茅醛还原制备 l– 香茅醇（如下所示）。

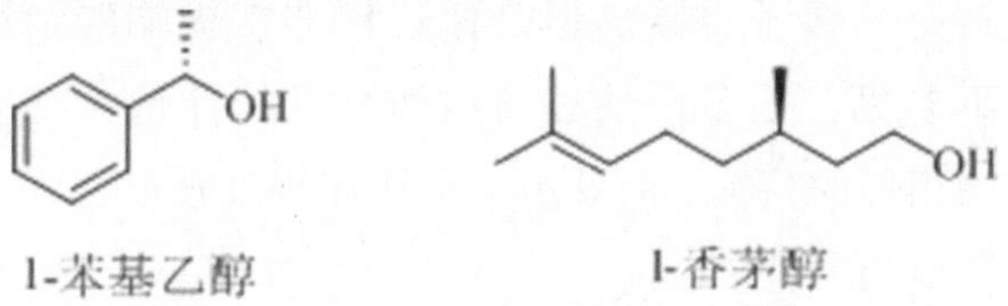

酶催化技术中目前已知的酶多达 4000 种，其中约 200 种实现了工业化生产，可用于立体选择性的有机合成和天然香料的制备。常用的酶包括水解酶、转移酶、减氧酶和裂解酶，用于生产脂肪族的羧酸酯、醛类和醇类香料。脂肪酶价廉易得，而且通常在有机溶剂中也能保持活性，因此是天然香料生产中应用最多的酶之一。酶催化技术的主要缺陷在于很多酶的分离纯化过程通常成本较高，而且在很多反应体系中酶存在稳定性和溶解性的问题，因此其在天然香料生产中的应用呈现缩减的趋势。

用于天然香料制备的生物技术除上述的微生物技术和酶催化技术外，还包括植物细胞培养的方法。该方法是利用植物细胞独有的生物化学和基因能力及其全能性，天然香料植物的每个细胞都具有该植物产生香气化合物的所有基因信息。在植物细胞培养过程中，加入生物合成途径中的活性前体物质，可以提高香料的产量。与传统的通过植物栽培的途径相比，植物细胞培养不受地理、气候、病虫害等因素的影响，可以保证稳定的产品质量以及收率，而且生产周期短。但是在植物细胞培养技术目前还有很多技术问题亟待解决，如产率低、生长周期相对较长、细胞的生物合成活性在培养过程中逐渐降低等。这些问题的解决是实现植物细胞培养在天然香料制备中大规模工业化应用的关键。

（四）天然香料的手性问题

很多天然香料都是手性的。人的嗅觉系统受体由手性的生物分子构成，可以区分手性香料不同立体结构的对映体。手性香料的香气特征和强度与其立体结构密切相关，不同立体异构体通常显示不同的香气特性。香芹酮是最具有代表性的手性香料之一，其 R 构型具有留兰香香味，而 S 构型具有葛缕子香味。但是像这样非常极端的情况并不多见，很多手性香料的两个异构体通常具有某些相似的特征，而其中一个往往香气强度更强，香气更为特征。

天然存在的手性香料往往以一定的比例对映体的混合物存在，而对映体纯或消旋体混合物这样极端的情况也很少见。如 5- 甲基 -2- 庚烯 -4- 酮（榛子酮），存在互为对映体的两个立体异构体，两个对映体均具有有坚果、黄油及似金属气味，而 d 型香气阈值更低，两个对映体在自然界中均有存在，如在生榛子的 S 和 R 构型的比例为 80:20，而在焙烤过的榛子中比例约为 70:30。在自然界广泛存在的 g- 内酯，在大多数情况下都是 R 构型为主，只有少数以单一的 R 构型存在。六员环的 d- 癸内酯，在覆盆子中其 S 构型的异构体占 98%，而在桃子中情况相反，R 构型为主要的异构体，占 97%，而在 cheddar 奶酪中，两个对映体的比例为 72:28。

关于手性天然香料的对映体组成的问题，往往存在认识误区，认为手性香料在自然界中一定以某一单一的构型存在，并且将此作为产品是否天然的依据。如天然存在于覆盆子萃取物中的 a- 紫罗兰酮，几乎以单一的 R 构型存在，其 ee 值高达 99.9%。基于这一情况，覆盆子酮香精的天然度判断的标准被武断地定为其中 a- 紫罗兰酮是否为 100%R 构型，生产商必须提供手性 GC 的分析数据。事实上 S 构型的 a- 紫罗兰酮也广泛存在于自然界中。以天然胡萝卜素为原料通过空气氧化制备的 a- 紫罗兰酮，因为在蒸馏纯化的过程中温度较高，发生部分消旋化作用（图 9），R 与 S 构型比例为 60 : 40。从天然香料定义的角度来看，由该途径制备的 a- 紫罗兰酮应该属于天然产物，但是因为不是对映体纯的 R 构型，而不允许作为天然产品使用。这是非常典型的由于对手性天然香料认识误区造成的不正常现象。

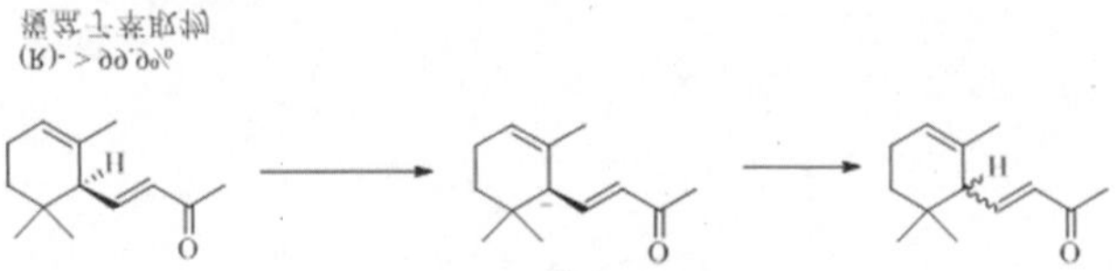

图9a–紫罗兰酮的消旋化作用

Fig. 9 Racemization of a–ionone

三、发展与展望

目前市场上含硫香料种类增长的速度远高于其他品种。随着分析技术的进一步发展和完善，天然存在浓度很低且化学性质相对活泼的含硫化合物，得到鉴定的将会越来越多，其对食品特征香味的贡献也将进一步得到认识和发掘。高影响力的含硫香料在食品香精中的应用中将会发挥更加重要的作用。而含硫香料在生产及应用过程的不稳定性问题也需予以充分的重视。

天然香料市场份额不断扩大是发展的必然趋势。尽管近几年经济衰退对于天然香料增长速度产生了明显的影响，但其仍然保持了增长的发展态势，不可避免地对合成香料以及天然等同香料的市场份额缩减产生了影响。

在天然香料的三大来源中，从植物精油提取分离在今后较长的一段时间内仍将是最主要的一条途径。但是全球面临耕地面积不断减少的形势日益严峻，尤其是在发展中国家，将耕地用于种植只为生产化学品的作物带来很多争议。比如薄荷醇，当同样的产品可以通过非农业渠道获得，而将耕地用于为了获得天然薄荷醇的薄荷种植，似乎并非最佳的选择，面临同样问题还有山苍子，其种植的目的也只是为了获得柠檬醛。因此从非农业途径获取天然香料将成为未来研究的重点，以农副产品、食品工业废弃物为原料的提取分离或生物技术的手段，都将成为真正绿色、可持续发展的最有效的途径。

另一方面，在大力发展天然香料的同时，我们也必须看到天然香料在价格方面的劣势，而且还有一些香料目前无法从天然渠道获得，如2-乙酰基吡嗪和2-乙酰基噻唑等，因此合成香料以及天然等同香料在市场上仍具有不可替代的地位。

1.6 新型清洁、高效、安全的超氧化电位水消毒技术

中国食品发酵研究院 宋全厚 尹建军 侯玉柱

食品生产加工过程中，工业清洗、消毒对于食品安全至关重要。食品生产加工企业系统、规范、有计划地清洗消毒生产设备、生产加工器具、容器、管路、环境物表及人员衣物等可以有效降低食品安全风险，保证产品质量，降低食源性疾病发生的可能性。

食品工业传统消毒方式的是利用工业级酸碱清洗设备、管路，带来二次污染风险的同时又造成设备和管路严重腐蚀，既影响设备的使用寿命，又难以保证食品质量，整个清洗过程费水、费时、费电，还会造成环境污染。目前使用的其他类型消毒剂大概有戊二醛、甲酚、乙醇、酚等，但大多数以高浓度使用，存在有毒性、致癌性和药物残留，应用受到限制，并有许多难以解决的问题。另外，当长期使用后，细菌会产生抗药耐药性，灭菌效果会逐渐降低。

关于氧化电位水的概念， 1999 年，美国 FDA 将酸性氧化电位水作为次氯酸水溶液被认可，同意使用，2002 年，日本厚生省把酸性氧化电位水批准为食品杀菌剂，2007 年，英国的 Sterilox 获得了美国 FDA510K 认证。国内关于酸性氧化电位水的原始技术来源于日本的强酸性氧化电位水，技术含量不高容易仿造，另外，国内企业不重视产品开发，技术应用时间短，由于其有腐蚀性，应用领域有限。

鉴于目前消毒技术的种种弊端，中国食品发酵工业研究院自主研发了超氧化电位水技术，所谓超氧化电位水是将经过软化处理的自来水中加入微量的氯化钠，通过特殊电解板构成的电解槽电解生成的具有高氧化还原电位、低浓度有效氯、pH 呈中性的水溶液。超氧化电位水灭菌技术具有浓度低、无残留、无毒、灭菌力强、无腐蚀性、使用方便、价格低廉等显著优点，而且稳定性好，保质期长，即可现制现用，亦可异地加工使用，既具有酸性氧化电位水的优点，又降低了对金属设备和管道的腐蚀性。

经过专业实验室的验证，超氧化电位水在清洁条件下 1 分钟内可杀灭百万级数量的大肠杆菌，灭菌效果好，速度快。由于超氧化电解水是多因素协同作用杀菌，因此微生物对超氧化电位水不容易产生耐药性，此外，与其他化学消毒剂相比，杀菌完成后超量使用的超氧化电位水遇光或与有机物立即还原成无毒、无害的普通水，排放后不会对生态环境造成任何危害，而且使用简单方便。

该技术在绿色环保、清洁生产、节能减排等方面具有显著优势，将填补国内技术空白，是消毒剂领域的又一次重大变革，必将带动食品工业产业生产技术的转型和升级。

1.7 国民大健康呼唤全谷物产业加速发展

国家公众营养改善项目办公室主任 于小冬

2016年8月下旬，“全国卫生与健康大会”在北京召开，紧接着中共中央政治局会议又审议通过了“健康中国2030”规划纲要，党中央、国务院大力推进健康中国建设的战略意图和坚定决心彰显无疑。中央明确提出发展“大医疗”和“大健康”，把“以治病为中心转变为以人民健康为中心”，要发展大健康产业，把健康“落实到所有政策中”。

一、全面理解“大健康”的深刻含义

大健康是指人们的一种健康观念、一种健康状态、一种健康目标、一种完美的健康境界。它反映了一个国家、一个社会进入小康阶段后，人们对健康内涵的更加“高阶”、更加完整的理解。

传统的观点认为“无病即健康”，而现代的健康观则不同。世界卫生组织（WHO）认为，健康应达到“没有疾病，心理健康，社会适应良好和有道德”三条标准。我们的大健康观同WHO的现代健康观相当一致。我们认为，衡量一个人是否处于大健康状态，要具备以下的特征，即体格和智力发育完善；心理正常、心态阳光；道德高尚、格调高雅。

一个“大健康”人，不仅身体健康有活力，而且阳光可亲、高尚优雅；会吃、会玩、会学习、会休息、爱运动、与人为善、乐于助人、有理想情操、有教养……这种大健康状态，不仅拥有自爱、自信和自尊，更重要的是会享受到社会和他人的内心尊重。

因此，我们倡导的“身、心、德”全面健康，实质上已经上升到思想和文化层次，上升到建设一种理想的新生活模式，引人钦羡、追求和向往。人们在不断追求大健康的过程中，就会主动地提高自己的多方面素质，使生活更有意境、更丰富多彩、更有质量，也会使家庭和社会关系更和谐。

二、国民的健康需求拉动产业加速发展

倡导内容和层次都如此丰富的大健康新的生活方式，我们就会看到，大健康产业的发展也就具有了不断增强的市场消费的拉动力。原有的社会服务业尤其是健康服务业需要大大的拓展；而传统制造业的升级改造和新产品、新行业的出现也都具有了明确的方向。

从而，大健康产业的概念可以定义为：以大健康理念为理论基础，以大健康文化为引导，以多学科成果为支撑，服务于大健康生活方式要求的健康服务业和健康制造业的产业集群。为了传播方便，可以将大健康产业简单地表述为：促进身、心、德全面健康发展的产业。

从大健康产业集群的分布看，主要划分为大健康科技教育和文化；大健康产品加工制造；大健康服务与市场营销三大部分。大健康涉及的主要行业，包括农业、食品、餐饮、生物、化学、保健、养生、养老、运动、休闲、旅游、文化、教育培训、健康管理、医疗（含传统医学和现代医学）、中西医药、心理、康复、生态、环境等。

同前几次（蒸汽、电力、生物、IT）主要因新技

术突破引发的全球产业发展大浪潮不同，大健康产业的发展既有因新技术突破创造消费的因素，更是由于健康消费市场的刚性需求拉动。

其一，进入小康社会后仅仅是"吃饱饭"和"不得病"已经不能满足人们的消费能力，原有的传统消费方式和传统产品的上升空间几乎顶到天花板，购买力要消化，消费侧和供给侧都必须寻找新的增长出路。

其二，原有医疗手段—主要是手术刀＋抗菌药片，在治疗由不良生活方式造成的各种慢性病前遇到重大困难，这些手段往往仅能够对疾病进行控制，甚至还控制不住。在生命的危机面前，人们急迫寻求解决方案。因此医学的发展进入新阶段，保健医学获得大发展，如何提升人体自身的免疫力、自愈力、应激能力等，成为当代健康学、医学的最重要话题。自然而然，科学的生活方式尤其是饮食方式地位上升，全面支撑这种生活方式的大健康产业必然快速发展。

三、食物和食品工业在大健康中的地位

我国古代人们就已经认识到，健康的最高境界是不得病，必须防患于未然。他们非常注重人体各器官、各系统、各组织之间的协调、平衡。不仅如此，还注重观察生活环境与人体健康之间的关系。这些都是非常了不得的认识，是系统论的观点，是事物相互联系、相互影响的观点，是对微观健康问题的宏观思维，其实也是最古老的免疫学说和养生保健理论。

依据这些认识，要保持较强的免疫能力和自愈能力，就必须维持人体良好的代谢状况和微生态平衡。也就是说，要预防各种急慢性疾病，首先应"构造"一个良好的体内环境。如此，科学的生活方式尤其是充足合理的食物营养，就必然成为人类维护自身健康的最主要的途径。

应该说，在国民对大健康的追求和大健康产业的发展中，食物和食品工业具有基础的、广谱的、无可替代的重要地位。数千年来，我国民间和传统医学运用食物和各种天然产物（植物、动物、矿物），对人体进行"调、补、清、养"，治疗疾病、调整"亚健康"状态，这是具有中国特色的大健康文化，也应是今后我国食品工业发展的指导思想。

四、全谷物—保留了"营养精华"的健康食物

（一）食物的功效

实际上任何食物都具有功效，但是除了国家确认的"药食两用"食物外，不能随意宣传食物具有医疗功效。今天我们所认识的食物功效包含三个层次。

首先是维持生命解决饱腹感以及满足人们对美味口感的要求，这是食物的基础功能。食物要提供热量和多种营养物质，满足饱腹感和生理活动需要，孕育、维持生命。同时，食物还要满足人们愉悦享受的要求。食不厌精、脍不厌细的美味享受是人们对食物的亘古不变的诉求，也是食文化的重要组成部分。型、色、香、味等感官享受以及相关的历史典故，丰富了饮食的内涵，调节了心情，使人们获得更多的愉悦幸福感，提高了生活品质。

其次是平衡营养、调节免疫的功能。随着人类社会和经济的发展，人们对健康的期望值提高，但是却发现健康未能与收入增长同步，甚至出现某种倒退，慢性疾病呈现快速增长趋势，过去屡试不爽的"手术刀＋抗生素"以及注射免疫制剂的治疗和预防方法，面对慢性疾病却往往无奈。因此，食物的健康责任加重了--调节营养平衡、建立疾病"防御系统"，帮助人们"治未病"的功能凸显出来，而强化食品、营养素增减食品、全谷物食品、膳食补充剂的出现等都反映了这种功能要求。

再其次是满足一些高阶的、特定健康需求的功能，例如增强儿童智体发育、肌肤靓丽、延长寿命、提升形体和气质形象等；或者改善睡眠不好、上火、烦躁、性功能减退、白发、三高等亚健康状况；以及作为医疗辅助用品、开展营养医疗时使用。

（二）谷物的功效

谷物是人类摄入营养的主要渠道之一。谷物中可提供的主要营养有碳水化合物，提供量占人体需求的 50%-80%；蛋白质，提供量占人体需求的 40%-70%； B 族维生素和维生素 E ，提供较高比例的人体需求（其中 B1 达 60% 以上）；多种矿物质，提供人体部分需求；膳食纤维、抗性淀粉和低聚糖，与蔬果共同提供人体需求；植物雌激素、类黄酮、酚酸、植酸、多糖类物质（如 β －葡聚糖、木聚糖等）、硒等，提供人体部分需求。

以上提到的这些谷物营养，其主要作用有，是人体细胞、器官和组织的重要组成成分，维持生命、生长发育和运动；参与体内新陈代谢，维持机体酸碱平衡和正常渗透压。增强预防抵御各种急、慢性疾病的能力；促进良好的消化吸收和排泄有毒有害废物，有助于瘦体、养颜、抵御衰老消除自由基、抗氧化……谷物富含膳食纤维，这对于中国消费者过度追求“精”、“细”的饮食习惯，具有特殊意义。膳食纤维有助于延长胃肠排空时间；延缓葡萄糖吸收；降低胆固醇；降低总热量摄入，以及润肠通便等。

（三）全谷物的功效

1. 全谷物的定义

全谷物是谷物的一个类别，包括许多谷物品种。为什么全谷物除了具有一般谷物的功效之外，还会具有更多的功效呢？这要从全谷物的特定概念和定义讲起，全谷物的突出特征表现在以下三个方面：

（1）加工后营养结构不变、营养成分全面留存

“全谷物”指含有谷物颖果的所有部分以及这些部分中的所有天然营养成分都保留下来的谷物产品。如果谷物是已经加工过的（例如压裂、碾碎、压片、挤压、轻度剥皮、水煮、轻度剥皮和水煮），则加工过的产品必须能够提供同加工前谷物颖果各部分（麸皮、胚芽和胚乳）中原有含量相当的各种营养成分。

（2）加工后营养成分的损失有严格限定

“全谷物”不仅要求谷物颖果中的所有部分以及所有天然营养成分都有保留，而且对加工损失量有严格限定。例如，欧盟要求谷物颖果加工后的总体重量损失不得大于 2%，麸皮部分的损失不得大于 20%。中国要求，加工后总体重量损失不得大于 5%，麸皮部分的损失不得大于 20%。

（注：中国食品工业协会营养指导工作委员会、中国全谷物理事会和国家公众营养改善项目办公室规定）

（3）不是任何谷物都可称作全谷物

目前，已被各国普遍接受的列入全谷物或者可以加工为全谷物食品的谷物种类如下：

已被普遍接受的“全谷物食品和全谷物粉”品种

小麦（kamut）	小麦（包括碎麦粒、碎熟麦粒、整麦粒、杜伦麦）
玉米（包括爆裂型玉米和全谷粉）	小米
燕麦片和全谷物燕麦粉	高粱
大麦	糙米和有色米
裸麦（Rye）	荞麦
野生稻米	斯佩尔特小麦（Spelt）
爱默小麦（Ammer）	法罗小麦（Farro）
埃塞俄比亚画眉草籽（Teff）	苋籽（Amaranth）
黑小麦（Triticale）	奎藜籽（Quinoa）

需要补充说明的是，上表未列入的其他禾本科谷物，只要所有的麸皮、胚芽、胚乳都存在，都可称作全谷物；发芽的谷物只要是完整的，也可称作全谷物；豆类、薯类不属于全谷物。

在这里我想特别提一下杂粮。杂粮的品种繁多，其中有些品种不符合全谷物的定义，难以执行公认的全谷物加工标准，无法列入全谷物目录。杂粮本身就是很好的营养和健康食品，我国是世界公认的杂粮种植和食用大国，具有特殊的发展优势和市场前景，不符合全谷物的定义的杂粮不必勉强使用全谷物概念。

2. 全谷物的特殊价值在于“全”人类健康离不开

谷物，中国营养学会 5 月 16 日发布的《中国居民膳食指南（2016）》指出："食物多样、谷类为主"是平衡膳食模式的重要特征。要求每天摄入谷薯类食物 250—400g。由于维生素、矿物质、膳食纤维等当前人们普遍缺乏的营养素大部分或者部分存在于谷物的麸皮、胚芽之中，而精细加工后的米、面粉中留存的仅仅主要是碳水化合物等宏量营养素，损失的却是谷物中大量的营养精华。从上述全谷物的定义可以看出，正是由于规定了全面、足量地保留谷物营养，也就很好地保留了它原有的健康功能。

3. 全谷物的健康功效

除了具有普通谷物的功效（见上文）之外，根据美国全谷物委员会的资料显示，全谷物可以显著降低人们罹患慢性疾病的风险，主要有：中风危险降低 30% ~ 36%；II 型糖尿病危险降低 21% ~ 30%；心脏疾病危险降低 25% ~ 28%; 有利于体重控制等。

4. 注意区分"全谷物"与"全谷物食品"

前面所说的全谷物，都是指"纯粹"的全谷物原料，必须符合全谷物的全部定义要求。但是，在实践中由于考虑到一些因素，如口感能够被接受、易于消化、加工方便等，市场上见到的大都是添加了一定量全谷物原料的"全谷物食品"。例如在奶、果汁或者其他谷物中按照一定比例添加全谷物原料，以"混合型"的食品面貌出现。这种情况是允许的，但是应该清楚标明食品中的全谷物原料占有比例或绝对量。

为了防止市场上的概念混乱，同时保证消费者食用全谷物食品的作用。参考国际经验并考虑我国国情，我国"全谷物理事会"对全谷物食品中含有的全谷物原料做了规定，即每份（25 克）食品中含有的全谷物原料不得少于 8 克。也就是说，每百克全谷物食品中所含的全谷物原料应不得少于 32 克。否则不应称作"全谷物食品"。

5. 食用全谷物食品要达到有效用量

倡导全谷物食品的目的是充分发挥谷物的健康功能，提升消费者的健康水平，因此除了对全谷物和全谷物食品的概念做出规定外，还应该对每人每天最低的有效食用量做出科学规定。

美国食品药品管理局依据实验数据，倡导每人每天至少食用 48 克全谷物（指 100% 的全谷物原料）。中国全谷物理事会赞成并决定采用这个数据。举例说，如果食用每份 25 克、内含 8 克全谷物原料的面包，则食用 6 份（150 克）面包才可以满足最低的有效食用量。

6. 我国全谷物和全谷物食品标识

为了向消费者提供清晰的概念和有帮助的商品信息，协助消费者确认和享用真正符合标准的、含有足量有效成分的全谷物食品；同时也为了保证产品质量的一致性，警示企业珍惜消费者的信任感和良好的市场荣誉，从而保护企业的利益，中国全谷物理事会颁布了"全谷物标识"—远航的布谷鸟。

布谷鸟是一种会挑食全谷物的鸟类。因为它要远飞、高飞，要抵御各种气候、疾病的伤害，所以它必须健壮、有耐力而又轻盈快捷。

布谷鸟类成为人类食用健康食品的老师，我们选择它的形象作为全谷物和全谷物食品的标识。

"全谷物标识"分为三类：

"基本标识"——，其含义是每 25 克（份）该种食品中含有的全谷物原料至少有 8 克；

"高量标识"——，在图案下面的 QGW 后面加"H"，其含义是每 25 克（份）该种食品中含有的全谷物原料至少有 16 克；"100% 标识"——在，在图案下面的 QGW 后面加 100，其含义是该食品由 100% 的全谷物原料制作。如果该食品由多种全谷物混合而成，那么其中的每一种全谷物原料均应符合定义要求。

五、发展全谷物汇入世界“新潮流”

2000年美国政府正式倡导食用全谷物食品，2005年美国农业部发布指南，呼吁美国人每天要吃三次全谷物食品，当时美国还只有10%的家庭能做到这一点；而到了2010年，美国烘焙谷物市场上，全谷物面包的销售额就已经超过了白面包。在一些城市，谷物食品中约有40%是全谷物食品。在其他发达国家，全谷物食品同样增长迅速。仅以全谷物食品初期发展的情况为例，从2000年到2007年的短短七年间，全球全谷物食品总量就增长了14倍；全谷物食品的品种已达到9，000个。

我国于2010年后全面开始了全谷物的国际经验学习、交流和全谷物产业发展的推进工作。时任国家发改委公众营养与发展中心主任的于小冬教授等应国际“全谷物理事会”的邀请，于2011年我国春节期间赴美国波特兰参加了“全谷物新潮流国际论坛”。会议期间学习了各国企业、政府、公益组织、学校、媒体等形成合力推动全谷物的经验；拜访了美国小麦中心，同相关企业和科研机构座谈；实地考察了美国市场上的全谷物产品销售情况，亲自品尝了包括正餐、快餐、包装食品在内的各种全谷物食品。

2012年5月，于小冬教授等受国际“谷物健康基金会”邀请，又一次赴美国明尼阿波利斯参加有多国食品、营养、医学专家和企业家参加的全谷物研讨会。与会代表以大量的、充实的临床报告和实验数据，论证了全谷物食品中功能成分对慢性疾病预防和治疗的积极作用，从理论上对全谷物的发展给予了更加有力的支撑。

以上两次重要会议，于小冬教授都受邀做了专题报告，全面介绍了中国全谷物工作的进展、问题、分析和规划，受到与会代表的热烈欢迎和鼓励。会议期间，中国和国际组织的代表还讨论了相关的合作事项。

2011年4月，由国家发改委公众营养与发展中心、国际全谷物委员会、国际健康谷物基金会、中国粮油学会粮油营养分会联合举办的我国首次“全谷物食品发展国际论坛”在北京召开。这是我国首次举办的规模最大、层次最高的“全谷物食品”专题研讨活动。来自美国、加拿大、英国、法国、瑞士、墨西哥、日本等国以及台湾地区的全谷物食品顶尖专家；国家发改委、工信部、国家食药局、国家粮食局等部门的领导；国内外著名企业和相关行业组织的负责人等200余位代表参加了论坛。论坛以“全谷物食品与健康的关系”、“全球的趋势和发展潮流”、“如何拓展中国市场”三个单元进行了深入的讨论。大家一致认为，中国发展全谷物食品机遇和挑战并存，不可能一蹴而就，必须经过一个较长的市场培育过程。首次论坛的召开在中国粮油食品生产领域、食物营养与健康领域、国民宣传教育领域，尤其是在我国广大的消费者中引起了较大的关注和反响。从而对进一步促进我国健康主食的研发生产，引领国民树立科学饮食的理念和培育健康的饮食习惯、发挥了重要的现实作用。

2013年10月，由国家公众营养改善项目办公室、全国健康家庭联盟和中国大健康产业联盟联合主办的第二次全国全谷物食品发展论坛在北京隆重召开。国家发改委、农业部、国务院三农办公室、卫计委、国家食药局等部门的领导和粮油骨干企业、大学、科研机构的近200名代表出席了会议。会议邀请权威专家和领导就“政策法规与标准”“科研攻关与产品开发”“知识普及与公众教育”“渠道建设与市场开拓”“行业组织与管理”等问题做了专题报告并进行了深入的讨论。与首次会议相比较，此次会议视野更宽，也更加注重对食品产业界的推动和鼓励；注重消费市场的启动；更加注重对实际问题的研究解决。会议还首次提出应重视全谷物食品文化的建设，并邀请中华糕饼文化促进会王长龙总干事做了题为“全谷物畅销第一步——谷物的文化密码”的报告，引导大家重视从更深、更高的层次，即文化层面思考全谷物产业的发展、拓展市场，使代表们感到大受启发、大开眼界。

全谷物的推进是一项涉及方方面面，无法由任何一个部门或任何一个机构能够独立完成的工作，需要“全社会总动员”。以上介绍的两次全国性的“启蒙会议”，在政府部门、行业组织、产业界、科学教育界和消费市场都产生了较大的影响，推动了我国全谷物事业和全谷物产业的更快发展。近几年，中国食品工业协会、国际谷物化学学会、中国粮油学会、中国食品科技学会、中国营养学会等一些机构也陆续加入到全谷物的工作队伍之中，组织研究、召开会议、开展宣传和动员；更多的企业看好全谷物市场，将花样繁多的全谷物产品推到市场上；更广泛的消费者自觉购买和食用全谷物食品，拉动了我国全谷物食品的市场规模扩大和产品品种增加、质量提高。

六、团结协作促进我国全谷物产业更快发展

发展全谷物是一个系统工程，需要多部门、多机构、多学科、多行业的协同作战。为了更好地将致力于这一产业的积极力量组织起来，经第二次全国全谷物食品发展论坛期间代表提议，中国食品工业协会营养工作指导委员会、国家公众营养改善项目办公室、河南工业大学等单位合作组建了中国全谷物理事会。理事会由中国食品工业协会营养工作指导委员会领导，并于2013年11月召开了理事会议。

（一）中国全谷物理事会成立后的几项工作

1. 制定标准，规范企业和市场行为

考虑到推动全谷物工作的需要和紧迫性，全谷物理事会申请了“全谷物标识”的版权，并制定了《全谷物食品标识使用许可办法》和《全谷物标识使用许可操作指南》及一系列标识申办的流程文件，用以弥补全谷物食品标准正式批准颁布之前的空白。这些文件的部分内容已经在前文有所提及。

实质上，这一套文件即是一套完整的全谷物食品的团体标准。

2. 组织设备工艺考察和技术交流

由于全谷物食品的生产遇到了营养与口感的协调、营养物质保留与食品安全的兼顾、储运条件提升与产品成本限制等一系列新问题，全谷物的研发、加工、储运技术显然远非普通谷物可比。解决这些技术难题就成为我国发展全谷物食品的拦路虎。国家公众营养改善项目办公室和全谷物理事会陆续组织企业赴丹麦、德国、奥地利、日本等国，以及河南工业大学等国内单位，考察采购设备、交流技术、建立合作关系。

3. 指导、协助企业制定战略发展市场

（1）指导并参与中粮、古船、宾堡等企业制定工艺流程。

（2）协助大成集团、美晶集团等企业设备选型、制定战略。

（3）支持全谷物企业的市场推广和消费者教育活动。

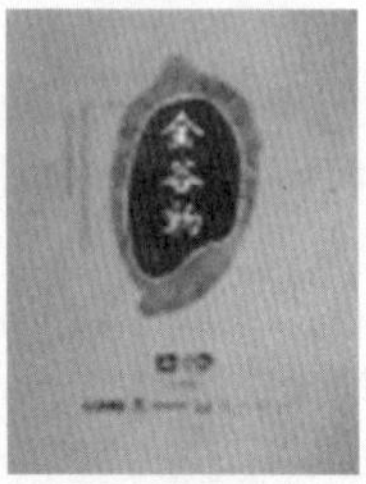

（这是组织多个全谷物企业印发的海报）

4. 引领产业大力提升消费文化

我们都知道，中国消费者是对食物口味最敏感的。通常情况下，改变饮食习惯和人们对食物的感官评价标准是异常困难的。因此，我们必须借助“超物质”的力量，这就是健康理念和先进文化对饮食行为的引领作用。我们可以举出这样的事例，比如咖啡、葡萄酒（干型）、橄榄油、奶酪等食品饮料，中华民族既无食用习惯，又不符合口感喜好，然而当以“健康理念”和“更高阶的文化和时尚追求”施加影响时，这种千百年来形成的固有习惯却奇迹般地发生了改变。

因此，推广全谷物不仅是产业自身的提升，还要从更高的文化层次考虑，提升消费者的文化认知。当前，人们的多方面追求，如面貌和形体的美丽；举止和气质的优雅；高尚的生活方式和习惯；寿命的延长等……以上许多文化追求实质上同全谷物有着各种各样的联系，它们蕴含着改变人们生活方式、饮食习惯的巨大力量。

（二）全谷物食品进一步的发展需要解决的几个问题

1. 全方位提高质量

要更大范围地普及全谷物食品，就需要不断改善其风味、颜色和质感，使其多方位增加感官吸引力；

2. 增加品种

进一步增加全谷物食品在市场的投放量，特别是要提供更多种类的全谷物食品，使消费者具有更多的选择空间和比较余地；

3. 教育消费者

进一步增强消费者对全谷物食品的了解，提高其积极主动消费健康谷物的意识，逐渐形成消费习惯；

4. 提高产品性价比

从长远看，全谷物食品应是全民的日常消费产品、永远的朝阳产业，因此企业必须树立长远的经营理念和市场眼光。对产品的成本控制，以及正确的利润率和价格策略都将决定企业的长期市场竞争力。

1.8 调味食品上市公司发展趋势分析

中国调味品协会常务副会长兼理事会总干事 卫祥云

一、绩优股前景广阔

海天味业为调味品行业的龙头企业，其品牌、渠道、技术、营销和综合管理优势突出，上市以来一直处于行业领先优势。

从产品线来看，酱油市场地位稳固，调味酱、蚝油市场占有率高，食醋和料酒等新品种类不断延伸，公司逐渐成为综合调味品平台公司。用基本面和价值投资的眼光分析，目前海天味业的投资价值被低估，其根源在于目前中国股市的食品企业股参差不齐，存在优胜劣汰的市场空间。同时，也不排除受大盘指数整体偏弱的影响。

从市场业绩来看，近几年海天味业的销售收入增长一直维持在两位数以上，全年营业收入突破百亿指日可待。在市场消费升级及公司产品结构不断优化的前提下，公司毛利率从 2012 年的 37.3% 稳步提升到 2014 年的 40.4%，2015 年毛利率达到 43.18%，由此推断，海天味业作为调味食品行业的大盘绩优股发展前景不可小觑，且在较长时期内会处于行业领先地位，被其他企业超越的可能性极小。

其主要原因是近五年我国调味品复合增长率高达 18% 以上。即使在 2015 年上半年食品饮料行业增长普遍下滑至个位数的情况下，调味品行业依然实现了 11.32% 的增速。目前的中国调味品行业仍处于成长期，人均消费水平及产品均价存在较大上升空间。海天味业的主打产品酱油的市场占有率大约在 15% 左右。虽然总产量已超过日本龟甲万两倍以上，但销售额却只有日本龟甲万的三分之一。如果按照龟甲万目前在日本市场的 30% 占有率为潜在目标，未来五年，海天味业在中国市场如果达到 30% 的占有率，其酱油的营收和利率将提高一倍，前景十分广阔。

二、成长股不断涌现

如果说海天味业属于食品行业名副其实的大盘绩优股。近几年陆续涉足资本市场的加加食品、佳隆股份、安记食品和千禾味业则成为调味食品行业的成长股，也包括新三板市场登陆的广东百味佳等公司。其中，加加食品为中国酱油第一股，佳隆股份为中国鸡精、鸡粉调料第一股，安记食品为中国香辛复合调味料第一股，千禾味业是近日上市的中国西南地区的调味品行业龙头股。

上述处于调味品行业的成长股各具特色。具有企业资产规模小、专业化程度高、产品线相对单一和利润普遍不高的特点，基本属于地方品牌或区域性品牌，既存在未来突破和上升的较大空间，但也存在一定的不确定性。其不确定性表现为这些成长股公司的市盈率比较高（40–80 倍），高于当前食品股的平均市盈率。这种现状表明这些成长股具有较大的上升空间和投资空间，不排除其通过资本市场运作向全国品牌发展的可能性。

三、发展股相对稳定

调味食品行业的发展股是指在历史比较悠久的传统国有企业基础之上发展起来的上市公司。代表企业有恒顺醋业，中炬高新、涪陵榨菜和安琪酵母、星湖科技。现在基本都是国有控股企业，属于国企改革在消费品行业的概念股。

恒顺醋业是中国调味品协会的会长单位，恒顺醋业董事长张玉宏兼任中国调味品协会会长，具有在传统粮食系统、商业系统工作的经历和国有企业的工作历练，目前正在主持恒顺醋业的混合所有制改革，并于近期成立了业内第一家恒顺商学院，企业管理水平正在更上一层楼。应该提及的是公司最近荣获“2015年度全市工业新增纳税十强企业”和高管增持之举，彰显改革信心。恒顺醋业2015年的净利润同比增长190-230%，主要得益于公司在供给侧改革发力，处置了一部分非主营投资，用于结构调整之需。

中炬高新原是广东中山市的高新科技企业，属于较早上市的国有企业。现在已发展成为中国调味品行业的龙头企业之一，其酱油生产已稳居国内前三名，厨邦酱油在业内有较高的知名度。目前，中炬高新已实现混合所有制改革，在前海人寿获得相对控股权以后，原企业高管和科技人员保持了相对稳定，对公司发展构成利好，存在广阔的发展前途和增长潜力。

涪陵榨菜始建于清光绪年间。产品风味独特，色味俱佳，营养丰富，不论是佐餐，还是烹炒、煮汤，皆有鲜香翠嫩、食而不腻的特点。公司以“涪陵榨菜”的原传统名称上市后，为传统产品插上了现代化的翅膀。使原来的民间小菜一跃而成为五星级饭店的餐饮必备，可谓凤凰涅槃之举。

安琪酵母和星湖科技作为国有企业的科技股主要为调味品行业提供酵母抽提物和超鲜味精（I+G）原料，并以产品的不可替代性获得了巨大发展空间，下一步将在混合所有制改革方面有新动作。

由此可见，由原来的传统国有企业发展起来的调味品行业成长股已成为食品行业领域一道靓丽的风景线。可以预见，随着国企混合所有制改革力度的加大和供给侧改革结构的调整，调味品行业还将出现一批新的发展股。如北京二商王致和食品有限公司，天津市利民调料有限公司、广东珠江桥生物科技股份有限公司和广州致美斋食品有限公司等。

1.9 实施食品安全战略　推动行业品牌建设

中国食品工业协会副会长　张莉

一、关于 2015 消费者最喜爱的食品品牌调查活动总体情况

由中国食品工业协会主办，翡丽百瑞品牌冠名举办的首届“翡丽百瑞”2015 消费者最喜爱的食品品牌调查活动，从 9 月 24 日 -10 月 28 日历时 34 天，有效投票 21 天。300 多个食品企业的粮食、食用油、休闲食品、乳制品、饮料五大品类 386 个品牌参与本次调查活动。投票方式由消费者采用手机和 PC 终端，以实名 + 手机号，每天每人限定 1 票进行。本次活动消费者浏览总量 356249 次，访客数 121517 人，获得投票总数 107610 票。

（一）本次品牌调查结果呈现以下几个特点

1. 区域分布广，集中度高。本次调查共涉及 35 个省、市、自治区，浏览量较大（过万）的省份集中在山西、北京、河南、广东、四川、山东、福建、陕西、湖南等 9 个省份，这几个省份不仅是农业大省、人口较为集中，而且食品生产企业较为集中，这些省份浏览量达到 225389 次，占总浏览量的 63%。其中山西、河南、北京名列前三。

2. 年龄结构分化明显。浏览量主要集中在 19—49 岁，该年龄区间占总浏览量的 66.9%，说明青中年人群是食品行业主要消费群体，消费产品也主要集中在休闲食品类、饮品类。从性别来看，男性占投票总数 56%，女性投票占 44%，男性高于女性 12 个百分点。

3. 移动终端为浏览投票的主要方式。统计显示，通过手机浏览的消费者是 301432 人，为计算机终端浏览 54817 人的 5 倍，表明人们更偏好手机浏览投票的便捷。从知识结构看，通过投票页面浏览投票的消费者学历较高，分别是本科及以上 38.28%、大专 33.56%、高中 23.33%、初中 3.79%、小学 1.03%；通过搜索关键词浏览投票的消费者学历相对较低，分别是本科及以上 11.9%、大专 10.5%、高中 33.3%、初中 35.7%、小学 8.5%。这一投票人群的分布，对于今后组织活动的定向发动、互联网的应用以及企业销售渠道的选择，都有很好的参考价值。

4. 学生及教育类消费者更关注休闲食品、饮料类。浏览最多的是学生和教育类消费者，分别占总浏览量的 50.11% 和 39.8%。浏览主要集中在休闲食品类、饮料类品牌，占总浏览量的 59.5%。可以看出年轻消费者，尤其是学生这个群体是休闲食品消费的主力军。据此，企业在品牌定位、外形包装、市场宣传、口感等方面更应考虑符合年轻人的审美习惯。

5. 调查与消费者认知基本吻合。从五大品类各前 10 名企业名单看，品牌企业得票与消费者认知以及行业掌握的数据基本吻合，得票较多的都是消费者认知度高、市场较为活跃的行业龙头食品企业。比如雀巢、中粮集团、光明食品集团、旺旺、盼盼、娃哈哈、加多宝、喜之郎、汇源、御食园、伊利、蒙牛、三元、贝因美、龙大、西王、石羊等一批消费者耳熟能详的著名品牌均名列前茅，这个结果表明，企业长期坚持培育和打造品牌的努力是得到消费者充分认可的。

（二）本次品牌调查活动的启示

此次活动是中国食品工业协会举办的首次品牌调查活动。在较短的时间，五大品类 386 个品牌就征集

到10万多张投票，覆盖面还是很可观的，它体现了消费者对食品品牌的高度关注和喜爱，也说明由消费者投票产生市场信得过的品牌的做法是得到消费者认可的，从而更增强了我们做好消费者调查，并通过这一平台促进行业品牌建设的信心和责任感。

1. 总结本次调研活动，有不少可圈可点之处：

（1）企业的重视与参与是本次活动取得成功的重要基础，不少企业不仅认真参与了网上调查，还策划了一系列线下促销活动，扩大了品牌知名度。

（2）互联网应用和大数据分析为本次活动提供了技术支撑，从而为“互联网+”推进食品品牌建设提供了一次有益尝试。

（3）光明集团在人力、物力（奖品）的大力支持，使活动内容更加丰富、更具吸引力。

（4）信德公证处的全程监督，提高了投票过程及结果的公信力。

（5）中国食品安全报、新浪网、腾讯网、中央电视台微电影频道、中国消费者报等40多家主流媒体的关注和宣传，成为本次活动的助推器，有效提高了消费者的参与度。再就是与我们工作团队的拼搏努力也是分不开的。可以说本次活动，发挥了企业、协会、媒体、消费者各方作用，拉近了消费者与品牌的距离，是一次全社会共建食品品牌的协同行动。

当然，由于是首届，本次活动还有一些不足之处。比如，由于时间较短（有效时间21天），消费者的参与度不够广泛；更多地重视线上工作，忽视了线下的组织工作；品牌覆盖率过窄（仅遴选了五个品类），造成参加调查的企业相对较少；媒体推广形式较为单一，活动影响力不足。

鉴于此项活动对于增强企业品牌意识、维护食品安全、扩大协会影响力具有积极作用，中国食协决定明年将继续开展“消费者最喜爱的食品品牌调查活动”。

2. 几个方面改进：

（1）制定评价标准及规则，把调查活动纳入更加规范、更具可操作性的轨道。

（2）调查活动提前启动，为企业申报留足时间，也希望广大品牌企业积极参与品牌调查，并发挥品牌企业销售点多，覆盖面广，营销渠道线长的优势，发动消费者为品牌投票。

（3）扩大品牌调查品类，逐步扩展并覆盖整个食品行业。

（4）加大宣传力度，不仅要发挥传统媒体的作用，更要发挥新媒体传播速度快、覆盖范围广的优势，使调查活动及投票结果家喻户晓、妇孺皆知。

（5）扩大调查成果，推动行业品牌建设。在搞好调查活动的基础上，组织力量对品牌投票结果进行深度分析挖掘，形成对行业品牌现状、问题、发展趋势有价值的分析报告，以加强对食品行业品牌建设的指导。总之，通过各方共同努力，力争把“消费者最喜爱的食品品牌调查活动”，打造成中国食协每年一届的标志性品牌活动项目。

二、实施食品安全战略，推动行业品牌

党的十八届五中全会首次提出要“推进健康中国建设，实施食品安全战略”的要求。建设健康中国，确保食品安全，我们广大食品工作者有着义不容辞的历史责任。

我国是食品制造大国，有着悠久的饮食文化，“食在中国”曾是食品行业的骄傲。但是近年来一些无良企业以牺牲产品质量和安全换取一己之利，甚至铤而走险，致使食品安全事件的不断发生，不仅严重降低了国人对中国食品的信任度，甚至严重影响了中国食品的国际形象和地位。当前，认真落实中央“推进健康中国建设，实施食品安全战略”，从质量、安全、诚信等品牌核心价值入手，加强企业品牌建设，重塑中国食品形象，重振消费者信心，成为我国食品行业当前十分重要而紧迫的任务。

2016年是“十三五”规划的开局之年，也是“建设健康中国”的第一年，中国食品工业协会已将品牌建设列入推进食品行业转型发展的重要工作内容，拟以配合政府有关部门推进品牌建设的工作部署为切入点，重点开展以下工作：

（一）着力推进品牌培育

国务院发布的“中国制造2025”明确提出“推进制造业品牌建设，引导企业制定品牌管理体系”。按照工信部关于开展工业企业品牌培育有关要求，结合已有的诚信、质量、食品安全等管理体系及食品行业的特点，围绕质量安全、研发创新、诚信经营、市场需求和营销服务等关键环节，制定食品行业品牌培育管理体系标准；开展行业品牌人才培训；选择重质量、守信誉、有影响的企业开展系统的品牌培育试点工作，争取推动10家左右的优势品牌企业进入国家认定的品牌培育示范企业。

（二）开展区域品牌试点示范

在中国食协开展的食品强县、食品园区的工作基础上，加强与地方政府、地方行业协会、食品产业园区、产业集聚区的互动合作，开展区域品牌试点示范工作，打造一批特色鲜明、竞争力强、市场信誉好的产业集群区域品牌。

（三）开展品牌价值评价

根据“中国制造2025”明确提出“加速我国品牌价值评价的国际化进程”的要求，配合质检总局对品牌价值评价的工作部署，组织优势品牌企业依据国家标准开展品牌价值评价，争取品牌价值较高企业入围每年12月12日中央电视台发布的品牌价值排行榜，扩大品牌企业知名度，加速我国食品行业品牌价值评价国际化进程。

（四）扩大品牌宣传

根据中央“加强对中国品牌对内对外宣传”的指示精神，采取多种形式讲好品牌故事，彰显中华饮食文化底蕴。充分发挥各类媒体作用，对消费者投票评选出的喜爱品牌以及讲诚信、有责任、品牌价值高的食品企业开展系统性宣传，重塑中国食品形象，重振消费者信心。

品牌建设是一个长期的系统工程。企业是品牌建设的主体，广大食品企业要增强品牌意识，提升以质量安全和信誉为核心的品牌价值，努力打造让人们信得过的食品品牌；中国食品协会也将继续发挥政府和企业间桥梁和纽带作用，努力“推进健康中国建设”，促进“食品安全战略”在食品行业落地；也希望广大媒体朋友及社会各界继续关注、支持食品行业的品牌建设，努力为品牌发展营造良好的生态环境。我们相信，只要大家共同努力，中国食品一定能够重塑形象，“食在中国”一定能够续写世纪传奇，“中国食品强国梦”在不远的将来也一定能够实现！

1.10　2015 年食品工业大事记

年鉴编辑部整理

1 月 4 日，从国家发改委获悉，自 2015 年起，国家放开烟叶收购价格，由于烟叶收购价是农产品领域最后一个实行政府定价的品种此举标志着我国农产品价格将全部由市场形成,政府定价彻底退出历史舞台。

1 月 4 日，最后一批 1415 箱上海福喜生产并召回的问题食品在上海动物无害化处理中心销毁完毕。

1 月 6 日，从马铃薯主粮化研讨会获悉，马铃薯有望成为我国第四大主粮。据农业部统计，未来我国粮食消费需求仍呈刚性增长趋势，到 2020 年粮食需求增量在 500 亿公斤以上，预计到 2020 年，50% 以上的马铃薯将作为主粮消费。

1 月 18 日，时隔 10 年，由中国食协白酒专委会主办的“第二届中国白酒科学技术大会在京召开。

2 月 1 日,《食品安全抽样检验管理办法》正式发布。

2 月 6 日，双汇新产品发布会在郑州举办，双汇集团向外界集中展示了 15 个肉制品、10 个生鲜预制产品。

3 月 11 日，国家食品药品监管总局发布的《食品召回管理办法》，从 9 月 1 日开始施行。

3 月 19 日，国务院办公厅印发《2015 年食品安全重点工作安排》。

3 月 29 日，中国食品工业协会独家权威发布《2014 年食品工业经济运行综述》和《食品工业“十二五”期间行业发展状况》。

4 月 8 日，中国就欧盟的禽肉关税配额管理措施，提出与欧盟在世贸组织争端解决机制下进行磋商，正式启动世贸组织争端解决程序。

4 月 10 日，由中国食品工业协会主办的以“早餐食品工业化”为主题的中国食品产业发展论坛在河南省鹤壁市举办。

4 月 22 日—23 日，2015 年国际食品安全大会在京举办。

4 月 24 日，第十二届全国人大常委会第十四次会议审议通过了新修订的食品安全法，国家主席习近平签署第 21 号主席令予以公布。

5 月 18 日，2015 中国食品产业发展峰会在京举行。

6 月 15 日，2015 年国际食品安全活动在京举行。

7 月 12 日，国家食药监总局、海关总署和公安部门联合发布了关于打击走私冷冻肉品、维护食品安全的通告，对查获的走私冷冻肉品已全部销毁。

8 月 18 日，“以优质安全发展振兴中国奶业”为题的中国奶业 D20 峰会在京召开，国务院副总理汪洋出席峰会并致辞，他提出：全面提高乳品质量，加快建设现代奶业。

8 月 21 日，首农双河农场 30 万吨 / 年稻谷加工生产线正式投产。

8 月 22 日，2015 中国企业 500 强企业高峰论坛在广西南宁市举行，多家食品工业企业列入其中。

9 月 28 日，国家质检总局发布：根据《进口食品不良记录管理实施细则》规定的列入《进口食品化妆品安全风险预警通告》的条件，近期已有 57 家企业出现不良记录。

10 月 1 日，新修订的食品安全法开始施行。

10 月 22 日，中国安全食品体验馆落尘仪式在河南汤阴县食品产业集聚区举行。

10月22日，2015—2016中国食品安全文化公益微电影节启动。

10月26日，世界卫生组织下属国际癌症机构（IARC）发布报告，将加工肉制品和红肉列为“致癌物”，引起巨大争议。

10月26日—29日，党的十八届五中全会通过了“关于制定国民经济和社会发展第十三个五年规划的建议”，其中包括“实施食品安全战略，形成严密高效、社会共治的食品安全治理体系，让人民群众吃得放心”，标志着我国已将食品安全战略提升到国家战略。

10月28日，由中国食品工业协会主办“翡丽百瑞2015消费者最喜爱的食品品牌调查活动”结束。

11月3日，“一带一路”（北京）食品安全合作高层对话在京召开，我国将与沿线国家相关部门一道，不断充实完善“一带一路”食品安全监管合作机制和内容，加强沿线国家对各相关国家和经济体食品安全监管法律法规的了解，共同打通欧亚“食品安全大通道”，促进食品贸易健康发展，造福沿线各个国家。

11月7日，“第十三届中国食品安全年会”在京开幕。

11月9日，《食品安全法》实施条例修订国际研讨会在京召开。

11月13日，2015中国．上海国际食品博览会在沪召开。

12月2日，由中国食品工业协会主办、汤阴县人民政府承办的“汤阴京津食品产业园”授牌仪式成功举办。

12月9日，国家食药监总局发布《中华人民共和国食品安全法实施条例（修订草案征求意见稿）》。

坚强de土豆
焙烤薯片
非油炸
小王子
浙江小王子食品股份有限公司
ZHEJIANG XIAO WANGZI FOOD SHARE CO.,LTD.

石家庄君乐宝乳业有限公司

石家庄君乐宝乳业有限公司成立于1995年，是河北省最大的乳制品企业、国家高新技术企业、国家乳品研发技术分中心。公司主要经营婴幼儿奶粉、酸牛奶、低温乳酸菌饮料、纯牛奶等产品。随着君乐宝奶粉上市并赢得市场认可，目前君乐宝已形成了立足大华北区域、覆盖全国的销售市场。

2016年8月，中国奶业20强（D20）峰会在石家庄圆满召开，君乐宝代表国产奶粉和河北奶业登台发言，四个世界级标准赢得与会各方高度认可，开启了民族奶业振兴的新篇章。

君乐宝建有完善的质量管理体系。公司通过了ISO9001质量管理体系、ISO14001环境管理体系认证和ISO22000食品安全认证体系及诚信体系认证，婴幼儿配方奶粉工厂在全球同行业首家通过BRC食品安全全球标准A+顶级认证和IFS国际食品标准认证，君乐宝所有液态奶工厂也全部通过了BRC认证。

公司十分重视技术创新，通过与中国营养学会、中国农业大学、中国农业科学院、北京大学公共卫生学院等高校和科研机构开展密切合作，逐步形成了以益生菌菌株自主开发为核心、多学科整合和多方位联合的“产学研”一体化研究模式。公司自主采集筛选的副干酪乳杆菌N1115获得国家发明专利授权，并且得到了国际领先的益生菌研究和生产巨头丹麦科汉森的高度认可，成为国内乳品行业中极少数能够在科汉森的益生菌数据库中脱颖而出、实现商业化生产的菌种，为国人益生菌研究的自有自主之路取得了突破性进展。

2016年5月，君乐宝联合中国食品科学技术学会共同启动“益生菌+”战略，联手构筑新型“产学研一体化”益生菌研究平台，推进益生菌在食品、医疗等多领域的产业化应用，共同推动益生菌大健康产业发展。

君乐宝婴幼儿配方奶粉对标国际婴幼儿奶粉生产标准，以“世界级牧场+世界级合作伙伴+世界级工厂+世界级管理体系”的“四个世界级”标准，生产世界级的高品质奶粉。

2016年8月，君乐宝奶粉正式进入香港市场销售。供港销售的君乐宝白金装婴幼儿奶粉，不仅与内地销售的产品在奶源、配方、品质等方面完全一致，价格也与内地基本相当，每罐售价208元港币，折合人民币176元，实现“同质同价，陆港同享”，以世界级品质与世界奶粉品牌同台竞技。

面向未来，君乐宝乳业将在现有经营优势基础上，进一步加快发展步伐，构建集牧、产、供、销于一体的乳制品质量安全经营体系，大力发展、做大做强婴幼儿奶粉，重塑河北乃至全国婴幼儿奶粉品牌新形象，重振国产奶粉的质量声誉和消费信心，积极承担行业责任，实现“好奶粉 中国造”的奶业中国梦，让每一个中国孩子都能喝上世界顶级的好奶粉。

君乐宝酸奶车间中控室

燕塘
诗华诺
SILKVOURY
爱上鲜奶的味道！
隆重上市
诗华诺
红枣枸杞炼
夹心雪糕
青稞燕麦炼乳夹心雪
Highland Barley & Oat
Condensed Milk Ice Cream
燕塘乳业
栗子甜筒冰淇淋
Chestnut
Ice Cream Cone
Red Date & Medlar Condensed
青稞酸奶冰淇淋
Highland Barley&Yoghourt
Ice Cream
咨询热线 广东燕塘冷冻食品有限公司
020-62926988

MENGNIU
蒙牛®
只为点滴幸福
Little
Happiness
Matters

山东景芝酒业股份有限公司，位于有酒5000年的中国美酒之乡——景芝镇，1948年，集景芝镇72家酿酒作坊于一体、创立了中国最早的国营白酒企业之一“山东景芝酒厂”。

公司拥有员工3700余人，占地面积80万平方米，总资产29亿元，年产商品白酒能力10万吨，分一、二、三个生产厂区和一个现代生态酿酒产业园，一个齐鲁酒地文化创意产业园，成为中国重点酿酒骨干企业、中国最大的芝麻香型白酒生产企业、中国白酒工业百强企业、中国芝麻香型白酒领军企业、国务院国家AAAA级标准化良好行为企业。

荣获山东省省长质量奖，全国质量奖，国家博士后工作站，中国技能大师工作室，国家工信部首批工业企业知识产权运用能力培育工程试点企业，中国酒业文化百强企业，全国社会扶贫工作先进集体等称号。拥有7名国家级评酒委员，2名中国白酒大师、中国白酒工艺大师，15名省级评酒委员和218名高级技师。

确立为首批山东省工业旅游示范点、山东省非物质文化遗产生产性保护示范基地、中国芝麻香白酒第一镇、中国芝麻香白酒生态酿造产区和中国芝麻香白酒生态洞藏区。

“酒之城”系国家AAAA级旅游景区；齐鲁酒地国家AAAA级旅游景区，山东省四大影视基地。

拥有以一品景芝为代表的芝麻香型系列，以景阳春为代表的浓香型系列，以景芝白乾为代表的传统酒系列，以阳春滋补酒为代表的营养保健型系列四大系列品牌。

一品景芝，中国芝麻香型白酒代表。2007年，由景芝酒业为主起草的芝麻香型国家标准，经国家质检总局和国家标准化管理委员会颁布实施；“芝麻香型白酒的研制”荣获中国轻工业科技进步一等奖；“芝麻香型白酒生产工艺”荣获第十届山东省十大发明专利一等奖和第十二届中国专利奖。被商务部和中国酿酒协会确定为中国白酒芝麻香型代表，改写了鲁酒无香型代表之历史；成为建国以来中国白酒行业仅有的两大创新香型之一；认定为国家地理标志保护产品和中国名特白酒国家标准样品，荣获第31届巴拿马国际博览会金奖；中国名酒典型酒和中国白酒酒体设计奖等。

景阳春酒，山东第一个浓香型粮食白酒，系第一个出口创汇产品，蝉联历届山东名牌；荣登全国白酒市场质量抽检“红榜”五连冠；为全国浓香型白酒质量优质产品；中国历史文化名酒。

景芝白乾，中华白酒史上最早的高粱大曲酒。早在1915年作为山东白酒代表产品参展巴拿马万国博览会；1959年入展印度国际博览会。荣获山东名酒、中国八大大众名白酒、首批“中华老字号”。其传统酿造技艺列为山东省首批非物质文化遗产。

一品景芝 中国芝麻香型白酒代表。2007年，由景芝酒业为主起草的芝麻香型国家标准，经国家质检总局和国家标准化管理委员会颁布实施；“芝麻香型白酒的研制”荣获中国轻工业科技进步一等奖；“芝麻香型白酒生产工艺”荣获第十届山东省十大发明专利一等奖和第十二届中国专利奖。被商务部和中国酿酒协会确定为中国白酒芝麻香型代表，改写了鲁酒无香型代表之历史；成为建国以来中国白酒行业仅有的两大创新香型之一；认定为国家地理标志保护产品和中国名特白酒国家标准样品，荣获第31届巴拿马国际博览会金奖；中国名酒典型酒和中国白酒酒体设计奖等。

景芝白乾 中华白酒史上最早的高粱大曲酒。早在1915年作为山东白酒代表产品参加巴拿马万国博览会；1959年入展印度国际博览会。荣获山东名酒、中国八大大众名白酒、首批“中华老字号”。其传统酿造技艺列为山东省首批非物质文化遗产。

景阳春酒 山东第一个浓香型粮食白酒，系第一个出口创汇产品，蝉联历届山东名牌；荣登全国白酒市场质量抽检“红榜”五连冠；为全国浓香型白酒质量优质产品；中国历史文化名酒。

九酿滨河
九粮酿造·9倍绵柔
【九粮香型白酒】
黄米
大米
高粱
小麦
九酿滨河
JIUNIANG BINHE
九粮香型白酒
九粮 9 年份
热烈祝贺滨河集团荣获
2015年甘肃省人民政府质量奖

龍江家园®
坚持规模酿造 品质自然地道
醇柔
CHUN ROU
龍江家园®
酒精度:42%vol 净含量:450mL
黑龙江省龙江家园酒业有限公司
过量饮酒 有害健康
黑龙江省龍江家园酒业有限公司
400-622-9333

贵州董酒股份有限公司 —— 位于世界三大名酒之乡贵州遵义，是中国老八大名酒；董酒的工艺和配方从1983年起三次被国家科技部和国家保密局列为“国家秘密”技术，2006年董酒工艺配方被重申为永久“国家秘密”。

董酒制曲时加入130余味本草，小曲配以90多味本草入小窖取酒醅，大曲配以40多味本草入大窖取香醅；采用大曲、小曲发酵，双醅串香蒸馏的生产工艺，是中国传统白酒串香工艺的鼻祖。董酒秉承了平衡、和谐的传统中医养生理论，是传统中药制曲与传统白酒酿造结合使用的活化石。所酿之酒，酒液清澈透明、香气幽雅舒适、入口醇和浓郁、饮后甘爽味长、酒体丰满协调堪称酒中极品。

董酒的生产历史可以追溯到魏晋南北朝（公元220年-589年）以前。上世纪五十年代产品送上级鉴定，国务院总理办公室专门批示：“董酒色、香、味均佳，建议加快恢复发展”。1963年，经全国评酒会严格筛选评定，董酒进入“中国老八大名酒”行列，之后连续三届荣获“中国名酒”称号。又获得中国驰名商标、中华老字号、非物质文化遗产、董香型白酒代表等殊荣。

董酒作为中国传统纯粮固态发酵白酒，其酿造体系独特、产品品质优秀、生物活性成分众多，健康价值非常突出。2013年10月20日，江南大学酿酒科学与酶技术中心应用正相色谱技术等科学手段对中国传统白酒进行检测分析；报告指出：从董酒中检测到52种萜烯类化合物，总量在3400～3600μg/L，居中国白酒之首！研究表明，葡萄酒中萜烯类化合物的总含量小于1000μg/L，所以从酒体的健康价值而言，董酒明显高于葡萄酒。

董酒坚守“传承为根、酒质为魂、董道为本、汇利及仁”的企业文化核心价值观。坚持继承与发展中国几千年传统白酒文化为企业使命， 长期专一于为消费者提供健康的中国传统纯粮固态发酵工艺白酒，建设性的提出了和谐与共赢的厂商关系，极力倡导健康的饮用方式和生活态度，积极为中国传统工艺白酒的传承和发展做出更多贡献，让中国乃至世界的白酒爱好者在享受健康美酒的同时感受中国酒文化的神奇。

贵州董酒股份有限公司
GUIZHOU DONGJIU CO.,LTD.

地址：贵州省遵义市董公寺镇扬帆路198号
网址：http://www.chinadongjiu.com

尊享热线：4006-090909

远航九江喜获“青酌奖”和中国专利优秀奖

科技的进步在社会发展中越来越成为最重要的推动力之一。近年，广东省九江酒厂有限公司极为重视技术创新，除了不断修炼“内功”，提升自身研发实力，还联合“外力”，借助中国米酒研究院平台，吸引专家学者等社会优势资源力量，进行联合攻关，获得较多研究成果。2016年，九江酒厂喜获两项突破，成为广东省白酒同行中的典范。

一、喜获中国白酒类“青酌奖”零的突破

2016 年 3 月 20 日，2015 年度“青酌奖”十佳酒类新品在泸州揭晓，本次新品发布分为白酒、葡萄酒、啤酒、黄酒、果露酒等类别，活动通过组织 174 位国家级评选代表、经销商代表、消费者代表以及大众媒体代表品评，最终从 200 件酒产品中评选出 TOP10 年度最佳新产品。由广东省九江酒厂有限公司技术副总、技术总工、白酒国家评委、中国白酒工艺大师何松贵带领技术团队共同研发的40度九江十二坊酒，获得2015年度白酒类“青酌奖”（低度白酒组）。九江酒厂成为广东本土唯一一个获此荣誉的酒企。对于业界而言，“青酌奖”有着特殊的意义。而对于九江酒厂来说，获奖的九江十二坊也有着不一样的意义。在茅台、五粮液等白酒占领的市场里，这种创新的本土米酒，获得社会各界的认可，正成为粤酒走向全国的一股新生力量，积极推动粤酒升级提档。

二、喜获粤酒酒企“中国专利优秀奖”零的突破

2016 年 10 月 19 日，中国专利奖评审办公室对第十八届中国专利奖评审结果进行公示。10 月 26 日，第十八届中国专利奖评审结果公示结束。广东省九江酒厂有限公司一项发明专利（专利名称：一株产酯酵母及其生产乙酸乙酯和酒精的方法，专利号：ZL201110278859.5）喜获第十八届“中国专利优秀奖”。九江酒厂成为省内同行首个国家专利奖获得者，也是 2016 年中国酒业唯一的国家专利奖获得者。自 1989 年国家知识产权局首次与世界知识产权组织共同开展中国专利奖评选活动以来，我国经济社会和知识产权事业发展迅猛，中国专利奖的公信力、权威性、代表性和影响力也日益增强。第十八届中国专利奖共评选出中国专利金奖 20 项，中国外观设计金奖 5 项，中国专利优秀奖 571 项，中国外观设计优秀奖 65 项。广东省九江酒厂有限公司获奖的发明专利所公开的产酯酵母是在九江酒厂特有的酿造环境中发现的核心资源菌，对其产品风味及质量具有重要贡献。该发明专利获得我国专利领域的最高奖项，是对九江酒厂专利成果的充分肯定，是九江酒厂科技创新能力提升的重要标志，是对九江酒厂的极大鼓励。

荣誉证书

2015年度“青酌奖”酒类新品TOP10

证书编号：CN-QZJ-BJ2015010

广东省九江酒厂有限公司：

在“2015年度‘青酌奖’酒类新品TOP10”评选活动中，你单位申报的 40度九江十二坊 米香型白酒 产品荣获“2015年度‘青酌奖’酒类新品TOP10（白酒类）”称号。

特发此证。

中国酒业协会

二〇一六年三月二十日

发明专利证书

创新发展　湘商先行

湖南异地商会联合会一届五次会员代表（理事）大会
暨经贸洽谈会在郑州圆满召开

湖南异地商会联合会一届五次会员代表（理事）大会现场

金色十月，硕果累累，中州大地，喜迎宾朋。10月30日，湖南异地商会联合会一届五次会员代表（理事）大会暨经贸洽谈会在河南省郑州万豪酒店隆重召开，来自于全国200多个城市和境外20多个国家和地区的湘商精英400余人齐聚千年商都——郑州，共商推进湘商创新发展大计。湖南教育基金会理事长、湖南省委原常委、省纪委原书记、湖南异地商会联席会议顾问许云昭，湖南省军区原副政委、湖南异地商会联合会顾问万建华，湖南省委组织部原副部长、人事厅厅长、湖南异地商会联席会议监事长苏仁华，湖南省教育厅原厅长、湖南异地商会联席会议顾问张放平，湖南省商务厅副厅长、湖南异地商会联席会议召集人毛七星，湖南异地商会联合会顾问冯湘保、李继军、李进国，河南省工商联副主席韩建国，河南省商务厅副厅长高章法，郑州市人民政府副秘书长李杰，郑州市委统战部副部长、工商联党组书记王新，河南省商务厅国内经济合作处处长刘斌，新郑市新港产业集聚区管委会副主任乔建伟，中共平江县委副书记肖湘晖，湘阴县人民政府副县长方腊初女士等湘豫两省领导出席会议。

此次会议由湖南异地商会联合会主办，郑州市平江商会承办。会议全面回顾了联合会过去一年的工作情况，部署安排新年度工作任务。会议以“创新发展”为主题对新常态、新形势下湘商新使命、新任务、新作为进行了探讨交流，以“湘商论坛”的形式，由联合会会长、名誉会长和有关异地商会会长作主题演讲，他们结合各自领域创业、创新的经验，分别进行了有分量、有见解、有特色的阐述，与会代表深受启发。会议还对“2016年度“责任湘商”、“创新湘商”、“优秀秘书长”、“湘商之声歌咏赛”获奖人员进行了表彰。郑州市平江商会党支部书记李远征荣获“责任湘商”，常务副会长周劲松荣获“创新湘商”，秘书长李长根获得“2016年度优秀秘书长”荣誉称号。在此次会议上，联合会河南联络办成立并进行授牌，聘任郑州市平江商会会长王君军为联络办主任，秘书长李长根为联络办秘书长，为进一步服务河南经济和在豫湘商打下牢固的基础。此外，会上还进行了联合会与湘阴县政府战略签约仪式、新郑市新港产业集聚区与郑州市平江商会签订休闲食品项目框架协议、平江县政府与河南窦珂食品有限公司签订项目引进合同。此次会议签约为湘豫两地经济进一步发展注入了活力。

据承办方郑州平江商会秘书长李长根介绍，湖南异地商会联合会是最有影响力的全球湘商共同的发展交流平台。这次会员大会是湖南异地商会联合会首次在河南举办的会员暨经贸交流活动，对促进湘商豫商交流意义重大，希望借此契机，联合豫商力量，为进一步扩大湘商与河南各地市的经贸合作与文化交流，更积极地参与河南的各项产业的投资与建设，为促进中原崛起和郑州升级为国际商都做出更多更大的贡献。

据记者了解，湖南异地商会联合会一届五次会员代表（理事）大会暨经贸洽谈会会议期间，不但举行了经贸洽谈会、湘豫两省项目推荐及签约会这类经济活动，大会还举办了“湘商育才”等公益慈善活动，树立了湘商致富不忘慈善的良好社会形象。

郑州市平江商会秘书长李长根获得“2016年度优秀秘书长”荣誉称号

联合会河南联络办成立并进行授牌

湖南异地商会联合会湘商发展论坛

第二部分

行业篇

按照《国民经济行业分类》（GB/T4754—2011）所规定的分类
名称和顺序排列

2.1 制　糖　业

【a. 概况】

我国有14个省区产糖，沿边境地区分布，主产糖区集中在我国北部、西北部和西南部。甘蔗糖产区主要分布在广西、云南、广东、海南及邻近省区；甜菜糖产区主要分布在新疆、黑龙江、内蒙古及邻近省区；与糖料种植相关的人员近4000万，2014–2015年制糖期全国食糖总产量中，甘蔗糖占93.01%，甜菜糖占6.99%。

我国的食糖生产销售年度为10月1日至翌年的9月30日，开榨时间由北向南各不相同。甜菜糖厂一般在9月底或10月初开机生产；甘蔗糖厂中，湖南省10月底或11月初开榨，广西、广东、海南等省区11月中或12月初开榨，云南省12月底或次年1月初开榨。

2014–2015年制糖期于2014年9月26日中粮屯河新源糖业公司正式开机生产，至2015年6月24日云南孟定糖厂最后一个停机，历时272天，同比增加生产31天。

全国共有开工制糖生产企业（集团）46家，开工糖厂245家，其中：甜菜糖生产企业（集团）4家，糖厂27家；甘蔗糖生产企业（集团）42家，糖厂218家；另有炼糖企业16家。本制糖期食糖产量超过40万吨的制糖企业集团10家，占全国食糖产量的72.26%。

2014–2015年制糖期，全国共生产食糖1055.6万吨。其中优级和一级白砂糖974.75万吨，精制糖3.65万吨，绵白糖29.24万吨，赤砂糖和红糖28.77万吨，原糖及其他19.19万吨。

本制糖期，全国糖料种植面积2368.96万亩，同比下降11.31%，其中甘蔗种植面积2185.62万亩，同比下降10.38%；甜菜种植面积183.34万亩，同比下降20.99%。甘蔗品种目前仍以台糖系列和粤糖系列为主，两大系列品种占总种植面积的88.1%；其他品种约占总种植面积的11.9%。甜菜主要种植品种仍以原种引进为主。甜菜品种主要以德国KWS系列、比利时安地系列、瑞士先正达系列为主，占甜菜总种植面积的81.43%。

2014–2015年制糖期食糖产量、播种面积、开工糖厂数见表1。

表1 2014–2015年制糖期全国糖料播种面积、食糖产量基本情况

单位：万吨、万亩、间

企业名称	糖料播种面积（万亩）	产糖量（万吨）	开工糖厂数(间)
全国累计	2368.96	1055.60	245
甘蔗糖合计	2185.62	981.82	218
广东	200.00	79.85	29
其中：湛江	170.00	65.32	20
广西	1350.00	634	97
云南	536.26	230.68	72
海南	75.34	28.23	14
其他	24.02	9.06	6
甜菜糖合计	183.34	73.78	27
黑龙江	15.30	3.1	3
新疆	102.24	44.55	14
内蒙古	42.00	17.7	5
其他	23.80	8.43	5

2014–2015年制糖期全国糖料收购价同比，甘蔗

收购价有所下降，甜菜收购价略有增加。甘蔗平均收购价格（地头价，不含运输及企业对农民各种补贴费用等，下同）为418元/吨，同比每吨减少17元，甜菜平均收购价格为492元/吨，同比每吨增加14元。

2014–2015年制糖期全国制糖行业主要技术指标：

甘蔗平均单产4.12吨/亩，甜菜平均单产3.16吨/亩。甘蔗平均含糖分13.66%，甜菜平均含糖分15.14%。甘蔗产糖率11.94%，甜菜产糖率12.11%。

【b. 市场】

1. 国内食糖市场运行特征

2014–2015年制糖期全国累计产糖1055.6万吨，同比减少276.2万吨，同比下降20.74%，其中：甘蔗糖产量981.82万吨，同比下降21.9%；甜菜糖产量73.78万吨，同比下降1.14%。

2014–2015年制糖期全国食糖消费量1510万吨，同比增加30万吨，同比增长2%；年人均食糖消费量为11.04公斤。食糖消费结构基本稳定，食糖消费总量中民用消费为36%，工业消费比例为64%。

2014–2015年制糖期，中国糖业协会食糖价格指数4979元/吨，同比增加141元/吨；工业累计销售平均价格为4945元/吨，同比增加312元/吨。本制糖期全国制糖行业销售收入549亿元；实现税利总额10.4亿元（其中：利润18.7亿元）；农民种植糖料收入385亿元。

（1）食糖产量大幅下降

全国糖料种植面积2369万亩，同比减少302万亩；加工糖料8834.5万吨，同比减少2440.5万吨；食糖产量1055.6万吨，同比减少276.2万吨。

（2）食糖消费平稳增长

全国食糖消费量达到1510万吨，同比增加30万吨。

（3）国际食糖价格大幅下跌

2014–2015年制糖期，纽约原糖期货价格持续下跌，期间创出10.13美分/磅的七年新低。全国食糖进口保持高位。

（4）全行业大幅减亏

食糖进口管控卓有成效，国内食糖价格合理回升，全国制糖工业库存由上一年制糖期191.4万减少至98万吨，全行业亏损额由上一年制糖期97.6亿元减少至18.7亿元。

（5）国家宏观调控力度不断加强

国家继续实施制糖工业企业临时储存国产糖政策，缓解了制糖企业资金压力；在行业自律基础上实施了进口关税配额外食糖自动进口许可管理，食糖进口实现了按需、有序、平稳、可控；严厉打击食糖走私等宏观调控措施，维护了市场秩序，保障了食糖市场运行基本稳定。

2. 国际食糖市场综述

2014–2015年制糖期，受国际食糖市场连续五个制糖期产需过剩以及巴西货币持续贬值等因素影响，纽约原糖期货价格自制糖期初（2014年10月）16.5美分/磅左右震荡下跌，至2015年8月下旬创出10.13美分/磅的七年新低，随后，巴西降雨增加和巴西石油公司提高汽油出厂价格引发市场忧虑巴西产糖量不及此前预期，纽约原糖期货价格止跌反弹，在制糖期末（2015年9月末）报收于12.17美分–磅。整个制糖期，纽约原糖期货价格下跌24%，最高跌幅约37%。

展望2015–2016年制糖期，市场普遍预期全球食糖供求形势将出现新变化。食糖产量方面，“厄尔尼诺”异常天气和食糖价格持续下跌等因素抑制全球食糖生产，预计欧盟、中国和巴西等主要食糖生产国（地区）的食糖产量下降，受此影响，预计全球食糖产量下降；消费方面，食糖价格低迷促进食糖消费，经济增长和人口刚性增长有利于食糖消费增加，预计全球食糖消费量增长。例如，德国分析机构F.O.Licht最新报告预计，2015–2016年制糖期全球食糖产量将减少816万吨至1.762亿吨，为2010–2010年制糖期以来的最低产量，其中，甜菜糖减少512万吨，甘蔗糖减少304万吨；国际糖业组织（ISO）预期2015–2016年制糖期全球食糖产量将由上年度1.7275亿吨下降至1.7091亿吨，食糖消费量将由1.6939亿吨增加至1.734亿吨，产需缺口约 249 万吨；英国 Czarnikow 公司则预计，2015-2016 年制糖期全球食糖产量将减少 430 万吨至 1.832 亿吨，其中，预计欧盟甜菜糖产量将减少 390 万吨至 1550 万吨；预计全球食糖消费量继续增长 2% 左右，高于人口增长水平；预期全球食糖产需缺口 410 万吨。

总体判断，市场主流研究分析机构预期 2015-2016 年全球食糖产需将出现缺口，目前预计产需缺口 300 万吨左右。因此，在 2015-2016 年制糖期，食糖供求基本面变化支撑国际食糖价格止跌回升、重返价值回归之路，但是，作为具有能源属性以及作为美元计价货币的国际食糖，其价格波动还将会受到能源价格波动影响以及受到美元走强压力。

3. 食糖进出口贸易

2014-2015 年制糖期截至 2015 年 8 月底，我国累计进口食糖 307.35 万吨，累计出口食糖 4.22 万吨，进口量同比明显增加。统计数据见下图：

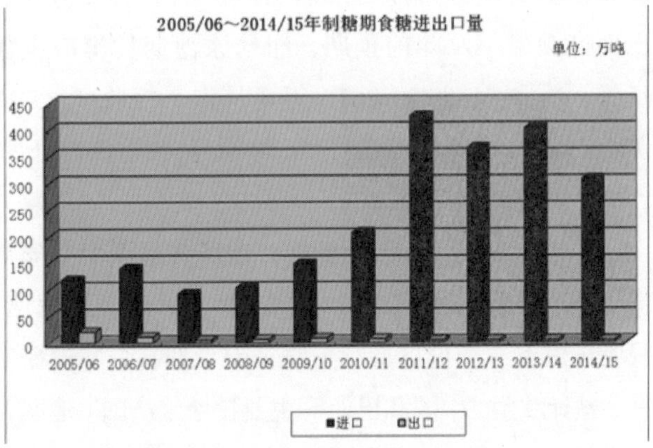

注：2014-15年制糖期进出口量截至2015年8月底。

我国食糖进出口贸易情况分别见表 2、表 3。

表2 2006-2015年全国食糖进口与贸易方式统计表

单位：万吨

年度	合计	一般贸易	来料加工	进料加工	保税仓库进出境货物	特殊监管区域物流货物	边贸	其他
2006	136.54	99.30	3.50	20.72	12.93			0.09
2007	119.34	99.18	1.59	13.28	5.22			0.07
2008	77.99	61.91	1.97	8.89	3.67			1.55
2009	106.45	83.02	0.17	9.93	12.77			0.56
2010	176.61	163.91	0.87	10.89	0.04		0.07	0.83
2011	291.94	276.68	0.97	13.27	0.06			0.96
2012	374.72	360.86	0.99	12.55	0.04			0.28
2013	454.59	434.86	1.3	14.77				3.66
2014	348.58	266.33	1.24	13.94	66.93			0.14
2015	307.35	209.28	0.54	6.68	81.19	9.65		0.01

注：2015年统计数字截至8月底。

表3 2006~2015年全国食糖出口与贸易方式统计表

单位：万吨

年度	合计	一般贸易	来料加工	进料加工	保税仓库进出境货物	特殊监管区域物流货物	边贸	其他
2006	15.45	2.49	3.06	9.61				0.29
2007	11.05	2.24	2.8	5.98				0.03
2008	5.84	1.76	2.15	1.51				0.42
2009	6.39	2.21	0.9	3.15				0.13
2010	9.43	5.65	0.91	1.99			0.25	0.63
2011	5.94	1.79	0.99	2.17	0.002		0.03	0.96
2012	4.71	1.64	0.93	1.87	0.001		0.019	0.25
2013	4.78	1.48	1.06	1.71			0.02	0.51
2014	4.62	1.39	1.09	2.00				0.14
2015	4.22	0.75	0.71	1.23	0.16	1.37		

注：2015年度统计数字截至8月底。

【c. 行业大事记】

1 月 29 日，为全面了解制糖企业发展现状和面临的困难，中国糖业协会在广西南宁召开全国主产省区糖业协会理事长及全国九大制糖企业（集团）负责人座谈会。

2 月 8-12 日，受工信部委托，中国糖业协会组织专家按照工信部《关于对 2014 年糖精生产计划执行情况进行检查的通知》要求，对三家国家定点糖精企业的年度生产计划执行情况进行了检查。

3 月 10 日，中国糖业协会在北京组织召开了“全国大型用糖食品企业（集团）座谈会议”。

3月21日，为准确了解掌握本制糖期我国制糖行业产销形势，研究下一步对策，确保本制糖期制糖企业实现减亏、扭亏，中国糖业协会在广西南宁召开了全国部分制糖企业（集团）负责人以及主产省区糖业协会负责同志座谈会。

3月21日，为准确了解掌握本制糖期我国制糖行业产销形势，研究下一步对策，确保本制糖期制糖企业实现减亏、扭亏，中国糖业协会在广西南宁召开了全国部分制糖企业（集团）负责人以及主产省区糖业协会负责同志座谈会。

3月22日，《2015年中国（广西）糖业发展国际论坛暨中国糖业协会商业流通会员座谈会》在广西南宁召开。国家有关部委领导及广西区有关领导做了重要讲话。

4月2日，中国糖业协会在上海组织了“制糖及相关行业发展研究—我国甜味剂行业发展及市场消费研究”课题专家论证会，受邀的专家以及课题组代表出席了论证会。该项目课题组按照规划要求，对近十年我国甜味剂行业的发展历程和消费情况进行分析。

4月28日，全国部分重点制糖企业（集团）及部分主产省区糖业协会负责人座谈会在云南昆明召开。

5月18日，中国糖业协会四届六次理事长工作（扩大）会议暨糖业形势分析会在北京召开。

5月19–20日，中国糖业协会第五次会员大会在北京召开。

6月3–6日，商务部、国家发改委、中国糖业协会等组成的联合调研小组，就制糖企业临时存储食糖情况赴云南展开调研。调研期间，召开了“制糖企业临时储存食糖座谈会”。

6月8–12日，根据国务院会议精神和国务院有关领导批示，农业部市场与经济信息司运行调控处、农业部农村经济研究中心会同中国糖业协会组成专题调研组，赴广西、云南就食糖产业发展相关问题做专题调研。

7月9日，中国糖业协会在南宁召开了全国部分制糖企业（集团）座谈会。

10月13日，商务部、海关总署联合发布公告（2014第71号），公告决定将进口关税配额外食糖纳入自动进口许可管理，自2014年11月1日起执行。

10月22日，国家发改委产业协调司下发《关于对原糖加工项目进行摸底调查的通知》（以下简称《通知》）。《通知》要求，相关省（市）对2010年以来新建、扩建原糖加工项目总体情况开展摸底调查，并逐一核对本省（市）内所有已建、在建和拟建原糖加工项目，各地方已汇总后上报至国家发改委。

11月1日–2日，《2014–15年制糖期全国食糖产销工作会议暨全国食糖、糖蜜酒精订货会》在广西桂林市召开。

11月2日，中国糖业协会原糖进口加工委员会第三次工作会议在广西桂林市召开。会议经过充分讨论与协商达成相关自律约定。

11月27日，在北京召开了原糖进口加工委员会第二次主任工作会议。

12月18日，工信部消费品司在京组织召开了“2014年糖和糖精行业工作座谈会”。

胡志江 王让梅

2.2 屠宰及肉类加工

【a. 概况】

1. 肉类总产量及产品结构

从市场供应总量看，全国肉类总产量 8625 万吨，比“十二五”规划目标超出 125 万吨，比 2010 年的 7926 万吨增加 699 万吨，增幅 8.8%；人均肉类占有量 62.7 公斤，比 2010 年的 59.1 公斤增加 3.6 公斤，增幅 6%。但与 2014 年相比，肉类产量下降 1%，减产 82 万吨。

从市场供应结构看，猪肉产量 5,487 万吨，同比下降 3.3%；牛肉 700 万吨，同比增长 1.6%；羊肉 441 万吨，同比增长 2.9%；禽肉 1826 万吨，同比增长 4.3%。猪肉、禽肉、牛肉、羊肉在肉类总产量中所占的比重为 63.6;21.2:8.1;5.1。同比，猪肉占比下降 1.5 个百分点；禽肉占比增加 1.1 个百分点；牛肉占比增加 0.2 个百分点；羊肉占比增加 0.2 个百分点。猪肉因减产占比下降幅度较大，但仍比“十二五”规划目标高出 0.6 个百分点，牛羊禽肉供给相对不足。

表1 2011—2015年全国肉类产品结构分析

肉类产品结构	2011	2012	2013	2014	2015
肉类总产量/万吨	7957	8384	8536	8707	8625
其中：猪肉/万吨	5053	5335	5493	5671	5487
牛肉/万吨	648	662	673	689	700
羊肉/万吨	393	401	408	428	441
禽肉/万吨	1709	1823	1798	1751	1826
杂畜肉/万吨	155	163	164	168	171
其中：猪肉占比(%)	63.5	63.6	64.3	65.1	63.6

（数据来源：国家统计局）

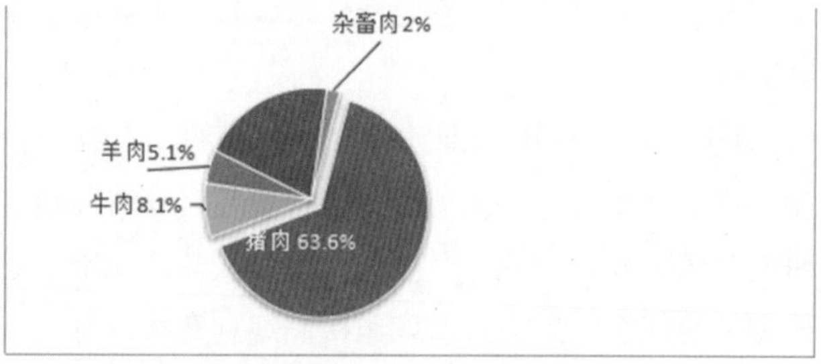

图1 2015年我国肉类行业主要产品的结构

2. 主要经济指标

（1）规模以上企业

全国屠宰及肉类加工行业稳步发展，规模以上企业 3940 家，同比增加 154 家，增幅 4%。其中：规模以上牲畜屠宰企业 1365 家，同比增加 26 家，增幅 1.94%；占行业内企业总数 34.6%，同比下降了 0.7 个百分点。规模以上禽类屠宰企业 855 家，同比增加 6 家，增幅 0.7%；占行业内企业总数 21.7%，同比下降了 1.6 个百分点。规模以上肉制品及副产品加工企业 1720 家，同比增加 122 家，增幅 7.6%；占行业内企业总数 43.65%，同比增加 1.45 个百分点。

（2）工业资产

全国规模以上屠宰及肉类加工企业资产总计 6488.14 亿元，同比增加 351.9 亿元，增幅 5.73%。其中，牲畜屠宰企业资产2566.98亿元，同比增加183.47亿元，增幅7.69%；禽类屠宰企业资产1588.61亿元，同比增加52.67亿元，增幅3.43%；肉制品及副产品加工企业资产2332.55亿元，同比增加115.76亿元，增幅5.22%。

（3）主营业务收入

全国规模以上屠宰及肉类加工企业主营业务收入13291亿元，同比增加417亿元，增幅3.2%，同比增幅下降了3.92个百分点。

（4）利税

全国规模以上屠宰及肉类加工企业实现利税934.59亿元，同比增加31.47亿元，增幅3.48%。其中，企业利润总额658.38亿元，同比增加14.75亿元，增幅2.3%；税金总额276.21亿元，同比增加16.72亿元，增幅6.44%。

表2 2011—2015年全国规模以上屠宰及肉类加工企业概况

指标	2011	2012	2013	2014	2015
企业总数(个)	3277	3415	3693	3786	3940
工业资产（亿元）	3673	4355	5357	6245	6488
主营收入（亿元）	9304	10319	12013	12874	13291
企业利润（亿元）	492	559	673.76	643.63	658.38
税金（亿元）	191.22	224.90	260.80	259.49	276.21

（数据来源：国家统计局）

3.行业集中度

同2011年相比，肉类行业大型企业占比增加，中小企业占比下降，产业集中度有了明显提高。其中：大型企业由2011年的42家发展到2015年的148家，增加了106家；其主营业务收入由2011年的2118.13亿元增加到2015年的2600.41亿元，增加了482.28亿元，增幅22.8%，在行业内占比由2011年的22.7%提高到2015年的32.3%，增加9.6个百分点。

中型企业由2011年的400家发展到2015年的653家，增加了253家；其主营业务收入由2011年的2783.61亿元增加到2015年的3893.52亿元，增加了1109.91亿元，增幅39.8%，在行业内占比由2011年的29.9%下降到2015年的29.3%，下降了0.6个百分点。

小型企业由2011年的2835家发展到2015年的3139家，增加了304家；其主营业务收入由2011年的4401.73亿元增加到2015年的5098.25亿元，增加了696.52亿元，增幅15.8%，在行业内占比由2011年的47.3%下降到2015年的38.3%，下降了9个百分点。

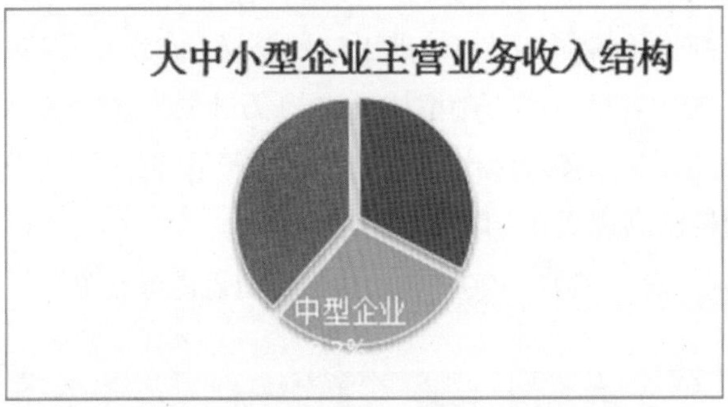

图2 全国规模以上企业市场占有比例

总的看来，“十二五”期间，我国肉类产业规模显著扩大，集中度进一步提高，主营收入、企业利润和上缴税金稳步增加（见表2）。和2011年相比，2015年，全国规模以上屠宰及肉类加工企业增加663家，同比增长20.2%；工业资产增加2815亿元，同比增长76.6%；主营业务收入增加3987亿元，同比增长42.8%；企业利润增加166.38亿元，同比增长33.8%。

4.肉类进出口

（1）进口：我国肉类进口268.4万吨，同比增加24.2万吨，同比增长9.9%。其中，猪肉进口155.5万吨，同比增加17.8万吨，增长12.9%；牛肉进口49.48万吨，同比增加17.8万吨，增长56.5%；羊肉进口22万吨，同比减少5万吨，下降18.5%；禽肉进口40.9万吨，同比减少6.2万吨，下降13.2%。

（2）出口：我国肉类出口45.8万吨，同比减少了47.7万吨，同比下降51.1%。其中，猪肉出口10.3万吨，同比减少26.8万吨，下降72%；牛肉出口0.7万吨，同比减少2.1万吨，下降74.4%；羊肉出口0.37

万吨，同比减少 0.08 万吨，下降 16.8%；禽肉出口 33.4 万吨，同比减少 18 万吨，下降 35%。

“十二五”以来，我国肉类产业发展受到人口、资源、环境等因素的严重制约，不能完全满足国内市场对肉类食品日益增长的需求。据国家海关总署统计，2010 年至 2015 年我国肉类进口持续增加，贸易逆差逐年扩大。2015 年我国肉类进口 268.4 万吨，比 2010 年的 154.9 万吨增加了 113.5 万吨，增长了 73.3%；肉类出口 45.8 万吨，比 2010 年的 88.4 万吨减少了 42.6 万吨，下降了 48.2%；进出口贸易逆差 222.6 万吨，比 2010 年的 66.5 万吨增加了 156.1 万吨，扩大了 2.3 倍。此外，肉类走私贸易增长的问题日趋严重，据业内调查，规模已高达 200 万吨左右。

表3 2010—2015肉类进出口贸易逆差概览

单位：万吨、%

	肉类出口	肉类进口	进出口贸易逆差	逆差增减%
2010	88.4	154.9	66.5	–
2011	89.4	190.5	101.1	52.0
2012	88.4	207.9	119.5	18.3
2013	89.8	256.3	166.5	39.3
2014	93.5	244.2	150.7	-9.5
2015	45.8	268.4	222.6	47.7

（数据来源：国家海关总署）

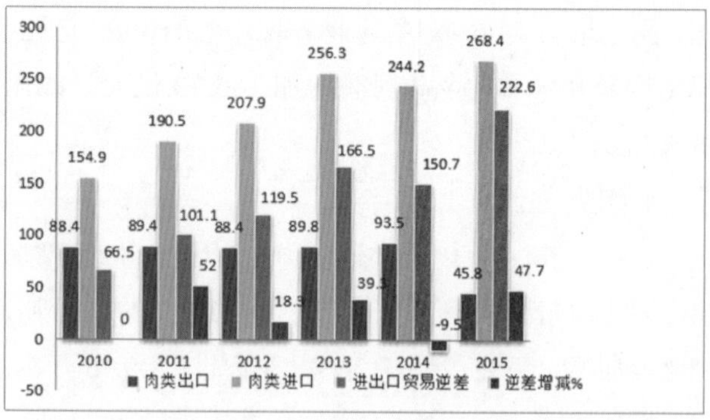

图3 2010—2015年我国主要肉类产品进出口贸易逆差的变化

5. 市场价格

2015 年 12 月，集贸市场鲜猪肉平均成交价格为 26.64 元 / 公斤，同比增长 15,5%；鲜牛肉平均成交价格为 63.38 元 / 公斤，同比下降 0.9%；鲜羊肉平均成交价格为 58.61 元 / 公斤，同比下降 9.6%；白条鸡平均成交价格为 18.83 元 / 公斤，同比下降 0.4%。

“十二五”期间，随着肉类产量和进口量的增加，市场价格逐渐企稳。猪肉价格 2012—2014 连续三年下降，2015 年，开始进入恢复性上升区间；牛羊肉价格经连续大幅上涨后，于 2014 年开始企稳，2015 年，有所下降；禽肉价格经 2013 年大幅下跌后逐步转入上升通道，但时有波动。

表4 主要肉类产品集贸市场12月份平均成交价格及升降幅度

主要肉类产品	2011	2012	2013	2014	2015
鲜猪肉（元/公斤）	26.73	25.32	25.22	23.06	26.64
同比增降/%	23.7	-5.3	-0.4	-8.6	15.5
鲜牛肉（元/公斤）	41.23	53.17	63.01	63.91	63.38
同比增降/%	16.01	28.93	18.5	1.4	-0.9
鲜羊肉（元/公斤）	49.47	57.86	65.12	65.16	58.91
同比增降/%	23.63	16.94	12.5	0.06	-9.6
白条鸡（元/公斤）	16.98	17.66	17.54	18.90	18.83
同比增降/%	9.99	4	-0.7	7.7	-0.4

（数据来源：农业部）

图4 2011—2015主要肉类产品的价格变化

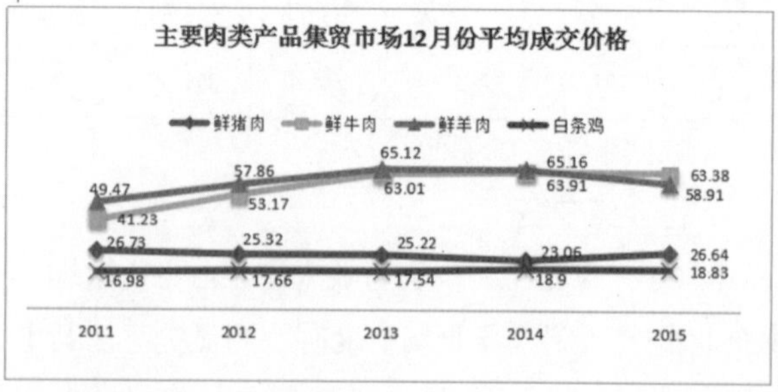

（数据来源：农业部）

【b. 先进企业】

2015 年中国肉类协会发布《2015 中国肉类食品行业影响力品牌及最具价值品牌企业公告》（中肉协[2015]20 号）。其中：

1. 2015 年综合实力最具价值品牌企业

序号	公司名称
1	河南双汇投资发展股份有限公司
2	临沂新程金锣肉制品集团有限公司
3	江苏雨润肉类产业集团有限公司
4	天津宝迪农业科技股份有限公司
5	河南众品食业股份有限公司
6	华润五丰（中国）投资有限公司
7	四川高金投资管理有限公司
8	吉林省长春皓月清真肉业股份有限公司
9	新希望六和股份有限公司
10	河南大用（集团）实业有限公司
11	诸城外贸有限责任公司
12	宜城市襄大农牧有限公司

2. 2015中国肉类食品行业最具价值品牌企业

（1）畜禽屠宰加工企业

	序号	
猪屠宰加工企业（19家）	1	
	2	
	3	
	4	
	5	
	6	
	7	
	8	
	9	
	10	
	11	
	12	
	13	
	14	
	15	
	16	
	17	
	18	
	19	
牛屠宰加工企业（5家）	1	黑龙江大庄园肉业有限公司
	2	内蒙古科尔沁牛业股份有限公司
	3	山东省阳信广富畜产品有限公司
	4	北京卓宸畜牧有限公司
	5	河南伊赛牛肉股份有限公司
羊屠宰加工企业(4家)	1	蒙羊牧业股份有限公司
	2	内蒙古小尾羊食品有限公司
	3	内蒙古蒙都羊业食品有限公司
	4	内蒙古草原鑫河食品有限公司
禽屠宰加工企业（8家）	1	青岛九联集团股份有限公司
	2	江苏益客食品有限公司
	3	正大集团
	4	河南永达食业集团
	5	煌上煌集团有限公司
	6	山东凤祥股份有限公司
	7	河南华英农业发展股份有限公司
	8	山东德州扒鸡股份有限公司

（2）畜禽制品加工企业

序号	公司名称
1	烟台市喜旺食品有限公司
2	青岛波尼亚食品有限公司
3	南通玉兔集团有限公司
4	山东得利斯食品股份有限公司
5	广州皇上皇集团有限公司
6	成都希望食品有限公司
7	哈尔滨大众肉联食品有限公司
8	哈尔滨秋林里道斯食品有限责任公司
9	福建省力诚食品有限公司
10	江苏双鱼食品有限公司
11	天津市肉类联合加工厂
12	哈尔滨裕昌食品有限公司
13	哈尔滨商委肉制品有限公司
14	广东真美食品集团有限公司

（3）肉类加工机械制造企业

序号	公司名称
1	烟台冰轮股份有限公司
2	青岛建华食品机械制造有限公司
3	河北晓进机械制造股份有限公司
4	济宁兴隆食品机械制造有限公司
5	山东华誉机械设备有限公司
6	北京大森长空包装机械有限公司
7	诸城市中泰机械有限公司
8	河北汉普创制机械有限公司
9	山东小康机械有限公司

序号	公司名称
10	浙江瑞邦机械有限公司
11	湖南省兴业肉类机械有限公司
12	嘉兴艾博实业有限公司

（4）肉类食品添加剂及调味品生产企业

序号	公司名称
1	烟台欣和企业食品有限公司
2	天津春发生物科技集团有限公司
3	山东天博食品配料有限公司
4	北京鸿禧香精香料有限公司
5	宁波新谷食品有限公司

（5）肉类包装物料生产企业

序号	公司名称
1	梧州神冠蛋白肠衣有限公司
2	希悦尔（中国）有限公司

（6）设计单位

序号	公司名称
1	国内贸易工程设计研究院

【c.2015中国肉类食品行业影响力品牌企业名单】

1. 畜禽屠宰加工企业

品种	序号	公司名称
猪屠宰加工企业（13家）	1	福建容和盛食品集团有限公司
	2	上海爱森肉食品有限公司
	3	北京千喜鹤食品有限公司
	4	河北千喜鹤肉类产业有限公司
	5	黑龙江北方恒阳食品有限公司
	6	江西国鸿集团股份有限公司
	7	名佑（福建）食品有限公司
	8	黑龙江省青冈长林肉类食品有限公司
	9	无锡天鹏菜篮子工程有限公司
	10	黑龙江阿妈牧场农业集团有限公司
	11	讷河新恒阳肉类食品有限公司
	12	北京资源亚太食品有限公司
	13	温岭市食品总公司
牛屠宰加工企业（5家）	1	河南邦杰控股集团股份有限公司
	2	陕西秦宝牧业股份有限公司
	3	重庆金航清真牛羊制品有限公司
	4	苏州味知香食品有限公司
	5	通辽罕山肉食品加工有限公司
羊屠宰加工企业（7家）	1	内蒙古小肥羊食品有限公司
	2	锡林郭勒乌珠穆沁羊业有限责任公司
	3	吉林省麒鸣牧业集团有限责任公司
	4	新疆华凌农牧科技开发有限公司
	5	锡林浩特市塞羊食品有限责任公司
	6	内蒙古马志全清真食品有限公司
	7	乌兰察布市东来顺肉类加工有限公司
禽屠宰加工企业（8家）	1	山东博大食品加工有限公司
	2	山东仙坛股份有限公司
	3	北京大发正大有限公司
	4	山东春雪食品有限公司
	5	福建森宝食品集团股份有限公司
	6	广东温氏佳润食品有限公司
	7	黑龙江对青鹅业集团有限公司
	8	北京二商健力食品科技有限公司

2. 肉类加工机械制造企业

序号	公司名称
1	常熟市屠宰成套设备厂有限公司
2	吉林省艾斯克机电股份有限公司
3	上海炬钢机械制造有限公司
4	山东希尔包装机械科技有限公司
5	沈阳市吉祥食品机械有限公司
6	上海太易检测技术有限公司
7	南京凯宏肉类机械有限公司
8	济南好为尔机械有限公司
9	齐齐哈尔双百机械制造有限公司
10	天津天利航空机电有限公司
11	石家庄博安不锈钢设备有限公司
12	衡水鸿昊企业有限责任公司

3. 添加剂及调味品生产企业8家

序号	公司名称
1	河南省科瑞食品技术有限公司

序号	公司名称
2	济南海乐·西亚泽食品有限公司
3	北京博邦食品配料有限公司
4	抚顺市独凤轩食品有限公司
5	山东味正品康食品科技有限公司
6	北京特味浓生物技术开发有限公司
7	广州市华琪生物科技有限公司
8	青岛德慧海洋生物科技有限公司

4. 肉类包装物料生产企业 3 家

序号	公司名称
1	江阴升辉包装材料有限公司
2	朝阳佛瑞达科技有限公司
3	雄县旭日纸塑包装有限公司

5. 冷藏经营企业

序号	公司名称
1	江苏天缘物流集团有限公司
2	石家庄金凤冷链物流园经营开发有限公司

6. 地域品牌企业

序号	公司名称
1	锡林郭勒盟肉类协会

【d.2015 年最具发展潜力企业】

序号	企业名称
1	临沂顺华食品有限公司
2	哈尔滨达生肉类制品有限公司
3	靖江喜友食品有限公司
4	沈阳重工食品有限公司
5	黑龙江农垦安信农业有限公司
6	内蒙古瑞兴源食品（集团）有限公司
7	新疆雪羚生物科技有限责任公司
8	福尔波西格林传送系统（中国）有限公司
9	苏州昇望氟塑器具科技有限公司
10	青岛环速科技有限公司
11	枣庄好味美生物制品工程有限公司
12	哈尔滨德利华峰食品有限公司
13	华美万邦清洗技术有限公司

高 观

2.3 水产品加工

【a. 概况】

2015年，面对国内外复杂多变的经济形势，宏观经济下行的不利局面，水产品加工出口量、出口额在国际市场上占有最大份额的中国，面临诸多的挑战，迎来了最严峻的历史时期。水产品加工业结构调整步伐推进：面向国内消费的水产加工品继续增长；水产品加工业将从增量扩能转向调整存量、做优增量的调整；针对出口的水产加工将出现首次下降，其中来进料的加工出口下降最为明显。

2015年，我国水产加工品总量2092.31万吨，同比增长1.91%，其中，淡水加工产品374万吨，同比下降0.17%；海水加工产品1718.4万吨，同比增长2.37%。水产品加工企业数量9892个，同比增长2.37%，加工能力2810.33万吨/年，同比下降1.3%，水产品加工产业保持稳步发展态势。

2015年，水产品加工行业最大亮点是：建造的海上冷藏运输加工船，提高了海上第一线渔获物原料冷冻保鲜水产品鲜度；投资冷链物流设备配套，做好物流保障产业支撑能力，各地以龙头集团建设冷藏加工物流基地及配套附属服务设施，提高了水产冷冻加工品的流通效率。另一方面，就是海上加工企业带头的订单渔业，为渔民每条船增收10万元以上，有效提高水产品质量同时，拉高水产品价格。水产品加工行业突出问题是：我国的水产品加工业的兴起与快速扩张，是属于加工出口带动型，前期的快速增长的国际水产品市场有效地拉动了我国水产品加工业，2015年水产品出口受国际大环境和我国人力成本上涨和环保的要求，将首次出现负增长或零增长。根据调研掌握的情况来看，水产品加工行业整体不容乐观，50%的企业处于盈亏的边缘，20%的企业盈利，30%的企业亏本。其中，出口欧盟市场的企业，2015年生意难做，由于欧元贬值，企业出口根本没利润且多数亏本。出口俄罗斯的加工企业更倒霉，出口俄罗斯的业务全部停止。由于俄罗斯根本付不出美元，一些发了货的企业面临货款无法收回的尴尬局面。

【b. 行业发展最新进展】

2015年，水产品原料的加工率为33.95%，同比基本持平。其中，海水产品的加工率为50.22%，同比（53.1%）降低2.88个百分点。淡水产品加工率17.08%，同比（17.3%）降低0.22个百分点，产品特性决定了其加工比例依然较低。2015年，我国水产品加工实现产值3880.58亿元，同比增长4.52%，加工产值占渔业总产值的17.63%。水产加工经过前期的快速增长后进入转型调整期，2015年，从事水产品加工的企业有9892家，同比增加了229家，冷冻、冰鲜等初级加工产品仍是我国的水产品加工主要品种，甚至还有增加的趋势，水产品冷冻加工的比例达到65.78%，我国水产品消费习惯决定了加工品仍将以冷冻品为主。鱼糜制品继续保持较快发展速度，其中淡水鱼糜加工技术日益完善，仍有较大发展潜力。从各省水产品加工业发展情况来看，山东省、辽宁省、浙江省作为水产品加工传统大省，继续在提升产品品质、提高产品科技含量、培育产品品牌、探索全产业链发展模式、推动电子商务发展等方面上下功夫。湖北、江西、湖南等淡水养殖大省继续着力淡水产品加工开发，引导产学研联合，在淡水鱼糜加工、生鲜调理食品、即食休闲食品以及传统风味改良食品上下功夫，取得了一定成绩。福建、广东、广西、海南水产品加工仍是以出口为导向，但对国内市场的重视程度明显加强，其中，海南省首次设立品牌农业发展资金，4000万用于渔业品牌发展和市场开拓。

国内市场呈现的一个新常态是，进口水产品增加，在巨大市场潜能及互联网+的快速渗透下，水产品电商这种新的商业模式为大众提供了体验式消费机会，并且成为进口水产品在国内销售快速推进的重要渠道，阿里巴巴双十一网上销售龙虾20万磅波士顿龙虾，为水产品线上销售典型的案例。来自阿根廷船上加工的红虾、加拿大船上加工的北极虾，某种程度上也抑制了我国对虾加工品的国内市场拓展，国产虾只能抢占鲜活虾市场的份额。

【c. 行业发展区域布局】

2015年，水产加工集中区域仍以沿海省市为主。可喜的现象是水产品加工企业兼并与重组本年度发生的案例较多且值得关注，兼并与重组的理由：一是一些企业出现了现金流的问题，要生存只能被兼并；二是产品结构出了问题，企业盈利艰难，只能认可被别人兼并；三是为了做强、做大，为了上市，选择了重组的路径。此举将推动水产品加工良性且更加健康的增长，产业资源优势势必向龙头企业集中，也将有利于拥有品牌影响力和营销能力的企业可持续发展。

从区域水产品加工变化来看：山东半岛、辽东半岛来进料加工出现缩减，广东、广西、海南南美白对虾和罗非鱼养殖加工经营变得比以往更困难，福建、广东鳗鱼加工维持现状，浙江捕捞水产品加工出口下滑，江苏条斑紫菜加工出口不畅，转内销为主，福建大黄鱼和蟹肉加工维持现状，湖北、江西、湖南、安徽等省淡水鱼类加工平稳。东南沿海充分利用中国东盟自贸区和一带一路战略的实施，水产品加工出口发展潜力存在，但仍没有显现，有待进一步挖掘。

【d. 行业发展科研动态】

2015年，水产品加工技术创新继续围绕鲜活水产品保活保鲜、冷冻产品品质控制、精深加工及提高副产物的价值、海洋新资源的开发利用等高新技术的研究，充分利用现代食品加工技术不断提高水产加工品品质，众多新技术取得突破性进展，众多基于新技术开发的新产品进入市场。国家水产品加工技术研发体系成立3年多来，在技术创新研究、发展战略研究、行业科技人才培训、科技成果转化、示范与推广等方面开展了卓有成效的工作，提高了我国水产品加工行业的创新能力，推动了科研成果转化与示范。据统计，近3年来，国家水产品加工技术研发体系共开展了599项科研项目，研发经费达3.7亿元，发表研究论文1781篇，申报并授权专利432项，获得各级奖励75项次，完成了100多项科研成果转化，开发新产品231个，企业牵头的研发分中心销售利润达138亿元。

【e. 全国水产加工情况】

指标	计量单位	2015年	2014年	2015年比2014年增减(±)	绝对量	幅度(%)
1. 水产加工企业	个	9, 892	9, 663	229	2. 37	
水产品加工能力	吨/年	28, 103, 260	28, 472, 396	-369, 136	-1. 30	0. 00
其中：规模以上加工企业	个	2, 753	2, 749	4	0. 15	0. 01
2. 水产冷库	座	8, 654	8, 624	30	0. 35	0. 00
冻结能力	吨/日	919, 186	671, 780	247, 406	36. 83	0. 01
冷藏能力	吨/次	5, 006, 595	5, 191, 248	-184, 653	-3. 56	0. 00
制冰能力	吨/日	252, 824	237, 794	15, 030	6. 32	0. 00
3. 水产加工品总量	吨	20, 923, 127	20, 531, 593	391, 534	1. 91	0. 00
淡水加工产品	吨	3, 739, 044	3, 745, 247	-6, 203	-0. 17	0. 00
海水加工产品	吨	17, 184, 083	16, 786, 346	397, 737	2. 37	0. 00
(1)水产冷冻品	吨	13, 764, 943	13, 171, 461	593, 482	4. 51	0. 00
其中：冷冻品	吨	6, 790, 609	6, 548, 543	242, 066	3. 70	0. 00
冷冻加工品	吨	6, 974, 334	6, 622, 918	351, 416	5. 31	0. 00
(2)鱼糜制品及干腌制品	吨	3, 092, 443	3, 068, 782	23, 661	0. 77	0. 00
其中：鱼糜制品	吨	1, 454, 220	1, 517, 924	-63, 704	-4. 20	0. 00

指标	计量单位	2015年	2014年	2015年比2014年增减(±)	绝对量	幅度(%)
干腌制品	吨	1, 638, 223	1, 550, 858	87, 365	5. 63	0. 00
(3)藻类加工品	吨	981, 973	1, 087, 052	−105, 079	−9. 67	0. 00
(4)罐制品	吨	413, 137	399, 892	13, 245	3. 31	0. 00
(5)水产饲料(鱼粉)	吨	711, 199	759, 920	−48, 721	−6. 41	0. 00
(6)鱼油制品	吨	73, 096	101, 325	−28, 229	−27. 86	−0. 03
(7)其他水产加工品	吨	1, 082, 853	1, 940, 161	−857, 308	−44. 19	0. 00
其中：助剂和添加剂	吨	82, 666	89, 294	−6, 628	−7. 42	−0. 01
珍珠	千克	234, 966	162, 235	72, 731	44. 83	0. 03
4. 用于加工的水产品总量	吨	22, 743, 305	21, 923, 736	819, 569	3. 74	0. 00
其中：淡水产品	吨	5, 618, 696	5, 486, 063	132, 633	2. 42	0. 00
海水产品	吨	17, 124, 609	16, 437, 673	686, 936	4. 18	0. 00
5. 部分水产品年加工量	吨	1, 535, 380	1, 727, 022	−191, 642	−11. 10	0. 00
其中：对虾	吨	553, 777	520, 198	33, 579	6. 46	0. 00
克氏原螯虾	吨	181, 245	181, 866	−621	−0. 34	0. 00
罗非鱼	吨	630, 973	859, 202	−228, 229	−26. 56	0. 00
鳗鱼	吨	111, 838	107, 394	4, 444	4. 14	0. 00
斑点叉尾鮰	吨	57, 547	58, 362	−815	−1. 40	0. 00

【f. 各地区水产加工品总量】

地区	2015年		2014年		2015年比2014年增减(±)			
	绝对量	幅度(%)	绝对量	幅度(%)	绝对量		幅度(%)	
	水产加工品总量	其中：淡水加工产品	水产加工品总量	其中：淡水加工产品	水产加工品总量	其中：淡水加工产品	水产加工品总量	其中：淡水加工产品
全国总计	20, 923, 127	3, 739, 044	20, 531, 593	3, 745, 247	391, 534	−6, 203	1. 91	−0. 17
北京	5, 211	1, 807	5, 594	2, 185	−383	−378	−6. 85	−17. 30
天津	1, 094	584	1, 136	626	−42	−42	−3. 70	−6. 71
河北	79, 620	13, 626	82, 149	11, 850	−2, 529	1, 776	−3. 08	14. 99
山西								
内蒙古	7, 390	7, 390	6, 937	6, 937	453	453	6. 53	6. 53
辽宁	2, 376, 732	34, 147	2, 280, 973	35, 091	95, 759	−944	4. 20	−2. 69
吉林	180, 482	1, 892	12, 283	1, 548	168, 199	344	1369. 36	22. 22
黑龙江	5, 799	5, 799	2, 145	2, 145	3, 654	3, 654	170. 35	170. 35
上海	16, 705	10, 455	22, 467	15, 139	−5, 762	−4, 684	−25. 65	−30. 94
江苏	1, 596, 319	848, 966	1, 618, 495	893, 144	−22, 176	−44, 178	−1. 37	−4. 95
浙江	2, 142, 256	87, 845	2, 282, 542	111, 415	−140, 286	−23, 570	−6. 15	−21. 16
安徽	198, 730	188, 394	183, 501	171, 595	15, 229	16, 799	8. 30	9. 79
福建	3, 326, 705	156, 705	3, 126, 751	152, 871	199, 954	3, 834	6. 39	2. 51
江西	360, 483	360, 483	345, 397	345, 397	15, 086	15, 086	4. 37	4. 37
山东	6, 787, 726	95, 702	6, 741, 355	91, 620	46, 371	4, 082	0. 69	4. 46
河南	22, 169	22, 169	21, 531	21, 531	638	638	2. 96	2. 96
湖北	999, 886	999, 886	942, 369	942, 369	57, 517	57, 517	6. 10	6. 10
湖南	144, 683	144, 683	153, 461	153, 461	−8, 778	−8, 778	−5. 72	−5. 72
广东	1, 396, 426	356, 883	1, 408, 781	383, 026	−12, 355	−26, 143	−0. 88	−6. 83
广西	717, 668	150, 155	732, 166	165, 274	−14, 498	−15, 119	−1. 98	−9. 15
海南	501, 234	195, 664	523, 849	200, 737	−22, 615	−5, 073	−4. 32	−2. 53
重庆	805	805	711	711	94	94	13. 22	13. 22
四川	4, 178	4, 178	3, 900	3, 900	278	278	7. 13	7. 13
贵州	1, 321	1, 321	1, 372	1, 372	−51	−51	−3. 72	−3. 72
云南	41, 029	41, 029	24, 908	24, 908	16, 121	16, 121	64. 72	64. 72
西藏								
陕西	965	965	855	430	110	535	12. 87	124. 42
甘肃								
青海	3, 000	3, 000	3, 000	3, 000				
宁夏	180	180	150	150	30	30	20. 00	20. 00
新疆	4, 331	4, 331	2, 815	2, 815	1, 516	1, 516	53. 85	53. 85

【g. 各地区水产品进出口贸易情况】

地区	2015年进出口		2014年进出口		2015年比2014年增减(±)			
	绝对量	幅度(%)	绝对量	幅度(%)	绝对量		幅度(%)	
	金额	数量	金额	数量	金额	数量	金额	数量
全国总计	2, 931, 448. 76	8, 141, 528	3, 088, 426. 16	8, 444, 286	−156, 977. 41	−302, 758	−5. 08	−3. 59
北京	30, 239. 53	78, 974	28, 683. 43	68, 545	1, 556. 10	10, 429	5. 43	15. 21
天津	32, 574. 34	91, 694	38, 188. 86	124, 906	−5, 614. 52	−33, 212	−14. 70	−26. 59
河北	47, 137. 47	54, 239	50, 534. 87	59, 198	−3, 397. 40	−4, 959	−6. 72	−8. 38
山西	22. 75	99	15. 78	79	6. 97	21	44. 19	26. 10
内蒙古	15. 28	73	52. 34	137	−37. 06	−64	−70. 81	−46. 84
辽宁	437, 302. 82	1, 701, 308	453, 666. 74	1, 792, 207	−16, 363. 92	−90, 899	−3. 61	−5. 07
吉林	25, 882. 42	116, 020	25, 615. 54	122, 373	266. 88	−6, 353	1. 04	−5. 19
黑龙江	436. 03	1, 587	571. 26	1, 013	−135. 23	574	−23. 67	56. 72
上海	113, 934. 85	176, 710	121, 732. 05	237, 359	−7, 797. 20	−60, 649	−6. 41	−25. 55

地区	2015年进出口		2014年进出口		2015年比2014年增减（±）			
	绝对量	幅度（%）	绝对量	幅度（%）	绝对量		幅度（%）	
	金额	数量	金额	数量	金额	数量	金额	数量
江苏	44, 534. 14	97, 245	48, 180. 52	101, 856	-3, 646. 38	-4, 611	-7. 57	-4. 53
浙江	220, 556. 22	643, 862	241, 438. 30	648, 861	-20, 882. 08	-4, 999	-8. 65	-0. 77
安徽	5, 456. 66	11, 394	7, 667. 94	15, 900	-2, 211. 28	-4, 506	-28. 84	-28. 34
福建	628, 622. 88	1, 351, 424	619, 692. 69	1, 265, 389	8, 930. 19	86, 035	1. 44	6. 80
江西	29, 461. 24	18, 781	32, 854. 96	20, 319	-3, 393. 72	-1, 538	-10. 33	-7. 57
山东	702, 879. 78	2, 388, 980	760, 460. 04	2, 568, 191	-57, 580. 27	-179, 210	-7. 57	-6. 98
河南	2, 133. 85	6, 859	2, 258. 60	5, 566	-124. 75	1, 294	-5. 52	23. 24
湖北	27, 685. 29	26, 995	40, 224. 36	40, 855	-12, 539. 07	-13, 860	-31. 17	-33. 92
湖南	2, 268. 26	2, 245	2, 749. 23	5, 286	-480. 97	-3, 041	-17. 49	-57. 54
广东	470, 633. 34	1, 093, 646	475, 214. 34	1, 044, 200	-4, 581. 00	49, 446	-0. 96	4. 74
广西	45, 132. 71	103, 469	60, 320. 34	115, 287	-15, 187. 63	-11, 818	-25. 18	-10. 25
海南	46, 852. 12	123, 749	58, 710. 39	129, 606	-11, 858. 28	-5, 858	-20. 20	-4. 52
重庆	3, 091. 85	17, 803	2, 969. 49	19, 098	122. 36	-1, 295	4. 12	-6. 78
四川	8, 122. 11	18, 402	7, 096. 02	20, 591	1, 026. 08	-2, 189	14. 46	-10. 63
贵州			1. 45	0	-1. 45	0		
云南	4, 818. 95	11, 548	7, 702. 49	33, 790	-2, 883. 55	-22, 242	-37. 44	-65. 82
陕西	371. 87	1, 026	241. 54	173	130. 33	853	53. 96	493. 78
甘肃								
青海	806. 92	1, 215	1, 148. 26	2, 130	-341. 34	-915	-29. 73	-42. 96
宁夏	57. 52	227	47. 98	215	9. 55	12	19. 89	5. 70
新疆	417. 55	1, 953	386. 34	1, 157	31. 21	796	8. 08	68. 84

高宏泉

2.4 淀粉及淀粉制品制造

【a. 概况】

2015 年是我国“十二五”发展规划收官之年，我国淀粉糖（醇）工业与国家宏观走势大体相当，主要经济指标增速趋稳向好，产业结构不断优化，投资规模扩大，价格低位平稳运行。

2015 年，全国淀粉糖总产量 1200 万吨，同比保持持平。其中固体糖 410 万吨，同比下降 8.89%，主要是结晶葡萄糖产量下降 11.76%；液体糖 790 万吨，同比增长 5.61%，主要是果葡糖浆增长 17.21%。

2015 年，我国多元醇行业运行基本平稳产量略微下降，据统计和估算（生物化工醇未列入统计范围），2015 年糖醇总产量约 157 万吨，同比下降 2.48%。其中山梨糖醇 130 万吨，木糖醇 6 万吨，麦芽糖醇 9 万吨，甘露糖醇 10 万吨，其他 2 万吨。

根据海关 2015 年的进出口统计数据，2015 年，淀粉糖相关产品出口量 1182476 吨，同比增长 2.31%，出口额 79118 万美元，同比下降 0.09%，进口量 372983 吨，同比增长 1.37%，进口额 38976 万美元，同比下降 1.63%。

根据海关 2015 年的进出口统计数据，全年多元醇相关产品出口量 22.5 万吨，同比增长 2.65%，出口额 3.86 亿美元，同比下降 1.27%，进口量 40.4 万吨，同比增长 6%，进口额 4.02 亿美元，同比下降 23.19%。

【b. 淀粉产量】

2015 年，各类淀粉总量合计为 2159.31 万吨，同比增加 30.99 万吨，同比增长 1.46%，其中玉米淀粉产量 2051.26 万吨，同比增加 44.84 万吨，增长 2.23%；木薯淀粉产量 37.47 万吨，同比减少 11.13 万吨，下降 22.91%；马铃薯淀粉产量 41.84 万吨，同比减少 1.52 万吨，下降 3.51%；甘薯淀粉产量 18.56 万吨，同比减少 7.26 万吨，下降 28.101%；小麦淀粉产量 10.18 万吨，同比增加 6.07 万吨，增长 147.89%。

2015 年，玉米淀粉实际产量 10 万吨以上的企业有 34 家，淀粉产量合计 2001.69 万吨，占玉米淀粉总产量的 97.58%，同比增加 0.73 个百分点，分布情况见表 12 和表 13。

从地区情况看，山东、吉林、河北三省玉米淀粉仍然保持前三位，分别占玉米淀粉总产量的 53.20%、13.69%、13.62%，三省合计产量是 1651.50 万吨，占玉米淀粉总产量 80.51%，同比增长 7.28%。

表1 各类淀粉产量表

序号	产品	2014年			2015年			同期比（%）	
		厂家数量（个）	总产量（吨）	占比（%）	厂家数量（个）	总产量（吨）	占比（%）	（吨）	（%）
1	玉米淀粉	58	20064220	94.27	49	20512572	95.00	448352	2.23
2	木薯淀粉	73	486078	2.28	59	374731	1.74	-111347	-22.91
3	马铃薯淀粉	102	433612	2.04	103	418398	1.94	-15214	-3.51
4	甘薯淀粉	23	258189	1.21	11	185625	0.86	-72564	-28.10
5	小麦淀粉及其他	2	41051	0.19	2	101763	0.46	60711	147.89
	总淀粉产品合计	258	21283150	100.0	224	21593089	100.0	309939	1.46

表2 13个省份及地区玉米淀粉产量

序号	省份	2014年			2015年		
		厂家数量（个）	淀粉产量（吨）	占比（%）	厂家数量（个）	淀粉产量（吨）	占比（%）
1	山东省	19	9664636	48.17	17	10912936	53.20
2	吉林省	7	3578265	17.83	7	2808410	13.69

序号	省份	2014年			2015年		
		厂家数量（个）	淀粉产量（吨）	占比（%）	厂家数量（个）	淀粉产量（吨）	占比（%）
3	河北省	8	2150349	10.72	8	2793658	13.62
4	河南省	7	1283192	6.40	6	1086771	5.30
5	陕西省	3	1189913	5.93	3	1053297	5.13
6	宁夏回族自治区	1	630142	3.14	1	610975	2.98
7	黑龙江省	3	617830	3.08	1	545664	2.66
8	江苏省	2	360000	1.79	2	330000	1.61
9	辽宁省	2	172900	0.86	1	118000	0.58
10	四川省	1	128000	0.64	1	117000	0.57
11	新疆维吾尔自治区	1	101305	0.50	1	92635	0.45
12	甘肃省	2	97671	0.49	1	43226	0.21
13	内蒙古自治区	2	90015	0.45	0	0	0
	总计	58	20064220	100%	49	20512572	100%

表3 10万吨以上玉米淀粉省份产量表

省份	2014年		2015年	
	厂家（个）	产量（吨）	厂家（个）	产量（吨）
山东省	13	10027815	13	11305739
河北省	7	2060349	8	2793658
北京市	1	1999528	1	1766036
吉林省	4	2101471	3	1493038
河南省	5	1009074	5	893771
陕西省	2	1016913	2	873697
宁夏回族自治区	1	630142	1	619975
江苏省	1	310000	1	280000
天津市	1	175692	0	0
新疆维吾尔自治区	1	101305	0	0
合计	36	19432290	34	20016915

表4 2010年—2015年我国玉米产量万吨

2010年	2011年	2012年	2013年	2014年	2015年
16300	19175	20812	21800	21567	22900

表5 2010年—2015年我国淀粉产量

单位：万吨

产品	2010年	2011年	2012年	2013年	2014年	2015年
玉米淀粉	1902	2082	2122	2196.09	2006	2051.26
木薯淀粉	35.38	90	68	47.22	48.6	37.47
马铃薯淀粉	22.75	57	38.48	34.54	43.4	41.84
其他淀粉	13.48	15	23.56	27.04	25.8	28.74
总淀粉	1973.7	2245	2252	2304.89	2128.3	2159.31

表6 2002年-2015年玉米淀粉产能、产量数据

年份	淀粉产能（万吨）	淀粉产量（万吨）	产能增长率(%)	产量增长率(%)
2002	785	550	22.08%	19.57%
2003	921	640	17.32%	16.36%
2004	1232	860	33.77%	34.37%
2005	1461	1020	18.59%	18.60%
2006	1800	1206	23.20%	18.23%
2007	2239	1530	24.39%	26.86%
2008	2346	1685	4.78%	10.13%
2009	2587	1725	10.27%	2.37%
2010	2712	1902	4.83%	10.26%
2011	2847	2082	4.98%	9.46%
2012	3025	2122	6.25%	1.92%
2013	3050	2196	0.83%	3.48%
2014	3100	2006	1.64%	-7.10%
2015	3320	2051	6.62%	2.23%

【c. 变性淀粉产量】

变性淀粉生产企业，从地区分布情况看，主要集中华东和两广地区，产量116.67万吨，占变性淀粉总产量的86.27%，从各省区看，位居第1的是山东省，产量37.95万吨占总产量的28.07%，位居第2的是广西区，产量24.31万吨，占总产量的17.98%，位居第3的是浙江省，产量23.93万吨，占总产量的17.70%，位居第4的是广东省，产量14.62万吨，占总产量的10.81%，以上四省产量合计100.82万吨，比减少3.09万吨。

表7 变性淀粉各品种产量表

序号	品名	产量（吨）	序号	品名	产量（吨）
1	糊精	24105	12	复合变性淀粉	186718
2	可溶性淀粉	2280	13	双变性淀粉	20288
3	酸变性淀粉	31150	14	接枝淀粉	1285
4	预糊化淀粉	95817	15	蜡质玉米变性淀粉	33823
5	氧化淀粉	262006	16	疏水变性淀粉	2738
6	磷酸酯淀粉	110516	17	特种变性淀粉	13950
7	醋酸酯淀粉	138439	18	涂布专用变性淀粉	62089
8	羟丙基淀粉	13773	19	两性淀粉	19982
9	交联淀粉	74311	20	层间喷淋用变性淀粉	47190
10	阳离子淀粉	174762	21	降解淀粉	12890
11	羧甲基淀粉	3417	22	其他品种	18747

表8 15省、市、地区变性淀粉产量

序号	省份	2014年			2015年		
		厂家数量（个）	淀粉产量（吨）	占比（%）	厂家数量（个）	淀粉产量（吨）	占比（%）
1	山东省	8	367037	25.78	8	379544	28.07
2	广西壮族自治区	9	277862	19.52	9	243147	17.98
3	浙江省	3	219585	15.24	4	239312	17.70
4	广东省	6	174662	12.27	6	146202	10.81
5	河南省	2	100612	7.07	1	86000	6.36
6	江苏省	4	84241	5.92	4	85257	6.30
7	江西省	2	61960	4.35	2	66200	4.90
8	甘肃省	1	42900	3.01	2	52850	3.91
9	吉林省	2	40376	2.84	2	25708	1.90
10	海南省	1	6000	0.42	1	10000	0.74
11	上海市	1	23494	1.65	0	0	0.00
12	天津市	2	14136	0.99	2	9700	0.72
13	福建省	1	8050	0.57	1	7000	0.52
14	黑龙江省	1	1700	0.12	0	0	0.00
15	青海省	1	1140	0.08	1	1355	0.10
	合计	44	1423755	100.0	43	1352275	100.0

【d. 淀粉糖产量】

2015年，全国淀粉糖总产量1200万吨，同比基本保持持平。其中固体糖410万吨，同比下降8.89%，主要是结晶葡萄糖产量下降11.76%；液体糖790万吨，同比增长5.61%，主要是果葡糖浆增长17.21%。

表9 淀粉糖产品产量表

种类	品种	产量（万吨）
液体糖（790万吨）	麦芽糖浆	294
	葡萄糖浆	210
	果葡糖浆	286
固体糖（410万吨）	结晶葡萄糖	300
	麦芽糊精	105
	其他	5
合计		1200

表10 1999年—2015年淀粉糖产量

年份	产量（万吨）	年份	产量（万吨）
1999	60	2008	636
2000	100	2009	740
2001	140	2010	923
2002	250	2011	1286
2003	300	2012	1300
2004	350	2013	1225
2005	420	2014	1198
2006	500	2015	1200
2007	703		

“十二五”期间，我国淀粉糖产业发展经历两个阶段，2010年末到2012年，产业处于上升期，增速为29%，2013年后产量基本处于平稳发展期。从“十二五”时期整体来看，我国淀粉糖产业规模继续扩大，总体保持平稳发展态势，淀粉糖产品产量从“十一五”末期2010年的923万吨增加到2015年的1200万吨，目前我国淀粉糖产业产品总量居世界第二位，成为名副其实的淀粉糖生产大国。

【e. 多元醇产量情况】

2015年，我国多元醇行业运行基本平稳产量略微下降，据统计和估算（生物化工醇未列入统计范围），2015年糖醇总产量约157万吨，同比下降2.48%。其中山梨糖醇130万吨，木糖醇6万吨，麦芽糖醇9万吨，甘露糖醇10万吨，其他2万吨。

多元醇行业“十一五”期间发展较快，在2008年金融危机大环境下，多数行业经济低迷、产量下降，糖醇行业仍保持了稳定的增长。2011年国内外市场对糖醇产品需求量增加，特别是生物化工醇的加速发展，带动了山梨醇的需求增长，加之国内外牙膏、化妆品等日化产品、化工产品及食品的原料需求，有效带动国内外糖醇产品产量增长，使得糖醇行业产量超过了150万吨。进入“十二五”以来一直保持比较平稳的态势，总产量上下浮动不大。目前企业为增加盈利和持续发展，都在积极开发下游产品和拓展产品应用领域，同时注重品牌和服务以及管理质量的提升，在节能减排、环保方面投入更大的关注，依靠科技寻求企业的再度发展。

在未来的行业发展中，企业可根据所在区域的市场需求、区域环境优势等情况，通过优化自身的产品结构，加强环保治理措施、降低产品生产成本，提高产品综合收率，使企业向资源节约型、环境友好型方向发展。

【f. 淀粉糖产品进出口情况】

1. 淀粉糖产品进出口量略回升，进出口额同比略下降

表11 2008–2015年淀粉糖产品进出口量、进出口额

单位：吨，万美元

	出口量	同比比%	出口额	同比比%	进口量	同比比%	进口额	同比比%
2008年	822746	–	60408	–	166395	–	15438	–
2009年	763761	-7.17	44612	-26.15	182620	9.75	15538	0.65
2010年	959060	25.57	61827	38.59	245025	34.17	22981	47.90
2011年	1062897	10.83	76029	22.97	283455	15.68	31426	36.75
2012年	1050200	-1.19	73019	-3.96	323479	14.12	31914	1.55
2013年	1234178	17.52	82435	12.90	347556	7.44	37220	16.63
2014年	1155822	-6.35	79193	-3.93	367927	5.86	39622	6.45
2015年	1182476	2.31	79118	-0.09	372983	1.37	38976	-1.63

根据海关2015年的进出口统计数据，2015年，淀粉糖相关产品出口量1182476吨，同比增长2.31%，出口额79118万美元，同比下降0.09%，进口量372983吨，同比增长1.37%，进口额38976万美元，同比下降1.63%。

从图2曲线图可以直观地看出，2008年到2015年间出口总体是震荡上升的趋势，2013年达到了高点，2014年下降，2015年略微增长，但是还没有恢复到2013年的水平，在玉米原料国内外倒挂的大环境下，国内淀粉糖产品出口优势已丧失，出口规模能止跌并达到2.31%的小幅增长已比较乐观，价格比2014年有所降低，企业盈利空间降低，由于淀粉糖是薄利产品，价格成本占据了至关重要的位置，若想打破出口僵持局面，还需要国家在退税方面、价格成本方面给以更有利的政策刺激。进口方面：2008年到2015年间淀粉糖进口规模一直保持增长的态势，在2010年大幅增长后，增长速度逐年回落，2015年，仅增长了1.37%。从侧面表明国内的淀粉糖产量逐步满足了国内市场需求，同时，开发的部分高端产品性能也能满足国内用户的需求，进口逐年降低。

2. 主要产品进出口情况

表12 2012–2015年主要淀粉糖产品进出口数据

单位：吨，万美元

产品	年份	出口量	同比%	出口额	同比%	进口量	同比%	进口额	同比%
葡萄糖及葡萄糖浆（果糖<20%）	2012年	495617	–	28040.8	–	1626	–	231.4	–
	2013年	538366	8.63	29702.2	5.92	1428	-12.18	237.0	2.42
	2014年	468625	-12.95	26573.8	-10.53	837	-41.39	153.6	-35.19
	2015年	474450	1.24	26847.1	1.03	979	16.97	197.0	28.26
果糖及果糖浆（果糖>50%）	2012年	89322	–	5614.0	–	3947	–	758.3	–
	2013年	186272	108.54	10340.5	84.19	3372	-14.57	597.4	-21.22
	2014年	162324	-12.86	8394.4	-18.82	3658	8.48	664.7	11.27
	2015年	270606	66.71	13176.9	56.97	3470	-5.14	702.1	5.63
糊精及其他改性淀粉	2012年	110764	–	9180.2	–	287933	–	28036.4	–
	2013年	121310	9.52	10405.7	13.35	318758	10.71	31273.5	11.55
	2014年	94979	-21.71	8373.9	-19.53	335940	5.39	33075.4	5.76
	2015年	61427	-35.33	6348.6	-24.19	344400	2.52	32857.0	-0.66
其他固体糖及未加香料或着色剂的糖浆	2012年	300936	–	20903.3	–	8507	–	2020.7	–
	2013年	332327	10.43	22675.6	8.48	11711	37.66	2496.1	23.53
	2014年	378271	13.82	26557.3	17.12	12468	6.46	2731.2	9.42
	2015年	329821	-12.81	23628	-11.03	15076	20.92	3089.8	13.13

表12中列出了葡萄糖及葡萄糖浆（果糖<20%）、果糖及果糖浆（果糖>50%，转化糖除外）、糊精及其他改性淀粉、其他固体糖及未加香料或着色剂的糖浆四大类产品2012–2015年的进出口对比。

葡萄糖及糖浆（果糖<20%）仍在淀粉糖出口中占据主要位置，出口量最大，但增长率仅为1.24%，出口量还未回升到2013年水平；出口平均价格与2014年基本持平；进口量增长，达到了16.97%，但基数低，仅979吨，进口平均价格略有增长。

果糖及果糖浆（果糖>50%，转化糖除外）是2015年出口增长幅度最大的产品，同比增加了66.71%，出口量已经达到27.06万吨。国内的果糖逐步扩大国际市场份额，在玉米价格国内外倒挂的情况下实属不易，得益于蔗糖价格高涨带来的利好因素，也有国内企业价格竞争带来的影响，出口平均价格比

2014 年下降 5.9%。进口量降低，进口额上升。

糊精及其他改性淀粉 2015 年出口量降幅最大，并且连续两年下降，但出口平均价格增长幅度较大，达 17.2%；进口量逐年增加，但增幅逐年降低，2015 年仅增长 2.52%，进口平均价格略下降。大部分高端糊精和改性淀粉依赖进口，国内产品成本过高导致出口受阻，失去国际市场竞争力。

其他固体糖及未加香料或着色剂的糖浆出口量下降，出口平均价格略微上升，进口量上升幅度较大，进口平均价格下降。

表13 主要产品进出口国别情况

排序	国别	进口量（千克）	进口额（美元）
1	韩国	1, 809, 975	3, 308, 324
2	以色列	644, 010	892, 146
3	美国	385, 480	808, 474
4	台澎金马关税区	258, 915	456, 430
5	荷兰	110, 985	295, 998
6	新西兰	82, 076	505, 331
7	澳大利亚	81, 739	329, 394
8	比利时	29, 680	88, 867
9	法国	25, 966	71, 224
10	日本	24, 165	54, 020
前十位总计		3, 452, 991	6, 810, 208
2015年全年总计		3, 470, 051	7, 021, 728
占全年进口量比例（%）		99.5	97.0

2015 年，我国果糖及果糖浆（果糖 > 50%，转化糖除外）进口国共 39 个，其中前 10 位国家的进口量就占总进口量的 99.5%，进口国别集中。主要进口国别跟 2014 年变化不大，2011 年以前主要以邻近国家为主，如越南、韩国等，2011 年开始从美国、法国等国家的进口量增加较多。

表14 果糖及果糖浆（果糖 > 50%，转化糖除外）出口国别量值

排序	国别	出口量	出口额
1	菲律宾	152, 075, 330	68, 157, 271
2	越南	45, 118, 374	20, 619, 866
3	印度尼西亚	38, 057, 400	15, 449, 489
4	印度	21, 324, 980	17, 838, 991
5	伊朗	5, 128, 400	2, 935, 089
6	尼日利亚	2, 895, 560	1, 582, 146
7	巴布亚新几内亚	1, 435, 200	896, 156
8	朝鲜	1, 020, 670	508, 026
9	韩国	513, 227	369, 710
10	日本	475, 200	931, 392
前10位总计		268, 044, 341	129, 288, 136
全年总计		270, 605, 743	131, 768, 856
占全年出口量比例（%）		99.1	98.1

2015 年，我国果糖及果糖浆（果糖 > 50%，转化糖除外）出口国别共 35 个，同比增加 3 个国家。其中前 10 位国家的出口量就占总出口量的 99.1%，出口国别集中，并且基本都是以我国周边邻近国家为主。前 10 位出口国别变化不大，出口到菲律宾的果糖量增加近 1 倍。

淀粉糖行业各产品生产平稳上升，价格有所上涨，企业微利运营。最大问题在于出口受阻，由于成本增加，原来出口周边地区的优势下降。

【g. 多元醇产品进出口情况】

1. 进出口量均保持上升，进出口额均下降

表15 2008-2015年多元醇产品进出口量、进出口额

单位：吨，万美元

	出口量	同比%	出口额	同比%	进口量	同比%	进口额	同比%
2008年	268123	-	44109.6	-	258082	-	42093.4	-
2009年	198100	-26.12	24143.9	-45.26	335075	29.83	36902.0	-12.33
2010年	241411	21.86	36678.9	51.92	362842	8.29	49782.8	34.91
2011年	240019	-0.58	50532.7	37.77	322211	-11.20	53146.9	6.76
2012年	224419	-6.50	39923.6	-20.99	344618	6.95	50982.5	-4.07
2013年	213803	-4.73	36410.3	-8.80	318397	-7.61	48970.1	-3.95
2014年	218946	2.41	39149.1	7.52	380822	19.61	52306.4	6.81
2015年	224756	2.65	38651.8	-1.27	403661	6.00	40177.9	-23.19

根据海关 2015 年的进出口统计数据，全年多元醇相关产品出口量 22.5 万吨，同比增长 2.65%，出口额 3.86 亿美元，同比下降 1.27%，进口量 40.4 万吨，增长 6%，进口额 4.02 亿美元，同比下降 23.19%。

从以上数据统计看出，多元醇相关产品出口增幅虽然不大，但保持住了增长的态势，从曲线图上可以直观看出，2008 年是近几年的出口高点，2015 年的出口量还未恢复到 2010 年、2011 年水平，并且出口平均价格下降，企业出口利润降低；多元醇 2015 年进口持续增长，超过四十万吨，从曲线图上看，2008 年至 2015 年进口整体保持震荡增长的态势，进口额 2015 年出现大幅下降。

2014 年 12 月 31 日，财政部发布《关于调整部分产品出口退税率的通知》，多元醇产品中的液体山梨醇、液体麦芽糖醇并未列入其中，在一定程度上影响了产品出口。

2. 主要产品进出口情况

（1）甘露糖醇

表16 2012–2015年甘露糖醇产品进出口数据

单位：吨，万美元

产品	年份	出口量	同比比%	出口额	同比比%	进口量	同比%	进口额	同比%
甘露糖醇	2012年	7050	-	1756.5	-	396	-	172.1	-
	2013年	8812	24.99	2282.4	29.94	298	-24.75	188.0	9.24
	2014年	7948	-9.80	1988.2	-12.89	248	-16.78	151.4	-19.47
	2015年	7485	-5.82	1721.7	-13.41	297	19.58	189.1	24.89

国内甘露醇产量近几年大幅提升，竞争也日益激烈，受国内外生产成本影响，甘露糖醇 2015 年出口量继续下降，但降幅同比有所降低，2015 年，甘露糖醇出口退税由 9% 提高到 13%，对出口企业能起到一定的鼓励作用，一定程度上加大了国际市场的开拓。出口额降幅较大，出口平均价格降低，进口量增长近 20%，因为基数较低，仅增加了 49 吨的量，但进口价格同比增长。

（2）木糖醇

表17 2012–2015年木糖醇产品进出口数据

单位：吨，万美元

产品	年份	出口量	同比比%	出口额	同比比%	进口量	同比%	进口额	同比%
木糖醇	2012年	11523	-	4081.9	-	615	-	155.8	-
	2013年	15997	38.83	5063.5	24.05	437	-28.94	124.1	-20.35
木糖醇	2014年	21866	36.69	6540.6	29.17	4	-99.08	3.7	-97.02
	2015年	24410	11.63	6712.5	2.63	245	6013.68	109.4	2855.92

木糖醇出口继续保持上升态势，但增幅较 2013 年、2014 年有较大回落，并且出口价格逐年下降，从一定程度上反映了国内同质产品竞争的激烈性；2015 年进口量回升，2014 年仅进口 4 吨，2015 年，上升到 245 吨，仍比 2013 年的进口量低近 1 倍，但进口价格却同比下降了近 100%。

（3）山梨醇

表18 2012–2015年山梨醇产品进出口数据

单位：吨，万美元

产品	年份	出口量	同比比%	出口额	同比%	进口量	同比%	进口额	同比%
山梨醇	2012年	34065	-	2630	-	2187	-	233.5	-
	2013年	29611	-13.08	2189	-16.77	3745	71.24	463.2	98.37
	2014年	29363	-0.84	2218.1	1.33	3706	-1.04	392.5	-15.26
	2015年	26995	-8.06	2160.5	-2.60	1925	-48.05	288.1	-26.60

从以上图表看出，山梨醇的出口继续保持下降态势，进口量同比大幅下降；出口平均价格有所上升，但没有进口价格增长的幅度大。2015 年山梨醇出口退税由 9% 提高到 13% 的利好政策并未使山梨醇出口量增加，并且未涉及液体山梨醇产品，政策作用不明显。

表19 山梨醇进口国别量值

单位：千克、美元

排序	国别	进口量	进口额
1	法国	1,328,993	1,154,109
2	德国	159,148	332,585
3	美国	145,814	809,513
4	韩国	112,183	192,906
5	印度尼西亚	96,864	86,568
前五位总计		1,843,002	2,575,681
2015全年进口总计		1,925,124	2,880,778
占全年进口量比例（%）		95.7	89.4

2015年，我国山梨醇进口国共14个国家，同比减少1个，其中前5位的总和占了全年进口量的95.7%，进口国别集中，进口量最大的仍然是法国，占全部进口量的69%；同比韩国挤进了前5位跃居第4位，泰国则从第2位跌倒最后1位，仅进口1千克。

表20 山梨醇出口国别量值

单位：千克、美元

排序	国别	出口量	出口额
1	日本	9, 973, 135	6, 757, 578
2	泰国	3, 546, 095	3, 577, 615
3	韩国	3, 467, 975	3, 243, 202
4	台澎金马关税区	2, 939, 510	2, 188, 597
5	俄罗斯联邦	1, 717, 400	1, 344, 875
6	越南	967, 480	788, 729
7	印度尼西亚	632, 165	363, 308
8	马来西亚	489, 511	317, 862
9	哥伦比亚	484, 600	275, 517
10	美国	367, 360	342, 486
前十位总计		24, 585, 231	19, 199, 769
全年出口总计		26, 998, 203	21, 602, 696
占全年出口量比例（%）		91. 1	88. 9

2015年，我国山梨醇出口国前10位的总和占了全年出口量的91.1%，集中度提升，以我国临近的国家为主。出口国别总数72个，同比增加了2个，日本仍是最主要的出口国。

【h.淀粉进出口情况】

表21 各类淀粉进出口情况

项目	进口情况				出口情况			
	2015年总量（吨）	同比（%）	2015年单价（美元/吨）	同比（%）	2015年总量（吨）	同比（%）	2015年单价（美元/吨）	同比（%）
玉米淀粉	1746	3. 32	1033. 21	6. 00	73811. 52	23. 53	435. 24	-22. 88
木薯淀粉	1819975	-4. 74	429. 20	-2. 12	1762. 29	-18. 89	894. 03	9. 09
马铃薯淀粉	65576	54. 01	705. 56	-23. 74	653. 50	-291. 01	1148. 69	3. 80
小麦淀粉	1059	17. 40	607. 65	3. 11	3347. 70	-17. 83	618. 55	1. 00
未列名淀粉	12984	51. 01	612. 68	-2. 18	36342. 22	3. 20	1209. 80	-4. 57

米淀粉进口量同比增长3.32%，价格增长6.0%. 木薯淀粉进口量同比下降4.47%，价格下降2.12%。马铃薯淀粉进口量同比增长54.01%，价格下降23.74%。小麦淀粉进口量同比增长17.40%，价格上升3.11%。未列名淀粉进口量同比增长51.01%，价格下降2.18%。

玉米淀粉出口量同比增长23.53.%，价格下降22.88%. 木薯淀粉出口量同比下降18.89，价格增长9.09%. 马铃薯淀粉出口量同比下降291.01%，价格提高3.80%。小麦淀粉出口量同比下降17.83%，价格增长1.0%。未列名淀粉出口量同比增长3.20%，价格下降4.57%。

【i.淀粉糖（醇）行业存在的问题及发展建议】

1. 四大突出问题

（1）市场需求和产能矛盾突出，产业大而不强，产能结构性过剩未得到有效缓解；

（2）原材料、环保等生产要素成本增加，加大企业发展压力；

（3）核心技术、装备开发能力不足，多数依赖进口，水平亟待提高；

（4）产品审批、标准滞后在一定程度上制约了行业发展。

2. 淀粉糖产业未来发展主要抓好四大重点工作

（1）要大力依靠技术进步和科技创新，延伸产业链条，开发和打造高端产品，实现可持续发展；

（2）以提高效率为核心，重塑新的竞争优势；

（3）健全标准化体系，助推企业实现新的增长优势；

（4）以资源的高效利用和循环利用为核心，对淀粉糖行业循环经济运行的共性技术领域的多个关键技术组织攻关、以提高发展质量和效益为中心，加快供给侧结构性调整，依靠科技进步和科技创新，为实现中国淀粉糖产业强国梦做出贡献。

3. 要遵循的基本原则

（1）市场导向。坚持从市场需求出发的基本原则，采取差异化发展战略，选择重点发展的领域、产品和技术，避免一哄而上、重复建设，以市场竞争引导行业发展；

（2）创新驱动。坚持技术创新和管理创新并举的基本原则，实现单纯模仿向自主创新、粗放管理向精细化管理质的飞跃，走质量效益型发展道路；

（3）绿色发展。坚持产业和环境协同发展的基本原则，提升环境保护在产业发展中的重要地位，发展循环经济，全面推广清洁生产技术和先进环保治理技术，实现生物淀粉糖（醇）产业的绿色制造；

（4）标准保障。坚持以标准规范市场的基本原则，有效实施标准化战略，使产业发展实现产品－技术－标准层层递进，营造有序的市场竞争环境。

总之，在生产要素成本不断增加、行业利润降低，部分产品产能过剩、市场竞争激烈的情况下，行业企业正在不断适应外部环境的变化，不断深入挖掘企业内部潜力，重质量、降成本、精细化管理；逐步拓宽产品应用领域，配套产品应用体系与配方技术支持服务，与下游客户建立技术产品研发合作机制，开发有针对性的特色产品；进一步延伸产业链条，开发新产品，以寻求新的经济增长点。同时也希望国家在玉米加工政策方面、税收政策方面能够给予更多的优惠和扶持，使行业能够走出目前的阴霾，迎来希望和曙光。

【j. 淀粉糖（醇）分会开展的主要工作】

1. 组织召开中国生物发酵产业协会淀粉糖分会一届四次理事会会议。

2. 组织召开2015淀粉糖、多元醇技术与发展论坛暨果葡糖浆推广应用十周年总结交流大会。

3. 6月3日，中国轻工业联合会、中国生物发酵产业协会共同组织开展“中国功能糖城”复评工作。

4. 6月1日至6月5日，分会组织调研小组赴山东部分淀粉糖（醇）企业开展调研。

5. 8月赴潍坊英轩实业有限公司、山东巨能金玉米有限公司、山东天力药业有限公司、山东福洋生物科技有限公司调研。企业普遍反映今年发展比较困难，前四个月还有些利润，五月开始玉米价格高涨，处于亏损状态。

6. 11月11日，组织召开“2015年发酵产业高效节能压缩机技术交流会”

7. 12月7日在山东组织召开玉米深加工产业政策研讨会。

8.12月18日，组织召开中国生物发酵产业协会淀粉糖分会、多元醇分会第二次会员代表大会暨二届一次理事会。

余淑敏

2.5 豆制品制造

【a. 概况】

1. 我国食品大豆的消费

2015年，我国用于食品工业的大豆量约1150万吨，同比增长4%。其中：用于传统豆制品加工的大豆占50%左右，约为600万吨；用于其他食品加工的占20%左右；直接食用（包括家庭自制豆浆等）占30%左右。

2. 豆制品企业状况

截止到2016年3月，我国取得QS生产许可证的豆制品企业数量为4750家，取得SC生产许可证的豆制品企业29家，取得食品生产许可证的豆制品企业总数同比增加了3.7%。

年份	2009	2010	2011	2012	2013	2014	2015	2016
获证企业（家）	3283	3589	3882	4058	4069	4634	4609	4779

2009-2016年，取得食品生产许可证企业数量情况如下表（不包括港澳台地区）：

取得生产许可证企业数量变化图

【b. 规模企业（全国前五十强）状况】

根据我会对2015年全国50家规模以上豆制品企业统计：总投豆量为100.44万吨，同比增长4.6%；总销售额为167.94亿元，同比增长6.95%；50强企业中，中部和南方等地的豆制品规模企业相对集中；按照产品品类来看，以生产豆腐等生鲜为主要产品的综合类企业共23家，约占到50强企业的近一半，同时这些企业表现出较平稳增长的发展态势；以生产休闲豆腐干为主的企业有16家；以生产豆浆（含液态豆浆和豆浆粉）为主的企业有7家；发酵等其他豆制品企业4家。

2016年度中国豆制品行业品牌企业50强名单（排名不分先后）

1. 以生鲜为主的企业

上海清美绿色食品有限公司
沈阳福耒食品实业有限公司
深圳市福荫食品（集团）有限公司
杭州豆制食品有限公司
河北高碑店豆豆食品（集团）有限公司
北京二商希杰食品责任有限公司
太原市金大豆食品有限公司
湖南省武冈市华鹏食品有限公司
嘉兴市家家乐食品责任有限公司
上海汉康豆类食品有限公司
淮南市碗碗香豆业有限公司
贵州龙缘盛豆业有限公司
温州菜篮子开发有限公司豆制品厂
宁波豆制品有限公司
祖名豆制品有限公司
厦门银祥豆制品有限公司

北京市香香唯一食品厂
浙江阮氏食品有限公司
江苏省南京果果食品有限公司
扬州维扬豆制品食品有限公司
合肥市大富食品有限公司
河南世通食品有限公司
郑州大际食品有限公司

2. 以即食休闲为主的企业

武冈市特色产业开发办公室
湖南华文食品有限公司
苏州金记食品有限公司
重庆市天润食品开发有限公司
重庆奇风实业（集团）有限公司
枣庄市宏仔食品有限公司
马鞍山市黄池食品（集团）有限公司
四川徽记食品股份有限公司
重庆市武隆县羊角豆制品有限公司
安徽省成德食品有限公司
重庆多味多食品有限公司
成都香香嘴食品有限公司
太原六味斋实业有限公司
湖南满师傅食品有限公司
四川国硅豆制品有限公司
四川南溪庶人食品有限公司

3. 以豆浆粉为主的企业

维维集团股份有限公司
维他奶（佛山）有限公司
益海嘉果食品营销有限公司
黑龙江农垦龙王食品有限责任公司
永和食品（中国）有限公司
佳木斯冬梅大豆食品有限公司
三明市杨晨食品有限公司

4. 以绿色为主发酵及其他的企业

北京二商王致和食品有限公司
湖北顺美生物食品股份有限公司
淮南市八公山豆制品厂
安徽八公山豆制品有限公司

2007-2015年前50强企业销售额及投豆量情况表

年份	销售额（亿元）	投豆量（万吨）	出口额（万美元）	上亿元企业（家）	上十亿元企业（家）
2007	43.94	50.27	1818	14	1
2008	56.51	67.66	642	18	1
2009	74.23	84.83	≤1000	24	2
2010	102.98	97.53	≤1000	27	2
2011	131.95	106.04	2036.69	29	2
2012	155.58	106.00	4706.66	38	3
2013	161.03	106.40	5322.8	33	5
2014	157.03	96.02	3834.796	33	4
2015	167.94	100.44	2688.5	34	5

综上，2015年，豆制品行业（规模企业前50强）销售额及投豆量同比均有上升，其中投豆量增长4.6%；销售额增长6.95%，交税总额增长9.6%，利润增长18.5%。

【c. 部分重点行业情况】

1. 豆腐等生鲜类豆制品

2015年，规模企业用于豆腐等生鲜豆制品的投豆量为35.07万吨，2014年为31.76万吨，增长幅度较大。

豆腐等生鲜类大豆食品是我国百姓餐桌上的必需品，总体消费量保持稳定增长；规模企业生鲜产品的产量增长速度较快，反映了生鲜豆制品也开始向规模企业集中；规模企业的研发和深加工能力不断加大，新品日益丰富，产品附加值提升，如苏州金记、沈阳福来、深圳福荫、南京果果、北京香香唯一等企业在2015年都保持了不错的增长；生鲜豆制品的生产企业在各城市均有分布，但发展状况南方优于北方。

总体来讲，品牌企业若想扩张，需采取异地建厂模式来完成市场布局，并以中心工厂为依托，合理确定消费半径，做好物流配送，缩短产品与消费者之间的距离。目前已有较成功的案例。

同时，产品多元化研发亟待加强，比如日本注重对豆腐等生鲜豆制品的研发，新产品花样繁多，不仅根据不同的消费人群开发符合其喜好的产品和包装，而且根据不同消费需求开发丰富的产品品类值得我们借鉴。

2. 豆浆类产品

2015年，规模企业用于豆浆的投豆量为31.11万吨，同比增长3.39%。其中：豆浆粉的投豆量2015年为23.03万吨，同比增长3.28%；液态豆浆行业的投豆量为8.08万吨，同比增长3.69%。

未来，出于消费者对奶制品的消费信心指数下降，以及人们对大豆食品营养价值的不断认识，使得豆浆行业市场前景十分乐观。

（1）液态豆浆

自2012年有了大幅增长后，2013年，规模企业在液态豆浆的销售量增长幅度变小，2015年，实现同比增长3.69%。祖名豆制品、马鞍山黄池食品、永和豆浆、北大荒豆制品等企业已开发出高品质的豆浆产品，如祖名豆乳近两年来在口味和包装上不断推陈出新。如维他奶自1994年进入大陆，很长时间一直在南方地区深耕，近几年开始向华东及中部地区扩张，收到了非常不错的业绩，尤其是2014年和2015年，均实现销售额20%的高速增长。

未来液态豆浆及豆浆制品行业要重点关注新产品的研发，早餐豆浆等品类的细分也需要重点关注，在包装设计创新方面需要加大投入，对产品的品质以及以豆浆制品产品研发方面还要做更多的基础研究工作。

目前液态豆浆行业面临着产品创新升级、产品层次多样化、包装设计创新与消费者培育的挑战。

因此，对于企业来说，市场的培育和消费者的认可，需要时间的积累，企业要有足够的耐心，等待市场对品牌的认可。

（2）豆浆粉

豆浆粉规模企业2015年投豆量（产量）增长3.28%。在口味及包装上，豆浆粉产品也更加多元化。

由于看好豆浆市场的潜力，部分粮油加工企业和奶粉生产企业，依托其原料优势和工艺技术优势纷纷建立了豆浆粉生产线，并取得了良好的成绩。一些创新能力强、市场定位准、品牌运作好的企业，例如龙王等，在2015年销售额实现了超过25%的大幅度增长。而一些在渠道建设和电商平台方面走在前列的企业，如冬梅等，在2015年销售额达到近40%高速增长。与此同时，还有一些豆浆粉企业开始将目光转向液态豆浆，如永和、龙王等企业。

总的来看，经过多年的市场培育，豆浆粉有了较好的消费基础。但就下一步市场拓展来看，现有豆浆粉产品似乎空间有限，企业必须采取做好做宽产品线、做深产品链的策略，或采取做宽做深相结合的策略。

3. 豆腐干及休闲类大豆食品

2015年，规模企业用于豆腐干及休闲类大豆食品的投豆量为24.76万吨，2014年为24.02万吨，产量略有增长。

休闲豆腐干的产品类型和消费概念已形成，经过2014年的结构调整，2015年实现了3.08%的增长，应该说现在的发展状况比前两年更加健康。全国休闲豆制品产品各品牌定位开始清晰，已开始逐步形成高中低档产品定位的市场格局。50强企业中，以生产休闲豆干为主的约占1/3。产品口味翻新较快，如Q豆腐、鱼豆腐等新品种不断涌现，产品的市场还有很多潜力可挖掘。除实体大卖场外，近两年电商渠道发展较快，对休闲豆制品来说是一个非常难得的发展机遇。同时，产品同质化问题开始改善，但包材等方面仍有很多改进的空间，新产品开发在口感、品质上还需加强。

4. 其他

（1）腐竹

由于受俄罗斯等主要出口国经济的影响，以及前几年曝光的有关腐竹中非食用物质添加等信息的影响，近几年腐竹产业发展一直处于低位徘徊；未来腐竹产品的突破，需要开辟新的销售渠道，比如尝试进一步加工成再制品或作为休闲豆制品的原料等。

另外，由于前几年腐竹中吊白块等非法添加的不良影响亟待消除，消费者对于腐竹产品的消费信心还需慢慢重建。

（2）膨化豆制品（素肉制品）

近几年增长速度较快，部分生产区域已形成了从种植、加工到销售的完整产业链。由于各地对校园周边食品的严查整治，使得定位于农村及低端市场的即食膨化豆制品发展出现低迷。而一些企业采用先进工艺，提升产品品质和包装，近几年的发展势头很好。

【d. 豆制品发展趋势】

1. 趋势

总体来说，我国大豆食品行业发展健康、稳健，产业结构和消费结构正发生着新的变化；大豆食品企业正从数量增长向品质提升的转变；产品附加值逐步提高；销售渠道不断扩展，将逐步实现大型卖场、农贸市场、专营店与电商之间的优势互补，特别是"互联网"的兴起，对大豆食品行业发展的影响和促进将持续加大；自媒体（如微博、微信）这种不限时间、不限地方且成本低、效率高的营销手段和传播平台，将越来越受到企业的关注，企业定会由此获得较大受益。

2. 机遇与挑战

中国的大豆食品市场远未饱和，潜力巨大；企业亟待从质量竞争、品牌竞争向为消费者提供个性化服务及消费体验竞争的方向转变，以突破行业缺乏全国强势品牌和差异化创新发展的现状；中小企业在创新理念、经营管理、渠道拓展等方面需要提升；大豆食品加工机械与设备企业需要适应新常态，谋求新发展；面临互联网的冲击和挑战，以传统大豆食品为主要产品的豆制品企业，需及时了解互联网的游戏规则，充分利用好互联网技术和模式，在不断提升产品品质的同时，为消费者提供更加完善的终端体验；微时代带来了瞬时性传播和一对一关注，好消息和坏消息都会被迅速推广。因此，大豆食品企业需及时转变思路，利用"微"平台优势，做好新环境下的营销管理。

3. 未来对大豆食品的利好因素

根据奥特奇统计信息，我国饲料产量在2013年达到1.913亿吨的高峰后，2014年和2015年连续两年出现负增长，分别是1.89亿吨、1.8亿吨。这一现象说明，肉类产品的消费量开始下降，尤其是年轻人，出于关注自身健康、关爱动物以及环保的理念，开始更多地以大豆食品代替肉类消费。同时，英国计划在两年内开始对软饮料征收"糖税"来解决儿童肥胖问题，这一消息势必会引起消费者对摄入含糖饮料和含糖休闲食品对健康影响的探讨，这一消息对于豆浆及休闲豆制品来说是长期利好。

另外，肉制品行业和乳制品行业近几年不断爆出负面消息，致使消费者减少对这两类产品的消费意愿，对未来豆制品行业来说也是利好。

4. 未来需要引起重视的问题

没有经过标示的转基因大豆原料，如果运用于食品，将导致消费者降低豆制品产品消费信心，这一风险必须引起我们的重视。

【e. 食品大豆发展的思考和六点建议】

2016年4月份，农业部发布了《全国种植业结构调整规划（2016—2020年）》（农农发〔2016〕3号），《规划》指出，要调整优化区域布局来促进大豆生产发展，在东北春大豆和黄淮海夏大豆优势产区调整优化结构，因地制宜调减玉米，扩种大豆。强化大豆政策扶持，加快建立东北优质大豆保护区，培育大豆生产新型经营主体来完善社会化服务，提高规模种植效益。国家种植业政策从重视玉米开始向大豆等农作物转变。

《规划》提出2016-2020五年大豆发展目标：扩大面积到2020年达到1.4亿亩，比2015年增加4000万亩。提高单产到2020年平均亩产达到135公斤。从《规划》的发展目标推算，到2020年，我国大豆的产量将达1900万吨，比现在的1200吨（约）增加60%，也就是平均每年的大豆产量要增加10%。按照《规划》提出的目标，到2020年我国食品大豆的自给率基本能够满足90%以上消费需求。在此，针对《规划》中提出的目标，结合目前我国食品大豆行业的状况和需要解决的问题，提出几点建议供大家探讨。

1. 科学统筹设计大豆等农产品的补贴机制

其中包括：统筹研究各种农产品对于我国粮食战略地位的重要性。根据农田的使用、各种农产品之间的关系设计全面系统的补贴政策，在制定的补贴政策时，还应该根据不同地区（该地区是种植单茬，还是二茬）的各种农产品之间的关系（包括是否竞争作物、市场价格、土地劳动成本及生产资料成本等），平衡产量，并保证种植者的收益。制定的补贴政策是否有效的标准应该从以下几个方面进行考量：农民是否有收益；保证主粮作物的前提下，其他战略性的各种作物产量是否平衡；土地是否能够得到有效轮作。

2. 食品用大豆和榨油用大豆分类管理

国际上的大豆市场分为两块用途，食品用（非转基因）和榨油用（转基因），两种用途的大豆施行的是两套价格机制，但是由于食品大豆（非转基因）的消费量较榨油用大豆量比例很小。而国际上食品大豆（非转基因）的交易却一直很活跃，交易的价格一直要高于榨油用大豆（转基因）价格15% ~ 30%；国际上食品大豆（非转基因）交易价格随着芝加哥商品交易所的大豆价格而波动。但是，在国产大豆方面，却对于榨油用大豆和食品用大豆没有分开管理，在讨论大豆价格的时候，往往把食品用大豆和榨油用大豆混为一谈，而且经常笼统地将国产大豆和进口的转基因榨油用大豆进行比较。这显然违背了食品大豆正常的市场规律，不利于国产大豆的市场定位，也不利于提升国产大豆的品牌形象。

3. 政府服务及大豆科研的服务应以市场的需求为导向

（1）科研方面

科研的最终服务对象是消费大众，大豆的科技工作者也是一样，最终要转化成高品质的大豆食品服务于广大的消费者，好的大豆食品离不开加工适应性强的高品质大豆原料。因此，作为食品大豆的科研体系，一定离不开加工适应性研究环节，但是，纵观我国目前大豆方面的科研队伍，从事加工适应性研究，将好的品种进行产品试验、转化、推广的科技工作人员少之又少，这与我国目前的科研体制有很大的关系，应该引起政府有关部门的注意。

（2）政府方面

农业部等相关管理部门，一方面支持大豆相关科研人员对食品大豆的科研投入，同时要将食品大豆的研究成果定时公布，及时地反馈给农户及加工企业，比如每年编写一份可供下载的《国产大豆品种报告》将各地区的主要大豆品种及品种的研究机构、品种的理化特性、产量、种植面积、适用于加工的豆制品种类，以及使用该品种大豆生产豆制品产品的理化特性等做一个详细的报告，《国产大豆品种报告》汇集一系列大豆种植者和加工者关心的数据，一方面可指导豆制品生产企业选择优质的原料，同时也可指导农民在种植生产过程中的选择收益最大化的品种生产。采用为市场服务的方式，科学地推动大豆科研、种植、加工的健康发展。

4. 贸易商做好收储过程中的品种管理

长期以来，我国食品大豆购销已经形成了基本固定的模式，即农民将自己种植的大豆，经贸易商或者是粮贩转两道甚至多道手后，才能将大豆卖至生产企业手中或者国家的粮食储备库。厂家与农民或者农民代理人签订单直接产销对接的非常少，因此也导致了大豆散种、混收、统销成为国产大豆种植与贸易的主流。豆贸易过程中的混种混收现象严重，这是提升大豆品质、做好品牌的最大阻碍之一。即便单个品种很好，加工适应性也很好，但是在贸易过程中把不同品种的大豆混在一起，根本无法突出品质的优势。

5. 推行农产品产地标识，进行消费者教育，培养消费者对国产大豆的忠诚度

中国是大豆的发源地，最好的食品大豆在中国，国产大豆的高品质名片过得硬而且能够叫得响，但前提是我们要让自己国内的消费者首先成为我们国产大豆的坚实用户，要树立和提升国产大豆在消费心中的品质和品牌地位，对消费者教育无疑是非常重要的环节，这一点邻国的日本做法很值得我们借鉴和学习。大家知道，日本的农产品的品质在日本消费者心里永远是最好的，大豆也一样，在日本，本国产的大豆价格相比加拿大、美国的非转基因大豆要高出一大截，这要归功于农林水产省等相关机构对本国大豆品质的宣传和引导。打开日本农林水产省网站，可以看到该部门对国产大豆的品牌和品质的宣传和推广所做的实实在在的工作：比如国产大豆的标识工作、定期向消费者公布国产大豆的品质状况等。

6. 修改相关政策法规，对于含有转基因或非转基因大豆作为原料加工食品进行标识

我国《农业转基因生物安全管理条例》中对于转基因农产品的定义是：只要农产品中含有转基因成分，则该农产品为转基因农产品。也就是说对于非转基因大豆进出口设置了0阈值的政策门槛，这几乎杜绝了所有的非转基因大豆进出口。这种做法表面上看似乎是保护国产非转基因大豆在国内市场的唯一性地位，但是仔细分析，恰恰相反，因为0阈值致使转基因、非转基因的标识没有可操作性，所谓的转基因农产品强制标识的规定形同虚设，这严重扰乱了转基因和非转基因大豆、国产和进口大豆的市场有序竞争，阻碍了国产优质大豆的高价出口，阻碍了国产大豆产业的健康发展。

吴月芳

2.6 焙烤食品制造

【a. 概况】

2015年，我国经济发展增速继续回调，下行压力较为明显。焙烤食品糖制品行业在错综复杂的国内外形势下，依然保持了稳步增长的良好态势，增长形势好于2014年。

根据国家统计局对规模以上企业统计的数据及行业测算数据显示，2015年，国内焙烤食品糖制品行业产品（含糕点/面包、饼干、糖果巧克力、冷冻饮品、方便面和蜜饯）产量合计约为3223.26万吨，同比增长5.83%；主营业务收入为6800.22亿元，同比增长6.93%；利润总额为535.97亿元，同比增长5.04%；税金总额为42.67亿元，同比增长7.56%；出口交货值为177.10亿元，同比增长3.47%。

据行业统计，截至2016年2月，焙烤食品糖制品行业通过食品生产许可（即QS）的企业有32355家。其中：糕点15982家，饼干1773家，糖果巧克力5291家，果冻497家，蜜饯3178家，方便食品2729家，冷冻饮品1097家，膨化食品1808家。

表1 焙烤食品糖制品行业2015年经济运行情况

行业		焙烤糖制品	糖果巧克力	糕点面包	饼干	冷冻饮品	蜜饯	方便面
产量（万吨）	累计	3223.26	345.47	(362)	(903)	306.99	(288)	1017.80
	同比%	5.83	6.68	(13)	(18)	0.02	(9)	-0.65
主营业务收入（亿元）	累计	6800.22	1272.98	1013.71	1806.53	408.67	575.87	1722.46
	同比%	6.93	6.53	11.48	8.27	4.13	14.54	-1.10
利润总额（亿元）	累计	535.97	107.40	111.00	132.11	24.83	44.68	115.95
	同比%	5.04	-7.12	34.47	7.10	13.03	9.98	4.26
税金（亿元）	累计	42.67	9.27	7.44	10.96	2.52	2.84	9.64
	同比%	7.56	7.07	16.73	11.51	-9.12	-2.48	7.98
出口交货值（亿元）	累计	177.10	64.78	6.94	21.46	2.15	63.41	18.36
	同比%	3.47	-2.50	-23.82	-9.24	-15.48	18.32	-1.31

数据来源：国家统计局规模以上企业数据统计（即年主营业务收入2000万元及以上工业法人企业）。

括号内数字是行业测算数据。

总的来看，2015年，焙烤食品糖制品行业主要产品产量和主营业务收入除方便面行业外都保持了平稳的增长，显现了行业经过多年的发展，有序竞争的产业结构已经逐步成熟和稳定，产品花色品种日益丰富，行业整体实力不断增强，已经能够较好地满足国内消费需求，为可持续发展奠定了基础。

【b. 行业新情况及主要问题】

1. 月饼行业形势有所回暖，质量稳定，品牌消费趋势更加明显

2015年，月饼市场的形势有所回暖，生产销售计划同比增长10%左右，同时企业也在力求调整原有的产品结构，逐步向健康、贴近大众的方向转变。

但实际上各企业销售的状况不尽相同，一些品牌企业同比增长25%以上，有些企业增长10%左右，也有一些企业还在下降。团购均有增长，最高同比上升了20%。月饼销售品牌度进一步提升，品牌价值凸显。2015年月饼市场总的来讲比2014年有所好转，但让企业更加兴奋的局面没有出现，月饼行业新常态已形成。

总体看，月饼行业整体市场表现为：团购明显减少；价格实惠，更为消费者接受；品牌消费更加明显；产品包装更趋理性，包装简约实用，礼盒数量减少，礼盒装潢设计突出了文化元素；传统经典月饼依然是主流，特色创新月饼比往年更丰富添彩；更加注重营养健康，回归食品属性；销售渠道更加多样，顾客选择购买非常便捷。

2. 食品安全形势依然严峻，行业规范和管理工作依然任重道远

食品安全形势依然严峻，行业规范和管理工作依然任重道远。2015年随着国家进一步强化了食品安全的日常监管，焙烤食品糖制品行业对于食品安全的重视程度和风险意识都有了空前的提高。但是，由于行业内中小型企业居多，专业技术人员相对缺乏，人员综合素质较低，工厂设施和生产环境相对较差，生产设备和检测水平较为落后，因此，在原料控制，生产管理等诸多方面都存在一定漏洞，食品添加剂的使用不当以及非法添加等问题也时有发生。尽管行业的进步是明显的，但食品安全形势依然严峻，行业规范和管理工作依然任重道远。

3. 中小企业实力不足，品牌消费和品牌培育的矛盾凸显

在我国焙烤食品糖制品行业，中小型企业所占行业企业总数90%以上。行业里为数众多的小型企业，规模不经济，资源利用不合理，技术和管理水平不高，产品质量得不到可靠保证，人才相对缺乏，农产品价格及原辅料、交通、能源价格上涨，生产成本持续增加，小型食品企业获利艰难。另外，小企业信用等级低，信贷困难，普遍存在资金不足问题，严重制约企业技术创新的步伐。

随着品牌消费的理念越来越深入人心，大型跨国企业对中国市场的关注度和投入力度越来越大，市场占有率也日渐增加，而对于近年来崛起的大批民营企业来说，品牌培育的难度和艰辛可想而知，品牌消费和品牌培育的矛盾是整个行业进步和发展的“瓶颈”之一。

【c. 标准化工作】

1. 积极组织和参与《食品安全法》实施条例、《食品召回管理办法》的实施意见（征求意见稿）、《食品经营许可管理办法》（征求意见稿）、《食品生产许可管理办法》（征求意见稿）的意见反馈和沟通工作。

2.受卫计委和国家食品安全风险评估中心的委托，组织开展了《糕点面包生产卫生规范》《膨化食品良好生产规范》《蜜饯良好生产规范》《冲调谷物制品》等4项食品安全国家标准的制定工作，现已通过专家审评，并提交秘书处。

3. 组织开展了《可可粉中可可壳含量的测定方法》行业标准的制定工作。

4. 完成了《花生制品系列行业标准》《栗（豆）羊羹》《软冰淇淋和软雪糕浆料》等9项行业标准的修订和报批工作。

5. 参与由国家食品安全风险评估中心组织的GB4789《食品微生物检验》系列标准的修订工作。

6. 积极参与《植脂奶油》《粽子》等相关行业标准的修订工作。

【d.“十二五”行业发展概述】

“十二五”期间，我国政治经济形势发生了较大变化，2013年底，按照党中央国务院的战略部署，我国经济将从高速发展转入中高速发展的经济新常态，焙烤食品糖制品行业也受到了前所未有的影响。“十二五”前期的2011–2013年，尽管受国内外宏观经济环境变化、食品安全信任危机等诸多不利因素的影响，但焙烤食品糖制品行业依然保持了两位数的年增长幅度；2013年底，党中央国务院提出了中国经济发展要从过去的高速发展转入中高速发展的经济新常态。焙烤食品糖制品行业的增长幅度也降到了个位数。2014年规模以上企业（含糕点/面包、饼干、糖果巧克力、冷冻饮品、方便面和蜜饯）主营业务收入为6359.8亿元，同比增长7.4%；2015年规模以上企业主营业务收入为6800.2亿元，同比增长6.9%。

五年回望，充满艰辛，也令人欣慰。2010年规模以上企业工业销售产值为3406.2亿元，2015年规模以上企业主营业务收入6800亿元，年均增速为14.8%。通过食品生产许可认证（即QS）的企业数量从28698家发展到2015年的32867家，增长14.5%。经过多年的积累和发展，目前，业内大中型骨干企业的生产设备、检测水平和生产环境都有了较大改善，很多企业还引入了ISO9000产品质量管理体系、ISO14000环境管理体系以及HACCP管理体系等管理模式，为保证产品质量奠定了良好基础。总体看，“十二五”期间焙烤食品糖制品行业不但保持了较好的增长，也已步入健康良性的发展轨道上。

【e. 行业展会】

1.“第18届中国国际焙烤展览会”

2.“2015中国焙烤设备与原辅料秋季展览会”和“2015中国冰淇淋冷冻食品设备与原辅料展览会”。

【f. 国际交流】

5月12日，协会有关领导在上海与德国焙烤协会主席彼得·贝克先生一行在上海举行了会谈。

5月12日，中焙糖协有关领导与来访的韩国大韩制果协会在上海进行了会谈。

5月12日，应协会邀请，东京制菓学校一行前往上海参观第十八届中国国际焙烤展览会，并与中焙糖协领导进行了亲切的会谈。

9月，组织了四十余人的“中国焙烤行业欧洲考察团”对德国、法国和瑞士等国焙烤食品行业进行了考察，并参观了德国当地时间2015年9月12–14日在慕尼黑举办的“IBA国际焙烤展览会”。

9月27–29日，参加了在日本举办的“2015年亚洲西点竞技大赛”，并组织行业考察团参观了比赛。

10月，由中国焙烤食品糖制品工业协会组织的中国冰淇淋行业考察团对印度进行了为期9天的考察活动。

11月18日，组织焙烤行业考察团对韩国进行了考察，并参观了“第17届首尔国际焙烤展览会”。

【g. 职业技能竞赛及专业培训】

近年来，焙烤食品糖制品行业系列竞赛活动极大调动了广大焙烤从业人员学习钻研业务技术的积极性，促进了焙烤业技术交流，拓宽了技能人才成长发展渠道，培养选拔了一批优秀技能人才，营造了尊重技能、重视技能人才的良好氛围，为提高从业人员素质，推动焙烤行业发展发挥了积极作用。

1. 第十六届全国焙烤职业技能竞赛。

2.“盼盼食品杯”第五届全国职业技术院校在校生创意西点技术大赛。

3. 2015年度“美国加州葡萄干杯”全国面包创意大赛决赛。

4. 第五届亚洲西点竞技大赛“黛妃杯”中国区选拔赛。

5. “路易乐斯福杯”全球烘焙师大赛中国赛区选拔赛，并选派选手参加亚太区决赛。

6. 2015年首届MBA咖啡拉花艺术大赛。

7. 德国当地时间2015年9月14日下午，“IBA杯”欧洲面包与甜食大赛在慕尼黑落下帷幕。

【h. 主要行业活动】

4月8日，组织召开了2015年部分省市焙烤糖制品行业协会（商会）联席会议。

5月13日，中焙糖协五届理事会二次会议暨常务理事会顺利召开。

8月19日，组织开展了2015第二十一届中国月饼文化节系列活动。

张九魁

2.7 方便食品制造

方便食品是以米、面、杂粮等为主要原料加工制成，可直接食用或经简单烹制即可食用的食品，多为主食类食品。

【a. 概况】

随着人们生活水平的提高和工作节奏的加快，对食品的消费观念也发生了变化，方便食品具有食用简便的特点，同时，伴随企业的不断创新，消费者对其接受度越来越高。由此，过去5年行业发展整体呈增长态势，主营业务收入逐年提升。

1. 主要经济指标

（1）主营业务收入

全国方便食品制造行业规模以上企业累计完成主营业务收入3527.93亿元，同比增长5.55%，其中，米面制品行业974.44亿元，同比增长12.20%；速冻食品行业831.03亿元，同比增长13.44%；方便面及其他方便食品行业1722.46亿元，同比下降1.10%。

（2）利税

全国方便食品制造行业规模以上企业实现利税353.82亿元，同比下降2.15%，其中，米面制品行业实现利税87.43亿元，同比增长12.32%；速冻食品行业实现利税57.93亿元，同比下降7.49%；方便面及其他方便食品行业实现利税186.49亿元，同比增长7.55%。

“十二五”期间，方便食品制造业保持较快发展，全行业主营业务收入维持平稳增长，但随着产品创新速度加快，行业竞争激烈，行业利润增长缓慢并有所下降，行业处于转型与价值提升的“阵痛”期，就发展质量而言，行业的发展更加理性和健康，在产业转型与价值提升中有重大的进展。

2. 行业发展分析

（1）价格

方便食品制造业产品价格主要受原材料，流通成本及人力成本影响，由于经营成本增加，2015年，利润同比有所下降，米面制品、速冻食品、方便面及其他方便食品制造业数据。

（2）市场

随着人们生活水平的提高和对营养，健康产品的需求，全行业创新加速。主要表现在以下两方面：

①行业创新活力被激发。2015年，全行业最大的变化是均展现出"以创新提升价值"的重要转型并付诸实践，以康师傅为例，其主动关闭了若干低价面加工厂，将仍有盈利的1.5元以下的低价面市场空间让给了众多以低价面为生的民企，使这一长期被挤压的低价的市场板块有了舒缓向上的活力．同时将产品创新的定位放在对原有产品健康内涵的提升上，使产品的营养价值大大提高，与此同时，还着眼于全行业的持续发展，通过与科技界的合作，启动行业对产品营养与健康的研究，成为全行业发展中至关重要的正能量。

②健康内涵加大，健康转型的市场反响良好。企业通过持续创新，用新品带动销售，销售额上升的同时，也让各自企业在市场站稳脚跟。

（3）投资

2015年，全国规模以上方便食品制造企业资产总计2102.02亿元，同比增加131.77亿元，增幅6.69%，其中，流动资产总计988.39亿元，同比增加了65.97

亿元，增幅7.15%。

（4）区域分布

2015年，全国方便食品制造行业规模以上1406家企业中，河南省规模以上企业数269家，占比19.13%；山东省规模以上企业数134家，占比9.53%；安徽省规模以上企业数110家，占比7.82%；广东省规模以上企业数92家，占比6.54%；四川省规模以上企业数85家，占6.05%；湖北省规模以上企业数76家，占比5.41%；湖南省规模以上企业数75家，占比5.33%；福建省规模以上企业数64家，占比4.55%；江苏省规模以上企业数59家，占比4.2%；吉林省规模以上企业数55家，占比3.91%；其他规模以上企业数387家，占比27.52%。

（5）行业集中度

全国方便食品制造行业规模以上企业中，大型企业54家，占比3.84%；中型企业220家，占比15.65%；小型企业1132家，占比80.51%。

①米面制品

在575家规模企业中，大型企业4家，占比0.7%；中型企业54家，占比9.39%；小型企业517家，占比89.91%。

②速冻食品

在424家规模企业中，大型企业14家，占比3.3%；中型企业67家，占比15.8%；小型企业343空，占比80.9%。

③方便面及其他方便食品

在407家规模以上企业中，大型企业36家，占比8.85%；中型企业99家，占比24.32%；小型企业272家，占比66.83%。

（6）进出口

2015年，全方便食品制造行业累计完成出口交货值85.05亿元，同比增长9.15%。

（7）包装与装备

方便食品行业的生产装备经过近30年的发展，已经拥有了高度自主化的知识产权，促进了行业生产的安全规范和管理的自动、高效，但由于企业规模不一，装备水平参差不齐，中小企业的设备机械化，大型企业的设备自动化亟须提升。

方便面行业设备已经走在世界前列，大量自主研发的自动化设备不仅为生产企业提高了生产效率，降低了人工成本，而且还以稳定，价优的特性出口海外。但在速冻食品面点自动化醒发蒸制技术与装备，水饺自动化包装系统，粽子自动成型技术，馄饨自动化生产等技术和装备的开发研究上还有待突破。同时，在冷冻技术上，我国大多采用平板和双螺旋速冻机，加工多为一段式速冻，工艺单一，冷冻时间长，能源浪费严重。速冻装置柔性风场设计，进出口防跑冷装置，冻结区分段和压缩机变频分组供应等技术已在国外行业中应用，相较而言我国新型冷冻技术的研发、引进、应用和推广滞后。与日本最先进的生产企业相比，国内装备在自动化，智能化和可追溯方面还存在着较大差距。政府在对行业管理时，也应加大对企业工业化水平的支持力度，以带动行业的工业升级。

【b.行业面临的问题分析】

1.政策与市场

（1）为解决"三农"问题做出贡献

方便食品为我国三农问题的解决做重大贡献，在解决大量农村劳动力就业问题的同时，也转化了大量农副产品，形成了一条完整的产业链条.因此，在未来的行业发展中，需要国家投入更多的关注和支持，引领行业走可持续，现代化的发展道路，鼓励其通过中国制造2025和工业4.0等相关政策的扶持，进一步提升产业自动化，从而实现产业升级，为消费市场提供更多更高品质的创新产品。

（2）完善标准，企业加强过程管理

《食品安全国家标准速冻面米制品》(GB19295-2011)目前已实施多年，得到行业广泛认同，但实施过程中仍存在一些需要完善的地方.标准的适时修订，更有利于科学规范行业发展，《食品安全国家标准速冻食品生产卫生规范》于2015年度在网上公开征求意见，为企业食品安全过程控制提供了有效科学指导。

《食品安全国家标准方便面》(GB17400-2015)于

2015年颁布实施，为行业发展提供了有效保障，但由于消费市场对方便面长期的误解，方便面不消化等负面新闻不断，使得产业发展遭遇连续4年滑坡，政府应对食品行业的正面宣传加以完善。

（3）实施商业模式创新，拔高竞争维度

近两年，方便食品行业品类销量增长放缓，品类均价出现下滑，部分面米企业又开始实施低价竞争，价格战导致行业偷工减料，食品安全等问题出现行业亟待规范，实施商业模式的创新，拔高竞争维度是行业突围的有效途径。

（4）新产品品质需要进一步提升

2015年，行业新产品层出不穷，从产品色泽、口味、口感及产品规格产品外形，包装等方面都有了明显的突破，推动了行业的发展．在企业促销结束后，高颜值的产品热度退去，部分产品出现销售下滑现象，产品品质提升亟待解决。

2. 科技创新

每一次行业的大发展都伴随着科技创新与消费理念的升级．尽管近年食品行业增速放缓，行业企业并没有放慢创新的步伐和设备升级改造的进程。

（1）开展传统特色食品工业化研究

中国的方便食品具有中华传统特色食品品种繁多的特征，产品质量的安全性，稳定性问题亟待解决．需通过开展工艺优化，新型技术开发，装备自动化研究推动我国传统特色食品的工业化生产进程．在产品风味上，企业在原有精典口味的基础上持续开发新品，让风味回归自然与真实，地域特色产品成为创新的方向；同时，冷冻干燥，鲜湿面，杂粮面等产品相继问市，都是对原有工艺的突破，未来，中国的方便食品市场还需要伴随产品的升级，更好地迎合消费需求，为消费者提供以健康，营养为目标的食品。

（2）提升产品品质去除工业化味道

着机械化在行业的推广应用，主要产品的工业化特征明显．需要开展原料物理特性，物料加工适应性，降脂去油腻，品质评价体系等新技术的研究和应用，使产品的色泽、口感、组织状态、风味与家庭厨房保持一致，从而去除工业化特性。

（3）突破关键技术稳定产品品质

要开展品质稳定控制技术的工程化应用推广，如开展原料组分标准化重组技术，质构特性控制技术，风味稳定化的酶活性控制技术等的研究。建立原料的物性特征数据库和风味指纹图谱，突破原料物理特性特征性能，组分重组等品质提升关键技术研究。

【c. 发展趋势】

经济发展，生活方式改变，生活节奏加快以及供应链的发展，都促进了方便食品行业的发展，行业的持续快速发展离不开创新，未来主要方向包括以下几方面。

1. 价值提升促成差异化发展

在科技界的引领下，行业发展已经开始由价格竞争转向价值竞争。无论是大企业还是中小企业，都已不再将企业发展目标锁定在竞争对手身上，而是更专注于特色化的产品开发，走差异化竞争的道路，产品价格也逐渐走出恶性竞争的洼地．产品形成能够支持企业健康发展的价值空间，以促进行业的可持续发展．未来行业将迎来更丰富和多样化的创新发展，而伴随着产品价值的提升，相信行业的市场规模也会触底反弹。

2. 营养，健康更受关注

目前，企业在产品设计阶段，大多关注的是产品的口感，口味，外形，成本及工业化生产的难易程度，对产品配方的营养配比关注甚少．吃饱，吃好吃得安全，吃得营养，吃得健康是人们饮食的多层级需求，健康，营养的食品是人们饮食追求的最终目标．特别是在新的膳食指南出台后，对于降盐的需求成为行业关注的重点．未来，更多的创新产品将通过工艺的改进和对营养，安全的基础研究，行业也将为消费者带来更丰富的产品线。

3. 餐饮，业务市场的开发需求加大

餐饮市场规模庞大，2015年我国餐饮收入达32310亿元．利用方便食品企业规模化，标准化，工业化的生产和成熟的质量安全控制体系，与餐饮企业共同研发适合餐饮需求的产品，做好餐饮市场的优质供应商，是企业的差异化发展中的一条新通路。

4. 家庭调理预制食品的开发是新的消费需求

随着生活节奏加快，家庭规模缩小，人们迫切希望从繁重的厨房工作中解放出来，特别的80后,90后在成为消费主力后，对食品的便利性提出了更高的要求．目前，不少生产企业都在积极研究，开发可微波的产品．行业间的合作研究亟待开展，技术瓶颈亟待突破．产品的加工也将向更精更细的方向发展，方便，省时，经济节能，保持食物原有风味和营养等产品的开发，将使工业食品能更好地融入百姓生活．

【d. 政策建议】

1. 尽早启动团体标准的建立促进创新加强行业自律

作为一个快速创新和发展的行业，行业应在现有食品安全标准之上，还需要相关质量标准配套，以服务于产品创新和行业自律．应倡导方便食品行业团体标准的建立，从保护消费者利益的同时能更好地促进行业创新，从而能够繁荣市场，为消费者提供更多样，更丰富的选择。

2. 开展智能制造工程提高行业装备研制的自动化水平

经过20多年的发展，行业机械化水平有了明显的提升，但大多中小型企业机械化水平仍然很低，根据中国制造2025发展纲要和我国食品供应链发展现状，迫切需要提高行业装备制造能力和自动化水平，支撑行业发展方式转变和产业结构调整升级．突破食品装备数字化设计与先进制造，智能控制等关键装备与配套技术，加快装备自主化进程．在自动化成套设备的引进和自动化装备的重大科技攻关方面，政府应配套支持资金并加大立项数量及经费支持力度，引导行业自动化水平的提升，建设一批自动化生产车间。

3. 完善网络食品安全管理体系的建立加强配送环节食品安全管理

针对网上销售食品的生产企业，要制定全程供应链管控体系产品配送技术规范和配送防护技术标准，确保产品处于良好的防护状态．特别是对速冻食品的销售网站，要制定速冻食品企业准入制度，严格入网企业的资格管理和配送企业的资格管理．速冻食品要制定强制性速冻食品物流配送人员健康，配送车辆，冷链温度控制，产品追踪，速冻食品配送存储等严格的强制性行业规范，确保速冻食品的品质和质量安全。

4. 实施制造业国际化工程推进企业向海外投资建厂将传统中华美食推入国际市场

深化产业国际合作，制定方便食品企业走出去发展的总体战略，建立完善统筹协调机制，推进优势企业走出去，将传统的中华美食推入国际市场，例如，思念食品已在美国投资建厂，未来中华美食将要美国本土生产、销售，其他企业也有积极运作海外投资和海外研发中心的建立。

中国食品科学技术学会

2.8 乳制品制造

【a. 概况】

1. 生鲜乳生产情况

2015 年，全国生鲜乳产量保持增长势头，全年奶类产量 3870.3 万吨，同比增长 0.8%。其中，牛奶产量 3754.7 万吨，同比增长 0.8%；其他奶类产量 115.6 万吨，同比减少 0.9%。

牛奶产量前五位省区为内蒙古、黑龙江、河北、河南和山东，其中内蒙古产量 803.2 万吨，占全国的 21.4%。从牛奶生产增长情况看，安徽增长幅度最大，产量 30.6 万吨，同比增长 9.7%；另外，贵州、辽宁、吉林、新疆、湖北等 5 省区同比增长在 5% 以上；湖南、广西、浙江、西藏、青海、河南、黑龙江、上海、内蒙古、江西、宁夏等 11 省区市牛奶产量较上年有增长；福建、海南牛奶产量同比持平；甘肃、天津、山东、江苏、陕西、河北、北京、广东、山西、四川、重庆、云南等 12 省区市牛奶产量同比减少，其中云南减少幅度最大，同比下降 5.5%。其他奶类生产方面，陕西、河南、山东、内蒙古、新疆、河北等省区产量较高，其中陕西产量 48.7 万吨，同比增长 2.3%，占全国的 42.1%。奶类、牛奶产量前 5 位省区情况分别见表 1、表 2。

表1 2015年全国奶类总产量前5位省区情况

单位：万吨

地区	产量	同比增长（%）	占全国比例（%）
全国总计	3870.3	0.8	100.0
内蒙古	812.2	1.9	21.0
黑龙江	574.4	2.6	14.8
河北	480.9	-3.1	12.4
河南	352.3	2.9	9.1
山东	284.9	-1.6	7.4

（资料来源：国家统计局）

表2 2015年全国牛奶产量前5位省区情况

单位：万吨

地区	产量	同比增长（%）	占全国比例（%）
全国总计	3754.7	0.8	100.0
内蒙古	803.2	1.9	21.4
黑龙江	570.5	2.5	15.2
河北	473.1	-3.0	12.6
河南	342.2	3.1	9.1
山东	275.4	-1.5	7.3

（资料来源：国家统计局）

2. 乳制品工业

2015 年，由于国内消费拉动乏力，进口产品的冲击，国内乳制品生产处于低水平的增长。根据国家统计局月报数据，全国规模以上乳制品企业有 638 家，其中内资企业 542 家，占比为 85.0%；港澳台商投资企业 18 家，占比为 2.8%；外商投资企业 78 家，占比为 12.2%。

2015 年，全行业累计流动资产净值平均余额 1369.4 亿元，同比增长 11.6%，资产合计 2565.0 亿元，同比增长 11.0%。其中不同类型企业资产合计分别为：内资企业 1649.5 亿元，同比增长 12.0%，占全行业的 64.3%；港澳台商投资企业 137.4 亿元，同比增长 13.7%，占全行业的 5.4%；外商投资企业 778.2 亿元，同比增长 8.4%，占全行业的 30.3%。

2015年，全国乳制品企业负债合计1314.2亿元，同比增长4.6%，资产负债率51.2%，同比下降2.2个百分点。其中内资企业负债840.3亿元，同比增长7.4%，负债率50.9%，同比下降0.7个百分点；港澳台商投资企业负债70.7亿元，同比增长27.5%，负债率41.5%，同比增加6.9个百分点；外商投资企业负债403.2亿元，同比下降3.7%，负债率51.8%，同比下降6.9个百分点。

2015年，全国规模以上企业实现主营业务收入3328.5亿元，同比增长1.7%。其中内资企业2074.9亿元，同比增长5.8%，占全行业的62.3%；港澳台商投资企业96.3亿元，同比下降6.0%，占全行业的2.9%；外商投资企业1157.3亿元，同比下降4.5%，占全行业的34.8%。全国规模以上企业主营业务收入及前5位省区情况见表3。

表3 2015年全国乳制品企业主营业务收入前5位省区情况

单位：亿元

地区	主营业务收入	同比增长（%）	占全国比例（%）
全国总计	3328.5	1.7	100.0
内蒙古	633.6	0.5	19.0
黑龙江	379.2	1.3	11.4
山东	305.3	0.4	9.2
河北	288.4	10.8	8.7
陕西	153.4	-5.7	4.6

（资料来源：国家统计局月报数）

2015年，全行业利税总额为363.7亿元，同比增长10.5%，增速同比下降3个百分点；其中利润241.7亿元，同比增长7.7%，增速同比下降18个百分点；税金122.1亿元，同比增长16.2%，利润占利税的比重为66.4%。其中：内资企业利税总额为235.3亿元，同比增长10.4%，其中利润159.5亿元，同比增长6.5%，税金75.7亿元，同比增长21.3%，利润占利税总额的比重为67.8%；港澳台商投资企业利税总额为20.2亿元，同比增长13.2%，其中利润12.6亿元，同比增长27.7%，税金7.6亿元，同比增长0.3%，利润占利税总额的比重为62.3%；外商投资企业利税总额为108.2亿元，同比增长10.3%，其中利润69.5亿元，同比增长7.4%，税金38.7亿元，同比增长10.5%，利润占利税总额的比重为64.2%。

全行业销售收入利润率为7.3%，同比增加0.4个百分点；其中内资企业7.7%，同比增加0.5个百分点；港澳台商投资企业13.1%，同比增加2.8个百分点；外商投资企业6.0%，同比基本持平。

全行业亏损企业103家，企业亏损率为16.1%，同比略有增加。其中内资企业84家，占内资企业总数的15.5%；港澳台商投资企业3家，占港澳台商投资企业总数的16.7%；外商投资企业16家，占外商投资企业总数的20.5%。

2015年，乳制品产量扭转了2014年同期负增长的局面，并有了小幅增长，但部分产品仍呈现下降趋势。乳制品产量2782.5万吨，同比增长4.6%，其中液体乳产量2521.0万吨，同比增长4.7%，乳粉产量142.0万吨，同比下降4.5%，乳粉产量同比增长仍是负数，但降幅同比下降2个百分点。乳制品产量居前的省区市为河北、内蒙古、山东、河南和黑龙江，5省区乳制品总产量为1318.7万吨，占全国的47.4%，占比同比增加1.1个百分点。其中液体乳产量居前的省区市为河北、内蒙古、山东、河南和江苏，5省区液体乳总产量为1231.5万吨，占全国的48.9%，占比同比增加1.6个百分点。乳粉产量居前的省区市为黑龙江、陕西、内蒙古、河北和福建，5省区合计生产乳粉104.2万吨，占全国的73.4%，占比同比增加0.2个百分点。全国规模以上企业乳制品、液体乳、乳粉产量及产量前5位省区情况分别见表4、表5、表6。

表4 2015年全国乳制品产量前5位省区情况

单位：万吨

地区	产量	同比增长（%）	占全国比例（%）
全国总计	2782.5	4.6	100.0
河北	346.0	5.1	12.4
内蒙古	293.6	8.1	10.6
山东	250.9	19.1	9.0
河南	236.9	2.9	8.5
黑龙江	191.4	-2.1	6.9

（资料来源：国家统计局月报数）

表5 2015年全国液体乳产量前5位省区情况

单位：万吨

地区	产量	同比增长（%）	占全国比例（%）
全国总计	2521.0	4.7	100.0
河北	335.4	3.8	13.3
内蒙古	276.4	10.0	11.0
山东	242.2	20.5	9.6
河南	236.3	2.9	9.4
江苏	141.3	10.1	5.6

（资料来源：国家统计局月报数）

表6 2015年全国乳粉产量前5位省区情况

单位：万吨

地区	产量	同比增（%）	占全国比（%）
全国总计	142.0	-4.5	100.0
黑龙江	50.5	-7.0	35.6
陕西	26.7	10.4	18.8
内蒙古	15.4	-17.7	10.9
河北	6.0	31.7	4.2
福建	5.7	34.9	4.0

（资料来源：国家统计局月报数）

2015年是“十二五”收官之年，“十二五”期间，受消费增长放缓影响，乳制品行业增速放缓，行业发展面临诸多困难，但与2010年相比，仍取得了不错的成绩。2010年～2015年我国乳制品产量增长了28.86%，销售收入增长71.59%，资产增长85.40%，利润增长39.30%，上缴税金增长45.07%。详见表7、表8。

表7 2011年-2015年全国规模以上乳制品企业情况

指标	2011	2012	2013	2014	2015
企业数/个	640	650	658	631	638
资产总计/亿元	1579.2	1782.5	2056.9	2321.2	2565.0
销售收入/亿元	2314.9	2502.0	2831.6	3297.8	3328.5
利润总额/亿元	177.7	174.0	180.1	225.3	241.7
上缴税金/亿元	93.5	111.7	113.7	105.1	122.0

（资料来源：国家统计局）

注：2012年及以前为年报数据，2013年及以后为月报数据。

表8 2011年-2015年全国规模以上乳制品企业产量情况

单位：万吨

指标	2011	2012	2013	2014	2015
乳制品	2387.5	2545.2	2698.0	2651.8	2782.5
其中：液体乳	2060.8	2146.6	2336.0	2400.1	2521.0
乳粉	138.6	136.5	158.9	150.8	142.0

（资料来源：国家统计局）

【b. 产品结构】

2015年，据中国乳制品工业协会对86家会员单位（销售收入占全行业的80.3%）的统计，在乳粉类产品中，全脂乳粉占15.9%，全脂加糖乳粉占5.3%，脱脂乳粉占2.4%，婴幼儿配方乳粉占58.0%，中老年乳粉占8.4%，调味乳粉占2.4%，其他乳粉占7.6%。

2015年，根据中国乳制品工业协会统计数据，全国奶油类产品产量约8万吨；干酪类产量约2.8万吨，其中原干酪约占45.4%，再制干酪约占54.6%；炼乳产量约16万吨，其中甜炼乳约占78.6%，无糖炼乳约占21.4%。

2015年，根据中国乳制品工业协会统计数据，全国液体乳产品构成为：巴氏杀菌鲜乳约占8.0%，灭菌纯乳约占41.0%，调制乳约占28.5%，发酵乳约占22.5%。

【c. 行业集中度及大型企业情况】

2015年，行业集中度进一步得到提高，大型企业盈利能力得到加强。根据国家统计局月报数据，全国共有大型企业49家，占行业全部规模以上企业数的7.68%，其全年共实现销售收入1411.3亿元，同比增长1.71%，占行业的42.40%，同比增加0.55个百分点；利润总额108.1亿元，同比增长6.21%，占行业的44.75%，同比增加2.08个百分点。

“十二五”期间，得益于国家对乳制品行业清理整顿和鼓励兼并重组政策的影响，大型乳制品企业得到了较好的发展。相比2010年，大型乳制品企业的资产增长了160.21%，销售收入增长了267.84%，利润提升了66.82%，上缴税金增长了209.27%。详见表9。

表9 2011年-2015年大型企业指标变化情况

单位：亿元

指标	2011	2012	2013	2014	2015
大型企业数/个	42	44	44	44	49
资产总计/亿元	740.3	839.1	1017.6	1079.1	1157.4
销售收入/亿元	992.6	1064.0	1159.7	1380.7	1411.3
利润总额/亿元	75.1	78.7	67.7	96.3	108.1
上缴税金/亿元	47.8	61.4	60.4	50.5	63.4

（资料来源：国家统计局）

注：2012年及以前为年报数据，2013年及以后为月报数据。

【d. 生鲜乳收购价格】

2015年，国内奶源供应比较销售收入稳定，价格维持高位运行，在产奶旺季价格出现小幅回落，旺季过后价格逐渐恢复。

据农业部对内蒙古、河北等10个奶牛主产省（区）[河北、山西、内蒙古、辽宁、黑龙江、山东、河南、陕西、宁夏、新疆。2013年10省（区）生鲜乳产量占全国的82.6%。]生鲜乳平均价格的调查数据，2015年1月平均价格3.56元/千克，4月为3.40元/千克，8月为3.41元/千克，12月为3.54元/千克。2015年12月全国主产区生鲜乳平均价格同比下降了6.6%。详见表10。

表10 2015年农业部监测10个主产省生鲜乳月平均价格情况

单位：元/千克

月份	1月	2月	3月	4月	5月	6月
月平均价格	3.56	3.44	3.42	3.40	3.40	3.41
月份	7月	8月	9月	10月	11月	12月
月平均价格	3.41	3.41	3.44	3.47	3.50	3.54

（数据来源：农业部监测数据）

【e. 乳制品价格】

2015年，受乳制品消费增长缓慢，企业库存增加，以及进口乳制品低价冲击的影响，乳制品年均价格出现下降。根据国家统计局的调查数据，2015年12月，乳制品价格环比降低0.2%，全年乳制品平均价格同比降低1.1%，而同期食品价格则为2.3%的增长。

【f. 乳制品进出口】

1. 进口

2015年，国际乳制品价格低位运行，液体乳等产品的进口继续大幅增长；但受国内乳粉产品高库存的影响，乳粉的进口出现了较大的降幅，全年乳制品进口总量也自2008年以来首次出现下降。1～12月共计进口乳制品191.85万吨，货值61.11亿美元，同比分别下降6.49%和28.00%，进口乳制品货值占国内行业销售收入的11.9%。其中：乳粉、液体乳、乳清类产品、婴幼儿乳粉、乳糖、干酪、奶油进口量较大，液体乳、零售婴幼儿食品（其中婴幼儿乳粉占97%以上）增幅较大。详见表11。

表11 2015年全国乳制品进口情况

商品名称	数量（万吨）	同比增长（%）	金额（亿美元）	同比增长（%）
进口合计	191.85	-6.49	61.11	-28.00
液体乳	45.96	43.54	4.85	18.71
乳粉	54.72	-40.73	15.07	-66.04
炼乳	1.09	19.19	0.22	4.67
发酵乳	1.03	18.21	0.28	-23.96
乳清类产品	43.58	7.67	5.25	-33.38
奶油	7.13	-11.38	2.65	-29.77
干酪	7.56	14.56	3.48	1.62
乳糖	8.95	5.51	0.84	-33.49
零售婴幼儿食品	17.99	46.20	25.18	60.79
酪蛋白	2.12	36.90	1.72	-6.17
白蛋白	1.72	8.65	1.57	-21.26

注：1. 数据来源：中国海关；2. 液体乳数据不含发酵乳；3. 乳粉数据不含零售包装婴幼儿配方乳粉。

从进口来源看，新西兰仍然是我国进口乳制品的主要来源地，全年共从新西兰进口乳制品65.7万吨，占我国进口乳制品总量的34.3%；其次是美国、德国、澳大利亚和法国，我国分别进口了34.4万吨、27.6万吨12.7万吨和12.1万吨的乳制品，以上5国合计占到我国乳制品总进口量的79.5%。其中，液体乳主要来源于德国、新西兰、澳大利亚、法国和意大利，进口量分别为20.5万吨、7.5万吨、6.2万吨、

3.6万吨和1.3万吨，5国合计占液体乳总进口量的85.0%；乳粉主要来源于新西兰、澳大利亚、美国、德国和法国，进口量分别为44.8万吨、2.7万吨、2.2万吨、1.4万吨和1.2万吨，5国合计占乳粉总进口量的95.4%；乳清类产品主要来自于美国、法国、波兰、阿根廷和德国，进口量分别为22.9万吨、5.0万吨、2.9万吨、2.8万吨和2.4万吨，5国合计占乳清粉总进口量的82.7%；奶油主要来自于新西兰、法国、澳大利亚、比利时和阿根廷，进口量分别为6.1万吨、3.2万吨、2.6万吨、1.8万吨和0.9万吨，5国合计占奶油总进口量的97.5%；干酪主要来自于新西兰、澳大利亚、美国、丹麦和意大利，进口量分别为3.7万吨、1.5万吨、1.2万吨、0.24万吨和0.19万吨，5国合计占干酪总进口量的90.0%；乳糖主要来自于美国、丹麦、德国、澳大利亚和荷兰，进口量分别为7.0万吨、0.67万吨、0.34万吨、0.30万吨和0.29万吨，5国合计占乳糖总进口量的96.2%；零售婴幼儿食品（婴幼儿配方乳粉）主要来自荷兰、爱尔兰、德国、法国和新西兰，分别进口5.8万吨、2.5万吨、1.7万吨、1.6万吨和1.4万吨，5国合计占零售婴幼儿食品进口量的72.3%；酪蛋白主要来自新西兰、荷兰、法国、美国和德国，分别进口1.24万吨、0.49万吨、0.14万吨、0.08万吨和0.04万吨，5国合计占酪蛋白总进口量的93.9%。

进口价格：2015年，由于世界乳制品主要消费市场消费能力持续低迷，全球乳制品贸易逐渐呈现供大于求的状态，国际乳制品价格进一步走低。2015年12月，乳粉的平均进口价格为2782美元/吨，每吨同比下降409美元，下降幅度达12.82%；液体乳平均进口价格为928美元/吨，每吨同比下降320美元，下降幅度达25.63%；乳清粉平均进口价格为874美元/吨，每吨同比下降708美元，下降幅度达44.74%。

2. 出口

2015年，受国际乳制品供过于求，且国内乳制品成本居高不下等因素影响，我国乳制品出口出现下降。全年乳制品出口3.55万吨，货值0.64亿美元，同比分别下降15.36%和30.12%。其中，液体乳、乳粉、炼乳、奶油是出口的主要产品。详见表12。

我国乳制品出口主要是为香港澳门地区提供产品，2015年，共向香港澳门地区出口乳制品2.81万吨，占总出口量的79.15%。

表12 2015年全国乳制品出口情况

商品名称	数量（万吨）	同比增长（%）	金额（亿美元）	同比增长（%）
出口合计	3.55	-15.36	0.64	-30.12
液体乳	2.46	-4.46	0.24	-7.06
乳粉	0.49	-40.07	0.11	-65.95
炼乳	0.18	-24.29	0.04	-28.78
发酵乳	0.05	-12.19	0.01	-6.48
乳清粉	0.00	-52.71	0.00	-12.65
奶油	0.14	-51.47	0.04	-55.59
干酪	0.01	3.86	0.01	-9.51
乳糖	0.09	13.50	0.04	74.44
婴幼儿零售食品	0.08	15.89	0.08	21.93
酪蛋白	0.02	-60.23	0.02	-61.46
白蛋白	0.02	22248.09	0.04	189.49

注：1. 数据来源：中国海关；2. 液体乳数据不含发酵乳；3. 乳粉数据不含零售包装婴幼儿配方乳粉。

2015年，全国进出口乳制品（包括乳糖、零售包装婴幼儿配方乳粉、酪蛋白、白蛋白）数量逆差188.30万吨，货值逆差60.47亿美元，分别同比下降6.31%和27.98%。

“十二五”期间，我国乳制品进口继续快速增长，我国乳制品行业对国际依存度进一步加大，国际乳制品供求关系对国内影响力加大，为适应这种国际化形势，包括伊利、光明、雅士利、圣元等一批企业开始“走出去”发展，利用国外资源满足企业发展的需求。

相比2010年，“十二五”期间我国乳制品进口量增长了1.18倍，进口额增长了1.14倍。其中，液体乳进口量增长了27.92倍，发酵乳进口量增长了7.38倍，炼乳进口量增长了2.34倍，干酪进口量增长了2.30倍，奶油进口量增长了2.04倍，零售婴幼儿食品进口量增长了1.71倍，酪蛋白进口量增长了1.69倍。2011年–2015年乳制品进口量和进口额变化情况见表13和表14。

表13 2011年-2015年全国乳制品进口量变化情况

单位：万吨

商品种类	2011年	2012年	2013年	2014年	2015年
进口量合计	106.38	134.12	182.71	205.18	191.85
液体乳	4.05	9.38	18.46	32.02	45.96
乳粉	44.95	57.31	85.44	92.34	54.72
炼乳	0.49	0.55	0.93	0.92	1.09
发酵乳	0.25	0.79	1.02	0.87	1.03
乳清类产品	34.42	37.84	43.41	40.47	43.58
奶油	3.57	4.83	5.23	8.04	7.13
干酪	2.86	3.88	4.73	6.60	7.56
乳糖	5.51	7.98	8.35	8.49	8.95
零售婴幼儿食品	7.83	9.15	12.27	12.31	17.99
酪蛋白	1.01	1.25	1.25	1.55	2.12
白蛋白	1.42	1.16	1.61	1.59	1.72

注：1.液体乳数据不包括发酵乳。2.数据来源：中国海关

表14 2011年-2015年全国乳制品进口额变化情况

单位：亿元

商品种类	2011年	2012年	2013年	2014年	2015年
进口额合计	37.88	46.74	71.47	84.88	61.11
液体乳	0.60	1.19	2.35	4.08	4.85
乳粉	16.45	19.29	35.85	44.38	15.07
炼乳	0.12	0.13	0.21	0.21	0.22
发酵乳	0.09	0.25	0.40	0.37	0.28
乳清类产品	5.71	7.48	8.50	7.89	5.25
奶油	1.84	1.96	2.26	3.78	2.65
干酪	1.39	1.87	2.31	3.42	3.48
乳糖	0.70	1.56	1.45	1.26	0.84
零售婴幼儿食品	8.61	10.48	14.78	15.66	25.18
酪蛋白	1.06	1.24	1.39	1.83	1.72
白蛋白	1.31	1.30	1.98	2.00	1.57

注：1.液体乳数据不包括发酵乳。2.数据来源：中国海关

【g. 产品质量】

2015年，乳制品质量安全仍保持了稳定向好的状况，根据国家食药总局公布的数据，共抽检乳制品（不含婴幼儿配方乳粉）9350批次，检出不合格产品44批次，合格率99.5%，是食品行业中合格率最高的。不合格产品涉及产品有巴氏杀菌乳、灭菌乳、发酵乳、奶油等产品，主要问题为菌落总数、大肠菌群、金黄色葡萄球菌、霉菌、酵母等微生物指标，以及酸度不符合国家安全标准。

根据收集到的国家食药总局公布的国家监督抽检结果，2015年共抽检婴幼儿配方乳粉样品1540批次，不合格样品60批次，其中标签标识不合格44批次，质量指标不合格16批次，抽检合格率为96.1%，除去标签不合格样品，合格率为99.0%。16批次质量不合格样品中，宏量营养素不合格样品5批次，占31%，其中蛋白质1批次，反式脂肪酸2批次，亚油酸2批次；污染物硝酸盐不合格2批次；微生物菌落总数不合格的1批次；微量成分不合格8批次，占60%，其中硒5批次，维生素C2批次，叶酸1批次。

【h. 婴幼儿配方乳粉行业】

婴幼儿配方乳粉行业关系到婴幼儿的饮食安全和健康成长，受到党中央、国务院及各级主管部门和社会各界的广泛关注。为保障产品安全，提升产品质量，促进该行业的产业升级，“十二五”期间国家持续采取了多种措施。2011年和2014年国家两次对婴幼儿配方乳粉企业进行了生产许可的重新审核，提高了行业整体技术装备水平；2013年，工业和信息化部发布《提高乳粉质量水平，提振消费信心行动的方案》并推动实施；2014年工业和信息化部、发展改革委、财政部、食品药品监管总局联合发布《推动婴幼儿配方乳粉企业兼并重组工作方案》；工业和信息化部推动建立了食品工业企业质量安全追溯平台，目前有6家大型骨干企业在平台进行试用；近几年国家加大了对婴幼儿配方乳粉的抽检强度，并启动了对婴幼儿配方乳粉生产企业的食品安全审计。以上这些措施，对提升国产婴幼儿配方乳粉产品质量，恢复市场信心，促

进企业兼并重组起到了积极的作用，也取得了不错的成绩。

2015年，新修订的《食品安全法》正式发布并实施，其中第八十一条明确“婴幼儿配方乳粉的产品配方应当经国务院食品药品监督管理部门注册。注册时，应当提交配方研发报告和其他表明配方科学性、安全性的材料。”配方注册实施后，将使国内婴幼儿配方乳粉品牌数量大幅缩减，质量水平进一步提升。

【i. 推动国内乳制品质量提升】

2015年，国家食药总局加大了对婴幼儿配方乳粉的监督抽检和风险监测的抽检频次，部分产品被检出质量安全问题。为此，中国乳制品工业协会及时召开会议，分别于1月、3月、5月召开专项会议，对国家抽检中发现的问题进行通报，召集行业企业分析原因和探讨解决办法，督促企业比照抽检中发现的问题进行自查，预防类似产品问题的发生，严格把控好产品质量。同时，通过邀请检验机构检验人员现场授课和操作指导，提升了企业检验员的技能水平。通过这一系列的工作，婴幼儿配方乳粉检验合格率明显好转。

【j. 发布两项干酪感官评鉴细则行业规范】

8月1日，中国乳制品工业协会对外发布了RHB507—2015《匹萨用拉丝性干酪感官评鉴细则》、RHB508—2015《耐高温再制干酪感官评鉴细则》两项干酪感官评鉴细则行业规范。规范除规定了产品包装、外形、色泽、滋味和气味、组织状态及特征结构的评鉴方法和量化评分标准外，还对烘焙后匹萨用拉丝性干酪的拉丝性、融化性、焦斑大小、焦斑颜色、焦斑面积、出油性、滋味和气味、质构、透明度等指标，以及加热后耐高温再制干酪的保形率、颜色、出油性、滋味和气味、质构等的指标，设定了具体的评鉴方法和量化评分标准。

【k. 行业年度会议】

8月10日—12日，中国乳制品工业协会成立二十周年第二十一次年会暨第十五次乳品技术精品展示会在北京国家会议中心举行。会议全面深入分析了世界乳业发展的形势以及中国乳制品行业面临的机遇和挑战；交流了国内外乳制品科技研发成果；总结行业发展的经验及教训；探讨了进一步提高乳制品质量安全、增强我国乳业的国际竞争力的措施等。国家食药总局、卫计委、国家质检总局以及工信部等行业主管部委领导和澳大利亚、新西兰、爱尔兰以及法国等乳业发达国家驻华使馆官员、行业组织以及国内外行业代表及参展商等5000余人参加了盛会。

大会以“二十年奋斗路成就谱华章”为主题，对二十年来坚持不懈地在行业努力奋斗并做了突出贡献和取得优异成绩的企业及企业家进行了表彰。其间，大会成功举行了“全球乳业发展高峰论坛”“国际乳品工程与生物科学技术论坛”“国际婴幼儿配方粉标准法规与营养科学论坛”“世界乳业市场及营销论坛”和“牧场管理及科学饲养论坛”。

同期举办的第十五次乳品技术精品展示会共有近169家国内外知名企业参展。展出面积2万平方米，展出展位650多个，参展企业和展出面积均为历史新高。

岳增君

2.9 罐头食品制造

罐头行业在2015年的发展中机遇与挑战并存，国际市场近年来基本平稳，进入企稳阶段，国内市场稳中有升，在销量、产品质量、品种以及口碑方面较往年均有所提升，产品市场面貌有所改观，但巩固目前的良好发展局面仍需不断发力，国内市场依然存在较大空间待开发。

【a. 概况】

1. 主要指标完成情况

（1）主营业务收入

根据对规模以上885家罐头企业统计的数字显示，2015年，我国罐头行业完成产量累计为1212.60万吨，同比增长3.55%，全行业主营业务收入为1679.29亿元，同比增长2.92%。

（2）利税

2015年，我国罐头行业完成利税总额为158.89亿元，同比增长3.11%；全行业利润总额为91.49亿元，同比增长3.89%。

表1 2011-2015年我国罐头行业规模以上企业主要经济指标

指标	2011	2012	2013	2014	2015
产量（万吨）	972.04	971.46	1045.39	1171.89	1212.60
主营业务收入（亿元）	1202.60	1257.84	1503.57	1631.70	1679.29
利税（亿元）	108.89	113.90	140.41	154.10	158.89
利润总额（亿元）	65.46	68.48	84.42	91.49	95.05

（数据来源：国家统计局）

2. 行业发展分析

（1）价格

罐头产品的价格主要受原辅材料、人工成本和汇率影响。2015年，由于世界主要经济体货币大幅贬值，购买力降低，倒逼产品价格和国内部分企业为争夺市场、去库存采用价格战来压低报价，导致总出口平均价格下滑，如番茄酱罐头出口累计平均价格同比下降16.04%，芦笋罐头同比下降12.15%。但也有部分产品由于国际市场需求旺盛，竞争对手原料不足，导致产品价格上涨，如竹笋罐头出口累计平均价格同比增长22.33%，草莓罐头同比上涨42.83%，蚕豆罐头同比增长19.83%，但其出口量均不大。根据国家统计局数字计算，2015年，我国罐头出口累计平均价格为1634.03美元/吨，同比1780.99美元/吨，降幅为8.25%。

图1 2000年-2015年我国罐头出口累计平均价格走势图

（数据来源：国家统计局）

而在内销方面，由于受到如猪肉、柑橘、黄桃等主要品种原料价格上扬，导致产品价格上行压力增大，但由于近年来部分业内大型企业开始注重控制原料成本，如发展冷冻猪肉作为原料储备、大力发展原料种植基地，从源头上控制原料价格，取得了一定成果，在某种程度上对价格上行压力有所缓解。

（2）市场

我国罐头销售分国外和国内两个市场，在出口方面，2015年一改前3年量跌价增的特点，转为出口量略有增长而出口额出现下滑。国际市场虽然不确定因素过多，但纵观近六年来国际市场变化，我国罐头出口总量一直维持在300万吨左右，已经进入企稳阶段的大格局，保持稳定的特点没有发生变化。

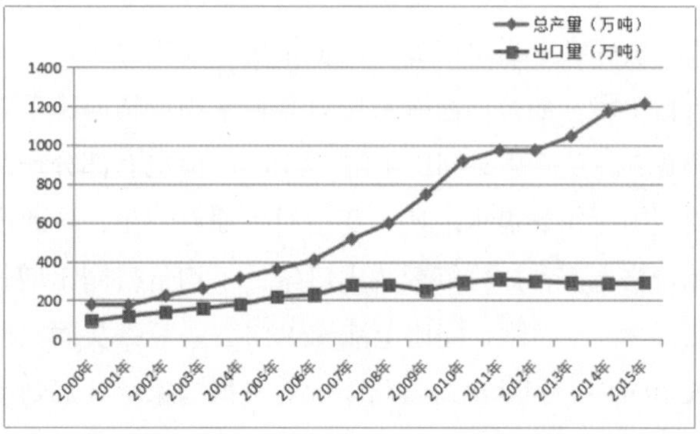

图2 2000年-2015年我国罐头总产量、出口量情况表

（数据来源：国家统计局）

2015年，罐头国内市场总体表现良好，从国内市场来看，大企业借助于日趋成熟的品牌和渠道，销量增加，企业影响力也得以进一步提升，并逐渐建立起在全国或区域以及某些品种市场优势，并加大投入扩大优势，巩固其龙头地位。还有一些企业把握自身产品特点和市场渠道实际情况，先在区域市场站稳脚步，逐步积累和夯实放大基础。黄桃、橘片、午餐肉及鱼罐头等为国内消费者所熟悉的罐头类产品，继续保持稳定增长。随着愈来愈多的业内企业开始重视和培育国内市场，国内罐头市场面貌和地位较以往得到改善。

（3）投资

2015年，全行业总体新增投资不多，仅个别企业在机械化改造和新品包装创新方面有所投入，行业总体产能变化不大。主要由于行业门槛低，中小企业居多，业内竞争激烈导致利润率低下和绝大多数产品已经产能过剩，因此，企业对投资意向不大。

但行业一直倡议加强企业联合，共同发展。企业间合作的形式很多，可以从产品OEM加工或技术合作开始，逐步深入到品牌、市场和资本，直至组建联合体，实现大集团、大市场、大运作的新模式。

（4）区域分布

我国罐头行业产量区域集中度非常高，2015年，福建省罐头产量284.06万吨，占全国罐头总产量的23.43%，成为全国罐头产量最高的地区。另外，罐头产量前十的省市分别是福建、湖北、山东、湖南、新疆、广东、安徽、浙江、广西和河北。各省市产量依次是284.06万吨、123.08万吨、112.63万吨、105.85万吨、67.59万吨、58.81万吨、58.61万吨、57.93万吨、54.53万吨和46.79万吨。其中，前三省份罐头的产量占据全国产量的42.86%。

罐头产品的主要原料是农产品，所以各地总产量和农产品产季、储藏性能等因素有关，因此罐头行业分布主要依据原料优势。例如，我国水产品类罐头的产区以广东、福建、浙江、辽宁等沿海地区为主；柑橘罐头以浙江、湖南、湖北等地为主产区；肉类罐头以上海、福建、四川为主产区；黄、白桃罐头以河北、山东、安徽和大连为主产区；蘑菇、芦笋罐头以福建、山东为主产区；番茄酱以新疆和内蒙古为主产区；竹笋罐头以浙江、福建、江西为主产区。八宝粥主产区是浙江、福建和山东等。

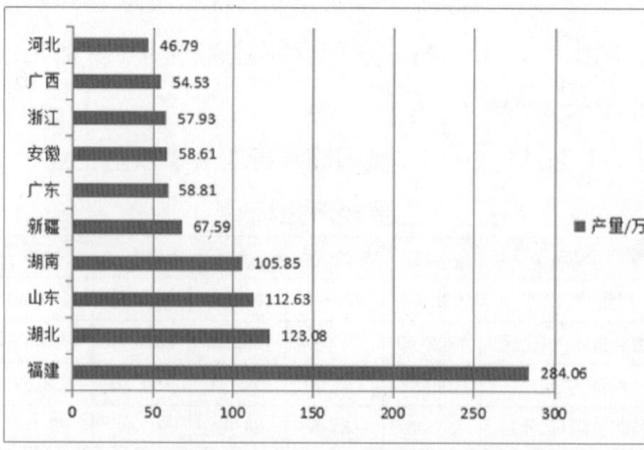

图3 2015年全国罐头十大生产省份（自治区）及产量

（数据来源：国家统计局）

（5）行业集中度

由于，罐头行业起步较早，且技术含量低导致行业

入行门槛偏低，又由于罐头行业加工受到原料供给制约，产品季产年销和平均利润率偏低等不利因素，导致企业很难做大做强。因此，罐头行业总体以中小企业居多，行业集中度不高。以柑橘罐头为例，行业加工柑橘罐头前十家企业加工总量不足行业 40%；番茄酱加工主要集中在新疆和内蒙古地区，由于，原料较为充足和国际市场需求量大，行业集中度相对其他产品略高，行业前五家企业加工总量约占行业 70%。八宝粥罐头是业内加工集中度最高的类别，主要集中在杭州娃哈哈集团和厦门银鹭食品集团，产量占市场的三分之二以上。

（6）进出口

①出口

据国家海关数据显示，2015 年，我国罐头出口总量为 292.27 万吨，同比增长 2.41%，出口金额为 47.76 亿美元，同比下降 6.04%。由于世界主要经济体货币大幅贬值，购买力降低，倒逼产品价格和国内部分企业为争夺市场、去库存采用价格战来压低报价，导致总出口平均价格下滑，根据国家统计局数字计算，我国罐头出口累计平均价格为 1634.03 美元 / 吨，同比 1780.99 美元 / 吨，降幅为 8.25%。

2015 年，我国罐头出口到全球 165 个国家和地区，出口市场的基本格局并没有发生实质性变化，欧盟、日本、美国、俄罗斯仍是中国罐头的最大出口市场。从国别出口量来看，中国罐头对其出口量超过 10 万吨的国家有 4 个，分别是美国、日本、俄罗斯和加纳，对这 4 个国家的出口量之和为 114.43 万吨，占中国罐头出口总量的 40% 左右。

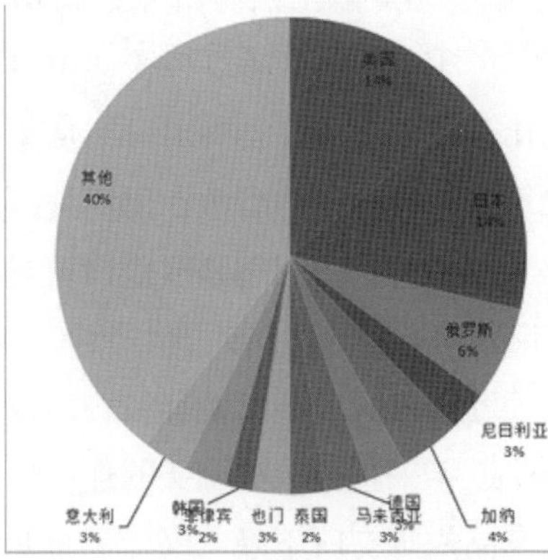

图4 2015年罐头出口主要国家和地区所占比重

②进口

2015 年，罐头进口量为 8.33 万吨，同比下降 3.45%。进口额为 1.45 亿美元，同比增长 7.01%。

国内进口罐头主要为水果品种，其中进口量最大的为黄桃、菠萝和什锦罐头。进口黄桃罐头主要来自于南非和希腊，由于其品质优良，色泽鲜艳，受到国内高端烘焙业和连锁快餐业的青睐，2015 年，黄桃罐头高端市场需求量大幅攀升，我国桃罐头进口量为 16950.12 吨，同比增长 36.08%，不过平均价格略有下降，桃罐头进口总额为 2541.25 万美元，同比增长 29.58%。我国进口菠萝罐头主要来自于泰国和菲律宾，我国菠萝罐头进口量为 12950.36 吨，同比下降 18.72%，进口额 1513.41 万美元，同比下降 10.05%。进口水产罐头主要是金枪鱼罐头，进口量为2688.45吨，同比基本持平，进口额为 1157.27 万美元。近年来，国内进口罐头产品基本保持平稳，并且趋于选择高品质的产品。

（7）重点行业

罐头产品按原料分为肉禽类罐头、水产类罐头、果蔬类罐头和其他类罐头。2015 年，我国规模以上肉禽类罐头制造企业共 99 家，同比增长 7.61%，主营业务收入为 261.0 亿元，同比增长 4.7%，占罐头行业主营业务收入总额 15.54%；规模以上水产类罐头制造企业共 47 家，同比增长 11.90%，主营业务收入为 105.4 亿元，同比增长 8.7%，占罐头行业主营业务收入总额 6.28%；规模以上果蔬类罐头制造企业共 680 家，同比增长 3.03%，主营业务收入为 1185.7 亿元，同比增长 0.2%，占罐头行业主营业务收入总额 70.61%；规模以上其他类罐头制造企业共 59 家，同比增长 13.46%，主营业务收入为 127.2 亿元，同比增长 7.4%，占罐头行业主营业务收入总额 7.57%。其中主要产品情况如下：

①八宝粥罐头行业

八宝粥罐头是我国罐头品种中总量最大的单品，而且产品几乎全部内销。据中国罐头工业协会统计，2015 年全国的总产量达到 60 亿罐（350 克/罐，约 180 万吨），行业内主要生产企业是杭州娃哈哈集团和厦门银鹭食品集团,两家的生产量占八宝粥的市场份额的三分之二,其中娃哈哈一家全年产销量就近 30 亿罐。八宝粥罐头生产的连续化和机械化程度高，能一年四季生产，所以产能较大，能形成规模效益。同时也是罐头行业中创新比率最高的品种，市场产品多样化较为突出。

②番茄酱罐头行业

美国、意大利和中国是世界上主要的番茄酱罐头生产国。我国番茄酱罐头加工主要集中在新疆、内蒙古和甘肃地区，由于国人饮食习惯，很少食用番茄酱，因此生产的约 90% 以上番茄酱用于出口。全球番茄可加工用原料量创新高，达到创纪录的 4300 万吨，其中美国更是达到历史极值 1450 万吨。全国番茄行业根据海关统计数字，全年出口总量 98.73 万吨，出口额 9.14 亿美元，其中大桶番茄酱（>5kg）出口量 56.41 万吨，同比增长 28.28%，累计平均单价 885 美元 / 吨，同比下降 18.71%；小包装番茄酱（≦ 5kg）出口量 42.32 万吨，同比下降 1.27%，累计平均单价 981 美元 / 吨，同比下降 12.20%。由于，市场上产品充足，再加上我国的主要出口方向非洲市场一些国家受到外汇短缺等影响，减少了番茄酱的进口，和国内部分企业由于库存量较大，在市场上率先降价，使得市场价格一路下滑。行业和市场面临的主要问题是：国内低质量番茄酱产品较多，严重影响国产番茄酱在国际市场上的声誉，导致产品的国际竞争力严重下降。企业应当严格控制产品质量管理，不应因小失大，自毁产品国际声誉，努力加强行业自律和规范，把行业和市场引入正常良性轨道。

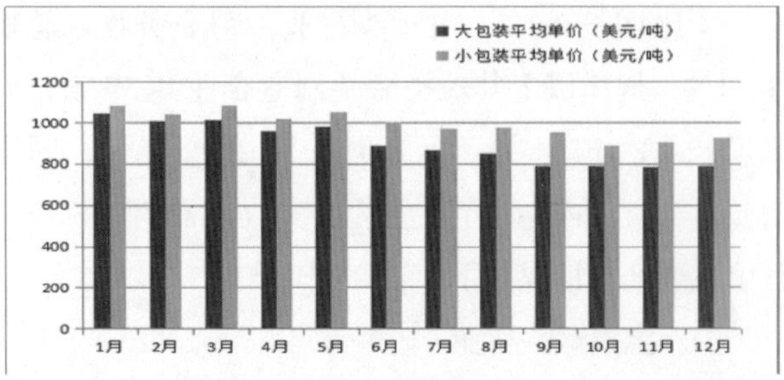

图5 2015年分月大包装和小包装番茄酱产品出口平均单价
（数据来源：国家统计局）

③桃罐头行业

我国桃罐头加工用原料主要集中在安徽砀山和山东临沂地区，2015 年，由于天气原因，部分地区出现略微减产，但原料品质却有所提高，因此导致原料价格较去年有所提升。我国桃罐头分国际和国内两个市场。从国际市场看，我国桃罐头加工竞争对手主要是南非、美国、希腊和阿根廷共四个国家。不过市场基本稳定，全球主要生产国的总加工量大体保持在每年 110 万吨左右的规模。我国桃罐头出口 15.53 万吨，同比下降 5.39%，主要出口国家依次是美国、日本、俄罗斯、墨西哥和加拿大，其中对日出口中白桃罐头占较大比例。在桃罐头国际贸易中，我国与希腊、南非等国家形成此消彼长、互补共存的关系，我国出口产品有相当一部分是 3 公斤大罐，供应集团消费或者用作食品工业原料。对于我国桃罐头出口而言，主要是原料和人工成本的不断上升，削弱了产品竞争力，此外在产品质量上与国外同类产品存在一定差距，主要由于我国栽培原料品种较国外落后很多。

2015 年，国内市场基本平稳，在经历 2012 年黄桃市场滑坡之后，经过企业积极调整，虽然市场上存在的诸如同质化、品牌弱等问题在短期内尚无法解决，但国内市场基本已逐渐恢复正常态势，另外很多企业采用“互联网 +”的销售方式，进行网上销售黄桃罐头，由于黄桃罐头外观诱人，口味甜美，取得了不错的效果。

④柑橘罐头行业

我国是世界上主要的柑橘罐头生产国，年产量占世界总贸易量的 70% 以上，2015 年，我国柑橘罐头出口量为 31.79 万吨，同比基本持平，出口额为 3.25 亿美元，同比下降 1.95%，主要出口国是美国、日本和欧盟。近年来，我国柑橘罐头在出口美国方面主要受到一些技术性贸易壁垒问题和欧盟持续对我国产柑橘罐头实施反倾销，导致国际竞争力下降。

柑橘罐头近年来国内市场发展较好，销售规模稳中有升。企业近年来重视柑橘罐头的连续化、机械化生产，导致产品成本有所下降，保证了企业效益。在产品方面，柑橘罐头产品在包装、口感方面不断改善，在稳定既有消费群体的条件下，努力开发新品及扩展新的消费群体。从而促进内销市场不断扩大。

⑤食用菌罐头行业

2015年，我国食用菌罐头总产量约为50万吨，主要集中在福建、四川和山东等省份。在出口方面，我国食用菌罐头总出口量为23.71万吨，同比下降10.71%，下降原因在于我国依然没有摆脱受到美国蘑菇罐头多年的反倾销和多菌灵事件的阴影，造成中国出口美国的食用菌罐头受阻，出口出现负增长。食用菌罐头在国内市场上销售主要针对快餐连锁和星级酒店，销售近年来一直比较平稳。

⑥猪肉类罐头行业

近年来，我国猪肉类罐头年产量一直保持在16万吨左右，其中约三分之一用于出口，主要出口东南亚国家和中国香港地区，2015年，由于猪肉原料价格上涨较为明显，导致产品成本增长。我国共出口猪肉类罐头5.01万吨，同比下降16.09%，出口额为1.53亿美元，同比下降15.08%。在内销方面，猪肉类罐头主要应用于餐饮化，如猪肉午餐肉应用于火锅类餐饮，其余小众产品如红烧猪肉、红烧排骨等产品主要针对地区餐饮化销售，近年来发展较为稳定。

⑦金枪鱼类罐头行业

2015年，我国金枪鱼罐头（含金枪鱼鱼柳）共出口8.32万吨，同比下降1.43%，出口额为3.40亿美元，同比下降11.10%。由于，近年来国内消费者对金枪鱼类罐头的营养成分逐渐重视，产品在国内消费中增长较快，另外金枪鱼罐头也主要应用于国内西餐餐饮化中。

⑧鲭鱼类罐头行业

2015年，我国鲭鱼罐头出口量为7.64万吨，同比增长21.97%，出口额为2.05亿美金，同比增长14.37%。鲭鱼罐头近年来国际市场发展较快，但提升行业总体的产品质量一直是目前发展的重中之重。

（8）包装与装备

①包装

罐头产品由于其独特的杀菌工艺，导致其对产品包装要求较高，产品按包装主要分为硬（马口铁、玻璃、铝等金属）和软（高阻隔塑料、铝箔等）两种包装形式。

我国以金属、玻璃材料制罐的技术已日渐成熟，制罐装备生产已接近国际先进水平，近年来安全性较高的覆膜铁产品，由于其耐加工、耐腐蚀和阻隔性良好等优点，受到业内普遍重视，并被广泛认为是未来金属包装行业马口铁的替代品。高阻隔塑料包装主要应用于水果罐头，水果类罐头由于其外观诱人，部分产品在销售中采用透明高阻隔包装材料，制成果杯或直立袋，携带方便且便于开启。不过果杯包装目前存在的主要问题是市场上高阻隔产品质量良莠不齐，不良包装产品会对罐头杀菌、封口乃至贮存和运输带来麻烦，影响食品质量。

②装备

罐头生产原料品种多、规格不一、生产规模不大和习惯于手工操作等问题一直是制约我国罐头生产装备发展的障碍，不过随着国内人工成本的不断攀升，企业对机械化、连续化设备越来越重视。罐头行业装备发展态势十分明显，高新技术得到逐步的推广与应用，随着市场的需求和企业研发能力的增强，高新机械设备在罐头加工业中得到了较为广泛的应用，如芦笋去皮机、黄桃去核机等机械目前在行业中广泛被推广使用。特别是随着国外先进设备的引进和消化，以及罐头加工产品的出口，因此对产品的质量和加工技术水平要求较高，推动了高新技术的广泛引进和应用研究。但和国际上先进的自动化生产还有较大差距，原料装备落后严重制约生产自动化进程。

【b.行业面临的问题分析】

1.政策与市场

（1）我国出口罐头产品长期受到欧美等西方国家反倾销制裁，行业损失惨重

我国罐头产品近三分之一用于出口，主要出口方向为欧美等西方国家和地区。我国自加入WTO以来，欧美等西方发达国家对我国罐头企业频繁展开反倾销控诉、反倾销调查。以橘子罐头为例，欧盟于2008年对原产自我国的橘子罐头做出反倾销仲裁，欧盟是我国的第二大出口市场，由于欧盟对我国出口橘子罐头

反倾销关税增加，国内的罐头企业的产销形势瞬间变得严峻起来，我国每年出口欧盟的橘子罐头，从2007年的6.5万吨，减少到2015年的约1.8万吨，从欧盟市场转移出来的剩余需求缺口，迫使我国罐头企业纷纷蜂拥到其他国际市场，从而造成国际市场橘子罐头销售行情连续低迷，并致使我国部分生产企业在这5年内纷纷停产、倒闭，行业损失巨大。

（2）原料基地建设需加强，尤其是对农药使用应加强监管

我国果蔬类罐头产品涉及农产品和原料种类繁多，目前，大多数企业没有自己的原料生产基地，大多由农户自己种植，在原料品质和农药监管方面很难控制，给产品品质的稳定性和安全控制带来风险，甚至影响产品出口。例如我国每年出口美国果蔬罐头约30万吨，美国自2011年起对来自我国的果蔬罐头中农药多菌灵的最大残留量限制为0.01ppm，这一数值远远严格于我国及世界许多国家的现行标准，目前我国多菌灵使用十分普遍，这导致我国很多果蔬类罐头产品被拒绝进入美国。而如果我国相关部门和企业能够严格把控出口美国产品的原料控制，修订敏感农药的使用安全标准和规定，不仅有助于我国相关产品提高出口量，也有助于企业增强国际竞争力，免遭出口退柜损失。

（3）国内消费者普遍对罐头误解很深，产品墙里开花墙外香

国内由于部分媒体对罐头产品缺乏了解和调查，听信一些谣言误以为罐头产品在安全性、营养方面欠妥，便以讹传讹对其进行报道宣传，导致消费者对罐头误解很深，普遍认为罐头产品不够新鲜且营养价值不高。近两年来行业协会和企业加大宣传科普力度，尽量消除市场上对罐头产品的误解，并取得了一定效果。而在国外罐头食品非常普遍，产品消费主要有两大部分，一是家庭消费，家庭主妇直接选用各式肉、鱼、菜、豆、水果和汤类罐头。二是快餐和食品店选用，作为配料加工各式快餐食品，如芦笋、竹笋、番茄酱和蘑菇罐头等，罐头食品深受欢迎。

（4）中小企业偏多、产品“品牌”经营差

我国的罐头加工业总生产规模有较大，优势产业带已初步形成，区域化格局日益明显，但是生产企业数量众多，生产规模相对较小，同质化竞争严重。就是行业骨干企业规模和世界大牌企业也相差巨大。原来创立的一系列品牌走向了没落，我国的罐头出口，几乎没有自有品牌，大多以贴牌加工为主，出口中代工生产的产品所占比例很高，占95%；内销市场的大部分产品没有太多的“品牌”宣传，消费者选择无所适从。近年来虽然很多企业开始注重内销并加大对产品品牌的宣传投入，但仍需努力。

2. 科技创新

（1）新品开发严重不足，市场同质化竞争严重

罐头产品虽然发展起步早，产品类型多种多样，从果蔬、畜肉至水产品覆盖面非常广，但产品在口味、包装方面的创新发展严重不足。市场上罐头产品大多以老产品、老包装为主。缺少新包装、新口味，导致罐头国内市场对新生消费群体的吸引力度不够，虽然产品物美价廉，但难以开拓新兴消费群体。不过近年来随着国际市场的饱和，企业不断重视国内市场，也对产品创新变得逐渐重视起来并进行大胆尝试，如近年来市场上的功能糖类水果罐头、果冻类罐头等新口味产品，在包装上也推出很多包装精美的礼品包装。目前行业创新力正在逐步进行改善，也已取得部分成果，因此，加大创新、进行品牌培养成为促进产业发展的关键因素。

（2）农产品加工用果蔬原料品种有待进一步改良升级

果蔬类罐头产品的优良与否主要在于原料的品质，原料的好坏直接影响着最终产品。由于农产品改良需要投入大量的人力、物力、财力，并且需要很长的时间，品种改良困难重重。以国内黄桃种植为例，目前我国黄桃罐头加工所使用桃原料与南非、希腊等国相比品种落后很多，黄桃原料品质无法与其相比，导致我国产桃罐头产品品质不如外国，国际竞争力不足。与此同时，好的品种助力行业向上发展，如近年来中国芦

笋研究中心开发出的芦笋新品，在抗药性、产量等其他各项指标方面均非常优秀，位居国内外所有品种前列，新品种的研制成功，优质原料的供给，进一步提高我国芦笋罐头加工质量，必将增强我国罐头产品在国际市场的竞争地位。

【c. 行业发展趋势预测】

2016 年，随着世界经济依然处于深度调整期内，结合近年来行业发展现状，不难发现我国罐头产品近几年来在出口市场基本企稳，国际市场虽然不确定性因素过多，但已基本趋于饱和。其中我国产番茄酱、黄桃、柑橘、蘑菇、芦笋等罐头产品在国际市场上所占比例已基本稳定，在增加出口量方面很难再有大的发展。内销方面虽然近几年发展良好，产品销量逐年有所提升，但依然存在着产品同质化严重等问题。预计在 2016 年，随着国内全面“供给侧”改革的推动，罐头行业也将逐步进行产业升级，在产品开发、工艺改进、新包装应用、食品安全和品牌培养等方面进行推动，提高产品附加值，增加产品科技含量，适应市场多样化的需求和拓展行业发展空间。罐头行业将逐步摆脱以往的低端同质化价格竞争局面，转为以创新、品质取胜的良性竞争。

另外，由于罐头产品在生产中耗能较大，行业下一步发展方向将重点在节能降耗方面，发展节能降耗，不仅降低了对环境的污染，还有助于降低产品成本，提高产品竞争力。行业在使用循环水、杀菌减少热量流失方面将加大科技投入力度，开发新技术。

品种繁杂，产品附加值低导致罐头行业在企业的机械化、连续化方面落后等情况在今后也将进一步改善，加快机械化、连续化的技术改造，提高生产效率，发展规模化、现代化的种植，建立自己的产业基地等等。总之，在今后罐头行业还将进一步发展壮大，行业集中度将进一步提升，企业机械化水平、产品附加值和知名度增高，行业将持续健康、平稳发展。

【d. 政策建议】

1. 鼓励加工企业指导甚至自建原料基地，保障优质原料供给

通过政策扶持等综合手段，鼓励企业牵头发展规模化、自有种植基地，形成品种更优、品质更有保证、生产能力更成熟、成本更优化等的原料供应模式，增强我国罐头产品市场竞争力。

2. 加强行业相关标准制、修订工作，完善标准体系建设

加快制、修订和完善相关产品和包装材料标准，有助于保障食品安全，提升产品技术含量，维护罐头行业的可持续发展。

3. 支持产品出口，并及时预警

当企业在出口中遇到技术性贸易壁垒、反倾销等问题时有关部门可以从政策、资金和技术等方面给予支持和帮助，并及时发布出口预警报告。维持行业稳定，让企业免受不必要的损失。

梁仲康 晁曦

2.10 调味品

【a. 概况】

1. 主要经济指标

2015 年，调味品行业产业集中度和品牌集中度进一步提高、产学研结合卓有成效、年度产销量稳中有升、市场的消费潜能释放。根据国家统计局对规模以上企业统计的数据分析，调味品和发酵制品制造主营业务收入 2870 亿元，同比增长 9%；利润总额 271.0 亿元，同比增长 20.1%，增速明显。根据中国调味品协会对著名品牌 100 强企业统计得知，2015 年，调味品行业生产产量同比增长 8.5%，统计内的 12 个分支产业都出现了不同程度的增长，增速最快的依次为蚝油、调味料酒、复合调味料、酱类等产业。

表 1 2015 年调味品、发酵制品经济效益

	企业数（个）	主营业务收入(亿元)	同比增长(%)	利润总额(亿元)	同比增长(%)
调味品、发酵制品制造	1139.0	2870.0	9.0	271.0	20.1
味精制造	78.0	463.4	6.8	33.8	8.3
酱油、食醋及类似制品制造	396.0	1005.5	11.2	122.9	21.8
其他调味品发酵制品制造	665.0	1401.1	8.2	114.3	22.1

资料来源：国家统计局

表2 2015年调味品行业重点分支产业产量及增长率

	企业数(个)	2015年产量(t)	同比增减(%)
酱油	29	3528349	4.6
食醋	32	1563961	7.6
酱类	30	717141	8.7
复合调味料（不含鸡精、鸡粉）	24	415161	14.4
鸡精（鸡粉）	15	331278	6.8
味精	8	136134	7.5
酱腌菜	10	213109	4.6
火锅调味料	8	105799	7.0
香辛料和香辛料调味品	7	103888	4.4
调味料酒	13	196327	21.7
蚝油	7	495252	23.8
腐乳	9	119020	6.9

资料来源：中国调味品品牌企业 100 强 2015 年度数据统计汇总分析（75 家）

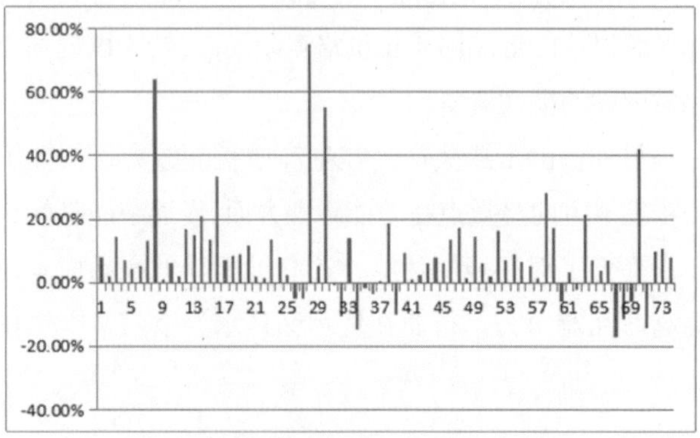

图1 2015调味品企业产量同比增减

资料来源：中国调味品品牌企业 100 强 2015 年度数据统计汇总分析（75 家）

【b. 行业发展分析】

1. 价格

2015 年，调味品的整体价格仍然有上升与下降两个普遍趋势。

一方面，价格上升受四个因素影响：一、大豆、

小麦等原材料供需引起的原材料价格略微上扬，增加了生产成本；二、消费需求的变化，使得细分化、定制型、高端的调味品的不断出现；三、制造成本、人工成本、运输成本等压力；四、生活品质要求的提高，使得高品质产品更受青睐。（经过调查得出：特级、一级酱油品种在酱油品类中占有率超过50%）这几方面原因促使一大部分调味品的价格有所提升。另一方面，近几年高端餐饮受挫、简餐颇受青睐，以及外卖行业的快速兴起，使得普通的调味品需求量不断攀升，部分调味品企业为持续占有餐饮渠道，会选择薄利多销的模式，导致部分产品价格降低。

2. 市场

（1）行业资本市场活跃近几年，20余家大型的调味品企业相继上市，其中不乏综合型平台公司和专业型公司，囊括了酱油、食醋、调味酱、复合调味料等重点产业。2015年，安记食品、百味佳等近十家调味品企业在新三板或主板挂牌上市，品牌企业纷纷冲刺资本市场，调味品行业迎来新一轮的上市潮。2015年，调味品行业12家较为成熟的上市公司，全年营收平均增长率为3.8%，净利润平均为2.9亿元，其中莲花味精与星湖科技两家出现亏损。行业内上市公司目前呈现三大趋势：绩优股前景广阔、成长股不断涌现、发展股相对稳定。

（2）消费需求引领新品开发消费者的爱好、消费方式、购买渠道、购买行为和社会潮流等的变化，使得消费群体和消费需求都有了新的变化。企业在新品开发的方向上，更注重用户导向，一些方便实用、美观新颖、适合新渠道和小众人群的调味品新产品迅速被开发。消费者定位更加年轻化，如加加酱油推出家庭装的产品主题，及一系列包装和产品定位为90后等年轻群体的调味品产品，重庆周君记推出了更加健康、美味、针对性强的儿童火锅，可以说调味品使用用户从比较单一的家庭妇女向各个年龄层辐射。这些变化为调味品产业的发展带来了新机会，也为调味品产品附加值大幅度提高提供了空间和可能，调味品行业将进入一个新的时代。

（3）渠道变革新趋势互联网渠道在传统行业的渗入，同样影响到了调味品行业。作为必不可少的家庭用品，调味品的销售渠道也随着消费者的渠道选择有了变化。互联网渠道的销售打破了区域限制、价格更加透明化，不少线上渠道运营商考虑到调味品产品的包装与运输特性，已经开始研究更适合调味品行业运作方式的合作模式，比如建立大型仓库、站点配货，线上下单，线下分区域配货的操作模式将更受欢迎。

3. 投资

庞大的中餐市场具有很强的吸引力，市场中不可或缺的调味品也颇受外资青睐。在传统的调味品领域，外资企业及品牌从20世纪90年代开始外资企业就通过并购、合资等方式开始进入中国调味品市场。2015年初，全球第五大食品企业卡夫亨氏宣布，旗下味事达上海酱油工厂二期工程正式竣工，标志着外资关注的又一轮新潮。虽然中国的发酵工艺历史悠久，生产工艺以及口味更符合国人的饮食习惯与需求，但是外资通过合资和收购进入后，大幅度扩大产能，凭借在全球积累的先进管理水平和丰富的营销经验，其实力也不容小觑。

此外，金龙鱼、中粮、鲁花、雅克等食品行业发展较为稳定的品牌企业开始涉足调味品行业，尤其是酱油、食醋、辣椒酱等传统调味品产业颇受关注。同时，不少具有发展潜力的企业也吸引了投资金融界的广泛关注，目前有部分企业正与投资企业洽谈合作。

4. 区域分布

据2015调味品行业产品发展纵览数据得出：调味品企业数与单品数在全国的分布都呈现西南地区较多，华东地区次之。西南地区以川味复合调味料发展较为成熟，四川省调味品行业增长态势良好，品牌集中度提升，生产集中度提高，民营企业发展迅猛。华南地区调味品生产企业虽然数量并不算最多，但行业大型企业比较集中，产销量占全国市场比重较大，产品开发能力也较为领先。

酱油产品而言，企业数量在全国的分布华东地区最多，华南地区次之。海天味业、美味鲜、李锦记、加加、东古等都已经发展成为全国性品牌，酱油产业的集中度较高。食醋产品而言，“四大名醋”镇江香醋、山西老陈醋、永春老醋和四川保宁醋，形成了区域乃至全国强势品牌。

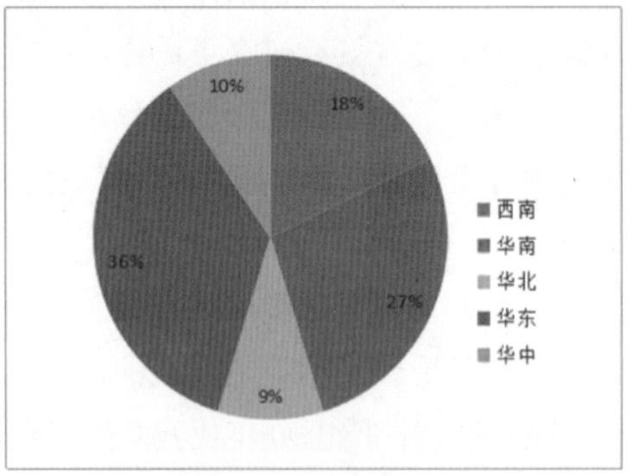

图2 2015调味品行业产品区域分布（酱油）

（资料来源：2015 调味品行业产品发展纵览）

5. 行业集中度

我国调味品生产厂家众多，行业集中度进一步加强，体现在现有企业集中度提升和资本介入加速行业整合两方面。2015 年，中国调味品产业产量保持了 8.5% 的增长率，销售收入同比增长达到 11.6%，呈现出明显的产业结构调整和品牌集中度提高的发展趋势。尤其是酱油、食醋、酱类产品的集中度进一步提高，并且趋势明显，已经基本形成了规模化的生产企业和品牌效应。大中型企业仍然注重产能提升、技术更新，不少小微企业或退居二三线城市，或面临破产和被并购。

6. 进出口

根据国家统计局数据，2015 年调味品及发酵制品制造业出口交货值为 160.5 亿元，同比增长 12.8；产销率为 96.6%，同比下降 0.2%，可见出口总额与国内销售总额基本保持一致方向，稳步增长。

7. 重点行业

（1）酱油酱油产业发展态势平稳，生产产量同比略微上扬。消费者对酱油品质的要求逐渐提高，以调味品行业最大产业酱油的占有率来看，特级与一级酱油占比较大。我国酱油行业仍在稳定发展期，集中度提高、结构调整是长期趋势，工艺以高盐稀态和低盐固态为主，其中高盐稀态生产出的酱油质量较高，具有浓郁的醇香风味。许多企业结合不同工艺特点提出了原池浇淋发酵工艺，在一定程度上解决了低盐固态工艺的一些不足。近年来，由于消费者消费水平和营养保健意识的提升，级别较高，具有特色的酱油产品消费量逐步提升。三级酱油也拥有广大的受众市场，集中在三线城市、远郊区县和农村市场。

2015 年，调味品品牌企业 100 强中酱油（29 家）总产量达到 352.8 万吨，同比增长率为 4.6%。产品产量上，前 3 名的企业为佛山市海天调味食品股份有限公司、广东美味鲜调味食品有限公司、李锦记（新会）食品有限公司，产量分别为 1335700 吨、737773 吨和 281778 吨；产量增长前 3 名的企业为山东鲁花生物科技有限公司、成都国酿食品股份有限公司和鹤山市东古调味食品有限公司，产量增长率分别为 60.0%、17.1% 和 10.3%；11 家企业出现了负增长，占总家数的 38%。

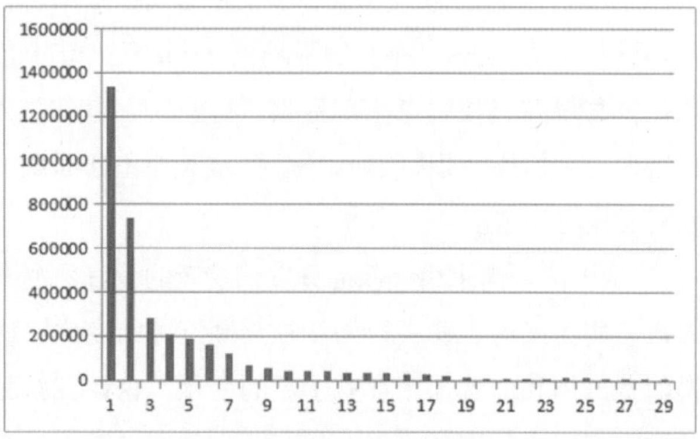

图3 2015年酱油产量（吨）

分析：

①. 2015 年度酱油产量在 10 万吨以上的企业有 7 家，占总数（29 家）的 24%。

②. 2015 年度酱油产量在 5 万—10 万吨的企业有 2 家，占总数（29 家）的 7%。

③. 2015 年度酱油产量在 1 万—5 万吨的企业有 12 家，占总数（29 家）的 41%。

④. 2015 年度酱油产量在 1 万吨以下的企业有 8

家，占总数（29家）的28%。

资料来源：中国调味品品牌企业100强2015年度数据统计汇总分析

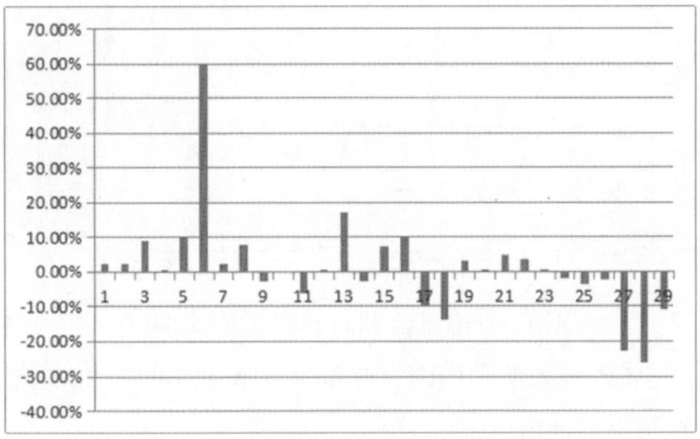

图4 2015年度酱油产量同比增减

（资料来源：中国调味品品牌企业100强2015年度数据统计汇总分析）

（2）食醋食醋产业存在着明显的地域分布特点，主要集中在江苏、山西、山东、四川等地。从竞争格局来看，区域性强势品牌显现，以山西、福建、江浙、四川的四大名醋为主，代表性产品有恒顺香醋，山西水塔老陈醋、保宁醋、永春老醋等，这类企业产品均具地方特色，或集各特色之所长，产品质量上乘，在销售网络上已突破了单一的地区限制。在做好产品的市场营销、向消费者进行市场的拓展和推广的同时，食醋的品牌企业特别是具有悠久历史文化的企业纷纷以开展工业旅游、进行项目申遗、建设相应的博物馆和文化馆的形式开展食醋文化建设，既推动了食醋市场的发展，也扩大了自身的品牌影响力。

2015年，调味品品牌企业100强中食醋（32家）总产量达到156.4万吨，同比增长率为7.6%。产品产量上，前三名的企业为江苏恒顺集团有限公司、山西水塔醋业股份有限公司和山西紫林醋业股份有限公司，产量分别为285010吨、268380吨和111730吨；产量增长前三名的企业为山东鲁花生物科技有限公司66.7%、岐山天缘食品有限公司24.9%和鹤山市东古调味食品有限公司20.5%；5家企业出现了负增长，占总家数的16%。

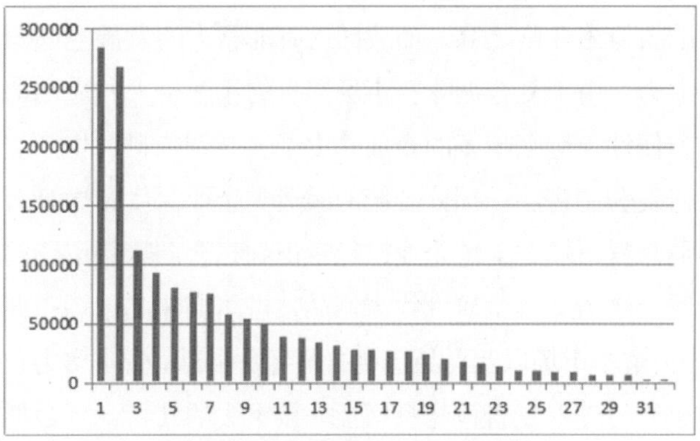

图5 2015年食醋产量（吨）

分析：

① 2015年度食醋产量在10万吨以上的企业有3家，占总数（32家）的10%。

② 2015年度食醋产量在5万–10万吨的企业有7家，占总数（32家）的22%。

③ 2015年度食醋产量在1万–5万吨的企业有14家，占总数（32家）的44%。

④ 2015年度食醋产量在1万吨以下的企业有8家，占总数（32家）的24%。

资料来源：中国调味品品牌企业100强2015年度数据统计汇总分析

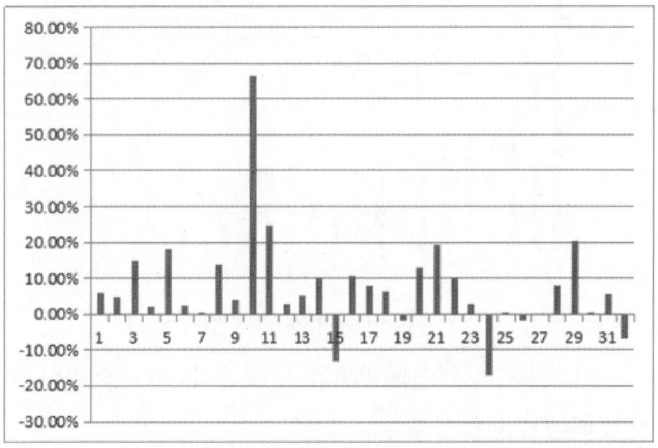

图6 2015食醋产量同比增减

资料来源：中国调味品品牌企业100强2015年度数据统计汇总分析

（3）复合调味料

2015年，据调味品行业产品发展纵览数据得出，复合调味料占比达到34%。复合调味品的快速发展是大趋势，欧美等发达国家的调味品市场中复合调味料的占有量非常之高，而我国还有非常大的发展空间与潜力。由于复合调味料市场需求的不断扩大与应用的方便性，越来越多的企业着力于复合调味料的生产、研发和销售。一部分传统的酿造类企业深度布局复合调味料市场、上游企业已经意识到复合调味料市场的巨大潜力，自主研发终端产品，进军调味品市场；此外，资本市场以及食品行业的龙头企业利用资本实力，也纷纷进入复合调味料行业。接下去的几年，复合调味料的开发、做精、做细将尤为重要。

2015 年，调味品品牌企业 100 强中复合调味料（24 家）总产量达到 41.5 万吨，同比增长率为 14.4%。前三名的企业为李锦记（新会）食品有限公司、安徽强旺调味食品有限公司、上海太太乐食品有限公司，产量分别为 83278 吨、48420 吨和 39825 吨。产量增长前三名的企业为沈阳红梅食品有限公司、佛山市海天调味食品股份有限公司和鹤山市东古调味食品有限公司，产量增长率分别为 146.8%、125.8% 和 35.3%；8 家企业出现了负增长，占总家数的 33%。

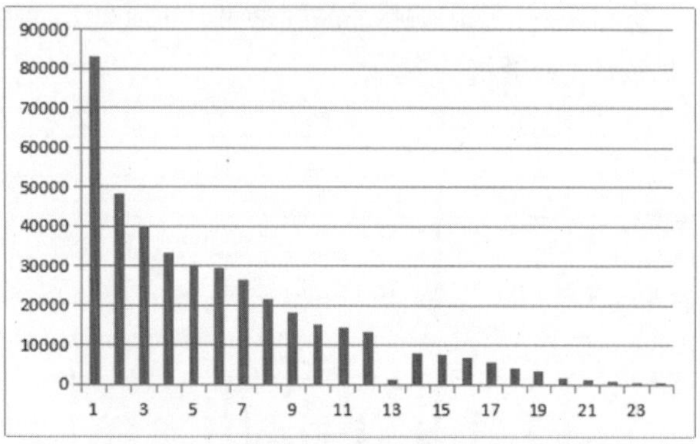

图7 2015年复合调味料产量（吨）

（资料来源：中国调味品品牌企业 100 强 2015 年度数据统计汇总分析）

① 2015 年复合调味料产量在 2 万吨以上的企业有 8 家，占总数（24 家）的 33%。

② 2015 年复合调味料产量在 1 万—2 万吨的企业有 4 家，占总数（24 家）的 17%。

③ 2015 年复合调味料产量在 1 万吨以下的企业有 12 家，占总数（24 家）的 50%。

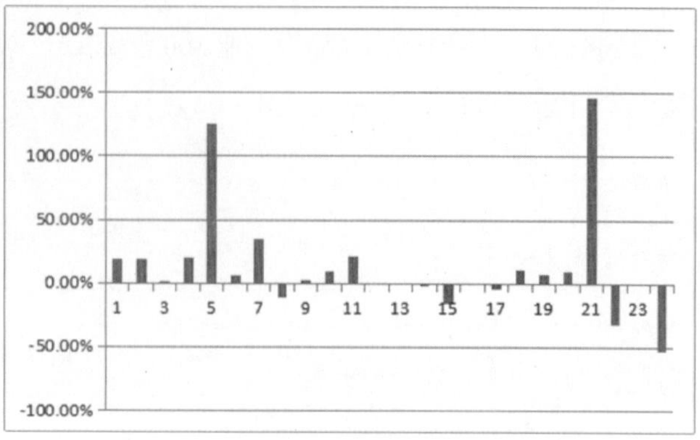

图8 2015复合调味料产量同比增减

（资料来源：中国调味品品牌企业 100 强 2015 年度数据统计汇总分析）

8. 包装与设备

调味品行业的设备更新日趋明显，对产能提升、技术升级有促进作用。国内企业不断改进技术、更新设备，比如：李锦记引进日本工艺——连续蒸煮及圆盘制曲系统，致力于节约人力、提高产能；海天在智造领域已经实现了生产过程的自动化、管理方式系统化和营销手段电子化等现代新兴生产管理模式。

据 2015 调味品行业产品发展纵览分析，规模以上企业选择瓶装和袋装的总占比大于 90%，其中主要为瓶装，可见传统与经典的包装模式仍然持续受青睐，但未来软塑料瓶将逐渐取代一部分袋装产品。互联网 + 营销模式的大潮已经来袭，调味品作为生活必需品受到极大关注，但由线上的销售方式带来的跨省市、跨地区销售却也存在运输与配货的挑战。

调味品包装的形状与颜色的变化，从单一的直筒形、圆形拧盖方式向曲线形、方形、扣盖方向衍生与扩展，颜色从单一的色调向视觉冲击力更强绿色和紫色等发展，外形上从圆柱形向水滴状、变形长方体等有特色的外观发展。

【c. 行业面临的问题分析】

1. 政策与市场

（1）政策

目前，食品行业整体政策都较为完善，在与企业沟通中发现目前仍然存在少部分制法与地方执法理解不一的情况，企业在基层遇到的现实执法中，存在对条文的理解分歧，一定程度上造成了企业的难题，还需要权威部门对标准、法律法规的更深一步宣贯与解读。同时，希望加强重大科技创新与企业食品安全保障方面的政策、资金支持。

（2）市场

调味品行业仍然处于完全竞争的状态，竞争从早期的价格战向品牌影响力、渠道竞争力、文化建设、科技创新等方面转变，竞争方式更加科学与可持续，对整个行业的良性发展起到推动作用。

另外，生产企业与经销商对互联网＋给传统企业带来的影响多数较为茫然，有跃跃欲试者将互联网理解成为网上卖货，导致只是徒劳增加人力和经济成本，而没有达到意料之中的效果；相当一部分企业没有意识到渠道变化带来的冲击，没有考虑到更多的迎合互联网渠道出现的新型产品带来的威胁。

2. 科技创新

调味品行业处在产品创新、市场拓展、资本运作、渠道变更等的大踏步发展阶段，但整个行业技术创新和产品更新的步伐还是需要加快，以减少与国外同行业技术方面的差距。行业内不少优秀的企业认识到科技创新与基础研究的重要性，分别在微生物发酵基础研究、精细化控温发酵技术、减盐提鲜、酱油酿造专用耐盐乳酸菌、微生物菌株的研发、通过基因组学分离选育高效米曲霉、酿造行业现有酵母菌改良等方面有了更深入的研究，以减少与技术发达国际同行之间的差距。在保证风味优质前提下，构建和优化酱油食醋发酵工程菌系，缩短发酵周期，提高产品风味，节能降耗增效，成为目前国内多数调味品企业亟待解决的难题。

【d. 发展趋势】

1. 餐饮业持续回暖，消费潜力提升

消费潜力的提升，来自于饮食结构的变化、餐饮业的发展、人民健康意识的提升，以及新兴消费的兴起。国家统计局最新数据显示，2015 年全国餐饮收入首次突破 3 万亿元，同比增长 11.7%，行业发展亮点频现。餐饮行业环境更加多样化，消费者的需求也随着时代的变迁而更加多样化。在“互联网＋”的不断发酵中，餐饮与互联网的逐步融合，餐饮业新模式激发出消费者新需求。简餐店面替代了很大一部分高端餐馆酒楼，餐饮翻台率提高，餐饮品牌入驻电商促进营销已经成为潮流。餐饮业的持续回暖也促进了调味品行业的发展。

2. 渠道定制产品提高占有率

过去几年，细分化产品的出现了受到了消费者的青睐，随着互联网的崛起，渠道定制型产品也开始占有一定的市场份额。渠道定制型的新品开发主要分为三个方面：首先是定位精准。改变了只针对产品基本属性进行的企业营销，而是针对产品使用功能的区别来做新品研发。其次，是在设定好定位之后，再进行细分与研究，开发适销对路的产品。第三是渠道定制。渠道主要分为餐饮、食品加工、家庭消费三个渠道，除了传统的渠道定制，另外一种定制是新兴渠道的定制，细化到购买环节、消费需求、实现方式，简单说就是互联网消费购买行为，需要考虑物流成本、考虑到这个群体的消费习惯进行渠道定制。

3. 国际市场开拓

随着全球经济一体化进程的不断推进，东西方饮食文化融合和西餐调味品的大量涌入使得中国餐饮业市场和百姓厨房正在发生一系列的变化。部分积极开拓国际市场的调味品企业针对国外消费者口味进行产品市场定位与新品研发，进入国内市场的国际企业也与国内饮食口味相融合，东西方饮食融合的趋势不断显现。

东西方饮食融合主要分为两个发展方向：国际市场的开拓、产品的市场定位与新品的研发。国际市场的开拓主要体现在口味上需要根据当地口味做相应的调整；新品的开发需要找准市场定位，定制与开发更具有吸引力与市场性。

【e. 政策建议】

1. 加强食品安全管理

食品安全方面，建议加强食品安全宣传工作和法律法规建设，引导消费者建立科学的消费理念；建立完善的食品安全风险评估计划，加强部门间信息沟通机制，全方位推进农村地区风险监测、严格把控全产业链的食品安全。

2. 理清标准制修订思路

目前调味品行业的国家标准、行业标准都有不同程度的滞后甚至暂时停滞，因此建议：首先，希望加快促进酱油、食醋、复合调味料等强制性食品安全国家标准的发布与实施；其次，明确梳理立项计划，并按顺序尽快清理食品安全标准、推荐性国家标准和行业标准，以保证整体进度；第三，将团体标准建设提上日程，建立健全管理、制修订、执行机制。

【f. 协会工作】

1. 配合政府部门开展工作，并积极提出行业建议
2. 接受政府有关部门的委托，积极开展工作
3. 完成调味品行业标准的起草和归口管理等工作。
4. 食品安全协调管理工作
5. 食品安全法规与标准宣贯
6. 行业自律与协调
7. 开展科技活动创新，促进产学研结合
8. 积极推动协会各分支机构的工作
9. 广泛交流，做好服务
10. 推动国际交流与合作
11. 不断加强信息化工作，提升信息服务水平
12. 创新培训服务体系
13. 深化会展服务促进产业资源整合

李慧丽

2.11 生物发酵（氨基酸）工业

【a. 概况】

2015年是我国“十二五”发展规划的收官之年，行业必须认真盘点过去，规划未来，准备迎接新的挑战。目前，我国氨基酸行业经过不断的产品结构调整和优胜劣汰，行业集中度和企业整体水平不断提高。产品开始多元化，优势互补。具备规模优势、技术优势和品牌优势的企业不断地开发出新的氨基酸产品，部分企业不仅具备了相当的生产规模，并形成了各自的优势产品，行业中涌现出了具有较强国际竞争力的大型现代生产企业。

2015年，氨基酸三大主产品（谷氨酸、赖氨酸、苏氨酸）产量仍保持世界第一，根据市场需求，这三大主导产品都维持着等量或减量生产的稳定状况。我国氨基酸发酵产品总产量约为370万吨，同比基本持平。在当前大宗产品利润普遍较低的情况下，靠生产规模、低成本、产品多，仍是企业盈利的重要因素。

1. 谷氨酸（味精）

由于，近年来谷氨酸（味精）产品利润太低，生产企业自行调整，对规模和产量都有所控制，其产量从2012年达到历史高峰后就基本没有再增长，2015年，全国味精产量约为230万吨。今年上半年味精价格回升，吨产品味精销售价格均提高了300多元约4%左右，虽然原辅料成本也上涨约5%，但总体来说味精行业处于良性运行，产品有了一定的利润。特别是下半年玉米价格下降，对大宗产品非常有利，目前企业生产规模都比较大，原料成本下降为产品利润腾出了一些空间，企业经营状况有所好转，经济效益尚好。但是，此情形下仍不要排除出现竞争加剧的可能性，还应引起行业注意，加强引导和加强自律。我国的谷氨酸发酵生产企业从“十二五”初年的20多家，减少到今年的7–8家，其中仍有2–3家中型规模企业在进行调整，没能正常运营。现在，谷氨酸产能最大的前三家企业年产量占全国总产量的80%左右。

2. 赖氨酸

2015年，全国赖氨酸产量约为100万吨，同比下降18%，近两年，盲目生产受到抑制，产量压缩。从2013年产能急剧增加后，竞争形势严峻，市场持续疲软，产品利润降至最低，销售价格临近成本。自从最大的赖氨酸生产企业大成集团停产后，现有在产企业中，也有一半企业由于亏损等原因没能达到满产开工。赖氨酸发酵生产企业从“十二五”初年的4–5家，增加到目前的十来家，并且生产规模都在向20万吨以上发展，产能最大的企业是宁夏伊品公司，与之规模相近的还有3–4家企业，基本也是以规模化占领市场，获得的利润并不太高。赖氨酸产能最大的前5家企业年产量占全国总产量的70%左右。

3. 苏氨酸

2015年，全国苏氨酸产量约30万吨，通比增长50%。随着人们对饲用氨基酸认识的不断提高，在饲料中合理添加氨基酸营养成分也越来越普遍，因此发展较快。目前我国生产苏氨酸的企业有6–7家，规模超过5万吨的企业有4家，它们同时都是生产大宗氨基酸的大型生产企业，这几家企业基本可以掌控整个大宗氨基酸产品的产量、市场和技术。它们通过产品布局的转移、工艺技术和设备等方面的改进，在原有规模基础上仍可提高不少产能。具有产品转换快优势。因此，大宗产品产量是可控的平稳趋势。

4. 其他氨基酸

其他发酵高附加值（小品种）氨基酸中除去食药级产品，质量要求高，需求量有限，产量较少以外，大多数还是饲用氨基酸。2015 年小品种氨基酸总产量不超过 10 万吨，其中饲用氨基酸产量占大部分。例如色氨酸：3 年前全国产量仅几千吨，企业规模不过几百吨，2015 年我国色氨酸产量达到 3 万多吨，企业规模可达万吨以上。产量增加之快，说明市场有需求，今后随着饲用氨基酸不断被科学合理的应用，需求量还会加大，生产企业仍有扩大产能的可能，但是随之而来的就是市场和价格的竞争，色氨酸就出现了销售价格在本年度内折半下降，乃至跌至成本线以下的不良现象，这样的结果对企业和行业整体发展都十分不利。其也小品种氨基酸也有类似苗头出现，生产企业已经感觉到了压力的存在。特别如今，小品种氨基酸被列入国家产业结构调整目录鼓励类产品给予支持，产品受到重视，地位不断提升，现在生产大宗产品的几家大型发酵企业可以生产十多种产量较大的氨基酸品种，一定要科学理性的对待饲用级小品种氨基酸的发展，氨基酸产品必须向高品质的食药级高附加值制品发展，产品才更有价值，市场才更加广阔。

2011年-2015氨基酸产量

	2011年	2012年	2013年	2014年	2015年
谷氨酸（万吨）	206	240	230	225	230
赖氨酸（万吨）	75	85	160	122	100
苏氨酸（万吨）	12	10	10	20	30
其他小品种（万吨）	3	5	5	7	10
合计	296	340	405	374	370

【b. 产品进出口情况】

由于，我国是氨基酸生产大国，产品进口量相对较少，每年进口量约在 1 万吨左右，进口额为 3000 多万美元，暂且忽略不计。

2015 年，我国氨基酸类产品总出口量为 89.2 万吨，出口额为 15.8 亿美元，同比增长 8.9%。

谷氨酸及盐类：

出口 45 万吨，出口额为 5.7 亿美元。其中：谷氨酸钠（味精）出口 43 万吨，同比增长 10.25%。

赖氨酸及盐类

出口 26.03 万吨，出口额 3.2 亿美元，同比基本持平。

未列名氨基酸 2015 年

出口 11.3 万吨，出口额为 4.73 亿美元。

其他氨基酸酯及盐

出口 6.8 万吨，出口额 2.12 亿美元。

未列名氨基酸和其他氨基酸

出口量同比基本持平，出口额同比略有下降波动。

2011-2015年氨基酸产品出口量

	2011年	2012年	2013年	2014年	2015年	比上年增长（%）
谷氨酸及其盐类（万吨）	32.12	33.45	41.03	43	45.07	4.8
赖氨酸及其盐类（万吨）	10.75	18.39	19	25.6	26.03	略涨
其他氨基酸等（万吨）	10.69	11.9	13.46	17.35	18.12	略涨
合计总出口量（万吨）	53.56	63.74	73.49	81.95	89.2	8.9

【c. 行业的主要问题及应对】

1. 大宗产品产能过剩，小品种也要理性发展

氨基酸大宗产品（谷、赖、苏）产能过剩，已成为行业发展的绊脚石。目前市场饱和，导致行业内价格比拼，无序竞争现象有损行业利益，制约行业发展。因此，企业应理智认知市场，回归理性生产。对整个行业来说，需在国家主管部门的指引下，引导企业调整产品结构，优化市场、消减产能、淘汰落后，创新提高产品品质和特色，控制大宗产品再度扩张。应在行业内形成协调、协商机制，共同维护行业健康发展。小品种氨基酸也需理性发展，要从量的竞争到质的飞跃，不要走大宗产品的竞争老路。

2. 出口退税政策需要持续和进一步争取完善

2015年，味精出口退税调整是对企业的有力支持，出口量持续增长，而谷氨酸钠没有被包括在内留有遗憾。2016年此政策可否延续？谷氨酸钠可否享受退税政策？是企业迫切关心的问题，还需要进一步与有关部门沟通，努力争取在十三五期间保持味精、谷氨酸钠都享受出口退税政策，才能为行业挣得更大的利益。

3. 产品整体宣传不够，易被社会误解

味精的安全性问题还没有被社会公众完全认知；另外，消费者对味精和鸡精的概念模糊，宣传不到位。大多生产企业要求协会牵头，发动行业中相关企业，组织开展相关宣传，打消消费者的疑问和顾虑，引导消费者正确认识味精，为味精扬名。

4. 期待玉米深加工政策进一步调整和平衡

根据行业调研，有企业提出对今年东北三省享受国储、临储玉米深加工补贴提出意义，提出应按企业生产规模实行补贴。还有企业提出此项政策不适合国情，应以市场定价格。总之，受益者和非受益者都有说辞，说明政策有待调整。行业要做好深入调查研究，从国家利益出发，平衡和兼顾行业利益，为国家制定政策提出更合理的建议，为国家和企业排忧解难。

5. 行业环保压力逐年加大

氨基酸生产中废气的二次污染已经成为行业共性问题，企业在此方面也在努力克服，需要专业的研究和攻关，是行业亟待解决的问题。同时，加强业内环保信息交流，争取科技部门的协同与支持。

6. 生产过程中产生的综合利用副产品税费过高，制约行业发展

要努力争取一些有关副产物综合利用方面的优惠政策，如：其他玉米副产物享受饲料的优惠政策，而菌体蛋白没有。另外，玉米淀粉加工生产氨基酸产生的副产品税费过高，可否适度减免税收。还有复合肥的国家认定问题等。

生产成本

自新的味精清洁生产标准实施以来，生产过程中使用的辅料助剂，均需使用食品级产品，无形中又增加了不少生产成本。可否进一步与有关部门沟通，在不影响产品质量的前提下，回复过去一贯使用的生产助剂，降低生产成本。

标准制定和产品规范

小品种氨基酸标准缺失，不规范等问题也有待逐步解决。加强标准的制定和产品规范是推动行业发展和技术水平提升的必要手段。

【d. 协会的主要工作】

1. 组织召开行业经济运行座谈会，了解行业经济运行情况和行业中存在问题，商讨解决办法、进行交流与沟通。

2. 在上海召开了氨基酸第二届会员代表大会。

3. 在北京召开色氨酸重点企业座谈会，有5家国内外生产企业参加。企业交流了目前的生产及经营状况，并对目前的市场经营状况达成共识。

4. 配合农业部组织召开以味精尾液为原料的土壤调理剂企业座谈会，共有8家企业参加此次会议。

5. 与商务部沟通企业情况，针对梅花伊品合并事宜与协会相关人员约谈，主要针对两企业合并后是否构成行业垄断进行了沟通。氨基酸分会根据商务部的要求，如实反映了行业的实际情况，并编写递交了回函文件。

6. 协助相关部门编写《“双高”产品名录》中赖氨酸环境友好工艺篇章；对第四批审定职业中“味精制造工”的职业定义反馈意见；组织完成氨基酸行业品牌评价工作申报；进行味精行业环保费改税征求意见；提出2016年味精出口退税申请；征集氨基酸行业中日韩自贸区轻工产品降税模式征集意见；进行氨基酸行业绿色生态企业申报；完成《全国主要污染物排放总量控制实施项目——味精行业总氮减排实施方案分析》结题；完成《味精与柠檬酸行业主要水污染物全口径减排及“十三五”减排潜力研究报告》结题等多项相关工作。

7. 开展行业调研及企业交流。

8. 做好行业信息服务工作。

田玉兰

2.12 发酵制品（酵母）工业

【a. 概况】

2015 年，中国酵母行业未有产能新建项目投资，各企业主要通过技术改造与技术进步方式挖潜提升产能。安琪德宏二期、广西丹宝利二期、新疆昇力二期、内蒙佰惠生等项目于 2014 年 -2015 年相继建成投产，据不完全统计，截止到目前，我国酵母行业总产能已逾 37 万吨。我国酵母类产品总产量约 31.8 万吨，同比增长约 3.2%，其中各类酵母 25.3 万吨，酵母抽提物 6.5 万吨，行业产能利用率达到 86% 左右，酵母生产与销售继续保持稳步小幅增长。进出口方面，酵母产品进口量同比增长了约 37.2%，同比进口额增长 16.3%（见表 1）。其中，非活性酵母的进口量同比增长 58.8%，增幅最大。同比酵母出口量同比增长 3.9%，出口额同比增加 2.7%，持续了近年来增长的态势（见表 2）。目前我国酵母及其制品的出口量占总产量的比重达到 38.7%。

表1 2014、2015年酵母产品进口量及进口额

品种	进口量（千克）		进口额（美元）	
	2015	2014	2015	2014
活性酵母	586, 258	576, 326	6, 452, 132	8, 459, 235
非活性酵母；已死的其他单细胞微生物	1, 366, 504	860, 348	16, 398, 575	11, 438, 868
发酵粉	412, 610	286, 912	1, 007, 422	612, 001
合计	2, 365, 372	1, 723, 586	23, 858, 129	20, 510, 104

表2 2014、2015年酵母产品出口量及出口额

品种	出口量（千克）		出口额（美元）	
	2015	2014	2015	2014
活性酵母	96, 703, 992	98, 551, 179	218, 578, 162	225, 801, 294
非活性酵母；已死的其他单细胞微生物	20, 322, 588	13, 674, 822	38, 993, 158	24, 231, 407
发酵粉	6, 069, 399	6, 249, 743	8, 600, 244	9, 128, 854
合计	123, 095, 979	118, 475, 744	266, 171, 564	259, 161, 555

图 1 及表 3 表明了近年出口情况变化情况。从 2004–2015 年酵母产品出口一直保持较高增长，出口量增长的幅度且远大于出口额增加。

图1 2004–2015年酵母产品出口情况变化趋势

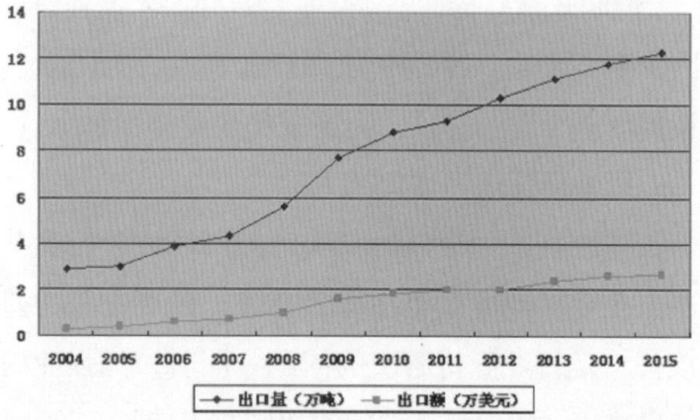

表3 2004–2015年酵母产品出口量及出口额情况

年份	出口		年增长率（%）	
	总量（万吨）	金额（亿美元）	总量（%）	金额（%）
2004	2.9	0.3	–	–
2005	3.0	0.4	3	33
2006	3.9	0.6	30	50
2007	4.3	0.7	10	17
2008	5.6	1.0	30	43
2009	7.7	1.6	38	60
2010	8.8	1.8	14	13
2011	9.3	2.0	5.4	12
2012	10.3	2.0	11	0
2013	11.1	2.4	7.9	18

年份	出口		年增长率（%）	
	总量（万吨）	金额（亿美元）	总量（%）	金额（%）
2014	11.8	2.6	6.7	7.7
2015	12.3	2.6	3.9	2.7

【b. 行业发展特点】

中国酵母产业继续调整结构，新领域新市场开发加快我国酵母市场虽然仍在保持增长，但增长率呈逐年下降的趋势。尤其是发酵面食和酿酒等传统领域的活性酵母市场，基本已从成长性市场趋于成熟市场，活性酵母消费年均增长率约6%。中国烘焙市场快速发展带动了鲜酵母的加快增长，但酿造和燃料乙醇领域的市场增长受限。与此同时，酵母在饲料养殖、生物发酵等新兴领域的市场容量巨大，应用前景广阔；酵母衍生制品在风味、营养、健康等新兴应用领域进一步深入拓展。比如，酵母抽提物（YE）应用于食品调味领域产品升级和新品开发，酵母源生物饲料应用于动物饲料与养殖领域，酵母浸出物应用于发酵工业和微生物培养领域，酵母源保健品、酵母多糖等应用于营养保健等领域，市场增速显著高于传统应用领域，但市场开发将是一个长期过程，2015年YE应用于食品调味领域受到下游方便面、调味品等行业调整影响，增速放缓。

中国酵母行业继续推进技术创新和标准建设

安琪公司“高耐性酵母关键技术研究与产业化”项目荣获2014年度国家科技进步二等奖。MVR蒸发器、气味分析仪、节能型风机等装备开始在中国酵母行业得到推广使用，提升了中国酵母行业的工业化水平。安琪公司荣获“工信部2015年两化融合管理体系贯标试点企业”。2015年《酵母产品分类导则》国家标准发布，2016年9月正式实施；《食品安全国家标准食品加工用酵母》已经通过卫计委的审查会审查，预计2016年颁布；《食品加工用酵母》《酵母提取物》两个国家标准已经进行了几轮修订讨论，计划在2016年完成修订。饲料原料酵母水解物、酵母细胞壁等7项相关农业部行业标准制定已立项。

中国酵母产业继续推进行业整合与海外扩张

2015年7月，安琪公司选址俄罗斯利佩茨克州投资建设第二家境外投资项目，并已开工建设，进一步将中国酵母产业的国际化进程推向深入。9月，珠海天香苑并购了湛江五洲生物工程有限公司，计划弥补其酵母原料供应产能的不足。11月，乐斯福并购广西湘桂酵母（合计1.8万吨酵母及抽提物产能），实现对其70%的控股地位，乐斯福中国酵母总产能进一步增长，显示其对中国酵母行业的看好，提升了行业集中度。

【c. 行业存在问题】

1. 原料供应紧张

中国糖业竞争力进一步下降，2015-2016榨季糖业出现萎缩，糖蜜总量下降，将对中国酵母产业的进一步扩张发展产生重大影响与制约。中国北方尤其是东北甜菜种植严重萎缩，哈尔滨马利酵母、黑龙江九鼎酵母等几乎都从中国广西等采运糖蜜原料。

2. 环保问题依然是重中之重

政府对环保治理的政策加码以及行业协会的监督核查，一方面对业内企业起到了很好的指引与推动作用，国内各酵母工厂都加大了对环保治理的重视与投入，取得了良好成效。另一方面，也将起到优胜劣汰、提高行业门槛的效果，缺乏资金实力及环保治理能力弱的酵母公司，将面临生存挑战。

【d. 行业活动】

1. 4月24-25日在湖北宜昌召开了“第四届新型有机氮源生物发酵领域应用与发展趋势研讨会”。

2. 开始承担环保部下达的“酵母行业污染防治技术政策研究”项目，开展了课题的资料收集、初稿编写以及课题组讨论等工作。

3. 积极推进产品标准化工作。协助进行《富营养酵母》国家标准起草工作。

4. 反映行业诉求。酵母生产原料糖蜜问题目前越来越突出，随着产能的扩张和制糖业的不景气，糖蜜供应减少，而进口糖蜜由于国家有关标准的缺失导致无法入关，鉴于此种情况，协会给国家环保部打了报告，反映行业情况，督促有关标准的尽快落实。

李晓燕

2.13 发酵制品（酶制剂）工业

【a. 概况】

2015年，我国酶制剂行业继续平稳增长。根据分会的统计调查及估算，我国酶制剂产量约为120万（标）吨，同比增长约4.3%。产品方面，根据现有统计数据，目前，国内酶制剂企业所生产的酶制剂主要品种有：糖化酶、植酸酶、淀粉酶、蛋白酶、纤维素酶、木聚糖酶、甘露聚糖酶、谷氨酰胺转氨酶、β-葡聚糖酶、半乳糖苷酶、果胶酶、β-淀粉酶、真菌淀粉酶、脂肪酶、凝乳酶、葡萄糖氧化酶、普鲁兰酶、过氧化氢酶、乳糖酶、角质酶、饲用复合酶、纺织复合酶、啤酒复合酶等。产品品种同比没有大的变化。进出口方面同比，酶制剂产品进口量继续呈现较强增长态势，增长幅度为9.5%，进口额增长4.0%。酶制剂产品出口量同比有所增长，增幅为3.9%，出口额增幅为5.8%，增幅同比双双回落。

表1 2014、2015年酶制剂产品进出口比较

进口量（吨）		进口额（万美元）		出口量（吨）		出口额（万美元）	
2015	2014	2015	2014	2015	2014	2015	2014
15960	14578	24218	23278	89999	86594	35641	33670
同比增长：9.5%		同比增长：4.0%		同比增长：3.9%		同比增长：5.8%	

比较近年来酶制剂的出口情况，由图1及表2可以看出，在持续了几年酶制剂产品出口量保持增长的态势后，从2011年开始出现出口量下降，2014年形势趋好，恢复了较快增长，2015年增幅变缓。出口额多年来一直保持平稳增长。

2004-2015年酶制剂产品出口情况变化趋势

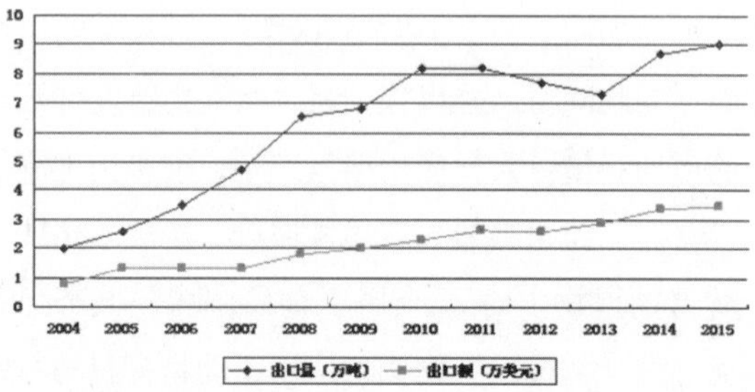

表2 2004-2015年酶制剂产品出口量及出口额情况对比

年份	出口		年增长率（%）	
	总量（万吨）	金额（亿美元）	总量（%）	金额（%）
2004	2.0	0.8	54	57
2005	2.6	1.3	35	70
2006	3.5	1.3	32	-2
2007	4.7	1.3	35	1
2008	6.5	1.8	38	43
2009	6.8	2.0	4	11
2010	8.2	2.3	21	15
2011	8.2	2.6	0.2	13.8
2012	7.7	2.6	-6.5	-1.6
2013	7.3	2.9	-4.2	11.3
2014	8.6	3.3	17.4	16.0
2015	9.0	3.6	3.9	5.8

价格方面，与2014年同期相比，除脂肪酶价格下降比较明显外，其余基本维持价格不变。

【b. 行业发展特点】

1. 行业发展进入调整、整合阶段，一方面原有部分酶制剂产能或转产，或关闭，另一方面重点企业快速发展，第一集团与后面的企业距离越拉越大。

2.企业更加注重创新投入，排名前5位的企业都拥有了自己的研发团队和研发实验室。行业拥有了国家认定的企业技术中心、院士工作站、中央地方共建工程研究中心等。技术创新使得国内企业有了自己的技术储备，拥有了自主知识产权的发明专利。新的应用市场逐步拓展，造纸工业用酶、洗涤工业用酶等加大产业化步伐。此外以关键酶为依托，延伸生产终端产品的趋势得到进一步拓展。酶制剂行业目前发展中的问题主要表现在：

（1）品种单一的问题仍然比较突出，同质化严重，缺少新的高端酶制剂品种，导致企业间的不正当竞争，行业整体利益受损。

（2）复合酶制剂发展相对滞后。复合酶制剂是未来发展的重要方向，其附加值也更高。由于复合酶的开发必须要有强的应用研究为基础，而国内大部分酶制剂企业在这一方面尚缺乏技术实力。

（3）缺少精制酶。由于我国提取和后制备等技术、工艺和装备水平相对落后，酶制剂产品依然以粗酶为主，缺少精制酶，剂型也比较单一，使其应用受到很大限制。

【c.行业活动】

1.9月22日，中国生物发酵产业协会酶制剂分会会员代表大会暨中国食品科学技术学会酶制剂分会会员代表大会在上海召开。

2.积极推动产品标准化工作。分会积极开展酶制剂行业的标准化工作，参加了《工业用酶制剂活力测定技术导则》国家标准的编制工作。

3.开展企业调研。为及时了解我国酶制剂生产企业现状，2015年走访了山东隆大、安丘酶制剂厂、泰兴一鸣生物、广州溢多利等4家酶制剂企业。

4.积极参加并认真完成协会交办的其他工作。分会积极参加由协会统一组织的各项工作，如轻工行业10强企业评选等。

李晓燕

2.14 有机酸工业

【a. 概况】

1. 有机酸产品产量稳步增长

（1）柠檬酸行业

柠檬酸行业发酵生产企业还有 7 家，其中东部地区 6 家，西部地区 1 家。全年总产量 134 万吨，同比增长 3.88%，产量排名前 6 位生产企业顺序稍有变化，宜兴国信协联产量增长较快，排名上升。

（2）乳酸行业

乳酸全年产量约 12.8 万吨，同比增长 4.06%。产量排名前 2 位的企业没有变化，2 家企业产量占全国总产量的 85% 以上。新出现了 3 家乳酸生产厂均在山东。

（3）葡萄糖酸

我国葡萄糖酸产量 60 万吨，同比下降幅度 14%。经过几年的快速发展（低水平扩张），低等级的葡萄糖酸系列产品已经出现了过剩，部分企业出现了停产、转产。

（4）其他有机酸

衣康酸近几年来产量变化不大，全年产量约 5 万吨。

2. 技术指标持续向好，消耗指标继续进步

随着柠檬酸企业大型化与集约化程度、生产技术水平及节能减排的不断提高，使得各项生产技术指标连年持续得到进步。2015 年，柠檬酸行业的平均产酸率为 15.86%，同比增长 0.13%；柠檬酸行业平均成品粮耗为 1.767 吨 / 吨，同比节粮 0.78%，同比节粮 1.87 万吨；柠檬酸行业平均汽耗为 3.01 吨 / 吨，同比节约 4.44%；柠檬酸行业平均耗电 735.0 度 / 吨，同比节电 3.67%；柠檬酸行业平均水耗 17.02 吨 / 吨。

3. 柠檬酸、葡萄糖酸出口增长，乳酸出口量持续减少

柠檬酸产品总进口量 2011 吨，同比增长 14.00%；进口额 965 万美元，同比增长 8.79%。其中：柠檬酸进口量 1006 吨，进口额 488 万美元；柠檬酸盐及酯进口量 1005 吨；进口额 477 万美元。

柠檬酸产品出口量为 95.86 万吨，出口额 75954 万美元。出口量同比增长 2.73%，出口额同比下降 9.62%。其中，柠檬酸出口 82.35 万吨，同比增长 3.07%，出口额 64108 万美元，出口额同比下降 8.98%；柠檬酸盐和酯出口 13.51 万吨，同比增长 0.82%，出口额 11864 万美元，出口额同比下降 12.85%。全年柠檬酸出口价格呈现近乎斜线下降，下降幅度为近几年最大。

乳酸及其盐和酯进口量 8355 吨，同比增长 2.96%；进口额 1783 万美元，同比下降 15.93%。乳酸产品进口量、进口额连续两年大幅上升后，进口量增幅减缓，进口额出现下降。

乳酸及其盐和酯出口量 37308 吨，同比下降 13.68%；出口额 5102 万美元，同比下降 5.22%。从 2011 年以来乳酸出口量持续走低，国际市场份额在不断流失，很好的是乳酸出口价格回升了。

葡萄糖酸及其盐和酯进口量 570 吨，同比下降 43.51%；进口额 209 万美元，同比下降 33.86%。

葡萄糖酸及其盐和酯出口量 14.31 万吨，同比增长 8.82%；出口额 10428 万美元，同比下降 4.33%。葡萄糖酸产品出口价格一直波动较大，但 2014 年价格基本是在近年来的低位徘徊。

2015年与2014年1–10月份有机酸产品

出口量及出口额对比

单位：千克、美元

品种	14年出口量	14年出口额	价格	15年出口量	15年出口额	价格
柠檬酸	799, 239, 476	704, 301, 345	881. 21	823, 534, 079	641, 083, 527	778. 45
柠檬酸盐及酯	133, 966, 046	136, 127, 769	1, 016. 14	135, 067, 683	118, 456, 716	877. 02
统计	933, 205, 522	840, 429, 114	900. 58	958, 601, 762	759, 540, 243	792. 34
乳酸及盐和酯	43, 223, 085	53, 832, 184	1, 245. 45	37, 308, 080	51, 016, 410	1, 367. 44
葡萄糖酸及其盐和酯	131, 457, 865	108, 995, 773	829. 13	143, 078, 124	104, 284, 597	728. 86

4. 柠檬酸、葡萄糖酸出口价格不断走低，乳酸出口价格渐趋理性

（1）柠檬酸

柠檬酸行业特点是产能过剩导致一些行业集中化进一步增强，小企业的生存空间进一步减小。进入2015年，柠檬酸企业继续减少，柠檬酸盐企业变化不大，柠檬酸酯发展较快。

现在生产的柠檬酸企业共有七家，东部地区集中六家企业，规模较大，开工也存在不足。西部地区一家企业，规模较小，处于停停打打半生产状态，开工率很低。下图可见2015年在2014年12月824美元/吨（原来的近年来的最低点）基础上逐月走低，2015年12月份柠檬酸出口价格741.9美元/吨再创新低，是2010年以来的最低点，行业困境进一步加深。柠檬酸盐降幅更大，恶化趋势非常明显。

柠檬酸酯已形成快速发展之势，新近增加产能已经基本到位，柠檬酸酯现有产能超过10万吨。

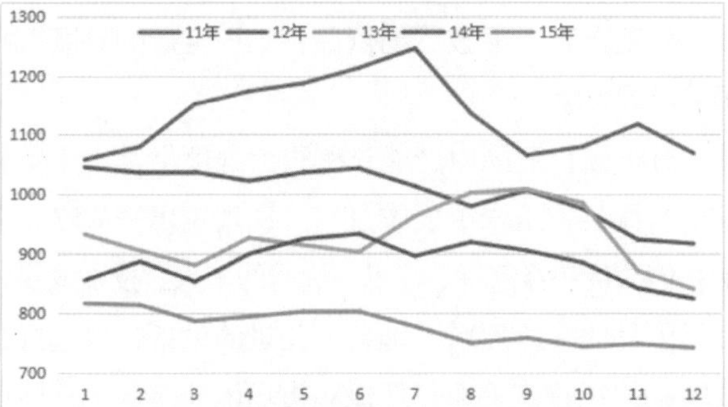

图1 柠檬酸近年出口价格变化曲线

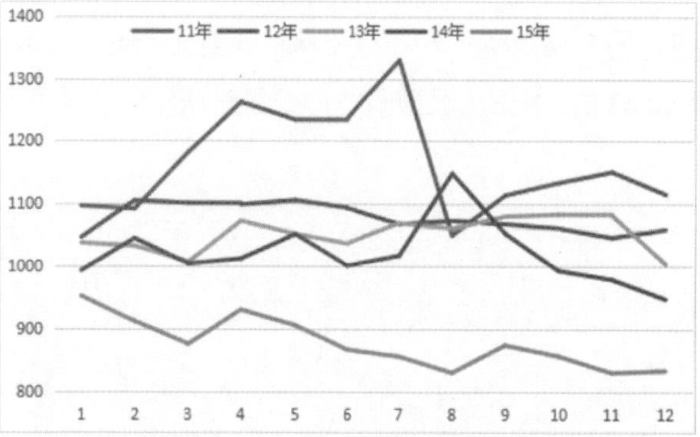

图2 柠檬酸盐近年出口价格变化曲线

（2）葡糖糖酸

2012、2013两年葡萄糖酸发展过于太快，现在出现了产能过剩，特别是低质的葡糖糖酸产品过剩幅度已经非常大，甚至超出柠檬酸过剩幅度。2015年葡萄糖酸平均出口价格同比下降了100美元，按两年的价格最低月份比较下降了近130美元，而且呈现继续下降趋势，行业发展环境恶化明显。

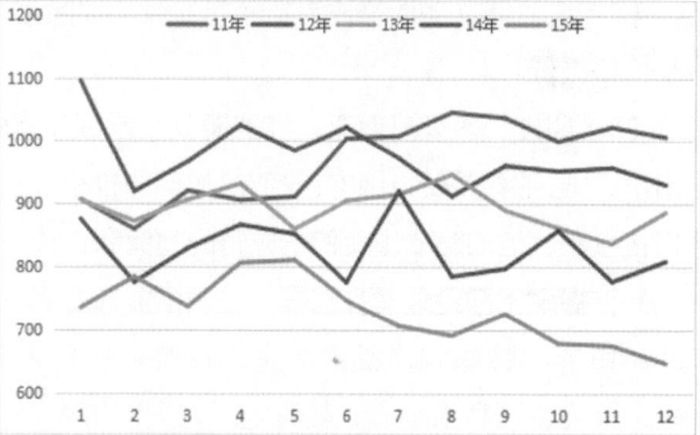

图3 葡萄糖酸产品近年出口价格变化曲线

（3）乳酸

2014年乳酸行业出口量、出口比例有所减少，但是对出口市场的依赖依然很强。出口量的降幅是在2012年同比下降了15%基础上、2013年下降2.33%，2014年同比下降1.35%，2015年同比下降13.68%，从2011年以来乳酸出口量持续走低，国际市场份额在不断流失，很好的是2015年乳酸出口价格回升了。同时普拉克进军泰国后，对东亚乳酸市场影响力进一步加大，2013年乳酸进口同比增长13.52%，2014年又增长36.48%。2015年同比增长2.96%；进口价格持续走低，2013 年 3017.15 美元 / 吨 ,2014 年 2613.16 美元 / 吨 , 下降 13.39%；2015 年 2134.08 美元 / 吨，同比下降 18.33%。对国内乳酸行业形成了挤压。

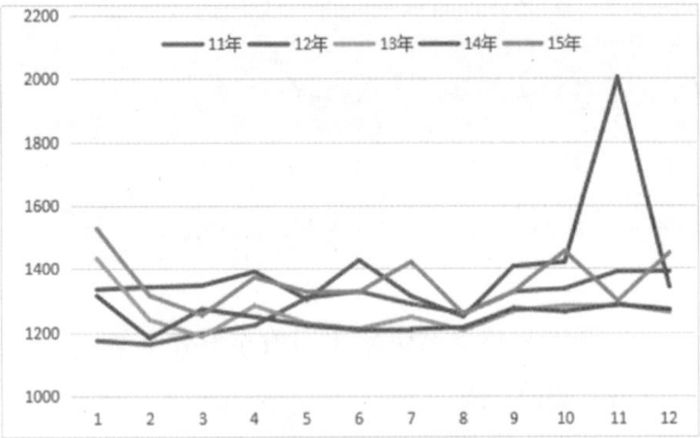

图4 乳酸产品近年出口价格变化曲线

5. 关注出口印度、印度尼西亚、俄罗斯，出口量很大价格很低

柠檬酸出口出现了几个新动向：

（1）日本、荷兰、德国成为出口价格最好的目的地。

（2）土耳其、墨西哥成为新崛起的目的地国家，但是价格极低。

（3）印度、印度尼西亚、俄罗斯、墨西哥继续成为出口大国，这些是转口国家，我们给他们的价格极低，我们在亏损，他们赚取了我们本应得的利润和血汗。

6. 柠檬酸出口企业理性回归，生产企业作主导

2015 年，柠檬酸产品前十家出口企业比例占到 90%，保持在较高水平，并且稳定。六大发酵生产企业排在出口前十企业前六席，发酵生产企业整体出口比例稳步升高，已经把控了出口市场，发酵生产企业自主出口所占比例超过 85%，占据了出口主动权，下一步生产企业应该更好地加强合作，处理好出口目的国和价格，继续减少转口贸易。

【b. 行业存在的问题及发展建议】

在全国过度的追求 GDP 情况下，有机酸行业经过前几年的快速发展，出现了发展过热，现阶段有机酸行业已经产能（严重）过剩，对这个现状我们必须要有充分的认识。那么去产能、降存量是 2016 年有机酸行业的主要工作方向。针对行业存在的问题，现在我把一些思路进行归纳分析：科技创新、战略转型、拓展应用、产能转移、淘汰落后。

1. 科技创新、深化挖潜寻求竞争优势

科技创新、深入挖潜是每一个企业在困难中寻求生存发展首先想到的措施。提高自身专利、技术水平，拥有其他厂家所没有的技术，提高产品质量、降低消耗从而提升自身核心竞争力，同时在保证质量的前提下，从生产、人员、采购、销售到后勤服务各个方面，都能够精打细算，精细化管理，清洁生产，深入挖潜，在同比行业中具有比较优势，做到人无我有、人有我精，实现明哲保身度过困难时期。

2. 解放思想，转型中寻求更多发展点

现在有机酸大宗产品存在产能过剩和低价倾销，部分企业已经经营困难。从目前的状况看这个问题的消化解决需要很长时间，因此建议部分企业可以根据自身优势发展生物制造等相关相近行业，为市场提供价格低廉、功能多样的生物基材料、发酵产品就是最好的发展点，从而保障自己在困难中生存下去，并得到发展和壮大。

3. 拓宽应用领域，促进推广应用

有机酸的应用十分广泛，柠檬酸盐及酯、乳酸盐及酯应用领域开发远远不够，目前我国柠檬酸、乳酸严重依赖出口，内需消费不足的问题，企业应该学习国外应用研究成果，加强自身柠檬酸、乳酸衍生产品开发以及产品应用领域的开发，改变目前单纯向客户提供产品的方式为向用户提供技术咨询和服务方式，从而扩大产品应用领域，推动市场需求增长。

4. 走出去，突破贸易壁垒，站在全球的高度上和国外市场竞争

有机酸行业国内产能过剩很大程度上是由于贸易壁垒和原料（玉米）成本过高。实现走出去战略，带上我们的优势：菌种、技术、优秀的工人、技术人员，利用国外的廉价原料、辅料、先进的设备，再选择建设国家的税收、土地、环保和市场优势等等。把国内的产能搬到国外去，直接打破贸易壁垒，占据市场优势，这样会取得预想不到的成果。柠檬酸行业现在已经有几个企业走出去了，在泰国已经建厂的有中粮、丰原、宁朗，日照金禾也要到国外准备建厂。但我希望后发的企业要从他们身上找出成功和失败的经验，做足后发优势，争取更高的站位。

5. 团结起来，淘汰落后，占据主动

市场需求尽管增幅不大，还是增长的。我们现在出现的困境只是我们的产能过剩了，并由此产生了仓库存量，或者压货，我们因此失去了市场主动权。低价销售已经使得柠檬酸企业全面亏损，乳酸、葡萄糖酸行业微利。今天落后产能不仅仅落后企业有，先进企业有早期建设的，现在也落后了，现在大家停产、半停产的就是这些。如果我们看清这些，我们从现在开始紧密地团结起来，加强行业自律，提升环保门槛，限制新增产能，淘汰落后产能，从而保障供需紧平衡，我们就会逐步消耗存量，最终赢回市场主动权。我认为这是当前有机酸（柠檬酸）行业整体发展的唯一道路。

【c. 行业活动】

1. 组织召开“有机酸分会第二届会员代表大会”

9 月 21 日，有机酸分会在上海召开“有机酸分会第二届会员代表大会”。出席会议的有来自全国各地的生产企业、科研院所、相关配套企业等单位的60余名代表。大会审议通过了第一届理事会的《有机酸分会工作总结》和“关于修订中国生物发酵产业协会有机酸分会工作条例的报告”，并进行第二届有机酸分会理事会的选举，选举产生由有机酸生产企业及相关科研单位负责人组成的第二届有机酸分会理事共 26 名、副理事长 6 名、理事长 1 名、秘书长 1 名。选举后大会还审议通过《有机酸行业近期工作计划》。

2. 组织召开“全国葡萄糖酸及其衍生物专题研讨会”

近几年，我国葡萄糖酸行业发展迅猛，企业数量与产能不断增加，同时行业发展也受到了多方因素的影响，使得行业面临着巨大的挑战。为了加强行业内各企业间的合作与沟通，缓解当前面临的危机，推动行业健康、有序发展，有机酸分会于 11 月 19 日在济南召开了全国葡萄糖酸及其衍生物专题研讨会。会议围绕葡萄糖酸技术发展、清洁生产、应用领域拓展等多方面进行了交流．为了更好地提升葡萄糖酸行业生产技术水平，推动葡萄糖酸应用领域拓展，会上还成立“全国葡萄糖酸协作组”。

3. 有机酸特色区域复审工作

2014 年 12 月 22 日，昌乐县人民政府向协会和中国轻工业联合会提交了《昌乐县人民政府关于中国柠檬酸特色产业基地的复审报告》《昌乐县人民政府关于申请对我县“中国柠檬酸特色产业基地”进行复审的函》（乐政字〔2014〕12 号），中国轻工业联合会委托我协会按照国家相关规定和要求进行审查。协会于 2015 年 6 月 4 日对昌乐县进行了现场审查，经质疑和提问，专家组同意其通过“中国柠檬酸特色产业基地”的现场审查。2015 年 7 月 17 日，中国轻工业联合会、中国生物发酵产业协会以中轻联科技【2015】177 号文件同意继续授予山东省昌乐县“中国柠檬酸特色产业基地”称号，并于 22 日举行了授牌仪式。

4. 节能减排工作

为进一步推动生物发酵行业节能环保水平不断进步，发挥节能环保骨干企业示范带动作用，2015 年在发酵行业内组织开展了第二批“节能环保推荐企业”与“节能环保示范企业”的评选活动，评选出 3 家“节能环保推荐企业”和 4 家“节能环保示范企业”；并在 9 月 21 日召开的“发酵行业节能环保论坛”上对获奖企业进行了授牌。同时还会同信息部出版“发酵工业”特刊对获奖企业进行宣传。

冯志合

2.15 营养与保健食品制造

【a. 概况】

2015 年，我国营养保健食品行业稳步发展，总体呈现增长趋势，其中保健食品制造业增长迅速，营养食品制造业稳定增长。2015 年实施的《食品安全国家标准保健食品》(GB16740-2014)对保健食品定义是“声称并具有特定保健功能或者以补充维生素、矿物质为目的的食品。”但我国目前并无明确的营养食品定义和相关法规标准，因其分类依据和监管分类有所冲突，因此本篇相关内容主要针对保健食品行业。

1. 主要经济指标

2015 年，营养食品制造业主营业务收入为 746.5 亿元，同比增长 6.3%，其增长速度与行业整体发展情况同步，其他数据（见表 1）。

表1 2015年我国营养食品制造业发展概况

行业名称	资产合计		主营务收入		利润总额		税金总额	
	实际值（亿元）	同比增长（%）	实际值（亿元）	同比增长（%）	实际值（亿元）	同比增长（%）	实际值（亿元）	同比增长（%）
营养食品制造业	454.0	7.5	746.5	6.3	76.7	1.6	20.2	3.6

2015 年，我国保健食品制造业快速发展，我国保健食品企业累计达到 2440 家，同比增加 240 家，业务收入约为 4000 亿元。投资金额在 5000 万以上的企业数量占 40% 以上，越来越多的国外保健食品企业开始进入中国市场。截至 2015 年底，我国已审批保健食品产品 16229 件，其中国产保健食品 15483 件，进口保健食品 746 件。共批保健食品初次注册申请 987 件，变更申请 513 件，技术转让申请 93 件，再注册申请 349 件。

中国保健食品市场空间巨大，中国消费者平均用于保健食品方面的花费只占其总支出的 0.07%，与主要欧美国家相比还有较大的差距。但是，近几年中国内地城乡居民保健类消费支出正在以远高于发达国家的速度增长。特别是 2016 年《食品工业“十三五”发展规划》编制完成，为保健食品产业描绘出更宏伟的发展前景。从大环境看，保健食品行业未来 10 年、20 年将是朝阳的产业，投资机会非常多。未来几年，我国保健食品行业销售收入仍将保持高速增长态势。

我国保健食品生产厂家的分布状况具有南多北少、东多西少的特点，北京、广东、浙江、上海、山东、江苏这 6 省（直辖市）就集中了保健食品企业的 80.4%，而其他省（自治区），如新疆、西藏、青海等中西部地区企业较少。

目前正在生产、销售保健食品企业目前的产品功能类型并不单一，排在前 4 位的依次为增强免疫力、缓解体力疲劳、通便、辅助降血脂，但是整体情况各种功能分布比较均衡，除增强免疫力功能一枝独秀外，其他功能差别并不是很大。

保健食品产品剂型以药品剂型为主，主要采取胶囊、片剂、口服液、颗粒剂（冲剂）等剂型，这些剂型的产品就占了近 70%。而具有一般食品形态的产品比例较小，约占 5%。这从侧面说明胶囊、片剂、口服液剂在准确定量、长时间保质等方面存在优势，更符合保健食品定量食用、质量稳定的要求。同时也因为许多保健食品生产企业原为药品生产企业在胶囊、片剂、口服液的生产上具有人员、设备和经验的优势，比开发新剂型产品更能降低成本。

保健食品销售渠道正向多元化发展，特别是电商平台、微信等电子商务渠道的快速发展，为保健食品行业的监管带来了新的挑战。

随着2015年新修订的《中华人民共和国食品安全法》以下简称新《食品安全法》《中华人民共和国广告法》《保健食品注册与备案管理办法》《食品安全国家标准保健食品》（GB16740–2014）等一系列重要法规的陆续实施，保健食品的监管体系构架进一步完善。新《食品安全法》中明确了保健食品将由审批制转为备案制，2016年保健食品将迎来新的发展期，国内外更多企业会加速投入到保健食品行业中。

2. 进出口情况

（1）进口情况分析

根据中国海关总署的进口统计数据，2015年，中国保健食品进口额为28.8亿美元，同比增长8.3%。中国保健食品的贸易顺差为46.3亿美元，同比下降5.3%。

从2015年进口保健食品的产品类别分布看，制成品的进口额最高，为13.9亿美元，其他依次为氨基酸类、植物提取物、维生素类、鱼油、辅酶Q10、蜂王浆粉/蜂蜡和硫酸软骨素。在上述8类产品中，进口额增速最快的是植物提取物，同比增长32.3%，其次为氨基酸类和制成品，同比增长分别为29.5%和17.8%。

2015年，我国保健食品成品进口额为13.9亿美元，同比增长17.8%。从进口产品的市场区域看，在6大洲际进口市场中亚洲区域国家的进口金额为4.7亿美元，所占进口市场份额最大，占比为34%，其次为北美洲和欧洲，占比分别为27%和24%，其他地区进口金额及占比。

6大洲中，大洋洲进口额同比增长441.0%，增长速率最高，其次，为非洲地区和北美洲地区，同比增长分别为26.2%和21.5%，而欧洲地区进口额同比下降5.2%。在亚洲地区，东盟所占进口额比重最高，占比为12.2%，但同比下降9.3%，在欧洲地区，欧盟所占进口额最高，占比为22.8%，但欧盟传统15国进口金额同比下降16.1%，具体情况见表2。

表2 进口保健食品成品地区进口额及增速情况

地区	进口额（万美元）	进口额同比（%）	进口额占比（%）
亚洲	46704.0	211.0	33.6
东盟	16986.6	-9.3	12.2
中东	2249.5	91.6	1.6
非洲	68.7	26.2	0.05
欧洲	33428.3	-5.2	24.0
欧盟	31712.9	-6.6	22.8
欧盟十五国	25371.7	-16.1	18.2
欧盟东扩十二国	6341.2	71.0	4.6
拉丁美洲	6709.5	17.8	4.8
北美洲	37973.8	21.52	7.3
大洋洲	14211.3	441.0	10.2

从进口保健食品成品前10位的国家看，发达国家占据重要地位。2015年，美国、澳大利亚、德国和日本是我国保健食品成品的前四大进口来源地，这四国占我国进口保健食品成品的总额分别为26%、8.6%、7.8%和7.4%。

在进口额占比最高的前20个国家中，2015年，澳大利亚的进口同比增长率最高，为821.8%，其次为加拿大和新西兰，同比增长率分别为142.9%和68.6%，其他国家进口额及增长情况，见表3。

表3 进口保健食品成品前20国进口额及增长

国别	进口额（万美元）	进口额同比（%）	进口额占比（%）
美国	36170.7	18.51	26
澳大利亚	11972.0	821.8	8.6
德国	10891.2	-24.1	7.8
日本	10220.8	19.5	7.4
中国台湾	9406.9	37.1	6.8
泰国	8256.1	2.5	5.9
荷兰	5615.6	-40.3	4.0
韩国	4824.5	23.7	3.5
马来西亚	4712.3	-21.6	3.4
中国香港	2772.8	9.2	2.0
新西兰	2239.3	68.6	1.6
新加坡	2050.8	-15.5	1.5
加拿大	1803.1	142.9	1.3
法国	1799.4	66.4	1.3
英国	1678.4	39.1	1.2
巴西	1600.1	6.1	1.2
意大利	1561.1	65.3	1.1
印度尼西亚	1098.1	6.7	0.8
越南	688.3	-31.2	0.5
瑞典	240.3	41.9	0.2

（2）出口情况分析

根据中国海关总署的出口统计数据，2015年，中国保健食品出口金额为75.1亿美元，同比下降0.53%。

从2015年出口保健食品的产品类别分布看，植物提取物类保健食品的出口额最大，其出口额为21.6亿美元，其他依次为维生素类、氨基酸类、制成品、硫酸软骨素、鱼油、辅酶Q10和蜂王浆粉/蜂蜡。在上述8类产品中，出口额增速最高的是鱼油，同比增长30.8%，其次为植物提取物和硫酸软骨素，同比增长别为21.3%和9.7%。

根据中国海关总署的出口统计数据，2015年中国保健食品成品额为11.4亿美元，同比下降3.4%。从出口保健食品成品的目标市场区域看，在6大出口市场中，亚洲区域国家的出口金额为5.8亿美元，所占出口市场份额最大，占比为51%，其次为北美洲国家和欧洲国家，所占比重均为17%，其他地区出口金额及比重见图6大洲中，大洋洲出口额同比增长47.5%，增长速度最高，其次为北美洲地区，同比增长25.4%，其他地区出口额均下降，非洲地区市场同比下降最快，下降12.9%。在亚洲地区，东盟所占出口额比重最高，占比为26.2%，出口额同比下降12.7%，在欧洲地区，欧盟所占出口额比率为15.0%，其中欧盟传统15国出口金额同比增长21.4%。

表4 出口保健食品成品市场区域出口额及增速情况

地区	出口额（万美元）	出口额同比（%）	出口额占比（%）
亚洲	57839.8	-9.6	50.6
东盟	29972.7	-12.7	26.2
中东	2942.2	14.4	2.6
非洲	7047.5	-12.9	6.2
欧洲	19660.2	-6.6	17.2
欧盟	13784.4	15.0	12.1
欧盟十五国	11365.7	21.4	9.9
欧盟东扩十二国	2418.7	-8.0	2.1
拉丁美洲	3437	-2.7	3
北美洲	19829.1	25.4	17.3
大洋洲	6564.8	47.5	5.7

从2015年出口保健食品成品的国家分布看，美国、日本、中国香港和泰国是我国保健食品成品的前4大出口目的地国家和地区，其分别占我国出口保健食品成品总额的15.9%、9.1%、6.6%和6.0%在出口额占比最高的前20个国家中，澳大利亚的出口同比最高增长44.4%，其次为英国和荷兰，同比增长分别41.4%和30.9%，其他国家出口额及增长情况见表5

表5 出口保健食品成品前20国出口额及增速情况

国别	出口额（万美元）	出口额同比（%）	出口额占比（%）
美国	18200.5	25.6	15.9
日本	10457.1	-8.9	9.1
香港	7563.6	-12.9	6.6
泰国	6842.2	14.2	6.0
菲律宾	5569.0	-19.8	4.9
澳大利亚	5421.8	44.4	4.7
印度尼西亚	5278.9	-28.9	4.6
俄罗斯联邦	5163.4	-35.9	4.5
马来西亚	4533.8	-18.4	4.0
英国	3319	41.4	2.9
缅甸	3230.4	1.3	2.8
荷兰	2436.2	30.9	2.1
德国	2427.2	6.4	2.1
加纳	2296.8	20.9	2.0
新加坡	2240.0	-21.1	1.7
越南	2123.0	-4.2	1.9
韩国	2031.5	-10.7	1.8
尼日利亚	1768.9	-31.4	1.6
加拿大	1626.3	22.8	1.4
阿拉伯联合酋长国	1128.0	10.9	1.0

【b. 基本监管情况】

1. 相关法规标准

根据新《食品安全法》规定，保健食品将作为特殊食品进行管理。新措施包括以下几点。

（1）规范保健食品原料保健食品原料目录和允许保健食品声称的保健功能目录，由国务院食品药品监督管理部门会同国务院卫生行政部门、国家中医药管理部门制定、调整并公布。列入保健食品原料目录的原料只能用于保健食品生产，不得用于其他食品生产。

（2）备案制和注册制双轨并行使用保健食品原料目录以外原料的保健食品和首次进口的保健食品应当经国务院食品药品监督管理部门注册。但是，首次进口的保健食品中属于补充维生素、矿物质等营养物质的，应当报国务院食品药品监督管理部门备案。

（3）规范保健食品标签保健食品的标签、说明书不得涉及疾病预防、治疗功能，并声明“本品不能代替药物”。保健食品广告也应当声明“本品不能代替药物”。

根据2015年修订后的《中华人民共和国广告法》对保健食品宣传方面的最新规定包括以下几点。

保健食品广告不得利用广告代言人作推荐、证明，保健食品广告应当显著标明“本品不能代替药物”。

广播电台、电视台、报刊音像出版单位、互联网信息服务提供者不得以介绍健康、养生知识等形式变相发布保健食品广告。

对虚假广告加大惩处力度。违反本法规定，发布虚假广告的，处广告费三倍以上五倍以下的罚款，广告费用明显偏低或者无法计算的，处20万元以上一百万元以下的罚款，两年内有三次以上违法行为或者有其他严重情节的最高可罚200万元。

2. 国家食品监管机构监管执行情况

2015年，国家食品药品监督管理总局在全国范围内组织抽检了8887批次保健食品样品，其中检验合格样品8574批次，不合格样品313批次，样品合格率为96.50%。在抽检的25类食品（包括保健食品和食品添加剂）中，保健食品的合格率接近全国平均水平（96.8%），保健食品抽检不合格样品占所有食品总不合格样品批次的5.65%。相比其他食品，保健食品抽检结果中因非法添加导致的不合格项所占比重较大。

2015年，保健食品广告明显增加而违法保健食品广告明显降低。全国共审批保健食品广告5175件，同比增加11.4%，向工商行政管理部门移送违法保健食品广告30183件，同比下降53.8%，收回保健食品广告批准文号100件，同比增加163.2%。

表6 2013—2015年广告审批及查处情况

广告审批及查处情况	2013年	2014年	2015年
审批保健食品广告/件	4217	4647	5175
同比升降/%	------	10.2	11.4
违法保健食品广告/件	28903	65392	30183
同比升降/%	-----1	26.2	-53.8
收回保健食品广告/件	91	38	100
同比升降/%	------	58.2	163.2

2015年，各级食品药品监管部门共受理保健食品投诉举报22608件，立案996件，结案896件。2015年食品药品监管部门共查处保健食品案件5992件，涉及物品总值7698.7万元，罚款3409.4万元，没收323.0万元，取缔（查处）未经许可生产经营244户，捣毁制假售假窝点36个，停业整顿318户，移交司法机关143件。

【c.“十二五”规划完成情况】

1. 销售收入

2015年，我国保健食品销售收入已达到4000亿元，《食品工业“十二五”规划》中保健品销售收入目标已基本达成。预计2016年我国保健食品销售收入将达到4500亿元。

2. 行业规模

“十二五”规划期间，我国保健食品行业快速增长，新增保健食品生产企业440家，保健食品产业规模双倍增长。审批保健食品数量增长50.8%，其中国产保健食品增速远大于进口保健食品，如表7所示。另外，国产保健食品有所增长，2010年国产保健食品数量占94%，而2015年国产保健食品数量占95%，见表7。

表7 “十二五”规划期间我国保健食品行业规模发展

项目	2010年	2015年	增长率
保健食品生产企业	2000家	2440家	22.0%
保健食品产业规模	2000亿元	4000亿元	100.0%
审批保健食品	10760种	16229种	50.8%
国产保健食品	10116种	15483种	53.0%
进口保健食品	644种	746种	15.8%

3. 进口情况

“十二五”规划期间，国外保健食品在中国市场上的销量持续增长。截至2015年12月底，我国共批准进口保健食品746种，主要来自美国，澳大利亚，德国和日本。除知名品牌安利外，康宝莱、健安喜、自然之宝等品牌进入中国保健食品市场。进口食品的涌入丰富了国内保健食品的种类，为消费者提供更多优质保健食品的选择。

4. 出口情况

2010—2014年，我国保健食品出口额持续增长，截至2014年底出口额突破10亿美元，达到11.8亿美元，主要出口市场为美国和日本等发达国家。截至2015年底，我国保健食品出口额达到11.4亿美元，同比略有下降。我国保健食品主要的出口省份为广东、浙江、山东和河南，其中广东省保健食品出口主要是以鱼油和鱼肝油为主，浙江省主要以王浆产品和蜂蜡为主，山东省是以出口鱼油和卵磷脂为主的，河南省主要是以出口蜂蜡和蜂花粉为主。近年来，委托加工出口模式增多，由于各国对本国保健食品均有不同的法规和技术要求，尤其是产品规格差异较大，国产注册批准保健食品直接出口较少，再加上成品对销售渠道和产品服务要求较高，所以多数产品以委托加工模式进行出口。

【d. 行业面临的问题分析】

1. 市场

（1）企业规模小，创新能力弱

虽然我国的保健食品生产企业比较多，但大多数都是中小企业。根据国家食品安全风险评估中心调研数据显示 2012—2013 年我国保健食品企业规模在 5 千万元~5 亿元区间数量最多。相比国外发达国家的保健食品企业，我国的保健食品行业整体还处于初级阶段，企业重市场轻研发，研发投入不足，创新能力弱。据不完全统计，目前全国规模以上企业开展科技活动的仅占 25%，研究开发支出占企业销售收入的比重低，只有万分之三的企业拥有自主知识产权。研发能力弱、创新不足已经严重阻碍了我国保健食品行业的发展。

（2）产品同质化严重

国家批准的保健食品功能范围涉及 27 类，但目前产品申报的保健功能集中分布在增强免疫力、辅助降血脂、缓解体力疲劳等有限的几大类。获批的保健食品分布不平衡，存在简单抄袭和低水平重复现象，这将使保健食品企业经营陷入同质化恶性竞争，进而影响保健食品产业的健康发展。

（3）企业分布不合理

此外，我国保健食品企业区域布局不尽合理，产地过度集中。目前已批准的保健食品中三分之二以上集中在北京、广东、浙江、上海、山东、江苏等地区，而新疆、西藏、青海等中西部地区企业较少。

2. 生产经营

（1）虚假宣传

虽然违法保健食品广告同比减少，但违法现象仍然普遍，例如保健食品广告宣传内容均含有不科学的功效断言，夸大保健食品功效或扩大适用人群范围，使用与药品相混淆的用语，以及利用学术机构、专家、患者名义和形象用作功效证明等问题，欺骗和误导消费者。

（2）非法添加

保健食品生产中非法添加物质的违法违规现象严重，如在声称减肥、缓解体力疲劳、增强免疫力等功能产品中添加非法添加药物成分。这些违禁品对消费者的身体健康构成极大的威胁。

（3）违法生产经营

违法生产经营现象普遍，例如，在未取得《保健食品批准证书》和《保健食品生产企业卫生许可证》等许可资质的情况下，从事具有特定保健功能的产品生产经营；不按批准的配方、生产工艺生产，委托加工不规范，套用、冒用批准文号，一个批准文号用于多个产品等。

3. 销售渠道

（1）互联网销售

随着互联网销售保健食品的飞速发展，巨大的市场空间和纷繁复杂的竞争格局不仅造就了保健食品的销售奇迹，同时也带来了食品安全等隐患。由于缺乏相应有效的监督管理措施，除了各种合法合规的产品以外，也有多种假冒伪劣保健食品、虚假宣传的产品横行于互联网市场，造成了恶劣影响，给广大消费者的生命健康造成极大的危害。保健食品电子商务市场正在遭遇严重的诚信危机。

（2）微信营销

相对于逐渐成熟的 C2C、B2C 等营销模式，微信营销还处于起步探索阶段，尤其是保健食品微商的监管仍有不少空白。微信作为新的 C2C 平台，注册方便，成本低廉，只要有一个微信号即可发布信息达成交易，容易出现商家可靠性差、产品真假难辨等突出问题。

卖保健食品的微商大部分都是代理，通常连卖家自己都不能确定产品货源和质量状况。加上朋友圈大多是熟人销售，保健品直接售卖没有凭证，所以很多权益受到损害的消费者最后只能不了了之。加上大部分个人注册的微商属于无实体店、无营业执照、无信用担保、无第三方交易平台的“四无”商家，很容易让消费者的权益受到损害。

（3）跨境电商

目前，我国跨境电子商务发展迅猛，越来越受到消费者的青睐。其中，跨境保税备货模式依托保税区的特殊优惠政策，以其交易速度更快、配送时间更短的强大竞争优势，逐渐成为跨境电商主流模式。这一新型贸易方式的兴起，也为对跨境电商保税备货进口商品的有效监管带来挑战。

保税备货的产品所有权在进入保税区往往不发生转移，仍属于国外企业。保税备货模式产品在进入保税区时与一般货物无异，出区时虽为邮包形式，但与一般贸易商家通过实体店出售产品并无本质差别。这些产品通过跨境电商贸易的方式进入境内，产品的质量安全很大程度上只能依赖于电商平台的审核把关，对照目前口岸检验检疫机构较高的进口保健食品不合格率以及经常发布的风险预警情况看，存在较大的系统性安全风险。

国务院及地方政府虽大力支持跨境电子商务发展，但相关政策主要集中在国务院办公厅指导性意见、国家海关总署及国家质量监督检验检疫总局的规范性文件等，缺乏食品安全监管法规。目前国家食品监管机构正在加强对跨境电商食品安全方面的监控，2015年10月，国家质量监督检验检疫总局起草了《网购保税模式跨境电子商务进口食品安全监督管理细则》，拟对网购保税模式跨境电子商务进口食品进行严格的监督检查。除安全监管方面，政策上国家相关机构也加强了调控，如2016年上半年，财政部等部门相继发布了《关于跨境电子商务零售进口税收政策的通知》《关于公布跨境电子商务零售进口商品清单（第二批）的公告》等法规。

（4）药店销售

由于保健食品的盈利额远高于药品，因此药店在引进保健食品时总是进行“大而广”的铺货。然而，千篇一律的销售模式却很难达到预期的销售目的，消费者对于保健食品的接受能力成为保健食品销售过程中的一大障碍。

【e. 发展趋势】

1. 中国保健食品市场发展空间大

《食品工业“十二五”规划》中营养与保健食品制造业目标基本完成。未来几年我国保健食品行业销售收入仍将保持增长态势。《食品工业“十三五”发展规划》的编制完成，给了保健品产业更宏伟的发展前景。另外，我国已迈入老龄化社会，截至2014年年底，我国60岁以上老年人口已经达到2.12亿，占总人口的15.5%，预计未来我国将进入急速老龄化阶段，对健康需求的大幅度增加将促进保健食品市场发展。

2. 保健食品监管政策由注册制迈向双轨制

国家食品药品监督管理总局发布《保健食品注册与备案管理办法》于2016年7月1日正式实施。未来，保健食品的注册由审批制改为了备案管理，注册工作将趋向简单化，此前的文号管制带来的垄断局面将会被打破，药企进入的保健食品领域的成本也将大幅度降低。

3. 加速国产保健食品企业发展

根据《跨境电子商务零售进口商品清单》，海外保健食品将无法通过B2C直邮或BBC保税业务模式进行购买。海外保健食品要想通过线下渠道进入中国市场必须通过审批或备案取得中国的保健食品身份。新政将引导境外的消费资金回流并激发国内保健食品消费市场的活力。

4. 保健品销售渠道向线上倾斜

网络电商平台、微信等电子商务渠道的快速发展，为我国保健食品生产企业提供了广阔的发展空间。另一方面，由于新《食品安全法》加强对保健品的管控，商超、零售药店等传统线下渠道的保健食品将减少。

【f. 政策建议】

1. 加快完善和出台保健食品政策

加快制定与完善《保健食品标识管理办法》《保健食品功能目录原料目录管理办法》等配套法律法规。除此之外，还需要提高市场准入门槛，细化生产经营企业的责任和义务，加快保健食品召回制度的出台，加大违法处罚力度，建立违法企业黑名单。

2. 建立一体化的网络监督平台

针对我国保健食品现阶段的各种问题，需要全员参与各环节的监管。建议建立以行政区域为单位，覆盖全国，涵盖从行政许可到市场监督高效联动的一体化监管体系，从而保障保健食品行业有序发展。目前，保健食品在注册审批环节已经依托互联网建立了高效、公开、便民的信息化系统。但这种“重审批”的模式还不能有效监管整个保健食品市场，亟须建立覆盖保健食品注册审批、原料采购、生产、流通、销售、产品召回、上市后再评价、监督管理、营养健康教育和群众监督举报等各环节的一体化网络监督平台，这样有利于增加各部门之间的沟通协作，也能充分调动群众监督力量，提升监管力度和效率，同时也可以提高企业的职业道德和社会责任感，规范和约束企业和行为，促进保健食品行业有序健康发展。

3. 建立健全的创新机制

政府应该出台相关政策鼓励保健食品的创新。资金方面，应该对企业的研发经费给予税收减免，拓宽企业的融资渠道，建立保健食品行业的风险基金，为提升我国保健食品的研发技术水平提供基础；技术方面，建立保健食品技术信息平台，加强保健食品生产经营企业与政府、高校、科研院所的合作，对原料、研发技术、检验方法、安全性评价指标、审批标准、人体试食试验等方面加强沟通，不断优化标准和程序；法规方面，应该鼓励保健食品生产企业研发适应市场需求的产品，针对新功能或新原料的保健食品采取特殊的注册审批制度，在产品研发期间企业可与监管审批部门进行技术交流，加快新功能产品的上市。

4. 加强民众的保健食品消费教育和消费倡导

广泛、深入、持久地开展保健食品科普知识宣传，促进广大消费者认真学习了解相关知识及法律法规，引导消费者科学理性和消费观念和习惯，不断增强消费者的自我保护能力，自觉防范和抵制保健食品销售中虚假宣传、聚众营销等非法行为。

中国保健协会

2.16 盐加工

【a. 概况】

2015年是中国盐业协会第七届理事会开局之年，也是行业盐业体制改革，企业转型升级，面临形势严峻，任务繁重的一年。同年，美国次贷危机的影响尚未完全消除，世界经济面临着增长速度缓慢、金融风险加大的复杂形势，而中国国民经济存在众多的不稳定性和不确定性，转方式、调结构、深化改革、去产能化压力依然很大。资源类、重化工业普遍陷入困境，增速大幅下滑，产量明显下降，行业总体库存压力较大。

盐行业作为资源类基础行业，2015年也面临着较为困难的局面：首次出现全行业亏损的情况，行业发展形势严峻；产能过剩的矛盾依然存在，众多井矿盐项目依然陆续投产；产品结构相对单一，同质化竞争激烈；技术创新能力有待进一步加强等诸多困难。

1. 中国盐业产能情况

2015年，原盐产能达到11345万吨，同比增长3.4%。其中海盐产能3900万吨，同比下降1.3%；井矿盐产能6255万吨，同比增长5.9%；湖盐产能1190万吨，同比增长4.2%。

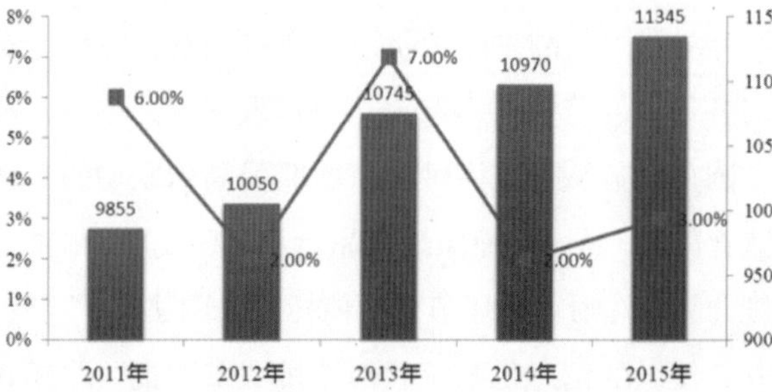

2015年新增产能375万吨，其中井矿盐产能340万吨，占90.7%。宁夏回族自治区首次有100万吨制盐项目投产，改变了宁夏回族自治区不产盐的历史。

2015年新增制盐项目（单位：万吨）

宁夏金昱元	100	2015年8月
肥城海晶	120	2015年6月
山东盐业肥城精盐厂	120	2015年7月
内蒙古额吉淖尔	35	2015年7月
合计	360	

2. 中国盐业产量情况

2015年，原盐产量8876万吨，同比下降3.6%。其中海盐产量3233万吨，同比增加0.4%；井矿盐产量4456万吨，同比下降8.9%；湖盐产量1187万吨，同比增长9%。

按各盐种产量比例看，海盐产量3233万吨，占37%；井矿盐产量4456万吨，占50%；湖盐产量1187万吨，占13%。海盐比例增加，井矿盐比例减少：一是由于2015年天气状况良好，海盐产量出现增长；二是由于下游需求的减弱，井矿盐企业限产导致产量减少。

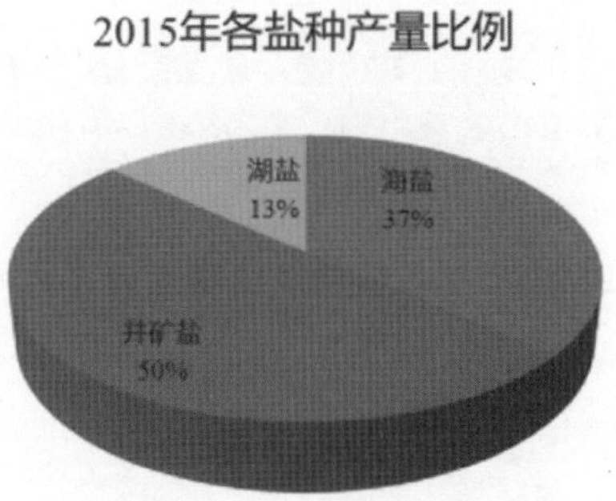

3. 中国盐业库存情况

2015年，中国原盐库存2677万吨，同比增长7.6%；其中海盐库存1823万吨，同比增长18.4%；井矿盐库存129万吨，同比下降14.6%；湖盐库存725万吨，同比下降9.1%。

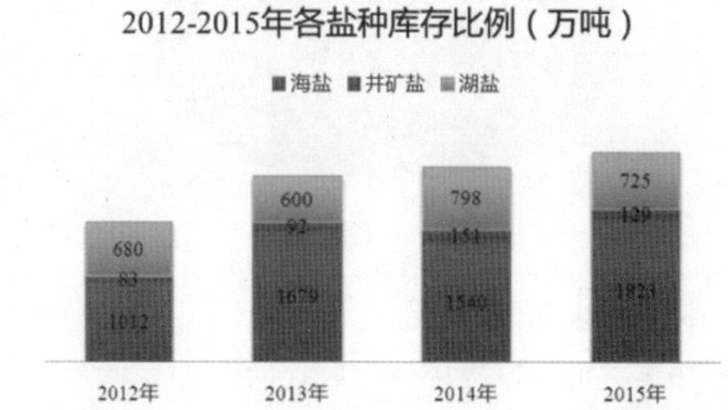

尽管产量同比下降，但下游需求的低迷导致盐的销售不畅，库存同比依然有所增加，尤其是海盐销售不畅导致库存增加，井矿盐由于受仓储能力限制，需要通过限产限制库存，使得井矿盐库存有所减少。

4. 中国盐业进出口情况

2015年，中国累计进口原盐600万吨，同比下降18.9%；累计出口原盐93万吨，同比下降9.7%。受去年经济形势影响，国内国际化工行情整体低迷，中国原盐进出口整体呈现萎缩局面。

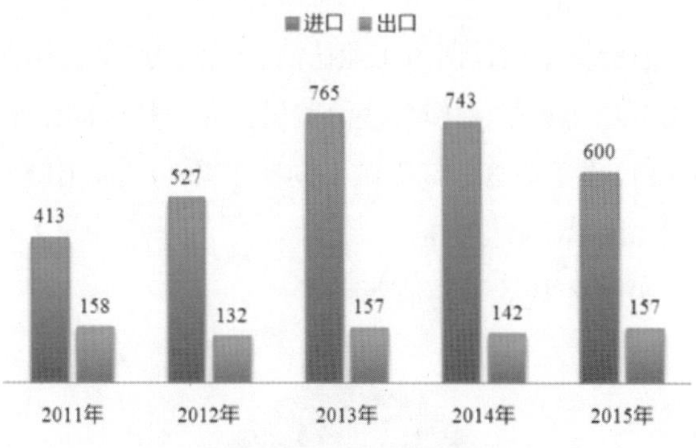

2015年，中国进口原盐主要来自印度、澳大利亚、墨西哥，进口量分别为305万吨、233万吨、16万吨，共计554万吨，占总进口量的92.3%，其中印度盐占51%，是主要进口国。同比进口工业盐的价格，中国进口工业盐的价格回落明显，均价由2014年的44美

元 / 吨左右跌至 36 美元 / 吨左右。

2015年主要进口国进口量比例（%）

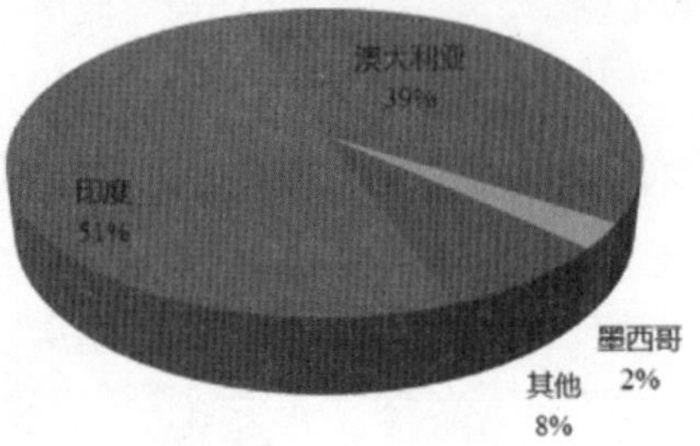

5. 中国盐业消费情况

中国共消费原盐 9312 万吨，同比下降 3.9%。主要原因是下游需求量全面减少。

2012-2015年全国盐产量消费量情况（万吨）

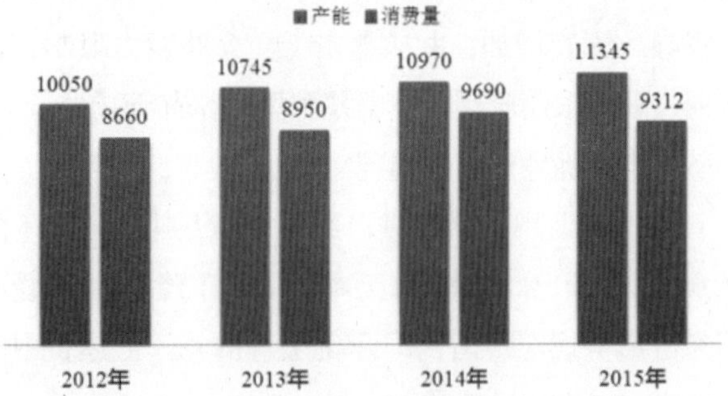

消费量中用作两碱工业盐消费量约为 7885 万吨，同比下降 2.2%；用作食盐消费量 934 万吨，同比下降 10.9%；小工业盐 363 万吨，同比下降 17%；出口 130 万吨，同比下降 8.5%。

2015 年盐的下游消费比例

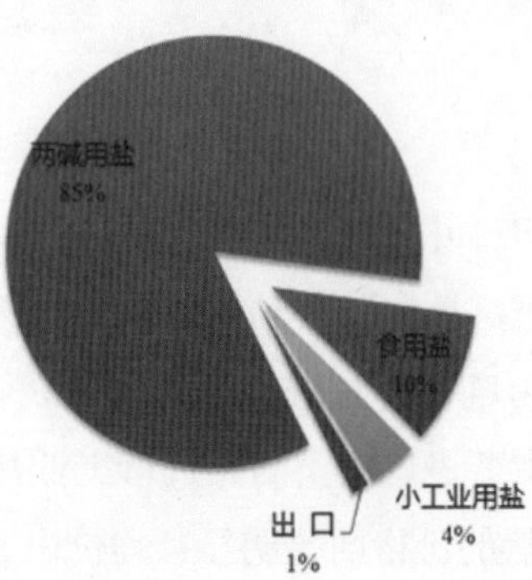

6. 中国原盐价格情况

2015 年，国内原盐市场同比更加低迷，为近几年行情最低，海盐方面，整体呈现震荡走低趋势，海盐产区市场价格较为混乱。工业盐均价由年初的 200 元 / 吨下降到 100 元 / 吨，山东地区更是有 50-60 元 / 吨的低价。井矿盐方面，今年国内市场原盐价格已达到历史最低，均价由年初的 220 元 / 吨下降到 170 元 / 吨；湖盐市场由于下游的不景气，导致西北原盐价格近期出现下跌现象，工业盐均价由年初的 230 元 / 吨下降到 200 元 / 吨。

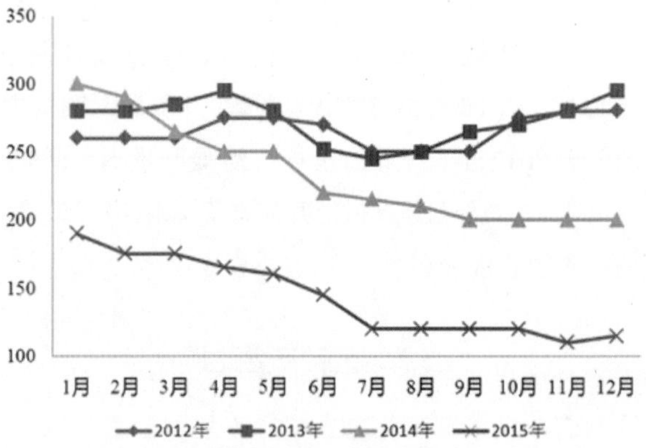

2012-2015年井矿盐盐价格走势（元/吨）

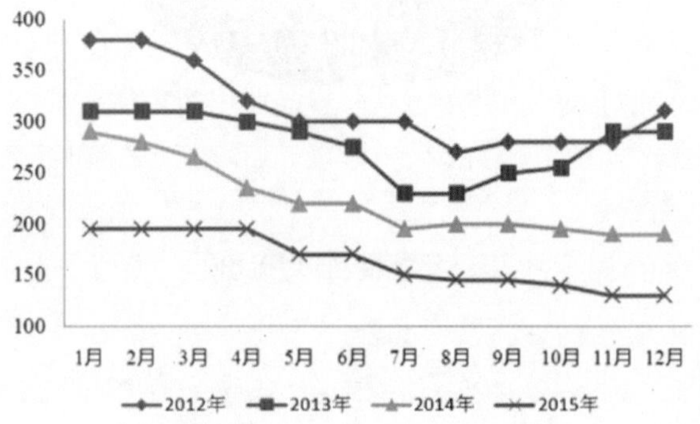

7. 中国盐业经营情况

2015 年，中国盐行业整体规模有所增长，总资产、销售收入均同比增加，但全行业利润出现亏损，说明 2015 年企业盈利水平较低，主要原因是需求的低迷以及价格的下降。

2015 年，资产总额 1677.5 亿元，同比增长 1.9%。

总销售收入1102亿元，同比增长30%。

2011-2015年全行业资产总额（亿元）

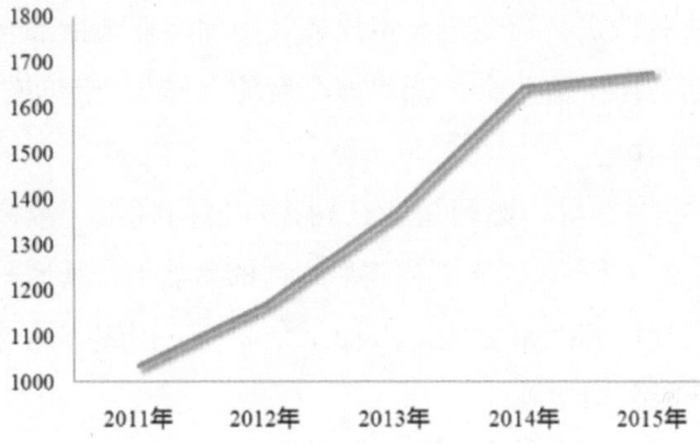

2011-2015年全行业销售收入（亿元）

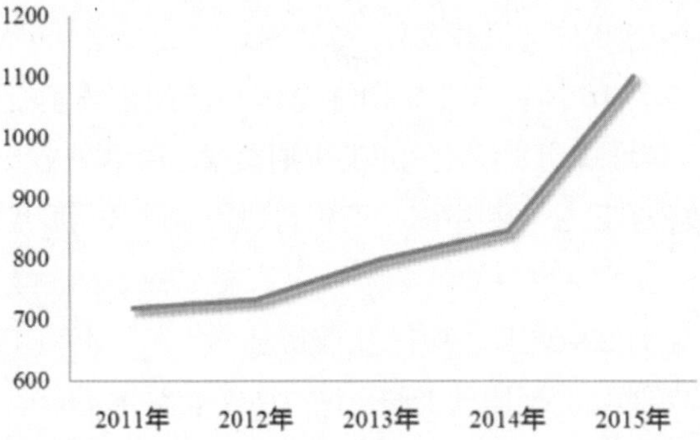

2015年，全行业利润总额50.3亿元，同比下降6.4%。据不完全统计，28家规模以上制盐企业销售收入806078.42万元，同比下降6.38%；27家企业利润18921.42万元，同比减少39.52%。

2011-2015年全行业利润总额（亿元）

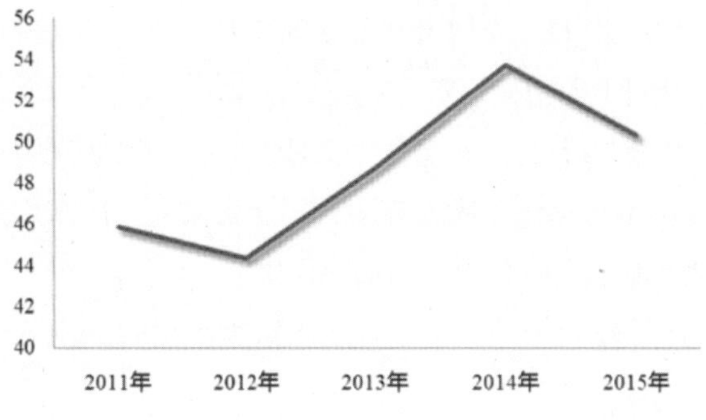

2015年，全行业从业人员216988人，共有注册登记制盐企业288家，批发企业共2113家。随着改革的进行以及经营的压力，企业已经通过减员增效减缓企业亏损经营的困难。

2011-2014年全行业从业人数（人）

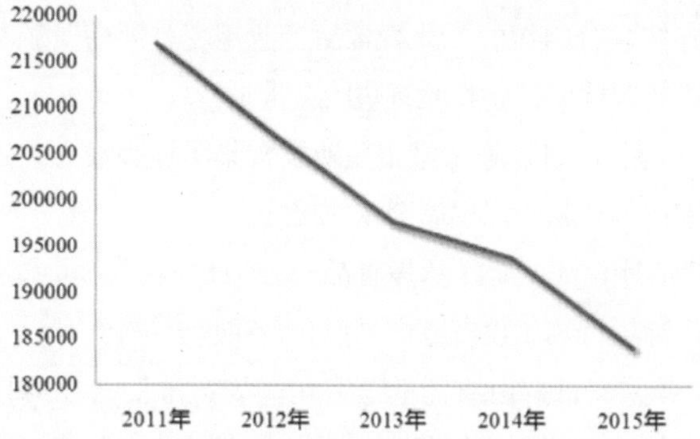

【b. 协会主要工作】

1. 开展“盐业体制改革后行业应对措施研究课题”工作，撰写出《盐业体制改革后行业应对措施研究课题》提纲。

2. 召开盐业批发企业负责人和部分制盐企业负责人座谈会，拟出关于《我国盐业体制改革专项调查和政策建议》，提交有关部门参考。

3. 密切与发改委体改司联系，及时掌握改革工作进展、动态，争取话语权，充分反映行业意见，为盐业改革工作提供需要数据，供拟订方案参考。

4. 承接发改委体改司购买服务工作。

5. 维护食盐市场稳定。

6. 开展行业自律工作。

7. 完善行业统计工作。

8.5月，在杭州召开了碘盐标志专业管理委员会第九次年会。

9.9月，在北京成功召开第二届理事会。

10. 编制盐行业“十三五”发展指导意见。

11. 开展行业职业资格认证。

12. 协调企业税负问题。

13. 完善信息服务平台。

14. 编辑《中国盐业年鉴》和编写《会员通讯》。

15. 加强国际交流与合作。

16. 加强协会内部建设。

【c. 大事记】

1月21日至23日，中国盐业协会网站工作会议在四川省成都市召开。3月12日，北京青年报和北青新媒体联合组织的“北青食品行业年度总评榜”颁奖仪式及颁奖座谈会在北青集团隆重举行。

3月31日，连云港市工业投资集团挂牌成立，连云港市市长赵晓江出席会议并授牌。

4月8日，浙江丛晟食品科技股份有限公司食用氯化钾项目竣工投产暨产品推介会在建德举行。

4月9日，由省盐业总公司与安徽淮商集团共同投资打造的“安徽好超市投资股份有限公司”第一家形象店“盐业大厦店”开业仪式。

4月10–12日，中盐协会在江西省南昌市召开《中国盐业年鉴》工作会议。

4月15–16日，中国盐业协会在福建厦门召开盐业体制改革座谈会。

4月28日，省公司投资控股的安徽盐业金融信息服务有限责任公司的互联网金融平台正式上线。

5月5日省盐业集团与广东省粤电集团有限公司达成协议，签署“广东广盐新能源发电项目合作框架协议”。

5月8日，中国盐业协会碘盐标志专业管理委员会第九次年会暨食盐包装工作座谈会在浙江杭州召开。

5月21日，江苏省制盐工业研究所与中科院武汉岩土力学研究所、淮安市地质勘察院三方就“盐腔测量装备进院”签订框架合作协议。

6月3–10日，中国盐业协会派员赴欧洲参加欧洲盐业生产者协会年会，并做“中国盐业现状和未来发展”为题的演讲。

6月6日，集团公司“淮盐制作技艺”参加连云港市非物质文化遗产展演活动。“淮盐制作技艺”列入国家级非物质文化遗产名录。

6月17日，中国盐业协会在北京召开关于资源税改革的座谈会，来自新疆、山东、天津、湖南等6家企业参加此次座谈。

6月24日，日本海水株式会社社长金泽正博、日本盐商株式会社会长大川洋以及中国事业统括部长西北刚到访中盐协会，就双方今后的合作与交流问题进行了探讨。

7月2日，厦门盐业公司携同厦门晚报，带领小记者们一行15人来到福建省最大的食盐生产基地——莆田盐场和国家食盐定点加工企业——福建省晶秀轻化有限公司参观。

7月7–9日，中盐协会在吉林省延吉市召开关于行业体制改革的座谈会。

7月13日，盐城市委市政府召开江苏银宝控股集团有限公司改革发展汇报会。中国盐业协会理事长茆庆国应邀出席会议并致辞。

7月16日省盐业集团在全国银行间市场发行了2015年度首期3亿元5年期中期票据，由中国光大银行股份有限公司和中国工商银行股份有限公司联席主承销，发行利率4.8%/年。

7月22–25日，中国盐业协会“年鉴”审稿工作会议暨网站管理信息工作会议在乌鲁木齐市召开。

8月7日，中盐新疆盐业有限公司天山湖盐产品推介会在乌鲁木齐召开，中盐上海盐业公司、重庆市盐业（集团）公司，广东省盐业集团有限公司等6家各省市代表和来自疆内盐业企业代表参加了推介会。

8月19日，英国伟尔矿业荷兰有限公司中国蒙古区域经理卫晓红、中国区销售经理唐夕庭拜访中盐协会，就中国盐业矿山生产设备的使用情况以及高新技术设备在未来的普及趋势进行了交流探讨。

8月22日，全国井矿盐区质检技术河南培训班在平顶山叶县举办。

8月26日，广东省盐业集团在佛山市高明区举行与成都市新都化工股份有限公司合资成立“广东广盐益盐堂制盐有限公司”的揭牌仪式。

8月被列为“‘十二五’国家重点出版物出版规

划项目”的《广东省志》（1979–2000）正式出版发行。

8月26日，美国最大的天然碱生产商TRONOX公司市场与销售副总裁Gandhi先生以及销售经理朴梅花女士到访协会，就中美两国的两碱行业发展现状以及盐业生产情况进行了交流。

9月11日，中国证券监督管理委员会下发《关于核准云南盐化股份有限公司非公开发行股票的批复》（证监许可〔2015〕2082号），核准公司非公开发行93,313,565股新股。

9月30日，云南盐化公司在中国证券登记结算有限责任公司深圳分公司办理完毕登记托管手续，于2015年10月8日在深圳证券交易所上市。

10月11–17日，受国家卫生计生委委托，以江苏省卫生计生委副主任汪华为组长的国家督导组一行对新疆《地方病防治“十二五”规划》进行了终期考核评估。

11月11日，中盐长芦公司与市食品工业协会联合举办“拒绝假冒伪劣保护大众健康”2015天津市食盐加碘科普宣传活动暨新品上市新闻发布会。

11月11–13日，2015年度全国盐业传媒论坛暨《中国盐业》杂志第24届通讯站长会在上海市召开。

11月17日，中国盐业协会于在北京举办了“食品检验工”“化学检验工”“化学分析工”职业技能鉴定考评员培训班。

12月2日，中国盐业协会、中国盐业总公司组织的“2016年全国食盐产销衔接工作会议”在江苏南京召开。

12月20日，江苏省绿色硝化工程技术研究中心经江苏省科技厅批准，正式落户连云港工业投资集团公司，成为江苏省首家对绿色硝化技术和产品进行全面科研开发的综合性工程技术中心。

12月29日，上海证券交易所以（2015）442号“关于江苏井神盐化股份有限公司人民币普通股股票上市易的通知”文件同意我公司股票在上交所上市交易，A股股本为55944万股。

张 君

2.17 食品及饲料添加剂制造

【a. 概况】

2015 年，我国食品添加剂主要品种总产量 996 万吨，同比增长 5.2%；销售额 978 亿元，同比增长 4.5%；出口 37.3 亿美元，同比基本持平。受国内经济形势尤其是实体经济下滑的影响，国内食品工业对食品添加剂和配料产品的需求增长与前几年相比有所下降，加之产业结构调整和部分产品前几年盲目扩张导致产能过剩等因素的影响，主要产品的产销增长幅度不大。在新常态经济形势下，全行业整体上呈现稳定发展的态势，没有发生剧烈动荡。

【b. 面临的主要问题】

国内外经济形势不乐观。国内经济增长乏力对食品添加剂和配料市场需求疲软，给行业带来严峻挑战；

产能过剩和产品同质化加剧无序的市场竞争。一些食品添加剂品种如辣椒红色素、甜菊糖苷、三氯蔗糖、万寿菊浸膏、阿斯巴甜等仍处于产能过剩的状态，加剧了部分生产企业为占据市场份额而采用价格战的方式进行竞争，致使企业利润下降，整体效益下滑；

原材料价格、人力和能源成本上升及税费负担沉重，加重企业负担，使企业效益下降；

以中小企业居多的食品添加剂和配料行业面临较大环保压力。

【c. 重点行业】

1. 甜味剂和功能糖

甜味剂行业大部分产品生产技术成熟，经过多年的大浪淘沙，小企业渐次退出市场，行业集中度逐步提高，处于稳步发展状态。但高倍甜味剂产品价格和出口下滑，部分产品产能过剩，市场竞争加剧。糖醇类产品：木糖醇产量约 6.1 万吨，同比基本持平，销售量 5.8 万吨，产品价格没有大的变化，2015 年度，木糖醇产品供略大于求，主要骨干企业生产经营平稳，一些小型企业处于停产或半停产状态；麦芽糖醇、赤藓糖醇及其他功能糖醇产品的产量小幅下降。高倍甜味剂产品：总产量 12 万吨（不含复配），同比基本持平。其中，甜蜜素 4.8 万吨，同比下降 2%；糖精（钠）2.5 万吨，同比基本持平；阿斯巴甜 1.1 万吨，比 2014 减少 3.5%；安赛蜜 1.2 万吨，同比下降 4%；三氯蔗糖 0.4 万吨，同比增长 7%；甜菊糖苷 0.41 万吨，同比增长 4%。

2. 着色剂

我国着色剂产品继续保持稳定发展的态势，总产量 81.2 万吨（其中，焦糖色素 78 万吨，天然色素 2.6 万吨，合成色素 0.5 万吨），同比增长 1.3%，销售额 56.3 亿元，同比增长 1%，出口 0.92 万吨，出口创汇 2.9 亿美元，同比持平。

焦糖色素生产格局有所变化，海天、李锦记等大型调味品企业由自产自用焦糖色素转而向专业焦糖色素生产企业采购，以此来保证产品质量的稳定和降低成本，给焦糖色行业带来契机，产品集中度进一步提高。辣椒红色素产能过剩的局面得到一定程度的控制，销量和价格双双增长，企业经济效益好转。万寿菊浸膏－叶黄素产业经过连续四年的引导和培育，原料种植面积得到有效控制，产业发展趋于理性，万寿菊浸膏价格逐渐回升，原有的库存量逐渐消耗，基本处于平衡阶段。合成色素由于受大环境和使用限制，2015 年产量下降5%。

3. 防腐剂和抗氧化剂

受食品工业增长趋缓和食品安全监管严格等影响，国内防腐剂和抗氧化剂产量都有不同程度的下降，尤其是下半年更加明显，生产企业利润和经济效益降低。苯甲酸和苯甲酸钠销量5.7万吨，同比下降约4.2%，价格同比下降20%，主要原因是原料甲苯价格下降；山梨酸钾、山梨酸、脱氢乙酸和脱氢乙酸钠产量同比略有增加，同比价格有所下降，利润同比基本持平。双乙酸钠产量约2000吨，同比下降幅度超过20%，主要是市场需求降低，下游食品加工企业停工多。乳酸链球菌素产量略有增加，价格略有下降，利润同比基本持平。尼泊金酯的产量下降6%。

抗氧化剂合成维生素E产销量同比下降幅度较大，油状和粉状产品的价格几乎跌了一半，出口量略有下降；天然维生素E市场疲软，原料及产品价格大幅下降。2014年4月商务部裁定印度产品特丁基对苯二酚（TBHQ）构成反倾销，对印度产品加收37%-56%的反倾销税后，印度产品价格与国内相差无几，使国内TBHQ的市场环境得到较大改善，整个行业逐步摆脱困境，产量开始增加，生产企业效益趋好。抗氧化剂异VC钠产量约30000吨，与2014年相比增加12%。

4. 食用香精香料

国内外食用香精香料市场需求持续增长，产量同比有所增长，企业效益有所回升。食用香精产量同比增长10%，销售额同比增长5%；出口量同比增长超过25%。食用香料销售额同比增长超过10%，出口量同比增长30%，出口创汇增长20%。咸味香精行业产销量同比略有增加，这与国内烘焙与发酵面食领域、食品调味领域的产品销售有所增长直接相关。

5. 增稠剂、乳化剂和品质改良剂

2015年，增稠剂、乳化剂和品质改良剂产品产销同比基本持平，发展平稳，增稠剂和乳化剂产品整体出口略有下降。乳化剂单甘脂产量6.3万吨，同比增长10%；司盘和吐温0.7万吨，产量、价格同比基本持平；蔗糖酯0.5万吨，销量同比增长5%；增稠剂（变性淀粉、卡拉胶和魔芋胶等）和面粉处理剂产销量同比基本持平。复合膨松剂（泡打粉）销量4万吨，同比下降7.5%，均价达到5400元/吨，同比增长12%。

【d. 政策法规】

新修订的《食品安全法》于2015年10月1日正式实施。新版《食品安全法》对食品添加剂生产、使用、包装标识、新品种申报等环节的管理规定进行了优化，较前版《食品安全法》规定更加严格，也更趋科学合理。

与新《食品安全法》相配套的《食品生产许可管理办法》于2015年10月1日正式实施。食品添加剂的生产许可被纳入《食品生产许可管理办法》，规定，对食品添加剂生产许可申请审查后符合条件的，颁发食品生产许可证。食品添加剂生产许可证由过去的一品一证改为实行一企一证。

【e. “十二五”回顾】

“十二五”期间，食品添加剂和配料工业产品产量年平均增长7.4%，销售额年平均增长6.7%，出口额年平均增长3.6%，全行业由快速发展完成了向平稳发展的过渡，全行业保持了稳步发展的状态。

1. “十二五”期间主要成果：

法规标准体系的逐步完善

新修订的《食品安全法》颁布实施，《食品安全国家标准食品添加剂使用标准》（GB2760-2014）修订完成，《食品安全国家标准食品添加剂标识通则》（GB25594-2011）、《食品安全国家标准食品用香精》（GB30616-2014）、《食品安全国家标准复配食品添加剂通则》（GB26687-2011）以及100多项食品添加剂的食品安全国家标准相继制定完毕并颁布实施，这些标准的制修订和实施对规范食品添加剂行业的生产、经营和使用有着重要意义，对促进行业规范发展有极大推动作用。

2. 科技创新带动产业整体技术水平提升

5年来，我国有100多项有关食品添加剂和配料的开发及产业化项目获得国家级或省部级奖励，其中“嗜热真菌耐热木聚糖酶的产业化关键技术及应用”

和“辣椒天然产物高值化提取分离关键技术与产业化”分别获得了当年的国家科技进步二等奖。一大批新技术在产业中得到有效应用，包括膜分离技术、色谱分离技术、连续萃取技术、超临界萃取和分子蒸馏等、生物技术、发酵技术、微胶囊技术、膜分离技术、生物活性和芳香成分分离技术、超高温瞬时杀菌技术(UHT)、高精度分析技术(高压液相色谱、原子吸收光谱、离子交换色谱、气相色谱等)，以及真空冷冻干燥技术、高压食品加工技术、超微粉碎技术等。

【f.“十三五”规划】

1.主要目标

保持食品添加剂和配料行业平稳增长，促进食品工业发展，满足人们生活需要；进一步调整产业结构，提升行业国际竞争力；进一步调整产品结构；加快特色产业基地建设，完善产业布局。

2.重点任务

大力发展以农副产品为原料的食品添加剂和食品配料。在继续保持以玉米为原料的味精、柠檬酸、黄原胶、维生素C等传统产品在国际上的领先地位的同时，要大力发展其他粮食深加工产品，如：小品种氨基酸、核苷酸类、变性淀粉、麦芽糖醇、乳酸链球菌素、酶制剂等等；大力发展动、植物提取物，如天然色素、甜菊糖、天然植物香料、咸味香精和酵母提取物等；开发利用海洋生物资源（藻类和动物资源）生产天然色素、天然增稠剂、天然抗氧化剂、营养强化剂等；重点发展传统主副食品所需的各类食品添加剂。包括在乳制品、米面制品、调味品、肉制品、蔬菜等中应用的营养强化剂、稳定剂、乳化剂、防腐剂、酸味剂、面粉处理剂、食用香精等；顺应国际发展方向，大力发展复配食品添加剂；发展功能性食品添加剂，满足人们的健康饮食需要，如氨基酸、脂肪酸、维生素；功能糖。如木糖醇、麦芽糖醇、番茄红素、叶黄素等；研发和移植高新技术，推动生物工程技术、微胶囊技术、膜分离技术、吸附分离技术、分子蒸馏技术、冷冻干燥技术、微波提取技术等在食品添加剂行业的广泛应用；推进企业设备更新改造，提高行业装备水平。

孙 瑾

2.18 酒的制造

【a. 概况】

2015 年是"十二五"规划的收官之年，是国民经济面临多重困难和严峻挑战，最终保持持续健康发展的关键时刻，也是酿酒行业通过深度调整，由快速增长转入平稳发展并且逐步走向复苏的一年，全酿酒行业继续保持了经济发展中有进的向好局面。

全国酿酒行业规模以上企业完成酿酒总产量 7429.33 万千升，同比下降 1.73%。规模以上企业累计完成产品销售收入 9229.17 亿元，同比增长 5.34%；累计实现利润总额 1018.07 亿元，同比增长 3.93%；上缴税金 853.15 亿元，同比增长 2.06%。

主要经济效益汇总的 2689 家规模以上企业，其中亏损企业数为 299 家，亏损面为 11.12%，亏损企业累计亏损额 54.37 亿元，同比增长 18.80%。

我国酿酒行业企业数量、产品产量、销售收入利税总额分布情况分别由图 1、图 2、图 3 和图 4 所示。

2015 年，整个酿酒行业产量比 2010 年净增 929.50 万千升，产量增幅达 14.30%，行业销售收入净增 4136.17 亿元，销售收入增幅达 81.21%。5

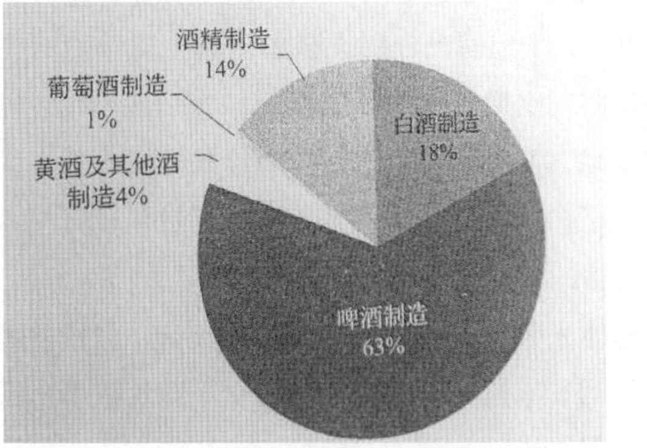

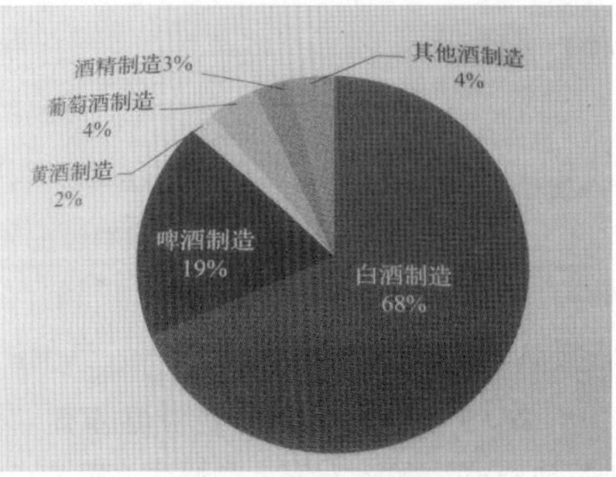

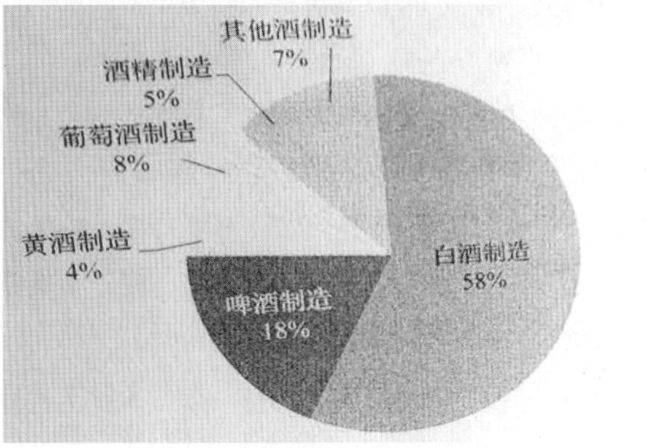

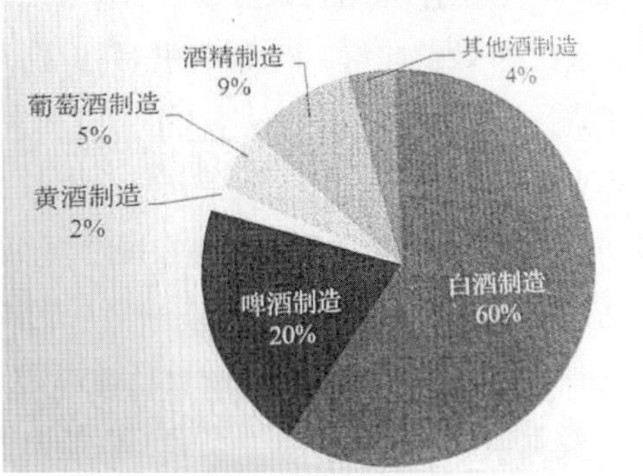

年间，我国酿酒产业各方面都得到不断发展。从表中可以看出，“十二五”期间，我国酿酒行业经济效益稳步增长，产业结构和产品结构不断优化，品牌建设成果凸显，科技创新能力得到提升，文化建设也初见成效，同时，国际拓展进程有所加速，形成了酿酒行业人才培育体系。

1. 主要经济指标

（1）主营业务收入

2015 年，全国酿酒行业累计完成销售收入 9229.17 亿元，同比增长 5.34%。其中，白酒行业完成销售收入 5558.86 亿元，同比增长 5.22%；啤酒行业完成销售收入 1897.09 亿元，同比增长 1.52%；葡萄酒行业完成销售收入 462.64 亿元，同比增长 10.17%；黄酒行业完成销售行业收入 181.94 亿元，同比增长 13.92%；其他酒行业完成销售收入 328.72 亿元，同比增长 18.37%；发酵酒精行业完成销售收入 799.92 亿元，同比增长 6.37%。

（2）利税

2015 年，酿酒行业完成利税总额 1871.22 亿元，同比增长 3.07%。其中，完成利润总额 1018.07 亿元，同比增长 3.93%；上交税金总额 853.15 亿元，同比增长 2.06%。分行业看，白酒行业完成利税总额 1279.71 亿元，同比增长 3.93%；啤酒行业完成利税总额 350.38 亿元，同比增长 0.84%；葡萄酒行业完成利税总额 84.35 亿元，同比增长 14.36%；黄酒行业完成利税总额 29.74 亿元，同比增长 7.92%；其他酒行业完成利税总额 70.60 亿元，同比增长 22.50%；发酵酒精行业完成利税总额 56.44 亿元，同比下降 27.38%。

由 2015 年酿酒行业经济效益数据可以看出，饮料酒行业总体经济效益向好，而发酵酒精行业则出现较大幅度下降。

2. 行业发展分析

经历了 2013 年和 2014 年市场需求深度调整的“阵痛期”，2015 年，我国酿酒产业在深度调整中稳步发展，酿酒总产量主要受啤酒产业结构调整影响略有下降，但经济效益则整体趋好，产品、渠道、商业模式等创新步伐加快，市场进一步趋于稳定。酿酒产业新常态继续，产业和产品结构持续调整，酒类消费需求趋于理性化、个性化、多样化，酒产品价格带调整适应市场和经济大环境，流通体系变革正在发酵，多元化消费潮流正逐渐形成。酿酒行业主要经济效益指标增速变化情况见表 4。

（1）价格

全国居民消费价格指数同比增长 1.4%，而酒类产品消费价格指数仍然下降。虽然除发酵酒精外，各酿酒子产业利税和利润总额均有上升，但是，从单位产品利润上看白酒和发酵酒精行业均有所降低，而啤酒和葡萄酒行业则有所上升。酿酒行业仍处于调整阶段，酒类产品价格仍体现酒类市场资源配置和市场调整状态。以经济指标占比最大的白酒为例看价格走势。2015 年，白酒行业出现弱复苏、价格走稳、跌幅收缩迹象，但是，当前白酒消费市场需求并无大的实质性改变，与 2012 年相比，白酒价格仍处于底部区域。

全国白酒批发价格同比指数月度跌幅逐步收窄，全年累计下降 2%，同比跌幅收窄 1.84 个百分点。名酒、地方酒价格趋势与全国基本相同，同比分别下降 3% 和 1.29%，跌幅同比分别收窄 2.98 和 0.67 个百分点。基酒价格同比增长 0.1%，侧面反映出白酒市场总体需求仍不足，产量过大。全国白酒价格定基指数平稳运行显示了白酒价格企稳的迹象，而指数仍较低显示了白酒价格的回升还任重而道远。

总体来看，白酒价格同比跌幅收窄，但目前仍处于跌区间，未达到上年同期价格水平既反映了白酒企业控量保价措施起到了一定稳定市场的作用，也反映了市场弱复苏背景下，白酒价格回收力度有限的态势。

（2）市场

经过两年多的市场深度调整，多数酒类企业已经认识到，随着中国经济进入结构性改革的新常态，非理性消费和市场超高速增长已经不可持续，目前的行业调整正是缓解行业长期积累的矛盾、促进市场健康发展的重要契机。

2015 年，针对市场变化，酒类生产企业主动对接大众消费需求，以需求定规模，以市场定产量，科学布局市场供给，密切关注市场需求和消费者心理变化，对原有产品价格结构进行调整，下调高端产品价格，扩大中低端产品消费市场。各行业客观研判市场形势，谋求产业转型创新的意识明显增强；准确把握市场需求导向，积极调整产品结构提高大众消费比重；积极探索新型营销渠道，主动创新营销模式应对市场变化，积极建立直营体系、下沉销售网络、压缩中间环节、实施“互联网+”战略，推动商业模式和业态创新，实现分销渠道的整合和调整；优化酿酒产业布局，着力打造特色经济区域，培育优质产区，提高产业集中度和企业竞争能力；注重创新与弘扬“新文化”理念和文化建设，通过“全国理性饮酒日”等活动承担了更多社会责任，树立行业良好形象。

（3）投资

2015年，除发酵酒精制造外，酿酒行业总体资产投资总额均有所增加，其中，其他酒制造业增幅达20%以上。以企业规模不同来看，大中型酒精企业、中型葡萄酒企业以及大型黄酒企业均出现一定幅度的资产缩水，资产总额缩减。全国酿酒行业规模以上企业共亏损299家，亏损面为11.12%，亏损企业累计亏损54.37亿元，同比增长18.80%。12月，行业资产负债率达42.93%，负债总额达4154.62亿元，同比增长3.60%。

（4）区域分布

2015年，我国酿酒产量最大的5个省为：四川、山东、河南、广东、江苏，5省酿酒总产量3122.25万kl，同比下降4.49%，占全国酿酒总产量的42.03%t；利润总额455.50亿元，同比增长1.04%，占到全国酿酒行业利润总额的44.74%。其中，山东省酿酒总产量最大，达到799.26万千升，省内白酒、啤酒、葡萄酒产销量均名列前茅，分别实现利润26.87亿元、28.37亿元和31.99亿元，同比增速分别为1.91%、15.80%和5.30%；四川省白酒产量370.90万千升，省内白酒产业实现利润184.92亿元，占全省酿酒产业总利润的95.05%；江苏省2015年饮料酒总产量469.10万千升，实现利润115.79亿元；河南省的白酒、啤酒和葡萄酒行业发展相对均衡，但2015年该省酿酒行业利润出现大幅下降，共实现利润38.20亿元，同比降幅达25.96%；广东省啤酒产业十分发达，2015年，该省酿酒产量466.95万千升，其中啤酒产量占到90.83%，省内酿酒行业实现利润15.79亿元，其中啤酒利润占到68.20%。

（5）行业集中度

酿酒行业属于传统行业，既有白酒、黄酒等本土酒种也有啤酒等舶来酒种。一直以来，我国酿酒产业的重心是伴随我国经济重心的变化而变迁的。虽然自2012年以后我国酿酒产业的集中度有进一步提高，但是，由于各酿酒子产业发展状况不同，集中度也有所差别，整体表现为企业数量众多、单体规模偏小，目前，仅有啤酒形成了具有较高集中度的产业。

自2010—2014年，我国啤酒市场由三大集团市场占有率49.2%（CR3）发展到五大集团市场占有率76.5%（CR5），市场集中度不断提高。通过计算赫希曼指数（HHI）得告，五年间市场结构由竞争I型，经过3年低寡占II型，到2014年HHI突破1400，发展成为低寡占I型。这表明，我国这啤酒市场集中度已经达到较高水平。结合我国产业、经济及政策形势，未来啤酒产业集中度将会在一定范围内继续提高，随着中小企业的逐渐减少，可并购资源的匮乏以及我国反垄断政策的进一步加强，市场集中度提高的限度有限，啤酒产业结构发展成为高寡占型的概率较小，基本不会出现高寡占I型情况。

白酒行业等其他酿酒子产业集中度不高，长期以来，全国有上万家白酒生产厂，2015年规模以上白酒企业1563家，市场竞争结构离散，短时间内集约化进程缓慢，葡萄酒、黄酒、其他酒行业等的集中度也均处于较低水平。

（6）进出口

根据海关总署数据，2015年，饮料酒有发酵酒精制品累计进出口总额49.96亿美元，同比增长33.09%。其中，累计出口额11.68亿美元，同比增长

33.39%；进口额 38.28 亿美元，同比增长 33.00%。啤酒 2015 年进口同比增长 59.18%，同比有所下降。葡萄酒进口增长 46.5%，相较于前两年有大幅增加，2014 年和 2013 年同期分别为 0.57% 和 -5.14%。由进出口数据可以看出，我国酒类商品进出口贸易在 2015 年回暖趋势明显。

（7）重点行业

2015 年，白酒行业经过调整和优化，产业市场发展总体趋于平稳，并有回升迹象，行业规模得到一定控制，产品结构更加亲民，骨干企业效益反弹，部分中小企业压力依然较大。企业产品、组织、渠道有商业模式的创新步伐明显加快，对市场企稳发挥了重要作用，但同时，行业面临的一些具体困难和体制、政策方面的障碍，仍然制约着白酒行业的转型和创新发展。过去一年，白酒价格带持续受压，消费增长压力、产能压力持续加强，酒类流通体系变革正在聚集，其他饮料酒冲击波正在汇集，个性化、多元化消费潮流涌动，市场秩序混乱、竞争不公平没有明显缓解。

2015 年，啤酒行业呈现出主流啤酒市场继续萎靡和进口啤酒猛增，精酿、微酿的日渐兴起两种截然不同态势。2014 年 7 月至 2015 年 12 月，啤酒产量出现连续 18 个月的负增长，行业亏损面 29.6%，但盈利水平总体提升，说明企业盈利状况继续分化。啤酒业市场压力越来越大，投资持续减速，仍未走出过度竞争的状态。大众啤酒消费市场趋于饱和，个性化、特色化的产品需求成为消费变革的热点。

2012 年 7 月，工信部发布与农业部联合制定的首个《葡萄酒行业"十二五"发展规划》，指出了"十二五"期间我国葡萄酒行业的发展目标和主要任务，我国葡萄酒行业经过多年的快速发展后，从 2010 年开始进入调整期，到 2015 年葡萄酒产量达到 114.80 万。2014 年底，葡萄酒市场出现触底回升迹象，虽然经济效益同比上年同期有所增加，但目前整个行业仍处于底部徘徊阶段，行业两极分化加剧。"十二五"期间，我国葡萄酒的生产、销售形势发生了重大变化，产品结构也随之改变。高端产品销售大幅下降，中低端产品的销售逐步上升，且比重明显增加，2014 年和 2015 年度的变化尤为明显。干白、干红在葡萄酒产品中占有很大比例，半干、半甜、甜、桃红、起泡、加香、冰酒等酒种都大量生产。葡萄酒质量安全标准体系、质量控制和检测体系、产品质量安全追溯体系得到进一步健全和完善。葡萄酒产品严格按国家标准组织生产，实行分级管理。葡萄酒生产更加规范，并缩小了我国葡萄酒质量与世界葡萄酒生产大国的差距。先进工艺技术和节能减排、清洁生产技术在行业得到进一步应用，抵御市场风险能力增强。随着国外和考察逐年增加，各种技术交流和讲座开拓了我国葡萄酒行业从业人员的眼界。许多大专院校开设的发酵、生物工程及相关专业，培养了具有现代化葡萄栽培和酿酒知识的高级技术人才，全国已成立多个国家级葡萄酒研究中心和质量监督检验机构，配备了一流的分析检测仪器和专业技术人员。国家葡萄酒检测中心和相关行业协会组织国家评酒委员定期对葡萄酒质量进行品评监督，均推动了我国葡萄酒的技术进步和质量的提高。葡萄酒生产企业积极延伸产业链，产业多元化发展进一步推进。企业利用特有的生态、地理、文化等优势，加快发展葡萄采摘、葡萄酒品尝和休闲旅游等相关产业，形成多元化产业发展模式。随着各种葡萄酒培训的开展以有国内外产区和企业的产品推广，人们对葡萄酒的认知也随之改变、加深。尤其是年轻消费者对葡萄酒的认可度逐步提高。产区效应开始凸显，产品质量大幅提升。经过多年的努力，现在各产区都已出现了一些品质优良并具有个性的产品，特别值得关注的是，一些小葡萄品种酿造的产品已表现出产区的适应性，甚至初步表现出其明显的个性；以产区为依托进行整体宣传与推广已成为常态。目前已有多个产区的多个品种在国际大赛中获得荣誉，我国葡萄酒参与国际竞争的能力大幅度提高。

黄酒行业基本保持稳中有升的良好局面，传统产销区和非传统产销区均有不错的发展形势。

发酵酒精行业产能仍严重过剩，整体利润水平很低，亏损面达历史最大，停产率不断扩大。酒精行业继续执行淘汰年产能在3万吨以下酒精生产线。2011年12月，工业和信息化部下达了《“十二五”期间工业领域19个重点行业淘汰落后产能目标任务》（工信部产业【2011】612号），同时发布《淘汰落后产能工作考核实施方案》（工信部联产业【2011】46号），确保落后设备（生产线）彻底拆除，不得向中西部地区和周边国家转移，全面完成“十二五”期间淘汰落后产能工作各项目标任务。其中酒精为100万吨，涉及至的省份分别有河南32万吨，江苏13万吨，河北和山东各11万吨，黑龙江10万吨，甘肃5万吨，安徽和新疆各3万吨，山西和宁夏各2万吨，四川和广西各1.5万吨，内蒙古、辽宁、吉林、湖北和湖南各1万吨。在淘汰落后产能过程中，行业协会参与了产能核实。到2014年年底，酒精行业完成了“十二五”淘汰落后产能的目标任务。随着我国酒精产品税收政策的调整，落后酒精产能的淘汰步伐已经加快，而且将通过市场竞争来实现自动淘汰。

其他酒行业在各项经济指标中表现最为亮眼，2015年销售收入、利润和上缴税金分别上涨18.37%、26.28%和16.52%。

（8）包装与装备

“十二五”期间，我国酿酒装备整体水平有明显提高，装备技术水平与国际先进水平的差距不断缩小。酒类包装和装备企业科技创新能力显著增强，企业间、企业与科研院所间技术合作日益频繁。我国酿酒装备、灌装装备、酿酒配套辅助装备的制造技术和能力已经过到一定水平，新建工厂中装备配套能力和高精度机械制造能力已经基本实现自给，此外，包装材料，包括硅酸盐玻璃、分离材料、造纸、印刷等行业的生产和供给也达到国际水平。随着我国整体消费水平的提高、物流和互联网的发展，差异化、个性化、便携化的酒类包装形式将越来越受到消费者的青睐。酒类包装和装备产业发展形势良好。

啤酒行业是中国酿酒工业中最年轻、发展最快的行业，目前，我国啤酒装备制造业已建立起了比较完整的装备制造体系，装备水平也基本与世界持平。葡萄酒行业的装备也已取得了较大的进步，关键设备已经基本实现国产。作为我国传统产业，大部分白酒企业的生产工艺技术装备相对落后，多数工序环节仍采用传统的手工或半机械化生产方式，行业整体机械化水平较低。“十二五”期间，在“中国白酒169计划”和“中国白酒158计划”引领下，从制曲机械化、发酵工艺机械化、蒸馏工业机械化、调酒计算机集成制造技术和灌装、包装、成品库智能管理五个领域提高白酒行业机械装备水平，促进了白酒产业技术升级、装备升级，推动白酒产业健康、持久发展，加快白酒产业结构调整。

整个酿酒行业着力推进装备制造业与信息化、智能化的融合，加快发展高端装备制造业。用信息技术和智能化技术改造提升传统装备，提高各酿酒子产业相关包装和装备的整体水平。

【b. 行业面临的问题分析】

“十二五”期间，我国酿酒行业经济发展基本平稳，增长方式发生转变，产业结构深度调整，产品结构进一步优化，消费市场回归理性，整个酿酒产业实现了由快速增长向平稳增长的过渡。但是，发展过程中积累的政策、市场和创新方面得诸多问题和所面临的困难依然严峻，需要继续深入关注和探讨。

1. 政策与市场

（1）政策调整需强化自主调节，市场监管应力推行业自律

长期以来，酒类产业受政策约束较大，酒类生产企业在立项、扩能、税收、环评等各环节受到严格的控制。在自由竞争的环境下，市场根据供需关系自身可以产生良性的发展轨迹，但对酿酒产业的一些政策限制了市场自动调节能力，对产业发展产生了一定影响。

我国法律法规特别是食品安全相关法律进一步完善。2015年新《食品安全法》实施，强调充分发挥消费者、行业协会、媒体等监督作用，形成社会共治格局。然而，随着酒类市场消费形势的不断变化，适应酒类

生产流通特点的专门性法律法规仍然十分缺乏；涉及检测、流通等方面的标准仍然较少。立法和标准的滞后造成对酒类商品的监管困难，需要进一步加快相关工作的进行，并应着力强调行业协会的作用，引导企业自律生产经营。

（2）社会舆论关注提升，预警机制亟待健全

随着人民生活水平的提高食品质量安全意识不断加强，作为特殊食品的酒类产品倍受社会各界的关注。酒类产品的质量安全，关系到生产企业的命脉，关系到整个酿酒产业的健康发展。特别是白酒行业，舆论关注度高、影响面大，公众美誉度亟待提高。面对行业热点与社会误读，行业与企业仍欠缺快速应变能力和有效的危机公关能力。尽快建立健全行业预警机制，有效组织与引导企业开展行业自律，加强消费教育，普及酒文化知识，倡导理性饮酒，强化社会责任意识，树立行业正面形象，努力营造行业的社会美誉度应该作为全行业的一项重要工作。

（3）产能增长速度过快，市场应变能力滞后

行业高速发展时期企业产能大量增加，国内外资本大量涌入，地方政府的政策性保护等加剧了酿酒规模的扩张。行业进入深度调整期后，产能增长遗留下库存压力过大、销售渠道不畅、消费能力不足、利润空间降低的危机。面对新的市场变化，面对国内外整体经济形势的压力，面对节俭治国的社会环境，部分企业对深度调整的心理落差准备不足，仍然心存幻想，缺乏适应新常态变化的决心，调整发展战略的能力不强，应对市场变化的措施滞后。进一步解放思想，树立信心，主动适应市场形势新常态，积极寻找新的经济增长点，以市场需求定产量是保障行业稳步发展的必修功课。

（4）经济效益提升困难，企业发展后劲不足

为应对社会环境与市场环境的新变化，绝大多数企业积极调整产品结构，重新构建价格体系，降低了高端产品价格，加大了中低端产品的生产规模，取得了一定的成效，但却造成收入稳中有升、利润与税金持续下降的被动局面。产品利润率的降低，削减了企业发展后劲，制约了行业科技投入，影响了行业持续健康发展。在控制总量的基础上，建立科学的产品结构体系，控制产品成本，主动适应消费需求，稳定产品价格，是创造企业核心竞争力的必然选择。

2. 科技创新

酿酒行业的科技创新能力明显不均衡，啤酒、葡萄酒行业通过引进吸收国外技术装备，促进了生产水平的提升，但自主研发和自主创新能力尚有不足；白酒、黄酒行业通过加大机械化和生产试点在一定程度上提高了生产效率，但与机械化、自动化。智能化、信息化先进水平差距仍然较大。酒精行业规模企业通过升级改造，技术水平和产品质量逐步提升，但是在全面实现循环经济、资源重复利用，进而提高产出效益方面尚无重大突破。科学建立行业创新机制，加大力度提高自主研发能力，树立传统产业向现代工业迈进的坚定信心，推动酿酒行业现代化工业过程，是我国实行“中国制造 2025”需要，也是整个酿酒产业的重要任务。

【c. 发展趋势】

我国酒类行业发展已经进入“新常态”，未来市场发展将呈现新变化和新趋势。酿酒行业在适应市场需求、实现转型升级、探索创新发展的过程中，必须保持清醒的头脑和客观的态度，深刻洞察市场的新特点。

1. 消费总量趋于稳定，增速将自然回落

目前，我国城镇居民酒类产品消费量已经达到高点，此后将呈现逐年下降的趋势；农村居民消费量目前处于相对稳定状态。因此，从酒类消费总量来看，未来需求继续大幅增长的空间有限，市场需求增速将自然回落，企业靠规模化增量的可能继续下降，去产能、去库存的结构性改革不可放松。

2. 主力消费群体转换，趋向个性化和多元化

目前，“80 后”甚至“90 后”已经逐步成为我国消费市场的主力群体，其消费具有鲜明的特点。更加注重消费的个性化和时尚化，更加注重仪式感和现代感，其饮酒观念、场所和方式也发生了明显变化。饮

酒人群和观念的变化和产品品类多样化的选择不仅导致消费市场的分流，而且对酒类自身也提出低醉酒度、多风味、多样化、多层次、健康性、时尚性和个性化等新要求。

3. 购买渠道多样化，营销模式逐步发生变革

品质、价格和便捷是未来消费者选购商品的重要依据，品质良好、价格合理、购买便捷成为消费者的主要购买诉求。尽管传统经销方式依然保持主流分销渠道，但网购、连锁、专卖、无店铺等流通方式，在流通体系中的份额将保持快速增长。未来酒类销售将更加呈现多渠道、多模式、线上线下融合的发展格局。

4. 产品价格区间趋于集中，市场竞争挤压区域空间

随着政务消费份额的锐减，商务消费和大众消费成为主流，高端产品为迎合市场纷纷调整结构，价格天花板有所降低，势必压缩中低端产品的价位空间，使产品价格逐步集中，区域市场受到挤压，销售渠道相对收窄，市场竞争将会更加激烈，呈现觥筹交错、短兵相接的黏性竞争格局。

【d. 政策建议】

1. 支持传统行业技改及装备升级，提高企业自主创新能力

加快运用高新技术和先进适用技术改造提升传统产业，促进信息化和工业化深度融合，重点对产业升级带动作用大的重点项目给予政策倾斜。出台鼓励措施，支持酿酒行业在提高自主创新能力、促进节能减排、提高产品质量、改善安全生产条件、保障酒业食品安全等方面开展的技术改造项目。

2. 提升传统产业文化宣传，推进民族品牌建设

五千年文明史造就了我国传统产业拥有着深厚的文化内涵，民族品牌代表着民族文化，更是民族实力和国家影响力的象征，国家应该着力提升传统产业文化宣传，对传统产业民族品牌进行保护、鼓励和支持，推进民族品牌建设。在保留深层次文化基因的基础上，创新发展适应时代潮流、符合科学理念的“新文化”。在产业升级、产品结构调整继续深化的同时，加大对提升传统产业企业文化、品牌文化、消费文化等方面的引导、开发与探讨。

3. 积极践行企业社会责任，实现行业可持续发展

行业和企业社会责任现已成为行业健康、可持续发展的重要推动力，协会及业内企业近年越来越重视社会责任的践行。青岛啤酒、茅台集团等业内大型集团每年都发布企业社会责任报告，协会每年均针对其报告进行点评，但发布企业占比很小。建议针对酿酒行业企业社会责任报告制定相关发布政策，规定符合相应标准的企业均应每年发布社会责任报告，以推动整个酿酒行业健康发展。

4. 理性饮酒推进政策化，行业引导规范化

国家相关政令法规的持续推动，使得理性饮酒推进不断深化。出台相关政策法规，以便于行业引导更加规范、合理、有效，有利于将理性饮酒推广及酒类知识普及社会化、透明化。有利于推动酿酒产业健康发展，有利于科学引导消费者健康消费。

5. 调整酿酒行业税收政策，引导行业健康发展

近年，协会积极关注酿酒产业税收调整和变化，并为维护行业竞争环境，引导产业健康发展，积极推动酿酒产业税制改革。通过努力，2014 年 11 月相关部门取消了酒精消费税，解决了酒精行业多年来税负不公平竞争现象，使行业走向良性发展。现今，随着市场环境和消费环境的变化，建议对白酒和啤酒等税收政策进行研究并给予调整，以推动行业的有序、合理、良性竞争，促进行业健康发展。

中国酒业协会

2.19 饮料制造

【a. 概况】

2015年，中国饮料行业增速下降到近几年来的最低点，产品结构及地区分布进一步调整，行业发展面临较大压力，但行业整体盈利能力较强，仍然有较大的发展的潜力。如何开拓创新、开发新品、满足消费者不断发展变化的需求，是整个行业面临的紧迫任务，也是行业早一步跨出增速下滑区间的关键。

1. 2015年主要经济指标

（1）产量及品种结构

全国饮料行业总产量为17661万吨，同比增长5.9%，这是近10年来增速首次下降到10%以下。分品种来看，碳酸饮料类产量同比下降0.9%；果汁和蔬菜汁类产量同比下降0.01%；包装饮用水类产量同比增长12.2%。

各饮料品种产量所占比重呈现两极分化现象，包装饮用水占比同比增加2.8个百分点，碳酸饮料占比同比减少0.7个百分点，果汁和蔬菜汁类占比同比减少0.8个百分点。

（2）主营业务收入

全国饮料行业主营业务收入情况为行业整体为6157.3亿元，同比增长超过6%，碳酸饮料及果蔬汁及其饮料增幅较低，不到1%，包装饮用水增长超过12%。

（3）利税

饮料行业实现利税总额815.8亿元，同比增长15%，表明饮料行业采取了有效措施，为国家积极贡献税收。

2. 2015年行业发展分析

（1）价格

近几年，行业产品整体的价格水平总体上呈逐年下降趋势，2015年，已不到3500元/吨，比2011年的3600元/吨下降1000多元。价格在下降，而行业利润却增长，这得益于饮料行业集中度较高，规模化的饮料企业在运营管理和市场推广上更加有效地控制了单位产品成本。

（2）市场

饮料市场相较往年增速趋缓，这一方面是因为消费者受到了部分媒体对添加剂的错误宣导及网络谣言，对部分饮料产品产生了不正确的认识，进而减少了对此类产品的消费；另一方面，新的消费市场和消费意愿需要不断培育，饮料厂商在开发适合消费者需求的新产品方面力度不够。

（3）投资

饮料行业资产总计为4587.1亿元，同比增长超过12%。近几年来，饮料在食品各行业中发展较为突出，盈利情况良好，备受资本青睐，资产增长率已连续多年保持在较高水平，行业规模的扩大为行业发展奠定了坚实的基础。

（4）区域分布

饮料消费与经济发展水平呈高度正相关，在经济较为发达的东部地区饮料产量比重较高，而中、西部地区比重相对较低。但随着中、西部地区的发展，与东部地区间产差距在逐步缩小。2015年，东部地区饮料产量占全国的比重比2010年减少11.7个百分点；

而中部地区和西部地区分别比 2010 年增加 6.6 和 5.2 个百分点，如图 3 所示。

（5）行业集中度

饮料行业规模以上企业数量已达 1979 家，同比增加 156 家，比 2011 年增加 558 家，新企业的不断涌现进一步分化了饮料市场，大企业产量占全行业的比重逐步下降。

（6）进出口

饮料行业进出口产品主要为浓缩水果汁。2015 年，浓缩水果汁出口量为 54.2 万吨，同比增长 3.9%；出口额为 6.6 亿美元，同比下降 10.6%；平均价格为 1226.7 美元 / 吨，同比下降 198.7 美元 / 吨，其中浓缩苹果汁出口量为 47.5 万吨，同比增长 3.6%，占浓缩水果汁出口量的 87.7%；浓缩苹果汁出口额为 5.6 亿美元，同比下降 12.1%；平均价格为 1181.7 美元 / 吨，同比下降 211.0 美元 / 吨。

2015 年，浓缩水果汁进口量为 10.5 万吨，同比下降 3.5%；进口额为 2.1 亿美元，同比下降 12.5%；平均价格为 1947.6 美元 / 吨，同比下降 199.6 美元 / 吨。其中，冷冻浓缩橙汁进口量为 4.5 万吨，同比下降 14.2%，占浓缩水果汁进口量的 42.6%；冷冻浓缩橙汁进口额为 0.9 亿美元，同比下降低 23.9%；平均价格为 2065.9 美元 / 吨，同比下降 262.6 美元 / 吨，浓缩葡萄汁进口量 1.2 万吨，同比下降 10.4%，占浓缩水果汁进口量的 11%；浓缩葡萄汁进口额为 0.2 亿美元，同比下降 27.9%；平均价格为 1719.8 美元 / 吨，同比下降 419.9 美元 / 吨。

（7）产品质量

国家食品药品监督管理总局在全国范围内共抽检饮料 12705 批次，样品合格率为 94.1%，同比产品合格率提高。

饮料行业基础标准和食品安全标准发布。2015 年 2 月 4 日，基础标准《饮料通则》（GB/T10789_2015）公布；2015 年 11 月 13 日。《食品安全国家标准饮料》（GB7101_2015）公布。两项标准的发布对于引导饮料行业产品创新和质量安全保证有着重大意义。

（8）包装与装备

我国饮料行业包装与装备水平参差不齐，大型企业可以达到国际先进水平，生产设备自动化水平较高，基础较好，在不同阶段、不同需求驱动下导入很多信息管理系统和手段，种类繁多但不集中，功能有所交叉；中小企业装备水平有待提高。

【b. 行业面临的问题分析】

1. 政策与市场

（1）社会对饮料含糖质疑的影响

最近几年，社会公众慢性病越来越受到人们的关注，尽管没有充足证据证明，但依然会将肥胖、糖尿病等的元凶认定为含糖饮料，同时含有食品添加剂也被指责，这样的信息经常在网络、自媒体、电视上出现。在这样的舆论环境下，对含糖饮料的消费会产生较大的影响。

（2）消费群体增长放缓的影响

“十二五”期间，人均饮料消费量年均增长率下跌了一个台阶，由“十一五”的 20% 以上下降到 10% 以上。适龄人口数量减少是饮料消费量增长率下降的原因之一。“十二五”期间我国每年净增人口的基本趋势是逐渐减少的，2014 年末我国 16 周岁以上至 60 周岁以下的人口比上年末减少 371 万人，而且老龄化加速，导致饮料消费人群增长有限。

2. 科技创新

（1）产品创新需转型升级

2015 年，饮料行业增长持续放缓，确立了近三十年高速发展后的下滑调整，目前产品结构与创新方向已不能满足行业发展需求。“创新升级”成为突破发展瓶颈的行业共识。

随着人们健康意识的觉醒和增强，消费者对营养产品的需求增加，同时，十八届五中全会确定了“健康中国”的国家战略，调整产品创新方向，提升饮料的健康价值，“更营养、更多元”的饮料产品既是消费者需求，也是政府对中国饮料行业的期望，更是行业共同努力的方向。

（2）节能降耗相关技术需加大推广

与其他相近食品行业相比，饮料行业属于低耗水、低耗能行业。虽然饮料工业不是水耗与能耗大户，但节能降耗关系到社会的可持续发展。饮料企业乃至整个行业始终以节水、改善环境为己任，积极通过提高技术装备水平、改进生产工艺、加强管理措施以及依靠行业引导、技术进步、科技创新使饮料生产过程的水耗与能耗逐年降低，但在饮料行业尤其是中小企业及新加入饮料行业的企业中，仍存在较大的进步空间。同时，节水节能技术的进一步推广应用也尚需加大政策支持力度。

我国饮料产品品类丰富，主要原料为水，同时涉及茶叶、果蔬、谷物、植物等农产品的加工，加工副产物的综合利用技术应用较少，造成资源浪费。需要加大支持与推广力度，如茶渣、植物提取废渣的综合利用技术。

（3）产品真实性检测技术有待研发

我国饮料产品品种非常丰富，为了保护消费者利益、保障饮料产品的真实可靠、提高行业门槛，行业努力进行了饮料产品的真实性检测技术，但有些检测项目尚待研究，如植物原料、果汁含量等。

【c. 发展趋势】

消费需求决定了行业的增长。2014年末，城镇常住人口同比增加1805万人，乡村常住人口减少1095万人，按照国家“十三五”规划，城镇化建设将会加快，饮料消费人群自然会增加。同时消费者对饮料的需求在不断提高和延展，如更加关注食品安全、营养健康、补水解渴、便捷消费、产品多元化等。

随着供给侧结构性改革的不断深入，饮料行业也面临消化过剩产能的任务，2015年，饮料行业主要通过创新来达到去产能的效果，采取了多项措施并初见成效，产品创新如口味多元化的植物蛋白饮料、燕麦等粗粮饮料、低糖无糖饮料、发酵饮料、营养素强化饮料；包装创新如包装拼颜值、昵称瓶罐、特殊用途定制、一瓶一码等；营销途径创新如互联网＋包装、互联网＋销售、自媒体；生产和管理创新如信息化管理、智能制造。特别是所有食物原料均可作为饮料原料的特性、原料加工技术的不断提高、包装饮用水以外的所有饮料都可以进行营养素强化等，将为产品创新创造很大的空间。这些创新在“十三五”期间的广泛应用，必将促进饮料行业从过去对量的追求转变为对质的提升，从一味扩大产能到消化产能、提高产能效率、理性扩大产能。

【d.“十二五”回顾】

“十二五”期间，饮料产品结构持续了“十一五”以来的调整趋势，碳酸饮料的占比下降了2.5个百分点，果蔬汁饮料的占比下降了近5个百分点，特别是包装饮用水上涨了近7个百分点，占比已接近饮料总量的50%。“十二五”期间，爆发性增长的品类除包装饮用水外，还有植物饮料、蛋白饮料（含乳饮料、花生牛乳、核桃乳）、特殊用途饮料，而且形成了几大品牌，带动了很多企业跟进；成长势头比较好的有咖啡饮料、豆乳和醋饮料。

2011—2015年饮料行业产品成本、价格及行业平均利润率变化情况来看，成本没有较大的上升，利润率大体呈逐年上升趋势。一方面得益于饮料行业集中度较高，规模化的饮料企业在运营管理和市场推广上更加合理并日趋成熟，费用逐渐降低；另一方面，饮料行业一直在努力突破“价格天花板下降”，尤其是两年企业纷纷推出新品以及高价值的产品，行业发展由过去的“产量驱动”逐渐转化为“价值驱动”的趋势开始显现。

近几年，一些大企业开机不足、行业存在一定程度的产能过剩现象，行业固定资产投资减速，行业总资产的增长率从2012年的18%下降到2015年的12%。

【e. 政策建议】

1. 加大原料保障力度，提高产品质量和原料稳定性

鼓励有能力的企业建立原料基地或原料示范园区，加强原料生产的质量安全管理水平，提高原料生产规模，提高单产，生产适合饮料产品加工的原料品种，从而提高饮料产品质量，保障原料供应和品质的

稳定性。

2.推动科技进步，提高自主创新能力

鼓励大型企业提高科研资金的投入比例，建设自己（或与科研单位联合）的研发中心，加大对新产品的开发力度，积极开发适应不同人群、不同用途的特色饮料，加大食品液态化全营养保持技术攻关，使饮料市场的竞争从价格竞争向产品特质化竞争转移。

坚持科技进步和创新，整合力量集中资源，强化产学研科技创新平台，加大对关键技术、应用技术的研究，不断跟进和引进世界先进技术，有重点地选择一批基础研究、综合应用、专项技术项目进行攻关和推广。加强对食品中有毒有害物质残留检测技术的研究、食品安全风险评估技术研究、食品安全溯源和预警技术研究、生物工程技术研究、食品功能评价技术以及食品包装材料的安全性研究、果蔬汁含量测定技术研究以及饮料中特征性成分定性定量的检测方法开发。引入“工业4.0”，使信息化技术在饮料行业发挥作用，提高生产效率和管理能力。在装备方面，重点消化现有过剩产能，重点发展节水节能技术、节能高效蒸发浓缩设备以及在线检测技术；加快橙汁压榨设备的改造和升级，解决出汁率低、能耗高的问题；降低废水废渣处理成本，提高排放标准；提高高速灌装设备的稳定性；加强中性饮料产品的杀菌和设备清洗技术研究，适度杀菌；鼓励推广自动化、立体化仓库。

制定企业自主创新鼓励机制，设立企业研发评级制度，对有成就的技术创新人员、创新产品给予鼓励和支持，鼓励企业使用中国制造的创新设备和技术，并给予税收政策支持。

3.鼓励制定特殊产品特征成分的检测方法标准

鼓励国内外有关科研机构间的合作，加大力度制定饮料产品特征成分的定性定量检测方法标准，以果蔬汁、茶饮料、谷物饮料、蛋白饮料为突破口，提高产品的诚信水平和产品标准的可执行性。

4.鼓励节水、节能、降耗、减排的培训和激励以及标准水平的提高

进一步加强专项培训，严格按照标准开展相关的企业评级及建立激励机制，通过行业活动促进标准的实施，并适时提高标准水平，积极参与到国家节水节能项目中，认真总结饮料企业的生产实践经验，鼓励经济实用的技术在行业内进行推广、以实现进一步降低行业水耗和能耗、提高用水和用能效率的目标。

5.加大对涉农饮料产品的支持，从农产品深加工角度实现农民增收

近50%的饮料产品原料涉农，饮料加工产业关系到上亿农民的利益，是解决“三农”问题的有效途径之一，建议国家进一步加强对原料涉农饮料产品的政策支持力度，通过系统研究揭示涉农饮料加工与上下游利益相关方的内在关系，特别是与“三农”和消费的联系，针对性地鼓励涉农饮料产业的发展。

6.优化果汁加工产业布局，鼓励浓缩苹果汁过剩产能的转化应用

随着消费者需求的多样化和企业创新的需要，我国饮料企业对多品种果蔬汁原料的需求日益增加，这从“十二五”期间我国进口果蔬汁产品类别可以看出，而我国国内生产还不能满足这一需求。与此同时，我国浓缩苹果汁产能严重过剩，在当前浓缩果蔬汁出口下滑的背景下，寻求新的发展方向、优化果汁加工产业布局、合理利用浓缩苹果汁的过剩产能将是解决这一矛盾的途径之一。

中国饮料工业协会

2.20 精制茶

2015 年，中国宏观经济运行进一步盘整，经济增速明显减缓，国内需求偏弱，各传统产业均不同情况遇冷。相比其他农产品行业，茶叶行业调整幅度有限，动力转化过程中有利因素与不利因素并存。三大需求中，消费增长稳中有忧，投资增速趋缓，出口止跌回升。

【a. 生产加工】

受经济发展、政策调整、产销形势等综合因素影响，“十二五”期间，我国茶园面积总体呈现“前期高速扩张、后续逐渐放缓”的发展态势，茶叶产量、产值持续大幅提升。进入 2015 年，全国茶叶生产继续保持稳定，茶园面积增幅下降，产量继续增加，产品结构调整，提质增效明显。

1. 茶园面积低幅扩大

2015 年，全国 18 个产茶省茶园面积共计 4316 万亩，同比增长 175 万亩，增长率 4.2%；采摘面积 3387 万亩，同比增加 228 万亩，增长 7.22%。茶园面积与采摘面积均较同比增长速度放慢。部分省份如湖北、贵州、陕西、四川省大力发展茶产业，茶园面积增加明显，分别达到 466 万亩，689.1 万亩，215.9 万亩，481.6 万亩。

茶园面积

单位：万亩

地区	2015年	2014年	增减数	增减%	2015年	2014年	增减数	增减%
江苏	51.0	51.3	-0.3	-0.58	44.3	43.7	0.6	1.37
浙江	295.0	280.9	14.1	5.02	266.0	259.0	7.0	2.70
安徽	255.0	249.8	5.2	2.08	222.0	216.9	5.1	2.35
福建	370.0	364.4	5.6	1.54	350.0	324.4	25.6	7.89
江西	139.5	125.8	13.7	10.89	103.2	90.4	12.8	14.16
山东	54.7	51.1	3.7	7.15	41.3	38.2	3.0	7.95
河南	230.7	230.0	0.7	0.30	154.2	147.0	7.2	4.88
湖北	466.0	438.6	27.4	6.25	343.0	340.6	2.4	0.70
湖南	199.2	186.8	12.4	6.64	157.4	145.8	11.6	7.96
广东	77.0	72.4	4.6	6.41	70.0	67.0	3.0	4.48
广西	104.0	100.7	3.3	3.32	100.0	94.4	5.6	5.97
海南	1.0	1.0	0.1	8.33	0.8	0.7	0.1	14.93
重庆	68.2	65.6	2.5	3.87	47.9	42.9	5.0	11.61
四川	481.6	458.6	23.0	5.02	365.6	324.6	41.0	12.63
贵州	689.1	662.0	27.1	4.09	423.2	350.1	73.1	20.88
云南	602.0	595.0	7.0	1.18	550.0	538.0	12.0	2.23
陕西	215.9	192.4	23.5	12.21	138.1	125.2	12.9	10.30
甘肃	16.3	15.3	1.0	6.54	10.3	10.8	-0.5	-4.35
合计	4316.2	4141.5	174.7	4.22	3387.2	3159.7	227.5	7.20

（数据来源：农业部种植业司）

2. 茶叶产量小幅增加

全国干毛茶产量 227.8 万吨，同比增长 18.6 万吨，增幅达 8.9%。其中，以贵州省为代表主产茶省份继续增产增收，贵州增产 4 万吨，福建、四川、云南各增产 2 万吨以上。

干毛茶总产量

单位：吨

地区	2015年	2014年	增减数	增减%
合计	2277624	2091948	185676	8.88
江苏	14006	14034	-28	-0.20
浙江	176000	167000	9000	5.39
安徽	113200	109000	4200	3.85
福建	379600	355000	24600	6.93
江西	50356	46466	3890	8.37
山东	21474	20039	1435	7.16

地区	2015年	2014年	增减数	增减%
河南	59560	54930	4631	8.43
湖北	196906	185014	11892	6.43
湖南	172355	161280	11075	6.87
广东	79167	75472	3695	4.90
广西	60000	57900	2100	3.63
海南	441	482	-41	-8.42
重庆	31098	29380	1717	5.85
四川	262319	237119	25200	10.63
贵州	223285	181535	41750	23.00
云南	362359	335193	27166	8.10
陕西	74195	60910	13285	21.81
甘肃	1302	1195	107	8.99

（数据来源：农业部种植业司）

3. 茶叶产值中幅增加

全国干毛茶产值1519.2亿元，同比增加170.1亿元，增值12.6%，同比回落6.47个百分点。贵州、四川、浙江和陕西干毛茶产值分别增加49.8亿元、27亿元、18.6亿元和16.5亿元。

干毛茶总产值

单位：万元

地区	2015年	2014年	增减数	增减%
合计	15191212	13490637	1700575	12.61
江苏	215904	224679	-8776	-3.91
浙江	1686000	1500000	186000	12.40
安徽	820000	760400	59600	7.84
福建	2100000	2000000	100000	5.00
江西	422477	398159	24317	6.11
山东	456379	401468	54911	13.68
河南	1047800	927748	120052	12.94
湖北	1129338	1069743	59595	5.57
湖南	710809	617241	93568	15.16
广东	332200	301900	30300	10.04
广西	292420	277920	14500	5.22
海南	5488	5817	-329	-5.66
重庆	157570	130480	27090	20.76
四川	1570000	1300000	270000	20.77
贵州	2113150	1615150	498000	30.83
云南	1111564	1110975	589	0.05
陕西	997514	832356	165158	19.84
甘肃	22600	16600	6000	36.14

（数据来源：农业部种植业司）

4. 名优茶产量、产值赶超大宗茶

2015年，名优茶在产量、产值双双增长，赶超大宗茶。名优茶产量99.3万吨，增加9.1万吨，增幅达到10.1%，同比增加0.34个百分点；大宗茶产量128.5万吨，增加9.5万吨，增幅8.0%，下降2.75个百分点。名优茶产值1038亿元，增加145.4亿元，同比增长16.3%；大宗茶产值481.2亿元，增加24.7亿元，增长5.4%，大宗茶产值增幅明显放缓。名优茶与大宗茶产量占比分别为43.6%，56.4%，同比变动不大；产值占比，名优茶为68.3%增加2个百分点。大宗茶为31.7%。上升或下降2个百分点。

5. 六大茶类普遍增产，结构优化

绿茶增产9.97万吨，达到143.8万吨，同比增长7.45%。主要是贵州省和陕西省增产3.5万吨，1.29万吨；黑茶增产3.6万吨，达到29.7万吨，同比增长13.85%，主要是云南省和四川省分别增产1.1万吨，1.09万吨；红茶增产2.96万吨，达到25.8万吨，同比增长12.95%，主要是云南省增产1.12万吨；乌龙茶增产1.34万吨，达到25.9万吨，同比增长5.46%，主要是福建省增产1.25万吨；白茶增产6480吨，达到2.2万吨，同比增长率属六大茶类最高，达到41.77%，主要是福建增产5400吨；黄茶增产362吨，达到3472吨，同比增长11.64%，主要是依靠湖南省和安徽省增产224吨，200吨。

	绿茶产量（吨）	红茶产量（吨）	乌龙茶产量(吨)	黑茶产量（吨）	白茶产量（吨）	黄茶产量（吨）
地区	2015年	2015年	2015年	2015年	2015年	2015年
合计	1438080	258112	258885	297082	21993	3472
江苏	11529	2477				
浙江	164080	5890	600	5400	15	15
安徽	103025	7200	325	200		2450
福建	115100	41600	202500		20400	
江西	40160	8555	1012	630		
山东	19406	2065	3	0		
河南	49429	8548	1	1572	10	
湖北	130534	21520	4886	39412	551	3
湖南	80353	18517	3306	69381	5	793
广东	32422	4993	38275	3396	72	9
广西	30210	26711	890	2169	20	
海南	349	92				

	绿茶产量（吨）	红茶产量（吨）	乌龙茶产量(吨)	黑茶产量（吨）	白茶产量（吨）	黄茶产量（吨）
重庆	26562	3636	570	330		
四川	208223	17771	3026	33152		147
贵州	187250	22657	1763	10839	721	55
云南	170495	64596	1693	125376	199	
陕西	67751	1208	36	5200	0	
甘肃	1202	75		25		

（数据来源：农业部种植业司）

在六大茶类占比中，2015年绿茶、乌龙茶比例略有下调分别为0.84%和0.36%，白茶、红茶、黑茶比例都有不同程度的上升，分别为0.22%、0.41%、0.57%。

2014-2015年六大茶类产量占比

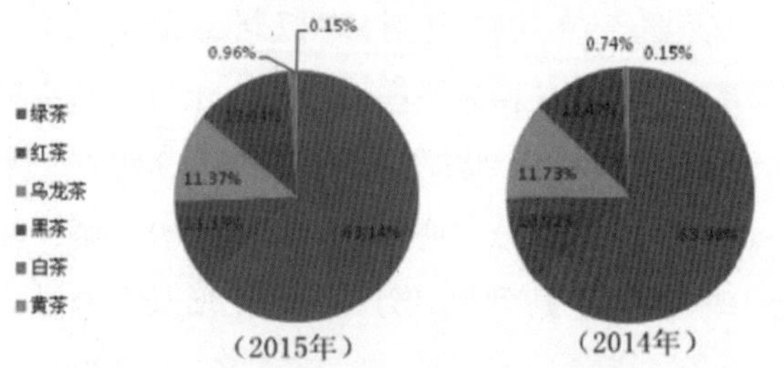

（数据来源：农业部种植业司）

6. 生产水平和效益双提高

全国茶叶单产水平稳中有升。按采摘面积计算，采摘茶园平均亩产量达67.2公斤，同比增加1公斤，亩产值为4484.88元，同比增加215.23元，增长5%；按茶园面积计算，平均亩产达52.77公斤，同比增加2.26公斤，亩产值为3519.6元，同比增加262.2元，同比增长8%。除海南省、江苏省效益下降外，其他省（区、市）效益均上升。

7. 茶叶质量及安全水平稳步提升

茶园结构优化，无公害茶园面积2771.8万亩，同比增加317.6万亩，同比增长12.94%，占比为64.22%，比例提高4.96个百分点；无性系良种茶园面积为2436.9万亩，增加148万亩，增幅6.47%，比例提高1.2个百分点，占比达到56.6%；有机茶园面积267.5万亩，增加24.4万亩，增幅10.05%，比例提升0.3个百分点，达到6.2%。

8. 在中国茶叶农业产值20年持续增长的大背景下，各地反映当前保持茶叶持续健康发展的压力逐步增大

（1）产销平衡压力增大，全国未投产幼龄茶园仍达900万亩，几年内陆续投产将再释放巨大潜在产能。

（2）茶农持续增收压力增大，原材料、用工、物流、税负等生产成本增加，加之市场量价收紧，利润增长压力大。

（3）确保质量安全压力加大，国内外质量标准趋严的同时，社会关注度高、容忍度低的现状未发生变化。

（4) 茶园季节性用工矛盾凸显，人力问题日益严重，茶叶生产，尤其是春茶生产世界人力问题日益严重，采工难招、工资成本高。

9. 2016春茶生产

年初，湖南、湖北、浙江、福建等茶叶主产区遭遇2016年度首场“倒春寒”。雨雪天气将导致今年春茶采摘期明显缩短。据中茶协组织有关专家分析预测：2016年全国春茶总产量可能出现减少，但茶叶质量基本未受影响。鉴于目前消费市场已经企稳，预计2016年全国春茶价格将出现上涨。

【b. 内销流通】

1. 内销市场发展趋势

2015年，尽管中国经济总体下行，三大产业增速均下滑，但消费增长平稳，消费对经济增长贡献率稳定提高。茶叶内销市场依然是拉动全国茶叶经济发展的主要动力，总体表现平稳。主要呈现以下特点：

（1）销量平稳增加，茶类份额保持稳定。综合推算，2015年全国茶叶销售总量继续缓增，预计为176万吨，增幅约为10%。茶类市场份额较往年变动不大，绿茶约占市场总量的53%；黑茶占比约为7%；红茶约为9%；普洱茶约占5%；乌龙茶约占总量的12%；产地集中的白茶和极小品种的黄茶，销量较往年基本持平，占比分别为1%和0.5%；茉莉花茶约占5%，其他茶类占10%。全国名优茶与大宗茶销量占比估计分别为43%和57%，较上年保持不变。

2006-2015年我国茶叶内销量变化情况

单位：万吨

2006	2007	2008	2009	2010	2011	2012	2013	2014	2015
74.1	87.6	90	100	110	118	130	153.2	160	176

（数据来源：中国茶叶流通协会）

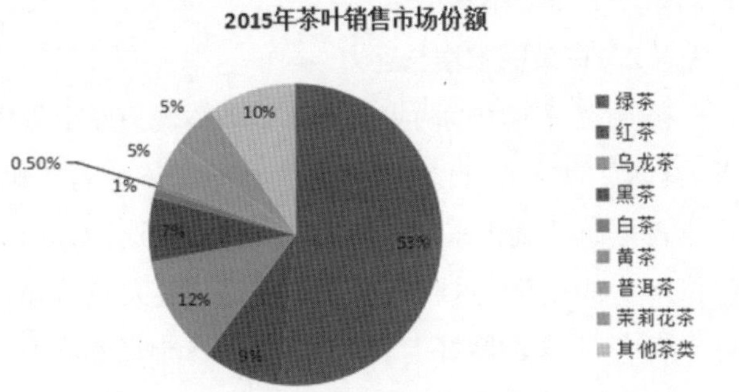

（数据来源：中国茶叶流通协会）

（2）销售总额有所提升，名优茶效益明显。国家统计局最新数据显示：2015年精制茶主营收入增速约为12.5%，与去年相比增速基本持平，据此，以2014年主营收入1669.1亿元为基数，推算可知2015年全年精制茶行业主营收入约为1869.4亿元。据我会调查，名优茶与大宗茶销售额占比中，名优茶约占70%，大宗茶约占30%，同比分别增减4%。

（3）销售均价略有回调。名优茶均价约为172.9元/公斤，大宗茶均价约为55.9元/公斤，大宗茶均价回调约占5%，均价降幅略高于名优茶。按茶类对比，红茶平均价格回调约7%，乌龙茶均价回调近10%，春茶均价回调约3%，黑茶均价上涨10%-15%，白茶、黄茶基本保持不变。

（4）消费区域继续扩大。目前我国茶叶年消费量居前的省市分别为：广东、山东、安徽、河南、云南、四川、河北。其中：广东为我国传统茶叶消费大省，省内饮茶氛围浓厚，人均消费量高，连续多年稳居我国茶叶消费第一大省；安徽、云南、四川均为主要产茶省，省内茶叶消费量平稳发展，产品多省内消费量；我国北方区域已经成为茶叶消费量规模快速增长的区域，华北、西北、东北等区域市场经过多年培育已初见成效，如：人口基数庞大的山东、河南、河北三省；此外，山西、辽宁两省近年茶叶消费量上升明显，对未来的消费拓展与产能消耗意义重大。

（5）消费人群逐步转化。茶叶消费群体的扩张是推动中国茶叶消费持续增长的重要动力，2015年我国茶叶消费群体为4.71亿人，主要源于城镇饮茶人口的增加与农村饮茶量的基本稳定。就群体特征而言，男性多于女性，30岁以上群体普及率更高的格局虽然未发生根本变化，但随着茶叶消费格局的调整，风味属性更为丰富和更具娱乐性的产品组成已经吸引了更多的女性群体和青年消费者尝试茶叶消费。此外，据我会茶文化教育教师专委会2015年报告称：随着国家文化产业政策的出台，习茶、饮茶之风正在通过进校园的方式，逐渐00后，甚至10后中进行普及发展。

（6）渠道建设日趋稳定。茶叶市场渠道分为批发市场、连锁专卖、商超零售、电子商务、随着市场经济的发展，越来越多的茶叶企业将网络、茶园、茶馆等现有资源整合到多渠道营销战略中，茶叶产品销售渠道构成更为丰富，主要分以下几类：以产品零售与体验为主要功能，面向终端消费者为主的连锁专卖店和商超；以批发和大宗销售为主，兼顾零散终端消费者的批发市场；主打便捷性消费，依托互联网、物联网所构成的网络购物平台，以天猫、京东为代表；突出服务功能，着力第三产业附加值的茶馆业、原产地旅游产品等。2015年茶叶渠道建设总体有以下特点：

①电商继续快速增长。根据我会对2015年行业百强调查的汇总数据显示：目前90%以上的规模茶企均已开展电子商务，大体采取自营或代理方式。以阿里巴巴公布的数据为例：2014年天猫平台茶企开店数量17.1万家，活跃店铺数为7.4万家，分别同比增长21%和44%；2014、2015年“双十一”单天茶叶类卖家数量分别为17.4万家、33.8万家，增幅94.4%。据此我会估计，2015年全网电商卖家的数量增幅应在60%以上，销售增幅应在40%以上。在调查中，我会发现：目前茶业电商对消费者购物方式、信息喜好程度、

服务态度、商品质量、购买便利度等的挖掘研究尚浅，由此致使电商竞争局限于简单、初级、粗暴的价格层面。

②批发市场出现分化。2015年，全国有茶叶批发市场近200家，交易总额近1000亿元。其中交易额在亿元以上的茶叶批发市场近100家。其中，除个别地区因品种市场接受度原因导致下降外，原产地批发市场交易情况变化不大。据我会发布的中国茶业指数显示：除安溪铁观音市场2015全年交易量下降7.27%，交易额下降11.2%外，新昌中国茶市大佛龙井交易量增长15.68%，交易额增长29.64%；浙南茶市交易量同比下降3.66%，交易额上涨3.05%。与此同时，城市批发市场出现缓增甚至下滑。特别是北、上、广等经济发达的一线城市中，传统的茶叶批发市场销售持续保持低迷，加之物业费、房租以及生活成本持续上涨，市场景气指数较低。这一现象在二、三线城市则表现不明显。在济南、福州、郑州等城市，茶叶批发市场仍保持平稳略增。

③连锁专卖动态调整。由于企业传统模式发展中的终端成本、人力成本等不断上涨，外之市场需求低迷、电商对线下市场冲击力度不断加大等原因，2015年茶叶企业连锁专卖店进一步调整：一线城市中除老字号企业保持基本稳定外，其余品牌均处于收紧状态；二、三线城市保持稳定略增态势。

④商超零售保持稳定。商超零售中的茶叶经营属于卖场的品种需求。在该渠道中，品牌、品种相对固定，购买人群、销售金额相对固定。2015年，商超的系统性及覆盖面的广泛性使商超仍保持稳定发展，其中的茶叶销售从量、价、额等数据指标分析仍与去年持平。

⑤三产服务初现端倪。2015年，在国家对旅游产业出台政策利好的前提下，全国各主要茶叶产区政府、茶叶企业着力发展以茶为主题的观光体验旅游服务，同时以茶馆业为代表的第三产业重新发力，“茶叶+”的复合型业态茶产业成为新亮点。

2. 消费市场值得关注的情况

（1）内销被动存量加大。我国六大茶类中，黑茶、白茶等部分茶类适合存放，部分厂家、商家、茶叶爱好者及投资者都会主动存放。据我会调查，预计目前全国存茶总量约在70万吨左右。2015年，我会调查中发现，与往年不同的是，有56%以上的受访地区和单位出现了被动的成品茶库存，甚至不少批发市场内也出现了积压。鉴于目前内销茶消费总量仅为约180万吨，新增茶园仍有40万吨的潜在产能，因此存量释放对市场的压力不容小觑。

（2）有效需求增长乏力

茶叶零售市场近两年的低迷更多体现为整个零售业“冬天”的写照。自2013年底“八项规定”出台依赖，原来占据茶叶销售重要板块的礼品茶首先遇冷，加上经济形势的变化，这股寒流逐步蔓延至各大茶城和茶叶专卖店。茶城的路好走了正折射了茶叶市场的清冷，中秋节庆，原先各茶叶市场车水马龙的现象不复存在，替代为畅通的街道；各零售店面空荡，有效客源不足；更有部分茶城收租困难甚至出现关店潮。原因是多方面的，一是在电商和经济大环境的冲击下，传统的零售业态调整不足；二是实体零售业态未能及时满足顾客需求，销售业绩不佳；三是房屋、工资等成本的提升；纵览整个茶叶零售市场形势，市场过剩与电商袭掠是重要原因。但茶叶电商的发展并不一帆风顺，商户之间简单粗暴的价格战、单一的营销方式和促销手段已使消费者们产生了“审美疲劳”，增长风头已见平稳。跨界人才匮乏、缺乏强势品牌吸引力、网店茶叶同质化、差异难寻等问题也已成为茶叶电商发展的瓶颈。

（3）人均消费仍有很大提升空间

以消费量计算，我国人均茶叶消费1.1kg，日均饮茶3g，仅仅是一杯或者半泡茶，与土耳其、英国等茶叶消费大国之间差距较大，尚不如埃及的人均水平。调查结果显示，接近三成的消费者茶叶年消费量处于0.5–1kg之间，超过四成的消费者茶叶的年消费量在1–2.5kg之间，共同组成了茶叶消费的主体区间。如我国人均茶叶消费量达到英国的水平，国内茶叶消费市场总量将突破230万吨，比2015年可再增加35%。在不断扩大饮茶普及面的基础上牢牢把握已有消费群体，以更为丰富优质的产品促进个体消费量的提升成为激发消费潜力的有效手段。

（4）区域市场开发不足

我国茶叶消费人口逐年增加拉动了消费量的提升，继续发展饮茶人口，扩大覆盖面也是非常重要的。尤其是非产茶区的二三线城市和农村市场，与茶叶产区和一线城市相比，无论是产品种类还是茶叶消费普及度均有较大的差距，尚有很大的市场空间未被开发。

（5）产品有效供给不足

①热销产品供给缺乏，同质化严重

与此同时，部分茶类供不应求的现象却十分明显。去年下半年，协会联系了一些西湖龙井和洞庭碧螺春生产企业，被告知其产品已经销售一空。这种现象在我国传统名优茶产品中屡见不鲜，与今年我国茶叶市场整体的不景气形成鲜明对比。放眼整个市场，更多地表现为：一方面是茶商困惑于茶叶销售疲软，另一方面消费者却在抱怨好茶难寻。有的茶叶产品有效产能不足，而有的产品产能过剩、滞销，可以归纳为无效产能结构性过剩，即生产与市场需求的差异。相比对现有产能的控制，对于市场的准确定位和持续开发，并研发出与之相适应的产品显得更为急迫。

②渠道优势开发不足

虽然面对宏观经济增长减速、高端消费疲软、电子商务渠道分流、消费模式升级以及成本持续高起，传统茶叶销售渠道的发展速度逐步下滑，但消费者的关注度或多或少的转移至电子商务、主题茶会等新兴消费渠道中。渠道组成丰富需通过产品的多元化进行有效填充。不同茶叶销售渠道的产品构架存在巨大差异，根据不同渠道的消费特性，设计渠道专署产品，尽量避免同一品牌不同渠道间的相互干扰是产品研发过程中需考虑的重要因素。

③信息宣传乏力，新产品引导不足

互联网与自媒体的建设丰富了消费者信息来源，对茶叶消费行为有明显影响。调查显示，购买经历、网络、报刊、朋友介绍四种渠道是覆盖面较为广泛的茶叶信息来源，尤其是购买经历，因为茶叶的嗜好性特征而对茶叶消费有显著影响。各渠道信息质量参差不齐成为茶叶信息助力消费的最大阻滞，仅就渠道而言，主流渠道之中购买过程和个人的经验介绍都容易掺杂主观信息，部分并不准确的信息会对消费者判断产生干扰。同时，近年来的部分涉茶食品安全事件中，亦存在部分媒体偷换概念和夸大其词的行为，对茶叶消费形成反向作用。因此，提高茶叶产品知识的普及程度可以影响消费行为，尤其是涉及茶叶质量甄别、科学饮用、有效成分、保健功效的茶叶知识对消费有明显的促进作用。对从业人员整体素质提出新的要求，行业亟需同时具备专业销售技能与丰富茶叶知识一线从业人员，有效地进行产品推荐、反馈市场信息同时进行消费引导。电商领域从业人员的表述影响更为广泛，受零售店面覆盖度的影响，以网站、自媒体为代表的互联网渠道成为广大小城镇和乡村有效的信息渗透手段，将承担起出销售之外更为重要的功能。

（6）进口茶叶快速增加，“抢滩”国内市场

得益于丰富的名茶品种和优异的品质，我国茶叶消费市场以自给自足为主，市场上的主要竞争对手集中表现为咖啡、果汁、乳制品等其他饮料。然而，随着我国居民消费力的持续提升，庞大的市场规模吸引诸如印度、斯里兰卡、韩国、越南等茶叶出口国陆续抢滩国内市场。这些国家，或是宣扬自身的饮茶文化，或是具有独特的产品风味，或是生产成本偏低形成价格竞争力，从不同的角度对我国的茶叶产品形成了一定冲击。加之我国经济快速发展，民众消费观念和饮茶习惯趋于个性化、多元化，因此我国进口茶叶数量在2010年后出现迅速增加。虽然现在进口茶的市场规模仍然有限，但不同于国内产品的竞争格局，进口茶往往因为自身拥有的特性而可以更好地运用蓝海战略进行扩张，值得警觉。由于据我会近三年的观察显示：2014年，我国进口茶叶2.3万吨，金额约9300万美元，分别比2013年增长15.1%和22.7%。其中红茶占进口总量76%，斯里兰卡、印度、印尼是主要进口国；绿茶占20%，越南、印尼和台湾是主要进口地区。2015年，受国内市场及相关技术指标影响，茶叶进口数量减缓至2.3万吨，金额约1.1亿美

元，平均单价4616美元/吨，同比分别上升1.84%、14.82%和12.75%。

【c.外销市场】

2015年，世界经济增长继续放缓。一方面，全球价格水平总体稳定，跨国直接投资止跌转增，企业并购活跃；另一方面，全球金融市场波动加剧，大宗商品价格持续低迷，全球消费者物价指数增长率持续下降，国际贸易步入负增长，贸易保护和货币竞争风险提升。面对严峻的国际贸易形势与国产农产品出口普遍下滑的态势，2015年中国茶叶出口表现不俗。根据海关统计，2015年1–12月，中国茶叶出口总量32.5万吨，金额13.8亿美元，出口均价4.25美元/千克，同比分别上升7.8%、8.6%、0.7%，特别是出口金额创历史新高，一举扭转了2014年全茶类出口下降的颓势。

1.出口量

2015年1–12月，中国绿茶出口量27.2万吨，占总量的83.7%，同比增长9.2%；红茶出口量2.8万吨，占总量的8.7%，同比增长1.3%；乌龙茶出口量1.5万吨，占总数的4.7%，同比下降0.1%；花茶出口量0.6045万吨，占总数的1.9%，同比上升4.5%；普洱茶出口量0.3284万吨，占总数的1.0%，同比下降3.0%。数据显示：

（1）我国绿茶在出口量和出口额上继续保持绝对的优势地位，且仍在扩展。巴基斯坦、美国和英国分别位居全球茶叶进口量排名第2位、第3位和第4位，2015年，我国绿茶出口巴基斯坦6050吨，同比大幅增长42.6%，美国6762吨，同比增长10%，英国1851吨，同比增长14.9%。欧盟也是国际上重要的茶叶消费地区，波兰、德国、法国分别位居欧盟国家茶叶进口量排名的第2位、第3位和第4位，2015年，我国绿茶对该3国出口分别为1430吨、8984吨、4919吨，同比分别上升72.4%、2.6%和84%。

（2）红茶和花茶虽然面临着肯尼亚、斯里兰卡、越南等国家的挤压，依然保持增长趋势，还存在小幅上升空间。

（3）乌龙茶、普洱茶是我国茶叶出口的传统茶品。近年来，出口份额呈持续下降趋势。

（4）人民币贬值对出口形成拉升。2015年1–7月，茶叶出口走势波动起伏；自8月份开始，由于人民币贬值使国外进口成本降低，茶叶出口量出现增长。数据显示：8–12月，月出口量连续大幅上涨，从而拉升了全年茶叶出口量水平。

2015年我国茶叶出口量

序号	国别（地区）	2015出口量（公斤）	2014出口量（公斤）	数量同比增长（%）	排名动态
01	摩洛哥	64437537	58996243	9.2	=
02	乌兹别克斯坦	26795113	16387677	63.5	↑
03	塞内加尔	17221319	13332028	29.2	↑
04	美国	16360326	15302842	6.9	=
05	阿尔及利亚	14364765	15010213	-4.3	=
06	多哥	13311531	16892530	-21.2	↓
07	日本	13072813	14550002	-10.2	↓
08	毛里塔尼亚	12865730	14096595	-8.7	↓
09	俄罗斯联邦	12770694	13933247	-8.3	↓
10	德国	12478135	12542484	-0.5	=
11	香港	10310912	10237925	0.7	=
12	加纳	8628462	4248411	103.1	↑
13	喀麦隆	7487745	7099706	5.5	↓
14	巴基斯坦	6620302	6352549	4.2	↓
15	马里	5888260	5277973	11.6	↓
合计		324956680	301444045	7.8	—

（数据来源：中国海关）

2.出口额

2015年，中国绿茶出口额10.1亿美元，占总数的72.7%，同比增长5.5%；红茶出口额2.1亿美元，占总数的15.0%，同比增长42.3%；乌龙茶出口额0.84亿美元，占总数的6.1%，同比增长5.2%；花茶出口额0.51亿美元，占总数的3.7%，同比下降增长8.6%；普洱茶出口额0.34亿美元，占总数的2.5%，同比下降12.5%。

在中国茶叶出口总额增长的同时，主要出口国家出口额普遍增长。但应看到，目前主要出口国家和出口额较高国家有不匹配的现象。对非洲的茶叶出口占我茶叶出口总量的半壁江山，但非洲消费者购买力低，出口茶叶质量与价格倒挂严重，企业经营艰难。同时，我国对欧美的茶叶出口量在其总输入量中占比较小。

以欧盟为例，欧盟进口的茶叶主要源自肯尼亚，一方面是因为肯尼亚得天独厚的利好自然环境，无污染少虫害且采茶期长，另一方面，肯尼亚很多茶园茶厂都由欧盟国家投资建设，在利益驱动下，肯尼亚茶叶在欧盟市场不断挤压中国茶叶份额，因此中国出口欧盟茶叶在近10年来始终维持在2万吨左右。

2015年我国茶叶出口额

序	国别（地区）	2015出口额（美元）	2014出口额（美元）	数量同比（%）	动态趋势
01	摩洛哥	226563467	211522630	7.1	=
02	香港	116755026	110939865	0.7	=
03	美国	91319730	83244168	6.9	=
04	塞内加尔	75383012	59766269	26.1	↑
05	多哥	60008123	75434307	-20.4	↓
06	日本	56663596	60638630	-6.6	=
07	毛里塔尼亚	55662356	61791989	-9.9	↓
08	阿尔及利亚	52227274	56190108	-7.1	=
09	乌兹别克斯坦	50405086	30008572	32.6	↑
10	德国	49701703	48532108	2.4	=
11	加纳	38672127	18332978	110.9	↑
12	俄罗斯联邦	37196392	48971881	-24.0	↓
13	法国	29133238	19179221	51.9	↑
14	马里	27797741	24416100	13.9	↓
15	巴基斯坦	20742620	14443078	43.6	↑
合计		1381596082	127218308	8.6	—

（数据来源：中国海关）

3. 出口均价

2015年，中国绿茶销售均价为3.69美元/千克，同比下降3.4%；红茶销售均价为5.24美元/千克，同比增长40.1%；乌龙茶销售均价为5.50美元/千克，同比下降5.2%；花茶销售均价为8.47美元/千克，同比增长3.9%；普洱茶销售均价为10.42美元/千克，同比下降9.9%。

从目前情况看，虽然出口均价总体有所提高，但仍在中低位徘徊。近年来，在美欧等发达国家，中国茶叶市场份额有所提升，带动了出口均价的提升。但中国茶叶主要出口国仍为发展中国家，消费力有限，相应的出口价格也较低，拉低了茶叶出口均价。在国内茶叶生产成本、检测费用不断上涨，而国外客户拒绝相应提价，在这种双重挤压下，国内多数出口型企业利润微乎其微甚至难以为继。

我国茶叶出口均价

茶类	2015年出口均价（美元/千克）	2014年出口均价（美元/千克）	均价同比增长（%）
绿茶	3.69	3.82	-3.4
红茶	7.34	5.24	40.1
乌龙茶	5.50	5.80	-5.2
花茶	8.47	8.15	3.9
普洱茶	10.42	11.56	-9.9

（数据来源：中国海关数据汇总）

4. 出口地区

在茶叶出口市场中，位居前五位的为摩洛哥、乌兹别克斯坦、塞内加尔、美国、阿尔及利亚。数据显示，我国主销市场补货需求较大，以最大出口市场摩洛哥为例，年均进口中国茶叶6万多吨，2014年因受茶叶进口关税即将调整的政策影响，进口量减至5万多吨，2015年茶叶进口量回升到6.4万吨；乌兹别克斯坦是第二大主销市场，年均进口中国茶叶2万多吨，而2014年进口中国茶叶仅1.6万吨，因国内经济持续低迷，消费结构发生变化，喝茶等日常民生需求增加，加之客商持本国货币贬值预期，外汇紧缺且管制严，现有库存消化较多，故加大茶叶订单，2015年乌兹别克斯坦茶叶进口2.7万吨，同比增长63.5%。

同时，在“一带一路”发展战略的强力影响下，2015年，我国与“一带一路”沿线国家、东盟和中东欧贸易规模强势增长。中国对“一带一路”沿线国家出口茶叶8.2万吨，同比增长15.2%；对东盟地区出口茶叶1.3万吨，同比增长41.4%；对中东欧16国出口茶叶4364吨，同比增长44.9%；对拉美地区出口1472吨，同比增长31.5%。

此外，新兴出口市场潜力巨大，增势明显。对大洋洲茶叶出口同比增长13.6%，对南美洲茶叶出口同比增长31.5%。

5. 国内各省出口情况

从国内出口份额变化可以看出，中西部地区增长优势明显。2015年，安徽出口5.7万吨，仅次于浙江，同比增长20.7%；湖北出口9397吨，跃居全国各省茶叶出口量排名第6位，同比增长40.9%；云南出口7281吨，同比增长14.6%；四川出口5525吨，同比增长152.8%；贵州出口2751吨，同比增长19.8%。同时也可以发现由于茶叶产能过剩，国内企业更加关注茶叶出口，国内各省出口数量呈现普增趋势，由此也造成潜在的内部竞争加剧。

2015年中国各省茶叶出口量

序	省份	出口量（公斤）	出口额（美元）	出口均价（美元/公斤）	数量同比增长（%）	金额同比增长（%）	均价同比增长（%）	动态趋势
01	浙江	157722815	519691358	3.29	6.1	2.3	-3.6	=
02	安徽	56563137	226962546	4.01	20.7	16.7	-3.3	=
03	湖南	35579157	91554795	2.57	1.1	-3.2	-4.2	=
04	福建	17269278	173784108	10.06	6	25.1	18	=
05	上海	10926596	89813074	8.22	-0.8	20.9	21.9	=
06	湖北	9397528	79053653	8.41	40.9	6.3	-24.5	↑
07	江西	7900953	44398527	5.62	-11.1	-3.8	8.2	↓
08	云南	7280988	30468619	4.18	14.6	1.2	-11.7	=
09	四川	5524657	20650473	3.74	152.8	90.7	-24.5	↑
10	广东	5077087	40737003	8.02	-14.8	-29.1	-16.9	↓
11	河南	3599042	10589271	2.94	4.5	-0.6	-4.8	↓
12	贵州	2750927	22506339	8.18	19.8	73.2	44.6	=
13	重庆	1639810	1498277	0.91	-47.4	-45.4	3.6	↓
14	广西	1260352	4811089	3.81	0.5	-19	-19.4	↑
15	江苏	1250820	17109411	13.68	-26.8	179	282	↓

（数据来源：中国海关）

6. 出口存在的主要问题

（1）贸易壁垒严重

欧盟针对茶叶农残检测所制定的标准严苛，且检测方法多变，使得中国输欧茶叶量长期居于低位。近10年来，中国出口欧盟茶叶始终维持在2万吨左右；同时，传统主销市场日本在实施食品安全法后，出口连急剧下降，输日茶叶总量从2007年3.7万吨降至当前的1万多吨。

（2）饮茶文化差异

国际市场茶叶消费习惯与中国传统饮法差异较大，饮用红茶是世界茶叶消费传统，全球红茶消费额占茶叶消费总额60%；而中国除红茶外其他种类茶叶的口味和冲泡方式在国际茶叶市场上认知度低，没有产生浓厚的品饮热情。同时，印度、斯里兰卡、肯尼亚等红茶生产大国成为中国在国际市场上的竞争对手。

（3）内外双重挤压

在国内茶叶生产成本、检测费用不断上涨，而国外客户拒绝相应提价，在这种双重挤压下，国内多数出口型企业利润微乎其微甚至难以为继。同时，在国内，由于茶叶产能过剩，国内企业更加关注茶叶出口，国内出口竞争加大；在国外，肯尼亚、斯里兰卡、印度等产茶国在为谋求国际市场份额，与中国的竞争加剧，国际竞争环境日益严峻。

【d. 产销建议】

农业受自然的影响，生产方式落后，生产周期比较长，利用国际资源和市场方面敏感，同时和其他产业的关联度很高，因此农业供给侧结构性改革既具有供给侧结构性改革的一般特点和要求，又有自己的特殊性和改革重点。茶叶作为高附加值的农产品，在“十三五”期间的供给侧改革任务十分紧迫。唯有认真贯彻执行“创新、协调、绿色、开放、共享”五大发展理念，切实转变产业发展方式，才能实现产业的提质增效与可持续发展。根据党中央、国务院提出的2016年年经济社会发展方向，茶产业也应主抓“去产能、去库存、去杠杆、降成本、补短板”。为此，提出建议如下：

1. 创新产品供给，激发消费潜力

建议政府、行业组织与企业形成合力，共同加强消费引导与宣传力度，努力创新交易方式，在“请进来”的同时积极“走出去”，搞好产销结合，进一步激发市场活力，解决销售通路；尽快实现传统销售模式与电商模式的结合，充分利用、谨慎选择互联网交易平台，实现经营效益最大化；大力宣传茶知识、茶文化，注重消费者的文化认知培养，特别是青少年消费者的文化观念引导与消费习惯养成。企业应顺应市场变化，由数量型向效益型转变，由生产型向营销型转变，适时调整产品品类结构，适当压缩高端礼品茶的生产规模，生产更多亲民、实惠、环保型产品。

2. 适度控制规模，注重效率品质

适度控制面积，提高单产和品质。建议政府在引导和扶持本地茶产业时，从布局入手，发展优势区域、宜茶区域，加大老茶园改造，调减低效茶园，建设连片可机采茶园；从品种入手，支持茶树良种繁育体系建设，提高无性系良种茶树比例；从技术入手，提升茶叶标准园和有机、生态茶园建设水平，促进由园到区的拓展，同时加大对茶叶机械化加工的指导，提高企业清洁化、自动化、标准化生产水平，严把质量关，提升茶叶单位面积产量和品质，促进本地茶产业从数量型向质量型转化。鼓励企业加大精深加工力度，生产特色化茶叶产品和更为贴近生活的消费衍生品；引导企业充分调动生产资源，提高全要素生产率，进行产业延伸，围绕茶叶加大对旅游、文创、服务等产业开发力度，提高综合开发能力。

3. 加大生态建设，提升标准化水平

加强对茶园的整体规划建设，通过增加套种植被，配套灭虫灯、生物激素等病虫害防治设备，推进生态有机茶园建设，打造绿色生态茶产业；逐步建立“生产有记录、信息可查询、流向可追踪、责任可追究、产品可召回、质量有保障”的茶叶质量安全可追溯制度；不断健全茶叶安全卫生质量管理体系，大力推广标准化生产，包括茶园建设标准化、茶园管理标准化、加工车间标准化和制作工艺标准化等，保障产品质量，提升产品竞争力。

4. 加大开放力度，扶助对外交流

国家应配套出台相关政策与措施，扶助对外经贸文化交流；地方政府加强招商引资力度，吸引国内外大企业、大公司通过控股、参股、新建等形式合作开发，建立产业集群，利用合作企业资金、技术、人才优势和市场流通渠道，实现基地和市场扩张；行业组织应充分发挥职能作用，在搭建国际产销交流平台，积极应对贸易壁垒、维护产业正当权益，加强国际经贸文化合作方面积极开展工作，扩大宣传力度，推介诚信企业、优质品牌，树立中国茶叶产业正面形象；出口企业应密切关注主要进口国和地区的茶叶质量安全标准，重视质量安全，加大产品在国际市场上的推广力度，开发适销对路的新产品，积极拓展新兴市场。

梅 宇

2.21 休闲食品

休闲食品俗称“零食”，行业内并没有统一的定义，统计部门也没有将其纳入食品行业独立的子行业进行统计。一般来说，休闲食品是指人们在闲暇、休息时所吃的非主食类食品，如干果、膨化食品、糖果、肉制食品等。休闲食品在流通产品属性上，归属于快速消费品。

休闲食品，一般可以分为如下 10 大类：（1）谷物休闲食品（烘焙类、膨化类、油炸类）；（2）糖果巧克力；（3）坚果炒货；（4）熟制休闲豆制品；（5）休闲素食蔬果（含干制蔬果和湿制蔬果）；（6）肉干肉脯；（7）果冻；（8）果脯蜜饯；（9）西式甜点派；（10）其他。

相对于西式食品如巧克力、果冻、西式甜点派等而言，坚果炒货、果脯蜜饯、休闲素食蔬果等休闲食品具有中国传统特色。过去，膨化食品、糖果、烘焙食品等休闲食品，素来为行业研究机构关注研究较多；但对近年来增长很快的中国传统特色小品类休闲食品研究关注较少，中国食品工业协会组织相关力量研究中国传统特色小品类休闲食品，填补该项空白。

所以，本报告所称“中国传统特色小品类休闲食品”，不含膨化休闲食品、烘焙休闲食品、油炸类休闲食品及糖果、薯片等。仅限于：（1）坚果炒货；（2）熟制休闲豆制品；（3）休闲素食蔬果（含干制蔬果和湿制蔬果）；（4）肉干肉脯；（5）果脯蜜饯；（6）其他。

为便于表述，本报告所称的“小品类休闲食品”，即为“中国传统特色小品类休闲食品”的简称。相对应的，“小品类休闲食品行业”，即为“中国传统特色小品类休闲食品小品类行业”的简称。

【a. 概况】

1. 小品类休闲食品行业发展情况

2004–2014 年间，小品类休闲食品行业获得了快速发展。全行业产能从 2004 年的 248.18 万吨增长到 2014 年的 897.07 万吨，净增长 648.89 万吨，年复合增长率 13.71%；全行业产量从 2004 年的 193.58 万吨增长到 2014 年的 645.89 万吨，净增长 452.31 万多吨，年复合增长率 12.81%；全行业产值 2004 年的约 540.08 亿元增长到 2014 年的约 3875.32 亿元，净增长约 3335.24 亿元，年复合增长率 21.78%，见图。

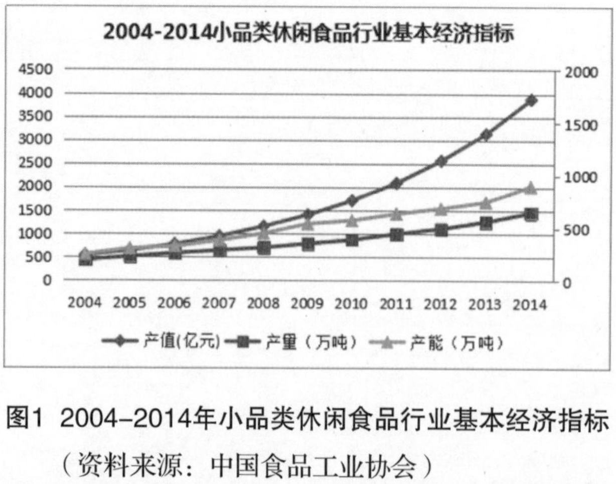

图1 2004–2014年小品类休闲食品行业基本经济指标

（资料来源：中国食品工业协会）

小品类休闲食品行业企业平均毛利率一直稳定在 30%–40% 的水平，个别达到 50%。近年来，随着企业产品的系列化开发，特别是重点企业产品系列朝中高端和功能化发展，平均价格有了很大的提高，从以前每千克 20–40 元增长到现在每千克 40–80 元。销售渠道也开始扩展到现代大型连锁零售终端，支撑了价格提升后的消费条件。这些因素的出现使小品类休闲食品行业的平均利润率稳定上升。

2. 子行业基本情况

小品类休闲食品包括（1）坚果炒货；（2）熟制休闲豆制品；（3）休闲素食蔬果（含干制蔬果和湿制蔬果）；（4）肉干肉脯；（5）果脯蜜饯等。

(1) 果脯蜜饯

果脯是用新鲜水果去皮去核后，切成片形或块状，经糖泡制、烘干而成的半干状态的果品。蜜饯是用蜜、浓糖浆等浸渍后制成的果品。果脯包括：桃脯、李脯、苹果脯、梨脯等等；蜜饯包括：杨梅、话梅、西梅、橄榄、应子等等。一般说来，北方则以干态制品为主，南方以湿态制品居上，所以我国历来有“北果脯、南蜜饯”之说，俗称“北脯南蜜”。果脯蜜饯行业的产值，占小品类休闲食品行业的 32% 左右。

统计资料显示，2014 年果脯蜜饯行业年产值高达 1220.80 亿元，其产值占小品类休闲食品整个行业的 32%。从时间周期来看，全国果脯蜜饯行业年产值从 2004 年的 170.14 亿元，增长到 2014 年的 1220.80 亿元，10 年间净增长 1050.66 亿元，年均复合增长率为 21.78%，基本上与小品类休闲食品行业保持一致的增长率，但远远超出休闲食品行业 16.70% 的年均复合增长率，体现出果脯蜜饯行业良好的发展势头。从年度比较看，同比增长率基本上都在 21% 以上，见图。

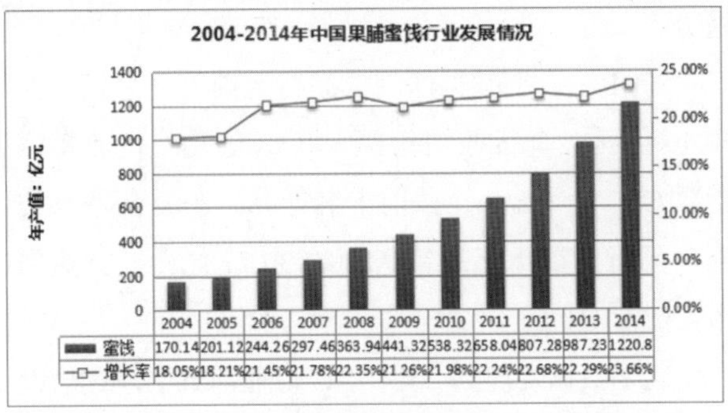

图2 2004–2014年中国果脯蜜饯行业发展情况

（资料来源：中国食品工业协会）

（2）坚果炒货

坚果，是闭果的一个分类，果皮坚硬，内含 1 粒种子。炒货是指植物果实经过晾晒，烘干，油炸等加工方法制成的供人们闲暇时食用的一类休闲食品，如瓜子、蚕豆、花生、核桃、栗子、豆类等。

从坚果炒货行业总体市场特征来看，坚果炒货市场容量巨大。统计资料显示，2014 年坚果炒货行业年产值高达 863.93 亿元，其产值占小品类休闲食品整个行业的 22.29%。从时间周期来看，全国坚果炒货行业年产值从 2004 年的 185.92 亿元，增长到 2014 年的 863.93 亿元，10 年间净增长 678.01 亿元，年均复合增长为 16.60%，较低于小品类休闲食品行业 21.78% 的年均复合增长率，也略低于休闲食品行业年均复合增长 16.70% 的增长率，体现出坚果炒货行业比较稳健的发展态势。从年度比较看，同比增长率基本上都在 14%–19% 之间，略低于其他行业的小品类休闲食品，见图。

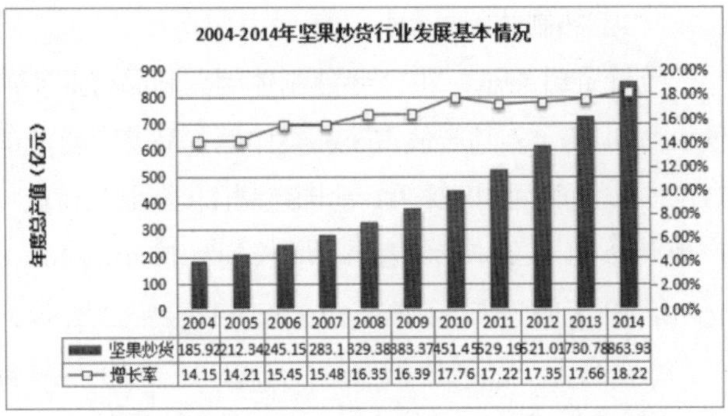

图3 2004–2014年中国坚果炒货行业发展情况

（资料来源：中国食品工业协会）

（3）肉干肉脯

肉干肉脯类休闲食品，简称“休闲肉制品”，是以畜禽瘦肉（多半为猪肉、牛肉）为原料加工而成的休闲食品，包括肉干和肉脯。畜禽瘦肉经修割、预煮切丁（片、条），调味、复煮、收汤、干燥等先熟加工再成型干燥，或先成型干燥再经熟加工制成熟的肉干制品；肉脯主要是畜禽瘦肉经腌制、烘烤的片状肉制品。

统计资料显示，2014 年肉干肉脯行业年产值高达 452.89 亿元，其产值占小品类休闲食品整个行业的 11.69%。从时间周期来看，全国肉干肉脯行业年产值从

2004 年的 77.63 亿元，增长到 2014 年的 452.89 亿元，10 年间净增长 375.26 亿元，年均复合增长为 19.29%，较低于小品类休闲食品行业 21.78% 的年均复合增长率，但略高于于休闲食品行业年均复合增长 16.70% 的增长率，体现出肉干肉脯行业比较稳健的发展态势。从年度比较看，同比增长率基本上都在 15%–22% 之间，略低于其他行业的小品类休闲食品，见图。

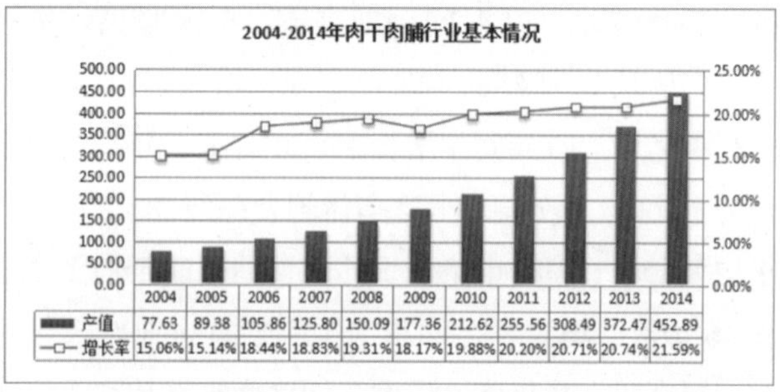

图4 2004–2014年中国肉干肉脯行业发展情况

（资料来源：中国食品工业协会）

（4）熟制休闲豆制品

统计资料显示，2014 年熟制休闲豆制品行业年产值 462.04 亿元，其产值占小品类休闲食品整个行业的 11.92%。从时间周期来看，全国熟制休闲豆制品行业年产值从 2004 年的 58.90 亿元，增长到 2014 年的 462.04 亿元，10 年间净增长 403.14 亿元，年均复合增长为 22.87%，高于小品类休闲食品行业 21.78% 的年均复合增长率，更远远高于休闲食品行业年均复合增长 16.70% 的增长率，体现出熟制休闲豆制品行业比较稳健的发展态势。从年度比较看，同比增长率基本上都在 22%–25% 之间，高于其它行业的小品类休闲食品，见图。

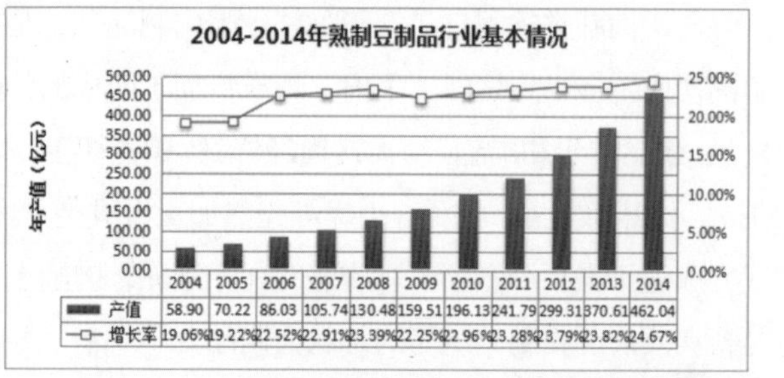

图5 2004–2014年中国熟制休闲豆制品行业发展情况

（资料来源：中国食品工业协会）

（5）休闲素食蔬果

目前，国内休闲素食蔬果按照制法分为两大类：湿制蔬果和干制蔬果。2014 年，休闲素食蔬果行业年产值 779.53 亿元，其产值占小品类休闲食品整个行业的 20.12%。从 2004 年到 2014 年的 10 年间，全国休闲素食蔬果行业年产值从 2004 年的 50.82 亿元，增长到 2014 年的 779.53 亿元，10 年间净增长 728.71 亿元，年均复合增长为 31.40%，在小品类休闲食品行业中，这属于增长最快的行业，体现出蓝海产业的特征。年均 31.40% 的复合增长率，远远高于小品类休闲食品行业 21.78% 的年均复合增长率，更远远高于休闲食品行业年均复合增长 16.70% 的增长率。从年度比较看，同比增长率基本上都在 26%–41% 之间，高于其他行业的小品类休闲食品，见图。

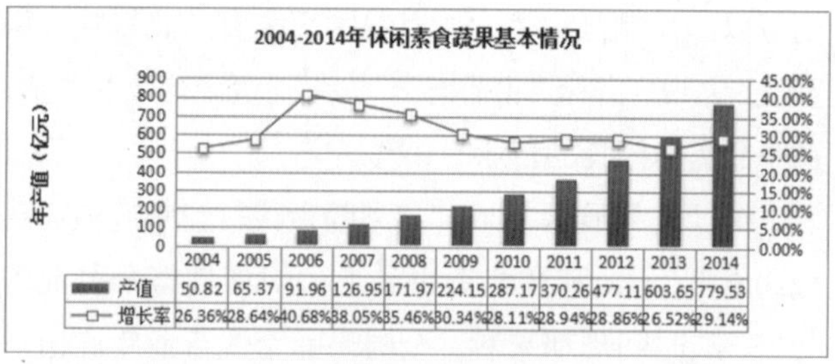

图6 2004–2014年中国休闲素食蔬果行业发展情况

（资料来源：中国食品工业协会）

【b. 小品类休闲食品行业集中度趋势】

数据显示，小品类休闲食品行业属于分散竞争型行业，与一般垄断竞争行业不同，产业集中度呈下降趋势。

2004 年，小品类休闲食品行业前五名总销售额约 20.46 亿元，全行业销售额 638.43 亿元，行业集中率指数 CR5 为 3.20%；按前十名计算，2004 年小品类休闲食品行业前十名总销售额约 30.77 亿元，行业集中率指数 CR10 为 4.82%。

这个数据发展到 2014 年，行业前五名总销售额增长到 46.90 亿元，全行业销售额增长到 3875.32 亿元，行业集中率指数 CR5 降低到 1.21%；全行业前十名总销售额 70.55 亿元，行业集中率指数 CR10 降低到

1.82%，见表 1。

表1 2004–2014年行业集中率指数变化情况

CRX 年份	2004	2005	2006	2007	2008	2009	2010	2011	2012	2013	2014
CR5	3.20%	2.98%	2.76%	2.58%	2.37%	2.21%	1.93%	1.68%	1.42%	1.36%	1.21%
CR10	4.82%	4.46%	4.31%	3.99%	3.67%	3.32%	2.95%	2.56%	2.18%	2.02%	1.82%

（数据来源：中国食品工业协会）

【c. 小品类休闲食品产业经济分析】

1. 小品类休闲食品行业经济发展指标

（1）小品类休闲食品行业的产量及增长情况

小品类休闲食品行业总体产量迅速增长，从 2004 年到 2014 年，全国小品类休闲食品产量从 193.58 万吨增长到 645.89 万吨，净增长 452.31 万吨，年复合增长率 12.81%。

（2）小品类休闲食品行业的产值及增长情况

随着小品类休闲食品行业总体产能、产量的迅速扩张，小品类休闲食品消费市场容量的增加，以及小品类休闲食品企业市场开拓能力的加强，全国小品类休闲食品行业的销售情况出现了较大幅度的增长。从 2004 年到 2014 年，全国小品类休闲食品市场产值从约 540.08 亿元增长到约 3875.32 亿元，净增长约 3335.24 亿元，复合增长率 21.78%。2004–2014 年间，同比增长率基本都保持在 21% 以上，远远高于我国 GDP 的增长率，体现出小品类休闲食品市场蓬勃的成长性，见图。

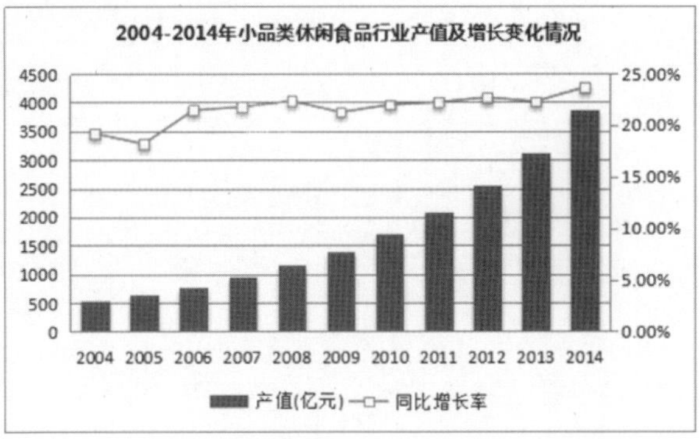

图7 小品类休闲食品行业产值及增长率情况

（资料来源：中国食品工业协会）

2. 小品类休闲食品行业在国民经济中的地位

在国民经济行业分类中，小品类休闲食品行业所涉及的相关产品加工，属于农副产品加工业（C1300），主要涉及水产品加工业（C1360）、蔬菜、水果和坚果加工业（C1370）、其他它农副产品加工业（C1390）以及屠宰及肉类加工业（C1350）中的肉制品及副产品加工业（C1352），见图。

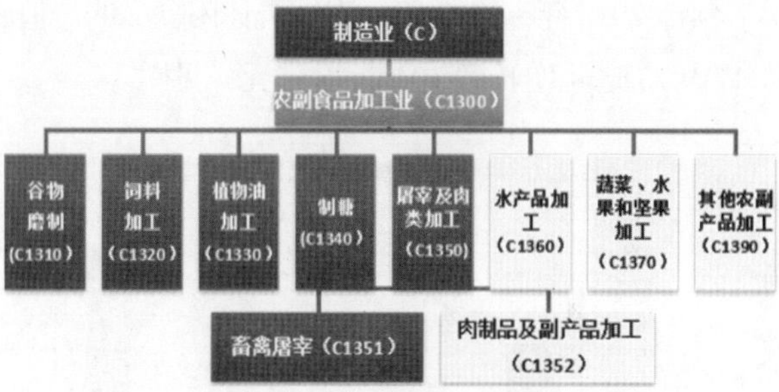

图8 小食品行业企业国民经济产业分布图

3. 行业平均利润水平变动趋势

国内市场小品类休闲食品仍以传统低档产品为主，中、高档产品比重不到总量的 30%–40%, 很多小品类休闲食品企业都在努力使自己的产品结构多元化、系列化。目前低档小品类休闲食品毛利不足 20%，中档小品类休闲食品的毛利一般在 30% 左右，高档小品类休闲食品的毛利一般在 30% 到 50%，个别甚至达到 60% 以上。呈现出具有高科技含量和高附加值的小品类休闲食品高端产品的毛利丰厚并且逐步向上的趋势，而低科技普通产品的毛利止步不前乃至于走低的趋势，见图。

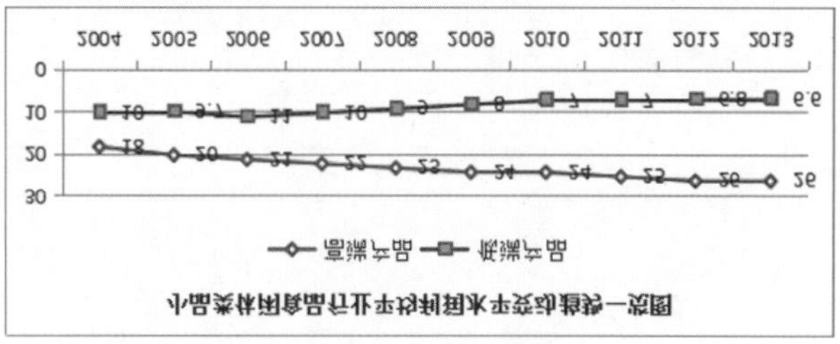

图9 行业平均利润水平变动趋势一览图

（数据来源：中国食品工业协会）

【d. 行业发展展望】

1. 全国休闲食品行业发展预测

2015 年 –2019 年，全国休闲食品行业将继续保持较高速度的增长，增长率基本维持在17%以上。预计全国休闲食品行业产值从2015年达到10589.62亿元（按期初数计算，即从2005年1月1日起计算，至2019年1月1日止，下同），到2019年将达到19925.28亿元。

2. 小品类休闲食品行业发展预测

预计2015年–2019年，小品类休闲食品的产值将从4719.75亿元增长到10472.98亿元，见图。

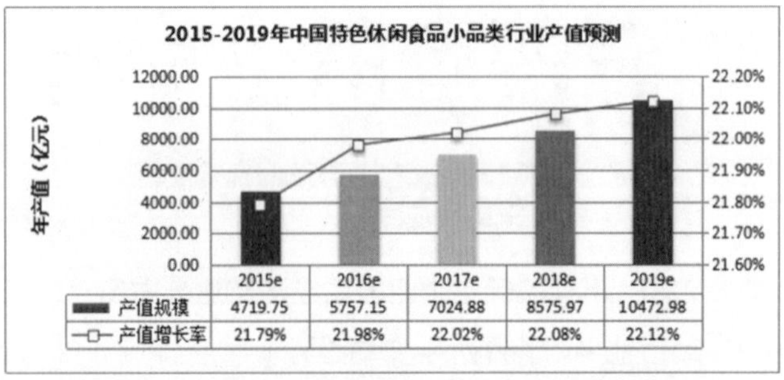

图10 2015–2019中国特色休闲食品小品类行业产值预测

（资料来源：中国食品工业协会）

3. 小品类休闲食品行业各子行业经济发展趋势预测

2015年–2019年，果脯蜜饯行业将继续保持稳定增长，年均增长率在20%以上，预计产值将从1486.82亿元，增长到3290.02亿元；坚果炒货行业预计年均增长率在17%左右，产值将从100.43亿元，增长到1885.87亿元；肉干肉脯行业预计年均增长率在20%左右，产值将从540.30亿元，增长到1127.05亿元；熟制豆制品行业预计年均增长率将维持在22%–23%的水平，产值将从567.75亿元，增长到1304.17亿元；休闲素食蔬果行业预计年均增长率将维持在35%左右的水平，产值将从1049.40亿元，增长到3481.46亿元，见图。

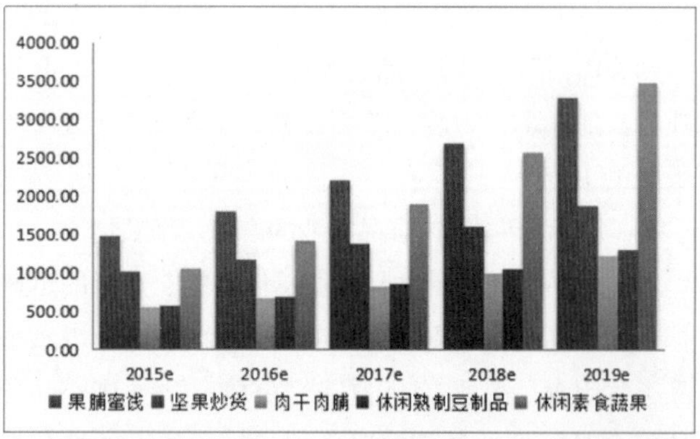

图11 2015–2019中国小品类休闲食品子行业发展预测

（资料来源：中国食品工业协会）

蓬莱京鲁渔业有限公司

蓬莱京鲁渔业有限公司成立于 1990 年 6 月，是集水产品精深加工与流通、远洋捕捞、海水育苗养殖为一体的综合性企业。公司注册资本 1 亿元，拥有 18 座现代化的水产品加工厂、3 个规模化养殖场和 24 艘远洋捕捞渔船。公司占地 24 万平方米，年加工能力 6 万多吨；现有冷库 8 座，冷藏能力 68000 吨；主要从事鱿鱼、秋刀鱼、鲐鲅鱼、马哈鱼、虾蟹类、贝类等水产品以及调理食品的精深加工。公司逐年来产值飞速增长，综合指标位居行业前列。

依托蓝色经济 开拓国内外市场

作为农业产业化国家重点龙头企业，公司紧紧抓住建设山东半岛蓝色经济区和胶东半岛高端产业聚集区两大战略机遇，大力发展海洋蓝色经济，全面开拓国际国内市场。

公司充分利用远洋渔业资源在外、市场在外的优势，坚持"外向型"发展，提高了产品在国外市场的占有率。公司产品现主要出口日韩、欧美等国家和地区，并与极洋、丸红、农水、双叶等大公司建立了长期合作关系。在稳定国际市场的同时，公司加大了国内市场的开发力度，目前，已全面开发了全国 30 多个省、自治区、直辖市的冷冻调理品市场，产品已进入批发、商超、配餐、流通等多个渠道，并与国内知名快餐连锁肯德基、必胜客、德克士等正式建立了友好的合作关系。2016 年初公司启动了电商网络销售渠道，陆续与天猫、唯品会、京东商城等全国 10 多家大型电子商务平台展开合作。着眼未来发展，公司将借鉴国内外先进经营管理模式，在冷链物流、海产品终端市场等领域打造大型中式快餐连锁店，以此引领中国水产加工行业快速发展。

提升产品质量 打造名牌产品

公司坚持"以质量赢信誉、以信誉筑品牌"的质量理念，积极推行标准化生产与管理，提升产品质量，推进品牌建设。公司相继通过了 ISO9001、ISO14001、OHSAS18001、IFS、BRC、清真认证、知识产权管理等体系认证，产品获得了由农业部农产品质量安全中心颁发的"无公害农产品证书"。为了保障产品质量，公司建设了现代化检测中心，2007 年检测中心被认定为山东省首批出口农产品区域检测中心，2008 年通过了 CNAS 实验室认可，对外可出具权威性的检测报告。

公司重视品牌建设，坚持推行品牌战略。2006 年成功注册了"京鲁远洋"商标。为加强产品在国际上的影响力，公司还进行了马德里国际商标注册，在 12 个国家受到保护，为公司走自主品牌之路奠定了坚实的基础。公司生产的"京鲁远洋"牌产品先后被评为"中国名牌产品"、"山东名牌产品"等。"京鲁远洋"商标被认定为"山东省著名商标"和"中国驰名商标"。

进行科技创新 加强产学研合作

公司拥有国家级企业技术中心，并获批建设山东省京鲁渔业院士工作站。技术中心共承担国家星火计划 2 项，国家科技支撑 1 项，省级技术创新项目 35 项，累计申请专利 250 多项，已授权专利 190 项，其中发明专利 35 项。技术中心注重与高等院校、科研院所等开展产学研合作，先后同中国水产科学院黄海水产研究所、中国海洋大学、上海海洋大学、烟台大学、中国科学院海洋研究所、中国科学院烟台海岸带研究所等院校、研究所建立了长期合作关系。

经过多年的科研积累，中心在水产品加工领域取得了重大技术成果，其中自行研究设计的 -60℃工质（氨）金枪鱼储存库填补了国内空白，先后获得中国食品工业协会科学技术奖二等奖、山东省科技进步奖三等奖、山东省技术创新优秀成果一等奖。超高单层节能低温冷库技术达到国际先进水平，被评为"山东省节能优秀成果"。

在公司全体员工的共同努力之下，公司先后被授予全国农产品加工业示范基地、国家农产品加工企业技术创新机构、全国主食加工业示范企业、全国食品工业优秀龙头企业、全国企业信用评价 AAA 级信用企业、4A 级物流企业、国家知识产权优势企业、山东省知识产权示范企业等荣誉称号。

荣誉属于过去，未来就在脚下。公司将秉承"诚信、敬业、挑战、创新"的企业宗旨，自强不息，拼搏进取，朝着"为消费者提供健康的海洋食品"的既定目标稳健迈进！为打造百年京鲁而努力奋斗！

Huitouke

回头客集团

回头客食品集团股份有限公司创建于2006年，公司总部坐落于中国石雕之乡——惠安县惠东工业园区。公司自创建以来，树立“安全、卫生、质量、效率”的生产管理理念，秉承“以质为根，以仁为本”的核心价值观，始终坚持“内塑品质，外塑品牌”的理念，长线规划，稳步提升，以远超行业平均增长水平的速度成为行业黑马。现在，公司已发展成为一家致力于烘焙糕点、休闲食品研发、生产、销售与服务为一体的专业化大型食品企业。

回头客集团已陆续在福建、山东、湖北、四川建立了800多亩花园式生产基地，拥有24万m^2现代化洁净厂房，100多条国内或世界领先的精益生产流水线，为稳定产品质量奠定了坚实基础。2016年-2017年，公司还将巨资投入，完成吉林生产基地及各分公司新车间、新生产设备建设，快速响应市场供应需求。多年来，公司不断引进中高级技术，经营管理人才，并不断加大先进技术、流水线的投入，严格执行QS体系规范操作流程，完善质量控制体系，形成标准化管理。

回头客集团凭借精准的“大品类策略”，旗下产品铜锣烧、华夫饼、欧式蛋糕、枣泥蛋糕等，均已成为各自品类市场中的领导产品。其中2014年推出的华夫饼销售火爆，仅半年时间销售便突破亿元大关。随着短保质期产品戚风蛋糕、千层蛋糕、酵母面包及休闲品类产品辣大叔烤薯片等新品的陆续上市，回头客集团将进入发展快车道，实现弯道超越。未来两年，回头客集团将重金投入，在各分公司设立产品研发中心，不断完善研发体系建设，持续推出更多满足顾客需求的产品。

为了覆盖到更多的地区和消费群体，回头客集团在产品上不断丰富、品质上不断提高的基础上，不断强化销售网络的持续升级，并以点带面布局，进一步完善发展战略。在市场营销中，导入”市场精耕“战略，在全国3000多个地、县级城市中创建了1000多个“品牌特区”、100多万个终端销售网点，构筑起以县级经销为主、分销到镇的扁平化营销网络。

未来之路，无限延伸，回头客集团将加快多点开花，继续扩大产能，未来相信回头客集团必将引领食品领域发展方向！

2016年3月

糖酒会最大展厅640m^2

回头客集团乘势·赢领未来

2016年1月

势不可挡

回头客集团经销商年会

2015年10月

新三板上市

聚势·成就未来

2015年10月

糖酒会首秀

意向客户近千家

2015年7月

签约马天宇

辣大叔与小鲜肉的火辣碰撞

2015年5月

签约刘涛

美味与女神的浪漫邂逅

绝味鸭脖
鲜
香
绝味
麻
辣
用心做鸭
绝味鸭脖
用心做鸭

黑龙江香其食品股份有限公司

黑龙江香其食品股份有限公司始建于 1995 年，香其食品是一家集生产、研发、销售黄豆调味酱系列产品的民营股份制集团公司，现旗下拥有四家全资子公司分别是“哈尔滨香其食品有限责任公司”、“双城香其酱业有限责任公司”、“黑龙江农垦宝泉岭香其酱业有限公司”、“黑龙江省香其商贸有限责任公司”。他们分别承担着黄豆调味酱系列产品的原料采购、加工、销售的各项环节。企业经过 20 年的发展，现有占地面积为 22.5 万平方米，固定资产 1.8 亿元，注册资本 16213.1452 万元，年销售收入 3.5 亿元。现有员工 1200 人，其中各类专业技术人员 280 人。

香其食品产品主要为香其系列黄豆调味酱，熟酱有各种规格香其酱、香辣酱；生酱有各种规格黄豆酱、豆瓣酱、黄干酱。黄豆调味酱产品主要采用黑龙江省内种植的非转基因优质大豆为原料，熟酱产品系黄豆酱基础上加入香菇、圆葱、芝麻等 10 几种材料深加工的方便即食酱，是餐厅、家庭必备的优质烹饪佐料。

产品特点是酱香浓郁、鲜美醇厚、咸淡适口、风味独特，深受消费者的欢迎和喜爱。香其系列产品依靠百姓口碑相传的力量销售遍及大江南北、长城内外，远销世界各地，有华人的地方就能看到香其酱的身影，销售量每年都在稳步增长。

企业已全面通过 ISO9001：2008 质量管理体系认证，通过 ISO22000:2005 食品安全管理体系认证。2010 年受国家商务部委托参与起草了黄豆复合调味酱行业标准，奠定了企业在黄豆复合调味酱行业的领导地位。

企业严格执行国家法律法规与各项认证标准。严把产品质量、食品安全关。深受消费者的青睐和各级政府的好评，先后获得《企业信用等级证书 AAA》、《企业食品安全信用等级证书 A 级》、《中国调味品行业二十年调味酱产业十强品牌》、《黑龙江省民营企业百强》、《哈尔滨民营经济发展突出贡献》、《消费者最喜爱的百种绿特色食品》等 100 余项荣誉称号。特别是于 2012 年 4 月 27 日“香其”品牌被国家工商总局认定为“中国驰名商标”。全系列产品均已通过中国绿色食品发展中心审核，被认定为绿色食品 A 级产品。

香其人秉持“科技创新、强化管理、塑造品牌、服务大众”的经营理念；以严谨的工作态度，严密的管理体系和务实创新的进取精神；遵循“诚信、和谐、高效、有序”的承诺，诚邀国内外广大客户前来洽谈合作，携手推进健康事业，酿造出更多更好的安全、绿色、放心的产品。

生产车间

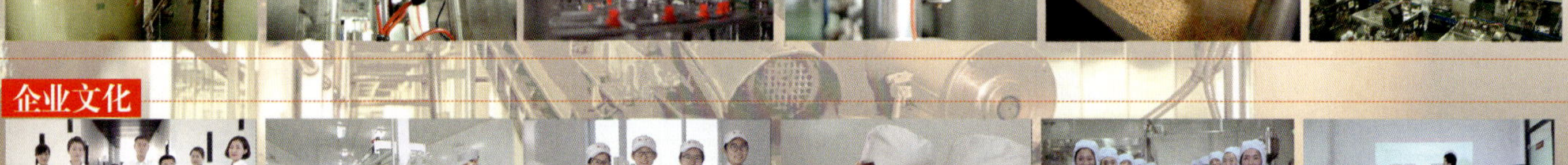

企业文化

石羊集团
SHIYANG GROUP
石羊集团
SHIYANG GROUP
石羊集团
邦淇
菜籽油
邦淇
菜籽油
邦淇
葵花籽油

太太乐
太太乐喊你
回家吃饭
生活自然十全食美
鸡精
Granulated Chicken Bouillon
调味料
蔬之鲜
太太乐全力赞助中央电视台《回家吃饭》栏目

行业	主营业务收入（亿元）	同比增长（%）	利润总额（亿元）	利税总额（亿元）	同比增长（%）
速冻食品制造	3.81	10.04	-0.01	0.08	1.09
方便面及其他方便食品制造	36.68	-0.29	0.47	2.32	17.84
乳制品制造	124.05	7.12	2.56	5.62	215.10
蔬菜、水果罐头制造	2.81	15.80	0.48	0.67	92.83
酱油、食醋及类似制品制造	1.75	14.56	0.05	0.13	-356.62
其他调味品、发酵制品制造	16.19	8.54	1.09	2.09	12.06
营养食品制造	31.65	53.43	7.86	12.17	91.20
保健食品制造	26.80	18.66	4.89	8.62	15.60
冷冻饮品及食用冰制造	61.57	8.48	1.85	6.10	116.27
食品及饲料添加剂制造	15.62	0.02	0.78	1.36	25.43
其他未列明食品制造	6.14	5.99	0.53	0.79	33.00
白酒制造	8.71	-27.97	-0.21	2.30	-41.55
啤酒制造	51.06	-8.44	3.47	11.11	-23.05
葡萄酒制造	1.92	-5.96	0.17	0.53	122.44
其他酒制造	0.48	-3.26	0.06	0.12	7.74
碳酸饮料制造	30.93	-1.13	2.32	3.88	27.29
瓶（罐）装饮用水制造	19.83	-9.16	0.85	1.91	-46.70
果菜汁及果菜汁饮料制造	23.43	20.23	0.88	2.05	7.91
含乳饮料和植物蛋白饮料制造	7.06	-6.95	2.01	2.44	14.98
固体饮料制造	1.15	14.34	0.03	0.09	15.96
茶饮料及其他饮料制造	52.16	-8.22	-2.98	0.37	-145.43
卷烟制造	50.16	2.54	4.05	35.81	2.18

3. 食品价格

2015年，北京全年居民消费价格同比上涨1.8%，涨幅同比提高0.2个百分点。其中，食品价格上涨1.6%。

居民消费价格涨跌幅度

单位：%

指　标	2015年	2014年
食品	1.6	3.2
其中：肉禽及其制品	2.7	-0.1
蛋	-6.4	9.5
水产品	1.9	6.1
菜	7.9	-3.7
干鲜瓜果	-7.9	11.7
液体乳及乳制品	-1.2	8.8
烟酒及用品	2.0	-0.3

4. 市场消费

2015年，北京全年实现社会消费品零售总额10338.0亿元，同比增长7.3%。其中吃类商品1967.3亿元，增长9.2%。

社会消费品零售总额

指　标	零售额（亿元）	同比增长（%）
社会消费品零售总额	10338.0	7.3
其中：吃类商品	1967.3	9.2

【b. 协会工作】

1. 北京食协多方联系，多渠道搜集行业信息，做好行业数据的收集工作，为政府主管部门决策提供服务。协会还主动出击，配合市经信委，搞好专项调查统计工作。

2. 北京食协推荐5家会员企业申报中国食品产业化龙头企业称号;.推荐北京荣涛食品有限公司的“卡超那”商标申报北京市著名商标。在第七届北京影响力评选活动中，古船、红星、汇源被评为北京最具影响力十大品牌。

3. 北京食协配合市经信委对工业发展资金支持项目进行验收，参加了北京丘比食品有限公司、北京味多美食品科技有限责任公司、北京红星股份有限公司、北京统一饮品有限公司、北京伟农生物科技有限公司五个项目的验收。

4. 北京食协配合北京节能环保中心参与了联合利华食品（中国）有限公司北京第二分公司、和路雪（中国）有限公司、北京京日东大有限公司、吉百利（中国）食品有限公司、北京麦瑞森食品有限公司和北京金麦田国际食品有限公司等6家企业的清洁生产项目审核工作。

5. 北京食协完成了市经信委委托的课题项目“北京食品产业高精尖发展思路研究”,顺利通过项目验收。

6. 北京食协与北京食品学会8月共同举办“京津冀食品行业协同发展沙龙”活动。

7. 北京食协组织会员企业参加“曹妃甸协同发展示范区招商推介暨北京（曹妃甸）现代产业发展试验区产业发展规划发布会”。

8. 北京食协在市经信委的支持下，协助河北省邯郸市政府隆重举办了“京冀（邯郸）食品行业对接洽谈会”。

9. 北京食协积极配合市卫生计生委做好《北京市食品安全企业标准》贯彻落实工作，推荐监督员两名；组织50家会员企业的80名相关专业人员参加食品安全标准大讲堂活动；组织20家会员企业的30相关专业人员参加市卫计委举办的北京市食品安全检验方法标准培训班。

10. 北京食协深入开展诚信体系建设工作，全年完成了8家食品企业的诚信管理体系评价工作，完成了13家企业的诚信管理体系运行年度监督检查工作。

11. 北京食协与北京食品学会主办了“2015第八届中国北京国际食品安全高峰论坛”，协会组织的80家会员企业的156名相关负责人参加论坛活动。

12、北京食协组织3家企业赴黔参加了“中国贵州国际食品工业博览会”。

13. 北京食协积极组织会员企业检疫检验人员参加2015中国食品实验室技术论坛。有近50家会员企业的110名企业专业技术人员参加了论坛活动并参观了北京三元食品股份有限公司。

14. 北京食协积极组织赴黑龙江省哈尔滨市参加“第二届中国现代食品产业发展战略峰会暨2015黑龙江绿色有机食品国际论坛”。

15. 北京食协积极组织会员企业相关领导赴山东参加由中国食品工业协会主办的“中国食品工业软实力建设——泗水论坛”，二商集团、京粮集团、汇源集团、红螺集团等会员企业主要领导参加了论坛活动。

16. 北京食协与北京食品学会共同主办的“中国食品科技北京论坛”，协会组织了50家会员企业的近百名有关技术、管理人员参加了本届论坛。

周以秋

3.2 天津市

【a、概况】

2015年，天津市食品工业以科学发展观为指导，适应经济发展新常态，紧紧抓住结构调整和转变经济发展方式两条主线，坚持创新发展思路，重点在培育北方食品大市场、搭建境内外交流合作新平台和开拓经济增长新局面等方面加大工作力度，积极克服结构调整过渡期、原材辅料涨价、用工成本升高等不利因素影响，经过全行业上下共同努力，继续保持了良好发展局面，经济运行呈现9个特点：

1.主要经济指标持续增长

规模以上企业322家，实现主营业务收入2474.48亿元，同比增长11.21%，比全国高6.61个百分点，其中：农副产品加工业实现929.01亿元，增长25.6%；食品制造业实现1326.56亿元，增长6.45%；酒、饮料和精制茶制造实现166.89亿元，下降11.27%；烟草制造业实现52.01亿元，下降1.86%。实现利税345.59亿元，同比增长12.17%，增速高于主营业务。其中利润224.46亿元，同比增长9.9%。

2.结构调整效果明显

精深加工的食品制造业持续上升，保持了行业主导作用。2015年，食品制造业实现主营业务收入占全行业比例为53.61%，高于全国所占比例34.48个百分点；实现利税占全行业的81.26%，高于全国所占比例66.08个百分点。食品制造业主营业务收入利润率为15.8%，比全行业高6.7个百分点，比全国高8.72个百分点；每百元成本为68.5元，比全行业低7.2元，比全国低11.38元。

3.主营业务收入仍居4个直辖市之首

2015年，天津市食品工业实现主营业务收入仍名列4个直辖市第一，超过上海260亿元，超过重庆1038亿元，超过北京1326亿元。

4.主要产品总量保持全国领先

天津的保健食品制造业几年来稳居全国第一，2015年，实现主营业务收入851.23亿元，同比增长21.46%，总量继续蝉联全国之首。方便面及其他方便食品制造业实现主营业务收入246.33亿元，总量保持全国第二。食用植物油产量761.93万吨，同比增长18.57%；实现主营业务收入637.66亿元，同比增长31.58%，总量位列全国第四。

5.优势行业发展迅速

食用植物油、保健（功能）食品、冷食饮料、方便及焙烤食品、肉及肉制品五个行业是天津市的优势行业，2015年，实现主营业务收入1862.71亿元，占规模以上食品工业的80.22%，比2010年所占比重高7.35个百分点，对全行业拉动作用明显。

6.企业规模化发展速度加快

2015年，在天津市食品工业1200多家食品企业中，规模以上食品企业达到322家，2014年，天津市食品工业50强企业实现主营业务收入2025.3亿元，100亿元以上企业3家，50亿—100亿元企业5家，10亿—50亿元企业21家，10亿元以下企业21家。

7.品牌建设水平稳定提高

2015年，天津市食品工业共有市著名商标208件，占天津市总数1288件的16.15%；共有市名牌产品67个，占天津市总数646种的10.37%。

8.项目投资持续加大

2015年，天津市食品行业共有在建项目285个，同比增加23个；计划总投资401.08亿元，截至10月份完成投资204.3亿元，均与同期基本持平；其中10亿元以上项目4个，5—10亿元项目11个。

9. 食品工业在天津市工业经济中贡献突出

规模以上食品企业实现主营业务收入占轻工业的68%；占天津市工业的8.31%，同比上升0.1个百分点。

【b、协会工作】

1月21日，在天津义聚永酒业酿造有限公司召开“天津市食品工业协会第六届十三次理事长工作会议”。

3月13日，和天津日报、市消费者协会等单位联合主办了“2015（第五届）天津百姓信得过名企名牌大调查活动”。

4月24日，召开“2015年天津市食品行业工作会议暨天津市食品工业协会理事大会”。

5月20—30日，率“天津市食品行业考察团”，赴菲律宾、马来西亚、印度尼西亚三国进行了考察交流。

6月11日，菲律宾驻华商务参战夏婷婷女士来津回访天津食协赵国瑞理事长，并参观考察了天津现代职业技术学院。

6月12日，天津社团局公布：被评为5A级社会团体组织。

7月14日，在大成食品（天津）有限公司召开六届十四次理事长工作会议。

7月17日，组织了焙烤、酿酒、调味品协会及巧克力专委会的十几家相关企业，参加了由中国东盟商务委员会和缅甸驻华大使馆在北京举办的“走进缅甸投资说明会”。

8月14日，和天津市场和质量监管委在天士力集团联合举办了“《中华人民共和国食品安全法》宣贯会”。

8月15日，在有关媒体报道了8月12日天津滨海新区瑞海物流公司危险品仓库发生大爆炸后，天津食协理事单位立即组织人力物力支援灾区的情况。

8月18日，在市侨办胡成立主任的陪同下会见了来津考察的马来西亚京汇全球投资集团季德珍总裁和地雅乐置地有限公司聂文义总经理等，双方经过洽谈，达成了初步合作意向。

8月25-26日，由北京科协主办，北京食品学会、北京食品协会、天津食协、河北食协承办的“京津冀食品行业协同发展沙龙”在河北邢台隆尧县召开。

9月4日，为印度尼西亚东爪哇省政府省长助理兼投资与发展部门主管哈蒂先生率的考察团，在天津迎宾馆举办了“印尼食品推介会”天津食协赵国瑞理事长会前会见了哈蒂先生。

9月16日，组织党员干部到北京参观了毛主席纪念堂，使大家上了一堂生动的革命传统教育课。

9月24日，天津食协副理事长兼秘书长张媛与天津贸促会世贸中心协会秘书长王建东会见了巴巴多斯驻华使馆一等秘书RuthJordan女士率巴巴多斯经贸考察团。

10月9日，率领相关食品企业出席了由中国东盟商务理事会主办的“中国－东盟食品行业合作对话会”。

10月16日，第五届全国道德模范评选揭晓，天津市桂顺斋糕点有限公司董事长、总经理孙世福当选全国诚实守信模范。

11月5-9日，在天津国展中心，由天津食协、天津国展中心股份有限公司共同主办的“2015中国・天津（环渤海）国际食品交易会”隆重召开。

11月5日，由中国—东盟食品行业合作委员会主办，和天津国展中心承办的“第二届中国—东盟食品行业合作（天津）经贸洽谈会”在天津举办。

11月6日，为中盐天津盐业有限公司组织召开了“加点盐新产品上市新闻发布会”。

11月11日，为黑龙江桦川县组织了招商引资推介会，会上天津食协与桦川县签订了战略合作协议。

11月19-20日，组织14家食品企业参加了在河北省石家庄市举办的“2015京津冀食品产业转移系列对接活动”。

12月1—3日，组织4家食品企业的领导，出席了在河南汤阴举办的京津冀协同发展“汤阴京津食品工业产业园授牌仪式。

12月29日，在天津市肉类联合加工厂召开了“天津市食品工业协会第六届十五次理事长工作会议”。

12月，按照市工信委的统一部署，承担并完成了天津市工业和信息化“十三五”重点课题之一“十三五”天津加快发展食品工业对策研究课题研究。

【c、食品工业动态】

1. 加大服务力度、结构调整工作平稳推进

（1）明确目标，坚定信心。通过召开全行业工作会、理事大会和各种形式的活动，认真总结行业几年来经济发展的经验，特别清醒地看到了产品科技含量低、档次低、附加值低、品种雷同等问题。从企业生存、行业兴衰的战略发展高度提高认识，进一步坚定了通过加快调整工作谋出路、求发展、尽快实现产业转型升级的信心。

（2）典型引路，促进调整。利用各种平台从不同侧面积极宣传注重结构调整加快发展的好典型。如春发和英鹏食品配料公司不断适应消费趋向，学习借鉴日本等发达国家的科研成果，采用国际标准研发别具特色又具有较高技术含量的食品配料新产品的经验；市食协糖果巧克力专业委员会坚持召开“巧克力技术研讨会”，致力于加快调整产品结构，赢得市场先机，保持好中国北方最大的巧克力生产基地的做法；天津肉联厂搞好绿色循环生猪饲养基地建设的做法；宽达水产食品公司通过科技研发，不断调整产品结构，拓宽营销渠道，使企业迅速扩大规模、提升知名度，并建设水产生态农业科技园区的经验；大桥道公司艰苦创业30多年，从前店后厂的糕点食品店发展为拥有糕点冷饮速冻三大事业部及23家零售直营店的经验等。

（3）组织考察学习，拓宽调整思路。组织我市21家食品企业走进东疆港，了解了自贸区的有关政策，参观考察了有关企业，对企业拓宽发展思路，加快调整步伐起到一定的启发作用。

（4）注重品牌建设，提升调整水平。品牌是企业名片，是企业的无形资产，产品结构调整的归宿是要尽快培育出一批有一定市场份额，消费者青睐的好品牌。食协注重品牌建设，为市质量工作领导小组办公室提供了“十三五”期间我市食品工业名牌产品重点培育目录及基本情况，积极为企业加强品牌建设提供力所能及的服务，为天津巨能粮油食品公司等27家企业申报、复评著名商标出具了近三年产销量排位证明；为天狮生物工程公司等11家企业申报、复评市名牌产品出具了近三年产销量排位证明。同时整理更新了我市食品行业的著名商标、名牌产品最新名单。目前，食品工业共有著名商标208件，占全市总数1288件的16.15%；共有市名牌产品67种，占全市总数646种的10.37%。

（5）对照《天津市食品工业发展三年行动计划》重点工作任务分工，整理编制了《天津传统风味食品目录》，并按照市工信委的有关通知要求，完成了落实《天津市食品工业发展三年行动计划》工作总结按时上报市工信委。

2. 搞好主动协调，行业内部配套取得初步效果

天津食协把做好行业内部配套作为重点工作来抓，通过广泛开展调研，主动牵线搭桥，营造抱团取暖、合作共赢的工作氛围。在协会支持下，巧克力专业委员会将赛誉公司的下脚料全部应用到巧克力企业，做到物尽其用。协助万寿家公司和广东一家企业初步达成了贴牌生产的合作意向。积极促成了伊启棒公司与和乐公司加工包子的合作，现在已正式投产。促成了赛誉公司与秀谷科技公司果蔬粉项目的合作。推动起士林公司与实旺公司签订了战略合作协议。

【d、主要经济指标】

行业	主营业务收入	同比增长（%）
食品工业总计	2474.48	11.21
谷物磨制	77.20	322.53

行业	主营业务收入	同比增长（%）
食用植物油加工	637.66	31.58
牲畜屠宰	56.41	-21.23
禽类屠宰	12.01	-15.52
肉制品及副产品加工	15.66	-5.80
水产品冷冻加工	16.83	21.70
蔬菜加工	8.75	4.52
水果和坚果加工	8.23	15.66
淀粉及淀粉制品制造	9.90	31.52
豆制品制造	2.68	25.49
蛋品加工	1.16	30.74
其他未列明农副食品加工	4.79	43.18
糕点、面包制造	5.55	2.99
饼干及其他焙烤食品制造	10.62	-12.33
糖果、巧克力制造	12.74	-3.57
蜜饯制作	2.26	26.54
米、面制品制造	2.28	405.53
速冻食品制造	11.63	29.35
方便面及其他方便食品制造	246.33	-16.57
乳制品制造	82.83	-19.80
蔬菜、水果罐头制造	19.75	17.97
其他罐头食品制造	7.23	-24.42
酱油、食醋及类似制品制造	2.45	-1.64
其他调味品、发酵制品制造	17.54	-3.11
营养食品制造	2.62	70.73
保健食品制造	851.23	21.46
冷冻饮品及食用冰制造	5.46	-1.89
食品及饲料添加剂制造	16.25	-0.23
白酒制造	5.07	6.69
啤酒制造	6.15	23.83
葡萄酒制造	4.27	-4.83
碳酸饮料制造	65.03	-15.26
瓶（罐）装饮用水制造	6.03	3.00
果菜汁及果菜汁饮料制造	9.71	30.21
含乳饮料和植物蛋白饮料制造	11.57	18.44
固体饮料制造	1.02	-7.59
茶饮料及其他饮料制造	58.05	-20.46

行业	主营业务收入	同比增长（%）
烟草制品业	52.01	1.86
食品工业总计	345.59	12.17
谷物磨制	0.74	214.09
食用植物油加工	9.27	35.34
牲畜屠宰	1.01	-160.66
禽类屠宰	-0.27	-196.28
肉制品及副产品加工	1.89	32.41
水产品冷冻加工	1.13	9.57
蔬菜加工	0.91	30.43
水果和坚果加工	0.61	127.34
淀粉及淀粉制品制造	-1.75	-202.84
豆制品制造	0.13	51.40
蛋品加工	-0.04	-75.31
其他未列明农副食品加工	0.22	1087.81
糕点、面包制造	0.11	-33.32
饼干及其他焙烤食品制造	1.26	36.69
糖果、巧克力制造	0.89	-33.20
蜜饯制作	0.35	113.61
米、面制品制造	-0.05	-695.63
速冻食品制造	1.36	65.44
方便面及其他方便食品制造	37.32	-7.16
乳制品制造	5.81	-3256.86
蔬菜、水果罐头制造	0.55	-87.77
其他罐头食品制造	1.16	-40.99
酱油、食醋及类似制品制造	0.13	-43.34
其他调味品、发酵制品制造	2.16	26.48
营养食品制造	-0.24	-491.54
保健食品制造	223.97	17.76
冷冻饮品及食用冰制造	0.23	3.97
食品及饲料添加剂制造	1.89	-4.11
白酒制造	0.91	73.35
啤酒制造	1.42	43.65
葡萄酒制造	0.38	-363.06
碳酸饮料制造	4.64	16.85
瓶（罐）装饮用水制造	0.70	-25.94
果菜汁及果菜汁饮料制造	0.74	88.16

行业	主营业务收入	同比增长（%）
含乳饮料和植物蛋白饮料制造	0.94	-35.05
固体饮料制造	-0.06	-20.98
茶饮料及其他饮料制造	0.38	-172.70
烟草制品业	35.66	0.18
食品工业总计	224.46	9.90
谷物磨制	0.39	143.69
食用植物油加工	0.57	-84.42
牲畜屠宰	-0.07	96.89
禽类屠宰	-0.43	-376.49
肉制品及副产品加工	1.09	13.30
水产品冷冻加工	1.00	11.09
蔬菜加工	0.75	27.27
水果和坚果加工	0.41	84.96
淀粉及淀粉制品制造	-1.95	-231.56
豆制品制造	0.05	76.27
蛋品加工	-0.05	66.30
其他未列明农副食品加工	0.15	2278.45
糕点、面包制造	-0.05	-79.42
饼干及其他焙烤食品制造	0.39	331.59
糖果、巧克力制造	-0.21	-190.80
蜜饯制作	0.22	54.33
米、面制品制造	-0.14	-18042.31
速冻食品制造	1.04	68.09
方便面及其他方便食品制造	23.35	-2.00
乳制品制造	4.10	217.21
蔬菜、水果罐头制造	0.30	-92.29
其他罐头食品制造	0.86	-48.91
酱油、食醋及类似制品制造	0.07	-55.85
其他调味品、发酵制品制造	1.62	13.64
营养食品制造	-0.26	-636.40
保健食品制造	174.50	12.88
冷冻饮品及食用冰制造	-0.03	-847.16
食品及饲料添加剂制造	1.16	-21.49
白酒制造	-0.10	-76.41
啤酒制造	0.08	182.37
葡萄酒制造	-0.45	55.58

行业	主营业务收入	同比增长（%）
碳酸饮料制造	2.27	28.50
瓶（罐）装饮用水制造	0.42	-37.37
果菜汁及果菜汁饮料制造	0.47	159.95
含乳饮料和植物蛋白饮料制造	0.68	-39.78
固体饮料制造	-0.12	17.41
茶饮料及其他饮料制造	-0.87	62.04
烟草制品业	6.60	-8.38

表2

行业名称	规模以上企业数	主营业务收入	增幅
食品工业合计	322	2474.48	11.21
农副食品加工业	162	929.01	25.60
食品制造业	120	1326.56	6.45
酒、饮料和精制茶制造	39	166.89	-11.27
烟草制品业	1	52.01	1.86

表3

行业名称	利税合计	增幅
食品工业合计	345.59	12.17
农副食品加工业	19.02	15.93
食品制造业	280.84	12.99
酒、饮料和精制茶制造	10.06	33.41
烟草制品业	35.66	0.18
食品工业合计	224.46	9.9
农副食品加工业	5.97	-37.5
食品制造业	209.50	11.6
酒、饮料和精制茶制造	2.39	1234.9
烟草制品业	6.60	-8.4

【e、食品安全】

2015年，天津食协根据天津市食品安全示范企业的评审条件，经企业申请，专业（行业）协会审核推荐，组织专家评审，广泛征求有关部门意见，天津市食品安全信用体系建设办公室、天津食品工业协会决定：嘉里粮油（天津）有限公司等33家企业，为第八批天津市食品安全示范企业，有效期为两年。

【f.第八批天津市食品安全示范企业名单】

嘉里粮油（天津）有限公司

天津可口可乐饮料有限公司
天津食品进出口股份有限公司
天津天狮生物工程有限公司
天津雀巢有限公司
天津市龙康食品有限责任公司
蜡笔小新（天津）有限公司
天津众品食业有限公司
天津市经武肉类食品有限公司
天津蒙冠食品有限公司
天津市顺和成食品有限公司
天津市天宝楼食品研发有限公司
天津市天丰裕食品科技有限公司
天津凯镛药业有限公司
天津凯镛保健品有限公司
天津市蜂产品公司
天津博康天蜜科技发展有限公司
天津长芦汉沽盐场有限责任公司
中盐天津市长芦盐业有限公司
天津市虎豹调味品酿造有限公司
天津九环久久调味品有限公司
天津市恩来顺食品发展有限公司
天津泰达酒业有限公司
天津市建联酒业有限公司
天津七十二沽酒业有限公司
天津山庄酒业有限公司
天津养乐多乳品有限公司
多加多乳业（天津）有限公司
天津市和乐食品有限公司
天津市傲绿农副产品集团股份有限公司
天津山海关豆制品有限公司
嘉吉食品（天津）有限公司
天津市浩源食品有限公司
天津凯耀科技发展有限公司

张媛　廉长和

3.3 河北省

【a. 概况】

2015年：河北省规模以上食品工业企业达到1275个；实现主营业务收入3839.88亿元，同比增长2.4%，占河北省工业主营业务收入的8.56%；实现利税438.19亿元，同比增长6.40%，占河北省工业利税总额的11.94%；实现利润240.67亿元，同比增长12.9%，占河北省工业利润总额的11.03%（见表1）；完成工业增加值897.7亿元，同比增长3.2%，占河北省规模以上工业增加值的7.98%（见图一）。

1. 经济指标情况

表1 2015年河北省食品工业主要经济指标完成情况

单位：亿元

行业/指标	资产合计		主营业务收入		利税总额		利润总额	
	累计完成	同比增长%	累计完成	同比增长%	累计完成	同比增长%	累计完成	同比增长%
食品工业总计	2445.95	14.2	3839.88	2.40	438.19	6.40	240.67	12.90
农副食品加工业	1223.89	14.3	2202.12	1.6	125.77	11.07	97.80	19.50
食品制造业	602.57	17.30	976.29	4.6	99.77	7.43	69.78	6.2
酒、饮料和精制茶制造业	482.46	10.5	490.53	2.40	101.47	13.63	62.20	22.70
烟草制品业	137.03	13.5	170.93	0.40	111.18	-4.51	10.88	-26.70

其中：农副食品加工业主营业务收入2202.12亿元，同比增长1.6%；利税总额125.77亿元，同比增长11.07%；利润总额97.80亿元，同比增长19.5%。

食品制造业主营业务收入976.29亿元，同比增长4.6%；利税总额99.77亿元，同比增长7.43%；利润总额69.78亿元，同比增长6.2%。

酒、饮料和精制茶制造业主营业务收入490.53亿元，同比增长2.4%；利税总额101.47亿元，同比增长13.63%；利润总额62.20亿元，同比增长22.7%。

烟草制品业主营业务收入170.93亿元，同比增长0.4%；利税总额111.18亿元，同比下降4.51%；利润总额10.88亿元，同比下降26.7%。

图1 2015年河北省食品工业增加值增速及走势（%）

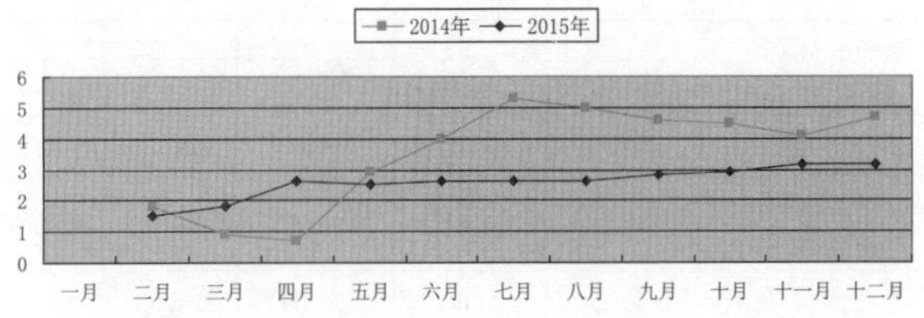

河北省规模以上食品工业完成出口交货值为93.17亿元，同比下降18.03%，低于全省工业出口交货值增速7.21个百分点。

2. 主要产品产量

在入统的31种产品中，有21种产品为正增长，占统计品种的67.74%（见表2），冻肉、酱油、冷冻饮品、大米、精制食用植物油、冷冻蔬菜、成品糖、碳酸饮料和蛋白饮料、葡萄酒、乳粉及婴幼儿配方乳粉等12种产品产量增长都在10%以上；鲜冷藏肉、罐头、卷烟、方便面、冷冻水产品、焙烤松脆食品、速冻米面食品、果汁及蔬菜汁饮料、白酒和果酒及配制酒为负增长。

表2 2015年河北省食品工业主要产品产量

产品名称	计量单位	本月产量	同比增长%	累计产量	累计增长%
冻肉	万吨	0.30	-4.76	3.94	40.52
酱油	万吨	0.77	33.39	5.53	24.25
成品糖	万吨	3.10	37.28	7.02	20.76
冷冻饮品	万吨	0.01	-87.08	10.72	17.24
冷冻蔬菜	万吨	0.41	40.10	4.93	13.53

产品名称	计量单位	本月产量	同比增长%	累计产量	累计增长%
精制食用植物油	万吨	16.68	15.63	192.35	12.05
大米	万吨	0.91	-24.43	10.60	10.11 1
食品添加剂	万吨	3.92	16.54	34.92	9.91
熟肉制品	万吨	0.50	2.48	5.32	9.67
乳制品	万吨	28.41	5.78	346.00	5.08
液体乳	万吨	27.43	4.23	335.44	3.84
固体及半固体乳制品	万吨	0.98	81.45	10.56	69.47
其中：婴幼儿配方乳粉	万吨	0.08	245.54	0.89	282.34
乳粉	万吨	0.54	69.50	6.01	31.70
软饮料	万吨	37.40	-16.49	508.09 15.26	4.79
其中：碳酸饮料	万吨	4.73	-60.58	37.37	13.75
包装饮用水类	万吨	5.93	-9.40	129.03	6.33
果汁和蔬菜汁类饮料	万吨	4.87	-20.05	79.71	-2.15
蛋白饮料	万吨	1.48	-7.39	16.88	127.32
糖果	万吨	0.84	31.06	6.92	4.53
发酵酒精（折96度，商品量）	万千升	1.84	-17.51	16.66	2.62
饮料酒	万千升	15.15	32.54	216.66	2.51
其中：白酒（折65度，商品量）	万千升	2.37	-23.39	24.41	-17.31
啤酒	万千升	11.68	63.58	181.75	6.25
葡萄酒	万千升	1.01	-5.74	7.49	13.54
果酒及配制酒	万千升	0.08	48.19	2.65	-18.10
食醋	万吨	0.24	-13.05	2.58	0.93
小麦粉	万吨	103.67	0.94	1004.40	1.71
鲜、冷藏肉	万吨	10.89	9.69	98.42	0.73
罐头	万吨	4.12	-0.48	46.79	-0.06
方便面	万吨	9.68	0.99	128.34	-0.70
卷烟	亿支	59.00	-12.72	848.50	-1.74
速冻食品	万吨	7.41	-14.34	59.04	-2.58
速冻米面食品	万吨	7.05	-3.74	48.93	-2.98
冷冻水产品	万吨	0.38	9.38	3.49	-12.36
焙烤松脆食品	万吨	0.41	-11.43	4.45	-13.66

【b.“十二五”回顾】

进入“十二五”，河北省食品工业保持了较快的发展势头，初步形成了包括农副食品加工业、食品制造业、酒饮料和精制茶制造业、烟草制造业四大类较为完整的食品工业体系，并带动了农业、装备制造、包装、物流等上下游产业的发展。

2015年，河北规模以上食品工业主营业务收入3839.88亿元，比2011年增长135.9%，在全国食品工业排第12位；实现利税总额438.19亿元，比2011年增长了138.2%，占全省工业利税总额的10.35%，在全国食品工业排15位。食品工业增加值897.7亿元，占全省规模以上工业增加值的7.5%，比2011年提高1.3个百分点。河北省食品工业已成为钢铁、装备制造和石化后的第四大产业。（见表3）

表3 “十二五”期间发展情况单位：亿元

主要指标	2015年	2014年	2013年	2012年	2011年
主营业务收入	3839.88	3715.71	3490.84	3199	2827.24
工业增加值	897.7	881.6	816.3	731.5	686.3
利税总额	438.19	410.06	408.28	375.06	317.17
总产值	4012.53	3816.44	3463.4	3176.60	2863.34

【c.大事记】

1. 召开河北省食品工业协会第五届二次理事会。

2. 京津冀协同发展战略，为河北食品工业带来发展机遇。

3. 完成《加快食品工业园区建设，提升食品产业集聚规模水平》的专题调研报告。

4. 举办《包装饮用水》食品安全国家标准宣贯班。

5. 承办河北--天津科技大学饮料新产品新技术洽谈会。

6.学习贯彻《中华人民共和国食品安全法(修订版)》。

7. 培育食品行业知名品牌。

8. 做好经济运行分析和预测预警工作。

9、培育国家级食品强县及优秀龙头企业。

10、协助省工经联组织食品企业与国际知名企业对接合作。

11、撰写河北省质量发展报告和年度食品工业发展报告。

12、召开2015年会长联席会议。

【d.科技进步和科研成果】

经省科技厅授权，河北省食协开展食品行业科学技术奖评审活动，11 月组织了《省食协科学技术奖》评审会。食品专家按照食品工业科学技术奖的评审程序、工作守则、评审标准及无记名投票等要求，严格评审标准，客观公正的评价申报的项目。对全省食品行业申报的项目进行了认真的评议、审定，经无记名投票评选出：

一等奖 1 项：功能性乐畅益生菌发酵乳制品的开发（石家庄君乐宝乳业有限公司）

二等奖 4 项：

1. 产品质量安全在线监控一体化集成平台建设项目（承德山庄企业集团有限责任公司）

2. 提高北方浓香型白酒酒质的研究（河北三井酒业股份有限公司）

3. 传统食品葱油拌面风味调料工业化研究（今麦郎食品有限公司）

4. 真空速冷及分段杀菌在肉制品加工中的应用（石家庄洛杉奇食品有限公司）

三等奖 1 项：地王冰酒（配制酒）（昌黎地王酿酒有限公司）

2015 年 9 月，向省工信厅推荐工业新产品新技术项目 7 项（华维公司的纳滤甘泉、古顺公司的古顺真酿久藏酒、山庄公司的圆盘制曲技术在酱香和芝麻香白酒中应用、丛台公司的北方地区浓香型白酒窖池建设及窖泥培养新技术、承德裕民白荞面公司的白荞面速冻食品加工项目、承德森源公司的食用菌功能饮品、夏都葡萄酒公司的 7° 甜型红葡萄酒的开发）。

向河北省企业联合会推荐河北省明星企业和优秀（创业）企业家 4 名（明星企业：石家庄君乐宝乳业有限公司、汇福粮油食品有限公司、承德山庄企业集团有限责任公司、赵王酒业有限公司；优秀企业家：魏立华、石克荣、尤文武、赵继敏）。

2015 年，河北省企业技术中心达到 40 家。

【e. 职业培训】

2015 年 10 月，河北省食协承办了由省工经联、省人社厅主办的省级一类白酒酿造工职业技能大赛活动，活动在河北老白干酿酒集团有限公司举办。这是食品行业白酒酿造工第二届赛事。白干酒业、山庄企业集团、十里香酒业、丛台酒业、乾隆醉酒业、凤来仪酒业、兴台酒业、甘陵酒业的 46 名参赛选手参赛。选手系统地学习了白酒酿造工的理论知识，参加省人社厅监考的闭卷考试；以提升技术水平，争创第一的饱满精神状态参加了实际操作比赛。本届大赛呈现了几大特点，一是参赛选手是经过在基层选拔来的企业尖子选手；二是参赛选手把比赛作为相互学习的机会，既学习专业技术，又学习白干酒业员工学习知识和技术的氛围；三是有高级职业资格的参赛选手是为学习理论知识和提高技术水平的机会，例如山庄公司的选手都是技师、高级技师参赛；四是白酒生产企业把大赛活动作为行业交流的平台。带队领导切磋提升管理水平、提高酿酒技艺、提升品牌影响力等方面经验。

大赛选拔出河北衡水老白干集团有限公司姜峰、郭金建、刘永周前三名选手，获河北省人社厅授予的“河北省技术能手”称号并由技师晋级为高级技师；选拔出的十里香酒业股份有限公司的王忠宝、河北衡水老白干集团有限公司的郭金建、刘永周、承德乾隆醉酒业的杨建成、吕兴付等前十名选手由高级工晋升为技师；三十一名参赛选手获国家人社部颁发的高级工职业资格证书。

【f. 市场开拓和产品开发】

2015 年 8 月，为搭建加工仓储、扩大销售渠道的平台，河北省食协组织企业走进北方（国际）农产品物流园。北方（国际）农产品物流园由勒泰集团开发建设，是集交易、会展、加工仓储、物流配送、电子商务、办公住宿、餐饮娱乐为一体的农业综合体，是现代化国际型多功能农副产品物流产业中心。园区的九大优势为商家运营保驾护航，确保商户收益。石家庄君乐宝乳业、双鸽、洛杉奇、米沙贝尔、老白干、山庄、吉时雨、冠卓、兄弟伊兰、华维、壹洲等公司参加了活动。

2015 年 8 月，河北省食协副会长任敬虎积极筹备博览会的各项工作，在河北省雄县举办第十三届中国·雄县包装印刷博览会。石家庄兴海公司等200家包装企业参加了博览会，来自重庆、成都、大连、温州、沧州等地客商前来观展，展会效果显著。

【g. 名优食品和企业】

注册商标	产品名称	生产企业
露露	杏仁露	露露集团有限责任公司
纯旺	植物蛋白饮料	承德路美达饮料有限公司
YANGYUAN	核桃露	河北养元保健饮品有限公司
伊逊山泉	饮用水（矿泉水）	承德伊逊山泉饮品有限公司
施尔得	熟肉制品	唐山市施尔得肉制品有限公司
洛杉奇	熟肉制品	石家庄洛杉奇食品有限公司
双鸽	熟肉制品	石家庄双鸽食品有限责任公司
香宇	熟肉制品	河北香宇食品有限公司
漕河	熟肉制品	徐水县漕河驴肉食品有限公司
蓝猫	果蔬汁饮料	唐山蓝猫饮品集团有限公司
沃尔旺	果蔬汁饮料	河北沃尔旺食品饮料有限公司
挚爱	果蔬汁饮料	河北挚爱食品有限公司
宇璐	果蔬汁饮料	承德宇航人高山植物应用技术有限责任公司
向旺	果蔬汁饮料	唐山东辰食品饮料有限公司
银杞	果蔬汁饮料	巨鹿县三丰银杞饮品有限公司
天赐	辣椒制品	河北天赐调料有限公司
湘厨	辣椒制品	河北湘厨味业食品有限公司
悦客	辣椒制品	河北御香坊食品有限公司
湘辣王	辣椒制品	鸡泽湘君府味业有限责任公司
悦客	辣椒制品	河北御香坊食品有限公司
菇芳源	食用菌制品	承德森源绿色食品有限公司
润隆	食用菌制品	承德润隆食品有限公司
争荣	酱油醋	河北霸州争荣食品有限公司
天赐	酱油醋	河北天赐调料有限公司
邯豪	酱油醋	邯郸市酿造总厂
高老西	醋	阜平县龙门博夏醋厂
方顺	莜麦方便面	承德鑫达食品有限公司
北燕	莜麦方便面	张家口北燕燕麦食品开发有限公司
四海	啤酒麦芽	河北四海发展股份有限公司
五得利	小麦粉	河北五得利面粉集团有限公司
鹏泰	小麦粉	中粮面业（秦皇岛）鹏泰有限公司
华龙农庄	小麦粉	河北华龙农庄面粉有限公司
好面缘	小麦粉	五得利集团雄县面粉有限公司
锐马	小麦粉	大名县金马面业有限责任公司
金沙河	小麦粉	河北金沙河面业有限责任公司
奥源	小麦粉	河北奥源面粉有限公司
白龙	小麦粉	唐山市丰南区白龙面粉有限公司
龙河	小麦粉	望都县龙河工贸有限责任公司
参花	小麦粉	固安县参花面粉有限公司
邯光	小麦粉	河北光牌面业有限公司
善缘	小麦粉	馆陶县明玉面粉有限公司
凯发	小麦粉	河北凯发面业集团有限公司
钻石	卷烟	张家口卷烟厂
北戴河	卷烟	张家口卷烟厂
雪景	白糖	博天糖业有限公司张北分公司
绿源大地	甘栗仁	河北长城绿源食品有限公司
栗源	甘栗仁	河北栗源食品有限公司
康诺	含乳饮料	邯郸市康诺食品有限公司
君乐宝	乳酸菌饮料	石家庄君乐宝乳业有限公司
天赐	芝麻酱	河北天赐调料有限公司
五禄香	芝麻酱	大名县京府黑芝麻小磨香油有限公司
百年徐府	芝麻酱	石家庄市徐府香油有限公司
今麦郎	饮用水	今麦郎饮品（隆尧）有限公司
四季阳光	饮用水	河北天天乳液集团有限公司
水为贵	饮用水	润露食品有限公司
君乐宝	婴幼儿配方奶粉	石家庄君乐宝乳业有限公司
三元	婴幼儿配方奶粉	河北三元食品有限公司
丰泽	风味酱	秦皇岛市丰泽园酱业有限公司
兄弟伊兰	复配乳品添加剂	石家庄兄弟伊兰食品配料有限公司
桃李	面包	石家庄桃李食品有限公司
满江红	葵花籽油	河北鼎康粮油有限公司
纽康恩	速冻食品	河北纽康恩食品有限公司
明花	果酱	保定市明花食品有限公司
图形	和面机	河北麦萨食品机械有限公司
海润达	马铃薯全粉	承德魁仙食品有限公司
味思佳	山楂制品	承德盛元食品有限公司
桑叶	桑叶鸡蛋	承德市双桥双凤绿色养鸡专业合作社
天勤粒粒净	速冻玉米	张家口天勤农贸有限公司
金慧德	速冻玉米	张家口金惠德食品开发有限公司
高碑店	大豆蛋白	河北高碑店豆豆食品（集团）有限公司
广玉	玉米淀粉	河北广玉淀粉糖业有限公司
高淀	玉米淀粉	石家庄华辰淀粉糖有限公司
真缘	玉米淀粉	秦皇岛鹏远淀粉有限公司
启健	食用酒精	承德避暑山庄企业集团有限责任公司

1. 河北省名牌产品

2. 河北省政府质量奖企业

五得利面粉集团有限公司

保定五合窖酒业有限公司

承德乾隆醉酒业有限责任公司

秦皇岛骊骅淀粉股份有限公司

河北承德露露股份有限公司

3. 河北省政府质量奖个人奖

河北三井酒业股份有限公司总经理祁建发

中国长城葡萄酒有限公司总工程师王焕香

4. 河北特产食品名单

石家庄洛杉奇食品有限公司

（1）塑料彩袋包装金凤扒鸡

（2）气调保鲜包装金凤扒鸡

石家庄双鸽食品有限责任公司

（1）双鸽椒麻香鸡

（2）双鸽猪耳

（3）双鸽纯肉方火腿

（4）双鸽一级圆火腿

（5）双鸽黄金肉卷

唐山万里香食品有限公司万里香烧鸡

秦皇岛天马酒业有限公司 39° 秦皇求仙贡酒

承德乾隆醉酒业有限责任公司 38 度板城 75 和顺

衡水甘陵酒业有限公司 39° 甘陵春牌白酒

石家庄市制酒厂

（1）赵州桥牌 41 度石家庄大曲（银醇柔）

（2）赵州桥牌陈酿（42 度）

唐山蓝猫饮品集团有限公司

（1）蓝猫牌野生酸枣汁（原味）

（2）蓝猫牌野生酸枣汁（无蔗糖）

河北凤来仪酒业有限公司

（1）泥坑青花 12 年

（2）泥坑青花 15 年

河北三井酒业股份有限公司

（1）十里香·恒温窖藏五年

（2）十里香·恒温窖藏八年

（3）十里香·恒温窖藏十五年

（4）十里香·恒温窖藏二十年

（5）十里香·十年原浆坛酒

（6）十里香·柔香五星

（7）十里香·柔和

（8）十里香·三井古酒

（9）十里香·小坛酒

唐山市新新麻糖厂蜂王蜂蜜麻糖

辛集市散思台一合酥食品有限公司金束鹿酥糖

石家庄市米莎贝尔饮食食品有限公司米莎贝尔刘氏酥饼

唐山隆义实业（集团）公司四远香糕点厂

（1）四远香蜂蜜麻糖

（2）四远香花生酥糖

石家庄市丸京干果有限公司三康牌核桃油

秦皇岛市三力食品有限责任公司永力牌粉条

河北衡水老白干酒业股份有限公司衡水牌老白干系列白酒

十八酒坊牌系列白酒

河北高碑店豆豆食品（集团）有限公司高碑店牌豆腐丝

长安区李春秋驴肉火烧店（石家庄市）李春秋牌驴肉火烧

河北茂禾庄食品有限公司茂禾莊牌石磨辣椒酱

河北凤盛餐饮有限公司假妮牌西关饸饹

5. 名优企业

河北养元智汇饮品股份有限公司

河北三井酒业股份有限公司

吴龙妹

3.4 上 海 市

【a、概况】

2015 年，面对复杂多变的国际环境和艰巨繁重的国内发展改革稳定任务，国民经济在新常态下保持平稳运行。

上海市规模以上食品工业企业 393 家，完成总产值 2059.5 亿元，同比增长 2.2%，占全市工业 6.6%；完成主营业务收入 2217.0 亿元，同比增长 1.4%；完成出口交货值 57.7 亿元，同比下降 2.0%；实现利润 322.4 亿元，同比增长 9.2%。食品四个行业中，烟草制品业仍保持较快增长。

2015 年，上海食品工业呈现生产、销售、赢利稳中有进，出口小幅下降，食品安全水平进一步提高，食品各行业发展不平衡的特点。

1. 生产稳中趋缓

2015 年，一季度工业产值同比下降 2.3%，二季度开始呈上升趋势，至全年同比增长 2.2%，呈先抑后扬的特点。

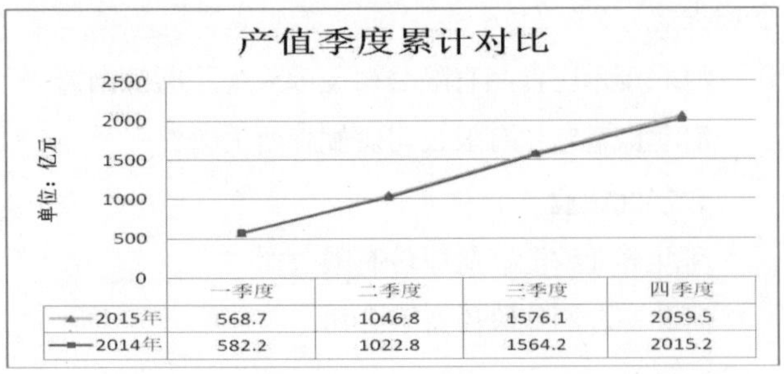

四个大类子行业中，食品制造业产值呈持续下降形势，同比下降 5.3%，同比降幅扩大 2.6 个百分点。

47 个小类子行业中，有 21 个产值下降，占 44.7%。本市食品工业产值占比最大的 5 个子行业：食用植物油加工、饼干及其他焙烤食品制造、其他未列明食品制造、乳制品制造、糖果巧克力制造（5 个子行业工业产值占本市食品工业产值 45.8%）中，乳制品制造和糖果巧克力制造产值呈两位数下降，分别下降 14.3% 和 17.4%。

上海是资源匮乏城市，劳动力成本逐年增高，部分企业出于淘汰落后产能、降低生产成本等因素，将生产重心移至外省市以致国外，也是产值下降的主要原因之一，未来生产外移的趋势会进一步加大。

2. 主营业务收入持续上扬

2015 年，上海食品工业完成主营业务收入 2217.0 亿元，同比增长 1.4%，增速放缓，增幅同比下降 3 个百分点；出口同比下降 2.0%；完成产销率 99.5%，产销基本平衡。

主营业务收入完成形态是：一季度同比上升 2.4%，二季度开始增速逐季放缓，至全年维持在 1.4 个百分点。

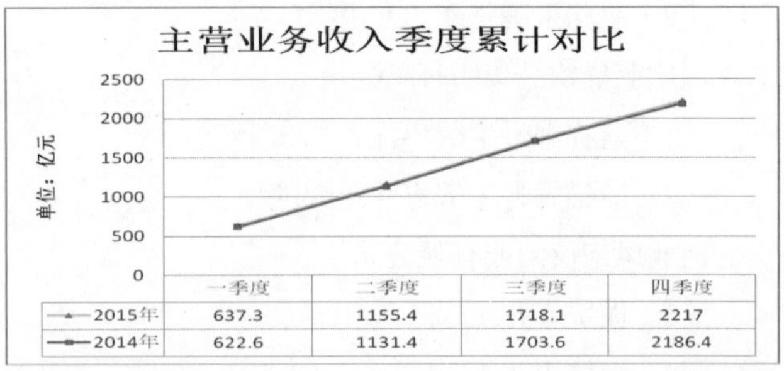

四个大类子行业中，增幅较大的为饮料、酒和精制茶制造业，其中的其他酒制造业、果菜汁及果菜汁饮料制造业增幅超过 50%。

3. 赢利增长

2015 年，实现利润 322.4 亿元，同比增长 9.2%，增幅较去年扩大 3.2 个百分点。子行业亏损面占 29.8%，比上年扩大 6.6 个百分点。

实现利润的特点：二季度大幅上扬，三季度开始趋于平稳，至全年同比增长9.2%。

利润完成亿元

	利润		
	2015年	2014年	同比%
上海食品工业合计	322.4	295.2	109.2
其中：农副食品加工业	11.6	13.5	86.2
食品制造业	44.6	40.8	109.6
饮料、酒和精制茶制造业	15.5	8.9	175.7
烟草制品业	250.8	232.0	108.1

利润增速前三的子行业是：其他酒制造业，同比增长2.54倍；茶饮料及其他饮料制造业，同比增长2.13倍；鱼糜制品及水产品干腌制加工业，同比增长1.86倍。

降幅最大的三个子行业是：淀粉及淀粉制品制造业，同比下降57.8%；糖果、巧克力制造业，同比下降57.8%；啤酒制造业，同比下降55%。

2015年，受饮料、酒和精制茶制造业利润大幅上扬影响，拉动食品行业整体利润增幅扩大，全年盈利向好。

食品全行业主营业务收入利润率为14.5%，比去年同期增长1个百分点。除去烟草制品业，食品工业主营业务收入利润率为4.62%，同比下降0.37个百分点。

2015年主营业务收入利润率(%)

	主营业务收入利润率%	
	2015年	2014年
食品工业总计	4.62	5.05
其中：农副食品加工业	1.60	3.29
食品制造业	5.68	5.78
饮料、酒和精制茶制造业	7.57	6.63

实现利税1164.4亿元，同比增长8.1%，烟草制品业仍是食品工业利税的主要来源，占全部食品工业的89%，与去年持平。

4. 进口增长，出口下降

不计烟草，进出口方面，食品类产品出口下降，进口增长。2015年，上海市货物进出口总额28060.88亿元，同比下降2.1%。其中，进口15832.33亿元，增长0.5%；出口12228.55亿元，下降5.3%。各类食品类产品出口均呈不同程度下降，其中粮食下降最多，同比下降48.4%，其他如水海产品、果蔬汁、食用植物油（包括棕榈油）等都呈两位数下降；与之相对，食品类产品进口增长，其中增长最快的是食糖，同比增长73.2%，其次是豆饼豆粕、粮食和酒类，分别增长50.5%、25.0%和24.9%。

5. 经济新常态下的转型发展

上海梅林积极实施“走出去”战略，拟以全资子公司上海梅林（香港）有限公司作为收购主体，购买资产银蕨牧场牛肉有限公司（SilverFernFarmsBeefLimited 简称 SFF 牛肉）进行增资，增资后与其原股东银蕨牧场有限公司（SilverFernFarmsLimited，简称SFF）将各持50%股份。交易完成后，上海梅林通过收购以上经营能力良好、拥有优质牛羊肉产业链的相关资产，实现控制国外优质牛羊肉上游资源的战略布局。

SFF是一家注册在新西兰的合作制企业，目前持有“SFF牛肉”100%股权。后者是新西兰的第二大农产品出口商，仅次于恒天然公司，牛肉业务占新西兰市场份额的第一，羊肉业务占新西兰市场份额的第二，鹿肉业务占新西兰市场份额的第一。根据交易对方管理层提供的信息，SFF牛肉的85%的产品出口，客户遍布60多个国家。2014财年该公司销售额达23.09亿新西兰元（折合人民币约92.5亿元）。通过此次海外收购，上海梅林将迅速成为中国最大的牛羊肉综合产业集团，营业收入高达250亿至300亿元人民币，实现跨越式发展。

6. 产业结构调整逐见成效

2015年，本市规模以上工业企业393家，同比减少13家，食品工业企业两极分化加剧。行业平均员工数量同比减少3%，资产总计同比上升8.8%。在产值、主营业务收入增长放缓的情况下，仍保持较好的利润增长，体现出本市食品行业在适应新常态的市场环境下，促进产业结构调整，并展现效力。

7. 严抓严管，构建食品安全社会共治

本市监管部门继续深化本市食品安全监管体制改

革，加强食品安全科学全程监管。坚持一手抓食品安全监管体制改革和队伍融合，完善和创新监管制度；一手抓重点领域和薄弱环节的专项整治，强化综合治理，从严监管，攻坚克难，严惩重处食品安全违法犯罪行为，督促企业落实主体责任，不断加强食品安全风险交流和宣传培训，进一步消除食品安全风险隐患。

2015年，全市共监督抽查各类食品样品254540件，同比减少1.8%；合格250069件，合格率为98.2%，同比提高0.4个百分点。

社会方面，市民食品安全知晓率总体得分80.5分，较去年提高0.1分。市民对食品安全的总体认同率也较去年有上升，在一项调查中，市民认为本市食品安全状况“很安全”、“比较安全”和“一般”的，三者合计达到了96.3%，与去年持平。在此项调查中，还反映出市民参与创建良好食品安全氛围意愿提高，对实现食品安全社会共治的局面起到积极作用。

8. 开展诚信体系建设，树立食品企业诚信观念

为贯彻实施工信部关于在食品工业企业开展诚信管理体系建设的要求，受上海市经信委委托，上海市食品协会作为目前上海唯一具有诚信体系评价资质的机构，自7月起，对本市首批50家规模以上试点企业进行《食品工业企业诚信管理体系（CMS）建立及实施通用要求》（即QB/T4111-2010标准）的建立及实施咨询和评价工作。

2015年，本市已有52家食品工业企业建立诚信管理体系，并有25家企业通过了第三方评价。

【b. 协会工作】

1. 联合有关兄弟行业协会及专家审定，106家企业的165款产品认定为2015年度“上海名优食品”；7家企业的11种产品认定为2015年度“上海市食品行业优秀新产品”；4家企业的5个产品被互认为“长三角名优食品”。

2. 积极组团参与2015中国上海国际食品博览会。

3. 上海特色旅游食品评选展示积极融入上海旅游节活动。

4. 承办中国轻工业联合会中国焙烤食品糖制品工业协会主办的“第十六届全国焙烤职业技能竞赛（国家级竞赛）”。

5. 发挥“诚信管理体系评价机构资质”的平台作用。

6. 用好“上海市中小企业服务平台”、“上海中小商贸流通企业公共服务平台”，多形式为企业服务。

7. 接受市商务委委托，开展关于“本市无序设摊现状和对策”调研，完成了调研报告的撰写。

8. 受市商务委和市民宗委委托，开展本市清真食品业“十三五”工作调研，完成了调研报告的撰写。

9. 编制上海特色旅游食品新五年发展规划，为未来五年的上海特色旅游食品的发展提出了主要目标和任务。

10. 受市社团局和市经团联委托，发布2015年度上海市食品行业社会责任报告。

11. 积极推动组建上海自贸区咖啡交易中心。

12. 支持组建上海嘉永南北干货市场。

【c. 主要数据】

1. 主要经济指标

表1

指标	单位	食品工业合计		其中：农副食品加工业	
		2015年	同比增长%	2015年	同比增长%
工业总产值	亿元	2059.6	2.2%	330.5	-3.8%
销售产值	亿元	2034.1	0.9%	330.3	-6.1%
主营业务收入	亿元	2217.0	1.4%	378.7	-7.7%
出口交货值	亿元	57.7	-2.0%	7.1	-7.8%
利润	亿元	322.4	9.2%	11.6	-14.4%

表2

指标	单位	食品制造业		饮料制造业		烟草制品业	
		2015年	同比增长%	2015年	同比增长%	2015年	同比增长%
工业总产值	亿元	591.7	-3.9%	110.1	0.5%	1027.3	8.6%
销售产值	亿元	593.5	-4.5%	108.8	-0.1%	1001.5	7.2%
主营业务收入	亿元	702.9	-1.4%	136.0	3.7%	999.4	7.2%
出口交货值	亿元	32.2	-6.4%	6.7	-2.9%	11.7	18.2%
利润	亿元	44.6	8.4%	15.5	77.8%	250.8	8.2%

表3

指标	单位	食品工业合计		其中：农副食品加工业	
		2015年	同比增长%	2015年	同比增长%
利税合计	亿元	1164.4	8.1%	17.6	-1.5%
资产总计	亿元	2318.2	6.8%	261.6	1.8%
企业数	个	393.0	-3.2%	138.0	-4.2%
平均从业人员	人	119050.0	-3.0%	28123.0	-3.2%

表4

指标	单位	食品制造业		饮料制造业		烟草制品业	
		2015年	同比增长%	2015年	同比增长%	2015年	同比增长%
利税合计	亿元	84.5	6.6%	25.8	47.2%	1036.5	7.7%
资产总计	亿元	687.3	3.2%	132.6	8.4%	1236.7	9.9%
企业数	个	217.0	-0.9%	36.0	-12.2%	2.0	0.0%
平均从业人员	人	73807.0	-1.9%	13205.0	-8.5%	3915.0	-0.9%

注：1、本文数据为规模以上食品工业企业

2、工业总产值与同比增长率

2. 上海名牌产品

品牌	产品	生产企业
皇母	蟠桃	上海绿益果品园艺有限公司
东海滩	大米	上海沧海桑田生态农业发展有限公司
联蜂	蜂制品（含蜂蜜、蜂王浆及其冻干粉、蜂花粉、蜂胶）	上海沪郊蜂业联合社有限公司
明珠湖	冷鲜肉（猪肉）	上海明珠湖肉食品有限公司
施泉	葡萄	上海施泉葡萄专业合作社
果立方	梨、猕猴桃、黄桃、葡萄	上海市瑞华实业公司
越亚	南汇8424西瓜、甜瓜、水蜜桃、草莓	上海越亚农产品种植专业合作社
多利农庄	有机蔬菜	上海多利农业发展有限公司
集农	南美白对虾冷冻小包装水产品	上海集贤虾业养殖专业合作社
森鲜馆	番茄、黄瓜、芥蓝、广东菜心、茼蒿、茄子、大蒜、苦瓜、豇豆	上海瀛久农业科技发展有限公司
茸城	鸡、鸡蛋	上海太平洋禽蛋专业合作社
桂峰台农	草莓	上海桂峰果蔬专业合作社
牡丹	牡丹卷烟	上海烟草集团有限责任公司
红双喜	红双喜卷烟	上海烟草集团有限责任公司
中华	中华卷烟	上海烟草集团有限责任公司
熊猫	熊猫卷烟	上海烟草集团有限责任公司
日加满	日加满牌日加满饮品	日加满饮品（上海）有限公司
好成	果糖	上海好成食品发展有限公司
Hi-Road	植脂奶油	上海海融食品工业有限公司
天容皇	腌腊肉制品（咸肉、香肠、禽肉类）	上海天容肉制品集团有限公司
奕方	果酱	上海奕方农业科技股份有限公司
三牛（图形）	饼干	上海三牛食品有限公司
贝智康	婴儿配方乳粉	上海花冠营养乳品有限公司
纽贝滋	纽贝滋"金装"系列	上海纽贝滋营养乳品有限公司
海皇	餐饮专用大豆油	上海嘉里粮油工业有限公司
禾煜	禾煜南北货	上海裕田农业科技有限公司
乐惠牌	大米	上海乐惠米业有限公司
百味林	百味林	上海百味林实业有限公司

3. 上海市食品著名商标

商标名称	使用商品或服务项目	商标注册人
聪尔壮	婴儿奶粉	上海晨冠乳业有限公司
联豪食品	肉、鱼、死家禽	上海联豪食品有限公司
莫斯利安	酸奶	光明乳业股份有限公司
塞翁福	面粉制品、干桂圆等	上海塞翁福农业发展有限公司
禾煜	干桂圆、谷类制品等	上海裕田农业科技有限公司
光明米业	米	光明米业（集团）有限公司
东海滩	米	上海沧海桑田生态农业发展有限公司
川湘	调味品	上海川湘调料食品有限公司
永和	豆浆、豆粉	永和食品（中国）有限公司
济洪蔬菜	新鲜蔬菜	上海济洪蔬菜配送中心有限公司
艾妮维	新鲜蔬菜：鲜食用菌	上海艾妮维农产品专业合作社
奉贤黄桃	桃	上海市奉贤区黄桃业协会
田野菜篮子	鲜水果、活家禽	上海田野农副产品配送服务有限公司
锐澳	鸡尾酒	上海巴克斯酒业有限公司

4. 部分食品市场占有率

序号	产品	第一名		第二名		第三名		第四名		第五名	
		品牌	占有率%	品牌	占有率%	品牌	占有率%	品牌	占有率%	品牌	占有率%
1	食用油	金龙鱼	22.5	海狮	20.3	多力	16.3	鲁花	8.3	融氏	7.4
2	中国烟	中华	40.6	双喜	29.8	利群	5.1	玉溪	4	牡丹	2.7
3	黄酒	和酒	20.7	石库门	14.3	金色年华	11.6	古越龙山	9	金枫	5.5
4	啤酒	三得利	31.9	青岛	13.5	百威	12.9	雪花	11.2	哈尔滨	7.5
5	酱油	海天	37.8	欣和六月鲜	30.9	李锦记	15	千禾	4.2	淘大	3.6
6	醋	宝鼎	26.1	恒顺	18.8	金山寺	12.9	东湖	10.6	鼎丰	6.4

序号	产品	第一名		第二名		第三名		第四名		第五名	
		品牌	占有率%	品牌	占有率%	品牌	占有率%	品牌	占有率%	品牌	占有率%
7	包装大米	乐惠	31.8	光明米业	29.7	金龙鱼	4.9	香满园	2.8	福临门	1.8
8	巧克力	德芙	34.8	费列罗	21.2	健达	11.2	士力架	9.3	好时	6.8
9	糖果	大白兔	15.5	徐福记	7.9	阿尔卑斯	7.7	悠哈	7.4	台尚	5.4
10	挂面	顶味	22.3	陈克明	21.4	味都	10.1	今麦郎	7.2	金龙鱼	2.8
11	膨化食品	乐事	39.9	旺旺	16	上好佳	13.9	好丽友	12.2	张君雅	2.4
12	饼干	奥利奥	17	百奇	9.2	闲趣	8.4	太平	4.7	格力高	3.8
13	八宝粥	梅林	36.5	银鹭	31.4	娃哈哈	28.6	达利园	1.5	亲亲	0.9
14	肉（鱼）罐头	梅林	62.8	鹰金钱	13.2	鲜得味	4.3	小胖子	3.3	雄鸡标	2.7
15	冷冻副食品	五丰上食	19.8	雨润	12	苏食	6.6	金锣	6.3	爱森	6
16	冷饮	和路雪	27.6	梦龙	16.3	伊利	14.1	八喜	12.5	光明	8.8
17	奶粉	雀巢	37.5	安怡	20.1	伊利	13.4	光明	11.2	荷兰乳牛	9.3
18	国产液体奶	光明乳业	57.1	蒙牛	18.4	伊利	13.7	现代牧场	5.6	圣牧	1.7
19	瓶装水	农夫山泉	32.3	雀巢	16.6	景田百岁山	12.3	康师傅	7.1	怡宝	6.1
20	南北货	闽龙达	25.3	禾煜	22.8	好想你	10.9	塞翁福	5.8	早康	3.3
21	瓜子	洽洽	44.1	张二嘎	14	天喔	10.3	华味享	6.3	阿明	5.6
22	坚果	天喔	27.3	百味林	20.3	华味享	12.6	恒康	4.5	来伊份	2.3
23	休闲鱼（肉）制品	立丰	12.6	新东阳	11.3	天喔	10.6	来伊份	7.4	小辣椒	4.5

序号	产品	第一名		第二名		第三名		第四名		第五名	
		品牌	占有率%	品牌	占有率%	品牌	占有率%	品牌	占有率%	品牌	占有率%
24	蜂制品	冠生园	61.4	生字	6.2	妙语	5	蜂滋蜜	4.3	百靓工房	3.6
25	麻油	三添	39.7	龙溪一滴香	19.4	金龙鱼	10.8	淘大	6.3	太太乐	4.9
26	鸡精	太太乐	62.1	家乐	15.3	味美思	10.1	佛手	8.6	唯合	0.9
27	味精	双桥	52	佛手	30.9	太太乐	11.6	味之美	1.7	天厨	1.4
28	调味粉	味好美	52.8	太太乐	16.5	唯加	6.5	冠生园素易鲜	4.6	乐天	4.1
29	速冻调理品	湾仔码头	30.2	桂冠	10.5	三全	9.6	海霸王	8.7	思念	6.7
30	豆奶（浆）	维维	51.2	永和	11.5	智力	6.9	雅士利	3.2	华精	2.7
31	果冻布丁	喜之郎	26.7	台尚	21.3	徐福记	9.6	巧妈妈	7.3	统一	6.8
32	沙琪玛	台尚	47.4	徐福记	27.7	壹格	7.7	天喔	1.2	九点金	0.9
33	冲调饮料	立顿	26.4	阿华田	11.6	香飘飘	11.3	果珍	10.4	福牌	5.6
34	酸奶	光明莫斯利安	67.7	伊利安慕希	15.3	蒙牛纯甄	11.8	帕斯卡	0.3	圣牧	0.1
35	威化	雀巢	21.9	奥利奥	18.9	嘉顿	18.9	爱时乐	13.1	爱利地	9.4
36	派	好丽友	63.8	光明	4.3	中洋宝	1.9	乐天	1.7	三辉	0.6
37	蜜饯	华味享	26.5	天喔	16	益民	9.5	百味林	6.6	万顺昌	6.2
38	婴幼儿奶粉	惠氏	28.1	雅培	22.5	贝因美	14.1	美赞臣	12.3	多美滋	7.3
39	茶饮料	统一	30.9	康师傅	19.1	王老吉	11.1	天喔茶庄	10.3	三得利	10
40	功能糖果	绿箭	31.6	荷氏	18.4	金嗓子喉宝	8.4	京都念慈庵	6.3	天明	6.1

施伟俊

3.5 江苏省

【a.“十二五”回顾】

食品工业是关系国计民生的重要产业，食品工业的现代化程度是一个地区经济发展水平和人民生活质量的重要标志。我省食品工业“十二五”发展规划纲要确定了以转变发展方式为主线，以创新为动力，以保障食品安全和产业安全为目标，大力实施高端化、规模化、品牌化、信息化、集聚化、绿色化战略的指导思想。提出了着力构建结构优化、技术先进、环境友好、质量安全、附加值高、吸纳就业能力强的现代食品工业体系，构建高端支撑、特色发展、龙头引领的食品产业发展格局。造就一批具有国际竞争力的食品龙头企业，培育一批放心品牌，使全行业的创新能力明显增强，品牌效应更加凸显，经济效益进一步向好、发展后劲显著提升，食品质量安全水平更加提高的“十二五”发展目标。

五年来，在省委、省政府的正确领导下，在省经信委党组的直接带领下，经过全行业上上下下的共同努力，完成了“十二五”发展规划制定的目标任务。

1. 产业规模

2015 年，全省食品工业规模以上企业 2169 家，全年完成工业现价总产值 7379.38 亿元，与“十一五”末的 2010 年相比，累计增长了 2 倍，年均增长 14.85%，实现江苏省食品工业“十二五”发展规划的预期目标。我省食品工业总产值列山东、河南、湖北之后，居全国第 4 位。

2. 行业发展

“十二五”规划所确定的重点发展行业主要经济指标在全国同行业处于领先水平，品种、质量、效益进一步向好。重点发展的产业与“十一五”期末相比，总量进一步增加，其中：粮油加工业产值 2637.4 亿元，增长率 88.49%，肉及肉制品 706.5 亿元，增长率 116%，乳及乳制品 125 亿元，增长率 235%，水产品加工业 245.31 亿元，增长率 108.6%，酒类产品 544.97 亿元，增长率 71.1%，功能饮料 555.52 亿元，增长率 108%，保健食品 135.31 亿元，增长率 332.6%，调味品 84.67 亿元，增长率 80.5%。2015 年全省规模以上食品企业实现主营业务收入 7199.08 亿元，累计增长了 1.96 倍，年均增长 14.4%；实现利税总额 1297.55 亿元，累计增长了 2.01 倍，年均增长 15%，其中：实现利润总额 607.69 亿元，累计增长了 2.36 倍，年均增长 18.7%。利税指标超额完成“十二五”规划目标任务。与全国食品工业生产规模排江苏之前的3个省份相比，我省食品行业利润总额列全国第三位，全行业销售利润率排名第一位。

3. 结构调整和创新能力

全省食品工业依据产业政策和行业发展重点，加大淘汰落后产能，加快调整产业产品结构，促进了行业结构的优化。一是食品制造业产出增幅继续高于农副食品加工业增幅，禽肉类食品增幅继续高于猪肉类食品增幅，肉制品增幅继续高于猪肉屠宰增幅。二是部分产品出口增加。从进出口的结构看，进口的主要是初级农产品和食品原料，而出口的多数是技术和劳动力密集型产品，附加值比较高。其中脱水蔬菜、罐头食品、保健食品、啤酒、肉制品及附产品、果蔬汁及果蔬汁饮料增幅分别为 24.79%、39.03%、31.06%、240.97%、62.21%、75.69%。三是新产品产值大幅增加。全省食品工业企业以技术创新为核心，提高研发能力，加强新产品开发，2015 年全行业完成新产品产值 224.12 亿元，同比增长 22.08%，其中农副食品加工业、饮料和精制茶制造业同比增幅分别为 46.25% 和 48.5%。在细分行业中增幅较高的有：食用植物油 91.3%、肉制品及附产品加工 61.11%、蔬菜加工 145.89%、烘焙食品制造 34.98%、保健食品 23.74%、果蔬汁及果蔬汁饮料制造 279.94%。

构建食品工业创新体系，完善了食品工业技术创新平台，开发一批具有自主知识产权的食品科技创新成果，加快成果的转化和利用，使科技成果的产业化效益和对食品工业整体水平的提高发挥了显著作用。省内相关高校建成若干有品牌、有特色的食品重点学科。加强校企合作，积极培养多层次的食品行业专业技术人才。

4. 食品质量安全和企业品牌建设

全省食品工业积极稳步推进食品工业企业诚信管理体系建设工作，加强企业食品安全师培训和认证，建立保障食品安全长效机制。企业注重品牌建设，依靠树品牌、创名牌、讲诚信开拓市场，提升企业的竞争力。一是食品企业普遍重视产品质量安全，积极配合政府部门开展产品质量和食品安全专项整治行动，随着监管部门加强市场抽检力度，食品企业普遍更加重视产品质量安全，市场抽检合格率 99.4%。二是企业积极开展诚信管理体系建设工作，全省已有 58 家企业通过国家食品工业企业诚信管理体系建设评价并获得诚信管理体系证书。企业食品安全师培训认证工作进一步推进，截至 2015 年年底，全省累计培训 2736 人，已获得国家食品安全师职业资格认证 2383 人，初步建立起了全省企业食品安全管理人才队伍。三是企业品牌意识增强。强势品牌带来的好处不言而喻，更高的附加值、更低的宣传依从、更低的新品推广风险，还有无形的品牌资产。截止 2015 年底，江苏食品工业已获得中国名牌产品 26 个，中国驰名商标 56 个，长三角名优食品 124 个，江苏名牌 248 个，省著名商标 592 个，品牌建设全国领先。

5. 节能降耗

2015 年，规模以上企业单位增加值能耗年均下降 3%，水耗年均下降 5%，能耗、物耗水平向国际先进企业标准看齐，食品工业各主要门类的副产品基本实现综合利用。

【b. 大事记】

3 月 18 日在南京江苏省会议中心召开了江苏省白酒评委专家组工作会议。

3 月 27 日至 –28 日，在南京召开了《江苏食品 – 保健食品专辑》编委会会议。

3 月 30 日，组织部分食品生产企业赴上海参观“201 第十六届中国清洁博览会”。

6 月 7 日，在南京江苏省会议中心召开了江苏省白酒评委专家组工作会议。

6 月 29 日，在镇江召开了 2015 年全省食品工业诚信体系建设工作会议。

6 月 29 日 –30 日，在镇江举办了 2015 年食品工业企业诚信管理体系内部核查员培训班。

7 月 16 日，组织部分食品企业赴上海参观“2015 第二十一届上海国际加工包装展览会”，使与会者开阔了视野。

8 月 4 日 –9 日，在扬州进行了第七届江苏省白酒评委培训考核选拔。

9 月 10 日，在南京江苏省会议中心召开了全省食品行业工作座谈会。

10 月 23– 至 25 日，由江苏省商务厅批准、江苏省餐饮协会等 6 家单位主办、我会参与协办的“2015 江苏国际食品主题展览会”在南京国展中心举办。

11 月 11 日 –13 日，组织部分重点餐饮企业负责人 40 人赴沪参观了“2015 上海国际食品饮料及餐饮设备展览会”。

11 月 30 日 –12 月 5 日在江苏食品药品职业技术学院（淮安）组织举办了第 9 期食品安全师职业资格培训考试班。

12 月 11 日 –13 日，在江苏安惠科技有限公司（南通）召开了省食协营养保健品专业委员会 2015 年年会。

【c. 固定资产投资】

2015 年，江苏省食品工业固定资产投资总额

1056.30亿元，其中：农副食品加工业530.62亿元，食品制造业324.21亿元，酒、饮料和精制茶制造业183.72亿元，烟草制品业17.75亿元。与此同时，投资总额中新建投资为473.81亿元，扩建投资228.12亿元，改建投资302.94亿元。在固定资产投资中，全年施工项目为1441个（其中新开工1213个），全部建成投产项目1212个，投产率达84.11%，其中：农副食品加工业项目839个（新开工710个），全部建成投产项目721个，其项目建成投产率为85.94%；食品制造业项目439个（新开工367个），全部建成投产项目356个，其项目建成投产率为81.09%；酒、饮料和精制茶制造业项目157个（新开工132个），全部建成投产项目131个，其项目建成投产率为83.44%；烟草制品业项目6个（新开工4个），全部建成投产项目4个，其项目投产率为66.67%。

【d. 行业管理】

2015年，协会坚持以服务大局、服务企业、服务行业为宗旨，紧紧围绕省经信委工作中心，根据行业和企业的需求，在产业、企业、产品三个层面，积极探索，创新谋划，做好服务工作，引导行业发展，取得了较好的效果。

1. 扎实推进食品工业企业诚信管理体系建设工作，建立保障食品安全长效机制

根据国家工信部和省政府《2015年食品安全重点工作安排的通知》（工信部消费函〔2015〕164号、苏政办发〔2015〕39号）的统一部署和要求，我们稳步扎实地推进全省食品工业企业诚信管理体系建设工作，截至2015年底全省通过诚信管理体系评价、获得证书的企业58家，获证企业和评价企业数均名列全国前列。主要工作有：

（1）会同委消费品处共同研究制定下发了《2015年全省食品工业企业诚信管理体系建设暨加强食品质量安全重点工作要点》（苏经信消费〔2015〕310号），部署了今年工作，扩大体系建设范围，扎实有序推进工作的深入。

（2）组织召开了2015年全省食品工业企业诚信管理体系建设工作会议。

（3）加强诚信体系相关人员的建设，重点对“三支队伍”进行集中培训，提高专业人员的相关技能和建设评价标准。

（4）对评价工作程序进行了适当调整。

2. 推动企业技术创新，促进行业转型升级

为促进我省食品工业企业科技进步与自主创新，推动产业结构优化升级和产品结构调整，积极整合省内各高校和科研机构及龙头骨干企业的科技和人才资源，加强“产学研”紧密合作，按照我省“十二五”食品产业发展规划的要求，推动科研成果的转化对接，抓好行业技术创新和人才队伍建设工作。

（1）组织收集了省内有关高校、科研院所近三年来可转化科技成果共118项，将这些可转化科研成果汇编到2015年全省食品行业有关工作参阅文件册中，发给各市经信部门、食品行业协会、有关食品企业，供食品企业及时了解最新科研成果，并为有需要的企业提供与高校、科研机构对接平台，贴近企业需求，组织一对一服务。

（2）进行了第七届江苏省白酒评委考核选拔工作。

（3）推动白酒行业技术创新工作。

3. 加强行业品牌培育，提升行业品牌影响力

为进一步加强全省食品行业品牌建设，提高产品质量和品牌形象，打造行业核心竞争力，我们致力于行业品牌建设工作。

认真开展2015年长三角名优食品推荐申报评审工作。

（2）积极做好全国食品工业强县和优秀龙头食品企业申报和推荐工作。

（3）开展2015年度江苏省食品行业优秀品牌企业认定工作。

（4）推动食品工业名镇建设。

4. 持续推进食品安全师队伍建设，努力为全省食品企业培养专职食品安全人才

继续贯彻落实省政府苏政发{2011}121号文件中关于“加强企业食品安全师培训和认证工作，大型食品企业要内设食品安全监控机构，并做到专人负责、持证上岗”的工作要求，以加快建设具有良好职业操守，具备较强理论和实践能力的专业食品安全专业人员队伍为重点，继续做好食品安全师专题培训工作。截至目前，全省累计培训了企业专职人员900余人，这些人员在企业的食品安全岗位上发挥着重要作用。

5 组织企业和行业管理人员走出去，加强与兄弟省市行业的合作交流

（1）组织了省内5家骨干食品企业参加在南京举办的“2015江苏国际食品主题展览”，进一步扩大内需市场，促进区域交流，提高省内食品影响力。

（2）组织行业交流。

6. 为政府、行业、重点企业做好服务工作，提高服务水平

（1）积极参加省安办组织的食品安全宣传周以及“企业尚德守法、确保舌尖上安全”行业新风活动，做好2015年省经信委食品安全主题日活动。

（2）接受省工商局委托，在企业申报江苏省著名商标时，对企业进行综合评价，先后为194家食品企业出具了行业意见，为认定工作提供了依据。

（3）做好中国食品工业2014年年鉴（江苏分述）资料收集撰写工作。

（4）参与对江苏轻工业“十三五”规划（草案）和江苏食品工业“十三五”规划（草案）的论证工作。

（5）积极听取食品行业和包装行业部分重点企业意见和建议，进行广泛调研，帮助企业排忧解难。

【e. 江苏名牌产品】

为深入贯彻落实国务院《质量发展纲要》（国发〔2012〕9号）和省政府《关于加快推进质量强省建设工作的意见》（苏政发〔2012〕91号）精神，根据《江苏省名牌管理办法》的规定，经企业自愿申报，各地初审推荐，组织专家评审，省名牌战略推进委员会审议确认，2015年度食品行业江苏名牌产品为107个（见下表）。

2015年度江苏名牌产品名单

序号	产品名称	企业名称
1	六口牌鸡蛋	南京禄口禽业发展有限公司
2	远望牌大米	南京远望富硒农产品有限责任公司
3	妙恋牌妙恋果乳饮料	南京小洋人生物科技发展有限公司
4	二泉映月牌茶叶	无锡太湖翠竹茶业有限责任公司
5	隆元牌大米	宜兴市粮油集团大米有限公司
6	乾红牌阳羡雪芽茶	宜兴市太华镇乾元茶场
7	万通牌酿造酱油	徐州恒顺万通食品酿造有限公司
8	酿造食醋	徐州恒顺万通食品酿造有限公司
9	六朝松牌小麦粉	维维六朝松面粉产业有限公司
10	恒亿缘牌小麦粉	徐州鼎丰粉业有限公司
11	汉戍堂牌沛县鼋汁狗肉	徐州汉戍堂食品有限公司
12	鲁花牌花生油	新沂鲁花浓香花生油有限公司
13	阳湖新月牌绿茶	常州阳湖新月茶业有限公司
14	鑫品牌金坛雀舌茶	江苏鑫品茶业有限公司
15	金鹿牌茅山青锋	江苏茅山青锋茶叶有限公司
16	东渚玉屏山牌东渚玉屏山茶叶	苏州市玉屏山生态园有限公司
17	古涵牌洞庭山碧螺春茶	苏州涵村茶业有限公司
18	庭山牌洞庭山碧螺春茶	苏州市吴中区庭山碧螺春茶叶有限公司
19	王四酒家牌叫化鸡	常熟市王四酒家有限责任公司
20	阿里山牌炒货食品	江苏阿里山食品有限公司
21	沙洲牌黄酒	江苏张家港酿酒有限公司
22	沙洲优黄牌黄酒	江苏张家港酿酒有限公司
23	典发食品牌速冻调制食品	典发食品（苏州）有限公司
24	百花漾牌黄酒	苏州市百花漾酿造有限公司
25	吴宫老酒	苏州市百花漾酿造有限公司
26	龙顺牌大米	南通市龙顺粮油有限责任公司
27	品王牌浓香型白酒	江苏品王酒业集团股份有限公司
28	浓酱兼香型白酒	江苏品王酒业集团股份有限公司
29	家惠牌家惠食用油	南通家惠油脂发展有限公司
30	苏通鼎豪牌大米	南通市东盛米业有限公司
31	蘇蕊牌烤海苔	江苏鲜之源水产食品有限公司
32	葵王牌食用植物油	江苏金太阳油脂有限责任公司
33	金太阳牌食用植物油	江苏金太阳油脂有限责任公司
34	金和屋牌紫菜	启东金和食品有限公司
35	丁布儿牌海苔	南通丁布儿海苔食品有限公司
36	长寿牌天然肠衣	如皋市坝新肠衣有限公司
37	安和牌无公害鸡肉	南通双和食品有限公司
38	新中牌腐乳	江苏新中酿造有限责任公司
39	口福牌大豆油	益海（连云港）粮油工业有限公司
40	秀收牌大米	江苏秀收农业发展有限公司
41	赵集牌粉丝（条）	淮安市农之源薯类粉业有限公司
42	白玫牌绵白糖	江苏白玫糖业有限公司
43	大志牌白条肉	淮安市永顺德肉联厂
44	楚雪牌大米	江苏永泰食品有限公司

序号	产品名称	企业名称
45	HUAXING牌菜籽油	江苏广原油脂有限公司
46	顶益牌植脂奶油	盐城顶益食品有限公司
47	苏垦牌啤酒麦芽 牌啤酒麦芽	江苏省农垦麦芽有限公司
48	渠星牌大米	江苏省农垦米业集团淮海有限公司
49	名佳牌小麦粉	扬州名佳食品有限公司
50	天禾牌蔬菜调理食品	扬州天禾食品有限公司
51	登月牌绿杨春茶	仪征市月塘茶场有限公司
52	富嘉旺牌小麦粉	高邮市万嘉面粉有限公司
53	邮星牌麻鸭咸鸭蛋	高邮市邮星食品有限公司
54	秦邮牌咸鸭蛋	高邮市秦邮蛋品有限公司
55	秦邮牌松花蛋	高邮市秦邮蛋品有限公司
56	戚伍牌冻生虾仁	江苏戚伍水产发展股份有限公司
57	恒顺牌食醋	江苏恒顺醋业股份有限公司
58	三业牌三叶咸秧草	扬中市三叶咸秧草有限公司
59	梅香牌皮蛋	泰州市梅香食品有限公司
60	梅香牌咸蛋	泰州市梅香食品有限公司
61	乐可乐牌脱水蔬菜	江苏兴野食品有限公司
62	双鱼牌肉脯	江苏双鱼食品有限公司
63	可其牌肉脯	靖江三阳食品有限公司
64	益众牌食用植物油	泰州市益众油脂有限责任公司
65	月池牌米粉	江苏宝宝宿迁国民生物科技有限公司
66	贵嘴牌大米	江苏贵嘴米业有限公司
67	穆墩岛牌穆墩岛大米	江苏穆墩岛米业有限公司
68	润发一世牌桶 （瓶）装饮用水	徐州润发一世超纯水有限公司
69	绿尔康牌鲜鸡蛋	泰州苏鹏蛋业生物科技有限公司
70	金陵人家牌金 陵人家糕点	南京华惠食品有限公司南通分公司
71	王子牌啤酒	中国江苏三得利食品有限公司
72	旺仔牌调制乳	淮安旺旺食品有限公司
73	中月稻场牌大米	扬州中月米业有限公司
74	健力宝牌碳酸饮料	健力宝（镇江）饮料有限公司
75	嘉士利牌甜薄脆	江苏嘉士利食品有限公司
76	逸程农林牌绿茶	南京逸程农林开发有限公司
77	众寻牌白条鸭	徐州佳合食品有限公司
78	味门牌调味（料）品	江苏味门食品有限公司
79	金琪洋牌猪肉	沭阳县商业肉联厂
80	“黄金村”牌有机软米	金坛市金土地有机稻米专业合作社
81	今麦缘牌面粉	江苏大自然食品有限公司
82	桂花牌盐水鸭	南京桂花鸭（集团）有限公司
83	仪花牌食用植物油	仪征方顺粮油工业有限公司
84	剑门牌剑门绿茶	常熟市维摩剑门绿茶有限公司
85	汤沟牌汤沟浓香型白酒	江苏汤沟两相和酒业有限公司
86	汤沟牌两相和 浓香型白酒	江苏汤沟两相和酒业有限公司
87	国缘牌国缘白酒	江苏今世缘酒业股份有限公司
88	国缘牌今世缘白酒	江苏今世缘酒业股份有限公司
89	国缘牌白酒	江苏今世缘酒业股份有限公司
90	统一企业牌方便面	昆山统一企业食品有限公司
91	统一企业牌饮料	昆山统一企业食品有限公司
92	金百香牌纯正菜籽油	益海（泰州）粮油工业有限公司
93	元宝牌大豆油	益海（泰州）粮油工业有限公司
94	顶能牌脱水蔬菜	江苏顶能食品有限公司
95	顶能牌调味品	江苏顶能食品有限公司
96	蓝色经典牌海之蓝	江苏洋河酒厂股份有限公司
97	蓝色经典牌天之蓝	江苏洋河酒厂股份有限公司
98	蓝色经典牌梦之蓝	江苏洋河酒厂股份有限公司
99	洋河大曲牌白酒	江苏洋河酒厂股份有限公司
100	敦煌牌白酒	江苏洋河酒厂股份有限公司
101	蓝瓷牌白酒	江苏洋河酒厂股份有限公司
102	美人泉牌白酒	江苏洋河酒厂股份有限公司
103	双沟小青花牌	江苏双沟酒业股份有限公司
104	双沟大青花牌白酒	江苏双沟酒业股份有限公司
105	福坊斋牌方便食品 （营养粥粉系列）	江苏福坊斋食品有限公司
106	丰登牌黄酒	金坛丰登酒业有限公司
107	金冬宇牌大米	宿迁市三毛绿色粮油有限公司

【f. 江苏省著名商标】

根据《江苏省著名商标认定和保护办法》（省政府令157号）的规定，江苏省工商行政管理局2015年度开展了江苏省著名商标认定工作，对届满三年的江苏省著名商标和新申请认定的商标进行认定，其中食品行业为171件、（见下表）。

2015年度江苏省著名商标名单

序号	商标名称	商标注册人 （利害关系人）	核定使用商品（服务）
1	宁富	江苏宁富食品有限公司	生肉食
2	快鹿	淮安快鹿牛奶有限公司	奶及乳制品
3	三鸿及图	江苏三鸿食品有限公司	肉松。
4	伊香及图	靖江伊香食品有限公司	猪肉脯、猪肉松、牛肉干等
5	百路	江苏省百路养殖实业公司	鲜（冻）鸭肉；熟制鸭肉
6	神仙及图	连云港神仙紫菜有限公司	紫菜
7	荷仙及 图形	江苏荷仙食品集 团有限公司	水产品、腌制蔬 菜、脱水菜等
8	源源	宜兴市和润油脂有限公司	食用油；食用菜 油；芝麻油等
9	沙沟	新沂市沙沟香油有限公司	香油，食用油等

序号	商标名称	商标注册人（利害关系人）	核定使用商品(服务)
10	家惠及图	南通家惠油脂发展有限公司	食用油，食用菜油，食用棉油等
11	旺润WANGRUN及图	南京雨润食品有限公司	肉；加工过的肉；非活家禽等。
12	馬市街	徐州市金悦饮食服务有限公司	肉汤
13	苏食SUSHI及图	江苏省食品集团有限公司	猪肉食品；肉；死家禽等。
14	魏胖子及图	南京魏胖子食品贸易有限公司	肉、板鸭、鱼制食品等。
15	双山岛及图	张家港市福江资源开发有限公司	蛋；咸蛋；鹌鹑蛋等
16	千禧福	东台市千禧福冷冻食品有限公司	猪肉食品
17	名声	盐城市费氏食品有限公司	脱水蔬菜、鱼制食品、加工过的肉等
18	源创及图	南京源创禽业发展有限责任公司	蛋。
19	一休哥	连云港雅玛珂紫菜有限公司	紫菜、海菜、榨菜等
20	一休	连云港雅玛珂紫菜有限公司	紫菜、海菜等
21	杰龙	江苏杰龙农产品加工有限公司	食用菜油、食用菜子油、食用葵花籽油等
22	天贵	句容市天贵农副产品有限公司	死家禽；咸肉；腌制鹅
23	外婆湾	淮安市外婆家食品有限公司	鱼肉干；腌鱼
24	顶能及图	江苏顶能食品有限公司	鱼制食品、海米、干贝等
25	味之琦	南通守俊味业食品有限公司	腌制蔬菜，腐乳，榨菜等
26	海盛及图	江苏兴旺农牧科技有限公司有限公司	猪肉，腌肉，肉松等
27	圆绿	江苏圆绿捆蹄有限公司	猪肉食品、香肠、腌肉等。
28	佳健	宿迁楠景水产食品有限公司	虾（非活）；贝壳类动物（非活）；甲壳动物（非活）
29	杜三珍	苏州市杜三珍餐饮管理有限公司	豆腐制品；肉；肉罐头等
30	太湖王鸽及图	无锡杨市王鸽有限公司	死家禽等
31	亭亭	丹阳市亭亭食品有限公司	鱼肉干、板鸭、腌肉
32	邮星	高邮市邮星食品有限公司	麻鸭咸鸭蛋，麻鸭松花蛋，禽肉制品
33	大瑭	阜宁沟墩禽蛋专业合作社	蛋、咸蛋、皮蛋（松花蛋）等
34	老乡好及图	东海县老乡好食品有限公司	精制坚果仁、加工过的花生；加工过的瓜子等
35	JUSTFOODJSX	江苏不思乡食品科技有限公司	香肠、肉、鱼制食品等
36	世林	东海县世林食品有限公司	精制坚果仁、加工过的花生；加工过的瓜子等
37	汇良及图	江苏太子乳业有限公司	肉、牛奶、水果肉等

序号	商标名称	商标注册人（利害关系人）	核定使用商品(服务)
38	味洲	南京味洲食品有限公司	肉；死家禽；鱼（非活的）等
39	连正	赣榆县连香花生油厂	食用油脂、食用菜子油、食用油等
40	J. TOP	南通金鼎海苔有限公司	紫菜，海苔，水产罐头等
41	绿尔康及图	泰州苏鹏蛋业生物科技有限公司	蛋、咸蛋、皮蛋（松花蛋）等
42	沙家浜	江苏香溢商贸有限公司	腌制蔬菜；榨菜；腐乳等
43	典發食品及图	典发食品（苏州）有限公司	食用蛋白；豆腐；豆腐制品等
44	御品名庄	新沂御品名庄食品有限公司	肉汤，蛋等
45	图形	邳州恒丰宝食品有限公司	腌制蔬菜，速冻方便菜肴，干食用菌等
46	傻明	苏州傻明食品有限公司	加工过的瓜子、蜜饯、鱼制食品等
47	古月坊	涟水县高沟捆蹄厂	肉、鱼（非活的）、腌制蔬菜等
48	南山天目湖竹海	常州天目湖南山竹海食品有限公司	香肠；干食用菌等
49	Knine	宿迁市罐头食品有限责任公司	水果罐头，蔬菜罐头
50	润通	江苏润通食品有限公司	甲壳动物（非活）、贝壳类动物（非活）、龙虾（非活）等
51	今世香及图	江苏今世香油脂有限公司	食用油脂、豆腐、腌制蔬菜等
52	欧嘉	南京欧嘉食品科技有限公司	肉，死家禽，猎物(非活)等
53	国鼎	涟水县高沟捆蹄有限公司	猪肉制品、鸡肉制品、香肠等
54	鲜丰	苏州鲜丰生态农业有限公司	油炸丸子；肉；火腿等
55	忠意	徐州忠意食品有限公司	板鸭等
56	盐阜众信	江苏盐阜众信生态养殖有限公司	肉、猪肉食品、猎物（非活）等
57	依熹及图	南京依熹工贸实业有限公司	精制坚果仁，木耳，食物蛋白等
58	溱鲜及图	泰州市溱湖八鲜食品有限公司	油炸丸子、火腿、香肠等
59	梁丰	江苏梁丰食品集团有限公司	牛奶；牛奶饮料（以牛奶为主）；牛奶制品等
60	海龙娃	连云港海娃食品有限公司	鱼制食品、虾（非活）、海米等
61	云台农庄及图	连云港吉本多食品有限公司	酱菜、冷冻水果、干蔬菜等
62	玉谷	江苏省新曹农场	肉；死家禽；鱼（非活的）等
63	元鑫及图	高邮市元鑫冷冻有限公司	速冻虾仁
64	凤塘	金湖裕农农业发展有限公司	咸蛋；蛋；皮蛋（松花蛋）等。
65	几百粒	江苏几百粒食品有限公司	肉，蔬菜罐头，蜜饯等
66	三生友杏	徐州银杏源生物工程有限公司	碎杏仁；精制坚果仁；水果蜜饯等

序号	商标名称	商标注册人（利害关系人）	核定使用商品(服务)
67	味巴哥	靖江市亿泰食品有限公司	肉、鱼制食品、肉罐头等
68	梦之香及图	梦之香（江苏）粮油工业有限公司	食用油脂；食用菜籽油；食用油等
69	松鹤	无锡市天天食品有限公司	油面筋
70	维扬及图形	扬州维扬豆制食品有限公司	豆制品
71	三园	江苏省宿迁市三园调味品有限公司	酱油；甜油；食醋
72	稻香村	苏州稻香村食品工业有限公司	果子面包，糕点
73	云雪	江苏云雪粮油科技实业有限公司	面粉、挂面等
74	金叶	江苏金叶粮油食品有限公司	面粉、挂面
75	剑门	常熟市维摩剑门绿茶有限公司	茶叶
76	FURONG及图	江苏省芙蓉茶场	茶叶
77	星佳	江苏省农垦米业集团黄海有限公司	米；面粉
78	勤梅QINMEI及图	无锡市惠山区藕塘勤建茶场	茶
79	丹玉	江苏丹玉集团有限公司	米、面粉（包括五谷杂粮）
80	老同昌	徐州市老同昌茶叶有限责任公司	商品包装、商品贮藏。
81	金山寺	镇江市恒康调味品厂	酱油；醋
82	美麗家	昆山永诚食品工业有限公司	蛋糕
83	巨鹿及图	金坛市茅麓茶厂	茶叶
84	华平HPHUAPING	南京六合平山林场发展有限公司	茶、食品香料（不包括含醚香料，精油）
85	双兔及图形	江苏双兔食品股份有限公司	大米
86	四季红	江苏苏美食品有限公司	酱油、醋
87	韩世	徐州韩氏食品有限公司	糖果、布丁、饼干等
88	味他行WEITAXING及图	南京市高淳味他行食品厂	豆制品、豆腐干、糕点。
89	句曲	句容市赵庄林苗场	茶；绿茶；茶叶代用品。
90	苏欣	徐州苏欣酿造有限公司	调味品,酱油,醋等
91	天仙配	南京市江宁区丹阳台子石林场	茶,茶叶代用品
92	冠宇	江苏楚龙面粉有限公司	面粉、食用面粉
93	春竹	盐城市春竹香料有限公司	食用香料（不包含醚香料和香精油）；食品用香料（含醚和香精油除外）
94	沁雪及图	金坛市江南制粉有限公司	谷类制品；米；生糯粉等
95	甘泉山	江苏甘泉山粮油食品有限公司	米、面粉、汤圆粉等。
96	苏三零及图	江苏三零面粉有限公司	面粉、面粉制品、米等

序号	商标名称	商标注册人（利害关系人）	核定使用商品(服务)
97	三邦	扬州三邦生物工程有限公司	蜂蜜，食用蜂胶，非医用鲜王浆（干粉剂，胶囊剂，片剂）
98	元创	南通麦蒂酥食品有限公司	糕点，饼干，糖果等
99	汇盟	东海县平明镇汇盟米业有限公司	米;面粉;面条等
100	盐阜	盐城陈氏食品有限公司	食用淀粉产品；饼干；茶叶代用品等
101	久宏	南京久宏茶业有限公司	茶。
102	蘇及图	金坛市江南春米业有限公司	米；面粉；谷类制品等
103	黄金	无锡健特药业有限公司	非医用营养粉；非医用营养液；非医用营养胶囊等
104	川城	常熟市川城茶厂	茶叶
105	南之缘及图	靖江南园樱花宾馆有限公司	包子、汤包
106	湫湖及图	南京沙塘庵粮油实业有限公司	谷类制品、面粉、米等。
107	老龙窝	金湖县老龙窝农副产品专业合作社	茶、茶叶代用品
108	金谷阳	镇江市丹徒区谷阳茶场	茶；茶叶代用品。
109	贵嘴	江苏贵嘴米业有限公司	米
110	袁龍	徐州龙龙食品有限公司	冰淇淋、冰糕食用冰等
111	家缘	江苏苏北粮油有限公司	米，面粉
112	家天下	徐州金孔雀面粉有限公司	面粉,挂面,面粉制品等
113	邓尉山	苏州市邓尉茶叶有限责任公司	茶；茶叶代用品
114	五峰迎春	镇江市五峰茶场	茶；茶叶代用品。
115	吟春碧芽	江苏吟春碧芽股份有限公司	茶；茶叶代用品
116	容华	句容市龙山茶场	茶；茶叶代用品。
117	鲜蟹	江苏於家湖米业有限公司	米
118	吴侬	苏州市东山吴侬碧螺春茶叶专业合作社	茶；冰茶；茶饮料等
119	碧螺及图	苏州市东山茶厂	茶叶；茶叶代用品；糖果等
120	苏畅	江苏省江海粮油集团有限公司	米；面粉；蜂蜜等。
121	继林	徐州继林酱醋食品有限公司	酱油、醋、酱菜（调味品）等
122	二泉映月及图	无锡太湖翠竹茶业有限责任公司	茶
123	秀收及图	江苏秀收农业发展有限公司	玉米、面粉等
124	锦叶及图	宜兴市太华华锦茶场	茶；茶叶代用品
125	墅香	镇江市丹徒区壹零捌茶叶专业合作社	茶；冰茶；茶饮料。
126	林隐	镇江市润州南郊茶场	茶；茶叶代用品。
127	状元猫	江苏永泰食品有限公司	米
128	雪澄及图	江苏宇宸面粉有限公司	面粉、食用面粉、谷类制品等

序号	商标名称	商标注册人（利害关系人）	核定使用商品（服务）
129	华东香及图	江苏建国米业有限公司	谷类制品；米；面粉等
130	谷忆家	江苏圆绿捆蹄有限公司	面粉制品、食用淀粉产品、豆粉等。
131	苏南	句容市苏南茶业有限公司	茶叶；茶叶代用品。
132	管家猫	盱眙月亮湾米业有限公司	米
133	双程	连云港市双程酿造食品有限公司	酱油、调味品、糕点等
134	淮猫	盱眙县双猫米业有限公司	米、面粉、挂面等。
135	香樟	徐州宏昌粮油购销有限责任公司	食用面粉；米；谷类制品等
136	苏琪	南通市奇香饼干食品厂	饼干，麻花，糕点等
137	野山小村	句容市天王镇戴庄有机农业专业合作社	米；谷类制品
138	茅宝	江苏茅宝葛业有限公司	茶；茶饮料；茶叶代用品。
139	建湖大米	建湖县粮食行业协会	米
140	三虹	建湖县福泉有机稻米专业合作社	米
141	逸程农林	南京逸程农林开发有限公司	茶，茶叶代用品
142	珠璨	江苏苏中大地农业科技发展有限公司	大米
143	元致亨	镇江元致亨食品有限公司	面包；糕点；蛋糕
144	汪恕有	连云港市板浦汪恕有滴醋厂	醋、糕点、蜂蜜等
145	图形	南京中生联合股份有限公司	食用蜂胶（蜂胶），含淀粉食品，食用王浆（非医用）等
146	麦穗鱼	江苏大湖面粉有限公司	食用面粉；面粉；蛋糕粉等。
147	伽力森及图	伽力森主食企业（无锡）股份有限公司	调味品；粥；方便米饭等
148	中月稻场	扬州中月米业有限公司	大米
149	邦力生	扬州日兴生物科技股份有限公司	冰糖燕窝、非医用营养粉、非医用营养胶囊等
150	福坊斋	江苏福坊斋食品有限公司	粥粉
151	飘之霖	无锡华晶飘之霖有限公司	不含酒精饮料
152	润发一世	徐州润发一世超纯水有限公司	水（饮料）、矿泉水（饮料）
153	老相食	苏州金记食品有限公司	绿豆饮料；豆类饮料；饮料香精等
154	沙洲SZ	江苏张家港酿酒有限公司	酒
155	乾天	江苏乾天酒业有限公司	酒
156	高祖	江苏高祖酒业有限公司	酒，果酒
157	锡山	无锡市振太酒业有限公司	含酒精的饮料（啤酒除外）
158	虞美人	江苏古楼春酒业有限公司	酒
159	秦淮	江苏秦淮酒业有限公司	酒（饮料）
160	惠泉	无锡市振太酒业有限公司	黄酒等
161	淮海	江苏淮海酒业有限公司	果酒、酒（饮料）、葡萄酒等
162	大风歌	徐州丰泉酒业有限公司	果酒（含酒精），酒精饮料（啤酒除外）。
163	两相和	江苏汤沟两相和酒业有限公司	酒（饮料）、开胃酒、米酒等
164	路易拉菲	连云港龙骧国际贸易有限公司	果酒（含酒精）；开胃酒；苹果酒等
165	桃林及图	江苏桃林酒业有限公司	烧酒、黄酒、酒（利口酒）
166	营养快线	灌南县汤沟曲酒厂	果酒（含酒精）；葡萄酒；蜂蜜酒等
167	苏	江苏双沟酒业股份有限公司	酒（饮料）
168	汤沟窖藏	江苏汤沟两相和酒业有限公司	烧酒、葡萄酒等
169	界牌楼	新沂市龙缘酒业有限公司	烧酒，酒（利口酒），含酒精液体等
170	苏	江苏双沟酒业股份有限公司	酒（饮料）
171	金茉莉及图	南通烟滤嘴有限责任公司	卷烟丝，烟斗，香烟等

【g. 长三角地区名优食品】

根据《长江三角洲地区名优食品认定办法》的认定程序，经企业自愿申请，各地区（城市）食品（工业）协会、行业主管部门初审推荐、省级食品行业协会审核，长三角名优食品评审委员会评审。长江三角洲地区（城市）食品（工业）协会联席会审议确定，江苏省2015年度被认定长江三角洲地区名优食品48个（见下表）：

编号	地区	企业名称	品牌	产品名称
CSJ-J-103	南京	南京樱桃鸭业有限公司	图案（三只小鸭）	官礼贡鸭
CSJ-J-104	南京	南京九蜂堂蜂产品有限公司	九蜂堂	蜂蜜
CSJ-J-105	南京	南京晶品食品有限公司	晶品	速冻面米制品
CSJ-J-106	南京	南京沙塘庵粮油实业有限公司	湫湖	大米
CSJ-J-107	南京	南京虹园食品有限公司	夫子庙	炒货
CSJ-J-108	南京	南京冠生园食品厂集团有限公司	园	月饼
CSJ-J-109	南京	南京朝中食品有限责任公司	朝中	炒货
CSJ-J-110	南京	南京老山药业股份有限公司	老山	蜂蜜
CSJ-J-111	无锡	无锡市振太酒业有限公司	锡山	黄酒
CSJ-J-112	无锡	无锡市振太酒业有限公司	惠泉	黄酒
CSJ-J-113	徐州	江苏沛公酒业有限责任公司	沛公	沛公酒（白酒）
CSJ-J-114	常州	金坛市江南制粉有限公司	沁雪	水磨糯米粉

编号	地区	企业名称	品牌	产品名称
CSJ-J-115	苏州	苏州优尔食品有限公司	淘豆	膨化裹衣豆果
CSJ-J-116	苏州	苏州长发食品有限责任公司	津津长发	烘烤类糕点
CSJ-J-117	苏州	苏州口水娃食品有限公司	口水娃	兰花豆
CSJ-J-118	苏州	苏州口水娃食品有限公司	口水娃	多味花生
CSJ-J-119	苏州	苏州口水娃食品有限公司	口水娃	坚果炒货食品
CSJ-J-120	南通	江苏中洋生态鱼类股份有限公司	中洋	速冻调制品（河豚、鳄鱼、鲟鱼）
CSJ-J-121	南通	南通北渔人和水产有限公司	仙缘	醉蟹
CSJ-J-122	南通	南通丁布儿海苔食品有限公司	丁布儿	海苔
CSJ-J-123	南通	海安县兰波实业有限公司	南黄海	紫菜
CSJ-J-124	南通	南通市德心食品有限公司	德心	酱卤肉制品
CSJ-J-125	南通	南通市德心食品有限公司	德心	腌腊肉制品
CSJ-J-126	连云港	江苏万千食品投资有限公司	万千	烘烤类糕点、月饼
CSJ-J-127	连云港	江苏桃林酒业有限公司	桃林	窖藏-皇尊20（白酒）
CSJ-J-128	淮安	江苏润通食品有限公司	润通	速冻水产品（河蚬系列）
CSJ-J-129	淮安	江苏喜利达食品有限公司	小叮当	果冻
CSJ-J-130	淮安	江苏喜利达食品有限公司	喜利达	烘烤类糕点、月饼
CSJ-J-131	淮安	江苏白玫糖业有限公司	白玫	绵白糖
CSJ-J-132	淮安	江苏苏美食品有限公司	苏美	酱油
CSJ-J-133	淮安	江苏苏美食品有限公司	苏美	食醋
CSJ-J-134	盐城	盐城市怡美食品有限公司	鲜怡	鱼制食品
CSJ-J-135	扬州	高邮市万嘉面粉有限公司	富嘉旺	小麦粉
CSJ-J-136	扬州	扬州维扬豆制食品有限公司	维扬	豆腐干（干丝干、香干）
CSJ-J-137	镇江	中储粮镇江粮油有限公司	金鼎	食用植物油
CSJ-J-138	镇江	镇江京友调味品有限公司	甘露	芝麻油
CSJ-J-139	镇江	镇江浮玉麻油有限公司	浮玉	纯正香麻油
CSJ-J-140	镇江	镇江市恒康调味品厂	金山寺	食醋
CSJ-J-141	镇江	丹阳市永兴面粉有限公司	永昌	小麦粉
CSJ-J-142	泰州	靖江市亿泰食品有限公司	味巴哥	蜜汁肉脯
CSJ-J-143	泰州	江苏尚香食品有限公司	孙尚香	速冻蟹黄汤包
CSJ-J-144	泰州	靖江市津津食品有限公司	福至	猪肉脯
CSJ-J-145	泰州	江苏双鱼食品有限公司	双鱼	牛肉干
CSJ-J-146	宿迁	江苏双沟酒业股份有限公司	苏	白酒
CSJ-J-147	宿迁	江苏苏微食品有限公司	苏微	地道蚕豆
CSJ-J-148	宿迁	江苏苏微食品有限公司	苏微	快乐锅巴
CSJ-J-149	宿迁	江苏洋河酒厂股份有限公司	梦之蓝	洋河·梦之蓝白酒
CSJ-J-150	宿迁	江苏御珍酒业有限公司	御珍	白酒

【h. 食品诚信管理体系建设工作】

2012年以来，江苏省食品行业积极贯彻落实国家工信部有关精神，全面推进食品工业企业诚信管理体系建设工作，取得了较大进展，截至2015年全省有52家企业通过了食品工业企业诚信管理体系评价已获证书，通过企业数量位居全国各省市前列，对提升全省食品安全水平具有重要意义。

江苏省通过食品工业诚信管理体系企业名单

市别	企业名称	证书编号
苏州	东洋饮料（常熟）有限公司	11-AJFI(苏)13-0001
无锡	无锡市天资乳品饮料厂	11-AJFI(苏)13-0003
无锡	无锡市振太酒业有限公司	11-AJFI(苏)13-0004
镇江	中储粮镇江粮油有限公司	11-AJFI(苏)14-0001
苏州	江苏张家港酿酒有限公司	11-AJFI(苏)14-0002
南京	南京光明乳品有限公司	11-AJFI(苏)14-0003
宿迁	蒙牛乳业宿迁有限公司	11-AJFI(苏)14-0004
苏州	伊利苏州乳业有限责任公司	11-AJFI(苏)14-0005
常州	常州优蕾营养乳品有限公司	11-AJFI(苏)14-0006
盐城	阜宁县恒河油脂有限公司	11-AJFI(苏)14-0007
宿迁	江苏乾天酒业有限公司	11-AJFI(苏)14-0008
泰州	泰兴苏中制粉有限公司	11-AJFI(苏)14-0009
徐州	徐州绿健乳品饮料有限公司	11-AJFI(苏)14-0010
南京	南京大旺食品有限公司	11-AJFI(苏)14-0011
宿近	江苏御珍酒业有限公司	11-AJFI(苏)14-0012
镇江	镇江宴春酒楼有限公司	11-AJFI(苏)14-0013
镇江	丹阳市练湖乳品有限公司	11-AJFI(苏)14-0014
盐城	盐城市费氏食品有限公司	11-AJFI(苏)14-0015
徐州	徐州卫岗乳品有限公司	11-AJFI(苏)14-0016
淮安	江苏广原油脂有限公司	11-AJFI(苏)15-0002

市别	企业名称	证书编号
镇江	江苏省丹阳酒厂有限公司	11-AJFI(苏)15-0003
盐城	东台市宇航奶业有限公司	11-AJFI(苏)15-0004
苏州	明治乳业（苏州）有限公司	11-AJFI(苏)15-0005
南京	江苏雨润肉食品有限公司	11-AJFI(苏)15-0006
盐城	江苏人酒业江苏有限公司	11-AJFI(苏)15-0007
镇江	镇江金莲食品有限公司	11-AJFI(苏)15-0008
宿迁	江苏通瑞包装有限公司	11-AJFI(苏)15-0009
泰州	江苏新海油脂有限公司	11-AJFI(苏)15-0010
徐州	维维乳业有限公司	11-AJFI(苏)15-0011
盐城	盐城市泰来神奶业有限公司	11-AJFI(苏)15-0012
盐城	江苏海亚食品有限公司	11-AJFI(苏)15-0013
盐城	江苏小鹰豆制食品有限公司	11-AJFI(苏)15-0014
扬州	扬州仪扬茶社食品有限公司	11-AJFI(苏)15-0015
南京	南京卫岗乳业有限公司	11-AJFI(苏)15-0016
无锡	江阴市美天奶业有限公司	11-AJFI(苏)15-0017
苏州	惠氏营养品(中国)有限公司	01-CCAI(苏)12-0001
南京	华润雪花啤酒（南京）有限公司	01-CCAI(苏)12-0004
徐州	江苏君乐宝乳业有限公司	01-CCAI(苏)13-0001
泰州	泰州卫岗乳品有限公司	01-CCAI(苏)13-0002
连云港	连云港福润食品有限公司	01-CCAI(苏)13-0003
连云港	江苏三元双宝乳业有限公司	01-CCAI(苏)13-0004
泰州	江苏双鱼食品有限公司	01-CCAI(苏)13-0005
南通	南通红梅乳业有限公司	01-CCAI(苏)13-0006
镇江	丹阳市康力乳品有限公司	01-CCAI(苏)13-0007
扬州	扬州市扬大康源乳业有限公司	01-CCAI(苏)13-0008
常州	江苏春晖乳业有限公司	01-CCAI(苏)13-0009
盐城	江苏宁富食品有限公司	01-CCAI(苏)13-0010
宿迁	宿迁宝迪肉类食品有限公司	01-CCAI(苏)13-0011
苏州	双喜乳业（苏州）有限公司	01-CCAI(苏)13-0012
无锡	无锡市马山牛奶有限公司	01-CCAI(苏)13-0013
常州	常州红梅乳业有限公司	01-CCAI(苏)13-0015
淮安	淮安旺旺食品有限公司	01-CCAI(苏)13-0016
南京	南京桂花鸭（集团）有限公司	01-CCAI(苏)13-0017

【i. 主要经济数据】

1. 江苏省主要食品产量

（万吨、万千升）

产品名称	2014年产量	同比增长%	全国位次	产品名称	2014年产量	同比增长%	全国位次
原盐	850.41	18.67		酱油			
大米				发酵酒精	169.81	21.45	
小麦粉				白酒	99.13	10.07	
食用植物油				啤酒	184.21	-9.37	
糖果							
速冻米面							
方便面				卷烟（亿支）	1046.09	0.69	
乳制品	141.26	10.08					

2. 江苏省规模以上食品工业企业主要经济指标

（单位：亿元）

项目	农副食品加工业	食品制造业	饮料制造业	烟草制品业	合计
企业单位数(个)	1660	414	193	6	2273
流动资产合计	806.07	334.89	586.93	454.59	2182.48
应收账款	180.72	90.56	69.81	20.30	361.39
存货	256.30	74.73	233.82	204.26	769.11
固定资产合计	713.63	236.77	357.58	56.20	1364.18
资产总计	1713.83	709.93	1110.66	577.33	4111.75
负债合计	885.13	334.53	559.96	64.63	1844.25
所有者权益合计	821.97	375.22	549.57	512.70	2259.46
主营业务收入	4615.55	944.87	1068.28	546.71	7175.41
主营业务成本	4075.62	713.93	774.28	112.33	5676.16
主营业务税金及附加					
利润总额	290.93	70.87	160.55	91.35	613.76
利税总额					
应交增值税					
从业人员年平均人数（万人）	22.54	9.19	8.31	0.71	40.75

3. 江苏省国有控股食品工业企业主要经济指标

（单位：亿元）

项目	农副食品加工业	食品制造业	饮料制造业	烟草制品业	合计
企业单位数(个)	40	17	13	6	76
流动资产合计	41.04	32.86	99.65	454.59	628.14
应收账款	3.68	7.27	25.36	20.30	56.61
存货	15.23	7.11	43.34	204.26	269.94

项目	农副食品加工业	食品制造业	饮料制造业	烟草制品业	合计
固定资产合计	32.24	27.80	50.71	56,20	166.95
资产合计	78.42	100.63	166.89	577.33	923.27
负债合计	62.55	49.89	91.61	64.63	268.68
所有者权益合计	15.66	50.74	75.28	512.70	654.38
主营业务收入	142.21	101.29	83.82	546.71	874.03
主营业务成本	136.63	76.51	46.20	112.33	371.67
主营业务税金及附加					
利润总额	3.86	11.37	23.04	91.35	129.62
利税总额					
应交增值税					
从业人员年平均人数（万人）	0.53	0.88	1.02	0.71	3.14

4. 江苏省私营食品工业企业主要经济指标

(单位：亿元)

项目	农副食品加工业	食品制造业	饮料制造业	合计
企业单位数(个)	1224	212	89	1525
流动资产合计	338.00	96.11	54.62	488.73
应收账款	80.52	24.36	12.89	117.77
存货	96.29	28.70	16.32	141.31
固定资产合计	365.50	70.72	54.31	490.53
资产总计	792.58	180.64	128.10	1101.32
负债合计	344.68	93.47	60.58	498.73
所有者权益合计	442.18	86.99	67.05	596.22
主营业务收入	2458.14	351.98	215.24	3025.36
主营业务成本	2147.23	302.01	178.49	2627.73
主营业务税金及附加				
利润总额	162.74	25.31	19.60	207.65
利税总额				
应交增值税				
从业人员年平均人数（万人）	13.62	3.31	1.43	18.36

5. 江苏省外商投资和港澳台商投资食品工业企业主要经济指标

(单位：亿元)

项目	农副食品加工业	食品制造业	饮料制造业	合计
企业单位数(个)	163	109	61	333
流动资产合计	269.55	155.89	89.92	515.36
应收账款	42.65	42.29	12.81	97.75
存货	104.09	28.38	29.69	162.16
固定资产合计	184.84	105.97	120.15	410.96
资产总计	494.07	338.62	233.18	1065.87
负债合计	276.68	147.58	116.49	540.63
所有者权益合计	217.39	191.04	116.37	524.80
主营业务收入	1120.13	366.40	243.08	1729.61
主营业务成本	1005.35	229.16	189.30	1423.81
主营业务税金及附加				
利润总额	68.94	28.79	19.27	117.00
利税总额				
应交增值税				
从业人员年平均人数（万人）	3.96	3.39	1.62	8.97

6. 江苏省大中型食品工业企业主要经济指标

（单位：亿元）

项目	农副食品加工业	食品制造业	饮料制造业	烟草制品业	合计
企业单位数(个)	130	70	44	4	248
流动资产合计	347.43	173.74	484.24	452.47	1457.88
应收账款	65.15	40.77	48.54	20.20	174.66
存货	114.71	35.26	191.73	203.89	545.59
固定资产合计	306.25	130.58	244.01	47.96	728.80
资产总计	718.15	411.75	859.68	565.14	2554.72
负债合计	423.51	195.04	438.12	62.65	1119.32
所有者权益合计	294.64	216.71	421.56	502.49	1435.40
主营业务收入	1772.98	526.13	757.96	543.12	3600.19
主营业务成本	1561.17	360.65	512.25	110.28	2544.35
主营业务税金及附加					
利润总额	113.31	44.60	138.82	91.45	388.18
利税总额					

项目	农副食品加工业	食品制造业	饮料制造业	烟草制品业	合计
应交增值税					
从业人员年平均人数（万人）	8.55	5.18	6.53	0.67	20.93

7. 全省各市食品工业产值统计

(单位：亿元)

市别	农副产品加工业	食品制造业	酒、饮料和精制茶制造业	烟草制品业	合计	排位
合计	4680.23	970.69	1098.66	551.28	7300.86	
南京	156.83	128.13	60.35	205.62	550.93	6
无锡	16.12	61.53	46.59		124.24	12
徐州	785.46	136.68	385.93	210.60	1518.67	1
常州	27.32	55.21	9.86		92.39	13
苏州	252.93	233.54	49.45	1.17	537.09	8
南通	492.93	54.88	20.21	12.56	580.58	5
连云港	435.12	34.49	78.67		548.28	7
淮安	667.41	49.61	40.82	121.33	879.17	2
盐城	437.93	33.24	50.63		521.80	9
扬州	173.49	16.49	15.23		205.21	11
镇江	203.56	27.27	10.66		241.49	10
泰州	713.17	71.93	33.92		819.02	3
宿迁	317.96	67.69	296.34		681.99	4

另：采盐业完成工业产值81.38亿元。（省统计局2016江苏统计年鉴提供）

唐建泽

3.6 浙江省

【a. 概况】

2015年，在全球经济复苏乏力和国内经济全面进入新常态的情况下，浙江省食品工业坚持科技创新，产业转型升级，实现了平稳健康发展。截至2015年底，全省食品工业共有规模以上企业1318家，从业人员20.50万人。全年实现工业总产值2592.28亿元，增长水平略低于于全省工业，位居全省各工业行业第11位。

主要产品降多增少。在列入统计的33种主要产品中，有19种产品产量下降，其中食品添加剂、白酒、果汁和蔬菜汁类饮料、固体半固体乳制品、乳粉和营养保健食品有大幅度下降，下降幅度均在10%以上。仅14种产品产量实现增长，其中仅有3种产品产量增长保持在10%以上：精制食用植物油同比增长26.30%，熟肉制品同比增长18.07%，婴幼儿配方奶粉同比增长25.07%，冷冻蔬菜同比增长25.18%。

产销对接较好。全年实现销售产值2492.24亿元，全行业产销率为96.25%，同比基本持平，比全省工业低0.09个百分点。其中农副食品加工业产销率为95.74%，同比下降1.13个百分点；食品制造业产销率为97.02%，同比增长0.54个百分点；饮料制造业产销率为96.27%，同比下降0.40个百分点；烟草制品业产销率为95.88%，同比下降0.88个百分点。

出口交货值下降。全年完成出口交货值279.58亿元，同比下降5.27%。从分行业情况看，农副食品加工业下降3.15%、食品制造业下降9.13%、饮料制造业下降5.33%、烟草制品业增加2.10%。

盈利水平有所提升。全年实现利税总额567.66亿元，同比增长2.89%，比全省工业低0.06个百分点。其中，实现利润总额168.11亿元，同比增长1.70%，比全省工业低0.06个百分点。从分行业看，农副产品加工业增长8.57%，饮料制造业增长6.83%，食品制造业下降6.73%，烟草制品业增长1.25%。从亏损企业数看，亏损面有所扩大，1318家规模企业中，757家农副食品加工业亏损117家，同比增长28.57%；340家食品制造业亏损49家，同比增长2.08%；218家饮料制造业亏损26家，同比增长8.33%；烟草制造业3家，没有亏损出现。

科技创新能力提升。全省规模以上食品企业工业科技活动经费为18.11亿元，同比增长1.16%，其中食品制造业为6.64亿元，同比增长15.02%；烟草制品业为1.92亿元，同比增长21.80%。全省规模以上食品工业新产品产值为353.06亿元，同比增长4.16%，其中农副产品加工业为146.31亿元，同比增长12.24%。

【b. “十二五”回顾】

“十二五”主要发展成就

1. 食品工业规模不断提升

2015年，全省规模以上食品生产企业1318家，比2010年增长了17.36%。完成现价工业总产值2592.28亿元，实现销售收入2446.96亿元，实现利税总额533.96亿元，“十二五”期间年均分别增长6.57%、5.09%、10.05%，总量位居全国第19位。

2. 企业结构调整，趋向集约化发展

2010年规模以上企业1973家，工业销售产值1832.43亿元，总资产1415.38亿元，平均每个企业的销售产值和总资产为9288万元和7174万元。2010年规模以上企业1318家，工业销售产值2492.14亿元，总资产2411.41亿元，平均每个企业的销售产值和总资产为18908万元和18296万元，分别比2005年提高

103.57%和155.03%。

3. 经济效益有较大提高，利税总额和利润总额增长大于工业总产值增长

全行业工业总产值平均年递增为6.57%，利税总额由330.82亿元增加到567.66亿元、平均年递增达11.40%，利润总额由111.55亿元增加到168.11亿元、平均年递增达8.55%。在四大行业中，除烟草制品业的利润增速和饮料制造业的利税增速外，农副食品加工业的工业总产值、利税总额、利润总额增速分别为6.64%、4.16%、2.92%；食品制造业的上述三项增速为6.36%、7.72%、9.85%；饮料制造业的上述三项增速为2.62%、3.87%、8.13%。

4. 食品安全保障能力明显提高

全省食品企业积极履行食品安全第一责任人的职责，企业食品安全意识明显增强，严格执行国家规定，加强检验检测能力建设，提升质量保障水平，从源头上保证食品质量安全。加强企业食品安全管理人员队伍建设，一批重点企业设立了食品安全师岗位，将经过专业培训，并取得国家认可的食品安全师任职资格的专业人员配备到岗位上，加强企业食品安全的管理。同时，大力推进食品工业企业诚信管理体系建设和追溯体系建设，截至2015年底，全省有79家企业通过诚信体系考核评价，高居全国各省市第一位。

“十二五”存在主要问题和不足

1. 发展速度下降较快

近年来，浙江省食品工业的发展速度一直低于全国食品工业的平均增速，且差距呈不断扩大趋势。“十二五”期间，浙江食品工业年均增速为6.11%，远低于“十一五”期间15.40%的年均增速，也低于同期全国食品工业平均增速12.46%的平均增速。2015年浙江食品工业总产值为2592.28亿元，于2014年同比仅增长0.58%，创历史新低。2015年食品工业总产值较2010年在全国各省市中的排位继续下滑，跌至第19位。

2. 产业集中度偏低

截至2015年底，浙江省规模以上食品企业为1318家，仅占全省食品行业企业8576家的15.37%。“小而散”的产业格局导致整体技术装备水平、产品科技含量、生产效率较低，品牌效应不足、综合利用低、经济效益较差的格局依然存在。

3. 要素成本不断上升，粗放式生产面临挑战

随着原材料、劳动力、能源、管理销售、运输成本等的不断上升，浙江省食品工业发展的生产要素制约问题日益突出，许多靠低成本扩张和竞争的企业经济效益不断下滑，甚至出现亏损。2015年，全省1318家规上食品企业亏损192家，亏损比例为14.57%。同时，我省食品工业的转化增值能力较低，精深加工、专用型、功能性产品占比低，资源加工转化效率低，综合利用水平不高，严重制约了行业的进一步发展。

4. 原料基地建设滞后，产业链配套能力不强

浙江省大部分食品加工企业缺乏稳定的优质原料基地，食品加工与农业之间尚处于简单的初级供给阶段，分散作业提供的原材料在品种、品质、规格等方面不适应加工业发展的要求，增加了企业生产经营成本和市场风险。此外，农产品品种的改良和品质的提高与市场消费、食品加工的有机结合不够，以市场需求为导向的食品加工制造、农产品生产与原料基地的产业链尚未形成。

【c. 大事记】

食品安全责任保险“遍地开花”。3月，省食安办、省食品药品监管局、省金融办、省保监局联合出台《开展食品安全责任保险试点工作指导意见》，同时，成立了省级食品安全责任保险试点工作联席会议办公室，截至2015年底，全省投保单位共有8957家，其中食品生产单位349家。

6月16日，21部门联合开展以“尚德守法全面提升食品安全法治化水平”为主题的2015年浙江省食品安全宣传周活动正式启动。

7月7–8日，国家食品安全城市创建试点工作座谈会在山东省青岛市召开。会议公布了15个新一批的食品安全城市创建试点，浙江省杭州、宁波两市成功入选。

11月5日—6日，2015年度长江三角洲地区（城市）食品（工业）协会联席会暨名优食品颁证大会在杭州举行。

1月16日，浙江省政府办公厅发布《关于推进黄酒产业传承发展的指导意见》。

12月4-6日，由浙江省食品安全委员会主办、省食品安全委员会办公室承办的2015年大型食品安全知识展览活动将在杭州世贸中心举行。

【d. 政策、法规】

5月6日，浙江省食品药品监督管理局印发《浙江省食品生产许可监督评审管理办法（试行）》；

7月13日，浙江省食品药品监督管理局印发《浙江省加强食品生产加工小作坊监管指导意见》；

11月16日，浙江省人民政府办公厅发布《关于推进黄酒产业传承发展的指导意见》。

【e. 主要经济指标】

1. 浙江省食品工业分行业工业产值表

	工业产值（亿元）	同比±%
全省工业	66997.36	0.76
全省食品工业合计	2592.28	0.58
农副食品加工业	1067.73	0.23
食品制造业	543.21	-3.29
饮料制造业	491.02	-2.95
烟草制品业	490.32	10.33

2. 浙江省食品工业主要经济效益指标

	单位	全省工业		食品工业	
		2015年	与去年同期相比+%	2015年	与去年同期相比+%
企业个数	家	40179		1318	-0.98
亏损企业个数	家	5821	27.10	192	-2.54
亏损企业亏损额	亿元	372.14	34.34	12.01	-15.48
新产品产值	亿元	21555.44	13.78	353.06	4.165.74
资产合计	亿元	66515.71	5.12	2411.41	7.46
流动资产合计	亿元	37116.60	3.67	1466.10	-3.98
从业人数	万人	687.15	-3.45	20.50	-1.21
销售收入	亿元	62740.50	-1.05	2446.96	1.16
科技活动经费支出	亿元	852.84	2.76	18.11	

3. 浙江省食品工业分行业经济效益

	利税总额（亿元）	同比±%	利润总额（亿元）	同比±%
全省工业	6335.18	6.01	3717.72	5.02
全省食品工业合计	567.66	2.89	168.11	1.70
农副食品加工业	49.03	3.75	34.57	8.57
食品制造业	67.51	-8.29	46.61	-6.73
饮料制造业	77.91	4.36	48.86	6.83
烟草制品业	373.22	4.78	38.08	1.25

4. 浙江省食品工业分行业出口交货产值表

	出口交货产值（亿元）	同比±%
全省工业	11707.48	-3.70
全省食品工业合计	279.58	-5,27
农副食品加工业	158.30	-3.15
食品制造业	85.85	-9.13
饮料制造业	32.48	-5.33
烟草制品业	2.94	2.10

【f. 主要产品产量】

指标名称	计量单位	企业个数	产品产量	同比累计增长%
小麦粉	吨	8	817116	-0.16
大米	吨	37	797816	-3.27
精制食用植物油	吨	19	587325	26.30
鲜、冷藏肉	吨	21	451194	6.38
熟肉制品	吨	1	732	18.07
冷冻水产品	吨	207	1374484	7.36
冷冻蔬菜	吨	3	17286	25.18
膨化食品	吨	3	26663	7.65
糖果	吨	13	30421	6.74
速冻食品	吨	15	125386	1.31
速冻米面食品	吨	11	102959	4.03
方便面	吨	7	282777	-7.04
乳制品	吨	21	498157	0.14
其中：液体乳	吨	17	431371	4.11
固体及半固体乳制品	吨	9	66786	-19.62
婴幼儿配方乳粉	吨	1	14529	4.40
乳粉	吨	6	39130	-33.64
罐头	吨	54	579326	-5.43
味精（谷氨酸钠）	吨	3	19004	-3.49

指标名称	计量单位	企业个数	产品产量	同比累计增长%
酱油	吨	10	181586	-0.83
食醋	吨	2	4956	-0.21
营养、保健食品	吨	3	15359	-21.16
冷冻饮品	吨	6	91532	-2.53
食品添加剂	吨	29	396045	-15.68
饮料酒	千升	63	3194688	-6.65
其中：白酒（折65度，商品量）	千升	16	14644	-20.26
啤酒	千升	21	2510189	-6.15
黄酒	千升	35	647254	-8.42
果酒及配制酒	千升	2	80	6.03
软饮料	吨	56	7694560	-10.83
其中：碳酸饮料类（汽水）	吨	6	595106	5.39
包装饮用水类	吨	19	2541898	-8.24
果汁和蔬菜汁饮料类	吨	26	1129807	-15.43
蛋白饮料	吨	7	214144	-4.88
精制茶	吨	90	307374	-4.87
卷烟	万支	2	9483320	1.86

【g. 科技进步和科研成果】

1. 在中国乳制品协会第二十一次年会暨第十五次乳品技术精品展示会，由娃哈哈集团有限公司申报的"高位高速码垛机"、《娃哈哈阿米诺牛奶等产品开发及关键乳化稳定体系的研究》分获技术进步奖一、二等奖；由贝因美婴童食品股份有限公司申报的《母乳微营养及婴幼儿配方奶粉母乳化共性关键技术研究与应用》获技术进步奖特等奖；由浙江熊猫乳业集团股份有限公司申报的"焦糖炼乳"获技术发明奖二等奖。

2. 中国绍兴黄酒集团"黄酒浸米的生物酸化研究"获中国酒业协会科学技术奖二等奖；浙江省科技计划项目《黄酒中有害物质氨基甲酸乙酯综合处理关键技术研究与应用示范》通过浙江省科技厅验收。

3. 杭州新希望双峰乳业有限公司的《新型高活性浓缩发酵剂及其发酵乳制品开发关键技术研究与应用》获评2015年浙江省优秀工业新产品（新技术）三等奖。

4. 由浙江正味食品有限公司承担的省重大科技攻关项目"农产品（椒类）调味功能化微生物精加工技术研究"通过验收。该项目首次较全面地建成椒类成分数据库及其功能因子相关信息，并获得新颖的椒类加工功能强化安全微生物，建立具有独立知识产权的椒类农产品调味功能化微生物精加工技术。

安圣康

3.7 福建省

【a. 概况】

2015年，福建省规模以上食品工业企业数2189个，同比增长8.21%，完成工业总产值（不计烟草制品业）4856亿元，同比增长12.0%，增速回落0.8个百分点；其中，农副食品加工业总产值2715.6亿元，同比增长11.4%，增速回落1.4个百分点；食品制造业工业总产值1286.1亿元，同比增长15.3%，增速回落0.9个百分点；酒、饮料和精制茶制造业总产值854.3亿元，同比增长8.9%，增速上升0.4个百分点。规模以上食品工业总产值占全省消费品工业总量的24.6%。

销售额（不计烟草制品业）4730.4亿元，同比增长12.0%，增速回落0.6个百分点；其中，农副食品加工业达2638.6亿元，同比增长11.1%，增速回落1.6个百分点；食品制造业达1248.4亿元，同比增长15.1%，增速回落0.8个百分点；酒、饮料和精制茶制造业达843.4亿元，同比增长10.4%，增速上升2.6个百分点。

出口交货值（不计烟草制品业）达720.4亿元，同比增长9.8%，增速回落1个百分点；其中，农副食品加工业达536.0亿元，同比增长11.7%，增速上升1.6个百分点；食品制造业达164.8亿元，同比增长1.7%，增速回落12.9个百分点；酒、饮料和精制茶制造业达19.5亿元，同比增长35.9%，增速上升39.4个百分点。

列入统计的28类主要食品中，食品产量位居全国各省市前10位的产品分别是：糖果、罐头位列第1位，冷冻水产品位列第2位，乳粉、精制茶位列第5位，配合饲料位列第9位，小麦粉、大米、饲料、包装饮用水类、果汁和蔬菜汁饮料类均位列第10位。各类产品产量增幅位于全国各省市前十位的有8类，分别是：乳粉位列第3位，配合饲料、饲料位列第4位，冷冻水产品、小麦粉位列第7位，精制茶、速冻米面食品位列第9位，糖果位列第10位。

【b. 主要经济指标（数据）】

1. 规模以上食品工业分行业产销情况

行业分类	工业总产值（亿元）	同比增长±%	销售产值（亿元）	同比增长±%	出口交货值（亿元）	同比增长±%	产销率	同比增长%
食品工业总计（不计烟草制品业）	4856.0	12.0	4730.4	12.00	720.4	9.80	97.4	0.1
农副食品加工业	2715.6	11.4	2638.6	11.1	536.0	11.7	97.2	-0.3
食品制造业	1286.1	15.3	1248.4	15.1	164.8	1.7	97.1	-0.2
酒、饮料和精制茶制造业	854.3	8.9	843.4	10.4	19.5	35.9	98.7	1.4

2. 全国及福建省食品工业分行业效益情况

行业分类	地区	汇总企业单位数（个）	累计产成品（十万吨）	同比增长±%	累计资产总计（亿元）	同比增长±%	累计主营业务收入（亿元）	同比增长±%	累计利润总额（亿元）	同比增长±%
食品工业总计	全国	39647	3909.4	3.4	70877.3	7.3	113469.2	4.6	8028.0	5.9
	福建	2189	209.5	3.3	2783.6	6.0	4954.5	11.2	334.2	17.9

3. 福建省食品工业主要产品产量

产品名称	计量单位	12月	同比增长%	1-12月累计	同比增长%
原盐	万吨	1.2	-54.1	20.6	-29.5
小麦粉	万吨	9.1	-2.7	119.4	7.2
大米	万吨	15.5	-3.6	181.2	-1.7
饲料	万吨	119.5	16.5	1203.8	13.6
其中：配合饲料	万吨	80.0	17.6	832.6	13.9

产品名称	计量单位	12月	同比增长%	1–12月累计	同比增长%
混合饲料	万吨	8.9	26.9	78.1	-12.0
精制食用植物油	万吨	17.5	4.1	207.4	9.4
成品糖	万吨	2.1	-29.4	2.1	-76.6
鲜、冷藏肉	万吨	7.5	-11.7	90.3	0.7
冷冻水产品	万吨	14.4	11.4	142.2	16.2
糖果	万吨	7.9	-5.0	74.5	11.7
速冻米面食品	万吨	0.2	-15.5	4.2	5.3
方便面	万吨	1.1	-23.3	13.3	-18.9
乳制品	万吨	1.6	12.4	16.3	-20.8
其中：液体乳	万吨	1.0	5.8	10.1	-36.9
乳粉	万吨	0.6	19.0	5.7	34.9
罐头	万吨	26.1	7.4	284.1	6.8
酱油	万吨	2.7	96.6	11.8	-16.8
冷冻饮品	万吨	0.0	-15.5	0.9	-9.5
食品添加剂	万吨	1.4	17.4	12.2	8.6
饮料酒	万千升	8.5	-9.0	194.3	-4.4
白酒（折65度，商品量）	万千升	0.6	18.7	5.4	22.1
啤酒	万千升	6.2	-13.6	170.2	-6.4
软饮料	万吨	34.2	21.0	518.7	1.3
其中：碳酸饮料类（汽水）	万吨	3.2	5.0	52.9	4.7
包装饮用水类	万吨	16.3	28.2	216.8	1.2
果汁和蔬菜汁饮料类	万吨	6.9	0.1	94.0	-1.6
精制茶	万吨	2.0	7.1	21.7	4.3

【c. 食品安全监督】

根据福建省委、省政府工作部署和福建省社会治理体制改革专项工作小组的部署要求，由福建省食品药品监督管理局起草的《福建省深化食品药品安全监管机制改革方案》经福建省人民政府办公厅印发施行。

福建省明确危害食品药品安全犯罪司法尺度。1月13日，福建省法院、省检察院、省公安厅、省食品药品监督管理局四部门联合召开新闻发布会，对外通报我省依法惩治危害食品药品安全犯罪有关情况。

1月，中国科学院院士吴培亨在漳州市政府副市长张翼腾的陪同下，深入漳州市食药监局调研“食品安全溯源系统”建设情况。吴培亨院士对该系统建设成果给予充分肯定，并对进一步完善该项目提出宝贵的意见和建议。

3月11日，福建省食安办在省政府应急指挥中心组织召开重大食品安全事故应急演练会议。

坚持属地负责，狠抓工作落实。

为探索切合福建省实际的食品安全责任保险机制，推动建立符合市场经济规律的食品安全保障体系，促进食品生产经营者诚信自律，省食品药品监督管理局与省食安办、中国保险监督管理委员会福建监管局联合下发《福建省食品安全责任保险试点工作方案》，决定自2015年8月起各地至少选择1至2个县（市、区）开展食品安全责任保险试点。

11月26–27日，农业部水产品质量安全监督与执法交叉督查工作组在福建省海洋与渔业厅开展督查工作，省海洋与渔业厅汇报了2015年福建省水产品质量安全监管与执法工作情况。

12月17日，以“尚德守法，打造福建食品安全强省”为主题的“2015福建食品安全峰会暨食品安全校园行”活动在福州举行。

【d. 食品科技】

福建省区域科技重大项目“食品安全信息监测系统及检测关键技术的研发”实施成效显著。该项目研究了食品安全信息监测系统软件平台、配套溯源终端以及检测关键技术，实现了从农产品种植养殖、食品生产加工、流通销售到餐饮领域的全链条溯源监管，对保障人民群众身体健康和食品安全具有重要意义。项目创新性地应用SOA概念和服务构件概念提出基于Web服务的食品质量信息平台框架，以工作流技术为导向的运作方式构建食品生产服务链组合过程。已获得“食品安全信息系统”等2项计算机软件著作权、“食品安全信息终端”等4项实用新型专利和国家强制性产品认证、电信设备进网许可证书。研究成果已在我省漳州、甘肃、贵州、苏州等省市推广应用，实现新增产值3518万元，新增利税529万元，取得了较好的社会和经济效益。

【e. 协会工作】

为进一步做强做大龙头食品企业，加快提升县（市、区）、域食品工业发展质量和水平，加快推进农村产业结构调整和转型升级，中国食品工业协会开展2014—2015年度全国食品工业优秀龙头食品企业和食品工业强县认定工作。

福建食协组织企业参加中国食品工业协会开展的第三届肉、禽、水产制品国家评委考聘换届工作，完善我省肉、禽、水产制品食品感官品评专业技术队伍。

6月10日，福建食协参加2015全国食品工业企业诚信管理体系评价机构座谈会。

7月7-8日，福建食协举办“2015食品工业企业诚信体系内部核查员培训班”，来自我省优秀食品企业以及高校、科研院所等相关人员共计40余人参加培训。

12月7日，福建省光泽县经济信息和商务局在光泽县举办食品工业企业诚信体系建设培训会。

全省铺开食品工业企业诚信管理体系评价工作。

应福建省食品药品监督管理局的要求，福建食协积极开展食品安全专题讲座及食品安全法规标准培训普及工作，承办我省加工食品抽检监测情况分析通报会。

福建食协联合福建省电子商务协会、国际创客周组委会联合主办“海峡两岸互联网大会·2015中国食品安全峰会暨物联网电商福建论坛”大会。

为促进我省食品工业企业科技进步与自主创新，推动产业结构优化升级和产品结构调整，进一步调动和激发食品企业、科技工作者勇于开拓、不断进取的积极性和创造性，福建食协开展第二届“福建省食品工业科学技术进步奖”评审工作。

福建食协2015年开展了13项闽台食品产业合作。

【f. 品牌建设和创优工作】

1.“中国茶叶区域公用品牌价值评估”评选结果揭晓，安溪铁观音以58.7亿元的品牌价值位居“2015中国茶叶区域公用品牌价值十强”榜首。该活动已开展六届，是中国茶叶区域公用品牌建设的年度风向标和衡量茶叶区域公用品牌年度建设成就的重要标尺。

2.全国名特优新农产品目录是农业部为深入挖掘、保护、培育和开发各地名特优新农产品资源，推进农产品品种改良、品质改进和品牌创建，大力发展优质安全农产品而建立的。福建省三明市粮油、蔬菜、果品、茶叶4大类别、14个产品、20家生产单位入选“2015年度全国名特优新农产品目录”，名单如下：

序号	产品	生产单位
1	宁化大米	宁化县河龙贡米米业有限公司
2	宁化薏米	福建省大中生物工程有限公司
3	朱口小籽花生	泰宁县宝盖岩朱口小籽花生专业合作社
4	赖坊红衣花生	三明市大丰山食品有限公司
5	建宁通心白莲	福建文鑫莲业股份有限公司
		福建闽江源绿田实业投资发展有限公司
		建宁县福鑫莲业食品有限公司
6	孟宗笋干系列	福建建宁孟宗笋业有限公司
7	明溪淮山	明溪县绿海淮山专业合作社
8	建宁黄花梨	建宁县绿源果业有限公司
9	客家金牡丹	福建省翠云茶业有限公司
10	沙县红边茶	福建省沙县宏苑茶业有限公司
11	大金湖岩茶	福建省状元茗茶有限公司
12	泰宁红茶	泰宁县泰和生态茶有限公司
13	尤溪绿茶	福建省尤溪县光兴茶业有限公司
		尤溪县碧叶馨茶叶专业合作社
		尤溪县云富茶业有限公司
14	尤溪红	福建省尤溪县光兴茶业有限公司
		福建碧叶馨茶业有限公司
		尤溪县云富茶业有限公司

3.福建省人民政府下发关于产业龙头促进计划实施方案的通知，结合我省食品企业实际情况，落实各项政策措施，加强跟踪协调服务；将23家食品企业项目列入2015年福建省工业和信息化产业龙头促进计划项目“三个一批”重点项目，名单如下：

序号	企业名称
1	福建仙芝楼生物科技有限公司
2	福建海壹食品饮料有限公司
3	明一国际营养品集团有限公司

序号	企业名称
4	福州百洋海味食品有限公司
5	厦门银鹭食品集团有限公司
6	福建安井食品股份有限公司
7	厦门烟草工业有限责任公司
8	大闽食品（漳州）有限公司
9	福建绿宝食品集团有限公司
10	盈丰食品股份有限公司
11	东山县海魁水产集团有限公司
12	福建晋江福源食品有限公司
13	福建省长汀盼盼食品有限公司
14	达利食品集团有限公司
15	福建八马茶业有限公司
16	福建安溪铁观音集团股份有限公司
17	福建省闽中有机食品有限公司
18	百威英博雪津啤酒有限公司
19	福建福矛酒业集团
20	福建省圣农实业有限公司
21	龙岩烟草工业有限责任公司
22	福建森宝食品集团股份有限公司
23	福鼎海鸥水产食品有限公司

4. 为推动福建省工业企业质量信誉建设，省经信委开展2015年“福建省工业企业质量信誉承诺活动”，在企业自愿申请和有关部门推荐的基础上，经省经信委审核并公示，176家企业被确定为2015年福建省工业企业质量信誉承诺企业，食品企业44家，占比25%，名单如下：

序号	企业名称	序号	企业名称
1	达利食品集团有限公司	23	福建连城健尔聪食品有限公司
2	元洪面粉食品（福建）有限公司	24	福建省华盛集团三明冷冻食品有限公司
3	福州惠生食用菌有限公司	25	百威英博雪津（三明）啤酒有限公司
4	福建胜基食品饮料有限公司	26	三明温氏食品有限公司
5	品胜（福建）食品有限公司	27	建宁县德美食品有限公司
6	福州西城食品有限公司	28	福建闽江源绿田实业投资发展有限公司
7	福建省连江远嘉冷冻食品有限公司	29	建宁县双溪食品有限公司
8	福建省连江天源水产有限公司	30	三明市建宁县泓鑫食品有限公司
9	福州正阳饲料有限公司	31	福建冠瑞生物科技有限公司
10	福建新正阳饲料科技有限公司	32	建宁县华新食品有限公司
11	福州百洋海味食品有限公司	33	福建元盛农业综合开发有限公司
12	福州隆利信生物制品有限公司	34	安农（福建）生态农业有限公司
13	信华食品（漳州）有限公司	35	福建省莆田新美食品有限公司
14	丹夫集团有限公司	36	福建省三紫有机茶叶有限公司
15	福建合口味食品工业有限公司	37	南平市闽鲜食品有限公司
16	福建铭兴食品冷冻有限公司	38	福建省建阳武夷味精有限公司
17	漳州双胞胎饲料有限公司	39	福建润兴生物科技有限公司
18	福建省泉州市裕园茶业有限公司	40	福安市昌运种植专业合作社
19	石狮北记食品有限公司	41	福建悠之源饮料有限责任公司
20	回头客食品集团股份有限公司	42	福建宇辉食品实业有限公司
21	福建省安溪县兴溪茶业有限责任公司	43	福建隽永天香茶业有限公司
22	福建省麦都食品发展有限公司	44	福建省好口福食品有限公司

5. 根据《福建省著名商标认定、管理和保护办法》的规定，按照《福建省工商局关于2015年申报认定及延续认定福建省著名商标工作的通知》（闽工商标〔2015〕66号）要求，经2015年11月9日福建省工商局局长办公会议研究，决定认定福建省尤溪县天达试剂有限公司“星天达及图”等416件商标为福建省著名商标，其中食品类141件，达34%，名单如下：

序号	申请人名称	商标	类别	商品（服务）项目	商标注册证号
1	白山鞍食品（漳州）有限公司	白山鞍及图	29	贝壳类动物（非活）；虾（非活）；甲壳动物（非活）	10412339
2	晋江市双骏食品工贸有限公司	双骏及图	29	香肠；鱼制食品；油炸丸子	3881650
3	陈守雄（福州陆雄食品有限公司）	陆雄及图	29	鱼（非活的）；水产罐头；肉	5334771
4	东山县华昌食品有限公司（东山县华信食品有限公司）	绿岛华信及图	29	鱼（非活）；贝壳类动物（非活）；鱼制食品	10457834

序号	申请人名称	商标	类别	商品（服务）项目	商标注册证号
5	东山县顺达水产食品有限公司	玄顺及图	29	鱼肉干；鱼松；鱼制食品	3270626
6	福建东山海源水产有限公司	澳角海源 AOJIAOHAIYUAN 及图	29	甲壳动物（非活）；鱼（非活）；鱿鱼	10414534
7	福建古甜食品科技股份有限公司	古甜	29	蔬菜罐头；笋干；干食用菌	7471740
8	福建海华农业开发有限公司	海耳及图	29	干食用菌；干蔬菜；木耳	6949956
9	福建宏峰泰海洋生物开发有限公司	野马屿海珍品及图	29	鱼(非活)；贝壳类动物(非活)；海参(非活)；	9080751
10	福建嘉田农业开发有限公司	嘉蕈及图	29	干食用菌；干蔬菜	3063184
11	福建久安水产有限公司	第8114905号图形	29	甲壳动物（非活）；鱼（非活的）；虾（非活）	8114905
12	福建康旺食品有限公司	康盛达；第7751546号图形	29	干食用菌；莲子；干枣	7751535、7751546
13	福建龙泰安生物科技发展有限公司	粟家庄	29	罐装水果；蔬菜罐头；速冻菜	7432967
14	福建南安市恒盛生态园有限公司	康盛KS	29	猪肉食品；板鸭；冻田鸡腿	10711849
15	福建欧瑞园食品有限公司	欧瑞园	29	以水果为主的零食小吃，以果蔬为主的零食小吃，蔬菜汤料	7724357
16	福建容和盛食品集团有限公司	容和盛 rohesen	29	猪肉；肉；肉片	11333415
17	福建三信食品有限公司	宇乐及图	29	蔬菜罐头；干菜笋；熟蔬菜	5575638
18	福建省聚海食品有限公司	春平鄉村	29	猪肉食品；板鸭；肉脯	1999169
19	福建省绿麒食品胶体有限公司	金閩南 JINMINNAN 及图	29	琼脂；食用果胶	1129668
20	福建省诏安福益食品有限公司	福星福益及图	29	蜜饯；话梅；腌水果	7874140
21	福建岁昌生态农业开发有限公司	顶鼎及图	29	肉；干燕窝；豆腐制品	7578129
22	福建欣丰水产有限公司	渔翁与海及图	29	鱼(非活)；腌制鱼；贝壳类动物(非活)	11164536
23	福建鑫富牧业发展有限公司	鑫富兴及图	29	肉；肉干；肉脯	97447929744804
24	福建优创油脂有限公司	优创	29	食用油脂；食用油；食用橄榄油	9360935
25	福建渔老大食品有限公司	渔老大	29	水产罐头	3881589
26	福建中海烤鳗有限公司	ZH及图	29	鱼制食品；水产罐头；鱼片	8578140
27	福清市谊华水产食品有限公司	YIHUA及图	29	鱼（非活的）；虾（非活）；明虾（非活）	4597588
28	福州捷丰海珍品开发有限公司	捷丰及图	29	贝壳类动物（非活）；海参（非活）	6608988
29	福州市绿洋生态农牧有限公司	绿洋LUYANG及图	29	死家禽；蛋；皮蛋（松花蛋）	9938313
30	福州田园乐橄榄油贸易有限公司	田园乐及图	29	食用油	5863259
31	福建星光食品有限公司	星光牌及图	29	水产罐头；听装（罐装）鱼；蔬菜罐头	4049312
32	连城县福农食品有限公司	金土地及图	29	加工过的花生；加工过的地瓜干（果脯）；蜜饯	8074857
33	闽清金水湾生态农业有限公司	大明谷及图	29	蛋；水果肉；干食用菌	7442803
34	宁德市东富贸易有限公司	东富及图	29	鱼(非活)；贝壳类动物(非活)；鱼制食品	10740576
35	宁德市鸿祥水产有限公司	鼎盛鸿	29	鱼(非活)；鱼制食品；腌鱼	8159711
36	莆田市海帝食品有限公司	帝鲍及图	29	甲壳动物（非活）；贝壳类动物（非活）；水产罐头	11128596
37	清流县嵩溪镇鑫牌豆腐皮厂	鑫珍XINZHEN及图	29	食物蛋白	5786369
38	三明市斧头山食品有限公司	第10234177号图形	29	鱼制食品；肉；干菜笋	10234177
39	味美王子（福建）食品有限公司	味美王子	29	加工过的瓜子；蜜饯；烤紫菜	6346285
40	厦门麦威工贸有限公司	麦威及图	29	罐装水果；精制坚果仁；奶油（奶制品）	8276069

序号	申请人名称	商标	类别	商品（服务）项目	商标注册证号
41	厦门欣禾丰果蔬专业合作社	欣鹭丰XINLUFENG及图	29	干桂圆	8050427
42	亚细亚休闲食品（南靖）有限公司	亚细亚田□园	29	以水果为主的零食小吃；以果蔬为主的零食小吃；干食用菌	6634402
43	谊来（福建）鲍鱼制品有限公司	谊来YILAI及图	29	肉；鱼（非活）；水产罐头	10677166
44	漳州市新万亚水产食品有限公司	newwangya及图	29	甲壳动物（非活）；贝壳类动物（非活）；鱼（非活的）	8573418
45	诏安东福水产有限公司	第9724094号图形	29	甲壳动物（非活）	9724094
46	诏安县三益乌鸡生态放养专业合作社	满山兜及图	29	乌鸡蛋（蛋）	11126751
47	中港（福建）水产食品有限公司	水中港及图	29	甲壳动物（非活）；鱼（非活）；水产罐头	10759836
48	周宁县怡然生态农业专业合作社	怡然乡梓及图	29	蛋	11315886
49	永嘉利（福建）食品有限公司	永嘉利及图	30	饼干	3517096
50	好运来（福建）食品有限公司	新欧乐	30	糕点；饼干（曲奇）；果馅饼	5563499
51	长乐聚泉食品有限公司	吉泉及图	30	调味酱油；酱油；调味料	10135701
52	福安市艾绿茶业有限公司	嬉香記	30	茶；茶饮料；茶叶代用品	8251655
53	福建博大食品有限公司	大红庄	30	糖；含淀粉食品；咖啡	9692187
54	福建川和茶业有限公司	川和茶业及图	30	茶；茶饮料	9245673
55	福建春伦茶业集团有限公司	生春源	30	茶；冰茶；茶饮料	10588373
56	福建哈龙峰茶业有限公司	双龙戏珠	30	茶	7348226
57	福建和翼生态茶叶发展有限公司	和翼	30	茶；茶叶代用品；糕点	10351598
58	福建红冠面粉工业有限公司	粉菊	30	食用面粉	6055654
59	福建美地农业科技发展有限公司	美地	30	谷类制品；食用淀粉；咖啡	8753398
60	福建省安溪县荣景茶业有限公司	RONGJING及图	30	茶；茶叶代用品	7954544
61	福建省华韵武夷茶业有限公司	尚井茗品	30	茶；茶饮料	8728168
62	福建省九道山茶业有限公司	九道山	30	茶；茶叶代用品；茶饮料	9433453
63	福建省天荣茶业有限公司	東頂雲霧及图	30	茶；茶饮料；茶叶代用品	5335096
64	福建省仙洋洋食品科技有限公司	立醇及图	30	茶；花草茶；茶饮料	11293941
65	福建省周宁县沁源春茶业有限公司	今春红及图	30	茶；茶叶代用品	7760702
66	福建秀雨农业发展有限公司	秀雨农业XIUYUAGRICULTURAL及图	30	茶；茶叶代用品；油茶粉	8945125
67	福建雅思嘉食品有限公司	雅思嘉及图	30	饼干；面包；糕点	8774537
68	福建一笔峰茶业有限公司	一笔峰及图	30	茶；茶叶代用品	8696942
69	福建永泰几何工贸有限公司	几何	30	茶饮料；茶；调味品	5793380
70	福建珍好吃食品有限公司	珍尚品	30	茶叶代用品；糖果；糕点	8572591
71	福建正山堂茶业有限责任公司	正山堂	30	茶；茶叶代用品；茶饮料	9995129
72	华安县兴和茶叶专业合作社	雲栈	30	茶；茶饮料	11389516
73	武平县如金茶叶有限公司	亦蘭香	30	茶；茶叶代用品	6488584
74	厦门市金香穗米业有限公司	鑫月芽及图	30	米	1722756
75	莆田市涵江区天林茶业农民合作社	新天林及图	30	茶	8195683
76	南靖县养蜂协会	南靖正冬蜜及图	30	蜂蜜	10202339
77	南平市同栗家食品有限公司	同栗家及图	30	糕点；以谷物为主的零食小吃；谷类制品	8196002
78	宁德市白马山茶叶有限公司	第8667018号图形	30	茶	8667018
79	宁德市九龙峰农业综合开发有限公司	一旗九龙峰；第11665844号图形	30	茶；茶饮料	11635030、11665844
80	宁德市军绿农业有限公司	軍綠及图	30	茶；冰茶；茶饮料	9545316

序号	申请人名称	商标	类别	商品（服务）项目	商标注册证号
81	宁德市三也农业开发有限公司	三也宜記及图	30	茶；茶叶代用品；茶饮料	9077707
82	莆田市一枝春茶业有限公司	比一壶BIYIHU	30	茶	5328153
83	泉州泉旺食品有限公司	泉旺及图	30	糖；糖果；糕点	4057302
84	上杭县汀江粮食购销有限责任公司	山田禾及图	30	谷类制品	5448434
85	顺昌县金祥粮食农民专业合作社	雲路及图	30	谷类制品；人食用的去壳谷物；米	9743149
86	松溪县绿特米果专业合作社	陆墩及图	30	米果；谷类制品；年糕	6949915
87	泰宁县新兴米业有限公司	晶裕及图	30	谷类制品；人食用的去壳谷物；米	4687925
88	福建壶润茶业有限公司	壶润HURUN	30	茶；茶叶代用品；糕点	9620927
89	建瓯市东峰德全茶厂	峰苑及图	30	茶；茶叶代用品；茶饮料	4065115
90	福州百饼园食品有限公司	百饼园	30	年糕；糕点；月饼	11308357
91	武平县梁野绿茶叶专业合作社	桃澜TAOLAN	30	茶，茶叶代用品，茶饮料	9286373
92	武夷山市天心正岩茶叶有限公司	天心正岩及图	30	茶	4698091
93	武夷山市夷宝斋茶业科技有限公司	夷宝斋及图	30	茶；冰茶；茶饮料	5229169
94	武夷山天园茶业有限公司	天原红TIANYUANHONG	30	茶；茶叶代用品；茶饮料	7456341
95	厦门湖头盛食品有限公司	湖头盛及图	30	米粉；面粉制品	1510104
96	厦门瑞丰制面有限公司	RF及图	30	面条；挂面；面粉制品	7962961
97	厦门市南普陀寺实业社	南普陀	30	馅饼（点心）；甜食；糕点	3105566
98	立盛茶业（安溪）有限公司	立盛LISHENG	30	茶；茶饮料；茶叶代用品	8724335
99	漳州市裕华食品有限公司	芒果MANGO及图	30	辣椒粉；调味品（辣）；醋	3544415
100	中闽魏氏茶业股份公司	帝韻及图	30	茶；茶叶代用品；茶饮料	5365894
101	德化县吉盛黑兔养殖有限公司	龙翰及图	31	活动物；活家禽；种家禽	7909366

序号	申请人名称	商标	类别	商品（服务）项目	商标注册证号
102	德化县英山珍贵淮山农民合作社	芹峰及图	31	食用植物根；鲜食用菌；鲜水果	9329970
103	福鼎市翠园黄金鸡养殖专业合作社	黄金鸡及图	31	活动物；活家禽；动物饲料	7159257
104	福建将乐禾生原生态菌业有限公司	yuanxun元蕈及图	31	新鲜蘑菇；新鲜蔬菜；菌种	7341950
105	福建容益菌业科技研发有限公司	容益	31	新鲜蘑菇；鲜食用菌；菌种	10384370
106	福建省宁德市东升农业开发有限公司	雷東及图	31	活鱼；甲壳动物	9810633
107	福建省石壁现代农业有限公司	石壁SHIBI及图	31	新鲜草莓；鲜葡萄；甜瓜	9946408
108	福建省顺昌齐星农产品开发有限公司	白荷BAIHE及图	31	鲜食用菌；新鲜蔬菜；菌种	11520175
109	福建省武平县鲤龙渔业专业合作社	崇山家鱼	31	活鱼；鱼子；虾（活的）	8326525
110	福建省武平县农欣果蔬专业合作社	百姓苑	31	新鲜蔬菜，柑橘，鲜水果	7899827
111	福建世野食用菌股份有限公司	南野际	31	新鲜蘑菇；鲜食用菌；新鲜蔬菜	9347412
112	福建顺昌兆丰生物科技有限公司	兆丰精灵及图	31	鲜食用菌；新鲜蔬菜；鲜水果	7651846
113	福建正茸农业发展有限公司	正茸及图	31	新鲜蘑菇；新鲜蔬菜；鲜食用菌	11321254
114	福州田美农业开发有限公司	龍凱	31	谷（谷类）；新鲜蔬菜；植物种子	5627870
115	连江县鲍鱼行业协会	连江鲍鱼	31	鲍鱼（活的）	13600377
116	龙岩市福欣牧业发展有限公司	福欣牧FUXINMU及图	31	活家禽；种家禽；活动物	9881808
117	闽侯县春阳农业综合有限公司	闽春阳及图	31	鲜橄榄；鲜水果；食用植物根	10300410
118	宁德市夏威食品有限公司	夏威	31	活鱼；贝壳类动物（活的）；饲料	10438537
119	莆田市华海水产品开发有限公司	莆鲜	31	活动物；贝壳类动物（活的）；人或动物食用海藻	10043488
120	浦城县家家福农副产品发展有限公司	荣华山及图	31	新鲜栗子；谷（谷类）；榛子	9692781

序号	申请人名称	商标	类别	商品（服务）项目	商标注册证号
121	三明市三元区回瑶大圣油桃专业合作社	回瑶油桃及图	31	油桃	7468653
122	上杭县旧县福村鸿建山鸡专业合作社	旧县JIUXIAN及图	31	活动物；种家禽；活家禽	8046158
123	上杭县祥春槐猪有限公司	香乐槐XIANGLEHUAI及图	31	活动物	8793900
124	建瓯市富民农业发展有限公司	良麟及图	31	鲜葡萄；新鲜蔬菜；鲜水果	8023539
125	武平县绿康象洞鸡养殖专业合作社	射胡象洞鸡	31	活动物；活家禽；鸡（活动物）	7142862
126	霞浦县东孚农庄有限公司	丛绿及图	31	绿笋（新鲜蔬菜）；鲜食用菌；新鲜蔬菜	3676124
127	厦门嘉康饲料有限公司	汇嘉HJ及图	31	饲料；动物用鱼粉；牲畜饲料；	1773820
128	厦门市明穗粮油贸易有限公司	明穗	31	小麦；谷（谷类）；玉米	9119812
129	厦门市文兴蔬菜种苗有限公司	助农及图	31	鲜水果；新鲜蔬菜；植物种子	8293282
130	龙岩市永定区金汝山生态虫子鸡种养殖农民专业合作社	金汝山及图	31	种家禽；活家禽；动物食品	8404530
131	漳浦县佛昙镇鑫鸿水产专业合作社	欣鸿及图	31	活鱼；虾（活的）；贝壳类动物（活的）	7691196
132	漳州傲农牧业科技有限公司	傲农	31	饲料；动物饲料；非医用饲料添加剂	9410209
		AONONG及图	31	饲料；动物饲料	10691557
134	诏安县桥东镇水产养殖协会	仙塘红蟳及图	31	红蟳（活的）	11708371
135	龙岩嘉麒生物科技有限公司	嘉麒	32	奶茶(非奶为主）；植物饮料；豆类饮料	6528661
136	福建吉百年食品有限公司	鼓岭	33	黄酒；料酒；米酒	10582940
137	福建省沈熹酒业有限公司	沈熹红	33	黄酒；酒（饮料）	7991183
138	宁德市黄家酒业有限公司	虎贝黄家老酒及图	33	黄酒；米酒；烧酒	5053915
139	武夷山遵矛酒业有限公司	老遵矛及图	33	酒	6160275
140	亚洲酿酒（厦门）有限公司	固本	33	酒	306973
141	亚洲酿酒（厦门）有限公司	松筠堂	33	酒	337472

6. 根据福建名牌产品评价程序，经省名牌产品评定工作委员会评审，省政府同意授予福建康宏股份有限公司生产的“多佰+dobo牌食用植物油（大豆油）”等118项食品类产品为“2015年度福建名牌产品”，名单如下：

序号	企业名称	商标及产品名称
1	福建康宏股份有限公司	多佰+dobo牌食用植物油（大豆油）
2	元洪面粉食品（福建）有限公司	元洪+图形、石竹山牌+图形、石竹山、元洪牌小麦粉（通用、专用）
3	福建胜华农业科技发展有限公司	永泰三状元牌永泰山茶油
4	福建馥华食品有限公司	FUHUA+馥华+图形牌速冻食品[速冻其他食品（速冻肉制品）]
5	福清市新大泽螺旋藻有限公司	新大泽牌螺旋藻
6	福建福铭食品有限公司	福铭牌速冻食品（速冻烤鳗）
7	福州百洋海味食品有限公司	百洋牌罐头（畜禽水产罐头）
8	福州百洋海味食品有限公司	百洋牌速冻食品[速冻面米食品（生制品）、速冻其他食品（速冻肉制品）]
9	惠万家食品（福建）有限公司	HaoJiaRen+好家人+图形牌罐头（果蔬罐头）
10	福州大世界橄榄有限公司	大世界牌蜜饯（橄榄、梅、李）
11	福建龙旺食品饮料有限公司	龙旺+图形+LONGWANG牌速冻食品[速冻面米食品（生制品）]
12	福建海壹食品饮料有限公司	海旺+图形牌速冻食品（速冻面米食品）
13	贝奇（福建）食品有限公司	贝奇+图形牌饮料（果汁及蔬菜汁类）
14	福州统一企业有限公司	统一牌饮料（茶饮料类）
15	福州大世界橄榄有限公司	大世界牌饮料（果汁及蔬菜汁类）
16	福建省台福食品有限公司	台福牌饮料（消消火凉茶）
17	福建茶叶进出口有限责任公司	蝴蝶+图形+BUTTERFLYBRAND牌茶叶（花茶、白茶）
18	闽榕茶业有限公司	鉴露+图形牌茶叶（绿茶、乌龙茶、花茶、红茶）
19	福建榕诚食品有限公司	榕诚+图形牌味精
20	福建省神蜂科技开发有限公司	图形牌蜂产品（蜂蜜）
21	福建鸭嫂食品有限公司	鸭嫂牌蛋制品（再制蛋类）（皮蛋、咸蛋）
22	厦门中盛粮油集团有限公司	图形+盛洲+shengzhou牌食用植物油
23	厦门好年东米业有限公司	图形+好年东牌大米

序号	企业名称	商标及产品名称
24	华祥苑茶业股份有限公司	图形+华祥苑+EMPEREUR牌茶叶（乌龙茶）
25	厦门山国饮艺茶业有限公司	山國饮藝牌茶叶
26	厦门绿帝生态股份有限公司	图形+绿帝牌蔬菜制品[食用菌制品（干制食用菌）]
27	漳州市宏香记食品有限公司	宏香记+图形牌肉制品
28	福建省诏安县海利水产有限公司	HL+图形牌速冻虾
29	福建中海烤鳗有限公司	ZH+图形牌冻虾
30	漳州泉丰食品开发有限公司	盈豐+图形牌冷藏巴氏灭菌蟹肉
31	龙海海昌食品有限公司	兴福+XINGFU+图形牌果蔬罐头
32	漳州市常山海之味冷冻食品有限责任公司	图形牌冷藏罐装巴氏杀菌蟹肉
33	漳州市港昌工贸有限公司	Q-three+Q3+图形牌果蔬罐头
34	立兴集团有限公司	图形+LIXING牌果蔬罐头
35	奇客食品有限公司	鹅仙、鹅仙+EXIAN牌饼干
36	漳州市金峰食品工业有限公司	金峰牌饼干
37	信华食品（漳州）有限公司	SINGSHUA+图形牌包子
38	福建立兴食品有限公司	图形+LIXING牌速食汤
39	绿新（福建）食品有限公司	图形牌卡拉胶
40	精益珍食品（漳州）有限公司	精益珍+图形牌沙琪玛
41	盈丰食品股份有限公司	盈豐+图形牌干糖姜、糖水姜
42	龙海市嘉昌水产有限公司	嘉昌+JIACHANG+图形牌冻去皮鱿鱼
43	龙海市格林水产食品有限公司	GREENS+格林氏牌冻罗非鱼片
44	龙海市海利隆冷冻食品有限公司	海利隆+图形牌冻鳐鱼
45	东山县启昌冷冻加工有限公司	啓昌+qichang+图形牌冷冻对虾
46	东山县宏祥水产有限公司	陵岛宏祥+LINGDAOHONGXIANG+图形牌冻鱿鱼
47	东山县昌兴水产食品有限公司	昌兴水产+图形牌速冻巴浪鱼
48	东山新合发食品有限公司	新合发+XINHEFA+图形牌速冻水产品（海水鱼）
49	东山县东协成水产食品有限公司	东+图形牌速冻水产品（鱼、虾）
50	福建新福水产集团有限公司	DS.XF+图形牌速冻水产品（鱿鱼、章鱼）
51	漳州市闽正食品有限公司	闽正、CS牌冻巴浪鱼
52	漳州顺益食品有限公司	顺渔福+图形牌冻鱿鱼
53	漳州昌龙农牧有限公司	鑫昌龙+XINCHANGLONG+图形牌冻鸭
54	晋江市阿一波食品工贸有限公司	阿一波牌干紫菜

序号	企业名称	商标及产品名称
55	福建省泉州喜多多食品有限公司	喜多多牌椰果王罐头
56	福建天线宝宝食品股份有限公司	阿尔卑斯+AERBEISI牌果冻
57	福建亲亲股份有限公司	亲亲+Qinqin+图形牌果冻
58	福建雅客食品有限公司	雅客+yake+图形牌糖果
59	泉州盛世三和茶业有限公司	图形+三和牌铁观音
60	福建省安溪县自清华茶业有限公司	春水秋香牌铁观音
61	福建日春实业有限公司	红方+图形、红方牌岩茶
62	福建省安溪县兴溪茶业有限责任公司	图形+耕耘牌铁观音
63	福建泉州市福泉春食品有限公司	福泉春+图形牌永春老醋
64	永春县永春老醋有限责任公司	桃溪+图形牌永春老醋
65	福建省永春金春酿造有限公司	桃星+TX+图形牌永春老醋
66	福建省金燕海洋生物科技股份有限公司	乘风牌琼脂
67	名佑（福建）食品有限公司	名佑+MINGYOU牌培根
68	福建天清食品有限公司	天清食品+图形牌速冻食品[速冻面米食品（生制品）速冻其他食品（速冻肉制品）]
69	福建华盛集团三明冷冻食品有限公司	山明溪流牌冷冻烤鳗
70	福建仙顶实业有限公司	仙顶+图形牌茶叶（乌龙茶）
71	福建大田大方广茶业有限公司	江山美人+图形牌乌龙茶
72	福建省春辉茶业有限公司	春辉牌茶叶（乌龙茶）
73	福建省翠云茶业有限公司	翠云山牌茶叶（乌龙茶）
74	清流县嵩溪镇鑫牌豆腐皮厂	鑫珍牌豆腐皮
75	福建省中源食品有限公司	大家发牌红心熟咸蛋
76	莆田市城厢区诚味食品有限公司	易太牌速冻肉制品
77	天喔（福建）食品有限公司	天喔牌蜜饯
78	福建省仙游面粉发展有限公司	万寿塔+图形牌小麦粉（通用）
79	福建省康辉食品有限公司	康辉+图形牌植物蛋白饮料
80	福建省莆田市飞龙食品有限公司	升龙牌腐竹
81	莆田市涵兴食品有限公司	涵兴记牌酱腌菜
82	福建省红太阳精品有限公司	大欢喜牌红蛋
83	福建易扬食品有限公司	東福光+TOFCO+图形牌水煮笋罐头
84	福建易扬食品有限公司	東福光+TOFCO+图形牌建瓯锥栗

序号	企业名称	商标及产品名称
85	福建省建瓯市龙兴茶叶有限公司	光兴+图形牌茶叶（乌龙茶）
86	武夷山市九龙袍茶业有限公司	九龙袍+JIULONGPAO+图形牌茶叶（乌龙茶）
87	福建武夷岩生态茶业有限公司	茶人一品+图形牌茶叶（乌龙茶）
88	武夷山清神阁茶业有限公司	清神阁牌茶叶（乌龙茶）
89	武夷山市北岩岩茶精制厂	北岩+图形牌茶叶（乌龙茶）
90	福建省隆合茶业有限公司	隆合+LONGHE牌政和白茶
91	福建茂旺茶业有限公司	茂旺牌政和工夫红茶
92	邵武市留仙峰茶业有限公司	留仙峰、留仙峰碎铜茶牌邵武碎铜茶
93	福建省富士岛（政和）食品企业有限公司	富仙+Fuxian+图形牌脱水白萝卜丝
94	福建省龙岩嘉丰米业有限公司	家丰+图形牌大米
95	漳平市岳山茶业有限公司	岳山國際+图形牌乌龙茶
96	连城县广大食品厂	广大园+GUANGDAYUAN+图形牌蜜饯
97	福建连城健尔聪食品有限公司	健尔聪+图形牌蜜饯
98	福建省武平县练家香土特产有限公司	练家香+图形牌食用菌(灵芝)
99	福建乡下厨房食品有限公司	乡下厨房牌米烧兔
100	福建惠泽龙酒业有限公司	惠泽龙牌黄酒
101	霞浦县目海茶业有限公司	目海+muhai牌绿茶
102	福建省天禧御茶园茶业有限公司	御茶园牌白茶
103	福建福安市城湖茶叶有限公司	图形牌坦洋工夫红茶
104	福建省千氏茗茶业有限公司	千氏茗牌茶叶（绿茶、花茶、红茶、乌龙茶）
105	福建省天丰源茶产业有限公司	六妙牌茶叶（白茶）
106	福建省兴旺茶业有限公司	福兴旺牌坦洋工夫红茶
107	福建归来客有机茶叶有限公司	归来客牌茶叶（绿茶）
108	安发（福建）生物科技有限公司	甘诺+图形牌代用茶
109	芋魁食品（福建）股份有限公司	芋魁牌福鼎槟榔芋
110	霞浦县东孚农庄有限公司	丛绿+图形+conglv牌清水笋
111	福建古甜食品科技股份有限公司	古甜牌绿竹笋
112	福建康旺食品有限公司	康盛达牌银耳
113	霞浦县新世纪农业科技开发有限公司	世纪农源牌速冻果蔬
114	福建闽威实业股份有限公司	闽威+MINWELL+图形牌花鲈
115	福建岳海水产食品有限公司	岳海+图形牌速冻大黄鱼、香鱼、鲍鱼
116	福建省霞浦东吾洋绿色食品有限公司	中洋牌冻生鱼片
117	福建省霞浦县盛威工贸有限公司	闽松+图形牌海带紫菜
118	福建百野轩食品集团股份有限公司	百野轩牌海带紫菜

7. 福建省科技厅根据《高新技术企业认定管理办法》和《高新技术企业认定管理工作指引》有关规定，以及《关于福建省2015年第一篇高新技术企业备案的复函》，认定319家企业为福建省2015年高新技术企业，其中食品企业7家，名单如下：

序号	企业名称	证书编号
1	福建光阳蛋业股份有限公司	GR201535000094
2	福建省神六保健食品有限公司	GR201535000100
3	福建品品香茶业有限公司	GR201535000257
4	莆田市汇龙海产有限公司	GR201535000101
5	福建闽江源绿田实业投资发展有限公司	GR201535000021
6	福建省绿麒食品胶体有限公司	GR201535000035
7	福建欧瑞园食品有限公司	GR201535000087

8. 武夷山市新增37家企业获准使用地理标志保护产品专用标志。国家质检总局公布《质检总局关于核准盘锦万邦精制米业有限公司等企业使用地理标志保护产品专用标志的公告》（2015年第43号），公告武夷山奇顺生态茶业有限公司等29家武夷岩茶及8家武夷红茶生产企业获准使用"武夷岩茶"、"武夷红茶"地理标志产品专用标志，获准使用武夷岩茶地理标志产品专用标志企业共356家，获准使用年，武夷红茶地理标志产品专用标志企业共25家。

9、福建省东山县出口海捕水产品、安溪县出口乌龙茶、福清市出口蛋制品、光泽县出口禽肉、宁德市出口大黄鱼、莆田市出口蔬菜、三明市梅列区出口鳗鱼产品、永春县出口柑橘、长乐市出口鳗鱼产品、诏安县出口对虾等10个国家级出口食品农产品质量安全示范区均通过2015年年审。

10、福建省光泽中国生态食品城招商推介会在上海志俊国际大酒店举行。本次招商推介会，是光泽县委、县政府利用第19届中国国际食品添加剂和配料展会期间，国内食品企业云集上海的大好时机，向食品界推介光泽的青山绿水和生态食品产业发展，寻找更多合作机遇。近年来，光泽县积极抢抓各种政策机遇，依托绿色生态优势和产业基础，坚持走绿色发展道路，提出了建设“中国生态食品城”的战略目标。在产业发展上，主打生态牌，重点发展食品加工业，即以肉鸡深加工为主，同步发展有一定基础的粮、水、酒、鱼、笋、油、茶、药、菌等食品加工和食品生物技术产业，延伸食品包装、仓储、冷藏、配送等产业链，争取到2020年，实现全县食品产业销售收入200亿元以上。

林玉明　檀巧斌

3.8 山东省

【a. 概况】

2015年，全省规模以上食品工业企业实现主营业务收入16910.23亿元，同比增长3.68%，增速回落了6个百分点，比全国食品工业低近1个百分点；实现利税1493.39亿元，同比增长3.33%，增速回落了3个百分点，比全国食品工业低3个百分点；实现利润978.39亿元，同比增长5.63%，增速同比持平，比全国食品工业低2个百分点；出口额116.32亿美元，同比下降4.5%，降幅为8个百分点。主营业务收入、利税额、利润额和出口额分别占全国食品工业的比重为16.18%、14.51%、14.32%和24.66%，四项指标均居全国同行业首位。

在国家统计的22种主要食品中，16种食品产量增长，6种食品产量下降。产量同比增长的食品有：包装饮用水增长28.68%，食品添加剂增长23.31%，液体乳增长20.5%，速冻米面食品增长10.21%，果汁和蔬菜汁饮料增长7.66%，碳酸饮料增长7.53%，冷冻水产品增长6.76%，酱油增长6.73%，乳粉增长6.2%，精制食用植物油增长5.76%，发酵酒精增长4.54%，冷冻饮品增长3%，精制茶增长2.95%，罐头增长2.13%，鲜冷藏肉增长1.9%，白酒增长1.18%。产量同比下降的食品有：小麦粉下降0.35%，大米下降1.22%，葡萄酒下降2.79%，糖果下降5.03%，方便面下降9.2%，啤酒下降22.34%。我省葡萄酒、鲜冷藏肉、啤酒等3种产品产量居全国第一位，小麦粉、白酒2种产品产量居全国第二位，食用植物油、糖果、罐头、乳制品、酱油等5种产品产量居全国第三位。

在国家海关部门统计的11种主要出口食品中，3种食品出口额同比增长，8种食品出口额同比下降。出口额同比增长的食品有：干果及坚果3.38亿美元，增长12.98%；干制蔬菜4.52亿美元，增长6.14%；冷冻及保鲜蔬菜5.59亿美元，增长2.85%。出口额同比下降的食品有：调味品及发酵品14.04亿美元，下降2.05%；冻水产品24.39亿美元，下降5.72%；方便食品2.64亿美元，下降6.19%；水果汁2.38亿美元，下降8.4%；贝参蛤类品（冻、干、盐腌）4.8亿美元，下降8.92%；罐头3.35亿美元，下降9.8%；冻畜禽肉1.77亿美元，下降17.15%；冷冻及保鲜水果和坚果1.21亿美元，下降18.11%。

【b. 协会主要工作】

1月29日，在济南召开了山东省白酒发展座谈会。

1月23-28日，在潍坊举办了2015年第11届中国（山东）年博会。

4月10日，在济南召开省食协调味品专业委员会会长办公会。会议重点研究落实了我省主办鲁吉黑三省调味品产业联盟年会各项事宜。会议还研究了组织调味品企业参加在济南举办的“转型升级·香港博览”活动。

6月5日，召开了省食协七届四次理事会。

6月24-25日，在济南召开了2015年全省白酒评委年会。

7月14日，在济南召开了全省食品行业重点企业技术创新工作座谈会。

8月24-25日，组织省评委对全省食品行业（焙烤食品及馅料、调味品、粮油制品、速冻食品、肉制品、乳制品等）产品进行了感官质量品评。

9月18-19日，在泰安市举办了一期“全省食品行业《中华人民共和国食品安全法》培训班”。

11月19日，在泰安召开了省食协调味品专业委员会年会。

5月－11月，省食协组织举办了济南国际食品博览会、潍坊食品博览会和中国北方国际（青岛）食品添加剂及配料展览会，并达到预期效果。还组织我省40多家重点、特色食品企业参加了中国食品工业协会在上海举办的中国食品工业博览会和食品工业发展高层论坛。

7月－12月，编写了《山东省食品工业技术创新指南》。按照省经信委《山东省重点行业技术创新指南》编制工作的要求。

11月，编写了《1985-2015中国白酒三十年发展报告》中中国白酒三十年地区发展报告—山东省白酒发展三十年发展报告部分。

【c. 主要经济数据】

1. 山东省食品工业主要效益指标

(单位:千元)

名称	企业数(个)	主营业务收入	同比增长率	利润总额	同比增长率
采盐	46	11385229	-0.08%	932672	-5.95%
谷物磨制	444	111353152	3.60%	6207606	-4.89%
饲料加工	593	159080580	1.85%	6573920	-0.69%
食用植物油加工	320	161894670	-0.69%	6793984	10.34%
非食用植物油加工	22	4658276	-23.54%	259071	-29.96%
制糖业	11	15737169	19.20%	250250	-182.01%
牲畜屠宰	159	61759436	9.16%	3015255	3.20%
禽类屠宰	350	141323224	-1.30%	5387468	-3.40%
肉制品及副产品加工	243	111863199	7.37%	6262183	21.57%
水产品冷冻加工	401	164946882	8.01%	8846158	5.77%
鱼糜制品及水产品干腌制加工	39	14282940	3.94%	1112261	15.09%
水产饲料制造	24	6803481	12.24%	367869	7.66%
鱼油提取及制品制造	3	946252	11.32%	34103	-17.22%
其他水产品加工	23	6538229	12.54%	323035	10.16%
蔬菜加工	702	131424074	5.13%	9429221	10.47%
水果和坚果加工	303	58899419	10.36%	3733365	9.65%
淀粉及淀粉制品制造	113	68932620	-9.00%	2950281	-26.89%
豆制品制造	62	10300581	14.57%	573418	11.65%
蛋品加工	53	8401609	9.69%	572769	-8.71%
其他未列明农副食品加工	133	27665845	4.38%	1656954	3.79%
糕点、面包制造	67	7118961	14.35%	399266	4.49%
饼干及其他焙烤食品制造	96	18251376	9.72%	1368483	9.98%
糖果、巧克力制造	32	4904399	5.24%	314419	-2.65%
蜜饯制作	67	9907444	3.22%	659164	-2.54%
米、面制品制造	49	6556801	12.04%	434405	7.18%
速冻食品制造	52	6577029	13.43%	491012	20.87%
方便面及其他方便食品制造	33	9843520	6.13%	680369	22.79%
乳制品制造	62	30533979	0.35%	2725855	12.72%
肉、禽类罐头制造	7	1222599	2.80%	96914	19.94%
水产品罐头制造	4	611179	16.22%	29987	55.99%
蔬菜、水果罐头制造	99	19978725	7.75%	1101532	3.75%
其他罐头食品制造	4	456841	25.78%	10874	-1.78%
味精制造	14	5187567	0.63%	336822	42.18%
酱油、食醋及类似制品制造	52	12502015	18.96%	914606	34.49%
其他调味品、发酵制品制造	96	30684960	14.15%	2320174	7.18%
营养食品制造	17	9184654	13.10%	1012783	19.66%
保健食品制造	28	2741362	-7.55%	202275	-10.49%
冷冻饮品及食用冰制造	26	4465195	9.91%	331922	15.34%
盐加工	13	3522229	18.13%	213699	15.97%
食品及饲料添加剂制造	232	70974557	-2.05%	4855033	-8.40%
其他未列明食品制造	33	8438273	9.75%	552571	14.04%
酒精制造	12	5119097	39.54%	201492	28.63%
白酒制造	166	40472799	3.63%	2687332	1.91%
啤酒制造	47	32261005	2.13%	2836771	15.80%
黄酒制造	5	848776	-3.11%	60485	-22.98%
葡萄酒制造	55	25729462	5.18%	3198948	5.30%
其他酒制造	12	1463719	26.18%	120604	27.38%
碳酸饮料制造	9	3552514	0.56%	498572	118.01%
瓶（罐）装饮用水制造	43	5724368	3.92%	432817	5.24%
果菜汁及果菜汁饮料制造	48	16023108	6.67%	1765975	53.60%
含乳饮料和植物蛋白饮料制造	31	11411841	-2.48%	1304416	5.62%
固体饮料制造	4	1132813	6.25%	72848	8.57%
茶饮料及其他饮料制造	13	2834445	0.18%	114292	-19.42%
精制茶加工	31	2588794	-4.42%	210917	-1.69%

2. 山东省食品工业主要产品产量

产品名称	单位	企业数（个）	产量	同比增长%
原盐	吨	56	16589476.7	-9.81
小麦粉	吨	307	23750134.58	-0.35
大米	吨	16	555031.19	-1.22
饲料	吨	420	32560644.61	-1.08
其中:配合饲料	吨	245	20720038.93	0.66
混合饲料	吨	107	6852839.51	-6.2
精制食用植物油	吨	188	6941691.37	5.76
成品糖	吨	1	0	0
鲜、冷藏肉	吨	271	9819208.89	1.9
冷冻水产品	吨	127	1065987.46	6.76
糖果	吨	20	321135	-5.03
速冻米面食品	吨	19	75743.2	10.21
方便面	吨	12	337193.28	-9.2
乳制品	吨	46	2508950.38	19.1
其中:液体乳	吨	41	2421718.97	20.5
乳粉	吨	6	35889.41	6.2
罐头	吨	72	1126282.19	2.13
酱油	吨	29	945107.99	6.73
冷冻饮品	吨	11	114405	3
食品添加剂	吨	58	2218344.61	23.31
发酵酒精（折96度，商品量）	千升	9	428932	4.54
饮料酒	千升	221	7563678.24	-18.14
白酒（折65度，商品量）	千升	128	1131295.67	1.18
啤酒	千升	39	5894305.86	-22.34
葡萄酒	千升	48	401443.04	-2.79
软饮料	吨	78	7731725.94	20.83
其中:碳酸饮料类(汽水)	吨	6	651747	7.53
包装饮用水类	吨	31	5437234.59	28.68
果汁和蔬菜汁饮料类	吨	23	684473.84	7.66
精制茶	吨	19	2783.54	2.95

【d. 食品工业强县和先进企业】

1. 山东省荣获 2014—2015 年度全国食品工业强县（市、区）名单如下：

金乡县、沂水县、泗水县

2. 山东省荣获 2014—2015 年度全国食品工业优秀龙头食品企业名单如下：

新三和（烟台）食品有限责任公司
烟台蓬珠酒业有限公司
山东百脉泉酒业有限公司
诸城外贸有限责任公司
菱花集团有限公司
山东龙氏食品有限公司
山东洪丰面粉有限公司
潍坊振祥食品有限公司
山东肥城精制盐厂
山东福宽生物工程有限公司
荣成泰祥食品股份有限公司
青援食品有限公司
鲁洲生物科技（山东）有限公司
山东健源食品有限公司
烟台美齐食品有限公司
烟台双塔食品股份有限公司
招远三嘉粉丝蛋白有限公司
蓬莱佳味食品有限公司
蓬莱京鲁渔业有限公司
山东新绿食品股份有限公司
泗水县锦川花生食品有限公司
济宁鸿润食品有限公司
龙大食品集团有限公司
烟台海和食品有限公司
张氏（青岛）海产有限公司
菏泽嘉宏脱水食品有限公司

【e. 名优产品】

依据《山东名牌认定管理办法》，烟台北方安德利果汁股份有限公司等 56 家食品企业的产品荣获 2015 年度山东省名牌产品，名单如下：

2015年度山东名牌产品认定名单

序号	行政区划	单位名称	产品名称	品牌
01	烟台市	烟台北方安德利果汁股份有限公司	浓缩果汁	安德利 ANDRE
02	东营市	山东绿洲醇食品有限公司	饮料（果蔬汁饮料）	鹤宝

序号	行政区划	单位名称	产品名称	品牌
03	烟台市	绿杰股份有限公司	发酵型苹果醋饮料	
04	菏泽市	菏泽巨鑫源食品有限公司	康爱草芦笋发酵汁	康爱草
05	莱芜市	鲁中汇源食品饮料有限公司	汇源果蔬汁及果蔬汁饮料	汇源
06	烟台市	烟台张裕葡萄酿酒股份有限公司	葡萄酒	张裕
07	青岛市	青岛华东葡萄酿酒有限公司	葡萄酒	华东
08	烟台市	烟台南山庄园葡萄酒有限公司	干红、干白葡萄酒	南山庄园
09	青岛市	青岛卓维浓酒业有限公司	葡萄酒	卓维浓
10	烟台市	威龙葡萄酒股份有限公司	葡萄酒	
11	枣庄市	汉诺联合集团汉诺葡萄酒有限公司	葡萄酒	汉诺庄园
12	烟台市	中粮君顶酒庄有限公司	葡萄酒	君顶
13	烟台市	蓬莱酒业有限公司	葡萄酒	
14	烟台市	烟台时代葡萄酒有限公司	葡萄酒	JINSE SHIDAI
15	青岛市	青岛东生集团股份有限公司	烘焙花生	汇生园
16	临沂市	临沂市康发食品饮料有限公司	水果罐头	康发及图
17	临沂市	临沂市康发食品饮料有限公司	蔬菜罐头	康发及图
18	青岛市	青岛佳德食品股份有限公司	烤咸干花生果	JL（佳乐）
19	青岛市	青岛柏兰集团有限公司	炒货食品及坚果制品（烘烤芝麻）	
20	青岛市	青岛众地坚果食品有限公司	果炒坚货食品	众地
21	泰安市	泰安泰山亚细亚食品有限公司	速冻有机蔬菜	九洲丰园
22	青岛市	青岛老三东食品股份有限公司	铁锅花生	老三东
23	菏泽市	菏泽巨鑫源食品有限公司	康爱草黄桃罐头	康爱草
24	枣庄市	山东莺歌食品有限公司	花生酱	莺歌
25	烟台市	朗源股份有限公司	水果干制品	朗源 LONTRUE
26	德州市	山东鲁丰食品科技股份有限公司	辣椒	本元斋
27	济宁市	泗水县锦川花生食品有限公司	烘烤花生仁	锦川
28	青岛市	山东新希望六和集团有限公司	禽肉熟制品	六和牌
29	烟台市	烟台市喜旺食品有限公司	畜、禽肉熟制品（A酱卤肉制品、B熏烧烤肉制品、C熏煮香肠火腿制品）	喜旺
30	青岛市	青岛康大食品有限公司	兔肉制品	康大
31	潍坊市	山东得利斯食品股份有限公司	畜、禽肉熟制品	得利斯
32	潍坊市	诸城外贸有限责任公司	禽肉熟制品	
33	潍坊市	山东鲁丰集团有限公司	禽肉熟制品	
34	聊城市	山东凤祥股份有限公司	熏烤禽肉制品	凤祥
35	济宁市	兖州市绿源食品有限公司	酱鸭	樱源
36	潍坊市	山东佳士博食品有限公司	畜、禽肉熟制品	佳士博
37	德州市	山东德州扒鸡股份有限公司	扒鸡系列制品	华一
38	青岛市	青岛正大有限公司	禽肉熟制品	正大
39	威海市	山东好当家海洋发展股份有限公司	干海参	
40	威海市	山东好当家海洋发展股份有限公司	冷冻即食刺参	
41	威海市	山东海之宝海洋科技有限公司	纯鲜海藻面	海芝宝
42	威海市	山东鸿洋神水产科技有限公司	熟干海带	鸿洋神
43	烟台市	山东东方海洋科技股份有限公司	干海参	东方海洋
44	日照市	山东美佳集团有限公司	速冻海参	美加佳
45	威海市	山东俚岛海洋科技股份有限公司	即食海带	
46	青岛市	青岛春明调味品有限公司	海带丝	春明伟业
47	威海市	威海市宇王集团有限公司	即食海参	宇王
48	威海市	荣成宏伟食品有限公司	即食海参	
49	威海市	威海市宇王集团有限公司	盐渍海带	宇王
50	青岛市	青岛海康水产发展有限公司	海参	月亮湾
51	聊城市	东阿阿胶股份有限公司	复方阿胶浆	
52	聊城市	东阿阿胶股份有限公司	阿胶	
53	聊城市	东阿阿胶股份有限公司	阿胶速溶粉	
54	聊城市	东阿阿胶股份有限公司	阿胶元浆	

序号	行政区划	单位名称	产品名称	品牌
55	聊城市	山东东阿阿胶保健品有限公司	阿胶糕	
56	济南市	山东福胶东阿镇阿胶有限公司	阿胶	福牌、东阿镇牌

【f. 山东省著名商标】

根据《山东省著名商标认定和保护办法》及有关规定，山东省食品工业产品注册商标 84 件被评为山东省著名商标，名单如下：

1. 山东省著名商标名单

申请单位	注册商标	注册证号	认定商品
山东省供销社农产品有限公司	鲁供	8308573	鲜水果
济南圣都食品有限公司	圣都及图	7904153	肉；火腿；香肠
山东华夏良子健康管理有限公司	图形	2010884	保健
山东华夏良子健康管理有限公司	华夏良子及拼音	1980039	保健
山东九月天餐饮管理有限公司	九月天	8416770	饭店；流动饮食供应；备办宴席
济南盛德实业有限公司	品得仙及图	1670771	精制坚果仁
济南瓦罐香沸酒店管理有限公司	瓦罐香沸	8069834	餐厅；自助餐厅
济南大亿膨化机械有限公司	大亿	3447938	制食品用电动机械；食品包装机；机械加工装置
济南泓泉制水有限公司	泉娃及拼音	7195396	矿泉水（饮料）；纯净水（饮料）
山东兴牛乳业有限公司	兴牛	4713287	牛奶；酸奶；奶酪
济南海之舟食品有限公司	海之舟及图	6053709	鱼（非活的）；虾（非活）；贝壳类动物（非活）
济南嘉和世纪酒店管理有限公司	东方豪客及图	7359963	饭店；自助餐厅；餐厅
济南居易酿造有限公司	居易及图	6875743	酱油；醋；调味品
章丘市东健食品有限公司	刁镇及图	919302	食用油脂
济南万生源农牧发展有限公司	万鲁及图	7176164	新鲜蔬菜
济南胜源农业发展有限公司	德利胜源及图	8294523	鲜水果
山东民健面粉有限公司	民健及图	7788379	面粉
青岛帝一铭食品有限公司	帝一铭及图	8408454	海参（非活）
青岛国香粮油有限公司	琴岛牌	5702899	食用油
青岛新希望琴牌乳业有限公司	琴牌及图	3777471	牛奶；牛奶饮料（以牛奶为主的）
青岛众地坚果食品有限公司	衆地	4758923	加工过的花生
青岛东生集团股份有限公司	TOPSEN	1943379	加工过的花生
山东福田科技集团有限公司	蜜福堂	8152000	天然增甜剂
美泰科技（青岛）有限公司	MEITEK	8905391	非医用营养粉
青岛耕耘百年食品股份有限公司	高司及图	4483077	饼干；麦片
青岛强大食品有限公司	QiangDa及图	5118619	辣椒粉
青岛天祥食品集团有限公司	天祥金喜燕	6119899	食用面粉
山东天村烧饼有限公司	天村烧饼及图	4952352	面粉制品（烧饼）
山东沂蒙山花生油股份有限公司	沂蒙山及图	1097114	食用油
山东省沂源蒙山实业有限公司	蒙山及图	3727314	蜂蜜
沂源县生态农业与农产品质量管理办公室	沂源苹果及图	7103701	苹果
高青诚信菌业科技有限公司	冰玉莲花及图	8116324	鲜食用菌（金针菇）
滕州市百麦奇食品有限公司	百麦奇及图	7804083	面粉
山东嘉利丰食品有限公司	嘉益及图	4314923	大豆蛋白肉（食物蛋白）；素豆肠（食物蛋白）；素鸡翅（食物蛋白）
山东黄河口酒业有限公司	黄河口及图	706608	白酒
烟台市喜旺食品有限公司	喜旺及图	3733304	肉
蓬莱国宾葡萄酒庄有限公司	盛唐及图	9463066	葡萄酒
烟台金鼎葡萄酒业有限公司	金福鼎及图	5123265	葡萄酒
烟台益农果蔬专业合作社	高山雨露及图	7674480	苹果
烟台市博士达农化有限公司	BSD及图	7531694	苹果
山东和利农业发展有限公司	泽众及图	9385530	肉；鱼制食品
山东吧哒香食品有限公司	吧嗒香及图	8010700	油炸丸子；肉；鱿鱼
山东惠丰油脂股份有限公司	妙生花	7730224	食用油
潍坊汇润食品有限公司	汇润及图	7156143	含淀粉食品；魔芋粉
安丘市华禽养鸡专业合作社	华禽及图	7972494	蛋
临朐县相亮山楂专业合作社	寺头山楂	9413632	山楂
山东常生源菌业有限公司	宏明及图	6797147	鲜食用菌
微山县德晟湖产食品有限公司	乌鳢之乡	7508785	咸蛋；皮蛋（松花蛋）
泰安泰山亚细亚食品有限公司	九洲丰园及图	5070564	速冻菜；腌制蔬菜
山东岱岳制盐有限公司	东岳及图	576689	食盐

申请单位	注册商标	注册证号	认定商品
威海百合生物技术股份有限公司	百合康及拼音	5879796	螺旋藻；非医用营养液
荣成宝竹肉食品有限公司	宝竹及图	8316535	香肠；猪肉食品；肉
荣成宏伟食品有限公司	海宝三昧及图	6135999	干贝；鱼制食品
山东汇润实业集团有限公司	汇润及图	3276098	鲜水果
乳山恒裕食品有限责任公司	亨裕及图	9246355	罐装水果；蔬菜罐头
日照瀚林春茶业有限公司	江北瀚林春及拼音	5706508	茶
日照淞晨茶业工贸有限公司	海岸绿茶	7266047	茶；茶叶代用品
浮来春酿酒集团股份有限公司	喜宴及图	276310	酒（白酒）
莱芜市莱城区明利特色蔬菜种植专业合作社	鲁莱明利	5998905	新鲜蔬菜
青援食品有限公司	青援及图	1029737	各种调味酱
山东金豆子花生制品有限公司	合伙	9160420	花生奶（软饮料）；花生牛奶（软饮料）
山东玉泉食品有限公司	蒙水及图	7706357	果汁；水果饮料（不含酒精）
山东鲁冠食品有限公司	蒙欣及图	1085130	水果罐头
临沂市君临食品有限公司	君汇及图	9108370	肉（鲜猪肉）
郯城美时莲食品有限公司	美时莲及图	5427541	冰糕；冰淇淋
山东中海食品有限公司	亚太及图	9298241	罐装水果
山东效峰生物科技股份有限公司	效峰菌业及图	8329749	鲜食用菌
临沂市乐丰食品有限责任公司	丰之坊及图	6130857	米（大米）
山东华强农业科技发展有限公司	华强及图	7976862	食用淀粉
临沂市东开蔬菜有限公司	高都及图	7530322	新鲜蔬菜
古贝春集团有限公司	古贝宴	3030858	酒（白酒）
山东康瑞食用菌科技有限公司	康瑞源及拼音	6284513	蘑菇繁殖菌；鲜食用菌
德州金斗面粉有限公司	金斗及图	1579069	面粉
山东青鲜源食品有限公司	青鲜源及图	6819077	肉
山东省高唐蓝山集团总公司	赛莱	5591518	食用蛋白；食物蛋白
山东雅士享肉类食品有限公司	雅士享及图	7702396	肉；腌肉
山东武定府酿造有限公司	武定府及图	552094	酱菜
阳信亿利源清真肉类有限公司	Yiliyuan及图	4520220	肉；牛肚；肉片
山东天泽源生物科技有限公司	豪润思特	8506333	糖果；麦芽糖；食品用糖蜜
山东天邦粮油有限公司	亚冠及图	1155523	面粉
菏泽瑞璞牡丹产业科技发展有限公司	瑞璞	9421817	食用油脂
山东杨湖酒业有限公司	杨湖及图	5370830	白酒
山东亘古泉啤酒有限公司	亘古泉及图	5991679	啤酒
山东百寿坊食品有限公司	百狮坊及图	9367708	肉；肉汤

予以续展的169件山东省著名商标名单

根据《山东省著名商标认定和保护办法》及有关规定，山东省食品工业产品注册商标169件符合山东省著名商标续展要求予以认定，名单如下：

申请单位	注册商标	注册证号	认定商品或服务
山东省盐业集团有限公司	鲁晶及图	1671249	食盐
山东省蒙山娇商贸有限公司	蒙山娇及拼音	3434301	蛋
济南民天面粉有限责任公司	泉城民天	3779805	面条；馒头；面粉制品
济南赛信机械有限公司	赛信及图	854408	食品机械
山东中烟工业有限责任公司	GENERAL	3375534	香烟；烟草
济南鸿喜食品有限公司	川婆婆	3504105	调味品；调味酱
济南野风酥食品有限公司	九顶塔及图	3968924	糖果；煎饼；烧饼
济南市历城区唐王绿色农业发展中心	唐王及图	2013962	新鲜蔬菜
山东百脉泉酒业有限公司	百脉泉及图	124470	酒
济南居易酿造有限公司	居易及图	1191356	酱油；醋；调味品
山东立泰山茶业科技开发有限公司	灵岩及图	3522040	茶；茶饮料；茶叶代用品
山东福胶集团东阿镇阿胶有限公司	阿井及图	582952	阿胶
青岛尊品金海参商贸发展有限公司	尊品	4694452	海参（非活）
青岛啤酒股份有限公司	崂山	980688	啤酒
青岛福冈工贸有限公司	笑蕾及图	1618958	糕点；面包；面粉制品
青岛中苑食品有限公司	图形	3584210	面粉制品；糕点；馒头
青岛皇家食品有限公司	皇家美孚	1361531	面包；糕点
青岛崂茗茶业有限公司	崂茗及图	3404826	茶
青岛广通食品有限公司	沙子口	3010974	海米；鱼制食品；鱼（非活）
青岛康大食品有限公司	康洋及图	1173620	鱼制食品；水生贝壳类动物
青岛福鸿蔬菜食品有限公司	金丁香及图	5576896	熟蔬菜；腌豆；脱水菜
山东新希望六和集团有限公司	六和	5524890	肉
青岛红福集团有限公司	红岛及图	744031	冷冻水产品

申请单位	注册商标	注册证号	认定商品或服务
青岛柏兰集团有限公司	BL及图	3356483	芝麻油；食用油；熟芝麻
青岛乾通源水产食品有限公司	海龙泉及拼音	5216787	鱼（非活）；贝壳类动物（非活）；虾（非活）
青岛春明调味品有限公司	春明CHUNMING	582064	芝麻油
胶州市大白菜协会	胶州大白菜	4428350	白菜
青岛品品好粮油有限公司	图形	3822861	食用油
青岛天祥食品集团有限公司	喜燕及英文	4072911	食用油
青岛爱迪尔葡萄酿酒有限公司	爱迪尔	3782515	葡萄酒
青岛莱西市东庄头蔬菜批发市场服务有限公司	东庄头及图	1409188	新鲜蔬菜；鲜水果
青岛宝泉花生制品有限公司	宝泉及图	3760118	加工过的花生
青岛万福集团股份有限公司	图形	1522631	速冻方便菜肴；腌制蔬菜
青岛波尔旺肉业股份有限公司	BEW波尔旺	3826868	肉；肉片
山东百食佳食品科技有限公司	第一店及图	1502371	食用油脂
淄博老杨家食品有限公司	金老杨	3121242	加工过的瓜子；加工过的花生；糖炒栗子
山东周村烧饼有限公司	旱码头及图	1526401	薄烤饼
高青县水稻种植产业协会	高青大米及图	6483073	大米
山东美伦食品有限公司	美伦及图	4332894	冰淇淋；冰棍；冰糕；冰砖
山东天下第一店酒厂	百粮及图	1571685	白酒
淄博齐鲁酿造有限公司	齐鲁及图	154136	酱油
枣庄天润食品饮料有限公司	悠美	3548040	牛奶制品；牛奶饮料；奶茶
枣庄雅利洁食品有限公司	雅利洁及图	4881076	豆腐制品；素豆丝（食物蛋白）
山东万得福实业集团有限公司	NWDF及图	5381715	食物蛋白；食用蛋白
东营市一大早乳业有限公司	一大早及图	3324330	花生奶
山东欣马酒业有限公司	欣马及图	310155	白酒
胜利油田胜大酒业有限责任公司	三口品及图	836931	白酒
胜利油田新邦建设开发有限责任公司	环雅	3726266	矿泉水
中国石化集团胜利石油管理局胜大维可得食品厂	维可得及图	1269187	生熟肉；火腿
烟台市南沪食品有限公司	图形	1426607	水饺
烟台三清食品有限公司	三清	5219101	豆腐；豆腐制品
烟台悦泰食品有限公司	悦泰及图	3801529	鱼制食品
烟台北方安德利果汁股份有限公司	安德利及图	1193014	果汁；果汁饮料；无酒精果汁饮料
烟台安德利果胶股份有限公司	安德利	5422044	食品用胶；果酱
山东仙坛股份有限公司	仙坛及图	3705788	肉；肉冻
绿杰股份有限公司	绿杰及图	1430112	果汁饮料（饮料）
龙口市大洋食品有限公司	东美及图	3855317	鱼制食品；鱿鱼；鱼片
朗源股份有限公司	广源及图	1352174	鲜水果；坚果（水果）
莱州天赐宝物产有限公司	天赐及图	1997032	鲜葡萄；鲜水果
莱州丰盛食品有限公司	丰盛及图	3435544	肉；死家禽
莱阳俊杰食品有限公司	杰记及拼音	3586393	苹果；梨；樱桃
山东鲁花集团有限公司	鲁花	4442199	酱油
蓬莱鑫园保鲜食品有限公司	润飘及图	702149	鲜水果；鲜蔬菜
烟台蓬莱阁葡萄酒有限公司	伊斯顿堡	3651931	葡萄酒；白兰地；威士忌酒
山东金都塔林食品有限公司	塔林及图	341384	粉丝
山东金城股份有限公司	丝宝宝及图	1065566	食用淀粉产品；食用淀粉
烟台泉源食品有限公司	泉源及图	3665977	鲜水果
栖霞德丰食品有限公司	德丰及图	1768703	鲜水果
烟台南隍城海珍品发展有限公司	南隍城及图	1125424	贻贝(活的)
潍坊麦田食品有限公司	麦田MAITIAN	1339302	糕点；蛋糕
瑞福油脂股份有限公司	崔字牌	254491	芝麻油；芝麻酱
潍坊美城食品有限公司	潍一及图	1249287	非活家禽
潍坊风筝面粉有限责任公司	柳叶及图	302481	挂面
山东坊子板桥酒业有限公司	板桥及图	532530	酒
青州市隆盛糕点厂	隆盛及拼音	919457	糕点
山东青州云门酒业(集团)有限公司	云门春	1171217	酒
诸城市日康食品有限公司	日康及图	1171030	加工过的肉；冻肉（鸡丸、猪丸、贡丸）
诸城市碧龙春茶业有限公司	碧龙春及图	1159543	茶叶
山东佳士博食品有限公司	佳士博及图	1783392	肉；猪肉食品
诸城市万年食品有限公司	万年及图	1623273	火腿；油炸丸子
山东诸城密州酒业有限公司	密州	666434	白酒
山东省寿光蔬菜产业集团有限公司	王婆及图	1494792	鲜水果
山东洛城农发有限公司	洛城	1634660	鲜水果；鲜葡萄；新鲜蔬菜
山东景芝酒业股份有限公司	阳春及图	1163522	白酒

申请单位	注册商标	注册证号	认定商品或服务
山东环丰食品股份有限公司	环丰及图	5352258	食用面粉
昌邑顺达仁诚食品有限公司	鲁邑顺达	3225148	生熟肉制品
潍坊第一春食品有限公司	第一春及图	1570973	火腿；死家禽
山东圣罗捷畜禽产业有限公司	圣罗捷及图	4753304	肝（鹅肥肝）；肝酱（鹅肝酱）
潍坊英轩实业有限公司	英轩及拼音	5083064	酒精；柠檬酸
潍坊英轩实业有限公司	乐源及图	1724136	柠檬酸
潍坊凯美食品有限公司	凯美及图	3243798	咖啡；调味品；醋；通心粉
潍坊紫鸢乳业发展有限公司	紫鸢及图	1730538	牛奶；牛奶制品
山东华仙甜菊股份有限公司	喜进门	300287	甜菊糖（食品添加剂）
曲阜孔府家酒酿造有限公司	孔府家及图	1659048	白酒
微山县南阳湖禽蛋加工厂	祥湖及图	1763284	皮蛋（松花蛋）；咸蛋
山东微山湖酒业有限公司	微山湖及图	312652	白酒
微山县对外贸易皮蛋加工厂	望湖及图	719642	松花蛋；咸蛋
金乡县大蒜协会	金乡大蒜及图	1607993	大蒜
金乡县宏泰冷藏加工有限责任公司	宏泰及图	1494199	蒜片；蒜粉；蒜油；蒜粒
济宁市长城挂面有限责任公司	鲁南及图	2012553	面条
山东省汶上县古中都酒业有限公司	中都及图	303652	酒（白酒）
山东梁山酿酒总厂有限公司	義	665356	白酒
泰安市泰山日出酒业有限公司	泰山日出及图	1623558	酒（白酒）
新泰市新汶食品酿造有限公司	新汶及图	1090226	酱油；醋；调味品
山东亚奥特乳业有限公司	亚奥特YAT	1494284	牛奶；牛奶制品；酸奶
山东金彩山酒业有限公司	彩山及图	234365	酒（白酒）
肥城康王酒业有限公司	康王河及图	230423	酒（白酒）
威海市高岛制盐有限公司	高岛及图	1989978	食盐
山东泓达集团有限公司	创新及图	1773305	水果罐头；听装（罐装）鱼；肉罐头
荣成市渔业协会	荣城海带及图	4229043	海带
荣成石岛广信食品有限公司	广信及图	899679	水产罐头
荣成宏业水产食品有限公司	鑫溪及图	3996768	虾（非活）；海菜；鱼制食品
威海市海参产业协会	威海刺参及图	6283638	海参（非活）
日照雪青茶场有限公司	雪青及拼音	620895	茶叶
日照天然食品有限公司	日然及图	3139420	贝壳类动物（非活）；鱼片；鱼制食品
日照市百满茶业有限公司	百满及图	1957181	茶
日照北极春茶业有限公司	旭光及图	1618838	茶
日照市凤玉茶业有限公司	始皇	3186971	茶；茶叶代用品
日照市大海水产有限公司	图形	5498547	板鸭；死家禽
山东大峰食品有限公司	大峰及图	4013115	蛋糕；糕点；馅饼（点心）
汇融集团莱芜酒业有限公司	三结义牌及图	282280	白酒
山东三维油脂集团股份有限公司	三维及图	1085241	豆油;花生油;食物蛋白
临沂新程金锣肉制品集团有限公司	金锣及图	1205542	猪肉；冻肉；加工过的肉
临沂同德农业科技开发有限公司	同德及图	3782890	新鲜蔬菜
临沂市三益畜禽有限责任公司	三益及图	3913739	蛋
临沂市太合食品有限公司	TH	3934776	肉；死家禽；猪肉食品
临沂市福临门食品有限公司	秋香及图	1180997	糕点
山东沂蒙老区酒业有限公司	贵人道	4741335	白酒
山东沂蒙老区酒业有限公司	沂蒙老区及图	894437	白酒
山东旺多多食品有限公司	聚鑫及图	1066831	水果罐头
临沂奇伟罐头食品有限公司	奇伟食品及图	4678087	水果罐头;肉罐头;蔬菜罐头
平邑县宏达食品有限公司	SHANDONGHAN及图	1690703	猪肉
临沂市康发食品饮料有限公司	康发及图	1165062	水果罐头;蘑菇罐头
山东金大地食品有限公司	运发及图	3553812	水果罐头
山东兰陵企业（集团）总公司	陈香及图	570376	酒（白酒）
山东大仓食品股份有限公司	大仓及图	501227	面粉
山东鼎福食品有限公司	龙凤呈祥	3451059	饼干；糕点
山东信和粮油有限公司	沂雪及图	1257165	面粉
临沂龙海禽业有限公司	龙海威及图	4874163	死家禽
古贝春集团有限公司	古贝春	209671	白酒
古贝春集团有限公司	古贝元及图	1758826	酒（利口酒）；含酒精液体；酒（饮料）
古贝春集团有限公司	古贝及图	183471	白酒

申请单位	注册商标	注册证号	认定商品或服务
山东贝州春酿酒有限公司	贝州春及图	4006076	白酒；酒（饮料）
夏津县甘润饮品有限公司	甘润及图	3205252	水（饮料）；矿泉水
山东宋楼酒业有限公司	宋楼及图	1047175	白酒
发达面粉集团股份有限公司	发达及图	1213301	面粉；面条
山东易鑫源食品有限公司	易源鑫及图	3393849	调味品；酱菜（调味品）；佐料（调味品）
山东绿健生物技术有限公司	迈特健及图	3379601	天然增甜剂；糖；糖果
山东凤祥食品发展有限公司	五更爐	3368931	肉（熏鸡）；火腿
聊城好佳一生物乳业有限公司	好＋1	4751866	花生牛奶（软饮料）；植物饮料
山东燕塔酒业有限公司	燕塔及图	1655589	白酒
山东立信食品集团有限公司	立信及图	4522255	死家禽
山东梦思香食品有限公司	梦思香及图	3430742	胡辣汤粉；豆沫粉
山东孟尝君酒业有限公司	孟尝君及图	839292	白酒
山东董公酒业有限公司	董公及图	317512	白酒
山东香驰粮油有限公司	香驰及图	1514359	人食用蛋白质；食物蛋白
山东万德酒业集团有限公司	大山及图	986828	白酒
山东省十里香芝麻制品有限公司	鲁誉	5590715	芝麻油；芝麻酱
山东省阳信广富畜产品有限公司	鸿安Hongan	3762498	牛肉清汤汤料；肉；肉冻
阳信县恒庆堂鸭梨酿造有限公司	恆慶堂及图	1659583	鸭梨醋；酱油
阳信县鑫悦实业发展有限公司	鑫悦及图	3079078	梨；苹果；枣
山东范公酒业有限公司	范公及图	305989	白酒
福康食品有限公司	FK及图	5011290	板鸭；鸭肉食品
山东滨州健源食品有限公司	奥赛	3789448	蜜饯；干枣；水果蜜饯
山东沾化天厨食品有限公司	状元红及图	3485511	蜜饯；干枣
菏泽市福源糖业有限公司	联谊及图	3763008	白糖；红糖；冰糖
山东永明粮油食品集团有限公司	永升	3561404	面粉
山东银香伟业集团有限公司	银香伟业及图	3889020	牛奶；牛奶制品
山东花冠酒业集团御思酒业有限公司	御思及图	283654	酒

【g. 山东省白酒感官质量金奖、银奖名单】

1. 浓香型白酒

(1) 金奖

泰山牌 52%vol 五岳独尊酒泰山酒业集团股份有限公司

扳倒井牌 34%vol 扳倒井百年井窖酒山东扳倒井股份有限公司

古贝春牌 36%vol 百年老窖酒古贝春集团有限公司

兰陵牌 52%vol 九朝陈香酒、39%vol 兰陵王酒山东兰陵美酒股份有限公司

景阳春牌 52%vol 景阳春酒山东景芝酒业股份有限公司

好客牌 42%vol 好客来酒国井集团山东好客来酒业有限公司

琅琊台牌 52%vol 青岛琅琊台海派浓香酒青岛琅琊台集团股份有限公司

黄河龙牌 52%vol 黄河龙 1922 老酿坊酒、32%vol 黄河龙超柔 1948 酒山东黄河龙集团有限公司

国花牌 42%vol 曹州老窖酒国花酒业集团有限公司

趵突泉牌 52%vol 趵突泉特酿酒济南趵突泉酿酒有限责任公司

百脉泉牌 34%vol 百脉泉酒山东百脉泉酒业有限公司

温河牌 36%vol 绵柔温河王酒山东温河酒业有限公司

沂蒙老区牌 36%vol 贵人道酒山东沂蒙老区酒业有限公司

东平郡牌 52%vol 东平郡壶酒山东东平郡酒业有限公司

枣木杠牌 42%vol 枣木杠酒、大山特牌 38%vol 大山特酒山东万德酒业集团有限公司

禹王亭牌 43%vol 禹王亭酒山东大禹龙神酒业有限公司

南皇牌 46%vol 红南皇酒青岛酒厂股份有限公司

御思牌 38%vol 御思香酒山东花冠酒业集团御思香酒业有限公司

彩山牌38%vol彩山特曲酒山东金彩山酒业有限公司

四君子牌42%vol半月台酒、38%vol四君子V9酒山东四君子集团有限公司

颐阳牌36.9%vol百年威海酒山东颐阳酒业有限公司

花冠牌41.8%vol冠群芳酒花冠集团酿酒有限公司

福瑞牌52%vol福瑞王酒山东福瑞酒业有限公司

蒙山牌52%vol蒙山老窖酒山东蒙山酿酒有限公司

水浒牌43%vol水浒传天蒸酒山东郓城水浒酒业有限公司

圣仙牌38%vol圣仙酒山东鲁酱酒业有限公司

钢山牌42%vol金钢山洞藏原浆G6酒山东金钢山酒业有限公司

孔府宴牌36%vol孔府宴酒孔府宴酒业有限公司

秦池牌38%vol秦池特曲酒山东秦池酒业有限公司

乾隆杯牌50%vol乾隆杯御贡酒山东昌邑乾隆杯酒业有限责任公司

红太阳牌36%vol一帆风顺酒顺6酒山东红太阳酒业有限公司

景阳冈牌38%vol景阳冈绵柔英雄酒山东景阳冈酒厂

孔家牌52%vol孔家府藏酒曲阜市孔府酒坊酒业有限公司

洛北春牌32%vol洛北春酒山东洛北春集团有限公司

金贵牌38%vol金贵和天下酒山东金贵酒业有限公司

尧王牌35%vol尧王醇特曲酒山东日照尧王酒业集团有限公司

心牌36%vol心酒山东济宁心心酒业有限公司

董公牌52%vol董公窖藏青花酒山东董公酒业有限公司

(2) 银奖

时风牌42%vol纯粮原浆1号酒山东时风集团高唐酒业有限公司

大成殿牌42%vol老味道酒、太白湖牌39.6%vol太白湖酒山东大成殿酒业有限公司

侯镇宏源牌46%vol宏源陈窖酒山东宏源酒业有限公司

东阿王牌34%vol东阿王酒山东东阿酒厂（有限责任公司）

贝州春牌42%vol贝州春红钻酒山东贝州春酿酒有限公司

孟尝君牌38%vol孟尝君红花瓷酒山东孟尝君酒业有限公司

今朝牌36%vol今朝酒济南今朝酒业有限公司

今缘春牌36%vol今缘春珍品九号酒滕州今缘春酒业有限公司

福胶牌36%vol御液酒山东平阴福胶酒业有限公司

雁宾牌45%vol窖王酒山东雁宾酒业有限公司

百粮牌36%vol百粮春酒山东百粮春酒业有限公司

密州牌32%vol密州洞藏酒山东诸城密州酒业有限公司

板桥牌33%vol和顺板桥酒山东坊子板桥酒业有限公司

范公牌41%vol范公陈酒山东范公酒业有限公司

2. 芝麻香型白酒

(1) 金奖

国井牌46%vol国井经典G6酒山东扳倒井股份有限公司

杨湖牌52%vol杨湖青花瓷酒山东杨湖酒业有限公司

(2) 银奖

万事孔子牌52%vol万事孔子酒山东孔子酒业有限公司

3. 酱香型白酒

(1) 金奖

古贝元牌53%vol古贝元酒古贝春集团有限公司

云门牌53%vol云门陈酿酒山东青州云门酒业（集团）有限公司

景阳冈牌52%vol赖茆酒山东景阳冈酒厂

(2) 银奖

运河之都牌 52%vol 运河之都酒山东省兖州兴达酒业有限公司

鲁酱牌 38%vol 鲁酱 V8 酒山东鲁酱酒业有限公司

4. 兼香型白酒

金奖

云门牌 42%vol 云门春珍藏经典酒山东青州云门酒业（集团）有限公司

5. 清香型白酒

金奖

天地缘牌 52%vol 天地缘十年洞藏酒山东天地缘酒业有限公司

6. 其他香型白酒

金奖

景芝牌 52%vol 一品景芝蓝淡雅酒、景阳春牌 52%vol 景阳春蓝钻酒山东景芝酒业股份有限公司

孔府家牌 52%vol 孔府家得意酒曲阜孔府家酒酿造有限公司

【h. 山东省食品行业产品感官质量金奖、银奖名单】

1. 月饼

（1））金奖

益利思牌葡萄软月月饼济南市益康食品厂有限公司

稻香园牌法式芒果酥月饼、蛋黄酥月饼济南稻香园食品有限公司

老一大牌广式莲蓉月饼、苏式椒盐月饼济南一大食物有限责任公司

钟鼎楼牌五仁月饼、蛋黄莲蓉月饼山东喜上笑食品有限公司

银膳牌蛋黄莲蓉月饼、桂花花生月饼淄博万家乐食品有限公司

冠中华盛牌一品五仁月饼、蛋黄莲蓉月饼济南华盛食品有限责任公司

麦田牌金装五仁月饼、苏式百果月饼潍坊麦田食品有限公司

婴儿乐牌蜜汁五仁月饼、酥皮椒盐月饼山东婴儿乐股份有限公司

秋香牌苏式月饼、上等五仁月饼山东秋香食品有限公司

绿洲牌五仁月饼滨州市绿洲食品有限公司

好东兴牌广式五仁月饼、锦香酥月饼、临清市好东兴食品有限责任公司

康泉牌五仁月饼、枣泥月饼山东康泉食品有限公司

寅阳寺牌川蜜月饼、五仁月饼山东省济宁玉粮食品有限公司

赵古城牌苏式大白皮月饼蒙阴古城食品有限公司

（2））银奖

康泉牌水蜜桃月饼、拿酥月饼山东康泉食品有限公司

好东兴牌传统枣泥月饼临清市好东兴食品有限责任公司

金王牌老口味五仁月饼济南金王食品股份有限公司

2. 饼干

金奖

青食牌钙奶饼干青岛食品股份有限公司

青援牌普通型韧性饼干、婴幼儿营养饼干、纯真椰风味饼干、老口味桃酥饼干青援食品有限公司

鼎福牌鲜蛋桃酥饼干山东鼎福食品有限公司

正航牌粗粮消化饼干、奶油梳打饼干、熊仔仔饼干、薄片饼干、童趣数字饼干马奇（山东）食品有限公司

婴儿乐牌胡萝卜素饼干、牛奶加钙饼干山东婴儿乐股份有限公司

金口福牌猴菇酥性饼干山东雪婷食品有限公司

周村牌周村烧饼山东周村烧饼有限公司

3. 中式糕点

（1））金奖

益利思牌蛋糕济南市益康食品厂有限公司

老一大牌桃酥济南一大食物有限责任公司

隆盛牌隆盛蜜三刀青州市隆盛糕点厂

正航牌老桃酥马奇（山东）食品有限公司

天宝宜家牌宝食斋桃酥博兴天宝食品有限公司

益锦牌黄金酥山东益锦食品有限公司

（2））银奖

贾府牌粗粮酥、方块酥沂水现代农业开发有限公司

赵古城牌古城桃酥蒙阴县古城食品有限公司

天宝宜家牌宝食斋蜜三刀博兴天宝食品有限公司

4. 面包

金奖

东得利牌原味面包、夹心面包山东东得利食品集团股份有限公司

赵古城牌法式切片面包蒙阴县古城食品有限公司

5. 馅料

金奖

金鲁樱牌馅料德州鲁樱食品有限公司

董老大牌馅料山东董老大食品有限公司

好邦牌馅料济南好邦食品有限公司

樱旺牌馅料山东樱旺食品有限公司

益锦牌馅料山东益锦食品有限公司

贾府牌馅料沂水现代农业开发有限公司

佳禾牌馅料济南佳禾食品有限公司

秋香牌馅料山东秋香食品有限公司

6. 酱油

（1））金奖

欣和牌六月鲜特级酱油

烟台欣和味达美食品有限公司

巧媳妇牌绿酿原汁酱油

山东巧媳妇食品集团有限公司

德馨斋牌原汁酱油

济南德馨斋食品有限公司

玉兔牌绿色原汁酱油

山东玉兔食品有限责任公司

好太太牌味极鲜酱油

富氏食品（中国）有限公司

灯塔牌味极鲜酱油

青岛灯塔味业有限公司

川鹰牌芦笋头顶鲜酱油

淄博川鹰酿造有限责任公司

新汶牌味极鲜酱油

新泰市新汶食品酿造有限公司

春明牌味极鲜酱油

青岛春明调味品有限公司

居易牌生态酱油

济南居易酿造有限公司

正堂牌老博山酱油

淄博正堂酿造有限公司

环球牌味极鲜酱油德州环球酿造有限责任公司

四海牌原汁酱油

威海四海酿造有限公司

齐鲁牌天然特香酱油

淄博齐鲁酿造有限公司

宝凤牌天然酱汁

淄博宝凤食品有限公司

抱犊牌枣庄辣子鸡酱油

枣庄市抱犊调味品有限责任公司

（2））银奖

灯塔牌灯塔酱油青岛灯塔味业有限公司

鼎盛牌味极鲜酱油

滕州市鼎盛酿造有限责任公司

山口牌窖池生抽酱油

山东山口生物发展股份有限公司

7. 食醋

（1）金奖

玉兔牌红曲米醋

山东玉兔食品有限责任公司

巧媳妇牌味亦歌米醋

山东巧媳妇食品集团有限公司

灯塔牌灯塔凉拌醋、万通米醋

青岛灯塔味业有限公司

德馨斋牌五粮米醋

济南德馨斋食品有限公司

好太太牌香醋王

富氏食品（中国）有限公司

春明牌米醋 青岛春明调味品有限公司

抱犊牌香醋 枣庄市抱犊调味品有限责任公司

新汶牌陈香醋新泰市新汶食品酿造有限公司

鼎盛牌老陈醋

滕州市鼎盛酿造有限责任公司

齐鲁牌老陈醋

淄博齐鲁酿造有限公司

山口牌山口伏香醋　山东山口生物发展股份有限公司

（2）银奖

居易牌菊花醋

济南居易酿造有限公司

环球牌五粮醋德州环球酿造有限责任公司

正堂牌食醋 淄博正堂酿造有限公司

宝凤牌黑糯米醋

淄博宝凤食品有限公司

四海牌四海食醋威海四海酿造有限公司

8. 酱类

（1）金奖

欣和牌葱伴侣 6 月香豆瓣酱

山东欣和食品工业有限公司

德馨斋牌精制甜面酱

济南德馨斋食品有限公司

玉兔牌黄豆酱山东玉兔食品有限责任公司

巧媳妇牌绿酿老酱山东巧媳妇食品集团有限公司

正堂牌甜面酱淄博正堂酿造有限公司

叠翠山牌甜面酱德州环球酿造有限责任公司

四海牌四海豆面酱

威海四海酿造有限公司

柏兰牌辣椒酱

青岛柏兰集团有限公司

青食牌花生酱青岛食品股份有限公司

莺歌牌花生酱山东莺歌食品有限公司

春明伟业牌颗粒型花生酱、深海蜢虾酱青岛春明调味品有限公司

鲁誉牌芝麻酱

山东省十里香芝麻制品有限公司

孔府牌孔府麻汁曲阜孔府食品有限公司

青援牌牛肉末辣酱、香菇酱青援食品有限公司

思顿特牌学生酱、一家亲牌学生牛肉酱、淄博一家亲食品有限公司

董老大牌蒜蓉辣椒酱、颗粒菠萝酱、香甜沙拉酱、番茄沙司

山东董老大食品有限公司

百益斋牌蒜蓉辣酱临沂大宋食品有限公司

（2）银奖

鼎盛牌甜面酱滕州市鼎盛酿造有限责任公司

宝凤牌香豆酱淄博宝凤食品有限公司

柏兰牌大酱 青岛柏兰集团有限公司

四海牌黄豆酱

威海四海酿造有限公司

孔府牌孔府花生酱曲阜孔府食品有限公司

9. 酱菜

金奖

玉堂牌玉堂酱花生米

山东玉堂酱园有限责任公司

武定府牌酱菜花生米、酱磨茄、酱莴笋、酱黄瓜

山东武定府酿造有限公司

四海牌红方腐乳威海四海酿造有限公司

春明伟业牌豆腐乳、即食海带丝

青岛春明调味品有限公司

百益斋牌郑旺酱大头、酱莴苣、酱乳瓜、沂蒙老咸菜、酱花生米临沂大宋食品有限公司

一家亲牌油辣芥丝淄博一家亲食品有限公司

文心牌芝麻辣丝莒县文心食品酿造有限公司

10. 调味料

（1）金奖

阜丰牌鸡精、味精　山东阜丰发酵有限公司

紫荆花牌鸡精、鸡粉济南家家乐味精有限公司

乐家客牌蘸料、腌制料

乐陵市乐家客食品有限公司

得利斯牌骨尔鲜调味料得利斯集团有限公司

（2）银奖

妙味哆牌三套汤山东中科凤祥生物工程有限公司

11. 香油

崔字牌小磨香油　　瑞福油脂股份有限公司

柏兰牌香油 青岛柏兰集团有限公司

春明牌芝麻香油青岛春明调味品有限公司

鲁花牌芝麻香油　　山东鲁花集团有限公司

孔府牌孔府香油曲阜市孔府食品有限公司

鲁誉牌小磨香油山东省十里香芝麻制品有限公司

福塔牌芝麻香油青岛灯塔味业有限公司

12. 食用油类

（1）金奖

鲁花牌 5S 压榨一级花生油、压榨玉米油、大豆油山东鲁花集团有限公司

沙土地牌大豆油山东高唐蓝山集团有限公司

天下五谷牌大豆油山东香驰粮油有限公司

阜丰牌、维益多牌玉米油山东阜丰发酵有限公司

（2）银奖

妙花生牌玉米胚芽油山东惠丰油脂股份有限公司

13. 小麦粉

金奖

半球牌豪仕佳面粉山东半球面粉有限公司

民天牌水饺粉济南民天面粉有限责任公司

大仓牌小麦粉山东大仓食品股份有限公司

白浪河牌特一粉潍坊白浪河食品有限公司

喜庆牌精制水饺粉山东佳世博粮油食品有限公司

青援牌特一粉青援食品有限公司

14. 挂面

金奖

半球牌原味挂面山东半球面粉有限责任公司

大仓牌鸡蛋挂面山东大仓食品有限公司

民天牌高筋挂面济南民天面粉有限责任公司

鲁南牌五谷疏香挂面济宁市长城挂面有限责任公司

喜庆牌风味挂面山东佳士博粮油食品有限公司

15. 乳制品类

金奖

亚奥特牌 100% 鲜牛奶、纯牛奶、定制活菌酸牛奶山东亚奥特乳业有限公司

迎春乐牌崂山牧场鲜牛奶、纯牛奶、青岛酸牛奶

青岛迎春乐乳业（集团）有限公司

特地牌高端鲜牛奶、高端酸牛奶山东高速生物工程有限公司

得益牌优谷风味发酵乳山东得益乳业股份有限公司

三强牌鲜牛奶、酸牛奶济宁三强乳业有限公司

兴牛牌高端鲜牛奶、高端酸牛奶山东兴牛乳业有限公司

百慧牌纯牛奶山东百慧乳业有限公司

16. 肉制品类

（1）金奖

喜旺牌大肉块烤肠、酱香脱骨猪蹄烟台市喜旺食品有限公司

金锣牌哈啰伙伴牛肉胡萝卜风味香肠、哈啰伙伴鱼肉香肠、无淀粉烤肠、脆脆王烤肠临沂金锣文瑞食品有限公司

得利斯牌无淀粉火腿、圆火腿、美极香脊（孜然味）、美极里脊（芝麻味）

得利斯集团有限公司

德州牌德州扒鸡、华一牌老汤火腿山东德州扒鸡股份有限公司

波尼亚牌德国黑森林火腿、烤肠青岛波尼亚食品有限公司

凤祥牌五更炉熏鸡山东凤祥食品发展有限公司

尽美牌烤鸡翅、烤鸡背诸城外贸有限责任公司

樱源牌樱源酱汁鸭兖州市绿源食品有限公司

宝竹牌酱卤猪耳朵荣成宝竹肉食品有限公司

第一春牌蛋黄鸭卷、水晶肴肉、凤眼肠香恋肉卷潍坊第一春食品有限公司

鲁腾盛宴牌金银蹄山东春藤食品有限公司

福源成牌古方酒肠、博山肉干淄博市博山馨香食品厂

清梅居牌香酥牛肉干、酱牛肉山东淄博清梅居食品有限责任公司

微山湖牌五香扒鸭山东微山湖经贸实业有限公司

（2）银奖

樱源牌樱源盐水鸭兖州市绿源食品有限公司

得利斯牌美极里脊（原味）得利斯集团有限公司

鲁藤盛宴牌五香板肚山东春藤食品有限公司

福源成牌博山酥锅淄博市博山馨香食品厂

17. 速冻食品类

（1）金奖

泰祥牌沾粉猪肉串荣成泰祥食品股份有限公司

凤祥牌精品烤翅、黄金脆骨串、黄金香辣鸡柳、盐酥鸡、嫩香腿排

山东凤祥食品发展有限公司

惠发牌骨肉相恋串、凤梨酥、虾球、原味猪肉嘟嘟肠、海鲜狮子头、五目肠、鱼豆腐、深海鱼极、雪花鱿鱼球

山东惠发食品股份有限公司

尽美牌烘烤腿排、烟熏鸭肉诸城外贸有限责任公司

三统万福牌芝士鸡胸排三统万福（青岛）食品有限公司

隆泰牌熊猫脸豆沙包、三鲜水饺、烧麦、猪脸豆沙包、小笼包、莲藕肉包、荠菜水饺潍坊隆泰食品有限公司

佳士博牌撒尿牛丸山东佳士博食品有限公司

好旺美牌荷叶饼、千叶豆腐济南好旺美食品有限公司

金王牌速冻玉米、济南金王食品有限公司

（2）银奖

得利斯牌鸡汤贡丸、豆沙包得利斯集团有限公司

董老大牌菠菜面条、西红柿面、手打麦芯鸡蛋面、红枣核桃酥、榴莲酥山东董老大食品有限公司

佳士博牌炫彩水晶包山东佳士博食品有限公司

金王牌花卷济南金王食品有限公司

惠发牌榴莲酥山东惠发食品股份有限公司

18. 水产品类

金奖

京鲁远洋牌秋刀鱼罐头、鱿鱼仔蓬莱京鲁渔业有限公司

新海牌即食海参、淡干海参烟台新海水产食品有限公司

海旗牌淡干虾皮山东海旗海洋生物科技有限公司

【i. 市场开拓】

1.4 月，在潍坊举办了 2015 中国（潍坊）添加剂和配料国际食品博览会。

2.5 月，在济南举办了 2015 年第九届全国食品博览会。

3.7 月，在青岛举办了第十届中国北方国际食品添加剂及配料食品加工和包装机械展览会。

4.11 月，组织山东食品企业参加了中国食品工业协会在上海举办的中国（上海）国际食品工业博览会和食品工业发展高层论坛。

【j. 科技进步与科研成果】

1.2015 年国家科学技术进步奖

二等奖：

刺参健康养殖综合技术研究及产业化应用

参与单位：中国海洋大学、山东海洋生物研究院、山东安源水产股份有限公司等

2 .2015 年山东省科学技术进步奖

二等奖：

（1）刺参生态苗种培育与健康养殖技术建立与应用

完成单位：山东省海洋生物研究院、中国水产科学研究院黄海水产研究所、山东好当家海洋发展股份

有限公司、山东安源水产股份有限公司、东营海跃水产科技有限公司、山东海益宝水产股份有限公司、烟台海益苗业有限公司

（2）柠檬酸高效生物制造技术开发与产业化

完成单位：潍坊英轩实业有限公司、山东省食品发酵工业研究设计院、山东省科学院生物研究所

（3）高产 DHA 海洋微藻的菌株选育及清洁生产示范项目

完成单位：青岛琅琊台集团股份有限公司、中国科学院青岛生物能源与过程研究所

（4）L- 精氨酸清洁生产新工艺研究与开发

完成单位：山东阜丰发酵有限公司、山东大学、齐鲁工业大学、山东阜丰生物科技开发有限公司

（5）褐藻生物产业技术创新体系

完成单位：青岛明月海藻集团有限公司

三等奖

（1）即食方便米研制与产业化技术开发

完成单位：日照市莒县金穗工贸有限公司、山东省农业科学院农产品研究所

（2）玉米芯清洁生产木糖醇关键工艺及设备

完成单位：山东福田药业有限公司、北京化工大学

（3）花生中功能因子制备技术研发及应用

完成单位：山东省农业科学院农产品研究所、山东省高唐蓝山集团总公司、山东龙大植物油有限公司、山东金胜粮油集团有限公司

在中国食品工业协会白酒专业委员会成立 30 周年座谈会上，授予：山东国井牌酒（山东扳倒井股份有限公司）、一品景芝酒（山东景芝酒业股份有限公司）、古贝春酒（古贝春集团有限公司）、花冠酒（山东花冠酒业有限公司）、孔府家酒（曲阜孔府家酒酿造有限公司）等 5 个产品 1985—2015 中国白酒（区域性）历史标志产品荣誉称号；山东马西元（泰山酒业集团股份有限公司董事长）、刘全平（山东景芝酒业股份有限公司党委书记、董事长）、刘法来（花冠集团酿酒有限公司董事长）、周晓峰（古贝春集团有限公司董事长、总经理）、赵纪文（山东扳倒井股份有限公司董事长、总经理）等 5 人 1985—2015 中国白酒历史杰出贡献人物荣誉称号。

中国食协白酒专业委员会组织了首届中国白酒大师、中国白酒工艺大师、中国白酒评酒大师评选活动中，山东赵纪文、韩玉亮、赵德义、吴兆征、卢建春 5 名同志荣获中国白酒大师；来安贵、张彬、赵佃臣、张锋国、管桂坤、张洪奇、胡风艳、信春晖 8 名同志荣获中国白酒工艺大师；潘学森、王新山 2 名同志荣获中国白酒评酒大师称号。

张迎春

3.9 广东省

【a. 概况】

2015年，广东省食品工业保持平稳健康发展。总体上看，具有工业生产平稳增长，流通市场稳定向好，主要产量持续增长，整体经济效益较好等特点。在经济下行压力加大的背景下，充分发挥了保增长、惠民生、促和谐的作用。

全省食品工业生产许可获证生产企业17049家，较上年增加234家，其中食品工业规模以上企业1849家。食品工业规模以上企业实现生产总值6822.43亿元，占全省地区生产总值的9.34%；实现主营业务收入6205.11亿元，增长3.2%，居山东、河南、湖北、江苏、四川等省后列全国第6位。其中广东农副食品加工业、食品制造业、酒、饮料和精制茶制造业和烟草制造业实现主营业务收入占规模以上食品工业的47.18%、28.4%、17.4%和7.0%。

1. 发展特点

2015年，全省食品行业在国内外整体经济下滑的大环境下，率先提出并全力推进“党建+”模式，创新驱动产业发展，逐步适应新常态，取得了实际效果。

（1）坚持党的领导，充分发挥行业协会在社会发展中的作用。广东省食品行业协会坚持以“服务”为宗旨，在推进产业发展中运用“党建+”模式，创新驱动发展思路，进一步提高自律管理、履行社会责任和服务质量的水平，促进全省食品工业发展。

（2）注重结构调整，转型升级促进产业发展。全省食品医药产业加快调整产业结构，促进了行业结构的优化。代表食品工业发展水平的食品制造业主营业务收入高于全国平均水平9.3个百分点。

（3）加强品牌建设，产品质量水平稳步提高。中国最有价值品牌500强榜单中，广东食品品牌居全国前3位；截至2015年，广东食品企业获中国驰名商标近50个，品牌建设全国领先。2015年，23家食品类企业24个商标获2015年度认定的广东省著名商标，89企业95个商标获2015年度延续的广东省著名商标；37个企业65个产品获2015年度广东省食品行业优秀名牌产品。

（4）创新发展模式，促进食品产业集聚。在产业集聚的发展模式上，广东省食品行业协会运用“党建+”模式，注重发挥行业和地方资源优势，创新以冷链物流带动生产企业集聚，形成全产业链发展的运作模式。

2. 工业生产

全省食品工业增加值1862.18亿元，同比增长4.1%，占全省工业增加值的6.14%。其中农副食品加工业，食品制造业，酒、饮料和精制茶制造业，烟草制品业工业增加值分别为447.07亿元、727.47亿元、350.25亿元、337.39亿元，同比增长9.6%、2.3%、4.3%、1%；分别占全省规模以上工业增加值比重的1.47%、2.40%、1.16%、1.11%。

3. 市场销售

2015年，全省实现食品工业销售产值6437.21亿元，产销率为94.35%；其中农副食品加工业，食品制造业，酒、饮料和精制茶制造业，烟草制品业产销率分别为96.7%、87.05%、90.4%、121.7%。在限额以上批发和零售业商品零售额中，粮油、食品、饮料、烟酒类1258.45亿元，同比增长17.5%。

4. 经济效益

全省食品工业实现利税总额985.57亿元，同比增长6.7%，居全国第8位；其中实现利润总额492.17亿元，同比增长7.4%，居全国第4位。

5. 食品出口

全省出口食品备案企业1192家，同比增加74家；出口食品首次申请企业104家，出口食品注销企业51家。全省食品工业出口交货值333.39亿元，约占全国食品工业出口总额20%，是全国最大的月饼生产地和出口省份，全国最大的酱油生产和出口地区，全国最大的养殖水产品、米粉、糖果生产和出口省区之一。其中农副食品加工业228.21亿元，同比增长7.3%；食品制造业95.30亿元，同比增长3.1%；酒、饮料和精制茶制造业8.32亿元和烟草制品业1.56亿元，同比各减少20.4%。

广东是渔业大省，出口量43万吨、创汇30亿美元。水产品出口至100多个国家和地区，供应港澳90%的鲜活水产品，美国超过10%的对虾和45%罗非鱼来自广东。

2015年广东月饼（除珠海、深圳外）出口近1500吨，货值超过1300万美元，比去年增长15.4%。其中中山出口月饼1335.3吨，1136.8万美元，同比分别增长32.6%和12.7%，创历史新高，占全国出口量50%以上、广东省70%以上。广东月饼销往美加、欧洲、港澳、澳大利亚等国家和地区，其中北美是广式月饼出口的主销地，占出口量一半以上。

加多宝凉茶海外出口量占其总销量的10%以上，红绿王老吉凉茶在海外的销售接近3个亿。李锦记调味品分销网络遍布世界五大洲100多个国家和地区，真正实现了“有华人的地方就有李锦记产品”。

6. 固定资产投资

全省食品工业固定资产投资635.13亿元，占全国食品工业比例的3.14%，其中农副食品加工业245.37亿元，同比增长26.1%，占全省固定资产投资0.82%，全国食品加工业占比2.28%；食品制造业230.29亿元，同比增长1.1%，占全省固定资产投资0.77%，全国食品制造业占比4.53%。

仙桃加多宝饮料有限公司开工仪式在仙桃举行，这是继武汉加多宝饮料有限公司成立之后，加多宝集团在湖北省建成投产的又一个世界级工厂。其投资规模、先进设备，以及新引进的全自动化生产线，均走在行业前端，将成为凉茶行业最大的瓶装生产基地。

广州王老吉大健康产业有限公司位于四川雅安的生产基地一期全面量产。雅安一期投资3亿元，主要建设两条灌装生产线，年产2000万标箱王老吉凉茶。建成后年产值将达到15亿元。王老吉与湖北稻花香集团战略合作项目——王老吉（宜昌）创新产业基地揭牌投产。该基地采用生产、科研、文化的“三位一体”紧密型合作模式，预计首期年产凉茶700万件，年产值达5亿元。

梅州珠江啤酒公司在广州（梅州）产业转移工业园举行扩建3.6万罐/小时易拉罐生产线试产仪式。这条总投资7598万元的易拉罐线项目历时5个月建成，生产能力为3.6万罐/小时，年产量5万千升，投产后梅州珠啤的三条生产线年成品产量可达15万千升。广州珠江啤酒集团有限公司首期投资3.7亿元打造的全方位环保节能工厂——湖南珠江啤酒有限公司正式投产，具备同时生产600ml\500ml\330ml瓶型以及纯生啤酒的能力。从广州珠江啤酒公司总部搬迁的珠江啤酒南沙公司第一条灌装生产线试产成功，完成了第一期产能建设。

美味鲜厨邦（阳西）生产基地2014年7月试产，2015年7条酱油生产线投产，实现产值8亿元。形成以美味鲜为龙头及其配套企业的调味品产业集群。同时，也将促进农海产品深加工集群、啤酒饮料产业集群的形成。李锦记能自动调控制曲曲料的温度、风量、湿度，并自动进行原料进出、翻曲、制曲的连续蒸煮及圆盘制曲系统在新会生产基地正式启用。设备投产后，新会生产基地的酱油年总产量可达50万吨。

蒙牛雅士利投资11亿元人民币的新西兰工厂宣布开业。新西兰工厂将年产婴幼儿配方奶粉52000吨，产品以罐装成品及25公斤大包装基粉的形式供应给雅士利国际。蒙牛雅士利新西兰工厂将大幅度提升蒙牛旗下雅士利的国际竞争力。

7. 存在问题

广东大部分特色食品未形成规模化、产业化生产。以中小食品企业为主导的广东食品企业技术创新能力较弱，科技成果转化率低。特别对具有广东特色的食品传承、保护及发展措施不多，产业发展缺乏新增长点。多数食品企业仍以传统的市场收购方式组织原料。市场经营模式仍不适应市场竞争需要，如在线上和线下的的结合上，特别是冷链物流配送方面仍是广东食品产业发展的短板。全省食品安全形势依然严峻。

【b. 大事记】

1 月 20 日上午，为推动家禽“集中屠宰、冷链配送、生鲜上市”工作营造良好社会氛围，根据省政府要求，由省、市食安办等部门联合举办，省食品行业协会承办的“科学认知生鲜鸡，免费试吃体验”活动在广州泮溪酒家正式启动。活动分两期，连续 7 天在广州市泮溪酒家等知名餐饮企业举行。

2 月 21 日，有着 100 多年历史的黄圃腊味因其有着厚重的家乡味刊登在《人民日报》A6 版上。

3 月 18 日，国家民政部顾朝曦副部长、广东省邓海光副省长等一行领导赴省食品行业协会专题调研“三社联动”工作。

3 月 19 日，省食品医药行业品牌建设委员会认定“加多宝”品牌为“食品行业著名品牌”和“凉茶行业领导品牌”。

3 月 21 日，王老吉北方总部正式运营，王老吉凉茶博物馆（北京馆）同步落成。标志着王老吉“南北双核”战略取得重大进展。

4 月 19 日，王老吉大健康产业（雅安）生产基地一期量产。雅安基地是王老吉大健康首条自建生产线。

4 月 20 日，加多宝在北京举行“开启凉茶黄金时代——2015 年金罐加多宝上市发布会”，推出金罐加多宝。

4 月 27 日，围绕“品牌驱动力，凉茶中国梦”主题展开热烈讨论，由南方报业传媒集团、广东省食品行业协会共同举办的首届凉茶产业发展论坛在广州举行。

5 月 22–26 日，省食协组织企业参加由国家有关部委、陕西等 31 个省区市、新疆生产建设兵团在西安市国际会展中心主办的第十九届中国东西部合作与投资贸易洽谈会暨丝绸之路国际博览会。

5 月 28–31 日，省食协组织企业参加由商务部、国务院三峡办、中国贸促会、重庆市人民政府、西部及部分中东部省区市人民政府共同主办第十八届中国（重庆）国际投资暨全球采购会。

6 月 13 日，省食协组织凉茶企业参加由省文化厅、云浮市政府主办，主题为“保护成果、全民共享——乡愁・古村・根脉”的 2015 年中目“文化遗产日”广东会场系列活动。

6 月 15 日，中央政治局委员、广东省委书记胡春华莅临美味鲜阳西生产基地视察，勉励美味鲜抓住双转移政策的机遇，加快阳西生产基地后续项目的建设，为阳西乃至整个粤西地区的经济社会发展做出应有的贡献。

6 月 16 日，广东省食品安全宣传周活动启动仪式在广州维嘉思广场举行。省食安办主任、省食品药品监管局局长段宇飞对全省食品安全宣传周活动安排和要求进行介绍。

7 月 13 日，广东省人大常委会主任黄龙云、副省长邓海光莅临美味鲜阳西生产基地视察。

8 月 17 日，广东省委常委、广州市委书记任学锋一行莅临珠江啤酒集团检查氨系统安全运行状况。珠江啤酒集团党委书记廖加宁等陪同。

8 月 18 日，广东省民政厅关于公布全省性社会组织评估等级结果的通知（粤民函〔2015〕1291 号），广东省食品行业协会又一次被评为 5A 级行业协会。

9 月 3 日，中国人民抗日战争暨世界反法西斯战争胜利 70 周年盛大阅兵活动在北京天安门广场隆重举行。受中共中央组织部邀请，广东省食品（医药）行业协会党委书记张俊修同志作为全国优秀共产党员代表参加了本次阅兵现场观礼。

9 月 21–23 日，2015 年第十届石龙食品药品安全与法治会议在广州东方宾馆召开。本次石龙会议以食品药品安全“四个最严”为主题，邀请到众多权威专家对四个最严和新食品安全法进行详细解读，并对食品药品安全形势进行深入剖析。

10 月 28 日，广东省副省长邓海光一行到风行集团属下华美牧场调研，充分肯定风行集团在牛场建设、奶牛饲养工作上所取得的成果。

10 月 30 日，中国食品工业协会副会长、广东省食品（医药）行业协会党委书记张俊修在意大利米兰举办的世界绿色设计论坛米兰峰会上发表“凉茶，绿色设计的典范”演讲，受到联合国粮食和农业组织和世界各国与会代表的赞扬。

10 月 31 日，金罐加多宝在“2015 世界绿色设计论坛米兰峰会”凉茶获世界绿色设计领域权威大奖“2015IDF 国际设计创新奖”和“中国食品工业国际贡献奖”。

11 月 6 日，蒙牛雅士利投资 11 亿元人民币的新西兰工厂盛大开业，开创了奶粉行业国内品牌在海外 100% 自主建厂的先河。

12 月 17 日，国家民政部发布《关于表彰全国先进社会组织的决定》，广东省食品行业协会继 2005、2010 年后，再一次被评为“全国先进社会组织”。

12 月 18–24 日，省食协组团参加由商务部、工信部重点支持，中商联、中食协、湖北省和武汉市人民政府在武汉国际会展中心主办的第二十四届中国食品博览会暨交易会。

12 月 29 日，广东省食品药品监督局召开新闻发布会，向社会公众发布新的食品安全追溯系统，将在 2016 年实现“全品种可查询，重点品种（婴幼儿配方食品、食用油、酒类）可追溯”。

12 月 31 日，中粮集团旗下上市公司中国食品将旗下深圳金帝食品有限公司以 6.11 亿元人民币出售给中粮集团旗下另一上市公司中粮地产。曾经的国产巧克力“一哥”金帝巧克力前景暗淡。

【c. 主要经济指标（数据）】

1. 广东食品工业主要经济指标

行业	生产总值(亿元)	主营业务收入(亿元)	同比增长（%）
农副食品加工业	3061.04	2927.41	1.5
食品制造业	2061.36	1763.05	6.1
酒、饮料和精制茶制造业	1236.92	1079.97	3.8
烟草制品业	463.11	434.68	2.3

2. 广东省食品工业规模以上企业数

行业	企业数（家）
农副食品加工业	909
食品制造业	673
酒、饮料和精制茶制造业	256
烟草制品业	11

3. 广东食品工业利润、税金总额及其增长速度

行业	利润总额（亿元）	同比增长（%）	税金总额（亿元）	同比增长（%）
农副食品加工业	120.84	16.9	39.95	10.6
食品制造业	231.68	4.3	105.29	5.3
酒、饮料和精制茶制造业	93.13	6.4	75.47	2.0
烟草制品业	46.52	2.8	272.70	6.9

4. 广东省食品工业主要产品产值

行业	工业总产值（千元）	工业增加值（千元）
农副食品加工业	306103532	44707239.1
谷物磨制	19293221.0	1765329.7
饲料加工	120509092.0	16545898.3
植物油加工	55347152.0	4754320.4
制糖业	13891736.0	3161759.1
屠宰及肉类加工	25401335.0	4310606.5
水产品加工	50470186.0	9155291.7
蔬菜、水果和坚果加工	11893775.0	3313605.7
其他农副食品加工	9297035.0	1700427.7
食品制造业	206135555.0	72746930.7
焙烤食品制造	16681557.0	3946856.4
糖果、巧克力及蜜饯制造	32761526.0	15381536.5
方便食品制造	18416520.0	4320515.6
乳制品制造	17278879.0	4521882.6
罐头食品制造	9353913.0	2409568.0
调味品、发酵制品制造	41653398.0	13120820.4
其他食品制造	69989762.0	29045751.2
酒、饮料和精制茶制造业	123692068.0	35025185.1
酒的制造	23947595.0	8113445.2
饮料制造	96925788.0	26286273.7
精制茶加工	2818685.0	625466.2
烟草制品业	46311390.0	33739002.4

行业	工业总产值（千元）	工业增加值（千元）
烟叶复烤	160875.0	146895.0
卷烟制造	44786852.0	33406512.9
其他烟草制品制造	1363663.0	185594.5

5. 广东食品工业销售产值

行业	工业销售产值（亿元）	同比增长（%）
农副食品加工业	2960.49	1.5
食品制造业	1794.48	8.1
酒、饮料和精制茶制造业	1118.63	2.6
烟草制品业	563.60	2.5

6. 广东省居民食品价格分类指数

项目	价格指数（上年=100）
食品	103.5
粮食	101.8
油脂	97.3
肉禽及其制品	106.0
蛋	98.0
水产品	103.5
鲜菜	107.8
烟酒及用品	101.7

【d. 主要产品产量】

1. 主要优势产品

凉茶成功申遗超常规发展，创造了国际饮料史上的一个奇迹，产品遍及全国并出口全球60多个国家。成为目前全国非物质文化遗产生产性保护最大的成功项目，也是全球绿色设计的范例。

广式月饼是广东焙烤食品的代表，多年来保持着高质高量的产品特性，主要品牌在国内占有较高知名度和美誉度，产量约占全国75%。

广东是调味品大省，生产、消费和出口总量全国第一。具有发展速度快、产量大、品种多、销售面广、效益较好等特点。其中酱油产量占全国43.0%。

广东饮料制造业一直保持着全国领先地位，具有明显的优势，软饮料产量占全国16.1%。产品多元化，茶饮料、乳饮料、功能性饮料等产品结构日趋合理。

腊味制品属于粤式传统食品范畴，是南方地区广大消费者喜爱的传统食品之一，对于粤式传统食品产业和广东文化的发展有着重要的意义。

广东食品添加剂生产列全国前列，主要集中在广州、深圳等地区。行业的技术水平和管理水平有了很大提高，具有很强的市场竞争力。

2. 主要食品产量

在全省规模工业统计的主要食品产品中，产量同比增加或持平的占80%，近50%的产品增长超过10%，超过60%进入全国前6位。酱油、软饮料、碳酸饮料类（汽水）、包装饮用水产量居全国第一位，全国占比分别为43.0%、16.1%、18.0%、16.5%；居全国第二位的糖果、啤酒分别占全国21.0%、9.0%；居全国第三位的成品糖，全国占比16.9%。特别是凉茶行业市场销售继续保持较好的增长趋势，具有绝对的市场优势。

表7 2015年广东食品工业主要产品产量

产品名称	计量单位	产量	增长%	全国排位
小麦粉	吨	2803940.3	1.1	8
大米	吨	1319203.5	3.6	14
精制食用植物油	吨	5127980.4	-8.9	5
成品糖	吨	1289281.4	-6.4	3
糖果	吨	724786.9	19.7	2
速冻食品	吨	103305.4	11.5	
其中：速冻米面食品	吨	98427.4	10.3	6
方便面	吨	528961.8	1.3	5
乳制品	吨	664290.5	16.2	15
液体乳	吨	457223.8	15.1	
罐头	吨	588079.6	16.2	6
味精（谷氨酸钠）	吨	0.0	0.0	
酱油	吨	4354796.3	9.0	1
冷冻饮品	吨	141901.1	20.2	7
软饮料	吨	28380215.7	7.2	1
其中：碳酸型饮料（汽水）	吨	3232952.1	5.8	1
包装饮用水	吨	14466231.5	15.7	1
果汁和蔬菜汁类饮料	吨	1108786.2	6.9	7
蛋白饮料	吨	165903.0	16.4	
精制茶	吨	16445.8	-26.6	16

3. 新产品开发

（1）广东省通过认定高新技术产品名单（食品类）

产品（服务）名称	申报单位
特色天然超临界CO2萃取精制香料	澳华达香料科技（广州）有限公司
无烟碱烟草提取物	澳华达香料科技（广州）有限公司
富肽粉末香精	广东汇香源生物科技股份有限公司
牛肉粉体香精	广东汇香源生物科技股份有限公司
紫薯香精	广东汇香源生物科技股份有限公司
鱼胶原蛋白肽粉	广州合诚实业有限公司
珠江0度清醇啤酒系列	广州南沙珠江啤酒有限公司
珠江纯生啤酒系列	广州南沙珠江啤酒有限公司
蚝油浓缩膏	广州市天惠食品有限公司
鸡肉香精	广州市天惠食品有限公司
能量堡垒大豆卵磷脂软胶囊	广州微量元素生物科技有限公司
能量堡垒蛋白粉	广州微量元素生物科技有限公司
能量堡垒钙维D软胶囊	广州微量元素生物科技有限公司
能量堡垒维生素B族片	广州微量元素生物科技有限公司
能量堡垒维生素C片	广州微量元素生物科技有限公司
能量堡垒鱼油软胶囊	广州微量元素生物科技有限公司
酒曲发酵新型烟草提取物	华芳烟用香料有限公司
新型铁观音天然香料	华芳烟用香料有限公司
阿胶黄芪党参铁片	汤臣倍健股份有限公司
番茄红素维生素E软胶囊	汤臣倍健股份有限公司
辅助降血糖片	汤臣倍健股份有限公司
银杏叶鱼油软胶囊	汤臣倍健股份有限公司
鱼油软胶囊	汤臣倍健股份有限公司
搅拌型原味酸奶（甄酪乳）	汕头经济特区澳士兰牧场有限公司
复合菌种发酵高品质酱油	佛山市海天（高明）调味食品有限公司
双酿增香高鲜酱油	佛山市海天（高明）调味食品有限公司
新型风味油制佐餐酱	佛山市海天（高明）调味食品有限公司
珠江纯生啤酒系列	梅州珠江啤酒有限公司
珠江清醇啤酒系列	梅州珠江啤酒有限公司
珠江小麦啤酒系列	梅州珠江啤酒有限公司
佛手果糕点	咀香园健康食品（中山）有限公司
软式杏仁饼	咀香园健康食品（中山）有限公司
风味复合酵母（酵母珍）	广东江门生物技术开发中心有限公司
甘蔗糖蜜酵母发酵培养物（浓缩液）	广东江门生物技术开发中心有限公司
酵母抽提物（膏状、纯品型）	广东江门生物技术开发中心有限公司
酵母精粉（粉状酵母抽提物）	广东江门生物技术开发中心有限公司
榴花牌酵母粉（发酵专用）	广东江门生物技术开发中心有限公司
破壁型食用酵母（营养酵母）	广东江门生物技术开发中心有限公司

产品（服务）名称	申报单位
食用酵母（酵母蛋白）	广东江门生物技术开发中心有限公司
低聚半乳糖（GOS）	量子高科（中国）生物股份有限公司
低聚果糖（FOS）	量子高科（中国）生物股份有限公司
特纯芦荟鲜汁原液	台山美环健芦荟制品有限公司
灵芝皇胶囊	无限极（中国）有限公司
无限极茶萃系列产品	无限极（中国）有限公司
无限极牌常欣卫口服液	无限极（中国）有限公司
无限极牌钙片	无限极（中国）有限公司
无限极牌怡瑞胶囊	无限极（中国）有限公司
无限极牌元泰片	无限极（中国）有限公司
无限极牌悦宁胶囊	无限极（中国）有限公司
无限极派立清口服液	无限极（中国）有限公司
无限极维康素片剂	无限极（中国）有限公司
采用酶解技术制备的鸡粉（厨邦鸡粉（精）、厨邦美味鲜鸡晶、厨邦香鲜鸡粉、美味鲜鸡粉（精））	广东厨邦食品有限公司
应用二抽酱油制备工艺及制曲原料混合技术生产的酱油（厨邦酱油、厨邦美味鲜酱油、厨邦美味鲜生抽王、厨邦特级双璜生抽王、厨邦金标双璜生抽王、厨邦海鲜酱油、厨邦淡盐酱油、厨邦金品生抽）	广东厨邦食品有限公司
果肉果冻	阳江喜之郎果冻制造有限公司
虾肽虾红素	湛江市博泰生物化工科技实业有限公司
珠江纯生系列啤酒	湛江珠江啤酒有限公司
珠江清醇系列啤酒	湛江珠江啤酒有限公司
超低腥多功能鳄鱼油脂	广东宏益鳄鱼产业有限公司
具有净化血液等多功能高氨基酸鳄鱼酒	广东宏益鳄鱼产业有限公司
林中宝牌灵芝茶	广东林中宝生物科技股份有限公司
佛手粉末冲剂	广东展翠食品股份有限公司
贝兴牌蛹虫草口服液	广东长兴生物科技股份有限公司
双熊小米肠道益生菌配方奶米粉	广东东泰乳业有限公司
环西牌人参氨基酸胶囊	广东环西生物科技股份有限公司
环西牌山药黄芪氨基酸颗粒	广东环西生物科技股份有限公司
醇真鸡粉系列	广东佳隆食品股份有限公司
家丰鸡粉	广东佳隆食品股份有限公司
雪能牌五花茶	广东庭颢药业股份有限公司
参橘胶囊	康美药业股份有限公司
冬虫夏草（含冻干冬虫夏草）	康美药业股份有限公司
黄牛木根饮片	康美药业股份有限公司
康美牌西洋参含片	康美药业股份有限公司
鱼胶（鱼膘、鱼膘饮片）	康美药业股份有限公司

为深入贯彻落实习近平总书记关于“要大力培育

食品品牌，用品牌保证人们对产品质量的信心”的讲话精神，大力推进品牌发展战略，宣传和培育广东省食品行业优秀产品品牌，提升企业品牌影响力和市场竞争力，促进行业健康发展，广东省食品行业协会依据“品牌发展战略”要求，组织开展2015年度广东省食品行业优秀名牌产品评选工作。依照评选程序，共推荐66个产品为2015年度广东省食品行业优秀名牌产品，25个产品为优秀名牌新产品。

（2）广东省食品行业优秀新产品

企业名称	商标名称	产品名称
广东省盐业集团有限公司	粤盐	精选海盐
广州王老吉药业股份有限公司	大红杞	枸杞饮料
广州王老吉药业股份有限公司	吉芝草	虫草饮
广州酒家集团利口福食品有限公司	广州酒家	水果四重奏冰皮月饼
广州酒家集团利口福食品有限公司	利口福	陈皮豆沙月饼
广州酒家集团利口福食品有限公司	利口福	奶黄月饼
广州酒家集团利口福食品有限公司	秋之风	咸香腊肠
广东燕塘乳业股份有限公司	燕塘	泡泡果酸奶饮品（百香果味）
广东燕塘乳业股份有限公司	燕塘	谷物酸奶（青稞）
广东燕塘乳业股份有限公司	燕塘	谷物酸奶（大麦橙粒）
广东燕塘乳业股份有限公司	燕塘	泡泡果酸奶饮品（青柠檬味）
广州统一企业有限公司	统一	小茗同学青柠红茶（调味茶饮料）
广州慧扬农业科技有限公司	知水知田	菜心
广州慧扬农业科技有限公司	知水知田	白菜
广州慧扬农业科技有限公司	知水知田	芥蓝
佛山市顺德区屏荣食品发展有限公司	古越斋	福星高照（坚果酥）
佛山市顺德区屏荣食品发展有限公司	阿诺	绿茶芋卷
佛山市顺德区屏荣食品发展有限公司	阿诺	金丝香芋酥
广东万士发饼业有限公司	万士发	铜锣烧夹心蛋糕
广东百味佳味业科技股份有限公司	百味佳	沙拉酱
东莞市福地饮用水有限公司	水艺术	"水艺术"饮用纯净水
李锦记（新会）食品有限公司	李锦记	薄盐醇味鲜酿造酱油
天地壹号饮料股份有限公司	百草壹号	百草壹号植物山楂醋饮料
潮州市吉祥果食品有限公司	吉祥果	瓜子仁巧克力
广东真美食品实业有限公司	真美世家	脆骨猪肉棒

【e. 重点企业和名优产品】

1. 重点行业

⑴凉茶饮料

根据中国食品工业协会2015年度中国饮料行业整体运行报告，凉茶行业市场销售收入同比增长10.6%，占整个饮料行业市场份额的8.8%，继续保持较好的增长趋势。加多宝品牌以52.1%的销售额市场份额位居中国凉茶行业市场首位；其中以70.6%的销售额市场份额位居中国凉茶行业罐装市场第一名。

正宗配方、金标准体系、国际化战略、移动互联网+战略及社会责任是加多宝凉茶成功在2015年再次销量夺金，开创中国凉茶黄金时代的五大基因。

2015年，王老吉围绕“时尚、科技、文化”三个重点，在产能、销售、科研、文化方面积极布局。资料显示，王老吉在全国31个省市传统渠道铺货率均达90%，并在50多个国家和地区进行了布局，不断扩大市场覆盖范围。尤其在广东、河南、江西、西南等市场的增幅，以双位数增长直接拉动整个凉茶行业的增速。

广东杏林春凉茶有限公司所品清凉茶店、凉茶店的“杏林春”被认定为2015年度广东省著名商标。

⑵焙烤食品制造

广东饼干行业获食品生产许可证（QS）的企业491家。行业发展增速放缓，增长态势平稳，全省饼干行业整体销售收入跌出全国前五位。

珠海元朗食品有限公司从2001年至今，连续被广东省食品行业协会认定为广东省蛋卷行业生产规模最大，市场占有率排名第一，市场销量排名第一的企业。产品畅销广东省各地区、国内各大中城市以及香港、澳门、台湾等地区；远销美国、加拿大、澳大利亚、东南亚等国家。2015年“元朗”商标被国家工商行政管理总局商标局认定为中国驰名商标；公司连续10年获得“广东省守合同重信用企业”称号。

东莞锦泰食品有限公司加大研发，将数种具有免疫调节功效的药食同源成分，通过现代先进萃取工艺加工生产，2015年推出“康力思”和“仁厚”两款中华养生饼干系列产品。是目前唯一获得“保健食品批文”的具有增强抵抗力功能和润肠功能的饼干品类。

广东省科技厅认定咀香园健康食品（中山）有限

公司的广东省焙烤食品产业技术创新联盟为2015年广东省产业技术创新联盟。

阿里数据从产地进行统计，广式、滇式和苏式月饼是消费的前三位，广式月饼的销量稳居第一，销量占比达43%。

⑶调味品、发酵制品制造

广东调味品行业销售排名居山东省列全国第二位，其中获食品生产许可证（QS）的酱油企业188家。产量占全国产量的43.0%，在国内具有绝对的市场和品牌优势，实现利润总额居全国首位。佛山市海天调味食品股份有限公司是全球最大的调味品生产和销售的企业之一，着力发展的三个产品（酱油，调味酱，蚝油）国内市场份额均为第一，酱油产量连续22年产销量全国领先。但广东调味品与世界先进水平相比仍有较大差距，如海天味业的酱油总产量已超过日本龟甲万两倍以上，但销售额却只有龟甲万的三分之一。

品牌研究机构胡润研究院发布《2015胡润品牌榜》。其中，海天味业以200亿元品牌价值在调味品行业内排名第一。全年实现营业收入112.94亿元，同比增长15.05%，实现净利润25.1亿元，同比增长20.06%。

凭借卓越的产品品质和强大的品牌影响力，佛山市海天调味食品股份有限公司、李锦记（新会）食品有限公司、广东美味鲜调味食品有限公司荣获“中国调味品行业20年领军企业奖”。

海天（佛山市海天调味食品股份有限公司）、李锦记（李锦记（中国）销售有限公司）、厨邦－美味鲜（广东美味鲜调味食品有限公司）、味事达（福达（中国）投资有限公司）、东古牌（鹤山市东古调味食品有限公司）获“中国调味品行业20年酱油产业十强品牌企业”。

茂德公（广东茂德公食品集团有限公司）、海天（佛山市海天调味食品股份有限公司）、李锦记（李锦记（中国）销售有限公司）获“2015年度中国辣椒酱十大品牌总评榜”。

李锦记（新会）食品有限公司酱油企业新型能源的利用与综合“节能减碳”模式示范项目应用的领域主要是食品加工企业的能源利用及节能环保方面，特别是调味品企业生产加工过程的节能与减碳，取得了较好的社会和经济效益。被中国食品工业协会授予首批全国“食品行业循环经济示范单位”(13家），以及广东省经济和信息化委员会授予的“粤港清洁生产伙伴（制造业）”称号，并再一次获得香港生产力促进局“珠三角环保大奖”。

2015年，广东珠江桥生物科技股份有限公司首批成功入围商务部、质检总局和国家认监委围绕加强供给侧改革推出具体举措的供港生鲜“同线同标同质”交易服务平台。该平台要求出口企业在同一生产线上，按照相同的标准生产出口和内销产品，从而使供应国内（内地）市场和供应国际市场的产品达到相同的质量水准。消费者不用出境就可买到与香港市场同样标准、同等品质的生鲜食品。

⑷饮料制造

2015年全省饮料工业持续稳定增长，在全国有较强的优势。全省饮料制造业获食品生产许可证（QS）企业1646家。包装饮用水类饮料的比重占全省软饮料产量的51.0%，比上年同期增加4.0个百分点；碳酸饮料类比重为11.4%，比上年同期降低0.16个百分点；果汁和蔬菜汁类比重为3.9%，基本与上年持平。

达能（中国）食品饮料有限公司、华润怡宝饮料（中国）有限公司、深圳市景田食品饮料有限公司、天地壹号饮料股份有限公司、广东健力宝集团有限公司、广东太古可口可乐有限公司被中国饮料协会评为“2015年中国饮料工业二十强”。其中深圳市景田食品饮料有限公司在全国已建立6个实体性公司及生产基地，同时拥有世界一流的生产厂房，28条世界最先进的克朗斯全自动生产线，实现全程无菌灌装，获得天然矿泉水中国排名第一，中国瓶装饮用水出口量最大的企业。天地壹号饮料股份有限公司是全国最大的醋饮料生产企业，占据了全国醋饮料约40%、广东约80%的市场份额，已经发展成为一个全国性的品牌。

⑸乳制品制造

广东乳制品获食品生产许可证（QS）的酱油企业52家，产量为57万吨，全国占比2.15%。多年来，广东省奶业一直致力于“生鲜奶订单生产”制度建设，由乳企和养殖场直接签订原奶收购价，实行优质优价。广东奶源质量一向全国最好，原奶价格最高。2015年广东生鲜奶生产总成本同比下降了2.4%，生鲜奶交售价同比下降了2.5%。

广东省食品药品监督管理局组织对省内获得食品生产许可证的乳制品生产企业生产的婴幼儿配方乳粉、巴氏杀菌乳、发酵乳、调制乳、灭菌乳、乳粉、炼乳等7类乳制品进行专项抽样检验，共抽取样品191批次，按照相关食品安全标准检测，除个别产品标签不符合食品安全标准要求，内在质量全部合格。

广东燕塘乳业股份有限公司充分利用自身冷链运输和产学研一体的优势，发掘城市型健康低温乳制品的市场潜力，“研发一批、储备一批、推出一批”的产品策略成效显著。谷物酸奶、泡泡果酸奶、180ml单杯酸奶、学童奶、焕青奶、山楂酸奶、乳酸菌褐饮等多个新品密集面市，产品架构进一步完善。其中，屋顶型谷物酸奶与全国首创的泡泡果酸奶饮品销量领先，深受消费者喜爱，成为公司营业收入的亮点之一。全年“燕塘”产品经历了470多批次外部监督抽查，全部合格，完成了年度质量目标。

深圳市晨光乳业有限公司拥有5个大型现代化奶牛场及多个合作奶源基地，饲养优质进口荷斯坦奶牛1.5万头，年产鲜奶近4万吨。2015年，以“新鲜才健康，好奶认晨光”延续新鲜战略，进一步倡导健康生活方式。新鲜订系统全面升级体现在全程冷链保障上，4–6℃全程冷链，牢牢把握温控的最后一公里。

深圳市晨光乳业有限公司在国家发展和改革委员会、农业部、工业和信息化部、工商行政管理总局、食品药品监督管理总局、质量监督检验检疫总局、粮食局、海关总署等8部委主办的“第十三届中国食品安全年会”上，被授予“2015年度全国食品安全管理创新案例”称号。

国内婴幼儿奶粉领军品牌雅士利2015天猫双11销量以当日1.06亿元的历史最佳成绩夺得奶粉类目第一，实现雅士利电商渠道的历史性突破。成为双十一有史以来首个破亿的奶粉品牌。

⑹保健食品

广东省保健食品自主生产企业171家，委托生产企业125家，保健食品批准证书2305条。据统计，广东保健食品市场份额占全国50%以上。其中广东在零售药店渠道流通的非处方药和保健食品占全国20%左右。

2015年，全省共立案查处保健食品违法违规案件407件。省食药监局对保健食品生产企业组织了跟踪检查和飞行检查，重点检查了50家2014年底前取得保健食品GMP证书的部分保健食品生产企业，落实质量安全主体责任情况、上次保健食品GMP审查缺陷项目及日常监管发现问题的整改落实情况等。从检查情况看，大部分企业能够按照法律法规和保健食品良好生产规范的要求组织生产，但仍存在洁净车间和设施设备维护不足，原料管理存在不完善和生产质量管理存在不规范的情形。

广东林中宝生物科技股份有限公司专注于缔造全球山珍养生领军品牌，出品的上品灵芝保健养生系列远销海内外。在中国食用菌产业“十二五”百项优秀成果展示交易会上，广东林中宝生物科技股份有限公司荣获“中国灵芝十大品牌”的殊荣。

⑺屠宰及肉类加工

全年肉类总产量424.36万吨，下降1.2%，全国占比5.0%。其中，全省生猪出栏3663.44万头，下降3.4%；猪肉产量274.15万吨，下降3.0%，全国占比5.0%。全省出售和自宰的肉用家禽97423.41万只，增长2.4%；禽肉产量134.80万吨，增长2.2%，全国占比7.4%。

全省肉制品获食品生产许可证（QS）企业874家。肉制品生产企业一直是广东省监管的重点行业，特别是上海福喜事件发生后，广东省食品药品监督管理局将肉制品作为省级食品安全审计的试点行业，并联合省公安厅开展打击肉及肉制品生产经营违法犯罪活动为主要内容的“秋风”行动。

中山黄圃镇是广式腊味发源地之一，全国最大的广式腊味生产基地，市场占有率居国内腊味市场第一。占全国广式腊味60%的产量，被誉为“中国腊味之乡”，“中国腊味食品名镇”，拥有70多家腊味生产厂家，生产的腊味品种六七十钟。2015年，清远连州市的东陂腊味被省农业厅评选为“广东省名特优农产品区域公用品牌”，成为继获得清远首个“国家地理标志保护产品”称号之后的又一殊荣。全年腊味产值超过1亿元。

广东省广弘食品集团有限公司是集冷藏保鲜、仓储运输、冻品贸易为一体的大型肉类食品流通企业，是广东省肉类食品供应骨干企业、国家和广东省人民政府重要商品储备单位，被评为中国肉类食品行业50强企业、中国冷链物流50强企业。

⑻糖果、巧克力及蜜饯制造

广东糖果、巧克力及蜜饯制造获食品生产许可证（QS）企业1223家。糖果产量72.48万吨，占全国糖果产量的21.0%，居福建后列全国第二位。品类已由传统的硬糖、软糖、奶糖、酥糖的品类区隔，逐步转化、拓展到更细分的功能性糖果（富含维生素等）、胶基糖等新兴休闲糖果品类。其中出口品种主要有：抛光糖果、果味软糖、压片糖果、胶基糖果、充气糖果、巧克力、可可制品等。与其他区域爱零食爱坚果炒货不同，食品行业购买力排名第一的广东人最爱买茶叶。

为促进传统食品产业转型升级，提高产品附加值和市场竞争力，进一步推动潮安特色产业集群的创新发展。6月18日，潮汕凉果产业人才培养工程示范场地在庵埠镇成立。此外，一批扎根在民营食品企业中“科技研究院”、“博士后工作站”、“产学研创新联盟”等研究中心，成为创新孵化器。

广东康辉集团有限公司与华南农业大学等单位合作的“传统广式凉果产业提升和废弃物综合利用关键技术及产业化”项目，解决了凉果产业中的保存、脱硫及副产物污染等问题，而且在2013–2015年的应用推广中，实现销售额6.9亿元的经济效益，直接增加我国南方水果年超3万吨的收购量，带动农户增收的效果十分明显。

⑼食品添加剂

全省食品添加剂企业469家，约占全国14%。广东省食品药品监管局决定将食品添加剂生产许可审批权限调整由各地级以上市食品药品监管部门实施。

广州百花香料股份有限公司是国内香料行业规模最大的香精香料综合性生产企业之一，国内唯一的香料香精综合性国有控股企业，在行业享有良好的声誉。已发展成为一家具有年产1000吨香料，4300吨香精生产能力的知名企业。

广东广益科技实业有限公司是一家专业从事食品防霉保鲜、抗氧化、品质改良、原辅料等产品研发、生产、销售的高新技术企业。农业部发布《农业部关于对2014~2015年度中华农业科技奖的表彰决定》，广益公司参与的项目成果“干坚果氧化劣变控制关键技术创制与产业化应用”荣获2014–2015年度中华农业科技奖一等奖。

（10）其他

2015年，广东啤酒产量424.15千万升，居山东后列全国产量第二位，约占全国啤酒产量9%；精制食用植物油和方便面产量居5位，全国占比为7.6%、5.2%；罐头、速冻米面食品产量第6位，全国占比4.8%、1.7%。

2. 重点企业

“十二五”期间，广东食品工业重点培育和发展了一批知名品牌和按照现代企业制度要求建立的创新能力强，竞争水平高的现代大型企业和企业集团。

加多宝是一家集原材料种植、饮料生产及销售于一体的大型企业。首创“集中提取、分散灌装”实现大工业化生产模式及不断的营销创新和持续投入，连续多年在罐装饮料市场超越国际饮料巨头，成为凉茶行业领导者和饮料行业的领先品牌。

“王老吉”品牌价值评估为1080亿元，成为中国第一品牌。2015年围绕“时尚、科技、文化”三个重点，在产能、销售、科研、文化方面积极布局，进一步巩固了王老吉在凉茶行业的地位。

海天味业调味品的产销量及收入连续多年名列行

业第一。2015 年营业收入 112.94 亿元，是全球最大的调味品行业生产销售企业，酱油、蚝油和调味酱产量居全国首位，其中酱油产销量多年稳居第一，遥遥领先。

珠江啤酒立足啤酒主业，以新价值战略为核心，进一步优化产品结构。2015 实现利润总额同比增长 42.9%。市场竞争力和综合实力不断提升，确保企业可持续稳定发展。

华美食品是国内烘焙行业知名龙头企业，拥有东莞和湖北 2 个厂区，自动化生产线数十条，月饼日产能可达 220 万个，饼干日产能达 120 吨以上。产品常年销往全国各地及海外市场。

无限极是一家从事中草药健康产品研发、生产、销售及服务的大型港资企业。已成功研发生产出 5 大系列，6 大品牌，121 款产品，在国内拥有 38 家分公司、超过 6000 家专卖店。

加多宝（中国）饮料有限公司、广东嘉士利食品集团有限公司、广东燕塘乳业股份有限公司、深圳市金谷园实业发展有限公司、无限极（中国）有限公司、深圳市景田食品饮料有限公司由中国食品工业协会授予 2014–2015 年度全国食品工业优秀龙头食品企业。

广东省食品行业协会认定广州王老吉药业股份有限公司、广东燕塘乳业股份有限公司、广州市东鹏食品饮料有限公司、广州珠江美乐多饮品（香港）有限公司、广州市至润油脂食品工业有限公司、广州市味研生物工程科技有限公司、广州金司奇米面制品有限公司、广州市洲星食品有限公司、无限极（中国）有限公司、深圳景田实业有限公司、深圳市金谷园实业发展有限公司、珠海元朗食品有限公司、佛山市顺德区屏荣食品发展有限公司、广东顺德酒厂有限公司、广东加多宝饮料食品有限公司、东莞石龙津威饮料食品有限公司、东莞荣华饼家有限公司、东莞市华美食品有限公司、东莞永益食品有限公司、广东鹰唛食品有限公司、广东美怡乐食品有限公司、中山市华联食品有限公司、天地壹号饮料股份有限公司、鹤山市华山泉食品饮料有限公司、广东嘉士利食品集团有限公司、广东省肇庆香料厂有限公司、广东雅林食品有限公司、福家欢食品有限公司、广东十二岭酒业有限公司等 29 家企业为“2014 ~ 2015 年度广东省食品工业优秀龙头食品企业”。

2015 年广东新增中小企业股份转让系统俗称“新三板”的食品类企业居全国领先。其中有全国新三板挂牌资本市场最大醋饮料生产企业的广东天地壹号饮料股份有限公司、全国灵芝新三板第一股的广东林中宝生物科技股份有限公司和中国鸡精十强品牌企业的广东百味佳味业科技股份有限公司等。

表10 广东省企业500强排行榜食品企业名单（含综合类食品企业）

编号	公司名称
3	华润股份有限公司
41	广东温氏食品集团股份有限公司
44	广州轻工工贸集团有限公司
88	广州东凌实业投资集团有限公司
107	佛山市海天调味食品股份有限公司
108	深圳市海王生物工程股份有限公司
127	益海（广州）粮油工业有限公司
130	健康元药业集团股份有限公司
164	广东省肇庆土产进出口有限公司
192	深圳市粮食集团有限公司
229	李锦记（中国）销售有限公司
237	雅士利国际控股有限公司
243	中炬高新技术实业(集团)股份有限公司
246	广州珠江啤酒集团有限公司
250	广州双桥股份有限公司
285	湛江国联水产开发股份有限公司
296	广州王老吉药业股份有限公司
313	鲜绿园（深圳）果蔬饮料有限公司
326	汤臣倍健股份有限公司
342	广州酒家集团股份有限公司
347	广州市香雪制药股份有限公司
390	广州鹰金钱企业集团公司
396	广东鹰唛食品有限公司
429	广东燕塘乳业股份有限公司
484	深圳南顺油脂有限公司

3.名优产品

工信部下属的中国企业品牌研究中心及直属研究咨询机构实施的中国品牌指数研究成果发布。

表11 2015年C-BPI行业TOP3品牌榜（广东食品类）

品类	2015C-BPI第一品牌	得分（注：C-BPI满分为1000分）
口香糖	绿箭	607.0
润喉糖	绿箭薄荷糖	468.6
果冻	喜之郎	652.7
食用油	金龙鱼	590.6
酱油	海天	592.6
食醋	海天	468.7
功能饮料	脉动	659.8
凉茶	加多宝	620.0

其中喜之郎果冻、金龙鱼食用油、海天酱油连续5年行业第一，是当之无愧的2015C-BPI“黄金品牌”。

世界领先的独立品牌评估及行销策略咨询机构——世界品牌实验室（WorldBrandLab）发布了2015年（第十二届）《中国500最具价值品牌》排行榜。广东省7个食品类品牌荣登本年度最具价值品牌。

表12 中国最具价值500强品牌（广东食品企业）

品牌名称	品牌拥有机构	品牌价值（亿元）	主营行业
金龙鱼	益海嘉里食品营销有限公司	156.57	食品、饮料
太太	健康元药业集团股份有限公司	105.87	保健品
双喜	广东中烟工业有限责任公司	88.52	烟草
喜之郎	广东喜之郎集团有限公司	72.95	食品、饮料
海天	佛山海天调味食品股份有限公司	60.35	食品、饮料
大印象	广东大印象（集团）有限公司	56.57	保健品

表13 2015年度认定的广东省著名商标名单（食品类）

商标注册人	商标	认定商品或服务项目
皇上皇	广州皇上皇集团有限公司	加工过的肉，腊肠，腌腊肉
向丽	梅州市向丽食品有限公司	香肠，腌腊肉
mrsausae	广州皇上皇集团有限公司	加工过的肉，香肠，鱼制食品
肥仔秋	东莞市肥仔秋食品有限公司	猪肉食品
彭成	深圳市彭成实业有限公司	鱼片，龙虾（非活），贝壳类动物（非活）
京昌水产	湛江京昌水产有限公司	虾（非活）
华恒	博罗县柏塘光华食品有限公司	水果蜜饯，蜜饯果类，陈皮梅
彩园	新兴县荔园食品有限公司	蜜饯果类
雪花岩	广东雪花岩茶业有限公司	茶
创辉	广东创辉食品有限公司	糖果
扬航	杨敏	糕点
陶陶居	广州陶陶居食品有限公司	糕点，月饼，面包
金徽	东莞市金徽糖果饼干有限公司	饼干
丽登	化州市丽登饼业有限公司	蛋糕，年糕，月饼
阿诺	佛山市顺德区屏荣食品发展有限公司	包子，糕点
孟乍隆	深圳市盛宝粮油供应有限公司	米
图形	广东金禾面粉有限公司	面粉
天香苑	珠海天香苑生物科技发展股份有限公司	酵母，食用香料（不包括含醚香料和香精油）
凤中凤	广东天农食品有限公司	活家禽，种家禽
havwii	雷州市海威水产养殖有限公司	虾（活的），贝壳类动物（活的），活鱼
菜专家	广东万达丰农投蔬果有限公司	新鲜蔬菜
粤旺	广州粤旺农业有限公司	新鲜蔬菜
大塘金瑞康	佛山市三水区大塘镇金瑞康蔬菜专业合作社	新鲜蔬菜
南嘉洲	佛山市三水区南嘉洲农业有限公司	新鲜蔬菜，食用葫芦科蔬菜，食用植物根

表14 2015年度延续的广东省著名商标名单（食品类）

商标	商标注册人	认定商品或服务项目
温氏	广东温氏食品集团股份有限公司	冻肉，冻鸡，蛋品
真美	广东真美食品集团有限公司	猪肉脯，牛肉脯
秋之风	广州酒家集团股份有限公司	腊肉，咸猪肉，鱼制食品
羽帆	广东好味来食品有限公司	死家禽（加工过的盐焗鸡）
金标	汕头粤兴企业有限公司	水产品（非活虾），速冻菜
佳盛	汕头市佳盛副食品有限公司	紫菜
珍奇味	广东珍奇味集团有限公司	蜜饯
旗峰	东莞市食品有限公司	腌腊，生熟肉，蛋品
八果圣	广东阳江八果圣食品有限公司	蜜饯
粤农	惠州市四季鲜绿色食品有限公司	干荔枝
诚	中山市坤波食品进出口有限公司	干枣，莲子，木耳
华恒	博罗县柏塘光华食品有限公司	五味姜
粤清香	广州市清香农产有限公司	干蔬菜
鹏昌	惠州市鹏昌农业科技有限公司	蛋，蛋黄，皮蛋（松花蛋）
顺明	珠海市顺明有限公司	蛋（鸡蛋）
东泰	广东东泰乳业有限公司	牛奶制品（炼乳）
益元	江门市新会区益元虫草培植场	干食用菌（蛹虫草）
我和你	英德市我和你食品有限公司	茶
南馥	广东南馥茶业有限公司	茶叶（乌龙单枞茶）
甘岭	广东金岭糖业集团有限公司	白砂糖
量子高科	量子高科（中国）生物股份有限公司	天然增甜剂（低聚糖）
欧力多	量子高科（中国）生物股份有限公司	天然增甜剂（低聚糖）

商标	商标注册人	认定商品或服务项目
味奇	深圳市味奇生物科技有限公司	食用葡萄糖
笑咪咪	广东笑咪咪食品有限公司	糖果
庆联	佛山市庆联食品有限公司	（无糖）糖果，（无糖）饼干，（无糖）月饼
立爽	广东金利食品工业有限公司	糖果
美顿	汕尾市美顿食品有限公司	糖果，巧克力
汤臣倍健	汤臣倍健股份有限公司	非医用营养粉，非医用营养胶囊，螺旋藻（非医用营养品）
慈福堂	广东省阳春市信德生物科技发展有限公司	秋梨膏
嘉士利	广东嘉士利食品集团有限公司	饼干，糕点，面包
华美	东莞市华美食品有限公司	月饼，饼干，糕点
采蝶轩	卢宜坚，梁或	面包，蛋糕
万士发	广东万士发饼业有限公司	饼干，方便面
金位	廉江市明兴食品有限公司	糕点，豆沙，莲茸
日威	中山市日威食品有限公司	糕点
廉心	廉江市心心食品有限公司	年糕，月饼，蛋糕
图形	东莞市穗丰食品有限公司	面粉
生鱼	佛山市顺德区生鱼米业有限公司	米
北田	深圳市春谷园粮食物流有限公司	米
珍香	台山市粮食购销总公司	米
伴永康	惠州伴永康粮油食品有限公司	米
红牡丹	广州岭南穗粮谷物股份有限公司	面粉
万其	惠州市好收成农贸有限公司	米
金友	广东金友集团有限公司	大米（有机米）
聚龙	罗定市稻香园农业发展有限公司	米（有机米）
金鲜美	郭少锋	米（无公害大米）
挂绿	增城市优质米生产基地公司	大米（丝苗米）
图形	广东穗丰食品有限公司	方便面（非油炸方便面）
七宝一丁	胡展生	面条及米面制品
黑牛	黑牛食品股份有限公司	豆奶粉（以大豆为主）
美怡乐	广东美怡乐食品有限公司	冰淇淋，冰棍，冰糕
广盐	广东省盐业集团有限公司	食盐
厨邦	广东美味鲜调味食品有限公司	酱油，鸡精（调味品），调味酱
致美斋	广州市致美斋酱园有限公司	酱油，醋，酱
双桥	广州轻工工贸集团有限公司	味精
劲霸	广东嘉豪食品有限公司	调味品（鸡汁、青芥辣）
百利	东莞市鸿兴食品有限公司	调味品，食用淀粉产品
潮汕	汕头鱼露厂有限公司	鱼露
宝平	广东省中山食品水产进出口集团有限公司	活鱼
省食出	广东省食品进出口集团公司	活动物（活猪）
黑凤	开平市合民养殖发展有限公司	活家禽
星奇泰	广东顺兴种养股份有限公司	柚子
图形	韶关市金果农业生态园有限公司	柚子
旺农科	惠州市旺旺农业科技有限公司	鲜水果（番石榴）
马头	高州市燊马生态农业发展有限公司	鲜水果（龙眼、荔枝）
神湾	中山市神湾镇种养服务公司	鲜水果（菠萝）
四季绿如蓝	惠州市四季绿农产品有限公司	新鲜蔬菜
珠江	广州珠江啤酒股份有限公司	啤酒
王老吉	广州医药集团有限公司	（第5类）人用药，（第32类）无酒精饮料
怡宝	华润怡宝饮料（中国）有限公司	水（饮料），无酒精饮料
景田	深圳市景田食品饮料有限公司	矿泉水，蒸馏水
益力	深圳达能益力泉饮品有限公司	不含酒精饮料（矿泉水）
天地壹号	天地壹号饮料股份有限公司	无酒精饮料（醋饮料）
东鹏	深圳市东鹏饮料实业有限公司	无酒精饮料
深宝	深圳市深宝实业股份有限公司	菊花茶
鼎湖山泉	广东鼎湖山泉有限公司	水（天然净水）
DingHuShanQuan	广东鼎湖山泉有限公司	水（天然净水）
隐雪	佛山市三水区隐雪食品有限公司	无酒精饮料（膳食纤维饮料）
日之泉	广东日之泉集团有限公司	无酒精饮料（蒸馏水）
福地	东莞市福地饮用水有限公司	水（饮料）
宝桑园	广东宝桑园健康食品有限公司	果汁（桑果汁）
泉之乡	广东省泉之乡矿泉饮料有限公司	矿泉水（饮料）
加林山	珠海市永隆加林山矿泉水有限公司	矿泉水，蒸馏水
老中医	广东老中医保健食品有限公司	饮料制剂
红荔	广东顺德酒厂有限公司	酒
图形	广州龙程酒业有限公司	葡萄酒
长乐	广东长乐烧酒业股份有限公司	各种酒（米香型白酒）
打虎牌	清远市酒厂有限公司	酒
关馥园	广东德庆无比养生酒业有限公司	果酒（含酒精）
龙乡贡	广东三友酿酒股份有限公司	黄酒
石岐	中山市石岐酒厂有限公司	酒（米酒）
五叶神	广东中烟工业有限公司	香烟
	广东中烟工业有限公司	卷烟
	广东中烟工业有限公司	香烟
羊城	广东中烟工业有限公司	卷烟

2015年，为帮助广东食品企业扩大产品品牌影响力，培育推广优秀新产品，广东省食品行业协会组织开展了广东省食品行业优秀名牌产品和新产品推荐活动。

表15 2015年度广东省食品行业优秀名牌产品

企业名称	商标名称	产品名称
广东省盐业集团有限公司	粤盐	澳洲湖盐雪晶盐
广州市香雪亚洲饮料有限公司	亚洲	香雪亚洲沙士汽水
广州市香雪亚洲饮料有限公司	金典沙士	香雪亚洲金典沙士汽水
广州酒家集团利口福食品有限公司	利口福	五香咸肉粽
广州酒家集团利口福食品有限公司	利口福	流沙凤凰（蛋黄）包
广州酒家集团利口福食品有限公司	利口福	利口福曲奇
广州王老吉药业股份有限公司	王老吉	润喉糖
广州王老吉药业股份有限公司	王老吉	王老吉凉茶
广州统一企业有限公司	统一	统一绿茶（调味茶饮料）
广州植之元油脂实业有限公司	植之元	大豆油
广州植之元油脂实业有限公司	植之元	调和油
广东燕塘乳业股份有限公司	燕塘	鲜牛奶
广东燕塘乳业股份有限公司	燕塘	红枣枸杞牛奶饮品
广东邓老凉茶药业集团有限公司	邓老凉茶	邓老秘制龟苓膏
广东邓老凉茶药业集团有限公司	邓老凉茶	邓老红豆龟苓膏
广东邓老凉茶药业集团有限公司	邓老凉茶	邓老罗汉果龟苓膏
广东邓老凉茶药业集团有限公司	邓老凉茶	邓老凉茶罐装植物饮料
广东健生堂保健品有限公司	健生堂	决明子固体饮料
无限极（中国）有限公司	无限极	无限极蓝莓复合果汁饮料
无限极（中国）有限公司	无限极	无限极美姿力胶原蛋白果味饮料
无限极（中国）有限公司	无限极	无限极增健口服液
无限极（中国）有限公司	无限极	无限极常欣卫口服液
无限极（中国）有限公司	无限极	无限极灵芝皇胶囊
深圳市东鹏饮料实业有限公司	东鹏	东鹏特饮
深圳市东鹏饮料实业有限公司	东鹏	清凉茶
深圳市东鹏饮料实业有限公司	东鹏	九制陈皮饮品
深圳光侨食品有限公司	光侨牌	广式腊肠
珠海元朗食品有限公司	元朗	蛋卷王
广东万士发饼业有限公司	万士发	手造蛋卷王
广东万士发饼业有限公司	万士发	早茶奶饼干
广东万士发饼业有限公司	万士发	凤梨果酱味夹心饼干
佛山市顺德区屏荣食品发展有限公司	阿诺	香芋地瓜丸
佛山市顺德区屏荣食品发展有限公司	阿诺	娘惹山药
佛山市顺德区屏荣食品发展有限公司	古越斋	百年好合（巧克力糕点）
佛山市三水区隐雪食品有限公司	维+纤	“维+纤”运动饮料
博罗罗浮山双梅爽保健食品有限公司	葛仙堂	红枣姜茶固体饮料
博罗罗浮山双梅爽保健食品有限公司	葛仙堂	陈皮姜枣茶固体饮料
博罗罗浮山双梅爽保健食品有限公司	葛仙堂	红糖姜茶固体饮料
博罗罗浮山双梅爽保健食品有限公司	葛仙堂	枸杞姜茶固体饮料
博罗罗浮山双梅爽保健食品有限公司	葛仙堂	姜奶红茶固体饮料
广东百味佳味业科技股份有限公司	百味佳	鸡粉调味料

企业名称	商标名称	产品名称
东莞石龙津威饮料食品有限公司	津威	强化葡萄糖酸锌乳酸菌饮料
东莞市福地饮用水有限公司	福地	饮用纯净水
东莞市金富士食品有限公司	金富士 GOLDENFUJI	夹层饼干
东莞市美昕食品有限公司	雪波比	叉烧包
东莞市美昕食品有限公司	雪波比	鲜奶馒头
东莞荣华饼家有限公司	荣华	加瘦招牌肠
广东七宝一丁食品有限公司	七宝一丁	鸡粉调味料
广东七宝一丁食品有限公司	八宝一丁	鸡粉调味料
广东加多宝饮料食品有限公司	加多寶	加多宝凉茶
广东美怡乐食品有限公司	美怡乐	花心王子冰淇淋
广东鹰唛食品有限公司	鹰唛	花生油
中山市华联食品有限公司	麦老大	韩式拉面
中山市强人集团有限公司	强人	乳酸菌饮品
天地壹号饮料股份有限公司	天地壹号	天地壹号苹果醋饮料
天地壹号饮料股份有限公司	天地壹号	天地壹号陈醋饮料
江门市澳新食品有限公司	十月初五	麦酥杏仁条
广东粤北行健康食品有限公司	粤北行	溪黄草茶
广东粤北行健康食品有限公司	粤北行	淮山饼
广东真美食品实业有限公司	真美	果蔬肉脯
潮州市吉祥果食品有限公司	吉祥果	脆皮果仁
潮州市凤凰山保健品有限公司	凤宝山	老姜茶
广东汕泰食品有限公司	百达	劲跳糖
广东天池茶业股份有限公司	乌岽山	凤凰单丛茶（黄枝香）
新兴县广华食品有限公司	广华	银丝米粉

【f. 食品安全】

2015年，食品安全提升到国家战略高度，列入“十三五”规划建议，新修订的《食品安全法》于10月1日起施行，“多证合一”的新版食品生产许可证改革正式启动，“一带一路”为食品企业带来机遇和挑战。

广东省政府办公厅印发《2015年广东省食品安全重点工作安排》，对2015年全省食品安全重点工作进行部署。要求坚持问题导向、底线思维，要求各地、各部门改革创新监管方式，紧紧围绕与群众生活密切相关的重点品种、重点领域，综合运用自律信用、规范监管、严厉处罚、严肃问责等手段，切实抓好食品安全各项工作。根据工作安排，2015年广东省食品安全工作着力抓好七个方面。

1. 强化风险防控和严格监管，着力解决突出问题加强食用农产品源头治理和质量安全监管，着力解决农药兽药残留问题；加强粮食质量安全监管，建立全过程粮食质量安全监管制度；加强食品安全综合治理和食品生产经营监管，开展风险隐患排查，依法严惩食品安全违法犯罪行为。

2. 完善制度标准，加强执法规范化建设

抓紧修订《广东省食品安全条例》等相关法规，加快建立最严格的覆盖生产加工到流通消费全过程的监管制度，加强食品安全标准和执法规范化建设工作，为食品安全监管提供良好的法治保障。

3. 严格落实责任，规范生产经营

健全食用农产品质量安全和食品企业食品安全管理制度，完善企业责任体系，推进食品安全追溯体系和食品安全信用体系建设，增强企业主体责任意识。

4. 强化宣传引导，提高应急处置能力

建立健全食品安全风险监测和预警交流机制，主动做好信息发布和科普宣传，引导全社会共同参与。

5. 完善治理体系，着力构建社会共治

推进食品安全监管体制改革，把监管触角延伸到乡村社区。

6. 加强能力建设，推进改革创新

提高风险监测和评估能力，加强基层执法装备和技术创新；强化检验检测能力建设，加快信息化建设步伐。

7. 狠抓督促落实，强化责任措施

10 月 10 日，广东省食品安全委员会办公室组织召开 2015 年广东省食品安全风险研判会议。认为全省食品安全整体形势持续稳定，食品安全风险监测能力不断提高，部分高风险隐患得到有效控制，全省需重点关注持久性有机污染物、抗生素、真菌毒素、海洋毒素、镉、含铝添加剂、农药残留、病原微生物等方面食品安全风险隐患。

会议指出，以问题为导向，全方位多角度开展食品安全风险监测，让风险研判更好地服务于食品安全监管工作；要理清思路，抓好新常态下食品安全风险防控；要深入开展食品安全风险交流，促进社会共治，切实提高食品安全保障水平。

2015 年广东省国民经济和社会发展统计公报指出，全省食品安全形势依然严峻。

【g. 诚信建设】

广东省南方食品医药行业评估中心是广东省唯一一家经国家工信部授权的食品工业企业诚信体系评价机构。2015 年，认真开展诚信体系评价工作，大力推进诚信体系活动。

1. 做好诚信体系宣传推广

2015 年，广东省南方食品医药行业评估中心积极开展诚信体系宣传工作。一是在协会年会、食品安全周等大型活动上专门制作展板、宣传册等资料，大力宣传展示诚信体系。二是在协会《南方食品医药网》和通过广东省食品行业协会主办的《南方食品医药网》和《食品行业简讯》以及《食经》杂志刊登关于品牌建设与诚信体系的相关内容，不断宣传强化企业诚信体系的意识。三是发挥广东省诚信信息公共服务平台的作用，及时更新诚信体系、法律法规、食品安全等重要信息，为广大消费者服务。做好与国家诚信平台的沟通，及时上传诚信评价信息以及我省食品安全重要信息。四是在做好以上宣传工作基础上，突出对通过诚信体系评价企业的宣传推广。在行业会议、大型活动中重点宣传，在行业表彰活动中重点表彰，以增强企业诚信经营信心，树立行业标杆，营造良好的诚信氛围。

2. 诚信体系评价工作情况

2015 年，评估中心继续做好诚信体系评价工作。首先在年初制定了评价工作计划，与通过评价企业及时沟通联系，做好诚信体系评价准备工作。其次是精心准备，严格按照评价工作规则开展诚信评价。2015 年组织评价人员对武汉加多宝饮料有限公司、浙江加多宝饮料有限公司、福建加多宝饮料有限公司、加多宝（中国）饮料有限公司、清远加多宝草本植物科技有限公司、昆仑山矿泉水有限公司等获得证书的 12 家企业进行监督评价，帮助企业找出运行过程中的薄弱环节，保证诚信体系有效运行，受到企业欢迎。最后是加强评价过程监督。广东省食品（医药）行业协会纪工委派人参与评价工作，对评价组的工作进行全程监督，保证评价过程公正廉洁。

3. 加强诚信评价队伍建设，

2015 年评估中心不断完善自身管理，加强自身建设。一是制定了《食品工业企业诚信管理体系评价人员管理规定》、评估中心《内部机构职能》以及《各级人员岗位职责》等管理文件，强化内部管理，规范评价流程。二是加强评价人员培训，提高评价技能。2015 年评估中心开展了多次诚信管理体系内部培训，对内部员工讲解诚信体系的标准以及评价相关知识，并于 2015 年 11 月选送 3 名优秀员工参加工信部组织的诚信管理体系评价人员培训，取得培训合格证书，进一步充实了评价人员队伍。同时安排人员参加诚信体系继续教育培训，保持了评价人员资格，做好了评价人员档案管理。

【h. 食品科技】

2015 年度国家、省级科学技术进步奖

广东省农业科学院蚕业与农产品加工研究所，华南理工大学，惠尔康集团有限公司，黑牛食品股份有限公司，广州力衡临床营养品有限公司等单位“营养代餐食品创制关键技术及产业化应用项目”获 2015 年度国家科学技术进步奖获奖项目目录（通用项目）二等奖。

表16 2015年度广东省科学技术奖（食品工业类）

项目类型	项目名称	主要完成单位
一等奖		
科学技术进步类	凤凰单丛乌龙茶资源利用和品质提升关键技术和产业化	广东南馥茶业有限公司、潮州市天池茶业有限公司、广东宏伟集团有限公司等
二等奖		
科学技术进步类	中草药活性多糖快速筛选、制备关键技术研究及应用	无限极（中国）有限公司、华南理工大学等
科学技术进步类	传统广式凉果产业提升和废弃物综合利用关键技术及产业化	广东康辉集团有限公司、华南农业大学、潮州市正一品科技有限公司等
科学技术进步类	酱油企业新型能源的利用与综合“节能减碳”模式示范	李锦记（新会）食品有限公司、华南理工大学等
科学技术进步类	油茶加工关键技术集成创新及推广应用	华南农业大学
科学技术进步类	优质中草药种植管理模式的研究及应用	无限极（中国）有限公司、中国农业大学等
三等奖		
科学技术进步类	食源性低聚肽应用研究及产业化	完美（中国）有限公司、中国食品工业发酵研究所
科学技术进步类	岭南特色果酒关键技术研究及产业化	广东十二岭酒业有限公司、仲恺农业工程学院
科学技术进步类	风味肉制品加工技术创新及产业化应用	广东省农业科学院蚕业与农产品加工研究所、广东裕丰食品股份有限公司等
科学技术进步类	果蔬类罐装食品饮料生产关键技术与装备	广州南联实业有限公司

表17 2015年新认定的广东省工程技术研究中心名单

项目名称	依托单位
广东省香精制备与香气品质分析工程技术研究中心	广州华宝香精香料有限公司
广东省烘焙添加剂关键及配料工程技术研究中心	广东立高食品有限公司
广东省天然食品添加剂关键技术研技术研究中心	广州市凯闻食品发展有限公司
广东省食品添加剂研究及应用技术研究中心	广州市食品工业研究所
广东省烘焙油脂工程技术研究中心	广州南侨食品有限公司
广东省调味食品先进制造工程技术研究中心	佛山市海天（高明）调味食品有限公司
广东省鲜活水产品供应链工程技术研究中心	广东何氏水产有限公司
广东省淡水养殖和加工工程技术研究中心	广东省中山食品水产进出口有限公司
广东省酵母衍生物产品及其替代抗生素应用工程技术研究中心	珠海天香苑生物科技有限公司
广东省婴幼儿食品工程技术研究中心	广东一家人食品有限公司
广东省水产品精深加工与副产物综合利用工程技术研究中心	茂名新洲海产有限公司
广东省木薯制品绿色与高值化创制工程技术研究中心	广东中轻枫泰生化科技有限公司
广东省水产深加工工程技术研究中心	化州市新海水产有限公司
广东省水产品精深加工（雨嘉）与副产物综合利用工程技术研究中心	广东雨嘉水产食品有限公司
广东省食品添加剂工程技术研究中心	广东省食品工业研究所
广东省水产品精深加工及副产物高效利用工程技术研究中心	中国水产科学研究院南海水产研究所
广东省乳业（燕塘）工程技术研究中心	广东燕塘乳业股份有限公司
广东省茶产业工程技术研究中心	广东省农业科学院饮用植物研究所

11 月 9 日，国家食品安全创新中心及其运营平台——珠海（横琴）食品安全研究院在珠海横琴澳门青年创业谷揭牌成立，标志国家食品安全（横琴）创新工程向实质性建设迈出关键一步。

“国家食品安全（横琴）创新工程”是国家级战略工程和中美合作示范项目，由国家科技部、广东省、珠海市三方共建，着力建立从“田间”到“餐桌”的全产业链农产品质量和食品安全科技支撑体系，率先在横琴打造食品安全“绿洲”，为保障“舌尖上的安全”提供可复制的经验。

广州珠江啤酒集团有限公司、广州王老吉药业股份有限公司、广东恒兴饲料实业股份有限公司、深圳南联食品有限公司和深圳波顿香料有限公司、罗定市荣兴香料有限公司分别获得“2015年广东省自主创新标杆企业”和“2015年广东省自主创新示范企业”称号。

【i. 标准化建设】

广东省食品行业协会凉茶分会于3月31日上午召开分会会员大会。会议根据部分会员提议，专题就某些组织和企业编制《植物饮料——凉茶》行业标准的有关问题进行了讨论和研究。

会议认为，为严格传承、保护和发展国家级非物质文化遗产——凉茶，就目前的科技水平无法普遍检测和界定差异性很强的凉茶物质载体的组方和配比，难以制定科学、统一、有效的行业标准的实际，必须认真解决某些组织和企业（特别是不拥有凉茶秘方及专用术话的组织和企业）用《植物饮料——凉茶》行业标准（草案）中单个凉茶物质载体标准去否定凉茶文化内涵乃至消灭凉茶这一国家级非物质文化遗产资源的问题。

与会代表一致表决通过：立即停止草率编制《植物饮料——凉茶》行业标准，并一致表决通过了《立即停止草率编制 < 植物饮料——凉茶 > 行业标准的诉求决议》，并向国家级非物质文化遗产——凉茶保护单位——广东省食品行业协会上报《关于立即停止草率编制 < 植物饮料——凉茶 > 行业标准有关问题的紧急报告》。

广东省食品行业协会接到报告后，根据协会会长（法人代表）王永辉同志要求，召开专门会议，对凉茶分会报告进行了认真研究。一致认为：凉茶分会报告所述问题非常及时、准确、细致，具有非常高的政治高度和政治灵敏性，所提“立即停止编写《植物饮料——凉茶》行业标准”的要求是正确的。

广东省食品行业协会依据《非物质文化遗产法》对保护单位的职责要求，专此向国家工信部消费品司并呈时任工信部总工程师王黎明，上报了《关于编制 < 植物饮料——凉茶 > 行业标准有关问题意见的紧急报告》。坚决支持凉茶分会决议，将其诉求向工信部消费品司及相关领导反映，以期给予解决。恳请工信部消费品司尽快与工信部主管标准化工作的司（局）协调，停止编制《凉茶标准》。同时，将动员拥有凉茶秘方及专用术语企业团结起来，尽快寻找出凉茶特异性指标，编制出一部有利于凉茶传承、保护、发展的《凉茶行业标准》，使凉茶在三年内成为全球最亮的“中国品牌”，为实现中华民族伟大复兴的中国梦做出贡献。

接报后，工信部消费品司暂时停止《植物饮料——凉茶》行业标准相关程序。随后，明确表示不能让《植物饮料——凉茶》行业标准出台。

为进一步完善广东省食品安全地方标准建设，促进食品安全技术进步、自主创新和行业发展，广东省卫生和计划生育委员会于3月20日下发《关于征集2015年广东省食品安全地方标准制修订计划建议的通告》。在全省范围内公开征集2015年食品安全地方标准制修订建议，共征集2015年食品安全企业标准备案目录12批5155条。

11月26日，广东省卫生计生委根据《食品安全地方标准管理办法》，组织开展了2015年广东省食品安全地方标准制修订立项计划征集工作，经组织专家研究审议，形成了2015年广东省食品安全地方标准制修订立项建议。

【j. 行业管理】

1. 政府监督管理

全省食品监管体制改革基本完成，机制创新和制度落实齐头并进，问题导向和风险防控初显成效，严查重处和服务企业双管齐下，科技支撑和依法行政稳步提升，宣传引导和社会共治成果显著。全省系统10000多名食药监管人员守住了不发生系统性、区域性食品药品安全事故的底线，人民群众有了更多安全感和满意度。如在全国率先出台《广东省食品生产加工小作坊和食品摊贩条例》，并与新修订的《食品安全法》同步施行；出台《广东省食品药品监督管理局监督检查信息公布办法》，确保检查信息及时公开；印发《广东省食品生产企业实施质量安全受权人制度》，进一步落实企业主体责任，信息公开的监管效能日益显现。在食品生产加工环节开展食用植物油、婴幼儿配方谷粉、配制酒、调味面制品等重点产品的专项整治，其中全省各地共抽检食用植物油及原料花生仁 5358 批次，取缔 49 家小作坊；在农村食品安全专项整治中，捣毁农村地区食品制假售假窝点 493 个，查扣不符合安全标准食品 457 吨；在集体食堂食品安全专项整治中，发出责令改正通知书 632 份。组织开展了打击肉及肉制品、食用油、银杏叶等系列专项行动。联合公安部门查办、挂牌督办了一批重大案件，如货值达 3 .69 亿元的深圳走私冻肉案、佛山跨区域病死猪肉案等。2015 年全省共查处食品违法案件 21496 件，罚没款金额 9282 万，捣毁窝点 1121 处，移送公安机关涉嫌犯罪案件 1124 件。

为进一步落实食品生产企业质量安全主体责任，保障食品质量安全，广东省食品药品监督管理局向全省食品生产企业发出《广东省食品生产企业实施质量安全受权人制度的指导意见（试行）》，规定在全省循序渐进、稳步推进“食品生产企业质量安全受权人制度”。

广东省食品药品监督管理局组织对全省范围内生产经营的食品进行监督抽检 27900 批次，检验合格 26720 批次，样品合格率为 95.8%。发布 2015 年食品监督抽检信息二十一期。在食品安全方面，抽检了 24 类食品，基本覆盖全省居民日常消费的食品大类和品种，并实现对我省食品生产企业的 100% 全覆盖抽检。其中，粮、油、肉、蛋、乳等 5 类大宗日常消费品，共抽检 8664 批次，合格率分别为 96.4%、91.0%、98.0%、98.2%、99.0%。社会关注度较高的婴幼儿配方乳粉全年共抽检 281 批次，全部检验合格。

2015 年 4–12 月，广东省食品药品监督管理局对保健食品生产企业组织了跟踪检查和飞行检查。针对飞行检查、跟踪检查中发现的问题，向相关企业发出责令整改通知书，并跟踪企业整改情况；对经整改后仍然不符合许可要求和保健食品 GMP 要求的企业，广东省食品药品监督管理局已依法撤销其许可证，收回保健食品 GMP 证书。

出入境检验检疫部门不断对出口食品企业的备案监管指导，简化审批手续，推行分类管理，提高通关效率等一系列的服务措施，为企业出口提供便利。其中分类管理改变了出口食品实施批批检测的监管模式，大幅度地降低了出口食品的抽检率，缩短了出口食品验放时间，提高了货物的流转时间，降低了出口成本。

2. 行业自律管理

为贯彻落实中共中央办公厅《关于加强社会组织党的建设工作的意见（试行）》，进一步加强和完善党对会员企业的领导，充分发挥党的政治引领和政治保障作用，激励广大优秀企业家在坚持“党建+”模式，将党建与企业经济、企业文化、企业品牌、企业诚信、企业自律、企业福利等相结合，创新驱动企业发展中发挥更加积极的作用，经企业申报协会党委办公室初审，广东省食品医药行业坚持“党建+”模式，创新驱动产业发展优秀企业家评审委员会终审，省食品（医药）行业协会党委、省食品行业协会、省医药行业协会发布《关于表彰广东省食品医药行业坚持“党建+”模式，创新驱动产业发展优秀企业家的决定》（粤食药协党〔2015〕31 号）。决定授予王永辉等 36 名同志为“坚持‘党建+’模式，创新驱动产业发展优秀企业家”荣誉称号。

3. 企业质量管理

企业年度报告制度是落实出口食品备案企业食品安全主体责任的重要抓手，是建立出口食品备案企业诚信体系的重要内容之一，同时还是备案监管风险评估的重要手段。根据广东出入境检疫检验局发布信息，2015 年绝大多数企业认真贯彻落实食品安全主体责任，做好内审员培训工作，按照相关规定对安全卫生质量体系和 HACCP 体系进行内审和管理评审，定期进行自查自纠，提交年度报告的积极性和主动性大大增强，提交的年度报告更客观翔实、含金量更高。

食品生产企业的法定代表人是食品质量安全的第一责任人；食品质量安全受权人是指具有相应技术资格和工作经验，由食品生产企业的法定代表人书面授权及经食品药品监管部门备案，全面负责食品生产质量安全的专业管理人员；受权人是独立履行质量安全监管职责的企业质量安全负责人，全权负责该企业的食品质量安全工作，全权处置该企业的食品质量安全相关事宜。

2015年，加多宝响应国家“一带一路”、“文化走出去”等重大战略的号召，进行战略升级推出金罐，并同步推出饮料行业首个“金标准”体系，将已有的“360度品质管理体系”以质量创新与价值提升作为主轴线，升级到2.0版，这为其打造中国凉茶的黄金品质，打造与世界接轨的世界级工厂，加快国际化战略布局奠定了基础。

李锦记坚持“超越标准为标准”，实行“从农田到餐桌”的全程管控。如酱油生产过程经过30多道工序，200多个质量监控点。从黄豆的挑选到摆上餐桌，一个庞大的质量管理团队在运作。李锦记卓越的产品获欧盟、日本等市场的认可，以零缺陷通过了美国FDA检测。

以信息技术与制造技术深度融合为特征的智能制造模式，正在引发制造业的深刻变革。海天作为国内调味品领导品牌，在调味品生产中逐步实现智能制造变革。由规模化、自动化生产向智能化、数字化生产转型升级，使海天的产品质量、生产效率、资源利用率、食品安全等进一步提升。

全程质量监控系统贯穿于整个产品的生产过程，一瓶酱油从黄豆进厂到包装完成，要经过至少119个质量监控点的检测。借助企业ERP管理系统，使生产全过程的质量控制关键点，全部以计算机固定程序来控制。同时系统可以加强原料监控，将质量控制点前移，通过对工艺流程效率的分析和确认，前移关键质量控制点，从源头提前发现，并规避质量隐患。

张俊修 钟 华

3.10 海南省

【a. 概况】

2015年，面对全球经济增长乏力、国内经济持续下行的严峻复杂形势，坚持稳中求进工作总基调，坚持供给和消费两侧发力，海南省食品工业保持平稳健康发展。

海南省食品工业分为农副食品加工业，食品制造业，酒、饮料和精制茶制造业3大类，细分为水产加工、制糖、液体乳及乳制品制造、软饮料制造等15小类。

1. 全省共有规模以上工业企业共382家，食品工业企业105家，占总数的27.4%。其中农副食品加工业企业63家，占食品工业企业总数的60%；食品制造业企业15家，占食品工业企业总数的14.3%；酒、饮料和精制茶制造业企业27家，占食品工业企业总数的25.7%。

2. 规模以上工业企业总产值为1992.9亿元，其中食品企业工业总产值197亿元，占总产值的9.9%。食品工业中农副食品加工业产值135亿元，同比增长1.9%，占食品工业总产值的68.5%；食品制造业产值31亿元，同比下降3.7%，占食品工业总产值的15.7%；酒、饮料和精制茶制造业产值32亿元，同比增长1.8%，占食品工业总产值的16.2%。

3. 规模以上工业企业销售总产值为1938亿元，食品工业企业销售总产值188.4亿元，占工业销售总产值的9.7%。其中农副食品加工业销售产值123.6亿元，同比增长1.8%，占食品工业总产值的65.6%；食品制造业销售产值43.3亿元，同比下降2.6%，占食品工业总产值的23%；酒、饮料和精制茶制造业21.4亿元，同比下降2.3%，占食品工业总产值的11.4%。

【b. 海南省食品工业发展主要特点】

1. 热带特色资源比较优势充分发挥

以椰子为代表的热带特色农产品加工产业链基本形成，形成了天然椰子汁、速溶椰粉、椰子糖、椰油、椰纤果、椰子饭、椰壳工艺品等丰富产品和椰树、春光、南国、椰国等一批骨干企业。以海南口味王科技发展有限公司、海南雅利食品有限公司为代表的企业开展现代化槟榔深加工生产。地方特色保健酒开发稳步推进，椰岛鹿龟酒、三椰春酒、海马贡酒、灵芝酒、海马灵芝养生酒、甫龙酒、黎族传统产品山兰玉液酒（bian酒）等产品深受市场欢迎。其中椰岛鹿龟酒为全国驰名品牌。海洋水产800多种，鱼类就有600多种。2015年规模以上水产品加工业企业24家，实现总产值48.7亿元，同比增长1.4%，出口额达28.6亿元。2015年规模以上制糖企业12家（减少2家），实现总产值11.10亿元，同比下降13.48%。2014/2015共加工甘蔗228.24万吨。

2. 食品安全质量稳步提升

2015年瓜果抽检合格率99.01%，畜禽产品、生鲜乳抽检合格率100%。国家农业部抽查水产品质量安全监督合格率100%。在琼海、三亚、文昌等市县试行食品安全责任保险，55家食品企业参保，获得1.78亿元食品安全保额。开展食品安全宣传周，普及食品安全法律法规和科普知识，提高公众参与食品安全治理的热情。加强宣贯食品工业企业诚信体系建设力度。2015年，累计发放食品安全有奖举报32.8万元，是2014年的8.3倍。

3. 品牌建设成效明显

海南翔泰渔业股份有限公司获得首届省政府质量奖提名奖。25个商标获2015年度认定的海南省著名商标。12家企业14个产品获得2015年海南省名牌产品称号。21家企业的29个产品为海南省名牌农产品。三亚芒果、琼中绿橙、五指山红茶3个产品获得农业部地理标志保护。澄迈、琼海荣获国家级农产品质量安全县（市）。

4. 项目投资力度大

海南食品行业共有在建项目10个，总投资32亿元，主要涉及椰子、槟榔等特色农产品精深加工。

椰树集团是中国最大的天然植物蛋白饮料椰子汁的生产企业，2015年实现产值42.94亿元，上缴税金6.08亿元。2015年，椰树集团在建的重点项目有两个：

第一个是椰树第二工业城第二个年产8万吨椰汁项目。计划投入2.5亿元，年可实现产值8亿元、上缴税金1亿元。

第二个是在澄迈椰汁生产基地建设项目。该项目占地350亩，计划投资10亿元。投产后可实现年产值30亿元，解决2000人就业。

海南南国食品实业有限公司以海南特色食品生产加工为主，2015年，实现工业产值1.4亿元，同比增长10%。2015年在定安塔岭工业园投资了工业旅游新业态项目——“海南南国天然食品旅游观光工业园”，集生产、观光、展览、商务、品尝功能一体，融合特色旅游食品生产加工和工业旅游，推出加工全过程的观光，品尝，体验。

海南口味王科技发展有限公司、海南雅利农业开发有限公司2家大型槟榔深加工企业在万宁开展基地建设。海南口味王科技发展有限公司进行二期工程建设，达产后可实现产值3亿元；海南雅利农业开发有限公司项目总投资1.2亿元，达产后可实现年加工槟榔1.5万吨。

王有生

3.11 山西省

【a. 概况】

2015年，是全面完成“十二五”规划的收官之年，是我省全面推进“六大发展”的开局之年，也是食品安全工作抓改革、转职能、打基础、谋发展，深入推进治理体系和治理能力建设的关键一年。回首往昔，今年的发展极不寻常。

全省食品安全工作总的要求是：全面贯彻落实国务院食品安全委员会第二次全体会议和《国务院办公厅关于印发2015年食品安全重点工作安排的通知》（国办发〔2015〕10号）精神，按照省委、省政府工作部署，以深化改革为动力，深入推进体制机制和制度建设，加快构建专业化、系统性的食品安全治理体系；以问题导向为统领，切实强化监管措施和手段，坚决防控各类食品安全风险隐患；以强化法治建设为保障，探索创新监管模式，加强监管基础建设，不断提升食品安全综合治理能力和水平。

全省规模以上食品工业企业296户，完成主营业务收入648.7亿元，实现利润总额32.9亿元，完成工业总产值611.9亿元，利税82.2亿元；工业增加值完成168.3亿元，增幅低于于全省3%的平均水平10.6个百分点。

【b. 行业发展的主要特点】

1. 全行业生产发展趋缓

从行业看农副食品加工业较为明显，全省154户规模以上企业，实现主营业务收入299.3亿元，下降14.9百分点，利润总额下降32.3个百分点，利税总额下降31.3个百分点，工业总产值下降12.9个百分点；从产品看乳制品制造业，在主营业务收入与去年基本持平的情况下，利润下降42.1个百分点，工业总产值下降10.1个百分点，利税下降24个百分点。

2. 龙头企业下降明显

2015年，全省销售10亿元以上的企业有8家，完成主营业务收入331.3亿元，实现利润总额18.9亿元，完成工业总产值246.6亿元，利税58.8亿元。

3. 食品制造业回落明显

食品制造业明显回落，规模以上企业完成主营业务收入103.9亿元，同比下降17.5百分点，工业总产值128.3亿元，同比下降6.5百分点。其中乳制品制造业尤为明显，全年完成主营业务收入28.8亿元，同比下降31.6百分点，糖果蜜饯制造1–12月份完成主营业务收入3.5亿元，同比下降55.1百分点，利润同比下降60.5百分点。

【c. 大记事】

1月30日–2月8日，“2015年山西精品年货节”在中国（太原）煤炭交易中心举办。

截至3月底，山西省已在9个市、7 5个县级公安机关组建了食药品犯罪侦查队伍，初步形成专业化打击食品药品犯罪的工作体系，并与食药监、质检等多部门联合，初步形成全社会食品药品安全共治的格局。

5月12日，发布实施的《山西省食品药品安全举报奖励办法》指出，对于举报危害食品药品安全违法行为进行奖励，各级监管部门对查证属实的举报案件，每起奖励金额最高不超过20万元。

9月1日，我省审议通过了《关于进一步加强食品安全工作的意见》，把国家的一系列新要求作为全省食品安全工作的主要任务，要坚持党政同责，将保障食品安全作为考核各级党委、政府的重要内容，各级各部门要高度重视，强化措施，认真抓好贯彻落实。

9月25日，由长治国家高新区管委会、山西佰和园食品有限公司主办的“2015年佰和园面食文化节”在长治市盛大启幕。本次面食节为期3天，通过专业面艺表演、面食与民俗技术展示，面食品鉴、产品推介等项目，全面展示和宣传山西面食文化，让大家尽享舌尖美味的同时，更全面了解山西面食深厚文化底蕴。

10月13日，中国食品工业协会发文，聘任山西省平遥牛肉集团有限公司孔建纲和太原六味斋实业有限公司武志明等55位同志为第三届肉、禽、水产制品国家评委。

11月10日，国家质检总局公布的2015年度国家级出口食品农产品质量安全示范区名单中，山西省新增4个国家级示范区，分别为昔阳县出口双孢菇、大宁县出口水果、芮城县出口苹果和翼城县出口水果质量安全示范区。加上之前获批的9个示范区，目前，山西省国家级出口食品农产品质量安全示范区总数达到13个，排名全国第五位。

11月16日，我省强化食品安全监管、追溯体系建设取得成效，叫响全国，为此，国家食品药品监督管理局将省食品药品监督管理局的经验向全国做了介绍。我省食品生产全过程追溯统一为“采购进货查验、生产过程控制、产品质量检验、产品销售管理”四大环节的“四环一链”追溯，并确定了四大环节关键控制点和追溯链接点，引导生产企业建立起食品原产地可追溯管理系统，指导全省各市食品药品监督管理局建立起食品原产地可追溯监管信息平台。

12月19日，由山西省食品工业协会主办的“回望山西食品工业30年，谁为山西赢得尊重”主题活动在太原举行，山西省食品工业协会五届二次会员大会暨我喜爱的山西食品（餐饮）品牌颁奖盛典亦同时举行。大会设立了“山西食品工业三十年品牌企业传承奖”、“山西食品工业三十年杰出人物贡献奖”等奖项，双合成等10家单位获“2015我喜爱的山西食品品牌”企业奖。

今年获“2015我喜爱的山西食品品牌”单位有：兴县山花烂漫农业综合开发有限公司、五寨县汇丰贸易有限公司、晋城市古陵山食品有限公司、沁县晋味美食品有限责任公司、山西智泽食品有限公司、山西绿色山区农副产品销售有限公司、山西晋酒集团股份有限公司、太原双合成食品有限公司、山西九康食品有限公司、忻州市汇丰粮业有限公司。

【d. 先进企业与名优产品】

1. 汾酒篇

2015年，山西杏花村汾酒集团有限责任公司、山西杏花村汾酒厂股份有限公司为纪念汾酒荣获巴拿马大奖章100周年，特出品9999坛66度世博汾酒以供收藏。

1月11日，66度世博汾酒投资拍卖会在太原凯宾斯基饭店举行。此拍卖会对编号具有特殊意义的9坛66度世博汾酒进行了拍卖，拍得的35.8万元全部注入汾酒慈善公益基金。

中国酒业协会聘任汾酒集团董事长李秋喜为2015年度中国酒业协会文化委员会轮值主席。聘任期限：2015年3月1日–2016年2月29日。

3月18日，汾酒集团在太原万达国际酒店举行杏花村品牌战略发布暨甲级杏花村酒新品发布会。

3月23日，2015中国国际酒业博览会最佳新产品发布颁奖在巨洋酒店三层国际宴会厅隆重举行。山西杏花村汾酒厂股份有限公司的春酿清荣获白酒最佳新产品奖。

4月12日，由山西省社会科学院、山西杏花村汾酒集团有限责任公司主办的“晋商与汾酒高峰论坛”在太原迎泽宾馆举办，来自史学界、文化界、艺术界以及白酒行业等社会各界学者、名流120余人参与此次论坛，深入研讨晋商与汾酒的历史传承。

4月25日，“汾酒执行与国际标准接轨的食品安全内控标准”新闻发布会在北京举行。

5月29日至31日，中国（山西）酒饮食品产业交易博览会将在中国（太原）煤炭交易中心举行。

7月3日，汾酒集团董事长李秋喜谈“一带一路”

下中国酒业战略指出，中国酒走出去应打好五个基础：让一带一路沿线的中国人消费中国酒；紧盯餐馆、夜店和商超等渠道；呼吁白酒业建立国际社会承认的国际标准；建议酒企去一带一路沿线投资建厂；有组织地抱团走出去。

9月1日，汾酒集团与第二十四届中国金鸡百花电影节举行签约仪式，汾酒成为本届电影节指定用酒。

9月14日，副省长郭迎光带领省国资、经信、商务、质监、工商、食药监等部门负责同志深入重点帮扶企业汾酒集团进行调研。

9月15日上午，公司领导出席巴拿马百年纪念碑揭幕仪式。今年是汾酒荣获巴拿马甲等大奖章一百周年，这对汾酒来说，是一件大事。因此，立碑以志是必然的。

9月15日，汾酒集团领导一行来到保健酒园区进行落成剪彩仪式。园区作为汾酒集团公司级重点项目，也是山西省重点项目之一。

9月18日，在汾酒荣获巴拿马万国博览会甲等大奖章100周年之际，汾酒集团在酒都宾馆萃园堂举办了以“创新与实干”为主题的全国晋商商会论坛。

9月18日，由山西杏花村汾酒厂股份有限公司主办的白酒食品安全研讨会在酒都宾馆信义堂召开。

11月30日，国家工商总局与世界知识产权组织在上海联合召开第二届“中国商标金奖”颁奖大会，山西杏花村汾酒厂股份有限公司荣膺“中国商标金奖——商标运用奖”，汾酒集团公司董事长李秋喜到现场领奖。

2. 平遥牛肉篇

2月5日，山西省副省长郭迎光调研冠云华春肉牛繁育示范基地。省供销社党委书记、理事长狄重阳、省农业厅副厅长刘志杰、副市长王建林等省市县领导陪同调研。董事长雷乘义热情接待。

6月17日，山西省委副书记楼阳生调研冠云，山西省委副书记楼阳生在省市县领导的陪同下，莅临冠云调研指导。公司总经理李增富陪同。

7月3日，公司总经理李增富（法定代表人）担任中国畜产品加工研究会常务理事。

8月18日，省人大常委会副主任周然带领调研组考察平遥牛肉博物馆，调研非物质文化遗产法律法规执行情况及非物质文化遗产保护、保存和利用工作。

11月19日，冠云杯·2015“感动山西”十大人物评选启动仪式在迎泽宾馆举行。山西省委宣传部副部长、省文明办主任王蕾，公司董事长雷乘义等领导参加了启动仪式。

11月29日山西首家自主牛肉面餐饮品牌“冠云牛肉面馆”在省城太原开业。

【e. 协会主要工作】

1月16日，山西省食品工业协会联合山西老陈醋集团等五家醋企，共同平息了由广东《消费者杂志》对山西老陈醋不实报道的醋风波事件。

1月30日，在省经贸学院举办食品安全国家标准《预包装食品标签通则》和《预包装食品营养标签》等相关培训会。

5月29–31日，由省食品工业协会主办的中国（山西）酒饮食品产业交易博览会将在中国（太原）煤炭交易中心举行。

8月25日，山西省食品工业协会和山西厦普赛尔食品饮料股份有限公司共同起草的《软饮料单位产品综合能耗限额》山西省地方标准发布，9月25日起实施。

9月15日，省食品工业协会组织全省食品企业人员开展学习新《食品安全法》相关内容，并在省交通干部学院举办了三期培训班。

【f. 山西省通过食品工业企业诚信体系企业】

1、山西古城乳业集团有限公司

2、山西雅士利乳业有限公司

3、山西太谷通宝醋业有限公司

4、内蒙古蒙牛乳业（集团）山西乳业有限公司

5、蒙牛乳业（太原）有限公司

6、大同夏进乳业有限责任公司

7、山西双合成商贸有限公司

8、山西海玉食品有限公司

9、山西泽榆畜牧业开发有限公司

10、山西田森农副产品加工有限公司

11、太原六味斋实业有限公司

12、山西水塔醋业股份有限公司

13、北京燕京啤酒（晋中）有限公司

14、北京红星股份有限公司六曲香分公司

15、山西厦普赛尔食品饮料股份有限公司

【g. 具体数据如下】

1. 山西省食品工业主要指标（分行业）

指标名称	企业单位数	主营业务收入	同比增减	利润总额	同比增减	利税总额	同比增减	工业总产值	同比增减
	个	亿元	%	亿元	%	亿元	%	亿元	%
农副食品加工业	154	299.3	-14.9	9.0	-32.3	10.1	-31.3	317.6	-12.9
食品制造业	82	103.9	-17.5	7.4	-14.0	10.4	-8.8	128.3	-6.5
酒、饮料和精制茶制造业	59	197.9	2.1	9.3	16.3	27.8	9.4	119.8	-5.7
烟草制品业	1	47.5	8.7	7.3	-2.7	34.0	5.6	46.2	3.7

注：本表统计口径为主营业务收入2000万及以上的工业企业。

2. 山西省食品工业主要效益指标（分地区）

单位：亿元

指标代码	企业单位数	主营业务收入		利润总额		利税总额		工业总产值	
		1–12月（亿）	增减%	1–12月（亿）	增减%	1–12月（亿）	增减%	1–12月（亿）	增减%
山西	296	648.7	-9.3	32.9	-12.0	82.2	-1.8	611.9	-9.2
太原	34	111.8	1.1	10.7	0.9	39.2	4.8	111.5	2.6
大同	11	10.7	-4.5	1.0	-23.1	1.4	-17.6	9.6	-12.0
阳泉	4	4.9	16.7	0.1	0.0	0.1	0.0	5.8	5.3
长治	30	33.2	-48.7	2.3	-20.7	3.2	-20.0	45.1	-32.1
晋城	11	9.5	-5.9	0.2	-33.3	0.3	-25.0	9.4	-7.1
朔州	21	25.5	-28.0	0.4	-63.6	1.5	-28.6	27.5	-26.8
晋中	40	71.2	14.5	0.6	-33.3	2.8	-9.7	85.7	23.4
运城	65	125.3	-16.1	7.6	32.1	8.9	-28.8	142.1	-16.4
忻州	15	7.5	-13.8	0.3	-25.0	0.5	-16.7	8.7	-8.9
临汾	16	11.0	-28.1	-0.1	-200.0	0.1	-50.0	21.5	-5.7
吕梁	49	238.1	-2.4	9.8	14.0	24.3	12.5	145.0	-10.8

3. 主要产品产量及其增长速度

产品名称	计量单位	年产量	同比增长（%）
粮食	万吨	1259.6	-5.4
其中：玉米	万吨	862.7	-8.0
小麦	万吨	271.4	4.8
谷子	万吨	35.4	-9.0
豆类	万吨	30.6	-2.6
薯类	万吨	36.7	-6.2
小麦粉	万吨	17.14	-
蔬菜及食用菌	万吨	1302.2	2.4
水果	万吨	842.6	9.3
其中：瓜果类	万吨	86.9	-1.5
园林水果	万吨	755.7	10.7
食用坚果	万吨	18.7	49.5
其中：核桃	万吨	18.1	49.1
精制食用植物油	万吨	35.2	17.5
鲜、冷藏肉	万吨	57.9	5.9
方便面	万吨	3.8	-19.7
小麦粉	万吨	17.1	-
乳制品	万吨	48.38	0.6
其中：液体乳	万吨	45.0	-0.3
乳粉	万吨	2.9	-
罐头	万吨	1.71	2.9
白酒	万千升	8.36	-10.9
软饮料	万吨	135.3	-2.3
冷冻饮品	万吨	0.24	-
卷烟	亿支	163.5	0.0

王彬

3.12 安徽省

2015年，我省食品工业保持平稳发展，规模不断扩大，效益稳步提升，价格水平基本平稳，在稳增长、调结构、转方式、促升级、惠民生等方面发挥了重要作用。

【a. 概况】

1. 工业生产增速有所回落

2015年，全省规模以上食品工业企业2419户，同比增加179户。实现工业增加值919亿元，同比增长5.8%，比全省工业平均水平低2.8个百分点。其中，农副食品加工业实现增加值530.6亿元，同比增长4.7%，食品制造业实现增加值156.6亿元，同比增长4.7%，酒、饮料和精制茶制造业实现增加值231.8亿元，同比增长9.1%。

2. 主要产品产量平稳增。

2015年，我省食品行业重点产品均保持平稳增长。小麦粉1690.4万吨，同比增长0.9%，产量居全国第3位；白酒46.5万千升，同比增长5.2%，产量居全国第11位；方便面55.9万吨，同比增长10.6%，产量居全国第4位；精制食用植物油127.7万吨，同比增长5.4%；鲜、冷藏肉142.9万吨，同比增长1.2%。

3. 经济效益稳步提升

2015年，我省规模以上食品工业实现主营业务收入4070.7亿元，同比增长4.5%，居全国第10位；实现利润215.9亿元，同比增长2.6%，居全国第11位。规模以上食品工业主营业务收入、利润分别占全省规模以上工业的10.6%、11.7%。

【b. 重点行业运行情况】

1. 农副食品加工业

2015年，我省农副食品加工业企业数1659户，占全省规模以上企业数量的9%，实现增加值530.6亿元，同比增长4.7%，实现主营业务收入2855.7亿元，同比增长3.0%，实现利润116.3亿元，同比下降3.7%。我省农副食品加工业企业数量多、规模小、产业链条短、产品附加值低，虽然增加值占全省规模以上工业比重达5.4%，但增加值、主营业务收入、利润的增幅均低于全省平均水平，对全省工业增长的拉动有限。

2. 食品制造业

2015年，我省食品制造业企业数410户，实现工业增加值156.6亿元，同比增长4.7%，实现主营业务收入605.0亿元，同比增长4.7%，实现利润30.7亿元，同比增长6.6%。我省食品制造业企业数量少、总量小，缺少龙头企业和知名品牌，增加值总量仅占全省规模以上工业比重1.6%。

3. 白酒行业支撑作用明显

随着迎驾、口子相继上市，我省白酒上市公司达4户，是全国白酒上市企业最多的省份。2015年，全省规模以上白酒企业累计实现主营业务收入231.8亿元，同比增长4.5%，比全国平均增速低0.7个百分点，居全国第7位；实现利润31.2亿元，同比增长16.5%，比全国高13.2个百分点，居全国第5位。其中，古井集团实现主营业务收入67.7亿元，同比增长11.4%，实现利润9.9亿元，同比增长20.6%；迎驾集团实现主营业务收入32.0亿元，同比增长22.7%，实现利润6.7亿元，同比增长24.4%；口子股份实现主营业务收入25.8亿元、同比增长15.9%，实现利润7.7亿元，同比增长41.5%；金种子实现主营业务收入22.4亿元、同比下降16.5%、实现利润0.8亿元，下降42.2%。4家上市公司主营业务收入及利润分别占全省白酒行业的

63.8%和80.4%。

4. 个别小行业发展迅猛

我省坚果炒货业快速发展，实力不断壮大，中国十大炒货品牌，安徽洽洽、真心、小刘、傻子占据四席，安徽坚果占全国市场近半，产品远销欧美、东南亚。成立于2012年的三只松鼠，实施跨界融合发展，发展势头强劲，2015年实现销售25.1亿元，同比增长128.5%；上缴税收5500万元，同比增长164%，实现净利润1100万元。

【c. 存在问题】

1. 自主创新能力不强

我省食品工业企业自主创新能力不强，研发投入不足，产品技术含量低，精深加工产品较少，我省制造业研发投入占主营业务收入0.8%，食品企业研发投入仅占0.5%。多数食品企业对创新人才的培养、研发投入和技术研发的应用不够重视，缺乏研发新技术、开发新产品的创新人才和资金，科技成果转化率较低。

2. 企业平均规模偏小。

2015年，我省规上食品工业企业2419户，实现主营业务收入4070.7亿元，企业户均主营业务收入16829万元，比全省规上企业户均主营业务收入21350万元低4521万元，企业平均规模偏小。

3. 产业及产品结构不合理

从行业结构看，我省食品工业增加值中农副食品加工业占57.7%，食品制造业占17%，酒、饮料和精制茶制造业占25.3%，粗加工比重大，精深加工比重小，附加值低。从产品结构看，品种少、包装差、档次低，产品更新换代慢，产品结构不适应消费需求变化。

4. 品牌及营销有待提高

市场营销方式落后，营销网络不健全，电子商务等现代营销模式还没有得到较快应用，对品牌产品的培育、开发和宣传、推介力度不够。

季敏

中国食品工业年鉴

3.13 江西省

【a 概况】

2015年，江西省规模以上食品工业企业730家，同比净增85家，同比增长13.2%。全行业从业人员平均人数17万人，同比增长3.4%。资产合计1437.9亿元，同比增长25.1%。江西省规模以上食品工业实现总产值2991.75亿元，同比增长9.1%，产品销售率达99.9%。完成工业增加值787.78亿元，同比增长6.8%。实现主营业务收入3000.40亿元，跃居全国第15位，同比前进了一位，同比增长9.3%，增速高出全国食品工业平均水平4.7个百分点。利税总额417.21亿元，同比增长7.7%。利润总额215.55亿元，同比增长7.3%。

【b 大事记】

1.3月31日，江西省食品工业工作会议在上高县召开。

2.6月27日—7月4日组织江西省白酒企业40余人赴陕西、山西省白酒企业学习考察。

3.9月21日–24日，江西省第十届果露黄酒评委换届选聘暨产品质量感观品鉴活动在婺源县举行。

4.10月27日，全国部分省市食品工业协会（办）联盟第三次会议在江西省南昌市召开。

5.10月27日，帮助上高县人民政府在南昌市举办了上高县绿色食品产业推介活动。

6.10月28—29日，组织江西省部分全国食品工业强县和优秀龙头食品企业共15人参加了由中国食品工业协会在山东泗水主办的泗水论坛。

【c 行业发展主要特点】

1. 主要产品产量平稳增长

江西省12种主要食品工业产品中11种实现了不同程度的增长，其中包装饮用水195.04万吨，同比增长51.1%、软饮料405.93万吨，同比增长23.6%、精制食用油231.29万吨，同比增长21.8%、白酒18.24万千升，同比增长11.1%、冷冻饮品9.09万吨，同比增长9.4%、大米750.11万吨，同比增长8.1%、液体乳29.68万吨，同比增长1.8%、罐头14.81万吨，同比增长0.5%。卷烟678.00亿支，同比增长0.2%、乳制品33.24万吨，同比增长0.2%、啤酒134.00万千升，同比增长0.0%。

2. 产业集群引领行业发展

2015年，江西省重点食品产业集群（基地）支撑作用凸显，全省10个食品产业基地（集群）累计实现主营业务收入1015.3亿元，同比增长14.3%，占全省食品工业34.0%，利税总额84.4亿元，同比增长12.1%。其中有5个产业集群主营业务收入过百亿，1个接近百亿：新建长埈食品产业基地实现主营业收入171.0亿元，同比增长.14.4%，利税10.8亿，同比增长0.2%。庐山区绿色食品产业集群实现主营业务收入163.6亿元，同比增长10.8%，利税总额11.2亿元，同比增长21.2%。小蓝食品产业基地实现主营业务收入138.5亿元，同比增长13.8%，利税总额12.4亿元，同比增长10.7%。上高绿色食品产业集群实现主营业务收入131.0亿元，同比增长19.5%，利税总额18.2亿元，同比增长13.4%。吉水粮油产业集群实现主营业务收入105.0亿元，同比增长31.2%，利税总额9.4亿元，同比增长22.7%。

3. 固定总资产投资增长平稳

2015年，江西省规模以上食品工业累计完成固定资产投资719.3亿元，同比增长5.4%。其中农副食品加工业增速较快，同比增长14.6%。食品制造业增速减缓，同比增长 1.1%。酒、饮料和精制茶制造业同比下降 14.9%。

4. 外贸出口保持较快增长

2015 年，江西省规模以上食品工业完成出口交货值 152.99 亿元，比上年同期增长 13.6%。其中，农副食品加工业 68.89 亿元，同比增长 14.1%，总量占全省食品工业的 45.0%。

5. 重点项目建设保持良好态势

2015 年江西百威英博啤酒有限公司年产 100 万吨啤酒生产线项目一期，江西鹰潭养元智汇饮品有限公司年产 24 万吨植物蛋白饮料及其配套包装项目 2 个项目顺利竣工投产。江西恒辉大农业科技有限公司年加工 6250 吨有机蔬菜项目，江西燕京啤酒有限责任公司年产 45 万吨啤酒生产线，江中集团年产 1.2 万吨蓝枸、猴菇饮料、猴菇饼干、枸杞酿造的白酒项目等项目进展顺利。

6. 部分重点企业运行平稳

2015 年，重点企业进一步做强做大，成为推进江西省食品工业发展的重要支撑点。其中正邦集团实现工业总产值 521.0 亿元，同比增长 21.2%，利税总额 7.3 亿元，同比增长 55.6%。双胞胎集团实现工业总产值 375 亿元，同比增长 1.0%，利税总额 12.0 亿元，同比下降 35.0%。四特酒有限责任公司实现主营业务收入 28.0 亿元，同比下降 10.1%，利税总额 17.7 亿元，同比增长 29.9%。

7. 行业创优工作成效明显

2014–2015 年度，全国食品工业优秀龙头食品企业和食品工业强县推荐申报工作，经中国食品工业协会最终评定，上高县、万载县、泰和县、永丰县和南丰县 5 个县被授予“全国食品工业强县”荣誉称号，江西省绿滋肴实业有限公司、江西汪氏蜜蜂园有限公司等 29 家企业被授予“全国食品工业优秀龙头食品企业”荣誉称号。

【d 办公室和协会主要工作】

1. 做好银企对接

（1）搭建融资合作平台，与光大银行南昌分行、北京银行南昌分行、中国进出口银行江西分行等金融机构建立了合作。

（2）组织省内有资金需求的食品行业企业与兴铁资本、中信逸百年、润恩资产等五家产业基金进行了对接，共梳理出了以江西开元火腿有限责任公司等 26 家企业，资金总需求额度将近 13.44 亿元。

2. 做好行业服务

（1）加强对省领导联点企业服务工作。帮助正邦集团下属江西汇和化工有限公司 4000 吨咪鲜胺原药项目的制剂定点升级，获得了国家工信部原材料司的批复。推荐双胞胎集团和四特酒有限责任公司参加工信部两化融合的相关会议。定期调度三家省领导联点企业的发展情况，及时了解并反映企业面临的困难问题，推动问题尽快协调解决。

（2）抓好重大项目调度和产业政策认定。帮助南昌宝迪食品有限公司年产 2 万吨熟肉制品质量安全检测能力建设项目获得 2015 年国家产业振兴和技术改造项目支持。对江西人之初乳品营养有限公司配方乳粉生产项目，江西五谷村酒业等 6 家企业白酒生产项目开展了产业政策认定和行业准入。

（3）抓好行业培训。9 月 21 日 –24 日，在婺源县举办了江西省第十届果露黄酒评委换届选聘活动，全省 20 多家果酒、露酒和黄酒生产企业的 40 多名国家和省果露黄酒评委及从事果露黄酒生产、技术和质量管理的有关人员参加了活动。

3. 做好行业交流和招商工作

（1）10 月 27 日，帮助上高县人民政府在南昌市举办了上高县绿色食品产业推介活动。

（2）6 月 27 日—7 月 4 日，组织江西省白酒企业 40 余人赴陕西、山西省白酒企业学习考察，学习兄弟省发展经验，拓展江西省白酒企业发展的新思路，引导江西省白酒企业加强企业文化和创新能力建设。

（3）10 月 28—29 日，组织江西省部分全国食品工业强县和优秀龙头食品企业共 15 人参加了由中国食品工业协会在山东泗水主办的泗水论坛。力图为食品行业、企业、县域经济发展发挥积极引领作用。

4. 加强了食品安全工作

（1）制定并印发了《江西省工信委2015年食品安全重点工作安排》对各设区市食品安全相关工作作出部署，要求加强食品行业管理，不断提升食品质量安全保障水平。

（2）按照江西省食品安全委员会办公室工作部署，制定了2015年工信部门食品安全宣传周重点活动方案，并配合江西省食品安全委员会办公室，做好江西省食品安全宣传周启动仪式的宣传工作。

（3）按照国家工业信部的工作部署，积极推进江西省婴幼儿配方乳粉企业兼并重组工作，组织有关企业参加国家工信部在北京召开的婴幼儿配方乳粉企业兼并重组工作会，进一步加强对企业兼并重组的引导和宣传。

【e. 统计数据】

1. 江西省规模以上食品工业主要经济指标

分类	单位	2015年	同比增长（%）
企业数	个	730	13.2
主营业务收入	万元	30004020	9.29
利润总额	万元	2155494	7.27
利税总额	万元	4172127	7.66

2. 江西省规模以上食品工业增加值

单位：万元

分类	2015年	同比增长（%）
食品工业合计	7877825	6.8
农副食品加工业	4047783	11.5
食品制造业	1495763	8.3
酒、饮料和精制茶制造业	940491	4.1
烟草制品业	1393789	-4.8

3. 江西省规模以上食品工业产值表

单位：万元

分类	2015年	同比增长（%）
食品工业合计	29917538	9.1
农副食品加工业	19504323	11.8
食品制造业	5309180	7.7
酒、饮料和精制茶制造业	3268035	4.9
烟草制品业	1836000	-4.6

4. 江西省食品工业主要产品产量

产品名称	单位	2015年	同比增长（%）
包装饮用水	吨	1950370	51.1
软饮料	吨	4059266	23.6
精制食用油	吨	2312860	21.8
白酒	千升	182355	11.1
冷冻饮品	吨	90875	9.4
大米	吨	7501118	8.1
液体乳	吨	296842	1.8
罐头	吨	148060	0.6
乳制品	吨	332420	0.2
卷烟	万支	6780000	0.2
啤酒	千升	1340044	0.0
精制茶	吨	66330	-8.7

陈叔然

3.14 河南省

【a. 概况】

1. 主要经济指标

指标名称	企业单位数（个）	主营业务收入（亿元）	同比增减（%）	利润总数（亿元）	同比增减（%）	税金总数（亿元）	同比增减（%）
农副食品加工业	2035	5040.14	7.5	444.11	10.5	114.46	3.2
食品制造业	851	2729.66	13.2	254.32	8.8	68.65	8.9
酒、饮料和精制茶制造业	506	1464.88	4.8	115.12	-9.4	50.85	-3.0
烟草制品业	18	468.35	2.2	71.50	-9.5	269.75	2.7

2. 主要产品产量

产品名称	计量单位	年产量	同比增长（%）
小麦粉	万吨	5325.4	0.9
大米	万吨	615.2	1.9
饲料	万吨	2297.5	4.1
精制食用植物油	万吨	436.2	14.3
鲜、冷藏肉	万吨	457.1	2.6
冻肉	万吨	2.9	13.4
冷冻蔬菜	吨	8250	408.6
速冻米面食品	万吨	356.7	1.7
方便面	万吨	357.8	1.2
乳制品	万吨	236.9	2.9
味精	万吨	31.9	-17.8
发酵酒精（折96度）	万千升	224.2	0.3
白酒（折65度）	万千升	110.5	-0.4
啤酒	万千升	390.4	-3.9
软饮料	万吨	1472.0	3.2
精制茶	吨	24646.8	-19.6
卷烟	亿支	1674.3	-3.4

【b. 协会主要工作】

3月2–10日，省食协组织了八家主流媒体，走进宋河酒业、宝丰酒业、杜康酒业、仰韶酒业、禧丰酒业五家白酒企业，进行全面广泛、有一定深度的座谈和采访。

3月30–31日，中国食协领导在省食协和河南省直管县领导小组办公室领导陪同下深入到河南省兰考县实地考察调研指导工作，对兰考县食品产业发展提出了重要的指导意见。

4月10–12日，由国家商务部外贸事务发展局、省食协主办、鹤壁市食品产业办公室、鹤壁市食品工业协会承办的2015中国（鹤壁）快餐食品博览会暨早餐食品产业发展论坛。

5月16–18日，由中国食协、中国商业联合会、河南省人民政府主办，漯河市人民政府、省工业和信息化委员会、省商务厅、河南省食品工业协会承办的第十三届中国（漯河）食品博览会在漯河会展中心成功举办。

6月–12月，组织了2014—2015年度全国食品工业强县、全国优秀龙头食品企业的申报推荐工作，河南省共有汤阴县、兰考县、延津县、永城市等十三个（市、区）被中国食品工业协会认定为全国食品工业强县，中鹤集团、华英集团、帮太食品、邦杰食品、马四清真食品等二十一家食品企业认定为全国优秀龙头食品企业。

7月1日，在辉县百泉春酒业有限公司召开省食协白酒技术专家委员会第二届四次会议。

7月31日，省食协领导出席了在汤阴召开的中国食品制造创新发展论坛。

11月12–15日，由中国食协主办、光明集团承办的“2015中国（上海）国际食品博览会”于2015年11月

12日—15日在上海展览中心成功举办。省食协组织了十五个县(市)区政府和20多家食品龙头企业参展参会。

12月29日，省食协领导出席了在延津召开的中国·延津小麦经济产业升级合作研讨会，省食协陈振杰副会长在会上发表了“新常态下河南食品工业发展思考”的演讲。

【c.河南省食品类质量奖和百强工业企业名单】

1. 质量奖

金星啤酒集团有限公司

2. 百强工业企业名单

序号	单位名称
1	河南省漯河市双汇实业集团有限公司
2	河南中烟工业有限责任公司
3	河南省南街村（集团）有限公司
4	乐天奥的利饮料有限公司
5	河南众品食业股份有限公司
6	周口金丝猴食品有限公司
7	漯河市临颍县亲亲食品有限公司
8	河南大用（集团）食业有限公司
9	河南省北徐集团有限公司
10	河南省淇县永达食业有限公司
11	漯河晋江福源食品工业有限公司
12	新乡娃哈哈昌盛饮料有限公司
13	河南省潢川华英禽业总公司
14	河南省雪健食业有限公司
15	蒙牛乳业（焦作）有限公司
16	河南省科迪食品集团股份有限公司
17	河南省莲花味精集团有限公司

【d.河南省百高工业企业和全国食品工业强县名单】

1	郑州顶益食品有限公司
2	孟州市金玉米有限责任公司
3	驻马店市王守义十三香调味品集团有限公司

1. 百高工业企业

全国食品工业强县（市、区）名单

汤阴县、兰考县、淇县、浚县、清丰县、固始县、南乐县、栾川县、延津县、社旗县、邓州市、永城市、漯河市源汇区。

【e.获得全国食品工业优秀龙头食品企业名单】

序号	单位名称
1	河南沈丘马四清真食品厂
2	河南中鹤现代农业开发集团有限公司
3	河南省益民面业有限公司
4	河南帮太食品有限公司
5	邓州市之友面粉有限公司
6	阳光油脂（南阳）植物蛋白有限公司
7	邓州市鑫隆酱业调料有限公司
8	南阳颐言生物科技有限责任公司
9	河南邦杰控股集团股份有限公司
10	漯河昌达集团卡波纳酒业有限公司
11	河南省木伦河食品有限公司
12	河南龙丰实业股份有限公司
13	河南省桃园建民食品有限公司
14	河南黄同粮业股份有限公司
15	河南忠兴粮油有限公司
16	河南华英农业发展股份有限公司
17	潢川县裕丰粮业有限公司
18	河南友利粮业有限公司
19	河南圣特粮业有限公司
20	河南明业食品有限责任公司
21	潢川九龙春天农业科技有限公司

【f.获得1985—2015中国白酒历史标志性产品和历史杰出贡献人物荣誉称号人员名单】

1. 1985——2015中国白酒历史标志性产品名单

宋河粮液酒河南省宋河酒业股份有限公司

宝丰酒宝丰酒业有限公司

2. 1985—2015中国白酒（区域性）历史性标志性产品名单

赊店元青花酒河南赊店老酒股份有限公司

杜康酒洛阳杜康控股有限公司

彩陶坊酒河南仰韶酒业有限公司

3. 1985—2015中国白酒历史杰出贡献人物

朱云武河南省宋河酒业股份有限公司总经理

侯建光河南仰韶酒业有限公司总经理

【g.国家工商行政管理总局公示的2014—2015年度“守合同重信用”企业名单】

序号	单位名称
1	河南赊店老酒股份有限公司
2	周口市雪荣面粉有限公司
3	牧原食品股份有限公司
4	商丘饮之健生物科技有限公司
5	河南帮太食品有限公司
6	固始县豫申粮油工贸有限公司
7	焦作市方便面厂
8	南阳市瑞丰粮油有限公司
9	河南天香面业有限公司
10	濮阳市天口食品有限公司
11	河南省君利酒业股份有限公司
12	河南省宋河酒业股份有限公司
13	河南神人助粮油有限公司
14	信阳市文新茶叶有限责任公司
15	河南省南街村（集团）有限公司
16	永生堂饮品股份有限公司
17	商丘市百分食品有限责任公司
18	河南省大程面粉实业有限公司
19	河南省星河油脂有限公司
20	三全食品股份有限公司
21	罗山县灵山茶业有限责任公司
22	河南省金米郎食品有限公司
23	河南华星粉业股份有限公司
24	河南省养生殿酒业有限公司
25	河南皇沟酒业有限责任公司
26	河南省卧龙酒厂
27	河南仰天雪绿茶叶有限公司
28	河南松山面业股份有限公司
29	濮阳市岳古酒厂
30	河南振宇食品有限公司
31	好想你枣业股份有限公司
32	河南省淇花食用油有限公司

万保建

3.15 湖北省

【a、概况】

2015年，全省食品产业按照“十二五规划”目标发展的总要求，积极应对经济下行压力持续加大和复杂严峻形势所带来的不利影响，主动适应新常态，克难奋进，奋力拼搏，保持了稳中有进的发展态势，实现了“十二五”的胜利收官。

据2600家规模以上食品工业企业数据显示，2015年，全省食品产业实现主营业务收入7925亿元，同比增长10.93%，占全省工业比重达18.7%。其中，农副产品加工业实现主营业务收入4553亿元，同比增长9.41%，占全省食品工业比重达57.45%。实现利税总额1083亿元，同比增长8.04%；实现利润445.7亿元，增长10.2%，同比高8.1个百分点。全年全省规模以上食品工业（含烟草）完成工业增加值2600亿元，增加值同比增长9.9%，比全省工业增速高1.3个百分点，比全国工业增速高5.1个百分点，拉动全省工业经济增长近2个百分点，对全省工业经济增长贡献率达12.1%，产业规模位居全省第1，在全国食品工业规模排名中居全国第3位。

1. 生产保持平稳增长，行业运行态势良好

2015年，全省食品行业运行相对平稳延续较高增长态势。上半年食品工业增速持续稳定在10.8%左右，下半年由于烟草行业产品结构调整增速回落，增速稳定在10.4%–9.9%之间。主营业务收入和利税总额，分别是“十一五”末的3.07倍和5.33倍，年均递增32.37%和51.94%，超过“十二五”规划制订的主营业务收入达7000亿元、年均增长21%和利税达到920亿元、年均增长17%的目标；工业增加值、主营业务收入、利税均提前一年完成“十二五”发展规划目标，成为全省工业经济中总量规模首个超七千亿，利税总额过千亿的支柱产业。食品产业中粮食加工行业实现主营业务收入1642亿元，饮料行业实现主营业务收入1396亿元，成为食品产业中两个过千亿的子行业。

2. 产业规模排名靠前，经济效益增势良好

全省规模以上食品工业企业（含烟草）实现主营业务收入7925亿元，同比增长10.93%，占全省工业比重达到18.7%；产业规模连续四年稳居全省各大产业之首，连续三年排在江苏、四川、广东之前，山东、河南之后，稳居全国第3位，中部第2位。

其中，农副食品加工业实现主营业务收入4553亿元，同比增长9.41%，占全省食品工业比重达到57.45%，产业规模位列全国第4位，比排名第3位的江苏省（4563亿元）仅差10亿元；酒、饮料、茶制造业实现主营业务收入1649亿元，同比增长17.45%，产业规模首次超过山东（1492亿元）跃居全国第2位，占全国的比重从2013年8.1%提高到2015年9.5%；烟草制造业转型升级富有成效，实现主营业务收入598亿元，同比增长7%，利润延续快速增长势头，盈利79.8亿元，增长19.9%，同比提高3.7个百分点；实现税金448.4亿元，增长8.8%。产业规模排在云南、上海、湖南之后，位列全国第4位。

3. 产业投资规模加大，重点项目稳步推进

全省食品工业完成固定资产投资1280亿元，同比增长17.7%，增幅高出全省工业平均水平5个百分点。一批食品、饮料项目开工建设进展顺利。宜昌市食品产业118个工业投资项目完成投资63.42亿元，其中，秭归帝元食品罐头有限责任公司2万吨甜玉米罐头加工项目、宜昌土老憨风味食品有限公司土老憨鱼鲜养

生酱油及风味豆豉项目、湖北稻花香酒业股份有限公司稻花香白酒自动化生产管理系统升级改造项目、宜昌娃哈哈年产20万吨饮料项目、湖北一致魔芋神经酰胺和魔芋飞粉项目等正在抓紧建设中；黄石市食品饮料产业完成投资24.35亿元。劲牌有限公司黄金山健康产业园项目进展顺利，该项目是由保健酒生产基地项目和劲牌研究研发中心项目、劲牌生物医药公司项目组成，计划投资10亿元，目前已完成研发大楼、提取车间及仓库、罐区等主体建筑建设，累计已完成投资8亿元。其中保健酒生产基地项目已完成灌装、包装生产线的建设并投产，年生产新品类保健酒3万吨；总投资16000万元的中绿（湖北）实业发展有限公司绿色多功能粗粮饮品加工生产线项目，目前土建和设备安装基本完工。这些重点项目建成投产，极大地提高了全省食品产业的竞争力。

4. 结构调整步伐加快，食品产业集聚发展

（1）食品产业集聚效应集中显现。全省重点成长型产业集群中，新增了鄂州市绿色农产品加工、赤壁市砖茶、宜昌市茶产业、潜江市特色食品等4个食品产业集群。在全省97个重点成长型产业集群中，食品产业集群达25个，占总数的25.8%。2015年，仙桃市被中国轻工联合会授予“中国食品产业名城”，白云边酒业所在地松滋市被授予“中国浓酱兼香型白酒名城”，枝江酒业所在地枝江市被授予“中国白酒名城”，稻花香酒业所在地龙泉镇被授予“中国白酒名镇”等荣誉称号。湖北土老憨生态农业股份有限公司被农业部评定为“延伸增值型”农业产业融合典型龙头企业。

5. 企业联合重组迈出可喜步伐

食品重点企业稻花香集团投资6亿元，分别在赤壁市和咸宁市崇阳县联合重组建设生产基地，新增年产3.2万吨白酒生产能力。劲牌公司重组神农架御酒公司，投资3亿元建成一条3000瓶/小时保健酒生产线，现已部分实现投产。湖北花林新型建材集团全资收购湖北楚园春酒业公司进行股权重组，重组后按照打造区域性知名品牌，突出中端产品、多元化发展的战略，全面开发省内市场，点状开发省外市场，全年实现销售收入3亿多元。知名企业加加酱油出资1.5亿元重组顾大嫂食品，合作生产市场畅销的系列产品。（3）企业联合重组增强了企业实力。全省食品工业规模以上企业达2600家，主营业务收入过亿元的企业有900多家，过30亿元企业22家，过50亿元企业13家，过100亿元企业5家。稻花香集团2015年实现营业收入435.52亿元，成为首个过400亿的食品企业；劲牌公司实现产值84.99亿元，上缴税金21亿元；枝江酒业集团实现销售收入143.89亿元，实现利税11.6亿元；襄大农牧公司完成产值106.39亿元，40余件商标被评为“中国驰名商标”。

6. 龙头企业发挥了引领作用

根据《湖北省农业产业化省级重点龙头企业认定和监测管理办法》的规定，经省农业产业化经营领导小组组织专家监测认定，湖北周黑鸭食品工业园有限公司等647家食品生产加工企业被认定为省级重点龙头企业。其中：周黑鸭和大汉口被中食协评为优秀龙头食品企业。这些龙头企业的成长与发展，成为实现湖北“建成支点、走在前列”的重要力量，为推进农村一二三产业融合发展，加快实现食品企业研发创新、转型升级和提质增效，发挥了行业标杆的示范引领作用。

7. 创新驱动力度加大，转型升级步伐加快

（1）企业自主创新取得新进展。安琪酵母公司推出新品超滤级酵母浸粉达到国际领先水平，填补了国内空白；三杰粮油集团与中科院合作成立产业研究院，利用玉米等作物秸秆开发膨化饲料，与上海天喔集团合作开发“紫薯脆圈圈”等休闲食品。湖北耀荣木瓜有限公司木瓜精深加工技术获全省科学技术发明三等奖，渝川食品公司关于木瓜汁饮料和木瓜菊花枸杞复合饮料的两项发明获得国家专利，并通过省级高新技术企业认定。武汉大汉口食品有限公司，积极运用现代科学技术改造提升传统食品工艺，与华中农业大学合作组建“面制品研发工程中心”，专门开展热干面关键技术攻关，研发新产品，提升了研究与创新水平，解决了制约企业发展的科技攻关难题。该公司非油炸风味方便面及其制作方法等，获得了三项热干面国家

发明专利，并荣获了武汉市“高新技术企业”等殊荣。

（2）产、学、研紧密合作成为企业转型升级发展新引擎。2015 年，全省围绕湖北食品产业发展重点项目，加快推进院校和企业科研基地建设，食品产业新增 10 家高新技术企业，新增 3 家省级企业技术中心，新增 2 家省级工程技术中心。全省食品工业企业建有博士后工作站 3 个，国家级企业技术中心 1 个，省级企业技术中心 40 个。产、学、研基地建设的扩充完善，为加快产品创新研发提供了强大的科技支撑，成为促进食品工业企业转型升级的新引擎。

湖北沙洋洪森实业集团积极与中科院上海药物研究所和中国农科院油料作物研究所、湖北省农科院、华中农业大学、湖北工业大学、武汉轻工业大学合作，促成专家团队与食品企业紧密合作，研发了“米糠多糖”、“米糠多肽”、“膳食纤维”3 个保健专利产品，利用大米的副产品米糠、米糠油来进行精深加工，从米糠胚芽中提取活性成分，生产增强免疫功能、降低血脂血糖等功能性保健胶囊、口服剂、粉剂、含片等系列保健产品，已形成年产 5 万吨保健食品生产能力。中兴绿色科技公司以大米加工为例，副产物稻壳先用来发电，再提取白炭黑和二氧化硅等；米皮加工稻米油，米糠提取谷维素和糠蜡，利用油脚加工生物柴油，形成完整的产业链，真正做到“吃干榨净”。围绕综合利用湖北丰富的柑橘资源，技术专家为湖北土老憨集团兴建的“土老憨桔子厨房”，成功开发了紫苏、陈皮系列柑橘酱油、蒸鱼汁、柑橘调味果醋、陈皮下饭豆豉等系列调味品。这批农业深加工产品的相继问市，不仅抢占了调味品市场的一定份额，而且还促进了产业结构的调整，提高了湖北调味品产业的市场竞争力。

（3）电子商务异军突起。湖北周黑鸭集团将电子商务业务上升为集团战略高度，在全国建有直营门店 600 余家，在线上已经在淘宝、天猫、京东、苏宁易购、1 号店、拍拍、建行商城等电子商务平台开设官方旗舰店，其销售额已经高达 12 亿元，成为全国知名电商企业；亿龙源糖业、赛亚米业等食品企业也纷纷建立电商平台，交易额逐年上升。

8. 地方标准助力产业发展，食品监管提供安全保障

（1）地方特色食品产业标准化建设步伐加快。在食品安全标准的法制化建设方面，截至 2015 年，湖北现已颁布的食品安全地方标准有 4 项，一个是操作规范，两个检验方法，还有一个是具有地方特色的《富有机硒食品硒含量要求》。该项食品安全地方标准的颁布，填补了我国有机硒标准的空白，促进了湖北地方特色食品产业的发展。

目前还有《泡藕带》等 19 项地方标准正处于研制期。如：比较有代表性的“热干面、熟卤制品、泡藕带、魔芋”等湖北地域特色食品，在组织研制地方标准规定的时候，就充分地考虑到其食品的成分含量和包装，对构建地区居民健康防线，打造湖北食品的市场品牌，保持食品科技创新能力等方面所具有的促进作用。已基本完成研制的《熟卤制品气条包装要求》，也是对熟卤制品定义及其生产工艺的革新，在全国也属首次。同时，协助国家在魔芋制品中规定二氧化硫的限量，也为魔芋产业争取了发展机会。

开展食品专项检查及跟踪抽检，确保生产经营安全。根据农业部农产品质量安全中心“质量安全年”专项检查的总体部署，针对关系国计民生的重点产业，组织全省工作机构对当地食品生产企业和超市开展食品标志市场的专项检查，随机抽查了食用油、大米、蛋制品、酒、饮料、奶制品等 194 个产品的食品标志及包装情况，并对全省 85% 以上的绿色食品进行了跟踪产品抽检。其中，涉及省外的有 23 家企业 30 个产品。主要对产品包装、标志使用是否规范、是否超期用标及一标多用问题进行监察。经产品抽检结果显示，合格率达 99.5%。在全省各市州进行的绿色食品年度检查中，有 95% 以上的食品产品和生产企业都能自觉执行食品标准和技术规范，有力地推动了食品产业的健康发展。

【b、存在的主要困难和问题】

与食品工业强省相比，我省还有较大差距。主要表现在以下几个方面：

1. 技术与创新亟待加强

（1）农产品加工转化率低，增值能力不强，精深加工转化程度较低，产业链条有待进一步贯通。全省农副食品加工业中初级加工多，深加工少，产品系列化和高附加值的不多。由于全省农产品规模化、标准化的种植、养殖基地较少，全省省级龙头企业与农户专业合作社对接率不足20%，农产品加工转化率不足50%，不能满足现代食品工业生产对原料品质一致性和稳定性的要求，不仅制约了食品工业的发展，而且也增加了企业的生产经营成本和市场风险。

（2）食品企业研发投入强度仍然较低，自主创新能力薄弱，自主研发的新技术、新工艺、新产品所占比例较低，全省食品科技研发的投入强度仅约为0.4%，与发达省份相比存在较大的差距。究其原因，主要有原料与劳动力等资源性成本上升，企业议价能力薄弱，筹融资困难，经营压力加大等诸多行业市场共性因素的影响。

（3）在新一轮传统食品工业化的创新中，产、学、研的深度融合还有较大的发展空间。由于企业经营压力大，企业发展的内生动力不强，亟须将传统技术的升级与信息化技术、机电一体化、智能化等跨领域进行交叉与融合。食品产业工程技术中心和工程实验室等创新平台的技术帮扶作用还有待进一步发挥。

2. 龙头企业规模不够大

2015年，全国销售收入过千亿食品企业已有8家，过百亿有近100家，过50亿有300多家。而我省仅有5家过百亿元企业，占全省食品工业规模以上企业不足0.2%；仅有13家过50亿元企业，占全省食品工业规模以上企业仅只0.5%。这与位居全国排名第三的食品大省地位明显不符，还有待大力推进重点龙头企业的发展。

3. 品牌效应不够彰显

全省食品工业规模以上企业数量虽达2600家，其中：农业产业化重点龙头企业有647家，但品牌的培育却远远滞后于企业的发展，一些传统“老字号”的食品品牌，知名度仍仅局限于在地方市场；近年来，湖北食品产规模虽有大幅度增长，也出现了一些优质特色食品，但还没有享誉全国乃至国际市场的知名品牌。据行业信息获悉，在“2014中国最具价值品牌”评选中，全国有120个食品品牌入选，邻省的河南、安徽都有数个，而我省仅只稻花香和劲酒2家榜上有名。不仅品牌数量有差别，品牌知名度和品牌带动效应与发达省份相比都还存在较大差距。

4. 市场开拓能力不够强

（1）由于大多数食品加工企业规模普遍偏小，综合素质不高，产品品种花色少、包装差、产品更新换代慢，产品结构不能完全适应市场需求变化，制约了市场的开发与拓展。

（2）市场营销方式较为落后，像电子商务、移动互联网、O2O、连锁代理、产销直挂等现代营销模式，还没有得到较快地应用；营销网络不健全，信息搜集不及时，特别是对品牌产品的培育、开发和宣传、推介力度不够，以至直接进军国内外大市场的渠道不畅，实力不足。

（3）产品结构不适应已经变化了的市场需求。从产品结构看，全省农副产品加工业占全省食品工业比重达57.45%，而食品制造业、酒、饮料和精制茶制造业占比相对较小；传统食品占比高，而优质化、营养化、功能化食品发展相对较弱；加上产品同质化的影响，资源粗加工多，精深加工少，包装档次低，产品附加值低等行业现状的制约，导致现有的产品结构不能满足人们日益增长的营养、环保及健康食品的需求。

（4）食品市场制假售假不正之风的恶性循环，以及行业自律自治作用的欠缺，导致消费者对食品安全问题的“信任危机”有增无减，使食品企业的品牌宣传和市场拓展的难度加大。

【c、2016年全省食品工业发展趋势及预期】

1. 食品工业发展趋势分析

2016年一是“十三五”开局之年，也是稳增长、调结构、加快企业转型升级的关键之年。在经济发展新常态的市场环境下，预计未来几年我省食品产业会呈现以下发展态势：

经济步入新常态，食品工业支撑地位提升。当前经济发展步入“新常态”，在经济运行压力持续不减，运行风险不断加大的背景下，将食品产业作为“稳增长、促改革、调结构、惠民生”的重要载体加以支持发展，食品产业在国民经济和社会发展中的民生性、支柱性地位将得到提升，这将为食品工业的发展赢得更多的资源和政策支持。

科技创新提升，新业态快速发展。随着工业化和信息化融合的加深及其在食品工业领域的不断推广应用，基于“互联网+”的电商、微商等移动互联网平台将快速涌现，必将加快推动食品工业经营模式创新。

（3）消费需求刚性增长，市场空间持续扩大。随着人口增长、国民收入水平提高和城镇化深入推进，城乡居民对食品消费的需求将继续保持较快增长趋势，对食品的消费正从生存型消费加速向健康型、享受型消费转变，从“吃饱、吃好”向“吃得安全、吃得健康”转变，传统商业模式向电子商务模式转变，食品消费将进一步多样化，市场空间持续扩大，推动食品消费总量持续增长。

（4）食品消费品类、消费渠道和消费区域等方面将呈现分化的趋势。一是食品消费品类出现分化。随着食品消费市场逐步走向成熟。

一般性、温饱性的支出比例在逐渐减少，而体现生活质量和生活方式的消费支出，比例则在逐年增加。二是食品消费渠道出现分化。传统杂货店和大卖场的销售增长普遍放缓；相比之下，超市、小型超市和便利店的情况较好，涨幅则高达9%；而电子商务的崛起，更是对商超构成巨大压力。三是食品消费区域的分化。中国的一线城市依然是快速消费品的重要阵地，但已经不是增长最快的地方。从城市居民与农村居民食品消费对比情况来看，农村居民食品消费的增速，也要快过城市居民，增长潜力巨大。

（5）食品安全全程追溯，严管严处势在必行。在现行市场环境下，由于食品供应链各环节的利益分配失衡，加上监管不力，造成了一系列的食品安全事件，对行业发展和消费者的信心造成了负面影响。而日益严峻的环保问题，造成的农药残留、重金属残留等农产品安全事件，也愈发受到政府有关部门的重视，必将加快推动建立食品安全全程追溯和严管严查严处制度。据此，食品加工企业对自身安全保障能力的提升，将是突破产业发展瓶颈的重要环节。

2. 食品产业发展方向

围绕重点产业，依托龙头企业，提升科技创新能力，着力培育产业集群，不断完善产业配套，引导和帮助行业重点企业实施“五个转型”，即：推动食品工业向精深加工转型，向“互联网+”转型，向全产业链发展转型，向科技创新驱动转型，向注重质量安全转型。全面提升食品工业产业化发展水平，实现食品产业高标准、高水准、健康、平稳向前发展。

全行业的发展将以转方式、调结构为主线，坚持走新型工业化道路。紧紧围绕“消费升级、精深加工、创新引领、食品安全”的总要求，努力构建结构优化、布局合理、特色明显、优势突出的现代食品产业体系，形成产品系列化、资源集约化、品牌延伸化、产业聚集化的食品工业新格局。在产业发展布局和品牌建设上将按如下目标稳步推进：

（1）在粮食加工产业布局方面，将以荆州、荆门、襄阳等三市为重点，依托福娃、国宝、梅园、洪湖浪、禾丰、三杰等龙头企业的产业资源和品牌优势，通过实现资源整合及产业链延伸，促进粮食加工业向食品精深加工方向发展。

（2）在油脂加工产业布局方面，将以江汉平原、鄂东和鄂西北三地区的双低油菜、花生、芝麻等主产区基地资源为重点，依托奥星、万宝、洪森等龙头企业的产业资源和品牌优势，打造油脂加工业的菜籽油和花生油、芝麻油规模化深加工基地。

（3）在酿酒和饮料产业布局方面，将以巩固和发展现有产业基地建设为重点，按照科学评估严格控制行业企业发展总量的原则，提升品牌形象和产品档次，依托行业龙头酒业的产业资源和品牌优势，促进酿酒和饮料制造业，逐步向品牌化、规模化、国际化方向发展。初步设想：

——白酒行业：重点要发挥我省评酒人才队伍的

技术优势，抓好白酒和保健酒产品的品质提升和新产品开发，帮助企业在其主导产品风格口味的完善上进一步提高，引导企业进一步改进勾兑水平，提升白酒产品的含金量。在推进品质提升和新产品开发的同时，将依托稻花香、枝江和白云边三大品牌企业的规模发展，进一步推进白酒产业资源的优化整合，在宜昌市打造全国白酒名镇产业基地，在大冶市打造世界保健酒产业基地，在松滋市打造全国兼香型白酒产业基地。提升黄鹤楼、霸王醉、珍珠液、演义等酒企的品牌实力，推进中小企业之间的产业重组或品牌延伸，打造鄂西北优质白酒产业基地。

——啤酒行业：以武汉、荆门、仙桃、黄石和襄樊等五市为重点，依托百威、华润、金龙泉、青啤、燕京等品牌企业，开发中、高档啤酒，提升品牌形象和产品档次，扩大市场占有率。

——饮料行业：以武汉、黄冈、咸宁、十堰等四市为重点，依托可口可乐、红牛、王老吉、蒙牛、光明、伊利、娃哈哈、统一、康师傅、农夫山泉等品牌企业，整合优势产业资源，重点发展茶饮料、功能饮料、含乳饮料和饮用矿泉水等优势产业。

（4）在畜禽制品产业布局方面，将以江汉平原、鄂西北及大别山畜禽主产区，以及两江流域禽蛋主产区为重点，依托中粮、双汇和雨润等在我省建设的一批畜禽制品加工项目，引导和支持大汉口、精武、周黑鸭、湖北神丹、襄大农牧、同星农业等畜禽制品加工企业做大做强。

（5）在特色食品加工产业布局方面，将以武汉、仙桃、荆门、孝感、黄石等五市，以及洪湖、梁子湖等水产品主产区为重点，依托我省优势水产品资源和地方特色风味食品，以及传统“老字号”的品牌优势，加快促进我省传统“老字号”食品和地方特色风味食品工业化建设，推动培育方便食品、功能食品等新兴产业。引导有条件的食品企业加大系列鱼虾制品、风味食品、速冻食品、功能食品、保健食品、旅游食品和绿色食品的系列开发力度，促进水产品资源的综合利用，扩大深加工能力，增加特色食品花色品种，提高食品工业附加值和经济效益。

（6）在行业品牌建设方面，将以进入全省食品龙头企业100强企业和食品各行业销售前20名的企业为重点帮扶对象，有针对性、个性化地开展行业点对点服务活动，着力在企业转型升级、产业结构调整及投资项目认证等方面，为企业提供服务咨询和项目申报等项服务，引导和支持我省中小食品企业制定品牌发展战略，加大企业自主品牌培育力度，打造具有行业核心竞争力的优势品牌。继续做好为行业企业知名商标、著名商标、驰名商标的申报推荐，培育一批在国内外影响大、美誉度高的驰名商标和知名品牌；继续做好湖北生态资源地理标志的评估认证等工作，进一步增强具有湖北地域传统文化背景和深厚文化底蕴的食品品牌的社会认知度和美誉度。

3. 2016年预期目标

2016年是全面建成小康社会决胜阶段和“十三五”的开局之年，是推进结构性改革的攻坚之年，同时又是稳增长调结构增效益的关键之年。根据全省规模以上工业增加值增长8.5%左右的预期目标总要求，2016年湖北食品工业将主动适应经济发展新常态，坚持稳中求进总基调，以提质增效为中心，以消费增长为推动力，以科技创新为支撑，加快供给侧结构性改革，不断优化、调整产业结构，加快转型升级，保持平衡健康发展。预计2016年全省食品工业主营业务收入将在8800亿元左右。

以打造万亿元产业为目标，坚持充分发挥资源优势和区位优势，按照“资源整合、链条延伸、品牌建设、网络经营”的总体战略思路，围绕重点产业，依托龙头企业，提升科技创新能力，着力培育产业集群，不断完善产业配套，切实抓好品牌创建，实施“五个转型”，即推动食品行业向精深加工转型，向“互联网+”转型，向全产业链发展转型，向科技创新驱动转型，向注重质量安全转型，全面提升食品行业产业化发展水平，实现食品产业高标准、高水准、健康、平稳发展。

彭桥玲

3.16 湖南省

【a. 概况】

2015 年，全省食品行业在省委、省政府的正确领导和各级各有关部门的大力支持下，适应经济发展新常态，以推进产业结构调整和转型升级为重点，积极推动企业兼并重组，加快企业技术改造，持续推进食品工业企业诚信体系建设，促进了食品产业持续平稳较快发展。2015 年，全省规模食品工业（不含烟草）完成工业增加值 1228.6 亿元，实现主营业务收入 4476.2 亿元，分别比 2010 年增长 109%、106%。食品产业主营业务收入占全省规模工业比重的 12.7%，比 2010 年提高 4.7 个百分点，总量居全国第 8 位，中部六省第 3 位。

【b. 食品行业经济运行特点】

1. 生产增速企稳回升

2015 年，全省食品工业经济呈低开高走趋势，规模食品工业（不含烟草）完成工业增加值 1228.55 亿元，同比增长 9.9%，增速比上年提高 1.6 个百分点。除衡阳、张家界、怀化、自治州等 4 个市州处于负增长外，其余 10 个市生产保持平稳增长，其中郴州、邵阳、娄底、益阳、株洲、湘潭等 6 个市规模食品工业增加值增速超过全省平均水平，均实现两位数增长。

全省规模食品工业分月度增加值及增速完成情况

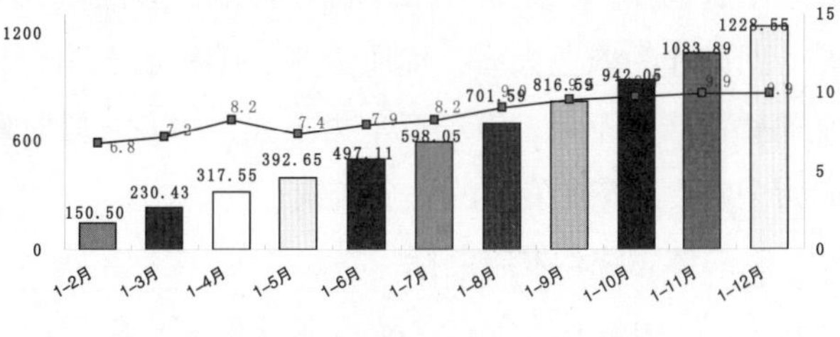

各市州规模食品工业增加值及增速完成情况

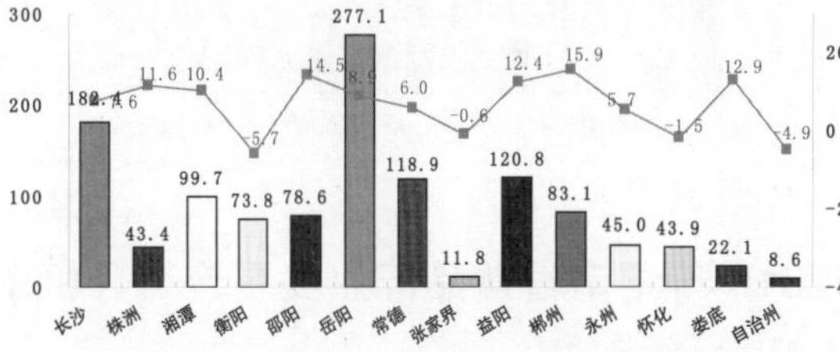

2. 主要子行业生产保持平稳增长。

全省 14 个重点子行业除焙烤食品制品增加值为负增长外，其余 13 个子行业均保持不同程度的增长，其中调味品、罐头制造、乳制品加工、植物油加工等 4 个子行业增速明显高于全省食品工业平均水平，均实现两位数增长。

各主要子行业增加值及增速完成情况

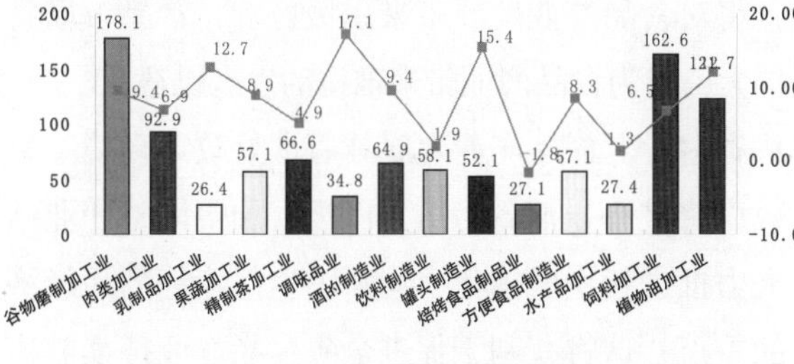

各主要子行业主营业务收入及增速完成情况

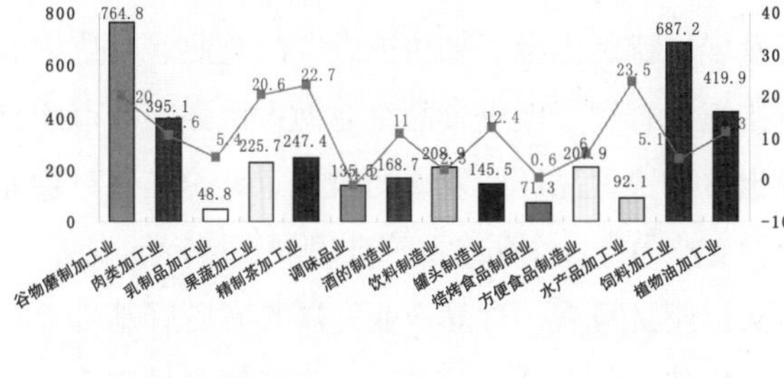

3. 经济效益稳步增长

全省规模食品工业完成主营业务收入4476.2亿元，同比增长12.9%，增速比上年提高6.3个百分点；实现利润总额193.6亿元，同比增长15.8%，增速比上年提高17.3个百分点，实现税金总额169.0亿元，同比增长7.2%。

各市州规模食品工业主营业务收入及增速完成情况

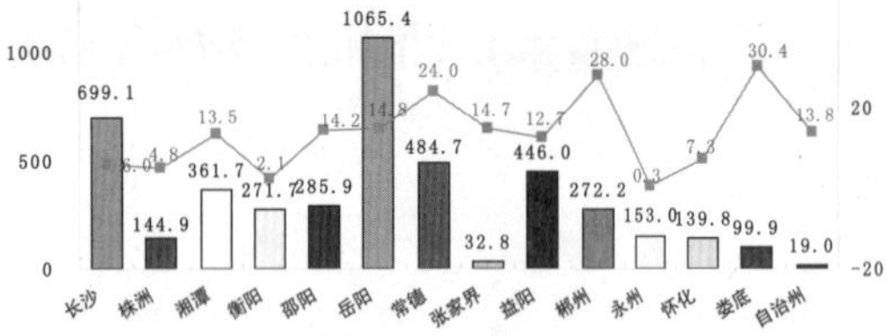

【c.2016年湖南省食品行业发展趋势分析】

1.发展环境分析

（1）有利因素

从全国看，食品产业发展面临新的机遇。2016年是“十三五”开局年，也是落实十八届三中全会《决定》精神，扎实推进各项改革措施加快出台的关键时期。食品作为刚性需求民生产业，随着国家相关改革措施的出台，食品质量安全监管不断强化，市场公平竞争环境不断优化，特别是五中全会通过的全面放开二胎政策，将对食品产业发展带来积极影响，食品市场将不断扩大，将为食品产业带来难得的发展机遇。

从省内看，食品产业发展具有良好政策环境。省委省政府将进一步把着力扩大内需、加快调整产业结构、大力推进新型城镇化、加强民生保障等列为经济工作的重点，这将有利于促进全省食品产业持续健康发展。近年来，省里把食品产业作为传统支柱产业和构建多点支撑多极发展产业新格局的重要支撑点予以培育发展，特别出台了加快推进食品企业兼并重组的政策措施，有利于促进食品企业做大做强，各市州也相继出台加快食品产业发展的政策意见，加大对食品产业的支持力度，全省食品产业发展环境持续改善。

从行业自身看，食品产业发展具有良好基础。一是重点优势子行业增长带动。我省方便食品制造、调味品、罐头制造、乳制品加工、饮料制造、植物油加工和果蔬加工等子行业近几年来得到较快发展，形成了新的发展格局，未来有望继续保持较快的增长。同时，随着推进食品企业兼并重组各项政策措施的落实，将进一步推动饲料加工、粮食加工、畜禽肉类加工等子行业重点企业加快并购步伐。二是产业集聚发展带动。长沙粮油乳茶、岳阳粮油茶调味品、株洲肉乳、常德粮油水产品、湘潭肉莲、邵阳酒果蔬糖、怀化粮油果蔬、永州酒油果蔬、益阳粮茶水产品、张家界旅游食品、湘西自治州特色果蔬等11个食品加工产业集群各具特色，未来将得到更快发展。三是重点园区和特色县域经济增长带动。近几年来，宁乡县经开区食品产业园、望城高科技农业产业园、浏阳市特色食品产业园、常德西洞庭食品产业园等一批食品产业特色园区快速发展，将带动区域食品产业加快发展。此外，全省农副产品加工特色县域经济强县受益于财政支持力度加大，有望继续保持强劲增长势头。

（2）不利因素

2016年，世界和我国经济增速将继续处于放缓时期，工业经济下行压力依然较大，食品产业发展同样面临一定的困难和问题。一是食品企业安全风险增加。随着食品安全领域认知水平的提高，特别是检测技术不断发展，媒体和消费者关注度不断提高，食品质量安全已成为全社会高度关注的焦点。从全省近年来发生的相关食品安全问题带来的影响看，一家企业某个批次的产品出现安全问题，将对整个行业的发展造成重大影响。二是食品产业难以长期保持高速增长。随着我省食品产业规模和基数不断扩大，加上行业利润率较低，社会投资更加趋于谨慎，未来全省食品产业将保持稳定增长，但难以出现“十二五”初期那样的高速增长局面。三是优质农产品不足制约食品产业发展。湖南作为农业大省，优质大米、菜籽等农副产品原辅材料严重不足，市场竞争力不强，将在一段时期成为全省食品产业发展的一个瓶颈。

2.总体思路和发展目标

（1）2016年，全省食品行业管理工作将以提高经济发展质量和效益为中心，以结构调整和转型升级为主线，推进兼并重组，突出创新驱动，抓好项目建设，创新产业服务，推动食品产业实现平稳较快发展。

（2）全年力争规模食品工业（不含烟草）完成工业增加值1350亿元，同比增长8.5%。

3. 工作重点

（1）培育重大龙头骨干企业。大力推进食品企业兼并重组，鼓励优势龙头骨干企业通过资金注入、品牌运作、技术输出、管理输出等多种方式，实施跨区域、跨行业、跨所有制的兼并重组，不断增强企业竞争力，引导中小企业挂大靠强，实现规模化、品牌化、集约化生产经营。

（2）促进产业集聚发展。立足区域资源优势，继续培育壮大长沙粮油乳茶、岳阳粮油茶调味品、株洲肉乳、常德粮油水产品、湘潭肉莲、邵阳酒果蔬糖、怀化粮油果蔬、永州酒油果蔬、益阳粮茶水产品、张家界旅游食品、湘西自治州特色果蔬等食品产业集群。抓好食品工业园（基地）建设，引导和支持中小企业向园区（基地）集聚，加速形成特色食品产业集聚区。大力发展县域食品经济，实施"一县一品"、"一品一特"的发展模式，培育食品产业强县。

（3）大力实施品牌战略。大力传承和挖掘老字号湘味品牌食品，打造具有湖湘文化特色的"湘"字食品品牌。依托现有优势品牌进行整合，在优势子行业形成强大的优势品牌。认真做好中国驰名商标及湖南名牌、湖南著名商标等品牌的培育发展工作。加大广告宣传力度，放大营销推广、公共关系、人际及终端传播等多渠道、多层面的组合效应，提高消费者对"湘"字食品品牌的知晓度、认可度和忠诚度。

（4）开拓食品销售市场。研究出台有关引导和支持本土食品扩大销售的政策措施，宣传部门加大对湖南名、优、特食品宣传、保护力度，协调新闻媒体积极宣传省名优品牌产品；商务、旅游部门积极支持企业开拓国际国内市场，引导省内商超和酒店宾馆及旅游景点重点采购、销售本省名、优、特食品。

（5）加强原料基地建设。按照区域布局科学、资源利用合理的原则，逐步推进食品产业原料生产区域化、专用化和规模化。支持有条件的食品企业按照"公司＋基地＋农户"模式，建立原料专用基地，构建生态型产业联盟。加强优势农产品良种繁育、技术推广、运销服务等基础设施建设，形成布局合理、专用、优质、安全、稳定的优势农产品原料生产基地。

（6）推进食品工业"两化融合"。加速推进全省食品工业"两化融合"进程，充分运用现代高新技术和信息技术改造提升食品产业，促进食品产业向高端化、高新化、"两型"化发展。引导和支持食品企业加快实施"互联网＋"经营管理模式，充分运用互联网技术提升企业管理水平。

（7）继续推进食品企业诚信体系建设。指导和督促规模食品工业企业加快建立企业诚信管理体系，组织开展诚信评价，不断提高食品质量安全管理水平。加强食品安全检测能力建设，推动粮油、肉制品、乳制品、食品添加剂、饮料、酿酒等行业的重点企业，按质量规范要求增加原料检测、生产过程动态检测、产品出厂检测等先进检测装备，完善产品检测管理制度。

（8）加大财政支持力度。通过新增和有效整合财政资源，重点支持食品工业园区（基地）和龙头骨干企业技术改造、新产品开发、服务平台、质量安全等方面重大项目建设。省新型工业化引导资金和产学研发展专项资金、农业产业化专项资金及技术改造资金、中小企业发展资金等，加大对食品产业项目支持比重，充分发挥其引导和激励作用。

【d. 发展的对策建议】

1. 促进重点地区食品产业加快发展

充分发挥环洞庭湖区农副产品资源优势，着力支持岳阳、长沙、常德、益阳等市对我省食品产业增速影响较大的重点地区食品产业持续较快发展。突出支持重点，在食品发展专项资金安排上向重点地区重点企业项目倾斜，进一步增强产业发展后劲。

2. 加快推进企业兼并重组

认真落实省政府办公厅转发省经信委《关于加快推进食品医药企业兼并重组的意见》（湘政办发〔

2014〕69号），重点支持一批龙头企业兼并重组及技改重大项目，鼓励食品龙头企业加快兼并重组、做大做强，引导中小企业挂大靠强，着力推动一批具有产业基础和比较优势的食品龙头企业兼并重组，实现品牌化、规模化经营。

3. 切实规范金融秩序

建议省委省政府高度重视当前中小企业融资难、融资贵、融资乱等问题，研究出台强有力的措施，切实落实金融监管部门及金融机构的主体责任，严格规范金融秩序，提高金融机构为实体经济服务意识。

4. 帮助企业扩大市场销售

建议省政府责成有关部门出台更加有效的政策措施，切实落实政府采购优先选择本省企业产品的相关政策，提高本省产品特别是食品在省内市场的占有率。

【e. 大事记】

1.2016中国食品、农业、商业领域企业家年会2月份在宁乡开幕，宁乡经开区宣布将与马来西亚合作打造“中马国际清真食品产业园”；与港、澳、台食品产业协会、机构合作，建立台港澳食品特色产业园；与韩国、日本合作建设韩国、日本食品工业园。

2. 完成“湖南省食品产业发展战略研究”。湖南省发改委召开的全省“十三五”规划前期研究企业、协会专题工作会议上，部署协会、企业参与全省“十三五”规划前期研究工作。湖南省食品行业联合会自筹经费，邀请业内专家、政府相关部门负责同志，深入调研了唐人神、省茶业公司等21家企业，函调了全省14个市州经信委和山东、河南等12个省市食品协会提供的相关资料，最终于2015年上半年完成形成了近5万字的研究报告报送省政府相关部门。这份研究报告是迄今为止全省食品产业发展资料最详细、研究最深入的报告，不仅为政府部门和广大消费全面了解全省食品产业提供了详尽的第一手资料，同时也为全省制定“十三五”食品产业发展规划提供了重要参考。

3. 完成了《中国休闲食品行业发展研究报告（2015）》。在中国食品工业协会的大力支持下，湖南省食品行业联合会邀请相关研究机构和业内专家、相关协会，在《中国传统特色小品类休闲食品行业发展现状及趋势研究（2014）》的基础上，扩大研究面和企业样本，历时一年，完成了《中国休闲食品行业发展研究报告（2015）》，全报告近10万字，该报告对我省休闲食品产业规范发展具有重要的指导意义，得到了业内企业的高度认可和好评。

4. 成功承办了由省商务厅、省经信委主办的2012中国长沙（国际）食品展览会，这也是湖南省唯一一家由协会参与承办由政府部门主办的食品展览会。

5. 大力推进“湘品入沪”。8月16日，236家湘企带着1500多种正宗湘味正式亮相上海商品展示交易中心，开始了湖南名优特新商品展示交易周活动，由此也拉开了“沪洽周”的帷幕。湖南粮食集团、中粮米业、隆平高科、果秀食品、中茶集团、克明面业等236家湘字食品企业参展，参展产品1500多种。

6. 成功争取到中国食品工业协会为“中国面筋食品之乡”授牌。2015年，平江县人民政府向湖南省食品行业联合会递交了关于申请认定平江县为“中国面筋食品之乡”的报告。对此，省食协积极同中国食品工业协会联系，并按中食协要求，主持召开了国内涵盖高等院校、科研院所、政府监管部门、相关行业组织、企业家代表组成的专家论证会，根据专家论证和建议，2015年12月，中国食协在平江举行了“中国面筋食品之乡”授牌仪式，正式授予平江县为“中国面筋食品之乡”牌匾，对平江县乃至全省整个面筋食品的快速发展具有重要意义。

陈 赛

3.17 内蒙古自治区

【a. 概况】

1. 总产值及销售产值情况

（1）食品工业及农副食品加工业总产值

全区共有获证食品生产企业及农副食品加工企业共有3356家，保健食品生产企业19家，获证食品添加剂生产企业38家，其中规模以上食品工业企业数800余家，在全部食品生产企业中所占比重为28.62%；完成工业总产值2733.58亿元，同比增长6.6%，其中，农副食品加工业1685.88亿元，同比增长13.9%；食品制造业709.46亿元，同比增长13.9%；酒、饮料和精制茶制造业338.24亿元，同比增长0.3%。

（2）食品工业及农副食品加工业销售产值

全区销售产值达2602.54亿元，同比增长6.5%；其中，农副食品加工业达1624.86亿元，同比增长13.4%；食品制造业达679.78亿元，同比增长9.5%；酒、饮料和精制茶制造业达297.9亿元，同比增长8.1%。

2. 食用畜产品、农作物总产量及食品行业标志性产品总产量情况

（1）食用畜产品生产

全区肉类总产量245.7万吨，同比增长-2.6%。其中，猪肉产量达到70.8万吨，同比下降-3.4%；牛肉产量达到52.9万吨，同比增长-3.0%；羊肉产量达到92.6万吨，同比增长-0.8%。牛奶产量803.2万吨，同比增长1.9%；禽蛋产量56.4万吨，同比下降5.3%。

（2）食用农作物生产量

全区粮食总产量2827万吨，同比增长2.7%；油料总产量193.6万吨，同比增长13.7%；甜菜总产量230.1万吨，同比增长43.7%；蔬菜产量1445.3万吨，同比下降1.9%；水果（含果用瓜）总产量296.7万吨，同比下降7.9%。

（3）食品行业标志性产品生产量

全区乳制品生产总量为293.55万吨，同比增长6.9%，其中，液体乳产量276.37万吨，同比增长7.1%。

在列入统计的35种主要食品中，有15种产品产量有增长，占比42.86%；其中，增长达到10%以上的有9种，占比25.71%。内蒙古自治区食品产量在全国位列前10位的有6种，分别为乳制品、液体乳、乳粉分别第1位；味精（谷氨酸钠）第1位；发酵酒精第1位；羊肉第1位；牛肉第3位；白酒第5位。

【b. 行业动态】

2015年是内蒙古自治区深化食品监管体制改革的重要的一年，尤其自2015年4月24日，新修订的《食品安全法》颁布后，切实保障人民群众食品安全，在全区食品安全监管事业发展进程中具有里程碑意义。面对复杂的监管形势和艰巨繁重的改革发展任务，在自治区党委、政府的正确领导下，在社会各方的关心支持下，全区食品安全委员会各成员单位通力合作，认真贯彻落实党中央、国务院有关食品安全工作的决策部署和自治区“8337”发展思路，坚持底线思维、突出重点、完善制度，坚持推进改革、依法行政、严格监管，坚持源头治理、固本强基、严惩重处，坚持团结协作、奋力拼搏、攻坚克难，较好地完成了全年各项任务，守住了全年不发生区域性、系统性食品安全事件的底线，全区食品安全抽检检测总体合格率为94.09%，同比提升了0.25个百分点。全区农畜食品工业及食品加工业相关产品质量安全总体状况继续好转。

进一步加强食品污染全面治理及监管体系建设，推进部分食品工业企业诚信管理体系建设和食品安全可追溯体系建设，继续将治理“餐桌污染”建设“食品放心工程”列为民办实事之一。

【c. 主要经济指标（数据）】

内蒙古规模以上食品工业分行业产销情况

行业分类	工业总产值（亿元）	同比增长±%	销售产值（亿元）	同比增长±%
农副食品加工业	1685.88	13.9	1624.86	13.4
食品工业总计（不计烟草制品业）	709.46	13.9	679.78	9.5
酒、饮料和调味品	338.24	0.3	297.9	8.1
合计食品工业总计	2733.58	6.6	2602.54	6.5

2014年全国及内蒙古规模以上食品工业分行业效益（一）

行业分类	地区	汇总企业单位数（个）	1-12月累计存货（亿元）	同比增长（%）	1-12月累计产成品（亿元）	同比增长±%	1-12月累计资产总计（亿元）	同比增长±%
食品工业总计	全国							
	内蒙古	845	215.90	6.12	93.36	8.26	1632.76	10.11
采盐业	全国							
	内蒙古	4	0.30	-0.28	0.21	1.89	5.75	2.05
农副食品加工业	全国							
	内蒙古	585	84.71	4.17	65.7	6.38	726.30	10.23
食品制造业	全国							
	内蒙古	137	79.03	5.58	68.45	22.76	631.35	11.20
酒、饮料和调味品	全国							
	内蒙古	119	50.68	7.82	41.39	3.26	280.36	3.15

2015年全国及内蒙古食品工业分行业效益（二）

行业分类	地区	1-12月累计主营业务收入（亿元）	同比增长±%	1-12月累计主营业务成本（亿元）
食品工业总计	全国			
	内蒙古	2756.67	4.59	2429.55
采盐业	全国			
	内蒙古	1.68	-22.9	1.07
农副食品加工业	全国			
	内蒙古	1553.00	10.3	1354.27
食品制造业	全国			
	内蒙古	914.47	4.1	743.61
酒、饮料	全国			
	内蒙古	287.52	5.8	224.67

行业分类	地区	同比增长±%	1-12月累计利润总额（亿元）	同比增长±%
食品工业总计	全国			
	内蒙古	9.25	190.92	3.22
采盐业	全国			
	内蒙古	-21.0	-0.13	49.7
农副食品加工业	全国			
	内蒙古	11.3	83.10	0.7
食品制造业	全国			
	内蒙古	2.8	86.14	7.7
酒、饮料	全国			
	内蒙古	10.3	21.81	-4.6

内蒙古食品工业主要产品产量

产品名称	计量单位	12月	同比增长%	1-12月累计	同比增长%
原盐	万吨	6.35	-18.1	158.57	7.9
小麦粉	万吨	7.84	5.7	97.68	-5.8
大米	万吨	11.31	12.9	102.77	27.9
饲料	万吨	45.75	-0.6	480.95	-1.6
其中：配合饲料	万吨	16.07	-2.2	142.61	1.3
混合饲料	万吨	24.05	-1.7	284.84	-4.6
精制食用植物油	万吨	5.02	17.5	57.88	47.2
成品糖	万吨	14.23	31.7	67.33	10.5
鲜、冷藏肉	万吨	18.79	31.2	181.85	49.1
焙烤松脆食品	万吨	0.05	-3.6	0.64	-1.3
糖果	万吨	0.016	12.4	0.18	-22.8
味精（谷氨酸钠）	万吨	13.70	5.2	177.81	15.4
乳制品	万吨	28.69	8.1	293.55	6.9
其中：液体乳	万吨	27.11	10.0	276.37	7.1
固体及半固体乳制品	万吨	1.58	-15.7	16.98	3.7
乳粉	万吨	1.39	-17.7	15.41	1.5
罐头	万吨	0.017	-16.0	0.13	83.2
酱油	万吨	0.081	-13.5	2.87	-80.3
食品添加剂	万吨	0.94	4.7	11.46	7.8
营养、保健食品	万吨	0.022	10.6	0.30	5.3
冷冻饮品	万吨	0.11	-9.3	11.45	301.2
食用盐	万吨	0.47	46.6	8.68	310.5
非食用盐	万吨	0.12	-36.7	6.48	-57.6
食品添加剂	万吨	0.63	-0.3	5.67	9.6
发酵酒精（折96度，商品量）	万吨	5.43	-7.3	50.18	-14.3

产品名称	计量单位	12月	同比增长%	1—12月累计	同比增长%
饮料酒	千升	12.10	1.2	174.22	2.5
白酒（折65度，商品量）	千升	5.85	12.4	69	5.7
啤酒	千升	6.13	-4.8	104.09	1.0
黄酒	千升	0.01	4.7	0.21	-25.5
葡萄酒	千升	0.03	-51.4	0.32	-77.7
软饮料	万吨	16.68	-41.0	269.50	-45.0
其中：碳酸饮料类（汽水）	万吨	1.53	-2.0	17.60	-28.7
包装饮用水类	万吨	3.98	-58.3	124.88	-75.0
果汁和蔬菜汁饮料类	万吨	8.27	-9.0	58.00	10.0
蛋白饮料	万吨	0.42	-0.6	4.32	-19.0

【d. 食品安全】

1. 改革完善食品安全监管体制

一是基本完成食品监管机构改革工作任务。二是加强食品安全综合协调机构建设。三是加强全区食品系统监管队伍建设。四是强化食用农畜产品监管机构建设，全区14盟市的农牧业部门均成立了监管科和安全中心。

2. 大力推动食品药品安全内蒙古建设

一是按照自治区政府关于建设“食品药品安全内蒙古”的总体规划和要求，制定出台了“食品药品安全内蒙古”建设标准。二是结合“国家食品安全城市”和“农产品质量安全县”等创建活动，推动完成了“食品药品安全内蒙古”建设任务。

3. 全面加强食品安全监管能力建设

一是积极推动监管法制化建设。自治区人大、法制办与各有关部门加快完善地方立法进程，颁布、制定了一系列配套法规和法规性文件，有效堵塞了监管制度漏洞。各行政执法与刑事司法部门加强沟通衔接，完善工作体制机制，出台了“内蒙古自治区高级人民法院、人民检察院、公安厅、食品药品监督管理局关于进一步加强食品药品领域行政执法与刑事司法衔接工作的意见”。确保食品安全违法犯罪行为得到有效打击，法律责任得到彻底追究。二是着力提升检验检测能力。加快推进检验检测机构建设和资源整合，重点推进自治区食品检验检测中心建设。还批准建设了14盟市级和88个旗县级农畜产品检测机构。三是健全完善抽检检测工作体制机制，构建食用农产品、食品和食品相关产品质量抽检检测网络。四是全力推进信息化智能监管。以业务和管理需求为导向，利用大数据信息技术手段，有效整合监管数据、行政执法、公共服务和应急指挥等单一信息平台功能，努力实现信息互联互通，资源共享。

4. 切实强化日常监管和专项整治

一是全面推行网格化监管。健全现场检查、问题核查、飞行检查、动态监督、随机抽查、明察暗访等各项制度规范，认真开展产品注册审批、企业发证认证、现场监督巡查等日常监管工作，实施分级分类管理模式，强化全程监管。二是强化食品生产经营者主体责任落实。各级监管部门与食品生产经营者签订责任状或承诺书，引导督促企业诚信自律，守法经营。健全食品安全信用分类管理、企业约谈告诫制度。三是制定了食品安全监管各环节的风险隐患清单，针对重点品种、重点区域、重点问题，组织开展了各类专项整治行动20余项。四是推进企业食品安全追溯体系建设，努力实现责任主体有备案，生产过程有记录、生产流向可追溯。

5. 有效落实食品安全监管责任

一是加快完善食品安全工作考核评价体系建设，制定了《内蒙古自治区食品药品监督管理局领导班子考核指标》，《盟市领导班子食品药品安全考核指标》，《2015年食品药品安全工作考核评价细则》将食品药品安全内蒙古建设工作纳入考核内容。二是认真开展督查考评工作。监督地方政府和监管部门及时整改，促进食品安全监管工作持续健康发展。

6. 积极推动食品安全社会共治

一是广泛开展食品安全宣传活动。二是完善食品安全举报奖励制度，修订完善食品安全举报奖励办法，扩大奖励范围，简化举报和奖励程序，鼓励社会各方积极提供食品安全违法犯罪线索。三是积极开展食品安全责任保险试点工作，扩大食品安全责任保险范围。2015年底，各类参保单位达1490家，保险金额12.1亿元。

陶格仓

3.18 广西壮族自治区

【a. 概况】

食品工业是广西工业的第一大支柱产业，对广西工业贡献显著。2015 年全年食品工业实现总产值 3600 亿元，成为自治区首个突破三千亿元的工业产业。各项经济指标占广西工业总量比重较大，总产值占广西工业行业总值 15.82%，利润占广西工业总利润 18.94%，税金占广西工业总税金 23.27%，为广西工业做出重要的贡献。

广西食品工业产业结构以农副食品加工为主，产业链有待进一步延伸。从 2015 年食品工业总产值来看，农副食品加工业占 68.86%，其中食糖制造业为 20.4%，食品制造业工业占 10.40%，饮料制造业工业占 14.10%，烟草制造业占 6.62%。

广西食品工业企业规模整体偏小。除了烟草和食糖制作企业规模稍大外，全区规模以上食品工业企业约 800 家，平均每家年产值约 3 亿元，企业规模普遍较小。

【b. 协会主要工作】

1. 增强服务工作

不少食品企业不仅遇到资金困难、更遇到产品销售萎缩，生产难以为继，在这关键时刻，企业迫切需要协会提供各项服务，增强克服困难的信心。在这一年里，协会为解企业燃眉之急，及时提供了一些力所能及的服务工作，如举办银企座谈会等，千方百计为食品企业稳定发展提供服务。

2. 积极参与食品标准的修订完善工作

根据市场和原材料供给的变化，按照食品标准执行期限规定，积极参与和配合有关部门做好为食品标准的修订、补充、完善工作。

3. 加强对龙头企业的引导，实施质量品牌战略，促进农业产业化

在中央高度重视“三农”工作以及农产品深加工产业导向指引下，各地结合资源优势，因地制宜，大力扶持和发展龙头食品企业，积极发挥龙头企业推动食品工业发展和农业产业化经营，增加农民收入，缓解“三农”问题，发展县域经济等方面的作用。

4. 与区有关执法部门共同进行食品质量规范整顿

根据国家卫生部和国家质检总局、中国食品工业协会推行食品放心工程的工作部署，与区内有关执法部门联合，在区内对食品质量进行了卓有成效的整顿，净化了市场，有效地保护了消费者的合法权益和身心健康。同时积极探索制定行业分级标准，开展食品安全信用体系建设，实行综合防治。

5. 举办食品交易会

广西拥有丰富的农产品资源，有众多的名优特食品需要寻找销路和寻找经销、采购商，由于大部分食品企业走出去的勇气和长远的战略意识不强，协会积极发挥扶住企业发展的作用，联系有关部门和政府积极组织企业参加广西春、秋季的食品交易会，交易会举办的非常成功，绝大部分参展企业在交易会上有效地推广了自己的产品并签约了经销批发商和采购商，成为企业开拓市场的良朋。

黄永燕

3.19 重庆市

【a. 概况】

2015年，在全国各行业经济下行压力的大环境下，食品行业面临严峻的安全形势，企业成本普遍增高，市场竞争激烈的形势下，重庆市食品工业仍快速稳步的增长。全市规模以上企业完成工业生产总值1491.9527亿元，同比增长12.55%；工业销售产值1449.5418亿元，同比增长14.5%。截止去年底，我市规模以上企业654户，全行业从业人员达11万余人。“十二五”时期，我市食品工业规模稳步增长，食品企业产值年均增长16.9%，产业集群培育初见成效，资源整合力度有所加强，但总体规模偏小、龙头企业较少、研发和加工水平较低、产品附加值不高等结构性问题仍然存在，食品出口占比少，食品工业产值与我市农林牧渔业产值比不足1∶1，拉动作用不强。

【b. 食品工业动态】

1. 积极反映行业和企业诉求，为食品行业发展争取政策支持

（1）反映企业面临的困难和问题，为政府即将出台的促进食品产业发展规划献计献策。

（2）向市人大呼吁重视食品产业，为食品企业发展提供宽松的法制环境。

（3）组织市卫计委与部分食品企业对话，讨论有关食品安全地方标准。针对部分企业对食品安全地方标准相关规定、指标和企标备案有不同意见。

（4）联合食品专业协会，及时向市食药局反映食品生产许可和类别划分中的问题。

2. 为企业办实事，帮助企业解决实际困难和问题

（1）帮助企业解决资金困难。

（2）帮助企业解决豆瓣酱标准投诉问题。

（3）为饮用水企业办理货运车辆绿色通行证。

（4）在食品安全地方标准的清理工作中，积极反映企业和行业意见。2015年8月，市卫计委修订《食品安全地方标准香辛料油》、《食品安全地方标准风味挤压糕点》、《食品安全地方标准酸菜鱼调料》等3项食品安全地方标准，并专程给我市相关协会来函征求意见。

（5）积极帮助企业申报驰名商标。今年5月，我市一花椒油生产企业因商标被多家企业仿冒侵权，无奈之下，希望行业协会帮助申报中国驰名商标。由于该企业属争议性申报驰名商标，限定了申报的时间（三个月内）。由于该企业耽误了时间，离最后期限不到二个星期，协会向中食协、国家工商总局商标局及时出具了推荐函，秘书长还与企业人员一道亲赴北京，协调中食协特事特办，当天就做出了推荐决定。

3. 与九樱电子商务公司合作，开启电商营销新模式

重庆九樱电子商务有限公司是一家互联网+社区经济的创新型企业，通过“分布式电商平台+社区网点+自助终端机+线上及线下支付”模式，让本地传统企业和生活服务商快速接入社区，用自助终端机和现金支付方式，释放了社区庞大的非网购人群的购买力，让更多的人享受互联网的便利，真正实现公共服务均等化。

4. 为食品园区发展牵线搭桥、招商引资，效果明显

我市食品企业绝大多数是中小企业，这些企业大都分布在各区县，相当一部分还是手工作业、作坊式生产，与现代化企业的要求相去甚远，也是食品安全监管的难点。

5. 突破食品检测体制障碍，食品园区搭建第三方检测平台已然许可

在食品园区搭建食品检测公共平台，既可完善园区功能，为园区提供技术支撑和服务，又可节省企业检测经费，实现资源共享。

6. 根据企业不同需求，开展多种类型的培训

（1）举办新修订的食品添加剂国家标准培训。

（2）举办新修订的《食品安全法》培训。

（3）开展诚信体系建设培训。

（4）开展劳动力用工政策和劳务输出方面的培训。

（5）5月12日，组织了有友、德庄、鱼泉、中梁山、古泉等17个单位21人参加由市卫计委卫生监督局在君顿花园召开的《食品添加剂使用标准》、《包装饮用水》两项国家标准的宣贯培训。

（6）开展肉、禽、水产制品国家评委的推荐培训工作。

7. 积极开展“2015年食品安全宣传周活动”

（1）加强食品企业品牌宣传，增强食品安全、诚信意识。

（2）组织企业参加实体店展示促销活动。

（3）组织企业产品开展“社区行”销售活动。

8. 组织企业参加各种展会、招商交流活动，为企业积极寻求新的发展商机

（1）7月14日—16日，我市组织18家企业24人，前往上海参观2015上海国际加工包装展览会。

组织企业参加机器人与智能装备产需对接会。

组织我市部分食品企业参加投资招商会。

9. 向有关部门推荐食品工业强县、优秀龙头企业，食品评审专家

（1）在向中食协申报、推荐全国“食品工业优秀龙头食品企业、全国食品工业强县”工作中，按照中国食品工业协会要求，根据企业自荐和协会推荐相结合的原则，我市向中食协推荐了天友、周君记作为全国食品工业优秀龙头食品企业；推荐了江津区为全国食品工业强县。目前，中食协已发文授予天友、周君记全国食品工业优秀龙头食品企业称号，授予江津区为全国食品工业强县称号。

（2）8月，国家标准制定部门向地方征集食品评审专家人选。为改变我市食品企业在国家标准制定部门无话语权的状况，协会通过市食药局，向国家标准制定部门推荐了肉制品、豆腐干、酱腌肉、糖果糕点、禽肉制品等方面企业负责人共5人，作为国家标准制定评审专家候选人。

【c. 政策、法规】

重新修订了食品安全地方标准香辛料油、酸菜鱼调料，并已发布实施。同时废止了食品安全地方标准米线、米粉；豆制品及面筋制品；特种茉莉花茶；特种绿茶；生切面、切面皮；卤爪翅；泡卤花生；食用葛根粉；城口老腊肉；瓶（桶）装饮用天然泉水；豆制素食；干辣椒；渝北麻辣水煮鱼烹调操作规范；风味食用菌；半烘炒绿茶；水煮鱼调料；泡椒凤爪（翅）；风味竹笋等18项地方标准。

【d. 主要产品产量】

重庆市食品工业主要产品产值产量

产品名称	计量单位	本年实际	累计同比±（%）
原盐	吨	540796.00	-10.0
小麦粉	吨	144813.00	-12.6
大米	吨	1765933.00	12.9
饲料	吨	3809764.00	12.4
其中：配合饲料	吨	2226725.00	-1.1
混合饲料	吨	477650.00	34.1
精制食用植物油	吨	1172443.00	28.1
成品糖	吨	0.00	0.0
鲜、冷藏肉	吨	753880.00	-4.5
冻肉	吨	0.00	0.0
熟肉制品	吨	13136.00	157.1
冷冻水产品	吨	0.00	0.0
冷冻蔬菜	吨	0.00	0.0
膨化食品	吨	6140.00	-48.7
焙烤松脆食品	吨	7618.00	-76.7
糖果	吨	47213.00	54.0
速冻食品	吨	8389.00	47.0
其中：速冻米面食品	吨	2762.00	-4.4
方便面	吨	69269.00	-18.6
乳制品	吨	204520.00	38.4
液体乳	吨	194762.00	31.8

产品名称	计量单位	本年实际	累计同比±（%）
固体及半固体乳制品	吨	9758.00	0.0
其中：乳粉	吨	0.00	0.0
其中：婴幼儿配方乳粉	吨	0.00	0.0
罐头	吨	110674.00	16.9
味精（谷氨酸钠）	吨	3158.00	10.6
酱油	吨	68046.00	14.2
食醋	吨	2286.00	-51.4
营养、保健食品	吨	389.00	32.8
冷冻饮品	吨	22120.00	-16.5
食用盐	吨	0.00	0.0
非食用盐	吨	0.00	0.0
食品添加剂	吨	135.00	-30.8
饲料添加剂	吨	0.00	0.0
发酵酒精（折96度，商品量）	千升	42950.00	38.7

产品名称	计量单位	本年实际	累计同比±（%）
饮料酒	千升	978950.00	2.2
其中：白酒（折65度，商品量）	千升	203856.00	-0.4
啤酒	千升	767083.00	2.9
黄酒	千升	0.00	0.0
葡萄酒	千升	0.00	0.0
白兰地	千升	0.00	0.0
果酒及配制酒	千升	5408.00	-0.7
软饮料	吨	2782009.00	-1.6
其中：碳酸型饮料（汽水）	吨	366398.00	4.6
包装饮用水	吨	751329.00	-8.0
果汁和蔬菜汁类饮料	吨	1063000.00	-4.0
蛋白饮料	吨	121204.00	190.3
精制茶	吨	78695.00	19.4
卷烟	万支	5465000.00	-5.1

邹世云

3.20 四川省

【a. 概况】

2015年，全省工业战线干部职工认真贯彻落实省委、省政府的决策部署，坚持稳中求进的工作总基调，主动适应经济发展新常态，牢固树立“转型才能更好发展、后发也要高点起步”的理念，突出“稳增长、调结构、促转型、增后劲”工作主线，狠抓产业培育、重大项目建设和新增长点培育、创新驱动和科技成果转化、要素保障和帮扶服务，农产品加工和食品工业运行总体平稳、稳中有进、稳中有好。

2015年，全省3854家规模以上农产品加工业总产值1.05万亿元，同比增长7.43%，主营业务收入9787.4亿元，同比增长5.73%。2220家食品工业总产值7073亿元，同比增长8.81%，主营业务收入6553.9亿元，同比增长5.38%。农产品加工业和食品工业经济规模分别位列全国第6位和第5位。

主要加工产品供给充分，产销率为96.15%。

名称	计量单位	产量	累计增长%
小麦粉	万吨	177.2	-3
大米	万吨	531.8	3.5
饲料	万吨	1493.4	0.9
精制食用植物油	万吨	205.1	44
成品糖	万吨	1.2	-7.7
鲜、冷藏肉	万吨	340	-3
冻肉	万吨	1.3	-27.8
熟肉制品	吨	57971.5	955.3
冷冻蔬菜	吨	19959	69.6
膨化食品	万吨	3.3	3.1
糖果	万吨	12.6	12.5
速冻食品	万吨	10.7	10.3

名称	计量单位	产量	累计增长%
方便面	万吨	29.1	0.7
乳制品	万吨	104.9	1.9
罐头	万吨	35.7	-0.8
味精（谷氨酸钠）	万吨	4.5	28.6
酱油	万吨	58.2	-1.9
食醋	万吨	31.6	12.9
冷冻饮品	万吨	24.2	-0.4
食用盐	万吨	1.7	-34.6
白酒	万千升	370.9	6
啤酒	万千升	221	-3
软饮料	万吨	1311.9	13.6
精制茶	万吨	12.7	13.4
卷烟	亿支	945.8	-5.8

【b. 主要工作】

1. 千方百计稳定工业经济增长

落实“稳经济关键在稳工业”的工作要求，狠抓中央和省上各项稳增长政策措施落地生效，制定实施促进工业稳步开局六条措施，协助开展两次经济工作督查调研，收集涉及农产品加工企业的问题50余个，汇总上报统一协调解决。通过持续发力，2015年，农副食品加工、食品制造、酒、饮料和精制茶制造这3个行业，对工业增加值增长的贡献率分别为4.1%、3.1%和10.7%，在稳增长中发挥了巨大作用。加强分类指导，采取“一企一策”稳增长，加强重点工业市（州）工作指导，特别是对四海集团面临的困难问题作专题调研，形成专报，协调地方动用转贷资金300万元缓解经营资金枯竭问题，维持企业稳定生产。

2. 持续推动产业转型

抓住主要行业推进企业技术和产品创新。在肉制品加工行业推动企业和科研单位共同实施猪肉发酵肉制品中试和风味保持技术联合研究攻关，力争在高端肉肠市场占领先机。在酸乳及饮料行业，积极支持龙头企业产品多元化创新和市场拓展，我省本土乳制品企业自产的风味酸乳及饮料品种已经超过30多个，产值累计超过60亿元，在省内市场占有率逐渐接近蒙牛、伊利、光明3大乳企的总和。在名优白酒行业，支持企业开发新生代酒品，开拓的调味酒市场。鼓励大型名优酒企业与酒吧文化跨界融合，支持五粮液集团以现有高端白酒和果露酒为代表，创新推出了一批符合现代年轻人对“低度、小酌、微醺、长饮”消费习惯的五粮基酒和调味酒新产品。

3. 强力推动产业投资

狠抓项目投资，助力稳增长。全年食品饮料产业500万元以上工业投资增速保持高速增长势头，累计增速达到13.08%，银鹭食品工业园、新希望乳业郫县新基地等大项目相继投产运营。持续加大财政支持力度，引导加工企业技术改造投资。特别是依托存量企业的项目为载体，重点支持了110个符合产业转型升级方向的农产品深加工技改投资建设项目，引导和带动全省食品工业企业技术改造投资总量超过67.6亿元，同比增长4.17%，较好地起到了增强产业发展后劲，促进全省大、中、小型农产品深加工企业协同发展壮大的作用。

2015年食品工业投资（全部）单位：万元

	累计完成投资	去年同期	增长（%）
农副食品加工业	3607926	3067959	17.6
食品制造业	1819706	1527407	19.1
酒、饮料和精制茶制造业	3642472	3375419	7.9
烟草制品业	34385	80612	-57.3
总计	9104489	8051397	13.08%

2015年食品工业技改投资

	累计完成投资	去年同期	增长（%）
农副食品加工业	2373009	2232440	6.3
食品制造业	1388312	1248972	11.2
酒、饮料和精制茶制造业	2977831	2948437	1
烟草制品业	28855	67036	-57
总计	6768007	6496885	4.17%

4. 支持产融合作

落实金融业服务实体经济发展的政策措施，加大融资服务协调力度，组织有融资需求的120个农产品加工（食品饮料）企业参加工业企业和金融机构项目对接活动，达成银企（食品饮料企业）意向协议5个，短期授信总额超过1.2亿元。支持宜宾市大胆试点，以银行授信、产业互助和社会资本投入共同成立酒业、食品饮料业2个产业发展资金池，助力当地有市场的企业实现快速发展。

5. 促进产业模式创新

以试点示范为先导，在成都、德阳、宜宾等地，鼓励有实力和有种养资源条件的农产品加工企业立足加工业，依山就水，依田傍园，挖掘传统农事活动和留存至今的加工技艺，发展了一批茶叶加工休闲旅游和工业体验旅游项目，拓展经营范围。组织农产品加工企业参加全川制造业触网行动，推动开展“互联网+特色食品”制造试点示范，米仓山集团等10户企业落户省经信委与腾讯、四川电信共建的“互联网+四川制造”平台，在天虎云商网站开设旗舰店。

6. 巩固和拓展消费市场

巩固“进城入市”市场拓展成果。利用阿坝州和凉山州州庆进京汇报展示活动的契机，分别组织了一批当地农产品加工企业的产品进驻北京农展馆，充分展现民族地区产业发展成果，推广高原生态产品，进一步支持民族地区企业开拓环渤海地区的市场空间。组织近百家食品企业分批次参加东亚食品交易博览会、中国农产品加工业投资贸易洽谈会和中国中小企业博览会等国际性综合展会。

7. 强化食品安全工作

充分发挥国家食品安全质量检测技术示范中心作用，全年支持其自主开展了1000多批次市场抽检工作，为全省食品安全工作和风险预警提供有效支持。继续引导食品工业企业诚信体系建设工作，促进已建立诚信管理体系的企业有效运行。组织开展第4届全国食品安全宣传周我委主题日活动，增强企业落实食品安全主体责任意识和主动性。

8. 深入实施精准扶贫

发挥食品工业在扶贫攻坚工作中的引领带动作用，加大“四大片区”88个贫困县工业产业开发帮扶支持，重点指导和支持贫困县食品饮料产业发展，组织行业专家深入部分贫困地区食品企业开展科技帮扶和技术对接，为企业送去实用生产技术，提高当地特色农产品加工转化水平，提升产品品质。加大财政资金在项目精准扶贫工作上的支持力度，共为24个贫困县（市、区）的50家食品工业企业技改项目提供财政补贴2160万元，帮助贫困地区精制茶、小畜禽、猕猴桃、牛肉、橄榄油深加工企业改善生产环境，改进制造工艺，为农业扶贫产业项目提供坚实的产业开发支撑。

彭 安

3.21 贵州省

【a. 概况】

在省委、省政府的领导下，在中国食品工业协会的指导下，食品工业已成为我省国民经济的支柱产业，保障着千家万户的餐桌安全，食品工业产业规模继续扩大，经济效益持续提高，新兴产业不断涌现，产业结构不断优化，区域经济协调发展，食品安全总体稳定，经济贡献越来越大，发展成绩显著，实现了我省食品工业在“十二五”期间跨越式发展。

全省规模以上食品工业企业有674家，完成工业总产值1788.95亿元，同比增长17.46%；实现工业增加值1120.85亿元，同比增长13.18%；完成主营业务收入1505.60亿元，现价增速为12.4%；实现利润323.30亿元，同比增长2.16%；上缴税收372.50亿元，同比增长7.33%。实现的利税总额为646.08亿元。全省食品工业完成工业总产值占全省完成工业总产值的16.29%，实现工业增加值占全省实现工业增加值的31.53%。食品工业始终保持在全省国民经济中的重要支柱产业的地位。

1. 各产业分析

从全省食品行业四大类看，农副食品加工业实现工业总产值326.29亿元，同比增长20.15%，增速同比下降3.4%，占全省食品工业总产值的18.24%；食品制造业实现工业总产值165.94亿元，同比增长29.95%，增速同比下降22.86%，占全省食品工业总产值的9.22%；酒、饮料和精制茶制造业实现工业总产值920.43亿元，同比增长23.22%，增速同比下降6.15%，占全省食品工业总产值的51.45%，其中，酒的制造实现工业总产值757.31亿元，同比增长23.61%，增速同比下降1.28%，占总产值的42.33%，同比增长1.46%，呈现出较强的调整信号；烟草制品业实现工业总产值367.29亿元，同比下降0.5%，增速同比下降7.60%，占总产值的20.53%，同比下降3.84%。2015年，增速最快的是食品制造业，其增速29.95%，同比下降20%，其次是酒、饮料和精制茶制造业23.22%、农副食品加工业20.15%，烟草制品业是–0.5%。上述数据反映出全省食品行业的结构调整在进行中，短板在补齐，结构在健全，释放出非常强烈的结构调整愿望。

2. 产业效益

2015年，全省食品工业实现总产值与食品工业完成增加值之比为62.65%，同比下降3.21%，食品工业仍属我省工业经济各产业门类中效益最好的工业经济产业。其中，农副食品加工业实现总产值与完成增加值之比为17.13%，同比增长2.44%；食品制造业实现总产值与完成增加值之比为27.34%，同比增长0.27%；酒、饮料和精制茶制造业实现总产值与完成增加值之比为77.80%，同比下降4.38%，其中，酒的制造为87.54%，同比下降5%；烟草制品业实现总产值与完成增加值之比为82.72%，同比增长0.85%与2012年基本持平。

全省食品行业四大类中产业效益依次排队为酒的制造、烟草制品业、食品制造业、农副食品加工业。

3. 生产效益

2015年，全省食品工业实现利润总额323.30亿元，同比增加6.84亿元，全行业利润率为18.17%，同比下降2.72%，利润现价增速1.6%，同比下降1.3%。农副食品加工业实现利润总额10.70亿元，同比增加2.3亿元，利润现价增速17.60%，行业利润率为3.28%，同比增长0.09%；食品制造业实现利润总额17.50亿元，同比增加2.17亿元，利润现价增速18.90%，行业利润率为10.61%；酒、饮料和精制茶制造业实现利润总额256.10亿元，同比增加8.69亿元，利润现价增速3.2%，行业利润率为27.82%，其中，酒的制造实现利润总额240.40亿元，同比增加6.76亿元，利润现价增速,2.8%，行业利润率为31.74%；烟草制品业实现利润总额39亿元，同比减少6.06亿元，利润现价增速-13.5%，行业利润率为10.62%，同比下降1.59%。

全省食品工业中实现利润第一的是酒的制造，其次是烟草制品业、食品制造业、农副食品加工业。从利润率来看，酒、饮料和精制茶制造业虽是第一，但其生产经营上的困难还在增加，烟草制品业与食品制造业相差0.01%。

4. 产业贡献

2015年，全省食品工业实现税金总额372.50亿元，同比增加25.43亿元，全行业产值税赋率为20.94%，同比下降2.98%，税金现价增速6.3%。农副食品加工业实现税金总额4.20亿元，同比增加1.06亿元，税金现价增速19.32%，行业税赋率为1.29%,同比增长0.13%；食品制造业实现税金总额6.3亿元，同比增加0.15亿元，税金现价增速3.3%，行业税赋率为3.82%，同比下降1.02%；酒、饮料和精制茶制造业实现税金总额116.20亿元，占全省食品工业实现税金总额的30.95%，同比增加10.09亿元，税金现价增速9.36%，行业税赋率为12.62%，同比下降1.53%，其中，酒的制造实现税金总额109.70亿元，占全省食品工业实现税金总额的29.45%，同比增加8.25亿元，税金现价增速,5.3%，行业税赋率为14.49%，同比下降1.9%；烟草制品业实现税金总额245.80亿元，占全省食品工业实现税金总额的65.99%，同比增加14.13亿元，税金现价增速6.1%，行业税赋率为66.92%，同比增长4.16%。（使用数据为国家统计数据）

从全省食品工业产业贡献的角度，贡献第一的是烟草制品业，在行业税赋率为66.92%的情况下，实现税金占全行业的65.99%；同时，酒的制造在行业税赋率为14.49%，实现税金行业税赋率行业税赋率109.70亿元，占全行业的29.45%。

5. 主营业务收入

2015年，全省规模以上食品工业企业有674家，完成主营业务收入1505.60亿元，平均每家企业完成主营业务收入2.23亿元。农副食品加工业规模以上生产企业257家，完成主营业务收入284.90亿元，平均每家企业完成主营业务收入1.11亿元；食品制造业规模以上生产企业91家，完成主营业务收入137.30亿元，平均每家企业完成主营业务收入1.51亿元；酒、饮料和精制茶制造业规模以上生产企业324家，完成主营业务收入708.10亿元，平均每家企业完成主营业务收入2.19亿元，其中酒的制造规模以上生产企业135家，完成主营业务收入563.40亿元，平均每家企业完成主营业务收入4.17亿元；烟草制品业规模以上生产企业2家，完成主营业务收入375.40亿元。

【b. 运行特点】

1. 食品工业规模效益稳定增长

2015年，全省规模以上食品同业企业由“十一”五2010年的372家增加到“十二五”2015年的674家，年均增加60家；工业总产值由573.94亿元增加到1778.95亿元，增长3倍，年均增加240亿元以上，增长幅度均在2位数以上；主营业务收入由529.06亿元增加到1505.60亿元，增长2.84倍，年均增加195亿元以上，增长幅度均在2位数以上。从产销率来看，全省食品工业为84.63%，农副食品加工业为87.24%，食品制造业为83.24%，酒的制造业74.39%，烟草制品业为102.18%。考虑到全省酱香型白酒生产产销的特殊性，正常业态一般保持在85%以上，本年创下新低，拖累了全省食品工业总体产销率6%~8%，过剩的产能膨胀了库存。到2014年，全省食品工业在经历了多年年20%以上的高速增长后，增速开始减缓，但仍会延续开始减缓后的缓增长。全省食品工业整体规模在不断发展壮大，生产集中度进一步提升，生产总值累创新高，产业效益稳定增长。食品工业发展基本面向好，食品工业在我省工业经济各产业门类中的主体地位逐渐形成，贡献越来越大。

2. 创新引领质量第一

食品工业在目前国内外复杂的经济环境中，如何调结构、转方式、促创新、为供给侧结构性改革做贡献仍然任务艰巨。如何坚持质量第一的方针，提升行业的科技技术水平，以科技技术和产品的创新带动产业发展，成为全省食品行业的交织点。

通过科技创新工作的开展。提高了全省白酒食品安全风险控制和分析检测技术，推动了全省白酒生产工业化、自动化和信息化繁荣与发展。贵州茅台酒股份有限公司的多项成果在中国北京科技大会上荣获多项奖项。

贵州茅台酒厂（集团）有限责任公司袁仁国、吕云怀、习酒有限公司钟方达荣获“中国白酒大师”荣誉称号；贵州珍酒酿造有限公司陈孟强、茅台酒股份有限公司杨代永、严腊梅、习酒有限公司曾凡君荣获“中国白酒工艺大师”荣誉称号；茅台酒股份有限公司王莉、李世平荣获“中国评酒大师”荣誉称号。鉴于上述九位同志长期以来工作在白酒生产第一线，坚持质量第一、技术创新，为贵州食品工业的发展做出了突出贡献，省食协授予他们“贵州省食品工业特别贡献奖”。贵州茅台酒、董酒2016年元月9日被中国食品工业协会白酒专业委员会被授予1985—2015中国白酒历史标志性产品荣誉称号；同时习酒被授予1985—2015中国白酒历史标志性产品（区域性）荣誉称号。

随着企业生产技术的进步，质量控制手段的不断提高，2015年，省食协推荐贵州中心酿酒集团研发的“酱香国”酒参加当年白酒国家评委年会，经参会200多位国家评委认真品评，在参品的90多个样酒中，获总分第一名，被中国食品工业协会授予中国白酒酒体设计奖。这是继我省茅台镇陈年酒厂参评酒样连续三年获得总分第一名之后，全省第二个获得总分第一名的白酒产品。充分体现了我省酱香型白酒产品的优秀品质，是多年坚持质量第一方针的质量效益回报，为企业增强产品在市场的竞争能力奠定了基础，也为全省白酒生产企业趟出了一条发展的新路。

3. 产业特点

全省食品工业四大类，实现工业总产值第一是酒、饮料和精制茶制造业，达920.43亿元，第二是烟草制品业的367.29亿元，第三是农副食品加工业的326.29亿元，第四是食品制造业的165.94亿元。给国家贡献最大的产业是烟草制品业，提供税收245.8亿元，占全省食品行业提供税收的65.99%，是酒、饮料和精制茶制造业的2.24倍，它完成的利润仅为全省食品行业的14.70%，是贡献大收入少的税高利低产业。

4. 结构调整初见成效

全省食品工业的产业构成多年来都是烟第一，酒第二，其他产业几乎可以忽略不计。1996年，当年全省食品工业总产值102.74亿元，其中，烟草制品工业总产值69.73亿元，为全省食品工业总产值的67.87%，酒、饮料和精制茶制造业工业总产值17.66亿元，为全省食品工业总产值的17.20%，烟酒加起来占比达85.07%。农副食品加工业和食品制造业加起来不过14.93%，仅及1/7不到。另外酒和烟也是不能相提并论的。经过全行业的共同努力，2013年，农副食品加工业和食品制造业占比，已从1996年的14.93%增长到24.38%，2014年，达到26.31%，2015年，达到27.61%。2015年，酒与烟的占比也发生了逆转，白酒制造占到全省食品工业总产值的42.57%，烟草制品工业总产值退到20.65%。

全省食品工业产业结构虽然得到了一些调整，但以酒为主的产业结构还是脆弱的，需要我们继续努力，做大做强农副食品加工业和食品制造业。在全省实施的工业强省战略中、在招商引资的产业选择中，应把食品制造业放在首位，作为首选，以趋全省食品工业产业结构更加合理，为供给侧结构性改革做贡献。

【c. 存在问题】

1. 白酒 .

白酒产业是全省食品工业主体产业之一，在促进地方经济发展、解决劳动就业以及农民增收等方面发挥了重要作用。2015年，全省白酒的产销率同比呈下滑趋势，产量反向上升，达历史最高水平的42万多千升。高端白酒销售大幅下滑，库存非正常加大，导致流动资金回笼慢，外来资本投资热情减弱，加上融资渠道不畅等因素，企业头寸短缺，企业固定资产投资和流动资金不足等问题逐渐成为制约行业发展的瓶颈。另外，全国范围的“用工荒”直接刺激了劳动力成本的上升。白酒行业用工成本上升已经成为一个普遍的趋势，劳动密集型企业不可避免客观存在，目前更为突出，旺季需要大量的员工，淡季人员闲置，员工流动频繁，招不进、留不住、干不长的现象，严重影响了行业的发展。同时，对于日益增强的发展要求，劳动力成本还将大幅提高。致使我省白酒产业在发展思路、资源配置、原料供应、资金短缺、白酒生产环节的新技术及人力资源的短缺、标准配套、环保、物流、市场开拓等方面的矛盾较为突出，成为制约全省白酒发展的瓶颈。

2. 关于茶叶

2014 年底，全省茶园种植面积发展突破 600 万亩以上，现已投产的不到一半，贵州跃居全国种植茶叶面积第一大省，惠及全省 400 万茶农。以“量”带动产业大发展，带动产业大跨越，贵州茶产业迈出的第一步，可以说贵州茶已经进入了一个大格局时代。

2015 年，受气候影响，贵州春茶比去年同期推后多天进入采摘期。理论上春茶销售价格会高于往年，然而事与愿违恰恰相反的是 2014 年，全省鲜叶平均价格停闭下降 30% 左右，成品茶价格较去年平均下降 20% 以上，其中遵义市的平均价格下幅较大。受以往高档茶、名优茶持续上涨的市场行情影响，全省大多茶企只重视“明前茶”“雨（谷雨）前茶”的生产，后期的大宗茶因收购价格低、人工成本高、市场开拓难等因素基本不生产。目前，600 万亩茶园尚未全部投产，我们是否已经陷入产能过剩的漩涡，应当引起政府相关部门的高度重视。

3. 关于创新

全省食品工业经过多年的积淀奋进，不少新产品不断亮相，进入普通消费者的家庭。如采用日本高盐稀态技术生产的高档酱油、用全省富有的茶叶籽生产的高档食用植物油、用我省富有的茶叶修剪废料酿造的茶酒、贵州酸汤工业化生产技术及产品、最新皮蛋无铅生产技术及产品、采用最新技术生产的贵州名酒酒芯巧克力、若干新开发的优质白酒产品、若干猪牛肉新产品和一些食品工业生产上的节能技术、若干新产品的新标准的起草和实施等等。这些大量涌现的食品工业新产品新技术新标准，由于近年政府机构改革引起的职能变动，国家和省有关给予新产品的奖励优惠政策难以落实，相关的实施机制和办法的不明确，相关政策的透明度的欠明白，和宣传力度的不到位，应该由创新企业享受到的国家和省有关新产品的优惠政策，均未能享受到，这在一定程度上束缚了影响了全食品工业的创新能力。

【d. 大事记】

1 月 4 日，开展全省食品行业技术职务资格证书审核工作。

1 月 26 日，贵州汇珠薏仁集团总投资 3.1 亿元，占地面积 200 亩，年加工处理能力 10 万吨，生产薏仁精米 6 万吨，生产薏仁精油 1000 吨，年产值可达 34 亿元的生产线建成投产。

2 月 3 日，协会领导应邀出席由贵州省食品药品监督管理局在贵阳市召开“2015 年贵州省食品生产监管会”。

2 月 5–11 日，举办 2015 年中国（贵阳）新春年货购物博览会，参展厂商 165 家交易额 2860 万元参观人次 50000。

2 月 28 日，贵州茅台酒厂（集团）茅台股份有限公司总工程师王莉荣获 2014 年国务院政府特殊津贴奖励。

3 月 6 日，贵州省食品药品监督管理局发布《贵州省白酒生产加工小作坊监督管理规定（试行）》。向社会公开征求意见。

4 月 12 日，袁仁国等九同志，在中国食品工业协会首次组织的中国白酒大师、工艺大师、品酒大师评定中，袁仁国、吕云怀、钟方达被评为“中国白酒大师”；杨代永、曾凡君、陈孟强、严腊梅被评为“中国白酒工艺大师”；王莉、李世平被评为“中国白酒品酒大师”。

鉴于上述九位同志长期以来工作在白酒生产第一线，坚持质量第一、技术创新，为贵州白酒产业的发展做出了突出贡献，贵州省食品工业协会决定授予他们“贵州省食品工业特别贡献奖”。

4月19–25日，全省食品行业食品安全继续教育培训班举办，进行与食品安全相关的法律、法规、标准；食品通用生产技术、食品生产过程中的食品安全控制；食品安全监控及通用检测方法的培训。75人参加培训。

5月4日，邮政银行贵阳云岩支行和贵州省食品工业协会，为支持食品行业小型企业的发展，推出了小企业法人贷款的新产品，放宽了小企业法人贷款的支持条件，希望食品行业的小微企业法人，把握机遇，争取银行支持，促进企业的快速发展。

5月26日，受国内唯一的专业白酒交易所“前海天府酒类交易中心”委托，组织省内的国家白酒评委、省白酒评委五名在省内外有影响的白酒专家，对贵州五星集团生产上市交易的金传大曲酱香白酒进行品质鉴评。

5月28日，设立贵州省食品工业协会联络员制度，召开贵州省食品工业协会各市、州、省直管县联络员会议。六盘水尚杰、黔西南文达顺、威宁谭波被聘为首批联络员。

7月3日，举办全省食品行业第二期食品安全继续教育培训班。

7月17–20日在贵阳国际会议展览中心1号馆举行，本次博览会是我省迄今为止较大规模的食品、茶叶产业博览、交易盛会。

7月22日，由中国食品工业协会、中国国际茶文化研究会支持，贵州食品工业协会、贵州茶文化研究会和贵阳梓铭会展联合主办，贵州铭臣会展服务有限公司承办的2015中国（贵州）国际食品工业博览会、2015中国·贵阳茶业博览会。

8月26日–28日，以“世界烈酒醉美贵州，中国白酒香飘全球”为主题，有44个国家和地区的1397款酒品参赛的2015(贵阳)比利时布鲁塞尔国际烈性酒大奖赛，在贵阳西南国际商贸城博览中心举行。

9月1日，我省规模最大的清真食品工作会，“清真食品生产管理工作调研座谈会”在贵州省马大姐食品股份有限公司顺利召开。

9月16日，由贵州省食品工业协会归口。贵州省食品工业标准化技术委员会、贵州鑫龙食品有限公司、兴仁县引力农产品加工商贸有限责任公司、贵州兴诚华英食品有限公司、贵州薏米阳光产业开发有限公司、贵州汇珠薏仁集团共同起草的“薏苡仁米(粉)”DB52/T1072–2015和由贵州省食品工业协会归口，黔西南古方红糖有限责任公司、黔西南古方红糖有限责任公司南盘江制糖厂、兴义市南龙红糖厂共同起草的“贵州红糖”DB52/T1071–2015地方标准，由贵州省质量技术监督局批准发布。

10月13日，我省曹臻一通过考评。被中食协评委“第三届肉、禽、水产制品国家评委”；贵州黔五福食品有限公司张汝平总工被中食协聘为“第三届肉、禽、水产制品专家委员会”专家。

10月30日，召开七届理事会二次会议通报2015年1–10月全省食品工业情况，茅台酒厂吕云怀介绍开展国际合作的情况，通过联络员制度。

12月5日，进行全省食品行业中初级技术职务的专家评审。

12月17日，美国驻成都总领事馆农业贸易处沈书恒市场专员到访我会，与协会相关负责人座谈，双方介绍了各自情况，并就贵州食品工业行业与美方如何进行食品原料、食品加工产品、食品加工技术及食品安全的交流合作，初步交换了意见。

【e.食品工业主要产品产量】

贵州省食品工业主要产品产量

产品名称	单位	1～12月	同比增长%
白酒（折65度商品）	万千升	42.79	11.1
啤酒	万千升	96.39	22.6
黄酒	千升	367.50	4.1
葡萄酒	千升	1487.48	3968.6
果酒及配制酒	千升	2713.53	52.9
软饮料	万吨	419.88	19.2
其中：碳酸型饮料（汽水）	万吨	4.72	65.0

产品名称	单位	1~12月	同比增长%
包装饮用水	吨	328.48	21.8
果汁和蔬菜汁类饮料	万吨	45.13	-1.3
蛋白饮料	万吨	37.83	24.2
精制茶	吨	143878.43	4.7
小麦粉	吨	28608.00	96.9
大米	万吨	111.51	25.6
精制食用植物油	万吨	41.94	18.5
成品糖	万吨	8.49	19.0
糖果	万吨	5.07	8.8
罐头	万吨	2.61	5.4
酱油	万吨	3.19	6.3
食醋	万吨	1.13	0.0
乳制品	万吨	8.18	3.94
方便面	万吨	1.61	—0.6
猪肉	万吨	160.75	—2.9
牛肉	万吨	16.76	14.2
羊肉	万吨	4.20	12.0
卷烟	万箱	252.34	-2.3

【f.主要经济指标】

贵州省（2000万）规模以上食品分行业产值表

行业分类	企业单位数（个）	工业总产值		工业增加值		利润总额		税金总额	
		绝对数（亿元）	现价增速(%)	绝对数（亿元）	可比价增速(%)	绝对数（亿元）	现价增速(%)	绝对数（亿元）	现价增速(%)
食品工业合计	674	1178.95	14.3	1120.85	7.21	323.30	1.6	372.50	6.3
农副食品加工业	257	326.29	14.5	55.89	10.2	10.70	17.6	4.20	23.5
食品制造业	91	164.94	24.2	46.10	13.3	17.5	11.5	6.30	3.3
酒、饮料和精制茶制造业	324	920.43	19.5	716.05	10.2	256.10	3.2	116.20	6.5
酒的制造	135	757.31	19.0	662.95	9.8	240.40	2.8	109.70	5.3
烟草制品业	2	367.29	-0.5	3063.81	-2.3	39.00	-13.5	145.80	6.1

【g.先进企业和名优产品】

全省食品工业遵循以质为本、培育品牌的宗旨，与有关部门加强合作，不断强化全省食品品牌的培育。截至目前，全省食品企业除原有的“飞天牌、贵州牌茅台酒”、“董牌董酒”2个国家质量奖金奖，“习水牌习酒”、“珍牌珍酒”、“黔春牌黔春酒”、“筑春牌筑春酒”、“安字牌安酒”、“湄字牌湄窖酒”、“羊艾牌特珍特级绿茶”7个国家质量奖银奖外；还有“老干妈”中国名牌产品1个。2015年，全省食品行业共有72家食品加工企业91个产品荣获“贵州省名牌”，占全省名牌产品总数的43.96%，高于2014年7.66%；拥有（食品）国家地理标志产品1个，贵州省（食品）地理标志产品18个，占全省地理标志产品的45%；拥有（食品）中国驰名商标14个，占全省中国驰名商标的50%；贵州省（食品）著名商标156个，占全省著名商标的54.4%。

2015年贵州省名牌产品名单

序号	企业名称	品牌	产品名称	产品规格
1	黔西南州兴利园食品有限公司	尝不忘	乡吧佬鸡爪	35g/袋、48g/袋
2	贵州省瓮安县猴场左氏食品有限责任公司	左氏德容	腐竹	1×500g、1×250g
3	赫章县黔丰荞业有限公司		苦荞麦片	900g/盒、450g/袋、600g/袋、散装称重
4	贵州珍酒酿酒有限公司	珍及图	珍酒（酱香型白酒）	53%vol 500ml、100ml
5	毕节彝姑娘特色食品开发有限公司	彝姑娘	黄粑	250g/袋
6	贵州龙膳香坊食品有限公司	辣掌柜	橄榄油无骨辣子鸡辣椒	230g/瓶
7	贵州龙膳香坊食品有限公司	贵州龙	老腊肉	280g/袋、400g/袋
8	贵州胖四娘食品有限公司	胖四娘	粽子	180g/袋、200g/个、3.6kg/盒
9	贵州赵老五食品开发有限公司	赵老五	黄粑	200g-500g/袋、780g-2.7kg/盒
10	毕节市富雄食品有限公司	富雄	酱油	438ml/袋、500ml/瓶、800ml/壶、2000ml/桶
11	贵州天楼食品有限公司		野木瓜蜜饯	70g、180g、250g、400g/袋
12	贵州天楼食品有限公司		野木瓜饮料	350ml/瓶
13	贵州开阳华兴油脂有限责任公司	菜籽油	菜籽油	2L/瓶、5L/瓶、10L/瓶
14	德江县鸿泰茶业有限责任公司	鸿泰茗珠茶	鸿泰茗珠茶	特级、一级、二级、三级
15	贵州茅台酒厂（集团）习酒有限责任公司	习水大曲	习水大曲	52%、46%、42%、38%vol500ml（浓香型）
16	贵州茅台酒厂（集团）习酒有限责任公司	习水特曲	习水特曲	52%vol、46%vol、38%vol500ml（浓香型）
17	贵州茅台酒厂（集团）习酒有限责任公司	银质习酒	银质习酒	53%vol、38%vol500ml（酱香型）
18	遵义市兴伟食品有限责任公司	花色挂面	花色挂面	500g

序号	企业名称	品牌	产品名称	产品规格
19	贵州省黎平县侗乡米业有限公司	黎平香禾糯	黎平香禾糯	2kg/盒 4kg/盒 5kg/袋
20	贵州隆喜食品有限责任公司	湾子辣椒	油辣椒	186g/瓶、245g/瓶、255g/瓶、276g/瓶300g/盒、210g/瓶*6瓶（礼盒装）
21	贵州山珍宝绿色科技开发有限公司	珍西琦	刺梨果汁	500ml/瓶、248ml/瓶
22	贵州省石阡县爽珍绿色食品有限公司	爽珍	皮蛋	盒装
23	贵州省雷山县苗家春茶业有限公司	高康杯杯香	雷公山清明茶	3g、50g、90g、100g、150g、250g、200g/袋 特级
24	贵州旭阳食品（集团）有限公司	旭阳	蒜蓉辣酱	瓶装、袋装、计量
25	贵州湄潭茯莹食品开发有限公司	山里人	泡菜	1.6kg/瓶、2kg/袋
26	贵州省雷山县脚尧茶业有限公司	脚尧	脚尧茶	250g/袋
27	贵州千里山生态食品股份有限公司	千里山	三穗鸭——血浆鸭	480g/袋 500g/盒
28	遵义金紫阳食品有限公司	金紫阳	挂面	900g. 1000g. 2000g. 2250g. 2500g
29	贵州青酒厂	青溪	五星青酒	38%vol浓香型500ml / 瓶
30	贵州五福坊食品有限公司	黔五福	广味香肠	400g/袋、680g/袋、散装称量
31	贵州五福坊食品有限公司	黔五福	猪肉丝系列	12g/袋、120g/袋、148g/袋、195g/袋、200g/袋、600g/袋、散装称量
32	贵州五福坊食品有限公司	黔五福	贵州腊肠	400g/袋、488g/袋、680g/袋、散装称量
33	贵州五福坊食品有限公司	黔五福	贵州辣子鸡	300g/袋、458g/袋、680g/袋、900g/盒
34	贵州五福坊食品有限公司	黔五福	腊肉系列	120g/袋、380g/袋、400g/袋、488g/袋、680g/袋、散装称量
35	贵州红赤水集团有限公司	桫椤妹	赤水脆笋（老坛山椒味）	散装、计量称重
36	贵州红赤水集团有限公司	桫椤妹	山野金针菇（坛泡山椒味）	散装、计量称重
37	贵州金杨油脂有限公司	金黔灵	金黔灵菜籽油	5L 18L 200ml 400ml 1.8L 4L
38	凯里市明洋食品有限责任公司	玉梦	凯里红酸汤	480g-3kg/瓶、150g-250g/包、1.5kg/盒
39	凯里市明洋食品有限责任公司	玉梦	山区糟辣椒	850g/瓶、480g/瓶460g/瓶、15kg/桶
40	沿河县懿兴生态茶业有限公司		绿茶	120g/条、96g/盒、240g/盒

序号	企业名称	品牌	产品名称	产品规格
41	贵阳南明老干妈风味食品有限责任公司	陶华碧老干妈及图	风味豆豉油制辣椒	280g/瓶装
42	贵阳南明老干妈风味食品有限责任公司	陶华碧老干妈及图	红油腐乳	260g/瓶装
43	贵阳南明老干妈风味食品有限责任公司	陶华碧老干妈及图	香辣菜	60g/袋装80g/袋装188g/瓶装
44	贵州黔宝食品有限公司	黔康	刺梨干	袋装及散装
45	贵州红四渡酒业集团有限责任公司	红四渡	白酒	53%vol酱香型500mL（瓶）
46	贵州五倍子发展有限公司	五贝子	辣椒油香精	乳化1kg/瓶、液体1kg/瓶
47	贵州五倍子发展有限公司	五贝子	花椒油	1KG/瓶
48	余庆县农田米业有限公司	农田及图	大米	5kg（盒）、10kg-25kg（袋）
49	遵义中土粮油收储有限公司		菜籽油	2L、5L、8L、15L
50	州梵净山生态农业股份有限公司	跑山	牛肉干	40g/包、60g/包、80/包、108g/包、158g克/包
51	都匀供销茶叶有限责任公司	螺丝壳	都匀毛尖茶	100g～250g / 盒
52	贞丰县顶罐椒业有限公司	顶椒	油番茄（酱）	瓶装210g200g
53	毕节市天河食品有限责任公司	段卯氏 DUANMAOSHI	酿造酱油	438ml/袋、500ml/瓶、800ml/壶、1500ml/壶、2500ml/壶
54	贵州省马大姐食品股份有限公司	灵凤子	油鸡枞	1000g、 3.8kg
55	贵州省印江县依仁食品有限公司	黔途	红薯粉条	200克、400克、800克、2000克
56	贵州夜郎谷水业有限公司		饮用天然泉水	18.9L
57	贵州省思南县凉水井综合制品厂	凉山鼎	松花皮蛋	28枚/箱、23枚/箱
58	贵州马岭河植物油有限公司	马岭河	茶籽油	5L、4L、2L、1.2L、1L、
59	六盘水盛谷实业有限公司	盛谷	糕点、（烘烤类糕点、月饼）	10g. 25g. 50g. 100g. 200g、250g、500g
60	遵义市老谢氏食品有限责任公司	老谢氏	传统火烤鸡蛋糕	散装、盒装
61	贵州省开阳金福喜食品有限公司	金福喜	香肠	200g/袋、400g/袋
62	贵州平坝县林卡香辣制品有限公司		林卡辣椒	（240克、450克、750克）/瓶
63	贵州鸭溪酒业有限公司	鸭溪	鸭溪窖酒	52%VOL500ml
64	贵州金沙安底斗酒酒业有限公司	金沙古酒	金沙古酒	49度、51度、52度酱香型白酒
65	黎平县霞宇油脂有限公司	黔金果	山茶油	一级山茶油
66	贵州东驰贸易有限公司都匀市东驰毛尖茶厂	垣埂	都匀毛尖茶（绿茶）	特级、珍品、一级、二级

序号	企业名称	品牌	产品名称	产品规格
67	贵州省思南县金氏绿色食品有限公司		皮蛋	20枚/箱;30枚/箱；40枚/箱；4枚/盒；6枚/盒；8枚/盒
68	贵州五星酒业集团茅台镇五星酒厂	镇及图	镇酒	酱香型 53%vol100mL—3L（瓶）
69	贵州五星酒业集团茅台镇五星酒厂	五星	白酒	酱香型 53%vol125mL—10L（瓶）
70	贵州敬旺绿野食品有限公司	银球	雷山银球茶	50g*2/盒、40g*3/盒、50g*3/盒
71	遵义市皇源米业有限责任公司	皇源	皇源香米	5kg/袋、10kg/袋、5kg/袋
72	贵阳苗姑娘食品有限责任公司	苗姑娘	油辣椒	13g/袋、20g/袋、100g/袋 180g/瓶、240g/瓶、270g/瓶、750g/瓶
73	贵阳苗姑娘食品有限责任公司	苗姑娘	小米鲊	400g/袋
74	贵阳苗姑娘食品有限责任公司	苗姑娘	喜贵喜植物饮料	310mL/听
75	贵阳苗姑娘食品有限责任公司	苗姑娘	益肝草植物饮料	310mL/听
76	六盘水永恒粮油贸易有限公司	辜字号	大米	1kg、3.5kg、5kg、10kg、25kg
77	大方县琼芳食品开发有限公司	琼芳	豆豉油辣椒	240gx24 280gx24
78	余庆县构皮滩茶业有限责任公司		苦丁茶	特级一级
79	贵州省仁怀市茅台镇酒乡滘酒厂	怀冠及图	酒乡酒	酒精度53%vol净含量500mL（瓶）酱香型白酒
80	贵阳味莼园食品股份有限公司	味莼园	酿造食醋	特级、一级、二级、三级
81	贵阳味莼园食品股份有限公司	味莼园	酿甜面酱	特级、一级、二级、三级
82	贵阳味莼园食品股份有限公司	味莼园	酿造酱油	特级、一级、二级、三级
83	贵州省长顺黔南山绿色食品有限公司	黔南山	贵州柴火煳辣椒	100g、180g、250g
84	贵州省凤冈县浪竹有机茶业有限公司	香珠玉叶	绿茶	特级一级
85	贵州怀庄酒业（集团）有限责任公司	怀庄	怀庄酒	酱香型、53%vol、500ml（瓶）
86	贵阳黔禾米业有限公司	金福禄	金粘米	5kg/袋、10kg/袋、50kg/袋系列
87	赫章县农特产品开发有限公司		核桃糖	250g/袋
88	贵州省瓮安县柴姨妈乡土食品有限公司		黄粑	318g/袋、300g/盒、368g/袋、328g/袋、2.54kg/盒、1.2kg/盒、180g/盒
89	贵州酒中酒（集团）有限责任公司	本强及图	酒中酒霸酒	45%vol500ml
90	福泉市风味食品有限公司	万康乐	苦荞茶	160g/盒、280g/盒、520g/盒
91	贵州省昊禹米业农产品开发有限公司	昊禹	大米	0.5kg、1kg、5kg、10kg、25kg、50kg

【h. 市场开拓和产品开发】

为充分发挥贵州白酒的产业优势，经国务院同意，国家商务部和贵州省人民政府每年 9 月共同举办的“中国（贵州）国际酒类博览会”，成为常年性的国内外白酒盛会，贵州白酒交易中心成为永不落幕的白酒览会。

同时按市场经济的规则，采取积极走出去引进来的措施，在成功举办 2015 第二届中国（贵州）国际食品工业博览会的同时，2015 年组织省内白酒生产企业，连续在国内多个省市组织举办了“黔酒出山”行活动，进一步提高了贵州白酒的市场竞争力。

在走出去的同时，勇于国际化思维，着眼全球市场，谋划布局全球市场。在中央现在提出了一带一路的战略大构想下，积极响应，早作构想，把自己的思维融入中央一带一路的战略大构想中去寻找我们新的经济增长点。我省茅台集团一马当先，收购法国一著名酒庄，把优质葡萄酒的生产线布局海外。去年 10 月，茅台集团又用荣获巴拿马金奖 100 周年之机，到俄罗斯和意大利举行庆典仪式，取得了圆满的成功。俄罗斯和意大利都是中央一带一路战略大构想中一带一路上的重要节点，这个庆典仪式取得的成果已经远超出了市场开拓本身的意义，使我们的酒文化在一带一路上的重要节点得到了释放，随之而来的将是茅台集团收获这种国际化思维下的海外市场布局额度成果。

贵州金竹夜郎鲜切薯片公司，依托贵州省农科院马铃薯研究所自主研发的马铃薯主食品种和鲜切薯片品种，成功开发了马铃薯月饼，马铃薯馒头、米粉、面条、冰淇淋和马铃薯鲜切薯片等新产品。

【i. 科技进步和科研成果】

1. 针对贵州省乃至整个南方地区在蓝莓产业化发展中存在的山地栽培优良品种资源和高效栽培配套措

施不足、主产区蓝莓病虫害频发、高附加值产品加工技术匮缺等迫切急需的共性问题，通过开展规模化组培快繁、不同生态区域主栽品种筛选、山地生态化高效栽培、有害生物绿色防控、发酵产品加工及活性成分提取利用等技术研发与集成，重点解决适合贵州山区蓝莓种植的良种、良法和符合市场终端的产品加工关键技术，促进蓝莓产业科学、快速、健康、有序发展。2015年10月贵州瑞蓝果业科技发展有限责任公司、贵州大学等单位共同申报的“山地蓝莓产业关键技术研究与应用”项目，通过贵州省科技厅组织的专家评审，列为贵州省重大专项项目。

2. 贵州茅台酒股份有限公司的“酱香型白酒酿造微生物代谢产物解析平台的建设及应用研究”，荣获中国白酒酿酒微生物研究10大科技成果奖；贵州董酒股份有限公司的“董香型白酒特殊风味物质及其产生途径研究”，荣获中国白酒中生物活性物质和功能性因子研究10大科技成果奖；贵州茅台酒股份有限公司的“酱香型白酒风味物质剖析技术体系建设”，荣获中国白酒中风味物质研究10大科技成果奖；贵州茅台酒股份有限公司的“酱香型白酒大容器自动化控制勾兑技术研究及应用”，荣获中国白酒陈贮、勾兑、感官品评技术10大科技成果奖。与此同时贵州茅台酒股份有限公司的“酿酒有机原料基地建设与示范”，荣获中国白酒接触材料、物流与综合利用、生态环保10大科技成果。

杨世尧

3.22 云南省

【a. 概况】

2015年，云南食品行业受经济大环境的影响，全行业进入经济增长新常态，食品工业增长处于十年来最低点。全年食品工业总产值达到1150亿元，营业收入1050亿元，同比增长12.1%。其中，农副食品加工588亿元，增长10.94%，食品制造214亿元，增长16.3%，酒、饮料和茶制造248亿元，增长11.7%。

2015年，食品工业增加值305亿元，同比增长10.77%，其中，农副食品加工146亿元，增长10.6%，食品制造56亿元，增长9.8%，酒、饮料和茶制造103亿元，增长10.7%。

2015年的经济效益较好，利税达到85亿元，同比增长8.4%，其中，利润60亿元，同比增长12%，税收25亿元，同比增长2.3%。

【b. 主要产品产量】

2015年，生产成品糖236.21万吨，同比增长1.5%；发酵酒精18659.83万升，同比下降1.3%；精制茶13.07万吨，同比增长2.6%；原盐92.99万吨，同比下降16.4%；白酒8325.15万升，同比增长9.5%；啤酒95115.85万升，同比增长5%；葡萄酒1997.4万升，同比下降1.1%；软饮料306.54万吨，同比增长13.2%；罐头2.35万吨，同比增长19.1%；乳制品53.06万吨，同比增长12.7%；酱油2.83万吨，同比增长43.1%；大米23.39万吨，同比增长31.4%；小麦粉9.93万吨，同比下降8.2%；食用植物油24.7万吨，同比增长5.7%；方便面3.97万吨，同比增长7.5%。

【c. 运行特点】

1. 食品工业增长降中趋缓，缓中趋稳

销售值增长速度从2012年的34.1%，一路下降到2013年的24.6%、2014年的15.3%、到2015年的12.1%。增加值从2012年的36.9%，一路下滑到2013年的11.58%，2014年的11.56%，2015年的10.77%。峰值已呈平缓态势。

2015年的12.1%的增长速度虽然比最高时相比有大幅度下滑，但比全省工业和全国食品工业增长相比要好得多。到10月份为止，全省工业主营业收入同比下降2.8%；全省全年工业增加值同比增长6.7%。在全省15个主要行业统计中，食品工业的增长速度只落后电力，在全省排第2位。全国食品工业增长8%，比全国高近3个百分点。

2. 经济效益一般，亏损面平均24%

全行业利润增长12%，实现两位数增长，说明全行业努力实现精准降成本有成效，也与蔗糖价格回升有关系。全省食品工业利润比全省高很多。全省工业利润增长是-5.2%，只比烟草、化工、运输低，排在第4位。

亏损面24%，几乎1/4企业亏损，形势不可乐观，证明产业升级必须加快。但在全省15个重点产业统计中，食品工业的亏损面算最小之一，只比电力、运输多一些，排在第3位。

产品产量除原盐、葡萄酒、小麦粉为负增长以外，其他食品都是正增长。

大米、酱油、罐头、乳制品、软饮料增长都超过两位数。白酒、啤酒、精制茶、食用油、方便面虽然是个位数增长，但高于全国增长幅度。

产业调整有成效，表现在规模性、聚集性有很大提高。

主要产业中的啤酒2015年产量能实现105万吨，

企业规模生产能力处于20—50万吨之间。乳制品产量2015年已达到55万吨，主要企业年生产能力在5—10万吨之间，10万吨能力的企业有2家。茶叶2015年产量为36.5万吨，精制茶15万吨，在全国排第一，最大的企业产值实现23亿元，在全国名列前茅。白酒、葡萄酒、蔗糖、食用油、肉类加工规模迈向全国先进水平。

从产业单位资产规模分析也可以看出规模性有很大提高，2010年全省单位企业资产为0.76亿元，到2014年已达到1.44亿元，资产增长89%。1亿元产值以上的企业2010年为50家，2014年达到174家，翻了3番还多。10亿元产值的企业2010年时没有一个，2014年已有9家，20亿元以上有5家。

产业聚集度成效显著。已形成杨林、七甸、宝丰、玉溪市九龙、楚雄市、大理啤酒等工业园区，产值可实现几十亿元，成为云南省食品工业主要增长点。

3. 一些大项目投产

大理50万吨啤酒、30万吨百威啤酒、双汇5万吨肉类加工、伊利10万吨乳制品先后投产，成为我省“十三五”新的增长点。

产业技术水平有提升、产品质量安全有提高、产品创新有进步。

啤酒、葡萄酒、乳制品技术水平提升加快，与全国同步。有的肉类加工达到全国先进水平。云腿月饼生产实现机械化生产。新产品不断产生，如乳酸系列乳制品、茶叶和咖啡深加工产品，食用油新产品，鲜花糕点及深加工产品，系列纯生和鲜啤酒，蒸馏葡萄酒，新型调味品，速冻调理食品等。2015年食品质量提高，全年没有出现较大的安全事故。有的产品还获得国际金奖，如醉明月白酒获得国际烈酒金质奖等。

4. 电商销售模式逐步扩大，成为销售新增长点

电商首先从糕点行业开始，现在已开展到罐头、肉类、乳制品、饮料、茶叶、保健品等行业，势头很盛。

【d. 存在困难】

有些产品销售不畅，新的电商销售模式还没有被完全接受。

食品工业的产销率平均为90%，比最好时代的97%有很大差距。如蔬菜加工产品，食盐，啤酒、白酒、葡萄酒、乳制品、糕点等销售遇阻。电商模式我们很多企业还没有进入实施，一定要探索新的销售渠道，把产品打出去。

企业资金困难，影响生产和投资。银行贷款难，民间筹资利息高，企业生产无利可图。

由于，筹集资金较难，有的投资退后，如10万吨酱油、10万吨罐头、30万吨啤酒、20万吨食用油，5000吨浓香型白酒、2万吨清香型白酒等都以停止。

产品创新不足，同质化现象严重、特色不突出，产品竞争加剧。

如白酒、葡萄酒、饮料、乳制品、瓶装水、糕点、茶叶、蔬菜制品都存在产品雷同的问题，差异化发展非常不够。创新是产业发展的动力，当前创新是我省食品行业的最大不足，新产品、新技术、新工艺、新设备、新材料研发和应用落后，认真评估，行业研发投资不到销售额1.5%，低于其他产业。自我开发能力欠缺，产学研结合又不到位，创新体系建设任重道远。

产业结构调整和转型升级速度还不尽人意。

产业结构的区域性合理布局，产业发展合理比例，企业规模科学核定，都处在无序的状态。农副食品加工产值占食品工业总产值比例仍高达56%，食品工业产值与农业产值的比例低于全国。这些事实说明我省食品工业的结构调整和转型升级滞后时代的发展。现今人们的消费水平和健康意识提高，使食品消费结构升级加快，食品工业为了满足市场需求，必须培育新的增长点，加快对传统产业的改造升级，淘汰落后产能，提高产业的规模和聚集度。

【e.“十二五”云南食品行业回顾】

食品工业是云南省重要的支柱产业，“十二五”期间，全省食品工业经济增速呈现前高后低的特点，2013年开始进入发展新常态，速度从35%以上下降到11%(“十二五期”间食品工业增加值增速如图1所示)。“十二五期”非烟食品工业增加值年均增长22.75%，到2015年增加值实现300亿元。圆满完成了“十二五”

规划确定的300亿元目标任务，为“十三五”可持续发展打下了良好的基础。

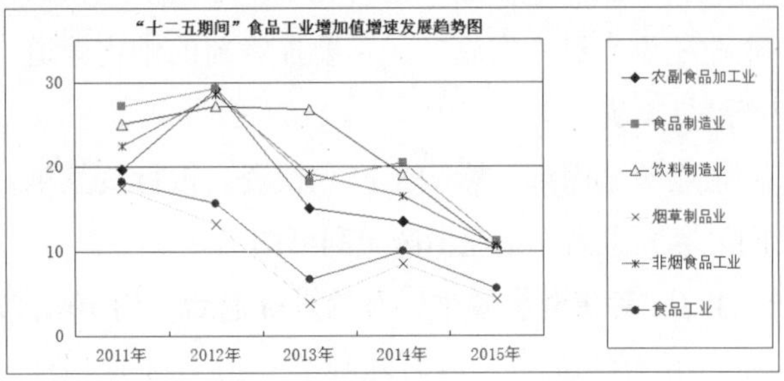

“十二五期间”食品工业增加值增速发展趋势图

食品工业生产平稳增长，支柱地位得到强化。“十二五”期间，食品工业整体实现了平稳增长，如图2所示。2015年，全省规模以上食品生产企业833家，比2010年的548户增加了285户，完成工业总产值2774.15亿元，实现主营业务收入3006.39亿元，实现利税总额1334.4亿元.其中，非烟食品工业实现工业产值1154.7亿元，营业额1048.86亿元，“十二五”期间营业额年均分别增长26.5%，34.1%，24.64%、15.3%，12.06%。

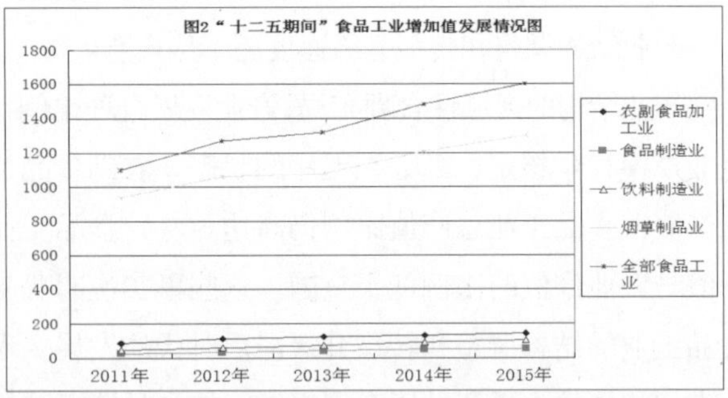

图2“十二五期间”食品工业增加值发展情况图

2015年，烟草制品业完成增加值1300.16亿元，同比增长4.4%。非烟食品工业完成增加值300亿元，同比增长8.96%。其中，农副食品加工业完成增加值143.46亿元，增长9.03%；食品制造业完成增加值52.13亿元，增长1.72%；酒、饮料和精制茶制造业完成增加值103.97亿元，增长12.39%。由图3、4可知，经过“十二五”期间调整，代表初级加工水平的农副食品加工业增加值由2010年的54.09%下降到2015年47.6%，产业结构调整初见成效。

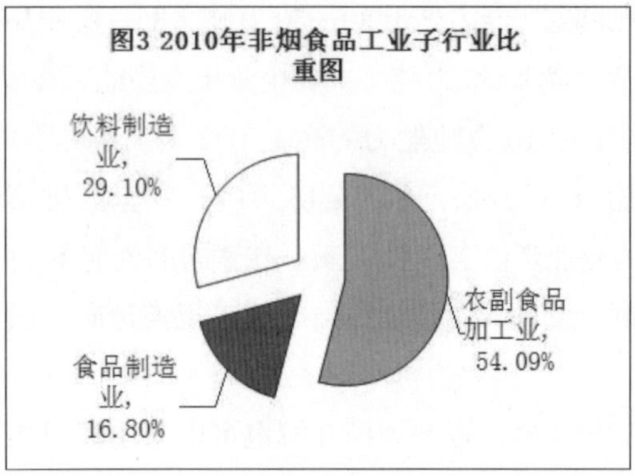

图3 2010年非烟食品工业子行业比重图

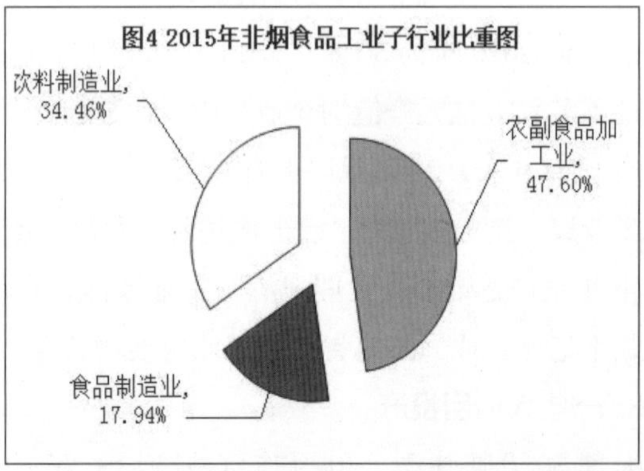

图4 2015年非烟食品工业子行业比重图

非烟食品工业增加值占全省工业增加值8.28%，烟草工业占35.89%其中，其中，全省农副食品加工业占3.96%、食品制造业占1.44%、酒、饮料和精制茶制造业占2.87%。全部食品工业增加值占全省工业增加值44.17%。

产业结构不断优化，骨干企业发展壮大。“十二五”期间经过产业结构的调整，加工业销售额比重从62.68%下降为56.75%，制造业比重从37.32%跃升到43.25%。经多年发展，云南省食品工业逐步形成了以烟、糖、茶、酒、软饮料、乳制品为主干，肉类、果蔬、植物油特色食品等为补充的食品工业体系。我省通过充分利用多样的生态资源、优良的自然环境和特殊的气候条件，大力发展无公害、绿色、有机农副产品生产，其中咖啡、花卉面积、产量均居全国第一；甘蔗、茶叶面积、产量均居全国第二；马铃薯面积、产量均居全国第五；蔬菜、水果等产业虽然排名居中，但地位突出，优势明显；生猪存栏居全国第五、出栏居第七；肉牛存栏居全国第三、出栏居第七；肉羊存栏居全国第九、出栏居第十；禽蛋产量居全国第二十一；奶类产量居全国第十五；淡水养殖产量居全国第十四，西部第三（仅次于广西、四川）；其中罗非鱼产量居全国第四；鲟鱼产量居全国第三。“十二五”期间，我省食品工业中主要产品产量大幅增长。2015年，糖产量249.58万吨，比2010年179.78万吨增加了69.8万吨，年均增幅为8.55%；精制茶产量14.23万吨，比2010年12.27增加了1.96万吨，年均增幅为3.77%；饮料酒产量119.93万吨，比2010年97.32增加了22.61万吨，年均增幅为5.36%；食用植物油产量26.65万吨，比2010年22.17万吨增加了4.48万吨，年均增幅为4.71%；乳制品产量57.47万吨，比2010年31.44万吨增加了26.03万吨，年均增幅为16.28%；软饮料产量337.42万吨，比2010年227.84万吨增加了109.58万吨，年均增幅为10.32%。此外，一些高附加值食品发展快速。绿A、丽江百岁坊、格林斯通、程海保尔等一批营养食品和保健食品企业，勐海茶叶，燕京和嘉士伯啤酒，雪兰和欧亚乳制品，康德和德和肉类加工，云南山泉、摩尔和顶益饮料，醉明月、香格里拉和太阳魂饮料酒等一批快速食品企业发展壮大，食品种类逐渐趋于多样化，更好地适应了消费者的需求。2015年，全省规模以上食品企业前100强企业共实现产值2124.24亿元，占全省规模以上食品企业产值的79.77%。全省超十亿元食品企业集团工业12户，亿元以上企业299户。

【f. 技术创新和工业投资增多，科技支撑能力增强】

云南省食品企业省级企业技术中心达到65户，“十二五”期间新增了36户省级企业技术中心，增加速度达到121%。此外，还有2户国家级企业技术中心，与“十一五”期间一致，均为烟草企业集团技术中心。“十二五”期间，农副食品加工业、食品制造业、烟草制品业等特色优势水平产业投资依旧保持了较高增长态势，投资速度以年均22%的速度增长，投资总量不断扩大，达到了1445.65亿元。其中，2015年，全省食品工业完成投资380.63亿元，占全省工业投资的比重达到12.10%。烟草行业通过实施就地技改扩能项目，使得装备技术水平和工艺水平达到国内先进水平，企业发展后劲进一步增强。其他食品企业通过坚持技术创新，用先进技术改造提升传统产业，有效地促进了我省食品工业的健康发展。此外，节能减排也进一步助推工业转型升级，富宁永鑫糖业、茅粮酒业集团、永德木糖等一批企业完成了生产能量系统优化项目，有效地提升了我省食品产业的发展水平。

【g. 产品质量总体稳定，食品安全水平提高】

“十二五”期间，云南省继续保持了无重大食品安全事故发生的良好形势，食品安全保障体系建设得到进一步加强，食品安全监管长效机制进一步建立健全，食品安全质量管理水平显著提升。食品监管部门通过强化日常监管，从许可准入、生产环境、流程工艺、原辅料控制、添加剂使用、进货查验、食品出厂检验、销售记录、不合格食品召回和过期食品销毁等各环节严格监管，截至2015年5月31日，我省共有5035家食品生产企业获得食品生产许可证6736张，55家食品添加剂生产企业获证55张。我省通过开展诚实守信企业评选和诚信体系建设工作，督促全省食品企业积极履行食品安全第一责任人的职责，加强企业食品安全管理人员队伍建设，一批重点企业通过了食品工业企业诚信体系认证，加强了企业食品安全的管理，企业食品安全意识明显增强，严格执行国家规定，加强检验检测能力建设，提升质量保障水平，从源头上保证食品质量安全。

【h. 电子商务平台广泛使用，企业信息化管理得到加强】

“十二五”期间，云南省信息应用基础持续巩固，在电子商务平台方面，已培育出GMS企业电子商务平台、云南电子商务网、云南旅游电子商务网、云商汇、昆明电子商务网、昆明市农业信息网、昆明国际花卉拍卖信息系统、云南省药品电子商务交易平台等第三方电子商务中间平台。电子商务平台广泛使用，进一步加快了我省中小食品企业信息化的发展速度。“十二五”以来，国家强力推动“两化融合”，鼓励广大企业广泛运用信息化手段推进企业的精细化管理。

重点大中型企业普遍实现了管理信息化，部分企业实施了企业资源管理（ERP）、客户关系管理（CRM）和计算机集成制造（CIMS）等先进管理系统，并建立了以网络平台为基础的产品营销体系，基本实现企业的管理信息化。

【i. 协会工作】

1. 不完全统计协会下企业深入调研，为企业服务36次之多。

2. 为政府服务，当好政府助手。

3. 加强与媒体合作，宣传云南食品，普及食品科技知识。春城晚报、中国食品报、中国食品质量安全报是协会的主要合作伙伴。

4. 召开2次较大食品发展论坛会。

5. 参与省标准的制定。

6. 开展省新产品鉴定工作。

7. 首次尝试举办“泛亚食品博览会”，有成效，取得了经验。

8. 加强国内外合作，走出去，请进来。帮助贡润祥企业到马来西亚建厂，协调韩国大学与雪兰公司进行技术合作。

9. 关注食品安全，积极支持食品安全活动。

【j. “十三五”发展目标】

到2020年，全省规模以上食品工业企业实现主营业务收入3800亿元（含烟草），年均增长6.7%左右；增加值2100亿元，年均增长5.6%左右；实现利税1750亿元，年均增长5.8%左右。

到2020年，非烟食品工业基本实现“51522”目标，即5个产业主营业务收入达到100亿元规模，5个产业达200亿元规模，全部非烟食品工业达到2000亿元规模，年均增长16%左右。

到2020年，力争制糖、精制茶工业、酒产业、果蔬加工、软饮料制造等5个产业实现主营业务收入200亿规模，屠宰和肉类加工、乳制品制造、食用菌加工、食用油加工、调味品加工等5个产业实现主营业务收入100亿规模，并形成一批具有规模优势、技术优势、品牌优势的食品产业龙头企业群体。

到2020年培育年主营业务收入超过50亿元的非烟食品企业集团1户，30–50亿元企业集团9户，20–30亿元企业集团10户，10–20亿元企业集团30户。

通过完善食品工业质量管理体系、食品安全信息体系和食品源头监控和检测体系，全面加强食品行业全过程质量管理，加强食品企业诚信体系建设。

雷金福

3.23 陕西省

【a. 概况】

2015 年，全省 936 家规模以上食品企业完成工业总产值 2442.67 亿元、主营业务收入 2078.50 亿元、实现利润 190.30 亿元，同比分别增长 11.8%、7.3% 和 12.5%，分别高于全省工业平均水平 10.8、7.6 和 34.3 个百分点，分别占全省工业同口径指标的 11.9%、11.3% 和 14.2%。全年从业人员 14 万余人，总资产 860 亿元，产销率 97.83%，百元主营业务收入成本 77.14 元，主营业务收入利润率 9.16%。产销率同比增加 0.85 个百分点，百元主营业务收入成本同比增加 0.70 元，主营业务收入利润率同比增加 0.42 个百分点，食品工业拉动全省经济增长 1.3 个百分点。

按行业类型统计，农副食品加工业完成产值 1136.26 亿元，食品制造业完成产值 515.92 亿元，酒、饮料和精制茶制造业完成产值 574.84 亿元，三大类同比分别增长了 8.5、17.0 和 20.1%。烟草制品业完成产值 215.65 亿元，同比微降了 1.1 个百分点。全省工业排序，食品工业产值和主营业务收入超过煤炭，紧随石化、机械双居全省工业第三位，利润超过煤炭、机械，紧随石化居全省工业第二位。全国行业排序，陕西食品工业产值居第 20 位，主营业务收入居全国第 19 位，实现利润居全国第 18 位。

全省食品工业主要产品产量为小麦粉 607.68 万吨，精制食用植物油 162.36 万吨，饲料 482.60 万吨，乳制品 161.66 万吨，白酒 13.62 万千升，啤酒 94.15 万千升，软饮料 684.99 万吨，卷烟 910.12 亿支。

【b. 行业运行特点】

1. 支撑社会发展能力显著增强

2015 年，食品工业向上拉动陕西工业经济 1.3 个百分点，首次居全省十二大工业之首。

2. 经济指标强于全省工业平均水平

酒、饮料和精制茶制造业增速超过全省工业平均水平 20.1 个百分点。

3. 主要产品产量平稳增长

精制食用植物油、白酒和软饮料增幅超过 10%，软饮料增长高达 21.3%。

4. 强劲投资增强了产业发展后劲

2015 年，全省食品工业固定资产投资完成 406.22 亿元，同期比增长了 38.12%，投入增幅超过产值增幅 26.32 个百分点。

5. 龙头企业支撑作用不断强化

陕西中烟公司同期完成产值 216.19 亿元，西凤酒股份公司完成 68.84 亿元，石羊集团完成 65.12 亿元，银桥集团完成 45.11 亿元，西安伊利泰普克公司完成 29.98 亿元，西安国维淀粉有限公司完成 26.81 亿元，康师傅（西安）饮品有限公司完成 18.93 亿元，西安顶益食品有限公司完成 16.94 亿元，陕富面业有限责任公司完成 12.97 亿元，青啤西安汉斯集团完成 11.02 亿元。10 户 10 亿元以上企业产值占全省食品工业产值 20.97%，凸显了重点骨干企业在全省行业中的支柱地位。

【c. 协会主要工作】

成功举办了《中国西安国际食品博览会暨丝绸之路特色食品展》、《第七届中国（西安）糖酒食品交易会》

和陕西名特产品（南京）展销会等重要会展活动。

2015年，省食协会同展览公司多次深入有关市、县、园区和企业实地考察和组织招展，有力地促进了食品会展经济和商贸流通的健康发展。

3月20日，省食协在西安华腾物联网公司大力支持下，会同《食品快讯》杂志社，在西安国际港务区共同承办召开了《陕西省食品协会二届三次理事会暨2014年度陕西食品行业品牌影响力表彰会》。

4月16–19日，省食协和陕西振华国际会展有限公司，在西安曲江国际会展中心合作主办了《中国西安国际食品博览会暨丝绸之路特色食品展》。

8月21–23日，积极协助省贸促会，组织粮油、魔芋、红枣加工和调味品制造等20余家企业，参加了省贸促会代表省政府在曲江国际展览中心举办的“第四届中国西部跨国洽谈会暨中国（西安）进出口商品交易会”。

10月23日–25日，协会全力配合省工信厅，积极组织了银桥、西凤酒、锦泰魔芋、三原古池阳等34家企业，参加了工信厅代表省政府在江苏南京举办的“陕西名特产品(南京)展销会暨苏陕产业合作推介会”。

11月13–16日，省食协与旭峰会展公司在曲江国际会展中心合作承办了《第七届中国（西安）糖酒食品交易会》。

召开了“陕西省食品协会二届三次理事会暨2014年度陕西省食品行业品牌影响力表彰会”。

【d. 强化服务宗旨】

1. 积极当好政府参谋，努力高效行政服务
2. 上情下达，圆满完成中食协各项任务
3. 借力横向合作，助推行业发展。
4. 自觉接“地气”，为企业服务鼓实劲

【e. 密切国际交流】

继2013年协会首次组团赴日考察纳豆项目后，2015年6月10日至18日，协会与西安玄龙公司合作，再次组团陕西学前师范学院生物工程研究所、陕西科学院微生物研究所、《食品快讯》杂志社、安康商会，石羊集团、陕西安旗公司和大咸德调味品公司的专家学者及企业负责人，到日本参观了食品设备国际博览会，务实性专题考察引进了纳豆生产工艺与技术。受我方邀请，日方纳豆协会及生产企业特意组团派员，热情参加了4月份我方在西安曲江国际会展中心合作主办的《中国西安国际食品博览会暨丝绸之路特色食品展》。目前纳豆适口性技术瓶颈国内外理论与实践已经有较大突破。大咸德公司纳豆项目引进在全省率先取得了实质性进展，有望2016年上市产品，为广大心脑疾病人群和消费者带来福音。

【f.“十三五”规划】

陕西食品工业“十三五”规划

思路：紧抓“一带一路”机遇，实施“一体两翼”战略，承接国内外产业转移，创新驱动，转型发展，提质增效，加快传统行业智能改造，发挥龙头企业引带作用，推动绿色健康食品工业上档升级。

原则：市场主导，政府履职；深化改革，开放发展；品牌引领，创新驱动；集聚集约，绿色发展；“四化”同步，协调发展。

目标：到2020年，食品工业产值达到5000亿元，全力培育过千亿元产业3个（农副食品加工业实现产值2400亿元、食品制造业实现产值1000亿元、酒饮料茶实现产值1300亿元）。培育10家具有全球竞争力的百亿元企业，15家50亿元的企业，20家30亿元企业。打造1–2个千亿级产业集群。吸纳转化重大科技成果项目500项以上。食品行业重点企业科研中心实现全覆盖，建立省级产业集聚特色区域研发服务中心15家。规模以上食品企业建立食品质量安全可追溯体系，全面推进智能制造技术的应用，食品重点行业装备智能化率超过65%。

林晓平

3.24 西藏

【a、概况】

目前，全区食品（含保健食品，下同）持证企业约45844家，其中生产企业154家，流通企业21690家，餐饮服务单位24000余家。流通环节食品大多数由外地输入，我区能自行生产的食品品种有19个大类，规模较大的有食用油、饮用水、酒类、乳制品等。食品安全水平得到进一步提高。

1. 产业规模逐步壮大

2015年，西藏自治区食品行业总产值达到412882万元，同比增长28.7%，食品行业积极适应新常态，推进产业结构调整，并初见成效。

全区食品生产企业中，饮用水生产企业31家，酒类24家，粮食加工类19家，肉制品17家，植物油9家，乳制品5家；生产品种涵盖19个大类。高原之宝乳业、拉萨啤酒、圣鹿食用油、5100矿泉水、奇圣牛肉干等已形成优势品牌享誉区内外。

2. 食品安全体系不断健全

自治区食品安全监管部门不断深化监管体制改革，加强食品安全全程监管。一手抓食品安全监管体制改革和队伍融合，完善和创新监管制度；一手抓重点领域和薄弱环节的专项整治，强化综合治理，督促企业落实主体责任，不断加强食品安全风险交流和宣传培训，严惩重处食品安全违法犯罪行为，进一步消除食品安全风险隐患。

2015年，完成食品安全国家抽检任务1031个批次，检验报告出具率达到100%，合格率95.5%，不合格样品46批次。保健食品抽样222批次，其中快检79批次，合格率100%。开展含铝食品添加剂专项抽检工作，抽样437批次，合格率92.2%，不合格样品34批次。对全区食品生产环节67个批次和经营环节的3164批次食品进行了快检，合格率分别为94%、100%。对乳类制品、学生用奶、含乳饮料、肉制品等856批次食品进行了抽检，合格率100%；对拉萨市农贸市场、菜市场和超市的32种644个蔬菜抽检，合格率93.3%。

2015年，全区检查食品生产企业（含小作坊）1200家次，检查校园及其周边食品经营户16200户（次），检查各类食品经营主体19893户（次），检查餐饮单位6707家（次），抽查87所学校食堂及130家（次）学校周边餐饮单位，共下达责令整改通知书318份，取缔无照经营15户，责令停产6家。查处不合格食品案件88件，查扣过期食品4.7吨，没收无中文标签的进口冻肉和预包装水产品0.78吨。积极推行“明厨亮灶”工程，全区已完成实施“明厨亮灶”的餐饮单位共1444家。对取得餐饮服务许可证的各类餐饮服务单位推行量化分级管理，全区已评定餐饮服务单位9433家，其中优秀等级1117家，良好等级2284家，一般等级6032家。

3. 信用体系日益完善

为贯彻实施工信部关于在食品工业企业开展诚信管理体系建设的要求，遵循“客观、独立、公正”的原则，按照人民银行的统一部署，自治区积极组织开展企业信用评价工作。依托“覆盖全国、标准统一、跨区域、跨行业、跨部门”的第三方大数据社会征信优势，依法采集、整理、保存、加工企业事业单位等组织的信用信息，提供信用调查、信用认证、信用评级、信用档案、信用记录、信用报告等专项征信服务，帮助企业见证信用，保障大众消费安全，配合政府监管市场，促进社会和谐发展。

【b. 主要工作】

1. 成功举办了第二届西藏自治区特色产业发展论坛。

2. 积极组团参加2015、2016成都春季糖酒会。

3. 组织企业参加了西藏雪顿节及藏博会。

4. 发挥"诚信管理体系评价机构资质"的平台作用。

5. 用好"西藏川特咨询公司服务平台"、"西藏川商小额贷款公司和西藏土特产品展销公司服务平台"，多形式为企业服务。

6. 配合做好关于国家公平竞争审查制度的调研工作。

7. 12月、2016年6月分别在江苏南京、湖北武汉成功举办了"西藏好水·世界共享"华东、华中地区专场推介活动。

8. 自治区天然饮用水行业协会与中铁快运股份有限公司签订了西藏天然饮用水铁路运输物流总包协议。

9. 自治区天然饮用水行业协会组织制订了西藏天然饮用水企业联盟标准。

10. 西藏自治区人民政府、工业和信息化部举办了第三届西藏旅游文化国际博览会西藏天然饮用水产业发展高峰会议。

【c. 主要名单】

1. 西藏自治区食品加工业产业化经营龙头企业名单

序号	企业名称	主要产品
国家级龙头企业（4家）		
1	西藏高原之宝牦牛乳业股份有限公司	牦牛奶系列产品
2	西藏银河科技发展股份有限公司	青稞啤酒
3	西藏藏缘青稞酒业有限公司	青稞白酒
4	西藏特色产业股份有限公司	核桃油
自治区级龙头企业（9家）		
1	西藏白朗康桑农产品发展有限公司	糌粑
2	西藏米林农场	水果
3	西藏藏北牦牛肉制品有限公司	牦牛肉制品
4	西藏仁布达热瓦青稞酒业有限公司	青稞酒
5	西藏藏泉实业股份有限公司	白酒
6	西藏芒康藏东珍宝酒业有限公司	葡萄酒
7	西藏金谷粮食产业集团有限公司	粮油销售
8	西藏日喀则市雅江源农业科技开发有限公司	马铃薯水晶粉
9	西藏林芝雏鹰集团有限公司	藏猪肉制品

2. 西藏自治区驰名商标名单

序号	商标所有人	注册商标	使用商品	状态
1	西藏自治区藏药厂	甘露	藏药	驰名
2	西藏拉萨啤酒有限公司	拉萨啤酒	啤酒	驰名
3	西藏迪诺康药业股份有限公司	图样	人用药	驰名
4	西藏圣鹿科技农业股份有限公司	圣鹿及图	植物油	驰名
5	西藏藏缘青稞酒业有限公司	藏缘及图	青稞酒	驰名
6	拉萨玛吉阿米餐饮连锁有限责任公司	玛吉阿米及图形	餐饮住宿	驰名
7	西藏自治区藏药厂	甘露	藏药	驰名
8	西藏北草地药材开发有限公司	北草地（文）	冬虫夏草	驰名
9	西藏冰川矿泉水有限公司	5100	矿泉水	驰名
10	布达拉宫管理处	布达拉宫		驰名
11	梅花生物科技集团股份有限公司	梅花	味精	驰名

廖国峰

3.25 甘肃省

[a. 概况]

2015 年，甘肃省规模以上食品企业 485 户，同比增加 56 户，占全省规模以上工业企业 2148 户的 22.58%。其中农副食品加工业 321 户，同比增加 42 户；食品制造业 82 户，同比增加 16 户；酒、饮料和精制茶制造业 80 户，同比减少 2 户；烟草制品业 2 户，同比持平。

食品工业完成总产值 826.33 亿元，同比减少 23.27 亿元，减少 2.74%，占全省工业总产值 7324.69 亿元的 11.28%。

食品工业资产总计为 831.43 亿元，同比增加 53.5 亿元，增长 6.88%，占全省规模以上工业企业资产总额 11918.33 亿元的 6.98%。

食品工业完成营业收入 642.62 亿元，同比减少 45.48 亿元，减少 6.61%，占全省规模以上工业企业营业收入 8817.97 亿元的 7.29%。

食品工业完成利润总额 32.48 亿元，同比减少 9.48 亿元，降低 22.59%。

食品工业完成利税总额 159.38 亿元，同比减少 11.36 亿元，降低 6.65%，占全省利税总额 453.87 亿元的 35.16%。

其中，农副食品加工业实现营业收入 301.77 亿元，利润总额 8.08 亿元，利税总额 9.04 亿元，分别占全省食品工业的 46.96%、24.88%、5.67%。

食品制造业完成营业收入 68.21 亿元，利润总额 6.08 亿元，利税总额 7.88 亿元，分别占全省食品工业的 10.61%、18.72%、4.95%。

酒、饮料和精制茶制造业实现营业收入 106.19 亿元，利润总额 4.85 亿元，利税总额 14.19 亿元，分别占全省食品工业的 16.53%、14.92%、8.9%。

烟草制造业实现营业收入 166.44 亿元，利润总额 13.47 亿元，利税总额 128.27 亿元，分别占全省食品工业 25.9%、41.47%、80.48%。

主要经济指标

项目	食品工业小计	农副食品加工业	食品制造业	酒、饮料和精制茶制造业	烟草制品业
企业数（户）	485	321	82	80	2
工业总产值	826.33	415.52	84.13	161.92	164.76
资产总额	831.43	422.95	95.19	167.03	146.25
营业收入	642.62	301.77	68.21	106.19	166.44
利润总额	32.48	8.08	6.08	4.85	13.47
利税总额	159.38	9.04	7.88	14.19	128.26
税金总额	133.12	1.66	2.06	10.75	118.64
出口交货值	10.53	4.21	2.18	4.14	0.00

[b. 协会主要工作]

6 月 11–12 日，由甘肃省总工会、甘肃省人社厅、甘肃省工信委、甘肃省科技厅、甘肃省国资委、甘肃省食药局共同主办，临夏州食药局、甘肃省食品工业协会、甘肃燎原乳业集团承办的 2015 年甘肃省职工技能大赛“燎原杯”乳品质量安全——乳品检验员技能决赛和乳品生产企业监管培训活动在甘肃燎原乳业集团隆重举行。

10 月 21 日，甘肃省食品工业协会第六届会员代表大会于 2015 年 10 月 21 日在兰州昆仑宾馆隆重举行。会议的主要任务是选举换届。会议听取并审议通过了第五届理事会会长成富山的书面《工作报告》和副秘书长张建所做的《财务工作报告》。甘肃滨河食品工业集团有限责任公司董事长许福林当选为甘肃省食品工业协会第六届理事会会长，碧泊虹鳟鱼产业公司董事长何延忠、兰州庄园牧场股份有限公司马红富董事长、兰州正大食品有限公司董事长马继林、甘肃燎原乳业集团董事长马鹏举、兰州安琪食品有限公司董事长杨勇奇、甘肃金徽酒业有限公司董事长周志刚（按姓氏拼音排序）当选为甘肃省食品工业协会第六届理事会副会长，兰州安琪食品有限公司总经理张建当选为甘肃省食品工业协会第六届理事会秘书长。

成富山 辛福

3.26 青海省

【a. 概况】

青海省地处青藏高原东部,位于祖国的内陆腹地,资源丰富,多民族聚居,孕育中华民族悠久历史和灿烂的文化,两江一河(长江、黄河、澜沧江)发源其间,堪称“三江源”。全省土地面积72万平方公里,年末常住人口数588.43万人,少数民族人口280.74万人。全省耕地面积54万公顷,盛产马铃薯、油菜籽、蚕豆、沙棘、枸杞、蕨麻(人参果)、虫草、白刺等土特产。可利用草原面积3610万公顷,是我国的五大牧区之一。

2015年,全省规模以上食品工业完成增加值62.2亿元,同比增长近47%。其中农副食品加工业完成工业增加值29.30亿元,增长27.7%;食品制造业完成工业增加值13.44亿元,增长31.6%;酒、饮料和精制茶制造业完成工业增加值19.46亿元,增长17.8%,完成主营业务收入34亿元,增长4.6%。

2015年,农作物总播种面积558.39千公顷,同比增加4.69千公顷。粮食作物播种面积277.06千公顷,同比减少3.04千公顷。其中,小麦88.21千公顷,减少0.37千公顷;马铃薯90.12千公顷,减少2.78千公顷;玉米27.50千公顷,增加0.50千公顷;青稞43.20千公顷,减少0.28千公顷;豆类26.80千公顷,减少0.23千公顷。经济作物播种面积177.02千公顷,比上年增加2.05千公顷。其中,油料144.87千公顷,减少6.01千公顷;枸杞29.59千公顷,增加7.02千公顷。蔬菜及食用菌播种面积49.65千公顷,比上年增加1.55千公顷。全年粮食产量102.72万吨,2008年以来连续8年超过100万吨。

【b. 主要产品产量】

青海省20种主要食品工业产品实现了不同程度的增长,其中牛肉11.49万吨,同比增长4.1%;羊肉11.56万吨、同比增长5.9%;猪肉10.32万吨、同比下降2.0%;牛奶31.50万吨,同比增长3.3%;枸杞5.87万吨,同比增长10.6%;蔬菜及食用菌166.40,同比增长4.9%;马铃薯34.76万吨,同比下降3.3%;青稞9.35万吨,同比下降1.0%;油料30.48万吨,同比下降3.3%。

【c. 大事记】

年初,根据我省清真食品快速发展的需要,结合“清食展”工作要求,我办于年初征集31个食品工业项目并汇编成册,在5月份召开的“清食展”上协助省贸促会开展项目推介活动,搭建商贸合作交流平台,助推产业升级,促进地方经济和社会文化持续发展。

4月,在西宁组织召开青海省食品工业协会第五次代表大会,修改通过了适应全面深化改革要求,落实全面依法治国精神的协会新章程,选举产生了由民营企业家担任会长、专业人士担任秘书长的新一届协会领导机构。

“2015清食展”期间,接待山东省贸促会客商5人,做到了分工明确、责任到人、工作到位、措施落实,保障了各项工作有序进行,较好地完成了“清食展”交办的工作任务,并被“清食展”组委会授予“优秀组织奖”称号。

5月初,我办抽调工作人员到2015青洽会组委会开展接待部工作,并圆满完成了组委会交办的各项工作任务。6月份,按照国务院食品安全办等18部门《关于开展2015年全国食品安全宣传周活动的通知》要求和(食安办〔2015〕19号)文件精神,开展2015年食品安全宣传周“食品安全深度行公众开放日”活动。组织社区居民消费者及省内主要媒体记者近40人,实地参观考察了圣湖乳业、三江雪食品集团、可可西里食品公司三家企业，让消费者和新闻媒体，通过参观重点企业产品生产及食品质量检验全过程，引导企业自觉接受社会监督，提升消费者对我省食品的消费信心。

9月，在新修订的《食品安全法》即将施行之际，会同省食品药品监督局、省食品工业协会，在我省食品工业龙头企业青海互助青稞酒有限公司，召开了全省食品工业贯彻落实《食品安全法》大会，学习《食品安全法》重要精神，贯彻落实食品安全工作要求，共同签订《食品工业自律公约》。会上，参会企业向全社会郑重承诺：遵行国家法律，坚守道德良知，履行社会责任，遵守市场规则，加强诚信建设，确保食品安全。

2015年度，编发《包装食品信息汇编》4期，发布信息80余条。完成了两个关于食品和包装方面的相关调研报告，并在进一步修改完善中。积极和省食药局联系，把全省获证企业汇编成册，掌握了我省食品企业基础数据。

【d.“十二五”回顾】

“十二五”期间，面对国际国内复杂多变的经济环境，在国内经济下行压力加大、增速放缓的形势下，我省食品工业认真落实中央加强和改善宏观调控，坚持“稳中求进”的总方针，顺应市场变化，推进结构调整，实现生产平稳增长，产业规模继续扩大，经济效益持续提高，组织结构不断优化，区域经济协调发展，食品安全总体稳定。

1.我省食品工业“十二五”期间行业发展状况

（1）食品工业发展趋势向好，为全省经济做出贡献。我省食品工业形成了粮油、肉乳、蔬果、饮品、青稞酒、添加剂、方便食品、保健食品等11个门类的产业体系，规模以上食品企业83家。近年来我省食品工业仍然保持了快速增长，尤其是农副食品加工、食品制造及酒饮料制造业在2011年至2014年，分别以23%、19.5%、25.3%的速度增长，远高于全国平均水平。

（2）走出了一条“绿色+特色”的发展道路。近年来，在一系列扩大消费、稳定增长、支撑中小微企业发展等政策措施引导下，我省食品工业坚持突出高原特色和品牌战略，积极开拓国内外市场，建立以市场为导向的企业营销体系，注重产品研制开发，以精特优打造我省食品工业产品品牌，牛羊肉精深制品加工、乳及乳制品加工业、青稞酒、食用油脂加工、马铃薯加工、矿泉水产业、清真食品产业及沙棘、枸杞等具有高原特色的产业快速发展，走出了一条“绿色+特色”的发展道路。

2.我省食品工业“十二五”期间发展特点

（1）特色资源得以不断开发，成为食品工业新亮点。在特色资源食品开发方面，如沙棘、枸杞、冬虫夏草、青稞白酒、精炼油菜籽加工、野生植物等，这些产品加工已初具规模，成为我省食品工业新的增长点，为我省食品工业开拓新的领域，为今后积极开发青海的资源优势产品，打造“特色”加“绿色”的产品品牌，奠定了良好的基础。

（2）企业结构呈现多元化，民营企业发展迅速。随着企业体制改革，涌现出了大批建立起现代企业制度的民营企业，将成为各行业的龙头，特别是引进省外部分有实力的食品生产企业，多种经济成分的企业不断参与食品工业加工，使企业在发展理念和经营机制上有了新的转变。如青海天露乳业有限公司五万吨液态奶和2万吨奶粉项目、青海小西牛乳业有限公司液态奶、乳酸奶改造项目提高了我省乳制品生产规模；青海可可西里食品有限公司万吨牦牛肉精深加工项目显现出规模效益；青海威思顿薯业马铃薯全淀粉生产线和三江薯业变性淀粉加工与粉丝加工项目大大提升了我省马铃薯加工规模和技术水平；青海昆仑山矿泉水有限公司新建的20万吨矿泉水项目，为优质矿泉水走向国内及国际高端市场开辟了路径。这些项目的建成和投产，极大的推动我省食品工业发展的进程，使产品结构得到初步优化。

（3)）大力推动品牌建设，特色产品品牌优势再现新高。

我省农畜产品和食品注册商标300多个，其中“极草”“天佑德”“可可西里”、“江河源”、“三江雪”、

“三江源”、“八瓣莲花”、“绿草原”、“西北骄”等商标，被国家工商总局认定为中国驰名商标，中国驰名商标到2013年增加到28件，青海省著名商标34件，另外，一批国际国内知名食品企业纷纷在我省落户，如加多宝、康师傅、黄河啤酒等在我省建立生产基地，成为我省食品工业发展的重要力量，品牌优势逐步显现，特色优势产品在国内外占有一定地位，为我省食品工业发展奠定了坚实基础。

(4) 市场开拓稳步推进，引资平台展现活力。我省每年召开的“中国青海绿色发展投资贸易洽谈会”，是一项主办、协办国家部委和省份最多的重要经贸洽谈活动，也是我省食品工业展示特色产品，开拓国内外市场的重要平台。我省每年拿出一些优势资源项目进行招商引资，取得了很大成效。每年举办的“清食展”，又是我省食品企业宣传推介的大舞台。通过两项大型活动，每年有一些优势项目建成投产，极大地推动了我省食品工业发展的进程，也宣传了青海特色食品和企业形象。

【e. 食品办及协会近年来做的主要工作】

1. 加强行业管理，做好服务工作。
2. 加强食品质量管理，建立安全体系建设。
3. 编制青海省食品工业“十二五”发展规划。
4. 深入开展食品质量安全专项整治活动。
5. 认真开展食品企业诚信管理体系建设。
6. 大力培育和扶持龙头企业，发挥龙头企业的示范和带动作用。选择有资源优势、市场前景好的企业，形成具有示范和带动作用的行业龙头企业，以此带动和促进我省特色生物资源开发和农畜产品加工工业的发展。
7. 实施名牌战略，着力打造我省农畜产品知名品牌。
8. 认真做好奶粉患儿赔偿金的发放工作。
9. 积极做好青海（国际）清真食品及用品展览会组织工作。
10. 做好食品产品标准的审核和申报工作。
11. 积极推进食品行业协会深化改革。
12. 不断扩大食品协会的工作渠道。

【f. 名优企业及产品】

企业名称：品牌产品

青海互助青稞酒股份有限公司天佑德青稞酒

青藏高原特色资源开发有限责任公司七里寺矿泉水

昆仑山矿泉水有限公司昆仑山矿泉水

青海可可西里肉食品有限公司可可西里牛肉干

青海青海湖乳业有限责任公司圣湖乳制品

湟中弘大农副产品购销有限公司弘大菜籽油

青海天露乳业有限责任公司情况介绍天露乳制品

青海小西牛生物乳业股份有限公司小西牛乳制品

青海绿草原食品有限公司绿草原肉制品

青海康普生物科技有限公司康普沙棘枸杞

青海三江雪食品集团有限公司三江雪枸杞

青海合杰工贸有限责任公司合小白蛋白粉饮品

青海康健生物科技有限公司高原一号白刺果

青海仙红辣椒有限公司仙红辣椒酱

青海西北骄天然营养食品有限公司

2015年食品工业主要经济指标

表1 2015年主要农产品产量及增长速度

指标名称	产量（万吨）	比上年增长（%）
粮食	102.72	-2.0
小麦	34.12	-2.1
青稞	9.35	-1.0
玉米	18.63	-0.1
马铃薯	34.76	-3.3
油料	30.48	-3.3
枸杞	5.87	10.6
蔬菜及食用菌	166.40	4.9
水果	1.50	13.6
水产品	1.06	17.1

表2 2015年主要畜产品产量及增长速度

指标名称	产量（万吨）	比上年增长（%）
猪牛羊禽肉	34.14	4.1
猪肉	10.32	-2.0
牛肉	11.49	8.3

指标名称	产量（万吨）	比上年增长（%）
羊肉	11.56	5.9
禽肉	0.77	4.1
牛奶	31.50	3.3
禽蛋	2.26	3.7

表3 2015年青海省规模以上食品工业增加值表

表3单位：亿元

分类	1—12月	累计增长（%）
食品工业合计	62.2	40
农副食品加工业	29.30	27.7
食品制造业	13.44	31.6
酒、饮料和精制茶制造业	19.46	17.8

表4 2015年青海省食品工业主要产品产量

产品名称	单位	1—12月	同比增长（%）
牛肉	万吨	11.49	8.3
羊肉	万吨	11.56	5.9
乳制品	万吨	19.80	4.3
枸杞	万吨	5.87	10.6
白酒	千升	18471	-5.0
马铃薯	万吨	34.76	-3.3
青稞	万吨	9.35	-1.0
原盐	万吨	286.37	29.1
饮料酒	千升	129421	-6.5
植物油	吨	202485	55.4

白建喜

中国食品工业年鉴

3.27 宁夏回族自治区

【a. 概况】

2015年，宁夏紧紧围绕国家“一带一路”的发展契机，以打造丝绸之路经济带战略支点为目标，抓住宁夏内陆放型经济试验区和银川市综合保税区建设的发展机遇，积极构筑产业载体和平台，为产业发展营造良好的发展环境。2015年，宁夏规模以上食品企业达224家，累计完成工业增加值65.83亿元，同比增长15.37%，占全区工业增加值的8.2%。

农副食品加工业现有企业143家，完成工业增加值20.08亿元，同比增长5.5%；实现主营业务收入121.73亿元，同比下降2.7%。

食品制造业现有企业55家，完成工业增加值27.07亿元，同比增长19.9%；实现主营业务收入135.46亿元，同比增长5.3%。

酒、饮料制造业现有企业26家，完成工业增加值18.68亿元，同比增长20.90%；实现主营业务收入30.63亿元，同比增长11.5%。

表1 宁夏规模以上食品企业完成工业增加值表

分类	1-12月	同比增长（%）
农副食品加工业	20.08	5.50
食品制造业	27.07	19.90
酒、饮料和精制茶制造业	18.68	20.90
合计	65.83	15.37

【b. 食品生产加工企业情况】

2015年，全区共有各类食品生产经营单位102459家。其中食品生产加工单位（含小作坊）6517家，占6.37%；保健食品生产企业11家，占0.01%；食品经营单位67802家，占66.17%；保健食品经营单位2433家，占2.37%；餐饮服务单位25696家，占25.08%。粮油、乳制品、酒类、枸杞、清真肉制品加工等是宁夏食品行业的主导产品。

食品生产加工单位（含小作坊）6517家，其中：有1065家食品生产企业获得了1551张食品生产许可证，13家企业获得了食品添加剂生产许可证。在获证食品生产企业中，茶叶及相关制品生产企业252家，粮食加工企业238家，水果制品生产企业139家，调味品生产企业132家，饮料生产企业118家，酒类生产企业113家，食用油脂生产企业99家，糕点生产企业96家，蔬菜制品生产企业87家，淀粉及淀粉制品生产企业54家，炒货食品及坚果制品生产企业37家，速冻食品生产企业36家，肉制品生产企业28家，乳制品生产企业22家，方便食品（其他方便食品）生产企业16家，罐头生产企业12家，豆制品生产企业11家，食糖生产企业11家，糖果制品生产企业11家，蜂产品生产企业9家，蛋制品生产企业7家，膨化食品生产企业6家，其他食品生产企业5家，饼干生产企业4家，冷冻饮品生产企业4家，水产品生产企业4家等；食品生产加工小作坊5452家，主要生产馒头、饼子、蛋糕、谷物碾磨加工品、酱卤肉、豆制品和食用植物油等。

2015年，全区规模以上食品工业主要产品中，大米产量85.8万吨，同比下降7.9%；小麦粉的产量54万吨，同比下降10.3%；食用植物油产量14.2万吨，同比下降3.4%；白酒、葡萄酒、啤酒产量分别达到0.9万千升、3万千升和26.4万千升，分别同比增长0%、42.9%和下降4.7%；鲜冻畜肉2.2万吨，同比增长29.4%；乳制品77.3万吨，同比增长2.8%；果汁和果蔬汁饮料类8.4万吨，同比增长2.4%。

表2 2015年全区规模以上食品工业主要产品产量

产品名称	单位	本年累计	同比增长%
大米	万吨	85.8	-7.9
小麦粉	万吨	54	-10.3
食用植物油	万吨	14.2	-3.4
乳制品	万吨	77.3	2.8
其中：液体乳	万吨	72.7	3.4
啤酒	万千升	26.4	-4.7
鲜、冻畜肉	万吨	2.2	29.4
白酒	万千升	0.9	0
葡萄酒	万千升	3	42.9
果汁及果蔬汁饮料	万吨	8.4	2.4

【c. 清真食品工业发展概况】

2015 年，全区规模以上清真食品企业达 175 家，占全区规模以上食品企业 72%，实现产值 260 亿元。形成了以伊品生物、蒙牛乳业、伊利乳业等产值超过 20 亿元的清真食品企业群，形成了以中国（吴忠）清真产业园和银川德胜清真食品工业园为主的清真产业园，中国（吴忠）清真产业园已被国家工信部授予“全国产业集群区域品牌建设试点地区”。目前我区清真食品产业呈现出发展速度加快、产业集聚度明显增强、重大项目带动明显、创新能力和对外开放能力增强。宁夏正在借中阿合作，建立国家向西开放桥头堡，积极打造丝绸之路经济带重要的战略支点，并获国务院批复，成为第一个也是唯一的覆盖整个省级区域的内陆开放型经济试验区。《宁夏内陆开放型经济试验区规划》明确提出，全力将宁夏打造成为我国清真食品和穆斯林用品认证、研发设计、生产加工、展示交易和集散中心，使宁夏成为我国重要的清真食品和穆斯林用品产业集聚区。自治区政府先后制定了《关于进一步加快清真食品和穆斯林用品产业发展的意见》、《宁夏清真产业中长期发展规划（2014–2020）》和《关于促进中国（吴忠）清真产业园发展的意见》。宁夏的清真食品和穆斯林用品产业发展已步入快车道。

【d. 主要产业】

1. 枸杞产业

“十二五”，宁夏枸杞种植面积达到 90 万亩，占全国枸杞种植面积的 45%，枸杞干果总产量达到 8.8 万吨，约占全国总产量的 55%，年综合产值达 100 亿元；以枸杞干果、果汁、果酒、籽油、芽油等产品为主的各类销售、加工企业达到 200 余家，其中规模加工流通企业超过 60 家，枸杞加工转化率 15%，枸杞及产品出口量与出口额分别达到 6500 吨与 7000 万美元。枸杞主产区规模乡镇及专业村农民来自于枸杞收入占到 60% 以上，各类枸杞及其产品遍及全国一二三线城市，实现了国内市场全覆盖，枸杞已出口到 40 多个国家和城区。宁夏作为我国枸杞最早的种植地区，生产规模、果品质量和市场占有率等均居全国前列，宁夏枸杞已成为全国枸杞发展的风向标、价格的晴雨表。为全力打造枸杞产业升级版，努力构建“一核、两带、十产区”的产业发展新格局，着力实施良种培育、示范基地建设、低产低效园改造、质量安全提升、龙头企业壮大、文化引领六大工程，再造宁夏枸杞产业发展新优势。

2. 乳制品产业

乳制品产业是宁夏优势特色产业之一。现有乳品加工企业 23 家，其中银川 12 家，吴忠 10 家，中卫 1 家。全区液态奶生产企业 10 家（包含乳饮料企业），乳粉生产企业 10 家，其他乳制品企业 3 家（2 家深加工和 1 家冰品企业）。我区乳制品主要以液体乳和乳粉为主，产量占全区乳制品总产量的 98% 以上，另有少量的婴幼儿配方乳粉、蛋白粉、干酪素、乳糖、奶油等深加工产品。2015 年，全区规模以上乳制品企业完成工业总产值 76.9 亿元，占全区规上食品工业比重达 23.8%，是我区食品工业行业主导产业之一。蒙牛、伊利、夏进三家龙头乳制品企业，2015 年产值总和达 61.2 亿元，占全区乳制品企业总产值的 80%，产业集中度及规模较“十一五”有明显提升。

3. 贺兰山东麓葡萄产业

“十二五”，已经形成全国最大的集中连片酿酒葡萄种植基地，面积达到 60 万亩（其中酿酒葡萄近 50 万亩），酿酒葡萄品种增加了 14 个，达到 30 多个品种。初步形成了以镇北堡为核心的银川市西夏产区；以甘城子为核心的青铜峡产区；以肖家窑为核心的红寺堡产区；以农垦玉泉营、黄羊滩为核心的永宁产区和以金山为核心的贺兰产区等五个产区。目前酒庄（企业）从2010年的38个增加至2015年184个（其中建成投产84个，在建100个）；葡萄产业综合产值由2010年的20亿元增加到2015年的169亿元，就业人数由2010年的2万人增加到2015年的7.5万人。全区葡萄酒加工能力已达27万吨，目前已经形成了酿酒葡萄种植为主导，形成赤霞珠、梅鹿辄、品丽珠、蛇龙珠、西拉、黑比诺、霞多丽、长相思、贵人香等多个国际优质酿酒葡萄品种并存种植格局，品种区域化布局更加趋于合理。

为推动产业研发水平和人才培养，自治区专门组建了宁夏葡萄与葡萄酒研究院，宁夏大学葡萄酒学院和宁夏葡萄酒与防沙治沙职业技术学院，成为培养葡萄产业各类急需要人才、产业技术工人培训和科技研发的基地。贺兰山东麓葡萄文化长廊被列为“自治区特色文化产业示范园区”。同时，为强化产业发展的组织领导，自治区人民政府批准成立了全国第一个葡萄产业管理的正厅级管理机构——宁夏贺兰山东麓葡萄产业园区管理委员会，加挂自治区葡萄产业发展局，对全区葡萄产业发展建设实行统一规划、统筹建设，统筹管理和全过程监督，进一步完善了产业发展体制。

【e. 著名商标】

2015年，全区有226件食品商标被认定为“宁夏著名商标”，其中“夏进”（牛奶）、“厚生记”（小食品）、“宁夏红”（酒）、“中宁枸杞”（枸杞）、“兴唐”（大米）、“嘉禾雪”（面粉）、“盐池滩羊”、“御马”（葡萄酒）、“西夏王”（葡萄酒）、“百瑞源”（枸杞）、“百吉马铃薯”、“西吉芹菜”、“同心圆枣”、“老苗”（月饼）、“塞外香”（粮油）、“涝河桥”（牛羊肉）、“灵武长枣”、“香山硒砂瓜”、“银川白酒”等被认定为“中国驰名商标”。有16件农牧产品商标被注册为宁夏地理标志证明商标。

【f. 出台政策】

宁夏经信委牵头拟定了《自治区政府关于进一步促进中国（吴忠）清真产业园发展的意见》，明确了园区发展的重要意义，提出了园区发展的总体要求、目标任务、主要任务以及保障措施等方面的内容，重点支持园区清真产业发展，《意见》已由自治区政府于2015年5月14日正式印发全区执行。

【g. 清真产业重点工作】

1. 进一步落实自治区政府与中国轻工业联合会签订的《加快宁夏清真产业发展战略合作框架协议》的要求，与中国轻工业联合会、吴忠市政府在北京共同召开支持宁夏清真产业暨吴忠清真产业园对接会。中轻联相关领导及20余家联合会部门直属单位、代管行业学会、协会、媒体及宁夏吴忠清真园区管委会、区内多家企业负责人参加本次对接会，并形成三方纪要。轻工联及相关部门将在清真产业质量标准体系、产品品牌、项目建设和宣传方面予以支持。会后，轻工联积极落实纪要精神，派食品工业管理中心和全国食品工业标准化技术委员会3位专家赴吴忠金积工业园区考察调研，落实相关事宜。

2. 为进一步落实自治区政府印发的《关于促进中国（吴忠）清真产业园发展的意见》（宁政发〔2015〕36号）文件要求，建立中国（吴忠）清真产业园发展联席会议制度，形成长效机制，推进中国（吴忠）清真产业园区的发展。

3. 从自治区新型工业化发展资金争取3000万元，支持吴忠清真产业园建设。园区基础设施建设步伐进一步加快，清真产业创新发展服务中心、清真食品认证中心已基本建成。四是开展调查研究。按照自治区党委要求，实地深入五市、中国（吴忠）清真产业园区等6个重点园区，40户企业实地考察，并与各地工信、宗教、财政、商务、土地、税务、金融等相关部门开展研讨，在此基础上，撰写了《关于宁夏清真食品和穆斯林用品产业发展情况的调研报告》，分析宁夏清真产业发展现状、主要特点及存在的主要问题，提出加快宁夏清真产业发展的政策措施。调研报告得到了自治区党委书记李建华和自治区副主席王和山的阅示。

【h. 重点项目建设】

紧盯葡萄酒、枸杞、清真肉制品、乳制品、生物发酵、马铃薯、饮料等我区特色优势产业，积极推动重点项目建设。截至2015年底，行业重点跟踪项目累计完成投资超过20.65亿元。其中，顶津食品公司饮用水及饮料项目，誉景薯业公司年加工8.5万吨马铃薯项目均已顺利投产；伊利乳业二期扩建项目、家道回乡全谷物产业园已部分投产；其他项目均正常推进。

【i. 企业服务】

1. 争取资金方面

协助5家食品企业申报国家产业振兴技术改造专项资金；81家企业争取自治区新型工业化发展专项资金；争取启元药业、伊品生物、蒙牛乳业等13家食药企业享受差别化电价优惠政策。

2. 缓解融资方面

建立完善食品与药品工业企业项目库，储备优势重点项目，主动向国家专项建设基金、自治区产业发展基金、国家轻工食品基金推荐项目61个；支持鼓励约40多家企业通过新三板、宁夏股权托管交易中心等资本市场进行直接挂牌融资。

3. 行政审批方面

完成对兰赛、昊特兰、银色高地等6家酒庄葡萄酒产能的现场确认，协助宁夏舍得酒业办理了符合国家产业政策的确认证明。

4. 市场开拓方面

组织区内14家清真企业积极参加2015中国（青海）国际清真食品及用品展览会；组织中国（吴忠）清真产业园及相关企业参加第十届东亚国际食品交易博览会；组织宁夏特色产品参加上海食品博览会；主办了吴忠中阿商贸城项目推介会，向区内外近170家食品企业宣传商贸城。向宁夏卫视“活力经济”栏目推荐食品药品行业企业20余家。

【j. 行业管理】

1. 启动规划编制

在2014年编制的《宁夏清真产业中长期发展规划（2014年–2020年）》基础上，2015年开展对食品工业“十二五”发展的评估，并拟定食品行业落实《中国制造2025》实施方案，委托工信部赛迪研究院启动消费品工业、葡萄结构调整“十三五”规划编制工作。

2. 开展食品行业对标

启动食品行业对标工作，制定食品行业对标工作方案，委托宁夏乳制品协会具体负责推进，重点做好食品行业试点企业对标培训、工作指导、实地考察。

3. 推进诚信体系建设

年初制定了《关于在全区食品工业企业中开展诚信体系建设工作的实施方案》，配合自治区食安办开展2015年宁夏食品安全宣传周活动，召开全区食品企业诚信体系建设培训暨两化融合现场观摩会。

4. 深入调查研究

牵头自治区农牧、林业、葡萄酒、农垦等部门，赴上海、江苏、云南及区内部分市县、企业，对我区第一产业开放型经济体系建设进行了深入调研，根据调研情况牵头撰写了《关于建设我区开放型农业经济产业体系的调研报告》。

【k. 评优评强工作】

组织区内轻工企业申报中国轻工联轻工企业十强百强评选活动。经自治区经信委申报及企业直报，宁夏红枸杞产业集团、天然蜂产品、恒源万福清真食品、伊品生物科技、厚生记食品、荣昌绒业、嘉源绒业、塞尚乳业、金河乳业等企业榜上有名。获奖企业参加了在北京举行的“第四届中国轻工企业家高峰论坛暨轻工百强企业颁奖盛典”。二是组织区内食品企业申报全国食品工业优秀龙头食品企业和食品工业强县活动。推荐企业21家，上报中国食品协会进行评选，经评选宁夏昊王米业集团有限公司、中宁县恒兴果汁有限公司、宁夏宁安堡土特产品有限公司、宁夏昊帅粮油有限责任公司、宁夏天人和清真豆制品股份有限公司、宁夏法福来清真食品股份有限公司获得全国食品工业优秀龙头食品企业称号。

刘 然

3.28 新疆维吾尔自治区

【a. 概况】

2015年，新疆维吾尔自治区（以下简称新疆）以资源优势为依托，以转型升级为主线，食品工业快速发展。在经济下行压力加大的宏观环境下，充分发挥了稳增长、促就业、惠民生的重要作用。

新疆食品工业规模以上企业（下同）601家，比上年增长10.1%。食品工业规模以上企业实现生产总产值925.435亿元，占全区工业总产值的11.4%；实现主营业务收入896.3亿元，增长11.9%。其中：农副食品加工业、食品制造业、酒、饮料和精制茶制造业和烟草制造业实现主营业务收入分别占规模以上食品工业的56.6%、24.4%、13.7%和5.3%。

1. 工业生产

全区食品工业实现工业增加值240.3亿元，同比增长11.8%，占全区工业增加值的9.0%。其中农副食品加工业，食品制造业，酒、饮料和精制茶制造业，烟草制品业工业增加值分别为95.7亿元、60.6亿元、47.6亿元、36.3亿元，同比增长15.4%、5.3%、13.5%、11.6%。

2. 市场销售

全区实现食品工业销售产值891.6亿元，产品产销率为96.3%；其中农副食品加工业，食品制造业，酒、饮料和精制茶制造业，烟草制品业产销率分别为96.7%、94.1%、97.2%、100.9%。在限额以上批发和零售业商品销售总额中，食品、饮料、烟酒类496.5亿元，同比增长7.5%。

3. 经济效益

全区食品工业实现利税总额149.2亿元，同比增长23.9%；其中：实现利润总额94.3亿元，同比增长31.2%。上缴税金55.0亿元，同比增长13.4%。全区食品工业百元主营业务收入上缴税金6.1元。

全区食品行业亏损面为22.6%。其中，农副食品加工业，食品制造业，酒、饮料和精制茶制造业，烟草制品业的亏损面分别为22.4%、27.2%、16.2%。

4. 出口情况

全区食品工业出口交货值36.5亿元，同比增长47.7%。其中农副食品加工业3.1亿元，同比下降17.6%；食品制造业33.1亿元，同比增长60.7%；酒、饮料和精制茶制造业0.25亿元，同比下降26.5%。

5. 资产情况

全区食品工业资产合计969.5亿元，其中农副食品加工业440.0亿元，占全区食品工业的45.4%；食品制造业323.4亿元，占全区食品工业的33.4%；酒、饮料和精制茶制造业155.6亿元，占全区食品工业的16.0%；烟草制品业工业50.6亿元，占全区食品工业的5.2%。

全区食品工业资产负债率为59.8%。其中，农副食品加工业62.4%；食品制造业64.1%；酒、饮料和精制茶制造业54.2%；烟草制品业工业26.9%。

6. 主要问题

（1）区内市场容量有限，多数产品需要远销内地。但是由于运输距离远、物流成本高、冷链物流滞后，削弱了企业的竞争力。

（2）企业技术创新能力弱，科技成果转化率低，品种、品质、品牌不能适应市场的需求。

（3）原料基地建设有待进一步加强，农企利益连接机制有待进一步完善。

【b. 大事记】

1、开展了食品工业精品品牌工程建设。

2、举办了首届丝绸之路新疆葡萄酒节。

3、召开了全区番茄酱加工企业座谈会。

4、开展了区内外葡萄酒产业专题调研。

5、组织企业参加了2016北京房山国际葡萄酒节。

6、召开了部分企业银企座谈会。

【c. 主要经济指标】

表1 新疆食品工业主要经济指标

单位：亿元、%

行业	工业总产值	比上年增长	主营业务收入	比上年增长
食品工业	925.5	7.6%	896.3	11.9%
农副食品加工业	512.7	8.1%	507.5	14.6%
食品制造业	232.7	3.8%	218.4	5.5%
饮料等	132.9	12.0%	122.7	13.5%
烟草制品业	47.2	10.6%	47.7	11.0%

表2 新疆食品工业规模以上企业数

行业	企业数（家）
食品工业	601
农副食品加工业	401
食品制造业	125
酒、饮料和精制茶制造业	74
烟草制品业	1

表3 新疆食品工业利润、税金总额及其增长速度

行业	利润总额（万元）	增长	税金总额（万元）	增长
	942542.1	31.0%	549951.4	13.5%
农副食品加工业	484281.9	35.5%	66876.2	-18.0%
食品制造业	192942.9	48.0%	85060.8	35.1%
酒、饮料和精制茶制造业	212549.9	24.8%	121801.4	17.5%
烟草制品业	52767.4	-14.2%	276213.0	16.9%

表4 新疆食品工业主要产品产值

单位：万元

行业	工业总产值（当年价格）	工业增加值	增加值率
食品工业	9254646.1	2402997.1	26.0%
农副食品加工业	5126781.3	956824.4	18.7%
#谷物磨制	617605.7	71003.2	11.5%
饲料加工	898094.8	141806.6	15.8%
制糖	235535.4	52334.9	22.2%
食品制造业	2326804.1	606051.0	26.0%
#罐头制造	406888.0	80203.6	19.7%
饮料制造业	1328592.7	476574.5	35.9%
#酒的制造	799044.9	353583.6	44.3%
烟草制品业	472468.0	363547.2	76.9%

表5 年新疆食品工业销售产值

行业	工业销售产值（万元）	比上年增长（%）
食品工业	8916581.4	11.0%
农副食品加工业	4959714.9	12.3%
食品制造业	2189161.2	5.7%
酒、饮料和精制茶制造业	1290800.3	16.1%
烟草制品业	476905.0	11.0%

表6 新疆居民食品价格分类指数（上年=100）

项目	全区	城市	农村
居民消费价格总指数	100.6	100.5	100.6
食品	99.2	99	99.5
粮食	101.7	101.4	102.1
大米	102	101.9	102.2
面粉	101.7	101.8	101.6
粮食制品	100.5	100.6	100.3
淀粉及制品	102.5	105.1	99.1
干豆类及豆制品	103.8	105.8	100.5
油脂	97.7	98.8	96.2
肉禽及其制品	93.5	93.5	93.4
蛋	92.8	92.5	93.3
水产品	98.3	98.3	98.3
菜	101.3	101.4	101
鲜菜	101.4	101.5	101.1
干菜及菜制品	102.4	102.1	103.1
薯类	96.3	97.2	94.2
调味品	102.2	102	102.5
食糖	101.6	102.2	101.1
糖果	101.3	103	99.4
巧克力制品	101.8	104	99
糖类小食品	100.5	100.9	99.9
茶及饮料	102.6	103.5	101.2
干鲜瓜果	101.5	96.9	110.3

项目	全区	城市	农村
鲜瓜果	101.6	94.7	113.4
干(坚)果	101.1	101.9	98.9
糕点饼干面包	101.6	101.4	102.2
液体乳及乳制品	99	98.8	99.5

【d.主要产品产量】

表7 新疆食品工业主要产品产量

产品名称	2015年	比上年增长
大米(吨)	433247	-7.8%
小麦粉(万吨)	327	7.6%
精制食用植物油(吨)	1879246	0.9%
成品糖(吨)	440194	-1.1%
饲料(吨)	4207647	9.7%
糖果(吨)	5479	-36.7%
乳制品(吨)	486403	11.0%
罐头(吨)	876480	5.4%
#番茄酱	825233	5.2%
味精(吨)	103	10.8%
酱油(吨)	20903	-7.3%
方便面(吨)	50177	-4.0%
发酵酒精(千升)	71957	-15.7%
饮料酒(千升)	665587	7.1%
#白酒	85951	10.4%
啤酒	467756	1.3%
葡萄酒	87456	8.2%
软饮料(吨)	2603244	20.3%
#碳酸饮料	146064	-23.6%
果汁和蔬菜汁饮料	971690	35.8%
包装饮用水	1252200	21.2%
冷冻饮品(吨)	47395	-13.4%
卷烟(万支)	2015000	6.1%

表8 近3年新疆食品行业名牌产品

新疆食品行业名牌产品(初评)

企业名称	商标名称	产品名称
新疆绿华糖业有限责任公司	霍尔果斯	白砂糖
新疆绿原糖业有限公司	绿原	白砂糖
中粮屯河股份有限公司	屯河	白砂糖
新疆绿翔糖业有限责任公司	西沁	白砂糖
新疆伊珠葡萄酒有限公司	伊珠	葡萄酒
新疆乡都酒业有限公司	乡都	葡萄酒
吐鲁番楼兰酒业有限公司	楼兰	葡萄酒
新疆新雅葡萄酒业有限公司	新雅	葡萄酒
新疆三台酒业(集团)有限公司	三台	果酒
新疆乌苏啤酒有限责任公司	乌苏	啤酒
伊吾县喀尔里克畜牧开发有限公司	途阔	冷鲜、冷冻牛羊肉
额敏县万通畜牧有限责任公司	也迷里	冷鲜、冷冻牛羊肉
新疆绿翔牧业有限责任公司	绿翔	冷鲜、冷冻牛羊肉
北屯额河草原食品有限责任公司	阿吾勒	冷鲜、冷冻牛羊肉
新疆阿布丹食品开发有限公司	阿布丹	核桃玛仁糖
新疆三宝乐农业科技开发有限公司	FSH	啤酒花制品
新疆生产建设兵团第二师二十七团	天湖	啤酒花制品
昌吉市骆氏酒花科技有限公司	骆氏	啤酒花制品
新疆麦趣尔食品有限公司	麦趣尔	烘焙制品
新疆尤再尔农业科技发展有限公司	尤再尔	冰糖
尉犁小巴郎食品科技有限责任公司	小巴郎	烤全羊羔
吐鲁番皇家瓜园农业发展有限公司	火焰山	甜瓜
新疆生产建设兵团第六师一0三团	金皇后	甜瓜
新疆天山面粉(集团)有限责任公司	天山	小麦粉
新疆中聚粮油有限公司	中聚	棉籽油
新疆金鑫生物科技发展有限公司	西域	棉籽油
石河子汇昌油脂有限责任公司	汇昌	葵花籽油
新疆瑞隆农业发展有限责任公司	天宝	葵花籽油
新疆红花缘科技有限公司	红花缘	红花籽油
新疆庄子实业有限公司	庄子开拓	红花籽油
中粮塔原红花(新疆)有限公司	塔原	红花籽油

2014年新疆食品行业名牌产品

企业名称	商标名称	产品名称
新疆伊力特实业股份有限公司	伊力特	白酒
新疆第一窖古城酒业有限公司	古城	白酒
新疆博圣酒业酿造有限责任公司	博谷圣醇	食用酒精
新疆绿原糖业有限公司	静月	食用酒精
新疆中德农业发展有限公司	天山雪莲	辣椒酱
新疆笑厨食品有限公司	笑厨	辣椒酱
新疆和硕丁丁食品有限责任公司	丁丁	辣椒酱
新疆中亚食品研发中心(有限公司)	新康	辣椒酱
新疆笑厨食品有限公司	笑厨、乎喜布亦、沙驼	酿造食醋 酿造酱油
新疆七一酱园酿造有限公司	七一酱园	酿造食醋 酿造酱油
新疆果业集团有限公司	西域果园	葡萄干
麦趣尔集团股份有限公司	麦趣尔	液体乳、雪糕
新疆锦德食品有限责任公司	锦德	冰棍

企业名称	商标名称	产品名称
新疆绿草原肉禽食品有限公司	绿疆	雪糕
乌鲁木齐县蓝博尔饮料厂	蓝博尔	苏打水
新疆高原红雪菊科技有限公司	叶亦克	雪菊
新疆生命核力高科股份有限公司	HBS华博士	雪菊
新疆北疆果蔬产业发展有限责任公司	北疆	鲜食葡萄
吐鲁番市红柳河园艺场	红柳	无核白葡萄
新疆拓普农业股份有限公司	拓普	库尔勒香梨
新疆阿克苏地区红旗坡农场	红旗坡	苹果
温宿县木本粮油林场	宝圆	核桃
新疆和田果之初食品股份有限公司	果之初	核桃
新疆鸿锦枸杞实业有限公司	精粒来	枸杞干果
伊宁向新禽业有限责任公司	善能100	鸡蛋
阜康市天阜生态科技有限公司	天阜	鸡蛋
新疆永华生物科技开发有限公司	永春华	鲜食用菌
皮山县方圆绿色农业科技开发有限公司	黑小子	山药
吉木萨尔县惠农农业产业化专业合作社	惠缘	马铃薯
吉木萨尔县鑫绿源农业科技开发有限公司	鑫绿源	鲜食甜糯玉米
新疆汇祥农业发展有限公司	鑫北屯	奶花芸豆
新疆盛康粮油有限公司	伊盛	小麦粉
新疆仓麦园有限责任公司	仓麦园	小麦粉
新疆天山面粉（集团）奇台有限公司	古城	小麦粉
新疆喀春粮油有限公司	喀春	小麦粉

2013年新疆食品行业名牌产品

企业名称	商标名称	产品名称
新疆瑞源丰贸易有限公司	瑞源丰	葵花籽仁
新疆汇祥农业发展有限公司	鑫北屯	葵花籽仁
新疆艾萨尔生物科技股份有限公司	艾萨尔	清真食用骨明胶
新疆天山奇豆生物科技有限责任公司	天山奇	鹰嘴豆系列产品
宏达盐业有限责任公司	黄羊	食用盐
新疆盐湖制盐有限责任公司	盐湖	食用盐
精河县精河盐化有限责任公司	艾比湖	食用盐
新疆恒丰糖业有限公司	升奇	低聚糖
伊犁百信草原蜂业有限责任公司	百信蜂业	蜂产品
新疆伊犁伊帕尔汗香料发展有限责任公司	伊帕尔汗	精油
新疆和田阳光沙漠玫瑰有限公司	沙漠香魂	玫瑰精油

企业名称	商标名称	产品名称
新疆和田阳光沙漠玫瑰有限公司	沙漠香魂	鲜玫瑰露
新疆中亚食品研发中心（有限公司）	新康	调味番茄酱
新疆秦星实业投资有限公司	秦星	番茄酱罐头
新疆西域春乳业有限责任公司	西域春	酸乳
新疆西域春乳业有限责任公司	西域春	液体乳
南达新农业股份有限公司	南达	液体乳
新疆石河子花园乳业有限公司	花园	液体乳
新疆石河子花园乳业有限公司	花园	乳粉
新疆旺源驼奶实业有限公司	旺源	全脂驼乳粉
阿勒泰冰花食品有限责任公司	涵香	奶酪
麦趣尔集团股份有限公司	麦趣尔	果蔬汁饮料
新疆阿米娜特色农业高科技开发有限公司	阿米娜	黑加仑果汁
石河子开发区神内食品有限公司	神内	胡萝卜汁系列饮料
新疆王液酿造有限责任公司	王液之家	哈密大枣汁
新疆伊珠葡萄酒有限公司	伊珠	冰葡萄酒
察布查尔县伊香米业有限责任公司	伊香	大米
新疆天山雪食品有限责任公司	天山雪	大米
新疆米全粮油购销有限公司	米全	大米
新疆拜城万帮淀粉制造有限公司	天牛	玉米淀粉
新疆昆仑神农有限公司	昆神	甘草浸膏
新疆富沃药业有限公司	富沃	甘草浸膏
新疆阿拉尔新农甘草产业有限责任公司	红柳	甘草浸膏
皮山县皮亚勒玛乡石榴协会	皮亚曼	石榴
新疆天海绿洲农业科技股份有限公司	天枣	红枣
新疆塔里木大漠枣业有限公司	大漠	干制红枣
新疆哈密瓜乡果业股份有限公司	丝路雪	哈密大枣
和田昆仑山枣业股份有限公司	和田玉枣	和田玉枣
伽师县兴民农产品购销有限公司	疆冠	伽师瓜
英吉沙县供销合作社联合社	色买提	色买提杏

詹寒戈

3.29 辽宁省

2015 年，辽宁食品工业克服国内经济持续下行压力等一系列不利因素，经过行业企业在调结构、谋创新、去产能、降成本等方面的不懈努力，全行业总体上形成了运行降中趋稳、结构持续优化、转型升级加快的发展态势。

【a. 概况】

2015 年，辽宁食品工业受各种不利因素叠加共振影响，运行压力持续加大，主要经济指标继续较大幅度下降。分析认为，主要原因有以下几个方面：一是，产业调整和升级导致部分企业压缩落后产能，而新的产能又没有较好适应和满足消费升级和转化的要求，对行业的贡献作用较弱；二是，受汇率大幅波动和国际市场低迷影响，出口下降明显，2015 年全省食品工业完成出口交货值同比下降 36.4%；三是，结构性产能过剩促使部分行业竞争加剧，重返价格竞争的老路；四是，人力资源和融资成本上升等因素也进一步抬高企业的运行成本；五是，以“互联网 +”为代表的新型产销模式尚未形成优势，对行业的牵动作用较小；六是，全年食品消费价格指数增幅同比有所回落；七是，做实数据，单体企业主营业务收入有所下降，部分未达到规模以上标准的企业被清理出库。

虽然行业整体运行仍然低迷，行业总量降幅较大，但效益指标降幅有所趋缓，且细分行业状况不尽相同，表现在：一是，以水产品加工为代表的出口加工型行业，受国际市场、汇率、人力成本等因素影响面临较大的运行压力；二是，以肉禽加工、粮食加工为代表的粗加工型行业，面临着较严重的产能过剩压力，在市场低迷时只能采取压价竞争或降低开工率来应对，发展举步维艰；三是，以乳制品、肉制品为代表的食品制造业仍存在产品附加值低、品牌知名度不够等方面的短板，各项经济指标也有较大降幅；四是，以酒、饮料行业为代表受政策影响较大的行业经过长期调整出现了复苏迹象，但仍未根本扭转低迷的发展局面；五是，以烘焙、速冻食品等为代表的方便、快销食品行业紧贴市场脉络，积极顺应市场需求，保持了平稳、健康的发展态势。

2015 年，辽宁规模以上食品工业企业 1836 户，同比减少 194 户，其中：农副食品加工业企业数量减少达 133 户，同比降幅达到 8.9%。

表1 全省食品工业主要经济指标

单位：户、亿元

指标分类	企业数	主营收入	同比	利润总额	同比	利税总额	同比	增加值同比
农副食品加工业	1358	3104.7	-28.9%	124.3	-35.0%	176.8	-34.2%	-38.4%
食品制造业	273	472.4	-31.0%	25.3	-34.4%	37.1	-35.1%	-30.9%
茶、饮料、制造业	201	357.8	-23.9%	28.6	-23.0%	50.4	-18.7%	-21.4%
烟草加工业	4	86.1	10.0%	2.9	-18.3%	58.8	5.7%	6.8%
食品工业合计	1836	4020.9	-28.2%	181.1	-33.1%	323.1	-27.1%	-33.8%

1. 从主要产品看

2015 年，全省规模以上食品工业主要产品产量降多涨少，在全国排名位次多数下降。

表2 主要产品产量及行业排名

单位：万吨、万千升

指标分类	产量	同比	占全国产量比重	全国排比
乳品	92.8	6.1%	3.3%	11

指标分类	产量	同比	占全国产量比重	全国排比
啤酒	242.3	-10.9%	5.1%	6
白酒	46.4（折65度）	-8.1%	3.5%	10
精制油	240.8	-8.1%	3.6%	10
软饮料	348.4	-22.9%	2.0%	-

2. 从企业规模看

产业聚集度有所提升。全省规模以上食品工业企业主营业务收入超过10亿元的企业有52户，完成的主营业务收入合计1058.6亿元，分别占全省规模以上食品工业企业的2.8%和26.3%，户均主营业务收入20.4亿元，是全省平均的9.3倍。

表3 全省食品工业企业50强分布表

	企业数	2015年主营业务收入（亿元）
100亿以上	1	107.9
50亿-100亿	1	52.2
30亿-50亿	6	228.1
10亿-30亿	44	670.3

3. 从价格指数看

食品依然保持较高水平。全年居民消费价格比上年上涨1.4%。其中：食品类价格上涨2.5%，烟酒及用品类价格上涨3.0%；全年农产品生产价格下降0.5%。

4. 与全省工业对比情况看

各项指标略好于其他行业。全省规模以上食品工业增加值降幅高于全省工业5.5个百分点，主营业务收入降幅高于全省工业2.9个百分点，利润降幅低于全省工业7.7个百分点，利税降幅比全省工业高1.3个百分点。

全省规模以上食品工业企业户数、主营业务收入、利税总额、利润总额分别占全省农产品加工业的比重为55.1%、65.6%、68.3%、63.1%；占全省工业的比重分别为12.3%、10.8%、10.7%、15.2%。

5. 从各地产业发展状况看

产业政策和区位优势在产业发展上体现明显。各市规模以上食品工业企业户数占工业比重超过全省平均水平的有7个市，锦州、铁岭、丹东分占前3位；主营业务收入占工业比重超过全省平均的有6个市，铁岭、丹东、锦州分占前3位；户均主营业务收入超过全省平均的有4个市，其中锦州市最高，户均3.1亿元，比全省平均高0.9亿元，比全国平均高0.2亿元；沈阳、大连规模以上食品企业合计864户，主营业务收入合计2145.9亿元，分别占全省47.1%和53.3%。另外，阜新食品工业对地方贡献强度相对较高，以10.9%的规模以上企业占比贡献了19.3%的主营收入占比。

表4 全省各市规模以上食品工业企业情况

单位：户、亿元

	企业单位数	主营业务收入
全省	1836	4020.9
沈阳	460	1339.1
大连	404	806.8
鞍山	149	266.8
抚顺	73	94.3
本溪	33	47.4
丹东	129	123.8
锦州	183	561.5
营口	70	205.5
阜新	70	101.0
辽阳	16	17.9
铁岭	83	145.2
朝阳	59	65.5
盘锦	73	208.9
葫芦岛	34	37.2

6. 从区域情况看

辽宁在东北食品工业的老大地位有所动摇。自2014年起东北三省食品工业主要经济指标已连续2年负增长，2015年东北三省规模以上食品工业企业主营收入和利润总额占全国比重分别为10.38%和6.17%，同比分别下降9.04%和16.13%。其中：辽宁规模以上企业户数和主营业务收入分别占东北三省的40.0%和34.2%。从全国排名上看，2014年辽宁、吉林、黑龙江分别排在第7、11和13位，2015年分别排在11、10和13位。

7. 从全国情况看

全省规模以上食品工业主营业务收入占全国比重为3.5%，比上年减少1.3个百分点。在全国排名（按主营业务收入计）从上年的第7位降至第11位。

全省规模以上食品企业户均实现主营业务收入2.2亿元（低于全国平均水平23.5%），同比下降0.6亿元；户均实现利润986.4万元（低于全国平均水平51.3%），同比减少346.2万元；户均上缴税金1759.8万元（低于全国平均60.5%），同比减少424.7万元。

【b.“十二五”回顾】

“十二五”期间，受宏观经济拐头下行和产业结构加快调整等因素影响，辽宁食品工业整体呈现前高后低的运行态势。截至“十二五”末，全省规模以上食品工业企业1836户，完成主营业务收入4021.0亿元，完成利税总额323.1亿元，利润总额181.1亿元，分别比“十一五”末增长-30.0%（有统计口径变化因素）、9.5%、21.9%、5.5%。

1.主要指标完成情况

“十二五”期，食品工业主要经济指标中规模以上企业数、主营业务收入、利润总额均比期初有不同程度的下降，仅上缴税金有一定的增长。主要产品产量稳中有降，在全国的位次相对稳定。

表5 “十二五”期间辽宁食品工业主要指标

单位：户、亿元

年份 指标	2011年	2012年	2013年	2014年	2015年
企业数	2017	2097	2088	2030	1836
主营收入	4434.3	5528.0	5959.7	5597.1	4021.0
利税总额	436.2	599.6	627.8	443.5	323.1
利润总额	313.7	414.1	407.8	270.5	181.1

表6 “十二五”期间主要产品产量

年份 产品分类	2011年	2012年	2013年	2014年	2015年
白酒（万千升）	68.05	80.6	54.8	50.4	46.4
啤酒（万千升）	262.2	264.1	272	272.07	242.3
精制食用植物油（万吨）	169.84	234.5	244.9	263.61	240.8
乳制品（万吨）	-	106.0	96.7	87.48	92.8
软饮料（万吨）	397.14	446.4	431.7	452	348.4

2.主要成就

“十二五”期间，辽宁食品工业加快深化改革、优化产业布局、引进成套先进生产设备、改进工艺流程，企业的经营规模、管理水平和市场竞争力进一步提高，吸纳就业的能力和惠农作用显著增强，对县域经济发展和新农村建设的贡献率不断提高，在改善民生、保障食品安全和满足人民多元化消费需求等方面均发挥了积极有效的作用。

(1)产业布局更趋合理

各地区形成了以优势资源为核心的产业发展格局，产业规模不断壮大、产业特色鲜明，具备了较强的竞争优势。沈阳依托中心城市优势，食品各产业均衡发展，综合能力不断提升；辽东和辽南水果加工产业特色鲜明、优势显著，沿海区域围绕海洋水产加工发展外向型产业趋势良好；辽北和辽西地区重点发展玉米、花生、肉制品和杂粮深加工，产业链条不断延伸，产品附加值显著提高，发展前景良好。

(2)技术装备和生产工艺水平显著提高

大量新装备、新技术、新工艺的应用，使行业整体精深加工水平不断提升。沈阳、大连等食品工业优势地区的现代化、信息化和工业化水平不断提高，企业综合研发、创新能力明显增强。啤酒、乳品、粮油加工等行业广泛采用大型自动化成套设备和先进生产工艺，生产效率和产品质量的稳定性大幅提高。一些大型骨干企业开始引进智能生产、智能装卸设备，不断探索智能化、柔性化生产，工艺和装备水平显著提升。

(3)产业聚集发展效果显著

“十二五”期间，辽宁各地注重发挥地域、资源、技术力量以及产业基础优势，全面推广创建示范基地和特色产业集群的成功经验及做法，不断推进食品产业集群建设，具有地方特色的食品产业聚集区蓬勃发展。沈阳、大连农产品精深加工园区已形成集群化、规模化发展优势，其中：沈北农业高新区产业规模超过500亿元，成为东北地区规模最大的农产品加工产业集群；庄河农副产品深加工产业集群以资源优势为依托，产业链条初步形成，集聚效益明显提升；桓仁葡萄酒和西丰医药保健品产业集群强势崛起，成为引领地区行业发展的新引擎。丹大一带的水产品加工、辽西北地区畜禽肉类加工、辽宁东部山区林下产品等加工园区初具规模，盘锦大米、朝阳杂粮、营口海蜇等产业集聚区也在国内形成一定的影响，正成为辽宁食品工业发展新的推动力。

(4) 两化融合步伐加大加快

信息化与行业发展深度融合，信息化、智能化在企业管理、生产控制、质量检测、市场开拓等多个方面得到进一步应用。大型食品企业在信息化建设方面投入不断加大，部分行业龙头企业已基本上实现了信息化、智能化在企业生产、管理和市场营销等环节的全覆盖。质量安全追溯体系取得突破，重点产品有关信息实现了与消费者的“零距离”交换。企业开始试水“互联网+”应用，形成线上统一供应体系、线下分工合作的新生产营销模式，部分企业信息化程度已接近或达到国际先进水平。

(5) 行业发展国际化趋势明显增强

“十二五”期间，市场配置资源的作用明显，通过企业并购重组和先进工艺技术的引进和吸收，饮料、乳品、食用油、面粉、方便面等行业引进外资、域外布局、融合发展的步伐加快，产品档次和技术水平得到了进一步提高。一些企业也积极开展“走出去”战略，利用海外资源投资建厂，就地转化加工，既有效地避免了贸易壁垒，又扩大了市场，树立了辽宁食品工业良好的国际形象。

(6) 行业发展环境逐步改善

随着《食品安全法》的实施，企业履行食品安全主体责任的意识进一步增强、能力不断提高，以产业安全确保食品安全的理念在广大食品企业中深深扎根；不断完善的监管体系有力地确保了行业监管统一、高效的运行；行业中介组织积极倡导行业自律和承诺，鼓励企业树立诚实守信的经营理念；新闻媒体大力开展食品安全知识宣传，使消费者食品安全意识不断提高，自我保护能力逐步增强。食品安全社会共治形成合力，为食品工业发展营造了良好发展环境。

【c. 品牌建设】

品牌建设稳步发展，一批优秀的企业（品牌）获得不同级别的表彰。2015年，国家工商总局新认定辽宁驰名商标10户，其中：食品工业类产品1项。辽宁省工商局续展认定2015年省著名商标288项，其中：食品工业类91项，占31.6%；辽宁省名牌推荐委员会认定2014年度辽宁名牌产品328项，其中：食品工业类产品76项（不含饲料、种子），占23.2%；辽宁重点名牌产品39项，其中：食品工业类产品4项，占10.3%。

在2015年中国酒类品牌价值200强评选中，辽宁有5户白酒企业上榜；辽宁辉山乳业集团有限公司被工信部核定为2015年工业品牌培育示范企业；阜新市振隆土特产、德美客2户企业获得中国食品工业协会颁发的2014–2015年度全国食品工业优秀龙头食品企业称号。

表7 中国酒类品牌价值200强辽宁企业名单

排序	酒企名称	品牌价值（亿元）
75	辽宁三沟酒业	41.31
86	辽宁道光廿五集团满族酿酒有限责任公司	34.98
120	辽宁铁刹山酒业有限责任公司	23.91
125	沈阳天江老龙口酿造有限公司	23.22
143	辽宁凤城老窖酒业有限责任公司	19.92

【d. 科技创新与产学研】

科技创新能力建设取得新进展。2015年辽宁省经信委新认定省级食品企业技术中心56户，其中：食品工业类5户。截至2015年，全省有省级企业技术中心642户，其中：食品工业类25户，3.9占%；部分领域新产品开发取得一定突破。如大连辽渔集团成功研发出具有世界领先的南极磷虾系列产品 40 多个，并成为国内唯一可使用磷虾油生产普通食品的企业，打破了国外同行业的垄断。营口市辽宁味中鲜食品科技有限公司研发的“鱼肉豆豉酱加工工艺技术”填补了国内市场空白。

产学研工作稳步推进。辽宁省食品行业管理部门积极协调省内食品行业科研院所、监管机构以及检测机构的知名专家学者，组建了行业专家组，进一步增强和完善了全省食品产业技术支撑体系。阜新市食品行业管理部门积极协调企业与沈阳农大等科研院所开展联合技术攻关、建立研发工作站，促进企业核心技术的提升。

【e. 食品安全】

按照国家食药监总局相关要求，辽宁省食药监局在组织的国家食品安全监督抽检中，共在辽宁省内进行监督抽检 1880 批次食品（不含初级食品产品），其中：合格产品 1825 批次，合格率为 97.07%，不合格产品 55 批次，不合格率为 2.93%。

表8 国家食品安全抽检（辽宁）明细表

产品类别	抽查批次：其中		
		合格	不合格
水产品及水产制品	2	2	0
蛋及蛋制品	66	66	0
豆及豆制品	48	48	0
调味品	85	77	8
焙烤食品	230	228	2
炒货食品及坚果制品	10	8	2
薯类及膨化食品	29	28	1
饮料	184	183	1
粮食及粮食制品	233	231	2
食用油、油脂及其制品	104	103	1
乳制品	180	180	0
蜂产品	50	50	0
餐饮食品	51	45	6
肉及肉制品	113	113	0
食品添加剂	20	20	0
酒类	335	318	17
水果及其制品	35	30	5
茶叶及其相关制品、咖啡	5	5	0
蔬菜及其制品	60	52	8
罐头	10	10	0
冷冻饮品	30	28	2
合计	1880	1825	55

【f. 展贸工作】

面对经济持续下行压力，辽宁各地食品行业管理部门积极开展走出去，请进来，组织企业参加省内外各类食品行业展会，帮助企业宣传品牌、拓宽渠道、扩大份额、抢占订单。沈阳市承办了禾丰・2015 中国（沈阳）食品博览会，此次食博会以“安全、健康、食尚、惠民”为主题，让消费者通过视觉听觉感受到食品企业对食品安全的重视，让消费者了解企业对食品安全的措施，树立了辽沈食品企业的良好形象；大连市 5 月份组织近 20 家食品企业到广州，参加了 2015 辽宁（广州）商品展洽会。10 月份组织海产品、农副食品、酒类等约 50 家食品企业，参加了第七届中国（大连）轻工商品博览会；盘锦市组织 20 户企业参加了南京、杭州以及省内的产品展销会，促成多起销售合同、意向合同，并找到了多个区域代销合作商。

【g. 协会动态】

2015 年，辽宁省各级食品行业（专业）协会面对严峻的行业发展形势，立足服务、突出特色，加强了行业间的经验交流活动，为化解行业风险，提振行业士气，促进行业走出低谷做出了积极的贡献。省食品工业协会联合东北三省食品工业协会共同举办了“中国・名优特食品（大连）博览会暨互联网 + 食品高峰论坛”，邀请了国内知名行业专家研判行业发展趋势，解读国家相关政策。组织省内食品企业参加了在河南、上海、山东等地举办的中国食品产业发展和品牌创新论坛，学习发达地区在行业发展和推广方面的经验。沈阳食品协会组织了“红梅・第七届沈阳食品节暨 2016 沈阳食品行业高峰论坛”。鞍山食品协会举办了 2015 年鞍山食品行业发展高峰论坛，围绕在重工业比重较大的地区如何通过食品工业的强势崛起实现发展破局集思广益。省白酒协会通过搭建交流平台，促进企业查找不足、互鉴互学，举办了辽宁白酒产品监督创新评酒会，共涉及38家白酒重点企业的78个产品，其中创新产品14个，新产品8个。

【h. 重点行业】

1. 啤酒行业

2015年，辽宁啤酒行业总体格局日趋稳定，受宏观经济、消费环境和天气因素影响，啤酒产销量增速放缓。2015年全省规模以上啤酒企业总产量为242.3万千升，同比下滑11.0%，降幅高于全国啤酒行业降幅5.9个百分点，产量占全国总产量的5.1%，同比下降0.4个百分点。

根据辽宁省啤酒行业统计数据分析，2015年全省重点啤酒企业18户，合计产量239.3万千升，同比下降3.2%。产量超过10万千升以上的企业共有6户，比上年减少1户，占统计企业的三分之一，合计产量160.7万千升，占统计企业产量67.2%。产量最高的单体企业产量为79.5万千升；产量最高的品牌在全省共有10户企业，总产量175.4万千升，占统计产量73.3%，地产品牌仅有2户，合计产量11.2万千升，占统计产量4.7%；从地区情况看：沈阳、大连、鞍山位居产量前三位，分别为86.8万千升、39.2万千升、20.7万千升，分别占统计总产量的36.3%，16.4%和8.7%，同比分别增加–4.9%、–21.4%、3.0%，三市合计产量占统计产量61.3%。

全省18户重点啤酒企业全年实现利税总额为22.7亿元，比上年增长2.7%；实现产品销售收入净额为62.0亿元，增长2.5%；实现利润总额为10.6亿元，与去年基本持平。其中：千升酒平均利润达到444.61元，达到100元以上（含100元）的企业共有11家；全年人均实现利税21.9万元，达到30000元/人、年以上的企业有16家。

从物耗指标看：2015年全省18户重点骨干企业五项消耗指标除酒损、粮耗比去年同期略高，其他三项均比去年同期降低，具体指标完成情况如下：

表9 全省重点啤酒企业五项消耗指标表

指标分类	最高	最低	平均	同比	共节约
总损失率%	3.4	0.02	2.6	0.2	-
耗粮（kg/kl）	157.0	141.4	147.5	0.8	1818t
耗煤（kg/kl）	61.0	17.4	30.0	-6.20	-14840T
耗电（度/kl）	89.4	37.5	48.6	-1.46	-3490000°
耗水（m³/kl）	5.2	2.3	2.9	-0.09	-215000m³

2. 白酒行业

2015年辽宁省白酒行业历经近4年的行业调整，行业发展逐步止跌企稳，并出现明显了触底复苏信号，多数企业主要经济技术指标有所改善。2015年，全省白酒产量46.4万千升（折成65度计），同比下降8.1%，占全国比重3.5%，占比下降0.5个百分点。

从生产企业看，长期的行业调整倒逼白酒行业开展全面治理与整合，生产运营出现许多新气象，特别是在创新驱动，开拓市场，品牌建设，以及突破资金、人才、销售瓶颈等方面，出现了许多新观念、新思路。

从白酒业的发展趋势看，随着中高档酒竞争的加剧，行业对工艺技术、质量效益、市场门槛及品牌和文化等要求进一步提高，进而使生产集中度加快向有实力的规范企业集中，最终将促进行业整体质量得到有效提升。

从消费市场看，消费升级引领产业（产品）升级。无论何档次消费，消费者更注重产品的品牌、质量和安全，更看重产品的价值和附加值。另外，市场的消费主体和消费需求也在悄然发生变化，更趋向多样化、特色化和个性化特征。这些变化和需求不仅为企业提质增效、拓展市场提供了商机，也为企业强化自身，拓展视野，发展壮大创造了条件。

【i. 小资料】

2015年续展认定辽宁省著名商标名单

序号	注册人	商标	申请商品/服务
1	沈阳福来食品有限公司	Fulai 福 来	豆腐、豆腐制品
2	沈阳市北源米业有限公司	北源	人食用的去壳谷物
3	沈阳狮子王工贸有限公司		米
4	大连长生岛集团有限公司	長生島	海参（非活）、鲍鱼（非活）

序号	注册人	商标	申请商品/服务
5	大连河口水产股份有限公司	LING JING	海带、紫菜
6	大连华侨蜂产品有限公司	华香 HUAXIANG	蜂蜜、蜂王浆
7	大连晓芹食品有限公司	晓芹	贝壳类动物（非活）、海参（非活）
8	大连海宝生物科技股份有限公司	海龍涎	非医药用营养粉、非医药用胶囊
9	大连蜂产品有限公司	LI GUANG	蜜蜂、蜂王浆
10	大连好参柏生物技术开发有限公司		非医用营养液、非医用营养胶囊
11	瓦房店中达食品有限公司		肉
12	大连盐化集团有限公司	海湾 HAIWAN	食用盐
13	大连北方明珠商贸有限公司		海参（非活）、海米、鱼片
14	大连天发面粉厂	TF	面粉
15	大连阳光农业集团有限公司	冬一	米、谷类制品、面粉
16	大连英那河食品有限公司	BY 冰峪	地瓜粉、粉丝
17	辽宁深山食品有限公司		果汁饮料、矿泉水
18	辽宁深山食品有限公司		果汁饮料、矿泉水
19	鞍山市上海信利熏腊店		生熟肉
20	鞍山市腾鳌老窖酒业有限公司		烧酒
21	鸿兴泰抚顺饮食文化公司		茶
22	抚顺东霞调味品有限公司	DONGXIA 东霞	味精、酱油
23	抚顺顺意清真食品有限公司		火腿、香肠
24	抚顺庆丰米业有限公司		面粉、大米
25	辽宁神力保健饮品有限公司	野山力	无酒精饮料
26	辽宁兴坤饮品有限公司	兴坤	水、饮料
27	丹东派波乳液有限公司		奶及乳制品
28	辽宁黄金口酒业有限公司	JIN KOU	白酒
29	丹东市赐膳食品有限公司	CI SHAN	酱油、醋
30	辽宁婵娟食品有限公司	CHAN JUAN	速冻饺子
31	辽宁沟帮子云杉熏鸡有限公司		加工过的鸡、猪蹄
32	凌海市达莲海珍品养殖有限公司		鱼、虾（非活）
33	辽宁道光廿五集团满族酿酒有限责任公司	道光廿五	烧酒
34	北镇宏伟集团有限公司	羽佳	猪肉、家禽
35	营口旺运红酒业有限公司	旺运红	果酒
36	营口盐业有限责任公司		食用盐
37	辽宁石桥调味品股份公司	非常	酱油、大酱
38	辽宁望儿山酒业有限公司	望儿山	烧酒
39	营口市源旺米业有限责任公司		米
40	营口经济技术开发区天隆达海洋食品有限公司	天隆达	海蜇皮、海棠
41	阜新蒙古贞酒业有限责任公司		白酒
42	辽宁实维天食品有限公司		饺子、包子
43	阜新市美中鹅业工贸有限责任公司		鹅（加工过的）
44	阜新市美中鹅业工贸有限责任公司		死家禽
45	阜新常家酒业有限公司		白酒
46	阜新华星食品有限责任公司		熏兔
47	灯塔铧子酒厂		白酒
48	辽阳葠卉米业有限公司		米
49	开远市赢德肉禽有限责任公司		肉、肉干
50	开原山品王土特产品销售中心		加工过的榛子

序号	注册人	商标	申请商品/服务
51	开原市富康食品有限公司	富康	雪糕、冰淇淋
52	调兵山市创业酒厂	野山玫	白酒
53	铁岭市宏润米业有限公司	食嘉	米
54	辽宁鹿源参茸饮片有限公司	鹿源	人参、鹿茸、鹿茸片
55	辽宁宏福肉类集团有限公司	宏福	肉片
56	建平迪因达生物科技有限责任公司	鑫兴	烧酒
57	朝阳金禾有机食品有限公司		人食用的去壳谷物
58	盘锦意丰肉联加工（集团）有限公司	意生	鸡肉食品
59	建昌县六股河农业综合开发有限公司	六股河 Liuguhe	蛋、咸蛋
60	建昌县金海酒业有限责任公司	guiling 龟铃	酒
61	葫芦岛市九江酒业有限责任公司		白酒
62	沈阳天江老龙口酿造有限公司		白酒
63	沈阳康福食品有限公司		面包、糕点
64	沈阳惠成调料有限公司	惠成 HuiCheng	佐料（调味品）
65	沈阳桃李面包股份有限公司	桃李	面包
66	大连诚信食品有限公司		香肠、火腿、猪肉食品
67	大连础明食品集团有限公司	础明 CHUMING	香肠、猪肉食品、鱼制品
68	大连东方农庄有限公司	红果 HONGGUO	大米
69	大连华龙食品有限公司		虾片
70	大连麦花食品集团有限公司		糕点、面包
71	华润雪花啤酒（大连）有限公司	黑狮	啤酒
72	辽宁省大连海洋渔业集团公司	远洋	水产制品
73	鞍山味邦集团有限公司		调味品
74	兰宠印	龙山泉 DRAGON SPRING	啤酒
75	辽宁铁刹山酒业（集团）有限公司	铁刹山	白酒
76	桓仁满族自治县粮库粮油加工厂		米、面粉
77	辽宁凤城老窖酒业有限责任公司	凤山	白酒
78	华润雪花啤酒（丹东）有限公司	鸭绿江	啤酒
79	东港市前阳粮库	前阳柳林	大米
80	辽宁广天食品有限公司		罐头
81	锦州小菜有限责任公司		什锦小菜
82	辽宁道光廿五满族酿酒有限责任公司	凌川	白酒
83	辽宁石桥调味品股份公司	石桥	酱油、醋
84	营口大酱酿造有限公司	启航	酱油、大酱
85	辽宁三沟酒业有限责任公司		白酒
86	辽宁雅朝食品有限公司	雅朝 YACHAO	冰糕、冰淇淋
87	铁岭市铁石调味品有限公司	铁石	干酱、酱油
88	辽宁塔城陈醋酿造有限公司		食醋
89	华润雪花啤酒（朝阳）有限公司	松林	啤酒
90	朝阳凌塔酿造科技开发有限公司		白酒
91	辽宁忠华酒业有限责任公司	六股河	白酒

许智超 鲁凌志 张国通 杨晓蕾 陈博旭

3.30 吉林省

【a. 概况】

2015 年，受国内经济下行、需求不旺、重点企业经营困难等因素影响，吉林省食品工业总体呈低位运行态势。全省 1338 户规模以上食品工业，完成工业总产值 4554.6 亿元，同比增长 3.4%；实现利润 145.9 亿元，同比下降 0.8%。（以上统计局数据）全年主营业务收入排名位列全国第 10 位（国家协会）。

1. 生产平稳增长，增速有所回升

根据省统计数据，2015 年，全省规模以上食品工业增加值按可比价格计算同比增长 4.0%，高于全省工业增速 5.7 个百分点，同比高 0.6 个百分点，同比全国食品工业低 2.3 个百分点。

2015年全省食品工业月累计增加值增速走势（%）

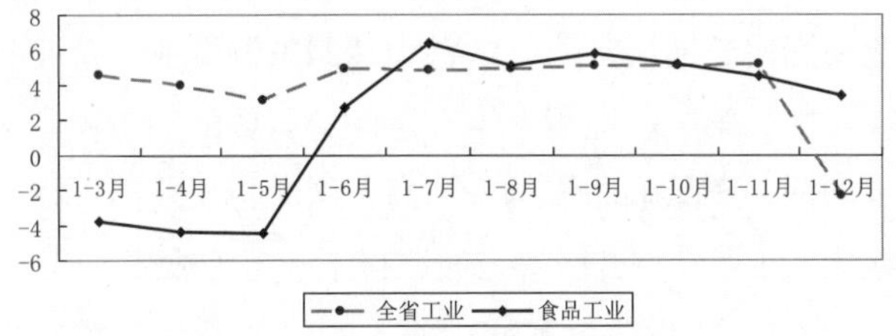

上半年食品工业生产低位开局，5 月份达到全年最低后逐步回升，6 月份开始，增速逐步上升，9 月份后，随着节假日消费的拉动，生产逐步平稳运行。从累计增速看，7 月份达到最高值 6.4%，最低值是 5 月份的 –4.5%。

分行业看，农副食品加工业增长 5.7%，食品制造业下降 9.3%，酒、饮料和精制茶制造业增长 12%，烟草制品业下降 1.6%，增幅同比分别 3.1、–13.4、7.4、–7.6 个百分点。

2. 食品市场产销良好，价格低位运行

2015 年，全省规模以上食品工业完成销售产值 4021.1 亿元，同比增长 3.6%。产销率 97.3%，同比略高。

3. 行业产销衔接水平继续保持良好

农副食品加工业产销率 97.8%，食品制造业 93.1%，酒、饮料和精致茶制造业产销率 97.6%，烟草制品业产销率 97.9%。

4. 主要产品产量增长有所放缓

监测的 30 种产品产量中有 20 种增长、10 种下降。重点产品中，发酵酒精、包装饮用水、葡萄酒、速冻米面食品、大米、饲料、乳制品、白酒、碳酸型饮料（汽水）分别增长 9.6、19.7、3.3、24.2、11.9、1.7、4.7、14.2、1.4 个百分点。鲜冷藏肉、冷冻饮品、啤酒、卷烟分别下降 16、15.5、3.1、0.2 个百分点。

2015年吉林省食品工业主要产品产量

产品名称	单位	全年产量	增幅%
大米	万吨	1119.03	4.7
饲料	万吨	807.38	1.7
其中：配合饲料	万吨	338.90	2.7
混合饲料	万吨	369.76	-1.1
精制食用植物油	万吨	73.27	-5.7
鲜、冷藏肉	万吨	162.93	-16
冻肉	万吨	0.28	10.1
冷冻水产品	万吨	0.02	-65.9
膨化食品	万吨	0.14	15.5
速冻食品	万吨	18.18	24.3
其中：速冻米面食品	万吨	14.99	24.2
方便面	万吨	8.76	-7.8
乳制品	万吨	17.58	11.9
液体乳	万吨	14.37	11.3
固体及半固体乳制品	万吨	3.22	14.6

产品名称	单位	全年产量	增幅%
其中：乳粉	万吨	3.21	14.4
罐头	万吨	1.09	29.1
酱油	万吨	7.54	-29.5
营养、保健食品	万吨	0.34	69
冷冻饮品	万吨	33.25	-15.5
食品添加剂	万吨	1.84	-37.4
饲料添加剂	万吨	3.23	0
发酵酒精（折96度，商品量）	万千升	173.02	9.6
饮料酒	万千升	225.53	0.3
其中：白酒（折65度，商品量）	万千升	67.71	14.2
啤酒	万千升	138.51	-3.1
葡萄酒	万千升	16.85	3.3
果酒及配制酒	万千升	0.07	40.5
软饮料	万吨	986.30	18.5
其中：碳酸型饮料（汽水）	万吨	57.36	1.4
包装饮用水	万吨	854.70	19.7
果汁和蔬菜汁类饮料	万吨	40.73	18.5
卷烟	亿支	584.00	-0.2

5. 全年月度食品价格涨幅在1.1%到3.7%之间波动

食品消费价格同比上涨2.3%，较2014年下降0.8个百分点。全年猪肉价格上涨9.5%、烟草上涨4.3%、粮食价格上涨2.0%。羊肉、油脂、乳制品、酒分别下降5.5%、3.2、1.1和0.8%。

酒精、淀粉、氨基酸等重点大宗产品中，价格低位较稳定运行。到2015年12月末，酒精价格在5100元左右，淀粉价格在2300元左右，赖氨酸（70%）在5100元左右。

6. 固定资产投资规模不断扩大，投资增速进一步加快

2015年，吉林省食品工业共完成投资1156.1亿元，同比增长16.3%。其中，农副食品加工业增长20.5%，酒、饮料和精制茶制造业增长27%，食品制造业和烟草制品业分别下降5.97%和16.4%。投资位列全省9大支柱优势产业第一位，占比18.4%，比2014年提高0.5个百分点。

2015年吉林省食品工业固定资产投资情况

	2015年完成投资（亿元）	同比增长（%）	占比（%）
规模以上食品工业	11561.20	16.27	
农副食品加工业	6839.41	20.51	59.16
食品制造业	1907.22	-5.97	16.50
酒、饮料和精制茶制造业	2754.17	27.07	23.82
烟草制品业	60.41	-16.40	0.52

7. 主营业务收入小幅上涨，行业利润有所下降

2015年，吉林省规模以上食品工业企业实现主营业务收入4084.5亿元，同比增长1.7%，增幅比2014年提高1.3个百分点、比全省工业高6.3个百分点、比全国食品工业低2.9个百分点；实现利润总额145.9亿元，同比下降0.8%，降幅比全省工业低8.4个百分点；上缴税金总额153.69亿元，同比下降0.9%，降幅比全省工业低9.1个百分点。

（1）从主营业务收入全国排名看，吉林省食品工业主营业务收入再进1位，由2014年的第11位上升第10位。与辽宁、黑龙江、内蒙古邻省比较，居第一位。

（2）从农副食品加工业，食品制造业，酒、饮料和精制茶制造业，烟草制品业四大行业看，食品制造业利润增长最快，酒、饮料和精制茶制造业主营业务收入增长第一。说明近年来这两个行业的加工程度逐步加深，产品附加值越来越高，同时也反映出吉林省在食品工业转型升级等方面取得了一定的成绩。

（3）从行业盈利能力看，2015年全省规模以上食品工业每百元主营业务收入中的成本为87.4元，与2014年基本持平，比全国食品工业高7元。亏损企业63户，亏损面5%，同比增长0.5个百分点。这说明吉林省食品工业盈利能力还需要提高。

【b. 经济效益指标】

行业名称	主营业务收入	同比增长（%）	利润总额	同比增长（%）	税金总额	同比增长（%）
食品工业总计	4084.5	1.7	145.9	-0.8	153.7	-0.9
农副食品加工业	3019.7	0.1	91	-7.7	37.3	0
食品制造业	386.7	6.5	19.3	64.6	10.6	16.2

行业名称	主营业务收入	同比增长（%）	利润总额	同比增长（%）	税金总额	同比增长（%）
酒、饮料和精制茶制造业	528.8	9.5	22.7	15.9	23.4	-1.9
烟草制品业	149.3	-2.5	12.9	-24.9	82.4	-2.9

2015年全国各地食品工业主营业务收入情况

亿元

排名	地区	主营业务收入()	增幅（%）	占全国比重（%）
	全国食品工业总计	113469.21	4.61	
1	山东省	17121.13	3.58	15.09
2	河南省	10603.04	8.30	9.34
3	湖北省	7925.27	10.93	6.98
4	江苏省	7114.61	8.90	6.27
5	四川省	6553.81	5.38	5.78
6	广东省	6205.11	3.21	5.47
7	湖南省	5348.95	11.86	4.71
8	福建省	4954.50	11.16	4.37
9	安徽省	4417.08	4.24	3.89
10	吉林省	4084.52	1.69	3.60
11	辽宁省	4020.98	-22.90	3.54
12	河北省	3839.88	2.40	3.38
13	黑龙江省	3667.98	-1.19	3.23
14	广西壮族自治区	3029.66	7.10	2.67
15	江西省	3000.40	9.29	2.64
16	内蒙古自治区	2853.10	7.72	2.51
17	云南省	2662.81	12.41	2.35
18	天津市	2474.48	11.21	2.18
19	浙江省	2446.96	-1.21	2.16
20	上海市	2217.04	0.44	1.95
21	陕西省	2078.47	7.34	1.83
22	贵州省	1505.57	12.40	1.33
23	重庆市	1436.82	10.28	1.27
24	北京市	1148.42	-0.66	1.01
25	新疆维吾尔自治区	839.25	4.24	0.74
26	山西省	648.65	-9.35	0.57
27	甘肃省	616.73	-8.48	0.54
28	宁夏回族自治区	305.00	3.14	0.27
29	海南省	207.79	-2.85	0.18
30	青海省	113.03	12.55	0.10
31	西藏自治区	28.16	12.41	0.02

国家统计局数据

【c. 主要行业发展放缓，行业产值有增有降】

1. 玉米深加工产业部分企业经营困难

受市场低迷，部分企业停产限产，在省政府出台玉米加工企业给予补贴的政策的刺激下，大多数企业开始提高生产负荷，但全年仍呈低位运行态势。22户重点企业全年工业总产值250.2亿元，同比下降30.7%。重点企业中，中粮榆树增长14.6%、中粮公主岭增长11.6%、黄龙公司增长10.9%、吉粮天裕增长1.2%、天成玉米增长2.0%、嘉吉生化下降14.8%、吉林新天龙下降13.3%、梅河口阜康增长9.3%。主要产品中除发酵酒精略有增长外，其他产品产量均有所下降。

2. 屠宰及肉类加工业发展有所放缓

2015年，行业规模以上企业112户，完成工业总产值738.2亿元，同比下降2.9%。重点企业产值中，吉林德大增长11.3%，吉林华正增长4.3%、长春皓月受生产线改造影响，产值下降16.5%。

3. 以长白山矿泉水为主的包装饮用水行业稳步发展

2015年规模以上企业57户，完成工业产值102.3亿元，同比增长16.3%。其中，农夫山泉产值同比增长49.6%、泉阳泉增长24.59%。

张迎新

3.31 黑龙江省

【a. 概况】

2015 年，全省食品工业在经济新常态下，继续保持中低速增长态势，三、四季度经济运行情况较比上半年逐步向好，对全省工业稳定增长起到了一定的拉动作用。2015 年，全省食品工业规模以上企业实现增加值 523.7 亿元，同比增长 7.8%，比全省工业增速高 7.5 个百分点，拉动全省工业增长 1.07 个百分点。其中：农副食品加工业实现增加值 345.2 亿元，同比增长 6.8%；食品制造业实现增加值 107.9 亿元，同比增长 9.9%；酒、饮料和精制茶制造业实现增加值 70.6 亿元，同比增长 10.1%。农副食品加工业对全省食品工业增长的贡献作用较为突出。

2015 年，全省食品工业规模以上企业发展到 1411 户，同比增加 70 户。全省食品工业规模以上企业实现产值 3145 亿元，同比下降 1.07%，其中：农副食品加工业、食品制造业、酒饮料和精制茶制造业分别实现产值 2357 亿元、495 亿元和 292 亿元。

2015 年，全省食品工业规模以上企业实现主营业务收入 3150.5 亿元，同比增长率和拉动力百分比均为 0。其中：酒、饮料和精制茶制造业实现主营业务收入 285 亿元，正向拉动 0.06 个百分点；农副食品加工业实现主营业务收入 2400 亿元，负向拉动 0.05 个百分点；食品制造业实现主营业务收入 465.2 亿元，拉动力为 0。

2015 年，全省食品工业规模以上企业的利税水平呈总体下滑态势，实现利税 202 亿元，同比减少 14.2 亿元，负向拉动 0.72 个百分点；实现利润 145 亿元，同比减少 10.2 亿元，负向拉动 1.11 个百分点。从行业上看，呈现“两降一升”，占比较大、以粮食加工为主导的农副食品加工业和食品制造业降幅较大，企业盈利能力下降，部分亏损；占比较小、以精深加工为主导的酒、饮料和精制茶制造业略有小幅增长，形成一定的正向拉动。

【b. 协会工作】

1. 围绕实现稳增长，努力提升行业发展质量

（1）抓存量，做好行业运行监控。

（2）抓增量，积累行业发展后劲。

（3）抓产业链，提升行业发展档次。

（4）抓服务，破解企业发展难题。

2. 围绕行业发展新形势，努力创新工作思路

（1）充分把握政策契机，积极推进大米加工资源整合和婴幼儿配方乳粉企业兼并重组，带动全行业集约、集中发展。

（2）创新理念，积极扩大对台合作交流。

（3）创新思路，积极为加工企业争取政策支持。

（4）创新方式，积极参与对口援疆、援藏工作。

3. 围绕食品质量安全，积极构建质量保障体系

（1）在 2014 年全省 102 户食品加工企业建立针对生产管理全过程的质量追溯体系的基础上，协会 2015 年继续在酒类制造、肉类加工领域推进试点工作。在年初全省酒类工业年会上，细致安排部署了全省白酒制造企业建设产品质量追溯体系试点工作。截至 12 月底，新增的 40 户试点企业已全部建立或完善了针对生产管理全过程的质量追溯体系，有效提高了产品质量安全保障能力。

(2）动员全省工信系统同步举办 2015 年食品安全宣传周系列活动。按照国家和省统一部署，6 月 26 日，联合哈尔滨市工信委在九三集团惠康食品举办了食品安全深度行公众开放日活动；全省工信委系统按照既

定方案，在各地肉类、调味品、食用油和婴幼儿配方乳粉等生产企业同步举办公众开放日活动，努力营造龙江食品健康安全的良好形象，有效提振了消费者对国产食品、特别是国产婴幼儿配方乳粉的信心。活动期间，部分企业还在在产品质量、服务等方面向社会做出了正式的诚信承诺。

4. 围绕“十三五”，积极筹备、启动规划编制工作

自8月初起，协会按照全委统一工作部署，结合落实互联网+、中国制造2025、黑龙江陆海丝绸之路经济带规划等，陆续形成了全行业、子行业发展潜力分析报告，提出了部分“十三五”发展规划编制建议，为全省贯彻落实《中国制造2025》推进工作电视电话会议、省委“十三五”经济社会发展座谈会等提供了大量基础素材。进入12月以来，围绕《中共中央关于制定国民经济和社会发展第十三个五年规划的建议》和省委、省政府有关会议精神，结合国家振兴东北战略、中国制造2025、互联网+、全省五大规划、建设“东部陆海丝绸之路经济带”战略等，协会基本形成了全省食品工业“十三五”发展规划设想，及时启动了全行业和6个子行业的“十三五”发展规划研究及编制工作。目前，各项工作均有序进行，力争在2016年2月底前形成可供讨论的初稿。

此外，围绕吸引省内食品企业进驻华南城－中国绿色食品（哈尔滨）国际博览城、重点吸引全国50家超百亿元的农产品加工企业等重点工作，形成了有关工作预案和工作落实方案，并在省内组织开展了一些推介、对接交流活动；围绕贯彻落实《绿色食品产业发展纲要》、“35”条、“65”条等政策，对牵头的工作积极提出工作意见和方案，组织相关单位落实；对配合的工作，积极与牵头部门和牵头处室沟通情况，提出建议；及时完成各项督办任务，对人大代表和政协委员的提案，认真答复，代表、委员十分满意。

5. 新型（科技型）中小企业开放

（1）针对我省食品企业资金短缺、融资困难的实际，加强银企对接服务，引导和推动企业加强与资本市场紧密合作，分类、精确指导企业用足、用好我省促进经济稳增长若干措施和即将设立的工业发展基金等政策、资金支持，积极谋划并加大对上争取工作力度。继续开展对食品企业的专家诊断咨询、各层级专业培训等公共服务。

（2）按照促进一二三产业融合、助力农业现代化、精准扶贫等总体要求，借鉴发达省份成功经验和做法，为制定、实施各类政策提出具体的、分类的合理建议，着力降低企业生产经营综合成本。

（3）重点在粮食加工、高品质食品制造、高品质乳制品及畜产品加工等领域，加强一体化经营、产业化经营、国际化经营、跨界经营、资源整合、兼并重组、先进技术及管理模式、质量保障体系建设、综合利用及循环经济、创新及科技进步、品牌及文化建设、构建新式营销渠道（互联网等）等方面的典型示范推广工作。

（4）重点在产业布局合理、吃配关系紧密、综合利用较好的粮食加工聚集区，引导企业与专业品牌营销机构（公司）合作，全力打造有地方特色的区域品牌和集体商标。

6. 引导食品加工企业加强内部质量追溯体系建设，提升产品质量安全保障能力

（1）在现有基础上，继续在全省乳制品、肉类、酒类制造企业中开展质量追溯体系建设试点工作，全年新增试点企业达到30户及以上。积极探索在粮食加工、绿色食品加工领域推进试点工作。

（2）以完善国家食品企业质量安全检测技术示范中心服务功能为基础，继续在全省食品加工专业园区推动设点工作。

（3）面向国内高品质食品消费市场、陆海丝绸之路经济带沿线国家传统市场，推动行业协会、龙头企业、科研院所等展开协作，探索和实施严于国家标准或者行业标准的我省食品行业标准及企业标准。对建立并实施与国际接轨的诚信管理体系和质量追溯体系的先进加工企业，着力做好典型示范推广工作。

7. 做好食品工业“十三五”发展规划的编制工作。

进一步加强学习、研究、调研等基础性工作，做到“情况要清、问题要准”，做好横向、纵向比较，科学分析优势、劣势，对“十二五”时期发展成果做出客观总结，真正做到有决策参考价值。在“十三五”推进措施方面，要落到“措施要实”的基本点上，始终坚持“目标导向性”和“问题导向性”，具体措施和支撑要经过反复的可行性论证和征求意见，易于分工、易于操作。3 月底前，与发改委联合出台全省食品工业“十三五”发展规划，单独出台水稻、玉米、大豆、乳制品、肉类等子行业发展规划或发展路线图。

8. 积极动员全省工信系统同步举办 2016 年食品安全宣传周系列活动

按照工信部、省政府统一要求，精心筹划组织全系统采取多种形式开展 2016 年食品安全宣传周活动，重点举办食品企业公众开放日活动，努力营造龙江食品健康安全的良好形象，提高消费者信心。

9. 坚持“走出去”、“请进来”，扩大对外合作交流

（1）进一步扩大与台湾地区食品企业、行业协会和科研机构的交流，搭建合作平台。重点在高品质食品制造领域推动相关合资合作，着力引进互补性强的产业链节点项目、知名品牌、营销渠道和创新性发展模式（经验）。

（2）分批次组织省内食品企业赴国内食品产业发达省份考察学习。针对我省食品企业体量小、链条短、集中度低、产业化不足、竞争力弱等“短板”，加大招商引资力度，重点吸引互补性强、带动作用突出的央企和国内农产品加工龙头企业，着力引进优质资本、先进技术、管理模式及经验和高端人才。继续配合做好食品工业援疆、援藏工作。

车有春

3.32 台湾地区

【a. 概况】

中国台湾地区的食品工业是以农产品为主要原料从事加工生产的二级产业，产品除可作为相关的加工素材外，也销售给餐饮业、批发零售业及消费者，其发展与农业息息相关，是重要民生产业。

整体来看，相比整体制造业，台湾食品工业近来保持不景气态势。2004—2015 年，台湾制造业年均增长 4.4%，而食品工业的 5624 亿台币增加到 7333 亿台币，年均增长 2.4%，其中食品由 4544 亿台币增长到 5928 亿台币，年均增长 2.4%，饮料及烟草由 1080 亿台币增加到 1405 亿台币，年均增长 2.4%。

2015 年，台湾经济不景气 ,GDP 实现了 3.8% 的增长，人均收入为 620546 台币，台湾食品工业继续呈现下降趋势 .2015 年，台湾食品、饮料与烟草营业收入分别为 5928 亿台币、1405 亿台币，分别同比增长 –2.8% 和 0.3%，占制造业的份额分别为 2.2% 和 0.5%。

2015年台湾食品工业营业收入及变化情况

	制造业	食品	饮料及烟草
Q1/亿台币	63788	1430	309
Q2/亿台币	64649	1427	345
Q3/亿台币	65644	1527	377
Q4/亿台币	70140	1543	375
全年累计金额/亿台币	264221	59271	406
全年累计增长/%	-3.3	-2.8	0.3

从投资来看，台湾食品工业投资大幅下滑，可以判断台湾未来一两年内增长情况不乐观，仍将延缓下降趋势。2015 年，食品投资同比下降 10.6%，而饮料与烟草同比下降 30.6%。

2015年台湾食品工业固定资产投资及变化情况

	制造业	食品	饮料及烟草
Q1/亿台币	1991	30	3
Q2/亿台币	2295	46	8
Q3/亿台币	2441	48	8
Q4/亿台币	2872	58	20
全年累计金额/亿台币	9599	182	39
全年累计增长/%	-2.3	-10.6	-30.6

分产品量来看，台湾主要食品产品产量增长分化明显，个别产品增长较快，多数产品低速增长甚至产量大幅下降，其中调味乳、发酵乳、水产品罐头增长较快，而冰淇淋、精制茶、矿泉水等产品下降较快。2015 年，调味乳、发酵乳、水产品罐头产量分别同比增长 20.1%、17.6% 和 12.9%，而冰淇淋、精制茶、矿泉水分别同比下降 17.1%、14.9% 和 8.0%。

2015年台湾部分食品产量及同比增长情况

产品	单位	产量度	同比增长/%
猪肉	t	713528	2.6
鸡肉	t	193911	0.0
冷冻肉	t	331525	1.2
腌制食品	t	41009	0.7
冷冻水产食品	t	83470	-6.1
冷冻蔬菜水果	t	56881	5.5
脱水食品	t	27513	-3.1
豆油	t	360563	2.8
鲜乳	t	338529	-4.0
乳粉	t	1679	-4.9
调味乳	t	108254	20.1
发酵乳	t	105534	17.6
冰淇淋	t	18618	-17.1

大米	t	1138	-0.6
面粉	t	862546	3.0
饲料	t	5072371	-1.7
饼干	t	38009	2.4
糖果	t	33870	4.1
精制茶	t	6337	-14.9
味精	t	52872	-4.1
酱油	t	153407	-0.9
蔬菜水果罐头标准箱		1082494	-0.9
水产品罐头	标准箱	1603772	12.9
即食食品	千元	21639173	7.1

产品	单位	产量	同比增长/%
营养保健品	千元	11998425	2.1
啤酒	公石	3800432	0.0
酒类(不含啤酒)	公石	1219866	-3.2
果蔬汁	KL	260006	-3.1
碳酸饮料	KL	289752	7.8
矿泉水	KL	463335	-8.0
运动饮料	KL	185435	9.9
咖啡饮料	KL	181657	-1.7
茶类饮料	K	L1146488	-1.8

【b. 发展趋势】

1. 食品安全更加受到重视

自2014年2月台湾修订公布了食品安全卫生管理法，后续已增修订多项主要子法规，包括推动食品业者全登录、来源流向需记录、强制业者定期检验、稽查抽验食品厂等管理策略。

为建立产品安全品质形象，原料追溯制度、品保制度及共同品牌将受到厂商与消费者的重视。原先推动已久的食品GMP制度已于2015年7月重组为TQF，相关食品业者及协会将更积极发展与国际相关产品保制度平台接轨。

2. 外销导向受到重视

在外销发展上，针对东南亚、日本、美国、欧洲等目标市场的需求，生产具有台湾特色及高品质的产品，在未来将非常重要。为提升国际竞争力，食品业者将加强落实产销履历制造与良好操作管理。食品厂商将更积极融入与整合国际食品产业价值链，除建立优质产品生产销售管理体系外，还要与海外客户建立互信合作的伙伴关系，趋定外销管道与市场。

3. 消费者健康导向引导发展

由于消费者重视身体健康，加上高龄化社会发展，高龄食品尤其生技保健食品受到各界重视，是未来重要的发展趋势。食品业者将加强研发、生产、销售，除针对台湾市场需求外，也将思考进一步推向国际市场的可能性，以境内外市场带动优质保健食品的发展。

为满足消费者的需求，食品生产必须精进，未来食品工业部门将引入更多的生物科技、资讯科技与食品卫生安全科技及产销履历等品保措施，来开发并生产更符合消费者需求的产品。

中国食品科学技术学会
中国电子信息产业发展研究院

金山工业区全景

上海金山工业区欢迎您

上海市市级开发区　杭州湾北岸先进制造业示范基地　生命健康产业示范园区

上海，中华人民共和国直辖市，是中国重要的经济、交通、科技、工业、金融、会展和航运中心，GDP 总量居中国城市第一。与南京、苏州、杭州、合肥等 26 市组成了中国最具活力的长三角城市经济圈，占全国 GDP 的 20%，上海金山工业区位于上海市西南，正处于经济圈的中心位置，与杭州，宁波，苏州等长三角 16 个重要城市距离均在一小时车程以内。

上海金山工业区成立于 2003 年 9 月，是上海市市级工业区，由新加坡裕廊顾问私人有限公司总体规划设计，是杭州湾北岸先进製造业基地重要组成部分，规划面积 58 平方公里、已开发面积 24 平方公里。其中健康产业示范园区规划面积 2.78 平方公里，重点发展健康食品，化妆品，生物医药，医疗器械产业。形成了高速公路、微型公交、轨道交通三位一体、内外通达的立体交通网络体系。园区内道路、供电、供水、天然气、蒸汽以及排水排污等配套设施完备，实现“九通一平”。金山区内教育资源、医疗卫生、商业配套、金融服务、文化体育、酒店等资源配置丰富。

食品产业作为金山工业区的支柱产业，目前已落户园区的食品企业以国内外知名品牌企业为主，其中外资企业占了近一半，代表企业有：美国卡夫亨氏、美国巴洛美、韩国农心、韩国乐天、日本山崎、中粮集团、台湾统一、南桥、旺旺等。未来，园区将重点围绕食品制造产业搭建服务、配套、研发、电商、展示平台，目标建成一个集生产制造、观光旅游为一体的综合性绿色产业园。

“十三五“期间，上海金山工业区将继续认真贯彻“稳中求进，进中求快”的总方针，集中精力抓经济，心无旁骛求发展，促使园区经济发展持续向好。近十年，园区财政收入等主要经济指标年均增长 20% 以上，高新技术企业的产出占总产出的 80% 以上。至“十三五”末，园区将致力于成为上海乃至全国最具特色的健康产业示范园区，并且期待您的加入！

园区大楼

金水湖产业新城

地址：上海市金山工业区大道 100 号
电话：86-21-57276292　57276888
传真：86-21-57275471
Email：jsgyq@139.com
网址：http://jsgyq.jinshan.gov.com

山东隆科特酶制剂有限公司　山东沂蒙山酒业有限公司

青援食品有限公司　沂水大地玉米开发公司　鲁洲集团

山东鼎福食品有限公司　山东世纪春食品有限公司　山东蒙山龙雾茶业有限公司

来自沂蒙山的绿色食品基地
—山东省沂水县

沂水县位于鲁中南地区、沂蒙山腹地，总面积 2434.8 平方公里，在全省县级行政区划面积中列第二位，辖 1 个街道、16 个乡镇、1 个经济开发区、1 个沂蒙风情旅游景区，359 个农村社区，113.2 万口人。沂水有光荣的革命传统，是“红嫂”的故乡、沂蒙精神发祥地之一。2014 年被民政部确认为中国地名文化遗产“千年古县”，2015 年成功入围全国投资潜力百强县市。

近年来，沂水县围绕“品种多样化、生产规模化、经营国际化、加工自动化、产品品牌化”的发展要求，积极引导食品产业从中低档产品向高档食品、焙烤食品、淀粉糖转变，加快由传统向先进、由低端向高端发展，食品产业已成为经济发展的支柱产业，是全县绿色化工、机械电子、矿产加工、高端食品四大主导产业的重要组成部分。2015 年，全县食品产业完成产值过 300 亿元，占全县工业总产值的四分之一，占四大主导产业总产值的二分之一。

品牌悠久。食品产业作为沂水县传统的支柱产业，起源于上世纪 80 年代，经过三十余年的发展，已成为闻名全国的食品城。先后被评为“中国食品城”、“全国食品工业强县”、“中国优质饼干加工示范基地”、“全国食品安全示范县”、“国家火炬计划功能性生物糖特色生产基地”、“山东省新型工业化示范基地（焙烤食品和淀粉糖）”、“省级产业集群（沂水县食品产业集群）”。

实力雄厚。全县获证食品企业已发展到 250 余家，其中规模以上工业企业达到 77 户，固定资产达到 60 余亿元，从业人员 5 万余人。年加工各类食品 400 余万吨，主要有玉米淀粉及淀粉糖、饼干、糖果、方便食品、休闲食品等，畅销全国各地并远销 30 多个国家和地区。

定位高端。鼎福、乐福记商标被认定为“中国驰名商标”，鲁洲集团的食用植物油、青援公司的饼干和辣酱、沂蒙山酒业公司的浓香型白酒等 9 种产品被评为“山东名牌产品”，大仓、沂蒙山、一品庄园、隆大等 13 个商标被认定为“山东省著名商标”。青援食品公司、鲁洲集团等企业被评为“全国食品工业优秀龙头食品企业”。

行业领先。全县拥有国家级企业技术中心 1 个，省级 3 个，市级 5 个；省级重点实验室 2 个；省级工程技术研究中心 1 个，市级 2 个；省级工程研究中心 1 个；博士后科研工作站 2 个；院士工作站 1 个。鲁洲集团参与和主持制定了食用葡萄糖、低聚异麦芽糖、果葡糖浆、麦芽糖、麦芽糊精、葡萄糖浆等国家行业标准，隆科特酶制剂公司先后参与制定了 7 项酶制剂国家标准、4 项行业标准和一项酶制剂企业生产规范。

郸城县食品工业发展情况

郸城县隶属于周口市，位于河南省东部，豫皖两省交界处，北依鹿邑县，西接淮阳县，南靠沈丘县，东与安徽省的亳州为邻。面积1490平方公里，人口132万，耕地164万亩，辖8镇11乡3个办事处和1个产业集聚区。是中国书法之乡、中华诗词名县、全国粮食生产先进县、全国食品工业强县、科技进步县、中医药工作先进县、科技富民强县试点县，是河南省对外开放重点县、企业服务先进县、农业综合开发先进县、卫生工作先进县、双拥模范县、国土资源节约集约模范县、教育明县。

郸城是农业大县，资源丰富。郸城地处黄淮平原腹地，地势平坦，气候温和湿润，年均气温14.6℃，年降水量755毫米，盛产小麦、玉米、大豆、红薯、中药材等作物，常年粮食总产量突破20亿斤。初步形成以甘薯、中药材、蔬菜等为主的高效农业示范基地。畜牧业以生猪、槐山羊、黄牛、肉鸡为主，是豫东重要的畜产品生产基地。

一、发展现状

“十二五”以来，郸城县立足实际，在县委、县政府的领导下，依托良好的区位条件、优厚的人、财、物储备，以食品工业强县战略为指引，积极培育食品龙头企业，不断加大对食品工业的投入，持续推进食品工业与农业产业化协调发展，工业产值和规模不断扩大，成效显著。目前，全县规模以上食品加工企业48家，食品工业产品涉及乳酸、粉（面）、饮品、饼干、豆制品、油脂红薯制品、淀粉系列等多个方面，种类达200余个。其中：金丹乳酸科技有限公司是亚洲最大的乳酸生产企业；财鑫糖业有限公司是河南省规模最大的淀粉糖生产企业，2010年进入全国民营企业500强；天豫薯业股份有限公司全国食品工业优秀龙头企业；金星、文玉、华星、广利发、润华、正星等企业市场占有率较高。截止目前食品工业占全县工业总产值43%。

二、主要做法

产业基础扎实。郸城县作为全国食品工业强县，产业基础雄厚，技术水平领先，在河南省乃至全国都享有较高的声誉，地域品牌信誉过硬，在为产业主体间的地区合作与行业沟通交流创造良好的外部条件的同时，大大节约了行（企）业间的交易成本，提升了地区食品工业的整体效益。截止目前超百亿元食品特色产业集群已形成。

特色产品优势明显。郸城县依托本地资源优势，大力提升玉米、小麦、红薯、油料等工业产品原料精深加工水平。以金丹乳酸、财鑫糖业、天豫薯业、金星啤酒、文玉米线等系列产品为突破口，重点发展乳酸系列、淀粉系列、食品添加剂系列等成长性产品，涌现了一批区域消费终端知名品牌。其中，金丹乳酸公司的生产规模亚洲第一，金丹乳酸的国内市场份额超过60%；财鑫糖业集团为河南省最大的淀粉糖生产商，财鑫牌高麦芽糖荣获河南省高新技术产品；天豫薯业不断进行产品创新、提升淀粉纯度，成为国内最大的纯红薯粉条深加工企业，产品覆盖亚洲、澳洲及欧美等80多个国家和地区。

技术储备雄厚。近年来，郸城县勇于借鉴国内外相关行业发展有益经验，不断夯实地区食品工业的科技支撑。在食品工业发展过程中，郸城县以科技创新为指引，先后引入高新（先进）技术50余项，荣获各类技术创新40余项，开发名特优产品20余个。“十二五”期间，郸城县进一步突出产业集聚区的科技孵化功能，先后组建1个院士工作站、2个博士后工作站、9个国家和省级技术研发中心专门从事产品研发和技术支持工作。其中，金丹乳酸公司依托博士后流动站进行技术创新，一举攻克了L型乳酸的生产技术，使得乳酸的生产成本降低50%、乳酸产品品种增加1倍；天豫薯业组织科研人员对现有技术进行创新，改进了15道工序，将淀粉纯度提升至99.99%，刷新了国家标准，并凭借技术领先战略，迅速成为行业翘楚。

文玉过桥米线

华星调味品老干爹

天豫粉条

紫薯饮料

中国海洋食品名城—荣成

WELCOME TO RONGCHENG

荣成 RONG CHENG 太阳 大海 荣成人

特色国家科技园区威海（荣成）海洋高新技术产业园一角

太阳 大海 荣成人

WELCOME TO RONGCHENG

荣成拥有现代海水养殖、海参、海带产业技术创新战略联盟；荣成海参、荣成鲍鱼、荣成裙带菜、荣成海胆、荣成魁蚶、荣成牡蛎等是全国农产品地理标志产品；有海洋珍品、冷冻调理食品、海藻食品、海产罐头食品、即食海洋食品等十大类产品；在此基础上今后重点发展现代生物医药和保健品、鱿鱼产品、金枪鱼加工、冷链物流及海洋食品电子商务服务业等十大类重点产业项目。

中国海洋食品名城—荣成

WELCOME TO RONGCHENG

荣成 RONG CHENG 太阳 大海 荣成人

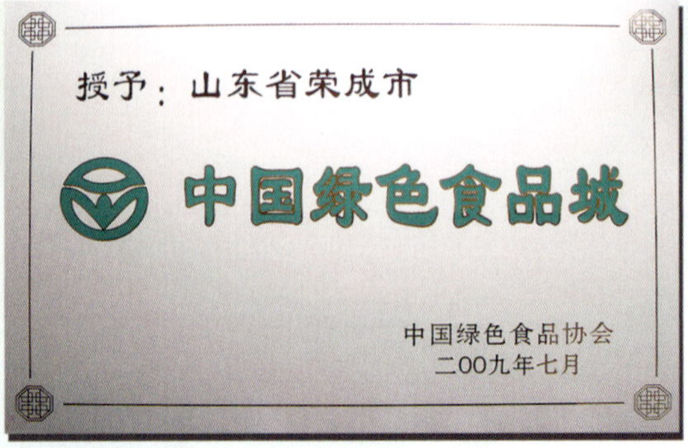

『山东荣成海洋食品博览中心』

博览中心总面积3万平米，建有海洋食品主题区、展示区、体验区及海洋科技馆等功能区，是集展览展示、旅游观光、休闲购物和产业对接为一体的国家4A级景区的主景区

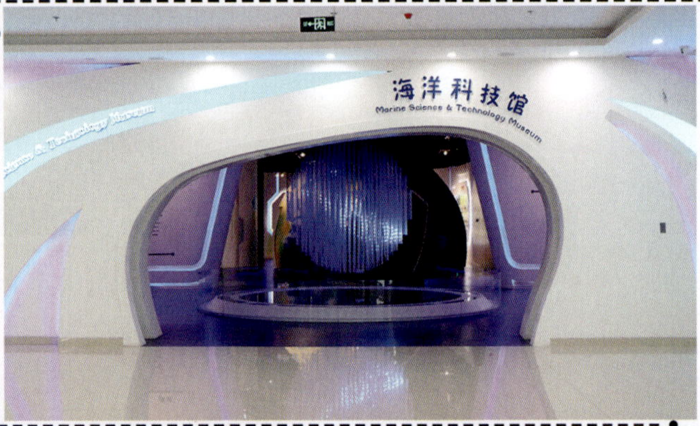

『海域环境』

『生态养殖』

『大洋渔业』

金枪钓船

『精深加工』

全封闭无菌加工车间

『优势产品』

冷冻调理水产食品

荣成是全国最大的冷冻调理水产品出口生产基地，产量占全国30%，被农业部授予全国农产品加工示范基地称号。主要产品有鱼、虾、贝、鱿鱼、鱼糜制品5大类300多个品种。

海产罐头食品

荣成是全国最大的海产罐头食品加工和出口基地，产量约占全国同类产品的35%，其中 海产罐头按加工与调味不同主要分为油浸、调味、清蒸、鱼松 4 大类 120 多个品种。

海藻食品

荣成海藻食品以海带为主，形成系列海藻佳品。海带被誉为海洋中的“冬虫夏草”，荣成海带以藻体宽大、叶片丰厚、营养成分高而著称。产品包括淡干类、盐渍类、熟干类、即食类、海带面食等类6大类共200多个品种。

海洋保健食品

荣成在发展海洋基础食品产业的同时，致力于研发海洋生物保健品、海洋医药等高端海洋产品。产品包括胶囊类、功能性食品、生物技术制品3大类230多个品种。

\即食休闲食品\

·海珍品·

漳州台商投资区

中国食品名城
世界食用菌罐头之都——漳州市

漳州港招商局中银码头

一、漳州市总体概况：

漳州位于福建省东南部，东临厦门、南与广东交界，东与台湾隔海相望，是中国的“田园都市，生态之城”，生态城市竞争力位居福建第一，为福建省生态先行示范区、国家级闽南文化生态保护区。2015 年末，全市户籍人口 502.1 万人，常住人口 500 万人。漳州地处“闽南金三角”，辖 11 个县（市、区），核心城区为芗城区、龙文区，圆山新城，中心城区有漳州台商投资区、漳州开发区，是厦深高铁、龙厦高铁、鹰厦铁路交汇的重要枢纽城市、国家区域级流通节点城市。

漳州农副产品资源丰富、食品工业发达，素有“花果之城”、“鱼米之乡”的美称，漳州平原是福建最大平原，素有“海滨邹鲁”的美誉，为文明富庶的经济开发区、国家外向型农业示范区，2014 年当选福布斯中国最佳商业百强城市，是闽南商贸重镇和富有亚热带风光的海岸地区。先后荣获国家历史文化名城、全国文明城市、中国优秀旅游城市、全国科技先进城市、国家园林城市、中国食品名城、全国双拥模范城市、世界食用菌罐头之都、中国温泉之城等称号。

二、漳州市食品工业发展情况

食品产业是朝阳产业、民生产业，也是漳州市的支柱产业、品牌产业和优势产业。2011 年我市获得“中国食品名城”称号以来，漳州食品产业整体形象得到极大提升，产业规模迅速壮大，是漳州市首个产业产值突破千亿元的大产业。

（一）、基本情况

1、产业规模日趋壮大。2015 年，全市食品企业近 3000 家，其中规模企业 563 家，占全市规模企业 2082 家的 27.04%；完成规模工业产值 1264.5 亿元，是 2010 年的 2.58 倍，占全市规模工业总量的 28% 和全省规模食品工业总量的 26.04%，拉动全市规模工业增长 5.5 个百分点，对全市规模工业经济贡献率达 46.9%。创造税金总额 80.99 亿元，占全市工业税金总额 32.3%；利润总额达 97.34 亿元，占全市工业企业利润的 28.2%，占全省食品工业利润总额的 29.1%；安排用工岗位约 12 万个，占全市规模企业职工数近 30%。

2、工业化程度明显提升。食品工业与农业总产值的比例一直以来都是衡量食品工业发展水平的重要指标，我市 2010–2015 年从 1.09 提升到 1.85，日益接近发达国家 2–3 的水平，加工程度显著提升，工业化程度增速明显。

3、优势行业增速显著。受益于我市农产品生产的持续稳定增长，农副食品加工业产值 816.94 亿元，增长 16.7%，增加值 217.35 亿元，增速 15.6%；食品制造业产值 351.1 亿元，增长 17.9%，增加值 95.45 亿元，增速 17.1%，均创近年新高。农副食品加工业作为我市传统优势行业，2015 年产值占全省农副食品加工业的 30.1%，增加值增速高于全省农副食品加工业增加值增速（10.7%）4.9 个百分点，高出全国农副食品加工业增加值增速（5.5%）10.1 个百分点。食品制造业增加值增速也高出全国食品制造业增加值增速（7.5%）9.6 个百分点。

4、两个市场同步开拓。漳州食品出口量一直居全国设区市首位，被誉为“世界厨房”，出口国家和地区达到200多个。2015年受全球经济不景气，国际汇率波动较大，欧盟日本等主要经济体进出口政策调整等因素的影响，我市食品工业及时调整产品结构，生产适销对路产品，积极开拓国内市场，做到国内国外两个市场一起抓。虽然2015年全市食品出口34.41亿美元，比2014年同期减少2.69亿美元，负增长7.2%，但国内市场增加约247亿元，全年出口交货值354亿元，增长10.5%。2015年7月起，我市全面复制自贸区海关、检验检疫政策，借助“一带一路”战略东风，我市食品出口从7月份的增长-10.3%回升至-7.2%，整体呈止跌回升态势，出口跌势减缓。部分品种，逆势上升。2015年漳州出口东盟的主要品种水产品、罐头、保鲜水果和保鲜蔬菜均呈现稳定增长，共计出口8273批2.75亿美元，均较上年度明显增长。

（二）、产业特点

1、行业门类齐全。拥有以水产品加工、果蔬食用菌加工、休闲食品制造、粮油饲料加工、罐头制造、肉制品加工、精制茶等为主要内容的食品产业体系，涵盖16个大类、40多个小类。部分优势产品市场占有率居全国、全省前列。如，盈丰公司是国内最大的糖姜生产企业和欧洲市场第二大糖姜供应商，绿宝集团是国内杏鲍菇的第一大供应商。

2、骨干企业众多。截止2015年底，全市食品工业亿元企业313家，占全市亿元企业数的32.8%，其中15家超10亿元，4家超20亿元（鸿一粮油37亿元、百佳实业30亿元、海之星水产30亿元、傲农牧业28亿元）；省级工业龙头企业4家（大闽食品、绿宝食品、盈丰食品、海魁水产），占全市省级工业龙头企业18家的22.2%；市级龙头企业10家，占全市市级工业龙头企业35家的28.6%；省级成长型企业10家，占全市省级成长型企业24家的42%；市级成长型企业20家，占全市市级成长型企业55家的36.4%。

3、地域特色突显。各县区依托当地资源优势，培育了一批具有典型区域特色的食品产业基地，产业集聚效应突出。如沿海水产品加工产业集群，主要集中在东山、诏安、云霄、漳浦、龙海等沿海区域；果蔬、食用菌加工产业集群，主要集中在芗城、龙文、龙海、台投区、南靖等沿九龙江流域及漳浦等地；休闲食品制造产业集群，主要集中在芗城、龙文、龙海、南靖等地；以华安铁观音、平和白芽奇兰等为代表的茶叶加工产业集群，主要集中在华安、平和、南靖等区域，粮油饲料加工产业集群，依托港口及高速公路、铁路运输优势，主要集中在龙海、龙文、漳州开发区、台投区等。

4、品牌效应扩大。帮扶企业开拓市场，组织食品企业开展“漳州味·世界行”、“漳州味·海丝行”、“漳州味·国内行”，提升企业品牌竞争力同时，极大地提升了“中国食品名城”品牌影响力和“漳州味”食品整体形象。至2015年底，全市食品企业拥有省级以上商标品牌313个，其中，中国驰名商标20件，著名商标214件，中国名牌1件，福建名牌78件，占全市商标品牌数的54.6%，如天福、紫山、盈丰、海魁、含羞草、信华、大闽、丹夫、白玉兰等在行业内都具有较高知名度。2015年度中国罐头十大品牌评选中，我市紫山集团、同发食品、海魁水产占据榜单三席，同时海魁水产还入选“2015年度中国海鲜十大品牌”。2015年绿新食品、紫山集团顺利通过食品工业企业诚信管理体系（CMS）评价，被授予“食品工业企业诚信体系建设示范企业”称号。

5、漳台合作深入。目前，我市打造了台商投资区、台湾农民创业园、海峡两岸水产品加工集聚基地等对台合作平台，引进了一大批台湾先进食品生产设备、精深加工技术和管理理念，有效促进漳台食品产业深度合作。至2015年底，全市台资食品企业近500家，企业数居全国设区市之最。两岸食品产业的深度合作，有效提升了我市食品产业发展层次和水平。

6、产品外向度高。2015年，全市食品工业出口交货值354亿元，增长10.5%，占全市各行业出口交货值731.4亿元的48.4%，占全省食品工业出口交货值720.4亿元的49.1%。如东山县是全国最大的水产品出口基地，2015年出口创汇达17.51亿美元，同比增长24%，位居全国县（市、区）级首位。

食品工业是经济社会发展的“压仓石”，对我市具有独特而重要的地位。下一步，我市将全力破解当前食品产业大而不强等问题，充分集聚各种产业要素，再造漳州食品工业新优势，擦亮“中国食品名城”金招牌，着力把漳州打造成为世界著名的健康食品生产基地。

信华食品

立兴冻干产品

东山海魁水产

紫山食品

东方食品集团食品系列

南海O尼柚

汤阴县食品工业年鉴

一、汤阴县总体概况

汤阴县地处豫北平原，晋、冀、豫、鲁四省交界，总面积646平方公里，辖1乡9镇，298个行政村，总人口49.8万。区位优越，交通便利。自古汤阴就是南北通衢要道，境内京广铁路、京港澳高速、晋豫鲁铁路成“双十字”交汇，京港澳高速公路、107国道、302省道纵横交织，豫东北机场加快建设，形成“铁路公路航空”立体式交通格局。历史悠久，人杰地灵。汤阴是中华群经之源《周易》发祥地、民族英雄岳飞故里、神医扁鹊悬壶济世之地，素有“三圣文化之乡”的美誉。民风淳厚朴实，被著名历史学家史式称为“讲道义、守诚信、重然诺、轻生死”的忠义之乡。生态宜居、活力新汤阴。汤阴县委、县政府强力推进城市建设，逐年扩大城市框架，城市基础设施不断健全，综合服务功能日益完善，城市品位明显提升，逐步成为一座“功能完善、特色鲜明、生态宜居、文明有序”的现代化历史名城。

汤阴县重点食品工业企业商标汇总

二、汤阴县食品工业发展情况

近年来，汤阴县立足实际、着眼民生，大力发展以农产品为原料的食品工业，实现了由传统农业县向食品工业强县的跨越。先后荣获“国家新型工业化示范基地”、“国家食品安全示范县”、“国家农产品加工业示范基地”、“中国食用菌行业标准化生产示范县”等称号。汤阴县连续六届十二年被评为“全国食品工业强县”，并被中国食品工业协会命名为全国首个“中国食品工业名县”，“京津食品产业园”成功落户汤阴。目前，我县食品产业发展呈现出集聚程度高、产品种类全、产业链条优、食品监管严、带动效应强五大特色。

（一）集聚程度高。全县食品工业企业达159家，其中规模以上食品企业达50余家。益海嘉里、濠吉六粮方便面、川辣妹、博大面业、永达清真食品、众品食业、今麦郎饮品、嘉士利饼干、健丰饼干、丹尼斯克甜味剂等一大批国内外知名食品企业入驻食品产业集聚区。拥有益海嘉里“香满园”面粉、“永达”肉鸡、阳光油脂“奥利福”食用油等八大中国名牌。

（二）产品种类全。汤阴县食品产业主要包括小麦及面制品加工、油脂类加工、畜禽肉制品加工及啤酒饮品、调味料和食品添加剂、休闲食品、高档保健品等多个领域，含590多个系列产品。其中，众品食业荣获“中国肉类食品产业最具价值品牌”，“江顺”饼干、“永达”肉鸡、“众品”冷鲜肉等产品被评为“中国名牌”，“火龙岗”小杂粮等被评为省级优质农产品。

（三）产业链条优。汤阴县紧密结合食品产业发展需求，深入研究产业的上下游产品，绘制产业链图谱，同时注重企业对上下游产业的带动作用，培育发展了小麦、玉米、肉鸡、食用菌、生猪、蔬菜、中药材、肉奶牛等9条食品产业链条。在培育桥接，找准着力点进行“建链”，围绕现有产业链条的缺失环节进行“补链”，对现有9条优势产业链，从科技、金融、信息化方面提升以及品牌引领入手进行“强链”。深入挖掘现有企业潜能，推进骨干企业与省企、央企联姻，通过“战略重组”、“强强联合”，打造具有特色和优势的产业集群。

（四）带动效应强。产业集聚区已成为食品工业带动农产品深加工的高效工业基地。主导产业的壮大发展，对县域相关产业发展具有强

食品产业园区全景图

汤阴县在 2016 年全国食品安全年会上做经验交流

大的辐射带动作用。通过产业链条的延伸，有力推动传统的种（养）—销售农业发展模式，向种（养）—深加工—商业化销售一条龙运作模式的转变，实现了农产品的大幅增值。

近年以来，汤阴县始终把招商引资作为“一举应多变，一招求多效”的战略举措，紧紧围绕健康食品、生物医药、高端制造等主导产业，更加注重选商引资，更加注重项目质量，更加注重项目落地，更加注重真抓实干，招商引资工作保持了好的趋势、好的态势和好的气势，推动全县经济社会实现了又好又快发展。

三、汤阴县食品安全监管情况

汤阴县委、县政府审时度势，自我加压，继续实施“五条路径”，发动全民参与，创建食品安全县。建立“从农田到餐桌”的全过程食品安全保障体系，把汤阴打造为餐桌最安全、食品最放心的“中国食品名县”。

（一）“领跑”体制改革。为强化政府监管责任，汤阴在全省率先启动了食药监体制改革，扩增执法队伍编制，在公安局设立食品安全犯罪侦查中队，在各乡镇设立“一办一所”，配备执法车辆和装备，在每个行政村设立食品安全信息员，形成了“以专为主、专兼结合，横向到边、纵向到底”的三级监管网络。统一整合农业、质监、工商、畜牧、食药监等部门检测资源，建立综合的检验检测中心，统一规划、统一检测、统一发布，逐步形成权威、高效的检验检测体系和信息发布平台。

（二）“探索”智慧溯源。科技在食品安全监管中大放异彩。汤阴建立食品全程溯源信息平台，利用福码防伪技术，打造“智慧”食品。打造“透明车间”、“明厨亮灶”。对食品生产企业、重点经营单位、学校食堂实施监控全覆盖。打造“天眼工程”，追溯到田间地头。大力推行“放心主食”惠民工程，统一生产，布点销售，实现生产、销售全程可监控、可追溯。同时搭建“食安易源”微商城营销平台，探索“食安汤阴”网络营销新模式。

（三）“试水”诚信保险。汤阴发扬“岳飞故里、忠义之乡”传统，打造“放心食品，诚信汤阴”品牌。推行食品安全师制度，提高企业安全管理水平。建立信用档案，将全县食品企业纳入征信体系，对守信单位进行金融培育。广泛推行守信承诺，强化企业主体责任意识。施行“红黑榜”制度，奖励“红榜”，惩处“黑榜”。连续两年推行食品安全责任保险，逐步完善保险制度。如因汤阴食品发生安全问题，消费者可通过保险体系立即得到赔偿，最大限度、最快速度保障消费者权益。

（四）“倡行”科普宣传。食品安全，人人有责。汤阴不断加大食品安全科普宣传力度。建立食品药品宣传教育中心，利用声、光、电、多媒体等手法宣传食品安全。打造我国首个规模性安全食品体验馆，同时拍摄食品安全微电影《苏雅的春天》，引领食品安全正能量。连续两年开展轰轰烈烈的食品安全宣传周暨假冒伪劣食品集中销毁仪式，营造社会共治氛围。与河南工业大学建立长期合作关系，组建食品安全科普宣讲团，开展科普宣传活动。

（五）“优化”生态保障。安全的食品来自安全的生产要素。制定长远规划，对水、土壤、空气等生产要素逐步进行改良。鼓励企业引进纯水制作、废水净化工艺。扩建、新建 3 个污水处理厂，确保县域内地表水符合国家标准。同时，投资 1.5 亿元实施安全饮水工程，让在汤居民都能喝上安全放心水。大力推广配方施肥、测土施肥技术等无公害种植技术，减量农药化肥使用量，降低全县土壤污染和农药残留。汤阴建设 3 条 30 米宽的环县域、环县城、环集聚区防护林，加快汤河湿地公园建设，安装自动监控设备，综合治理大气污染，确保县域内空气质量达标。

“百姓厨房”让百姓吃得更放心

第三届全国食品安全监管信息座谈会在汤阴召开

中国食品安全体验馆暨食品安全微电影展示馆

汤阴县建成了全省首个食品药品安全宣传教育中心

全国食品工业强县——南乐

一、南乐县总体概况

南乐县位于河南省东北部，冀鲁豫三省交界处，辖12个乡镇，322个行政村，总人口53万，耕地64万亩，总面积624平方公里。

近年来，南乐县先后荣获全国食品工业强县、全国科普示范县、全国科技富民强县专项行动计划试点县、全省造林绿化模范县、全省食品安全示范县、全省优化经济发展环境先进县、全省平安建设工作先进县、省级可持续发展实验区等多项国家和省级荣誉称号。文化底蕴深厚。于西汉初年建制，五代后唐时期改称南乐沿用至今，是造字圣人仓颉故里、唐代天文学家僧一行家乡。过去南乐境内有“七龙庙、八虎街、十二牌坊、八大槐”等名胜古迹。现存仓颉陵遗址、文庙等，2009年被命名为“中国仓颉文化之乡”。现代南乐涌现出了外交部原副部长、国家旅游局局长韩克华，浙江省委原第一书记铁瑛，国家级著名国画家端木梦锡等30多名省部级干部和知名人士。交通区位优越。南乐西距京广高铁70公里，东距京九铁路60公里，南距晋煤外运新通道晋豫鲁铁路50公里，距规划建设的豫北机场100公里，大广、济长两条高速，106、341两条国道呈“井”字型在县城交汇；列入十三五规划即将建设的郑济高铁穿境而过。加之地处三省交界，具有覆盖三省、经营四方的独特区位优势。以南乐为中心，方圆200公里以内，人口将近1亿，消费市场广阔。基础设施完善。着力规划实施了东部产业集聚区、西部生态科技区、南部物流行政区和中北部商务中心区四大功能区建设。南乐县产业集聚区规划面积12.8平方公里，建成区面积6.8平方公里，按照“产城一体”发展理念，形成与县城有效衔接的“五纵九横”路网框架；供排水管道、通讯线路、供电线路、天然气管网等基础设施完备，达到“七通一平”；规划建设了企业服务中心、金融服务中心、信息科技中心、就业培训中心以及30-60平方米公租房2000套等。

二、食品工业发展现状

近年来，南乐县充分利用丰富的农产品优势，通过搭建平台、培育品牌、延链补链等措施，着力打造食品工业升级版，推进一、二、三产业融合发展，食品产业成为经济发展的中坚力量。全县规模以上食品企业达到60家，占全县规模以上工业企业总数的47.6%。2015年，全县规模以上食品加工产业总产值199.48亿元，占全县规模以上企业的50.88%，同比增长15.94%；增加值41.17亿元，占全县规模以上企业的50.46%，同比增长14.34%；主营业务收入191.18亿元，占全县规模以上企业的51.77%，同比增长14.24%；利润22.55亿元，占全县规模以上企业的52.33%，同比增长11.39%。2016年元月，再次被中国食品工业协会命名为全国食品工业强县。

一是丰富优质原材料。南乐县是全国粮食生产先进县、河南省优质商品粮生产基地。全县小麦播种面积45万亩，产量26万吨；玉米播种面积48万亩，产量29万吨；粮食总产量稳定在46万吨以上。据有关专家论证，我县所处经纬度最适合小麦生长，小麦的面筋值在35-40，高出郑州等地区5到10个点。南乐县是全国秸秆养畜十佳示范县、全国生猪调出大县、河南省畜牧强县。全县肉牛年存栏15.2万头，出栏7.6万头；奶牛年存栏6334头；生猪年存栏41.7万头，出栏49.1万头；肉鸡年存栏2000万只，出栏1亿只；拥有各类养殖场1207个，肉类总产7.3万吨，禽蛋产量6.45万吨，奶产量0.56万吨，畜牧业占农业总产值的比重达到46%。南乐县是全国经济林建设先进县，全县林地面积27.9万亩，其中速生丰产林19.9万亩，经济林8万亩，主要有晚秋黄梨、无公害苹果、优质红杏等。建成1.19万亩晚秋黄梨园区、5.31万亩苹果园区、1.1万亩红杏园区等八个精品园区，水果产量稳定在16万吨以上。南乐县是全省蔬菜种植大县，无公害蔬菜面积10.3万亩，以发展日光温室塑料大棚、节水莲藕、无公害瓜果等为主，年产各类蔬菜近70万吨。建成万亩以上园区3个，千亩以上园区10个，百亩以上园区达到47个。有4个蔬菜基地、4个标准园区获得国家无公害蔬菜产地认定。节水莲藕2011年被推荐为全国“两会”专用。

二是引领高站位发展。南乐县面对经济发展的新常态，立足现有产品产业发展良好基础，通过高端对接，实现高站位规划，与中国食品工业协会开展全方位战略合作，充分发挥其联系广泛、信息资源丰富、行业影响力大的优势，发挥其桥梁纽带作用，及时掌握行业发展动态，全面推介南乐食品企业，共建国家级食品产业基地。通过中国食品工业协会，敲开了光明食品集团、旺旺集团、维维集团等名企的大门；引导企业“牵手”电商平台，实现线上线下综合销售。目前，全县6家食品企业上线网络购物平台，交易额突破2000余万元。引导、帮助企业参加国际、国内各类展销活动，为企业开拓市场搭建展销平台。木伦河集团成为2015年意大利米兰世博会路演合作伙伴，傅潭酒业傅潭春酒荣获 2015年布鲁塞尔国际烈酒大奖赛金奖。

三是提升核心竞争力。南乐县把培育知名品牌是作为促进食品产业提档升级的着力点。牵线搭桥，支持重点食品企业通过靠大联大和联合重组，进行规模扩展和品牌提升。五得利食品与禾丰集团，木伦河与河南建业集团、广州黑牛集团、北京京良集团等实现战略合作，均已成为国内食品产业有影响力的品牌。设立品牌创建奖励资金，支持重点食品企业进行品牌推广，培育了岳古、九鼎、道德金等11个河南著名商标、2个地理标志保护产品。越来越多的南乐食品品牌走出河南、叫响全国、迈入国际舞台；促进政产学研合作，引导、扶持企业加强核心技术研发，强化技改升级，提高产品附加值。南乐县已与中国食品工业协会、天津食品研究所、北京工商大学食品学院等科研院所建立了长期全面合作关系，签订技术合作协议7项，占总量的29.2%。

木伦河生产线

四是实现链式集聚。为提高农副产品的附加值，南乐县按照“原材料—大项目—产业链—产业集群”的发展思路，围绕发展基础好、潜力大的粮食精深加工、肉食加工、保健休闲食品、冷饮制造等 4 大优势特色行业，加大招商引资力度，着力延链补链，壮大食品产业集群规模。㈠依托优质小麦、优质玉米资源，打造“小麦—面粉—面制品—速冻食品、休闲食品”产业链，新上了红高粱面业、增运食品、金苑面业等一批以粮食加工为主的龙头企业，形成了粮食精深加工产业链。㈡规划了总面积 1500 亩的乳制品产业园，打造“奶牛养殖—液态奶—冰淇淋—冷饮”产业链，引进京良饮料、木伦河食品、京良工贸等多家投资超亿元企业入驻，并于 2014 年组建了木伦河集团。目前，规划建设了 500 余亩的冷冻食品产业园，围绕木伦河集团原料供应和运输包装等方面进行延链补链，现已有 10 个项目签约入园，将形成从原料、包装到冷链物流完整的冷饮食品产业链。㈢围绕全省畜牧强县，着力打造“养殖—屠宰分割—熟食加工”产业链，新上了禾丰食品、德信食品、东大食品、众汇食品等一批肉禽屠宰、分割及深加工的重点企业。㈣以天人健生物、道德金食品、浦鑫生物为代表的保健休闲食品制造产业链。主要生产增加营养、调节人体机能的各种保健休闲食品。㈤依托全县 18 家具有生产许可证的白酒企业，100 多个白酒品种，规划建设了白酒工业园，打造了傅潭春、字圣、岳古、新境界等知名品牌。集点成链，依链成群，合群成片，南乐县食品产业的集群效应逐步显现。

三、强力政策支持

一是强化融资平台支撑。加强食品企业投融资平台建设。设立了贷款风险补偿基金，有效缓解中小企业资金压力；定期召开银企对接会，金融机构大力支持食品企业发展；木伦河集团与上市企业黑牛集团开展合作，股权融资 1 亿元；省农投公司与多家食品企业达成了股权或基金投资意向。二是注重政策保障。整合现有政策资源，激活各类资金渠道，加大对发展前景好、投资额度大的龙头企业、重点项目进行扶持。每年县财政安排资金 1000 万元作为食品工业企业发展专项资金，对基础条件好、发展潜力大、成长性强的食品企业进行重点培育，在资金、用地、技改等方面实行政策倾斜，增强竞争力，壮大重点食品企业群体。三是发展环境优良。把打造风清气正政治生态和优良发展软环境作为招商引资的第一资源，持续优化发展环境，持续提升服务效能。对每一个招商项目，从项目论证、洽谈等前期准备，到开工建设直至建成投产，实行全过程的保姆式服务。县级领导联系分包重点项目制度、项目手续代办制、手续模拟办理制度、重点项目周调度会制度、重点项目行政问责制度等一系列制度机制行之有效，运行良好。从改善发展环境，到完善生活配套，让每一位客商在南乐投资省心、经营安心、发展舒心。

民以食为天，食以安为本。食品产业是一个朝阳产业，南乐县将致力打造成为全国“放心、安全、绿色食品的大厨房”。生机蓬勃的南乐和务实重干的南乐人，将以更加开放的姿态和更加包容的情怀，诚邀各界有志之士会聚这方投资热土，共圆人生事业出彩梦！

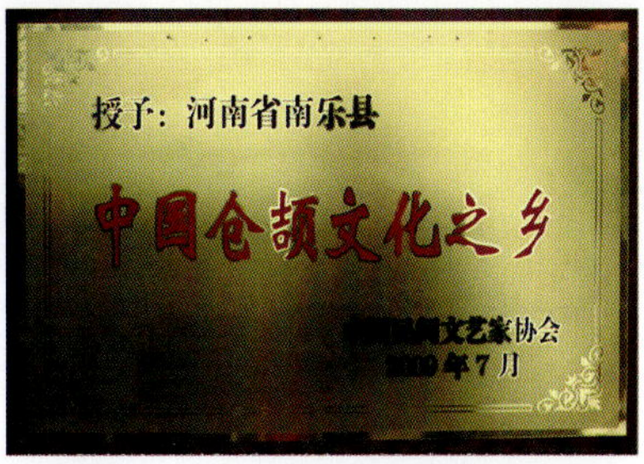

潢川县产食品工业发展情况

一、基础优势

潢川交通区位独特，自然资源丰富，商贸物流发达，工业发展具有一定基础。近年来，潢川抢抓中原经济区建设机遇，着力推动信息化和工业化深度融合、工业化和城镇化良性互动、城镇化和农业现代化相互协调，经济社会实现又好又快发展。我们立足资源，放大优势，大力发展农业产业化，樱桃谷鸭、生猪、水产、糯米粉等特色支柱产业闻名遐迩、响誉全国。华英集团被誉称为“世界鸭王”，年生产加工樱桃谷鸭 1 亿只，产品畅销日、韩、中东、俄罗斯和香港等 20 多个国家和地区；潢川盛产甲鱼，年产生态中华鳖 36 万公斤，被誉为“甲鱼王国”。生猪饲养量达 170 万头，是全国畜牧大县。

（一）鸭产业资源优势

潢川县是全国禽类生产基地示范县、全国肉类生产百强县。河南华英农业发展股份有限公司以鸭加工为主，集种鸭繁育孵化、肉鸭养殖、屠宰冷冻加工、饲料加工生产、羽绒加工等系列化生产于一体的国家大型一类轻工企业，是世界最大的鸭加工企业，华英农业于 2009 年在深交所成功上市。具备年出雏禽苗 1.2 亿只，屠宰加工樱桃谷鸭 1 亿只、肉鸡 8000 万只，熟食 6 万吨，羽绒 2 万吨，饲料 120 万吨的的综合生产能力，建立了覆盖全国的市场销售网络，并远销日、韩、欧盟、澳洲、香港和东南亚等多个国家和地区，市场占有率达到同行业的 15%以上。公司先后被评为全国质量管理先进企业、全国食品安全示范企业、中国质量诚信企业、中国食品工业百强企业，华英产品也成为“中国名牌”、“无公害农产品”和“中国名牌农产品”。

（二）生猪产业资源优势

潢川县是全省畜牧强县、全国生猪调出大县。近年来，我县在农业经济结构调整中，运用“公司 + 基地 + 农户”的养殖模式，加快推动畜牧业发展。全县拥有生猪规模养殖场 2385 个，其

华英禽类加工三厂

中年产万头猪场11个，5000头以上的达41个、1000头以上的达139个。年生猪饲养量达170万头，产值近18亿元。目前，全县共建成标准化养殖小区16个，其中2个通过农业部无公害产品认证，14个通过省无公害畜产品产地认证。拥有豫鸣等13家生猪养殖龙头企业，特别是豫鸣畜牧被评为全国生猪安全生产与消费行动计划示范企业、国家生猪活体储备库。拥有饲料厂5家，年产饲料60万吨，年产值达12亿。

（三）水产养殖资源优势

潢川县水域面积广阔，渔业生产条件优越，养殖历史悠久，素有“鱼米之乡”之称。全县水面37万亩，可利用水面25万亩，现养殖面积16万亩，水产品产量2500万公斤以上。

1. 生态甲鱼

潢川县有“生态甲鱼王国”之称。其中“马蹄鳖”是甲鱼中的精品，“光州生态甲鱼”现在已成为国内知名品牌。潢川甲鱼养殖户达800余户，温室面积4.8万平方米，外塘养殖面积6800亩，其中100亩连片基地4处，50亩连片基地8处，工厂化养殖有3处，从事甲鱼休闲渔业开发养殖基地1处。生态鳖养殖协会1个，农民专业合作社5个，年产量1000吨（约400百万只），产值约3.5亿元。

2. 水产品加工

近年来随着以河南宝树水产、文尧水产为龙头的水产品加工企业的建设和发展，水产养殖面积在不断扩大，甲鱼、小龙虾、青虾、鳝鱼等特种养殖的产量不断提高，渔业产值近5亿元。鲜活产品销往上海、北京等大中城市，冷冻水产品远销美国、欧盟等。

（四）稻米生产资源优势

潢川县是全国最大的糯米粉生产加工基地，年种植优质糯稻25万亩，年产量2.5亿斤，年加工优质水磨汤圆粉30万吨，是全国糯米交易集散地。黄国粮业有限公司、裕丰粮业、明业食品等企业是集稻米深加工、贸易、科研和综合利用为一体的综合性企业。其中黄国粮业也是目前中国乃至世界规模最大的水磨糯米粉生产龙头企业，公司产品水磨糯米粉是"思念"、"三全"、"科迪"、"龙凤"、"湾仔码头"等国内知名速冻食品企业生产原料的主要供应商和战略合作伙伴。"中国汤圆黄国粉"已成为业界品牌。

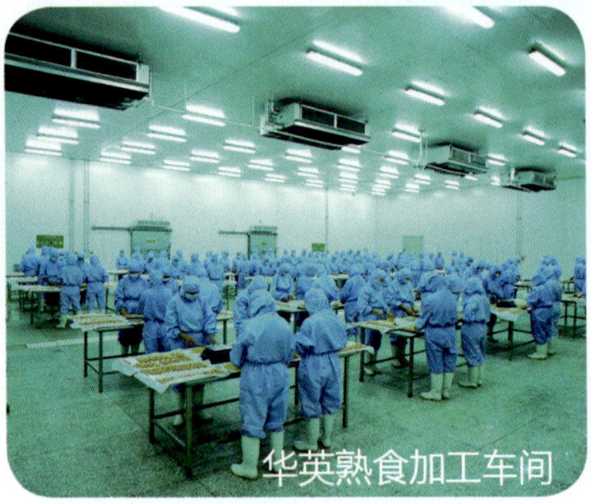

华英熟食加工车间

二、前景规划

（一）打造肉制品百亿产业集群

发展现状：利用潢川鸭、猪、鳖、水产等特色产业优势，打造以华英集团为龙头的畜禽加工，以豫鸣、康缘为龙头的猪肉制品加工和以宝树水产为龙头的水产品加工三大产业集群。目前，在畜禽加工产业集群上，华英集团已经形成了上、中、下游产品配套齐全的产业体系，在上游形成了种禽繁育、商品禽养殖、饲料加工、羽绒制品产业链，在中游形成了冷冻生鲜禽肉产业链，在下游形成了熟食、即食鸭汤、鸭血等精深加工食品及食品包装、仓储物流产业链。目前已经具备了年出雏禽苗 2 亿只，屠宰加工樱桃谷鸭 1 亿只、肉鸡 8000 万只，熟食 6 万吨，羽绒 2 万吨，饲料 120 万吨的生产能力，真正成为"标准国际一流、规模世界最大"的樱桃谷鸭加工基地，2014 年华英集团产值突破 85 亿元。在猪肉制品加工产业集群上，豫鸣、康缘食品逐步建成上游的生猪养殖、饲料加工项目，优质生猪 40 年来一直供港，年供港达 20 万头。中游的屠宰、加工等生产线，正在积极谋划。其中豫鸣公司现有四个 2.5 万头规模的养殖场，年出栏生猪 10 万头，其中供香港 7 万头，占河南供港猪总数的三分之一，公司通过合作与联营等方式，带动 1200 多个专业养殖户、种植户共同发展。在水产品加工产业集群上，形成了上游甲鱼、河虾、小龙虾养殖，中游冷冻水产品，下游速冻虾仁、五香虾等熟食产业链条，其中宝树水产有限公司为河南省"农业产业重点龙头企业"。拥有一座年加工 8000 吨水产的加工厂，出口水产品养殖基地 5000 亩，带动周边地区农民 1 万户从事水产养殖，养殖水面 5 万亩。产品销售以出口为主，国外订单较多，出现了供不应求的局面，2015 年有望接近 10 亿元出口规模。

发展方向：集中针对肉制品产业强链、补链、延链，强力推动冷冻生鲜禽肉核心产业链提质升级，引进肉制品加工业配套产业快速发展。

主攻方向：计划用 3 年左右的时间，集中针对补链、强链、延链开展招商，确保肉制品集群产值 2015 年突破百亿大关，"十三五"期间向 200 亿产值迈进。在畜禽加工产业上，帮助华英着重在拉长产业链条上下功夫，一方面产业链向中游原料生产延伸，扩大华姿雪羽绒制品生产能力，加快与浙江萧山新塘羽绒有限公司洽谈合作进行羽绒加工生产，可增加年产值 10 亿元以上。引进广东佛山兆利集团"国际纺织服装创意产业园项目"总投资 50 亿元，建设纺织、服装相关产品的生产、研发及展示、销售基地。另外，华英集团准备投资 3 亿元建设 30 万吨稻谷加工项目。另一方面向产业链下游包装、仓储运输方向延伸，积极谋划农产品加工仓储物流园项目。在生猪产业上，协调康缘公司与华英集团深度合作，计划借助华英上市平台帮助康缘公司融资 20 亿元，努力激活生猪产业链条。在水产品产业上，协助宝树水产开展招商引资，合作扩建出口水产品养殖基地和深加工项目，拓展延伸水产品产业链条。帮助文尧水产公司扩大生产规模，用 3-5 年时间将其打造成潢川水产加工的又一龙头企业，年加工能力实现 10000 吨，产值达到 8 亿元。

（二）打造以糯米粉为主体的粮油加工百亿产业集群

发展现状：主要包含以黄国粮业为龙头的粮油加工产业和九龙春天食用菌两大产业链条。粮油加工产业方面，潢川现有粮油加工企业 68 家，范围涉及上游标准化生产及订单种植、中游粮油初加工、下游速冻食品、膨化食品、调理食品、代餐饮料、白酒、啤酒、抗性淀粉、多肽蛋白、米糠油等食品深加工各个环节，年产值约 50 亿元左右。黄国粮业已经发展成为资产总值和年销售收入超过 15 亿元的行业巨头，是“三全”、“思念”、“科迪”、“湾仔码头”等知名速冻食品企业的原料主供应商和战略合作伙伴。 明业食品、丰天下食品、人和食品、变地金等 20 余家粮油加工企业发展势头良好。在产业化模式发展的同时，以本地区粮食资源优势为依托，以市场需求为导向，和当地农户建立紧密的利益连结体制，形成了带动农户推广“糯稻种植与精深加工”一条龙的发展模式。食用菌产业方面，潢川九龙春天农业科技有限公司采取“龙头企业 + 基地 + 农户”模式，形成了上游种植到中游食用菌加工到下游食用菌提炼果酱等制品的完整产业链条。

发展方向：发挥黄国粮业全国稻米精深加工产业技术创新战略联盟盟主优势，围绕裕丰粮业、明业食品、丰天下粮业、变地金、人和食品等提升产业集群科技附加值产品上、下游链条开展招商 ,用 3 -5 年左右时间打造百亿产业集群。

主攻方向：计划用 3-5 年的时间，围绕提升产业集群的科技附加值开展招商，力争在“十三五”末达到百亿产值。具体计划：在粮油加工产业上，以河南黄国粮业为主体，发挥其全国稻米精深加工产业技术创新战略联盟理事长单位作用，积极向联盟内开展招商活动，形成集团化发展。同时，指导粮油加工企业与大中专院校、科研机构合作研发糯米食品专用粉、膨化休闲终端健康食品、全谷物速食功能性冲调粥粉等新产品，促使产业链条向下游食品精深加工方向延伸，提高产业核心竞争力。特别是要在糯米粘合剂方面，加大研发力度，使这一环保产品尽快进入人们的生活，进一步延伸糯米产业链条，推进产业升级。在食用菌产业上，协助九龙春天扩大订单种植规模，夯实上游产业基础。同时，扶持企业研发新的食用菌精深加工产品，扩大市场占有份额。

禽类加工六厂

全国食品工业强市

山东·诸城市

诸城地处山东半岛东南部，东临青岛，南靠日照，西接临沂，是潍坊市下辖的县级市，总面积2183平方公里，常住人口109.5万，诸城是上古名君舜帝的出生地，又有中国罕见的恐龙化石宝库，出土并陈列了世界上最大的鸭嘴恐龙化石。因此，被誉为“中国龙城·舜帝故里”。改革开放以来先后创造了商品经济大合唱、贸工农一体化、农业产业化、中小企业产权制度改革、农村社区化、统筹城乡一体化发展等在全省乃至全国有一定影响的经验。2015年县域经济基本竞争力在全国百强县（市）中排名第27位。先后被认定为全国食品工业强市、全国食品工业产业集群示范区、国家新型工业化产业示范基地（食品）、山东省高端食品安全示范基地，是全国最大的禽类屠宰设备制造基地及肉鸡淀粉生产基地。

诸城食品工业发展迅速，优势突出，是全市支柱产业之一，近年来，我市将发展食品产业区域品牌作为推动产业转型升级、提升县域经济综合实力的重要抓手，大力实施质量强市战略，持续加大科学投入，优化增量、提升存量，倾力培育品牌产品、品牌企业、品牌产业，通过产业与品牌的深入结合，加快产业转型升级，有力促进了经济社会平稳健康发展。2015年，全市规模以上食品企业105家，全行业实现主营业务收入572亿元、利税39.8亿元、利润26.6亿元。形成了肉食品、粮油、蔬菜、茶叶等4大系列，分割肉、冷却肉、低温肉制品、调理食品、糕点、罐头、饮料酒、豆制品、淀粉、调味品、保鲜蔬菜、烟草等20多个大类400多个品种的食品工业体系。2015年被工信部认定为全国第二批产业集群区域品牌建设试点区，目前又在积极组织申报全国首批产业集群区域品牌建设示范区，是全省唯一一家参与此次示范区申报的地区。随着食品企业的发展壮大，我市的食品机械发展迅速，一批规模大、技术强的食品机械企业成长壮大，涌现出鼎泰盛、金鼎、中泰等400多家企业生产的杀菌锅、食品包装机占到全国份额的80%，成为国内最大的食品机械生产基地。

诸城外贸有限责任公司成立于1975年，属首批农业产业化国家重点龙头企业，被国家农业部、国家标准化管理委员会等部门评为“国家禽肉加工专业分中心”、“农产品加工企业技术创新机构”、“国家农业标准化示范区”、“省级重合同守信用企业”、“山东省认定企业技术中心”，先后获得“中国屠宰及肉类加工业十强企业”、“中国肉类食品工业50强”、“国家食品工业重点企业”、“山东省肉制品行业十大品牌企业”等荣誉称号，建有山东省诸城外贸院士工作站。公司围绕肉禽、淀粉、色素等主导产品形成了肉禽良种繁育、饲料供应、宰杀分割、熟食品加工、淀粉生产、色素提炼等支柱产业，是全国最大的肉鸡出口生产基地之一和全国最大的玉米淀粉生产加工基地。

得利斯集团创立于1986年，现有员工6500余人，总资产63亿元。2015年实现销售收入113亿元，利税5.9亿元。公司创立以来，始终以企业文化为先导，笃守“品质高于一切”产品诉求，坚持树人、创新、诚信、自律，谨守“制欲感恩”生存理念，遵循“农业产业化”发展方向，奉行“增强国人体魄、提高民族素质”企业宗旨，致力于“改善大众饮食营养，攀登肉食科学高峰”，赢得了社会的充分肯定。截至目前，公司先后获得各类荣誉800余项，被确定为首批农业产业化国家重点龙头企业、中国肉类十强企业、中国食品行业百强企业、中国最具市场竞争力品牌、山东省政府质量管理奖、山东省省长质量奖等荣誉称号，得利斯低温肉制品和冷却肉双双荣获中国名牌产品，“得利斯”和“北极神”商标被认定为中国驰名商标，得利斯技术中心被认定为国家级技术中心，拥有博士后科研工作站和国家级实验室。2016年2月，山东得利斯食品股份有限公司以1.4亿澳元（约6.3亿元人民币）收购Yolarno Pty Ltd的45%股权。Yolarno是澳大利亚领先的牛肉生产、销售企业，具有活牛育肥、屠宰、牛肉加工和销售的牛肉全产业链业务能力，拥有中国、美国、欧盟、日本等多个国家和地区的出口认证资质，双方合作，实现共赢。

金鼎杀菌釜

鼎泰盛卧式连续式灭菌生产线

山东惠发食品有限公司成立于2005年2月，于2012年6月整体改制为山东惠发食品股份有限公司。公司占地面积40多万平方米，下设山东和利农业发展有限公司（清真企业）、山东新润食品有限公司、山东惠发物流有限公司、山东润农农

外贸川香鸡柳

外贸奥尔良烤鸡

得利斯帕珞斯发酵火腿

惠发墨鱼烧

惠发嘟嘟肠

佳士博包心鱼丸

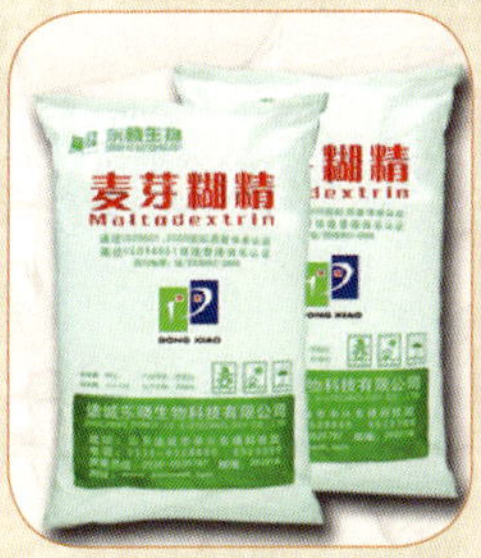

东晓生物

刘罗锅

业发展有限公司、惠发小厨（北京）供应链管理有限公司、青岛米洛可进出口有限公司六个子公司。公司以“做健康食品，创世界品牌”为企业宗旨，不断加大自主创新能力，现已形成肉丸制品、肉肠制品、调理制品、浅油炸制品、海洋鱼糜制品、预制菜、休闲食品、高端定制礼盒8大系列。

山东佳士博食品有限公司以生产销售速冻调制食品为主的全国主食加工业示范企业、省级农业产业化重点龙头企业、省级高新技术企业。产品涵盖火锅料食品、调理食品、台烤灌装食品、速冻面米食品等系列三百多个品种。公司积极围绕主导产业，拓宽产业链条，先后成立了山东佳士博农牧科技有限公司、山东清宗清真食品有限公司、山东佳诚食品有限公司、山东佳士博粮油食品有限公司、诸城市佳博天益农业发展有限公司，产业涉及粮食种植、蛋鸡养殖、粮油加工、肉糜加工、速冻食品、清真食品、休闲食品等领域。2016年2月佳士博跟台湾耀集食品工厂股份有限公司合作成立山东佳博耀集食品有限公司，公司所生产的绿色速冻调理食品是目前市场上深受社会各阶层消费者青睐的一种大众产品。

诸城东晓生物科技有限公司成立于2004年12月，由诸城市天昊工贸有限公司与新西兰G&M机械设备有限公司、新西兰MF机械有限公司合资兴建，注册资本1158.66万美元，占地面积800亩，总投资26亿元。主要产品生产能力为食用葡萄糖26万吨、麦芽糖浆20万吨、麦芽糊精10万吨、山梨糖醇5万吨、麦芽糖醇5万吨、赤藓糖醇1.5万吨、植脂末10万吨、葡萄糖酸钠10万吨、高品质氨基酸（赖氨酸）8万吨。2015年东晓公司实现产值收入20.62亿元，利税2628万元，出口创汇9772万美元。

山东诸城密州酒业有限公司成立于1944年，是山东省最早的酒厂，山东省浓香型低度白酒代表企业，山东省清香型白酒领军企业，山东省消费者满意单位、山东省老字号企业、拥有华东沿海第一家山洞藏酒基地。公司荣获由国家质检总局中国质量检验协会颁发的“全国白酒行业质量领先品牌”奖和“全国质量诚信先进企业”荣誉称号，密州洞藏、密州之星、情悦、刘罗锅、密州春.诸小密5个系列的白酒荣获“全国质量信得过产品”、“全国质量检验稳定合格产品”。“密州”品牌是中国驰名商标，强仕保健酒和密州庄园葡萄酒，受到消费者的好评。

山东鼎泰盛食品工业装备股份有限公司是一家以食品饮料杀菌系统、二次包装机械以及环保设备研发、生产和销售为一体的食品机械工业装备企业，目前拥有山东鼎泰盛工业园、上海鼎泰盛实业有限公司、环保装备有限公司。公司占地面积225亩，注册资金2222.2222万元，员工380人，是国内最大的食品饮料不锈钢灭菌设备制造商，是国内首家致力于开发、制造和销售智能化高效节能连续式灭菌生产线等产品的高新技术企业。公司专业加工、销售不锈钢全（半）自动杀菌釜、巴士灭菌机、蒸煮锅、食品包装机、高效节能连续式灭菌生产线等杀菌设备。

诸城市金鼎食品机械有限公司厂区占地面积为6925平方米，拥有员工近200人，公司在广州市设立办事处，集食品杀菌设备的设计研发、生产制造、营销服务于一体的专业运营商，已经形成了集原材料供应、产品开发、工艺设计、实验设计、产成品检验、生产经营、储存运输、技术服务于一体的完善的公司运营体系。

佳士博万吨智能冷库

隆尧·东方食品城

——全国食品产业区域品牌建设试点地区
中国食品工业创新发展基地

东方食品城位于隆尧县莲子镇镇域内，成立于2003年11月，规划面积20平方公里，目前建成区7.5平方公里，人口5万余人。东方食品城的发展是与中国方便食品知名企业今麦郎公司同步兴起的，始发于1994年春天。成功地走出了一条“以龙头企业带动主导产业，以主导产业拉动相关产业，以相关产业激活区域经济，以区域经济促进小城镇建设”的发展路子。先后荣获“国家农业产业化示范基地”，“全国食品产业集群区域品牌建设试点”，“中国食品工业创新发展基地”、“首批省级工业聚集区”、“省级高新技术产业开发区”、“省级新型工业化产业示范基地”等殊荣；隆尧县被评为“中国食品工业强县”。2016年，东方食品城在全国经济下行压力持续加大情况下，实现了逆势上扬、稳健发展，完成主营业务收入214亿元，同比增长14.8%；完成固定资产投资35亿元，同比增长18.6%；完成财政收入3亿元，同比增长18.6%，占全县财政收入的41.7%。

区位优势独特，交通快捷便利。 这里位于中原经济区和京津冀经济圈的交汇处，距北京、天津、郑州、太原、济南、石家庄均在350公里以内，周围有3亿人口的庞大消费市场；对外交通一小时到石家庄机场、邯郸机场，十分钟即可上邢衡高速进入全程高速，连接青银高速、邢汾高速、京港澳高速，是承东启西、沟通南北的重要通道，是经略中原、辐射全国的理想立足点。

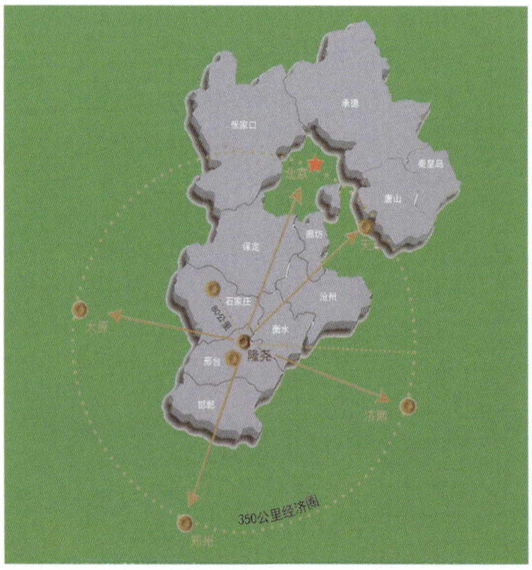

产业特色鲜明，配套优势明显。 始终坚持发展食品产业的指导思想不动摇、不错位，现已拥有各类食品加工及配套企业80余家，形成了以方便面、饮品为主导，兼有面粉、挂面、粉丝、泡菜、卤蛋、冰糖、干果、食品馅料等系列产品，和与之相配套的调味品、添加剂、食品容器、彩印包装等食品产业集群；先后吸引来香港远东集团、杭州南大集团、江苏申乾公司、北京万容公司等十几家国内外知名企业前来投资兴业；拥有中国名牌产品1个、中国驰名商标2件，省名牌产品7个、省著名商标20件。东方食品城是中国北方知名的食品专业制造基地。

基础设施完善，服务功能齐全。 已经建成五纵十横的路网格局，拥有日处理 2 万吨的污水处理厂、日供水 4 万吨的南水北调水厂、日处理 150 吨的垃圾填埋场、日供汽 4000 吨的热电厂、日供气 30 万立方米的管道天然气门站和 3 座 3.5 万变电站、1 座 11 万变电站，已经达到省级开发区“十一通一平”的标准。与此同时，坚持以产为基、以业兴城、产城互动，医院、学校、金融、商业、住宅和食品产业研究院、食品药品检测中心等公共服务、生活服务设施建设齐头并进，绿化、亮化、美化、生态水系建设同步跟进，为产业集聚、城市发展提供了新平台，增加了新优势，一个宜居、宜业、生态、休闲产业新城正在快速兴起。

今麦郎总部大楼

今麦郎调味酱工厂

洋浦彩印公司

远东食品配料公司

东方食品城鸟瞰图

热电厂

莲花苑小区

垃圾填埋场

污水处理厂

投资政策优惠，发展前景广阔。 为进一步放大食品产业优势、做大做强园区经济，邢台市委、市政府借鉴京津冀协同发展模式，把东方食品城周边的两个县的两个镇，一并划入了园区规划，实行“三镇融合”发展战略，并上升到省级战略层面，获得省委、省政府的大力支持。在项目用地上，实行土地规模、土地指标单列，每年安排 1000 亩土地指标保证建设用地。在资金支持上，每年拨付专项资金用于园区基础设施建设。在政策支持上，制订了“地价为每亩 7 万元，与亩均税收挂勾，给予返还支持，直至零地价”的土地优惠政策，“税收地方留成部分‘两免三减半’”的税收优惠政策。对重大项目实行“一事一议、特事特办”，全力打造“建设零干扰、服务全承办、发展有保障”的外部环境，保证让每一位客商在食品城投资安心、放心、舒心。

东方食品城鸟瞰图

东方食品城的发展正处于一个重要机遇期。2016 年，隆尧县被确定为“中国食品工业创新发展基地”，“隆尧食品”被确定为“全国产业集群区域品牌建设试点”，东方食品城所在地莲子镇镇被确定为首批“中国特色小镇”。着眼未来的发展与竞争，东方食品城将进一步解放思想、抢抓机遇，发挥比较优势，强化资源整合，在规模扩张中提升产业档次、在不断创新中增强竞争实力，致力建设“中国食品城”，努力打造“适合中国人口味的食品研发基地、中国人喜爱的食品生产基地、中国高端食品机械制造基地”，在振兴中国食品工业、促进人类科学饮食、健康进步这一伟大事业中做出新的更大的贡献。

“凤凰”展翅高飞谱华章
——凤凰山食品经济开发区发展纪实

凤凰山食品经济开发区入口标志 -- 火凤凰 · 五谷丰登

科创大厦

“国家农业科技园区”、“国家农业产业化示范基地”、“全国农产品加工示范基地”、“安徽省十佳投资环境开发区”、“安徽省农业产业化示范区”、“安徽省谷物食品专业商标品牌基地”、“安徽省新型工业化产业示范基地”……

俗话说，民以食为天。随着经济的发展，人民生活水平的提高，老百姓对于绿色、健康食品的需求也越来越强烈。自 2009 年 5 月经安徽省人民政府批准建设以来，淮北凤凰山食品经济开发区突出创新、协调、绿色、开放、共享五大发展理念，以打造国家级食品产业基地为动力，致力于为全省乃至全国人民提供健康、美味的食品。

“十二五”是凤凰山食品经济开发区发展最快的五年，也是取得成绩最突出的五年。2015 年，开发区实现工业总产值 210 亿元，是 2010 年的 5.25 倍，年均递增 39.3%；外贸进出口完成 3000 万美元，是 2010 年的 10 倍，年均递增 58.4 %；全社会固定资产投资完成 40 亿元，是 2010 年的 3 倍，年均递增 24.5%；五年新增加就业岗位 1.5 万个。2015 年 2 月，开发区正式获批国家级农业科技园区，被省政府批准升格为副县级建制单位，标志着开发区发展上升了新的台阶。今年 1–5 月份，完成工业总产值 82.8 亿元，同比增长 13.1%；完成工业增加值 18.2 亿元，同比增长 13.2%；完成固定资产投资 12.1 亿元，同比增长 6.4%。

完善基础设施 提升园区承载能力

漫步在凤凰山食品经济开发区，一条条园区大道整洁、宽阔，一排排标准化厂房排列整齐，绿化、亮化设施完整。作为相山区工业经济发展、淮北城市转型的桥头堡和主阵地，凤凰山食品经济开发区坚持“布局优化、特色突出、用地集约、产业集中”的原则，通过财政投入、市场运作、争取政策扶持等多种方式不断加大资金投入，逐步完善了凤凰山食品经济开发区基础设施。

自 2011 年以来，凤凰山食品经济开发区累计投入资金 15 亿元，在 13 平方公里建成区内实现水、电、路、通讯、污水管网、天然气、热气等“九通一平”，共修建仪凤路、栖凤路、凤冠路等主要道路 25 公里，形成“四纵十横”的路网框架。同时，开发区为提升形象，推动实施了黄淮海食品研发中心、皖北食品检测中心、湘西河绿化景观等一批重点工程，区内道路实现了绿化、亮化全覆盖。

2013 年 8 月，经安徽省人民政府批准，凤凰山食品经济开发区规划面积扩大至 19.4 平方公里，为园区发展提供广阔的发展空间。如今，20 万平方米的科技孵化创业园（标准化厂房）全部建成，公交车站、垃圾处理站、

安徽贝宝食品有限公司

安徽大海食品有限公司

淮北周氏食品有限公司

淮北真棒特食品有限公司

公共自行车配套设施全面建成并投入使用。此外，农商行金融中心、商务综合服务中心、食品博览馆、开发区冷链物流基地现已启动建设。

精准招商引资 助推产业集群效应

近年来，凤凰山食品经济开发区主动适应招商形势新变化，先后出台《开发区招商引资任务分解通知》、《开发区招商引资考核办法》，以长三角、珠三角和环渤海等重点区域和主要城市为主攻方向，实行全员招商。

截至目前，开发区共引进食品加工及配套项目189个，规模以上企业89家，引进内资超百亿元。通过积极探索和发展，园区已形成以思朗饼干、金富士食品等为代表的烘焙类产业集群；以鑫乐源、曦强乳业等为代表的饮料产业群；以大海食品、华浩食品等为代表的肉食品深加工产业集群；以天瑞淀粉餐具、思朗包装等为代表的配套产业集群，食品产业集群发展成效显著。

为加快项目推进，开发区超前服务"在谈"项目，对接完美集团、乐百氏食品、雅士利、怡浓巧克力、徽之润、今麦郎等重点跟踪企业，力争项目早日"落地生根"；精细服务"在建"项目，对金富士、智信堂、快递物流园等重点项目，全力保障项目对于水、气、电、热、金融以及环保、规划、土地等要素需求，确保在建项目快建设、早竣工、见成效；细心服务"投产"项目，组织人员深入企业进行专题调研，确保第一时间介入帮助企业解决资金、用工等生产要素方面的各类矛盾问题。

搭建坚实平台 助推企业快速发展

2015年6月，淮北首家电子商务产业园——淮北凤凰山电子商务产业园（一期）在凤凰山经济开发区开园运营，14家知名电商企业已先期入驻，初步形成了互联网金融、跨境电子商务、线上线下交易、信息技术服务四大类电子商务产业集群。今年以来，京东中国特产淮北馆、淮北新供销等电商企业的投入运营，为园区食品企业节约销售成本、扩大品牌宣传、发展电子商务搭建了坚实的平台支持。

为推进"四个全面"战略布局，随着深化改革脚步的加快，我市煤炭企业转岗分流人员大幅增加。面对严峻的就业压力，开发区成立人力资源服务中心，建成招工用工服务大厅，积极引进中介机构，帮助企业招工5000余人，有效缓解企业结构性、季节性"招工难"矛盾。今年春节后，朔石矿业30余名转岗分流女工来到凤凰山食品经济开发区内的淮北市汉享食品有限公司报到上班。

"今年1月19日，皖北煤电集团百善矿与开发区达成意向，先期由开发区人力资源运营机构统一向该矿提供就业岗位50个，全部安排到园区骨干食品企业就业。"凤凰山食品经济开发区党工委书记、管委会主任郭艳平说。

今后，凤凰山食品经济开发区将以建设"国家级食品产业基地"为目标，努力发展成为宜商宜居、文明和谐、功能齐全、产业精良的新型食品园区。到2020年，开发区将初步形成食品医药、生物科技产业基地，企业总数超300家。开发区工业总产值、税收按年均20%以上的速度增长，二、三产产值达到500亿元，各项税收收入超3亿元，建设成为产城融合、功能完善、实力彰显的特色食品经济开发区。

安徽昊佳食品饮料有限公司

淮北徽香昱原早餐工程有限公司

安徽曦强乳业集团有限公司

打造全国食品产业集聚地

山东省泗水县

泗水县位于山东省中南部，总面积1119平方公里，辖11个镇、2个街道办事处、1个省级经济开发区，63.8万人。

泗水因古老泗河发源于境内而得名，人文历史悠久，是东夷文化的摇篮，儒家学说的发详地。区位优势明显，日兰高速、京台高速、京沪高铁、济宁机场、济南机场、日照海港，构筑起四通八达的交通网络。自然生态优良，森林覆盖率达50.46%，山青水秀，林密泉美，名胜众多，素有“海岱名川”之美誉，被评为“中国宜居宜业典范县城”。泗水拥有省级经济开发区1处，镇街产业园区9处。泗水经济开发区规划总面积100平方公里，完成控制性规划面积34平方公里，入驻企业200余家，形成了以食品饮料、包装彩印、机械电子、生物医药为主导产业的多元化发展格局。2013年，泗水经济开发区被评为“山东省投资环境最佳园区”；2015年，建立了“济宁国家高新区泗水产业园”。

近年来，泗水县牢固树立“生态优先、绿色发展”理念，实现了经济发展和生态建设互促并进，走出了一条绿色崛起之路，荣获“全国食品工业强县”称号，是全省两个“县域经济科学发展生态文明建设类试点县”之一。大力发展食品产业，形成了矿泉水及果蔬饮料、肉类加工、薯类淀粉制品、粮油精深加工四大门类，食品产业已经成为泗水县的支柱产业。2016年，全县食品产业拥有中国“驰名”商标1个，省著名商标3个，省名牌产品8种；国家级高新技术企业2家，省级企业技术中心2个，市级企业技术中心3个；全国食品工业优秀龙头企业2家，省级农业产业化龙头企业3家，市级农业产业化龙头企业27家。全县食品生产企业达到200余家，年加工各类食品200余万吨，产品涵盖10大系列500余种，畅销全国各地并远销30多个国家和地区。

科学的规划为食品产业集聚发展描绘了美好蓝图。编制《泗水县食品工业“十三五”发展规划》，明确了绿色食品产业的发展方向和重点举措。坚持以县经济开发区及各镇街产业园区为重点，按照“布局集中、产业集聚、土地集约、生态保护”的原则，整合、优化、提升现有各类工业园区，加快建设区中园、园中园、专业园，形成集聚效应、洼地效应的产业集群。

优质原材料基地为食品产业集聚发展提供了良好平台。全县“三品”认证基地达66处、近40万亩，各类规模化养殖场3300多个。所有基地推行“统一农资供应、统一技术指导、统一生产管理、统一质量检测、统一收购销售”的五统一管理模式，实现了基地生产标准化、规模化和产品的无公害化、优质化。不断完善基地与农户、生产企业的利益联结机制，保证了食品工业优质专用原料的有效供给。

龙头企业为食品产业集聚发展发挥了强势带动作用。泗水坚持招商新上项目和壮大原有企业双轨并进，康师傅、娃哈哈、汇源、鸿润等行业巨头相继落户泗水，利丰、新绿、锦川等重点企业增资扩能，形成了产业龙头带动四大链条滚动发展的良好格局。

优质高效的服务环境为食品产业集聚发展增强了核心竞争力。对食品产业成立了由县长任组长，分管县长任副组长，有关职能部门和镇街主要负责人为成员的服务组，帮助大项目协调项目用地、环保容量等指标，为龙头企业“量身定做”融资方案；对招商项目实行县级领导包保、专门小组推进和项目服务“绿色通道”，建立“一站式”服务，确保项目快建设、快达产；对现有企业实行县级领导联系、“挂牌保护”，积极为企业排忧解难，确保企业快速健康发展。基于优越的服务环境，汇源、娃哈哈、康师傅等项目都实现了当年开工建设、当年达产见效，在山东省形成了轰动一时的“泗水现象”。

展望未来，泗水县将始终秉承绿色发展理念，建立健全门类齐全、市场互补、链条紧密、循环持续的产业体系，着力打造全国食品产业集聚地，把食品产业打造成为泗水工业最强劲的经济增长极，引领泗水经济实现快速健康发展。

泗水得力食品机械有限公司

得力

泗水得力食品机械有限公司主要生产各种食品生产线设备，包括智能蛋糕流水生产线设备（专利号：ZL2012　2　0340007.4），节能环保天然气隧道生产线（专利号：ZL2012　2　0340008.9），智能滚筒式杏元机流水线设备(软件著作权证书2015SR073512),韧性饼干成型机自动控制系统（软件著作权证书2015SR073509），电脑全自动大型油炸机流水线、薯片（条）连续油炸生产线等50多个规格型号的食品机械设备。公司已通过ISO9000:2000质量管理体系认证，成为中国最大的食品机械制造商、服务商之一，在同行业中享有很高的声誉。

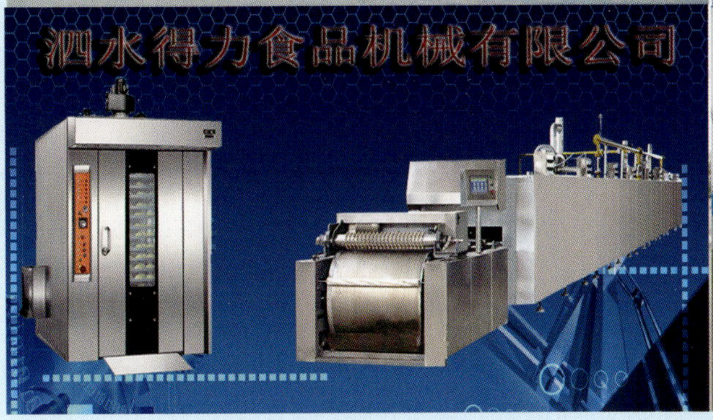

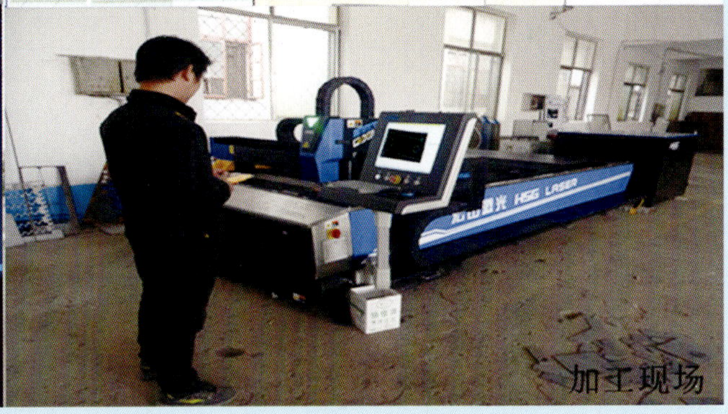

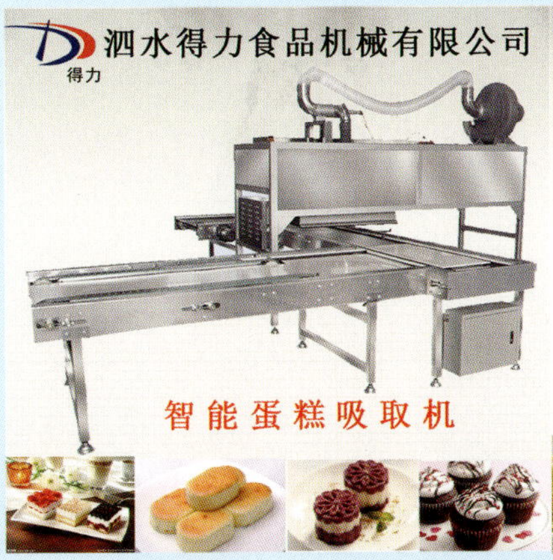

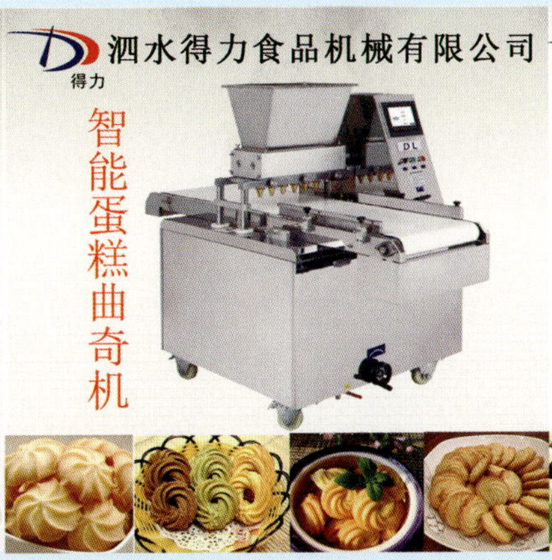

茶山镇 中国食品名镇

茶山概况及特点

茶山位于东莞市中北部，坐落于东江支流寒溪河畔，面积 35.4 平方公里，下辖 16 个自然村和 2 个社区，常住人口约 15.73 万人。茶山地处惠、莞、深、港经济走廊，交通便利，距东莞市区 10 公里，距离广州、深圳均为 70 公里左右。2016 年交通轨 2 号线即将开通，届时将形成惠莞深三地“半小时生活圈”，区位优势日益凸显。

茶山镇食品产业发展概况

（一）产业规模化

茶山镇先后被评为“中国食品名镇”、“广东省技术创新专业镇（食品类）”。全镇拥有食品及相关配套企业 200 多家，食品行业产品涉及糖果、饼干、点心、调味品等 15 个大类 2000 多个品种，食品行业从业人员约 3 万人。2015 年全镇食品产业销售总额 43 亿元。

（二）知名品牌汇聚

我镇食品企业共有国内各类名牌称号 15 个，其中中国驰名商标 1 个，广东省著名商标 3 个，绿色食品 11 个。其中既有引进的雀巢美极、嘉顿等国际性大品牌，也有土生土长的华美、新盟等知名民营企业。

（三）产业配套完善

经过多年培育，我镇初步形成了以制造、销售及其他产业配套为一体的食品产业集群。以华美、新盟、雀巢美极、嘉顿等为主的食品龙头制造企业，以茶叶交易市场、茶园购物商场等为主的食品流通企业，以华源、富荣、汉和等为代表的食品包装企业，以茶山国际生态食品城和泽景果品物流城为主体的食品专业交易市场，形成了以食品制造业为主，食品包装、食品物流等为副，食品行业公共服务体系完善，具有强大整体竞争力的食品产业经济格局。

扶持食品产业发展的工作措施（服务）

（一）拓宽企业销售市场

积极动员组织镇内企业参加规模大、专业性强、层次高的展览会，帮助企业开拓市场。2008 年以来共组织 100 多家次食品企业参展了全国春季糖酒会和秋季糖酒会、中国国际焙烤展览会、中国国际食品和饮料展等食品行业专业展会，帮助参展企业达成销售协议金额超 10 亿元，镇财政对全镇食品企业参展补贴达 1900 万元。

（二）完善促进中心建设

我镇投资 5700 多万元建设茶山生产力促进中心，建筑面积超 10000 ㎡，引入东莞市冠诚知识产权代理服务有限公司、东莞市冠诚检测技术服务有限公司、东莞市鼎缘仪器设备发展有限公司、东莞市茶山发明家科技创新有限公司等服务机构进驻促进中心，不断完善促进中心各服务平台建设，推动食品检测平台、食品研发与培训平台、企业综合服务平台的运营，为全镇及周边食品企业提供食品检测、食品研发、项目申报、知识产权政策、专利申请、商标注册、管理咨询等综合性服务，推动食品产业升级发展。

（三）强化服务水平

贯彻落实国家、省、市各级扶持奖励政策，推动食品企业积极实施科技创新、技改技创、“机械换人”，协助食品企业申报省市扶持资金。近几年，我镇协助东莞市华美食品有限公司、东莞市健美滋饮料食品有限公司等食品企业，获得了“中央地方特色产业资金”、“广东省产业结构调整专项资金”、“东莞市技术改造和技术创新专项资金”、“广东省优势传统产业技术改造项目”等扶持资金 1517 万元。同时，我镇积极实施“科技茶山”工程，配套奖励获得上级扶持资金的食品企业 90 万元。

（四）增强招商引资力度

我镇积极开展招商引资工作，通过抱团外出参展、以商引商等方式借力宣传推荐茶山投资环境，吸引全国各地客商前来茶山，招商效果显著。目前成功引进投资 2.5 亿元百利食品项目、投资 1.3 亿元的新盟食品项目，新盟食品公司与葡萄牙丹可曲奇公司投资 4 亿元的合作项目正在洽谈中；促成华美食品公司增资 1 亿元、新盟食品公司增资 3000 万元；推动总投资 4.5 亿元茶山（国际）生态食品城、总投资 6 亿元泽景果品物流城、总投资 4 亿元新盟公司与葡萄牙丹可曲奇公司共建项目建设；汉和、康美臣、夏令饮、食滋源、奕客、秀峰香、乐盟等大批中小型食品企业在茶山落地生根；通过引进、促成一批食品项目落户、增资，进一步完善食品产业链，增强食品产业发展后劲。

（五）优化产业环境。

我镇以打造“中国食品名镇”和“广东省食品专业镇”为契机，不断优化食品产业发展境。制定了《茶山镇扶持食品企业发展若干意见》，为食品企业在用地、用电、用水、税收等方面提供优惠；协调工商、税务、劳动、社保、城建等部门，建立镇食品行业办事绿色通道，为食品行业提供便利，同时，要求各村、各部门多服务、少干预，多帮忙、少添乱，多设路标、少设障碍，为食品产业集群提供一个公平、公正、宽松、高效的环境；对省或国际知名的食品行业前来投资且投资额在 1000 万元以上的，我们都将予以政策奖励。

道滘镇食品产业发展

2010 中国食品工业协会会长石秀诗

邓涛书记

道滘镇是"中国特色食品名镇"、"省食品专业镇"、"省食品转型升级示范区。近年来，道滘镇积极探索，依托自身传统美食文化底蕴，不断加快转型升级步伐，努力实现食品产业蓬勃发展。2015 年，全镇 150 家食品企业总产值约 28 亿元，纳税总额超亿元。

一、道滘镇食品产业现状

（一）传统食品知名度提升，企业效益明显

近年来，道滘镇食品企业积极抢抓发展先机，利用道滘美食名声在外的优势，坚持以市场为导向，以资源为依托，以增效为目标，大力推进产业扩张，部分食品企业完成了原始资本积累过程，走向了产业化，走向了大市场，从过去的季节性、节日性生产转变为全年生产。

（二）米粉产业持续发展，产业规模逐渐增大

"道滘米粉"是道滘镇传统特色食品之一，产业规模达到 10 多亿元，是我镇传统食品的中坚力量，为道滘镇经济发展贡献突出。

（三）打造地方品牌，引领食品产业前进

"道滘"成功获得"广东省著名商标"殊荣。通过许可"道滘"商标给镇内食品企业使用，并通过管理办法约束企业。一方面引导企业使用"道滘"，提升品牌价值。另一方面通过中国（道滘）美食文化节暨名优食品展宣传推广道滘品牌。

（四）创新思路，发展跨境进口食品

2016 年，道滘重点打造跨境电商进口食品，先后引入上亿元项目达 5 个，如：卓明公司，温格供应链等，逐步形成了跨境进口产业链，打造了食品产业新亮点。

二、道滘镇加快食品产业主要工作做法

（一）抓转型，促食品产业升级步伐

一是加大食品企业的培育。二是改善投资环境。三是引导企业自主创新。

（二）抓安全，提升整体食品安全水平

一是抓培训。二是建机制。三是强管理。

（三）重标准，建立食品诚信体系

一是强化行业自律。做好《东莞市道滘米粉联盟标准》的修改工作。二是建立食品诚信体系。

（四）推市场，构建多元化市场

组织和引导企业参加国内外展览展销会，并给予一定的参展补贴。加强与各地政府、行业组织、国内大型卖场、旅行社、知名电子商务平台的合作，拓宽食品企业销售渠道，提高企业品牌知名度。办好一年一届的中国（道滘）美食文化节暨名优食品展，建设一个电子商务平台。

（五）促沟通，成产东莞市跨境电商进口食品产业协会

2015 年 9 月，围绕东莞市跨境电子商务行业发展及电子商务发展趋势，成立了东莞市跨境电商进口食品产业协会，充分发挥协会沟通政府和企业的桥梁和纽带作用，推动分享更多有实质性的行业政策，以及各行业信息资源、服务理念。

东莞跨境电商进口食品产业协会

第七届中国（道滘）美食文化节暨名优食品展

中国休闲食品之都—临颍

临颍

临颍县隶属中国食品名城漯河市，全县辖11镇4乡，367个行政村，人口76万，面积821平方公里，耕地面积88万亩，属典型的平原农业县。近年来，临颍县依托农副产品和农产品深加工的资源优势，把休闲食品产业作为全县的主导性产业致力培育、精心打造，县域经济实现持续快速发展，先后荣获全国食品工业强县、全国食品安全示范县、全国科技进步先进县、河南省对外开放先进县等荣誉称号，并被中国食品工业协会命名为“中国休闲食品产业基地”。休闲食品产业在临颍规模化、特色化、集群化发展，已成为临颍县最具支撑作用的产业

首批国家级农业产业化示范基地	全国食品工业强县
中国休闲食品产业基地	全国食品安全示范县
国家火炬休闲食品特色产业基地	全国科技进步先进县
全国粮食生产先进县	全国依法治理百强县
全国生猪调出大县	全国农业标准化示范县

○发展现状

近年来，临颍县始终坚持做大做强做优休闲食品主导产业不动摇，强化创新驱动，着力提升功能食品、绿色健康食品、高附加值食品比重，加快传统休闲食品产业向高端化转型升级，倾力打造更具竞争力的中国休闲食品产业基地。

通过多年来的精心培育，临颍县食品产业形成了一定的规模竞争优势和区域特色。

- 全县食品产业实现主营业务收入330亿元，占全县规模企业比重达到66.4%
- 实现税收4.8亿元，占全部工业税收的73.8%
- 培育出南街村、亲亲、盼盼、联泰、养元、嘉美等税收千万元以上食品企业11家，其中养元公司纳税超过3亿元

休闲食品产业发展层次和质量效益显著提升，为县域经济快速发展提供了核心支撑，主要呈现以下几个特点：

- 一、产业集聚 横向成群
- 二、产业配套 纵向成链
- 三、名企荟萃 名牌聚集
- 四、龙头带动 集群发展
- 五、注重创新 以研促产
- 六、监管有力 品质可靠
- 七、快速增长 势头强劲

○产业集聚 横向发展

全县休闲食品集聚特色明显，拥有各类规模以上休闲食品企业100多家，其中60%集中在产业集聚区，从业人员5万多人，年加工小麦130万吨、加工玉米100万吨。

产品包括烘焙、膨化、糖果、果冻果脯、功能饮料等8大类2000多个品种，其中薯片、虾条、法式小面包、果冻、巧克力棒等拳头产品日产量全国最大，国内市场占有率30%以上

○名企荟萃 名牌聚集

临颍县先后培育引进知名休闲食品企业50多家，主要有：

- 世界500强——美国嘉吉
- 国内最大的蛋白饮料生产企业——河北养元智汇饮品
- 最大的法式面包生产企业——福建盼盼
- 最大的糖果生产企业——福建雅客
- 果冻行业前三强——福建亲亲
- 肉制品加工龙头企业——南京雨润
- 天然色素行业标准制定企业——河南中大生物
- 凉茶饮料领导者——加多宝
- 罐装行业领军企业——奥瑞金公司和中国食品包装公司
- 全国最大工业化营养膳食企业——伍氏美食公司
- 亚洲最大生物秸秆提取低聚木糖企业——河南路得生物科技

拥有中国驰名商标16个（南街村、上好佳、加多宝、盼盼、亲亲、雅客、养元、中大、雨润、嘉盈盈、万事兴等），省级著名商标32个（巧巧、巧玲珑、香当当、功夫道、琅琅脆、漯宝、颍旺、恒源、鱼得水等）

河北定兴金台经济开发区管委会关于区内休闲食品产业发展现状的概况

河北定兴金台经济开发区（省级），位于京津保核心地带，总规划面积 21.7 平方公里，分“一区两园”，北区总规划面积 9.8 平方公里，已累计开发 2 平方公里；南区总规划面积 11.9 平方公里，目前累计开发 6 平方公里。开发区区位优势明显，位于环首都 1 小时经济圈，交通便捷通畅，京广高铁、京港澳高速等 5 条国家干线纵贯全境，基础设施完备，达到“九通一平”。

开发区作为京津冀一体化发展重要节点、京津产业梯次转移的承接基地、各类企业进驻京津拓展华北市场的桥头堡，目前，先后吸引了来自 4 个国家 15 个省市的 100 余家企业入驻。

开发区着力打造中国休闲食品之都，引进了 30 余家食品产业链上下游企业。吸引了全球最大的果冻生产商、国内最大的即食海苔、奶茶生产和销售企业喜之郎集团和国内燕麦行业龙头企业西麦集团等知名企业入驻园区，食品产业成为了园区第一大支柱产业，成为了工信部全国休闲食品产业集群区域品牌建设试点县。同时，还形成了以长城内燃机、韩国裕罗线束为龙头的汽车及零部件制造产业；以伍强科技、长峰金鼎为代表的高端装备制造产业；以步长制药为主的生物医药产业等四大主导产业。

开发区积极完善食品加工业产业链，充分利用农业大县的资源优势，全力自主打造中国北方休闲食品产业城：

一、休闲食品产业试点成效显著

开发区区域品牌建设初见成效，被国家工信部确定为“全国产业集群区域品牌建设·休闲食品产业试点地区”，园区内食品加工业产业聚集了喜之郎、西麦、五合窖、马大姐、裕康食品、荣达饲料、光宇水果颗粒等众多企业，其配套产业链企业有海虹纸塑、京工万达、浩天非织造布、越辉仓储、金凯利包装等几十家企业，囊括了休闲食品、酒类、调味品类、饮料类、蔬菜类水果加工、烘焙食品、保健食品、冷冻食品、干果类、糖类、环保设备、水处理设备、餐橱设备、传输设备、纸制材料、塑料材料、木制材料、复合材料等食品类、原料类、设备类和包装类四大品类若干分类，辐射带动作用较为明显，其产品涵盖了果冻、海苔、奶茶、燕麦、白酒、糖果、椰果颗粒、酱菜、纸杯、纸碗、包装袋、包装箱、厨房设备及冷库仓储等产品，生产经营范围较广，上下游产业链较为完善。

食品产业综合效益明显，食品加工业财政贡献度一直处于园区首位，年均在 46%-52% 左右。2016 年上半年，食品加工业规上企业完成产值 17 亿元，同比增长 14.1%，约占园区的 25.4%；上缴税金 13724 万元，同比增长 3%，约占园区的 46%。

二、食品产业集约化水平不断提升

园区内食品加工企业不断提高技术水平，整合资源，扩大生产范围，综合利用集约化水平不断提升。主要表现在：龙头企业喜之郎公司不断加大研发力度，产品种类日趋完善，在生产和销售“喜之郎”、“水晶之恋”、“CICI”、“美好时光”、“优乐美”、“美能多”等多个知名品牌的基础上，新增“开心时间”巧克杯、巧脆卷、麦片糖、巧克力豆、棒棒糖等散装系列新品生产线，提升了市场占有的综合竞争力，年纳税额由成立初期的 1 亿元上升到 2 亿元。西麦公司自 2012 年 10 月份投产以来，生产能力不断提升，分别新上了麦晶片、猴头菇燕麦片等生产线，年纳税额由最初的 1200 万元上升到 4200 万元以上。五合窖公司由原来单一的生产方式变为集生产包装仓储于一体的生产经营模式，既提高了产能、节约了成本，又实现了集约化发展。

河北定兴金台经济开发区总体规划图

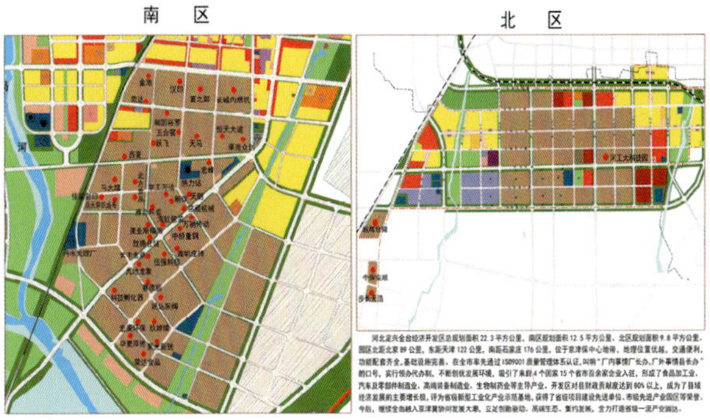

三、食品产业招商成果显著提高

开发区不断加大对产业链上下游企业的引进。积极鼓励西麦扩大与美国斯马克的合作，推进中华老字号项目建设进度，槐茂正在建设中，积极对接北京二商集团；推进美亚斯磷脂、华夏厚德磷脂项目落户开工建设，进一步壮大园区食品产业规模。做强园区食品研发基地建设，利用美亚斯磷脂技术，在园区建立国家磷脂研究院和健康食品科研中心，打造高附加值产品，并实现园区保健食品的生产，争取引进美亚斯的下游合作伙伴，比如高端糖品、出口产品，建立食品原材料加工基地、半成品、包装基地、休闲食品加工基地和物流商贸基地。

开发区不断“引凤还巢”，成功引进北京马大姐、中保安顺、北京京工万达等 30 多家企业，今年与北京二七轨道交通装备有限公司签署《战略合作框架协议》，并与北京高端制造业基地签署战略合作协议，并且顺利完成了 8 个项目的签约，签约项目数量比 2015 年全年签约项目数增长 167%，涉及食品加工、机械制造、服装加工、新材料等领域，总投资 13.3 亿元，其中亿元以上签约项目 4 个，建成后可实现税收 1.25 亿元；定兴县政府与北京石景山区签订全面战略合作协议，金台经济开发区管委会与北京京西创业公社签订合作协议，目前，正在积极推进深入合作。

四、开发区投资服务环境不断优化

开发区坚持优化发展环境，招商引资成效明显。坚定不移地实施“开放兴县”战略，将对接京津作为主攻方向，将引进战略合作者作为扩大开放的重要发力点，吸引各类企业到定兴投资置业，使一批大项目、好项目相继落户定兴。着力改善“两个环境”，叫响“厂内事情厂长办，厂外事情县长办”口号，推行全程保姆式服务，由责任单位全程领办、代办相关手续，实施收费备案年初公示、涉企罚款县长审批等制度，为企业发展营造了公平公正的投资环境。

金台经济开发区将不断深入开展大众创业万众创新活动，为引导和鼓励创业者自主创业、科技创新，结合我县实际，创建果壳众创空间。果壳众创空间占地面积约 3000 平米，运营管理团队和创业导师团队已完成组建工作，截止到目前共入驻团队 18 家，团队成员共计 80 余人，其中食品研发团队已达到 8 家，占比达到了 40% 以上，进一步提升了园区食品研发水平，为小微企业成长、科技成果转化、大学生创业、外来企业入驻提供服务平台，提高园区休闲食品产业科技竞争力。

商埠古城

赊店老酒厂

赊店老酒质量检验

社旗县

社旗县位于河南省西南部，南阳盆地东沿，辖14镇2个街道办事处。总人口73万人，总面积1203平方公里，全县土地面积172万亩，其中耕地面积130万亩。

社旗县是国家级扶贫开发重点县、全国优质商品粮基地县、全国生猪生产大县、全国外派劳务基地县、全国食品工业强县。

社旗地属亚热带大陆型季风气候区，光照充足，无霜期长，适宜各种农作物生长，盛产优质小麦、棉花、烟叶、红薯、蔬菜、玉米、绿豆、芝麻等，是全国优质商品粮基地县，全省50个产粮大县之一，全国优质棉生产基地县，素有“豫南粮仓”之称。

社旗历史悠久，文化底蕴厚重。县城所在地赊店，历史上与景德镇、朱仙镇、佛山镇并称全国“四大商业重镇”，是万里茶道的重要中转站，是全国历史文化名镇和全国特色景观旅游名镇；山陕会馆景区被命名为国家AAAA级景区。古镇博物馆被确定为全省首家社区博物馆，赊店商埠文化产业示范区为全省六个文化产业示范区之一，荣获“中国最具魅力文化休闲旅游县”称号。县城内七十二条古街道保存完好，构成中原清代最大建筑群。其中，国家级文物保护单位—山陕会馆，集中了中国古代建筑艺术之精华，被有关专家誉为“天下第一会馆”。

全县拥有青壮年劳力40万人，是全省外派劳务基地县和农民工培训转移示范县。全县共有12万人在海内外各个行业务工社旗县全面实施“人才回归”工程，创新人才回归举措，开辟人才回归绿色通道。人才回归的高地效应正在逐步显现。

社旗具有五大政策优势：一是国家级扶贫开发重点县，国家在财政转移支付、生态生产条件改善、农产品加工、社会事业发展等方面给予倾斜照顾。二是享受西部大开发优惠政策县 。三是享受河南省贫困补助政策县。四是享受中部崛起政策县。五是革命老区县，享受老区县的优惠政策。随着各项扶持政策的落实，将为加快社旗经济社会发展提供难得的机遇和条件。

区位优势日益凸显。社旗县是南阳市城市组团发展县和产城互动融合试点县。县城距离南阳市25公里，交通和区位优势明显。距沪陕、兰南、焦桐、二广4条高速公路入口和南阳机场车程均在30分钟以内，距郑州、武汉车程均在2.5小时左右。境内有3条省道穿境而过，1条高速公路和1条国道即将建设，唐河复航工程列入全省“十二五”交通规划，S239线省道改国道改造项目已基本完工。县域内路网不断完善升级，构成了四通八达的县乡公路交通网络。社旗县已纳入南阳市中心城市发展组团规划，形成半小时经济圈。

城市建设日新月异。城区面积达20平方公里，人口18万人，以潘河景观带、赵河景观带、产业集聚区、新城区、商埠文化示范区、农业先导区“两河四区”建设为载体，着力推进南阳组团发展重要功能区、商埠文化产业示范区、河南省生态文明建设示范区、全国食品工业基地“三区一基地”建设，协调推进新型工业化、城镇化、信息化、农业现代化进程，倾力打造富强社旗、文化社旗、法治社旗、美丽社旗。成功创建省级园林县城，被命名为省级文明县城、卫生县城。以山陕会馆、清代瓷器街为主的清代建筑为轴心的赊店古镇核心景区被命名为4A级景区。赊店商埠文化产业园区被确定为省级文化产业示范园区。

工业经济快速发展。围绕打造“工业强县”和“食品工业强县”的目标，以项目建设为抓手，以产业集聚区为平台，突出招商引资，工业经济蓬勃发展。已形成食品、光电、机械等为主的工业体系。其中食品产业被南阳市明确为“一县一业”。食品产业是社旗县“一县一业”重点发展的特色主导产业。目前产业集聚区食品产业集群有食品加工企业35家，初步形成了以赊店老酒、娃哈哈桶装水、金祥酒业、三顾堂黄酒、水之韵饮品、宛东食品为代表的饮料类产业集群，以晟龙农业科技、益力康巨鑫兔业、赊店三粉、惠安面业、鸿四方食品、永辉薯业、中道生态农业、德鑫农产品为代表的农副产品精深加工产业集群。产品包括白酒、黄酒、保健酒、饮料、肉类制品、食用菌类制品、植物油、面制品、三粉、方便食品、糕点、保健食品等。2016年产业集聚区食品产业主营业务收入60亿元。

县产业集聚区规划17.58平方公里，建成区11平方公里。累计入驻企业及项目150个，其中，食品及关联企业50余家，初步形成以河南赊店老酒股份有限公司、南京雨润（社旗）产业园为龙头，产供销一体化、企业规模化、经营规范化的格局。“十三五”末，将产业集聚区打造成全国食品工业基地。经过7年的建设发展，社旗县产业集聚区已形成九纵九横的路网体系，通车里程达45公里。建成了食品检测中心、机电产品质量检测中心，拥有省、市级创新型试点企业7家、省市级研发中心或技术中心8个，博士后工作站1个，为县内外企业的发展提供了技术支撑；建成了供水、污水及垃圾处理项目，配套完善了雨污排水管网、电力、通讯等各种功能设施，发展承载能力不断增强。县产业集聚区先后获得“河南省小企业创业基地，河南省出口机械电子产品质量安全示范区，河南省最具产业竞争力产业集聚区，河南省最具投资吸引力产业集聚区，河南省最具创新型产业集聚区”。

目前，已形成以宛东药业保健食品产业园为龙头的保健食品、功能饮料为一体的食品药品保健产业；以赊店老酒为龙头，建设白酒6.2万吨产能及配套产业，形成集有机原粮种植、白酒酿造、旅游观光为一体的老酒产业链；以福润禽业为龙头，建设3000万只肉鸡分割、熟食深加工及配套的种鸡、孵化、养殖、物流、包装、印刷等肉鸡产业链；以统一方便面、鸿四方方便面、国华食品、赊店三粉、中道食品、巨鑫兔业等企业为群体形成农产品深加工产业链。

河南赊店老酒股份有限公司位于国家历史文化名镇——赊店镇中心，系全国500家大型饮料制造企业之一，省、市重点企业，全国白酒工业百强企业。

公司具有年产饮料酒3万吨的生产能力。拥有资产5亿元，占地面积69万平方米，现有员工1800人，其中各类技术人员309人，中级以上职称52人，国家级白酒评酒委员1人，省级白酒评酒委员8人。产品通过ISO9001：2000国际质量管理体系认证，主导产品赊店老酒被评为“中国驰名商标”、“国家原产地域注册保护”、“河南省著名商标”、“国家酒类质量安全诚信推荐品牌”、“河南省免检产品”。企业还被中国产品质量协会评为“质量信用等级AAA企业”，荣获“河南省劳动关系和谐企业”。

为寻求长远发展，公司投资建设了赊店老酒生态园项目，总投资25.96亿元，总建设用地1245亩，于2012年开始建设，规划建设内容主要有粮库6栋、酿酒车间5栋、酒库4栋、万吨储酒罐群4组、瓶装车间3栋、山体地下恒温酒窖一栋、微生物及块曲车间以及办公、食宿、会议、科研、酒文化广场、老酒博物馆、品览馆等共61个单体工程，总建设面积110.7万㎡，同时还要建设一万亩有机原粮种植示范区、5万亩的有机原粮种植协作区，是集农业种植、酿造加工、生态旅游为一体的白酒全产业链条项目。

山陕会馆

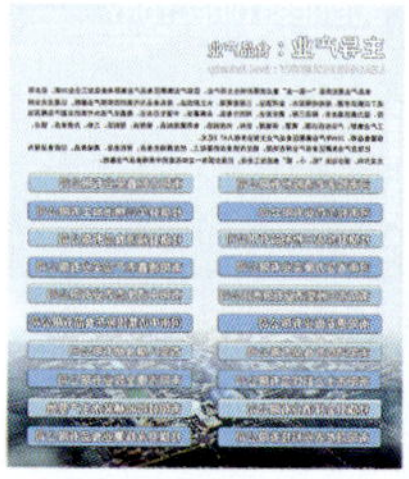

食品企业目录

赊店老酒青花繁殖

济宁市食品工业经济技术开发区

济宁市生物技术开发区

中国特色食品产业聚集区——济宁市食品工业经济技术开发区座落在素有“中国大蒜之乡”、“中国圆葱之乡”、“中国辣椒之乡”、“中国诚信之乡”美誉的山东省济宁市金乡县，成立于2009年5月。园区总规划面积43平方公里，起步区规划面积11平方公里，是济宁市唯一的食品园区，也是目前全国规划面积最大的专业化食品工业园区。先后被评为国家级农产品加工业示范基地、国家农业产业化示范基地、中国特色食品产业聚集区、海峡两岸（金乡）食品工业合作交流示范基地，并被纳入山东济宁国家农业科技园区核心区。随着食品产业的发展，一大批生物技术企业在此落地生根，生物技术产业成为了食品园区一大重要板块。2012年12月，济宁市批准在食品园区的基础上成立了济宁市生物技术开发区。

2010年，金源大道开工，拉开了园区开发建设的序幕，国家农业产业化龙头企业华光集团率先入驻，第一家外资企业金源食品、大型国企首农集团旗下的国家级龙头企业峪口禽业相继落户园区。2012年12月，园区正式分设运行，从此，食品园区进入了发展提速期。园区紧紧依靠产业优势，把握自身特点，充分发挥大蒜、辣椒、烘焙休闲、生物技术等产业的辐射带动作用，规划打造了国际大蒜产业园、国际辣椒产业园、烘焙休闲食品产业园和生物技术产业园。先后引进了苏州稻香村、北京首农集团等40余家国内外知名食品加工企业和成功科技、源治阿胶、美国益宝生物等8家生物科技企业。已初步形成以宏大食品、成功科技等企业为主的大蒜精深加工产业；以齐盛食品为主的辣椒精深加工产业；以源治阿胶、康富森生物等为主的保健食品加工产业；以峪口禽业为主的畜禽肉类产业；以稻香村食品为主的烘焙休闲食品产业；以山东金源食品为主的水产品加工产业。一个“特色突出、链条完备、品牌集聚、国内一流”的现代化食品园区正在加速形成。截至目前，园区已入驻工业项目50余个，其中，已建成投产项目24个。

截止目前，园区已累计投资10亿元完善区内基础设施，铺就“六横七纵”的道路网络，完成绿化工程45万平方米，铺设雨污水管网70公里、天然气管道10公里。区内建成110千伏变电站一座，拥有220千伏线路、110千伏线路、35千伏线路、10千伏配电线路，供电可靠性高，可确保工业企业的用电需求。日处理1.5万吨，其中一期日处理7500吨的污水处理厂已经投产运营，基础配套设施基本达到“九通一平”。济宁内陆港已入驻园区并开始运营，企业可直接在园区办理进出口报关、报检等一系列手续，极大地方便货物的进出口、降低企业经营成本。上市公司亿利洁能70蒸吨集中供汽项目已建成投产，完全符合国家重压下的环保要求，具有很大的经济效益、环境效益和社会效益。投资商入驻园区，可享受到土地征用、项目审批、工商注册、生产经营等一条龙的服务。

园区对每个项目成立一个由县级领导牵头的项目包保小组，对于重点项目，成立由市级领导牵头的项目包保组，明确专人服务，积极帮助企业办理工商、税务、环保、立项、土地等证照手续。同时，为给企业提供更专业的服务，园区成立了大蒜研究所，还聘请了多名食品专家参与管理，聘请中国农业大学、华中农业大学、山东农业大学、江苏大学等知名院校专家教授参与项目科技研发，并专门从全国知名院校选拔专业博士、硕士研究生到园区就职，为入驻企业提供专业入微的服务。

得天独厚的区位优势、便利快捷的交通优势、灵活优惠的政策优势、宽松诚信的环境优势和高效务实的服务优势，济宁食品工业开发区必将成为投资的热土，创业的乐园，我们热烈欢迎国内外客商投资济宁，投资济宁食品工业开发区！

电话：0537-8771666　传真（Fax）：0537-8913000
邮箱（E-mail）：shipinyuanqu@163.com　网址（Web）：www.jiningfood.com
地址（Address）：山东省济宁市金乡县金源大道西段30号
邮编（Postal Code）：272200

武冈市特色产业发展概况

2007年自我办成立以来，我市先后被命名为“中国卤菜之都”、“湖南省十大湘菜产业县（市）”、“湖南湘菜原材料示范供应基地”、湖南省非物质文化遗产保护先进单位。近年来，我办紧紧围绕“深化改革、创新发展”这一主题，积极探索创新特色产业发展之路，取得了较好的成绩。

一、当前产业发展现状

现在我市拥有年产值过亿元的武冈卤菜加工企业4家（华鹏、福元、乡乡嘴、亚太），年产值过千万元的16家（法新、长园、云山、有个味等），小型加工企业196家，从业人员达18000余人，武冈卤菜总产值由2005年的8000万元攀升到2015年的21亿元。武冈卤菜已形成了卤豆腐、卤铜鹅、卤猪肉、卤牛肉、卤蛋等10多个系列100多个品种，武冈卤菜产品畅销全国21个省市区。目前，全市拥有九塘、玉屏、曹家塘等年出笼铜鹅2000羽以上的规模铜鹅养殖场18个。至2015年底，全市共有证照齐全的豆制品加工企业67家，日用黄豆量约350吨，年产值达7亿元。

二、市场营销情况

随着武冈卤菜产业发展的不断壮大，武冈卤菜产品已遍布全国各大城市，现有北京、上海、广州、长沙、湘潭、武汉等21个省市各大超市、商场均有武冈卤菜产品。现全国范围内已有武冈卤菜320个代理商，1100个经销商，网点有2100个。现有专业营销网站3个，即中国卤菜交易网、特色武冈网、武冈卤菜网，年度交易额均在1500万元以上。

三、协作创新注入活力

与国内数所高校签订校县合作协议，并选派多名武冈卤菜从业人员或应届学生到高校进行订单式培训。市人民政府与中国惠农网签订了战略合作协议，现已有25家特色产业企业入网。组织卤菜企业参加了奥食卡国际（长沙）大赛，荣获金奖；同时还邀请中国烹饪大师邓志明等5位国家级烹饪大师来我市考察武冈卤菜，期间大师们开发出武冈卤菜菜品20余道，其菜品已经进入了国内大型酒店。

中国食品工业强区－武汉黄陂区

武汉市黄陂区是武汉市的新城区，位于武汉市中心城区之北。地理位置北枕大别山脉，南濒长江府河，与武汉市中心城区隔河相望。东与新洲区，红安县接壤，西与孝南区、孝昌县相临，北靠大悟县，南与市区相依。全区国土面积 2261 平方公里，人口 112.48 万人。2015 年全区ＧＤＰ 570.22 亿元，财政收入 65.3 亿元。黄陂区正地由一个传统的农业大区向经济强区跨越。

一、食品工业发展主要经济指标完成情况

武汉市黄陂区是一个人口大区，也是一个农业大区。可耕地面积 52.54 千公倾。2015 年粮食产量达 46.05 万吨，油料产量 6.5 万吨，牲猪出栏 106.46 万头，家禽出笼 1486.03 万只。“十二五”期间我区食品行业总产值以平均 18% 的增幅增长，行业发展迅速。2015 年全区规模以上食品企业 46 家，占全区规模以上工业企业 288 家 15.97%。行业总产值达到 130.6 亿元，占全区规模以上工业企业总产值 729.68 亿元的 17.9%; 同比增长了 19%。全区食品工业从业人员 36580 人，同比增长了 16%。实现税金 1.25 亿元，同比增长了 16.3%。实现利润 5.6 亿元。并已初步形成肉类、糕点、粮油、饮料、蔬菜等一批特色主导产业。武汉仟吉食品有限公司等一批龙头企业综合实力位居全省乃至全国同行业前列。食品工业的发展状大了地方财政收入，延伸了产业链，增加了农民收入，在全区工业企业中起着骨干拉动作用。同时食品业品牌不断增多。近年来，全区食品加工企业加大品牌培育力度，已拥有 2 件国家驰名商标， 5 件省著名商标，8 个省名牌产品。2014-2015 年被授于中国食品强区称号。

二、食品工业的发展定位

黄陂区食品工业将以市场需求为导向，以促进农业化为契机，立足本地丰富的农业和自然资源，依托现有的工业基础，发挥劳动力资源优势，走基地化、产业化、集团化、品牌化的道路，加快建设食品安全体系，扩大企业生产规模，积极调整产品结构，合理进行产业布局，延长产业链，提高竟争力，促进食品工业可持续发展，做大做强武汉仟吉食品、武汉新辰食品等龙头企业。

三、促进食品工业发展的主要措施

1、把握新时期食品工业发展的变化趋势，顺应消费市场的需求，制订既有一定前瞻性又具有可操作性的发展规划，结合行业实际情况，分析发展趋势，寻找自身发展的机遇，将规划任务细化分解，落实到各单位，明确目标和责任，加强组织领导，定期跟踪督查，提高工作效率，通过制定食品工业科技开发和推广规划，走“产、学、研”结合，“高起点”发展的路子，高位切入，按照现代食品工业企业的标准，采用适用的高新技术，不断开发市场需求的新产品，逐步降低初（粗）加工行业和低附加值产品比重，以科技含量高、具有特色的新型食品占领市场，为全区食品工业行业结构和产品结构的调整与升级提供有利条件。

2、大力加强对可食资源的开发利用，发展向安全化、方便化，多样化的食品。一是加快技术引进和成套先进设备引进步伐，加速食品工业产业化进程。二是加强同科研单位、大型企业、高等院校的合作，开发和引进一批科技含量高，市场前景好，具有鲜明特色的产品。

3、发挥区域集聚效应，形成集中联合发展。以武湖街台创园区建设作为契机，把培育和发展大型食品工业企业作为战略任务来抓，加大政策扶持力度，把现有的大型企业做得更强更大。

为健康食品插上“硒”望的翅膀
——重庆市德感工业园粮油食品产业园

一、江津区区情

江津，位于重庆西南、三峡库尾，是“全国食品工业强区”，重庆城市发展新区的战略支点，重庆大都市区重要组团，重庆市推进新型工业化和城镇化的主战场，重庆市创新创业集聚区、产城融合发展示范区、城乡统筹发展先行区、开放合作新高地，西部地区重要的先进制造业基地，中国西部最具投资潜力百强城市，长江经济带重要的开放平台，已形成装备制造、汽摩及零配件、新型材料、电子信息及云计算、食品工业五大支柱产业，连续13年跻身全市工业“十强区县”。就食品工业而言，全区已形成种类齐全、规模较大的产业集群，拥有精炼食用油、白酒、调味品、米面、肉类、饮料、果蔬、乳品、豆制品等食品生产经营企业1万2千多家。其中，德感工业园粮油食品产业园的发展势头尤为迅猛。

二、基地概况

德感工业园成立于2002年，是经国家发改委批准设立的重庆市首批16个特色工业园区之一，先后获誉“国家新型工业化产业示范基地（装备制造）”，“国家绿色装备制造高新技术产业化基地”，“重庆市生态工业园”，“全国模范劳动关系和谐工业园区”，“重庆市十强特色工业园区”。作为江津经济建设的重要平台，德感工业园致力于建设国家级装备制造基地和粮油食品加工基地、打造千亿工业新城。园区累计入驻企业395家，集聚了中船重工、瑞士ABB、中粮集团、新加坡丰益国际、中冶集团等11家世界500强企业，2015年实现工业总产值455亿元，入库税收8.74亿元。

三、发展优势

产业基础雄厚。作为全区食品工业的主战场，德感工业园始终严守食品安全底线，坚持“五大发展理念”，着力打造绿色健康食品，先后引进粮油食品加工企业百余家：汇聚了中粮集团、益海嘉里、山东鲁花、红蜻蜓油脂、武汉福达等5大粮油巨头，形成“五桶油”引领带动整个粮油食品产业发展的格局；集聚了江津酒厂、桥头火锅、江津酿造调味品、江津米花糖等4家“中华老字号”企业，中储粮、广州双桥、江西正邦、重粮集团、沈阳桃李面包等明星企业，以及荷花米花糖、帅克食品、慕莎蛋糕等地方名特食品生产厂家；在招引“大块头”的同时，园区还支持引导金桥集团、峻坤实业、丰茂实业、友鼎长江企业港等标准厂房业主实施食品产业招商，打造以江津区小微企业创业基地金桥孵化园为主的食品及农产品加工基地，集聚了桃片、饮料、酱菜、金银花等一大批食品、农产品深加工小微企业，产业基础扎实。随着双桥淀粉糖、正邦大鲸饲料、桃李面包、荷花米花糖、帅克食品、桥头火锅，以及重粮集团渝西南现代粮食产业园等重点项目即将建成投产，德感工业园以精炼食用油、白酒、淀粉糖浆、休闲及方便食品、调味品、仓储物流为一体的粮油食品产业集聚效应日益凸显。2015年，园区粮油食品加工产业集群获评“重庆特色产业新名片”，成功创建市级特色产业建设基地。

区位交通优越。园区紧邻重庆主城，位于重庆绕城经济带，拥有国家级深水良港兰家沱港（港区正在建设大件码头和粮食专用码头）、成渝铁路货运编组站，以及重庆绕城、成渝、渝泸、江綦、江习、合璧津等6条高速公路——是西南地区重要的水铁公联运枢纽和物资集散地、重庆对外开放互联互通的重要节点。

基础配套完善。园区已建成标准厂房65万平米；水、电、气、天然气分布式能源等要素保障充足；江津区现代果蔬加工配送中心、淘实惠电商产业园、重庆渝西（江津）食品产业公共服务平台，以及医疗、教育、餐饮等配套项目及设施齐全。

“硒”源禀赋优异。江津是全国粮食生产先进（区）县，全国农业百强（区）县，国家现代农业示范区，为食品工业奠定了雄厚的发展基础。随着全国面积最大、人口最多、寿星分布最均衡的“中国长寿之乡”花落津城，江津又以“富硒宝地”再次受到世人瞩目。我国是一个缺硒大国，但中科院地化所、西南大学等权威机构的检测结果表明，江津区中高硒土壤占比达90.21%，含量适中，分布合理，长期食用这种土壤出产的农产品可以补充人体健康所必需的微量元素硒。目前，江津正着力打造粮油、花椒、茶叶、蔬菜、果品、畜禽、水产等七大富硒标准化产业基地，因地制宜发展金银花、猕猴桃、橄榄等富硒特色产业，已建成标准化富硒种植基地32万亩，富硒水产基地近3万亩，年出栏富硒畜禽557.5万头（只），富硒产业后发优势明显。

下一步，依托“富硒江津、长寿之乡”和“重庆特色产业”这两张名片，江津致力于培育龙头、物流配套、延长链条、产城融合等多项举措，鼓励企业立足核心业务，搞好富硒利用，提升产品附加值和品牌价值。作为江津区食品工业发展的主战场，德感工业园将紧紧围绕“建设国家级装备制造基地和粮油食品加工基地、打造千亿工业新城”的目标，立足当前产业基础和资源优势，不断壮大食品产业集群，汇聚名牌精品，着力在做大总量规模和提质增效上实现新突破，全力打造以精炼食用油、饮料、方便及休闲食品、冷链食品、调味品，以及食用糖浆、动物饲料、原料、产成品中转仓储及电子商务等为主的全产业链。力争到2020年，基本建成国家级粮油食品加工基地。

遂平县食品工业发展状况

遂平县位于河南省中南部，总面积1080平方公里，人口55万，辖11个乡镇、3个街道办事处、两个景区管委会、201个行政村（居委会）。遂平县区位优越，交通便利，农副产品资源丰富，种植养殖基础较好，是全国商品粮生产基地县、全国食品工业强县、全国食品工业十大发展特色县、全国食品安全示范县。

遂平县现有食品企业88家，其中规模以上企业61家，占全县规模工业企业总数的49%左右，食品工业成为推动遂平县经济社会快速发展的一个重要增长点。

遂平名牌食品企业成为亮点。近几年来，先后引进了英联饲料、众品食业、徐福记食品、燕京啤酒、扬翔饲料、益康面粉、思念冷冻食品、克明面业、今麦郎等一批国内外名牌食品加工企业，成为遂平县食品工业的骨干；食品产业链条不断延伸。遂平县食品工业初步形成了面粉、挂面、糕点、速冻食品、肉制品、啤酒饮料等门类齐全的食品工业体系。

遂平资源充足价廉，遂平县位于国家粮食生产核心区，粮食和畜产品产量大、质量优。劳动力资源丰富，用工、用地都比较廉价，工业用电供应充足；市场占有广泛，徐福记食品、克明挂面已覆盖全国大中型连锁超市，益康面粉为统一集团、康师傅方便面全国唯一定点供应产品，一加一面粉已占据河南市场，众品食业生鲜肉已覆盖长三角、珠三角、闽三角、华中及环渤海等18个省（市）肉制品企业、连锁餐饮业的上链供应等高端市场；创新能力较强。遂平县有3家省级工程研究中心、3家市级企业技术中心；龙头企业迅速成长。年销售收入10亿元以上的企业2家、5亿元以上的企业9家、亿元以上的企业11家。

遂平健全监管网络，建立了从产品设计到售后服务的工业品全过程监管链条，从种植养殖到餐饮消费的食品全过程监管链条；建立产品质量和食品安全质量追溯体系和责任追究体系，严格落实食品进货索证、标识标签管理、市场检验检测、食品经营实名登记、卫生监督公示等制度；推行标准化生产，深入开展“无公害农产品生产基地”建设和产品认证、产地认定等工作，无公害农产品生产基地9个，无公害农产品达到13个。

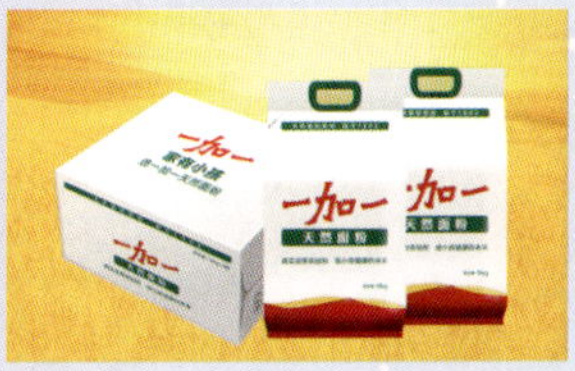

地址：遂平县建设路中段　电话：0396-4926953　邮编：463100　邮箱：spxxmb@126.com　网址：www.spzsyz.com

2015 年 9 月 23 日，全国林业标准化工作会议在邵阳县召开

2015 年 10 月 15 日至 16 日，邵阳市油茶产业发展推进会在邵阳县召开

2015 年 8 月 28 日，国家林业局科技司副司长、科技发展中心主任胡章翠（左三）、省林业厅党组成员、总工程师文振军（左五）在县委书记蒋伟（左四）的陪同下调研邵阳县油茶标准化示范基地建设

邵阳县油茶产业发展情况

2015 年，在县委、县政府、县人大、县政协的正确领导、强力推动及上级主管部门的精心指导、大力支持下，通过强化责任分解、产业宣传、科技支撑、资金筹措，全县油茶产业发展工作实现了新跨越， 取得了新成效。共争回现代农业油茶综合产业园、农业综合开发油茶丰产林示范基地建设、巩固退耕还林成果后续产业、湖南省油料生产及产业大县等 4 个油茶产业项目，争取了油茶产业发展资金 2860 万元。县人民政府出台了《邵阳县油茶产业信贷风险补偿基金管理办法》，进一步拓宽了油茶产业发展的融资渠道。县林科所油茶采穗圃成功申报为省级定点油茶采穗圃，县内油茶定点育苗基地共培育嫁接油茶良种苗木 426 万株，全县完成油茶新造林面积 2. 71 万亩，油茶低改抚育 2. 47 万亩，共兑付油茶产业政策性奖补资金 2510 万元。邵阳油茶产业园被冠名为“国家油茶产业示范园”称号，将逐步建立科技示范、标准示范、金融示范、产业集群示范、产业延伸示范服务平台，建成全国最大的油茶集散基地；邵阳县现代农业科技示范有限责任公司被认定为 2015 年国家林业标准化示范企业，实现了我县国家林业标准化示范企业“零”的突破。《邵阳县“十三五”油茶产业发展规划》（草案）通过专家组评审并获得二等奖。到 2015 年底，全县累计新造优质高产油茶林 13. 7 万亩，完成油茶低产林改造 14 万亩，油茶林总面积发展到 58. 9 万亩，茶油年产量 1. 56 万吨，年产值逾 12 亿元。

2015 年 9 月 23 日，全国林业标准化工作会议在邵阳县召开，国家财政部、国标委、国家林业局以及 31 个省林业厅、四大森工集团、新疆建设兵团主要负责人等 150 人出席会议。与会领导和专家实地参观、考察了我县油茶标准化示范基地，充分肯定和高度评价了基地建设水平，进一步提升了邵阳茶油的知名度和扩大了邵阳县油茶产业发展的影响力。

2016 年 1 月 22 日，在全县油茶产业发展推进会上国家油茶工程技术研究中心主任、湖南省林科院油茶研究所所长陈永忠（前左二）与县人民政府县长袁玉华（前右二）签订院县油茶科技支撑合作协议书

2015 年 11 月 12 日，邵阳县人民政府与中国农业银行邵阳分行签订金融支持油茶产业战略合作框架协议

邵阳县塘渡口镇塘仁油茶新造林标准化示范基地

邵阳县白仓镇迎丰油茶早实丰产标准化示范基地

蓝月谷 全力打造中国安全食品产业之都

宁乡经济技术开发区（地理标识为“蓝月谷”）成立于2002年，于2010年经国务院批准成为国家级经济技术开发区，建成区25平方公里，规划面积60平方公里，是湖南湘江新区等国家战略的重要组成部分。园区引进企业400多家，已形成以食品饮料、先进装备制造、新材料为主导，以妇孕婴童、保健品化妆品为特色，以现代商贸服务业为补充的“321”现代产业体系，拥有格力电器、中联重科、中国建筑等国内外知名企业。2015年，园区实现规模工业总产值870亿元、规模工业增加值220亿元。

食品饮料产业是园区第一主导产业，主攻液态食品、休闲食品、特色食品和农副产品精深加工，现汇聚了康师傅食品、加加食品、华润饮料、青岛啤酒、湖南粮食集团、湖南茶叶集团、湖南轻工盐业集团、洋河酒业、洽洽食品、小洋人乳业、美怡乐冰淇淋、皇氏乳业、绝味食品、盼盼食品等50余家品牌企业。在安全食品的发展上，园区拥有六大竞争优势：

独特的专业定位优势。园区是中国食品工业示范园区、长江经济带转型升级示范开发区、国家农业科技园区、湖南省唯一一家以食品饮料作为第一大主导产业的国家级园区、由湖南省人民政府授予的全省唯一的食品加工特色园区。

便捷的交通区位优势。宁乡地处湖南省“3+5城市群”几何中心，扼守省会长沙西大门。园区距市中心约30分钟车程，距高铁、机场、港口约60分钟车程。以园区为中心，500公里为半径的辐射圈，可覆盖辐射湖南、湖北、贵州、重庆、广西、江西、四川等中西部7个省市，约3亿人口，是企业进行中西部战略布局的首选之地。

高端的平台集聚优势。园区积极与国内外顶尖机构携手，打造食品饮料高端服务平台。与中国食品发酵工业研究院共同编制宁乡千亿食品产业规划；总投资50亿元，打造集科技研发、企业孵化、信息服务、金融服务、人才培训、食品安全教育等功能于一体的玉屏山国际产业城；分别与中国农科院、江南大学、华南理工大学、湖南农业大学等高校共建研发中心、协同创新中心和科研成果转化基地；与中轻集团共建湖南省内规模最大、品项最多、技术水平最高的区域性食品专业检测中心；与国家工信部联合建设区域性食品物联网信息中心；与团委、教育等部门共建青少年食品安全教育基地，启动创建食品工业旅游4A级景区。

完善的要素配套优势。园区不仅具备完善的基础配套，还拥有湖南省唯一的区域性热电联供企业天宁热电厂，拥有以信联智通、金富包装、台湾宏全、六和通等为代表的知名包装材料生产厂商，拥有以香港宇培物流、湖南源山冷链物流为代表的食品冷链配套企业，拥有从一级水源保护区引水建设的食品专业水厂，还拥有北大附小、红星美凯龙、蓝月谷综合医院、蓝月谷工人文化宫、宁乡职业中专等综合服务配套项目。

丰富的资源禀赋优势。宁乡是现代农业大县，是著名的“鱼米之乡”“养殖之乡”“果蔬之乡”，大米、生猪、禽类、禽蛋产量居全国前列，也是湖南首批农副产品加工特色县域经济重点县，农副产品资源十分丰富。同时，宁乡还有“技工之乡”的美誉，拥有35万富余劳动力，特别是多年来园区精耕食品饮料产业，培养了一大批经验丰富的技术工人。

直通的政务服务优势。宁乡经开区党工委、管委会属于湖南省委、省政府副厅级派出机构，并由长沙市委、市政府托管，且得到宁乡县委、县政府的全力支持，享有省、市、县三级经济管理和行政审批职能，可在最短时间内“一站式”地为企业办理全部审批手续，完成服务流程。

在新的发展阶段，园区顺应国家“一带一路”发展战略，在省市两级政府和主管部门的大力支持下，立足湖南优势，结合自身特色，全面启动了总规划面积15平方公里的“中国长沙丝绸之路特色食品产业园”，旨在将项目打造成全国承东启西的特色食品加工贸易中心，助力湖南特色食品走出中国，迈向世界。

3月12日，宁乡经开区与滁州经开区正式组建长江经济带首个跨区域国家级园区食品饮料产业联盟。

8月16日，香港大嘉集团与宁乡经开区签署战略合作协议。

5月29日，成功举办“2015·蓝月谷之夏”食品饮料产业活动季，八大高端公共服务平台集中签约。

8月20日，宁乡经开区举行重点项目集中签约仪式，皇氏优氏食品等20个重点项目集中签约，合同引资额超过120亿元。

加加食品科技工业园

立足资源优势　建设食品强县

霞浦县人民政府

霞浦县地处福建省东北部、台湾海峡西北岸，具有历史悠久、资源丰富、交通便捷、景观独特等县情特点。近几年，县委、县政府采取强有力措施，大力发展海洋经济，积极培育龙头企业，促进经济社会和食品加工产业快速发展。2015 年全县工农业总产值 265 亿元；食品工业企业总数达 241 个，职工总人数 12300 多人。食品工业总产值 92.5 亿元，占全县工业总产值 168.2 亿元的 55%；规模以上食品工业企业 65 个，占全县规模以上工业企业总数 118 个的 55%。荣获 2014 — 2015 年度“全国食品工业强县”称号。主要工作成效：

发挥资源优势，狠抓原料质量。霞浦县陆地面积 1716 平方公里，耕地面积 27 万亩，辖 12 个乡镇、2 个街道，全县总人口 53 万。是福建省拥有海域面积最大（2.89 万平方公里，占全省 1/5）、海岸线最长（480 公里，占全省 1/7）、浅海滩涂最广（104 万亩，占全省 1/9）、岛屿最多（196 个，占全省 1/5）的沿海县份。全县有天然海洋鱼类 700 多种，滩涂生物 200 余种，年自产食品加工原料近 78 万吨，其中水产品总量均在 40 万吨，位居全省前列。近年我县高度重视食品加工原料标准化基地建设，建立食品安全质量可溯源监管体系，严防海上养殖病害，确保盛产的海带、紫菜、海参、鲍鱼、大黄鱼、石斑鱼、弹涂鱼、对虾、牡蛎、蛏贝和茶、菌、果、蔬、粮加工原料的产量和质量，为食品加工业源头产品质量提供保障。

‘霞浦海带·霞浦紫菜’中国地理标志产品

科学规划布局，建好园区平台。根据食品加工原料生产地分布来源，从 2007 年开始规划建设食品加工产业园区有 3 个：一是经国台办批准设立的“霞浦台湾水产品集散中心”，在霞浦的东部三沙镇规划面积 10000 亩，专门引进水产品、食品加工企业，目前入驻的有台湾及周边地区客商投资的水产食品加工企业 13 家，并有鑫日新等 6 家建成开始投产；二是经福建省政府在 2014 年 1 月审批设立霞浦经济开发区，总规划面积 5439 亩，其中 3000 亩规划为水产、食品加工区，目前已入驻食品加工企业有 19 家，连丰海参水产品、闽盛源水产品等 9 家食品加工企业已建成投产，连丰公司为海参养殖户发放贷款 2.6 亿元。三是原有在县城东边设立的“工业桃源”发展食品加工业，目前有 13 家水产食品加工企业和水产品批发市场入驻，建成投产有东吾洋水产、盛威水产等食品加工企业 11 家。四是支持在原料产地乡、镇、村选址创办初加工企业，为发展提升食品加工业增强后劲。目前食品加工园区水、电、路、污水处理厂、物流、电信、宽带等配套建设基本完善，园区的集群效应已开始显现。

福建东吾洋绿色食品有限公司鱼类加工车间

狠抓质量认证，支持品牌创建。突出企业生产许可企业的认定和监管，加强企业认证、执行标准、计量等方面的服务和监管，引导企业导入先进管理体系，实施商标品牌发展扶持政策，对被认定为中国驰名商标、地理标志证明商标、福建省著名商标、宁德市知名商标的企业或协会分别奖励 30 万元、10 万元、5 万元、1 万元，并于每年的政府经济工作会议上给予表彰。目前，霞浦县已获得“中国海带之乡”、“中国紫菜之乡”“地理商标认定；已有“霞浦海带”被评为中国名牌产品。已有列入省级龙头企业 4 家，市级龙头企业 5 家；已有 76 家食品生产企业取得食品生产许可证；已有“百野轩”、“溢源”、“中洋”、“闽松”、“目海”等 22 枚商标获得省著名商标，并有钦龙食品公司 “KLF”获得“中国驰名商标”。

加强工业领导，配套支持政策。县委、县政府成立发展食品工业领导小组，出台《县委、县政府关于印发扶持工业企业发展系列优惠政策的通知》、《霞浦县鼓励食品加工业发展的若干意见》、《县委、县政府关于大力发展食品加工产业的实施意见》、《霞浦县工业发展基金管理暂行办法的通知》，坚持领导干部联系企业帮扶制度，不断强调和明确各级各部门支持发展食品工业必须履行的职责和应尽义务，畅通部门服务食品工业项目绿色通道。始终坚持以项目建设为抓手，服务项目为核心，在项目供地、审批手续、物流便利、招收员工、融资贷款、投资技改、机器代工、院校对接、网络电商等方面提供支持，积极营造高效率、低成本、少门槛、更加宽容、全方位支持县域食品工业经济跨越式发展的舆论氛围、社会环境和政策保障。争取到“十三五”末，规上食品加工业总产值达到 133 亿元以上。

中国紫菜之乡

“霞浦海带”驰名商标

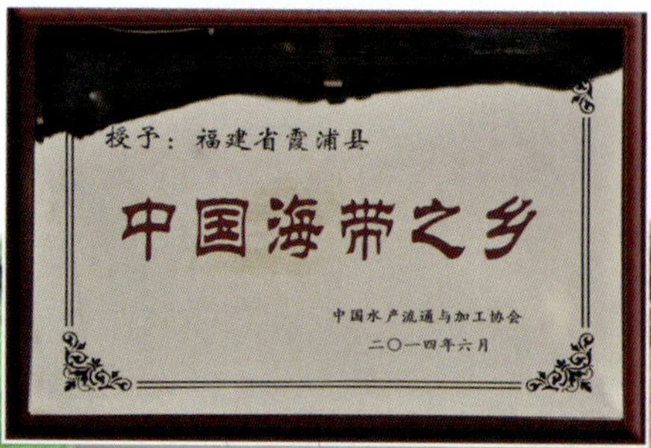

中国海带之乡

永城市食品产业发展情况

永城市位于河南省最东部，地处豫、鲁、苏、皖四省结合部，素有“豫东门户”之称，是河南省东引西进的桥头堡。全市总面积2020平方公里，总人口157万，下辖29个乡镇。中国百强县（市），河南省直管县（市），相继被评为国家园林城、国家卫生城、全国文明城市提名城市、全国双拥模范城等荣誉称号。永城有“汉兴之地”、“能源之都”、“面粉之城”、“生态之市”、“长寿之乡”五张城市名片，享誉国内外。作为全国唯一的“中国面粉城”，面粉食品产业发展成效明显，2015年荣获“全国食品工业强市”称号。

（一）优势突出

永城是“全国小麦粉知名品牌创建示范区”、“河南省富硒土壤种植基地”，永城面粉为“中国地理标志产品”，永城食品产业园入选“国家农业产业化示范基地”。“国家质检总局面粉质量检测研发中心”在永城建成并投入使用，确立了永城面粉食品在全国的权威地位。已连续成功举办八届中国（永城）面粉食品博览会，极大地提高、扩大了永城面粉食品的知名度、美誉度和影响力。

（二）发展较快

永城市依托优质、丰富的小麦资源和突出的品牌优势，大力发展面粉食品及深加工产业，并规划建设了7.03平方公里的食品产业园，已入驻大中型食品企业16家，投产运营12家，加快推进了集群集聚发展。全市年加工小麦87.2亿斤，是全国县域内规模最大的面粉生产加工基地，规模以上食品企业80家，占全市规模以上企业总数(182家)的44%。安排就业人员2万余人，有力带动了养殖、运输、印刷以及餐饮、商住等服务业的发展。2012年，成功组建“河南华星、河南三顺、河南汇丰、河南远征、河南金源”五大面粉集团，进一步推进了永城食品产业的规模化、集约化。2015年，食品工业企业完成增加值38亿元，占全市工业企业增加值的19.2%。

（三）着力创优

远征面粉集团入选2014河南民营企业100强，皇沟御酒复合香、皇沟御酒“1988”分别获得2015布鲁塞尔国际烈性酒大奖赛金奖、银奖，远征面粉集团、华星粉业集团、皇沟酒业集团入围2015河南民营企业100强。3家企业的产品获得“中国驰名商标”（皇沟集团的“皇沟御酒”商标，永新面粉的“远征”牌面粉、挂面商标，华星集团的“宇花”牌面粉商标）。

（四）转型升级

在加快转型升级步伐、打造面粉航母、拉长产业链条、提高产品附加值方面做出了不断探索和实践。汇丰集团投资建设的麦客多休闲食品项目，厂区占地面积138.8亩，有丹麦手撕面包、法式小面包等多种产品，产品已走进丹尼斯、北京华联等大型超市。华星集团投资建设的硒麦食品项目，投资总额5.2亿元，两个生产车间20300平方米，主要生产石磨富硒面粉、儿童营养面、差异化功能化旅游观光休闲系列食品。远征集团大力推进主食产业化，建设了国内先进馒头生产线4条，挂面生产线2条，鲜湿面生产线1条，全自动烘焙食品生产线1条。华冠面粉有限公司新上日处理小麦3000吨面粉加工项目与上海麦宝食品有限公司合作，投资额3亿元，占地77.59亩，采用瑞士布勒公司最新的设备，实现全自动化。鑫鼎食品占地110亩，年产1.8万吨休闲食品，有“金顺和”、“欧丝玛特”等商标，品种多达40余种，销往全国各地，供不应求。

在国务院和省委省政府开展促进永城面粉食品产业健康发展试点的大好机遇下，永城市将进一步调整产业结构、转变发展方式，引导帮助面粉企业适应经济新常态，加快推进供给侧结构性改革，不断提升产业发展水平，努力实现“中原东部大粮仓”向“中原东部大厨房”的华丽蝶变。

德胜之地　兴业绿洲

延津县食品工业发展报告

一、延津概况

昔日黄河故道，如今麦海绿洲。

延津是茅盾文学奖得主、《手机》作者刘震云的故乡，因为《1942》而逐渐被世人所关注；延津因为正在打造“中国第一麦”，而商机无限、备受青睐。

延津县地处黄河、海河流域，位于河南省北部，总面积886平方公里，辖5镇7乡、345个行政村（居委会），1个省级产业集聚区，总人口50万，是全国粮食生产先进县、全国优质小麦产业化示范县、全国绿色食品原料标准化生产基地、全国优质强筋小麦知名品牌创建示范区、全国社会管理综合治理工作先进集体、河南省职业教育强县、河南省平安建设先进县、省级文明城市。

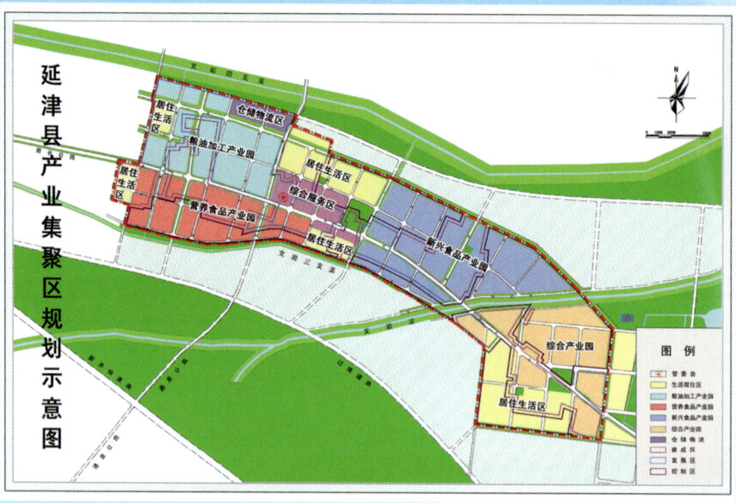

延津县产业集聚区产业规划示意图

二、食品工业发展情况

为加快产业结构调整，打造投资洼地，延津依托区位、土地和“中国第一麦”等资源优势，高标准规划建设22.22平方公里的产业集聚区，产业集聚区辖食品白酒产业园和节能环保产业园，其中食品产业集聚区规划面积10.67平方公里，已入驻食品工业企业50家。小麦年加工能力突破70万吨，白酒年生产（灌装）能力10万吨，年产挂面40万吨，年产速冻食品25万吨。形成了以小麦精深加工、速冻营养食品、休闲健康食品、白酒饮品体验为发展方向的食品加工主导产业，被列入河南省“百千万”亿级优势产业集群培育工程行动计划；被农业部确定为“国家农业产业化示范基地”，被河南省政府评为“一星级产业集聚区”、“十快”产业集聚区、“最具产业竞争力产业集聚区”。目前，延津县克明面业公司是全国最大的挂面生产基地；“精益珍”品牌是全国沙琪玛类第二大品牌；“笑脸”和“新良”品牌分别是全国冷冻面点类和专用面粉类三大品牌之一；云鹤食品公司冷冻熟面和微波面是国内首创；百川食品公司是全国规模最大的大豆拉丝蛋白生产基地；酒鬼酒公司设立了北方最大的物流基地，独创的“埋沙藏酒”工艺享有中国北方沙藏第一窖之美誉。

下一步延津县将借助全球最大基因组学研究企业深圳华大基因科技有限公司落户延津的优势，围绕新乡市大健康产业发展格局，将延津打造成大健康产业集聚地。同时，围绕延津“中国第一麦”的品牌效应，支持引导延津小麦产业集团，支持引导延津小麦产业集团，新良、克明等骨干企业大力发展专用粉、强化粉、预拌粉等小麦精深加工产品，进一步扩大专用粉、强化粉、预配粉等高档面粉生产规模，积极开发营养挂面、小麦膳食纤维等中高端面制品，构建“小麦—优质面粉—中高端面制品—副产品综合利用”产品链，加快速冻方便、饼干烘焙、膨化等特色食品生产；依托云鹤、笑脸、麦丰等现有骨干企业，积极引进冷链食品企业，扩大速冻米面食品规模，大力发展炒饭、面条、油炸食品、烘焙食品、微波套餐等传统特色主食食品，加快完善原料基地、研发设计、网络营销、物流配送等关键环节，提高产业链配套能力，提高延津食品工业竞争力，加快打造“国人厨房”、丰富“世人餐桌”； 依托全省首家“中国名优白酒（中原）产业园”名片效应和茅台酒2万亩有机小麦原粮优势，健全完善从酿酒原料供应、酒类酿造、酒类灌装物流、酒类包装的产业链条，重点推进酒鬼酒二期、千百知饮料等建设项目，形成新的产业支撑点。

中国第一麦

延津县产业集聚区综合服务平台

携手华大

潭沙酒窖

新乡市云鹤食品有限公司生产车间

克明面业公司生产车间

第四部分

统计篇

数据来源于中国经济景气监测中心

2015年分地区食品工业主要原料产品产量-1

单位：万吨

年份 地区	粮食	谷物	稻谷	小麦	玉米	豆类	薯类	棉花	油料
总计	62143.9	57228.1	20822.5	13018.5	22463.2	1589.8	3326.1	560.3	3537.0
北京	62.6	61.1	0.1	11.1	49.4	0.7	0.8	0.0	0.6
天津	181.7	179.8	11.3	59.8	107.3	1.2	0.7	2.6	0.4
河北	3363.8	3230.4	54.5	1435.0	1670.4	29.5	103.9	37.3	151.5
山西	1259.6	1192.3	0.5	271.4	862.7	30.6	36.7	1.4	15.3
内蒙古	2827.0	2577.0	53.2	158.3	2250.8	103.0	147.0	0.0	193.6
辽宁	2002.5	1927.3	467.7	2.7	1403.5	27.2	48.0	0.0	46.1
吉林	3647.0	3538.9	630.1	0.1	2805.7	48.6	59.5		76.4
黑龙江	6324.0	5786.3	2199.7	21.8	3544.1	437.3	100.3		18.3
上海	112.1	110.6	84.1	19.9	2.1	0.8	0.6	0.0	1.2
江苏	3561.3	3454.9	1952.5	1174.0	252.2	73.5	32.9	11.7	143.1
浙江	752.2	655.6	578.1	35.1	31.1	35.8	60.8	2.0	31.3
安徽	3538.1	3371.3	1459.3	1411.0	496.3	134.0	32.7	23.4	227.9
福建	661.1	509.4	485.0	0.6	21.5	23.3	128.4	0.0	30.7
江西	2148.7	2044.3	2027.2	2.6	12.8	33.1	71.4	11.5	124.0
山东	4712.7	4500.1	95.1	2346.6	2050.9	38.8	173.9	53.7	324.1
河南	6067.1	5902.6	531.5	3501.0	1853.7	53.8	110.8	12.6	599.7
湖北	2703.3	2575.1	1810.7	420.9	332.9	28.7	99.4	29.8	339.6
湖南	3002.9	2849.8	2644.8	9.4	188.8	34.3	118.8	14.5	242.9
广东	1358.1	1168.8	1088.4	0.3	77.9	21.6	167.7		110.3
广西	1524.8	1422.4	1137.8	0.9	280.7	23.9	78.4	0.3	64.7
海南	184.0	153.4	153.3			2.1	28.6		11.3
重庆	1154.9	800.2	506.4	22.9	259.7	47.9	306.8		59.9
四川	3442.8	2826.6	1552.6	426.3	765.7	99.9	516.3	1.0	307.6
贵州	1180.0	841.8	417.5	61.7	324.1	34.4	303.8	0.1	101.3
云南	1876.4	1545.8	659.7	90.6	747.3	136.4	194.2	0.0	65.9
西藏	100.6	98.0	0.5	23.4	0.8	2.0	0.7		6.4
陕西	1226.8	1119.8	91.9	458.1	543.1	21.2	85.7	3.9	62.7
甘肃	1171.1	909.6	3.1	281.0	577.2	36.2	225.3	4.3	71.6
青海	102.7	62.4		34.1	18.6	5.6	34.8		30.5
宁夏	372.6	332.0	60.8	39.6	226.9	3.4	37.2		15.3
新疆	1521.3	1480.5	65.1	698.3	705.1	20.8	20.0	350.3	62.9

注：2003年起水果产量包括瓜果类产量。

2015年分地区食品工业主要原料产品产量-2

单位：万吨

年份 地区	花生	油菜籽	芝麻	麻类	黄红麻	甘蔗	甜菜	烟叶	烤烟
总计	1644.0	1493.1	64.0	21.1	5.3	11696.8	803.2	283.2	260.6
北京	0.5		0.0					0.0	
天津	0.3	0.0	0.0						
河北	127.4	3.0	0.9	0.0	0.0		89.2	0.6	0.4
山西	1.2	0.7	0.2	0.0			5.5	0.9	0.9
内蒙古	4.2	41.7	0.1	0.0			230.1	1.2	1.0
辽宁	44.8	0.2	0.0				5.2	2.6	2.4
吉林	55.9		0.6	0.0			1.3	4.5	2.2
黑龙江	5.2		0.1	2.0			7.3	6.9	6.2
上海	0.2	1.0	0.0			0.6			
江苏	35.1	106.3	1.7	0.1		9.4	0.0	0.0	0.0
浙江	5.3	25.1	0.9	0.0	0.0	62.2		0.2	
安徽	94.4	126.3	7.1	2.6	1.3	20.3		4.2	4.2
福建	28.6	1.9	0.2	0.0	0.0	43.6		14.5	14.3
江西	46.4	73.9	3.6	0.7	0.1	65.8		5.5	5.3
山东	319.4	2.4	0.1	0.0				6.3	6.3
河南	485.3	86.1	27.3	2.9	2.7	24.3		28.8	23.3
湖北	67.9	255.2	14.5	2.2	0.0	32.0	0.0	8.7	7.7
湖南	30.5	210.8	1.5	1.5	0.1	66.0		22.7	21.9
广东	109.0	0.8	0.4	0.0	0.0	1452.9		5.6	5.0
广西	60.7	2.6	0.7	1.1	0.9	7504.9		2.8	2.1
海南	11.1		0.2	0.1	0.1	264.8		0.0	
重庆	11.9	46.7	0.7	0.8	0.0	9.8		8.7	7.4
四川	67.8	238.5	0.5	5.3	0.1	54.0	0.1	22.2	18.1
贵州	10.5	89.0	0.0	0.1	0.0	156.1	0.0	35.0	32.9
云南	8.2	56.1	0.0	0.0		1930.0	0.0	92.8	90.3
西藏	0.0	6.4							
陕西	9.7	43.2	1.7	0.1	0.0	0.1	0.0	7.3	7.2
甘肃	0.5	34.0	0.1	0.3			16.0	1.2	1.0
青海		30.1					0.0		
宁夏		0.2	0.0					0.2	0.2
新疆	1.7	10.8	0.9	1.1			448.3		

注：2003年起水果产量包括瓜果类产量。

2015年分地区食品工业主要原料产品产量-3

单位：万吨

年份 地区	蚕茧	桑蚕茧	茶叶	水果	苹果	柑桔	梨	葡萄	香蕉
总计	90.1	82.4	224.9	27375.0	4261.3	3660.1	1869.9	1366.9	1246.6
北京				87.9	8.0		12.7	3.3	0.0
天津				62.7	4.3		4.6	11.1	
河北	0.1	0.0		2117.2	366.6		506.0	166.0	
山西	0.6	0.6	0.0	842.6	431.2		73.3	26.6	
内蒙古	0.8			296.7	20.0		6.4	13.0	
辽宁	5.3	0.0		882.0	248.4		140.5	85.2	
吉林	0.3			209.0	14.3		13.1	16.4	
黑龙江	0.5			213.5	17.6		3.4	10.0	
上海				61.5	0.0	11.4	2.9	9.8	
江苏	5.0	5.0	1.4	914.8	60.0	4.3	78.0	63.2	
浙江	4.0	4.0	17.3	740.9		207.8	38.4	76.1	
安徽	3.0	3.0	11.3	1029.8	37.5	3.8	111.7	46.2	
福建			40.2	837.0	0.0	366.3	23.4	16.9	95.0
江西	0.7	0.7	5.2	663.4		410.1	15.4	6.5	
山东	2.2	2.2	1.9	3218.6	958.4		135.4	121.2	
河南	2.4	1.8	6.5	2665.1	449.6	4.9	114.8	63.8	
湖北	0.7	0.7	26.9	966.3	1.3	426.7	50.9	27.1	
湖南	0.1	0.1	17.6	981.0		457.1	17.7	17.6	
广东	11.0	11.0	7.9	1648.5		492.8	11.3		451.7
广西	36.1	36.1	6.4	1720.0		519.3	31.7	44.9	295.6
海南	0.1	0.1	0.1	405.9		6.2			140.1
重庆	1.8	1.8	3.5	375.9	0.5	224.9	38.4	10.2	0.1
四川	11.2	11.2	24.8	934.2	61.3	379.6	97.7	33.5	4.5
贵州	0.0	0.0	11.8	224.9	5.3	32.0	29.2	21.1	0.9
云南	3.1	3.1	36.6	726.5	41.4	59.5	50.9	85.2	258.8
西藏			0.0	1.5	0.6	0.1	0.1	0.0	
陕西	1.2	1.2	5.4	1930.9	1037.3	53.1	104.1	63.1	
甘肃	0.0	0.0	0.1	679.0	328.6	0.1	41.4	31.8	
青海				3.6	0.6		0.4	0.0	
宁夏				298.9	53.4		1.9	21.6	
新疆				1635.0	115.1		114.0	275.6	

注：2003年起水果产量包括瓜果类产量。

城镇居民家庭平均每人全年购买主要商品数量

项　目	单位	2015年	2014年	2013年	2012年	2011年	2010年
粮　　食	千克	112.16	117.18	121.33	78.76	80.71	81.53
鲜　　菜	千克	104.40	100.07	100.09	112.33	114.56	116.11
食用植物油	千克	10.70	10.85	10.77	9.14	9.26	8.84
猪　　肉	千克	20.70	20.79	20.43	21.23	20.63	20.73
牛 羊 肉	千克	3.90	3.41	3.35	3.73	3.95	3.78
禽　　类	千克	9.40	9.07	8.13	10.75	10.59	10.21
鲜　　蛋	千克	10.50	9.81	9.43	10.52	10.12	10.00
水 产 品	千克	14.70	14.43	13.96	15.19	14.62	15.21
鲜　　奶	千克	17.10	18.13	17.13	13.95	13.70	13.98
鲜 瓜 果	千克	55.10	52.95	51.05	56.05	52.02	54.23
酒	千克				6.88	6.76	7.02

出口主要食品数量和金额

金额单位：万美元

品　　名	2015年		2014年		2013年	
	数　量	金　额	数　量	金　额	数　量	金　额
活猪　(万头)	169	48250	173	45635	168	45918.5
活家禽　(万只)	433	1569	493	1851	717	2975.6
鲜、冻牛肉　(万吨)	0	4472	1	5927	0.5874	4431.6
鲜、冻猪肉　(万吨)	7	32224	9	42269	7.3395	32539.2
冻鸡　(万吨)	13	27206	12	28197	9.99	24211.9
水海产品　(万吨)	391	1956763	403	2086382	384	1942860.2
鲜蛋　(百万个)	1207	12093	1141	12262	1074	10687.9
谷物及谷物粉　(万吨)	48	39507	71	55566	95	66415.8
#稻谷和大米　(万吨)	29	26771	42	37840	47.8473	41674.1
玉米　(万吨)	1	490	2	769	7.7640	3318.6
蔬菜　(万吨)	833	1070829	803	980042	778	900552.1
#鲜或冷藏蔬菜　(万吨)	566	444327	555	383362	519	340190.6
橘、橙　(吨)	751323	106245	836682	102757	866531	99120.8
鲜苹果　(吨)	833021	103123	865048	102758	994664	103007.4
核桃仁　(吨)					7222.343	6250.9
栗子　(吨)					39067	8439.2
松子仁　(吨)	13439	25802	11428	23407	10683	21232
大豆　(万吨)	13	12551	21	19908	21	20194

花生及花生仁 (万吨)	13	21502	14	20065	13	21907
食用植物油(含棕榈油)(吨)	135349	18412	133858	20033	115491	19313
食糖 (吨)	74979	4657	46218	3786	47771	4178
天然蜂蜜 (吨)	144756	28866	129824	26026	124901	24655
茶叶 (吨)	324955	138174	301484	127266	325806	124631
辣椒干 (吨)	51309	11074	38392	9803	47168	10993
猪肉罐头 (吨)	42028	13033	50088	15347	48624	14944
蘑菇罐头 (吨)	236777	39211	265364	52614	275028	52716
啤酒 (万升)	26548	18324	25821	17704	24944	16289
肠衣 (吨)	94249	101367	90534	102945	79462	96164
烤烟 (吨)	101007	44879	88043	42040	101547	45783

分地区食品制造业主营业务收入及利润总额(当年价)

单位:亿元

地区	2015年		2014年		2013年	
	主营业务收入	利润总额	主营业务收入	利润总额	主营业务收入	利润总额
全国	65378.24	3423.92	63533.18	3069.95	60117.42	3473.53
北京市	413.23	14.19	423.448	16.061	411	15.77
天津市	934.42	7.67	840.010	10.549	785.5	20.64
河北省	2162.3	97.66	2149.454	81.586	2087.81	104.06
山西省	317.73	19.66	340.132	13.062	349.63	25.6
内蒙古	1576.07	86.41	1461.122	82.586	1602.55	111.14
辽宁省	2871.83	120.02	4363.871	191.243	4635.09	301.82
吉林省	3070.03	115.37	3014.748	96.871	3039.6	115.05
黑龙江省	2777.23	105.78	2727.902	110.403	2834.74	123.35
上海市	378.42	12.41	410.212	13.534	429.3	14.53
江苏省	4615.55	290.93	4175.334	253.110	3794.13	259.84
浙江省	1004.88	37.03	1039.030	32.462	1041.74	38.77
安徽省	2899.21	129.27	2765.482	123.504	2501.97	131.33
福建省	2651.5	142.03	2312.205	115.408	2084.12	132.67
江西省	1966.98	113	1709.357	99.059	1452.52	81.88
山东省	12666.43	642.18	12475.792	623.163	11608.86	627.62
河南省	6009.86	452.2	5528.994	408.412	4973.19	403.86
湖北省	4513.03	234.01	4313.042	189.403	3882.59	261.4
湖南省	2953.49	140.94	2563.320	99.365	2402.17	133.34
广东省	3006.57	136.41	2886.974	102.618	2747.35	134.12
广西	2025.66	145.6	1940.341	98.020	1878.14	116.95

地 区	2015年		2014年		2013年	
	主营业务收入	利润总额	主营业务收入	利润总额	主营业务收入	利润总额
海南省	114.92	0.1	117.245	-2.788	127.19	-2.04
重庆市	883.07	62.28	744.743	45.013	649.48	37.6
四川省	2680.06	140.5	2747.583	154.489	2494.06	147.01
贵州省	300.69	14.79	228.362	8.656	204.08	9.94
云南省	589.16	24.46	503.814	4.771	469.93	26.01
西藏	3.75	0.42	2.263	0.171	2.33	0.18
陕西省	989.15	73.23	893.012	51.284	802.5	54.06
甘肃省	300.17	8.08	294.586	15.778	292.54	12.49
青海省	67.77	2.46	52.866	1.318	40.3	1.01
宁夏	127.54	6.41	113.292	4.989	106.8	5.66
新疆	507.53	48.43	394.643	25.843	386.2	27.87

2015年分地区酒饮料精制茶制造业经济指标

单位：亿元

地 区	工业销售产值（当年价格）	其中：出口交货值	资产总计	利润总额	亏损企业亏损额	产成品	负债合计	主营业务收入	主营业务成本	应收账款
全 国	17626.59	247.89	15599.8	1799.65	95.44	839.57	7054.92	17373.35	13006.73	952.97
北京市	183.4	1.48	416.24	6.84	9.17	7.1	164.07	194.81	138.21	11.59
天津市	159.53	0.67	154.93	2.53	3.21	4.79	96.67	168.2	133.96	24.46
河北省	492.55	5.42	492.03	62.84	4.01	27.45	251.39	493.29	361.61	23.02
山西省	114.84	0.51	223.08	9.35	2.02	23.73	105.27	200.16	152.91	8.69
内蒙古自治区	289.94	0.02	257.23	21.65	2.01	10.45	139.65	282.79	204.96	6.76
辽宁省	338.02	5.74	267.8	26.75	1.71	12.9	124.57	323.4	254.99	20.68
吉林省	546.48	2.07	353.05	23	2.34	18.02	173.61	534.69	440.55	21.39
黑龙江省	315.46	2.38	301.92	21.89	2.48	12.54	165.15	319.99	257.57	16.91
上海市	108.74	7.14	130.21	16.23	1.22	4.2	63.53	135.52	86.96	24
江苏省	1080.26	4.4	1110.66	160.55	4.44	45.74	559.96	1068.28	774.28	69.81
浙江省	452.01	26.57	568.63	38.59	6.23	46.63	283.63	451.39	328.81	52.99
安徽省	654.62	16.09	576.91	71.05	3.81	37.82	262.04	618.77	428.18	45.6
福建省	854.28	17.12	516.29	81.81	1.23	31.34	202.19	894.65	697.72	50.64
江西省	305.63	2.88	289.28	30.27	1.27	14.83	159.03	320.47	254.37	14.8
山东省	1457.08	53.17	1091.37	135.79	3.35	50.93	436.83	1504.47	1207.64	47.5
河南省	1530.25	6.68	1197.31	117.58	14.32	28.34	488.51	1480.15	1238.63	70.36
湖北省	1685.2	5.25	1129.17	114.08	3.4	51.54	673.02	1634.74	1311.18	67.71
湖南省	663.48	6.9	333.73	37.43	1.55	18.13	134.56	640.18	511.34	18.22

地 区	工业销售产值（当年价格）	其中：出口交货值	资产总计	利润总额	亏损企业亏损额	产成品	负债合计	主营业务收入	主营业务成本	应收账款
广东省	1112.79	8.09	807.35	92.04	7.37	21.2	441.17	1062.76	726.28	84.58
广西壮族自治区	482.55	0.41	276.61	54.5	1.1	15.25	129.16	446.1	331.94	18.43
海南省	19.03	0.02	34.75	0.12	0.8	1.15	19.75	20.57	14.95	2.33
重庆市	191.44	5.56	151.35	15.91	2.1	7.95	82.33	195.62	145.21	15.43
四川省	2592.07	19.69	2214.72	246.05	6.11	189.49	860.75	2597.99	1952.32	125.01
贵州省	831.87	22.13	1475.36	279.72	4.45	49.74	384.38	739.75	301.02	30.13
云南省	249.74	4.88	328.65	25.45	1.93	29.85	174.64	248.06	185	24.01
西藏自治区	22.29		69.26	5.33	0.48	1.47	35.34	21.42	12.62	1.45
陕西省	532.14	17.91	367.35	67.63	0.9	35.73	184.36	483.32	350.45	33.75
甘肃省	145.05	4.14	167.03	4.85	1.45	19.46	96.57	104.64	76.72	10.46
青海省	46.51		65.85	4.77	0.25	4.36	30.51	32.24	23.34	2.61
宁夏回族自治区	40.26	0.32	76.13	3.79	0.15	7.26	48	32.32	20.82	3.93
新疆维吾尔自治区	129.08	0.25	155.55	21.25	0.61	10.18	84.29	122.66	82.18	5.72

2015年全国分地区农副食品加工业主要经济指标

单位：亿元

	工业销售产值（当年价格）	其中：出口交货值	资产总计	利润总额	亏损企业亏损额	产成品	负债合计	主营业务收入	主营业务成本	应收账款
食品工业总计	65835.97	2950.29	32888.25	3423.92	185.53	2116.48	16637.94	65378.24	58042.5	2700.1
北京市	354.15	7.86	428.11	14.19	4.6	26.23	241.73	413.23	342.48	42.73
天津市	960.69	10.55	709.57	7.67	14.47	24.9	520.4	934.42	805.01	80.21
河北省	2179.64	73.09	1239.2	97.66	7.21	78.03	629.43	2162.3	1934.71	81.29
山西省	311.7	1.83	258	19.66	1.84	20.01	126.9	317.73	283.62	16
内蒙古自治区	1615.77	2.4	696.58	86.41	4.02	50.25	309.26	1576.07	1350.25	53.41
辽宁省	2870.84	249.01	1677.04	120.02	10.06	95.17	911.83	2871.83	2589.58	116.61
吉林省	3276.98	91.24	1208.98	115.37	10.49	77.81	665.49	3070.03	2762.78	95.56
黑龙江省	2691.78	29.29	1499.03	105.78	13.57	112.82	900.7	2777.23	2531.63	113.31
上海市	335.46	7.48	263.44	12.41	2.15	16.57	135.12	378.42	331.45	37.82
江苏省	4614.11	127.11	1713.83	290.93	5.15	108.59	885.13	4615.55	4075.62	180.72
浙江省	1019.13	155.7	799.91	37.03	3.02	79.72	499.09	1004.88	916.78	106.21
安徽省	2959.61	28.46	1105.7	129.27	3.26	72.74	507.67	2899.21	2631.34	113.66
福建省	2648	519.52	1360.03	142.03	9.68	124.96	764.01	2651.5	2368.37	188.79
江西省	1964.27	47.41	716.57	113	0.65	50.86	317.96	1966.98	1771.31	43.22
山东省	12473.75	967.33	5876.39	642.18	24.55	369.07	2714.11	12666.43	11432.66	363.36

	工业销售产值（当年价格）	其中：出口交货值	资产总计	利润总额	亏损企业亏损额	产成品	负债合计	主营业务收入	主营业务成本	应收账款
河南省	5845.17	39.2	3307.1	452.2	6.29	107.59	1084.8	6009.86	5255.47	176.01
湖北省	4705.89	147.78	1711.59	234.01	5.46	130.01	692.44	4513.03	3979.87	150.09
湖南省	3006.88	55.65	1075.21	140.94	1.88	55.3	403.59	2953.49	2507.51	79.57
广东省	3004.6	230.63	2039.54	136.41	21.1	103.27	1379.62	3006.57	2716.56	202.94
广西壮族自治区	2141.65	53.12	1479.92	145.6	9.84	94.3	932.02	2025.66	1717	131.61
海南省	117.25	19.77	149.06	0.1	3.43	8.25	124.3	114.92	106.67	17.06
重庆市	891.94	13.6	342.17	62.28	0.91	18.67	139.56	883.07	761.29	30.3
四川省	2720.55	11.37	1012.05	140.5	2.76	74.25	501.33	2680.06	2349.15	82.05
贵州省	323.22	0.4	149.93	14.79	1.02	12.06	74.05	300.69	266.43	14.13
云南省	595.86	46.22	540.06	24.46	7.39	32.37	350.38	589.16	519.39	60.37
西藏自治区	3.78		5.67	0.42	0.01	0.35	2.24	3.75	2.92	0.6
陕西省	1084.54	4.56	451.66	73.23	1.5	42.44	226.36	989.15	861.57	37.44
甘肃省	398.12	4.21	422.95	8.08	3.11	50.59	218.98	300.17	268.64	37.68
青海省	91.47	0.06	88.01	2.46	0.24	6.11	45.24	67.77	62.26	6.13
宁夏回族自治区	133.19	2.28	120.96	6.41	1.54	12.79	59.64	127.54	113.83	11.52
新疆维吾尔自治区	495.97	3.13	440	48.43	4.33	60.41	274.55	507.53	426.34	

2015年全国分地区食品制造业主要经济指标

单位：亿元

	工业销售产值（当年价格）	其中：出口交货值	资产总计	利润总额	亏损企业亏损额	产成品	负债合计	主营业务收入	主营业务成本	应收账款
食品工业总计	21871.59	1120.54	14677.48	1876.57	75.99	674.15	6570.94	21957.58	17453.11	1471.37
北京市	281.77	14.02	408.75	24.26	4.92	21.37	224.37	500.83	325.32	53.03
天津市	1347.53	22.46	544.91	210.59	2.81	15.48	238.34	1300.77	889.28	81.51
河北省	1022.72	29.82	632.54	77.3	2.19	31.16	244.06	1030.7	841.89	61.06
山西省	117.97	2.32	117.33	2.7	4.66	5.86	61.22	101.94	83.06	10.59
内蒙古自治区	680.96	23.76	907.3	89.05	1.42	28.79	477.93	922.5	730.94	47.75
辽宁省	441.95	25.34	385.3	31.63	2.35	17.41	204.33	424.1	359.91	25.6
吉林省	460.30	8.28	284.23	22.88	0.59	11.51	129.57	408.16	351	23.06
黑龙江省	649.73	2.5	429.01	41.43	2.74	22.48	170.97	535.68	423.92	40.9
上海市	598.65	31	689.57	44.26	15.19	32.33	411.55	706.29	459.55	182.6
江苏省	946.01	112.66	709.93	70.87	4.36	34.8	334.53	944.87	713.93	90.56
浙江省	534.74	83.34	626.38	46.88	4.22	38.14	295.65	564.1	443.22	112.19
安徽省	661.64	18.3	309.72	32.43	0.97	20.19	151.86	627.89	537.97	34.83

	工业销售产值（当年价格）	其中：出口交货值	资产总计	利润总额	亏损企业亏损额	产成品	负债合计	主营业务收入	主营业务成本	应收账款
福建省	1258.45	162.39	674.66	99.23	1.34	47.97	284.53	1250.96	1037.13	69.14
江西省	536.63	68.57	264.23	45.16	0.23	9.6	86.61	550.68	462.77	14.46
山东省	2637.18	193.24	1596.78	190.88	4.45	78.02	673.49	2620.73	2234.11	110.16
河南省	2803.26	51.62	1656.82	259.01	2.03	40	594.21	2772.49	2362.34	118.6
湖北省	1172.91	58.63	550.76	71.1	1.65	28.73	223.77	1153.13	957.84	52.05
湖南省	1020.43	8.26	423.04	46.03	1.32	14.11	160.43	941.98	782.15	25.98
广东省	1751.52	92.44	1342.13	233.69	8.61	50.24	589.95	1775.4	1211.48	140.97
广西壮族自治区	363.58	16.02	253.86	26.91	2.12	12.27	114.52	353.87	277.84	26.01
海南省	43.71	0.98	47.14	4.02	0.02	3.17	23.11	44.81	29.36	3.23
重庆市	232.13	5.33	149.2	19.91	0.17	7.26	69.44	241.24	192.61	11.32
四川省	971.35	25.66	521.29	67.37	1.25	25.84	205.6	940.98	766.71	45.61
贵州省	157.05	0.46	87.33	18.75	0.08	5.27	45.62	150.6	116.68	6.58
云南省	201.29	13.05	178.67	16.25	1.32	13.8	86.31	200.7	156.93	14.78
西藏自治区	5.92		9.21	0.95		0.11	1.86	5.9	4.55	0.54
陕西省	487.94	5.46	232.35	44.56	0.58	10.47	91.33	445.04	349.75	26.3
甘肃省	77.90	2.18	95.19	6.08	0.3	8.64	47.82	66.52	52.11	10.54
青海省	32.68		44.45	1.41	0.01	3.21	17.58	18.9	14.89	1.38
宁夏回族自治区	154.76	9.3	181.96	11.68	0.71	6.89	103.17	137.42	108.9	11.84
新疆维吾尔自治区	218.92	33.15	323.43	19.29	3.39	29.03	207.23	218.41	174.97	18.18

2015年全国分地区烟草制品业主要经济指标

单位：亿元

	工业销售产值（当年价格）	其中：出口交货值	资产总计	利润总额	亏损企业亏损额	产成品	负债合计	主营业务收入	主营业务成本	应收账款
食品工业总计	9620.49	43.08	9190.25	1199.6	1.18	362.67	2341.17	9340.79	2542.9	701.74
北京市	50.13	1.15	34.05	3.95		0.34	5.88	50.16	16.17	1.41
天津市	52.01		38.95	6.6		0.26	38.95	52.01	18.05	2.65
河北省	176.17		137.03	10.88		2.09	45.79	170.93	62.14	11.65
山西省	47.61		38.88	7.32		1.02	6.19	47.53	16.07	2.6
内蒙古自治区	44.49		67.38	10.22		2.78	14.74	98.12	31.31	10.86
辽宁省	86.16	0.15	58.79	2.97		0.97	55.25	86.07	27.73	11.07
吉林省	150.74		181.32	12.86		2.48	103.38	149.37	52.56	24.05
黑龙江省	104.31		89.64	8.03		0.88	13.43	104.21	47.05	9.04
上海市	1001.53	11.7	1232.39	246.49		17.6	156.84	999.37	106.14	41.83

	工业销售产值（当年价格）	其中：出口交货值	资产总计	利润总额	亏损企业亏损额	产成品	负债合计	主营业务收入	主营业务成本	应收账款
江苏省	550.67	0.08	577.33	91.35	0.15	5.98	64.63	546.71	112.33	20.3
浙江省	470.12	2.94	457.19	38.08		43.55	114.43	453.03	92.36	49.91
安徽省	347.01	0.13	345.03	21.93	0.33	11.07	101.32	346.24	106.04	14.92
福建省	254.44	0.19	263.13	19.19	0.12	7.46	91.36	254.59	76.74	4.66
江西省	197.56		195.97	27.19		2.48	48.11	197.41	66.55	42.44
山东省	454.09	3.18	362.45	32.62	0.12	1.76	114.33	324.75	117.7	23.97
河南省	467.48		442.72	71.6		7.57	144.78	468.38	146.84	56.96
湖北省	610.48	0.8	422.51	73.83	0.03	42.27	136.67	592.38	117.97	19.88
湖南省	874.91	4.23	779.96	108.21		45.26	118.92	873	171.76	43.07
广东省	563.61	1.56	527.29	46.59		15.9	137.43	434.68	131.29	20.64
广西壮族自治区	224.33	0.19	194.63	24.81		0.72	50.83	223.77	69.4	35.46
海南省	29.72		24.98	3.84		0.59	6.34	29.72	11.43	2.72
重庆市	156.41		117.12	5.96		5.34	62.49	144.92	53.57	13.95
四川省	252.30	0.06	165.47	0.04	0.43	12.01	92.69	227.76	84.22	2.14
贵州省	374.61	0.17	296.46	38.82		7.66	73.68	375.28	107.92	18.35
云南省	1637.65	16.22	1776.88	247.04		119.65	442.52	1649.4	553.08	162.67
西藏自治区										
陕西省	216.14	0.34	156.11	17.61		2.96	23.82	214.97	77.5	22.8
甘肃省	161.10		146.25	13.47		0.99	56.01	161.15	44.88	19.95
青海省										
宁夏回族自治区	17.03		9.77	2.81		0.63	6.77	17.18	6.15	1.36
新疆维吾尔自治区	47.69		50.57	5.28		0.39	13.58	47.69	17.96	10.44

分行业食品工业固定资产投资

单位：亿元

行业	按资金来源分							
	新建	扩建	改建	国家预算资金	国内贷款	利用外资	自筹资金	其他资金
	2015年	2015年	2015年	2015年	2015年	2015年	2015年	2015年
食品工业合计								
农副食品加工业	5673.34	2086.7	2738.3	44.07	660.78	61.69	9703.23	289.92
食品制造业	2630.24	916.2	1341.5	12.73	349.20	33.98	4558.26	103.14
酒、饮料及精制茶制造业	2029.3	814.9	1069.5	8.32	218.26	29.19	3603.99	161.43
烟草制品业	109.5	34.3	89.6	13.79	3.55		231.19	6.28

分行业食品工业固定资产投资及新增固定资产

单位：亿元

行业	固定资产投资额	新增固定资产	固定资产交付使用率（%）
	2015年	2015年	2015年
食品工业合计			
农副食品加工业	10761.20	9342.00	86.80
食品制造业	5089.00	4030.60	79.20
酒、饮料及精制茶制造业	4090.10	3337.10	81.60
烟草制品业	265.40	246.10	92.70

分行业食品工业建设项目

单位：个

行业	施工项目数	全部建成投产项目数	项目建成投产率（%）
	2015年	2015年	2015年
食品工业合计			
农副食品加工业	18725.00	14611	78
食品制造业	7730.00	5860	76
酒、饮料及精制茶制造业	6343.00	4771	75
烟草制品业	206.00	104	50

分行业食品工业资产及负债

亿元

行业	2015年		2014年		2013年	
	资产总计	负责总计	资产总计	负责总计	资产总计	负责总计
食品工业合计						
农副食品加工业	32888.25	16637.94	30480.981	15887.800	27717.15	14915.12
谷物磨制	5116.26	2099.26	4537.679	1848.145	4100.65	1746.56
饲料加工	4416.59	2017.01	3846.458	1845.114	3375.35	1663.56
植物油加工	5586.46	3396.54	5730.598	3729.292	5558.82	3813.45
制糖	1957.56	1593.54	1739.096	1427.272	1590.49	1206.62
屠宰及肉类加工	6651.01	3136.54	6245.710	3006.731	5525.95	2729.48
水产品加工	2971.25	1469.72	2807.822	1408.064	2609.52	1387.50
蔬菜、水果和坚果加工	2764.93	1155.7	2396.485	993.505	2091.16	908.75
其他农副食品加工	3424.18	1769.63	3177.134	1629.677	2865.21	1459.19
食品制造业	14677.48	6570.94	12929.351	5983.287	11609.77	5639.13
焙烤食品制造	1624.32	652.94	1293.453	520.987	1167.75	494.26
糖果、巧克力及蜜饯制造	1168.08	456.96	1031.181	398.324	936.03	391.55

行业	2015年		2014年		2013年	
	资产总计	负责总计	资产总计	负责总计	资产总计	负责总计
方便食品制造	2167.77	892.58	1970.254	821.474	1732.02	758.20
乳制品制造	2639.76	1331.54	2321.233	1241.272	2100.58	1143.40
罐头食品制造	959.4	474.13	848.644	452.778	810.37	457.97
调味料、发酵制品制造	2347.55	1083.2	2114.236	1009.892	1910.51	951.33
其他食品制造	3770.62	1680.05	3350.350	1538.559	2952.51	1442.43
酒、饮料及精制茶制造业	15599.8	7054.92	14010.899	6375.501	13119.56	6253.80
酒的制造	9783.65	4324.53	9000.248	4018.401	8568.62	4090.02
饮料制造	4676.19	2277.82	4078.366	1988.406	3731.22	1823.90
精制茶加工	1139.97	452.57	932.286	368.693	819.73	339.87
烟草制品业	9190.25	2341.17	8368.432	1886.399	7979.59	2025.08
烟叶复烤	372.62	41.78	329.821	39.117	289.56	45.39
卷烟制造	8634.58	2229.99	7890.411	1787.437	7562.91	1922.26
其他烟草制品制造	183.05	69.4	148.199	59.844	127.12	57.42

分行业食品工业主营业务收入和主营业务成本

亿元

行业	2015年		2014年		2013年	
	主营业务收入	主营业务成本	主营业务收入	主营业务成本	主营业务收入	主营业务成本
食品工业合计						
农副食品加工业	65378.24	58042.5	63533.180	57016.245	60117.42	53220.82
谷物磨制	13538.63	12091.36	12571.506	11274.932	11520.88	10197.58
饲料加工	11194.72	9978.13	10813.850	9744.612	10048.44	8955.16
植物油加工	10249.33	9302.61	10650.501	9905.534	10503.05	9641.16
制糖	1204.6	1016.32	1121.756	1023.998	1186.44	1011.66
屠宰及肉类加工	13212.37	11718.87	12874.009	11477.492	12069.05	10614.62
水产品加工	5191.88	4602.92	5087.197	4529.135	4972.97	4360.13
蔬菜、水果和坚果加工	5350.52	4576.59	4888.698	4188.060	4420.47	3736.10
其他农副食品加工	5436.21	4755.7	5525.664	4872.481	5396.11	4704.40
食品制造业	21957.58	17453.11	20261.672	16139.663	18546.36	14617.09
焙烤食品制造	2887.29	2319.4	2426.670	1945.974	2218.25	1756.26
糖果、巧克力及蜜饯制造	1859.28	1446.01	1714.019	1322.419	1567.25	1170.01
方便食品制造	3600.16	2987.31	3463.866	2880.782	3140.87	2563.81
乳制品制造	3321.48	2606.87	3297.728	2619.096	3078.89	2428.05
罐头食品制造	1682.17	1448.94	1631.728	1405.230	1528.62	1304.98
调味料、发酵制品制造	2904.12	2327.52	2649.063	2152.715	2328.15	1870.04
其他食品制造	5703.07	4317.06	5078.598	3813.447	4684.33	3523.94
酒、饮料及精制茶制造业	17373.35	13006.73	16232.013	12080.173	15327.37	11197.63
酒的制造	9242.83	6693.96	8778.052	6259.431	8467.63	5908.19
饮料制造	6167.29	4733.13	5784.855	4482.393	5350.56	4104.86

行业	2015年		2014年		2013年	
	主营业务收入	主营业务成本	主营业务收入	主营业务成本	主营业务收入	主营业务成本
精制茶加工	1963.23	1579.64	1669.106	1338.349	1509.18	1184.57
烟草制品业	9340.79	2542.9	8906.069	2319.473	8308.08	2128.02
烟叶复烤	190.7	132.5	186.229	127.481	180.04	125.37
卷烟制造	9015.7	2320.94	8595.227	2108.007	8011.67	1926.69
其他烟草制品制造	134.38	89.45	124.613	83.985	116.36	75.96

进口主要食品数量和金额

金额单位：万美元

品名	2015		2014年		2013年		2012年		2011年		2010年	
	数量	金额	数量	金额	数量	金额	数量	金额	数量	金额	数量	金额
谷物及谷物粉（万吨）	3270	939146	1951	621731	1458	510060	1398	478673	545	204380	571	152726
#小麦（万吨）	301	90154	300	97855	554	188056	370	110863	126	42369	123	31584
稻谷和大米（万吨）	338	149776	258	125424	227	108303	237	115335	60	40764	39	27136
大豆（万吨）	8169	3476908	7140	4026172	6338	3800944	5838	3499017	5264	2983418	5480	2508123
食用植物油（万吨）	676	501065	650	593153	810	807489	845	969212	657	771400	687	602672
其他植物油（万吨）												
乳制品（万吨）												
葡萄酒（万升）							42565	257335	39100	217852	30490	133335
食糖（万吨）	485	177407	349	149424	455	206867	375	224374	292	194340	177	90578

2015年酒、饮料和精制茶制造业主要经济指标-1

单位：亿元

地　区	工业销售产值（当年价格）	出口交货值	资产总计	固定资产合　计	固定资产原　价	累计折旧	流动资产合　计	应付账款	存货	产成品	负债合计
全　国	17626.59	247.89	15599.80	5166.47	7662.94	3076.09	8027.53	952.97	2446.64	839.57	7054.92
北　京	183.40	1.48	416.24	62.06	137.98	72.38	154.69	11.59	25.13	7.10	164.07
天　津	159.53	0.67	154.93	69.80	120.27	61.09	54.01	24.46	14.06	4.79	96.67
河　北	492.55	5.42	492.03	163.99	226.17	80.50	267.47	23.02	77.11	27.45	251.39
山　西	114.84	0.51	223.08	68.57	93.71	34.22	118.54	8.69	53.49	23.73	105.27
内蒙古	289.94	0.02	257.23	94.48	147.54	63.08	109.62	6.76	41.34	10.45	139.64
辽　宁	338.02	5.74	267.80	121.83	204.06	87.76	111.77	20.68	38.40	12.90	124.57
吉　林	546.48	2.07	353.05	165.40	328.81	201.04	121.16	21.39	48.31	18.02	173.61
黑龙江	315.46	2.38	301.92	158.06	241.41	96.36	113.28	16.91	37.78	12.54	165.15
上　海	108.74	7.14	130.21	39.29	83.93	44.05	77.46	24.00	18.06	4.20	63.53
江　苏	1080.26	4.40	1110.66	357.58	603.11	256.01	586.93	69.81	233.82	45.74	559.96

地　区	工业销售产值（当年价格）	出口交货值	资产总计	固定资产合　计	固定资产原　价	累计折旧	流动资产合　计	应付账款	存货	产成品	负债合计
浙　江	452.01	26.57	568.63	174.59	306.16	140.97	306.26	52.99	118.00	46.63	283.63
安　徽	654.62	16.09	576.91	178.27	252.11	83.76	313.19	45.60	117.39	37.82	262.04
福　建	854.28	17.12	516.29	188.29	274.31	101.19	260.65	50.64	60.03	31.34	202.19
江　西	305.63	2.88	289.28	145.64	189.69	58.17	107.67	14.80	32.85	14.83	159.03
山　东	1457.08	53.17	1091.37	397.63	541.78	197.91	464.02	47.50	144.31	50.93	436.83
河　南	1530.25	6.68	1197.31	548.40	582.65	142.38	505.74	70.36	96.94	28.34	488.51
湖　北	1685.20	5.25	1129.17	291.73	495.75	249.88	685.41	67.71	140.40	51.54	673.02
湖　南	663.48	6.90	333.73	162.93	214.49	68.12	119.34	18.22	43.52	18.13	134.56
广　东	1112.79	8.09	807.35	262.95	495.16	241.51	427.11	84.58	65.82	21.20	441.17
广　西	482.55	0.41	276.61	126.72	179.62	64.27	114.88	18.43	42.03	15.25	129.16
海　南	19.03	0.02	34.75	12.79	19.13	8.34	20.01	2.33	5.42	1.15	19.75
重　庆	191.44	5.56	151.35	61.81	98.25	41.47	72.05	15.43	21.52	7.95	82.33
四　川	2592.07	19.69	2214..72	629.10	888.68	373.55	1389.43	125.01	407.74	189.49	860.75
贵　州	831.87	22.13	1475.36	243.52	294.44	68.48	962.24	30.13	316.24	49.74	384.38
云　南	249.74	4.88	328.65	101.05	136.69	45.51	168.45	24.01	81.27	29.85	174.64
西　藏	22.29		69.26	15.18	21.28	6.66	33.52	1.45	3.19	1.47	35.34
陕　西	532.14	17.91	367.35	155.31	225.28	80.77	156.29	33.75	59.41	35.73	184.36
甘　肃	145.05	4.14	167.03	61.60	97.86	42.42	79.04	10.46	40.74	19.46	96.57
青　海	46.51		65.85	25.93	46.93	23.99	17.93	2.61	6.80	4.36	30.51
宁　夏	40.26	0.32	76.13	30.05	37.17	10.26	37.99	3.93	18.54	7.26	48.00
新　疆	129.08	0.25	155.55	51.92	78.50	30.00	71.36	5.72	36.97	10.18	84.29

2015年酒、饮料和精制茶制造业主要经济指标-2

单位：亿元

地　区	流动负债合　计	应付账款	所有者权益合计	实收资本	国家资本	集体资本	法人资本	个人资本	港澳台资本	外商资本	主营业务收　入
全　国	5853.96	1131.52	8494.62	3413.53	253.85	67.71	1478.10	793.09	247.57	573.21	17373.35
北　京	147.36	35.08	252.17	83.70	6.52	0.12	16.56	2.83	31.83	25.84	194.81
天　津	89.63	30.00	58.22	58.58	2.86		11.16	1.83	0.95	41.79	168.20
河　北	221.54	41.51	240.64	112.97	10.79	0.12	43.24	26.82	1.34	30.65	493.29
山　西	87.89	15.13	117.81	41.61	9.66	3.26	11.36	10.02	0.05	7.26	200.16
内蒙古	103.62	11.13	117.56	59.32	9.61	2.17	23.57	21.06	0.21	2.71	282.79
辽　宁	96.50	16.06	139.43	75.74	3.20	0.43	20.90	11.32	16.78	23.10	323.40
吉　林	122.62	21.44	178.94	119.06	22.70	0.85	39.80	30.89	5.69	19.12	534.69
黑龙江	130.63	32.88	136.77	73.30	7.01	0.12	20.58	18.29	1.78	25.52	319.99
上　海	60.92	14.49	66.44	60.03	2.65	0.13	11.02	0.26	13.59	32.37	135.52
江　苏	502.63	64.60	549.57	203.62	12.00	8.26	95.42	29.82	18.03	40.09	1068.28

地　区	流动负债合　计	应付账款	所有者权益合计	实收资本	国家资本	集体资本	法人资本	个人资本	港澳台资本	外商资本	主营业务收　入
浙　江	253.72	58.74	283.20	127.69	4.06	0.46	41.55	21.02	21.28	39.31	451.39
安　徽	235.94	44.09	312.20	102.21	13.29	4.33	30.84	34.09	1.93	17.74	618.77
福　建	180.95	47.91	310.39	104.92	1.17	0.06	32.43	35.80	13.53	21.93	894.65
江　西	110.83	16.64	130.14	71.27	0.63	16.49	34.13	12.09	3.44	4.50	320.47
山　东	373.76	68.26	651.19	217.44	26.22	6.07	56.45	78.55	11.25	38.90	1504.47
河　南	374.06	65.75	683.90	293.58	8.70	2.78	121.24	140.16	6.29	14.40	1480.15
湖　北	515.96	90.68	453.40	178.82	5.56	1.61	43.45	83.74	16.53	27.94	1634.74
湖　南	93.31	16.12	198.81	97.04	7.05	2.81	42.06	34.52	3.42	7.18	640.18
广　东	409.99	119.69	364.45	207.67	4.99	2.86	55.98	20.37	52.93	70.53	1062.76
广　西	96.28	22.57	147.46	69.86	7.25	7.30	26.58	18.52	3.28	6.93	446.10
海　南	16.12	3.96	15.00	16.30	0.20	0.08	3.66	0.46	1.00	10.90	20.57
重　庆	76.26	13.94	68.83	30.69	3.03	0.25	12.71	4.81	2.88	7.01	195.62
四　川	715.38	125.24	1351.51	204.97	11.17	1.22	99.45	66.67	6.09	20.38	2597.99
贵　州	301.31	46.29	1090.98	129.35	53.55	0.27	44.97	24.33	2.03	4.20	739.75
云　南	138.23	35.77	154.01	481.06	0.65	4.33	450.53	16.61	0.90	8.04	248.06
西　藏	28.88	2.41	33.92	12.96	0.63	0.60	10.24	1.03		0.47	21.42
陕　西	149.22	36.95	182.99	77.90	3.68	0.52	33.36	26.39	4.51	9.44	483.32
甘　肃	85.26	11.83	70.47	37.03	3.86	0.12	19.45	7.53	1.39	4.68	104.64
青　海	28.81	2.60	35.35	10.08			2.32	5.49	1.37	0.89	32.24
宁　夏	44.49	9.47	28.12	13.04	1.06		3.92	1.67	1.93	4.46	32.32
新　疆	61.86	10.29	70.77	41.72	10.13	0.10	19.16	6.10	1.33	4.91	122.66

2015年酒、饮料和精制茶制造业主要经济指标-3

单位：亿元

地　区	主营业务成　本	主营业务税金及附加	销售费用	管理费用	税金	财务费用	利息收入	利息支出	投资收益（损失以“-”号记）	营业利润	利润总额	亏损企业亏损额	应交增值税	应交所得税	平均用工人数（万人）
全　国	13006.73		1292.13	765.92		140.12	28.81	141.96	64.69	1782.00	1799.65	95.44			166.82
北　京	138.21		31.56	14.05		0.26	3.29	3.23	1.55	6.08	6.84	9.17			2.71
天　津	133.96		22.81	7.86		1.47	0.34	1.38	2.16	2.37	2.53	3.21			1.37
河　北	361.61		38.36	17.60		5.03	0.86	5.08	13.05	62.32	62.84	4.01			4.32
山　西	152.91		15.67	11.44		1.59	0.47	1.77	1.89	9.23	9.35	2.02			2.40
内蒙古	204.96		9.43	10.95		3.03	0.05	2.95	-13.99	30.08	21.65	2.01			2.73
辽　宁	254.99		15.88	12.61		3.31	0.30	1.86	0.13	26.61	26.75	1.71			3.26
吉　林	440.55		25.20	26.30		5.65	0.35	3.90	0.43	24.72	23.00	2.34			4.95
黑龙江	257.57		18.58	15.24		2.56	-0.03	2.22	0.01	16.95	21.89	2.48			3.20
上　海	86.96		23.89	9.68		0.41	0.26	0.61	4.31	15.78	16.23	1.22			1.31

地　区	主营业务成　本	主营业务税金及附加	销售费用	管理费用	税金	财务费用	利息收入	利息支出	投资收益（损失以"-"号记）	营业利润	利润总额	亏损企业亏损额	应交增值税	应交所得税	平均用工人数（万人）
江　苏	774.28		60.92	47.62		10.24	2.90	11.17	9.23	159.38	160.55	4.44			8.31
浙　江	328.81		58.95	20.46		5.23	1.09	5.99	3.34	34.82	38.59	6.23			4.79
安　徽	428.18		51.81	29.31		4.65	0.43	4.64	1.17	68.46	71.05	3.81			7.34
福　建	697.72		63.08	42.31		4.02	2.09	4.94	0.48	77.25	81.81	1.23			11.49
江　西	254.37		14.63	9.71		2.48	-0.93	3.30	-0.30	29.16	30.27	1.27			3.10
山　东	1207.64		95.41	42.01		10.14	0.77	10.12	23.57	132.25	135.79	3.35			12.53
河　南	1238.63		52.01	35.50		17.08	1.13	13.86	0.18	116.60	117.58	14.32			15.08
湖　北	1311.18		121.17	71.92		14.37	1.22	12.79	10.78	112.52	114.08	3.40			11.72
湖　南	511.34		32.85	30.44		5.51	0.25	3.91	0.53	39.16	37.43	1.55			6.40
广　东	726.28		209.13	48.97		4.78	0.37	4.04	7.07	91.72	92.04	7.37			10.18
广　西	331.94		21.45	25.31		3.88	0.28	3.36	-4.29	53.54	54.50	1.10			5.97
海　南	14.95		2.72	2.17		-0.07	0.41	0.32		-0.05	0.12	0.80			0.50
重　庆	145.21		14.90	10.43		2.43	0.20	2.35	-0.05	15.93	15.91	2.10			2.60
四　川	1952.32		174.88	113.68		15.10	10.48	21.97	-1.57	249.47	246.05	6.11			21.60
贵　州	301.02		40.98	61.01		4.43	1.16	4.08	3.81	279.89	279.72	4.45			7.16
云　南	185.00		18.16	12.49		4.29	0.58	4.39	0.14	23.56	25.45	1.93			3.64
西　藏	12.62		2.02	1.46		0.02	0.18	0.22	0.27	5.06	5.33	0.48			0.21
陕　西	350.45		29.85	21.50		3.74	-0.08	3.45	-1.48	65.96	67.63	0.90			4.13
甘　肃	76.72		9.98	5.09		2.69	0.20	2.20	0.01	4.34	4.85	1.45			1.51
青　海	23.34		2.44	1.91		-0.02	0.04		0.08	4.74	4.77	0.25			0.54
宁　夏	20.82		3.26	2.02		0.95		0.92		3.28	3.79	0.15			0.50
新　疆	82.18		10.13	4.93		0.87	0.15	0.92	2.20	20.78	21.25	0.61			1.26

居民消费价格分类指数

（上年=100）

项目	2015年	2014年	2013年	2012年	2011年	2010年
居民消费价格指数	101.4	102	102.6	102.6	105.4	103.3
食品	102.3	103.1	104.7	104.8	111.8	107.2
粮食	102.0	103.1	104.6	104.0	112.2	111.8
#大米	101.6	101.2	102.3	104.0	114.2	116.2
面粉	101.4	103.1	108.8	102.6	109.4	107.5
淀粉及制品	101.6	102.2	103.3	103.2	115.9	108.2
干豆类及豆制品	102.4	104	105.3	102.0	105.4	109.2
油脂	96.8	95.1	100.3	105.1	113.4	103.8
肉禽及其制品	105.0	100.4	104.3	102.1	122.6	102.9
蛋	93.0	110.4	104.9	97.1	114.2	108.3
水产品	101.8	104.4	104.2	108.0	112.1	108.1

项目	2015年	2014年	2013年	2012年	2011年	2010年
菜	106.8	99.2	108.0	113.7	101.1	118.5
#鲜菜	107.4	98.5	108.1	115.9	100.5	118.7
调味品	103.8	103.1	103.6	104.2	105.5	104.1
糖	100.4	100.1	100.5	104.2	111.2	108.3
茶及饮料	101.6	101.8	102.0	104.2	104.0	101.3
茶叶	101.7	101.9	102.0	103.3	103.9	102.6
饮料	101.5	101.8	102.0	104.6	104.0	100.7
干鲜瓜果	97.6	114.1	105.9	100.1	115.9	114.6
#鲜果	96.2	118	107.1	98.8	116.4	115.6
糕点饼干面包	101.5	101.9	102.5	104.3	108.1	102.4
液体乳及乳制品	98.9	108.5	105.7	103.2	105.1	102.8
在外用膳食品	102.7	103.3	104.7	106.7	108.2	103.6
其它食品	101.1	101.6	101.4	104.2	105.7	101.7
烟酒及用品	102.1	99.4	100.3	102.9	102.8	101.6
烟草	104.3	100.2	100.4	100.5	100.3	100.5
酒	99.2	98.2	100.3	106.3	106.7	103.6

农产品生产价格指数

(上年=100)

项 目	2015年	2014年	2013年	2012年	2011年	2010年
农产品生产价格指数	101.67	99.8	103.2	102.7	116.5	110.9
种植业产品	99.22	101.8	104.3	104.8	107.8	116.6
谷物	98.67	102.7	103.1	104.8	109.7	112.8
#小麦	99.23	105.1	106.7	102.9	105.2	107.9
稻谷	101.57	102.2	102.2	104.1	113.3	112.8
玉米	96.46	101.7	100.2	106.6	109.9	116.1
大豆	99.03	101.8	105.7	105.7	106.3	107.9
油料	100.84	99.9	102.4	105.2	112.1	112.1
糖料	98.75	99.7	98.9	105.0	125.5	106.0
蔬菜	104.55	98.5	106.9	109.9	103.4	116.8
水果	99.65	106.4	106.2	103.9	106.2	118.9
畜牧业产品	104.23	97.1	102.4	99.7	126.2	103.0
猪（毛重）	108.85	92.2	99.3	95.9	137.0	98.3
牛（毛重）	99.08	104.4	113.1	116.8	108.1	104.7
羊（毛重）	89.4	100.8	109.1	107.8	115.7	108.7
家禽（毛重）	101.27	104.4	103.2	103.8	112.0	107.0

项 目	2015年	2014年	2013年	2012年	2011年	2010年
蛋类	96.85	105.7	105.8	100.5	112.6	107.5
奶类	92.22	107.9	111.0	103.9	108.1	115.3
渔业产品	102.45	103.1	104.3	106.2	110.0	107.6

分行业食品工业生产者出厂价格指数

(上年=100)

	2015年	2014年	2013年	2012年	2011年	2010年
农副食品加工业	98.66	99.10	101.2	102.2	110.6	105.5
食品制造业	99.94	102.00	101.7	102.2	106.3	103.3
饮料制造业	99.75	100.50	100.1	101.9	104.4	102.9
烟草制品业	100.45	100.30	100.4	101.3	100.3	100.4

全国食品工业主要产品产量

产品名称	单位	2015年	2014年	2013年	2012年	2011年	2010年
原盐	万吨	6665.54	7049.71	7367.6	6911.78	6742.16	7037.76
小麦粉	万吨		14116.02	13204.58	11404.04	11324.11	10118.5
大米	万吨		13042.82	11798.6	10777.52	8839.5	8244.2
饲料	万吨	27775.3	21791.64	24869.55	21682.07	19079.7	17440.42
精制食用植物油	万吨	6734.3	6534.1	5590.55	5172.97	4331.8	3878.54
成品糖	万吨	1474.11	1642.67	1592.76	1409.47	1187.43	1117.59
鲜、冷藏肉	万吨	3761.2	3903.44	3325.66	3128.2	2655.1	2116.8
冷冻水产品	万吨		857.57	751.51	677.4	609.4	484.5
糖果	万吨		362.41	265.58	241.9	222.5	179.9
速冻米面食品	万吨		528.26	567.87	415.82	346.5	297.8
方便面	万吨		1025.64	986.31	946.7	827.5	688.2
乳制品	万吨	2782.6	2651.81	2636.87	2537.91	2316.44	2157.77
其中:液体乳	万吨		2400.12	2353.52	2280.88	2089.54	1959.51
乳粉	万吨						
罐头	万吨	1309.93	1256.32	1163.62	1043.01	1093.41	980.52
酱油	万吨		938.83	752.58	700.2	662.8	595.7
冷冻饮品	万吨		308.57	299.54	254.3	249.3	242.26
食品添加剂	万吨						
发酵酒精(折96度,商品量)	万千升		984.28	899.15	820.7	824.77	825.9
饮料酒	万千升	6412.5	6543.99	6558.26	6239.37	6168.41	5668.13
其中:白酒(折65度,商品量)	万千升	1312.8	1257.13	1189.01	1153.1	1011.14	886.51

产品名称	单位	2015年	2014年	2013年	2012年	2011年	2010年
啤酒	万千升	4715.6	4936.29	4982.79	4778.58	4834.5	4490.16
葡萄酒	万千升	114.8	116.1	114.46	138.2	111.34	108.8
软饮料	万吨	17661.1	16676.81	15661.76	13024	11812.18	9953.37
其中:碳酸饮料类(汽水)	万吨		1810.66	1760.49	1311.4	1640.72	1265.2
包装饮用水类	万吨		7816.14	6574.15	5562.8	4788.8	4249.6
果汁和蔬菜汁饮料类	万吨			2446.67	2228.9		
精制茶	万吨		243.76	198.02	193		
卷烟	万支	258907000	260984900	256038600	251609000	244740000	237526000

2013~2015年分地区食品工业主要产品产量-1

地区	大米（万吨）		小麦粉（万吨）		乳制品（万吨）		食品植物油（万吨）	
	2014年	2013年	2014年	2013年	2014年	2013年	2014年	2013年
全　国	13042.815	11768.818	14116.017	13204.579	2651.812	2636.87	6534.127	5590.55
北　京	3.005	2.893	66.893	71.870	60.624	58.9	3.389	3.37
天　津	5.317	3.954	25.366	39.032	76.796	60.45	752.884	572.94
河　北	8.564	8.092	1009.776	892.957	328.947	310.85	169.506	142.44
山　西	0.000	0.045	17.244	27.364	48.079	49.86	29.954	24.92
内蒙古	89.643	70.586	82.567	96.069	269.833	300.27	49.681	75.2
辽　宁	707.243	630.243	47.689	42.781	87.479	109.36	263.611	243.55
吉　林	1040.737	995.763	2.465	1.976	15.710	15.1	76.619	81.71
黑龙江	1504.149	1619.932	70.201	71.168	195.376	211.15	312.983	339.86
上　海	15.493	12.923	25.297	15.475	53.715	47.06	109.848	104.65
江　苏	997.695	797.640	1250.331	967.749	141.950	134	566.027	525.23
浙　江	88.506	58.247	81.843	56.793	49.744	55.69	46.487	37.59
安　徽	1725.490	1576.957	1669.575	1369.904	108.166	92.23	122.426	106.3
福　建	187.000	177.936	127.051	124.535	20.366	26.24	190.277	116.72
江　西	687.070	591.108			33.163	32.15	188.819	197.37
山　东	54.312	48.539	2394.266	2401.522	212.751	259.36	861.366	606.74
河　南	600.498	545.095	5196.790	5243.793	220.794	183.89	366.844	299.32
湖　北	2631.669	2241.773	577.537	389.260	87.096	76.4	686.537	603.75
湖　南	1245.060	1198.452	24.209	24.312	36.421	29.75	298.810	254.14
广　东	128.268	93.533	272.382	257.087	56.998	49.73	589.637	548.63
广　西	262.622	221.103	22.719	28.806	37.583	28.14	258.135	237.45
海　南	1.094	0.714	0.501	0.549	0.476	0.45		
重　庆	154.426	123.695	16.965	9.319	14.781	13.74	89.943	68.67

地区	大米（万吨）		小麦粉（万吨）		乳制品（万吨）		食品植物油（万吨）	
	2014年	2013年	2014年	2013年	2014年	2013年	2014年	2013年
四 川	615.597	531.756	193.900	211.276	102.712	96.71	142.252	114.44
贵 州	86.591	78.774	1.453	3.347	7.866	6.74	35.793	17
云 南	19.236	13.598	12.268	7.812	52.701	50.49	25.350	17.38
西 藏			2.239	2.227	0.627	0.48	0.073	
陕 西	78.385	53.219	568.014	523.250	161.342	184.01	146.214	127.34
甘 肃			141.788	139.329	33.549	29.56	5.938	4.17
青 海			12.701	7.921	18.996	16.64	11.154	9.25
宁 夏	85.954	59.711	58.581	49.054	75.212	65.47	12.371	7.34
新 疆	19.192	12.537	143.405	128.043	41.960	42	121.200	103.08

2013~2015年分地区食品工业主要产品产量-2

地区	成品糖（万吨）			鲜、冻畜肉（万吨）		罐头（万吨）		糖果（万吨）	
	2015年	2014年	2013年	2014年	2013年	2014年	2013年	2014年	2013年
全 国	1474.11	1642.67	1592.76	3903.443	3387.877	1171.893	1163.62	362.406	262.578
北 京				84.162	75.075	0.677	0.69	3.901	4.196
天 津				25.505	32.863	4.438	6.91	0.389	0.379
河 北	7	5.8	9.47	103.105	76.717	49.283	45.21	6.617	10.182
山 西			2.74	52.973	40.144	1.676	2.93		
内蒙古	67.3	51.1	41.31	175.851	113.885	0.126	0.35	0.157	
辽 宁	0.75	4.49	4.06	359.129	162.209	56.152	53.57	6.062	2.108
吉 林				192.640	195.973	0.845	0.89		
黑龙江	4.23	5.8	15.6	142.594	158.064	8.789	7.47		0.022
上 海				14.041	8.058	3.999	3.48	19.681	18.653
江 苏	0.8	0.85	0.83	79.554	36.140	23.756	26.64	6.985	6.045
浙 江	0.38	0.26	0.21	39.948	23.072	61.445	80.27	2.848	8.508
安 徽				142.197	90.267	59.232	56.91	6.348	4.131
福 建		0.85	3.63	89.658	76.341	269.477	254.95	66.701	58.731
江 西	0.12	4.11	3.27	28.279	20.506	14.724	14.63	8.815	7.660
山 东	0.04	0.93	3.55	987.431	1021.965	106.279	107.8	33.445	22.865
河 南	0.01	0.1	0.09	439.008	411.324	39.858	35.48	15.677	13.300
湖 北				189.984	155.948	128.410	126.48	24.697	19.684
湖 南	1.14	8.38	7.19	103.054	91.767	98.696	90.11	64.446	18.641
广 东	131.21	140.88	146.9	48.968	38.794	50.633	42.98	60.590	54.921
广 西	925.71	1077.11	1010.55	47.409	51.830	46.780	54.84	0.034	0.086

地区	成品糖（万吨）			鲜、冻畜肉（万吨）		罐头（万吨）		糖果（万吨）	
	2015年	2014年	2013年	2014年	2013年	2014年	2013年	2014年	2013年
海　南	25.7	33.8	43.72	0.181	0.296	24.611	26.52	0.660	0.646
重　庆	1.26	1.28	1.51	77.007	69.337	9.348	9.32	2.262	0.752
四　川	2.73	2.16	2.99	356.826	345.884	35.850	36.86	11.162	8.793
贵　州	8.61	5.76	6.58	13.154	13.286	2.477	1.3	4.666	0.260
云　南	249.86	250.08	238.07	16.608	14.840	1.697	2.57	1.256	1.264
西　藏									
陕　西				61.907	39.924	5.783	3.69	0.974	0.511
甘　肃	3.2	4.4	3.76	14.852	9.752	3.613	2.97	0.452	0.239
青　海				7.473	3.330			13.434	
宁　夏				1.481	1.642	0.085	0.06		
新　疆	44.06	44.53	46.73	8.464	8.645	63.152	67.74	0.147	

2013～2015年分地区食品工业主要产品产量-3

地区	白酒（万千升）		啤酒（万千升）			葡萄酒（万千升）		软饮料（万吨）			卷烟（万支）	
	2014年	2013年	2015年	2014年	2013年	2014年	2013年	2014年	2013年	2015年	2014年	2013年
全　国	1257.132	1226.204	4715.6	4936.29	4982.79	116.099	117.834	16676.808	15661.76	258907000	260984900	256038600
北　京	29.497	28.002	138.2	156.6	168.27	0.701	0.832	465.055	474.52	1839000	1892000	2010500
天　津	2.301	2.775	31.3	27.5	26.17	2.023	2.098	513.744	481.98	2273000	2360000	2340000
河　北	29.367	27.664	181.7	166.02	157	6.665	6.515	488.752	401.56	8485000	8635000	8475000
山　西	9.360	11.188	39.5	43.62	47.31	0.626	0.242	145.260	147.87	1635000	1635000	1585000
内蒙古	61.671	64.587	104.1	109.4	100.94	0.658	0.377	456.717	404.78	3550000	3550000	3325000
辽　宁	50.445	54.775	242.3	272.1	266.76	4.057	3.952	451.985	495.62	2907000	2904000	2788800
吉　林	59.415	56.169	138.5	144.36	148.77	16.550	26.736	801.833	735.52	5840000	5850000	4850000
黑龙江	57.033	50.052	208.1	204.79	214.2	3.822	4.918	364.149	332.63	4260000	4500000	4395500
上　海	0.075	0.631	61.1	61.1	55.41	0.033	0.065	285.219	292.26	9918000	9715000	9341700
江　苏	89.851	94.052	184.2	203.53	220.67			537.763	488.93	10461000	10390000	10212900
浙　江	1.859	2.066	251	268.38	289.46			859.968	910.06	9483000	9310000	9234700
安　徽	43.599	40.197	119.2	136.48	162.76			421.380	320.44	12689000	13298000	13133500
福　建	4.440	3.864	170.2	182.97	200.43	0.010	0.031	536.183	493.95	9413000	9697000	9486200
江　西	16.381	14.185	134	133.38	126.18	0.851	0.559	320.852	311.5	6780000	6765000	6390000
山　东	118.143	131.711	589.4	740.95	678.02	39.231	44.499	649.074	647.27	14415000	14472000	14201400
河　南	107.746	106.760	390.4	406.36	402.62	16.777	13.798	1401.081	1217.41	16743000	17332000	17129600
湖　北	84.935	72.151	277.5	224.21	240.53	0.158	0.153	784.926	844.01	13894000	14077000	13979900
湖　南	21.710	25.675	74.6	76.8	71.11	0.889	0.742	548.212	495.91	17574000	17438000	18621000

地区	白酒（万千升）		啤酒（万千升）			葡萄酒（万千升）		软饮料（万吨）			卷烟（万支）	
	2014年	2013年	2015年	2014年	2013年	2014年	2013年	2014年	2013年	2015年	2014年	2013年
广　东	17.132	11.875	424.2	433.39	471.7			2646.690	2443.69	14030000	14084000	13919100
广　西	9.940	9.309	200.1	190.23	185.25	0.257	0.231	730.008	690.25	7841000	7840000	7685100
海　南	0.200	0.116	6.2	7.1	8.37			54.781	51.13	1225000	1225000	1150000
重　庆	19.799	17.230	76.7	74.26	80.79			273.615	285.42	5465000	5760000	5710000
四　川	349.971	336.362	221	228.12	238.1	0.123	0.087	1275.365	1141.05	9458000	10036900	9986700
贵　州	38.045	32.380	96.4	80.19	49.7	0.004	0.002	342.520	257.26	12617000	12918000	12714400
云　南	8.633	7.632	103.7	100.82	96.41	2.461	2.182	303.673	317.86	39036000	38481000	37877600
西　藏	0.073		15.8	15.8	16.32			16.259	13.29		0	
陕　西	11.919	10.491	94.1	96	102.18	5.405	4.127	560.930	555.39	9101000	9145000	8995000
甘　肃	4.442	4.461	57.8	66	68.18	7.344	1.021	225.415	214.65	5150000	5000000	4700000
青　海	1.944	2.113	11.1	11.9	11.61			48.082	27.55		0	
宁　夏	0.874	1.264	26.4	27.7	25.9	2.022	1.672	10.656	9.32	810000	775000	
新　疆	6.331	6.467	46.8	46.2	51.67	5.432	2.996	156.660	158.68	2015000	1900000	1800000

分行业大中型食品工业企业研究与试验发展（R&D ）情况-1

	R&D人员全时当量（人年）					
	2015年	2014年	2013年	2012年	2011年	2010年
食品工业合计						
农副食品加工业	43933.00	42985.00	38162	30426	25154	13362
食品制造业	31589.00	28769.00	27389	23471	19564	11010
酒、饮料及精制茶制造业	20998.00	23331.00	21113	22728	20013	13803
烟草制品业	3878.00	3657.00	4246	4126	3483	4029

分行业大中型食品工业企业研究与试验发展（R&D ）情况-2

	R&D经费（万元）					
	2015年	2014年	2013年	2012年	2011年	2010年
食品工业合计						
农副食品加工业	2160047	1959217	1729827	1357189	920658	478254
食品制造业	1354294	1126691	985302	868614	626131	388737
酒、饮料及精制茶制造业	899970	988016	827430	800503	693436	460381
烟草制品业	207901	209204	221056	198001	159702	138549

分行业大中型食品工业企业研究与试验发展（R&D ）情况-3

	R&D项目数（项）					
	2015年	2014年	2013年	2012年	2011年	2010年
食品工业合计						
农副食品加工业	6750	6791	5987	5269	3545	1622
食品制造业	4892	4874	4530	3798	2917	1826
酒、饮料及精制茶制造业	3066	3297	2738	2800	2742	1665
烟草制品业	1301	1157	1285	1161	884	689

分行业大中型食品工业企业新产品开发及生产情况-1

	新产品项目数（项）					
	2015年	2014年	2013年	2012年	2011年	2010年
食品工业合计						
农副食品加工业	7295.00	7594.00	6816	5542	3947	1792
食品制造业	5201.00	5471.00	4982	4041	3007	1810
酒、饮料及精制茶制造业	2733.00	3028.00	2969	2899	2628	1502
烟草制品业	892.00	923.00	948	901	800	662

分行业大中型食品工业企业新产品开发及生产情况-2

	开发新产品经费（万元）					
	2015年	2014年	2013年	2012年	2011年	2010年
食品工业合计						
农副食品加工业	2261973	2250687	2140687	1611686	1197057	522260
食品制造业	1382302	1315864	1049122	897428	682741	403400
酒、饮料及精制茶制造业	750362	841500	941907	825783	716557	430503
烟草制品业	150135	201413	195984	152354	164401	127833

分行业大中型食品工业企业新产品开发及生产情况-3

			新产品销售收入（万元）			
	2015年	2014年	2013年	2012年	2011年	2010年
食品工业合计						
农副食品加工业	28484303	24650632	21216453	20041824	14677321	7623757
食品制造业	13345183	11587057	10968404	8444769	6814431	5906578

			新产品销售收入（万元）			
	2015年	2014年	2013年	2012年	2011年	2010年
酒、饮料及精制茶制造业	10047569	10501766	11337692	10686172	7833815	5825543
烟草制品业	16507422	15222667	15913130	13836853	14928820	8014047

分行业大中型食品工业企业专利情况 （件）–1

	专利申请数					
	2015年	2014年	2013年	2012年	2011年	2010年
食品工业合计						
农副食品加工业	9074.00	8449.00	7344	5927	4350	1908
食品制造业	6677.00	6180.00	5421	4716	3870	1875
酒、饮料及精制茶制造业	3610.00	4312.00	3863	3699	2174	1961
烟草制品业	3110.00	2257.00	2634	1581	1145	766

分行业大中型食品工业企业专利情况 （件）–2

	其中发明专利					
	2015年	2014年	2013年	2012年	2011年	2010年
食品工业合计						
农副食品加工业	4072	4632	3090	2398	1689	558
食品制造业	2677	2752	2147	1809	1512	834
酒、饮料及精制茶制造业	1193	1164	937	994	600	272
烟草制品业	1188	919	965	550	381	245

分行业大中型食品工业企业专利情况 （件）–3

	有效发明专利数					
	2015年	2014年	2013年	2012年	2011年	2010年
食品工业合计						
农副食品加工业	6160	4858	3221	2261	1613	621
食品制造业	6431	4411	3105	2375	1435	948
酒、饮料及精制茶制造业	2595	1817	1538	1290	1239	563
烟草制品业	2950	1605	1168	710	490	251

分行业食品工业能源消费总额

单位：万吨标准煤

	2014年	2013年	2012年	2011年	2010年
食品工业合计					

	2014年	2013年	2012年	2011年	2010年
农副食品加工业	4119.47	3904.82	2750.55	2663.79	2644.27
食品制造业	1827.03	1890.21	1621.32	1517.97	1508.52
酒、饮料及精制茶制造业	1515.74	1609.55	1180.09	1197.41	1130.42
烟草制品业	238.00	255.72	247.42	272.31	228.89

2015年食品制造业主要经济指标

单位：亿元

地　区	工业销售产值（当年价格）	出口交货值	资产总计	固定资产合　计	固定资产原　价	累计折旧	流动资产合　计	应收账款	存货
全　国	21871.59	1120.54	14677.48	5254.77	8353.27	3478.00	7118.51	1471.37	1497.15
北　京	281.77	14.02	408.75	77.96	139.38	62.20	243.75	53.03	44.70
天　津	1347.53	22.46	544.91	202.48	348.60	149.76	306.66	81.51	35.81
河　北	1022.72	29.82	632.54	235.65	310.80	94.66	287.50	61.06	67.05
山　西	117.97	2.32	117.33	52.19	61.57	18.09	51.67	10.59	15.76
内蒙古	680.96	23.76	907.30	224.80	362.72	143.57	431.16	47.75	71.77
辽　宁	441.95	25.34	385.30	135.58	194.21	66.54	203.56	25.60	33.61
吉　林	460.30	8.28	284.23	130.63	287.78	166.21	115.29	23.06	36.45
黑龙江	649.73	2.50	429.01	191.36	282.35	113.52	203.35	40.90	47.47
上　海	598.65	31.00	689.57	154.23	269.88	120.90	442.39	182.60	65.49
江　苏	946.01	112.66	709.93	236.77	375.89	138.01	334.89	90.56	74.73
浙　江	534.74	83.34	626.38	181.91	259.78	87.29	342.57	112.19	90.46
安　徽	661.64	18.30	309.72	115.18	196.88	89.64	143.77	34.83	42.29
福　建	1258.45	162.39	674.66	159.51	230.26	87.77	352.85	69.14	94.73
江　西	536.63	68.57	264.23	136.10	202.51	77.08	80.22	14.46	19.62
山　东	2637.18	193.24	1596.78	744.39	1328.54	663.51	656.24	110.16	164.72
河　南	2803.26	51.62	1656.82	689.21	805.97	182.28	759.42	118.60	96.66
湖　北	1172.91	58.63	550.76	198.07	720.87	535.29	244.39	52.05	62.95
湖　南	1020.43	8.26	423.04	182.49	241.07	67.44	165.36	25.98	41.90
广　东	1751.52	92.44	1342.13	352.72	587.29	256.59	810.94	140.97	135.66
广　西	363.58	16.02	253.86	86.82	120.36	37.42	113.54	26.01	25.47
海　南	43.71	0.98	47.14	13.14	17.98	8.39	29.96	3.23	4.31
重　庆	232.13	5.33	149.20	55.38	77.25	24.41	66.48	11.32	17.72
四　川	971.35	25.66	521.29	220.80	307.42	106.93	220.66	45.61	60.74
贵　州	157.05	0.46	87.33	28.09	32.32	6.65	48.90	6.58	10.13
云　南	201.29	13.05	178.67	64.89	78.95	22.65	84.32	14.78	26.82
西　藏	5.92		9.21	2.22	0.64	0.18	4.15	0.54	0.32
陕　西	487.94	5.46	232.35	99.10	141.25	49.11	99.27	26.30	23.99
甘　肃	77.90	2.18	95.19	28.32	36.20	11.14	50.78	10.54	15.13

地　区	工业销售产值（当年价格）	出口交货值	资产总计	固定资产合　计	固定资产原　价	累计折旧	流动资产合　计	应收账款	存货
青　海	32.68		44.45	25.73	31.07	7.27	13.79	1.38	5.96
宁　夏	154.76	9.30	181.96	66.54	85.49	24.02	83.61	11.84	16.58
新　疆	218.92	33.15	323.43	162.49	217.97	59.50	127.07	18.18	48.14

2015年食品制造业主要经济指标-2

单位：亿元

地　区	产成品	负债合计	流动负债	应付账款	所有者权益合计	实收资本	国家资本	集体资本	集体资本
全　国	674.15	6570.94	5457.40	1217.27	8086.79	3321.26	122.75	82.60	1299.87
北　京	21.37	224.37	213.36	67.59	184.03	119.02	9.41	0.02	20.62
天　津	15.48	238.34	218.71	45.98	304.97	87.00	4.77	1.44	24.70
河　北	31.16	244.06	207.96	57.09	378.30	152.16	1.17	0.11	92.20
山　西	5.86	61.22	49.99	9.28	54.93	23.25	0.12	1.20	13.52
内蒙古	28.79	477.93	407.43	70.82	428.48	149.61	1.41	0.43	46.35
辽　宁	17.41	204.33	162.56	25.38	218.47	94.31	0.40	3.34	40.26
吉　林	11.51	129.57	91.67	18.58	153.78	61.94	0.17	1.11	28.68
黑龙江	22.48	170.97	139.84	33.33	256.52	94.98	8.22	5.14	28.70
上　海	32.33	411.55	390.31	110.86	276.73	167.36	10.88	2.79	35.97
江　苏	34.80	334.53	288.70	68.75	375.22	176.20	11.34	7.03	45.79
浙　江	38.14	295.65	280.08	58.54	328.80	137.57	3.99	1.45	49.15
安　徽	20.19	151.86	134.04	33.88	148.84	66.14	2.21	0.19	16.86
福　建	47.97	284.53	253.36	51.24	385.24	145.16	7.66	0.52	41.63
江　西	9.60	86.61	53.99	12.17	176.16	65.25	1.42	0.07	17.40
山　东	78.02	673.49	471.50	104.49	913.29	324.67	8.19	8.80	125.37
河　南	40.00	594.21	470.10	71.74	1054.62	475.58	15.09	36.35	236.35
湖　北	28.73	223.77	181.13	38.52	325.94	137.88	8.63	0.77	59.28
湖　南	14.11	160.43	127.16	25.28	261.31	119.14	1.50	0.53	74.09
广　东	50.24	589.95	535.77	124.62	748.65	282.50	3.84	2.58	85.09
广　西	12.27	114.52	98.08	24.21	139.40	52.48	0.45	2.06	16.37
海　南	3.17	23.11	21.17	4.83	24.03	5.53		0.73	1.89
重　庆	7.26	69.44	51.08	11.95	84.35	22.51	0.89	0.62	12.29
四　川	25.84	205.60	158.16	40.46	314.05	118.67	2.39	0.44	56.22
贵　州	5.27	45.62	35.40	4.53	41.38	10.07	0.49	0.05	1.88
云　南	13.80	86.31	70.05	14.52	92.36	32.61	1.00	0.17	14.70
西　藏	0.11	1.86	0.83	0.19	7.36	1.88	0.61		0.54
陕　西	10.47	91.33	69.98	23.56	141.02	51.35	1.24	2.02	20.68
甘　肃	8.64	47.82	34.23	10.22	47.37	20.43	0.91	1.10	9.86

地　区	产成品	负债合计	流动负债	应付账款	所有者权益合计	实收资本	国家资本	集体资本	集体资本
青　海	3.21	17.58	13.89	0.97	26.88	6.54	0.17	0.21	3.42
宁　夏	6.89	103.17	68.31	18.94	78.73	32.63		0.11	26.13
新　疆	29.03	207.23	158.57	34.75	115.56	86.85	14.18	1.22	53.89

2015年食品制造业主要经济指标-3

单位：亿元

地　区	个人资本	港澳台资本	外商资本	主营业务收　入	主营业务成　本	主营业务税金及附加	销售费用	管理费用	税金
全　国	986.17	287.91	542.06	21957.58	17453.11		1575.42	819.41	
北　京	14.76	9.32	64.89	500.83	325.32		124.21	26.77	
天　津	9.26	10.71	36.12	1300.77	889.28		135.74	38.93	
河　北	37.09	8.56	13.04	1030.70	841.89		78.42	27.32	
山　西	7.70	0.41	0.30	101.94	83.06		6.43	4.86	
内蒙古	96.39	0.32	4.69	922.50	730.94		83.86	27.84	
辽　宁	16.47	27.23	6.62	424.10	359.91		15.17	14.88	
吉　林	18.33	0.01	13.64	408.16	351.00		18.88	21.18	
黑龙江	18.28	12.00	22.65	535.68	423.92		53.10	15.92	
上　海	13.02	31.75	72.95	706.29	459.55		153.12	50.43	
江　苏	32.07	24.75	55.20	944.87	713.93		110.38	45.75	
浙　江	36.97	10.33	35.68	564.10	443.22		40.11	32.38	
安　徽	29.34	8.35	9.19	627.89	537.97		29.87	21.63	
福　建	62.27	16.81	16.28	1250.96	1037.13		58.35	44.89	
江　西	21.43	18.00	6.93	550.68	462.77		19.51	14.57	
山　东	116.08	8.42	57.81	2620.73	2234.11		86.90	71.89	
河　南	176.10	4.94	6.85	2772.49	2362.34		71.97	47.50	
湖　北	47.90	4.52	16.78	1153.13	957.84		59.15	54.38	
湖　南	39.01	0.97	3.03	941.98	782.15		42.89	41.40	
广　东	56.09	68.22	66.68	1775.40	1211.48		208.30	94.28	
广　西	19.53		14.07	353.87	277.84		21.55	21.37	
海　南	1.37	0.35	1.19	44.81	29.36		10.61	1.88	
重　庆	7.96	0.49	0.26	241.24	192.61		15.40	9.85	
四　川	41.94	12.36	5.32	940.98	766.71		53.76	37.07	
贵　州	7.37	0.20	0.08	150.60	116.68		7.04	5.65	
云　南	13.20	2.23	1.31	200.70	156.93		16.50	8.11	
西　藏	0.73			5.90	4.55		0.51	0.24	

地　区	个人资本	港澳台资本	外商资本	主营业务收　入	主营业务成　本	主营业务税金及附加	销售费用	管理费用	税金
陕　西	17.56	2.67	7.18	445.04	349.75		23.49	19.09	
甘　肃	8.42	0.13		66.52	52.11		4.15	2.79	
青　海	2.75			18.90	14.89		1.15	1.26	
宁　夏	5.52		0.87	137.42	108.90		10.30	6.10	
新　疆	11.27	3.85	2.44	218.41	174.97		14.57	9.21	

2015年食品制造业主要经济指标-4

单位：亿元

地　区	财务费用	利息收入	利息支出	投资收益（损失以“-”号记）	营业利润	利润总额	亏损企业亏损额	应交增值税	应交所得税	平均用工人数（万人）
全　国	152.89	16.20	149.36	25.50	1843.67	1876.57	75.99			212.05
北　京	1.45	1.50	1.82	1.50	22.46	24.26	4.92			5.15
天　津	-1.79	-0.82	1.30	0.71	209.08	210.59	2.81			5.74
河　北	5.03	0.38	5.46	-2.73	74.30	77.30	2.19			9.36
山　西	1.80	0.06	1.75		5.77	2.70	4.66			1.86
内蒙古	3.59	2.34	7.58	14.78	87.93	89.05	1.42			5.48
辽　宁	3.30	0.27	2.81	1.20	30.82	31.63	2.35			4.61
吉　林	8.43		7.03	0.05	22.21	22.88	0.59			2.91
黑龙江	2.56	0.17	2.32	0.49	38.37	41.43	2.74			3.94
上　海	3.16	1.85	3.91	6.77	48.25	44.26	15.19			7.52
江　苏	7.48	1.43	7.70	3.77	68.38	70.87	4.36			9.19
浙　江	6.07	1.29	7.01	3.08	44.55	46.88	4.22			7.32
安　徽	4.39	0.17	3.81	0.13	32.49	32.43	0.97			6.87
福　建	8.83	0.85	8.70	-0.81	97.42	99.23	1.34			15.35
江　西	2.76	0.20	2.21	0.09	45.06	45.16	0.23			4.83
山　东	23.17	0.26	19.07	-10.45	185.72	190.88	4.45			20.58
河　南	19.84	1.24	16.75	1.06	257.90	259.01	2.03			28.92
湖　北	9.10	0.93	7.96	4.67	70.23	71.10	1.65			10.29
湖　南	9.37	0.37	7.20	0.27	46.61	46.03	1.32			11.22
广　东	5.20	1.55	7.23	8.64	232.11	233.69	8.61			18.94
广　西	3.64		3.60	-3.21	25.76	26.91	2.12			3.87
海　南	-0.20	0.30	0.04	0.01	3.88	4.02	0.02			0.71
重　庆	2.01	0.26	2.04	0.18	19.19	19.91	0.17			3.34
四　川	8.65	0.36	7.19	-1.63	66.64	67.37	1.25			10.01

地区	财务费用	利息收入	利息支出	投资收益（损失以“-”号记）	营业利润	利润总额	亏损企业亏损额	应交增值税	应交所得税	平均用工人数（万人）
贵州	1.21	0.25	1.03	0.06	18.62	18.75	0.08			1.39
云南	3.31	0.23	3.16	-1.01	15.18	16.25	1.32			2.79
西藏	0.02		0.02		0.55	0.95				0.05
陕西	2.09	0.38	2.46	-2.35	44.82	44.56	0.58			4.36
甘肃	1.29	0.07	0.99	-0.02	5.59	6.08	0.30			1.17
青海	0.23		0.24	-0.19	1.18	1.41	0.01			0.29
宁夏	2.05	0.08	1.98	0.03	10.65	11.68	0.71			1.41
新疆	4.84	0.21	5.00	0.44	16.95	19.29	3.39			2.59

限额以上批发和零售业商品销售类值

单位：万元

项目	销售合计			批发			零售			
	2012年	2011年	2010年	2012年	2011年	2010年	2013年（亿元）	2012年	2011年	2010年
粮油、食品、饮料、烟酒类	428669815	360407406	275131446	304607428	259103944	203282461	14833	124062387	101303462	71848985
粮油、食品类	207642212	172003097	124765080	123441374	102000511	75198914	10065	84200838	70002586	49566166
粮油类	76384009	63505135	46511552	55084505	46392938	35263873	2522	21299504	17112197	11247680
肉禽蛋类	24342006	20422205	14697530	10765778	8585262	6371464	1605	13576228	11836944	8326066
饮料类	30261109	25642956	18627797	17644844	15262240	11107511	1534	12616265	10380716	7520286
烟酒类	191145883	162756788	131738569	163851925	141839764	116976035	3234	27293958	20917024	14762534

注：自2013年起不再公布销售和批发的资料。

新增主要产品生产能力

名称	单位	2012年	2011年	2010年
啤酒	万吨/年	379	376	290
白酒	万吨/年	290	199	175
其他酒	万吨/年	47	26	56
卷烟	箱/年	1320000	1097000	1083600

注：没有2013年的资料。

2015年烟草制品业主要经济指标-1

单位：亿元

地区	工业销售产值（当年价格）	出口交货值	资产总计	固定资产合计	固定资产原价	累计折旧	流动资产合计	应收账款	存货
全国	9620.49	43.08	9190.25	1473.78	2651.26	1418.68	6740.87	701.74	4310.00
北京	50.13	1.15	34.05	12.52	24.73	12.21	19.44	1.41	8.99

地区	工业销售产值（当年价格）	出口交货值	资产总计	固定资产合计	固定资产原价	累计折旧	流动资产合计	应收账款	存货
天津	52.01		38.95	13.01	23.94	10.93	23.38	2.65	3.60
河北	176.17		137.03	29.99	59.49	33.48	105.59	11.65	74.43
山西	47.61		38.88	11.52	14.46	6.43	27.04	2.60	4.26
内蒙古	44.49		67.38	16.54	29.34	12.80	48.18	10.86	12.82
辽宁	86.16	0.15	58.79	18.74	34.03	15.29	36.92	11.07	22.39
吉林	150.74		181.32	38.41	63.16	27.57	136.02	24.05	95.98
黑龙江	104.31		89.64	23.69	44.47	20.78	48.20	9.04	28.97
上海	1001.53	11.70	1232.39	66.77	136.51	69.74	945.37	41.83	292.82
江苏	550.67	0.08	577.33	56.20	119.86	63.65	454.59	20.30	204.26
浙江	470.12	2.94	457.19	126.16	99.19	53.63	330.92	49.91	246.03
安徽	347.01	0.13	345.03	75.04	133.82	61.78	249.70	14.92	187.77
福建	254.44	0.19	263.13	61.63	119.42	58.77	176.49	4.66	154.25
江西	197.56		195.97	31.54	58.48	26.95	150.04	42.44	81.02
山东	454.09	3.18	362.45	105.99	125.35	76.49	234.41	23.97	180.29
河南	467.48		442.72	114.11	173.50	79.10	327.15	56.96	202.73
湖北	610.48	0.80	422.51	30.83	90.72	60.14	331.75	19.88	263.32
湖南	874.91	4.23	779.96	94.70	205.67	112.99	579.70	43.07	450.38
广东	563.61	1.56	527.29	123.24	143.32	82.46	398.50	20.64	309.04
广西	224.33	0.19	194.63	24.75	59.30	34.54	134.81	35.46	59.19
海南	29.72		24.98	9.27	12.38	3.70	12.75	2.72	1.97
重庆	156.41		117.12	23.78	47.41	23.64	84.22	13.95	62.43
四川	252.30	0.06	165.47	40.58	84.55	43.97	116.48	2.14	108.78
贵州	374.61	0.17	296.46	49.77	114.58	64.81	224.89	18.35	149.44
云南	1637.65	16.22	1776.88	201.29	495.59	298.55	1289.18	162.67	961.29
西藏									
陕西	216.14	0.34	156.11	32.34	69.49	37.13	108.29	22.80	62.66
甘肃	161.10		146.25	22.43	39.90	17.48	112.23	19.95	71.65
青海									
宁夏	17.03		9.77	3.20	5.87	2.67	6.01	1.36	3.16
新疆	47.69		50.57	15.76		6.99	28.63	10.44	6.07

2015年烟草制品业主要经济指标-2

单位：亿元

地区	产成品	负债合计	流动负债合计	应付账款	所有者权益合计	实收资本	国家资本	集体资本	法人资本
全国	362.67	2341.17	2298.57	1105.67	6845.15	1169.90	501.55	14.65	648.99
北京	0.34	5.88	5.87	1.30	28.18	9.30	9.30		

地　区	产成品	负债合计	流动负债合　计	应付账款	所有者权益合计	实收资本	国家资本	集体资本	法人资本
天　津	0.26	38.95	38.95	0.18					
河　北	2.09	45.79	45.74	17.97	91.23	13.16	1.15		12.02
山　西	1.02	6.19	6.19	3.84	32.69	6.13			6.13
内蒙古	2.78	14.74	14.67	8.98	52.64	13.46	12.33		1.13
辽　宁	0.97	55.25	55.25	9.10	3.54	3.07	3.04	0.03	
吉　林	2.48	103.38	99.03	40.88	77.93	18.53	0.61		17.91
黑龙江	0.88	13.43	13.39	9.36	76.21	16.41			15.91
上　海	17.60	156.84	156.84	30.61	1075.56	20.30	17.40		2.90
江　苏	5.98	64.63	63.94	38.66	512.70	22.52	22.52		
浙　江	43.55	114.43	114.39	80..34	342.76	10.32			9.82
安　徽	11.07	101.32	98.29	18.93	243.71	56.86	31.32	0.82	24.72
福　建	7.46	91.36	91.36	59.97	171.77	42.72	6.37	12.06	24.30
江　西	2.48	48.11	47.80	15.42	147.85	23.23	13.27		9.96
山　东	1.76	114.33	119.26	23.87	248.11	77.82	77.36	0.05	
河　南	7.57	144.78	143.99	49.34	297.94	60.49	3.92	0.17	55.78
湖　北	42.27	136.67	136.40	59.78	285.85	31.53	12.09	1.05	18.39
湖　南	45.26	118.92	118.86	65.29	661.04	52.10	45.52	0.16	6.27
广　东	15.90	137.43	137.43	52.76	389.33	151.81	4.12		147.49
广　西	0.72	50.83	50.46	13.66	143.80	51.71	51.71		
海　南	0.59	6.34	5.34	2.00	18.64	4.71			4.71
重　庆	5.34	62.49	45.18	9.88	54.63	14.25	8.20	0.02	6.04
四　川	12.01	92.69	92.64	54.57	72.78	22.40	22.40	0.01	
贵　州	7.66	73.68	73.59	37.42	222.77	81.85			81.85
云　南	119.65	442.52	435.87	357.28	1330.96	262.57	56.30	0.28	203.67
西　藏									
陕　西	2.96	23.82	23.79	8.25	132.29	28.40	28.40		
甘　肃	0.99	56.01	54.51	30.10	90.25	37.23	37.23		
青　海									
宁　夏	0.63	6.77	6.76	0.61	3.00	0.02	0.02		
新　疆	0.39	13.58	12.78	5.30	36.99	36.99	36.99		

2015年烟草制品业主要经济指标-3

单位：亿元

地　区	个人资本	港澳台资本	外商资本	主营业务收　入	主营业务成　本	主营业务税金及附加	销售费用	管理费用	税金
全　国	1.89	0.14	2.67	9340.79	2542.9		149.15	497.80	
北　京				50.16	16.17		1.37	3.59	

地区	个人资本	港澳台资本	外商资本	主营业务收入	主营业务成本	主营业务税金及附加	销售费用	管理费用	税金
天津				52.01	18.05		0.89	3.62	
河北				170.93	62.14		1.19	13.00	
山西				47.53	16.07		0.38	2.83	
内蒙古				98.12	31.31		1.26	5.69	
辽宁				86.07	27.73		1.33	7.99	
吉林				149.37	52.56		3.24	11.07	
黑龙江	0.50			104.21	47.08		1.58	8.72	
上海				999.37	106.14		5.46	42.51	
江苏				546.71	112.33		7.07	20.67	
浙江	0.36	0.14		453.03	92.36		13.25	18.54	
安徽				346.24	106.04		6.96	22.58	
福建				254.59	76.74		2.70	12.78	
江西				197.41	66.55		2.61	10.87	
山东	0.41			324.75	117.70		8.80	22.69	
河南	0.19		0.42	468.38	146.84		13.71	24.47	
湖北				592.38	117.97		7.34	19.24	
湖南	0.15			873.00	171.76		11.97	46.90	
广东	0.20			434.68	131.29		9.85	30.19	
广西				223.77	69.40		4.22	11.53	
海南				29.72	11.43		0.20	1.69	
重庆				144.92	53.57		0.49	9.58	
四川				227.76	84.22		1.17	13.87	
贵州				375.28	107.92		7.19	24.68	
云南	0.08		2.24	1649.40	553.08		27.57	87.49	
西藏									
陕西				214.97	77.50		4.91	13.25	
甘肃				161.15	44.88		1.88	4.73	
青海									
宁夏				17.18	6.15		0.22	0.76	
新疆				47.69	17.96		0.34	2.28	

2015年烟草制品业主要经济指标-4

单位：亿元

地区	财务费用	利息收入	利息支出	投资收益（损失以"-"号记）	营业利润	利润总额	亏损企业亏损额	应交增值税	应交所得税	平均用工人数（万人）
全国	-16.78	29.81	14.91	88.48	1212.74	1199.60	1.18			20.89
北京	-0.06	0.10	0.04	0.02	3.96	3.95				0.09

地　区	财务费用	利息收入	利息支出	投资收益（损失以"—"号记）	营业利润	利润总额	亏损企业亏损额	应交增值税	应交所得税	平均用工人数（万人）
天　津	-0.28	0.28			6.60	6.60				0.09
河　北	-0.03	0.03			10.95	10.88				0.55
山　西	-0.45	0.45			7.40	7.32				0.10
内蒙古	-0.78	0.78			10.41	10.22				0.28
辽　宁	-0.15	-0.03			3.01	2.97				0.21
吉　林	0.92	0.15	1.17	0.29	13.41	12.86				0.46
黑龙江	-0.15	0.18	0.04		8.14	8.03				0.57
上　海	-12.62	12.62		23.33	247.16	246.49				0.39
江　苏	-4.00	4.06		0.95	90.63	91.35	0.15			0.71
浙　江	-0.06	0.56	0.52	4.03	39.78	38.08				0.42
安　徽	1.33	0.42	1.76	0.01	21.99	21.93	0.33			1.02
福　建	1.23	0.13	1.36	0.83	19.04	19.19	0.12			0.50
江　西	-0.14	0.19	0.21	0.21	26.99	27.19				0.61
山　东	0.59	0.21	0.79	0.95	33.25	32.62	0.12			1.23
河　南	0.04	0.38	1.00	0.92	71.42	71.60				1.90
湖　北	-0.60	-0.11	0.12		74.86	75.83	0.03			0.80
湖　南	-1.26	1.24		7.64	111.64	108.21				1.33
广　东	1.58	0.89	2.49	4.45	47.28	46.59				0.76
广　西	-0.38	0.73	0.34	3.79	24.91	24.81				0.34
海　南	0.01	0.06	0.07		2.83	3.84				0.06
重　庆	1.97	0.06	2.03	0.02	6.08	5.96				0.43
四　川	0.47	0.01	0.47	0.18	0.04	0.04	0.43			0.52
贵　州	-1.44	1.46		0.13	39.34	38.82				0.91
云　南	-2.25	4.37	2.15	40.50	251.42	247.04				5.26
西　藏										
陕　西	-0.19	0.32	0.12	0.16	18.25	17.61				0.92
甘　肃	0.20	0.04	0.24	0.06	13.75	13.47				0.34
青　海										
宁　夏	-0.03	-0.03			2.81	2.81				0.03
新　疆	-0.23	0.23			5.38	5.28				0.08

全国各地效益表-1

	名次		企业单位数	（本年本月止累计）主营业务税金及附加	（去年同月止累计）主营业务税金及附加	（本年本月止累计）利润总额	（去年同月止累计）利润总额
全国总计			374359	17945.93	16895.42	63554.00	65027.18
食品工业总计		总计	39647	6017.78	5758.38	8028.02	7578.25
食品工业总计	1	山东省	5568	267.58	271.14	1001.68	953.58
食品工业总计	2	河南省	3403	276.53	269.30	885.05	841.66
食品工业总计	3	云南省	791	793.20	778.33	313.31	265.90
食品工业总计	4	江苏省	2155	381.01	348.73	603.70	555.72
食品工业总计	5	上海市	398	645.41	597.55	322.39	294.80

	名次		企业单位数	（本年本月止累计）主营业务税金及附加	（去年同月止累计）主营业务税金及附加	（本年本月止累计）利润总额	（去年同月止累计）利润总额
食品工业总计	6	湖南省	1881	580.07	535.61	305.84	284.46
食品工业总计	7	湖北省	2600	429.34	395.75	445.65	404.49
食品工业总计	8	广东省	1846	267.74	257.21	492.16	458.30
食品工业总计	9	四川省	2220	256.14	266.85	442.32	441.88
食品工业总计	10	贵州省	674	252.82	237.78	323.36	318.01
食品工业总计	11	福建省	2189	170.66	164.42	334.22	283.37
食品工业总计	12	安徽省	2427	232.04	222.28	237.95	241.83
食品工业总计	13	浙江省	1318	291.81	282.08	168.11	165.29
食品工业总计	14	广西壮族自治区	808	137.66	130.39	241.99	185.06
食品工业总计	15	河北省	1275	114.08	113.66	240.67	213.08
食品工业总计	16	江西省	730	113.85	103.67	215.55	200.94
食品工业总计	17	陕西省	936	122.65	121.26	190.37	169.08
食品工业总计	18	天津市	322	59.00	46.08	224.46	204.25
食品工业总计	19	内蒙古自治区	813	71.52	66.73	201.28	195.07
食品工业总计	20	辽宁省	1836	77.30	78.40	181.14	253.69
食品工业总计	21	吉林省	1338	96.38	96.39	145.85	147.07
食品工业总计	22	黑龙江省	1415	56.28	61.95	168.25	189.70
食品工业总计	23	重庆市	654	87.47	90.13	102.04	87.63
食品工业总计	24	甘肃省	464	102.37	96.60	31.95	35.55
食品工业总计	25	北京市	312	45.63	45.25	46.88	46.90
食品工业总计	26	新疆维吾尔自治区	539	30.24	26.77	83.23	68.20
食品工业总计	27	山西省	296	32.41	29.78	32.93	37.42
食品工业总计	28	宁夏回族自治区	226	9.62	8.46	23.69	17.53
食品工业总计	29	海南省	106	14.57	13.21	9.87	5.73
食品工业总计	30	青海省	83	2.17	2.39	5.96	4.19
食品工业总计	31	西藏自治区	24	0.23	0.21	6.16	7.88

全国各地效益表-2

	名次		（本年本月止累计）应交增值税	（去年同月止累计）应交增值税	本年本月止累计利税总额	去年同月止利税总额	同比增长
全国总计			31965.03	31506.86	113464.97	113429.46	0.03
食品工业总计		总计	3625.15	3450.17	17670.95	16786.80	5.27
食品工业总计	1	山东省	419.16	417.57	1688.43	1642.29	2.81
食品工业总计	2	河南省	227.18	219.67	1388.76	1330.64	4.37
食品工业总计	3	云南省	219.07	200.35	1325.58	1244.58	6.51
食品工业总计	4	江苏省	304.05	270.42	1288.77	1174.86	9.70
食品工业总计	5	上海市	196.56	184.47	1164.37	1076.82	8.13
食品工业总计	6	湖南省	243.21	225.29	1129.12	1045.36	8.01
食品工业总计	7	湖北省	208.02	202.21	1083.01	1002.45	8.04
食品工业总计	8	广东省	225.67	207.98	985.57	923.48	6.72
食品工业总计	9	四川省	201.56	202.96	900.02	911.68	-1.28
食品工业总计	10	贵州省	119.69	112.45	695.86	668.24	4.13

	名次		(本年本月止累计)应交增值税	(去年同月止累计)应交增值税	本年本月止累计利税总额	去年同月止利税总额	同比增长
食品工业总计	11	福建省	176.83	160.89	681.70	608.67	12.00
食品工业总计	12	安徽省	111.42	101.56	581.41	565.67	2.78
食品工业总计	13	浙江省	107.75	104.35	567.66	551.72	2.89
食品工业总计	14	广西壮族自治区	97.66	81.57	477.32	397.01	20.23
食品工业总计	15	河北省	83.44	85.09	438.19	411.83	6.40
食品工业总计	16	江西省	87.81	82.93	417.21	387.54	7.66
食品工业总计	17	陕西省	84.84	76.39	397.86	366.74	8.49
食品工业总计	18	天津市	62.13	57.78	345.59	308.11	12.17
食品工业总计	19	内蒙古自治区	69.45	62.79	342.25	324.58	5.44
食品工业总计	20	辽宁省	64.67	87.69	323.11	419.78	-23.03
食品工业总计	21	吉林省	57.31	58.73	299.54	302.18	-0.87
食品工业总计	22	黑龙江省	60.40	61.19	284.93	312.85	-8.93
食品工业总计	23	重庆市	61.14	62.05	250.65	239.82	4.52
食品工业总计	24	甘肃省	24.33	24.02	158.65	156.18	1.58
食品工业总计	25	北京市	50.50	47.42	143.00	139.57	2.46
食品工业总计	26	新疆维吾尔自治区	25.83	19.58	139.30	114.56	21.60
食品工业总计	27	山西省	16.93	16.54	82.27	83.74	-1.75
食品工业总计	28	宁夏回族自治区	6.90	5.30	40.20	31.30	28.47
食品工业总计	29	海南省	7.98	7.68	32.42	26.62	21.79
食品工业总计	30	青海省	2.22	1.77	10.34	8.35	23.77
食品工业总计	31	西藏自治区	1.47	1.50	7.86	9.59	-18.07

2015年分地区的食品工业经济效益

亿元

	企业数（个）	主营业务收入	占比(%)	同比增长（%）	利润总额	占比(%)	同比增长(%)
食品工业总计	39647	113469.21	100	4.61	8028.02	100	5.94
东部地区	15489	47729.92	42.06	4.76	3444.16	42.90	8.27
中部地区	11337	31943.39	28.15	8.60	2122.97	26.44	5.58
西部地区	8232	22022.41	19.41	7.20	1965.65	24.48	9.45
东北地区	4589	11773.49	10.38	-9.04	495.24	6.17	-16

2015年食品工业盈利能力变化情况

%

行业名称	2015年		2014年	
	主营收入利润率	成本费用利润率	主营收入利润率	成本费用利润率
全部工业平均水平	5.76	6.18	5.94	6.39
食品工业总计	7.08	8.05	6.99	7.95
农副食品加工业	4.97	5.25	4.83	5.10
食品制造业	8.44	9.24	8.23	9.00
酒、饮料和精制茶制造业	10.07	11.47	9.97	11.39
烟草制品业	13.05	38.49	13.98	43.28

2015年食品工业经济效益指标和投资情况

行业名称	主营业务收入/亿元	同比增长/%	利润主总额/%	同比增长/%	税金总额/亿元	同比增长/%	主营业务收入利润率/%	成本费用利润率/%	完成投资/亿元	同比增长/%
食品工业总计	104118.4	4.5	6807.4	7.4	3435.4	4.9	6.5	7.1	19940.3	8.6
农副食品加工业	65125.6	3.5	3233.8	6.4	1419.4	3.1	5.0	5.3	10761.2	7.7
食品制造业	21700.3	6.3	1832.2	9.1	850.1	10.0	8.4	9.2	5089.9	14.4
酒,饮料和精制茶制造业	17292.5	6.4	1741.4	7.5	1165.9	3.6	10.1	11.5	4090.1	4.4

2015年食品工业主要产品产量

产品名称	全年产量	同比增长/%
小麦粉/万t	14461.58	1.84
大米/万t	13564.20	4.43
精制食用植物油/万t	6734.24	8.45
成品粮/万t	1475.37	-7.36
鲜,冷藏肉/万t	3761.08	-1.78
冷冻水产品/万t	844.13	1.28
糖果/万t	345.47	6.68
速冻米面食品/万t	524.17	0.40
方便面/万t	1017.80	-0.65
乳制品/万t	2782.53	4.6
其中:液体乳/万t	2521.00	4.72
乳粉/万t	141.95	-4.5
罐头/万t	1212.60	2.02
酱油/万t	1011.94	6.43
冷冻饮品/万t	306.99	0.02
食品添加剂/万t	790.07	11.86
发酵酒精/万t	1016.74	4.23
白酒(折65度,商品量)/万KL	1312.80	5.07
啤酒/万KL	4715.72	-5.06
葡萄酒/万kl	114.80	-0.73

软饮料/万t	17661.04	6.23
其中:碳酸饮料类(汽水)/万t	1794.50	7.42
包装饮用水类/万t	8766.09	10.29
果汁和蔬菜饮料类/万t	2386.54	1.06
精制茶/万t	241.81	-1.90

2015年食品工业各行业主管业务收入及占比

行业	主营业务收入/亿元	占比/%
食品工业总计(不含烟草)	104118.36	100
谷物磨制	13403.39	12.87
饲料加工	11052.75	10.62
食用植物油加工	10025.65	9.63
非食品植物油加工	250.22	0.24
制糖业	1200.59	1.15
牲畜屠宰	5522.42	5.30
禽类屠宰	3314.34	3.18
肉制品及副产品加工	4454.27	4.28
水产品冷冻加工	3723.22	3.58
鱼糜烂制品及水产品干腌制加工	705.36	0.68
水产饲料制造	485.50	0.47
鱼油提取及制品制造	22.98	0.02
其他水产品加工	253.99	0.24
蔬菜加工	3499.17	3.36
水果和坚果加工	1767.48	1.70
淀粉及淀粉制品制造	2882.37	2.77
豆制品制造	745.24	0.72
蛋品加工	299.35	0.29
其化未列明农副食品加工	1517.24	1.46
糕点,面包制造	1013.71	0.97
饼干及其他焙烤食品制造	1806.53	1.74
糖果,巧克力制造	1272.98	1.22
蜜饯制作	575.87	0.55

米，面制品制造	974.44	0.94
速冻食品制造	831.03	0.80
方便面及其他方便食品制造	1722.46	1.65
乳制品制造	3328.52	3.20
肉，禽类罐头制造	260.97	0.25
水产品罐头制造	105.42	0.10
蔬菜，水果罐头制造	1185.70	1.14
其他罐头食品制造	127.20	0.12
味精制造	463.45	0.45
酱油，食醋及类似制品制造	1005.49	0.97
其他调味品，发酵制品制造	1401.05	1.35
营养食品制造	746.52	0.72
保健食品制造	1573.59	1.51
冷冻饮品及食用冰制造	408.67	0.39
盐加工	118.17	0.11
食品及饲料添别剂制造	2020.33	1.94
其他未列食品制造	758.25	0.73
酒精制造	799.92	0.77
白酒制造	5558.86	5.34
啤酒制造	1897.09	1.82
黄酒制造	181.94	0.17
葡萄酒制造	462.64	0.44
其他酒制造	328.72	0.32
碳酸饮料制造	810.67	0.78
瓶（罐）装饮用水制造	1268.91	1.22
果菜汁及果菜汁饮料制造	1219.13	1.17
含乳饮料和植物蛋白饮料制造	1132.89	1.09
固体饮料制造	554.99	0.53
茶饮料及其他饮料制造	1170.74	1.12
精制茶加工	1905.97	1.83

2015年各省(自治区,直辖市)食品工业主营业务收入及占比

地区	主营业务收入/亿元	占比/%
总计	104118.36	100
北京市	1098.26	1.05
天津市	2422.46	2.33
河北省	3668.95	3.52
山西省	601.12	0.58
内蒙古自治区	2754.99	2.65
辽宁省	3934.92	3.78
吉林省	3935.16	3.78
黑龙江省	3563.77	3.42
上海市	1217.68	1.17
江苏市	6569.71	6.31
浙江省	1993.92	1.92
安徽省	4070.84	3.91
福建省	4699.75	4.51
江西省	2803.44	2.69
山东省	16796.38	16.13
河南省	10134.68	9.73
湖北省	7327.13	7.04
湖南省	4476.17	4.30
广东省	5770.43	5.54
广西壮族自治区	2805.89	2.69
海南省	178.07	0.17
重庆市	1291.95	1.24
四川省	6326.05	6.08
贵州省	1130.28	1.09
云南省	1006.69	0.97
西藏自治区	28.16	0.03
陕西省	1863.50	1.79
甘肃省	455.58	0.44

青海省	113.03	0.11
宁夏回族自治区	287.82	0.28
新疆维吾尔自治区	791.56	0.76

2015年食品工业主营业务收入及其地位与其他行业的比较

行业	主营业务收入/亿元	占比/%
总计	1103300.7	100.0
煤炭开采和洗选业	24994.90	2.3
石油和天然气开采业	7774.6	0.7
黑色金属矿采选业	7368.6	0.7
有色金属矿采选业	6086.1	0.6
非金属矿采选业	5457.0	0.5
开采辅助活动	1700.5	0.2
其他采矿业	24.5	0.0
食品工业	104118.4	9.4
烟草制品业	9350.8	0.8
纺织业	40173.3	3.6
纺织服装,服饰业	22067.9	2.0
皮革,毛皮,羽毛及其制品和制鞋业	14580.8	1.3
木材加工和木,竹,藤,棕,草制品业	14079.3	1.3
家具制造业	7872.5	0.7
造纸和纸制品业	13923.4	1.3
印刷和记录媒介复制业	7191.7	0.7
文教,工美,体育和娱乐用品制造业	15474.3	1.4
石油加工,炼焦和核燃料加工业	34063.4	3.1
化学原料和化学制品制造业	83900.6	7.6
医药制造业	25537.1	2.3
化学纤维制造业	7293.2	0.7
橡胶和塑料制品业	30866.6	2.8

非金属矿物制品业	58873.9	5.3
黑色金属冶炼和压延加工业	64605.7	5.9
有色金属冶炼和压延加工业	51167.1	4.6
金属制品业	37016.7	3.4
通用设备制造业	47051.0	4.3
专用设备制造业	35599.8	3.2
汽车制造业	70156.9	6.4
铁路,船舶,航空航天和其他运输设备制造业	16280.5	1.5
电气机械和器材制造业	69475.0	6.3
计算机,通信和其他电子设备制造业	90482.0	8.2
仪器仪表制造业	8703.3	0.8
其他制造业	2387.4	0.2
废弃资源综合利用业	3705.9	0.3
金属制品,机械和设备修理业	914.6	0.1
电力,热力生产和供应业	55500.2	5.0
燃气生产和供应业	5639.1	0.5
水的生产和供应业	1841.9	0.2

数据来源：中国食品工业协会

第五部分

附　录

5.1　美国食品工业发展现状分析

【a. 概况】

2015 年，随着美国经济增长恢复加快，美国食品工业产值达到 38559 亿美元，增加值为 10156 亿美元。近年，美国食品工业产值占制造业的份额稳定在 13% 以上，特别是金融危机后 2009 年该份额最高达到 17.3%，此后稳定在 15% 左右。

进出口贸易小幅下降，其中出口下降较为明显。2015 年，美国食品工业出口 718.0 亿美元，进口 972.7 亿美元，相比 2014 年分别增长 -8.5% 和 1.4%。美国食品工业重要出口市场为加拿大、墨西哥、日本、中国、韩国等国，重要进口来源地为加拿大、墨西哥、中国、法国、意大利等国。

2015年美国食品工业前十大出口市场

出口市场	出口额 / 亿美元
加拿大	159.2
墨西哥	106.4
日本	63.2
中国	45.0
韩国	36.5
中国香港	22.3
菲律宾	17.0
荷兰	13.3
英国	13.0
澳大利亚	11.6
前十大市场占比 %	67.9

2015年美国食品工业前十大进口来源地

进口来源地	进口额 / 亿美元
加拿大	176.4
墨西哥	117.4
中国	51.8
法国	47.4
意大利	45.0
澳大利亚	41.8
泰国	33.7
印度尼西亚	32.7
巴西	32.7
智利	25.8
前十大来源地占比 %	62.2

【b. 发展趋势】

1. 关注市场：食品安全、餐饮、有机

（1）食品安全议题与市场受重视　鉴于食品造假年损耗 150 美元成本，同时避免消费者健康受影响，美国药典委员会曾提出打击食品造成假指南计划，以助于食品企业和监管机构，查明可能掺假的食品及原配料。Companies and Markets 研究显示，由于美国食品供应链条复杂，两成食品为进口来源，目前食品安全检测市场已呈倍数增长，未来将持续增长。

（2）餐饮业朝个人化及健康化发展

NPD 研究指出，美国单身人口大幅增长，超过一半消费者会独自用餐，带动个人化消费。CrubHub 调查指出，全美 3 万家外带餐饮从业者对奇亚籽、藜麦

杏仁乳与鲜榨果汁等健康食材需求显著增加。

有机食品市场持续扩大　有机贸易协会（Oeganic Trade Association, OTA）调查显示，美国有机食品年销售额 323 亿美元，其中有机蔬果销售占比达 46%，有机乳制品及饮品销售增长较为平衡，有机调味品增长最快。八成以上受访者曾购买有机食品且四成以上产上年购买更多。

2 关注产品：植物乳、休闲食品、低热量产品

（1）植物奶广受消费者青睐　Mintel 研究指出，美国约五成消费者因重视健康而购买植物乳，其多元口味吸引三成消费者尝鲜。Blooming Business Week 估计 2016 年替代乳品将达 17 亿美元，杏仁乳成为植物乳首选口味。

（2）休闲食品加速创新发展　FONA 指出，美国休闲仪器销售额超过 640 亿美元，以谷物、肉类及咸味零售最受青睐，而每天食用三次以上者增长一成，45% 的消费者关注包装和食用的便利性。相关从业者持续满足消费者对休闲食品营养性、异国风味及便利性的需求。

（3）低热量产品仍为市场主流　美国知名汽水生产商计划于 2025 年实现全美饮料总热量减少 20% 的目标。Euromonitor 研究显示全球低脂巧克力市场约 5 亿美元，其中八成市场由美国所带动。

5.2 日本食品产业发展现状分析

【a. 概况】

从生产指数变动情况看，2015 年 1—12 月，日本食品产业生产指数呈现大幅波动，整体呈下滑态势，由期初的 98.2 下降至期末的 96.1. 这一结果表明，受国内经济增长乏力、国际进出口贸易形势严峻等因素的影响，日本食品产量波动起伏较大。

受内需不振、进口大幅下降因素，日本进出口贸易下降明显。与中国不同，日本是一个食品工业贸易逆差巨大的国家，2015 年进出口贸易逆差高达 390.9 亿美元。2015 年，日本食品工业出口 38.8 亿美元，进口 429.7 亿美元，分别同比增长 6.9% 和 –9.1%. 重要进口来源地为美国、中国、泰国、澳大利亚、巴西等国，重要出口市场为中国香港、美国、中国、韩国、泰国等市场。

2015年日本食品工业前十大出口市场

出口市场	出口额 / 亿美元
中国香港	9.8
美国	6.3
中国	2.8
韩国	2.3
泰国	2.1
越南	1.8
新加坡	1.5
澳大利亚	0.8
阿联酋	0.6
马来西亚	0.6
前十大市场占比	73.7%

2015年日本食品工业前十大进口来源地

进口来源地	进口额
美国	72.3
中国	65.6
泰国	38.0
澳大利亚	28.7
巴西	21.1
加拿大	15.8
法国	15.1
智利	14.3
越南	11.9
韩国	10.9
前十大来原地占比	68.4%

【b. 发展趋势】

1. 市场产品健康、创新等升级的动作持续进行

根据 Nsgase America 提出 2015 年日本食品饮料五大趋势重点，说明在市场饱和的激烈竞争下，日本食品产业未来通过创新产品开发，保持产品吸引力及竞争力的动作及速度仍将持续。趋势方向包括：1 呼吁新的健康宣称标识制度，功能性食品饮料推出加速。2 健康低脂植物性奶持续发烧，聚集豆乳、杏仁乳及米乳等产品。3 创意混搭休闲食品受消费者青睐，文化融合创新口感。4 延续珠珠奶茶及豆花、刨冰及牛肉

面等传统中国台湾食品可能在日本引发风潮。5 海藻糖和酵素等机能素材热门。

2. 银发族食品开发引领全球走向

日本 65 岁以上银发族超过 3000 万人，相关产品开发经验已成为全球标杆。目前日本银发族相关市场超过 2 万亿日元，外界估算 2020 年市场可达 5 万亿元。其中，具有健康及保健价值的产品很受看好。过去日本食品厂商针对银发族开发的消除排便异味饮品，从婴幼儿食品角度转向高龄食品经营，与连锁便利店串联，提供适合银发族需求的产品与服务。

经济环境对食品企业内需市场经营的考验加大阶段性提升消费税，日币贬值，经济低迷等政经环境，日本食品企业不论在产品最近购买或解决成本压力等方面，均面对重大的考验。下游零售市场饱和，竞争激烈，食品厂商与渠道的竞争和合作关系更为复杂。

3. 对反食品浪费提出作为

据联合国粮农组织（FAO）指出，全球每年约有 13 亿 t(约 1 万亿美元) 的粮食因浪费而损失。若 2050 年前能够将浪费减半，应可填补 20% 的粮食缺口。日本食品产业已组成专门工作小组，与政府相关单位（含内阁府、消费者厅及环境厅等）共同讨论食品浪费的解决方案。包括为降低消费者挑选保质期比较新的商品所造成的食物浪费，2014 年 6 月起，各饮料大厂将陆续简化可保存一年以上的饮料的保质期限标识至以月为单位。另外，运用可长时间保存的食品包装或加工技术，延长保质期也是一项重要措施。

5.3 智创未来 施耐德电气助力打造智慧工厂

施耐德电气食品饮料行业总监 何晓柯

随着以智能制造为代表的新一轮产业变革在全球兴起，数字化、网络化、智能化日益成为未来制造业发展的主要趋势。世界主要工业发达国家加紧谋篇布局，纷纷推出新的重振制造业国家战略，支持和推动智能制造发展。如“德国工业 4.0”“中国制造 2025”这些概念的出现让智能制造成为了当下社会的热词。对于食品饮料行业来说也同样如此，智能化工厂在未来企业的竞争和发展中具有决定作用。

食品饮料行业发展四大特征

在“十二五”规划期间，中国食品行业增长迅速，中国食品的总产值已在几年前超过了美国，成为世界第一。随着消费者喜好的改变以及政策法规的趋严，食品饮料行业发展呈现四大特征：

其一，增长放缓，高端需求增加

食品饮料行业 2010 年到 2013 年左右增长迅速，尤其在液态食品领域基本呈现 10% 到 20% 的年增长率。居高不下的行业市场发展趋势，使得大量的食品饮料生产厂商都在修建新厂，增加新的生产线，通过粗放式扩张来占领行业市场，很少有人去修炼内功，精细生产。同时，消费者食品饮料产品的高端需求持续增长。例如啤酒生产，国内的一些啤酒生产厂商，都当仁不让的走高端生产的路线。虽然啤酒市场大众口味的消费增长的非常缓慢，甚至停滞增长，但是对高端进口啤酒，比如说白啤、鲜啤，他们都保持在 30%–40% 的增长率，这也是国内领先啤酒生产厂商进军高端产品领域的市场驱动力。

其二，行业规范更加严格

去年 10 月 1 日，号称史上最严《食品安全法》颁布实施，从原来的 104 条增加至 154 条，新增内容 50 条，70% 的条文进行了实质性修订，融入了很多重要的理念、制度、机制和方式，今年上半年又有一系列食品安全相关法规与条例密集出台。社会、公众对于《食品安全法》的关注度之高，使得食品饮料行业企业对于食品生产安全的考量和追溯愈发重视。

其三，电子商务成为新的增长点

公众消费习惯的改变以及渠道的多样化，使得电子商务业务成为新的增长点。中国已成为全球最大的电商市场，去年市场规模接近 4 万亿人民币。过去 4 年，电商年均涨幅超过 35%。

其四，消费者口味更为精细

消费者需求的升级，推动行业往精细化生产发展。消费者对食品饮料的要求，是越来越健康，越来越原生态，口味越来越清淡。功能性饮料、蛋白饮料、植物饮料等健康品牌迎合了消费者更为精细的口味需求及生活理念，增长迅猛发展。

在政策法规趋严，消费者需求升级的行业背景下，身处逆境的食品饮料生产商应积极采用新策略来迎接挑战、提高生产效率，实行精益化生产，关注用户日益变化的复杂需求，更快地进行产品转换并获得投资回报，打造智慧工厂势在必行。

打造智慧工厂 势在必行

随着近两年中国食品产业增长速度的放缓，其背后的危机越来越多的显现出来。面对国外强劲的市场竞争压力，我国食品饮料行业自动化发展显得中气不足。自动化、智能化程度不高的行业困境，如果仍然滞留于目前的发展水平，不思创新研发，依然使用目前的发展规模和发展方式，那么食品饮料行业的发展空间必然越来越小。国外食品饮料行业自动化创新程度高，以数字化、智能化为关键，提升经济发展关键竞争力，谋求将来发展的主动权。相比之下，中国食品饮料行业生产效率低，能源消耗较大，食药安全难以保证，缺乏可靠运维。

国家“十二五”制造业信息化科技工程总体专家组专家黄永友说：“过去几年中国的市场优势、原料优势、人口优势促进食品生产的产值的增加，而如今，这三个方面的优势越来越不明显，特别是随着中国市场的开放，中国企业面临的压力将越来越大。如果不从技术上取得突破，中国食品不但在世界上没有竞争优势，在国内的生存空间也将越来越小，日益俱下将是中国食品产业经济所要面临的严峻现实。借助智能化工厂的建立可以大幅改善劳动条件、提升管理效率，并进一步提升整个企业的运行效率，最重要的是借助于信息化技术的覆盖以打通企业的各个流程，并在此基础上实现资源的整合优化和提高。”

建立智慧工厂是企业未来发展的需要。不论是食品行业还是其他行业，最初的生产都是大批量生产，随着技术及时代的发展，市场上产品同质化越来越严重；另一方面客户的个性化需求逐渐增强，迫使企业由大批量生产转向多品种小批量生产，更进一步，将逐步转向个性化定制生产。“十三五”先进制造技术领域及工信部两化融合专家组成员、国家信息化专家咨询委员会委员敬石开介绍：“市场需求的变化使得各行各业逐步开始进行转型升级，要求生产线具有高度的柔性，能够进行模块化的组合，以满足生产不同产品的需求。与此同时，为了响应客户的需求，需要及时对客户的信息进行收集、处理及反馈，也促使企业开始关注自己的数字化、信息化建设，各种实用的系统逐步上线；更进一步为了提升生产效率，使得设备与设备之间、设备与人之间要有信息互通和良好的交互，又要求利用相关技术实现互联。总体来说，智能制造的出现是生产发展一定程度的必然趋势，技术的革新、市场的需求以及政策的引导都将智能制造推向了历史的前端，而中国的食品企业也将开始智能制造的进程。

智慧工厂助力企业实现低成本高效率生产

当前食品企业面临一系列的困境。一方面是产品销售越来越困难，市场竞争越来越激烈，消费者口味多样化，还有渠道通路对厂商的成本压力也越来越大，另外一方面是原材料价格的持续上涨，生产成本居高不下，造成企业的盈利空间越来越小。最近新《食品安全法》的实施，让企业对食品安全越来越重视。而智慧工厂的建立可以对食品饮料生产全生命周期包括原料供应、生产过程、产品销售以及企业员工管理等各个方面进行管控，节约原始成本，提高生产效率，节能降耗，使企业运营更加有序、可靠。

智慧工厂可以使原料的供应管理变得简单、高效。在智能化的管理下，企业未来需要生产的产品种类、数量等信息将得以确认，生产变的精确，生产过程中所需要的原料等也能及时的通过平台系统确认；与此同时，供应商的相关情况，例如质量等级、交货时长、价格等信息也在平台系统中可以及时获取。由于信息的共享性和透明性，在智能系统管理下，平台可以通过以上各方面的信息在客户订单下达的同时自动计算所需要的原材料，并且根据供应商的相关情况及时计算出原料的采购时间，并通过相关算法确保在满足交货时间的同时使得库存成本最低，甚至为零。

智慧工厂可以使生产过程中设备之间实现良好的信息交互，使各个环节紧密配合。智能化工厂可以使生产过程中每个环节的生产时间、原料供应以及下一环节的生产情况在设备中及时进行处理。智能化系统平台通过整体的优化，使得各个环节的生产配置最优，各个环节的设备得到了高效的利用。

智慧工厂的建立也有利于销售的管理。由于未来产品都是定制化程度越来越高，因此，每类产品（甚至每个产品）的交付信息在生产之初已经确认，智慧工厂将利用自身的物流系统或者外部更为高效的物流系统进行配货，并实时掌握产品的配送进展。客户的信息也能进行及时的反馈，使得企业对于产品的优化变得可能而具体。

智慧工厂的建立可以提高保障食品的安全的能力。智慧工厂建立以后可以使生产过程中的质量信息得到了有效的采集，确保了产品在出现质量问题时及时发现问题出现的具体环节、具体设备以及具体的人员，进行有效的追溯。与此同时，得益于质量信息的采集，使得企业对于质量的大数据分析变得可能，通过大量产品的数据分析，发现影响质量的关键因素，优化生产过程，使得食品的缺陷率降到最低。

一二三四五　施耐德电气助力企业打造智慧工厂

施耐德电气作为全球能效和自动化领域的专家，深谙食品饮料行业生产挑战，立足三大工艺，实现两化融合，通过五步走，助力企业打造智慧工厂。

面临食品饮料行业生产现状及挑战，实现信息化和工业化的两化融合，是应对挑战的不二法门。

首先，实现两化融合需从其工艺着手

看似复杂的生产工艺，可简化为三大部分。其一是前处理线，如啤酒、果汁和饮料的前道线；其二是包装线，如吹瓶、灌装和码垛输送；其三是公辅系统，即水、电、气和蒸汽等系统。对应每一部分，施耐德电气都有很好的解决方案帮助行业用户实现价值提升。

在工艺控制方面，施耐德电气提供自动化系统和传动系统帮助客户提高生产效率。在包装环节，施耐德电气的伺服产品、电机和机械手等都能显著提升效率。最后，在公辅系统上，施耐德电气的电力管理、能源管理、节能措施，以及能源对标和能源体系建设等，可以帮助客户降低整个公用动力的能源使用。此外，还可利用电力可靠性安全性分析、电能稳定性分析，来进一步提高电能运行的稳定性降低停机风险。

然而改善企业的综合竞争力，并不是简简单单地改造一些设备就可以取得立竿见影的效果，因为工厂并不是一个简单的设备，工厂运行有自己的一套方法，所以施耐德电气提出的理念模型，可简单的概括为“一二三四五”。

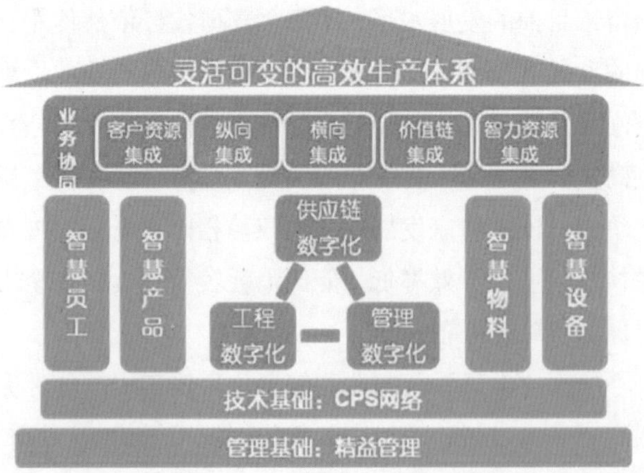

一个清晰的战略目标，是我们实施改进措施的依据。

两个基础，即技术基础和管理基础

管理基础，也就是精益管理理念。在施耐德电气的运营中，精益管理理念贯穿始终，而所有的技术，所有具体的行动，都是和这一理念吻合的。

三个数字化表示供应链数字化、工程数字化和管理数字化，这是作为整个智慧工厂体系的铁三角。

四个智慧元素包括人、产品、物料、基础设施，这四个维度的智慧支撑着整个智能工厂。

五个业务集成即五个业务的协同。

第一个是纵向集成，这意味着从顶端到底端，从集团层面到工厂层面到最后的设备层面，我的纵向方向是全透明的，全集成的。数据是可连可通可展示的。

第二个是价值链集成，可以将其看作生命周期集成，从产品设计、制造到售后，乃至下一个新产品的研发规划，全生命周期都是数字化集成的。

第三个是横向集成，这意味着供应链、工厂、客户的完全集成

同时食品饮料企业有一个特点，就是规模化经济。一个食品集团下往往有多家工厂，如何实现每个工厂的标准化，实现工厂和工厂之间的集成以及总部与工厂之间的集成，就是第三个维度的横向集成。

第四个是客户资源的集成

如何实现客户资源的共享，如何实现生产体系和销售网络的互动，如何实现真正的柔性生产，正是这一业务协同需要解决的问题。

最后一个是智力资源集成

通过智力资源集成，能将好的举措在整个集团的层面进行共享和推广，全方位的提升整个食品饮料制造的综合竞争力。

施耐德电气全生命周期解决方案，通过五大集成帮助客户新建智慧工厂以及改造现有工厂，助力企业实现智能制造。

虽然中国食品饮料行业的智能化和信息化与欧美国家还有一定差距，但随着国家政策扶持、市场规模的扩大、以及国际化市场一体化程度的加强，实现两化融合、智能制造在中国食品饮料行业的发展前景十分可观。在全球制造业格局面临重大调整，国内经济发展环境发生重大变化的大形势下，中国食品饮料行业正处于由粗放式、劳动密集型产业向集约型、技术型产业转变的关键时期。面临产业转型升级的迫切需求，发展信息化、自动化两化融合，建设智慧工厂已成为食品饮料产业发展的必由之路。通过大幅改善劳动条件、提升企业运行效率，实现资源的整合优化和提高，中国的食品饮料行业必将在智慧工厂建设的推动下，取得长足的发展。

5.4 京鲁渔业维权一审获胜 树立食品行业创新样板

蓬莱京鲁渔业有限公司 张道旭

近日，蓬莱京鲁渔业有限公司（下称京鲁渔业）收到烟台市中级人民法院判决书，就烟台某食品公司侵犯京鲁渔业芙蓉蟹棒外观设计专利纠纷一案做出判决，判令对方停止生产、销售侵权产品，并赔偿京鲁渔业经济损失。这次判决是京鲁渔业知识产权维权的又一次胜利，对进一步推动公司乃至行业知识产权保护工作发展有重要意义。

蓬莱京鲁渔业有限公司成立于1990年6月，是从事水产品精深加工与流通、远洋捕捞、海水育苗养殖等业务的综合性企业，综合指标在全国水产流通与加工行业中名列前茅，先后被授予农业产业化国家重点龙头企业、全国主食加工业示范企业等荣誉称号。身为行业领军企业，京鲁渔业以开发自主知识产权促进技术行业发展，以规范自身知识产权管理带动行业自律，为行业技术创新维权工作带了个好头。

积极维权捍卫公司合法权益

京鲁渔业的维权成功不是偶然的，其源于公司领导层高瞻远瞩的知识产权战略。自创立之初公司就非常注重自主知识产权保护，选择了专业公司为其规划知识产权工作，从专利、商标、版权等多方面进行保护。作为不断成长的食品行业大品牌，京鲁渔业对其产品及知识产权进行了广泛的市场宣传，获得消费者的高度认可，产品一度供不应求。在巨大的市场利益吸引之下，多家企业开始仿造京鲁渔业的专利产品，严重影响了京鲁渔业的市场秩序及品牌形象。

面对侵权事件的发生，京鲁渔业没有退缩，积极维权，坚决维护自己的研发成果。公司先后通过向工商局举报、向市知识产权局提出专利侵权纠纷处理请求、海关知识产权备案、向法院起诉等多种途径进行维权并获得成功。在此期间，侵权企业虽然先后多次向国家知识产权局专利复审委提出了对相关专利的无效宣告请求，但是通过京鲁渔业积极举证，复审委最终判决维持专利有效。通过以上一系列的维权行动，京鲁渔业不但维护了自身的合法权益及品牌形象，还净化了行业环境，保证消费者能够买到优质的产品。

科技创新促进知识产权发展

京鲁渔业一直致力于科技创新，通过持续创新为自主知识产权发展提供源源不断的动力。公司拥有国家级企业技术中心，并获批建设山东省京鲁渔业院士工作站，每年在科技方面的投入占销售收入的5%以上。公司雄厚的技术研发实力和完整的体系建设使公司新技术、新产品、新工艺的研发能力不断的提升，共开发煎、炸、蒸、煮、烤、微波、即食、干品8大类产品2000多个单品，申请专利250多项，授权专利185项，其中授权发明专利34项，专利涉及关键技术、工艺、产品外观及包装外观等，对公司产品、技术提供了全方位的知识产权保护。

公司还积极承担科技计划项目，努力提升企业创新水平。公司先后共承担国家级科技项目3项，省部级科技项目33项，多次获得科学技术奖项。

以质为本推进公司品牌建设

京鲁渔业在食品质量安全管理上精益求精，以优质的质量管理助力公司品牌建设。京鲁渔业相继通过了 ISO9001、ISO14001、OHSAS18001、IFS、BRC 等体系认证，产品获得了由国家标准化管理委员会颁发的“无公害农产品标志证书”。公司还建立产品安全追溯体系，通过采集与水产品捕捞、加工、运输、仓储、销售等环节密切相关的数据，使整个追溯过程有据可依。京鲁渔业检测中心通过了 CNAS 实验室认可，拥有先进高精度检测仪器和设备，2007 年检测中心被认定为山东省首批出口农产品区域性检测中心。

在京鲁渔业的不断努力下，品牌建设取得了丰硕的成果。京鲁渔业生产的“京鲁远洋”牌产品先后被评为“中国名牌产品”、“中国水产业名牌产品”、“中国绿色品牌”、“山东名牌产品”、“山东省出口名牌产品”。“京鲁远洋”商标被认定为“山东省著名商标”和“中国驰名商标”。

自主知识产权是企业发展的“护身符”

通过多年发展，京鲁渔业知识产权工作取得丰硕成果，先后获得“山东省知识产权示范企业”、“国家知识产权优势企业”等荣誉称号，并于 2015 年初通过了知识产权管理体系认证。随着市场竞争日益激烈，食品行业侵权情况时有发生，而食品企业在诉讼维权上却如履薄冰，这严重阻碍了企业的创新脚步，也助涨了侵权企业的气焰，形成恶性循环。此次京鲁渔业的维权成功，给坚持自主创新的企业注入了一剂强心剂，也为其他企业维权提供了可参考范本。京鲁渔业负责人表示：“随着国家知识产权保护工作的日益加强，那些热衷抄袭的企业必将被淘汰。京鲁渔业会坚持自主研发，依靠科技力量为广大消费者提供健康的海洋产品，让知识产权成为企业发展的护身符！”

中国食品工业年鉴

5.5 平江面筋介绍

平江面筋，起源于湖南省平江县，是以小麦粉为主要原料，辅以食盐、食糖、水等混合成松散面团，经专用食品机械挤压熟化、成型、调味、包装制成的一种即食食品。平江面筋以其风味好，非油炸，食用方便等特点，深受消费者欢迎。

一、行业现状

（一）产业规模

据统计资料显示，整个面筋食品行业年产值500亿元，平江达200亿元，占到湖南省面筋食品销售量的67%，占到全国面筋食品销售量的40 %。县外还有平江人兴办的近1000家食品企业，年总产值300亿元，拉动相关消费150多亿元。

（二）食品安全稳步提升

经过多年的发展，产业实现了从“不规范”到“规范”的转变。2007年以前，行业没有标准，平江县政府高度重视，县质监局和平江企业申报平江面筋的地方标准，玉峰食品与长江连心公司捐资，与省标委制订了《湖南省地方标准 湘味面粉熟食 》，于2007年10月10日实施，填补了国内此类食品标准的空白。2009年，标准重新修订为《湖南省地方标准 湘味熟食 挤压面粉熟食》，2012年，玉峰、旺辉、翔宇等食品企业又联合申报，将标准修订为《湖南省食品安全地方标准 湘式挤压糕点 》，于2013年5月1日实施。2014年12月，平江面筋列入国家标准《糕点分类》中的“挤压糕点类”。2015年，玉峰食品参与起草的中国农业行业标准《绿色食品 湘式挤压糕点》于2016年10月31日发布，2017年4月1日实施。

这样一来，平江面筋产业实现了从“不规范”到“规范”的重大转变。形成了“政府主导、企业主责、部门监管、行业自律、社会共治”的良好格局，食品安全意识明显增强，生产条件明显改善，科技投入明显加大，产品质量明显提升。抽样合格率提升了20多个百分点，去年达到96%，确保了食品安全。

（三）科技创新不断加强

政府通过加大技改资金投入，支持企业建立研发中心和检测中心，积极引导企业与高校、科研机构开展产学研合作，借外力来提升食品加工企业实力。

玉峰食品走“原料升级、科技创新”之路，2014年投资3000万元在长沙成立了健康面筋研发中心，积极引进人才和仪器设备，开展产学研合作，与武汉轻工大学联合研发的“全谷物健康面筋”成果达到国际先进水平，2014年8月23日通过以前卫生部副部长、全国健康教育首席专家殷大奎为首的专家组的成果鉴定。武汉轻工大学“研究生创新基地（玉峰面筋食品）”、依托玉峰食品组建的岳阳市面筋食品工程技术研究中心和湖南省健康面筋食品及装备工程技术研究中心落户平江。2016年，玉峰食品投资3000万元建设10万级、自动化、智能化GMP洁净车间，为天然面筋的生产提供匹配的生产环境。现在的面筋食品生产企业，逐步实行半自动和自动化升级，生产环境干净整洁，员工操作规范，食品生产过程把控严格。

湖南省旺辉食品有限公司与湖南农业大学食品科技学院签订“旺辉研发检测中心”合同，合作五年成效显著。大多企业建立了检测检验机构，严把原辅材料进厂检测、生产过程监控和产成品的出厂关，确保了食品安全。同时进行原料升级，使产品更营养，更健康。有力推动平江面筋行业转型升级，创新后的平江面筋逐渐成为广为人知的健康休闲食品。

（四）产业贡献不断增强

平江面筋产业经过多年的成长发展，对全县经济的贡献作用巨大：

1、创利税多。2014年，平江面筋产业创利税16亿元。

2、就业带动作用大。每年安排就业近30万人，年发放工资100多亿元。为广大农民扩宽了就业渠道，带动了农民脱贫致富。自1998年以来，平江每年解决农村剩余劳动力5万余人，年发放工资10多亿元，占全县从业人员总数的28%。

3、产业带动作用大。面筋食品产业的发展带动了农业种植、食品包装印刷、物流、食品机械制造、餐饮娱乐等产业的繁荣。每年耗用面粉340万吨，食用油160万吨，辣椒80万吨。上下游产业链年产值达1000亿元。

4、社会效应作用大。食品企业办到家门口，解决了农民就业和留守儿童以及空巢老人问题，有效促进了社会和谐稳定。

5、对社会公益事业的贡献大。平江面筋企业热心于社会公益事业，近几年来先后为修路、建校、助困、助学、抗灾等捐款捐物1200多万元。

2015年12月，平江被中国食品工业协会授予“全国食品工业强县”和“中国面筋食品之乡”。

二、平江面筋产业发展优势

（一）起源优势

1998年，平江三市人在平江酱干的基础上，通过技术创新，发明了以面粉为原材料的平江面筋食品，实现产品从无到有的转变。现全国近1000家面筋食品企业中有96%以上由平江人创办，是平江人将面筋食品推广到全国，是平江人将面筋食品生产企业建立在全国各地，所以平江面筋起源于平江。

（二）生态资源优势

平江四面环山，气候宜人，山清水秀，空气新鲜，水质良好，农业微域气候多，适合食品生产加工。平江县生态优良，先后被国家环保部确定为“全国生态建设示范区”，联合国工发组织确定为“绿色产业示范区”。全县无公害农产品基地面积达60余万亩，适宜小麦、油茶、黄豆、辣椒、芝麻的播种，具有独特的生态资源优势，为平江面筋食品生产加工提供了良好的基础条件。

（三）技术创新优势

平江面筋食品加工技术发展形成是在传统工艺技术的基础上融现代科技而来，有其权威性、独创性，有独具特色的、较成熟的工艺技术体系。

（四）品牌聚集优势

经过多年的发展，平江拥有多家龙头企业，品牌优势明显。县内年产值过亿元的企业有30多家；申请专利100多件，注册商标200多件，拥有“玉峰”、“飞旺”等2件中国驰名商标，省级龙头企业3家。2015年，玉峰食品还通过了国家高新技术企业认定。目前，平江县实现了种植、食品加工、食品机械、包装印刷、物流、人力资源等多领域协同发展的完整的面筋食品产业链。

（五）产业发展政策优势

平江是将军县、国扶县，拥有较多的政策扶持资金。平江面筋产业是国家重点扶持发展的产业之一，具有环境污染小、能耗低、高就业等特征。特别是平江县委、县政府高度重视，具有很强的政策优势。近年来，平江县出台了《关于加快熟食产业发展的实施意见》（平政发〔2008〕29号）、《关于全面推进招商引资工作的实施意见》（平发〔2014〕2号）、《平江县食品产业（2015–2020）升级行动计划》（平政办发〔2014〕19号）和《平江县传统产业转型升级行动计划》等扶持食品行业发展的规定，并细化了对食品产业龙头企业的扶持措施，在品牌扶持、政策扶持、要素扶持等方面引导平江面筋企业整合资源，形成产业集群，做强做大。

三、产业发展中的问题

1、平江面筋发展初期，加工企业多，良莠不齐，一部分消费者将平江面筋与不安全食品划上等号，产品尊重感缺失。虽然大部分企业进行了转型升级，提升了产品形象，但仍有部分消费者心存担忧。彻底改变产业形象还需政府和社会各界的共同宣导和推动。

2、原材料价格上涨，且质量不稳定。

3、与现代食品工业相比，平江面筋食品加工技术水平还相对较低，产品品质不太稳定。需加大专业人才的培养，提升技术和管理水平。

4、标准化设施设备还不完善，生产自动化程度还有待提升。需要食品机械加工企业共同研发适合平江面筋食品加工的专用设备。

四、行业发展规划

1、专注天然面筋食品创新与研发，使用天然原辅料替代化学合成添加剂，选择天然食品配料替代甜味剂、乳化剂、着色剂、防腐剂等的使用，逐步取消化工合成添加剂，最终实现天然化。

2、5 年内组建国家级工程技术研究中心，申报国家级农业产业化龙头企业。

3、编写《平江面筋食品》著作一本，2017 年出版。既可作为体现平江面筋发展史的文献资料，又可以作为生产加工企业的工具书，同时也可作为高校食品专业教学的参考书。

4、建设平江面筋博物馆，结合生态旅游，让更多人认识和了解平江面筋，展示“中国面筋食品之乡”的文化和魅力。

5、计划 5 年内筹划既能支撑面筋产业发展，又能为地方作贡献的集团公司，实现行业资源共享，抱团发展。

5.6 宜游、宜业、益智、益行

——美丽的荣成海洋食品博览中心

一、项目概况

荣成市海洋食品博览中心位于享有“中国海洋食品名城”、“中国海带之乡”、“中国优秀旅游城市”美誉的荣成市，毗邻中韩边贸城商贸区，北邻青荣城铁荣成站，东邻荣成客运中心，南邻荣乌高速公路入口，离威海机场15公里，交通方便。海洋食品博览中心于2014年10月25日建成开馆，是全国首家集海洋旅游资源展示、海洋食品产业推介、海洋科普体验、休闲购物等功能于一体的海洋食品主体博览中心，是荣成·中国中韩边贸城国家AAAA级旅游景区的主景区。

二、功能区划

海洋食品博览中心共四层，建筑面积36000 ㎡。地上三层主要用于海洋食品旅游资源展示、海洋科技馆和综合办公服务区，共26150 ㎡。其中：一层建筑面积10250 ㎡，主要用于展示中国海洋食品名城·荣成海洋食品产业发展成果、展示生态美丽荣成滨海旅游资源；二层建筑面积9360 ㎡，主要用于海洋科技体验、休闲餐饮和临时会展；三层建筑面积6540 ㎡，作为海洋食品电商综合服务区和办公使用。

三、分区布局

一层设置海洋食品展示馆、旅游资源展示区、旅游公共服务中心、企业特展区和海洋食品展销区。其中：海洋食品展示馆面积2800 ㎡，主要通过实物、标本、图文展板与多媒体展项等方式全面展示荣成市海洋资源、海洋食品产业、产品、市场、质量和海味文化的历史沿革、发展成果等内容；旅游资源展示区面积1200 ㎡，通过旅游资源整体沙盘、微缩景区沙盘，影像视频资料综合介绍荣成市重要旅游景区、渔家民俗旅游景点；旅游公共服务中心为国内外游客提供旅游资源信息咨询服务兼顾旅游景区综合指挥调度。企业特展区面积2300 ㎡，包括海参馆、海带馆两个专题馆及13家特装海洋食品企业产品展示。展销区面积1300 ㎡，选取“名优特”海洋产品集中展示销售，为国内外游客提供优质的休闲购物体验。

二层设置海洋主题科技馆、会展区。其中：海洋科技馆面积3400 ㎡，是一所集科普教育、观赏娱乐，寓知识性、趣味性、互动性为一体的综合型现代化的海洋科技馆，主要通过众多互动多媒体展项展示海洋之美、海洋起源、海洋探索、海洋利用、时空探秘及海洋梦想，介绍了海洋性气候、潮汐规律、神秘的深海世界、海洋生物侦查技术、海陆变迁等科普知识。设有裸眼3D多媒体影院系统，可一次性接纳24人观看，为观众探索海洋、认识海洋、保护海洋开启了智慧之门，是科普教育和休闲旅游的重要基地。会展区面积3000 ㎡，可搭建国际标准摊位180个，用于承办临时性展会。

三层为办公区和荣成海洋食品电商综合服务区。中国食品工业协会海洋食品专业委员会秘书处和中国农产品流通经纪人协会海洋食品经纪人分会2个国字号协会组织及市海食委、旅游局等4个部门已入驻办公；北京恩源科技、北京天翼科技等公司设立了电商服务机构；2016年入驻的威海国际海洋商品交易中心，是山东省政府批准的介于现货与期货之间的大宗海洋商品交易平台，业务涵盖现货贸易、物联网金融和商品投资，为生产者和消费者提供现代化的采购与配套服务。拥有容纳300人的多功能厅和会议设施，可承办各类论坛、说明会等综合性会议。海洋食品电商综合服务区拥有优良的办公服务环境，适宜与海洋食品相关的品牌现代服务业项目入驻。

毕志明

5.7 创新蓝色海洋经济 做强中国海洋食品第一品牌

荣成市海洋食品市场管理委员会　毕志明

荣成市地处山东半岛最东端，海岸线长500公里，与韩国、日本隔海相望，拥有石岛、龙眼两个国家一类开放港口，是中国东部沿海快速崛起的国家生态市、国家环保模范城市、国家园林城市、中国优秀旅游城市、全国绿化模范市和全国科技实力百强市，综合实力连续多年位居全国百强县（市）前列。多年来，荣成市依托丰富海洋资源优势和邻近日韩的区位优势，实施创新驱动和质量名牌战略，大力发展食品工业，形成了以海洋食品为主、多元化发展的食品产业格局，成为全国食品工业十大发展特色市和中国产业集群品牌50强，被中国食协授予“中国海洋食品名城”称号。荣成市现有食品加工企业716家，其中海洋食品企业617家，2015规模以上食品企业完成工业总产值1140.7亿元，各项主要经济指标占全市工业经济40%以上。荣成市先后荣获了全国食品工业强市（县）、中国海洋食品名城、中国绿色食品城、中国海洋保健食品开发示范基地、中国海洋产品集散基地、中国食品行业诚信产业基地等称号。面对近海原料资源短缺、汇率变动、生产要素成本不断上升等不利因素，荣成市以创新作为加快产业结构调整和转型升级的第一引擎，大力实施质量名牌战略，研发高端产品，拓展终端市场，推进互联网+，促进了产业转型健康发展。

一、创新机构机制，整合行业优势

荣成市坚持政府引导、企业主体、市场运作的模式，充分发挥政策、资本、技术等要素的积极作用，形成推动产业升级发展的合力。在服务机制方面，荣成市成立了海洋食品市场管理委员会、食品工业促进局，作为行业主管部门，同时成立了食品协会、渔业协会、海藻协会等地方行业组织、加强行业规划、管理、协调和服务，实现行业自律、有序发展，提升对外话语权。在政策引导方面，2016年新出台了《荣成市关于鼓励企业创新发展转型升级的若干规定》、《荣成市关于鼓励支持海洋生物科技产业发展的若干规定》、《荣成市关于促进电子商务产业发展暂行办法》等文件，不断加大对食品产业的倾斜和支持力度，推动企业经营转型发展。在发展平台方面，积极抢占行业发展的制高点，2013年成立全国农产品经纪人协会海洋食品经纪人分会，2016年发起成立了中国食品工业协会海洋食品专业委员会，聘请安永咨询公司为海洋食品行业做了产业发展规划。在宣传推介方面，每年投入2000多万元在电视台、高铁、机场等媒体和场所宣传推介荣成海洋食品，在央视2套《经济半小时》、央视4套《中华医药》拍摄了《探秘海洋药库》、《咱们家乡有特产—荣成海带》等海洋食品专题节目。在诚信建设方面，在全国率先开展了冷冻调理食品安全信用体系建设试点市工作，组织泰祥集团等8家企业参加了全国试点企业工作，以泰祥集团为主负责起草的《冷冻调理食品生产经营示范文本》，在全国同行业中推广示范。通过以上措施，培育和形成了良好的区域海洋食品发展环境和区域品牌形象。

二、加强质量保证体系建设，打造出口品牌传统优势

质量安全是食品企业的生命线，荣成市始终将质量安全作为食品产业发展的头等大事来抓，狠抓农业投入品监管和面源污染治理，积极推行标准化生产，率先在全国开展了质量安全示范区和食品质量安全可追溯体系建设，在海水生态养殖、远洋鱼货回运、全封闭无菌式加工、物流运输等各个环节实施跟踪监控，形成了养殖有基地、生产有标准、管理有档案、产品有标识、质量有保障的标准化生产格局，被国家质检总局评定为全国首批出口农产品质量安全示范区。建有海带、海参、裙带养殖加工、出口速冻裹衣水产品4个国家级农业标准化示范区；15家企业荣获国家标准化良好行为称号，其中AAAA级1家，AAA级4家，AA级10家；9家企业参加了10多项国家、行业和地方标准的制修订；全市300多处食品企业通过了ISO9000认证，HACCP认证；10多处企业同时通过了ISO9000、ISO14000、OHSAS18000三种国际标准认证。拥有出口农副产品备案企业258家，国外卫生注册企业377厂次，主要特点是出口食品备案企业多，国外卫生注册企业多，进出口产品种类多，是山东省最大的海洋食品出口产业集群和山东省首批科技兴贸出口创新基地。出口大宗农副产品主要包括水产品、肉类、罐头、花生、海藻、速冻方便食品等；进口大宗食品农产品主要是水产品、预包装食品等。2015年荣成市完成进出口农副产品货值14.67亿美元，同比增长10.66%；2016年1–9月份完成出口农副产品货值8.33亿美元，同比增长20.35%。

水产品是荣成市最主要的进出口商品，2015年进出口水产品货值达10.55亿美元，同比增长23.57%。现有出口水产品备案企业118家，对外注册企业335厂/次，其中，对韩国注册113家、欧盟注册76家、美国注册69家、印尼注册36家、俄罗斯注册17家，越南注册21家，欧盟备案远洋渔船47艘。产品出口日本、韩国、美国、欧盟等80多个国家和地区。在进口方面，拥有进口水产品备案冷库38家，冷冻能力达70多万吨，贸易方式以来进料加工进口水产品为主，进口鱼类和鱿鱼等产品主要来自澳大利亚、美国、挪威等40多个国家和地区。

荣成共有11家水生动物注册养殖场、7家水生动物中转包装场，饲料用（含饵料用）水产品注册企业45家，其产品主要是冻水产品；加工动物蛋白注册企业20家。水产罐头出口量约占山东省的80%。海带、裙带制品出口量约占山东省的70%。

三、建设蓝色科技硅谷，增创产业核心竞争优势

2009年以来，荣成市连续八年举办了“产业技术创新战略联盟活动周”，举办海洋食品产业加工技术论坛和“产学研”技术对接活动，邀请中国海大、浙大、中科院海洋所、水科院黄海所、天津科技大等院所的专家进行技术交流和科技成果对接，提升了企业科技创新能力，如泰祥集团与浙江大学合作承接了国家科技支撑计划项目子课题“海水产品深冷物流关键技术开发”；与中国海大等院所进行的“鱿鱼内脏EPA和DHA提取工艺技术研究”、“鱼头活性物质提取的研究”、“大型海藻营养调味品的开发”，与水科院黄海所合作“食品生物毒素污染控制及放射性污染预警技术集成与示范”等研究项目都取得了较好成效。荣成市先后与中国海大、中科院海洋所等50多家高校院所建立合作关系，共实施“863”计划、“973”等国家级科技项目36项，建有海产贝类、海参、海带等5个国家级研发平台，建有好当家集团“海洋发展院士工作站”、寻山集团“院士工作站”等7个，拥有好当家、泰祥集团、寻山集团“博士后科研工作站”3个。年均投入30多亿元用于食品工业技改和产业发展，每年研发新产品、新品种100多个，现有海洋保健品及生物制品生产企业35家，是全国海洋功能性保健食品开发示范基地，已形成拥有100亿粒保健和药用鱼油

软硬胶囊产品的生产能力。先后荣获中国食品工业科技进步一等奖3项，二等奖5项，优秀项目奖3项，4家企业获“全国食品工业科技进步优秀企业”称号。成立了威海海洋职业学院和山东省海洋食品营养研究院，为食品产业发展提供了源源不断的高素质人才和智力支持。

四、积极培植优势产业及龙头企业，打造产业集聚优势

荣成市突出临海资源的比较优势，先后培植出好当家集团、泰祥集团、赤山集团、石岛集团、靖海集团、泓达集团、鸿洋神、俚岛海科、海之宝科技、蓝润、广信食品等一大批规模大、效益好的海洋食品龙头加工骨干企业。荣成市先后培育形成了六个全国之最。一是全国最大的冷冻调理海洋食品出口基地，年产量30万吨，主攻日韩欧美等高端市场，被农业部评为全国冷冻调理（水产）食品加工示范基地、山东省优质冷冻调理食品生产基地；二是全国最大的海带食品生产基地，产量约占全国的50%，被国家农业部评为全国农产品加工示范基地和山东省优质海带制品生产基地，被中国海藻协会授予“中国海带之乡”；三是全国最大的海产品罐头生产基地，产量约占全国同类产品的35%，其中贝类罐头占全国的80%以上；四是在全国最具有影响力和知名度的海洋即食休闲食品，占全国产量的5%。五是全国最大的深海鱼油等软胶囊生产基地，也是亚洲最大的营养补充剂生产基地。六是全国最大的海参、鲍鱼名优海珍品养殖加工基地，刺参产量约占全国的26.9%，鲍鱼产量约占全国的7.7%，鱿鱼、金枪鱼精深加工居全国前列。全市拥有山东好当家海洋发展股份有限公司A股上市公司1家；石岛集团、俚岛海科等8家农业产业化国家重点龙头企业；泓达食品、鸿洋神等26家山东省农业产业化重点龙头企业；海之宝、宏业食品等10家中国食品工业优秀龙头企业；好当家集团、泰祥集团连续多年荣获中国食品工业质量效益优秀企业。

五、加强园区建设，打造产业可持续健康发展新高地。

荣成市积极改善投资环境，加强食品工业园区规划与政策引导，实现园区科学发展。市政府先后出台了有关政策，引导海边小冷藏、小食品加工企业向园区转移，减少陆源污染物入海。鼓励企业实现清洁生产，节能降耗。实现资源综合利用。荣成市建有海洋生物高端产业园、石岛冷链物流园、成山海洋食品科技工业园等食品产业园区。威海（荣成）海洋高新技术产业园于2012年启动建设，2014年12月获批山东省级农业高新技术产业示范园，2015年12月获批第七批国家级农业科技园区，是山东省内唯一一处以海洋科技为主题的海洋特色园区。园区规划总面积37平方公里，核心区重点规划建设海洋科技创新孵化与创新平台区、会展交易及电子商务区、海洋生物医药加工区、海洋生物制品加工区、临港服务区、海洋生态增养殖区“六大功能区”。

目前，威海（荣成）海洋高新园已完成基础设施投入15亿元，实施了“六纵五横”路网、2万吨污水处理厂、40公里管网管线等基础配套工程，新建了海洋高新技术孵化中心，成立了慧谷科技企业孵化器和山东慧谷高新技术交易公司，引进了中海海洋生物健康、容川生物科技等海洋生物医药、功能性食品、生物肽提取等项目50多个，总投资80多亿元。

六、创新营销网店建设，打造“海博盛会”知名品牌

荣成市自2014年开始制定鼓励荣成海洋食品营销网点建设的扶植政策，投入了300多万财政资金，调动市场主体营销的能动性，在全国开展了“中国海洋食品名城—荣成”海洋食品营销网点建设，目前已在广州、深圳、石家庄、成都、哈尔滨、武汉、徐州、济南、青岛、烟台、威海等全国30多个城市开设荣成海洋食品营销网点100多家，促进了市场资源的整合和优化组合，提高了“中国海洋食品名城－荣成”城

市品牌的知名度和影响力，促进了海洋食品国内市场开拓，营销宣传推介效果良好。

2016 年 8 月 12–14 日荣成市成功举办了“海博会”暨互联网 + 海洋产业发展峰会，“海博会”专场活动数量多，质量高，打造了一场难得的成功的海博盛会。一是搭建的平台大，主题特色鲜明。“海博会”由中国食品工业协会、中国农产品流通经纪人协会、亚洲食品商务协会等 9 家国内外顶级专业协会主办，搭建了一个多渠道、多层面的以海洋产业发展为主题的高端交流合作平台，国内外来宾、领导专家、客商都对荣成蓝色海洋产业的发展以及荣成传统海鲜美食，有了更深刻的认识和难忘的印象，直接宣传口碑效果很好。二是“海博会”创新内容多，精彩纷呈。涉及论坛讲座、技术研讨、品牌推介、参观考察洽谈、以及重头戏的互联网 + 产业转型发展峰会等十多项活动内容，新华网等全国各大网络媒体及省市新闻媒体强势宣传助力，宣传推介的效果好。海博会期间，海洋食品博览中心接待游客达到 1 万 5 千多人次。三是注重了实效，活动成果多。中国食品工业协会海洋食品专业委员会成立，秘书处设在荣成；山东省唯一一家介于现货与期货之间的威海国际海洋商品交易中心落户荣成；中国海带之都授牌，全国水产冷链物流标准化工作组的预备成立及中国（荣成）冷链物流产学研基地揭牌；淘宝特色中国·荣成馆等平台的启动上线，展会参展商及国内外客商的精心筛选和邀请等方面，都创造了多项行业新高。

七、互联网 + 产业融合发展 打造区域特色互联网品牌

2016 年荣成海洋食品电子商务加强了与上海途歌电商北京恩源科技在电商培训、《中国荣成》自媒体建设等方面的合作，开展了征集荣成海味区域公用品牌及 LOGO 设计大奖赛及评选活动，组织企业参加了义乌世界电商大会、“全城来啦”城域互联网 + 峰会，“美味中国行—中国品牌农业渠道峰会”、2016 全国农垦“质量月”活动暨中国农垦与安微名优特农产品推介会等活动，携带产业宣传资料、易拉宝、《蓝色盛宴》、海博中心宣传册等资料和展品，开展了多种形式的产业宣传推介活动。荣成市建设了皇朝马汉外贸综合服务平台，开展了以进出口日韩为主营业务的“同线同标同质”的“三同”平台建设和跨境电子商务业务，带动出口、内销融合发展，打造推动全国食品行业转型升级的引领性平台；还建设了海易网、海食 360 网、荣成海味等电子商务平台；按照休闲食品、海珍品、海藻食品等八大类进行产品分类，建有 2000 多种海洋食品电子商务基础信息库，并有效开展了微信、微博、微商城等全网营销宣传推介活动，至 2016 年 11 月，全市 256 家规模以上食品生产企业有 143 家企业开展电商业务，应用电子商务的比例达到 56%。300 多家中小企业、营销网点加入了淘宝、天猫、京东、1 号店等知名第三方平台，企业商户电子商务年交易额年均增长 40% 以上。荣成市南光食品有限公司 2016 年 1–11 月完成电商交易额 3293 万元，其中境外电子商务交易额 2275 万元，较去年同期分别增长 71% 和 55.4%。

在 2016 年海博会期间，荣成市邀请了央视《舌尖上的中国》、《中国味道》美食顾问董克平，央视《吃货传奇》特约主持，搜狐美食自媒体联盟执行秘书长王老虎等，带领专业策划团队，拍摄了 3 期 VCR，邀请了二十多位美食达人亲历荣成市特色食品加工工厂、海洋牧场、海上平台、体会渔民生产生活，并在新浪微博上开设话题“吃吃的游荣成”，在 8 月 13 日当日登上了新浪微博美食榜第二名，阅读量近 700 万。海博会结束后，每位美食达人都持续在自己的微信、微博上发布海博会见闻，荣成海味美食、地域风情文化等自媒体文章和图片，推高了海博会后期的持续宣传并“发酵”，让更多地粉丝了解到荣成，感受到荣成的海味美食和自然生态美，并通过微信、微博、视频、直播等新媒体传播“荣成海味”。